NICNT 로마서

NICNT 로마서(개정판)

2022년 1월 25일 초판 1쇄 발행
2024년 11월 30일 초판 2쇄 발행

지은이 | 더글라스 J. 무
옮긴이 | 박문재, 조덕환, 박이레
교정 교열 | 김태림
펴낸이 | 박영호
펴낸곳 | 도서출판 솔로몬

주소 | 서울시 동작구 사당로 143
전화 | 599-1482
팩스 | 592-2104
직영서점 | 596-5225

등록일 | 1990년 7월 31일
등록번호 | 제 16-24호

ISBN 978-89-8255-598-5 03230

일러두기
이 책의 서론부터 5장까지 부분은 조덕환, 6장부터 10장까지 부분은 박이레,
11장부터 16장까지 부분은 박문재가 우리말로 옮겼다.

The New International Commentary on the New Testament

NICNT

THE LETTER TO THE ROMANS

개정판

로마서

더글라스 J. 무 지음

솔로몬

편집자 서문

사도행전에서 이야기하는 것처럼 주님은 예루살렘에서 가사(Gaza)까지 가는 길에서 빌립과 에티오피아 내시 사이의 만남을 연출하셨다. 적어도 성경 사본 일부분을 가지고 있던 이 에티오피아인은 선지자 이사야의 글을 읽고 있었다. 그가 읽은 것을 듣고 빌립은 "읽는 것을 깨닫느냐"라고 물었다. 에티오피아인은 "지도해 주는 사람이 없으니 어찌 깨달을 수 있느냐"라고 대답했다. 그 결과 빌립이 예수에 관한 좋은 소식을 그에게 전했고 그 에티오피아인은 새롭게 그리스도를 따르는 사람으로 세례를 받았다(행 8:26-40).

주석 작업에 있어서 이것보다 더 시급한 명령을 생각하기는 어렵다. 즉, 성경을 읽는 사람들이 읽은 내용의 중요성을 파악할 수 있도록 인도하기 위해 함께 가는 것이 중요하다. 그리고 그렇게 하는 것이 유익할 뿐만 아니라 변화를 일으킨다. 이것이 바로 신약 성경에 관한 New International Commentary(NICNT) 시리즈의 목표였으며 지금도 여전히 그 목표를 지향하고 있다. 이 주석서와 실제로 이 주석 시리즈에서 보여준 해석 작업은 이보다 더 나은 존재 이유(*raison d'etre*)를 찾을 수 없으며 더 나은 목적을 제공할 수도 없다.

그렇다면 이러한 주석에서 다른 책들과 구별되는 점은 무엇이 있을까? 첫째 그리고 최우선적으로, 우리는 성경 본문에 관심이 있다. 이 말이 우리가 학문과 학문적 토론의 역사에 관심이 없다는 것을 의미하지 않다. 그것은 오히려 우리가 학문적 토론이 아닌 성경 본문에 대한 주석을 제공하기 위해 노력한다는 것을 의미한다. 그것은 우리의 주석 작업 중심이 이러한 본문의 독자에게 충분히 읽을 만한 가이드라는 것을 의미하며, 핵심 쟁점과 문헌들의 참조는 물론 독자와의 상호 작용 모두 우리의 풍부한 주석 각주에서 찾을 수 있다. 또한 우리가 특정한 핵심 방법론을 피한다거나 이 시리즈의 각각의 저자가 특정 접근 방식을 따르도록 요구한다는 의미는 더더욱 아니다. 오히려 우리는 어떤 방법들을 취하고 이러한 본문의 중요성을 명확하게 하는 작업에 도움이 되는 접근 방식을 추구한다.

둘째, 우리는 의식적으로 교회를 섬김과 세상에서의 선교에서 성경을 읽는 그리스도를 따르는 자로서 우리 자신을 이러한 위치에 서게 한다. 교회 봉사를 하면서 성경을 읽는다고 해서 특정한 종류의 해석이 보장되는 것이 아니다. 예를 들어, 모든 시간과 장소를 초월하여 교회만을 지지하거나 교회가 말하고 싶어하는 것만을 단지 앵무새처럼 해석하는 것을 보장하는 것이 아니라는 말이다. 해석의 역사는 때때로 성경이 말하는 예언자적 도전의 말씀을 전하면서 교회를 교회로서 소명으로 되돌아오도록 부르는 것을 보여 준다. 또한 성경은 때로는 십자가에 못박히신 메시아를 따르고 하나님의 길과 하나님의 백성을 옹호할 하나님을 섬기는 사람들이라는 교회의 정체성을 상기시켜주는 격려의 말씀을 전한다.

또한 우리는 성경이 기도하는 마음으로 공부하고 교회 예배의 맥락에서 읽을 때 성경을 가장 잘 읽을 수 있고 이해할 수 있지만, 성경을 읽는다는 것은 선교에 참여하는 교회가 세상과 분리될 수 없다는 것 또한 잘 알고 있다. C. S. 루이스는 우리가 보고 있는 것은 우리가 서있는 위치에 따라 부분적으로 결정되며, 우리가 서있는 세상은 우리의 해석 작업으로는 도무지 해답이 될 수 없는 질문으로 우리를 압박한다고 올바르게 지적했다.

하나님께서 한번 말씀하신(*once said*) 것에 대해 이야기하는 것만으로는 충분하지 않다. 우리는 성경을 통해 성령께서 교회에 지금 말씀하시는(*now saying*) 것을 계속해서 들어야 하기 때문이다. 따라서 우리는 우리가 읽은 성경의 신학적 의미와 이 성경 메시지가 어떻게 하나님의 백성의 삶에 뿌리를 내릴 수 있는지 탐구해야 한다.

마지막으로 이 NICNT 시리즈는 특히 목회자, 성경교사, 학생을 위해 계획된 시리즈다. 즉, 우리의 작업은 번역되지 않은 그리스어, 아람어 및 라틴어 성경에 대한 보다 비평적인 주석과 성경 본문이 회중에게 어떻게 말하고 있는지 알아내려는 설교적인 주석 사이에 서있다. 우리의 희망은 하나님의 말씀을 가르치고 전파하기 위해 준비하는 사람들이 이 주석에서 필요한 지침을 찾을 수 있고, 주석 작업을 배우는 사람들이 이 주석을 통해 따를 가치가 있는 모범을 찾을 수 있기를 바란다.

조엘 B. 그린

저자 서문

로마서 주석을 업데이트할 기회를 주셔서 감사드린다. 고든 피(Gordon Fee)가 이 시리즈의 편집장으로 있을 때, 그는 나에게 이 주석에 대한 개정 작업을 할 수 있도록 허락해 주었다. 그리고 현재 편집장인 조엘 그린(Joel Green)은 뒤이어 편집 작업을 수행해 주고 있다. 물론 이 편집 작업이 그에게 많은 업무가 주어지는 것을 의미하겠지만 말이다.

독자들은 자연스럽게 이 개정 주석에서 어떤 변화가 있었는지 알고 싶어 할 것이다. 나는 이 개정판에서 1990년대 중반 이후로 등장한 로마서와 바울에 대한 많은 연구를 포함시키고 그것들과 대화하려고 (헛되이) 노력했다. 로마서와 바울 연구 분야에 친숙한 사람들은 이에 대한 연구가 헤아릴 수 없을 만큼 많은 문헌을 통해 이뤄진다는 것을 쉽게 알 수 있다. 실제로 나는 학자들이 바울에 대한 글을 10년 정도(그리고 지금 현재 이뤄지는 작업도 물론 제외하고!)만 집필을 멈춰주었으면 좋겠다고 생각했다. 이러한 추가 자료를 적어도 부분적으로나마 상쇄하기 위해 나는 첫 번째 판에 등장한 내용 및 참고문헌과 관련된 일부 자료를 생략했다. 내가 개정 작업을 시작했을 때의 목표는 이 주석의 두께가 더 두꺼워지지 않도록 비교적 많은 부분을 빼고 그렇게 함으로써 주석의 두께를 유지하는 데 있었다. 후… 하지만 나는 그런 목표달성에 실패했다, 이 책은 첫 번째 판보다 좀 더 두꺼워졌다(하지만 더 두꺼워진 이유는 첫 번째 판에 포함되지 않은 전체 참고문헌이 포함되어 있기 때문이기도 하다). 나는 전체 텍스트를 주의 깊게 살펴보고 자료를 재배치하고 (내가 바라기는) 문장을 좀더 깔끔하게 다듬었다. 이 개정판에서 새로운 많은 이슈가 논의되는 동안, 나는 작은 부분의 ("구식"[old dogs] 그리고 모든) 주해와 신학에 대해 마음을 바꿨다.

이 개정판이 나오도록 도와주신 많은 분들께 감사드린다. 휘튼 칼리지(Wheaton College)의 일련의 연구 조교 제라드 브라운(Jared Brown), 벤 달리 (Ben Dally), 조나단 해리스(Johnathan Harris), 조슈아 마우어(Joshua Maurer) 등은 여러 방면에 기여했다. 매튜 몽크마이어(Matthew Monkemeier)는 여러 부분에서 편집을 제안하고 "하나님의 의"에 대해서 내 관점을 통해 생각하도록 특히 도움을 주었다. 내가 로마서를 가르친 전 세계의 학생들은 질문, 소통과 논문을 통해 로마서에 대한 내 이해를 형성했다.

늘 그렇듯이, 특히 인생 여정을 함께하며 큰 기쁨을 주는 내 아내 제니에게 감사한다.

1판 저자 서문

이 주석서는 지금의 책으로 나오기까지 "전승사"(traditions-history)의 굴곡을 거쳐야 했다. 1983년 무디 출판사로부터 새로 출간할 위클리프 주석(Wycliffe Exegetical Commentary) 시리즈에 로마서 주석을 기고해 달라는 요청을 받았다. 이 작업을 시작한 이래 1991년에 그 주석서의 첫 권(*Romans* 1-8장)을 완성했다. 하지만 첫 권이 나온 직후 무디 출판사는 그 시리즈의 발간 계획을 취소하기로 결정했다. 그래서 나는 이미 작업을 행하고 있던 2권과 함께 로마서 1-8장을 재출간할 의사가 있는 출판사를 적극적으로 찾기 시작했다. 마침 그 때 하나님의 섭리로 어드만스 출판사(William B. Eerdmans)가 신약성경 뉴 인터내셔널 주석(New International Commentary) 시리즈 가운데 로마서의 개정된 주석서를 써 줄 저자를 찾고 있었다. 나는 어드만스 출판사의 제의를 기꺼이 받아들여 내 주석서를 그 시리즈에 넣기로 했다.

두 주석서 시리즈의 판이한 성격 때문에 위클리프 주석의 첫 권을 대폭 수정해야만 했다. 그것은 저주이기도 했고 축복이기도 했다. 저주였다는 것은 이미 한 번 책으로 출판했던 위클리프 주석의 많은 구체적인 논증을 NIC 시리즈에서는 각주로 바꾸지 않으면 안됐고 본문과 각주를 대대적으로 고쳐 쓰는 작업을 해야 했기 때문이다. 하지만 그것이 축복이기도 했던 것은 이렇게 고쳐 쓰는 과정에서 나는 논증을 보다 날카롭게 만들고 많은 곳에서 문체를 더 다듬을 수 있게 되었기 때문이다. 하지만 위클리프 주석 로마서 1-8장의 독자는 실질적으로 크게 고친 것이 거의 없다는 사실을 - 여기서 뉘앙스 조금, 저기서 단서 하나 붙이는 식으로, 또한 로마서 1-8장이 나온 이후에 발표된 학술적 문헌들과의 대화 정도가 거의 전부라는 것을 - 알 것이다.

나는 이 책의 위클리프 주석 서문에서 바울이 로마인에게 보내는 데 많은 공을 들인 서신의 주석서를 집필하기로 한 결정(1990년 당시)을 후회하지 않는다고 썼다. 그러한 생각에는 지금도 변함이 없다. 로마서의 연구를 그토록 힘들게 만들었던 것이 그토록 보람 있게 만드는 것이기도 하기 때문이다 - 그만큼 기독교 신학과 신앙생활에 기초가 되는 많은 문제를 계속해서 생각하지 않을 수 없게 만들기 때문이다. 그와 동시에 나는 이 주석서에서 각별히 신경 쓰고 있는 "바울에 관한 새관점"과의 대화의 필요성을 과거 어느 때보다 더 깊이 느끼게 되었다. 나는 이 주석서가 교회의 성장에 도움이 되기를 바라며, 또한 독자가 하나님의 인정을 받는 "실천 신학"(practical divinity) 가운데서 - 청교도 신학자 윌리엄 에임스(William Ames)가 "하나님을 향한 삶의 교리"(the doctrine of living to God)라고 부르는 것 가운데서 - 성장하기를 빈다.

많은 사람이 이 주석서가 나오는 데 도움을 주었다. 트리니티 복음주의 신학교(Trinity Evangelical Divinity School)의 여러 연구 조교가 참고문헌의 수집과 각각의 원고를 교정하는 일을 도와주었다. 조 앤더슨(Joe Anderson), 해리슨 스킬(Harrison Skeele), 데이빗 존슨(David Johnson), 제이 스미스(Jay Smith) 그리고 조지 골드만(George Goldman)에게 감사한다. 또한 일일이 이름을 거론할 수 없을 정도로 많은 학생들이 그들의 리포트와 토론을 통해 본문에 대한 필자의 생각을 다듬는 데 도움을 주었다. 트리니티 신학교 행정 부서에서는 안식년 계획을 관대하게 마련해 주었다.

위클리프 주석의 편집자인 모이세스 실바(Moisés Silva)와 켄 바커(Ken Barker)는 여러 가지 문제를 통해 생각을 다듬고 그리스어 문법에 보다 정확을 기할 수 있도록 도와주었는데, 그들의 공헌은 이 개정된 주석서에서도 발견될 수 있을 것이다. 그리고 특히 어드만스 출판사의 밀턴 에센버그(Milton Essenburg)와 이 주석 시리즈의 고든 피(Gordon Fee) 편집장이 이 주석서를 채택해 주었고 작업이 진행되는 동안 협조해 주신 데 대해 감사한다.

무엇보다도 작업이 진행되는 동안 줄곧 지지하고 기도해 준 아내 제니와 우리의 자녀 조나단, 다비드, 누가, 리브가, 그리고 크리스티에게 고마움을 표하고 싶다. (열두 살 된) 막내 딸 크리스티는 내가 원고를 완성했을 때, 나의 로마서 주석 나이가 자기 나이와 같다고 언급했는데, 그러고 보니 내 가족이 얼마나 오랫동안 나를 지지해 주었는지를 절실히 느낄 수 있었다.

더글라스 J. 무

차례

서론

"구원 교리의 정수이자 완성"[1] 로마서에 대한 17세기 영국의 청교도인 토마스 드락스(Thomas Draxe: 경건하고 탁월한 설교가로 '최후 심판에 대한 경고'를 저술함. 그의 이름은 Drakes나 Draxui로도 알려져 있다-옮긴이)의 이 묘사는 수세기 동안 신학자, 주석가, 그리고 평신도에게 반향을 불러일으켰다. 우리는 로마서에 대해 생각할 때 보통 교리에 관해서 생각한다. 이런 반응은 이해할 수 있으며 적절하다고 할 수 있다. 우리가 곧 보게 되듯이, 바울이 로마인들에게 보낸 서신은 철저하게 교리적이다. 즉 루터가 표현한 대로 "가장 순수한 복음"이다.[2] 그러나 신약성경의 모든 책들이 그러하듯 로마서도 역사에 뿌리를 두고 있다. 로마서는 조직신학이 아니라 특수한 상황에서 특수한 목적을 가지고 쓰여진 서신이다. 로마서의 메시지는 사실 시대적 제약을 받는 것이 아니지만, 우리가 그 메시지를 올바르게 이해하기 위해서는 로마서가 쓰인 특수한 정황을 제대로 인식해야 한다. 이 서론에서 나는 이 정황을 충분히 밝혀 이 서신에 관한 나의 해석과 적용의 기초로 삼고자 한다

I. 일반적인 상황

A. 바울

바울은 로마서를 자신이 썼다고 주장하며(1:1), 지금까지 이 주장에 대한 심각한 반론은 없었다. 고대의 일반적인 관례에 따라 바울은 이 서신을 대필자 혹은 서기가 대필하게 했는데, 이 사람은 16:22에서 더디오(Tertius)로 밝혀진다. 고대의 저자들은 자신이 구술하는 것을 글자 그대로 받아 적어 기록하는 것에서부터 단어에 견해를 더하는 상당히 광범위한 책임성을 갖는 데 이르기까지 그들의 작

1. Haller, *Rise of Puritanism*, 87에서 인용.
2. Luther, "Preface," 447.

품을 저술하는 데 있어서 대필자에게 다양한 정도의 책임성을 부여했다. 바울이 로마서에 사용한 저작 방식은 확실히 "받아쓰기"로 보는 것이 적절할 것이다. 왜냐하면 로마서의 문체는 갈라디아서나 고린도전서와 매우 흡사한데, 이 두 서신의 작성에 더디오가 관여했다는 증거가 없기 때문이다(갈 6:11을 보라).

바울이 로마서를 쓴 것이 틀림없다면, 그것이 쓰여진 일반적인 상황도 의심의 여지가 없다. 바울은 15:22-29에서 그가 당장 방문할 중요한 세 곳을 밝힌다. 그곳들은 예루살렘과 로마와 스페인이다(개역성경에서는 "서바나"로 번역하고 있다-옮긴이). 바울은 주로 이방인으로 구성된 교회에서 모금하는 일을 마치고 이제 그 돈을 예루살렘의 성도들에게 전하기 위해 로마로 가려는 참이다. 이 모금은 바울에게 있어서 중요한 사역이었는데, 그것은 바울이 제3차 선교 여행 중에 쓴 모든 서신에서 모금 이야기를 하고 있는 것으로 미루어 판단할 수 있다(고전 16:1-4과 고후 8-9장도 참조). 모금의 중요성은 유대 지방의 가난한 기독교인의 물질적인 어려움을 덜어주는 것 이상의 의미를 갖는다. 바울은 모금을 전도 지역의 이방인 교회들과 "본토"의 유대인 교회 사이의 단절된 관계를 회복할 수 있는 실질적인 방안으로 간주한다. 15장에서 바울은 이 모금을 예루살렘에 있는 "성도들"이 어떻게 받을 것인지에 대한 우려를 여실히 드러내고 있다. 그들이 이 선물을 받아들이고 유대인 신자와 이방인 신자를 하나님의 한 백성으로 인정할 것인가? 아니면 바울과 그가 심어 놓은 "율법에서-자유한" 교회들을 불신하여 선물을 거절할 것인가?

로마는 바울의 여정에서 두 번째로 밟을 무대다(15:24, 28). 그러나 로마의 기독교인들을 방문하고 싶은 바울의 마음이 간절하기는 해도, 그는 로마를 자신이 계획하고 있는 스페인행의 중간 기착지 정도로 밖에는 보지 않는다. 이것은 로마에 있는 기독교 공동체의 중요성을 축소시키고자 하는 것이 아니라, 바울 자신이 받은 소명에 대한 이해를 반영하는 것이다. 즉, 그것은 "그리스도의 이름을 들어본 적이 없는 지역에서 복음을 전하는 일"이다(15:20). 이 교회 개척 사업은 바울이 지중해 동부 지역에서는 이미 끝낸 사업이다. "내가 예루살렘으로부터 두루 행하여 일루리곤까지 (일루리곤은 오늘날의 알바니아와 몬테네그로, 보스니아-헤르체코비나, 크로아티아에 걸친 지역이다) 그리스도의 복음을 편만하게 전하였노라"(15:19). 처음 세 차례의 전도 여행 결과 소아시아의 남부와 서부의 주요 대도시 지역(다소, 비시디아 안디옥, 루스드라, 이고니온, 더베 그리고 에베소), 마게도냐(빌립보와 데살로니가) 그리고 그리스(고린도)에서 교회들이 설립되었다. 이 교회들은 이제 자신들의 지역에서 복음 전도의 책임을 질 수 있는 만큼, 바울은 이제 지중해의 먼 서쪽 끝에 있는 복음의 새로운 무대(virgin territory)로 눈을 돌린다.

이러한 정황과 사도행전에 나타나는 누가의 내러티브를 비교해 볼 때, 로마서가 쓰여진 시기는 바울이 제3차 선교 여행을 마치고 그가 세운 교회들의 대표자들과 함께 예루살렘으로 돌아갈 준비를 할 무렵이었을 것이 분명하다(행 20:3-6). 바울이 귀국길에 오르기 전에 그리스에서 석 달을 체류했다고 누가가 기록하고 있기 때문에, 우리는 그 체류 기간에 바울이 다음 단계의 선교 활동을 염두에 두면서 로마 교회에 이 편지를 쓴 것이라고 추측할 수 있다. 바울이 그리스에 있을 동안 체류한 곳은 아마도 고린도였을 것이다(고후 13:1, 9을 참조). 로마서가 이곳 고린도에서 쓰였을 것이라는 사실은 바울이 고린도와 인접한 항구인 겐그레아 출신의 여성 뵈뵈를 추천했다는 사실에 의해 암시된다(롬 16:1-2). 게다가, 바울이 머물고 있는 것으로 보이는 집의 주인인 가이오(롬 16:23)는 아마도 바울이 고린도에서 세례를 준 바로 그 가이오일 것이다(고전 1:14). [그리고 로마 교회에 문안하는 도시 재무관 에라스도(롬 16:23)는 한 비문(inscription)에서 고린도의 도시 행정관(aedile; 고대 로마의 조영관으로서 공공 건물, 도로, 시장 등을 관장하던 공무원-옮긴이)으로 밝혀지고 있는 그 에라스도가 아닐까?[3]] 따라서 로마서가 쓰여진 시기는 바울이 그리스에 3개월간 체류한 시기에 따라 달라지며,[4] 그 시기는 바울의 생애에 관한 절대적 연대를 구성하는 위험한 과정에 따라 달라진다. 최선의 선택은 아마도 A.D. 57년일 것이다. 그러나 전후로 1, 2년의 오차는 허용가능 할 것이다.[5]

---

3. 16:23의 각주 참조
4. 참조. 특히 일반적 연대에 관해서는 F. Bruce, *Paul*, 475.
5. 예를 들어, Ogg는 바울의 고린도 체류 시기를 A.D. 58-59년으로 잡는다(*Odyssey of Paul*, 139). 또한 바울의 연대에서 사도행전의 증거를 제외하기로 하면 훨씬 넓은 시간 틀을 잡는 것이 가능해진다. 그래서 Luedemann은 로마서의 집필 시기를 A.D. 51/52년 또는 54/55년으로 잡으며(Paul, 263), Buck과 Taylor는 A.D. 47년으로(*Saint Paul*, 170-71), J. Richards는 고린도전서를 쓰기 전인 A.D. 52-54년으로 본다("Romans and 1 Corinthians," 14-30). 그리고 Suhl은 A.D. 55년으로 잡지만 고린도에서가 아니라 데살로니가에서 쓴 것으로 본다(*Paulus und seine Briefe*, 264-82). Campbell은 A.D. 52년으로 연대를 설정한다(*Framing Paul*, 37-121, 414).

바울 자신의 상황에 관한 이 밑그림에서 특별히 중요하게 드러나는 점은 그가 로마 교회에 보내는 편지를 쓰는 시기가 그의 선교 활동에 있어서 중요한 전환기라는 사실이다. 거의 25년 동안 바울은 지중해 동부 지역에서 교회를 개척하는 사역을 했다. 그리고 이제 그는 그 사역의 실질적인 열매를 예루살렘에 가지고 갈 준비를 하고 있는데, 초대 교회에서 가장 심각한 사회적-신학적 균열, 즉 유대인과 이방인이 하나님의 한 백성이라는 관계를 치유하게 될 것으로 기대한다. 예루살렘 너머에는 "곡식이 무르익어 수확을 기다리는 들판이 있는" 스페인이 손짓하고 있다. 그 중도에 로마가 있다.

B. 로마의 기독교 공동체

로마서를 쓸 당시 바울이 처해 있던 상황은 로마서에 나오는 바울 자신의 진술에 입각해서 복원할 수도 있고, 그의 다른 서신들과 사도행전에 나오는 증거에 입각해서 복원할 수도 있다. 우리는 이와 같은 직접적인 증거를 바울이 편지를 쓸 당시 로마의 기독교 공동체가 처해 있던 상황을 복원하는 데에는 이용할 수가 없다. 그 공동체의 기원은 잘 알려져 있지 않으며 그 구성과 성격이 바울의 시대에 어떠했는지도 불분명하다.

로마에 있는 교회를 베드로가 (또는 베드로와 바울이 공동으로) 세웠다는 전승은 옳다고 할 수 없다.[6] 바울이 "남의 터 위에 건축하지 않는다"는 원칙을 밝히는 것이 바로 이 편지다(롬 15:20). 그렇다면 바울이 이 편지의 수신자로 삼는 교회가, 또는 로마서 1:8-15에서 기술하는 방문 계획을 세우는 교회가 베드로가 세운 교회였다고 생각할 수 없게 된다. 또한 베드로가 로마 교회를 세울 수 있을 정도로 일찍 로마에 있을 수 있었을 것 같지도 않다. 우리가 가지고 있는 전승들이 다른 사도를 로마 교회와 연관시키고 있지 않은 만큼, 아마 4세기의 교부 암브로시애스

---

6. (A.D. 354년에 작성된) 리베리아누스 교황 역대기(*Catalogus Liberianus*)는 로마 교회의 설립자겸 초대 주교로 베드로의 이름을 들지만, 그 이전에 전해지던 전승은 베드로와 바울, 둘 모두를 로마 교회의 설립과 연관시킨다(참조. *Irenaeus, Haer*. 3.1.2; 3.3.1). 이러한 전자의 전승이 부정확하다는 것이 분명하기 때문에, 후자의 전승은 훨씬 더 의심스럽다(Cullmann의 *Peter*, 72-157 참조).

터(Ambrosiaster)의 다음과 같은 평가가 정확할 것이다. 그는 "로마인들이 비록 유대교의 의식을 따랐다고 할지라도, 어떤 놀라운 이적이나 어떤 사도와의 접촉 없이, 그리스도에 대한 신앙을 받아들였다"고 평가하고 있다.[7] 가장 그럴듯한 시나리오는, 로마의 유대인들이 오순절에 예루살렘에서 개종한 후(행 2:10 참조) 예수를 메시아로 믿는 신앙을 가지고 그들의 고향, 유대교 회당으로 돌아왔다는 것이다. 이런 방식으로 로마에서의 기독교 운동이 시작되었다.

암브로시애스터는 이 유대교 회당이 로마에서 기독교의 출발점이 되었다고 판단하는데, 그러한 판단도 아마 틀리지 않을 것이다. B.C. 1세기가 끝나 갈 무렵에 유대인은 로마 인구에서 상당한 비중을 차지할 만큼 많은 숫자가 이주해 있었다.[8] 이들을 하나로 묶는 단일 조직체는 없었다. 많은 수의 회당은 서로간 독립되어 있던 것으로 보인다.[9] 로마에서 유대인의 역사상 하나의 중요한 사건을 로마 역사가 수에토니우스(Suetonius)가 전하고 있다. 그의 저서 『클라우디우스의 생애』(Life of Claudius)에서 수에토니우스는 클라우디우스가 "로마에서 유대인들을 추방한 것은 그들이 크레스투스(Chrestus)의 사주를 받아 끊임없이 폭동을 일으키기 때문" 이라고 했다(25.2). 대부분의 학자들은 "크레스투스"가 그리스어 크리스토스(Christos)와 혼동한 것이며, 그 폭동은 아마 예수가 크리스토스(Christos), 즉 메시아가 되었다는 주장을 놓고 유대인 사회에서 벌어지고 있던 논쟁을 두고 한 말일 것이라고 본다. 그러나 유대인의 추방 범위는 명확하지 않다(모든 유대인을 대상으로 한 것인가? 아니면 단지 문제를 일으키는 자 혹은 지도자만 해당되는가? 그것도 아니라면 대부분의 유대인인가?). 또한 추방된 연대도 확실하지 않다(A.D. 41년 인가? 아니면 49년 인가? 혹은 둘 다 가능한 것인가?).[10] 그러나 이러한 증거에 대한 가장 좋은 해석은 소수

---

7. *PL* 17.46.

8. 필론은 (Embassy to Gaius 47.0에서) 로마의 유대인 공동체가 노예로 팔린 전쟁 포로를 중심으로 이루어졌다고 주장한다. 그러나 Leon은 이러한 주장에 대해 반박한다(*Jews*, 4-5; 참조 5-9); 또한 Wiefel, "Jewish Community," 86-92; S-H, xviii- xxv 참조.

9. Leon, *Jews*, 135-70; Penna, "Juifs," 327-28; Wiefel, "Jewish Community," 89-92.

10. 추방 날짜는 5세기 역사가 Orosius에 의해서만 명시적으로 언급된다(*History against the Pagans* 7.6.15). 그리고 추방이 발생할 때마다 제한된 추방은 또다른 역사가인 Dio Cassius가 암시적으로 언급한 것으로 보인다(*Roman History*. 60.6.6). 따라서 많은 학자들은 추방이 발생할 때마다 문제를 일으키는 자나 지도자에 한정하여 추방한 것으로 생각한다 (예를들어, Leon, Jews, 23-27; Murphy-O'Connor, *Paul*, 9-15). 문제를 일으키는 자에 대한 추방은 A.D. 41년에만 발생했다(또

의 유대인이 A.D. 41년에 추방되었고 더 많은 수(아마도 로마에 거주하던 대부분의 유대인)가 A.D. 49년에 추방되다고 생각하는 것이다.[11] 누가가 과장하는 것일 수도 있지만, 그는 아굴라와 브리스길라가 A.D. 49-51년경에 고린도에서의 추방을 끝내고 "글라오디오가 모든 유대인을 명하여 로마에서 떠나라"(행 18:2)고 칙령을 내렸다고 주장한다. 우리는 논쟁의 여지가 있는 역사적 배경에 기초하여 성경 본문에 대한 이론을 세우지 않도록 항상 주의해야 하지만, 이 경우에 역사적 증거가 로마서 자체의 내적인 주장과 잘 결합하여 이 일반적인 시나리오를 가능성 있는 것으로 만든다고 생각한다.

로마서에서 이 시나리오는 확실히 중요하다. 추방되기 전에 의심할 여지없이 공동체의 일부였던 이방 그리스도인들은 유대 그리스도인의 전부 또는 대부분이 로마 교회에 부재한 결과 내부적으로 더 큰 명성을 얻었을 것이다.[12] 그로 인해, 신학적으로 볼 때 기독교 공동체가 유대인 기원의 요소에서 멀어지는 운동의 가속화를 진행시켰을 것이다. 클라우디우스의 추방 칙령은 분명히 몇 년 안에(아마도 그가 A.D. 54년에 사망했을 때) 시효가 만료되도록 허용했기 때문에 바울이 A.D. 57년에 기록할 당시 유대 그리스도인들(브리스가[브리스길라]와 아굴라; 참조, 롬 16:3)이 로마로 돌아왔지만 그들은 더 이상 지배적인 그룹이 아니었다. 이러한 상황은 사회적 그리고/또는 신학적 노선에 따른 분열의 양상이다. 게다가, 기독교 공동체의 모체인 유대교 공동체로부터 분권화된 로마의 기독교인들이 여러 가정 교회로 그룹화되었을 가능성을 보여 준다. 이것이 사실임이 확실한 이유는 로마서 16장에 나오는데, 이곳에서 바울은 여러 다른 가정교회에게 문안하는 것으로 보이기 때문이다.[13] 따라서 서로 다른 가정교회들이 어느 정도 한 그룹 내지는 여러

한 Penna, "Juifs," 331 참조). 이러한 시나리오에 대해 전반적인 의구심을 갖는 다른 학자들에는 Achtemeier/Green/Thompson, *Introduction to New Testament*, 303 참조.

11. 특히 Riesner, Paul's Early Period, 157-201 참조. 또한 Smallwood, Jews under Roman Rule, 210–16; F. Bruce, "Romans Debate-Continued," 178-80쪽; Schnabel, Paul and the Early Church, 808-9; J. Barclay, Jews in the Mediterranean Diaspora, 303–6; Wolter, 30–36 참조. A.D. 49년에 발생한 상당한 숫자의 유대인 추방에 대해 설득력있게 주장하는 다른 학자들은 P. Lampe, *From Paul to Valentinus*, 11–15; Jewett, 18-19, 55-59 등을 참조.

12. 특히 Wiefel, "Jewish Community," 92–101 참조.

13. 특히 P. Lampe, From Paul to Valentinus, 359–60 참조.

그룹과 연합했을 가능성이 있다.[14]

II. 통일성, 문헌사 및 텍스트

현재 우리 성경에 인쇄되어 있는 로마서는 바울이 로마에 있는 기독교인들에게 보낸 편지와 동일한 것일까? 몇몇 학자들은 아니라고 대답한다. 일부는 바울이 편지를 쓴 후에 추가되었을 수 있다고 생각해서 분할 이론(partition theory)을 가정하거나 구절 또는 단락을 골라낸다.[15] 좀 더 대중적인 이론은 로마서 16장(그리고 아마도 로마서 15장도)의 일부 또는 전체가 바울이 로마 교회에 보낸 원래 편지의 일부가 아니라는 제안이다. 이 이론에는 약간의 텍스트적 근거를 바탕으로 한다. 우리는 사본(MS) 전승에 나타나는 텍스트의 여러 형태를 나열하는 것으로 시작할 수 있다.[16]

1. 1:1-14:23, 15:1-16:23, 16:25-27: P^{61}?, א, B, C, D, 1739, 기타
2. 1:1-14:23, 16:25-27, 15:1-16:23, 16:25-27: A, P, 5, 33, 104
3. 1:1-14:23, 16:25-27, 15:1-16:24: Ψ, "다수파"텍스트, sy^h
4. 1:1-14:23, 15:1-16:24: F, G [D의 원형?], 629
5. 1:1-14:23, 16:24-27: $vg^{1648,1792,2089}$
6. 1:1-15:33, 16:25-27, 16:1-23: P^{46}

표면상으로 가장 주요한 문제는 송영(doxology)(16:25-27)이 포함되어야 하는지

14. 예를 들어 Drane, "Why Did Paul Write Romans?" 215-18 참조.
15. 예를들어, Schmithals, *Römerbrief als historisches Problem*, 180-211에서 요약; Kinoshita, "Romans-Two Writings Combined," 258-77 참조. 우리는 주석에서 삽입 이론(interpolation theories)을 언급할 것이다. 그러나 여기서 우리는 O'Neill의 주석에서 삽입 이론에 거듭되는 의존에 주목해야 할 것이다. 이에 대한 적절한 비평은 N. Watson, "Simplifying the Righteousness of God," 464-69을 참조.
16. 이러한 텍스트 데이터가 어떻게 설명될 수 있는지에 대한 (추측이긴 하지만) 포괄적 이론과 함께 텍스트 데이터에 대한 철저한 분석은 Jewett, 4-18을 참조.

여부이며, 만약 포함된다면 어디에 - 14장, 15장, 아니면 16장의 말미에? - 포함되어야 하느냐는 것이다. 이것이 문제의 전부라면, 우리는 비교적 사소한 텍스트 문제와 맞닥뜨리는 셈이 될 것이다. 그러나 이 송영의 위치 변동은 다른 텍스트와 문헌의 다른 쟁점들과 결부되어 전체적으로 이 편지의 기원과 문헌적 유래에 관한 심각한 질문을 불러일으킨다. 예를 들어, 위에서 볼 수 있듯이 라틴어 불가타역의 여러 사본에는 로마서 15:1-16:23이 완전히 빠져 있는데, 이런 누락의 증거는 다른 불가타 코덱스[17]에서도 볼 수 있고, 테르툴리아누스(Tertullian),[18] 이레네우스(Irenaeus), 그리고 키프리아누스(Cyprian)의 글에서 15장과 16장이 빠져 있다는 것으로도 알 수 있다. 이 모든 사실에 의해 현재 우리의 성경에서 볼 수 있는 로마서 16장의 형태는 본래의 14장 또는 15장 형태에서 파생되었을 가능성이 제기된다. 여기에 몇몇 사본(G와 고대 라틴어 사본 g)이 로마서에 단 두 번 밖에 나와 있지 않은 로마에 대한 언급(1:7, 15)을 생략하고 있다는 사실을 더할 때, 우리는 왜 로마서가 원래는 보다 짧고 "보편적"인 형태로 되어 있었느냐는 각종 이론이 제기되었는지를 이해할 수 있다.

한 가지 이론은 현재 우리의 로마서가 처음에 14장 형태로 존재했고 바울이 이 편지를 로마로 보낼 때 15장을 추가했다는 것이다.[19] 그러나 이 이론에서 가장 대중적인 형태는 로마에 보낸 원본 편지가 1:1 - 15:33으로 구성되었다는 것이다. P^{46}에서 15장 이후에 송영을 배치한 것은 로마서가 한 때는 15장에서 끝났다고 볼 경우에만 설명이 가능하다고 주장된다.

그러나 보다 중요한 것은 16장 자체의 내적 증거다. 16:17-20에서 분쟁을 일으키는 자들을 향한 경고는 1-15장의 내용과 어울리지 않는 것 같다. 특히 눈에 띄는 점은 16:3-15의 장황한 문안 인사다. 뵈뵈에 이어, 바울은 25명의 개인들과, 두 가족, 한 "교회", 그리고 특별히 거명하지 않은 많은 "동역자들"과 "성도들"에게 문안 인사를 한다. 그들 모두가 바울이 방문한 적이 없는 한 공동체에 속해 있

---

17. Codex Amiatinus에는 16장 전부가 수록되어 있지만, 그보다 앞서 나온 라틴어판에서 채택한 15:1-16:24에 해당하는 부록은 포함되어 있지 않다.

18. 테르툴리아누스는 14:10을 서신의 마지막 부분에 있는 것으로 언급한다(*Contra Marcion* 5.14).

19. Lake, *Earlier Epistles of St. Paul*, 350 - 66.

다. 그렇다면 16장은 확실히 바울이 잘 아는 교회에 보내는 것이었어야 한다는 주장이 나오게 마련이다. 가장 적합한 후보지로 떠오르는 것이 에베소다. 바울이 문안 인사의 대상으로 "아시아에서 그리스도께 처음 익은 열매"를 꼽기 때문이며(롬 16:5; 에베소는 로마제국의 아시아 속주였다), 또한 우리가 아굴라와 브리스길라를 마지막으로 만나는 곳이 에베소이기 때문이다(행 18:19). 이런 해석을 하는 한 판본(variation)에 따르면, 16장은 뵈뵈를 추천하는 개별 편지였다.[20] 특히 맨슨(T. W. Manson)의 또 다른 견해에 따르면, 16장은 바울이 그의 로마 교회에 보내는 원본 편지(1-15장)의 사본 한 통을 에베소로 보낼 때 추가되었다는 것이다.[21]

하지만 이상의 이론들은 잘못된 것이 거의 분명하다.[22] 비록 초기 교회에 14장 형태의 로마서가 있었다는 명백한 증거가 있기는 하지만,[23] 14장과 15장이 밀접하게 연결되어 있는 점으로 보아 바울의 원본 편지에 15장이 없었다고는 도저히 생각할 수가 없다.[24] 그렇다면 14장 형태의 로마서는 어떻게 유래한 것일까? 라이트풋(Lightfoot)은 바울 자신이 직접 로마서를 줄이고 그와 동시에 1:7과 1:15의 로마에 대한 언급을 뺐는데, 이는 자신의 서신을 보편화하기 위한 것이라고 생각했다.[25] 그러나 이것이 바울의 의도였다면, 그가 서신을 자신의 주장을 표명하는 중간에서 끊었을 것 같지는 않다.[26] 바울의 사후에 로마서를 보다 보편적으로 통용되도록 만들기 위해 로마서의 본문을 줄였다는 갬블(Gamble)의 이론에도 같은

---

20. 예를들어, Goodspeed, "Phoebe's Letter of Introduction," 55-57; Schmithals, *Römerbrief als historisches Problem*, 125-51(그의 주석서 pp. 544-53도 참조); Moffatt, *Introduction*, 135-39; Jülicher, *Introduction*, 109-12; S. Davidson, *Introduction*, 137-40; Fitzmyer, "Letter," 292-93 (그는 나중에 쓴 앵커바이블 주석서에서 견해를 바꿨다); Käsemann, 415, 419-20. McDonald("Was Romans XVI a Separate Letter?" 369-72)는 간결하고 문안-지향성의 편지가 가능하다는 것을 보여주었다.

21. T. Manson, "St. Paul's Letter," 3-15; 참조. Zuntz, *Text of the Epistles*, 276-77; W. Manson, "Notes," 152-53; McNeile, *Introduction*, 154-58; R. Martin, *New Testament Foundations*, 2.194-96; Refoulé, "À contre-courant Romains 16,3-16," 409-20.

22. 최근의 대부분 로마서를 대하는 방법들은 거의 16장 형태의 로마서를 원본으로 받아들인다. 최근의 로마서를 대하는 방법의 한 예로 Longenecker의 *Introducing Romans*, 15-42를 참조.

23. 예를 들어 Gamble, *Textual History*, 16-21.

24. 예를 들어 S-H, xci; Gamble, *Textual History*, 84.

25. "Structure and Destination," 287-320, 354-74; 참조. Denney, 576-82; Longenecker, 1046-47.

26. 참조. Hort's comments, in Lightfoot, *Biblical Essays*, 321-51.

반론이 제기된다.[27] 단축된 형태에 대한 최초의 설명자는 오리게네스(Origen)인데, 그는 마르키온(Marcion)이 마지막 두 장을 잘라냈다(*dissecuit*)고 주장한다. 이 설명이 이 편지를 15:1에서 중단하는 데 대한 최선의 이론적 근거를 제공하는 만큼(15:1 이하에는 마르키온의 반유대적 감정을 불편하게 할 내용이 많다), 나는 그것을 14장 형태의 로마서에 대한 가장 설득력 있는 설명으로 잠정적으로 채택한다.[28]

그럼 15장 형태라고 알려진 것은 어떤가? 텍스트 면에서 볼 때 이 이론은 처음부터 근거가 빈약하다. 15장만으로 된 로마서 사본이 하나도 없기 때문이다. 유일한 텍스트 증거는 P^{46}인데 이곳에서 송영을 15장 다음에 두고 있지만, P^{46}이 16장을 빠뜨리고 있지는 않다. 게다가 16장을 빼야 한다는 내적 논증도 강력하지 못하다. 16:17-20에서 거짓 교사들에 대한 최후의 경고는 바울의 다른 편지에서 보는 것과 비슷한 수순이며, 경고가 여기서만 나오는 이유는 로마 교회의 특별한 사정이 그것을 설명해 준다.[29] 문안을 받는 사람의 수가 많은 것은 보다 큰 문제를 제기한다. 그러나 유대인과 유대 그리스도인들이 로마에서 추방됨으로써 바울은 동방에 유배되어 있는 기간 동안 이러한 (브리스길라와 아굴라 같은) 사람들을 많이 만날 수 있는 기회를 얻었을 것이다. 바울이 자신이 잘 아는 교회라면 몇몇 사람만 선정하여 문안 인사를 함으로써 대다수 교인들의 기분을 상하게 하는 위험을 감수하는 일이 없었을 것이다.[30] 오히려 아는 사람이 한정된 낯선 교회라면 아는 사람을 일일이 거명하여 문안을 전하는 쪽을 택했을 가능성이 더 클 것이라는 주장까지 있다. 어쨌든 문안의 숫자로 인한 문제는 바울의 로마서 원본에 16장을 포함하는 것에 찬성하는 외적 증거를 극복할 만큼 크지는 않다.

현재 거의 대다수의 학자들이 이렇게 주장하고 있다면, 우리는 바울이 로마 교회에 보낸 편지에는 현대 텍스트와 번역본에서 볼 수 있는 16장을 전부 포함하고

---

27. Gamble, *Textual History*, 115–24.
28. 예를 들어 Kümmel, *Introduction*, 316; Guthrie, *New Testament Introduction*, 413; S-H, lxvi; Barrett, 143(?); Morris, 21–24(?); Fitzmyer, 55–65.
29. 더욱 자세한 사항은 16:17-20의 각주 참고.
30. Lightfoot, "Structure and Destination," 298. Gamble, *Textual History*, 48-49 참조. 이 문제에 관해서는 다음의 Kaye, "'To the Romans and Others,'" 37-77; Donfried,"Short Note," 44-52; Lietzmann, 123도 참조.

있었다고 결론 내릴 수 있다.[31]

III. 청중

위에서 살펴보았듯이, 로마에서의 기독교는 유대인 가운데에서 시작되었다(일반적인 "상황"을 참조). 그리고 클라우디우스 치하에서 유대인이 로마에서 추방됨으로 인하여 로마 교회에서 유대인 신자가 전무하거나 줄어들게 되었지만, 로마서가 쓰일 당시에는 적어도 유대 기독교인 중 일부가 (브리스길라와 아굴라처럼) 돌아왔을 것으로 우리는 확신할 수 있다. 우리는 로마에서의 이방인 기독교의 기원에 관해 직접적으로는 아는 바가 없다. 그러나 바울의 선교 패턴을 추적해 보면 유대교에 관심을 가지고 회당에 참석했지만 유대교인이 되지는 않은 이방인들인 "하나님을 경외하는 사람들"[32]이 새로운 신앙에 제일 먼저 마음이 이끌린 사람들이었을 것으로 추측할 수 있다. 분명 로마서가 쓰일 무렵에는 로마 교회에서 이방인들이 상당 부분을 차지했다(11:13-32와 15:7-12을 참조). 그렇다면 바울이 로마서를 쓸 때 로마의 기독교 공동체는 유대 그리스도인과 이방 그리스도인으로 구성되어 있었다고 봐도 큰 무리가 없을 것이다. 하지만 이것은 바울이 편지를 쓸 때 양 집단 모두를 염두에 두고 있었다는 뜻으로 말하는 것이 아니다. 우리는 로마서의 청중을 결정하는 것을 이 편지가 제시하는 증거에 따라서 하지 않으면 안 된다.

불행히도 이 편지는 이 청중을 정하는 문제에 관해 복잡한 신호를 보내고 있는 것 같다. 한편으로, 바울이 편지를 쓸 때 유대 그리스도인들을 염두에 두었음을 시사하는 증거가 있다. (1) 바울은 16장에서 유대 기독교인들인 브리스길라와 아굴라, 그리고 그의 "친척"(Syngeneis, 쉰게네이스)인 안드로니고와 유니아와 헤

31. 송영에 대한 질문들은 16:25-27의 각주 참조.

32. 사도행전 10:2, 22, 35; 13:16, 26 참조. 일부 학자들은 "하나님을 경외하는 자"와 같은 부류의 존재에 의문을 제기했으며 그들이 이러한 종류의 이방인들을 지칭하여 널리 쓰인 명칭인지는 분명하지 않다. 유대교 신앙에 호의적인 상당한 수의 이방인 집단이 잘 확립되어 존재했던 것으로 보인다 (Keener, *Acts*, 1751-53의 간결하고 유용한 개요 참조).

로디온에게 문안 인사를 하고(3, 7, 11절), (2) 2장에서 직접적으로 "유대인"을 향하여 말하며(17절 참조), (3) 바울의 독자들을 모세의 율법과 밀접하게 연관시킨다(6:14: "너희가 법 아래 있지 아니하고"; 7:1: "내가 법 아는 자들에게 말하노니"; 7:4: "너희도… 율법에 대하여 죽임을 당하였으니"). (4) 바울은 아브라함을 "육신으로 우리(our) 조상"이라고 부르고 (4:1), (5) 편지에서 많은 지면을 할애하여 유대인 민족에게 특별한 관심사가 되는 문제, 즉 그들의 죄와 하나님의 미쁘심의 확신(2:1-3:8), 율법 준수의 실패(3:19-20, 27-31; 4:12-15; 5:13-14, 20; 6:14; 7; 8:2-4; 9:30-10:8), 그들의 "조상" 아브라함의 중요성(4장), 그리고 그들이 하나님의 전개되는 계획에서 차지하는 위치(9-11장)를 논한다.

하지만 이방 그리스도인들을 대상으로 하고 있다는 증거들도 분명히 있다. (1) 편지를 시작하는 인사말에서 바울은 자기가 부르심을 받아 사역하게 된 이방인들 가운데 로마 교회 기독교인들을 포함시키며(1:5-6. 또한 1:15과 15:14-21도 참조), (2) 하나님의 계획 안에 있는 유대인의 위치에 관한 그의 논증(11:11-24)을 "이방인인 너희에게" 하는 것이라고 말하고 있으며(13절 그리고 2인칭 복수형을 14-24절에서 계속 쓰고 있음도 주목하라), (3) 15:7의 "너희도 서로 받으라"는 바울의 호소도 특별히 이방 그리스도인들을 상대로 하는 것 같다(8-9절 참조).

우리는 역설적인 상황에 맞닥뜨린 것 같다. 이 상황을 큄멜(Kümmel)은 이렇게 표현한다. "로마서는 이중적인 특성을 드러낸다. 그것은 본질적으로 바울의 복음과 유대교 사이의 논쟁이며, 그러므로 결론은 당연히 유대 그리스도인들을 독자로 쓴 편지인 것으로 보인다. 그렇지만 이 편지에는 이방인-기독교 공동체에 보내는 편지임을 특별하게 가리키는 진술들이 포함된다."[33] 여러 가지 선택이 우리에게 열려 있다.

첫째, 우리는 이방 그리스도인들을 독자로 삼고 있는 증거를 무시하거나 가볍게 보고, 일단 편지가 전적으로 또는 최소한 주로 유대 그리스도인들에게만 보내졌다는 결론을 내릴 수 있다.[34] 그러나 이 결론은 아무래도 바람직하지 않다. 로

33. Kümmel, *Introduction*, 761.

34. 특히 Baur, "Über Zweck und Veranlassung," 147-266 참조; 같은 저자, Paul the Apostle, 1.331-65; Zahn, Introduction, 1.421-34; Kettunen, Abfassungszwecke des Römerbriefes,

마서 11:13은 이방인이 교회의 일부에 지나지 않음을 시사한다고 볼 수도 있지만, 1:5-6은 적당히 넘어갈 수가 없다(이를테면, "너희[로마의 기독교인들]도 그들[이방인들] 가운데 있어"로 번역하는 식으로-1:6의 해설을 참조). 그만큼 이 절은 편지의 서두에 위치하여 바울이 이방 그리스도인들을 편지의 수신인으로 삼았음을 강력하게 시사하기 때문이다.

그렇다면 로마서의 독자가 이방 그리스도인들이었다는 견해를 뒷받침하는 관점을 만들기가 훨씬 더 쉬워진다.[35] 왜냐하면 1:5-6이 결정적인 것으로 보일 뿐만 아니라, 유대 그리스도인들을 독자로 삼고 있다는 증거는 특별히 강력하지가 않기 때문이다. 16장의 문안은 로마 교회 공동체에 유대 기독교인들이 있었음을 알려 주지만, 그렇기 때문에 그들이 편지의 수신인이어야 할 필요는 없다. 로마서 2장의 2인칭 단수 호격은 문학적인 장치일 뿐 편지의 실제 독자에 관해 알려주는 바가 없다(2:1-3:8의 서론을 참조). 바울이 아브라함을 "우리" 조상이라고 부를 때(4:1), 그는 자기 자신과 함께 그의 독자들을 포함시키고 있는 것이 아니라 다른 유대인들 또는 유대 그리스도인들을 포함시키고 있다고 볼 수 있다. 바울이 그의 독자들을 율법과 연관시키고 있는 것은 분명하다. 그러나 우리가 앞으로 주장하게 되겠지만(6:14과 7:4에 관한 각주 참조), 바울의 생각에 이방인들도 어떤 의미에서 "율법 아래" 있는 것이다. 그리고 아마 유대 그리스도인과의 관계를 배제할 수는 없을 14:1-15:13에서도, 바울의 논증은 주로 "믿음이 강한 자들"을 겨냥해서 이루어지고 있다.

마지막으로, 편지에는 유대교와의 논쟁 또는 대화가 있는 것이 사실이지만 (예를 들면 1:18-4:25), 그렇다고 반드시 유대인 또는 유대 그리스도인들을 논쟁 상대로 삼고 있다고 볼 필요는 없다. 바울의 목적은 유대인과 기독교인을 분리시키는 근

73-81; Guerra, "Romans: Paul's Purpose," 220–24.

35. 특히 Stowers, Rereading of Romans, 21–36 참조; Das, Solving the Romans Debate; Thorsteinsson, Paul's Interlocutor in Romans 2, 87-122; W. Campbell, "Addressees," 171-95; Munck, Paul and Salvation, 200–209; Schmithals, Römerbrief als historisches Problem, 9–89; Witherington/Hyatt, 7–8. Dunn(xiv 페이지)은 "바울이 분명히 이방인들에게 편지를 쓰고 있다"고 말하면서 바울의 청중 가운데 유대 그리스도인들을 허용하는 것으로 보인다(참조. 같은 단락에서 바울이 쓴 문제 중 하나는 "어떻게 이방 그리스도인과 유대 그리스도인은 서로의 관계를 인식해야 하는가" 이다).

본적인 문제들을 낱낱이 열거하고 그의 복음이 그 문제들에 관해 무엇을 말하고자 하는 것인지 밝힘으로써, 이방 그리스도인들이 그들의 신앙의 뿌리와 유대인과 유대 그리스도인 모두에 대한 그들 자신의 상황을 깨닫도록 돕는 것일 수 있다.[36] 바울의 이 의도는 9-11장에서 분명해진다. 그곳에서 바울은 구원의 역사에서 이스라엘이 차지하는 위치를 설명하여 이방인의 교만을 억누르는 것이다. 갈라디아서 역시 율법 준수의 실패와 할례의 불필요성에 관한 가르침은 이방 그리스도인들이 들을 필요가 있다는 점을 분명하게 증명해 준다.[37] 게다가 이방인들 스스로가 이러한 문제에 대해 우리가 종종 깨닫는 것 이상으로 깊은 개인적 관심을 가졌을 것이다. 우리가 위에서 시사했듯이 로마의 기독교는 회당에서 시작되었으며, 개종한 최초의 이방인은 "하나님을 경외하는" 회당 참석자들이었을 것이 거의 확실하기 때문이다. 로마에서 기독교가 탄생하게 되는 이 유대교 모체는 이방 그리스도인들도 "법 아는"(7:1) 자들이었을 것임을 의미했고, 또한 많은 이방 그리스도인들이 할례와 율법에 관해 그들이 이미 알고 있던 것과 복음이 어떤 관계에 있는지를 궁금해했을 것임을 의미하기도 했다.[38]

이상의 자료(data) 해석이 대체로 만족스럽긴 하지만, 바울의 청중으로부터 유대 그리스도인들을 완전히 배제할 수 있겠느냐 라는 질문을 하지 않으면 안 된다. 바울은 1:7에서 "로마에 있어 하나님의 사랑하심을 … 입은 모든(*all*) 자에게" 말하고 있는데, 로마에 유대 그리스도인들이 있었던 것은 분명하다. 뿐만 아니라 "강한 자"와 "연약한 자"에 대한 바울의 권면은 두 집단을 - 대략 이방 그리스도인들에 해당하는 집단과 유대 그리스도인들에 해당하는 집단을 - 다같이 독자로 삼고 있었다고 할 경우가 가장 타당하다. 그리고 1:18-4:25에서 바울이 "유대교와 나눈 대화"와 7장에서 그가 기술하는 율법의 부적절함은 이방인만을 청중으

36. Fraklin, "Rhetorical Function of the Jews," 91 – 105.

37. 예를 들면, Denney, 562 – 66; Munck, *Paul*, 204 – 7.

38. 참조. Schmithals, *Römerbrief als historisches Problem*, 69-82; N. T. Wright, "The Messiah and the People of God," 232-35; Dunn, xlvii-xlviii. 하지만 R. Brown과 J. Meier는 바울의 편지가 로마에 있는 기독교는 "유대교를 존중하고 유대교의 관습에 충실한 기독교였다"는 전제하에 쓴 것이라고 주장하는데, 이는 지나친 말이다(*Antioch and Rome*, 110). 로마서 11장과 14-15장은 적어도 많은 수의 로마 교회 기독교인이 유대교의 관습을 버렸으며, 실제로 유대인 그리고/또는 유대 그리스도인들에 대해 부정적이었음을 보여 준다.

로 삼고 있다는 전제하에서도 설명될 수 있지만, 바울의 청중 가운데 최소한 몇몇의 유대 그리스도인은 있었다고 한다면 이 본문들이 더욱 적절하게 설명되지 않을지 생각해 아야 한다. 이런 점들을 감안하면 바울이 편지의 청중으로 삼은 상대는 유대 그리스도인과 이방 그리스도인 모두를 포함했을 가능성이 크다.[39]

따라서 대다수의 주석서들과 궤를 같이하여, 우리는 바울이 로마서에서 유대 그리스도인과 이방 그리스도인이 함께 섞인 집단에게 말하고 있다고 생각한다. 두 집단의 상대적 비율을 어림하기를 거부하는 몇몇 사람들도 있지만,[40] 위에서 했던 앞선 고찰들은 이방 그리스도인이 다수였다는 것을 보여 준다.[41] 하지만 이렇게 복원하기 위해서는 중대한 의문이 하나 생긴다. 그것은 만약 유대 그리스도인이 로마 공동체에 있었다면, 그리고 그들이 다수를 차지하는 이방 그리스도인들에게 무시당하고 있었다면(11:13-24 참조), 왜 바울이 이 공동체에 대해 모든 이방인(1:5-6)이라 불렀겠느냐는 것이다. 그 대답은 아마도 이 무렵에 이르러서 이 로마 공동체가 전체적으로 이방인 기독교의 양상을 띠게 되었다는 것이다.[42] 실제로 로마의 기독교가 더 이른 유대교 모체로부터 보다 순수한 "이방인" 체제로(클라우디우스 치하에서 유대 그리스도인들이 강제 추방됨으로써 가속화되어) 전환했기 때문에 유대인 신자 편에서 일종의 열등감을 느끼게 된 것이 아닐까 싶다. 그리고 바울이 1:5-6(그리고 1:13)을 쓴 의도는 이 로마 공동체의 민족적 양상을 구별하는 데 있는 것이 아니라, 이 공동체가 이방인들에 대한 바울의 선교 사명의 지경 안에 있음을 밝히는 데 있다. 그렇다면 이 본문들은 바울이 로마서에서 염두에 두

---

39. 이러한 점과 기타 사항에 대해서는 Esler, *Conflict and Identity in Romans*, 111-20; R. Longenecker, *Introducing Romans*, 55-91을 참조. Minear는 바울이 로마에 있는 다섯 부류의 다른 "청중들"에게 자신을 여러가지 방법으로 소개하며, 그러한 소개는 민족 배경과 율법에 대한 태도에 따라 구별된다고 주장했다(참조, 14:1-15:13) (*Obedience of Faith*). 그러나 Minear가 발견한 청중의 변화는 분명하지 않다.

40. 예를 들면, Cranfield, 1.17-21.

41. 이것이 다수의 학자들 의견이다. 이 결론에 이르는 간결한 논의를 보려면 L. McDonald와 S. Porter의 *Early Christianity*, 453-54; 또한 Hagner, *New Testament*, 521-22; Lohse, 37-24 참조. 유대 그리스도인이 대다수라는 견해는 여전히 지지자들이 있지만(예를 들어, R. Longenecker, *Introduction Romans*, 55-91; 비율에 대해서는 명확하지 않다. F. Watson은 로마 교회의 기독교 공동체에서 유대교-기독교 구성요소를 강조한다. [*Paul, Judaism, and Gentiles*, 175-88]).

42. Becker, *Paul*, 336-37 참조.

고 있는 청중이 다수를 이루고 있는 이방 그리스도인과 소수 유대 그리스도인으로 구성되어 있다는 결론을 방해하지 않는다.

학자들은 보통 바울의 청중을 구별할 때 민족적 문제에 초점을 맞추었지만, 다른 요인들도 작용한다는 점은 주목할 만한 가치가 있다. 최근의 학계에서는 바울의 독자들이 로마 제국의 중심에 있었다면 그들의 관심과 그들에 대한 바울의 반응이 어느 정도 중요했을 것인지를 강조하고 있다. 제국의 문화적, 사회적 모체 속에서 로마서 독자들의 일상적인 삶의 상황도 고려되어야 한다.[43] 예를 들어, 주윗(Jewett)은 로마 사회에 만연한 "명예를 위한 경쟁"을 강조했으며 이러한 관심에 비추어 로마서의 여러 본문을 읽어야 한다고 주장한다.[44]

IV. 성격과 장르

로마서는 물론 서신(epistle)이다. 그러나 어떤 종류의 서신인가? 고대 세계에서는 친구와 가족에게 보내는 간략하고, 친밀하며, 비공식적인 편지부터 광범위한 청중을 상대로 신중하게 작성하고 정성스럽게 퇴고한 논문 형식의 편지에 이르기까지 많은 유형의 편지가 쓰였다. 이러한 범위 안에서 바울의 편지들을 어디에 위치시켜야 하느냐는 많은 논쟁이 벌어지고 있지만, 그의 편지들이 이 양극단의 중간 어디쯤 해당한다는 것만은 분명하다.[45] 바울의 편지 가운데는 디모데전·후서, 디도서 그리고 빌레몬서(2절이 예외적이긴 하지만) 등 개인 앞으로 보낸 편지까지도 넓은 의미에서 목회적인 목적을 가지고 있다. 그리고 에베소서와 로마서 등 가장 일반적인 성격의 편지도 (적어도 현재의 형태로 보면) 특정한 공동체 앞으로 보낸 것일 뿐만 아니라, 개개인에 대한 문안과 같이 제한된 관심을 가진 자료들까지 포함하고 있다.

---

43. 특히, Oakes, *Reading Romans in Pompeii* 참조.
44. 49-51 참조.
45. Stowers, *Letter Writing*, 25. 일반적인 고대 편지에 대해서는 특히, Klauck, Ancient Letters 참조; 로마서에 대해서는 766-762 참조.

그런데 로마서가 편지의 시작(1:1-15 [-17])과 마치는 말(15:14-16:27)에서 "특별 목적을 위한"(occasional) 편지라는 증거를 분명히 드러냄에도 불구하고, 이 편지의 진짜 두드러진 특색은 1:16-11:36의 일반적이고 일관성 있는 논증이다. 예를 들어, 바울의 논의 주제가 편지의 독자들이 제기한 질문과 문제점들에 의해 정해진 고린도전서와는 달리, 로마서의 이 중요 주제들(chapters)은 바울 자신이 가르치고 있는 내적 논리에 따라 전개된다. 그 논증을 이따금 중단시키는 질문과 반론들까지도 바울의 진술이 진행되는 가운데 자연스럽게 제기된다.[46] 이 중요 주제들에서 바울은 로마 공동체에 특정한 어떤 상황을 언급하는 일이 한 번도 없으며, 그의 청중에 대한 직접적인 호칭들까지도 "형제들아"(7:4; 8:12; 10:1; 11:25), "법 아는 자들"(7:1), "이방인인 너희"(11:13) 등 거의 모든 교회에 적용될 수 있을 만큼 일반적이다. 상황은 12:1-15:13에서도 별로 달라지지 않는다. 거론되는 이슈들 가운데 어떤 것도 그 범위에 있어서 분명하게 지역적이거나 특정적이지 않다. 심지어 몇몇은 "강한 자"와 "연약한 자"에 관한 단락(14:1-15:13)도 특정 상황을 염두에 둔 것이 아니라고 주장한다.[47]

이러한 점들이 로마서의 핵심 부분(main body)을 "논문" 또는 "소논문"이라고 해도 괜찮다는 것을 보여 준다. 그만큼 핵심 부분은 중요 신학적 쟁점들을 특정한 지역적 문제의 상황이 아니라 1세기 중반의 기독교를 배경으로 하여 검토하고 있다. 그렇다고 로마서가 시대적 제약을 받지 않는 논문인 것도 아니다. 우리는 로마서 전체가 특정한 경우에 특정한 공동체 앞으로 보낸 한 통의 편지(*letter*)라는 것을 잊으면 안 된다. 위에서 보았듯이, 이러한 특정 요소들이 바울의 논증에서 큰 역할을 하지는 못하지만, 그럼에도 이 요소들이 바울이 다루는 신학적이고 실제적인 이슈들의 의제를 결정했을 것임은 의심할 여지가 없다. 이런 점에서 로마서가 바울 신학의 종합적인 요약이라고 하기에는 거리가 멀다는 사실에 우리는 유의해야 한다. 그만큼 "그리스도의 몸"으로서의 교회라든가, 파루시아라든

---

46. 특히 Bornkamm의 "Letter to the Romans," 25를 참조. Becker (Paul, 346)는 로마서 3:21-8:17과 갈라디아서 사이에 화제의 순서가 대체로 일치하고 있는 것은 로마서의 논의 주제가 바울 자신의 복음에 대한 이해에 의해 정해졌다는 증거라고 지적한다.

47. Karris, "Romans 14:1-15:13," Drane, "Why Did Paul Write Romans?" 220 참조.

가, ("형식적인" 의미에서의) 기독론과 같은 바울에게 친근한 많은 이슈들이 빠졌거나 암시적으로만 언급되고 있다. 뿐만 아니라 바울이 다루는 이슈들은 그 범위가 넓긴 하지만 특정한 신학적 주제로 방향을 맞추고 있다. 그 신학적 주제에는 유대인과 이방인의 관계, 율법과 복음의 관계 등이 있다(자세한 것은 "주제" 단원을 참조).

그렇다면 로마서는 일반적인 신학적 논증 또는 일련의 논증을 중심으로 한 소논문 형식의 편지라고 할 수 있다.[48] 보다 구체적으로 장르 규정을 하다가는 오류를 범할 위험이 크다. 불트만(Bultmann)은 로마서를 "디아트리베(diatribe)"와 비교했는데, 디아트리베는 견유학파-스토아학파의 철학자들에게 특히 인기가 있던 장르였다(가장 좋은 예가 아마 A.D. 1-2세기에 나온 에피크테투스[Epictetus]의 담론 〈*Discourses*〉일 것이다).[49] 디아트리베의 특징으로는 "가상의" 대화와 토론, 수사적인 질문 그리고 어떤 논지를 거부하기 위한 "메게노이토"(μὴ γένοιτο; 결코 그렇지 아니하니라!")[50]의 구사 등이 있다. 불트만은 바울의 디아트리베 사용이 논박에 목적이 있다고 생각했고 로마서를 그 목적에 따라서 읽었다. 그러나 스토워즈(S. Stowers)는 논박이 아니라 교육과 명확성의 목적을 위해 바울이 디아트리베를 사용했다고 주장한다.[51] 최근의 연구 결과들도 "디아트리베"는 장르보다는 문체였다고 제안한다.[52] 어쨌든 로마서의 일부는 이 디아트리베 문체를 쓰지만(예를 들면, 2:1-3:8), 편지 전체는 디아트리베로 분류될 수 없다.

학자들은 로마서의 분류를 위해 다른 많은 장르를 제시했다. "비망록"(memorandum),[53] "제의적(epideictic)" 편지,[54] 외교적(ambasadorial) 편지,[55] "권

---

48. R. Longenecker, "On the Form," 104; 또한 Lightfoot, Biblical Essays, 315 그리고 Gorman, "Romans," 16-17 참조.
49. Malherbe는 바울과 에피크테투스의 글에서 μὴ γένοιτο의 용법이 유사함을 증명했다("MH ΓΕΝΟΙΤΟ," 231-40). 또한 Tobin, Paul's Rhetoric, 88-98 참조.
50. Bultmann, *Stil der paulinischen Predigt*.
51. Stowers, *Diatribe*. 하지만 Schmeller는 이 점에 관한 스토워즈의 결론에 의문을 제기한다(*Paulus und die "Diatribe,"* 436).
52. Stowers, *Diatribe*; Schmeller, *Paulus und die "Diatribe"*; Donfried, "False Presuppositions," 102-24.
53. Haacker, "Exegetische Probleme des Römerbrief," 2-3.
54. Wuellner, "Paul's Rhetoric of Argumentation," 128-46.
55. R. Jewett, "Romans as an Ambassadorial Letter," 5-20; 또한 같은 저자, "Following the Argument of Romans," 264-77 참조. Jewett은 그의 주석에서 이 제안을 반복하지만 다른 하위

면의 편지"(protreptic letter),[56] "편지 수필(letter essay)"[57] 그리고 "친교 편지"[58] 등으로 헤아릴 수 없이 많다. 이 중 로마서와 딱 들어맞는 장르는 하나도 없다. 확실히 로마서는 이러한 장르들과 유사점이 있고, 다른 많은 수의 고대 헬라와 유대적인 장르 및 문체와 유사한 점을 가지고 있다. 그러나 이 유사점들은 바울이 그의 메시지를 전하기 위해 그 시대의 다양한 문학적 장치를 효과적으로 활용했다는 것 이상의 의미를 갖지는 않는다. 로마서는 최종적으로 어떠한 단일 장르에도 귀속시킬 수 없다. 던(Dunn)에 따르면 "로마서의 독특성은 로마서가 당대의 문학적 또는 수사학적 관습과 부합하는 것이 갖는 의미를 월등히 뛰어넘는다."[59]

V. 목적

앞 단원에서 간략히 설명한 일반적이고 특수한 흥미로운 혼합은 로마서에 관해 가장 열띠게 논의되고 있는 하나의 질문을 불러일으킨다. 바울은 왜 이(*this*) 편지를 다른 교회가 아닌 바로 이(*this*) 특정한 로마 교회에 썼는가?[60] 로마서를 시대적 제약을 받지 않는 신학 논문으로 보는 사람들이라면 물론 이 질문에 대해 "기독교 교리의 개요"(멜랑히톤)와 같은 관점으로 로마서를 보는 것으로 우회해 나갈 수 있다. 그러나 그 내용의 전개가 아무리 일반적이고 조직적이라고 할지라도 로마서는 하나의 편지이며, 그러므로 바울이 이 편지를 왜 썼는가 하는 질문은 피할 수 없다.

장르(sub-genres)와 혼합되었다고 제안한다(42-44).

56. 특히, Aune, "Romans as a *Logos Protreptikos*," 91-121 참조; 또한 Stowers, *Letter Writing*, 113-14; Stuhlmacher, 13-14. The *Logos Protreptikos*는 개종자를 얻고 사람들을 특정한 삶의 방식으로 이끌기 위해 고안된 권고 연설이다 (Aune, "Romans as a Logos Protreptikos," 91 참조).

57. Stirewalt, "Form and Function," 147-71; Fitzmyer, 68-69; Bryan은 논증의 "권면적인" 성격을 강조하면서 이 일반적인 범주를 받아들인다 (*Preface to Romans*, 15-27).

58. Wolter, 57-61.

59. Dunn, lix; 같은 저자, "Paul's Epistle to the Romans," 2845.

60. 이 전체 질문에 관해서는 특별히 Donfried의 논문집 Donfried ed., *Romans Debate*를 참조. 그리고 특히 McDonald/Porter의 견해에 대한 완벽한 연구인, Early Christianity, 455-59.

로마서의 목적에 관한 질문은 너무도 많은 다른 대답들을 내놓게 했는데, 이는 바울이 이 문제에 관해 거의 아무 말도 하지 않았기 때문이다. 편지의 서두(1:1-15)에서 바울은 로마를 방문하고 그곳에서 복음을 전할 계획에 관해서 말하지만, 편지의 목적에 관해서는 아무 말도 하지 않는다. 편지의 결말 부분에 로마 교회에 갈 계획이 자세히 나온다. 지중해 동쪽 지역에서 할 일을 "마친" 다음, 바울은 모은 헌금을 전하기 위해 예루살렘으로 갔다가 거기서 스페인으로 가는 도중에 로마를 방문하려고 계획한다. 그러나 편지의 목적에 관해서는 "다시 생각나게 하려고…대강 너희에게 썼노니"(15:15)라고만 말한다. 이 진술은 너무 일반적이고 형식적이라서 이 진술로부터 얻을 수 있는 것이 거의 없다.

그렇다면 바울이 편지를 쓴 목적은 편지의 내용과 편지를 쓰게 된 상황을 맞춰 봄으로써만 결정될 수 있다. 우리는 이 편지가 나오게 된 일반적인 계기를 이 주석 서론의 앞쪽에서 진술했고, 바로 앞 단락에서도 간략히 언급했다. 그러나 바울이 편지를 쓰게 된 동기라는 의미에서 우리에게 편지의 목적에 관한 실마리를 제공해 줄 수 있는 것은 바로 그 특별한 상황이다. 이 문제에 대한 견해는 기본적으로 두 종류로 나뉠 수 있다. (1) 로마서가 나오게 된 계기에서 바울 자신의 상황과 환경을 강조하는 의견과, (2) 이 편지가 나오게 된 계기로 로마 공동체 내부의 문제들을 중시하는 의견이 있다. 이 두 경우 모드를 완전히 무시하는 학자는 거의 없지만, 그들의 복원 작업은 각각의 계기에 부여하는 중요도에서 차이가 난다.

A. 바울의 상황에 초점을 맞추는 경우

바울이 로마 교회에 편지를 쓰게 된 동기로 바울 자신의 상황 안에서 본 환경을 강조하는 견해는 바울의 입장에서 가장 중요한 장소(*location*)를 어디로 보느냐에 따라 대별해 볼 수 있다. 이것은 극단적으로 단순화한 감은 있지만 편리한 분류다.

1. 스페인(서바나)

다른 상황들에 어떠한 비중을 부여하건 간에, 대다수의 학자들은 바울이 로마 교인들에게 편지를 쓰게 된 목적 중 하나가 스페인 선교를 준비하는 것이었다고 생각한다. 바울의 본거지 안디옥에서 그렇게 멀리 떨어진 곳에 교회를 설립하자면 온갖 종류의 수송 문제가 생길 것이다. 이 선교 사역을 위해 핵심적이면서 거리상으로도 중앙에 위치한 요처인 로마의 기독교 공동체로부터 도움을 받으려는 것은 바울로서는 당연한 일일 것이다. 실로 바울은 15:24에서 그러한 지원을 바라는 마음을 내비쳐 프로펨포(*propempō*)라는 동사를 썼는데, 이 동사는 "지나가는 길에 물질적인 도움을 주다"라는 뜻을 함축하고 있다. 그렇다면 우리는 로마서를 바울이 그의 "후원자" 명단에 추가하고자 하는 교회에 보내는 "자기소개 편지"로 볼 수도 있다. 이렇게 보면 이 편지가 일반적인 신학에 초점을 맞추고 있는 이유가 설명된다. 바울로서는 로마 교회가 선교를 후원할 전도자 자신이 정통성에 의문의 여지가 없는 사람이라는 확신을 주고 싶었을 것이기 때문이다.[61]

스페인 선교를 위한 준비가 분명 바울이 편지를 쓴 목적 중 하나였으며, 아마도 이것이 중요한 목적이었을 것이다. 그러나 이것만으로는 이 편지를 설명할 수 없다. 먼저, 스페인 선교를 위한 것이 바울의 유일한 관심사였다면, 우리는 그가 스페인 방문을 보다 두드러지게 - 편지의 결말 부분에서만이 아니라 시작 부분에서도 - 언급할 것으로 예상할 수 있기 때문이다.[62] 다른 이유로는, 이 편지의 많은 신학적 부분은 바울을 소개하고 그의 "정통성"을 변호하는 데 필요한 것으로 설명될 수 있지만, 유대인과 이방인 사이의 관계에 대한 지속적인 관심은 이 스페인 선교의 목적만으로는 다 설명할 수 없는 그 이상이 있는 것으로 보인다.

2. 고린도/갈라디아

이 유대인의 이슈들을 강조하는 이유를 설명할 수 있는 한 가지 방법은 바울

---

61. Jewett의 방대하고 상세한 헤르메네이아(Hermeneia) 주석에서, 이 편지의 목적을 광범위하게 주장한다. 또한, 예를 들어, Hultgren, 11–20; L. Johnson, 6; Morris, 17; Zeller, Juden und Heiden, 75–77; Boman, "Dreifache Würde," 63–69 참조.

62. Das, *Solving the Romans Debate*, 32–34.

이 로마서를 갈라디아와 고린도에서 교인들을 유대교화 하려는 사람들과 투쟁하는 과정에서 고심하여 엮어낸 입장의 요약으로 간주하는 것이다. 바울의 3개월에 걸친 그리스 체류는 그가 이 지역 교회들에서 복음을 위한 격렬한 투쟁을 끝내고 난 뒤의 일이었다. 새로운 도전과 과제들이 기다리고 있는 새로운 선교 사역 무대에 들어서기 전에 그는 이런 이슈들에 관한 그의 정리된 관점을 적기로 결심했을 법하다. 바울이 로마서에서 율법과 할례 같은 이슈에 대해 취하는 중립적이고 균형 잡힌 자세는 사태를 이런 식으로 볼 수 있도록 뒷받침해 준다. 그것은 바울이 결코 이러한 이슈들에 관해 변론하도록 강요하는 어떠한 특별한 관점도 취하지 않겠다는 뜻을 시사한다.[63] 이 제안에도 아마 수긍이 가는 바가 많을 것이다. 그러나 그것은 너무도 많은 것을 미해결 상태로 남겨 둔다. 무엇보다 중요한 것은 (보른캄의 표현인) 이 "마지막 유언"(last will and testament)을 왜 로마로 보내느냐는 데 있다.[64]

3. 예루살렘

로마서에 바울이 모금한 헌금을 가지고 예루살렘에 도착할 때 전하려고 준비한 "연설"이 담겨 있다고 보아야 한다는 제안에도 같은 반론이 적용된다. 우리가 앞서 보았듯이, 바울은 이 헌금을 초대 교회의 분열되고 때때로 험악해지기까지 한 유대인과 이방인의 관계를 봉합하기 위한 실용적인 수단으로 보았다. 그리고 바울이 이 사명의 성공을 위해 기도해 달라고 로마의 교회에 분명히 요청하는 것을 볼 때(15:30-33), 그가 그 문제에 관한 자신의 신학적 입장을 간추려 설명하는 것이 지극히 당연하지 않겠는가?[65] 바울이 로마서를 쓸 때 그의 당면한 예루살렘 방문은 분명 그의 마음속에 크게 부각되어 있었다고 볼 수 있다. 그러나 그것이 바울의 가장 중요한 관심사였다는 증거는 없다. 더욱이 이 제안과 앞선 제

---

63. G. Bornkamm, "Letter to the Romans," 25; Munck, Paul, 199; Kümmel, Introduction, 312–13 (그러나 약간의 수정은 있다); T. Manson, "St. Paul's Letter," 4; Kaye, "'To the Romans'," 41–50. Wolter는 로마서가 "유대인 바울"과 "사도 바울" 사이의 논쟁이라는 관점에서 바울 자신의 신학적 관심에 초점을 맞추고 있다고 생각한다(41-56).

64. Zeller, *Juden und Heiden*, 42.

65. 특히, Jervell, "Letter to Jerusalem," 53–64. 또한 Dahl, *Studies in Paul*, 77 참조.

안도 바울이 로마의 기독교 공동체를 방문하기를 열망한다고 강조하는 - 편지의 처음과 마지막에서 모두 강조하는 - 것과 연결이 되지 않는다. 확실히 이와 같은 제안들은 이 편지가 계획된 방문과 특별한 관련이 있음을 시사한다.

B. 로마의 내부 문제를 중시하는 경우

바우어(F. C. Baur)는 로마서에 대한 새로운 접근 방법을 시작했다. 그는 로마서를 시대적 제약을 받지 않는 신학적 선언으로 보는 유행하는 추세를 거슬러, 이 편지도 바울의 다른 모든 편지와 마찬가지로 수신자가 되는 교회 내의 특정 문제들을 겨냥한 것으로 보아야 한다고 역설한다.[66] 확실히 바울은 로마 교회를 방문한 적이 없었다. 그러나 그가 그곳의 사정을 알고 있었다는 증거는 충분히 있다(1:8; 7:1; 11:13; 14-15장을 보라. 브리스가 [브리스길라]와 아굴라가 좋은 정보 제공자들이었을 것이다).[67] 바우어의 이런 일반적인 접근 방법은 수십 년 전부터 다시 활성화되었다. 하지만 바우어는 로마서가 유대 그리스도인들의 주장을 반박하는 논쟁적인 목적을 가지고 있다고 생각했지만, 오늘날의 학자들은 다른 관심사들에 우선적으로 집중한다.

몇 가지 선택권이 제시되었지만,[68] 가장 대중적인 선택은 14:1 –15:13에서 "연약한 자들"과 "강한 자들"에 대한 바울의 지속적인 권고의 암시에 달려있다. 이 단락에 대한 일반적인 견해(해당 주석 참조)에서 바울은 이곳에서 토라 경건의 관점에서 기독교 정체성이 확립될 필요가 있다고 생각한 사람들(주로 유대인)과 토라를 그들의 기독교 경험에 가져올 필요가 없다고 생각하는 다른 사람들(주로 이대인)

---

66. Baur, "Über Zweck und Veranlassung," 153 –60.

67. Rengstorf, "Paulus," 447 –64 참조; 그와는 반대로, 예를 들어, G. Bornkamm, "Letter to the Romans," 19.

68. 예를 들어. G. Klein은 프롤로그에 "교회"라는 단어가 없다는 점을 주목하면서 바울이 로마 기독교인들을 위한 적절한 사도적 기초를 확립하는 데 도움을 주기 위해 글을 썼음을 시사한다("Paul's Purpose in Writing," 29 –43). 다소 유사한 맥락에서 H. Betz는 바울이 로마서에서 기독교인들에게 그들 자신의 종교적 정체성을 제공하려고 시도하고 있다고 생각한다("Christianity as a Religion," 206 –39; 또한 Witherington/Hyatt, 14 –15 참조). Kruse(6-11)는 로마 기독교인들에게 강력한 영적 기초를 제공하려는 바울의 관심을 강조한다.

사이에 있는 로마 기독교 공동체의 균열을 치유하려고 한다. 이러한 단결성에 대한 호소가 이 편지의 절정이라고 주장한다. 로마서 1-11장의 논문은 바울의 호소에 대한 신학적 기초를 제공하는 반면 12-13장은 일반적인 권고적 기초를 제공한다.[69] 이 접근 방식을 채택한 대부분의 해석자들은 바울이 자신의 가르침을 유대인과 이방 그리스도인 모두에게 가르쳤지만 아마도 이방인 신자에 더 중점을 둔 것으로 생각한다.[70] 이것은 편지에서 이방인에 대한 초점(1:5-6, 13; 11:13 - 위 참조)과 아마도 교회에서 점점 더 커져가는 이방인의 지배적인 위치에 더 잘 맞다. 그렇다면 바울은 소수자인 유대인에 대한 이방인들의 무관심, 심지어는 오만함을 바로잡기 위해 그리고 그와 동시에 유대인들이 로마 교회에서 율법을 규범적 요소로써 주장해서는 안 된다는 것을 유대인들에게 보여주려고 하는 글을 썼을 것이다.[71]

우리는 바울이 사실 로마 공동체 내의 특정한 문제들을 염두에 두고 편지를 쓰는 것이라고 생각한다. 바울이 14:1-15:13에서 말하는 것은 워낙 특정한 문제여서 그것을 로마 공동체에 직접 적용되는 것이 아닌 일반적인 "권고"라고는 도저히 생각할 수가 없다.[72] 그리고 11:13-24에서 바울이 이방인을 직접 상대해서 말한다는 것은 자신이 지금 발전시켜 나가는 신학을 바울의 청중에게 실질적으로 직접 결부시키려는 의도임을 입증한다. 그러나 우리는 또한 로마 교회의 분열이 바울 시대에 이 교회가 전체적으로 긴장 상태에 있었음을 반영하는 것이라고도 생각한다. 로마 교회의 특정한 문제가 바울에게 이 널리 퍼진 긴장 상태에 관

69. F. Watson, *Paul, Judaism, and the Gentiles*; 또한 Boman, "Dreifache Würde," 31 참조.

70. 그러나 F. Waton (*Paul, Judaism, and the Gentiles*, 037 - 10)은 바울이 유대 그리스도인들에게 초점을 맞추고 있다고 생각한다. Watson의 견해에 따르면, 바울은 유대 그리스도인들이 유대교에서 완전히 분리되고 이방 그리스도인들과 합류하여 바울의 회중을 형성할 수 있도록 바울 자신의 "율법에서-자유한" 버전의 복음으로 개종하기를 희망한다. 그와는 대조적으로, Nanos는 바울이 이방 그리스도인들에게 이스라엘의 지속적인 유산을 인식하고 유대인 관습을 존중하여 그 인식을 구현하도록 촉구했다고 생각한다(*Mystery of Romans*).

71. Marxsen, *Introduction*, 92 - 104; W. Campbell, "Why Did Paul Write Romans?" 264 - 69; Bartsch, "Historical Situation of Romans," 329 - 39; Donfried, "Short Note," 46 - 48; Patte, Paul's Faith, 244 - 50; Marcus, "Circumcision and Uncircumcision," 67 - 81.

72. Donfried, "False Presuppositions," 107 - 10 참조; 그와는 반대로 Karris, "Romans 14:1 - 15:13," 65 - 84; Achtemeier/Green/Thompson, *Introducing the New Testament*, 301 - 5.

해 글을 쓸 좋은 구실을 주었다고 하면 아마 지나친 말이 될 것이다. 그러나 로마서가 특정 교회에 얽힌 이슈들에 (아마 에베소서를 제외하고는) 바울의 다른 어떤 서신보다 훨씬 덜 매여 있다는 것은 사실이다. 우리는 로마서의 주요 본문 가운데 절반이 넘는 1-11장이 그 자체의 내적 논리에 따라 전개된다는 것을 언급했다. 즉, 바울의 초점은 로마 교회와 그들이 겪고 있는 문제들이 아니라 복음과 복음의 의미에 있는 것이다.[73] 로마서 11:13에 이르기까지 로마 교회에 대한 직접적인 지칭이 완전히 빠져 있는 것으로 보아서도 로마 교회의 문제들이 바울의 심중에 최우선 과제였을 것으로 생각하기는 정말 어렵다. 또한 이 논문에는 14장과 15장에 암시된 상황과 관계없는 것들이 많다. 로마서가 바울의 다른 서신들과 마찬가지로 회중의 필요에 부응해야 한다고 주장하는 것도 정당하지 않다. 그 이유 가운데 하나는 로마서가 정의상 바울이 "목회적인" 책임을 지지 않은 교회 앞으로 쓴 유일한 편지로 부각된다는 점에 있다.[74] 또다른 이유는 바울이 쓸 수 있었거나 쓸 수 없었을 편지에 대해 흑백 논리의 판단을 하기에는 우리에게 남겨진 바울의 서신이 너무도 적다는 데 있다.

그렇다면 바울이 로마서를 쓴 목적은 이러한 제안들 가운데 어느 하나에만 한정될 수 없다. 결국 로마서는 여러 가지 목적을 갖고 있는 것이다.[75] 그러나 이런 다양한 목적에는 공통분모가 있다. 즉, 그것은 바울의 선교 상황이다.[76] 갈라디아와 고린도에서 치른 과거의 투쟁, 예루살렘에서 다가오는 위기, 스페인에서의 선교 사역을 위한 기지를 확보하고 싶은 열망, 바울의 스페인 사역을 지원하도록 로마 교회를 "그의" 복음을 중심으로 단결시킬 필요성 - 이 모든 것이 바울로 하여금 그의 복음 이해에 관하여, 특히 유대인과 이방인의 구원사적인 문제들과 구원 계획의 연속성에 관련시켜 조심스럽게 거듭 진술한 편지를 쓰지 않을 수 없게

---

73. 예를 들면, Aune, "Romans as a *Logos Protreptikos*," 112 참조.
74. 예를 들면, E. P. Sanders, *Paul and Palestinian Judaism*, 488; Drane, "Why Did Paul Write Romans?" 404.
75. 아마도 대부분의 현대 해석자들은 로마서에 대한 여러 가지 목적으로 이해하고 있을 것이다. 특히 Wedderburn, Reasons for Romans 참조.
76. 유사한 제안을 보려면, Jervis, *Purpose of Romans*, 특히 158-63(요약) 참조.

한 것이다.[77]

바울이 특히 이런 이슈들을 그토록 부각시킨 데는 또 다른 이유가 있을 수 있다. 바울이 유대주의로 돌아가게 만드는 자들(Judaizers)과 벌인 투쟁은 (갈라디아서와 고린도후서를 참조) 바울로 하여금 그가 "반-율법" 이라는 평판을, 심지어 "반-유대주의"라는 평판까지 받게 했다. 이런 문제들을 대하는 바울의 자세에 관한 소문이 로마에까지 퍼져 있었으리라는 것은 3:8로 미루어 짐작할 수 있다(여기서 바울은 "선을 이루기 위하여 악을 행하자"고 한다고 그를 "비방하여" 말하는 사람들에 대해 언급한다). 바울이 그의 복음을 로마의 기독교 공동체에 소개할 때, 그는 이런 소문들을 잠재워야 한다는 것을, 그리고 어쩌면 이미 그를 적대하고 있는 몇몇 사람의 마음을 돌려놓기까지 해야 한다는 것을 의식하고 있다 - L. T. Johnson이 말했듯이 로마서는 "바울을 위한(*for Paul*) 바울의 자기추천 편지"다.[78] 그러나 바울이 갈라디아와 그 밖의 지역에서 맞이했던 상황들과 로마에서의 상황은 또 달랐다. 로마에서는 바울에 대한 그리고 그의 복음에 대한 의구심이 어느 한편에서만 나오는 것이 아니었기 때문이다. 14:1-15:13까지에서 알 수 있듯이, 바울은 여전히 율법에 매여 있는 유대 그리스도인과도 대결하고 유대적인 모든 것을 비웃는 이방 그리스도인과도 대결하고 있었다. 그리고 십중팔구 수많은 중간 입장과도 대결하고 있었을 것이다. 따라서 그는 두 개의 전선에서 싸우고 있는 것이다 - 한편으로는 지나치게 율법을 강조하고 "선민"의 지위를 주장하는 유대주의를 비판하고, 다른 한편으로는 이스라엘은 교회의 "뿌리"라고 확언하며 하나님의 계획 가운데서 이스라엘이 차지하는 지속적인 지위를 강조한다.

로마서가 나오게 된 계기와 목적에 관해, 한 가지 더 언급해야 할 것이 있다.

---

77. 이러한 포괄적인 접근은, E. P. Sanders, *Paul and Palestinian Judaism*, 488; Cranfield, 2.814; Fitzmyer, 68-83; Drane, "Why Did Paul Write Romans?" 212-23; Moxnes, *Theology in Conflict*, 34; Wilckens, "Über Abfassungszweck," 110-43; Wikenhauser/Schmid, *Einleitung*, 456-58; Wedderburn, "Purpose and Occasion of Romans," 137-41; Beker, *Paul the Apostle*, 71-74; Dunn, 1.lv-lviii 참조.

78. L. Johnson, *Writings of the New Testament*, 304; 또한 F. Bruce, "Romans Debate-Continued," 182-83; Stuhlmacher, 3-10; Käsemann, 19-20 (좀 더 "실존적인" 용어로 쓰임) 참조. 그러나 우리는 예를 들어 Stuhlmacher가 주장하는 것처럼 로마에 유대교로 돌아가게 만드는 자들이 존재한다고 가정하는 데까지 나아가서는 안 된다 (또한 Fitzmyer, 72; Seifrid, *Justification*, 192, 209 참조).

편지의 역사적 배경과 목적을 가능한 한 정확히 집어내고 싶은 욕심은 정당한 것이지만, 그 욕심이 지나쳐 로마서가 하나님의 계시의 성격 자체에 의해 제기되는 신학적인 문제들을 어떻게 다루는가를 소홀히 여길 정도가 되어서는 안된다는 것이다. 로마서의 목적에 관한 최초의 언급은 아마 (A. D. 200년?) 무라토리 정경(Muratorian Canon)에 나오는 언급일 것이다. 거기에는 "로마 교회에게 그는[바울은] 성경의 계획에 관해서 [고린도서나 갈라디아서 에서보다] 훨씬 긴 내용으로 썼고, 동시에 성경의 기초가 그리스도라는 것을 증명해 보였다"고 되어있다.

우리 현대인들은 지나치게 역사화하기 쉬운 - 성경 저자들의 보다 큰 신학적, 철학적 관심사들을 간과할 정도로 특정 지역과 개인의 상황에 집중하기 쉬운 - 경향을 경계해야 한다.[79] 바울이 로마서에서 초대 교회의 당면 과제들을 다루고 있었다는 것을 우리는 의심하지 않는다. 그러나 특히 로마서에서는 이 과제들이 궁극적으로 모든 시대에 통하는 교회의 - 그리고 세계의 - 과제다. 하나님의 구원 계획의 연속성, 인간의 죄와 궁핍, 우리의 죄 문제를 해결하기 위한 그리스도 안에서의 하나님의 섭리, 성결의 삶을 위한 수단 그리고 고난과 죽음에서 보호(security) 등이 그것이다.[80] 칼 바르트는 그의 시대에 당대의 신학적 중요성을 지닌 로마서를 되찾기 위해 싸웠을 때 이것을 보았다.

> 바울은 자신의 어린 시절에 동시대 사람들에게 연설했다. 그러나 하나님 나라의 선지자이자 사도로서 그가 모든 연령대의 모든 사람에게 진실로 말한다는 것이 훨씬 더 중요하다. 그때와 지금, 거기와 여기의 차이는 의심할 여지없이 신중한 조사와 고찰이 필요하다. 그러나 그러한 조사의 목적은 이러한 차이가 사실 순전히 사소하다는 것을 입증하는 것일 뿐이다.[81]

---

79. "정경 비평(canonical criticism)"의 모든 문제와 관련하여, Childs는 로마서의 보다 큰 신학적 차원을 지워 없앨 수 있는 특정한 역사적 맥락을 허용할 위험에 관해 지적한다(*New Testament as Canon*, 51).

80. Denney (570): "우리가 [바울이 로마서를 쓸 당시에 처해 있던 '환경'을] 역사적으로 모두 틀림없는 사실들이라고 할 때도, 그 가운데 시간과 장소를 초월하여 떠오르는 그 무엇 - 로마서에 특정의 경우에 맞춰 우연히 쓴 것이라는 성격이 아니라 어떤 원리들의 해설서라는 성격을 금방 부여해 줄 만한 그 무엇- 이 있음이 분명하지 않은가?" 참조.

81. 이것은 바르트의 주석 1판의 서문에 있는 첫 번째 문장이다 (p. 1) (J. Webster는 이 구절에 대해

아우구스티누스, 루터, 칼빈 그리고 웨슬리가 - 주석자로서는 그들이 어떠한 실패를 했던 상관없이 - 이것을 보았으며, 아마 그들은 훗날의 많은 비평가들보다 더욱 분명하게 이해했을 것이다.[82] 우리는 로마서가 하나님이 우리(*us*)에게 주시는 말씀임을 인정하고, 우리를 위한 그 안에 담긴 메시지를 발견하도록 힘쓰면서 로마서를 읽을 필요가 있다. 루터는 이렇게 말했다. "[로마서는] 모든 기독교인이 단어 하나하나 마음에 담아 알아야 하며, 매일마다 그날의 영혼의 일용할 양식으로 삼아야 한다. 로마서는 아무리 읽고 또 연구해도 결코 지나친 법이 없으며, 접하면 접할수록 더 소중해지고 더 좋은 맛이 난다."[83]

VI. 주제

지나치게 간소화하는 위험이 따르지만, 우리는 로마서의 주제에 관한 검토의 역사를 편지가 시작되는 곳으로부터 끝나는 곳으로의 초점 이동으로 도표화할 수 있다. 루터를 필두로 하여 종교 개혁자들과 그 추종자들은 거의 한결같이 그들의 주제인 이신칭의(justification by faith)를 로마서의 중심으로 삼아 1-5장에 영광의 자리를 부여했다.[84] 하지만 20세기에 접어들면서 슈바이처와 다른 이들은 이신칭의가 바울이 유대교로 돌아가게 만드는 자들에게 대항하기 위한 목적으로만 쓴 신학적 개념인 "전투 교리"(*Kampflehre*)에 지나지 않는다고 주장하기 시작했다. 바울의 생각에서 진짜 중심을 이루는 부분은 로마서 5-8장, 즉 바울의 하나님과의 연합 교리와 성령의 역사에 관한 교리에서 찾아야 한다는 것이다.[85] 어

나에게 경고했다: "Karl Barth," in *Reading Romans through the Centuries*, 217). 유사한 점으로는 예를 들어, Keck, 33; Porter, 12가 있다.

82. 맥락은 달라도 유사한 언급으로는 Westerholm, *Perspectives*, 445를 보라.

83. Luther, "Preface," 447.

84. 그러나 이러한 견해에 대해 일반적으로 인용된 모든 사람들이 칭의가 로마서의 주제라고 주장하고 있는지 아니면 이 편지 내에서 칭의를 중요한 가르침으로 선정하고 있는지에 대해 의문을 제기할 수 있다.

85. 예를 들면, (비록 자세한 내용에서는 차이를 보이지만), Lüdemann, Anthropologie; Wernle, *Christ*; Wrede, Paul, 123-25; Schweitzer, *Mysticism of Paul*, 205-26.

떤 사람들은 전통적인 이신칭의의 강조를 또 다른 이유로 반대했다. 그들은 이신칭의가 개인과 그의 양심 문제에 대한 현대 서구인의 집착을 부당하게 바울의 시대로 소급해서 투영하는 것이라고 생각했다. "어떻게 죄 많은 인간이 하나님 앞에서 옳다 여김 받을 수 있는가?"는 루터의 문제였지 바울의 문제는 아니었다는 것이다. 오히려 대답을 얻고자 한 질문은 "어떻게 해야 구원의 역사가 갖는 연속성을 훼손하지 않고 이방인을 유대인과 통합하여 하나님의 백성으로 만들 수 있는가?"이다. 이렇게 생각하는 학자들로서는 로마서 9-11장이 결코 편지의 진짜 주제에서 벗어나는 샛길이[86] 아니라, 오히려 편지의 핵심이었던 것이다.[87] 마지막으로, 앞에서 이미 보았듯이 지난 30년 간 로마서는 어떤 계기로 쓰여진 편지였고, 그 계기는 로마 교회의 내부 문제였다는 점이 강조되었다. 로마서에 대한 이런 식의 접근 방법을 옹호하는 학자들 가운데 많은 이들에게 14:1-15:13에 나오는 바울의 단결하라는 호소가 이 편지의 주요 목적을 나타낸다(위의 목적에 관한 논의를 참조).

이상의 입장들이 로마서에 관한 오늘날의 문헌에서 각각 여러 가지 형태로 주장되고 있다. 휘브너(H. Hübner) 등은 로마서에서 그리고 일반적인 바울의 서신에서 칭의가 중심을 이룬다는 점을 온갖 비판을 무릅쓰고 강력하게 재천명해 왔다.[88] 특히 케제만(E. Käsemann)을 중심으로 한 연구에서는 칭의 용어가 "하나님의 의"의 범주에 포함되어, 하나님 자신을 위해 그의 피조물을 되찾고 그의 백성에게 구원을 가져다 주기 위한 하나님의 개입을 뜻하는 것으로 광의적으로 해석된다.[89] 실로 케제만은 이 해석이 로마서의 주제라고 주장한다. 샌더스(E. P. Sanders), 고먼(M. Gorman)과 다른 이들은 로마서 5-8장의 "참여주의자" 범주의 중요성을 다시 강조했다. 반면에 롱네커(R. Longenecker)는 이 장들이 바울 복음의

---

86. 로마서의 중심을 1-4장 또는 5-8장에 두는 많은 학자들이 그런 식으로 생각했다. S-H가 그 한 예다. 그들은 9-11장이 "바울 사상의 줄거리에서 우회로"에 속한다(xiv)고 주장한다.
87. 특히, Stendahl, "Apostle Paul," 199-215 참조.
88. Hübner, "Pauli Theologiae Proprium," 445-73; Seifrid, Justification; Nygren, 10-17.
89. Käsemann, "'Righteousness of God' in Paul," 168; Beker의 관점은 어느정도 유사하다(*Paul the Apostle*, 92).

본질을 담고 있다고 본다.[90] 아마 최근에 가장 인기를 끌고 있는 관점은 로마서가 구원사에서 유대인이 차지하는 역할에 관한 글이라는 관점일 것이다.[91] 로마서를 보는 다른 많은 관점도 주장되었다. "하나님",[92] "희망",[93] "구원",[94] "하나님의 자비로움"[95] 등등 그 수가 헤아릴 수 없을 정도다.

이러한 제안들을 살펴보기 전에 두 가지 주의할 점을 먼저 말해야 하겠다. 첫째, 우리는 바울이 어떤 단일 주제하에 로마서를 쓴 것이 아닐 것이므로, 로마서에 기필코 단일 주제를 부과하려고 하는 일이 없도록 주의해야 한다. 로마서에 소논문의 성격이 있기 때문에, 우리는 바울이 모든 것을 포함하는 어떤 단일 주제를 염두에 두고 있었을 지도 모른다는 가정을 하고 싶은 것이 사실이다. 그러나 그런 가정은, 특히 우리가 11장 이후로는 소논문 스타일이 배경이 희미해지는 점을 인식하게 된다면, 필요치 않다. 바꿔 말해서 1:16-11:36에 어울리는 주제가 편지 전체의 주제로는 어울리지 않을 수도 있다. 그렇다면 로마서에는 여러 개의 주제가 있고, 전체를 통일시키는 단일한 화제는 없을지도 모른다. 둘째, 우리는 편지의 그(the) "주제" 또는 "핵심"에 관해서 말할 때 우리가 무슨 뜻으로 말하는지를 정의하지 않으면 안 된다. 우리가 뜻하는 것이 편지의 다양한 화제에 기초를 부여하고 그것들을 통일시키는 데 기여하는 교리인가, 바울의 사상을 도출하는 신학의 틀인가, 또는 이 편지에서 가장 중요하거나 결정적인 화제인가, 아니면 또 다른 어떤 것을 정의해야 하는가 라는 질문을 해보아야 한다. 이 문제에 관한 논쟁 가운데는 섀도 복싱(상대방이 앞에 있음을 가상하고 공격, 방어, 풋워크 등을 혼자서 연습하는 일-옮긴이)에 지나지 않는 것이 더러 있다. 왜냐하면 학자들이 화제의 범주

90. E. P. Sanders, *Paul and Palestinian Judaism*, 434–42; Gorman, 예를 들어 *Becoming the Gospel*; Longenecker, 여러 군데.

91. E. P. Sanders, *Paul, the Law and the Jewish People*, 30; 참조. Jervell, "Letter to Jerusalem," 59–60; H. Boers, "Problem of Jews and Gentiles," 1–11; 같은 저자, *Justification of the Gentiles*, 80–142; R. Hays, "'Have We Found Abraham?'" 84–85; Kaylor, *Paul's Covenant Community*, 18–19, 여러 군데; Dunn, 1.lxii-lxiii("the integrating motif").

92. Morris, "Theme of Romans," 250–62; 참조. N. T. Wright, "Messiah and People of God," 53; Feuillet, "Vie nouvelle du chrétien," 7.

93. Heil, Romans.

94. Cambier, *Évangile de la justice*, 34.

95. Wolterstorff, *Justice in Love*, 244–46; 또한 L. Johnson (17): "God is one and God is fair" 참조.

들을 혼동하고 있어서 같은 주제를 놓고 논쟁하지 못하고 있기 때문이다.

혼동을 피하기 위해 우리는 "주제"를 로마서 전체의 제목으로 내세울 수 있는 총괄적인 화제로 정의하기로 한다. 주제 자체의 탐구를 계속하기에 앞서 우리는 위에서 제기한 몇 가지 관련된 문제들을 살펴볼 필요가 있다.

A. 신학의 출발점

기독론은 사실상 바울이 사도로서, 기독교인으로서의 자신의 경험과 그의 신학 전체를 위한 것과 마찬가지로 로마서의 신학적 근거이자 출발점이 된다. 그러나 이 기독론은 리델보스(Ridderbos)가 말했듯이 "구속적 사실에 대한 기독론"이다.[96] 바울은 그리스도의 본성에 대해 숙고할 수 있지만(예를 들어, 골 1:15-20), 그의 주된 초점은 하나님이 그리스도 안에서 어떻게 행하셨는지에 있다. 따라서 로마서의 어떤 단락도 그 자체로 기독론을 다루지 않지만 편지 전체는 "그리스도 안에 계신 하나님"이라는 압도적인 흐름이 진행된다. 우리는 "신학적" 부분에 속하지 않기 때문에 종종 간과되는 이 그리스도 안에 계신 하나님이라는 흐름을 로마서의 초반 부분인 1:3-4의 본문에서 찾아볼 수 있다. 여기서 바울은 로마서의 주제(아래 참조)인 그의 복음이 기본적으로 기독론임을 분명히 한다.[97] 이 강조점은 3:21-26과 5:12-21과 같은 핵심 텍스트에서도 명확하다. 또한 로마서 5-8장의 각 장의 말미에는 "우리 주 예수 그리스도로 말미암아"라는 반복되는 표현이 등장한다. 그리스도 안에서 행하시는 하나님의 일이 바울의 모든 생각의 출발점이며 초대 교회에서 매우 기본적인 것이기도 하기 때문에, 바울은 로마의 기독교인들이 당연히 이 확신을 자기와 함께 할 것으로 생각할 수 있었다. 이런 의미에서 기독론은, 로마서의 어디에서도 표현된 주제(*topic*)가 아니면서도 어디에서나 기본적인 출발점이 된다.

---

96. *Paul*, 21.
97. N. T. Wright, "Messiah and People of God," 51 참조.

B. 개념의 틀

둘째, 바울이 로마서에서 그의 주된 개념들을 표현하고 있는 신학의 틀은 구원사로 불릴 수 있다. "구원사" 또는 "구속사"라는 표현(독일어로 *Heilsgeschichte*)은 여러 가지 면에서 서로 다르고 때로는 서로 상충되기까지 하는 개념을 지칭하는 데 쓰인다.[98] 우리는 이 표현을 바울이 그리스도 안에서 일어난 일들을 묘사하기 위해 어떤 개념의 틀을 나타내는 비전문적 방법의 용어로 쓰고 있다. 바울에게 초점을 맞춘다고 해서 이 개념의 틀을 바울만이 가지고 있다는 것은 아니다. 오히려 이 틀은 신약에서 기본적인 것이며, 아마 구약에도 마찬가지일 것이다.[99]

구원사적 접근을 위한 칭의는 하나님이 역사적 과정의 일환으로 구속을 성취하셨다는 사실을 바로 알고 그에 합당한 감사를 드리는 것으로 시작된다. 하나님이 그리스도 안에서 하시는 일이 역사의 중심이며, 그러므로 과거와 미래 모두의 이해를 중심점으로 삼아서 해야 한다. 그리스도의 십자가와 부활은 구약의 성취이며 동시에 최후의 영광을 위한 기초이자 기대다. 그렇다면 역사의 절정으로서의 그리스도로 인하여 역사는 두 "시대(era)" 또는 두 "에온(aeon)"으로 나뉠 수 있다. 그것은 각각 아담과 그리스도를 시작점으로 하고, 한쪽은 죄와 율법과 육신과 사망을, 그리고 다른 한쪽은 의와 은혜와 성령과 생명을 지배하는 능력으로 삼는다. 모든 사람은 그 시대를 출범시킨 행위(act)인 아담의 죄에 가담한 덕분에 "옛 시대"에서 출발한다(롬 5:12, 18-19 참조). 그러나 사람은 누구나 새로운 시대의 창시자인 그리스도와 연합하고 그것을 통해 그 시대를 출범시킨 행위인 그리스도의 죽음과 장사와 부활에 참여함으로써 "새 시대"로 넘어갈 수 있다(6:1-6 참조).

---

98. 예를 들면, Yarbrough, "Salvation History," 181–97 참조.

99. 보다 중요한 연구서로는 Cullmann의 *Christ and Time*; 같은 저자, *Salvation in History*; Ladd, *Theology of the New Testament*, 특히 407-13; Goppelt, *Theology of the New Testament* 1.280-81; Hengel, "Heilsgeschichte," 133; 그리고 특히 Ridderbos, *Paul*, 44-90)가 있다. Nygren은 두 시대(구약 시대와 신약 시대-옮긴이)에 걸친 계획을 그의 주석서에서 광범위하게 채택하며, Käsemann도 보다 실존적인 접근으로 인해 수정을 가하고는 있지만 마찬가지다. (바울에게 있어서 "구원사"의 성격과 중요성을 둘러싼 Käsemann과 Stendahl의 주고받은 논문을 참조 - Stendahl, "Apostle Paul"; Käsemann, "Justification and Salvation History, 60-78). 좀 더 대중적인 수준에서 이러한 관점 중 일부에 대한 유용한 소개는 Smedes, *Union with Christ*가 있다.

바울의 사상 가운데 이 법인 통합적(*corporate*) 요소가 로마서에서 바울이 벌이는 수많은 논증에 관한 주장을 이해하는 데 필수적 요소다.

두 시대로 역사가 나뉨은 유대 묵시문학에서 인기가 많았고 아마도 바울이 그의 개념을 도출한 것도 이 배경에서였을 것이다.[100] 그러나 그리스도 안에서 하나님이 하시는 일에 대한 그의 이해는 계획상에 핵심 단서를 가져온다. 옛 시대로부터 새 시대로의 전환이 유대 묵시문학에서는 실제 역사의 장에서 일어나는 것으로 상정되었지만, 바울의 구상에서는 불가피하게 더 많은 뜻을 함축하게 된다. 유대인이 기대했던 것과는 대조적으로, 메시아가 구속 사역을 완수했고 성령이 쏟아 부어졌음에도, 악은 근절되지 않았고 보편적 부활은 아직 미래에 속한 일이며, 하나님 나라의 최종 단계는 아직 이루어지지 않았다. 다시 말해, 새 시대는 시작, 즉 개시는 했지만 아직 옛 시대를 대체하지는 못했다. 두 시대가 동시에 존재하며, 시간의 연속성이라는 의미에서의 "역사"는 바울의 구원사적 계획에서 궁극적으로 결정적인 요소가 아니라는 것을 의미한다.[101] 그러므로 "에온의 변화"는 역사적으로는 십자가에서 일어나지만(롬 3:21 참조), 개인적으로는 믿음의 순간에 오직 실현된다. 그리스도 안에서 일어난 이 "에온의 변화"는 "그리스도 안에서"만 오로지 경험할 수 있다. 따라서 그리스도의 죽음과 부활 이후에(*after*) 살지라도 믿음으로 인하여 그 사건들이 주는 유익을 자기 것으로 만들지 못한 사람은 여전히 옛 시대에 살고 있어 육신 안에서 죄의 노예가 되어 영원히 죽을 운명에 있는 것이다. 반면에 예를 들어, 아브라함은 그리스도가 태어나기 수 세기 전에(*before*) 살았다고 해도 로마서 4장에 비추어 볼 때 적어도 어떤 의미에서는 새 시대에 속하는 것으로 간주해야 한다. 이런 사정이 혼동을 일으키는 요인이 되기 때문에, 바울의 구원의 역사가 적용되는 예들을 모두 통합할 수 있는 어떤 종합

---

100. N. T. Wright는 이러한 두 시대 계획이 유대교에서 일반적이었을 것이라고 적절하게 제안한다(*Paul and His Recent Interpreters*, 157–58).

101. Stalder, *Werk des Geistes*, 240–48; Furnish, *Theology and Ethics in Paul*, 134–35; J. Barclay, *Obeying the Truth*, 99, 104–5; Beker, *Paul the Apostle*, 135–81. Silva가 지적하듯이, "바울은 순수하게 연대기적 차이에 관심을 두는 것이 아니라 두 시대, 즉 육의 시대(=교만과 죄)와 성령의 시대(약속과 구원) 사이의 성격(*character*) 차이에 관심을 둔다"(*Philippians*, WEC, 186 n. 28).

적인 체계를 만들기가 어렵게 된다. 그리고 그와 동시에, "시대"보다 "영역"의 대조를 제안하는 것이 문제를 개념화하는 데 훨씬 더 유용한 방법일 수 있다(5-8장의 서론을 참조). 하지만 이 시점에서 중요한 것은, 우리가 대강 그려 본 구원사적 계획이 하나님의 구속 사역의 성격에 뿌리를 두고 있는 한편, 무엇보다 바울에게 유용한 개념의 도구라는 점을 상기하는 데 있다. 바울은 이 개념의 도구를 다른 여러 곳에서 다른 여러 주장을 하기 위해 사용한다.[102] 그러나 그것이 로마서에서는 바울에게 있어 그것이 복음의 최종성(finality)과 유일성(uniqueness)은 물론이요, 구약에서 하나님이 계시하신 것과의 연관성까지 분명히 하려는 그의 목적에 완벽하게 부합하기 때문이다.[103] 그렇다면 "구원사"는 로마서의 근본이지만 개념의 계획으로서의 기능을 하기 때문에 이 편지의 중심 주제라고는 할 수 없다.[104]

C. 주제

하나님의 새 언약 백성 안에서 유대인과 이방인의 갖는 관계를 로마서의 중심으로 삼으려는 학계의 최근 동향은 이해할 만하며 상당 부분 정당화된다. 그만큼 로마서는 유대인과 그들의 율법, 그리고 그들과 하나님의 의에 대한 계시, 증가하는 이방인-경향성의 교회 사이의 관계에 대한 관심으로 가득 차 있다. "율법"이란 통상 모세 율법을 가리키는 말인데, 로마서에서 나오는 횟수(74회)가 바울의 다른 모든 서신을 합해서 나오는 횟수(47회)보다 많다. 바울은 한 장(7장) 전체를 율법에 할애하며, 그것은 바울이 다루는 거의 모든 화제와 관련해서 거듭 나온다(예를 들어 2:12-16; 4:13-15; 5:13-14, 20; 6:14, 15; 8:2-4; 9:31-10:5; 13:8-10을 참조). 율법이 모세 언약에서 중심이 되기 때문에, 바울의 율법에 관한 논의는 모세 언약에 관한 논의이자 모세 언약과 그리스도 안에서 시작된 새 언약의 관계에 관한 논의가 된다. 그렇다면 로마서 9-11장은 결코 부설(excursus)이 아니라, 이 편지의 첫 구

102. Goppelt, "Paulus und Heilsgeschichte," 31-42 참조.

103. 특히 T. Hoppe, *Idee der Heilsgeschichte*, 26-27, 81 등 참조.

104. D. Campbell은 일반적으로 바울의 신학과 관련하여 이 점을 지적한다 (*Quest for Paul's Gospel*, 27).

절인 "하나님의 복음을 위하여 택정함을 입었으니 이 복음은 하나님이 선지자들로 말미암아 그의 아들에 관하여 성경에 미리 약속하신 것이라"(1:1b-2)에서부터 내내 제시되어 온 주제를 정점으로 끌어올리고 있는 셈이다. 유대인 백성의 문제는 결국 하나님의 구원 계획의 연속성의 문제이며, 따라서 자신의 약속에 대한 하나님의 신실성의 문제이기 때문이다(3:1-8; 9:6 참조). 로마서에서 바울은 하나님이 그리스도 안에서 하시는 개입의 새로움을 가르치기도 하고(그것은 율법과 모세 언약이 구원의 역사에서 변함없이 중심적 지위를 차지한다는 주장에 대한 "부정"을 의미한다), 이 새로운 일과 구약이 연결되어 있음을 가르치기도 한다(그것은 아브라함이 받은 약속과 이스라엘의 장래에 대한 "긍정"을 의미한다). 따라서 바울은 유대인에게 "나음이 있음"을 부정하며(3:9), 동시에 이스라엘이 어떤 양도할 수 없는 권리를 가지고 있음을 확언한다(3:1-2; 11:11-32). 그는 하나님의 의가 "모든(*all*) 믿는 자에게 미치는" 차별이 없는 의라는 것과 "첫째는 유대인에게요"라고 유대인과 특별한 관계가 있다는 것을 확언한다. 또한 하나님의 의가 "율법과는 별도로" 나타났으며(3:21), 첫째로 복음이 율법의 진정한 성취를 가져온다(3:31; 8:4)고 주장한다. 이상은 이율배반적인 주장이 아니라 바울이 로마서에서 제시하는 언약들 사이의 연속성과 불연속성의 관계의 양면이다. 그렇기 때문에 우리는 많은 학자들이 로마서를 "유대교와의 대화"라고 부르는 이유를 이해할 수 있다.[105]

그러나 로마서의 주제인 유대인과 이방인의 관계를 개인의 변화와 함께 종속적인 개념으로 만드는 것은 바울의 복음 논리에서 그들의 관계를 뒤집는 것이 된다.[106] 복음은 "모든 믿는 자"에게 구원을 준다. 복음은 인간이 "하나님 앞에서" 의롭게 되고 하나님과 "화목하게" 될 수 있도록 죄의 문제를 다루기 위해 하나님께서 그리스도 안에서 행하신 일은 무엇보다도 좋은 소식이다. 복음은 궁극적인 구원에 대한 확실한 희망을 갖게 되며 그들의 모든 생각과 행동을 변화시킨

105. Jeremias, "Zur Gedankenführung," 269-71 (1-11장 참조); Beker, *Paul the Apostle*, 86; Wilckens, 1.34. 로마서에서 유대인과 이방인의 평등에 대한 중심성을 강조하는 대표적인 작품은 Chae, *Paul as Apostle*이 있다.

106. 이방인을 포함시키는 것에 초점을 맞추는 것은 바울에 관한 새관점의 중심 교리다. 특히 N. T. Wright가 옹호한 운동의 형태로, 계속되는 이스라엘 이야기를 바울 신학의 원형으로 사용했다(예를 들어, Wright의 주석에 간략히 다룬다, 403-4 참조).

다. 동시에 바울은 로마 전역에서 이 구원의 좋은 소식이 유대인뿐 아니라 이방인 모두를 위한 것이며 "첫째는 유대인"을 위한 것임을 강조한다. 바울이 로마서를 기록할 때 직면한 상황은 그로 하여금 구원 역사의 본질과 그 시대의 주요 "민족 집단"의 관계를 특별히 강조하지 않을 수 없었다. "이방인의 사도"로서의 그의 사역, 그 사역의 결과로 생긴 그의 동족을 향한 충성심에 대한 의심, 당시 교회에서 유대인과 이방인 사이의 분열이 커지면서 로마 교회 공동체의 분열이 반영되었다. - 이 모든 것은 바울이 이 "백성"에 관한 질문에 특별한 주의를 기울여 로마서에서 자신의 복음을 설명할 것을 요구했다. 그러나 로마서의 주제인 복음 자체는 근본적으로 이방인과 유대인을 하나로 모으는 것이 아니라 죄로 가득한 인간과 의롭고 거룩하신 하나님을 한 데 모으는 것이다. 앤더슨(G.P. Anderson)이 지적한 바와 같이, 로마서는 갈라디아서의 신학을 더 넓은 캔버스에 재배치하여 인간의 근본적인 문제인 "행위"에 (나는 여기에 '더욱'을 추가하고 싶다) 주의를 기울이고 궁극적으로 "행함"에 대한 하나님 자신의 "신적인 계획의 성취에 대한 정직함"이라는 매우 근본적인 문제에 관심을 둔다.[107] 확실히 좋은 소식에는 이방인, 나아가서는 모든 인간이 땅에서의 신분에 관계없이 오직 믿음으로만 그리스도와 연합함으로써 하나님의 백성과 합류하도록 초대되었다는 메시지가 포함된다. 로마서의 주제와 관련된 이슈는 이 "백성"에 관한 질문이 중심에 있는지 여부 또는 내가 주장하는 것처럼 "개인"에 관한 질문이 중심에 있는지 여부에 있다. 그러므로 이방인 포용에 관한 초점은 종교개혁 전통의 일부 형태에서 개인 구원에 대한 바울의 관심 아래에 너무 깊이 잠기려는 경향에 대한 환영할 만한 교정이지만, 이것을 최근의 학문에서 로마서의 중심 주제로 격상시킨 것은 지나친 수정이다.[108]

개인에 대한 초점은 종종 3:21-4:25에서 두드러지게 나타나는 믿음으로 말미암는 칭의에 초점을 맞추는 형태를 취했다. 그리고 이 교리를 로마서의 중심에 두는 오랜 전통이 이어져 왔다. 예를 들어, 칼빈은 "전체 바울 서신의 주요 주

107. G. P. Anderson, *Paul's New Perspective*, 13.

108. 우리는 3:20 이후에 부설(excursus)에서 이 문제와 몇 가지 관련한 문제를 다룬다.

제는 우리가 믿음으로 의롭다 함을 받는다는 것이다"라고 말한다.[109] 그러나 나는 이것이 가장 중요한 주제가 될 수 있다고 생각하지 않는다. 이것은 내가 바울에게 시대착오적인 태도를 취하려고 하기 때문이 아니다. 개인과 하나님과의 관계는 로마서에서 중요하다. 그리고 바울의 사고 체계와 루터나 우리 자신의 사고 체계 사이에는 스텐달과 다른 사람들이 생각하는 것만큼 큰 차이가 없다.[110] 다른 한편으로, 로마서에는 왜곡 없이 칭의라는 제목 아래 포함될 수 없는 것이 너무나도 많다. 이러한 것에는 신자의 확신과 소망(5장과 8장), 죄와 율법으로부터의 자유(6장과 7장), 이스라엘에 대한 하나님의 목적(9-11장), 그리고 순종의 삶(12-15장)이 있다. 확실히, 우리는 이 모든 것을 칭의, 그 열매 또는 함축 혹은 요구 사항과 관련시킬 수 있다. 그리고 바울은 여러 면에서 이 연결을 자신 스스로 만든다(참조, 5:1; 9; 8:33; 참조, 9:30-10:8). 그러나 바울은 우리가 칭의, 즉 "하나님의 의"에 대한 생각을 자신의 끊임없는 기준점이라고 생각할 만큼 그렇게 자주 하지는 않는다. 사실상, 우리가 위에서 암시했듯이, 로마서에서 칭의가 강조된 부분은 1:18-4:25에서만이다.

그러나 로마서의 주제는 아니라고 해도 믿음으로 말미암는 칭의는 이 편지에서 결정적으로 중요하다. 왜냐하면 우리가 아래서 주장하게 되는 바와 같이 로마서의 주제는 복음이기 때문이다. 그리고 복음의 메시지는 하나님이 죄인들로 하여금 그들이 그의 아들인 메시아 예수를 믿으면 하나님 자신과 관계를 맺고 영생을 얻게 하신다는 것이다. 그리고 "칭의"는 바울이 새로운 관계를 묘사하기 위해 사용하는 다양한 은유에서 핵심적인 위치를 차지한다. 칭의는 로마서와 바울의 신학에서 일반적으로 중요하다. 왜냐하면 이 칭의가 인간론의 영역에서 그리스도 안에서의 하나님의 사역에 대한 바울의 이해에서 결정적인 요소를 표현하기 때문이다. 즉, 이 이신칭의는 하나님의 은혜에 필수적으로 내포된 것이다(예를 들어, 4:5, 16). 동시에 바울은 칭의의 법정적 의미가 하나님의 정의, 심판, 율법이라는 구약의 핵심 주제와 맞물리기 때문에 이것에 대해 이야기하는 것이다.

---

109. Calvin, 5.

110. 특히, Burnett, *Paul and Salvation*; Dunson, *Individual and Community* 참조.

> "법정적" 언어는 … 그저 "많은 은유 중에 하나"가 아니다. 그 이유는 왜냐하면 이스라엘의 성경에서 확실히 바울이 읽은 방식대로 세상을 "심판"하는 한 분 하나님의 의무는 절대적이기 때문이다 … "법정적" 언어는 단순히 도입된 더욱 근본적인 것의 단순한 실용주의가 아니라 … 이방인 포함에 대한 요점을 강조하기 위한 것이다. 이것은 기본적이고 타협할 수 없는 것이다.[111]

그러므로 믿음으로 말미암는 칭의는 바울 시대에 구원을 위한 율법의 행위를 기본으로 삼으려는 유대인의 시도로부터 보호한다. 이 칭의는 사람들이 구원을 위해 하는 행위를 결정적인 것으로 만드는 끊임없는 인간의 경향에 대한 바울과 신약의 저자들의 단호한 저항을 표현한다. 이러한 의미에서 우리는 로마서에서 비판적으로 중요한 교리로서 칭의를 지지한다.[112]

그럼 로마서의 주제는 무엇인가? 그것은 복음이다.[113] "복음"이라는 단어는 동족 동사인 "복음을 전하다"와 함께 로마서의 시작 부분(참조. 1:1, 3, 9, 15)과 결론 부분(15:16, 19) - 즉, 편지의 "틀" - 에서 특히 눈에 띈다. 그리고 이것은 바울이 편지의 주제를 밝히는 1:16-17에서 '왕좌(pride of place)'를 차지하는 단어다. "내가 복음을 부끄러워하지 아니하노니…." 뿐만 아니라, "복음"은 많은 바울 학자들이 바울의 믿음과 신학의 핵심을 설명하는 데 가장 가깝다고 생각하는 광범위한 개념이다. "복음, 복음, 복음. 이것이 바울을 정의하는 것이다. 이것은 그의 사역을 정의하는 것이다. 이것은 그의 공동체를 정의하는 것이다. 이것은 신학의 축약된 요약이었고, 차례로 새로운 세계관의 중심 기둥의 기초가 되었다."[114] 물론 바울은 계속해서 구원의 상호 작용, 유대인과 이방인의 상호 작용 그리고 이신칭의를 거론하며, 이것들을 각각 편지의 주제로 제시한다. 그러나 이것들은 모

111. N. T. Wright, *Paul and the Faithfulness of God*, 2.1039.

112. 예를 들어, Westerholm, *Perspectives*, 352-407.

113. 예를 들어, Stuhlmacher, "Theme of Romans," 333-45; 같은 책, 10-12 (비록 그는 "복음"을 "하나님의 의"라는 용어로 재빨리 정의한다); Wilckens, 1.91; Lohse, 45-48; Weima, "Preaching the Gospel in Rome," 337-38; Schnelle, *Apostle Paul*, 309-12; Wischmeyer, "Letter to the Romans," 254-55.

114. N. T. Wright, *Paul and the Faithfulness of God*, 1.411.

두 이 구절들의 주요 주제인 복음의 정교한 부연 설명들이다.[115] 그리고 우리에게는 "이 복음"과 같이 로마서의 다양한 화제들을 총망라할 수 있는 폭넓은 주제가 필요하다. 게다가 위에서 이미 보았듯이 로마서는 바울 자신이 선교사라는 상황에서 나온 것이며, 그런 입장에서 나오는 편지라면 어떤 편지에서도 바울이 전하는 복음이 관심의 초점이 될 것은 당연한 일이다. 로마서는 바울이 설교하는 복음을 요약한 것이다. 그러나 바울은 복음과 구약의 - 특히 토라(오경-옮긴이) - 관계를 둘러싼 논쟁 그리고 유대인과 이방인 모두를 포용하는 문제에 대한 불확실성과 논쟁이 뒤얽혀 있는 상황에서 이 요약을 기록했기 때문에, 그 요약의 곳곳에 부단히 이 이슈들을 상기시키는 표현들을 집어넣고 있는 것이다.

VII. 텍스트와 번역

본 주석서의 기본 텍스트는 Nestle-Aland, *Novum Testamentum Graece*(28판)이다. 나는 NA28에 나열된 모든 이문 사본들에 대해서는 언급하지 않기로 결정했다. 그러나 *United Bible Societies Greek New Testament*(5판) 목록에 나열된 모든 것은 포함하려고 노력했다.

로마서의 본문을 입증해 주는 그리스어 증거 사본들은 다음과 같다.

A. 파피루스 사본

P^{46}, "Chester Beatty Ⅱ." 이 아주 초기(A. D. 200년경)의 파피루스 코덱스는 알란트와 알란트(Aland and Aland)가 말하는 "자유분방한(free)" 텍스트가 무엇인지를 보여 준다.[116] 그것은 후대에 발전된 "계보들(families)" 가운데 어느 계보와도 일관성 있게 부합하지 않는 텍스트다.[117] 이 텍스트는 불행히도 로마서의 일부

---

115. 더 자세한 사항은 1:16-17의 추가 설명 참조.
116. Aland and Aland, *Text*, 99.
117. 내 자신의 다소 비과학적인 조사가 이것을 확인시켜준다. 나는 로마서 본문의 각 주요 사본들이

(5:17-6:14; 8:15-15:9; 15:11-16:27)만을 담고 있다.

로마서의 본문을 입증해 주는 그 밖의 파피루스 증거 사본들($P^{10, 26, 27, 31, 40, 61, 94}$)에는 서신의 작은 단편들만이 수록되어 있다.

B. 언셜체 사본

ℵ (01), "Sinaiticus(시내산 사본)." 이것은 4세기의 대문자 언셜체 사본의 하나로, 신약 전체를 (그리고 구약과 외경의 대부분도) 포함하고 있다. 이것은 알렉산드리아 텍스트(Alexandrian text)의 1차 증거 사본이다.

A (02), "Alexandrinus(알렉산드리아 사본)." 이 5세기의 사본은 로마서 전체를 포함하여 신약의 대부분을 수록하고 있으며, 알렉산드리아 텍스트의 약간 비중이 떨어지는 증거 사본이다(Aland and Aland의 범주 Ⅱ).

B (03), "Vaticanus(바티칸 사본)." 시내산 사본과 더불어 바티칸 사본은 알렉산드리아 텍스트에 관한 전승의 가장 중요한 증거 사본이다. 이 사본은 로마서 전체를 포함하여 신약의 대부분을 담고 있다.

C (04), "Ephraemi Rescriptus(에브라임 재생 사본)." 이 5세기의 거듭 쓴 양피지 사본은 로마서의 대부분을 수록하고 있으며, 알렉산드리아 텍스트의 2차 증거 사본이다.

D (06), "Claromontanus(클라로몬타누스 사본)." 복음서들과 사도행전이 담긴 "D" 언셜체 사본(베자 사본)과는 구별되는 이 6세기의 언셜체 사본은 로마서의 서방 텍스트(western text)에 대한 가장 중요한 증거 사본 가운데 하나다. 여기에는 로마서 1장의 몇 절만이 빠져 있다.

F (010), "Augiensis." 서방 텍스트에 대한 9세기의 증거 사본으로, 로마서의 1-2장과 3장의 일부를 제외한 전부를 담고 있다.

G (012), "Boernerianus." 이 9세기의 사본은 로마서 1장과 2장의 일부를 제외한 전부를 담고 있으며, "F"와 본문이 매우 흡사하다. 두 사본이 (지금은 소실된)

다른 모든 주요 사본들과 일치하는 횟수를 대조했다. P^{46} 사본들에는 48-ℵ; A-64; B-61; C-34; D-91; F-96; G-99; L-9; P-20; Ψ-39; 33-5; 1739-38; 다수 텍스트(majority texts)-37이 있다.

같은 사본에서 베낀 "자매" 사본이라는 말이 나오는 것도 무리가 아니다.

P (025), "Porphyrianus." 로마서의 대부분이 수록된 이 9세기의 코덱스는 주요 텍스트 계보 가운데 어느 계보와도 일관성 있게 부합하지 않는 본문을 보여준다(Aland and Aland의 범주 Ⅲ).

Ψ (044), "Athous Lavrensis." 이 8, 9세기의 언셜체 사본은 P와 마찬가지로 어떤 텍스트 계보에 대해서도 일관성 있는 증거 자료가 되지 못한다. 로마서 전체를 수록하고 있다.

다른 여러 언셜체 사본이 로마서의 전부 또는 대부분을 수록하고 있다. 이 사본들에는 K (018), L (020), 049, 056, 0142 그리고 0151이다. 그러나 이들은 후대의(9세기 이후의) 것들이며, 본문 비평가들이 말하는 소위 "다수 텍스트(majority text)"의 일부다.

C. 소문자 사본

29개의 소문자 사본이 로마서 본문의 전부 또는 일부를 수록하고 있다. 가장 중요한 것들은 33(9세기), 81(11세기) 그리고 1739(10세기)인데, 이들은 모두 알렉산드리아 텍스트의 중요한 2차 증거 사본들이다.

위에서 확인된 모든 중요한 증거 사본들은 로마서 본문의 이문을 다룰 때(적절한 곳에서) 인용될 것이다. NA28과 UBS5의 방식에 따라, 나는 비잔틴 텍스트(Byzantine text)에 속하는 후대 사본의 대부분을 "다수 텍스트"(="Byz" in UBS5)로 언급하여 인용할 것이다.[118]

각 단원의 맨앞에 인쇄된 번역문은 내가 직접 번역한 것이다. 그것은 이해할 수 있는 영어로 그리스어 텍스트의 구조를 가능한 한 가깝게 표현하려고 시도한 것이다(물론 어떤 영어 번역도 그리스어 구조를 재현하는 데 성공적일 수 없다).

---

118. 사본에 대한 설명, 날짜 및 평가를 위해 우리는 주로 Aland와 Aland, Text, 96-163에 의존했다. 또한 M. Holmes, "Textual Criticism," 928; Fitzmyer, 44-47; Jewett, 4-18; R. Longenecker, *Introducing Romans*, 277-85 참조.

VIII. 구조

로마서의 주요 본문이 "신학 소논문"(theological tractate)이기 때문에, 편지의 구조에 관한 개요들은 조직 신학에서 볼 수 있는 표제들과 유사해지는 경향이 있다. 베커(Beker)는 "조직적 사고구조"를 추구하는 것은 결국은 어떤 계기로 나온 이 편지에 대해 "건축학적인 엄밀성"을 부과하는 것이라고 주장하면서 이런 추세에 반대했다.[119] 만일 학자들이 편지에 있는 모든 것을 어떤 단일한 교리(예를 들면, 이신칭의)로 묶는다거나, 후에 나온 교의적 구조의 표지들을 편지에 덧붙인다거나(예를 들면, 롬 1-8장을 칭의와 성화라는 화제로 나누거나, 예정[predestination]을 9-11장의 화제로 삼는 등), 또는 편지(특히 12-16장)에 있는 계기적이고 실제적인 요소들을 무시한다면 이 반대는 정당성이 있다. 그러나 이 때문에 우리가 편지에서 논리의 움직임을 찾지 못하게 되는 일이 있어서는 안 된다. 특히 1-11장에서는, 우리가 앞에서 살펴보았듯이, 바울의 논증 과정이 계기적인 문제들보다 복음의 "내적 논리"를 더 따르고 있기 때문이다. 이 장들에서, 나는 바울이 논증을 그것도 신학적으로 하고 있다고 확신한다. 우리는 우리 스스로 만든 신학의 범주들을 바울에게 부과해서는 안되지만, 바울이 쓰고 있을지도 모르는 범주들을 무시해서도 안 된다.

나 스스로의 개요는 내가 편지의 주제라고 생각하는 것, 즉 복음을 반영한다. 편지의 주요 단원들에 대해서는 일반적인 합의가 이루어져 있는데, 하나의 중요한 예외가 있다. 그것은 5장의 위치다. 많은 해석자들, 특히 종교개혁 개신교 전통을 따르는 해석자들이 5장을 바울이 1-4장에서 이신칭의에 관해 논증한 것의 결론 부분으로 만들었다. 그러나 갈수록 호응을 얻고 있는 것은 5장을 6-8장과 묶어 바울이 그리스도인의 삶과 소망에 관해 제시한 "두 시대"의 일부로 삼는 경향이다. 5-8장의 서문에서 주장하겠지만, 나는 후자 쪽이 옳다고 확신한다.

---

119. Beker, *Paul the Apostle*, 64-69.

IX. 로마서 분석

Ⅰ. 편지의 서문(1:1-17)

A. 송수신자(1:1-7)

B. 감사와 계기: 바울과 로마 교회(1:8-15)

C. 편지의 주제(1:16-17)

Ⅱ. 복음의 핵심: 이신칭의(1:18-4:25)

A. 죄의 보편적 지배(1:18-3:20)

1. 모든 사람이 죄로 말미암아 하나님의 심판 아래 있다(1:18-32)

2. 유대인은 하나님께 죄에 대한 책무가 있다(2:1-3:8)

a. 유대인과 하나님의 심판(2:1-16)

ⅰ. 유대인의 주제넘음에 대한 비판(2:1-5)

ⅱ. 심판의 공정성(2:6-11)

ⅲ. 심판과 율법(2:12-16)

b. 언약의 한계(2:17-29)

ⅰ. 율법(2:17-24)

ⅱ. 할례(2:25-29)

c. 하나님의 신실하심과 유대인의 심판(3:1-8)

3. 모든 인간의 죄성(3:9-20)

B. 이신칭의(3:21-4:25)

1. 칭의와 하나님의 의(3:21-26)

2. "오직 믿음으로"(3:27-4:25)

a. "오직 믿음으로": 초기 진술(3:27-31)

b. "오직 믿음으로": 아브라함과 관련한 상술(4:1-25)

ⅰ. 믿음과 행위(4:1-8)

ⅱ. 믿음과 할례(4:9-12)

ⅲ. 믿음, 약속 그리고 율법(4:13-22)

ⅳ. 아브라함의 믿음과 기독교인의 믿음(4:23-25)

Ⅲ. 복음이 주는 확신: 구원의 소망(5:1-8:39)

A. 영광의 소망(5:1-21)

1. 칭의에서 구원까지(5:1-11)
2. 은혜와 생명의 왕노릇(5:12-21)

B. 죄의 종노릇으로부터의 해방(6:1-23)
1. 그리스도와 합하여 "죄에 대하여 죽음"(6:1-14)
2. 의를 섬기도록 죄의 권세로부터 해방(6:15-23)

C. 율법의 속박으로부터의 해방(7:1-25)
1. 율법에서 해방되어 그리스도와 연합하다(7:1-6)
2. 율법 아래 있는 유대인의 역사와 경험(7:7-25)
a. 율법의 도래(7:7-12)
b. 율법 아래에서의 삶(7:13-25)

D. 성령 안에서의 영생에 대한 확신(8:1-30)
1. 생명의 성령(8:1-13)
2. 양자의 영(8:14-17)
3. 영광의 영(8:18-30)

E. 신자의 보장된 구원을 경축(8:31-39)

Ⅳ. 복음에 대한 변론: 이스라엘의 문제(9:1-11:36)

A. 서론: 하나님의 약속과 이스라엘의 곤경 사이의 긴장 관계(9:1-5)

B. 약속에 대한 정의(1): 하나님의 주권적 선택(9:6-29)
1. 이스라엘 안에서의 이스라엘(9:6-13)
2. 반론에 대한 답변: 하나님의 자유와 목적(9:14-23)
3. 하나님이 새 백성을 부르심: 이스라엘과 이방인(9:24-29)

C. 이스라엘의 곤경에 대한 이해:
구원사의 절정으로서의 그리스도(9:30-10:21)
1. 이스라엘, 이방인 그리고 하나님의 의(9:30-10:13)
a. 하나님의 의와 "의의 법"(9:30-33)
b. 하나님의 의와 "그들 자신의 의"(10:1-4)
c. 복음과 율법(10:5-13)
2. 이스라엘의 책무(10:14-21)

D. 전환적 요약: 이스라엘, "선택" 그리고 "완악해짐"(11:1-10)

E. 약속의 정의(2): 이스라엘의 미래(11:11-32)

1. 이스라엘이 거절한 사건 속에 있는 하나님의 목적(11:11-15)
2. 유대인과 이방인의 상호 관계:
   이방인 신자들에 대한 하나의 경고(11:16-24)
3. "온 이스라엘"의 구원(11:25-32)

F. 결론: 하나님의 놀라운 계획에 대한 찬양(11:33-36)

V. 변화시키는 복음의 능력: 그리스도인의 품행(12:1-15:13)

A. 문제의 핵심: 총체적 변화(12:1-2)

B. 겸손과 상호간의 섬김(12:3-8)

C. 사랑과 그 표현들(12:9-21)

D. 그리스도인과 세상 지도자들(13:1-7)

E. 사랑과 율법(13:8-10)

F. 낮의 빛 가운데서의 삶(13:11-14)

G. 일치를 위한 호소(14:1-15:13)

1. 같은 주님을 섬김(14:1-12)
2. 하나님 나라 가치를 우선시함(14:13-23)
3. 다른 사람에 대한 그리스도의 본을 따름(15:1-6)
4. 하나님의 연합된 찬양 계획(15:7-13)

VI. 편지의 끝맺음(15:14-16:27)

A. 바울의 사역과 여행 계획(15:14-33)

1. 회고: 바울의 동방에서의 봉사(15:14-21)
2. 전망: 예루살렘, 로마 그리고 스페인(15:22-29)
3. 기도 부탁(15:30-33)

B. 인사(16:1-23)

1. 뵈뵈를 추천함(16:1-2)
2. 로마의 기독교인들에 대한 문안(16:3-16)
3. 경고, 약속, 그리고 은혜를 바라는 기도(16:17-20)
4. 바울의 동료들이 전하는 문안(16:21-23)

C. 결론짓는 영광송(16:25-27)

The New International Commentary on the New Testament

THE LETTER TO THE ROMANS

본문, 해설, 주

I. 편지의 서론
(1:1–17)

로마서의 주요 부분은 바울의 복음에 관한 논문이며, 이 논문의 앞뒤를 서론(1:1-17)과 결론(15:14-16:27)이 장식하고 있다. 이 서론과 결론 진술 사이에는 유사점이 많은데, 그 가운데 중요한 것 중 하나가 복음(gospel)에 대한 강조다. (로마서에는 *euangelion*[유앙겔리온; "복음"]과 *euangelizomai*[유앙겔리조마이; "복음을 전하다"]가 11번 나오는데 그중 8번이 이 서론과 결론에서 나온다.) 이 복음에 대한 바울의 특별한 관계가 - 로마의 기독교인들을 망라하는 한 관계 - 이 단원에서 엄밀하게 "서신"의 서론이라고 할 수 있는 자료(1-5절, 13-15절)를 열고 닫는다.[1]

A. 송수신자(1:1–7)

1 예수[2] 그리스도의 종 바울은 사도로 부르
심을 받아 하나님의 복음을 위하여 택정함
을 입었으니
2 이 복음은 하나님이 선지자들을 통하여 그
의 아들에 관하여 성경에 미리 약속하신
것이라
3 이 아들에 관하여 말하면 육신으로는 다윗
의 혈통에서 나셨고
4 성결의 영으로는 죽은 자들 가운데서 부활
하사 능력으로 하나님의 아들로 선포되셨
으니 곧 우리 주 예수 그리스도시라
5 그로 말미암아 우리가 은혜와 사도의 직분
을 받아 그 이름을 위하여 모든 이방인 중
에서 믿어 순종하게 하게 하나니
6 너희도 그들 중에 있어 예수 그리스도의 것
으로 부르심을 받은 자니라
7 로마에서[3] 하나님의 사랑하심을 받고 성도
로 부르심을 받은 모든 자에게 하나님 우
리 아버지와 주 예수 그리스도로부터 은혜
와 평강이 있기를 원하노라

1. Wuellner, "Paul's Rhetoric of Argumentation," 133 참조.
2. Χριστοῦ Ἰησοῦ라는 어순은 그리스어 사본 가운데 P^{10}, 1차 알렉산드리안 언셜체 B, 그리고 2차 알렉산드리안 81의 단 세 사본에서만 나온다. 그 밖의 모든 사본에는 Ἰησοῦ Χριστοῦ로 되어 있다. 그러나 외적인 증거가 빈약하기는 해도 여기서 채택된 독법은 강한 내적인 지지를 받고 있으며, 이것이 이런 종류의 문맥에서 바울이 거의 언제나 사용하는 어순이다(아래의 각주 11을 보라).
3. G, 1739^{mg} 그리고 그 밖의 몇몇 사본은 이 7절과 15절에서 ἐν Ῥώμῃ를 빠뜨렸는데, 이는 로마서에서 이 특정의 지명을 없앰으로써 로마서를 "보편화"하려는 후대의 시도임이 거의 확실하다. 본 주석서 서론의 19-23쪽을 참조.

바울의 편지를 처음 받은 1세기의 수신자들은 상당히 당혹감을 느끼지 않을 수 없었을 것이다. 그 당혹감은 신학적으로 복잡한 편지의 내용에 기인하는 바가 많았을 것이며, 이 점에 있어서는 현대의 독자들도 다를 바가 없어 당혹감을 느끼고 1세기 수신자들과 똑같은 반응을 보일 수 있다. 그러나 로마의 기독교인들에게는 이 편지의 형식 자체가 당혹감의 또 다른 원인이었을 것이다. 바울의 편지들은 1세기에 쓰여진 대부분의 편지들보다 훨씬 길다 - 실로 정확한 문학적 분류를 어렵게 할 만큼 길다. 그리고 로마서는 7,114단어나 되어 바울의 편지들 가운데서도 가장 길다. 가장 긴 편지에 걸맞게 로마서는 송수신자 부분(prescript)도 가장 길다 - 실제로 롱네커(R. Longenecker)에 따르면, 현존하는 모든 그리스어로 된 편지 중에서 가장 길다.[4] 전형적인 그리스어 편지는 송신자 A가 수신자 B에게 보낸다는 뜻으로 A가 B에게 "문안하노라"(chairein; 카이레인, 행15:23; 23:26; 약1:1)라는 하나의 문장으로 시작할 뿐이었다. 이 형식을 바울은 그의 모든 편지에서 대폭 확대하는데, 그 확대가 로마서에서 절정에 달하고 있다.[5] 송신자의 성명 쓰기 혹은 그 신분 밝히기의 표제가 특히 길어 처음 여섯 절을 차지하고 있다.

바울은 자기소개에서 그가 하나님으로부터 받은 소명(1절), 선포하도록 부름받은 메시지(2-4절) 그리고 그가 맡은 특별한 임무(5-6절)를 밝힌다. 마지막으로 7a절에서 수신자가 나오고, 뒤이어 7b절에서 바울이 늘 사용하는 인사말이 나온다. 송수신자 부분을 이렇게 길게 그리고 신학적으로 쓴 것은 바울이 자신이 설립하지도 않았고 방문한 적도 없는 교회에 자기 소개를 하고 있다는 사실에 주로 기인한다. 그는 예수 그리스도의 좋은 소식을 온 세상에 선포하라는 사명을 받은 사도로 자기의 신임장을 제정하고 싶었던 것이다. 이 정교하게 짜인 송수신자 부분이 논쟁에서 이기려는 심리를 동기로 삼은 것인지는 (Murray 같은 사람은 그렇게 생각하지만) 분명치 않다.

---

4. Longenecker, 47.
5. Byrskog는 "그리스-로마 또는 전통적으로 유대 환경에서 알려진 다른 고대 편지에는 이처럼 광범위한 편지의 시작이 포함되어 있지 않다"("Epistolography, Rhetoric and Letter Prescript," 38)라고 주장한다. Michel과 Käsemann은 Lohmeyer("Probleme paulinischer Theologie," 158-73)를 따라 바울이 사용한 더 긴 양식 규정이 유대-오리엔탈의 편지 쓰기 모델에서 파생되었을 수 있다고 제안한다(4 Macc. 1:1-6 참조). 그러나 Roller(*Formular der paulinischen Briefe*, 213-38)와 Cranfield는 이에 대해 이의를 제기한다.

1 바울의 동료들은 종종 그의 편지에 어떤 의미에서든 관련되어 있지만(그의 편지 대부분은 "공동 송신자"를 명시적으로 언급함), 로마서는 바울만 편지를 작성한 사람으로 언급한다.[6] 바울은 로마 교회에 자기 스스로를 소개를 하면서 세 개의 칭호를 병행적으로 쓰는데, 그 칭호들 각각이 그의 주인과 그의 직분과 그의 목적을 밝힌다. 이 세 개의 칭호가 모두 관사 없이 쓰였는데, 이것이 이 편지의 도입 부분의 전형적인 스타일이다.[7] "그리스도 예수의 종"이라는 표현은 구약에서 친숙하게 사용하는 여호와의 "종"(servant)이라는 표현을 본뜬 것이다.[8] 이 표현은 완전한 헌신을 함축하는데, 이는 종이라고 하면 그의 운명이 완전히 그 또는 그녀의 주인의 처분에 달려 있다는 뜻이기 때문이다. 신분이 아주 높은 주인을 섬기면 큰 명예가 따른다는 것은 당연한 사실이며, 많은 주석가들은 바울이 스스로를 이렇게 칭하는 이런 면을 강조한다.[9] 그러나 여기에 함축되는 겸손, 헌신, 순종이라는 의미가 구약의 표현에서 빠지는 일이 결코 없으며, 여기서도 확실히 일차적인 의미로 쓰인다.[10] 이로써 바울의 기독론이 고기독론(high Christology)이 될 것으로 예상할 수 있는데, 이 예상을 뒷받침해 주는 것이 바로 그가 구약적 표현의 "여호와"를 "그리스도 예수"로 대체하고 있다는 사실이다.[11] "그리스도 예수"라는 어순은

---

6. Παῦλος(파울로스)라는 이름은 많은 고대 주석가들과 몇몇의 현대 주석가들이 제안하듯이(예를 들면, Lagrange) 특별한 기독교인의 이름이거나 아니면 바울에 의해서 개종한 최초의 유명 인사 서기오 바울(Sergius Paulus)에서 딴 이름(행 13:9 참조)이라기 보다는, 바울의 라틴식 이름(*cognomen*)이었을 가능성이 크다(Cranfield; Bruce, *Paul*, p. 38).

7. BDF §252.

8. 이 표현 또는 평행 표현(예를 들어, "당신의 종")은 때때로 이스라엘에게 일반적으로 적용되며(느 1:6, 사 43:10) 때로는 선지자(왕하 9:7, 17:23)에 적용된다. 그러나 더욱 자주 특별하게 중요하고 뛰어난 "종"을 묘사할 때 사용한다. 이러한 특별한 종에는 모세(예: 수 14:7; 왕하 18:12), 여호수아(수 24:29), 엘리야(왕하 10:10), 느헤미야(느 1:6)가 있다, 특히 빈번하게, David. M. Brown은 이 표현이 로마의 제국적 맥락에 비추어 기술적인 의미가 있다고 제안하지만("Paul's Use," 723-37), 그렇게 구체적인 언급에 대한 맥락적 증거는 부족하다.

9. 예를 들여, Käsemann.

10. 이러한 의미는 바울과 그의 로마 교회 독자들의 세계에 노예 제도라는 만연한 영향에 의해 강화될 것이다(예를 들어, Goodrich, "From Slaves of Sin," 509-30; Harris, *Slaves of Christ*, 139-43 참조). 그와 대조적으로 그리스-로마 노예제도의 영향을 부정하거나 경시하는 사람들(예를 들면, Horsley, "Paul and Slavery," 153-200; Byron, *Slavery Metaphors*, 231-33)도 있다.

11. 이름의 순서는 중요할 수 있다. Ἰησοῦ Χριστοῦ를 Χριστοῦ Ἰησοῦ(47번:7번)로 선호하는 다른 신약 저자들과 달리 바울은 Χριστοῦ Ἰησοῦ(80번:25번) 순서를 선호한다. 이 단어 순서의 중요한 차이는 일부 사람들의 의견과 달리 바울이 Χριστός를 중요한 신학적 의미를 지닌 "메시아, 예수"의 칭호로 사용했음을 시사한다 (예를 들어, Kruse). 그러나 이 순서에는 더 큰 의미가 있을 수 있다. 바울은

메시아(Messiah) 예수라는 느낌을 강하게 하며, 이 메시아 사상의 구체적이고 보편적인 의미를 떠올리게 한다.[12]

바울이 그의 서신의 송수신자 부분에서 자신을 "종"으로 칭하고 있는 서신은 디도서와 빌립보서뿐이다(빌립보서에서는 디모데도 언급되고 있다). 그러나 로마서 1:1의 두 번째 칭호인 "사도"는 빌립보서, 데살로니가전후서 그리고 빌레몬서를 제외한 모든 바울 서신의 송수신자 부분에서 쓰이고 있다. 바울은 종종 "사도"를 일반화하여 단순히 "메신저"의 뜻으로 사용하기도 하며(빌2:25; 고후 8:23), 그보다 더 자주 신임장을 받은 정식 사절의 뜻으로 쓰기도 한다(롬 16:7이 한 예다). 그러나 여기서는 이 칭호가 보다 강한 의미를 나타내어, 바울을 교회의 "토대"로서 구원사적인 역할을 맡도록 그리스도가 친히 임명하신 유일무이한 집단의 일원으로 드러나게 한다(엡 2:20).[13] 부활하신 그리스도가 그의 앞에 나타나서(고전 15:8), 특별히 이방인에게 전도하는 특별한 사명을 위해 그를 택하셨기 때문이다(롬 11:13; 또한 참조. 딤전 2:7; 딤후 1:11). 이렇게 그리스도가 몸소 바울을 사도로 택하셨다는 뜻이 여기서는

두 가지 상황에서 "예수 그리스도"보다는 "그리스도 예수"를 사용하는 경향이 있다. 이러한 사용에는 그의 사도적 헌신에 대한 설명(여기에서와 같이)과 전치사 εἰς("~안으로") 또는 ἐν("~안에") 뒤에 그리스도와 연합하는 특징적인 모티브를 나타내기 위한 것이다. 특히 N. T. Wright, "Messiah and People of God," 19-31 참조; 또한 Schlier 참조. Kramer(*Christ, Lord, Son of God*, 203-6)는 바울이 이 표현의 문법적 경우를 나타내기 위해 Χριστός를 먼저 썼을지 모르지만 바울이 사용한 순서의 다양성을 설명하기 위해서는 더 많은 것이 필요하다고 제안한다. 반면에 Hengel은 이름의 순서가 얼마만큼 의미가 있는지 의심한다("Erwägungen zum Sprachgebrauch," 137).

12. 특히 Wright는 Χριστός의 지속적인 직함과 통합적인 의미를 강조한다(또한 *Paul and the Faithfulness of God*, 2.817-25; Schreiner; Longenecker 참조). 과거의 학자들은 이 칭호가 바울의 편지에서 많은 의미를 상실했다고 생각하는 경향이 있다(예를 들어, Dahl, "Messiahship of Jesus," 37-47; Lohse 참조). 그러나 현대의 바울 학자들은 유대인 바울이 종종 메시아적 의미를 지닌 단어를 사용했을 가능성이 더 높다고 올바르게 생각한다. 특히 도움이 되는 것은 바울이 "메시아"를 "경칭의" 단어로 사용했다는 것이다. 이 단어는 특정 개인을 가리키지만 더 넓은 의미를 지니고 있다(Novenson, *Christ among the Messiahs*; 또한 Hurtado, "Paul's Messianic Christology," 108-10 참조).

13. ἀπόστολος가 LXX(70인역)에서나 일반 그리스어에서나 어떤 전문적인 의미로 쓰이지 않고 있기 때문에, 많은 해석자들은 이 단어가 칭호로 쓰이게 된 배경으로 유대교의 랍비들이 שָׁלִיחַ(샬리아흐; "보냄받은 자")를 권한을 부여받은 대표 또는 메신저의 뜻으로 사용한 일을 꼽았다(예를 들면, K. H. Rengstorf, *TDNT* 1.414-20; Str-B, 3.2-4에서의 예를 참조). 그러나 이 용어가 사용되는 자료가 후대의 것인 데다가 일반적으로 랍비들의 저술에서 선교적 강조가 전반적으로 결여되어 있어 이 제안은 의심스럽다(참조. D. Müller, *NIDNTT* 1.134; 하지만 참조. *NIDNTTE*, 1.367; 그리고 Herron, "Origin," 101-31). 바울의 ἀπόστολος 용법에 관해서는 16:7의 주석도 보라.

동사적 형용사 "부르심을 입은"[14]으로 명백해진다. 바울이 이 형용사로 의도한 바가 갈라디아서의 논쟁 지향적인 시작 부분에 명문화되어 나타난다. "사람들에게서 난 것도 아니요 사람으로 말미암은 것도 아니요 오직 예수 그리스도와 그를 죽은 자 가운데서 살리신 하나님 아버지로 말미암아 사도 된 바울은…"(갈 1:1). 그렇다면 바울은 그의 습관대로 편지 첫머리에서 자기는 사적인 개인으로서가 아니요 타고난 교사로서도 아니라 "부름 받은 사도"로서 글을 쓰는 것이라고 밝히고, "부름 받은 사도"가 하는 말에는 하나님이 직접 권위를 부여하신다고 주장하고 있는 셈이다. 이런 권위 주장을 무시하고 이 위대한 신학 논문을 읽었다가는 누구든 이 편지의 궁극적인 목적을 결코 파악하지 못하게 될 것이다.

바울이 1절에서 마지막으로 "하나님의 복음을 위하여 택정함을 입었으니"라고 자기 소개를 한 것은 그가 위대한 사도 직무를 수행하도록 "어머니의 태로부터" 택정함을 입었다는 뜻을 내비친 것일지도 모른다(참조. 갈1:15).[15] 그러나 여기서의 어순으로 보아 "택정함을 입다"라는 동사가 쓰인 절은 단지 "부름 받음"의 추가적인 정의일 가능성이 더 크다.[16] 이 동사는 70인역에서 하나님이 이스라엘을 다른 족속들로부터 "구별하여" 부르신다는 뜻으로 쓰였고(레 20:26), 사도행전 13:2에서 바나바와 사울을 선교 사역을 위해 "따로 세운다"는 뜻으로 쓰이고 있다. 이와 같이 바울은 "부르심을 입은 사도"로서 하나님의 역사 계획에서 특별한 목적을 위해 하나님에 의해 따로 세움을 받은 것이다. 바울은 여기서 이 목적을 구체적으로 "하나님의 복음을 위해"[17]라는 말로 나타낸다. 여기서의 "복음" 또는 "좋은 소식"(유앙겔리온 그리고 유앙글레이조마이)이라는 단어는 바울의 확신과 설교의 핵

---

14. κλητὸς; 또한 고전 1:11 참조.

15. 예를 들어, Cranfield 참조. 갈라디아서에서 바울은 다메섹 도상에서 부르심을 받은 일을 언급하기 위해 κλητὸς를 쓰고, 자기가 이 일을 위해 "택정함을 입은" 것을 가리키기 위해 ἀφορίζω를 쓰는데 그것이 어머니의 복중에서였다고 한다(바울은 여기서 예레미야가 자기의 부르심 받은 일에 관해 쓴 유명한 말과 넌지시 연결시킨다. 참조. 렘 1:5).

16. 또 다른 옵션은 ἀφωρισμένος가 δοῦλος및 κλητὸς ἀπόστολος와 병행하여 바울에 대한 세 번째 설명이라는 것이다(Longenecker). 일부 주석가는 ἀφορίζω가 "바리새인"의 어근인 פָּרַשׁ의 역할에 포함될 수 있다고 생각한다(Fitzmyer; Wright). 바울은 자신이 바리새인으로서 "구별된" 사람이라고 생각하면서도 이제 자신이 진정으로(truly) "구별된" 것은 오직 그리스도 안에서 만 가능하다고 생각한다. 그러나 Cranfield는 그러한 해석을 있을 수 없는 것으로 일축해야 한다고 옳게 본다.

17. 그리스어로는 목적의 의미를 가진 εἰς로 되어있다.

심을 포착하는 표현이다. 즉, 하나님은 타락한 피조물을 회복하시고 그의 백성에게 새롭고 하나님 자신과 함께하는 안전한 관계를 제공하시겠다는 오랜 약속을 성취하셨다는 것이다(더 자세한 내용은 7절 이후의 부설을 참조).[18] 여기에서 이 단어는 복음을 전파하는 활동을 의미할 수도 있고(NLT: "하나님의 사도로 택하심을 받아 그의 좋은 소식을 전파하도록 보냄을 받은" 참조)[19] 또는 단순히 복음 자체의 메시지를 가리킬 수도 있다.[20] 결정을 어렵게 만드는 것은 역동적인 의미가 1절에는 잘 맞지만 2-3절에는 잘 맞지 않는다는 것이다. 반면, 더 정적인 의미는 반대 문제로 인해 골치 아프다. 크랜필드(Cranfield)는 이 단어가 여기서는 두 가지 의미를 모두 담고 있는 것으로 제안한다. 이것은 확실히 좋은 제언이다. 그러나 우리는 이 제안을 좀 수정할 수도 있을 것이다. 바울은 "복음"을 어떤 문맥에서는 극히 일반적인 의미로 쓰며(참조. 롬 1:9, 빌 1:27, 엡 3:6, 6:19), 그래서 이 복음이 때로는 "그리스도" 또는 그리스도 안에서의 하나님의 개입과 기능적으로 동의어가 되기도 한다. 바울은 "복음"의 범위를 때로는 확대하여 그 메시지가 말하는 사건들까지 포함시킨다.[21] 문맥상 동적인 의미이든 정적인 의미이든 하나만을 택하기 어려운 만큼, 여기서는 이 단어의 광의의 뜻을 채택할 충분한 이유가 있다. 따라서 "하나님의 복음을 위하여 택정함을 입었다"는 말로써 바울은 자기의 인생 전체가 그리스도 안에서 하시는 하나님의 구원 사역에 전적으로 바쳐졌다고 여긴다 - 즉, 자신은 사도로서 복음의 메시지를 선포할 뿐만 아니라 이 메시지를 자신이 믿고 거기에 전적으로 순종하겠다고 - 주장하고 있는 것이다. 이 좋은 소식은 하나님의 것(God's; theou)[22]이다 - 아마도 바울 시대의 로마 제국에서 돌고 있던 다른 형태의 "좋은 소식"과 대조되는 것을 의미할 것이다(7절 이후의 설명을 다시 참조). 이 소유격의 첨가를 간과해서는 안 된다. 모리스(L. Morris)가 일깨워 주었듯이 로마서는 궁극적으로 하나님(God)에 관

18. 46-51쪽 참조.

19. Godet; Wilckens 참조.

20. Murray.

21. G. Friedrich는 "복음은 구원의 역사를 단순히 증거하는 것으로 끝나지 않는다. 복음 자체가 구원의 역사인 것이다"라고 말한다 (*TDNT* 2.731).

22. 따라서 우리는 소유격을 소유의 의미 또는 "일반적인" 의미로 분류한다. S-H가 제안하는 것처럼 "복음이 어떤 식으로든 … 하나님과 관련된 모든 측면"을 포함하는 것이다. 다른 선택권은 주격의 의미(N. Turner, *Syntax*, 211; BDF §163; H. Schlier, "εὐαγγέλιον in Römerbrief," 128) 또는 원인(Cranfield, Longenecker)으로 보는 것이다.

한 책이다. 즉 하나님(God)이 구원을 가져오기 위해 어떻게 행하셨는지, 하나님(God)의 정의가 어떻게 보존되는지, 하나님(God)의 목적들이 역사적으로 어떻게 실현되는지, 하나님(God)을 그의 백성이 어떻게 섬길 수 있는지에 관한 책이다.[23]

2 2-7절에서 바울은 "사도"와 "복음"이라는 핵심 단어를 역순으로 설명한다.[24] "복음"(유앙겔리온)에 이어지는 한 관계사절에서, 바울은 복음을 구약에서 약속된 어떤 것이라고 추가적으로 정의한다. 로마서의 곳곳에서 볼 수 있는 바울 특유의 강조 형식으로, 바울은 하나님이 그의 아들 안에서 하시는 새로운 역사인 복음의 내용(3-4절)과 구약 사이에 연속하는 선을 긋는다. 동사 "약속하다"[25]에 불필요한 군더더기 같은 "미리"를 덧붙임으로써 바울은 약속과 그 이행의 시간적 연속성을 강조하는 것이다. 그럼으로써 바울은 로마서에서 두 개의 핵심 주제가 될 것에 접근하는데, 그 하나는 약속(롬 4)이요 또 하나는 하나님의 구원의 계시를 하나님의 종래의 목적과 사역에 접붙이는 일이다.[26] 하나님이 복음 약속의 도구로 삼으신 "선지자"들 가운데는 통상 본래적인 의미의 "선지자"로 분류될 사람들 외에 모세(행 3:21-22)와 다윗(행 2:30) 같은 사람들이 포함된다. 루터가 지적했듯이, 바울의 관점에서는 "기록된 말씀(Scripture)은 전적으로 예언적이다." "성경"(Holy Scriptures)[27]이라는 말은 바울의 서신 가운데서도 오직 여기서만 나온다.[28] 바울이

---

23. Morris, "Theme of Romans," 249-63; 또한 예를 들어, J. Barclay, *Paul and the Gift*, 451-52 참조.
24. Jewett.
25. 그리스어에서는 희소한 복합 동사 προεπηγγέλλομαι를 사용한다(신약에서 유일하게 다른 경우는 고후 9:5에 나타남). 여기에서 접두어로 붙은 전치사 προ는 단순 동사에 의해 이미 내포된 시간 우선순위를 강조한다. Conway는 바울이 70인역에 나오지 않는 단어인 ἐπαγγελία("약속")을 사용한 것은 개념적으로나 언어적으로 εὐαγγέλιον과 유사하기 때문이라고 주장한다([이 구절에 관해서는] *Promises of God*, 172).
26. προ로 시작하는 그리스어 단어가 로마서에서는 특히 두드러진다.
27. γραφαῖς ἁγίαις. 이 구는 신약, 70인역, 요세푸스 또는 필론의 다른 곳에서는 나오지 않는 표현이다. 그러나 필론의 Who Is Heir, 106와 159에서 ἱεραῖς γραφαῖς의 표현; 필론의, *On the Posterity of Cain*, 158에서 ἱεραῖς Βίβλοις의 표현; 그리고 딤후 3:15에서 ἱερὰ γράμματα의 표현을 참조하라. 이 구절은 랍비들의 כִּתְבֵי הַקֹּדֶשׁ(키트베이 하코데쉬; Str-B, 3.14)에 해당할 수 있다. 물론 이러한 무관사적인 표현은 한정적이지 않고(하나의 "성경"이 다른 것과 대조됨) 1절에서 사용된 문체를 계속 유지한다(Cranfield). 다른 이들은 특성적인 효과를 내기 위해 무관사적인 구조를 취한다(Murray). 전치사에서 관사를 생략하는 경향(BDF §255)도 역할을 할 수 있다.
28. 바울은 복수형 γραφαί("성경")를 네 번 더 사용한다(롬 15:4; 16:26[1절]; 고전 15:3, 4).

여기서 구약의 어떤 특정의 구절을 염두에 두고 있다고 보기는 어렵다. 그가 이 어구를 쓴 의도는 복음과 구약 사이에 유기적인 관계가 있다고 주장함으로써, "그의" 복음이 그가 새로 만들어 낸 것이 아니냐고 묻는 의혹의 눈길을 가급적 피하려는 일반적이고 원칙적인 것이다.

3 3절 첫머리의 "이 아들로 말하면"이라는 전치사구는 2절의 "미리 약속하신"[29]에 걸리느냐 아니면 1절의 "복음"[30]에 걸리느냐에 달려있다. 어느 쪽으로 하건 복음의 초점은 한 인격체인 하나님의 아들에게 있다. "하나님의 아들"은 바울이 자주 쓰는 칭호는 아니지만, 헹엘(M. Hengel)이 지적하듯이 중요한 곳에서 쓰여 적게 사용된 빈도에 비례하지 않는 중요성을 지닌다.[31] 우리의 예상대로 이 칭호는 예수와 하나님의 유일하게 친밀한 관계에 초점을 맞추고 있다.[32] "그의 아들"에 관한 보다 상세한 기술이 3b-4절에 두 개의 병행적인 분사절로 나온다. 두 분사절의 밀접한 병행성은 두 절을 나란히 놓고 비교할 때 분명해진다.

"육신으로는" "성결의 영으로는"

29. 예를 들어, Godet.
30. 예를 들어, Zahn.
31. Hengel, *Son of God*, 59-66.
32. 바울이 예수를 υἱός라는 칭호로 부르는 것이 17번인데, 바울의 초점은 특히 예수와 아버지와의 관계 및 예수에게 속한 사람들과의 관계에 있다. 전자의 관계는 하나님이 그의 아들을 보내심(롬 8:3; 갈 4:4, 6)과 그 아들을 우리를 위하여 사망에 내어 주심(롬 5:10; 8:32; 갈 2:20)을 강조하기 위해 그 칭호를 사용하는 것으로 분명히 알 수 있다. 던(Dunn)의 생각(*Christology in the making*, 38-45)과는 달리 이 본문들 중 몇 개의 본문이 아들의 선재(preexistence)를 전제로 한다. 바울은 또한 이 칭호를 그리스도와 그의 안에서 하나님의 "아들들"이 되는 사람들 사이의 사귐을 표현하기 위해 사용한다(롬 1:9; 8:29; 고전 1:9; 엡 4:13; 골 1:13). 이 칭호의 배경은 구약에서 찾아볼 수 있는데, 구약에서는 "아들"이 왕을 가리키는 데 쓰이고 간간이 메시아의 의미로 사용된다(시 2:7; 삼하 7:14. 랍비들은 "아들"을 메시아의 칭호로 쓰지 않았지만, 4QFlor는 이 구약의 "아들"이 나오는 문장들에서 메시아에 대한 관심이 계속되고 있음을 입증한다. 또한 4Q246 2:1도 참조하라). 하지만 궁극적으로는 예수 자신과 아버지의 유일무이한 관계에 대한 예수 스스로의 이해와 가르침이 이 칭호의 의미를 결정지었다. 이렇게 볼 때 이 칭호는 단순히 공적인 의미("아들"은 "메시야"와 동의어라는 의미)만이 아니라 존재론적 의미까지 띠게 된다. 이와 관련해서는 Hengel, *Son of God*; Cullmann, *Christology of the New Testament*, 270-305; I. Marshall, *Origins of New Testament Christology*, 111-29; Hurtado, *Lord Jesus Christ*, 101-8; Ridderbos, *Paul*, 68-78 등을 참조.

“죽은 자의 부활에 근거하여”

“다윗의 씨에서” “하나님의 권세 있는 아들로”

“나셨고” “지명되셨으니”[33]

이 평행과 더불어 바울에게서만 유일하게 또는 이례적으로 나타나는 여러 어구로 인해,[34] 바울이 여기서 이전의 어떤 전승을 인용 또는 반영하고 있을 가능성이 제기된다. 전승 자료의 사용은 바울의 다른 편지에서도 볼 수 있는 만큼 그 자체를 반대할 이유가 없으며, 생면부지의 로마 교회와 어떤 공감대를 마련 하기 위한 수단으로 아주 적절하기도 하다.[35] 그럼에도 불구하고, 이 불확실할 수밖에 없는 가설로부터 주석의 결론을 도출하는 오류는 피해야 한다. 그렇다면 이 절들의 의미는 바울과 그의 서신들을 배경으로 결정해야지, 가설이 될 수밖에 없는 전승사(traditions-history)를 배경으로 결정할 수는 없다.[36] 두 구절을 해석하는 것은 어

33. 그리스어로는 다음과 같다:
τοῦ γενομένου
τοῦ ὁρισθέντος
ἐκ σπέρματος Δαυὶδ
υἱοῦ θεοῦ ἐν δυνάμει
κατὰ σάρκα
κατὰ πνεῦμα ἁγιωσύνης

ἐξ ἀναστάσεως νεκρῶν

34. πνεῦμα ἁγιωσύνης, σπέρματος Δαυὶδ.

35. 최근의 해석자들은 대부분 바울 이전에 어떤 전승이 있었다고 주장하거나 있었을 것으로 간주한다(예를 들어, Fitzmyer; Kruse; Longenecker 참조).

36. 많은 학자들은 바울이 3-4절에 나오는 초기 기독교 전승이나 찬양 또는 신조를 인용하고 있다고 생각하지만, 이것이 이 전승의 원래 형태와 의미라는 것에는 동의하지 않는다. 몇몇 학자들은 바울이 이 전승을 그대로 이어받았다고 생각하지만(예를 들어, Bates, “Christology of Incarnation,” 107-27), 대부분의 사람들은 바울이 이 표현을 수정했다고 생각한다. 어떤 사람들은 이러한 신조가 초기 유대인 교회에서 유래했으며 양자론(adoptionist)의 어조가 있었다고 확신한다. 그런 다음 바울은 양자론이라는 이 요소를 제거하기 위해 περὶ υἱοῦ αὐτοῦ및 ἐν δυνάμει를 추가했을 것이다 대부분의 논쟁은 두 개의 κατὰ 구에 초점을 맞추고 있다. 일부는 바울이 추가한 것으로 생각하지만(예를 들어, Wengst, *Christologische Formeln*, 112-14), 대부분은 전승에서 가져온 것이라 생각한다(특히, Schweizer, “Röm. 1:3f”; 또한 Langevin, “Confession,” 284-91; Stuhlmacher, “Theologische Probleme,” 382; Dugandzic, *“Ja” Gottes in Christus*, 137-41; van der Minde, *Schrift und Tradition*, 40-43을 주목하라). 또 다른 사람들은 세 단계의 발전을 가정하는데 κατὰ 구가 2차 단계에서 추가되지만 여전히 바울 이전 단계에 속해 있다는 입장을 취한다(R. Jewett, *Paul's Anthropological Terms*, 136-38; 또한 그의 최근작인 “Redaction and Use,” 99-122을 주

려운 일이다. 왜냐하면 바울은 이 곳에서 나중에 자세히 설명할 몇 가지 핵심 개념을 간략하게 소개하고 있기 때문이다.[37]

첫 번째 분사절(3b절)은 인간의 몸으로 오시는 하나님의 아들에 초점이 맞춰져 있다. 이 절은 아들의 선재를 전제로 한다.[38] 바울의 성육신에 대한 암시가 얼마나 구체적이냐 하는 결정은 "오셨다"는 뜻의 단어 게노메논(genomenon)을 어떻게 해석하느냐에 달려 있다. 이 단어는 일반적으로 "낳다"[39]라는 뜻으로는 쓰이지 않지만, 때로 이 뜻을 취할 수 있으며, 혹자는 여기서 이 뜻으로 쓰인 것이라고 주장한다.[40] 그러나 이것은 아마 이 동사에 대한 지나친 확대 해석일 것이다. 바울이 "오셨다"라고 하는 일반적인 뜻인 이 단어를 쓰는 것은 아마도 아들이 "되시는 것"에 단순한 탄생 이상의 의미가 내포되었다는 것, 즉 존재의 변화까지 일어났다는 것을 시사하기 위해서일 것이다. 인간 무대로의 이 아들의 등장은 "다윗의 씨에서"로 수식되는데, 이는 아들의 메시아 지위에 대한 분명한 언급이다.[41] 메시아를 언급하는 이 전통적인 유대 방식은 바울이 인용한 전승에 그 기원이 있을 수 있지만, 바울이 15:12에서 이 요점으로 되돌아가서 "이새의 뿌리"에 대한 예언을 인용

목하라).

그러나 이 논쟁 전체는 불안정한 토대에 기반을 두고 있다. 현재 학계의 경향은 신약 안에서 많은 부분의 전승을 찾는 것이지만, 그 전승들을 식별할 수 있는 기준은 식별 과정에 대한 많은 확신을 줄만큼 정확하지 않다. 이 경우 바울이 전승의 언어를 사용하고 있다는 증거는 강력하지만 그가 고정된 신조나 찬양을 인용하고 있는지는 분명하지 않다(Wright; Poythress, "Is Romans. 1:3-4 a Pauline Confession?" 180-83; J. Scott, *Adoption*, 227-36; Calhoun, *Paul's Definitions of the Gospel*, 92-106을 보라). 방법론적으로는 바울이 인용한 것이 무엇이든 적어도 바울 자신이 확언한다는 점을 유지하는 것이 필요하다(N. T. Wright, "Messiah and People of God," 51-53을 보라).

37. Calhoun은 바울이 1장에서, 본질에서 시작하여(1:3-4) 기능으로 옮겨가는(1:16-17) 그리스-로마 패턴을 차용하여 복음을 소개했다고 생각한다(*Paul's Definitions of the Gospel*).
38. Dunn은 이와 반대의 의견을 갖는다.
39. 동사 *γεννάω*는 "낳다"에 대한 일반적인 그리스어 단어다. 여기서는 제대로 증명되지 않은 변형으로 발견된다.
40. 예를 들면, BAGD와 Godet 등을 보라. 이 단어의 유사한 평행 용법이 갈 4:4의 "하나님이 그 아들을 보내사 여자에게서 나게[*γενομένον*] 하시고 율법 아래서 나게[*γενομένον*] 하신"에서 나온다.
41. 다윗에게서 난 그의 자손이 영원한 통치를 이룰 것이라고 하신 약속(삼하 7:12-16)은 구약(사 11:1, 19; 렘 23:5-6; 30:9; 33:14-18; 겔 34:23-24; 37:24-25)과 유대교(특히 Pss. Sol. 17:21과 4QFlor를 참조하라. 또한 요 7:42; 마 9:27 등을 보라)에서 메시아 사상의 최고 핵심이 되었다. 신약의 한결같은 증언에 의하면 이 약속은 예수에 이르러 성취를 맛보게 된다(마 1:1-16; 눅 1:27, 32, 69; 딤후 2:8; 계 5:5; 22:16).

한다는 점에 주목하는 것이 중요하다.[42] 마지막으로, 이 아들의 "오심"은 "육신으로는"이 수식한다. "육신"(sarx; 사륵스) 은 바울의 중요한 신학 용어 가운데 하나다. 이것은 본질적으로 인간 존재를 가리키며, 인간 존재가 갖는 일시적이고 연약하고 덧없는 성격을 강조한다.[43] 바울의 글에서 21번이나 쓰인 "육신으로는"은 "단순히 인간으로서만 사는" 존재 또는 삶을 가리킨다. 이 어구는 본질적으로 뜻이 중립적이지만, 그럼에도 하나의 관점만 고려되고 있는 만큼 전체 그림을 파악하기 위해서는 다른 면들을 계산에 넣지 않으면 안 된다는 것을 시사한다.[44] 즉 여기서 이 어구는 의미의 스펙트럼에서 중립적인 의미의 끝 방향으로 크게 치우쳐 있지만, 동시에 예수를 "육신"의 견지에서만 본다면 우리가 그에 대한 완전한 이해에 도달하지 못했다는 것을 시사해 준다. 4절은 또 하나의 관점에서 예수를 봄으로써 그에 대한 이해의 부족을 채우게 해준다.

4 4절이 "한마디로 로마서의 메시지 전체를 압축한 것"(Nygren)이라는 주장은 과장일 수 있지만, 이 절은 신학적으로 중요하다. 그러나 그 의미는 논란의 대상이 되고 있는데, 의미의 결정은 주석에 기초가 되는 세 가지 질문에 답한 후에 비로소 가능하다. 첫째, 우리가 "지명되셨다"로 번역한 (개역성경에서는 "인정되셨다"-옮긴이) 단어의 의미는 무엇인가? 일부는 이것을 "선언되었다"로 번역해야 한다고

42. Whitsett, "Son of God," 672-78; Theobald, "'Geboren aus dem Samen Davids'," 258-59.

43. 바울은 σάρξ를 가장 단순한 의미. 즉, 이 단어를 인간 신체의 연조직으로 사용하지 않는다. 그러나 일반 그리스어에서와 같이 바울은 이 단어를 사용하여 인간의 몸 전체를 가리킬 수 있지만(예를 들어, 고전 5:5[?]; 6:16; 고후 7:1; 12:7; 갈 4:13; 엡 5:31), 더 자주는 일반적으로 사람을 가리키는 데 사용한다(예를 들어, 롬 3:20; 갈 1:16 -이 용법은 히브리어 בָּשָׂר[바사르]와 동의어인 데서 생긴다). 이 용어에 대한 바울의 신학적으로 더 의미 있는 사용은 인간의 본성이나 존재 자체를 나타내는 다소 중립적인 사용에서부터(예를 들어, 롬 4:1; 8:3; 9:8; 고전 1:29; 15:50) 훨씬 더 부정적인(또는 윤리적인) 의미, 즉 인간의 생명 또는 물질적인 세계에서 하나의 독립체로써 그리고 심지어 영적인 영역에 반대하는 의미로 사용한다(예를 들어, 롬 7:5; 8:8; 13:14; 갈 5:13-18 -특히, Dunn, "Jesus—Flesh and Spirit," 중에 특히 44-51; 같은 저자, *Theology*, 62-70를 보라). Laato는 이 두 가지 주요 강조점을 유용하게 대조한다. 즉 그는 하나님과 구별되는 인간, 하나님과 대조되는 인간, 두가지를 대조한다(*Paulus und das Judentum*, 95). 육신에 대한 바울의 가르침은 Sand, *Begriff* "Sarx"; Brandenburger, *Fleisch und Geist*; Stacey, *Pauline View of Man*, 154-80; E. Schweizer, *TDNT* 7.99-124를 보라).

44. 특히, Dunn, "Jesus—Flesh and Spirit," 중에 44-51; 같은 저자, *Theology*, 62-70를 보라. 그러나 Dunn은 이 문구에 과도하게(*too*) 부정적인 뉘앙스를 부여하기 때문에 오류가 있을 수 있다(Fitzmyer).

본다. 즉 부활은 예수가 "하나님의 아들"이심을 선언한 것이라고 생각한다.[45] 그러나 이 동사는 1세기의 그리스어에서 이런 의미를 지니고 있었던 것으로 보이지 않는다.[46] 신약의 다른 일곱 군데에서 등장하는 이 동사는 "결정하다, 임명하다, 정하다"[47]를 뜻하며, 여기서도 이 의미를 갖는다고 보아야 한다. 즉 (분사절의 주어인) 아들(참조. 3a절)이 부활에 힘입어 아버지 하나님[48]에 의해 하나님의 아들로 "임명되신"것이라고 볼 수 있다.

얼핏 생각하기에 이것은 신학적으로 곤란해 보이겠지만(그리스도의 영원한 아들됨이 부정되기 때문에?), 여러 가지를 참작하면 모든 어려움이 해소된다. 부활이 예수로 하여금 어떤 의미에서 하나님의 아들로 임명되게 했다는 생각에 필적하는 것들을 신약의 다른 곳에서 볼 수 있다. 특히 바울이 비시디아 안디옥에서 회당의 예배자들에게 선포한 것을 보라. "곧 하나님이 예수를 일으키사 우리 자녀들에게 이 약속을 이루게 하셨다 함이라. 시편 둘째 편에 기록한 바와 같이 '너는 내 아들이라 오늘날 내가 너를 낳았다' 하셨고"(행 13:33). 로마서 1:4은 아마 다윗과 같은 메시아적인 왕의 대관식에 관해서 말하는 이 시편 구절(시 2:7)을 가리킬 것이다(또한 히 1:5도 보라).[49] 이런 식으로 말한다고 해서 바울과 신약의 다른 저자들이 예수는 부활의 때에 아들이 된다는 생각을 가지고 있었다는 뜻은 아니다.[50] 여기서 아들이 3-4절에 있는 진술 전체의 주어라는 점, 즉 아들로 "지명된" 그 아들(*Son*)이라는 점이다. 이 진술의 동의어 반복에서 드러나는 것은, 아들로 지명되는 것이 한 개인 또는 인간으로서의 메시아가 처음으로 하나님의 아들이 되는 식의 본질의 변

---

45. 예를 들어, BDAG; Chrysostom; Schreiner. 동사 ὁρίζω는 기본적으로 "구획하다" 또는 경계를 "짓다"라는 뜻이다(70인역 민 34:6; 겔 47:20).
46. Lagrange.
47. 눅 22:22; 행 2:23; 10:42; 11:29; 17:26, 31; 히 4:7. 예: Hultgren를 보라.
48. 수동의 ὁρισθέντος는 하나님을 암시적인 행동주체로 삼는다(Fitzmyer).
49. 특히, Boismard, "Constitué Fils de Dieu," 5-17을 보라. 또한 Langevin, "Confession," 302-3; P. Beasley- Murray, "Romans 1:3f," 151-52; Hughes, *True Image*, 384; Calvin을 주목하라. 다윗의 "씨"가 하나님의 아들로 입양될 것이라고 예언하는 메시아 본문인 삼하 7:14에 대한 암시도 있을 것이다. Whitsett은 1:3-4이 15:9b-12에서 유대인-이방인 패턴을 따르므로 3절(삼하 7장을 암시)은 유대인에 대한 예수의 중요성을 언급하고 4절(시 2편을 암시)을 언급한다고 주장했다("Son of God," 661-81). 그러나 이곳에서의 문맥은 그러한 구별을 위해서 필요한 증거가 부족하다.
50. 이와는 반대로 예를 들어, A. Collins와 J. Collins는 예수가 이 지상의 생활 동안 "메시아로 지명된" 유일한 사람이라고 주장한다(*King and Messiah*, 117-18).

화가 아니라 지위 또는 기능의 변화라는 점이다.

이 시점에서 우리는 이 절에서 제기되는, 주석상의 두 번째 핵심 쟁점이 되는 "능력으로"[51]라는 표현의 기능을 고려해야 한다. 이 표현은 "선언되었다"를 수식하거나 - "능력으로 하나님의 아들이라고 선언되었다"[52] - 또는 "하나님의 아들" - "권세 있는 하나님의 아들로 선언되었다"(NET)[53] - 둘 중의 하나일 수 있다. 그러나 두 번째로 나오는 아들인 "하나님의 아들"을 첫 번째로 나오는 아들인 3절의 "그의 아들"(개역성경에서는 2절과 3절에 각각 "그의 아들"과 "이 아들"로 두 번 나온다–옮긴이)과 구별할 필요가 있는 만큼 후자를 수식하는 것으로 보는 것이 훨씬 바람직하다.[54] 그렇다면 바울이 주장하고 있는 것은 선재했던 아들이 약속된 메시아로서 인간 세계에 사람의 몸으로 왔다가 부활에 기초하여(아니면 부활의 때에)[55] 세상에 대해 새롭고 보다 권세 있는 지위로 임명되었다는 것이다. 아버지의 뜻에 순종하신 덕분에(예를 들어, 빌 2:6-11), 그리고 복음에서 하나님의 구원의 능력이 종말론적으로 계시되기 때문에(1:1, 16), 그 아들이 "주"라는 고귀한 새로운 신분에 오르시는 것이다(4b절). 영원 전부터 하나님의 아들이신 그가 "권세 있는" 하나님의 아들이 되어, "자기를 힘입어 하나님께 나아가는 자들을 온전히 구원하실 수 있는(*dynatai*)" 것이다(히 7:25). 그렇다면 3절로부터 4절로의 이행은 인간 메시아로부터 하나님의 아들로의 이행(양자론)이 아니라, 메시아로서의 아들로부터 메시아 그리고(*and*) 권세로 다스리는 주를 겸하는 아들로의 이행인 것이다.

이제 우리는 세 번째이자 가장 어려운 질문에 봉착한다. "성결의 영으로는"이 무슨 뜻이냐는 질문이 바로 그것이다. 이 어구는 3절의 "육신으로는"의 대구 평행

---

51. ἐν δυνάμει.
52. 또한 Godet; Jewett을 보라. Chrysostom은 이 구절이 예수의 지상 사역에 수반된 기적을 의미한다고 생각한다.
53. 최근 대부분의 주석가들이 이렇게 본다.
54. 특히 Langevin, "Confession," 298-305의 광범위한 검토를 보라. 막 9:1은 평행적 구조를 (그리고 개념을) 나타낸 것인지도 모른다: 예수께서 이르시되, "내가 진실로 너희에게 이르노니 여기 있는 사람 중에 죽기 전에 하나님의 나라가 권능으로 임하는 것을 볼 자들도 있느니라"[τὴν βασιλείαν τοῦ θεοῦ ἐληλυθυῖαν ἐν δυνάμει](Michel을 보라).
55. 전치사 ἐξ는 아마도 인과 관계일 것이다(아래 참조). 그러나 시간적인 고려일 수 있다(Käsemann; Cranfield; Lohse). 일부는 둘 모두가 가능한 것으로 제안한다(P. Beasley- Murray, "Romans 1:3f," 153; Kuss).

로 쓰였다. 그렇다면 그 대조의 의미를 평가하는 것이 이 질문에 대한 대처가 될 수도 있을 것이다. 그 평가로는 어지러울 정도로 다양한 견해가 발견되지만,[56] 그 견해들은 기본적으로 세 개의 그룹으로 나눌 수 있다.

첫째 그룹은 "육신/영"을 예수의 인성과 신성의 대조를 시사하는 것으로 이해한다. 예수가 "다윗의 혈통"인 것은 그가 "사람으로 오셨기 때문이거나, 예수 그리스도 안에 거하는 신성 또는 삼위일체의 교제 때문에 그는 하나님의 아들"이시라는 것이다.[57] 이 해석은 무시할 수 없는 한 계파를 이루고 있지만, 반론에 대항할 수 없는 결정적인 약점이 있다. 그렇게 해석하기 위해서는 우리가 앞에서 살펴보았듯이 *horizō*(호리조)를 "증명한다" 또는 "분명하게 보여 준다"는 뜻으로 취해야 하는데, 그렇게 새겨질 수 있을 것 같지 않을 뿐만 아니라, 이 해석이 바울의 서신에서 달리 예를 찾아볼 수 없는 함의를 "영"에 부여하기까지 하기 때문이다.

두 번째 그룹은 이런 문제를 피해 "성결의 영"을 예수가 세상에 사는 동안 변함없이 분명하게 보여 주신 순종적이고 구별된 영으로 이해한다. 3-4절에서 보는 대조는 외적이고 육적인 것과 내적이고 영적인 완성 사이의 대조인데, 전자에 의해 예수는 "다윗의 혈통"자격을 얻고, 후자에 의해 예수는 능력으로 하나님의 아들 자격을 얻는다.[58] 이 해석은 첫째 그룹의 해석보다 공격을 덜 받기는 하지만, "육신/영"의 대조 어구에 그것이 바울의 글에서 아주 흔히 갖는 의미를 부여하지 않는다는 반론을 피하지 못한다.

"육신"과 "성령"의 대조는 바울의 보다 큰 구속사적 틀의 일부를 이루는데, 두 "에온(aeon)" 또는 "시대(era)"가 대비되는 그 틀에서 옛 시대는 죄와 사망과 육의 지배를 받고, 새 시대는 의와 생명과 종말론적인 성령의 선물을 특징으로 한다.[59]

56. B. Schneider의 κατὰ πνεῦμα ἁγιωσύνης," 369-70에서 유익하게 분류되어 있다.

57. Hodge; Haldane; Shedd; Gifford.

58. Longenecker; PVeiderer, *Paulinism*, 1.126-27; S. Johnson, "Jesus ›at Paul Preached," 128, 134; Schweizer, "Röm. 1.3f," 187-89; Calhoun, *Paul's Definitions of the Gospel*, 135-41; 그리고 특히, Dunn, "Jesus—Flesh and Spirit," 49-57. Langevin은 ἁγιωσύνης에 역동적인 의미를 부여해야 한다고 주장한다. 즉, 이 단어는 사람들을 성화하는 그리스도의 영이다. Jewett은 마찬가지로 이 단어가 바울이 편지 후반부에 기독교인의 성결을 강조한 것을 예상하고 있음을 시사한다 ("Confession," 310-15).

59. 이러한 접근에는 특히, Ridderbos, *Paul*, 64-68; 그리고 G. Vos, "Eschatological Aspect," 103-5를 보라.

대조에 관한 세 번째 해석은 이 틀을 출발점으로 삼으며 그렇기 때문에 가장 선호된다.[60] 예수의 지상의 생활에서(그의 삶이 "육의 세계"에 있을 동안), 그는 다윗의 씨였고 메시아이셨다. 그러나 그것이 사실이고 귀하다고 해도, 이것이 이야기의 전부는 아니다. 기독교인들에게 예수는 또한 "영의 세계"에 있으며, 능력이 충만하여 생명을 주시는 하나님의 아들이기도 하다. 그리스도 안에서 구속사의 "새 시대"가 시작되었으며, 이 새로운 단계의 하나님 계획 가운데서 예수는 하나님의 아들로서 다스리며 모든 믿는 자에게 능력으로 구원을 주신다(1:16).[61] 이 해석에 대한 주된 걸림돌은 신약에서 "성결의 영"이 성령에 관해 쓰인 적이 한 번도 없다는 점이다. 사실 이 표현은 성경 그리스어 가운데 여기서만 나온다.[62] 하지만 이 특유의 셈어적(Semitic-flavored) 표현은 전승의 언어를 반영한 것일 수도 있다.[63] 바울은 언제나 그렇듯이 이 새 시대의 개시는 그리스도의 부활로부터 시작된다고 본다.[64]

"우리 주 예수 그리스도"로 마치면서 바울은 3절 첫머리로 돌아온다. 그럼으로써 복음의 중심 내용인 "이 아들"이 이제 최종적으로 그리고 정점으로서 확인된다. 이 확인은 3b-4절의 기독론적 공식에 의거하는데, 이는 예수의 주 되심이 그의 부활 후에 그리고 부활로 인하여 그가 권세를 입으시는 것과 결부되기 때문이다(빌 2:6-11; 행 2:31-36). 바울에게 있어 "주"는 예수의 우주적 위엄과 믿는 자의 주인 되시는 그의 지위 모두를 나타내는 것으로, 예수의 진정한 중요성을 표현하는 최고의 단일 칭호다. 그러므로 3-4절은 독자에게 하나님의 아들, 다윗의 씨, 메시

---

60. 특히, Nygren; 그리고 G. Vos, "Eschatological Aspect," 103-5; 추가하여, Murray; Schneider, "*κατὰ πνεῦμα ἁγιωσύνης*," 386; Käsemann; Schreiner를 보라.

61. 이 접근 방법에 따르면 *κατὰ σάρκα* (Rom. 1:3 AGNT)와 *κατὰ πνεῦμα ἁγιωσύνης*의 의도적인 병행으로 보이는 것을 유지시키고 *κατὰ*에 "…에 따라서"라는 본래의 의미를 부여할 수 있다. 마찬가지로, *ἐκ/ἐξ*는 양 절에서 아들의 존재가 갖는 각 단계의 기원을 나타낸다.

62. *ἁγιωσύνη*는 70인역에서 다섯 번, 그리고 신약의 다른 곳에서 두 번(고후 7:1; 살전 3:13) 더 나올 뿐이며, 모두 믿는 자들의 성화에 관련한 뜻으로만 쓰이고 있다.

63. 이 그리스어는 רוּחַ קֹדֶשׁ(루아흐 코데쉬)의 직역이다; 시 51:11; 사 63:10, 11; 1QS 4:21; 8:16; 9:3; 1QH 7:6, 7; 9:32를 보라; 참조. T. Levi 18:7. 여기서의 소유격은 아마도 목적격일 것이다, 그러므로 "거룩함을 주시는/공급하시는 영"으로 해석될 수 있다(Fee, *God's Empowering Presence*, 483).

64. 그리스어로는 *ἐξ ἀναστάσεως νεκρῶν*으로써, 글자 그대로 번역하면 "죽은 사람들의 부활로부터"가 된다. 반면 복수형 가 쓰인 것은 예수의 부활로 시작된 일반인의 부활이라는 종말론적 사상을 나타내기 위해서다. 예수의 부활을 기술할 때는 보통 이 복수형을 쓴다. 여기서의 소유격은 부분사(partitive)로, "죽은 자들 가운데서의 부활"이 된다.

아 그리고 주 라는 기독론적 칭호들을 한데 모아서 보여 주는 듯한 인상을 남긴다. 여기에서 바울은 로마 교회에 아주 자세히 설명하게 될 복음의 핵심이 있음을 분명히 한다. 바울과 로마 교회와 관련된 문제들에서 분명 기독론이 제기되고 있지 않은 만큼, 편지의 나머지 부분에서는 기독론 자체에 구체적인 관심을 기울이지는 않는다. 그러나 이 3-4절은 그리스도의 부활이 구속을 통한 새로운 시대의 도래를 알리는 것인 만큼, 그리스도의 위격(person)과 상관없이는 복음의 이해가 이루어질 수 없음을 우리에게 상기시킨다.

5 바울의 자기 묘사가, 그의 모든 것을 바치기로 한 복음에 관해 신학적으로 부가 설명함으로써(2-4절) 중단되었다가, 본 절에 이르러 그가 사도로 부르심을 받은 목적을 말하는 것으로 재개된다. "우리 주 예수 그리스도(4b절)"가 이 사도직의 중보자[65]가 되신다. 바울이 "우리가 … 받아"[66]라고 복수형을 쓰는 것은 그가 은혜[67]의 수령자로 다른 기독교인들을 포함시키기 때문일 수도 있고, 동료 사도들을 포함시키기 때문일 수도 있다.[68] 그러나 5절의 하반절에서 보듯이, 해야 할 사명의 묘사가 평상시 바울 자신의 소명관에 아주 잘 들어맞는 것인 만큼 이 복수형은 필자 자신을 지칭하는 편집상의 복수(the plural as editorial)로 보는 편이 낫다.[69] 바울이 받은 것은 "은혜와 사도의 직분"이다.[70] 여기서 바울이 상이한 두 가지를 염두에 두고 있을 수도 있지만,[71] 두 번째 용어는 첫 번째 용어를 설명하는 것일 가능성이 더 많다. 즉 바울이 사도가 되는 특별한 은사를 받았다고 볼 수 있는 것이다.[72]

이어서 바울은 세 개의 전치사구를 써서 그의 사도직이 갖는 세 국면으로 관심

65. 바울은 "~을 통해," 그리스어로는 διά를 사용한다.
66. ἐλάβομεν.
67. 예를 들어, Barrett.
68. 예를 들어, S-H.
69. 예를 들어, D. B. Wallace, *Greek Grammar*, 395; 그리고 대부분의 주석서 참조. 바울은 종종 자신을 단독으로 말할 때 복수형을 사용한다.
70. χάρις("은혜")는 물론 바울의 편지에서 흔히 볼 수 있다 하지만 ἀποστολή("사도의 직무")는 오직 이곳과 고전 9:2; 갈 2:8에서만 등장한다(또한 행 1:25도 보라).
71. 예를 들어, Murray를 보라.
72. Käsemann; Cranfield; Schreiner; Lohse; Longenecker를 보라. 바울이 χάρις를 이런 의미로 쓰는 것으로는 특히, 롬 12:3; 15:15; 고전 3:10; 15:10를 보라.

을 유도한다.[73] 첫째로, 바울의 사도직 사역이 목표로 하는 것은 "믿음의 순종"[74]을 위한[75] 것이다. 이 구는 로마서에만 유일하게 있는 표현으로서 여기와 16:26에만 나오는 일종의 괄호 장치다.[76] 학자들은 이 두 단어의 정확한 관계에 대해 논쟁을 벌이고 있는데, 이 두 단어는 그리스어에서 속격 구조로 되어 있다. 많은 이들이 바울이 믿음을 순종의 기초로 또는 순종을 일으키는 동력으로 삼는다고, 즉 "믿음에서 나오는 순종"을 의도한다고 생각한다.[77] 이런 해석은 개종 후의 헌신을 강조한다, 즉 믿음을 따르고 그 열매가 되는 기독교인의 순종을 강조하는 것이다. 대다수가 선택하는 또다른 해석[78]에 의하면 "믿음"은 "순종"의 정의이며 즉, "믿음인 순종"[79]으로 이해할 수 있다는 것이다. 이 해석을 뒷받침하는 것으로 순종과 믿음이 평행한 진술로 나오는 많은 곳[80]과 더불어 바울이 복음을 "순종하는 것"[81]에 관해서 말하는 예들을 들 수 있다. 더욱이 바울은 유대교의 믿음이 요구하는

---

73. Michel은 이 절에 나오는 세 개의 전치사구를 4절에 나오는 υἱοῦ θεοῦ(하나님의 아들)의 세가지 자격과 평행하는 것으로 보고, 여기서 바울의 웅변술의 예를 발견한다. 하지만 그 평행이 의도된 것인지는 의심스럽다.

74. 바울이 쓰는 ὑπακοόω와 ὑπακοή의 절반이 로마서에 나온다. 이 용어들은 자신의 운명에 대한 그리스도의 자발적인 헌신(5:19), 믿는 자의 특징이 되는 하나님을 향한 일반적인 헌신(1:5; 16:19), 복음에순종하는 첫 행동에(10:16) 관해서, 그리고 특히 높은 빈도로 나타나는 기독교인들을 불러 그리스도가 이룬 죄에 대한 승리의 삶을 살라고 하는 권유에(6:12, 16 [세 차례], 17) 쓰인다.

75. 그리스어 εἰς는 목적을 나타낸다.

76. 따라서 Gaffin은 이 표현이 편지의 핵심 목적을 표현할 수 있다고 생각한다("'Obedience of Faith,'" 75-77).

77. 즉, πίστεως는 원형 또는 주격적 소유격일 것이다. 예를 들어, Lagrange; Bruce; Black; Hendriksen; G. Davies, *Faith and Obedience in Romans*, 25-30; VanLandingham, *Judgment & Justification*, 212-14를 보라. D. Garlington은 이 표현이 구약과 유대교에서 널리 발견되는 개념들을 포착하여 언약에 대한 신실성을 나타낸다고 주장한다. 언약에 대한 신실성은 이제는 율법에 연결되지 않는다고 바울은 제시한다. 이제 이것은 기독교인의 믿음의 세계로 이전되었으며, 모든 사람에게 주어진다는 것이다("The Obedience of Faith," 특히 242-48, 254; 또한 참조. 같은 저자, *Faith, Obedience, and Perseverance and Perseverance*, 10-31).

78. 소수의 학자는 πίστεως가 사람이 따라야 하는(목적격적 소유격; 참조. Kuss) 또는 설교되어야 하는일단의 교리를 가리키는 것일지도 모른다고 시사했다(G. Friedrich, "Muss ὑπακοὴν πίστεως", 118-23). 어느 선택지도 사전적으로는 불가능하다.

79. 예를 들어, 보족어적(epexegetic) 소유격이다. Käsemann: "Obedience of faith means acceptance of the message of salvation"을 보라, 또한 예를 들어, Calvin; Cranfield; Wright; Lohse; Schnabel; Seifrid, *Christ, Our Righteousness*, 135-56; Mundle, *Glaubensbegriff der Paulus*, 30-35.

80. 롬 1:8과 16:19; 10:16a와 10:16b; 11:23과 11:30, 31.

81. 롬 10:16; 살후 1:8; 3:14.

토라 준수와 구별하여 순종을 기독교인의 믿음으로 특징지어 정의하는 논쟁적인 목적을 위해 이 구절을 전개하는 것일 수 있다.[82] 하지만 이 견해는 "순종"을 믿음 속으로 증발시킴으로써 바울의 사역 가운데 이 순종 부분을 충분히 강조하지 못하게 된다. 그러나 전자의 견해는 믿음을 사실상 종속적인 위치로 떨어뜨림으로써 바울의 사도직에서 복음의 전도가 우선이라는 사실을 부당하게 외면하며 후자와는 반대의 문제를 가져온다. 바울은 자기의 임무를 남녀 불문하고 그들을 불러내어 그리스도의 주 되심에 복종케 하는 것으로 보았으며(4b절과 7b절 참조), 그 복종은 개종으로 시작하지만 평생토록 헌신하는 가운데 심화되어 가는 복종이었다. 그리스도를 주로 섬기는 이 순종은 시작으로서 믿음의 확고한 단계로서나 그리스도와의 계속되는 "믿음"의 관계로서나, 둘 모두 항상 믿음과 밀접하게 연결된다.[83] 이에 비추어 우리는 "순종"과 "믿음" 두 단어가 상호간을 해석하는 것으로써, 즉 순종은 언제나 믿음을 포함하고 믿음은 언제나 순종을 포함하는 것으로 이해한다. 그러나 이것은 관련 히브리어(*'ĕmûnâ*; 에무나)와 그리스어(*pistis*; 피스티스) 단어의 전체론적 특성을 강조하면서 최근 많은 해석자들이 주장하는 것처럼 두 용어를 동일시하거나 의미론적 부분이 중복된다는 것을 의미하지 않는다.[84] 바울은 한편으로는 믿음과 다른 한편으로는 순종 또는 "행함" 사이의 의미론적 구분을 유지한다(3:28에 대한 우리의 주석을 보라). 믿음과 순종은 동일시되어서도 안 되고, 구분되어서도 안 되며, 기독교인의 경험 가운데 별개의 단계로 해석 되어서도 안 된다. 바울은 사람들에게 언제나 순종과 불가분의 관계에 있는 믿음을 갖도록 - 우리가 믿는 구세주가 다름아닌 바로 우리의 주님이시기 때문에 - 그리고 절대로 믿음과 분리될 수 없는 순종을 하도록 - 우리가 믿음으로 예수를 따를 때만 예수를 주로 섬기고 순종할 수 있기 때문에 - 요구한다. 칼 바르트(Karl Barth)는 "믿음

---

82. 특히, Garlington, "*Obedience of Faith*"를 보라.

83. 특히, Dunn; Schreiner를 참조. 또한 Mundle, *Glaubensbegriff der Paulus*, 29-34; Wiefel, "Glaubensgehorsam?" 137-44; Dabelstein, *Beurteilung der "Heiden,"* 109-11; Lindsay, *Josephus and Faith*; Schliesser, *Was ist Glaube?*를 주목하라.

84. 예를 들어, Hay, "Paul's Understanding of Faith," 45-76; Garlington, *Faith, Obedience, and Perseverance*, 146, 163. 바울의 πίστις 사용에서 "믿음"(faith)과 "신실함"(faithfulness)의 의미론적 중복은 Gorman, *Inhabiting the Cruciform God*, 80-85; 같은 저자, *Becoming the Gospel*, 예, 23쪽에서 다룬다. 그러나 영어의 "신실함"이 그리스어 πίστις의 의미론적 범위에 속하는지에 대해서는 약간의 의구심이 든다.

은 순종이 아니지만, 순종이 믿음 없는 순종이 아니듯이, 믿음은 순종 없는 믿음이 아니다. 이것들은 뇌우 속의 천둥과 번개도 마찬가지로 서로 함께 속해 있다."[85] 이런 관점에서 볼 때, 이 믿음의 순종이라는 어구에 바울이 사도로서 할 일의 전모가 담겨 있는 것을 볼 수 있다. 그것은 복음을 처음으로 전하는 데 국한되는 것이 아니라 교회들을 세우고 굳건히 하는 것까지 포함하는 일이었다.

두 번째 전치사구는 바울이 사도 직분을 수행할 장소를 "모든 이방인 중에서[86]"[*ethnesin*; 에트네신]로 명기한다. 에트네(*ethnē*)라는 단어는 엄밀하게 지리학적인 의미에서의 "열방"을 뜻하는 것으로 볼 수도 있지만,[87] 그렇게 되면, 이 단어가 바울의 용어에서 그의 사도적 활동 영역에 관해서 쓰일 때 받게 되는 의미론적 초점에서 어긋나게 된다.[88] 바울의 소명은 서로 다른 여러 나라에서 전도하는 것이라기보다 유대인이 아닌 이방인들에게 전도하는 것이었다.

"은혜와 사도의 직분"의 세 번째 수식어는 "그 이름을 위하여"이다. 이 어구는 바울의 사역 가운데 궁극적인 강조점을 나타낸다. 즉, 그의 주이신 예수의 이름(name)이 그것이다.[89] 성경에서 일반적으로 그렇듯이 "이름"은 그 사람의 진정한

---

85. *CD* 4/2.438; 또한 Edwards가 믿음에 대한 이해에 "성향"을 포함시킨 것을 참조하라: "그러므로 믿음은 복음이 죄인의 구주에 대해 계시하는 바를 참되고 완벽하게 선한 분으로 믿으며 그에 대한 책임 있는 성품을 행사하는 것으로 정의될 수 있습니다."("Observations Concerning Faith," *Works*, 2.625). 또한 이 일반적인 견해에 대해서는 DuToit, "Faith and Obedience in Paul," 65-74를 참조; 그리고 (몬 3절에 대해 주석하는) F. Watson, *Paul, Judaism, and the Gentiles*, 148도 참조하라.

86. 흔히 그렇듯이, 뒤에 복수 목적격이 올 때 ἐν은 "가운데서"라는 뜻이 된다.

87. Hultgren; Porter.

88. 롬 15:16, 18(15:9-12, 25-29에 비추어); 갈 1:16; 2:1-11; 엡 3:1, 6, 8; 살전 2:16; 딤전2:7; 딤후 4:17을 보라. 특히 Godet를 참조하라. 바울이 단수형 ἔθνος를 쓰는 경우는 단 한 번 구약을 인용할 때 뿐이다(롬 10:19[=신 32:21]). 복수형 ἔθνη는 유대인을 포함한 "열방"을 뜻할 수도 있지만(딤전 3:16; 아마도 롬 4:17, 18; 그리고 이런 의미로 사용된 경우 특히, J. Scott, *Paul and the Nations*, 57-134을 보라), 대부분의 경우에는 분명히 유대인에 대립되는 "이방인"을 지칭한다(롬 2:14, 24; 3:29[두 번 사용]; 9:24, 30; 11:11, 12, 13[두 번 사용], 25; 15:9[두 번 사용], 10, 11, 12[두 번 사용], 16[두 번 사용], 18, 27; 16:4, 26[1절]; 고전 1:23; 갈 1:16; 2:2, 8, 9, 12, 14, 15; 3:8[두 번 사용], 14; 엡 2:11; 3:1, 6, 8; 살전 2:16). 구약의 문맥상 뜻이 불분명한 몇몇 경우(특히 롬 15:11과 갈 3:8)에도 이방인으로 좁혀 해석할 때 해석이 가장 잘 된다(K. L. Schmidt, *TDNT* 2.369-70). 전형적인 유대인의 관점에서 확장하여 바울은 또한 기독교 공동체 외부의 사람들을 언급하기 위해 ἔθνη를 사용할 수 있다. "유대인과 반대되는 이방인"이라는 의미의 이러한 지배는 문맥에서 달리 요구하지 않는 한 "비유대인"이라는 의미로 ἔθνη를 취해야 함을 시사한다.

89. αὐτοῦ의 선행사는 4b절의 Ἰησοῦ Χριστοῦ τοῦ κυρίου ἡμῶν이어야 한다.

성격과 의의를 내포한다. 궁극적으로, 바울의 사역은 개인적인 이득을 위한 것이 아니고, 바울 자신에 의해 개종한 사람들의 이익을 위한 것도 아니며, 그의 주이신 예수 그리스도의 영광과 이익을 위한 것이다.

6 이 절은 바울이 7절에서 실제로 수신자들에게 말을 걸기에 앞서 그들에게 특성을 부여하는 절인만큼 삽입어구적(parenthetical)이라고 할 만한 면이 있다. 문법적으로는 관계대명사 "whom"에 의해 5절의 "이방인"으로 연결되며, 고데트(Godet)가 제시하는 바와 같이 "you" 다음에 콤마를 찍어 "among whom also are you, [you] are called of Jesus Christ(그들 중에 너희도 있어, 예수 그리스도의 것으로 부르심을 입느니라)"로 옮기는 것이 가장 자연스럽다(NRSV는 NASB 및 NIV와 반대임을 주목하라). 고데트의 방식대로 하면 이 말의 목적을 확인할 수도 있다. 그것은 로마의 기독교인들이 바울의 사도적 사명 범위 안에 속한다는 것을 그들에게 알려 주는 것이다. 바울은 "모든(*all*) 이방인"에게 보냄을 받았으며, 로마 교회는 이방인 "중에"있다. 그러므로 그들은 이어지는 글에서나 바울이 그들 앞에 직접 나타날 때나 그의 권위에 종속된다. "이방인 중에"라는 말의 정확한 의미를 밝히기는 훨씬 더 어렵다. 크랜필드(Cranfield)는 바울이 주장하고 있는 것은 로마 교회가 이방인 가운데서 살고 있다는 점뿐이라고 주장한다.[90] 이 견해대로라면 6절에는 로마 교회 교인들의 민족적 뿌리에 관한 언급이 전혀 없게 된다. 이 해석은 로마 교회의 교인 구성이 어떻게 되었는지에 대한 골치 아픈 문제의 해답을 열어둔 채로 남겨 놓는 장점을 갖지만(서론을 보라), 이러한 해결책은 거부되어야 한다.[91] 그러므로 이 구절은 로마서의 "암시된 독자들"(전체 교회의 구성이 무엇이든 간에)이 오로지 이방인이어야만 한다고 요구하는 것일까? 이 견해는 최근 몇 년 동안 강력하게 주장되었으며, 이 구절은 다른 본문(예를 들어, 아래 13절)과 함께 확실히 이를 뒷받침할 수

90. 그는 바울이 전치사 ἐκ대신 ἐν을 사용한 것에 근거하여 결론을 내렸다. 또한 Schlatter; Käsemann; Wilckens; Haacker; Schnabel; Bindemann, *Hoffnung der Schöpfung*, 55-66; Kettunen, *Abfassungszweck*, 40-43도 보라.

91. 바울이 로마 기독교인의 기원이 아니라 그들이 속한 범주를 강조하고 있기 때문에 ἐκ대신 ἐν을 사용했다는 주장은 근거가 빈약하다. 더 나아가 καὶ("또한")는 Cranfield의 관점에서 볼 때 어렵다. 이는 로마 기독교인들이 5절에서 - "가운데서"가 아니라 - 이방인 일부(*part of*)임을 암시한다.

있다.[92] 그러나 바울이 유대인과 이방 그리스도인 모두를 대상으로 "로마에 있는 모든 자들"(7절)이라고 의도한다는 것은 로마서의 다른 곳에 증거가 있다. 그러므로 우리는 바울이 이방인들에게만 편지를 쓴다고 의식하면서 편지를 쓰는 것이 아니기 때문에 여기에서 로마 교회의 기독교 운동에 대한 일반적인 특성을 언급했을 가능성이 있다고 생각한다.[93]

로마 기독교인들의 인종적 뿌리보다 더 중요한 것은 그들의 영적인 목적지다. 그들은 "예수 그리스도의 것으로 부르심을 받은" 자들이다. 바울이 사도로 "부르심을 받은" 것처럼(1절), 로마 교회 교인들은 예수를 그리스도요 주로 부르는 백성이 되도록 "예수 그리스도의 부르심을 받은"(*Klētoi Iēsou Christou*) 자들이다.[94] "부르심"과 이것의 동족어는 바울이 "유효한" 소명을 표현하고자 할 때 사용한다. 이 뜻은 "초대"가 아니라 하나님이 은혜로 팔을 뻗어 사람들을 그의 나라로 데리고 오는 강력하고 저항할 수 없는 닿음이다.[95]

7 7절에서 바울은 1절에서 시작된 전형적인 편지의 머리말로 돌아와 그 편지의 수신인을 "로마에 있는 모든 자에게"로 밝힌다. 바울이 로마에 있는 "교회"에 편지한다고 하지 않은 것에 큰 의미를 부여해서는 안 된다. 왜냐하면 바울이 그의 편지 서두에서 항상 이 단어를 쓰는 것은 아니기 때문이다.[96] 그러나 이 단어의 누락이 로마에 있는 기독교인들이 여러 가정 교회에서 모임을 가졌음을 반영하는 것일 수는 있다.

로마의 그리스도인들을 "하나님의 사랑하심을 입은" 그리고 "성도로 부르심을 입은" 사람들로 지칭함으로써 바울은 그들이 하나님의 선민임을 암시한다. 그만

92. 특히, (이 절에 관해서) Das, *Solving the Romans Debate*, 54-60을 보라.
93. 이 청중의 질문에 관한 전체 논의에 대해서는 이 주석의 서론, 23-28쪽을 보라.
94. 이 관점에서, 소유격 Ἰησοῦ Χριστου는 술어적(predicate) 효력을 가지고 있다(Zerwick and Grosvenor, *Grammatical Analysis*, 457; Murray; Feuillet, "Vie nouvelle," 8-9). 다른 선택은 동인(agent)의 속격이다("예수 그리스도께서 부르신"). D. B. Wallace는 이 구문에 대한 간략한 설명을 제공한다(*Greek Grammar*, 127).
95. W. Klein, "Paul's Use of Kalein," 53-64를 보라.
96. 이와는 반대로 G. Klein은 바울이 로마에 있는 "교회"에 필요한 사도적 기초를 제공하기 위해 편지를 썼다고 생각한다("Paul's Purpose," 41). 이 제안에 대한 추가 논의는 이 주석서의 서론을 보라.

큼 두 어구 모두 구약의 이스라엘에 대한 지칭을 반영하고 있는 것이다.[97] 구약에서 이스라엘에 관해 사용된 언어를 이렇게 기독교인들에게 옮겨 씀으로써, 바울은 로마서의 첫 여덟 장의 중요한 주제 하나를 제시하는 셈이다. 뿐만 아니라 이 두 묘사는 독자들에게 하나님의(*God's*) 사랑과 부르심을 믿을 것을 상기시킨다. 바울은 "성도"라는 말을 최소한 38번이나 기독교인을 지칭하는 말로(그 밖에 4번은 인사말로) 쓰는데, 행동이 아니라 신분을 강조해서 쓴다. 즉, 기독교인들은 "주 예수 그리스도의 이름과 우리 하나님의 성령 안에서"(고전 6:11) 성화된(have been) 사람들이라는 것이다.

4절의 주석에서 언급했듯이, 로마서의 이 첫 문단에 담긴 기독론의 중요성을 간과해서는 안 된다. 바울은 복음의 중심이 예수라는 확신을 그의 로마 교회 청중과 함께 공유한다. 그들에게 있어 예수는 이스라엘의 약속된 메시아 ("다윗의 씨")이자, 하나님의 아들이며, 주님이시다. 오늘날에도 복음의 고백에는 바울의 이 높아지신 예수에 대한 관점을 따르는 것이 필수적이다. 이 관점을 따르지 않는 데서 온갖 이단이 생기게 마련이다. 그러나 우리가 또한 살펴보았듯이 바울의 관심은 특히 이 예수의 활동에 있다. 이 활동은 예수가 메시아로서 지상에 오시는 것과 부활을 통해서 만인의 주로 높여지시는 것과 하나님의 아들로서 능력을 나누어 주시는 것이다. 그러므로 복음을 글자 그대로 "좋은 소식"이 되게 하는 것은 예수가 무엇을 하셨느냐는 것이지 단순히 예수가 누구시냐가 아니다. 그러나 착각해서는 안되는 것이, 예수가 무엇을 하셨느냐는 예수가 누구시냐와 불가분의 관계에 있다는 점이다. 우리의 시대는 신학에 별 관심을 갖지 않는 시대이지만, 정확한 신학은 – 이 경우에는 예수의 성품이 – 구원과 기독교인의 신앙생활에 필수불가결한 것이다.

---

97. Schlier; Deidun, *New Covenant Morality*, 4-8. κλητοῖς ἁγίοις라는 표현은 구약의 מִקְרָא קֹדֶשׁ(미크라 코데쉬)=70인역 κλητὴ ἁγία와 유사하다(O. Procksch, *TDNT* 1.107). 여기서 이 표현에 관해서는, Trebilco, *Self-Designations and Group Identity*, 135를 보라.

부설 : 바울과 그 환경에서의 "복음"

"복음" 또는 "좋은 소식"이라는 언어는 일반적으로 바울의 언어다. 신약에서 명사인 유앙겔리온(*euangelion*)이 70번 나오는데 그중 60번이 바울이 사용했고, 동사인 유앙겔리조마이(*euangelizomai*; "좋은 소식을 선포하다")가 신약에서 54번 나오는데 그중 21번이 바울이 사용했다. 로마서에서 바울은 이 명사 유앙겔리온을 아홉 번, 동사 유앙겔리조마이를 세 번 사용한다. 바울이 "복음"이라는 언어(명사와 동사)를 사용한 것은 그리스어 구약(LXX)에 뿌리를 두고 있으며, 이 복음이라는 언어를 사용하여 동사 בִּשַּׂר("좋은 소식을 가져오다")로 번역한다.[98] 이 히브리어 동사는 모든 종류의 "소식을 가져오다"를 나타낼 수 있지만(삼상 4:17의 나쁜 소식), 일반적으로 "좋은 소식을 가져오다"를 의미한다. 어근 유앙겔-(euangel-)에서 유래한 동등한 그리스어 단어는 70인역(LXX)에서 항상 이러한 의미를 갖는다. 일반적인 경우는 사무엘하 18:19이다. "그러자 사독의 아들 아히마아스가 가로되 '내가 달려가서 소식[히. *wa'ăbaśśĕrâ*; 그. *euangelizō*]을 여호와께서 왕을 대적의 손에서 건져내사 그를 의롭다 하셨다는 소식을 왕에게 전하게 하소서.'" 특히 관련이 있는 것은 선지자들이 야웨(Yahweh)의 종말론적 승리를 예고하는 언어로 사용된 것이다. 이사야 52:7은 바울이 로마서에서 이 본문을 인용하기 때문에 특히 적절하다. 로마서 10:5에서는, "아름답도다 좋은 소식[히. *mebaśśer*; 그. *euangelizomenou*]을 전하는 자들의 발이여, 평화를 선포하는 자, 좋은 소식을 가져오는 자[히. *mebaśśer*; 그. *euangelizomenou*], 구원을 선포하며 시온을 향하여 이르기를 '네 하나님이 통치하신다!' 하는도다." 또한 특히 요엘 2:32; 느헤미야 1:15; 이사야 40:9; 42:7; 60:6; 61:1(누가복음 4:18).[99] 쿰란 두루마리 11QMelch(11Q13)는 바울 시대에 히브리어 "좋은 소식"의 언어가 앞으로 올 구속자에게 적용되고 있었음을 시사한다(Byrne 참조).

70인역이 의심할 여지없이 바울의 "복음" 언어 사용에 가장 중요한 영향을 미쳤지만, 바울 시대에 "복음"이라는 언어가 사용되었던 또 다른 맥락을 간과해서

98. 예를 들어, Dunn, *Theology*, 167-69.

99. 특히, P. Stuhlmacher, *Paulinische Evangelium*, 152-53, 177-79, 204-6.

는 안된다. 특히 황제와 관련한 더 큰 그리스-로마 세계라는 맥락을 고려해야 한다는 것이다.[100] 가장 유명한 예는 프리에네(Priene)에서 발견된 달력 비문에 나오는데(그러나 이것은 널리 퍼졌을 수 있음),[101] 이 비문은 "신 아우구스투스의 생일"을 "세상을 위한 좋은 소식[*euangeliōn*]의 시작"으로써 칭송한다. 이러한 복음 언어의 발생에 기초하고 바울의 시대에 점차 증가하던 제국에 대한 제의의 중요성과 권력을 고려하여,[102] 많은 학자들은 바울이 "좋은 소식"의 언어를 사용하는 데 있어 반제국적 주장을 암시하는 것으로 보았다. 즉, 참된 "좋은 소식"은 그리스도 안에서의 하나님의 사역으로부터 오는 것이지 로마 황제가 할 수 있는 어떠한 거짓 주장에서 오는 것이 아니다.[103] G. Stanton이 이 문제를 요약한 바와 같이 "바울 시대의 그리스-로마 세계에서 '기쁜 소식'은 새로운 희망, 새 시대의 여명, 로마 황제의 탄생 즉위, 또는 그의 건강으로의 복귀로 인해 초래된 '좋은 소식'이 정기적으로 연관되었다".[104] 확실히, 이 주장의 언어적 근거는 그다지 강력하지 않다. 이 그리스어 단어의 출현에 대한 연구의 대다수는 기원전 1세기 그리고 기원후 1세기 사이에 황제와 연관해서 언급하지 않았음을 보여 준다 - 내 계산에 따르면 비기독교 자료 58건 중 극소수만이 황제에 대해 언급하고 있다.[105] 더욱이, 바울이 언어를 사용한 것은 그리스-로마(및 70인역) 지역에서 사용한 용법과는 구별된다. 그리스-로마의 자료는 명사보다는 동사를, 단수보다는 명사의 복수형을 선호하는 반면, 바울은 그 정반대다. 바울의 경우 동사보다는 명사를 더 빈번하게 사용하고 명사는 일반적으로 단수로 표현한다. 보다 일반적으로, 바울은 제국의 주장에 대해 결코 명시적으로 반박하지 않았으며 바로 이 로마서에서 정부에 대해 상당

100. *NewDocs* 3.10-15.

101. Winter, *Divine Honors*, 24-40.

102. 특히, Price, *Rituals and Power*; Gradel, *Emperor Worship*; Winter, *Divine Honours*를 보라. 관련 텍스트에 대해서는 Reasoner, *Roman Imperial Texts*를 보라.

103. "복음"이라고 하는 언어에 대해서는 특별히, N. T. Wright, *Paul: In Fresh Perspective*, 59-78을 보라. 일반적인 바울의 반제국적 수사학에 대해서는 특히, Horsley, ed., *Paul and Empire*을 보라. "이러한(*the*) 제국 제의"에 대한 이야기는 이 제의가 1세기 로마에서의 생활에서 다양한 형태를 취했다는 사실을 숨길 수 있다는 점에 유의해야 한다(Galinski, "Cult of the Roman Emperor," 1-21; Harrill, "Paul and Empire," 288-91; J. Barclay, "Paul, Roman Religion," 346-55를 보라).

104. Stanton, *Jesus and Gospel*, 34.

105. 또한, 유사한 의구심에 대해서는 Dunn, "Gospel," 139-40; Wolter, *Paul*, 52-53을 보라.

히 긍정적으로 쓴다(롬 13:1-7).[106] 일부 학자들은 바울의 이 언어 사용은 억압받는 사람들이 자신들을 지배하는 당국을 간접적으로 비판하기 위해 사용하는 일종의 암호 언어인 "숨겨진 기록"의 일반적인 사용을 반영할 수 있다고 생각한다.[107] 그러나 초기 기독교인들이 자신들의 간접적인 비판으로 인해 로마 당국의 조사를 받았다는 증거는 거의 없다.

바울의 반제국적 수사학은 일부 사람들이 제안한 것만큼 강력하지 않다. 그러나 이것이 우리가 바울 시대에 있던 제국주의 제의의 실재를 완전히 무시해야 한다는 것을 의미하지는 않는다. 브루스 윈터(Bruce Winter)는 바울 시대에 제국주의 요구가 사회 내부에 얼마나 깊숙이 침투했는지를 보여 주었고, 복음 언어가 항상 황제와 관련이 있는 것은 아니지만 1세기 로마 기독교인이 황제를 연상시킬 만큼 충분히 자주 등장한다고 생각하는 것이 합리적이다. 하이닌거(P. Heininger)가 말했듯이 "황제 숭배는 설교하는 바울과 그의 선교에 있어 사회적 현실이다."[108] 그들은 "좋은 소식이 곧 예수다"라는 주장을 듣는 동시에 "가이사는 그렇지 않다"라는 희미한 대응도 듣게 될 것이다.[109] 그러나 세상 정부가 하나님에 의해 그리고 인간의 유익을 위해 세워진다는 바울의 주장에 비추어 볼 때, 다음과 같은 주장도 수정할 필요가 있다. "가이사는 사람들에게 좋은 소식인 일부 혜택을 이상적으로 제공하지만 궁극적인 좋은 소식을 전달할 수 없다. 궁극적인 좋은 소식은 오직 예수에게서만 찾을 수 있다."[110] 그리고 우리는 예수를 좋은 소식의 근원으로 보는 바울의 주장에서 참된 좋은 소식은 다른 종교나 철학, 특정 생활 방식, 평범한 삶의 즐거움 등 다른 곳에서 찾을 수 있다는 생각에 반대하기 위한 것이

---

106. 일반적으로 바울의 반제국적 수사학에 대한 회의적인 주장에 대해서는 특히, J. Barclay, "Paul, Roman Religion," 345-62; S. Kim, *Christ and Caesar*를 보라.

107. J. R. Harrison의 연구인 *Paul and Imperial Authorities*, 2-44를 보라. 이러한 암호를 식별하는 데 사용되는 기준에 대한 중요한 조사는, 특히 C. Heilig, *Hidden Criticism?*을 보라.

108. Heininger, "Contemporary Religions and Philosophical Schools," 43.

109. 학자들 사이에서 유행하는 격언을 의역하자면, "예수는 주시고, 가이사는 주가 아니다"가 된다(예를 들면, McKnight and Modica, eds., *Jesus Is Lord, Caesar Is Not*). 바울의 반제국주의에 대한 균형 잡힌 평가는 Bird, "'One Who Will Arise'," 146-65를 보라.

110. 이 점에 대해 Galinski, "In the Shadow," 215-25; Bryan, *Render to Caesar*, 77-93을 보라. Wright도 같은 점을 지적한다(*Paul and the Faithfulness of God*, 1.381).

라고 주장할 것이다.[111]

"반제국적" 암시의 정도가 무엇이든 간에, 우리가 주장한 바와 같이 바울이 "복음" 언어를 사용하는 것을 알려주는 것은 70인역이다. 그러나 명사 유앙겔리온(*euangelion*)이 한 번만 나타나는 70인역과 달리 바울은 위에서 언급한 대로 명사의 단수형을 선호한다(그는 결코 복수형으로 사용하지 않는다). 우연히 발생한 언어적 경향일 수 있는 것을 과도하게 해석할 위험이 있기 때문에, 우리는 바울이 좋은 소식의 유일성을 암시적으로 강조하고 있다고 제안할 수 있다(갈 1:6-9에서는 그가 이 좋은 소식을 명시적으로 강조하고 있긴 하다). 수식어는 다양할 수 있지만("하나님의 복음"[예: 롬 1:1; 15:16], "그리스도의 복음"[예: 15:19], "나의 복음"[예: 2:16; 16:25]) 복음은 하나다.[112] 바울의 "복음" 언어는 그리스도에 관한 메시지(고전 15:1, 갈 1:11, 2:2)와 더 나아가 그 메시지를 전파하는 행위(고전 9:14[두 번 나타남]; 고후 2:12; 8:18; 빌 1:5[?]; 4:3[?])를 가리킨다. 구약에서 메신저가 선포하는 좋은 소식은 "모든 것이 서로 적절한 관계에 있고 의존하는 것에서 벗어나고 불완전하거나 성취되지 않은 것이 없는 상태이다(평화, 샬롬). 즉, 좋은 소식은 창조의 목적이 실현된 환경을 포함한다(선함, 토브; 참조, 창 1:4, 10, 등). 좋은 소식은 모든 속박으로부터의 자유라는 환경을 포함하지만, 특히 죄로 인한 속박(구원, *yešû'â*[예슈아])으로부터의 자유를 포함한다."[113] 구약에서 신약으로의 이동의 전형적인 방식으로, 바울의 "복음" 언어는 덜 우주적이고 더욱 인간론적 초점을 가진다. 좋은 소식은 종종 죄 많은 인간이 거룩하고 의로우신 하나님과 구원받는 새로운 관계를 찾을 수 있는 기회를 제공한다. 에베소서 1:13은 이에 대한 광범위한 구절의 전형이다. "그 안에서 너희도 진리의 말씀 곧 너희의 구원의 복음을 듣고 그 안에서 또한 믿어 약속의 성령으로 인치심을 받았으니"(또한 특별히, 고전 15:1; 갈 2:2, 5, 14; 엡 3:6; 골 1:5, 23; 살후 2:14; 딤후 1:10를 보라). 황제

111. 일부 학자들은 바울의 수사학이 로마가 아니라 우주의 권세를 향한 것이라고 주장해 왔다(예를 들면, Barclay, "Paul, Roman Religion and the Emperor," 383-87; Gaventa, "Rhetoric of Violence," 61-75). 이 주장은 "묵시적 바울" 운동의 지지자들에 의해 정기적으로 과장되기는 하지만 어느 정도 일리는 있다 - 그러나 이것이 로마 기독교인들이 날마다 다루던 권력의 실제 표현에 대한 추가적인 언급을 부정하지는 않는다(Wright, *Paul and the Faithfulness of God*, 1.307-18).

112. Wolter, *Paul*, 53-54.

113. Oswalt, *Book of Isaiah*, 2.368. 그는 사 52:7에서 위에 인용을 주석한다.

의 통치(위를 보라)는 단순히 좋은 소식 자체가 아니라 그가 신하들에게 제공한 혜택의 측면에서 "좋은 소식"이었다. 또한 바울은 전형적으로 "복음"이라는 언어를 사용하여 하나님께서 그리스도 안에서 모든 사람에게 주시는 새 생명을 암시한다. 그리스도께서 죽으시고 부활하셨다는 것은 참으로 근본적인 것이다. 그러나 이것은 특히 우리를(*us*) 위해 그리스도가 죽으시고 부활하셨다는 좋은 소식이다.[114] 그러나 여기에 문제를 남겨두면 바울의 복음이 부정확하게 축소된다. 바울이 인용한 이사야서의 본문은 압제받는 이스라엘 백성에게 좋은 소식이 도래할 때 "너의 하나님이 통치하신다"(이사야 52:7)라고 선언한다. 이 본문은 차례로 주님께서 능력으로 오셔서 그의 통치를 행사하고 그의 백성을 위로하실 것이라는 "좋은 소식"을 유배 중인 이스라엘에게 알리는 앞서 언급했던 이사야 구절을 되풀이한다(40:9-11). 바울은 신약의 나머지 부분과 함께 하나님의 종말론적 통치가 예수님의 죽음과 부활을 통해 개시되었으며, 그 결과 그가 만유의 주로 높아지셨다고 선언한다 - 이것이 참으로 좋은 소식인 것이다![115] 하나님께서 그리스도 안에서 행하신 모든 일을 포괄하는 광범위한 복음의 개념만이 바울이 사용한 이 복음의 언어를 모두 설명할 수 있다. 따라서 예를 들어 로마서 1:15에서, 바울은 로마에 와서 로마의 기독교인들에게 복음을 전파하는 것에 대해 말한다. 그리고 2:16에서 바울은 예수 그리스도로 말미암아 모든 사람을 심판하시려는 하나님의 결정이 바울 자신의 복음과 일치함을 상기시킨다. 그럼에도 불구하고 바울이 "복음"에 대해 언급한 대부분은 인간에게 구원을 베푸는 데 초점을 맞추고 있다. 그러므로 "복음"에 대한 더 넓은 견해는 확실히 정당하지만, 바울의 이 복음 언어 사용의 예리함을 유지하는 것도 중요하다. 개핀(Gaffin)이 말했듯이 "그리스도의 죽음, 부활, 승천 이후에 복음의 마침표, 특히 그 선포에 마침표를 찍어 그리스도의 미래의 재림을 허락하는 것이 '모든 믿는 자의 구원을 위한 하나님의 능력'으로서 복음을 온전

114. 예를 들면, O'Brien, "Was Paul a Covenantal Nomist?" 293-99; Piper, *Future of Justification*, 81-91; S. Kim, *Christ and Caesar*, 3-71을 보라.

115. 이 강조에 대해서는 특히, N. T. Wright를 참조하라. 그는 "'복음'은 엄밀히 말해서 ("사람들이 어떻게 구원받는가에 대한 체계"가 아닌[*not*]) 왕되신 예수의 내러티브 선포"라고 주장한다(*What Saint Paul Really Said*, 45; 또한, 예를 들면 "'복음'은 그 자체가 '어떻게 구원받는가'라거나 '의롭게 되는 방법'이 아니다. '복음'은 오래 전에 약속된 하나님의 좋은 소식, 즉 죽고 부활하는 아들, 메시아, 세계의 주인에 관한 것이다"[*Paul and the Faithfulness of God*, 2.916]).

히 정당화하는 것이 아니다. 그리고 이 복음은 '믿음에서 믿음으로'(롬 1:16-17) 하나님의 의의 계시를 포함한다."[116] 고린도전서 15:1-1에서의 유명한 복음 요약은 이 균형을 잘 포착한다. 이 요약은 이렇다. "좋은 소식"은 예수께서 죽으셨고, 묻혔으며, 죽은 자 가운데서 다시 살아나셨다는 것이다 - 이는 우주 전체에 영향을 미치는 사건이다. 하지만 예수의 죽음은 특히 "우리 죄를 위한" 죽음이다. 아마도 우리는 바울의 복음을 우리를 위한 그리스도의 죽음과 부활로부터 이동하는 일련의 동심원으로 그릴 수 있으며, 그리고 나서는, 외적으로는 한편으로 그의 성육신과 선재하심으로, 다른 한편으로는 영광 중에 재림하시고, 그 다음에는 외적으로 사회와 피조된 세계에 대한 그리스도의 주되심의 모든 함축으로 더 나아간다.[117]

B. 감사와 계기 : 바울과 로마 교회(1:8-15)

8 먼저 내가 예수 그리스도로 말미암아 너희 모든 사람에 관하여 내 하나님께 감사함은 너희 믿음이 온 세상에 전파됨이로다
9 내가 그의 아들의 복음 안에서 내 심령으로 섬기는 하나님이 나의 증인이 되시거니와 항상 내 기도에 쉬지 않고 너희를 말하며
10 어떻게 하든지 이제 하나님의 뜻 안에서 너희에게로 나아갈 좋은 길 얻기를 구하노라
11 내가 너희 보기를 간절히 원하는 것은 어떤 신령한 은사를 너희에게 나누어 주어 너희를 견고하게 하려 함이니
12 이는 곧 내가 너희 가운데서 너희와 나의 믿음으로 말미암아 피차 안위함을 얻으려 함이라
13 형제들아 내가 여러 번 너희에게 가고자 한 것을 너희가 모르기를 원하지 아니하노니[118] 이는 너희 중에서도 다른 이방인 중에서와 같이 열매를 맺게 하려 함이로되 지금까지 길이 막혔도다
14 헬라인이나 야만인이나 지혜 있는 자나 어리석은 자에게 다 내가 빚진 자라
15 그러므로 나는 할 수 있는 대로 로마에 있는 너희에게도 복음 전하기를 원하노라[119]

---

116. Gaffin, "Union with Christ," 278. 또한 Carson, "What Is the Gospel—Revisited," 147-70을 보라.

117. Ridderbos(*Paul*, 54-55)는 무언가 이와 같은 것을 제안한다.

118. 그리스어 사본(서방 언셜체 D 의 원본)과 OL의 몇몇 사본에는 οὐ θέλω 대신 "나는 바라지 않는다"로 되어 있다.

119. τοῖς ἐν Ῥώμῃ라는 어구가 그리스어 사본 하나(G)와 OL의 사본 하나, 그리고 오리게네스의 글(라틴어 역본)에는 빠져 있다. 이것은 본래부터 누락된 것은 아니다. 7절 및 본 주석 서론 19-23페이

그리스어 편지들은 두번째 편지 본문이라고 할 수 있는 "서론부"(proem)에 신들에 대한 감사 또는 기도의 표현을 두는 경우가 흔히 있었다. 바울은 이 형식을 자신의 목적에 맞게 약간 바꿔 일반적으로 편지의 앞부분에 감사와 함께 종종 그의 독자들을 위한 기도를 포함시켰다.[120] 로마 교인들의 믿음이 온 세상에 전파된 데 대해 하나님께 감사한 후(8절), 바울은 그들을 방문할 수 있게 해 달라고 쉬지 않고 기도했다고 말한다(9-10절). 이렇게 로마 교회를 방문하고 싶어한 이유가 11-13절에 나온다. 그 이유는 바울과 로마 교회가 믿음 안에서 피차 견고하게 하고 안위할 수 있기를 바랬기 때문이다. 마지막으로 바울은 로마를 방문하고 싶은 그의 바람에 대한 설명 겸 편지의 주제를 진술하기 위한 화두삼아, 모든 부류의 사람들에게 복음을 전해야 하는 자기의 강한 의무감을 피력한다(14-15절).[121] 그러므로 이러한 구절들에서 바울은 1-7절에서 두 가지 핵심 개념을 선택하고 발전시킨다. 이 두 가지 핵심 개념은, 바울이 이방인의 "사도"이자 그가 맡은 "복음"이라는 두 가지 개념이다.[122]

이 단원에서 두드러지는 것은 바울이 로마에 가고 싶어하는 이유를 설명함에 있어서의 어색함이다. 로마 교회의 믿음을 심히 견고케 하기를 원한다(11절)고 말한 후, 바울은 자기의 말을 시정이라도 하듯이 피차(*mutual*) 안위함을 얻게 되기를 바란다고 실토한다(12절). 이 표현을 단순한 수사학적 수식으로 치부해서는 안 된다. 그렇게 되면 로마 교회가 바울 자신의 기독교인으로서의 행보에 어떤 도움이 될 수 있다고 바울이 전혀 생각하지 않았다는 뜻이 되고 말 것이기 때문이다.

지의 유사한 변형을 참조하라.

120. 특히, O'Brien, Introductory Thanksgivings를 보라; 그리고 Schubert의 더 오래도니 연구로는 Form and Function이 있다. 그와 반대로 Legrand ("Rm 1.11-15(17)," 566-72)는 이 부분(특히 11-15절)이 바울의 선교 사업의 관점에서 편지의 틀을 잡기 위해 15:14-33과 함께 작업하는 명제의 일부임을 시사한다.

121. 일부 학자들은 13절과 14절 사이에 *οὐ θέλω δὲ ὑμᾶς ἀγνοεῖν*("너희가 모르기를 원하지 아니하노니")이라는 말로 큰 단락이 나눠지고, 이 "해명의 진술"에 이어 다음 문단이 시작되는 것으로 본다(White, The Body of the Greek Letter, 52-53을 보라). 그러나 O'Brien은 11-12절과 13절 사이의 밀접한 주제 관계는 이 절들이 하나로 엮어져야 함을 필요로 한다고 주장하는 데 이는 확실히 옳다(Introductory Thanksgivings, 201-2). 뿐만 아니라 바울의 서신 작성순서를 그리스어 서신 양식에 정확히 맞춰넣으려는 시도는 Dunn이 강조하듯이 "지나치게 꼼꼼한 개선"이 되어버리는 경우가 많다.

122. Schreiner.

그렇다고는 해도 이것은 바울의 다른 서신에서는 찾아볼 수 없는 것이다. 자기의 권위 행사를 그렇게 망설인다는 것은(15:14-17도 참조하라) 그가 자기의 메시지와 사역을 둘러싸고 로마의 기독교인들 중에서 의혹이 일고 있다는 사실에 비추어 행보에 신중을 기하고자 함을 반영한 것일 수도 있다.[123] 그러나 이러한 망설임은 아무래도 "남의 터 위에 건축하지 아니하려"(15:20)는 그의 조심성 때문으로 보는 것이 좋을 것 같다.[124]

8 첫 마디를 "먼저"라고 할 때는 "둘째" 또는 "다음"으로 시리즈가 이어진다는 여운을 남기지만, 바울은 결코 그렇게 쓰지 않는다. 바울이 자신이 시작한 순서를 단순히 잊은 것인지, 아니면 여기서 이 어구가 바울이 가장 중요시하는 것을 강조하는 기능을 하는 것에 불과한 것인지는 확실히 알 수가 없다(CEB의 "First of all"을 보라).[125] 어느 쪽이건 간에 바울은 그의 감사의 말에 각별한 관심을 유도하는데, 이것이 바울 서신들의 한 특징이다. 그는 시편의 언어를 상기시키는 독실한 경건조로 "나의 하나님"께 감사를 드린다.[126] 하지만 로마서만은 바울이 그의 감사를 "예수 그리스도로 말미암아" 드린다. 이것은 그리스도가 대제사장으로서 하나님 앞에서 그의 감사의 중보자이심을 뜻할 수도 있지만,[127] 그리스도가 그런 감사를 드릴 수 있도록 하나님께 다가가는 길을 마련하신 분임을 가리키는 것으로 보는 편이 낫다.[128]

바울의 사도적 사명(1:5, 14-15)의 강조와 그가 전하는 메세지의 보편성(1:16b)에 맞춰 그는 로마에 있는 모든 기독교인을 그의 감사의 말 속에 포함시킨다. 바울이 감사를 드리는 이유는[129] "너희 믿음이 온 세상에 전파됨"에 있다. 여기에 그들

123. 예를 들면, Wilckens; Stuhlmacher; Porter, "Did Paul Have Opponents?" 153-58을 보라. 이 학자들은 로마의 기독교인들이 율법과 기타 관련 문제들에 대한 바울의 자세 때문에 그에 대해 의혹을 품고 있었다고 생각한다(예를 들어 Fitzmyer).

124. 또한 고후 10:15-16; Murray; Cranfield; Trocmé, "Épître aux Romains," 148을 보라.

125. Πρῶτον μὲν은 롬 3:2과 고전 11:18에도 나오는데, 세 경우 모두 이 어구의 정확한 의미는 알 수 없다. 이 논의는 BDF §447(4); A. Robertson, *Grammar*, 1152; Fitzmyer; Lohse를 보라.

126. 빌 1:3; 몬 1:4도 보라. 그리고 O' Brien, Introductory Thanksgivings, pp. 203-4를 참조하라.

127. 예를 들면, Fitzmyer.

128. 예를 들면, Käsemann.

129. ὅτι는 이유를 나타낸다.

의 믿음이 특별히 강하다는 의미가 내포되어 있지는 않다. 그들이 믿음을 갖게 되었다는 사실 자체가 믿음의 창조자이신 하나님께 감사를 드릴 충분한 이유가 되는 것이다.[130] "온 세상에"라는 말이 어느 정도 과장된 것임은 의심할 여지가 없다. 그러나 우리는 여기서 물론 바울이 생각하고 있는 것이 동료 기독교인들이라는 것[131]과 따라서 복음이 이미 전파된 장소들이기도 하다는 것을 기억하지 않으면 안 된다. 로마의 수도에 사는 사람들이 주 예수께 무릎을 꿇었다는 것은 초기의 선교사들에 의해 널리 알려질, 그리고 어쩌면 강조될 일일 것이다. 로마 제국 수도에 사는 사람들이 주 예수께 무릎을 꿇었다는 것은 초기 선교사들에 의해 널리 알려지고 강조되었을 것이다.[132]

9-10 "For"[133]로 시작하여 로마 교회를 위한 바울의 기도에 관한 언급이 이어진다. 바울은 흔히 감사의 말에 이어 항상 그의 독자들을 위해 기도하고 걱정하며[134] 그들의 영적인 성장을 기원한다는 말을 덧붙인다.[135] 여기서 바울이 로마 교회를 위해 쉬지 않고 드리는 기도(9b절)에는 보다 개인적인 초점을 맞춘다. 즉, 바울 자신이 직접 그들을 향해 사역하기를 소망하는 것이다(10절).[136] 이 절의 도입부를 이루는 "증인 공식(witness formula)"은 바울이 자기가 하는 말에 거짓이 없다는 것을 특히 강조하고 싶을 때 쓰는 것인 만큼,[137] 이것은 바울이 로마 교회에 대한 자신의 진심어린 관심과 그들을 보기를 간절히 바라는 마음을 그들이 알아주기를 열망하는 것으로 보이게 할 것이다. 어쩌면 로마 교회에 "이방인을 위한 사도"가 이방인 세계의 수도를 아직 방문하지 않았다고 서운해하는 사람들이 있었을지도 모른다.

하나님이 증인이 되어 주실 내용을 말하기에 앞서 바울은 자기가 하나님을 얼마나 진지하게 섬기는지를 하나의 관계사절로 밝히고 있다. 바울이 "섬긴다"는

---

130. 또한 엡 1:16; 골 1:3; 살전 1:2; 살후 1:3; 몬 1:4도 보라.

131. 이것이 καταγγέλλεται, 즉 "전파됨이로다"의 암묵적인 주어임에 틀림없다.

132. O' Brien, *Introductory Thanksgivings*, 207-8.

133. γάρ-개역개정은 해당 표현을 생략하였다(옮긴이).

134. 고전 1:4; 엡 1:16; 빌 1:4; 골 1:3b; 살전 1:2; 살후 1:3; 몬 1:4.

135. 엡 1:16b-19; 빌 1:9-11; 골 1:9-11; 몬 1:6.

136. Schreiner는 8절과 9절 사이의 밀접한 관계를 지적하면서 본문이 또한 감사절을 "사도적"으로 지적한다고 제안한다.

137. 고후 1:23; 빌 1:8; 살전 2:5, 10를 보라.

뜻으로 쓰는 단어는 그의 섬김이 하나님께 예배를 드리는 수직적인 관계의 봉사라는 사실을 부각시킨다.[138] 바울은 하나님에 대한 그의 예배 봉사를 "그의 아들의 복음 안에서"와 "내 심령으로"라는 말로 수식한다. 후자의 표현은 특히 불분명하다. 몇몇 학자들은("심령"으로 번역된) 프뉴마(pneuma)를 성령을 가리키는 것으로 해석하지만,[139] 바울이 사용하는 프뉴마(pneuma)의 용법은 일인칭이나 이인칭의 인칭대명사로 다르게 수식한다. 다른 학자들은 이 어구가 바울의 사역 가운데 내적인, 즉 "영적인" 국면인 기도를 가리킬 것이라는 의견을 제시하지만,[140] 이것 역시 그럴 듯하지 않다. 바울의 용법에도 맞고 문맥상으로도 의미가 통하는 것은 바울이 소명 받은 사역에 그의 "가장 내면적인" 인격이 매여 있음을 강조하는 말이라는 해석이다.[141] 바울의 인격의 내면 부분이 그의 섬김의 도구인 만큼, 하나님의 아들에 관한 복음이 그 사역의 범위가 된다. "복음"은 여기서 동적인 의미를 갖는다. 즉, 바울의 섬김은 특히 하나님의 아들에 관한 좋은 소식을 전하는 데 있다(15:16-21에서 이런 강조의 표현이 많이 나오는 것을 참조하라).[142]

9절의 끝에 나오는 "항상 내 기도에 쉬지 않고 너희를 말하며"(that[143] without ceasing I remember you[144])는 그 절의 초반부터 주요 사상이었던 "하나님이 나의 증

---

138. 그리스어 동사는 λατρεύω인데, 이 단어가 70인역에서는 예를 들면, 십계명의 제2계명에서 하나님이 백성들에게 다른 신들을 "섬기지" 말라고 할 때 쓰이며(출 20:5; 신 5:9), 이스라엘이 애굽을 떠나 광야에서 하나님을 "섬길" 것이라는 진술에서 쓰인다(출 7:16; 8:1 이하 곳곳에서). 바울이 이 동사를 다른 곳에서 쓸 때(롬 1:25; 빌 3:3; 딤후 1:3)나, 롬 9:4; 12:1에서 동족명사인 λατρεία를 쓸 때도 같은 의미를 함축한다. Gupta, *Worship That Makes Sense*, 107-11을 보라.

139. Schlatter, R. Jewett(*Paul's Anthropological Terms*, 197-98)은 바울에게 배분된 성령을 가리킨다고 보고 그것을 "배분된 영"이라고 부른다. Fee(*God's Empowering Presence*, 485-86)는 사람의 영과 성령을 모두 가리키는 것으로 본다(Fee는 Schreiner를 따른다).

140. Str-B(3.26)는 "심령으로 섬기는 것"이 랍비의 글에서 기도를 가리키는 말로 쓰이고 있다고 언급한다. Cranfield를 보라.

141. Fitzmyer는 바울의 인격 가운데 특히 성령의 감화에 대해 열려 있는 부분이라고 본다. 몇몇 학자는 πνεῦμα를 바울의 섬김을 담당하는 기관으로 보며(Godet), 다른 학자들은 그 섬김의 진실함과 성실함을 강조하는 것으로 본다(Käsemann). 나는 이런 강조들을 나의 해석 가운데서 결합하고 있다.

142. 소유격 τοῦ υἱοῦ (αὐτου)는 목적격적이다.

143. 그리스어 ὡς는 여기서는 ὅτι에 상응한다(BDAG).

144. ποιέω의 중간태를 μνείαν과 함께 쓰고 소유격으로 뒤를 잇는 구문은 고전적인 용법으로, 신약에서는 여기서 밖에 나오지 않는다. Zerwick and Grosvenor, *Grammatical Analysis*, 458을 보라.

인이 되신다"는 사실을 다시 언급하는 것이다. 이와 같은 문맥에서 "쉬지 않고"[145] 라는 말은 10a절의 "항상"과 마찬가지로 "쉬지 않고 드리는 탄원 따위가 아니라 규칙적으로 자주 드리는 기도"를 가리킨다.[146] 바울이 로마 교회에 대한 어떤 권위 주장도 삼간다는 것은 그가 이례적으로 로마 교회 교인들을 위해 구체적으로 어떤 기도를 드리는지 그 내용을 밝히지 않는 데서도 여실히 드러난다. 10절에서 바울은 로마 교인들과 관련이 없는 것은 아니지만 그들과의 관련보다는 자기의 계획상으로 더 중요해서 하나님께 자주 드리는 기도를 밝히고 있는 것이다. 즉, 바울이 그렇게 규칙적으로[147] 드리는 기도는 "어떠하든지 이제는 마침내"[148] 그들에게로 나아가는 데 "성공하게"[149] 해 달라는 내용이다.

11 "for"(γάρ; 개역개정은 해당 표현을 생략하였다–옮긴이)을 사용함으로 바울은 여러 절(11-15절)을 이끌며 왜 자신이 로마에 가기를 소원하는지를 설명한다. 바울이 실제로 제시하는 이유는 하나뿐인데, 그는 그것을 대략 평행하는 세 개의 목적으로 구분해서 진술한다. 그 목적들은 다음과 같다. "어떤 신령한 은사를 나눠 주려 함"(11절)과 "열매를 맺게 하려 함"(13절)과 "복음 전하기"(15절)가 그것이다. "신령한 은사"는 그리스어의 직역인데,[150] 바울이 다른 곳에서 단순히 "은사"(*charisma*; 카리스마)로 칭하는 그런 종류의 영적인 재능을 가리킬 수도 있다(예를 들어, 롬 12:6;

145. 그리스어로는 ἀδιαλείπτως다. 바울의 서신에서는 이 부사가 세 번 더 쓰이는데, 모두 기도와 관련해서 쓰인다(살전 1:2; 2:13; 5:17).

146. O'Brien, *Introductory Thanksgivings*, 214.

147. 여기서 πάντοτε ἐπὶ τῶν προσευχῶν μου("항상 내 기도에")를 그 앞의 어구에 연결시키면 πάντοτε가 ἀδιαλείπτως와 중복이 되는 만큼(NIV), 이 말은 뒤에 나오는 기도의 내용이 되는 절에 연결시키는 편이 낫다(NASB).

148. 바울이 이 시점에서 가정법을 쓰는 것(εἰ["…이었으면"], πως["어떠하든지"], 그리고 , ἤδη ποτὲ["이제 마침내"]를 결합하여)은 자기의 요망하는 바가 실현될지 확신이 서지 않아 그 지연에 마음이 초조해 있음을 말해 준다. 그러나 조합 εἰ πως 또한 목적의 의미로 표현할 수 있다 (von Siebenthal, *Griechische Grammatik*, §274a).

149. 그리스어 동사는 εὐοδόω다. 이것은 글자 그대로는 "순조롭게 진행되다"는 뜻이고, 그 뜻이 여기서는 가장 적절할 것이다(NIV는 "the way may be opened"["그 길이 열릴 것이다"]로 번역). 그러나 이 단어를 바울이 다른 데서 쓸 때 그 용법은 은유적이고(고전 16:2; 요삼 2절 참조), 그 뒤에 부정사 ἐλθεῖν이 이어지는 만큼 이 단어는 여기서 단순히 "성공하다"의 뜻으로 쓰인 것으로 보아야 한다(Denney).

150. χάρισμα πνευματικὸν.

고전 12장의 여러 곳 참조).[151] 그러나 바울이 다른 곳에서 "신령한"과 "은사"를 결합하여 이 뜻으로 쓰는 일이 전혀 없고, 여기서 "어떤"(그. ti)이 부정(indefinite)의 강조로 쓰이고 있는 점으로 보아 바울이 사역자로서의 자기의 특별한 재능(들)을 염두에 두고 있다고 생각하기는 어렵다.[152] 다른 학자들은 바울이 로마에서 그의 사역을 수행하는 결과 생길 것으로 기대하는 "영적인 축복"을 가리킨다고 생각한다.[153] 그러나 우리는 그렇게 생각하기보다는 성령께서 바울에게 주시는 어떤 통찰 또는 능력을 바울이 로마 교인들에게 "나눠 주기"를 바라는 것이라고 생각해야 할 것이다. 바울이 그들에게 나눠 주고 싶은 은사가 무엇이 될지는 그들에게 필요한 것이 무엇인지 바울이 가서 보기 전에는 구체적으로 말할 수가 없다. 그러나 그것이 무엇이 되든 그 목적은 그들의 믿음을 "견고하게"[154] 하는 데 있다.

12 "이는 곧"[155]은 신약에서 여기서만 쓰인 표현으로, 그 뒤에 이어지는 말이 방금 전에 한 말을 어떤 의미에서 "교정한다"는 것을 암시한다.[156] 교정되는 것은 필경 11절의 마지막 어구인 "너희를 견고케 하려 함이니"일 것이다.[157] 그것은 바울이 이 진술을 철회하고 싶다는 뜻이 아니라, 부연하여 그의 방문에서 생길 피차(mutual)의 이익을 인정한다는 뜻이다. 바울이 사용하는 동사는[158] 피차간의 권고를 가리킬 수도 있지만, 여기서는 아마 상호간의 "위로" 또는 "격려"를 가리킬 것

---

151. 딤전 4:14; 딤후 1:6도 보라. 예를 들어, S-H; Barrett을 보라. 몇몇 학자는 심지어 바울이 일부 마음이 통하는 로마 교회의 교인들 앞에서 "은사를 행하는 자"(독일어로는 Pneumatiker)로 자처하려고 하는 것이 아니겠느냐는 의견을 제시하는 사람까지 있다(Michel).

152. 만약 이것이 그런 의미라면 *μου*("나의")를 예상했을 것이다.

153. Cranfield; Fitzmyer; 참조. 11:29에서 *χαρίσματα*와 15:27에서 *πνευματικός*. Schreiner와 Fee(*God's Empowering Presence*, 487-88)는 이 언급이 특별히 유대인과 이방인의 연합에 관한 바울의 사도적 초점에 대한 것이라고 생각한다. 반면에 Longenecker는 바울이 5-8장에서 로마 교회와 공유한 자신의 이방인-지향의 복음을 언급한다고 생각합니다. 그러나 Longenecker의 이러한 구별은 바울이 나눌 "선물"이 편지에서가 아니라 방문할 때 나누게 될 것이라는 바울의 명백한 주장에 비추어 볼 때 그렇게 보기는 어렵다.

154. 그리스어로는 *στηριχθῆναι* - 참조. 살전 3:2, 13; 살후 2:17; 3:3.

155. 그리스어로는 *τοῦτο δέ ἐστιν*.

156. *τουτ' ἐστιν*이 보다 더 순수한 설명력을 갖는다(Lightfoot).

157. 예를 들면, Godet.

158. *συμπαρακαλέω*. 단순동사인 *παρακαλέω*가 살전 3:2과 살후 2:17에서 *στηρίζω*와 함께 나오는 점에 유의하라.

이다.[159] 이 상호 격려는[160] 믿음을 - "너희와 나의 믿음"을 - 통해서 이루어질 것이다. 이 다소 거추장스러운 표현은 공통점(바울과 로마 교인들은 같은 믿음을 공유하고 있다)과 차이점(그들이 공유하는 믿음은 서로 다른 전망과 은사를 수반하며, 그것들을 나눠 가질 때 피차 교정교화가 증진된다)을 다같이 시사한다. 바울이 자기의 로마 방문으로 자신과 로마 교회가 다같이 영적인 격려를 받게 되기를 간절히 바란다는 것은 단순한 문헌적인 관습이나 (에라스무스가 말하는 식의) "경건한 사기"가 아니라, 진심에서 우러나온 말이다(그리고 바울의 이런 간절한 바람은 이 편지의 끝에 가서 다시 나온다. 15:32을 보라). 그러나 그가 이것을 여기서 - 다른 곳에서의 습관과 대조적으로 - 언급한다는 사실은 바울의 외교를 보여 준다. 바울이 교회와 상대하고 있는 측면에서 볼 때, 그가 자신의 권위가 미치는 범위에 있는 것은 확실하지만(참조. 1:5-6; 15:15) 남의 터 위에 건축된 교회를 상대하고 있는 것이다(참조. 15:20). 만약 바울이 로마 교회로 하여금 "그의" 복음에 귀를 기울이게 하고 그의 스페인 선교(15:24)에 대한 그들의 지원을 얻으려면 그의 권위를 주장하는 것도 기지를 발휘해서 해야하는 것이다.

13 공개 공식(disclosure formula)인 "형제들아 너희가 모르기를 원치 아니하노니"[161]를 써서 어느 정도 엄숙한 마음을 전하면서 바울은 로마의 기독교인들에 대한 그의 관심 및 그들과 함께 사역하고 싶은 바람을 재확인한다. 그는 그들을 보기를 심히 원하고(11a절) 그들에게 나아갈 수 있게 해 달라고 기도했을(10절) 뿐만 아니라 그 목적을 이루기 위한 계획을 여러 번 세웠다.[162] 한 삽입절[163]에서 바울은 이 계획이 막혔다고 말하는데, 그것은 아마도 바울이 지중해 동부 지역에서("예루

159. 이 번역은"믿음"이 그 동사의 행위가 나오게 되는 수단(διά)이라는 사실에 입각한 것이다.

160. ἐν ὑμῖν은 아마 수단의 뜻으로 ("너희로 말미암아"로) 쓰인 것이 아니라, 장소의 뜻으로("너희 가운데"로) 쓰였을 것이다.

161. 그리스어로는 *οὐ θέλω δὲ ὑμᾶς ἀγνοεῖν, ἀδελφοί*. 바울은 이 표현을 사용하거나 또는 그와 비슷한 공식을 롬 11:25; 고전 10:1; 12:1; 고후 1:8과 살전 4:13에서 쓰고 있다. Longenecker(127-30)는 로마서의 "편지 본문"이 이 구절로부터 시작한다고 생각하는 한 가지 이유로 이 공식을 인용한다. 더 자세한 사항은 이 주석의 서론 33-35쪽을 보라.

162. (προτίθημι의 중간태인) προεθέμην은 "내가 제안했다", "내가 기도했다"는 의미로 강력한 시도의 뜻을 전한다. 롬 3:25; 엡 1:9을 보라.

163. 이 절은 καὶ로 시작되는데, 이 접속사는 이곳에서 역접의 의미로 사용되었다(대부분의 영어 번역에서 "그러나"로 번역됨; καὶ에 관한 Levinsohn, *Discourse Features*, 72; BDAG; BDF §465(1)을 보라.

살렘 으로부터 두루 행하여 일루리곤까지", 15:19) 복음을 전하느라 정신없이 바빴기 때문일 것이다.[164] 이러한 따뜻한 관계의 맥락에서 바울이 로마에 있는 그의 독자들에게 먼저 "형제들아"라고 했다는 사실을 간과해서는 안된다. 이것은 바울이 동료 기독교인들을 부를 때 가장 선호하는 명칭이다(그의 편지에 127번이 사용됨). 이 "가상 친족" 언어를 사용하여 바울은 "자신과 그의 수신자 사이의 관계를 가정하고 촉진한다. 그리고 수신자 스스로는 애정, 상호 책임 및 연대감을 공유하는 동등한 형제자매 사이의 관계를 가정하고 촉진한다."[165] 13절의 마지막 절에서 바울은 로마 교회에 가려는 목적을 그들 가운데서 "열매를 맺게" 하기 위해서라고 밝힌다. "열매"는 그가 사도적 일꾼으로서 하는 일의 결과를 가리키는데(예를 들어, 빌 1:22), 여기서는 아마 로마 교회 "중에서" 복음을 전하는 결과 기독교인의 수가 늘게 되는 것과 로마 교회 기독교인들 스스로의 믿음이 견고해지는 것을 다같이 포함할 것이다(11b).[166] "다른 이방인 중에서와 같이"라는 말을 덧붙임으로써 바울은 로마의 기독교인들을 "이방인" 교회에 속한 것으로 본다는 점을 다시 한번 분명히 한다.[167] 바울이 로마의 기독교인들에게 영적인 이익을 주려는 자신의 의도를 거침없이 재천명하고 있는 것으로 보아, 12절의 "피차 안위함"이라는 말이 진실한 것이긴 하지만 그 때문에 바울이 로마에서 자기가 사도적 직무를 덜 중요시하는 것은 결코 아님을 알 수 있다.

---

164. 루터의 주해를 참조하라. "복음을 전하지 않으면 안 될 수많은 곳이 나를 짓누르고 있었다."

165. Horrell, "From ἀδελφοί to οἶκος θεοῦ," 293-311. 예를 들어, Aasgard, "My Beloved Brothers and Sisters!"; Harland, "Familial Dimensions of Group Identity," 491-513를 보라. 포괄적인 "형제자매"(NIV; NLT; CEB; NRSV "all the members of God's family"["하나님 가족의 모든 구성원"] 참조)는 ἀδελφοί(전통적으로 "형제")의 의도된 넓이를 적절하게 나타낸다. LN: "명확한 구성원 자격을 가진 사람들의 그룹에서 가까운 동료(신약에서 ἀδελφός는 특별히 그리스도를 믿는 동료 신자를 나타냄)."

166. 바울은 그리스어 καρπός라는 말을 11번 사용한다. 두 번은 바울이 비유의 일부로써 기본적인 의미로 사용한다 (고전 9:7; 딤후 2:6). 이 단어를 비유적으로 쓸 때 바울은 보통 신자의 행동을 가리키기 위한 비유로 쓰는데(롬 6:21,22; 갈 5:22; 엡 5:9; 빌 1:11), 때로는 자기 자신 사역의 결과로 쓴다(빌 1:22; 4:17). 15:28에서 쓰인 이 용어 사용에 기초해서 Kruger는 이곳에서 이것이 예루살렘에 있는 "가난한 자들"을 위한 모금을 가리키는 것이라고 제시한다("*Tina Karpon*," 168-70); Foster는 이것이 "믿어 순종하게"(5절)를 가르킨다고 생각한다("Justice of the Gentiles," 687-88).

167. 5절과 6절에서와 마찬가지로 ἔθνη는 "열방"이 아니라 "이방인"을 가리키는 것이 분명하다(각 절의 각주와 예를 들면, Dunn을 보라).

14 13절과 14절 사이에 연결사가 없는 것은 그 다음에 나오는 내용을 강조하는 효과를 낳지만, 두 절 사이의 논리적 연결은 분명하다.[168] 바울이 로마의 기독교인들 가운데서 열매를 맺게 하려는 계획은 자기 과시욕에서 비롯된 것이 아니라 선교사라는 "의무감"에서 비롯된 것이다. 바울은 "복음을 위하여 택정함을 입었다"(1:1)는 자신의 소명 의식을 가슴 깊이 품고 있으며, 이 하나님이 주신 은혜의 선물을 활용해야 한다는 신성한(*divine*) 의무감(엡 3:8)이 바울의 모든 활동에 동기를 부여한다 - "만일 복음을 전하지 아니하면 내게 화가 있을 것임이로다!"(고전 9:16b). 이 절에서 언급된 두 집단의 사람들은 - "헬라인이나 야만인이나", "지혜 있는 자나 어리석은 자" - 다양하게 이해되어 왔다. 각 집단이 인류 전체를 포함할 수 있는데, 한 집단이 다른 집단과 본질적으로 동의어가 되거나, 각 집단을 다른 기준에 따라 분류하거나 하는 식이다. 하지만 바울은 자주 "헬라인"을 유대인과 대립시켜서 쓰는데(롬 1:16; 2:9, 10; 3:9; 10:12), 여기서는 이 단어를 "야만인"과 짝을 지어 쓴다는 것은 다른 뜻이 있음을 시사한다. "야만인"의 뜻하는 "바바리안"(barbarians)은 그리스인의 귀에 "상스럽게" 들리는 외국어를 조롱의 의미로 내는 의성어(소리가 뜻처럼 들리는 단어)다. 따라서 이 단어는 그리스 문헌에서 비그리스어로 말하는 모든 민족에 대해서 폭넓게 쓰이며, 유추에 의해 종종 그런 민족들의 열등할 것으로 여겨지는 문화를 암시하기도 한다. 바울은 이 단어를 일반적인 언어적 의미에 따라 방언을 할 때 통역이 없으면 다른 사람이 알아듣지 못할 말에 적용하며(고전 14:11), 또한 그 통역을 인류 전체를 포괄하는 목록으로 제시한다(골 3:11). 그리스인에게 있어 유대인도 물론 "바바리안"에 포함되겠지만, 아마도 바울은 필론과 요세푸스의 일반 원칙에 따라 유대인을 분명 그런 "열등한" 집단에서 제외시켰을 것으로 생각된다.[169]

그렇다면 바울은 첫 번째 집단에서 분명 이방인(*Gentile*)을 인류 전체를 언어학

168. 영어 번역 성경은 13절과 14절 사이에 마침표를 균일하게 배치하여 14절의 시작 단어 -"Ἑλλησίν τε καὶ βαρβάροις, σοφοῖς τε καὶ ἀνοήτοις-를 새로운 문장으로 가져온다: "I am obliged…"("내가 빚진자라…") Thorsteinsson(("Paul's Missionary Duty," 531-47)은 이 표현이 13절과 함께 취해져야 한다고 주장한다: "… as among the rest of the Gentiles, including Greeks…"("… 다른 이방인 중에서와 같이…헬라인이나. 야만인이나…").

169. H. Windisch, *TDNT* 1.552; Longenecker. Jewett은 스페인을 이 편지의 주요 목적으로 보며, "야만인"이 스페인에서의 사역을 위해 중요하기 때문에 포함되었다고 생각한다.

적/문화적 기준에 따라 구분하도록 의도하고 있는 것이다.[170] 로마 교회의 기독교인들 가운데 많은 사람이 자기는 첫 번째 계급에 속한다고 자부하리라는 것은 의심의 여지가 없다. 그러나 기독교가 낮은 계층의 사람들에게 흥미를 이끌고 외국인들이 로마로 대거 유입하고 있음을 감안할 때 그들 스스로를 "바바리안"으로 자처하는 사람들도 분명 있었을 것이다(그리고 아마 바울은 자기가 복음을 전하러 찾아갈 스페인 사람들도 생각했을 것이다[171]). 두 번째 집단에 나오는 용어들이 첫 번째 집단의 부연 설명에 지나지 않는 동의어로[172] 첫 번째 집단과 동일한 사람들을 다른 관점에서 포용하고 있는 것인지,[173] 아니면 그 이상의 더 폭넓은 집단을 가리키되 첫 번째 집단을 포함하고 있는 것인지[174]는 결정하기 어렵다. 그러나 13b절에서 "이방인"을 지칭하는 것으로 보아 14절에서는 바울이 이방인만을 염두에 두고 있을 가능성이 크다. 바울이 "지혜 있는 자"를 고린도전서 1장(19, 20, 26, 27절)에서 하나님과 세상을 아는 지혜를 자랑하는 사람들을 가리켜 쓰고, 로마서 1:22에서 바울이 스스로 "지혜 있다"고 생각하는 사람들을 언급하고 있는 것을 통해 어떤 지적인 성취를 주장하는 몇몇 사람들과 그렇지 않은 사람들이 대조되고 있음을 시사한다.

15 이제 바울은 14절에서 포괄적으로 말한 바를 구체적으로 로마에 가기를 원하는 상황과 연결시켜서 말한다. "그러므로[175] 나는 할 수 있는 대로 로마에 있는 너희에게도 복음 전하기를 원하노라."[176] 바울이 복음을 전해주고 싶은 대상 가운데 로마의 기독교인들을 포함시킨다는 것이 얼핏 생각하기에는 이상하다. 그래서 일부 주석가들은 바울이 여기서 이야기하고 있는 것은 그가 전에 로마에 가

170. 예를 들어, Fitzmyer를 보라.

171. Windisch, *TDNT* 1.552; Leenhardt; O'Brien, *Introductory Thanksgivings*, 223 n. 119.

172. 예를 들어, Kuss; Schlier.

173. 예를 들어, Cranfield.

174. Fitzmyer.

175. οὕτως. 여기서 이 용어는 앞의 내용으로부터의 추론을 이끈다(BDAG).

176. τὸ... πρόθυμον("원하노라")은 아마 바울이 중성의 형용사를 명사 용법으로 쓰기를 좋아하는 성향이 있음을 알려 주는 한 예일 것이다(1:19의 *τὸ γνωστόν*[알 만한 것]과 1:20의 *τὰ ἀόρατα*[보이지 아니하는 것들]를 참조하라). *κατ' ἐμέ*(직역으로는 "나에 의하여")는 헬레니즘 시대 그리스어의 소유격 동의어(여기서는 *μου* 즉 "나의" – BDF §224)로 잘 알려져 있다. 이 어구는 전체적으로 문장의 주어가 된다(BDAG; Cranfield).

기를 소망했을 때 하고자 했던 계획에 관한 것이라고 생각한다.[177] 그러나 15절은 14절과 묶여 있고, 현재 시제를 사용하고 있다.[178] 다른 학자들은 바울이 로마의 기독교인들을 대신하여 스페인에서 복음을 전하고 싶은 마음을 가리키고 있는 것이라고 생각한다.[179] 그러나 그렇게 생각하려면 이 편지의 끝에서 너무 많은 것을 가지고 와야 된다. 또 하나의 가능성은 "너희"가 일반적으로 로마인을 가리키며 바울이 로마에서 복음을 전하고 싶다는 뜻을 말하고 있다는 해석이다.[180] 그러나 "너희"는 로마의 기독교인들을 가리키는 것으로 해석하는 편이 보다 자연스러우며, 이렇게 해석할 경우 "복음을 전하는" 것은 최초의 복음 전도에 이은 후속 사역인 가르침과 제자 훈련을 가리키게 된다.[181] 바워스(P. Bowers)가 지적했듯이, 바울에게 있어서 "복음"은 "최초의 전도 사역만이 아니라 교회가 뿌리를 내리기까지의 일련의 활동 전체"를 포함한다.[182]

C. 편지의 주제(1:16-17)

16 내가 복음을 부끄러워하지 아니하노니[183] 이 복음은 모든 믿는 자에게 구원을 주시는 하나님의 능력이 됨이라 먼저는 유대인에게요 그리고 헬라인에게로다

17 복음에는 하나님의 의가 나타나서 믿음으로 믿음에 이르게 하나니 기록된 바 오직 의인은 믿음으로 말미암아 살리라[a] 함과 같으니라

a. 합 2:4

177. Stuhlmacher.

178. Schmithals 참조.

179. 예를 들어, Kruger, "Tina Karpon," 171. 이 견해에 따르면 ὑμῖν은 편의의 여격이며, 동사 εὐαγγελίσασθαι의 함축된 목적어는 스페인 사람들이 된다(15:28를 보라).

180. 예를 들어, Godet; Byrne.

181. Dunn; 또한 Munck, *Paul*, 298; Seifrid, *Justification*, 189; Pedersen, "Theologische Uberlegungen," 47-67를 보라. 후자의 두 자료는 특히 15:20-21의 본문과의 평행에 의존한다. Gaventa("'To Preach the Gospel,'" 179-95)는 초점이 복음의 우주적 차원에 있다고 생각한다.

182. P. Bowers, "Fulfilling the Gospel," 198; 또한 G. Friedrich, *TDNT* 2.719-20; Cranfield; Mundle, *Glaubensbegriff*, 45-54; O'Brien, *Gospel and Mission*, 61-65; Dickson, *Mission-Commitment*, 221-30; 그리고 1:1-7 이후의 부설을 보라.

183. KJV(킹제임스버전)의 "of Christ"["그리스도의"] 첨가는 D, Ψ 및 다수 본문의 교정에서 발견되

이 신학적으로 집약된 두 절은 네 개의 종속절로 이루어져 있으며, 각 종속절은 그 앞 절을 보강하거나 조명한다. 바울이 복음에 대해 느끼는 긍지(16a절)가 그가 로마에서 복음 전하기(15절)를 그토록 갈망하는 이유다. 그리고 이 긍지의 근원은 결국 복음이 모든 믿는 자에게 구원을 주시는 하나님의 능력을 담고 있다 또는 전달한다(mediate)는 사실에 있다(16b절). 복음이 구원을 전달하는 이유는 17a절에서 설명되고 있다. 이곳에서 복음이 하나님의 의를, 믿음에 기초한 의를 드러낸다고 말한다. 마지막으로 17b절은 의와 믿음이 이렇게 연결되고 있음을 성경적으로 확인해 준다.

이 일련의 종속절은 그 앞에 나오는 구절과도 결합되고 뒤에 나오는 구절과도 결합된다(16절과 18절이 모두 "for"[개역개정은 해당 표현을 생략하였다-옮긴이]로 시작되고 있는 점에 유의하라). 우리가 각각의 경우에 그리스어 가르(γὰρ)를 원인이나 이유를 표현하는 것으로 해석한다고 주장한다면, 이 순서의 주요 진술은 로마에서 복음을 전파하려는 바울의 주장(15절)이라고 주장할 수 있다. 그렇기 때문에 일부 해석자들은 16-17절이 편지의 주제를 밝힌다는 평범한 견해에 이의를 제기한다.[184] 이 두 절을 편지의 주제로 떼어놓는다면, 본문의 논증적인 흐름과 구문적인 흐름을 다같이 거스르면서까지 신학에 집착하는 꼴이 된다고 이들은 주장하는 것이다.

그러나 첫째로 가르(γὰρ)는 다양한 의미를 가지고 있으며 여기서의 모든 구절에서 동일한 종속 의미를 가져야 한다고 주장하기는 어렵다. 둘째, 구문이 모든 것을 말해 주는 것은 아니다. 문법적으로 종속절이 그 내용 때문에 중요도에 있어서 두드러지는 경우가 빈번하게 있는데, 그리스어에서 특히 그렇다. 이는 그리스어가 종속문장(hypotaxis)을 선호하기 때문이다.[185] 현재의 경우에, 16a절의 언어가 초점 이동의 뜻을 포함한다. 이 시점에 이르기까지 바울은 로마 교회에 자신이 사역으로 부르심을 받은 일에 관해서, 그리고 그 사역이 로마 교회와 어떻게 관련되는지에 관해서 말했다. 복음이 바로 바울의 사역의 본질이며(1, 9절) 그가 로마에 전하고 싶은 메시지이기도 하기 때문에(15절), 이 구절들에서 복음이라

는 이차적 읽기를 반영한다.

184. 특히, Achtemeier를 참고하라.

185. 그렇기 때문에 "문법적으로 볼 때 1:17은 로마서의 중심 주제 역할을 할 수 없다"는 Achtemeier의 주장은 잘못된 것이다(Dunn을 보라).

는 표현이 자연스럽게 튀어나왔다. 하지만 바울은 이제 화제 전환용으로 16a절을 쓰면서 자기 자신의 사역에서부터 그의 관심을 돌려 복음 자체에 집중시킨다. 그리고 이후로는 바울의 선교 계획이나 로마 교회에 대한 언급이 (짤막하게 불쑥 말하는 경우를 - 7:1, 4; 8:12; 10:1; 11:13, 25; 12:1 - 제외하고는) 더 이상 없다가 14:1-15:13의 "강한 자와 연약한 자" 단원과 15:14-33에서 (명백하게) 보는 바울의 계획과 전망의 최종 요약으로 이어진다. 바꿔 말해서 1:1-15과 15:14-33의 편지 내용의 신학적 논문의 틀을 이룬다.

그러므로 16-17절은 기술적으로는 편지 서론부의 일부이지만,[186] 바울의 주제를 밝힘으로써 본문으로의 전환을 이끄는 본문의 제시부를 이룬다. 대다수의 학자들이 이 결론에 동의하겠지만,[187] 정확히 16-17절 가운데 어디에서 이 주제를 찾아야 하느냐에 관해서는 의견을 같이 하지 않을 것이다. 개신교 성경 주석자들은 전통적으로 "하나님의 의가 나타나서"나, 아니면 "의인은 믿음으로 말미암아 살리라"에 초점을 맞춰 왔다. 그것은 이 구절들이 이신칭의라는 신학적 주제를 천명하는 것으로 이해했기 때문이다.[188] 캐제만(E. Käsemann)과 그의 많은 추종자들 역시 "하나님의 의"를 이 편지의 주제로 보지만, 그들은 이 어구에 전통적인 개신교 교리(Protestantism)에서 보는 것보다 훨씬 폭넓은 의미를 부여한다(아래의 부설을 보라). 몇몇 해석자들은 16a절의 "구원" 개념을 그 중심에 놓는다.[189] 그러나 여전히 다른 해석자들은 "첫째는 유대인에게요 또한 헬라인에게로다"라는 표현(16a

---

186. Wilckens; Käsemann; Hodge, *If Sons, Then Heirs*, 260-62를 보라.

187. 예를 들어, 최근에 문학적인 평행 구절들을 최대한 참조하여 나온 완전한 검토는 Aletti, *Comment Dieu est-il juste?* 1-24, 38-40; Klauck, *Ancient Letters*, 302-3을 보라. 하지만 몇몇 해석자는 이 16-17절이 로마서 본문의 첫 주요 단원만을 이끈다고 생각한다. (Calvin; Dupont, "Problème de la structure litteraire," 372, 382; J. McDonald, *Kerygma and Didache*, 55-57). 특별히 중요한 점은 "감사" 부분을 8-12절로 제한하고 13-15절을 "편지의 중간 부분의 시작"으로 식별하여 16-17절을 1:18-4:25절에 붙인 Longenecker의 결정이다. Longenecker는 16-17절을 1:18-4:25에만 첨부함으로써 이 편지의 시작 부분에 소개하는 주제의 중요성을 제한할 수 있으며, 1:16-4:25이 로마 교회가 이미 수용하고 있는 유대-지향의 신학에 대한 바울의 리허설이라는 Longenecker만의 독특한 주장을 위한 길을 열어준다.

188. 예를 들어, Godet; (인간 칭의와 하나님의 "의" 둘 모두를 포함하는) Murray를 보라.

189. Dahl, *Studies in Paul*, 82; 또한 Lagrange; Cambier, *vangile de la justice*, 34; T. Hoppe, *Idee der Heilsgeschichte*, 26-27를 보라. 이 학자들은 때때로 의(17절)와 진노(18절)의 이중 계시가 하위 주제라고 주장한다.

절)이 로마서의 주요 주제들 가운데 두 가지, 즉 이방인을 하나님의 백성으로 편입하는 문제와 이스라엘에 대한 지속적인 중요성이라는 문제를 한 덩어리로 압축하여 해결하는 방식에 감명을 받는다.[190] 또한 16-17절의 개별 요소를 각각 편지의 다른 부분을 요약한 것으로 볼 수도 있다.[191] 하지만 우리가 서론에서 주장했듯이, 이 편지의 내용은 그에 합당한 폭넓은 주제를 요한다. 그리고 1-15절에서 차지하는 중요성 때문에도 그렇고 16-17절의 구성에서 주도적인 위치를 점하기 때문에도 두드러지는 것이 "복음"이라는 용어다(편지의 주제에 관한 자세한 탐구는 서론의 25-28쪽을 보라).[192]

16 우리가 위에서 살펴보았듯이, 16a절은 바울이 (15절에서) 로마에서 복음 전하기를 갈망한다고 한 이유를 설명해 준다("가르"[γὰρ; for]참조). 그러나 이것은 바울이 1-15절에서 다양한 표현으로(1, 5, 9, 14절) 복음의 사역에 헌신할 것을 밝힌 다짐을 계속 이어가는 것이기도 하다. 바울이 확언하는 "내가 복음을 부끄러워하지 아니하노니"라는 말의 부정문 형식은 문학적 관례일 수 있다(완서법-부정문이나 억제된 표현으로 긍정의 의미를 강조하는 수사법-옮긴이). 이것을 직설법 긍정문 형식으로 바꾸면, "내가 복음을 온전히 확신하노니"가 된다.[193] 하지만 "십자가의 도가 … 미련한 것이요"(고전 1:18)라고 하는 것을 보면, 특히 이방인 세계의 수도에서 복음에 대해 어느 정도 부끄러움을 느끼는 것이 자연스러웠을 것이다.[194] 그러나 아마도 바울이 부정문의 표현을 사용하는 가장 중요한 이유는 많은 로마 교회가 "그

190. E. P. Sanders, *Paul, the Law and the Jewish People*, 30; Schmithals, 12-13; 참조. Beker, Paul the Apostle, 72.

191. 예를 들어, "모든 믿는 자에게 구원" = 9-11장; "의인은 믿음으로" = 1-4장; "살리라"= 5-8장; Wesley, 514; Rolland, Épître aux Romains, 3을 보라

192. Lohse.

193. Michel; Wilckens. 이런 해석은 이 진술과 막 8:38/눅 9:26에 나오는 예수의 선언 사이에 밀접한 관계가 있음을 보는 사람들에게는 특히 매력적이다(Barrett, "I Am Not Ashamed," 19-41; Dunn).

194. 예를 들어, Murray; Kruse. 더욱이, 죄에 대한 고백에서 ἐπαισχύνομαι("죄를 고백하다")를 사용한 증거는 미미하다(보통 막 8:38과 딤후 1:8이 인용된다). G. Herold(*Zorn und Gerechtigkeit Gottes*, 28-138)는 완서법이 바울 서신에서는 드물다고 지적한다. 그는 구약과 유대인의 탄원시를 배경으로 하여 "수치"에 수사적인 의미가 있다고 주장한다. 그러나 그가 인용하는 텍스트에는 롬 1:16-17과 공통되는 점이 거의 없다.

의" 복음을 어느 정도 의심하고 있다는 사실을 깨달았기 때문일 것이다. "이방인의 사도"로서 바울은 율법 없이 이방인을 하나님의 나라로 인도하는 데 핵심적이고 논쟁적인 역할을 했다. 율법에서 자유한 복음을 열정적으로 수호하려는 바울은 종종 반대에 부딪힌다. 그리고 적어도 일부 로마 기독교인들이 저항자들 가운데 있었다는 우리의 생각을 정당화할 수 있는 충분한 이유가 로마서 안에 있다(롬 3:8; 9:1-5; 11:13-15를 보라).[195]

16b절은 바울이 복음을 부끄러워하지 않는 이유를 설명한다. "하나님의 권세 있는 아들로 지명되신"(4절) 예수 그리스도를 그 내용으로 하는 이 복음이 "구원을 주시는 하나님의 능력"이 되기 때문이라는 것이 그 이유다. "능력"(power)이라는 용어는 누구나 예상할 수 있듯이 그리스의 철학과 종교에서 널리 쓰인다.[196] 그러나 이 말이 신약에서 쓰이게 된 배경은 말할 것도 없이 구약에서 찾아야 하는데, 특히 홀로 능력을 지니고 계시며 그 능력으로 그의 백성을 구원하고(출 9:16; 시 77:14-15) 심판하는(렘 16:21) 것으로 나타내시는 인격적인 하나님에 관한 가르침에서 찾아야 한다.[197]

"구원"과 어원이 같은 단어들은 그리스 세계에서나 70인역에서나 온갖 종류의

---

195. Grayston, "'Not Ashamed of the Gospel,'" 569-73; Longenecker. Wright는 시편 71:1-2에서 가능한 구약의 배경을 언급한다. "여호와여 내가 주께 피하오니 내가 영원히 수치를 당하게 하지 마소서 주의 의로 나를 건지시며 나를 풀어 주시며 주의 귀를 내게 기울이사 나를 구원하소서. 내가 결코 부끄러움을 당하지 않게 하소서. 주의 의로 나를 구원하시고 구원하소서 내게 귀를 기울이사 나를 구원하소서"(시 72:1-2).

196. 그리스어로는 δύναμις. Cranfield는 *P. Oxy*. 11.1381.215-18에서 이것을 인용한다: δύναμις … θεοῦ εἰς σωτηρίαν. δύναμις의 구약의 용법에 관해서는 Cambier, Évangile de la justice, 28-33을 보라.

197. 다윗은 구원을 간구하는 기도를 할 때 여호와를 "내 구원의 능력"으로 부른다(시 140:7; LXX δύναμις τῆς σωτηρίας μου) 바울은 δύναμις를 빈번히 복음의 말씀과 결부시키고(고전 2:4-5; 4:19, 20; 살전 1:5), 파생적으로 자기의 사역과 결부시킨다(고후 4:7; 6:7; 12:9; 엡 3:7). 특히 이 본문의 구절과 유사한 구절이 고전 1:8인데, 여기서"십자가의 도"는 δύναμις θεοῦ … τοῖς σῳζομένοις("구원을 얻는 우리에게는 하나님의 능력")라고 말한다. 바울이 이 고린도서 본문에서 고린도 사람들의 능력에 대한 잘못된 관념을 논박하고 있는 것이기 때문에, 몇몇 학자들은 롬 1:16에서 복음에 능력이 있다고 하는 주장 역시 비슷한 논박의 힘을 가지고 율법에 구원의 능력이 있다는 랍비의 주장을 반박하는 것일 수 있다고 제안한다(W. Grundmann, *TDNT* 2.309; Nygren; Mek. 15:13, 26을 보라). Cranfield는 문맥상으로 논쟁적인 목적이 없다고 지적하면서 이 해석에 반대한다. 그러나 이 개념은 바울의 것이 분명하므로(8:3의 "율법이 … 할 수 없는 그것을[ἀδύνατον]"을 참조하라) 전적으로 배제할 것은 아니다.

악으로부터 구조됨을 묘사하는 데 널리 쓰이고 있다.[198] 신약에서는 전체적으로 "구원"과 그 어원이 같은 단어들이 구약에서 쓰이는 경우 못지않게 넓은 의미로 쓰이지만, 바울은 이 단어들을 오직 영적인 구원에 대해서만 쓰고 있다. 뿐만 아니라 바울의 초점은 종말론적이다. 즉, 바울에게 있어 "구원"은 마지막 날에 완결되는 종말론적 심판에서 받는 구원이다.[199] 하지만 바울의 (그리고 신약의) 전망이 갖는 특징은 이 종말론적 축복을 누구나 예수 그리스도를 구주로 믿고 영접하는 순간 이미 어느 정도는 누릴 수 있게 된다는 확신이다. 바울의 구원사적 전망에 이 "이미"라는 초점이 있기 때문에, 그리스도인들은 이 세상에서 "구원받은" 사람들이라고 말할 수 있다.[200] "구원"은 종종 - 무엇 으로부터(*from*)의 구원이라는 - 소극적인 의미를 갖지만 때로는 적극적인 뉘앙스도 가지고 있으며, 그렇기 때문에 이 용어는 일반적으로 개인의 영적인 필요를 충족해 주기 위한 하나님의 공급하심을 나타낼 수 있다. 특히, 로마서 3:23에 - 그리고 8:24에서 쓰인 "구원"에(18-23절에 주목하라) - 비추어 볼 때, 여기서의 "구원"은 죄인이 "하나님의 영광"에 동참하는 자로 회복되는 것을 포함하는 것임에 틀림없다.

16절의 마지막 부분은 로마서를 통틀어 핵심적인 모티프로써 거듭 나오는 주제들을 소개한다. 첫째, 하나님의 구원하시는 능력이 "모든 믿는 자에게 "임할 수 있다. "믿다"[201]와 "믿음"[202]은 로마서에서 핵심 단어인데, 3:21-4:25에서 특히 두드러지게 나타난다.[203] "믿다" 뒤에 명확한 목적어가 없는 것 역시 로마서의 특징

198. 우리가 예상할 수 있듯이 구약에서는 구원이 보통 하나님의 백성을 그들의 적으로부터 구출하는 하나님의 속성으로 쓰인다(출 14:13; 15:2; 삿 15:18; 삼상 11:9). 구약이 역사적/시간적인 것과 영적/영원한 것 사이의 상호작용과 후자를 나타내기 위해 전자를 쓰는 일이 빈번한 만큼 이 어휘군의 사용과 관련해서 영적인 의미의 중요성을 결정하기는 어렵다. 하지만 어떤 본문들은 분명히 σωτηρία("구원")를 써서 하나님의 종말론적 구원을 묘사한다(사 12:2; 25:9; 46:13; 49:6; 52:7, 10). 이 본문들 가운데 사 52:7은 특히 중요한데, 왜냐하면 여기서는 σωτηρία 뿐만이 아니라 εὐαγγελίζομαι("좋은 소식을 전하다")도 쓰이고 있기 때문이다. 바울이 이것을 나중에 그의 편지에서 인용하고 있음을 주목하라(10:15). G. Fohrer, *TDNT* 7. 965-1024에서 그 개관을 보라.

199. 롬 13:11; 살전 5:9; 또한 참조. 롬 5:9-10의 σῴζω사용과 고전 1:18; 고후 2:15; 살후 2:10에서의 "구원 얻는 자들"과 "망하는 자들"의 대조.

200. 고후 6:2: "지금은 구원의 날이로다"; 또한 롬 8:24; 엡 2:5, 8을 보라.

201. πιστεύω.

202. πίστις.

203. 로마서에서 πιστεύω가 모두 21번 나오는데, 그 가운데 7번이 이 단락에서다. πίστις의 경우는 그 수치가 37번 가운데 18번이다. 이곳에서 분사의 현재형은 지속적인 믿음의 중요성을 강조할 수

이다. 이것은 바울이 믿음의 대상으로 그리스도를 그 중심에 놓는 데 소극적임을 뜻하는 것이 아니라, 믿음의 언어가 그리스도 안에서 하나님이 하신 일과 워낙 밀접하게 결합되어 있어서 그 이상의 상술이 필요하지 않다는 것을 뜻한다. "믿는다"는 것은 그리스도의 십자가와 부활을 방편 삼아 "경건하지 아니한 자를 의롭다 하시는"(4:5) 하나님을 전적으로 신뢰한다는 것이다. 믿음에서 지적인 동의가 배제될 수는 없지만, 바울의 강조점은 하나님께 항복하는 의지의 행위에 있다(예를 들어, 4:18; 10:9). 바울의 (그리고 신약의) 믿음은 (일차적으로) 일련의 교리에 대한 동의가 아니라 한 인격에 대한 신뢰다. 여기서 명시되어 있지는 않지만, 로마서의 또 하나의 초점은 믿음이 결코 "행위"가 아니라는 강조에 있다.[204] 따라서 우리가 사람을 믿음이 생기도록 만드는 완전히 수동적인 도구에 불과하다고 생각할 정도의 극단으로 흐르는 일이 결코 있어서는 안 되겠지만 - 사람이 믿을 책임이 있다는 것을 바울은 분명히 하고 있다 - 우리는 또한 믿는다는 것이 우리가 ("행위"라는 의미에서의) 무엇을 하는(*do*) 것이 아니라, 언제나 하나님이 그의 은혜로 우리에게 내미시는 선물을 받는 응답이라고 주장해야 한다(특히 4:1-8을 보라). 칼빈의 표현대로 믿음은 "일종의 그릇"으로, 우리는 그 그릇을 "비우고 우리의 영혼의 입을 열어 하나님의 은혜를 구하는" 것이다.[205] 이와 같이 "믿는 일"은 진정으로 인간적인 활동이긴 하지만, 하나님이 우리에게 보상하실 의무가 있는 어떠한 "공로"나 가치도 지니고 있지 않다. 즉 구원은 처음부터 끝까지 하나님의(*God's*) 일인 것이다.[206]

그러나 바로 이 어구는 로마서에서 거듭 나오는 또 하나의 모티프를 끌어들인다. 즉 이 모티프는 "믿는 자 모두"가 하나님의 "구원을 주시는 능력"의 혜택을 누릴 수 있다는 것이다. 이 어구는 로마서에서 네 번 더 나오는데(3:22; 4:11; 10:4, 11), 어느 경우에서나 특히 유대인과 이방인 사이의 장벽이 무너짐을 가리키는 데 사용된다. 이방인에 대한 바울의 사역은 그가 복음 자체를 야웨의 우주적 통치에 관

있다 (D. B. Wallace, *Greek Grammar*, 621).

204. 특히 3:20, 27-28; 4:1-8; 9:31-10:8을 보라.

205. *Institutes*(기독교 강요) 3.11.7. 루터는 비슷한 유비(analogy)로 비슷한 점을 지적한다(LW 26:208-9).

206. Seifrid는 이 문제에 대해 멜랑히톤(Melanchthon)보다 루터를 선호하면서 이 점을 강조한다("Textof Romans," 110-19). 그러나 Seifrid는 믿음에서 인간의 역할을 과도하게 최소화한다.

한 구약의 약속을 성취하는 종말론적 계시로 이해하는 데서 비롯된다.[207] 그렇기 때문에 구전 (그리고 성문 - 엡 2:15을 보라) 율법이 애써 쌓아올린 유대인과 이방인 사이의 장벽 제거가 요구되었다. 이 원리가 바울의 모든 서신 가운데 특히 로마서에서 가장 크게 강조된다. 이는 바울이 회의적인 청중 앞에서 그의 복음을 확증하고자 하기 때문이다.

그렇지만 바울이 복음의 보편성을 상기시키는 것으로 만족하지 않고 즉각 "첫째는 유대인에게요 또한 헬라인에게로다"라고 특수성의 일단을 알리는 것도 로마서의 특징이다. 그 연결된 두 개의 가닥, 즉 "모든 믿는 자에게"라는 보편성의 가닥과 "첫째는 유대인에게요"라는 특수성의 가닥을 성공적으로 푸는 데서 로마서를 이해하는 열쇠가 있다고 하면 다소 과장이겠지만, 그렇다고 지나치게 과장된 말은 아니다. 이런 명백한 역설을 써서 의도한 바가 무엇인지 알아보는 일은 우리가 로마서 9-11장을 논할 때까지 기다려야겠지만, 여기서 이 특별한 어구에 관해서 말해 두지 않으면 안 될 것이 있다. "유대인"과 반대의 의미로 쓰인 "헬라인"은 넓은 의미에서 모든 비유대인을 가리키는 것으로 보아야 한다.[208] 이방인에 대한 유대인의 ("첫째는"이라는) 우선순위의 성격은 무엇인가? 사실 일부 학자들은 이 표현에서 일체의 우선권의 의미를 제거하려고 시도했지만[209] 성공하지 못했다. 바울은 분명히 유대인에게 어떤 종류의 우선권을 부여한다. 어떤 학자들은 바울의 사도적 설교에서 있었던 역사적 상황 이상의 무엇이 내포되어 있지는 않다고 제안한다. 바울의 사도적 설교는 사도행전에 의하면 유대인으로 시작해서 이방인에게로 옮겨간 것이다.[210] 그러나 바울은 이곳의 신학적 맥락에 비추어 볼 때 단순한 역사적 사실 이상의 무엇을 뜻하고 있음이 분명하다. 만약 우리가 바울에게 로

207. 특히 (바울의 개인적 역할을 과도하게 강조하고 있는) Munck, *Paul*을 보라.

208. 바울이 Ἕλλην("헬라인")을 쓰는 것은 아마 그가 쓸 수 있는 어휘 가운데 ἔθνη("이방인")의 단수형이 없기 때문일 것이다(Schlier). 14절에서 Ἕλλην은 "야만인"과 대조되어, 이 단어가 이방인의 한 유형(*kind*)을 지칭한다는 것을 시사한다. 그러므로 14절이 당시의 세속적 인류 구분의 견지에서 복음의 보편성을 기술하고 있는 반면, 16절은 구원-역사의 관점에서 같은 견지를 갖는 것이라고 할 수 있다.

209. Zhan은 πρῶτον이 어구 전체를 수식한다는 의견을 제시했으며(이 점에 관해서는 Zeller, *Juden und Heiden*, 142-43을 보라), Lietzmann은 이 단어가 "'하나님의 선민'을 모른체 할 수 없어서 언급되었을 뿐 실제로는 의미가 없다[eine faktisch wertlose Konzession]"고 말했다.

210. Barrett; Hendriksen.

마서의 다른 곳에서 이스라엘에 어떤 우위를 부여하는지 묻는다면, 우리는 하나님이 택하신 백성에게 하나님의 약속이 특별히 적용된다고 바울이 강조하고 있음을 발견하게 된다(3:2; 9-11). 아무리 교회가 이방인에 의해 좌지우지되는 것처럼 보일지라도, 복음에서 실현되는 하나님의 약속은 "무엇보다도 먼저" 유대인에게 하신 약속이라고 바울은 주장한다. 이스라엘에게 그 약속들이 먼저 주어졌고, 유대인에게 그 약속들이 여전히 특별히 적용된다. 그러므로 만민이 복음에 똑같이 다가갈 수 있다는 점을 결코 약화시키지 않으면서, 복음이 "성경에 미리 약속하신 것"인 만큼(1:2) 유대인과 특별한 관계가 있다고 바울은 이제 주장하는 것이다.

17 17절은 복음이 모든 믿는 자에게 구원을 주시는 하나님의 능력이 되는(16b절) 이유를 (여기서도 "가르"[*γὰρ*; for]가 나옴을 주목하라), "복음에는 하나님의 의가 나타나서"라고 밝힌다. "나타나서"[211]로 번역된 동사 아포칼립토(*apokalyptō*-)는 중요한 성경 용어 중 하나다. 본래의 의미가 "노출시키다"(uncover)인 이 동사와 같은 어족의 명사인 "계시"(revelation)는 바울이 하나님의 구속 계획의 여러 국면과 요소가 종말론적으로 폭로되는 것을 가리키기 위해 전형적으로 쓰는 용어다. 때로는 이 폭로(disclosure)가 하나님의 목적과 관련되는 다양한 진실을 지식층이 인지할 수 있도록 "노출시키는 것"(uncovering)이다.[212] 그러나 다른 곳에서는, 유대 묵시문학의 언어와 개념을 선택하여, 바울이 이 단어를 하나님의 구속 계획이 인류 역사의 지평에서 펼쳐지는 대로 "노출되는 것"을 가리키기 위해서 쓴다.[213] 여기서 전자의 인지적인(cognitive) 의미를 채택한다면, 바울은 복음이 우리에게 알려지는 방법 또는 복음이 우리에게 "하나님의 의"에 관해 알려 주는 방법에 대해서 말하고 있는 셈이다. 하지만 우리가 "나타나서"의 보다 더 역동적인(dynamic) 의미를 받아들인다면, 바울의 요지는 복음이 "하나님의 의"를 어떤 방법이든 실제

211. *ἀποκαλύπτεται*.

212. 고전 2:10; 14:30; 엡 3:5(*γνωρίζω*, 즉 "알게 하다"와 평행하여); 빌 3:15을 보라.

213. 롬 2:5; 8:18, 19; 고전 1:7; 갈 1:16; 3:23; 살후 1:7; 2:3, 6, 8을 보라. 이 역동적인 의미는 동족 명사를 사용하여 그리스도의 재림을 "계시"(고전 1:7, 살후 1:7)로 언급하는 본문에서 특히 분명하다. 논의를 위해서는 예를 들어, Ridderbos, *Paul*, 47; A. Oepke, *TDNT* 3.583; Lührmann, *Offenbarungsverständnis*, 154-62을 보라(하지만 Lührmann은 바울의 계시 언어에 대한 인간론적인 차원을 지나치게 강조한다).

적으로 드러내거나 또는 존재하게 만들 것이라는 점이다. 이 후자의 역동적인 의미로 해석하는 것이 1:17에서는 보다 바람직하다. 이것은 바울 서신에서 사용하는 동사의 일반적인 의미이며, 우리가 보게 되겠지만, 일반적으로 여기에서 바울에게 영향을 미친 일부 주요 구약 구절이 이 동사의 사용 방식과 일치한다.[214] 이것이 1:18("하나님의 진노가 … 하늘로 좇아 나타나나니 [예를 들어, 가해지나니]")에서 "나타나다"가 취할 수 있는 가장 적절한 의미에도 합치되고, 3:21의 연관된 진술인 "하나님의 의가 나타났으니" 에도 합치된다. 하지만 3:21과 1:17 사이에는 중요한 차이가 하나 있는데, 바로 동사의 시제다. 3:21의 완료 시제는 하나님이 자신의 의를 세우기 위해 결정적으로 개입하실 때로써 십자가에 그 관심을 집중시킨다. 반면, 1:17에서는 현재 시제가 쓰여서 바울이 복음을 전하는 일과 관련하여 진행 중인 과정 또는 일련의 행동을 생각하고 있음을 보여 준다. 복음이 어디서 선포되든 종말론적 성취안에 있는 "하나님의 의"가 드러나고 있는 것이다.[215]

그러나 이 "하나님의 의"(*dikaiosynē theou*; 디카이오쉬네)는 무엇인가?[216] 로마서에서 여덟 번 밖에 나오지 않는(1:17; 3:5, 21, 22, 25, 26; 10:3[두 번]; 다른 서신에서는 고후 5:21). 이 표현은 로마서의 중심적인 주제를 진술하는 것으로 흔히 간주되는 본문인 1:16-17과 3:21-26에서 두드러지게 나타난다. "하나님의 의"에 대한 해석은 아우구스티누스부터 루터, 캐제만 그리고 톰라이트(N.T. Wright)에 이르기까지 일반적으로 바울과 복음을 해석하는 데 중요한 역할을 했다. 이 "하나님의 의"에 대한 표현의 의미 해석에는 세 개의 기본 범주가 있다.

(1) 이 표현은 하나님의 속성(*an attribute of God*)을 가리킬 수 있다.[217] 일부 학자들은 이 속성을 하나님의 정의 또는 공정성(*iustitia distributive*, "분배의 정의")이라고 구별했다. 이 해석은 초대 교회에서 널리 보급되었는데, 이렇게 초대 교회에서 인

---

214. 특히, 시 98:2의 "여호와께서 그의 구원을 알게 하시며 그의 공의를 뭇 나라의 목전에서 명백히 나타내셨도다(LXX. ἀπεκάλυψεν τὴν δικαιοσύνην αὐτοῦ; 히. גִּלָּה צִדְקָתוֹ [길라 치드카토])" (자세한 내용은 아래를 참조하라). 그리고 또한 사 56:1의 "…이는 나의 구원이 가까이 왔고 나의 공의가(LXX. ἔλεος μου; 히. וְצִדְקָתִי [베치드카티]) 나타날 것임이라(ἀποκαλυφθῆναι) 하셨도다".

215. 예를 들어, Dunn을 보라.

216. 관사가 없음에도 불구하고, 이 표현은 분명히 한정적이다. 바울이 여기서나 17절 전체에서 관사를 생략한 것은 "한정 문체"의 일환으로 그런 것일 수 있다(BDF §252).

217. 이 뜻으로 보면 θεοῦ는 아마 소유격적 속격일 것이다 -"하나님 자신의 의".

기가 있었던 원인은 그리스어 용어 디카이오쉬네와 그에 해당하는 라틴어 명사의 의미에 있었다.[218] 현대의 학자들은 3:5과 3:25-26의 어구에는 종종 이 의미를 부여하지만 1:17의 어구에는 거의 그렇게 하지 않는데,[219] 그 까닭은 문맥상 이 어구에 적극적인 의미를 부여할 필요가 있기 때문이다. 또 하나의 다른 해석은 그 출발점을 "하나님의 의"에 관한 구약의 의미에 두는 것이다. 즉, 이것은 특히 이스라엘과 맺은 언약에 대한 하나님의 신실함이라는 것이다. 이 해석 역시 오랜 뿌리를 가지고 있지만,[220] 최근의 연구에서 특히 인기가 있다.[221]

(2) 1:17에 나오는 "하나님의 의"는 하나님이 주신 신분(*status given by God*)을 가리킬 수 있다.[222] 루터의 개인적인 영적 투쟁은 하나님의 의가 "하나님을 스스로 의롭게 하는 의가 아니라 하나님에 의해 우리가 의롭다 여김을 받게 되는 의"라고 깨달음으로써 끝났다. 하나님이 세상을 공평하게 다스리고 통치하시는 수단으로서의 엄밀한 "분배의 정의"(*iustitia distributive*)가 아니라, 자기 자신의 것이 아닌 의(*iustitia aliena*), 즉 믿는 죄인에게 전가되는 새로운 지위가 바울의 메시지로 하여금 루터에게 "좋은 소식"이 되게 만든 것이었다. 아우구스티누스나 중세의 대다수의 신학자들과는 대조적으로 루터는 이 의를 순전히 법정적 용어의 문제로, 즉 사법적인 지위 또는 신분의 문제로 보았지 내면의 갱신 또는 도덕적 변화의 문제로 보지 않았다.[223] "하나님의 의"에 대한 이런 이해가 루터 신학의 중

---

218. McGrath, Iustitia Dei, 1.52를 보라. 최근의 몇몇 해석자들은 이 어구가 하나님의 '정의'를 의미한다고 생각하지만 '정의'를 심판과 구원에 대한 하나님의 역사하심, 신빙성 등을 통합하여 넓은 의미로 정의한다(Calhoun, *Paul's Definitions of the Gospel*, 157-68을 보라).

219. Ochsenmeier는 이 어구가 하나님의 공평한 정의를 의미한다고 주장하지만, 특히 로마서 1-3장에서 이 방향으로 움직이는 다른 δικ- 단어의 중요성에 주목한다(*Mal, Souffrance et Justice*, 226-41).

220. 암브로시에스터를 인용하는 McGrath, *Iustitia Dei*, 1:52를 보라.

221. 특히, N. T. Wright, *Paul and the Faithfulness of God*, 2.795-804; S. K. Williams, "'Righteousness of God' in Romans," 241-90; O'Brien, "Justification in Paul," 70-78를 보라.

222. 이 해석은 보통 θεοῦ를 "하나님으로부터의 의"라고 하여 주격적 속격으로 삼지만, 소수의 학자는 루터를 따라 "하나님 앞에서 유효한 의"라고 하여 이것을 목적격적 속격으로 삼았다(참조. Oepke, "ΔΙΚΑΙΟΣΥΝΗ ΘΕΟΥ bei Paulus," 263; 같은 저자, *TDNT* 3.583; F. Watson, *Paul and Hermeneutics of Faith*, 43-44).

223. Mcgrath는 바로 이 "칭의와 중생 사이의 … 의도적이고 체계적인 구별"이 개신교 신학과 중세 로마 가톨릭 신학의 차이를 만든 것이었다고 주장한다(*Iustitia Dei*, 1.183-86).

심에 있으며, 개신교 해석에 특징이 되었다.[224] 이런 견지에서 보면, 바울은 복음이 "하나님으로부터 주어지는 의로운 신분"을 드러낸다고 천명하고 있는 셈이다.

(3) "하나님의 의"는 하나님의 활동(*an activity of God*)을 가리킬 수 있다.[225] "righteousness (의)"라는 영어 단어는 당연히 어떤 추상적인 성질을 지칭하지만, 이 단어에 상응하는 70인역의 그리스어 용어 (디카이오쉬네)는 그 의미의 폭이 훨씬 넓어 "의를 세우기"라는 동적인 의미를 포함한다. 특히 시편과 이사야서의 많은 곳에서 의미심장하게도 하나님의 "의"가 그의 백성을 위한 하나님의 구원의 개입을 가리킨다(부설의 단원 A.2를 보라). 이 경우에, "하나님의 의"는 일반적으로 하나님의 "구원 행위"와 같은 의미가 된다.[226]

물론 이 어구에 대한 일부 해석은 이렇게 간단한 개요에서는 깔끔하게 들어맞지 않는다. 그리고 특별히 많은 해석자들이 1:17의 어구 정의에 이러한 기본 개념 중 두 가지 혹은 그 이상을 포함한다는 점에 주목하는 것이 특히 중요하다. 사실 이 세 가지의 기본적인 해석의 가능한 모든 조합이 문헌에서 발견된다. 예를 들어 사람들을 의롭게 하시는 하나님의 행위와 그렇게 해서 의롭게 된 사람들의 신분[227]; 하나님의 "의로우심"이라는 속성과 하나님이 죄인들을 당신 앞에서 의롭게 만드심[228]; 하나님이 의로우신 분이라는 것과 하나님이 주시는 의의 선물 둘 모두[229]와 셋 다를 조합하여 하나님은 의로우신 분이라는 것과 사람들을 당신 앞에

224. 하지만 위에서 보았듯이 3:5과 3:25-26에 나오는 것들은 항상 제외되어 하나님의 정의를 가리키는 것으로 이해된다. 1:17에 나오는 "하나님의 의"가 하나님에 의해 사람들에게 주어지는 신분이라고 주장하는 학자는 Cranfield를 포함하여 Seifrid, *Justification*, 214-15; Irons, *Righteousness of God*, 311-18; Bultmann("Δικαιοσύνη Θεοῦ," 12-16)그리고 불트만을 따르는 Conzelmann (*Outline of Theology*, 214-20), G. Klein("Righteousness in the NT," 750-52), and Zeller (*Juden und Heiden*, 161-80)과 같은 많은 학자들이 있다.

225. 이 관점에서는 "하나님이 보여 주시고 있는 의"라고 하여 θεοῦ가 주격적 속격이 된다.

226. Cambier, *Évangile de la justice*, 39-40; J. Roberts, "Righteousness in Romans," 18; Dodd; Michel; Barrett; Dunn; Jewett. 아마도 여기에 D. Campbell의 견해가 포함될 것이다. 그는 "하나님의 의"가 완전히 해방시키는 활동; 즉, 옳고 그름에 대한 하나님의 주권적 개입이라고 생각한다(그는 이스라엘 왕이 가난한 자와 짓밟힌 자를 구출하러 왔다고 주장한다[그는 특히 시 98편을 인용한다])(*Deliverance of God*, 675-702). 이에 대한 반응은 D. Moo, review of *Deliverance of God*, 143-50; Tilling, ed., *Beyond Old and New Perspectives*를 보라.

227. Songer, "New Standing before God," 416.

228. D. Hill, *Greek Words*, 160; S-H; Bruce.

229. Morris, *Apostolic Preaching*, 252; C. Scott, *Christianity according to St. Paul*, 63.

서 의롭다 하시는 행위 **그리고**(*and*) 의롭다 하심을 받은 사람들의 그에 따른 신분[230]으로 말할 수 있다. 캐제만은 이러한 노선을 따라 특히 중요한 선택을 발전시켰다. 그는 "하나님의 의"가 "하나님의 구원하시는-창조력"[231]이라고 주장한다. 이 개념은 하나님이 주시는 신분이라는 생각과 하나님이 취하시는 행위라는 생각을 – 후자에 역점을 두어 – 통합하고 거기에 하나님이 주권 행사를 위해 창조를 새롭게 하신다는 것과 같은 의미들을 추가한 개념이다.

네 가지 요소가 이 문제에 대한 결정에 영향을 미친다. 단어 디카이오쉬네의 의미론적 범위; 구약의 단어 사용, 특히 그것이 하나님에 대한 언급에 의해 자격이 부여될 때; 일반적으로 바울 서신에서, 특히 로마서에서 "의"라는 단어의 사용,[232] 그리고 즉각적인 맥락. 어려움은 그것들이 모두 같은 방향을 가리키지 않는다는 것이다.

그리스어 디카이오쉬네는 일반적으로 추상적인 특성을 나타내는 (*-synē*로 끝나는) 단어 부류에 속한다. 이 경우에 디카이오스(*dikaios*)는, "옳은" 또는 "공정한"의 특성을 나타낸다. 하나님은 이러한 속성을 가지고 있다고 말할 수 있다. 그리고 인간도 마찬가지다. 그러나 이 단어 부류의 명사가 행위를 나타낼 수 있다고 생각하는 것은 조금 어렵다.[233]

70인역에 나오는 디카이오쉬네(관련 히브리어 *ṣedeq*[체데크] 및 *ṣĕdāqâ*[체다카]라는 단어도)는 마찬가지로 아주 빈번하게 의의 특성, 즉 "올바른 상태"(being right) 또는 "올바른 상태에 있음"(being in the right)을 가리키며, 이러한 의미에서 하나님과 인

230. Ropes, "Righteousness," 225-26; Wedderburn, *Reasons*, 108-23; Thielman, "God's Righteousness," 35-48.

231. 독일어로는 "Heilsetzende Macht"이다. 캐제만의 관점에 관해서는 특히 23-30을 보라; 같은 저자, "Righteousness of God," 168-82; "Justification and Salvation History," 76-78에 첨가된 각주 27. 이 일반적인 접근 방식을 옹호하는 몇 가지 중요한 작업들은 –비록 구체적인 차이점은 있지만–Stuhlmacher, *Gerechtigkeit Gottes* (하지만 그가 소개하는 "Apostle Paul's View of Righteousness," 91-92의 중요한 자격을 참조하라); C. Muller, *Gottes Gerechtigkeit*, 특히, 65-72와 109-14; K. Kertelge, "*Rechtfertigung*"; Ziesler, *Meaning of Righteousness*, 170-71, 187-88; Hultgren, *Paul's Gospel*, 31; Beker, *Paul the Apostle*, 263-64이 있다.

232. 여기에는 명사 δικαιοσύνη 외에 형용사 δίκαιος("의로운")와 동사 δικαιόω("옳음을 보여 주다")가 포함된다.

233. 특히, Burk, "Righteousness of God," 346-60를 보라; 또한 예를 들어, Ochsenmeier, *Mal, Souffrance et Justice*, 239-41.

간 둘 모두에게 적용된다. 70인역에서 하나님께 적용될 때 "의"라는 언어의 의미는 바울의 "하나님의 의"와 매우 강한 관련이 있다. - 바울은 일반적으로 70인역에 의해 그의 신학 용어에 깊은 영향을 받았을 뿐만 아니라 로마서 3:21에서 "율법과 선지자들이" 하나님의 의를 증거한다고 명시적으로 주장한다. 구약에서 이 하나님의 의라는 언어의 중요성은 논쟁의 여지가 있지만, 우리는 이것이 하나님이 인간과 맺는 관계와 인간에 대한 행동에서 하나님의 "올바른 상태에 있음"을 가장 잘 나타낸다고 생각한다. 그러나 이것은 마치 하나님의 존재와 행동이 어떤 외부 기준에 의해 평가되어야 하는 것처럼 "분배의 정의"라는 오래된 개념으로 돌아가는 것이 아니다. 이것은 오히려 우리가 예상할 수 있듯이 하나님의 "옳음"(rightness)은 하나님 자신의 인격과 계시된 계획에 비추어서만 평가될 수 있다. 따라서 시편 기자는 "주의 의로" 자신을 구원해 달라고 하나님께 간구할 수 있다. 즉, 자신의 신실한 백성을 구원하시겠다는 하나님의 은혜로운 약속에 따라 행동하도록 하나님께 간구할 수 있는 것이다(예: 시 71:2). 또는 하나님은 이스라엘을 유배의 심판에서 구원할 것이며 이 구원 행동이 하나님의 의를 나타낼 것이다 -하나님은 그의 약속을 행하신다(사 51:5, 8). 이스라엘을 향한 하나님의 구원 행동의 근거로서 - 특히 하나님의 약속의 맥락에서 그의 백성을 유배에서 돌아오게 하겠다는 - 하나님의 의에 호소하는 것은 매우 흔한 일이며 많은 사람들은 이 구절이 하나님의 언약적 신실함을 의미한다고 생각한다. 그러나 특정 문맥에서는 이 구절이 언약적 신실함을 가리킬 수 있지만 이 구절이 어느 문맥에서나 "언약적 신실함"만을 **의미한다**(*means*)고 주장하기에는 지나치다. 또한 "하나님의 의"는 하나님이 이스라엘이나 열방을 벌하실 때 나타난다는 것을 주목해야 한다. 이것은 또한 자신의 약속을 성취하려는 하나님의 결정을 나타내기 때문이다. (이 점에 대한 자세한 내용은 1:17 이후의 부설을 참조하라).

바울은 로마서에서 "의"라는 단어를 쓸 때는 여러 가지 다른 방식으로 쓴다(이에 대한 개관은 다시 부설을 보라). 그러나 특징으로 떠오르는 한 가지가 있다. 일반적인 "의"라는 언어와 믿음이라는 언어의 단단한 통합이 그것이다. 이것은 당연히 로마서의 (심지어는 **가장 중요한**[*the*]) 핵심 주제라고 해도 결코 과장이 아니다. "하나님의 의"에 대한 언급들은 이 점에서 하나의 뚜렷한 패턴을 보여 준다. 즉, 이 패턴은 3:5과 3:25-26에서 이 언어가 믿음(faith)과는 직접적으로 결합되지 않으며 우리 주석의 해설이 앞으로 증명하겠지만 - "그의 인격과 약속에 대한 신실함"이라는 하나님의 속성을 가리킨다. 반면에 1:17과 3:21-22과 10:3(10:6를 주목하라)에서는 바울이 "하나님의 의"를 믿음의 응답과 밀접하게 연결시킨다. 이 "하나님의 의"라는 어구에서 "의"라고 하는 개념이, 바울이 로마서에서 일반적으로 사용하는 이 용법에 연결되며, 그래서 이 "의"라는 단어가 로마서에서 믿음과 전형적으로 결합된다는 것이다.[234] 그리고 로마서에서 "의"가 가장 빈번히 가리키는 것은 "의의 선물"(5:17)이다. 즉 하나님이 믿는 자에게 부여하시는 의인의 신분이다(4장의 여러 곳을 보라. 또한 "하나님의 의"와 10:3-6에 나오는 "믿음으로 말미암는 의" 사이의 평행과 빌 3:9의 "하나님께로부터[ἐκ] 난 의"라는 말에 유의하라). 이와 같이 로마서에서 바울이 "의"라는 언어를 쓰는 용법을 보면, 1:17과 3:21, 22과 10:3에 나오는 "하나님의 의"가 하나님에 의해 "주어지는" 믿는 자의 의의 신분에 대한 언급을 포함할 것이라고 우리는 충분히 생각할 수 있다.

네 번째 고려 사항은 한 번에 최대한 많은 방향을 가리키는 것이다. 언급한 바와 같이, 바울은 1:17에서 "하나님의 의"를 믿음과 연결시킨다. 여기서 바울은 이 "하나님의 의"가 "[유대인의] 믿음으로 [이방인의] 믿음에 이르게 하나니"(아래 참조)라고 나타났다고 주장하고 하박국 2:4을 인용하여 자신의 주장을 확고히 한다. 하박국 2:4에서 "의인"이라는 동족어는 인간의 신분을 가리킨다. 한편으로 바울이 사용한 "나타나다" - 특히 우리가 제안한 역동적인 의미가 있는 경우 - 는 "하나님의 의"가 하나님의 은사를 언급한다 보다는 하나님의 활동이라고 나타낼 때 의미가 더 잘 통한다. 더욱이 18절의 "하나님의 진노가… 나타나나니"는 17절과 평행을 이루는 것으로 보이며, 18절의 "진노"도 하나님의 활동인 것 같다. "하나님의 의"의 발생과 관련한 문맥은 동일한 모호성을 증거한다. 즉, 하나님의 의는 "나타났고"(menifested), 백성은 하나님의 의에 "복종"(submit)해야 하는(10:3) - 하나님 활동을 암시하는 것이다. 그러나 이것은 또한 믿음에 "기초한" 은사나 지위

234. 이것이 방법론적으로 중요한 점이며, 그렇기 때문에 Käsemann과 그의 많은 추종자들은 δικαιοσύνη θεοῦ가 완전히 그 자체로서 의미를 갖는 기술적인 어구로 취급되어야 한다고 주장하는 것이다.

를 암시하는 것이기도 하다.

대부분의 해석자는 이 시점에서 활동이나 상태를 선택하고 자신이 선택한 관점과 충돌하는 것으로 보이는 자료에 대해 다소간 설득력 있는 설명을 제공하여 결정을 내린다. 그러나 우리는 첫 번째 선택을 너무 성급하게 무시해서는 안된다. 이 첫번째 선택은 "하나님의 의"가 기본적으로 하나님의 속성을 가리킨다는 것이다. 그러나 이 "속성"은 너무 추상적이다. 여기서 의도된 것은 하나님의 관계적 특성 또는 측면이다. 이 어구의 의미는 디카이오쉬네라는 단어의 형식과 일반적인 용법에 의해 암시되며, 이 어구가 바울에게 영향을 미쳤을 가능성이 가장 높은 구약의 핵심 문맥에서 갖는 의미일 것이다 - 이 구약의 문맥은 하나님의 의에 대한 종말론적 계시를 가르키는 것이다(특히 시 98:2 및 사 51:5-8의 문맥을 참조하라). 두 마리의 토끼를 모두 잡으려는 모호한 시도로 보일 수 있지만, 우리는 이 기본 개념이 하나님의 활동과 더 멀리는 하나님의 의를 체험하는 사람들의 지위를 모두 포함하거나 적어도 암시한다고 주장할 것이다.[235] 그러므로 "하나님의 의"는 행동하시는 하나님의 경험된 측면이다. 신자가 "하나님은 선하시다"고 외칠 때, 이 "하나님의 선하심"은 하나님의 "속성"이기 보다는 하나님의 성품의 경험된 측면이다.[236] 그러므로 유대인과 이방인 모두 믿음에 대한 응답으로 "하나님의 의"를 경험한다. 그리고 그 경험의 결과로 신자는 의의 지위를 얻게 된다. 구약에서, 그리고 확실히 널리 퍼진 유대인의 관점에서, 하나님의 의는 하나님의 백성 이스라엘을 위한 구원 행동에서 드러날 것이다. 그러나 바울은 이제 하나님의 백성과 그리스도와의 관계가 재정의되었음을 본다. 따라서 하나님의 의에 대한 종말론적 계시로부터 유익을 얻는 것은 믿는 자 뿐만 아니라 모든(all) 사람도 포함된다. 슈툴마허(Stuhlmacher)가 말했듯이 "바울에게 있어 하나님의 의는 본질적으로 믿음으

235. 특히, 또한 참조. Stuhlmacher는 바울에게 "하나님의 의"가 "칭의 사건의 양극 모두… 하나님 자신의 은혜로운 행동과 죄인에게 허락된 의의 형상으로 말미암은 하나님의 역사의 최종 결과"를 포함한다("Theme of Romans," 339). 또한 Kruse, 69-71을 보라.

236. Bird(111): "하나님의 의는 주로 하나님의 백성을 위한 구원의 공적에 표현된 하나님의 구원 행위를 지정하는 방법이다. 그러므로 하나님의 의는 하나님의 구원의 역사에서 구체화되고 제정된 하나님의 성품이다." 우리의 견해와 매우 유사한 견해를 옹호하는 Thielman은(비록 "공정성"의 개념을 강조하지만) 하나님의 "속성"(property)을 가리키는 것으로 본다("God's Righteousness," 38). 또한 Wolter, 121-23을 보라.

로 말미암는 의"다.[237]

루터를 따라 우리는 이 하나님의 의가 의미하는 바가 내적으로 도덕적인 변화가 아니라 하나님 앞에서(before)의 지위임을 강조한다. 하나님의 "옳게 만드시는"(making right) 활동은 순전히 법정적 활동이며 면죄하는 것이며 의의 "주입"(infusing)이나 도덕적 의미에서 "옳게 만드는 것"이 아니다 (부설 참조). 확실히 하나님의 의를 경험하는 사람은 필연적으로, 바울이 로마서 6장에서 분명히 한 것처럼 도덕적인 영역에서 그것을 증명하려 한다. 그러나 "성화"와 "칭의"는 불가분의 관계지만 구별된다. 만약 사람들이 이것을 혼동하거나 둘을 결합하여 이해한다면 바울이 쓴 편지를 오독하는 것이다. "의"라는 언어가 파생된 법정의 이미지를 사용하기 위해 우리는 하나님의 의가 "공정한" 결정을 내림으로써 그 성품을 드러내는 재판관의 성품으로 묘사할 수 있다. 그러나 하나님의 목적과 계획에 대한 계시가 의미하는 바는 하나님의 백성이 그들을 대신하여 자비와 구원의 행동으로써 그러한 "공정한" 결정을 공표할 수 있다는 것이다.[238]

16절은 이미 하나님의 구원이 (비록 모든 믿는 자에게라고는 해도) 오직 믿는 자에게만 이른다는 것을 지적했다. 같은 요지가 이 17절에서 "믿음으로 믿음에"라는 어구와 하박국 2:4의 인용으로 강조된다. 이 전치사구가 정확히 무엇을 수식하는지는 분명치 않다. 이 어구는 동사 "나타나서"의 바로 뒤에 나오기 때문에 이 동사를 수식하는 것으로 볼 수 있을 것이다.[239] 그러나 그 뒤에 하박국 인용문이 나오고 여기서 "믿음으로 말미암아"는 아마도 "의로운 자"를 수식할 것이다– 바울이 로마서 1-4장 전체를 통해 의와 믿음을 끊임없이 연결시키는 것을 보면 이 전치사구는 "하나님의 의"와 연결된다고 볼 수도 있다. 이 이중 전치사구를 바울의 의에 대한 논의를 이어가는 거의 독립적인 구로 본다면 두 가지 연결 모두 맞다고 할 수 있다.[240] 그래서 "복음에는 하나님의 의가 나타나서 믿음으로 믿음에 이르

237. Stuhlmacher, "Apostle Paul's View of Righteousness," 80.

238. M. Monkemeier로부터 얻은 지식이 내가 "하나님의 의"에 대해 생각하는 데 큰 도움을 받았다.

239. 예를 들어, Seifrid, *Justification*, 218을 보라.

240. Cranfield. 이중 전치사가 절 전체를 수식한다는 제안도 유사하다(Käsemann). Oepke ("ΔΙΚΑΙΟΣΥΝΗ ΘΕΟΥ bei Paulus," 263)와 Leenhardt는 *ἐκ πίστεως*를 *δικαιοσύνη*와, *εἰς πίστιν*를 *ἀποκαλύπτεται*와 함께 사용하지만 어순은 이와 반대다.

게 하나니…"(17절)로 번역할 수 있다.

바울이 여기서 사용한 이중 전치사구인 믿음"으로"(ἐκ)와 믿음"에"(εἰς)는 끝없는 논의의 대상이 되어 왔다. 이 이중 전치사 구성에 대한 한 가지 설명은 바울이 두 가지를 구분하여 말하고 싶어한다는 것이다. 즉, 의는 그리스도(와/또는 하나님)의 신실함에(ἐκ) 기초하여 해방되고 믿는 자에게(εἰς) 허용된다.[241] 그리스어 피스티스(πίστις)는 아마도 "신실함"과 "믿음"을 의미할 수 있으며, 여기서의 그리스도의 신실함에 대한 언급은 많은 사람들이 다른 바울 본문에서 구별하는 패턴과 일치할 것이다(특히 3:22 및 이 본문에 해당하는 우리의 주석을 보라). 그러나 이 견해가 신학적으로는 반대할 수 없지만, 우리는 여기서의 문맥이 인간의 믿음만을 언급하는 것을 선호한다고 생각한다. 16절에 있는 동족 동사 "믿다"는 확실히 이러한 의미를 갖는다. 그리고 동일한 전치사구 에크 피스테오스(*ek pisteōs*)가 바로 뒤에 오는 하박국 2:4 인용문에서도 나타난다. 우리는 인간의 믿음에 대한 언급이 매우 분명하다고 생각합니다. 더욱이, 논쟁의 여지가 있지만 몇몇 본문에서 나오는 인간의 믿음이 로마서의 핵심 주제라는 데는 의심의 여지가 없다 - 특히 "의"와 관련하여(특별히 4장 및 10:5-13을 보라[242]).

그렇다면 이 구절에서 쓰인 두 개의 "믿음"이 모두 인간의 믿음을 가리키는 것이라면 왜 두 개의 전치사구를 사용할까? 바울이 3:22에서 하는 것처럼(또는 우리가 그렇게 주장하는 것처럼), 바울은 의가 믿음**으로**(*by*) 말미암는 것이며 또한 믿는 모든 사람을 **위한**(*for*) 것이라고 말할 수 있다.[243] 그러나 "전체"(all) 또는 "모든"(every)과 같은 단어의 누락은 이와 반대되는 의미를 갖는다. 대부분의 설명은 두 가지 언어 범주 중 하나에 속한다. 첫째, 전치사 구는 어떤 종류의 발전이나 움직임을 암시할 수 있다(예를 들어, 시 83:8[LXX 84:7]에서 축복받은 자는 "점점 더 강해져"[*ek dynameōs eis dynamin*] 나간다-개역개정은 시 84:7, "그들은 힘을 얻고 더 얻어 나아가…"-옮긴이). 이 범주 내에서 어떤 사람들은 "율법에 대한 믿음에서 복음에 대한 믿음으로"의 움직임으

241. Longenecker; I. Scott, *Implicit Epistemology*, 55.
242. 이 점에 관해서는 특히, Dunson, "Faith in Romans," 19-46을 보라.
243. 예를 들어, Murray.

로 본다.[244] 다른 사람들은 "설교자의 믿음에서 듣는 자의 믿음으로"[245]; 다른 사람들은 초기 믿음에서 더 깊은 믿음으로의 움직임으로[246]; 다른 사람들은 유대교에 반대하는 추진력으로서 수용 수단으로서의 믿음에서 목표로서의 믿음(행위가 아님)으로; 그리고 또 다른 사람들은 유대교에 대한 비판으로써, 수용 수단으로서의 믿음에서 (행위가 아닌) 믿음으로 목표를 삼는다[247]; 또 어떤 사람들은 "유대인의 믿음에서 이방인의 믿음으로"(참조 1:16) 본다.[248] 두 번째 언어적 선택은 조합으로 강조를 표현하는 방법이다(따라서 NIV는, "처음부터 끝까지의 믿음"으로 번역한다).[249] 이러한 각각의 선택은 평행 본문을 인용하여 그 근거를 댈 수 있다. 그러나 발전이나 움직임에 대한 초점이 가장 일반적으로 강조되는 것 같다.[250] 아마도 최선의 선택은 유대인의 믿음"에서"(from) 이방인의 믿음"으로"(to)의 움직임을 구절에서 찾는 것이다. 이 견해는 16절의 유대인/이방인의 강조와 3:30(ἐκ... διά)에서 유대인과 이방인의 믿음을 나타내기 위한 전치사의 유사한 변화에서 지지 근거를 찾는다.[251]

17절의 끝부분에 있는 하박국 2:4의 인용 구절은 바울이 방금 말한 것을 ("그것과 같이") 확증한다. 하박국 2:4은 초기 기독교에서 분명히 중요했다. 즉, 이 하박국 본문은 갈라디아서 3:11과 히브리서 10:38에도 나온다. 바울의 하박국 2:4 버

244. 예를 들어, Augustine, *Spirit and Letter* 11.18 (NPNF 5.90); 또한 Schelkle, *Paulus, Lehrer der Vater*을 보라. 이 구절에 대한 교부들의 해석에 대한 조사는 Calhoun, *Paul's Definitions of the Gospel*, 169-86에서 찾을 수 있다.

245. Augustine, *Spirit and Letter* 11.18. 그는 다른 곳에서는 다른 설명을 한다.

246. Calvin; Tholuck; Gifford; S-H; Huby; Kuss; Schmithals; Fitzmyer.

247. Zahn; Schlatter; Michel.

248. Chrysostom; Schnabel; 그리고 특히, Quarles, "From Faith to Faith," 1-21; J. Taylor, "From Faith to Faith," 337-48을 보라.

249. 이 견해에 관해서는 예를 들어, Cranfield; Schreiner; Lohse; Byrne; Witherington/Hyatt; Wolter; Benware, "Romans 1:17 and Cognitive Grammar," 330-40; 그리고 본 주석 1판을 보라.

250. 특히, Quarles, "From Faith to Faith"를 보라. 유일한 바울 서신의 평행 본문은 고후 2:16: οἷς μὲν ὀσμὴ ἐκ θανάτου εἰς θάνατον, οἷς δὲ ὀσμὴ ἐκ ζωῆς ἐκ ζωῆς ἐκ ζωῆς ἐκ ζωῆς ἐκ ζωῆς ἐκ ζωῆς "이 사람에게는 사망으로부터 사망에 이르는 냄새요 저 사람에게는 생명으로부터 생명에 이르는 냄새라…"이다. 이 구조는 여기에서 강조를 나타낼 수 있지만 대부분의 주석가들은 어떤 종류의 움직임을 표현하는 다른 옵션을 선택한다(예를 들어, Harris, *Second Corinthians*, 250-51를 보라).

251. Kruse, 76-78. Jewett은 아마도 유사하게 바울의 선교에서 복음의 확장에 대해 이야기한다. 이 견해에 대한 가장 중요한 반대는 이것이 바로 이어지는 합 2:4 인용문에서 갖는 것이라기 보다는 ἐκ πίστεως가 다른 의미를 암시한다는 것이다.

전은 모두에게 알려진 많은 형태의 텍스트와는 다르다.[252] 바울은 이 구절을 (의도적으로) 어구를 생략한 형태로 인용하여 자신이 이 편지에서 앞으로 발전시킬 핵심 단어와 그 관계를 설명한다: "의인", "믿음", "살리라."[253] 또한 이 하박국서 구절의 원래 맥락의 의미에 대한 상당한 논쟁이 있다.[254] 그러나 일반적으로 하박국 2:4은 하나님의 침묵(inaction)과 불의(injustic)에 대한 하박국 선지자의 불평에 대해서 하나님이 응답하시는 내용이다. 그것은 이미 의인에게 삶의 어려움, 특히 하나님의 약속과 역사에서 일어나는 일 사이의 명백한 모순에 대처하는 방법을 가르쳐준다. 핵심은 "믿음"(예: NRSV, ESV, NAB) 또는 "신실함"(NIV, NLT, NET)을 의미

---

252. 합 2:4의 본문 역사는 복잡하다. 관련 자료는 다음과 같다(특히, Fitzmyer, "Habakkuk 2:3-4," 236-45를 보라):

MT(맛소라 텍스트): וְצַדִּיק בֶּאֱמוּנָתוֹ יִחְיֶה(베차디크 베에무나토 이흐예), "의인은 그의 믿음으로 말미암아 살리라"

1QpHab 7:17 = MT

LXX(70인역): ὁ δὲ δίκαιος ἐκ πίστεώς μου ζήσεται, "그러나 나의 믿음에 기초한 의인은 살리라"

LXX, MSS A and C: ὁ δὲ δίκαιος μου ἐκ πίστεως ζήσεται, "그러나 믿음으로 말미암은 나의 의인은 살리라"

8HevXIIgr (일반적으로 원-테오도치온 텍스트를 보여 주는 그리스어 소선지서 두루마리), col. 12: [δίκ]αιος ἐν πίστει αὐτοῦ ζήσετ[αι], "그의 믿음 안에 있는 의인은 살리라"

Aquila(아퀼라): δίκαιος ἐν πίστει αὐτοῦ ζήσεται, "그의 믿음 안에 있는 의인은 살리라"

Symmachus(심마쿠스): δίκιαος τῇ ἑαυτοῦ πίστει ζήσεται, "의인은 자기 믿음으로 살리라"

히 10:38: ὁ δὲ δίκαιος μου ἐκ πίστεως ζήσεται, "나의 의인은 믿음으로 말미암아 살리라 또한 뒤로 물러가면 내 마음이 그를 기뻐하지 아니하리라 하셨느니라"

갈 3:11과 롬 1:17: ὁ δὲ δίκαιος ἐκ πίστεως ζήσεται (갈라디아서에서는 δέ를 누락시켰다), "의인은 믿음으로 말미암아 살리라"

가장 흥미로운 이문(variation)은 인칭 대명사의 선택과 배치다. LXX(70인역)은 1인칭 대명사를 읽는 데 있어서 MT(맛소라 텍스트)와 다르므로 분명히 πίστις를 하나님의 "신실함"으로 돌린다. 히브리서는 대명사로 읽지만(만약 P46, ℵ, A 등등이 뒤따른다면) δίκαιος다음에 이것을 배치하여 MT의 의미에 유사하게 만든다. 바울은 인칭 대명사를 생략한 것이 독특하다. 바울의 인용은 MT의 본문에 가장 가깝고, 3인칭 대명사 접미사는 "의로운 자"를 가리키므로 바울의 본문은 MT와 중요한 점에서 다르지 않다. 그는 일반적으로 인용문에서 LXX(70인역)을 따르기 때문에(C. Stanley, *Paul and Language of Bible*, 253-64을 보라) 이것은 그 구절의 적용을 용이하게 하기 위해 의도적으로 생략한 것일 수 있다. 예를 들어, E. E. Ellis, "Midrash Pesher in Pauline Hermeneutics," 175-81; Lindars, *New Testament Apologetic*, 231; Koch, "Text von Hab 2.4b," 68-85을 보라.

253. 바울도 하박국처럼 구원 역사의 놀라운 변화를 설명하려고 했기 때문에 이 본문에 끌렸을 것이다(Watts, "'For I Am Not Ashamed,'" 3-25).

254. 예를 들어, Andersen, *Habakkuk*, 209-16; O. Robertson, *Books of Nahum, Habakkuk, Zephaniah*, 174-83; F. Watson, *Paul and Hermeneutics of Faith*, 103-15; Watts, "'For I Am Not Ashamed.'"를 보라.

할 수 있는 에무나(*'ĕmûnâ*)이다.

바울의 선지서 예언 사용은 세 가지 질문을 제기한다. 첫째, "의로운 자"(*ho dikaios*; 호 디카이오스)는 누구인가? 하박국서에서 이 언급은 경건한 이스라엘인에 관한 것이지만 어떤 사람들은 70인역이 바울이 함께 사역하고 있는 메시아적 언급을 암시할 수 있다고 주장한다.[255] 그러나 이것은 가능성이 낮다. 왜냐하면, 바울은 이 단어를 예수의 칭호로 결코 사용하지 않았고, 이 구절에 대한 다른 신약의 언급(갈 3:11; 히 10:38-39)은 인간에게 "의인"이라는 칭호로 적용하며, 바울은 일관되게 인간에 대한 "의로운" 말과 믿음의 조합으로 사용한다. 둘째, 바울에게 피스티스(*pistis*)는 무엇을 의미하는가? 위에서 언급한 바와 같이 번역본들(및 주석가들)은 동등한 히브리어 단어 에무나(*'ĕmûnâ*)의 의미와는 다르다. 여기 하박국서에서 에무나(*'ĕmûnâ*)는 구약에서 사람들이 그들의 하나님에 대해 보여 주어야 할 신뢰와 의존의 근본적인 태도를 표현하는데 자주 사용된다.[256] "믿음"은 이런 생각을 표현하기에 꽤 좋은 단어인데, 이것이 바울이 의도한 바라고 생각한다. 셋째, 바울은 이 구절의 세 가지 핵심 단어를 어떻게 연관시켰을까? 구체적으로 그는 "의인은 믿음으로 말미암아 살리라"라고 말하고 있는가? 아니면 "믿음으로 말미암는 의인은 살리라"라고 말하고 있는가? 하박국서는 "믿음"을 "살리라"와 연결하며, 대부분의 역본과 해석자들은 바울도 그렇게 생각한다고 본다.[257] 그러나 바울이 로마서 1-5장 전체에 걸쳐 일관되게 "의"라는 언어와 믿음(특히 5:1, 18; 8:10 참조)을 짝지어 "믿음으로"를 "의인"으로 받는 강력한 논거를 제공하며 우리는 이

---

255. 3절에서, 여성형 ὅρασις 다음에 남성형 형태(αὐτόν, ὁ ἐρχόμενος)가 나오는데, 이는 메시아적 해석을 가리킬 수 있다. 로마서에서 메시아적 해석을 선호하는 사람들 중에는 Gignac; L. Johnson; Longenecker; D. Campbell, "Romans 1:17," 281-84; R. Hays, *Faith of Jesus Christ*, 134-38; Kirk, *Unlocking Romans*, 44-49; S. Young, "Romans 1.1-5," 277-85; Heliso, *Pistis and the Righteous One*(꽤 가능성 있다)가 있다.

256. אֱמוּנָה(에무나)는 하나님에 대한 인간의 반응을 묘사하는 데 드물게 사용되며(삼상 26:23; 대하 19:9; 31:12; 시 37:3) 일반적으로 "신실함"을 의미한다. 그러나 동족 동사(특히 히필형)는 사람이 하나님의 말씀과 약속을 받아들이고 하나님을 신뢰하고 의지하는 것을 묘사하는 데 더 자주 사용된다(창 15:6, 출 14:31, 민 20:12; 대하 20:20; 시 116:10 등). 이 점에 대해서는 특히, Keil, *Twelve Minor Prophets*, 2.73; Ridderbos, *Paul*, 172 를 보라.

257. 옹호자들은 이것이 어순을 해석하는 가장 자연스러운 방법이라고 주장한다. 바울이 δίκαιος와 ἐκ πίστεως를 연결하려는 의도였다면 그는 ὁ δὲ ἐκ πίστεως δίκαιος를 쓰고 모든 모호성을 제거했을 것이다. 더 나아가, 그들은 ζήσεται 자체가 오히려 약간 실망스러운 마침이라고 주장한다.

선택을 약간 더 선호한다.[258] 확실히 바울은 구약 자료의 의미를 수정했다. 바울은 "믿음으로"의 구문적 기능을 변경하는 것 외에도 구원 역사의 움직임에 비추어 일부 핵심 용어와 약간 다른, 또는 더 나은 "더 깊은" 의미를 부여한다. "의인"은 더 이상 자신의 언약적 정체성에 신실하도록 부름 받은 이스라엘인이 아니라, 유대인이든 이방인이든 그리스도를 믿음으로 나아가 영생을 얻는 모든 사람이다. 그러나 이런 차이점이 확대되어서는 안된다. 구약의 언약적 "생명"은 신약에서 영생의 패러다임으로 기능하며, 바울과 하박국은 둘다 근본적으로 "믿음"/"신실함"의 중요성을 강조하고 있다.[259]

부설(Excursus): 바울 서신에 나오는 "의"에 관한 용어

"의"라는 언어는 로마서의 구성 곳곳에 놓여 있다. 이 언어에 대한 개념이 최근까지 추가된 해석자들의 긴 연구 목록들이 편지의 핵심에 도달했다고 생각할 정도로 말이다. 우리는 *dik*-어근에서 단어를 표시하기 위해 "의"라는 언어를 간단한 표식으로써 사용하고 있다. 이 어근에서 나온 세 단어는 로마서의 논증에 특히 중요하다. 가장 중요한 것은 적어도 발생 횟수에 따라 34번 나오는 명사 디카이오쉬네(*dikaiosynē*)다(바울의 다른 모든 편지에서 24번 나오는 것과 비교). 동사 디카이오오(*dikaioō*), "의롭게 하다"는 15번 나온다. 형용사 디카이오스(*dikaios*), "의로운",

---

258. 특히, Feuillet, "Citation d'Habaccuc II.4," 52-80; Cranfield; Kasemann; Wilckens; Hultgren; F. Watson, *Paul and Hermeneutics of Faith*, 45-46. Moody ("Habakkuk Quotation," 205-8) 그리고 Dunn이 취한 ἐκ πίστεως와 함께 δίκαιος와 ζήσεται도 보라. 이 읽기에서 "살리라"는 사실상 구원과 동일하다(C. Scott, *Christianity according to Saint Paul*, 135-41을 보라). 양측은 갈 3:11(바울이 합 2:4을 인용한 유일한 다른 인용문)에 호소하지만, 거기에 있는 문제는 거의 동일하며 문제를 결정할 수 없다 (D. Moo, Galatians, 205-7을 보라). Nygren과 Cranfield가 주장하는 것처럼 인용이 롬 1-8장에 대한 "표제"로 기능한다면 "믿음으로"를 "의인"과 함께 취하는 것에 대한 논증이 강화될 것이다. 특히 이들은 "믿음으로 말미암는 의인"이 1-4장의 논증을 요약하고 "살리라"가 5-8장의 논증을 요약한다고 주장한다 (또한 Byrne, "*Sons of God*," 90을 보라). 그러나 첫 번째 요점은 특히 장점이 있지만 바울은 "생명"이라는 주제가 5-8장의 표제로서 설 수 있을 만큼 충분히 명확하게 보여 주지 못한다.

259. 신구약성경 사이의 이러한 특징적인 관계에 대한 추가 논의를 위해, D. Moo and A. Naselli, "Problem," 702-46을 보라.

"정의로운"은 일곱 번 등장한다. 종종 간과되는 덜 분명한 몇 가지 다른 단어도 포함되어야 한다. 그 단어들은 이와 같다. 명사 아디키아(*adikia*), "불의"(7번), 형용사 아디코스(*adikos*), "불의한"(1번), 디카이오마(*dikaiōma*), "공정한 법령", "의로운 행동"(5번), 디카이오시스(*dikaiōsis*), "의로운 행동"(2번), 디카이오크리시아(*dikaiōkrisia*), "의로운 판단"(1번). 이 "의"라는 언어는 분명히 중요한 의미가 있으며, 이것이 가리키는 신학은 다소 광범위한 논의를 보장할 만큼 충분히 중요하고 토론되었다.

1. 구약과 유대 배경

1. "의"라는 단어의 일반적 뜻

"의"라는 언어는 고대 그리스어의 모든 형태에서 나오지만,[260] 70인역에서 광범위하고 신학적으로 중요한 용어의 사용과 바울이 이 단어에 대한 구약의 논의에서 자주 호소한 내용으로 구약/유대 배경이 결정적임을 보여 준다. *dik*-어근에서 파생된 단어는 일관되게(보편적이지는 않지만) *ṣdq*를 어근으로 삼는 단어를 번역한 것이다. 명사 디아키오쉬네(*dikaiosynē*; "의")는 일반적으로 체데크(*ṣedeq*) 및 체다카(*ṣĕdāqâ*; 아마도 동일한 의미를 가짐)[261]로 번역한다. 디카이오오(*dikaioō*; "의롭게 하다")는 보통 차다크(*ṣādaq*)로 번역된다. 그리고 디카이오스(*dikaios*; "의로운", "정의로운")는 차디크(*ṣaddîq*)로 번역한다.[262] 같은 이유로 *ṣdq* 어근의 단어는 대부분의 경우 *dik*-어근의 그리스어 단어로 번역된다. 이 상당한 언어적 중복은 바울과 같은 그리스어를 사용하는 유대인에게 *dik*- 단어의 의미가 *ṣdq* 단어의 의미에 의해 결정적으로 영향을 받았을 것임을 시사한다.

이 단어의 의미는 오랫동안 논쟁의 대상이었다. 구약의 단일 "기본 개념"에서

260. Schrenk, *TDNT* 2.178-225의 연구와 또한 Seifrid, "Paul's Use of Righteousness Language," 39-74도 보라.

261. 예를 들어, J. J. Scullion, *ABD* 5.725-26. 그와 반대되는 입장은 예를 들어, Seifrid, "Paul's Use of Righteousness Language," 428을 보라.

262. Ziesler (*Meaning of Righteousness*, 22-67)는 구약 자료에 대한 전체 조사를 제공한다.

의에 대한 풍부한 어휘를 강요하지 않는다는 자이프리드(Seifrid)의 경고에 주의를 기울이면서,[263] 우리는 이 단어들이 종종, 그리고 아마도 기본적으로는, "의로움"(right)을 행하거나, 그것이 "의롭게" 되는 개념을 암시한다고 제안한다. "의로움"(rightness)이 되는 것은 자신이 처한 특정 상황에 따라 결정된다.[264] 무게는 합의된 측정 표준을 따를 때(레 19:36) "의로운" 것이다(히. *ṣedeq*; LXX. *dikaion*). 노아는 그를 향한 하나님의 뜻에 따를 때(창 6:9) "의로움"(히. *ṣaddîq*, LXX. *dikaios*)을 인정받는다. 어떤 한 사람이 언약 관계에 있든 없든 하나님에 의해 이 세상에 세워진 표준을 따를 때 "의로운" 사람이 된다(히. *ṣaddîq*, LXX. *dikaios*, 잠언에서 매우 자주 사용됨). 한 이스라엘인이 언약 관계의 기대에 순응할 때(예: 겔 18:9) "의롭다"(히. *ṣaddîq*, LXX. *dikaios*). 이스라엘 백성이 하나님 자신의 성품과 뜻에 맞게 따를 때(그리고 그 이유 때문에) 하나님의 계명은 "의롭다"(히. *ṣaddîqîm*, LXX. *dikaia*)(예를 들어, 신 4:8; 시 119편 여러 군데). 하나님은 그의 백성을 벌하실 때(느 9:33) "의롭다"(히. *ṣaddîq*, LXX. *dikaios*). 그 이유는 이 심판이 언약에 신실하지 못한 것에 대해서 벌하시는 하나님의 경고와 일치하기 때문이다. 그리고 동시에 하나님은 그의 백성을 보호하기 위해 행동하실 때(예를 들어, 사 51:4-8) "의로우시다"(히. *ṣĕdāqâ*, LXX. *dikaiosynē*). 왜냐하면 이것 역시 심판 이후에 하나님의 백성을 구속하시려는 하나님의 은혜로운 약속에 부합하기 때문이다. 그러므로 의는 종종 규범에 대한 따름을 암시한다. 그러나 이 "규범"은 하나님 자신의 성품이자 "옳게 행하는" 것에 대한 그의 약속이기 때문에 이 의라는 언어가 규범에 대한 따름을 나타내는지[265] 또는 "특정한 관계에서 발생하는 주장의 상호 이행"[266]을 나타내는지에 대한 오랜 논쟁은 종식될 수 있다. 즉, 결론은 둘 모두를 따라야 한다는 것이다. 우리는 여기에서 둘 중 하나의 제안을 선택하라는 강요를 받지 않는다. "의"의 관한 언어의 많은 경우는 말씀 이면에 있는

263. Seifrid, "Paul's Use of Righteousness Language," 418.
264. 유사한 관점에 관해서는, 예를 들어, Seifrid, "Paul's Use of Righteousness Language"; Westerholm, *Perspectives*, 267-78; Schreiner, *Faith Alone*, 216-29; Irons, *Righteousness of God*, 131-77을 보라.
265. 간결한 연구에 관해서는, Piper, *Justification of God*, 82-83; Seifrid, "Paul's Use of Righteousness Language," 419-22를 보라.
266. 특히, Cremer, *Paulinische Rechtfertigungslehre*를 보라. 의라는 언어에 대한 이 기본적인 접근 방식은 많은 현대 구약(및 신약) 학자들이 따랐다.

규범이나 관계가 하나님 자신의 성품 또는 하나님의 창조물에 대해 "옳은" 일을 하겠다는 하나님의 약속임을 드러낸다. 그와 동시에 하나님이 자신과 이스라엘을 언약 관계로 묶기로 결정하셨다는 것은 *ṣdq* 어근의 많은 경우에서 이 "의로움"이 이러한 언약 구조의 관점에서 정의된다고 가정한다는 것을 의미한다(아래 참조). 반면에 "의"라는 언어는 단순한 확장으로, 기대되는 규범을 따른 어떤 한 사람의 상태를 암시하는 경우가 종종 있다.

2. "의로운", "정의로운"(dikaios)

70인역에서 가장 흔한 *dik*-단어는(거의 400번 나옴) 형용사 디카이오스다. 그것은 종종 디카이오쉬네로 특징지어지는 사람을 가리키며, 실제로 의로운 자들에 대한 표준 명칭이다(예를 들어, 잠언 10-13장에 자주 나온다).

3. "의롭게하다"(dikaioō)

동사 디카이오오는 70인역에서 44번 나오며 히브리어 원문에 나오는 6번의 경우를 제외하고 모두 *ṣdq*의 형태로 번역된다. 히브리어 동사 칼(qal)형에서 이 단어는 "의롭게 되다"를 의미하고, 피엘(piel)형에서는 "의인으로 증명되다", 히필(hiphil)형에서는 "의인으로 선언하다"를 의미한다.[267] 차다크의 히필형을 디카이오오로 9번 번역한 것은 바울의 용법에 있어서 특히 중요하다. 이 형태의 동사에는 거의 항상 사법적 또는 법정적 의미가 있다. 때때로 "의롭다고 선언" 하거나 무죄를 선고하는 재판관은 인간이고(신 25:1, 사 5:23), 어떤 때는 하나님이기도 하다(출 23:7, 왕상 8:32, 대하 6:23, 시 82:3, 사 50:8). 이 용어가 사법적 재판과 관련하여 명시적으로 사용되지 않은 경우에도 법정적 의미는 그대로 남아 있다(창 38:26, 44:16, 렘 3:11, 겔 16:51-52을 참조). 이 법적인 칭의는 "의롭다함"을 받은 사람이 실제로 "의롭다"는 실재를 인정하는 것이다. 즉, 이스라엘 재판관은 "의인은 의롭다 하고 악인은 정죄한다[LXX. *dikaiōsōsin ton dikaion kai katagnōsin tou asebous*]"(신 25:1,

267. Ziesler, *Meaning of Righteousness*, 18-22를 보라.

참조. 왕상 8:32, 대하 6:23). 불의(injuctice)의 주요 증상은 죄인을 "의롭다 하는" 것이다(사 5:23). 즉, 이 불의는 "죄인을 의롭다 하지 아니하실"(출 23:7) 주님에 대한 엄격하고 정확한 사법적인 평가와 대조된다. 따라서 구약의 "칭의"는 이미 존재하는 "의"를 법적으로 인정하는 형태를 취한다.[268]

4. "의"(dikaiosynē)

70인역에 300번 이상 나오는 명사 디카이오쉬네는 하나님과 인간 모두에게 적용된다. 디카이오쉬네와 체데크/체다카 사이의 번역 일치도가 높다는 것은 이들이 함께 고려될 수 있다는 것을 의미한다. 우리는 여기에서 일반적으로 이 단어에 대해 주석하면서 "하나님의 의"라는 특별한 단어결합(collocation)에 대해 논의할 것이다. 우리가 이 동사에서 보는 법정적 색채는 70인역에 있는 인간 존재의 디카이오쉬네의 경우에서는 훨씬 연하다. 시편 기자가 하나님께 "내 의를 따라" 처리해 달라고 요청할 때, 이 단어는 "내 손의 깨끗함"(시 18:20; 또한 24절 참조)과 평행을 이루며 시편 기자 자신의 도덕적 완전함을 나타낸다. 그러므로 구약에서는 "의"가 윤리적인 개념이라고 빈번하게 말한다.[269] 이것은 틀린 것은 아니지만 다소 부적절하다. 왜냐하면 "의"는 또한 인간 존재가 살고 있는 하나님의 능력으로 창조된 세계 덕분에 인간에게 부과된 "의로움"에 대한 더 넓은 범위의 설명이기 때문이다. 이러한 의미에서 "의"는 행동을 포함하지만 마음의 태도까지 관통하는, 하나님의 능력으로 창조된 지위 및/또는 인간들의 언약 관계로 그들에게 놓인 기대를 성취한 인간의 상태를 설명한다. 예를 들어, 이사야 46:12-13에서, 주님은 이스라엘에게 이렇게 말씀하신다. "내가 나의 공의를 가깝게 할 것인즉 그것이 멀지 아니하나니 나의 구원이 지체하지 아니할 것이라 내가 나의 영광인 이스라엘을 위하여 구원을 시온에 베풀리라." 모티어(Motyer)는 다음과 같이 말한다. "그들은 의에서 멀리 떨어져 있고(*are far from righteousnes*) 주님의 뜻, 성품, 목적에 부합하지 않으므로, 그분은 자신의 의(*righteousness*)를 구현하실 것이다. 그분은 자신의

268. 예를 들어, Westerholm, *Perspectives*, 263-64를 보라.
269. 예를 들어, Ziesler, *Meaning of Righteousness*, 24-27를 보라.

뜻과 성품과 목적과 일치하는 모든 것, 곧 하나님과 '의로운' 모든 것을 이루실 것이다."[270] 이러한 의미에서 "의"는 종종 "하나님 앞에서의 의로운 상태"를 설명하는 요약 용어로 사용된다. 예를 들어, 에스겔 33:12-13을 참조하면 아래와 같다:

> 12 인자야 너는 네 민족에게 이르기를 의인이 범죄하는 날에는 그 공의가 구원하지 못할 것이요 악인이 돌이켜 그 악에서 떠나는 날에는 그 악이 그를 엎드러뜨리지 못할 것인즉 의인이 범죄하는 날에는 그 의로 말미암아 살지 못하리라
>
> 13 가령 내가 의인에게 말하기를 너는 살리라 하였다 하자 그가 그 공의를 스스로 믿고 죄악을 행하면 그 모든 의로운 행위가 하나도 기억되지 아니하리니 그가 그 지은 죄악으로 말미암아 곧 그 안에서 죽으리라

에스겔서가 말하는 "의"는 사람들이 악을 행하면서도 자신들의 행동을 신뢰하도록 유혹될 수 있는 "의로움"의 일반적인 상태인 것 같다. 자이프리드(Seifrid)가 지적하듯이 "'상태'와 '행동'을 절대적으로 구분하는 것은 비논리적이다."[271] 사람들이 "의"로 특징지어진다고 말하는 많은 장소들이 밝히듯이(예를 들어, 왕상 3:6; 8:32; 시 7:8; 18:20), 이것은 죄 없는 완전함의 문제가 아니라, 사람의 근본적인 영적 방향과 가치에 대한 문제인 것이다.

이것은 또한 신명기 6:25의 의미일 가능성이 크다. "우리가 그 명령하신 대로 이 모든 명령을 우리 하나님 여호와 앞에서 삼가 지키면 그것이 곧 우리의 의로움이니라[*ṣĕdāqâ*; LXX. *eleēmosynē*] 할지니라." 그리고 잘 알려진 창세기 15:6, "아브람이 여호와를 믿으니 여호와께서 이를 그의 의로 여기시고[*ṣĕdāqâ*, LXX. *dikaiosynē*]." 이 마지막 두 본문에서 "의"는 종종 "올바른 관계"를 의미한다고 말하며, 이는 구약의 *ṣdq* 언어에 종종 관계적 의미가 있다는 대중적 믿음에서 비롯된 해석이다. 따라서 일부 사람들은 "의"가 언약의 구성원임을 의미한다고 결론을 내린다.[272] 그러나 아래에서 논의하겠지만 그럴 가능성은 희박하다. 우리가 위에서 논의한 바와 같이, "규범에 대한 따름"의 함축은 "의"라는 언어의 사용에서 매우 흔한 것

270. Motyer, *Prophecy of Isaiah*, 370.

271. "Paul's Use of Righteousness Language," 422.

272. 이 견해는 특히 N. T. Wright와 관련이 있다. Wirght는 많은 곳에서 이 견해를 주장한다.

으로 보이며, 따라서 이 언어가 그러한 관계를 드러낸다. 신·구약 중간기 유대교에서 디카이오쉬네는 일반적으로 더 "윤리적인" 색채를 띠고 있으며, 이것은 특히 마태복음에서 반영하여 사용한다.[273]

5. 이사야 40-66장에서 의에 관한 언어

이사야 40-66장은 보편적으로 바울의 언어와 신학의 핵심 출처로 확인된다. 의라는 언어는 이사야 40-66장에 아주 널리 퍼져 있다. 그리고 몇 가지 주요 사건은 하나님의 종말론적 개입에 대한 예언에 있다. 또한 바울은 이 이사야서 장들에서 적어도 의에 대한 한 본문을 언급한다. 이 이사야서 장들에 나오는 "의" 언어에 대한 조사는 바울의 언어 사용을 이해하는 데 유익하고 구약에 있는 이 언어의 일반적인 범위에 대한 양식(good sense)을 제공한다.

형용사 "의로운"은 구약의 다른 곳보다는 덜 나오지만, 이 형용사가 나오는 경우는 이 단어의 특징인 "하나님을 기쁘시게 하는 행동"이라는 의미를 충분히 명확하게 보여 준다. 이 경우의 한 예를 들면, "의인이 죽을지라도 마음에 두는 자가 없고 진실한 이들이 거두어 감을 당할지라도 깨닫는 자가 없도다 의인들은 악한 자들 앞에서 불리어가도다"(사 57:1)가 있다. 이 언어의 명사가 여러 번 사용되는 경우에도 아마 이 범주에 속할 것이다. 이스라엘은 "공의에서 멀리 떠난"(사 46:12; 참조. 사 48:1; 57:12; 58:2; 64:6[MT 및 LXX 64:5]) 자들이다. 이스라엘은 "의를 따르지" 않고(51:1) "의를 알지" 못한다(51:7). 이 동사가 네 번 나오는 것은 일반적인 법정적 의미를 반영한다. 예를 들면, "나를 의롭다 하시는 이[*maṣdiqi; ho dikaiōsas me*]가 가까이 계시니 나와 다툴 자가 누구냐 나와 함께 설지어다 나의 대적이 누구냐 내게 가까이 나아올지어다"(사 50:8, 바울이 롬 8:33에서 언급한 본문. 또한 참조. 사 43:9, 26, 45:25, 53:11). 하나님의 "의롭다 칭하시는" 행위의 결과는 "칭의"(justification) 또는 "공의"(vindication)다. 예를 들면, 이사야 54:17b, "이는 여호와의 종들의 기업이요 이는 그들이 내게서 얻은 공의니라[*ṣidqātām; dikaioi*] 여호와의 말씀이니라"(또한 참조 46:12-13; 60:17, 21; 61:10[MT만 해당]; 61:11; 62:2). 이러한 맥락에서 하나님의 의는 그것

---

273. Przybylski, *Righteousness in Matthew*, 105의 곳곳을 보라.

을 받는 자가 누리는 은사나 지위의 측면을 분명히 포함한다. 이사야 51:5-8에서도 이와 유사한 것이 숨겨져 있을 수 있다. 왜냐하면 여기에서 하나님의 의는 "영원한" 것으로 선포되고 있기 때문이다.[274] 동시에 "의"는 순종에 대한 보상이라고도 말한다(사 48:18; 58:8; 참조. 54:14; 58:9, 14). 우리는 여기에서 "순종하는 자가 보상으로 받는 의"와 "하나님께서 합당하지 않은 자들에게 주신 의" 사이의 긴장에 대한 힌트를 발견한다. 이 긴장은 다른 곳에서도 나타난다. 예를 들어, 시편 143:1에서 시편 기자는 하나님의 의에 근거한 구원을 간구하면서 아무도 자기 자신의 의를 근거로 하나님의 도움을 요청할 수 없음을 인정한다(2절). 이와 유사하게 다니엘 9장에서 하나님은 그의 불신실한 백성에게 내린 재앙에서 의로우신 분으로 인정되는 반면(7, 14절), 동시에 선지자 다니엘은 하나님의 진노를 돌이키게 하는 동기로 하나님의 의를 가지고 호소한다(16절). 이 긴장은 결국 순종하는 하나님의 아들의 복음에 이르러서야 풀린다.[275]

이사야 40-66장은 또한 하나님과의 관계를 "의"라는 언어를 사용하여 표현한다. 그러나 이러한 텍스트는 다음 부분에서 가장 잘 고려된다.

6. "하나님의 의"([hē] dikaiosynē [tou] theou)

이 표현에 대한 로마서 주장의 중요성과 그것을 둘러싼 문제의 복잡성으로 인해 이 표현 자체를 고려할 필요가 있다.[276] 실제 이 어구 디카이오쉬네 데우(*dikaiosynē theou*)는 70인역에 나오지 않는다. 디카이오쉬네 퀴리우(*dikaiosynē kyriou*; "주의 의")는 두 번 나온다(삼상 12:7; 미 6:5). 그러나 주로 시편과 이사야서에서 우리는 "하나님" 또는 "주"가 선행사인 인칭 대명사에 의해 수정된 디카이오쉬네를 48번 찾을 수 있다.[277] 이 중 6번을 제외한 모든 경우에서 디카이오쉬네는

274. 또한 시 35:27-28: "나의(*my*) 의를 즐거워하는 자들이 기꺼이 노래 부르고 즐거워하게 하시며… 나의 혀가 주의(*your*) 의를 말하며 종일토록 주를 찬송하리이다." 그리고 또한 51:14에서 시편 기자는 "하나님이여 나의(*my*) 구원의 하나님이여"와 "주의(*your*) 의를"이라고 말하는 것을 보라. 또한 시 4:1과 37:6도 보라.

275. S. Motyer, "Righteousness by Faith," 33-56을 보라.

276. 역사적 관점에 대한 연구는 Irons, *Righteousness of God*, 9-60를 보라.

277. 이 중 2개는 텍스트가 불확실하다. 삼상 12:7의 일부 사본은 복수형 δικαιοσύνας로 읽고 시

체데크(*ṣedeq*; 12번) 또는 체카다(*ṣĕdāqâ*; 32번)로 번역된다.[278] "하나님의 의"에 대한 이러한 구체적인 언급 외에도 디카이오쉬네를 하나님께 돌리는 곳이나 하나님이 디카이오쉬네를 행하시거나, 말씀하시는 곳은 50곳이 넘는다.

세속(secular) 그리스어에서, 이 하나님의 디카이오쉬네는 일반적으로 신의 속성으로 보며, 성경 본문도 하나님께 이 "의"를 돌린다. 이사야 40-66장의 핵심 구절을 다시 출발점으로 삼아 우리는 "공의와 힘은 여호와께만 있나니"(사 45:24), 주님은 "공의를 행하며 구원을 베푸는 하나님"(45:21), 그리고 하나님의 종 역시 "의로운"(53:11) 종으로 읽는다. 그러나 구약은 하나님의 의를 인간에 대한 관계적 특성으로 묘사하는 경향이 있다. 따라서 하나님은 "의로" 행하시며(41:2; 42:6; 45:13; 참조 45:23) 또는 "나의 의로운 손으로"(41:10) 행하신다. 또는 "그의 많은 의[개역개정은 '자비'-옮긴이]를 따라"(63:7, LXX에만 해당, 나의 번역) 또는 "그의 의로 말미암아"(42:21) 행하신다. 이러한 의라는 언어는 특히 시편에서 흔하게 볼 수 있다. 이러한 구절에서 "의"는 하나님 자신이 행동하시는 규범이 된다.[279] 위에서 언급한 바와 같이 이 규범이 절대적이며 하나님의 성품 안에 있거나 혹은 그 성품의 한 측면인지, 또는 규범이 하나님이 자신을 묶은 언약 때문에 존재하는 관계적인 것인지에 대해 상당한 논쟁이 있다. 두 번째 의미에서 하나님의 "의"는 때때로 언약의 규범을 가리킬 수 있다. 따라서 많은 현대 학자들은 바울 서신에서 "하나님의 의"가 기본적으로 하나님의 "언약적인 신실함"이라고 생각한다.[280] 그러나 이러한 견해에는 문제

71:21의 일부 사본은 이 구절을 완전히 생략한다.

278. 예외의 경우는 출 15:13과 사 63:7(여기서 히브리어로는 חֶסֶד[헤세드]), 사 38:19와 단 9:13 LXX(여기서 히브리어로는 אֱמֶת[에메트]), 그리고 Bar. 4:13과 시 71:21(여기서는 상응하는 히브리어 단어는 없다)이다.

279. 예를 들어, 시 51:14(LXX 50:16)에서 다윗은 "하나님이여 나의 구원의 하나님이여 피 흘린 죄에서 나를 건지소서 내 혀가 주의 의(τὴν δικαιοσύνη σου)를 높이 노래하리이다"라고 기도한다. 또한 시 35:24; 36:6, 10; 71:2; 89:16; 103:17; 111:3; 119:40; 143:1, 11; 145:7. 그리고 또한 출 15:13; 사 38:19를 보라. 이러한 본문들에서 δικαιοσύνη는 히브리어로는 חֶסֶד("인자하심")로는 두 번(출 15:13; 사 63:7), אֱמֶת("신실")로는 한 번(사 38:19) 그리고 평행 단어 ἀλήθεια("공의"; 시 36:6; 88:12; 98:2; 143:1; Isa. 38:19), ἔλεος("자비"; 시 31:1; 36:6, 10; 88:12; 98:2; 103:17; 143:11) 그리고 χρηστότης("선하심"; 시 145:7)와 같은 단어들이 사용된다. 예를 들어, 시 36:5-6a의 "여호와여 주의 인자하심이 하늘에 있고 주의 진실하심이 공중에 사무쳤으며 주의 의는 하나님의 산들과 같고…"를 주목하라.

280. 특히, N. T. Wright, *Justification*, 55-78; *Paul and the Faithfulness of God*, 2.1055-71를 보라. "언약의 신실함"에 대한 언급은 우리가 말하는 "언약"은 무엇인가? 라는 중요한 질문을 던지게

가 있다.[281] "의" 언어와 "언약" 언어는 함께 발견되는 경우가 거의 없다(그러나 만약 공평하게 본다면, 언약이 충분히 기본적인 범주라는 것은 전혀 놀라운 일이 아니다).[282] 둘째, 위에서 언급한 바와 같이, 많은 맥락에서 하나님이 "의롭다"고 판단하시는 "기준"은 언약의 조건을 넘어서는 것이다. 그러므로 하나님의 의는 그의 언약 백성의 "의로움"을 유지하는 데 있어서 그의 신실함 안에서 특별한 역사적 표현을 발견하고, 마침내 이 하나님의 의는 하나님으로서 하나님 자신의 성품에 더 깊이 뿌리를 내린다. 라이보흐(Linebaugh)가 말하듯이, "언약적 맥락은 디카이오쉬네가 전달하는 규범성의 개념을 희석시키지 않는다… 이것은 오히려 규범을 찾고 구체화한다."[283]

다른 구약 구절에서 하나님의 "의"는 하나님의 백성을 구원하는 행동 및/또는 백성의 원수를 심판하기 위한 하나님의 행동과 밀접하게 관련되어 있다. 두 구절이 특히 중요하다. 이사야서부터 다시 시작해보자. 이사야 51:4-8에서 우리는 다음과 같이 읽을 수 있다:

한다. Wright는 이와 관련하여 아브라함에게 하신 약속에 대한 하나님의 성취를 반복해서 언급한다 (*Justification*, 57). 그러므로 관련된 "언약"은 좁은 의미로 해석되는 시내산 언약이 아니라 하나님께서 먼저 아브라함과 족장들과 맺으시고 시내산 언약에서 새롭게 맺으신 약속이다(특히 신 27-30장을 보라). 그렇다면 모세 언약을 아브라함 언약과 중요하게 구별하는 바울의 이 언어의 위상은 무엇일까?(갈 3:15-18) Horton(*Covenant and Salvation*, 11-36)은 성경적 범주를 왜곡하는 단일-언약론(mono-covenantalism)을 가정하는 현대 신약 학자(특히 새관점의 어떠한 형태를 옹호하는 사람들)의 경향에 주의를 기울인다.

281. "언약의 신실함"이라는 견해에 대한 가장 중요한 비판은 Irons, *Righteousness of God*이다.

282. Seifrid, "Paul's Use of Righteousness Language," 423-24.

283. *God, Grace and Righteousness*, 131; 유사하게 Seifrid: "모든 '언약 준수'는 의로운 행동이지만 모든 의로운 행동이 '언약 준수'인 것은 아니다." ("Paul's Use of Righteousness Language," 424); 또한 예를 들어, Dumbrell, "Justification in Paul," 91-92; Bird, "Justification as Forensic Declaration," 116-18을 보라.

4 내 백성이여 내게 주의하라
내 나라여 내게 귀를 기울이라
이는 율법이 내게서부터 나갈 것임이라
내가 내 공의를 만민의 빛으로 세우리라
5 내 공의[*ṣidqi; hē dikaiosynē mou*]가 가깝고
내 구원[*yiš'i; to sōtērion mo*]이 나갔은즉
내 팔이 만민을 심판하리니
섬들이 나를 앙망하여 내 팔에 의지하리라
6 너희는 하늘로 눈을 들며 그 아래의 땅을 살피라
하늘이 연기 같이 사라지고
땅이 옷 같이 해어지며
거기에 사는 자들이 하루살이 같이 죽으려니와
나의 구원은 영원히 있고
나의 공의는 폐하여지지 아니하리라
7 의를 아는 자들아,
마음에 내 율법이 있는 백성들아,
너희는 내게 듣고 그들의 비방을 두려워하지 말라
그들의 비방에 놀라지 말라
8 옷 같이 좀이 그들을 먹을 것이며
양털 같이 좀벌레가 그들을 먹을 것이나
나의 공의는 영원히 있겠고
나의 구원은 세세에 미치리라

하나님의 "구원"은 3번이나 하나님의 "의"와 평행하게 놓인다. 다른 여러 이사야서 본문도 비슷한 짝을 이룬다(45:8[두 번]; 46:13; 56:1; 59:16, 17; 61:10; 63:1).

두 번째 핵심 본문은 시편 98:2이다, 이 시편은 바울에게서 중복되는 단어들의 집합을 특징으로 한다. 이 시편의 문맥은 아래와 같다(1-3절):[284]

1 새 노래로 여호와께 찬송하라
그는 기이한 일을 행하사
그의 오른손과 거룩한 팔로 자기를 위하여
구원을 베푸셨음이로다
2 여호와께서 그의 구원[*yĕšu'āto; sōtērion*]을 알게 하시며
그의 공의[*ṣidqāto; tēn dikaiosynēn autou*]를 뭇 나라의 목전에서 명백히 나타내셨도다[*gilla; apekalypsen*]
3 그가 이스라엘의 집에 베푸신 인자와 성실을 기억하셨으므로
땅 끝까지 이르는 모든 것이 우리 하나님의 구원을 보았도다

이 구절에서[285] "의"와 "구원" 사이의 밀접한 관계는 두 단어가 같은 의미를 갖는다는 것을 암시할 수 있다. 즉, "의"는 "구원" 또는 "구원 행위"를 의미한다. 그

284. 예를 들어, R. Hays, *Echoes*, 36-37; Ochsenmeier, *Mal, Souffrance et Justice*, 69-71; D. Campbell, *Deliverance of God*, 688-700을 보라. 로마서에서 "하나님의 의"에 대한 시편의 중요성에 관해서는 G. Turner, "Righteousness of God," 285-301를 보라.

285. 아마도 13개의 다른 본문들이 이 기본 의미와 함께 "의"를 사용한다: 시 22:31; 35:28; 40:10; 69:27; 71:15, 16, 19, 24; 88:12; 98:2; 119:123; 미 6:5; 7:9.

러나 평행법이 이것을 나타낼 필요는 없으며 구원을 하나님의 의의 표현으로 보는 것이 더 좋다.[286] 하나님께서는 자신의 백성을 구원하실 때 자신의 "의로움으로 존재하심"을 나타내시는데, 이 점에서 하나님의 구원은 자신의 약속을 성취하고 자신의 영광과 신실함을 나타내 보인다. 아마도 이 일반적인 의미에서 언어의 대부분은 긍정적인 의미를 가질 것이다. 단순히 이 언어가 하나님 자신의 백성에 의해 사용되거나 적용되기 때문이다. 그러나 하나님의 의는 하나님이 그의(그리고 이스라엘의) 원수를 심판하실 때도 나타난다. 예를 들어, 시편 98편(위를 참조)의 끝부분은 하나님의 의의 주제로 돌아가지만, 이제 열방에 대한 하나님의 심판을 그 주제에 귀속시킨다는 점을 주목하라. 시편 98:9b은 이와 같다. "그가 의로 세계를 판단하시며 공평으로 그의 백성을 심판하시리로다"(9b절).[287] 이 "심판하는 것"이 중립적인지에 대해서는 명확하지 않다. 즉, 하나님의 "법정적 평가" 또는 부정적인 정죄의 의미를 갖는다. 그러나 여기서 중요한 점은 부정적인 판결이 적어도 하나님의 "의로 심판하심"의 가능한 측면이라는 점이다. 그리고 이 잠재적인 부정적인 판결은 하나님 자신의 백성에게도 적용된다. 하나님께 신실하기를 완고하게 거부하는 백성은 또한 하나님께서 약속하신 심판을 받는다. 그러므로 이 구절에서 (매우 자주 언급되는) 하나님의 구원과 (그보다는 더 드물게 언급되는) 하나님의 심판활동은 "의를 행하시는" 하나님의 확고한 결의의 표현으로 묘사된다.[288] 이 활동에 법정적 의미를 지닌 언어를 적용함으로써 이러한 개입은 정의로운 행위로 묘사된다.

하나님의 의를 하나님의 "속성"으로 보는 그러한 견해가 자주 반대받는 이유는 그것이 "히브리인의 개념과는 다른 이질적인 개념으로 침해하는 것이며, 이스

286. J. Motyer는 다음과 같이 말한다. "본질적으로 하나님의 성품에 대한 묘사가 하나님의 행위에 대한 묘사로 바뀌었다," 하나님의 구원 사역은 "하나님의 의로우신 성품의 모든 기준을 만족시킨다"(*Prophecy of Isaiah*, 405). D. Campbell의 독특한 접근 방식은 압제받는 사람들에게 해방을 가져오는 왕이라는 관점에서 시 98편과 같은 본문에서 하나님의 의에 초점을 맞춘다(*Deliverance of God*, 668-703).

287. 이 "심판"은 아마도 구원이나 정죄를 초래할 수 있는 하나님의 통치와 심판을 의미할 것이다. 또한 예를 들어, 시 7:17; 9:4, 8; 97:2; 사 59:17을 보라. 이런 의미에서 하나님의 의가 왕에게 주어져서 왕으로 하여금 "주의 백성을 공의로 재판하며… 주의 가난한 자를 정의로 재판하리니… 그가 가난한 백성의 억울함을 풀어 주며 궁핍한 자의 자손을 구원하며 압박하는 자를 꺾으리로다"(시 72:1-4)가 가능하게 한다.

288. 그렇다면 하나님의 의는 구원의 의만 되는 것이 아니다(이와 반대 의견으로는 예를 들어, von Rad, *Old Testament Theology*, 1.370-77).

라엘인의 순진한 현실적 사고에는 근거가 없다"는 것이다.[289] 그러나 그러한 반대는 (특히 과거에) 일부 학자가 유럽 중세 법적 규범을 구약에 투영하여 읽는 경향에 대한 반응으로 이해할 수는 있지만 분명히 너무 지나친 것이다. "히브리 개념"이 어떠한 생각을 품거나 또는 품을 수 없다는 이해는 구약 시대 안에서만 알 수 있는 것이다. 또한 우리는 구약에서 하나님의 의가 마치 하나님이 자기 외부의 무엇인가에 순응하도록 강요받는 것처럼 이상적인 윤리적 규범에 순응한다는 개념을 되살리려 노력하지 않는다. 또한 우리는 이 하나님의 의가 존재론적 사색의 결과로 하나님께 귀속된다고 주장하지도 않는다. 우리가 표현할 수 있는 바와 같이, 그것은 경험된 속성으로, 하나님의 성품과 약속에 의해 정의된 바와 같이, 하나님은 항상 옳은 것에 따라 행동하실 수 있다는 이스라엘인들의 확신을 나타낸다.[290]

요약하자면, 우리는 구약에서 하나님의 디카이오쉬네가 일반적으로 하나님의 성품을 항상 옳은 일을 하실 하나님의 성품으로 지칭한다는 것을 알게 된다. 불신실한 언약 파트너에 대한 하나님의 형벌은 그러한 "의를 행하는" 것에 대한 표현이다.[291] 그러나 유배로 인해 고통받고 있는 하나님의 구약 백성에게 특히 중요한 것은 하나님께서 그의 백성을 구원하시고 의롭도록 만들기 위해 개입하심으로써 "의를 행하는" 그의 성품을 나타내실 것이라는 기쁜 선언에 있다. 그리고 하나님이 그렇게 할 때 백성들은 구원을 얻거나 의롭게 된 상태를 누린다고 할 수 있다.[292]

---

289. Eichrodt, *Theology of the Old Testament*, 1.240.

290. 예를 들어, Käsemann과 그의 추종자들에 의해 상정된 이 구절의 우주적 중요성에 대한 증거는 명확한 본문적 근거를 갖고 있지 않으며, 더욱이 바울에게 근본적인 의와 믿음 사이의 연결을 단절시킨다(Fitzmyer, 106-7; F. Watson, *Paul, Judaism, and the Gentiles*, 238을 보라).

291. 비록 그가 이 구절의 의미를 놓고 "행위"에 초점을 두고 있지만, Irons는 유사한 점을 지적한다. 즉, 하나님의 의는 "하나님의 의가 잉태되도록 그의 분배의 정의(*iustitia distributive*)를 의롭게 집행하는 의로운 재판관의 속성과 구원의 행위 그 자체이다. 이는 하나님께로부터 와서 눌려 있는 의로운 자에게 주신 바 되었다"(*Righteousness of God*, 205).

292. 여러 학자들이 이 의미의 폭을 포착했다. Ropes의 요약은 특히 좋다. 즉, 그 요약은 "사람에 대한 하나님의 의는 사람의 의 또는 하나님의 의, 둘 중 하나로 설명할 수 있다. 그것은 인간이 속해 있거나 또는 속해지기를 희망하는 상태로서 인간에게 속한다. 그리고 그것은 속성으로서, 그리고 그 속성이 행사되는 행위로서 하나님에게 속한다"("'Righteousness,'" 218-19). 또한 네 가지 관련된 관점으로 구별하는 N. T. Wright도 보라. 즉, 의로운 행동, 특히. 올바른 관계; 법정의 상황; "행동으로 계시된 하나님의 속성"(특히 언약의 맥락에서); 우주적—언약의 신실함의 핵심. Wright는 나중에 하나님께서 두 가지 의미로 자신의 의를 나타내신다고 주장한다. 즉, "언약적 신실함과 법정적 정의가 서로 빽빽하게 짜여있다"(942). 또한 (위에서 인용한) Irons, *Righteousness of God*, 205도 보라.

구약 가르침의 두 가지 마지막 측면은 바울의 적절한 주제 설정에 비추어 언급할 가치가 있다. 첫째, 위에 인용된 일부 본문, 특히 이사야 40~66장에서 계시하듯이, 하나님의 의의 계시에 관한 예언이다—그의 목적에 "열방" 또는 이방인을 포함함. 이 주제는 특히 로마서와 같은 편지에 적합하다. 따라서 하나님의 백성 안에 이방인을 포함시키는 것에 초점을 맞춘다. 둘째, 이사야와 다른 선지자들은 하나님께서 자신의 백성 이스라엘을 위해 자신의 의로 행동하실 것이라고 예언한다. 하나님의 구원이 백성의 순종이나 의와 관련되는 곳이 있지만, 하나님의 의와 관련한 믿음에 대한 언급은 사실상 존재하지 않는다. 이 연결을 만들기 위해 "의"와 믿음을 연결하는 다른 구약 본문(합 2:4, 창 15:6)을 적절하게 사용하는 것은 바울의 몫이다.

바울의 디카이오쉬네 데우 사용에 관한 또 다른 증거는 신·구약 중간기의 유대교 텍스트들에서 발견된다. "캐제만 학파"가 기독교 이전에 이 표현을 기술적이고 묵시적으로 쓴 가장 분명한 증거로 꼽기 때문에, 특별히 중요한 것은 사해 두루마리 11장인 "제자 훈육 입문서(The Manual of Discipline)"(1QS)다.[293] "하나님의/그의 의"가 이 11장에서 다섯 번 나온다.[294] 뿐만 아니라 일부 학자들은 두드러지게 바울의 신학을 예상하고 있는 것이라고 주장하면서, 이 하나님의 의가 이 다섯 절 가운데 4개의 절에서 인간의 칭의를 위한 기초가 된다고 말한다.[295] 하지만 이 마지막 논지는 의문의 소지가 많다. 히브리어 미쉬파트(*mišpāṭ*)를 "칭의"로 번역하는 데는 문제가 있으며, 사해 두루마리 전체를 통한 율법의 강조는 바울의 가르침과는 완전히 다른 분위기를 조성한다.[296] 또 "하나님의 의"라는 표현의 사용이 구약의 가르침에서의 진일보를 시사하지도 않는다. 1QS 11장에서 하나님의 의는 아마도 "자비" 또는 "구원하시는 신실함"을 뜻할 것이며, 사해 두루마리의 다른 곳에서는 다른 의미로 쓰이고 있어 이 표현이 어떤 고정된 의미를 가지고 있지 않았

293. Stuhlmacher, *Gerechtigkeit Gottes*, 165-66.

294. צדקת אל; ll. 3, 5, 14 및 15에서 3인칭 단수 대명사 접미사 형태; l. 14에서 צדקת אמתו("그의 진리의 의")을 보라

295. S. Schulz, "Zur Rechtfertigung aus Gnaden," 106-7; Dahl, *Studies in Paul*, 97-100.

296. E. P. Sanders, *Paul and Palestinian Judaism*, 308-12; Fitzmyer, "Biblical Basis of Justification," 201; 또한 O. Betz, "Rechtfertigung in Qumran," 36을 보라.

다는 것을 증명한다.[297] 상황은 이 표현이 나오는 문서로 기독교 이전에 기록되었을 가능성이 있는 다른 텍스트들(1QM 4:6; T. Dan 6:10[298]; 에녹 1서 71:14; 99:10; 101:31)에서도 마찬가지다. 예를 들어, 에녹 1서(1 Enoch)에서 "하나님의 의"는 하나님의 신실하심(71:14)을 가리키며, 평행적으로 단순한 "의"(참조. 71:16), 하나님의 도덕적 제약(99:10) 그리고 하나님의 자비로운 사역(101:3)이 나온다. 이 모두에서 "캐제만식" 접근법의 핵심적인 가정 가운데 하나인 "하나님의 의"는 고정된 묵시적 전문용어(terminus technicus)라는 가정을 증명할 만한 것이 거의 없다.[299] 또 신약이 디카이오쉬네 데우를 전문용어로 해석할 수 있는 어떤 근거도 제공하지 않는다. 이 표현은 바울 서신 이외의 본문에서는 두 번 밖에 나오지 않는데, 그것도 바울의 의미와는 다른 뜻으로 나온다(마 6:33; 약 1:20).

2. 바울 서신에 나오는 "의롭게 하다", "의" 그리고 "의로운"

1. "의"(Dikaios)와 다른 용어들

70인역에 나오는 이 단어의 빈도와 비교하면 바울 서신에서 디카이오스(dikaios)의 17회 사용은 미미한 감이 있다. 70인역에서처럼 바울이 "마땅한 일"을 가리키기 위해 이 단어를 쓸 수는 있지만(엡 6:1; 빌 1:7; 4:8; 골 4:1), 이것을 70인역에서의 관례처럼 하나님 보시기에 "의로운" 사람을 나타내기 위해 쓰는 경우는 드물다. 바울이 이 단어를 그러한 의미로 쓸 때는 법정적 용어의 뉘앙스가 다시 표출된다(참조. 롬 1:17; 2:13; 3:10; 5:19; 갈 3:11). 어떤 사람이 "의로운" 것은 하나님을 기쁘시게 만드는 행동 때문이 아니라 예수 그리스도에 대한 믿음 때문이다. 하나님

297. E. P. Sanders, *Paul and Palestinian Judaism*, 308-9, Pryzybylski, *Righteousness in Matthew*, 13-38.

298. Soards ("Kasemann's 'Righteousness' Reexamined," 264-67)는 그의 해석을 뒷받침하기 위해 T. Dan 6:10에 대한 Käsemann의 호소에 이의를 제기한다.

299. Lohse, "Gerechtigkeit Gottes," 14-15, 21-24; Guttgemanns, "'Gottesgerechtigkeit' und strukturale Semantik," 63-82; E. P. Sanders, *Paul and Palestinian Judaism*, 494. Stuhlmacher는 자신의 논문에서 이 점을 지나치게 강조했음을 인정한다 ("Apostle Paul's View of Righteousness," 91각주 16을 참조).

이 "의롭다"는 말이 여러 번 나오고(살후 1:5, 6; 딤후 4:8), 율법이 그렇다는 말도 나온다(롬 7:12). 바울은 로마서에서 *dik*-어근으로 하는 다른 단어를 여러 개 쓰는데, 이들 역시 일반적으로 법정적 성격을 갖는다. 디카이오마("의로운 법령"; 참조. 1:32; 2:26; 5:16, 18; 8:4); 디카이오시스("의롭다 하심"; 참조. 4:25; 5:18); 디카이오크리시아("의로운 심판"; 참조. 2:5); 엔디코스("의로운"; 참조. 3:8)가 그것들이다. 단어 아디키아("불의") 와 아디코스("불의한")는 부정(alpha -privative) 접두사(우리와 매우 유사한 "un-")와 함께 예상대로 하나님이 정죄하시는 행동을 나타낸다(1:18[두 번], 29; 2:8; 3:5; 6:13). 그러나 하나님 편에서 "올바른 행동"을 하지 않았다는 주장을 가리킬 수도 있다(9:14).

2. "의롭게 하다"(Dikaioō)

바울 서신에서 의롭다 하시는 분은 항상 하나님이요 의롭다 하심을 받는 것은 사람이다(전승의 구절일 것으로 보이는 딤전 3:16은 제외한다). 우리가 보았듯이, 70인역은 무죄 판결을 내리는 법정적 판결인 "의롭다고 선언하다"라는 의미에서 *ṣdq*의 히필형의 번역으로 동사 디카이오오를 사용한다. 어떤 한 사람이 "하나님 앞에서 의롭다 하심을 얻다"(2:13)는 바울의 주장, 바울이 "정죄하다"를 디카이오오의 반대말로 사용한 것(8:33-34), 그리고 그의 로마서 8:33에서의 이사야 50:8에 대한 암시는 바울이 법정적 의미에서 이 동사를 사용한다고 제안한다.

N. T. 라이트(Wright)는 이 동사의 법정적 의미를 주장하면서 그 의미를 언약의 맥락에서 해석한다. "의롭다 함을 받은" 것은 이방인을 포함하는 데 특별한 초점을 두고 하나님의 백성의 일원으로 선언되는 것이다. 이 선언은 이미 존재하는 실재를 인정하는 것이다. 즉, 사람들을 언약 안으로 옮기는 것은 하나님의 "부르심"이며, 칭의를 통해 누가 안에 있고 누가 밖에 있는지 알 수 있다. 그러나 구약과 바울 서신에서 이 동사를 사용한 것은 이 단어가 "하나님의 백성으로 포함되는" 것을 의미한다는 개념에 대한 근거를 거의 제공하지 않는다.[300] 물론 의롭게 된다는 것은 하나님의 백성의 일원이 된다는 것을 의미하지만, 이 단어 자체가 단순

300. Westerholm은 매우 직설적으로 이렇게 말한다. "그러므로 '의'는 그 성격상 언약의 구성원이 되는 것을 의미하지 않으며 의미할 수도 없다(*cannnot*)." (*Justification Reconsidered*, 63).

히 이것을 의미하는 것은 아니다. 사이먼 개더콜(Simon Gathercole)이 주장하듯이 "믿음으로 말미암는 칭의 교리의 내용(content)은 그 범위(scope)와는 구별되어야 한다."[301] 하나님의 백성의 구성원이 되는 것과 칭의는 밀접하게 관련되어 있지만 동일하지는 않다. 전자는 끝에서 두 번째고 후자가 궁극적으로 첫 번째가 된다. 그리고 로마서 5:1과 9절과 같은 구절은 바울이 칭의를 하나님 앞에 받아들여지는 데 기초가 되는 것으로 보고 있음을 시사한다.[302]

디카이오오의 엄밀한 법정적 의미는 종교개혁 자체 이후로 개신교 신학의 특징이 되었다. 물론 대부분의 로마 카톨릭 해석자들은 이 단어의 "법정적으로만 가능한" 의미를 결코 받아들인 적이 없으며, 그것이 단지 법적 의미일 뿐만 아니라 "실제적으로" 또는 "효과적으로" "옳게 만드는 것"을 의미한다고 주장한다.[303] 다양한 신학적 전통에서 나온 상당수의 최근 해석자들이 변화의 요소를 포함하도록 칭의의 범위를 확장하면서 거의 동일한 주장을 펼쳤다.[304] 바울은 적절한 윤리적

---

301. Gathercole, "Justified by Faith," 156. Wright의 견해와 그에 대한 반응에 대한 자세한 내용은 D. Moo, *Galatians*, 54-56를 보라.

302. N. T. Wright의 칭의에 관한 초기 저작에서 그는 칭의가 개종을 통해 이전에 확립된 관계의 선언이라고 주장하면서 개종과 칭의를 분리했다 (268; 또한 *What Saint Paul Really Said*, 113-33; *Paul: In Fresh Perspective*, 111-13를 보라). 물론 칭의를 기술하는 이러한 방식은 종종 이런 방식으로 문제를 개념화하는 종교개혁 전통과 상당한 공명을 갖고 있다. 그러나 Wright와 대조적으로 종교개혁 전통은 칭의가 개종 자체와 밀접하게 관련되어 있다고 올바르게 지적한다. "이동"의 실제 지점(Sanders의 "안에 머물기")이 아니라면 분명히 그것과 관련이 있다(예를 들어, 롬 5:1, 9; 고전 6:11 참조) (이 점에 관해서는 예를 들어, Piper, *Future of Justification*, 39-44; Gathercole, "Doctrine of Justification," 228-31을 보라). 칭의와 회심의 분리에 대한 이러한 주장은 Wright의 최근 작업에서는 뚜렷하지 않다(예를 들어, *Justification*). 칭의에 대한 Wright의 견해에 대한 광범위한 비판은 특히 Gathercole "Doctrine of Justification"; Bird, "Justification as Forensic Declaration," 115-16; 같은 저자, *Saving Righteousness of God*, 113-54; R. S. Smith, *Justification and Eschatology*, 89-92; O'Brien, "Was Paul a Covenantal Nomist?" 286-95; Piper, *Future of Justification*을 참조하라.

303. 예를 들어, 트리엔트 공의회는 칭의에 대해 다음과 같이 말한다. "단순히 죄 사함을 받는 것이 아니라 성화와 속사람이 새롭게 됨이니라"(7장). Fitzmyer, "Biblical Basis of Justification," 208; Amiot, *Key Concepts*, 122-23; Cerfaux, *Christian in Theology*, 392, 424-27; Prat, Theology, 2.247, 249을 보라; 그리고 Barth의 모든 동의에도 불구하고, Küng, *Justification*, 208, 213을 보라.

304. 칭의의 변화시키는 능력은 은사와 능력 둘 모두의 측면에서 "하나님의 의"에 대한 Käsemann의 유명한 정의(예를 들어, "Righteousness of God,'" 168-82를 보라)의 중요한 부분이며 그의 추종자들에 의해 채택되다. 예를 들어 Stuhlmacher는 이렇게 말한다. "그가 말하는 칭의는 신자의 지상 생활, 믿음의 시작에서 끝까지 가는 새롭게 변화되는 과정이다"(강조는 Stuhlmacher의 것이다; "Apostle Paul's View of Righteousness," 72; 또한 *Biblische Theologie des Neuen*

행동을 언급하기 위해 구약 및 다른 신약 저자들과 연속하여 관련된 단어 디카이오쉬네를 확실히 사용한다(예를 들어, 롬 6:13, 16, 18, 19, 20; 엡 5:9; 딤전 6:11; 참조. 마 5:20; 눅 1:75; 행 10:35; 약 1:20). 그러나 이러한 본문들이 바울서신의 "칭의" 개념에 통합되어서는 안 된다. 우리는 여기서 근본적인 방법론적 문제에 직면하게 된다. 즉, 바울서신의 칭의 개념(concept)을 구성하는 데 있어 바울의 어떤 *dik*- 언어의 사용이 구성 요소가 되어야 할까? 바울은 간결함을 위해 "도덕적"인 것과 "법정적"이라는 두 가지 의미론적 범주의 *dik*- 언어를 사용한다. 바울이 디카이오쉬네를 사용한 대부분의 경우 동사의 기본적인 의미론적 영향력을 반영하며, "의롭게 하다"라는 행위 또는 판결이 부여하는 의의 상태를 나타낸다.[305] 이러한 범주를 병합하는 것은 실수인 것이다.

바울은 12:1-15:13에서 분명히 밝히고 있듯이 로마 교회 교인들의 속성의 변화에 확실히 관심을 기울이고 있다. 그러나 이러한 관심이 칭의의 일부(part of)여야 한다고 주장하는 것은 이러한 변화가 칭의와 자연스럽게 버무려져야만 이것이 기독교인이 되는 의미의 일부가 될 수 있다고 가정한다. 종교개혁 전통에 서있는 칼빈과 다른 많은 사람들을 필두로, 우리는 "그리스도 안에" 있는 우리라고 하는 존재의 불가피하고 필요한 결과로 간주함으로써 법정적 칭의를 변화와 연결한다면 바울이 말하고자 한 것에 훨씬 더 나은 정의를 제공한다고 생각한다. 로마서에서 분명히 명시적으로 가르치지는 않았지만, 그리스도와의 연합이 분리할 수 없지만 구별할 수 있는 이 두 가지 유익을 가져온다는 생각이 분명히 암시되어 있다

Testaments, 2.332-34를 보라). 법정적 측면과 변화시키는 측면을 모두 포함하는 칭의에 대한 폭넓은 이해는 종교개혁 이전에 널리 퍼져 있었다(예를 들어, 아우구스티누스). 이러한 견해는 Schlatter의 연구(예를 들어, Theology of the Apostles, 248-50)에서 암시되었으며 최근 학문에서 널리 퍼지고 있다(예를 들어, Jüngel, *Justification*, 208-11; Garlington, *Faith, Obedience, and Perseverance*, 155-61; Gorman, *Inhabiting the Cruciform God*, 48-57; idem, *Becoming the Gospel*, 218-57).

305. N. T. Wright, *Paul and the Faithfulness of God*, 2.945-46. 따라서 칭의에 대한 법정적 관점만을 (일반적으로 행해지는 것처럼) "합법적인 허구"로 비난하는 것은 근본적인 의미론적 오류다. "의롭게 되다"라는 하나님의 "말씀"은 새로운 법정적(forensic) 현실을 창조하는 강력하고 효과적인 언어 행위다 (예를 들어, Thiselton, *First Corinthians*, 455을 보라). Blocher가 말했듯이 "판사의 판결은 법정적 영역에서 실제 상황을 바꾼다"("Justification of the Ungodly," 494). Bultmann은 그러한 비판이 바울서신에서의 의가 윤리적이라는 오해에 근거한다는 점을 지적하면서 언젠가 이 점을 지적다 (*Theology of the New Testament*, 1.267).

(3:21-26 및 4:5를 6:1-14와 비교해 보라). 칭의가 아니라 그리스도와의 연합이 바울 신학의 중심에 놓여있다. 그러나 법정적 칭의는 믿음으로 그리스도께 속한 사람들이 받는 가장 중요하고 중요한 혜택 중 하나다.[306]

구약에서 모세 언약이 개시된 후, 하나님께서 그의 백성에게서 찾으시는 "의"는 율법을 따른다고 하는 관점에서 정의된다. 그러나 바울은 그의 가장 잘 알려져 있고 가장 두드러진 강조점 중 하나는 하나님이 "행위"(롬 4:2)나 "율법의 행위"(롬 3:20, 28; 참조. 갈 2:16)가 아니라 믿음으로[307] 사람들을 의롭게 하신다고 주장한다. 우리가 다른 곳에서 주장하는 것처럼(1:5 및 3:28에 대한 우리의 주석을 보라) 이러한 대조는 칭의가 "오직 믿음으로"(sola fide)라는 전형적인 종교개혁 슬로건을 정당화한다. 이 강조는 집약적이면서 광범위한 중요성을 갖는다. 한편으로는, 믿음은 하나님께서 죄로 가득한 인간의 절망적인 상태를 완전히 깨뜨리는 수단인 은혜와 복음과 연결되어 있다. 다른 한편으로는, 어떠한 민족적 정체성에 얽매이지 않는 믿음을 유대인과 이방인 모두가 똑같이 요구받는다. 칭의는 믿음에 의한 것이지 (인간의) 행위에 의한 것이 아니다. 또한 믿음으로 말미암는 것이지 (유대인의) 율법의 행위로 말미암는 것이 아니다.[308]

마지막으로 칭의의 때가 언제인지를 고찰해보자. 바울은 로마서에서 결정적인 최초의 칭의를 확언하는 것으로 보인다(롬 5:1, 9; 참조. 8:30). 바울은 사람이 믿음으로 인해 그리스도와 연결되는 순간에 구원에 대한 결정적인 판결이 일어난다고

306. 학자들은 바울 신학에서 그리스도와의 연합과 칭의(또는 "참여주의"와 "법정적" 범주) 사이의 관계에 대해 논쟁한다. 그리스도와의 연합은 바울에게 더 근본적일 수 있지만, 법정적인 의미를 포함하여 그리스도 사건에 대한 다양한 다른 사고 방식을 포함하는 매우 일반적인 범주이기도 하다(특히, Gaffin, "By Faith, Not by Sight," 35-41을 보라). 하나님 앞에서 우리의 법적인 정죄가 지워지기 전에 그리스도와의 연합을 상정하는 문제(예를 들어, 칭의를 그리스도와의 연합의 결과로 만드는 것; 예, Horton, *Covenant and Salvation*, 147을 보라)는 우리가 하나님의 단일 사역 내에서 "칭의"(여기서 이 용어를 매우 광범위하게 사용하여)의 두 단계를 상정하면 답을 얻을 수 있다. 그 첫 번째는 (우리의 중생의 기초인) 우리의 법적인 빚을 그리스도께서 지불하시는 것과 관련된 것이고, 두 번째는 (그리스도와의 연합에서 비롯된) 우리의 실제적인 칭의이다 (Blocher, "Justification of the Ungodly," 497-98).

307. 바울은 동의어로 보이는 몇 가지 표현을 사용한다. *ἐκ πίστεως*(롬 3:30; 5:1; 갈 2:16; 3:8, 24); *πίστει*(롬 3:28); *ἐκ πίστεως, διὰ τῆς πίστεως*(롬 3:30).

308. 이러한 논란의 여지가 있는 점에 대한 추가 논의는 3:20에 대한 우리의 설명과 3:20 이후의 부설을 참조하라.

주장한다. 이것이 사실이라면 바울의 칭의는 이 구원 성취에 관한 "이미와 아직"의 스펙트럼에서 "이미"의 영역에 속한다고 생각하는 것이 자연스럽다.[309] 하지만 로마서의 몇몇 텍스트는 바울이 칭의를 어떤 의미에서 미래의 "마지막 때" 현상으로, 기본적으로 최종 심판과 동일한 것으로 생각할 수 있다고 암시한다. 칭의의 미래적인 측면에 대해 암시하는 본문으로 확인된 것에는 2:13, 5:19 및 8:32이 있으며, 3:20, 28절은 그에 비해 조금 덜하다.[310] 이들 각각의 본문은 합법적으로 논쟁이 되며 그 자체로는 바울서신에서 칭의의 미래적인 요소를 찾는 것을 정당화할 수 없다. 그러나 갈라디아서에서의 상황은 다르다. 갈라디아서는 칭의의 최종적인 측면이 훨씬 더 강력하고, 내 생각에는, 설득력이 있다.[311] 그리고 우리가 위에서 보았듯이 칭의에서 미래적인 요소는 전형적인 유대인의 견해와 일치할 것이다.[312] 그러므로 바울의 칭의는 "이미"와 "아직"이라는 두 가지 측면을 모두 가지고 있는 것이다.[313] 기독교인들은 마지막 날에 "그 안에서 발견되려 함이니… 내가 가진 의는… 오직 그리스도를 믿음으로 말미암은"(빌 3:9) 자가 되길 소망한다. 리델보스(Ridderbos)는 이러한 문제를 제대로 제시한다. 한편으로는, "미래의 의는 이미 나타난 것 외에는 다른 것이 아니다." 따라서 "어떤 것도… 그 성취의 성격

309. 나는 이 견해를 본 주석 1판에서 취했다(p. 298). 칭의가 "이미"라고 주장하는 다른 학자들은 예를 들어, Fung, Galatians, 232-35; Venema, *Gospel of Free Acceptance*, 257; VanLandingham, *Judgment and Justification*, 317-18; Fesko, *Justification*, 320-24가 있다.

310. 이 후자의 두 본문에 대해서는 Dunn, "Jesus Judge," 401-2를 보라.

311. D. Moo, *Galatians*, 60-62. 이 점에서 갈라디아서와 로마서의 대조는 각 교회의 상황과 관련이 있다. 선동가들이 만들어 놓은 갈라디아 교회 상황으로 인해 바울이 의의 연속과 궁극적인 의롭게 함에 대한 경고에 초점을 맞출 필요가 있는 갈라디아서("아직")와 대조적으로, 로마서는 확신의 근거로써 현재의 결정적인 칭의 행위에 초점을 맞추고 있다("이미"). 칭의의 "이미"와 "아직"은 "믿음으로 의롭다 함을 받음"/"행위에 따라 심판받음"이라는 긴장과 중요하게 겹친다. 대부분의 칭의 논쟁에도 적용되는 이러한 선택사항에 대한 연구는 Ortlund, "Justified by Faith," 323-39를 보라.

312. 또한 신약에서 마 12:37; 약 2:21-25을 보라. Gathercole은 유대 문헌에서 이 미래에 "들어가는 것"의 중요성과 이러한 논쟁에서 상대적으로 도외시되는 것에 주의를 기울인다(Where Is Boasting? 113-19).

313. 칭의의 미래적인 측면은 종교개혁 주류의 견해는 아니지만 언제나 이 전통을 옹호하는 자들이 있다(Gaffin, "*By Faith, Not by Sight*"을 보라). 최근의 학문은 이 견해를 향한 약간의 움직임을 보인다 (예를 들어, O'Brien, "Justification in Paul," 90; Rainbow, *Way of Salvation*, 155-74; Gaffin, "By Faith, Not by Sight"; Beale, *New Testament Biblical Theology*, 497-524; Schreiner, *Faith Alone*, 231-38을 보라).

과 그 안에 있는 구원의 확신에서 분리시키지 못한다." 그러나 다른 한편으로는, "그리스도 안에서 주어진 모든 참된 것은 칭의에 적용되며, 여기서 우리는 결론이 났고 해결되었으므로 우리가 '우리 뒤에' 남겨둘 만한 문제를 다루고 있지 않다."[314] 따라서 칭의에 관한 결과적인 관점은 "미래"의 칭의가 성취하는 의로움에 관한 다소 변증법적인 합리적 질문을 열린 채로 남겨둔다.[315] 그러나 우리가 그것을 어떻게 이해해야 하는지에 대해, 나는 (1) "최초의" 칭의가 분명하게 바울서신에서 "결정적인" 측면을 가지고 있음을, 그리고 (2) 우리가 말하는 칭의의 "순간"이 무엇이든 간에, 긍정적인 판결은 항상 "그리스도 한 분으로 인해" 그리고 "오직 믿음으로" 인한 것임을 강조한다.[316]

바울은 디카이오오를 사용함에 있어 구약과 유대교에 빚을 지고 있음에도 불구하고 세 가지 중요한 면에서 일반적인 구약/유대 용법과 다르다. 첫째, 구약에 따르면 재판관이 내린 판결은 사실과 일치해야 했다(특히 출 23:7; 왕상 8:32 참조). 그러나 "경건하지 아니한 자를 의롭다 하시는 이"(롬 4:5)가 바울 교리의 핵심이다. 죄의 심각성을 깨닫고 그리스도 안에 나타난 하나님의 절대은총을 지키려는 바울의 관심은 만약 인간이 자신에 대해 스스로 판단한다면 결코 하나님의 의롭다 하심을 받을 수 없음을 보여 준다. 하나님이 사실에 반하여 "불의하게" 행동하시는 것이 아니라 하나님의 의롭다 하심은 예수의 죽음에 대한 속죄하는 속성과 그로 말미암아 획득한 그의 의를 포함하여 더 많은 사실을 고려하는 것이다.[317]

둘째, 유대인의 견해는 "칭의"의 판결이 심판 때만 선고된다는 것이다.[318] 실제

---

314. *Paul*, 166.

315. Beale은 (부분적으로 부활을 통한) 공개적인 입증이 최종 칭의의 초점이라고 생각한다 (*New Testament Biblical Theology*, 497–524).

316. 그러므로 미래적인 칭의의 중요성과 그 칭의에서 자유로울 수 있는 은혜로 채워지고 성령이 부어진 "행위"의 필요성에 대해 N. T. Wright과 동의하지만 (예를 들어, *Paul and the Faithfulness of God*, 2.1026–32; idem, "Justification," 60–62을 보라), 나는 이 행위가 결코 긍정적인 판결의 **기초**(*basis*)가 되는 것이 아님을 분명히 하고 싶다. 이 전통은 종종 성경적 그림에 더 가깝지만, 믿음, 은혜, 행위 사이의 유기적 연결을 놓치는 것에 대해 여전히 비판을 받는 "증거"의 언어를 사용한다.

317. C. S. Lewis는 절대 정의에 대한 마녀의 주장과 "심오한 마법" 사이의 구분에서 이 개념을 지혜롭게 포착한다(Lion, 153–63).

318. 예를 들어, 사 43:9; 45:25; 50:8; Bultmann, *Theology*, 1.274–75을 보라. 신약 에서는 마 12:37과 아마도 약 2:20–26이 이 용례에 대한 증거가 있을 것이다(D. Moo, *James*, 141–44을 보라).

로 E. P. 샌더스는 유대 문헌에서 사람들을 이생에서 "의인"이라고 말하는 빈도를 언급하면서 이에 대해 이의를 제기한다.[319] 그러나 이 유대 문헌들에서 "의인"이 의미하는 것은 바울이 의미하는 것과는 다른 것이다. 더욱이 언약 안에 머묾의 상태로써 율법에 대한 순종의 중요성을 강조하는 샌더스 자신의 주장은 유대 신학에 따른 최종 판결이 심판 때까지 내려질 수 없음을 함축적으로 보여 준다. 그러나 바울은 최종 판결을 현재로 옮겨온다(그러나 모든 종류의 미래적인 칭의 행위를 제거하지 않는다 - 위를 참조하라). 죄인이 그리스도 안에 믿음을 두는 순간, 그 사람은 의롭게 된다. 최종 판결은 신약의 "개시된 종말론"의 특징적인 예에서 그 사람의 현재 경험으로 다시 읽혀진다.

셋째, 복음에서 죄인에게 주어진 칭의는 "무죄"를 넘어서서 죄인을 하나님과의 관계에 두어 **모든**(*all*) (미래와 과거의) 죄를 설명한다.

3. "의"(Dikaiosynē)

바울의 의의 언어에 대한 가장 실질적인 어휘적/신학적 연구에서 존 지슬러(John Ziesler)는 동사 디카이오오가 좁은 법정적 의미를 갖지만 명사 디카이오쉬네는 법정적 및 도덕적 의의 결합을 의미한다고 주장한다.[320] 그러나 이러한 명확한 구별로 인해 추종자들은 거의 없다. 그리고 이것이 당연한 것이다.[321] 명사와 동사(그리고 일부 형용사도 포함)는 그러한 구분이 의미가 없을 정도로 너무 많이 겹친다. 따라서 명사는 종종 동사의 작용에 의해 생성된 상태를 나타낸다. 즉, "의롭게 된" 사람들은 "의"의 지위를 누린다. 그러나 위에서 언급한 것처럼 디카이오쉬네는 로마서에서 윤리적 의를 의미하기도 한다(특히 6:13, 16, 18, 19, 20; 14:17[?]을 보라).

---

319. E. P. Sanders, *Paul and Palestinian Judaism*, 494.
320. Ziesler, *Meaning of Righteousness*; R. Longenecker는 이 구분을 로마서(174-75)와 갈라디아서(*Galatians*, 85) 모두의 언어에 적용한다.
321. 이 점에 대한 Ziesler에 대한 간략한 비판은 Reumann, "*Righteousness*," 56-59; Seifrid, "Righteousness Language," 442을 보라.

4. "하나님의 의"(dikaiosynē theou)

이 주석서의 1:17에 대한 주석에서 이 구절을 검토한다.

5. 로마서에서의 믿음으로 말미암는 칭의의 중요성

루터와 그를 따랐던 많은 개신교 해석자들에게 "믿음으로 말미암는 칭의"는 로마서, 바울 신학, 그리고 참으로 성경의 중심이 된다.[322] 그러나 이 문제에 대한 이러한 견해는 심각한 비판을 받았다. W. 브레데(W. Wrede)와 A. 슈바이처(A. Schweitzer)는 "칭의"가 유대 신학에 대항하기 위해 배치된 단순한 "보조 분화구" 또는 "전투 교리"라고 주장했다.[323] 많은 현대 학자들이 이에 동의한다.[324] 이러한 비평가들의 의견에는 충분히 일리가 있다. 바울의 많은 서신들은 칭의 자체를 거의 언급하지 않으며, 그 언어가 사용된 본문(갈라디아서, 로마서, 빌 3장)에는 유대인의 관점과의 대화와 토라에 대한 논쟁이 포함되어 있다. 따라서 이 교리는 분명히 논쟁적인 추진력을 가지고 있다. 그러나 칭의에 대한 바울의 가르침은 유대인 적대자들을 다루기 위한 보조적인 전략 이상이다. "의"라는 개념과 그것이 속하는 법정적 범주는 구약에서 중요하며, 따라서 이러한 용어로 그리스도 사건에 대해 설명하는 바울은 성경적인 핵심에 관심을 두고 있다.[325] 더욱이 칭의 교리는 절대적으로 중요한 지점에서 바울의 신학을 보호한다. 믿음으로 말미암는 칭의는 하나님께서 그리스도 안에서 죄로 가득한 인간을 위해 행하신 일이 전적으로 은혜의

322. 예를 들어, 칼빈(5): "전체 서신의 주요 주제는 우리가 믿음으로 말미암아 의롭다 하심을 받는다는 것이다… 인간의 유일한 의는 그리스도 안에 있는 하나님의 자비이며, 이는 복음으로 드려지고 믿음으로 받아들여질 때다." 로마서에서 칭의를 바울의 핵심 주장으로 계속해서 보는 일부 해석자는 예를 들어, Seifrid, *Justification*; O'Brien, "Justification in Paul," 78-85; Hubner, "Pauli Theologiae Proprium," 445-73; Reumann, "*Righteousness*," 185, 여러 곳.

323. Schweitzer, *Mysticism of Paul*, 205-26, 특히, 219-26; Wrede, *Paul*, 122-37.

324. 특히, E. P. Sanders (*Paul and Palestinian Judaism*, 434-42, 501-8); 그리고 또한 예를 들어, Gorman, *Inhabiting the Cruciform God*을 보라.

325. Porter, 92; 또한 F. Watson, *Paul and Hermeneutics of Faith*, 36-38; N. T. Wright, *Paul and the Faithfulness of God*, 2.1039을 보라. Schnelle은 Schweitzer와 Wrede가 바울의 견해의 기원과 중요성을 혼동한다고 비난한다.

문제라는 바울의 기본적인 확신을 인간론적으로 반영한 것이다(특히 3:24; 4:1-8, 16 참조).[326] 그렇다면 믿음으로 말미암는 칭의가 논리적인 의미에서 로마서나 바울의 사상의 중심이 아니라면, 다른 의미에서 칭의는 바울의 사상에서의 핵심, 추진력을 표현하는 것이다(더 깊은 논의는 서론의 "주제"를 참조하라).[327] 이런 점에서 종교개혁자들이 믿음으로 말미암는 칭의에 주의를 기울인 것은 그리 잘못된 것이 아니다.

326. Schnelle, *Theology of the New Testament*, 214; Wolter, *Paul*, 385을 보라.
327. 특히, Allen, *Justification and the Gospel*, 3-19 ("칭의가 모든 것을 말하는 있는 것은 아니지만, 특정한 본질적인 것에 대해서는 말한다," 15).

II. 복음의 핵심: 이신칭의
(1:18–4:25)

편지의 주제를 언급하는 부분(16-17절)에서, 바울은 복음으로 시작하여 그 복음이 가져다주는 구원으로, 그리고 그 복음 가운데 나타난 "하나님의 의"로 순식간에 넘어간다. 이제 로마서 1:18-4:25 본문의 첫 번째 주요 부분에서 바울의 관심을 사로잡는 것은 이 의의 계시다. "의"(디카이오쉬네)와 그 동족어인 "의롭다 하다"(디카이오오)와 "의로운"(디카이오스)은 이 단락에서 24번 나오는데, 이 부분의 핵심인 구절인 3:21-26에서 특히 두드러진다(6번). 그러나 또 하나의 어군이 그보다 훨씬 더 두드러진다. "믿음"(피스티스)과 그것의 동족 동사인 "믿다"(피스튜오)가 27번 나오며, 그것들은 항상 "의"나 "의롭게 하다"와 밀접하게 연관되어 나온다. 물론 단어의 빈도가 모든 것을 말해 주는 것은 아니지만, 이 경우에는 바로 그 통계를 보고 이 단락의 주제가 믿음의 의로 나타나는 하나님의 의임을 알 수 있다.

구약의 선지자와 시편 기자들은 하나님의 의가, 즉 만물을 바로잡는 그분의 "정해진 속성"이 마지막 날에 나타날 것이라고 예언했다. 그리고 바울 시대의 유대인들은 그들을 대신할 하나님의 이런 개입을 계속 고대하고 있었다. 바울은 그리스도의 복음 안에서 이 의의 도래를 선언한다. 바울은 또한 그의 시대에는 널리 받아들여지지 않은 이 의의 두 가지 측면을 강조하기도 한다. 첫째, 하나님의 의는 하나님 편에서 전적인 은혜로 주시는 행위이기 때문에 오직 믿음에 의해서만 경험될 수 있다는 점이다. 둘째, *누구든지*(*anyone*) 유대인이든 이방인이든- 완전히 똑같은 조건에서 그것을 경험할 수 있고 경험할 *필요*(*needed*)가 있다는 점이다. 바울이 보기에 하나로 얽혀 있는(3:28-30에서 그가 주장하듯이 하나님이 모든 자의 하나님이기 위해서는 하나님의 의가 모든 자에게 같은 기준으로 제공되어야 하기 때문에) 이러한 점들이 바울이 로마서의 이 부분에서 로마 교회에 주지시키고자 하는 것들이다. 그 주장은 "유대교와의 대화" 형식을 취한다.[1] "디아트리베"의 문학적 문체를 사용하여(2:1

1. 특히, Beker, *Paul the Apostle*, 78-83을 보라.

의 해설을 참조하라), 바울은 유대인의 대표자로서 그의 대화 상대자에게 말한다(2:17-29; 암시적으로 나타나는 것으로 보이는 2:1-5을 참조하라). 더욱이, 율법과 할례의 문제가 토론의 대부분을 차지한다. "의"라는 언어 자체가 구약-유대교에 속하는 말이다. 심지어 바울의 인간에 대한 고발(1:18-3:20)에서도 유대인에게 집중한다(2:1-3:20). 우리가 서론에서 주장하는 바와 같이, 바울이 여기서 유대교와 대화한다고 해서 그의 청중이 주로 유대인이라는 뜻이 아니다. 바울은 참으로 여기에서 로마에 있는 유대 그리스도인 소수자들을 염두에 두고 있을 것이다.[2] 그러나 바울은 이 로마의 기독교 공동체가 자신의 복음을 이해할 수 있도록 이 대화에 귀를 기울여 주기를 바라고 있는 것이다. 이 단원에서 바울이 주장하는 요지들은 그가 선교 활동을 하는 동안 줄곧 싸우며 지켜야 했던 것들이다. 그렇기 때문에 "이방인의 사도"가 아무런 접촉이 없었던 기독교인들에게 그의 복음을 설명할 때 바로 이 요지들을 강조한다는 것은 하나도 이상하지 않다.

A. 죄의 보편적 지배(1:18-3:20)

믿음으로 말미암은 의. 즉, 이신칭의가 1:18-4:25까지의 초점이라는 우리의 주장은 1:18-3:20까지에서 나오는 통계 수치에 비추어 볼 때 이상하게 들릴지도 모른다. 왜냐하면 "의"라는 단어가 겨우 여섯 번 나오고, 믿음 또는 믿는 것을 가리키는 말이 고작 두 번 - 그것도 인간의 믿음과 상관없이 - 나올 뿐이기 때문이다. 사실 3:21에 와서야 "믿음으로 말미암은 의"가 중심적인 것이 되며, 1:18-3:20까지에서는 죄, 진노 그리고 심판이 중앙 무대를 점한다. 바울은 3:21에서 "이제는 율법 외에 하나님의 한 의가 나타났으니…"라고 1:17을 되풀이함으로써 1:18-3:20은 하나님의 의에 대한 그의 설명이 중단 삽입 부분이었음을 은연중에 시인한다.

2. 특히, Lincoln, "From Wrath to Justification," 130-59을 보라. Longenecker 또한 로마서의 이 단원에서 유대적인 색채를 강조한다. 그는 바울이 (믿음에 대해서 예루살렘-지향의 형태에 노출된) 로마 교회의 기독교인들이 이미 가지고 있다는 것을 알고 있는 유대-기독교 버전의 복음을 연습하고 있다고 생각한다. 그러므로 그는 로마서 5-8장에서 이방인을 향한 방향으로 "그의" 복음을 나눌 방법을 준비한다(예를 들어, pp. 192-99를 보라).

이 중단은 무슨 까닭인가? 이 단계적인 인간에 대한 고발의 목적은 무엇인가? 혹자는 "하나님의 진노가 나타남"은 복음 증거의 결과이며, 따라서 1:18-3:20은 3:21-4:25에 못지않은 "복음"이라고 생각한다(아래의 18절 해설을 보라). 그러나 바울이 심판이 내려질 것에 대한 경고를 그의 복음 증거에 포함시킬 생각을 하고 있음이 분명하다고는 해도(2:16),[3] 그가 대체로 "복음"이라는 말을 긍정적으로 쓰고 있음을 볼 때 우리는 하나님의 진노와 심판을 복음의 **일부**(*part of*)로 생각할 수 없다.

우리는 1:18-3:20을 바울이 하나님의 의의 복음에 관해 설명하는 일부로 보기보다는, 그 설명의 준비로 고려해야 할 것이다. 그러나 이 의에 관해 바울이 강조하고 싶은 것을 로마 교회가 받아들일 수 있도록 하기위해 꼭 필요한 준비가 된다. 죄가 바울이 이 단원에서 개진하는 바와 같은 지배자로 군림하는 세력으로 보이는 경우에만(참조. 3:9), 어떻게 하나님의 의가 그것을 겸손하게 선물로 -한마디로 말해서 믿음으로- 받음으로써만 경험될 수 있는지가 분명해질 것이기 때문이다. "자신이 무가치한 자임을 인정할 준비가 되어 있는 사람만이 은혜를 주시는 분에게 믿음을 둘 수 있다."[4] 그리고 유대인도 이방인과 다름없이 이 죄의 구속력에서 벗어날 수 없다는 것을 이해해야만 모든 사람이 하나님의 의를 경험할 필요가 있음이 분명해질 것이다. 이 문제를 바울 학자들이 자주 사용하는 용어로 표현하자면, 로마서의 이 부분에서 바울은 "곤경에서 해결에 이르기까지"라고 이름 붙인다. 그는 그리스도 안에서 하나님의 해결의 영광이 온전히 인식될 수 있도록 인간의 곤경을 암울하게 그린다. 이 패턴은 때때로 복음을 증거하는 **유일한**(*the*) 방법으로 간주된다. 그러나 바울은 종종 복음의 필요성을 먼저 설명함으로써 복음을 전할 수 있는 길을 열어야 한다는 아무런 암시도 없이 기록한다. 바울 자신의 경험은 의심할 여지없이 주로 "해결책에서 곤경에 이르기까지" 였다.[5] 다메섹 도상

3. Stuhlmacher는 1:18-3:20이 바울의 반대자들에게 그가 심판을 증거한다고(*does*) 확신시키는 목적이 있다고 주장한다("Paul's Understanding of the Law," 96).

4. J. Moffatt, *Grace*, 132.

5. 바울은 의심할 여지없이 다른 유대인들처럼 그가 개종하기 전에 인간의 필요에 대한 일반적인 감각을 가졌을 것이기 때문에 우리는 "주로"라고 말한다. N. T. Wright는 3단계 과정을 제안한다: 원래의 곤경-해결책-재현된 곤경(*Paul and the Faithfulness of God*, 2.747-50). F. Thielman은 바울 시대의 유대교에서 "해결까지의 곤경"의 순서가 잘 알려져 있음을 보여 준다(*From Plight to Solution*). 어쨌든 Anderson이 지적했듯이 바울 자신의 경험의 순서가 그의 복음 선포의 순서를 따르지는 않는다(*Paul's New Perspective*, 20-21).

에서 갑작스럽고 예상치 못한 그리스도와의 만남은 인간의 구원을 위한 하나님의 계획을 극적으로 드러냈다. 그런 통찰력에서 바울은 인간의 곤경의 깊이를 포함하여 모든 것을 재고해야 했다.

1:18-3:20에서 바울의 궁극적인 "표적"은 분명하며, 본문의 시작, 중간, 끝 부분에서 가장 명확하게 표현된다.

> 하나님의 진노가 "불의로 진리를 막는 사람들의 **모든**(*all*) 경건하지 않음과 불의"에 대하여 내린다(1:18)
> "악을 행하는 **각**(*every*) 사람의 영에는 환난과 곤고가 있으리니"(2:9)
> "유대인이나 헬라인이나 **다**(*all*) 죄 아래에 있다"(3:9)
> "모든 입을 막고 **온**(*whole*) 세상으로 하나님의 심판 아래에 있게 하려 함이라"(3:19)
> "그러므로 율법의 행위로 그의 앞에 의롭다 하심을 얻을 **육체가 없나니**(*no flesh*)"(3:20)

바울은 모든 사람을 고발한다. 즉, 모든 사람은 예수 그리스도의 좋은 소식을 통해, 해방시키는 하나님의 능력만이 그들을 구원할 수 있을 정도로 죄의 권세 아래 있다는 것을 알 수 있다. 그러나 모든 사람에 대한 바울의 고발에서 특히 유대인이 이 죄의 권세에 종속되어 있음을 보여 주는 데 심혈을 기울인다.[6] 바울의 논증은 일반적인 것에서 구체적인 것으로 그리고 다시 일반적인 것으로 옮겨간다:

> 모든 인간은 하나님의 진노 아래 있다(1:18)
> 특별 계시를 제외한 모든 인간은 "변명의 여지가 없다"(1:18-32)
> 유대인들 또한 "변명의 여지가 없다"(2:1-3:8)
> 모든 인간은 죄 아래 있고 자신의 상황을 바꾸는 데 무력하다(3:9-20)

그러므로 이 단원은 사실상 주로 이방인을 겨냥한 1:18-32과, 유대인에 치중

6. R. Dabelstein(*Beurteilung der "Heiden,"* 64-73)과 Davies(*Faith and Obediencein Romans*, 44-46)는 바울이 유대인과 이방인 사이가 아니라 "의인"과 "불의한 자" 사이를 결정적으로 구별하는 유대의 배경에 대항해 사역한다고 주장한다. 그러나 바울이 이 장 전체에 걸쳐 명시적으로 언급한 구별은 전자에 해당한다.

한 2:1-3:8로 크게 양분될 수 있다. 바울은 이 첫 두 단원의 각각에서 상대할 사람들이 필요로 하는 것들에 대응하는 논증을 신중하게 공식화했음이 분명하다. 바울이 이방인들을 고발하는 데 대해 그들은 하나님과의 관계를 바로 할 수 있는 기회가 자신들에게는 없다고 당연히 주장할 수 있을 것이며, 그래서 바울은 모든 사람이 하나님에 대해서 그리고 모든 인간을 위한 하나님의 뜻에 대해서 알 만한 지식을 가지고 있다고 역설한다. 더욱이, 유대인은 언약이라는 특권이 있기 때문에 자신들은 당연히 심판에서 면제된다고 주장할 수 있을 것이며, 그래서 바울은 그들에게 언약의 특권이 있는 것은 사실이지만 그들이 불순종으로 언약을 깨뜨렸기 때문에 그것이 심판 때에 그들에게 도움이 되지 않는다는 것을 증명한다.[7]

---

7. 1:18-3:20의 주제에 대한 우리의 이해는 전통적이지만, 최근들어 여러 다른 해석이 대안으로 개진되어 왔다. 예를 들어, J. Bassler는 하나님의 불편부당을 롬 1-2장의 중심 주제로 꼽으며, 어쩌면 1:16-3:20 전체의 중심 주제이기도 할 것이라고 주장하는 동향을 선도했다(*Divine Impartiality* 특히, 122-37, 154-65; 같은 저자, "Divine Impartiality," 43-58; 그녀의 조사 결과 가운데 몇 가지를 예상한 것이 M. Pohlenz, "Paulus und die Stoa," 73-74에 실려 있다). Bassler에 따르면 "이는 하나님께서 외모로 사람을 취하지 아니하심이라"고 하는 2:11이 1:16-2:29에서 이음매(hinge)가 되는 절이며, 불편부당이라는 주제가 이 단원에서 유대인과 이방인 모두를 강조하는 데서 반복하여 언급된다. 그리고 이 주제는 로마서에서 끝까지 계속 두드러지는 만큼, 신학적 기초에서 하나님의 불편부당도 로마서 전체를 통해 두드러지는 것으로 볼 수 있다.

Bassler와 그 밖의 유사한 견해를 가진 학자들은 이 단원에서 핵심이 되는 주제들 가운데 적어도 두 개의 주제, 즉 유대인과 헬라인의 동등성 및 심판의 근거로 편파성 없는 행위 기준이라는 것을 하나님의 불편부당이 뒷받침한다고 역설하는데, 그것은 바로 본 것이다. 하지만 하나님의 불편부당은 이 단원의 중심 주제가 아니라 바울이 유대인을 이방인과 같은 기반 위에 놓고, 그럼으로써 유대인도 이방인과 마찬가지로 하나님의 의가 필요하며 믿음을 통해서만 하나님의 의를 획득할 수 있다는 보다 폭넓은 결론을 내리기 위해 사용한 하나의 원리다. 특히 Bassler가 이 단원을 2:11에서 나눈 것은 몇 개의 언어적 유사점에 근거를 두고 한 것인데, 그 유사점들은 흥미롭기는 하지만 그녀의 논지를 세우기에는 불충분하다(특히, Longenecker, 155-57을 보라). 그리고 1:18-32에서 2:1로의 전환이 전통적인 구성상 문제가 되기는 하지만, Bessler 자신의 구도는 2인칭 단수를 신호로 하는 어조의 변화를 충분히 진지하게 받아들이고 있지 않은 단점이 있다(2:17도 보라). 롬 1:17과 3:21은 그 사이의 자료를 하나의 큰 단위로 묶어야 할 만큼 분명하게 평행적이다. 그 단위의 논증에서 자료 전체가 이끌어 가는 절정은 "다 죄 아래 있다"(3:9)와 "율법의 행위로 그의 앞에 의롭다 하심을 얻을 육체가 없나니"(3:20)라는 것이다. 하나님의 불편부당이 아니라 보편적인 인간의 죄가 1:18-3:20의 주제다.

D. A. Campbell은 "칭의 이론"(칭의에 대한 전통적인 법정적 이해)을 묵시에 집중된 "구원"으로 대체하려는 시도의 일환으로 매우 다른 종류의 접근 방식을 지지한다. Campbell의 이론을 바울의 증거에 맞추는 방법으로, 그는 1:18-3:20의 대부분을 바울이 반대하는 "교사" 에게 집중한다 (*Deliverance of God*, 519-600을 보라; 또한 간략한 요약에 관해서는, 같은 저자, "Beyond Justification in Paul," 90-104을 보라 (W. O. Walker Jr.는 또한 1:18-2:29가 바울이 아닌 저자의 삽입이라고 생각한다[*Interpolations*, 166-89]). Campbell의 견해를 뒷받침하는 프로소포에이

1:18-3:20은 모든 인간을 고발하지만, 바울의 기소의 구성과 상대적 비중은 유대인이 그의 주요 표적임을 드러낸다.[8] 결국, 이방인 중에는 하나님의 의가 필요하다는 것이 굳이 납득되야 하는 사람은 거의 없을 것이다. "하나님을 경외하는 자"를 제외하고는 성경에 나오는 하나님과의 관계를 뽐낸 이방인은 거의 없었을 것이기 때문이다. 그러나 유대인의 경우는 달랐다. 그들은 하나님의 백성이 아니었던가? 하나님은 이미 옛 언약을 통해 자신의 의를 그들에게 약속하시지 않았던가? 유대인들이 경건하지 않은 이방인들과 같은 절망적인 상황에 놓여 있다고 말할 수 있는가? 따라서 바울이 선교 사역을 하는 동안 자주 직면해야 했던 질문이 계속될 수 있다. 그리고 그렇기 때문에 바울은 유대인들이 이방인과 마찬가지로 죄의 권세에 종속되어 있으며 율법의 옛 제도 그 자체로 죄의 권세에서 해방되기에는 불충분하다고 주장하는 것이다(참조 3:20). 베커(Beker)가 말했듯이, "죄 아래서 유대인과 이방인은 동등한 상황이라는 것이 분명하다. 그것은 죄 아래 있는 이방인의 자명한 결과를 통해 알 수 있다."[9]

그러나 기독교인들에게 그것도 주로 이방 그리스도인들에게 쓰는 편지에서 믿지 않는 유대인들에게 이토록 집착하는 이유가 무엇인가? 바울이 선교를 위한 설교의 주제들을 리허설하고 있는 것임은 의문의 여지가 없지만,[10] 그가 이 편지에서 말하는 것을 듣는 실제 청중은 개종하지 않은 유대인들이 아니라 로마의 기독교인들이다.[11] 물론 바울의 초점이 로마 교회 앞에서 자신의 방문과 지지를 위한 요청 준비로 자신이 전하는 복음을 제시하고 싶은 바람에 기인하는 것은 무시할 수 없을 정도다. 그리고 유대인과 이방인 모두는 하나님의 의가 필요하다는 것이

아(*prosopopeia*)의 수사학적 관습에 대한 비판은 R. Griffith-Jones, "Beyond Reasonable Hope of Recognition?," 161-74; J. B. Prothro, "Rhetorical Questions," 220-29을 보라. Campbell의 논지는 어느 정도 "예측적인" 요소 없이 복음의 우선성을 주장하는 바르트주의 관점의 산물이다(이에 대한 분석과 비평에 대해서는 F. Watson, "Law in Romans," 97-101; D. Moo의 리뷰인 *Deliverance of God*을 보라).

8. Aletti가 1:18-3:20의 구조에 대한 논의에서 언급했듯이 1:19-32에서 바울이 이방인을 기소하는 것은 그 실제 논증에 대한 실제적인 서문역할을 하는 "상정된 요점"이다(*Comment Dieu est-il juste?* 55-72을 보라).

9. Beker, *Paul the Apostle*, 80.

10. E. Weber, *Beziehungen*은 이 점을 강조한다.

11. Stowers, *Diatribe*, 179-84을 보라.

그 복음의 중요한 구성 요소다. 이에 더해 바울이 다가오는 자신의 예루살렘 방문에 신경을 쓰고 있는 것까지 감안하면(참조. 15:30-33), 그가 유대인의 상황에 관해 그 정도로 말하는 것은 결코 놀라운 일이 아니다.

그러나 로마 교회 내에 이 논의를 그곳 교인들에게 아주 시의적절하게 만드는 요인들이 있었다. 우리는 바울의 눈이 이미 14:1-15:13에서 비난하는 이방 그리스도인 다수파와 유대 기독교인 소수파 사이의 긴장 상태에 향해 있다고 가정해야 할 것이다. 이와 관련하여, 우리는 바울이 유대인의 주제넘은 우월감을 공격하면서, 그와 동시에 유대인이 구원의 역사에서 차지하는 우선성(3:1-2)과 율법의 정당한 요구(3:31)와 복음에 대한 구약의 뿌리(3:21, 31; 4:1-25)를 인정하는 것으로 균형을 유지하고 있다는 사실을 간과해서는 안 된다. 바울은 또한 이런 문제들에 관해 그가 가르치는 것에 대한 왜곡된 정보가 로마 교회에서 돌고 있다는 것도 알고 있다(3:8). 로마 교회의 기독교인들이 바울의 사역을 지지하도록 연합되기 위해서는, 그들에게 초기 기독교의 이 중심적인 문제에 관해 바울의 복음이 논리적으로 일관성이 있다는 점을 납득시켜야 했을 것이다. 그래서 로마서 전체를 통해 바울은 죄와 의, 둘 모두에 있어서 유대인과 이방인이 동등하다고 설교하면서, 그와 동시에 이스라엘이 구원의 역사에서 양도할 수 없는 우선권을 보유한다고 역설하는 것이다. 이 단원에서 최우선적인 관심사는 이방인과 마찬가지로 유대인도 죄 아래 묶여 있으며, 예수를 믿는 믿음에 의해서만 가능한 의를 받을 수 있는 복음을 증명하는 일이다.[12]

12. 특히, Beker, *Paul the Apostle*, 77-80; E. P. Sanders, *Paul and Palestinian Judaism*, 489-91; E. Synofzik, *Die Gerichts- und Vergeltungsaussagen*, 887-90; W. Popkes, "Zum Aufbau und Charakter," 494을 보라.

1. 모든 사람이 죄로 말미암아 하나님의 심판 아래 있다(1:18-32)

18 하나님의 진노가 불의로 진리를 막는 사람들의 모든 경건하지 않음과 불의에 대하여 하늘로부터 나타나나니

19 이는 하나님을 알 만한 것이 그들 속에 보임이라 하나님께서 이를 그들에게 보이셨느니라

20 창세로부터 그의 보이지 아니하는 것들 곧 그의 영원하신 능력과 신성이 그가 만드신 만물에 분명히 보여 알려졌나니 4)그러므로 그들이 핑계하지 못할지니라

21 하나님을 알되 하나님을 영화롭게도 아니하며 감사하지도 아니하고 오히려 그 생각이 허망하여지며 미련한 마음이 어두워졌나니

22 스스로 지혜 있다 하나 어리석게 되어

23 썩어지지 아니하는 하나님의 영광을 썩어질 사람과 새와 짐승과 기어다니는 동물 모양의 우상으로 바꾸었느니라

24 그러므로 하나님께서 그들을 마음의 정욕대로 더러움에 내버려 두사 그들의 몸을 서로 욕되게 하게 하셨으니

25 이는 그들이 하나님의 진리를 거짓 것으로 바꾸어 피조물을 조물주보다 더 경배하고 섬김이라 주는 곧 영원히 찬송할 이시로다 아멘

26 이 때문에 하나님께서 그들을 부끄러운 욕심에 내버려 두셨으니 곧 그들의 여자들도 순리대로 쓸 것을 바꾸어 역리로 쓰며

27 그와 같이 남자들도 순리대로 여자 쓰기를 버리고 서로 향하여 음욕이 불 일듯 하매 남자가 남자와 더불어 부끄러운 일을 행하여 그들의 그릇됨에 상당한 보응을 그들 자신이 받았느니라

28 또한 그들이 5)마음에 하나님 두기를 싫어하매 하나님께서 그들을 그 상실한 마음대로 내버려 두사 합당하지 못한 일을 하게 하셨으니

29 곧 모든 불의, 추악, 탐욕, 악의가 가득한 자요[13] 시기, 살인, 분쟁, 사기, 악독이 가득한 자요 수군수군하는 자요

30 비방하는 자요 6)하나님께서 미워하시는 자요 능욕하는 자요 교만한 자요 자랑하는 자요 악을 도모하는 자요 부모를 거역하는 자요

31 우매한 자요 배약하는 자요 무정한 자요[14] 무자비한 자라

32 그들이 이같은 일을 행하는 자는 사형에 해당한다고 하나님께서 정하심을 알고도 자기들만 행할 뿐 아니라 또한 그런 일을 행하는 자들을 옳다 하느니라

---

13. *πονηρίᾳ*("추악"), *πλεονεξίᾳ*("탐욕"), *κακίᾳ*("악의")는 사본 전승에서 그 순서가 각양각색이다. 어떤 증거 사본은 *κακίᾳ*를 맨 앞에 놓으며(제2알렉산드리아 언설체 사본 C와 소문자 사본 33, 81, 그리고 1506), 다른 사본들은 *πλεονεξίᾳ*와 *κακί*를 바꾸어 놓는다(제1알렉산드리아 언설체 사본 ℵ와 제2알렉산드리아 언설체 사본 A). 언설체 사본 하나는(K) *πονηρίᾳ*를 빠뜨리고 있다. 여러 사본은 *πορνείᾳ*("간음")을 *πονηρίᾳ*를 대신하여 넣거나(서방 언설체 사본 D용으로 추측된다. 서방 언설체 사본 G도 보라), 명단에 네 번째로 추가한다(언설체 사본 Ψ와 다수파 텍스트. 예를 들어, 이것의 KJV역을 주목하라). 용어의 순서 변동은 그런 명단의 복사가 어려운 점을 생각하면 자연스럽다. 몇몇 사본에 *πορνείᾳ*가 나온다는 것은 아마 비슷한 명단들에 동화된 것 때문일 것이다.
14. 상당수에 달하는 사본이 *ἀστόργους*뒤에 *ἄσπονδους*("완악한")라는 단어를 추가하고 있지만(언설체 사본 ℵ의 비잔틴 제2수정본, 제2알렉산드리아 언설체 사본 C, 언설체 사본 Ψ, 소문자 사본 81과

이 단락은 크게 세 부분으로 나뉜다. 첫번째 부분(18-20절)에서 바울은 하나님의 진노가 "나타남"을 고지하고 그 진노가 왜 정당화되는지를 설명한다. 즉, 사람들이 경건하지 않고 불의한 행동을 하여 진리를 "막는다"는 것이 그 이유다(18절). 바울이 진리를 **막는다고**(*suppressing*) 사람들을 고발할 수 있는 것은 하나님이 자신을 알 만한 것을 사람들에게 주셨기 때문이며(19-20a절), 그러므로 저희가 죄를 지을 때 "핑계하지 못하는"(20b절) 것이다. 두 번째 부분(21-31절)은 사람들이 하나님의 진리를 어떻게 막았는지를 보다 구체적으로 기술하고 그 결과를 몇 가지 뽑아낸다. 어떤 해석자들은 인간이 무언가를 "바꾸고" 하나님이 "내버려둠"으로써 반응하는 패턴의 삼중 반복에 기초하여 이 부분을 세 개의 "움직임"으로 더 나눈다.[15]그러나 이 순서의 반복이 참으로 놀랍기는 하지만 구조의 구성 요소는 아닐 것이다.[16] 더 나은 선택은 텍스트를 두 개의 기본 부분으로 나누는 것이다. 21-23절에서 바울은 18-20절을 기초로 인간이 하나님에 대해 "알고 있었지만" 그들이 우상 숭배에 빠졌다고 지적하면서 왜 그들이 "핑계하지 못할지니라"(20b절)고 하는지 설명한다(21절의 "~하되"[*dioti*]를 보라). 그런 다음 24-31절에서 바울은 우상 숭배에 대한 자신의 비난(25절)을 반복하고 그 행동의 결과, 즉 성적인 죄(24절, 26-27절)와 모든 종류의 죄(28-31절)를 자세히 설명하면서 이 점을 자세히 설명한다.[17] 32절은 세 번째 부분을 구성한다. 28-31절과 관련이 있지만 결론을 맺는 기소 및 로마서 2장으로의 전환으로서 다소 독립적으로 나타난다.

이러한 절들에서 바울은 누구의 경험을 기술하는가? 전통적으로는 이 절들은 바울이 이방인의 상황을 묘사하고 있다는 생각이 당연시되었고, 이에 대해서는

104, 다수파 텍스트[여기서 다시 KJV를 보라]), 이 추가는 거의 틀림없이 딤후 3:3에 동화된 때문일 것이다.

15. 인간이 하나님을 우상으로 "바꾸었다"(ἤλλαξαν) - 하나님이 "그들을 내버려두셨다" (παρέδωκεν)(23-24절); 인간은 하나님에 관한 진리를 거짓으로 "바꾸었다"(μετήλλαξαν) - 하나님이 "그들을 내버려두셨다"(παρέδωκεν)(25-26절); 여자들은 자연스러운 성관계를 부자연스러운 성관계로 "바꾸었다"(μετήλλαξαν) - 하나님은 "인간을 내버려두셨다"(παρέδωκεν)(26b절, 28b절). 특히, E. Klostermann, "Adaquate Vergeltung," 1-6; J. Jeremias, "Zu Rom 1.22-32," 119-21; Byrne; Wolter을 보라.

16. 바울이 26b-28절에서 "바꾸어"라는 언어를 "내버려두다"와 연결하지 못한 것은 그가 이 언어에 근본적인 구조적 역할을 부여하지 않았음을 암시한다.

17. Schreiner; Kruse, Longenecker는 유사한 구조를 제안한다.

거의 이론이 없었다. 하지만 이 결론을 거부하거나 최소한 수정하는 것이 최근 학계의 동향이다. 하나님의 진노의 대상이 "사람들"로 불리지 "이방인"으로 불리지 않는다는 점이 지적되는데, 사실 "이방인"(에트네)이라는 단어가 이 문단에서 전혀 나오지 않는다. 뿐만 아니라 저희가 우상 숭배로 돌아선다는 것이 구약의 인류 타락에 관한 묘사를 연상시키는 언어로 기술되어 인류 전체가 포함된다는 생각이 들게 하며, 금송아지 사건을 연상시키는 언어로 기술되어 바울의 범위에 유대인을 포함시키지 않으면 안 된다는 생각이 들게 한다. 마지막으로, 1:32로부터 2:1로의 이행은 2:1-4에서 포함된 사람들이 1:18-32에서 이미 포함되었던 사람들이라면 보다 자연스런 이행이 되겠는데, 2:1-4에서 묘사된 사람들은 결코 이방인으로 한정될 수가 없다.[18]

이런 지적들 가운데 일부는 설득력이 있지만, 특히 두 가지 점을 감안하면 이방인이 주된 대상이라는 판단 쪽으로 기울어지게 된다. 첫째, 이 단락은 이방인의 우상 숭배를 비웃고 그 우상 숭배의 근원을 이방인 세계에서 볼 수 있는 도덕적인 죄에서 찾던 유대교의 호교론(apologetic arguments)을 연상시킨다.[19] 둘째, 1:18-32에서 저희가 버린 것으로 묘사된 하나님에 관한 지식은 오로지 "자연 계시"를 통해서만 - 창조에서 그리고 어쩌면 사람의 양심에서 보는 하나님의 증거를 통해서만 - 얻어진다. 물론 유대인의 경우에는 상황이 완전히 다르다. 그렇기 때문에 바울이 유대인은 율법에서 받은 특별 계시에 대해 책임이 있다고 하는 것이다(예를 들어, 2:12-13, 17-29).

---

18. 특히, J. Linebaugh, *God, Grace, and Righteousness*, 93-115을 보라. 또한 J. Jervell, *Imago Dei*, 316-19; Bassler, *Divine Impartiality*, 122; Cranfield; Longenecker을 보라. 반면에 A. J. Lucas는 유대인이 특히 바울의 초점이라고 생각한다("Reorienting the Structural Paradigm," 121-41).

19. 특히 Wis. Sol. 12-15를 보라. 이 B.C. 1세기에 나온 유대교 책자의 저자는 이방인들의 우상 숭배와 죄로 가득함을 상술하고 그들에 대한 하나님의 심판이 전적으로 정당하다는 것을 증명한다(12-14장). 그런 다음 그는 유대인이 하나님과의 특별한 관계 때문에 그 심판에서 제외된다고 주장한다(15장). 12-14장의 논증은 롬 1:18-32과 전체적인 면에서나 많은 세부적인 면에서 흡사하며(이에 관해서는 S-H, 51-52를 보라), 15장의 논증은 2:1-11에 나오는 바울의 논박 뒤에 배치해도 무방할 듯싶다(해당 절의 주들을 보라; 그리고 지혜가 로마인들에게 미친 영향에 대해서는 특히, Linebaugh, *God, Grace, and Righteousness*, 97-110을 보라). 바울이 롬 1-2장을 쓸 때 솔로몬의 지혜서를 앞에 펼쳐 놓고 있었지 않나 싶을 정도인데, 보다 넓게 보아 그가 이 지혜서를 낳은 공통의 유대교 전승에 기인했을 가능성도 있다(Davies가 [*Paul and Rabbinic Judaism*, 27-30에서] 지적하듯이 그와 같은 기초적 전승이 랍비 문서에서 발견된다).

특히 이 마지막 지적 사항 때문에 바울이 1:19-32에서 구체적으로 유대인을 생각하고 있을 가능성은 희박해진다.[20] 하지만 유대인이 완전히 배제되는 것은 아닐지도 모른다. 1:18-2:29의 논증은 일반 사항으로부터 특수 사항으로 진행하는 일련의 동심원으로 보는 것이 최선이다. 가장 바깥쪽의 원인 18절은 **모든**(*all*) 사람이 하나님의 진노 아래에 있다는 만인 고발로 시작한다. 그것이 1:18-3:20의 "표제"다.[21] 로마서 1:19-32도 마찬가지로 모든 사람을 그 범위 안에 넣지만, 모든 사람을 특별 계시와는 관계없이 하나님에 대해 갖는 책임이라는 견지에서 본다. 이 수정은 원칙적으로 유대인을 그 초점에서 제외시키는 것은 아니지만, 바울이 직접적으로 유대인에 관해서 말하고 있지는 않다는 것을 의미한다. 하지만 그래도 바울은 유대인을 향해(to) 말하고 있는 셈이다. 왜냐하면 그가 이 단원을 그 뒤에 이어지는 유대인에 대한 고발장을 작성하기 위해 이용하기 때문이다. 2:1-11에서 초점은 바울이 유대인을 암시하는 것으로 밝혀지게 될 "도덕적인 사람"을 고발하면서 보다 구체화된다. 로마서 2:17-29은 마침내 유대인을 명시적으로 겨냥하여, 구할 수 있는 하나님의 가장 분명한 계시인 모세의 율법을 근거로 그들을 책망한다.

1:19-32에서 묘사된 경험(들)을 누구의 경험이라고 특정할 수 있을까? 이 질문에 답하는 데는 시제의 일치가 적절한 실마리가 된다. 18-19a절과 32절에서 바울은 현재 시제를 씀으로써 하나님의 진노의 나타남과, 창조한 만물에서 알 만한 하나님에 관한 진리를 막는 일과, 특정 죄들은 하나님의 심판을 받을 만하다는 것은 인간의 경험에서 언제라도 나타날 수 있는 것들임을 상기시킨다. 하지만 19b-31절에서는(보편적 진리를 주장하는 20절을 제외한다) 바울이 통상 과거 시제로 옮겨지는 시제(부정과거)를 써서(우리말 성경에는 표현되지 않음-옮긴이), 사람들이 하나님으로부터 **돌아섰다**(*turned*), 하나님이 저희를 **내버려**(*handed*) 두셨다고 말한다. 이렇게 과거 시제를 쓰는 것은 19b-31절이 인류가 최초로 죄 가운데 떨어지는 사건(창 3장)이나 이방인의 신화에 나오는 "(갈대아) 우르의 타락"과 같은 어떤 특정의 사건을 염

---

20. 이와 반대로는 Lucas, "Reorienting the Structural Paradigm," 121-41.

21. Dabelstein, *Beurteilung der "Heiden,"* 76-77 (그는 1:18을 1:19-3:20의 표제로 본다); Wilckens; Dunn.

두에 두고 있음을 알려 주는 것일 수 있다.[22] 이 견해는 어떤 부정할 수 없는 설득력을 지니지만 최종적으로 받아들여질 수는 없다. 바울이 19-31절에서 쓰는 시제가 과거의 어떤 단일한 경험을 가리켜야 한다는 법은 없으며,[23] 보다 중요한 것은 이 견해가 이 문단의 핵심 부분 - 하나님의 진노를 받게 되는 모든 사람을 하나님을 알 만한 것을 지녔지만 그것으로부터 돌아선 사람들로 규정하는 것 - 을 설명하지 못한다는 점이다. 따라서 이 구절은 S. 웨스터홀름(Westerholm)이 말했듯이 "인간 상태를 드라마화한 묘사로, 많은 성경 기록을 떠올리게 한다. 그러나 어느 **하나**(*one*)의 이야기를 다시 말하는 것은 아니다."[24]

바울이 하는 말은 모든 사람이 처음 하나님으로부터 돌아선 결과를 경험했다는 것 이상이며, 모든 사람이 처음 돌아서는 것을 함께 했다는 것 이상이기도 하다. 바울은 돌아선 사람들이 그러면 안 된다는 것을 알 만한 사람들이었으며, 그렇기 때문에 하나님의 진노를 받을 만한 사람들이라고 주장하는 것이다. 이것이 18절과 32절의 만인에 대한 보편적인 것임이 분명한 공격과 결합되어 하나님을 알 만한 지식을 어리석게 팽개치는 이런 죄 짓는 행동을 모든 세대에 모든 개인이 되풀이한다는 점을 분명히 한다. **누구도**(*Every person*) "핑계하지 못할" 것은 누구나 - 1세기의 이교도이든지 21세기의 물질주의자이든지 - 하나님을 알 만한 지식을 가졌으면서 그 지식을 어떤 모양으로 나타나건 모두 배척하고 우상 숭배 쪽으로 나아갔기 때문이다. 그렇기 때문에 모든 사람이 하나님의 진노라는 끔찍한 현실을 알게 되고, 모든 사람에게 의롭게 하는 능력이 되는 그리스도의 복음을 절실히 필요로 하게 되는 것이다. 이 슬픈 진리가 우리의 세계관에 완전히 통합되기까지는, 우리가 복음의 중요성을 절대로 온전히 파악할 수 없고 마땅히 얻어야 할

22. 예를 들어, Althaus을 보라.

23. 학자들은 그리스어의 부정과거 시제는 본래 "일회적인" 행동을 가리키는 것이 아니며, 계속되는 반복적 행동을 포함하며 모든 종류의 행동을 묘사할 수 있다는 점을 오래 전부터 인정해 왔다. 그리스어 시제에 대한 최근 연구는 헬라 작가들이 특정 방식으로 행동을 묘사하기 위해 시제를 사용하는 "시상"(aspect)의 중요성을 강조했다. 그리고 많은 사람들은 그리스어 시제 자체의 시간 개념을 별로 중요하지 않게 여길 것이다. 특히 참조. S. Porter는, *Verbal Aspect*, 19-28절에 있는 부정과거들이 "무시간적"(p. 236)이라고 주장한다. 우리는 Porter의 체계를 있는 그대로는 지지하지 않으며, 다른 문법학자들이 시상 이론의 다소 다른 버전을 제안했다는 점에 유의해야 한다.

24. *Perspectives*, 386.

복음 선포의 동기도 얻지 못하게 될 것이다.[25]

18 "하나님의 의가 나타남"(17절)과 "하나님의 진노가 나타남"이 완전히 대조되는 것을 볼 때, 18절은 강한 반의 접속사 - "그러나" 아니면 "하지만" - 으로 시작되리라고 예상하게 된다.[26] 그런데 예상과 달리 18절이 통상 앞서의 진술에 대해 그 이유나 설명을 도입하는 데 쓰이는 "for"(헬. 가르[*gar*])이라는 단어를 써서 선행 절들에 이어진다. 그렇다면 여기서 이 단어는 보통의 인과적인 의미를 잃었을지도 모르며, 우리는 이 단어를 아예 무시해야 할지도 모른다(NIV, CEV, NAB, 그리고 NJB에서 for가 번역되고 있지 않다는 점을 주목하라).[27] 그러나 다른 학자들은 "for"가 18절과 16-17절 사이의 관계를 이해하는 방법에 대한 중요한 단서를 제공한다고 생각한다. 한 가지 선택은 여기 18절의 "for"가 17절의 "for"과 평행하며 둘 다 16절에 의존한다는 것이다. 즉, 하나님의 의가 나타남과 하나님의 진노가 나타남은 모두 복음의 측면들이다(16절). 예를 들어, 칼 바르트는 하나님의 의와 진노의 나타남이 복음 전파에서 일어난다고 주장한다. 복음은 십자가를 선포하고, 예수님의 십자가 죽음은 새로운 의의 가능성 **그리고**(*and*) 인간의 죄에 대한 하나님의 진노의 심각성을 보여 주기 때문이다.[28] 하지만 칼 바르트의 해석은 "나타남"이 "알리다, 공개하다"와 같은 인지적 의미를 가져야 한다고 주장한다. 그러나 우리가 보았듯이 17절의 동사는 (하나님의 목적이 "숨겨진 것"에서) "역사적 현실로 다가가다"와 같은 "역사적" 의미를 갖는다. 이것은 18절의 동사의 의미일 가능성이 높다. 특히 이 "나타내는 것"의 대상이 사람이 아니라 사람의 죄 또는 죄인인 사람이기 때문이다. 즉, 하나님의 진노는 "사람들의 모든 경건하지 않음과 불의에 대하여" 나타난다. 18절을 17절과 밀접하게 연결하는 또 다른 방법은 의와 진노 사이의 밀접한 성경적 연결에 있다. 그렇다면 바울은 하나님의 진노가 현재하기 **때문에**(*because*) 하나님의 의가 나타나고 있다는 자신의 주장을 뒷받침할 수 있다. 즉, 진노는 의의

25. 이 부분의 선교적 암시에 대해서는 A. F. Walls, "First Chapter," 346-57을 보라.

26. Dodd은 사실상 "but"으로 번역한다. Fitzmyer도 보라.

27. 예를 들어, Longenecker를 보라.

28. Barth, *Shorter*; 또한 Cranfield; Wilckens; D. Guthrie, *New Testament Theology*, 102; Linebaugh, *God, Grace, and Righteousness*, 105-8도 보라.

구성요소[29]이거나 의와 진노는 하나님의 종말론적 개입의 양면이다.[30]

그러나 바울은 17절에서 "의"라는 단어를 연결이 가능하게 하는 방식으로 사용하고 있지 않다. 그러므로 "for"의 일반적인 속성을 유지하는 것이 가장 좋다. 그러나 이것을 바울이 방금 말한 바에서 암시한 질문에 대한 답으로 소개하는 것으로 보는 것이 가장 좋다. 즉, 하나님은 왜 자신의 의를 나타내셨으며 그 의는 왜 믿음으로만 가능한가? 같은 질문으로 보아야 한다.[31] 이러한 관점에서 볼 때, 이 결합은 1:18-3:20의 전체 논증을 소개한다. 이는 실제로 18절에 요약되어 있다.

그리스의 일부 철학자들의 시대 이래로, 하나님이 사람들에게 진노를 발하신다는 관념은 계몽된 신성에 대한 이해와 양립되지 않는다고 거부되었다.[32] 20세기 영국 학자 찰스 도드(C. H. Dodd)는 하나님의 진노에 관한 전통적인 개념을 거절하거나 대폭 수정한 더욱 최근의 학자들을 대표한다. 사사로이 노를 발하는 신이라는 개념은 "케케묵은" 것이라고 비판하면서, 도드는 바울이 말하는 "하나님의 진노"는 "도덕적 세계관에서 불가피하게 일어나는 인과의 진행" 그 이상은 아니라고 주장한다.[33] 그러나 그와 같은 하나님에 대한 개념은 인격적이고 행동하시는 하나님의 성경적 제시라기보다는 그리스 철학의 일반적인 신관에 더 가까운 것이다.

성경에서 진노는 하나님의 인격의 한 측면이며, 그것은 하나님의 진노의 "폭발"(kindling)을 그의 심판의 근거로 삼는 구약의 많은 본문을 볼 때 분명하다. 하

29. N. T. Wright, "Messiah and People of God," 67; Bird.

30. Herold, *Zorn und Gerechtigkeit*, 226, 270-74; Linebaugh, *God, Grace, and Righteousness*, 105-8. A. C. Perriman은 하박국이 의인에게 믿음으로 살라고 권한 후 하나님의 심판을 자세히 설명하기 때문에 바울이 여기에서 자연스럽게 진노한다고 제안한다(합 2:5-20을 보라)(*Future of the People of God*, 36-40).

31. 또한 Dabelstein, *Beurteilung der "Heiden,"* 74-75을 보라. Dabelstein은 γάρ가 16절에 있는 구원의 선언과 관련이 있다고 주장한다. 바울이 나중에 그의 믿음 대 행위 주장을 예상했을 수도 있다. 즉, 의는 믿음으로 말미암는 것이다. 왜냐하면("for") 우리가 죄의 권세와 영향력을 고려할 때 행위를 통해서는 될 수 없기 때문이다(나는 이 통찰에 대해 M. Monkemeier에게 빚지고 있다).

32. H. Kleinknecht, *TDNT* 5. 386-87.

33. 또한 A. T. Hanson, *Wrath of the Lamb*, 84-85; G. H. C. MacGregor, "Concept of the Wrath of God," 101-9을 보라. S. H. Travis는 더 미묘한 차이가 있지만 하나님의 진노에 대한 "보응적" 개념에 대해서도 이의를 제기한다. 즉, "하나님은 외부에서 보응적으로 형벌을 부과하지 않으시고 사람들이 하나님과의 관계 속에서 살기를 거부한 결과를 경험하게 하신다"(*Christ and the Judgement of God*, 60-62, 특히 62쪽의 따옴표).

나님의 진노는 성경적 하나님 개념에 필수적이다. 즉, "하나님이 하나님이신 한, 하나님이 그가 창조하신 만물이 파괴되고 그의 거룩한 뜻이 발 아래 짓밟히는 것을 냉담하게 바라보고 계실 수는 없는 것이다. 그렇기 때문에 하나님은 죄를 보고 강력하게 단죄하는 반응을 보이시는 것이다."[34] 구약은 하나님이 죄에 대해 노를 발하시는 분으로 반복해서 그리지만,[35] 특히 선지서에서는 하나님의 진노가 여호와의 날과 연관되어 심판의 우주적인, 최고조에 이르러 곧 터뜨릴 것으로 묘사하고 있다. 바울은 하나님의 진노에 관해 이와 같은 개념을 가지고 말하지만, 하나님의 진노의 작용과 효과를 강조한다. 바울은 하나님의 진노에 대해, 그리스도를 믿지 않는 사람들이 느끼게 되는 현재적 심판(reality)으로 말하며,[36] 종종 구약의 선지자들을 따라 장차 임할 심판의 날에 하나님의 진노가 쏟아질 것으로 예언한다.[37] 18절의 본동사가 "미래적 현재"라면, 바울은 2:5에서와 마찬가지로 역사의 마지막 날에 최고조에 이르러 곧 터뜨릴 하나님의 진노를 예언하고 있다고 할 수 있다.[38] 그러나 이 본동사는 현재의 상황을 묘사하고 있을 가능성이 가장 크다.[39]

그런데 바울이 하나님의 진노를 현재적 심판으로 제시하고 있는 것이라면, 이 진노가 지금 나타나고 있다는 것을 우리는 어떻게 이해해야 하는가? 그리고 위에서 언급했듯이 "나타남"이라는 동사는 17절에서 동일한 동사가 가지고 있는 동일한 역사적 의미를 갖는다.[40] 그렇다면 "나타내다"가 실제로 하나님의 진노를 가

---

34. Nygren.
35. 예를 들어, 모세가 하나님이 주신 사명을 회피하려고 할 때(출 4:14), 바로와 애굽인들이 자기 백성을 보내라는 여호와의 명을 따르려고 하지 않을 때(출 15:7), 이스라엘 민족이 시내 산에서 우상 숭배로 돌아설 때(출 32:10-12) 등이다. 흔히 하나님의 진노는 역사적 사건의 와중에서 발생한다. 그 사건들은, 반역하는 이스라엘 백성을 사르는 불로 발생하고(민 11:1), 바벨론의 예루살렘 정복으로 발생한다(렘 21:3-7).
36. 롬 3:5; 4:15; 9:22; 엡 2:3.
37. 롬 2:5, 8; 5:9; 골 3:6; 살전 1:10. 단지 난해한 살전 2:16에서만 하나님의 진노가 현재 임했다고 말한다.
38. 이것이 하나님의 진노를 보는 바울의 통상적인 시각과 부합할 것이며, 이 절의 "묵시적"인 어휘("나타나다"[reveal], "하늘로 좇아"[from heaven])로 뒷받침된다. 이렇게 해석하면 1:18과 2:5이 장차 하나님의 진노가 임할 것에 대한 묘사로 그 사이의 자료를 둘러싸는 테두리를 이루기 때문에도 이 해석이 매력적이다. 예를 들어 Chrysostom(?)과 그 밖의 교부들, 그리고 S-H를 보라. 그리고 특히 H.-J. Eckstein, "'Gottes Zorn,'" 74-89를 완독할 필요가 있다.
39. 같은 동사의 같은 형태인 ἀποκαλύπτεται가 한 절(17절)에서는 현재를 가리키고 다음 절에서는 미래를 가리킨다고 보기는 어렵다. 특히 Dunn을 보라.
40. 예를 들어, Lackmann, *Vom Geheimnis der Schöpfung*, 177-80을 보라. 만일 바울이 죄에 대한

하는 것을 가리킨다면, 이것은 언제, 어떻게 발생할까? 하나님은 마지막 때에 죄에 대한 진노를 돌이키지 않고 최종적으로 내리실 것이지만(2:5), 역사의 사건들에서 하나님의 진노는 미리 역사하고 있다. 특히, 24-28절이 시사하는 바와 같이, 하나님의 진노는 이제 인간을 그들이 선택한 죄의 길과 그 모든 결과에 "내버려 두심"에서 볼 수 있다.[41] 쉴러(Schiller)의 유명한 격언이 말하듯이 "세계의 역사는 곧 세계의 심판이다."[42] 현재의 하나님의 진노의 징벌이 나타내고자 하는 것은 바로 이 세상의 심판이다. 하나님의 진노의 현재 경험은 심판 날에 올 일을 미리 맛보는 것에 불과하기 때문이다. 더욱이 "장차 임할 진노"에 대한 경고와 현재의 진노 경험이 보여 주는 것은 모두 그리스도 밖에 있는 모든 사람이 처한 정죄의 선고다. 바울이 여기에서 그의 독자들에게 전달하고자 하는 것은 바로 이러한 현실이다. 이러한 의미에서 하나님의 진노가 계속해서 "나타나고" 있지만, 이 정죄 활동은 특히 그리스도 안에 있는 새 시대의 종말론적 침입과 관련이 있을 가능성이 높다. 즉, 말세의 시작은 하나님의 마지막, 최고조에 도달한 진노가 이미 느껴지고 있음을 의미한다.[43]

하나님의 진노가 나타나고 있는 사실의 제시에 있어 바울의 "하늘로부터"라는 언급은 그가 말하고 있는 것에 무게를 더한다. 그 언급은 "성난 하나님의 위엄과 모든 것을 보시는 하나님의 눈, 그리고 하늘 아래 있으면서 복음 아래 있지는 않은 모든 것이 하나님의 진노 아래 있다는 이 진노의 광범위함을 의미심장하게 암시하기"[44] 때문이다. 바울은 하나님의 진노의 대상을 "경건하지 않음"과 "불의" 두 개로 명시한다. 혹자는 두 단어를 구분하여 전자는 종교적인 성격의 죄를 가리

하나님의 진노가 신자들에게 나타났다고 말하고 싶었다면 (Travis [*Christ and the Judgment of God*, 36]가 생각하는 것과 같이) 우리는 이것을 나타내는 ἀποκαλύπτεται의 여격 수식어를 기대했을 것이다. ἐπί 구는 더 나아가 하나님의 진노를 경험하는 사람(경건하지 않고 불의한 일을 행하는 사람)을 가리킨다.

41. 예를 들어, Dunn, *Theology*, 42.
42. 시 "Resignation"(1786)에서 가져옴.
43. Kuss; Kasemann; G. Stahlin, *TDNT* 5.431-32; Ridderbos, *Paul*, 110.
44. Bengel. (개역개정은 "하늘로부터"로 번역) "From heaven"(ἀπ' οὐρανοῦ)은 ("God from heaven"[하늘의 하나님]으로) θεοῦ를 수식할 수도 있지만(Cranfield), ("is being revealed from heaven"[하늘로 좇아 나타나나니]) ἀποκαλύπτεται를 수식하는 것으로 보는 것이 보다 합당하다 (살후 1:7의 ἐν τῇ ἀποκαλύψει τοῦ κυρίου Ἰησοῦ ἀπ' οὐρανοῦ, "주 예수께서…하늘로부터…나타나실 때에"를 보라).

키고, 후자는 윤리적인 성격의 죄를 가리킨다고 주장한다.[45] 또는 하나님에 대한 죄와 인간에 대한 죄를 가리키는 것으로 본다.[46] 이러한 주장이 맞다면 바울은 십계명의 그것과 마찬가지의 순서를 따르고 있는 셈인데, 십계명은 처음 네 개의 계명에서는 하나님에 대한 사람의 의무에 초점을 맞추고, 그 다음 여섯 개의 계명에서는 사람의 타인에 대한 의무에 초점을 맞추고 있다.[47] 더욱이 바울이 처음에는 사람들의 하나님에 대한 배척에 집중하고(19-27절), 이어서 이 배척의 결과로 일어나는 인간관계의 붕괴에 집중하는 것으로 보아 1:19-32은 바로 이 순서를 따르고 있는 것이라는 주장까지 나온다.[48] 이 요지는 "부도덕한 삶은 교리적으로 볼 때 배교에서 비롯된다"는 뜻이라고 존슨(S. L. Johnson)은 밝힌다.[49] 이 해석은 눈길을 끌고 신학적으로 건전하기는 하지만, 바울이 쓰는 어휘의 의미에서 충분한 근거를 가지고 있지는 않다.[50]

바울은 더 나아가 "경건하지 않음"과 "불의"의 죄를 지은 사람들을 "불의로 진리를 막는" 사람들로 특징짓는다.[51] 신약의 "진리"는 단순히 정신적으로 동의해야만 하는 것이 아니다. 그것은 해야 할 일, 순종해야 할 일이다. 사람들이 죄를 짓고 하나님의 정의로운 통치에 반역할 때 진리를 받아들이지 못하므로 그 진리를 막는다.[52] 이 경우 마이어(Meyer)가 말하듯이 "종교적인 지식과 도덕적 상태에 대

45. 예를 들어, Godet.
46. Gorman, *Inhabiting the Cruciform God*, 50.
47. Schlatter; Michel.
48. 예를 들어, Harrison.
49. S. Johnson, "Paul and Knowledge of God," 66.
50. ἀσέβεια는 어원적으로 "무신앙"(ir-religion)을 나타내고 ἀδικία는 "부정"(in-justice)을 나타내지만, 둘 다 70인역에 증거가 있다(참조 시 73:6; 잠 11:5; 호 10:13; 미 10:13; 7:18; 겔 18:30, 이 두 단어 모두에서 함께 사용됨) 그리고 바울은 이러한 구별이 일반적으로 유지되지 않는다고 말한다. 확실히 바울의 ἀδικία는 타인에 대한 죄에 국한될 수 없다. 이 단어는 종종 가장 넓은 측면에서 죄를 가리킨다(롬 2:8; 6:13; 고전 13:6; 살후 2:10, 12; 딤후 2:19를 보라). 단어들 사이의 구분이 구분되야 하는 경우(그리고 그래야 하는지가 분명하지 않는 경우; Longenecker는 ἀσέβειαν καὶ ἀδικίαν이 이사일의를 형성한다고 주장한다), ἀσέβεια가 "하나님의 위엄에 대한 공격"의 죄로 특징짓는 Cranfield의 제안과 함께 더 확고한 기반에 서있다. ἀδικία는 "하나님의 정의의 질서에 대한 위반"이라고 표시하기도 한다(또한 Wilckens; Fitzmyer를 보라).
51. ἐν ἀδικίᾳ("불의로") 구는 부사일 수 있지만("그들은 불의하게 진리를 억누른다")(Godet) "그들은 불의[예를 들어, 불의한 행위]를 통해 진리를 막는다"(예를 들어, Murray)인 조격(instrumental)일 가능성이 더 크다.
52. 여기서 동사 κατέχω는 아마도 "막는다"를 의미할 것이다. 이것이 "소유하다" 또는 "보유하다" (고

한 힘과 영향력으로 그 스스로 발전하지 못하게 한다."

19 19-20절은 두 개의 목적을 가지고 있다. 한편으로, 바울은 사람들이 진리를 "막는다"는 그의 확언(18a절)을 해명한다.[53] 다른 한편으로, 죄를 짓고 따라서 하나님의 진노를 받게 되는 사람들이 그들의 처지에 대해 책임이 있음을 증명하고자 한다. 그들은 "핑계하지 못한다"(20b절). 바울은 "이는[54] 하나님을 알 만한 것[55]이 그들 속에[56] 보임이라"고 하여 하나님에 관한 지식이 사람들에게 주어졌다고 단언함으로써 두 가지 목적을 모두 달성한다. 바울이 나중에(2:18, 20) 인정하는 것처럼, 유대인에게는 이 하나님에 관한 지식이 무엇보다도 모세의 율법을 통해서 온다. 하지만 여기서는 바울이 세상의 자연 자체를 통해 모든 사람이 알 수 있는

전 7:30; 11:2; 15:2; 고후 6:10; 살전 5:21)를 의미할 수 있지만, Lightfoot은, 예를 들어, 여기서 수식어 ἐν ἀδικίᾳ은 "억제하다" 또는 "방해하다"라는 의미를 갖는다는 것을 선호한다(BDAG; 살후 2:6, 7; 몬 13절을 보라). Cranfield는 "죄의 내재적 무익함"이라는 개념을 보존하기 위해 동사에 "막으려는 시도"라는 강제력을 부여했다. 그러나 모든 죄가 하나님을 폐위시키거나 하나님의 목적에서 빗나가게 할 수 없다는 점에서 **궁극적으로**(*ultimately*) 헛된 것이 사실일 수도 있지만, 진리는 순종하지 않고 그에 따라 생활하지 않을 때 실제로 하나님이 의도하신 바를 성취하지 못한다. 그런 의미에서 사람들은 진리를 "방해"**하는**(*do*) 것이다, 그리고 이것이 바울이 다음 구절들에서 보여주고 있는 요점이다.

53. Murray; S. Johnson, "Paul and Knowledge of God," 67-68.

54. διότι가 여기서는 "for"과 같은 ὅτι의 동의어로 쓰였기 때문에 원인을 나타내는 의미가 다른 때보다 약하다(BDF §456[1]).

55. (바울이 쓰는 중성의 추상명사 τὸ γνωστόν의 사전적 형태로) 신약의 다른 곳에서 14번 나오는 γνωστός는 "what *is* known"(알려진 것)을 의미하며(눅 2:44; 23:49; 요 18:15, 16; 행 1:19; 2:14; 4:10, 16; 9:42; 13:38; 15:18; 19:17; 28:22, 28), 이것이 LXX과 세속 그리스어에서도 통상적으로 쓰이는 뜻이다. 왜냐하면 바울은 이 단락에서(20, 28, 32절) 사람들에게 하나님에 관한 사실상의 지식을 명시적으로 귀속시키기 때문에 이렇게 해석해야 한다는 강한 주장이 나올 수 있다(Meyer; H. Rosin, "To gnoston tou theou," 162). 그러나 "저희 속에 하나님에 관해 알려진 것이 나타난다, 또는 보인다"로 번역하면 동의어 중복이 생긴다. γνωστός는 "알 수 있는 것"을 뜻할 수도 있고(창 2:9; Sir 21:7[?]. LSJ도 보라), 준거로 삼을 수 있는 바울의 다른 용법도 없는 만큼 신약의 일반 용법에 따르기보다 문맥에 따르는 것이 더욱 바람직하다.

56. 그리스어는 ἐν은 각 개인 "안에서" 하나님에 관한 지식이 "나타남"을, 즉 양심에의 계시를 가리킬 수 있을 것이다(Calvin; S-H). 아니면 ἐν이 "to"의 뜻으로 간접목적어를 암시할 수도 있을 것이다(Fitzmyer; Longenecker). 그러나 아마도 흔히 복수의 목적어를 수반해서 갖는 "among"의 뜻으로, 하나님이 창조 작업과 섭리를 통해 사람들 "가운데" 하나님 자신을 알게 하신다는 뜻을 나타낼 것이다(Cranfield; Lohse). 이것은 φανερός("드러낸다")라는 단어 때문이며 - 이 단어는 통상 "보이게 하는 것" 또는 "표출시키는 것"을 가리킨다(롬 2:28; 고전 3:13; 11:19; 14:25; 갈 5:19; 빌 1:13; 딤전 4:15; 참조. R. Bultman/D. Lührmann, *TDNT* 9. 2-3) - 그리고 20절에서 하나님이 만드신 만물을 거론하기 때문이다.

하나님에 관한 지식에 관심을 갖는다. 그렇기 때문에 바울이 다음 절들에서 말하는 것은, 이방인에만 한정된 것은 아니라고 해도(유대인 역시 자연을 통해 하나님에 관한 지식을 갖기 때문에), 특별히 이방인에게 해당된다.

19절의 마지막 종속절은 하나님을 알 만한 것이 보이게 되는 것은 하나님이 "이것을 저희에게 보이셨기" **때문이라고**(*because*) 하여 "보임이라"를 설명한다.[57] 위로부터의 계시의 행위에 의해서만 - 하나님이 "이를 보이시는" - 사람들이 하나님을 하나님으로 이해할 수 있는 것이다.

20 이 절을 이끄는 "for"(헬. 가르[*gar*])는 바울이 19절에서 시작한 하나님을 알 만한 것에 관한 밀접하게 연결된 논증을 계속한다는 것을 알려 준다. 바울은 하나님을 알 만한 것이 일반적으로 사람들 가운데서 알아볼 수 있으며, 이는 하나님께서 하나님 자신을 보이셨기 때문이라고 확언했다. 이제 바울은 하나님이 이렇게 보이신 것이 어떠한 것인지를 설명한다. 이 절의 주된 요소들 가운데는 두 개의 다른 연결이 가능하다. (1) "그의 보이지 않는 것들... 그가 만드신 만물을 통하여 보여지고, 알려졌다"(his invisible attributes … have been seen through the things he has made, being understood),[58] (2) "그의 보이지 않는 것들… 분명히 보였으며… 그가 만드신 것을 통해 알려졌다"("his invisible attributes… have been clearly seen… being understood through what he has made")(CSB와 다른 영어번역들)[59]가 그것이다. 아마 후자 쪽이 더 의미에 합당한 표현일 것이다. 왜냐하면 전자로 해석하면 "알려졌다"라는 말이 다소 불필요하게 덧붙인 말이 되기 때문이다.[60] 이 복합절의 주어인 "그

57. 여기서 쓰이는 그리스어 동사는 φανερόω다. Fitzmyer는 (17절과 18절에서 쓰인) ἀποκαλύπτω대신 이 동사를 택했다는 것은 하나님의 "계시"에는 미치지 못함을 시사하는 것이라고 주장한다. 그러나 이것은 분명하지 않은 것이, 바울은 ἀποκαλύπτω를 쓸 때 못지않게 하나님의 계시를 충분히 강조해서 φανερόω를 쓰는 경우가 흔히 있기 때문이다(특히 롬 3:21; 엡 5:13, 14; 골 1:26; 3:4[두 번]; 딤전 3:16; 딤후 1:10; 딛 1:3을 보라). 바울은 이 동사를 롬 16:26[v.l.]; 고전 4:5; 고후 2:14; 3:3; 4:10, 11[두 번]; 7:12; 11:6; 골 4:4에서도 쓴다. LN 28.36과 38을 보라.

58. NEB를 보라. 이 번역성경의 읽기에서 τοῖς ποιήμασιν("만드신 것")은 본동사 καθορᾶται("보이다")의 조격 수식어이며 분사 νοούμενα("알게되다")는 본동사를 수식한다.

59. 대부분의 영어 번역이 이렇게 번역한다. 이 해석에서 τοῖς ποιήμασιν는 νοούμενα와 함께 가며, 전체를 καθορᾶται이 수식한다.

60. 대부분의 영어 번역이 이렇게 번역한다. 이 해석에서 τοῖς ποιήμασιν는 νοούμενα와 함께 가며, 전체를 καθορᾶται이 수식한다.

의 보이지 아니하는 것들"[61]은 "그의 영원하신 능력과 신성"이라는 부사적 추가로 더욱 깊게 정의된다. 이 어구의 뜻은 하나님은 능력이 충만하시다는 것과 일반적으로 신성을 생각나게 하는 특성을 지니고 계신다는 것이다.[62] "보이지 아니하는"(아오라타) 하나님의 이러한 특성들이 "보여 알게 된다"(카도라타이). 이는 분명히 모순되는 것을 주장함으로써 수사적 효과를 올리려는 모순 어법이라고 불리는 문학적 장치의 한 예다. 하나님은 본질상 인간이 볼 수 없도록 감추어져 있지만, 하나님의 많은 속성과 그에 관한 많은 특성은 그가 지으신 것들을 통해서 볼 수 있다. 바울은 주로 하나님이 창조하신 산물로서의 세상을 생각하고 있지만(예를 들어, 시편 8편을 보라), 역사상에 하나님이 하신 일들이 포함될 수도 있다.[63]

그러나 인간이 창조와 역사에서 능력이 충만한 하나님이 존재하신다는 것을 "보고", "안다"고 바울이 주장할 때 그 말의 의미는 무엇인가? 혹자는 바울이 주장하고 있는 것은 사람들의 주변에 하나님의 존재와 기본적 특성의 증거가 있다는 것뿐이며, 사람들이 그 증거를 실제로 보는지 아니면 개인적으로 의식하게 되는지는 분명하지 않다고 생각한다. 그러나 바울의 어투는 그 이상임을 시사한다. 그는 사람들이 하나님의 존재와 본성에 관해서 무엇인가를 실제로 이해하게 된다고 주장하고 있는 것이다.[64] 이 인식 작용은 얼마나 보편적인가? 바울의 논증의

---

61. τὰ ἀόρατα αὐτοῦ, "그의 보이지 아니하는 것들". 바울은 구약과 유대교의 가르침에 따라 인간에게는 보이지 않는 것으로 간주되는 하나님의 속성으로 주장한다(골 1:15, 딤전 1:17, 히 11:27을 보라). Str-B 3.31-32를 보라.

62. ἥ τε ἀΐδιος αὐτοῦ δύναμις καὶ θειότης. 이 언어는 이 본문에서 헬레니즘 유대 전통에 대해서 바울의 의존을 반영한다. 이 핵심 용어는 신약에서 드물다(신약에서 θειότης는 여기서만, ἀΐδιος는 여기와 유다서 6절에서만 사용된다).

63. Schlatter; Schlier; Michel; E. Ochsenmeier, "Romans 1,20," 45-58. ἀπό(κτίσεως αὐτοῦ)가 출처를 나타내는 경우 역사적 사건에 대한 언급은 제외된다(예를 들어, 창조 자체가 하나님에 대한 우리 지식의 출처다. Gifford를 보라). 그러나 바울의 용법은 ἀπό가 일시적인 의미를 갖는다는 것을 암시한다. 즉, 하나님의 보이지 않는 속성은 세상이 창조된 **이래로**(*since*) 보여진 것이다(Fitzmyer; Ochsenmeier, "Romans 1,20," 47-48).

64. 동사 καθοράω, "보다"는 신약에서는 여기서만 나오고 LXX에서도 4번(민 24:2; 욥 10:4; 3 Macc. 3:11) 밖에 나오지 않지만, 세속 그리스어에서는 보다 빈번히 나온다. LXX의 증거는 반반이지만 세속 그리스어에서는 이 단어가 정신적인 인식보다 눈으로 보이는 것을 가리키는 경우가 더 많다. 반면에 동사 νοέω는 내적인 인식을 암시하여 흔히 육안으로 보이는 시야를 가리키지 않고 쓰인다. 이 동사가 신약에서 13번 더 나오지만 그 어느 경우에도 육안으로 보는 것을 포함하지 않는데(마 15:17; 16:9, 11; 24:15; 막 7:18; 8:17; 13:14; 요 12:40; 엡 3:4, 20; 딤전 1:7; 딤후 2:7;히 11:3), 요 12:40에서는 눈으로 "보는 것"(ὁράω)과 마음으로 "깨닫는 것"(νοέω)이 대조되고 있음에 유의하라.

흐름으로 보아서는 어떤 제약도 있을 수 없다. 만물 가운데서 하나님의 속성들을 보고 아는 사람들은 불의로 진리를 막고, 그럼으로써 하나님의 진노를 사게 되는 사람들과 똑같은 사람들이다. 바울은 이것이 모든 사람을 포함한다는 점을 분명히 한다(3:9, 19-20을 보라).

20절의 마지막 절, 즉 "그러므로 그들이 핑계하지 못할지니라"는 우리의 19-20절 해석에서 하나의 핵심적인 요소를 진술한다.[65] 즉 바울이 여기서 자연 계시는 본질적으로나 자연적으로나 부정적인 결과로 이어진다는 점을 분명히 하고 있는 것이다. 바울이 자연계에 하나님의 계시가 모든 사람이 알 수 있도록 나타난다는 사실을 가르친다는 점을 이 본문은 분명히 한다. 그러나 이 계시가 보편적으로 배척된다는 점도 그에 못지않게 분명하다. 왜냐하면 사람들이 하나님을 아는 지식으로부터 자기들이 만든 신에게로 돌아서기 때문이다(21-23, 25절).[66] 왜 이렇게 되는가를 바울은 다른 곳에서 설명할 것이다(롬 5:12-21). 그러나 우리가 바울의 복음과 그의 복음 전도의 긴급성을 이해하자면 자연 계시가 구원으로 이어지는 것이 아니라 하나님의 유죄 선고가 정당하다는, 즉 사람들이 "핑계하지 못할지니라"는 증명으로 이어진다는 점을 깨닫는 것이 절대적으로 중요하다. 하나님의 그러한 선고가 우리가 현재 매일 만나는 사람들에게도 유효한 것은 바울이 1세기에 어깨를 마주치던 사람들에게 유효하던 것과 조금도 다를 바가 없으며, 그러므로 우리

65. 그리스어로는 εἰς τὸ εἶναι αὐτοὺς ἀναπολογήτους(ἀναπολογήτος는 성경 그리스어의 롬 2:1과 여기에서만 사용된다)다. 부정사 구문이 결과를 나타내는 것인지 - "그 결과로"(E. Burton, *Syntax*, §411; Lohse를 보라)- 또는 목적 -"그 목적으로" - 인지를 결정하는 것은 어렵다. N. Turner는 예를 들어 Paul에서 εἰς τό + 부정사가 "목적 이외에는 거의 아무것도"를 의미한다고 주장하면서 후자를 택한다(Syntax, 143). 그러나 Turner의 주장은 과장되었다. 바울 서신에서 49번의 사용 중 22번은 아마도 목적으로 추정된다(롬 1:11; 3:26; 4:16; 7:4; 8:29; 11:11; 15:8; 고전 9:18, 10:6, 11:33, 고후 1:4, 8:6, 엡 1:12, 18, 살전 3:2[두 번], 5, 13, 살후 1: 5; 2:6, 11; 3:9), 9번은 아마도 결과를 나타낼 것이다(롬 4:18; 6:12; 7:5; 고전 8:10; 고후 7:3[두 번]; 갈 3:17; 살전 2:16; 살후 2:10), 7번은 목적이거나 결과일 수 있다(롬 1:20; 4:11 [두 번]; 12:2; 15:13; 2 고후 4:4; 빌 1:10) 반면 11번은 다른 기능을 가지고 있다(롬 12:3; 15:16; 고전 11:22 [두 번]; 빌 1:23[두 번]; 살전 2:12, 3:10[두 번], 4:9, 살후 2:2). (I.T. Beckwith, "Articular Infinitive with εἰς," 155-67의 조사 참조.) 따라서 바울의 용법은 목적의 의미를 선호하지만 결정적이지는 않다. 아마도 그 차이는 그다지 중요하지 않을 것이다. 자연에 나타난 하나님의 계시로 인해 모든 사람이 그 지식으로부터 돌아설 때 아무도 핑계하지 못할 것으로 결론내린다면, 그 계시를 주신 하나님의 목적 중 적어도 하나는 모든 사람에게 그들의 유죄 선고에 대한 책임을 지우는 것이었음을 시사하는 작은 한 걸음이 된다.

66. T. Oden은 자연 계시에 대한 확고한 견해가 구원을 가져올 수 있는 것으로 간주되지는 않았지만 초대 교회에서 일반적이었다는 것을 보여 주었다("Without Excuse," 55-68).

의 복음 전달도 바울의 복음 못지않게 매우 높은 수준이 되어야 한다.

21 이 절은 20절의 논증에서 빠졌던 고리를 제공한다. 사람들이 하나님을 인정하고 경배하려 하지 않는 것(21절)이 왜(dioti) 하나님의 자연 계시(20a절)가 저희의 "핑계하지 못하는"(20b절) 사태로 이어지는지를 설명해 준다.[67] 바울은 사람들이 "하나님을 알되"[68] 하나님을 "영화롭게" 하지도 않고 하나님께 "감사하지도" 않았음을 주장함으로써 사람들의 책임을 강조한다. 사람들이 자연 계시를 통해 하나님을 "알고있다"는 바울의 주장은 뜻밖이다. 그런 말은 믿는 자에게만 가능한, 하나님과 그리스도와의 친밀한 개인적 관계에 한해서 쓰는 것이 보통이기 때문이다.[69] 이 (하나님을 아는) 지식이 여기서는 그 친밀한 관계에 해당하지 않는다는 것은 명백하다. 따라서 "하나님을 아는 것"은 이 단락에서 바울의 논증과 부합되는 엄격히 한정된 의미를 부여해야만 한다. 그러나 어떻게 한정된 의미인가? 크랜필드는 "창조된 세상에 관한 그들의 의식에서 그들이 부지불식간에 줄곧 - 객관적으로 - 알고 있는 것은 하나님에 관해서다"라고 대폭 약화된 의미를 부여할 것을 제안한다. 그러나 그 동사로부터 모든 주관적인 인식의 제거는 바울의 용법에 비추어 아무런 근거가 없다.[70] 사람들은 하나님에 관한 어느 정도의 지식을 가지고 있다. 그러나 이 지식은 한정된 것이며, 그들은 "하나님을 알고 있었다"(필립스 성경: "그들은 하나님이 계신다는 것을 항시 알고 있었다")는 말로 자연에서 찾을 수 있는 하나님에 관한 좁은 이해의 범위를 포함한다는 점도 바울은 분명히 한다.[71] 하나님의 창조하신 작품들 속에 드러나는 하나님의 현시가 그 작품들을 관찰하는 사람들 가운데서 극히 한정되기는 할지라도 사실적인 하나님에 관한 지식이 생기게 한 것이다.

67. 19절에서 처럼, διότι는 약한 원인을 나타낸다.

68. τὸν θεόν("하나님을 아는 것")은 양보를 나타낸다. 동사가 부정과거형으로 되어 있는 것은 "하나님을 알되"가 주절에서 진술되는 하나님을 영화롭게 하지 않는 것에 선행하기 때문이다.

69. 바울 서신 가운데서는 갈 4:9; 빌 3:8, 10; 고후 5:16을 보라. 또한 고전 1:21의 "하나님의 지혜에 있어서는 이 세상이 자기의 지혜로 하나님을 알지 못하므로"도 주목하라.

70. D. L. Turner, "Romans 1:18-21," 55-58. 여기서 크랜필드는 아마도 자연 계시에 대한 칼 바르트의 부정적인 판단의 영향을 받았을 것이다. 또한 R. H. Bell, *No One Seeks for God*, 90-118도 보라.

71. 특히, Fitzmyer를 보라.

이 한정된 하나님을 아는 지식은 하나님과의 관계 수립을 위해 필요한 정도에는 훨씬 못 미친다. 지식은 경배와 감사로 이어져야만 한다. 이러한 경배와 감사로 이어지도록 하는 일을 이 지식은 하지 못했다. 하나님을 "하나님으로" 알아서 하나님을 영화롭게 하고 감사하는 대신에, 사람들은 자신들의 지식을 왜곡하여 우상 숭배에 빠졌다. 23절에서 명확히 검토되는 우상 숭배가 이 절에서 이미 바울의 마음속에 자리 잡고 있었을지도 모른다는 것이 사람들이 "허망하여지며"[72]라는 바울의 주장으로 암시된다. 이 허망함이 일어난 것은 사람들의 "생각"[73]에서이며, 이로써 하나님에 관한 그들의 처음 지식이 무엇이든 간에 하나님에 관해 정확히 추론할 수 있는 그들의 타고난 능력은 빠른 속도로 그리고 영구적으로 망가졌다는 것을 알 수 있다. 이 생각이 허망해지는 것과 평행하고 그것의 묘사이기도 한 것이 "미련한 마음"[74]이 어두워지는 것이다. 신약에서 "마음"은 그 의미가 광범위한데, "특별히 하나님에 대한 책임에 관해서 사람의 생각하고 느끼고 갈망하는 자아"를 가리킨다.[75] 그렇다면 어떻게 바울이 마음을 "미련한" 것으로 묘사할 수 있는지 이해할 수 있으며, 이 타락한 인류에 대한 묘사가 얼마나 포괄적인지도 알 수 있다. 하나님에 관한 지식이 어떤 긍정적인 결과를 갖기 위해서는 모든 사람의 중심에 어둠 - 복음의 빛만이 뚫고 들어갈 수 있는 어둠 - 이 깔려 있어야만 한다.

22 하나님에 대한 사람들의 이해가 변질되고 있음이 21절에서 제기되었는데, 그 변질의 특성이 22절에서 착각과 현실의 대조로 기술된다. 하나님이 하신 일들을 알아보게 될 때 사람들은 하나님께 경의를 표하기를 거절하고 오히려 자신

72. 바울이 여기서 쓰는 동사 *ματαιόω*는 LXX에서 7번 나오는 가운데 3번은 우상 숭배를 가리키며(삼하 17:15; 렘 2:5; 51:17[=LXX 28:17]) 동계어인 *τὰ μάταια*는 여러 차례 우상을 가리키는 데 쓰인다. 그렇기는 하지만 주의할 필요가 있는 것은, 바울이 이 단어들이나 다른 동계의 단어들을 뚜렷하게 우상 숭배를 가리키는 뜻으로 쓰고 있지 않다. 여기서의 번역은 부정과거 시제가 진입해 들어가는 기동상(ingressive)의 판단을 반영한 것이다.

73. 그리스어로는 *διαλογισμοῖς*이다. 이 단어는 마 15:19; 막 7:21; 눅 2:35; 5:22; 6:8; 9:47; 롬 14:1; 약 2:4에서 "생각", "추론", "판단"을 가리키며, 눅 24: 38; 9:46; 빌 2:14; 딤전 2:8에서는 "의심", "변론","시비"를 가리킨다. BDAG를 보라. 특히 시 94:11을 인용하여 "주께서 지혜 있는 자들의 생각을 헛것으로 아신다"고 한 고전 3:20을 보라.

74. *ἡ ἀσύνετος αὐτῶν καρδία*.

75. 구약에서 לֵב(레브)의 사용을 보라(Stacey, *Pauline View of Man*, 194-97).

들이 지혜를 더하고 있다고 주장한다.[76] 하지만 현실은 정반대다. 그들은 "어리석게 된" 것이다.[77] 23절부터는 이 어리석음에 참되신 하나님께 경배를 드리려 하지 않는 것만이 아니라 가짜 신들을 포용하는 것까지 포함되는 것이 분명하다.[78] 사람들이 지혜라고 생각하는 것을 하나님은 어리석음으로 간주하고, 사람들이 어리석음이라고 생각하는 것을 하나님은 지혜로 간주한다는 이 대조가 고린도전서 1-4장에서 정교한 문장으로 제시된다. 이 "어리석게 되어"에는 사람들이 자신들을 위해 고안해 낸 각종 우상 종교가 포함된다는(23절) 점에서 바울의 비기독교 종교에 대한 평가 역시 이 절에서 분명해진다. 이런 종교들은 인간의 하나님 탐구에 있어서의 한 준비 단계이기는 커녕 진리로부터의 후퇴를 뜻하며 "인간의 가장 극심한 부패의 증거"[79]가 된다.

23 문장이 22절에서 시작되어 계속 이어지는 이 절은 한 분이시며 참된 하나님의 계시에 대한 경건한 반응에 기초하지 않은 모든 종교의 핵심에 놓인 우상 숭배의 어리석음을 생생하게 묘사하고 있다. 바울은 우상 숭배로 빠지는 것을 하나님의 영광을 사람과 짐승의 형상들로 "바꾸는" 것으로 그린다. 위에서 언급했듯이 "바꾸다"의 언어(여기서는 *allassō*, 25절과 26b절에서는 *metallassō*)는 이 구절의 기본 모티브다. "영광"은 한 분이신 참된 하나님의 본질에 속하는 광채와 위엄을 뜻한다. 하나님의 영광은 특히 우리가 기대하는 바와 같이 그분의 계시와 활동과 관련이 있다. 즉, "야웨의 가시적이고 유동적인 임재"[80]를 뜻한다. 썩어지지 아니하는

---

76. 부정사 뒤에 주격의 σοφοί가 쓰일 수 있는 것은 εἶναι의 술어적 기능 때문이다(BDF §405[2]).

77. 그리스어는 ἐμωράνθησαν로, 또 하나의 기동상 부정과거다.

78. Murray는 분사 φάσκοντες("주장하면서")와 본동사 ἐμωράνθησαν 사이에 조격 관계가 있다고 하여 "지혜 있는 체 **함으로써**(*by*) 스스로를 바보로 만들었다"로 해석할 것을 제안했다. Let. Arist. 137에서 "이러한 거짓 이야기들과 신화들을 지어낸 자들이 보통 그리스의 가장 지혜로운 자들로 꼽힌다"(137)고 한 점을 주목하라.

79. Nygren.

80. C. C. Newman, *Paul's Glory-Christology*, 24. 그리스어로는 δόξα이다. 세속 그리스어에서 이 단어는 "의견", "판단", "평가"를 뜻한다 (LSJ를 보라). 그러나 LXX 역자들은 이 단어를 히브리어 카보드(כָּבוֹד)의 번역어로 썼으며, 이 번역을 통해 이 단어의 전형적인 신약성경의 의미가 발전된다 (Newman, *Paul's Glory-Christology*, 134-53). "무게가 있다"라는 기본적인 뜻에서 카보드(כָּבוֹד)는 사람들의 "명예"나 "중요성" 또는 "명성"을 가리키게 되었으며(예를 들어, 시 49:16; 사 16:14; 참조. 마 4:8), 하나님께 적용될 때는 하나님의 "위엄있는" 그리고 장대한 임재를 - 자연에

[81] 하나님의 영광에 참예할 기회를 얻었음에도, 사람들은 그들의 어리석음 때문에 도리어 썩어질 사람과 짐승의 형상들을 숭배하는 쪽을 택했다. 바울은 하나님의 두려운 임재와 직접 접촉하는 것을 우상 숭배에서 볼 수 있는 간접적이고 음산한 관계로 바꾸는 것이 얼마나 어리석은 일인지 깨닫기를 바라는 것이다.

이 절에서 보는 우상 숭배로 빠지는 것에 대한 바울의 묘사는 다양한 자료와 전승으로 부터 기인한다. 동물계를 삼중으로 구분하는 창조 이야기에 대한 암시가 있다. 또한 바울은 구약 본문을 암시하는 표현을 사용하는데, 시편 106:20의 이스라엘의 우상 숭배에 대한 정죄를 언급하며, "자기 영광을 풀 먹는 소의 형상으로 바꾸었도다." 그리고 예레미야 2:11에서는 이렇게 말한다, "어느 나라가 그들의 신들을 신 아닌 것과 바꾼 일이 있느냐 그러나 나의 백성은 그의 영광을 무익한 것과 바꾸었도다."[82] 이 마지막 두 구약 본문은 로마서 1:18-32의 바울의 논쟁에서 유대인을 완전히 제외할 수 있음을 시사한다.[83] 창조에 대한 언급은 우리로 하여금 바울이 아담 안에 있는 인류의 타락을 묘사하고 있다고 생각하게 이끄는 것

(시 97:1-6), 성막에(출 40:34) 그리고 역사의 절정에 이르러 모든 백성 앞에(사 40:5; 66:18) 나타나는 대로 가리키게 되었다(G. von Rad, *TDNT* 2.238-42를 보라). 요한은 이런 하나님의 영광이 종말론적으로 나타나는 사건이 말씀이 육신이 되신 분 안에서 일어났다고 주장한다(요1:14).

81. 바울은 다른 곳에서 단 한 번 하나님을 "불멸"(개역개정은 "썩지 아니하고"로 번역함)이라고 불렀다(ἀφθάρτος; 딤전 1:17을 보라). 그는 여기서 "죽을 운명의"(φθαρτός) 인간과의 대조를 강조하기 위해 의도적으로 이런 표현을 사용한다.

82. 시 106:20의 LXX 본문은 *καὶ ἠλλάξαντο τὴν δόξαν αὐτῶν ἐν ὁμοιώματι μόσχου ἔσθοντος χόρτου*로 되어 있으며, 렘 2:11은 *εἰ ἀλλάξανται ἔθνη θεοὺς αὐτοῦ; … ὁ δὲ λαός μου ἠλλάξαντο τὴν δόξαν αὐτοῦ*로 되어 있다. LXX 역자와 마찬가지로 바울은 *ἐν* 다음에 *ἀλλάσσω*를 사용한다 이 단어는 히브리어 בְּ와 동일한 의미로 사용된다. 그러나 바울은 *ὁμοιώματι*("모양")에 속격의 *εἰκόνος*("형상")을 덧붙인다. 그가 왜 그렇게 하는지는 분명하지 않다. 두 단어가 뜻이 유사하기 때문이다. 둘 다 LXX에서 빈번히 우상 숭배를 가리키기 위해 쓰이는데, 나오는 빈도는 *εἰκών*이 절반 이상으로 가장 많고, 그 다음으로 *ὁμοίωμα*가 절반 좀 못 미치게 나온다(신 4:15-16에서는 이들을 상호 교환적으로 쓰는 것을 참조). 이 주목할 만한 의미의 중첩은 *εἰκόνος*가 부연설명의 의미일 수 있음을 뜻하며(Zerwick and Grosvenor, *Grammatical Analysis*, 460; Zahn 460; Zahn), 그렇다면 필경 우상 숭배가 비현실적이고 열등한 것임을 강조하기 위해 덧붙여졌을 것이다(Käsemann; Dunn). 다른 학자들은 *ὁμοίωμα*는 "모양" 또는 "복제"를 뜻하고(이 의미가 LXX에서 빈번히 갖는 뜻이다. 5:14 주석을 보라), *εἰκών*은 사실상의 "형상"(form) 또는 복제의 "원형"(prototype)을 가리킬 수 있다는 의견을 개진한다(G. Kittel, *TDNT* 2.395; Cranfield; 참조. Jervell, *Imago Dei*, 320-21). 그러나 아마 전자 쪽이 선호될 것이다. 왜냐하면 바울이 Wis. 13-14의 영향을 받았을 수 있는데, 거기서는 *εἰκών*이 네 차례나 우상을 가리키는 데 쓰이기 때문이다.

83. 예를 들어, Lucas, "Reorienting the Structural Paradigm," 121-41을 보라.

일 수 있다.[84] 그러나 우리는 바울이 인류의 타락과 이스라엘의 "타락" 모두를 가리키는 언어를 사용하여 모든 사람들이 자기가 지닌 하나님에 관한 지식에 먹칠을 하여 자기들 멋대로의 신을 만드는 무서운 경향을 기술하고 있을 가능성이 더 높다고 생각한다. 인간의 이 비극적인 "신 만들기" 공정은 바로 우리의 시대에도 빠른 속도로 진행되고 있으며, 바울의 말은 나무와 돌로 우상을 만든 사람들에게 해당된 것 못지않게 돈과 섹스와 명성을 자기네 우상으로 만든 사람들에게도 그대로 해당된다. 그러므로 24-31절이 증명하듯이, 인류를 괴롭히는 무서운 죄들은 전부 이 우상 숭배의 토양에 그 뿌리를 두고 있는 것이다.[85]

24 이 절의 첫머리에 나오는 "그러므로"(헬. 디오[*dio*])는 하나님이 사람들을 "내버려 두심"이 하나님이 일반적으로 알 수 있게 만드신 하나님에 관한 지식을 사람들이 배척한 죄에 대한 하나님의 보응임을 증명한다(21-23절). 바울이 이 보응

84. 바울이 최초의 인간 부부가 죄에 빠지는 것을 이 절들에서 기술하고 있다고 생각하는 사람들이 주목하는 것은 (1) "동물계"를 (πετεινά[새, τετράποδα[네발 짐승], ἑρπετά[기는 것]) 삼중으로 구분하는 기술이 LXX의 창 1:20, 24과 유사하고, (2) εἰκών과 ὁμοιώμα라는 단어가 (하나님의 "형상"[LXX εἰκών]과 "모양"[ὁμοίωσις]대로 사람을 지으셨다는) 창 1:26을 상기시키며(N. Hyldahl, "Reminiscence of the Old Testament," 285-88), (3) 부정과거 시제들이 자연히 과거에 일어난 일련의 사건을 가리킨다는 점이다. 그래서 바울이 "사람이 짓는 죄를 진짜 성경적 배경과 - 창세기의 창조 및 타락 이야기와 - 관련지어 기술하고 있다"는 주장이 나온다(M. D. Hooker, "Adam in Romans I", 300; 또한 Jervell, *Imago Dei*, 316-29를 보라; D. J. Milne, "Genesis 3," 10-12; J. Levison이 생각하는 것처럼 바울이 위경 그리스어 *Life of Adam and Eve*에서 핵심 주제를 선택한다면 창세기 1-3장과의 간접적인 연결이 존재할 것이다["Adam and Eve," 519-34을 보라]). 이 견해대로라면 바울은 그의 시대에 세상에 만연하고 있는 죄의 근원을 에덴 동산에서 일어난 인류의 공동 타락과 그에 따른 하나님의 형벌("저희를 내버려 두심")에서 찾고 있는 셈일 것이다. 하지만 신학적으로는 매력이 있을지라도, 이 해석은 자세히 검토해 보면 성립이 안된다. 창 1-3장에서는 "우상 숭배"가 ("하나님과 같이 되고 싶은" 욕망이) 타락에 선행하는데, 롬 1장에서는 "타락"이 (하나님을 영화롭게 하지 않는 것이 -21절) 우상 숭배에 선행한다. 그리고 또한 우리가 살펴보았듯이, 롬 1장은 사람이 "자연 계시"를 무시하는 것에 초점을 맞추는데, 롬 5:13-14은 바울이 아담을 이스라엘과 연결시켜 "특별 계시"에 대한 책임을 물었음을 알려 준다. 게다가 롬 1:18-32에서 창 1장에 대한 암시는 있을지라도 창 3장에 대한 암시는 - 32절의 "사형"이라는 말을 제외하고는 - 명확하지 않다(Dunn; 참조. A. J. M. Wedderburn, "Adam in Paul's Letter to the Romans," 413, 419). **εἰκὼν φθαρτοῦ ἀνθρώπου** 까지도 창 1:26이 아니라 유대교의 논박에 나오는 우상 숭배 묘사에 의거하고 있을지 모른다(참조. Wis. 13:13d: *ἀπείκασεν αὐτὸ εἰκόνι ἀνθρώπου*). 바울이 인간 개인의 "타락"을 최초의 인간 부부의 타락과 **어떤 면에서**(*in some ways*) 유사한 것으로 볼 수 있다는 것은 가능하지만, 그가 특히 후자를 묘사하고 있다는 결론을 본문이 보장하는 것은 아니다. 그와 비슷한 결론을 내리고 있는 R. Scroggs의 *Last Adam*, 75-79; Fitzmyer; Longenecker, 85를 주목하라.

85. 특히 Achtemeier를 보라.

을 기술하는 데 쓰는 동사 "내버려 두다"의 용법은 구약에 그 뿌리를 두고 있다. 구약에서 이 동사는 하나님이 이스라엘의 원수들을 전투에서 패하도록 "내어주시는"(즉, ~의 손에 붙이는-옮긴이) 전형적인 공식에서 규칙적으로 쓰인다.[86] 그리고 역설적인 역할의 역전으로 하나님이 자기 백성을 그들의 죄에 대한 벌로 다른 나라에 내어주실 때도 바로 이 공식이 쓰인다.[87] 다소 비슷한 방식으로 바울은 여기서 하나님이 사람들을 "더러움"[88]에 "내버려 두사"라고 주장한다. 여기서 바울이 말하고자 하는 것이 무엇인가? 그가 하나님이 사람들로 하여금 죄를 짓도록 강제하셨다고 말할 수는 없음이 분명하다. 이것은 하나님에 대한 성경의 묘사와 상반될 뿐 아니라(예를 들어, 약 1:13), 이 "더러움에 내버려 두사"를 수식하는 "그들을 마음의 정욕대로"라는 어구가 내버려진 자들이 이 죄에 물든 자들이라는 것 또한 증명한다. 이 절에서 바울의 목적은 죄의 순환에서 하나님이 차지하는 측면을 부각시키는 데 있지만, 그 측면은 에베소서 4:19에서 제시된 인간이 차지하는 측면과 균형이 맞아야만 한다. 이곳 에베소서에서 바울은 이방인이 방탕에 "자신을 방탕에 방임하여"[89] 모든 "더러운 것"[90]을 욕심으로 행했다고 말한다. 도드(Dodd)는 하나님의 진노에 대해 자기의 해석에 맞춰, "내버려둠"은 역사의 자연적 과정의 진행

---

86. 그리스어 동사는 *παραδίδωμι*이다. 이 공식의 예로는 출 23:31; 신 7:23을 보라. N. T. Wright는 바울이 시 81:12를 염두에 두었다고 제안한다: "그러므로 내가 그의 마음을 완악한 대로 버려 두어 그의 임의대로 행하게 하였도다"(개역개정). 그러나 LXX가 *παραδίδωμι*를 사용하지 않는다는 사실은 이러한 연결에 의문이 제기된다. 신약에서는 *παραδίδωμι*가 아주 흔하게 나오며(119번), 그 쓰임은 (1) 남에게 여러 가지를 "내어주는 것" 또는 "맡기는 것"이거나(예를 들어, 고전 13:3의 "내 몸을 불사르게 내줄지라도"), (2) 사람을 사법 당국이 구속하도록 "넘겨주는 것"이거나(예를 들어, 마 26:15; 요 19:11 등에서 유다가 예수를 유대교 당국에 "넘겨준다"), (3) 기독교의 전통을 "전하는 것" 또는 "위임하는 것"이다(예를 들어, 고전 15:3). BDAG를 보라.
87. 레 26:25; 수 7:7; 삿 2:14; 6:1, 13등의 예가 있으며, 욥 2:6도 주목하라. 행 7:42에서는 스데반이 이스라엘이 우상을 숭배했기 때문에 하나님이 "외면하사 그들을 그 하늘의 군대 섬기는 일에 버려 두셨으니"[*παρέδωκεν*]라고 말하는데, 이때 이 동사의 용법을 써서 바울의 말과 가장 근접한 평행을 제공한다.
88. 그리스어는 *ἀκαθαρσίαν*이다. 신약에서 문자 그대로의 뜻으로 쓰이는 경우는 마 23:27에서 단 한 번 뿐이며, 모두 바울 서신에 나온다. 그 밖의 경우는 일반적으로 부도덕성을 가리키는데 특히 성적 부도덕을 가리킨다(Murray; 롬 6:19; 고후 12:21; 갈 5:19; 엡 4:19; 5:3; 골 3:5; 살전 2:3; 4:7을 보라).
89. 그리스어로는 *παρέδωκεν*.
90. 그리스어로는 *ἀκαθαρσία*.

이외의 아무것도 아니라고 생각한다.[91] 그러나 비인격적인 진행이라는 해석은 역사에서 보는 하나님의 주권적 활동에 관한 성경의 가르침도 바울의 적극적인 어투도 올바로 평가한 것이 되지 못한다. 크리소스토모스(Chrysostom)는 이 내버려둠을 소극적인 의미로 해석하여, 하나님이 이 불순종하는 우상 숭배자들에 대한 영향력을 철회하여 그들로 하여금 그들이 이미 선택한 죄를 계속 지어 더 깊은 죄에 빠지도록 내맡기는 것을 가리킨다고 말한다. 고데트(Godet)는 그것을 "그가[하나님이] 강물의 흐름에 끌려가는 배를 붙잡고 있던 손을 놓으셨다"[92]고 표현한다.

그런 하나님이 끼치던 영향력에 대한 철회가 이런 결과를 낳을 것은 말할 것도 없다. 그러나 "내버려 두다"의 의미는 하나님께서 과정을 일으키는 분이라기보다 더 적극적인 역할을 맡는 분이라고 이해하도록 우리에게 요구한다.[93] 하나님은 강물에 떠 있는 배를 붙잡고 있던 손을 그냥 놓으시는 것이 아니다. 오히려 하류 쪽으로 힘껏 미시는 것이다. 형사 피고인을 그의 범죄가 자초한 형벌을 받도록 넘겨주는 판사와 마찬가지로, 하나님은 무한대로 커지는 죄의 끔찍한 순환에 죄인을 넘기시는 것이다.[94] 이 형벌은 교정에 목적이 있는가? 크리소스토모스는 그렇다고 생각했다. 즉, 우상 숭배자가 빠지게 되는 죄의 구덩이는 그 죄인으로 하여금 자기가 얼마나 끔찍한 상황에 처해 있는가를 깨달을 수 있도록 설계되어 있다고 생각했다.[95] 구약에서 하나님이 그의 백성을 내버려두시는 것이 끝은 아니었다는 점에서, 그리고 이스라엘 백성을 율법을 통해 잠시 죄 아래 가둔 것(갈 3:21-25)에 이 조치와의 평행적인 가능성이 있음에 비추어 볼 때 이 생각이 맞을지도 모른다. 그러나 성경의 역사와 세속의 역사 둘 모두는 그와 같은 형벌이 영혼의 교정으로 이어지지 않은 많은 예를 우리에게 제공하고 있다는 점을 여기에 첨가해야만 한다.

"더러움"이라는 말 속에 담겨 있는 성적 뉘앙스가 이 절의 마지막에 "그들의

91. Travis (*Christ and the Judgment of God*, 60-62)의 관점도 이와 유사하다.
92. 또한 예를 들어, Wesley; Cranfield; Byrne을 보라.
93. Calvin; Murray; S. Johnson, "'God Gave Them Up,'" 131-32.
94. Wis. 11:15-16에 나오는 다음 구절을 주목하여 보라. "저들이[이방인이] 미련하고 악한 마음에서 헛길로 빠져 생각할 줄 모르는 뱀과 취할 것이 없는 짐승들을 섬기는 데 대한 벌로 주께서는 저들에게 허다한 무리의 생각할 줄 모르는 피조물을 보내어 저들을 벌함으로써 저희로 하여금 사람은 자기가 짓는 죄로 벌을 받는다는 것을 배우게 하셨나이다."
95. 또한 Cranfield를 보라.

몸을 서로 욕되게[96] 하게 하셨으니"라는 말로 표출된다. 이 말이 뜻하는 바가 무엇인지는 분명하지 않다. 이것은 하나님이 사람들을 내버려두신 목적을 가리키는가?[97] 또는 그 결과를 가리키는가?[98] 아니면 "더러움"이라는 말을 보다 완전히 정의한 것에 불과한가?[99] 확실한 결론은 내릴 수 없지만, 마지막 선택지가 아마 최선의 선택이 될 것이다.[100]

25 이 절의 첫 번째 어절은 24절에서 시작된 문장에 이어 "하나님께서 그들을… 내버려 두사[24절]… **이는**(*because*) 그들이 하나님의 진리를 거짓 것으로 바꾸어"라는 뜻으로 원인을 나타낼지도 모른다.[101] 그러나 23절에 저희를 내버려 두시는 이유가 이미 나온 만큼, 25절은 새로운 문장이 시작되는 절로 보는 것이 더욱 바람직하다.[102] 그렇게 보면 25절은 뒤를 돌아보는 것이 아니라 앞을 내다보

96. 바울은 인간의 교환과 하나님의 응답을 모으기 위해 말(또는 최소한 의미)에 대한 유희를 사용하고 있을지도 모른다. 왜냐하면 사람들이 하나님께 "영광"(δόξα)을 돌리는데 실패했기 때문에(23절), 하나님은 그들을 내버려 두셔서, 그들의 몸을 "욕되게"(ἀτιμάζεσθαι) 하셨다(M. D. Hooker, "Further Note," 182).

97. 예를 들어, Godet.

98. BDF §400(2); von Siebenthal, *Griechische Grammatik*, §225c; Cranfield.

99. 예를 들어, Barrett; Murray.

100. 그리스어 구문에서는 소유격 관사 τοῦ가 나오고 그 뒤에 부정사(ἀτιμάζεσθαι)가 이어진다. 바울이 쓰는 이런 구성은 결정적으로 어떤 하나의 결론을 가리키지 않는다. 그것은 종종 목적 구문으로 분류되기는 하지만, 적어도 바울은 그것을 그런 의미로는 아주 드물게 사용한다. 롬 1:24을 제외하고 바울이 τοῦ를 부정사와 함께 쓰는 경우는 16번 있다. 많은 논쟁이 있지만, 우리가 분명히 목적을 나타내는 것으로 분류할 수 있는 경우는 단 한 번(고전 10:13)뿐이다. 세 번은 아마 결과를 나타낼 것이며(롬 7:3; 11:10; 갈 3:10), 두 번은 둘 가운데 하나를 가리킬 수 있고(롬 6:6; 고전 10:13), 나머지 10번은 다른 기능을 가지고 있는데 보충 설명의 의미인 경우가 흔하다(롬 8:12; 11:8[두 번]; 15:22, 23; 고전 9:10; 16:4; 고후 8:11; 빌 3:10, 21). 약간 달리 분류하고 있는 것으로는 BDF §400을 보라. 부정사를 이렇게 보면 ἀτιμάζεσθαι를 수동태 부정사로가 아니라 중간태 부정사로 보고(Godet; 반대 의견으로는 BDAG; Hultgren) ἐν αὐτοῖς를 "among them"으로 번역하는 것이 가장 자연스럽다(S-H. 반대 의견인 Käsemann은 조격의 의미를 제안한다). NRSV는 귀결되는 의미를 잘 포착하여 "하나님이 저희를 더러움에 내버려 두어… 그들 가운데서 그들 몸을 서로 욕되게 하도록 버려 두셨다"고 번역하고 있다.

101. NRSV; ESV; NJB; Michel; Murray를 보라. 25절은 24절에 명시적으로(이를테면, 접속사나 분사로) 연결되지 않는다(접속사 생략). 바울은 일반적으로 부정 관계대명사 οἵτινες("who")를 써서 종속절을 이끌게 한다.

102. 예를 들어, NIV; CSB; CEB; NET; Cranfield를 보라. 바울은 다른 곳에서(롬 1:32; 2:15; 갈 4:24; 빌 3:7을 보라) οἵτινες를 써서 사실상 독립적인 절 또는 문장을 앞에서 한 논의와 연결시킨다. 신약 그리스어의 특징으로, 이 대명사는 부정성(indefiniteness)은 결여되어 있지만(Moule, *Idiom*

고, 23절이 24절과 관련해서 그렇듯이 하나님이 죄인들을 그들의 선택의 결과를 받도록 사법적으로 "넘겨주실" 수 있는 근거를 제공한다. 두 구절이 아주 흡사하다. 23절에서 바울이 "썩어지지 아니하는 하나님의 영광을 썩어질 사람과 새와 짐승과 기어다니는 동물 모양의 우상으로" 바꾸었다고 사람들을 고발한다면, 여기서는 그들이 "하나님의 진리를 거짓 것으로 바꾸었다"[103]고 주장한다. "하나님의 진리"는 "하나님이 알게 하셨고 하나님께 속하는 진리"[104]가 아니라, 하나님이 자기를 나타내 보이신 바로 그대로의 하나님이라는 실재다.[105] 데살로니가의 기독교인들은 이렇게 하나님을 우상으로 바꾸는 것을 역으로 사용했다, 즉 그들은 "우상을 버리고 하나님께로 돌아와서 살아 계시고 참되신 하나님을 섬겼다"(살전 1:9)고 바울은 적고 있다.

25절의 두 번째 어절에서 바울은 "거짓"인 우상을 "피조물을 조물주보다[106] 더 경배하고 섬김이라"라고 간결하게 정의한다. 두 개의 동사는 상호간에 해석과 합침을 통해 우상 숭배에 내포된 모든 것을 요약한다.[107] 우상 숭배의 본질은 바로

Book, 123-24), "그런 사람들" 정도의 성질을 나타내는 뉘앙스는 전할 수 있다.

103. 바울은 여기서 합성 동사 *μετάλλασσω*를 23절에 나오는 단순 동사 *ἀλλάσσω*와 그 의미에 있어 큰 차이가 없이 쓰고 있다.

104. Murray.

105. As. Mos. 5:3b-4를 보라. "그들은[유대인은] 그들의 예배 처소를 열방의 관습으로 더럽히려고 하며, 이방의 신들과 음행하려고 한다. 이는 저희가 하나님의 진리를 따르려 하지 않기 때문이니." 또한 이스라엘 백성의 우상 숭배에 대한 모세의 반응을 기술한 필론의 글도 주목하라. "[그는] 그토록 갑작스러운 무리의 배교와 그들이 그토록 큰 하나님의 진리[*ἀληθείας*]를 그토록 큰 거짓 것[*ψεῦδος*]으로 [어떻게] 바꾼[*ὑπηλλάξαντο*] 것을 보고 놀랐다"(*Life of Moses* 2.167). 그리고 Käsemann과 Cranfield도 보라.

106. 그리스어는 *παρά*. 대격을 취하는 이 전치사는 보통 비교의 의미를 갖는다. 바울은 이방인 우상숭배자들을 그들의 우상으로 대표되는 피조물을 조물주 "보다 더" 경배한다고 비난하고 있는 것일지도 모른다(참조. KJV). 그러나 *παρά*는 그 비교 효력의 자연스런 확대에 의해 때로 "대신에"라는 뜻을 나타내기도 한다. BDAG는 눅 18:14; 롬 1:25; 롬 12:3; 고전 3:11; 고후 8:3; 히 1:9; 11:11을 예로 들고, Ep. Arist. 139에서 저자는 유대인이 *τὸν μόνον θεὸν παρ' ὅλην τὴν κτίσιν* ("모든 피조물 대신에 유일하신 하나님")을 경배한다고 말하고 있음을 보라. 이 의미가 우상 숭배자들의 "바꾸기"에 대한 바울의 강조에 보다 잘 들어맞는다(현대의 영어 번역 성경 대부분이 이렇게 번역하고 있다).

107. 두 번째 동사 *λατρεύω*("섬기다")는 바울이 다른 곳(롬 1:9; 빌 3:3; 딤후 1:3)에서 진정한 섬김을 가리키는 데 쓰고 있다(LXX에서는 이 동사가 야웨 숭배와 우상 숭배에 다같이 적용된다). 첫 번째 동사 *ἐσεβάσθησαν*은 (제1부정과거 수동태는 능동의 의미를 갖는다[BDAG]) *σεβάζομαι*("경배하다")라는 희귀한 단어(신약 시대에는 *σέβομαι* 형태가 보다 흔하게 쓰인다)에서 나온 것이다 바울이 이 단어를 쓰는 것은 아마 첫 번째 동사에 "이교적인" 냄새를 가미하기 위해서일 것이다.

이렇게 하나님의 창조 가운데 어떤 측면 - 동물이든지 사람이든지 물건이든지 어떤 하나 - 을 하나님 대신으로 삼는 것이다. 바울이 "주는 곧 영원히 찬송할 이시로다 아멘"[108]이라고 찬양 공식을 덧붙이는 것은 아마 이러한 하나님을 우상으로 바꾸는 것의 어리석음을 강조하기 위해서일 것이다.

26 유대교의 많은 논쟁적인 작업에서 유대인이 이방인 가운데 만연하고 있던 성적인 비도덕의 원인을 바로 우상 숭배에서 찾았다. 그래서 솔로몬의 지혜서를 인용하자면, "우상을 만들 생각이 간음의 시작이었으며, 우상의 발명이 인생의 타락이었다"는 것이다(14:12). 바울은 이 장르를 이어받아 같은 연결을 짓지만, 유대교의 논쟁적 작업과는 달리 그 연결을 하나님이 하시는 일로 돌린다. 23-24절에서와 마찬가지로 사람들이 진짜 하나님을 우상으로 "바꾸기"(25절) 때문에[109] 하나님이 그 벌로 "그들을 내버려 두시는"[110] 것이다. 그리고 여기서 그들을 내버려 두게 만드는 "부끄러운 욕심"[111]이 24절의 "더러움"과 일치한다. 바울이 쓰는 "욕심"[112]이라는 단어는 26b-27절에서 그가 말하는 것과 결합되어 바울이 일반적으로 사회 통념에 어긋나는 성적 욕망을 가리키고 있음을 분명히 한다. 그렇게 이 절의 마지막 어절은 이 "부끄러운 욕심"[113]에 조명을 비춘다. 유대교의 이방인 세계에 대한 비판과 흡사한 것이 또 하나 있는데, 바울이 꼽는 성적인 죄가 동성애라는 점이 그것이다. 즉, "여자들도[114] 순리대로 쓸 것을 바꾸어 역리로 쓰며." 동

108. 이런 축복의 말은 바울은 두 번 더(롬 9:5; 고후 11:31) 쓸 뿐이지만, 랍비 문헌에서는 (보통 학카도쉬 바루크 후[הַקָּדוֹשׁ בָּרוּךְ הוּא], 즉 "거룩한 주를 찬송할지니라"의 형식으로[Str-B, 3.64]) 흔히 쓰인다.
109. 그리스어는 διὰ τοῦτο이고, 이것을 직역하면 "이것으로 인하여"다
110. 동사는 여기서도 παραδίδωμι다. 24절의 각주를 보라.
111. 성질을 나타내는 속격 ἀτιμίας를 쓰고 있다.
112. 그리스어는 πάθος의 복수형인 πάθη다. 바울은 이 단어를 골 3:5과 살전 4:5에서만 쓰는데, 두 본문 모두 성적인 뉘앙스를 풍긴다. 또한 BDAG를 보라.
113. 이 어절을 이끄는 τε는 27절의 τε와("…와 … 둘 모두") 상관관계가 있다. 연결 접사 γάρ("이 때문에")는 원인을 - 하나님이 그들을 내버려 두시는 이유를 들고 있는 것처럼 - 나타내는 것이 아니라 설명을 나타낸다. 즉, 뒤따르는 절이 πάθη ἀτιμίας를 설명하고 있는 것이다.
114. 그리스어 αἱ θήλειαι αὐτῶν은 직역하면 "그들의 여자들"이다. 바울은 반의어들 이를 테면 γύνη/ἀνήρ 가 아니라 θῆλυς/ἄρσην(27절)으로 씀으로써 성별의 요소를 강조하고 동성애의 뒤틀림을 부각시켜 성에 대한 혼동을 하나님의 "사람을 창조하시되 남자와 여자를 창조하시고"와 암시적으로 평행시킨다. 그만큼 θῆλυς/ἄρσην 쌍은 일관되게 창조 내러티브를 상기시킨다(참조. 창 1:27; 마

사 "바꾸다"는 우상 숭배로의 타락을 묘사하기 위해 두 번(23, 24절) 쓰였던 것인데, 이제는 이 비극적으로 뒤틀린 성행위의 특징을 기술하는 데 쓰인다. "순리대로 쓸 것"이 "역리로"[115] 쓰는 것으로 대체되었다는 것이다.

바울이 이 바꾸기가 하나님의 창조 질서를 얼마나 위배한다고 규정하느냐는 이 절에서 쓰는 "순리대로의"(natural)와 "순리"(nature)라는 단어의 의미에 달려있다. 바울은 일반적으로 "순리"라는 단어를 사물이 그 고유의 상태 또는 본성에 따르고 있는 방식을 기술하기 위해 사용하며, 이런 경우에는, 때로는 암시적이지만, 하나님의 의도를 명백히 가리키는 부분은 없다.[116] 이 점에 유의하여 특히 최근의 일부 학자는 바울이 여기서 동성애를 하나님의 뜻을 거스르는 것으로 매도하고 있지 않다고 주장했다. 바울은 단지 자신의 문화적 편견에 따라 동성애적 관계를 "일반적인" 경우에 어긋나는 것으로 규정하고 있을 뿐이라는 것이 그들의 주장이다.[117] 다른 학자들은 "순리를 거스르는 것"이 "자신의 타고난 성적 취향에 반대되는 성적 관계를 맺는 것"[118]을 의미한다고 주장한다. 그러나 이러한 의견 중 그 어느 것도 그럴듯하지 않다. 바울이 이 절에서 쓰는 "순리"라는 단어의 용법은 유대교 저자들에게, 그중에서도 특히 필론에게 의존하는 바가 많다. 그런데 필론은 성적인 도덕성을 "자연법"의 일부로 포함시켰으며, 따라서 그에게 있어 성적인 도덕성은 모든 사람에게 적용되는 신의 명령 가운데 하나였다.[119] 따라서 이 법의

19:4; 막 10:6. 다만 바울 서신에서 이 쌍이 나오는 다른 유일한 예[갈 3:28]는 명확히 창조를 암시하지는 않는다).

115. 그리스어의 대조 어구는 τὴν φυσικὴν χρῆσιν과 τὴν παρὰ φῦσιν이다. 성적 관계를 암시하는 χρῆσις(사용)의 이런 용법에 관해서는 BDAG를 보라.

116. 롬 2:14; 11:21, 24(3번); 갈 2:15; 4:8; 엡 2:3; 고전 11:14(논쟁이 됨)을 보라.

117. 이런 주장의 대표자로 R. Scroggs를 꼽을 수 있다. 그의 저서 *New Testament and Homosexuality*, 17-18을 보라. 이 저서에서 그는 바울의 동성애 비판을 그렇게 심각하게 받아들일 것은 없다고 말한다. 그는 그리스인들의 동성애에 대한 태도를 약술하는데, 그 태도는 대체로 긍정적인 것이었다. 특히 (소년과의) 남색은 널리 행해지고 인정되었으며 어떤 집단에서는 존중되기까지 했다. 반면에 동성애 매춘은 비난받았다. 바울이 이 구절에서 동성애 반대에 대한 실질적인 근거를 제시하지 않았기 때문에 단순하게 바울이 헬레니즘적 유대인 모델을 따르고 있다고 가정할 수 있다. Hultgren은 Scroggs만큼은 아니지만 "순리"에 대한 바울의 주장에 대한 일종의 제한 사항도 제시한다. 또한 Brownson, *Bible, Gender, Sexuality*, 224-31을 보라.

118. Boswell, *Christianity, Social Tolerance, and Homosexuality*. J. Miller는 이 언급이 동성애적 성관계가 아니라 "비자연적" 이성애 관계에 대한 것이라고 주장한다 ("Practices of Romans 1:26," 1-11).

119. 예를 들어, Fitzmyer를 보라. 바울이 롬 1:18-32을 일관하여 유대교에서 가르치는 패턴에 의존

위배는 소돔의 경우에서와 마찬가지로 하나님의 뜻을 거스르는 것으로 간주되었다.[120] 성경적인 그리고 유대교의 세계관에 맞춰 자연에서 정상적으로 관찰된 이성애적 욕망은 하나님의 창조 의도로 거슬러 올라간다. 그러므로 "역리로" 자연에 거스르는 성적인 죄는 하나님께 대항하는 죄이기도 하며, 이렇게 밀접히 연관되어 있기 때문에 이 절에서 바울의 "순리"에의 호소는 하나님의 창조된 질서에의 호소를 포함할 가능성이 높다.[121] 그 확인은 문맥에서 찾을 수 있다. "순리로 쓸 것"으로부터 "역리로 쓰는 것"으로 돌아서는 것에 "바꾸어"라는 딱지를 붙임으로써, 바울은 동성애에서 23절과 25절에서 이미 묘사된 참된 하나님의 지식의 왜곡을 연상하게 한다. 그에 더하여 우리는 지금 논하고 있는 절이 하나님의 뜻에 반대하는 행위들을 암시하는 것임이 분명한 어구인 "부끄러운 욕심"의 묘사라는 점을 염두에 두어야 한다. 이런 요인들을 고려할 때, 바울은 동성애의 행위를 참

하고 있는 것으로 판단하여, 바울은 세속 그리스의 동성애에 관한 관점보다 구약-유대교의 전통에서 더 영향을 받고 있는 것이 확실하다. 구약도 유대교도 동성애 행위를 하나님의 질서와 뜻을 위반하는 것으로 정죄했다(소돔과 고모라의 이야기[창 19:1-28]; 레 18:22; 20:13; 신 23:17-18; Wis. 14-26; T. Levi 17:11; Sib. Or. 3.596-600; 그리고 랍비에 관한 Str-B 3.68-74를 보라). 바울이 롬 1장에서 헬라파 유대인의 언어와 가르침을 쓰고 있는 것은 그가 동성애를 정죄하고 있지는 않은 증거라는 Scroggs의 주장은 거절되어야 한다. 바울은 그가 사용하는 전승에 우연히 나오는 모든 것을 무비판적으로 수용하지 않는다. 그는 항상 그 전승을 선택적으로 사용한다. 바울이 롬 1장에서 이 가르침에 의존하고 있을 수는 있지만, 그것은 그가 이 전승들에 완전히 동의했다는 것 이상을 증명하는 것은 아니다. 그리고 그는 자기 나름의 이론적 설명을 덧붙일 필요가 거의 없었는데, 이는 그의 청중이 그 요지를 당연시할 것으로 가정할 수 있었기 때문이었다. Scroggs의 해석과 그와 같은 다른 해석들은 명백한 것을 회피하려는 헛된 시도일 뿐이다. 바울은 동성애 행위를 사람들이 하나님의 참된 지식으로부터 멀어져 타락하는 정도의 특히 명백한 예로 비판한 것이다. 이 단락에 대해서, 특히 M. Smith, "Ancient Bisexuality," 223-56; Brooten, *Love between Women*, 238-66; Nolland, "Romans 1:26-27 and Homosexuality," 33-36; Sprinkle, "Romans 1 and Homosexuality," 515-28; Schoedel, "Same-Sex Eros," 43-72; Schreiner; Jewett을 보라. 그리고, 더 큰 이슈에 대해서는, 특히, Gagnon, *Bible and Homosexual Practice*; R. Hays, *Moral Vision*, 379-406을 보라.

120. T. Naph. 3:4-5를 보라. 필론의 동성애 규탄 가운데는 바울이 여기서 쓰는 몇 개의 핵심 용어가 포함된다. φύσις, χρῆσις, 그리고 πάθος가 그것이다(*Change of Names* 111-12; *Special Laws* 4.79, *Decalogue* 142, 150). 필론(*Special Laws* 3.39)도, 요세푸스(*Ag. Ap.* 2.273)도 παρὰ φύσιν을 써서 동성애를 기술한다. H. Köster, *TDNT* 9.267-71을 보라. 몇몇 이교 저자들 중 많은 수가 같은 것을 말했다(Dio Chrysostom, *Discourses* 7.135 [R. Hays, *Moral Vision*, 405]).

121. 문맥은 이 구절에 있는 "순리"를 23절의 창조 이미지와 연결하는 것을 선호한다. 따라서 "26-27절에서 볼 때 도덕적 선택은 또한 창조된 질서의 상태에서 가시적이고 명백한 것을 무시하는 것, 예를 들어 자연을 무시하는 것을 포함한다"(Nolland, "Romans 1:26-27," 50). 이와 반대 주장은 예를 들어, Scroggs, *New Testament and Homosexuality*, 114-15이 있다.

된 하나님 지식과 경배로부터 떠나는 또 하나의 징표인 하나님의 창조된 질서의 위배로 묘사하고 있음이 분명하다.[122]

27 이 절이 26절의 마지막 부분과 "그와 같이"로 연결되면서, 바울은 여자들로 하여금 순리에 어긋나는 동성애 행위들을 하도록 만드는 같은 "부끄러운 욕심"이 남자들 사이에서도 비슷한 효력으로 작용한다고 설명한다.[123] "남자들"[124] 사이에서의 동성애도 "여자들" 사이에서의 동성애와 마찬가지로 순리에서 벗어난 것[125]으로 규정된다. 앞 절에서와 마찬가지로 "순리"는 자연 질서를 뜻하지만, 하나님의 목적을 반영하는 질서다. 바울은 남성 동성애의 특징을 강한 표현을 써서 기술한다. "서로 향하여 음욕[126]이 불 일듯하매[127] 남자가 남자와 더불어[128] 부끄러운 일[129]을 행하여[130] 그들의 그릇됨에 상당한 보응[131]을 그들 자신이 받았느니라." 이런 보응을 초래하는 동성애 행위를 "그릇됨"이라고 부른다고 해서 바울이 이 범죄의 심각성을 축소시키는 것은 아니다. 이 단어가 신약에서 흔히 믿지

122. Cranfield; Wilckens; Souček, "Zur Exegese von Röm. 2,14ff," 108-9.

123. 바울이 왜 여자를 먼저 언급했는지는 우리로서는 알 수가 없다. 창 3장에서의 순서가 어떤 역할을 했을 것 같지는 않다(Michel은 이와 반대 의견이다).

124. 그리스어로는 *ἄρσενες*. 창조 내러티브를 암시하고 있을 수 있다는 것(각주 114를 보라) 외에, 바울이 이 절에서 "남자들"이라는 단어를 골라 쓴 것은 같은 단어가 LXX의 동성애 비난에서 나오기 때문일지도 모른다(레 18:22; 20:13).

125. 그리스어로는 *τὴν φυσικὴν χρῆσιν τῆς θηλείας*, NIV는 "여자들과의 순리에 맞는 관계"로 번역.

126. 그리스어로 *ὀρέξει*는 신약 그리스어에만 나오는 또 다른 단어다.

127. *ἐκκαίω*에서 나온 동사 *ἐξεκαύθησαν*는 여기에서는 신약에서만 사용되지만 죄의 "불 일듯하는 것"과 관련하여 은유적 의미로 신약 밖에서도 사용된다(Sir. 16:6, 그리고 바울이 고전 7:9에서 *πυρόω*를 사용한 경우를 보라).

128. 이 어구 *ἄρσενες ἐν ἄρσεσιν*은 선행하는 주절과의 결합(WH)보다는 이어지는 분사절과의 결합이 더 잘된다(NA[28]).

129. 그리스어 *τὴν ἀσχημοσύνην*은 추상적인 의미를 갖는다. 신약에서 단 한 번만 더 쓰이는(계 16:15) 이 단어는 바울이 쓰는 용법으로는 신구약 중간기의 유대교에서 가장 흡사하게 쓰인다(참조. Sir. 26:8; 30:13).

130. 여기에 나오는 동사는 *κατεργάζομαι*인데, 단순동사 *ἐργάζομαι*보다 종종 그 행위의 결과를 강조한다. 하지만 여기서는 그런 차이가 유지될 수 없다. (이 동사들은 우리의 7:15에 관한 주석에서 보다 구체적으로 검토할 것이다.)

131. 그리스어 *ἀντιμισθία*(글자 그대로 해석하면 "대신 받는 것")는 긍정적인 의미("보상")로 쓰일 수도 있고, 중립적인 의미로 쓰일 수도 있고(고후 6:13를 보라), 이곳과 같이 부정적인 의미("보응")로 쓰일 수도 있다.

않는 자들의 죄를 나타내기 때문이다.[132] 동성애를 하는 데 대한 이 보응을 "그들 자신이" 받는다는 주장에서 바울은 성적인 도착 행위 자체가 형벌이라고 시사하는지도 모른다.[133] 다른 한편, 이것은 그런 짓을 하는 자들은 영원한 형벌을 받는다는 것을, 그들이 하나님의 뜻을 거스른 데 대한 하나님의 벌을 "본인이 직접" 받게 된다는 것을 실감나게 표현한 것일 수 있다.[134] 바울은 이 보응이 "필요한" 것이었다고 말하는데, 그것은 아마 하나님이 누구든 그의 창조된 질서를 무너뜨리고도 응분의 형벌을 받지 않고 넘어가게 두실 수는 없었을 것이라는 뜻이다.[135]

28 바울이 22-27절에서 요약한 우상숭배와 성적인 죄 사이의 연관성은 이방인에 대한 유대인 논쟁의 핵심이었다. 그러나 유대인 작가들은 또한 바울이 지금 28-31절에서 하는 것처럼 이방인의 우상 숭배에 대한 다양한 악을 보여 주었다.

바울이 이전 구절에서 요약한 하나님의 보응의 순서는 28절에서 다시 분명할 수 있다. 바울은 "그들이 하나님을 인정하지 **아니하므로**(*since*) 하나님이 그들을 내버려 두사"라고 말할 수도 있다(NRSV; 또한 ESV, CSB, NLT, CEB, NAB를 보라).[136] 그러나 바울이 여기서 사용하는 단어(*kathōs*)는 일반적으로 바울서신에서는 인과적인 의미가 없다.[137] 따라서 우리는 일반적인 상관 관계의 의미를 부여하는 것을 선호한다. NIV 참조: "그들이 하나님을 아는 지식을 소유하는 것을 가치 있게 여기지 아니함**과 같이**(*just as*) 하나님이 그들을 버리시니라…."[138] 이 상관 관계는 이 구절에서 죄와 보응 사이의 긴밀한 일치를 강조한다. 바울은 이 관계를 "마음에 두다"와 "내버려 두다" 사이의 그리스어 언어유희로 강화한다.[139] "하나님을 아는

132. 엡 4:14; 살전 2:3; 살후 2:11; 벧후 2:18; 3:17; 요일 4:6; 유 11. 또한 마 27:64과 약 5:20도 보라.
133. 예를 들어, Chrysostom; Dunn.
134. 고전 6:9-10에서 바울은 동성애 하는(동성애 매춘이 **아니다**[*not*]) 자들은 "하나님의 나라를 유업으로 받지 못하리라"고 경고한다.
135. Godet을 보라.
136. BDAG; BDF §453(2); Käsemann.
137. *καθώς*. BDAG는 요 17:2; 롬 1:28; 고전 1:6; 5:7; 엡 1:4; 4:32; 빌 1:7을 예로 든다. 그러나 그중 어디에서도 원인의 의미가 명백히 나타나지 않는다.
138. Wilckens를 보라.
139. 그리스어는 각각 *ἐδοκίμασαν*과 *ἀδόκιμον*이다. 동사 *δοκιμάζω*는 보통 "인정하다, 시험하다"의 뜻이지만, 뒤에 부정사가 따르면 "내버려 두다"라는 의미를 띤다(BDAG는 하나의 평행 구조로 *ἐν ὀργῇ ἔχειν τινα*, "누구에게 화를 내다"를 든다[Thucydides. 2.18.5 등을 보라]).

지식"은 하나님을 인정하고, 하나님이 그의 창조에서 주신 자신에 대한 지식을 유지하고 그에 반응하는 것을 의미한다. 여기서 바울이 사용하는 "지식"에 해당하는 그리스어 단어는 때때로 실제적이거나 적용되는(이론적 지식과 반대되는) 지식을 의미한다.[140] 그렇다면 우리는 이방인에게 주어진 이론적인 하나님에 관한 지식(19, 21절)과 하나님을 영화롭게 하고 감사하는 일에 관련된 하나님에 대한 실제적이고 체험적인 지식을 구별할 수 있을 것이다.[141]

바울은 (24, 26절에 이어) 세번째로 자기를 배척하는 데 대한 하나님의 반응을 "하나님께서 그들을 … 내버려 두사"라는 말로 기술한다. 앞의 두 경우에는 하나님이 사람들을 부도덕한 행위들에 내버려 두셨는데, 이 경우에는 "상실한 마음대로"[142] 내버려 두셨다. 하나님을 인정하기를 거부하는 사람들은 하나님의 뜻을 이해하고 인정할 만한 자격이 없는 마음으로 끝난다. 물론 그 결과는 그들이 "합당하지 못한 일"[143]을 하는 것이다. 1:21에서와 마찬가지로 바울은 하나님으로부터 돌아선 사람들은 근본적으로 하나님과 하나님의 뜻에 대해 올바로 생각하고 결정할 수 없다는 것을 강조한다. 이 비극적인 무능 이야말로 사람들이 성경의 윤리적 원칙을 실천은 고사하고 이해도 못하는, 분명히 불가해한 사실에 대한 설명이 된다. 오직 성령의 역사로 "마음[누스]을 새롭게 함으로"(롬 12:2)써만 깊게 자리잡은 눈멂과 도착성을 극복할 수 있다.

---

140. 바울은 단순형 γνῶσις보다는 합성형 ἐπίγνωσις를 많이 쓴다. 일부 학자는 바울이 대체로 γνῶσις/γινώσκω와 ἐπιγινώσκω/ἐπίγνωσις를 구별해서 쓰며, 후자는 전자보다 "더 깊은" 그리고 더 향상된 앎을 가리킨다고 생각한다(예를 들어, Trench, *Synonyms*, 285-86. 특히 이 절에 관해서는 K. Sullivan, "ΕΠΙΓΝΩΣΙΣ," 405-16; Clavier, "Recherche exégétique," 37-52; Kuss를 보라). 그러나 그런 구분은 어떤 것도 바울 서신에서 그리 간단히 해결되지 않는다. J. A. Robinson이 증명했듯이, 접두사 ἐπι-는 강도(intensity)를 가리키는 것이 아니라 방향을 가리키며, 그러므로 바울은 "아는 것"의 대상으로 습관적으로 ἐπίγνωσις를 쓴다(*Ephesians*, 248-54). 물론 여기서 "아는 것"의 대상은 하나님이다.
141. Cranfield를 보라.
142. "마음"을 가리키는 그리스어는 νοῦς이다. 이 단어는 지적 능력 이상을 가리킨다. 그것은 도덕적 추론과 의지 작용의 기관이다(참조. 롬 7:23, 25; 11:34; 12:2; 14:5; 고전 1:10; 2:16; 14:14, 15, 19; 엡 4:17, 23; 빌 4:7; 골 2:18; 살후 2:2; 딤전 6:5; 딤후 3:8; 딛 1:15). 이 단어가 신약에서 바울 서신 외의 곳에서 나오는 경우는 눅 24:45과 계 13:18; 17:9뿐이다. J. Behm, *TDNT* 4:958-59를 보라.
143. 그리스어 τὰ καθήκοντα. τὸ καθῆκον은 "스토아 철학자들의 전문 용어였으며"(S-H), 그것의 복수형을 바울이 (2 Macc. 6:4와 3 Macc. 4:16에서처럼) 도덕적으로 잘못된 행위들을 지칭하는 데 쓰고 있다.

29-31 바울은 29-31절에서 부도덕한 행동들의 긴 명단을 "합당하지 못한 일"에 넣었다. 그런 죄목의 열거는 악덕 목록이라는 문학 형태로 윤리를 다룬 세상의 글들에서 널리 유포되었는데, 신약에서도 마찬가지였다.[144] 그런 목록이 항상 그렇듯이, 이 목록에도 뚜렷한 논리적 배열의 흔적이 보이지 않는다. 리스트의 순서에서 수사학적 관심이 목록의 순서 역할을 하기 때문이다. 또 목록 중의 각 용어에 다른 용어와 뚜렷이 구분되는 의미를 부여하는 일도 가능하지 않다 - 어떤 것들은 사실상 동의어들이며, 상당한 정도로 의미상의 중첩이 나타난다. 그럼에도 불구하고 우리는 논리적일 뿐만 아니라 구조적이기도 한 어떤 질서를 찾아볼 수 있다. 구조적으로 명단은 세 부분으로 나누어진다.

모든[145] 불의, 추악, 탐욕, 악의가 가득한[146] 자요

시기, 살인, 분쟁, 사기, 악독이 가득한 자요

수군수군하는 자요 비방하는 자요 하나님께서 미워하시는 자요 능욕하는 자요 교만한 자요 자랑하는 자요 악을 도모하는 자요 부모를 거역하는 자요 우매한 자요 배약하는 자요 무정한 자요 무자비한 자라

대체로 논리적인 순서가 이 구조와 부합한다. 첫 부분의 명사 넷은 초점이 다소 일반적이며, 두 번째 부분의 다섯은 시기(envy)와 그 결과를 중심으로 회전하며, 마지막 부분의 열 둘은 중상을 묘사하는 두 단어로 시작하여 교만에 초점을 맞춘 네 단어로 이동하고 상호 관련성이 덜한 여섯 단어로 끝난다. 명단 전체에 걸쳐서 바울은 성행위와 관련된 죄들과 대부분 하나님께 직접 짓는 죄들은 제외하고 사회적인 악에 초점을 맞춘다. 신약에서 이런 종류의 것으로는 가장 긴 이 낭

---

144. 참조. 마 15:19; 갈 5:19-21; 골 3:5, 8; 딤전 1:9-10; 딤후 3:2-4; 벧전 2:1; 4:3. E. Kamlah의 연구 *Form der katalogischen Paränese*를 보라. 하지만 이 연구의 결말 가운데 몇 개는 다소 사변적이다.

145. 그리스어는 *πάσῃ*. 이 단어는 이어지는 4개의 명사를 지배하는 것이 거의 확실한데, ("모든 종류의" 라는) 그 수식적인 의미에 관해서는 BDAG, 1.a.b.를 보라.

146. 그리스어는 *πεπληρωμένους*. 바울은 완료 시제를 써서 현재의 상태라는 점을 강조한다(완료 시제의 이런 의미에 관해서는 Porter, *Verbal Aspect*, 251-59를 보라). 이 분사가 남성 복수 대격으로 되어 있는 것은 *μεστούς*("가득한")나 뒤이어 나오는 마지막 12개의 단어의 그것과 마찬가지로 의미로는 *τὰ καθήκοντα*를 설명하지만 문법적으로는 28절의 *αὐτούς*에 걸려 있음을 증명한다.

독(recital)의 목적은 하나님이 죄인들을 내버려 두신 "상실한 마음"에 의해 저질러진 사회적인 악의 대체적인 범위를 밝히는 데 있다. 사람이 다른 사람에게 저지르는 폐해가 이렇게 우상 숭배와 성도착 행위에 추가되어 그리스도 밖의 세계에 대한 바울의 스케치가 완성된다.

"불의"[147]에 관해서는 1:18을 보라.

"추악"은 구체적으로 어떤 것이라고 그 범위가 쉽게 정해질 수 없는 것이다.

"탐욕"은 이 첫 번째 그룹의 다른 세 단어보다는 특정적인 것이지만 그만큼 많은 다른 죄의 기본이 되기 때문에 여기에 포함되었을 것이다.[148]

명단의 두 번째 부분에 나오는 첫 두 단어는 아마 발음의 유사성 프도누(시기)/포누(살인) - 때문에 나란히 놓였겠지만, 두 단어에는 논리적인 관련성도 있다. "시기"는 세속 그리스 세계에서도 헬레니즘 유대교에서도 많은 도덕적인 논문의 주제였으며,[149] "살인"과[150] 같은 폭력 행위들이 빈번히 시기의 탓으로 돌려졌다.

이 그룹에 나오는 다른 세 개의 죄, 즉 "분쟁", "사기" 그리고 "악독"도[151] 아마 시기에[152] 포함될 수 있겠지만, 그 논리적 관계는 앞의 둘만큼 분명하지 않다.

악덕 목록의 마지막 부분은 중상의 뜻을 나타내는 두 개의 말로 시작된다. 첫 번째 말은[153] 보다 특정적인 것으로, 타인에 관한 "은밀한" 루머를 퍼뜨리는 자의 "귓속말"을 떠올리게 한다.

"비방하는 자"로 번역된 말은 막말로 풀어 쓰자면 "남을 욕하는 자"가[154] 될 것

---

147. 그리스어로는 ἀδικία.

148. 특히, 골 3:5, "탐심(πλεονεξία)이니 탐심은 우상 숭배니라"를 보라; 또한 고후 9:5; 엡 4:19; 5:1; 살후 2:5.

149. 특별히, T. Sim. 3-4; T. Gad 3-5을 보라.

150. 약 4:1-3과의 연결을 보라.

151. 소수의 학자들은 신약 가운데 여기서만 쓰이는 κακοηθεία는 "모든 것을 가장 나쁘게 해석하는 것"이라는 좁은 의미를 가지고 있을 것이라는 의견을 냈다(Trench, *Synonyms*, 38-40; S-H. 그들은 Aristotle, *Rbet*. 1389b.20; 1416b.10b를 인용한다). 그러나 이 의미는 이것이 바울이 의도하는 것이라고 추정케 할 수 있을 만큼 널리 유포된 의미가 아니다. LXX의 Add. Esth. 16:6; 3 Macc. 3:22; 7:3; 4 Macc. 1:4; 3:4[두 번]에 나오는 κακοηθεία는 일반적인 "악의"(malice)를 뜻한다.

152. Cranfield.

153. 그리스어로는 Ψιθυριστάς.

154. 그리스어로는 καταλάλος. 이 단어는 성경에서 달리는 어디에서도 나오지 않지만, 그 의미는 καταλαλέω가 LXX(시 44:16; 잠 20:13를 보라)와 신약(약 4:11; 벧전 2:12; 3:16)에서 쓰이고 καταλαλία가 신약(고후 12:20; 벧전 2:1)에서 쓰이는 것으로 보아 가능할 수 있다.

이다. 그 다음 말은 목록 가운데서 정의하기가 가장 어려운 말이다. 그것은 "미워하다"와 "하나님"이라는 단어로 구성되어 있지만, 하나님이 미워하는 분인지 미움 받는 분인지가 분명하지 않다. 고전 그리스어에서 이 단어는 한결같이 수동적으로 "신들에게 미움 받는" 자가 되며, 일부 학자들은 여기서도 이 의미로 해석한다.[155] 그러나 이 단어는 "하나님을 미워하는 자"[156]라는 능동의 의미를 가지고 있을 가능성이 더 크다.

사람이 하나님 앞에서나 타인 앞에서나 자만하는 죄가 그 다음의 세 단어 "능욕하는", "교만한", "자랑하는"에서 전해진다. 트렌치(Trench)는 이 단어들을 구분하여, 첫번째 단어는 행동을, 두번째 단어는 생각을 그리고 세번째 단어는 말을 강조한다고 주장한다.[157] 이런 구분을 절대적인 것으로 하지 않아도, 이 단어들은 단어의 뉘앙스를 충분히 포착한다.[158]

다음에 이어지는 두 개의 악(vice)은 논리학보다 수사학의 지배를 받으며, 각각 하나의 단어가 아니라 하나의 어구로 표현되어 "악을 도모하는 자"요[159] "부모를 거역하는 자"로 나타난다. "부모를 거역하는 자"는 디모데후서 3:2에서 "자랑하며", "교만하며"와 함께 나오기 때문에, 우리는 이 표현이 여기에 있는 것은 30절에서 발견된 교만이라는 주제를 이어가는 것이라는 결론을 내려도 좋을 것이다.

마지막 네 항목은 압운(assonance) 관계로 나란히 열거되었다.[160] "우매한"은 하

155. Lightfoot; Meyer; Barrett. 사실 Barrett는 이 말을 형용사적으로 *καταλάλους*를 수식하는 것으로 보아야 한다는 의견을 제시한다. 하지만 이 단어가 형용사 역할을 한다는 것은 문맥상 명사와 명사로 쓰이는 형용사가 연속적으로 나오는 점에 비추어 볼 때 있을 법하지 않다.

156. BDAG; Black. 이 의미는 그리스도 이후 문학에서 입증되며(Ps.-Clem. Hom. 1.12. 1 Clem. 35:5에 나오는 명사 *θεοστυγία*를 참조하라), 29-31절에서 사람들의 사악한 태도와 행동들이 일관되게 강조되고 있는 것과 더 잘 부합된다.

157. Trench, *Synonyms*, 98-105.

158. 단어 *ὑβριστής*는 바울이 개종하기 전에 그랬듯이 폭력적이고, 교만한 사람을 가리킨다(딤전 1:13). *ὑπερηφάνος*는 겸손과 대조되는 태도를 암시한다(눅 1:51; 딤후 3:2; 약 4:6; 벧전 5:5을 보라). *ἀλαζών*은 신약의 다른 곳에서 한 번 밖에 더 나오지 않지만(딤후 3:2), 동계의 *ἀλοζονεία*는 약 4:16에서 자랑하는 말을 연상시킨다(또한 요일 2:16도 보라).

159. 그리스어로는 *ἐφευρετὰς κακῶν*이다. *ἐφευρετής*는 희귀한 단어로, LXX과 신약 가운데 여기서만 발견된다. Cranfield는 우리에게 "악을 도모하는 자"를 "항상 주변 사람들을 해치고 무너뜨릴 더 가증한 방법을 찾는 자"로 간주할 것을 제안한다.

160. 각각 접두사 a-(알파 부정사)로 시작되며, 영어 성경에서는 이 접두사의 역어로 전치사 "without"을 써서 그 효과를 되살리고자 했다.

나님을 거부했기 때문에(1:21, 28) 하나님의 뜻을 더이상 이해할 수 없는 자들을 묘사하는 말이다. 그들은 지혜를 무시하고 자기 자신에게나 타인에게나 해가 되는 행위를 하는 잠언 중의 "어리석은 자"와 같다. "배약하는"은 글자 그대로 언약과 조약을 준수하기를 거부하는 자를 의미한다.[161] "무정한"은 특히 가족 구성원에 대한 애정의 결핍을 가리킬 수 있다.[162] 사람들이 가족 관계에서 자연스럽게 생기는 애정마저 보이지 못한다는 것은 도덕성의 타락이 얼마나 심각한지를 증명해 준다.

32 25절에서와 마찬가지로 바울은 앞 절들의 주어 – 사람 일반 – 로 되돌아가 그들의 특성에 관심을 모으는 대명사를 사용한다.[163] 비록 고려 대상이 바울이 19–31절을 일관되게 기술하고 있는 사람들이긴 하지만,[164] 이 절은 28–31절과 특히 밀접하게 연계된다. "이 같은 일"이라는 것이 29–31절에 열거된 악들이기 때문이다. 이 결론을 맺는 절의 기능은 인류에 널리 펴져 있는 하나님에 대한 고의적인 반역을 더욱 완전하게 드러내는 데 있다. 결론으로 향해가면서, 바울은 그가 열거한 행동들을 하는 사람들이 자기가 하고 있는 일이 잘못된 것임을 알고 있다는 점을 지적한다. 그들은 이 같은 일을 행하는 자는 사형에 해당한다고 하나님의 정하심을 "알고도"[165] 행한다. "정하심"은 바울이 로마서의 다른 곳에서 여러 차례 쓰는 단어의 번역인데, 가장 가까운 평행 구절이 8:4로, 여기서 바울은 믿는 자들이 성령에 힘입어 이루게 되는 "율법의 요구"라는 말을 쓴다.[166] 이 32절에서는 "율법"에 대한 언급이 없는 점은 주목할 만하다. 이는 바울이 특별 계시를 받은 사람이든 아니든 모든 사람이 하나님의 의로운 심판에 대해 알 수 있다는 말

---

161. LXX 가운데 이 말이 유일하게 나오는 렘 3:7–11에서 유다가 이스라엘의 본을 따라 언약의 요구를 무시한다는 비난이 나온다.
162. 이 단어의 어근 *στοργέω*는 흔히 가족 간의 사랑을 가리킨다.
163. 그리스어로는 οἵτινες.
164. 바울이 쓰는 οἵτινες의 용법은 주어의 교체를 허용하지 않는다. 반대 의견의 예로는 Kamlah(*Form der Katalogischen Paränese*, 18–19)와 Flückiger("Zur Unterscheidung von," 154–58)가 있는데, 이들은 바울이 32절에서 유대인에 관해서 말하기 시작한다고 생각한다.
165. 분사 ἐπιγνόντες는 ("저희가 알면서도") 양보의 의미를 나타내며, *ἐπιγινώσκω*는 단순한 *γινώσκω*와 의미의 차이가 없다(1:28의 각주를 보라. 참고. 롬 2:18; 고전 8:3; 갈 4:9, R. Bultmann, *TDNT* 1.703–4를 보라).
166. 그리스어 단어는 *δικαίωμα*. 바울은 8:4 말고도 2:26에서 복수형을 써서 모세의 율법이 명한 것들을 가리키며, 5:16, 18에서는 단수형을 써서 그리스도가 보여 준 "한 의로운 행위"를 가리킨다.

을 하는 것이기 때문이다. "사형"은 여기서 하나님이 내리는 신적인 형벌을 가리키며, 우리에게 이 문단의 앞부분이 그렇듯이 창세기 3장을 생각나게 한다.[167] 미헬(Michel)이 옳게 강조하듯이, 이 절의 현재 시제는 바울이 과거에 참된 것만이 아니라 미래에도 참된 것에 관해 말하고 있음을 보여 준다. 사람은 일반적으로 그들이 저지르는 불의한 행동들이 잘못된 것이며, 따라서 하나님께 벌을 받아 마땅하다는 것을 어느 정도 알고 있다고 바울은 주장한다.[168]

이 절의 마지막 부분이 어려운 문제 하나를 제기한다. 사람들을 "자기들만 행할 뿐 아니라 또한 그런 일을 행하는 자들을 옳다 하느니라"로 규정함으로써, 바울이 악을 "옳다 하는 것"은 악을 행하는[169] 것보다 더 나쁘다는 뜻을 비치는 것 같기 때문이다. 혹자는 본문을 재배열하거나 다르게 번역함으로써 그 난제를 피하고자 했지만, 이런 해결책은 설득력이 없다.[170] 결국, 전통적인 해석이 그렇게 큰 문제가 되는가? 악을 옳다 하는 것이 궁극적인 의미에서 악을 행하는 것보다 더 나쁘지는 않다고 쳐도, 어떤 면에서 강한 유혹을 받아 죄를 저지르는 사람이 자기는 그다지 하고 싶은 마음이 들지 않는 죄에 냉정하게 공감하고 그것을 권장하는 자보다 덜 비난받을 만하다는 것 역시 사실이다. 머레이는 이렇게 말한다. "우리는 그 결과가 파멸인 것을 아는 일들을 스스로 행할 뿐만 아니라 남이 행하는 그런 일을 잘한다고 칭찬하기까지 하는 경향이 있다."[171] 그와 같은 강조의 상승을 특징으로 하지는 않지만, 외경 아셀의 유언(T. Asher) 6:2은 언어적으로나 개념적으로나 바울의 진술과 흡사하다. "두 얼굴을 가진 자들은 악을 행하기도 하고 악을 행하는 자들을 찬성하기도 하기 때문에 갑절로 벌을 받는다. 그들은 오류의 영들을 모방하고 인류를 대적하는 투쟁에 가담한다."

모든 인간은 자기가 지은 죄와 자기의 타락 상태에 대한 책임이 있다는 것을 증

167. Dunn.

168. 또한 Murray도 보라.

169. 여기서 쓰인 그리스어 동사는 *πράσσω*인데, 바로 그 앞의 절에서는 바울이 *ποιέω*를 쓴다. 혹자는 두 단어 사이에 약간의 의미 차이가 있는 것으로 가정하지만(예를 들어, S-H), 어떤 구분도 있을 것 같지 않다(이 동사들에 관해서는 7:15의 해설을 보라).

170. NA(Nestle-Aland) 비평장치(apparatus)에서 알 수 있듯이 일부 고대 서기관들은 이 구절의 주요 부분을 재배열했다.

171. 또한 예를 들어, Chrysostom; Calvin; Schreiner를 보라.

명하기 위해 고심한 결과, 바울은 신학자들이 "자연 계시" - 하나님이 피조물 자체와 세상의 이치에서 알아낼 수 있게 하신 하나님에 관한 지식 - 교리라고 부르는 중요한 몇 가지를 말한다. 그렇지만 이 자연 계시의 범위와 의미에 대해서는 신학자들 사이에 아주 극명한 견해 차이가 있다. 몇몇 신학자들은 개개인이 자연의 증거와 양심을 통해 하나님을 알게 될 가능성에 대해 아주 개방적이었다.[172] 그런 개방적인 견해에 대해 바르트는 격렬하게 반발했다. 그가 알기로는 하나님에 관한 모든 지식은 그리스도를 통해서만 나오는 것이어야 하며, 로마서 1:19-21은 자연을 통해 하나님을 아는 이방인들을 거론하는 것이 아니라 복음에 직면하여 줄곧 자기들에게 있던 객관적인 상태를 드러낸 이방인들에 대하여 말하고 있다.[173] 다른 학자들은 바울이 다른 곳에서 당시의 이방인들을 하나님을 모르는 자들이라고 비난하는 점에 주목하여(살전 4:5; 살후 1:8; 갈 4:8), 이방인들이 가진 하나님에 관한 지식은 집단으로 우상 숭배에 떨어지기 전인 과거의 한 단계였을 것이라는 의견을 개진한다.[174] 이 견해를 뒷받침해 주는 것이 19b-28절의 부정과거 시제에서 발견된다. 여전히 다른 학자들은 바울이 이 절들에서 말하는 하나님에 관한 지식이 "객관적" 실재에 관한 지식일 뿐 "주관적" 의식에 관한 것은 아니라고 주장한다.[175]

우리는 본문으로부터 어떤 결론을 내릴 수 있는가? 첫째, 바르트의 해석과는 반대로 로마서 1:19-21은 하나님에 관한 참된 지식을 자연에서 얻을 수 있다는 것과 사람들은 하나님이 그리스도 안에서 계시하신 것과는 별도로 하나님에 관한 이 진리를 알게 된다는 것을 우리에게 가르친다. 게다가 19절에서 보는 "속[마음]"의 강조는 내면의 이성이 이 앎(*sensus divinitatis* - 하나님에 관한 지식)에 기여한다는 것을 강력하게 암시한다.[176] 둘째, 19b-28절의 부정과거 시제들은 우리로 하여금 과거의 어떤 한 세대만을 염두에 두고 있다는 결론을 내리도록 허락하지 않는다. 왜냐하면 이 절들의 논증이 바울 시대의 사람들은 진리를 막고 있다는 18b

172. 제1차 바티칸 공의회(1870), 제3차 회의 문서를 보라. 그리고 Demarest, *General Revelation*, 25-42의 역사적 조사를 보라.

173. Barth, *CD* II/1.107-41; *Shorter*, 26-28; 또한 Cranfield도 보라.

174. Feuillet, "Connaissance naturelle," 63-80; Coffey, "Natural Knowledge," 680-82.

175. Helm, *Divine Revelation*, 15; Cranfield.

176. Levering은 *Summa Theologiae*에서 아퀴나스가 이 점을 주장했으며 이 주장에 대한 지지를 위해 종종 롬 1:20을 언급했음을 보여 주었다(*Paul in the Summa Theologiae*, 219-35).

절의 주장을 뒷받침하기 때문이다. 이 논증이 지지를 받으려면 하나님에 관한 지식에 이르는 어떤 방법을 가진 사람들이 그 진리를 막는 바로 그 사람들이지 않으면 안된다. 그러므로 바울이 19-21절에서 인류의 우상 숭배로의 집단 타락을 기술하고 있을 가능성이 완전히 배제될 수는 없어도, 그 가능성만으로 이 단락이 로마서 1장에서 갖는 기능이 적절히 설명되지는 않는다. 그렇기에 이 본문은 하나님이 피조물 속에 보이셨기 때문에 사람들이 하나님에 관한 어느 정도의 지식에 이르는 방법을 가지고 있다는 것(19절)과, 그들이 그 인식의 정도가 극히 한정되기는 할지라도 이 지식을 주관적으로 인식한다는 것(20절)을 가르치고 있다는 결론을 내릴 수 있다. "사람은 어떤 본질적인 것이 그에게 도달하기 때문에 죄책감을 갖게 된다."[177]

그러나 이 지식은 한계가 있고 불순하기도 하다. 그것은 자연에서 구별되는 하나님의 기본 속성들에 대한 지식으로 한정되며(20절), 거의 즉각적으로 오용될 정도로 거짓된 인식과 혼합된다. 또한, 바울의 복음에 대한 열정을 정확히 감지하고 이 단락의 논증을 올바로 이해하자면, 특별 계시 밖에서 사람들이 갖는 하나님에 관한 지식은 구원을 위한 지식으로까지 이어지기에는 턱없이 부족하다는 점을 아는 것이 절대로 중요하다. 바울은 자연과 양심의 증거(2:14-16을 보라)가 하나님을 찾는 사람들에게 도움이 되기는 커녕 그들이 진노하시는 하나님 앞에서 "핑계하지 못하게" 만들 뿐이라는 점을 분명히 한다. 이것이 자연 계시의 결과인 것은 인간이 죄로 가득한 존재이기 때문이다. 그렇기 때문에 인간은 그들이 소유한 하나님 지식이 무엇이든지 간에 은혜 없이는 적절하게 반응할 수 없는 것이다. 그러므로 바울이 어떤 자연 계시를 가르치기는 하지만, 적어도 이 단락에서는 그 계시의 목적과 효과가 전적으로 부정적이다.[178]

---

177. H. Berkhof, *Christian Faith*, 48-49; 또한 D. Turner, "Cornelius van Til"을 보라.

178. 일부 학자들은 롬 1장에 있는 자연 계시의 부정적인 결과가 행 17장에 있는 바울의 "아레오바고 연설"에서 발견된 보다 긍정적인 어조와 모순된다고 생각한다. 그러나 이 둘 사이의 차이점은 상황의 대조에 관련되며 궁극적인 모순은 없다. Shields, "Areopagus Sermon," 23-40 참조. 일반화된 용어를 사용하기 위해, 우리는 이 본문이 문맥에서 구원에 대한 "배타주의적" 관점("포괄주의" 또는 "다원주의"와 대조적으로)을 지지한다고 생각한다. Netland는 다음과 같이 요약한다. "우리는 종교를, 잘못 인도된 것이지만 진정한 하나님을 찾고 갈망하는 표현이라고 생각할 수 있다"(*Encountering Religious Pluralism*, 324). 비기독교 종교가 하나님에 대한 진리를 가르치는 방식에 대한 개요는 McDermott와 Netland, *Trinitarian Theology of Religions*, 111-21를 보라.

또 하나의 질문은 이 지식이 사람에게 얼마나 오래 남느냐는 것이다. 어떤 사람이 하나님 지식에 적절히 반응하려고 하지 않을 때, 그 지식은 즉각적으로 지워지는가, 아니면 오용되든 오용되지 않든 어떤 형태로든 남는가? 이 질문은 로마서 1장의 검토를 기초로 하여서는 답변하기가 더욱 어렵다. 그러나 32절은 바울이 이 단락의 절들에서 묘사하는 타락 상태로 사람이 떨어진 후에도 약간의 하나님 지식은 남는다는 것을 강력히 암시한다. 그만큼 32절에서 현재 시제가 쓰이고 있는 점으로 보나, 바울이 자신이 묘사한 범죄의 심각성을 확고히 하고 있는 사실로 보나, "하나님께서 정하심을 알고" 있는 것과 29-31절에서 요약된 일체의 죄짓는 행위는 동시적일 가능성이 크다.[179]

『기독교 강요』(1.3-5)에서 칼빈은 이 화제를 이보다 더 이상 잘 다룰 수 있을까 싶을 정도로 잘 다루고 있는데, 이 점들에 관한 것을 간략히 인용해 본다.

> 따라서 우주의 제작에서 그 제작자의 영광을 전시하기 위해 우리 앞으로 그토록 많은 등불을 밝힌다고 해도 모두 헛될 뿐이다. 그 등불들이 우리를 완전히 광휘에 잠기게는 하겠지만, 그래도 그것들이 자연스럽게 우리를 바른 길로 인도할 수는 없는 것이다. 그것들이 어떤 불꽃을 일으킬 수 있는 것은 확실하지만, 보다 완전한 빛이 떠오르기 전에 그것들은 질식되어 꺼지고 …. 그러나 우리가 순수하고 분명한 하나님 지식의 경지로 올라갈 수 있는 천부의 능력은 없다고 해도, 우리 안에 둔감이라는 허물이 있기 때문에 어떤 핑계도 댈 수가 없다.[180]

이 절들에서 자연 계시에 관한 바울의 가르침은 그리스의 스토아 철학과 헬레

---

179. Murray를 보라.

180. 일부 논쟁의 주제가 되어온 이 문제에 대한 칼빈의 가르침에 대해서는 특히, Warfield, *Calvin and Augustine*, 29-48; 그리고 Niesel, *Theology of Calvin*, 39-53을 보라. 여기에서 주장하는 일반적인 견해를 옹호하는 자연적 또는 일반적인 계시에 대한 다른 처리는 다음과 같다. Demarest, *General Revelation*, 22-23, 227-47; Brunner, *Revelation and Reason*, 58-77; Helm, *Divine Revelation*, 15-17; Dubarle, *Manifestation naturelle de Dieu*, 201-24; D. Turner, "Cornelius van Til," 45-58; H. Owen, "Scope of Natural Revelation," 138; W. Martin, "Bible and Natural Law," 215; Reicke, "Naturliche Theologie," 154-67; Nygren, 101-7. 해석의 역사에 대해서는 추가적으로 Demarest, Wilckens(1.117-21) 및 Lackmann, *Von Geheimnis der Schopfung*, 44-88도 보라.

니즘 유대교에 평행적인 텍스트들을 가지고 있다. 하지만 그리스 철학 전승들은 주로 긍정적인 목적을 가지고 있어 사람들로 하여금 적극적으로 그들의 이성을 통해 하나님 지식을 추구하게 만든다. 이것은 바울이 이 말을 완전히 부정적으로 쓰는 것과는 거리가 멀다.[181] 보른캄(Bornkamm)의 표현대로 "바울 사도의 의도는 세계로부터 하나님의 존재를 추론하는 것이 아니라, 하나님의 계시로부터 세계의 존재를 발견하는 것이다."[182] 헬레니즘 유대교의 교리는 아주 다양하지만, 적어도 일부는 바울의 교리에 훨씬 더 가깝다. 예를 들어, 지혜서(Wisdom) 13-14장은 "장인의 작품에는 관심을 쏟으면서 정작 그것을 만드는 장인"은 인정하지 않고(13:1), 어리석게도 "집에서 만든" 신들을 섬긴다고 이방인들을 비판한다. 지혜서 저자는 심지어 하나님을 인정하지 못한 자들은 "변명해 줄 수도 없다"(13:8)는 말까지 한다. 바울은 이 전승에 영향을 받은 것이 틀림없으며, 이방인들 사이에서 하나님 지식에 대한 대체로 부정적인 판정을 이 전승과 공유한다.[183] 하지만 바울이 이 유대교의 견해에 동의하지 않는 결정적으로 중요한 점 하나가 있다. 바울은 하나님의 자기 계시에 적절히 반응하지 못하는 것에 대해 이방인만이 아니라 유대인도 비판하고 있다.[184]

2. 유대인은 하나님께 죄에 대한 책무가 있다(2:1-3:8)

1:18-32에서 바울은 하나님에 관한 지식을 오용하는 사람들(주로 이방인)을 고발하면서, 3인칭으로 "저희가" 하나님을 멀리했고 하나님이 "저희를" 내어주셨다고 기술한다. 하지만 2장에서는 바울의 고발장에 나오는 상대가 2인칭 단수의 "너"로 바뀐다(2:1-5, 17-29). 이것은 바울이 그의 독자들을 이런 일들을 한다고 고발하고 있음을 뜻하는 것이 아니다. 바울이 이들을 고발하는 것이었다면 2인칭 복

181. Pohlenz, "Paulus und die Stoa," 71-82; Bornkamm, "Revelation of God's Wrath," 50-55.
182. G. Bornkamm, "Revelation of God's Wrath," 59.
183. 유대인의 가르침에 대한 조사는 Bietenhard, "Natürliche Gotteserkenntnis," 275-288을 보라. 그의 결론은 아마도 이방인의 하나님에 관한 지식에 대한 유대인의 견해와 관련하여 아주 부정적일 수 있지만, 유대인 문헌 중 어느 것도 "자연 신학"을 전파하지 않는다는 전반적인 주장만큼은 잘 확립되어 있다.
184. Lührmann, *Offenbarungsverständnis*, 21-26.

수가 쓰였을 것이다. 바울이 상대의 호칭을 2인칭 단수로 바꾸는 것은 그가 여기서, 그리고 편지의 도처에서 산발적으로 디아트리베(diatribe)라고 불리는 문학 양식을 이용하기 때문이다. 신약의 다른 곳(예를 들어, 야고보서)에서뿐만 아니라 고대의 여러 저자들의 글에서 입증되는 디아트리베 양식은 학생이나 논쟁 상대와 나누는 가상의 대화라는 문학 장치다. 이 양식의 요소로는 저자 또는 그의 대화 상대가 상대방에게 빈번히 던지는 질문, 어떤 논조에 대한 가능한 반론을 일언지하에 거부하는 메 게노이토(*mē genoito*, "결코 그럴 수 없느니라!")라는 말, 그리고 대화 상대 또는 논쟁 상대의 직접 호칭이 포함된다.[185] 로마서 3:1-8은 이 대화 양식의 특히 분명한 예이며, 2장은 진정한 대화를 포함하고 있지는 않지만 디아트리베에서 "교사"가 대화 상대의 주제넘음과 모순을 폭로하여 그를 질책하는 부분들과 흡사하다(2:1의 "…하는 사람아…네가 평계치 못할 것은…", 2:3의 "…하는 사람아 네가…생각하느냐", 2:17의 "유대인이라 불리는 네가" 등을 보라). 하지만 바울이 편지의 이 부분에서 기록하는 대화는, 가상의 대화이기는 하지만, 그가 복음을 전하는 과정에서 사람들과 실제로 나눈 많은 토론과 대화를 정확히 반영하고 있음에 틀림없다. 우리가 이 단원에서 발견하는 "대화"와 비난들은 실제 대화의 축어적인 보고는 아니지만 실제 삶의 상황을 반영한다.[186]

그럼 바울이 이 단원에서 상대하여 말하는 사람은 누구인가? 바울의 목표는 2:17-29에서 분명하다. 그는 "유대인"을 자신의 목표로써 명시적으로 나타낸다. 이 장의 첫 부분에서는 그러한 명시적 구별이 발견되지 않는다. 그러나 이 문제가 논쟁의 여지가 있는 동안, 바울은 이 장의 시작 부분부터 유대 민족을 염두에 두고 있었을 가능성이 있다(2:1-5의 서론을 보라). 바울의 기소는 두 단계로 진행되며(2:1-16; 2:17-29), 3:1-8은 2장에서 그의 논증을 명확하게 하기 위해 추가된 것이다. 바울의 기소는 두 부분 모두 유대인을 죄를 저지른 것으로 고발하고(2:1-5; 2:17-24),[187]

---

185. 고대의 디아트리베 양식으로 가장 뛰어난 예는 에피크테투스의 강론(*Discourses* of Epictetus)에서 볼 수 있다(A.D. 55-135). 디아트리베와 로마서의 주요 연구서로는 Bultmann, *Stil des paulinischen Predigt*; Schmeller, *Paulus und die Diatribe* 와 Stowers, *Diatribe*가 있다. 서론의 "성격과 장르" 단원도 보라.

186. 예를 들어, Dabelstein, *Beurteilung der "Heiden,"* 96-97을 보라.

187. Gathercole (*Where Is Boasting?* 197-215)은 바울이 유대 민족에 대해 그들의 언약에 거짓으로 의존했으며 **그리고**(*and*) 그들이 저지르는 죄를 무시했다고 비난했다는 **양쪽**(*both*) 모두에 대해

그런 다음 이 죄들은 유대인이 이스라엘 백성에 속한다는 단순한 이유로, 예를 들어 율법을 지녔다는 이유로(2:12-16) 또는 할례를 받았다는 이유로(2:25-29) 하나님으로부터 용서받지 못한다는 것을 보여 준다. 일반 사람들이 하나님이 자연 속에서 주신 계시를 외면한 것처럼(1:20-32), 유대인도 마찬가지로 불순종으로 말미암아 하나님이 그들에게 특별히 주신 계시를 외면했기 때문이다(2:17-24).

대중의 유대인 신앙과는 달리, 유대인의 죄가 하나님으로부터 이방인의 죄와 특별히 다른 취급을 받지는 않을 것이다. 하나님은 공평하신 분이라 모든 사람을 "그 행한 대로" 심판하시기 때문이다(2:6-11). 그에 앞선 세례 요한(마 3:7-10)이나 예수(예를 들어, 마 21:28-32)와 마찬가지로, 바울은 언약 백성에 속한다는 것 자체가 하나님께 인정받을 수 있는 보증수표라는 것을 부정한다. 율법의 소유도 할례도 사람이 진정으로 하나님께 속한다는 표징이 되지 못한다. 오직 회개(2:4)와 마음 속으로 느끼는 하나님에 대한 열심(2:28-29)만이 - 한마디로, 믿음만이 - 궁극적으로 주님 앞에서 계수된다. 셜록 홈즈의 이야기 『은성호 사건』(Silver Blaze)에서 개 짖는 소리가 그렇듯이, 1:17에서 하나님의 의를 전유할 수 있는 방법으로 소개된 "믿음"이라는 단어도 2:1-3:8에는 나타나지 않는다는 사실 때문에 오히려 돋보이게 된다. 그렇지만 바울이 4장에서 보여 주는 바와 같이, **누구든지**(*anyone*) 하나님의 백성에 속하여 그의 진노를 면하게 할 수 있는 것은 언제나 믿음-그리고 오직 믿음 뿐이다. 학자들은 유대인이 자기들은 민족 전체가 선택되었고 진지하게 율법에 순종하려는 의도를 가지고 있기도 하기 때문에 구원을 받기에 충분하다는 그들의 확신을 "언약적 율법주의"(covenantal nomism)라는 어구를 써서 기술했다. 바울은 이러한 믿음을 로마서 2장에서 암시적으로 거부한다. 그런 다음 그는 구약 자체가 가르치는 것은 "언약적 율법주의"가 아니라, "약속의 경건주의"(promissory pietism)라고 - 즉, 하나님과의 **구원의**(*saving*) 관계는 아브라함에게 그랬듯이, 하나님의 약속에 표현된 하나님의 은혜에 대한 인간의 반응을 통해서 오는 것이지 모세 언약을 통해서 오는 것이 아니라고 - 주장한다(보다 자세한 내용은 3:20 뒤의 부설을 보라).

기도했다고 옳게 주장한다.

a. 유대인과 하나님의 심판(2:1-16)

바울은 이 절들에서 유대인에 대한 비판을 3개의 문단으로 발전시킨다. 첫째 문단인 1-5절은 2인칭 단수를 써서 유대인이 이미 이방인 죄인들에게 쏟아지고 있는 것과 같은 진노를 자초하고 있다고 비난한다. 이 고발이 2:1-16의 주안점이다. 하나님의 심판은 "진리대로" 되며, 하나님은 모든 사람의 행위를 공평하게 평가하실 것이 분명하다(2절). 그리고 이 치우침이 없는 "공평함"이라는 기준은 하나님의 백성에 속한다고 자랑하는 유대인에게도 적용된다(3-5절).

그 다음의 두 문단(6-11절과 12-16절)은 2인칭으로 하는 "고발" 문체를 중단하고 (이것은 17절에서 재개된다) 1-5절의 기소 내용(3인칭 복수형을 써서)을 설명한다. 두 문단 모두 유대인이 이방인과 나란히 하나님의 진노의 선고를 받게 된다는 것을 증명하는 기능을 하는데, 그러기 위해 밝히는 것이 하나님의 심판 문제에 이르러서는 유대인이 이방인과 기본적으로 같은 입장에 서 있다는 사실이다. 이는 첫째로 하나님은 모든 사람을 똑같이 그 사람의 행위에 따라 판단하시기 때문에 하나님의 공명정대함이 요구된다(6-11절). 이에 대해 유대인은 자신들이 소유한 모세의 율법에 있어 이방인보다 뚜렷하게 유리한 위치를 차지하고 있다고 항변할지 모른다. 그래서 둘째로 바울은 모세 율법의 소유가 이 심판에서는 아무런 차이를 낳지 못한다는 것을 밝힌다(12절). 이는 (1) 중요한 것은 율법의 소유가 아니라 율법의 행함이며(13절), 그리고 (2) 이방인도 어떤 의미에서 "율법"을 소유하고 있기 때문이라는 것이다(14-16절).

그러므로 바울은 유대인과 이방인 사이의 운동장을 고르는 작업을 하고 있는 것이다. 양측 모두 하나님의 말씀을 어겼기 때문에 하나님 앞에서 정죄 받는다. 하나님이 유대인을 심판하시는 것은 그들이 이방인들과 "같은 일"을 **행하기**(*do*) 때문이며(2:1-3), 유대인이 하나님을 "모독하는" 것은 그들이 자랑하는 율법에 순종하지 않기 때문이고(2:17-24), 유대인의 할례가 무익하게 되는 것은 그들이 율법을 범하기 때문이다(2:25. 3:10-18도 보라). 실제로 저지른 죄들이 유대인이 정죄 받음에 서있으며 복음 안에 있는 하나님의 의를 필요로 하는 이유요, 역으로 언약의 신분에 보장성이 없다는 것이 이 죄들이 하나님 앞에서 계수되는 이유다.

i. 유대인의 주제넘음에 대한 비판(2:1-5)

1 그러므로 남을 판단하는 사람아, 누구를 막론하고 네가 핑계하지 못할 것은 남을 판단하는 것으로 네가 너를 정죄함이니 판단하는 네가 같은 일을 행함이니라
2 이런 일을 행하는 자에게 하나님의 심판이 진리대로 되는 줄 우리가 아노라
3 이런 일을 행하는 자를 판단하고도 같은 일을 행하는 사람아, 네가 하나님의 심판을 피할 줄로 생각하느냐
4 혹 네가 하나님의 인자하심이 너를 인도하여 회개하게 하심을 알지 못하여 그의 인자하심과 용납하심과 길이 참으심이 풍성함을 멸시하느냐
5 다만 네 고집과 회개하지 아니한 마음을 따라 진노의 날 곧 하나님의 의로우신 심판이 나타나는[188] 그 날에 임할 진노를 네게 쌓는도다

바울은 1장에서 기술한 사람을 판단하는 사람에게 주의를 돌리는 것으로 시작한다. 바울이 이러한 죄로 가득한 사람들을 기소할 때 박수를 치고 있던 이 사람은 1:18-32의 우상 숭배자보다 자기가 우월하다고 생각하겠지만, 아무리 그래봤자 하나님의 진노를 받을 위험에 처해 있다는 점에서는 조금도 나을 바가 없는데, 이는 자기가 정죄하는 것과 "같은 일"을 행하고 있기 때문이다(2:1-2). 이 "우월한" 사람은 누구인가? 바울은 특정한 신분을 밝히지 않았기 때문에 유대인이든 이방인이든 자의식적으로 도덕적인 모든 사람이라고 생각할 수 있게 의도한다.[189] 다른 학자들은 바울이 자기-의로 충만한 이방인에게 말하고 있는 것일 수 있다고 생각한다.[190] 그러나 바울이 가능한 한 광범위한 적용을 유지하기 위해 모호한 언어를 선택할 수 있지만, 우리는 그가 자신의 기소에서 암시적으로 유대인을 표적

188. 여러 사본이 (ℵ의 비잔틴 제2수정본, 서방 D의 제2수정본, Ψ, 다수파 텍스트 등) ἀποκαλύψεως와 δικαιοκρισίας 사이에 καί.를 추가한다. 이 표현의 생략은 읽기가 더 어려우므로 원본일 가능성이 높다(Longenecker).
189. Calvin; Thorsteinsson, *Paul's Interlocutor in Romans 2*, 177-94; Bell, *No One Seeks for God*, 137-38; Nolland, "Romans 1:26-27," 42-44(1:18-32의 기소에 포함되지 않은 모든 사람); Tobin, *Paul's Rhetoric*, 110-11. Dabelstein(*Beurteilung der "Heiden,"* 86-94)은 바울이 유대인과 하나님을 경외하는 이방인 모두를 언급한다고 생각한다. 반면에 Witherington/Hyatt는 바울이 2:1-11에서만 이방인을 언급했다고 생각한다.
190. 예를 들어, W. Campbell, *Paul and Creation*, 107-9; Thiessen, *Paul and the Gentile Problem*, 52-54.

으로 삼고 있다는 단서를 제공한다고 생각한다.[191] 1-3절은 누구에게나 적용될 수 있겠지만, 4절이 지혜서(Wis.) 12-15장의 어투를 본뜬 것으로 볼 때 이 단락이 유대인을 겨냥한 것으로 보는 것이 가장 나은 이해가 된다. 바울의 대화 상대가 유대인임을 확인시켜주는 사실은 바울이 1-5절에서 주장한 근거를 제시하는 6-11절과 12-16절이 유대인의 입장을 이방인에 대해 상대화 하려는 목적을 가지고 있다는 사실에서 나타난다. 그러나 이 상대화는 1-5절이 주로 유대인을 겨냥한 것이라고 할 경우에만 이해가 가능하다. 따라서 2:17에 이르기까지 바울은 그의 표적을 명시하지는 않지만, 2:1-11에서 이미 유대인이 그의 숨은 표적임은 분명하다. 그의 기소를 "…하는 사람아 누구를 막론하고 네가"(1절)라고 극히 일반적인 말로 시작함으로써, 로마 교회에 있는 독자들로 하여금 두루 섞여 있는 청중에게 복음을 전할 때 이미 이용했을 것으로 생각되는 발견 과정에 동참할 수 있게 한다. 도덕적이라고 자처하는 많은 사람들이 1:18-32에서 볼 수 있는 죄에 대한 비난에 "아멘"을 추가하는 것을 상상할 수 있다. 하지만 바울은 갑작스럽게 이 사람들에게 시선을 돌리고 그들이 "똑같은 일"을 하고 있다고 고발한다. 바울은 계속해서 고발하면서 비로소 그가 진정 염두에 두고 있는 사람들이 유대인이라는 사실이 드러날 것이다. 이러한 기술의 사용은 바울에게 청중 가운데 있는 유대인들의 동정을 얻고 계속해서 그의 소식에 관심을 가질 수 있게 해준다.

1 2장의 시작 부분에서 "그러므로"(헬. 디오[*dio*])는 자연스럽게 바울이 1장에서 한 말을 암시하는데 이는 2:1-5에서 그의 비난의 근거가 된다. 이 연결은 2:1-5에 나오는 "사람"이 이방인이어야 한다는 주장의 중요한 근거다.[192] 왜냐하면 바울의 논리는 그가 2:1-5에서 고발한 사람이 1:18-32에서 묘사한 것과 같은 죄인 그룹에 속할 때에만 의미가 있기 때문이다. 바울이 그의 표적을 옮긴다면 - 1장의 유대인에서 2장의 유대인에게로 - "같은 방식으로"와 같은 것으로 전환될 것으로 예상한다. 바울이 표적을 바꾸었다고 생각하는 학자들은 이 어색한 "그러므로"를

---

191. 이렇게 보는 대부분의 해석자들은 예를 들어, Bengel; Cranfield; Dunn; Wright; Lohse; Schnabel;T. Hoppe, *Idee der Heilsgeschichte*, 39-45; F. Watson, *Paul, Judaism, and the Gentiles*, 197-99.

192. Cranfield; Bassler, *Divine Impartiality*, 131-34.

처리하기 위한 다양한 선택을 제안한다. 몇몇 학자들은 이 단어를 단순한 주석으로 취급해 제거하기를 원하고,[193] 다른 사람들은 이 단어가 여기서 추론적 힘을 잃는다고 생각하고,[194] 또 다른 사람들은 이것이 이 구절의 마지막 부분에 뒤따르는 것을 앞서 언급한다고 생각한다.[195] 이러한 선택지 중 어느 것도 그럴듯하지 않다.[196]

그러나 두 가지 점을 고려한다면 2:1-5에서 유대인에 초점을 맞춘 바울의 "그러므로"를 이해할 수 있다. 첫째, "그러므로"는 1:18-32의 모두를 선택하는 것이 아니라 18절에 표현된 이 단락의 요점만을 선택한다.[197] 하나님의 진노는 "사람의 모든 경건하지 아니함과 불의"에 임한다. 2:1에서 고발된 사람은 분명히 이 매우 일반적인(사실상, 보편적인) 범주에 속한다. 즉, "그러므로" 모든 죄인에 대한 하나님의 진노의 계시에 비추어 바울이 1:19-32에서 설명한 다른 사람들과 "같은 일을 하고" 있는 2장의 이 사람도 정죄를 받는다. 둘째, 우리가 주장했듯이 1:18-32이 이방인들에게 초점을 맞추고 있다고 말하는 것은 그다지 정확하지는 않다. 이 단락은 오히려 자연 계시에 비추어 모든 인간을 다룬다. 물론 주목하는 초점은 아니지만 유대인도 포함된다. 이러한 읽기에 대해 바울은 2:1에서 하나님의 진노가 **모든**(*all*) 사람에 대하여 나타났기 **때문에**(*because*), 그리고 **모든**(*all*) 사람에게 하나님을 아는 지식이 주어졌기 **때문에**(*because*), **그러므로**(*therefore*) 남을 판단하는 사람도 하나님 앞에서 "핑계하지 못한다"고 말하고 있는 것이다.[198]

남을 판단하는 사람은 "핑계하지 못한다"는 바울의 고발이 이 결론을 더욱 뒷

---

193. Bultmann, "Glossen," 281; Käsemann.
194. Lietzmann; Althaus; Michel; Schlier.
195. Murray.
196. 물론 이 단어를 제거하는 것은 본문상의 근거가 없을 때 하는 절박한 조치다. 그리고 바울이 사용한 διό의 다른 25번의 사용은 일관되게 추론적이며 과거 회고적이다(롬 1:24; 4:22; 13:5; 15:7, 22; 고전 12:3; 14:13; 고후 1:20; 2:8; 4:13, 16; 5:9; 6:17; 12:7, 10; 갈 4:31; 엡 2:11; 3:13; 4:8; 빌 2:9; 살전 3:1; 5:11; 몬 8절). Longenecker를 보라.
197. 2:1을 1:18-32의 한 부분(이 경우 1:32)에 연결하는 또 다른 선택지를 확인할 수 있다. 구체적으로 이 논리는 (1) 남을 판단하는 사람은 "하나님의 정하심"을 아는 사람 가운데 속하는 것으로 밝혀진다(32a절. Barrett를 보라), 또는 (2) 스스로 죄를 짓고 있으면서 남을 죄 짓는다고 정죄하는 사람은 더욱 유력한 이유로 죄를 "추켜세우기"만 할 뿐인 사람보다 훨씬 더 정죄받을 만하다는 식이 될 수 있다(Godet; 또한 Livermore["Romans 1:18-3:20," 181]도 보라. 그는 2:1을 1:29-31의 악한 행실 명단과 연결한다).
198. 유사한 관점으로는 Dunn; Fitzmyer; and T. Hoppe, *Idee der Heilsgeschichte*, 45을 보라.

받침한다. 1:20에서 바울은 이 고발을 자연에서 알게 되는 하나님에 관한 지식을 저버리는 사람들을 향했다. 바울은 이제 그와 같은 고발을 자기의 판단하는 행위로 자기도 하나님을 알 만한 것을 가지고 있음을 드러내는 사람에게로 돌린다. 바울이 디아트리베 양식으로 2인칭 단수를 써서 고발하는 상대는 "남을 판단하는 사람아,[199] 누구를 막론하고"[200]이다. 바울은 누구든지 남을 판단하고 싶은 사람은 그 고발의 대상 속에 자기도 포함될 것을 각오하라고 말한다. 그러나 그는 특히 유대인이 이 범주에서 제외될 수 없음을 깨닫기를 바라고 있다. 특별히 유대인을 포함하여 남을 "정죄하는"[201] 사람은 누구든지 "핑계하지 못할" 사람이 되기 때문이다.

이 절의 두 번째 부분에서 바울은 왜(헬. 가르[*gar*]) 판단하는 사람이 하나님 앞에서 핑계하지 못하는가를 설명한다. 남을 판단하는 바로 그 행위로,[202] 사람은 남이 하는 대로 같은 행위를 하기 때문에 자기 자신을 "정죄하고 있는" 것이라는 설명이다. 바울이 남을 판단하는 사람을 "남"과 "같은 일"을 한다고 비난하는 데서 의도하는 바가 무엇인지는 분명하지 않다. "남"을 1:21-32의 이방인과 동일시하는 것이 분명해 보이지만, 그렇게 동일시한다면 유대인과 같이 고도로 도덕적인 사람들이 어떻게 "같은 일"을 하고 있다고 말할 수 있는가? 바레트(Barrett)는 이것이 판단하는 행위 자체에서 일어나는 일이라고 주장한다. 왜냐하면 남을 판단하는 것은 하나님의 대권을 침범하는 것이요, 그럼으로써 우상 숭배의 죄를 짓는 것이기 때문이다(참조. 1:23, 25). 그러나 이 해석은 복수형으로 된 "이런 일"(these things)을 적절히 설명하지 못한다. 미니어(Minear)는 하나님으로 영화롭게도 아니하며 감사하지도 아니하는 것과 스스로 지혜 있다 하는 것을 1:18-32의 핵심적인 죄

199. F. Watson(*Paul, Judaism, and the Gentiles*, 197-98)은 바울이 ἄνθρωπε("사람")라는 단어를 쓰는 것은 주제넘게 남을 판단하는 사람이 창조 능력이 없는 피조물임을 강조하기 위해서가 아니겠느냐는 뜻을 밝힌다. 그러나 그럴 것 같지는 않은 것이 ἄνθρωπος가 디아트리베 양식에서는 아주 흔하기 때문이다(약 2:20을 보라).

200. 직접 호칭의 ὦ ἄνθρωπε("사람아")와 분사로 만든 동격어 πᾶς ὁ κρίνων("판단하는 모든 자는")의 결합은 어색하다. 바울은 분명 "판단하는 누구를 막론하고"(πᾶς ἄνθρωπε ὁ κρίνων)와 같은 식으로 말하고 싶지만, ἄνθρωπε앞의 형용사가 연설의 효과로 탈락되었을 것이다.

201. 그리스어 동사는 κρίνω. 이 단어는 신약에서 굉장히 다양한 뉘앙스를 갖지만, 여기서는 분명 "정죄하다"를 뜻하며, 이 절에서 뒤에 나오는 κατακρίνω와 의미상의 차이가 없다.

202. 그리스어로는 ἐν ᾧ. ἐν는 또한 인과적인 효과를 가질 수 있다(Fitzmyer를 보라).

로 간주하고 바울이 의도하는 것이 이런 죄들이 아니겠느냐는 의견을 낸다.[203] 또 하나의 가능성은 바울이 예수의 계명을 해석하는 방식(마 5:21-48)에 의거하여 "본질적으로 도덕적 범주들에 속하는" 죄라는 각도에서 생각하고 있다는 해석이다.[204] 이런 의미에서는 유대인의 전통에 대한 존중이 이방인의 우상 숭배와 본질적으로 다르지 않으며, 유대인의 마음속에 있는 정욕이 이방인의 성도착 행위보다 덜 비난 받을 수 있는 것도 아니다. 이 관찰은 어느 정도 사실과 부합된다. 그러나 "네가 같은 일을 행함이니라"와 1:32의 "이 같은 일을 행하는 자"의 유사성은 바울이 여기 2:1에서 염두에 두고 있는 죄들을 1:20-28에서보다 1:29-31에서 찾아야 한다는 것을 우리에게 알려 준다.[205] 이 죄들 가운데 많은 죄 - 이를테면, 능욕, 교만, 수군수군하는 것, 비방하는 것, 무정한 것 등 - 는 이방인 세계에서와 마찬가지로 유대인 사회에서도 만연해 있다. 사실 바울은 17-24절에서 이 같은 죄 가운데 몇 가지를 범하고 있다고 유대인을 고발할 것이다.

2 스스로 의롭다 하는 사람을 1:18-32의 죄로 가득한 사람들과 같은 일을 한다고 고발한 다음, 바울은 이제 그런 일을 하나님이 판단하신다는 사실과 그 판단의 공정성을 일반 원리로 단정하여[206] 말한다. "(이제)[207] 이런 일을 행하는 자에게 하나님의 심판이[208] 진리대로 되는 줄 우리가 아노라." 바울은 죄에 대한 하나님의 심판은 완전히 사실과 일치한다고, 그것은 공정하다고 확언하고 있는 것이다.[209] 이 신조는 유대교의 표준적인 가르침인 만큼 바울이나 그의 대화 상대나 다같이

203. Minear, *Obedience of Faith*, 48-49.

204. Dunn, Cranfield; Stettler, "Paul, the Law and Judgement," 202-3.

205. Dunn.

206. Barrett는 이 절을 항의자의 진술로 본다. NRSV가 "너는 '우리가 아노라 …'고 말하거니와"로 옮기고 있음을 보라. 그러나 논증의 흐름과 οἴδαμεν("우리가 아노라")의 용법(3:19; 7:14; 8:22, 28도 보라)은 바울이 자신의 설명을 계속하고 있음을 증명한다.

207. 그리스어 δέ는 여기서 계속적인 의미를 갖는다(NIV는 "now"로, ESV는 번역하지 않고 두었음을 참조하라).

208. 그리스어 κρίμα는, 바울 서신에서 항상 그렇듯이, 사법적인 유죄 판결을 뜻한다(3:8; 5:16; 13:2; 고전 11:29, 34; 갈 5:10; 딤전 3:6; 5:12 - 롬 11:33과 고전 6:7은 다르다).

209. 예를 들어, Schreiner. Byrne은 이 단어가 그 의미에 있어서 하나님의 의에 가깝다고 생각한다. 문맥상 바울이 "그(*the*) 진리", 예를 들어 (Dunn이 생각하는 것처럼) 복음이나 이스라엘에 대한 하나님의 신뢰성을 가리키는 것 같지는 않다.

인정할 수 있는 것이었다.[210] 바울과 유대인 사이의 이견은 바울이 그 원리를 이방인에게 적용하는 것과 똑같은 기준으로 유대인에게 적용하는 데서 나온다. 바꾸어 말해, 유대인은 그들이 누리는 하나님과의 특별한 관계를 하나님의 심판의 기초가 되는 "진리"의 일부로 포함시키고 싶어하리라는 것이다. 바울은 이 관계를 부정하지는 않지만(3:1-8), 이것이 유대인을 그들이 짓는 죄의 결과로부터 보호해 주지는 않는다고 주장한다(대체로 평행하는 6, 11, 13절과 16절을 보라).

3 그의 대화 상대와 공통점을 입증했으므로(2절의 "우리가 아노라"를 보라), 이제 바울은 판단하는 데 있어 하나님의 "참되심(truthfulness)"에 관한 교리를 이용하여 교만하게 남을 판단하는 사람(1절)을 비판한다. 그리고 바울이 다시 공격적인 자세로 나가는 만큼, 그는 2인칭 단수의 호칭으로 돌아가서 말한다. "이런 일을 행하는 자를 판단하고도 같은 일을 행하는 사람아,[211] 네가 하나님의 심판을 피할 줄로 생각하느냐?" 이 절의 의미는 바울이 자신은 하나님의 심판을 피할 수 있을 것이라고 믿는 이 사람의 믿음에 대해 의문을 제기하고 있음을 보여 준다. 그런 질문은 자기의 선한 삶으로 하나님을 기쁘게 해 드릴 수 있다고 생각하는 이방인 도덕주의자나 철학자에게 제기되는 것이 도리에 맞지만, 그런 외람된 생각을 할 가능성이 높은 사람은 특히 유대인이다. 이것이 바로 신구약 중간기의 유대교 저술인 솔로몬의 시편(The Psalms of Solomon)에서 드러나는 태도다. 이 시편에서 저자는 "율법 없이 행하는 자는 여호와의 심판을 피하지 못하리라"[212](15:8)고 확언하지만, 그 다음에 "의인"은 바로 그 심판에서 면제된다는 말을 덧붙인다. 바울이 문제제기 하는 것은 바로 그 면제를 받을 권리 - 최소한 모세 언약에 규정되어 있다는 전승대로라도 - 를 주장할 수 있는 자가 있겠느냐는 것이다.[213]

그러므로 이 장의 처음 세 절의 논리는 다음과 같이 제시될 수 있을 것이다.

---

210. 예를 들어, 2 Apoc. Bar. 85:9; m. 'Abot 3:16과 Str-B, 3.76을 참조하라.
211. 주격의 인칭대명사 σύ의 용법이 여기서는 강조 용법이고 빈정대는 말투이기도 하다. "네가 …라고 생각하느냐?"
212. 그 그리스어는 바울이 쓰는 말과 흡사하다. οὐκ ἐκφεύξονται οἱ ποίουντες ἀνομίαν τὸ κρίμα κυρίου.
213. 또한 Dunn을 보라.

하나님의 심판이 "이런 일"을 행하는 사람들에게 내린다.
스스로 의롭다 판단하는 자도 "이런 일"을 행한다.
그러므로 스스로 의롭다 하는 자도 하나님의 심판을 피하지 못한다.

그렇다면 여기서 바울의 궁극적인 관심은 이 장 전체에서와 마찬가지로 하나님의 율법에 순종하기를 실패한 인간론적 문제다. 확실히 한 가지 중요한 소주제는 유대인들이 그들의 특별한 언약적 지위로 인해 그들이 범한 죄의 결과를 피할 수 있다는 주장이다. 그러나 이 후자의 모티프를 중심 관심사로 올려서는 안된다.[214]

4 이 절의 맨 앞에 나오는 "혹"(헬. 에[ē])은 3절의 대안을 제시하는 것이 아니라, 3절에서 상대하는 사람의 그릇된 가정을 폭로하는 수사적 질문을 이끈다.[215] 자기는 죄를 지어도 심판을 피할 수 있다고 생각하는 사람에게, 실상은 하나님의 자비를 "멸시한다"는[216] 것을 바울은 알려 주고자 한다. "풍성함"에 걸리는 세 마디 모두가 이 하나님의 자비를 묘사한다. "인자하심"은[217] 바울이 로마서 11:22a에서 하나님의 속성으로 (그 반의어인 "준엄하심"와 함께) 쓰고, 에베소서 2:7과 디도서 3:4에서도 쓰고 있다. 이것은 70인역 시편에서 여러 차례 하나님이 그의 백성을 인자하게 대하심을 가리키는 데 쓰였다.[218] "용납하심"과[219] "길이 참으심"은[220] 죄인이 마땅히 받아야 할 심판을 오래 참고 보류하시는 하나님의 인자하심을

214. 예를 들어, Schreiner; Gathercole, *Where Is Boasting?* 197-215(이와 반대로는 B. Longenecker, *Eschatology and the Covenant*, 181-82를 보라).

215. BDAG.

216. 그리스어 동사는 καταφρονέω. 이 동사가 쓰이는 신약의 다른 곳으로는 마 6:24; 18:10; 눅16:13; 고전 11:22; 딤전 4:12; 6:2; 히 12:2; 벧후 2:10이 있다.

217. 그리스어로는 Χρηστότης.

218. 시 25:7; 31:19; 68:10; 119:48; 145:7. Pss. Sol. 5:18도 보라.

219. 그리스어는 ἀνοχή로, 신약에서는 여기와 3:26에서만 쓰인다(그리고 LXX에서는 1 Macc.12:25에서만 쓰인다).

220. 그리스어로는 μακροθυμία. 바울은 이 말을 하나님과 관련지어서 다른 한 곳(롬 9:22)에서만 더 쓰고, 또 다른 곳(고후 6:6; 갈 5:22; 골 3:12)에서는 인간의 미덕 가운데 하나로 꼽는다(이런 식으로 쓸 때 그는 이 단어를 χρηστότης와 나란히 쓴다). 단어 ἀνοχή와 μακροθυμία는 아마도 이곳에서는 유사한 의미로 사용되었을 것이다(Spencer, "Beyond Trench's Study," 140를 보라). 그리스어와 히브리어 양쪽 모두에도 대체로 뜻이 같은 이런 용어들을 중첩시켜서 어떤 주장을 밝히는 특징이 있다.

나타내는 표현이다.[221]

우리가 주목했듯이, 바울이 4a절에서 쓰는 단어들 가운데 여러 단어가 이스라엘을 대하시는 하나님의 인자와 자비에 관한 구약과 유대교의 묘사에서도 발견된다. 그러나 지혜서 11-15장과 로마서 1:18-32 사이의 평행 어구들에 비추어 볼 때 특히 의미심장하게 떠오르는 텍스트는 지혜서 15:1-2이다. 지혜서 저자는 이방인의 우상 숭배와 죄를 (11-14장에 걸쳐) 길게 들추어낸 후 이 두 절에서 이렇게 말한다. "그러나 우리의 하나님이여, 당신은 인자하시고,[222] 참되시고, 오래 참으시고,[223] 모든 것을 자비로 다스리십니다. 그런즉 우리가 죄를 지을지라도 우리는 당신의 것입니다." F. 왓슨(Watson)이 말했듯이, "로마서 1장에서 지혜서의 저자를 그토록 밀접하게 묘사한 바울은 이제 그를 향하여 비난한다. 아니 오히려 바울은 지혜서 저자가 나타내는 견해를 비난한다."[224] J. 라인보흐(Linebaugh)가 보여 주듯이, 바울은 지혜서의 인간론적 관점을 크게 바꾼다. 지혜서에서 유대인과 이방인의 구별은 인간론적 통일성을 위해 제거되었다. 그러나 바울은 유대인들을 그들의 죄에서 구원하는 언약의 능력에 의문을 제기한 것뿐만이 아니라 유대인들 또한 이방인들이 저지르는 "동일한" 죄를 범한다고 비난한다.[225] 물론 구약은 하나님의 백성이 하나님을 자비롭고 용서하시는 분으로 여기도록 이끈다(예를 들어, 시 145편). 그러나 하나님이 그의 백성에게 특혜를 베푸신다는 가정은 구약 시대에 이미 이스라엘 백성 가운데 언약 안에서 성실하게 살지 않은 사람들에게 잘못된 안보의 자료가 되어 있었다는 것을 선지자들이 풍부하게 지적하고 있다. 신구약 중간기 유대교의 문헌은 유대인의 죄를 회개할 필요를 한결같이 강조하면서도, 또한 이스라엘의 특혜 받은 지위가 하나님의 심판에서 면책 특권이 된다는 것을 사실상 부정할 수 없을 정도로 그 지위를 부각시키는 경향을 보였다.[226] 바

221. Käsemann은 2 Apec. Bar. 59:6에서 "길이 참으심의 풍성함[ἀνοχή]"이 "진노의 억제"와 같은 의미로 나오는 점에 주목한다. 바울이 두 특성을 모두 그리스도의 사랑으로 돌리는 고전 13:4에도 주목하라.

222. 그리스어로는 χρηστός.

223. 그리스어로는 μακρόθυμος..

224. *Paul and Hermeneutics of Faith*, 377.

225. *God, Grace and Righteousness*, 93-121.

226. 예를 들어, Pss. Sol. 9-10을 보라.

울이 선지자들과 뜻을 같이하여 문제 삼는 것이 바로 이런 가정이다. 하지만 단락이 펼쳐지면서 바울이 선지자들의 발언 수위를 넘어 심판 때 유대인이 이방인보다 나을 것이 없다고까지 단언하는 것을 알게 될 것이다. 이것은 유대교의 모든 전승으로부터 완전히 떠나는 것이며, 이스라엘과 맺은 하나님의 언약에 대한 일반적인 이해를 비판할 뿐만 아니라 구원의 역사에서 나타난 새 시대의 도래를 알리는 신호탄이기도 하다.

이 절의 마지막 부분(개역개정에서는 처음 부분-옮긴이)에 있는 분사절의 "네가 하나님의 인자하심이 너를 인도하여[227] 회개하게 하심을 알지 못하여"가 보여 주는 것은 하나님의 인자하심에 담긴 하나님의 목적이 죄의 용서가 아니라 회개의 촉구라는 사실이다. 이 개념은 유대교의 가르침에도 평행하는 표현을 가지고 있으며(예를 들어, Wis. 11:23), 바울은 그의 수사학적 상대가 고의로 이 진리를 무시하고 있다고 비판한다. 회개는, 당시의 유대교에서는 중시되고 있었는데, 바울의 가르침에서는 놀라울 정도로 미미한 역할을 하고 있는 것으로 나타난다. 아마 이것은 그리스도의 오심이 하나님께 인정받으려면 당시에 흔했던 "회개"라는 단어의 의미보다 더 강한 행동이 필요하다는 것이 바울에게 나타났기 때문일 것이다.

5 죄에 대해 하나님의 길이 참으심을 하나님이 약하시다는 증거로,[228] 또는 하나님이 그의 심판을 영원히 보류하시리라는 증거로 해석해서는 안 된다. 이 절에서 바울은 그의 느긋한 대화 상대에게 진실로 심판의 때가 다가오고 있으며, 하나님의 인자하심을 억측하는 사람이 그 심판에 앞서 쌓고 있는 것은 자비가 아니라 진노라고 경고한다. 그렇다면 이 절은 3절에서의 수사적 질문으로 암시된 대답의 엄숙한 확인이 되는 셈이다. 그런 사람은 분명 "하나님의 심판을 피하지" 못할 것

---

227. 그리스어 동사 ἄγει는 현재 시제를 격언적인 또는 "시대를 뛰어넘어 모두 적용 가능한"(omnitemporal) 의미로 써서 능동의 뜻을 나타내기 때문에 하나님이 "너를 인도하여 회개하게 하심"이 된다(von Siebenthal, *Griechische Grammatik*, §197a).

228. 2 Bar. 21:20에 비슷한 우려가 나온다. "그러므로 당신이 하리라고 말씀하신 모든 것을 관대하게 명하시고 확증하소서. 그리하면 당신의 오래 참으심이 약함을 의미한다고 믿는 자들이 당신의 권능을 인정할 것입니다."

이다. 구체적으로 바울은 "네 고집과[229] 회개하지 아니한 마음을 따라[230] … 그 날에 임할 진노를 네게 쌓는도다"[231]라고 주장한다. 바울 시대의 대부분의 유대인들은 마음에 할례를 받는 새언약을 경험하지 않았고(신 30:6; 참조. 롬 2:29) 그렇기 때문에 하나님께 합당한 순종을 드리지 못했다.[232] "쌓는도다"의 은유적인 적용은 좋은 선례를 가지고 있다.[233] 그러나 "쌓는" 것이란 거의 언제나 좋은 것이기 때문에, 여기서 이 동사는 역설적인 색채를 띤다. 즉, 완고한 죄인은 자기 자신을 위해서 축복이나 생명을 쌓는 것이 아니라[234] 진노를 쌓는다.[235]

이 (쌓는) 상황은 언제 명백해지는가? 이와 관련하여(1:18에서) 바울이 하나님의 진노가 현재 나타나고 있다고 말하는 데 주목하여, 일부 주석자는 이 절에 나오는 "진노의 날 곧 하나님의 의로우신 심판이 나타나는 그 날에"라는 문구가 "쌓는도다"를 수식하는 문구라고 생각한다. 이렇게 되면 바울은 구원의 역사 가운데 현재의 시기를 "진노의 날"로 규정하고 있다는 이야기가 된다.[236] 그러나 "진노의 날"은 최후 심판의 때를 가리키는 전문 용어에 준하는 성경 용어다.[237] 이것이 강하게 시사하는 바는, 바울이 여기서 역사의 마지막 날에 절정으로 일어날 진노의 폭발을 내다보고 있으며, 회개하기를 거부하는 유대인은 지금도 그 날에 나타날 진노를 쌓고 있다는 것이다.[238] 또한 그 날에 나타날 것이라고 바울이 주장하는 것은

229. 그리스어 κατά가 여기서는 원인의 뉘앙스를 지닌다(BDAG).

230. 그리스어 σκληρότης는 신약에서 여기에서만 나온다. 그러나 그 동족어 중 몇 가지는 신약에서 영적 완고함과 반역을 가리키는 데 사용된다. 그 예들에는, σκληρύνω("마음이 굳음", 행 19:9; 롬 9:19; 히 3:8, 13, 15; 4:7), σκληροκαρδία("마음의 완악함"; 마 19:8; 막 10:5), σκληροτράχηλος("목이 곧음", 행 7:51)가 있다. 모두 구약에 뿌리를 두고 있으며 신 9:27에서는 이스라엘의 영적 "완고함"을 나타내는 σκληροτής가 사용된다. 이러한 배경은 바울이 특별히 유대인을 죄인으로 생각하고 있다는 또 다른 증거가 된다(Michel).

231. 여기서 "쌓다"의 부정적인 함의(아래를 보라)는 σεαυτῷ가 ("자신에게 해가 되도록"으로) 불이익의 여격임을 뜻한다.

232. Schreiner.

233. 예를 들어, 잠 2:7과 마 6:19을 보라.

234. Pss. Sol. 9:5의 "의로운 일을 하는 자는 여호와께 자기를 위해 생명을 쌓는[θησαυρίζω] 것이다"와 대조하라.

235. 약 5:3과 비교하라. 여기서 이 동사는 심판과 관련하여 비슷하게 역설적으로 비꼬는 뜻을 나타내는 것 같다.

236. 예를 들어, Barth를 보라.

237. 예를 들어, 시 110:5, 습 1:14-15; 계 6:17.

238. 그러므로 이 문구는 ἡμέρᾳ와 묶고 ἐν에 통상의 때를 나타내는 의미를 부여하여 "네가 진노를, …

"하나님의 의로우신 심판"이다.[239] 이 표현 역시 로마서 가운데 이 단원의 중심 주제 - 하나님의 심판의 실재와 그 심판이 절대적으로 정의로울 것이라는 사실 - 를 이어간다(2절). 그래서 바울은 하나님의 "의로우신 심판"을 이방인 죄인에게 한정시키려는 유대인의 경향을 문제 삼는 것이다.[240]

ii. 판단의 공정함(2:6–11)

6 하나님께서 각 사람에게 그 행한 대로 보응하시되
7 참고 선을 행하여 영광과 존귀와 썩지 아니함을 구하는 자에게는 영생으로 하시고
8 오직 당을 지어 진리를 따르지 아니하고 불의를 따르는 자에게는 진노와 분노로 하시리라
9 악을 행하는 각 사람의 영에는 환난과 곤고가 있으리니 먼저는 유대인에게요 그리고 헬라인에게며
10 선을 행하는 각 사람에게는 영광과 존귀와 평강이 있으리니 먼저는 유대인에게요 그리고 헬라인에게라
11 이는 하나님께서 외모로 사람을 취하지 아니하심이라

이 절들은 하나의 자기 충족적인 사고의 단위를 이루는데, 이는 이 절들의 교차대칭적 배열 구조로 증명된다.

A. 하나님께서 모든 사람을 공평하게 판단하신다 6절
  B. 선을 행하는 자는 영생을 얻는다 7절
    C. 악을 행하는 자는 진노를 당한다 8절
    C′. 악을 행하는 자가 받는 진노 9절
  B′. 선을 행하는 자가 받는 영광 10절

곧 진노의 … 그 날에 임할 진노를 네게 쌓는도다"로 해석해야 할 것이다(Käsemann은 ἐν을… θησαυρίζεις와 묶고 그것이 "for"의 의미를 갖는 εἰς 대신 쓰인 것이라는 뜻의 말을 하고 있는 것이 분명하다. 그러나 이 전치사들을 이렇게 특별한 의미로 바꿔 쓰는 것은 문법적으로 거의 지지를 받지 못한다).

239. 그리스어로는 δικαιοκρισίας τοῦ θεοῦ. 이 언어는 또한 T. Levi 3:2; 15:2(살후 1:5의 v.l을 보라)에서 δικαιοκρισία가 이런 식으로 사용되기 때문에 최종 심판에 대한 참조를 지원한다. MM은 이 단어가 심판의 성격을 강조한다는 점에 주목하라.

240. 심판에 이스라엘이 포함된 T. Levi 15:2과 4절에서는 유대인들이 아브라함과 이삭과 야곱을 통해 자비를 받을 것이라고 확언한다(Wilckens).

A′. 하나님은 공정하게 판단하신다 11절[241]

어떠한 다른 교차대칭적 배열 구조의 문단들과 달리, 6-11절의 주안점은 중앙에서 나타나는 것이 아니라 맨 처음과 맨 끝에서(6, 11절) 나타난다. 즉, 하나님이 모든 사람을 같은 기준에 따라서 각자 행한 대로 사정하여 공평하게 판단하시리라는 것이 그것이다. 던슨(Dunson)이 유용하게 표현한 것처럼, 1-5절의 "특징적" 개인(암시적으로 유대인으로 구별되는 "사람")은 여기에서 "일반적인" 개인, 즉 인간으로서의 인간에게 자리를 내준다.[242] 따라서 이 문단은 5b절에 나오는 "하나님의 의로우신 심판"을 상세히 설명하고 있는 것이다. 중심이 되는 6절과 11절의 주장 사이에 샌드위치 되어있는 절들은 이 심판에서 나올 수 있는 두 개의 가능한 결과를 예시한다. "먼저는 유대인에게요 그리고 헬라인에게"라는 구원의 순서(1:16)를 심판에 적용하는(9, 10절) 데서, 바울은 그의 논쟁의 숨은 표적으로서 유대인을 조명한다. 다른 한편으로, 직접 호칭의 문체는 보다 냉정한 해설적 문체를 취하기 위해 잠시 접어둔다 - 그리고 2:17에서 재개한다.

6 바울은 이 절을 문법적으로 5절과 연결시킴으로써 1-5절에서의 일반적 토론을 계속하고 있다는 신호를 보낸다.[243] 하나님께서 모든 사람에게 그 각 사람이 행한대로[244] "갚아주신다" 또는 "보응하신다"는 바울의 주장은 구약과 유대교의

241. Grobel("Chiastic Retribution-formula," 255-61)은 바울이 자립적인 전통을 이어받았다고 생각한다. Longenecker(253)는 또한 7-10절을 "유대 그리스도인의 헌신적인 또는 교리 교육적인 자료의 단일 단위"로 구성한다고 본다.

242. Dunson, *Individual and Community*, 115.

243. 본서에서 "he"로 번역된 단어(개역개정에서는 "하나님"-옮긴이)는 사실상 관계대명사 "who"(ὅς)다. NASB를 보라. Schreiner는 느슨한 연결을 제안한다. 즉, 하나님은 모든 인간을 행위로 평가하기 때문에 회개하지 않는 유대인을 심판하신다.

244. 여기서 쓰인 그리스어는 *τὰ ἔργα*로, 바울은 이 말을 일반적인 인간의 행위를 기술할 때 쓰는데, (대부분의 본문에서 간주되는) 좋은 행위일 때도 쓰고, 나쁜 행위일 때도 쓴다(특히 9:10-12을 참조하라. 또한 4:2, 6; 9:32; 11:6; 엡 2:9; 딤후 1:9[선악과 관계없는 행위 자체]; 딛 1:16; 3:5도 참조하라. "행위"가 긍정적임을 가리키는 수식어가 따르는 경우로는 엡 2:10; 딤전 2:10; 5:10, 25; 6:18; 딛 2:7, 14; 3:8, 14이 있고, "행위"가 부정적임을 가리키는 수식어가 따르는 경우로는 롬 13:12; 갈 5:19; 엡 5:11; 골 1:21이 있다). 바울은 "행위"를 고후 11:15과 딤후 4:14에서도 심판의 표준으로 삼는다(또한 롬 2:7; 고전 3:13a, b, 14, 15에서 단수의 *ἔργον*을 쓰고 있음에도 주목하라). 바울 서신에서 이 단어가 갖는 신학적 의의에 관해서는 D. J. Moo, "'Law,' 'Works of the Law,'

공통된 가르침을 반영한다.[245] 그리고 이 가르침은 그리스도 안에서 하나님의 은혜가 계시된 결과로써 새로운 맥락에 맞춰졌지만 취소되지는 않았다(마 16:27; 고후 11:15; 딤 4:14을 보라).

7-8 7절과 8절은 하나님께서 "각 사람"에게 그 행위대로 보응하실 때 나올 수 있는 두 개의 결과를 요약한다.[246] 한편으로 "참고 선을 행하여 영광과 존귀와 썩지 아니함을[247] 구하는 자"[248]에게는 하나님이 영생으로 "보응하실"[249] 것이다.[250] 사람의 "선행"이 영생으로 이어질 수도 있으리라는 바울의 암시는 그가 다른 곳에서 가르치는 것에 비추어 볼 때 이상하게 느껴지므로, 우리는 이 문제를 아래에서 10절과 함께 다룰 것이다. 하지만 하나님이 그렇게 보응하시는 행위는 한결같이 독실한 생활 방식[251]이라는 것을 바울이 특별히 강조하고 있다는 점에 우리는

73-100을 보라.

245. 특히 시 62:12; 전 1:14; 호 12:2; m. 'Abot 3:15를 보라. 바울의 언어는 LXX 잠 24:12에 가장 가까운데 바울이 이것을 인용하고 있는 것일지도 모른다. *ὃς ἀποδίδωσιν ἑκάστῳ κατὰ τὰ ἔργα αὐτοῦ*. 그러나 이 가르침은 아주 평범한 것인 만큼 바울이 특히 어떤 본문을 염두에 두고 있을 것 같지는 않다(Heiligenthal, *Werke als Zeugen*, 171-74). 신약에서 시 62:12를 사용하는 것으로는 K.-S. Kim, *God Will Judge*를 보라.

246. 이 절들에서 동사들이 *μέν ... δέ*, ("한편으로 … 다른 한편으로") 구문에 의해 연결된다.

247. 7-8절에서 명사적으로 쓰인 여격의 분사들, 즉 *τοῖς ... ζητοῦσιν*("those … who are seeking"), *τοῖς ... ἀπειθοῦσι*("those who are disobeying"), 그리고 [*τοῖς*] *πειθομένοις*("those who are obeying")는 문법적으로 6절에 나오는 여격의 *ἑκάστῳ*와 관련된다.

248. "영광"(*δόξα*), "존귀"(*τιμή*), "썩지 아니함"(*ἀφθαρσία*)은 종말론적 미래에 의인이 받을 것으로 기대할 수 있는 축복을 가리킨다. 앞의 둘은 구약에 그 선례가 있으며(벧전 1:7도 보라), "썩지 아니함"은 그리스 토양에 그 뿌리를 두고 있다(Wis. 2:23과 바울이 이 용어를 쓰고 있는 고전 15:42, 50, 53-54; 엡 6:24; 딤후 1:10을 보라).

249. 6절의 [하나님으로 이해된] 주어와 동사 *ἀποδώσει*는 7절로 이양되어야만 한다.

250. 이 절의 대체 번역으로는 "영생을 구하는 자에게는 영광과 존귀와 썩지 아니함으로 [하나님께서 보응하실 것이다]"가 있을 것이다. 이렇게 읽으면 *δόξαν καὶ τιμὴν καὶ ἀφθαρσίαν*이 *ἀποδώσει*로 이해된 동사의 목적어이고, *ζωὴν αἰώνιον*이 *ζητοῦσιν*의 목적어가 된다(Zahn을 보라). 이 해석 쪽으로 쏠리게 하는 것이 "영광과 존귀"가 평행절인 10절에서 하나님이 선을 행하는 사람들에게 주시는 것이라는 사실이다. 그러나 *δόξαν καὶ τιμὴν καὶ ἀφθαρσίαν*이 관사 *τοῖς*와 분사 *ζητοῦσιν*으로 둘러싸여 있는 구문 때문에 우리가 위에서 채택한 독법 쪽이 훨씬 합당하다(이 독법이 주요 영어 번역 성경들에서도 반영된다).

251. 문제의 그리스어 문구는 *καθ' ὑπομονὴν ἔργου ἀγαθοῦ*이다. *κατά*는 여기서 원인의 의미를 나타낼 수 있다(BDAG을 보라). *ὑπομονή*는 흔히 환난을 당할 때 필요한 "끈기 있는 인내"를 가리키지만(5:3-4; 8:25; 참조. 15:4, 5; 고후 1:6; 6:4), 여기서는 보다 능동적인 "불굴의 인내"를 가리킨다(참조. 15:4; 살전 1:3). 그렇다면 *ἔργου ἀγαθοῦ*는 목적을 나타내는 소유격임이 분명하다. 6절에서 복

유의할 필요가 있다. 이런 사람들과 대조되는 사람들, 즉 "오직 당을 지어 진리를 따르지 아니하고 불의를 따르는[252] 자에게는 진노와 분노로"[253] 갚으실 것이다. 이 두 절에서의 대조는 하나님의 의로우신 심판이 나타날 때에 모든 사람에게 두 운명이, 그리고 오직 두 운명만이 예비되어 있다는 것을 분명히 한다. 영생을 받지 못한 사람들은 하나님의 진노의 형벌을 받는다.[254] 바울은 이 후자에 속하는 사람들을 움직이는 기본 원리인 이기심의[255] 견지에서, 그리고 그들이 충성을 바치는

수형 ἔγρα가 쓰인 점에 비추어볼 때 여기에 단수의 ἔργον이 쓰인 것은 다소 뜻밖이다. 그것은 아마 사람의 평생의 "선행"을 "선을 행함"이라는 단일의 지상 목표로 요약한 집합적 단수로 볼 수 있을 것이다(예를 들어, Murray).

252. 그리스어는 πειθομένοις. 동사 πείθω는 통상 "확신을 가지게 하다", "설복하다", "의지하다"를 의미한다. 하지만 여기서는 ἀπειθέω와 대조되고 있는 것으로 보아 "순종하다"라는 뜻으로 쓰였음을 알 수 있다 (BDAG을 보라).

253. ὀργὴ καὶ θυμός로 명사가 모두 주격으로 되어 있는 것(7절의 여격 ζωὴν αἰώνιον과 대조하라)은 7절보다는 8절이 6절에 느슨하게 연결된다는 것을 입증한다. 분사 (τοῖς) ἀπειθοῦσι와 πειθομένοις는 6절의 ἑκάστῳ와 동격이고 ὀργὴ καὶ θυμός는 현수("허공에 매달린" 또는 독립적인) 주격일지 모르며, 아니면 분사들은 암묵적인 동사(ἔσται, "있을 것이다")의 간접목적어이고 ὀργὴ καὶ θυμός는 문장의 주어일 수도 있다(예를 들어, "진노와 분노가 …하는 자에게 있으리라").

254. "진노와 분노"는 7절의 "영생"과 대조되는 것으로, 심판 때에 불의한 자에게 내릴 벌을 가리킨다. 그것은 심판이란 인격적인 하나님이 자기의 정당한 질서를 침범하는 것에 대해서 보이시는 반응이라는 것을 우리에게 상기시킨다. θυμός는 LXX(시 77:9; 단 3:13; 미 5:15)와 신약(엡 4:31; 골 3:8; 계 19:15)에서 빈번히 ὀργή와 함께 나오는데, 두 단어의 의미를 구분하려는 시도는 무의미한 일이다.

255. 그리스어는 ἐξ ἐριθείας인데, 여기서 ἐκ는 사람들의 삶 또는 행위의 동기를 알려 주는 "에서"(out of)를 가리킨다(ἐκ의 비슷한 용법으로는 빌 1:16, 17을 참조하라). 명사 ἐριθεία의 의미는 논쟁이 되고 있다. 신약 이전의 글 가운데는 아리스토텔레스의 글에서 유일하게 나오는데, 거기서 이 단어는 공공선보다는 사적인 이익을 위해 공직에 오르려는 사람의 태도를 지칭한다(*Pol.* 5:3, 1302b; 5:4, 1303a). 이런 식으로 나오는 것으로 보아 ἐριθεία는 "당파심" 또는 "논쟁을 좋아하는 심리"를 가리킬 수 있다는 것을 알 수 있는데, 신약에서는 이것이 나오는 곳(갈 5:20; 고후 12:20; 빌 1:16; 2:3; 약 3:14, 16)에서마다 이러한 의미가 통한다(Murray는 한 걸음 더 나아가 이 당파심이 우리의 하나님과의 관계와 관련된다고 제안한다). 이 의미가 맞을 가능성은 ἐριθεία가 ἔρις("다툼")에서 파생한 것으로 밝혀질 수 있다면 높아질 텐데, 그렇게 밝혀질 것 같지는 않다. 이 단어는 필시 ἐριθεύομαι에서 파생할 것이며, 따라서 ἔριθμος("고용된 일꾼")에서 파생되기도 할 것이다. W. Howard, *Accidence and Word-Formation*, 339; BDAG; F. Büchsel, *TDNT* 2.660을 보라. 이 파생을 염두에 두고 Barrett는 이 절에서 이 단어가 자기의 행위에 근거하여 의롭다 칭함을 받고 싶은 욕망을 암시할지 모른다고 제안한다. 그러나 전후 관계로 미루어 우리는 이 단어에 그렇게 구체적인 의미를 부여할 수가 없다. 고대에 고용된 일꾼은 오로지 자기 이익을 위해서만 일했기 때문에 흔히 경멸을 받았으며, 많은 사람이 이 단어는 "이기심"(Büchsel, *TDNT* 2.660)을 암시한다고 생각한다. 이 의미가 아리스토텔레스의 글에서나 신약에서나 "당파심"과 마찬가지로 잘 통한다. 그리고 갈 5:20과 고후 12:20에서 이 의미로 보는 것이 (개역개정에서는 "당을 짓는 것"으로 번역함-옮긴이) 보다 바람직하며, 그 까닭은 ἔρις와 ἐριθεία가 함께 나오는데 후자가 "당파

대상의 견지에서(그들은 진리에 순종하는 것이 아니라 불의에 순종한다) 기술한다. 바울은 여기서 같은 동전의 양면으로 묘사한다. 이 사람들은 하나님이 보여 주시는 대로 진리에 따르기를 거부하고 있으며, 오히려 "불의"를 따르는 쪽을 택한다(1:18). 로마서에서 종종 볼 수 있듯이, 바울은 사람의 영적 상태를 알려 주는 진정한 지표로 순종을 꼽는다(1:5; 2:25-27; 6:15-23).

9-10 바울은 이제 이 심판에서 나온 두 개의 대조적인 결과를, 순서를 뒤집어 되풀이한다.[256] 그리고 이 큰 교차 배열(7-8/9-10절) 내에 8-9절을 잇는 작은 교차 배열이 있음을 보게 된다.

8절 "불의를 따르는 자에게는 진노와 분노로…"
9절 "각 사람의 영에는 환난과 곤고가…"

바울은 일반적으로 "환난"을 기독교인들이 이 세상을 살아가면서 겪는 시련과 고통의 뜻으로 쓰지만,[257] 여기서는 이 단어가 (예를 들어, 살후 1:6와 같은) 분명히 종말론적 정죄의 고통을 가리킨다. "곤고"는 그 의미가 "환난"과 가깝기는 하지만, (객관적인) 환난으로 야기된 (주관적인) 고통을 강조하는 말일 수 있다.[258] 영생이 참고 "선"을 행한 사람에게 내려지는 보상이었듯이(7절), 이런 하나님이 내리시는 심판

성"의 뜻이라면 동의어의 중복이 될 것이기 때문이라는 주장이 나올 수 있다. 하지만 악행의 명단에 나오는 중복의 정도를 고려할 때, 이것은 설득력 있는 주장이 되지 못한다(Murray). 결국 이 절에서 "이기심"이라는 뜻을 가장 그럴듯하게 만드는 것은 롬 2:8의 전후 관계다. 7절에서 기술된 사람들의 태도와의 대조가 의도되었을 가능성이 크며, "당파심"은 그런 대조를 만들지 못하지만 "이기심"은 가능하다. 영생을 얻는 사람은 "위의 것"을 찾는 사람이요(골 3:1을 보라), 진노를 받는 사람은 자신의 눈앞의 이익만을 찾는 사람이다. 특히 Büchsel, *TDNT* 2.660을 보라.

256. 접속사의 생략(9절을 8절에 연결시키는 접속사 또는 접사가 빠진 것)은 반복과 새로운 시작의 의미를 부여하는 데 기여한다.

257. 로마서의 5:3; 8:35; 12:12을 보라. 그리스어 단어는 θλῖψις.

258. Godet; Cranfield; Wilckens. 그리스어 명사는 *στενοχωρία*. 이 명사는 LXX에 나오는 경우의 절반 이상에서, 그리고 신약에 네 차례 나오는 가운데 세 차례(8:35; 고후 6:4. 또한 고후 12:10도 보라)에서 θλῖψις와 함께 쓰인다. 따라서 일부 학자들은 두 단어를 동의어로 생각한다(예를 들어, G. Bertram, *TDNT* 7.607).

의 곤고는 "악을[259] 행하는[260] 각 사람의 영혼에" 있을[261] 것이다. 바울이 "각 사람의 영"이라는 표현을 쓰는 것은 하나님의 심판이 절대적으로 공명정대하다는 것을 다시 한번 강조하고 싶어서 임이 분명하다. 그리고 다시 한번 이것이 특히 유대인을 겨냥한 것이라는 점을 이 절의 마지막 어구인 "먼저는 유대인에게요 그리고 헬라인에게며"가 가리킨다. 구원 복음의 수신자로서 유대인의 우선성을 천명한 바로 그 어구(1:16)를 바울은 역설적으로 비틀어 심판에서도 이와 같은 우선성을 확고히 하는 데 이용한다. 약속의 말씀이 "먼저는" 유대인에게 주어졌듯이, 그 말씀에 따르지 못한 데 대한 형벌도 유대인에게 "먼저" 가해진다. 유대인이 그들이 받은 선택을 구원에 있어서는 "먼저"가 되고 심판에 있어서는 "마지막"이 되리라는 보증으로 간주하는 경향이 있지만, 바울은 그들의 우선성이 구원과 심판 모두에 똑같이 적용된다고 강조한다(바울은 이 점을 3:1-4에서 다시 반복한다).

10절은 7절의 내용을 약간만 바꿔서 되풀이한다. "영광과 존귀"는 7절에서 의인이 추구하는 목표를 가리켰는데, 이제는 하나님의 구원의 축복을 가리킨다. 그리고 바울은 이 축복을 묘사하기 위해 또 하나의 용어를 추가한다. "평강"이 그것인데, 이는 하나님의 종말론적 개입으로 생기고 의인이 누리게 되는 완전한 평강(well-being)의 상태를 뜻한다.[262] 그리고 바울은 7절에서보다 더 간단하게, 이 축복을 상속받는 사람들을 "선을 행하는[263] 각 사람"으로 기술한다. 그러나 그는 또한 "먼저는 유대인에게요 그리고 헬라인에게라"라는 어구를 덧붙여 9절의 주제를 계속 이어나간다.

이제 우리는 바울이 7절과 10절에서 참고 "선을 행하는" 사람들에게 구원을 약속할 때 염두에 두고 있는 사람이 누구인지 물어야 할 것이다. 이 질문이 중요한 질문인 이유는, 이러한 구원의 약속들이 바울이 다른 데서 "율법의 행위로 그

259. 단수 *τὸ κακόν*("악한 일")은 대표 단수가 아니라 집합적 단수로, 7절의 "선"에 대응할 수 있다.

260. 관사 없는 명사(ἀνθρώπου)를 수식하는 관사 있는 어구 구성(τοῦ κατεργαζομένου)은 헬레니즘 시대 그리스어의 한 특징이다(Zerwick, *Biblical Greek*, §192).

261. 8절에서와 마찬가지로 *ἔσται*를 보충하야 한다.

262. 그리스어 εἰρήνη는 히브리어 שָׁלוֹם(샬롬)에서 유래했다. 사 43:7; 렘 29:11를 보라; 그리고 롬 5:1의 각주들을 참조하라.

263. 그리스어로는 τῷ ἐργαζομένῳ. 여기서 쓰인 단순형의 동사는 아마 9절에서 쓰인 복합형의 κατεργάζομαι와 의미가 같을 것이다(이 둘이 역시 함께 쓰이는 고후 7:10을 보라).

의 앞에 의롭다 하심을 얻을 육체가 없나니"라고 강조한 것과 얼핏 보아 모순되는 말이 되기 때문이다(3:20). 이 질문에 대한 대답은 선을 행하는 사람들의 신원을 어떻게 구별하는가에 따라 세 범주로 나뉠 수 있다.

(1) 바울이 그리스도가 오시기 전의 **신실한 유대인**(*faithful Jews*)과 **도덕적인 이방인**(*moral Gentiles*)을 가리키는 것으로 보는 견해.[264]

(2) 바울이 일반적인 **비기독교인**(*non-Christians*)을 가리킨다고 보는 견해. 그러나 이러한 일반적 접근에서 다섯 가지 구체적인 견해를 구분할 수 있다.

(a) 어떤 주석자들은 바울이 그리스도에 대한 믿음과는 무관하게 일부 사람들이 자기의 행위로 구원받는 것이 가능성 있는 일로 제시하고 있으며, 이 원리는 믿음으로만 의롭다 하심을 얻는다는 바울의 가르침과 도저히 융화될 수 없는 것이라고 생각한다.[265]

(b) 위와 유사하게, 다른 주석자들은 하나님이 "자기가 받은 빛"에 순종의 반응을 하는 사람들에게는 영생으로 보답 하시는데, 그 행위가 하나님의 은혜에 힘입어 생겨난 것으로 간주되는 이상 다른 데서 바울이 가르치는 것과의 모순은 생겨나지 않는다고 주장한다.[266]

(c) 또 하나의 해석은 영원한 평강을 진정으로 찾는 사람에게는 의롭다 하심을 얻을 수 있는 믿음이 주어지며, 이 믿음이 바울의 논증에서 빠져 있는 "중간개념"(middle term)이 되어 영생을 가져온다는 것이다.[267]

(d) 소수의 주석자는 이 원리를 순전히 가정적인 것으로, 즉 그리스도가 오시지 않았다면, 그리고 율법이 지켜질 수 있다면 일이 그렇게 될 것이라는 진술로 보았다.[268]

---

264. 예를 들어, Chrysostom; 또한 G. Davies, *Faith and Obedience*, 54-57을 보라.
265. Braun, *Gerichtsgedanke und Rechtfertigungslehre*, 90-99; Räisänen, *Paul and the Law*, 107 ("a formidable tension"); E. P. Sanders, *Paul, the Law and the Jewish People*, 123-35. Pregeant ("Grace and Recompense," 73-96)는 Whitehead의 논법에서 따온 과정 해석학(process hermeneutic)을 이용하여 그 긴장 관계를 설명한다.
266. Augustine, *On Grace* 7.17; Snodgrass, "Justification by Grace," 72-93.
267. Godet.
268. Lietzmann.

(e) 마지막으로 다른 주석자들은 선을 행하는 사람들에 대한 영생의 약속은 완전히 유효 하지만, 죄의 권세가 어느 누구도 구원받을 자격을 얻는 데 필요할 정도로 선을 행할 수는 없도록 막는다고 주장한다. 7절과 10절은 그리스도와 관계없이 구원을 얻는 데 필요한 조건을 제시하고 있으며, 바울의 이어지는 논증은 어느 누구도 그 조건을 충족시킬 수 없음을 증명한다는 것이다.[269]

(3) 바울이 **기독교인**(*Christians*)을 가리키고 있다는 견해. 기독교인들이, 그리고 기독교인들만이 그리스도와의 연합을 통해 심판 때 하나님께 인정받는 행위를 할 수 있다는 것이다.[270]

우리의 최종 선택은 이 선택지들 가운데 마지막 둘 중 하나로 해야 한다고 생각한다. 바울이 그리스도가 오시기 이전의 사람만을 고려하고 있다는 것(견해 1)이나 바울이 그들을 그리스도의 오심과는 완전히 별도로 고려한다는 것(견해 2d)은 있을 법하지 않다. 왜냐하면 바울이 말하고 있는 하나님의 진노의 나타남이 그가 말하는 바울 시대의 유대인과 헬라인에게라고 분명히 나와 있기 때문이다. 뿐만 아니라 기독교인까지 포함하여 모든 사람이 행위에 따라 심판 받는다는 원리는 신약에서 분명히 가르치고 있는 만큼 "그리스도 이전의" 견해로 치부되어 폐기될 수 없다.[271] 바울의 가르침이 모순이 된다는 견해(견해 2a)를 채택하는 일은 최후 수단이며 지금의 경우에는 불필요한 일이다. 바울이 각 사람이 받은 빛에 대한 순종을 기초로 한 구원을 가르친다고 주장하는(견해 2b) 사람들이 바울과 조화되기 위해서는 바울이 **모든**(*all*) 행위를 의롭게 할 수 있는 효력으로부터 제외하는 것이

269. Melanchthon; Wilckens; Hultgren; Murray; Wolter; Longenecker; Mattern, *Verständnis*, 136-38; G. Vos, "Alleged Legalism," 387-94; Thielman, *From Plight to Solution*, 92-96; Westerholm, "Paul's Anthropological 'Pessimism,'" 75-76; McFadden, *Judgment according to Works*, 139-53; Sprinkle, *Paul and Judaism Revisited*, 186-87; Bell, *No One Seeks for God*, 132-62, 239-62; Lincoln, "From Wrath to Justification," 140-44.

270. Cranfield; Bird; Wright; idem, *Paul and the Faithfulness of God*, 2.937-39; Travis, *Judgment of God*, 8-64; Schreiner; 같은 저자, *Law and Its Fulfillment*, 179-204; 같은 저자, "Did Paul Believe in Justification?" 131-55; Yinger, *Paul, Judaism, and Judgment*, 146-82; F. Watson, *Paul, Judaism, and the Gentiles*, 205-15.

271. 이 주제에 관해서는 Yinger, *Paul, Judaism, and Judgment*를 보라.

아니라 어떤 한정된 의미로 이해되는 "율법의 행위"만을 제외하며(3:20, 28), 바울이 의롭다 하심을 얻지 못한 모든 사람을 정죄받은 것으로 간주하는 것이 아니라고 주장해야 한다. 그러나 이런 견해는 유지될 수가 없다. "율법의 행위"로 의롭다 하심을 얻을 수 없다고 하는 바울의 부정은 어떠한 "행위"도, 즉 사람이 하는 **어떠한**(*anything*) 것도 구원의 근거가 되지 못한다는 뜻이다(3:20에서의 해설을 보라). 그리고 3:19의 판결("온 세상으로 하나님의 심판 아래 있게 하려 함이라")과 3:23의 판결("모든 사람이 죄를 범하였으매 하나님의 영광에 이르지 못하더니")은 각각 3:21-22, 3:24-26과 관련하여 믿음을 통해 하나님의 의를 받음으로써만 사람이 구원받을 수 있음을 보여준다. 우리가 7절과 10절의 약속에서 의롭게 하는 믿음을 중간개념으로 보충하면 되지 않느냐는 의견(견해 2c)은 이 반론을 극복하기는 하지만, 문맥이 허용하는 것 이상의 것을 암시한다. 그것은 인간의 노력과 하나님의 은혜 사이의 관계를, 적어도 바울의 생각으로 보기에는 의문이 드는 관계를 암시한다(4:1-8; 9:10-13을 보라).

나머지 두 선택 사항 중 하나를 선택하는 것은 어렵다. 왜냐하면 본문의 증거는 두 가지 방법을 모두 가리키고 훌륭한 학자들은 각각의 견해에 대한 강력한 논지가 있기 때문이다. 더욱이, 둘 다 바울 서신의 다른 곳에 있는 바울의 가르침이라고 할 수 있다. 한편으로, 바울의 유대적 배경에 깊이 뿌리를 둔 행위에 따른 심판의 개념은 바울 사도가 분명히 지지한다(예를 들어, 고후 5:10). 그러므로 만일 바울이 여기서 신자들의 "선을 행함"이 심판의 때에 긍정적인 판결로 귀결될 것이라고 가르친다고 해도 신학적으로 확실히 반대되지 않을 것이다. 다른 한편으로, 바울은 또한 율법이 인간의 죄로 좌절된 목적인 "생명을 위하여" 주어졌다는 개념을 분명히 암시한다(롬 7:10의 문맥을 보라). 따라서 바울이 이 원칙을 일반적인 방식으로 여기에서 언급하는 것도 의미가 통한다. 이 사람들을 기독교인과 동일시하는 학자들은 특히 이 장 나중에 나오는 "선한 이방인"에 대한 다소 평행한 묘사, 즉 "그 마음에 새긴 율법의 행위"(15절)와 영으로 인하여 마음에 할례를 받은 이방인에 대한 것이라고 주장한다. 이 마지막 요점은 비중이 있으며 적절한 시기에 이것에 대해 다룰 것이다. 그러나 우리는 마지막 분석에서 바울이 7절과 10절에서 기독교인을 묘사한다는 사실에 확신을 갖지 못한 채 머물러 있다. 물론 기독교인이 바울이 7절과 10절에서 묘사한 믿음의 열매로 그들의 삶에 나타난다는 조건을 충족한다는 것은 사실이다.[272] 그럼에도 불구하고 바울은 심판 때에 신자의 행위가 오직 그리스도와의 연합의 열매와 하나님의 은혜의 나타남으로서만 유효하다고 주장한다. 영생을 얻는 수단이 되는 것은 궁극적으로 믿음, 즉 "오직 믿음"이다. 그러나 6절에서 인간의 구원 **그리고**(*and*) 정죄, 둘 **모두를**(*both*) 결정하는 **유일한**(*the*) 기준으로 인간의 행위를 강조하는 것은 은혜와 믿음이 이 상황 안에 비집고 들어갈 수 없게 만든다.

특히 중요한 것은 이 구절들을 바울의 논증의 더 큰 맥락에서 읽는 것이다. 우리는 이 문맥에서 바울이 보편적인 필요의 기초로서 보편적인 죄를 논증하고 있음을 기억해야 한다. 인간 모두가 죄를 지었다. 죄는 너무나 만연하고 강력하기 때문에 아무도 자신이 하는 행위가 하나님 보시기에 "올바른" 것으로 간주될 수 없다(3:20). 그러므로 모든 사람은 구원을 위해 그리스도를 영접(embrace)해야 한다. 이 논증의 한 단계로서, 바울이 6-11절에서 하나님은 모든 사람을 동일한 기준으로 - 즉, 종교적 유산이나 민족적 정체성이 아니라 행위로 심판하실 것이라는 원칙을 확립하려고 한다는 것이 문맥에 완벽하게 들어맞는 의미가 된다. 바울은 자신의 "먼저는 유대인이요 그리고 헬라인"이라는 격언을 두 번이나 인용함으로써 자신의 초점이 민족적 정체성으로 인하여 하나님의 심판에서 보호받을 수 있다는 유대인의 가정을 약화시키는 데 맞춰져 있음을 밝힌다. 여기서 "헬라인"이 기독교인이라면 이 "공평한 경쟁의 장을 만들자"는 주장은 통하지 않는다.[273]

심판에서 긍정적인 판결을 얻을 수 있는 조건이 되는 것은 인내하고 선한 일을 행하면서 끊임없이 영원한 보상을 구하는 것이다. 바울은 이 원리의 유효성을 결코 부인하지 않지만, 더 나아가 이 원리가 실현되는 데 필요한 조건들을 충족시킬 수 있는 사람은 아무도 없다는 것을 증명한다.

그러므로 우리는 7절과 10절이 전통적인 신학 용어로(특히 루터 신학 용어로) "그 율법(the law)"이라 불리는 것을 제시하는 것으로 생각한다. 바울은 그리스도와 관계없이 영생을 얻는 성경적 조건들을 제시한다. 이렇게 이해할 때 바울은 가정적으로 말하고 있는 것이 아니다. 그러나 죄 아래 놓인 인간의 보편적 무능에 관한

272. 예를 들어, Dunn을 보라.
273. Westerholm, "Paul's Anthropological 'Pessimism,'" 75-76; Longenecker, 275.

바울의 교리가 일단 개진되자(특히 3:9을 보라), 이 약속은 사실상 절대로 효력을 발휘할 수 없다는 것이 분명해진다. 왜냐하면 이 약속이 이행되기 위한 조건 – 끊임없이 진정으로 선을 구하는 일 – 이 절대로 실현될 수 없기 때문이다.

11 이 절에서 바울은 이 단락의 중심이 되는 화제로 돌아온다. 하나님이 모든 사람을 평등하게 판단하신다는 원칙이 지금까지 6절의 판단의 기준과 관련하여 긍정문으로 제시되었다. 여기서는 바울이 같은 요지를 "이는 하나님께서 외모로 사람을 취하지[274] 아니하심이라"라고 부정문으로 밝힌다. 이 단락은 칭의와 심판 사이의 관계에 대한 질문을 제기한다. 이 문제는 복잡한 신학적 주제이자 최근 학계에서 많은 논란이 되고 있는 주제다. 우리의 관점에서(앞으로 우리가 논하겠지만) 최초의 칭의는 결정적이며, 의롭다 함을 받을 수 있는 절대적인 근거를 제공하며(5:9-10; 8:28-30), 이 칭의는 오직 믿음을 통한 은혜에 의한 것이다. 그러나 우리는 바울이 행위에 따른 심판에 관한 유대교의 표준 가르침을 결코 저버리지 않았으며 때때로 "칭의"라는 언어를 사용하여 그것을 설명한다는 것을 동일하게 확신한다. 바울은 다가오는 심판의 날에 비추어 그 날을 바라보는 그리스도인들에게 순종의 필요성에 대해 엄중한 경고를 한다(참조. 고전 3:10-14; 고후 5:10; 약 2: 14-26, 참조. 마 12:37, 25:31-46). 바울 서신에서 나오는 그의 가르침의 이러한 두 가지 분명한 가닥에 대한 조화는 쉬운 일이 아니다. 우리는 칭의에 대한 최초의 "심판"과 최종 심판이 다른 목적을 가지고 있다고 제안할 수 있다.[275] 그리고 두 가지 입장으로 본문을 볼 때 바울은 분명히 다른 수사학적 목적을 가지고 있다. 한편으로는 확신,

274. 그리스어로는 *προσωποληψία*. 이 단어와 그 동족어들은 기독교 문헌에만 나온다. 이 단어는 엡 6:9; 골 3:25; 약 2:1에도 나오며, "외모로 사람을 취하다"라는 뜻의 동사 *προσωποληπτέω*가 약 2:9에, "사람의 외모를 취하는 자"라는 뜻의 명사 *προσωπολήμπτης*가 행 10:34에 나온다(하지만 이 명사는 T. Job 4:8, 11에도 나오는데 그것은 예외적인 것일지 모른다). 이 단어는 기독교인들이 만들어 낸 말일 수 있다. 이것은 LXX의 *πρόσωπον λαμβάνειν*에서 유래했는데, "얼굴을 받다"라는 뜻의 이 말은 편파성을 가리키는 히브리어 문구를 번역하기 위해 쓰였다. 하지만 이 단어가 새로운 것이기는 하지만 그 개념은 새로운 것이 아니었다. 우리가 주목했듯이, 바울은 여기서 구약과 유대교에서 널리 가르치고 있던 하나님에 관한 하나의 원칙을 천명하고 있는 것이다(Sir. 35:12에 "여호와는 재판관이시니, 그 앞에서 '얼굴이 빛날' 자는 없느니라"라는 말이 나오는 점을 주목하라. 또한 T. Job 4:8; 43:13을 보라; Bassler, *Divine Impartiality*, 7-119에서 구약과 유대교 가르침에 대한 철저한 연구를 보라).

275. Mohrlang, *Matthew and Paul*, 58-60.

다른 한편으로는 권면이다.[276] 어느 정도의 긴장은 불가피하게 남아 있다. 그러나 또한 나는 그리스도와의 연합에 대한 강한 강조가 긴장을 완화하는 데 도움이 된다고 생각한다. 믿음으로 의롭게 된 사람들은 "그리스도 안에서" 의롭게 되며, 그와 우리가 연합하여 우리를 성령이 내주하는 새 백성이 되게 하여 필연적으로 심판 때에 필요로하는 행위를 하도록 우리를 인도한다.

iii. 심판과 율법(2:12–16)

12 무릇 율법 없이 범죄한 자는 또한 율법 없
이 망하고 무릇 율법이 있고 범죄한 자는
율법으로 말미암아 심판을 받으리라
13 하나님 앞에서는 율법을 듣는 자가 의인이
아니요 오직 율법을 행하는 자라야 의롭다
하심을 얻으리니
14 [율법 없는 이방인이 본성으로 율법의 일
을 행할 때에는 이 사람은 율법이 없어도
자기가 자기에게 율법이 되나니
15 이런 이들은 그 양심이 증거가 되어 그
생각들이 서로 혹은 고발하며 혹은 변명
하여 그 마음에 새긴 율법의 행위를 나타
내느니]
16 곧 나의 복음에 이른 바와 같이 하나님이
예수 그리스도[277]로 말미암아 사람들의 은
밀한 것을 심판하시는 그 날이라

일부 해석자들은 이 문단이 그 앞의 2:1-11에 속하는 것이 아니라 뒤에 이어지는 2:17-29에 속한다고 생각한다. 그들은 이곳에서 시작하는 율법에 대한 초점이 이어지는 절들에서 계속된다는 점에 주목한다. 게다가 12-16절에서의 바울의 목적은 2:25-29에서의 그의 관심사와 흡사해 보인다. 그것은 유대인이 언약의 "표지" - 그것이 율법이던 할례이던 - 를 가지고 있는 것만으로 하나님의 심판을 면할 수 있다고 생각하는 것을 잘못된 생각이라고 부정하는 일이다.[278] 이런 주장이 어느 정도 설득력은 있지만, 2:1-11과의 연결 또한 매우 밀접하다. 바울이 12-16

276. 예를 들어, Joest, *Gesetz und Freiheit*, 170-88; N. Watson, "Justified by Faith," 209-21.

277. Χριστοῦ Ἰησοῦ라는 (두 개의 주요한 알렉산드리아 사본인 ℵ[원본]과 B, 그리고 후기 알렉산드리아 소문자체 사본 81에서 읽혀는) 어순 대신 많은 사본은 Ἰησοῦ Χριστοῦ라는 어순을 취하며(ℵ의 2차 수정본, 2차 알렉산드리아 사본 A, 33, 1739와 언설체 Ψ, 그리고 다수파 텍스트), 서방 언설체 D 사본은 Ἰησοῦ Χριστοῦ τοῦ κυρίου ἡμῶν ("Jesus Christ our Lord")으로 읽는다. 이 마지막 독법은 분명 2차 확장이며, 바울의 문체는 이런 문맥에서는 Χριστοῦ Ἰησοῦ의 어순을 선호한다(1:1에 관한 각주를 보라).

278. Schmithals, 90. 많은 주석자들(예를 들어, Käsemann, 61-62; Wilckens, 1.131-32; Dunn, 1.94-95; Schlier, 76; Fitzmyer, 305)이 12-16절을 2:1-11과 평행하는 독립된 단락으로 취급한다.

절에서 계속하여 하나님의 심판의 기준을 다루고, 그것이 유대인과 이방인 모두에게 차별 없이 적용됨을 변론하기 때문이다. 16절은 사실 최후의 심판에 대한 언급을 하는 것으로 1-5절의 심판에 대한 강조와 함께 하나의 내용물을 싸는 테두리를 이룬다. 그러므로 이 문단이 양방향으로 연결된다는 것을 인정하되, 우리는 이것을 2:1-11에 붙이는 쪽을 택하기로 한다.[279]

이 문단을 이끄는 접속사 "이는"(헬. 가르[*gar*])은 이 단락을 분명 11절에서 진술된 하나님의 공정한 판단의 원칙과 특별하게 연결시킨다. 이 단락의 절들에서 바울은 하나님의 심판대 앞에서의 모든 사람의 평등성을 변론하는데, 이에 대립되는 것이 유대인의 율법 소유는 그들에게 결정적으로 유리한 고지를 부여한다는 반론이다.[280] 바울은 그러한 반론이 이 경우에 맞지 않는다고 주장하는데, 그 이유로 (1) 중요한 것은 율법을 행하는 것이지 율법을 듣거나 소유하는 것이 아니라는 점(13절)과, (2) 이방인이라도 하나님의 율법을 성문 형식으로 가지고 있지는 않아도 "율법"이 없는 것이 아니라는 점(14-15절)을 꼽는다. 그러므로 율법이 구원의 문제에 이르러서는 결코 유대인에게 진정한 장점이 되지 않는다.

12 세상 사람을 "율법 없이" 범죄한 사람들과 "율법이 있고"[281] 범죄한 사람들로 나누는 것은 유대인과 이방인을 가르는 것과 일치한다(10, 14절을 보라). 이것은 문제의 "율법"이 모세 율법임을, 즉 하나님이 시내산에서 모세를 통해 이스라엘 백성에게 주신 계명의 핵심임을 의미한다.[282] 현대의 학자들은 흔히 히브리어 단어를 번역한 단어 "토라"를 이 율법을 가리키는 데 사용하는데, 이는 바울이 말하고 있는 율법의 유대적이고 구원사적인 성격을 확실히 하려는 의도에서다. 우리는 보다 전통적인 용어인 "율법"을 계속 쓰겠지만, 개종한 유대인인 바울에게 "율법"이란 달리 지칭하는 말이 없는 한 다른 무엇보다도 이스라엘에 "선민"이라는 특별한 정체성을 가져다주는 역할을 한 이 구체적이고 역사적인 계명의 핵

279. Godet, 121; Murray, 1.68-69; 참조. Cranfield, 1.153.

280. C. H. Giblin(*In Hope of God's Glory*, 339-40에서)이 지적하는 바와 같이 하나님의 판단의 공정성은 행위를 판단하는 보편적 기준을 수반한다. 또한 Schreiner를 보라.

281. "율법 없이"는 그리스어 부사 ἀνόμως를 번역한 것이고, "율법이 있고"는 ἐν νόμῳ를 옮긴 것이다.

282. 이와 반대로는 예를 들어, Porter가 있다.

심을 가리킨다는 점을 염두에 두는 것이 중요할 것이다.[283] 그러므로 바울은 여기서 이방인을 "무법한"(lawless) 자들이라고(그것은 소문난 범죄자 또는 무뢰한이라는 뜻이 된다)[284] 비난하는 것이 아니라 "율법 없는"(law-less) 자들이라고 말하고 있는 것이다 - 정의상 이들은 이방인이므로 모세의 율법을 가지고 있지 않다. 이들은 "이스라엘 나라 밖의 사람이라 약속의 언약들에 대하여는 외인"이다(엡 2:12).[285] 그리고 대조적으로 유대인은 "율법의 범위 내에서" 율법이 정한 나라 안에서 산다.[286] 물론 유대인의 관점에서 볼 때 하나님의 율법 소유의 이 차이는 절대적인 기준이 된

283. 바울의 νόμος 용법은 LXX에서 보통 노모스로 번역된 구약과 유대교의 토라(תּוֹרָה) 용법으로부터 결정적인 영향을 받고 있다. 바울이 이 단어를 사용한 데서 모세 율법에 초점을 맞추었다는 것은 그의 서신 전체에 걸쳐 분명하다. 특히 중요한 것은 갈 3장에서 바울이 율법은 아브라함보다 "사백삼십 년 후에 생긴" 것이라고 주장하고 있으며(17절; 롬 5:13-14, 20도 보라), 롬 2:12; 3:19; 고전 9:20-21에서 νόμος의 유무의 차이는 유대인과 이방인 간의 차이로 이야기된다는 점이다. 바울 서신에서 쓰이는 νόμος의 90퍼센트 이상이 모세 율법을 가리킨다. 어떤 사람들은 이 번역이 이에 맞는 히브리어 단어보다 더 엄격하고 율법주의적인 개념을 도입했다고 제안했지만, νόμος는 시내산에서 모세를 통해 주어진 규율을 동반한 계명의 핵심으로 일반적인 구약 의미인 תּוֹרָה에 대한 동등한 의미를 갖는다(특히, Westerholm, "*Torah, Nomos*, and Law," 327-36; idem, *Perspectives*, 298-300; Dunn, *Theology*, 131-32를 보라).

하지만 이는 바울이 νόμος를 다른 의미로 또는 다른 것을 지칭하여 쓸 가능성이 없다는 뜻은 아니다. 모세 율법이 유대인들에게는 구약의 핵심이었기 때문에, 바울은 νόμος로 모세 오경이나 구약 전체를 가리킬 수 있다(참조. 롬 3:19a; 고전 9:8, 9; 14:21, 34; 갈 4:21b). 다른 단락에서 νόμος는 제유법(synecdoche)에 의해 모세 언약 또는 구약의 "법률 행정"을 지칭한다(롬 3:21a; 6:14-15; 7:4, 6[?]). 모세 율법에 대한 지칭으로부터의 확대 해석에 의해, 그것은 일반적으로 하나님의 법을 지칭할 수 있고(롬 2:14; 8:7[?], 또는 기독교 형태의 하나님의 법을 가리킬 수도 있다(갈 6:2과 고전 9:21의 ἔννομος Χριστοῦ를 참조하라). 보다 더 논쟁되는 것은 바울이 어떤 종류의 "법"을 직접 가리키지 않고 νόμος를 쓰는 일이 있는지에 대한 질문이다. 그런데 헬레니즘 시대의 그리스어에는 이 용어를 "원리", "규범", "효력"의 의미로 쓰고 있다는 풍부한 증거가 있으며(3:27에 관한 각주를 보라), 바울의 용법 가운데 여러 개가 여기에 가장 잘 들어맞는다(롬 3:27; 7:21, 23[?]; 8:2). 하지만 이런 경우에도 νόμος의 이 일반 용법에는 모세의 율법으로 쓰일 때와 같은 용어의 수사학적 역할이 항상 수반된다. Winger, *By What Law?*가 언어학적 기준을 이용하여 바울의 이 단어 용법을 분석한 것을 보라. 특히 중요한 것은 바울이 "율법"과 "백성"을 밀접하게 연관시킨다는 Winger의 결론이다.

오리게네스의 시대 이래로 학자들은 νόμος의 의미를 관사의 유무를 기준으로 구분하려고 시도했지만(예를 들어, 이 본문의 경우는 S-H가 대표적이다. Gifford; Stevens, *The Pauline Theology*, 160-62도 보라), 이런 시도들은 성공을 거두지 못했다. 바울은 일반적으로 관사 있는 νόμος를 써서 관사 없는 νόμος와 다른 의미를 나타내는 일이 없다(Grafe, *Paulinische Lehre vom Gesetz*, 5-8; R. Longenecker, Paul, 118-19를 보라). 이 문제점 전체에 관해서는 특히 D. Moo, "'Law,' 'Works of the Law'"를 보라.

284. 이것은 ἄνομος가 눅 22:37; 행 2:23; 살후 2:8; 딤전 1:9; 벧후 2:8에서 나타내는 의미다.

285. 바울이 고전 9:21에서 쓰는 ἄνομος의 사용에 주목하라.

286. 이 어구에서의 ἐν은 장소를 나타낸다.

다. 이방인은 "율법의 멍에"를 짊어짐으로써만 하나님의 사랑을 경험할 수 있다고 대다수의 유대인들이 주장했다. 율법의 영역인 이스라엘 밖에서는 구원이 없다. 반면에 율법의 영토 안에서 사는 유대인은 흔히 자신들은 구원이 보장된 것으로 생각했다.

바울은 논증을 통해 유대인과 이방인 사이의 이 차이를 상대화하여, 두 개의 평행 문장으로 주장한다. "무릇[287] 율법 없이 범죄한[288] 자는 또한 율법 없이 망하고[289]"와 "무릇 율법이 있고 범죄한 자는 율법으로 말미암아 심판을 받으리라." 이 두 문장 사이의 평행성과 13절의 "의롭다 하심"의 대조는 두 번째 문장의 "심판을 받으리라"가 부정적 판결인 정죄를 가리킴이 틀림없다는 것을 증명한다.[290] 3:23의 "모든 사람이 죄를 범하였으매"는 바울이 여기서 자기가 부과하는 판결로부터 어느 누구도 제외하지 않을 것임을 증명한다. 이 절들로 볼 때 바울은 인간의 보편적인 죄성과 정죄가 죄성에 대한 결과임이 분명한 성격임을 주장한다.

13 바울은 율법을 지닌 자라고 해도 죄를 지으면 정죄 받는 이유를[291] 설명한다. 그것은 율법이 순종할 때만 의롭게 할 수 있기 때문이요, 율법을 읽고, 율법을 가르치거나 설명하는 것을 듣고 율법을 연구하는 것으로는 - 이것들 가운데 어느 하나이든 전부를 합하든 - 의롭다 할 수 없기 때문이다. 바울이 로마서에서 "의롭게 하다"라는 동사를 쓰는 것은 이번이 처음이다. 학자들이 지금은 일반적으로 동

---

287. 그리스어로는 ὅσοι.

288. 양쪽 문장에서 쓰인 동사는 ἥμαρτον이며, 그 부정과거 시제는 "정해져 있지 않은 과거의" 행위임을 함축한다(영어에서는 이런 종류의 행위에 대해 일반적으로 완료 시제를 쓴다). E. Burton, *Syntax*, §54를 보라. Porter(*Verbal Aspect*, 237에서)는 이런 부정과거를 "무시간적 부정과거"로 생각하는 편이 낫다고 말한다.

289. 그리스어는 "멸하다"라는 뜻의 동사 ἀπώλλυμι의 중간태인 ἀπολοῦνται다. 성경은 빈번히 이 동사를 종말론적 심판에서 부정적인 판결의 결과를 묘사하는 데 쓴다(예를 들어, 시 9:5; 37:20; 고전 1:18, 19; 8:11; 15:18; 고후 2:15; 4:3; 살후 2:10). 이 용어의 은유적 성격은 그렇게 심판 받은 자들의 최종 상태에 관한 일체의 결론을 배제시킨다(예를 들어, 이 용어로부터 "영혼 절멸설"[악인의 영혼은 죽은 후 반드시 절멸한다는 신앙-옮긴이]같은 이론을 세울 수는 없다).

290. 이와 반대의 의견으로는 예를 들어, Stowers, *Rereading of Romans*, 140. 두 번째 문장에서 쓰인 동사는 κρίνω인데, 이것은 이런 의미로 3:7; 요 3:17; 행 7:7; 살후 2:12; 히 10:30; 13:4; 약 5:9; 벧전 4:6에서도 쓰인다(BDAG을 보라). 이 절에서 ἀπώλλυμι와 κρίνω사이에는 의미상의 구분을 할 수가 없다(Schreiner; Godet는 이와 반대 의견이다).

291. γάρ에 유의하라.

의하듯이, 이 단어는 앞에 있는 죄인을 "의롭다" 또는 "옳다" 또는 "무죄하다"고 간주하시는 하나님의 사법적인 결정을 함축한다.[292] 칭의의 하나님을 향한 본성은 이 절의 첫 부분에서 "하나님 앞에서는"(*dikaioi para [tō] theō*; 디카이오이 파라 [토] 데오)이라는 평행 언어를 의미한다. 율법을 듣기만 하고 행함이 없는 것에 대한 하나님의 경멸은 유대교의 아주 익숙한 관습적인 가르침이다. 예를 들어, "[율법의] 해석이 제일이 아니라, [율법의] 행함이 제일이다."[293] 신약도 이 원리를 품고 있다(예를 들어, 마 7:24-27; 12:50; 약 1:22-25). 이 예들에서 알 수 있는 원리는 율법 또는 하나님의 말씀에 순종하라고 권하는 권면의 목적을 가지고 있는데, 바울은 이 원리를 이용하여 유대인에게 하나님의 심판의 기준을 상기시킨다. "율법을 행하는 자라야" 심판에서 의롭다고 선언된다는 것이다.[294]

여기서 다시(7절과 10절에서와 마찬가지로) 율법을 행함으로써 심판에서 무죄가 입증될 것으로 보는 사람이 누군지에 대한 질문이 제기된다. 또다시 많은 해석자들이 바울이 로마서의 뒤에 가서 그 안에서 "율법의 요구가 이루어지게 하려 하심이니라"고 말하는(8:4) 기독교인들을 은연중에 가리키는 것이라고 생각한다.[295] 그렇다면 여기서 말하는 "율법을 행함"이란 하나님에 대한 믿음을 지향하는 순종을 가리킬 것이다.[296] 바울은 하나님의 백성에 대한 하나님의 궁극적인 변호를 언급하기 위해 때때로 "의롭게 하다"라는 말을 사용한다.[297] 그리고 이 구절과 그들의 행위에 따라 "의롭다 함을 받은" 기독교인들을 언급하는 야고보서 2:14-26 사이의 유사점은 이것이 여기서 바울의 의도임을 시사하는 것을 알 수 있다.[298]

그러나 우리가 10절의 해설에서 논했듯이, 바울이 심판에서의 무죄 입증을 율

---

292. δικαιόω("justify")와 그 동족어들에 대한 보다 자세한 검토는 1:17 뒤의 부설에서 보라.

293. m. 'Abot 1.17. Str-B, 9.84-88에서 보다 많은 예를 찾아볼 수 있다.

294. 미래 수동태 δικαιωθήσονται는 "진정한" 미래다.

295. Godet; Cranfield; Schreiner; Wright; Cambier, "Jugement," 197-98; Gathercole, "Law unto Themselves," 27-49; VanLandingham, *Judgment and Justification*, 224-32; Garlington, *Faith, Obedience, and Perseverance*, 56-71. 교부의 해석에 대한 조사는 Fink, "'Doers of the Law,'" 488-94를 보라. 반면에, Spitaler는 특정 견해에 전념하지 않으면서 "가설적인" 견해에 반대하는 담론 주장을 정리한다("Integrative, Synergistic Reading," 33-71).

296. Dunn을 보라.

297. "'Righteousness' Language in Paul,'" section 2, 94-100의 부설을 보라.

298. Heath, "Righteous Gentile Interjects," 286-88. Longenecker(p. 267)는 롬 2장이 야고보서와 많은 유사점이 있음을 지적한다.

법의 행함과 그렇게 밀접하게 연결시킨다고 하면 그것은 뜻밖일 것이다. 기독교인들이 심판에서 무죄 선언 받기를 원한다면 참으로 "행하는 자"가 되어야 한다. 그러나 기독교인들은 모세의 율법(여기서 분명히 언급됨)을 "행하는" 것이 아니라 "그리스도의 율법"(갈 6:2; 또한 롬 3:31과 8:4 각주 참조)을 행하는 것이다. 따라서 7절과 10절에서와 마찬가지로, 우리는 바울이 여기서 하나님의 의롭다 하시는 판결이 나오게 할 기준을 제시하고 있을 뿐이라고 보는 것이 더욱 합당할 것으로 생각한다.[299] 이 절은 12절 하반절에서 유대인이 정죄된다고 한 것을 확인하고 그 이유를 설명하며, 이것을 그 목적이 어떻게 하면 사람들이 의롭다 하심을 얻을 수 있는지를 밝히는 데 있는 것이 아니라 사람이 의롭다 하심을 얻기 위해 충족되지 않으면 안 되는 기준을 제시하는 데 있음을 시사한다. 바울은 이 장 전체를 통해 그렇듯이, 전형적인 유대교의 가르침을 그의 "복음을 위한 준비" 봉사로 압축해 넣는다. 유대인은 율법을 행하는 것이, 또는 어쩌면 율법을 행하려는 의도가, 이미 하나님과 언약 관계에 있는 유대인으로서는, 최후의 구원으로 이어질 것으로 믿고 있었다. 바울은 율법을 행하는 것이 구원으로 이어질 수 있다고 확언하지만, (1) 누구든 그렇게 율법을 "행할" 수 있다는 것을 부정하고,[300] 또한 (2) 유대인이 그들의 언약 관계가 행함에 대한 실패의 결과로부터 그들을 보호해 줄 방패가 될 수 있다는 생각이 잘못된 것이라고 부정한다.

14 14-15절은 독립된 단위이며 "for"(헬. 가르[*gar*])에 의해 앞 절들에 연결된다. 이 연결의 성격은 이 절들에서 주어로 나오는 "이방인"의 정체를 어떻게 보느냐에 따라 달라진다. 일찍부터 세 개의 기본 선택지가 제안되었다.[301] (1) 율법을 온전히 행함으로 그리스도를 믿는 믿음의 표명에 관계없이 구원받는 이방인,[302]

299. 또한 Murray; Wilckens; Byrne; Bird; Westerholm, "Paul's Anthropological 'Pessimism,'" 75-76; Hofius, "'Werke des Gesetzes,'" 286-91을 보라.

300. Calvin은 그것을 이렇게 바꾸어 말한다: "의를 율법에서 찾는다면 율법을 다 이루지 않으면 안된다. 율법의 의는 행위의 완성에 있기 때문이다."

301. 해석의 역사 개관은 Riedl, *Heil des Heiden*, 7-172(또한 같은 저자의, "Auslegung von R 2,14-16," 271-81도 보라)와 Lachmann, *Vom Geheimnis*, 95-140을 보라.

302. 보통 이 구원은 특별 계시와는 별도로 하나님의 은혜의 행위에 부수되는 것으로 여겨졌다. 다만 펠라기우스(Schelkle, *Paulus, Lehrer der Väter* 참조)는 이 권능을 자연력으로 돌리며 φύσει를 강조했다. 다수 의견으로는 Chrysostom; Gore; Amiot, *Key Concepts*, 72; Riedl, *Heil des*

(2) 율법의 일부를 행하지만 구원은 받지 못하는 이방인,[303] (3) 그리스도와의 관계에 힘입어 율법의 요구를 충족시키는 이방 그리스도인.[304] 관련된 7, 10절 그리고 13절에서와 마찬가지로 우리는 두 번째 선택지가 최선이라고 생각한다. 우리가 이런 결론을 내리는 이유들은 이 절들을 세부적으로 분석할 때 드러날 것이다.

바울이 언급하는 이방인을 기독교인으로 생각하는 사람들은 대체로 14-15절을 13절과 연결시키며, 그러면 바울이 이방인도 유대인과 마찬가지로 "율법을 행하는 자"일 수 있고 의롭다 하심을 얻을 수 있다고 설명하는 셈이 된다.[305] 우리의 생각대로 이방인이 비기독교인 이라면, 이 절들은 바울이 12a절에서 쓴 "율법 없이"라는 표현을 설명하고 한정하는 구절로 보는 것이 최선이다. 이방인은 사실 모세 율법으로서 율법을 보는 전형적인 유대인의 관점에서 생각할 때 "율법 없는" 사람들이다. 그러나 비기독교인 이방인에 대해서 "모세의(*the*) 율법 없이"라고 말할 수는 있지만, 반드시 "율법 없이"라고 말할 수 있는 것은 아니다. 이방인들도 분명히 하나님의 도덕적 요구 사항에 대한 - 일반적인 의미로서의 "율법"에 대한 - 어떤 지식을 가지고 있기 때문이다. 그리고 하나님이 그들을 정죄하실 때, 그들이 자신들에 대한 하나님의 요구 사항을 모르는 상태에서 그들을 정죄하시는 것이 아니다.[306] 이 견지에서 바울은 이방인 모두나 이방인의 극히 일부에 관해 말

Heiden, 202-24; Snodgrass, "Justification by Grace," 72-93; Jacques, "Conscience," 414-21; G. Davies, *Faith and Obedience*, 61-67을 보라.

303. Melanchthon; Calvin; Kuss; Murray; Kasemann; Wilckens; Fitzmyer; Schreiner; Bassler, *Divine Impartiality*, 141-45; Kuhr, "Romer 2, 14f.," 243-61; G. Bornkamm, "Gesetz und Natur," 110; Schreiner, "Did Paul Believe in Justification?," 131-58. 이 절들에 대한 루터의 견해는 분명치 않지만, 그는 이 견해를 지지하는 쪽으로 결론을 내리는 것 같다(2:14에 대한 난외 주석과 Grane, "Luther's Auslegung," 22-32를 보라); Westerholm, "Paul's Anthropological 'Pessimism,'" 75-76.

304. Augustine, *Spirit and Letter* 26.43-45 (*NPNF* 5.101-4); Cranfield; Jewett; Barth, *Shorter*; Feine, *Gesetzesfreie Evangelium*, 113-29; Fluckiger, "Werke des Gesetzes," 17-42; W. Mundle, "Zur Auslegung," 249-56; Souček, "Zur Exegese," 99-113; Gathercole, "Law unto Themselves"; Ito, "Romans 2," 21-37; Schnabel; Wright; idem, *Paul and the Faithfulness of God*, 2.1379-81(여기서 그는 이교도 도덕주의자의 열망의 성취라는 관점에서 그의 초기 해석에 더 많은 "공명"에 대한 제안을 덧붙인다).

305. 예를 들어, Riedl, *Heil des Heiden*, 199; Cranfield; Kruse; Gathercole, "Law unto Themselves," 33.

306. Murray; Käsemann; Schreiner; Lohse; R. Walker, "Heiden und das Gericht," 304; G. Bornkamm, "Gesetz und Natur," 100.

하고 있는 것이 아니라, 이방인 **자격으로**(*qua*) 이방인에 관해 일반적으로 말하고 있는 것이다. 그리고 이 이방인 중의 일부는 "본성으로 율법의 일을 행한다"[307]고 바울은 증언한다. 일부 주석자는 "본성으로"가 "율법 없는 이방인"을 수식한다고 생각하며, 따라서 바울이 그리스도 이전의 이방인과 그리스도 이후의 이방인을 구분하고 있다고 생각한다. 그리스도 이전에는 이방인이 "그렇게 태어났기 때문에" 율법이 없지만, 개종한 뒤에는 성령의 역사에 힘입어 율법을 **행하는**(*do*) 자가 되는 것이다.[308] 그러나 "본성으로"를 동사 "행하다"와 묶으면 뜻이 더 잘 통한다(주요 영어 번역 성경 모두가 그렇게 번역하고 있다).[309] 바울이 모든 인간은 선악을 분별하는 천부적 도덕성인 "불문의"(unwritten) 또는 "자연의" 법을 지니고 있다는 취지의 널리 퍼진 그리스의 전승을 방편으로 동원하고 있음이 거의 확실하기 때문이다.[310] 바울은 헬레니즘 유대인들이 이방인들로 하여금 기본적인 도덕 규범에 대

---

307. 구문이 명료하지 않다. 바울은 이방인 모두 또는 대부분이 율법을 행한다고 주장하고 있는 것이 아니며(Walker, "Heiden und das Gericht," 304에서 반대 의견을 밝힌다), 예외적인 소수의 이방인만이 그런다고 주장하는 것도 아니다(Gifford; Zahn은 반대 의견이다). 율법을 행할 수 있는 사람의 수는 미지수로 남겨질 뿐이다(Käsemann; Laato, *Paulus und das Judentum*, 100-104). 기독교 이방인 해석을 옹호하는 사람들은 바울이 여기에서 렘 31장의 새언약 예언의 성취를 암시한다고 생각한다(예를 들어, Gathercole, "Law unto Themselves," 41-43).

308. 특히, Gathercole, "Law unto Themselves," 35-37; 그리고 또한 예를 들어, Cranfield; Kruse; Achtemeier, "'Some Things in Them,'" 255-59; Fluckiger, "Werke des Gesetzes," 32. "본성으로"는 기독교인의 새로운 본성을 가리킨다는 아우구스티누스의 해석(*C. Jul.* 4.3.25)은 바울의 용법에서는 그 근거가 없다(Kuhr, "Römer 2, 14f.," 255를 보라).

309. 논란의 대상이 되는 용어는 φύσει다. 그것이 τὰ μὴ νόμον ἔχοντα와 τὰ τοῦ νόμου ποιῶσιν 사이에 있어서는, 그것이 두 어구 중 어느 것과 묶이는지를 결정하는데 아무런 도움이 되지 않는다. 바울이 φύσει를 출생 상태에 적용한 것은(2:27; 갈 2:15; 엡 2:3; Cranfield; Gathercole, "Law to Themself," 35-37을 보라) 여기서 바울이 "본래 율법이 없는 자들"을 시사하고 있다고 할 수 있다. 2:27에 대한 호소는 양날의 검이다. 사실, 바울은 거기에서 "본래 무할례자"(ἡ ἐκ φύσεως ἀκροβυστία)를 분명히 언급한다. 그러나 바울은 관사와 명사 사이에 전치사구를 끼워서 분명히 한다. 만약 바울이 φύσει가 ἔχοντα를 수식한다는 것을 분명히 하고 싶었다면 2:14에서 선택할 수 있었던 선택 사항이었다. 롬 2:27은 바울이 φύσις를 관형사적인 위치에 둠으로써 φύσις의 형용사 기능을 명확히 하려는 더 넓은 경향을 보여 준다(롬 1:26; 11:21, 24; 갈 4:8).

310. Horton은 "창조 언약에 속한다는 느낌은 자연스럽고, 양심에 울리지만 여전히 동일하지는 않은 *verbum internum*(내적 단어)"라고 말한다(Christian Faith, 385). 또한 예를 들어, Godet; Dunn; Cambier, "Jugement," 200을 보라. 그리스 사회에서는 "자연법" 또는 "불문 율법"(νόμος ἀγράφος)이 법적, 사회 질서의 기초이자 규범으로 제시되었고, 그럼으로써 보편적 규범의 가능성을 제공했다. 스토아 철학자들은 이 법의 뿌리를 본성(φύσει)에 두었다. 필론과 같은 헬레니즘의 영향을 받은 유대인은 이 개념을 이용하여 모세의 "도덕" 규범을 보편적으로 적용할 수 있음을 증명했다. 필론은 "일체의 바른 도리는 절대 무류의 법으로, 이런저런 유한한 것에 의해 새겨

한 책임을 지게 할 목적으로 채택한 이 대중적인 그리스의 개념에 세례를 주고 있는 것이다.[311] 그러므로 바울이 주장하고 있는 것은 어떤 이방인들은 그들의 천부적으로 타고난 능력으로(NJB 성경의 "그들 나름의 고유한 감각으로"를 참고하라) "율법의 일을 행한다"는 것이다. 본문을 이렇게 볼 때, 바울이 이방 그리스도인들을 염두에 두고 있다고 보기는 좀처럼 어렵다. 왜냐하면 물론 그들은 "본성으로"가 아니라 "은혜로" 율법을 행하기 때문이다.[312] "율법의 일"은 모세 율법의 요구 사항들 가운데 하나님이 보편적으로 모든 사람에게 그들의 양심으로 알 수 있게 하신 것들을 밝히는 일반적인 방식이다.[313] 바울의 요지는 그리스도 밖의 이방인들도 부모에게 순종하고 살인과 도둑질을 하지 않는 모세의 율법에 반영된 기본적 도덕 규범을 행한다는 것이다.[314]

바울은 이어서 이런 일을 하는 사람들은 그 율법을 지니고 있음을 나타내며 자

져서 사멸하거나, 생명 없는 양피지나 널빤지에 새겨져서 영혼이 없게 되는 것이 아니라, 불멸의 자연에 의해 불멸의 마음에 새겨져서 절대 사멸하지 않게 되는 것이다"(*Every Good Man* 46. 또한 *Special Laws* 1.36-54; *Abraham* 276; 참조 H. Köster, *TDNT* 9.267-69)라고 말하며, 자연법은 팔레스타인 유대교에서도 특히 족장들이 어떻게 율법에 순종할 수 있었는지를 설명하는 수단으로 채택되었다(참조. 2 Bar. 57.2; 참조. Heinemann, "Lehre vom ungeschriebenen Gesetz, 149-71). 14-15절은 여러 언어적 유사성으로 보아 이 전승에서 따온 것이 분명하지만, 그리스 자료와는 대조적으로 순전히 부정적인 방법으로 적용하고 있다. 이 문제 전체에 관해서는 특히 G. Bornkamm, "Gesetz und Natur," 101-17을 보라.

311. 하지만 바울은 그 개념과 동반된 철학적 보따리는 인수하지 않는다. 그는 용어(예를 들어, φύσει)를 비전문적인 방식으로 쓴다(Nygren; Käsemann; Ridderbos, *Paul*, 106; Eckstein, *Begriff Syneidesis* 150-51).

312. 그러나 일부 해석가는 νόμος가 이 문항을 일관하여 모세 율법을 가리키고 있는 것으로 생각한다(예를 들어, R. Walker, "Heiden und das Gericht," 308-9; Ridderbos, *Paul*, 106; Raisanen, *Paul and the Law*, 2-26).

313. 반대 의견의 예로는 Barrett가 있다. 그는 그 말이 가리키는 것은 "믿음의 순종"인 것이며, 단수형의 τὸν τοῦ νόμου라는 표현은 통하여 더 잘 지적되는 개념이라고 생각한다. 그리고 Gathercole은 법을 포괄적으로 수행하는 것을 의미한다고 생각한다("Law unto Themselves," 34-35).

314. 때때로 이방인이 죄를 지으면서도 율법을 순종할 수 있다는 바울의 주장과 유사한 유대교 자료는 4 Ezra 3:35-36에서 찾아볼 수 있다. "땅의 거민이 언제 주의 목전에 범죄하지 아니하였나이까? 또는 어느 나라가 당신의 계명을 잘 지켰습니까? 당신은 당신의 계명을 지킨 개인을 찾을 수 있지만 민족은 찾지 못할 것입니다." 이 일반적인 견해에 대해서는 Murray; Kuss; Käsemann; Bassler, Divine Impartiality, 145-46를 보라. 그러므로 바울은 전통적으로 율법의 "도덕적" 차원이라고 불렸던 것을 주로 여기에서 분명히 하고 있다(Riedl, *Heil des Heiden*, 200을 보라). 바울은 또한 그의 자신의 개념이 "노아의 계명"이라는 유대교 관념에 기인할 수도 있다. 이에 따르면 하나님은 모든 인간을 위해 노아에게 어떤 기본적인 도덕적 요구 사항을 주셨다(예를 들어, Segal, *Paul the Convert*, 194-201을 보라).

기가 "자기에게 율법이 된다"[315]고 주장한다. 바울의 이 말은 이러한 사람들에게는 그들을 지도할 일이 아무것도 없다는 뜻이 아니라,[316] 그들이 신이 내린 도덕규범에 대한 지식을 입증한다는 뜻이다. 여기서 우리가 생각하기에, 바울은 노모스(*nomos*)라는 용어를 확대 해석된 의미로 사용하여 일반적인 "하나님의 요구"를 가리키고 있음이 분명하다.[317] 이러한 이방인들은 **그**(*the*) 모세의 율법을 지니고 있지 않으면서도 그들에 대한 하나님의 뜻을 아는 방법을 가지고 있다. 이 문맥에서 유대인을 위해 예비된 ("율법"이라는) 용어를 이방인에게 적용함으로써 바울은 유대인과 이방인을 같은 발판 위에 놓는 방침을 추구한다.[318] 유대인은 하나님의 뜻을 알고 행하는 문제에 이르러서는 율법 안에서 결정적으로 유리한 고지를 점하고 있지 않다고 바울은 말하고 있는 것이다. 이는 이방인도 같은 혜택을 나누어 가지고 있기 때문이라는 것이다.

15 바울은 하나님의 도덕적 요구 사항들을 선천적으로 알고 있음을 그 태도에서 나타내는 사람들에 관한 이야기를 계속한다. 그리스 사회에서 "불문 율법"의 전승을 흔히 긍정적으로 사용하는 것과는 대조적으로, 바울은 유대교 저자들의 본을 따라 그 개념을 부정적으로 쓴다. 즉, 이방인이 하나님의 도덕적 요구를 안다는 것은 그들의 유죄를 증명할 뿐이라는 것이다.[319] 16절에서 말하는 최후 심판의 관점이 때로 현재 시제 동사 "나타내다"[320]에 적용되는 것으로 파악되며, 그에 따라 이 동사는 하나님의 재판정에서의 증명을 가리키기도 한다.[321] 그러나 이

315. 그리스어로는 ἑαυτοῖς εἰσιν νόμος. 여격은 이익의 여격("자기를 위하여"; NIV; NAB; NJB) 또는 소유의 여격일 수 있다("자기에게"; ESV; NRSV; CSB).

316. 아리스토텔레스는 여기서 바울이 품고 있는 개념과 평행하다고 일부 사람이 파악한 언어를 구사한다(예를 들어, *Ethics* 4.14; *Pol*. 3:13; 참조. H. Kleinknecht, *TDNT* 4.1032). 그러나 이 평행은 밀접하지 않다. 아리스토텔레스는 율법의 적용이 적절하지 않고 불필요하기도 한 우월한 사람을 가리키고 있기 때문이다.

317. 그러나 일부 해석가는 νόμος가 이 문항을 일관하여 모세 율법을 가리키고 있는 것으로 생각한다(예를 들어, R. Walker, "Heiden und das Gericht," 308-9; Ridderbos, *Paul*, 106; Raisanen, *Paul and the Law*, 25-26).

318. Fitzmyer, "Paul and the Law," 186-87.

319. Pohlenz, "Paulus und die Stoa," 71-77.

320. 그리스어로는 ἐνδείκνυνται.

321. 예를 들어, Wilckens.

방인의 행위에 대한 암시적인 증언이 심판에서 절정에 달하기는 하지만, 바울이 이 절에서 초점을 맞추는 것은 역시 이 행위가 이 세상에서 갖는 의미다. 이방인의 마음에 새겨진 "율법의 행위"는 율법의 기본 목적인 사랑을 가리킬 수도 있고(참조. 13:8-10),[322] 율법이 만들어 내는 "효과"를 가리킬 수도 있지만,[323] 그것은 필경 14절에서 말하는 "율법의 일", 즉 율법이 요구하는 "행위"가 "집합적으로" 나타나는 것 이상은 아닐 것이다.[324]

이 율법의 행위를 "그 마음에 새긴"[325]다는 바울의 말은 하나님이 그의 백성의 마음에 "그의 법을 기록하리라"고 약속하시는 예레미야 31:31-34의 "새언약" 예언을 염두에 두고 하는 말일 것이다. 이 절들이 이방 그리스도인에 관한 내용이라고 지지하는 견해를 가진 자들은 당연히 이것을 그들의 해석을 뒷받침하는 것으로 이용한다.[326] 그러나 예레미야는 **율법**(*law*)이 마음에 새겨지는 것과 거기서 귀결되는 하나님에 관한 완전한 지식에 관해서 말한다. 하지만 바울은 "율법의 **행위**(*work*)"가 마음에 새겨지는 것을 가리키며, 이 과정은 최후 심판의 결과를 여전히 의심으로 남긴다는 점을 분명히 한다(15b-16절).[327] 루터는 이것을 "행위에 관한 지식, 즉 해야 할 일에 관해 성문화된 율법이 새겨지는 것이지, 이 율법이 이루어지게 하는 은혜가 새겨지는 것은 아니다"라고 표현한다.

이방인이 하나님의 요구를 아는 데서 생기는 결과의 일부가 이 절 가운데서 "그 양심이 증거가 되어 그 생각들이 서로 혹은 고발하며 혹은 변명하여"라고 자세히 기록된다.[328] "양심"이라는 말은 성경의 세계에서 나온 말이 아니라 그리스에

322. 예를 들어, Michel.

323. 이런 관점에서, τοῦ νόμου은 주격적 속격이다. Barrett를 보라.

324. Käsemann; Wilckens; Deidun, *New Covenant Morality*, 165.

325. 그리스어로는 γραπτὸν ἐν ταῖς καρδίαις.

326. 예를 들어, Cranfield; Kruse; N. T. Wright, *Paul and the Faithfulness of God*, 2.920-24, 1247-48을 보라.

327. Calvin; Michel; Murray; Wilckens; Kuhr, "Romer 2, 14f.," 259-60.

328. 15절 가운데 이 부분의 구문은 복잡하다. 첫 번째 분사 συμμαρτυρούσης는 절대 속격(genitive absolute)으로, τῆς συνειδήσεως가 그 주어다. 두 번째와 세 번째 분사인 κατηγορούντων("송사하는")과 ἀπολογουμένων("변명하는")은 ἢ καί("혹은 또")로 서로 밀접하게 연결되어 함께 두 번째의 절대 속격 구문을 이룬다. 그러나 이 마지막 두 분사의 첫 번째 분사에 대한 관계는 분명하지 않다. 이 둘이 συμμαρτυρούσης에 엉성하게 덧붙여진 말일 수도 있으며, 그럴 경우 τῶν λογισμῶν("그 생각들")이 συμμαρτυρούσης의 주어로 συνειδήσεως와 합쳐져서 "그 양심이 증거가 되어 그 생

서 온 말이다.[329] 이 단어는 스토아 철학에서 중요한 전문용어 역할을 가지고 있었지만, 바울의 개념은 보다 대중적인 용법의 범주를 넘지 않는다.[330] 양심은 (이 용어를 우리가 대중적으로 쓸 때처럼) 도덕 규범의 원천일 수도 있지만, 이 말은 언제나 사람들이 자기가 어떤 규범에 얼마나 일치했는가를 측정하는 반성적 기제(reflective mechanism)로 간주된다.[331] 그러므로 "율법"이 그 규범이라면, 이방인 개개인의 양심이 각자 안에서 그 규범을 준수하고 있는 정도를 나타낸다. 바울은 "증거가 되어"를[332] 이 과정에 대해서 쓰며, 양심의 의미는 이 "증거"가 무엇보다도 개개의 본인에 대한 것임을 암시할 것이다. 하지만 16절에 비추어 볼 때 이차적으로 천상의 심판대 앞에서의 증거를 가리킬 수도 있다. "그 생각들이 서로[333] 혹은 고발하며 혹은 변명하여"라는 절은 양심의 증거에 또 하나의 이차적, 독립적인 의견을

각들이 서로 혹은 고발하며 혹은 변명하여"라는 뜻이 될 수 있다(Eckstein, *Begriff Syneidesis*, 164-66). Reicke는 τῶν λογισμῶν을 συνειδήσεως의 목적격으로 삼아 *Gefühl*, "consciousness"(양심)으로 번역한다("Syneidesis, 157-61). 그러나 τῶν λογισμῶν을 마지막 두 분사의 주어로 삼는 것이 보다 간편하다. 그러면 "그 양심이 증거가 되어 그 생각들이 서로 혹은 고발하며 혹은 변명하여"라는 두 개의 대등한 절대 속격 구문으로 귀결된다(Godet; Jewett, *Paul's Anthropological Terms*, 442-43).

329. LXX에서는 Sir. 10:20; 42:18[여기서는 v.l.(다른 독법)이 있다]; Wis. 17:11에서만 나온다. 또한 T. Reub. 4:3도 보라.

330. 특히, Pierce, *Conscience*, 10-22; Eckstein, *Begriff Syneidesis*, 50-66; Thiselton, *First Corinthians*, 640 -44을 보라. 바울은 이 단어를 롬 9:1; 13:5; 고전 8:7, 10, 12; 10:25, 27, 28, 29(두 번); 고후 1:12; 4:2; 5:11; 딤전 1:5, 19; 3:9; 4:2; 딤후 1:3; 딛 1:15에서도 쓴다.

331. Pierce(*Conscience*)는 "양심"은 언제나 과거를 돌이켜보는 기능을 갖지 미래를 내다보는 기능을 갖지는 않는다고 주장한다(Eckstein, *Begriff Syneidesis,* 170-79, 311-17). 그러나 그의 주장은 너무 경직된 주장이다. 예를 들어, Thrall, "The Pauline Use of ΣΥΝΕΙΔΗΣΙΣ," 124를 보라. 하지만 이 본문에 나오는 "양심"이 이방인 세계에서 갖는 기능은 율법이 유대인 세계에서 갖는 기능과 동일하다는 그녀의 주장은 분명하지 않다.

332. 그리스어 동사는 συμμαρτυρέω. 전치사적 접두사를 강조하면, 바울이 양심이 율법과 "더불어"(예를 들어, Barrett; Schreiner) 또는 자기의 생각과 "더불어"(예를 들어, Wilckens) 증거한다고 말하는 셈이 되는데 그것은 분명하지 않다. Cranfield는 롬 9:1의 평행 본문을 인용하여 이 접두사에는 "with" (함께)라는 의미가 없다고 주장하는데, 아마 그의 말이 맞을 것이다(또한 예를 들어, Fitzmyer; Lohse도 보라).

333. 구문론상으로 더욱 문제가 되는 것은 "among themselves"로 번역된 μεταξὺ ἀλλήλων이라는 어구에서 ἀλλήλων의 지시 대상이 무엇이냐는 문제다(μεταξύ는. 여기서 "중에서" 또는 "사이에"라는 의미를 가진 부적절한 전치사로 기능한다. 참조. BDAG). 그것이 αὐτῶν("이들")을 가리키고 있다면, 그 의미는 사람들이 서로 상대방을 심판한다는 것이 된다(S-H; Meyer; Dubarle, *Manifestation naturelle de Dieu*, 229; F. Watson, *Paul, Judaism, and the Gentiles*, 208). 그러나 그것을 바로 뒤에 나오는 λογισμῶν("생각들")과 묶는 것이 더 나으며, 그러면 사람들의 생각이 그들 사이에서 끝없이 공방전을 벌인다는 뜻이 된다(Godet; Käsemann; Longenecker).

추가하는 것일 수도 있지만,[334] 아마도 그 의미를 부연하여 양심의 증거가 본인 생각의 뒤섞인 복잡함으로 되어 있다는 뜻으로 하는 말일 것이다.[335]

이 생각들 사이의 논쟁은 끊임없이 진행되지만, 그것의 궁극적인 의의는 16절이 밝히듯이 최후 심판 때 드러날 것이다.[336] 각 사람의 양심 안에서 생각들이 변명하고 고발하는 증언은 모든 생각을 백일하에 드러낼 한 분의 판결을 예고한다. 혹자는 "변명하고"에 대한 언급을 이 최종 판결이 이방인 일부에게 복음과 관계없이 구원을 가져다 줄 수 있다는 증거로 포착했다. 그러나 이것은 그 생각을 성립시키는 연결 고리를 잘못 짚은 것이다. 벵엘(Bengel)이 정곡을 찔러서 말한다. "양보의 불변화사, *even*(개역개정에서는 번역되지 않음-옮긴이)은 생각들이 변명할 것보다는 고발할 것이 훨씬 많으며, 변명 자체도 행위의 전체에 미치는 것이 아니라 일부에만 미친다는 것을 증명하며, 바로 이 부분 또한 우리가 전체…에 대해 빚진 자임을 입증한다."[337]

16 일부 학자들은 16절과 그 앞의 문맥 사이의 관계가 너무 어색하다고 생각하여 이 절을 바울 사후에 첨가된 것으로 보고 삭제하고 있다.[338] 이렇게 보장되지도 않고 텍스트 상으로 뒷받침되지도 않는 이러한 부당한 편법을 제외하면 여러 개의 대안이 남는데, 그 가운데 다섯 개가 언급할 만한 가치가 있다. (1) 15절에서 묘사된 일련의 과정이 미래의 일로 간주된다면, 16절은 15절의 동사들에 직접적으로 의존할 수 있을 것이다.[339] 그러나 우리는 이 활동들을 이 세상의 정황

334. 예를 들어, Dunn.

335. 예를 들어, Cranfield. 몇몇 주석가들은 바울이 율법과 양심과 생각들을 인용함으로써 "두 증인의 입으로나 또는 세 증인의 입으로 그 사건을 확정할 것이며"라는 신명기 19:15의 요구 조건이 성취되었음을 알리고 싶어하는 것이라고 생각했다 (Lietzmann; Wilckens). 그러나 이것은 불확실하다.

336. 그래서 우리는 왜 바울이 ἀπολογέομαι와 κατηγορέω와 같은, 법정에서 진행되는 변론과 기소를 암시하는 단어를 쓰는지 이해할 수 있다(전자에 관해서는 눅 12:11; 21:14; 행 19:33; 24:10; 25:8; 26:1, 2, 24; 고후 12:19을 참조하고, 후자에 관해서는 무엇보다도 마 27:12; 행 22:30; 계 12:10을 참조하라).

337. 또한 Westerholm, *Perspectives*, 270을 보라.

338. Bultmann, "Glossen im Römerbrief," 282-83; G. Bornkamm, "Gesetz und Natur," 117; Schmithals.

339. Lietzmann; Wilckens.

에 속하는 것으로 생각할 만한 충분한 이유를 살펴보았다. (2) 16절이 비종말론적으로 일체의 심판의 "때"를 가리킨다고 보면, 16절은 15절의 동사들에 직접적으로 의존할 수 있을 것이다.[340] 그러나 바울의 용법은 "사람들의 은밀한 것을 심판하시는 그 날"이 최후 심판의 날임에 틀림없다는 것을 증명한다. (3) 인기를 끄는 대안은 16절을 13절에 연결하는 것이다. 그러면 "율법을 행하는 자라야 의롭다 하심을 얻으리니… 곧… 심판하시는 그 날이라"가 된다.[341] 그러나 14-15절은 괄호로 간주하기에는 바울의 논증에서 너무 중요하며, 구문론적 관계가 있다고 생각하기에는 16절이 13절에서 너무 멀리 떨어져 있다. (4) 16절은 문단 전체에 느슨하게 포함될 수 있을 것이다.[342] 그러나 그 말은 거의 절망 상태에서 하는 조언같이 들리며, 이 절을 시작하는 전치사구에 있을 법하지 않은 기능을 부여하는 꼴이 된다. (5) 마지막 대안은, 그리고 우리가 바른 대안이라고 생각하는 것은 16절을 15절의 동사와 함께 취하는 것인데, 이는 이방인의 끊임없는 자기 비판(15절)도 다음과 관련이 있다는 의미에서, 그리고 그 궁극적인 의미는 최후의 심판(16절)에서 찾을 수 있다는 뜻에서 관계된다.[343] 캐제만의 지적대로 16절이 바울의 논증에 필요한 이유는 우리가 12절에서 보았듯이 그의 목적이 이방인이 받게 되는 정죄의 실재를 증명하는 데 있기 때문이다. 율법에 순응하는 정도가 유대인에 대한 심판의 기준이듯이(12b-13절), 이방인이 그들이 가진 율법에 순응한 정도가 그들이 심판 받는 기준이 될 것이다. 그들의 양심과 생각들이 그들이 얼마나 잘 해 왔는가를 그들에게 알려 주겠지만, 하나님의 심판에서는 은밀한 생각들까지 증거로 이용될 것이다.

인간 마음 속의 비밀에 대한 하나님의 지식은 자연히 하나님의 심판이 외적인 행동 뿐 아니라 "은밀한 것"[344]도 고려한다는 것을 암시한다. 예수께서는 제자들

340. Viard; Haacker, "Exegetische Probleme," 7-9.

341. NIV의 14-15절에 관한 괄호에 주목하라, 그리고 예를 들어, Godet; S-H; Longenecker; Riedl, *Heil des Heiden*, 205. Dodd와 O'Neil은 14-15절이 본래 유대교의 한 설교문이었던 것에 바울이 추가한 것일지도 모른다고 제안한다.

342. 예를 들어, Murray; Kuss.

343. 예를 들어, Bengel; Cranfield; Käsemann; Schreiner; Bassler, *Divine Impartiality*, 148; Saake, "Echtheitskritische überlegungen," 486-89.

344. 그리스어로는 *τὰ κρυπτά*. 삼상 16:7; 시 139:1-2; 렘 17:10을 보라. 동사 *κρινει*는 현재(따라서 강조된 *κρίνει*) 또는 미래(강조된 *κρινεῖ*)일 수 있다. NA[28], 일부 영어 성경(예를 들어, RSV, ESV) 및

에게 하나님의 상급이 "은밀히"[345] 행한 일에 근거할 것임을 상기시키셨다. 현재의 문맥에서 이것은 특히 내적인 양심의 증거와 서로 다른 생각들(15절)이 하나님께 알려지며 심판의 날에 드러나게 되어 있다는 것을 증명한다. 두 전치사구의 관계를 어떻게 이해해야 하는지는 불분명하다. 우리는 "나의 복음에 이른 바와 같이"를 "심판하시는"에 연결하고 "예수 그리스도로 말미암아"를 "나의 복음"으로 받아들일 수 있다. 그렇게 함으로써 "나의 복음에 이른 바와 같이 하나님이 예수 그리스도로 말미암아 하나님이 심판하실 것이다"[346]로 문장을 구성할 수 있다. 또는 유사한 순서로 "나의 복음에 이른 바와 같이"를 하나님께서 "은밀한 것"을 심판하실 것이라는 사실과 연결할 수 있다.[347] 마지막으로 "예수 그리스도로 말미암아"를 "심판하시는"과 묶고 "나의 복음에 이른 바와 같이"를 진술 전체에 의존하게 하되 특히 심판에서의 기독론적 요소에 대한 언급에 의존하는 것이 가능하다. 그러면 "나의 복음에 이른 바와 같이 하나님이 심판하시는 것은 그리스도 예수로 말미암아서다"[348] 가 된다. 비록 바울은 궁극적으로 하나님께서 그리스도 안에서 행하시는 모든 일을 "복음"으로 보고 있지만(1:7 이후의 부설을 보라), 이 마지막 대안은 다소 뜻밖인 복음의 언급을 가장 공정하게 해석하는 것이 된다. 바울은 우리가 서야 할 곳이 "그리스도의 심판대" 앞이라고 가르친다(고후 5:10). 바울이 "나의 복음"이라고 할 때, 그는 그에게 있는 고유한 특정 형식의 가르침을 말하는 것이 아니라. 모든 기독교인에게 공통된 복음을 의미한다. 복음은 보존과 선포를 위해 하나님께서 바울에게 맡기신 것이다(1:1을 보라).[349] 그리고 이 복음은 죄인에게 구원을 제공하는 것에 초점을 맞추었지만(1:16), 궁극적으로 반역한 세상을 다스리려는 하나님의 모든 계획, 즉 죄인에 대한 심판을 포함하는 계획을 포함한다. 바울이 13절에서 "율법을 행하는 자라야 의롭다 하심을 얻으리니"라고 한 말은 중요한 신학적 문제를 제기한다. 즉, 바울은 어느 정도로 그리고 어떤 의미에서 율법을 칭

일부 주석가는 현재로 읽는다. 대부분의 영어 성경과 주석가(예를 들어, Longenecker)는 미래로 읽는다. 동사가 "그 날"로 한정되므로 두 경우 모두 미래를 포함하는 것이 옳다.

345. ἐν κρυπτῷ; 마 6:4, 6, 18.

346. 예를 들어, Murray.

347. 예를 들어, Barrett.

348. 예를 들어, Cranfield.

349. G. Friedrich, *TDNT* 2.733.

의의 한 수단으로 여기는가? 하나님이 율법을 이스라엘에게 칭의의 수단으로 주셨다는 견해는 지금은 일반적으로 신빙성이 없으며, 그렇게 되는 것이 당연하다. 구약은 율법을 하나님의 은혜로 말미암아 이미 수립된 언약 관계를 규제하는 수단으로 제시한다. 그러나 율법이 하나님 앞에서의 관계 확립을 목적으로 주어진 것이 아님은 당연하다고 해도, 율법이 이론상 칭의의 수단을 제공하는 것이 아니냐는 질문은 여전히 제기될 수 있다. 우리는 율법이 그 수단을 제공한다고 주장할 것이다.[350] 로마서 2:7, 10, 13과 7:10 같은 절들은 칭의가 이론상 행위를 통해 확보될 수 있다는 유대교의 믿음에 바울이 동의했음을 시사한다. 바울은 자신의 믿음과 다른 유대교 믿음에는 동의하지 않았다. 그의 믿음은 죄의 권세가 모든 사람, 즉 언약상의 신분에 의존하는 유대인이라도, 사실상 그런 방식으로 의롭다 하심을 얻을 수 없다는 바울의 믿음에 있었다.[351] 따라서 이론상으로는 사람이 율법을 행함으로써 의롭다 하심을 얻을 수 있지만, 현실적으로는 그것이 불가능하다(또한 3:20의 각주도 보라). 이 문제는 전통적인 개혁주의 신학에서 "행위 언약"의 존재 여부와 그 성격 및 언약에서 모세 율법이 차지하는 자리에 관한 논쟁과 연결된다.[352] 그러나 바울이 행위 없이는 아무도 최종적으로 구원받을 수 없음을 분명히 했음을 강조하는 것도 중요하다. 나는 바울이 이 궁극적인 심판점을 언급하기 위해 칭의의 언어를 사용했다고 생각한다. 그러므로 우리는 바울이 "행위에 따른 칭의"를 믿었다고 공정하게 주장할 수 있다(많은 사람들은 바울이 13절에서 이 사건을 가리킬 수 있다는 것에 그 기초를 둔다). 그러나 칭의는 초기 단계와 최종 단계 모두에서 전적으로 그리스도의 사역에 기초하며 "오직 믿음으로"만 접근할 수 있다는 점을 강조하는 것이 신학적으로 매우 중요하다. "행위"는 심판에서 필요하지만 진정한 믿음의 열매지 칭의의 수단이 아니다. (1:17 이후의 칭의에 관한 부설을 보라.)

350. Westerholm, Perspectives, 419-21; 그리고 Beckwith, "Unity and Diversity," 112-13, 두 가지 대표적인 연구만 인용한다. Beckwith는 "가상적인 행위 언약"에 대해 말한다.

351. Wilckens; Ridderbos, *Paul*, 134; G. Vos, "Alleged Legalism," 393.

352. 다양한 견해로는, Heppe, *Reformed Dogmatics*, 281-319을 보라. 현대의 논쟁에 관해서는 특별히 Wilckens, 1.142-46과 같은 저자의, "Was heißt bei Paulus," 77-109를 보라.

b. 언약의 한계(2:17-29)

이 단원에서 바울은 2:1-5의 디아트리베 양식을 재개하여, 대화 상대를 직접 불러 그의 논박 가운데 일련의 수사학적 질문을 한다. 그의 대화 상대는 2:1-16에서 바울이 말한 것으로 미루어 충분히 쉽게 알아낼 수는 있었지만, 이제 이곳에서 처음으로 유대인인 것이 분명히 밝혀진다.[353] 바울은 직접적인 대결을 위해 2:1-16에서 간접적인 수사적 표현을 버린다. 이 단원은 양식에서와 마찬가지로 내용에서 디아트리베와의 유사점을 가지고 있다. 디아트리베의 저자는 흔히 그의 "상대"를 "자기가 가르치는 대로 실행하지" 않는다고 비판하게 마련이기 때문이다. 그러므로 에픽테토스(Epictetus)가 "진정한 스토아 철학자"를 자처하는 사람들의 주장을 자기가 가르치는 철학대로 살지 않는다는 이유로 공박하는 것과 똑같이, 바울은 율법에 순종하지 않는 자가 "유대인"이라는 칭호를 주장할 권리가 있느냐고 질문한다.[354]

2장의 논증에서 이 절들이 맡는 기능은 분명치 않다. 머레이(Murray)는 이 단원이 12b-13절에서 "율법이 있고" 범죄하는 자들에 대해서 한 고발을 14-16절에서 이방인과 율법에 관한 이야기로 탈선했다가 재개하는 것으로 생각한다. 그러므로 17-29절은 유대인은 "율법을 행하는 자"임을 주장할 수 없다는 것과, 따라서 그들은 율법을 행함으로써 의롭다 하심을 얻을 수 없다는 것을 입증하게 될 것이다. 그에 반해서 빌켄스(Wilckens)는 17-29절은 바울이 2:3에서 밝힌 요지, 즉 유대인이 이방인과 "같은 것"을 한다는 요지를 증명한다고 생각한다. 이 두 개의 제안 모두에 참된 요소가 있음을 인정하면서, 우리는 17-29절을 보다 광의적으로 1-16절의 논증과 관련시키는 쪽을 택하기로 한다. 2:1-16에서 바울의 요점은 유대인이 심판에서 이방인과 같은 (행위, 율법의 행함) 기준에서 하나님의 심판을 받을 것이기 때문에, 그들이 하나님의 진노를 피하리라는 생각은 이방인이 못하는

353. 바울이 공격한 대상을 이방인이면서 "자신 스스로를" 유대인이라고 칭하는 사람으로 보는 것을 받아들이기에는 있을 법하지 않은 해석을 과도하게 채택하는 것이 된다(이 관점은 Thorsteinsson, *Paul's Interlocutor in Romans 2*, 196-231; Thiessen, "Paul's Argument against Gentile Circumcision," 373-91; idem, *Paul and the Gentile Problem*, 54-71; and Rodriguez, *If You Call Yourself*, 47-61에 의해서 논박된다).

354. 특히, *Diatr*. 2.19-20; 3.7, 17; and Stowers, *Diatribe*, 112를 보라.

것과 마찬가지로 못한다는 것이다(2:4). 하지만 바울은 자기의 논증이 아주 중요한 문제 하나를 무시하는 것임을 잘 알고 있다. 즉, 그것은 언약 덕분으로 유대인이 이방인과는 완전히 다른 위치에 있게 만드는 신분을 지니고 있다는 그들의 주장이다. 바울은 이 문제를 17-29절에서 다룬다.

유대인의 주장을 전적으로 물리치지 않으면서(3:1-2), 바울은 그들의 특권이 그들을 하나님의 심판에서 제외시켜 주지는 않는다고 역설한다. 대략 평행하는 논증을 펼치는 두 개의 단락(17-24절과 25-29절)에서 바울은 다른 무엇보다도 유대인의 특별한 신분을 가리키는 두 가지, 즉 율법과 할례 문제를 다룬다. 바울은 두 단락 모두에서 그것들을 무가치한 것으로 치부하지 않고 율법을 지키지 않고는 율법을 아는 것도 육체적인 할례도 가치가 없다고 주장한다. 여기서도 모든 사람의 운명을 결정하는 데 절대로 중요한 것은 실제로 무엇을 **행했느냐**(*done*)다 - 이는 이방인에 대해서도, 유대인에 대해서도 마찬가지다(2:13).[355]

분명히 바울은 이 단락들에서 모든 유대인이 범죄자라는 것을 증명하거나 명백하게 주장하는 것이 아니며, 또는 그들이 모두 언약을 통한 그들의 구원의 희망을 무산시킬 만큼 중대한 범죄자들이라는 것을 증명하는 것도 아니다.[356] 바울은 나중에 이것을 주장하지만(3:9), 이 단원에서의 그의 관심은 유대인이 죄를 짓는다는 것(그것을 어떤 유대인도 부정하지 않겠지만)을 보여 주는 데 있는 것이 아니라, 이러한 죄들이 율법의 소유와 할례에도 불구하고 유대인을 이방인과 똑같이 하나님의 심

355. Wright는 특히 19-20절에 초점을 맞추어 이 더 넓은 구절에서 이스라엘의 "소명"에 대한 바울의 관심을 강조한다. 즉, 그 관심은 세상을 향한 하나님의 구원의 사자가 되라는 율법의 부르심이다(Wright의 주석을 보라; 그리고 그의 더욱 탄탄한 논증인 *Paul and the Faithfulness of God*, 1.496-97, *The Day the Revolution Began*, 예를 들어, 97-106을 보라). 그러나 Wirght의 견해는 바울이 열거한 많은 것 중에서 이스라엘의 여러 실패 중 하나만을 너무 중요하게 만든다. 이 모티프는 분명히 존재하지만 본문의 초점은 이스라엘이 이방인들에게 신실한 메신저가 되지 못한 것이 아니라 율법에서 말하는 하나님의 요구를 충족시키지 못한 것에 있다. 예를 들어, Schreiner, *Faith Alone*, 244-61을 보라.

356. 그러나 여기서의 바울의 고발이 일반적으로 적용되지 않는다는 의미는 아니다. 이 의견과는 반대되는 주장으로는, 예를 들어 Witherington/Hyatt이 있다; 또한 바울이 "교만하고 비판적 이기만 하고 전혀 일관성이 없는 유대인"을 언급했다고 생각하는 Longenecker의 주장에 주목하라. 그리고 바울이 회당의 율법 교사와 대화한다고 생각하는 Windsor도 있다 (*Paul and Vocation of Israel*, 161-63). 3:9에서 분명히 알 수 있듯이, 바울은 궁극적으로 모든 유대인과 이방인이 매우 다양한 각도에서 하나님의 의의 기준에 미치지 못한다는 것을 보여 주고자 한다.

판을 받게 한다는 것을 보여 주는 데 있다.[357] 이런 식으로 논증하는 가운데 바울은 암시적으로 전통적인 유대인의 언약 이해에 이의를 제기하고 있는 것이다. 유대인은 하나님의 선택과 율법의 행위에 의존하는 경향이 있었는 데 반해, 바울은 하나님 앞에서 의인으로 서는 데 기초가 되는 것은 - 오직 그리고 언제나 - 믿음이라고 역설한다. 따라서 선택의 "표징", 즉 율법과 할례는 이 믿음 없이는 아무런 가치가 없는 것이다. 율법을 "행한", 그리고, 바울이 암시하듯이, 완전히 행한 경우에만 모세 언약에 기초한 하나님의 선택이 유대인에게 가치 있는 것이 된다(또한 3:20 뒤의 부설도 보라). (예를 들어, 제임스 던과 톰 라이트가 강조한 것처럼) 유대인의 언약적 지위 때문에 유대인이라는 그 의미 자체에 놓인 철통 같은 안정감을 확실히 약화시킨다. 그러나 또다시 궁극적인 문제는 "유대인들이 이러한 언약적 이점에 대해 어떻게 반응하는가"(Schreiner)에 있다.

i. 율법(2:17–24)

17 유대인이라 불리는 네가 율법을 의지하며 하나님을 자랑하며
18 율법의 교훈을 받아 하나님의 뜻을 알고 지극히 선한 것을 분간하며
19 맹인의 길을 인도하는 자요 어둠에 있는 자의 빛이요
20 율법에 있는 지식과 진리의 모본을 가진 자로서 어리석은 자의 교사요 어린 아이의 선생이라고 스스로 믿으니
21 그러면 다른 사람을 가르치는 네가 네 자신은 가르치지 아니하느냐 도둑질하지 말라 선포하는 네가 도둑질하느냐
22 간음하지 말라 말하는 네가 간음하느냐 우상을 가증히 여기는 네가 신전 물건을 도둑질하느냐
23 율법을 자랑하는 네가 율법을 범함으로 하나님을 욕되게 하느냐
24 기록된 바와 같이 ㄱ)하나님의 이름이 너희 때문에 이방인 중에서 모독을 받는도다[a]

a. 사 52:5

바울은 이 문단을 가정문의 조건절을 이끄는 "if"(만일 …이라면)로 시작한다(개역개정에는 번역되지 않음–옮긴이). 그러나 그에 대응하는 가정문의 귀결절, 즉 "그렇다면"(then)으로 시작되는 절은 당장 눈에 띄지 않는다. 고데트(Godet)는 17-24

357. Westerholm, *Perspectives*, 268-73.

절 전부가 조건절을 이루고, "그러면 율법이 무슨 소용이 있느냐?"라는 귀결절은 표현되지 않을 것일 수 있다고 생각한다. 그러나 21절의 서두에 나오는 "그러면"(therefore)은 이 시점에서 단절이 일어났음을 시사한다. 바울이 이 시점에서 그의 조건 문장을 단순히 포기하는 것인지(파격 구문[anacolouthon]-어떤 구조로 시작된 글이 다른 구조로 끝나는 것-옮긴이),[358] 또는 21-24절이 귀결절인지의 여부도[359] 결정하기가 어렵다. 어느 쪽으로 결정하건 21-24절은 17-20절에서 바울이 열거하는 유대인이 특권에 합당한 삶을 살지 못하는 것을 폭로한다는 점에서는 마찬가지다. 바울이 이 특권들을 유대인이 자랑하는 항목으로 제시하는 방식엔 어느 정도의 역설이 있다. 그러나 이 역설이 이러한 특권들 자체에 대한 주장을 겨냥하는 것은 아니다.[360] 오히려, 이 역설은 특권들을 구분하여 정리해 쌓아 올리는 데서 나오고, 21-24절에서 만들어 내는 바울이 예상하는 지적에서 나타난다. 바울이 여기서 유대인을 대신해서 주장하는 것은 그 당시의 유대인이 자신들을 위한 특권이라고 주장하고 있던 것에 지나지 않는다. 또한 17-20절의 열거에 나오는 모든 항목이 그 시대의 유대인 문헌에 평행하여 나온다.

17 이 절에 나오는 세 개의 특권은 위로 점층적인 순서, 즉 선민에 속함, 율법을 의지함, 하나님과의 특별한 관계의 순으로 열거된다.[361] 각각은 바울의 논쟁 상대인 유대인의 관점에서 소개되며, 유대인은 그것들을 하나님과 특별한 관계가 있다는 증거로 내놓는다. "유대인"이라는 명칭은 본래 유다의 후손들이 정착하여 살았던 지역 사람을 가리키던 말인데, 바벨론 포로기 이후 유대인이 살았던 영토가 본래의 유다 지역의 범위보다 더 작은 지역으로 일반적으로 이스라엘 민족에게 적용되었다. 바울의 시대에 이르러서는 "유대인"이 이스라엘 백성에 속하는 모든 사람을 가리키는 일반 명사가 되었다. 그것은 열방의 백성과 구별되는 이스라엘 백성이 누리는 특별한 신분을 시사한다(1:16; 2:9, 10을 보라).[362] 그러므

358. 예를 들어, Cranfield.
359. 예를 들어, Murray.
360. Fitzmyer를 보라.
361. Michel.
362. W. Gutbrod, *TDNT* 3:359-65; 그리고 9:4의 주석을 보라. 최근의 일부 해석자들은 Ἰουδαῖος가

로 "유대인이라 불리는"은[363] 언약 백성에 속하는 모든 이가 함께 공유하는 신분을 가리킨다.

바울은 유대인이 누리는 두 번째 특권을 그가 검토하는 근본 문제를 시사하는 방식으로 표현하여 진술한다. 율법의 소유는 분명 진정한 축복이었다. 그러나 유대인이 "율법을 의지하며"[364] 살기 때문에 이런 문제가 나온 것이다. 바울은 선지자 미가의 선포와 아주 흡사한 생각을 밝힌다. 미가는 죄를 짓는 이스라엘의 지도자들을 질책한 후에 이렇게 말한다. "여호와를 의뢰하여[365] 이르기를 여호와께서 우리 중에 계시지 아니하냐 재앙이 우리에게 임하지 아니하리라 하는도다"(미 3:11). 미가의 시대와 같이 바울의 시대에 유대인은 율법을 의지하면 심판을 면하게 될 것으로 생각했다.

17절에 열거된 마지막 특권은 유대인이 "하나님을 자랑한다"[366]는 것이다. "자랑하는 것" 자체가 잘못된 것이 아님은 (바울이 고전 1:31과 고후 10:17에서 암시하는) 예레미야 9:23-24에서 명확하다. 즉, "여호와께서 이같이 말씀하시되 지혜로운 자는 그의 지혜를 자랑하지 말라 용사는 그의 용맹을 자랑하지 말라 부자는 그의 부함을 자랑하지 말라 자랑하는 자는 이것으로 자랑할지니 곧 명철하여 나를 아는

민족적 의미에서 단순히 "유대인"을 의미한다고 주장하면서 Ἰουδαῖος의 이러한 광범위한 민족적 사용을 의심했다(예를 들어, Mason, "Jews, Judaeans, Judaizing, Judaism," 457-512). 그러나 Sechrest는 국가적 정체성과 민족적 정체성이 유대인들에게 결합되어 있다는데 주목했다(*Former Jew*, 54-109, 140-64). 그리고 확실히 바울의 용법은 그가 "유대인"을 광범위한 민족적 의미로 생각한다는 것을 보여 준다.

363. 그리스어 동사는 ἐπονομάζω로 "이름을 짓다"라는 뜻이다. 이 단어는 신약에서는 여기에서만 나오지만, LXX에서는 36번 나오는데 모두 능동형으로 나온다. 여기서의 수동형은 자동사의 의미를 가질 수도 있고("이름을 지닌다"로), 재귀적인 의미를 가질 수도 있다("스스로 칭하다"로. 참조. BDAG).

364. 그리스어 동사는 ἐπαναπαύω로, LXX에서는 항상 디포넌트 동사 중간태인데, 여기서와 신약의 또 한 군데(눅 10:6)에서도 마찬가지다.

365. LXX은 바울이 쓰는 것과 같은 동사 ἐπαναπαύω를 쓴다.

366. 로마서에서는 여기서 처음 나오지만, 동사 καυχάομαι는 그의 유대인 비판에서 두드러지게 나오는 바울 특유의 단어다(신약에서 쓰이는 37번 가운데 35번이 바울 서신에서 나온다). 그 근본 개념은 자기 것이라고 주장하며 "자랑한다"는 것이지만, 이 단어는 "영광을 바라다"(롬 5:2, 3, 11을 보라)와 "…을 신뢰하다, 의지하다"(참조. 빌 3:3)라는 의미를 갖는다. 고전 그리스어에서 καυχάομαι는 거의 언제나 오만하게 자랑하는 것을 가리키지만, LXX에서는 정황이 약간 다르다. LXX에서도 이 단어는 부정적인 의미를 함축하지만(참조. 시 52:1; 74:4), 사람이 자랑하는 것이 무엇이냐를 중심으로 해서 중립적인 의미가 나타나기 시작한다.

것과… 깨닫는 것이라…"이다. 그러므로 유대인의 "하나님 자랑"은 그 자체가 인간의 교만과 오만으로 잘못된 것이 아니라, 이스라엘에 그토록 좋은 것을 많이 주신 하나님에 대한 합당한 자랑이요 기쁨이다.[367]

18 바울은 17절에서 시작한 조건절 구문을 계속하면서 뚜렷한 유대인의 특징 두 가지를 그의 목록에 추가한다. 유대인은 "하나님의 뜻을[368] 안다"는 것과 "지극히 선한 것을 분간한다"는 것이 그것이다. 바울은 1:18에서 모든 사람에게 해당한다고 한 것 - 교훈을 받아 하나님의 뜻을 알고 - 을 이제 유대인에게로 돌린다. "지극히 선한 것을 분간하며"[369]라는 번역은 세 가지 가능한 번역 가운데 하나이며,[370] 다른 두 번역은 (1) "[하나님의 뜻과] 다른 것을 분간하다"(NJB의 "옳고 그름을 말하다"와 비교하라)[371]와 (2) "정말로 중요한 것을 분간하다"[372]가 있다. 전자는 여기서

367. 그러므로 바울의 축복 열거는 많은 유대교 문헌의 축복 열거와 유사하다. Pss. Sol. 17:1의 "주 여호와여, 당신은 영원히 우리의 왕입니다. 오 하나님, 이는 우리의 영혼이 당신을 자랑으로 여기기 때문입니다"와 2 Bar. 48:20-24의 "이 사람들은 당신이 택하신 백성이요, 당신이 그와 동등함을 찾지 못한 민족입니다. 그러나 나는 지금 당신에게 말할 것이고, 내 마음이 생각하는 대로 말할 것입니다. 우리가 주를 의지하였사오니 보소서 이는 주의 법이 우리와 함께 함이요 우리가 주의 율례를 지키는 한 우리가 넘어지지 아니하는 줄 아나이다. 우리는 항상 축복받을 것입니다. 적어도 우리는 민족들과 섞이지 않았습니다. 우리는 모두 하나님으로부터 하나의 율법을 받은 주의 이름의 백성이기 때문입니다. 그리고 우리 가운데 있는 그 율법이 우리를 도울 것이요, 우리 속에 있는 그 탁월한 지혜가 우리를 지지할 것입니다"를 주목하라.

368. 그리스어로는 *τὸ θέλημα*인데, 관사는 소유를 나타내며 17절 끝에 나오는 *θεῷ*("하나님")를 가리킨다. 하나님의 뜻을 가리키는 "그 뜻"의 절대적 용법 역시 유대인의 관습적인 표현이었다(1QS 8:6; 9:23; 참조. 고전 16:12).

369. Murray도 이 번역을 채택했다.

370. 그리스어로는 *δοκιμάζεις τὰ διαφέροντα*. 이 번역의 모호함은 두 개의 핵심이 되는 그리스어 용어가 각각 기본적으로 두 가지 방식으로 번역될 수 있어 다른 뉘앙스가 다양하게 나올 가능성이 있기 때문이다(이와 같은 모호성은 빌 1:10에도 적용된다). *δοκιμάζω*의 의미는 "살피다, 헤아리다"(고전 11:28; 살전 5:21) 또는 "[살펴본 결과] 좋게 여기다, 인정하다"(롬 1:28; 고전 16:3)이며, *διαφέρω*는 자동사로 쓰일 때 "다르다"(고전 15:41) 또는 "더 귀하다"(마 6:26; 10:31; 12:12; 눅 12:7, 24)를 의미할 수 있다.

371. Godet. 이 두 학자 모두 바울이 랍비들의 결의론(casuistry)을 가리키고 있을지 모른다고 시사한다. 그만큼 랍비들은 유대인을 위한 하나님의 뜻을 아주 정확하게 특수화 시키고자 했던 것이다.

372. 이 견해를 취하면 *διαφέροντα*의 반대 개념인 아디아포라(구원과 무관한 것)가 떠오른다. 예를 들어, Käsemann; Cranfield; Dunn; Longenecker 등을 참조하라.

는 맞는 것 같지 않지만,[373] 후자는 많은 사람의 지지를 받을 수 있다.[374] 하지만 사실상 이 번역과 우리가 채택한 번역 사이의 의미상의 차이는 미미하다.

이 절의 마지막 어절(개역개정에서는 첫 번째 절이 된다-옮긴이)은 유대인이 "하나님의 뜻을 아는" 그리고 "지극히 선한 것을 분간하는" 이유를 설명한다. 즉, 그것은 "율법의 교훈을[375] 받았기"[376] 때문이라는 것이다. 유대인이 하나님의 뜻을 알고 가장 중요한 것을 분간하는 것은 그들이 유대교 회당과 그 밖의 장소에서 율법의 가르침을 받았기 때문이었다.

19-20 17-18절에서 바울은 유대인이 하나님의 언약 백성인 덕분에 개개인이 누린 다섯 가지 축복 리스트를 작성했다. 이제 구문이 바뀌면서 바울은 유대인이 이러한 축복 때문에 다른 백성과 비교해 상대적으로 누리는 네 가지 특권을 열거한다.[377] 바울은 유대인 대표자를 직접 상대하는 방식을 계속하여 "맹인의 길을 인도하는 자요 어둠에 있는 자의 빛[378]이요… 어리석은 자의 교사요[379] 어린아이

373. 명백한 비교 대상이 나오지 않는 문장에서 쓰일 때 διαφέρω는 "다르다"라는 뜻보다는 "뛰어나다"라는 뜻으로 보는 것이 더욱 합당하다. 예를 들어, Schreiner를 보라.

374. 일부 학자들은 그리스도가 "율법의 더 중한 것"을 꼽는 마 23:23이 평행 본문이라고 생각하기 때문에 이 번역 쪽을 선호한다. 그러나 이 평행성은 결코 확실하지가 않다.

375. 그리스어 동사는 κατηχέω로, "가르치다, 교훈하다"라는 뜻이며(행 21:21, 24), 신약에서 종교적인 가르침에 관해 종종 쓰인다(눅 1:4; 행 18:25; 갈 6:6a, b; 고전 14:19). 그 이후에는 새로운 개종자들의 교육을 위한 전문적인 단어로 쓰이게 되었다(여기서 "교리문답", "문답식의"라는 말이 나왔다).

376. 이 견해로 하면 부사 용법의 분사 κατηχούμενος("교훈을 받아")는 γινώσκεις("알다")와 δοκιμάζεις("좋게 여기다")를 모두 수식한다. Cranfield를 참조하라. 이 분사는 또한 마지막 동사만을 수식할 수도 있다.

377. 분사 πέποιθας는 17-18절에 느슨하게 연결되는데, 그 연결 역할을 하는 것이 τε다(이것이 πέποιθας를 κατηχούμενος["교훈을 받아"]에 직접 연결시킬 수도 있지만 가능성은 적다). 그 뒤로 보어 역할을 하는 부정사 εἶναι가 이어지고 여기에 바울은 4개의 평행적인 서술 명사를 (부정사의 주어인 σεαυτόν에 맞춰 목적격으로) 덧붙여 유대인의 특권을 기술한다.

378. "빛"은 율법과 연결되었으며(Wis. 18:4), 이교로부터 유대교로의 개종은 어둠에서 빛으로 이동하는 것으로 묘사되었다(예를 들어, Jos. and As. 8.10).

379. 그리스어로는 παιδευτὴν ἀφρόνων. παιδευ-를 어근으로 하는 단어군은 신약에서 일반적으로 징계 활동을 묘사하며, 특히 어린아이를 매질하여 가르치는 일을 가리킨다(행 22:3; 엡 6:4; 히 12:5-11). παιδευτής가 여기서는 "징계"보다 "훈련"을 의미하지만(딛 2:12를 보라), 그 활동은 여전히 종교적 이해력이라는 면에서 "매우 어린 아이들"을 상대로 하는 것이다(다음 어구에 나오는 단어 νηπίων과 비교하라). 그러므로 이 단어는 바울이 말하는 "어리석은 자"의 윤곽을 정해 준다. 즉, 그것은 하나님의 진리를 냉소적으로 거절하는 자가 아니라 무지하고 훈련되지 않은 미성숙한 자

의 선생[380]이라고 스스로 믿으니"[381]라고 말을 잇는다. 유대인이 율법에 나타나는 하나님의 뜻을 특별히 구체적으로 안다는 것이 그들로 하여금 다른 사람들을 가르칠 책임을 갖게 만든다. 이러한 역할을 기술함에 있어 바울은 특별히 헬레니즘 세계를 겨냥한 유대교의 선전에 있는 문구들을 쓰고 있다.[382]

그들 밖의 세계를 향한 유대인들의 사명감은 구약에 뿌리를 두고 있다.[383] 그러므로 바울이 유대인은 스스로 "맹인의 길을 인도하는 자"요 "어두움에 있는 자의 빛"이라는 믿음을 가지고 있었다고 확언할 때, 우리는 "이방의 빛"이 되고 "눈먼 자들의 눈을 밝히며" 나가야 할 하나님의 종 - 적어도 어느 정도는 이스라엘과 동일시되는 종 - 의 임무를 생각하게 된다(사 42:6-7; 49:6).[384] 하지만 유대인들은 비록 그들이 타락했을 수 있는 이방 세계를 계몽할 그들의 책임에 훨씬 미치지 못하더라도 회의적이고 때로는 적대적인 이방 세계의 눈으로 볼 때 유대인의 중요성과 율법의 가치를 강조하는 수단으로 이러한 이방인을 계몽시키는 권한을 계속 자랑했다.[385]

18절에서 그랬듯이 바울은 자신이 작성한 유대인의 특권 목록에 하나의 분사절을 덧붙여(18절에서는"율법의 교훈을 받아"를, 20절에서는"율법에 있는 지식과 진리의 모본을 가진"을 붙인 것을 말한다-옮긴이) 유대인이 누린 혜택이 율법으로 말미암은 것이라고 밝힌다. 바울은 그 율법에 "지식과 진리의 모본"을[386] 가지고 있다고 주장함으로

다. 유대인은 이방인을 이런 식으로 본다. 예를 들어, 1 Enoch 105:1을 참조하라. 내용은 이렇다. "그 날에 그는 '여호와께서 오래 참으시며 이 땅의 아이들로 듣게 하시리라. 그들에게 당신의 지혜를 보여 주소서. 당신은 그들의 안내자가 아니니이까'라고 말한다."

380. 그리스어로는 διδάσκαλον. διδασκ-를 어근으로 하는 단어군은 언제나 παιδευ-를 어근으로 하는 단어군보다 적극적이고 지적인 활동을 가리키는데, 여기서는 παιδευτής와 διδάσκαλος 사이에 의미의 차이가 거의 없다.

381. 분사 πέποιθας의 완료형은 "설득되다 또는 확신하다"라는 현재의 의미를 갖는다(BDAG).

382. Str-B, 3.96-105; Michel.

383. 확실히 유대인들은 이 "선교"를 적극적으로 개종자를 찾는 것이 아니라 자신들의 생활 방식, 즉 주로 수동적으로 이교도를 끌어들이는 것으로 생각했다(McKnight, *Light among the Gentiles*를 보라).

384. 예수는 이 말을 냉소적으로 비틀어 바리새인들을 "맹인이 되어 맹인을 인도하는 자"[τυφλοὶ ὁδηγοί]라고 비판했다(마 15:14. 또한 행 26:18도 보라. 여기서 바울은 "그[즉 이스라엘 백성과 이방인 모두의] 눈을 뜨게 하여"는 명령을 받았다고 주장한다).

385. Sib. Or. 3:194-95의 "위대한 하나님의 백성은 다시 한 번 강해져서 모든 사람에게 생명의 인도자가 되리라"를 참조하라.

386. 그리스어로는 μόρφωσιν. 이 단어는 신약에서는 딱 한 번만 더 쓰이는데(딤후 3:5), 거기서는 "[내

써 그 율법이 충분성을 강조한다. 바울은 특히 특별 계시 밖에 있는 사람들을 포함하여 모든 사람이 "지식"과 "진리"에 접근할 수 있는 방법을 가지고 있으며(1:18-19, 25, 28, 32), 따라서 그 방법을 외면할 때 "핑계하지 못 한다"고 확언했다. 유대인은 이 지식과 진리를 훨씬 더 분명하고 더 구체적인 모본의 율법 형태로 지니고 있다고 주장한다. 그러므로 유대인에 속하는 사람이 하나님 앞에서 "핑계하지 못할 것은"(2:1) 이방인보다 훨씬 더하다.

21-22 이 두 절에 나오는 네 개의 문장은 디아트리베 양식에 부합하는 수사적 질문으로 보는 것이 최선이다. 이 문장들은 17-20절의 당당한 주장을 한 유대인이 "다른 사람을 가르치는 네가 네 자신은 가르치지" 아니하는 모순된 위선자임을 폭로한다. 그런 고발은 분명 새로운 것이 아니었다. 구약(예를 들어, 시 50:16-21), 유대교(예를 들어, 'Abot R. Nat. 29[8a]), 그리고 예수(예를 들어, 마 23:3)가 유사한 고발을 했다. 여기서 다시 떠오르는 것은 하나님 앞에서는 결국 "행함"이 중요하다는 바울의 강조다. 유대인이 주장할 수 있는 모든 특권, 구별 그리고 은사는 진지하고 일관성 있는 순종으로 응답하지 않는다면 무의미한 것이다. 그리고 이곳에서 결여되어 있는 것이 바로 이 순종이다.

다른 사람을 가르치는 유대인은 먼저 자기 자신을 가르쳐야 한다는 첫 번째 고발은 일종의 표제이며, 이어지는 질문에서 세 개의 구체적인 실례로 나뉜다. 바울은 죄의식이 없이 율법을 범하는 세 개의 죄를 유대인이 "자신은 가르치지" 않는다는 증거로 꼽는다. 물론 도둑질과 간음의 금지는[387] 십계명에 포함되어 있다. 세 번째 죄는 확인하기가 더 어렵다. 유대인이 "우상을 가증히 여긴다"[388]는 바울의 주장은 확실히 맞는 것이며, 1세기의 유대교에서 볼 수 있는 중요한 요소 중 하나

적 실재와는 맞지 않는] 겉모양"을 의미하고, 여기서는 "어떤 인상의 결과"(Käsemann) 즉 "모양" 또는 아마도 "형태화"를 가리킨다(BDAG)(개역개정에서는 이것을 모본으로 번역했다-옮긴이).

387. (예를 들어, Barrett 등) 소수의 해석자는 여기서 "간음하는 것"은 거짓 신을 섬기는 것을 은유적으로 가리킨 것일지도 모른다고 제안한다. 그러나 단순한 성적 의미로 쓴 것이라고 보는 것이 더 합당하다.

388. 그리스어로는 *βδελυσσόμενος*로, "가증히 여기는 [너]"라는 실명사적 분사 역할을 한다. 이 동사는 (신약 다른 곳에서는 계 21:8에서밖에는 더 나오지 않지만) LXX에서는 우상과 관련하여 종종 쓰인다(예를 들어, 신 7:26).

를 포착한 것이다. 헬레니즘의 진출로 유대인의 존재가 위협을 받고 유대인이 이교도 세계의 각지로 분산되면서 그런 이교도의 관행을 피해야 할 필요성이 갈수록 강조되었다. 전문적인 의미에서의 우상 숭배는 그 당시의 유대인들에게 일반적으로 알려지지 않았다. 사실 유대인이 행한다고 하는 바울의 고발은 구체적으로 우상 숭배가 아니라 "신전 물건을 도둑질한다"는 것이다. 바울이 이 고발로 무엇을 의도하는지는 분명하지 않다.[389]

(1) 바울은 이 단어를 글자 그대로의 본래적인 의미로 썼을 수도 있다. 유대인이 신전 물건을 훔치는 짓을 했다는 증거는 거의 없지만, 귀금속을 우상 숭배의 품목으로 삼지 말라는 금령(신 7:26을 보라)이 완화되어 이에 불순종하게 되었으리라고 생각할 만한 이유는 어느 정도 있다.[390] 그렇다면 바울은 이교 신전에서 훔친 그런 물건의 사용을 유대인이 우상 숭배를 가증하게 여긴다는 주장과 상충되는 행위의 예로 인용하고 있을 수 있다.[391]

(2) 바울은 이 단어를 유대인이 여호와 예배의 유지를 위해 모든 유대인에게 부과되는 "성전세"를 내지 않는 것을 일컬어 예루살렘 성전의 도둑질에 적용했을 수도 있다.[392]

(3) 바울은 이 단어를 일반적인 의미에서의 신성모독에 적용했을 수도 있다.[393] 바울의 이러한 고발이 타당하기 위해서는 이 신성모독에 이스라엘의 하나님에 대한 각종 불경건의 행위(또는 태도)가 포함되어야 할 것이다. 율법을 여호와 하나님

389. 동사는 ἱεροσυλέω이다. 이 단어는 신약의 다른 곳에서는 나오지 않지만, 그 동족어인 ἱερόσυλος는 행 19:37 가운데 에베소 지역의 행정관리가 바울과 그 일행을 "신전 물건의 도둑"도 아니요 "여신 비방자"도 아니라고 변호하는 대목에서 나온다. LXX에서는 마카비 2서에서만 나와 예루살렘 성전을 도둑질 하는 것(4:39, 42)과 이교 신전을 도둑질 하는 것(9:2)을 가리키는데, 아마 더욱 일반적으로 신전 도적질과 그에 관련된 신성 모독 행위를 가리킬 것이다(13:6). 필론과 요세푸스 모두 이 동사와 그 동족어인 ἱεροσυλία와 ἱερόσυλος를 써서 유대교 성전만이 아니라 이교 신전들까지의 글자 그대로의 도적질과 은유적인 도적질을 다같이 가리킨다.

390. Str-B, 3.113-15를 보라.

391. 예를 들어, Chrysostom; Godet; Murray; Kasemann; Wilckens; Dunn; Longenecker; Schnabel; G. Schrenk, *TDNT* 3.256. Jewett은 "신전 도둑질"이 비유대 종교 관습에 대한 존중을 옹호하는 헬레니즘 유대교 전통을 침해하는 것이라고 제안한다(예를 들어, Josephus, *Ant.* 4.207).

392. Hodge(?). 이 "성전세"의 미납은 분명 흔히 있었던 일로 빈번히 비판받았다(예를 들어, Pss. Sol. 8:11-13; T. Levi 14:5을 참조하라).

393. 이 단어가 이런 의미를 가질 수 있었던 증거로는 마카비 2서 13:6과 행 19:37을 보라.

그분 자신의 권리와 명예를 침해할 정도로 높이는 따위가 이에 해당된다.[394] 이러한 대안들은 각각 그 나름의 문제가 있다. 두 번째와 세 번째 대안에는 유대인의 성전이나 하나님에 대해 저지르는 행위가 유대인이 우상을 가증히 여기는 것과 상충되지 않는다는 난점이 있다.[395] 반면에 우리가 첫 번째 대안을 채택한다면, 바울은 그가 공격 대상으로 삼는 유대인을 고작해야 드물게 일어나는 범죄로 인하여 고발하고 있는 셈이 될 것이다. 그렇기는 해도 이 난점은 두 번째와 세 번째 대안으로 인해 부딪히는 난점만큼 크지는 않다. 게다가 이 해석은 이 세 번째 고발을 처음 두 가지 고발과 같은 기반 위에 놓는다(아래를 보라).

왜 바울은 유대인이 일반적으로 그들이 공경하는 율법대로 살지 않는다고 고발함에 있어 그렇게 중대하고 상대적으로 빈도가 낮은 행위들을 선택했을까? 대다수의 유대인은 분명 도둑질한 적도 간음한 적도 또는 신전의 물건을 훔친 적도 없을 텐데, 그런 유대인들에게 하는 바울의 고발이 어떻게 납득이 갈 수 있겠는가? 일부 해석자들은 바울이 이런 행위의 각각을 예수가 가르치신 율법의 "심화"(마 5:21-48)에 비추어 보고 있음에 틀림없다는 결론을 내린다. "도둑질과 간음과 신성모독을 엄격하게 그리고 철저하게 이해한다면 이 세 가지 모두에 죄가 없다고 할 사람은 아무도 없다."[396] 그러나 문맥상 이 행위들에 대한 그러한 이해를 바람직하게 만드는 것은 아무것도 없고 그에 반대되는 것은 매우 많다. 로마서 2장에서 바울의 목적은 유대인에게 율법 자체의 기준에 따라 정의해 볼 때 그들의 행위가 부적절하다는 것을 납득시키는 데 있다. 만일 바울이 예수가 가르치신 대로 철저한 의미에서 유대인이 율법을 위반하고 있다고 고발한다면, 바울의 이 의도는 뒤로 밀려나게 될 것이다.

또 하나의 제안은 왓슨(Watson)이 내놓는다. 그는 이 문맥이 유대인의 가르치는 행위에 역점을 두고 있다는 점에 주목한다. 왓슨은 바울이 로마의 유대인 공

394. 특히, Garlington, "ΙΕΡΟΣΥΛΕΙΝ and Idolatry," 142-51를 보라. 또한 Calvin; Cranfield; Fitzmyer; Haacker를 보라. Bengel은 유대인들이 복음에 반응하여 하나님을 영화롭게 하지 않은 것을 가리키는 것으로 본다(또한 Barth, *Shorter*를 보라). 필론은 살인자를 "성전 도둑"(ἱεροσυλία)이라고 비난하는데, 이는 사람의 생명을 빼앗는 것은 하나님으로부터 그에게 극히 소중한 것을 탈취하는 것이라는 의미이기 때문이다(*Decalogue* 133; *Special Laws* 3.83).

395. Kuss.

396. Luther; Cranfield; Ridderbos, *Paul*, 136-37; Goppelt, "Missionar des Gesetzes," 137-46.

동체에서 사람들을 개종시키는 데에는 적극적이었지만 부도덕한 행위를 저지른 죄로 로마에서 추방된 유대교 지도자들을 비판하고 있는 것일 수 있다고 생각한다.[397] 왓슨의 해석은 로마서에서 바울이 상대로 하여 말하는 사회 상황을 재구성한 결과로 나오는데, 그 재구성은 본문에 정당화될 수 있는 것 이상의 것을 넣어 읽는다는 흠이 있다. 그럼에도 불구하고 그의 제안에는 사실의 요소가 있을 수 있다. 그것은 바울의 의도가 이 율법 위반들을 로마서 2장의 **중심사상**(*leitmotif*)인 말과 행위를 서로 대조하는, 예를 들어, 율법의 소유와 율법의 순종을 대조시키는, 예로 인용하고 있는 것으로 보인다는 의미로 나타나기 때문이다.[398] 그러므로 모든 유대인이 이런 죄들을 저지른다는 것이 아니라, 이런 죄들이 유대교에 크게 번지고 있는(does) 주장과 행위 사이의 불일치를 대표한다는 것이다. 그러므로 바울이 많은 죄 가운데 하필 이러한 것을 선택한 것은 (만약 "신전 물건을 도둑질하는 것"이 첫째 계명의 위반으로 해석될 수 있다면)[399] 십계명의 계명과 대조시키기 위한 것이거나, 살인과 간음과 신성모독과 같은 죄목들이 흔히 나왔던 다른 "악의 목록"을 그런 유형으로 보여 주기 위한 것이거나,[400] 아니면 아마 가장 가능성이 높은 목적이겠는데 유대인의 죄와 이방인의 죄가 동일하다는 것을 증명하기 위해서일 수 있다(2:3을 보라).[401]

23 이 절은 또 하나의 수사적 질문(NIV, NASB; NRSV; CSB)이라기보다는 십중팔구 하나의 진술인데(NA[28], ESV; NLT; NET), 이 진술은 바울의 유대인 대화 상대에게 17-22절에서 발전시킨 고발을 상키시킨다. 17절은 유대인이 율법을 "의지하며"라고 했는데, 23절은 그 의미를 강조하여 유대인이 율법을 "자랑하는"[402] 것으로 말한다. 율법에 대한 그러한 모든 자부심 - 율법은 오랜 역사를 가지고 있고 완전

397. F. Watson, *Paul, Judaism, and the Gentiles*, 203-5.
398. Kuss; Dunn을 보라. Käsemann은 일부 인사의 행위가 그 사회를 대표하게 되는 어떤 종말론적 관점의 증거를 본다.
399. Harrisville.
400. Philo, *Confusion of Tongues* 163 (그리고 ἱεροσυλία in *Special Laws* 2.13; 4.87을 참조하라); G. Schrenk, *TDNT* 3.256을 보라.
401. Livermore, "Romans 1:18-3:20," 213.
402. 그리스어로는 καυχᾶσαι. 이 단어에 관해서는 17절에 대한 각주를 보라.

하다는 주장이나, 이스라엘은 율법을 맡은 백성이라는 자랑 모두 – 이 율법에 순종하지 않을 때는 무의미해지고 사실상 해가 되기까지 한다.[403] 하나님을 영화롭게 하는 것은 율법을 자랑하는 것이 아니라 율법에 순종하는 것이다.

24 바울은 23절에서 그가 내린 결론을 확인하기 위해 구약 본문을 인용한다. 인용문은 아마도 이사야 52:5b에서 가져온 것일 것이다(비록 유사한 겔 36:20, 22에 대한 일부 언급을 배제할 수는 없지만 말이다).[404] 다른 구체적인 목적들 중에서 바울의 구약 본문 인용은 로마서 2:17-23이 동시대의 "하나님의 백성 이스라엘의 후손에 대한 선지자적 고발"로 이해되어야 함을 가리킨다.[405] 이사야서에서 하나님의 이름을 더럽히는 일은 이방의 권력이 하나님의 선민인 이스라엘을 압제함으로써 일어난다.[406] 바울은 그 신성모독의 원인을 하나님 백성의 불순종한 삶으로 인한 것으로 돌린다.[407] 그러나 이 이방 통치자들이 하나님의 이름을 조롱하고 신성모독 할 수 있는 이유는 이스라엘이 계속해서 죄를 지었기 때문이며 그 결과로 그들을 유배로 이끌었다. 더욱이, 바울이 인용한 이사야서 본문은 이스라엘이 포로에서 미래의 구원을 기념하는 이사야서의 한 부분에 나타난다(바울은 10:15에서 사52:7의 "좋은 소식" 구절을 인용한다). 그러나 그러한 하나님의 역사가 일어날 때까지 이스라엘은 죄/포로 상태에 머물러 있을 것이며, 그리고 바울은 이것이 자신의 시대에 있

403. 유대인이 하나님을 "욕되게 하는" 것은 διὰ τῆς παραβάσεως τοῦ νόμου라고 말한다. 바울은 한결같이 παράβασις라는 단어를 써서 계시된 율법 또는 계명의 "위반"을 암시한다(롬 4:15; 5:14; 갈 3:19; 딤전 2:14을 보라).

404. LXX의 사 52:5에는 δι' ὑμᾶς διὰ πάντος τὸ ὄνομά μου βλασφημεῖται ἐν τοῖς ἔθνεσιν라고 읽는다(MT에는 δι' ὑμᾶς 또는 ἐν τοῖς ἔθνεσιν에 맞는 표현이 없다).

405. Longenecker.

406. G. V. Smith가 말했듯이, "모든 사람이 (사 52:5b의) 마지막 줄에서 이방 통치자들이 하나님의 이름을 모독하는 모욕을 가리킨다는 것을 깨닫는다" (*Isaiah* 40-66, 421).

407. 이러한 적용의 변화로 인해 일부 주석가들은 바울이 겔 36:20(καὶ ἐβεβήλωσαν τὸ ὄνομά μου τὸ ἅγιον) 그리고/또는 36:22(διὰ τὸ ὄνομά μου τὸ ἅγιον, ὃ ἐβεβηλώσατε ἐν τοῖς ἔθνεσιν)을 인용하고 있을지도 모른다고 제안했다. 두 본문 모두 이스라엘이 포로 생활로 인해 이방 나라들 사이에서 하나님의 이름에 오명을 씌웠다고 비난한다. 이 구절은 개념적으로 바울에 더 가깝고 랍비들 또한 바울과 유사한 방식으로 사용했다(예를 들어, Mek. Exod. 15:2 [44b]; Calvin 참조). Longenecker는 이 인용이 사 52:5과 겔 36:20의 합성어라고 생각하는데, 바울은 성경 그 자체라기보다 전통적인 가르침으로 더 많이 인용한다(인용 뒤에 오는 인용 공식으로 알 수 있다. 그러나 이사야서 본문은 언어적으로 바울의 말에 훨씬 더 가깝고, 바울이 자신의 요점을 표현하는 적절한 수단으로 이사야의 말을 선택했다고 보는 것이 가장 좋다.

는 이스라엘의 상태라고 암시한다.[408]

ii. 할례(2:25-29)

25 네가 율법을 행하면 할례가 유익하나 만
일 율법을 범하면 네 할례는 무할례가 되
느니라
26 그런즉 무할례자가 율법의 규례를 지키
면 그 무할례를 할례와 같이 여길 것이 아
니냐
27 또한 본래 무할례자가 율법을 온전히 지키
면 율법 조문과 할례를 가지고 율법을 범
하는 너를 정죄하지 아니하겠느냐
28 무릇 표면적 유대인이 유대인이 아니요
표면적 육신의 할례가 할례가 아니니라
29 오직 이면적 유대인이 유대인이며 할례는
마음에 할지니 영에 있고 율법 조문에 있
지 아니한 것이라 그 칭찬이 사람에게서가
아니요 다만 하나님에게서니라

12-24절이 유대인의 율법 소유가 그들을 심판으로부터 피하지 못하는 것은 율법의 행함이 중요하지 단순한 율법의 소유가 중요한 것이 아니기 때문임을 증명했듯이, 25-29절은 할례 역시 율법에 순종하지 않으면 아무 혜택이 되지 못한다고 주장한다. 율법과 마찬가지로 할례는 하나님이 아브라함과 더불어 세우신 언약에 참여한 선민의 구성원이라는 유대인의 특권적 신분을 알려 주는 징표였다(창 17장). 후에 유대교는 "할례 받는 사람은 아무도 지옥으로 떨어지지 않는다"고[409] 주장했으며, 제2성전 시대의 전 기간에 걸친 할례 의식의 중요성은 이 견해가 바

408. 나는 Wheaton College의 M. Monkemeier가 작성한 논문에서 이 아이디어를 제공한 것에 대해 감사드린다. R. Hays는 사 52:5b의 이러한 "도발적인 오독"이 독자들로 하여금 포로 가운데 있는 이스라엘과 동일시하도록 자극하고 궁극적으로 독자들로 하여금 사 52장의 맥락에서 "포로의 끝"의 약속을 기뻐하게 하기 위한 것이라고 주장한다(*Echoes*, 44-46; 유사하게는 Bird; J. Wagner, *Heralds*, 176-78을 보라).

409. Exod. Rab. 19 (81c). 또한 Tanch. B. 60b, 8; Gen. Rab. 48 (30a)도 참조하라. 마카비 시대에는 유대인이 생존 투쟁을 위해 유대인임을 알려 주는 불가결한 징표로서 할례를 갈수록 더 강조하게 되었으며, 그것은 사람이 목숨을 걸고라도 구해야 할 징표였다. 그리고 비판과 조롱에 대응하여 헬레니즘 유대교가 유대인의 제도에 보다 영적으로 접근하는 경향을 보이는 동안에도 육체의 할례는 변함없이 강조되었다. 필론은 모든 것을 알레고리화 해서 말하면서, 그리고 할례 의식을 중시하지 않는 유대인이 몇몇 있음을 언급하면서도, 육체적 할례 의식은 반드시 지켜야 한다고 강조했다(*Special Laws* 1.1-11, 304-6; *Abraham* 92). 일부 유대인이 이방인 개종자들에게 할례 의식을 면제해 주었다는 것은 있을 수 있는 일이지만(Josephus, *Ant.* 20.17-48에 나오는 Izates의 이야기를 보라), 지배적인 의견은 오직 할례 받은 이방인이라야 진정한 개종자로 간주될 수 있다는 것이었다(G. Moore, *Judaism*, 1.323-35).

울 시대에도 널리 퍼져 있었음을 시사한다. 그러나 바울은 거기서 더 멀리 나아간다. 율법에 대한 불순종은 할례 받은 유대인이 구원받기 어려울 뿐만 아니라 율법에 대한 순종은 할례 받지 않은 이방인도 구원받을 수 있다는 것이다. 뿐만 아니라, 바울의 중심적인 관심사가 (7, 10절과 14-15절에서와 같이) 다시 한번 그리스도와 관계 없는, 세상에서 볼 수 있는 공정한 심판의 기준을 제시하는 것이 되면서, 바울은 이 장에서 처음으로 "진정한" 유대인은 하나님의 영에 의해 마음에 할례 받은 기독교인이라고 암시하기도 한다(29절).

25 25절의 첫머리에 나오는"for"(헬. 가르[*gar*]; 개역개정에서는 번역되지 않음-옮긴이)는 이 문단 전체를 은연중에 암시된 유대인의 한 반론에 연결시킨다. 그 반론은 우리의 할례가 우리는 아브라함의 약속의 상속인인 하나님의 선민에 속한다고 표시해 주고 있는데, 그런 우리가 어떻게 이방인과 같이 취급될 수 있으며(6-11절), 심지어 하나님의 진노를 받을 위험에까지 함께 처할 수 있다(5절을 보라)는 말이냐는 것이다. 이에 대한 바울의 대답은 율법을 행하면 할례가 "유익하나"[410] 그 반대로[411] 율법을 범하면 할례가 "무할례가 되느니라"[412]고 말한다. 바울은 할례 자체만의 가치에 이의를 제기하고 있음이 분명하다. 그러나 바울이 정확히 무엇을 의미하는지는 따져보아야 한다. 첫째, 구체적으로 할례의 어떤 "유익"에 바울은 이의를 제기하고 있는가? 심판과 진노에 초점을 맞추고 있는 전후 문맥에 비추어 볼 때, 바울은 유대인을 하나님의 진노로부터 보호해 주는 효력을 염두에 두고 있음이 분명하다. 이 의미는 3:1-2에 의해 확인되는데, 여기서 "할례의 유익이 무엇이냐"[413]라는 질문은 바울이 25-29절에서 할례의 가치를 어떤 극히 중요한 면에서 부정했을 경우에만 - 그리고 그것을 모든 유대인에 대해서 부정했을 경우에만 - 말이 되기 때문이다. 3:9과 19절에 비추어 볼 때, 이 가치는 유대인을 죄의 횡포와 하나님의 심판으로부터 구해줄 수 있는 할례의 효력에 관계되는 것

410. 그리스어로는 ὠφελεῖ.
411. 여기서 δέ는 이 절의 첫 번째 문장에 나오는 μέν과 상관적이다.
412. 그리스어로는 γέγονεν. 완료 시제로 되어 있는 것은 할례가 완전히 되었을 때 그와 관련해서 존재하는 상태를 암시하기 때문이다.
413. 여기서 바울은 다시 ὠφελέω의 한 형태를 쓴다.

이지 않으면 안 된다.

이 결론이 두 번째 질문을 푸는 데 중요한 단서를 제공하는데, 그 질문은 "율법을 행하면"이라는 말의 의미가 무엇이냐는 것이다. 문맥에 맞는 해석은 두 가지가 있다. (1) 언약의 규정들에 완전한 믿음을 가지고 진심으로 순종하는 것,[414] (2) 율법이 제시하는 문자대로 온전히 따르는 것[415]이 그것이다. 전자를 채택한다면, 바울은 필경 이런 식으로 "율법을 행하는 것"을 가능한 것으로 간주하는 셈이 될 것이며, 그의 논지는 하나님이 정하신 언약의 규정들에 대해 이렇게 진지하고 신실한 대응을 할 때만 언약의 징표인 할례가 가치를 갖는다는 뜻이 될 것이다. 반면에 두 번째 의미를 택하면, 바울은 하나님의 요구에 대한 온전한 순종이라는 그 누구도 감당할 수 없는 기준을 하나님의 판단의 기준으로 제시하고 있는 셈이 될 것이다. 이럴 경우 할례는 누구에게도 (구원을 가져오는 유익이라는 의미에서의) "유익"이 되지 못할 것이다. 이 두 개의 선택지 중 하나를 결정하기는 매우 어렵다. 전자 쪽으로 기울게 하는 것은 구약 자체에서 율법의 진정한 행함에 필요한 마음의 자세가 부정할 수 없도록 강조되고 있으며, 그것은 바울이 28-29절에서 반영하는 것으로 보이는 강조이기도 하다는 사실이다.[416] 확실히 1세기의 유대교는 율법을 행할 수 있는 것으로 간주했으며, 대부분의 유대인이 아마 바울의 말이 완전한 순종을 요구하는 것이 아니라 진심에 의한 진지한 순종을 요구하는 것이라고 해석할 것이다. 게다가 율법을 "행하는 것"은 바울이 26절과 27절에서 진정으로 가능한 일로 제시한 것으로 보인다.

이상의 강력한 주장들이 있지만, 나는 그래도 두 번째 해석을 채택하고 싶다. 내가 그러는 주된 이유는 한편으로는 믿음을 다른 한편으로는 "율법"과 "행위" 또는 "행함"이라는 양자 사이에서 바울이 로마서 전체를 통해, 그리고 그의 다른 편지들에서도 지속하고 있는 결정적인 구분이다. 유대교에서는 "율법을 행함"에 믿음이 충분히 포함될 수 있었던 반면, 바울 서신에서는 "율법을 행함"이 믿음으로부터 명확히 분리되고 또 그것이 강조된다(3:27-28[우리의 해설을 포함하여]; 4:2-5,

414. 예를 들어, Murray; Cranfield.

415. 예를 들어, Calvin; Schreiner.

416. 특히, Berkley, *From a Broken Covenant*; Wells, *Grace and Agency*, 209-16을 보라.

13-16절; 10:5-8과, 이것이 가장 분명하게 나타나는 것으로 볼 수 있는 갈 3:12). 실로 바울은 믿음과 율법에 대한 순종이라는 인간의 두 가지 반응 사이에 이러한 두 개의 분리로 쐐기를 박는다. 바울은 믿음과 행위의 어떠한 혼합, 어떠한 상승 작용도 하나님의 은혜에 손상을 입히는 것으로 보기 때문이다(특히 4:1-5을 보라).[417] 이런 심중에 비추어 볼 때 아무래도 바울은 여기서 "율법을 행하는 것" 속에 믿음을 포함시키는 일은 없는 것 같다. 그리고 바울이 로마서의 이 단원에서 그의 주장으로부터 도출하는 추론 - "율법의 행위로 하나님 앞에 의롭다 하심을 얻을 육체가 없나니"(3:20) - 에 비추어 볼 때 마찬가지로 그는 할례나 율법을 행하는 것에 구원을 가져오는 가치를 부여할 의도 역시 없다고 볼 수 있다. 이 단원에서 바울의 목적은 할례가 어떻게 언약과 관련하여 가치가 있는가를 지적하는 데 있는 것이 아니라, 유대인이 하나님의 진노로부터 자동적으로 용서 받을 수 있다고 생각하는 목록에서 할례를 제거하는데 있다.[418]

이러한 결정들은 율법을 범하면 할례가 "무할례"가 된다는 바울의 주장이 뜻하는 바가 무엇인지를 결정하는 데 도움이 된다. 만약 할례의 유익이 하나님의 진노로부터 보호하는 데 있다면, 이 무할례라는 표현은 그와 반대로 그 진노에 노출시키는 것을 의미한다.[419] 무할례가 된다는 것은 이방인이 되어 심판의 날에 하나님의 백성에 속하는 자격이 제공해 줄지 모르는 일체의 방어 수단이 몰수된다는 것을 의미한다. 바울은 여기서의 강한 수사학적인 어조를 취한다. 유대교 교사들은 언약을 부인하는 극단적인 결정만이 할례를 무효화한다고 한 데 반해,[420] 바울은 율법의 단순한 위반도 같은 결과를 가져올 수 있다고 주장하기 때문이다. 바울이 보다 극단적이기는 하지만, 구약의 선지자들도 그의 논박과 흡사한 말을 했다. 선지자들은 이스라엘 백성에게 언약에 규정된 의무의 이행을 무심코 무시함으로써 이방의 지배와 그들이 언약의 표징에서 찾고자 하는 하나님의 심판으로부터의 안전보장을 무효로 만들었다고 경고했다.[421]

417. 물론 1:5 에서 보았듯이 바울은 이 둘이 기독교인에게 있어서 뗄 수 없는 관계라고 주장한다.
418. 예를 들어, Calvin.
419. Hodge; Michel; Nygren.
420. E. P. Sanders, *Paul and Palestinian Judaism*, 157-82를 보라.
421. 예를 들어, 렘 7장; 암 5:18-27; 호 6-9장을 보라.

26 심판 때 구원받느냐 못 받느냐를 결정하는 것이 할례가 아니라 율법에 대한 순종이라면, 그 결과의 하나로[422] "무할례자"인[423] 이방인이 율법에 순종하면 구원받을 수 있다는 이야기가 된다. 이 무할례는 그 이방인이 "이스라엘 나라 밖의 사람이라 약속의 언약들에 대하여는 외인이요 세상에서 소망이 없고 하나님도 없는 자"(엡 2:12)임을 의미하는데, 그가 "율법의 규례를 지키면" 할례와 같이 "여길[424] 것이다."

율법을 지켜 심판의 날에 구원받는 이 할례 받지 않은 이방인들은 누구인가? 우리는 바울이 그리스도를 대한 믿음을 가지지 않은 이방인들을 그들이 받은 빛에 순종한 결과로 구원받는 것으로 묘사할 가능성을 이미 일축했다(2:11에 관한 각주들을 보라).[425] 하지만 이 장의 앞부분에서 이방인에 대해 유사한 긍정적 평가를 하는 절들 가운데 이방 그리스도인에 대한 지칭이 있음을 발견한다면(2:7, 10절, 14-15절; 참조. 13절), 여기서도 같은 동일시를 하는 것은 자연스럽다.[426] 확실히 이러한 구별에 대한 가장 강력한 증거는 이 맥락 안에서 나온다.[427] 바울은 유대인을 심판하는 순종적인 이방인을 묘사하기 위해 사실적으로 들리는 언어를 사용했을 뿐만 아니라(27절); 그는 또한 이 이방인을 하나님의 영으로 마음에 할례를 받은 자로 묘사한다. 이것은 분명히 새 언약의 축복이다(29절). 더욱이 "율법의 규례를 지키면" 이라는 표현은 예를 들어 "율법의 일을 행할 때"(14절)보다 더 강력한 표현이다. 그리고 그것은 오직 기독교인들에게만 가능한 율법의 충만하고 완전한 성

422. 그래서 바울이 쓰는 οὖν이 "그런즉" 이라는 뜻이 된다.

423. 바울은 추상적인 단어 ἀκροβυστία를 써서 "무할례의 상태로 있는 자"를 가리킨다 (BDAG).

424. 바울은 λογίζομαι εἰς라는 낱말의 조합을 창 15:6에서 차용하여 다소 전문적으로 롬 4장에 나오는 믿음의 "전가"를 나타낸다(참조. 3, 9, 22절). 하지만 여기서는 이 표현이 전문적인 의미를 잃고 히브리어 חָשַׁב לְ(하샤브 르)와 동의어가 된다(삼상 1:13; 사 29:17; 32:15; 호 8:12[전치사 כְּ]와 함께]를 참조하고, 또한 Wis. 3:17; 9:6도 참조하라). 바울이 여기서 동사의 미래형(λογισθήσεται)을 쓰는 것은 "여기는 것"이 율법을 행하는 결과("논리적" 미래)이기 때문일 수도 있지만, 그보다는 최후의 심판을 생각하고 있기 때문일 가능성이 더 크다(2:5, 16을 보라. Kuss; Riedl, *Heil des Heiden*, 209을 보라).

425. Riedl, *Heil des Heiden*, 209-10; Snodgrass, "Justification by Grace," 83.

426. 예를 들어, Godet; Barth, *Shorter*; Cranfield; Schreiner; 같은 저자, "Did Paul Believe in Justification?"; Wright; 같은 저자, *Paul and the Faithfulness of God*, 2.1432; Jewett; Kruse.

427. 따라서 이 장의 앞부분에 있는 구절에 대한 "기독교적" 해석을 일축하는 많은 학자들은 바울이 여기에서 기독교인들을 묘사하고 있다고 생각한다 (예를 들어, Luther; Zahn; Murray; Laato, *Paulus und das Judentum*, 104-5).

취를 의미한다고 주장한다. 그렇다면 이 구절들에서 기독교 이방인을 언급한다는 근거는 매우 강력하다. 그럼에도 불구하고, 기독교인들에 대한 암시가 분명하지만, 우리는 바울이 유대인 자신들의 언약에서 하나님의 구원의 은혜에 독점적으로 접근할 수 있다는 그들의 주장에 이의를 제기하기 위해 여전히 허수아비 논증을 세우고 있다고 생각한다.

우리는 29절과 관련된 주장을 적절한 시기에 논의할 것이다. 여기에서 우리는 27절의 언어에 대해 해설할 것이다. "율법의 규례를 지키면"이 기독교인들을 가리켜야 한다는 주장은 의심스럽다. 바울은 영을 따라 행하는 기독교인들이 그들 안에서 "율법의 요구"(롬 8:4)를 성취했다고 말하지만, 단수 명사와 수동태 동사는 이 8:4의 진술이 바울이 이곳 26절에서 말하는 것과 구별하여 쓴다.[428] 바울은 기독교인을 모세 율법의 특정한 규정에 따라 의무를 지는 사람으로 묘사하지 않는다. 그렇지만 바울이 기독교인을 "[모세] 율법의 규례를"(6:14, 15; 각각의 절에 해당하는 해설을 보라) 지킬 의무가 있는 사람으로 묘사하지 않고 "그리스도의 법"(갈 6:2; 참조. 고전 9:20) 아래에 있다고 표현한다. 마지막으로, 전후의 문맥이 율법의 위반 때

428. 바울이 여기서 쓰는 표현은 φυλάσσω τὰ δικαιώματα τοῦ νόμου다. ([여호와와 관련해서] φυλάσσω τὰ δικαιώματα αὐτοῦ라고 하는) 유사한 표현은 신명기에서 율법을 행하는 것을 가리켜 빈번히 나오며(4:40; 6:2; 17:19; 28:45; 30:10, 16), 흔히 동사 ποιέω("행하다")를 사용하는 유사한 표현들과 엄격하게 평행하여 나온다(예를 들어, 신 26:16-17). 그러므로 이 표현은 롬 2장에서 모세 율법에 순종하는 것을 가리키는 본질적으로 동의어적인 여러 표현 가운데 하나로 이해하는 것이 최선이다. 사실 바울이 율법에 대한 순종을 가리키기 위해 쓰는 표현들은 얼마 안 되며 체계화되어 있지 않다. 가장 빈번히 나오는 것이 [τὰ] ἔργα [τοῦ] νόμου, 즉 "율법의 행위"로써, 이것을 바울은 율법에 대한 순종에 입각하여 의롭다 칭함을 받을 수 있다는 것을 부정하는 문맥에서 쓴다(갈 2:16; 3:2, 5, 10; 롬 3:20, 28 - 그리고 3:20에 대한 각주들을 보라). 그는 또한 여러 개의 동사를 단어 νόμος 또는 그와 같은 뜻의 단어나 구들을 목적어로 하여 쓰고 있다. ποιέω, "행하다"(갈 3:10, 12; 5:3; 롬 2:14; 10:5. 롬 2:13에 나오는 ποιηταί도 참조하라), φυλάσσω "지키다"(갈 6:13; 롬 2:26), πράσσω "행하다"(롬 2:25), ἐμμένω "항상 행하다"(갈 3:10[신 27:26의 인용]), τελέω "온전히 지키다"(롬 2:27)가 그것들이다. 일부 학자들은 이 표현들의 의미에 차이가 있다고 생각하지만(많은 학자들은 특히 "율법의 행위"를 다른 범주에 넣는다), 이것은 결코 분명하지 않다. 이 표현들은 대부분 유대인들이 율법에 대한 순종을 나타내는 뜻으로 이미 쓰고 있었으며, 대부분이 후기 랍비 문헌의 히브리어에 밀접한 동의어들을 가지고 있다. 그것들은 모두 모세 율법에 대한 순종의 일반적인 관념을 표현하는 다른 방식들이다. 하지만 바울 서신에서 다른 범주에 넣어야 할 것들이 있는데, 그가 πληρόω("이루다")라는 단어나 그 동족어를 쓰는 표현들이 이에 해당한다(롬 8:4; 13:8, 10; 갈 5:14을 보라; 참조. 갈 6:2). 바울은 이 언어를 그리스도의 오심으로 인해 가능해진 율법의 기본적인 요구를 종말론적으로 "온전히 이루어지게 하는 것"을 위해 유보한다. 이에 관하여 특히, Westerholm, "On Fulfilling the Whole Law," 229-37을 보라.

문에 유대인이 구원받지 못한다고 시사하므로(25절), 율법에 대한 순종은 이방인에게 구원받는 자격을 부여하는 셈이 된다. 그러나 바울이 어떤 기독교인을 묘사하든지 간에 율법에 순종하는 결과로 이 구원의 자격을 얻게 되는 것으로 기술했을 가능성은 없다.

바울은 율법에 순종하는 이방인과 불순종하는 유대인에 대한 대조적인 그림을 우리 앞에 제시함으로써 행위에 근거하여 유대인과 이방인을 똑같이 심판하시는 하나님의 공평성에 대한 그의 요점을 다시 생생하게 설명하고 있다. 그의 더 큰 논증은 그러한 법에 순종하는 이방인이 실제로 존재하지 않는다는 것을 보여 주는 것이다.[429]

그렇다고는 해도, 우리는 여기서 바울이 제시하는 것에 포함된 혁명적인 암시를 놓쳐서는 안 된다. 할례는 결국 율법에서 명령한 것이었다. 그런데도 바울은 할례를 받지 않은 사람이 율법을 행할 수 있다고 말할 수 있다. 이러한 가정은 언약이 무엇이며 하나님이 그의 백성에게 요구하시는 것이 무엇인지에 대한 새로운 이해, 구원의 역사에서 새로운 단계가 시작되었다는 확신에서 비롯된 새로운 이해를 지향한 것이다.[430] 그러므로 여기서 직접 기독교인을 기술하지 않고도 바울의 논리는 하나님의 요구를 충족하고, 그럼으로써 사람들을 하나님과의 관계로 끌어들이는 것은 믿음이며 성령의 내재라는 그의 가르침을 예상하게 한다. 우리는 그것을 이렇게 풀어 쓸 수 있을 것이다. "만일 율법을 완전히 지키는 할례 받지 않은(우리가 앞으로 보게 되듯이 다른 의미에서는 있을지라도 지금 말한 의미에서는 없는) 사람이 있다면, 그 사람은 하나님의 백성 가운데 정회원으로 간주될 것이다."[431]

27 의인이 불의한 자를 심판하게 된다는 믿음은 널리 퍼져 있었다.[432] 그러나

429. 이러한 일반적 접근에 대해서는, 예를 들어, Calvin; Käsemann; Wilckens; Kuss; Fitzmyer; Byrne; Westerholm, "Letter and Spirit," 235; idem, "Paul's Anthropological 'Pessimism,'" 76; Bell, *No One Seeks for God*, 195-200을 보라. 나는 이 글에 대한 나의 생각을 자극해 준 미공개 논문의 B. Fisk에게 감사를 표한다.

430. 예를 들어, Barrett을 보라.

431. 특히, 이 단락에서 언약 갱신에 대한 암시를 강조하는 Wright 또한 Lohse를 보라.

432. 바울 서신 가운데서는 고전 6:2을 참조하고, 1 Enoch 91:12; 98:12; Apoc. Abr. 29:19-21; Wis. 3:8과 Str-B, 3.124의 추가 예문들을 살펴보라.

유대교의 전통은 당연히 유대인에게 의인의 역할을 맡기고 이방인에게 불의한 자의 역할을 맡겼다. 바울은 이 관례화된 구상을 역전시켜, 26절로부터의 그의 논증을 이어 "본래 무할례자가[433] 율법을 온전히 지키면 율법 조문과 할례를 가지고 율법을 범하는 너를[즉, 유대인을][434] 정죄하지[435] 아니하겠느냐"고 추궁한다. 바울이 시사하는 것이 이 의로운 이방인들이 하나님에 의해 재판관으로 임명되리라는 것인지,[436] 아니면 율법에 대한 그들의 순종 자체가 불순종하는 유대인에 대한 기소 증거가 되리라는 것인지는[437] 말하기가 어렵다. 그러나 후자일 가능성이 더 커 보이는 것은 자기를 배척한 유대인에 대한 예수의 다음과 같은 질책과의 평행 관계 때문이다. "심판 때에 니느웨 사람들이 일어나 이 세대 사람을 정죄하리니 이는 그들이 요나의 전도를 듣고 회개하였음이거니와 요나보다 더 큰 이가 여기 있으며 심판 때에 남방 여왕이 일어나 이 세대 사람을 정죄하리니 이는 그가 솔로몬의 지혜로운 말을 들으려고 땅 끝에서 왔음이거니와 솔로몬보다 더 큰 이가 여기 있느니라"(마 12:41-42; 참조. 눅 11:31-32).

이 확언의 사실적인 성격은 바울이 가상의 상황이 아닌 실제 상황을 기술하고 있음을 암시할 수 있다. 게다가 바울이 이 사람을 "율법을 **온전히**(*completes*) 지키는" 사람으로 기술하고 있는 점은 같은 방향을 가리키는 것일지도 모른다.[438] 그러나 이 표현은 율법의 계명에 순종하는 것을 기술하는 또 하나의 단순한 방법에 불과하다.[439] 위에 인용된 본문에서 예수가 하신 것처럼, 바울은 실제적인 언어를 사용하여 하나님께 적절하게 반응하지 않는 사람들을 질책하고 있다.

---

433. 어순으로 보아 ἐκ φύσεως, "본래(by nature)"가 τελοῦσα가 아니라 ἡ... ἀκροβυστία를 수식하는 것이 분명하다. 이 수식은 사람의 태어날 때의 모습 즉 "본래의" 모습과 유대인의 태어날 때의 모습 사이의 대조를 암시한다(φύσις의 유사한 용법으로는 갈 2:15을 참조하라).

434. 2인칭 대명사 단수형 σέ는 이 문항의 디아트리베 양식을 지속시키고 있다(25절에 있는 2인칭 단수 동사들을 참조하라).

435. 그리스어 동사 κρίνω는 분명히 비난이 담긴 부정적인 의미를 가지고 있다.

436. BDAG, s.v. κρίνω 5.B.β.

437. 예를 들어, Murray; Cranfield.

438. 예를 들어, Schlier는 바울이 이 절에서 가상의 상황(25-26절)에서 실제 기독교인의 상황(27-29절)으로 옮겨가고 있다고 생각한다.

439. 바울은 다른 데서 율법을 행함을 가리켜 τελέω를 쓰는 일이 결코 없으며, 이 단어는 LXX에서도 그렇게 쓰이지 않는다. 그러나 Josephus(*J. W.* 2.495)와 신약의 다른 저자들(눅 2:39; 약 2:8)은 이런 식의 언급으로 이 동사를 쓴다.

이 절에서의 논쟁점은 바울이 "율법을 범하는 너"를 수식하기 위해서 쓰는 어구인 "조문과 할례를 가지고"다. 두 개의 연관된 문제점이 생긴다. "조문"(letter)이라는 단어의 의미가 그 첫째 문제점이고 우리가 여기서 흔히 "가지고"(through)로 번역하는 전치사의 의미가 두 번째 문제점이다. 그리스어 그람마(*gramma*)는 "새겨지는, 즉 기록되는 것"이라는 뜻이며, 바울은 율법을 가리켜서 이 용어를 쓰는 유일한 성경 저자다.[440] 이것을 쓸 때마다 그는 그람마를 프뉴마(*pneuam*), 즉 "영(spirit)"과 대조시킨다(29절과 롬 7:6; 고후 3:6-7을 보라). 만일 바울이 여기서 쓰는 전치사(*dia*)가 보통 쓰이는 조격(instrumental)의 의미를 갖는다면 "조문"은 율법의 범함이 일어나는 것이 "조문으로 말미암아(through the letter)"서라고 부정적인 의미를 지니지 않을 수 없다.[441] 그러면 "조문"은 "의식 행위와 표면상의 행동을 아는 수준에 머무는 율법 이해",[442] 즉 피상적이고 따라서 불완전한 율법 이해를 암시할 것이다.[443] 그러나 보다 넓은 문맥으로 보면 다른 방향이 보인다. 바울이 로마서 2장에서 논증하고 있는 것은 유대인이 율법과 할례를 상징으로 하는 그들의 언약으로 얻은 신분에 의지해서 구원을 바랄 수 없다는 것이다. 그리고 그들이 그럴 수 없는 이유는 그들이 율법의 교훈에 대한 불순종으로 율법을 범한 데 있다고 그는 주장한다. 물론 잘못된 마음 자세가 이 문제의 한 측면이다(28-29절). 그러나 바울이 이 장에서 말한 어떤 것도 그릇된 율법 이해가 문제의 일부임을 시사하지 않는다. 사실상, 17-24절은 "율법의 교훈을 받아 하나님의 뜻을 알고"와 "율법을 범함으로"의 대조함으로써, 이 문제가 이해의 수준에 있는 것이 아니라 문제가 놓인 **행함**(*doing*)의 수준에 있다는 것을 밝혀 준다. 이것이 로마서 전체를 통한 바울의 가르침의 특징이며, 이 가르침에서 죄의 문제에 대한 해결책은 율법에 대한 새롭거나 또는 보다 더 깊은 이해가 아니라 그리스도를 믿고 마음 안에 성령이 거하게 하여 인간 위에 세워진 죄의 아성을 무너뜨리는 것이다.

---

440. 복수형 γράμματα는 유대교에서 이런 지칭을 가지고 있으며, 특히 τὰ ἱερὰ γράμματα(= 히브리어 키트베 학코데쉬: כִּתְבֵי הַקֹּדֶשׁ), 즉 "거룩한 문서들"이라는 어구는 흔하다(G. Schrenk, *TDNT* 1.765).
441. Cranfield; Dunn을 보라.
442. Dunn.
443. Cranfield. 또한 Calvin이 γράμματος καὶ περιτομῆς를 이사일의(hendiadys)의 "율법주의적 할례"로 해석하는 점도 보라.

그러므로 문맥상 "조문"은 중립적인 의미를 가지고 문자로 기록된 것으로서의 율법을 가리킬 뿐일 가능성이 더 크다.[444] 그리고 이 결론을 확인해 주는 것은, "조문"이 이 단어를 율법을 가리켜 쓰는 바울의 다른 용법들에서도 이와 같은 중립적인 의미를 가지고 있는 것 같다는 사실이다.[445] "조문"과 할례는 유대인을 이방인과 구분 짓는 표시이며, 바울의 요지는 율법에 불순종하면 이 부정할 수 없는 이점들이 취소된다는 것이다. 여기서의 전치사는 그러므로 "(조문으로) 말미암아"로 번역될 것이 아니라 "(조문을) 가지고도(with)", "…에도 불구하고(even though)"로 번역되어야 한다.[446]

28-29 28-29절은 할례가 구원을 보장해 주지 않는 이유와 할례가 없다고 구원받지 못하는 것이 아닌 이유를 ("for"를 써서[개역성경에서는"무릇"을 써서-옮긴이]) 설명한다.[447] 하나님의 판결은 "행위"를 기초로 이루어지지만, 이 행위들은 사람이 마음으로 하나님과 갖는 관계라는 내적 실재인 "은밀한 것"(2:16)을 드러낸다. 그리고 궁극적으로 중요한 것은 이 마음의 자세다 - 육신에만 영향을 미치는 의식이 중요한 건 아니다. 바울은 28절에서의 두 개의 부정을 29절에서의 두 개의 긍정과 짝을 이루게 하여, 다음과 같이 대조법을 사용하여 논증한다.

A 표면적 유대인이 유대인이 아니요

B 표면적 육신의 할례가 할례가 아니니라

A 오직 이면적 유대인이 유대인이며

B 할례는 마음에 할지니 영에 있고 율법 조문에 있지 아니한 것이라.[448]

---

444. Winger의 주장처럼 *γράμμα*와 *νόμος*는 같은 것 -모세의 율법- 을 가리키되 그것을 다른 방식으로 표현한 것으로 본다(*By What Law?* 41).

445. 28-29절에 관한 각주들을 보라.

446. 즉, *διά*는 "부수적인 상황"을 가리킨다(예를 들어, BDF §223[3]; Schreiner). 대부분의 번역에서 이런 식으로 이해된다.

447. 또다른 대안으로는, 28-29절이 전체 구절의 결론일 수 있다(이 경우 *γάρ*는 [NIV; CEB; NAB; NJB에서와 같이] 번역되지 않은 상태로 두는 것이 가장 좋다). Longenecker를 보라.

448. 바울은 이 절들을 생략법 구문으로 쓰고 있으므로 구문상의 핵심 요소들을 보충할 필요가 있다. 키워드인 *Ἰουδαῖος*("유대인")와 *περιτομή*("할례")가 각 절에서 반복되지 않으면 안 되며, 바울이 쓴 단어나 우리가 보충해야 할 단어를 우리가 문법상의 주어로 간주하느냐 그렇지 않느냐는 거의

이 절들에서의 기본적 대조는 "이면적"/"표면적"대조, 즉 사람의 눈으로 볼 수 있는 것(육신의 할례, 유대인의 태생)과 하나님만이 궁극적으로 보시는 것(변화된 마음, 즉 "진정한" 유대인다움) 사이의 대조다.[449] 표면적인 ("육신의") 할례와 "마음에 한"[450] 할례 사이의 대조는 구약과 유대교에서 잘 알려져 있다. 이스라엘 역사의 초창기부터 하나님은 백성에게 "마음의 할례"로 불릴 수 있는 내적 변화를 보이라고 요구하셨다(예를 들어, 신 10:16. 참조. 렘 4:4). 주목할 만한 것은, 하나님만이 궁극적으로 이 마음의 변화를 일으키실 수 있다는 것이 인정되었다는 점이다(신 30:6). 그래서 유대교에서는 장차 하나님이 성령의 역사를 통해 그의 백성의 마음에 할례를 베푸실 것이라는 기대감이 자랐다.[451] 바울의 "할례는 마음에 할지니 영에 있고"의 요구는 완전히 독창적인 것이 아니다. 그러나 "조문에 있지 아니한 것"이라는 부정적인 어구의 전례 없는 추가는 그가 이 개념을 보다 깊은 의미로 쓰고 있는 것이 아니냐는 의문을 야기한다.

바울이 여기서 쓰는 "조문/영"의 대조는 교회사에서 두드러진 역할을 해왔으며, 흔히 "조문"은 본문의 문자적이고 표면적인 의미를 가리키고 "영"은 본문의 보다 깊은 알레고리적 의미를 가리킨다는 해석에 적용되었다. 하지만 바울은 그 대조를 이런 식으로 적용하여 쓰는 일이 결코 없다. 우리가 앞에서 보았듯이(27절을 보라), 바울은 "조문"을 "기록된" 모세 율법을 가리켜서 쓴다. 현재의 문맥에서 "마음"과 근접해 있고 "표면적"인 것과 대조되고 있음이 분명하다는 이유에서 일부 해석자는 "영"이 인간의 내면을 가리키고 있을지 모른다고 생각한다.[452] 그러나 여기서 당장 대조되는 것은 "조문"이며, 이것은 "영"이 "조문"과 마찬가지로 하나님이 주신 실체를 가리킨다는 것을 시사한다. 그러므로 바울의 "조문/영" 대조가 나오는 다른 본문들(롬 7:6; 고후 3:6-7)에서와 마찬가지로, "영"(spirit)은 첫 자

문제가 되지 않는다(다른 구도에 관해서는 Godet, S-H와 Cranfield를 보라).

449. 바울은 그리스어 단어 φανερός("명백한", "눈에 보이는")와 κρυπτός("숨은","은밀한")를 쓴다. 특히 여기서 예수가 진심에서 우러나오는 기도의 중요성을 부각시키기 위해서 쓰는 단어 κρυπτός의 용법에 주목하라(마 6:4, 6, 18; 참조. 벧전 3:4).

450. 29절에서 περιτομή 뒤에 나오는 속격의 καρδίας는 아마 목적격적 용법일 것이다.

451. 특히, Jub. 1:23; Odes Sol. 11:2을 보라.

452. 예를 들어, E.P. Sanders, *Paul, the Law and the Jewish People*, 127. Barrett는 ἐν πνεύματι가 "영적인 방법으로"라는 뜻으로 유대교와 반대되는 기독교의 내면성을 가리키고 있을 수 있다고 생각한다.

가 대문자(S)로 쓰여야 한다. 그것이 하나님의 성령(Holy Spirit)을 가리키기 때문이다. 바울의 "조문"/"성령"(Spirit)의 대조는 구원사적인 대조로, "조문"은 모세를 통한 하나님의 율법이 중심적인 역할을 했던 지난 시대를 가리키고, "성령"은 하나님의 영이 종말론적인 온전함과 권능으로 부어지는 새로운 시대를 묘사하는 것이다.[453] 궁극적으로 중요한 것은 "성령 안에서의"[454] 할례 뿐이다.

그러므로 로마서 2장에서 바울은 처음으로 기독교인에게 암시적으로 언급한다. 그러나 여기서도 암시적인 언급일 뿐이다. 왜냐하면 바울은 어떠한 한 집단을 묘사하고 있는 것이 아니라, 누가 "진정한 유대인"이며 따라서 구원받을 자격이 있는가를 기술하고 있는 것이기 때문이다. 표면적인 의식으로 사람이 하나님과 관계를 맺을 수는 없으며, 그 점에 대해서는 많은 유대인이 동의했을 것이다. 그러나 바울은 1세기의 유대인이 지녔던 일체의 관점을 넘어 육신의 할례는 더 이상 필요하지 않다고 시사하며 은연중에 "유대인"이라는 용어를 인종적으로 유대인이 아닌 사람들에게 적용했다. 리델보스(Ridderbos)의 표현대로 우리는 여기서 "유대인이라는 개념의 혁신화 그리고 그와 함께 하나님 백성의 본질에 관한 정의의 혁신화"를 발견한다.[455] 바울은 이 절들에서 앞으로 3:21-4:25에서 펼쳐질 논증을 예고한다. 그것은 "구원의 메시지를 미리 알리는 것"이라고 보른캄은 표현한다.[456]

29절의 마지막 어절은 28-29a절의 표면적/이면적 대조를 다시 뽑아든다. "진정한" 유대인은, 진정으로 예배드리는 자와 마찬가지로(참조. 마 6:2-18), 사람들에게 칭찬받는 것이 아니라 하나님에게 칭찬받는다.[457] 이 칭찬은 로마서 2장 전체

---

453. 바울이 이 대조를 처음 사용하는 것이 언약에 관해서 말할 때(고후 3:6)라는 점에 유의하라. 이 대조를 보는 이 관점에 대해서는 특히, Ridderbos, *Paul*, 215-19을 보라). 바울이 "성령"을 새시대와 일관되게 일치시키고 여기에서 "조문"과 대조함으로써 그가 역사를 통틀어 주님께 진정으로 헌신한 유대인들을 언급하고 있는 것 같지는 않다(반대 의견으로는 Kuhr, "Römer 2, 14f.," 253; Snodgrass, "Justification by Grace," 81).

454. 이 구에서 ἐν은 조격이 될 수 있다. 할례는 성령에 "의해" 완성된다. 그러나 이 의미는 전치사의 다른 목적어인 γράμματι와는 잘 맞지 않다. 그러므로 이것이 성령의 영역을 나타낸다고 생각하는 것이 바람직하다.

455. Ridderbos, *Paul*, 334.

456. "구원의 메시지에 관한 예비 소리"("Einen Vorausklang der Heilsbotschaft")(G. Bornkamm, "Gesetz und Natur," 110).

457. 그리스어 ἔπαινος에는 Ἰουδαῖος라는 단어가 포함되어 있을 수 있는데, 히브리어(יְהוּדִי; 예후디)는 동사 "찬양"(יָדָה; 야다. 창 29:35; 49:8 참조)의 히필형에 매우 가깝다.

에 걸쳐 심판에 초점이 맞추어져 있는 것을 생각할 때 아마도 하나님이 마지막 날에 자기 백성을 영화롭게 할 바로 그 칭찬일 것이다.[458]

로마서 2장에서 바울이 유대인을 상대로 하는 논증은 바울에 의해 혹독한 비판을 받았다. 이 비판들은 그 전제로 이 장의 논증이 기본적으로 "비기독교적" 또는 적어도 "바울답지 않다"고 전제한다. 그들은 이 장에서 바울의 가르침은 그가 다른 곳에서 가르치는 것과 손쉽게 또는 아마도 결코 조화될 수 없다고 믿는다.[459] 어떤 사람들은 이렇게 차이가 많이 나는 데에서 충격을 받아 바울이 어떤 유대교 회당의 설교를 거의 그대로 옮겨 쓴 것이 아닐까 생각할 정도다.[460] 왜 그렇게 극단적인 결론을 내리는가? 세 군데가 풀기 어려운 곳으로 꼽힌다. 행위로 칭의를 얻을 수 있다는 가르침(2:6-11, 13절, 26-27절), 율법을 온전히 지킬 수 있다는 부분(2:14-15, 26-27절) 그리고 이 둘 모두와 관련된 것으로 이방인도 자격과 미덕이 있다고 가르치는 부분이 그것이다. 이것들은 유대인과 이방인의 구분을 일체 없애려는 바울의 지나친 열심의 결과라고 지적된다. 이 목적을 위해 이방인에게 가능한 한 긍정적인 빛을 던진다. 그리스도가 유일한 해결이라는 바울의 확신이 먼저 나온 것이며, 그 확신이 그로 하여금 모든 사람이 죄에 빠진다고 비난하게 만들었다는 것이다.

이 비판은, 바울의 신학과 양립할 수 없는 것으로 밝혀진 이 장의 가르침이 사실상 그곳에 있지 않다는 것을 세심한 주석(exegesis)을 통해 입증함으로써만 충족될 뿐이다. 나는 최소한 위에서 이 입증을 이미 시작했다고 생각한다. 그러나 여기서는 먼저 일반적인 비판을 짚고 넘어가야 할 것 같다. 즉, 이 일반적인 비판은 로마서 2장을 이런 식으로 본다는 것은 바울이 로마서 1:18-32과 3:9, 19-20절에서 자기가 어긋나는 주장을 하고 있다는 사실을 모르고 있었다는 말이거나,[461] 아니면 그가 논리적으로 일관성 있는 신학에 관심이 없었다는 말이 되기 때문이다. 두 가지 가정 모두 문제가 있다. 전자는 바울을 둔감한 사람으로 - 자기의 가

458. Cranfield.

459. 특별히, E. P. Sanders, *Paul, the Law and the Jewish People*, 123-32; Räisanen, *Paul and the Law*, 99-108을 보라.

460. E. P. Sanders, *Paul, the Law and the Jewish People*, 129; 참조. Dodd; O'Neill; Schmithals.

461. Räisanen, *Paul and the Law*, 106.

르침을 남에게 믿을 수 있게 하기는 커녕 로마서와 같은 글을 어떻게 쓸 수 있었는지 알기 어려울 정도로 둔감한 사람으로 - 만든다. 후자는 바울의 가르침 배후에 있는 사회적이고 우발적인 요소들을 인지할 필요성을 강조하는 것은 좋지만, 바울이 이런 사회적 목표들을 논리적으로 모순된 신학을 가지고 달성할 수 있었다고 생각하는 오류를 범한다. 그런 모순이 있었다면, 바울이 설득하고자 하던 집단의 사람들이 그 모순점들을 짚어 그의 가르침을 무시할 구실로 삼았을 것이다.

마지막으로, 바울이 처음에 한 생각은 "해결에서 궁지로" 향하는 방향이었겠지만, 로마서 1-3장의 논증은 E. P. 샌더스(Sanders)가 인정하듯이 "궁지에서 해결로" 향해 나간다. 그러므로 바울이 이 궁지의 성격에 많은 관심을 쏟고 인간의 무능력에서 해결의 필요를 찾을 충분한 이유를 가진 것은 샌더스가 생각한 이상이었을 것은 너무도 당연하다. 불트만(Bultmann)이 바울의 신학에서 인간론이 차지하는 역할을 지나치게 강조하는 데 대해 샌더스와 다른 이들이 반발한 것은 정당화되지만, 그들이 바울의 신학에서 인간론을 아예 제거하고자 할 정도에 이른 것 역시 너무 지나친 것이다.[462]

462. 이 문제에 관해서는 특히, Thielman, *From Plight to Solution*을 보라.

c. 하나님의 신실하심과 유대인의 심판 (3:1-8)

1 그런즉 유대인의 나음이 무엇이며 할례의 유익이 무엇이냐
2 범사에 많으니 우선은 그들이 하나님의 말씀을 맡았음이니라
3 어떤 자들이 믿지 아니하였으면 어찌하리요 그 믿지 아니함이 하나님의 미쁘심을 폐하겠느냐
4 그럴 수 없느니라 사람은 다 거짓되되 오직 하나님은 참되시다 할지어다 기록된 바 [a]주께서 주의 말씀에 의롭다 함을 얻으시고 판단 받으실 때에 이기려 하심이라 함과 같으니라
5 그러나 우리 불의가 하나님의 의를 드러나게 하면 무슨 말 하리요 [내가 사람의 말하는 대로 말하노니] 진노를 내리시는 하나님이 불의하시냐
6 결코 그렇지 아니하니라 만일 그러하면 하나님께서 어찌 세상을 심판하시리요
7 그러나[463] 나의 거짓말로 하나님의 참되심이 더 풍성하여 그의 영광이 되었다면 어찌 내가 죄인처럼 심판을 받으리요
8 또는 그러면 선을 이루기 위하여 악을 행하자 하지 않겠느냐 어떤 이들이 이렇게 비방하여 우리가 이런 말을 한다고 하니 그들은 정죄 받는 것이 마땅하니라

a. 시 51:4

신중하지 못한 주석가는 2장의 주석상의 소용돌이들은 지나갔으므로 3:21의 신학적인 폭풍을 만나기까지는 어느 정도 순풍에 돛 단 격의 항해가 될 것으로 생각하면서 이 문단에 접근한다. 그러다가 그는 3:1-8이 "로마서에서 아마 가장 어려운 문단 가운데 하나일 것"(Schreiner의 주장에 대한 반향)이라는 고데트의 주장이

463. 이 번역은 (1차 알렉산드리아 언셜체 사본 ℵ와 2차 알렉산드리아 사본들인 A 와 81에서 발견된다) δέ가 본래의 독법임을 전제로 한다. 그 대안 독법인 γάρ가 1차 알렉산드리아 언셜체 사본 B, 2차 알렉산드리아 소문자 사본 33과 1739, 서방의 D 와 G, 언셜체 Ψ 그리고 다수파 텍스트를 포함하여 최대 다수의 증거 사본을 모을 수 있는 독법임은 사실이다. UBS 위원회는 γάρ를 "필사 중에 부적절하게 대체된 것으로, 아마 서방 사본의 필사 때 일어난 일일 것"으로 간주한다. 그러나 그들이 이런 결론을 내리는 이유에서 드러나는 것은 5절과 7절 사이에 평행성이 있기 때문에 δέ로 읽어야 한다는 것이다(Metzger, *Textual Commentary*, 448). 이것은 정확히 결정될 필요가 있는 것이지만, 이 문제를 넘어 내부적으로 고려한 것들은 결론적인 것이 되지 못한다. 한편에서는 대체로 평행하는 5절에 εἰ δέ가 있기 때문에 필사자가 본래 γάρ로 되어 있는 것을 δέ로 바꿔 썼을 수 있다는 주장이 나올 수 있을 것이다. 반대편에서는 바울 서신에서 εἰ γάρ의 조합이 빈번히 나오기 때문에 그 역의 과정이 촉진되었을 수 있다는 주장이 나올 수 있다. 우리가 주석에서 논증하는 바와 같이 7절이 5절과 평행 본문이라면, δέ를 지지하는 쪽이 어느 정도 우세하리라는 지적이 나올 수도 있을 것이다. γάρ로 읽는다면, 그래도 불가능한 것은 아니지만, 이 설명을 채택하기가 훨씬 더 어렵다(이것이 Godet의 지적인데 정확한 지적이다; 또한 Longenecker를 보라).

옳다는 것을 즉시 깨닫게 된다. 그 난해함의 주된 원인은 대화체로 해서 속사포처럼 연이어 쏟아져 나오는 질문들이다. 바울은 자신이 하는 논증의 "내적 논리"에 따라 잘못된 결론들을 생각해내어 물리치고 있는 것인가?[464] 아니면 실제로 어떤 상대와 나눈 토론을 재현하고 있는 것인가?[465] 어느 경우이건, 어떤 논지가 바울이 배척하는 그릇된 진술이고, 어떤 것이 그가 옹호하고 있는 바른 교리인가? 이 단락의 어려움은 이 질문조차 격렬한 논쟁을 불러일으킨다는 사실에서 드러난다. 스토워스(Stowers)는 이 단락이 디아트리베 양식의 많은 특징을 분명하게 보여 주고 있어 그 양식에 전형적인 질문 및 잘못된 결론들의 사용과 비교될 수 있다는 것을 증명했다.[466] 그러나 이 증명으로부터 확고한 주석상의 결과가 나오는 것은 거의 없는데, 이는 디아트리베 양식 자체가 정형이 없고 변화 무쌍하기 때문이기도 하고, 스토워스가 지적하듯이 바울이 그 양식을 상당히 많이 바꾼 증거를 보이기 때문이기도 하다.[467]

이 단락에 의해 제기된 난제들이 한 주석가로 하여금 바울의 논증을 "애매하고 무기력한" 논증으로 낙인찍게 만들었다(Dodd). 다른 주석가들은 바울의 논증에 일관성이 있다는 것은 믿는데, 그 논증의 성격에 대해 극적인 의견의 일치를 보이지는 않는다. 그 다른 의견들을 일일이 탐구할 수는 없지만,[468] 본문에 대한 대체

464. D. R. Hall, "Romans 3:1-8," 184; Longenecker. Käsemann은 1-4절을 진짜 대화 상대는 없는 디아트리베 양식으로 보는 한편, 5-8절은 진정한 논쟁으로 본다.

465. 예를 들어, Wilckens.

466. Stowers, *Diatribe*, 119-20; 같은 저자, "Paul's Dialogue," 710-14. 본문이 디아트리베가 아니라는 D. R. Hall의 견해는 이 장르에 대한 더 협소한 정의를 반영한다("Romans 3:1-8," 183-84).

467. *Diatribe*, 137.

468. 하지만 여기서 우리는 대화의 진행을 재구성하는 최근의 방법 세 가지를 눈여겨 볼 수 있다.
(1) 전통적으로 1, 3, 5절과 7-8절의 대부분은 바울의 상대 또는 대화 파트너의 것으로 돌리고, 2, 4, 6절과 8b절은 바울의 대답으로 돌린다. Piper(*Justification of God*, 103-13)는 대체로 이 구도를 따르는 한편, 바울의 상대들이 가지고 있는 "하나님의 의"에 관한 이해와 바울 자신의 견해 사이에 있는 차이점을 감안하지 않으면 안 된다고 주장한다. 5절에서 "하나님의 의"는 그 대상들이 이해하는 대로 구원하는 의를 의미하지만, 2-4절의 논리는 바울이 하나님의 구원의 능력만이 아니라 사법적 형벌까지 통합하여 이 개념을 보는 보다 넓은 관점을 지니고 있음을 증명한다. 7절에 나오는 "영광"과의 평행은 더 나아가 이보다 넓은 의 개념에 하나님이 언제든 자기 자신의 영광을 위해 행동하시겠다는 다짐(Piper는 "하나님의 의"에 대한 의미가 구약에서 기본적으로 포함되어 있음을 발견한다)이 포함된다는 것을 시사한다. 바울이 하나님에 관한 고유한 어떤 것을 포함하는 하나님의 의에 관한 개념을 가지고 있고 그 개념에 하나님의 응보적인 정의가 포함된다는 Piper의 주장은 옳지만, 영광과의 연결은 그렇게 분명하지 않다(그것은 구약에서도 마찬가지다).

로 다른 두 개의 연구 방법은 짚고 넘어가야 할 것 같다. 보다 전통적인 모델인 한 연구 방법은 5절에서(또는 4절에서) 주어의 교체 시점을 두는 것이다. 1-4절(또는 1-3절)에서 바울은 유대 민족에 초점을 맞춰, 그들의 광범위한 불신실함에도 불구하고 그들에 대한 하나님의 신실하심은 계속된다는 것을 확언한다. 하지만 이 확언의 힘이 보다 더 광범위한 또 하나의 질문으로 이어진다. 그것은 인류 전체에 대한 하나님의 방식에 관한 것으로, 사람들의 죄가 하나님의 선하심과 영광을 높이는데 하나님이 사람을 심판하신다는 것이 어떻게 "옳으냐"는 질문이다. 이 관점에서는 5-8절의 인칭대명사들 ("우리의", "우리", "나의")의 선행사가 "사람들" 또는 "남자"/"여자"라는 것이다. 또 하나의 연구 방법에서는, 이 방법이 성경 주석의 역사에서 알려지지 않은 것은 아니지만 최근에 인기가 높아진 것인데, 바울의 초점이 문단 전체를 통해 유대인 위에 그대로 머문다고 강조한다. 이 견지에서 볼 때

게다가 (바울의 상대들이 말하는 것이 아니라) 바울이 말하는 것이라는 의미는 5절의 "의"에 귀속시켜야 할 것 같다. 그래야 4b절과 5절 사이의 연결이 보다 원활하고 또한 5b절에 나오는 하나님이 불의하시냐는 질문이 보다 이해하기 쉽게 된다. 게다가 바울은 자신이 가르치는 것에 대한 항의를 시작하는 말로 항상 *τί ἐροῦμεν*("그러면 우리가 무슨 말하리요")을 쓴다.

(2) D. R. Hall("Romans 3:1-8")은 여기에 진정한 대화 파트너가 있는 것으로 보지 않는데, 5b절까지는 전통적인 구도를 따른다. 하지만 여기서 그는 "하나님이 불의하시냐?"는 질문이 5a절에 뒤따르는 상대의 질문이 아니라 5a절의 질문에 대한 바울의 대답이라고 제안한다. 그는 또한 7-8절을 반대자가 제기하는 추가 질문으로 보지 않고 바울의 대답으로 본다는 점에서 통상적인 해석으로부터 이탈한다. 우리는 이 주장들 가운데 어느 것도 따를 수가 없다. *τί ἐροῦμεν*("우리가 무슨 말하리요") - 질문 - *μὴ γένοιτο*("결코 그렇지 아니하니라")로 이어지는 것은 질문 - 설사 (*μή*가 암시하듯이) 바울의 말로 나온다고 해도 - 이 반대자의 견지가 아니면 안 된다는 것을 분명히 알려 준다. 그리고 7a절과 바울이 2-5절에서 가르친 것 사이의 평행은 이것이 바울 자신의 견해를 요약한 것이어야만 한다는 것을 분명히 해준다. 그럴 경우 7b절의 질문은 바울의 말에 대한 반대가 된다. 이렇게 본다면 7절에 *καί* ("그리고"-개역개정은 '그러나'로 번역-옮긴이)로 연결된 8절 역시 바울에 대한 반대를 구현하는 것이어야 한다.

(3) Stowers("Dialogue," 715)의 제안은 디아트리베의 통상적인 기능과 전개에 대한 그의 이해를 기반으로 한다. 대중적인 수사와 논쟁보다 철학적인 "학교"가 더 편안한 사람답게 이 양식에 대한 그의 견해에 맞추어 Stowers는 3:1-9에서 바울과 "학생" 사이의 "대화"를 발견한다. 전형적인 디아트리베에서와 마찬가지로, "교사"인 바울은 단순히 질문에 대답하는 것이 아니라 토론을 유도하기 위해 스스로 질문을 한다. 그러므로 Stowers는 3, 5절과 7-8절의 질문을 바울의 것으로 돌리고, 2절은 대담자의 질문(1절)에 대한 바울의 첫 반응으로, 그리고 9b절은 9a절에 대한 바울의 대답으로 돌린다. 그리고 4절과 6절이 1절과 9a절과 더불어 대담자의 것으로 돌려진다. Stowers의 관점에서는 대담자가 논쟁 상대라기보다 학생인 만큼 통상적으로 바울의 것으로 간주되는 절들을 대담자의 것으로 돌린다고 해서 의미에 큰 차이가 생기지는 않는다. 하지만 바울이 대담자와 필경 논쟁의 결정적 단계인 4b절의 구약 인용을 포함하여 그토록 많은 "대화"를 한다고 하면 아무래도 이상할 것이다.

는, 5-8절이 하나님의 공정성과 일관성에 대해 일반적인 이의를 문제 삼는 것이 아니라, 이스라엘에 대한 하나님의 신실하심 또는 자기 자신의 언약 백성까지도 심판하시는 하나님의 "옳음"을 확언하고 있는 것이다.

내 생각으로는 이 두 번째 접근이 진실에 보다 가깝다. 1-4a절은 불순종하는 유대인들이 받게 되는 심판(2:17-29)이 유대인들에게 전혀 나음이 없다는 것을 의미한다는 추론을 거부한다. 오히려 바울은 그들이 하나님의 말씀을 맡았다는 사실에서 큰 이점을 가지고 있다고 역설한다(1-2절). 유대인에게 크게 만연한 불신실함이 결코 그 말씀들에 대한 하나님의 신실하심을 취소하지 못하기 때문이다(3-4a절). 그래서 4b절에서 시편 51:4b의 말씀 인용으로 바울의 논증이 결정적인 전환을 한다.[469] 여기서 그는 하나님의 신실하심 또는 "의"가 그의 백성의 죄를 통해서도 분명히 드러나는데, 이는 하나님의 말씀이 순종에 대한 축복만이 아니라 불순종에 대한 심판도 약속하기 때문이라는 것을 보여 준다. 그러므로 5절은 유대인의 죄가 하나님의 의를 분명히 드러나게 하므로 하나님의 진노를 받게 될 리가 없다는 취지의 유대인의 항의에 대한 바울의 공식화이다. 바울은 이 추론에 대해 그것이 하나님은 의로운 심판자시라는 성경적 교리에 맞지 않는다며 한마디로 물리친다(6절). 하지만 항의자는 다시 항변을 되풀이하며(7절), 바울의 교리가 사실상 죄를 짓도록 부추기는 셈이라는 주장을 덧붙인다(8a절). 바울은 다시 한 번 이런 식의 논리 전개를 딱 자르고 하나님의 정죄하심의 옳음을 공표한다(8b절). 그러므로 전체적으로 볼 때 이 단락은 그의 언약 백성에 대해 하나님은 계속 신실하시다는 것을 확언하기도 하고, 이 신실하심 때문에 하나님이 유대인을 심판하시지 않게 되는 일은 결코 없다고 주장하기도 한다. 이런 토론을 부채질하는 것은 하나님이 언약을 신실하게 지키신다는 것을 하나님이 구원을 약속하셨다는 의미로만 해석하려는 유대인의 경향이다. 바울은 그 개념에 대해 하나님의 신실하심을 보다 넓고 깊게 보는 관점으로 대응한다. 즉, 하나님의 신실하심은 자기의 특성에 충실하고자 하는 것과 자기가 한 모든(all) 말, 즉 순종에 대한 축복의 약속만이 아니라 불순종에 대한 저주의 약속까지 모두 지키고자 하는 것이라는 관점이다.[470]

469. 4절이 단락의 중심이라고 주장하는 Flebbe(*Solus Deus*, 25-27)를 보라.

470. 이 일반적인 연구 방법에 관해서는 특히 Wilckens; Piper, *Justification of God*, 111-13;

그러므로 바울이 유대인과 이방인 사이의 구분을 없애려는 것에 대한 항의에 답변하기 위한 시도로 시작한(1-2절) 것이 이스라엘의 믿지 않음과 하나님의 의 사이의 관계에 대한, 그리고 궁극적으로 인간의 죄와 하나님의 목적 사이의 관계에 대한 당황스러울 정도로 짧은 논의가 된다. 바울이 이 편지의 다른 곳에서 – 특히 9-11장에서 – 훨씬 길게 발전시킬 주제들을 여기서는 아주 짧게 언급하고 때로는 암시만 하고 있다는 사실이 실로 우리가 많은 것들을 해석하기 어렵게 만든다.[471] 그러므로 이 문단 전체는 바울의 해설에 있어 일종의 부설과 같은 성격을 가지면서, 이스라엘의 믿지 않음과 관련된 하나님의 의를 보는 바울의 관점을 우리가 이해하도록 여러 가지 중요한 방식으로 기여한다. 그렇게 바울은 로마의 기독교인들로 하여금 이 대화를 경청하도록 하는 가운데, 주로 이방인으로 구성된 그의 청중에게 하나님의 심판과 구원이라는 면에서 유대인과 이방인 사이의 구분을 없애는 것을 이스라엘의 모든 특권을 취소하는 것으로 해석해서는 안 된다고 경고하기도 한다. 로마서 11:11-24에서 분명히 하듯이, 바울은 로마와 기타 지역의 이방 그리스도인들이 이 경고를 들을 필요가 있음을 알고 있다.

1 바울은 로마서에서 자기가 가르친 것에 관해 질문을 하고 논증을 속행하기 위해 흔히 "그런즉, 무엇이냐"[472]라는 말을 사용한다. 바울이 진짜 대담자의 말을 인용한다고 할 수도 있지만, 그가 스스로 이런 질문을 자기의 독자들에게 제기하는 것일 가능성이 더 크다. 바꿔 말해서 바울은 자기와 다른 사람이 나눈 논쟁을 독자들을 위해 재현하고 있다고 하기 보다는 자기의 견해를 로마 교회가 분명히 알 수 있도록 하기 위해 스스로에게 질문과 이의를 제기하고 있는 것이라고 할 수 있다. 바울이 자신이 가진 유대교의 유산을 풍족하게 물려받고 있음을 상기할 때,

---

Stowers, "Paul's Dialogue," 718; D. R. Hall, "Romans 3:1-8," 183-97을 보라. Wright는 여기서 이스라엘의 소명의 요소를 다시 강조한다. 하나님의 신실하심은 그 약속을 성취하는 데 있어서 궁극적인 이스라엘인이신 그리스도의 신실하심으로 인하여 보상된 것보다 더 큰 실패인 이스라엘의 실패로 인해 원칙이 굽혀진다 (3:22을 보라).

471. 특히 Dunn을 보라.

472. 그리스어로는 τί οὖν. 바울은 어느 때는 이 어구를 독립적으로 쓰고(3:9; 6:15; 7:7; 11:7), 다른 때는 ἐροῦμεν을 덧붙이고(6:1; 9:14, 30), 또 어떤 때는 이곳에서처럼 실질적인 질문을 이끄는 용도로 쓴다(4:1; 8:31; 9:19[*v.l.*]).

우리는 이 대화를 유대인 바울과 기독교인 바울 사이의 대화로 간주할 수도 있다.[473] 2장에서 바울은 그리스도 안에서 구원의 역사가 완성된다는 확고한 신념을 가지고 그 입장에서, 율법과 할례의 소유 -한마디로 말해서 유대인이라는 사실- 가 심판의 날에 본질적으로 아무런 이득이 되지 못한다고 확언한다. 그러므로 1절의 질문, 즉 "그런즉 유대인의 나음이[474] 무엇이며 할례의 유익이[475] 무엇이냐"는 전적으로 당연한 질문이다.

2 도드(Dodd)는 1절의 질문에 대한 논리적인 대답은 "하나도 없다"이며, 바울이 유대인의 특권은 계속 존속한다고 강조하는 것은 그가 유대인으로서 갖고 있는 편견 때문일 뿐이라고 주장한다. 그러나 도드의 의견은 그가 2장의 특별한 목적을 이해하지 못하고 있음을 보여 준다. 2장에서 바울의 의도는 이방인이 갖지 못한 특권을 유대인은 가지고 있다는데 부정하려는 것이 아니라, 이러한 특권이 심판에서 유대인에게 유리하다는 개념에 이의를 제기하는 것이었다. 그렇기 때문에 유대인이 하나님의 진리에 접근할 수 있는 비길 데 없는 방법인 율법을 소유하고 있음을 인정하는 한편(2:17-20), 하나님을 만족시킬 것은 오직 율법의 행함이지 단순한 율법의 소유가 아니라고 역설하는 것이다. 그러므로 2절에서 바울의 "범사에 많으니"[476]라고 하는 긍정적인 대답에 잘못된 것은 결코 없다. "범사에"는 글자 그대로 받아들이면 유대인에게 "모든 면에서" 유리하다는 주장이 되지만, 바울이 의미하는 것은 유대인의 유리함이 상당히 많은 부분을 확장하는 것일

---

473. Dunn, 1.91을 보라.

474. 그리스어로는 περισσόν인데, 이는 "통상적인 수치나 치수를 능가하는" 이라는 뜻의 περισσός에서 파생된 중성 명사다(BDAG). 그러므로 "그런즉 유대인의 나음이 무엇이냐"는 "유대인이 어떤 식으로 보통 사람을 '능가한다'는 말이냐", "유대인이 (이방인보다) 어떤 이점을 가지고 있느냐"는 뜻이 된다. 바울은 고후 9:1에서 이 단어를 단 한 번만 사용한다. 이 단어에 대한 "나음"을 의미하는 (특이한) 뜻은 전도서에서의 네 가지 항목에서도 발견된다(나는 이 관찰에 대해 M. Monkemeier에게 빚을 지고 있다).

475. 그리스어로는 ὠφέλεια. 이 단어는 3:1-8에서의 논증과 2:25에서 ὠφελέω("유익하다")가 쓰이고 있는 2:25-29 사이에 언어학적 연결 고리가 된다. 이렇게 2:17-29과의 연결이 분명히 보이고 2절에서 모든 유대인이 포함되는 것이 명백한 만큼 3:1이 새로운 청중 -예를 들어, 언약에 신실한 유대인- 을 상대로 할 것 같지는 않다(반대 의견으로는 Cosgrove, "What If Some?" 90-92).

476. 그리스어 πολύ는 1절의 중성 명사 περισσόν에 호응하는 중성이다. 의미상으로는 물론 1절에 나오는 두 개의 질문 모두에 답하는 것이다.

가능성이 더 크다.[477] 이 절에서 실제로 나온 하나의 유리함에 더하여 구체적으로 어떤 것들을 바울이 염두에 두고 있었는지는 9:4-5에서 추정할 수 있다. 즉, 그것은 "양자 됨과 영광과 언약들과 율법을 세우신 것과 예배와 약속들이 있고 조상들도… 육신으로 하면 그리스도가 그들에게서 나셨으니…" 등등이다. "우선은"이라는 어구에서 알 수 있듯이 바울은 여기서 아마도 이러한 특권 중 일부를 열거하려고 했을 것이다.[478] 확실히, 바울의 언어는 강조(KJV: "주로")[479] 또는 최상위의 개념을 나타낼 수 있다.[480] 그러나 바울이 통상 사용하는 이 언어는 그가 더 긴 목록을 제공하려 의도했으나 "신탁"과 그 의미에 대한 유대인의 반응에 관해 그의 염려로 인하여 미연에 조치되었음을 시사한다.[481]

구문론으로 따져 우리가 "주로"라고 번역하는 것이 정당화되지 않는다고 할지라도, 바울이 "그들이 하나님의 말씀을 맡았음이니라"[482]라고 꼽는 첫 번째 유리함이 유대인에게 부여된 최고의 특권임은 분명하다. 바울이 유대 민족을 언급하기 위해 2인칭 단수(2:17-29)에서 3인칭 복수로 이동한 것은 이제 그가 2장의 대화에서 결론을 도출하기 위해 돌아서면서 그의 수사학적인 자세를 반영한다. "말씀"(*logia*, "하나님의 발언")[483]이라는 단어는 70인역에서 발람이 받은 "말씀"으로(민 24:4, 6), 그리고 하나님이 그의 백성에게 하시는 "말씀"으로 종종 쓰인다.[484] 이 단

---

477. 그리스어로는 *κατὰ πάντα τρόπον*이다. 이것의 민 18:7에서의 쓰임과 Ign. *Eph*. 2:2; *Trall*. 2:3; *Smyrn*. 10:1을 참조하라.
478. 그리스어로는 *πρῶτον μέν*.
479. 예를 들어, Calvin; Jewett; Kruse.
480. Godet.
481. 예를 들어, Cranfield; Wilckens; Fitzmyer; Stuhlmacher.
482. 그리스어로는 *ἐπιστεύθησαν*. 수동태로 쓰이고 대격이 뒤에 이어질 때, 동사 *πιστεύω*는 "…을 맡다"는 뜻이 된다(참조. 고전 9:17; 갈 2:7; 살전 2:4; 딤전 1:11). N. T. Wright(*Paul and the Faithfulness of God*, 1.497-98)는 이 동사가 열방에 대한 이스라엘의 소명을 강조함을 암시한다고 주장한다. 그러므로 그는 이것이 3:1-8의 전부라고 결론짓는다. *πιστεύω*의 수동태에 대한 바울의 다섯 가지 관련 평행성은 모두 Wright의 요점을 뒷받침할 수 있다. 왜냐하면 그들은 모두 "위탁된" 것이 다른 사람을 위한 것이라고 제안하기 때문이다: 고전 9:17("사명"); 갈 2:7과 살전 2:4; 딤전 1:11("복음"); 딛 1:3("전도"). 그러나 이러한 경우에 이러한 생각을 결정짓는 것은 바울에게 위임된 것이다. 3:1-8의 문맥에서 "말씀"은 다른 사람이 아니라 유대인을 위한 유익이라는 관점에서 논의된다.
483. *λογία*.
484. 때로 이것은 특별한 말씀을 가리키지만(시 105:19), 보다 흔하게는 일반적으로 하나님의 계시를 가리킨다(예를 들어, 신 33:9와 시 119에서 24번 나오는 것을 참조하라). 이것은 보통 아마르

어의 일반적인 의미는 여기서 구체적으로 무엇을 가리키느냐를 놓고 과도한 제안들이 나왔다. 그 제안들은 이와 같다. 구약의 "의심할 여지가 없는 하나님의" 말씀,[485] 구약과 신약 모두에서 볼 수 있는 하나님의 자기 계시,[486] 율법이자 특별히 십계명,[487] 구약의 약속[488] 또는 특별한 약속에 중점을 둔 구약 전체.[489] 이 대안들 가운데 마지막에 든 것이 70인역과 신약에서 이 단어의 일반적인 적용에 가장 잘 부합된다. 바울은 유대인의 구별 가운데 가장 큰 것으로 하나님이 그들에게 말씀하셨고, 이 말씀들에 의해 그들과 특별한 관계를 맺으셨다는 사실을 제시한다. 바울의 확언과 언어적으로는 아니지만 자료적으로 평행되는 것이 신명기 4:8의 "오늘 내가 너희에게 선포하는 이 율법과 같이 그 규례와 법도가 공의로운 큰 나라가 어디 있느냐"와 시편 147:19-20의 "그가 그의 말씀을 야곱에게 보이시며 그의 율례와 규례를 이스라엘에게 보이시는도다 그는 어느 민족에게도 이와 같이 행하지 아니하셨나니 그들은 그의 법도를 알지 못하였도다 할렐루야"에서 발견된다. 하나님의 약속이 "하나님의 말씀"에 포함되는 것은 물론 명백하며, 바울이 예를 들어 "성경"이라는 말을 제쳐두고 "하나님의 말씀"이라는 말을 쓰기로 한 것은 하나님이 자신의 백성과 관련하여 특정한 행동을 하시겠다고 다짐한 구약의 "말씀"을 강조하기 위한 것이다.[490] 이 뉘앙스가 이스라엘의 실패를 가리키는 "믿지 아니함"과 "불신실함"(3절)이라는 말과 하나님의 언약실행(commitment)을 가리키는 "신실하심"과 "참되심"이라는 말로도 암시된다. 동시에 이 언어는 이스라엘 측의 책임을 내포한다. 즉, 하나님께서 자신의 말씀을 이스라엘에 "위임"하

(אמר)와 다바르(דבר)를 어근으로 하는 단어들을 번역한 것이다. 신약에서 λογία가 가리키는 것은 모세의 율법(행 7:38), 하나님에 관한 (기독교의 가르침으로 추정되는) "말씀"(히5:12), 그리고 (아마 구두로 하시는 것을 가리킬) 일반적인 "하나님의 말씀"이다(벧전 4:11).

485. S-H.

486. Barth, *Shorter*; Cranfield.

487. Schlatter.

488. Käsemann; Piper, *Justification of God*, 105; S. Johnson, "Studies in Romans, Part VII," 240-45; S. K. Williams, "'Righteousness of God,'" 266-67(특히 아브라함에게 하신 약속으로).

489. 특히, Doeve, "Some Notes," 111-23; 또는 Godet; Murray; Dunn; Schreiner; D. R. Hall, "Romans 3:1-8," 185; Fitzmyer를 보라.

490. 그러므로 여기서 쓰인 *τὰ λογία*는 바울이 9:4-5a에서 열거하는 이스라엘의 특권들을 의미하는 약칭일 수 있다.

시는 것은 응답을 요구한다.[491]

3 하나님의 계시에 대한 사명은 큰 특전이다. 그러나 이스라엘이 보인 반역의, (크게 보아) 지금까지도 계속되고 있는 반역의 슬픈 역사에 비추어 볼 때 이 특전이 더 이상 의미가 있느냐는 물음이 나올 수 있을 것이다. 이것이 바울이 유대인에게 유리함이 있다는 확언을 마치고 그 확언에 함축된 의미들과 그에 대한 반대를 다루기 위해 제기하는 질문이다.[492] 하지만 그 질문의 정확한 형태는 이 절의 구두점을 어떻게 찍느냐와 이 절의 어떤 부분이 반대자의 말로 돌려지느냐에 따라 달라진다. 하나의 대안은 대다수 영어 번역 성경의 예를 따라 이 절을 실질적인 두 개의 질문으로 나누는 것이다. 그 두개는 이와 같다. "어떤 자들이 불신실하였으면 어찌하리요? 그들의 신실하지 못함이 하나님의 신실하심을 폐할 것이라 그 말이요?"(NRSV). 이렇게 읽으면, 첫 번째 질문은 반대자가 바울에게 하는 질문이고 두 번째의 수사적 질문은 바울의 대답이 될 수 있을 것이다. 반대자가 묻는다. "그러나 바울이여, 어떤 유대인이 신실하다는 사실을 증명할 수 없었다면 어찌할 것이요?" 바울이 대답한다. "그것이 어쨌다는 말이요? 그들의 불신실함이 하나님의 신실하심을 지울 수는 없는 것 아니요?" 또 하나의 선택지는 두 질문 모두 바울의 질문으로 돌리는 것이다. "어떤 유대인이 신실하다는 증명을 하지 못했다는 사실을 어찌 생각하느냐고 묻는 것이요? 그런다고 하나님이 덜 신실해 지시리라는 의미는 아니지 않겠소?"[493] 하지만 이 절을 별안간 끼워 넣는 짧은 질문인 "그러면 무엇 때문인가?"[494]와 보다 긴 내용 있는 질문인 "유대인 중 어떤 자가 불신실했다고 해서 그 불신실함이 하나님의 신실하심을 폐하지는 않을 것 아니요?"로 나누는 것도 가능하다. 그러면 내용 있는 질문은 반대자의 질문일 수도 있고[495] 또는 바울 자신의 질문일 수도 있다.[496] 바울은 대화체로 글을 쓸 때 짧고 날카로운 질

491. Flebbe, *Solus Deus*, 29-31.
492. Räisanen, "Zum Verstandnis," 200을 보라.
493. Morison, *Critical Exposition*, 20-22.
494. 빌 1:18을 보라.
495. 예를 들어, Wilckens.
496. 예를 들어, Godet.

문을 즐겨 쓰는 만큼 이 두 번째 구두법이 맞을 가능성이 크며, 질문은 바울이 직접 만들어낸 질문일 것 같다.[497]

바울이 불신실한 유대인을 지칭하는 표현으로 "어떤 자들"(*tines*; 티네스)을 쓰는 것은 덜 공격적으로 보이고 싶은 바람이 어느 정도 작용한 것임이 분명하다. 왜냐하면 로마서 9-11장은 바울이 대부분의 유대인을 가리켜 하나님의 말씀을 제대로 따르지 않은 것으로 간주했음을 증명하기 때문이다.[498] 그 유대인의 실패를 가리키는 데 "믿지 아니하다"(be unfaithful)와 "믿지 아니함"(unfaithfulness)이라는 말을 씀으로써, 바울은 2절의 "맡았다"에 역설적인 반명제를 만들어 낸다. 즉, 하나님의 이스라엘에 대한 말씀의 **위탁**(*entrusting*)이 이스라엘 측의 그에 상응하는 **신뢰**(*trust*)를 받지 못했다는 뜻이다.[499] 그러나 보다 중요한 것은 이 말들이 이스라엘의 "신실하지 **못함**(faith*lessness*)"과 하나님의 "신실**하심**"(faith*fulness*; 개역개정에서는 "미쁘심"으로 옮겼음-옮긴이) 간에 대조를 두드러지게 한다는 점이다.[500] 바울이 구약에서 포착하는 개념인 이 하나님의 신실하심은 특히 이스라엘과의 언약에서 약속하신 것들을 이행하시겠다는 하나님의 약속을 가리킨다. 그러므로 그와 대조되는 유대인의 신실하지 못함은 특히 그들이 언약의 의무를 이행하는 것에 대한 실패를 가리킬 것이다.[501] 물론 하나님과 그 약속들에 대한 믿음은 언약에 대한 참된

---

497. 바울이 직접 만들어 낸 질문임을 시사해 주는 것이 μή로, 이것은 질문이 부정의 대답을 예상한 질문이라는 것과 따라서 2절과 대조된다고 하기 보다는 2절에 연속된다는 것을 증명한다. 게다가 3인칭 복수가 아니라 1인칭 복수가 쓰였다면 (아마 유대인일) 반대자를 예상했을 텐데, 그렇지 않다는 점도 감안해야 할 것이다.

498. Calvin. 11:17의 "또한 가지 **얼마가**(*some*) 꺾이었는데"에서 τινες가 비슷한 뜻으로 쓰이고 있음에 주목하라.

499. 2절의 동사 ἐπιστεύω에 대응하는 것이 ἀπιστεύω("믿기를 거절한다", "믿음이 없다")와 ἀπιστία("믿음 없음")이다.

500. 그리스어로는 τὴν πίστιν. πίστις가 LXX에서 갖는(거기서 이 단어는 언제나 아만(אמן) 형태들의 단어들을 번역한 것으로 나온다) 통상적인 의미에 따라 이 어구는 "하나님의 신실하심"을 뜻한다(속격 θεοῦ는 주격적이다). LXX에서 하나님의 πίστις는 특히 언약의 약정에 따라 그의 백성을 축복하시겠다고 한 다짐을 연상시킨다(시 33:4; 렘 32:41; 애 3:23; 호 2:20. 또한 Pss. Sol. 8:28도 참조하라).

501. 특히 τά λογία가 하나님의 약속을 가리킨다고 생각하는 주석가들은 문제의 용어들을 "불신하다" "불신앙"으로 번역해야 한다고 생각한다(Godet; Murray; Cranfield). 이 번역 쪽이 사전상으로는 확고한 뒷받침을 받는다. 두 단어 모두 신약에서 이 의미로 쓰이는 경우가 가장 많기 때문이다. 반면에 하나님의 πίστιν과의 대조(또한 딤후 2:13도 보라), 필시 τὰ λογία에 주어져야 할 보다 광의적인 의미 그리고 유대인이 율법을 범하고 있음에 대한 2장에서의 무거운 강조는 바울이 이스

신실함의 불가분적인 중요한 요소 중 하나이며, 그런 의미에서 "믿음 없음"이 이 번역에서 제외되지 않는다. 특히 11:17에 비추어 볼 때, 우리는 하나님의 말씀에 대한 이 "불신실함" 속에 유대인이 그 말씀으로 약속된 메시아로서 예수를 받아들이는 데 실패한 것을 포함시켜야 한다.[502] 그러므로 바울의 가리킴이 유대인이 그리스도를 믿지 않는 것에만 한정될 수는 없지만, 확실히 이 의미를 포함하고 있다.[503] 그러나 구약의 중요한 문장들 가운데 어떤 문장에서 그렇듯이, 어떤 유대인이 언약의 규정들을 지키지 않는다고 해서 그것이 하나님의 그의 백성에 대한 지속적인 돌봄과 약속이행을 "폐하는"[504] 일은 없다고 바울은 확언한다.

4 3절의 질문 형태는 이미 대답을 정해 놓은 것이지만, 바울은 의문의 여지를 남겨놓지 않는다. 바울은 여기서 강한 거부의 공식을 쓰는데, 그것이 "하나님 맙소사"(God forbid)(KJV), "물론 아니다!"(Of course not)(Phillips) 그리고 가장 축어적인 "그럴 수 없느니라!"(May it never be)(NASB) 등 다양하게 번역된다.[505] 4a절의 하나님의 "참되심"과 사람의 "거짓됨"의 대조는 3절의 이스라엘의 불신실함과 하나님의 신실하심의 대조를 재언급한 것이다. 구약에서 하나님이 "참되시다"고 할 때, 그것은 보통 하나님이 정직하시다는 뜻이 아니라 하나님은 의지할 만하시다

라엘의 언약적 약속에 대한 불신실함을 가리키고 있음을 시사한다(BDAG, Käsemann).

502. Dunn; Schreiner를 보라.

503. 정도의 차이는 있지만 바울의 말을 그리스도를 믿지 않는 것에 적용할 것을 강조하는 학자가 많은데, 특히 Godet; Murray; Mundle, *Glaubensbegriff des Paulus*, 10; Cosgrove, "What If Some?," 97; Räisänen, "Zum Verstandnis" 189-90가 포함된다.

504. 그리스어 동사는 *καταργέω*인데, 이것은 특히 바울이 잘 쓰는 단어다. 이 단어는 신약 이전의 세속 그리스어에서는 드물게만 나오는데 "무위도식하게 (내버려) 두다"라는 의미로 쓰이고(LSJ), LXX에서는 네 번만 나오는데 모두 2 Esdras에서 쓰여 "파괴하다"라는 뜻을 나타낸다. 신약에서는 눅 13:7과 히 2:14에서 나오고 바울 서신에서는 25번 나온다. 바울은 이 단어를 "파괴하다" (고전 6:13), "없어지다", "무용지물이 되다" (고전 13:8, 10, 11; 고후 3:7, 11, 13, 14), "…에서 풀어놓다" (롬 7:6; 갈 3:4), 그리고 "폐하다", "무력화하다" (롬 6:6; 고전 15:24; 갈 3:17) 등의 뜻으로 사용한다. 예를 들어, G. Delling, *TDNT* 1. 452-54; *NIDNTTE* 2.641-42를 보라. 그중 마지막에 든 의미가 이 문맥에서는 가장 잘 들어맞는다. 즉 이스라엘의 불신실이 하나님의 신실하심을 "폐하지는" 못할 것이다.

505. 그리스어는 (희구법 형태의) *μὴ γένοιτο*로 부정의 단언을 나타낸다. 바울은 로마서에서 같은 공식을 빈번히 사용한다(참조. 3:6, 31; 6:2, 15; 7:7, 13; 9:14; 11:1, 11). 그는 아마 이것을 디아트리베 양식에서 취했을 것이다. 에픽테토스(Epictetus)가 이 표현을 빈번히 바울과 같은 방식으로 쓰고 있는 것이다. 특히 Malherbe, "ΜΗ ΓΕΝΟΙΤΟ," 231-40을 보라.

또는 믿을 만하시다, 말씀에 거짓됨이 없으시다는 뜻이다.[506] 그리고 하나님의 참되신 약속은 항상 그의 백성에 대한 축복의 약속인데, 하나님이 불순종에 대한 심판의 위협을 실행하실 때도 그의 참되심은 드러난다. 특히 레위인들이 이스라엘을 심판하신 하나님을 "진실히 행하셨다"고 시인하는 느헤미야 9:32-33을 주목하라.[507] 그러므로 바울은 4b절에서 명백히 밝혀지는 것, 즉 사람들이 하나님의 심판으로 고통받을 때도 하나님은 말씀을 신실하게 지키시는 "의지할 만한" 분이라는 것을 앞당겨 시사하고 있는 것일 가능성이 있다.

바울은 하나님과 인간 사이의 대조를 계속 부각시키기 위해 또다시 대조를 선택하여(3절의 "불신실"과 "신실하심"의 대조를 참조하라) "사람은 다 거짓되되 오직 하나님은 참되시다 할지어다"라고 주장한다.[508] "참되시다"가 하나님을 의지할 만한 분으로 규정하듯이, "거짓되다"는 그와 대조적으로 그리고 70인역에서 유추되는 것들과 함께 인간을 "의지할 바 못되고, 두 마음을 품으며, 신실하지 못한" 존재로 지칭한다.[509] 이 확언의 정확한 의도는 분명하지 않다.[510] 크랜필드는 일반적으로 하나님과 대립되는 인간의 본성을 지칭한다고 생각한다. 빌켄스는 바울이 유대인 모두가 언약을 깬 것으로 정죄하고 있다고 주장하면서 언급을 유대인으로

506. LXX에서 쓰이는 그리스어는 ἀλήθεια("진리") 또는 ἀληθής("참되다")이며, 히브리어 에메트(אֱמֶת)를 옮긴 말들이다.

507. 시 45:4; 54:5; 96:13; 119:75도 참조하라. Fitzmyer는 암 3:2의 "내가 땅의 모든 족속 가운데 너희만을 알았나니 그러므로 내가 너희 모든 죄악을 너희에게 보응하리라"를 인용한다.

508. 바울이 이 절에서 명령법의 γινέσθω를 사용하는 것은 흥미롭다. 이 동사가 갖는 역동적인 동작의 의미를 이 동사에 부여하면, 바울은 하나님께 참된 분이 "되시라"고 요구하는 꼴이 될 것이다. 그러나 바울은 하나님이 언제나 "참되신" 분이었다고 분명히 믿고 있다. 따라서 학자에 따라 말을 바꿔 이것을 "하나님은 참되시다 인정될지어다(*recognized*)"로 옮기거나(Murray), "하나님은 [그의 약속이 더욱더 많이 이루어져] 더욱더 참되게 되실지어다"(Godet)로, 또는 4b절을 넌지시 가리켜 "하나님의 승리가 [역사의 마지막에] 최종적으로 나타나게 할지어다"로 옮긴다(Käsemann). 그러나 γίνομαι가 역동적인 동작의 의미를 잃고 신약에서 흔히 그렇듯이 εἶναι("to be")의 동의어로 쓰이고 있는 것으로 보는 것이 더욱 합당하다. 그렇게 보면 명령법은 3절과 대조되게 "참된 상황을 진술하는 힘찬 방법"이 될 것이며, 이 절은 Cranfield가 제안하는 것처럼 "오히려 하나님은 참되시다고 우리는 고백한다"로 의역될 수 있을 것이다. 이것이 맞는다면 (같은 동사가 쓰이는 것으로 추정되는) 두 번째 절은 (개역개정에서는 첫 번째 절이 된다-옮긴이) 모든 사람이 거짓되다고 확언하고 있는 것이다.

509. Black.

510. 바울이 시 116:11의 "내가 놀라서 이르기를, '모든 사람이 거짓말쟁이라'(LXX: πᾶς ἄνθρωπος ψεύστης) 하였도다" 에 빗대고 있을지 모르지만, 그렇다면 이 절이 여기서 갖는 기능을 설명하는 데 도움이 되지 않는다.

한정한다. 캐제만은 "다"(every)에서 이스라엘로부터 세상 일반으로 진행하는 중요한 증거를 발견하고, 4b절을 묵시적 심판 장면으로 해석하면서, 4a절은 이 심판에서 하나님을 승리자로, 인간을 패배자로 그리고 있다고 주장한다. 하지만 (대부분의 영어 번역 성경에서처럼 "though"를 써서) 양보의 의미를 넣는 번역이 아마도 뜻이 가장 잘 통할 것이다. 하나님은 "어떤 자들"이 불신실할 때 신실하실 뿐만 아니라, 모든 사람이 신뢰할 만하지 않은 것으로 밝혀질**지라도**(*even if*) 하나님은 여전히 신실하신 것이다.

바울은 구약을 인용할 때 습관적으로 쓰는 "기록된 바"라는 소개의 공식을 써서 인용문을 소개한다. 하나님의 신뢰성과 일관성에 관한 그의 논지를 구체화하는 시편 51:4의[511] "주께서 말씀하실 때에 의로우시다 하고 주께서 심판하실 때에 순전하시다 하리이다"[512]가 그것이다. 시편 51편은 다윗이 밧세바와의 간음죄를 실토하는 감동적인 고백이며, 4b절은 다윗이 그의 고백(3절) 또는 죄(4a절)의 취지를 표명하는 목적절이다.[513] 이 목적은 하나님이 다윗에게 선고하시는 판결(참조.

---

511. Longenecker는 1:18-4:25에 대한 그의 일반적인 견해에 따라 4b절이 유대인의 격언이었을 것이라고 생각한다.

512. 바울의 표현법은 LXX(시 50:6b)에 정확히 부합하는데, 예외는 바울이 가정법의 *νικήσῃς*가 아니라 직설법의 *νικήσεις*("you will triumph")를 쓴다는 점이다(다만 상당히 잘 증명된 이형으로는 롬 3:4에서 가정법이 쓰이고 있다[NA[28]의 본문 비평 장치를 참조하라]). 시 51:4b의 LXX은 MT(51:5b)와 네 가지 점에서 다른데, 그중 둘만이 의미에 영향을 미친다. 첫 번째 행에서는 어떤 변경도 의미에 영향을 미치지 않는다. 즉 칼형의 상태 동사 티체다크(תִּצְדַּק) 자리에 수동태의 *δικαιωθῇς*를 쓰고 동사형의 베다베레크(בְּדָבְרֶךָ) 자리에 명사형 *λόγοις*를 써도 의미에 영향을 미치지 않는다. 하지만 두 번째 행에서 MT는 하나님은 "흠이 없으시다"(티제케: תִּזְכֶּה)로 한 것을 LXX은 하나님이 "이기시는"(*νικήσῃς*) 것으로 하고 있는데, 이것은 아마 아람어와 시리아어의 영향 때문일 것이다(참조. Delitzsch, Psalms, 2.136). 이것은 의미를 약간 바꾸는데, 그 차이가 크지는 않다. 두 형태 모두 하나님의 심판에서 하나님이 도덕적으로 의로우심을 언급하기 때문이다. 마지막으로 능동태의 베샤페테카(בְּשָׁפְטֶךָ)가 LXX에서 애매 모호한 *κρίνεσθαι*로 번역된다. 이 동사가 수동태라면 LXX은 하나님이 심판 하실 때 이기신다는 개념을 소개하는 것이다. 그러나 그것은 중간태일 가능성이 많으며, 그럴 경우 MT와 아무런 차이가 나타나지 않는다.

513. 사실 레마안(לְמַעַן)으로 시작되는 절은 문맥에 네 가지 다른 방식으로 연결될 수 있다(이 선택에 관한 훌륭한 연구에 관해서는 Hossfeld and Zenger, *Psalms 2*, 13을 보라). (1) 이 단어는 목적의 의미를 가지고 3절에서 다윗이 하는 죄의 고백과 결합될 수 있다. 이렇게 읽을 경우 다윗이 하는 죄의 고백은 하나님의 심판이 의로움을 설명하려는 목적을 갖는다(Briggs and Briggs, *Psalms*, 2.6; Cranfield). (2) 이 단어는 목적의 의미를 갖지만, 이 절을 다윗이 4a절에서 자기의 죄가 하나님께 대항하여 한 것임을 강조하는 것과 연결시킬 수 있다. 그러면 이 단어는 하나님이 그 죄에 대해 선고하시는 심판의 정당성을 입증할 목적을 갖는다(참조. Murray; Godet). (3) 이 단어는 목적의 의미를 갖지만, 다윗의 목적이 아니라 하나님의 목적을 가리킬 수 있을 것이다. 그러

삼하 12:9-14)이 "의로운"[514] 것일 수도 있고, 다윗에 대한 하나님의 판단이 "온전하다(be clear)"는 것일 수도 있다. 이 절에서 바울의 인용을 어렵게 만드는 것은, 시편에서 하나님의 의로우심을 부정적으로 적용하여 - 하나님은 판단하실 때에도 의로우시다 - 그의 백성에 대한 하나님의 신실하심의 긍정적인 계시를 뒷받침하는 데 사용하기 때문이다. 물론 바울이 이 인용문을 하나님은 신실하시다는 개념을 아주 일반적으로 뒷받침하기 위해 쓰고 있을 수는 있다. 그러나 그렇다고 해도 "이기려 하심"이라는 골치 아픈 말 또는 두 번째 대사를 인용문 속에 포함시키는 것이 특이하다. 우리가 이 인용문과 문맥 사이의 보다 밀접한 연결을 찾는다면 크게 세 가지 선택 가능성이 떠오른다.

(1) 바울은 이 시편 구절의 본래 의미를 무시하고 그것을 능동적인 의미로 인용하고 있을 수 있다. 이 견해로 하면 두 번째 행은 "**판단 받으실 때에**(*when you are judged*) 이기려 하심이라"로 번역될 것이다.[515] 이 해석이 의미는 잘 통하게 하지만, 로마서의 표현이 시편에서 갖는 것과는 아주 다른 의미를 부여할 필요가 있다는 난점이 생긴다. 바울이 구약을 인용하면서 때로 원본의 정확한 의미를 재현하지 않을 수는 있지만, 꼭 필요한 경우가 아닌 경우 그런 해법을 제시하는 것은 현명하지 못하다. 게다가 핵심이 되는 동사를 "당신이 판단하실 때"[516]로 번역하

면 다윗의 죄는 하나님의 의로우심을 드러낼 목적으로 이어질 뿐만 아니라 그 목적을 위해 보다 깊은 의미에서 하나님에 의해 허용되는 것이 되기도 한다(Kirkpatrick, *Psalms*, 289-90). (4) 마지막으로 우리는 이 단어가 목적이 아니라 결과를 가리키는 것으로 볼 수 있다. 그러면 다윗이 범죄한 결과로 하나님이 심판하시는 것이 의로운 것으로 밝혀진다(Tate, *Psalms 51-100*, 6; Goldingay, *Psalms*, 122; Calvin; D. R. Hall, "Romans 3:1-8," 187). 이 마지막이 이 절의 의미를 가장 잘 통하게 하는데, 사전 편찬자들(lexicographers)과 주석가들이 레마안(לְמַעַן)을 결과접속사로 번역하게 할 근거를 별로 제공하지 못한다(참조. BDB). 이 대안들 가운데 하나를 결정하기는 어렵지만, 어쨌든 바울이 LXX을 따라 이 절에 목적의 취지(ὅπως)를 부여하는 것은 분명하다.

514. 그리스어로는 δικαιωθῇς, 히브리어로는 티체다크 (תִּצְדַּק). 히브리어 차다크(צָדַק)는 동사 칼형의 단어가 갖는 전형적인 의미를 갖고 있어서 이 동사 어근의 법정적인 배경을 반영한다(특히 C. Müller, *Gottes Gerechtigkeit*, 65-67을 참조하라. Müller는 이 책에서 하나님이 불의한 세상에 대해 승리하시는 사법적인 절차에 대한 개념을 강조하고 있다).

515. 예를 들어, κρίνεσθαι를 중간태가 아니라 수동태로 보면 그렇게 된다. Dunn; Käsemann; Longenecker를 보라. Käsemann의 견해에는 바울이 시편의 언어를 이용하여 모든 피조물에 대한 하나님의 최후 승리라는 그의 묵시적 개념을 진술한다는 그의 확신이 가미된다. 그러므로 Käsemann에게 이 본문은 하나님의 의가 갖는 우주적이고 묵시적인 차원들이라는 그의 전체적 개념을 뒷받침하는핵심 본문 가운데 하나다.

516. 즉 κρίνεσθαι는 중간태이고, 동사는 "소송하다"라는 의미를 가지며 -마 5:40; 고전 6:6을 보라- 대

는 것이 합당할 것 같다.

(2) 그렇다면 두 번째 가능성은 인용문을 "죄들이 사실상 하나님에 대해 **하는**(*do*) 것(하나님의 판단이 의롭다 하는 것)을 밝힘으로써 죄들이 하나님에 대해 하지 못 **하는**(*not*) 것(하나님의 신실하심을 폐하지 못하는 것)을 증명하고 있다고 이해하는 것이다.[517] 이 견해는 시편 51:4b의 본래 의미를 유지하는 장점이 있지만, 그 의미가 바로 연결되는 4a절을 뒷받침하는 것이 아니라 3절을 뒷받침하고 있는 것으로 보아야 한다는 난점이 있다.

(3) 그러면 세 번째 대안이 남는다. 4b절에 나오는 하나님의 "참되심" 자체가 하나님의 자신의 말씀에 대한 신실하심의 이 소극적인 면을 포함하므로 바울은 죄를 판단하실 때의 하나님의 신실하심을 표현하는 절을 인용하고 있는 것이라는 해석이 그것이다.[518] "하나님의 말씀" 가운데는 하나님이 그의 백성을 축복하겠다는 약속만이 아니라 죄를 판단하겠다는 경고도 포함된다. 이 때문에 구약은 하나님이 그의 백성의 죄를 판단하실 때나 그의 약속을 이행하실 때나 똑같이 신실하다는 것을 거듭 주장한다.[519] 그렇다면 우리는 3절과 4절 사이에 성질의 전환이 있는 것으로 간주해야 할 것이다. 하나님의 신실하심이 3절에서는 일반적으로 표현되며, 독자들에게만 아니라 유대인 반대자에게도 하나님은 하나님의 목적에서 이스라엘이 차지하는 특별히 축복 받은 지위를 보존하겠다는 다짐을 틀림없이 암시할 것이다. 하지만 4절에서 바울은 하나님이 그의 백성의 죄를 판단하실 때도 하나님의 신실하심을 인정해야만 한다고 밝힌다. 바울이 2장에서 길게 설명했듯이, 하나님의 계획에서 이스라엘이 차지하는 특별한 지위가 그들에게 하나님의 심판을 막아 주는 방패가 되지는 못한다. 바울은 3:1-4에서 하나님이 말씀을 바꾸시는 일은 결코 없다는 점에 호소하여 유대인의 특별한 신분을 재확인한다. 그러나 그는 이 말씀 가운데는 축복의 약속만이 아니라 심판의 경고도 포함된다

다수의 주석가들이 이렇게 본다.

517. Piper, *Justification of God*, 111.

518. 실질적으로 그렇게 해석하는 것이 Schreiner; D. R. Hall, "Romans 3:1-8," 186-88; G. Davies, *Faith and Obedience*, 80이다.

519. 특히 느 9:32-33; 애 1:18을 보라. 이것이 그의 백성을 판단하시는 하나님의 "의로우심"을 진술하기 위해(참조. Pss. Sol. 2:18; 3:5; 4:8; 8:7), 시 51:4b에서와 같이 *δικαιόω*("의롭게하다")가 쓰이는 기원전 1세기의 솔로몬의 시편(Psalms of Solomon)에서 기본적인 모티프의 하나가 된다.

는 점을 우리에게 상기시키기도 한다. "먼저는 유대인에게요"는 축복에서 적용되는 것과 같이(1:16; 2:10) 심판에서도 똑같이 적용된다(2:9).

5 형식 면에서 3절과 평행하는 5절은 1-4절에서 바울이 가르치는 것에 대해 "그러나 우리 불의가 하나님의 의를 드러나게 하면 무슨 말하리요?"라는 가능성 있는 반대 질문을 바울이 전달하고 있는 것이다. 이 반대 질문을 바울이 직접 작성했다는 것은 (1) "우리가 무슨 말하리요" -이것은 바울이 자기 자신의 결론이나 질문을 소개할 때 항상 쓰는 말이다- 라는 전환절과 (2) 질문의 형식,[520] 그리고 (3) 문제를 두는 "사람의" 방식에 대한 이 구절 끝에서 "해명"을 하는 것으로 분명히 알 수 있다. 바울이 이 질문으로 공식화하는 반대 질문은 3-4a절의 논증에 대한 반응으로 나올 수도 있지만,[521] 그 근거는 4b절에서 더 쉽게 찾을 수 있을 것 같다. 이것은 5a절과 4b절 사이에서 어휘와[522] 내용의 양면에 걸쳐 유사성이 있다는 점으로 암시된다. 양면 모두에서 핵심은 인간의 죄와 하나님의 의 사이의 인과관계이기 때문이다. "우리 불의"가 인간의 죄성[523]이라는 일반적인 의미를 갖는지, 아니면 유대인의 불신실함[524]이라는 보다 좁은 초점을 갖는지는 판단하기가 어렵다. 한편으로는, 바울이 다른 어디서도 특별히 유대인의 불신실함을 가리키는 데 "불의"[525]라는 말을 쓰는 일이 없고, 4절의 "사람은 다"에 비추어 볼 때 일인칭 복수 "우리(의)"는 당연히 바울과 그의 독자들과 가장 일반적인 의미에서의 사람들을 가리킬 수 있을 것이다. 다른 한편으로는, "불의"가 "불신실함"(개역개정은 '믿지 아니함'으로 번역-옮긴이)(3절) 및 "거짓됨"(4절)과 평행하며, 분신실함과 거짓됨은 모두 언약에 대한 유대인의 불신실함을 함축한다. 저울추는 후자 쪽으

520. 바울은 자기가 부정적인 대답을 예상한다는 것을 밝히기 위해 *μή*를 쓴다.

521. 예를 들어, Calvin을 보라.

522. *θεοῦ δικαιοσύνην*("하나님의 의")은 *δικαιωθῇς*("의롭다")를 반영하고, *συνίστησιν*(이것은 여기서 "드러나게 하다", "실증하다"라는 뜻을 나타낸다 [참조. 롬 5:8; 갈 2:18]; BDAG; W. Kasch, *TDNT* 7.898을 보라)은 *ὅπως*("…하려")와 결합한다.

523. 예를 들어, Godet; Dunn.

524. 특히 Käsemann; Wilckens; D. R. Hall, "Romans 3:1-8," 188-89; Räisänen, "Zum Verstandnis", 196-97을 보라.

525. 그리스어로는 *ἀδικία*. 롬 1:18(두 번), 29; 2:8; 6:13; 9:14; 고전 13:6; 고후 12:13; 살후 2:10, 12; 딤후 2:19을 보라.

로 약간 기울어지는데, 이는 바울이 이 문단을 통틀어 유대인의 불순종에 함축된 의미들에 관심을 기울이고 있기 때문이다.

"우리 불의"가 "불신실함"에 평행하듯이, 우리는 "하나님의 의"가 "하나님의 신실하심"(3절)에 평행할 것으로 예상하게 된다. 하나님의 "의"는 하나님의 신실하심을 가리킬 수 있다는 것은 70인역 용법이 분명히 밝혀 주는 대로다(자세한 것은 1:17 뒤의 부설을 보라). 그러나 이것은 이 어구가 특별히 하나님의 **언약**(*covenant*)에 대한 신실하심을 가리켜야 한다거나 이 신실하심이 하나님의 구원하시는 신실하심에 한정되어야 한다는 말은 아니다. 사실 문맥이 가리키는 바는 보다 넓은 개념이다. 4b절에서 동족어 동사 "의롭다 함"이 가리키는 것이 하나님이 **판단하실**(*judges*) 때 의로우시다는 것이기 때문이다. 물론 여기서 바울이 반대자의 말을 인용하고 있는 것이라면 이 논증은 적용되지 않을 것이다. 그러나 우리는 배후에 반대가 있다고 할지라도 이 절을 공식화한 책임자는 바울이라는 것을 이미 살펴보았다. 그러므로 4b절에 비추어 볼 때 "하나님의 의"는 하나님의 구원하시는 의를[526] 가리킨다고 할 수도 없고, 하나님의 "[분배적인] 정의"(하나님의 "공평하심")[527]를 가리킨다고 할 수도 없으며, 하나님의 충실하심과 모든 피조물과의 변론에서의 승리를[528] 가리킨다고 할 수도 없다. 그보다는 4b절과의 연결이 분명히 하는 것처럼 "하나님의 의"는 언약의 맥락에서[529] 또는 더 넓게는 자신의 인격과 말씀의 관점에서[530] 그가 판단하실 때 그의 "의로우심"을 나타내는 것임에 틀림없다.

526. 이 견해는 근래에 많은 해석자들의 지지를 받고 있다. 예를 들어, Lyonnet, *Etapes de l'histoire*, 26, 46-53을 참조하라. Piper(*Justification of God*, 107-8)는 이런 어구에 이 의미를 부여하지만, 그것을 바울의 논쟁 대상들이 한 말로 돌린다. 또한 Wilckens도 보라. S. K. Williams는 그의 τὰ λογία에 대한 이해에 맞춰 이 어구가 아브라함과의 약속을 지키겠다는 하나님의 다짐을 의미하는 것으로 해석한다("'Righteousness of God,'" 265-70).

527. 이 해석에 관해서는 예를 들어, Godet; Murray; Ridderbos, *Paul*, 74; G. Bornkamm, "Theologie als Teufelskunst," 145를 보라.

528. 이 견해는 특히 Käsemann의 것으로 확인된다. 또한 Reumann, *"Righteousness" in the New Testament*, 73도 보라.

529. Flebbe, *Solus Deus*, 42-44.

530. 특히, Irons, *Righteousness of God*, 272-79; 또한 D. R. Hall, "Romans 3:1-8," 186-88; Stuhlmacher, "Apostle Paul's View of Righteousness," 78-79를 보라. D. Hill(*Greek Words*, 158), Morris (*Apostolic Preaching*, 252), 그리고 Cosgrove("What If Some?", 95)는 비슷한 견해들을 가지고 있다. Piper는 이 절의 어구를 이런 식으로 해석하지는 않지만, 전체적으로 이 문항에서 전개되는 하나님의 의에 관한 바울의 개념에 대한 그의 해석은 우리의 해석과 아주 흡사

이 어구의 이런 폭넓은 적용에 평행하는 것들이 구약에도 있으며, 4a절의 하나님은 "참되시다"는 것은 하나님은 신뢰할 만한 분이시라는 차원을 이미 담고서 한 말일 수 있다.

사람의 죄가 어떤 좋은 것을 "드러나게" 하면 - 하나님의 의가 심판에서 드러날지라도 그 의는 여전히 선하다[531] - 그 죄를 벌하시면 하나님이 "불의하신" 것이 아니냐는 물음이 충분히 나올 수 있다. 이것은 마지막 날에 하나님이 "내리실"[532] 종말론적인 진노를 가리켜서 하는 물음이며, 5a절의 "불의"가 유대인의 죄를 가리키므로 유대인도 이 진노의 대상이다. 일반적인 추정으로 바울은 "불의"를[533] 보통 "불공평", "정의의 원칙에 어긋나게 행동하는"이라는 뜻으로 쓴다. 그러나 많은 해석자들은 이 단어가 앞 절들에서의 언약적인 강조를 잇고 있다고 주장한다. 그들은 이 절에서 제기된 질문의 배후에 하나님의 "의"는 이스라엘에 대한 구원을 보증한다는 유대인의 확신이 있는 것으로 본다. 그렇다면 하나님이 그의 언약 백성에게 진노를 내리신다면 하나님이 이 언약의 합의를 어기고 아-디코스(*a-dikos*; 불의한), 즉 "이스라엘에 대한 약속을 저버리는" 것이 아니겠는가?[534] 이 해석은 문단의 배후에 있는 하나님의 의에 관한 특정한 유대인의 견해를 정확히 보고 3-4절과의 연속성을 세운다. 그러나 그것으로는 5-6a절에서 문장들이 어떻게 이어지는지를 만족스럽게 설명할 수 없다. 5절을 반대자의 말로 돌린다면, 반대자는 하나님의 의가 순전히 구원을 베푸는 의라고 주장하는 만큼,[535] 5a절에서 사람의 죄가 어떻게 하나님의 의를 "드러나게 한다"고 하는지 이해하기가 어렵게 된다. 게다가 우리가 이미 살펴보았듯이 5절이 반대자의 진술로 해석될 수 있을 것 같지는 않다.

반면에 5절이 바울의 말이고 5b절이 5a절에서 하나님의 응보적인 의에 관한

하다(3:1-8에 관한 *Justification of God* 109-13을 참조하라).

531. 초점이 "하나님의 의"의 심판 쪽에 있을 때라도, 이 용어는 Stuhlmacher의 표현대로 "의미론적으로 긍정적인" 용어다("Apostle Paul's View of Righteousness," 79). 이것으로 위에서 변호한 견해가 논리적이지 못하다는 Piper의 반론(*Justification of God*, 107)은 지워진다.

532. ἐπιφέρω의 이 의미에 관해서는 BDAG을 보라. 거기서는 Let. Arist. 253과 Josephus, *Ant*. 2.296을 인용한다.

533. 그리스어로는 ἄδικος.

534. 특히, Wilckens; Piper, *Justification of God*, 108-9; D. R. Hall, "Romans 3:1-8," 189-91을 보라.

535. Wilckens; Piper, *Justification of God*, 108-9.

주장으로부터 도출될 수 있는 논리적인 결론이라고 한다면,[536] 이 어려움들은 피할 수는 있지만 다른 난관에 봉착하고 만다. 그 가운데 가장 중요한 것이 6a절의 "결코 그렇지 아니하니라!"라는 강조다. 바울 서신에서 거짓 결론을 거부할 때마다 쓰이는 이 강한 부정은 바울이 5b절에서 그의 결론을 이미 진술했다면 거의 의미가 없는 것이다. 그렇다면 바울이 생각하는 그 흐름을 이해할 수 있는 유일한 방법은 5절의 문제를 하나님이 그의 의를 드러나게 하는 죄에 대해 유대인을 정죄하시는 "정의로움"으로 보는 것이다.[537] 성경의 하나님 중심적인 초점과 일치하는 이 "정의로움"은 하나님이 어떤 외부적인 규범에 일치하는 것을 가리키는 것이 아니라, 하나님이 자신의 성품에 따라 행하시는 것을 가리킨다. 바울은 이미 이보다 넓은 의미로 *dik*-어근의 언어를 사용한 2:5에서 하나님의 심판은 각 사람의 행위를 기준으로 하기 때문에 의로울 것이라고 확언했다. 이제 이 원칙이 하나님의 백성이 저지른 범죄 행위가 하나님 자신의 의를 드러나게 할 때도 여전히 유효할 수 있느냐는 질문이 제기된다. 그러나 바울은 하나님이 불의하실지도 모른다는 생각이 들 수 있는 어떤 상황에도 말려들고 싶지 않기 때문에 즉각 "내가 사람의 말하는 대로 말하노니"[538]라는 단서를 집어넣는다.

6 바울의 특징적인 표현인 "결코 그렇지 아니하니라"로 그는 이 문제를 공식화하는 방식으로 이미 암시되어 있던 것을 6절에서 강조적으로 명시한다. 즉 하나님이 그의 백성에게 진노를 내리신다면 그것이 하나님이 "불의하게" 행동하시는 것은 분명 아니라고 하는 것이다.[539] 그리고 바울은 그렇게 거부하는 이유를 설

536. D. R. Hall, "Romans 3:1-8," 189-91.

537. Schreiner는 공평함의 결여가 특별히 유대인들이 자신들의 구원을 확보할 수 없는 무능과 관련이 있다고 주장한다.

538. 그리스어로는 *κατὰ ἄνθρωπον λέγω*. 바울은 고전 9:8과 갈 3:15에서도 같은 표현을, 그리고 롬 6:19에서 비슷한 표현을 쓴다. 갈 3:15과 롬 6:19에서의 요점은 인간적인 유비가 쓰이고 있다는 것인 반면, 고전 9:8과 본 절에서는 보다 소극적으로 어떤 것을 보고 있는 순수하게 인간적인 관점을 보이고 있다.

539. 하나님은 그의 백성을 심판하실 때도 절대적으로 의로우시다는 확언은 구약에서 친숙하다. 3:1-8과 언어상의 평행성이 많기 때문에, 그리고 그 뒤에 이스라엘의 불신실함으로 말미암아 이스라엘에 내려진 재앙이 열거되기 때문에, 특히 주목할 만한 것은 신 32:4이다. "그는 반석이시니 그가 하신 일이 완전하고(*ἀληθινά*, 이하 LXX), 그 모든 길이 정의롭고(*κρίσεις*) 진실하고(*πιστός*) 거짓이 없으신(*οὐκ ἀδικία*) 하나님이시니 공의로우시고(*δίκαιος*) 바르시도다."

명하는 반문을 한다. "만일 그러하면 하나님께서 어찌 세상을 심판하시리요?" 이 질문의 요지는 5절에서 진술된 가정의 불합리하고 명백히 불가능한 결과를 끌어내는 데 있다. 하나님이 진노를 일으키시는 것은 불의한 것이 아니다. 만일 그렇지 않다면,[540] (즉 하나님이 불의하시다면) 하나님께서 어떻게 세상을 심판하실 수 있겠는가? 바울이 자신이나 자신의 독자들이나 어떤 반대자라도 동의할 원리에 호소하고 있는 것은 분명한데, 이 호소의 정확한 목적은 분명하지 않다. 대다수의 해석자는 바울이 구약의 교리인 "세상을 심판하시는 이가 정의를 행하실 것이 아니니이까"(창 18:25)를 암시하고 있다고 생각한다. 일부 주석가는 보다 더 예리한 또는 더욱 미묘한 해석을 제안했지만,[541] 아마도 바울은 단지 이것을 밝히고 싶을 뿐이다. 심판자로서 하나님의 정의가 질문이 제기된 만큼 하나님은 절대적으로 정의로운 분이라고 하는 구약의 공리를 바울이 암시하고 있다고 하는 것이 합리적이다.[542]

7 이 문단의 논리적 진행의 불확실성은 7절에서도 일어난다. 그리고 이 절이 "또는"(헬. 카이[*kai*])에 의해 8절로 연결되는 만큼 7절의 기능에 관해서 단안을 내리면 8절의 기능도 결정될 것이다. 크게 두 가지의 가능성이 있다. 첫째, 이 두 절은 5절의 반대 질문을 되풀이하고 다듬는 것일 수 있다. 나의 죄가 하나님께 영광을 드리는 것이 된다면 하나님이 나를 심판하시는 것이 어떻게 공정한 일인가(7절)? 그리고 바울 당신의 이 견해는 실제로 죄를 조장하는 것이 아닌가(8a절)? 이 새로워진 반대 질문에 대해 바울은 단지 심판의 선언으로 대답한다(8b절).[543] 두

540. 그리스어로는 ἐπεί. 이 단어의 이와 같은 의미에 관해서는 BDF §456(3)을 보라.

541. 예를 들어, (Barrett가 명시적으로 채택하지는 않았지만 암시한) 하나님은 세상을 심판하시기 위해서는 그의 진노를 이용하지 않을 수 없다거나, 하나님이 **세상**(*world*)을 심판하시기 위해서는 그의 심판에 유대인을 포함시키지 않을 수 없다거나(Wilckens; D. R. Hall, "Romans 3:1-8," 191-82), 또는 하나님이 유대인을 심판하지 않을 것이라면 이방인(예를 들어, κόσμος)을 심판하실 수 없을 것이라는 해석(Bengel) 등이다. 아니면 모든 죄는 궁극적으로 하나님의 의를 드러내는 효과를 가지고 있는데 하나님이 그런 죄를 절대로 심판하시지 않는다면 어떤 사람도 심판하실 수 없는 것 아니냐는 뜻을 바울이 보다 교묘하게 비치고 있는 것(Godet)은 아닐까? 이상의 해석들은 저마다 문맥의 뜻은 이해하고 있지만, 분명한 것 이상을 문맥 속에 집어넣어 읽어야만 한다는 단점이 있다. 예를 들어 바울이 "이방인"이나 "모든 사람" 대신에 "세상"이라는 말을 쓰고 있는 것은 그가 하나님의 심판을 가장 넓은 의미에서 사용하고 있음을 시사한다.

542. 창 18:25과 함께 욥 8:3; 32:10-12도 보라.

543. 대다수의 주석자가 어떤 형식으로든 이 해석을 채택한다.

번째 가능성은 이 두 절이 6절을 설명하는 것이다. 하나님이 그의 의를 드러내는 죄를 벌하는 것이 불공정하다면 하나님은 세상을 심판하실 수 없을 텐데(6절), 그 이유는 누구든지("나" 조차도) 하나님 앞에 와서 같은 핑계를 댈 수 있다는 데 있다(7절). 게다가 현실적으로 그런 견해가 죄를 조장하고 있는 것 아니냐(8a절)고 바울은 추론한다.[544] 그러므로 문제의 핵심은 이 두 절이 바울의 가르침에 대한 추가 반대 질문을 담고 있느냐, 아니면 그의 반대자들에 대한 바울의 대답을 담고 있느냐는 것이다. 전자나 후자나 두 해석 모두 바울과 그의 대담자가 이 문단에서 채택한 관점들과 부합된다.[545]

이 두 절에서 바울의 가르침에 대한 추가 반대 질문을 발견하면 생기게 되는 큰 불편 중의 하나는 바울은 그 반대 질문에 대해 어떠한 대답도 하지 못하는 것이 분명하다는 점이다. 바울이 자기 교리에 대한 그토록 심각한 고발을 인용하고는 그 옹호자들을 정죄한다는 말만 하고 그만둘 수 있었을까? 두 번째 독법은 부인할 수 없는 이점으로 이 문제를 피할 수 있다. 그러나 그러면 훨씬 더 큰 불편이 생긴다. 7절이 자연스럽게 6절에 대한 설명으로 읽히지 않기 때문이다. 만일 6절의 설명이 바울의 의도였다면, 우리는 그가 이 논증에서 핵심적인 연결 고리 중 하나 - 모든 사람의 죄가 하나님의 영광으로 이어진다는 것 - 를 명백히 하고 이러한 일반적인 용어(예를 들어, "그러면 누가 죄인으로 심판 받을 수 있겠느냐?"식으로)로 질문을 표현했을 것으로 예상했을 것이다. 7절은 5절에서 진술된("사람의 편에 서서 한"[S-H]) 반대자의 반복으로 읽는 것이 훨씬 더 자연스럽다. 그러면 5-6절과 7-8절이 모두 바울이 4절에서 만들어낸 문제에 도전하는 셈이며, 교차대칭 배열 방식으로 전자는 4b절을 상대로 하고 후자는 4a절을 상대로 하는 것이 된다.[546]

그러므로 나는 7절에서 바울이 이미 5절에서 들은 기본적인 항변을 "그러나[547]

544. Godet; D. R. Hall, "Romans 3:1-8," 192-94를 보라.

545. 바울이 7-8절을 6절에 연결시키기 위해 어떤 접속사를 썼는지 우리가 확실히 알 수 있다면 결정하기가 보다 쉬울 것이다. δέ로 읽으면 전자 쪽으로 기울고, γάρ로 읽으면 후자 쪽으로 기운다. 불행히도 두 가지 독법의 외적 증거가 워낙 고르게 분포되어 있어 최선의 독법은 이 문항의 논증이 이해된 뒤에야 결정될 수 있다(위의 각주 463을 보라).

546. Jeremias, "Chiasmus in den Paulusbriefen," 287-89를 보라.

547. ἔτι(그러나)는 가정문의 귀결절에서 끌어낼 수 있는 논리적 추론을 나타낸다(BDAG).

나의 거짓말로[548] 하나님의 참되심이 더 풍성하여 그의 영광이 되었으면[549] 어찌 내가[550] 죄인처럼 심판을 받으리요?"라고 바꿔서 재진술하고 있는 것으로 본다. 이것이 맞다면, 바울의 일인칭 단수 사용은 5절에 나오는 일인칭 복수를 수사적 목적으로 변경한 것이 된다.[551] 하지만 반대 질문이 공식화되어 있는 것으로 보아 바울은 5절에서보다는 더 반대자의 입장이 되어 말하고 있는 것이 분명하다. 이 반대자는 여기서도 역시 유대인으로서, 자기의 불신실함 때문에 하나님의 신실하심이 드러나고 하나님의 영광이 더하게 되었는데 왜 하나님이 자기를 다른 "죄인들"과 같이 대하셔야 하느냐고 따지는 것 같다. 서로 대조되는 단어인 "참되심"과 "거짓말"은 4a절에서 가져온 것으로, 이 단어들이 갖는 언약적인 풍미가 여기에도 풍길 것이다. 이 절에서 새로 등장한 단어 "영광"은 5절에서 "의"에 내포된 적극적인 의미들을 더욱 구체화하고, 그럼으로써 반대 질문을 더욱 날카롭게 한다. 4b절과 5a절에서와 마찬가지로 중심적인 관심사는 여기서도 유대인의 불의와 하나님의 의/영광 사이의 관계다.

8 7절이 반대자의 질문이라면, 8절은 기본적으로 두 가지 방식 중의 하나로 이

548. ἐν은 조격의 의미를 갖는다.

549. 바울이 부정과거 시제(ἐπερίσσευσεν)를 쓰는 것은 그의 약속의 성취에서 하나님의 영광이 현재 입증되는 관점을 반영할 수 있다. 하지만 이것은 과거를 참조하지 않는 부정과거의 예일 수 있다(Porter, *Verbal Aspect*, 299).

550. 그리스어로는 *κἀγώ*. 바울이 왜 합성형태를 쓰는지는 분명하지 않다. 이 단어는 보통 *ἐγώ*("나")와 딴 사람(들) 사이의 대조를 암시한다("나도", "나까지"). 특히 바울이 이 절에서 자기 자신의 논증을 계속 하고 있다고 가정할 때, *ἐγώ*는 바울 자신을 가리키고 *καί*는 "심지어" 자기까지 심판에서 면제되지 않는다는 것을 강조하기 위해 덧붙여진 것으로 볼 수 있다(Denney; D. R. Hall, "Romans 3:1-8," 193-94). 또한 *κἀγώ*에 담겨 있는 *καί*를 동사와 묶는 선례도 있으며(살전 3:5를 보라), 그럴 경우 이 단어는 그 죄로 자기의 영광을 높이는 자를 심판하는 데서"도" 하나님의 불공평함을 강조하게 될 것이다(Käsemann). 어떤 본문 구절에서는 *καί*가 사실상 불필요하며(엡 1:15), 따라서 이 단어에 특별한 의미를 붙여서는 안 되는 것일 수도 있다. 하지만 유대인 반대자가 이 절에서 말하고 있는 것으로 본다면, 암시된 비교는 이방인과의 비교일 수 있다. 즉 유대인의 죄는 하나님의 영광을 드러나게 하는 것인데 그런 유대인인 **내가**(*I*) 왜 이방인처럼 심판을 받아야 하느냐는 항변일 수 있다. 이 견해의 근소한 뒷받침을 바울이 쓰는 *ἁμαρτωλός*("죄인")의 용법에서 얻을 수 있을지도 모르는데, 왜냐하면 바울은 이 단어를 갈 2:15, 17에서 이방인을 직접 지칭하여 쓰기 때문이다(반면에 이 단어가 5:8, 19; 7:13; 딤전 1:9, 15에서는 보다 일반적으로 쓰인다). D. R. Hall, "Romans 3:1-8", 193-94를 참조하라. 하지만 이 절에 대한 그의 견해는 우리와 다르다.

551. 어떤 의미에서 여기서 "나"는 (롬 7장에서 처럼) 이스라엘을 가리킨다(Wright를 보라).

해될 수 있다. 즉 그것은 7절의 반대 질문에 병행하는 제2의 반대 질문을 추가하는 것이거나,[552] 아니면 7절의 반대 질문에 대해 수사적인 반문으로 대답하는 것이다.[553] 이 절을 추가적인 질문으로 보게 만드는 것으로는 두 절을 접속시키는 "또는" 과, 삽입절의 진술이 분명히 알려 주듯이 "선을 이루기 위하여 악을 행하자"는 하나님이 사람의 죄까지 하나님의 섭리에 이용하신다고 바울이 강조하는 데 대한 당연한 반발이라는 사실에 있다. 그와 반면에 8절을 7절의 반대 질문에 대한 바울의 대답으로 보게 되면, 그렇게 보지 않을 때 사라지게 될 바울의 대답이 생기고, 질문의 형식과[554] 대명사가 7절의 일인칭 단수에서 8절의 복수로 바뀌는 것에 대한 보다 자연스런 설명이 마련된다. 하지만 바울이 8절을 7절에 대한 대답으로 삼을 의도였다면, 그가 8절을 "그러나"로[555] 시작하거나 아니면 "결코 그렇지 아니하니라"고 하지 않고 "또는"으로 시작했으리라고는 거의 상상도 할 수 없다. 이 "또는"은 8절의 주절이 7절과 동등하며, 따라서 바울의 교리에 대한 유대인 반대자의 비판이 이어진다는 것을 시사한다.[556] 그러므로 7-8절이 이런 식으로 연결된다면 8절을 7절 문장의 계속으로 보기보다는 별개의 질문으로 보는 것이 낫다.[557] 이 절은 몇 가지 다른 구문상의 문제를 일으키지만, 그 문제들은 NIV 성경에 반영된 방식으로, 즉 "어찌 -우리가 비방조로 보도되고 있는 바와 같이 그리고 우리가 그렇게 말한다고 어떤 자들이 주장하는 바와 같이- '선의 결과를 낳도록 우리가 악을 행하자'고 말하지 않는가?"로[558] 하면 가장 잘 해소된다.

---

552. Morison(*Critical Exposition*, 75-83)은 이 해석을 특히 철저하게 변호한다.

553. 특히 Cranfield를 보라. 어느 쪽으로 읽든 이중의 καθώς("even as")절은 ποιήσωμεν("let us do") 또는 어쩌면 ὅτι("that")와 함께 주절을 다시 옮기는 삽입절로 해석되지 않으면 안 된다.

554. 바울은 여기서도 부정적인 대답을 암시하기 위해 μή를 쓴다.

555. 그리스어로는 ἀλλά나 아니면 δέ.

556. 그러므로 바울이 μή를 쓴 것은 동사 ποιήσωμεν이 가정법이기 때문일 수도 있고(참조. BDF § 427[4]), 5절에서와 마찬가지로 바울이 논쟁 상대의 말을 바꾸어 말할 때 이미 그의 대답을 예상하기 때문일 수도 있다. 일인칭 단수에서 복수로의 전환은, 개별화가 정상적인 예(7절)와 같은 범주에 속하는 것으로 고려되는 모든 사람이 참여할 수 있는 제안된 행동 과정 사이의 차이를 반영한다.

557. Käsemann. 반대 의견으로는 Godet; Ljungvik, "Zum Romerbrief 3:7-8," 207-10.

558. 문제는 7b절에서 τί를 이어받아 괄호 안의 동사에서 동사 λέγομεν을 제공해야 하는지 여부다. "그리고 우리는 왜 '선을 이루기 위해 악을 행하자'하지 않겠느냐?"(Cranfield) - 또는 τί만을 이어가는 것 - "선을 이루기 위해 우리가 왜 악을 행하지 아니하겠느냐?"(Morison, *Critical Exposition*, 80) 또는 이러한 추가 사항 없이 질문을 남겨둔다(Piper, *Justification of God*, 257-58). 이 마지

바울은 두 가지를 말하고 싶어한다. 바울은(그리고 다른 사도들도?) 자신의 관점에서 나오는 논리적 결론이라고 하는 유대인 반대자가 주장하는 그런 교리를 가르치고 있다는 비난을 받은 것이라는 점과, 그런 비난은 "신성모독적인"[559] 것이라는 점이 그것이다. 바울이 자기의 가르침에 대해 유대인 반대자의 입에서 나오는 것이라고 밝히는 반대 질문은 자기가 전에 들어본 적이 있는 질문이며, 로마의 기독교인들도 이미 충분히 들은 적이 있던 질문이라고 지적한다.[560] 슈라이너(Schreiner)는 유대인 반대자가 율법에 순종하는 것이 궁극적인 구원의 기초가 아니라는 바울의 가르침을 도덕을 훼손하는 것으로 보았다고 그럴듯하게 제안한다. 존 바클레이(J. Barclay)가 주장한 바와 같이, 바울은 자신이 "비상응적 은혜"(incongruous grace)라고 부르는 것 - 받을 자격과는 상관없이 주어지는 은혜 - 을 설교하며 이 교리가 필연적으로 정의에 대한 질문을 제기한다고 주장한다.[561] 그러면 바울은 왜 이 질문에 대답하지 않는가? 아주 흔히 나오는 제안은 바울이 그 대답을 로마서 6장에 가서야 비로소 한다는 것이다. 이 절에서 나오는 말과 6:1의 "은혜를 더하게 하려고 죄에 거하겠느냐"의 유사성에 유의하라. 하지만 6:1은 하나님의 은혜의 풍성함에 비추어서 나온 기독교인의 질문이고, 여기서의 질문은 죄까지도 하나님의 영광으로 이어진다는 바울의 주장에 비추어 자기의 행동들이 정말로 어떤 의미를 갖느냐고 묻는 유대인에 의해서 제기되는 것이다.[562] 그리고 로마서 6장에 나오는 바울의 대답은 사실 여기서 제기된 문제에 대한 대답으로는 적절하지 않다. 그러므로 우리는 바울이 이 질문의 심한 불합리성을 이유로 이 질문에 대한 기각을 의도했다고 생각해야 한다. 유대인 반대자가 취하는 관

막 제안이 가장 간단할 수 있다. 괄호 절의 구문은 καθώς("even as")의 반복으로 인해 어색해진다. 이는 명백히 바울이 중간 문장을 수동태에서 능동태로 전환하기를 원하기 때문에 발생하는 것이다.

559. 바울은 동사 βλασφημέω를 사용한다. 그는 이러한 비난에 연루된 바울에 대한 "비방"일 수도 있고, 그들의 비난에 함축되어 있는 신성 모독적인 논박을 구체적으로 언급하는 것일 수도 있다(Wilckens). 그러나 아마도 딤전 6:1의 "하나님의 이름과 교훈으로 비방을 받지 않게 하려 함이라"에서와 같이 단어에 양자의 요소가 모두 들어 있을 것이다.

560. Stuhlmacher(50)는 여기서 (그리고 로마서의 다른 곳에서) 바울의 가르침은 바울의 반대파 유대 기독교인들과 그들의 동조자들에 의해 유발된 것이며, 그들은 로마에서도 활약하고 있었다는 점을 특히 역설한다.

561. J. Barclay, *Paul and the Gift*, 473.

562. Murray; Cosgrove, "What If Some?" 99-100을 보라.

점, 즉 하나님이 그의 백성을 범죄한 이유로 벌하시는 것은 의롭지 않다는 관점은 이 질문의 결말인 불합리한 결론에 의해 오류라는 것이, 그리고 사실상 신성 모독적이라는 것이 암시된다.[563]

우리가 무엇을 "어떤 이들"의[564] 선행사로 인정하느냐에 따라 8절의 마지막 문장에서 "마땅하다"고 하는 하나님의 정죄하심이[565] 7-8절에서 언급된 사람들의 악행에 대한 것일 수도 있고,[566] 7-8절에서 언급된 특정의 사람들에 대한 바울을 비방한 사람들로,[567] 7절에서 하나님의 심판으로부터의 면제를 주장하는 사람이나[568] 또는 8절에서 "선을 이루기 위하여 악을 행하자"고 주장하는 사람들에[569] 대한 - 것일 수도 있다. 혹은 우리가 이 짤막한 심판 선언을 바울이 2:1-3:8에서 펼친 논증의 마무리로 이해한다면, 이 선행사는 유대인 일반일 수도 있을 것이다. 가장 가깝고도 자연스러운 선행사는 8절 가운데 주절의 주어, 즉 바울의 교리는 범죄를 조장한다고 질문하는 사람들이다. 그러나 이 사람들은 본질적으로 7절의 "나"와 같은 관점을 표현하고 있는 만큼 바울의 정죄 선언은 7-8절의 반대자 전체를 포함한다. 그렇다면 바울은 7절에서 제시된 핑계를 물리침과 동시에 하나님이(*is*) "거짓말"로 하나님께 영광을 가져오는 죄인을 심판하시는 것이 "옳다"고 보는 것이 된다. - 바울을 비방했고 그리스도 안에서 그의 의를 드러내신 하나님을 암시적으로 비방한 자들에게 "신성 모독"에 합당한 죄를 범했다는 선고를 내리기도 한다. 이 문단은 로마서 1:18-3:20의 전체에서 들리는 소리에 주목하여 결론을 내린다. 하나님의 판단의 "마땅함"이[570] 그것이다. 요약하자면, 바울은 유대인이 할례와 율법으로 말미암아 구원받을 수 있다고 믿는 것을 자기 스스로가 공격했다고 해서(2장), 그로부터 잘못된 결론을 도출하지 말라고 그의 독자들에게 경고하는 것으로 시작한다. 하나님은 이스라엘에 대해 하신 약속을 신실하게 지

563. Stowers, "Paul's Dialogue," 718.
564. 그리스어로는 ὧν.
565. 이것이 여기서 κρίμα의 의미이다.
566. Achtemeier, "Some Things," 261-62.
567. 그리스어로는 τινες; Godet; Cranfield; Dunn을 보라.
568. 즉, ἐγώ; Gifford; S-H를 보라.
569. 즉, 동사 ποιήσωμεν("하자")의 주어(Morison, *Critical Exposition*, 88-89; Alford를 보라).
570. 그리스어로는 ἔνδικος.

키신다. 하나님은 변함이 없고 의지할 만한 "의로운" 분이시기 때문이다. 그러나 바울은 이스라엘에게 취했던 옹호로부터 금방 추가 공격으로 돌아서서, 하나님의 신실하심은 결국 이스라엘에 대한 것이 아니라 하나님 자신의 인격과 약속에 대한 것이라는 사실을 로마의 기독교인들에게 상기시킨다. 따라서 하나님은 그의 백성이 순종할 때 그들에게 보답하시는 것뿐만 아니라 그들의 범죄에 대해 그들을 벌하실 때도 "의로우시다". 그러나 이것은 죄란 언제나 하나님의 의를 더하게 한다는 이유만으로 우리가 죄를 지어도 된다는 뜻이 아니라고 바울은 결론내린다. 그런 태도는 하나님의 이름을 욕되게 하는 것이기 때문이다.

이 절들에서 바울이 공격하는 문제는 그 당시의 하나님의 백성에 한정된 것이 아니다. 우리 기독교인들도 하나님의 은혜를 입고 있기 때문에 우리의 죄를 걱정할 필요가 없다고 믿는 일이 너무도 많다. 이것은 나 뿐만 아니라 하나님이 구원받아서 거듭난 사람들을 최후까지 보존하신다고 믿는 기독교인들 사이에서 특히 위험한 요소로 자리잡고 있다. 우리는 하나님의 궁극적인 관심이 하나님 자신의 영광에 있지 우리의 축복에 있지 않다는 것을, 하나님의 의는 하나님이 구원하실 때만이 아니라 심판하실 때도 아름답게 발휘된다는 것을 너무도 쉽게 잊는다. 우리는 "약속위에 굳게 서기를" 원한다 - 그리고 이렇게 하는 것이 전적으로 올바른 자세다. 그러나 우리는 하나님이 (구약에서나 신약에서나 마찬가지로) 그의 은혜의 풍성함으로 그의 백성을 축복하겠다고 약속하실 뿐만 아니라, 죄를 지으면 꾸짖고 징계하겠다고 약속하시기도 한다는 것을 결코 잊어서는 안 된다.

3. 모든 사람의 죄책(3:9–20)

9 그러면 어떠하냐 우리는 나으냐 결코 아
니라[571] 유대인이나 헬라인이나 다 죄 아
래에 있다고 우리가 이미 선언하였느니라
10 기록된 바 의인은 없나니 하나도 없으며
11 깨닫는 자도 없고 하나님을 찾는 자도 없
고
12 다 치우쳐 함께 무익하게 되고 선을 행하
는 자는 없나니 하나도[572] 없도다[a]
13 그들의 목구멍은 열린 무덤이요 그 혀로
는 속임을 일삼으며[b] 그 입술에는 독사의
독이 있고[c]
14 그 입에는 저주와 악독이 가득하고[d]
15 그 발은 피 흘리는 데 빠른지라
16 파멸과 고생이 그 길에 있어
17 평강의 길을 알지 못하였고[e]
18 그들의 눈 앞에 하나님을 두려워함이 없
느니라 함과 같으니라[f]
19 우리가 알거니와 무릇 율법이 말하는 바
는 율법 아래에 있는 자들에게 말하는 것
이니 이는 모든 입을 막고 온 세상으로 하
나님의 심판 아래에 있게 하려 함이라
20 그러므로 율법의 행위로 그의 앞에 의롭
다 하심을 얻을 육체가 없나니 율법으로는
죄를 깨달음이니라

a. 시 14:1-3 / b. 시 5:9 / c. 시 140:3 / d. 시 10:7 / e. 사 59:7-8 / f. 시 36:1b

9절의 서두를 장식하는 짤막한 질문들은 이 절을 1-8절의 대화와 연결시키는 것이면서,[573] 동시에 바울이1:18에서부터 계속 발전시키고 있던 그의 가르침의 요

571. 서두의 질문 *Tί οὖν*("그러면 어떠하뇨?")과 이 절의 *προῃτιασάμεθα*("우리가 이미 선언하였느니라"(accused)로 시작되는(개역개역에서는 "끝나는"-옮긴이) 마지막 부분 사이의 본문은 기본적으로 네 개의 형이 있다.
(1) *προεχόμεθα; οὐ πάντως* - 알렉산드리아 텍스트 가족에서 발견되며(1차 증거 사본 - ℵ과 B, 그리고 2차 증거 사본 33, 81, 그리고 1739를 참조하라), 수정된 형식으로 한 서방 증거 사본(D의 2차 수정본)과 다수파 텍스트에서 발견된다.
(2) *προεχώμεθα; οὐ πάντως* - 2차 알렉산드리아 언셜체 A에서 읽힌다.
(3) *προεχόμεθα* - 언셜체 P에서 읽힌다.
(4) *προκατέχομεν περισσόν* - 두 개의 서방 언셜체 사본(D* 와 G)과 다른 언셜체 사본 하나(Ψ)에서 읽힌다.
제1형이 확고한 외적 지지를 받고 있을 뿐만 아니라, 다른 독법들은 제1형의 난제들을 피하려는 시도들임이 분명한 것 같다(Lietzmann과 그 주석서를 참조하라). 하지만 Dahl은 제3형 쪽을 택하여 "그러면 우리가 무엇을 가지고 항변하리요"라고 번역하는데, 여기서 "우리"는 기독교인을 가리킨다("Romans 3:9,"184-204. 또한 Dunn도 보라).
572. 알렉산드리아 텍스트의 증거 사본 둘(1차의 B와 2차의 1739)은 *οὐκ ἔστιν*("없도다")을 빠뜨리고 있다. 이 누락된 것이 원본이라고 생각하게 만드는 것은 이 단어들을 집어넣으면 본문이 바울이 인용하고 있는 시 14:3과 똑같아진다는 사실이다. 그러나 이 누락을 뒷받침하는 증거는 아주 미미하다.
573. 그래서 Stowers("Paul's Dialogue," 720)와 Fitzmyer는 9a절을 3:1-8 문항에 붙인다.

약과 적용으로 나아가고 있다는 것을 분명히 알려 주는 것이기도 하다. 바울은 이 긴 단원에 "죄 고발"(accusation)이라는 딱지를 붙인다. 여기서 바울은 유대인이든 이방인이든 모든 사람이 "죄 아래에" 있다고(9b절) 선언한다. 느슨하게 연관되어 있는 구약의 인용문들이 한 줄로 엮어져 그렇게 인류 전체를 규정짓는 죄의 보편성을 확인하고 그 다양성을 기술한다(10-18절). 바울은 마지막으로 19-20절에서 이 죄에 대한 보편적인 예속의 결과를 이끌어낸다. 모든 사람이 하나님의 심판대 앞에서 심판 받게 되며 어떤 일을 할지라도 그 심판에서 벗어날 수 없다. 이렇게 함으로써 그리스도 안에서 드러난 하나님의 의를 선포할(21-26절) 길이 마련된다.

9 9절의 맨 앞에 나오는 말들은 원본 문제, 구두법 문제, 그리고 의미 문제를 포함하여 여러 가지 관련 문제를 제기한다. UBS5와 NA[28]로 인쇄되었고 절대 다수의 학자들에 의해 인정된 텍스트가 정확한 것이라고 할 때,[574] 이 절의 머리말은 두 개의 질문 - "그러면 어떠하냐", "우리는 나으냐" - 로 나누고 거기에 두 번째 질문에 대한 짤막한 대답 - "결코 아니라" - 을 덧붙이는 것이 가장 자연스럽다. 디아트리베 양식에 따르면서 바울은 앞선 토론에서 이야기된 어떤 것에 의해 유발된 질문을 하려고 할 때 짧은 전환용의 "그러면 어떠하냐"로[575] 시작한다. 그의 앞선 가르침에서 질문을 유발하는 것이 정확히 무엇이냐고 하는 것은 이 질문이 정확히 무엇인가에 따라 달려 있다. 바울이 쓰는 동사의 의미나[576] 그가 1인칭 복수형을 쓸 때 염두에 두고 있는 사람들이 누구인지에 - "우리 유대인"인지, "우리 이방인"인지, "우리 기독교인"인지, "우리 사도들"인지, 바울 자신인지 대한 것 양쪽 모두 불분명하다. 우리는 5개의 가능성들을 고려해야 한다.

(1) "내가[나 바울이] 유대인을 위해 변명하고 있느냐"[577] 이 절의 두 번째 동사가

574. 위의 9절의 각주를 보라.

575. 그리스어로는 *τί οὖν*.

576. 그리스어로는 *προεχόμεθα*인데, 이것은 중간태일 수도 있고 수동태일 수도 있다. 동사 *προέχω*는 성서 그리스어로는 여기서만 나온다(이문[*v.l.*]으로는 욥 27:6에서 나온다). *προέχω*의 기본 의미는 "앞에 내밀다"인데, 이것이 능동태일 때는 "이점을 가지고 있다", "뛰어나다, 능가하다"를 뜻하고, 중간태일 때는"자기 앞에 내밀다", 따라서 "구실 삼다, 변명하다"를 의미한다(LSJ).

577. 이 번역은 동사가 의미상 중간태라고 가정한 것이다. Morison, *Critical Exposition*, 93-94와 BDAG을 보라. 그는 이것을 하나의 선택지로 언급한다.

바울을 주어로 삼고 있기 때문에 - "우리가 이미 선언하였느니라"라고 - 첫 번째 동사의 주어도 마찬가지로 바울일 것이라고 생각하는 것도 무리는 아니다. 이 해법은 문맥에도 잘 들어맞는다. 바울이 유대인을 위해 변명하고 있는 것이냐는 질문에 대한 대답으로, 그가 "아니다! 내가 이미 유대인이나 이방인이나 모두 죄가 있다고 선언했노라"라고 말하기 때문이다. 그러나 이 번역에는 극복하기 어려운 어휘 문제가 있다. 그것은 "변명하다"의 목적어 - 유대인 - 가 주어 - 바울 - 와 다르다는 것을 전제로 하지 않으면 안되는데, 그런 용법의 증거는 어디서도 찾아볼 수 없다는 것이다.

(2) "우리 유대인이 스스로 변명한다는 것이냐"[578] 바울이 동사의 주어가 아니라면, 그 다음으로 가능성이 큰 선택지는 유대인이 주어가 되는 것일 듯싶다. 우리가 앞에서 보았듯이, 5-8절의 1인칭 동사 대부분에 해당하는 주어가 유대인이기 때문이다. 그러나 유대인을 동사의 주어로 하려면 우리가 질문을 다시 써서 "우리 유대인이 하나님의 진노로부터 자기 방어를 해야 할 무언가가 있느냐"[579]와 같은 뜻으로 만들어야 할 것이다. 그런데 이것은 그 동사에 정당화될 수 있는 것 이상을 읽어 넣는 셈이 된다.

(3) "우리 유대인이[그들보다] 못하는가", "우리 유대인은 불리한 입장에 있는가"(NRSV의 난외주, REB의 난외주를 보라).[580] 이런 질문은 문맥에 어울리지 않는 것으로 여겨질 수도 있다. 왜냐하면 3:1-8에서 강조한 것이 유대인의 유리한 점들이었지 그들의 불리한 점들이 아니었기 때문이다.[581] 그러나 그러한 반대 질문은 4-8절에 담긴 유대인의 언약은 보증수표가 되지 못한다는 논박을 감안하지 않은 것이다. 바울이 그 절들에서 하나님이 그의 백성을 심판하시는 일이 실제로 일어난다는 것을 역설한점(4, 5b, 8b절)에 비추어 볼 때, 바울의 유대인 토론 파트너가 그렇다면 유대인이 불리한 입장에 있는 것이냐고 묻고, 바울이 자신은 이미 유대인

578. 이 번역 역시 동사가 의미상 중간태라고 가정한 것이다. Godet; Murray; Stuhlmacher를 보라.
579. 게다가 προέχομαι가 이 의미를 가질 때는 변명의 내용을 밝히는 목적어가 뒤따르게 된다 (Feuillet, "Situation privilégiée des Juifs," 34).
580. 이 번역은 προεχόμεθα를 수동태로 본 것이다. S-H; Lightfoot; Fitzmyer; Stowers, "Paul's Dialogue," 719-20을 보라.
581. 예를 들어, Cranfield를 보라.

과 마찬가지로 이방인도 정죄했음을 상기시키는 말로 그런 추론을 물리치는 것은 아주 자연스러울 것이다. 반면에, 앞의 문맥에서 유대인이 이방인보다 (설사 나을 것은 없을지라도) 더 나쁘다(worse off)고 암시한 점은 없다.[582]

(4) "우리 이방인이 그들[유대인]보다 더 열악한 처지에 있느냐."[583] 이 대안은 동사에 자연스러운 의미를 부여하지만 2:24 이후 언급되지 않은 주어인 이방인을 도입하는 단점이 있다.

(5) "우리 유대인은 나으냐"[584] 이 견해로 하면 질문을 유발하는 것은 1-3절에서 유대인에게 "나음"이 있다고 한 확언이다. 바울은 이 확언을 수정하여, 유대인이 어떤 역사적인 특권을 다시 가지고 있을지라도 이 특권들이 하나님의 심판에서 그들을 우월한 입장에 놓이게 하지는 않을 것이라고 경고하고 싶은 것이다. 2:17-29의 논박 뒤에 유대인의 뚜렷한 특권을 인정해 주는 것이 3:1-8에서 바울의 주된 의도인 만큼(설사 수정하고 토론하느라 그 의도에서 그가 아무리 멀리 벗어났을지라도 그렇다), 9절의 질문을 이 요점과 묶는 데는 아무런 문제가 생기지 않는다. 이 견해가 갖는 주된 문제는 언어학적인 것이다. 즉, 이 동사의 이러한 형태가 동일한 의미로 쓰인 다른 예는 발견된 적이 없으며,[585] 초기 기독교의 어떤 해석자도 분명이 동사를 이런 식으로 해석한 적이 없었다.[586] 그렇기 때문에 세 번째와 다섯 번째 사이에서 하나를 결정하기가 매우 어려워진다. 다행히 이 번역들이 서로 양극단에 있다고는 할지라도 어느 쪽을 택하든 핵심 요지, 즉 이방인과 유대인이 하나님의 심판 앞에서는 동일한 조건하에 있다는 요지는 사실상 달라지지 않는다.

바울이 유대인은 불리하냐고 묻든 유리하냐고 묻든, 그의 대답은 부정의 대답이다.[587] 얼핏 보기에 이 대답은 1-2절에서 바울이 한 말과 상충되는 것으로 여겨

582. 게다가 προέχω의 수동태가 이런 의미로 쓰이는 일은 드물며, 그렇게 쓰인다면 그 뒤에 행위자를 나타내기 위해 ὑπό("by")가 이어질 것으로 예상할 수 있어야 한다.

583. Jewett. 이 견해는 동사를 수동태로 취하지만 "이방인"을 주어로 이해한다.

584. 능동의 의미를 갖는 중간태로 προεχόμεθα를 취하는 번역이 대다수의 현대 영어 성경과 주석가들에 의해 채택되고 있다.

585. 신약에서 능동태가 예상되는 자리에 중간태의 동사가 나타나는 예는 드물지 않지만 말이다 ([이 구절을 예로 언급한] N. Turner, *Syntax*, 106-7을 보라; BDF §316).

586. Schelkle, *Paulus, Lehrer der Väter*를 보라.

587. 그리스어로는 οὐ πάντως. 부정의 정도는 확실치 않다. 가장 자연스러운 의미는 제한된 부정, 즉 "완전히는 아니다", 또는 "모두 그런 것은 아니다"가 된다. 이 번역은 부사에 선행하는 부정어

질 수도 있다. 그러나 바울은 보완적인 주장을 하고 있는 것이지 상반적인 주장을 하고 있는 것이 아니다. 유대인은 구원의 역사에서 논란의 여지가 없는 이점을 가지고 있다. 하나님이 그들에게 말씀하셨고, 철회되지 않을 약속을 그들에게 하셨기 때문이다(1-2절). 그러나 바울이 2장에서 거듭하여 강조했듯이, 하나님이 모든 사람을 "각자의 행위에 따라" 공정하게 판단하시는 문제에 이르러서는 유대인에게 유리할 것이 없다. 그리고 이것이 9절에서 바울이 관심을 쏟고 있는 문제점이라는 것은 그의 부정의 대답에 대한 설명("그러면", 가르[*gar*]) 즉 "유대인이나 헬라인이나 다 죄 아래 있다고 우리가 이미 선언하였느니라"는[588] 설명으로 알 수 있다. 바울은 1:18- 2:2에서 인류를 포괄적으로 고발했음을 가리키고 있다. 먼저는 헬라인 또는 이방인이(1:19b-32), 그리고 이어서 유대인이(2:1-29) 하나님의 심판대 앞에 불려 나온 결과 부족함이 발견되었기 때문이다. 그러므로 이 진술에서 우리는 바울이 로마서의 이 단원에서 자기의 목적에 대한 자기 스스로의 의견을 달고 있는 것으로 본다. 믿음으로 하나님의 의를 경험한 적이 없는 사람은 누구나 "죄 아래" 있다. 즉 그들은 죄의 권세에 꼼짝없이 사로잡힌 죄인들인 것이다.[589] 어떻

는 일반적으로 그 부사를 수정한다는 법칙에 따른 것이며(참조. BDF §433), 십중팔구 이것이 *οὐ πάντως*가 신약에서 여기 말고 유일하게 나오는 곳(고전 5:10)에서 갖는 의미일 것이다. 이 의미는 *προεχόμεθα*가 "우리는[우리 유대인은] 나음이 있느냐"라는 뜻이라면 가능하다. 그러면 바울이 "모든 면에서는 아니다. 유대인이 '하나님의 말씀'을 맡았다는 이점은 있지만(2절), 그 이점이 그들이 하나님의 심판으로부터 보호해 주는 데까지는 미치지 않기 때문이다"라고 대답하는 셈이 된다(참조. NAB; Michel; Huby; Cranfield; Lohse; Schnabel; Feuillet, "Situation privilegiee des Juifs," 33-46; S. Johnson, "Studies in Romans, Part IX," 166). 하지만 *οὐ πάντως*가 보통의 어순을 바꿔서 하는 전치법(hyperbaton) 강조 용법의 예일 수도 있으며, 그럴 경우 그것은 "전혀 아니다", "분명 아니다"라는 강조 부정의 뜻이 된다(대다수의 현대 영어 성경이 이렇게 번역한다. 그리고 BDF §433[3]; A. Robertson, *Grammar* 423; Wilckens; Schreiner를 보라). 이 대답은 *προεχόμεθα*가 수동의 의미를 갖는다면 필요하게 되리라고 여겨질 것이다. 바울이 "우리 유대인은 불리한 것이냐"라는 질문에 제한적인 부정의 대답을 한다면 대답다운 대답이 될 수 없을 것이기 때문이다. 동사에 능동의 의미가 주어진다고 해도 강조 부정이 선호될 수 있다. 바울이 핵심 문제가 되고 있는 요지와 관련해서 유대인에게 일체 나음이 없다고 하고 있는 것이라는 의미에서 그렇다.

588. 그리스어는 *προαιτιάομαι*에서 나온 *προῃτιασάμεθα*인데, 신약에서는 여기서만 쓰인다. 주목할 가치가 있는 것은 바울이 그의 논증을 유죄 입증으로 규정하는 것이 아니라 유죄 선언으로 규정한다는 사실이다(S. Johnson, "Studies in Romans, Part IX," 167). 그러므로 1:18-2:29에 대해 바울이 모든 사람의 유죄를 논리적으로 입증하지 않았다는 취지의 비판을 하는 것은 과녁을 크게 벗어난 비판이다.

589. 바울에 관한 현대 학문은 종종 바울이 죄를 극복해야 할 권세로 강조한다 그리고 그러한 이유가

게 도달했던 간에, 이방인만이 아니라 유대인을 포함한 모든 사람이 죄인일 뿐만 아니라 죄의 권세 아래 있는 무력한 인질이라는 이해로 말미암아 바울은 동시대의 유대인과 뚜렷하게 구별된다.[590] 바울이 말한 어디에도 이 법칙에 예외가 없으며, 복음의 메시지가 절실히 필요함을 이보다 더 분명하게 보여 주는 것도 없다. 사람들의 문제가 단순히 죄를 짓는다는 것이 아니라, 죄의 노예가 되어 있다는 것이기 때문이다. 그러므로 필요한 것은 죄로 뚫고 들어가 죄로부터 사람들을 해방시킬 수 있는 새로운 권세, 즉 예수 그리스도의 복음 **안에서**(*in*) 발견되고 그리고 복음과 **그 안에서만**(*and only*) 발견되는 권세다.

10a "기록된 바"는[591] 바울이 구약의 인용문을 도입할 때 전형적으로 쓰는 공식이다. 그러나 다른 어디서도 바울이 이렇게 긴 인용문을 또는 이렇게 많은(적어도 6군데나 되는) 구약의 다른 부분에서 끌어온 인용문을 인용한 적이 없다. 같은 주제에 속한다는 점에서 연결된 절들의 이 모음과 랍비들이 "구슬 꿰기"라고 칭한 것 사이에는 닮은 점들이 있으며, 바울이 초기 기독교 찬송시 또는 "화보"(florilegium)를 인용하고 있다고 하는 학자들도 있다.[592] 하지만 이것은 분명하

있다. 바울은 한결같이 ἁμαρτία를 복수형으로 쓰지 않고 단수로만 쓰며, 인간의 상태를 기술하기 위해 노예 세계에서 끌어온 이미지들을 동원한다. 그래서 비기독교인은 "죄의 노예"이며(롬 6:17), 기독교인이 된다는 것은 죄로부터 "해방되어"(6:18) 더 이상 죄를 "주"로 삼지 않는다는 것(6:14a)을 의미한다. D. Moo, "Sin in Paul," 111-12를 보라.

590. 예를 들어, E. P. Sanders, *Paul and Palestinian Judaism*, 546-47; Beker, *Paul*, 243; 그리고 특히 T. Laato, *Paulus und das Judentum*을 보라. 바울의 구원론적 상징들에 관한 G. Theissen의 재미있는 분류에서 ὑπό라는 단어는 바울의 해방 상징의 일부를 이룬다("Soteriologische Symbolik," 282-304). 하지만 그 차이가 죄의 성격에 관한 것이라고 하기 보다는 죄의 범위와 심각성에 관한 것이라는 점을 주목하는 것이 중요하다. 1:22-2:29이 보여 주듯이, 바울은 죄가 하나님의 뜻을 거스르는 것이라는 전통적인 이해를 보존한다. 그러므로 바울이 죄에 관한 하나의 개념을 다른 개념으로 대체한 것이 아니다(R. Gundry, "Grace, Works, and Staying Saved," 28-30). 그보다는 바울이 죄를 노예의 주인으로 그림으로써 인간의 죄성의 깊이를 개념화하는 쪽을 택한 것이다. 더 자세한 사항은 5:1-8:39에 대한 서론을 보라.

591. 그리스어로는 καθὼς γέγραπται.

592. 이 명제는 Keck이 "Function of Rom 3,10-18," 141-57에서 아주 자세히 전개한다. 그는 그 일련의 인용문이 1:18-3:8에서 "바울의 성찰이 나올 수 있는 이론적 출발점"일지 모른다는 말까지 한다(153). van der Minde, *Schrift und Tradition*, 54-58; Käsemann; Michel; Wilckens; Schmithals(그는 어쩌면 바울이 이것을 유대교 회당에서 취했을 것이라고 생각한다)도 보라. Longenecker. D.-A. Koch(*Schrift als Zeuge des Evangeliums*, 180-84)와 C. Stanley(Paul and the Language, 88-89)는 아마 바울이 이 문단을 작성해서 여기에 삽입했을 것이라고 생각

지 않으며, 어느 경우이든 바울이 이 구절들을 인용한 목적은 분명 9절의 유죄 선언을, 그리고 특히 죄가 보편적이라는 그의 주장을 실증하는 데 있다. 그래서 9절의 "다"가 인용문들 중의 반복되는 "하나도 없다"로[593] 채택된다, 그럼으로써 19-20절에서 "**모든**(*all*) 입"과 "**모든**(*all*) 육체"(개역개정은 '육체가 없나니'-옮긴이)가 적용될 길이 마련된다. 그 모음은 얼핏 보기에 무작위적인 것 같지만, 구성과 순서에 관심을 쏟은 증거가 있다. 첫 행(10절)은 이어지는 것 전체의 표제요, 마지막 행(18절)은 수미쌍관을 이루면서 같은 주제로 돌아온다. 11-12절은 "의인은 하나도 없다"라는 주제에 대해 일반적으로 동의어인 일련의 다섯 번의 반복으로 - "모든 사람"[594](개역개정은 '다'로 번역함-옮긴이)에 대한 언급과 함께 중간(12a절)을 한 번 끊으면서 - 첫 행을 전개하며, 모두 "없다"로 소개한다. 그 다음 네 행(13-14절)은 말로 짓는 죄를 기술하는데, 각 행이 모두 말이 나오는 다른 기관을 가리킨다. 반면에 15-17절은 타인에 대한 폭력의 죄에 초점을 맞춘다. 이 인용문들 가운데 다수가 이스라엘 내의 사악한 또는 불의한 자만을 규탄한다는 사실은 - 따라서 바울의 보편적 적용 의도와는 맞지 않는 것 같다 - 바울의 의도는 **모든**(*all*) 사람을 정죄하려는 것이 아님을 암시하는 것으로 채택되었다.[595] 그러나 바울의 실제 의도는 아마 그렇게 쉽게 포착되지 않을 것이다. 불의한 자들을 규탄하는 본문들을 인용하고 그것들을 모든 유대인을 포함하여 모든 사람에게 은연중에 적용함으로써, 바울은 실상 신실한 유대인들조차 자기가 "의롭다"고 주장할 수 없다는 2:1-3:8의 논증을 강조하고 있는 것이다.[596]

10b-12 인용문들은 시편 14:1-3(LXX 13:1-3)에서 가져온 일련의 표현으로 시

한다.

593. 그리스어로는 οὐκ ἔστιν.

594. 그리스어로는 πάντες.

595. G. Davies, *Faith and Obedience*, 82-96을 보라. 여기서 Davies가 하는 주장은 물론 한정적인 것이다. 즉, 바울이 그리스도 이전에는 "의로운" 사람이 단 한 명도 없었다고 믿지 것이 분명하다는 주장이다(바울이 4장에서 아브라함과 다윗을 언급하여 하는 말을 보라). 그러나 바울은 모든 사람을 주님 앞에 주의 구원하시는 은혜를 입지 않은 채 나타나는 모습으로 보고 있는 것 같다. 그러므로 아브라함과 다윗도 은혜를 떠난 개인으로는 "불의한" 것이다.

596. 특히, Dunn과 Schreiner을 보라. 반면에 Wright는 초점이 전체적으로 유대인들에게 있다고 생각한다.

작한다(시 53:1-3도 거의 동일하다). 이 일련의 인용문 대부분에서 바울의 언어 표현은 70인역과 흡사하다.[597] 그러나 중요한 차이가 하나 있다. 시편 본문에는 "**선**(*good*)을 행하는 자가 없다"로 되어 있는데, 바울은 "**의로운**(*righteous*) 자가 없다"고 한다. 로마서의 이 부분에서 "의"라는 말이 중요하다고 할지라도(롬 3:4, 5, 8, 19, 20), 이 단어는 바울이 편집자의 고유 권한으로 바꾼 것임이 거의 확실하다.[598] 바울은 그의 전형적인 법정적 뉘앙스를 전달하기 위해 이 단어를 사용했을 수 있다. "하나님 앞에 올바른" 사람은 아무도 없다. 그러나 시편의 평행본문 행과 인용문 전체는 아마도 "도덕적" 뉘앙스를 암시할 것이다. 즉, 그 뜻은 "의롭게 행동"하는 사람은 아무도 없다는 뜻이다.

13-14 나머지 인용문에서는 죄의 보편성에 초점을 맞추는 일이 포기되고 대표적인 죄들이 묘사된다. 이 절들은 바울의 목적과 직접 관련되지 않으며, 그렇기 때문에 이 절들의 삽입은 이 인용문들의 모음이 바울 이전에 이루어진 것이라는 주요 논증 중 하나가 된다. 시편에서 사악한 자들에 대한 세 개의 비슷한 규탄에서 따온 13-14절은 인간의 말이 갖는 죄성을 묘사한다. 인용문의 순서에 있어서는 발성과 관련된 기관들의 순서를 목구멍, 혀, 입술, 입의 순서를 의도적으로 따른다.[599] 시편 5:9(MT, LXX 5:10)은 13절의 첫 두 행에 자료를 제공한다. 목구멍을[600] "열린 무덤"으로 묘사함으로써, 시편 기자의 대적들은 마음이 부패했고 말로

---

597. LXX(시 13:1c-3b)에는 다음과 같이 되어 있다. *οὐκ ἔστιν ποιῶν χρηστότητα, οὐκ ἔστιν ἕως ἑνός. κύριος ἐκ τοῦ οὐρανοῦ διέκυψεν ἐπὶ τοὺς υἱοὺς τῶν ἀνθρώπων τοῦ ἰδεῖν εἰ ἔστιν συνίων ἢ ἐκζητῶν τὸν θεόν. πάντες ἐξέκλιναν, ἅμα ἠχρεώθησαν, οὐκ ἔστιν ποιῶν χρηστότητα, οὐκἔστιν ἕως ἑνός*. LXX는 MT를 정확하게 번역한 것이다. 바울이 1c절을 수정한 것(이 점에 관해서는 위를 보라) 말고도, 바울은 여호와께서 하늘에서 굽어 살피신다는 것(2a절)을 지우고 동격의 명사 구실을 하는 분사 *συνίων*과 *ἐκζητῶν*을 분리행으로 처리한다. 그러나 구약의 내용이 바뀌지는 않았다. 반면에 12절에서 바울은 시 14:3의 LXX를 정확히 복제한다(*ποιῶν* 앞의 관사는 아마 예외일 것이다[이 관사는 소수의 MSS에서는 생략되었지만, 대부분 관사를 읽는 것은 LXX에 맞춘 것으로 보인다]). 시 14편의 여러 LXX 사본에 롬 3:13-18이 삽입된 것은 기독교계의 필사자들이 LXX의 전달에 미친 영향의 두드러진 예 중 하나일 것이다(철저한 토의에 관하여는 S-H를 보라).

598. "의인은 없나니 하나도 없으며"가 바울 자신의 말일 가능성은 적고(그가 한 말이 소개의 공식인 *καθὼς γέγραπται* 뒤에 온다는 것은 아무래도 이상하다), 바울이 전 7:20 - *ἄνθρωπος οὐκ ἔστιν δίκαιος ἐν τῇ γῇ*를 가리킬 가능성도 적다(예를 들어, Dunn; Kruse).

599. 예를 들어, Morison, *Critical Exposition*, 129-30.

600. 그리스어로는 *λάρυγξ*이며, 신약에서는 단 한 번만 나온다(hapax).

목숨을 앗아갈 영향을 미친다는 것이 강조된다. "그 혀로는 속임을 일삼으며"[601]는 악한 의도를 가진 자들의 속이는 아첨을 가리킨다. 13절의 마지막 행은 시편 140:3b절(MT 140:4b; LXX 139:4b)을 복제한 것이다. 14절에 있는 이 일련의 인용문 가운데 마지막 인용문은 시편 10:7(LXX 9:28)을 번안한 것이다.[602]

15-17 이 절들의 세 행은 모두 이사야 59:7-8a에서 가져온 것인데, 이번에도 70인역이 인용문의 자료로 쓰인다. 15절은 이사야 59:7a의 축약이다.[603] (바울이 인용하는 말을 사 59:7과 공유하는) 잠언 1:16이 아니라 이사야 59:7a를 바울이 자료로 삼는 것은, 아마 16-17절에서 이사야 59장을 계속 사용하게 되기 때문일 것이다. 15절과는 대조적으로 16-17절은 LXX의 이사야 59:7b-8a를 거의 그대로 옮기고 있다.[604] 10-12절에서 인용된 시편 14편은 인간을 일반적으로 묘사하고 13-14절에 인용된 시편 구절들은 시편 기자들의 대적을 규정하고 있는데, 이사야 59:7-8a절은 이스라엘 내의 불의한 자들을 겨냥하고 있다. 그러므로 여기서도 바울은 이스라엘 전체가 "악인"의 범주에 속하는 것으로 간주해야 한다고 암시하고 있는 셈이다.

18 시편 36:1b절(MT 36:2b; LXX 35:2b)에서 따온 마지막 인용문은 10-12절을 끝맺는 말인 "없느니라"[605]로 되돌아가며, 따라서 일련의 인용문을 마무리 짓는 테두리와 같은 역할을 한다. 본문은 인간의 온갖 죄를 낳는, 뿌리가 되는 잘못을 노출시킨다. "하나님을 두려워함"이 없는 것이 바로 그 잘못이다. 바울의 언어 표현은 여기서도 70인역의 표현과 아주 흡사하다.[606]

601. 그리스어로는 ἐδολιοῦσαν이며 이것은 아할리쿤(יַחֲלִיקוּן)을 번역한 것이다.

602. 바울의 인용은 (MT를 정확하게 옮겨놓은) LXX와 어순이 다르고, δόλον("가득하고")의 세 번째 목적어인 γέμει("궤휼")가 빠지고, 복수형 ὧν("whose"[개역성경에는 "그"로 되어 있어 단 · 복수의 구별이 안 됨-옮긴이])을 단수 οὗ 대신 쓰고 있는 점이 다르다.

603. 바울이 LXX의 ταχινοί("quick") 대신 ὀξεῖς("swift")를 쓰는 이유를 결정하기는 불가능하다.

604. 유일한 차이는 LXX의 οἴδασιν 대신 바울은 ἔγνωσαν을 쓰고 있다는 점이다(둘 다 "그들이 안다"는 뜻이다).

605. 그리스어로는 οὐκ ἔστιν.

606. 유일한 변경은 LXX의 대표 단수 αὐτοῦ("그의") 대신에 복수형 αὐτῶν("그들의")을 쓴다는 점이다. Holland는 인간의 죄와 하나님의 신실하심 사이의 대조를 반영하는 이 구절의 문맥을 바울이 이

19 바울은 이제 일련의 인용문이 하나님의 심판대 앞에 서는 인간의 처지에 대해 무엇을 의미하는지 그 의미들을 끌어낸다.[607] "우리가 알거니와"는 바울과 그의 독자들이 일반적으로 인정하는 상황을 말하고자 할 때 쓰는 서두다.[608] 이 경우의 상황은 "율법이 말하는 바"[609]를 "율법 안에" 있는 자들에게 적용하는 일이다. 여기서 처음 나오는 "율법"(노모스)은 방금 결론 지은 일련의 인용문을 가리킨다. 이 인용문들은 시편과 이사야서에서 따온 것인 만큼, **노모스**(*nomos*)는 바울 서신에서 보통 그렇듯이 모세 율법인 토라를 지칭하는 것이 아니라 구약의 정경(canon)을 가리킨다(고전 9:8, 9; 14:21, 34; 갈 4:21b도 보라).[610] "율법 아래에 있는 자들에게 말하는 것이니"라는 말로 두 번째로 나오는 **노모스**(*nomos*)는 역시 구약을 전체적으로 가리킬 수도 있고,[611] 아니면 보다 통상적으로 쓰이는 좁은 의미의 율법인 "모세 율법"[612]으로 되돌아 가는 것일 수도 있다. 어느 쪽으로 하든 "율법 아래에 있는 자들"은 유대인이고, 그들은 성경/율법으로 주어진 하나님의 계시 영역 내에서[613] 사는 만큼 그 차이는 크지 않다. 이 해석 쪽이 **노모스**(*nomos*)에 어떤 형태로든 하나님이 주신 모든 형태의 율법이라는 보다 더 넓은 의미를 부여하고 2:14-15에 따라 "율법 아래에 있는 자들"을 모든 사람을 포함하도록 확대하는 것보다 더 바람직하다.[614] 이는, 이 절의 마지막 부분에 표면상 모든 것을 포함하는 보편적 용어가 나와 그렇게 넓은 범위를 시사하는 것 같지만, 그렇게 보면 이 문

구절을 인용했는지에 대한 적절한 이유가 됨을 설명할 수 있다고 지적한다.

607. 이 절의 서두에 나오는 δέ는 그러므로 "이제", "다음으로"라고 느슨하게 말을 이어가는 의미를 가질 것이다(참조. BDAG).

608. 롬 2:2; 7:14; 8:22, 28: 고후 5:1; 딤전 1:8을 보라. 그리스어로는 οἴδαμεν.

609. 동사를 λέγω - "율법이 **말하는**(*says*) 바" - 에서 λαλέω - "율법 아래에 있는 자들에게 **말하는**(*speaks*) 것"- 으로 바꾸는 것은 신약에서 이 두 동사의 구별이 일관성 있게 유지될 수 없는 만큼 별 의미가 없을지도 모른다. 그러나 바울은 여기서 λέγω는 말한 것의 내용을 강조하고 λαλέω는 말하는 행위 자체를 강조하려는 의도를 가지고 있을지도 모른다(예를 들어, Godet; Cranfield; Morison, *Critical Exposition*, 138).

610. 2:12에 관한 각주 283을 보라. Str-B(3.159)는 랍비들이 때로 토라(תּוֹרָה)를 바로 이런 의미로 쓰고 있음을 지적한다. 그에 반해 Zahn과 Gifford는 νόμος가 여기서 모세의 율법을 가리킨다고 생각한다.

611. Kuss; Cranfield; Morison, *Critical Exposition*, 139.

612. 예를 들어, Käsemann.

613. 그리스어 ἐν은 2:12의 유사한 ἐν νόμῳ에서처럼 은유적 공간의 의미를 갖는다.

614. 예를 들어, Murray처럼.

맥에서 **노모스**(*nomos*)가 기록된 성경과 밀접하게 짝 지워져 있는 점과 상충되기 때문이다(10-18절을 보라). 그리고 이방인이 하나님의 율법에 어떻게 접근하던 간에 그것이 이런 기록되고 새겨진 형식으로 되어 있지 않은 것은 분명하다. 바울의 목적은 10-18절에서 인용된 구약의 구절들이 모두 본래 이스라엘 전체를 상대로 한 것은 아니지만 유대인 일반에게 "말하는 것"임은 사실이라고 역설하는 데 있다. 그만큼 유대인이 죄의 영역에서 제외될 수 없다는 것이다.

성경의 말씀이 유대인에게 주어지는 목적은 "모든 입을 막고 온 세상으로 하나님의 심판 아래에 있게 하려"[615]는 것이다. 이 절의 용어는 법정의 분위기를 반영한다. "입을 막는 것"은 자기가 받은 피소 내용에 대해 더 이상 할 말이 없는 피고의 입장을 암시한다.[616] "심판 아래 있게 하려"[617]로 번역된 그리스어는 성경의 다른 곳에서는 어디에서도 나오지 않지만, 성경 외의 그리스어에서는 "책임 있는", "기소될 수 있는," 또는 "해명해야 할"이라는 뜻으로 쓰인다. 바울은 하나님을 명예 훼손을 당한 분임과 동시에 증거를 비교 검토하여 판결을 선고하는 재판관으로 그린다.[618] 그러므로 모든 사람이 하나님 앞에 서서 하나님의 뜻을 자기 고집으로 변명할 여지가 없게 거역한 데 대한 심판을 받고 그들의 행위에 합당한 정죄의 선고를 기다리는 광경이 눈앞에 떠오르게 된다.[619]

그러나 어떻게 바울이 유대인("율법 아래에 있는 자들")에 대한 고발을 이용하여 모든 사람이 죄가 있다고 선언할 수 있는가? 혹자는 "모든 입"이[620] 가리키는 것을 유대인으로 한정하고 싶어하지만, "온 세상"과의 평행은 이것을 어렵게 만든다. 아마 바울은 암시적으로 "더 중대한 것으로부터 덜 중대한 것으로 진행하는" 논증법을 쓰고 있을 것이다. 즉, 하나님이 택한 백성인 유대인이 죄의 독재권에서 벗어날 수 없다면, 하나님의 호의를 요구할 자격이 없는 이방인이 유죄가 될 것은

615. 두 절을 관장하는 ἵνα는 목적을 나타낸다(Schreiner; Jewett; Longenecker).

616. 욥 5:16; 시 63:11; 107:42에서 비슷한 말이 쓰인다. 세 본문 모두 Jewett이 지적한 대로, 불의한 말의 침묵과 관련된다. Longenecker는 여기서 다시 유대인 격언으로 본다.

617. 그리스어로는 ὑπόδικος.

618. ὑπόδικος 다음에 여격으로 이름이 나오는 사람은 부당한 대우를 받은 사람이거나 사람이 그 앞에 출두하게 되는 재판관이거나 양자 가운데 하나일 수 있다(참조. LSJ; MM; C. Maurer, *TDNT* 8.557-58). 우리는 여기서 τῷ θεῷ 가 양자 모두를 지적하고 있다고 본다.

619. 특히, Käsemann; Cranfield를 보라.

620. Bengel; Morison, *Critical Exposition*, 144-45.

틀림없는 사실이라는 식의 논증이 된다는 것이다.[621] 우리는 바울이 로마서 1:18-3:20 전체에서 으뜸으로 삼는 목적이, 이방인은 죄인이며 하나님의 의를 필요로 한다는 것 - 이것은 당연히 추정할 수 있는 것이다 - 을 증명하는 데 있는 것이 아니라, 유대인이 같은 짐을 지고 있으며 같은 필요를 갖고 있다는 것을 증명하는데 있다는 것을 기억해야 한다. 바로 이런 이유로 19-20절의 범위에 모든 사람이 포함되지만, 유대인과 그들의 율법이 특별히 언급되는 것이다.

20 이 구절은 온 세상이 하나님의 심판 아래에 있는 이유를 알려줄 수도 있고,[622] 또는 이 심판 아래에 있는 이유를 확증하는 역할을 할 수도 있다.[623] 그러나 바울이 편지의 이 부분 전체에 걸쳐 말한 것에서 추론이나 결론을 이끌어 냈을 가능성이 더 크다.[624] 보편적인(특히 유대인의) 죄와 그 죄가 사람들을 지배한다는 사실에 비추어 볼 때, 어떤 인간도 "율법의 행위"로 하나님이 의롭다고 할 수 없다. 2:13에서와 같이, 바울은 동사 "의롭게 하다"(*dikaioō*)를 사용하여 "하나님 앞에서" (평행절의 *enōpion autou*; 에노피온 아우투를 보라) "의로운 지위"에 대한 법정적 선언을 나타낸다. 또한 2:13에서와 같이 일반적으로 유대인이 사용하는 언어와 일치하여 이 법정적 선언은 아마도 마지막 심판을 고려했을 것이다. 즉, 하나님이 모든 인간의 자신 앞에 놓인 지위에 따라 결경적으로 심판하실 때를 말한다. 이러한 미래 지향적인 초점은 유대인의 지위에 따른 질문인 "하나님의 의로우신 심판이 나타나는 그 날에 임할 진노를"(2:5)에 집중하는 2:1-3:19의 바울의 가르침에 대한 일반적 취지와 들어맞는다.[625] 이와 대조적으로 바울은 하나님의 의가 현세에 나타나는 것은 예수를 믿는 사람이 지금도 "의롭다 하심을 얻는"(3:24)다는 것을 의미한다고 주장할 것이다.

621. 특히, Kuss; Cranfield; Schreiner를 보라.

622. διότι = "때문에" (Gifford).

623. διότι = "~니까", ὅτι의 의미(BDAG, Cranfield).

624. NIV는 "그러므로"로 번역한다 (또한 CEB, NJB, Longenecker를 보라). BDAG는 διότι에 대한 추론적 의미를 언급하지만, 행 13:35과 20:26만 예시로 나열한다. 바울은 일반적으로 확실하게 인과적 의미의 접속사로 여덟 번 더 사용한다. 그러나 롬 8:7에서는 추론적일 수 있다. 또한 롬 1:19, 21; 고전 15:9; 빌 2:26; 살전 2:8, 18; 4:6.

625. 예를 들어, Schreiner; Kruse; Seifrid, *Justification*, 224-25를 보라. 이와 반대로는, 예를 들어, Fitzmyer는 이것을 격언적이라고 생각한다.

바울은 자신의 요점을 밝히기 위해 구약을 언급한다. 그의 말은 직접적인 인용은 아니지만 시편 143:2b와 비슷하기 때문이다. 시편 143:2b은 "주의 눈 앞에는 의로운 인생이 하나도 없나이다"[626]라고 말한다. 인간성을 특징짓기 위해 "육체"(*sarx*; 사륵스)라는 단어를 사용하기로 한 바울의 결정은 아마도 중요할 것이다. 즉, (sarx가 내포하고 있는) 인간의 나약함과 연약함은 인간이 왜 율법의 행위로 의롭다고 선언될 수 없는지 그 이유를 설명한다.[627] 물론 바울의 가장 중요한 추가 사항은 율법에 대한 언급이다. 즉, 어떤 한 사람이 의롭게 되는 것은 "율법의 행위에서"가 아니다. "율법의 행위"(*[ta] erga [tou] nomou*; [타] 에르가 [투] 노무)는 표현은 성경 그리스어로 갈라디아서와 로마서에만 나온다(롬 3:28, 갈 2:16[세 번], 3:2, 5, 10) 바울 시대 이전 그리스어(우리가 아는 한)에서는 이 표현이 사용되지 않았으며 다른 언어에서는 명확한 같은 뜻의 표현이 거의 없다.[628] 부분적으로는 이러한 이유 때문에

626. 시 143:2b(LXX에서는 142:2b)의 그리스어는 *οὐ δικαιωθήσεται ἐνώπιόν σου πᾶς ζῶν*이다. 바울은 평행 본문인 갈 2:16에서도 이 절을 넌지시 비춘다. 소개의 공식이 없고, 시편 구절과 바울의 말 사이에 현저한 차이가 있는 만큼 (Crainfiled가 생각하듯이; 그리고 NRSV에서 볼 수 있듯이) 바울의 말의 "인용"으로 볼 수 있는 지에 대해서는 결정하기 어렵다.

627. LXX *πᾶς ζῶν*("모든 생물" [MT 콜하; כָּל־חַי]) 대신에 바울은 *πᾶσα σάρξ*("모든 육체")를 사용한다. "육체"는 구약에서 인간을 가리키는 일반적인 방법이었다. 그리고 우리는 아마도 이 변화에 대해 많은 의미를 부여해서 읽어서는 안 될 것이다(예를 들어, Kruse). 그러나 *σάρξ*는 바울 서신에서 신학적으로 부정적 의미로 쓰이기 때문에 바울이 의도적으로 인간을 약하고 하나님의 요구에 저항하는 경향이 있는 것으로 묘사했을 가능성이 더 크다(Dunn; Thielman, *From Plight to Solution*, 62-65). 이와 평행 본문인 갈라디아서에는 가능하지만, 이곳에서는 할례에 대한 암시는 있을 수 없으며(반대로는 Jewett), 더 일반적으로 초점이 유대인 정체성 표시에 맞춰져 있는 것 같지도 않다(반대로는 Wright).

628. 가장 중요한 유사점은 사해 두루마리에 있다. 4QFlor (4Q174) 1 I, 7에서 우리가 מעשי תורה("율법 행위") 또는 מעשי תודה("감사의 행위"; Garcia Martinez and Tigchelaar, *Dead Sea Scrolls Study Edition*, 1.352-53를 보라; 그리고 H. Kuhn and A. Koster의 논의인, "Bedeutung der Qumrantexte," 173-75를 보라)로 읽어야 하는지 여부는 분명하지 않다. 두루마리의 다른 곳에서 바울의 언어와 가장 가까운 평행은 1QS 5:21 및 6:18의 어구 מעשי תורה("율법 안에서 그의 행위")가 있다. Roo(*Works of the Law*, 74-75)는 이 어구와 진정한 평행이 아니라고 주장하지만(그녀는 이렇게 번역한다: "율법에 대한 그의 행위") 우리는 이것이 거의 유사하다고 생각한다(또한 Hofius, "'Werke des Gesetzes,'" 309를 보라). 또한 빈번하게 언급되는 1QpHab(예를 들어, 7:11; 8:1)의 "율법을 준수하는"(עושי התורה)에 주목하라(F. Watson, "By Faith," 150). 그러나 가장 명확하고 가장 많이 논의된 쿰란 텍스트는 4QMMT[e] (4Q398 14-17 II, 3)이다. התורה מעשי라는 표현의 출현은 "[하나님] 앞에서 정직하고 선한 일"을 행하는 사람들에게 "올바름" 또는 "의"(צדקה)의 "심판"을 가리키는 문맥에서 나오기 때문에 특히 흥미롭다. (col. 31). Dunn은 이 표현이 쿰란 공동체의 "경계 표시"와 관련된 맥락에서 사용되기 때문에 이 문구가 자신의 새로운 관점 해석을 뒷받침한다고 주장했다("4Q MMT and Galatians," 147-53; 또한 Wright를 보

그리고 부분적으로 이 표현이 율법과 칭의에 관한 바울의 가르침에서 중요한 시점에서 발생하기 때문에 이 표현은 상당한 논쟁의 대상이 되어왔다.[629]

교회 역사를 통틀어 많은 해석가들은 모세 율법의 의례적인(ceremonial) 측면을 언급하면서 이 구절이 제한된 의미를 가질 수 있다고 생각했다.[630] "바울에 대한 새관점"의 초기 옹호자들 중 일부는 이 구절이 유대인과 이방인을 구분하는 율법에 대한 특정한 형태의 일치를 강조한다고 주장하면서 비슷한 것을 제안했다.[631] 그러나 대부분의 해석자들은 이제 이 구절이 "율법이 요구하는 것을 행하는 것을 의미한다"는 데 동의한다. 여기서 율법은 모세의 율법인 토라이다.[632] 그러므로 논쟁은 이 구절의 의미에 관한 것이 아니라 그 **중요성**(*significance*)에 관한 것이다.[633] 적어도 종교 개혁 이후로 바울 해석자들은 전통적으로 "행위"에 의미의 무

라). 그러나 이것은 명확하지 않다(특히, C. A. Evans, "Paul and 'Works of the Law,'" 201-26을 보라; 또한, 예를 들어, Fitzmyer, "Justification by Faith," 89-90; Das, "Paul and the Law," 105-6). 바울의 "율법 행위"에 대한 대략적인 평행은 2 Bar. 57:2("계명의 행위")와 그리고 아마도 일반적인 "행위"에 대한 랍비의 공통된 언급에서도(Str-B, 3.160-61) 볼 수 있다.

629. Horn은 새관점과 관련된 거의 모든 문제가 이 문구의 해석과 관련되어 있음을 정확하게 지적한다("Juden und Heiden," 29).

630. 이 구절을 이렇게 정의한 초기 신학자들 중에는 오리게네스, 제롬, 펠라기우스가 있다(Schelkle, *Paulus, Lehrer der Väter*; M. Wiles, *Divine Apostle*, 67-69를 보라). 칼빈은 자신의 당대에 이 견해에 대해 이의를 제기했다(*Institutes* 3.11.19). Fuller는 "율법의 행위"가 율법에 대한 율법주의적 접근을 의미한다고 주장했다("Paul and 'Works,'" 31-33; 또한 Snodgrass, "Justification by Grace," 84 ["육체로 행함"]도 주목하라). 종교개혁자들은 마치 현재의 논쟁을 예상이라도 한 것처럼 종종 "율법의 행위"의 범위에 대한 제한에 대해 논쟁을 벌였다.

631. 이 주제에 대한 Dunn의 초기 저작은 이러한 제한을 제안했다(예를 들어, "New Perspective on Paul," 107-11을 보라). 그러나 그의 후기 작품에서 그는 이 구절이 "율법에 대한 순종"을 더 광범위하게 언급한다고 주장한다(아래 참조). 자신의 첫 번째 아티클이 잘못된 인상을 남겼을 수 있다는 Dunn의 인정에 주목하라("Additional Note," 210).

632. 예를 들어, Dunn, *Beginning from Jerusalem*, 475. 문법적으로 볼 때, 속격 τοῦ νόμου의 기본의미는 단순히 "행위"가 "율법"과 관련이 있음을 나타낸다. 만약 우리가 더 구체적으로 의미 파악을 시도한다면, 이 속격을 주격으로 해석할 수 있다. "율법이 요구하는 행위"(예를 들어, Cranfield, "'Works of the Law,'" 100; Schreiner, "'Works of Law' in Paul," 235) 또는 가능성이 적은 "율법이 만들어내는 행위"(예를 들어, P. L. Owen, "'Works of the Law,'" 553-77; Bachmann, "Keil oder Mikroskop?" 72-102; 같은 저자, "Lutherische oder Neue Paulusperspektive?" 73-101; 이 견해에 대한 비평에 관해서는 Roo, *Works of the Law*, 84-94를 보라)이다. 그러나 아마도 일반적인 동사 절인 "율법을 행하다"에 비추어 볼 때 속격을 목적격으로 취하는 것이 더 나을 것이다. 이렇게 볼 때, "율법을 따라 순종으로 하는 행위"가 된다(D. Moo, *Galatians*, 158; 이것은 주격적 속격에 대한 나의 이전 입장로부터 변화를 보여 준다 [D. Moo, "'Law,' 'Works of the Law,'" 90-96]).

633. 이 점은 Matlock, *Unveiling the Apocalyptic Paul*, 436; Das, "Paul and Works of Obedience,"

게를 두어, 이 구절이 바울의 문맥에서 분명히 모세의 율법에 순종하여 행한 행위를 언급하지만 궁극적으로는 모든 종류의 행위를 의미한다고 결론짓는다.[634] 이 구절에 기초하여 이와 유사한 다른 구절들은 사람이 행한 모든 행위로 하나님 앞에서 바르게 설수 있다는 생각을 논박하는 것으로 보인다.[635]

이러한 이해에 대한 주요 대안은 일반적으로 새관점과 관련이 있다. 바울에 대한 이러한 일반적인 접근을 옹호하는 사람들은 바울의 주된 관심사가 무슨 주장을 하는지에 대해 특히 주의를 기울이는 경향이 있다. 즉, 바울의 주된 관심사는 이스라엘의 특별하고 침해할 수 없는 지위에 대해 유대인이 주장을 함에도 불구하고 이방인을 하나님의 새 언약 백성의 완전한 구성원으로 포함시키기 위한 것에 있다. 바울 시대의 유대인들은 "율법을 행해야" 할 필요성, 즉 토라를 준수할 필요성을 강조함으로써 자신들의 특별한 지위를 보존하려고 했다. 이방인으로부터 유대인을 실질적으로 구별하는 율법의 문제, 즉 할례, 의례 준수, 음식 규례 준수, 안식일 준수에 특별한 주의를 기울였다. 새관점의 해석자들은 이러한 "자민족 중심주의"가 바울의 "율법의 행위"라는 구절을 이해하는 모체라고 주장한다. 유대인들은 "율법의 행위"를 주로 하나님과의 관계를 수립하는 (어쨌든 그들이 이미 이스라엘의 구성원으로서 누리고 있던) 수단이 아니라 그들 자신의 특별한 지위를 강

796이 올바르게 강조한다.

634. Thomas는 "율법의 행위"에 대한 교부들의(patristic) 해석을 조사하여 유대인의 언약에 특정한 행위에 초점을 맞추는 경향이 있다고 결론짓는다. 초기 해석자들은 또한 그리스도 안에서 새 언약과 율법이 제정되었기 때문에 바울이 이 율법의 행위를 배제했다고 주장하는 경향이 있다 ("Early Perspectives on Works").

635. 이 일반적인 견해는 거의 모든 종교개혁자들에 의해 공유되었으며 전통적인 개신교 해석의 특징이 되었다. S. Chester가 지적하듯이, 종교개혁자들은 "'율법의 행위'라는 표현의 해석에 대해 공통된 확신을 갖고 있었다"(*Reading Paul with the Reformers*, 138). 일부 해석자의 주장과 달리 종교개혁자들은 이 표현에 있는 본래의 역사적 의미를 놓치지 않았다. 예를 들어, 갈라디아서 주석의 서문에서 칼빈은 이 표현이 "의례"를 가리키는 것이라고 말하지만, 그는 의례보다 더 많은 것이 관련되어 있다고 주장한다. 칼빈은 다음과 같이 주장한다. "우리가 하나님의 값없는 은혜로 의롭다 하심을 받는다는 일반 원리를 전제하지 않고는 문제를 해결할 수 없다. 이 원칙은 의례뿐만 아니라 다른 모든 종류의 일을 제쳐두고서라도 중요하게 고수되어야 한다." 마찬가지로 갈 2:15에 대한 그의 주석에서, 오리게네스와 제롬이 의례를 언급하기 위해 "율법의 행위"를 채택한다고 지적한다(*Galatians and Ephesians*, 18). 칼빈은 이에 대해 동의하지만 바울이 이 구절의 의미를 더 크고 더 결과적인 문제로 확장했다고 주장한다. 바울은 "율법의" 행위를 다룬다. 그 이유는 부분적으로는 그것이 하나님께서 요구하시는 행위이자 가장 높은 형태의 행위이기 때문이다(*Galatians and Ephesians*, 67-69).

화하는 수단으로 그리고 사실상 이방인을 제외하는 것이라고 주장했다.[636] 그리고 이 구절이 매우 특정한 역사적 맥락에서 기능하고 바울이 이러한 특별한 이유로 "율법의 행위"를 비판하기 때문에 "율법의 행위"에서 "선한 행위" 일반으로 이동하는 것은 불법이다. 바울이 비판하는 것은 다른 종류의 행위가 아니라 **토라**(*torah*) 행위이다.[637]

이 마지막 단락에서 제기된 문제에 대한 충분한 논의는 이 주석의 성격을 넘어선다. 물론 나는 이 구절 뒤에 나오는 부설(excursus)에서 몇 가지 기본적인 답변을 제안할 것이다. 새관점 옹호자들이 주장하기를 전통적 해석자들이 율법에 대한 바울의 가르침에 영향을 미치는 특정한 역사적 요인들을 종종 무시했다고 하는 것은 확실히 옳지만, 새관점 옹호자 자신들의 제안은 너무 다른 방향으로 멀리 가버렸다. "율법의 행위"라는 구절과 관련하여 나는 네 가지 기본 사항을 지적한다.

첫째, 율법에 대한 순종은 유대교와 이방인 사이의 경계를 세우는 수단으로 실제로 강조되었지만 언약의 구성원으로서 큰 "내재적" 의미도 있다, 혹은 심판의 날에 "의"가 유지되고 보호받는 수단으로서의 의미가 있다. 그러므로 "율법의 행

636. 이 견해는 광범위하지만 Dunn은 일련의 그의 저술을 통해 가장 명확하고 완전한 사례를 제시한다. 예를 들어, 이 의미에 대한 그의 의역을 보면, "모든 신실한 유대인 곧 하나님이 시내산에서 언약을 맺은 모든 하나님 백성의 율법이 요구하는 순종의 행위는 E. P. 샌더스가 '언약적 율법주의'라는 문구로 매우 효과적으로 요약한 실천하는 유대인들이 받아들인 자기 이해와 의무를 말한다"("Echoes of Intra-Jewish Polemic," 466). 특히, Dunn, *Theology*, 354-59; "Works of the Law," 528-29; Dunn의 로마서 주석(WBC); *Parting of the Ways*, 119-39; [Cranfield에 대한 그의 응답인] "Yet Once More," 99-117; "Echoes of Intra-Jewish Polemic," 465-67을 보라). 이 견해를 가진 다른 사람들로는 Wright, Jewett, Haacker를 보라. Dunn의 견해는 Lohmeyer에 의해 어느 정도 예상되었다.

637. F. Watson은 몇 가지 중요한 방식으로 새관점으로부터 거리를 두면서 이 관점을 매우 강력하게 강조한다. 즉, "행위에 대한 바울의 비판적 해석에 있어서 루터의 본질적인 비유적 비판은 내가 할 수 있는 모든 강조와 함께 이곳에 제시된다"(*Paul, Judaism, and the Gentiles*, 25; 논증에 대해서는 121-31). 또한 이 일반적인 관점에 대해서는 J. Barclay, "Paul, the Gift," 40-42을 보라. 새관점 옹호자들은 "율법의 행위"에 대한 바울의 논쟁이 더 넓은 신학적 의미를 가지고 있는지에 대해 항상 명확하지 않다. 예를 들어, Wright는 그의 로마서 주석의 "주석" 부분에서 "율법의 행위"가 유대인이 이스라엘에 속한다는 표시이며 율법주의 또는 "원-펠라기우스 주의"의 개념이 단순히 존재하지 않는다고 강력하게 주장한다(예를 들어, 459-61). 그러나 "적용" 부분에서 그는 전통적인 종교개혁 가르침(464)과 양립할 수 있는 일부를 포함하여 바울의 가르침과는 다른 "함축"이 있음을 인정한다. Wright는 바울과 하나님의 신실하심(*Paul and the Faithfulness of God*)에서 바울의 가르침에는 이러한 "옛관점" 요소가 훨씬 더 명확하다고 본다. 또한 Dunn의 요약 에세이, "New Perspective on Paul: Wherece," 27~28에서 한 말에 주목하라.

위"는 전자와 마찬가지로 이 후자의 문맥에서도 기능할 수 있다.(유대인 맥락에 대한 논의는 이 구절 뒤에 나오는 부설을 보라).

둘째, 나는 바울의 유대 세계에서 이 구절의 가능한 동의적 표현이 새관점 옹호자들이 제안하는 이 구절에 대한 특정한 사회학적 기능의 종류를 시사한다는 것에 설득되지 않는다.

셋째, 로마서에서 "율법의 행위"와 "행위" 사이의 상호 교환은 우리가 이것을 별개의 범주로 유지할 수 없음을 시사한다. "율법의 행위"로 의롭게 될 수 없다는 바울의 주장(3:20, 28)은 아브라함이 "행위"로 의롭게 되지 않았다는 그의 주장(4:1-8)과 평행을 이루는 것 같다. "행위"의 이 일반적인 의미는 9:11-12에서도 분명하다. 여기서 바울은 "선악을 행하는 것"(또한 11:6 참조)이라는 용어를 구체적으로 설명한다.[638] 따라서 우리는 "율법의 행위"를 일반적인 종류인 "행위"의 하위 집합으로(분리하지 않고) 보아야 한다.

넷째, 우리는 여기서 "율법의 행위"가 로마서 2장에서 유대인의 "행함"에 대한 확장된 논의를 요약한 것으로 예상할 것이다. 그러나 2장의 문맥은 이 "행함"이 특정 종류의 행위에 국한되지 않음을 분명히 한다. 사실 바울은 유대인의 행위에 대한 문제가 본질적으로 이방인의 행위에 대한 문제와 동일하다는 점을 분명히 한다(2-3, 22-23, 25, 27절을 보라).[639] 다시 말하지만, 이것은 "율법의 행위"에 관한 문제가 협소하게 유대인만을 대상으로 했을 가능성은 거의 없다는 점이다. 오

---

638. B. Byrne의 깔끔한 요약을 보라. 그의 요약은 이와 같다. "동사 형태 *τῷ ἐργαζομένῳ* || 롬 4:4-5의 *μὴ ἐργαζομένῳ*, 10:5에서의 *ὁ ποιήσας*와 함께 레 18:5의 사용(또한 갈 3:10), 9:12의 야곱에 대한 *ἐξ ἔργων*의 출현, 그리고 16절 직후에 인간의 의지나 '성취'(*τρέχοντος*)를 배제한 것은 모두 '율법의 행위'에 대한 더욱 '사회학적' 해석보다는 더 넓은 범위의 도덕적 노력의 행동을 강조하는 것으로 보인다고 Dunn이 동의한 것 같이 보인다" ("Problem of Νόμος," 299-300). Dunn과 다른 학자들은 나중에 로마서에서 "행위"에 대한 언급이 "율법의 행위"라는 전체 문구를 다시 언급한다고 주장함으로써 이 주장을 약화시키려고 한다. 그러나 이 해석은 난관에 봉착한다. 바울은 갈 3장에서 아브라함의 시대에 율법이 주어지지 않았다고 주장하므로 바울이 "율법의 행위"를 행할 수 있었다고 가정했을 것이라고 생각하기 어렵다. 더욱이 바울이 로마서에서 단순한 "행위"를 사용한 문맥은 더 넓은 의미를 시사한다(예를 들어, G. P. Anderson, *Paul's New Perspective*, 246-61을 보라[그러나 "율법의 행위"와 "행위"는 바울이 이 두 가지를 평행하는 논증으로 사용했다고 하는 동일한 일반적 본문을 갖고 있지 않다.])

639. 예를 들어, Gathercole, "Doctrine of Justification," 238-40; Starling, *Not My People*, 215를 보라.

히려 "율법의 행위"가 정당화할 수 없는 것은 근본적인 **인간**(*human*) 문제와 밀접한 관련이 있는 것으로 보인다. 즉, 보편적이고 사로잡혀 있는 죄성(우리가 보았듯이 아마도 "모든 육체"라는 바울의 언어에 내포되어 있는 광범위한 적용)과 관련이 있다. 다시 말해서, "율법 행위"의 "문제"는 근본적으로 이스라엘의 특권적 지위를 유지한 "토라 행위"가 아니라는 것이다. 문제는 그것이 죄의 권세 아래 있는 인간(3:9)이 하나님 앞에서 의를 확보하기에 충분할 정도로 생산할 수 없는 "행위"라는 것이다. 다시 말해서 문제는 유대인의 율법 **소유**(*possession*)가 아니라 율법을 **수행하는데**(*perform*) 실패하는 데 있다.[640]

그러므로 나는 로마서 3:20에서 바울의 복음에 대한 중요한 인류학적 근거를 발견하는 많은 해석자들과 신학자들과 나 자신을 같은 선상에 놓는다. 즉, 순종의 대상이 무엇이든지 또는 그러한 순종의 동기가 무엇이든지 사람이 하는 일은 그 사람을 하나님의 은총으로 이끌 수 없다는 것이다.[641] 바로 이 지점에서 우리가 "율법의 행위"에 부여한 의미의 중요성이 너무나 분명하게 드러난다. "율법의 행위"에 대한 제한적인 정의는 행위에 의한 칭의의 가능성, 즉 의로운 정신으로 행해지는 "선한" 행위, 하나님의 가능하게 하는 은혜 또는 이와 유사한 것의 가능성을 여는 효과를 가질 수 **있다**(*can*). 우리는 이것이 중요한 시점에서 바울을 오해하는 것이라고 확신한다.

20절의 마지막 부분은 (율법이 이루지 못하는 것에 상대적인 것으로) 율법이 **이루는**(*does*) 것이 무엇인지를 제시함으로써 이 절의 처음 부분에서 주장한 것을 뒷받침한다. 율법이 의롭게 하지 않는다. 오히려 율법"으로는" "죄를 깨달음"만 있을 뿐이다. 성경에서 "지식"은 때로 개인의 어떤 경험을 가리킬 수 있는 만큼(예를 들어, 그리스도가 죄를 "알지도" 못했다고 되어 있는 고후 5:21), "죄의 깨달음"은 사실상의 죄를 지

640. Laato, *Paulus und das Judentum*. 또한 Maston의 연구, *Divine and Human Agency*, 177의 결론을 보라.

641. 특히, Calvin; Schlatter; Cranfield (그리고 같은 저자, "'Works of the Law,'" 89-101); Wilckens; Schmithals; Stuhlmacher; Fitzmyer; Lohse; Kruse; Byrne; Schreiner (and idem, "'Works of Law,'" 217-44); Longenecker; Hubner, "Was heisst bei Paulus," 123-33(with particular reference to Gal. 2:16); Westerholm, *Perspectives*, 300-321; G. Davies, *Faith and Obedience*, 115-27을 보라. Käsemann과 Schlier의 견해는 더 미묘한 차이가 있지만 아마도 이 입장에 속할 것이다.

은 경험을 의미할지도 모른다. 그러나 바울은 율법이 죄와 사망과 치명적인 관계에 있음을 보여 주지만(7:7-12) 율법 자체가 죄에 대한 책임이 있다고 시사하지는 않는다.[642] 반면에 "죄의 깨달음"은 단순히 율법이 죄를 규정한다는 뜻이 아니다. 오히려 그 뜻은 율법이 사람들로 하여금 (단수로 된) "죄"가 모든 사람을 속박하고 죄성와 정죄를 가져오는 권세라는 것을 알도록 한다는 것이다.[643] 율법은 사람들에게 하나님의 요구를 제시한다. 그 요구의 목표를 달성하는 데 계속 실패하는 가운데 우리는 죄인임을 알게 되고 우리의 실패에 합당한 정죄를 받게 되는 것이다.

"율법의 행위로 그의 앞에 의롭다 하심을 얻을 육체가 없나니"라는 바울의 중요한 주장은 1:18까지 거슬러 올라가는 주장의 핵심이다. 그런 다음 그 주장을 되돌아보고 그것의 일반적인 형태에 대한 몇 가지 결론을 도출할 좋은 시점이다. 우리의 가장 좋은 시작점은 이 섹션에서 바울이 한 두 가지 주장이 어떻게 서로 맞아떨어지는지에 대한 질문에 답하려는 시도다. 즉, "율법을 행하는 자라야 의롭다 하심을 얻으리니"(2:13), "율법의 행위로 그의 앞에 의롭다 하심을 얻을 육체가 없나니". 이 대조를 설명하는 방법은 다섯가지 방법 밖에 없는 것 같다. 첫째, 2:13은 단지 가설적인 약속만을 언급하고 있다고 주장할 수 있다. 즉, 바울이 암시하는 것은 오직 논증에 대한 것이라는 가능성이 있다. 내가 2:13의 주석에서 언급했듯이 이것은 가능성이 희박하다. 둘째, 둘 사이의 구원사적 구별을 찾을 수 있다. 즉, "옛 시대"에는 율법을 행함으로 의롭게 되는 것이 가능 했지만 "새 시대"에는 더 이상 그럴 수 없다는 것이다. 이것은 2:13에 있는 바울의 논증을 그의 현재 독자들("새 시대"에 있는 사람들)과 무관하게 만들 뿐만 아니라 율법으로 의롭게 될 수 있

642. 몇몇 옛 학자들은 바울이 율법을 행하려는 바로 그 시도가 하나님 앞에 자신을 세우려는 죄악된 시도로 보았다고 주장했다(예를 들어, Bultmann, *Theology*, 1.264; G. Klein, "Sundenverstandnis," 261; Schlier; Käsemann; Schmithals). 그러나 이 견해는 이제 올바르게 재고된다. 즉, 율법을 행하는 것에 대한 실패로 인해 죽음이 따라오는 것이지 그것을 행하는 것으로 죽음이 따라오는 것이 아니다. 예를 들어, Wilckens, "Was heißt bei Paulus"; Räisänen, *Paul and the Law*, 168-77을 보라.

643. 예를 들어, Luz, *Geschichtsverstandnis*, 187; Fitzmyer, "Paul and the Law," 190; Cranfield; Nygren을 보라. 이 해석은 γνῶσις에 상대되는 ἐπίγνωσις의 보다 더 "강한" 의미라고 하는 것(예를 들어, Trench, *Synonyms*, 285[이 절에 관한 부분을 보라], 참조. Sullivan, "ΕΠΙΓΝΩΣΙΣ," 407)에 입각한 것이 아니다. 1:28에 관한 각주 140을 보라. 현재의 문맥에서는 "하나님의 정하심을 알고도[ἐπιγινώσκω]"(1:32)와 "하나님의 뜻을 알고[γινώσκω]"(2:18) 사이의 평행에 주목하라.

다는 바울의 명백한 부인과 모순된다(갈 3:21을 보라). 셋째, 2:13의 "의롭다 하심"은 심판, 즉 "둘째 칭의"를 말하는 반면, 3:20의 "의롭다 하심"은 구원으로 들어가는 첫걸음과 관련이 있다고 주장할 수 있다.[644] 그러나 유대교, 신약(아마도 약 2:14-26 참조), 바울 서신(갈 5:5 그리고 아마도 다른 곳에서도)에는 "의롭다 하심" 또는 관련 단어를 심판을 묘사하기 위해 사용한 선례가 있으며, 2:13과 3:20의 언어 표현이나 문맥에서 칭의의 때를 의미하는 어떠한 차이도 암시하지 않는다(둘 다 *dikaioō*의 미래 수동태를 사용함). 넷째, "율법을 행하는 것"과 "율법의 행위"를 다른 방식으로 정의할 수 있는데, 전자는 "그리스도 안에서 율법을 완성하는 것" 또는 "은혜에 대한 응답으로 하나님께 순종하는 것"을 의미하고 후자는 구체적으로 "토라 순종"에 대한 유대인의 관심을 내포한다. 우리는 이 해석 또한 거부하는데, 그 이유는 어휘 및 문맥상의 증거가 어떤 종류의 구별도 옳다고 판단할 수 없게 만들기 때문이다.

그렇다면 우리는 "아무도 율법을 행할 수 없다"는 취지로 두 진술 사이의 논증에 한 단계를 삽입해야 한다는 가정을 하게 된다. 이것은 문맥에서 두 진술을 가장 잘 이해할 수 있을 뿐만 아니라 사실상 바울이 두 구절 사이에 삽입한 주장이다. "다 죄 아래에 있다고… 의인은 없나니 하나도 없으며"(3:9-10). "율법의 행위"가 유대인의 정체성을 나타내는 표지로 정의되고 그들이 대표하는 언약이 의롭게 할 수 없기 때문에 옳다고 판단할 수 없다는 Dunn과 같은 견해는 단순히 질문을 한 단계 더 뒤로 이동시킬 수 밖에 없다는 약점이 있다. 즉, 이 질문은 왜 언약이 의롭다 할 수 없는가? 이며, 바울은 2:13-19에서 그 이유를 보여 주었다. 바울이 보여 준 이유는 이와 같다. 즉, 율법이 이 "율법" 언약을 통해 칭의를 보장하는 데 충분할 정도로 "행할" 수 없기 때문이다. 그렇다면 여기서 바울의 언급은 이 율법의 행위가 의롭게 할 수 있다는 주장에 대한 바울의 부인을 뒷받침하는 궁극적인 논리일 가능성이 훨씬 더 높다. 즉, 구원의 역사나 사회적 장벽에 대한 관심에 뿌리를 둔 논리가 아니라(또는 적어도 그 뿐만 아니라), 더 깊은 인간의 상태 자체에 뿌리를 둔 논리이다.

이 결론은 때때로 바울 시대의 유대교가 율법이 실제로 "행할" 수 있다고 믿었

---

644. Cosgrove("Justification in Paul," 653-78)는 3:20이 "율법의 행위"를 칭의의 도구로 만들고 반면에 2:13은 칭의의 "증거적 기초"를 나타낸다고 주장한다.

으며, 바울이 이 널리 퍼진 견해에 이의를 제기하고자 했다면 이 점을 명시적으로 말해야 했을 것이라는 근거로 인해 논란이 되는 경우가 있다.[645] 그러나 "율법을 행할" 수 있다는 유대교의 가정은 한 사람이 희생제사에 대한 규정을 따름으로써 "율법을 지킨" 것으로 간주될 수 있음을 의미한다(바울이 다음과 같이 주장할 때 이것이 의미하는 것일 수도 있다. 즉, 바울은 유대인으로서 "율법의 의"[빌 3:6]와 관련하여 "흠이 없는" 사람이었다). 유대인들은 우리가 "죄 없이 완전함"이라고 부르는 것을 믿지 않았다.[646] 바울이 로마서 1-3장에서 쓴 것은 때때로 율법의 "도덕적" 요소라고 불렸던 것과 관련한 율법이 무엇인지를 분명하게 하는 것이다. 이방인과의 비교를 통해 분명히 알 수 있듯이 바울은 유대인들이 율법의 명령에 얼마나 순종했는지에 초점을 맞춘다. 그리고 특히 십자가에 못 박히신 메시아의 과감한 "해결책"에 비추어, 바울은 유대인들의 "곤경"을 급진화하여 그의 동료 유대인들 사이에서 볼 수 있는 전형보다 하나님을 따를 수 있는 유대인(그리고 인간)의 능력에 대해 더 비관적인 견해를 취한다.[647] 물론 그렇게 함으로써 바울은 구약 자체의 중요한 가르침을 따르고 있다. 왜냐하면 이스라엘의 우상숭배와 불순종의 끈질김과 심각성으로 인해 오직 하나님 자신의 선물인 완고한 죄의 문제를 고치는 하나님의 영이 주시는 새 마음의 선물, 즉 신선한 선물에 의해 생기를 얻었다는 결론을 얻기 되었기 때문이다(예를 들어, 겔 36:26~27). 바울은 여기서 의례 율법에 대해 아무 말도 하지 않는다. 실제로 바울은 그의 편지 어디에도 이에 대해 거의 명시적으로 언급하지 않는다. 그러나 우리는 히브리서의 저자처럼 바울이 그리스도의 죽음을 "단번에" 속죄 희생제사, 즉 속죄하기 위한 구약 희생제사 제도의 모든 능력을 "취소"하는 희생제사로 간주한다고 가정할 수 있다.[648]

---

645. 예를 들어, E. P. Sanders, *Paul and Palestinian Judaism*, 499와 여러 군데를 보라.
646. 또다시 E. P. Sanders, *Paul, the Law and the Jewish People*, 28을 보라.
647. Sprinkle은 인간의 능력에 대한 유대인의 견해가 다르다는 점을 지적하지만 바울이 당시 대부분의 유대인보다 더 부정적이었다는 점을 인정한다(*Paul and Judaism Revisited*, 125-44; 또한 Laato, *Paulus und das Judentum*).
648. 이 문제에 관해서는 특히, Schreiner, "Paul and Perfect Obedience," 245-78; 그리고 Das, *Paul, the Law, and the Covenant*, 215-22; Laato, "Paul's Anthropological Considerations," 343-46을 보라.

부설 : "유대교에 관한 새관점"과 "바울에 관한 새관점"

"율법의 행위로 그의 앞에 의롭다 하심을 얻을 육체가 없나니"라고 하는 바울의 주장은 이 사도가 논쟁하는 것처럼 보이는 유대인의 견해에 주의를 기울이지 않고서는 올바로 이해할 수 없다. 그러나 율법과 칭의 및/또는 구원에 있어서 율법의 역할에 대한 유대인의 관점을 정하는 것은 어려운 일이다. 관련된 유대 문헌만 해도 매우 방대하고 다양하며 이러한 문제에 대한 가르침은 수십 년 동안 열띤 토론의 대상이었다. 그러므로, 이 부설에서 나는 이 논쟁을 간략하게만 조사하고 나의 견해를 요약하여 제시할 것이다.

교회 역사 초기부터 대부분의 해석자들은 "율법의 행위"에 대한 바울의 논쟁이 어떤 형태의 유대교 율법주의에 관한 것이라고 가정했다. 이 가정은 종교개혁 당시에 특히 분명하고 중요했다. 당시 로마 카톨릭 교회의 구원론에서 인지한 특정한 율법주의적 요소에 반응하여 루터, 칼빈을 비롯한 다른 종교개혁자들은 유대교에 대한 바울의 논쟁을 자기 자신들의 상황의 렌즈를 통해 읽는 경향이 있었다. 종교개혁자들은 바울 시대의 유대인들이 "행위에 따른 의"(works-righteousness)의 형태를 고수했다고 믿었다. 즉, 사람은 하나님의 은총과 축복을 강요하는 "율법의 행위"에 순종하는 공덕을 세움으로써 하나님 앞에서 올바르게 설수 있는 자격을 얻었다고 믿었다. 이 율법주의에 반대하여 바울은 하나님 앞에서의 칭의는 오직 그리스도의 완성된 사역에 대한 믿음으로만 얻을 수 있으며, 그 믿음은 본질상 모든 종류의 행위에 따른 순종을 배제한 믿음이라고 선언했다. 종교 개혁자들은 반대자인 로마 가톨릭을 바울 시대의 유대인의 모습으로 뒤집어 씌운 다음 자신들은 바울의 겉옷을 취하여 칭의가 **오직 믿음**(*sola fide*)과 **오직 은혜**(*sola gratia*)라고 선언했다.

물론 종교개혁 상황에 대한 이 묘사는 극도로 단순화되어 있긴 하다. 사실, 우리가 특히 소위 급진적 종교 개혁을 고려할 때 로마 가톨릭의 관점에는 여러 가지가 있었기 때문에 종교 개혁자들의 관점에도 많은 다른 뉘앙스가 있을 수밖에 없다. 그러나 이 정도의 개요가 우리 목적에는 알맞다. 왜냐하면 예수가 비판하고 바울이 율법주의적인 것으로 상대한 1세기 유대교를 보는 일반적인 종교 개혁적인 경향이 많은 전통적인 로마 가톨릭 학문을 포함하여 모든 종류의 신약 학문에 깊숙이 박혀 있기 때문이다.[649] Strack-Billerbeck 주석(*Kommentar*)과 같은 중요하고 영향력 있는 신약 "배경"에 관련한 책은 방대한 유대교 자료를 소장하고 있어 유대교 신학에 대한 이러한 견해에 정통성을 부여했다. 유대교가 공정하게 묘사되지 않고 있다는 고립된 항의의 목소리가 가끔 들렸지만, 전통적인 학문이 이구동성으로 비판을 가하여 그 목소리들을 잠재웠다.

그러나 1977년에 학계의 극적인 지각 변동을 일으킨 책이 출판되었다. E. P. 샌더스(Sanders)의 바울과 팔레스타인 유대교(*Paul and Palestinian Judaism*)는 바울 신학의 배경으로써 유대교에 대한 해석의 분수령을 갈랐다. 샌더스가 주장한 것(적어도 핵심)은 새로운 것이 아니었지만, 신약 학자들이 1세기 유대교를 바라보는 방식에 큰 변화가 일어날 만한 분위기가 분명히 무르익어 있었을 때다.[650] 샌더스가 제안한 기초는 이미 받아들일 준비가 되어 있었고 많은 부분에서 그동안 가정되었던 학문적인 결과가 도출될 만한 수준에 도달했다.

샌더스는 1세기 유대교를 율법주의적 종교로 보는 전통적인 견해가 틀렸다고 주장한다. 샌더스는 1세기 유대교 신앙에 대한 증거를 제공할 수 있는 유대교 자료를 연구한 후 이러한 자료 거의 대부분이 만장일치로 그가 "언약적 율법주의"(covenantal nomism)라고 부르는 구원론을 묘사하고 있다고 결론지었다. 구원에 대한 유대교 기본 관점은 하나님께서 이스라엘 백성과 맺으신 언약이라는 점이다. 하나님은 이스라엘을 선택하셨고, 바울 시대의 유대인들은 그 본래의 은혜로운 선택이 구원의 기초가 된다고 믿었다. 이러한 관점에서 볼 때 유대인은 구원받기 위해 율법을 행할 필요가 없었다. 왜냐하면 그들은 이미 구원을 받았기 때문이다. 유대인은 자신들의 언약적 지위를 유지하기 위해 율법에 순종한 것이다. 샌더스가 말했듯이, 유대인은 구원에 "들어가기"(이것은 후에 율법주의[ligalism]로 불린다)

649. (지금보다 20세기 후반에 더 공정했던) 일부 학자들이 이 견해를 "루터교 정통"(Lutheran Orthodoxy)이라고 딱지 붙이는 경향은 역사적으로(이러한 관점의 핵심 요소는 루터보다 훨씬 이전에 널리 받아들여졌다) 그리고 신학적으로(이 기본 견해는 예를 들어, 개혁주의 및 로마 가톨릭 신학자들에 의해 널리 받아들여 졌다) 너무 협소하다. 예를 들어, Fink, "'Doers of the Law,'" 485-524를 보라.

650. 샌더스 주장의 방향을 예상한 학자들은 Montefiore, *Judaism and St. Paul*과 G. Moore, *Judaism*이 있다.

위해 율법을 행하는 아니라 그 구원에 "머물기"(stay in; "신율주의"[nomism]-ligalism 과 구분하기 위해 '신율'이라는 표현을 사용함-옮긴이)위해 율법을 행한 것이다.

유대교에 대한 이 새로운 견해는 바울과 어떤 관련이 있을까? 가장 즉각적이고 명백하게 영향을 끼친 것은 유대교와 율법에 대한 바울의 가르침에 관한 것이다. 학자들은 이러한 문제에 대한 바울의 다양한 가르침을 제2성전 유대교 구원론("언약적 율법주의")에 대한 샌더스의 묘사와 관련시키기 위해 바쁘게 움직였다. 그러나 유대교와 율법에 대한 바울의 가르침은 로마서와 갈라디아서와 같은 서신에서 바울의 주요 신학적 강조와 매우 밀접하게 얽혀 있어서 샌더스의 "혁명"은 필연적으로 바울 서신과 바울의 신학적 강조에 대한 일련의 신선한 해석을 신속하고 빠르게 낳게 되었다. 이러한 새로운 해석은 자연스럽게 다양한 형태를 가졌다. 샌더스의 본래 연구는 주로 팔레스타인 유대교에 초점을 맞추었지만 바울에 대한 부분도 있었다. 샌더스 연구의 다른 부분 중에서, 바울은 그의 "배타주의적 구원론" 때문에 언약적 율법주의를 거부했다고 주장했다. 즉, 구원은 정의상 오직 그리스도 안에서만 발견되기 때문에 율법과 그 밑에 깔린 언약은 구원의 수단이 될 수 없다. 1세기 유대교에 대한 샌더스의 묘사에 동의하는 대부분의 학자들조차 이러한 주장에는 별로 수긍하지 않았다. 초기의 그리고 보다 급진적인 제안 중 하나는 바울이 청자들에게 그리스도에 대한 복음을 더욱 매력적으로 만들기 위해 단순히 자신이 가진 유대교의 유산을 희화화 했다는 것이 있다.[651]

그러나 이러한 "유대교에 관한 새관점"에 대해서 가장 그럴듯하고 궁극적으로 가장 인기 있는 반응은 "바울에 관한 새관점"으로 우리에게 알려진 반응이다. 바울 서신을 해석하는 이 새로운 방식의 선두적 주창자인 제임스 던(James Dunn)은 1983년 한 논문에서 이 운동의 이름을 붙였지만 그의 이 개념은 1978년에 있었던 N. T. 라이트(N. T. Wright)의 강의에서 이미 여러 면에서 예상되었던 것이다.[652] 이 두 학자는 이 문제에 대해 수많은 연구작을 저술했으며 "새관점" 해석을 가장 잘 대표하는 학자들이다.[653] 그러나 바울 서신과 로마서에 대한 이 두 명의 선도

---

651. 특히, Räisänen, *Paul and the Law*; idem, "Paul's Theological Difficulties," 310-20을 보라.

652. Dunn, "New Perspective on Paul," 95-122; 같은 저자, "Additional Note," 206-14; 그리고 N. T. Wright, "Paul of History," 61-88을 보라.

653. 더 용이한 요약을 위해서는 Dunn, *Theology*, 특히, 334-89을 보라; 또한 그의 더욱 최근작인 "In

하는 새관점 학자들의 해석을 빠르게 숙독하면 이들의 접근 방식과 결론에서 서로 간에 상당한 차이가 있음을 알 수 있다. 다른 학자들이 일반적으로 자신들의 접근 방식에 이 새관점을 포함하는 것을 고려해 본다면 그러한 차이는 더욱 배가 될 것이다.[654] 이 모든 것이 정의(definition)의 문제를 만들어 낸다. 어떤 한 학자의 새로운 관점은 다른 학자의 관점과 상당히 다를 수 있다. 그렇다면 새관점의 정의적 특징은 무엇인가?

그 중심에서 새관점은 샌더스가 묘사한 유대교와 바울이 말한 내용을 일치시키는 바울의 가르침으로 해석할 수 있게 해준다. 그 의도는 선하고 적절하다. 즉, 바울 서신은 바울 당시의 문제를 다루는 1세기 문서로서 의미가 있어야 한다는 것이다. 라이트, 던 및 다른 학자들은 바울 서신을 바울 당시 세계의 문제에 비추어 읽지 않고 오히려 너무 자주 교회 자신의 문제에 비추어 바울 서신을 읽었다고 불만을 갖는다. 유대교 구원론의 형태로 "언약적 율법주의"를 인정한다면, 바울은 유대인들이 율법을 순종함으로써 의롭게 될 수 있다고 주장하는 유대인들을 비판할 것이라고 생각하기는 어려울 것이다. 샌더스의 주장대로 유대인들은 그렇게 믿지 않았다. 그러나 바울 자신의 유대적 배경에 들어 맞는 것은 언약적 율법주의 자체에 대한 공격일 것이다. 이것이 우리가 실제로 바울에게서 발견한 것이라고 던과 라이트는 주장한다. 율법 또는 "율법의 행위"에 대한 바울의 논쟁은 구원을 자기 민족에게만 국한시키려는 유대인의 경향에 대한 것이었다. 바울이 유대교에서 잘못을 발견한 것은 개인의 율법주의가 아니라 민족적 배타주의다. 우리는 로마서 3:20의 "율법의 행위"에 대한 우리의 주석, "관점"에서 이 충돌을 분명히 보았다.

그런 다음 새관점에서 일어나는 일은 바울의 중심 신학 축이 더 수평적인 방향으로 회전하고 이에 상응하는 바울의 가르침에 있어서 더 집단적인 초점으로의 이동이다. 새관점 옹호자들은 종종 종교 개혁(특히 루터)에서 파생된 해석 전통을 개인과 하나님 앞에서 개인의 지위에 대한 근시안적이고 시대착오적인 선입견으로 비난한다. 이것은 크리스터 스텐달(K. Stendahl)의 영향력 있는 기사, "The

Search of Historical Paul," 15-48을 보라.

654. 특히, Garlington, "New Perspective on Paul," 1-20을 보라.

Apostle Paul and the Introspective Conscience of the West"[655]에서 예상했던 주제다. 바울의 문화적 맥락, 종교적 배경, 그리고 신학적 관심은 오히려 그의 직접적인 관심이 하나님의 (집합적) **백성**(*people*), 특히 이방인을 하나님의 (수평적) 백성으로 통합시키는 데 관심이 있었음을 시사한다. 바울 서신에 대한 중심 무대를 차지하는 자민족 중심적인 읽기는 인간중심적 읽기라는 더 종속적인 역할이 대신한다. 바울의 복음은 적어도 무엇보다도 먼저 한 개인이 죄인에서 성도로 변모하는 이야기 또는 인류의 회복에 대한 이야기가 아니다. 오히려 바울의 복음은 이스라엘의 회복, 곧 이스라엘의 메시아이자 대리자로서 예수의 사역 안에서 그리고 그 사역을 통해 일어나는 회복을 선포하는 것이며 하나님의 은혜를 이방인들에게까지 확장하는 것이다.[656] 이 자민족 중심적 관심을 가장 명백하게 드러내는 책들(갈라디아서와 로마서)도 모세의 율법과 칭의에 대한 중요한 가르침을 특징으로 한다. 이러한 교리에 대한 재해석은 새로운 패러다임에 연료를 공급하고 차례로 그 패러다임에서 파생된다. 대부분의 새관점 옹호자들은 바울이 동료 유대인들 사이에서 율법을 오용하는 것을 공격했다는 데 동의한다. 그러나 종교개혁자들과 그들의 후계자들과 달리, 이러한 율법의 오용은 요구되는 것을 행함으로써 칭의를 찾으려는 율법주의적 시도가 아니었다. 오히려 유대인들은 이 율법이 이스라엘의 구원을 사실상 보장함과 동시에 이방인을 배제한다고 주장하면서 율법을 국가적 특권의 헌장으로 바꾸어 오용하고 있었다.[657] 그러므로 율법에 대한 바울의 가르침의 핵심에 놓여있는 이분법은 종교개혁자들과 그들의 후계자들이 잘못 생각한 것처럼 인간의 행위("행위" 또는 "율법의 행위") 대 인간의 믿음("믿음")이 아

655. Stendahl의 이 논문은 1963년에 처음 등장했다. 이 논문은 *Paul among Jews and Gentiles*, 78-96에서 재인쇄 되었다.

656. Wright는 특히 바울의 신학을 이스라엘 이야기의 연속이라는 점에서 읽는 것의 중요성을 강조했다(이 초점은 그의 책 기독교의 기원과 하나님의 문제[*Christian Origins and the Question of God*] 시리즈 전체에서 강조하는 것이다. 특히 첫 번째 책인 신약성서와 하나님의 백성[*New Testament and People of God*]을 보라). 또한 Newman이 편집한 *Jesus and Restoration of Israel*에서 Wright의 접근 방식을 평가하는 일련의 논문도 보라.

657. "바울 시대 당시 유대교의 언약적 율법주의를 공격함에 있어서 바울은 율법이나 언약을 공격한 것이 아니라… 율법을 이스라엘 주변의 경계 표시로 취급하여 유대인과 이방인을 구분하고 안에 있는 사람들만 아브라함에게 주신 하나님의 약속의 상속자라고 주장하는 언약적 율법주의를 공격한 것이다. 요컨대, 바울이 반대한 것은 오용된 율법이었지 율법 자체가 아니었다"(Dunn, "Paul and 'Covenantal Nomism,'" 138).

니라 언약을 구원과 동일시하는 (이스라엘에 한정된) 행위 대 (차별 없이 모든 사람에게 열려 있는) 새언약 신앙이다.[658] 티모 라토(T. Laato)가 멋지게 표현한 것처럼, 새관점 옹호자들은 핵심 쟁점이 율법의 "수행"(이것이 개혁자들의 초점)이 아니라 율법의 "소유"라고 주장한다.[659] 이러한 해석에서 율법에 대한 바울의 문제는 주로 유대인에 관한 이러한 오해에 국한되었기 때문에, 일반적으로 새관점 주창자들은 종교개혁 가르침에 대한 (특히) 루터파 계열의 전형보다 구원 역사 안에서 율법의 더욱 긍정적인 역할을 찾는 경향이 있다. 민족주의적 문서로의 유대인의 왜곡에서 해방된 율법은 보편적 구속의 새 시대에 긍정적으로 기능할 자유가 있다.[660] 바울의 칭의에 대한 가르침도 더욱 수평적으로 강조된다. 칭의는 참으로 인간이 정죄받은 죄인의 지위에서 "하나님 바로 앞"에 설 수 있는 지위로 옮겨지는 것에 관한 것이다. 그러나 칭의의 다른 측면이 강조된다. 라이트에게 있어 바울의 칭의는 한 인간이 하나님의 백성에 속한다는 선언이다.[661] 그리고 던에게 있어 칭의에는 하나님의 은혜가 이방인들에게까지 확장되는 것을 포함하는 것이다. 따라서 일반적으로 새관점은 일반적으로 기독교 해석에서 볼 수 있는 전형적인 해석보다 바울과 1세기 유대교 사이의 연속성을 훨씬 더 강조한다.

특히 로마서에 적용되는 새관점은 루터가 로마서에 대해 집중하며 했던 "정죄받고 무력한 죄인인 내가 어떻게 하나님의 은혜를 찾을 수 있는가?"라는 질문으로 시작된 전통적인 해석에 단점을 찾는다.확실히 이 질문은 로마서에서 발생하였고 그에 대한 답도 주어졌다. 그러나 로마서의 추진력은 다른 방향으로 움직인다. 특히 9-11장과 15:7-13(최근 해석에서 로마서 주제의 핵심 요약으로 강조됨)[662]에서 나

658. 일부 해석자들은 "믿음"에 대한 바울의 주요 언급 중 일부를 그리스도의 믿음 또는 신실하심을 가리키는 것으로 해석함으로써 후자의 이분법을 구원 역사적 맥락으로 조금 더 이동시킨다(특히, 롬 3:22; 갈 2:16; 또한 롬 1:17; 3:26; 갈 3:22). 3:22에서의 각주 논의와 D. Moo, *Galatians*, 38-48을 보라.

659. Laato, *Paulus und das Judentum*.

660. "나는 '율법의 행위'와 '율법' 사이의 내 구분이 중요하다고 주장할 것이다. 왜냐하면 '율법의 행위'는 (하나님의 백성을 정의하는 정체성과 경계 표시로서의) 율법을 보는 방식을 나타내기 때문이다. 바울은 율법을 거절하지만 율법 자체를 거절하는 것은 아니다"(Dunn, "Additional Note," 211).

661. 특히, Dunn, "Paul and Justification by Faith," 85-101; N. T. Wright, *What Saint Paul Really Said*, 95-133을 보라.

662. 예를 들어, Dunn, 2.844-45; Wright, 404, 744.

타난 바와 같이, 바울은 복음이 어떻게 하나님의 언약적 신실함을 나타내는지, 그리고 그 언약적 신실함이 유대인과 동등한 위치에 있는 이방인을 포함하도록 확장되는 방법을 보여 주고자 한다.[663]

물론 1970년대와 80년대에 시작된 운동을 "새로운"이라고 부르는 것은 다소 잘못된 표현이다. 이 운동은 여전히 중요하고 영향력이 있지만 "더 새로운" 관점으로 대체되었으며 그중 일부는 새관점보다 훨씬 더 급진적이다. 이들 중 더 영향력 있는 것 중 하나는 "유대교 안에서의 바울" 운동으로, 바울은 그의 평생 동안 토라에 신실했으며 이 율법이 이방인들에게 부과되었을 때만 비판했으며 (이 운동에 속한 일부 사람들에게는, 적어도), 바울은 유대인의 율법 언약이 유대인의 구원에 적합하다고 계속해서 생각했다는 것이다.[664] 동시에 새관점이 존재하는 한 어떤 운동이든 발전을 겪을 수밖에 없다. 던과 라이트 모두의 최근 저술에서 나타난 특정한 경향은 "- 뿐만 아니라 - 도 마찬가지로"의 접근 방식에 찬성하여 "- 이 아니라 - 이다"라는 수사학에 대한 초기 경향을 부드럽게 하는 것에 있다. 둘 다 구원론에 대한 근본적인 종교 개혁의 가르침을 보존하기를 원한다고 주장하며, 자신들의 기여가 이 가르침을 대체하기보다는 추가하는 것으로 보고있다.[665]

---

663. 예를 들어, "언약적 신실함"이라는 주제에 관해서 Wright, 403-4 그리고 로마서를 "통합하는 주제"로 "먼저는 유대인에게요 그리고 헬라인에게라"에 관한 Dunn, 1.lviii-lxiii을 보라.
664. 이 운동에 관한 개요로는 Nanos and Zetterholm, eds., *Paul within Judaism*의 논문들을 보라. 또한 또한 유대교에 대한 전통적인 비판을 계속하기 위해 새관점에 대해서 말하는 Zetterholm의 비판에 주목하라(*Approaches to Paul*, 95–126). 이 일반적인 견해를 발전시키는 다른 작업으로는 Gager, *Reinventing Paul*; Gaston, *Paul and the Torah*; Nanos, *Mystery of Romans*; Boccaccini and Segovia, eds., *Paul the Jew*). 우리는 9-11장에 대한 우리 주석의 각주에서 이 접근 방식에 대해 더 다룰 것이다.
665. 특히, Dunn, "Whence, What, and Whither?," 1-88; 동일저자, "New Perspective on the New Perspective," 157; 동일저자, "What's Right," 214-29를 보라. N. T. Wright(*Paul and the Faithfulness of God*, 2.1513-14)는 다음과 같이 인용할 가치가 있다. "특히 바울을 두고 스스로를 '새관점'이나 '옛관점'이라고 하는 것들 사이의 싸움을 지속시킬 필요는 없다. 어쨌든 둘 다 그 자체의 특이성에서 오해의 소지를 만든다. 즉, 지금은 느슨한 '새관점들'이 많이 있으며, 상당히 다른 '옛관점들'도 많이 있다. '새관점'이 '사회학'이나 '비교종교'로 붕괴될 위험이 있는 한, 이것은 물론 메시아의 십자가와 믿음에 의한 귀속이라는 하나님의 행위에 대한 바울의 강조를 고려하고 그 중심에 위치를 부여하기 위해 신학적으로 재고될 필요가 있었다. '옛관점'이 고대 유대교 신앙의 희화화에 계속 기반을 두고 고대 유대교 텍스트 뿐만 아니라 바울 자신이 직면한 질문을 무시하면서 묻지 않은 질문에 답을 하도록 강요하는 한, 당연히 신학적으로 재고해야 하는 것이 필요했고, 유대인과 바울은 아브라함과의 언약을 성취하고 모세와의 언약을 완성하는(롬 10:4에서 텔로스[*telos*]의 두 의미의 균형을 맞추는!) 놀랍고도 새롭게 계시된 하나님의 행위를 강조한다.

한편으로는 샌더스가, 다른 한편으로는 던과 라이트가 제기한 문제는 크고 복잡하다. 이 주석의 각주들은 특정 상황에서 발생하는 이러한 견해의 측면을 반복적으로 다룰 것이다. 이렇게 흩어져 있는 많은 논의들에 대해 약간의 맥락을 제공하기 위해, 먼저 "바울에 관한 새관점" 그리고 두 번째로 "유대교에 관한 새관점"에 대한 내 자신의 관점에 대한 대략적인 방향을 제시하겠다.

새관점에 대한 비판으로 돌아서기 전에, 나는 이 새로운 접근 방식이 밝혀낸 많은 강조점에 대해 감사를 표하고 싶다. 새관점에서 전제된 유대교에 대한 보다 미묘한 견해는 그 자체가 다소 단순하고 불균형하지만(아래 참조) 유대교에 대한 기독교 해석의 불행한 고정 관념을 바꾸는 중요한 교정이 되기 때문이다. 바울의 신학적 의제에서 "사람들" 문제에 대한 이 운동의 강조는 또한 바울과 그의 사역에 중요하지만 때때로 그의 편지에서 영속하는 신학적 원리를 찾기 위해 서두르다 자칫 소홀하게 되는 문제에 우리의 주의를 환기시킨다. 다음 내용을 종합하면 새관점 옹호자들과의 논쟁은 종종 그들이 말하는 것보다 그들이 말하지 않는 것에 관한 것에 있거나 특정 문제에 부여하는 전체적인 균형을 맞추는 것이라고 말하는 것이 아마도 더 나은 것 같다.

예를 들어, 로마서는 의심할 여지없이 "사람들" 또는 "민족적" 질문에 깊이 관심을 가지고 있다. 즉, 바울이 1:16에서 "먼저는 유대인에게요 그리고 헬라인에게로다"라는 주제를 발표한 것처럼 그리스도 안에서 하나님의 은혜가 이스라엘과 이방인을 어떻게 포용하는가? 그러나 이 민족적 분류는 바로 앞의 문구에 특정 초점을 추가하는 것이다. 즉, 구원의 좋은 소식은 "모든 믿는 자"를 위한 것이다. 바울이 로마서에서 선포하고 요약한 "좋은 소식"은 무엇보다도 인간이 하나님과의 평화로운 관계로 회복되도록 그리스도 안에 있는 하나님의 공급과 관련이 있다.[666] 바울 자신의 사역의 맥락과 로마 기독교 공동체의 분열은 바울이 그리스도 안에

그러나 나는 이 책의 논의가 지난 세대의 거짓 중 하나/혹은 거짓에 대한 아주 새로운 시각, 즉 상당히 새로운 각도의 시각을 제시하기를 바란다. 때로는 과장되더라도 저항은 종종 필요하다. 반응은 때때로 날카롭거나 단순히 향수를 불러일으키더라도 적절할 때가 있다. 더 완전한 통합, 더 온전한 화해는 언제나 바울의 목표이며 나는 우리도 그것을 달성하는 선한 길을 가기를 희망한다."

666. 이와 반대로는 예를 들어, Dunn은 이방인과 유대인 사이의 "고대의 적대감 극복"이 "**복음에 대한 절정의 성취**"였다고 주장한다(강조는 본래 Dunn의 것; "Whence, What, and Whither," 31).

있는 모든 인간을 위한 이 규정이 유대인과 이방인의 관점에서 구체적으로 어떻게 작용하는지 설명할 것을 요구한다. 새관점 옹호자들이 로마서에서 이 핵심적인 주제에 주의를 환기시키는 것은 매우 옳다. 그러나 그것을 가장 중요한 주제로 삼는 것은 로마서에서 사실상 상대적인 강조점을 놓치는 것이다.[667]

로마서에 대한 새관점 해석을 뒷받침하는 근본적인 방법론적 관점은 이스라엘의 이야기가 로마서의 가르침과 구조를 형성하는 방식이라는 것을 강조하는 데 있다. 1992년 라이트(N. T. Wright)는 다음과 같이 주장했다. "바울은 직접적으로 설명하지 않더라도 이 [이스라엘의] 이야기를 전제로 하고 있으며, 우리가 이 전체 이야기 세계 내에서 그리고 실제로 그것을 수반하는 상징적 우주 내에서 적절한 지점에 그 이야기들을 위치시켜야만 다른 서신의 보다 제한된 내러티브 세계를 이해할 수 있다는 것은 논쟁의 여지가 있다."[668] 그리고 그의 2013년 대작에서 그는 다음과 같이 말한다.

> 나는 이것이 소위 "바울에 관한 새관점"이 실제로 무엇에 관한 것인지 분별할 수 있는 깊고 근본적인 지점이라고 제안한다. "유대인들도 은혜를 믿었는지", 바울이 언약에 "들어가는 것"보다 그 언약에 "머무는 것"에 관심이 있었는지, 또는 "해결"이 "곤경"보다 먼저 있었는지, 아니면 그 반대인지가 중요한 문제가 아니다. 이 모든 질문은. 오히려 우리가 바울 시대에 그토록 많은(전부는 아님) 유대인들에게 그렇게 강력하게 보였던 근본적인 내러티브를 이어받았는지, 수정되었는지 아니면 단순히 버려졌는지를 분별하는 문제였다.[669]

바울의 신학에 대한 이러한 내러티브 접근은 던보다 라이트에게 더 중요하지

667. 또한 Byrne의 "바울에 관한 새관점의 여러 측면에 박수를 보내면서(사실 나 자신이 그 안에 근본적으로 서 있다고 믿으면서) 이전 세대가 바울이 로마에 보낸 편지에서 이끌어낸 보다 급진적인 비전을 잃지 않기를 바란다"를 보라("Interpreting Romans Theologically," 241). 또한 F. Hahn, *Vielfalt des Neuen Testaments*, 232; R. Gundry, "Inferiority of the New Perspective," 204-6.

668. *New Testament and People of God*, 405.

669. *Paul and the Faithfulness of God*, 1.460; 추가적으로 495-505를 보라.

만 일반적으로 새관점 해석에서 중요하다.[670] 우리는 바울이 예수의 죽음과 부활, 그리고 그가 선포한 좋은 소식을 구원 역사라는 위대한 내러티브 안에 위치시켰다고 인정할 수 있다. 실제로, 로마에 대한 일부 전통적인 신학적 접근은 개인의 역사("내가" 어떻게 구원받았는지)에 너무 집중하여 구원의 역사(피조물과 이스라엘에 대한 하나님의 목적이 그리스도 안에서 어떻게 성취되었는지)를 사실상 무시했다고 말하는 것이 타당하다. 그러나 율법에 대한 바울의 가르침의 중요성을 이끌어내는 데 있어 중요한 차이점은 이스라엘의 이야기가 바울의 가르침에서 어떻게 나타나는가 하는 것이다. 새관점의 접근 방식은 메시아 시대까지 확장된 이스라엘 이야기의 연속성을 강조하는 경향이 있다. 따라서 예를 들어 율법과 율법이 요구하는 행위에 대한 바울의 논의는 이스라엘과 그 경험 외에는 아무런 관련이 없다. 그러나 바울이 이스라엘의 독특한 경험을 무시하지 않고 율법에 대한 이스라엘의 경험도 모범적인 것으로 보았다는 개념에 대한 강력한 근거가 만들어질 수 있다. 즉, 토라가 있는 이스라엘의 특별한 역사는 "율법"과 그 결과에 대해 투쟁하는 모든 인간에게 의미와 중요함이 있다. 우리는 이러한 관점을 제안하는 주석을 통해 텍스트를 기록할 것이다. 그러나 우리는 바울이 "율법 아래 있는 자들"에게 특별히 지시된 이스라엘의 성경을 인용하여 어떻게 보편적인 인간 결론을 이끌어 내는지 그 방법을 이미 보았다. "모든 입을 막고 온 세상으로 하나님의 심판 아래에 있게 하려 함이라"(3:19). 바울은 그리스도 안에서의 하나님의 역사가 어떻게 그 이야기를 그 절정에 이르게 하는지를 보여 줄 뿐만 아니라 일반적으로 인간 경험에 대한 함의를 끌어내기 위해 그의 신학에 이스라엘 이야기를 도입한다.[671] 그러므로 "율법의 행위"는 이스라엘이 율법을 행하는 것을 **가리키면서도**(*referring*) 자신의 "행함" 즉 행위(위에서 논의한 바와 같이)와 관련하여 모든 인간의 경험을 **의미한다**(*signify*).

우리가 살펴보았듯이, 바울에 관한 새관점은 "유대교에 관한 새관점"이라는 토양에 깊이 뿌리를 두고 있다.[672] 던, 라이트 및 다른 새관점 옹호자들은 유대교 구

670. Wright는 Dunn이 이스라엘 이야기에 충분한 주의를 기울이지 않는 것에 대해 비판한다(*Paul and His Recent Interpreters*, 98).

671. 바울의 신학에 대한 불트만의 인간론적 접근에 심각한 균형 부족을 인정하는 동시에 우리는 또한 그가 유대인을 "종교인"으로 특징짓는 데 뭔가가 있다고 생각한다(*Theology*, 1.264-65).

672. 새관점에 대한 Dunn의 정의에서 첫 번째 요점은 다음과 같다. 새관점은 "제2성전 유대교에 대한

원론에 대한 샌더스의 견해를 (광범위하게) 긍정하고 그 구원론에 비추어 바울을 이해하는 데 관심을 갖고 있다. 이러한 움직임이 부침을 함께한다고 주장하는 것은 너무 지나칠 것이다. 그러나 확실히 "바울에 관한 새관점"에 대한 공정한 반응은 "유대교에 관한 새관점"과 함께 다루는 것을 피할 수 없다.[673] 위에서 분명히 밝혔듯이, 샌더스의 언약적 율법주의에는 내가 높이 평가하고 강조하는 요소가 있다. 그러나 나는 또한 바울의 유대교 배경에 대한 샌더스의 해석이 어떤 면에서 결함이 있다고 확신한다.

샌더스의 제안에 대한 비판으로 돌아서기 전에, 먼저 나는 로마서 1-3장에 있는 바울의 논쟁적 요소가 샌더스가 개괄한 기본적인 언약 구조에 아주 잘 들어맞을 수 있다는 점을 인정한다. 샌더스가 주장하는 것처럼, 율법의 행위가 의롭게 할 수 있다는 생각에 대한 바울의 부인은 단순히 유대인들이 이해하는 언약에 대한 공격을 의미할 수 있다. 샌더스는 유대인들이 계명에 순종하려는 **의도**(*intention*)가 자신들의 언약적 지위를 유지하기에 충분하다고 여긴 것이라고 지적한다.[674] 그러나 바울은 **실제로 행한**(*actually done*) 것만이 계수된다고 주장한다. 이 논증은 샌더스가 밑그림을 그려놓은 언약적 율법주의에 대한 노골적인 공격이다.[675] 유대인들에게 있는 특별한 지위를 부정하는 것은 언약적 율법주의의 기초가 된 선택을 암묵적으로 거부하는 것이며,[676] 이는 세례 요한(마 3:7-10)과 예수의 논쟁과도 일맥상통한다.[677] 언약에 대한 이러한 비판적 태도는 구약 자체와 어떻게 일치하는가? 우리가 보았듯이 바울은 심판으로부터 자동적으로 보호받는 언약에 의존하는 자들에 대한 비판에 있어서 선지자들과 가깝다. 그리고 그가 더 분명하지만, 모세 언약에 대한 바울의 논쟁은 신명기(32장을 보라)와 많은 선지서(예를 들어, 렘 31:31-34)에서 그 언약에 대해 표현된 비관적인 태도와 일치한다. 바울은 사람이

샌더스의 새로운 관점을 기반으로 세워진다"("Whence, What, and Whither?," 15).

673. 이와 관련하여 Beker의 경고에 주목하라. "Krister Stendahl과 E. P. Sanders의 작업이 오늘날 우리가 유대교를 다루는 데 너무나도 큰 영향을 미치므로 그들의 중요한 공헌이 지나치게 과장되고 독단적이고 공격할 수 없는 진리로 간주되는지 우리는 염려하지 않을 수 없다"("Echoes and Intertextuality," 68).

674. E. P. Sanders, *Paul and Palestinian Judaism*, 157-82.

675. Dunn과 N. T. Wright ("Paul of History") 둘 모두가 강조하는 것처럼

676. E. P. Sanders, *Paul, the Law and the Jewish People*, 47.

677. Allison, "Jesus and the Covenant," 61-63.

믿음으로 응답해야 하고 이제 그리스도 안에서 성취된 아브라함의 약속이 진정한 구원의 자리임을 강조한다(롬 4장). 그러므로 바울은 성경에서 유대인들에게 주어진 구원의 약속을 부인하지 않고, 유대교처럼 모세의 언약이 아니라 아브라함의 언약과 연결시킨다.[678] 적어도 구약에 대한 바울의 해석이 언약적 율법주의의 해석보다 더 정확하다는 것을 발견하는 아주 좋은 사례를 찾을 수 있다. "율법의 행위"(유대인들이 율법에 순종하여 언약의 지위를 유지하기 위해 행한 것들)는 그 행위를 행한 언약이 칭의를 가져오기에 부적절했기 때문에 의롭게 할 수 없다. 그러므로 유대인의 행위는 언약의 더 큰 틀(1세기 유대교에서 일반적으로 이해되는 바와 같이)이 제거되면 이방인의 행위와 다르지 않다.

그러나 나는 바울의 논증이 언약 그 자체에 대한 비판보다는 더 심오하고 모든 인간을 포괄하고 율법을 행할 수 없는 인간의 무능력에 뿌리를 두고 있다고 주장한다. 이러한 일반적인 신학적 요점을 로마서 3:20의 "율법의 행위"에 대한 바울의 주장에 연결하는 것은 궁극적으로 샌더스가 주장하는 것과는 다른 유대인 관점의 관점을 요구한다. 다음 내용에서 나는 샌더스의 언약적 율법주의가 바울의 유대교 배경을 적절하게 묘사한다고 확신하지 못하는 이유를 간략하게 설명할 것이다.

첫째, 유대교 구원론의 기본 패턴에 대해 사실상 단일론적 견해를 가진 샌더스의 주장에 의문을 제기해야 한다. 후속 연구에 따르면 유대교 구원론(자료의 양, 관련된 오랜 기간, 일반적인 관점의 다양성을 고려할 때 예상할 수 있듯이)은 샌더스가 주장한 것보다 훨씬 더 복잡하다. 1세기 유대교 구원론의 다양성에 대한 가장 완전한 논증은 *Justification and Variegated Nomism*의 제1권에 나와 있다.[679] 유대교 문헌의 다양성에 대한 주의 깊은 연구 결과를 요약하면, D. A. 카슨(Carson)은 언약적 율법주의가 구원론적 관점에서 상당할 정도로 차이를 제거하기 때문에 환원주의적이라고 결론지었다.[680] 더욱이 모든 학자들은 1세기 유대교가 율법에 대한 순종을 크게 강조했음을 인정한다. 현존하는 우리에게 주어진 모든 신학적 자료가 (우리가

678. Hooker, "Paul and Covenantal Nomism," 51.

679. Carson et al., eds., *Complexities of Second Temple Judaism*. Gathercole의 유용한 이 주제에 관한 리뷰, "Early Judaism and Covenantal Nomism," 153-62을 보라.

680. Carson, "Summaries and Conclusions," 543-48.

의문을 제기한) 언약적 율법주의를 가르쳤다 하더라도 "거리의 유대인"(Jews on the street)들 사이에서 여전히 상당한 양의 율법주의를 발견할 수 있다. 평균적인 신자의 신학적 견해와 종교 지도자의 정보에 입각한 견해 사이의 차이는 종종 큰 차이가 있다. 의심할 여지없이 유대교가 그랬던 것처럼 순종을 강조하는 신앙은 오해나 교육 부족으로 인해 순종을 하나님께서 보상하셔야 한다고 생각하는 공로 봉사로 바꾸는 일부 신도를 낳을 가능성이 높다. 율법을 상당히 적게 강조한 기독교는 확실히 이러한 지지자들을 낳는다. 그렇다면 신약에서 암시하는 것처럼 1세기 유대교도 그랬을 가능성이 있지 않을까?[681]

이 첫 번째 요점은 중요하지만 우리가 바울의 가르침을 이해하고 적용하는 데 도움이 되기에는 한계가 있다. 유대교의 어떤 형태가 언약적 율법주의에서 벗어났고 바울이 반대하는 유대교가 그런 종류의 유대교라면, 우리는 바울의 수사학이 유대교 그 자체에 실제로 영향을 미치지 않는다는 것을 인정해야 할 것이다. 그리고 이것은 우리가 결론 내리기를 주저하게 한다. 왜냐하면 이것은 바울의 가르침의 적용을 크게 제한할 뿐만 아니라 유대교 자체를 비판하려는 바울의 분명한 관심에 맞지 않는 것처럼 보이기 때문이다. 그러므로 언약적 율법주의의 본질과 관련된 다른 문제로 눈을 돌리는 것이 중요하다.

우리가 보았듯이, 샌더스는 하나님이 이스라엘과 맺은 언약에서 예증된 은혜로 말미암아 하나님과 함께한 유대인의 신분을 의지했다고 주장한다. 1세기 유대교를 이해하기 위한 하나의 지배 패러다임으로서 언약적 율법주의의 적절성에 대한 두 번째 공격은 이 설명의 세 가지 핵심 단어에 초점을 맞추고 있다. "언약", "선택", "은혜."

언약. 샌더스는 언약을 거의 모든 유대교의 사상과 구원에 대한 가르침을 알려주는 신학적 원리를 뒷받침하는 것으로 보았지만 그것이 아주 근본적인 것인지에 대한 질문이 몇가지 생긴다.[682] 샌더스 스스로는 특히 랍비 문헌의 일부 본문이

---

681. Longenecker(365)의 판단도 주목하라. "내가 계속해서 그[샌더스]와 다르게 주장하는 점은 주로 바울 시대의 주류 유대교 사상과 관습 전체를 '언약적 율법주의'가 지배했다는 그의 확신에 관한 것이다." Longenecker는 그의 *Paul, Apostle of Liberty*에서 다룬 중요한 주제에 대해 여기서 간략히 언급한다.

682. 예를 들어, Talbert, "Paul, Judaism, and the Revisionists," 7-10; R. Gundry, "Inferiority of

마치 구원이 보상의 문제인 것처럼 읽을 수 있다는 점을 인정한다.

즉, 유대인들은 율법을 행함으로 구원을 얻는다고 생각하게 만든다. 그러나 샌더스는 이 본문들이 모든 것을 포용하는 언약 이론에 비추어 읽어야 한다고 주장한다. 그러나 다른 학자들은 언약이 단순히 이 모든 본문에서 읽어낼 수 있다고 샌더스만큼 확신하지는 않는다. 이 본문들에 대한 중요한 한 연구는 사실상 구원론적 가르침의 두 가닥(선택에 의한 구원과 "보상"에 의한 구원)이 두 가지 대안적 계획으로 랍비 문헌에서 나란히 실행된다고 주장한다.[683] 그리고 다른 학자들은 신약 시대의 몇몇 유대교 저작에는 샌더스가 편재한다고 주장하는 언약적 구조의 기반이 부족하다고 주장했다.[684] 어느 정도 샌더스는 그러한 비판을 예상했으며, 일반적으로 언약적 율법주의에 도전하는 것처럼 보이는 유대교 본문은 (a) 언약과 선택의 더 큰 구조가 어려운 본문의 신학을 알리는 것으로 가정되어야 하기 때문에 기각되어야 한다고 주장했다. 또는 (b) 이 유대교 본문들은 본질적으로 설교적이다. 그러나 후자의 요점을 먼저 취하기 위해 설교적 본문은 종종 신학이 실제로 어떻게 이해되는지에 대한 중요한 단서를 제공한다. 현 시대에 맞게 평행하여 적용해 보면, 어떤 목회자의 교리적 진술이나 설교의 교안을 더 정확하게 읽을 수 있을까? 라는 질문을 해볼 수 있다. 혹자는 신중하게 고려된 교안인 교리적 진술이 우선적이어야 한다고 주장할 수 있다. 그러나 설교자가 **진정으로**(*really*) 믿는 바를 설교가 더 정확하게 표현한다고 주장할 수도 있다. 어쨌든 설교 본문을 고려 대상에서 제외하는 것은 정당하지 않다. 그러나 아마도 (이제 전자의 요점으로 돌아가서) 샌더스는 설교 본문이 그 본질상 설교 뒤에 숨어 있는 신학을 구체적으로 포함하지 않기 때문에 제외되어야 한다고 생각한다. 요점은 일반적으로 잘 받아들여졌다는 것이다. 어떤 신학적 진리는 너무나 당연하게 여겨져서 우리가 그것들을 언급할 필요가 없다고 느낄 수 있다. 그러나 설교 본문이 정보를 전달하는 것으로 알려진

---

the New Perspective," 195-200. Neusner는 Sanders의 논의에 대해 비슷한 질문을 제기하고 ("Use of Later Rabbinic Evidence," 47-52) 같은 책에서 Sanders의 응답을 본다("Puzzling Out Rabbinic Judaism," 69-75).

683. Avemarie, *Tora und Leben*; 같은 저자, "Erwahlung und Vergeltung," 108-26; Quarles, "Soteriology of R. Akiba," 185-95; Stanton, "Law of Moses," 105-6.

684. 예를 들어, Talbert, "Paul, Judaism and the Revisionists," 7-10.

신학에 반대되는 신학으로 간주된다면, 그 신학의 정보를 전달하는 것이 실제로 존중되고 있는지에 대한 질문을 제기해야 한다. 그러면 일반적으로 샌더스의 "언약적 율법주의"의 주장에서 말한 것과 같이 1세기 유대교에서 "언약"이 얼마만큼 살아 있고 중요한 신학적 역할을 했는지 의문을 제기할 수 있다.[685]

선택. 샌더스의 언약적 율법주의의 "언약"은 하나님과의 관계에 대한 기초로서 이스라엘 민족을 하나님께서 선택하셨다는 것을 의미한다. 그러나 바울 시대에 유대인 종파 집단의 확산은 여러 다른 집단의 특정한 주장을 설명하기 위한 선택이 적절한지에 대한 의문을 제기한다.[686] 자신들 모두가 남은 자, 곧 "진정한 이스라엘"이라고 큰 소리로 주장하는 이러한 집단들의 존재는 언약에 "들어가는 것"이 아니라면 언약에 "머무는 것"이라는 의미가 단순히 백성으로서 이스라엘을 선택했다고 하는 관점으로는 답할 수 없다는 것이 된다. 예를 들어, 쿰란의 언약을 맺은 자들은 진정한 이스라엘을 대표한다고 주장하고 "주류" 유대교를 파문했다. 분명히 이스라엘과 맺은 하나님의 언약(물론 이스라엘 전체와 관련하여 맺은 언약)은 구별하는 요소가 될 수 없다. 쿰란의 언약을 맺은 자들과 예를 들어 바리새인 두 집단은 모두 언약과 관련하여 정확히 같은 지점에서 출발했다. 그렇다면 무엇이 쿰란의 언약을 맺은 자들로 하여금 그들이 구원 "안에" 있고 바리새인들이 구원 "밖에" 있다고 주장하게 하였을까? 공동체의 가르침과 관습을 받아들이는 것을 통해 공동체에 순응한다. 따라서 사실상 바울 시대의 많은 유대인 집단의 경우 민족적인 선택이 개인 또는 적어도 공동체 선택의 형태로 대체되었다. 그리고 선택된 사람의 지위는 특정 공동체에 의해 해석되고 관행되는 토라의 준수에 기초하여 결정되었다. 그러한 집단들의 경우 언약에 "들어가는 것"은 이론적으로 민족적 특권으로 인정될 수 있는 반면, 각 특정 집단에 의해 정의되고 정교화되는 토라에 대한 신실한 준수를 기반으로 한 언약에 "머무는 것"은 중요성이 덜게 된다. 이러한 의미에서, 바울 시대의 유대교는 하나님의 율법의 요구에 순응했기 때

685. Blocher가 말했듯이, 바울 시대의 많은 유대인들은 언약에 "들어가는 것" 대신에 "거기서 태어났고 항상 거기에 있었다는 반-암묵적(semi-tactic) 의식"을 가졌을 수 있다("Justification of the Ungodly," 489; 또한 Enns, "Expansions of Scripture," 98을 보라).

686. Seifrid, *Justification*, 78-133; Christiansen, *Covenant in Judaism and Paul*; 그리고 특히, M. Elliott, *Survivors of Israel*.

문에 언약 "안에" 있었던 신실한 이스라엘의 "남은 자"에 대한 구약의 가르침을 계속 이어갔다. I. 하워드 마샬(Howard Marshall)이 말했듯이, 바울 시대의 여러 유대인 종파를 생각해 보면, "그들 그리고 다른 집단들에게 있어 문제는 언약 백성 안에 '머무는 것'이 아니라 특정 집단이 제시한 적절한 조건을 충족함으로써 재진입 하는 것이었다."[687]

은혜. 샌더스와 그의 추종자들은 유대교와 기독교를 은혜의 관점에서 구별하려는 전통적인 경향이 잘못 인식한 것이라 강조했다. 즉, 유대인들은 하나님께서 다른 모든 나라들 가운데서 이스라엘을 자기 백성으로 부르시기를 주도하셨다는 신명기와 다른 구약 책들의 가르침에 따른 은혜를 굳게 믿었다. 그러나, 존 M. G. 바클레이(J. M. G. Barclay)가 지적했듯이 "은혜"는 다양한 형태를 취한다. 바울 시대의 유대인 교사들은 실제로 하나님의 백성을 구성하는 데 있어서 하나님의 사역의 우선순위라는 관점에서 정의된 은혜를 강조하거나 최소한 가정했다. 그러나 바울은 하나님의 은혜를 우선시하면서도 하나님이 은혜를 기대할 만한 기본조차 없는 자에게 은혜를 주신다는 비상응성(incongruity)을 강조한다.[688] 그러므로 유대교를 특징짓는 은혜는 그 은혜를 경험한 사람들이 은혜를 받을 만한 일을 하지 않았다는 가정이 필요한 것은 아니다. 그러므로 바울과 달리 유대교에 있어서 하나님의 은혜에 대한 확신은 그 은혜의 분배를 위한 맥락에서 "행위"가 배제를 의미한다고 생각할 필요는 없다.

유대교 구원론을 설명하기 위한 만족스러운 모델로서 언약적 율법주의의 적절성에 대한 질문을 제기하는 세 번째 고려 사항은 이 모델에서 율법("율법주의"[nomism])에 대한 순종의 중요성이 인정되었다는 것이다. 우리는 일반적으로

---

687. "Salvation, Grace and Works," 357(그는 특히, Elliott의 *Survivors of Israel*을 가리킨다). 또한 Sprinkle, *Law and Life*, 203-4을 보라.

688. J. Barclay, *Paul and the Gift*, 특히 유대교에 관한 194-340. 예를 들어, 316을 보면, "비상응적 선물의 논리에 따르면, 하나님의 은혜는 보상의 반대가 아니라 선물과 보상이 **동시에**(*simultaneously*) 존재한다. … 선물을 받을 자격이 있는 사람들은 자발적으로 그리고 율법의 요구 사항 없이 제공되는 선물의 수령자들이다. 그들은 선물이 주어지도록 **의도하지**(*cause*) 않지만 (그것은 항상 은혜를 베푸는 자의 의지의 문제다), 그들 자신이 선물의 적절한 수령자임을 증명하고 따라서 적절한 분배를 위한 **조건**(*condition*)을 제공한다"고 말한다. 또한 Westerholm은 "샌더스 자신이 이것[유대교]이 사도 바울이 부과한 것과 마찬가지로 은혜에 **동일한**(*same*) 중요성을 부여했다고 하는 우리에게 의심할 만한 이유를 제시한다"(*Justification Reconsidered*, 31).

1세기 유대교는 하나님의 은혜가 구원의 기본이라는 생각을 고수했다는 데 쉽게 동의할 수 있다. 그러나 1세기 유대교는 샌더스 자신의 증명에 따르면, 만약 사람이 은혜로 언약에 "들어갔다"면, 그 사람은 순종으로 그 언약에 "머무르게" 된다고 믿었다는 것이다. 그렇다면 심판 날에 중요했고 궁극적으로 유대인으로부터 유대인을 구분했던 것은 율법에 대한 순종의 특성과 일관성이 되는 것이다. 다시 말해서, 의심할 여지없이 지나치게 단순한 이분법으로, 우리는 (하나님의 은혜에 의한) 선택과 (하나님의 은혜와 율법에 대한 순종의 행위에 의한) 구원을 구별해야 한다. 실제로 유대인들은 우리가 적절하게 상승 효과를 낼 수 있는 은혜와 행위의 결합을 통해 구원을 받았다.[689] 그리고 바울이 로마서 3:20을 포함하여 여러 구절에서 공격하고 있는 것처럼 보이는 것은 바로 이 상승 작용이다. 바울은 유대인들이 그들의 정체성에 대한 하나님의 선택적인 은혜의 근본적인 중요성을 강조했음을 부인하지 않는다. 그가 부정하는 것은, 율법에 대한 순종이 그 선택이 확인될 수 있고 하나님의 칭의에 대한 궁극적인 판결을 위한 유효할 수 있는 필요하고 적절한 수단이라고 하는 생각이다. 물론 이것은 단지 바울이 로마서 2장에서 길게 언급한 요점일 뿐이다. 즉, 율법에 순종하지 않으면 진정한 유대인 언약의 특권(3:1-2)은 가치가 없는 것이다. 카슨(Carson)은 *Justification and Variegated Nomism* 시리즈의 첫번째 책에서 "언약적 율법주의의 범주는 샌더스가 성취하고자 하는 바를 그 자체로 성취할 수 없다. 왜냐하면 행위-의와 공로 신학을 포용하는 이 문헌의 일부가 모든 제안에 대한 설명의 보루 역할을 하도록 정확하게 언약적 율법주의가 동일한 현상을 포용하기 때문이다"라고 결론 내린다.[690] "율법주의"(nomism)에

689. 특히, Seifrid, *Justification*, 56-57, 71-81(그는 그는 솔로몬의 시편과 1QS에서 궁극적인 구원을 위한 행위의 중요성을 분명히 강조한다), Laato, *Paulus und das Judentum*, 73-75, 195-211; Byrne, "Interpreting Romans Theologically," 230; K. Cooper, "Paul and Rabbinic Soteriology," 137-38; R. Gundry, "Grace, Works, and Staying Saved," 19-20, 35-36; Westerholm, *Israel's Law*, 143-50; Eskola, *Theodicy and Predestination*, 27-94; Thuren, *Derhetorizing Paul*, 146-48; Gathercole, *Where Is Boasting?*; Bird, "Justification as Forensic Declaration," 113을 보라. Horton은 "언약적 율법주의"가 "단일언약주의"(monocovenantalism)의 근본적인 실수를 저지르고, 아브라함 언약 안에서 오직 믿음으로만 말미암는 구원과 (전형적인) 모세 언약의 행위 원리 사이의 성경적 구별을 무너뜨리고 있다고 주장한다(*Covenant and Salvation*, 11-101).

690. "Summaries and Conclusion," 545.

관한 샌더스의 유명한 설명 부분은 일반적으로 수행되는 것보다 더 큰 비중을 차지해야 한다.[691]

네 번째이자 마지막 고려 사항은 신약 자체의 자료를 설명하는 샌더스 모델의 적절성이다. 우리는 1세기의 맥락에 반하여 신약을 연구할 때 (우리가 그래야만 하듯이!) 항상 일종의 순환에 관여하고 있음을 인정할 수 있다. 특정 본문에 대한 우리의 해석은 종종 성경 저자가 가정한 배경에 대한 우리의 이해에 의존하거나 적어도 중요하게 영향을 받는다. 그러나 그 배경에 대한 우리의 식별은 또한 그것이 신약 본문에 대한 자연스러운 해석을 제공할 수 있는 정도에 따라 올바르게 판단될 것이다. 로마서와 갈라디아서가 언약적 율법주의에 대한 반응으로 어떻게 설명될 수 있는지를 보여 주려고 상당한 노력을 기울였다. 그러나 다른 신약의 책들이 이 토론에서 완전히 무시되지는 않았지만 그 책들이 마땅히 받아야 할 관심을 받지 못했다고 말하는 것이 타당하다. 이 신약 책들 중 일부는 실제로 언약적 율법주의와 전혀 맞지 않는 유대교의 견해를 가정하는 것으로 보인다.[692] 그렇다면 일반적으로 나는 바울(그리고 예수와 마태, 누가, 마가와 베드로)의 가르침이 적어도 일부 유대인들이 성경의 으뜸가는 관념과 율법에 순종하여 행한 자신의 행위를 그들의 칭의/구원의 기본으로 간주하는 믿음으로 하나님의 은혜가 충분하다는 것에서 벗어났다는 가정 없이 만족스럽게 설명될 수 없다고 확신한다.[693]

그런 다음 마지막으로 로마서 3:20으로 돌아가보자. 바울 시대의 유대교 환경에 대한 우리의 고찰은 다음과 같은 결론을 정당화한다. 즉, "율법 행위에 의한 칭의는 '인간의 의로운 행위로 처음부터' 구원을 얻으려는 유대인의 시도를 언급하는 것이 아니라 제2성전 문헌에서 유대인의 기본적인 원리로 나타날 수 있다."[694] 바울이 이 구절과 다른 곳에서 율법에 대한 유대인의 경험에 초점을 맞춘

691. Dunn 자신은 Sanders의 "언약적 율법주의"가 "언약"을 너무 강조하고 "율법주의"를 너무 적게 강조했음을 인정한다("Whence, What, and Whither?," 55-63).

692. 예를 들어, I. Marshall, "Salvation, Grace and Works," 339-58을 보라. 좀 더 우회적인 방식으로, 야고보서의 "행위"에 관한 논쟁은 바울의 "율법의 행위"의 넓은 의미를 전제로 한다는 주장도 있다(Avemarie, "Werke des Gesetzes," 282-309).

693. "로마서 해석에 대한 최고의 시험은 이 편지의 **모든**(*all*) 요소를 어떻게 설명하는지 보려고 시도하는 것이다" (Byrne, "Interpreting Romans Theologically," 231).

694. Sprinkle, *Law and Life*, 205. 또한 예를 들어, F. Watson, "Constructing an Antithesis," 100-102를 보라.

것은 구원 역사의 과정과 그의 사역과 로마 교회의 특정 문제를 감안할 때 자연스럽다. 그러나 우리는 바울이 종종 율법에 대한 유대인의 경험을 더 크고 근본적인 인간 문제의 징후로 간주한다고 확신한다. 하나님 자신의 율법과 하나님의 임재와 행실의 축복을 받은 유대 민족이 행하는 것으로는 하나님 앞에서의 지위를 확보할 수 없다면, 어찌 다른 사람이 행위로 하나님을 기쁘시게 할 수 있겠는가? "율법의 행위"는 "**율법**(*the law*)의 행위"이기 때문이 아니라 궁극적으로 "행위"이기 때문에 부적절한 것이다. 이것은 순전히 구원-역사적 영역에서 인류학의 더 넓은 영역으로 문제를 분명히 제거한다. 그 누구도 행위로 하나님 앞에 설 자격을 얻을 수 없다. 왜냐하면 그 자격을 확보하는 데 필요한 만큼의 행위를 할 수 있는 사람이 아무도 없기 때문이다. 인간이 하나님의 요구를 충족시킬 수 없다는 인간의 무능력이 로마서 3장의 핵심이다. 적어도 이 점에서 종교개혁자들은 바울을 올바르게 이해했다.[695]

695. Westerholm (*Perspectives*, 445)은 이와 유사한 결론을 내린다.

B. 이신칭의(3:21-4:25)

로마서 1:18-3:20은 그 나름대로 중요하지만 그럼에도 불구하고 바울은 이 부분에서 그가 세우고자 하는 요점을 준비하고 있는 셈인데, 그 요점이란 하나님의 의는 믿음으로 반응하는 모든 사람에게 가능하다는 점이다. 1:17에서 선포된 이 "좋은 소식"이 이제 정교하게 마무리된다. 필수 요점들이 3:21-26에 압축되어 있어, 이 문단을 가리켜 루터는 "서신서와 성경 전체의 최고점이자 중심에 위치한다"라고까지 말했다.[1] 이 단원의 나머지 부분은 이 엄청나게 밀도가 높은 단락의 주요 요소 하나를 전개한다. 칭의의 유일한 근거로서의 믿음이 그것이다. 3:27-31에서 바울은 한 유대인의 관점을 겨냥한 것이 분명한 많은 요지를 내세우면서 믿음의 배타성(3:28)을 부각시킨다. 이 믿음의 배타성이란, 믿음은 모든 자랑을 배제하며(3:27), 이방인을 포함하도록 준비하며(3:29-30), 율법을 폐하는 것이 아니라 보완한다(3:31)는 의미다. 4장에서는 이 요점들이 각각 아브라함과 관련지어 되풀이되면서 할례의 자리, 은혜의 핵심성, 약속 그리고 믿음의 성격 등 다른 요소들도 한 화폭에 들어온다. 이러한 강조로부터 우리는 바울이 어떤 점에서 자신의 복음이 가장 자주(그리고 갈라디아뿐만 아니라 모든 곳에서) 공격받는지를 잘 알고 있었으며, 하나님의 구속 사역에 대해서는 믿음이 인간의 필수적인 반응이자 반드시 유일한 반응이라는 것을 가능한 한 분명하게 보여주고 싶었을 것이라 짐작할 수 있다.

1. 루터 성경 3:23ff의 난외주. 3:21-26에서 울리는 이 찬양에 대한 날카로운 대안적 견해는 3:21-26(3:27-4:25도 덧붙여서)에 대한 Longenecker의 이해이며, 법정적인 구원론적 은유를 광범위하게 사용하고 그리스도의 신실함과 인간의 믿음에 집중하고 바울이 로마 교회와 공유하는 공통되는 기반(바울은 로마 교회가 유대인 중심의 복음을 배웠다고 주장한다)을 단순히 반복하는 것과 같은 전통적인 유대인의 말로 호소한다.

1. 칭의와 하나님의 의(3:21-26)

21 이제는 율법 외에 하나님의 한 의가 나타
났으니 율법과 선지자들에게 증거를 받은
것이라
22 곧 예수 그리스도를 믿음으로 말미암아 모
든 믿는 자에게[2] 미치는 하나님의 의니 차
별이 없느니라
23 모든 사람이 죄를 범하였으매 하나님의 영
광에 이르지 못하더니
24 그리스도 예수 안에 있는 속량으로 말미
암아 하나님의 은혜로 값없이 의롭다 하
심을 얻은 자 되었느니라
25 이 예수를 하나님이 그의 피로써 믿음[3]으
로 말미암는 화목제물로 세우셨으니 이는
하나님께서 길이 참으시는 중에 전에 지은
죄를 간과하심으로 자기의 의로우심을 나
타내려 하심이니
26 곧 이 때에 자기의 의로우심을 나타내사
자기도 의로우시며 또한 예수 믿는 자를
의롭다 하려 하심이라

주요 신학 용어가 가득한 단락에서도 "하나님의 의"(디카이오쉬네 데우)라는 어구가 두드러진다. 그것은 모두 네 차례 나오며(21, 22, 25, 26절[마지막 두 차례는 "자기의 의로우심"으로]), 관련 동사 "의롭다 하다"(디카이오오)가 두 차례(24, 26절) 그리고 형용사 "의로운"(디카이오스)이 한 차례(26절) 나온다. 앞 단원(1:18-3:20)에서 이 의의 필요성이 구체적으로 증명된 만큼, 이제 바울은 하나님의 의 - 자신의 백성을 의롭게 하겠다는 그의 약속 - 가 죄인에게 구원을 전할 능력을 어떻게 복음에 부여하는지를 설명할 준비를 한다(1:16-17). 이 문단은 네 부분으로 나뉜다.[4] 첫 번째 부분에서 바울은 하나님의 의가 나타났다는 말을 되풀이하며 그것을 구약에 연관시킨다(21

---

2. *εἰς πάντας* 대신 상당히 많은 사본과 역본이 *εἰς πάντας καὶ ἐπὶ πάντας*로 읽는다(ℵ의 제2교 정본, 제2알렉산드리아 증거 사본 33, 서방 언셜체 사본 D, F, G, 그리고 다수파 텍스트). 소수의 학자들은 *καὶ ἐπὶ πάντας*의 탈락은 필사자가 첫 번째 *πάντας*를 베낀 후 그의 시선이 우연히도 두 번째 *πάντας*로 (homoioteleuton[끝이 비슷한 단어를 반복하는 것]) 간데서 비롯된 것으로 간주하여 긴 독법을 받아들였다(예를 들어, Nygren). 그러한 반면에 긴 독법은 (파피루스 사본 P^{40}, 제1알렉산드리아 언셜체 ℵ[원본]와 B, 제2알렉산드리아 언셜체 C, 81, 1739, 그리고 언셜체 P와 ℵ 등의) 폭넓은 지지를 받는 *εἰς πάντας*와 (불가타 성서와 두 교부가 추정한) *ἐπὶ πάντας*를 합친 것이 아닌가라고 생각되어 의심스럽다(Metzger, *Textual Commentary*, 449).

3. NA^{25}는 *πίστεως* 앞의 관사를 (제1알렉산드리아 ℵ, 제2알렉산드리아 C[원본]와 1739, 서방 D[원본], F, 그리고 G의 예를 따라) 생략했지만, NA^{28}과 UBS^{5}는 그것을 괄호안에 넣었다(P^{40}, 제1 알렉산드리아 B, 제2알렉산드리아 C[제3교정본], 33, 81, Ψ, 그리고 다수파 텍스트에서 그렇게 읽는다). 그 의미의 차이는 미미한데, 관사를 읽으면 아마 앞에 나온 어구를 가리키는 의미가 될 것이다(22절의 *πίστεως Ἰησοῦ Χριστοῦ*를 참조하라).

4. 대안적이고 더 복잡한 구조(Jewett이 이 구조를 어느 정도 따름)에 대해서는 D. Campbell (Deliverance of God, 621-38)을 보라.

절, 참조. 1:17). 두 번째 부분은 모든 인간이 똑같은 죄인이므로 믿음으로 말미암아 하나님의 의에 접근하는 것도 동일하다는 점에 초점을 맞춘다(22-23절). 하나님의 의는 화목 제물로써 그리스도의 은혜로운 공급에서 나온다는 것이 이 단락의 세 번째 부분(24-25a절)의 주제다. 마지막으로, 바울은 예수의 속죄가 죄인의 칭의를 위한 길을 마련할 뿐만 아니라 그 과정을 통하여 하나님의 "의로우심"(just-ness)을 증명하기도 하는지를 보인다(25b-26절). 이 마지막 주장을 함에 있어서, 우리가 21-22절에서는 "하나님의 의"를 가리키는 것이 25-26절에서는 그 의의 "전달하는" 측면을 가리키고 이는 의의 "속성적인" 측면을 더욱 부각시킨다고 간주한다.[5] 오늘날의 주석자와 신학자들은 대부분 이러한 해석을 거부하지만, 우리는 이 의미의 이동이 본문의 자료에 의해 요구되며, 이 본문에 색다른 권한과 의미를 부여한다고 확신한다. 제임스 데니(James Denney)도 다음과 같이 말한다.

> 불경건한 자들에 대한 하나님의 의와 같은 것이 없다면 복음이란 있을 수 없다. 그러나 하나님의 성품의 온전함이 유지되지 않는 한 어떠한 복음도 거의 존재할 수 없다. 죄 많은 세상의 문제, 모든 종교의 문제, 죄 많은 인류를 대하시는 하나님의 문제는, 하나님의 의와 성품의 온전함 이 두 가지를 어떻게 결합하느냐의 문제다. 이 문제에 대한 기독교인의 대답은 "하나님이 그의 피로 인하여 화목 제물로 삼으신 예수 그리스도"라는 바울의 말로 가능하다.[6]

이 단락에는 바울의 복음 설명에 전형적인 것이 아닌 단어와 개념이 몇 개 나오며,[7] 그 때문에 많은 학자들이 초기 기독교 전승을 바울이 인용하고 있다고 제안한다.[8] 이 생각이 맞을 수도 있지만, 그보다는 바울이 예수의 죽음에 대한 유대-기독

5. Longenecker는 이 용어를 하나님의 의의 두 가지 측면을 구별하기 위해 유용하게 사용한다(405 페이지의 여러 곳). 하나에서 다른 것으로의 이동은 처음 보는 것만큼 크지 않다. 왜냐하면, 우리가 이미 주장한 바와 같이, "하나님의 의"는 근본적으로 "의롭게 행하도록" 하는 하나님 자신의 약속 즉, 다른 형태를 취할 수 있도록 하는 의로운 행동이기 때문이다.

6. Denney, *Death of Christ*, 98.

7. 예를 들어, ἱλαστήριον("화목제물", "죄 덮음"), πάρεσις("간과하심"), "세우다"(set forth)라는 의미를 갖는 προτίθημι, 하나님의 "의"라는 속성을 가리키는 δικαιοσύνη, "속량"이 과거의 사건이며 하나님이 이 과거의 죄를 간과하시는 것이라는 것 등이다.

8. 이런 가정을 하게 되는 추가적인 이유로는 (1) 23-24절로부터의 전환이 어색한 점, 또는 단편이

교인의 해석에 의존하여 자신이 직접 작성했을 가능성이 더 크다. 히브리서 9-10장에도 나오는 이 해석은 예수의 죽음을 속죄의 날 의식의 성취로 보았다.[9] 어쩌면 바울이 이런 전승을 로마서의 이 시점에서 이용한 것은 이것이 자신의 논증에 부합하기 때문이기도 했고 로마의 유대 기독교인들과의 새로운 접점을 만들 수 있는 것이기 때문이기도 했을 것이다.

25절에서 시작하는 것으로 보인다면, 이 구절을 소개하는 관계대명사는 다른 신약의 "찬가" 전승에 대한 소개와 비교할 수 있다 그리고 (2) 25b-26a절에서 ἔνδειξις("demonstration") 절이 두 번 나오는데(개역개정에서는 두 번 모두 이 단어가 "하심이니(라)"로 번역되어 있음–옮긴이) 이것은 불필요한 중복이라는 가설이 있다.

바울 이전(pre-Pauline)에 있었던 전승 단편의 범위와 기원에 대해서는 여러 가지 경쟁적인 제안이 있다.

(a) 불트만은 24절의 δικαιούμενοι("being justified")에서부터 26절의 τοῦ θεοῦ("하나님께서")까지의 전부가 (개역개정으로는 24절의 "그리스도 예수"에서 부터 25절까지–옮긴이) 바울 이전에 있던 것이며, 거기에 바울이 24절에서 δωρεὰν τῇ αὐτοῦ χάριτι("그의[하나님의] 은혜로")와 25절에서 διὰ [τῆς] πίστεως("믿음으로 말미암는")를 추가한 것으로 생각했다. 캐제만은 이 대안에 보다 강력한 증거를 제공하고자 이 전승이 이 문맥에서 갖는 기능에 관한 새로운 해석을 내놓았다. 그는 바울이 인용하는 전승이 하나님의 의에 관해 그의 마음에 들지 않는 개념을 제시했기 때문에 바울이 26b절에서 πρὸς τὴν ἔνδειξιν("나타내사"-개역개정에서는 26a절–옮긴이)이라는 어구를 추가하여 그 개념을 고친 것이라고 말한다("Zum Verständnis," 96-100; 또한 Reumann의 "Gospel of Righteousness," 432-52; R. Martin, *Reconciliation*, 81-89도 보라). Longenecker(397)는 이 전승이 24-26절 모두로 구성되어 있다고 생각한다.

(b) 이 견해에 대한 가장 인기 있는 대안은 25-26a절만이 바울 이전의 전승이라고 보는 것이다. 이 전승은 본래 성찬식과 관련된 유대-기독교인의 전승이라는 제안이다(특히 Lohse; 같은 저자, *Märtyrer und Gottesknecht*,149-54를 보라. 또한 Stuhlmacher의 "Recent Exegesis," 96-98; G. Friedrich, *Verkündigung des Todes Jesu*, 57-58; Wengst, *Christologische Formeln*, 87-88; B. Meyer, "Pre-Pauline Formula," 204-6; van der Minde, *Schrift und Tradition*, 58-60; Jewett; Byrne도 주목하라).

(c) 게다가 이러한 상당히 인기 있는 대안들 외에, 일부는 25-26절 전부가 바울 이전의 전승이라는 제안을 한다(Zeller, "Sühne und Langmut," 64-75), 또는 심지어 이 절들이 바울 이후(post-Pauline)에 삽입된 구절이라는 의견까지 나왔다(Talbert, "A Non-Pauline Fragment," 287-96; Fitzer, "Ort der Versöhnung," 161-83).

9. Ribbens, "Forensic-Retributive Justification," 548-67. 여기서 어떤 확립된 전승 주장들에 호응하는 것으로는, (1) 드물게 쓰이는 단어 몇 개의 존재는 적어도 어느 정도는 바울이 여기서 발견된 정확한 신학적 개념들을 다른 데서는 논의하지 않는 사실에 기인한다는 점, (2) 이 개념들을 바울이 과연 독립적으로 꺼낼 수 있었을지는 알기 매우 어렵다는 점, (3) 갑작스러운 화제 전환은 아무래도 바울의 전형적인 방식이라는 점, (4) 25b-26절에서 어절이 분명 중복되어 나오는 것은 본문의 문학적 기원을 어떻게 봐도 문제라는 점 등이 있다. 이런 점들에 관해서는 Wonneberger, Syntax und Exegese, 202-77; N. Young, "Did St. Paul Compose?," 23-32; Cambier, *Evangile de la justice*, 73-79; Hultgren, *Paul's Gospel*, 60-69; Piper, "Demonstration of the Righteousness," 7-9; D. Campbell, *Rhetoric of Righteousness*, 45-57; Cranfield를 보라.

21 바울은 복음 해설의 새로운 국면으로 들어간다는 신호를 "그러나 이제는"[10]으로 보낸다(개역개정에서는 "그러나"가 빠져 있다-옮긴이). 이 표현은 순전히 논리적 연결을 위해 쓰인 것일 수 있지만 - "그러나 이제는 율법과는 상관없는 상황이 있다"[11]로 - 그보다는 일반의 시간적 의미를 보존할 가능성이 더 크다. 6:22; 7:6; 고린도전서 15:20; 에베소서 2:13과 골로새서 1:22에서와 마찬가지로, "그러나 이제는"은 바울의 초점이 죄가 지배하는 옛 시대로부터 구원의 새 시대로 이동한다는 뜻을 나타낸다.[12] 구원의 역사에 있어 이 두 시대 사이의 대조는 바울의 가장 기본적인 신학적 개념들 중의 하나로, 그의 핵심적인 개념들 중 많은 것에 대한 틀을 마련한다. 로마서 1:18-3:20은 옛 시대에 속하는 사람들의 영적인 상태로 약술했다. 즉, 옛 시대의 사람들은 의로 판단할 때 정죄 받아 마땅하고, 죄의 권세에 사로잡혀 구제불능이며, 하나님의 진노를 피할 수 없는 무능한 존재다. "그러나 이제는" 하나님이 개입하심으로써 새로운 시대가 개막되었으며, 믿음으로 응답하는 모든 사람이 -십자가 이후의 사람 뿐만이 아니라 로마서 4장이 증명하듯이 십자가 이전의 사람도- 옛 시대로부터 새 시대로 옮겨갈 것이다. 로이드 존스가 "성경 전체를 통틀어 '그러나 이제는'이라는 바로 이 두 마디보다 더 경이로운 단어는 없다"고 외치는 것도 놀라운 일이 아니다.

"하나님의 진노"가 옛 시대를 지배했듯이(1:18), "하나님의 의"가 새 시대를 지배한다. "하나님의 의"가 여기서 의미하는 것은 로마서 1:17에서 의미하는 바와 같다. 즉, 이는 하나님의 성품과 약속에 근거한 하나님의 신실한 약속의 "경험된 속성"이다. 하나님 편에서 보면, 여기에는 하나님이 결정적인 형태를 취하여 그의 백성을 신원하고 구원하시는 그의 종말론적 개입이 포함된다. 인간 편에서 보면,

10. 그리스어는 νυνὶ δέ. R. Hays는 21절에서 주요 단절이 일어난다는 생각에 이의를 제기한다. 그는 21-26절은 3:1-8에서 시작된 언약에 대한 신실성의 토의를 이어나가는 것이라고 주장한다("Psalm 143," 115. 또한 Viard도 보라). 그러나 우리는 Hays처럼 "언약에 대한 신실성"이 3:1-8에서나 3:21-26에서 그렇게 부각된다는 확신이 서지 않는다. 그리고 그의 견해는 3:21이 1:17을 재개하는 방식에 대해 충분한 주의를 기울이고 있지도 않다.

11. 예를 들어, Jewett.

12. 바울은 여기서 십자가를 옛 시대와 새 시대 사이의 변곡점으로 보는 역사의 관점으로부터의 전환을 본다. 그는 이 기본적인 구원-역사의 개념을 개인적인 차원에서 적용하여 개인의 변곡점은 개종이라고 할 수 있다고 본다. 이에 관해서는 특히 Ridderbos, Paul, 44-49, 52, 154, 161-66; Nygren, 144-47의 여러 곳; 그리고 Luz, *Geschichtsverstandnis*, 168-69를 보라.

그렇게 해서 의롭다고 선언된 개인이 얻은 사면된 신분이 그에 따른 결과가 된다.[13] 1:17에서 바울은 이 "하나님의 의"가 복음의 전도를 통해 끊임없이 나타난다고[14] 주장한다. 여기서 그는 이 하나님 의라는 실재가 하나님과 인류의 상호 작용에 있어 하나의 지배하는 힘이라고 단순히 주장한다.[15]

이 하나님의 의가 나타남과 구약의 관계를 두 개의 전치사구가 가리키면서, 둘이 합쳐져 로마서의 특징인 구원 역사의 연속성과 불연속성의 조화를 드러낸다. "율법 외에"는 "하나님의 의"와 나란히 놓을 수 있지만(KJV는 "율법 없이 하나님의 의가 나타나"로 번역함),[16] 동사 "나타났으니"와 붙이면 뜻이 더 잘 통한다 (NIV는 "율법 외에 하나님의 의가 알려졌으니"로 번역함).[17] 바울의 목적은 두 종류의 의를 대조하기보다 하나님의 의가 나타난 방식을 알리는 데 있다.

바울은 이것으로 무엇을 의도하는가? 로마서 2:1-3:20에서 바울은 율법이 유대인을 죄의 권세로부터 구원하는 데 실패했으며, 그 실패는 율법이 요구하는 조건의 충족이 칭의를 얻는 데 필요할 정도까지 이루어지지 않았기 - 그리고 이루어질 수 없기 - 때문이었음을 분명히 했다. 그러므로 "율법 외에"는 "율법을 행하는 것과는 별도로"의 의미가 될 수 있다. 즉 하나님의 의는 이제 어떠한 "율법의 행위" 없이 획득된다.[18] 이것이 실로 바울이 의도하는 것의 일부일 수는 있지만, 그 이상의 의미일 거라고는 생각하지 않는다. 왜냐하면 바울은 앞으로 4장에서 여기에 "새로운" 것은 아무것도 없다는 것을 보여줄 것이기 때문이다. 즉, 칭의는 항상 율법과 무관하게 믿음으로 말미암아 주어졌던 것이다. 게다가 바울이 여기서 말하고 있는 것은 하나님의 의가 **받아들여지는**(*received*) 방식이 아니라 그것이 **나타나는**(*manifested*) 방식, 즉 사람들이 하나님 앞에 의롭게 되는 하나님 측

13. 우리가 이 해석을 채택하는 이유들이 1:17의 주석에서 제시되었다. 1:17 뒤의 부설 또한 보라.
14. 반복적 현재로서의 동사 ἀποκαλύπτεται.
15. 동사는 πεφανέρωται로, 완료 시제는 상태적 개념을 의미하며(완료 시제의 이 해석에 관해서는 특히 Porter, Verbal Aspect, 245-70을 보라), "그러나 이제는"은 바울이 현재(="분명히 나타난다")를 생각하고 있음을 분명히 알려 준다. 동사 φανερόω는 여기서 1:17의 ἀποκαλύπτω와 "사실상 교환가능한" 의미다(NIDNTTE 2.616).
16. 예를 들어, Hodge.
17. 대부분의 해석자들과 영어 성경들은 이와 같은 관점을 취한다.
18. Calvin; Murray; Cranfield; Schreiner; Hubner, *Law in Paul's Thought*, 127. Porter와 Jewett은 νόμος가 모든 율법을 가리키는 것으로 생각한다.

면에서의 "과정"이다. 그러므로 이 어구는 "그러나 이제는"으로 나타낸 구원 역사적 이동을 되풀이하는 말이다. 그리스도의 죽음으로 개막된 새 시대에 하나님은 그의 백성을 구원하고 신원하기 위한 행동을 율법과는 "무관하게" 하셨다. 여기서 말하는 율법은 주로 사람이 해야 하는 어떤 것으로서의 율법이 아니라 하나님의 펼쳐질 계획의 단계로서, 체계로서 율법이다. 그러므로 "율법"(노모스)은 그리스도 안에서 약속이 세워질 때까지 백성의 삶을 규제하고 그들의 죄를 폭로할 하나님과 그의 백성 사이에 세워진 (임시) 행정적인 모세 언약을 가리킨다.[19] 이 언약의 한 측면은 물론 할례와 안식일과 음식법과 같은 유대인 "정체성 표지"이며, 그러므로 바울은 "율법으로 정해진 민족적 그리고 종교적 경계 밖에서" 하나님의 의가 이제 나타나고 있다고 분명히 확언하고 있는 것이다.[20] 그러나 바울의 요점은 여기에 한정될 수 없다. 이 "정체성 표지"가 더 이상 필요하지 않은 이유는 그것들을 포함하는 언약이 "무용지물"이 되었다는 데 있다(히 8:7-13을 보라). 바울이 여기서 암시하는 것이 구원 역사의 이 기본적인 이동이며, 이 로마서의 나머지 부분에서 하는 그의 율법에 대한 토의 가운데 많은 부분(3:27-31; 4:15; 5:13, 20; 6:14, 그리고 특히 7장)이 이 "율법 외에"를 설명하려는 시도요 동시에 믿음이 율법을 "굳게 세운다"는 그의 주장을 정당화하는 데 할애되고 있다(3:31; 8:4).

그러나 바울은 구원 역사에 있어서의 이 불연속성을 연속성을 상기시키는 말로 서둘러 균형을 맞춘다. 새 시대에 하나님의 의롭게 하는 활동이 구약 언약의 경계 밖에서 일어나는 한편, 하나의 전체로써 구약은 하나님의 이 새로운 사역을 예상하고 예보한다. 그래서 하나님의 의가 "율법과 선지자들에게 증거받은"[21] 것이다.[22]

---

19. 롬 4:13-15; 5:20 그리고 특히 갈 3:15-4:7을 보라. 특별히, Longenecker는 (자신의 유용한 주석을 활용하여) 이 구절이 "율법주의(legalism)로 행동하는 것"을 배제하지는 않지만 특별히 – 이스라엘이 하나님의 율법 아래 살아야 할 필요가 있는 하나님께서 주신 언약 구조인 – "신율주의(nomism)에 반응하는 것"에는 초점을 맞춘다. Linebaugh는 예를 들어, 솔로몬의 지혜서에서 발견되는 (하나님은 무죄한 자는 의롭게 하고 죄있는 자는 징벌한다는) "상응" 모델과 하나님은 불경건한 자를 의롭게 하는(4:5) 것에 따른 바울의 혁명적 "새 창조" 모델 사이의 대조를 강조한다.

20. Dunn.

21. 그리스어로는 *μαρτυρουμένη*. 오직 여기서만 바울이 *μαρτυρέω*를 그리스도 안에서 하나님이 하시는 사역에 대한 구약의 증거를 가리키는 것으로 사용하지만(하지만 행 10:43을 보라), 그가 뜻하는 바는 충분히 분명하다.

22. *νόμος καὶ προφηταί*("율법과 선지자")라는 표현은 구약을 모세 오경과 "나머지 전부"로 구분하여 구약 전체를 포함하는 관례를 반영한다(또한 마 5:17; 7:12; 11:13; 24:14; 눅 16:16; 요 1:45; 행

22a 처음 등장한 곳에서 거리가 멀기 때문에 명확성을 위해 반복된 "하나님의 의"는 이제 인간 측면에서 고려된다.[23] 바울은 1:17에서 또 다른 핵심 주제를 선택하여 이 의가 "믿음으로 말미암아"(에크 피스테오스)라고 말한다.[24] 그러나 여기에서 바울은 이 구절을 자세히 설명하고 여기에 그리스어 속격 구조를 추가한다. 즉, 이에수 크리스투(*Iēsou Christou*), "예수 그리스도"라는 속격 구조를 추가한다. "믿음"과 다양한 형태의 그리스도 이름을 소유격으로 결합하는 것은 지난 30년 동안 수많은 토론과 논쟁을 불러일으켰다.[25] 이 구절에 대한 다소 중립적인 영어성경의 이해는 "예수 그리스도 믿음"이 될 것이며, 여기서 발생하는 명백한 질문은 "예수 그리스도"가 정확히 "믿음"에 얼마만큼 자격을 부여하는지에 관한 것이다. 우리가 이 구문적 불확실성에 피스티스(*pistis*)의 의미에 대한 어휘적 불확실성을 추가할 때 – "믿음" 또는 "신실함"은 둘 모두 선택사항이라고 주장된다 – 상황은 상당히 복잡해진다.[26] 대부분의 영어성경 번역에 반영된 전통적인 견해는 속격 이에수 크리스투(*Iēsou Christou*)를 목적격으로 보아, "예수 그리스도를 믿음"을

13:15; 24:14; 28:23과 4 Macc. 18:10을 보라, Str-B, 1.240도 보라). Wilckens는 "율법과 선지자"가 신 19:15에서 규정된 두 "증인"을 대표할지 모른다고 시사하지만, 그렇게 보기에는 이 표현이 너무 정형화되어 있다. 세 번째 부분인 "성문서"(writings)는 아직 널리 쓰이지 않았다(그러나 눅 24:44을 보라). 바울은 구약의 어떤 구절들을 가리키고 있었을까? 가장 그럴듯한 본문은 이사야서 가운데 "하나님의 의"가 그의 백성의 종말론적 구원과 묶여있는 본문들이다(사 46:13; 51:5, 6, 8). 하지만 "하나님의 의"가 바울에게 있어서는 충만한 하나님의 종말론적 개입을 의미하는 만큼, 바울이 구약의 어떤 본문을 가리킨다고 그 한계를 정하는 것은 아마 잘못일 것이다. 바울에게는 예수님과 마찬가지로 (마 5:17; 11:13) 구약 전체가 새 시대의 성취를 예상하고 그 길을 닦고 있는 것으로 보아야 할 것이다.

23. 따라서 이 구절을 도입하는 δέ는 발전을 나타내는 기본 의미를 가지고 있다(NET: "즉, 다시말해," Runge, *Discourse Grammar*, 28-36을 보라).
24. 바울은 의롭다 하심이 일어나는 수단을 가리키기 위해 ἐκ를 πίστις와 함께 쓰는 편이지만(1:17 참조), διά도 빈번히 나온다(롬 3:25, 30; 고후 5:7; 갈 2:16; 3;14, 26; 엡 2:8; 3:12, 17; 빌 3:9; 골 2:12; 살전 3:7; 딤후 3:15). 마찬가지로 사람이 믿음을 두는 대상을 가리킬 때 바울은 보통 ἐν을 쓰며, 동사 πιστεύω가 쓰일 때는 특히 그렇지만, 명사 πίστις가 쓰일 때도 마찬가지다(참조. 갈 3:26; 엡 1:15; 골 1:4; 딤후 3:15).
25. 바울은 다른 본문들에서는 명사 πίστις와 속격 "그리스도/예수"를 결합하여 사용한다(롬 3:26; 갈 2:16[두 번]; 2:20; 3:22; 엡 3:12; 4:13[?]; 빌 3:9; 살전 1:3[?]. 또한 약 2:1; 계 2:13; 14:12를 보라, 유사한 구조가 막 11:12; 행 3:16과 롬 3:3에서 발견된다). 이 이슈와 양측의 주장에 대한 철저한 분석은 Bird and Sprinkle, eds., *Faith of Jesus Christ*에서 찾을 수 있다.
26. Matlock이 지적했듯이 πίστις는 이 문맥과 관련된 두 가지 기본 의미를 가지고 있다. 그 두 가지 기본 의미란, 한편으로는 "믿고, 신뢰하고, 믿음을 갖는다"이고 다른 한편으로는 "신뢰할 수 있음, 의존할 수 있음, 믿을만 함"을 의미한다("Saving Faith," 74).

의미하는 것으로 본다. 이러한 관점에서 보면 바울은 인간이 그리스도 "를" 또는 "(를) 향하여" 믿는 것이 하나님의 의가 전가되는 수단이라고 주장하는 것이 된다. 그러나 지난 수십 년 동안 빠르게 인기를 얻은 견해는 이 속격을 주격으로 볼 수 있다는 관점이다. 이러한 관점에서 보면 바울은 하나님의 의가 "예수 그리스도께서 나타내신 믿음이나 신실함을 통하여" 경험된다고 말하는 것이 된다(NET과 CEB를 주목하라).[27] 이 견해의 옹호자들은 인간이 하나님의 의를 경험할 때 이 해석이 어떻게 하나님과 인간 요소 사이의 매력적인 균형을 가져올 것인지에 대해 주목한다. 즉, 이것은 그리스도 자신의 신실함을 통해 달성되고 인간의 믿음("믿는 모든 사람을 위해")에 의해 전유된다. 더욱이, 이러한 읽기는 하나님의 의에 관한 표현에 더 나은 "적합성"을 제공한다고 주장한다. 왜냐하면 우리가 주장한 바와 같이 하나님의 의가 어느 정도 하나님 자신의 "실행된 속성"이라면, 그것이 인간의 믿음보다는 그리스도 자신의 믿음/신실함에 의해 중재된다는 것을 보는 것이 더 합리적이기 때문이다. "그리스도**의**(*of*) 믿음/신실함"에 대한 추가적인 지지는 이러한 구조로 읽는 것이 가장 자연스럽다는 문법적 논증을 포함한다.[28]

우리는 주격적 속격 해석에 대해 할 말이 많다는 것을 쉽게 인정한다. 우리는 또한 이 문구에 대한 결정이 일부 사람들이 주장하는 것만큼 큰 차이를 만든다고 생각하지 않는다. 즉, 바울은 하나님의 의가 그리스도의 "순종"(롬 5:19)을 통해

27. "신실함"이 πίστις의 의미론적 범위에 속하는지 여부에 대해 약간의 의심이 있기 때문에 "믿음"이 더 가능성이 높은 번역이 된다. 주격적 속격 독해에 대한 Longenecker의 이러한 변호는 특히 명확하고 균형 잡혀 있으며 신학적으로 민감하다(408-13). 또한 L. Johnson, "Rom 3:21-26," 77-90; D. Campbell, *Rhetoric*, 58-69; 같은 저자, *Deliverance of God*, 610-16; R. Hays, "ΠΙΣΤΙΣ and Pauline Christology," 714-29; D. B. Wallace, *Greek Grammar*, 114-16; Barth; Wright; Gignac를 보라. 또한 R. Hays("*ΠΙΣΤΙΣ* and Pauline Christology")와 J. Dunn("Once More, *ΠΙΣΤΙΣ ΧΡΙΣΤΟΥ*")의 교류를 보라. 주격적 속격의 해석은 최근에 와서야 인기를 얻었지만, 사실은 상대적으로 오랜 전통을 가지고 있다(예를 들어, Torrance, "One Aspect," 111-14[그리고 Torrance와 Moule 사이의 교류인, "Biblical Conception of 'Faith,'" 221-22)를 보라]; R. Longenecker, *Paul, Apostle of Liberty*, 149-50; Howard, "'Faith of Christ,'" 212-14; D. Robinson, "'Faith of Jesus Christ,'" 71-81).

28. 이들은 πίστις 다음에 사람(또는 사람들)을 나타내는 명사의 속격이 오는 경우, 이 속격은 일반적으로 주격이거나 소격인 것에 주목한다. 예를 들어, 롬 4:12과 16에서 πίστις Ἀβραάμ은 "아브라함이 (*by*) 행한 믿음"을 의미한다. 목적격적 속격인 "아브라함을 믿는 믿음"은 분명히 불가능하다. 속격이 πίστις 다음에 올 때의 이 주격적인 표현은 그리스어에서 전형적이며, 선험적으로 Ἰησοῦ Χριστοῦ도 주격적 속격일 가능성이 있다.

성취된다고 분명히 강조하며, 바울은 여기서 그 점을 매우 적절하게 지적하고 있다.[29] 목적격과 주격적 속격만이 유일한 선택은 아니라는 점을 강조하는 것도 중요하다. 우리는 또한 덜 정제된 의미에서 관계를 이해하기가 쉽다. 바울은 단순히 불특정한 방식으로 믿음을 그리스도와 연관시키고 있는 것이다.[30] 그럼에도 불구하고, 우리는 이 어구에 대한 "목적격적 속격"의 이해가 더 합리적이라고 생각한다. 어휘론적, 구문론적, 역사적, 문맥적 논쟁의 종착지는 교착 상태에 빠지는 것이다.[31] 우리가 생각하는 결정적인 요점은 여기에서 볼 수 있는 명사+속격 구조와 동족 동사를 사용하는 구조 간의 비교다. 즉, 동사의 경우 모든 불확실성이 사라지며, 명사는 언제나 명확하게 주어 또는 목적어다. 그렇다면 바울의 "믿음" 언어의 경우 상황은 매우 분명하다. 즉, 바울은 종종 신자들을 동사 "믿다"(피스튜오; *pisteuō*)의 주어로 만들지만, 그는 결코 그리스도를 이 동사의 주어로 명확하게 만들지 않는다.[32] 바울에게 있어서 기독교인들은 "믿는다"; 그러나 그리스도는 그렇지 않다(물론 언어적 수준에서 볼 때 그렇다는 말이다). 이 의미적 패턴은 이곳과 다른 곳

---

29. Allen은 그리스도에 대한 믿음의 개념이 구속에 대한 적절한 이해의 관점에서 교리적으로 필요하다고 주장한다 (*Christ's Faith*; idem, "'From the Time,'" 4-24).

30. 특히, Ulrichs, Christusglaube; 그리고 또한 S. K. Williams, "Again *Pistis Christou*," 431-47; Lindsay, "Works of Law," 79-88; Schliesser, *Abraham's Faith*, 257-80; Sprinkle, "*Πιστίς Χριστοῦ* as Eschatological Event," 165-84; G. P. Anderson, *Paul's New Perspective*, 141-51; Bird; Wolter를 보라. 또한 속격을 정의하기가 어렵다고 생각하지만 이 의미를 바울이 아마도 마지막으로 신자들의 믿음을 언급하고 있다고 생각하는 Jewett을 보라. 그는 또한 이 믿음이라는 단어가 "개종자들의 공동체에 참여"를 의미하는 것으로 보기 때문에 이 믿음에 내재된 사회적 차원을 강조한다. 이 믿음은 공동체로 인도할 수 있다. 그러나 믿음 자체에 이러한 뉘앙스가 포함되어 있는지는 의심스럽다. Hultgren은 목적격적 속격으로 보는 것이 문제의 이 구와 다른 구에서 일차적이라는 데 동의하지만 이것이 속성(quality)의 속격과 결합된다고 제안한다. 즉, "그리스도 앞으로 나오는 신자의 믿음이 복음으로 선언된 것이다"(257).

31. 따라서, 예를 들어, 주격적 속격에 대한 의미론적 논증에 대한 응답으로(위 참조), πίστις 다음에 오는 속격은 확실히 주격일 필요가 없다는 점에 유의해야 한다. 신약에서 대부분의 이러한 속격은 실제로 소유 대명사(possessive) 또는 주격이며 보통 인칭 대명사로 사용한다(예: 롬 1:8: ἡ πίστις ὑμῶν, "당신의 믿음"). 한 개는 목적격(막 11:22)이고, 다른 세 개 항목도 논쟁의 여지가 있지만 목적격일 수 있지만(약 2:1; 계 2:13; 14:12), 순전히 주격인 항목은 소수에 불과하다(롬 3:3; 4:12, 16). 따라서 문맥만이 속격의 의미를 결정할 수 있다. 바울에 대한 많은 초기 그리스 해석가들은 속격을 목적격으로 해석했다(특히, M. Elliott, "Πίστις Χριστοῦ in Church Fathers," 277-89를 보라. 또한 초기 증인들의 더 많은 다양성을 인정한 Wallis, *Faith of Jesus Christ*를 보라).

32. 확실히 D. Campbell은 (시 116:10를 인용한) 고후 4:13에서 ἐπίστευσα("내가 믿었으므로")의 주어가 그리스도라고 주장했지만 이것은 가능성이 희박하다고 생각한다.

에서 이 구성에서 모호한 속격을 해석하는 방법을 결정해야 한다.[33] 우리는 또한 로마서 3장과 4장의 관계가 이러한 방향을 가리키고 있다고 생각한다. 4장은 분명히 아브라함의 믿음이 그의 칭의에 결정적임을 강조한다. 그러나 이 주장은 인간의 믿음임을 시사하는 3장의 초점이기도 하다. 확실히 이것이 3장의 모든 "믿음"이 인간의 믿음을 언급해야 한다는 것을 의미하지는 않는다. 그러나 이러한 것을 의미할 확률이 높다.

목적격적 속격 관점에 대한 두 가지 공통적인 반대는 신학적이고 맥락적이다. 어떤 사람들은 인간의 믿음에 초점을 맞추는 것이 칭의의 확고한 기독론적 요소를 손상시킨다고 주장한다. 그러나 이것은 관련된 믿음이 **그리스도를**(*in Christ*) 믿는 믿음이 포함된다는 사실을 놓치고 있다. 바울의 믿음은 그 대상이신 그리스도로부터 그 중요성과 능력을 취한다. **오직 믿음**(*sola fide*)과 **오직 그리스도**(*solus Christus*)는 같은 신학적 동전의 양면이다.[34] 문맥적 논증에는 다음과 같은 특정한 요점이 있다. 즉, 바울이 이 첫 구절에서 인간의 믿음을 언급했다면 왜 "모든 믿는 자에게"(갈 3:22과 같은 문제를 제기함)라는 구절을 추가했을까? 1:17에서 "믿음에서 믿음으로"라는 조합으로 비교가 이루어졌지만 이것은 불확실한 것에서부터 모호한 것에 호소하기 위한 것이다(1:17 주석을 보라). 바울의 목적은 아마도 하나님의 의가 보편적으로 이용 가능함을 강조하는데 있다. 이 주제는 로마서에서 가장 눈에 띄는 주제 중 하나일 뿐만 아니라 22b-23절에 명시적으로 언급되어 있다. 하나님의 의는 **오직**(*only*) 그리스도를 믿는 믿음을 통해서만 얻을 수 있으며, 그리스도를 믿는 **모든**(*anyone*) 사람이 누릴 수 있다.

---

33. 이러한 점들과 다른 점들에 관하여서는 특히, D. Moo, Galatians, 38-48; Murray, 1.363-74; Hultgren, 623-61; Dunn, "Once More, ΠΙΣΤΙΣ ΧΡΙΣΤΟΥ," 730-44; Porter와 Pitts, "Πίστις with a Preposition," 33-53; Matlock, "Detheologizing the πίστις Χριστοῦ Debate," 1-23; 같은 저자, "Rhetoric of Pistis in Paul," 173-203; 같은 저자, "Saving Faith"; Calhoun, Paul's Definitions of the Gospel, 204-12; Schreiner; Kruse를 보라. Dunson ("Faith in Romans")은 3:21-26과 많은 유사점이 있는 구절인 10:5-13이 "믿음"을 개인적이고 인간론적인 것으로 정의함으로써 "믿음"을 명확하게 한다고 유용하게 제안한다.
34. 예를 들어, Linebaugh, *God, Grace, and Righteousness*, 157-60을 보라. 문제의 다른 면에서 Dunn이 말했듯이 "그리스도의 믿음/신실함"에 초점을 맞추면 인간의 믿음에 대한 바울의 생각에서 핵심 초점이 손상될 수 있다는 우려가 있다 ("New Perspective View," 197).

22b-23 삽입절로 여겨지는[35] 22b-23절은 이 의가 모든 사람에게 적용되는 이유와 또한 모든 사람에게 이 의가 필요한지 그 이유를 상기시켜준다. "차별이 없느니라"는 바울이 1:18-3:20에서 제시한 이야기의 한 핵심 요소를 요약하는 말이며, 따라서 유대인과 이방인에게 특별히 적용될 가능성이 높다.[36] 23절에서 바울은 이 점을 부연 설명한다. 그의 "차별 없음"은 우리의 예상대로 하나님 앞에 설 자격 면에서 사람들 사이에 어떠한 기본적인 차이가 부재한 것과 같다. 유대인은 율법과 할례가 있다고 할 수 있고, 미국인은 위대한 종교적 유산에 대한 권리를 주장할 수 있고, "선한" 사람들은 그들의 자선 행위를 가리킬 수 있지만, 이 모든 것이 의롭고 거룩한 하나님 앞에 설만한 자격인지에 대해서는 본질적으로 아무런 차이도 만들지 못한다. 바울은 1:18-3:20의 논증을 그리스도 밖에 있는 모든 사람의 상태에 관한 하나의 유명한 진술로 압축한다. 그 진술은 이와 같다, "모든 사람이 죄를 범하였으매[37] 하나님의 영광에 이르지 못하더니". 두 번째 동사는 첫 번째 동사의 결과를 진술한다. 즉, 모든 사람이 하나님의 영광에 이르지 못하고 있는 것은[38] 모든 사람이 죄를 범했기 때문이라고 본다. 성경에서 "영광"은 여호와 하나님의 장엄한 임재를 특징적으로 가리키며, 그 영원한 상태는 하나님의 백성이 그 "영광"을 경험하고 거기에 동참할 때로 흔히 그려진다(예를 들어, 사 35:2; 롬 8:18; 빌 3:21; 살후 2:14).[39] 그리고 하나님의 "영광"에 동참하는 것에는 "그리스도의 형상"을

35. Jewett.

36. διαστολή("차별")라는 같은 단어가 나오는 10:12을 보라.

37. 그리스어로는 ἥμαρτον. 여기서 쓰인 부정과거 시제는 아담 "안에서 그리고 함께" 모든 사람이 지은 죄를 가리킬 수 있지만(5:12을 보라. Lloyd-Jones; Dunn; Hughes, *True Image*, 130을 보라. Wright는 이 부정과거가 "한 순간"을 가리킨다고 잘못 주장한다), 그보다는 지난 시대를 통해 사람들이 지은 무수한 죄를 한 "순간"으로 모아놓는 "요약적" 부정과거일 가능성이 많다(Porter는 [*Verbal Aspect*, 222] 부정과거 시제가 과거를 가리킨다는 일반적인 생각을 무시하고, 이 동사를 "omnitemporal"(전시간적) 동사라고 부른다).

38. 바울이 여기서 쓰는 동사 ὑστερέω는 수동태로는 "부족하다" 또는 여기서처럼 속격이 이어지면 "[어떤 것에] 미치지 못하다"를 의미한다(BDAG). 이 단어가 아담의 타락을 암시하는지 여부에 대한 논쟁에 관해서는 Enderlein, "To Fall Short or Lack?" 213-23; Porter와 Cirafesi, "ὑστερέω and πίστις Χριστοῦ," 1-10; Enderlein, "Faithfulness of the Second Adam," 11-24를 보라.

39. 고전 그리스어에서 δόξα는 "의견"을 의미하며, 소수의 주석가(예를 들어, 칼빈)는 그것이 여기서 일반적인 의미를 가질 수 있다고 제안한다. 즉 사람들이 하나님의 "인정"을 받지 못했다는 뜻으로 쓰였을 수 있다고 말하는 것이다(요 12:43을 보라). 그러나 δόξα에 관한 성경적인 개념과 바울의 용법은 다른 의미를 가리킨다. 1:23에 관한 각주 80을 보라. Blackwell은 바울이 로마서에서 부패와 명예를 영광과 연관시킨다는 점에 주목한다 ("Immortal Glory," 285-308).

본받음이 수반되듯이(롬 8:29-30; 빌 3:21), 영광의 부재에는 인간이 처음 만들어진 "하나님의 형상"으로부터 (비록 제거는 아닐지라도)[40] 탈선이 수반된다. "미래의 영광은 잃어버린 본래 영광의 회복으로 간주될지도 모른다."[41] 그러므로 바울은 모든 사람이 지음 받을 때 지녔던 그 "하나님 같은 모습"을 보이지 못한다고 지적하고 있는 것이며, 동사의 현재 시제는 로마서 8장과 결합하여 기독교인도 마지막 날에 하나님에 의해 변모될 때까지는 그 목표에 "이르지 못한다"는 뜻을 나타낸다.[42]

24 이 절과 그 앞 절들 사이의 연결은 분명하지 않다. 바울 이전의 한 단편이 여기서 시작된다고 생각하는 사람들은 이 난해한 전환에서 바울이 독창적 구술로부터 전승을 인용하는 것으로 전환해 나가는 증거를 발견한다. 그러나 바울이 전승에 어떻게 의존하건 간에 이 절들은 바울 자신이 직접 작성하는 것이므로, 우리는 그가 어떤 연결을 의도하는지 결정할 필요가 있다. 분사 "being justified"(의롭게 되다; 디카이우메노이)는 (개역개정에서는 "의롭다 하심을 얻은 자 되었느니라"라고 하여 분사라기보다 정동사로 번역되어 있다-옮긴이) 23절에 나오는 정동사 "죄를 범했다"와/또는 "이르지 못하더니"의 하나 또는 양쪽 모두의 수식 어구로 보는 것이 가장 자연스럽다. 그렇다면 바울이 이 분사절로 칭의가 은사라는 성격을 부각시키는 목적은 추측하건대 인류에게 공통되는 총체적인 종교적 무능력의 증거를 제공하기 위함일 것이다.[43] 이 해석의 난점은 (칭의/의로움)이라는 문단의 주요 주제를 이어가는 절(24절)에 상대적인 종속의 역할을 부여하게 된다는 점이다. 학자들은 이 분사를 그 문맥에 연결시키는 여러 가지 다른 방법을 제시하지만,[44] 아마도 최선의 것은

40. 이 점은 Kilner, *Dignity and Destiny*, 244가 올바르게 강조한다.

41. Barrett. 또한 Murray; Kasemann; Cranfield를 보라. 유대교의 텍스트들은 구체적으로 아담이 죄로 말미암아 그의 "영광"을 잃었다고 말하고 있다(예를 들어, Gen. Rab. 12.6; Apoc. Mos. 21.6. 특히, Jervell, *Imago Dei*, 180-83의 여러 곳을 보라). 또한 Gorman, "Romans," 22을 보라. 여기서 고먼은 "죄와 죄책감에 대한 서구의 집착은 때때로 우리가 바울의 인간론과 구원론에서 영광, 생명, 불멸의 주제가 얼마나 핵심적인지를 이해하는 데 방해가 되었다. 바울의 인간론과 구원론, 둘 모두는 아담 안에서 부재하며 그리스도 안에서 그 실재가 회복된다"라고 말한다.

42. Cranfield.

43. Morison, *Critical Exposition*, 245; Meyer; Wonneberger, *Syntax und Exegese*, 250-51.

44. 예를 들어, (1) δικαιούμενοι("의롭게 되다")가 23절의 ὑστεροῦνται와 ἥμαρτον에 종속적이기보다 평행적인 정동사의 의미를 가질 수 있다(NIV: "모두 … 하나님의 영광에 이르지 못하고, 값없이 의롭다 하심을 얻느니라"; Schlier를 보라), (2) 23절의 정동사들이 δικαιούμενοι에 종속될 수 있다

크랜필드의 제안일 것이다. 그는 "의롭게 하다"는 그 주어가 "모든 사람"인 이상 23절에 의존하지만, 그것이 21-22a절로부터 주요 주제를 짚고 속행하는 것이기도 하다고 주장한다.[45] 이 주장에 우리는 동의하겠지만, "의롭게 하다"와 연결된 "모든 사람"이 ("everybody"라는) 보편성을 뜻하는 것이 아니라 ("anybody"라는) 예외 없음을 뜻하는 것이라는 단서를 붙여 동의할 것이다. 24절에서 칭의의 은사적 성격에 대한 바울의 강조는 하나님이 사람을 대하심에 있어 설사 그것이 22a절로부터 "믿음으로 말미암은 의"를 이어받아 설명하는 것이라고 할지라도 "차별 없음"(22b-23절)을 긍정적인 측면에서 조명하는 것이다.

바울은 동사 "의롭게 하다"(디카이오오)를 로마서에서 처음으로 기독교인의 구원에 관한 그의 독특한 이해를 묘사하는 데 쓴다(참조. 2:13). 바울이 이런 문맥에서 쓸 때 동사 "의롭게 하다"는 (윤리적인 의미에서) "의인으로 만들다"라거나 단순히 (실제로는 의인이 아님에도 불구하고) "의인으로 여기다"라는 뜻이 아니라, "의인으로 선언하다"라는 뜻이 된다. "법정적 허구"(fiction)가 아니라 최고로 중요한 법정적 **실재**(*reality*)로서 "의롭게 되는 것"은 사람이 자신의 온갖 죄로 인해 받게 되는 모든 "혐의"를 하나님이 벗겨 주신다는 것을 의미한다.[46] 이 법정적 판결은 유대교 신학에 따르면 최후 심판 때까지 기다려야 하는 것이었지만, 바울에 따르면 사람이 믿는 순간에 주어진다. 따라서 칭의의 실행은 "종말론적"이라는 말이 적절하다. 이는 하나님 앞에 설 사람의 자격에 관한 궁극적인 판결이 우리의 현재 상황으로 소급하여 내려지는 것이기 때문이다.

역시 바울 신학답게 바울은 이 의롭다는 판결이 갖는 은사라는 성격을 강조하여 우리가 "하나님의 은혜로 값없이[47] 의롭다 하심을 얻는다"[48]고 한다. "은혜"는

(RSV: "모든 사람이 죄를 범하여 하나님의 영광에 이르지 못하기 때문에, 그들이 하나님의 은혜로 의롭다 하심을 얻느니라"; Kuss), (3) 22b-23절은 삽입절이고 *δικαιούμενοι*가 21-22a절의 믿음으로 말미암는 의에 관한 논의를 재개하는 것일 수 있다(SH; Michel; Murray). (4) *δικαιούμενοι*절은 22b절에서 시작하는 "삽입절"을 끝내는 것일 수 있다(Jewett).

45. 또한 Wright를 보라. 그리고 Longenecker는 상황에 따라 분사를 분류한다.

46. 자세한 내용에 관해서는 1:17 뒤의 부설을 보라. 우리가 위에서 이미 언급했듯이 Wright는 이와 대조적으로 이 동사가 "누군가가 현재 하나님의 백성의 일원이라는 선언"을 가리킨다고 생각한다.

47. 그리스어로는 *δωρεάν*인데, 이것은 "선물"을 뜻하는 *δωρεά*(고후 9:15를 보라)의 부사형이다.

48. 이 절을 대체로 바울 이전에 비롯된 것으로 보는 사람들은 *τῇ αὐτοῦ χάριτι* ("그의 은혜로 말미암아")는 바울이 전승에 첨가한 말이라고 생각한다(예를 들어, Reumann, "The Gospel of the

바울의 가장 중요한 신학 용어 가운데 하나다.[49] 바울은 이것을 하나님의 특성을 묘사하기 위해서가 아니라 하나님이 그리스도 안에서 행하신 방법을 묘사하기 위해서 전형적으로 사용한다. 즉, 하나님 자신의 의지 외에 어떤 것에도 제약 받지 않고 역사하시는 방법을 묘사하기 위한 것이다.[50] 하나님의 의롭다 하시는 판결은 전적으로 공로없이 이뤄진다. 사람들은 그것을 얻기 위해 아무것도 한 일이 없고 할 수도 없다. 이 믿음이 바울에겐 "신학적 원리"이며, 칭의는 절대로 행위나 율법을 통해 언을 수 없고(롬 4:3-5, 13-16; 11:6) 오직 믿음을 통해서만 얻을 수 있다는 그의 확신의 기초다.[51] 일단 이것을 깨닫게 되면 22a절과 24절 사이의 연결이 분명해지며, 칭의가 하나님 편에서는 은혜의 문제가 되고 사람 편에서는 믿음의 문제가 된다는 것을 의미한다. 그러나 칭의의 은혜로운 성격은 죄의 권세 아래 있

Righteousness of God," 442). 그러나 우리의 생각대로 이 절이 바울 자신이 형성한 것이라면, 이 동의어 반복적인 표현에 대해서는 놀랄 필요가 없다. 왜냐하면 이 표현은 바울 서신의 다른 곳에서도 나타나기 때문이다(롬 5:15, 17; 엡 3:7).

49. 세속 그리스어에서 *χάρις*(카리스)는 "기쁘게 하는 것"이며, 기쁨(*χαρά*)을 가져오는 것들과 함께 쓰인다, 특히 선물을 가리켜서(흔히 *δωρεά*와 함께) 쓰인다. 그것은 신들의 "호의"에 관해서 쓰일 수 있으며(하지만 그런 경우에는 "아무런 공로가 없는데도 받는 호의"라는 바울 특유의 개념이 이 단어에서 결여된다), 헬레니즘 시대에 지배자의 "호의"의 예들을 가리키는 뜻으로 빈번히 나온다. LXX에서는 *χάρις*가 190번도 넘게 나온다. 히브리어 동의어가 있는 것(약 70번밖에 안 되지만) 가운데 대부분은 헨(חֵן)을 번역한 것인데, 이 히브리어 단어는 강자가 약자에게 베푸는 "원조"(assistance)라는 특별한 의미를 내포하며, 그러므로 바울의 용법에 더 가까이 접근한다. 예를 들어, 도처에서 나오는 표현인 "…에게 은혜[חֵן; *χάρις*]를 입다"라는 표현에 주목하라(창 6:8; 출 33:12; 민 11:15; 신 24:1). Dunn이 주목한 것처럼 이 카리스라는 그리스어 단어에는 חֶסֶד(헤세드)의 중요한 신학적 개념이 함축되어 있다. 따라서 바울은 "은혜"와 함께 "두 히브리어 단어의 가장 긍정적인 특징을 결합할 수 있었다. 즉, 카리스(*charis*)는 말하자면 히브리어 헨(*chen*)의 편무성(unilateralness)과 헤세드(*chesed*)의 지속적인 헌신을 의미한다"(*Theology*, 320-21). 하지만 호의를 받는 사람의 고유한 특성이 강조되는 점에서 바울의 개념과는 구별된다 (H. Conzelmann and W. Zimmerli, *TDNT* 9.372-87; *NIDNTTE* 4.653). Barclay와 Harrison은 *χάρις*의 그리스-로마 배경을 강조하는데, 여기서 *χάρις*는 도처에 있는 문화적인 은혜를 베푸는 제도의 맥락에서 사용된다. 선물을 주는 것은 이러한 그리스-로마 배경에서 관계를 공고히 하는 중요한 수단이었다. 그러므로 선물은 종종 선물을 받은 사람들이 어떤 의미에서 그러한 선물을 기대하고 또한 그 선물에 대한 보답을 기대하면서 주어졌다. 그러나 바울의 (고유하지는 않지만) 특징적인 강조점 중 하나는 하나님의 은혜가 "비상응적" 이라는 것이다. 즉, 그 은혜를 받을 자격이 전혀 없는 사람들에게 주어진다 (*Paul and the Gift*, 319, 여러 곳; J. Harrison, *Paul's Language of Grace*를 보라).

50. Bultmann, *Theology*, 1.288-92; Ridderbos, Paul, 173-74. 멜랑히톤은 "은혜(*gratia*)라는 단어는 우리 안에 있는 어떤 자질을 가리키는 것이 아니라 우리를 향한 하나님의 뜻 또는 애정(kindness) 자체를 가리킨다"라고 지적한다.

51. 특히, Doughty, "Priority of ΧΑΡΙΣ," 163-80를 보라.

는 사람들의 곤경(23절)에 대한 해답도 된다. 파스칼의 말대로 "은혜는 실로 사람을 성자로 바꾸는 데 필요한 것이며, 이 은혜를 의심하는 자는 성자나 인간이 무엇인지를 모르는 사람이다."[52]

이 문단이 비할 데 없는 중요성을 갖는 것은, 죄인들에 대한 하나님의 칭의가 여러 관점에서 고찰해 볼 수 있다는 점에 있다. "하나님의 은혜로 값없이"가 전적으로 값없이 그리고 공로 없이라는 칭의의 의미를 가리킨다면, "구속으로 말미암아"는 이 무죄 선고가 가능하게 되는 비싼 값을 치룬다는 의미를 조명한다. "구속"은 하나님의 탁월한 구원의 행사를 묘사하기 위해 70인역에서 자주 사용되는 단어군에서 나온 단어(아폴리트로시스; *apolytrōsis*)[53]를 번역한 것이다. 즉, 이집트에 사로잡혀 있는 자기 백성을 구출하신 것이다. 바울은 그리스도의 죽음을 이 구속 행위와 동일한 의미인 새언약으로 표시하려고 의도했을 것이다. 이러한 출애굽 배경을 염두에 두고 많은 학자들은 "구속"이 단순히 "구출"[54]을 의미한다고 생각하는 것으로 만족한다. 그러나 그리스-로마 시대에서 사용된 구속이라는 언어는 이 단어에 더 중요한 뉘앙스가 있음을 시사한다. 즉, 이 단어는 해방이나 구원이 대가를 지불함으로써 온다는 것을 의미한다. 바울 시대에 "구속"은 종종 전쟁 포로, 사형 선고를 받은 범죄자, (특히) 노예들이 그들의 자유를 위해 사는 거래를 가

---

52. *Pensees*, #508.

53. 그리스어 ἀπολύτρωσις는 λύτρωσις의 복합형인데, 이 복합형이 신약에서 압도적으로 많은 것은 아마도 헬레니즘 시대의 그리스어에서 복합형이 유행했기 때문일 것이다(F. Büchsel, *TDNT* 4.352; 반면에 크리소스토모스는 ἀπολύτρωσις는 λύτρωσις의 집약형으로 기독교인의 구속이 확정성을 갖는다는 것을 암시한다고 보며, 그렇기 때문에 "우리는 다시는 같은 노예 상태로 떨어지지 않을 수 있다"고 지적한다). 이 단어는 바울 서신의 다른 곳에는 롬 8:23; 고전 1:30; 엡 1:7, 14; 4:30; 골 1:14이 나온다; 그리고 눅 21:28; 히 9:15; 11:35에서 나온다. 신약에서 사용된 이 어근의 다른 단어는 λυτρόω(눅 24:21; 딛 2:14; 벧전 1:18), λύτρον(막 10:45//마 20:28), λύτρωσις(눅 1:68; 2:38; 히 9:12) 그리고 λυτρωτής(행 7:35)가 있다.

54. ἀπολύτρωσις로부터 파생된 동사인 λυτρόω는 LXX에 104회 나타나며 보통 "해방시키다", "자유하게 하다" - 여기에 그 석방을 위해 지불한 값(속전)이라는 개념은 일반적으로 없다 - 를 단순하게 의미하는 히브리어 단어들(주로 גָּאַל[가알]과 פָּדָה[파다])을 번역한 것이다. "속전"이라는 의미의 동일한 생략은 λυτρ-를 어근으로 하는 다른 단어뿐만 아니라 ἀπολύτρωσις가 나오는 바울 서신의 다른 곳들에서도 적용된다는 주장이 나온다. 따라서 많은 사람들이 이 절에 나오는 ἀπολύτρωσις는 단순히 "해방시키는 행위 또는 해방"을 의미할 뿐이며, 그 해방을 확보하게 된 대가나 그 해방의 효력을 가져온 수단에 대한 암시는 없다고 주장한다 (특히, O. Procksch와 F. Buchsel, *TDNT* 4.329-35, 341-56; D. Hill, *Greek Words*, 58-80; Schlier; Lohse를 보라).

리켰다.[55] 우리는 바울이 그리스도의 죽음을 "대속물", 즉 모든 사람이 하나님께 "갚아야 할" 죄에 대한 형벌을 "대속"으로 제시하면서 이 의미를 가진 단어를 사용하고 있는 것 같다고 생각한다.[56] 하나님은 그리스도 안에서 자신의 백성을 죄의 노예 상태에서 "구속하는" 데 필요한 값을 치르셨다 (참조. 3:9의 "죄 아래"를 보라).[57] 한 걸음 더 나아가 우리가 "누구에게 그 '속전'이 지불된 것이냐?"는 질문을 한다고 할 경우, 그에 대한 대답이 꼭 필요한지는 분명하지 않다. 이 단어의 용법은 그 "지불"을 "받는" 특정인이 있어야 할 필요가 없다는 것을 분명히 한다. 그리스도의 죽음은 하나님이 사탄에게 지불하신 것이라는 생각이 기독교 교회가 성장한 1세기에서 크게 유행했지만, 우리는 그 견해에 따를 필요가 없는 것이 확실하다. 보다 성경적인 대답은, 그리고 25절에 암시되어 있을지도 모르는 대답은, 하나님이 공정한 판결을 내려야 할 재판관이면서 동시에 그 속전의 수령자라는 대답일 것이다. 그렇다면 하나님이 해방하는 과정을 일으키는 분이기도 하다는 사실이 똑같이 강조되어야 한다.

에베소서 1:7과 골로새서 1:14에서와 마찬가지로, 바울은 이 구속이 "그리스도

---

55. Morris, *Apostolic Preaching*, 22-26의 연구를 보라.

56. Godet; Murray; Schreiner; Ridderbos, Paul, 193-94; Morris, *Apostolic Preaching*, 37-38. Morris는 대가가 종종 LXX에서 λυτρόω로 명시된 "풀려나다"의 기본을 가리키는 것을 보여주고, 유대 그리스어에서 이 단어를 쓸 때 대가를 강조하는 것에서 어느 정도 멀어지기는 했지만 "속량하는 것"이라는 의미는 일반적으로 존재했다고 결론을 내린다. 신약과 동시대의 세속 그리스어에서는 이 단어에 항상 "속전"이 암시되어 있다(*Apostolic Preaching*, 9-26). 이 "속전"이라는 개념은 요세푸스가 ἀπολύτρωσις(Ant. 12.27)와 ἀπολυτρόω(J. W. 2.273)로 한번씩 사용했으며, 필론이 두 차례 사용한 것 중 하나인 ἀπολύτρωσις(*Every Good Man Is Free* 114 - 이 단어는 *Preliminary Studies* 109에서는 "속전"을 가리키는지 명확하지 않으며, *Allegorical Interpretation* 3.21에서 쓰인 동사도 그와 마찬가지다)에서도 그대로 유지된다. LXX의 λυτρόω 용법에서도 설사 명확히 특정한 "값"을 가리키지는 않는다고 해도 "대가"라는 의미는 일반적으로 존재한다(이 점에 관해서는 I. Marshall, "Development of Concept of Redemption," 153 각주 4를 보라). 신약 자체에서는 막 10:45(= 마 20:28)에 나오는 λύτρον이 거의 확실하게 "속전"을 의미한다(= 마 20:28; 특히 Feuillet, "Legion sur la rancon," 365-402를 보라; 그리고 또한 Stuhlmacher, "Vicariously Giving His Life," 16-29를 보라). 엡 1:7에서 ἀπολύτρωσις에 추가한 "그의 피로 말미암아"는 해방의 완성을 위한 "대가"를 확실히 밝힌 것이다. 이 문맥에는 희생제물로서의 그리스도의 죽음에 대한 비슷한 강조가 있으며(25절), 이것을 바울 서신에 나오는 "우리가 값으로 산 것이 되었으니"와 같은 진술들(고전 6:20; 7:23. 또한 갈 3:13-14도 보라)과 엮어서 생각해 보면, 아무래도 ἀπολύτρωσις에는 속량으로써의 그리스도의 죽음이라는 개념이 포함될 것 같다.

57. D. Campbell, *Rhetoric*, 118-30을 보라. 그는 ἀπολύτρωσις가 대속을 통한 노예 상태로부터의 자유를 의미한다고 주장한다.

예수 안에 있는" 것이라는 말을 덧붙인다. 이것으로 바울이 뜻하는 바가 해방이 십자가에 달린 그리스도에 의해 성취되었다는 것인지, 아니면 죄인들이 그리스도를 믿을 때라면 언제든지 그리스도와 "관련하여" 해방이 일어난다는 것인지 분명하지 않다.[58] 하지만 에베소서 1:7과 골로새서 1:14, 그리고 고린도전서 1:30의 "구속"과 죄 사함의 연결을 고려해 볼 때 후자로 기울어진다. 즉, "그리스도가 … 우리에게(*our*) 구속함이 되셨다." 그러므로 "구속"이라는 단어가 암시하는 "값"이 십자가상에서 그리스도의 피로 "지불된" 것이라면, 그 지불로 가능하게 된 구속 사역은 칭의와 같이 각 사람이 믿을 때 각자에게 적용되는 것이다.

25 "이"(whom)를 뜻하는 그리스어 단어가 25절을 24절과 연결시키기는 하지만, 이 연결은 아주 느슨한 만큼 새로운 문장이 시작되는 것으로 간주해도 가능할 것이다. 초점은 하나님의 의롭게 하는 사역을 사람이 수용하는 것으로부터 칭의를 위한 하나님의 주도적인 예비하심의 단계로 넘어간다. 구체적으로 말하면, 바울은 이제 "그리스도 예수 안에 있는 속량"의 본질과 의미를 펼쳐서 이 속량이 성부 하나님의 뜻과 주도로 일어난다는 것을 보여 준다. 우리가 속량의 과정을 고려할 때 성부 하나님의 위격과 성자 하나님의 위격이 엄밀히 구별되어야 하지만, 사랑이 충만하신 그리스도가 성부의 노여움을 진정시키는 데 앞장서야 했다는 식으로 속량에 대한 뜻과 관련하여 성부와 성자를 분리하는 것은 중대한 오류다. 하나님의 사랑과 진노는 속죄 안에서 만나며, 속죄 사건의 완전한 의미를 온전히 이해하려면 그 사랑과 진노의 어느 쪽도 거부하거나 양보할 수 없다. "우리 자신이 하나님 앞에서 칭의를 얻는 것은 그리스도 안에서 이루어진 하나님의 공의의 실현인 동시에 우리를 위한 그의 사랑의 실현이었다는 확고한 현실에 근거한다."[59]

25절의 첫 다섯개의 그리스어 단어가 이 새로운 문장의 주절을 이루며, 25절의 나머지와 26절에 연이어 나오는 전치사구와 절들은 이 주절에 종속된다. 이 주절의 동사는 "제안하다, 계획하다"로 번역할 수도 있고(REB는 "고안된"으로 번역했음을 참

---

58. 특별히, F. Buchsel, *TDNT* 4.353-54; Schlier; Wennemer, "ΑΠΟΛΥΤΡΩΣΙΣ: Romer 3,24-25a," 283-88를 보라.
59. Hughes, *True Image*, 360.

조하라) 혹은 "공시하다"(NASB)로 번역할 수도 있을 것이다.[60] 전자를 지지하는 좋은 사례가 생성될 수 있지만,[61] 바울이 여기서 언급하는 개념(힐라스테리온에 관해서는 아래를 보라)의 배경과 심상에는 후자가 더 어울리므로 후자가 선택되는 것이 더 선호된다.[62] 구속이 "그리스도 안에" 있는 것은 하나님이 십자가 상에서 힐라스테리온(*hilastērion*; 개역개정에서는 '화목제물'로 번역됨-옮긴이)으로써 "그를 공시했다" 또는 "그를 화목제물로 세우셨다"는 점으로 인한 것이다. 또한 그렇게 구속 과정을 주도하여 일으키는 분은 하나님이시라는 - 그리스도가 아니요, 분명 사람이 아니라는 - 사실도 놓쳐서는 안 된다. 포사이드(P. T. Forsyth)는 "그리스도의 십자가에서 주요 행위자는 하나님이었다. 그리스도는 화목하게 하는 하나님이셨다. 그는 사람을 위해 진력하는 하나님이었지 하나님을 위해 진력하는 사람이 아니었다."[63]

바울이 그리스도를 힐라스테리온으로 칭하는 뜻이 무엇이냐가 상당히 열띤 토론의 주제가 되어 왔다.[64] 성경에 나오는 힐라스테리온의[65] 용법을 검토해 볼 때, 이 단어를 구약의 "속죄소"(mercy seat),[66] 즉 야웨가 나타나신 법궤 위의 덮개에 대한(레 16:2), 그리고 이 덮개 위에 희생제물의 피가 부어진다고 하는 언급으로 사용하는 것은 강력한 근거가 될 수 있다. 이것이 이 단어가 신약에서 한 차례 더 나

60. 동사로는 προέθετο로, 동사 προτίθημι의 중간태다. 위에서 지적된 두 개의 의미 각각이 이 동사형에 흔하다(BDAG).

61. 바울은 신약에서 이 동사를 쓰는 유일한 저자이며, 두 차례 모두 중간태로, 그리고 그 두 차례 모두 "계획하다, 예정하다"의 뜻으로 쓴다(롬 1:13; 엡 1:9). 게다가 동족 명사 πρόθεσις가 신약에서 "목적"의 의미로 상당히 빈번하게 쓰인다(롬 8:28; 9:11을 보라). 특히 Cranfield를 보라. 또한 Godet; Pluta, Gottes Bundestreue, 59를 보라. Zeller("Sühne und Langmut," 57-58)는 그 뜻을 "계시의 목적을 위해 예정하는 것"이라는 뜻을 제시한다.

62. 이 동사 다음에 나오는 이중의 대격 -직접 목적어인 ὅν과 서술적 대격인 ἱλαστήριον- 또한 이 의미쪽을 선호한다. 또한 이 동사와 그 동족 명사가 제단의 "진설병"과 관련하여 쓰이고(시 54:3; 86:14; 101:3을 보라), 거기서 동사는 "앞에 놓는다"는 뜻을 나타낸다는 점에도 주목하라. 예를 들어, Murray; Käsemann; Fitzmyer; Hultgren, Paul's Gospel, 56-57을 보라.

63. *Cruciality of the Cross*, 17.

64. 해석의 역사로는 Hultgren, *Paul's Gospel*, 47-72와 Pluta, *Gottes Bundestreue*, 17ff.를 보라.

65. 문법상으로 이 단어는 남성 명사("화해조정자")나 (라틴어 불가타 성서의 몇몇 사본과 일부 교부들 [크랜필드는 Ambrose, Ambrosiaster, Jerome, 그리고 Pelagius를 언급한다]의 글에서 화해조정자[propitiatorem]으로 읽고 있다는 점을 보라), 또는 ὅν을 수식하는 형용사로 보기 보다는(S-H; C. Scott, Christianity, 68) 형용사 ἱλαστήριος의 명사형으로 보아야 한다(Morris, "The Meaning of ἱλαστήριον," 34).

66. 영어 "mercy seat"는 Tyndale의 번역에서 나온 것인데, 그 번역은 또 루터 성경의 독일어 표현인 Gnadenstuhl에서 영향을 받았다.

오는 곳(히 9:5)에서 가리키는 뜻이고, 70인역에서 나오는 27번 가운데 21번에서 가리키는 뜻이기도 하기 때문이다.[67] 특히 중요한 것은 이 단어가 레위기 16장의 "속죄일" 의식을 묘사하는 과정에서 여러 차례 나온다는 사실이다. 레위기 16장 본문에 따르면, 대제사장은 1년에 한 번 "지성소"에 들어가 희생 제물의 피를 속죄소(= LXX 힐라스테리온)에 뿌려 그것으로 "속죄해야"[68] 한다. 구약과 유대교 전승에서 이 "속죄소"는 일반적으로 속죄 장소에 적용되었다.[69] 그렇다면 바울은 그리스도를 이 "속죄소"로 지칭함으로써 우리에게 그리스도를 이 구약의 "속죄소" 그리고 파생적으로 나타나는 속죄 의식 자체에 대한 신약(New Covenant)과 동등하게 또는 원형(antitype)으로 보도록 우리를 초대하는 것이다. 구약에서는 베일 뒤에 가려져 공공이 볼 수 없었던 것이 그리스도의 "단번에" 드린 희생으로 말미암아 구약의 의식은 성취되었고 또한 그 의식을 끝내고 이제는 "공시된" 것이다. 이 상당히 오래되고 존중할 만한 유산을[70] 가지진 해석은 최근에 이르러 탄력을 받고 있다(NET: "속죄소"; CEB: 자비가 발견되는 곳인 "희생제사의 장소").[71] 이 해석은 힐라스테리온에 "관습적인" 성경적 용법에서 파생된 의미를 부여하여 중심적인 구약 의식과 그리스도의 죽음 사이에 신학적으로 건전하고 해석학적으로도 인상적인 유비를 만들어 내기 때문에 매력적이다.

물론 힐라스테리온을 "속죄소"를 가리키는 것으로 해석하는 데 대한 반론들이

---

67. 이러한 본문에서 근원적인 히브리어는 캅포레트(כַּפֹּרֶת)이다. 필론은 이 단어를 모두 6번 쓰는데 역시 모두 "속죄소"를 가리키지만, 모두 성경적 해설 문맥에서만 나온다(*On the Cherubim* 25; *Who Is the Heir?* 166; *On Flight and Finding* 100, 101; *On the Life of Moses* 2.95, 97).

68. 그리스어 동사는 ἱλαστήριον의 동족어 ἐξιλάσκομαι(히브리어 동사는 카파르[כפר]).

69. 특히 B. Janowski, *Sühne als Heilsgeschehen*, 361을 보라. 또한 Judisch, "Propitiation," 231을 주목하고, 후기 유대교에 관해서는 Str-B, 3.175-78을 보라.

70. Origen; Theodoret; Luther; Calvin; Bengel.

71. 가장 훌륭한 논증은 Hultgren이 제시한, *Paul's Gospel*, 47-72을 그리고 Stuhlmacher, "Recent Exegesis," 96-103가 있다. 또한 Pluta, *Gottes Bundestreue*, 62-70; B. Meyer, "Pre-Pauline Formula," 206; Manson, "ΙΛΑΣΤΗΡΙΟΝ," 1-10; Sabourin and Lyonnet, *Sin, Redemption and Sacrifice*, 157-66; von Dobbeler, *Glaube als Teilhabe*, 78-87; Newton, *Concept of Purity*, 75-77; W. Davies, *Paul and Rabbinic Judaism*, 237-42; Janowski, *Suhne als Heilsgeschehen*, 350-54; 같은 저자, "Geschenk der Versohnung," 3-31; Tiwald, "Christ as Hilasterion," 193-205; Ben Ezra, *Impact of Yom Kippur*, 199-204; Goppelt, *Theology of the New Testament*, 2.95-96; D. Campbell, *Rhetoric*, 130-33("속죄소"와 같은 것이 아니라 속죄일 의식에 대한 언급); Nygren; Gifford; Gaugler; Barrett; Bruce(?); Wilckens; Fitzmyer; Jewett; Wolter; Schnabel을 보라.

제기된다.[72] 예를 들어, 어떤 사람들은 이러한 이미지가 로마에 있던 이방 그리스도인들의 교회에서는 이국적인 것이었다고 주장하며, 바울도 그들이 이해하지 못할 것으로 생각되는 이미지를 썼을 것 같지는 않다.[73] 하지만 로마교회의 이방인 회중이 잘 알고 있었다거나 또는 잘 모르고 있었을 것에 입각한 논증들은 그 근거가 불확실하다. 바울 서신에는 이방인 독자들이 구약에 정통해 있을 것으로 예상하고 쓴 글들임을 알려 주는 증거가 풍부하다. 확실히 그는 로마에 있는 그의 이방인 독자들이 속죄일 의식과 그 의식에서 힐라스테리온이 갖는 중요성을 어느 정도 알 것으로 예상할 수 있었을 것이다.[74] 다른 이들은 그리스도를 속죄의 **장소**

---

72. ἱλαστήριον이라는 단어는 구약에서 속죄소가 아닌 것들에 대해서 쓰였으며, 세속 그리스어에서 신들의 노여움을 달래는 데 목적을 둔 기념물과 희생제물을 가리키는 데 널리 쓰인다. 따라서 ἱλαστήριον은 "속죄소"를 **의미하는**(*mean*) 것이 아니라는 다이스만의 주장은 맞다("ΙΛΑΣΤΗΡΙΟΣ und ΙΛΑΣΤΗΡΙΟΝ," 207-8). D. Bailey가 보여주듯이, 사실상 ἱλαστήριον는 바울 시대의 그리스어에서 단 두 가지의 "적용"이 있었다. "그것은 (1) 금으로 치장된 '속죄소'를…. 이스라엘의 언약궤 위에 (70인역 오경; 히 9:5; 필론에서 여섯 번) 또는 (2) 이교 신들에게 바치는 영구적인 봉헌물인 일반적으로 쓰이는 ἀναθήματα("Jesus as the Mercy Seat," 155-58)으로 지정된다". 이 단어는 법궤의 덮개 기능을 가리키는데 특정하게 쓰인다 -이 단어가 LXX에서 처음 나올 때는 형용사적으로 쓰이며(출 25:16), 그 후로 속죄소를 지칭하게 될 때는 항상 관사가 붙는다. 그러므로 롬 3:25에서 ἱλαστήριον의 무관사 상태는 "속죄소"라는 번역에 대한 반증 자료로 인용되어 왔다(예를 들어, Morris, "Meaning of ἱλαστήριον," 40). 그러나 이 주장은 거의 효력이 없다. 그 이유는 롬 3:25에서 관사를 생략할 만한 문법상의 충분한 이유가 있기 때문이다(예를 들어, ἱλαστήριον의 서술적 기능 때문일 수도 있다 [Stuhlmacher, "Recent Exegesis," 99를 보라]). 뿐만 아니라 ἱλαστήριον이 "속죄소"를 **의미하는**(*mean*) 것은 아니지만, LXX에 나오는 것 중 20차례에서는 절대적으로 어떤 대상을 **가리키는 데**(*refer to*) 쓰인다. 확실히 속죄일 의식에서 속죄소의 기능 때문에 문제가 복잡해진다. 이곳은 희생물을 도살한 곳이 아니라 희생물의 피를 가져와 정화 의식을 행하던 곳이었다. 그렇기 때문에 어떤 이들은 이곳의 이미지가 속죄나 화해를 의미하지 않을 것이라고 주장한다. 왜냐하면 이러한 개념은 속죄와 관련되어 있기 때문이다(예를 들어, Jewett). 다른 학자들은 레위기 16장의 의식이 성소의 정결에 초점을 맞추었다고 제안한다 (Gane, *Leviticus, Numbers*, 278-88). (아마도) Kraus는 롬 3:25(*Tod Jesu al Heiligtumsweihe*, 159-68)에서 이 뉘앙스가 있다고 본다. 유월절(Holland)에 대한 암시는 없을 가능성이 높다. Schreiber는 바울이 이곳에서 당시 그리스-로마 세계에 나타났던 성별(consecration)의 은사 또한 암시하고 있다고 생각한다("Weihegeschenk Gottes," 88-110; 이 견해에 반대하는 논거는 Wolter를 보라).

73. 이 견해의 일부 옹호자들은 유대-기독교 집단에서 공식화된 바울 이전 시대에 있었던 고백에 이 이미지를 돌림으로써 이러한 어려움을 피한다(예를 들어, Hultgren, *Paul's Gospel*, 47-72; Stuhlmacher, "Recent Exegesis," 99-100). 그러나 우리는 바울이 여기에서 전통에 의존하고 있을 것이라고 생각하지만, 그가 로마 기독교인들에 대한 그 전통의 교환적 가치를 고려하지 않고 그 전통에서 사용하던 인용문을 이 문맥으로 단순히 옮겨 놓았을 것이라고는 생각하지 않는다.

74. Stuhlmacher("Apostle Paul's View of Righteousness," 83)를 보라. 그에 따르면, "로마의 회중은 그들의 집에서 회당과 기독교 예배에서 배운 구약성경을 익혔다. 그들은 유대 기독교 전도사들로부터 그들의 신앙의 전승들에 관한 교육을 받았다." 그러므로 바울은 로마의 기독교인들

(*place*)로 묘사하는 것이 상당히 어색할 것이라고 주장한다. 그러나 아마도 그 부담은 그리스도를 새 성전으로(요 2:19-21), 광야에서 뒤따르는 반석으로(고전 10:4), 또는 대제사장이면서 동시에 희생 제물로 생각하는 것보다 더 크지 않을 것이다(히브리서). 더군다나 속죄소라는 단어가 속죄 자체를 가리키는 부학술적(semi-technical) 방법이 된다는 증거가 있다. 우리는 구약 속죄소를 배경으로 한 힐라스테리온의 해석이 합당하지 않다고 할 만한 그럴듯한 어떤 것도 발견할 수 없다.

그러나 힐라스테리온이 구약의 "속죄소"를 가리킨다는 사실을 인정하더라도 우리는 여전히 이 단어의 **의미**(*meaning*)를 정확히 파악해야 한다. 여기서 주요 선택지는 "속죄" 또는 "화해"가 될 수 있다. 전자는 죄를 "씻어 버리다"를 의미하며, 일부는 언어학과 신학에 근거하여 이 의미를 주장한다(RSV; NAB를 보라). 70인역에서 힐라스테리온과 동족 동사는 목적어로 하나님이 아닌 죄를 갖는다.[75] 따라서 도드(C. H. Dodd)와 다른 학자들은 이 단어와 그 동족어로 전달되는 개념이 죄를 "덮는 것" 또는 용서하는 것이라고 주장했다.[76] 신학적으로, 많은 사람들은 "화목"

이 친숙했던 전승에서 제의적 이미지를 사용하고 있었을 것이다. 특히 바울이 여기서 하는 주장과 히 9-10장의 주장 사이에 놀라울 만큼 유사점이 많다는 사실에 주목하라. 이 유사점들 가운데는 언어적 평행이 있지만 -특히 신약에서는 ἱλαστήριον이 롬 3:25과 히 9:5에서만 쓰이고 있고, ἀπολύτρωσις가 롬 3:24과 히 9:15에서(히 9:12에는 λύτρωσις도 있다) 발견된다 - 그러나 보다 중요한 것은 주제의 평행이다. 히브리서는 구약 의식의 불완전성을 중시한다. 그것은 "섬기는 자를 그 양심상 온전하게 할 수 없나니"(9:9), "언제나 죄를 없게 하지 못하거니와"(10:11), 해마다 반복해서 드리는 가운데 끊임없이 "죄를 기억하게 하는 것"(10:1-4)을 의미한다는 말 등이 그것이다. 히브리서에 따르면 이 불완전성이 그리스도의 "단번에" 드린 희생(9:14: "그리스도의 피"를 보라)으로 해소되고, 그의 죽음이 "이는 첫 언약 때에 범한 죄에서 속량하려고 죽으사 [부르심을 입은 자로 하여금]"(9:15), 새언약 언약에 약속된 것처럼 죄의 "사함"을 가져온다(10:17-18), 그래서 이제 "세상 끝에" 죄를 "없이 하시는" 것이다(9:26). 같은 방식으로, 바울에 따르면 하나님이 "이때에" 그리스도를 하나님의 정의가 요구하는 조건들을 충족시키는 희생 제물로 세우셔서 "전에 지은 죄를 간과하신"것이다. 그렇다면 히 9-10장의 구절들에서 초점은 하나님이 희생양으로서의 그리스도 안에서 영원한 구속을 위한 기반 - 구약의 제의를 통해서는 마련되지 못한 기반 - 을 마련한 방법에 있다. 게다가 히브리서는 특히 속죄의 날 의식에 주목하게 한다(9:6을 보라). 그러므로 이 구절들이 유사한 방향을 향하고 있다는 우리의 제안이 정당화될 뿐만 아니라, 더 나아가서는 레 16장이 로마서 본문의 배경이 되었을 수 있다고 생각할 만한 이유도 있는 것이다. 특히 히브리서의 평행성에 대한 것에는 Ribbens, "Forensic-Retributive Justification"을 보라.

75. 신약에서도 동사 ἱλάσκεσθαι의 목적어는 "죄"이다(히 2:17). 신약에서 유일한 다른 동족 단어는 요일 2:2, 4:10에서 사용하는 ἱλασμός이다.

76. Dodd가 "속죄"의 의미에 찬성하여 고전적인 주장을 공식화했기 때문에 우리는 Dodd를 대표적 인물로 꼽는다. Dodd, "ἱλάσκεσθαι," 352-60 (rpt. in *Bible and the Greeks*, 82-95); 또한 Do, "ἱλαστήριον의 LXX 배경", 641-57; Wedderburn, *Death of Jesus*, 113-25를 보라.

에 내재된 하나님의 진노에 대한 생각에 반대하며, 그것이 성경에 나타난 하나님에 대한 우리의 생각에 변덕스럽고 성난 신이라는 개념을 몰래 집어넣는다고 주장한다. 그러나 이러한 언어적 주장은 설득력이 없다. 그리고 로마서 1-3장(1:18; 2:5)에서 분명히 중요한 하나님의 진노에 대한 개념은 일부 사람들이 염려하는 바와 같이 신의 이교적인 개념을 포함할 필요가 없다.

"속죄"라는 특정한 개념을 반드시 주장할 필요는 없지만, 많은 다른 학자들은 이 단어가 일반적으로 속죄 또는 속죄 희생제사를 의미한다고 생각한다.[77] 이러한 읽기의 옹호자들은 종종 마카베오 4서에서 힐라스테리온의 사용한다는 것으로 호소한다.[78] 마카베오 4서 자체가 레위기 16장에 의존하여 이 언어를 사용했을 가능성이 있다.[79] 그리고 바울도 마카베오4서보다는 레위기에 의존했을 가능성이 더 크다.[80] 그렇다면 우리는 다이스만(Deissmann)의 고전적인 어휘 분석을 따르고 힐라스테리온에 "화해"라는 의미를 부여해야 할 충분한 이유가 있다고 생각한다.[81] 구약은 자주 죄를 "덮는 것" 또는 죄를 용서하는 것을 하나님의 진노 제거와 연결한다.[82] 정확히 말하자면 "화해하다"의 기본 의미는 70인역 번역자들로 하여금 죄를 덮는 것을 나타내는 히브리어에 힐라스크-(*hilask-*) 어미 단어를 사용

77. Lohse, *Martyrer und Gottesknecht*, 150-52; Byrne (레 16장의 함축으로); Lietzmann; Schlier; G. Friedrich, *Verkündigung des Todes Jesu*, 65-67; Zeller, "Suhne und Langmut," 56-58; V. Taylor, "Great Texts Reconsidered," 296; J. Green, "Atonement Images in Romans," 83-88.
78. 마카베오 4서에서 순교자들의 죽음은 다음과 같이 묘사된다. "[순교자들은] 말하자면 우리 민족의 죄를 위한 대속물[ἀντίψυχον]이 되었다. 그리고 그 경건한 자들의 피와 속죄로서의 그들의 죽음[τοῦ ἱλαστηρίου {τοῦ} θανάτου]을 통해 하나님의 섭리는 이전에 고통받았던 이스라엘을 보호하셨다" (4 Macc. 17:21b-22). 이에 대한 배경에 대해서는 특히, J. Williams, *Maccabean Martyr Traditions*; 또한 Lohse, *Martyrer und Gottesknecht*; D. Hill, *Greek Words*, 41-48; S. K. Williams, *Jesus' Death*, 40-41; Pobee, *Persecution and Martyrdom*, 61-63; van Henten, "Tradition-Historical Background," 101-28; D. Campbell, *Deliverance of God*, 647-56; Schnelle, *Apostle Paul*, 448-49를 보라.
79. Von Dobbeler, *Glaube als Teilhabe*, 78-87; Schreiner는 레 16장과 순교자 전통을 참조한 것으로 주장한다.
80. 특별히, Stuhlmacher, "Recent Exegesis," 100-102를 보라.
81. Deissmann, "ΙΛΑΣΤΗΡΙΟΣ," 195-211; 또한, 예를 들어, Wright; Schreiner, *Paul, Apostle of God's Glory*, 234-36를 보라.
82. 특히, Morris, *Apostolic Preaching*,136-56; Nicole, "C. H. Dodd and Doctrine," 117-57; D. Hill, *Greek Words*, 23-41을 보라.

하게 만들었다.[83] 그러므로 힐라스테리온의 기본 개념은 하나님의 진노의 제거를 가리키지만, 이 진노의 제거는 죄의 용서를 암시하거나 그것에 이르게 한다. 따라서 "속죄"도 참으로 여기서 이 단어 의미의 일부일 수 있다.[84]

이 화목은 물론 이교에서 말하는 개념의 화목과는 거리가 멀다. 첫째, 우리가 보았듯이 하나님의 진노에 대한 성경적인 개념은 이교에서 보는 변덕스럽고 흔히 보복하는 신이라는 그림과는 전혀 어울리지 않는다. 하나님의 진노는 죄에 대한 완전한 거룩을 위한 불가피하고도 필요한 반응이다. 둘째, 세속 종교의 전통과는 대조적으로 화목제를 주도하는 것은 하나님 자신이다. "이교의 관점에서는 속죄가 신이 기꺼이 용서하도록 만드는 것이다. 성경적인 관점에서는 속죄가 하나님이 자신의 거룩한 성품을 따라 일관되게 그분이 결코 하고 싶지 않았던 일을 하실 수 있도록 만드는 것이다. 전자의 관점에서는 희생이 사람을 향한 신들의 감정을 변화시키는 것이며, 후자의 관점에서는 희생이 죄와 관련한 하나님이 취하시는 조치의 일관성에 영향을 미치는 것이다."[85]

바울이 암시하는 바에 따르면 그리스도는 이제 구약(Old Covenant)에서 "속죄소"가 있던 자리를 차지하고 있다. 즉, 자신의 백성을 위한 하나님의 속죄 규정의 중심이자 초점이 된다. 이 속죄는 희생으로서의 그리스도의 죽음을 통해 이루어지고 힐라스테리온이라는 단어에는 화목에 대한 언급이 포함되기 때문에 "화목

83. כפר(카파르)의 어원이나 의미에 대해서는 거의 합의가 이뤄지지 않고 있지만, 제의와 함께 사용될 때 화해의 개념에 대한 암시를 찾는 좋은 사례가 만들어질 수 있다. 특히 Sklar는 다음과 같은 정의로 주의 깊은 어휘 연구를 마무리한다. "죄를 지은 당사자가 단순 형벌로부터 구제받도록 하는 법적 또는 윤리적으로 합법적인 지불은 피해자가 실행하거나 또는 실행한 권리이다. 이 지불을 수락하는 것은 전적으로 피해자의 선택에 달려 있으며 이는 원래 예상했던 것보다 더 적은 처벌이다. 그리고 이 지불 수용은 죄인의 생명을 구하고 피해자를 진정시키는 데 기여하여 관계의 평화를 회복하게 한다"(*Sin, Impurity, Sacrifice, Atonement*, 78; 또한 같은 저자, "Sin and Impurity," 18-31를 보라; Garnet, "Atonement Constructions," 131-63; D. Peterson, "Atonement in the Old Testament," 1-25; R. Averbeck, "כפר," *NIDOTTE* 2.689-710). 기원론에 관해서는 Janowski, *Suhne als Heilsgeschehen*, 15-102도 보라. ἱλαστήριον와 그 동족어에 나오는 화해의 개념은 1세기 유대인 저자 요세푸스에게 분명히 나타난다(*J.W.* 5.385; *Ant.* 6.124, 8.112, 10.59, 16.182; *Ag. Ap.* 1.308[?]를 보라).

84. 예를 들어, N. Young, "C. H. Dodd," 67-78.

85. Stevens, *Johannine Theology*, 183-84

의 수단"[86] 및 "화목을 위한 희생"[87]과 같은 번역은 정확하지 않다. 이러한 번역은 매우 협소한 의미일 수 있다. 이것이 더 넓은 신학적 의미가 분명하다면 "속죄소"라는 표현은 받아들일 만하다. 그러나 이 용어가 가리키는 개념의 폭을 고려할 때 NIV와 NRSV의 표현인 "속죄의 희생"도 속죄소라는 표현만큼 괜찮은 용어다.[88]

흔히 신앙고백이나 찬송 양식임을 알리는 것으로 보이는 전치사구들을 거듭 사용하는 방식으로, 바울은 이제 하나님이 그리스도를 "화목"의 새언약으로 세우시는 의의와 거기에 함축된 의미들을 확장시킨다.

특히 22절에서 "예수 그리스도의 믿음"(개역개정에서는 '예수 그리스도를 믿음'-옮긴이)이 그리스도 자신의 신실함을 언급한다면, "믿음으로 말미암아"라는 어구는 하나님께서 그리스도를 힐라스테리온으로 "세우신" 수단이나 힐라스테리온으로 속죄 행위를 완성하는 수단으로서의 그리스도의 신실함을 나타낼 수 있다.[89] 그러나 22절에 대한 주석에서 우리가 개략적으로 서술한 이유들로 말미암아 우리는 인간의 믿음을 말하고 있다는 의미가 더 가능성이 있다고 생각한다. 이 경우, 이 "예수 그리스도를 믿음" 어구는 힐라스테리온을 수식하며, 인간 개인이 그리스도 희생의 혜택을 전유하는 수단을 가리킨다. 거기에 더하여 "그의 피로써"라는 전치사구가 "믿음"의 대상 – "그의 피를 믿음"으로(KJV를 보라)[90] – 을 가리키며 – "그의 피로 말미암아 하나님이 그를 제공하셨다"[91]로 – 동사 "세우셨으니"를 수식하는지 아니면 힐라스테리온을 수식하는지는 – "피로 드리는 화목으로"(NASB에서는 "믿음으로 말미암아 그의 피로인한 화목"으로 용어를 뒤집어 표현한다는 점에 주목하라) – 더욱 알

86. Morris, "Meaning of ἱλαστήριον," 36-37; Godet; Robeck, "What Is the Meaning of hilastērion?," 21-36.
87. Murray; Ridderbos, *Paul*, 187-88.
88. NRSV의 선택은 RSV의 "속죄"를 의도적으로 수정한 것이다. 확실히, D. Bailey는 이 단어가 바울 시대의 동물 희생제사를 한번도 실제로 언급하지 않는다고 이의를 제기한다 ("Jesus as the Mercy Seat," 155-56). 그러나 우리는 이 단어가 희생제사가 근본적인 역할을 하는 속죄일 의식을 더 광범위하게 참조하고 있다고 생각한다.
89. 전자에 관해서는 예를 들어, Longenecker; Pluta, *Gottes Bundestreue*, 42-56; Cousar, *Theology of the Cross*, 57-58; D. Campbell, *Rhetoric*, 58-69; (가능한 한) S. K. Williams, *Jesus' Death*, 47을 후자에 관해서는 Wright를 보라.
90. Calvin; Hodge; Flebbe, *Solus Deus*, 100-101.
91. Fitzmyer.

기가 어렵다.[92] 그러나 바울은 그의 서신 다른 곳에서는 그리스도의 피를 믿음의 대상으로 삼는 일이 결코 없으며,[93] 따라서 후자를 택하는 것이 보다 바람직하다. "그의 피로써"는 그리스도의 피가 하나님의 진노를 누그러뜨리게 하는 수단으로 선정하게 한다.[94] 그리스도의 피가 구원을 보장하는 수단으로 나오는 다른 여러 본문(롬 5:9; 엡 1:7; 2:13; 골 1:20)에서와 마찬가지로, 그 목적은 그리스도의 죽음을 희생으로 지칭하는 데 있다.[95]

일련의 어구들 중 세 번째 전치사구는 하나님이 "화목제물로 세우셨으니"라는 목적을 가리킨다. 즉, "이는[96] 하나님께서 길이 참으시는 중에 전에 지은 죄를 간과하심으로 자기의[97] 의로우심을 나타내려[98] 하심이니"라는 목적이다. 바울이 이 어구로 말하고자 하는 바가 도대체 무엇이냐로 논쟁이 일어나는데, 그 중심이 되는 쟁점은 "자기의 의로우심"의 의미다. 학자들은 많은 해석을 내놓았지만, 대체로 두 개의 일반적인 접근방법이 지지받는다. 첫째는 "의로우심"(디카이오쉬네)을 취하여 이것이 우리가 하나님의 차별이 없고 공정하심을 뜻하는 하나님 성품의

92. 대다수의 주석가가 이렇게 주장하고 있다. 예를 들어, Godet; Schreiner를 보라. Choi는 ἐν이 동반의 의미를 가질 수 있다고 제안한다. "[속죄소]에 그의 피와 함께"("Problem of Translating," 199-201).

93. 바울은 πίστις 다음에 ἐν을 써서 믿음의 대상을 가리킬 수 있지만(갈 3:26; 엡 1:15; 골 1:4; 딤전 3:13; 딤후 1:13; 3:15), 이것은 그가 통상적으로 쓰는 구문은 아니다.

94. ἐν은 아마 조격으로 쓰였을 것이다.

95. W. Davies, *Paul and Rabbinic Judaism*, 232-37; Morris, *Apostolic Preaching*, 108-24. Byrne은 바울이 ἱλαστήριον으로서의 그리스도의 사역이 제단에 피를 뿌림이 아니라 그의 죽음에서 일어난다는 것을 명확히 하기 위해 이 구절을 추가했을 수 있다고 제안한다 ("Paul and Mark," 226; 또한 Bell, "Sacrifice and Christology in Paul," 19를 보라).

96. 그리스어 εἰς는 여기서 목적절의 도입으로 쓰였다.

97. 그리스어 αὐτοῦ는 문장의 주어인 θεός를 그리스도라기보다 선행사로써 가지고 있는 것이 거의 확실하다(이와 반대로는 Porter).

98. 그리스어로는 ἔνδειξις. 이것은 비교적 희귀한 단어로 LXX에는 나오지 않고 신약에서도 이 문단을 제외하고는 두 번 밖에 나오지 않는다. 그것이 여기서 "나타냄"을 의미하는지(BDAG; Cranfield) 또는 "보여주는 것"을 의미하는지에 대해 논쟁이 되고 있으나 (특별히 Kümmel, "πάρεσις und ἔνδειξις, 161-62), προέθετο에 비추어 볼 때 아무래도 후자에 강조점을 두어야 할 것 같다. (필론이 ἔνδειξις 를 11번 사용하고 있는데 그중 10번이 공개적인 나타냄 또는 상징을 가리키고 있음에도 주목하라. 반면, 이것이 "보여주는 것"이라는 해석에는 빌 1:28과 고후 8:24에서와 마찬가지로 어떤 것의"나타냄"으로 십분 이해될 수 있는 만큼, "증명"의 개념도 완전히 배제할 수 없다. 하나님이 그리스도를 ἱλαστήριον으로 공시하시는 것은 그리스도의 "의로우심"을 나타내는 최소한 그 목적들 중 하나로 삼는 것이다.

"중립적" 측면, 이것이 그의 "정의"(분배의 정의)이건 또는 하나님이 자신의 성품에 따라서 그리고 자신의 영광을 위해서 행하시는 것이건 간에, 이라고 부를 만한 것을 가리킨다. 그러면 이 절 전체가 다음과 같은 의역으로 해석될 것이다. "하나님이 정의라는 것을 나타내기[또는 보여주기] 위해, 하나님이 그의 성품에 따라 오래 참으셨다, [그럴 필요가 있었던 이유는] 그가 전에 지은 죄를 간과하셨기 때문이다."[99] 두 번째 해석은 "의로우심"이 여기서 하나님의 구원하시는, 언약에 대한 신실함을 가리키는 긍정적인 뉘앙스로 이해하는 것이다. 이 관점으로 보면, 이 절 전체는 "하나님께서 길이 참으시는 중에, 전에 지은 죄를 용서하심으로 그의 구원하시는 신실함을 밝히고자 하심이니"와 같은 식으로 번역해야 할 것이다.[100] 첫 번째 견해에 따르면, 이 절은 그리스도의 화목하게 하는 사역의 필요성을 통해 하나님의 거룩한 성품이 요구하는 바에 따르는 것으로 설명하는 데 이는 우리가 대속의 "내적" 기제(mechanism)에 대한 우리의 이해에 중요한 도움을 준다. 하나님이 과거에 지은 죄에 따라 마땅히 받아야 할 형벌로 응징하지 않고 참으신 것은 그의 공정하고 차별없는 정의 또는 거룩에 의문을 제기하여 이 정의가 그리스도의 화목제로 인한 만족이 "해소되도록" 하는 필요성을 형성한다. 두 번째 견해에 따르면, 이 절은 그리스도 안에서 행하시는 하나님의 사역을 하나님이 언약하신 약속의성취와 연결한다. 하나님은 죄 사함의 수단으로 그리스도를 세우심으로써 그 구원의 약속을 이제 성취하시는 것이다. 이 두 번째 견해가 대다수의 현대 학자들에 의해 선호되었지만, 첫 번째 견해를 채택할 만한 건전한 이유들이 있다. 이는 "자기의 의로우심"에 대한 해석은 이 어구에 나오는 다른 핵심 단어들의 의미

99. 이 관점에 대한 명확한 소개를 하는 것으로는 특별히 Denney, *Death of Christ*, 96-107를 보라. 그리고 Piper, *Justification of God*, 115-30의 간결한 주석적 변호; 같은 저자, "Demonstration of Righteousness," 12-32; Carson, "Why Trust a Cross?," 361-62; Schreiner; Kruse; 그리고 Ribbens ("Forensic-Retributive Justification")는 히브리어의 평행 언어에 호소함으로써 이 해석을 지지한다. Longenecker(예를 들어, 405, 432-35)는 바울이 유대교 전통에서 인용한 의에 대한 "한정적"(attributive) 의미와 바울 자신의 강조(21-22절을 보라)를 나타내는 의에 대한 "전달적"(communicative) 의미 사이를 구별한다. Schnabel을 보라.

100. Kümmel의 1952년도 논문 "πάρεσις und ἔνδειξις," 154-67은 이 해석을 위한 길을 닦았다. Käsemann; C. Müller, *Gottes Gerechtigkeit*, 109-11; Schlier; Wilckens; Dunn; Reumann, "Righteousness," 37-38; Stuhlmacher, "Recent Exegesis," 95; D. Campbell, *Rhetoric*, 157-76도 참조하라.

에 크게 의존하기 때문인데, 그렇기 때문에 우리는 이러한 핵심 단어들로 시작해서 이 어구로 돌아갈 것이다.

특히 비판적인 부분은 "전에 지은 죄를 간과하심으로"라는 전치사구의 해석에 있다. "자기의 의로우심"이 하나님의 언약에 대한 신실함을 가리킨다고 주장하는 사람들은 이 번역이 부정확하다고 역설한다. 그들은 "전에 지은 죄를 사하심으로 말미암아 [또는 사하실 목적으로]"와 같은 식으로 해석되어야 한다고 주장한다. 그렇게 되면 이 어구는 하나님이 그의 구원하시는 신실함을 보여준 수단(또는 목적)을 표현하는 것이 될 것이다. 즉, 옛 언약 아래에서 그 지은 죄의 사함을 보증하는 조치를 취하시는 것이기 때문이다.[101] 그러나 이 해석은 어휘적 뒷받침에 대한 의문을 품게한다. 우리가 "간과하심"으로 번역하는 단어는 "사함"을 뜻하는 것이 아니라, 법적 혐의 또는 죄에 적용될 때 "형벌의 연기"("중단") 또는 기소의 "유예"를 뜻한다.[102] 전치사 디아(*dia*)가 이곳에서 "말미암아"로 번역될 수 있을 것 같지도 않다.[103] 이 전치사가 사실상 목적의 의미를 가질 수는 있지만 ("…할 셈으로"),[104] "간과

---

101. Kümmel, "πάρεσις und ἔνδειξις," 155-64; 또한 Lietzmann; Kasemann을 보라.

102. 특히 Dionysius of Halicarnassus, *Roman Antiquities* 7.37 (그리고 Creed, "ΠΑΡΕΣΙΣ," 28-30에서의 해설을) 보라. 그리고 Xenophon, *Cavalry Commander* 7.10에서의 παρίημι; Josephus, Ant. 15.48을 보라. 약간 다르지만, 그래도 "간과하다"라는 의미의 증거를 제공하는 것으로 Sir. 23:2가 있다. 특히, Irons, *Righteousness of God*, 282-86; S. K. Williams, *Jesus' Death*, 23-25; 그리고 Michel의 논의를 보라. 이 단어는 드물게 사용된다. 성경 그리스어로는 여기 외에는 나오지 않고, 요세푸스의 작품에서 한 번, 필론의 작품에서 세 번 그리고 다른 데서 어쩌다 한 번씩 나올 뿐이다. 게다가 이 단어가 나오는 많은 경우에 의학적 문맥이 되어 "마비"를 의미하므로(Philo, *On Rewards and Punishments* 143, 145; Hippocrates, *Of the Epidemics* 4.45; Aretaeus, *Peri Haimatōn* 1.7, 2.5를 참조하라. 그러므로 몇몇 교부는 πάρεσις를 죄를 원인으로 하는 마비의 의미로 쓴다[Lampe, Patristic Greek Lexicon, 1033을 보라]). 그리고 매우 다른 종류인 이 문맥에서 이 단어가 갖는 의미를 결정하는데 최소한의 도움밖에 되지 않는다 (그럼에도 C. Holmes ["Utterly Incapacitated," 349-66를 보라. 그는 여기에서 죄로 인한 "무능성"의 개념을 제안한다). πάρεσις를 "죄사함"으로 번역하는 Kümmel과 그밖의 다른 학자들(예를 들어, R. Bultmann, *TDNT* 1.509-10)은 관련된 동사인 παρίημι와 ἀφίημι 사이에 의미론적 중첩이 있다는 주장에 기초한 것이다(눅 11:42과 마 23:23을 비교하라). 이 중첩은 ἀφίημι가 "용서하다"라는 뜻일 때는 발생하지 않고, "방치하다", "내버려두다"의 뜻일 때만 발생한다.

103. 대격이 따르는 διά를 조격으로 번역하는 것은 헬레니즘 시대의 그리스어에서 가능하기는 하지만 아주 드문 만큼, 이러한 번역이 채택되기 위해서는 문맥상으로 그렇게 번역하는 불가피한 이유가 있어야만 한다. BDF(§222)에 대격을 수반하는 διά가 신약에서 "말미암아"를 의미하는 예가 딱 한 번 나오는데, 그것은 어떤 한가지 합성동사에서만 사용된다. Meecham, "Romans iii. 25f, iv.25," 564; S. K. Williams, *Jesus' Death*, 20-23; Piper, "Demonstration," 29-30를 보라.

104. Calvin; Godet; Wilckens; Fitzmyer; Talbert, "Non-Pauline Fragment," 290.

하심"을 목적어로 하면 거의 말이 되지 않는다.[105] 이와 같이 "죄를 사하심으로 말미암아[또는 사하실 목적으로]"라는 번역은 너무 많은 단어에 왜곡된 이례적 의미를 부여하는 만큼 거부되어야 한다.[106] 그러나 이렇게 되면 "자기의 의로우심"이 하나님의 구원하시는 신실함을 가리키는 것이 더욱더 어렵게 된다. 바울이 전에 지은 죄를 "간과하심"이 하나님의 구원하시는 신실하심의 증명을 위한 이유(*reason*)였다고 말한다는 것은 말이 되지 않기 때문이다.

그러나 바울이 가리키고 있는 이 "전에 지은 죄"란 무엇인가? 26절의 맨 앞에(개역개정에서는 25절의 중간쯤에-옮긴이) 나오는 어구가 그에 대한 대답을 가리킨다. "하나님께서 길이 참으시는 중에"는 "간과하심"과 연결되어야 하며, 바울이 단 한 번 더 쓰는 "길이 참으심"(롬 2:4)의 용법에 비추어 볼 때,[107] 그것은 십자가 이전까지의 기간을 가리킬 것이다(행 14:16; 17:30도 보라). 그렇다면 "전에 지은" 죄는 개종하거나 세례 받기 전에 지은 죄가 아니라,[108] 구원의 새 시대 이전에 지은 죄일 것이다. 이것은 하나님이 그리스도 이전에 지은 죄를 벌하지 못하셨다거나 "눈감아 주셨다"는 뜻이 아니며, 하나님이 옛 언약 아래에서 지은 죄를 진짜로 "용서하지" 않으셨다는 뜻도 아니다.[109] 바울이 의미하는 바는 하나님이 옛 언약 안에서 지은 죄에 합당한 벌을 "연기하여", 죄인들이 하나님의 거룩한 정의가 요구하는 조건들의 "충족"을 제대로 하지 못한 상태임에도 하나님 앞에 설 수 있도록 하셨다는 뜻이다(히 10:4를 보라).

이에 비추어 볼 때, "자기의 의로우심"은 하나님이 과거의 죄를 충분히 엄하게 다스리지 않으셨기 때문에 의문시 될 수 있었는데, 이제 그리스도를 "화목제물"

105. 예를 들어, 바울은 아무래도 하나님이 "죄를 간과하실(passing over) 목적으로" 자기의 의로우심을 나타내셨다고 주장할 것 같지는 않다.

106. V. Taylor가 "Great Texts," 299-300에서 그렇게 결론을 내린다.

107. 그리스어로는 ἀνοχή. S. K. Williams(*Jesus' Death*, 25-33)는 구약과 유대교의 특정 본문들에 기초하여 ἀνοχή를 부정적인 용어로 보고 하나님이 이방인의 죄를 다스리지 못해 그들로 하여금 진노를 "쌓아" 누적하도록 만시드는 것으로 해석한다. 그러나 하나님의 "길이 참으심"의 이렇게 특수화된 측면이 이곳에서 보인다는 증거는 불충분하다.

108. 반대 의견의 예로는 Mundle, *Glaubensbegriff*, 88. 또한 성전 숭배에서 다루지 않는 죄에 대한 언급도 없다(이와 반대 주장으로는 Jewett).

109. 이것이 17세기의 개혁신학자 Cocceius와 그의 추종자들의 견해였다 - 로마 가톨릭의 선조 림보(*limbus patrum*)와 다소 비슷한 견해다. 이 견해가 17세기 초에 활발한 토론을 촉발시켰다(예를 들어, L. Berkhof, *Systematic Theology*, 267-68를 보라).

로 세우심으로써 증명된 하나님의 성격 중 어떤 면을 가리킬 수밖에 없음이 분명하다. 여기서 초점은 하나님의 의로우심의 긍정적이고 구원적인 표현에 있다. 정확히 이 하나님의 의로우심의 나타남은 칭의와 새 생명으로 인도한다 (21-22). 이 나타남은 그의 "의로운 작정"에 나타난 하나님의 "의로우심"이 죄지은 모든 이들에게 그의 진노(1:32), 그의 "의로우신 심판"(2:5)으로 벌하는 것에 대한 질문을 불러일으킨다. 리델보스는 바울이 하나님의 징벌하시는 의를 가리킨다고 생각하고,[110] 파이퍼는 하나님이 항상 자기의 영광을 보존하기 위한 행동을 하신다는 것을 가리킨다고 보지만,[111] 우리는 보다 일반적으로 하나님이 항상 자기의 성품에 따라 행하시는 그의 "일관성"을 가리킨다는 쪽을 선택한다.[112]

26 이 절의 첫 번째 어구는 우리가 25절의 마지막 절 ("전에 지은 죄를 간과하심으로"인데, 개역개정에서는 중간절이다-옮긴이)과 연결하여 이미 다루었다. 이 절의 다음 부분은 "곧 이때에 자기의 의로우심을 나타내사[113]"로,[114] 바울이 25절에서 이미 말한 것의 불필요한 반복처럼 보인다. 혹자는 이 어구가 25b-26a절의 목적을 표현하고 있는 것으로 생각한다. 즉, 하나님이 길이 참으시는 중에 죄를 벌하지 않고 두시는 것은 바로 이때에 자기의 의로우심을 증명 "할 셈"이기 때문이다.[115] 그러나 이 절을 25절의 "…을 나타내려 하심이니"의 평행으로 보는 편이 낫다. 이것은

---

110. *Paul*, 167-68. 또한 Pfleiderer, *Paulinism*, 1.94-95를 보라.

111. *Justification of God*, 127-30.

112. 하나님의 "의로우심"의 이 의미를 가리키는 것이라고 하는 구약의 선례에 대해서는 1:17 뒤의 부설을 보라. 그리고 또한 이에 대한 훌륭한 토의에 대해서는 Irons, *Righteousness of God*, 279-89; 그리고 Linebaugh, *God, Grace, and Righteousness*, 143-46를 보라.

113. 그리스어는 πρὸς τὴν ἔνδειξιν. 25절에서는 εἰς가 쓰였는데 여기서 πρός로 바뀐 것은 순전히 문체의 문제일 뿐이며, 둘 모두 목적을 가리킨다.

114. Käsemann은 이 어구를 26절의 나머지와 함께 바울이 24-26절에서 인용하는 전승의 바울 나름의 "수정"으로 본다. 이 전승은 언약적 신실함으로써 하나님의 의로우심에 대한 유대-기독교인 관점을 나타낸 것인데, 바울의 첨가로 그 개념이 피조물에 대한 하나님의 신실하심이라는 개념으로 확대된다(또한 C. Müller, *Gottes Gerechtigkeit*, 109-11도 보라; Stuhlmacher ["Recent Exegesis," 104-5]는 보다 더 조심스럽게 바울이 그 전승을 수정했다고 하기보다 그것을 "넘어서는" 것이라고 말한다). 하지만 이 해석은 개연성이 매우 적다. 바울은 25절에서 어떤 전송을 인용하거나 또는 적어도 암시할 수 있다. 그러나 이는 그가 이것에 동의하지 않는다는 뜻을 아주 분명히 밝히지 않는 한 그가 동의하지 않은 것을 언급할 가능성은 거의 없다. 이것이 Käsemann이 밝히는 가설의 가장 취약한 부분이다. 그가 바울에게 부여한 이 "수정"이 분명하지 않기 때문이다.

115. 예를 들어, S-H.

중간 수식어 뒤에 하나님의 의로우심의 나타남이라는 주제를 다시 제기하고, 이 나타남이 과거에 대해서만이 아니라 현재에 대해서도 의의를 갖는다는 중요한 점을 덧붙인다.[116] 이것이 문단의 맨 앞에 나오는 "그러나 이제는"(개역개정에서는 21절에 "그러나" 없이 "이제는"으로만 되어 있음-옮긴이)을 되돌아보게 하는 것임이 분명하다는 것은, 바울이 그리스도가 오신 이후의 시대를 절정으로써, 종말을 향해 나아가는 종말론적 구원사의 시대로 다시 강조하는 것으로 알 수 있다.

26절의 마지막 부분은 두 가지 다른 방식으로 앞의 문맥과 연결될 수 있다. 바울이 25절에서 시작한 문장의 궁극적인 목적 또는 결과를[117] - "하나님이 그리스도를 화목 제물로 세우셨으니 이는 자기도 의로우시며 예수 믿는 자를 의롭다 하려 하심이라[또는 하시는 결과를 낳는다]"로[118] - 가리키고 있을 것이다. 또는 이 절이 바로 앞에 있는 절 - "자기의 의로우심을 나타내려 하심이니 곧 이 때에 자기의 의로우심을 나타내사 자기도 의로우시며 또한 예수 믿는 자를 의롭다 하려 하심이라" 라고 - 을 자세히 설명하는 것이다. 주석서들에서의 다소 약한 지지를 받기는 할지라도 이 마지막 해석 쪽이 선호되어야 할 이유는, 이것이 "이 때에"와 "예수 믿는 자를 의롭다 하려 하심이라" 사이의 자연스러운 연결로 보이는 것을 보존하기 때문이다.[119] 이 견해로 하면 25절과 26절에 나오는 2개의 - 둘 모두 "나타내려[사]"로 시작되는 - 목적절은 "세우다"의 평행 수식어구가 되는데, 전자는 그리스도의 화목을 위한 희생이 하나님이 과거의 죄를 벌하기를 연기하심 속에 그의 의로우신 성품을 어떻게 유지하실 수 있었는지에 초점을 맞추며, 후자는 이와 같은 희생이 이 구원의 시대에 예수 믿는 자들을 의롭다 하시는 하나님의 의로

116. Cranfield. ἐν τῷ νῦν καιρῷ("곧 이 때에")라는 어구에 주목하라. 바울은 롬 8:18과 11:5에서도 ὁ νῦν καιρός를 가리키는 데, 두 곳에서 모두 그리스도의 수난과 이스라엘의 고난을 함께 공유하는 때로써 "현재"라고 표현한다 (또한 딤전 6:17; 딤후 4:10; 딛 2:12; 그리고 고후 6:2에 나오는 ὁ νῦν αἰών도 보라).

117. 이 대안은 부정사(τὸ εἶναι)와 함께 εἰς의 구성을 제공한다. 많은 사람들은 이 대안이 일반적인 의미라고 주장한다.

118. 예를 들어, Morison, *Critical Exposition*, 315.

119. 이러한 번역은 문법적으로 받아들일 만하다. 즉, 부정사와 함께 자주 사용되는 εἰς(바울 서신 구성에서 거의 25%나 나온다)는 이전 단어나 어절을 자세히 설명한다(1:20의 각주 65을 보라). 바울이 Ἰησοῦς를 절대적으로 사용하는 이유는 불분명하다 (바울 서신에서는 다소 드문 현상이다. 또한 롬 8:11; 고전 12:3; 고후 4:10-11; 갈 6:17; 엡 4:21; 빌 2:10; 살전 1:10; 4:14을 보라).

우신 성품을 어떻게 보존했는가를 밝힌다.[120] 이렇게 보면 "의롭다 하시는 분"(디카이온타)은 "의로우신"(디카이온)과 동위적인 - "의로우시며 **그리고**(*and*) 의롭게 하시는 것"으로 - 것도 아니요, "의로우신"의 수단이 되는 - "의롭게 하는 것으로 **인하여**(*by means of*) 의로우신"[121] - 것도 아니라, 양보적인 - "의롭다 하시는 것만으로도(*even in*) 의로우신"[122]으로 - 것이다. 바울의 요지는 하나님이 그의 의로우신 성품(25절과 26절에 나오는 "자기의 의로우심")을 죄인들을 의롭다 하시는 행동(21절과 22절에 나오는 "하나님의 의로우심"으로)을 하실 때 조차 유지할 수 있는 것은, 그리스도가 자신을 화목 제물로 드리는 데서 하나님의 차별 없고 변함없는 의로움이 요구하는 조건을 완전히 충족시키기 때문이라는 것이다.[123] 물론 속죄를 보는 이런 방식은 요즈음에는 시대에 뒤떨어진 것이며, 하나님의 주권과 사랑에 관한 성경적인 가르침과는 완전히 이질적인 개념을 내포한다고 하여 빈번하게 배척당하는 것이 사실이다. 그러나 이 연구 방법의 효시로 널리 인정되는 유명한 논문 *Cur Deus Homo* ("하나님은 왜 사람이 되셨는가")의 저자인 캔터베리의 안셀무스(Anselm of Canterbury)의 실수가 무엇이건 간에, 하나님의 성품은 죄를 가볍게 무시할 수 없는 것이라는 그의 강조는 하나님에 관한 성경적인 교리에서 필수적인 요소다. 거룩한 하나님께 내재하는 그 문제를 무시 또는 축소하여 죄인을 수용하는 사람들은 안셀무스가 직접 한 경고를 들어봐야 할 것이다. "당신은 아직 죄의 무게를 생각해 본 적이 없다."[124]

루터는 이 문단을 "성경 전체의 … 주안점"이라고 불렀는데 (이 단원의 도입부분을 보라), 왜냐하면, 이 문단이 루터가 성경의 심장이라고 생각한 것에 초점을 맞추

120. "예수에 대한 믿음"은 πίστεως Ἰησοῦ가 목적격적 속격임을 전제로 한다. 그 대안은 다시 여기에서 주격적 속격으로 제시된다(22절과 25절에 대한 주석 각주 참조). "예수께서 나타낸 신실하심"(예를 들어, Longenecker; Gignac; G. Howard, "Romans 3:21-31," 229-31; Wright; D. Campbell, *Deliverance of God*, 672-76; Cousar는 예수가 가졌던 믿음을 공유하는 개념을 제안한다[*Theology of the Cross*, 58]).

121. Käsemann.

122. Cranfield.

123. 특히 다시 Denney, *Death of Christ*, 97-98; 또한 Ridderbos, *Paul*, 193-96; Morris, *Apostolic Preaching*, 257을 보라.

124. "Nondum considerasti quanti ponderis peccatum sit." 안셀무스에 관해서는 O. Weber, *Foundations of Dogmatics*, 2.207-14 (조금 지나치게 부정적?); McGrath, *Iustitia Dei*, 1.55-60의 논평을 보라.

기 때문이다. 그 성경의 심장이란 이신칭의이다. 후일에 루터교는 이 교리에 부여한 중심적 역할을 강조하기 위해 "교회가 서거나 무너지는 조항"이라는 표어문구를 만들었다. 물론 루터의 시대에는 "이신칭의"가 칭의의 은혜에서 인간의 협력의 자리를 강조한 로마 가톨릭 가르침에 대한 날선 비판이었다. 그래서 종교 개혁가들의 **오직 믿음으로**(*sola fide*)에 "오직 은혜로"(*sola gratia*)가 추가되었다. 이 어구들로 종교 개혁가들은 칭의가 처음부터 끝까지 하나님 스스로 행하시는 일이며, 인간은 거기에 응답해야 하지만 인간이 보탤 수 있는 것은 아무것도 없다는 그들의 신념을 표현했다.

칭의 교리는 최근 몇 년 동안 신학적 논쟁의 진정한 폭풍의 중심이었다. 개신교와 로마 가톨릭 양쪽 모두에서 교리에 대한 전통적인 관점은 도전을 받고 수정되었으며 어리둥절할 정도로 많은 새로운 선택지가 제안되었다. 이곳에서는 그러한 문제를 자세히 다룰만한 적절한 장소는 아니다.[125] 이전 문단에서 나의 논평이 분명히 했듯이 나는 칭의에 대한 전통적인 종교개혁 교리가 바울의 가르침에 확고하게 기초하고 있으며 교회의 건강을 위한 중요한 교리로 남아 있다고 생각한다. 나는 현대의 도전에 비추어 다시 주장하는 것이 중요한 이 전통적인 관점의 두 가지 특정 측면에 주목한다. 첫째, 바울의 칭의는 법정적이다. 삶의 변화는 반드시 그리고 필연적으로 법정적 칭의를 따르지만 전자는 후자의 일부가 아니다. 둘째, 칭의는 다른 인간과의 관계가 아니라 하나님과의 관계에 관한 것이다. 다시 말하지만, 칭의는 다른 사람들과의 관계를 새롭게 하고 인종, 국가, 사회경제적 집단 등등 간의 적대감을 없애는 열매를 맺어야 한다. 그러나 바울의 칭의에 대한 가르침은 더 중요하고 근본적인 적대감의 제거에 관한 것이다. 바로, 죄로 가득한 인간과 의롭고 거룩하신 하나님 사이의 적대감의 제거다.

125. 내가 추천하는 교리에 대한 유용한 개요와 관점에 관해서는 특히, Westerholm, *Justification Reconsidered*; Allen, *Justification and the Gospel*; and Schreiner, *Faith Alone*를 보라. 또한 1:17 이후의 부설도 보라.

2. "오직 믿음으로"(3:27-4:25)

3:27-4:25에서 바울은 3:21-26의 위대한 신학적 명제를 자세히 설명한다. 보다 정확히 말하자면, 그 명제 속에 있는 하나의 핵심 요소를 설명한다. 3:27-4:25에서는 속죄나 하나님의 의에 대한 나타남, 또는 옛 언약 아래에서 지은 죄에 대한 규정은 더 이상 들을 수 없다. 그보다 바울은 22절에서 진술된 핵심 주제인 "예수 그리스도를 믿음으로 말미암아 모든 믿는 자에게 미치는 하나님의 의"에 집중한다. 믿음은 이 서신에 속한 이 단원의 모든 문단에서 주제가 된다. 바울이 일련의 반명제(antitheses)를 사용하여 칭의의 유일한 수단인 믿음의 본질과 함의들을 도출하기 때문이다. 믿음은 "율법의 행위"(3:28), "행위"(4:1-8), 할례(4:9-12), 율법(4:13-16) 그리고 "육안"(4:17-22)과 대조된다. 이 대조들과 함께 바울은 종교개혁 가르침의 각인이 된 **오직 믿음으로**(*sola fide*)를 밝힌다. "오직 믿음"만이 사람이 성경의 하나님과 관계를 맺을 수 있는 수단이라는 것이다. 바울은 이 단원에서 **오직 믿음으로**(*sola fide*)는 **솔라 그라티아**(*sola gratia*), 즉 "오직 은혜로만"을 유지하기 위해 필요한 것이라 주장한다. 그러나 이것은 또한 이방인도 유대인과 동등하게 한 분 하나님께 다가갈 수 있음을 확실히 하기 위해서 필요한 것이기도 하다. 이방인을 하나님의 백성 가운데 포함시키는 것은, 하나님이 아브라함에게 하신 일들이 보여주는 바와 같이, 항상 하나님의 계획 안에 들어 있었다. "율법 외에" 하나님의 의가 나타난 것(21절)은 이전에는 없던 방식으로 이러한 가능성이 열린 것이다. 그러므로 이방인을 하나님의 백성으로 포함시키는 문제가 이 단원의 중요한 주제다. 하지만, 전통적인 신학에서 개인과 하나님의 관계에만 지나치게 관심을 쏟는 것에 대해 반발하고 있는 현대의 많은 학자들의 생각과는 달리, 이것이 중심 주제는 아니다.[126]

이 단원 속의 반명제들은 논박의 의도가 있음을 드러낸다. 바울은 다시 한번 유대인 또는 유대 기독교인의 관점과 쟁론을 벌이면서 율법(3:27-28; 4:13-15), 행위

126. 특히 Wright(480)는 3:27-4:25이 기본적으로 이방인을 하나님의 백성으로 포함하는 것과 관련된 것이라는 견해를 가지고 있다. "하나님은 한 분이시므로…. 궁극적으로 하나님의 한 백성이 있어야 한다. 그리고, 그러므로 그의 백성은 유대 율법이 아닌 다른 것으로 구별되어야 한다."

(4:2-8) 그리고 할례(4:9-12)의 중요성을 격하시킨다. 바울은 이 논박의 초점을 2:1-5, 17-19절; 3:1-8에서 본 대화적 문체로 돌아오는 것으로 알린다. 또 한편, 로마서에서 자신이 전개하는 복음 설명을 그토록 균형감을 갖추고 특색 있게 하는 가운데, 바울은 구약 및 유대교와의 연속성 유지를 위해 고심한다. 이신칭의는 구약 자체가 가르치는 것과 다를 바가 없으며(롬 4장의 여러 곳), 믿음은 율법을 "굳게 세우며"(3:31), 할례조차 더 이상 하나님께 속하는 사람들의 필수적인 표는 아니지만 유대인에게는 여전히 유효한 것으로 보존된다(4:11-12)는 것 등이 그것이다. 구약과 유대교의 제도들에 관한 이런 긍정적인 언급은 갈라디아서(3장)의 다소 평행한 구절과 뚜렷한 대조를 이룬다. 갈라디아서 3장에서 바울은 상대를 논박하는 것이 주 목적이기 때문에 보다 더 편향적인 자세를 취한다. 하지만 로마서에서 바울은 그의 복음이 어떻게 옛 언약의 장벽을 허무는가를 보여줌과 동시에 옛 언약과의 연속선상에 서는 것을 목표로 하며, 그래서 불연속성 속의 연속성이 그의 주제가 된다. 로마의 교인들이 바울의 복음을 모든 사람의 필요에 부응하는 메시지로 이해하고 올바르게 인식하기 위해서는 이런 균형이 필요했다.

로마서 4장은 아브라함에게 편향되어 있고 그것이 4장을 3장의 마지막 문단과 분리시키지만, 두 단락은 밀접하게 연관된다. 사실은 둘 사이의 유사점이 인상적일 정도로 뚜렷하다.[127]

---

127. 4장과 3:27-31 사이의 유사점은 핵심 단어들까지 확장된다.

καύχησις/-μα	3:27	4:2
ἔργα/-ζομαι	3:27, 28	4:2, 4, 5, 6
νόμος	3:27, 28, 31	4:13, 14, 15 (두 번), 16
δικαιόω/-σύνη	3:28, 30	4:2, 3, 5 (두 번), 6, 9, 11, 13, 22
λογίζομαι	3:28	4:3, 4, 5, 6, 8, 9, 10, 11, 22, 23, 24
πίστις/-ευω	3:27, 28, 30, 31	4:3, 5 (두 번), 9, 11 (두 번), 12, 13, 14, 16 (두 번), 17, 18 (두 번), 20, 24

자랑할 것이 없다(3:27a)	아브라함은 자랑할 것이 없다(4:1-2)
…사람이 의롭다 하심을 얻는 것이 믿음으로 인한 것이지 율법의 행위로 인한 것이 아니기 때문에(3:27b-28)	…아브라함이 행위가 아니라 믿음으로 믿음으로 의롭다 여기심을 받았기 때문에(4:3-8)
할례자도 무할례자도 믿음으로 말미암아 한 분 하나님 아래 하나된다(3:29-30)	할례자도 무할례자도 믿음으로 말미암아 아브라함의 후손으로 하나된다(4:9-17)

훨씬 긴 4장이 3:27-31에서 볼 수 없는 많은 요점을 소개하는 것은 당연하지만,[128] 일반적인 주제와 전개에 있어서의 유사성은 인상적이다. 그러므로 우리는 3:27-31을 이 주제에 대한 시작 진술로 보고, 4장은 그 진술의 설명이자 상술로 볼 수도 있을 것이다.[129]

128. Moxnes(*Theology in Conflict*, 226-29)는 또 하나의 평행을 발견하고는 3:31과 4:13-22이 유사하다고 주장한다. 즉, 율법을 약속으로 볼 때(4:13-22), 율법이 "굳게 세워진다"(3:31)는 것이다. 그러나 내가 이 주석에서 논증하듯이, Moxnes가 3:31에 붙이는 의미는 있을 것 같지 않다.

129. 특히 Harrisville, *Figure of Abraham*, 21-22를 보라. Stowers는 3:27-4:2a를 바울과 한 유대인 "학생" 사이의 대화로 분류하고, 4:2b-25을 그 대화의 요점들을 확인하는 "교훈적 일화"(한 유명 인사의 생애로 보여 주는 사례)로 더 정확하게 분류한다(*Diatribe*, 164-73).

a. "오직 믿음으로": 첫 진술(3:27-31)

27 그런즉 자랑할 데가 어디냐 있을 수가 없
느니라 무슨 법으로냐 행위로냐 아니라 오
직 믿음의 법으로니라
28 그러므로[130] 사람이 의롭다 하심을 얻는
것은 율법의 행위에 있지 않고 믿음으로
되는 줄 우리가 인정하노라
29 하나님은 다만 유대인의 하나님이시냐 또
한 이방인의 하나님은 아니시냐 진실로 이
방인의 하나님도 되시느니라
30 할례자도 믿음으로 말미암아 또한 무할례
자도 믿음으로 말미암아 의롭다 하실 하나
님은 한 분이시니라
31 그런즉 우리가 믿음으로 말미암아 율법을
파기하느냐 그럴 수 없느니라 도리어 율법
을 굳게 세우느니라

바울은 이신칭의의 여러 가지 함의와 논증을 신속히 열거해 나간다. 그는 이신칭의가 어떻게 유대인 편에서 아무 자랑도 할 수 없게 만드는가를 밝히는 것으로 시작한다(27-28절). 그 다음의 두 절에서 칭의는 "율법의 행위"가 섞이지 않은 믿음으로 말미암아야 한다는 원칙을 수용하는 더 깊은 이유를 설명한다. 그래야만 하나님이 진실로 유대인 뿐만이 아니라 이방인의 하나님도 되시기 때문이라는 것이다. 마지막으로, 31절에서 바울은 자신이 믿음을 강조하는 데 대해 한 유대인이 제기하는 이의에 대해 간단하게 대답한다. 그는 이렇게 주장한다. 그럴 수 없느니라, 믿음은 율법을 폐하는 것이 아니라 "굳게 세운다" - 믿음은 율법이 진실로 성취될 수 있게 하는 것이다. 톰 라이트(N. T. Wright)는 "전체 단락의 요점은 … 하나님은 한 분이시기 때문에 … 사람은 유대인의 율법이 아닌 다른 것으로 구별되어야 한다는 것이다"라고 주장한다. 이러한 주제가 분명히 존재하기는 하지만 우리는 이것을 단락의 **유일한**(*the*) 주제로 만드는 것은 환원주의적이라고 생각한다. 많은 부분들이 28절에 있는 "율법의 행위"의 의미에 달려있다. 그러나 우리는

130. 알렉산드리아 텍스트 가운데 많은 텍스트(ℵ, A, 81), 서방 텍스트의 중심(D의 원본, F, G) 그리고 언셜체의 Ψ가 γάρ로 읽어, 우리가 "그러므로"로 번역하는 근거를 제공한다. 그러나 몇몇 중요한 사본(알렉산드리아의 B, C, 33과 D의 제2교정본이 그렇다. 다수파 텍스트도 보라)이 그 자리에 οὖν을 넣어 읽는다. 그리고 많은 학자들이 이 대안을 채택하는데, 그들은 이 독법이 더 어렵다고 주장한다. 그들의 주장에 따르면 γάρ로 하면 27절에서 28절로의 전환이 보다 자연스러워진다는 것이다(예를 들어, Morison, *Critical Exposition*, 369-78). 그러나 이것은 분명하지 않다. 필사자가 γάρ를 οὖν으로 쉽게 바꿔 쓸 수 있었을 정도로 바울이 οὖν을 자주 썼고, 이와 같은 구절들에서는 특히 그랬기 때문이다(Longenecker; Metzger, *Textual Commentary*, 450).

20절(각주를 보라)에서와 같이 이 구절이 궁극적으로 하나님 앞에서 받아들여지는 근거라는 인간의 문제를 가리킨다고 생각한다(아래를 보라). 이 주제와 그것이 율법에 미치는 의미는 단락을 묶는다(27-28, 31절). 여기서의 문체는, 2:1-5, 17-19절과 3:1-8에서와 마찬가지로 질의응답 형식을 갖춘 디아트리베 논쟁 방식을 반영한다. 앞 단원들에서와 마찬가지로, 여기에 바울과 한 유대인 대담자 사이에 "진짜" 대화가 있는 것인지,[131] 아니면 바울이 자기의 주장을 밝히는 수단으로 자기 자신에게 질문하고 있는 것인지는 말하기가 어렵다[132] - 그리고 그것은 어쩌면 그렇게 중요한 것도 아닐 것이다.

27 "있을 수가 없느니라"[133]라는 대답이 따르는 "그런즉 자랑할 데가 어디냐"라는 질문은 21-26절로부터 하나의 추론을 끌어낸다. "자랑"은[134] 물론 모든 인간이 짓는 아주 많은 죄성의 뿌리에 있는 교만을 반영한다. 그러나 바울은 아마도 여기서 특별하게 유대인과 그들의 자랑을 생각하고 있을 것이다. 이것은 그가 27b-28절에서 "(율)법"이라는 용어를 써서 대화체로 - 앞서 그의 대화 상대가 "유대인"이었음을 상기하라(2:17을 보라) - 상술하고 있다는 점과, 29-30절에서 유대인과 이방인에게 초점을 맞추는 것으로 알 수 있다. 이 자랑의 본질은 무엇이며 왜 그것이 잘못되었는가? 한 해석은 바울이 하나님과 특별한 언약 관계를 맺고 있다는 것에 대한 유대인의 교만을 생각하고 있다는 점을 내세운다(2:17). 그런 교만은 언약 및 이 언약의 율법과는 별개로 하나님의 의가 나타났으므로 이제는 쓸모

131. Stowers, *Diatribe*, 164-65.

132. 예를 들어, Wilckens, 1.244.

133. 이 곳에서 사용된 동사는 부정과거 ἐξεκλείσθη이다. 몇몇 학자들은 그 부정과거는 "결정적인" 단호한 배격을 암시한다고 했지만(예를 들어, Räisänen, Paul and the Law, 170), 이것은 그리스어에서 부정과거 시제가 갖는 의미의 너무도 전형적인 과부하를 반영한다.

134. 바울은 여기서 그리스어 καύχησις를 사용하는데, 그는 이 단어를 자신의 서신들에서 9번 사용하며(롬 15:17; 고전 15:31; 고후 1:12; 7:4, 14; 8:24; 11:10, 17; 살전 2:19을 보라), 또한 관련어인 καύχημα도 10번을 사용한다(롬 4:2; 고전 5:6; 9:15, 16; 고후 1:14; 5:12; 9:3; 갈 6:4; 빌 1:26; 2:16). 이 단어들의 형태에 기초하여, 전자는 자랑하는 행위를 암시하고, 후자는 자랑하는 이유를 가리킬 것으로 우리로 하여금 예상하게 만든다. 이 구분이 바울에게서 항상 지켜지는 것은 아니지만, 여기서의 καύχησις는 분명히 자랑하는 것 자체를 가리킨다(바울 서신에서 "자랑"의 의미에 관해서는 2:17에 관한 해설을 보라).

없게 되었다고 바울은 주장하고 있으리라는 것이다.[135] 이와 같은 견해는 로마서의 앞선 장들에서 일관되게 유대인이 강조되고 있는 점으로 보나, 하나님이 이제 자신의 의로우심을 "율법 외에"(3:21) 나타내셨다는 것을 바울이 강조하는 점으로 보나 일리가 있다는 것은 분명하다. 그러나 이 "구원사적" 설명 그 자체만으로는 충분하지 않다. 바울이 자랑을 배제하는 이유들은 하나님에 대한 인간의 두 종류의 반응인 믿음과 행위의 대조(27b-28절)와 관련한다("율법의 행위"를 유대인의 언약적 특권으로 한정시키지 않는 이유는 3:20의 각주에서 이미 설명했다). 그리고 이 인간론적 초점은 로마서 4장에서 아브라함에 관한 평행하는 가르침에 의해 확인된다. 아브라함이 자랑할 수 있다고 하는 가설적인 근거는 단순하게 언약적인 "정체성 표지"가 아니라 일반적인 의미에서의 "행위"다. 게다가 바울이 아브라함을 핵심적인 본보기로 삼는 것은 자랑이 잘못되는 것은 그리스도가 오심으로써 만이 아니라는 것의 증명도 된다.[136] 아브라함은 그리스도가 오시기 여러 세기 전의 사람이었지만, 그 역시 자랑할 것이 아무것도 없었던 것이다.

그러므로 여기서의 근본 쟁점은 구원사적인 것이 아니라 인간론적인 것이다. 바울이 거부하는 것은 하나님과의 언약 관계에 대한 유대인의 교만뿐만 아니라 성취에 대한 교만, 즉 유대인이 자신들의 율법 준수가 하나님을 향해 일종의 권리 주장을 할 수 있는 근거가 된다고 생각하는 경향이다.[137] 이것이 잘못된 이유는 칭의가 오직 믿음으로만 얻을 수 있기 때문이다. 즉, 칭의는 그리스도가 계시된(21-24절) 지금뿐만이 아니라 - 그 계시로 더욱 분명해지기는 했지만 - 과거에도 또한 마찬가지였다(4장). 그렇다고 해서 모든 유대인이 그런 자랑하는 태도를 취하는 경향이 있었다고 말하는 것도 아니다. 확실히 유대 종교의 율법 중심성이

---

135. E. P. Sanders, *Paul, the Law and the Jewish People*, 33; Räisänen, *Paul and the Law*, 170-71; F. Watson, *Paul, Judaism, and the Gentiles*, 251; R. Thompson, "Paul's Double Critique," 520-31; Wilckens; Dunn. N. T. Wright는 로마서 1-3장에 대한 이해의 중심이 되는 해석을 따라 훨씬 더 구체적인 의미를 주장한다. 즉, "이 유대인의 주장은 하나님이 곤경에서 세상을 구원하실 수단이 된다" (*Paul and the Faithfulness of God*, 2.847).

136. 이와 반대의 주장으로는 예를 들어, Lambrecht, "Why Is Boasting Excluded?," 365-68.

137. 예를 들어, Ridderbos, *Paul*, 140-41; Westerholm, *Perspectives*, 391; Schreiner; Kruse. 특히, Gathercole, *Where Is Boasting?* 225-26, 여러 곳을 보라 (그는 유대인들이 자신들의 선택받음과 율법에 대한 순종 모두를 자랑하고 있다고 본다). Jewett은 또한 자랑 금지에 대한 보편적인 적용을 주장하지만 이것을 "명예"를 자랑하는 특정한 로마 문화와 관련시킨다.

유대인으로 하여금 그런 경향에 쉽게 빠지도록 하기는 했지만, 타락한 모든 사람이 같은 경향을 보인다. 다시 말해, 헬라인은 지혜를 자랑하고(고전 1:19-31을 보라), 미국인은 그들의 "미국적인 생활 방식"을 자랑하고, 너무도 많은 기독교인은 하나님의 은혜 대신 자신들의 "선행"을 자랑한다.

우리가 살펴보았듯이, 자랑을 배제하는 것에 대한 바울의 설명은 "행위"와 "믿음"의 대조(27b절)에 의거한다. 이 대조에서 두드러지는 것은 바울이 그것을 "율법"(노모스)이라는 단어의 도움을 받아 형성한다는 점이다. 즉, 바울은 "무슨 노모스로[자랑할 데가 있을 수 없다는 것이]냐 행위[의 노모스][138]로냐 아니라 믿음의 노모스로니라"라고 말한다. 여기서 이 노모스 단어를 쓰는 그의 목적은 무엇인가? 바울이 노모스를 통상적인 용법으로 쓴다면, 그것은 그가 이 단어를 이 절을 통틀어 모세의 율법, 즉 토라를 가리켜서 쓴다는 뜻이 될 것이다. 그러면 바울은 모세의 율법을 이해하는 또는 이용하는 두 개의 다른 방식을 대조하고 있는 셈이 될 것이다. 즉, 단순히 "행위"라는 견지에서 이해하면 그것은 자랑으로 이어질 수 있겠지만, "믿음"이라는 견지에서 이해하면 그런 자랑을 일체 배제하게 된다.[139] 이 견해

---

138. 여기서 그리스어는 τῶν ἔργων으로만 되어 있지만(위에서의 번역을 보라), 앞선 질문에 나오는 διὰ νόμου가 여기에 보충되어야 한다.

139. 이 해석의 옹호자들은 두 가지 "율법"의 정확한 의미에 대해 서로 주장하는 바가 다르다. 대부분의 사람들은 첫 번째인 "행위의 법"이 단순히 율법의 일부인 순종을 요구하는 것을 의미한다고 생각한다. 그러나 다른 사람들은 "행위"가 이스라엘의 구분된 위치를 나타내는 것과 관련이 있다고 생각한다(예를 들어, N. T. Wright). 두 번째 구절인 "믿음의 법"은 여러 가지로 설명된다. (1) "믿음을 증거하는 법"(G. Friedrich, "'Gesetz des Glaubens,'" 107–22; Rhyne, *Faith Establishes the Law*, 67-70; Lohse; 동일저자, "ὁ νόμος τοῦ πνεύματος τῆς ζωῆς," 281), Schreiner를 보라; Jewett은 이것을 믿음으로 말미암는 칭의를 가르치는 구약의 율법이라고 주장한다. (2) "믿음에 대한 율법의 요구"(Cranfield), 또한 N. T. Wright, "'토라'는… 유대인과 이방인을 구분하는 '경계 표시들'이 아니라… 오히려 '여기에 메시아의 백성이 있다'고 말하는 메시아 자신의 범주였기 때문에 '경계 표시'로 구성되어 있다"(*Paul and the Faithfulness of God*, 2.847). (3) "믿음의 관점에서 본 율법"(Hübner, *Law in Paul's Thought*, 138-39. Dunn은 "믿음으로 나아가서 믿음으로 성취하는" 것으로서의 율법이라는 말을 쓴다), (4) "믿음으로 성취되는 것으로서의 율법"(Osten-Sacken, *Romer 8 als Beispiel*, 245-46; 동일저자, "Paulinische Verstandnis des Gesetzes," 549-87; Jungel, *Paulus und Jesus*, 54-55; Wilckens). (5) "아브라함의 믿음에 관한 토라의 일부분"(Ito, "ΝΟΜΟΣ (ΤΩΝ) ΕΡΓΩΝ," 256). (6) 믿음의 능력 아래 있는 율법(Martyn, "*Nomos* Plus Genitive Noun," 575-87). 일부는 이러한 특정 개념들 중 하나 이상을 결합한다(예를 들어, Schnabel). H. Gese와 P. Stuhlmacher는 보다 미묘한 차이를 갖는 견해를 공유하는데, 그에 따르면 "행위의 법"은 "시내산 토라"를 가리키고, "믿음의 법"은 메시아 시대를 위해 변형된 종말론적 형태의 하나님의 법인 "시온 토라"를 가리킨다(Gese, "Law," 60-92;

의 옹호자들은 우리가 "무슨"(포이오스)으로 번역한 단어를 때때로 자신들의 견해를 뒷받침하는 중요한 근거로 사용한다. 이 단어는 종종 "어떤 종류의?"라는 의미를 가지며, 이 성질에 관한 함의가 바울이 여기서 같은 법의 대조되는 성질에 관해 묻고 있다는 생각을 뒷받침한다.[140] 그러나 신약에서는 이 단어가 매우 자주 단순하게 "무슨"[141]을 의미하는 것으로 나타난다. 어떤 단어로 번역하든, 이 단어는 바울이 두 개의 다른 법을 가리킨다고 하기 보다는 같은 법에 대한 두 개의 관점을 언급하고 있다고 생각할 수 있게 만든다.

그러나 노모스를 토라로 해석할 때 이 해석이 갖는 훨씬 더 중대한 결점은 모세 율법과 거기에 당연히 수반된다고 하는 믿음 사이의 밀접한 관계다. 이 둘 사이의 긍정적인 관계는 이 문단의 흐름을 거스르고 율법에 관한 바울의 보다 큰 가르침과도 상충된다. 3:21-26과 3:28 양쪽 모두에서도 하나님 앞에 설 수 있게 하는 믿음은 모세의 율법으로부터 분명하게 거리가 있다("율법 외에"; "율법의 행위에 있지 않고"). 바로 이 거리 때문에 31절에서 "그런즉 우리가 믿음으로 말미암아 율법을 폐하느뇨?"라는 질문이 생기는 것이다. 이 질문은 바울이 이 문맥에서 "믿음"을 모세 율법에서 완전히 떼어놓지 않았다면 말이 되지 않는 질문이다. 바로 이 거리가 31절의 질문이 떠오르게 만든다. "그런즉 우리가 믿음으로 말미암아 율법을 파기하느냐." 바울이 이 문맥에서 모세의 율법으로부터 "믿음"을 분리하지 않았다면 이 질문은 의미가 없다. 그리고 (율법이나 율법의 행위를) 믿는 것과 "행하는 것" 사이의 이와 같은 세심한 구분은 로마서 전체를 통해(2:25-29; 3:20; 4:2-8; 9:31-10:8을 보라), 그리고 다른 바울 서신에서도(특히 갈 3:12을 보라) 유지된다. 27절에서 믿음과 모세의 율법 사이의 연결을 암시하고 있다는 것은 - 그것을 어떻게 보건 간에 - 이 분명한 원칙적 구분에 완전히 거스르는 일이 될 것이다. 모든 자랑할 가능성을 일체 없게 하는 것은 "율법의 행위에 있지 않은" 우리의 믿음이다(28절) - 율법을 보

Stuhlmacher, "Law as a Topic," 114-17, 126-28; 같은 저자, *Biblische Theologie*, 1.256).

140. G. Friedrich, "'Gesetz des Glaubens,'" 415를 보라.

141. 그리스어 단어 *ποῖος*는 성질의 의미를 완전히 잃고 *τί*의 동의어로 쓰이는 경우가 빈번하다(BDF § 298[3]). 사실 *ποῖος*가 신약에서 33차례 나오는데, 그 대다수가 일체의 성질에 관한 의미를 상실한 것으로 보인다. 그리고 Jewett은 Demosthenes, Orations 39.9.5에서 가능한 적절한 유사점에 주목한다. 이곳에서 화자는 다음과 같은 질문을 통해 문제삼지 않을 가능한 방법을 찾는다. "무슨 법[*κατὰ ποῖον νόμον*]으로 이 특별한 의미가 추가될 수 있느냐?"

는 새로운 방식이 아니다(4:2-6과 13-15에 나오는 명백한 반명제들도 참조하라).

그러므로 두 번째 해석이 더 선호되는데, 그것은 바울이 두 개의 다른 "법"을 대조하고 있다는 해석이다. 이 견해로는 노모스라는 단어가 이 절에서 실제로 나오는 양쪽 모두에서 "원리" 또는 "법칙"을 가리키는 은유적인 의미를 갖는다.[142] 그러므로 일부 학자들은 여기에 모세의 율법에 대한 직접적인 암시는 없으며, 바울은 행위와 믿음의 "원리"를 대조하는 것뿐이라고 생각한다.[143] 그러나 바울은 로마서에서 모세의 율법과 "행위"를 아주 빈번히 연결시키는 만큼(2:6-16, 25-27절; 3:20을 보라), 여기서 토라에 대한 지칭을 배제할 수는 없다. 그러므로 우리는 바울의 질문에 나오는 노모스가 일반적인 의미로 -"어떤 '법칙' 또는 '요구 체계'가 자랑을 배제한다는 말이냐?"로 - 쓰였으면서도, 자연히 그(*the*) 법, 즉 토라를 상기시키게 될 것으로 해석한다. 그러므로 바울은 대조하는 수식어를 덧붙여 그의 논지를 분명히 하는 것이다. 즉, 이와 같다. 행위를 요구하는 법은 토라로 말미암아서가 아니다. 그런 자랑은 있을 수가 없느니라. 이것은 믿음의 "규칙", 칭의를 위한 근거로서 믿음으로 따르는 하나님의 "규례" 또는 "요구"로 말미암은 것이다(28절).[144] 그러므로 바울의 노모스 사용은 완전히 은유적인 것이라기 보다는, 모세 언

142. νόμος의 보다 넓은 뜻인 "원리"나 "규율" 또는 "법칙"의 의미는 그리스도 이전의 그리스어에서 충분히 확립되어 있다. "할당되는 것, 적당한 것"이라는 νόμος의 어원론적 의미로부터 "모든 종류의 존재하는 또는 인정된 규범, 규율, 관례, 용법 또는 전통"이라는 의미가 나온다(참조. H. Kleinknecht, *TDNT* 4.1023-24; 그러나 어떤 사람들은 이 어원이 "소유된 것 또는 습관적인 것"의 개념을 선택한다고 주장한다[*NIDNTTE* 3.404]). 이 넓은 의미가 후대에 보다 지배적인 율법의 용법으로 대폭 흡수되기는 했지만 - 그 과정은 "유대교의 그리스어"에서 νόμος가 토라(תּוֹרָהא)의 역어로 쓰임으로써 가속화되었다 - νόμος의 보다 넓은 의미가 사라진 것은 아니었다. 예를 들어, 요세푸스는 "전시의 [불문]법 또는 관례"라는 의미로 "전쟁의 νόμος"라는 말을 쓰거나(J. W. 5.123), 역사 집필의 "법칙"이라는 말을 쓴다(J. W. 5.20). 유사하게, 필론은 음악의 νόμος 즉 "규범"을 언급한다(*On the Creation* 54, 70). 이런 언급들과 대략 같은 시기에 나온 다른 언급들은 νόμος의 이 "일반적인" 용법이 1세기의 그리스어에서 - 특별히 그리스어를 구사하는 유대인들 사이에서 매우 "생생한" 의미였음을 보여 준다. 특히 H. Räisänen의 빈틈없는 연구인 "Sprachliches zum Spiel des Paulus," 119-47을 보라. 바울은 아마도 7:21, 23-25절; 8:2에서도 이 단어를 이런 의미로 쓸 것이다. 그리고 Winger(*By What Law?* 92)는 하나의 속격 수식어가 νόμος의 이 은유적 의미를 가리키는 것일 수 있다고 지적한다.

143. Cambier, *Evangile de la justice*, 148-52; Godet; Murray; Kuss; Longenecker.

144. 특히, Räisänen, "'Gesetz des Glaubens,'" 101-17; Westerholm, *Perspectives*, 321-30. Note also Fitzmyer, "Paul and the Law," 186-87; W. Gutbrod, *TDNT* 4.1071; Thielman, *Paul and the Law*, 182-84; Rosner, *Paul and the Law*, 119-21; Kasemann; Hultgren을 보라. Longenecker는 πίστεως가 예수의 신실하심과 믿음의 응답 모두를 가리킨다고 생각한다.

약의 특징적 요구인 - 행위가 - 새 언약(그리고 넓게 이해하면 구약의 기본적인 요구이기도 한; 4장을 보라) - 믿음과 - 대조된다.

바울의 요점은 그의 유대인 동료들 대부분이 모세의 율법을 자신들의 하나님과의 관계가 수립되는 체제로 협소하게 보기 때문에 인간의 성취에 대한 암묵적인 "자랑"을 낳는다는 것이다. 그리고 이는 인간이 율법에 순종하여 하는 일이 어떤 의미에서 그리고 다양한 정도로 인간의 의에 중요한 것이 된다. 하지만 "율법 외에" 하나님의 의가 사람들에게 나타난다는 것을 알게 되면, 인간의 업적에 대해 더 이상 자랑할 것이 있을 수 없게 된다.[145]

28 이 절에서 바울은 "믿음의 노모스"를 설명한다.[146] "사람이[147] 의롭다 하심을 얻는 것은 율법의 행위에 있지 않고 믿음으로[148] 된다"는 것이 믿음에 속하는 "법칙" 또는 "원리"다. 바울은 여기서 어떤 새로운 규칙을 발표하고 있는 것이 아니며, "우리가 인정하노라"라는 일인칭 복수 형태는 아마 바울이 자신의 독자들도 자기와 같은 평가를 내릴 것으로 생각하고 있다는 것을 가리킬 것이다.[149] 여기서 "의롭다 하심"은 다시 "하나님과의 올바른 관계"에 대한 법정적 선언을 의미한

145. Dunn은 이 절에서의 대조는 유대인의 "정체성 표지"를 강조하는 "행위"의 측면에서 율법을 보는 관점과 이방인에게 문호를 개방하는 믿음의 측면에서 율법을 바라보는 관점 사이에 있다고 주장한다. 그러나 이 해석으로는 율법 전체가 -단순한 특정 "정체성 표지"가 아니라- 특별히 유대인에 초점을 맞추고 있다는 사실이 드러나지 않는다(예를 들어, Westerholm, Review of "Obedience of Faith," 356을 보라). 이 사실 이야말로 바울이 구약 자체와 공유한 (예를 들어 2:12; 3:19을 참조하라) 관점이었다. 즉, 이 관점은 시 147:19-20의 "그가 그의 말씀을 야곱에게 보이시며 그의 율례와 규례를 이스라엘에게 보이시는도다 그는 어느 민족에게도 이와 같이 행하지 아니하셨나니 그들은 그의 법도를 알지 못하였도다"이다. 유대인과 이방인 사이의 장벽이 제거되려면, 율법에 관한 새관점이 들어와야 하는 것이 아니라 체제로서의 율법 자체가 물러나야 하는 것이다. 또한, Laato, *Paulus und das Judentum*, 229-40; Schreiner, "Works of the Law," 234-38도 보라.

146. 여기서 접속사는 설명의 기능을 갖는 γάρ로 읽는다는 가정 아래에서다.

147. 그리스어로는 ἄνθρωπος로, 이 단어는 진술을 보편화 한다(갈 2:16도 보라).

148. 그리스어로는 πίστει. 이 단어는 바울이 πίστις를 여격으로 하여 δικαιόω("의롭다 하다")와 함께 쓰는 유일한 경우이지만, 그보다 전형적인 ἐκ πίστεως의 문체상의 변형 이상의 의미는 없다.

149. 그리스어로는 λογιζόμεθα. 바울은 이 단어를 다양한 뉘앙스를 가지고 쓰지만, 여기서 이 단어는 바울이 세워오고 있는 하나님의 의롭다 하시는 방식에 관한 "확신"을 가리킨다(NIV는 "우리는 여기노라"로, NRSV는 "우리는 간주하노라"고 번역함을 보라). 동사의 복수형은 편집적인 것일 수도 있고 바울과 다른 기독교 교사들을 포함하는 것일 수도 있지만, 아마도 바울과 그의 독자들을 담고 있을 것이다.

다.[150] 바울이 유대교의 관점에 대비하고 있음은 그가 "율법의 행위에 있지 않고" 라는 말을 덧붙이는 데서 분명히 드러난다. 3:20에서와 마찬가지로, 이 구절은 궁극적으로 사람이 율법에 순종하여 하는 모든 일을 함축하며 외삽법(extrapolation)에 따르면 사람이 하는 모든 일을 함축한다. 따라서 롱네커(Longenecker)가 주장하는 바와 같이, 이 구절에서 바울의 초점은 율법을 하나님이 받아들이는 수단으로 사용하려는 유대인의 시도에 있는 반면, 이 구절은 또한 "바울은 어떤 유형의 '행위'나 '행동'에도 반대했지만, 어떤 형태로든지 하나님으로부터 지위, 받아들임 또는 의를 얻을 목적으로 행하는 것이다."[151] 그러므로 이 구절의 대조는 근본적인 바울의 반명제를 지지한다. 즉, 한편으로는 믿는 것과 다른 한편으로는 모든 형태의 인간 "행위" 사이를 지지한다. 그렇기 때문에 믿음(피데[*fide*])에 루터가 더한 유명한 오직(솔라[*sola*])의 추가는 -이 추가는 토마스 아퀴나스를 포함하여 다른 사람들이 앞서 했던 일이다[152]- 바울이 의도한 진정한 의미를 잘 드러낸다. 우리가 이 반명제를 조금 부드러운 표현으로 바꾸게 되면, 바울이 전하는 복음의 완전한 의미에 대한 심각한 잠식이 일어난다. 그만큼 그 성질이나 동기가 어떤 것이건 간에 어떤 행위도 죄인을 하나님 앞에 의인으로 서게 하는 일에서 아무런 역할도 할 수 없는 것이다.[153] 바울은 또한 복음 안에서 하나님 자신의 행위에 대한 고유한 연결이라는 측면에서 믿음을 칭의와 일치시킨다.[154] 톰 라이트는 이를 다음과 같이 매우 적절하게 설명한다.

"의롭다"고 선언된 믿음은 단순히 하나님이 예수 안에서 행하신 일에 대한 무력한 신뢰로 이뤄진다. "영의 열매"를 맺는 고된 도덕적 행위, 몸의 행실을 죽이

150. 1:17 이후의 부설을 보라. 이와 반대 주장으로는 예를 들어, Witherington/Hyatt가 있다. 이들은 이곳과 4장의 단어에서 법정적 및 변혁적 뉘앙스를 모두 찾는다.

151. Longenecker, 466.

152. Fitzmyer에 따르면 여기에 "오직"을 추가한 다른 사람들은 Origen, Theodoret, Hilary, Basil, Ambrosiaster, Chrysostom, Alexandria의 Cyril, Bernard 및 Theophylact이다.

153. N. T. Wright는 비록 "율법의 행위"를 보다 제한된 방식으로 해석하기는 하지만, 행위를 떠난 칭의는 옳지만 바울이 여기서 말하는 요지는 아니라고 주장한다.

154. F. Watson은 "믿음은 그리스도 안에 있는 이전 하나님의 행위에 대한, 그리고 이 행위 안에서 계시되고 구성되는 하나님 존재에 대한 인간의 인정과 고백이다. 믿음은 이 행위 자체에 의해 의도되고 불러일으켜 지기 때문에 진행 중인 하나님의 행위에 대한 범위에 놓이게 된다. 이 믿음은 완전한 하나님의 행동에 대해 가만히 누워 우리의 판결이 지나가기만을 기다리는 독립된 인간의 반응이 아니다"라고 말한다 ("Triune Divine Identity," 110).

는 것 등은 모두 나중에 온다. 모든 것은 처음의 완전히 놀랍고 완전히 겸손한 십자가에 못 박히시고 부활하신 예수님이 주라는 영으로 영감된 복음 중심의 고백과는 매우 다른 성격을 가진다.[155]

29-30 "다만"[156]은 28절에서 세운 원리의 대안을 소개한다. 즉, 만일 칭의가 율법의 행위로 이루어진다면, 그때는 "율법 안에 있는" 사람만이 의롭다 하심을 얻을 수 있고 하나님은 유대인만의 하나님이 되시는 것이다. 바울은 이 대안을 거부하는 "또한 이방인의 하나님[157]은 아니시냐"라는 질문을 한다. 이 질문에 대해 바울은 그 질문의 형식에 의해 이미 암시된 대답을 한다.[158] 즉, "진실로 이방인의 하나님도 되시느니라." 30절에서 바울은 하나님이 유대인의 하나님일 뿐만 아니라 이방인의 하나님이기도 해야 하는 이유를[159] 설명하기도 하고 그 진리로부터 하나의 암시를 끌어내기도 한다. 이 구절의 논리는 "율법의 행위"를 유대인의 정체성을 나타내는 표지로 해석하는 것을 뒷받침할 수 있다. 논리는 다음과 같이 실행된다. 즉, 하나님은 유대인의 - 정체성 표지를 사용하여 그의 백성을 표시하지 않으신다(28절) - 또는 하나님이 한 분이시라는 것은 칭의가 유대인에게만 국한될 수 없음을 의미한다는 것을 당신은 이해하지 못하는가?(29-30절) -[160] 바울의 논증의 순서는 이런 식으로 읽혀진다면 참으로 의미가 있을 수 있다. 그러나 우리는 "율법의 행위"를 유대인의 정체성 표지에만 국한시키는 것이 어렵다는 것을 보았다.[161] 율법은 전적으로 유대인이기 때문에 **그리고**(*and*) 죄로 가득한 인간이 충족할 수 없는 수준의 순종을 요구하기 때문이라는 양쪽 **모두**(*both*) 칭의에 이르

155. *Paul and the Faithfulness of God*, 2.954-55. Wright는 "율법의 행위"가 제한된 의미를 갖는다고 생각하기 때문에 3:28에서 이 개념을 명확히 지지하지 않는다는 점에 주목해야 한다.

156. ἤ는 여기에서 수사학적 질문을 소개하기 위해 사용된다 (BDAG).

157. 그리스어는 단순히 οὐχὶ καὶ ἐθνῶν으로만 되어 있는데, 이 구절 속의 다른 두 어절에서와 마찬가지로 θεός ("하나님")라는 단어를 문맥에서 보충해 넣지 않으면 안 된다 - 예를 들어, ἤ [θεὸς] Ἰουδαίων ὁ θεὸς μόνον; οὐχὶ [θεὸς] καὶ ἐθνῶν; ναὶ καὶ [θεὸς] ἐθνῶν.

158. οὐχί는 이 질문에 대한 대답이 긍정이 될 것을 암시한다.

159. 이 절을 이끄는 εἴπερ는 "…이기 때문에", "…인 것으로 보아"라는, 약간 원인을 나타내는 의미를 갖는다(BDAG; Cranfield).

160. 특히, N. T. Wright을 보라.

161. 3:20의 해설을 보라.

는 길이 아니다. 그렇다면 아마도 29-30절은 28절의 마지막 구절인 "율법의 행위에 있지않고"와 연결될 뿐만 아니라 **안트로포스**(*anthrōpos*)와도 연결될 것이다. 즉, 하나님은 모든 인간의 하나님이시기 때문에 칭의는 모든 인간을 위한 것이다.

30절의 시작 부분에 대한 번역은 명확하지 않다. 바울이 "하나님은 [오직] 한 분이시다"(NIV, CSB)라는 유일신론적(monotheistic) 진술을 하고 있을까? 아니면 단일신론적(henotheistic) 진술인 "하나님은 한 분이시다"(NRSV, ESV; CEB)라는 진술일까? 그리스어의 순서는 후자의 번역을 뒷받침할 수 있다.[162] 그러나 이 구절의 논리는 여기에서 신명기 6:4에 대한 바울의 분명한 호소와 마찬가지로 전자의 번역을 지지한다. 이 본문은 또한 번역하기 어려운 것으로 악명 높지만,[163] 우리의 목적을 위해 중요한 점은 이 신명기 본문, 즉 "쉐마"에서 가져온 "하나님은 오직 한 분이시다"(유일신론)라는 고백이 1세기 유대교에서 도처에 있었다는 것이다. 더욱이 이 고백은 구약에서도 하나님의 구원 목적에 열방을 포함시키는 것을 언급하는 문맥에서 발견된다. 즉, "여호와께서 천하의 왕이 되시리니 그 날에는 여호와께서 홀로 한 분이실 것이요 그의 이름이 홀로 하나이실 것이라"(슥 14:9).[164] 바울은 가장 기본적인 유대교의 믿음 중 하나인 유일신론을 유대교에 반대하는 것으로 전환한다. 하나님은 이방인의 하나님이셔야 한다. 그렇지 않으면 그들은 신이 없을 것이기 때문이다. 확실히 유대인들은 하나님이 온 세상의 하나님이심을 믿었다. 그러나 그들이 이 개념에 부여한 제한은 바울의 주장의 급진성을 보여 준다. 유대교에서 하나님은 그의 창조적인 일의 능력을 통해서만 이방인의 하나님이셨지만, 반면 유대인만이 하나님과 의미 있는 모든 관계를 누린다. 이러한 생각이 후기 유대교 본문에서 다음과 같이 표현된다. "나는 세상 모든 만물 위에 있는 하나님이요 오직 너희[이스라엘]와만 내 이름을 나눈다. 나는 우상 숭배자들의 하

---

162. 그리스어로는 εἱς ὁ θεός이며 이 형용사는 술어 위치에 있다. 그러나 이 한정사의 위치가 단순히 "한 분 하나님"을 의미하기 때문에 이 주장은 결정적이지 않다. 어느 쪽 관점이든, 바울은 주장을 하고 있다.

163. יְהוָה אֱלֹהֵינוּ יְהוָה אֶחָד(야웨 엘로헤누 야웨 에하드)이고, LXX로는 κύριος ὁ θεὸς ἡμῶν κύριος εἷς ἐστιν(퀴리오스 호 테오스 헤몬 퀴리오스 에이스 에스틴)이다. 이 논쟁에 대한 개관과 한 가지 선택에 대한 주장은, Block, "How Many Is God?" 193-212을 보라.

164. 특히, Bruno, "God Is One," 114-61을 보라.

나님이 아니라 이스라엘의 하나님이라 불린다."[165] 이방인들은 토라를 받아들여야만 유대인과 같은 방식으로 하나님과 관계 맺는 것을 희망할 수 있었다. 이 단락과 로마서의 다른 많은 곳에서 바울은 토라가 더 이상 하나님 백성의 영역 밖에 있는 자들과 안에 있는 자들 사이를 나누는 벽으로 기능하지 않는다는 점을 분명히 한다.[166] 구약에서는 율법이 구원의 수단이 아니라 하나님의 백성을 구별하는 기능을 했다. 유대교에서 그것은 뚫을 수 없는 장벽이 되었다. 이방인은 오직 이 율법 아래에 있어야만 유대교 개종자가 될 수 있었다. 그러나 바울에게 있어서 유일신론은 그가 그리스도 안에서 그것을 보기 위해 온 것처럼 그러한 장벽이 있을 수 없다는 것을 의미한다. 모든 사람은 하나님께 동등하게 접근할 수 있어야 하며, 이것은 유대교 율법에 순종하여 행하는 것이 아니다. 입학 요건이 보장되는 것은 오직 믿음뿐이다.[167]

바울은 이 유일신론의 급진적인 의미를 "할례자도 믿음으로 말미암아 또한 무할례자도 그[168] 믿음[169]으로 말미암아 의롭다 하실"이라는 관계사절로 진술한다. 미래형 "의롭게 하실"은 논리적인 수 있으며, 이 경우 이것은 단순히 시대를 초월한 무시간적 진리를 주장하는 것이다.[170] 그러나 이것은 심판 날에 의인에게 입증되는 "최종 칭의"에 초점을 맞춘 진정한 현시간적 미래일 수 있다.[171] 바울이 할례자의 믿음을 기술하는 데 쓰는 전치사("*ek*+믿음")와 무할례자의 믿음을 기술하는 데 쓰는 전치사("*dia*+믿음")의 변형은 오랜 세월동안 주석자들의 연구심을 자극해 왔다.[172]

---

165. Exod. Rab. 29 (88d).

166. 이것에 관하여, Dahl, *Studies in Paul*, 178-91; Grasser, "Ein einziger ist Gott," 203-5; Moxnes, *Theology in Conflict*, 78-80을 보라.

167. Linebaugh(*God, Grace, and Righteousness*, 168-69)는 또한 바울이 은혜에 대한 급진적 견해에 비추어 유일신론을 새롭게 적용한 것을 강조한다.

168. 번역에서 "그것"은 앞서 나온 어구를 가리키는(anaphoric) 관사를 말한다(첫 번째 어구에서 무관사 πίστεως와 대조됨). 즉, 이방인은 유대인과 "같은" 믿음으로 의롭게 된다 (N. Turner, Grammatical Insights, 108-9; Wright).

169. Lambrecht는 이 관계절이 논증 전문의 일부로 30절의 시작 부분과 밀접하게 연결되어야 한다고 주장한다. "하나님은 한 분이시기 때문에[εἴπερ]⋯ 그렇다면 [29b절] 하나님은 이방인의 하나님이시다" ("Paul's Logic," 526-28).

170. Käsemann; Cranfield. 여기서 미래시제의 사용에 대해서는, 예를 들어, von Siebenthal, *Griechische Grammatik*, §202i을 보라.

171. 예를 들어, Schreiner; Kruse.

172. Godet는 바울이 ἐκ를 쓰는 것은 유대인에게 해당될 (행위에 대립되는) 믿음의 범주를 암시하기

그러나 이 연구 결과들 가운데 의미가 매우 잘 통하는 것은 하나도 없다. 그렇다면 전치사의 교체는 아마도 단순히 문체상 변형에 지나지 않을 것이다.[173]

31 이 절이 문맥 안에서 갖는 기능은 바울이 주장한 "믿음이 율법을 굳게 세운다"의 의미가 정해진 뒤에라야 결정될 수 있다. 이 주장은 바울 스스로가 ("우리가" 라고) 한 것이지만, 그가 유대인에게 설교할 때 빈번히 들었던 반대를 반영하는 것임이 분명한 "그런즉 우리가 믿음으로 말미암아 율법을 파기하느냐"[174]라는 질문에 대한 대답으로 나온다. 어떻게 믿음이 율법을 파기할까? 바울이 칭의에 있어 "율법의 행위"를 완전 배제하고 "오직" 믿음만을 강조하기 때문에 그렇게 생각할 수 있다. 토라에 초점을 맞추는 유대인의 응답으로 바울은 행위가 부적절하며 모세 율법의 그 중요성이 제한적이고 일시적이라고 강조할 필요가 있었다. 그리고 이것으로 인하여 그의 설교는 "반 율법적"이라는 딱지가 붙었다. 그러나 바

위해서일 수 있고, 반면에 διά는 이방인이 의롭다 하심을 얻게 되는 "방법"으로 믿음을 구획할 뿐이라고 생각한다(Bengel과 Gambier[*Evangile de la justice*, 156-57]의 제안도 비슷하다). S-H는 바울이 ἐκ를 쓰는 것은 유대인의 의롭다 하심은 믿음"의 원천에서" 나오는 것이지만 할례가 "부수적인 상황"이라는 것을 암시하기 위해서라는 의견을 제시한다. 칼빈은 바울이 반어법을 쓰고 있는 것인지도 모른다고 생각한다. "누구든지 이방인과 유대인 사이에 어떤 구분이 지어 지기를 바란다면 이렇게 말해도 좋을 것이다 - 전자는 믿음에 **의해**(*by*) 의를 얻고, 후자는 믿음으로 **말미암아**(*through*) 의를 얻는다는 식으로"라고 말이다. Stowers는 πίστις가 그리스도의 신실하심을 가리키는 것으로 이해하며, 바울이 일관성 있게 ἐκ는 유대인을 가리켜 쓰고 διά는 이방인을 가리켜서 쓴다고 생각한다("ΕΚ ΠΙΣΤΕΩΣ," 665-74). Longenecker는 ἐκ πίστεως를 1:17의 동일한 구와 비교하고 διὰ πίστεως를 3:22와 비교한다 ("faithfulness of Jesus Christ").

173. 이것이 문체에 관한 설명이라는 것은 늦어도 아우구스티누스로부터(*Spirit and Letter* 29.50[*NPNF* 5.104-5]) 시작된 것이며, 대다수의 현대 학자들의 의견이다(예를 들어, D. Campbell, "Meaning of Πίστις, 93-96; Hultgren을 보라). 하지만 ἐκ와 ἀπό 그리고 ἐν과 διά 사이의 수사학적 변형은 신약에서 아주 흔한 일이지만 ἐκ와 διά 사이에는 그런 분명한 변형의 예가 없다는 점을 주목해야 한다. 다른 두 절에서만 ἐκ와 διά가 같은 목적어를 취하는데, 두 군데서 모두 이 전치사들은 다른 의미를 가지고 있다(롬 11:36; 벧후 3:5).

174. 그리스어로는 καταργοῦμεν. 동사 καταργέω는 바울이 전형적으로 사용하는 단어로 다양한 뉘앙스를 가지고 있다(3:3의 주석을 보라). 여기서는 동사 ἵστημι("세우다")와의 대조 덕분에 여기서 취한 특정의 의미를 띨 수도 있다. 이 대조를 이루는 동사의 쌍이 랍비의 주석적인 토의에서 히브리어 동사 바텔(בטל)과 쿰(קום)의 용법을 반영한다고 하기 때문이다(Michel; Käsemann; Cranfield; Dunn). 그러나 히브리어 단어들은 주석적 적용의 증거로 사용한다는 것은 미미하며, 이 단어들이 여기서 쓰인 그리스어 단어들과 동의어라는 증거 역시 약하다(특히 Hübner, Law in Paul's Thought , 140-41; Rhyne, Faith Establishes the Law, 73; Fitzmyer를 보라). 그렇다면 아마 우리는 두 단어를 배경을 떠나서 해석할 필요가 있을 것이며, 그럴 경우 καταργέω는 "쓸모없게 만들다"," 무의미하게 하다"와 같은 것을 의미할 것이다.

울은 이러한 반대에 부딪치는 다른 경우들에서와 마찬가지로(롬 7:7을 보라), 이번에도 "그럴 수 없느니라"라는 단호한 부정으로 응수한다. 그런 다음 그는 반대의 단정으로 되받아 친다. "도리어[알라; *alla*] 율법을 굳게 세우느니라."[175] 28절과 31절에서 우리는 어떤 의미로는 율법에 대한 비판과 다른 의미로는 21절을 반향하는 긍정이 결합된 것을 발견한다. 즉, 이와 같다. "율법 외에"/"율법과 선지자들에게 증거를 받은."[176]

바울은 여기에서 율법이 칭의에 아무런 역할도 하지 않음에도 불구하고 율법의 계속적인 역할을 분명히 확언한다. 그러나 바울이 율법에 대해 어떤 역할을 의도했는지는 논쟁의 여지가 있다. 바울이 율법을 증거하는 것, 죄를 선고하는 것, 명령하는 것으로 보는지에 따라 주된 가능성은 세 가지로 구분 할 수 있다.

(1) 첫 번째가 가장 많은 지지를 받는다.[177] 이 의견의 옹호자들은 바울이 이 문맥에서 "율법"을 광의적인 의미로 성경을 가리키는 말로 쓰고 있다고 주장한다. 그들은 그 근거로 3:19과 3:21을 지적한다. 그리고 바울이 3:21절과 4장(창 15:6) 모두에서 바로 이 율법의 "증거하는" 역할을 맡고 있으며 이 율법이 그의 이신칭의 가르침과 연결시킨다고 말한다. 구약의 "증거하는" 역할이 이 문맥에서 명백히 주장되기는 하지만, 이 해석에는 두 개의 큰 문제가 있다. 첫째, 그토록 많은 것이 걸려 있는 31b절과 4장 사이의 연결이 미심쩍다. 31b절이 4장을 이끄는 기능으로 의도된 것이었다면, 우리는 4장이 "그런즉"이 아니라 "왜냐하면"[178]으로 시작되리라고 예상했을 것이다. 두 번째 난점은 더 심각하다. 바울이 자기의 이신칭의에 관한 가르침을 뒷받침하는 증거를 구약에서 가지고 온다는 것은 분명하

175. 여기서 토라에 대해서 언급하고 있다는 사실은 일반적으로 인정된다. 그러나 그것이 유대인의 율법이든 로마인의 법이든 모든 법을 고려하고 있다고 생각하는 Jewett을 보라.

176. Flebbe, *Solus Deus*, 155-56.

177. 가장 상세한 변론은 Rhyne, *Faith Establishes the Law*에서 나온다. 또한 무엇보다도 Hübner, *Law in Paul's Thought*, 137-44; E. Lohse, "'Wir richten das Gesetz auf!'" 65; Hofius, "Gesetz des Mose," 279-80; Cambier, *Evangile de la justice*, 160-62; Räisänen, *Paul and the Law*, 69-70(하나의 의미로); Godet; Käsemann; Wilckens를 보라. Moxnes (*Theology in Conflict*, 229)는 바울이 율법을 약속으로 옹호한다고 하는 이 견해의 변형을 주장한다.

178. 예를 들어, γάρ가 쓰일 수 있다. 이 구절에 γάρ가 없기 때문에, 이 문맥은 질문 형식으로 된 반대 의견에 대해 짤막한 부정과 - 보통 μὴ γένοιτο(그럴 수 없느니라) - 반대의 단정 그리고 부연 설명으로 연이어 대응하는 바울 특유의 방식과 차이가 난다(반대 의견으로는 Rhyne, *Faith Establishes the Law*, 34-61을 보라. 그는 3:31 이하가 이 패턴에 맞는다고 주장한다).

다. 그러나 구약의 그 기능을 뜻할 때, 그는 "율법과 선지자들"(21절)이나 "성경"(갈 3:8)이라는 말을 쓴다. 어디에서도 그는 "율법"만을 써서 구약의 이 증거하는 역할을 지적하고 있지 않다. 로마서 4장에서조차 "율법"은 부정적인 의미로 쓰이며, 창세기 15:6의 "증거"와 연결되지 않는다. 이 절의 인용을 "**율법**(*law*)이 무엇을 말하느냐"가 아니라 "**성경**(*Scripture*)이 무엇을 말하느냐"로 시작하는 4:3이 아마 가장 중요한 대목일 것이다. 이러한 점들이 바울이 여기서 율법의 증거하는 역할을 가리킨다고 보는 것을 불가능하게 한다고 까지는 할 수 없지만, 어렵게 만든다.[179]

(2) 두 번째 해석에 따르면, 율법이 굳게 세워지는 것은 죄인을 정죄하여 그리스도가 오실 길을 예비하는 역할이라는 것이다.[180] 율법의 이 기능 역시 문맥에서 언급되며(3:19), 갈라디아서 3:15-4:7에서 율법 아래에 있는 이스라엘에 대한 바울의 묘사를 포함할 것이다. 이 견해는 실제로 주어진 것 그 이상으로 고려될 가치가 있지만, "율법"이 바로 앞 절들에서 이런 뜻으로 쓰이고 있지 않다는 사실이 불리하게 작용한다. 그러나 그렇다고는 해도 31절의 반대 의견에 불을 붙이는 것은 바로 이 27-30절이다.

(3) 바로 이 문단에 나오는 "율법"의 의미를 살펴볼 때, "행위의 [법]"(27절), "율법의 행위"(28절) 등 율법이 명령하는 측면이 두드러지는 것은 분명하다. 사실 우리가 주목해 보았듯이, 바울은 보통 "율법"을 하나님이 모세를 통해서 주신 계명집을 가리키는 뜻으로 쓴다.[181] 그리고 율법의 지속적인 효력을 검토하는 다른 문맥에서 이것이 율법의 의미이기도 하다(7:7-12; 8:2-4; 13:8-10을 보라). 이런 점으로 보아 바울은 여기서 모세의 율법이 그 명령하는 측면을 굳건하게 한다고 주장하고 있을 것 같다. 그러나 어떤 의미에서 명령으로서의 율법이 굳게 세워진다는 것인가? (a) 바울은 기독교인이 적어도 율법의 요구 중 몇이라도 계속 준수해야 한다는 의미인가?[182] (b) 아니면 사랑의 계명이 율법의 "완성"으로 제시되는 13:8-

179. 이런 난점들에 관해서는 Luz, *Geschichtsverstandnis*, 171-73; G. Klein, "Römer 4," 166-67; Lambrecht와 Thompson, *Justification by Faith*, 45-50; Murray; Cranfield를 보라.

180. Feyerabend, "Uber den Schluss," 409-20; Bandstra, *Law and Elements*, 99-100; W. Grundmann, *TDNT* 7.649; F. Watson, *Paul, Judaism, and the Gentiles*, 256-57.

181. 2:12의 각주 283을 보라.

182. Murray; Schreiner.

10을 예견하는 것인가?[183] (c) 그것도 아니면 그리스도에 대한 우리의 믿음이 율법의 요구를 완전히 이루어지게 하는지 그 방법을 생각하고 있는 것인가?(8:4)[184] 바울의 주장에 대한 간결하고 즉각적인 설명이 없기 때문에 결정을 내리기가 어렵다. 그러나 율법을 굳게 세우고 그리스도를 믿는 우리의 믿음을 강조하는 것으로 보아, 강조점은 율법을 세우는 것으로써 **믿음**(*faith*)에 있다고 볼 수 있다. 8:4에서 바울은 그리스도 안에 있고 "그 영을 따라 행하는" 사람들의 경우 그들의 믿음으로 말미암은 그리스도와의 관계가 하나님의 율법이 요구하는 것들을 모두 충족시킨다는 의미에서 "그들 안에서" 율법이 이루어진다고 주장한다. 확실한 것은 아니지만, 바울이 여기서 의미하는 것도 본질적으로 같을 것이다. 즉, 기독교인의 믿음이 율법의 요구를 제쳐놓기는 커녕 하나님이 그의 율법에서 요구하는 바를 완전히 이루어지게(그것도 처음으로!) 한다는 것이 아닐까 싶다.

b. "오직 믿음으로": 아브라함과 관련지어 상술(4:1-25)

이 장에서 바울은 의는 믿음으로만 얻을 수 있다는 그의 역설을 지지하기 위해 아브라함을 소환하여 호소한다. 그러나 3:27-31에서와 마찬가지로, 바울의 목적은 이신칭의의 교리를 굳게 세우는 데만 있는 것이 아니라, 사실상 특히 이 **오직 믿음**(*sola fide*)에 내포된 암시들을 끌어내는 데도 있다. 그리고 편지 전체의 경우와 마찬가지로 가장 중요한 암시는 유대인 뿐만 아니라 이방인을 포함하는 한 가족이라는 개념을 만드는 것이다.[185] 이러한 목적들을 달성하기 위해 바울은 창

183. 예를 들어, Morison, *Critical Exposition*, 416-17; Lambrecht and Thompson, *Justification by Faith*, 45-50을 보라.

184. 예를 들어, 비록 그 세세한 부분은 다를 지라도, Luther, "Preface to Romans"; Dugandzic, *"Ja" Gottes in Christus*, 172-77; Barth, *Shorter*; W. Gutbrod, *TDNT* 4.1076-77; Osten-Sacken, "Evangelium als Einheit," 22-23, 25; Fitzmyer(또한 13:8-10을 언급한다)가 있다.

185. 로마서 4장의 중심 요지에 대한 논쟁은 전체적으로 로마서의 무게 중심에 대한 더 큰 논쟁을 반영한다. 최근의 많은 해석가들(특히 새관점 옹호자들을 포함하지만 결코 이들만 포함하는 것은 아님)은 로마서 4장에서 바울의 관심이 근본적으로 이방인을 포함하는 것이라고 주장한다 (예를 들어, Dunn; Wright; 같은 저자, "Paul and Patriarch," 207-41; 또한 Kruse를 보라). 이들의 요점은 다음과 같다. 4장에서 바울의 논증은 아브라함과 그의 믿음의 포괄적인 본질을 향해 움직인다(16-17절). 그러나 바울은 또한 아브라함의 믿음의 본질과 그것이 칭의에 미치는 중요성에 강력하게 초점을 맞춘다. 두 주제 모두 4장에서 중요하다. 그리고 아마도 우리는 어느 것이 기본인지 선택할 필요가 없을 것이다(예를 들어, Schreiner, 227-29; Byrne, 142-43). 그러나 우리는 이방

세기 15:6을 "아브라함이 하나님을 믿으매 그것이 그에게 의로 여겨진 바 되었느니라"로 인용하여 "주석한다."[186] 이 본문은 바울이 그의 문제를 아브라함의 자랑할 "권리"라는 것으로 설정한(1-2절) 후 3절에서 인용된다. 그런 다음 바울은 4장의 모든 문단에서 이 본문을 인용하거나 암시하면서 일련의 반명제들을 써서 그 의미와 암시들을 끌어낸다. 3-8절에서 바울은 아브라함의 믿음을 의로 "여기는 것"이 본질적으로 행위에 대한 호소를 배제하는 전적으로 은혜로운 행위임을 보여준다. 할례와 무할례의 대조가 9-12절을 지배한다. 여기서 바울은 아브라함의 믿음을 의로 "여기는 것"이 그가 할례 받기 전에 일어났으며, 그럼으로써 그가 유대인 신자와 이방인 신자 모두의 "조상"이 될 수 있었다고 설명한다. 아브라함의 포괄적인 중요성에 대한 이와 동일한 관심은 13-22절에서도 강조되는데, 여기서 바울은 아브라함이 "많은 민족" 또는 "모든 후손"의 조상이 되리라는 약속에 초점을 맞춘다. 주된 대조는 - 앞선 두 문단에서의 대조만큼 확실하게 유지되는 것은 아니지만 - "믿음"과 "율법"의 대조이며, 그에 준하는 대조를 아마 18-21절에서 믿음과 "육안" 사이에서 찾아볼 수 있을 것이다. 22절 끝에서 창세기 15:6의 인용은 바울의 해설을 3절의 처음 시작된 곳으로 되돌리며, 4장의 마지막 세

인을 포함하는 주제가 4장에서 바울의 보다 근본적인 관심의 핵심(또는 심지어 **유일한**[*the*] 핵심)함의로 보는 것이 더 낫다고 생각한다. 즉, 아브라함은 "행위로 말미암지 않은 믿음"에 의한 칭의의 본보기다(또한 Monserrat, *Conception paulinienne de la foi*, 111-24를 보라). 새관점의 관점에서 훨씬 더 나아가, 다른 해석가들은 4장을 바울이 이스라엘의 율법과 언약의 유효성을 계속해서 확증하는 것으로 보는 "유대교 안에서의 바울"이라는 관점에 대한 몇 가지 근거를 제공하는 장이라고 주장한다(예를 들어, Zoccali, "Children of Abraham," 253 -71). 그러나 이 견해에 대해 인용된 본문(12절과 16절)은 이에 대한 견해를 지지하지 않는다(우리의 주석을 보라).

186. 많은 학자들은 롬 4장에 "미드라쉬"라는 제목을 붙인다. 미드라쉬에서와 마찬가지로, 바울은 성경의 한 절(창 15:6)의 해설에 집중할 뿐만 아니라, 오경 이외의 2차 본문(시 32:1-2; 참조. 7-8절)을 끌어오기도 하며, 그것이 하나의 언어유희(λογίζομαι)를 통해 1차 본문에 연결된다. 사실상 몇몇 학자들은 바울이 이 장을 기존에 존재하던 미드라쉬를 대본으로 해서 작성하고 있다는 의견을 제시하기까지 했다(특히 van der Minde, *Schrift und Tradition*, 68-85를 참조하라. 또한 Michel; Borgen, *Bread from Heaven*, 49도 보라). 그러나 바울이 전승 주제들을 광범위하게 이용하기는 하지만, 롬 4장의 배후에 전승의 흔적이 있다는 가정을 정당화할 수 있는 증거는 없다(참조. Moxnes, *Theology in Conflict*, 204-5). 우리가 이 장을 미드라쉬라고 부를 것인가 아니면 그렇지 않을 것인가는 이 지극히 애매모호한 용어를 우리가 어떻게 정의하느냐에 달려 있다. 그러나 바울이 성경을 인용하여 논증하는 방식은 기본적인 유대인의 접근 방식을 연상시킨다. 그렇다면 우리가 이러한 일반적인 의미에서 "미드라쉬"를 생각한다면 롬 4장은 아마도 미드라쉬라고 제목을 붙일 수 있을 것이다.

절은 바울이 그의 본문에서 끌어낸 교훈을 그의 기독교인 독자들에게 적용한다.[187]

우리가 3:27-4:25의 도입부에서 주목했듯이, 위에서 언급한 것들 사이의 평행은 바울이 3:27-31에서 소개한 주제들을 4장에서 부연 설명한다는 것을 입증한다. 그러나 왜 바울은 아브라함을 이 부연 설명의 인용점으로 삼았을까? 한가지 이유는 의심할 여지가 없이 논쟁적이다. 아브라함은 유대인에게 그들의 "조상"[188]으로 공경을 받았고, 그의 삶과 성격은 하나님이 그의 백성을 대하는 방식과 참된 경건의 모델로 제시되었다. "아브라함은 여호와와 함께하는 그의 모든 행사에서 온전하였으며, 그의 사는 날 동안 한결같이 의를 기뻐하였다"(희년서: Jub. 23:10), 아브라함은 "너에게 죄를 짓지 아니하였으며"(므나세의 기도: Pr. Man. 8), "영광으로 따지자면 그와 같은 자는 없었다"(시락서: Sir. 44:19).[189] 1세기의 유대교가 율법의 준수에 초점을 맞추고 있었던 것에 맞춰, 아브라함은 특별히 하나님에 대한 순종의 모델로 제시되었다. 그의 의와 약속의 중재는 이 순종에 연결되어, 그가 율법을 온전히 순종한 것은 율법이 주어지기 전이었다는 주장까지 했다.[190] 롱네커가 요약한 것처럼, 성경 이후의(postbiblical) 유대교는 일반적으로 아브라함에 대해 두 가지 점을 강조했다. 즉, 그것은 그가 시험을 받았을 때 그의 신실함으로 인해 의인으로 여겨졌고, 창세기 15장에서 나오는 그의 믿음은 17장에서 할례를 받은 것과 결합되어야 했다는 것이다.[191] 바울은 자신의 가르침에 반대하는 유대인과 유대 그리스도인들이 그를 반박하기 위해 인용했을 것이 분명한 아브라함에 대한 이런 이해(갈 3-4장을 보라)가 구약이 아브라함에 대해 말하는 것으로 이해한 것이 아니라는 것을 로마 독자들에게 보여주고 싶어할 것이다. 바울은 창세기 15:6의 인용을 아브라함 내러티브를 이해하는 핵심으로 꼽는다. 그렇게 함으로써 이 인용본문에서 보증하시는 하나님의 주도권과 하나님이 약속하신 축복을 체험하는 수

187. Moxnes (*Theology in Conflict*, 41)도 이와 유사한 개관을 한다.

188. 사 51:1-2; m. Qidd. 4.14를 보라.

189. 또한 1 Macc. 2:52; m. 'Abot 5.3; Philo, *On Abraham* 52-54, 여러 군데; Josephus, Ant. 1.256; 등을 보라.

190. M. Qidd. 4.14; Sir. 44:19-21; 2 Bar. 57:2를 보라. 유대교 문헌에서의 아브라함에 대한 개관에 관해서는 Moxnes, *Theology in Conflict*, 125-69; G. Mayer, "Aspekte des Abrahambildes," 118-27; Harrisville, *Figure of Abraham*, 47-135; F. Watson, *Paul and Hermeneutics of Faith*, 157-67; Str-B, 3.186-201를 보라.

191. Longenecker, 477.

단으로서의 믿음에 주목한다.[192] 아브라함은 토라 준수의 본보기로서 유대인으로부터 떼어내지고 믿음의 본보기로 만들어진다. 그 결과 바울의 입장에서 아브라함은 더 이상 유대인만의 조상이 아니라 모든 믿는 자의 조상이기도 한 것이다. 그렇기 때문에 캐제만의 다음과 같은 판단이 정당화된다. "이 4장 전체를 관통하는 논쟁의 흐름은 우리가 여기서 다루고 있는 것이 유대교의 견해의 부연이나 수정이 아니라 그것에 대조되는 견해라는 것을 입증한다."[193]

그러나 바울은 논쟁의 여지가 있는 것 이상으로 아브라함에게 끌렸다. 바울은 하나의 본보기로 아브라함을 언급하는 것이다.[194] 그러나 아브라함은 단순한 본보기 그 이상이다. 즉, 하나님의 약속을 처음 받은 사람으로서, 하나님에 대한 그의 믿음은 하나님이 그의 백성을 대하시는 방식의 유형을 설정한다. 그리고 그분이 궁극적으로 많은 나라의 조상이 되리라는 약속은 역사 속에서 하나님의 계획이 어디로 가고 있는지를 보여주는 근본적인 지표가 된다. 바울은 그의 가르침이 참으로 "율법과 선지자들에게 증거를 받은 것"(3:21; 참조. 1:2)임을 나타내기 위해 이 두 가지를 모두 지적할 필요가 있었다. 그는 **하나님**(*God*)의 복음(1:1)인 "아브라함과 이삭과 야곱의 하나님"인 복음 자체를 위해 이러한 연속성을 입증하는 것이 중요하다고 생각했다.[195]

---

192. 바울이 창 15:6을 선택한 것은 주로 믿음과 의의 언어에 의해 좌우된다. 그러나 창세기 15:6의 서술적 주석이 오경의 서술에서 두드러진다는 점은 주목할 가치가 있다 (Moberly, "Abraham's Righteousness," 103-4). 하나님의 주도권이라는 관점에서 아브라함에 대한 바울의 해석에 관해서는 특히, F. Watson, *Paul and Hermeneutics of Faith*, 167-200를 보라. 또한 유사한 강조에 관해서는 R. Longenecker, "'Faith of Abraham' Theme," 204-6를 보라. Flebbe는 4장이 기본적으로 하나님과 그의 주도권에 관한 것이라고 주장한다. 즉, 아브라함은 하나님의 "제술"(rheme)을 위한 "주제"(theme)다.
193. "Faith of Abraham," 79. 또한 F. Watson, *Paul, Judaism, and the Gentiles*, 267-69을 보라.
194. 어떤 해석가들은 바울이 오히려 구원 역사의 과정에 초점을 맞추고 있다고 주장하면서 롬 4장에서 아브라함의 모범으로서의 중요성을 축소한다. 그러나 Dunson(*Individual and Community*, 130-42)이 보여주었듯이 바울은 확실히 믿음으로 말미암는 칭의의 예로서 아브라함을 제시한다.
195. Wilckens는 G. Klein과의 논쟁에서 롬 4장에서 바울은 구원의 역사에서의 연속성을 중요시하고 있다고 거듭 강조했다. Wilckens, "Rechtfertigung Abrahams," 111-27; G. Klein, "Romer 4"; Wilckens, "Zu Römer 3,21-4,25," 586-610; G. Klein, "Exegetische Probleme," 170-79; idem, "Heil und Geschichte"; Wilckens, 1.282-85). 롬 4장에 대한 학문적 접근의 (다소 오래된) 검토는 Neubrand, *Abraham*, 32-79를 보라.

i. 믿음과 행위(4:1–8)

1 그런즉 육신으로 우리 조상인 아브라함이 무엇을 얻었다 하리요[196]
2 만일 아브라함이 행위로써 의롭다 하심을 받았으면 자랑할 것이 있으려니와 하나님 앞에서는 없느니라
3 성경이 무엇을 말하느냐 아브라함이 하나님을 믿으매 그것이 그에게 의로 여겨진 바 되었느니라[a]
4 일하는 자에게는 그 삯이 은혜로 여겨지지 아니하고 보수로 여겨지거니와
5 일을 아니할지라도 경건하지 아니한 자를 의롭다 하시는 이를 믿는 자에게는 그의 믿음을 의로 여기시나니
6 일한 것이 없이 하나님께 의로 여기심을 받는 사람의 복에 대하여 다윗이 말한 바
7 불법이 사함을 받고 죄가 가리어짐을 받는 사람들은 복이 있고
8 주께서 그 죄를 인정하지 아니하실 사람은 복이 있도다 함과 같으니라[b]

a. 창 15:6 / b. 시 32:1-2

이 문단의 논증은 4단계로 전개된다. 1-2절에서 바울은 아브라함도 3:27-28에서 진술된 원리의 예외가 될 수 없다고 주장한다. 즉, 의롭다 하심을 얻는 것은 믿음으로 되는 것이므로 그도 자랑할 것이 없다고 확언한다. 3절은 아브라함이 믿

196. 1절의 중간 부분은 본문 전승에서 네 개의 형태로 발견된다.

1. *εὑρηκέναι Ἀβραὰμ τὸν προπάτορα ἡμῶν* - "우리 선조 아브라함을 찾았다"(알렉산드리아 사본 ℵ[원본], A, C[원본] 그리고 81; ℵ의 비잔틴 제2교정본);
2. *εὑρηκέναι Ἀβραὰμ τὸν πατέρα ἡμῶν* - "우리 아버지 아브라함을 찾았다"(알렉산드리아 사본 C[제 3 교정본], 서방 사본 D, F, G, 언셜체 Ψ, ℵ의 비잔틴 제 1 교정본);
3. *Ἀβραὰμ τὸν πατέρα ἡμῶν εὑρηκέναι* - "우리 아버지 아브라함이 찾았다"(알렉산드리아 소문자 33과 다수파 텍스트);
4. *Ἀβραὰμ τὸν προπάτορα ἡμῶν* - "우리 선조 아브라함"(알렉산드리아 사본 B. 1739는 *πατέρα*로 되어 있다).

몇몇 사본에 *πατέρα*가 있는 것은 보다 일반적인 단어가 덜 일반적인 단어를 교체한 분명한 사례의 하나로, 원본은 *προπάτορα*로 되어 있을 것이 거의 확실하다는 증거가 된다. 보다 중요한 것은 *εὑρηκέναι*가 본래 없었을 가능성이다(선택지 4를 보라). 이것이 아주 중요한 B에서 빠져 있으며, 이 단어의 위치가 일정치 않다는 것은(선택지 1, 2와 3을 보라) 그것이 텍스트에 추가되었을 가능성이 있다는 것을 뜻한다(Lightfoot; S-H). 이것을 빼면 1절은 RSV에서처럼 "그런즉 우리가 우리의 혈육에 따른 선조인 아브라함에 관해서 무슨 말을 하리요?"로 번역될 것이다. 그러나 *εὑρηκέναι*가 원본 텍스트로부터 탈락되었을 가능성이 더 큰데, 그렇게 된 것은 그것이 앞에 나오는 *ἐροῦμεν*과 비슷하기 때문에 일어난 실수였을 수도 있고(Metzger, *Textual Commentary*, 450), 구문의 어색함 때문에 고의로 된 것일 수도 있다. Godet은 선택지 3으로 읽을 것을 주장하는데, 이는 그가 그 동사에 *κατὰ σάρκα*를 덧붙여야 한다고 생각하기 때문이다. 그러나 이 결합은 있을 법하지 않은 것이므로, 객관적인 뒷받침이 강한 선택지 1이 채택되어야 할 것이다(Longenecker).

음으로 의롭다 하심을 얻은 데 대한 성경의 증거를 인용한다. 이 아브라함의 믿음이 의로 여긴 바 된 것이 4-5절에서 "경건하지 아니한 자를 의롭다 하시는 하나님"의 은혜로 된 것으로 밝혀지고, 그럼으로써 그 과정에서 "행위"가 들어갈 자리를 완전히 배제한다. 마지막으로 6-8절은 여기서 사하심을 받는다는 말로 정의된 하나님의 "여기심"(reckoning)이 갖는 주권적 성격을 다윗이 시편 32:1-2에서 한 말을 인용하여 확인한다. 4-5절은 하나님이 그의 백성을 대하심에 있어서의 은혜로운 성격에 호소하여, 의롭다 하심을 행위가 아니라 믿음으로 얻는다는 것을 뒷받침하면서 이 문단의 중심을 이룬다. 이런 의미에서 우리는 4:1-8을 3:27-28에 대한 일종의 "해설"(commentary)로 규정할 수 있다.[197]

1 로마서에서 아주 흔히 볼 수 있듯이, 바울은 그의 논증의 다음 단계를 하나의 수사적 질문을 사용하여 시작한다. "그런즉[198] 육신으로 우리 조상인[199] 아브라함이 무엇을 얻었다[200] 하리요." 그러나 바울이 4장에서 하는 아브라함에 대한 논의

197. Berger, "Abraham," 65.

198. *οὖν*은 빈번히 추론의 뜻("그러므로")을 갖지만, 여기서는 단순한 화제의 전환을 가리키는("그런즉"의) 뜻으로 쓰였다.

199. προπάτωρ라는 단어는 LXX에서 단 한 번, 그리고 신약에서는 여기서만 나오는데, 일반적 공식인 "우리 아버지 아브라함"의 한 변형이다. 사 51:2은 - "너희의 조상 아브라함과 너희를 낳은 사라를 생각하여 보라" - 바울이 다른 곳에서 인용한 문맥에서 발생하기 때문에 특히 중요했을 것이다 (갈 4:27에서 인용하는 사 54:1은 사 51:1-2과 밀접하게 연관되어 있다). Longenecker를 보라.

200. 이 번역은 부정사 *εὑρηκέναι*가 동사 *ἐροῦμεν*("우리가 말하다")의 내용을 명확히 밝히는 명사절을 이끈다는 것을 전제로 한다. 이것은 *τί οὖν ἐροῦμεν*을 별도의 질문으로 보고 "아브라함"을 *εὑρηκέναι*의 목적어로 취하는 Wright의 제안보다 가능성이 높다. 즉, "그런즉 우리[기독교인]가 무슨 말을 하리요? 우리가 우리의 조상 아브라함을 육신으로 얻었다 하리요?"로 번역할 수 있다(CEB를 보라). (R. Hays ["Have we found?," 76-98]는 원래 이 읽기를 제안했지만 그는 "우리"가 유대인이라고 생각했다. 그러나 이제는 Wright의 개선에 동의한다. 그러나 단순 부정사로 첫 번째 복수 주어를 가정하는 것은 어렵다. 이 읽기에 대한 반론에 대해서는 Lambrecht, "Romans 4," 192-93; Monserrat, *Conception paulinienne de la foi*, 122-24를 보라. 반면에 Jipp는 1절이 바울의 질문이 아니라 그의 대화 상대의 질문이라고 주장한다("Rereading the Story of Abraham," 220-21, 227-28; 또한 Witherington/Hyatt; Jewett을 보라). 질문 가운데 *εὑρίσκω*("찾다")의 다소 어색한 용법은 LXX의 표현 *εὑρίσκειν ἔλεος [χάριν]*("자비[은혜]를 구하다") - 이는 창 18:3에서 아브라함에 관해 쓰인 것이다 - 때문일지도 모른다(예를 들어, Cranfield; Dunn; Longenecker; 반면에 Porcher는 이것이 시 32:6의 히브리어를 반영할 수 있다고 제안한다. 이 시편은 바울이 7-8절에서 인용한다["Quelques considerations," 557-59]). 그러나 그것은 아마 *εὑρίσκω*의 의미가 아마도 "상황 파악을 하다", "경험으로 터득하다"(7:10, 21을 보라)라는 뜻을 나타내는 것이다. 바울은 그의 독자들에게 자기가 논의하고 있는 것들에 관

가 그의 논증을 도대체 어떻게 진행시키는가? 우리가 3:31에 관한 주석에서 보았듯이, 많은 학자들은 3:31을 4장의 표제로 여긴다. 이 견해대로라면, 바울은 3:31c에서 자신이 "율법을 굳게 세우느니라"고 한 말의 뜻을 4장에서 설명하고 있을 것이다. 즉, 오경의 증언 (창 15:6)을 지지하고, 이 증언 역시 사람이 믿음으로 의롭다 하심을 얻는다는 것을 분명히 하기 때문이다 (3:28).[201] 하지만 우리는 3:31c이 이렇게 읽힐 것 같지 않다고 주장했다. 이것은 31a절에서 나온 반대에 대한 재빠른 반격으로 보는 것이 낫지, 4장의 표제나 도입으로 보기는 어렵다. 이 해석이 맞다면, 4:1의 의도적인 질문은 이 장을 3:27-31에서의 논의와 일반적으로 연결시킬 것이다.[202] 바울은 4장에서 3:27-31에서 말한 핵심점들의 각각을 아브라함의 역사를 통해 상세히 마무리한다.[203]

몇몇 주석자는 "육신에 따르면"을 동사에 붙인다. 그러면 바울이 아브라함은 "자신의 [육신의] 노력으로" 무엇을 발견했느냐고 묻는 것이 된다.[204] 그러나 이 장에서 아브라함의 "조상 됨"을 확대하여 모든 믿는 자의 영적인 부모임을 포함시키는 데 역점을 두고 있는 것(12, 16-18절)을 볼 때, 오히려 이 어구는 "우리 조상"을 한정 수식한다는 것을 알 수 있다. 이 한정 수식에는 영적 세대에 대립되는 육적인 세대가 - "우리의[유대인의] '혈통에 따른' 조상이" - 포함될 수 있다.[205] 그러나 "육신에 따르면"이라는 어구에 통상적으로 내포되는 비방적인 의미의 일면이 여기서도 발견될 수 있을 것이다. 즉, 바울과 다른 유대 그리스도인들("우리")의 관계에서 아브라함의 "부모 됨"이 육신의 혈통에 의해서만이 아니라 협소한 옛 시대의 시각에 의해서도 한정된다는 의미다.[206] 새 시대의 시각에서 보면, 아브라함은 유대인과 이방인 상관없이 모든 믿는 자의 조상이 되기 때문이다(참조. 4:11-12).

2 이 절에서 바울은 자신이 1절에서 아브라함의 경험에 관해서 물은 이유를 설

해 아브라함이 어떻게 상황 파악을 했는가를 자신과 함께 궁리해 보자고 청하는 것이다.

201. 예를 들어, Rhyne, *Faith Establishes the Law*, 75-76을 보라.

202. 예를 들어, Murray; Cranfield; Dunn.

203. 평행에 관해서는 3:27-4:25의 도입을 보라.

204. Jewett; 같은 저자, *Anthropological Terms*, 425-26; Godet; Stuhlmacher.

205. 예를 들어, Cranfield.

206. Dunn, "Jesus-Flesh and Spirit," 46-47을 보라.

명한다.[207] 생각의 흐름을 이렇게 풀어 볼 수 있다. "우리가 아브라함에 대해 무엇이라고 말하리요? 그가 행위로 의롭다 하심을 받았으면, 그는 자랑할 것이 있고, 3:27-28에서 자랑할 데가 있을 수 없다고 한 내 주장에 대해 질문이 제기되겠기에 묻는 말이다." 아브라함이 행위로 의롭다 하심을 얻는 것이라면 어떻겠느냐는 질문은 결코 부질없는 질문이 아니다. 우리가 앞에서 보았듯이, 아브라함에 대한 유대인의 해석은 그의 경건의 본질이자 그가 하나님과 맺은 유례없는 관계의 기초로 그의 행위를 강조했다. 바울의 가정법 문장은 논증을 위해 이런 상황이 실재한다는 것을 - "아브라함이 행위로써 의롭다 하심을 받았으면"[208]으로 - 전제하고, 그 결론을 그는 "자랑할 이유가 있다"[209]로 이끌어 낸다. 바울은 이 결론에 "[그러나] 하나님 앞에서는 없느니라"[210]는 짧은 단서를 덧붙인다. 그러나 이 단서는 아브라함의 자랑을 제한하는가, 아니면 완전히 무효화하는가? 전자라면, 바울이 암시하는 바는 아브라함의 자랑이 그의 동료 인간 세계의 것으로 한정되어 사람들 앞에서는 아브라함이 자랑할 것이 있지만, "하나님 앞에서는" 자랑할 것이 없다는 의미가 될 것이다.[211] 바울이 아브라함의 행위에 관해서만 말하고 있는 것이라면, 이것은 가능한 해석일 것이다. 그러나 바울은 아브라함의 행위를 그의 칭의와 관련지어서 말하고 있는 것이다. 그리고 바울이 행위에 의한 칭의를 얻을 모든 가능성을 물리치는 만큼(3-5절을 참조하라), 바울이 아브라함의 자랑할 권리도 완전히 물리친다고 보는 것이 더욱 합당하다. 즉 이 문맥에서는 하나님 앞이든지 사람들 앞이든지 **일체의**(*all*) 자랑을 배제해야 한다는 것이다. 그러므로 "[그러나] 하나님 앞에서는 없느니라"는 하나님의 시각에서 생각하면 아브라함에게 자랑할 수 있는 권리가 결코 없다고 하는 것이며, 이를 가정법 문장으로 진술된 논리를 물리치는 것이 된다.[212] 돌발적으로 튀어나온 "[그러나] 하나님 앞에서는 없느니라"는

207. Godet; Cranfield을 보라.

208. 바울은 *εἰ*를 소위 "제 1 조건문"(first-class condition)에서 직설법과 함께 쓰고 있다. 바울이 이 점에 대해서 논증을 위한 가정을 하고 있다(Lambrecht, "Why Is Boasting Excluded?," 366-67을 보라).

209. "자랑할 이유"는 *καύχημα*를 번역한 것이다; BDAG과 이 책에서 롬 3:27에 관한 각주 829를 보라.

210. 그리스어로는 *ἀλλ' οὐ πρὸς θεόν*. 여기서 전치사 *πρός*는 "…에 관한 한"을 의미하며(BDAG), 여기서의 이 의미는 아마 히브리어 리프네이(לִפְנֵי)에서 영향을 받았을 것이다.

211. 예를 들어, Godet; Wilckens.

212. 예를 들어, Calvin; Murray; Cranfield을 보라.

문장의 조건절("아브라함이 행위로써 의롭다 하심을 받았으면")이 잘못된 것이라는 논증의 결론을 예비적으로 진술하는 것이 된다.[213]

여기서 바울이 아브라함과 칭의에 대해 말한 것은 그가 3:20과 28에서 말한 것과 비슷하지만 중요한 차이점이 있다. 3장에서 바울은 "율법의 행위"가 의롭게 할 수 있다는 것을 부인한다. 여기서는 단순히 "행위"다. 바울의 관심이 "자민족 중심주의", 즉 하나님의 백성을 유대 민족으로만 제한하는 경향에 있다고 확신하는 해석가들은 "행위"가 "율법의 행위"라는 어구의 축약형이라고 주장한다. 그러므로 3:20과 28에서와 같이 바울의 주장은 하나님의 백성이 더 이상 옛 언약의 요구를 따르는 것으로 구별될 수 없다는 것이다.[214] 도날드슨(Donaldson)이 말했듯이 "그가 경고하는 유일한 행위는 이방인을 유대인으로 만드는 행위다."[215] 이 문제가 우리를 바울 신학의 광범위한 문제와 로마서의 전반적인 주장으로 불가피하게 끌어들이는 반면, 우리는 바울이 여기서 "율법의"라는 자격을 삭제했을 가능성이 더 높다고 생각한다. 왜냐하면 율법은 아브라함의 상황과는 맞는 요소가 아니기 때문이다. 바울이 이곳 로마서에서 이 점을 언급하지 않았지만, 그가 갈라디아서에서 주장하는 바를 로마서에서도 가정하고 있다는 것이 이치에 맞다. 즉, 아브라함은 율법이 주어지기 430년 전에 살았던 인물이다(3:17). 바울은 아브라함을 율법과 관련이 있을 수 있는 대표적인 유대인으로 보기보다는[216] 그를 "경건하지 않은" 대표적인 사람으로 본다(5절). "행위"는 광범위하게 사람이 하나님께 순종하는 일이거나 무슨 "율법"이든지 이 율법에 접근하는 방법을 말한다.[217]

213. 바울이 아브라함은 행위로 "의롭다 하심을 얻은 바"가 없다고 하기 때문에, 아브라함이 사실상 "행함으로 의롭다 하심을 받았다"(ἐξ ἔργων ἐδικαιώθη)는 야고보서의 주장(2:21)에 대한 의문이 생긴다. 학자들이 수 세기 동안 온갖 종류의 절충안을 내놓았고, 이 문제는 해결하기가 쉽지 않다. 하지만 아마도 우리는 전치사 ἐκ가 두 성경에서 서로 다른 의미를 갖는 것으로 보아야 할 것이다. 바울서신에서는 이 전치사가 완전히 수단의 의미로 사용되지만 야고보서에서는 더 "증거의" 의미로 사용된다(D. Moo, *James*, 59-65를 보라).

214. 예를 들어, Dunn; 같은 저자, "Whence, What, and Whither?," 43; Wright를 보라.

215. Donaldson, "Juridical," 233.

216. 창 26:5에서 아브라함이 "내 명령과 내 계명과 내 율례와 내 법도를 지켰음이라"는 것을 언급하기 때문에 이 연관성은 확실히 구약에서 어느 정도 근거를 가지고 있다.

217. 예를 들어, Westerholm, *Perspectives*, 313-14; Schreiner; Gathercole, *Where Is Boasting?* 236-40; Bassler, *Navigating Paul*, 15-16; Sprinkle, *Paul and Judaism Revisited*, 152-55; Witherington/Hyatt를 보라.

3 바울은 이제 이 (헬. *gar*를 주목하라) "[그러나] 하나님 앞에서는 없느니라"에 대한 설명으로, 아브라함의 칭의에 관한 성경적인 가르침을 인용한다. 그가 인용하는 본문은 창세기 15:6로, 4장 나머지 부분의 주요점(reference point)이 되기도 한다.[218] 유대교의 저자들은 이미 창세기 15:6을 특히 중요한 본문으로 이해했는데,[219] 바울은 이 절을 인용함에 있어 논쟁을 위한 것 이상의 목적을 가지고 있다. "믿다"라는 단어가 성경에 나오는 것이 창세기 15:6에서 처음일 뿐만 아니라, 그것이 의로 여김을 받는 것과 연결되기도 한다. 구약에서는 이런 연결이 이루어지는 일이 아주 드물다. 그리고 물론 이 절은 이스라엘의 "아버지"이자 하나님의 약속의 수령자이기도 한 아브라함을 묘사한다. 따라서 바울은 갈라디아서 3장 (6절)에서도 실제로 그러하듯이, 여기서도 바로 구약 가운데서 이 절을 그의 복음 선전을 위한 깃발을 꽂을 구절로 삼고도 남을 만한 충분한 이유가 있는 것이다.

창세기 15:6에서 아브라함의 "믿음"은 자기에게 육신의 후손이 있게 해주시겠다는 하나님의 약속(4-5절)과 관련하여 하나님에 대해 품는 그의 완전한 신뢰다. 그러나 이 약속은 창세기 12:1-3에서 하나님이 아브라함에게 하신 약속의 갱신인 만큼, 아브라함이 야웨(Yahweh)를 믿는다는 말이 나오게 한 약속에는 앞선 본문에서 약속된 세계적인 축복이 포함된다.[220] 바울의 이 본문 사용에서 상당히 중요한 것이 하나님이 아브라함의 믿음을 의"로" "여기시는 것"의 의미다. 이 언어는 아브라함의 믿음이 의와 "동의어"로 간주된다는 - 하나님이 아브라함의 믿음 자체를 하나님이 흡족하게 여기시는 "의로운" 행위로 보신다는 - 것을 시사할 수도 있다.[221] 창세기 15:6에서와 같은 문법적 구조가 쓰이는 다른 절들과 비교하면 우리는 다른 결론에 도달하게 된다. 이러한 평행은 이 구절이 하나님께서 아브라함의 믿음이 그 앞에서 의롭게 되기 위해 하나님께서 아브라함에게 기대하셨던 모든 것을 그대로 성취한 것으로 인해 그것을 은혜롭게 여기셨다는 것을 가르치고 있음을 시사한다(8절에 대한 주석 뒤에 나오는 부설을 보라). 창세기 15:6에 대한 이 해

---

218. 창 15:6의 해설에 관한 4:8이후의 부설을 보라.

219. Dunn; 그리고 약 2:22-23를 보라.

220. 예를 들어, Calvin, *Genesis*, 1.406; Leupold, *Exposition of Genesis*, 478. 아브라함의 약속에 대한 중요성에 대해서는 특히 Kaiser, *Toward an Old Testament Theology*, 예를 들어, 91-92를 보라.

221. 예를 들어, Ziesler, *Meaning of Righteousness*, 181-85를 보라.

석이 맞다면, 바울이 이 절을 적용하는 것은 공정하기도 하고 적절하기도 하다. 물론 바울이 기독론적인 초점을 맞춘 결과로 "믿음"과 "의"라는 용어에 주어진 새로운 함의들이 무시될 수는 없다. 그러나 아브라함의 믿음에 대한 반응으로 하나님이 은혜를 베푸심으로써 아브라함과 하나님의 관계가 수립된다는 본질적인 요점은 창세기와 로마서에서 모두 같다.[222] 여기서 바울이 전형적인 해석과 자기 자신 사이에 거리 둔다는 것이 확연히 드러난다. 유대교 해석자들은 흔히 창세기 15:6을 창세기 22장의 렌즈를 통해서 보았으며, 그렇기 때문에 아브라함의 "믿음"이 하나님에 대한 그의 순종이 되었고 하나님이 아브라함에게 보상할 책임이 있는 "행위"로 간주되었다.[223] 바울의 해석은 이 전통에 단호히 맞서는 것이며, 원본의 보다 충실한 해석이기도 하다.

4 4-5절에서 바울은 창세기 15:6에서 아브라함의 칭의에 관해서 하는 말로부터 두 개의 신학적 결론을 도출한다. (1) 행위가 칭의에서 차지하는 역할이 없다는 것과, (2) 이것은 하나님의 의롭다 하시는 판결이 (노력으로) 얻는 것이 아니라 값없이 받는 것이기 때문이라는 것. 물론 바울이 꼭 이런 방식으로 진술하는 것은 아니다. 그의 논증은 보다 복잡하고 다소 불분명하다고까지 할 수 있다. 이것은 그가 4절과 5절 사이의 의도적인 평행이 아닐까 싶은 것을 4절의 은혜와 보수의 대조로부터 5절의 칭의에 관한 결론으로 전환함으로써 단절시키기 때문이다. 그럼에도 불구하고 위에서 분리된 두 개의 요지는 충분히 명확하게 드러난다.

바울이 4-5절에서 하는 창세기 15:6의 신학적 적용은 아브라함의 칭의에 대해 바울이 갖는 진짜 관심이 무엇인지를 드러내며, 바울이 23-24절에서 진술하는 "그에게 의로 여겨졌다 기록된 것은 아브라함만 위한 것이 아니요 의로 여기심을 받을 우리도 위함이니"라는 해석학적 원리를 조명한다. 바울이 관심을 갖는 것은 특히 "여기시는 것"의 본질이다. 4절은 3절을 인용하면서 이 핵심어를[224] 집어든다. 그래서 바울은 일하는 자에게 줄 "삯"을[225] 어떻게 "여기느냐" 또는 "셈

222. H. Schmid, "Gerechtigkeit und Glaube," 417-19; Ridderbos, *Paul*, 177을 보라.
223. Moxnes, *Theology in Conflict*, 155-63; Käsemann, "Faith of Abraham," 81.
224. 그리스어는 λογίζομαι.
225. 그리스어는 μισθός.

하느냐"에 관한 일반 원칙을 정한다. 사람이 "일하는" 경우, 그가 돌려받는 대가는 보수 또는 정당한 보상 문제가 되는 것이라고 말한다. 그렇기 때문에 고용자는 그 일꾼에게 일정한 임금을 지급해야 하며 그것을 "값없이" 또는 "의무감 없이"[226] 주는 것이 아니다. 세속의 상용어에서도[227] 유대교의 종교적 토론에서와 마찬가지로[228] 발견되는 이 대조는 이곳에서 신학적으로 명확하게 적용된 적이 전혀 없다. 그러나 바울은 암시적으로 "신-학적"(theo-logic) 적용을 하고 있음이 분명하다. 즉, 일이 의미하는 보상이란 의무로 인하여 주는 것이기 때문에, 의의 보상이 결코 행위에 의존하여 시행되어서는 안 된다는 것이다 - 왜냐하면 하나님은 결코 그의 피조물에게 빚을 지는 일이 없으시기 때문이다. 칭의는 값없이 주시는 선물이지 사람이 일을 해서 정당 하게 얻는 임금이 아니다.[229] 하나님은 그의 피조물을 향하여 은혜롭게 - 의무나 필요에 쫓기는 일 없이 - 역사하신다는 것이 바울의 타협할 수 없는 신학적 이치 중 하나다. 그가 여기서 이 신학적 이치를 쓰는 것은 아브라함에게 의롭다 하심을 얻게 해준 믿음이 행위가 배제된 믿음이었음을 증명하기 위해서다.[230] 4세기를 이어온 개신교 신학에 의해 바울의 "믿음 대 행위"의 대조에 익숙해진 많은 사람들에게는 이 요지가 진부한 이야기로 들릴 수도 있다. 그러나 이것은 당시 가장 세력을 떨치고 있던 유대교 신학에 정면으로 도전한 것이었다. 이 신학은 믿음과 행위를 밀접하게 하나로 묶었고, 그것이 구원에 관한

226. 그리스어는 κατὰ χάριν.

227. Thucydides, 2.40.4를 보라. 바울의 경제에 관한 언어적 특색에 대하여는 F. Watson, *Paul, Judaism and the Gentiles*, 264-65을 보라.

228. 4 Ezra 8:31-36을 보라. 그리고 추가적인 예들로는 Str-B, 3.201-2.

229. J. Barclay가 지적했듯이, 바울은 아브라함의 의와 관련된 "비상응적 은혜"를 강조하기 위해 최선을 다한다. 즉, 그는 이 구절을 "비상응성에 대한 놀라운 표현"이라고 부른다 (*Paul and the Gift*, 485). 또한 McFarland, "Whose Abraham, Which Promise?" 115-20를 보라.

230. 특히, Doughty, "Priority of **ΧΑΡΙΣ**," 165-67을 보라. 이와 유사한 강조에 대해서는 Reicke, "Paul's Understanding of Righteousness," 46. J. Harrison (*Paul's Language of Grace*)을 보라, 이들에 뒤를 이어서는 예를 들어, J. Barclay (*Paul and the Gift*) and Linebaugh (*God, Grace, and Righteousness*, 164-66. 그는 특히 솔로몬의 지혜서에 초점을 맞춘다)는 그리스-로마 문화에서 은혜가 종종 호혜를 수반하며, 그에 따라 선물은 그 선물을 받는 사람에게 어느 정도 상응하여 주어졌다고 주장한다. 이 경우, 은혜에 대한 바울의 견해는 이 단어에 대해 단순하게 공유된 정의가 아니라 그리스도 안에서 하나님의 독특한 사역에 대한 바울 자신의 신학적 주장에 근거할 것이다.

일종의 신인협력설로 나타났다.[231] 이에 대해 바울은 믿음을 의로 "여기시는 것"이 - 아브라함의 생애에 있어서나 다른 어떤 사람의 생애에 있어서나 - 전적으로 은혜에 의한 것이며, 그러므로 믿음에 기초한 것이어야 한다고 주장하는 것이다. 이렇게 볼 때 바울의 요점은 여겨짐에 대한 히브리적 개념이라고 하는 것에 의거하는 것이 아니며,[232] 은혜가 여겨짐의 필연적인 결과[233] 라거나 믿음의 필연적인 결과[234]라고 주장하고 있는 것도 아니다. 은혜는 바울의 논리의 종점이 아니라 시작이며, 은혜라는 사실로부터 의롭다 하심을 얻게 하는 믿음은 일체의 행위와 "상관없는" 믿음이어야 한다는 결론이 나온다(참조. 3:28).

5 일반적인 원리로부터 신학적인 원리로의 전환이 4절의 "일하는 자"와 이 절의 맨 앞에 나오는 "일을 아니하는 자" 사이의 대조를 설명해 준다. ("그의 믿음을 의로 여기시나니"라는 이 절의) 마지막 어절로 바울이 "게으름을 찬미하는 것"도 아니고(Morris), 기독교인은 절대로 "선행"을 쌓을 필요가 없다고 말하는 것도 아니다. 칼빈이 정확하게 강조하듯이, 바울은 자신의 믿음을 적극적으로 실천에 옮길 생각을 하지 않고 자기 만족에 취해 있는 그리스도인을 너그럽게 보아줄 신학자가 절대로 아니다. 오히려 ("일을 아니하는 자"로) 바울이 염두에 두고 있는 것은, "경건하지 아니한 자를 의롭다 하시는 이를 믿는자"와의 대조에 비추어 볼 때, 자기의 행위에 의지하여 하나님 앞에 설 생각을 하지 않는 사람이다.[235] "경건하지 아니한 자를[236] 의롭다 하시는 이"는 우리가 하나님 앞에 서는 것은 당연히 전적으로 하

231. Stuhlmacher 그리고 3:20 뒤의 부설을 보라.
232. 예를 들어, H. W. Heidland (*TDNT* 4.290)는 이렇게 생각한다.
233. 예를 들어, Moxnes (*Theology in Conflict*, 110)는 이렇게 결론내린다.
234. Cranfield는 이렇게 제안한다.
235. "경건하지 아니한"은 그리스어 단어 ἀσεβής를 번역한 것인데, 이 단어는 "예배드리기를 거부하는" 자를 가리킨다(1:18에 나오는 동족어 ἀσέβεια에 관한 나의 해설을 보라). 따라서 이 용어는 다른 NT 사례가 증명하듯이 강력한 용어다. 롬 5:8; 딤전 1:9; 벧전 4:18; 벧후 2:5, 6; 3:7; 유 4, 15를 보라. 의미심장하게도 이 단어는 δίκαιος와 대조적으로 70인역에서도 사용되었으며 출 23:7에 나오는 단어다(아래를 보라).
236. 일부 해석자들은 여기서 바울이 구약과 유대 전통을 깨뜨렸다고 생각한다. 그러나 다른 사람들은 그가 그 전통 내에서 일부 요소로 작업하고 있다고 생각한다. 예를 들어, Flebbe (*Solus Deus*, 194-212)는 아브라함이 그의 의에 대한 보상을 받는 하나님을 진지하게 찾는 자가 아니라 죄 많은 이방인, "경건하지 않은" 사람으로 초점을 맞춘 유대교 텍스트에 주의를 끈다. 이러한 관점에

나님의 값없이 주시는 은혜에 속한다는 바울의 신념을 간결하고 대담하게 진술한 것으로 유명하다. 이 설명의 대담성을 제대로 음미하자면, 우리는 죄인을 "의롭다 하는" 인간 재판관들에 대한 구약의 정죄(사 5:23; 잠 17:15)와 나란히 놓고 보아야 하며, 특히 출애굽기 23:7에서 "나는 악인을 의롭다 하지 아니하겠노라"고 하신 하나님의 선언과 비교해 보아야 한다. 이 본문에 비추어 여기에서 바울의 주장을 어떻게 이해해야 할까?[237] 많은 해석자들은 "의롭다 하다"라는 단어의 새로운 적용이 포함된다고 생각한다. 구약의 본문들은 기존의 상황에 대한 선언 또는 인정을 가리킨다. 그러나 바울은 믿는 자에게 값없이 새로운 "신분"[238]이 주어지는 창조적 사역을 염두에 두고 있다. 이러한 관점의 변화는 아브라함의 경우와 같이 하나님께서 그 자체로 우리의 의로 여기시는 것이 우리의 "믿음"이라는 것이다.[239] 그러나 다른 사람들은 바울이 여기에서 중간 단계를 취한다고 생각한다. 즉, 바울은 신자가 그리스도와 연합되고 그리스도의 의는 그 신자에게 전가된다. 그러므로 믿음은 그 자체로 의로 간주되지 않는다. 믿음은 우리가 그리스도와 연합하는 수단이며, 그 연합으로 인하여 그분의 의가 우리의 것이 되는 것이다.[240] 이 논리에 따르면, 칭의에 대한 하나님의 판결은 구약에서와 같이, 사실에 대한 선언이다. 그러나 하나님께서 어떤 사람이 그 앞에서 "옳다"고 선언하신 것에 근거한 의는 그 사람 자신의 의가 아니라 그리스도 자신의 "성격이 다른" 의다. 이러한 대안 사이에서 어느 것 하나를 결정하는 것은 우리를 논쟁의 여지가 아주 심한 신학적 문제 한 가운데로 데려다 놓는다. 그러나 우리는 이 두 번째 견해(종종 "그리스도의 의의 전가"로 명명됨)가 일부 바울 서신 본문(특히 고후 5:21을 보라)에 발판을 마련하고 바울의

서 바울의 유명한 공식은 본질적으로 "하나님은 이방인[ἀσεβῆς]을 의롭다 하신다"를 의미하는 것이다.

237. 예를 들어, Jewett; N. T. Wright, *Justification*, 213, 232를 (그는 "전가된 의"라는 개혁주의 사상이 바울에게는 낯선 법적 개념이라고 생각한다) 보라.

238. 예를 들어, Witherington/Hyatt; R. Gundry, "Nonimputation of Christ's Righteousness," 225-51.

239. 예를 들어, Carson, "Vindication of Imputation," 58-66. 이와 반대의 관점으로는 특히, R. Gundry, "Nonimputation of Christ's Righteousness"를 보라.

240. 예를 들어, Vickers, *Jesus' Blood and Righteousness*, 73-86; Piper, *Counted Righteous in Chris*(비록 그는 이 본문의 견해에 대한 주석적 근거에 대해 지나치게 낙관적이지만); C. Campbell, *Paul and Union with Christ*, 399-401를 보라. Bird의 견해도 비슷하지만 "통합된 의"라고 말하는 것을 더 좋아한다 ("Justification as Forensic Declaration," 114-15).

전반적인 신학을 잘 이해한다고 생각한다.[241] 어떤 경우든, 이 절이 강조하는 것은 하나님의 본질이다 - 자애로우시고, 값없이 주시며, 어떤 사람에게도 빚진 자가 될 수 없는 분이시라는 것이다. 그 "믿음이 의로 여기심을 받는" 자는 바로 **이**(*this*) 하나님을 믿는 자요, 그럼으로써 혹시 자기의 선행이 일으킬 수도 있는 하나님에 대한 일체의 권리 주장을 그의 믿음 가운데서 포기하는 사람이다. 마찬가지로 바울에게 있어 믿음은 인간으로부터 비롯된 일체의 노력과 전적으로 구별되는 무엇이라는 것이 다시 한 번 분명해진다. **우리는**(*We*) 믿는다. 그러나 우리는 그 믿음조차 공적으로 여길 수 없다. 조나단 에드워즈는 이 5절에 대해 이렇게 표현한다.

> 하나님은 칭의의 사역을 하심에 있어, 의롭게 된 사람 안에 있는 어떤 것도 경건이라거나 그 사람 안에 있는 어떤 선으로 인하여 존중하시는 것이 아니다. 그러나 이 사역을 하시기 직전에 하나님은 그 사람을 오로지 경건하지 않은 피조물로 보실 뿐이며, 그렇기 때문에 의롭게 된 사람 안에 있는 그 경건이 그 사람이 의롭게 됨을 얻을 근거가 되지 않는 것과 마찬가지로 그 전제도 되지않는다는 것이다.[242]

그러므로 4-5절에서 바울의 목적은 의롭다 하심을 얻게 하는 믿음은 "오직 믿음"이요, "행위와는 별개의"[243] 믿음이라는 것을 밝히는 데 있다. 그리고 크리소

241. 이 전통적인 전가 개념을 이해하는 특히 매력적인 방법은 그리스도 안에 있는 두 본성의 "귀속"과 관련한 Garcis의 유추다. 즉 이와 같다, "그리스도만 있는 그의 의가 독특한 이유는 그 의가 믿는 자들에게만 '귀속되며' 그와 연합한 실재성 때문이다. 그리스도에게만 고유한 이 '귀속된' 의는 우리에게는 '비고유적'이지만 그리스도와의 연합의 실재로 인하여 참되게 한다"("Imputation and Christology," 246; see also Beale, *New Testament Biblical Theology*, 469-80).

242. "Justification by Faith Alone," Works 1.622. Dunn은 이와 같은 결론은 본문을 루터교의 안경을 통해서 본문을 읽은 결과로 본문의 과잉 해석을 대표한다는 뜻을 은연중에 비춘다(또한 N. T. Wright는 바울이 아브라함이 갖게 될 대가족에 관한 창 15:6과 유사한 요점을 말하고 있음이 틀림없다고 주장하는 것[Paul and Faithfulness of God, 2.1004]을 보라). 그러나 이에 대해 말해 둘 필요가 있는 것은, 첫째로 이 안경이 루터주의의 특유한 안경이 아니라는 점이다. 같은 안경을 엄격한 개혁주의로부터 감리교에 이르기까지 사실상 종교개혁의 모든 후예가 쓰고 있다. 그러나 둘째로, 그리고 가장 중요한 것은 Dunn이 이런 함의들을 스스로 버리는 것이 바울과 그의 동시대 유대인들의 상호 작용을 지나치게 협소하게 해석한 결과라고 우리는 확신하고 있다는 점이다(보다 자세한 것은 3:20 뒤의 부설을 보라).

243. Longenecker(499)는 바울의 ἔργα가 유대인 해석자들에 의해 아브라함에게 귀속된 모든 "선한 행위"과 민족적 배경을 가진 사람이 행한 모든 "선한 행위"를 포함한다고 올바르게 강조한다. 그러므로 여기서 바울의 "행위"는 좁은 의미로 해석되는 "율법의 행위"로 제한될 수 없다(이와 반

스토모스가 지적하는 것처럼 이 설명을 아브라함의 예로 들어서 한다는 점이 중요하다.

> 일하지 않은 사람이 믿음으로 의롭다 하심을 얻는다는 것이 있을 법하지 않은 일은 아니었다. 그러나 선한 행실로 풍성히 단장한 사람은 이것들로 말미암은 것이 아니라 믿음으로 의롭다 하심을 얻는다는 것이고, 이것은 경외감을 일으켜 믿음의 능력을 강하게 비추는 일이다.

6 칭의에서 "행위"를 배제하려는 바울의 관심이 이 절에서 "일한 것이 없이 하나님께 의로 여기심을[244] 받은 사람의[245] 복에[246] 대하여 다윗이[247] 말한 비[248]"로 다시 표출된다. 바울이 "일한 것이 없이"라는 부정 명제를 덧붙인 것으로 보아, 6-8절은 4-5절의 내용을 확인하는 데 그 목적이 있을 것 같다.[249] 그러나 바울은 아마도 그의 이신칭의 교리(3절)에 대한 구약의 추가 확인을 덧붙일 의도도 가지고 있을 것이다. 그렇다면 바울은 유대교의 설교적인 관습을 모방하여 오경에서 뽑은 그의 1차 증거에 "선지자와 그 글들"에서 뽑은 2차 증거를 덧붙이고 있는 것일 수 있다.

대 주장으로는, 예를 들어 Dunn, *Theology*, 364).

244. 바울이 중간태의 λογίζεται를 하나님을 주어로 하여 능동의 의미로 쓰는 것은 (3절에서 믿음을 주어로 하여 수동태 ἐλογίσθη로 쓰는 것과는 대조적으로) 그가 다시 인용문으로 그 뒤를 이을 생각을 하고 있기 때문이다 그렇지만 Murray가 지적하듯이, 바울의 언어가 바뀌는 이유는 "그에게 의로 여겨진바 되었느니라"나 "하나님이 그를 의로 여기시느니라"나 "하나님이 그를 의롭다 하셨느니라"나 사실상 같은 말로 간주하고 있다는 것을 입증한다.

245. 그리스어로는 τοῦ ἀνθρώπου. 이 속격은 복"과 관련한" 사람 또는 그 복이 "위에" 임하도록 선언된 사람을 가리킨다.

246. 그리스어로는 *μακαρισμός*. 바울은 이 단어를 사용한 유일한 신약 저자이다(또한 9절; 갈 4:15을 보라). 그는 인용문을 사용하는 7-8절에서 사용한 단어들인 *μακάριοι* 및 *μακάριος*에 실질으로 상응하는 명사로 사용한다.

247. "다윗"은 시 32편의 표제로 나온다. 게다가 그를 전체적으로 시편 기자와 동일시하는 것이 당시 관례가 되고 있었다.

248. 그리스어로는 λέγει로, 여기서는 "…에 관해 이야기하다", "공표하다", "선언하다"라는 의미를 나타낸다.

249. 이 절들을 이끄는 *καθάπερ καί*, "또한 마찬가지로"(개역개정에서는 이부분을 표현하지 않음-옮긴이)를 보라.

7-8 다윗의 말은 시편 32:1-2a에서 가져온 것이다.[250] 바울이 이 절들을 인용하는 이유 중 하나는 창세기 15:6의 핵심 단어인 "여기다"가 이 시편 구절에도 있기 때문이다. 언어적 평행성에 입각하여 구약의 구절을 연관시키는 관습은 유대교의 주석에서 흔히 쓰이는 기술이었다.[251] 그러나 유대교의 주석가들에 의해 종종 이 방법으로 세워진 인위적인 연결들과는 달리, 바울이 시편 32:1-2을 창세기 15:6과 연결시키는 것은 그럴만한 좋은 실질적인 근거를 가지고 있다. 그만큼 시편의 이 절들은 죄의 사함(1절)과 여호와께서 사람의 죄를 그의 죄로 여기지 않으시는 것(2절)을 밀접하게 연결시키고 있는 것이다. 다시 말해서, 이것을 사람들의 선한 행위로 "여기는 것"이 아니라, 사람들의 죄로 여기지 **않고**(*not*) 용서하시는 하나님의 행위다. 이것이 사람의 행위에 기초하지 않고 하나님이 값없이 주시는 칭의로 묘사하고자 하는 바울의 의중과 완벽하게 일치한다. 이 시편의 절들을 바울의 해설과 연결시키면 다른 두 개의 암시가 뒤따른다. 첫째로, 죄 사함이 칭의의 기본적인 구성 요소임이 분명하다는 것. 둘째로, 바울은 칭의에 대한 그의 강한 법정적 이해를 다시 한번 드러낸다는 것이다. 이러한 암시는 그가 이 인용문을 사용하여 칭의를 사람에게 죄를 부과하지 않는 또는 "전가하지" 않는 것과의 비교로 인한 것이다. 이것은 도덕적 변화와는 아무런 관계가 없는 행위인 것이며, 하나님과의 관계가 바뀌었다는 - 그들이 정죄되는 것이 아니라 "무죄 선고되었다"는 의미로 사람들을 "변화시킨다"는 뜻이다. 우리는 칭의가 "경건하지 아니한"(5절), 죄로 가득한 사람들에게 영향을 미친다는 것을 다시 한번 볼 수 있다.[252]

---

250. LXX 31:1-2a. 바울은 여기서 LXX를 정확히 옮기고 있는데, LXX는 문체와 관련된 사소한 점에서만 MT와 차이가 난다.

251. 랍비들은 이 기술의 이름을 게제라 쉐바(gezerah shewa)라고 불렀다. 여기에서의 사용에 대해서는, "Zur Gedankenführung," 271-72를 보라.

252. Gathercole, *Where Is Boasting?* 246-48.

부설 : 창세기 15:6

우리는 성경들의 비교를 통해 바울이 창세기 15:6을 인용한 것이 그의 관례와 마찬가지로 일반적으로 70인역을 따른다는 것을 알 수 있다.

바울 : ἐπίστευσεν δὲ Ἀβραὰμ τῷ θεῷ καὶ ἐλογίσθη αὐτῷ εἰς δικαιοσύνην
(에피스튜센 데 아브라암 토 떼오 카이 엘로기스떼 아우토 에이스 디카이오쉬넨)
LXX : καὶ ἐπίστευσεν Αβραμ τῷ θεῷ καὶ ἐλογίσθη αὐτῷ εἰς δικαιοσύνην
(카이 에피스튜센 아브람 토 떼오 카이 엘로기스떼 아우토 에이스 디카이오쉬넨)
MT : וְהֶאֱמִן בַּיהוָה וַיַּחְשְׁבֶהָ לּוֹ צְדָקָה
(붸헤에민 바야웨 봐야흐쉬베하 로 체다카)

70인역과 바울은 능동 표현(וַיַּחְשְׁבֶהָ, "그가 신뢰했다")을 수동태(ἐλογίσθη, "그것이 여김받다")로 바꾸고 있다는 점에서 맛소라 텍스트와 다르며, 아마도 히브리어 능동 동사의 주어가 무엇인지에 대한 모호성을 피하기 위함 일 것이다. 몇몇 해석가들은 첫째 어절의 주제가 둘째 어절로 확장되어야 한다고 주장하면서 "아브라함"을 주어로 취하여 이 모호성을 해결했다. 그러므로 이 구절은 "그[아브라함]가 여호와를 믿었고 [아브라함이] 그것[후손의 약속]을 그[여호와] 앞에 의로움으로 여겼다"와 같은 것을 의미할 수 있다.[253] 그러나 이러한 구문 읽기는 가능하지만, 일부 핵심 단어에 대해 긴장된 해석을 제공한다.[254]

창세기 15:6에 대한 바울의 호소가 적절한지에 대해서는 논쟁이 있다. 세 가지 문제가 중요하다. 첫째는 아브라함의 믿음이다. 히브리어 동사 히필형에서 אמן(아만)의 완료형 변환된 것으로, "어떤 것을 신뢰할 수 있는 것으로 간주하다, …을 신뢰하다, …을 믿다"의 의미를 갖는다.[255] 구약의 다른 곳에서는 이 동사 히필형

253. M. Oeming, "Ist Genesis 15 ein Beleg?"; 또한 예를 들어 J. J. Scullion, *ABD* 5:727를 보라.
254. Schliesser, *Abraham's Faith*, 115-50.
255. L. Koehler, W. Baumgartner, and J. J. Stamm, eds., *The Hebrew and Aramaic Lexicon of the Old Testament*, trans. and ed. M. E. J. Richardson, Study Edition, 2 vols. (Leiden: Brill, 2001), 1.64.

이 (이 구절에서와 같이) ב와 붙어서 특별히 여호와의 행동과 말씀의 계시에 비추어 그의 이름에 나타나는 개념인 그의 대한 신뢰, 의존 또는 확신임을 확증한다 (출 14:31, 민 14:11, 20:12, 신 1:32, 왕하 17:14; 대하 20:20; 시 78:22, 32; 욘 3:5). 더욱이 이 본문에서 "믿음" 또는 "신뢰"는 종종 하나님에 대한 사람들의 근본적인 입장을 나타내며, 그 결과는 하나님의 약속에 포함되거나 배제되는 결과를 낳는다. 그렇다면 창세기 15장의 경우에 아브라함에게 하신 하나님의 약속의 갱신을 직접적으로 따라가면서, 6절에서는 하나님께 대한 아브라함의 응답의 근본적이고 특징적인 특색을 표현하고 있다. "믿음"에 대한 구약의 개념은 신약의 관점으로부터 "믿음"과 "신실함"의 조합으로 표시될 수 있는 것이 포함되어 있다고 주장하는 것이 일반적이다. 우리는 이러한 주장에 대해 이의를 제기하지 않고, 하나님에 대한 "믿음"이 표현된 핵심 구약 본문에는 확실히 순종의 삶으로 이끄는 성향이 포함되어 있음을 강조할 것이다. 그러나 그 순종 자체가 이 본문에서 말하는 "믿음"에 분명히 포함되어 있지는 않다.

창세기 15:6에 대한 바울의 호소에 대한 적절성을 평가하는 데 중요한 두 번째 문제는 이 구절이 언급하는 "여기는 것"의 성격이다. 이와 관련한 히브리어는 (1) 동사 חשב(하샤브)가 (2) 비인칭 목적어를 가리키는 접미사를 가리키며, 이어서 (3) 전치사 ל를 더하고 (4) 인칭을 나타내는 목적어, 이어서 (5) 부사적 대격이다 (이를 직역하면 "그는 [1] '여겼다' [2] 그것을 [즉, 믿음] [3] 에게 [4] 그[아브라함]는 [5] 의로"). 히브리어 성경의 어떤 본문도 이 순서를 정확히 글자 그대로 사용하지는 않지만 몇몇 본문은 흡사하다. 이와 같은 본문들 중 한 본문 모음은 ל + השב 조합을 사용하고 그 뒤에 인칭 대명사가 오지만 동사에 접미사 또는 종결 부사적 대격이 없다(*without*)(예를 들어, 이러한 본문들에는 1, 3, 4번이 포함된다). 예를 들어, 레위기 7:18: לֹא יֵחָשֵׁב לוֹ(로 예하샤브 로), "드린 자에게도 [예물답게] 되지 못하고"; 사무엘하 19:19(맛소라 본문은 20절-옮긴이): אַל־יַחֲשָׁב־לִי(알-야하샤브-로), "내게 죄를 돌리지 마옵소서." 아마도 이 범주에 들어가는 경우는 시편 32:2일 것이다(롬 4:8에서 인용한다), 이 본문은 구절 끝에 비인칭 목적어를 추가한다(즉, 1, 3, 4, 5번을 포함한다): אַשְׁרֵי אָדָם לֹא יַחְשֹׁב יְהוָה לוֹ עָוֹן(아쉬레이 아담 로 야흐쇼브 야웨 로 아온), "여호와께 정죄를 당하지 아니하는 자는 복이 있도다"를 보라. 두 번째 본문 모음에는 동사 뒤의 목적어가 비인칭 목적어와 함께 나타난다(즉, 동사가 때때로 능동태가 아니라 수동태일지라도 위에서 언급한 다섯 가지 요소가 모두 발견된다). 예를 들어, 욥기 13:24: וַתַּחְשְׁבֵנִי לְאוֹיֵב לָךְ(뷔타흐쉬베니 레오예브 라크), "나를 주의 원수로 여기시나이까", 즉 이 말은 "당신은 … 나를 당신의 적으로 간주합니다"라는 의미가 된다(NIV; 또한 욥 33:10을 보라; 욥 19:11에서 כ는 원수라는 단어에서 ל의 자리를 차지한다); 민수기 18:30: וְנֶחְשַׁב לַלְוִיִּם כִּתְבוּאַת גֹּרֶן(붸네흐샤브 랄레비임 키트부아트 고렌), "너희 레위인에게는 타작 마당의 소출[과 포도즙 틀의 소출] 같이 되리니"(또한 잠 27:14; 애 4:2을 보라)를 보라. 특히 중요한 것은, השב ל(하샤브 레)와 צדקה(체다카)를 함께 사용하기 때문에 시편 106:31: וַתֵּחָשֶׁב לוֹ לִצְדָקָה(와테하쉐브 로 리체다카), "이 일[이스라엘의 불신실함을 막기 위한 비느하스의 개입]이 그의 의로 인정되었으니"이다.

첫 번째 본문 모음에서 '여기는 것'은 다음과 같은 창조적 행위가 포함된다. 무언가가 다른 것을 생산하는 방식으로 인정받는다(또는 인정받지 못한다). 예를 들어, 시편 기자는 죄가 인정되지 않은 사람을 심판에서 구원하는 방식으로 축복한다(시 32:2). 반면에 두 번째 본문 모음에서 '여기는 것'은 등가를 포함한다. 즉, 어떤 것이 다른 것과 동등한 것으로 간주된다. 첫 번째 본문 모음에 초점을 맞춘다면, 창세기 15:6은 아브라함의 믿음이 하나님이 그를 의인으로 인정하시도록 이끌었음을 의미할 수 있다. 이것으로 인해 아브라함이 의의 상태를 가졌거나 또는 하나님과 올바른 관계를 가졌다고 할 수 있다.[256] 그러나 두 번째 본문 모음은 창세기 15:6이 하나님께서 아브라함의 믿음을 의와 동등하게 여기셨다는 의미일 수 있음을 시사한다.[257] 이것은 의미론적으로 (한 가지가 다른 것으로 "간주된다"는 의미에서) 창세기 15:6과 가장 가깝기 때문에 후자의 선택이 선호되어야 한다.

그러면 이제 세 번째 문제로 이어진다. 창세기 15:6에서 צדקה(체다카)는 무슨 뜻인가? 창세기 15:6를 창조적인 행위로 보는 해석가들은 종종 צדקה(체다카)가

256. 특히, O. P. Robertson, "Genesis 15:6"; W. Brueggemann, Genesis, 144-46; V. P. Hamilton, *Book of Genesis*, 425-26; F. Hahn, "Genesis 15:6 im Neuen Testament"; Vickers, *Jesus' Blood and Righteousness*, 83-89; 그리고 히브리어 구조에 대해서는, G. von Rad, "Faith Reckoned as Righteousness"를 보라(Oeming은 ["Genesis 15"]와 다른 글들에서 von Rad의 주장을 비판한다).

257. 예를 들어, B. K. Waltke, *Genesis*, 242; Ziesler, *Meaning of Righteousness*, 181-85.

관계를 의미한다고 제안한다. 그리고 이 견해는 종종 구약에서 צדק 용어에 대한 더 넓은 이해로써 근본적인 관계와 결부된다.[258] 그러나 우리는 히브리 성경에서 צדק 언어에 대한 이러한 일반적인 접근 방식을 의심할 수밖에 없는 몇 가지 이유를 찾아낼 수 있다(1:17 이후의 부설을 보라). 구약에서의 "의"는 하나님께서 그의 피조세계에 세우신 "올바른 질서", 즉 표준의 개념에 더 가깝다. 그러므로 창세기 15:6에서의 "의"는 믿음을 이 "올바른 질서"의 특별한 표현으로 언급하는 것이라 할 수 있다. 이 말은, 하나님에 대한 아브라함의 믿음은 "올바른" 행위, 즉 의로운 행동의 한 예가 될 것이다. 구약에서 "의"는 하나님께서 그의 백성에게 요구하시는 총체적인 "올바른" 응답을 더 광범위하게 언급하며, 카일(Keil)과 델리취(Delitzsch)가 말한 것처럼 "성격과 행동 모두에서 하나님의 뜻에 대한 일치"를 포함하는 응답을 말한다".[259] 우리는 이러한 정의가 창세기 15:6을 가장 잘 설명한다고 생각한다. 하나님은 아브라함의 믿음이 "의"에 대한 하나님의 기준을 충족한 것과 같다고 간주하신다.[260]

우리가 분석한 창세기 15:6의 의미가 옳다면, 이 창세기 본문은 바울이 "이신칭의"라고 부르는 것을 직접적으로 언급하지는 않을 것이다. 바울에게 있어서 칭의는 법정적 상태이며 이것은 창세기 15:6이 말하는 바가 아니다. 다른 한편으로, 만일 우리가 생각하는 것처럼, 창세기 15:6이 하나님께서 그의 백성에게 기대하시는 "의로움"에 대한 완전한 일치를 언급한다면, 바울이 이 본문을 사용한 것은 상당히 합당한 적용이라 할 수 있다. 하나님께서 자신의 백성에게 기대하시는 그 기준에 부합하다고 인정하신 것은 아브라함의 믿음이었다. 그리고 이것이 구약에서 사람의 의와 하나님 앞에서 사람이 인정받는 것 사이의 밀접한 관계에 의해 정당화되는 명백한 추론이다. 아브라함은 그의 믿음으로 "의"에 대한 하나님의 기준을 충족시켰고 그것으로 하나님과 "올바른" 관계로 간주되었다. 하나님께서 그의 백성에게 요구하시는 "의"는 나중에 율법에 기록되었고, 그 의는 아브라함의 단순하지만 심오한 믿음의 행위를 통해 완전히 충족되었다.

---

258. 예를 들어, Holland는 롬 4:3의 본문이 하나님과 아브라함의 언약 관계를 언급한다고 주장한다.
259. Keil and Delitzsch, *Pentateuch*, 213.
260. 예를 들어, J. H. Sailhamer는 하나님께서 아브라함의 믿음을 "율법을 지킨 것"을 의로 여기셨다고 주장한다(*Meaning of the Pentateuch*, 244). 또한 G. J. Wenham, *Genesis* 1-15, 330을 보라.

ii. 믿음과 할례(4:9–12)

9 그런즉 이 복이 할례자에게냐 혹은 무할례
자에게도냐 무릇 우리가 말하기를 아브라
함에게는 그 믿음이의로 여겨졌다 하노라
10 그런즉 그것이 어떻게 여겨졌느냐 할례시
냐 무할례시냐 할례시가 아니요 무할례시
니라
11 그가 할례의 표를 받은 것은 무할례시에
믿음으로 된 의를 인친 것이니 이는 무할례
자로서 믿는 모든 자의 조상이 되어 그들
도[261] 의로 여기심을 얻게 하려 하심이라
12 또한 할례자의 조상이 되었나니 곧 할례
받을 자에게뿐 아니라 우리 조상 아브라함
이 무할례시에 가졌던 믿음의 자취를 따르
는 자들에게도 그러하니라

바울은 자신에게 핵심이 되는 본문으로 금방 다시 돌아와, 아브라함의 믿음을 의로 여기시는 것이 갖는 또 하나의 중요한 측면에 주목한다. 그것은 아브라함이 의로 여김받은 것은 그가 할례 받기 전에 일어난 일이었다는 것이다. 이런 상황이 바울로 하여금 아브라함이 할례 받은 자나 할례 받지 않은 자나 **모든**(all) 믿는 사람의 조상이라고 주장할 수 있게 만들어 준다. 그럼으로써 바울은 하나님의 백성이 되는 데 유대인이어야 할 필요가 없다는 것을 분명히 한다. **오직**(alone) 믿음만 있으면 - 일한 것이 없어도(4:3-8), 할례를 받지 않아도(4:9-12) - 아브라함의 영적 "가족"의 일원이 되기에 충분하다. 여기서 아브라함은 믿음의 "표본"을 훨씬 능가하는 존재라는 것이 명백해진다. 약속의 수령자이자 중재자로서, 아브라함의 경험은 그의 영적 후손에게 모범적인 존재가 된다.

9 창세기 15:6을 더 분명하게 하고 해석하기 위해 시편 32:1-2을 이용한 다음 바울은 창세기 15:6로 돌아가 그의 시편 32:1-2의 적용에 더 깊은 차원을 추가한다. 제기되는 질문은 여호와께서 사람이 지은 죄의 용서에 대한 "복"이, 사람의 죄를 죄로 "여기지 않으시는" 여호와의 은혜로 인하여 이뤄진 (7-8절), 오로지 "할례

261. 초기의 많은 중요한 중거 사본(1차 알렉산드리아 언셜체 ℵ[원본]와 B, 2차 알렉산드리아 소문자 81과 1739, 그리고 언셜체 Ψ)이 이 절에서 부사 καί("또한")를 빠뜨리고 있다. NA[28]과 UBS[5]는 이 부사를 괄호 안에 넣어 그 결정이 어렵지만, 편집자들은 (알렉산드리아 C, 서방의 D, F와 G, 그리고 다수파 텍스트의 예에 따라) 그것을 넣는 쪽으로 약간 기울고 있음을 표시한다. 이러한 결정은 이 11절의 의미에 미치는 영향을 최소한으로 줄이는데 그 목적이 있다.

지[262]에게[263]만 적용가능한 것인지 아니면 무할례자 또한 가능한지"[264]에 대한 것이다. 바울이 창세기 15:6을 다시 인용하는 이 절의 두 번째 문장은 위의 첫 번째 질문에 대한 설명도 아니요[265] 그 대답도 아니다.[266] 오히려, 바울은 여기서 그의 독자들에게 이 문제들에 관해 권위 있는 말을 하는 구약의 본문을 상기시킴으로써[267] 자기의 대답을 위한 무대를 설정하고 있는 것이다.

10 3-5절에서처럼 바울은 아브라함의 믿음을 의로 "여기시는 것"의 의미와 상황에 초점을 맞춘다. "그런즉 그것이 어떻게 여겨졌느냐 할례시냐[268] 무할례시냐"라고 묻는다. 바울의 대답은 분명하고 직접적이다. "할례시가 아니요 무할례시니라." 바울은 이 대답을 정당화하지는 않지만, 11절에서 논증이 진행되는 것을 보면 그는 아브라함에 관한 창세기 내러티브의 연대기적인 진행을 염두에 두고 있음이 분명하다. 아브라함의 믿음이 "의로 여겨지는" 것은 하나님이 그에게 아들을 약속하셨을 때지만(창 15장), 그가 할례를 받는 것은 그보다 훨씬 후의 – 랍비들의 계산에 따르면 29년이 지난 뒤의 – 일이다(창 17장).

11 이 절의 처음 부분에서 바울은 10절의 끝에서 한 그의 대답을 확장하여 아브라함의 이신칭의와 그가 나중에 받은 할례의 관계를 밝힌다.[269] 아브라함이

262. 3:30에서와 마찬가지로 추상명사들인 *περιτομή*와 *ἀκροβυστία*는 (각각 "할례"와 "무할례"가 된다) 여기서 할례 받은 사람들과 할례 받지 않은 사람들의 대표를 가리킨다.

263. 그리스어 전치사는 *ἐπί*. 우리는 여기서 동사 *λέγεται*가 있는 것으로 가정해야 할지도 모른다(예를 들어, "이 복이 할례 받은 자'에게 공표되는'것이냐…?"; Fitzmyer를 보라). 그러나 바울이 이미 아브라함과의 연결을 고려하고 있음을 감안하면 *δίδοται*와 같은 동사가 있는 것으로 가정하는 것이 보다 바람직하다(예를 들어, "이 복이 할례 받은 자에게 내려지는 것이냐…?").

264. 시 32편에 대한 한 랍비의 해석은 여기서 말하는 다윗의 죄 사함이 이스라엘에 한정되는 것이라고 주장했다(Pesiq. R. 45, 185b를 보라). 이런 해석을 바울이 알고 있다면, 이 해석은 바울이 여기서 제기하는 질문과 특별한 관련이 있을 것이다.

265. *γάρ*("그런즉")가 예를 들어, "내가 이것을 묻는 것은 무릇 우리가 …라고 말하기 때문이다"를 가리키는 것으로 얼핏 생각될 수도 있다.

266. 예를 들어, "그 대답이 '무할례자에게도'인 것은 무릇 우리가 …라고 말하기 때문이다"식으로(예를 들어, Cranfield). 이러한 읽기는 10절이 쓸데없이 중복적이 된다.

267. 그래서 *λέγομεν*("우리가 말하기를")이라는 현재 시제가 쓰였다. 6절의 *λέγει*를 보라.

268. 분사 *ὄντι*는 형용사 용법으로 *τῷ Ἀβραάμ*을 수식하는데, 이는 9b절의 인용에서 암시적으로 이어진다.

269. 예를 들어, Cranfield를 보라.

받은 할례의 의미는 무엇이었는가? 그것은 하나의 "표"[270]였다고 바울은 주장한다. 바울은 이 "표"가 무엇이었는지를 우리에게 알려 주는 동격 어구를 덧붙인다. "그가 무할례시에 믿음으로 된 의를 인친 것이니"[271]라는 말이 그것이다. 창세기 17:11은 할례를 "언약의 표징"[272]으로 칭한다. 바울의 동시대 유대인들 사이에서는 이 언약을 모세 언약과 동일시하는 경향이 있다는 것에 비추어 볼 때, 할례의 징표 가치를 "믿음으로된 의"(창 15:6)와 결부시키기로 한 바울의 결정에는 강조의 의미가 있다.[273] 바울은 하나님과 함께 한 아브라함의 경험에서는 모든 것이 그가 믿음으로 의롭다 하심을 얻은 데서 기원하고 있다고 제안한다. 할례를 "인침"으로 특정하는 유대교의 텍스트들이 있는데, 그것들이 나온 시기가 늦는 것으로 볼 때, 그런 묘사가 바울의 시대에 알려졌는지는 불분명하다.[274] 어쨌든, 바울은 이 인침이라는 단어를 다른 어떤 것이 참되다거나 또는 실재한다는 것을 "확인하는" 것을 가리키는 말로 쓰는데, 고린도전서 9:2에서 바울이 고린도 교회의 신자들은 그의 사도권에 대한 확인과 인준을 "인침"으로 묘사하는 것도 마찬가지다. 같은 방식으로, 아브라함의 할례는 그의 믿음 덕택에[275] 그의 것이 된 의로운 신분을 확인해 준다. 따라서 할례는 독립적인 가치가 없다. 할례는 하나님의 백성 가운데로 들어가는 데 영향을 미칠 수 없으며, 의롭다 하시는 일이 선행되지 않고서는 하나님의 백성에 속하는 사람인지 아닌지를 "표시"하지도 않는다. 아브

---

270. περιτομῆς는 부연하는 속격으로, "할례라는 표"의 뜻이 된다.

271. "이것은 그의 …이었다"(개역개정에서는 이 표현을 직접적으로 사용하지 않음-옮긴이)은 정관사 τῆς의 의미를 살려내기 위해 풀어 쓴 의역이다. 이 관사는 ἐν τῇ ἀκροβυστίᾳ("무할례시에")라는 어구의 형용사적 기능을 나타내는데, 그것은 아마 δικαιοσύνης("의")를 수식할 것이다 (Cranfield를 보라. 이와 반대로 Godet은 이것을 πίστεως와 함께 묶는다).

272. 이 어구는 σημείῳ διαθήκης(אוֹת בְּרִית, 오트 베리트)이다. 그리고 행 7:8의 "할례의 언약을[διαθήκην περιτομῆς] 아브라함에게 주셨더니"를 보라. 랍비들은 종종 אוֹת(오트; "표") 자체를 할례를 가리키는 뜻으로 썼다. 그리고 Jub. 15:26에서 할례가 여호와께 속하는 사람임을 알려 주는 "하나의 표"로 묘사되고 있음에 유의하라. 보다 자세한 것은 K. H. Rengstorf, *TDNT* 7.258; Str-B, 4.32를 보라.

273. Käsemann; Barrett, *From First Adam to Last*, 38을 보라. 반면에 K. Rengstorff는 언약에 대한 언급이 암시되어 있다고 생각한다(*TDNT* 7.258).

274. 이 텍스트들은 b. Šabb. 137b; Exod. Rab. 19(81c); Tg. Ket. Cant. 3:8이다. 또한 Barn. 9:6에서의 언급도 중요하다. Flusser와 Safira("Who Sanctified the Beloved," 46-55)는 이 용법이 신약 이전에 나온 것으로 생각하고, G. Fitzer는 신약 이후인 것으로 믿는다(*TDNT* 7.949).

275. 속격의 τῆς πίστεως는 근원을 가리킨다. 즉, 이것은 "믿음에 근거한 의"이다.

라함은 아직 할례 받지 않았을 때 의롭다고 선언되었다. 그가 나중에 받은 할례는 실질적으로는 그의 의로움에 아무것도 보탠 것이 없고, 단지 그 사실을 표시하고 확인한 것뿐이다.[276]

11b-12절은 하나의 긴 목적절과 그 중간에 낀 하나의 귀결절("그들도 의로 여기심을 얻게 하려 하심이라")로 되어 있다. 주요 목적절에서 바울은 아브라함을 이방인이나 유대인이나 모든 믿는 자의 영적 아버지로 묘사한다. 이 목적절은 11a절에 종속되는데, 다만 이 절의 두 부분이 11a절에 있는 다른 요소들과 관련된다. 즉, 아브라함이 무할례시에 믿었기 때문에 그가 모든 이방인 신자의 조상이며, 그가 믿었고 **또한**(*also*) 할례를 받았기 때문에 모든 유대인 신자의 조상 자격이 있는 것이다. 우리가 보았듯이, 아브라함은 유대 민족의 "조상"으로서 특별히 존경받았다(4:1). 그리고 구원이 사실상 이스라엘에 한정되는 만큼, 이것은 아브라함의 영적 후손이 될 수 있는 길은 이스라엘과 하나가 되는 것 - 출생을 통해서 또는 때때로 일어나는 개종을 통해서 - 뿐임을 의미한다. 바울은 이제 아브라함과 그의 유산이(16-17절) 모든 믿는 자를 위한 것이라고 주장한다. 아브라함의 영적 "자녀"가 되는 것은 믿음을 통해서이지 이스라엘 민족에 통합을 통해서가 아니다. 실로 아브라함의 이방인 "자녀"가 이 복합 목적절에서 처음으로 언급된다. 이 시점에서 바울은 이방인의 믿음의 결과를[277] 가리키는 말을 끼워넣는다. 그들도 아브라함과 마찬가지로 그들의 믿음이 그들의 의로 여겨진다는 것이 그것이다.

---

276. 2세기 중반부터 "인침"이라는 단어는 기독교인의 세례에 관해서 쓰였다(예를 들어, *Herm. Sim.* 8.6.3; 1 *Clem.* 7.6). 많은 학자들 또한 이 단어가 엡 1:13과 4:30에서 세례를 암시하는 뜻을 가진 것으로 생각한다. 이런 요인이 신약의 다른 곳에서 할례와 세례 사이에 그려진 관계(골 2:11-15)와 결부되어, 많은 주석자들로 하여금 롬 4:11이 적어도 간접적으로는 기독교의 세례를 가리키는 것이 아니겠느냐는 의견을 제시하게 만들었다(예를 들어, Wilckens; Käsemann[은 조심스럽게 주장한다]; Wright). 하지만 이런 주장을 할 수 있는 증거가 결정적이지 못하다. 에베소서의 본문들은 세례에 대한 분명한 암시에 있어서 크게 미달되며, 후대의 기독교 문서들의 이미지를 성례전과 관련하여 신약에 역으로 읽어 넣는 것은 의문이 드는 방법론이다. 게다가 골 2:11-15과 같은 본문들에서 세워진 연결들은 **영적**(*spiritual*) 할례와 세례 사이의 연결이다. 그러므로 우리는 이 구절에서의 세례에 대한 언급은 증명되지 않았고 있을 법하지도 않은 것으로 간주한다. 예를 들어, Dunn; Lohse.

277. 부정사 εἰς τὸ λογισθῆναι는 아마도 목적보다는 결과를 가리킬 것이다(Käsemann; Cranfield; Wilckens. 반대 의견은 Godet; Dunn; N. Turner, *Syntax*, 143).

12 11절의 끝에서 잠깐 중단한 후에 바울은 주요 목적절을 재개한다. 바울은 아브라함이 할례를 받은 것은 그가 "할례자의 조상 … 곧 할례 받을 자에게뿐 아니라 우리 조상 아브라함이 무할례시에 가졌던 믿음의 자취를 따르는 자들에게도" 조상이 되게 하려는 목적을 가지고 있었다고 지적한다. 그러나 "이 할례"의 범주를 이루는 것은 누구인가? 소수의 주석가들은 이 단어가 기독교 공동체 전체를 지칭하는 영적인 의미(빌 3:3을 보라)를 가지고 있는 것일지도 모른다고 생각한다.[278] 그러나 그렇게 보기에는 로마서 4장의 문맥이 유대인과 이방인의 구분에 너무 많은 비중을 두고 있다. 다른 주석가들은 "할례"라는 단어에 바울이 긴 설명하는 절을 덧붙이는 것으로 보아, 그가 두 집단 - 즉, 믿음으로 된 의에 동참하는 자들로서 아브라함의 "후손"이 되는 유대인 신자들과 하나님이 아브라함에게 하신 약속들 가운데 적어도 일부의 수혜 자격을 유지하는 일반 유대인을 (롬 9:5과 11:28을 보라) 다같이 - 을 염두에 두고 있음이 분명하다고 생각한다. 이 견해의 옹호자들은 수식하는 절의 표현이 두 개의 개별 집단이 지적하는 번역을 가리킬 수 있다고 주장한다. 이 번역은 이와 같다. "'할례 받을' 자뿐만 아니라 우리 조상 아브라함의 무할례시에 가졌던 믿음의 발자취를 좇는 자에게도"[279] (개역개정도 이와 같이 번역한다-옮긴이). 그러나 이 표현에는 한 집단을 가리키는 다른 요소들이 있으며, 이 문맥이 강하게 시사하는 바는 바울이 유대 그리스도인을 가리키고 있다. 즉, "할례 받을 자에게뿐 아니라 우리 조상 아브라함이[280] 무할례시에[281] 가졌던 믿음의 자

278. 예를 들어, Cambier, *Evangile de la justice*, 170-71.

279. 문법적으로 이 번역을 뒷받침할 수 있는 점은 στοιχοῦσιν("자취를 좇는 자") 앞에 있는 관사 (τοῖς)의 존재다. 예를 들어, Käsemann; Fitzmyer를 보라. 이 견해의 한 변형으로 몇몇 학자들은 이 두 집단이 유대 그리스도인과 이방 그리스도인라고 생각한다(Swetnam, "Curious Crux at Romans 4,12," 110-15). 또는 유대인과 이방 그리스도인이라고 생각한다(Jewett).

280. 이 번역은 필연적으로 해설적이다. 바울은 사실상 "믿음"(πίστεως)을 "자취를 따르는"의 목적어로 삼으며, 그럼으로써 이 어구의 은유적인 성격과 바울이 믿음을 강조하고 싶어하는 뜻을 다같이 드러낸다.

281. Cranfield가 지적하듯이 두 개의 개별적인 집단을 열거하는 것이 바울의 의도였다면, 첫 번째 τοῖς의 배치가 이상하다. 그것이 그의 의도였다면, 우리는 οὐκ τοῖς ἐκ περιτομῆς μόνον("할례 받은 자에게뿐 아니라")이라는 어순을 예상했을 것이다. 16b절의 어순을 보라(또한 Sechrest, *Former Jew*, 121-22를 보라). 바울이 한 집단 집단만을 가리키고 있다고 생각하는 학자들은 두 번째 관사를 바울이나 그의 서기 더디오가 부주의하여 저지른 "오기"로 설명하거나(Kuss; Cranfield Wilckens), 아니면 초기의 서기가 바울이 αὐτοῖς("그들에게")라고 일러준 자리에 τοῖς를 잘못으로 쓴 실수로 설명한다(Michel). 하지만 평범하지 않은 어순이라고 쉽게 생각하는 편이 더 나을 것

취를 따르는 자들[282]" 이방인 신자에 더하여 유대인 신자 또한 아브라함의 후손으로 구성된다. 이 문단의 주제에 맞춰, 바울은 유대 그리스도인들이 모방하는 아브라함의 믿음은 아브라함이 "무할례시에" 처음으로 행사된 믿음이라는 것을 다시 한번 강조한다. 자신들만의 성경 패러다임을 따르는 유대인은 그들의 할례에 합당한 가치를 부여할 것이다. 그러나 그것이 그들이 천국에 들어가는 것을 자동적으로 보장해 주는 비자(visa)가 아니라, 그들이 자신들의 믿음을 통해 주님과 누리게 될 관계의 징표로서 갖는 가치다.

iii. 믿음, 약속 그리고 율법(4:13-22)

13 아브라함이나 그 후손에게 세상의 상속자가 되리라고 하신 언약은 율법으로 말미암은 것이 아니요 오직 믿음의 의로 말미암은 것이니라

14 만일 율법에 속한 자들이 상속자이면 믿음은 헛것이 되고 약속은 파기되었느니라

15 율법은 진노를 이루게 하나니[283] 율법이 없는 곳에는 범법도 없느니라

16 그러므로 상속자가 되는 그것이 은혜에 속하기 위하여 믿음으로 되나니 이는 그 약속을 그 모든 후손에게 굳게 하려 하심이라 율법에 속한 자에게뿐만 아니라 아브라함의 믿음에 속한 자에게도 그러하니 아브라함은 우리 모든 사람의 조상이라

17 기록된 바 [a]내가 너를 많은 민족의 조상으로 세웠다 하심과 같으니 그가 믿은 바 하나님은 죽은 자를 살리시며 없는 것을 있는 것으로 부르시는 이시니라

18 아브라함이 바랄 수 없는 중에 바라고 믿었으니 이는 [b]네 후손이 이같으리라 하신 말씀대로 많은 민족의 조상이 되게 하려 하심이라

19 그가 백 세나 되어 자기 몸이[284] 죽은 것 같고 사라의 태가 죽은 것 같음을 알고도[285] 믿음이 약하여지지 아니하고

20 믿음이 없어 하나님의 약속을 의심하지 않고 믿음으로 견고하여져서 하나님께 영광을 돌리며

21 약속하신 그것을 또한 능히 이루실 줄을 확신하였으니

22 그러므로[286] [c]그것이 그에게 의로 여겨졌느니라

a. 창 17:5 / b. 창 15:5 / c. 창 15:6(개역개정에는 이 절에 대한 난외주는 없음-옮긴이)

이다(Moule, *Idiom Book*, 110 ["방해가 되는 관사다"; an intrusive article]; Godet; Schreiner).

282. 그리스어로는 τοῖς가 쓰였는데, 이 관사가 (단수 명사 περιτομῆς를 가리키는) 복수형으로 되어 있는 것은 바울이 이 명사를 쓰는 의미를 생각하고 있기 때문이다.

283. "그리고"(개역개정에서는 번역하지 않음-옮긴이)라고 번역하는 것은 그리스어가 δέ로 되어 있다는 전제 하에서 이루어지는 것인데, 이 독법은 알렉산드리아 계보(א의 원본, B, C 그리고 81)의 강

많은 주석자들은 이 단락을 16절이나 17절 뒤를 끊어 두 개의 문단으로 나눈다. 그러나 이 시점에서 바울의 초점이 율법과 믿음의 논쟁적인 대조로부터 아브라함의 믿음에 관한 보다 긍정적인 기술로 바뀌는 한편, 약속의 주제가 13-22절 전체를 흐르면서 이 절들을 하나의 통일체로 묶는다.[287] 편지의 이 부분에서 처음으로 나오는 "약속"이라는 단어가[288] 이 절들에서 네 번 쓰이고, "약속하다"라는 동사가 한 번 쓰인다. 어느 경우에서 아브라함에게 주어진 약속을 가리키며, 바울은 특히 하나님이 약속하신 것을 확증하는 수단이 믿음임을 강조한다. 바울이 그의 해설에서 아브라함의 믿음에 대한 유대교와 유대 그리스도인의 전통적인 해석을 토대로 구축했다는 증거가 있다. 이 해석은 - 필론, 사도행전 7장, 히브리서

력한 지지를 받는다. 이에 대한 대안은 *γάρ* ("for")인데, 이것은 서방 계보(D, F, G)와 알렉산드리아 계보의 한 사본(1739), 그리고 다수파 텍스트의 지지를 받는다. *γάρ*가 13-15a절에서 세 번 쓰였고, 15b절은 당연히 15a절의 설명으로 해석되기 때문에 *γάρ*가 *δέ*를 대체한 것이라면 그럴만한 충분한 이유가 있었을 것이다.

284. *νενεκρωμένον*("죽은") 앞에 *ἤδη*(이미)가 있는 자료와 없는 자료가 거의 비슷한 비중을 차지한다. 알렉산드리아 계보의 태반(ℵ, A, C, 33, 81), 서방의 D, 언셜체 Ψ 그리고 다수파 텍스트는 이것을 넣는다. 반면에 알렉산드리아의 증거 사본 둘(B와 1739)과 서방 언셜체 둘(F와 G)은 이것을 빠뜨린다. NA[28]과 UBS[5]는 이 단어를 괄호 안에 넣는다. UBS 위원회는 외적 증거를 넣는 쪽으로 기우는데, 내적 증거는 그 반대라는 결론을 내렸다. 이 단어를 어떻게 뺐는지를 이해하는 것보다 어떻게 첨가했는지를 이해하기가 더 쉽기 때문이다(Metzger, *Textual Commentary*, 451-52). 결정을 내리기는 어렵지만, 우리는 이것을 받아들이는 쪽으로 기울어진다. 이렇게 하는 것이 완료분사의 의미를 잘 살리기 때문이다.

285. 많은 증거 사본들(서방 계보 [D, F, G], 다수파 텍스트, 알렉산드리아 소문자 33, 그리고 언셜체 Ψ)이 동사 *κατενόησεν*("observe") 앞에 부정의 접사 *οὐ*를 넣는다. 얼핏 보기에 이것을 넣으면 의미에 상당한 차이가 생길 것 같다. 그런데 사실은 그렇지가 않다. 이 접사를 포함하면, 바울은 아브라함이 "고려하지" 않았다 라는 의미에서 물리적 상황에 "신경 쓰지" 않았기 때문에 믿음이 약해지지 않았다고 강조하고 있는 셈이 된다. 반면, 이 접사가 누락된다면 바울은 아브라함이 물리적 증거를 "고려했다"는 의미에서 "고려했다"고 해도 믿음이 약해지지 않았다고 말하는 셈이 된다. 이 단어의 생략이 객관적으로 다소 강한 지지를 (알렉산드리아 계보 [ℵ, A, B, C, 81, 그리고 1739]의 강한 지지를) 받고 있고, 이 단어의 추가는 필사자가 자연히 하고 싶은 유혹을 받을 일종의 교정이기 때문에, *οὐ*를 넣지 않는 편이 좋다.

286. 외적 증거는 *διό*, 뒤에 *καί*를 넣는 쪽을 지지한다. 증거 사본의 대다수가 이것을 포함하며(알렉산드리아 계보의 대부분[ℵ, A, C, 33, 81, 1739], 서방 D[1차 교정본], Ψ, 그리고 다수파 텍스트), B와 D 의 그리스어 본문 및 G 가 그것을 빠뜨리고 있지만 그것들을 전부 합해도 충분히 강한 반증은 못된다. 그렇기 때문에 결정을 내리기가 쉬운 것은 아니지만, 본래 있던 *καί*를 중복이라고 하여 생략하는 경향이 생겼을 가능성이 있다고 볼 수 있다.

287. Moxnes, *Theology in Conflict*, 113; Jewett; Longenecker, 508 (그는 바울의 관심이 롬 4:3-8에서 창세기 15:6의 "여김받은" 것으로부터 4:13-24의 더 큰 약속의 주제로 옮겨간다고 생각한다).

288. 동사 *προεπαγγέλλω*는 1:2에서 "미리 약속하신 것"으로 나타난다.

11장 그리고 클레멘스 1서 10장(1 Clem. 10)에서 찾아볼 수 있는 - 하나님의 기적을 일으키는 능력과 아브라함이 (그리고 사라도) 처한 상황의 사실들을 무시하고 오히려 하나님의 약속을 신뢰함으로써 이 능력을 경험한 방식에 특히 초점을 맞춘다.[289] 하지만 이 주제가 17-21절에서는 분명하지만, 바울이 하는 해설의 첫 부분은 전통적인 해석에서 벗어나 여전히 율법과 믿음의 논쟁적인 대조를 보인다. 다만 아브라함의 "씨"(seed)에 이방인을 포함시킴으로써 그 정도가 약화되었을 뿐이다. 아브라함이 기독교인의 영적 조상이라고 주장하고자 하는 바울의 의중이 여기서 다시 분명히 드러난다. 은혜와 보편성에 대한 바울의 관심도 다시 표면화되는데, 바울은 율법이 아니라 믿음만이 아브라함에게 약속하신 것을 받는 수단이 된다고 믿고 있다. 그러므로 13-22절은 대조를 통한 방식으로 믿음에 대한 바울의 해설을 이어간다. 즉, "행위 외의 믿음"(3-8절)과"할례 외의 믿음"(9-12절)에 우리는 "율법 외의 믿음"(13-16절)과 "보이는 것 외의 믿음"(17-21절)을 보탤 수 있다.

13 "for"(헬. 가르[*gar*]; 개역개정에서는 번역하지 않음-옮긴이)가 시사하듯이, 13절에서 시작하는 문단은 설명문의 기능을 갖는다. 그것은 왜 바울이 (11-12절에서) 아브라함의 영적 후손을 추적함에 있어 율법을 언급하지 않았는지 그 이유를 설명한다. 이 율법의 생략은, 아브라함이 하나님의 축복을 받을 수 있었던 것이 그가 율법을 충실히 지켰기 때문이라는(4:1-25의 도입을 보라), 그리고 누구든 "토라의 멍에"를 짊어지는 것으로만 아브라함의 자녀가 될 수 있다는 유대교의 표준적인 견해에 비추어 볼 때, 설명과 변론을 요한다. 바울은 13절에서 그의 입장을 분명히 밝힌다. 즉, 그는 "아브라함이나 그 후손에게[290] 세상의 상속자가 되리라고 하신 언약"은 "율법으로 말미암은"[291] 것이 아니요 "믿음의 의로 말미암은" 것이라고 말

289. 특히 Moxnes, *Theology in Conflict*, 195-203을 다시금 보라.

290. 이 번역은 우리가 이 약속을 아브라함의 "씨"(seed) 모두를 말하는 집단적인 적용을 반영한다(아래를 보라).

291. 그리스어로는 *διὰ νόμου*. *διά*는 "환경에 따른 상황"일 것이다. 즉, 약속이 "율법의 영역 내에" 들어가지 않는다는 것이다(Barrett). 그러나 관례적인 수단의 의미로 보는 편이 낫다. 얼핏 보기에 그렇듯이 *ἐπαγγελία*("약속")가 약속의 행위를 의미하는 것이 아니라 "약속된 것"을 의미한다면 특히 더 그렇다(Pss. Sol. 12:6; 요엘 2:25; 참조. BDAG; S. K. Williams, "Righteousness of God," 279를 보라).

한다. 이 주장은 바울이 14-22절에서 자세히 설명한 논제다.[292] "율법"은 유대교와의 논쟁 문맥이 분명히 보여주듯이 모세 율법을 가리킨다. 갈라디아서 3장에서 바울은 아브라함에 대한 하나님의 상대에서 율법을 배제하는 것이 간단히 연대기적으로 보아도 정당하다는 것을 주장한다. 약속 후 사백삼십 년이 지나서 주어진 율법이 하나님과 아브라함 사이에 이루어진 이 과거의 합의를 폐하거나 크게 바꿀 수 없다는 주장이 그것이다(15-17절). 혹자는 바울의 논증이 여기 로마서에서도 전제되는 것으로 생각한다.[293] 그러나 이것은 분명하지 않다. 아마 바울은 그런 연대기적 논증을 쓰지 않았을 것이다. 왜냐하면 그는 자신의 추리를 아브라함에게서 만이 아니라 아브라함의 후손들에게도 적용하고 싶어하기 때문이다. 그리고 아브라함의 후손으로 추정되는 사람들의 대부분이 모세의 율법이 주어진 후에 살았기 때문에, 연대기적 논증은 분명 초점이 맞지 않을 것이다.

그러므로 "율법으로 말미암은 것이 아니요"는 아브라함에게 약속된 것을 아브라함이나 그의 후손이 율법으로 말미암아, 예를 들어 율법을 행함으로써 획득했다는 것을 부정하는 말이다. 로마서 4장은 바울이 갈라디아서 3장에서 말하는 "후손"의 기독론적 암시들에 초점을 맞추지 않는다.[294] 여기서는 이 단어가 아브라함의 "자손"으로 세어지는 모든 사람을 지칭하는 순수한 집합명사일 뿐이다(또한 16, 18; 9:7-8도 보라). "그 후손에게 세상의 상속자가 되리라고 하신" 어절은 이 약속이 무엇인지를 설명한다.[295] 이러한 언어는 구약에서 발견되는 아브라함에 대한 어떤 약속과도 정확히 부합하지는 않지만, 창세기에서 펼쳐지는 그 약속의 3대 핵심 조항을 간결하게 요약한다. 아브라함이 "열방"을 포함하는 엄청나게 많은 수의 후손을 갖게 되리라는 것(창 12:2; 13:16; 15:5; 17:4-6, 16-20; 22:17), 그가 "땅"을 소유하게 되리라는 것(창 13:15-17; 15:12-21; 17:8) 그리고 "천하 만민"이 그로 인하여 복을 얻게 되리라는 것(창 12:3; 18:18; 22:18)이 그것이다. 특히 주목할 만한 것이 아브라함의 후손이 "그 대적의 성문을 차지하리라"는[296] 창세기 22:17b의 약속이다. 나중

292. Jewett.

293. 예를 들어, G. Klein, "Romer 4," 158.

294. 이와 반대 의견으로는 Hammer, "Comparison of ΚΛΗΡΟΝΟΜΙΑ," 271.

295. ἐπαγγελία에 동격이 되는 명사 구실의 부정사절이다.

296. LXX κληρονομήσει.

에 구약에는 땅을 주시겠다는 약속이 세상 전체를 포함하게 되었음을 가리키는 말들이 나오며(예를 들어, 사 55:3-5),[297] 많은 유대교의 텍스트가 이스라엘의 유산을 언급할 때 비슷한 말을 쓴다.[298] 이런 배경 하에서 - 우리는 "온유한 자는 복이 있나니 저희가 땅을 기업으로 받을 것임이요"[299]라고 하신 예수의 지복을 추가할 수 있다 - "세상을 상속받는 것"은 간단하지만 그 초점이 옛 언약의 정의된 영역에서 이사야서의 새 언약의 "새 하늘과 새 땅"(65:17, 66 :22)으로 이동하는 것을 가리킨다는 점에서 매우 중요하다. 이방인은 분명히 영적인 의미로 포함된다. 그러나 바울은 또한 분명히 자신이 세운 교회들에 새로운 사회 질서를 세우기를 열망하고 있다. 이 질서는 암시적으로 현존하는 모든 사회 질서(예를 들어, 바울 당시의 로마 제국을 포함하여)와 경쟁하도록 고안되었다. 이 새로운 "질서"는 바울이 다른 곳에서 "새 창조"(갈 6:15; 고후 5:17)로 언급한 것이며, 그리스도 안에 있는 하나님의 목적의 전체를 가리키는 방법이다(롬 8:19-22에 비추어 물리적인 땅 자체가 변화하는 것을 포함한다).[300]

14 바울은 이제 그 약속을 "율법으로 말미암아" 받을 수 없는 이유를 ("for"; 헬. 가르[*gar*]) 설명한다(개역개정에서는 for을 번역하지 않음-옮긴이). "만일[301] 율법에 속한 자들이 상속자이면[302] 믿음은 헛것이 되고[303] 약속은 파기되었느니라"[304]가 그것이다. "율법에 속한 자들"은 "상속의 기대를 율법에 두고 있는 자들"[305]과 같은

297. 예를 들어, McComiskey, *Covenants of Promise*, 34, 51-55.

298. Sir. 44:21; Jub. 22:14; 32:19; 2 Bar. 14:13; 51:3을 보라. 이것의 유대교 전통에 대해서는 J. Scott, *Paul and the Nations*, 61-64; Byrne을 보라.

299. 비록 여기서는 *κόσμος*가 아니라 *γή*가 쓰이고 있다.

300. 예를 들어, Wright; Beale, *New Testament Biblical Theology*, 757; 그리고, "새 창조"에 관한, D. Moo, "Creation and New Creation," 39-60을 보라. Jewett and Forman (*Politics of Inheritance*)는 이곳 바울의 주장에서 반-로마적인 암시를 본다.

301. 그리스어로는 *εἰ*. 이 조건은 소위 일급의 또는 실재하는 유형인데, 바울이 이 형태를 쓰는 것은 그 조건이 "실재하는" 것이기 때문이 아니라 - 분명 실재하지 않는 것이다 - 그것이 실재**했더라면**(*were*) 그 결과가 어떤 것인가를 보여주고 싶어서 일 것이다.

302. 문장이 의미가 통하려면 *κληρονόμοι*("상속자")가 서술적이어야 한다.

303. 그리스어로는 *κεκένωται*로, *κενόω*의 수동태 완료형이다.

304. 그리스어로는 *κατήργηται*로, *καταργέω*의 수동태 완료형이다. 바울이 이 조건문의 귀결절 동사들을 둘 다 완료 시제로 사용하는 것은 아마 그 조건이 충족되면 일어나게 될 일을 강조하기 위해서 일 것이다.

305. 그리스어로는 *οἱ ἐκ νόμου*.

의미를 나타내는 것으로 보이는 어구의 축어적이고 다소 어색한 번역이다. 그러므로 이 어구는 유대인 자체를 가리키는 것이 아니라,[306] 아브라함에게 약속된 복을 상속할 수 있는 근거가 유대인이라는 신분 외에는 아무것도 없는 사람들을 가리킨다. 그런 유대인 외에 "율법의 영역 안에"[307] 살면서 그들의 그리스도에 대한 유대인 다움의 믿음을 더하는 유대인이 있으며, 그들이 그 믿음으로 말미암아 얻는 하나님 앞에서의 의가 그들을 아브라함과 마찬가지로 약속의 상속자로 만든다. 3:28에서 "믿음"에 그 의미를 살리기 위해 "오직"을 덧붙이는 것이 적절하듯, 여기서도 우리는 "만일 율법에 속한 자들이 상속자이면 …"이라고 의역할 수 있지 않을까 싶다.

만일 그런 유대인이 상속자라면, 왜 믿음과 약속이 위태로워진다는 것인가? 바울이 말하고자 하는 것은 율법과의 관계를 근거로 유대인에게 유산을 주는 것이 "믿음"과 "약속"이라는 용어의 본질적인 신학적 의미를 무효화한다는 의미일 수 있기 때문이다. 어떤 사람이 "권리"를 가지고 있는 것에 대해서는 "약속"이라는 단어를 아무래도 적용할 수 없으며, 하나님에 대한 절대적인 신뢰라는 바울이 쓰는 의미에서 믿음은 남의 "장자권"이나 "삯"이 되는 것을 가리키는 데 쓰기에도 적절한 단어가 아니다.[308] 이것이 아무리 맞는 말이라고 해도(참조. 4:4-5), 바울이 쓰는 동사들에서 이런 해석이 저절로 나오는 것은 아니다.[309] 이러한 동사들에 비추어 볼 때, 바울의 말은 아마 믿음의 행사가 그 목표를 달성하지 못했다는 뜻일 것이다. 왜 유대인이 믿음과 별도로 후사가 되면 믿음과 약속이 헛되게 되는가? 로마서 1-3장의 논리와 15절의 설명이 제안하는 이유는 본래 어떤 사람도 유산을 얻는 데 필요할 정도로 율법을 지킬 수 없다는 사실일 것이다. 바꿔 말하자면,

306. 이와 반대 의견으로는 예를 들어, G. Klein, "Romer 4," 158.

307. 2:12; 3:19에 나오는 어구 *ἐν τῷ νόμῳ*를 보라.

308. Barrett; Nygren.

309. 그 단어를 쓰는 신약의 유일한 저자인 바울에게 *κενόω*("헛것")는 "효력을 박탈하다"(고전 1:17), "헛되게 하다"(고전 9:15; 고후 9:3) 또는 "무능하게 만들다"(빌 2:7; Silva, *Philippians*, WEC, 119)는 뜻을 나타낸다. 하지만 아마 가장 중요한 것은 바울이 고전 15:14에서 쓰는 *κενός*의 용법일 것이다. 여기서 그는 고린도 교인들에게 만일 그리스도가 부활하지 못했다면 그들의 믿음은 "헛것"이라고 말한다. *καταργέω* 동사는 바울 서신에서 그 의미의 폭이 상당히 넓은데(3:3에 관해서 보라), 여기서는 아마 비슷한 뜻을 가지고 있을 것이다. 즉, 약속이 효력을 갖지 못하여 헛된 것이 되리라는 뜻으로 쓰였을 것이다.

바울은 이렇게 주장하고 있는 셈이다. "유산 상속이 율법의 고수에 입각한 것이라면 타락한 인간으로서 율법을 제대로 지킬 수 있는 사람이 없기 때문에 상속자는 없을 것이다. 그리고 그것은 믿는다는 것은 헛된 일이고 약속은 이루어지지 않으리라는 것을 의미한다."[310]

15 이 절의 첫 번째 어절은 14절에서 얻은 결론을 구체화한다. 율법이 **하는**(*does*) - "진노를 낳는"[311] - 것을 밝혀, 율법이 **할 수 없는**(cannot do) - 상속을 확실히 하는- 것과 대조시키는 것이 그것이다. 바울은 유대교 신학에서 율법에 부여하는 매우 긍정적이고 때로는 구원의 방편이 되기까지 하는 기능에 반대하고 있는 것이다. 이 절의 두 번째 절인 "[그리고][312] 율법이 없는 곳에는 범법도 없느니라"는 율법이 진노를 이루게 하는 이유를 설명하는 삽입절이다. 이 절이 구체적으로 모세 율법에 관한 진술인지 아니면 "법"으로서의 율법의 본질과 기능에 관한 일종의 격언적인 진술인지는 결정하기가 어렵다.[313] 어느 쪽이든 적용 대상은 모세 율법이다. 이 절의 첫 부분에서 언급되는 것이 모세 율법인 것이 분명하기 때문이다. 그러나 이 진술의 요지는 무엇인가? 머레이(Murray)는 하나님의 진노가 보편적으로 임하는 것을 바울이 정당화하고 있는 것이라고 생각한다. 그의 견해로는 바울의 논리가 이렇게 진행된다.

> 하나님이 범죄에 대해 진노를 발하시는 것은 정당하다.
> "율법"이 있는 곳에는 "범법"이 있다.
> "율법"은 보편적이다(바울은 여기서 롬 2:12-16에서 주장한 것을 가정한다).
> 따라서 하나님이 모든 사람에게 진노를 발하시는 것은 정당하다.

---

310. Calvin; 또한 Godet; Cranfield를 보라.

311. 그리스어로는 κατεργάζεται. 이 복합동사는 행위가 "낳는" 결과를 강조하는 경우가 아주 많은데, 여기서도 이 의미가 적절하다. 현재 시제는 하나님의 진노가 지금 임하는 것을 가리킨다(Dunn)고 보기보다, 율법이 그 본질상 "일반적으로" 하는 것을 주장하는 격언적인 것으로 보는 편이 좋을 것 같다.

312. 우리가 앞에서 주목했듯이, 여기서 본래의 독법은 아마 δέ일 것이다. 그러나 이것이 이 절의 설명 기능을 방해하지는 않는다. δέ가 종종 설명을 이끄는 역할을 하기 때문이다 - 롬 1:13을 보라.

313. 후자라는 견해에 관해서는 예를 들어, Winger, *By What Law?* 83을 보라.

하지만 이 절을 읽는 또 하나의 방법은 모세 율법이 진노를 낳는 이유를 설명하는 것의 보다 제한된 목적을 이 절에 귀속시킨다. 그러면 바울의 논리는 이렇게 될 것이다.

율법을 위반하는 것은 "죄"를 하나님의 진노를 살 만한 "범법"이라는 보다 더 심각한 율법 위반으로 바꾼다.
하나님은 유대인에게 율법을 주셨다.
유대인은 율법을 범했다(2:1-29; 3:9-19).
율법은 유대인에게 진노가 내리도록 야기했다.[314]

이 두 번째 해석이 보다 타당성이 있다. 13-16절이 13a절의 "율법으로 말미암은 것이 아니요"에 지배되는 만큼, 모세 율법의 부정적인 결과에 대한 진술이 이 문맥에 잘 맞는다고 볼 수 있기 때문이다. 하나님이 진노하시는 이유에 대한 설명이라는 해석은 그만큼 문맥에 잘 맞지도 않고, 로마서 1:18-3:20의 논증을 불필요하게 반복하는 것으로 보인다. 게다가 바울이 "죄"가 아니라 "범법"(파라바시스)이라는 단어를 쓰고 있는 것으로 보아, 그가 생각하고 있는 것은 하나님이 진노를 발하는 것을 정당화하는 죄의 일반적인 상태를 생각하는 것이 아니라, 사람들이 직면하는 명확하게 정의되고 구두로 전달되는 법률과 명령이라는 모든 곳에서 발생하는 보다 구체적인 상황을 생각하고 있음을 시사한다. "범법"은 명백한 실정법이나 실정 명령으로 설정된 한계를 "벗어나는 것"이라는 특정한 죄의 한 종류를 가리킨다.[315] 모든 "범법"은 "죄"이기도 하지만, 모든 "죄"가 "범법"은 아니다. 그러므로 바울은 율법이 없는 곳에는 죄가 없다고 주장하고 있는 것이 아니라, 거의 자명한 말이지만, 불순종 하라는 실정의 명령이 없는 경우에는 실정의 명령에 대한 고의적인 불순종이 없다고 주장하고 있는 것이다. 칼빈의 표현대로 "성문법으로 교육받지 않은 사람은 죄를 지을 때 하나님의 율법을 알면서 위반하고 범하

314. 특히, Calvin; Godet을 보라.
315. 바울은 이 단어를 그의 다른 곳인 2:23; 5:14; 갈 3:19과 딤전 2:14에서도 쓴다. 이 문제에 관해서는 J. Schneider, *TDNT* 5.739를 보라.

는 사람이 갖는 것만큼 큰 죄의식을 갖지 않는다." 이 원리를 어떻게 "율법은 진노를 낳는가?"에 대한 설명으로 모세 율법에 적용할 때 바울의 진짜 요지가 나타난다. 모세 율법이 나오기 전과 모세 율법이 없는 곳에서도 진노는 분명히 존재한다. 모든 사람이 죄인이므로 하나님의 정죄 선고의 자리에 서게 되기 때문이다(1:18). 그러나 모세 율법은 훨씬 더 큰 진노를 낳아 사람들을 정죄의 선고에서 구출하기는 커녕 오히려 그들의 정죄를 확정한다. 율법은 하나님이 사람들에게 요구하시는 것이 정확히 무엇인지를 분명하게 그리고 아주 구체적으로 밝힘으로써 사람들로 하여금 율법이 없을 때보다 하나님께 해명해야 할 의무를 훨씬 더 크게 지우기 때문이다.[316] 우리는 또한 슈라이너(Schreiner)와 함께 이 구절의 논리가 율법의 효력에 대한 근본적인 문제가 죄로 가득한 사람들이 그것을 지킬 수 없다는 것을 드러낸다는 점에 주목해야 한다.

16 14-15절에서 바울은 상속자가 되는 것이 "율법으로 말미암은 것이 아니라"고 한 13절의 부정적인 요점을 부연 설명했다. 이제 바울은 긍정적인 입장으로 돌아선다. 이 구절의 시작은 그리스어에서 생략 구문(elliptical)을 사용하며, 바울은 단순히 "믿음으로"(에크 피스테오스)라고 말한다. 뒷받침하는 동사는 확실히 연계형("is")이지만 주어는 "상속자"(CEB) 또는 "약속"(NIV, CSB, NJB)이 될 수 있다. 이 문맥에서 이 주제의 중요성을 고려할 때 후자의 가능성이 약간 더 높을 것이다.[317] "그러므로 그것이"[318]는 그래서 14-15절의 부정적 논증을 가리킬 것이다. 즉, 율법으로는 약속을 보장받을 수 없다는 "이런 까닭에" 그 약속은 믿음으로 말미암아야 할 것이다.[319] 하지만 "그러므로 그것이"라는 어구는 신약에서 흔히 다음 절을 내다보고 하는 말로 쓰이며,[320] 여기서도 의미가 잘 통한다. 그러므로 "그것이"의 선행사는 "은혜에 속하기 위하여"라는 목적절일 것이다. 은혜가 보존되기 위

316. 유사한 논리가 5:13-14과 7:7-12에서도 기저를 이룬다.
317. Longenecker; 이와 반대로는, 예를 들어, Käsemann.
318. διὰ τοῦτο.
319. 대부분의 주석들이 이 관점을 유지한다.
320. 5:12의 각주 150을 보라.

해서라는 그런 이유에서 "그것이 믿음으로 되나니"라는 것이다.[321] 바울의 사상에서 믿음과 은혜 사이의 밀접한 관계가 여기서 다시 부각된다. 바울이 4-5절에서 밝힌 바와 같이, 믿음에 반드시 은혜가 따르는 것은 일에 "삯"이 따르는 것과 마찬가지다. 그러므로 "하나님의 계획은 하나님 편에서 은혜가 되기 위해 사람 편에서는 믿음 위에 세워졌다."[322] 롱네커(Longenecker)는 약속, 믿음, 은혜를 "모든 참된 종교의 구조가 놓이는 삼발이 받침대 또는 '판'"으로 특징 짓는다.[323] 그러나 바울에 의하면, 믿음을 통한 상속에 대한 하나님의 준비는 더 깊은 목적이 있었다. 즉, "그 약속을 그 모든 후손에게 굳게 하려[324] 하심이라"라는 것이다. 이 절이 뜻하는 혜택은 크리소스토모스가 지적하듯이 이중으로 되어 있다. 즉, 그 약속이 "굳건한"[325] 것이며, 이는 결실을 보게 되는 것일 수 있다는 것과 그 약속이 아브라함의 **모든**(*every*) 후손에게 확정될 수 있다는 것이다. 그중 어떤 복도 인간의 "행위" 또는 율법의 순종에 의거한 것이었다면 실현되지 않았을 테지만, 하나님이 값없이 주기로 결심하신 절대적으로 확실한 하나님의 약속을 믿음이 붙잡기 때문에, 하나님이 약속하신 상속은 실재가 되며 믿는 모든 사람에게 현실이 될 수 있다.

바울은 "율법에 속한 자에게[326]뿐만 아니라 아브라함의 믿음에 속한 자에게도"라는 대조를 이루는 두 개의 어구에서 "그 모든 후손"에 특별한 역점을 둔다. 로마서 전체를 통해서 그렇고, 4장에서 분명히 나타나듯이 바울의 "보편성"은 이방인이 유대인과 똑같이 복음에 응답하여 마지막 날 하나님이 세상으로부터 부르실 백성의 일부가 될 수 있는 기회를 주는 것이다. 바울 스스로 딱 부러지는 말로 표현하고 있지는 않아도, 이렇게 유대인과 이방인을 다같이 아브라함의 "후손"에

321. 특히, Cranfield and Schlier을 보라. 다른 사람들은 διὰ τοῦτο를 13절(Godet) 또는 14절(Barrett)을 다시 언급하는 것으로 본다.

322. Barrett.

323. Longenecker, 514.

324. εἰς τὸ εἶναι, 아마도 (Käsemann이 주장한 대로) 결과를 나타내는 것이기 보다는 목적절(Jewett)일 것이다.

325. βεβαίαν.

326. 단어 σπέρματι에 맞춰 여기서의 그리스어와 다음 절에서 그리스어 관사가 단수형의 τῷ로 되어 있다. 그러나 σπέρματι의 집단적인 의미를 인정하면, 그 "후손"을 구성하는 개개인을 가리키는 "의미에 따라" 번역하는 것이 타당하다. 그래서 현대의 영어성경 대부분도 σπέρματι를 "descendants"(후손들)로 번역하고 있다.

넣는다는 것이 16절의 이 마지막 부분에서 의도하는 것이다. "율법에 속한 자에게뿐만 아니라"는 특히 "아브라함의 믿음에 속한 자"와의 대조에 비추어 볼 때 믿지 않는 유대인을 가리키는 말일 수 있다.[327] 이 경우, 바울은 유대인이 계속 "아브라함의 후손"으로 남지만 기독교인이 아브라함의 후손인 것과는 다른 방식으로 주장하고 있는 셈이다. 이런 주장은, 뉘앙스를 제대로 살리면, 바울의 사상과 상충되지 않을 것이다(롬 11:11-30을 보라). 그러나 아무래도 이것이 바울이 여기서 의도하는 바일 것 같지는 않다. 바울이 아브라함의 진정한 후손은 믿는 자들이라고 힘주어 진술했고(11-12절), 또한 그가 여기서 "후손"이라는 단어를 사용할 때, 이것은 그가 이 단어에 부여한 영적인 의미로 쓰고 있는 것이어야 한다. 게다가 "믿음으로"라는 어구가 절 전체를 지배하므로, 그것이 절의 이 뒷부분에도 적용되어야 한다. 그렇다면 이 의미는 약속이 믿음으로 말미암아 후손의 일부가 되는 유대인에게 주어졌다는 것이 된다.[328] "율법에 속한"은 14절에서와는 약간 다른 뜻을 가지고, 유대인을 "모세의 경륜에 속한 이점을 가진 자"로 지칭하는 것이어야 한다.[329] "…뿐만 아니라 …도"가 가리키는 대조에 비추어 볼 때, "아브라함의 믿음에 속한 자"는 이방인 신자들이다.[330] 아브라함이 "우리 모든 사람의 조상" - 즉, 믿는 자들인 "우리" 모두의 영적 조상 - 이 되는 것은 이러한 의미에서다.

17 이 절은 두 개의 주절로 구성되어 있다.

기록된 바 내가 너를 많은 민족의 조상으로 세웠다 하심과 같으니

그가 믿은 바[331] 하나님은 죽은 자를 살리시며 없는 것을 있는 것으로 부르시는 이시

327. Mussner, "Wer ist 'Der ganze Samen'?," 213-17; Gaston, "Abraham and the Righteousness of God," 58; Fitzmyer; Jewett; Hultgren.

328. 고대와 현대의 대부분의 주석가들은 이렇게 본다.

329. Murray.

330. Godet; Kuss. 이와 반대 의견으로는, 예를 들어, Käsemann이 있다. 그는 이것이 일반적으로 믿는 자들을 가리킨다고 생각한다.

331. 이 두 번째 절의 시작 부분은 *κατέναντι οὗ ἐπίστευσεν θεοῦ*의 뜻을 *κατέναντι τοῦ θεοῦ ᾧ ἐπίστευσεν*으로 줄여서 나타낸 생략 구문으로 되어 있다(이런 생략 구문이 그리스어에서는 흔하다. BDF §294[5]). *κατέναντι*는 "앞에서"라는 뜻으로 흔히 장소를 가리키지만, 비유적으로 사람

니라.

이 두 절이 어떻게 서로 관련되며 보다 큰 문맥으로 이어지는가를 보는 방법에는 여러 가지가 있다. (1) 두 절이 직선적이고 연속적인 순서로 이어지며, 창세기 17:5로부터의 인용이 16절 끝에 나오는 "우리 **모든**(*all*) 사람의 조상이라"를 확인하고 두 번째 절이 첫 번째 절에 종속되는 것으로 볼 수 있다.[332] (2) 첫 번째 절은 16절 중간에 나오는 "그 모든 후손에게"를 확인하고, 두 번째 절은 다시 첫 번째 절에 종속되는 것으로 볼 수 있다.[333] (3) 대다수의 주석가들에 따르면, 17a절은 첫 번째 독법에서와 마찬가지로 16b절에 종속되지만 삽입절과 같은 것으로 보고, 17b절이 16b절의 "우리 모든 사람의 조상"으로 연결되는 것으로 볼 수 있다.[334] (4) 다시, 1절 에서와 마찬가지로 첫 번째 어절은 16b절에 붙는데, 두 번째 어절은 멀리 16절에 있는 "그 모든 후손"과 연결되는 것으로 볼 수 있다.[335] (5) 마지막으로 첫 번째 어절이 위의 어떤 제안을 따르건 두 번째 절은 새로운 문단의 시작으로 보는 방법이 있다.[336]

17a절에 나오는 인용문 중의 "조상"과 16b절의 "조상" 사이의 연결은 너무도 분명한 만큼, 우리는 두 번째 이외의 모든 제안에서 그랬듯이, 이 두 절을 서로 밀접하게 묶어야 한다. 마지막 제안에 진리의 일면이 있다. 17b절이 18-25절에서 아브라함의 믿음을 기독교인들에게 적용하여 설명할 방법을 준비하기 때문이다.

에 관해서도 쓴다. 바울 서신에서는 세 번 나오는(고후 2:17; 12:19도 보라) 이 단어는 모두 하나님에 관해서 쓰이는데, 아마 히브리어 리프네(לִפְנֵי)에 의거했을 것이다.

332. NLT 성경이 제시하는 것에 주목해 보면 이와 같다. "하나님이 그에게 말씀하시기를 '내가 너를 많은 민족의 아버지가 되게 하였다' 하신 성경의 말씀이 이와 같으니라. 이는 아브라함이 죽은 자를 살리시며 무에서 새 것을 창조하시는 하나님을 믿었음이니라." Käsemann을 보라. 이 읽기의 변형에서 Godet은 16b절을 12b절의 논의의 주요점 재개로 간주하고 13-16a절은 유대인의 반대를 다루기 위해 제쳐둔다.

333. Wilckens.

334. NASB 성경이 제시하는 것에 주목해 보면 이와 같다. "(기록된 바 '많은 민족의 조상으로 내가 너를 세웠다' 하심과 같으니) 그의 믿은 바 하나님 앞에서 그러하니, 그는 죽은 자에게 생명을 주시고 없는 것을 불러 있게 하시는 하나님이시니라." 또한 KJV도 보라. 그리고 예를 들어, Calvin; Michel; Murray; Cranfield를 보라.

335. Bruce.

336. Black.

그러나 이 관계사절은 또한 역으로 보기도 한다. 즉, 이것이 바울의 논증에서 중심점으로 기능하고 있는 것이다.[337] 그러나 정확하게 무엇을 돌아보는가? 이것이 가장 어려운 문제이며, 남은 세 대안들(1, 3 그리고 4번)을 구별하는 역할을 한다. 어느 경우든지 그 연결은 어색하다. 왜냐하면, "앞에서"라는 전치사(개역개정에서는 이 표현이 생략되어 있음–옮긴이)가 바로 앞의 세 절에서 발견되는 어떤 동사에도 자연스럽게 연결되지 않기 때문이다. 그러나 가장 뜻이 잘 통하는 연결은 바로 앞 절과의 연결이다(예를 들어, 선택지 1번). 후손에게 굳게 하려는 것(16a절)이나 아브라함이 영적 조상이 된다는 것(16b절)이 "하나님이 보시는 가운데서" 존재한다는 지적은, 그것이 사실이기는 하지만, 바울의 논지에 거의 필요가 없다. 반면에 과거 시제로 표현된 약속의 인용 – "내가 너를 많은 민족의 조상으로 세**웠다**(*have*)"[338] – 에 그 약속이 주어지고 받아들여지는 하나님의 본질을 상기시키는 "그분의 임재하시는 데서"를 첨가한다면, 그것은 그 과거 시제로 표현된 확실한 일을 설명하는 것이 된다. 하나님이 현재는 존재하지 않는 어떤 것을 장차 존재하게 하겠다고 아브라함에게 약속하실 수 있고 아브라함이 그것을 믿을 수 있는 것은 하나님이 "죽은 자를 살리시며 없는 것을 있는 것으로 부르시는" 분이시기 때문이다.

17a절에서 창세기 17:5의 인용은 16절을 입증한다. 즉, 이는 "많은 민족"에는 유대인과 이방인이 다같이 포함되기 때문이다.[339] 창세기의 약속이 단순히 혈육의 조상이 되는 것 만을 가리키는지 영적 "조상 됨"도 가리키는지는 분명하지 않지만, 이 약속에도 아마 비슷한 의도가 담겨 있을 것이다.[340] 하나님이 "살리시는" 분이며, "부르시는" 분이라는 하나님에 대한 바울의 추가적인 하나님 성품 묘사는 널리 퍼져있던 구약과 유대교의 가르침에서 가져온 것이다. 생명을 주시는 하나님의 능력은 구약에서 강조되었으며(신 32:29; 삼상 2:6), 유대교의 중요한 예전문(liturgy)인 셰모네 에쉬레(*Shemoneh Esreh*), 즉 "18 축도문"[341]에서 중시되었다. 17a

337. Schlier.

338. 바울은 LXX를 정확하게 인용한다.

339. Jewett.

340. DeRouchie는 아브라함에 대한 약속에서 다양한 민족에 대한 영적인 부모됨에 대한 참조를 찾는 강력한 사례를 제시한다 ("Counting Stars," 445-85).

341. Str-B, 3.212.

절에서 인용한 약속에 비추어 볼 때, 바울은 하나님이 아브라함의 몸과 사라의 자궁에서 생명을 취하시는 것을 어느 정도 생각하고 있다.[342] 뒤에 이어지는 아브라함의 믿음에 대한 설명은 이것을 확인해 준다. 19절이 아브라함의 몸의 "죽은 것 같음"과 사라의 태가 죽은 것 같음을 아브라함의 믿음이 그것을 초월했다는 눈에 보이는 증거로 지적하고 있는 것이다. 하지만 이러한 하나님의 성품 묘사는 문맥에서 또 다른 적용을 받는다. 즉 24-25절에서 "예수 우리 주를 죽은 자 가운데서 살리신 이"를 그리스도인의 믿음의 대상으로 정의하는 문맥에 적용을 받는 것이다. 결국 개연성은 없을지라도, 바울이 이 말들을 이삭이 그의 죽음 직전에서 구출받은 사건(히 11:19) 또는 이스라엘이 포로에서 귀환하는 것에도 역시 적용하는 것을 생각하고 있음이 가능하다.[343]

바울이 무슨 의도로 하나님을 "없는 것을 있는 것으로 부르시는 이"라고 기술하는지는 알기가 더 어렵다. 우리의 결론은 우리가 "부르시는"에 부여하는 의미에 따라 달라질 것이다. 그것이 "이름을 부르다" 또는 "말을 걸다"라는 평범한 뜻에 지나지 않는다면, 바울은 아브라함에게 주신 하나님의 약속이 틀림없이 성취된다는 것을 더욱더 암시하는 것이 될 것이다. 즉, "많은 민족"이 아직 존재하지 않지만, 하나님은 그것들을 존재하는 것처럼 부르실 수 있기 때문이다.[344] 다소 유사한 것이 "부르다"를 "소환하다"를 뜻한다고 보는 해석이다. 즉, 하나님이 이러한 아직 "없는" 민족들을 있는 것처럼 소환하여 아브라함이 보는 앞에 불러 세운다는 말이기 때문이다.[345] 이러한 설명들은 각각 구문과 문맥에 잘 맞는데, 일부 해석자는 또 다른 것을 가리키는 것이라고 구분한다. 구약에서 "부르다"라는 동사는 하나님의 창조 사역을 가리키며(예를 들어, 사 41:4; 48:13), 후대에 유대교의 저자들은 이 용어를 영구화하고, 여기에 때로는 이 창조적인 "부르심"에 없는 것을 있게 하는 것이 포함된다는 개념을 추가하기도 한다.[346] 그렇다면 바울은 하나님

342. 예를 들어, Fitzmyer를 보라.
343. Wright.
344. Denney.
345. Godet; S-H; Murray의 관점이 이와 유사하다.
346. 예를 들어, Philo, On the Special Laws 4.187: τὰ γὰρ μὴ ὄντα ἐκάλεσεν εἰς τὸ εἶναι; "그는 존재하지 않는 것을 부르셨기 때문이다." Philo의 말에는 실질적으로 유사한 표현이 많이 있다. 또한 2 Macc. 7:28; 2 Bar. 21:4; 48:8을 보라.

의 창조적인 능력을 일반적으로 그의 독자들에게 상기시킬 목적으로 이 **무**(無)**로부터의 창조**(*creatio ex nihilo*) 전승을 암시하고 있는 것일 수 있다.[347] 게다가 여러 텍스트가 이 언어를 영적인 개종에 적용하고, 때로는 여기서와 마찬가지로 하나님이 죽은 자를 살리시는 것과 관련해서 사용한다.[348] 그렇다면, 이것은 특히 복음에 의해 "내 백성이 아니라"에서 "내 백성"으로 이동할 기회를 받은 이방인을 언급할 수 있다.[349] 이러한 평행들은 "없는 것을 있는 것으로 부르시는 이"가 곧 "경건하지 아니한 자를 의롭다 하신다"는 하나님에 대한 바울의 묘사를 상기시킬 가능성이 있게 만든다. 즉, 하나님이 사람들의 헛되고 죄로 가득한 무(無)로부터 새롭고, 생동감이 넘치는 영적인 삶을 창조하신다는 것이다.[350]

바울의 언어가 이 유대교의 **무로부터의 창조**(*creatio ex nihilo*) 전승에 아주 흡사하다는 것과, 그것이 하나님의 일반적인 창조하시는 능력을 가리키는 것이건, 영적인 창조하시는 능력을 가리키건 문맥에서 벗어나지 않으리라는 것은 의심할 여지가 없다. 하지만 이것이 바울의 목적이라면, 그가 하나님은 사물을 있는 "것 같이" 부르신다고 말하는 것이 이상하다. 우리는 하나님이 "사물들은 있을지어다"라고 말씀하실 것으로 예상했기 때문이다.[351] 이것이 우리로 하여금 망설여지고 마지못해서이긴 하지만, 이 절이 일반적이건 영적이건 하나님의 창조하시는 능력을 그대로 가리키는 말일 수는 없다는 결론을 내리게 한다. 그러므로 아직 존재하

347. Cranfield를 보라. Hofius는 바울 서신과 유대교의 전승(특히 2 Macc. 7:28)에서 '무로부터의 창조'와 죽은 자의 종말론적 부활이 연결되고 있음을 발견한다 ("Altjüdische Parallele," 93-94).

348. 특히 Jos. and As. 8:9에 나오는 "여호와, 내 아버지 이스라엘의 하나님이시며, 만물에 생명을 주시고, 어둠에서 빛으로, 죄에서 진리로, 사망에서 생명으로 부르시는 가장 높으시고 능력이 뛰어나신 분이로다" (*κύριε ὁ θεὸς τοῦ πατρός μου Ἰσραηλ, ὁ ὕψιστος καὶ δυνατὸς θεός, ὁ ζωοποιήσας τὰ πάντα καὶ καλέσας ἀπὸ τοῦ σκότους εἰς τὸ φῶς, καὶ ἀπὸ τῆς πλάνης εἰς τὴν ἀλήθειαν, καὶ ἀπὸ τοῦ θανάτου εἰς τὴν ζωήν*)을 보라. 또한 2 Clem. 1:8을 보라.

349. Wright; Flebbe, Solus Deus, 232-44.

350. Käsemann; Wilckens; Schlier; Dunn. 이 견해의 가장 구체적인 변론을 제기하는 것은 Moxnes로, 그는 바울이 이 말을 유대인에게 적용하여 그들이 이방인과 마찬가지로 개종해야만 하나님의 백성으로 합류할 수 있다는 것을 증명하고 있다고도 주장한다(*Theology in Conflict*, 241-50).

351. 즉 바울이 쓴 ὡς 대신 우리는 εἰς τὸ εἶναι 같은 말이나 단순히 εἰς가 나올 것으로 예상했을 것이다. ὡς가 분명 결과나 목적을 가리킬 수는 있지만, 그런 뜻으로는 드물게만 사용되며, 바울이 쓴 것과는 다른 구문에서 쓰인다(LSJ와 BDAG은 ὡς의 계속적이고 목적을 나타내는 용법을 열거하지만, 그것들이 보통 부정사나 가정법 구문에서 쓰이며 롬 4:17b와 흡사한 구문에서 쓰이는 경우는 없다는 점을 지적한다; 또한 Montanari, *Brill Dictionary of Ancient Greek*을 보라).

지 않는 것을 존재하는 것처럼 "말하는" 또는 "소환하는" 것이 하나님의 본성이라고 바울은 말하고 있는 것임이 분명하다. 그리고 이 해석이 하나님의 창조하시는 능력을 가리킨다는 것보다 바로(*immediate*) 앞 뒤의 문맥에 더 잘 맞는다. 하나님이 아브라함으로부터 이어질 "많은 민족"에 대해 말씀하실 수 있다는 것이 이 해석으로 확실히 설명되기 때문이다.

18 앞서 살펴보았듯이, 많은 주석자들이 여기서 새로운 문단이 시작되는 것으로 본다.[352] 하지만 바울이 초점을 약간 옮겨 18-21절에서 아브라함의 믿음이 갖는 적극적인 특징들을 돋보이게 하는 것은 사실이다, 그러나 그의 관심은 여전히 약속에 쏠려 있다. 즉, 아브라함이 그 약속에 - 믿음으로 - 어떻게 반응했으며, 그(*that*) 믿음이 어떻게 의로 여기도록 한 것이었고, 무엇이 약속되었던 것인가에 관심이 집중되고 있는 것인지 보여준다.[353] 18절에서의 강조는 "바랄 수 없는 중에 바라고"[354]라는 아브라함의 믿음에 대한 역설적인 묘사에 놓인다. 이 어구에 대해 크리소스토모스는 "사람의 소망과는 반대가 되는, 하나님께 속하는 소망으로"라고 한 설명보다 더 나은 것은 없다. 바울이 19절에서 설명하듯이, 아브라함이 인간적인 관점에서는 사라를 통해 아이를 낳을 생각은 모든 이유에서 포기해야 했다. 그의 믿음은 이성과 상식의 증거로 볼 때의 (바라서는 안 될) 바람 - 우리가 종종 그 단어를 ("복권 당첨이나 되었으면 좋겠어"라고 할 때) 쓰는 식의 "희망" - 과 같은 그런 종류의 소망을 갖는 거스르는 믿음이었다. 그렇지만 그의 믿음은 하나님의 약속에서 나오는 소망을 굳건히 잡고 있었다. 우리는 여기서 아브라함의 믿음이 완전히 근거가 없고 거의 무모한 "결정"이라고 하여 "어둠 속에 뛰어드는"(leap into the dark) 것으로 묘사되는 것이 아니라 - 일부 실존주의 신학자들이 기독교인의 믿음을 이렇게 묘사한다 - 그의 감각 기관으로부터 얻은 증거로 도약하여 하나님의 말

352. 이 문단의 도입 부분을 보라. 이에 대한 예는 Kuss에 주목하라.

353. Forman은 이 부분이 "상속/땅/세상"(13절)을 후손들과 엮고 그 후손들에게 약속된 우주 주권을 강조하는 창세기 전통에 대한 바울의 의존을 통해 전자에 결속되어 있다고 주장한다. 더 나아가 그는 사 54:1-3(이 본문을 갈 4장에서 바울이 인용함)이 이러한 역할을 할 수 있다고 제안한다(*Politics of Inheritance*, 85-92; 또한 같은 저자, "Politics of Promise," 301-24).

354. 그리스어로는 *παρ' ἐλπίδα ἐπ' ἐλπίδι*. *παρά*는 여기서 "~을 넘어"(beyond)의 의미로 쓰였을 수도 있지만, "-에 대하여"(against)의 뜻이라면 의미가 보다 뚜렷해진다(BDAG).

씀과 약속을 굳게 잡는 것으로 묘사되고 있다는 점을 주목하게 된다.

굳건한 믿음이 결과적으로 아브라함으로 하여금 "많은 민족의 조상이 되게" 했다.[355] 바울은 아브라함이 믿음으로 하나님의 약속에 매달린 결과 그가 약속 받은 일이 이루어졌다고 지적한다. 창세기 17:5 대신 바울은 창세기 15:5에서 아브라함이 더 먼저 받은 약속을 인용한다. 아브라함을 이끌고 밖으로 나가 별들이 흩뿌려진 사막의 밤하늘을 보라고 하신 후 하나님은 그에게 "네 자손이 이와 같으리라"[356]고 약속하신다. 바울이 생각하기에, 이것은 아브라함이 그 조상이 된 "많은 민족"이 믿는 유대인과 이방인으로 이루어진 영적 "후손"과 동의어임을 시사하는 것이다(16절을 보라).

19 19-20절은 아브라함이 "바랄 수 없는 중에 바라고" 믿은 것이 구체적으로 어떤 식이었는지를 상세하게 설명한다. 거의 모든 주석서 저자가 "약하여지다"(weakening)를 "알았다"(observed)에 종속시킨다. 그것이 분사와 정동사 사이의 일반적인 관계이기 때문이다. 그러나 그리스어는 이런 역할들의 역전을 허용한다. 그러면 정동사가 종속적인 생각을 표현하게 되는데, 이것이 현재 절에서는 의미를 잘 통하게 한다. 즉, "그가 … 자기 몸이 … 같음을 알고도 믿음이[357] 약하여지지 아니하고".[358] 아브라함의 믿음 가운데 "바랄 수 없는"이라는 측면이 강조되는 것은, 아브라함이 자기의 신체적 상태를 보아 하나님이 자기에게 주신 약속의 실현이 도무지 성취될 것 같지 않음을 알면서도 그 약속을 계속 믿었다는 것을 바울이 강조하려는데 있다.

355. 이 절은 부정사 구문 εἰς τὸ γενέσθαι로 시작된다. 이 구문이 구체적으로 밝혀 줄 수 있는 것은 (1) 아브라함의 믿음의 내용 - "그는 자기가 많은 민족의 조상이 되리라는 것을 믿었다"(Michel); (2) 아브라함의 믿음의 결과 - "그는 믿었고 그 결과 많은 민족의 조상이 되었다"(NIV; Käsemann; Cranfield); 또는 (3) 그의 믿음의 목적(아마 하나님의 목적과도 관련지어) - "그는 많은 민족의 조상이 될 목적으로 믿었다"(NASB; N. Turner, *Syntax*, 143; 초기의 주석가들 대부분; Murray; Dunn). 이러한 해석들 가운데 두 번째가 구문론상으로 정당화되며 (1:20의 각주 65번을 보라), 동사를 마무리하는 가장 자연스러운 방법이다.

356. 바울은 다시 (MT를 충실하게 옮긴) LXX를 정확하게 인용한다.

357. 그리스어로는 τῇ πίστει. 이 여격은 아마 존중의 여격일 것이다. "그의 믿음에 대해서 약하여지지 아니하였다."

358. RSV; NRSV; ESV; NAB를 보라. 그리고 구문론적인 요점에 대해서는 Zerwick, *Biblical Greek*, §§263, 376을 보라.

이 신체적인 증거는 분명 아브라함에게 자신이 사라를 통해 자손을 생산할 수 있을지 의심할 만한 이유를 주었을 것이다. 아브라함 자신의 몸은 생식이 가능한 연령이 지났다는 의미에서 "이미 죽은"[359] 몸이었다 -그는 "백 세나 되어"있었다(히 11:12도 보라).[360] 창세기 17:1에서 주장하는 바로는 하나님이 아브라함에게 자손을 주겠다는 약속을 갱신하셨을 때 아브라함의 나이가 구십 구세였으므로, 바울의 연령 계산은 대략 받아들일 만한 것이다. 그러나 그 약속의 성취를 가로막는 것으로는 아브라함의 고령 문제만 있는 것이 아니었다. 아브라함의 "후손"을 낳을 어머니로 예언된 그의 아내 사라의 태의 "죽은 것 같은" "태"의 문제도 있었다. "죽은 것 같음"[361]이라는 단어는 여자의 불임을 뜻하는 통상적인 단어가 아닌 만큼, 바울이 이 언어를 일부러 골랐다고 볼 수 있다. 그것은 아브라함의 이 약속에 대한 믿음이 구체적으로 말해서 "죽은 자를 살리시는 하나님"(17b절)에 대한 믿음이었음을 분명히 하기 위한 것이었다. 바꿔 말해서, 우리의 믿음도 이 아브라함의 믿음과 같아야 한다는 것이며, 그것을 칼빈은 다음과 같이 웅변적으로 지적한다.

> 우리가 또한 기억해야 할 것은, 우리의 주변 상황 모두가 아브라함의 상황과 같다는 점입니다. 우리 주변의 모든 것이 하나님의 약속과 반대로 되어 있습니다. 즉, 하나님은 불멸을 약속하시지만 우리는 죽음과 부패로 둘러싸여 있으며, 하나님은 우리를 죄 없다고 선언하시지만 우리는 죄를 뒤집어쓰고 있으며, 하나님은 우리에게 자비롭고 호의를 가지고 있다고 증언하시지만 표출되는 심판들은 하나님의 진노를 느끼게 합니다. 그러면 우리가 어떻게 해야 하는 것일까요? 우리는 하나님이 참되시다는 것을 우리가 믿는데 어떤 것에도 방해를 받지 않도록 눈을 감고 우리 자신과 우리와 연결된 모든 것

---

359. "죽은"은 완료 수동태 분사인 νενεκρωμένον을 번역한 것이다. 이 완료 시제는 이것이 보통 그렇듯이 여기서도 기존의 상황이라는 뜻을 암시한다.

360. 아브라함이 생식 가능 연령을 지났다는 바울의 주장은 창 25:1-2에서 아브라함이 그두라를 후처로 취하여 아들 여섯을 낳았다는 대목을 설명하기 어렵게 만든다. 그 어려움을 보고, 아우구스티누스는 아브라함이 아이를 낳지 못한 것은 사라의 불임 때문일 뿐이었을 것이라는 의견을 제시했지만(*City of God* 16.28), 이 절과 히 11:12이 모두 사라 뿐만 아니라 아브라함도 신체적인 문제가 없었다고 분명히 밝히고 있다. 그러므로 최선의 해결책은 하나님이 아브라함에게 주신 생식 능력은 이삭을 낳는 데만 한정된 것이 아니라 그 후에도 아브라함에게 계속 남게 되었다고 가정하는 방법뿐이다 (Bengel; Calvin).

361. νέκρωσις.

을 지나쳐 가야만 합니다.

20 이 절은 우리가 19절의 요점으로 확인한 것을 요약하고 부연하는데, "[아브라함이] …을 알고도 약하여지지 않았다"[362]는 것이 그 요점이다. "하나님의 약속"[363]에 해당하는 그리스어 어구는 강조를 위해 문장의 첫머리에 나온다. 아브라함이 "믿음이 없어 … 의심하지 않았다"[364]고 바울이 말할 때, 그의 말은 아브라함이 잠시의 주저함도 없었다는 뜻이 아니라, 그가 하나님과 그의 약속에 대한 관계에 있어 뿌리 깊고 영구적인 불신과 모순의 태도를 갖는 것을 피했다는 뜻이다.[365] 하나님에 대한 태도에서 뿌리 깊은 분열상을 보이는 "이중인격"의 사람과 달리(약 1:6-8), 아브라함은 하나님의 약속이 이루어질 것이라는 믿음을 줄곧 지킨 것이다.[366]

---

362. 하지만 "여기다"가(개역개정에서는 이 표현이 명확하게 드러나지 않는다-옮긴이) 19절의 본동사라면, 20절은 그것에 거스르는 생각을 표현하게 될 것이다(참조. δέ, "그러나"). "그는 알았지만 … 믿음이 없음으로 인하여 하나님의 약속을 의심하지는 않았다"(예를 들어, Godet).

363. 이 어구를 이끄는 전치사 εἰς는 "…에 대해"를 뜻하며 διεκρίθη("의심하다")에 걸린다. 이것이 εἰς를 "들여다보고"로 번역하여 διεκρίθη에 보다 느슨하게 붙이는 것보다 뜻을 자연스럽게 한다. Barrett의 "하나님의 약속을 들여다보고, 그는 흔들리지 않았다…"라는 번역을 참조하라(또한 N. Turner, *Syntax*, 266도 보라). Mantey("Causal Use of ΕΙΣ," 46-47)는 여기서 εἰς가 원인을 나타낸다고 하지만("그 약속 때문에 흔들리지 않았다"로), εἰς가 이 뜻을 갖는 일은 너무도 희귀하여 - 없다고 말할 사람도 있을 것이다 - 보다 많이 인정된 다른 의미들로 뜻이 통하는 본문에 적용할 수는 없다.

364. τῇ ἀπιστίᾳ는 아마 원인을 나타내는 여격의 비교적 희귀한 예일 것이다. 다만 "영역"의 여격일 가능성도 있다 - "그는 믿음 거부의 태도'로' 흔들리지 않았다." 이렇게 "믿음 없음"은 "믿음 거부"로 바꾸는 것이 나을 것 같다고 Michel은 말한다. "믿음 없음에는 믿음의 부정 이상의 뜻이 담겨 있다. 그것이 뜻하는 바는 믿기를 거부하는 것, 하나님이 주신 약속의 거부다"("ἀπιστία ist mehr als eine Negation von πίστις: gemeint ist die Absage an den Glauben, der Verzicht auf die angebotene Verheissung Gottes").

365. διεκρίθη는 διακρίνω 동사의 부정과거 수동태의 디포넌트 형태다(신약 시대의 그리스어는 부정 과거 수동태를 디포넌트 동사로 쓰는 경향이 있다. BDF §78을 보라), 이 동사는 디포넌트 형으로는 "나뉘다"또는 "흔들리다"를 의미한다(이런 믿음에 대한 반대 개념으로는 14:23; 마 21:21; 막 11:23; 약 1:6에서도 사용된다).

366. 후손을 낳아 기르게 해주겠다는 하나님의 약속을 받고 아브라함이 "믿음이 없어 하나님의 약속을 의심하지 않았다"는 바울의 주장은 창 17:17에 비추어 보면 정당화되지 않을 것 같다. 이 창세기 본문은 사라가 자기에게 아들을 낳아 줄 것이라는 말을 듣고는 아브라함이 "엎드려 웃으며 마음속으로 이르되 백 세 된 사람이 어찌 자식을 낳을까 사라는 구십 세니 어찌 출산하리요"라고 기록하고 있기 때문이다. 이 명백한 모순을 해결할 수 있는 방법은 크게 세 가지가 있다. (1) 창 17:17에 나오는 아브라함의 반응은 믿음 없는 반응이라기보다 약속을 받고 나타낸 "놀라움의 표현"으로 이해할 수도 있다(Calvin. 그리고 Philo이 이와 비슷한 해석을 제안했다[*Questions and Answers on Genesis* 3.55]). 그러나 하나님이 이스마엘을 통해 일하실 수 있다는 아브라함의 요

아브라함이 믿음 없음으로 인해 흔들리지 않으려 한 그의 거부와는 반대로(헬. 알'[*all'*]), 그는 "믿음으로 견고하여졌다."[367] 이 어구는 아브라함이 그의 믿음으로 말미암아 얻게 된 생식력을 가리키는 말일 수도 있다.[368] 그러나 19a절(개역개정은 19 하반절-옮긴이)에 있는 "그가 … 믿음이 약하여지지 아니하고"와 이 절의 대조를 자연스럽게 하자면, 아무래도 "믿음"을 "견고하게 하는 것"의 수단이나 원인으로 보기보다는 그 대상으로, 즉 더욱 견고하게 된 것은 아브라함의 믿음 자체였다고 보아야 할 것 같다.[369] 무슨 방법으로 아브라함의 믿음이 "견고하게 되었는가?" 그 방법이 무엇이든 역경에 부딪쳐 그것을 극복하는 데서 - 근육이 무거운 것을 들어올리고, 거룩함이 유혹을 성공적으로 물리치는 데서 - 힘이 붙는다고 할 수 있다. 그렇게 아브라함의 믿음도 하나님의 약속과 신체적인 상태 사이의 괴리로 말미암아 생긴 장애를 성공적으로 극복함으로써 견고하게 되었다. 그리고 이렇게 그의 믿음이 견고하게 된 데서 아브라함은 "하나님께 영광을[370] 돌렸다." 하나님의 말씀에 대한 아브라함의 믿음으로 충만한 응답에서, 그는 1:21의 우상 숭배자들이 실패한 것을 성취했다. 어떤 의미에서 바울은 이 문맥 구절들에서 아브라함의 신실함을 언급한다.[371] 그러나 문제의 핵심은 아브라함의 신실함으로 이끈

청과 창 18:12-15의 사라와의 유사점은 이러한 제안을 불가능하게 만든다. (2) 바울의 의견은 창 15장에서 기술된 상황에 국한되는 것으로 볼 수도 있다(Godet). 창 15:5에서 받은 약속이 18절에서 인용되어 바로 이 논의가 시작되는 것이기 때문이다. 이것이 보다 타당성이 있으며 아마 잘 맞는 것일 수 있다. 그러나 (3) 우리는 위에서 끌어낸 διακρίνω라는 단어의 의미를 강조하면서, 바울은 아브라함의 믿음에서 어느 정도는 의심이 있는 것을 부인하고 있는 것이 아니라(결국 그도 죄인이었으므로), 하나님의 약속을 향한 아브라함의 중심태도에 초점을 맞추고 있는 것이라고 말할 수도 있다.

367. 그리스어로는 ἐνεδυναμώθη. "견고하게 되었다"라는 번역이 이 단어를 순전히 수동태로 취급하여 "[하나님에 의해] 그가 힘을 얻었다"(Cranfield; Wilckens)로 하거나, 재귀적 의미를 갖는 중간태에 해당하는 것으로 보고 "그가 자기를 스스로 힘있게 했다"로(이는 Godet이 채택은 하지 않았지만 의사를 비치기는 했다) 번역하는 편보다 낫다.

368. 특히 τῇ πίστει가 원인이나 수단을 나타내는 여격이라면 특히 그렇다(BDF §196 [1]; Turner, 242; Käsemann) - "그는 믿음으로 인하여 또는 믿음을 통해 견고하게 되었다"; S-H를 보라.

369. 그렇다면 아마도 위치격(locative)(Longenecker) 또는 참조의 여격(dative)일 것이다(Murray; Cranfield; Jewett).

370. 그리스어로는 δούς. 이 분사는 부정과거이지만 수식하는 동사와 동시에 일어나는 동작을 묘사한다. 이것은 일부 문법이 제안하는 것보다 훨씬 더 자주 발생한다.

371. R. Hays, "'Have We Found Abraham,'" 97-98.

아브라함의 믿음이다.[372]

21 21절은 20절에서 시작된 문장이 계속된다. 20절에 나오는 표현인 "하나님께 영광을 돌리며"가 아브라함의 믿음이 견고해진 결과를 가리킨다면, "약속하신 그것을 또한 능히 이루실 줄을 확신하였으니"[373]는 이 "견고하게 된 믿음"이 의미하는 바를 되풀이하고 추가 기술한다. 하나님은 자신이 약속하신 것은 무엇이든지 완전하게 하실 수 있다는 아브라함의 확신은 그의 믿음을 실제적이고 가시적인 "사실"의 장애물을 극복할 수 있게 했다.

22 "그러므로"(디오)는 이 절이 선행 절들로부터 하나의 결과 또는 결론을 끌어낸다는 것을 가리킨다. 바울은 분명 이것을 그가 아브라함의 믿음을 묘사한 바로 앞 절들(18-21절)의 결론으로 본다. 그리고 이 절들이 창세기 17장에서와 그 이후에 나온 약속의 여러 측면을 포함하고 있는 만큼, 아브라함이 창세기 15:6에서 보인 믿음이 이 족장의 남은 생애에서 설명되고 예증된다는 유대교의 전승에 바울이 이 정도는 동의한다는 뜻일 것 같다. 그러나 이 절은 바로 앞 문단 이상의 결론을 내리는 역할을 할 수도 있다. 창세기 15:6을 마지막으로 언급하면서 바울은 3절 이후로 한결같은 시금석이었던 이 구절의 논의를 마무리 짓는다. 그래서 어떤 의미에서 바울의 "역사적" 해설이 끝났으므로, 이제는 그의 기독교인 독자들에게 돌아가 적용할 수 있는 것이다.

372. Schreiner.

373. 그리스어로는 *πληροφορηθείς*, 20절 끝에 나오는 *δούς*와 동격이 되는 분사다. *πληροφορέω*는 종종 *πληρόω*(채우다, 이루다; 눅 1:1; 딤후 4:5, 17을 보라)의 동의어이지만, 파피루스 문서에서는 상거래의 "완료"를 나타낼 수 있다(MM). 이러한 의미들로부터 이 단어는 "확실히 채우다", "충분히 설득되다"의 뉘앙스를 갖는다. 이것이 이곳과 롬 14:5과 골 4:12의 의미다.

iv. 아브라함의 믿음과 기독교인의 믿음 (4:23–25)

23 그에게 의로 여겨졌다 기록된 것은 아브라
함만 위한 것이 아니요
24 의로 여기심을 받을 우리도 위함이니 곧
예수 우리 주를 죽은 자 가운데서 살리신
이를 믿는 자니라
25 예수는 우리가 범죄한 것 때문에 내줌이
되고 또한 우리를 의롭다 하시기 위하여
살아나셨느니라

이 세 절은 18-22절과 관련되는 한편, 개별 문단으로 간주될 수도 있다. 왜냐하면, 이 절들이 3-22절의 전체 해설로부터 결론들을 도출하기 때문이다. 물론 바울은 창세기 15:6에 대한 광범위한 해설을 4장 전체를 통해 명시적인 그리고 암시적인 둘 모두의 방법으로 기독교인들에게 적용했다. 그러나 어디서도 이곳처럼 그 적용을 엄숙하게 그리고 분명하게 하고 있지는 않다.

23 창세기에 기록된 아브라함에 관한 내용이 기독교 신자와 관련이 있다는 23-24절에서 표현된 확신은 4장 전체의 암시적 전제였다. 23-24절과 22절은 서로 밀접하게 연결되어 있다 - "[18-21절에서 서술된 믿음이] 아브라함에게 의로 '여겨졌느니라'(22절)고 했지만, 이 의로 '여겨졌다' 기록된 것은 아브라함만 위한 것이 아니요(23절), … 우리도 위함이니 …." 구약의 모든 곳에서 기독교인에게 말하고 있다는 바울의 확신은 그의 신학과 설교의 근본이 되었다.[374] 하지만 어리석은 해석에 빠지는 일이 없도록 우리는 구약의 각 부분과 절들이 어떤 식으로 기독교인과 관련되는지를 분명히 알아야 한다. 창세기 15:6의 경우, 그 의미는 분명하고 직접적이다. 기독교인은 아브라함과 칭의의 - 믿음 - 동일한 기초를 공유하고, 그 믿음의 대상으로 동일한 하나님을 둔다. 바울은 23절에서는 창세기 15:6 로부터 "그에게 의로 여겨졌다"라는 말씀만을 인용하는데, 이는 아마 그 절을 속기로 언급하기 때문이거나, 아니면 아마 그 "여기는 것"의 의미를 바울이 줄곧 설명하려고 생각했기 때문일 것이다 - 그 "여겨지는" **믿음**(*faith*)이란 **행위 외의, 할례 외의, 율법 외의, 눈에 보이는 것 외의 믿음**(*apart from works, apart from circumcision, apart from the law, apart from sight*)이며, 따라서 이 "여기는 것"은 전적으로 은혜(*grace*)에

374. 또한 예를 들어, 롬 15:4와 고전 10:11을 보라.

속하는 문제다.

24 바울은 평행하는 두 개의 어절로 기독교인을 묘사하기로 선택하는데,[375] 각 절에서 아브라함과의 관계가 드러나게 한다. 첫째, 기독교인은 "의로 여기심을 받을"[376] 자들이다. 즉, 아브라함이 믿음으로 획득한 의를 종말론적 충만함 가운데서 경험하는 자들이다. 둘째, 기독교인은 "예수 우리 주를 죽은 자 가운데서 살리신 이를 믿는 자들"이다. 하나님을 예수를 죽은 자 가운데서 살리신 이로 지칭하는 것은 바울에게 전형적인 것이지만(8:11; 10:9; 고전 6:14; 15:15; 고후 4:14), 그가 하나님을 곧바로 기독교인의 믿음의 대상으로 지칭하는 것은 상당히 이례적이다. 그가 여기서 하는 것이 기독교인의 믿음을 가급적 아브라함의 믿음과 밀접하게 연관시키기 위해서임은 의심할 여지가 없다. 우리의 믿음은 본질적으로 아브라함의 믿음과 같은 것일 뿐만 아니라, 그 믿음의 대상은 궁극적으로 "죽은 자를 살리시는"(17b절) 동일한 하나님이다. 그리고 그 연결은 더욱더 밀접하다. 하나님에 대한 아브라함의 믿음은 "죽은 것 같음"이 있는 곳에서 기적적으로 생명이 창조되는 것과 관련된 것이었을 뿐만 아니라, 그를 통해 세상에 복을 주시겠다는 하나님의 약속이 이루어지는 것과 관련된 것이기도 했기 때문이다. 아브라함과 우리가 동시에 믿는 하나님은 약속의 하나님이다. 이 약속은 아브라함에게 먼저 주셨지만 결국엔 그리스도와 기독교인들 안에서 성취될 것이다. 따라서 구원의 역사를 써내려가며 약속의 구체적인 내용이 분명해짐에 따라 믿음의 궁극적인 대상은 언제나 동일했다.

25 24절의 마지막 몇 마디는 상당히 엄숙한 어조를 띠고 있는데, 이 어조가 25

375. 첫 번째 절은 ἡμᾶς("우리")에 걸리는 관계대명사(οἷς)로 시작되며, 두 번째 절은 οἷς와 (그리고/또는 ἡμᾶς 와) 동격이 되는 명사 상당의 분사(τοῖς πιστεύουσιν)를 쓴다.

376. 바울이 왜 여기서 μέλλει("…받을")이라는 단어를 쓰는지는 분명하지 않다. 그가 "여기심"을 칭의가 최종적으로 비준될 때의 미래의 판단으로 생각하고 있기 때문일지도 모른다(3:30; 예를 들어, Schlatter를 보라). 그러나 4:25과 5:1 이하에서 신자가 경험하는 현재 삶에서의 칭의 판결에 초점이 맞춰지고 있다는 것은 이 단어가 시간적 의미가 아니라 논리적 의미를 가지고 있음을 암시한다. 즉, "언제든 조건이 충족되면 동일한 의의 전가가 확실하게 일어난다"(Godet; 또한 Cranfield와 Wilckens도 보라). 바울은 우리의 칭의를 아브라함에게 주어진 약속의 견지에서 본다. 즉, 기독교인은 그에게 약속된 칭의를 궁극적으로 경험한 사람이다.

절에서도 이어진다. 이 절의 두 어절은 분명한 평행성을 띈다.

> 　　　예수는 우리가 범죄한 것 때문에[377] 내줌이 되고
> 또한　우리를 의롭다 하시기 위하여[378] 살아나셨느니라

대부분의 주석가들은 이 평행성이 바울 이전에 어떤 전승이 있었음을 드러내는 것이라 생각한다.[379] 사실이 그러할지도 모른다. 다만 그렇다고 해도 바울이 그 전승의 요소들을 그의 주석에 완전히 통합했다는 점을 지적해야만 한다. 그러나 전승에 의거하든 아니든 그 어투는 70인역의 이사야 53장과 유사하다, 그중에서도 특히 12절의 "그가 저희의 죄로 말미암아 내어 줌이 되었다"(개역개정에는 "범죄자 중 하나로 헤아림을 받았음이니라"로 되어 있다–옮긴이)와 유사하다.[380] 아마도 이사야서에서 그리고 확실히 바울의 경우(8:32)처럼 수동태로 되어 있는 "내줌이 되다"는 하나님이 암시적인 행위자로서 "신적 수동태"(divine passive)로 표현되는 경우다. 성부 하나님께서 직접 그의 아들을 죄로 가득한 사람들을 위해 내어주는 일을 주도하셨다는 것이다 (3:25: "예수를 하나님이 그의 피로써 믿음으로 말미암는 화목 제물로 세우셨으니").

이 공식의 두 번째 행인 "또한 우리를 의롭다 하시기 위하여 살아나셨느니라"[381] 역시 이사야 53장을 암시하고 있을지 모른다. 70인역의 11절이 (MT와는 상당히 다르게) 이 종을 "의인을 의롭게 할"[382] 자로 말하고 있기 때문이다(개역개정에서는 "많은

---

377. 그리스어로는 *παραπτώματα*. 바울은 *παραπτώμα*를 *ἁμαρτία*("죄")에 상당하는 말로 사용한다(엡 2:1을 보라).

378. 그리스어로는　*ὃς*　*παρεδόθη*　*διὰ*　*τὰ παραπτώματα ἡμῶν*
　καὶ　*ἠγέρθη*　*διὰ*　*τὴν δικαίωσιν ἡμῶν*.

379. 예를 들어, Wengst, Christologische Formeln, 101–3, 이 논의에 대해서는 Stuhlmacher, "Jesus' Resurrection," 55–56를 보라.

380. 여기에 해당하는 LXX 이사야서 그리스어는 *διὰ τὰς ἁμαρτίας αὐτῶν παρεδόθη*이다. Jeremias는 탈굼(아람어 구약성서) 사 53:5b "그가 상함은 우리의 죄악을 인함이라"(בַּעֲוָיָתַנָא אִתְמְסַר 바아바야타나 이트메사르)로부터 영향이 있을 수 있다고 제안한다(Zimmerli and Jeremias, Servant of God, 89).

381. 여기서 "칭의"의 뜻으로 쓰인 그리스어는 바울이 통상적으로 쓰는 *δικαιωσύνη*가 아니라 *δικαίωσις*다. 형태상으로는 *δικαίωσις*는 행위의 결과보다 그 과정에 더 중점을 둔다(BDAG). 그러나 여기서는 그러한 구분이 위태로운데, 그 이유는 바울이 전승을 인용하고 있을 것이기 때문이다.

382. LXX *δικαιῶσαι δίκαιον*. Feuillet, "Attaches bibliques," 332–33; Cranfield를 보라.

사람을 의롭게 하며"로 되어 있다-옮긴이). 그러나 그 암시가 확실한 것은 아니다. 70인역의 의미가 바울이 말하는 바와 같은 것이 아니기 때문이다. 두 번째 행에서 중요한 특징은 바울이 예수의 부활과 우리의 칭의 간의 연결을 제안한다는 데 있다. 바울은 "때문에"(대격과 함께 쓰이는 디아[*dia*])라는 일반적인 의미인 전치사를 쓰는데, 우리가 여기서 이 전치사에 이 의미를 부여한다면 바울은 우리의 칭의가 어떤 의미에서 예수의 부활을 위한 하나의 이유였다고 말하는 셈이 될 것이다. 슈라이너(Schreiner)는 이것을 "그의 부활이 우리의 칭의가 확보되었음을 인증하고 확인한다"[383]는 의미로 해석한다. 그러나 이 부분은 독자의 입장에서 어느 정도 감안하고 읽어야 한다. 따라서 우리는 아마도 이 전치사에 "필요로 하기 때문에", "…을 위해"라는 의미의 "때문에"를 "앞을 내다보는"(prospective) 참조로 지정해야 할 것이다. 즉, 그리스도는 우리의 칭의"를 위하여" 살아나셨다.[384] 따라서 이 전치사는 형식적으로 평행하지만 다른 의미를 가질 수 있다. 전자는 과거 회고적("때문에")인 의미이고 두 번째는 앞을 내다보는("…을 위해") 의미이다 (예를 들어, CEB; NLT를 보라). 그러나 또한 우리는 첫 번째 어절을 "그가 우리 죄를 (책임지기) 위하여 죽임당하셨다"(대부분의 번역에서 이런 의미다)을 취함으로써 엄밀한 평행성을 유지할 수 있다.[385] 이러한 의미가 선호될 수 있다고 본다.

마지막으로 이 공식에 내포된 신학적인 의미를 탐구할 필요가 있다. 특이하기 때문에 특히 놀라운 것은 그리스도의 부활과 우리의 칭의 사이에 이루어진 연관성이다. 분명 이것은 과대포장이기 쉬우며, 이 절을 두 행으로 나누는 것은 수사적인 효과를 위한 것일 뿐 공식 전체가 말하는 것은 예수의 죽음과 부활이 믿는 자

---

383. 그는 이러한 관점에 대해 M. Harris, *NIDNTT* 3.1184를 인용한다 (같은 저자, Prepositions, 81-82를 보라); 또한 Godet을 보라.

384. Murray. διά에 대한 미래적인 사용에 대해서는 마 24:22; 막 2:27; 요 11:42; 12:30; 고전 11:9을 보라. 또한 BDF §222; N. Turner, Syntax, 267-68; Harris, *Prepositions*, 81-82; A. Oepke, *TDNT* 2.69-70; Moule, *Idiom Book*, 55: "[대격이 수반되는 διά의] 가장 흔한 의미는 **때문에**(*because of*) 이지만(결과적 의미), …**을 위해**(*for the sake of*) 또는 …**에 대한 관점으로**(*with a view to*)라는 목적 또는 전망의 의미로 쓰이는 면도 찾아볼 수 있다"(현대 그리스어 διά는 관례적으로 목적을 나타내는 데 사용된다). 여기서의 칭의에 대한 관점은 미래일 수 있지만 (Witherington/Hyatt) 아마도 특별한 시간적 의미는 없을 가능성이 더 크다.

385. N. Turner, *Syntax*, 268; D. Stanley, *Christ's Resurrection*, 172 그리고 대부분의 주석가들. 바울은 그의 인용 출처인 사 53:12에서 διά를 사용하기 때문에 이 첫 번째 어절에서 διά를 사용했을 수 있다 (Jewett).

의 구원의 기초가 된다는 의미 그 이상도 그 이하도 아닐 것이다.[386] 이 판단이 어느 정도 맞다고 할 수 있는 것은, 바울이 그리스도의 죽음(첫째 행)과 우리의 칭의(둘째 행)를 분리하고 싶지 않을 것이 당연하다는 사실을 감안하면 분명하다. 그러나 수사학적 목적을 감안한다고 해도, 바울이 여기서 여전히 (아마도 5:10에서와 같이) 예수의 부활과 우리의 칭의 사이의 신학적 연결을 확언하고 있다고 주장해야만 한다. 예수의 죽음이 하나님의 의롭다 하시는 일이 진행되는 데 필요한 근거를 마련하듯이, 그의 부활은 그리스도를 신원하고 그를 죄의 영향으로부터 영원히 자유롭게 함으로써(6:10; 딤전 3:16) 그와 그의 부활에 참여하는 자들이(6:1-10) 그의 신원(또는 "칭의") 또한 참여할 수 있게 한다.[387]

386. McNeil, "Raised for Our Justification," 104-5; Kuss; Fitzmyer.

387. 특히 Gaffin, *Centrality of the Resurrection*, 특히 123을 보라. 또한 예를 들어, I. Marshall, *Aspects of the Atonement*, 68-97; Beale, *New Testament Biblical Theology*, 297, 490-97, 같은 저자; N. T. Wright, *Resurrection of the Son of God*, 248; Hooker, "Interchange and Atonement," 477-81; Wedderburn, *Death of Jesus*, 125-26을 보라. 이와 다른 제안에 대해서는 M. Barth와 V. Fletcher, *Acquittal by Resurrection*, 특히 90-96을 보라.

III. 복음이 주는 확신: 구원에 대한 소망 (5:1-8:39)

로마 교회에 보내는 이 편지에서 바울은 자신이 설립하지도 않았고 방문한 적도 없는 한 기독교 공동체를 상대로 그의 복음을 설명하고 변론하는데, 이는 그가 이 공동체를 지중해 서쪽 지역의 복음화 사역을 지원하도록 요청하길 바라기 때문이다. 이 목적을 달성하기 위해 바울은 세심하고 논리적인 구성으로 "소논문" 형식의 편지를 쓴다. "복음을 위하여 택정함을 입은" 자로 자기 소개를 하고난 후에 "좋은 소식"을 로마에 전할 자신의 계획을 밝힌다(1:1-15), 바울은 자신이 복음을 위해 헌신하는 것은 이 복음이 "구원을 주시는 하나님의 능력"이 되기 때문이라고 주장한다(1:16). 그러면 왜 복음에 그런 능력이 있는가? 그것은 복음에는 하나님의 의롭다 하시는 행위가 나타나기 때문이라고 - 그리고 그 행위에 믿음으로 응답하는 자는 누구나 하나님 앞에서 "의롭게" 되기 때문이라고 - 바울은 설명한다(1:17). 바울의 복음에서 아주 기본적인 이 "이신칭의"의 가르침이 이 편지의 첫 대단원(1:18-4:25)의 주제다. 하나님이 왜 의롭다 하시는 새로운 행위를 보여주셨는지, 그리고 왜 그것은 믿음으로만 경험될 수 있는지를 설명하기 위해 바울은 모든 사람이 하나님께 대항하여 반역했으며, 그 결과 죄의 권세 아래 놓여 하나님의 공정하신 심판을 피할 어떤 일도 스스로 할 수 없는 무능한 자가 되었다는 것을 밝힌다(1:18-3:20). 그러나 바울은 1:17에서 더 나아가 하나님이 그의 아들을 희생제물로 삼음으로써 그 아들이 사람들을 이 곤경으로부터 구원할 수 있게 되었으며, 그것도 하나님 자신의 거룩한 정의가 훼손됨이 없이 구원할 수 있게 되었는지에 대한 두 가지 모두를 설명한다(3:21-26). 그럼에도 바울은 여기서도 하나님과의 이 새로운 관계는 오직 믿는 자에게만 주어진다는 것을 다시 강조한다. 이 믿음은 행위에 의해서도 할례에 의해서도 또는 율법에 의해서도 결코 획득할 수 없다(3:27-4:25). 그러나 이러한 마지막 부정의 말에서 드러나듯이, 복음에 대한 바울의 설명은 유대인의 관점을 끊임없이 언급한다. 1:18-4:25의 양쪽 대단원 모두에서, 바울은 하나님의 의가 나타남으로써 유대인과 이방인 사이의 구분이 어떻게 사라지는지를 밝힌다. 즉, 유대인도 이방인과 마찬가지로 죄의 권세 아래 있으며(3:9), 유대인도 이방인과 마찬가지로 믿음으로만 의롭다 하심을 얻을 수 있다(3:28-30)는 것이다.

그렇다면 로마서 5장은 바울의 논증을 어떻게 이어가는가? 바울이 칭의를 계속해서 언급하고(5:1, 9, 16-19, 21), 6:1에 가서야 그리스도인의 삶에 관한 수사적인 질문으로 칭의에 대한 논증을 중단하는 만큼, 이 5장은 1:18-4:25과 밀접하게 연결될 수 있고, 6-8장과는 함께 이 편지의 두 번째 대단원을 구성하는 것으로 볼 수 있다.[1] 이것이 로마서를 개괄하는 매우 유명한 방법이었으며, 1:18-5:21과 6-8장은 각각 "칭의"와 "성화"를 기술하는 것으로 흔히 간주되었다.[2] 이 사안을 보는 또 하나의 방법은 5장의 중간에 주요 전환점을 두어, 1:18-5:11은 죄와 칭의 사이의 대조가 지배하고, 5:12-8:39은 생명과 사망의 대조가 지배하는 것으로 보는 방법이다.[3] 그렇게 되면 각 단원은 죄에 관한 서론부(1:18-3:20; 5:12-21)와 소망에 관한 결론부(5:1-11; 8:18-39)를 갖는 유사한 기반을 갖게 된다.[4] 또 다른 학자들은 이 5장은 과도적이라고 주장하며, 이것을 앞의 단원에 붙이는 것도 또 그렇다고 뒤의 단원에 붙이는 것도 삼간다.[5] 그러나 이 단원의 표제가 암시하듯이, 나는 전환점을 4장과 5장 사이에 두는 것이 낫다고 생각한다. 확실히 이 전체 질문은 신중히 대할 필요가 있다. 이 편지에 바울이 결코 의도하지 않았을 수 있는 논리적이고 교리적

1. 이런 구성을 주장하는 최근의 가장 좋은 예는 Wilckens(1.286-87)와 Dunn(1.242-44; 그는 5장을 "연결하는" 장으로도 이야기 한다; 또한 그의 "Paul's Epistle," 2856-57도 보라)의 글에서 볼 수 있다. 또한 Godet, 59, 231; Murray, 1.211-12; Ridderbos, 104-5, 124; Kuss, 1.199; Morris, 217; Haacker, 112; Wolter, 69-70, 319; Schnabel, 500-501; T. Hoppe, *Idee der Heilsgeschichte*, 78-79; Wolter(69-70)는 5장을 3:21-4:25과 연결한다; 또한 같은 저자, *Rechtfertigung*, 214-16을 보라.

2. 예를 들어, Godet; Lagrange.

3. 멜랑히톤은 5:12에 대해 "여기서부터, 말하자면 새로운 책이 시작된다"(pp. 131-32)고 평하는 것을 보라. 또한 Feuillet, "Regne de la mort," 481-521; Lombard, "Adam-Christ 'Typology,'" 83을 보라.

4. Leenhardt, 131; 또한 F. Hahn, "Gesetzverstandnis," 43을 보라.

5. Black, 81; E. P. Sanders, *Paul and Palestinian Judaism*, 486-87; Kaye, *Thought Structure*, 1-13; P. McDonald("Romans 5.1-11," 81-96)는 5:1-11을 연결 단락으로 본다. 여기에서 바울은 그의 독자들과의 동일성을 주장한다. Porter는 '화해'가 이 장의 초점이라고 생각한다, 그리고 이 화해를 로마서의 절정으로 본다(112-13; 또한 L. Johnson, 83을 보라).

인 것을 지향하는 개요를 가미하는 우를 범하지 않도록 말이다. 결국 바울은 편지를 쓰고 있는 것이지 조직신학을 전개하고 있는 것이 아니다.[6] 그럼에도 불구하고, 지나친 조직화와 각 단원들 사이의 장벽 설정으로 바울이 하는 논증의 연속성이 상실되는 일이 없도록 주의는 해야 하겠지만,[7] 바울은 **지금**(is) 주장을 하고 있고 그것도 **신학적으로**(*theologically*) 주장하고 있다. 따라서 그 논증에서 전환을 찾는 것은 아주 적절한 일이다. 4장과 5장 사이를 딱 잘라 구분해서는 안 되겠지만, 바울의 논증의 진행은 이 시점에서 화제의 전환을 보이고 있다.[8]

바울이 5:1에서 편지의 전환을 꾀하고 있음을 알려 주는 논거는 크게 다섯 가지가 있다. 첫째, "우리가 믿음으로 의롭다 하심을 얻었은즉"이라는 이 장의 시작 절은 1:18-4:25의 논증을 요약하면서 그것을 기반으로 할 새로운 주제를 위한 길을 예비한다. 둘째, 5:1에서 문체의 변화가 두드러진다. 시작 부분인 1:18-4:25에서는 그 어조가 논쟁적이다. 바울은 때로는 그의 논쟁 상대를 2인칭 단수로 직접 부르면서 (주로) 유대인의 관점에 대해 노골적으로 논쟁한다(*arguing*). 그러나 5:1에서 바울이 동료 기독교인들을 보다 더 "신앙고백적인" 문체로 포함하면서 1인칭 복수가 지배하기 시작한다. 즉, "**우리가**(*we*) 화평을 누린다", "들어감", "**우리가**(*we*) 즐거워 하느니라", "그리스도께서 **우리를**(*us*) 위하여 죽으심으로", "이제 **우리가**(*we*) 의롭다 하심을 얻었은즉", "이제 **우리로**(*we*) 화목을 얻게 하신" 등이다. 반면, (이 인용구들이 속해 있는) 5:1-11에서만큼 밀집되어 있지는 않아도 이러한 문체가 5-8장의 도처에서 거듭나온다.[9] 세 번째 증거는 5:1에서 초점 이동이 나타난다는 특정한 핵심 단어들이 1:18-4:25에 비해 5-8장에서 상대적으로 빈번하다는 점이다. 특별히 두드러지는 것이 "믿음"과 "믿는다"가 1:18-4:25에서 33번

---

6. 특히, Beker, *Paul the Apostle*, 66-69의 경고를 보라.
7. 우리는 여기서 특별히 슈바이처가 롬 1-8을 두 "분화구"로 엄격히 구분하고, 하나는 칭의에 초점을 맞추고(1-5장), 다른 하나는 "주요" 분화구인 "신비주의"에 초점을 맞추고 있다(*Mysticism*, 225-26의 여러 곳)는 주장을 염두에 두고 말하는 것이다.
8. 이 구분은 Bengel, 61이 옹호했으며, 최근들어 수많은 학자들이 이것을 옹호한다. 특히 Nygren, 187-89; Cranfield, 1.252-54; Longenecker, 539-43; Beker, *Paul the Apostle*, 83-86; Rolland, "'Il est notre justice,'" 394-404을 보라.
9. 바울은 롬 1-4장에서 1인칭 복수 동사를 13번 쓰는데, 주로 편집자의 입장이나 문체상의 장치로서 쓴다. 하지만 롬 5:8에서는 1인칭 복수 동사가 48번이나 사용된다. 이 점에 관해서는 특히 Beker, *Paul the Apostle*, 78을 보라.

나오는 데 비해 5-8장에서는 3번밖에 나오지 않는다는 점이다(그중에서도 나중 두 번은 1:18-4:25의 논증으로 다시 돌아간다). 반면에 첫 단원에서는 두 번 밖에 쓰이지 않는 "생명"과 "살다"가 5-8장에서는 24번 나온다. 유사하게, 1:18-4:25에 네 번 나오는 "죄"(하마르티아)라는 단어는 (바울서신에 나오는 총 64회 중) 5-8장에서 42번 발견된다. 그리고 "죽음"/"죽다"/"사망에 이르다"는 1-4장에서 한 번 발견되었지만 5-8장에서 41번 발견된다. "의"를 지칭하는 단어들은 1:18-4:25에 26번, 5-8장에 18번으로 그다지 뚜렷한 대조가 나타나지 않는다. 그러나 보다 세밀히 분석하면 의미심장한 차이가 드러난다. 앞 단원에서는 이 단어들의 대부분이 죄인이 믿음으로 말미암아 얻은 신분으로서의 칭의에 초점이 맞추어지는 반면, 5-8장에서는 믿음과의 연결성은 미미하고 단어들이 영생의 수단이 되는 의의 신분을 가리키거나(5:12-21), 그리스도인의 의무에 대한 묘사로써 보다 더 윤리적인 함의를 갖는다(6:15-23). 통계는 누구든 자기가 원하는 것을 증명하는 방향으로 이용되지만(또는 남용되지만!), 여기서 언급한 수치들은 바울의 논증 가운데 핵심 단어에 관한 것인 만큼 두드러진 초점의 이동을 가리키는 것으로 보아도 무방할 것이다.[10] 넷째, 바울에게 있어서 항상 중요한 구약의 방식에서 변화가 있는 것인데 이것은 그의 논증으로 짜여진다. 우리가 앞으로 보게 되듯이 5-8장은 구약 전체를 그리고 그의 논증에 중요한 방식으로 구약을 암시한다. 그러나 바울은 자신의 논증에서 명시적인 인용문을 사용하는 정도가 크게 감소한다. 로마서 1-4장에서 구약을 12-14번 명시적으로 인용하는 반면(하지만 인용과 반복이 뒤섞여 정확한 셈이 어렵다), 5-8장에는 단지 두개의 인용만 있다. 그것은 7:7에서 출애굽기 20:17/신명기 5:21의 인용과 8:36에서 시편 44:22의 인용이다.[11]

다섯 째, 앞의 단원보다 뒤의 단원과 더 밀접하게 연결하는 데 대한 가장 중요한 논증은 5장을 선행 장들보다 이어지는 장들과 더 가깝게 연결하자는 주장이 바울이 로마서의 이 부분에서 가르치고 있는 내용을 다른 어떤 대안보다 더 설득력 있게 읽을 수 있다는 것이다. 몇몇 학자들이 주목한 바와 같이, 5:1-11에서

10. 단어의 빈도수를 이용한 논증은 Nygren, 187-89에서 쓰였으며, Feuillet ("citation d'Habacuc," 55-56)는 이를 비판했다.

11. 특히, Longenecker, 541-43을 보라.

발견된 핵심 단어들은 8:18-39에서 다시 반복된다. 이에 대해서는 다음과 같다.

(하나님/그리스도의)	5:1-11	5:12-8:16	8:18-39
"사랑"	5:5, 8	—	8:35, 39
"의롭다 하다"	5:1, 9	6:7	8:30(두 번), 33
"영광"	5:2	6:4	8:18, 21, 30("영화롭게 하다")
"화평"	5:1	8:6	—
"소망"	5:2, 4, 5	—	8:20, 24(네 번), 25
"환난"	5:3(두 번)	—	8:35
"구원"	5:9, 10	—	8:24
"인내"	5:3, 4	—	8:25

5:1-11과 8:18-39 두 단락 모두는 환난과 고난의 위협을 당할지라도 하나님의 사랑과 그리스도의 역사와 성령의 사역이 있기 때문에, 기독교인의 최종 구원에 대한 확실성을 확언한다.[12] 이 주제, 즉 "하나님의 영광에 참여할 것에 대한 소망"(5:2과 8:18, 30을 보라)이 5-8장의 전체를 하나로 묶는다. 그러므로 영광의 확신이 로마서의 이 두 번째 대단원에서 대단히 중요한 주제가 된다.[13] 칭의에 대한 판결은 유대인이 심판의 날로 미루어 놓은 것인데, 바울은 그 판결이 예수를 믿는 사람에게는 이미 내려졌다고 선포한다. 그러나 사람의 감각에는 "감추어진" 이 판결이 심판 때 쏟아질 하나님의 진노로부터 구원받을 것을 보증할 수 있는가? 바울은 그렇다고 확언한다. 어떤 것도 그 구원을 방해할 수 없다. 죽음도(5:12-21), 죄도(6장), 율법도(7장), 그 어떤 것도(8장) 방해할 수 없다! 하나님은 우리를 의롭다 하시고 화목하게 하심으로 시작하신 일을 승리로 결론지을 것이며, 우리를 진노로부터 구원하실 것이다.[14]

12. 특히, Dahl, *Studies in Paul*, 82-91을 보라. 이와 반대 의견으로는 Wilckens(1.287)와 Wolter, (Rechtfertigung, 209-10)를 보라. 그 평행성은 극히 피상적인 언어적 표현보다 훨씬 더 많다.

13. 강조 부분에 차이는 있지만, 다른 무엇보다 더 중요한 이 주제는 Bultmann, "Romans 7," 173-85; Dodd, 71; Viard, 124-25; Lloyd-Jones, 2-4; Wright; Byrne; 같은 저자, "Living Out," 557-58; Lindars, "Paul and the Law," 130, 140도 강조하는 바다.

14. Wright는 내러티브 순서가 이 장들의 기초가 되며 어느 정도는 주제에 대한 순서를 설명한다고 주장한다. 바울은 새 출애굽의 이야기를 말하고 있는 것이며, 이 이야기는 아담과 그의 영광으로부터

8:18-39과 5:1-11이 하나의 공통 주제를 가지고 있듯이, 8:1-17은 5:12-21과 공통점이 많다(8장의 도입부를 보라). 그리고 이 단락들 사이에 6:1-7:25이 끼어들어가 있다. 여기서 바울은 기독교인이 이 세상을 살아가면서 처하는 상황에 초점을 맞춘다. 그것은 어느 정도의 긴장과 갈등으로 이루어지는 상황인데, 이는 우리가 칭의를 통해 하나님의 나라라는 새 영역으로 넘겨지는 동안 이제는 더 이상 속하지 않는 옛 영역의 힘이 여전히 우리에게 영향을 미치기 때문에 생기는 상황이다. 범죄로 이끄는 유혹들, 죄로 얼룩진 세상의 일부인 고난들 그리고 몸의 죽음이라는 최후의 원수와 맞닥뜨려야만 한다. 그러나 바울은 영적인 삶의 시작(칭의)과 끝(영화)을 제공해 주신 하나님께서 그 "사이" 기간도 제공해 주신다고 선포한다. 그리스도와 연합하여, 우리는 죄의 압제(6장)와 율법의 압제(7장)로부터 구원받았다는 것이다. 복잡하게 얽힌 단원을 지나치게 단순화하여 다른 많은 중요한 연결 사항들을 눈에 띄지 않게 만드는 위험은 있지만, 우리는 5-8장의 **주요 발전**(*main development*)을 "환(ring)구조" 또는 교차대칭법(chiasm)으로 볼 수 있다.

A. 5:1-11 - 미래의 영광에 대한 확신
　B. 5:12-21 - 그리스도의 역사(work) 안에서 갖는 이 확신의 근거
　　C. 6:1-23 - 죄의 문제
　　C′. 7:1-25 - 율법의 문제
　B′. 8:1-17 - 성령이 중보하는 그리스도의 역사 안에서 갖는 이 확신의 근거
A′. 8:18-39 - 미래의 영광에 대한 확신

그렇다면 어떤 의미에서 6:1-7:25은 이 단원의 주요점에 삽입된 것이라고 할 수 있다.[15] 그러나 이 중앙 부분과 5장 및 8장 사이에는 많은 접촉점이 있으며, 거

의 타락이라는 부정적인 이야기에 그 뿌리를 두고 있으며(5:12-21) 그러고 나서는 이집트에서 구출되는 단계를 거치는 또는 세례 문맥(6장), 율법의 수여(7장), 그리고 약속된 땅에서의 궁극적인 구원(8장)을 거친다. 또한 약간의 차이점은 있지만 Thielman, "Story of Israel," 169-95을 보라. 바울은 이 장들에서 이스라엘 역사의 많은 주요 사건들을 암시하지만, 이 역사가 이 장들의 발전을 이끌었다고 제안할 만큼 충분히 설득력 있는 암시를 제공하지 않는다. Witherington/Hyatt, 92-93의 짧지만 적절한 비판을 보라.

15. Dahl, *Studies in Paul*, 82-91; Byrne, "Living Out," 562-63; Jeremias, "Zur Gedankenfuhrung,"

기서 다루어지는 주제들은 거의 우연이 아니다.[16]

로마서를 이해하는 것만큼이나 중요한 1-4장과 5-8장의 관계는 바울의 신학 전반을 이해하는 데에도 중요하다. 우리가 다른 곳에서 언급했듯이, 로마서의 이 두 부분에서 복음에 대한 두 가지 다소 다른 개념의 증거를 찾는 것이 대중적이다.[17] 하나 (1-4장)는 법정적 범주("의롭게 하다")가 지배적이다. 즉, 그리스도께서 우리를 **위해**(*for*) 죽으시기 때문에 기독교인들은 유익을 얻는다. 다른 하나 (5-8장)는 참여적 범주가 지배적이다. 즉, 우리가 그리스도와 **함께**(*with*) 죽었기 때문에 기독교인들은 유익을 얻는다. 법정적인 초점이 종교 개혁과 그로부터 생겨난 전통에서 지배적이었다면, 최근의 바울 연구에서는 참여적인 초점이 먼저 언급된다.[18] 복음의 법정적 모델은 바울이 그의 복음에 대한 유대인의 공격에 대응하기 위해 발전시킨 자신의 신학의 "2차 순서"층으로 사용했다고 여겨진다.[19] 바울의 다양한 신학적 강조점을 가장 잘 통합할 수 있는 것은 참여적 모델이며, 따라서 복음에 대한 바울의 보다 더 근본적인 생각을 나타낸다. 확실한 초점의 이동은 4장에서 5장으로 옮겨감에 따라 명확해진다. 그러나 위에서 언급했듯이 이 새로운 부분에서 법정적 이미지가 삭제되지는 않는다. 이것은 마치 바울이 법정적인 것을 참여적인 것으로 대체한다는 생각과는 다른 것이다. 오히려, 이어지는 설명에서 보여주듯이, 바울은 1-4장에서 그의 법정적인 초점을 확대하고 확장하여 하나님 앞에 바로 선 우리라는 의미를 끌어내고 우리의 새로운 관계의 풍성함을 연결하

270; Schnackenburg, "Adam-Christus-Typologie," 39-41.

16. Käsemann, 159; Kaye, *Thought Structure*, 14-20; Barrett; De Lorenzi, ed., *Battesimo e Giustizia*, 56에서의 논의.

17. 40, 142쪽을 보라.

18. 특히, E. P. Sanders, *Paul and Palestinian Judaism*, 특히, 502-8; Gorman, *Inhabiting the Cruciform God*; D. Campbell, *Quest for Paul's Gospel*, 22-55; 같은 저자, *Deliverance of God*, 62-95, 183-95; Donaldson, "The Juridical," 233-40.

19. Schweizer, *Mysticism;* Wrede, *Paul*. Longenecker는 보다 온건한 형태의 관점을 제안한다 (그의 주장은 부분적으로 R. Martin [*Reconciliation*, 153; 또한 G. P. Anderson, *Paul's New Persepective*, 314-16을 보라]). 우리가 보았듯이, 그는 1-4장에서 바울이 로마 기독교인들과 공유하는 유대인 지향적인 형태의 복음을 반복한다고 생각한다. 5-8장에서 바울은 "그의 복음", "그의 이방 선교에서 이교도 이방인들에게 기독교 복음을 상황화하여 선포한 것"(pp. 538, 573, 여러 군데)을 개괄한다. 그는 바울의 복음에서 1-4장의 법정적인 논증을 제거하지 않았지만 5-8장의 참여적인 논증이 "신학적으로 더 중요하고 개인적으로 더 설득력이 있으며 윤리적으로 삶을 더 많이 변화시킨다"(764)고 주장한다.

는 다른 방법을 포함하기 위해 그의 관점을 넓힌다. 내가 이미 주장한 것처럼, 법정적 모델인 "이신칭의"를 로마서의 중심에 두지 않는다(1:17 이후의 부설을 보라), 물론 이것을 바울 신학의 중심에도 더더욱 두지 않는다. 그러나 이 법정적 모델은 바울의 복음에서 없어서는 안될 중요한 부분이다. 이 법정적 모델이 참여적인 모델에 반대되는 개념이 아니라는 것이 중요하다. 또한 참여적인 모델과 법정적 모델을 통합하거나 동일시하려고 하여 법정적 요소만이 가진 특성을 약화시켜서도 안 된다.[20] 두 모델 모두 바울의 신학에서 중요한 위치를 차지하고 있으며 또한 특별한 기여를 한다.

또한 1-4장에서 바울이 전개하는 논증의 근저를 이루는 유대인-이방인 관계에 대한 관심 그리고 그와 관련된 모세 율법과 관련된 주제가 결코 끊어지지 않는다는 점을 보는 것도 중요하다. 그리스도 안에서의 삶에 대한 바울의 묘사 가운데 그는 율법에 관한 언급을 계속 끼워넣다가(5:13-14, 20; 6:14-15), 7장에서 한 장 길이의 논의로 절정을 이루고는 8장으로 끝을 이어간다(1-4, 7, 15절). 바울이 로마서에서 자신의 가르침을 타결하는 것과 관련하여 집중하느라 더 큰 신학 문제에서 시선을 놓치는 실수를 하지 않는다. 실로 바울이 이 모티프에 기여하는 주된 방법은, 유대인들이 율법으로 말미암아 자신들의 것이라고 생각한 특권과 축복들 가운데 얼마나 많은 것이 그리스도 안에 존재하는 새로운 언약 공동체로 이전되었는지를 증명하는 것으로 보여 준다.[21]

바울은 이 장 전체에 걸쳐 신자의 상황을 개념화하기 위해 통치하는 또는 다스리는 은유를 사용한다. 5:12-21에서 바울은 폭넓고 비인칭의 언어로 두 "영역"을 그린다. 이 두 영역은 아담이 세운 죄와 죽음 그리고 그리스도께서 세우신 의와 생명이다. 모든 사람들은 의와 생명의 영역 또는 죄와 죽음의 영역 중 하나에 속한다 왜냐하면 하나님께서는 사람들이 한 영역에 속함으로 그 영역이 세워지는 일

20. 예를 들어, Gorman이 이와 같은 경향을 갖는다(*Inhabiting the Cruciform God*, 43-45). 일례로, 그는 롬 5-8장을 "칭의의 **의미**(*meaning*)에 대한 논의"라고 기술한다(75, 강조는 Gorman의 것임). 이에 대한 반응으로는 N. T. Wright, *Paul and the Faithfulness of God*, 2.913-14, 956-59를 보라.

21. 특히, N. T. Wright, "Messiah and People of God," 여러 군데, 그리고 Dunn, 1.242-43에서 이와 같은 강조를 한다.

에 참여하는 것으로 보시기 때문이다. 즉, 이는 아담의 죄와 그리스도의 "순종"(12, 18~19절)으로 영역이 세워진다. 구원의 역사에 있어서 그리스도의 영역은 아담의 영역 이후에 설립되었기 때문에 우리는 또한 시간적 범주로 말할 수도 있고 아담의 영역을 "옛 시대" 또는 "옛 에온"이라고 부를 수 있으며 그리스도의 영역을 "새 시대" 또는 "새 에온"이라고 부를 수 있다. 이 개념은 바울이 로마서 6, 7, 8장에서 앞으로 전개할 전체적인 개념의 기본 전제가 된다(서론의 "주제" 단원 참조).[22] 바울은 이제 신자들이 한 영역에서 다른 영역으로 옮겨진다는 것을 선언하고 이 이동이 어떻게 죄(6장)와 율법(7장)에 대한 새로운 관계를 만들어 내는지 보여줌으로써 이 "두 영역" 또는 "두 시대"를 개인화한다. 우리는 이것을 "영역"이라는 단어로 사용하는데, 이는 아담에서 그리스도로, 옛 시대에서 새 시대로의 전환이 특히 영역에서 주인의 변화를 포함한다는 강조를 잘 포착하기 때문이다. 특별히 이 강조를 드러내는 것은 바울이 이 장들에서 "죄"(하마르티아)와 "사망"/"죽음"이라는 단어를 사용하는 것을 통해 알 수 있다. 위에서 주목해 보았듯이 "죄"는 이 단락에서 매우 빈번하게 사용된다(42회). 이와 동일하게 놀라운 것은 사용되는 단어 중 하나를 제외하고는 모두 단수형이라는 것이다. 바울은 죄를 다음과 같이 의인화한다. 죄가 세상에 "들어왔다"(5:12), 죄가 인간을 "속인다"(7:11), 죄가 마치 노예를 다스리는 주인처럼(6:16, 17, 6:16, 17, 18, 20, 22; 7:14), 옛 영역에서 "지배한다" (5:21). 이 옛 영역에서 죄는 죽음을 "생산한다"(7:8, 11)—새 영역에 있는 자들에게는 더이상 주장하지 못하는 통치이다(6:12, 14).[23] 우리는 바울이 "죄"를 일종의 개인적인 능력으로 보고 있다고 이 언어로부터 결론내려서는 안된다. 바울은 죄를 개인화(*personalize*)하는 것이 아니라 인간의 지속적인 죄지음을 보면서 이 죄를 인간을 통제하는 힘으로써 의인화(*personifies*)하는 것이다.[24] "죽음"은 자주 의인화되지는

22. Wright(533)는 로마서 6장의 주요 쟁점이 "기독교인들은 5:12-21의 지도에서 어디에 살고 있는 것인가?"라고 강조하면서 비슷한 점을 지적한다.

23. 예를 들어, Käsemann, 159; Osten-Sacken, *Römer 8*, 174-75를 보라.

24. 죄를 "권세"로 개인화하는 것은 현대 바울 해석의 한 흐름(소위 묵시적 바울 관점)의 전형이다. 예를 들어, 로마서에서 바울이 죄를 "우주적인 테러리스트"(*Our Mother*, 130; 125-36을 보라)로 제시한다고 주장하는 Gaventa의 의견을 보라. Holland는 여기에서 죄를 사탄으로 본다(216). 죄에 대한 바울의 의인화에 대한 더 나은 이해는 Dodson(*"Powers" of Personification*, 123-36)과 Röhser("Paulus und die Herrschaft," 84-110)에 의해 전개된다. Wasserman은 바울이 이 장들에서 죄에 대한 묘사, 특히 7장에서 "열정"에 대한 헬레니즘적 개념에 의존할 수 있다고 생각한다

않지만 "왕 노릇하다"(5:14, 17; 6:9 참조)라고 말하기도 한다. 따라서 바울은 기독교인을 죄와 사망의 "왕 노릇"에서 의와 생명으로 옮겨간 사람으로 제시한다(5:21). 죄의 종노릇 또는 죄의 "주장"에서 의와 하나님의 것으로(6:6, 14, 17-22); 법 "아래"에 있는 존재에서 은혜 "아래"(6:14, 15)에 있는 존재로; "율법 조문의 묵은 것으로" 섬기는 것에서 "영의 새로운 것으로" 섬기는 것으로(7:6); 죄와 사망의 "법" 또는 "강하는 능력"에서 생명의 성령의 법으로(8:2) 옮겨졌다.

그러므로 5-8장에서 바울은 그리스도인들에게 복음이 주는 것에 대해 감사하며 즐거움으로 참여하자고 초대하는 것이다 - 이 복음은 이 세상에서 하나님을 섬기도록 주어진 새로운 삶과 장차 임할 삶을 위한 확실한 영광스러운 소망이다. 동시에 바울은 그의 복음에 대한 변론을 계속한다. 그의 반대자들은 (아마 주로 유대인일 텐데) 그의 메시지가 법정적 허구(legal fiction) - 증명될 수도 없고 어떤 변화도 일으키지 않는 관계의 "선언" - 라고 선언함으로써 공격했고, 변화에 대한 요구를 하지 않았다! - 이것은 이 세상에서 그리고 심판의 날을 위한 어떤 보증도 제공하지 않는다. 그러나 바울은 결코 그렇지 않다고 확언한다. 하나님의 의롭다 하시는 행위로써 복음을 경험한 사람(1:17 참조)은 그 복음이 진실로 "구원을 주시는 하나님의 능력"(1:16 참조) 임을 - 기독교인으로 하여금 이 세상에서 헌신적인 봉사를 하게하고 내세에서 악과 심판의 모든 세력으로부터 구원하는 능력임을 - 확신하게 된다는 것이다.[25]

(*Death of the Soul*, 81-89).

25. 여러 학자가 1:17은 1:18-4:25의 주제이며 1:16은 5-8장의 주제라는 제안한다(1:16-17에 대한 각주를 보라). 이 연결을 지나치게 강조하지 않도록 조심할 필요가 있다. Luz가 지적하듯이("Zum Aufbau," 161-81), 언어학적인 연결 고리를 거의 찾아볼 수 없기 때문이다.

A. 영광의 소망(5:1–21)

1. 칭의에서 구원까지(5:1–11)

1 그러므로 우리가 믿음으로 의롭다 하심을 받았으니 우리 주 예수 그리스도로 말미암아 하나님과 화평을 누리자[26]

2 또한 그로 말미암아 우리가 믿음으로[27] 서 있는 이 은혜에 들어감을 얻었으며 하나님의 영광을 바라고 즐거워하느니라

3 다만 이뿐 아니라 우리가 환난 중에도 즐거워하나니 이는 환난은 인내를,

4 인내는 연단을, 연단은 소망을 이루는 줄 앎이로다

5 소망이 우리를 부끄럽게 하지 아니함은 우리에게 주신 성령으로 말미암아 하나님의 사랑이 우리 마음에 부은 바 됨이니

6 우리가 아직 연약할 때에 기약대로[28] 그리스도께서 경건하지 않은 자를 위하여 죽으셨도다

7 의인을 위하여 죽는 자가 쉽지 않고 선인을 위하여 용감히 죽는 자가 혹 있거니와

8 우리가 아직 죄인 되었을 때에 그리스도께서 우리를 위하여 죽으심으로 하나님께서 우리에 대한 자기의 사랑을 확증하셨느니라

9 그러면 이제 우리가 그의 피로 말미암아 의롭다 하심을 받았으니 더욱 그로 말미암아 진노하심에서 구원을 받을 것이니

10 곧 우리가 원수 되었을 때에 그의 아들의 죽으심으로 말미암아 하나님과 화목하게 되었은즉 화목하게 된 자로서는 더욱 그의 살아나심으로 말미암아 구원을 받을 것이니라

11 그뿐 아니라 이제 우리로 화목하게 하신 우리 주 예수 그리스도로 말미암아 하나님 안에서 또한 즐거워하느니라

---

26. 있을 법한 성경 모음 혼동(itacism)의 한 예에서(itacism이란 초기의 필사자들이 본문 낭독을 들을 때 비슷하게 발음되는 모음을 혼동하는 것을 말한다[이에 관해서는 Moir, "Orthography and Theology," 179-83을 보라]), 사본 전승은 직설법의 ἔχομεν("우리가 누린다")이 맞다는 증거로도 이용되고, (아마도) 권고의 뜻을 나타낼 가정법의 ἔχωμεν("우리가 누리자")이 맞다는 증거로도 이용된다. 가정법 형태가 외적인 증거 능력은 더 크다. 그것이 아마 가장 중요한 알렉산드리아 언셜체 사본인 ℵ와 B의 원래 독법일 것이며(초기의 수정들이 이것을 불분명하게 한다), 제2알렉산드리아 사본 A, C, 33과 81, 서방 언셜체 D, 그리고 다수파 텍스트 일부의 원래 독법이기도 할 것이기 때문이다. 이 독법을 대다수의 그리스 교부들이 채택했으며, 그들은 그 권고를 더 이상 죄를 짓지 말라는 명령으로 해석했다 (Schelkle, *Paulus, Lehrer der Väter*와 예를 들어, Chrysostom을 보라). 외적 증거와 필사 경향(가정법으로부터 직설법으로 바뀐다는 설명이 그 반대의 경우보다 쉬운 설명이다)을 종합해 볼 때 이 독법이 아주 크게 부각되며, 현대의 많은 주석가들이 이 독법을 채택한다(Kuss; Murray; Jewett; Hultgren; Porter; Longenecker; 또한 Tobin, *Paul's Rhetoric*, 158-60; W. Campbell, "'Let Us Maintain Peace,'" 181-82를 보라). 그리고 그것은 보통 "하나님과 더불어 화평을 누리자" 또는 "계속 평안하라"는 권고로 설명된다 (NEB를 보라. REB는 그 방향을 바꿨다. 하지만 D. B. Wallace는 동사가 "화평을 누리다"를 의미할 수 있다는 견해에 이의를 제기한다[*Greek Grammar*, 464]). 하지만 현대의 번역과 대부분의 주석자들은 대다수는 직설법의 ἔχομεν을 채택한다. 이 독법이 가정법만큼 강력한 외적 지지를 받지는 못하지만 (이를 지지하

이 문단에서 바울은 의롭다 하심을 얻은 신자에게 베풀어진 놀라운 은혜를 함께 축하하자고 우리를 초대한다. "사도 바울은 지극히 행복하고 기쁨이 넘치는 사람으로서 말한다"(루터). "이제는 신자가 말하고 있다. 아니, 노래하고 있다는 말이 더 적절할지도 모르겠다"(렌아르트). 바울은 특히 두 가지 축복을 강조한다. "하나님과의 화평"(또는 화목)과 소망이 그것이다. 전자는 이 문단의 처음(1-2a절)과 끝(11절)에서 나오고, 후자는 2b-10절에 초점을 맞춘다. 몇몇 학자들은 화목을 이 문단의 기본 주제로 꼽지만,[29] 대다수의 더 많은 학자들이 소망이 중심 개념이라고

는 것은 ℵ와 B의 수정본, 서방 사본 F와 G, Ψ, 알렉산드리아 사본 1939, 그리고 다수파 텍스트의 일부다), 문맥상으로는 우리가 가진 것을 누리자는 권고로 보기보다 우리가 가진 것에 대한 진술로 보는 편이 훨씬 자연스럽다. 물론 바울이 "경험하자"는 의미로 ἔχωμεν을 쓸 수는 있다 (롬 15:4 참조). 그러나 이 의미는 목적어임이 분명한 "화평"(화목의 상태)에 잘 결합되지 않으며, 그 밖에 ἔχωμεν의 해석이라고 제시된 것들은 사전적으로 뒷받침되지 않는다. 그렇다면 결론은 외적 증거가 주장하는 것과 필사의 확률을 저울의 한쪽으로 하고, 바울의 용법과 문맥을 저울의 다른 쪽으로 했을 때, 어느 쪽이 더 무거우냐에 달려 있다. 문제시된 모음 혼동(itacism)은 한쪽으로부터 다른 쪽으로 일찍 바뀌는 것을 아주 쉽게 만드는 만큼 (Lietzmann은 바울이 ἔχομεν이라고 구술했을 때 그의 서기관인 더디오가 ἔχωμεν이라고 썼을 수 있다고 말한다) 확실히 내적 증거에 우선권을 주어야 할 것이다. 따라서 우리는 직설법을 받아들이기로 한다.

27. ἐσχήκαμεν("우리가 믿음으로") 다음에 다수의 좋은 사본 (예를 들어 ℵ의 원본 [그리고 그것의 2차 수정본], C, Ψ, 33, 81, 1739. 또한 다수파 텍스트도 보라)에서는 τῇ πίστει가 나오고, 다른 사본(예를 들어, ℵ의 1차 수정본과 A)에서는 ἐν τῇ πίστει가 나온다. 현대의 영어 번역본 가운데 이 어순을 택한 것이 여럿 있다 (예를 들어, NIV; ESV; NET; CSB; NAB; CEB; NASB; REB; 그리고 과거의 주석가들 대부분 예를 들어, Fitzmyer 등도 보라). 믿음을 우리가 은혜에 들어감을 얻는 수단으로 생각하는 것은 지극히 합리적이지만, 바로 이 합리성 때문에 이 독법이 나중에 삽입된 것이라는 의심이 드는 것이다. 따라서 우리는 B, D, F와 G의 예를 따라 이 어구를 생략하고 싶은 것이다.

28. 6절의 본문 상황은 복잡하다. 다음의 독법들을 고려할 필요가 있다.
   1. εἴ γε Χριστὸς ὄντων ἡμῶν ἀσθενῶν ἔτι κατὰ καιρὸν ὑπὲρ ἀσεβῶν ἀπέθανεν (B; Alford와 S-H가 이 독법을 택한다)
   2. εἰς τί γὰρ Χριστός… ἔτι… (F와 G; Black과 Porter가이 이 독법을 택한다)
   3. ἔτι γὰρ Χριστός… [누락]… (D의 2차 수정본, Ψ, 33, 1739, 그리고 다수파 텍스트. Tholuck, Godet, Meyer가 이 독법을 택한다)
   4. ἔτι γὰρ Χριστός… ἔτι… (ℵ, A, C[아마도], D[원본], 81. 대다수의 주석가들이 이 독법을 택한다).

   이들 가운데 마지막 독법이 원래의 독법일 가능성이 가장 크다. 왜냐하면 이것이 다른 이문들의 존재를 가장 잘 설명해 주기 때문이다. ἔτι가 이중으로 나오기 때문에 첫 번째 ἔτι를 비슷한 단어로 (우발적 또는 고의적으로) 대체하려는 시도와 두 번째 ἔτι를 빼려는 시도가 이루어졌다고 볼 수 있는 것이다.

29. 예를 들어, R. Martin, *Reconciliation*, 139. 바울 신학에서 화목이라는 용어가 갖는 중요성에 관한 평가는 아주 다양하다. 예를 들면, Martin은 화목이 바울의 사상에서 중심을 이루고 있는 것으로 보며, 이는 I. Marshall(*Aspects of the Atonement*, 98-137)도 동일하게 보는 바다. Martin은 또한 이것이 롬 5-16장의 가장 핵심적인 주제라고 생각한다 (또한 Dupont, *Reconciliation*, 50-52; W. Campbell은 화목의 언어가 속죄를 언급하는 이방인 지향적인 방식으로서 로마서에서 매우 중

생각한다.[30] 또 다른 학자들은 양자택일을 피하고 이 문단에 "칭의의 축복"과 같은 개론적인 표제를 붙인다.[31] 바로 이 마지막 대안만이 이 문단의 모든 것을 담을 만큼 포괄적이다. 바울은 기독교인은 "의롭다 하심을 얻을" - 법적인 면에서 "무죄 선언되었을" - 뿐만 아니라 현재에서나 ("화목"으로) 미래에서나 ("하나님의 영광에 참여하는 것"으로) 완전히 새로운 상황에 놓이게 되었다고 선포한다.[32] 그럼에도 불구하고, 이 두 개의 주제 가운데 이 문단을 좌우하는 것은 "소망"이다. 예를 들어, 10절에서 바울은 화목에서 소망으로 논증해 나간다. 뿐만 아니라 바울이 5:12-21과 8:14-39에서 상술하는 주제는 "소망"과 "영광"이며, 화목에 대한 언급은 더 이상 주목되거나 묘사되지 않는다. 톰 라이트(N. T. Wright)가 말하듯이 "'소망'은 그 단락이 가는 곳에 있다."[33]

문단의 중심 취지는 2b절의 "우리가… 하나님의 영광을 바라고 즐거워하느니라"와, 5a절의 "소망이 우리를 부끄럽게 하지 아니함은"으로 요약된다. 1-2a절에 나오는 현재 우리가 받고 있는 은혜들의 열거는 2b절의 절정으로 이어진다. 3-4절의 환난 중에도 오히려 즐거워 한다는 것은 일종의 부설(excursus)인데, 그럼에도 불구하고 이것은 기독교인의 고난까지도 소망으로 이어진다는 것(4b절)을 밝힘으로써 중심 주제에 기여한다. 5-8절은 기독교인의 소망을 십자가에서 드러난 하나님의 사랑이라는 흔들릴 수 없는 토대 위에 놓는다. 그에 평행하는 9-10절의 "더욱 그로 말미암아"에 이어지는 논증은 기독교인이 누리는("의롭다 하심을 입은", "화목된") 현재의 지위와 그의 심판 때의("진노하심에서 구원을 얻을") 운명이 불가분

요하다고 주장한다["Let Us Maintain Peace,'" 175]). 하지만 Käsemann 의 견해는 아주 다르다. 그는 바울 서신에서 화목은 그 비중이 극히 미미한 개념이라고 단정한다("Some Thoughts," 51-64). 어느 정도는 이런 견해 차이가 화목의 역할을 맡고 있는 서신인 골로새서와 에베소서를 바울 서신에 포함시킬 것이냐 아니냐에 대한 상이한 결정을 반영한다. 그러나 두 서신이 (우리가 생각하는 대로) 바울 서신이라고 해도, 화목이 바울 신학에서 중심적인 지위를 얻기가 힘들다. 그런 지위를 얻을 수 있다고 판단하기에는 화목이라는 말이 나오는 빈도가 너무 적고 심판과 같은 개념들의 발전이 너무 안 되어 있기 때문이다. 화목은 하나님이 그리스도 안에서 우리를 위해 하시는 일의 의미를 전하기 위해 쓰이는 다른 많은 이미지들 가운데 하나로 보는 편이 낫다.

30. Godet, 186; Kuss, 1.207; Dunn, 1.246; Wolter, *Rechtfertigung*, 217; Hoppe, *Idee der Heilsgeschichte*, 69; F. Watson, *Paul, Judaism and the Gentiles*, 270-73.

31. 예를 들어, Murray, 1.158; Wilckens, 1.288.

32. 예를 들어, Ridderbos, "Earliest Confession," 84-85를 보라.

33. Wright, *Paul and the Faithfulness of God*, 2.886.

적으로 연결되어 있음을 밝히고자 하는 바울의 의중을 드러낸다. 마지막으로 11절은 2b-3a절에서 밝힌 "즐거워하는" 주제, 즉, 신자가 이 세상에서 누릴 수 있는 하나님과의 화평한 관계로 돌아간다.[34] 바울은 신자들에게 하나님이 주신 것을 자랑하며 즐거워하자고 청한다. 그리고 특별히 그는 하나님이 심판의 날에 최종적으로 그의 진노를 쏟아 부으실 때, 우리를 그 진노로부터 구원하실 것으로 우리가 완전히 확신하기를 바란다.

1 로마서 5장의 첫마디는 전환을 이룬다. "그러므로 우리가 믿음으로 의롭다 하심을 받았으니"는 로마서 1-4장의 중심적인 가르침을 요약할 뿐만 아니라, 1인칭 복수 동사로 뒤를 받치게 함으로써 그 가르침을 이 편지의 독자들이 경험하는 하나의 축복으로 제시한다. 하나님의 절정의 구원 행위를 신적인 대리자로 수행하는 예수 그리스도를 믿음으로써 바울과 로마 기독교인들 - 그리고 모든 시대와 모든 장소의 기독교인들 - 은 "모든 사람이 죄를 범하였으매 하나님의 영광에 이르지 못하는"(3:23) 사람들에 대해 정당하게 제기된 모든 혐의에 대해 무죄가 선언되었다. 바울은 칭의의 미래적 측면을 제시하는 반면,[35] 이 문맥에서는(특히 9절을 보라) 이 칭의의 선언을 과거의 행위로 보고 이에 집중한다.[36] 하나님의 최초의 의롭게 하는 행위는 신자에게 새로운 지위를 부여한다. 그러나 개시된 종말론의 "이미/그러나 아직" 긴장에 사로잡혀 있는 "시대 사이"에 살고 있는 신자에게 이러한 지위가 함축하는 의미는 무엇일까? 바울이 이 부분과 5-8장 전체에서 다루는 것은 바로 이 질문이다.

우리의 칭의가 첫 번째로 암시하는 것은 "우리가 하나님과 화평을 누린다"는 것이다. "화평"은 바울과 신약에서의 다른 많은 단어들과 마찬가지로 70인역에서의 용법에 따라 이해해야 하는 단어인데, 70인역에서 그것은 광범위하게 나오

34. 이 단락의 구조에 대한 주의 깊은 분석은 Wolter, *Rechtfertigung*, 221; Nebe, *"Hoffnung" bei Paulus*, 124; 그리고 특히, N. Fryer, "Reconciliation," 36-39를 참조하라.

35. 1:17 이후의 부설을 보라.

36. Baugh, "New Perspective," 150-56. 과거 행동을 나타낸다고 보는 것은 (예를 들어, Jewett이 제안하는 것처럼) 분사 δικαιωθέντες의 부정과거 형태가 아니라는 점으로부터 유추하는 것이 아니다. 오히려 과거의 언급을 정당화하는 것은 바로 이 정당화하는 행위에서 이어지는 문맥상의 움직임(특히 9절과 10절 참조)으로 인한 것이다.

는 히브리어 단어 **샬롬**(*shalom*)의 번역어로 쓰인다. 그 결과 "화평"[37]이라는 단어는 세속 그리스어에서 갖는 - 전쟁의 중지 또는 적대감의 부재로서의 "평화"라는 - 주로 부정적인 의미에서 평온(well-being), 번영 또는 하나님 백성의 구원이라는 보다 긍정적인 의미로 이동한다. 이러한 의미들은 "여호와는 그 얼굴을 네게로 향하여 드사 평강 주시기를 원하노라"(민 6:26)라는 잘 알려진 축도에서처럼 흔히 명시적으로 하나님의 선물로 다뤄진다. 그러나 바울의 용법으로 특히 중요한 것은 구약의 선지자들이 이 용어를 "마지막 날"에 하나님이 그의 백성에게 가져다 주실 구원을 특정하는 데 쓰고 있다는 사실이다.[38] 이 배경이 바울이 말하는 "하나님과의 화평"의 의미를 우리에게 정의해 준다. 즉, 그것은 내적 평온감 또는 "평온한 기분"이 아니라 ("하나님의 평강" [빌 4:7]), 하나님**과**(*with*)[39] 관계를 누리고 있는 외적 상황이다.[40] 이 단어가 이 문단에서는 다시 쓰이지는 않지만, 10-11절에 나오는 "화목"이라는 말에는 이 개념이 담겨 있다. 그러므로 하나님과의 "화평" 또는 "화목"이 이 문단의 뼈대를 이룬다. 그리고 구약에 나오는 "평강"의 긍정적인 차원에 대한 강조에도 불구하고, 우리는 바울이 이 하나님과의 화평 또는 화목을 적대적인 상황에서 만들어진 것으로 생각하고 있음을 인정해야만 할 것이다. 이

37. 그리스어로는 εἰρήνη.

38. 예를 들어, "화평의 언약"에 대한 에스겔의 예언을 보라(겔 34:25. 또한 사 54:10과 렘 37:26도 보라). "화평" (개역개정에서는 "평화" 또는 "평강"으로도 번역된다-옮긴이)은 어떤 문맥에서는 "구원"과 사실상 동의어로 나온다. 바울이 롬 10:15에서 인용하고 있는 첫 행에 나오는 사 52:7을 보라. "좋은 소식을 전하며(εὐαγγελίζομαι) 평화(εἰρήνη)를 공포하며 복된 좋은 소식을 가져오며 구원(σωτηρία)을 공포하며 시온을 향하여 이르기를 네 하나님이 통치하신다 하는 자의 산을 넘는 발이 어찌 그리 아름다운가." 이 개념은 "구원"에 대한 많은 대중적인 해석보다 더 광범위하다. Swartley는 (H. Schmid를 참조하여) 이렇게 말한다. "물질적으로든 또는 관계적으로든 세계를 위한 야웨(Yahweh)의 질서를 막는 것은 무엇이든 샬롬(shalom)의 적이며 반명제다"(*Covenant of Peace*, 29). 또한 Gorman, *Becoming the Gospel*, 142-80을 보라. 이 화평이라는 단어가 반제국적 주장을 암시할 가능성도 있다. 즉, "화평"은 주인인 카이사르를 통해서가 아니라 주님인 예수님를 통해서 온다(Haacker; J. Harrison, *Paul and Imperial Authorities*, 155-99).

39. 그리스어로는 πρός로 "친근한 관계"를 가리키기 위해 사용되었다(BDF §239[5]을 보라).

40. 바울 서신 가운데 εἰρήνη의 이 용법에 가장 가까운 평행본문은 분명 엡 2장에 나온다(14, 15, 17절을 보라). 또한 롬 2:10; 8:6; 14:17(?)도 보라. 독자들에게 하나님이 "평강" 주시기를 원한다는 바울의 기원(롬 1:7; 고전 1:3; 고후 1:2; 갈 1:3; 엡 1:2; 빌 1:2; 골 1:2; 살전 1:1; 살후 1:2; 딤전 1:2; 딤후 1:2; 딛 1:4; 몬 3)과 그의 "평강의 하나님"에 대한 언급들(롬 15:33; 16:20; 고후 13:11; 엡 6:15; 빌 4:9; 살전 5:23; 살후 3:16) 역시 이 개념을 어느 정도 암시하고 있다. Jewett의 "화목한 성찬"으로 의역한 것은 이 문맥에는 존재하지 않는 개념에 사회적 차원을 도입하는 것이다.

는 우리가 하나님으로 더불어 화목하게 된 것은 우리가 하나님과 "원수" 되었을 때였다(10절). 우리가 연약하고 경건하지 않은 죄인이었을 때(6-8절), 하나님은 그의 사랑 가운데서 우리로 하여금 하나님과의 새로운 평강의 관계를 맺은 것이다.

하나님과의 화평은 "우리 주 예수 그리스도"를 통해서 나오고, 그를 통해서만 나온다. 그리스도는 하나님의 대속하시는 궁극적인 자리, 진노를 피해 가게 하시는 역사로서, 믿는 죄인은 그로 말미암아 칭의를 받게되는 것이다(롬 3:25-26). 하나님과의 화평 또는 화목이 그리스도 안에서 행하시는 하나님의 의롭다 하심으로 말미암아 우리에게 놓인 새로운 관계를 보는 한 방법인 만큼, 이것은 칭의 그 자체가 그렇듯이 그리스도를 떠나서는 성취될 수가 없다. 하나님이 우리에게 주실 수 있는 모든 것을 우리 주 예수 그리스도 "안에서" 또는 "말미암아" 찾을 수 있다는 것이 로마서 5-8장에서 지속되는 모티프다. 즉, 하나님과의 화평을 "우리 주 예수 그리스도로 말미암아" 누린다(5:1). 우리가 하나님 안에서 즐거워하는 것은 "우리 주 예수 그리스도로 말미암아"서다(5:11). 은혜가 의로 말미암아 왕노릇하여 영생에 이르게 하는 것은 "우리 주 예수 그리스도로 말미암아"서다(5:21). 하나님의 은사가 영생을 가져오는 것은 "그리스도 예수 우리 주 안에서"다(6:23). 나를 건지신데 대해 하나님께 감사함은 "우리 주 예수 그리스도로 말미암아"서다(7:25). 어느 것으로도 신자에게서 떼어놓을 수 없는 하나님의 사랑이 "우리 주 그리스도 예수 안에" 있다(8:39). 이러한 어구들이 로마서의 다른 곳에서는 단 한 절(15:30)에서만 나오는 것을 볼 때, 그리고 로마서의 이 부분에서는 모든 장이 이 문구로 끝나는 것을 볼 때, 여기서는 이 문제에 아주 결정적인 초점이 모아지고 있음이 분명하다. 로마서에 별도의 기독론적인 진술은 없는 것으로 잘 알려져 있지만, 이 장들에서 신자가 하나님의 축복들에 대해 경험하는 모든 것이 오직 그리스도로 말미암아서만 생긴다는 바울의 반복되는 주장은 그 나름대로 아주 중요한 기독론적 초점을 발전시킨다. 기독론이 이 로마서 5-8장의 어느 부분에서도 주제가 되어 있지는 않다고 할 수 있겠지만, 그것은 이 장들에서 모든 것의 기초를 이루고 있다.

2 우리가 하나님과 화평을 누리는 것이 "우리 주 예수 그리스도로 말미암은

것" 이듯이, "우리가 (믿음으로) 서 있는 이 은혜에 들어감을 얻은[41] 것"도 그로 말미암은 것이다. "들어감"은 대부분의 영어 성경(예를 들어, NIV, ESV, CEB, NRSV, NET)에서 볼 수 있는 번역이지만 이 그리스어(프로사고겐; *prosagōgēn*)는 "인도됨"(NASB)으로 번역할 수도 있다. 이 후자의 번역은 신자가 주 그리스도의 임재 안으로 처음 들어갈 때를 가리키는 것을 시사한다.[42] 전자의 경우에는 신자가 그리스도의 임재를 계속 누릴 수 있는 능력에 더욱 주의를 기울인다. 하지만 나는 내가 번역한 바와 같이 문맥상 - 문맥상으로는 바울이 의롭다 하심을 얻은 결과로 신자가 누리게 된 축복들에 초점을 맞추고 있다 - "들어감"으로 옮기는 것이 보다 바람직하다고 생각한다.[43] "들어감"의 목적어로 우리는 "하나님"을 예상할 수도 있겠지만(엡 2:18을 보라), 바울은 "은혜"를 택한다. 그러나 우리가 들어감을 얻는 것은 단순히 일반적인 "은혜"로가 아니라, "우리가 (믿음으로) 서 있는 이 은혜"[44]로 인하여서다. 바울은 그의 논증 가운데, 신자가 누리는 모든 것이 은혜로 얻는 것임을 핵심점에서 강조한다(3:24; 4:16). 은혜는 그의 피조물을 향하신 하나님의 거리낌이 없는 자유로운 행동을 나타내는 용어다(롬 11:5-6도 보라). 로마서 5장의 뒷부분에서 바울은 "은혜"를 하나님이 그리스도 안에서 하시는 행위를 가리키기 위해 쓴다

41. 1절에서와 같은 단어(ἔχω)이지만, 바울이 여기서는 완료 시제를 사용한다(ἐσχήκαμεν 1절에서는 현재 시제가 사용됐다). Moulton(*Prolegomena*, 145)은 이것은 "부정과거적(aoristic)" 완료로 과거에 일어난 사건을 가리킨다고 생각하지만, BDF(§243[2])는 일반적 완료로 본다. 우리가 이 주석서의 다른 곳에서 제시했듯이, 그리스어의 완료형은 보통 어떤 일의 상태라는 뜻을 내포한다고 생각할 만한 충분한 이유가 있다. 그런 만큼 1절의 ἔχομεν과 여기서의 ἐσχήκαμεν은 둘 다 현재를 가리키지만, 후자는 신자의 지속되는 상황에 보다 더 역점을 둔다.

42. 이 단어는 때로 사람이 왕의 임재 앞으로 인도되는 경우에 쓰인다(LSJ은, 1500에서 Xenophon, *Cyr.* 7.5.45을 가리킨다. 또한 예를 들어, Dunn).

43. 바울이 이 단어를 쓰는 다른 두 곳(엡 2:18과 3:12)에서도 이 번역이 선호되는데(개역개정에서는 "나아감"으로 번역함-옮긴이), 거기서 그는 현재 진행되고 있는 상황들을 나타내는 것으로 보인다(예를 들어, Godet; Murray; Käsemann을 보라). 반면에 이 단어의 동족 동사(προσάγω)가 벧전 3:18에서 그리스도가 신자를 하나님의 임재로 "인도하는" 행위를 가리켜서 쓰이는데, 전치사 εἰς가 있기 때문에 이보다 역동적인 개념이 선호될 수 있다(Cranfield). 동사 προσάγω가 LXX에서 희생제사를 "드리는 것"을 기술하는 데 널리 쓰이고 있기 때문에, 몇몇 학자들은 로마서의 이곳에서 희생제사의 암시를 발견한다(예를 들어, Wolter, *Rechtfertigung*, 126; Käsemann; Wilckens; Gupta, *Worship That Makes Sense*, 112-13). 그러나 Dunn과 Fitzmyer는 이 암시를 의문시하는데, 아마 그들이 옳을 것이다. LXX에서는 "바쳐지는 것"이 언제나 예배자가 아니라 희생제물이기 때문이다.

44. 여기서 동사는 다시 완료형(ἑστήκαμεν)이지만, 이 동사의 완료형은 자동사 의미를 가질 때 현재 시제로 사용된다.

(15, 17절). 하지만 이곳 2절에서는 은혜가 약간 다른 뉘앙스를 가지고 쓰인다. 그것은 하나님이 행하시는 태도나 하나님이 주시는 선물을 가리키는 것이 아니라, 하나님의 구속하시는 사역으로 신자가 넘겨받게 되는 "상태" 또는 "영역"을 가리키는 것이다. 그것은 이 "은혜가 왕노릇 하는"(5:21) 영역이요, 법의 영역 또는 범위와 대조되는 영역이다(6:14, 15: 신자는 "법 아래" 있지 아니하고 "은혜 아래" 있다. 갈 5:4도 보라).[45] 하나님의 은혜의 임재가 인간 역사의 도처에서 나타나고 있음을 부인하지 않으면서도, 바울은 신약의 다른 나머지 부분에서 볼 수 있는 것과 마찬가지로(요 1:17을 보라) 그리스도 안에서 하시는 하나님의 사역을 하나님의 은혜가 결정적이고도 최종적으로 실현된 행위로 초점을 맞추며, 은혜가 특징적이요 지배적인 것으로 신자의 새로운 신분을 묘사할 수 있는 것으로 본다. 이 은혜의 상태는 우리의 칭의를 핵심 요소의 하나로 포함하는데,[46] 그 개념은 칭의를 넘어 그리스도 안에서 하나님이 우리에게 주시는 모든 것에 미친다.

그 축복 꾸러미 속에 소망이 포함되어 있다. 바울은 1-2a절에서 기독교인의 현재의 상황을 과거에 비추어 보듯이, 여기서는 그 입장을 미래에 비추어 보기 시작한다.[47] 이것이 이 문단을 지배하는 음조이며, 또한 "우리가… 하나님의 영광을 바라고 자랑스러워하느니라"[48]가 이 단락에서 핵심 확언이다. "즐거워하느니라"(boast)는 단어는 여기서 확신과 즐거움을 시사하는데, 아마 "우리가 …에 대해 즐겁게 확신한다"[49]로 번역해도 좋을 것이다. 인간의 업적을 "자랑하는

45. Beker, *Paul the Apostle*, 264-65; H. Conzelmann, *TDNT* 9.395을 보라. Nolland는 "은혜"가 LXX에서 "활동에서 실재하는 능력"을 나타내기 위해 때때로 사용되었음을 보여 준다("Grace as Power," 26-31).

46. Bengel, Murray, Cranfield 그리고 다른 학자들은 "우리가 (믿음으로) 서 있는 이 은혜"를 칭의로 국한시킨다.

47. Wolter, *Rechtfertigung*, 127.

48. ἐλπίδι τῆς δόξης τοῦ θεοῦ라는 어구는 NLT가 잘 번역했다. "우리는 하나님의[소유격적 속격] 영광을 나누기를[목적격적 속격] 확신을 가지고 기쁘게 고대합니다." 로마의 귀족들은 "영광"을 위해 분투했지만 그것은 점점 더 황제와 그의 가족에게만 국한되어 사용되었다. 기독교인들이 언젠가는 영광을 누리게 될 것이라는 희망을 품는 것은 당시 로마에서 특별한 반향을 일으켰을 것이다 (J. Harrison, "Paul and the Roman Ideal," 329-69).

49. 그리스어 동사는 καυχώμεθα이다. 이 동사는 가정법의 의미로 "우리가 즐거워하자"로 사용할 수 있다(Jewett). 그러나 아마도 직설법의 의미일 것이다(영어 성경번역들과 대부분의 주석가들이 이렇게 본다). 이 동사는 번역하기 어렵다. 가장 많은 역본들은 이 동사의 의미를 "즐거워하다"(NIV; NRSV; CEB; NAB) 또는 "기뻐하다"(ESV; NET; CSB) 둘 중 하나로 번역한다. 아마도 "기뻐하는

것"(boasting)은 복음에서 배제되지만(3:27; 참조. 4:2), 하나님이 그리스도 안에서 은혜로 공급해 주시기 때문에 "자랑스러워하는 것"은 아주 적절하다. 3:23에서 보듯이 "하나님의 영광"은 "하나님 닮음"(God-like-ness)의 상태인데, 이 상태는 죄로 말미암아 모든 사람이 상실했다가 마지막 날에 모든 기독교인이 회복하게 된다는 것이다(8:17, 18, 21, 30). 이러한 즐거운 확신의 전망은 현재 우리가 온전하지 못한 데 대한 좌절감을 극복하기를 하나님이 바라시는 것이므로, 모든 신자의 표지가 되어야 할 것이다.

3a 바울이 이 단락과 평행을 이루는 구절에서 "우리에게 나타날 영광"과 "현재의 고난"을 대조하는 것처럼(8:18-30; 18절 참조), 여기서는 우리가 하나님의 영광을 바라고 즐거워함으로부터 우리가 "환난" 중에도 즐거워함으로 신속히 넘어간다. 기포드(Gifford)의 표현대로, "이 사도는 신자가 자신의 길을 온전히 가도록 격려하기 위해 멀리서 반짝이고 있는 불빛으로서 '하나님의 영광'을표현 하자마자, 그 밝은 빛의 먼 거리와 여기에 있는 신자를 둘러싸고 있는 어둠 사이의 대조가 생각나는" 것이다. 바울이 고난의 문제를 소개하는 것은 아마 그의 가르침에 대한 비판을 저지하기 위해서일 것이다. 기독교인이 "하나님과 화평"을 누리고 있다는 바울의 확언에 대해 유대인 반대자들이 곧바로 그러한 기독교도인들이 질병과 박해 등 온갖 종류의 어려움에 시달리고 있지 않느냐고 날선 질문을 할 것으로 우리가 충분히 상상할 수 있기 때문이다. 사실 오늘날처럼 그 당시에도 기독교인들 스스로가 고난에 처했을 때 이러한 축복이라는 것이 실재하는 것일까 하는 의문을 확실히 품었을 것이다. 바울은 역시 바울답게 이에 대해 공격적인 자세를 취한다. 고난이 이러한 축복의 실재성을 뒤집을 수 없을 뿐만 아니라, 고난 자체가 바로 누리고 즐거워해야 할 계기가 마련되는 것이다. 신자는 하나님의 영광을 소망하는 데서 "뿐만 아니라" 환난 "중에도" 즐거워해야 한다. 이것은 우리가 단순히 환난 "중에도" 기뻐 날뛰고 환난 그 자체"를"[50] 크게 기뻐한다는 의미가 아니

것"이 최선의 선택일 수 있지만, 그 뒤에 나오는 *ἐπί*는 "…에 확신을 가지고"라는 뉘앙스를 시사하기도 한다(신약에서는 여기서만 *καυχάομαι* 뒤에 *ἐπί*가 쓰이고 있다. 그러나 LXX의 시 48:6과 잠 25:14을 보라).

50. 그리스어 *ἐν* 뒤에는 신약에서 흔히 그렇듯이 우리가 즐거워하는 것에 대한 목적어를 소개하는 것이다.

다. 이 즐거워함은 바로 환난을 우리의 구속받은 신분을 더 자세히 확인할 수 있는 근거로 볼 수 있다는 뜻이다.

이러한 "환난"[51]이란 무엇인가? 혹자는 그것을 그리스도에 대한 신자의 신앙고백으로 직접 야기되는 고난으로 한정한다.[52] 그러나 "환난(들)"이라는 단어를 바울이 그렇게 제한적으로 쓸 것으로는 여겨지지 않는다. 사실 어떤 의미에서는 모든 고난이 "그리스도를 위해서" 겪는 고난이다. 이는 기독교인이 겪는 모든 불행이 사단이 지배하는 이 시대와 기독교인이 믿음으로 들어가게 되는 올 시대 사이의 갈등을 반영하기 때문이다. 모든 고난은 원수의 존재를 알려 주며 우리와 그리스도의 관계에 대한 공격을 포함한다. 만일 하나님의 선하심과 약속을 의심하거나 남에게 앙심을 품거나 또는 실망하고 체념이라도 한다면, 이런 고난들은 신자에게 영적인 패배를 안겨줄 수 있다. 그러나 바울이 여기서 격려하고 있듯이 확신하고 즐거워하는 자세를 취하면, 이런 고난들은 바울이 3b-4절에서 열거하는 것과 같은 고귀한 영적 특성을 이루게 된다.

3b-4 신자들이 "환난 중에도 즐거워할 수" 있는 것은 환난이 "인내를 이루기"[53] 때문이라는 것을, 그리고 나아가 인내는 "연단"을, 연단은 소망을 이룬다는 것을 "알기"[54] 때문이다. 환난이 이어진 미덕들을 연속적으로 일으키는 이런 종류의 순서가 신약의 다른 두 본문에서 여러 가지 시험을 만날 때 기쁨으로 이겨내라는 격려의 말로 소개되는 것(벧전 1:6b-7; 약 1:2-4)으로 보아 이것이 초대 교회에서 널리 알려졌음에 틀림없다 - 그리고 이것은 아마도 초기 유대교의 권면을

---

51. 그리스어 단어는 *θλίψις*. 이 단어가 하나님의 종말론적 심판을 가리키는 곳들(롬 2:9; 살후 2:9)을 제외하고는, 바울은 *θλίψις*를 자기 자신과 다른 사도들이 겪는 환난(예를 들어, 엡 3:13; 골 1:24)과 기독교인이 일반적으로 겪는 환난의 뜻으로 쓴다. 때로 이 고난들은 그리스도와의 관계에 밀접히 연결되며, 아마도 그리스도와의 관계로 인해 발생한다(살전 1:6을 보라). 그러나 대부분의 경우 고난은 신자가 이 세상에서 겪을 수 있는 "외적인 압박"(동사 *θλίβω*는 원뜻이 "압박하다"이다)을 가리키는데, 이 외적 압박에는 "곤고, 핍박, 굶주림, 헐벗음, 위험, 칼"이 포함된다(롬 8:35).

52. Jewett는 *θλίψεσιν* 앞의 관사에 주목하면서 바울이 "그 자신과 로마교회 회중에게 알려진 특정한 고난…"을 염두에 두어야 한다고 주장한다. 그러나 이것은 앞선 관사를 과도하게 해석한 것이다 (이 관사는 아마도 속격적 의미를 포함할 것이다. 그렇게 본다면 "우리의 고난들"이라고 할 수 있다).

53. 그리스어 동사로는 *κατεργάζομαι*. 7:15의 각주 820을 보라.

54. 분사 *εἰδότες*는 원인을 나타낸다.

반영하는 말일 것이다.[55] 야고보서 1:3에서와 마찬가지로 목록상의 첫 번째 미덕은 "인내"인데, 이것은 환난에 굴하지 않으며 사실상 고난을 당함으로써 더욱 강해지는 영적인 용기를 가리키는 단어다.[56] 이 단어는 하나님의 말씀이 우리 안에서 열매 맺기 위해 요구되는 "인내력"을 상기시키며(눅 8:15), 우리로 하여금 우리 앞에 당한 경주를 결승선까지 계속 경주할 수 있게 해줄 그런 장거리 마라톤 선수의 끈기를 상기시킨다(히 12:1). "인내"는 이어서, 우리의 태도가 바르다면, "연단"[57]을 이룬다. 그리고 마지막으로 이 연단의 결과 환난에 합당한 태도로 반응하는 기독교인은 그 결승선 끝에서 소망이 강화되었음을 깨닫게 된다. 고난은 우리의 소망을 위협하거나 약화시킬 것으로 쉽게 예상되지만, 오히려 이 고난이 소망에 대한 우리의 확신을 증가시킨다. 근육과 마찬가지로 소망도 단련하지 않으면 강해질 수 없다. 우리는 고난 가운데서 우리의 소망을 의식적으로 꾸준히 단련시켜야만 한다. 그러면 명백히 "소망 없는" 상황 가운데서 끊임없이 소망을 재확언함으로써 우리가 소망하는 것의 실재와 확실함에 대한 확신이 갈수록 깊어질 것이다(롬 4:18-19을 보라).

5 이 절은 "소망"이 5:1-11의 중심임을 분명히 한다. 이 소망은 이 단락에서 "요점"으로써 기능하므로(Godet), 그 한 쪽은 2b절에 붙어, 그것을 5a절이 반복하고 확장하며, 다른 한 쪽은 6-10절에 붙는데, 이는 5b절로 시작된다. 우리는 소망 안에서 이 소망이 우리를 실망시키지 않을 줄 알고 즐거워할 수 있는데, 이는 하나님의 사랑이 주는 "놀라운 은혜" 때문이며(5b-8절), 하나님이 그리스도 안에서 우리를 위해 행하신 일의 결정적이고 최종적인 중요함 때문이다(9-10절).

5절의 첫 부분 - "소망이 우리를 부끄럽게 하지 아니함은" - 은 하나님을 바라

55. 예를 들어, Dibelius, *James*, 74-76을 보라.

56. 그리스어로는 *ὑπομονή*. 바울의 용법에 관해서는 2:7의 각주 251을 보라. 또 이 단어의 세속 그리스어와 성경 그리스어 용법 각각에 관해서는 Festugière, "*Ὑπομονή*, dans la tradition grecque," 477-86; Specq, "ΥΠΟΜΟΝΗ, Patientia," 95-106을 보라.

57. 그리스어는 *δοκιμή*. 약 1:3(1:12도 보라)과 벧전 1:7에서 동족어인 *δοκίμιος*가 믿음의 "시험" 또는 "시련"을 가리키지만, *δοκιμή*는 바울 이전에 발견된 적이 없다. 하지만 이 동족어들과 바울이 다른 데서 (고후 2:9; 8:2; 9:13; 13:3; 빌 2:22) 이 단어를 쓰는 용법을 기초로 해서 살펴볼 때, 이 단어는"기준을 통과한" 것으로 판정되는 "연단"을 뜻하는 것이 분명하다. 동사 *δοκιμάζω*는 "시험하다" 또는 "허가하다"를 뜻한다.

는 자는 "수치를 당하지 아니할 것"이라고 확언하는 구약의 구절들을 상기시킨다.[58] 기독교인들은 그들의 삶을 세운 기초와 영원한 축복에 대한 소망이 적절하지 못하다는 의미에서 심판이 "우리를 부끄럽게 할 것"을 두려워할 필요가 없다.[59] 이 구절의 마지막 어절이 그 이유를 말해 준다. 즉, 기독교인이 부끄러움을 당하지 않을 자신을 갖는 것은 "우리에게 주신 성령으로 말미암아 하나님의 사랑이 우리 마음에 부은 바 되었기 때문"[60]이다. 이런 취지에서, 그리고 바울이 "붓다"라는 동사를 선택한 것을 볼 때 "하나님을 향한 우리의 사랑"을 가리키는 것이라고 하기 보다는 "우리를 위한 하나님 사랑"으로 풀어야 한다는 것이 분명하다.[61] 그 사랑을 우리가 심판의 날에 받는다는 믿음의 근거는 하나님이 사랑하신다는 우리의 지적인 인식이나 하나님이 십자가상에서 보여주신 사랑의 증명에만 있는 것이 아니라 (물론 이것이 중요하기는 하다. 6-8절을 보라), 하나님이 우리를 사랑하신다는 내적이고 주관적인 확신에도 있다. 이것이 하나님의 사랑이 "우리에게 주신 성령으로 말미암아 우리 마음에 부은 바 되었다"고 바울이 확언하여 밝히고 있는 요점이다. "붓다"[62]라는 동사는 풍부하고 "엄청난" 넘침을 암시한다. 즉, "그는 '주어졌다'고 하지 않고 '우리의 마음에 쏟아 부어졌다'고 함으로써 그 풍성함을 보여

58. 시 22:6; 25:3, 20; 사 28:16 (롬 9:33과 10:11에서 인용함). 동사 καταισχύνει는 (NA[28]에서처럼) 강조되어 있으며 동사의 현재형이지만, 이것은 또한 καταισχυνεῖ로 미래일 수도 있다. 위에서 언급한 단락들이 모두 미래의 심판에 초점을 맞추고 있는 만큼 미래 시제로 읽는 것이, 즉 "소망"이 - 하나님의 영광을 바라는 것이 - "우리를 부끄럽게 하지 아니할 것이다"로 읽는 것이 더욱 합당하다(Michel[은 이것이 가능한 것으로 본다]; Käsemann; Byrne; 이와 반대 의견으로는 예를 들어, Godet; Cranfield; Dunn을 보라. 어느 쪽으로 보든 바울은 최후의 심판을 생각하고 있다고 Schlier는 지적한다). 이 동사의 능동태는 목적어가 있음을 암시하는데, 이는 물론 ἡμᾶς, 즉 "우리들" - 기독교인들 - 일 것이 분명하다.

59. καταισχύνει를 (현재 시제로) 읽으면 복음을 "부끄러워하는" 것(1:16)을 피하는 의미의 언급이 될 수 있다. 이는 1세기 그리스-로마 문화에서 명예와 수치의 중요성에 대해 적어도 부분적으로 설명되는 수치심이다. Wright; Jewett; Witherington/Hyatt를 보라.

60. 이유를 나타내는 접속사 ὅτι.

61. 즉, 속격의 τοῦ θεοῦ는 목적격적이라기 보다는 주격적이다. 아우구스티누스(*Spirit and Letter* 32 [NPNF 5.108])와 루터는 목적격적 속격을 옹호한 소수파에 속하지만 (또한 Wright를 보라), 대다수의 고대(Schelkle, *Paulus, Lehrer der Väter*)와 현대의 주석가들이 주격적 속격임을 주장한다. 이것은 문맥상 주격적이기도 하고 목적격적이기도 한 속격 관계를 의도했을 것 같지는 않다 (이와 반대 의견으로는 예를 들어, Zerwick, *Biblical Greek*, §38; D. B. Wallace, *Greek Grammar*, 121을 보라).

62. 그리스어로는 ἐκκέχυται인데 이는 ἐκχέω의 헬레니즘 시대 그리스어 형태인 ἐκχύνω로부터 파생되었다.

주고 있다"(크리소스토모스). 바울은 바로 이 동사를 하나님의 성령의 "부어주심"을 묘사하는 데 쓴다(딛 3:6. 욜 2:28-32을 인용하고 있는 행 2:17을 보라). 이 때문에 "붓다"의 진짜 주어는 성령이며, 바로 이 성령이 우리의 마음에 하나님의 사랑을 증거한다고 해석할 수 있는 가능성이 생긴다.[63] 그러나 우리는 "하나님의 사랑"을 이 동사의 주어로 삼기로 한 바울의 결정을 존중해야 할 것이다.[64] 바울은 두 가지를 동시에 확언하고 있는 것이다. 즉, 하나님의 사랑이 과거에 우리의 마음에 부어졌다는 것과 이 사랑이 지금 우리 안에 있다는 것이다.[65] 그리고 이 사랑이 성령에 의해 우리의 감각에 전달되는데, 이는 성령이 모든 신자 안에 거하시기 때문이다.[66] 바울은 이 지점에서 성령의 은사를 가르침으로써 이 편지의 핵심적인 주제에 대해 주의를 환기시키고 8장에서 펼쳐질 성령의 역사에 초점을 맞출 것을 예상한다.[67]

로마서에서 처음으로 바울이 하나님의 사랑에 관해서 말하는데, 그것은 우리가 종종 생각하는 것 이상으로 바울 서신에서 두드러진 주제다(Morris). 바울은 우리에 대한 하나님의 사랑이 적극적임을 강조한다. 하나님의 사랑은 우리에게 직접 주시며 우리를 소유하는 사랑이며(예를 들어, 고후 5:14의 "그리스도의 사랑이 우리를 강권하시는도다"를 보라), 하나님이 우리를 위해 행하셨고 앞으로 행하실 모든 것을 뜻할 수 있다는 것이다(8:35의 "누가 우리를 그리스도의 사랑에서 끊으리요"를 보라). 바울의 언어는 하나님의 성령의 종말론적 선물을 새 언약의 개시의 일부로 보는 선지자적 묘사를 반영한다.[68] 이 언약은 하나님과 그의 백성 사이의 새롭고 영원한 관계를 약속하는데, 이러한 관계 속에서는 우리의 "죄가 다시는 기억되지 아니하며"(렘 31:34) 우리에게 "그리스도의 형상으로 변화하여 영광에서 영광에 이르는" 것을

63. 예를 들어, Barrett.

64. Cranfield.

65. 그렇기 때문에 동사가 완료형 ἐκκέχυται이고 εἰς가 아니라 ἐν이 쓰인 것이다.

66. 이 동사가 요한계시록에서 하나님의 진노의 "쏟음"을 나타내는 데 여러 번 쓰이고 있기 때문에(계 16:1-17), 바울이 하나님의 진노를 받는 옛 시대에 속한 사람의 상황(1:18)과 하나님의 사랑을 경험하는 기독교인의 처지를 암시적으로 대조할 수 있다고 생각하는 사람도 있다(예를 들어, Nygren). 그러나 바울이 하나님의 진노를 받는 것을 묘사할 때 이 동사를 쓰는 일이 결코 없는 만큼 이 제안은 받아들이기가 어렵다.

67. R. Hays, "Spirit, Church, Resurrection," 39-40.

68. 위에서 언급한 욜 2:28 (LXX에서는 3:1)을 보라. 렘 31:31-34; 겔 36:25-27도 보라.

(고후 3:12-18) 포함하는 소망이 주어지는 것이다.[69] 옛 언약에서는 (적어도 어떤 면에서는) 외적이었던 것이 새 언약에서는 내면화되었다. 그리고 하나님이 정말로 우리를 사랑하신다는 - 우리를 위해 표명되고 구체적인 행동으로 실현된 사랑으로 사랑하신다는 - 신자의 이 내적이고 주관적인 그리고 감동적이기까지 한 느낌이 우리에게 "소망이 우리를 부끄럽게 하지 아니할 것"이라는 확신을 주는 것이다.[70]

6 6-8절은 우리에 대한 하나님의 사랑이 갖는 풍성하고 절대적인 성격을 보여주는 단일한 논증을 형성한다. 우리는 바울의 논증을 (몇 가지 암시된 요점을 표출하여) 다음과 같이 요약할 수 있을 것이다.

a. 인간의 사랑은 기껏해야 "선한" 사람을 위해 자기 목숨을 바치는 정도가 최선이다(7절).
b. 그리스도는 하나님의 보내심을 받았을 때 "의인"을 위해서도 아니고, "선한" 사람들을 위해서도 아니라, 불순종하고 구원 받을 자격 조차 사람들을 위해 죽으셨다(6절).
c. 따라서 하나님의 사랑은 인간의 가장 위대한 사랑보다 훨씬 더 위대하고 신뢰할 만한 사랑이다(8절).[71]

이 논증은 우리가 우리의 마음속에서 경험하는 하나님의 사랑을 그 근원까지 추적하여 그 사랑의 증거를 (그리고 특별히 그 사랑의 풍성함을 ["부은 바 됨이니"]) 제공할 뿐만 아니라, 그렇게 함으로써 하나님에 대한 우리의 소망의(5a절) 완전한 의존성을 입증하는 기능을 한다.[72] 바울은 6-8절에서의 논증이 통일성을 이룬다는 것을

69. 이 본문과 새 언약 사이의 관계 및 이 개념이 바울 서신에서 갖는 중요성에 관해서는 특히 Deidun, *New Covenant Morality*,128을 보라.
70. Lloyd-Jones는 신자의 확신 가운데 이 본문과 같은 본문들에서 암시되는 주관적인 요소를 특히 강조한다.
71. 본문적인 순서를 따르면 교차대칭을 식별할 수 있다(Longenecker) :
A 우리가 아직 연약할 때에 기약대로 그리스도께서 경건하지 않은 자를 위하여 죽으셨도다
B 의인을 위하여 죽는 자가 쉽지 않고
B′ 선인을 위하여 용감히 죽는 자가 혹 있거니와
A′ 우리가 아직 죄인 되었을 때에 그리스도께서 우리를 위하여 죽으심으로
72. 그러므로 γάρ("for")는 6절에만이 아니라 6-8절 전체에 걸린다.

알리기 위해 각 문장을 (그리스어 본문에서) 동사 "죽다"[73]로 끝맺는다.

바울의 논증에서 첫 번째 문장(6절)은 구문론으로 보면 복잡하지만 그 의미는 아주 분명하다. "우리가 아직 연약할 때에 기약대로 그리스도께서 경건하지 않은 자를 위하여 죽으셨도다."[74] 바울은 이와 같이 그리스도가 누구를 위해 죽으셨는지 그들의 성격을 분명히 규정하고 있다. 즉 그리스도는 "경건하지 않은 자"와 "연약한 자" 모두를 위해 죽으셨다는 것이다. "경건하지 않은"은 바울 서신에서 강한 멸시의 뜻이 담긴 용어이며(롬 4:5을 보라), "연약한"은 항상 부정적이지는 않지만 여기서는 구속받지 못한 자의 특징인 "선의 측면에서의 완전한 무능력"을 가리킨다.[75] 그러므로 바울은 우리에 대한 하나님의 사랑이 우리가 완전히 무력한 존재일 때 우리에게 주어졌다는 점을 강조하는 것이다.[76]

하나님과 그리스도의 친밀한 관계에 대한 바울의 가정과 "하나님**의**(*of*)" 사랑의(5절. 그리고 5b절에서 성령을 언급하고 있음에도 주목하라) 실질적이고 구체적인 성격을 강조하려는 그의 의중은 "우리를 위한[77]" **그리스도의**(*Christ's*) 죽으심으로 인하여 하

73. 그리스어로는 *ἀποθνήσκω*. Käsemann을 보라.

74. 그리스어의 구문이 혼란스러운 것은 *ἔτι*가 절의 맨 처음과 중간쯤에 한번씩 나오기 때문이다. 둘 다 아마 독립 속격절인 *ὄντων ἡμῶν ἀσθενῶν*("우리가 아직 연약할 때")을 수식할 것이다 - 첫 번째의 *ἔτι*는 강조를 위해(Moule, *Idiom Book*, 166), 그리고 두 번째는 뜻의 명확성을 위해 추가로 (이것이 대다수의 주요 영어 성경 번역들이 정해놓은 해석이다) 사용된다. 이 해석의 훌륭한 변론으로는 G. Bornkamm의 "Paulinische Anakolouthe," 79를 보라. Jewett은 이러한 문법적 문제가 바울이 인용하고 있는 기독교의 신앙 고백을 가리킬 수 있는 것이라 생각한다.

75. Godet를 보라. 그리스어 단어는 *ἀσθενής*인데, 바울이 여기서 이 용어를 쓰는 것은 다소 뜻밖이다. 그는 이 단어를 동족어 명사(*ἀσθενία*) 및 동사(*ἀσθενέω*)와 함께 육신의 질병을 가리키기 위해 쓰지만 (빌 2:26-27; 갈 4:13; 딤전 5:23; 딤후 4:10; 고전 11:30), 그의 보다 더 전형적인 용법은 이 땅에서 인생의 - 심지어 구속받은 삶에서 조차 - 피할 수 없는 부분적인 인간의 무능력을 가리키는 데 있다 (특히 고전 15:43의 "약한 것으로 [몸을] 심고 강한 것으로 다시 살아나며"와 고후 11:21-13:9에서 바울이 자기 자신의 "약함"과 바울의 적대자들이 스스로 자랑하는 "강함"과 비교하면서 여러 차례 나오는 대목들을 보라). 이 관점에 관해서는 Fatum, "Menschliche Schwäche," 31-52를 보라. 그러나 *ἀσθενής*에 일반적으로 "중립적인" 의미를 부여해야 한다는 그의 제안(39-41)은 문맥을 충분하지 못하게 파악한 것이다. 왜냐하면 여기서 *ἀσθενής*는 *ἀσεβής*("경건하지 않은")나 *ἁμαρτωλός*("죄인"; 비록 등급의 차이는 있겠지만[Dunn])와 대략 동의어의 표현이며 그러므로 보다 더 부정적인 의미를 가져야만 한다.

76. 예를 들어, Meyer를 보라.

77. 그리스어로는 *ὑπέρ*. 바울은 그리스도의 죽음을 대속의 죽음으로 - 예를 들어, 다른 사람들을 "위하여" 또는 "대신하여" 죽는 죽음으로 - 나타내기 위하여 종종 이 전치사를 쓴다. 바울의 이 전치사 선택은 그리스도의 죽음이 죄인 자신이 받을 형벌을 대신 받는 것이라는 개념을 배제하는 것이라고 생각하는 학자들이 더러 있다 - 전치사 *ἀντί*는 대신하는 개념을 명확하게 전달하는 단어다. (예

나님의 사랑을 입증한다는 그의 주장에서 드러난다. 바울은 우리에 대한 하나님의 사랑을 십자가와 별개로 생각하는 일이 결코 없으며, 우리를 위한 그리스도의 죽으심을 성부가 성자를 주시는 것과 별개로 생각하는 일도 결코 없다(롬 3:23을 보라). 이 절에서 가장 풀기 어려운 요소는 "기약대로"라는 전치사구다. 이 어구는 아마도 이 절의 주절인 "그리스도께서 경건하지 않은 자를 위하여 죽으셨도다"를 수식한다.[78] 그러나 바울은 무슨 뜻으로 그리스도께서 죽으신 때가 "기약대로"라고 하는가?[79] 그의 말은 세계사에서 그리스도를 보내어 복음을 선포하시게 하기에 "알맞은" 때였다는 의미일 수 있다.[80] 또는 그리스도가 죽지 않으셨다면 하나님의 진노가 쏟아졌을 때였기 때문에 "알맞은" 때였다고 생각하는 것일 수 있다.[81] 이러한 둘 모두의 추론이 관련되지만, 바울의 신학에서 보다 나은 기초가 되는 것은 "알맞은 때"라는 말을 하나님이 그리스도 안에서 개입하시는 절정에 달하는 종말론적인 "때"로 쓰고 있다는 해석이다(롬 3:26; 8:18; 13:11을 보라).[82] 이 마지막 제안이 셋 중에서 제일 낫지만, 그래도 "때"가 이런 의미를 가질 때 바울은 보통 수식어를 덧붙인다는 반론을 피할 수 없다. 문맥을 고려할 때 이 어구에 덜 신학적이고 보다 더 평범한 뜻을 부여하여 "아직"을 더욱 강조하는 것으로 해석하는 것이 최선이다. 즉, "우리가 아직 연약하던 **바로 그 때에**(*at that very time*) 그리스도께서 경건하지 않은 자를 위하여 죽으셨도다"가 된다.[83]

를 들어, Meyer; Gifford). 하지만 ὑπέρ의 초점이 대표성에 있을 때 대속의 개념이 반드시 없어질 필요는 없기 때문에 ὑπέρ의 많은 예가 대표성과 대속이라는 둘 모두를 포함하는데, 이것이 아마 이 경우에 해당될 것이다(A. Robertson, *Grammar* ,632; Moule, *Idiom Book*, 64; Hodge. 그리고 이 문제 일반에 관해서는 Harris, *Prepositions*, 216을 보라). 여하튼 그리스도의 죽음이 우리를 "위한" 것이라는 성격은 그의 죽음이 우리를 **대신하여**(*in our place*) 당한 죽음이기 때문에 우리를 **위한**(*for*) 죽음이라는 신약의 분명한 가르침(막 10:45; 롬 3:25; 갈 3:13; 딤전 2:6)을 떠나서는 최종적으로 이해될 수 없다.

78. 예를 들어, Godet; Murray; Käsemann을 보라. 이와 반대 의견은 Calvin, Wilckens 그리고 Schlier가 제시하는데, 그는 이것을 "우리가 아직 연약할 때"에 연결시킨다.

79. 그리스어 단어는 καιρός. 이 단어는 "어떤 한 시점" 또는 "적절한 시기"라는 보다 특정적인 또는 한정적인 의미를 (항상은 아니지만 흔히) 갖는다는 점에서 χρόνος와 다르다(참조. Trench, *Synonyms*, 209-12).

80. 일부 학자들이 갈 4:4을 "때가[χρόνος] 가득참"으로 해석하는 것과 같다(S-H).

81. Godet.

82. Murray.

83. Käsemann; Dunn.

7 이 절의 요점은 금방 알 수 있을 만큼 분명하다.[84] 바울은 하나님이 그의 아들을 보내어 그를 미워하는 자들을 위해 죽게 하신(8절) 반면, 인간의 사랑은 고작 자기와 가까운 사람 - 배우자, 자식, 죽마고우 - 을 위해 목숨을 버리는 것이 최고라는 점을 우리에게 상기시킴으로써 그리스도의 십자가에서 나타난 하나님의 사랑을 부각시킨다.[85] 그러나 바울이 이 점을 진술하는 방식이 다소 혼란을 일으킨다. 그 이유는 두 어절 - "의인을 위하여 죽을[86] 자가 쉽지[87] 않고"와 "선인을 위하여 용감히 죽는 자가 혹 있거니와" - 사이의 관계가 어떤 것인지 분명치 않기 때문이다. 해석은 두 범주로 나뉜다. 한편으로는 첫 번째 문장 속의 "의인"과 두 번째 문장 속의 "선인" 사이를 특별히 구분하는 것에 중요점을 두지 않는 사람들이 있다. 그렇다면 두 번째 문장은 첫 번째 문장을 대체한 것인데, 바울의 서기관인 더디오가 "수정되지 않은" 첫 번째 문장을 실수로 그냥 남겨둔 것으로 볼 수 있다.[88] 또는 두 번째 문장은 남을 위하여 죽을 사람이 "좀처럼" 없다는 단정을 "완화하여" 첫 번째 문장의 뜻을 명확하게 한 것[89]이거나 혹은 단순히 강조를 하기위해 개념을 반복한 것일 수 있다.[90] 두 번째 범주에는 두 번째 문장에 양보의 의미를 부여하는 해석들이 있다. 즉, 이 문장에 양보의 의미를 부여하면 "비록[91] 선인을 위하여 용감히 죽는 자는 있을지 모르지만, 의인을 위하여 죽는 자가 쉽지 않고"라는 식의 번역이 나온다. 이 견해대로 하면 "선인"은 첫 번째 어절의 "의인"보다 남의 마음을 더욱 강하게 끄는 사람이다. "의인"이 태도가 바르고 곧으며 따라서 어느 정도 우리의 존경을 받을 자격이 있는 사람이라면, "선인"은 우리가 인간적으로

---

84. 이 구절 또는 그 일부가 해설이라고 생각할 근거가 충분하지 않다(이와 반대 의견으로는 Jewett).

85. 그러므로 이 절의 첫머리에 나오는 *γάρ*는 설명을 위한 것으로, 7-8절의 논증 전체를 이끈다.

86. 미래 시제의 *ἀποθανεῖται*("죽을")는 격언적(gnomic)이다(BDR §349[1]).

87. 그리스어로는 *μόλις*. 이 부사는 보통 어떤 행위를 완수하기 어려움을 가리키지만(눅 9:39; 행 14:18; 27:7-8, 16; 벧전 4:18), 여기서는 - 바울 서신에서만 유일하게 나오는데 - 아마 그 행위가 얼마나 드물게 일어나는지를 가리킬 것이다 (BDAG; 또한 "일반적으로 그렇지 않음", "좀처럼" 중 하나를 선택하는 것을 언급한다).

88. Barrett; Käsemann.

89. Murray; Wilckens.

90. E. Seitz, "Korrigiert sich Paulus?," 279-87.

91. 그리스어 불변화사는 *γάρ*인데, 이것은 보통은 이런 종류의 의미를 갖지 않는다. 그러나 이 불변화사가 첫 번째 어절 다음에 유사한 뜻으로 거듭 나올 때는 예외가 될 수 있다(BDAG 1. c를 보라).

강하게 끌리며 따라서 보다 기꺼이 목숨을 걸고 따를 상대가 되는 셈이다.[92] "의"와 "선함" 사이의 이런 식의 차별화가 신약에서 별로 뒷받침되지 않는 것은 사실이다.[93] 그러나 이런 차별화가 성경 이외의 자료들에서는 어느 정도 뒷받침된다.[94]

8 인간이 보여 줄 수 있는 최고의 사랑과 대조되는 것이[95] 하나님의 사랑이다. "우리가 아직 죄인 되었을 때에 그리스도께서 우리를 위하여 죽으심으로[96] 하나님께서 우리에게 대한[97] 자기의[98] 사랑을 확증하셨느니라[99]"가 그것이다. "우리/우리의 죄를 위하여 죽으심"이라는 그리스도의 언어는 그리스도의 죽음의 의미에 대한 기본적인 초기 기독교 진술이다 (특히 고전 15:3; 살전 5:9-10; 고후 5:14; 롬 14:15을 보라; 또한 벧전 3:18도 보라).[100] 여기서도 우리는 하나님의(*God's*) 사랑이 그리스도의(*Christ's*) 죽으심을 통해 증명되었다는 것을 본다 (6절을 보라). 고먼(Gorman)이 옳게 지적하듯이, "(신학적 주장으로 적절하게 말하자면) 하나님의 은혜/사랑과 주도권 과

---

92. 이것이 아마 가장 인기 있는 견해일 것이다(예를 들어, Bengel, S-H를 보라). Cranfield는 이 해석을 약간 달리하여 τοῦ ἀγαθοῦ가 한 사람의 "은인"(benefactor)을 가리키는 것으로 본다 (이 관사는 거의 소유격적인 의미를 갖는다. 즉, "그의 은인"). 또한 Clarke, "Good and the Just," 128-42 (관점들에 대한 연구)도 보라. 다른 학자들은 τοῦ ἀγαθοῦ를 그리스-로마 문헌들에 기초하여 하나님을 가리키거나(T. W. Martin, "Good as God," 59-65) 또는 (중성 단어로써) "공공선"을 가리키는 것으로 이해한다(예를 들어, Godet; Wolter; 같은 저자, *Rechtfertigung*, 74-75).
93. 이 단어들이 함께 쓰이는 신약의 세 곳(마 5:45; 눅 23:50; 롬 7:12)에서는 그 의미에 있어서 구별이 불가능한 것으로 보이며, 이 용어들을 쓰는 바울의 일반적인 용법에서도 어떤 뚜렷한 구별을 찾아볼 수 없다.
94. 예를 들어 Irenaeus는 영지주의자들이 "구약의 하나님"을 δίκαιος로, 그리고 "신약의 하나님"을 ἀγαθός로 규정한다고 주장한다(*Haer.* 1.27.1; 또한 Cicero, *De Officiis* 3.15[라틴어]). 또한 Lightfoot과 S-H가 수집한 예들을 보라. Wisse("Righteous Man," 91-93)는 δίκαιος와 ἀγαθός 사이에 아무런 차이가 없다면서 7a절은 6절에, 그리고 7b절은 8절에 붙이지만, 7절의 두 부분은 서로 연관되어 있음이 너무도 분명한 만큼 이런 분리는 정당화될 수 없다.
95. 이 절을 시작하는 단어가 δέ인데, 이 단어는 이 곳에서 약한 대조의 의미를 나타낸다.
96. 그리스어 접속사로 ὅτι가 쓰였다(BDF §394를 보라).
97. εἰς ἡμᾶς("우리에게 대한")를 συνίστησιν이 아니라 ἀγάπην("사랑")에 잇는다(Cranfield를 보라; 그 반대는 S-H를 보라).
98. 강조적인 ἑαυτοῦ.
99. 그리스어 동사 συνίστημι는 3:5에서와 같이 "보여주다" 또는 "증명하다"를 의미한다.
100. 바울은 의심할 여지없이 이 개념을 구약의 희생제사 제도와 사 53장의 고난받는 종에 대한 예언에서 차용했다. 그러나 그는 또한 형벌 대속적 죽음에 관한 그리스-로마 세계의 널리 퍼진 전통에 의해 영향을 받았을 수도 있다(연극 Euripides의 *Alcestis*에 그 뿌리를 둠) (Gathercole, *Defending Substitution*, 85-107).

(기독론적 주장으로 말하자면) 그리스도의 은혜/사랑과 자기-은사의 결합은 확실히 기독교 신학에 대한 바울의 가장 풍부하고 심오한 공헌 중 하나다."[101] 우리는 또한 그리스도의 십자가상에서 죽으심이라는 객관적이며 실제적으로 일어난 사건으로 증명된 하나님의 사랑과 신자의 마음에 경험된(5b절) 하나님의 사랑이 일치한다고 - 심지어 더 나아가 동일하다고 - 바울이 여기고 있음도 알 수 있다. 하나님의 사랑을 마음으로 느끼고 감동한다고 해도, 그것 만으로는 버림받고, 정죄 받아, 지옥으로 떨어지게 된 사람에게 위로가 거의 되지 않는다. 그러나 하나님이 진실로 "세상을 사랑하사" 십자가에 못 박히셨다는 냉철하고 진지한 역사적 해석도 그리스도를 믿음으로써 그 사랑을 경험하고 받아들이는 데는 사람에게 별로 도움이 되지 않는다. 이 두 가지를 궁극적으로 분리할 수 없는 한 위대한 사랑의 두 측면으로 경험하게 될 때 비로소 "소망이 우리를 부끄럽게 아니함"이라는 우리의 확신이 강하고 흔들림이 없게 될 것이다.

9 9-10절에서 바울은 1-8절의 중요한 조각들을 모아 기독교인의 소망(2b, 5a절)이 이루어질 것이 확실하다는 이 문단 전체의 핵심 요점을 되풀이하고 확장하여 종합한다.[102] 이 두 절이 같은 요지의 평행하는 진술이라는 것을 다음과 같이 배열해 보면 금방 알 수 있다.

9절	10절
	곧 우리가 원수 되었을 때에
그의 피로 말미암아	그의 아들의 죽으심으로 말미암아
의롭다 하심을 받았으니	하나님과 화목하게 되었은즉
	화목하게 된 자로서는
더욱	더욱
그로 말미암아	그의 살아나심으로 말미암아

101. Gorman, *Death of the Messiah*, 173.

102. 사실, 이 구절들에 있는 포괄적인 종말론적 초점은 하나님의 사랑과 십자가에 대한 6-8절의 고전적인 표현과 결합되어 N. T. Wright가 5:6-11이 "바울 신학의 핵심을 표현하는 대부분의 핵심 구절들만큼 훌륭한 표현"이라고 주장할 수 있는 것이다(*Paul and the Faithfulness of God*, 2.885).

진노하심에서

구원을 받을 것이니 구원을 받을 것이니라

이 절들 각각에서의 논증은 랍비들이 칼 바호메르 (*qal waḥōmer*; "가벼운 것과 무거운 것")라고 부르고 서방 전승에서는 아 미노리 아드 마이우스 (*a minori ad maius*; "작은 것에서 큰 것으로")라고 부르는 유명한 점증적 논법의 형식을 취한다.[103] 하지만 이 경우에는 바울이 전환하는 부분에서 "더욱"은 이 논증이 "큰 것"에서 "작은 것"으로 전개된다는 것을 시사한다.[104] 즉, 하나님이 하시기에 가장 어려운 - 무가치한 죄인들과 화목하고 그들을 의롭다 하시는 - 일을 이미 행하셨다면, "그보다 더 쉬운" - 자신과 그런 관계를 맺게 된 사람들을 종말론적 진노로부터 구원하시는 - 일을 하실 수 있음은 얼마나 더욱 확실히 믿을 만하지 않겠느냐는 것이다.[105] 이 이중 진술에서 바울은 그가 1-8절에서 언급했고 현재 기독교인이 경험하는 많은 요소들을 첫번째 부분 속에 통합한다. 즉, "믿음으로 의롭다 하심을 받았으니"(1a절; 9a절에서는 암시됨), "하나님과 화평을 누린자"(1b절; 10절에서 화목의 언어로 거론됨), 십자가 위와 우리의 마음에 드러난 하나님의 사랑(5b-8절; 10절에서 하나님의[God's] 아들의 죽으심을 강조하는 것으로 암시됨), 우리가 이 모든 것을 경험한 것이 우리가 "경건하지 않은 자", "연약한 자", "죄인"이었을 때였다는 것(6-8절. 10a절의 "원수"를 보라)이 그것들이다. 마찬가지로 논증의 두번째 부분은 2b절과 5a절의 "소망"을 재진술하고 부연한다.

1절에서와 마찬가지로 "의롭다 하심을 받았으니"[106]은 그리스도를 믿는 죄인

103. Str-B, 3.223-26; 그리고 Bonsirven, *Exégèse rabbinique*, 83-88을 보라. m. 'Abot 1:5의 "여자와는 말을 많이 하지 마라. 이것은 자기 아내를 두고 하는 말인데, 친구 아내라면 더 말할 것 없는 것 아니냐!"에서의 예시를 주목하라.

104. 이 점이 Godet; Meyer; Wolter, *Rechtfertigung*, 179-80에 의해 강조된다. Bonsirven 또한 랍비의 칼 와호메르에서 논증의 양쪽 모두의 방향 - 큰 것에서 작은 것으로, 그리고 작은 것에서 큰 것으로 - 이 발견된다고 지적한다(*Exégèse rabbinique*, 85).

105. Longenecker는 "기독교 복음에는 단순히 칭의(justification)에 대한 법정적 교리보다 더 많은 것이 있다"(570)라고 제안한다고 할 때 바울의 "얼마나 더 많이" 논증의 중요성을 잘못 알고 있다고 할 수 있다. 그 진술 자체가 사실일 수도 있지만 여기서 바울의 논증은 칭의의 중요성을 결코 최소화하지 않는다. 오히려 이 논증은 하나님의 궁극적인 구원을 위한 기초로서의 중요성을 강조한다.

106. 그리스어로는 부정과거 분사인 δικαιωθέντες다.

에게 선고된 과거의 무죄 선언을 가리킨다. 그러나 "이제"는 그렇게 무죄 선언된 자들의 "의로운" 상태가 지속된다는 뉘앙스를 덧붙인다. 이 의롭다 하시는 행위는 그리스도의 피로 인하여 일어난다.[107] 3:25에서와 마찬가지로 "피"는 그리스도의 죽음이 죄를 속하기 위한 희생 제사임을 상징한다. 로마서 안에서 "피"가 이런 희생제사의 의미를 갖는 곳은 오직 두 곳 뿐이며, 9-10절과 3:21-26 사이의 다른 유사성(칭의, [힐라스테리온으로 암시되는] 진노로부터의 구원)은 바울이 이곳에서 도출하고 있는 것이 그가 그리스도의 사역을 탄탄하게 요약해 놓은 곳(3:21-26)으로부터 나온 것임을 시사한다.[108] 그리스도의 희생적인 죽음을 기초로 하여 신자에게 전달된 의롭게 된 상태는 진노로부터의 구원으로 이어진다. 이 절의 시간적인 요소는 진노가 여기서 종말론적 심판을 가리키고 있음을 확실히 한다(2:5을 보라). 그러므로 "구원을 받을 것이니"는 전적으로 미래에 일어날 시간적인 사건이다. 전형적으로 바울이 쓰는 방식대로, 그는 신자가 죄와 사망과 심판으로부터 받는 최종적 구원을 묘사하기 위해 구원의 언어를 쓴다.[109] 구원은, 그리스도 안에서 성취되고 신자가 그리스도를 소유함(appropriation)으로 달성되는데, 이것은 마지막 날에야 최종적으로 실현된다. 이 이중의 시간적 개념이 전형적인 신약의 가르침이다. 이 가르침은 신자가 구원을 받아들이는 것이 절대적이고 최종적인 본성이라고 역설하면서 동시에 몸이 구속되고 영화되기까지는 그 구원이 완성된 것이 아니라는 주장을 유지한다(롬 8:23; 빌 3:21을 보라). 정확하게는 "이미-그러나 아직"(already-not yet)이라는 관점에서 생긴 긴장 때문에, 신자의 칭의와 마지막 날에 부어질 하나님의 진노로부터의 구원이 뗄레야 뗄 수 없게 연결되어 있다고 선포해야 할 필요

---

107. 그리스어는 ἐν τῷ αἵματι. 여기서 ἐν은 필시 조격(instrumental)이겠지만 (BDF §195 [1{e}]; Moule, *Idiom Book*, 77), 이 구문은 "…의 대가로"를 뜻하는 "히브리어 어형"(בְּ)일 가능성도 있다 (N. Fryer, "Reconciliation," 48).

108. 예를 들어, Findeis, *Versöhnung-Apostolat-Kirche*, 280-86을 보라.

109. 이 σῴζω의 미래 지향적인 용법은 바울 서신에서는 꽤 일반적이다. 바울이 이 동사를 개종과 동시에 죄의 처벌로부터 얻는 구원을 가리키기 위해 쓰는 경우가 종종 있지만(예를 들어, 롬 8:24; 엡 2:5, 8), 기독교인이 죄와 이 세상의 악들과 그리고 특히 심판으로부터 최종적으로 구원받는 것을 묘사하기 위해 이 단어를 (그리고 그 동족어들을; 롬 13:11) 쓰는 경우가 더 많기 때문이다(예를 들어, 고전 3:15; 5:5; 빌 2:12). 바울은 기독교인이 구원을 **받은 것으로**(*having been*), 구원받기를 **고대하는 것으로**(*looking forward*) 그리고 구원받는 **과정에 있는 것으로**(*in the process of*) 묘사한다(참조. 고후 2:15; 살후 2:10). 그러나 바울 서신의 문맥과 일반적인 용법으로 볼 때 이곳에서의 동사가 현재와 미래를 모두 가리키는 것 같지는 않다(이와 반대 의견으로는 Longenecker).

성이 생긴다. 바울은 이 양자 사이의 불가분적인 연결을 제안하는 뜻에서 시작된 구원이 "그 피를 말미암아"이듯이 마지막 구원도 "그로 말미암아"라고 주장한다. 바울의 이 말은, 10절의 평행구인 "그의 살아나심으로 말미암아"에 비추어볼 때, 아마도 그리스도의 부활을 통해 부활하신 그의 중재에 근거하여 "능력으로 하나님의 아들로 선포되셨다"(1:4; 8:35를 보라)를 의미할 것이다.[110]

10 10절과 9절의 평행성은 두 절의 차이점을 더욱 두드러지게 만든다. 아마 가장 흥미로운 것은 "의롭다 하심을 받았으니"가 "화목하게 되었은즉"으로 대체된 점일 것이다. 칭의라는 용어는 신자가 재판관에 의해 무죄 선언 받는 것을 묘사하는 적법한 법정 용어다. 반면에 화목이라는 용어는 인간 관계의 세계로부터 나온다. "화목하게 하다"는 소원해진 또는 적대적인 두 당사자를 가까워지게 하다 또는 평화롭게 만들다는 뜻이다 (고전 7:11을 보라).[111] 화목의 용어는 타종교에서는 거의 쓰이지 않는데, 그것은 인간과 신 사이의 관계를 인간 관계의 범주에서 적절하게 가리키는 용어가 타종교에는 없기 때문이다.[112] "화목"이라는 용어가 바울 서신에서 그다지 두드러지는 것은 아니지만 중요한 곳에서는 사용되며 개념적으로 "화평"(1절)과 같은 다른 단어와 연결되어 있다.[113] 그러므로 바울의 신학에 있어서 화목은 중요한 측면을 갖는다.[114] 바울에게 있어서 화목은 두가지 측면 또는 "순간"을 갖는다. 이는 십자가에 달리신 그리스도로 말미암은 화목의 성취(고

110. Godet을 보라.

111. 따라서 이곳의 두 이미지는 그리스도 안에서 일어나는 인간과 하나님 사이의 변화된 관계를 보완하는 묘사다. 이 둘은 "구조적으로 유비관계다" (G. P. Anderson, *Paul's New Perspective*, 312) 이 둘은 단순한 동의어도 아니고 (이와 반대의 의견으로는 Barrett), (R. Martin이, *Reconciliation*, 151에서 주장하는 바와 같이) 화목이 칭의의 다음단계도 아니다. Longenecker는 또한, 합당한 논증 없이, 여기서 바울이 칭의에서 화목으로 이동했다고 주장한다. 그러나 바울은 분명히 이 둘을 평행하게 놓는다.

112. F. Büchsel, *TDNT* 1.254.

113. 동사 *καταλλάσσω*는 이곳과 고후 5:18, 19, 20에서 두 번 사용된다. 반면, 복합형 동사 *ἀποκαταλλάσσω*는 엡 2:16과 골 1:20, 22에 사용된다. 이와 동족 명사 *καταλλαγή*는 11절과 고후 5:18, 19에서 발견된다. 이 단어와 그 신학적 기여에 대한 연구는 특히, Porter, *Καταλλάσσω in Ancient Greek Literature*; Breytenbach, *Versöhnung*을 보라.

114. 앞서 주목해 보았듯이 (5:1-11의 각주 29을 보라) 몇몇의 해석가들은 화목이 바울 신학의 중심이라고 생각한다.

후 5:19의 "하나님께서 그리스도 안에 계시사 세상을 자기와 화목하게 하시며"를 보라)[115]와 그 완료된 행위를 신자가 받아들이는 것(고후 5:20b의 "그리스도를 대신하여 간청하노니 너희는 하나님과 화목하라"를 보라)이 그것이다. 당연한 이야기지만 초점은 이러한 순간 중 하나 또는 다른 순간이 될 수 있지만 하나님의 화목하게 하시는 행위는 결국 하나의 행위이며, 이 절에서는 그 완전한 과정이 보인다. 바울은 화목이라는 용어에 암시되어 있는 적대 관계를 명백하게 만든다. 즉, 우리가 하나님과 화목하게 된 것이 "우리가 원수 되었을 때"라고 분명히 밝힌다. 바울이 이렇게 밝히는 것은 우리가 반역하는 죄인으로서 하나님을 향해 대적한다는 - 하나님의 법을 어기고 다른 신들을 하나님 대하여 섬긴다는 - 뜻으로 하는 말에 지나지 않을지도 모른다.[116] 그러나 바울이 이 편지에서 반복하여 확언했듯이(1:18; 3:25을 보라), 하나님 역시 우리를 "대적하신다." 우리의 죄가 당연히 하나님의 진노를 샀으며, 그 진노가 우리에게 내린 선고로 남아 있다가(1:19-32) 심판의 날에 결국 집행된다는 것이다(2:5). 그렇다면 바울이 여기서 가리키는 "원수 됨"은 아마 하나님에 대한 인간의 적대감만이 아니라 인간에 대한 하나님의 적대감도 포함할 것이다.[117] 그리스도 밖에 있는 사람들이 하나님과 "원수 됨"의 상황에 있으며, 화목되었을 때 그 신분 또는 관계가 바뀌어 우리가 하나님과 "원수" 관계로부터 하나님의 "자녀" 관계로 바뀌는 것이다(롬 8:14-17을 보라).

9절에서 칭의가 그리스도의 피로 "말미암아" 이루어지듯이, 여기서 화목도 "[하나님의] 아들의 죽으심으로 말미암아[118]" 일어난다. "(우리가) 구원을 받을 것이니라" 역시, 더 이상의 수식어가 따르지는 않을지라도, 9절과 같은 동사가 가리키는

115. 예를 들어, N. Fryer("Reconciliation," 56), Morris(*Apostolic Preaching*, 198-99), 그리고 Ladd(*Theology*, 493-94)는 화목의 객관적 측면의 중요성에 대해 설명한다.

116. 예를 들어, Kuss, Käsemann; Wilckens; Jewett; Lohse를 보라.

117. 예를 들어, Godet; Dunn; Fitzmyer; Wright; Morris, *Apostolic Preaching*, 199를 보라. 다른 학자들은 바울이 인간을 향한 하나님의 적대감만을 가리킨다고 생각한다(예를 들어, Haldane; R. Martin, *Reconciliation*, 144; N. Fryer, "Reconciliation," 52-53; Wolter, *Rechtfertigung*, 86). 바울이 ἐχθρός를 9번 사용하는데, 그 가운데 여섯 번은 능동태이고(주어의 타자를 향한 적대감을 나타낸다 -롬 12:20; 고전 15:25, 26; 갈 4:16; 빌 3:18; 골 1:21을 보라), 한 번은 수동태이며(살후 3:15), 두 번은 아마도 양쪽 모두의 의미(롬 5:10와 11:28)를 가질 것이다.

118. 그러나 여기에서 그리스어 전치사는 διά이다(9절에서 ἐν 대신 사용됨). 그러나 이 둘은 종종 그 의미가 겹친다.

것과 같은 것을 지시하고 있을 것이 분명하다. 즉, 심판의 날에 있을 하나님의 진노로부터의 구원이다. "그의 살아나심으로 말미암아(헬. 엔[*en*])"라는 어구의 의미는 명확하지 않다. 이 어절은 조격(instrumental)의 의미가 확실한 9절의 "그로 말미암아"와 평행을 이루는 것으로 보인다. 그러나 아마도 우리는 여기서 바울이 선택한 전치사를 존중해야 할 것이다. 이 전치사는 확장된 의미에서도 "방지"라는 기본 개념을 가지고 있다.[119] 따라서 바울이 로마서 5-8장에서 자주 사용하고 신학적으로 의미 있는 "그리스도로 말미암아"라는 표현을 고려할 때, 바울은 우리의 구원이 그리스도 또는 그의 삶의 "영역에서" 일어난다고 말하는 것으로 우리는 이해해야 한다.[120] 그리스도의 "살아나심"은 아마도 그의 부활된 상태, 즉 신자들이 그리스도와의 연합에 참여하는 상태를 가리킬 것이다(롬 6:5, 8-10; 참조. 4:25).[121]

11 이 절은 이 문단의 핵심 요소들 가운데 많은 요소를 반복하는 것으로 이 문단을 이렇게 요약한다. "즐거워하느니라"(2-3절), 하나님과의 화목이라는 현재의 경험(1b, 10절) 그리고 무엇보다도 이 즐거워함과 화목이 "우리 주 예수 그리스도로 말미암아"(1, 2, 6-8, 9, 10절) 얻은 것이라는 사실이다.[122] 그러나 이 절이 이 문단의 나머지 전체에 대해서 갖는 정확한 관계는 두 개의 구문론적인 문제에 관해 우리가 어떤 결정들을 내리느냐에 따라 달라진다. 그 첫째는 전환의 어구인 "그뿐 아니라"에서의 비교점에 대한 문제다.[123] 바울의 이 말이 선행 절로부터의 전환을 뜻하는 것이라면, 비교점은 "(우리가) 구원을 받을 것이니라"일 수도 있고 - "우리가 구원을 받을 뿐만 아니라…"[124] - 또는 "화목하게 되었다" 일 수도 있다 - "[우리가] 화목하게 되었을 뿐만 아니라 [우리가] 즐거워하느니라."[125] 다른 한편, 바울은 우리가 본문의 훨씬 앞쪽으로 돌아가서 암시된 연결을 찾기를 바랄 수도 있다. 만약 그렇다면 그 연결이 마지막으로 3절에서 쓰인 "즐거워하나니"로 이어질 수도

119. 나는 ἐν에 대한 이러한 이해에 관하여 Steven Runge 박사에게 빚을 지고 있다.
120. S-H; Nygren.
121. Murray; N. Fryer, "Reconciliation," 50; 그리고 Moule, *Idiom Book*, 194-95에서의 논의를 보라.
122. N. Fryer, "Reconciliation," 39, 53-54을 보라.
123. 그리스어로는 *οὐ μόνον δέ*. 영어 성경 번역의 "그"는 영어 어구의 의미를 이해하는 데 필요한 첨가다.
124. Chrysostom; Cranfield.
125. Meyer.

있고 - "우리가 환난 중에도 즐거워하나니… 안에서 또한 즐거워하느니라"[126] - 아니면 보다 일반적으로 3-10절 전체의 가르침으로 이어질 수도 있다 - "다만 이뿐 아니라 …"[127] 바울이 다른 곳에서 이 전환하는 어구를 선행 진술을 강화시키는데 쓰는 만큼,[128] 그는 우리가 10절에서 어떤 것을 보충하기를 바랄 가능성이 더 크다. 그리고 그 경우 "구원"이 "화목"보다 더 우선시되는데, 이는 화목이 10절에서 11절의 전자보다 먼저 나오기 때문이다.

두 번째 문제는 우리가 "즐거워하느니라"로 번역한 동사의 법(mood)에 관한 것이다. 이것은 그리스어로 분사 형태이며,[129] 그렇다면 이것은 종속 동사이므로 따로 본동사가 있다고 볼 수도 있다. 이 본동사가 10절의 "(우리가) 구원을 받을 것이니라"가 될 수 있다.[130] 그러나 분사를 문장의 본동사로 삼는 것이 (그리스어에서는) 문법적으로 허용되며,[131] 그렇게 하는 것이 좀 더 부드럽게 읽히는 것이기도 하다. 그러므로 우리는 바울이 5-10절에서 신자의 미래에 대한 전망에 몰두했다가 11절에 이르러 신자가 이 세상의 삶에서 하나님이 하신 모든 것에 대해 보이는 반응을 특징짓는 "자랑스러워함" 또는 "즐거워함"[132] - 하나님이 우리에게 주시는 모든 것이 "우리 주 예수 그리스도로 말미암아" 된 것임을 즐거워함 - 을 돌아보고 있는 것으로 해석한다. 그러나 우리는 아마 신자의 반응을 "특징짓는다"고 말하기보다 "특징지어야 한다"(should mark)고 말해야 할 것 같다. 왜냐하면 우리가 즐거워하는 것을 바울이 하나의 사실로서 진술하고 있다고는 해도, 누구든 주저하거나 의기소침해 있으면 그가 그리스도 안에서 갖는 것 - 현재의 모든 역경을 극복하게 하고 ("환난 중에도 즐거워하나니") 앞으로 올 세상에서의 삶을 절대적으로 보장해 주는 ("하나님의 영광을 바라고 즐거워하느니라", "소망이 우리를 부끄럽게 하지 아니함은", "진노하심에서 구원을 받을 것이니") 하나님과의 새로운 관계 - 을 다시 묵상하라

126. Stuart.

127. Bengel; Michel; Käsemann; Dunn.

128. 롬 5:3; 8:23; 9:10; 고후 7:7; 8:19; 딤전 5:13.

129. 그리스어로는 καυχώμενοι.

130. Godet을 보라. 그는 οὐ μόνον δέ 다음에 다른 분사(σῳζόμενοι, "구원받음")가 따라오는 것으로 읽어야 한다고 가정한다. 그는 다음과 같이 바꾸어 말한다. "훨씬 더 확실하게 우리가 구원을 받을 것이다(10절의 변형) 그리고 우리가 구원을 받을 뿐만 아니라 하나님을 영화롭게 하느니라."

131. Moulton, *Prolegomena*, 224; Moule, *Idiom Book*, 179.

132. 이 동사의 의미에 관한 우리 주석서의 3절 해설을 보라.

고 격려하고 싶을 것은 의문의 여지가 없기 때문이다. 이러한 묵상은 오직 즐거움으로만 이어진다. 그래서 크리소스토모스는 이렇게 말했다. “그러므로 그가 우리를 구원하신다는, 그것도 우리가 그런 곤경에 빠져 있었을 때 구원하신다는, 그리고 그것을 그의 독생자로 말미암아 하신다는, 그것도 그의 독생자로 말미암아서만이 아니라 그의 피로 말미암아서 하신다는 사실이 우리를 위한 영광의 면류관을 끝없이 만들어가는 것이다.”

2. 은혜와 생명의 왕노릇(5:12–21)

12 그러므로 한 사람으로 말미암아 죄가 세상
에 들어오고 죄로 말미암아 사망이 들어왔
나니 이와 같이 모든 사람이 죄를 지었으
므로 사망이 모든 사람에게 이르렀느니라
13 죄가 율법 있기 전에도 세상에 있었으나
율법이 없었을 때에는 죄를 죄로 여기지
아니하였느니라
14 그러나 아담으로부터 모세까지 아담의 범
죄와 같은 죄를 짓지 아니한 자들까지도
사망이 왕 노릇 하였나니 아담은 오실 자
의 3)모형이라
15 그러나 이 은사는 그 범죄와 같지 아니하
니 곧 한 사람의 범죄를 인하여 많은 사람
이 죽었은즉 더욱 하나님의 은혜와 또한
한 사람 예수 그리스도의 은혜로 말미암은
선물은 많은 사람에게 넘쳤느니라
16 또 이 선물은 범죄한 한 사람으로 말미암
은 것과 같지 아니하니 심판은 한 사람으
로 말미암아 정죄에 이르렀으나 은사는 많
은 범죄로 말미암아 의롭다 하심에 이름
이니라
17 한 사람의 범죄로 말미암아 사망이 그 한
사람을 통하여 왕 노릇 하였은즉 더욱 은
혜와 의의 선물을 넘치게 받는 자들은 한
분 예수 그리스도를 통하여 생명 안에서
왕 노릇 하리로다
18 그런즉 한 범죄로 많은 사람이 정죄에 이
른 것 같이 한 의로운 행위로 말미암아 많
은 사람이 의롭다 하심을 받아 생명에 이
르렀느니라
19 한 사람이 순종하지 아니함으로 많은 사
람이 죄인 된 것 같이 한 사람이 순종하심
으로 많은 사람이 의인이 되리라
20 율법이 들어온 것은 범죄를 더하게 하려
함이라 그러나 죄가 더한 곳에 은혜가 더
욱 넘쳤나니
21 이는 죄가 사망 안에서 왕 노릇 한 것 같이
은혜도 또한 의로 말미암아 왕 노릇 하여
우리 주 예수 그리스도로 말미암아 영생에
이르게 하려 함이라

신학적 중요성에 있어 3:21-26에 필적하는 이 단락에서 바울은 구속사의 대략적인 조감도를 그린다. 그의 도화지는 인간 역사이며, 그 폭은 우주 전체에 펼쳐진다. 이 문단에서는 유대인과 이방인에 대한 이야기가 들리지 않는다. 이 이야기들은 "인간"[133]이라는 보다 큰 범주 아래에 종속된다. 이러한 관점은 개인에 관심을 두기 보다는 인간 전체를 포괄한다. 모든 사람이 두 부류의 사람 중의 한 부류와 관련되며, 이 두 부류 사람의 행위가 그 부류에 속하는 모든 사람의 영원한 운명을 결정한다고 바울은 가르친다. 두 부류 중 어느 누구든 아담에게 속하여 그의 죄 또는 불순종으로 인한 사망의 선고를 받거나, 아니면 그리스도에게 속하여 그의 의로운 행위 또는 순종으로 인하여 영생의 확신을 받는 것이다. 그러므로 아담

133. Beker(*Paul the Apostle*, 85)가 지적하듯이.

과 그리스도의 행위는 각자 다른 뜻으로 새로운 시대를 연다는 의미를 갖는다는 점에서 유사하다. 그러나 그 미치는 영향력 측면에서 보면 이 둘은 같지 않다. 그리스도의 행위는 아담의 행위가 미치는 영향을 완전히 극복할 수 있기 때문이다. 누구든 하나님이 그리스도 안에서 주시는 "선물을 받는" 자는 사망의 왕노릇이 은혜와 의와 영생의 왕노릇에 의해 완전히 그리고 최종적으로 극복됨을 알고 안도와 기쁨을 느끼게 된다(17, 21절 참조).

그리스도의 순종의 행위가 아담의 불순종의 행위를 극복하는 영향력에 관한 것이 이 문단의 큰 주제다. 우리는 이 단락에서 죄에 관련하여 나오는 말에 지나치게 연연하여 이 주제를 소홀히 여기는 우를 범해서는 안 된다. 이 주제는 이 단락의 구조에서 허리가 되는 "…와 같이 …도"라는 비교 구문에서 나타난다(12, 18, 19, 21절). 또한 15-17절의 "…와 같지 아니하니 …니라"라는 부정의 비교 구문도 보라. 이러한 아담과 그리스도의 비교(수사학적 용어로 대조비교법[쉰크리시스; *synkrisis*])는 이 단락(12, 18, 19, 21절)을 지배한다. 각각의 경우에 아담과 그의 죄와 그에 따른 결과들은 "…와 같이" 어절이나 "…와 같지 아니하니" 어절에서 눈에 띄고, 그리스도와 그의 의의 행위와 그에 따른 결과들은 "…도" 어절이나 "…니라" 어절에서 나타난다.[134] 아담의 죄의 보편적인 결과는 바울 논증에서 **전제**(*assumption*)가 되며, 그리스도의 행위로 인한 영향력으로 인하여 이러한 상정을 취소할 수 있다는 것이 그 **목표**(*goal*)다. 바울은 두 번째 핵심 구조적인 요소로 그리스도의 영향력을 강조한다. 즉, "더욱… 넘치게…"(15, 17절)로 표현한다. 그리스도의 사역은 아담이 행했던 비참한 결과를 무효화하는 그 이상이다.

이 논증은 편지의 나머지 부분에 대해 어떤 관계를 갖는가? 의견들이 확연히 갈리는데, 예를 들어, 이 단락을 "이 서신의 논리적 중심"으로 규정하는 한 편이 있고,[135] "하나의 여담"으로 규정하는 다른 한 편도 있다.[136] 우리가 5-8장의 서문에서 지적했듯이, 5:12-21은 때로는 그 선행절들과 더 잘 연결되고, 때로는 그 후행절들과 더 잘 연결된다. 그리고 양 쪽 모두와의 연결도 분명히 있다. 그래서 아

134. 12-13절에서는 "…도 …니라" 어절이 명백하게 드러나지 않지만, 바울의 논증이 이러한 의미를 상정하고 있음은 분명하다(12절의 각주를 보라).

135. Griffith Thomas; 또한 Nygren, 207을 보라.

136. Denney, 627.

담으로 말미암은 정죄와 대조하여 그리스도에 의해 확보된 칭의를 강조하는 부분(18-19절)은 1:18-4:25의 중심 주제 - 특별히 칭의가 "모든 믿는 자에게"(3:22) 미친다는 중대한 교리(tenet) - 를 환기시킨다.[137] 반면에 5:12-21에서 처음 나오는 개념들 가운데 몇 개 - "은혜", "사망", "죄"의 왕노릇, 율법의 죄를 낳는 효과(13-14, 20절), "아담 안에서"와 "그리스도 안에서"라는 통합 구조 등 - 는 틀림없이 6-8장을 지배하게 될 개념들이다.[138] 우리는 5장 전체가 1-4장보다는 6-8장과 더 밀접하게 연결되는 것으로 보는 논증들을 여기서 되풀이하지는 않을 것이다(5-8장의 도입부분을 보라). 이 시점에서 필요한 것은 5:12-21과 바울 논증의 이전 과정 사이의 관계를 만드는 일이다. 주요 연결점은 바로 앞의 문단에서 최종 구원에 대한 확신의 가르침(2b, 9-10절)과의 연결이다. 이 단락에서는 의롭다 하심을 얻고 화목하게 된 사람이 어떻게 하나님의 진노하심으로부터 구원받고 또한 "하나님의 영광"에 참여할 것으로 확신할 수 있는지 그 이유를 알려 준다. 즉, 그리스도의 순종의 행위가 "그리스도 안에" 있는 모든 사람에게 영생을 보장하기 때문이라는 것이다. 우리는 1인칭 동사("우리", "내가")가 지배하는 주변 단락(5:1-11; 6:1-8:39)과는 달리 이 단락은 3인칭("그", "그들")-신학과 권고의 다른 요점을 지지하기 위해 고안된 신학적 논증으로서의 성격을 강조한다(다른 대안들과 논증은 아래의 12절을 보라).

이 문단에서는 논증이 체계가 없이 진행되는데, 이는 바울이 12a절에서 비교를 ("이와 같이") 시작하고는 그 비교를 마지막까지 완결짓지 않기 때문에 문제가 발생한다. 바울은 이곳에서 비교를 완결짓는 대신 그 비교의 첫 번째 부분인 아담의 죄를 부연설명 하는 데 몰두한다(12d-14절). 바울은 14절의 끝에 이르러 아담이 그리스도의 "모형"이라고 확언하는 데서 완결된 비교에 대한 단서가 나오지만, 이것을 진술하기 전에 먼저 아담과 그리스도 사이에 일련의 대조를 시작한다(15-17절). 그리고는 마침내 대충 평행한 두 개의 진술(18, 19절)로 완전한 비교를 한다. 20절은 율법에 관련한 문제를 소개하는데, 이는 바울이 구속사를 급하게 개관하느라 가장 중요한 사건인 시내산 사건을 빠뜨렸다는 항의가 유대인 신자 쪽에서 나올지 모르기 때문일 것이다. 그리고는 21절에서 이 본문을 승리로 장식하는 요약을 하

137. Godet, 202-3.

138. Lengsfeld, *Adam et le Christ*, 78; Brandenburger, *Adam und Christus*, 255-64.

고 결론을 내린다. 그리고 이 결론에서 다시 한번 최종적으로 주목하는 것은 "우리 주 예수 그리스도로 말미암아"라는 기독론적인 언급이다.[139]

12 이 문단을 여는 말인 "그러므로"(because of this)는[140] 바울이 5:12-21에서 가르치고자 하는 것이 그가 이 편지의 앞 부분에서 논증했던 어떤 것으로부터 이끌어내고자 하는 결론임을 시사한다. 그러나 편지의 앞 부분에서 아담과 그리스도의 대조적인 "머리됨"에 관한 논의를 이끌어내는 것이 무엇이냐에 대해서는 주석가들 사이에서 그 의견이 엇갈린다. 즉, 지금까지의 이 편지에서의 논증은 다음과 같다.[141] 신자가 얻게된 화목(5:11),[142] 구원에서 그리스도가 차지하는 중심적인 역할(5:9-10),[143] 우리가 그리스도와 "연합하여" 구원받을 것이라는 개념(5:10),[144] 화목의 보편성(10절),[145] 또는 최종 구원의 확실성(5:1-11)[146] 등이다. 이 가운데 마지막 제안이 5:1-11과 12-21의 내용에서나 바울이 쓰는 이 어구의 본래 의미에서나 양쪽 모두에 가장 잘 부합한다. 그러나 우리는 5:12-21이 바울이 이미 주장한 것의 **결론**(*conclusion*)으로 자연스럽게 읽히는가를 질문해야 할 것이다. 이 절들은 방금 말한 것을 **기초**(*basis*)로 하여 볼 때 뜻이 더 잘 통한다. 특별히 그 내용으로만 따질 때 5:12-21은 바울이 5:1-11에서 강조한 소망을 확신할 수 있는 근거 또는 이유로 아주 잘 들어맞게 기능하도록 보일 것이다. 그래서 이렇게 언어적인 칭의로 읽음으로써 다른 주석가들은 "이러한"(this)에 미래적인 의미를 부여한다 -"우리가 즐거워하는 것[11절]은 이런 이유 때문이다. 즉, 우리가 아담 안에서 잃어버린 모든 것을 그리스도 안에서 회복하게 되었다"[147] - 또는 이 어구를 아주

139. G. Bornkamm("Paulinische Anakalouthe," 81-82)은 이 단락 구조에 대한 탁월한 요약을 제공한다.

140. 그리스어로는 διὰ τοῦτο. 5:12에서의 각주 150번의 심도있는 논의를 보라.

141. Godet; Dunn; Wright; Lafont, "Sur l'interpretation," 511-12.

142. Meyer와 Morris는 그리스도 안에서의 삶의 확실성이 우리가 얻은 화목으로부터 바울이 끌어내는 결론이라고 생각하는 반면, Cranfield는 신자들이 얻는 화목이 그리스도가 인류 전체와 관계를 맺는다는 결론으로 이끈다고 주장한다.

143. Michel.

144. Lloyd-Jones.

145. Lohse.

146. S. Johnson, "Romans 5:12," 300-301.

147. 예를 들어, Griffith Thomas; Nygren.

느슨한 전환의 말로 해석한다.[148] 이 두 개의 대안 모두 설득력이 약하다.[149] 그러나 우리가 "그러므로"를 "목적 원인"(final cause)의 의미로 (예를 들어, "…을 위해서"의 의미로) 해석하고 최종 구원의 약속(9-10절)을 "이러한"의 선행사로 삼으면 두 문단 사이의 자연스러운 관계로 보이는 것이 유지될 수 있다. "그러므로"라는 어구는 이런 식으로 기능할 수 있으며,[150] 이것이 문맥에 적합하기 때문에 우리는 이 표현을 여기서 가장 그럴듯한 의미로 채택하게 된다. 그러면 우리는 5:12의 전환 부분을 이렇게 풀어 쓸 수 있다. "이것을 이루기 위해 [즉 하나님이 그리스도로 말미암아

148. Lietzmann; Lagrange; Schlier; Bultmann, "Adam und Christus," 433.

149. τοῦτο가 앞으로 말할 것을 가리켜서 쓰이는 일은 극히 드물며, καυχώμενοι와 διὰ τοῦτο 사이가 너무 멀리 떨어져 있어 이런 해석은 더욱 하기가 어렵다. 바울이 διὰ τοῦτο를 느슨한 전환의 말로 쓰는 경우는 다른 어느 곳에도 없다. 사실 이런 용법의 분명한 실례가 신약의 어디에도 없다.

150. διὰ는 종종 이런 종류의 목적의 의미를 가지며 (4:25에서 이에 관한 각주를 보라), διὰ τοῦτο라는 어구는 "목적 원인"을 진술하는 것이거나 또는 여러 곳에서 목적을 진술하는 의미로 쓰인다 (고후 13:10; 골 1:9[?]; 살후 2:11; 딤전 1:16; 딤후 2:10[?]; 몬 15). 혹자는 이 어구가 이런 의미를 갖는 것은 ἵνα절이 뒤따를 때 뿐이라고 주장하지만(Thayer, *Greek-English Lexicon*, 134; Zerwick, *Biblical Greek*, §112), διὰ τοῦτο가 뒤따르는 ἵνα절 없이 "목적 원인"을 진술하는 절이 신약에 적어도 두 군데는 있다(요 12:27; 고전 4:17). (요 12:27에서는 목적 원인이 표현되지 않지만, "이를 위하여 '이 때'에 왔나이다" 같은 것임이 분명하다. 고전 4:17에서는 목적 원인을 16절로부터 결론 내린다. "이로 말미암아 [내가 주 안에서 내 사랑하고 신실한] 아들 디모데를 너희에게 보내노니 [보내었으니?]") 우리가 앞에서 주장했듯이, 5:12-21이 특히 9-10절을 환기시키는 것이라면, 이 절들에서 미래 시제가 쓰이고 있기 때문에 이러한 해석이 여기서는 자연스럽다. τοῦτο의 선행사가 미래의 상태 또는 약속일 때, "그러므로[τοῦτο]"는 목적의 의미를 갖게 되는 것이 당연하다. 예를 들어, "이 약속이 이루어지도록 해야 할 필요성 때문에" 또는 "이 약속을 실현시키기 위해서." διὰ τοῦτο는 신약에서 총 63번 나오는데, 다음과 같은 의미들을 가지고 있다.

(1) διὰ는 원인, 그리고 τοῦτο는 과거 회고의 뜻을 나타낸다. 예를 들어, "방금 말한 것 때문에 …"의 의미(마 6:25; 12:27, 31; 13:52[?]; 14:2; 18:23[?]; 21:43; 24:44[?]; 막6:14; 11:24; 눅 11:19, 49; 12:22; 14:20; 요 6:65; 7:22; 9:23; 13:11; 15:19; 16:15; 19:11; 행 2:26; 롬 1:26; 13:6; 15:9; 고전 11:10[?], 30; 고후 4:1; 7:13; 엡 1:15; 5:17; 6:13; 골 1:9; 살전 3:5, 7; 히 1:9; 2:1; 9:5; 요일 4:5; 요삼 10; 계 7:15; 12:12; 18:8).

(2) διὰ는 원인, 그리고 τοῦτο는 다음 말을 가리키는 의미로 사용된다. 예를 들어, "이제 막 말하고자 하는 것 때문에, 즉 …"라는 의미(마 13:13; 막 12:2; 요 5:16, 18; 10:17; 12:18, 39[?]; 살전 2:13; 요일 3:1).

(3) διὰ는 목적 원인을 가리키고 τοῦτο는 미래적인 의미를 나타낸다. 예를 들어, "이런 까닭에, 즉 …할 목적으로"라는 의미(보통 ἵνα절이 뒤따른다. 마 23:34; 롬 4:16; 고후 13:10; 살후 2:11; 딤전 1:16; 딤후 2:10[?]; 몬 15).

(4) διὰ는 목적 원인을 가리키고 τοῦτο는 과거 회고적 의미로 사용된다. 예를 들어, "우리가 방금 말한 것을 이루기 위해"라는 의미(요 1:31; 고전 4:17).

LXX에서 350번 이상 나오는 διὰ τοῦτο 중에 4분의 1을 조사해 본 결과, 거의 전부가 범주 (1)에 해당하는 것으로 밝혀졌다(우리는 창세기와 사사기 그리고 시편을 조사했는데, 예외 사항일 가능성이 있는 것은 삿 11:8[B]; 사 26:14; 37:33 뿐이었다).

의롭다 하심을 받고 화목하게 된 모든 사람을 구원하겠다고 약속하신 것을], 그리스도와 그에게 속하는 사람들 사이에 생명을 주는 연합이 존재한다. 이 연합은 아담과 그에게 속하는 모든 사람들 사이의 사망을 낳는 연합과 유사하지만 그보다 더 강력하다."[151]

12절의 내부 구조는 모호하다. 문장의 첫머리에 "…처럼"(호스페르)[152]가 나올 때(개역개정에서는 이 표현이 명확하게 드러나지 않고, 첨가어 "들어왔나니"에 그 의미가 포함되어 있음-옮긴이), 이 표현은 비교문의 도입부를 이끄는 것이 보통이다. 바꿔 말하면, 우리는 이 문장을 완성할 "그러므로…역시"절이 뒤에 나올 것으로 예상하게 된다. 일부 학자들은 이 절에서 또는 다음 절에서 "그러므로…역시"절에 해당하는 것을 찾아냈다고 하지만, 그들이 찾아냈다는 것은 별로 신빙성이 없다.[153] 그러므로 대다수의 학자들은 바울이 이 절에서 비교를 시작하지만, 그것을 (문법적으로) 끝마치지 않는다고 결론내린다.[154] 바울은 아담과 그의 죄를 언급하는 것으로 비교를 시작한 다음, 이 점에서 샛길로 빠져 비교하는 것을 옆으로 제쳐두고 본문의 후반에 가서야 비로소 다시 끌어내어 완결짓는다. 15-17절에서 단서가 나오기는 하지만, 18-19절에 이르기까지 이 비교는 완결되지 않는다. 구조상의 "단절"이 일어나는

151. Wright는 이 어구를 약간 다르게 이해하는데, 그의 논리적 이해는 "그러므로"가 아니라 "그래서 그렇게 된 것"이라고 주장한다.

152. 그리스어는 ὥσπερ인데, 18절과 19절에서 다시 나온 뒤 οὕτως καί로 완결된다.

153. 이런 종류의 문장에서 귀결절은 흔히 οὕτως("그러므로…역시")로 시작되기 때문에, 가장 가능성이 높게 보이는 것은 12c-d절을 귀결절로 삼는 것이다. 그러면 " (a) 한 사람으로 말미암아 죄가 세상에 들어오고, (b) 죄로 말미암아 사망이 들어왔나니, (c) 그러므로 사망 역시 모든 사람에게 이르렀나니, (d) 이와 같이 모든 사람이 죄를 지었기 때문이니라"가 될 것이다(Barrett; Lenski; Haacker; Kirby, "Syntax of Romans 5.12," 283-86). 그러나 οὕτως가 신약에서 이런 기능을 할 때, 이것은 단독으로 쓰이거나(마 13:40; 24:27, 37; 눅 17:24; 롬 6:19), 아니면 καί 뒤에 **이어서** *(following)* 쓰인다(요 5:21, 26; 롬 5:19, 21; 6:4; 11:30; 고전 11:12; 15:22; 16:1; 갈 4:29; 약 2:26). 12절에서 발견할 수 있는 καὶ οὕτως라는 어순은 비교의 완결을 짓기 위해 나타나는 일이 결코 없으며 비교를 완결짓는 방법으로는 극히 부자연스러운 방법이기도 하다. 그러므로 또 하나의 다른 대안은 완결된 비교를 다른데서 찾는 것인데, 그것을 14b절에서 찾거나("한 사람으로 말미암아 죄가 세상에 들어오고 … 아담은 오실 자의 모형이라"; Calvin; S-H), 15c절에서 찾거나 ("한 사람으로 말미암아 죄가 세상에 들어오고 … 더욱 하나님의 은혜와 또한 한 사람 예수 그리스도의 은혜로 말미암은 선물은 많은 사람에게 넘쳤느니라"; Englezakis, "Rom 5,12-15," 232), 아니면 18b절에서 찾게 된다("한 사람으로 말미암아 죄가 세상에 들어오고 … 것 같이 한 의로운 행위로 말미암아 많은 사람이 의롭다 하심을 받아 생명에 이르렀느니라"; Godet; Hodge). 그러나 첫 번째 제안은 자연스러운 비교가 되지 않으며, 다음의 둘은 비교의 첫 부분이 다시 소개된 후에야 나타난다는 문제가 있다.

154. 문법학자들이 파격 구문이라고 부르는 것이다.

곳이 12b절과 12c절 사이일 수도 있고,[155] 12c절과 12d절 사이일 수도 있고, 아니면 12절 이후일 수도 있는데,[156] 어느 쪽인지는 판단하기가 어렵다.

12절의 첫 번째 절은 죄가 세상에 들어온 것을 "한 사람" 탓으로 돌린다. 이 "사람"은 물론 아담이며, 그의 이름 자체가 "사람"[157]을 뜻한다. "죄"를 단수로 취급하는 것이 로마서 5:12-8:13의 특징이다.[158] 이 절들의 어디에서나 바울은 죄를 의인화하여, 이에 아주 적극적인 역할을 부여한다(특히 20절을 보라). 바울은 죄를 의인화하는 것을 통해, 미치지 않는 곳이 없는 지배적인 죄의 원리 또는 "연결망"이라는 죄를 형성하는 개개인의 행위로 인한 개인의 운명은 그 죄의 행위들에 의해 결정된다는 것을 보여 준다(3:8에 관해서도 보라). 그러므로 현 단계에서 세상에 들어오는 "죄"는 개별적인 죄 그 이상이다. 이것은 인간의 조건으로서 "죄 짓는" 길을 열어주는 교두보인 것이다.[159] 바울이 이런 교두보가 되는 죄를 아담에게 귀속시킨다는 사실은 그가 창세기를 통해 먼저 죄를 지은 것이 여자인 하와임을 이미 알고 있는 만큼 의미심장하다(고후 11:3; 딤전 2:14). 우리는 이미 아담이 시간적 우선순위에 얽매이지 않는 구원의 역사에서 지위를 부여받고 있음을 본다.

바울의 "한 사람으로 말미암아 죄가 세상에 들어오고"라는 주장은 구약성경이나 유대교의 전승을 알고 있는 사람이라면 누구에게나 새로울게 없었을 것이다. 또 이 절에서 그가 두 번째로 확언하는 "죄로 말미암아 사망이 [세상에] 들어왔나니"[160]라는 주장도 마찬가지였을 것이다. 창세기 2-3장에서 분명히 밝혀진 죄와 사망의 불가분의 관계는 유대교 신학의 공리 가운데 하나였기 때문이다.[161] 그러

155. 예를 들어, S-H; de Boer, "Death and Paul's Apocalyptic Eschatology," 240.

156. 대부분의 주석가들과 번역성경들에서 이렇게 본다(NRSV; ESV; NAB; NASB; NET; NIV에서 12절의 끝에 대시[-] 기호가 나오는 것은 이 때문이다)

157. 히브리어로 아담(אָדָם)은 사람이라는 의미다.

158. 바울이 사용하는 용어 ἁμαρτία의 전체 가운데 65퍼센트 이상이(64번 중에 42번) 이 단락에서 나오는데, 모두 단수로 되어 있다. 바울의 이러한 죄의 사용에 대해서는 5:1-8:39 도입부분에 있는 논의를 보라.

159. κόσμος, 즉 "세계"를 인간 세상으로 본다(12c절의 "모든 사람"과 15-19절에서 거듭 나오는 "많은 사람"을 보라). 예를 들어, Cranfield를 보라. 그와 반대 의견으로는 예를 들어 8:18-22를 지적하는 Kuss를 보라.

160. 첫 번째 어절로부터 εἰς τὸν κόσμον εἰσῆλθεν을 보충해야만 한다.

161. 특별히 Wedderburn, "Theological Structure," 339-42를 보라.

나 바울이 여기서 말하는 사망이란 무슨 의미인가?[162] 그는 육체의 죽음만을 가리킬 것이다. 왜냐하면 14절에서의 "사망"이 이런 의미를 갖는 것으로 보이기 때문이다.[163] 그러나 뒤에 가면 사망과 영생의 대조가 나온다(21절). 게다가 16절과 18절에서 바울은 "정죄"를 여기서 사망과 같은 의미로 사용한다. 이런 점들을 감안할 때 바울이 여기서 가리키는 것이 "영적인" 죽음일 것이다. 즉, 죄의 결과로 나타나는 그리고 그리스도를 통해 치유받지 않으면 "영원한" 죽음으로 이어질 하나님으로부터의 소외를 말할 것이다.[164] 하지만 실제로 우리는 이 두 개의 선택지를 놓고 양자택일해야 할 의무는 없다. 바울은 자주 "사망"이라는 단어를 사용하고 또한 그와 관련된 단어들을 "육체적-영적인 실체," 즉 죄로 인해 초래된 형벌인 "완전한 죽음"이라고 지정한다.[165] 그렇다면 여기서 바울은 단순하게 육체적, 영적인 측면 모두에서의 죽음을 염두에 두었을 것이다.[166] 그러나 18-19절에 비추어 볼 때 초점은 영적인 죽음에 있다. 그리고 아마도 우리는 바울이 죄와 결부되어 있는 제한된 의미의 육체적 죽음을 생각하는 것으로 볼 수 있다.[167]

12b절이 사망의 **들어옴**(*entrance*)을 죄의 결과로 기술하듯이, 12c절은 이 사망이 개개인 모두에게 **퍼졌다**(*spread*)고 명백하게 밝힌다.[168] 이 구절의 문맥에 대한 정확한 관계는 "이와 같이"(후토스)[169]라는 부사가 정확히 무엇을 뜻하느냐에 달려 있다. 그것이 "…처럼"(위의 호스페르에 대한 설명을 보라-옮긴이)과 상관관계가 있는 것

---

162. 그리스어로는 θάνατος. 명사는 이 단락에서 5번 나오고, 동족의 동사가 2번 나온다.
163. 예를 들어, Freundorfer, *Erbsünde*, 227-30; Godet; Murray; Byrne.
164. 이것은 펠라기우스의 원죄 개념(또는 그런 개념의 결여) 설명에서 중요한 것이었다(Schelkle, *Paulus, Lehrer der Väter*를 보라).
165. 특히, Beker, *Paul the Apostle*, 224; Barrosse, "Death and Sin," 449-55; Cambier, *Evangile de la justice*, 227-29를 보라.
166. 대부분의 주석가들이 이렇게 본다.
167. 예를 들어, Kuss; Morris; Wright; Hultgren. Polkinghorne은 죄가 세상에 들어온 것은 "죽을 수밖에 없는 운명의 쓰라림"(*God of Hope*, 126)이라고 제안한다. 여기서 '죽음'의 의미는 창조의 방식과 시기에 대한 논쟁에서 의미가 있다. 일반적으로 인정되는 지구의 나이는 모든 형태의 육체적 죽음이 아담의 죄와 함께 세상에 들어왔다고 생각하는 것을 불가능하게 만든다. 우리는 이 어구단락이나 바울 서신의 다른 곳에서 육체적 죽음이 아담보다 훨씬 이전에 세상에 존재했을 가능성(우리의 견해로는 그럴 가능성이 존재한다)을 제거한다고는 생각하지 않는다.
168. 그리스어 동사는 διῆλθεν인데, 여기서 διά는 배분사(distributive)의 의미를 갖는다(Cranfield; Käsemann [하지만 BDAG은 "이르렀다"라는 단순한 의미를 제안한다]).
169. 그리스어로는 οὕτως.

이 아니라면(그 상관관계를 의심하게 되는 이유를 우리는 앞에서 살폈다), 이 부사가 뜻하는 것은 다음의 세 가지 가운데 하나일 수 있다. (1) 죄와 사망이 모든 사람에게 퍼지는 일반적 조건으로 12a-b절을 가리키는 말일 수 있다. 즉, 아담이 죄를 세상에 들여오고 이 죄와 함께 사망이 들어왔으므로, 이런 상황에서 사망이 퍼지고 모든 사람이 죄를 짓게 되었다.[170] 그러나 이 단어가 단순히 "이런 상황에서"를 가리킨다면 그것은 아주 특이한 상황일 것이다. (2) 후토스는 "한 사람"을 가리키는 말일 수도 있다. 즉, 한 사람이 죄와 사망의 **들어옴**(*entrance*)에 책임이 있었듯이(12a절), "이와 같이" 한 사람이 사망의 **퍼짐**(*spread*)에 책임이 있다.[171] 이 해석을 옹호하는 학자들은 "한 사람으로 말미암아"[172]가 강조의 위치에 있는 점과, 18절과 19절에서 아담의 범죄가 모든 사람이 정죄에 이르게 된 원인이라고 말하는 비교의 형태를 지적한다. 그러나 여기서 간과해서는 안 될 것이 있는데, 바울이 12절에서는 - 18-19절에서와는 달리 - "한 사람의 범죄"를 말하는 것이 아니라 한 사람으로 말미암아 들어오는 "죄"를 말하고 있다는 점이다. 이것은 바울이 이 시점에서 관심을 쏟는 것이 아담의 행위가 인간 전체에 영향을 끼친다는 의미가 아니라 세상에서 죄와 사망이 촉발된 수단으로서의 아담의 역할이라는 것을 시사한다. (3) 그러므로 대다수의 주석자들과 마찬가지로 우리는 "이와 같이"가 사망이 세상에 들어온 방식 - 죄로 말미암아 - 과 사망이 모든 사람에게 번진 방식 - 역시 죄로 말미암아 - 을 비교하는 것으로 생각할 수 있다.[173] 그렇다면 12절은 균형이 잘 잡힌 교차대칭 구조인 것이다.

---

170. Stuart; Godet을 보라.

171. 이와는 구체적인 면에서 조금 다른 Bengel; Gifford; Ridderbos, *Paul*, 96을 보라.

172. 이 표현은(δι' ἑνὸς ἀνθρώπου)은 이 어절에서 제일 처음에 온다.

173. 이 견해에 따르면 οὕτως는 과거 회고적인 것일 수도 있고 - "12a-b절에서 가리키는 방식으로 죄가 모든 사람에게 퍼졌다"로 (예를 들어, Stevens, *Pauline Theology*, 27; 그리고 아마도 대다수의 주석가들이 공감할 것이다) - 또는 미래에 대한 것일 수도 있다 - "12d절에서 가리키는 방식으로 ['모든 사람이 죄를 지었으므로'] 사망이 모든 사람에게 퍼졌다"(예를 들어, Lyonnet, *Etapes*, 93-94). 어느 경우든, 요점은 사망이 죄로 말미암아 세상에 들어온(*came into*) 것처럼 사망도 "이와 같이" - 죄를 지음으로 인하여 - 모든 사람에게 퍼졌다(*spread*). 이 견해에서의 한 이문은 οὕτως가 결과의 의미를 지닌 것으로 보는 것이다. 즉, "한 사람으로 말미암아 죄가 세상에 들어오고 죄로 말미암아 사망이 왔나니, 그에 대한 결과로(*and as a result*) 모든 사람이 죄를 지었으므로 사망이 모든 사람에게 퍼졌느니라" (Freundorfer, *Erbsünde*, 230-31; Wilckens; Cranfield. 이 οὕτως의 의미에 관해서는 BAGD [1.b 이하]를 보라).

A. 죄가 (12a절) 들어오게 한다

B. 사망을 (12b절)

B. 모든 사람이 죽는다 (12c절)

A. 모든 사람이 죄를 지으므로 (12d절)

이 절을 이런 구조로 읽는 것이 맞다면, 12d절은 죄가 보편적이므로, 즉 "모든 사람이 죄를 지었으므로(그리스어 원문이나 영어 번역 성경에서는 "모든 사람이 죄를 지었으므로"가 12절의 마지막 어절, 즉 12d절이 된다-옮긴이)", 사망이 보편적이라는 증명을 하는 데 그 목적이 있는 것이다. 바꿔 말하면 이것은 이 마지막 어절의 첫마디(에프 호)[174]에 우리가 원인의 의미를 부여하고 있다는 뜻이 된다. 이것이 대부분의 주석가와 대부분의 영어 번역 성경이 채택한 의미다. 그러나 이것이 유일하게 가능한 답안은 아니다. 아마도 가장 유명한 대안은 아우구스티누스와 다른 몇몇 학자들이 채택한 "그 안에서"(in whom)라는 번역일 것이다. "한 사람"이 대명사의 선행사라고 가정하면, 이 어절은 "원죄"를 명백히 밝히는 진술이 된다. 즉, "모든 사람이 아담 안에서 죄를 지었다"[175]가 된다. 그러나 이런 해석과 유사한 문법적 기초에 의거하는 다른 해석들도[176] 설득력이 거의 없다. 왜냐하면 그리스어에서 이 두 단어

174. 그리스어로는 ἐφ' ᾧ.

175. Augustine, *Against Two Epistles of the Pelagians* 4.4.7 (PL 44. 614). 아우구스티누스는 여기서 분명히 암브로시에스터(Ambrosiaster)를 따르고 있었다. 불가타역의 *in quo* 역시 이런 해석이 나오는 데 일조했을 수 있다. 그러나 이 어구도 "때문에"라는 뜻일 수 있다고 생각하는 사람도 있다.

176. 아우구스티누스와 같은 다른 해석가들은 아담 또는 "한 사람"을 ᾧ의 선행사로 취급하지만 ἐπί에 인과적 의미를 부여한다. 즉, "한 사람 때문에 모든 사람이 죄를 지었다"(Cambier, "Péchés des hommes," 246-54; 같은 저자, *Évangile de la Justice*, 237-50; 유사한 관점으로는 N. Turner, *Grammatical Insights*, 116-18; W. Manson, "Notes on Argument of Romans," 159).
아우구스티누스는 이 어구 속의 관계대명사(ᾧ)가 독립적인 대명사("which"또는 "whom")의 기능을 갖는 것으로 간주했다. 이와같은 접근법을 취하게 되면 ᾧ의 가능한 선행사는 다음과 같다. (1) "죽음" (θάνατος). 결과적인 생각은 "아담으로 말미암아 세상에 들어온 죽음에 기초하여 모든 사람들이 죄를 지었다"이다(Schreiner[그는 θάνατος가 논리적인 것이지 문법적 선행사가 아니라고 생각함]; 이와 유사한 것은 다음과 같다. Stauffer, *New Testament Theology*, 270; Jacob, "Véritable solidarité humaine," 26-33); (2) "율법"(13절의 νόμος)(Danker, "Romans V.12," 424-39); (3) "세상", "인간이 죄를 짓고 있는 영역"(Jewett); 또는 (4) 아담이 들여온 죄와 죽음의 연결(Zahn, Longenecker, Vickers, "Grammar and Theology," 271-88).

는 아마도 한 접속사로 함께 기능하기 때문이다.[177] 그렇다면 이 어구는 "그로 인하여 …이 따른다,"[178] "그 결과로,"[179] "…인 점을 고려하면"[180] 또는 "때문에"[181]라는 의미가 될 것이다. 마지막 제안이 지금까지 대부분의 현대 학자들 사이에서 가장 인기 있는제안이다. 다만 그것을 뒷받침하는 증거가 일부 학자들이 시사하는 것만큼 강력하지 못하다. 그럼에도 이것이 이 어구가 고린도후서 5:4에서 거의 확실히 그리고 빌립보서 3:12에서도 아마도 갖는 의미이며(빌 4:10에서는 거의 확실하게 이 의미를 갖지 않는다), 이것이 문맥상으로 여기서 가장 잘 부합하는 의미가 된다.[182]

그러므로 바울은 아담의 죄로 말미암아 사망이 세상에 들어왔기 때문에 사망이 모든 사람에게 미쳤다는 것을 증명한 것이며, 모든 사람이 죽는 것은 모든 사람이 "죄를 지었기" 때문이라고 바울은 확언하는 것이다. 그러므로 어떤 의미에서 바울이 이 절에서, 그리고 이 단락 전체에서 보이는 관심은 "원죄"(original sin)에 관한 것이 아니라 "원사망"(original death)에 관한 것이다.[183] 바울은 한 사람의 죄가 **어떻게**(*how*) 모든 사람의 사망이라는 결과를 낳았는지에 관해서는 아무것도 분명히 말하지 않으며, 아담의 죄(12a절)와 모든 사람의 죄(12d절) 사이의 연결 - 만약 그런 것이 있다고 할 경우 - 을 분명히 하지도 않았다. 그가 분명히 **했던**(*has*)던 것은 아담의 경우에 드러난 죄와 사망 사이의 인과관계가 모든 인간의 경우에도 반복되어 나타났다는 점이다. 죄의 권세에서 벗어나는 사람이 한 사람도 없기

177. 바울이 이 어구를 쓰는 다른 세 곳(고후 5:4; 빌 3:12; 4:10)에서 관계대명사는 독립된 대명사의 기능을 갖지는 않지만, τούτῳ ὅτι의 축약을 반영한다. 그러면 대체로 이 어구는 글자 그대로번역할 때 "upon this, that(이에 근거하여, 그)"이 될 것이다(예를 들어 Harris, "Prepositions,"pp. 1184-95; BDF 294[4]를 참조하라).

178. Black.

179. CEB. 특히 Fitzmyer; 같은 저자, "Consecutive Meaning," 321-39; Tobin, *Paul's Rhetoric*, 171을 보라.

180. 특히, Lyonnet, "Sens de ἐφ' ᾧ," 436-56를 보라.

181. 대다수의 헬라 교부들이 이 어구에 이 의미를 부여했다. 그리고 예를 들어, BDF §235(2) (여기에 물음표가 있는 점에는 유의하라); N. Turner, *Syntax*, 272; Moule, *Idiom Book*, 50; von Siebenthal, *Griechische Grammatik*, §277c을 보라. Meyer가 인용한 사례들에도 주목하라. Wedderburn("Theological Structure," 350)이 지적하듯이 Lyonnet의 해석도 과거를 가리키는 동사가 있는 - 롬 5:12d과 같은 - 절에서는 사실상 "때문에"를 의미한다.

182. Wright가 지적한 것처럼 Fitzmyer에 대한 응답으로 바울은 이 구절 전체에서 죽음이 죄를 낳는다는 것이 아니라 죄가 죽음을 낳는다는 것을 강조합니다. 또한 Schreiner, "Original Sin," 273-74(그의 주석에서 자신의 견해를 수정함)를 보라. Wolter.

183. 예를 들어, Dunn을 보라.

때문에 사망의 왕노릇에서 벗어나는 사람도 없다는 것을 바울은 분명히 밝힌다.

그러나 우리는 여기서 멈출 수 없다. 바울이 이 절에서 세상에 퍼져버린 죄에 대한 아담의 책임성을 언급한 다음 죄의 보편성을 주장한다는 사실(12d절)이 우리로 하여금 질문을 제기할 수 밖에 없도록 만든다. 즉, 아담의 죄와 우리의 죄 사이의 무슨 관계가 있는 것인지. 또는 다른 방식으로 하면, 왜 모든 사람이 예외 없이 죄를 짓는지에 대한 질문이다. 이 질문은 바울이 18-19절에서 보편적 정죄에 대한 전제로 아담의 죄에 초점을 맞추기 때문에 더욱더 집요해질 수 있다. 어째서 아담의 죄가 모든 사람의 정죄를 이끈다는 것인가? 이런 질문들은 우리로 하여금 바울이 12d절에서 "모든 사람이 죄를 지었다"[184]고 확언할 때 그의 정확한 의미가 무엇인가를 보다 신중히 살피지 않을 수 없게 한다.

얼핏 보기에 이 질문은 쉽게 대답할 수 있을 것처럼 보인다. 바울이 "죄를 짓다"라는 동사를 규칙적으로 사용하는 것은 개인이 스스로 저지르는 악한 행위를 가리키기 위해서이며, 바로 이것이 로마서 3:23에서 쓰였던 것과 같은 시제(부정과거 시제)로 사용된 것을 가리킨다고 대부분의 주석자들이 생각한다. 즉, 모든 사람이 "각자 본인이" 죄를 짓는 것이다. 그러므로 절대 다수의 현대 학자들은 아마도 12d절을 해석하길, 각 사람의 사망(12c절)이 그 사람 자신의 개인적으로 짓는 죄로 인해 직접적으로 야기되었다고 주장할 것이다. 그러면 사망에 대한 이 "개인적" 설명이 12a-b절에 나오는, 그리고 훨씬 더 강조적으로 15-19절에 나오는 사망의 보편성에 대한 "집합적" 설명과 어떻게 조화될 수 있느냐는 질문이 나온다. 바꿔 말하면, "각 사람이 죽는 것은 [역사의 과정에서] **각 사람이**(*each person*) 죄를 짓기 때문이다"라는 확언과 "**한 사람의**(*one man's*) 범죄로 많은 사람이 정죄에 이르렀다"

184. 그리스어로는 πάντες ἥμαρτον. 혹자는 그런 질문은 주석의 범주에 속한다고 할 수 없는 조직신학적 문제들을 제기하는 만큼 로마서의 주석가에게는 논외의 질문이 된다고 주장할 것이다. 분명, 바울이 한번도 생각하지도 못했던 우리의 질문에 대해 대답을 해야 한다거나 또는 후대에 나온 교의 신학의 범주에서 그가 말해야 한다고 우리가 고집한다면 그것은 잘못일 것이다. 그러나 (1) 본문 안에서 긴장을 해소하는 일은 주석이 할 일의 일부이며 - 우리가 12절과 18-19절 사이의 관계에 대한 논리적 수준에서의 질문을 간단하게 넘길 수는 없다, (2) 해석은 그것이 다루는 문서의 종류에 부합되는 것이어야 한다. 그리고 로마서는 1세기의 종교 문서일 뿐만 아니라 또한 성경도 - 이 성경의 전체적 메시지에 비추어서 거기에 합치되는 (신학적) 범주의 용어로 읽어 줄 것을 요구하는 성경도 - 된다고 우리는 믿는다. 5:12과 관련된 전체적 요점에 관해서는 특히 S. Johnson, "Romans 5:12"를 보라.

는 확언(18a절)을 우리가 어떻게 논리적으로 연관시킬 수 있을까?[185]

첫째는 우리가 개인의 강조와 집단의 강조 사이에 해소되지 않은 "긴장"이 있다는 점을 밝히는 것으로 만족할 수 있으리라는 것이다.[186] 바울은 12절에서 모든 사람이 각자 자기가 지은 죄로 인하여 죽는다고 주장하고, 18-19절에서는 모든 사람이 아담의 죄로 인하여 죽는다고 주장한다. 바울은 이 두 관점을 해소하지 않는다. 그러므로 바울 자신이 결코 하지 않은 해소를 우리가 억지로 해결하려 한다면 그것은 잘못된 것이다.[187] 조직신학자라면 어떤 해결책을 찾아야 할 수도 있

185. 한 가지 대안은 단순히 아담의 죄와 모든 사람의 죄 사이의 실제 관계를 부인하는 것이다. 우리는 "아담이 했던 것처럼" 또는 아담을 따라 죄를 짓지만, 아담의 죄에는 우리가 죄를 짓도록 만들기 위해 **필요한**(*necessary*) 그 어떤 요소도 없다. 이러한 해석을 유명하게 만든 4세기 이후의 신학자의 이름을 따서 "펠라기우스적"라고 일반적으로 불리는 이 해석은 (그의 로마서 주석과 Schelkle, *Paulus, Lehrer der Väter*, 175-76을 보라) 오늘날에는 그다지 널리 받아들여지지 않는다. 그 이유는 이 본문이 아담의 죄를 어떤 의미에서는 보편적인 정죄의 **원인**(*cause*)이 되게 하기 때문이다(특별히 18-19절 참조). 더욱이 "펠라기우스적" 관점에 대한 엄격한 비판은 아니지만, 이 해석은 바울이 분명히 한 것처럼 실제로 **모든 사람이**(*everyone*) 왜 죄를 짓는지 그 이유를 설명하지 못한다는 점을 지적해야 한다. 모든 사람이 예외 없이 참 하나님보다 우상을 숭배하기로 결정하도록 만드는 "인간" 안에 내재된 **어떤 것**(*something*)이 분명히 있을 것이다 (1:22-23을 보라).

186. 특별히 Wedderburn, "Theological Structure," 338-39; Fischer, "Adam und Christus," 283-98; Cambier, "Peches des hommes," 219-22; Scroggs, *Last Adam*, xxi-xxii을 보라. 이 견해의 옹호자들은 (또다시 Wedderburn을 보라) 현대 유대교가 죄와 죽음에 대한 개인의 책임과 아담의 책임 사이에 유사한 긴장이 있음을 입증한 것에 주목한다. 예를 들어, 바룩의 시리아 묵시록(Syriac Apocalypse)이 한편으로, "아담이 죄를 지었을 때 앞으로 태어날 사람들에게 사망은 선고되었다"(23:4); 그리고 "당신[아담]은 당신 뒤에 태어난 모든 사람에게 무엇을 하였습니까?"(48:42); 그리고 다른 한편으로, "그러므로 아담은 자기 자신 외에는 사망의 원인이 될 수 없으며 우리 각자는 스스로 아담이 된 것이다"(54:19)를 주목하라. 유사하게, 54:15을 주목하라. "아담이 먼저 범죄하여 자기 때에 태어난 사람이 아닐지라도 모든 사람을 사망에 이르게 하였으나 그에게서 난 자마다 자기를 위하여 올 고난을 스스로 예비하였느니라." 또한 *Bib. Ant.* 13:8, 9을 보라. 또 다른 유대교 문헌에서는 죄와 죽음을 마귀의 탓으로 돌린다. 예를 들어, "마귀의 시기로 말미암아 사망이 세상에 들어왔나니[θάνατος εἰσῆλθεν εἰς τὸν κόσμον], 그와 함께 한 사람들은 그것을 경험하게 되었다"(Wis. 2:24, 이 중 몇몇은 [예를 들어, Cambier, "Péchés des hommes," 230] 바울의 사상에 영향을 끼쳤다고 생각한다). 그리고 일부는 하와에게 책임을 돌렸다(Sir. 25:24; 이것에 대해서는 Levison, "Is Eve to Blame?," 617-23을 보라). 죄와 죽음에 대한 유대인의 개념에 대해서는 특히, W. Davies, *Paul and Rabbinic Judaism*, 17-35; Schoeps, *Paul*, 188-89; Scroggs, *Last Adam*, 17-58; Str-B, 3.227-29을 보라.

187. 이 견해의 한 변형에서는, 바울이 12a-c절에서 영지주의적-지향의 어떤 결정론적 전승을 이용했다는 말이 나온다 - 이 전승을 "수정하여" 12d절에서는 개인의 책임을 강조한다는 것이다 (특히, Brandenburger, *Adam und Christus*, 157, 175-78; Bultmann, *Theology*, 1.174; G. Schunack, *Hermeneutische Problem*, 244-47을 보라). 이 관점에 종종 따라 나오는 것이 아담에 대한 바울의 묘사는 "신화"로 취급되어야 한다는 개념이다. 즉, "우리는 실질적으로 '아담 안에' 있는 것이 아니라, 우리가 우리 스스로 아담의 행위를 넘겨받는 것에 있다. 그러므로 아담을 재현한다는

지만, 우리 주석가들은 바울이 이 본문에서 어떤 한 가지를 상정한다거나 또는 가르친다고 고집할 필요가 없다. 지금은 어떤 주제에 관한 우리의 모든 질문에 대해 어떤 한 본문이 우리에게 해답을 제시해야 한다고 우리가 고집하거나, (또는 더 안 좋은 방향은) 성경 저자에게 그 저자의 가르침에 부합하지 않는 신학적인 범주들을 우리가 억지로 떠맡긴다면, 그것이야 말로 우리의 잘못이 될 수 있는 경우에 해당한다. 그러나 또한 성경 저자가 미리 상정하거나 의도하고 있다고 볼 수 있는 합리적인 조화들을 찾아보려고 하지 않는다면, 그것은 우리가 주석가로서 우리의 본분을 다하지 않는 것이 될 수도 있다. 그래서 우리는 바울이 죄에 대한 개인의 책임과 아담의 책임 사이에 놓인 이 긴장에 대해 이 본문에서 어떤 해결책을 제시하는지 그 여부를 묻는 것이 합당하다고 생각한다.

유명한 한 설명은 바울이 아담의 죄와 모든 사람의 정죄 사이에 이 둘을 연결하는 "중간 개념"(middle term)을 설정하고 있다는 주장이다. 즉, 부패한 인간의 본성이라는 개념을 설정한다.[188] 12d절은 실제로 역사 과정에서 개인들이 저지른 죄들을 가리키지만, 아담으로부터 상속된 부패한 본성의 필연적인 결과로 인한 것이다. 그러므로 사망은 직접적으로는 각 개인이 짓는 죄로 인한 것이지만, 궁극적

신화적인 개념은 내가 더 이상 결심과 행동으로 죄에서 벗어날 수 없다는 사실로 한정된다. 나는 이미 타락을 항상 등에 짊어지고 있는 것이다"(Conzelman, *Outline of Theology*, 197. 또한 예를 들어, Grelot, *Péchè originel*; Pannenberg [*Anthropolgy in Theological Perspective*, 129]는 J. Müller [*Christliche Lehre von der Sünde*]를 따라 초역사적이고 신화적인 타락과 범죄를 옹호한다). 그러나 바울은 확실히 창 2-3장을 역사적 이야기로써 읽었고 아담이 역사적 인물이 아니었다면 그의 논증은 효과가 없는 것으로 보인다(아래 참조). 또한 바울이 영지주의나 반-영지주의(quasi-gnostic)의 가르침에 영향을 받았을 가능성도 없다. 바울이 말하는 모든 것은 구약과 유대교의 배경에 대한 그의 새로운 기독교적 신념으로 설명될 수 있다(특히, Wedderburn, "Theological Structure," 348-54; idem, "Adam in Paul's Letter," 424; Lengsfeld, *Adam et le Christ*, 78-114; Sand, "Sunde, Gesetz und Tod," 73-85을 보라).

188. 예를 들어, S. Harding은 12a절에서 "죄가 세상에 들어왔다"고 주장하는 존재론적 죄를 의미하며, 이는 12d절의 실제 죄로 이어진다(*Paul's Eschatological Anthropology*, 114-19). 우리가 앞서 주목해 보았듯이(5-8장의 도입부의 각주들을 보라) 우리는 바울 서신에서의 "죄"가 이런 식으로 죄악된 행위와 구별될 수 있다는 생각에 회의적이다. 몇몇 학자들(예를 들어, 루터와 칼빈)은 12절의 "모든 사람이 죄를 지었으므로"는 바로 모든 사람이 "죄의 상태로" 존재한다는 뜻이라고 생각한다. 그들에 따르면, 바울은 사망이 보편적 왕노릇하는 근거를 개인의 범죄 행위에 두는 것이 아니라 죄로 가득한 인간의 본성에 둔다. (하지만 칼빈이 그의 주석서[210페이지]에서 하는 해설과 기독교강요[2.1.5-8]에서 하는 그의 논의가 어떤 의미에서는 원죄를 가정하는 것으로 보인다는 점에 주목하라). 하지만 동사 ἁμαρτάνω가 죄 짓는 본성을 지니고 있음을 가리킬 수 있다는 증거는 거의 없으며, 이러한 견해는 오늘날에는 거의 지지받지 못한다.

으로는 아담의 죄로 인한 것이다. 왜냐하면 인간의 본성을 부패시키고 개인이 죄를 짓는 것을 불가피하게 만든 것이 아담의 죄이기 때문이다.[189] 이 견해는 납득할 만한 점이 많다. 즉, 12절에서 "죄"의 일반적인 의미를 보존하면서, 동시에 아담의 죄가 모든 사람에게 정죄를 가져온다고 바울이 확언할 수 있는지(18-19절)를 설명하는 것이 되기 때문이다. 또한 이것이 왜 모든 사람이 하나님의 뜻에 반하는 행동을 하는지 설명한다. 즉, 모든 사람 안에는 아담으로부터 (창조된 아담이 아니라 타락한 아담으로부터) 상속된 하나님께 저항하는 치명적인 부정함이 있다. 이런 이유만으로도, 대다수의 신학자들이 아담의 죄가 미치는 영향에 관한 이와 같은 견해의 필요성을 상정했다. 그럼에도 우리는 이것이 과연 12d절에서 바울이 말하고자 하는 것일지에 대해 질문을 할 수 있다. 가장 심각한 걸림돌은, 바울의 논증에서 한 걸음 더 추가된 이러한 해석이 이 문맥에서는 명시적으로 드러나지 않는다는 점이다. 즉 아담이 가지고 있는 그리고 대물려주고 있는 부패한 본성이 드러나지 않는다. 아담의 죄와 모든 사람의 사망을 관련지어 말하는 경우마다 그 관계가 직접적으로 진술된다. "한 사람의 범죄를 인하여 많은 사람이 죽었은즉"(15b절), "심판은 한 사람으로 말미암아 정죄에 이르렀으나"(16b절), "한 사람의 범죄로 말미암아 사망이 그 한 사람을 통하여 왕노릇 하였은즉"(17a절), "한 범죄로 많은 사람이 정죄에 이른 것 같이"(18a절) 등이 그것이다. 19a절의 "한 사람의 순종하지 아니함으로 많은 사람이 죄인이 된 것 같이"만이 이러한 개념을 암시하고 있는 것일 수도 있지만, 이것 역시 여기서 의도하는 뜻은 아닐 것이다(이 절에 관해서는 아래를 보라). 우리가 조사하고 있는 견해대로 하자면 이러한 진술들을 확대하여 "한 사람의 범죄를 인하여 인간의 본성이 부패하게 되었고, 그로 인하여 모든 사람이 죄를 짓게 되었으며, 그 결과 모든 사람이 정죄에 이르렀다"는 뜻이 되어야 한다. 바울은 우

189. 대표적인 것이 17세기 초의 신학자 요한네스 볼레비우스(Johannes Wollebius)의 간결한 요약이다. 이 요약은 이와 같다. "사람이 본성을 오염시켰듯이, 그 본성이 사람들을 오염시켰다" (Heppe, *Reformed Dogmatics*, 314에서 인용함). 또한 예를 들어, Chrysostom; Cranfield; Longenecker도 보라. 때때로 "원죄의 매개 전가"(mediate imputation)라고 종종 불리지만, 이 표현이 정확하게 맞는 것은 아니다. "원죄의 매개 전가" 이론은 특히 개혁주의 신학자 플라카이우스(Placcaeus: 1596-1655)와 연관되는데, 아담의 죄라는 범죄가 그의 후손들에게 (타락 시에) 직접 전가되는 것이 아니라 타고난 부패를 통해서 전가된다는 주장이다(J. Murray, *Imputation of Adam' Sin*, 42-64; 또한 Johnson, "Romans 5:12," 311-13을 보라).

리가 이렇게 살을 보태서 읽어 주기를 바랐을 가능성이 있지만, 그가 우리에게 그렇게 하라고 건네어 준 근거는 거의 없다.

우리가 12d절을 18-19절에 비추어 읽는다면 - 그리고 이 구절들에 있는 비교어절들이 12절의 내용을 반복하기 때문에 이 절차는 합법적으로 보인다 - "모든 사람이 죄를 지었다"라는 표현은 몇가지 종류의 집단적인 의미로 주어져야 할 것이다. 즉, 죄는 사람이 짓는 자기 자신의 자발적인 행동으로 인한 것이 아니라 아담 안에서 그리고 아담과 함께 죄를 짓는 것이다. 이것은 위에 거부한 "아담 안에서"라는 번역을 채택하려는 것이 아니라 여기서 "모든 사람"이 죄를 짓는다고 한 12a-c절과 15-19절에서와 마찬가지로 어떤 면에서 아담이 지은 죄와 동일한 죄로 이해할 수 있다는 것이다. 그러므로 바울은 아담의 죄**가**(*is*) 모든 사람의 죄이기 때문에 갈등에 대한 어떠한 암시 없이 "모든 사람이 죄를 지었으므로 사망이 모든 사람에게 이르렀느니라"와 "아담이 죄를 지었으므로 사망이 들어오고"라는 양쪽 모두를 말할 수 있다. 따라서 모든 사람이 "아담 안에서" 지은 죄 때문에 정죄를 받아 그의 안에서 모든 사람이 죄를 저지르는 것이다. 이 해석이 수 없는 주석가와 신학자들로부터 지지받는다.[190] 이 해석은 15-19절이 요구하는 아담의 죄와 모든 사람의 정죄 사이의 밀접한 연결, 고린도전서 15:22의 "아담 안에서 모든 사람이 죽은 것 같이"[191]에서도 제안하는 연결을, 유지한다. 그리고 개인이라고 하는 의식이 생기기 전에 지은 죄가 있다고 할 때, 바울이 어떻게 모든 사람에 대해 "본질상 진노의 자녀이었더니"(엡 2:3)라고 할 수 있었는지도 설명된다.[192] 물

190. 이 견해에 대한 가장 최고의 지지에 관해서는 Freundorfer, *Erbsünde*, 240-55; J. Murray, *Imputation of Adam's Sin*, 7-21, 64-70; Hodge, 148-55을 보라. 이러한 첫번째 분명한 가르침은 Ambrosiaster에 의해 (명백히) 지지받는다(Schelkle, *Paulus, Lehrer der Väter*, 162-78을 보라). (1925년까지의) 상세한 역사적 연구는 Freundorfer, *Erbsünde*, 105-214에서 찾을 수 있고, 더욱 최근 연구들은 Madueme와 Reeves, eds., *Adam, Fall, and Original Sin*이라는 연구에서 찾을 수 있다. 이 주요 견해에 대한 명확하고 간결한 연구는 Hoekema, *Created in God's Image*, 154-67에서 찾을 수 있다.

191. Freundorfer가 지적하듯이(*Erbsünde*, 243), "원사망"(original death)에 관한 바울의 분명한 가르침은 그에 상응하는 "원죄"에 대한 가르침이 분명 있다는 것으로 보인다.

192. 이 견해를 지지하는 데 종종 이용되는 두 개의 다른 논증은 완전한 설득력이 없다. 첫째, 아담과 그리스도 간에 평행하는 만큼 그리스도의 의가 우리에게 직접적으로 전가된다면 아담의 사망도 우리에게 직접적으로 전가되어야 한다는 말을 한다. 하지만 다른 편에서는 그리스도의 의의 전가가 믿음이라는 인간의 행위에 의해 중재되는 것처럼, 사망의 전가도 그래야 하지 않겠느냐는 반

론 이 견해에서 주로 문제가 되는 것은 이것이 12d절을 읽는 가장 자연스러운 방법이냐는 것이다. 바울이 이 어절에서 아담의 죄와의 연결을 명백히 하지는 않지만, 바울이 죄와 사망이 세상에 들어옴(12a-b절)과 사망이 모든 사람에게 퍼짐(12c절)을 평행하게 만든 것("이와 같이")은 이 현상들의 원인들 - 한 사람의 죄와 모든 사람의 죄 - 도 밀접히 연관된다고 주장할 수 있게 만든다.

우리는 12d절의 "모든 사람이 죄를 지었으므로"를 "모든 사람이 아담 안에서 그리고 아담과 더불어 죄를 지었다"는 뜻으로 해석할 수 있는 경우는 12절과 18-19절의 병렬에 거의 전적으로 의존한다는 것을 인정해야만 한다. 그리고 바울 스스로가 이 병렬을 명백하게 하지 않았다고 해서 우리는 이런 조합을 강요해서는 안 될 것이다. 그러나 우리로 하여금 바울이 이런 노선으로 생각하고 있었을 것이라고 느끼게 하는 점이 또 하나 있다. 즉, 바울 시대의 유대인 세계에서 집단적 연대의 개념에 대한 유행이 있었다는 점이다. 이 관념은 구약에 뿌리를 둔 것으로,[193] 어떤 개인의 행위는 어떤 의미에서 동시에 다른 많은 개인의 행위로 간주되는 만큼 대표적 성격을 가질 수 있다는 관념이었다.[194] 나는 바울이 그런 개념을 구원의 역사에서 아담과 그리스도 양자 모두가 갖는 의의를 풍부하게 설명할 방법으로 채택했을 것이라고 여길 만한 충분한 이유가 있다고 생각한다.[195] 바울에

론이 나올 수 있다. 양쪽 모두의 경우 요점은 "모두 네 발로 기어다닌다"는 식으로 유추가 이루어져서는 안 된다는 것이다. 더욱 빈번히 주장되는 것은 "모든 사람"이 죄를 지은 것이 사실이 되기 위해서는 12d절을 "아담 안에서"로 읽어야 한다는 견해가 필요해진다는 것이다. 그렇게 읽지 않으면 도덕적 책임이 없는 어린이 등은 제외될 것이기 때문이라는 것이다. 이 논증은 어느 정도 일리가 있지만, 바울이 여기서 말하고 싶은 것은 책임 있는 성인들의 입장에 관한 것뿐일 수 있다.

193. 그런 관념의 고전적인 성경적 증거는 수 7장에서 찾을 수 있다. 여기서 한 개인인 아간이 저지른 범죄를 "이스라엘의 죄"라고 하고 (1, 11절), 그것이 하나님이 "이스라엘 자손들에게 진노하시는" (1절) 이유로 나온다.

194. H. Robinson (*Corporate Personality in Ancient Israel*)이 "히브리인의" 사고에 있어 연대 책임의 중요성에 관한 주요 제안자 중 한 사람이다. Robinson과 다른 사람들은 집단적 인격성(*personality*)을 말하는 것은 확실히 지나치지만 (J. Rogerson, "The Hebrew Conception of Corporate Personality," 1-16), 구약과 유대인의 사고를 위한 "집단적" 범주들의 중요성은 일반적으로 받아들여진다.

195. 특히, Ridderbos, *Paul*, 53-64; Shedd, *Man in Community*; Barrett, *From First Adam to Last*, 4-5을 보라. 그리고 특별히 5:12에 관해서는 E. Best, *One Body*, 36-38; Quek, "Adam and Christ," 72-73; Berkouwer, *Sin*, 424-545; W. Barclay, "Romans 5:12-21," 173-75; Bruce를 보라.

게 있어서 아담도 그리스도와 마찬가지로 역사적 인물이고[196] 그의 죄가 동시에 그의 모든 후손의 죄로 간주될 수 있는 집단적인 인물이다.[197]

마지막으로 해결되어야 할 것이 있다. 바로 형평성의 문제다. 신학자 판넨베르크(W. Pannenberg)는 단도직입적으로 이렇게 말한다. "다른 사람이 수많은 세대 전에, 그것도 나와는 완전히 다른 상황에서 행한 하나의 행위에 내가 공동으로 참여한 원인이기라도 한 것처럼 공동 책임을 져야 한다는 것은 있을 수 없는 일이다."[198] 이 문제에 답하는 데 다양한 신학적, 철학적 작품들이 다소간 도움이 될 수는 있

196. 많은 해석가와 과학자들은 우리가 더 이상 단일 인간(아담) 또는 단일 인간 부부(아담과 하와)를 전체 인류의 조상(들)으로 가정할 수 없다고 확신한다. 예를 들어, Schneider, "Recent Genetic Science"; Giberson and Collins, *Language of Science and Faith*, 206-14을 보라. 많은 사람들은 또한 성경 이야기에서 한 명의 "아담"이 최초의 인간으로 확인되지 않는다고 확신한다(예를 들어, C. Hays and Herring, "Adam and the Fall," 24-54; Lamoureux, "No Historical Adam," 37-65; Enns, *Evolution of Adam*을 보라). 그러나 **역사에서**(*in history*) 아담의 행위의 결과(보편적인 죄와 사망)는 죄를 지은 아담을 **역사 속에서**(*in history*) 찾는 것처럼 보일 것이다. 예를 들어 나는 아슬란(나니아 연대기로부터)을 그리스도와 비교하거나 대조하여 일반적인 신학적 요점을 만들 수 있다(아슬란이 평평한 바윗돌 위에서 에드먼드를 위해 죽었듯이, 그리스도는 십자가에서 우리를 위해 죽으셨다). 그러나 하얀 마녀가 우리 세상에 그리스도께서 우리를 구원하신 상태를 들여놓았다고 만일 내가 주장한다면 내 이야기를 듣는 사람들은 혼란스러울 것이다. 그리고 그 혼란은 아주 자연스러울 것이다. 즉, 나는 각각 가상의 인물과 실제 인물에 의해 야기된 우리 역사의 사건들을 상정할 것이다. 바울이 분명히 밝힌 것처럼 아담은 모세, 율법, 그리스도(아담은 그의 "모형"이다)와 동일한 역사적 선상에서의 역할을 맡는다. 역사적 아담을 성경적 가르침에 충실하게 설정해야 할 필요성을 지지하는 논증으로는 예를 들어, Carson, "Adam in Epistles of Paul," 28-43; C. Collins, "Adam and Eve"를 보라. 그리고 과학적 증거에 관해서는 D. Alexander, *Creation or Evolution?*; Rana and Ross, *Who Was Adam?*을 보라.

197. 바울의 개념에 가장 근접하는 유대교의 텍스트가 에스라 4서의 7:118이다. "오 아담이여, 당신이 무슨 일을 한 거요? 죄를 지은 것은 당신이었는데, 타락은 당신의 것만이 아니라 당신의 후손들인 우리의 것도 되었으니 말이요." (이것은 에스라 4서의 관점을 표현한 것이다 하지만 Uriah의 127-31에서 이것을 수정한다.) 하지만 여기서 분명히 말해 두어야 할 것은 아담 안에서 모든 사람이 집합체로 죄를 짓는다는 개념이 유대교에서 분명히 나타나는 일이 결코 없다는 점이다. 사실 보다 훗날에는 랍비들이 개인의 죄에 대한 책임성을 강조하는 경향이 있었다 (Hayman, "Fall, Freewill [*sic*] and Human Responsibility," 13-22을 보라). 실로, 인간이 죄의 권세에 사로잡혀 있다는 인간에 대한 바울의 비관적인 관점이 그의 신학과 유대교 신학 사이가 일반적으로 달라지는데 핵심적인 역할을 한 것이 사실이다(특히 Laato, *Paulus und das Judentum*을 보라). 반면, 바울은 "태초의 인간" 또는 "안드로포스"(anthropos)로서의 아담에 관한 몇몇 유대교의 전승에 의해 영향을 받았다는 증거를 보이지 않는다. Käsemann이 지적하듯이, 바울은 아담의 "실체"가 아니라 그의 역할에 관심을 가지고 있는 것이다.

198. *Anthropology in Theological Perspective*, 124. 또한 C. Carter, "Harmartiology," 267을 보라. 이는 이와 같다. "죄책은 도덕적으로 책임이 있는 사람의 비윤리적 행위로 추적가능한 과실 행위에서 비롯된다."

지만, 어떤 설명으로도 이 문제가 궁극적으로 해소되지는 않는다. "원죄"는 "이성(reason)에 대한 범죄"[199]로 남는다. 반면에 보편적인 죄와 악이라는 사실을 설명하자면 그와 같은(원죄론과 같은-옮긴이) 교리가 필요하다. 파스칼이 쓴 유명한 글에서 그는 그것을 이렇게 표현했다.

> 원죄는 인간에게 미련한 것이지만, 이것이 그런 것임은 인정된다. 그러니 이 교리에 이성이 없다고 여러분이 나를 비난해서는 안 된다. 이것에 이성이 없다는 것은 나도 인정하기 때문이다. 그러나 이 어리석음은 사람의 모든 지혜보다도 더 지혜롭다. 이성이 없으면 도대체 우리는 사람이 무엇이라고 말할 수 있겠는가? 사람의 모든 상태는 이 감지될 수 없는 지점에 달려 있다. 그리고 그것은 이성에 반하는 것인데, 그리고 이성은 그 스스로의 방법으로 그것을 발견하기는 커녕 그것이 자기 앞에 제시될 때 그것을 혐오하는데, 어떻게 그것이 이성에 의해 감지될 수 있단 말인가?[200]

인간 역사의 주요 특징들인 어리석음, 타락 그리고 증오는 어떤 설명을 요한다. 왜 사람들은 그토록 한결같이 선으로부터 악으로 온갖 종류의 변화를 추구하는가? 바울은 이 단락에서 아담의 죄 안에 있는 인간 연대성이 그 설명이라고 확언한다. 그리고 이 연대성을 아담 안에서 그리고 그와 더불어 죄를 짓는 것으로 설명하든 아니면 아담으로부터 상속된 부패한 본성 때문이라고 설명하든 이 시점에서 이것은 중요한 것이 아니다. 어떤 견해를 취하든, 보편적인 인간의 죄성에 대한 이 성경적 설명이 역사와 경험의 자료들에 대한 설명으로 다른 어떤 이론 못지않은 것으로 또는 어떤 이론보다 나은 것으로 보인다.

13 바울은 12절 내에서 이미 아담과 그리스도 간의 비교를 일련의 "계속 이어가는"(run-on) 어절들로 끊어 내기 시작했는데, 이제는 그렇게 했던 자신의 문장을 완전히 끝맺음 한다(영어 성경 번역본들에서는 이런 문장의 끝맺음을 12절의 끝에 대시 기호를 붙이는 것으로 나타낸다). 바울은 12절에서 말한 어떤 것 때문에 당장 일종의 "여

199. "이성에 대한 범죄"는 교리에 대한 Ramm의 연구의 제목이다.
200. *Pensées* #445.

담"(aside)으로 부연 설명을[201] 말해야겠다는 생각을 하는 것이 분명하다. 그러나 13-14절을 차지하는 이 "여담"의 목적이 무엇인가? 두 가지 주된 해석이 있다.

(1) 첫째는, 크랜필드가 유능하게 변호한 것으로, 13-14절을 12a-c절의 강화(reinforcement)로 보는 것이다. 12절에서 나오는 죄와 사망의 보편성에 대한 바울의 확언은 율법을 떠나서는 죄라는 것이 있을 수 없고, 따라서 사망도 있을 수 없다는 유대교의 신념을 기초로 한 반론에 부딪치게 마련이다. 이 반론에 대처하기 위해 바울은 죄를 날카롭게 정의할 율법이 없을 때도(13b절), 죄(13a절)와 사망(14절)은 모두 현존했고 영향력을 행사했다는 점을 분명히 한다.[202] 이 해석은 13a절과 14절의 확언에 모든 강조점을 두고 13b절은 무시해도 좋을 만한 여담의 위치로 격하시킨다. 그러나 바로 그 때문에 이 해석이 비판을 받는 것이다. 14절의 시작에 나오는 "그러나"(헬. 알라)는 앞에 나오는 어떤 것과의 날카로운 대조를 전제로 하는데, 이 대조는 바울이 13b절에서 말했던 것과만 가능하다. 즉, "율법이 없었을 때에는 죄를 죄로 여기지 아니하였느니라. **그럼에도 불구하고**(*nevertheless*) 사망이 왕노릇 하였나니…." 그렇다면 13b절은 결코 여담이 아니라 바울의 논증에서 필수적인 부분이다.

(2) 이 절들에 대한 두 번째 주된 해석의 옹호자들은 13b절과 14절 사이의 이 대조에 초점을 맞춘다. 그들은 바울이 13b절과 14절에서 그의 독자들이 추론을 해보도록 자극하기 위해 상충되는 요점들을 내세운다고 생각한다. 이 상충은 바울이 율법의 위반을 근거로 하지 않고서는 죄를 죄로 "여기지" 않는다고 - "죽어 마땅한 것으로 여긴다는" 뜻으로 해석했다고 - 하기 때문에 일어난다. 그러나 바울은 12절에서 모든 사람이 - "율법 아래에" 있는 것으로 보이지 않는 사람들까지도 - 사망했다는 점을 밝힌다. 그렇다면 바울은 이 명백한 모순으로부터 그의 독자들이 어떤 결론을 내리기를 바란 것일까? 여기서도 주된 가능성은 두 가지다.

(a) 바울은 그의 독자들이 "율법"은 보편적이라는 것을 볼 수 있기를 원한다는 것이다. 모든 사람은 죽으며 그 죽음은 그들의 죄가 그들 자신에게 전가되기 때문

201. 접속사 γάρ 즉, "for"에 주목하라 (개역개정은 이에 대한 표현이 생략됨-옮긴이).

202. 또한 특히, Calvin; Dunn; Brandenburger, *Adam und Christus*, 180-205; 그리고 다른 점들에 대해서는 Kline, "Gospel until the Law," 433-46을 보라.

이다. 따라서 13b절에 비추어 볼 때, 모든 사람은 어떤 형태에서 하나님의 율법과 맞닥뜨려야만 한다(2:14-15을 보라).[203] 하지만 고데트(Godet)가 지적하듯이, 바울이 여기서 "불문율(법)"(unwritten law)을 가리키고 있다는 가정은 "독자들의 의식에 너무나도 본질적이고 동시에 너무나도 낯설어서 자명한 것으로 여기고는 침묵으로 넘기게 되었다." 게다가 이 견해는 "아담의 범죄와 같은 죄를 짓지 아니한 자들 위에도"라는 어구를 제대로 평가하지 못하고 있다. 바울이 성문 계명에 대한 불순종과 관련하여 언제나 연관시키는 "범죄"(파라바시스)라는 용어를[204] 쓰는 것은 그가 이 절들에서 말하는 "율법"에 구속되지 않은 사람들을 가리킨다는 것을 증명한다. 그들은 아담과는 달리 그들이 책임을 져야 하는 하나님의 성문 계명을 위반하지 않고 죄를 지은 사람들이었다.

(b) 바울은 모든 사람이 아담 "안에서 그리고 그와 더불어" 집합체로 죄를 짓는 것만이 사망에 대한 보편성을 설명할 수 있다는 것을 그의 독자들이 이해하기를 바랄 수 있다. 아담으로부터 모세까지(14a절)라는 바울의 시간 언급은 그가 이 절들에서 가리키는 "율법"이 모세의 율법임을 암시한다. 모세 이전에 살았던 사람들은 이 특정한 구체적인 형태의 하나님의 율법을 가지고 있지 않았다. 그런데 그들이 어떻게 "범죄"하여 죽어 마땅하다는 판결을 받겠는가? 오직 아담이 죄를 지을 바로 그때 그들이 죄를 지었다고 하는 것이다, 따라서 아담의 범죄가 또한 그들이 저지른 범죄로 간주된 것이다.[205]

이 마지막 해석이 바울의 말을 가장 잘 설명해 주지만, 이 해석은 심각한 신학적 반론을 받는다. 즉, 우리가 1:18-3:20(특별히 1:32를 주목하라)에 비추어 볼 때 - 창세기 6장은 언급할 것도 없이 - 바울이 모세 이전 사람들의 죄를 정죄받는 죄에 해당하지 않는 것으로 간주했으리라고 생각할 수 있을까?[206] 율법의 도래함이 죄

203. 예를 들어, Danker, "Romans V.12," 430-31.

204. 4:15에 관한 405쪽을 보라.

205. 해석의 구체적 사항들은 서로 크게 차이가 있지만, 특히 Chrysostom; Bengel; Godet (그는 사망이 육체의 사망만을 가리키는 것으로 본다); Tholuck; Dubarle, *Biblical Doctrine of Original Sin*, 157-66; Freundorfer, *Erbsünde*, 247-54; Espy, "Paul's 'Robust Conscience' Re-examined," 165-70; H. Preisker, *TDNT* 2.516-17; VanDrunen, "Israel's Recapitulation," 306-10을 보라.

206. Westerholm, *Perspectives*, 423-24를 보라.

를 더 심각한 것으로 만들고, 죽기 더욱 "마땅한" 것으로 만들었다고 바울이 주장하는 것은 분명하지만(3:20; 4:15; 5:20; 7:7-12을 보라), 그는 율법이 무죄를 유죄로 바꾸었다고 생각하지는 않는다.[207] 이 반론으로 인하여 "아담의 범죄와 같은 죄를 짓지 아니한 자들"이란 유아들 그리고 어쩌면 정신적으로 장애가 있는 사람들에 대한 언급임에 틀림없다는 널리 퍼진 가정을 하게 되었다. 이것은 아담 안에서 죄를 짓는다는 것에 의해서만 설명될 수 있는 자신들이 스스로 죄지은 것으로는 간주될 수 없는 사람들의 죽음을 말한다.[208] 그러나 이런 제한은 아담과 모세 사이의 기간을 분명히 언급하고 있는 점을 생각할 때 가능성이 낮다. 더구나 "죄를 짓지 아니한 자들"이라는 말에 "아담의 범죄와 같은"이라는 말을 덧붙이고 있기에 더욱더 그럴 가능성은 낮아진다. 이것은 의식적으로, 개인적으로 죄를 **지었으나**(*did*) 아담이 죄를 지은 것과 "같은 방식으로" – 어기면 죽는다는 규정이 첨부된 성문 계명을 위반하는 것으로 – 죄를 짓지는 않은 사람들을 가리키는 말이다.[209] 이 신학적인 어려움을 극복하기 위한 또 하나의 시도로, 일부는 바울이 모든 죄가 정당하게 죽임을 당해야 한다는 것을 부정하고 싶지 않으면서 동시에 아담의 죄를 해결의 열쇠로 부각시키는 것이라고 주장한다.[210] 하지만 이 주장이 인정된다면, 바울의 논증이 어떻게 성립되는지 알 수 없다. 왜냐하면 이것이 인정되면 "죄를 죄로 여기지 아니한다"가 "죄는 죽어 마땅한 것이 아니다"라는 뜻이 아니게 될 것이며, 그러면 14절과의 대조가 깨지기 때문이다.

본문을 보는 이 두가지 일반적 견해 각각이 심각한 반론에 부닥치므로, 둘 사이에서 하나를 선택하기가 어렵게 된다. 그러나 첫 번째 견해 – 사망이 보편적이라는 **사실**(*fact*)에 초점을 맞추고 있다는 견해 – 에 대한 구문론적인 반론을 극복하기가 두 번째 견해 – 사망의 보편성에 대한 (집단적) **설명**(*explanation*)에 초점을

207. 특히, 이 반론의 명백한 진술로는 Stuart를 보라. 실로 일부는 바울이 여기서 아담 이전의 사람들은 아담의 죄로 인해서만 죽은 것으로 여긴다고 주장하기까지 하지만(예를 들어, Dahl, *Studies in Paul*, 91; Espy, "Paul's Robust Conscience," 169-70, 183-840), 이 견해는 바울이 롬 1-3장에서 가르치는 것과는 부합될 수 없다. (E. P. Sanders는 사실 이 지점에서 롬 2장과 5장 사이의 불일치를 발견한다 [*Paul, the Law and the Jewish People*, 35-36].)

208. 예를 들어, Melanchthon; Shedd; Murray.

209. 우리가 12절의 해설을 할 때 주목해 보았듯이, 바울은 보편적 죄와 심판에 대한 교리에 대해 정신적으로 제한된 사람들이 일으키는 특별한 문제들을 이 절들에서 고려하지 않는 것으로 보인다.

210. 예를 들어, Bengel; Tholuck.

맞추고 있다는 견해 - 에 대한 신학에 입각한 반론을 극복하는 것보다는 쉽다. 그리고 아마도 첫 번째 견해에 대한 구문론적 반론은 13b절을 표준적인 유대교의 가르침을 요약하는 "여담"으로 취급하는 것이 아니라 죄를 짓지 않고는 살 수 없는 인간의 상황에 미치는 율법의 부정적 효과에 관한 바울 자신의 가르침을 환기시키는 것으로써 적어도 완화할 수는 있을 것이다. 이 가르침은 사람들이 자신이 지은 죄로 처벌받을 수 있는 것은 "율법 아래에" 있는 경우뿐이라는 것을 상기시킬 수 있기 때문에, 바울은 반대로 하나님이 주신 특정한 율법을 범하는 죄를 짓지 않은 자들 위에서도 사망이 왕노릇 했다고 역설하는 것이다. 그러므로 13-14절에서 바울은 자기 스스로 강조한 진노를 가져오는 율법이(4:15) 토라가 없으면 사망도 없음을 암시할 것이라는 취지의 반론에 직면하여 사망의 보편성을 다시 확언하고 있는 것이다.

전체적인 관점을 생각해 보면, 본문의 세부를 돌아볼 수 있게 된다. "율법 있기 전"[211]은 모세의 율법이 이스라엘에게 주어지기 전 시기를 가리키며, "죄가 세상에 있었다"는 12a절의 되풀이다. 그리고 "율법이 없었을 때에는 죄를 죄로 여기지 아니하였느니라"는 바울의 견해는 그 사람이 그 죄를 금하는 직접적인 명령을 알면서 의식적으로 위반했을 때에만 구체적으로 각 사람의 동기에 분명히 죄를 선고할 수 있다는 것이다.[212]

---

211. 그리스어로는 *ἄχρι νόμου*. 관사가 없어도 모세 율법을 가리킨다고 보기에 어려움은 없다(2:12에 관한 각주 283을 보라). 관사가 붙지 않은 것이 전치사 때문일 수도 있지만 (BDF §258[2]는 로마서에서 *νόμος*가 전치사구로 쓰인 23번 가운데 14번은 관사가 붙지 않았다고 지적한다), 율법으로서의(*qua*) 모세 율법과 같은 특정한 질적인 강조가 있을 수도 있다.

212. 키워드는 *ἐλλογεῖται*로, "여겨지다"(개역개정에는 "여기다"로 표현되어 있다-옮긴이)의 뜻이다(이 동사가 13a절의 미완료나 14a절의 부정과거 동사와 대조적으로 현재 시제로 되어 있는 것은 바울이 일반 원리를 진술하고 있기 때문이다). 동사 *ἐλλογέω*는 신약에서 여기와 몬 18절에서만 나오고 LXX에서는 한번도 나오지 않는다. 이것은 상업 세계에서 취한 말로 전형적인 회계장부 계정에 대한 신중하고 구체적인 표현을 암시한다(참조. H. Preisker, *TDNT* 2.516-17 MM). 종교개혁자들은 이 "여김"을 죄에 대한 주관적인 인식으로 이해했다. 즉, 죄를 규정하는 법 없이는 자신의 죄성을 인식할 수 없다(예를 들어, 루터와 칼빈). 그러나 율법의 이런 기능이 바울의 사고에서 어느 정도 작용하지만(롬 3:20; 7:7), 죄를 죄로 여기지 않는다는 것이 14절의 사망의 부과 - 실현이 아니다 - 와 병치되어 있는 만큼 이러한 해석은 가능성이 낮다. 반대편 끝에는 *ἐλλογεῖται*가 사형에 해당하는 죄의 전가를 가리키는 것으로 보는 사람들이 있다. 이 해석은 우리가 살펴본 바와 같이 바울이 모세의 율법을, 아니 그보다도 모든 명문화된 성문법을 염두에 두고 있다면 가능성이 낮다. 그는 분명히 모든 죄를 "죽어 마땅한" 죄로 간주하기 때문이다. 우리가 위의 해석에서 제안했듯이, 바울은 아마도 명문화된 법을 의무로 따라야 하는 상황에서는 죄에 대한 책임과

14 죄들이 아담과 이스라엘의 경우처럼 "개별적으로 직접 부여받은" 것이 아님에도 불구하고 - 아담과 이스라엘은 각각 직접 "율법"을 받았다 - "아담으로부터 모세까지… 사망이 왕 노릇 했다.[213]" "사망"은 분명히 육체의 죽음만[214]을 가리키지만, 12절에서 영적인 죽음, 정죄도 포함되는 만큼 육체의 죽음만을 가리키지는 않는다. 사망이 "왕 노릇 한다"는 이미지를 사용하여 바울은 사망이 보편적이고도 불가피한 것이었다는 점을 강조한다. "아담의 범죄와 같은 죄를 짓지 아니한 자들"은 아담과 모세 사이에 살았던 사람들과 다른 집단일 수도 있다.[215] 그러나 이 절은 이 기간 중에 살았던 사람들의 더 자세한 식별일 가능성이 더 크다.[216] 이 묘사를 통해, 바울은 그의 논증에서 이러한 사람들의 특징을 드러내는 것이 필요하다. 즉, 그들은 "율법 없이" 죄를 지은 사람들이라는 점이다. 그들은 하나님이 사람들에게 구체적인 계명을 주시기 전에 살았으며, 그래서 그들은 아담이 범한 "범죄"와 같은 죄를 지을 수는 없었던 것이다.[217]

처벌의 정도가 더 크다는 것을 가리키고 있을 것이다(4:15에 관한 각주들을 보라. 그리고 5:20; 7:7-12; 갈 3:19과 고전 15:56에서의 유사한 확언에도 주목하라). 이 일반적인 접근에 관해서는 Cranfield; Lloyd-Jones; Jüngel, "Gesetz zwischen Adam und Christus," 54; Westerholm, *Perspectives*, 423-25을 보라. G. Friedrich는 "하늘의 회계 장부에 맡겨라"라는 뜻이 함축되어 있을 것이라고 제안한다("Ἁμαρτία οὐκ ἐλλογεῖται," 523-28. 또한 Laato, *Paulus und das Judentum*, 133-35도 보라). 이 어절이(Longenecker가 생각하는 것처럼) 반대자의 인용문일 가능성은 거의 없다.

213. 그리스어로는 *ἐβασίλευσεν*으로, 사실 확인적(constative) 부정과거다.

214. 이와 반대의견으로는 예를 들어, Godet.

215. 예를 들어, Murray는 *καί*가 등위 접속 역할을 하는 것으로 보고 바울이 유아들을 가리키는 것이라고 생각한다.

216. 따라서 *καί*는 ("바로"의 뜻을 가진) 보족어(apexegetic)로, 대부분의 영어 성경 번역본들이 이 뜻을 취한다.

217. 바울은 *τοὺς μὴ ἁμαρτήσαντας ἐπὶ τῷ ὁμοιώματι τῆς παραβάσεως Ἀδάμ*이라는 표현을 쓴다. 전치사 *ἐπί*는 *ἐβασίλευσεν*("왕 노릇하다")에 이어져 사망이 왕 노릇 하는 근거를 소개하는 역할을 할지도 모른다(예를 들어, Chrysostom; Branick, "Sinful Flesh," 258-59를 보라). 그러나 이것이 바로 앞의 어구인 "죄를 짓지 아니한 자들"에 이어져 양식 또는 표준이라는 의미에서의 "…이후"를 나타낸다고 보는 것이 보다 그럴듯하다(Thayer, *Greek-English Lexicon*, 233). *ὁμοίωμα*는 바울에게 있어 신학적으로 중요한 용어로(6:5에 관한 각주들을 보라), 여기서는 비교되는 것과 동일하지는 않지만 어떤 중요한 면에서 닮았다는 의미의 "복제", "같음"을 뜻한다. 이 진술이 모든 사람이 아담 안에서 죄를 지었다는 견해를 불가능하게 한다고 생각하면, 그것은 비교의 요점을 잘못 해석했기 때문일 것이다. 바울은 관련된 사람들이 개인적으로 지은 죄들을 말하고 있으며 그것들을 아담이 개인으로서 지은 죄와 비교하고 있는 것이다. 모든 사람이 아담의 개인적인 죄에 동참했는지는 논외로 하고 있다.

논의가 충분히 진행된 상태에서, 바울은 그의 논증의 본론으로 돌아와 14절을 "아담은 오실 자의 모형이라"[218]라는 말로 마무리한다. "모형"[219]이라는 단어는 그리스도에 의해 개시된 종말론적 시대를 예시하는 기능을 하도록 하나님이 의도하신 구약의 인물, 제도 또는 사건들을 가리킨다. 여기서 "모형론"(typology)이라는 말이 나왔다. 이런 뜻에서 아담이 그리스도의 "모형"이며, 그의 한가지 행위가 미치는 보편적인 영향이 그리스도의 행위가 미치는 보편적인 영향을 예시한다는 것이다. "오실 자"[220]는 동시대의 유대인들이 메시아를 "오실 그 분"[221]으로 지칭한 것을 반영하는 말일 수 있으며, 여기서 사용된 미래 시제는 아마도 바울이 그리스도의 사역을 아담의 관점에서 보고 있기 때문일 것이다.[222]

15 바울은 15-21절에서 아담과 그리스도 사이의 모형론적인 관계를 설명한다. 둘 사이의 유사성은 각자의 한 행위가 각자에게 "속하는" 자들에게 결정적인 의미를 갖는다는 사실에 있다. 아담의 "후손들"에 대한 관계와 그리스도와 그 후손들과의 관계 사이에 있는 이 구조적인 유사성이 15-21절 전체의 기초를 이룬다. 그러나 15-17절은 이 구조적 관계에서의 평행성이 두 행위의 성질과 그 결과에까지 미치지는 않는다는 것을 드러낸다. 이 세 절은 아담의 행위와 그리스도의 행위 사이의 기본적인 대조 두 가지를 제시한다. 바울은 각각의 대조를 "같지 아니하니"(아우크 호스. 15a, 16a절)라는 어구로 시작하고(15a, 16a절), 뒤를 이어 "더욱…"[223](15b절과 16b-17절)이라는 어구를 사용하여 부연 설명을 한다. 첫 번째 대조는 **정도**(*degree*)의 대조다. 즉, 그리스도의 행위는 은혜를 드러내는 것이므로 모

218. 사실 이 어구가 바울이 12절에서 시작한 비교를 완결짓는다고 생각하는 사람도 있지만(ὥσπερ를 참조하라), 위에서 이미 주장했듯이 그럴 가능성은 낮다.
219. τύπος는 본래 어떤 것을 쳐서 생긴 자국을 의미하며, 그로부터 어떤 형태, 무늬 또는 견본을 가리키게 된다. 바울은 이 단어를 고전 10:6에서 고린도 교회 신자들을 위한 "모형"으로 구약의 하나님의 백성을 가리키기 위해서 쓴다. 모형론의 단어의 의미와 그 특징에 관해서는 특히, 5:14에서의 Goppelt, *Typos*; R. Davidson, *Typology in Scripture*, 297-316을 보라.
220. 그리스어로는 τοῦ μέλλοντος.
221. Lightfoot; 예를 들어, 마 11:3을 보라.
222. Godet. "아담"이라는 이름을 관사를 붙여서 - "오실 그 아담"이라고 - 이해해야 한다거나(고전 15:45 참조. 예를 들어, Schlier를 보라), 또는 "오실 그 분"은 모세를 가리킨다는(이것이 Scroggs, *Last Adam*, 80-81의 견해다) 것은 불필요하게 복잡한 생각이다.
223. 15b, 16b, 17절의 γάρ를 주목하라.

든 면에서 아담의 행위보다 위대하다는 것이다(15절). 두 번째 대조는 (주로) **결과**(*consequence*)의 대조다. 즉, 아담의 행위가 가져온 것은 정죄(16b절)와 사망(17a절)인 반면, 그리스도의 행위가 가져온 것은 의롭다 하심(16b절)과 생명(17b절)이라는 것이다.[224]

15절은 "그러나"(헬. 알)로 시작하는데, 이는 바울이 14b절에서 밝힌 아담과 그리스도 사이의 모형론적 관계를 이제 단서를 달려고 시작하기 때문이다. 그는 먼저 "이 은사는[225] 그 범죄와 같지 아니하니"라고 그 다름을 진술한다. 바울이 여기서 쓰는 "범죄"는 그가 아담의 대표적인 행위를 묘사하기 위해 쓰는 세 번째 용어로 "그릇된 행보"(파랍토마)[226]와 같은 뜻이다. 바울이 이 용어로 이동하는 것은 아마도 이 절의 키워드인 "은사"[227]라는 뜻의 카리스마와 발음상의 평행 효과를 만들어 내기 위해서일 것이다. 17절에 나오는 "의의 선물"이나 6:23과 같은 절들에 비추어 볼 때, 이 "은사"는 하나님이 사람들에게 주시는 의의 상태일 수 있지만,[228] "범죄"와 대조되고 있는 것을 볼 때 어떤 행위의 영향이라기 보다는 그리스도의 행위를 가리킨다고 보는 편이 더 낫다. 이것이 16절에서 은사가 "의롭다 하심"에 **이른다고**(*leads to*) 하는 것으로 확인된다. 그러므로 이 절에서는 (바울 서신에서 늘상

224. 우리가 15a절과 16a절을 수사학적 질문으로 이해한다면 이 문맥을 읽는 다른 방법이 나온다. 그렇다면 바울은 "그러나 이 은사는 범죄와 같지 아니하냐?"; "그리고 이 선물은 범죄한 한 사람으로 말미암는 것과 같지 아니하냐?"고 물을 것이다. 그리고 15b절과 16b절은 그 다음에 이 둘이 어떻게 서로 같은지 설명한다(Jewett; Griffith Thomas; Caragounis, "Romans 5:15-16," 142-48; Porter, "Argument of Romans 5," 655-77).

225. 15a절에 *ἐστιν*이라는 단어가 있는 것으로, 즉 *ἀλλὰ [ἐστιν] οὐχ ὡς τὸ παράπτωμα, οὕτως καὶ τὸ χάρισμα*로 되어 있는 것으로 추정된다. 우리는 이렇게 의역할 수 있을 것이다. "그러나 이것은 이 은사의 경우처럼 범죄의 경우에는 없으니."

226. 바울은 여기서와 17,18,20절에서 *παράπτωμα*를 사용한다. 12절에서 *ἁμαρτία*("죄"), 13절(두 번), 20절, 21절(14, 16절에서 *ἁμαρτάνω*["죄를 짓다"]; 19절에서 *ἁμαρτωλός*["죄인"]); 14절에서 *παράβασις*("범죄"); 또한 19절의 *παρακοή*("불순종")에 주목하라. *παράπτωμα*라는 단어는 바울 서신에서는 비교적 드물지만(16번 사용됨. 로마서에서는 이 단락 외에 4:25, 11:11, 12에서 사용됨) *ἁμαρτία*와 본질적으로 동의어다(20절에서 나오는 단어와 교환하는 것을 주목하라). (Michaelis, TDNT 6.171-73 참조.) *παράπτωμα*라는 단어는 바울의 *παράβασις* 사용에 내재된 율법을 깨는 행위의 개념을 암시하지 않는다(예를 들어, Cranfield; 그 반대로는 Cambier, *Évangile de la Justice*, 289; Wilckens). 그러나 이것이 *ἁμαρτία* 또는 *παράβασις*보다 덜 심각한 범죄를 의미하는 것은 아니다(이와 반대 주장으로는, 예를 들어, 어원학으로 논증하는 Godet).

227. Dunn.

228. 예를 들어, Cranfield.

그러는 것처럼) "은사"가 신자에게 주어진 선물을 가리키는 것이 아니라, "은혜의 행위"로 간주된 그리스도 자신의 행위를 가리킨다.[229] 바울이 그리스도의 행위를 가리키는 이 이례적인 방법을 택하는 것은 그 행위의 은혜로운 성격과 그 행위의 효력을 강조하기 위해서다. 즉, 그리스도의 행위는 하나님의 은혜의 행위이기 때문에 아담의 행위보다 훨씬 더 강력하다.[230]

바울은 아담의 범죄와 그리스도의 은혜의 행위가 어떻게 다른가를 이 절의 마지막 부분에서 설명한다. "곧 한 사람의 범죄를 인하여 많은 사람이 죽었은즉 더욱 하나님의 은혜와 또한 한 사람 예수 그리스도의 은혜[231]로 말미암은 선물[232]이 많은 사람에게 넘쳤으리라." 이 문장의 전제절("if…")(개역개정에서는 "…즉"에 해당-옮긴이)에서 바울은 12절에서 넌지시 비추었던 아담의 죄와 모든 사람의 영적인 곤경 사이의 관계를 "한 사람"의 범죄가 "많은 사람"에게 사망을 가져왔다고 진술한다.[233] 대다수의 학자들은 바울이 이 부분에서 "많은 사람"을 "모든 사람"과 같

229. Meyer; Gifford를 보라.

230. 특히, Doughty, "Priority of ΧΑΡΙΣ," 173-75를 보라.

231. 전치사구 ἐν χάριτι κτλ의 피수식어는 ἡ δωρεά 일 수도 있고("한 사람 예수 그리스도의 은혜로 말미암아 오는 선물" [예를 들어, Cranfield. 그리고 대부분의 영어 성경 번역이 이렇게 되어 있다]), ἐπερίσσευσεν 일 수도 있다("선물이 한 사람 예수 그리스도의 은혜를 인하여 많은 사람에게 넘쳤다"[Meyer; Lafont, "Sur l'interprétation," 483]). 후자를 지지하는 논거는 그로 인해 얻어지는 전제절과의 평행인데(ἐν χάριτι가 τῷ παραπτώματι에 상응한다), 문장의 전제절과 귀결절이 아무래도 구문상으로 평행이 되지 않으며, 어순이 약간은 전자의 해석 쪽으로 기울어지게 할 것이다. 이런 방식으로 읽을 경우, ἐν은 아마도 수단의 의미가 될 것이다 - "선물이 … 한 사람 예수 그리스도의 은혜로 **말미암아**(*through*) 온 것이다" - 그러나 이것은 공간적일 수도 있다. "'은혜의' 영역에서 주어지는 선물." 15a절의 χάρισμα와 마찬가지로 이 마지막 절의 χάρις도 그리스도의 행위를 은혜의 행위로 가리킨다.

232. 이 귀결절에 "선물"을 가리키는 단어들 - χάρις("은혜"), δωρεά("선물"), ἐν χάριτι("은혜로 말미암은") 등 - 이 이례적으로 집중되어 있는데, 이것은 바울이 이 점을 얼마나 강조하고 싶어 하는지를 나타낸다(J. Barclay, *Paul and the Gift*, 495을 보라). 그러나 이 단어들은 구문론적인 궁금증도 유발한다. 첫째, ἡ χάρις τοῦ θεοῦ καὶ ἡ δωρεά는 ("하나님의 은혜로운 선물"을 가리키는) 중언법(hendiadys)인가, 아니면 χάρις와 δωρεά - "하나님의 은혜 **그리고**(*and*) 선물"로서 - 가 별개의 의미를 갖는가? 관사가 반복해서 나오는 것으로 보아 후자일 가능성이 더 크다. 그렇다면 둘 사이의 차이는 무엇인가? Stuart는 χάρις가 누구나 받을 수 있는 일반적인 선물을 가리키는 것인 반면, ἡ δωρεά는 신자들에게만 주어지는 실제적인 이득을 가리킨다고 제안한다. 그러나 그것들을 범위 면에서 구분할 수 있을 가능성은 적다. 이것들이 "많은 사람에게 넘쳤으리라"의 주어로서 등위 접속되어 있기 때문이다. 그보다는 "은혜"가 하나님이 행하시는 동기 또는 방식을 가리키는 반면, "그 선물"은 이 은혜의 구체적인 표현 - "많은 사람"에게 수여되는 의로운 신분과 생명 - 을 가리킬 가능성이 더 크다.

233. 여격의 τῷ παραπτώματι는 원인을 나타낼 수도 있고("그 한 사람의 범죄 때문에 많은 사람이 죽

은 뜻으로 쓰고 있다고 생각한다(18절을 보라).[234] "많은 사람"이 때로는 어떤 집단에 속하는 모든 사람을 가리킬 수 있는 것은 사실이다. 그러나 이것이 항상 그렇다고 하는 주장은 과장된 것이다.[235] "많은 사람"은 단순히 매우 많은 수를 가리키며, 그러한 수에 얼마나 많이 포함될 수 있느냐는 문맥에 의해서만 결정될 수 있다. 이 절의 전제절에서는 "많은 사람"이 분명히 모든 사람을 포함한다. 왜냐하면 바울이 아담의 죄를 언급하면서 이미 "모든 사람이 사망했다"고 말했기 때문이다(12절). 그러나 이 절의 귀결절("더욱…")에서 쓰인 "많은 사람"은 바울이 17절에서 선물을 받는 자들만이 그리스도의 행위의 덕을 본다고 한 주장으로 인해 단서를 달아야 한다. 여기서 많은 사람은 수많은 사람을 가리키거나(그러나 모든 사람은 아니다) "은혜의 선물에 응답하는 모든 사람"을 가리킨다. 그들이 하나님의 선물과 은혜를 누릴 수 있는 것은 아담 안에서 모든 사람에게 사망이 이르는 것보다 훨씬 더 확실할 것이라고 바울은 주장한다.[236] 아담으로 말미암은 정죄는 피할 수 없는

었다"), 관련을 나타낼 수도 있으며("그 한 사람의 범죄와 관련하여 많은 사람이 죽었다"), 또는 수단을 나타낼 수도 있다("그 한 사람의 범죄로 말미암아 많은 사람이 죽었다"). 우리는 마지막 쪽을 택하기로 한다. 하나의 관련된 문제는 ἀπέθανον("죽었다")의 부정과거 시제가 갖는 의미다. 물론 그 의미가 바울이 사망의 벌을 "한 때"의 사건으로 본다는 것일 필요는 없다. 그는 단순히 모든 사람의 정죄를 포괄적인 전체로 묘사하고 있는 것이다. 하지만 바울이 사망을 개인이 죄를 지을 때 그 개인에게 부과된 형벌로 생각했다면, 우리는 미완료 과거나 현재 시제를 예상했을지도 모른다. 이 점은 바울이 이 문단에서 아담의 행위의 결과들은 한결같이 완료된 사실로 제시하고, 반면에 그리스도의 행위의 결과들은 한결같이 계속 중이거나 미래의 일로 고찰된다는 것에 주목할 때 설득력을 얻는다(17, 19, 21절). 그러므로 ἀπέθανον의 부정과거 시제는 모든 사람에게 부과된 사망 선고가 아담의 범죄와 관련하여 즉각적으로 일어났다는 것을 시사한다.

234. 특히 J. Jeremias, *TDNT* 6.536-41을 보라. 그는 οἱ πολλοί를 포괄적으로 쓰는 것(="모든 사람")은 구약(특히 사 53장)에 뿌리를 두고 있으며 신약에서 매우 흔하다고 주장한다.

235. 예를 들어, 바울 서신에서 볼 수 있는 [οἱ] πολλοί는 그 확실한 대다수가 한정적인 뜻으로, "많은" 또는 "대부분"을 가리키지 "모두"를 가리키지는 않는다(고전 9:19; 10:5; 15:6; 고후 2:6, 17; 4:15; 6:10; 빌 1:14 [이상은 모두 관사가 붙는다]; 롬 16:2; 고전 1:26 [두 번]; 11:30; 16:9; 고후 11:18; 갈 3:16; 빌 3:18; 딛 1:10을 보라). 이들 중 다수가 포괄적인 지칭을 가질 수 있다고 할 수는 있을지라도, 신약에서 마 24:12과 고후 2:17에서를 제외하고는 "οἱ πολλοί가 한결같이 포괄적인 의미로 쓰인다"는 예레미야스의 주장(*TDNT* 6.540)은 동의할 수 없다. 바울은 πολλοί를 포괄적인 의미로 쓰기는 하지만 이 표현이 사용되는 곳에서 말하는 집단을 문맥이 한정시키는 곳들이 롬 12:5과 고전 10:17이다.

236. πολλῷ μᾶλλον("더욱…")이라는 어구는 문장의 귀결절("그러므로"로 시작하는 어절)을 도입하기 위해 사용한 것인데, "하나님의 은혜가 얼마나 더 많이 많은 사람에게 넘치겠는가"로 질적인 의미를 가질 수도 있지만(Alford), 5:10-11에서의 용법과 궤를 같이 하고 있는 만큼 "하나님의 은혜가 얼마나 더 [확실히] 많은 사람에게 넘치겠는가"로 단순한 논리적 의미를 가지고 있을 가능성이 더 크다(Meyer).

것이며, 모든 사람이 받게 되어 있는 이 심판이라는 끔찍한 현실을 축소시킬 어떤 말도 바울은 하지 않는다. 그러나 정죄와 나란하게 하나님의 은혜가 서있다. 그리고 그것은 정확하게 우리와 관계된 하나님의 은혜이기 때문에, 거기에는 "풍부한 이점"(abounding plus)이(Murray) 그리스도 안에 있는 하나님의 선물과 연결되어, 아담의 행위의 결과를 취소할 뿐만 아니라 긍정적으로 만들어 내고 생명과 평강을 줄 수도 있는 힘을 가진 초충만성(super-abundance)이 있다. 주엣(Jewett)이 지적했듯이, 바울이 사용한 동사 "넘치다"(페리슈오)는 이 기록을 강조한다. 즉, "새 시대의 여명과 함께 낙원의 풍요로움이 세상에 흘러나오고 있었다."[237] 아담의 "범죄"는 인간 **활동**(*activity*)의 정수이며, 이에 대해 엄격한 책임을 져야 한다(4:1-6을 보라). 그러나 그리스도의 행위는 정확하게 "선물", 사람들이 수동적이어서 결코 얻을 수 없고 받기만 할 수 있는 "공로없이 받는 은총"의 하나님의 주도적인 일이다(17절).[238]

16 바울은 16a절에서 아담의 행위와 그리스도의 행위 사이의 두 번째 대조를 발표하고 그것을 16b절과 17절에서 설명한다. 이 절의 첫 문장은 그리스어로 극히 간결한데, 글자 그대로 번역하면 "또 이 선물은 범죄한 한 사람과 같지 아니하니"가 된다.[239] "범죄한 한 사람"은 "이 선물"과 적절한 대조를 이루지 않는 만큼 문맥에서 대조점을 추정해야 하는데, 아마 다음 문장에 나오는 "정죄"가 최선의 대안이 될 것이다. 그러면 우리는 이 문장을 "또 이 선물은 범죄한 한 사람으로 말미암은 정죄와 같지 아니하니"로 의역할 수 있을지 모른다.[240]

---

237. 바울이 이 동사를 다른 곳에서 사용하는 것으로 이 단어의 뉘앙스를 확인할 수 있다. 즉, 로마서에서는 3:7과 15:13 그리고 17절의 동족명사와 20절의 복합명사 *ὑπερπερισσευω*에 주목하라.

238. 또다시 특히, Doughty, "Priority of ΧΑΡΙΣ," 174-75; 또한 Weder, "Gesetz und Sünde," 364-71을 보라.

239. 그리스어로는 *καὶ οὐχ ὡς δι' ἑνὸς ἁμαρτήσαντος τὸ δώρημα*로 되어 있다. 우리의 번역에서 추정하여 삽입하는 유일한 구성요소는 연계동사이며(이 경우에는 *ἐστιν*), 이것은 그리스어에서는 당연시된다. 우리의 축어역은 KJV과 가깝다.

240. 특히 Wilckens를 보라. 그러므로 주요 어절은 *καὶ οὐχ* [*ἐστιν*] ··· *τὸ δώρημα*인데, *δώρημα*는 15절에서의 *δωρεά*와 마찬가지로 그리스도의 행위로 말미암아 "많은 사람"에게 주어진 의 또는 생명을 가리키고, *ἁμαρτήσαντος*는 *ἑνός*를 수식하는 형용사적 분사다. 이 해석에 대한 두 개의 주요 대안이 있다. (1) "영향" 또는 "결과"라는 중립적인 개념을 "선물"과의 대조점으로 가정하는 것(대부분의 영어 성경 번역이 이를 택한다. NIV의 "하나님의 선물은 한 사람의 죄의 결과와 같지 아니하니"를 참조하라), (2) *δώρημα*는 그리스도의 "은혜로운 행동"을 가리키고 아담의 행동이 그

바울은 15절에서 그랬던 것처럼 이 대조도 부연 설명한다. 즉, "심판[241]은 한 사람의 죄[242]로 말미암아 정죄에 이르렀으나[243] 은사는 많은 범죄로 말미암아[244] 의롭다 하심[245]에 이름이니라." 바울은 사실 두 개의 대조를 염두에 두고 있다. (1) 아담의 행위와 그리스도의 행위의 결과를 두고 하는 - 정죄 대 칭의의 - 대조와 (2) 고려되는 죄의 숫자다 - 아담과 연관된 심판은 한 사람의 죄를 기초로 한 것이었고, 그리스도를 통해서 나온 칭의의 판결은 셀 수 없이 많은 수의 죄 이후에 나온 것이었다. 그러므로 아담의 행위와 그리스도의 행위의 결과가 정반대일 뿐

대조가 된다는 가정(NJB의 "이 선물과 한 사람의 범죄 사이는 비교가 되지 않으니"를 참조하라). (대안들의 완전한 목록과 보다 충분한 논의로는 특히 Meyer를 보라.) 우리가 택하는 번역의 장점은 이것이 16b절에서 아담의 행위가 그리스도의 행위와 다른 두 가지면, 즉 계산되는 죄의 숫자와 그 결과에 초점을 맞추는 부연 설명에 가장 자연스러운 근거를 제공한다는 데 있다.

241. 그리스어로는 *κρίμα*. 바울 서신에서 이 단어는 보통 단순하게 "심판"을 의미하며 종종 형의 집행을 가리키기도 하지만(롬 2:2, 3; 3:8; 고전 11:29, 34를 보라), 여기서 아담이 지은 죄의 즉각적인 결과에 적용되고 *κατάκριμα*("정죄")와 구별되는 것을 보면 아마도 심판의 선고인 "판결"을 의미할 것이다(BDAG).

242. 그리스어로는 *ἐξ ἑνός*. 이 숫자 대명사는 아담을 가리킬 수도 있지만 (KJV가 "한 사람에 의해"로 옮긴 것은 그런 뜻에서인 것 같다. 그리고 Godet, Käsemann을 보라), 그러나 문장의 나머지에 비추어 볼 때 아담의 죄를 가리키는 것이 거의 확실하다 (현대의 주요 영어 성경 번역들 모두. Barrett을 보라).

243. 그리스어 *δέ*가 첫 번째 절의 *μέν*과 호응하고 있다.

244. 그리스어로는 *ἐκ*. 문장의 첫 부분에서는 *ἐκ*(*ἐξ*)가 기초를 이룬다. 즉, 정죄로 결정된 판결은 하나의 죄를 "기초로 한 것"이었다. 하지만 여기서는 이 전치사가 시간적 언급을 내포하고 있거나, 아니면 칭의가 "나오게 된" 상황을 가리킬 것이다.

245. 여기서 쓰인 그리스어는 *δικαίωμα*인데, 이 단어는 어원적으로 볼 때(접미사 -*μα* 때문에) "바르게 하는" 행위의 결과를 가리키며, 따라서 "판정", "법령" 또는 "규례"를 의미할 수 있다. 그 가운데 후자 즉, "규례"라는 의미가 특히 하나님의 계명과 관련하여 LXX와 신약에서 가장 흔하다(눅 1:6; 롬 1:32; 2:26; 8:4; 히 9:1, 10). 하지만 -*μα*로 끝나는 많은 단어가 그렇듯이 *δικαίωμα* 역시 "의로운 행위" 또는 "행실"이라고 행위 자체를 가리키게 되었다(삼상 3:28; 계 15:18; 19:8을 참조하라. 5:18도 [아마] 마찬가지일 것이다). Hooker는 이 단어를 "바르게 하는 행동" 또는 신원이라는 일반에게 인정된 의미로 받아들여야 하며, 그러면 그것은 하나님이 그리스도를 죽은 자 가운데서 살려 신원하시고, 그럼으로써 우리가 그리스도 안에서 신원되고 또는 "바르게 될" 수 있게 하심을 가리킨다고 주장한다("Interchange and Atonement," 465-66; "[죽음의] 의로운 요구"라는 Kirk의 제안은 이와 유사하다["Reconsidering *Dikaiōma*," 787-92]). 하지만 여기서 *δικαίωμα*는 십중팔구 "칭의" 또는 아마 하나님의 의롭다 하시는 행위의 결과로 생기는 의로운 상태를 의미할 것이다(BDAG; Cranfield; Dunn). 이 의미는 *κατάκριμα*와의 대조 때문에, 그리고 본문에서 그에 병행하는 말들 - *δικαίωσιν ζωῆς*("의롭다 하심을 받은 생명," 18절)와 *δίκαιοι κατασταθήσονται*("의인이 되리라," 19절) - 때문에 필요해지는 것 같다. 그러므로 바울이 여기서 *δικαίωμα*를 쓰는 것은 -*μα*로 끝나는 단어들의 연쇄 - *παράπτωμα*, *χάρισμα*, *δώρημα*, *κρίμα*, *κατάκριμα* - 를 잇는 수사적 효과 때문일 것이다.

만 아니라, 그리스도 안에서 하나님이 하시는 일의 은혜로움은 우리가 각각의 행위에서 계산되는 범죄의 숫자를 고려할 때 더욱 분명해진다. 즉, "단 하나의 악행은 심판으로 응답해야 하고, 이것은 완벽히 이해할만한 것이다. 그렇지만 모든 시대의 누적된 죄와 죄책에 하나님의 값 없이 주시는 선물로 응답한다는 것은 인간이 이해를 완전히 넘어선 기적 중의 기적이다."[246]

17 이 17절은, 16a절을 설명하거나 추가로 증명하기보다는, 16b절에 평행하여, 16b절에 나오는 "정죄"와 "의롭다 하심"의 대조를 부연 설명한다.[247] 동시에 17절은 15b절의 논증을 되풀이하고 있는데, - "…즉 더욱 …"이라는 구문의 병행으로 보나 - "한 사람의 범죄", "사망", "은혜", "선물", "넘치게" 등 언어의 병행으로 보나 분명하다. 사실상 17절은 두 사람의 평행하는 구속사적 행동이 미치는 대조적인 영향에 대해 바울이 하는 기술의 요약이요 절정이다.[248] 이 평행은, 바울이 이 문단의 전체를 통틀어 강조하듯이, 각각의 경우에 "한 사람"의 행동으로 "말미암아"[249] 중대한 영적 상태가 인간 역사에서 시작되었다는 것이다. "한 사람 아담"과 사망이 그 통치를 행사하는 수단으로서 그의 죄에 대한 이런 강조는 모든 사람의 운명을 아담의 죄와 어떤 직접적인 방식으로 연결시키려는 바울의 의중을 다시 한번 드러낸다. 하지만 바울의 목적은 우리로 하여금 인간 실존의 이 비극적이고 불가피한 사실을 직시하며 낙담하고 절망하게 하려는 것이 아니다. 그와 정반대로, 그는 한 사람의 행동과 모든 사람의 운명 사이의 같은 연결이 "그 한 사람" 아담의 경우에서 이루어졌듯이 또 다른 한 "사람"의 또 하나의 다른 행동의 경우에서도 이루어졌으며, 이 두 번째 "사람"의 행동은 첫 번째 사람의 행동의 결과가 심신에 해로웠던 것에 비해 훨씬 더 영광스러운 결과를 가져온다는 것을 보여줌으로써 우리를 위로하고 격려하고자 한다. 그리스도의 행동 편에서 볼 때 "넘

246. Cranfield.

247. Meyer.

248. Käsemann.

249. 15절에서 그렇듯이 17a절의 τῷ παραπτώματι 역시 조격이며, 이 절의 끝부분에서 그리스도를 가리키는 διά와 상응한다.

침"[250]이 있으며, 그렇기 때문에 바울은 이 문장의 두 부분을 "그와 같이… 그래서 또한"이라는 단순 비교의 관계로 놓는 것이 아니라 "…더욱"이라는 정도의 관계로 놓는다. 15절에서와 마찬가지로 "넘침"은 하나님의 은혜와 그 은혜의 결과인 하나님의 선물로 인한 것이다.[251] 이 선물은 "의"[252]라고 특정되는데, 여기서는 확실히 하나님과의 새로운 관계의 상태를 말하는 것이다. **하나님이**(*God*) 그리스도의 행동 안에서 자유롭게 행하시는 것이기 때문에, 그 행동은 아담의 인간적인 결정으로 인한 결과를 뒤집을 수 있는 능력 보다 더 큰 능력을 갖는다.

바울은 또 하나의 중요한 방식으로 문장의 평행성을 깨뜨린다. 즉, 첫 번째 어절에서는 아담의 행동에 대한 결과가 주어인데 - "사망이 그 한 사람을 통하여 왕노릇 하였은즉"[253] - 반면에 두 번째 어절에서는 "은혜와 의의 선물을 넘치게 받는 자들"이라는 사람들이 주어가 된다. 이 주어의 변경이 사망과 생명의 왕 노릇 사이에 중요한 차이가 있음을 뒷받침한다. 전자는 운명이라는 특성을 가지고 있다. 게다가 12절에서 우리 자신의 범죄 행위와 무관하지 않게 보여줬듯이, 이것은 -본래- 의식적으로 선택한 운명이 아니다. 반면에 생명의 왕 노릇은 선택과 개인의 결정을 통해 경험되며, 이것은 선물을 "받는" 자들을 위한 것이다.[254] 이런 자격의 중요성은 아무리 과장해도 결코 지나치지가 않다. 의와 생명은 그리스도 안에서 하나님의 은혜에 응답하는(*respond*) 사람들을 위한 것이며 응답하는 사람에게만(*only*) 해당된다는 사실을 우리에게 - 로마서 1-4장을 잊지 않도록! - 상기시키기 때문이다. 그러므로 첫눈에 아담/그리스도 평행의 양쪽 모두에 걸친 보편주의로 보이는 것이 여기서 중요하게 부연설명 된다(더 깊은 18절의 논의를 보라).[255] 선

250. 그리스어로는 περισσείαν. 15b에서 ἐπερίσσευσεν을 보라.

251. τῆς χάριτος와 τῆς δωρεᾶς를 다같이 부연적으로 취한다.

252. 그리스어로는 τῆς δικαιοσύνης. 또 하나의 부연적 속격(epexegetic genitive)이다.

253. 이 절의 시작 부분에 나오는 ἑνός가 아담을 가리키는 만큼, 이곳에서의 ἑνός("한 사람")도 아마 마찬가지일 것이다(Murray; Käsemann). 부정과거의 ἐβασίλευσεν은 -"사망이 왕노릇을 시작했다"는 기동의 의미일 수도 있지만(Zerwick and Grosvenor, *Grammatical Analysis*, 471) - 아마도 사망이 왕 노릇한 기간 전체를 포함하는 사실 확인적 의미로 쓰였을 것이다.

254. 특히, Bultmann, "Adam und Christus," 437; Nygren을 보라. 이러한 "받는 것"의 암시를 피하려는 Hultgren의 시도는 설득력이 없다.

255. Kuss를 보라.

물을 받는 자들의 왕 노릇 하는 것을 묘사하기 위해 바울이 미래 시제의 동사[256]를 쓰는 것 때문에, 대부분의 사람들은 이것이 종말론적 미래를 가리킬 것이 분명하다고 생각한다. 그러나 종말론적 미래가 내포된다는 것을 부인하지는 않지만, 그리고 이것이 일차적으로 강조되는 것일 수 있지만, 이 "생명 안에서의 왕노릇"이 의의 선물을 받는 것과 함께 시작된다는 것일 수도 있다.[257]

18 바울은 이제 이 문단에서의 그의 기본적인 논증을 요약하고,[258] 마침내 12절에서 시작했고, 13-14절에서 부가적으로 언급했으며, 15-17절에서 부연 설명했던 아담과 그리스도 사이의 완전한 비교를 진술한다.[259] 15, 16a절 그리고 16b절에서 부정적인 비교를 하고 15b절과 17절에서 특성적인 비교("…더욱")를 한 다음, 바울은 12절의 단순 비교 구문으로 돌아온다. 이 비교 구문이 18-21절의 기초적인 구성요소로, 바울은 이것을 세 번 사용하여 아담과 그리스도의 평행을 진술한다. 즉, 이와 같다. "…같이 …느니라"(18절), "…같이 …리라"(19절), "…같이 …함이라"(21절). 20절은, 13-14절과 같이, 아담과 그리스도의 일반적인 구원 역사의 구도에서 모세의 율법이 차지하는 역할에 관한 평가를 그 순서를 중단하고 끼워 넣는다.

바울은 18절에서 독자가 보충해야 할 중요한 요소를 남겨둔 채 자신을 다시 한 번 표현한다.[260] 우리는 아마도 "정죄가 한 사람[261]의 범죄로 말미암아 모든 사

---

256. 그리스어로는 *βασιλεύσουσιν*.

257. 특히, Caneday, "Already Reigning," 27-43. 그리고 또한 Jewett을 보라. 이 미래 시제는 바꿔 말하면 어떤 "논리적" 미래일 수도 있다. 즉 바울이 이 글을 쓰는 시점에서의 미래가 아니라, 사망이 아담 안에서 왕 노릇 하는 시점에서의 미래일 수 있다는 것이다(Murray).

258. 강력한 요약 결합인 *ἄρα οὖν*에 주목하라.

259. 18-19절을 이 문단의 "최고점"이라고 부르는 Schmithals를 보라.

260. 바울은 이 절의 두 부분을 구문상으로 평행시켜 비교가 확실히 드러나게 한다.
ἄρα οὖν ὡς *δι' ἑνὸς παραπτώματος εἰς πάντας ἀνθρώπους εἰς κατάκριμα,*
οὕτως καὶ *δι' ἑνὸς δικαιώματος εἰς πάντας ἀνθρώπους εἰς δικαίωσιν ζωῆς.*

261. *ἑνός*는, 여기서나 두 번째 어절에서나 특별히 관사가 없기 때문에(15, 17절과 대조하라) 이것을 형용사로 보고 "하나의 범죄"/"하나의 의의 행동"으로 번역하는 일이 빈번하다(NIV; ESV; NET; NASB; 예를 들어, Godet; Murray; Longenecker를 보라). 그러나 *ἑνός*가 대명사로서 각각 아담과 그리스도를 가리키는 것으로 - "한 사람의 범죄"/"한 사람의 의의 행동"으로(NRSV; CSB; CEB) - 보면 *πάντας ἀνθρώπους*("모든 사람")와의 대조가 보다 뚜렷하며, 그러므로 이렇게 읽는 편이 보다 선호된다(Cranfield; Käsemann; Wilckens).

람에게 이른 것같이, 생명에 이르는 의도[262] 한 사람[263]의 의로운 행동[264]으로 말미 암아 모든 사람에게 이르렀느니라"와 같은 식으로 번역해야 할 것이다. 바울

262. "생명으로 인도하는 의"는 δικαίωσιν ζωῆς로 번역된다. 여기에는 두 가지 문제에 대한 의견이 필요하다. (1) δικαίωσις는 "칭의"에 대한 일반적인 단어가 아니지만, 바울은 이것을 롬 4:25에서 이 의미로 사용했다(신약에 나오는 유일한 다른 사건); 그리고 접미사 -σις와 -συνη(δικαιοσύνη)는 유사한 기능을 가지고 있다(BDF §109). 여기서 δικαίωσις는 단순히 "칭의," 하나님 앞에 서는 것을 의미하는 것 같다(예를 들어, Jewett 참조). (2) 속격 ζωῆς는 부연적일 수 있지만(N. Turner, *Syntax*, 214; Zerwick, *Biblical Greek*, §45), 21절에 있는 "칭의"와 "생명" 사의 구분에 비추어 볼 때, "결과의" 속격일 가능성이 더 높다. 즉, "생명으로 이끄는 칭의"(예를 들어, Murray, Cranfield). 엄격한 구분이 만들어질 수 없고 특정 구분이 확실히 만들어지는지를 모든 곳에서 적용할 수는 없지만, 바울은 이 단락에서 칭의를 사용하여 이 시대의 신자의 상태를 묘사하는 반면 "생명"은 종말론적 미래에 국한된다(Lafont, "Sur l'interprétation," 498). 내가 주장한 바와 같이 5:9-10은 12-21절의 해설을 위한 기본 "본문"이다. 바울은 신자가 현재 누리고 있는 칭의가 마지막 날의 진노로부터 구원받는 결과를 틀림없이 "생명"이라고 주장한다.

263. 어떤 주석가들은 우리가 이 절에 아무것도 추가해서는 안 된다고 생각한다. 바울이 이 절을 일종의 감탄문으로 쓰고 있기 때문이라는 것이다. 즉, "그런즉 한 범죄로 말미암아 모든 사람에게 정죄에 이른 것 같이 한 의롭다 하는 판결로 말미암아 모든 사람에게 생명의 칭의가 이르렀다"(Gifford의 번역이 이렇다). 이 반대쪽 끝에는 우리가 주어와 동사 모두를 보충해야 한다고 생각하는 사람들이 있다. 그들은 예를 들어, KJV처럼 "그런즉 한 사람의 범죄로 말미암아 모든 사람에게 정죄로 **심판이 이른 것**(*judgment came*)같이, 한 사람의 의로 말미암아 모든 사람에게 생명의 칭의로 **값없이 주는 선물이 이르렀느니라**(*the free gift came*)"로 해야 한다는 것이다(예를 들어, Murray의 예도 보라). 질문의 주어들이 바로 앞의 문맥에서 따온 것인 만큼 이것은 분명 가능한 해석의 하나다. 그럼에도 불구하고, 주어와 동사를 모두 보충하는 것은 이 절에 약간 지나친 부담이 되므로 나는 동사만을 보충하는 편이 낫다고 본다. 그러면 "한 사람의 범죄로 말미암아 모든 사람에게 정죄의 **결과가 생긴 것**(*there resulted*)같이, 한 사람의 의로운 행동으로 말미암아 모든 사람을 위한 생명의 칭의라는 **결과가 생겼다**(*there resulted*)"가 된다(예를 들어, Godet). 이러한 결과의 개념은 각각 κατάκριμα와 δικαίωσιν ζωῆς에 선행하는 εἰς에 내재해 있다.

264. 그리스어로는 δικαιώματος. 이 단어가 칭의를 나타내기 위해 16절에서 사용되었다는 사실에 비추어 볼 때, 많은 주석가들이 이것이 여기서도 그런 의미가 되어야 한다고 주장하는 것을 발견하는 것은 놀라운 일이 아니다. 즉, 생명의 의는 모든 사람을 "위한" "칭의에 대한 한 문장" 또는 "한 사람이 구한 칭의에 대한 문장"을 통해서였다(예를 들어, Godet). 그러나 그리스도의 "순종"(19절)에 대한 언급으로 "의로운 행위"라는 번역을 선호하는 두 가지 이유가 있다. 첫째, 만일 우리가 생각하기에 ἑνός가 그리스도를 가리킨다면, 칭의를 말하는 것이나 칭의의 문장을 "그리스도의" 것으로 말하는 것은 어색하다. 두 번째로 더 중요한 것은 첫 번째와 두 번째 어절 사이의 엄격한 평행은 παράπτωμα가 아담이 한 일을 가리키는 것처럼 δικαίωμα가 그리스도께서 하신 일을 가리킬 것임을 시사한다. 같은 단어에 세 구절의 공간 내에서 두 가지 다른 의미를 부여하는 것이 모호하게 보일 수 있지만, 사실 특이한 것은 16절에 있는 의미다. 우리가 논의했던 것처럼 수사학적 고려를 위해 이 단어가 여기에서 선택되었다. δικαίωμα에 대한 "의로운 행위"의 의미는 잘 확립되어 있다(위에 인용된 구절 [16절]에 추가하여, 일반적으로 Aristotle, Rhet. 1.13.1 참조 - 여기서 δικαίωμα는 ἀδίκημα와 대조됨 - 또한 Bar. 2:19을 보라). 그리고 문맥 - 단어의 의미에 대해 항상 가장 중요한 고려 사항 - 은 이 의미를 여기에서 더욱 자연스러운 의미로 만든다(BDAG, Murray, Cranfield, Käsemann, Dunn).

은 다시 한 번 아담의 범죄가 모든 사람의 "정죄"로 이어지는 수단이었다고 확언한다.[265] 우리가 12d절의 해석을 위해 탐구했던 대안들과 결부해서 이 조격적인(instrumental) 연결이 중간 매개를 거친다고 - 아담의 "범죄" - 인간의 죄 지음 - 모든 사람의 "정죄"[266]로- 보는 사람도 있고, 그 연결이 직접적이라고 아담의 "범죄" - 모든 사람의 "정죄"로 - 보는 사람도 있다. 본문이 전자를 배제하지는 않지만, 그리스도와의 평행에 비추어 보나 중간 단계에 대한 명백한 언급이 없는 점에 비추어 보나 후자 쪽이 보다 더 가능성이 높다고 생각한다(5:12d에 관한 논의를 참조하라).

앞 문단에서 우리는 "생명에 이르는 칭의"를 신자들에게 적용되는 것이라고 말했다. 그러나 이 생명에 이르는 칭의가 "모든 사람을 위한" 것임을 분명히 밝히는 바울의 진술은 의롭다 하심을 그렇게 일부 사람에게 한정시키는 것이 타당한가에 대한 질문을 제기하는 것처럼 보일 것이다. 실제로 이 절에서는 단순하게 전체적으로 단락의 논리로 보이는 것이 명백해진다. 바울이 그리스도의 행동에 영향받는 사람들에 대해 아담의 행동에 영향받는 자들에 대해 쓴 것과 같은 용어를 반복했기 때문이다. 그리고 분명 아담의 행동이 모든 사람에게 예외 없이 정죄를 가져왔다면, 우리는 그리스도의 행동이 모든 사람을 위한 칭의와 생명을 가져왔다고 결론을 내려야 하지 않겠는가? 갈수록 많은 학자들이 이것이 바로 바울이 여기서 말하고자 하는 의도라고 주장한다.[267] 예를 들어, 최근에 헐트그렌(A. Hultgren)이 이 구절에서 보는 보편적 진술들이 심판 때 밝혀질 "인류의 칭의"를 묘사하는 것으로 진지하게 받아들여야 한다고 주장했다. 일부 사람들은 이 세상에서 사는 동안 믿음으로 의롭다 하심을 받지만, 다른 일부 사람들은 이 세상에서 사는 동안 하나님의 이러한 제공을 받아들이지 않는데, 그럼에도 불구하고 그들 역시 심판 때 의롭다 하심을 틀림없이 받으리라는 것이다.[268]

이러한 보편론적 사고가 아주 매력적인 것은 당연하다. 많은 사람이 영원한 지

265. 또한 15-17절을 보라.

266. 예를 들어, Meyer; Denney를 보라.

267. 예를 들어, Hultgren; 같은 저자, *Christ and His Benefits*, 54-55; 또한 그의 *Paul's Gospel*, 82-124; Bell, "Rom 5.18-19," 417-32; G. McDonald, *Evangelical Universalist*, 78-90을 보라.

268. Hultgren, *Christ and His Benefits*, 54-55; 또한 그의 *Paul's Gospel*, 82-124도 보라.

옥의 형벌을 받게 된다는 생각을 **좋아할**(*likes*) 사람이 어디 있겠는가? 그러나 분명히 드러나 보이듯이 많은 본문이 이 세상에서 사는 동안 그리스도를 믿음으로 영접하지 않는 자들에게 실제로 그러한 형벌이 내려진다고 명백히 가르치고 있다면(예를 들어, 살후 1:8-9; 롬 2:12을 보라. 그리고 1:18-3:20의 논증을 보라), 그러한 견해를 옹호하는 사람들은 그들의 증거를 가려 뽑는 과오를 범하고 있는 셈이다. 그러나 이 절의 명백한 보편론적 진술들을 우리는 지옥의 실재를 말하는 다른 본문들과 조화시킬 수 있는가? 일부 사람들은 그렇게 할 수 없다고 거부하며, 우리가 장차 하나님이 해결하실 것이라는 역설에 맞닥뜨리게 된다고 시사한다.[269] 그러나 저자가 매우 중요한 점에서 자신과 모순된다는 점을 인정하기 전까지 우리는 가능한 모든 선택지를 다 사용해 봐야야 한다. 따라서 다른 선택지는 "모든" 언어를 로마서에서, 특히 유대인과 이방인이 "예외 없이"가 아니라 "구분 없이," 즉 모든 **종류의**(*kinds*) 사람들을 나타내는 것으로 보는 것이다.[270] 우리는 바울이 로마서에서 이러한 의미에서 보편적인 언어를 사용했다고 생각한다(11:32에 대한 우리의 주석을 보라). 그러나 여기의 문맥이 이 뉘앙스를 정당화하는지 확신할 수는 없다. 다른 사람들은 18b절에서 보편적인 것은 개인의 삶에서 실제로 성취되는 칭의가 아니라, 그리스도의 행위 안에 있는 이 칭의의 근거(*basis*)라고 주장한다. 그리스도는 모든 사람을 위해 "의롭다 하시는 판결"을 받았으며, 이 판결이 "이 선물을 받을" 모든 사람에게 값없이 제공된다는 것이다.[271] 그럼에도 불구하고, "제한적 속죄"에 관해 누가 어떤 견해를 가지고 있건 간에(그리고 방금 요약한 견해는 이 교리와 양립되지 않는 것이 분명하다)[272] 바울의 말을 이런 식으로 해석할 수 있을지는 의문이다. 첫째, 바울은 "의롭다 하심"이라는 말을 항상 개인에게 실제로 주어진 상태를 가리

269. Barrett을 보라. K. Barth(*Christ and Adam*, 108-9)를 따라 Cranfield는 조건 없는 보편주의의 문을 더 활짝 연다. Boring("Language of Universal Salvation," 269-92)은 바울 서신의 "특정주의적" 진술과 "보편적" 진술의 차이를 설명하기 위해 "언어 게임"이라는 개념을 사용한다. "언어 게임" 개념은 도움이 되지만, Boring과 반대 되는 의견으로 우리는 여전히 "명제적" 수준에서 논리적 일관성을 위해 노력해야 할 것이다.

270. Rapinchuk, "Universal Sin and Salvation," 427-41.

271. 세부사항의 차이가 있지만 멜랑히톤; Prat, *Theology*, 1.219; Denney; Godet; Stuart; Lenski; Meyer; Gifford; G. Beasley-Murray, *Baptism*, 136-37; Hughes, *True Image*, 174-75을 보라.

272. 이 구절에 나오는 제한된 속죄 문제에 대해서는 특히 Gibson, "For Whom Did Christ Die?" 295-301; 동일저자, "Glorious, Indivisible, Trinitarian Work," 349-52을 보라.

켜서 쓰지 십자가에서 이루어진 속죄 자체를 가리켜서 쓰는 일이 결코 없다 (특별히 롬 3:21-26에서의 신중한 구별들을 보라). 둘째, 바울이 그리스도의 사역을 통해 사람들에게 하는 제공을 단순하게 기술하고 있을지 의심이 간다. 이 절의 첫 부분에 나오는 평행구에서는 분명 정죄가 모든 사람을 실제로 포함하기 때문이다. 그러나 아마 이 견해의 가장 큰 걸림돌은 바울이 이 단락에서 그의 논증으로 지원하고 있는 요점이 이 견해에서는 빠져 있다는 점일 것이다. 이 요점은 한편으로 의롭다 하심과 생명에 대한 확신이 있을 수 있으며, 다른 한편으로 그 확신이 정죄에 대한 확신 못지않게 강하고 확실하다는 것이다. 바울이 보여 주고 싶어하는 것은 그리스도가 어떻게 의와 생명을 모든 사람이 이용**할 수 있게**(*available*) 했느냐는 것이 아니라, 그리스도가 어떻게 그 의의 혜택을 그에게 속하는 모든 사람을 위해 **확보했느냐는**(*secured*) 것이다.

이 마지막 단락 속에 이 절에서 바울이 쓰는 언어에 대한 가장 적합할 듯한 설명의 실마리가 들어 있다. 이 단락 전체에 걸쳐 아담과 그리스도 사이의 평행을 유지하려는 바울의 의중이 그로 하여금 이것을 분명히 표현할 용어들을 선택하게 했다. 15절과 19절에서 그는 "많은 사람"을 사용하고, 여기서는 "모든 사람"을 사용한다. 그러나 어느 경우에나 바울의 요점은 그리스도와 아담에게 영향받는 집단의 범위가 각각 동일한 시간에 걸친다는 데 있는 것이 아니라, 그리스도가 그에게 속하는 사람들에게 미치는 영향이 아담이 그에게 속하는 사람들에게 미치는 영향 못지않게 확실하다는 데 있다. 각각 누가 아담과 그리스도에게 속하느냐 또는 "안에" 있느냐고 우리가 물을 때, 바울은 그의 대답을 분명히 한다. 즉, 모든 사람이 예외 없이 "아담 안에" 있지만 (12d-14절), "선물을 받는" 자들(17절. 롬 1:16-5:11에 따르면 "믿는 자들")만이 "그리스도 안에"있다.[273] "모두"(파스)가 항상 "모든 개인"을 의미하지 않는다는 것은 그것이 많은 단락에서 문맥상으로 분명히 한정되는 것으로 보아(예를 들어, 롬 8:32; 12:17, 18; 14:2: 16:19을 보라) 분명하며, 따라서 이 제안을 가로막는 언어의 장벽은 없다. 이 18절에서는 "모든 사람"의 범위가 이

273. 예를 들어, Murray; Ridderbos, *Paul*, 340-41; Jewett을 보라. Augustine, *On Nature and Grace* 41.48을 보라. 이곳에서 그는 18b절의 "모든"은 의롭게 된 모든 사람이 그리스도 안에서 의롭다 하심을 받았음을 의미한다고 본다(*NPNF* 5.137-38).

절의 두 부분에서 문맥상으로 달라진다. 바울이 아담의 죄에 포함되는 사람의 수에는 아무런 제한도 없다는 것을 그의 침묵에 의해서나 12-14절의 논리에 의해서 분명히 하는데, 또 한편으로 17절에서의 단어들의 주도면밀한 선택과 엮음은 1:16-4:25에서 의를 얻는 수단으로 믿음을 줄기차게 강조하고 있는 것과 결합하여 특정한 사람들만이 그리스도의 의로운 행동의 혜택을 받게된다는 것을 동등하게 분명히 해주기 때문이다.

19 우리가 그의 핵심 요점을 놓치지 않도록, 바울은 이 절에서 18절에서와 같은 기본적인 구조를 써서 그 요지를 반복하고, 그 언어만 달리 한다.[274] 18절의 "모든 사람"과 대조적으로 바울은 아담과 그리스도의 행동에 영향을 받는 사람들을 (15절에서와 마찬가지로) "많은 사람"으로 가리킨다.[275] 다른 두 가지의 차이점이 더욱 중요한데, 바로 19절은 18절의 단순한 반복이 아니라 18절의 부연 설명임을 시사한다는 것이다.

(1) 바울은 아담의 운명을 결정하는 행위를 단순히 "죄"(12절) 또는 "범죄"(15, 17, 18절)로 부르지 않고 "불순종의 행동"(파라코에)으로 부른다. 이 성격 규정은 물론 아담과 하와가 그 나무의 실과를 먹지 말라는 말을 분명히 들었기 때문에 공평한 것이다. 그러므로 바울이 지금까지 해 온 신중한 대조에 맞춰 그리스도의 행위는 "순종의 행동"(휘파코에)으로 규정된다. 바울은 그리스도의 "적극적인 순종", 즉 그의 아버지의 뜻을 행하여 율법의 요구를 이루려는 예수의 일생의 다짐을 생각하고 있을지도 모른다.[276] 그러나 바울의 초점은 그보다는 궁극적인 순종의 행동으로서의 예수의 죽음에 있는 것으로 보인다. 이것은 아담의 (한 번의) 불순종의 행동에 평행하는 빌립보서 2:8 - 예수는 "죽기까지 복종하셨으니, 곧 십자가에 죽으

---

274. 18절의 *ὡς* ... *οὕτως*라는 조합 대신에 바울이 19절에서는 *ὥσπερ* ... *οὕτως*를 쓴다. 그러나 그 의미는 같다. 소수의 주석가는 19절이 18절의 근거를 제공하는 것일지도 모른다고 생각한다. 18절의 정죄와 의롭다 하심이라는 두 개의 운명이 사람들이 놓이게 되는 "죄인"과 "의인" 이라는 두 조건에 근거하는 것으로 보이기 때문이다(예를 들어, Stuart).

275. 바울은 또한 *ἑνός*가 나오는 각각의 경우에 *ἀνθρώπου*를 첨가하는데, 이것으로도 내가 18절에 암시되어 있다고 주장한 것, 즉 이 형용사는 행동을 가리키기보다는 사람을 가리킨다는 것이 분명해진다.

276. 예를 들어, Godet; R. Longenecker, "Obedience of Christ," 145.

심이라" - 에 의해서, 그리고 바울이 의롭다 하심과 예수의 죽음을 한결같이 연결시킨다는 사실이 이러한 점을 시사한다.[277]

(2) 바울이 아담과 그리스도의 새로운 시대를 여는 행동들의 성격을 규정하는 데 다른 언어를 쓰는 것처럼, 그는 또한 그 각각의 행동의 결과를 묘사하는 데 있어서도 다른 언어를 사용한다. 상태 또는 운명(사망/생명, 정죄/칭의)을 기술한다고 하기보다 이제는 이 결과들을 보다 개인적인 범주로 기술한다. 즉, 아담으로 말미암아 많은 사람이 "죄인이 되었다", 그리스도로 말미암아 그들이 "의롭게[의인이] 되리라"[278]가 그것이다. 바울이 양쪽 모두의 어구에 쓰는 동사(카띠스테미)는 법정적 요소를 가지고 있으며, 종종 "임명하다"의 의미를 갖는다. 여기서는 사람들의 죄인/의인 신분이 "개시된다"는 사실을 가리킬 것이다.[279] 바울은 사람들이 아담의 불순종의 행동으로 말미암아 진짜로 죄인들이 "된" 것은 그들이 그리스도의 순종으로 말미암아 진짜로 "의롭게 되는" 것과 똑같다고 주장하고 있는 것이다.[280] 그러나 이 본문 전체에 걸쳐 자신의 상태나 위치에 초점을 맞춘 이 "의롭게 하는 것"은 "도덕적으로 의로운" 사람이 되는 것이 아니라 "법정적으로 의롭게 되는 것"을

---

277. 예를 들어, Dunn; Wright를 보라.

278. 바울은 여기에서 사 53:11c를 언급하는 것일 수 있다. 이 본문은 "많은 사람을 의롭게"하는 여호와의 종에 대해 말하고 있다 (히브리어와 LXX 번역은 서로 다르다. J. Jeremias, *TDNT* 6.543을 보라).

279. 신약에서 동사 *καθίστημι*는 "데리고 가다, 인도하다"(행 17:15), "임명하다(복음서에서 7번; 사도행전에서 4번; 히브리서에서 3번; 딛 1:5) 또는 "되다", "생기다"(약 3:6; 4:4; 벧후 1:8)를 의미한다. 이 동사의 법정적인 함의에 관해서는 MM을 보라.

280. 하지만 이것은 반드시 사람들이 실제로 직접 죄를 지음으로써만 죄인이 된다는 뜻은 아니다. 사람들은 하나님이 아담의 행동을 동시에 사람들의 행동으로 간주함으로써 그들을 죄인으로 생각하신다는 의미에서 죄인이 "될" 수 있다(특히 Murray를 보라). 그러므로 (예를 들어, Prat, *Theology*, 1.217-18과 달리) 여기서는 "전가"라고 하는 것이 공정할 것 같다(Lafont는 ["Sur l'interprétation," 493에서] 아담 안에서의 죄와 개인이 짓는 죄를 다같이 가리키는 것임을 시사한다). 이 단어를 특별히 이렇게 이해하는 것이 이 단어가 종종 갖는 법정적인 용어로서의 의미에 부합하며(위를 보라), 그것만이 이 절에서 이 동사가 쓰이는 두 번째 용법에도 합치된다. 일부는 사람들이 믿는 것으로 의롭게 "되는" 것처럼 그들이 죄를 짓는 것으로 죄인이 "되는" 것이라고 제안하지만, 두 번째 항에서의 "믿는 것"이라는 다른 용어로의 교체는 유비를 무너뜨린다. 엄격한 평행성을 유지하기 위해서는 그렇게 주장하기보다는, 사람들이 죄를 짓는 것으로 죄인이 되듯이 그들이 의로움으로 또는 의로운 행동을 하는 것으로 의롭게 된다고 주장해야 할 것이다. 그렇지만 이 해석은 분명 불가능하다. 사람들은 그리스도의 의로움과 그리스도를 믿음으로만 의롭게 **되는 것**(*being*)이지, 그들이 의로운 것으로 의롭게 되는 것은 아니기 때문이다.

의미한다 - 무죄 판결을 받다, 모든 혐의가 면제되다라는 의미다.[281] "의롭게 된"의 미래 시제는 바울이 여기서 칭의의 마지막 측면인 심판의 날에 내려진 판결을 생각하고 있음을 암시할 수 있다.[282]

그러므로 이 절의 두 부분 모두에서 우리는 법정적이기는 하지만 실재하는 상황을 다루고 있는 것이다. 즉, 사람들이 아담과 연대하여 실제로 - 하나님의 결정으로 - 죄인이 되고, 사람들이 그리스도와 연대하여 실제로 - 역시 하나님의 결정으로 - "의인"이 되는 상황이다. 그러나 15-17절을 통틀어 은혜가 강조되는 데서 분명히 암시된 중요한 차이가 하나 있다. 그것은 정죄에서 볼 수 있는 우리와 아담과의 연대는 우리가 죄를 짓는 것에서 그와 연대하기 때문인 반면, 의에서 볼 수 있는 우리와 그리스도와의 연대는 우리가 그리스도 안에서 그리스도와 더불어 의롭게 행동했기 때문이 아니라는 점이 그것이다. 로마서 6장은 그리스도가 "죽기까지 순종하셨을" 때 우리가 어떤 의미에서"그리스도 안에" 있었다고 시사하지만, 그 순종이 우리 자신의 순종으로 언급되는 일은 결코 없다. 바꿔 말하자면, 우리가 정죄 받는 것은 **마땅한**(*deserve*) 일이지만 - "모든 사람이 죄를 지은" 것이므로 - 의와 생명은 우리가 **값없이 받는다는**(*freely given*) 것이다. 이것이 바울로 하여금 우리가 생명 안에서 왕 노릇 하는 것을 "더욱 넘치게" 축하할 일이라고 말할 수 있게 만들고(17절) 모든 신자에게 장래의 삶에 대한 절대적인 확신을 주는 것이 바로 그리스도의 사역의 측면에 있는 무조건적(gratuitous) 요소다.

20 하나님이 두 집합체-대표로 임명하신 아담과 그리스도라는 두 인물과의 연대성에 의해 인류를 두 집단으로 나눈다는 결정은 간단하고 직접적이다. 그러나 이러한 결정은 이 구도가 지나치게 단순한 것이 아니냐는 반대에 부딪칠 수 있다. 구약성경의 지면에 기록된 수 세기에 걸친 구원의 역사를 그렇게 경솔하게 무

281. Godet. 반대 의견의 예로는 이것을 순전히 윤리적인 의미로 보거나(Stuart) 또는 윤리와 법정적 의미를 혼합한 것으로 본다(Lohse; Ziesler *Meaning of Righteousness*, 199).

282. 예를 들어, Godet; Kasemann; Byrne; de Boer, "Death and Paul's Apocalyptic Eschatology," 253-54 (그는 고전 15:21-22을 평행 본문으로 가리킨다); Bird, "Incorporating Righteousness," 268; Beale, *New Testament Biblical Theology*, 497. 그러나 다른 해석자들은 바울이 현재의 칭의의 누림을 언급하면서 논리적인 미래를 사용한다고 생각한다(특히, Murray; Fitzmyer; Lohse를 보라).

시할 수 있을까? 특별히 하나님의 백성인 이스라엘의 삶에서 그토록 중심적인 위치를 차지하는 모세의 율법에 관해서는 어떻게 생각할까? 이런 질문들은 구약의 독자라면 자연스럽게 일어나겠지만, 특히 로마 교회를 비롯한 다른 장소에 위치한 초대 교회에서는 유대인과 이방인 사이의 알력이 컸던 점에 비추어 볼 때 시급히 해결해야 할 긴박한 문제들이었을 것이 분명하다. 모세의 율법, 즉 토라는 이스라엘에게 있어서 하나님의 특별한 선물로 간주되었으며, 종종 율법의 존재 자체만으로 이스라엘의 구원을 가시적으로 보증해주었다. 그러므로 모세의 율법이 구원의 역사에서 갖는 역할에 관해 바울이 한마디 보태야 할 필요를 느낀다는 것은 조금도 놀라운 일이 아니다.

"율법"[283]이 "들어왔다"라고 바울은 주장한다. 바울이 여기서 쓰는 동사(파레이세르코마이)는 흔히 부정적인 함의를 갖는데, 신약에서는 갈라디아서 2:4에서 딱 한 번 더 나온다. 갈라디아서 2:4에서 바울은 신자들을 유대교로 전향시키려는 목적을 가진 유대주의자들(Judaizers)에게 적용하여, 그들이 이방 그리스도인들의 자유를 엿보기 위해 "가만히 들어왔다"는 말을 할 때 이 동사를 적용하여 사용한다. 하지만 바울이 하나님이 수여하신 모세의 율법을 악한 목적을 가지고 "몰래 들어오는 것"으로 그린다고 생각하는 것은 너무 지나친 것이 될 것이다. 그렇다고 이 단어에 완전히 중립적인 의미를 부여해서도 안 된다.[284] 신약 시대에 이 동사의 사용에서는 부정적인 함의가 지배적이며(BDAG을 보라), 바울은 율법이 구원의 역사에서 갖는 역할을 "상대화 하기" 위해 일부러 이 동사를 택한 것으로 보인다. 율법은 죄가 이미 지배하는 상황 속에 "더해져"(또한 갈 3:19을 보라) 들어오게 된 것으로, 그 상황을 근본적으로 바꿀 수 있는 어떤 힘도 가지고 있지 않다.

그럼에도 불구하고 율법은 목적을 가지고 들어왔다.[285] 그러나 이 목적은, 바울

283. 그리스어로는 무관사 νόμος이다. 그러나 분명히 모세 율법이다(이와 반대로는, 예를 들어 [전형적으로] 모든 율법을 언급한 것으로 확장하기를 원하는 Jewett). 바울이 율법을 의인화한 것은 아마도 율법의 행위를 하나님으로부터 거리를 두려 하기 위함일 것이다(Dodson, *"Powers" of Personification*, 140-48).

284. Dunn을 보라. 그와 반대 의견으로는 Cranfield를 보라.

285. 그리스어로는 ἵνα. 이 절이 때때로 결과를 가리키는 것으로 여겨질 때가 있거나(BDR § 391[11]; Chrysostom; Stuart; Lenski; Black) 또는 결과를 의도하는 것으로 여겨질 때도 있다(Caragounis, Development of Greek, 223-25), 그러나 ἵνα의 일반적인 최종 (목적) 의미를 포기할 이유가 없다(예를 들어, Moule, *Idiom Book*, 143을 보라). 의심할 여지없이 율법은 "허물을

에 의하면 아담으로 말미암아 생긴 상황을 바꾸는 것이 아니라 악화시키는 것이라고 확언한다. 율법이 들어온 것은 범죄를 - 지워지거나, 경감되거나 또는 중화되었다고 하는 것이 아니라 - "더하게 하려 함이라." 이는 많은 유대인이, 그리고 어쩌면 일부 유대 그리스도인도 주장했을 것이다. 그러나 어떤 의미에서 율법이 "범죄를 더하게 했다"는 것인가?

(1) "금지된 열매"라는 개념을 가리키는 것으로 보는 일부 사람들이 있다. 즉, 어떤 특정한 활동들을 금함으로써, 율법이 패역한 사람들에게 바로 이러한 활동들에 끌리게 하여 죄 짓는 것을 증가시키도록 이끈다는 것이다.[286] 그러나 이것이 바울이 생각하는 주요점이었다면, 우리는 이 "범죄"가 단수가 아니라 복수형으로 나오리라 예상했을 것이다. 이와 같은 반대는 "죄가 되는" 활동을 보다 더 많이 정의함으로써 율법에 계명을 더하는 것이 범죄를 증가시킨다는 견해에 대해서도 제기될 수 있다.[287]

(2) 불트만은 바울의 인간론에 대한 그의 독특한 이해의 일환으로, 율법이 범죄를 더하게 하는 것은 율법에 순종함으로써 안정을 찾도록 사람들을 권하기 때문이라고 제안한다. 생명의 전망을 보여줌으로써, 율법은 사람들을 속여 그것에 몰두하게 만든다. 그러므로 불트만에 따르면 율법에 순종하려는 바로 그 시도 때문에 역설적으로 자기 자신의 의를 세우려는 죄의 시도가 부지불식간에 일어난다는 것이다.[288] 그러나 바울이 율법에 순종하려는 시도에 대해 사람들을 비난한다는 제안은 율법에 대한 바울의 신학을 제대로 알지 못한 것이다. 바울 신학은 순종하려고 하는 것이 문제가 아니라 순종하지 않는 것이 문제라고 말한다(롬 3:10-20, 7:7-25). 율법에 대한 바울의 비판의 이러한 소위 "율법주의적" 해석은 거부되어야 한다.[289]

(3) 세 번째 해석은 바울의 말을 주관적인 것으로 본다. 즉, 율법은 죄인에게 자

더하는" 결과를 가져왔지만 바울은 하나님의 목적의 관점에서 상황을 고려하고 있는 것이다. 즉, 만일 율법이 이런 결과를 낳았다면, 이것은 율법을 주신 하나님의 의도였기 때문이다.

286. 예를 들어, Augustine, *Spirit and Letter* 4.6 (*NPNF* 5.85).

287. Godet.

288. 예를 들어, *Theology*, 1.264를 보라.

289. Ridderbos, *Paul*, 145-46; Schreiner, "'Works of Law,'" 238-41에서 불트만의 견해에 대한 비판을 보라. 또한 7:5에 관한 각주들을 보라.

기가 하나님 앞에서 정죄를 받는다는 새로운 이해를 가져다 준다는 것이다.[290] 바울이 종종 율법의 이러한 역할을 암시할 수 있지만(3:20; 7:7-13), 이 문맥에서는 잘 맞지 않는다. 이 문맥에서는 범죄의 더함이 은혜의 더함(20b절)과 병렬되어, 바울이 하나님 앞에서 죄인이 갖는 객관적인 신분을 생각하고 있음을 암시하기 때문이다.[291]

(4) 그러므로 마지막으로 우리는 4:15과 5:14에 대한 우리의 해석에 맞춰, 이스라엘에게 모세의 율법을 주신 하나님의 목적은 (또는 여러 목적 중의 하나는) 죄의 심각성을 강화하는데 있었다고 바울이 확언하고 있는 것으로 이해한다. "범죄"(파랍토마)라는 단어는 아담의 죄를 암시하지만(또한 15, 17, 18절을 보라), 집합체의 차원에서 "세력"으로 간주된다. 아담으로 말미암아 세상에 들어오게 된 "죄"의 사실성과 세력은 율법으로 인하여 감소된 것이 아니라, 드러나고 구체화된 하나님의 뜻에 반하는 반역이라는 새로운 차원이 주어졌으며, 그래서 죄는 "범죄"가 되었다(4:15과 5:14에 대한 우리의 ["범죄"에 관한] 평가를 보라).[292] 이 해석이 맞다는 것은 평행 본문인 갈라디아 3:19의 "율법은 범법하므로 더하여진 것이라"[293]에 의해서, 그리고 로마서 7:13에 의해서 (증명되지는 않을지라도) 확인된다. 그러므로 보른캄(Bornkamm)이 요약하듯이, "따라서 율법은 결코 획기적인 의의를 갖는 것이 아니라 아담의 자손인 인간이 갖는 존재의 위기를 현실화하고 첨예화하는 기능만을 갖는다."[294] 바울이 이 문맥에서 아담의 죄를 가리키는 "범죄"를 사용했으므로 우리는 이 율법이 그 가르침을 받는 사람들을 "그들 나름의 아담"으로, 즉 죄인은 "율법"으로 알려진 "범죄"를 행함으로, 죄인을 만드는 기능을 한다고 말할 수 있을 것이다(14절

290. 예를 들어, Calvin; Tholuck; Schnabel.

291. Räisänen, *Paul and the Law*, 144을 보라.

292. 특히, Cranfield; Wilckens; Beker, *Paul the Apostle*, 243-45; Thielman, *Paul and the Law*, 192을 보라.

293. 이 구절도 논란의 여지가 있지만 목적을 나타내는 전치사 *χάριν*를 취하는 데에는 합당한 이유가 있다고 생각한다. 예를 들어, D. Moo, *Galatians*, 233-34을 보라. 우리는 여기에서 순환 논리의 위험을 인정한다. 그러나 우리는 각각의 문맥에서 각 구절을 해석하는 데에는 합당한 이유가 있다고 대답할 것이다.

294. "그것은 획기적인 의미를 갖는 것이 아니라 다만 기능을 가진 아담에 속한 인류의 위기를 현실화하고 급진화하는 기능만 있을 뿐이다"("Es hat also keine epochemachende Bedeutung, sondern nur die Funktion, die Krisis des adamitischen Menschseins zu aktualisieren und zu radikalisieren," ("Paulinische Anakalouthe," 88-89).

을 보라).[295] 율법에다가 사실상 구원이라는 의미를 부여하려는 유대인의 경향과는 반대로, 바울은 율법을 격하시켜 아담과 죄의 편에 나란히 놓고 있는 것이다.

그러나 물론 율법의 이 부정적인 목적이 하나님의 최종적인 말씀은 아니다. 율법이 **궁극적으로는**(*ultimately*) 긍정적인 구원사적 역할을 가지고 이스라엘에 주어진 선물인 하나님의 율법으로 남는다. 죄가 "심히 죄 되게 하려 한다"(롬 7:13)는 것을 보여주는 데서, 율법은 은혜를 떠난 사람들의 절망적인 상황을 드러나게 한다. 그러나 바울이 이 문단 전체를 통해서 강조했듯이, 하나님의 은혜는 율법으로 말미암아 죄의 세력과 심각성이 증가한 것을 충분히 상쇄하고도 남는다. 죄가 "더한" 바로 그곳에 은혜가 "더욱 넘쳤기" 때문이다.[296] 바울의 시야는 가장 넓은 차원에서 고려된 구원의 역사이며, 그의 요점은 죄의 세력을 첨예화하는 율법의 부정적인 목적이 하나님의 은혜의 공급으로 충분히 상쇄되고도 남는다는 것이다. 하지만 이스라엘이 아무리 죄의 세력에 깊이 빠졌을지라도, 하나님의 은혜는 그보다 더 깊었다. 이스라엘이 뻔뻔스럽게도 죄를 반복해서 짓는다는 것을 상기시키는 선지자들이 그러면서도 하나님은 기꺼이 용서하실 것이며, 사실상 하나님의 변함없는 목적은 그의 백성 그리고 그들 자신을 축복하는 것이다. 물론 그리스도 안에서 우리는 하나님의 더욱 넘치는 은혜의 약속이 성취되는 것을 발견한다.

21 이 절은 20b절에서 은혜가 더욱 넘친다고 했는데 그 목적(히나)이 무엇인지를 제시하고, 바울이 아담과 그리스도를 놓고 행하는 비교와 대조를 절정으로 이끈다. 이렇게 그는 마지막으로 이 논의를 지배하는 비교의 언어로 - "…한 것 같이 …도 또한" - 돌아가서 그가 연대성 영역의 양쪽에서 썼던 핵심 용어 몇 개, 즉 죄와 사망의 왕 노릇과 생명에 이르게 하는 의로 말미암은 은혜의 왕 노릇이

295. Furnish, *Theology and Ethics*, 140을 보라. N. T. Wright(*Climax of the Covenant*, 18-40)은 아담과 유대 문헌에 나오에 나오는 이스라엘 사이의 많은 평행들로 주의를 끈다.

296. "…한 곳"(οὗ)은 일반적으로 "죄가 증가하는 곳"을 나타낼 수 있지만 아마도 이스라엘을 가리킬 것이다(Godet, Cranfield, Dunn). 그러나 바울이 메시아를 거부한 이스라엘의 죄를 구체적으로 암시하고 있다고 생각할 이유는 없다(이와 반대 의견으로는 Godet과 Cranfield). "더욱 넘쳤나니"는 ὑπερεπερίσσευσεν를 번역한 것이다. 15절과 17절에서 이 동사와 동족 명사의 용법을 보라. 바울은 아마도 παράπτωμα(20a절)에서 ἁμαρτία로 옮겨갈 것이다. 왜냐하면 그는 죄를 구원의 역사적 능력으로 특별하게 다시한번 생각하고 있기 때문일 것이다.

라는 말을 다시 쓴다. 그러나 바울은 죄와 사망을 앞서 관련시켰던 것과는 다르게 관련시킨다. 왜냐하면 이제는 죄가 "사망 안에서" 왕 노릇 하기 때문이다. 이 "안에서"(엔)가 가리키는 것은 동반일 수도 있고 - "죄가 사망과 함께 왕 노릇 했다"[297] - 수단일 수도 있고 - "죄가 사망으로 말미암아 왕노릇 했다"[298] - 혹은 영역일 수도 있다 - "죄가 사망의 '영토'에서 왕 노릇 했다."[299] 이 대안들 중 두 번째는 이 절의 두 번째 부분 - 은혜가 의로 "말미암아" 왕 노릇 한다고 한 부분 - 과의 평행을 주장할 수 있지만, 용어들이 일치하지 않는다. 사망이 의에 이르는 것과 같이 죄는 은혜에 이르지 않기 때문이다. 첫 번째 대안이 가능성은 있지만, 우리는 세 번째를 선호할 충분한 이유가 있다. 바울은 종종 "영역" 또는 "영토"라는 면에서 생각하는데, "왕 노릇"이라는 언어가 이 개념과 특히 잘 들어 맞는다. 사망은 고유의 영토를 가지고 있다. 즉, 아담에 의해 결정되고 지배된 인류라는 고유의 영토 말이다. 그리고 이 영토에서 죄가 권세를 통제한다. 그러나 "선물을 받는"(17절) 자들은 이 영토로부터 다른 영토로, 즉 의의 영역으로 이동하는 것을 누린다. 이 영토에서는 은혜가 왕 노릇 하고 생명이 궁극적 결실을 맺는다.[300] 다시 한번 우리는 바울이 은혜에 능동적인 역할을 부여하여 어떻게 은혜의 중요성을 부각시킬 수 있는지를, 그리고 그가 의를 영생으로 가는 통로로 어떻게 그리는지를 보게 된다. 그리고 이 모든 것이 "우리 주 예수 그리스도로 말미암아"라고 바울은 결론에서 우리에게 상기시키면서, 이 놀라운 문단을 앞 문단을 마치는 절(5:11)에서와 같은 기독론적 주제로 마친다.

---

297. Cranfield.

298. Meyer.

299. Käsemann.

300. 19절에 비추어 볼 때, "의"(δικαιοσύνη)는 여기에서 (N. T. Wright가 [*Paul and the Faithfulness of God*, 2.891]에서 주장하는 바와 같이) "하나님의 신실한 언약적 정의"라기 보다는 신자에게 주어진 의의 상태를 가리킨다.

B. 죄의 종노릇에서 자유(6:1-23)

바울은 그리스도 안에서 하나님의 은혜로운 행하심의 역사가 믿음으로 말미암아 전용될 때 그것이 사람으로 하여금 어떻게 하나님과 새로운 관계를 누리고 마지막 진노의 날에 그들의 구원을 보증하는지를 보여주었다. 이것이 현재를 살아가는 삶과 무슨 관계가 있는가? 무언가가 있기는 한가? 바울은 로마서 6장에서 모든 것에서 그렇다고 주장한다. 그리스도가 "우리를 위하여" 죽으심은 우리를 죄의 형벌에서부터 뿐만 아니라, 죄의 권세에서도 자유하게 하신 것이다. 칭의 - 죄악의 무죄선고 - 와 성화 - "범죄"로부터 해방 - 를 결코 혼동해서는 안 되고, 이 둘은 분리될 수도 없다.[301]

죄의 권능을 물리치는 것이 로마서 6장의 주제이다. 이 주제는 바울이 이 장을 통틀어서 "죄"라는 단어를 사용하는 것에서 암시된다. 5:12-21절에서와 같이(그리고 3:9절을 보라), 바울은 "아담 안에" 있는 모든 사람에게 부서뜨릴 수 없는 지배력을 행사하는 권세나 주인으로서 죄를 그린다(12절에 관한 해설을 보라). 그러나 "그리스도 안에" 있는 사람에게는 죄악의 폭정이 분쇄된다. 이처럼 로마서 6장은 종노릇. 주인 행세, 자유의 이미지로 가득하다. 즉, 죄가 다시는 믿는 자를 "주장하지"(14a절) 못하도록 그들이 죄에서 "해방되어" 하나님께나 의에게 "종이 되기"(17-22절) 때문에, 그리스도와 함께 십자가에 못 박힌 자들이 더는 죄에 "종노릇"(6절)하지 않아야 하고, 다시는 죄가 믿는 자를 "주장하지"(14a절) 못하게 해야 한다.

이렇게 재빨리 요약한 것을 보면, 하나의 기본적인 주제 - 죄의 폭정이나 지배로부터 얻은 그리스도인의 자유 - 가 이 장 전체를 지배하고 있다는 것이 분명히 드러난다. 그러나 두 가지 점에서, 논쟁이 중단된다. 첫 번째는 12절에서 나오는

---

301. 웨스트민스터 대요리문답에서 이렇게 정리한다.
질문: "칭의와 성화는 어떤 점에서 다른가? "The Westminster Larger Catechism puts it like this: 대답: "성화가 칭의와 불가분의 관계로 결합되어 있지만, 이 둘은 하나님이 칭의에서는 그리스도의 의를 전가하고 성화에서는 성령이 은혜를 주입하여 그것을 행사할 수 있게 하신다는 점에서, 전자에서는 죄가 용서되고 후자에서는 죄를 물리친다는 점에서 차이가 있다." 칭의와 성화의 구별은 종교개혁 신학의 근간이 되지만 오늘날 널리 논쟁거리로 남아있다. 예를 들어, "성화는 제2의 독립체로서 칭의와 구분되어서는 안 되지만, 칭의와 동등하다"(183)고 주장하는 Lohse를 참고하라.

데, 여기서 명령법들이 1-11절의 직설법들을 대체하기 시작한다. 이러한 대체는 13절과 19절 사이의 유사성(모두 직설법 "현재형"을 사용함)[302]과 더불어 우리가 이 장을 1-11절과 12-23절의 두 부분으로 나누도록 제안하는 것일 수도 있다.[303] 그러나 직설법과 명령법이 이 장 전체에 걸쳐 혼합되어 있으며, 그래서 12-14절을 1-11절에 덧붙이는 것이 낫다.[304] 이보다 확실한 단절은 15절에서 일어나는데, 여기서 우리는 "그런즉 어찌하리요"로 지시되는 논쟁을 멈추고 1절을 매우 근접하게 재현하는 다음의 질문을 간과하기가 어렵다. 그러나 이것은 논쟁에서 일어나는 강조의 전환일 뿐, 새로운 논쟁의 시작은 아니다.[305] 1-14절과 15-23절의 두 문단 모두 그리스도인이 죄의 영역에서 의의 영역으로 옮겨간 것을 조망한다. 그러나 먼저는 부정의 면 - 죄에서 놓임 - 과 둘째로 긍정의 면 - 의에 헌신함 - 에 초점을 맞춘다. 15-23절은 1-14절의 주제를 상세히 설명하고, 6절에서 소개된 죄의 종이라는 이미지를 사용하여 신자가 죄의 영역에서 의와 생명의 영역으로 전환되는 그 성경과 결과들을 도출한다.

이 장과 다음 장에서 나오는 바울의 가르침은 대체로 질문들(6:1, 15; 7:7, 13절)에 대한 답변으로 나오기 때문에, 이 두 장은 바울이 5장에서와 본 서신의 앞쪽에서 그의 가르침에 대한 반론들을 취하여 대답하는 부록으로 간주할 수 있을 것이다.[306] 이 가정을 뒷받침해 주는 것은 8장이 5장을 지배하는 것과 같은 수많은 동일 주제를 재개하는 방법이다(5-8장의 서론을 보라). 그렇다고 해도 6장과 7장을 "부설"(excursus)으로 간주하는 것은 잘못 판단한 것이다. 이 서신에서 바울의 최우선적인 목적은 의롭다 함을 받은 신자가 마지막 날에 반드시 구원받을 것이라는 확

302. παρίστημι.

303. Kasemann, 172; Murray, 1.226; Dunn, 1.305-6; Wolter(384)는 11절과 12절 사이에 구분점을 두고 7:1-6을 6:12-23에 덧붙인다.

304. 대부분의 주석가들도 이렇게 보는데, 예를 들어 Godet, 235; Cranfield, 1.321을 참조하라.

305. 이것은 강조하는 학자로는 Kurzinger, "ΤΥΠΟΣ ΔΙΔΑΧΗΣ," 156-7을 보라.Tannehill, *Dying and Rising with Christ*, 8도 보라. 그러나 Porter(131)는 여기서 중대한 단절을 보는데, 이는 6:1-14에서 그리스도 안에 있는 것에 집중하고 6:15-7:6에서는 그리스도에 대한 의무로 보는 것이 그것이다.

306. 예를 들어 Knox, *Chapters*, 49. Schmithals(*Romerbrief als historisches Problem*, 18-21)는 6:1-7:16을 부록으로 보고 Byrne("Living Out," 562-63)은 6:1-8:13을 그렇게 본다("윤리적인 부연 설명").

신을 증명하는 것이다. 칭의는 신자를 구속의 새 시대로 옮겨서, 그곳에서 그리스도가 함께하신 은혜의 통치 아래 살며 그 통치의 결과인 영생을 자신 있게 바라보는 것이다. 5장 전체에 지배적인 이 가르침은, 그리스도와의 연합이 신자를 죄에서 자유롭게 한다는 것을 증명한다. 그러나 5장에서 옛 시대의 다른 두 "권세"로 두드러진 죄와 율법의 경우는 어떠한가? 6장과 7장은 이것들을 다루고 있으며, 바울은 그리스도와의 연합이 죄의 횡포와 율법의 통치로부터 자유롭게 함을 보여주고 있다. 그렇다면, 이 장들은 부설에 불과한 것이 아니라, 신자의 칭의가 "구원을 주시는 하나님의 능력"이라는 바울의 증명에 핵심이 되는 것이다. 바울은 신자가 누리는 새로운 신분(칭의)이 새로운 삶의 방식(성화)을 이끌어왔으며, 그렇게 해야만 하는 새로운 영향력을 가져온다는 것을 분명히 하고 있다.

이렇게 반드시 "해야만 하는 것"(must)은 매우 중요하다. 왜냐하면 새로운 영역으로의 전환만큼이나 이것은 결정적이고 최종적인 것이기 때문에, 죄의 옛 영역으로부터 모든 접촉이나 영향력에서 제거된다고 생각하는 것은 바울에 대한 오해일 것이다. 새로운 영역에 속해있기는 하지만, 신자들은 지난 세월 가운데 지녔던 수많은 충동과 습관들, 그리고 기질을 그대로 들고 들어오는 이상, 우리가 얻은 새로운 영역의 신분을 실제로 적용하는 데 끊임없는 위협이 된다. 이러한 종말론적인 유보 - 몸의 부활과 변형이 있을 때까지 신자는 옛 아담의 지배권의 모든 접촉에서 단절되지 않을 것이라는 사실 - 는 이 장들의 특징인 직설법/명령법의 조합을 설명한다. 즉, "죄가 너희를 주장하지 못하리라" / "죄에게 내주지 말고"(6:13-14절); "너희가 육신에 있지 아니하고 / "육신대로 살 것이 아니니"(8:9, 12절)가 그것이다.[307]

307. 특히 바울의 명령법에 대한 이 종말론적인 문맥에 관하여 Dunn, 1.301-2를 보라.

1. 그리스도와 연합하여 "죄에 대하여 죽음" (6:1-14)

1 그런즉 우리가 무슨 말을 하리요 은혜를 더 하게 하려고 죄에 거하겠느냐

2 그럴 수 없느니라 죄에 대하여 죽은 우리가 어찌 그 가운데 더 살리요

3 무릇 그리스도 예수와 합하여 세례를 받은 우리는 그의 죽으심과 합하여 세례를 받은 줄을 알지 못하느냐

4 그러므로[308] 우리가 그의 죽으심과 합하여 세례를 받음으로 그와 함께 장사되었나니 이는 아버지의 영광으로 말미암아 그리스도를 죽은 자 가운데서 살리심과 같이 우리로 또한 새 생명 가운데서 행하게 하려 함이라

5 만일 우리가 그의 죽으심과 같은 모양으로 연합한 자가 되었으면 또한 그의 부활과 같은 모양으로 연합한 자도 되리라

6 우리가 알거니와 우리의 옛 사람이 예수와 함께 십자가에 못 박힌 것은 죄의 몸이 죽어 다시는 우리가 죄에게 종 노릇 하지 아니하려 함이니

7 이는 죽은 자가 죄에서 벗어나 의롭다 하심을 얻었음이라

8 만일[309] 우리가 그리스도와 함께 죽었으면 또한 그와 함께 살 줄을 믿노니

9 이는 그리스도께서 죽은 자 가운데서 살아나셨으매 다시 죽지 아니하시고 사망이 다시 그를 주장하지 못할 줄을 앎이로라

10 그가 죽으심은 죄에 대하여 단번에 죽으심이요 그가 살아 계심은 하나님께 대하여 살아 계심이니

11 이와 같이 너희도 너희 자신을 죄에 대하여는 죽은 자요 그리스도 예수 안에서 하나님께 대하여는 살아 있는 자로 여길지어다[310]

12 그러므로 너희는 죄가 너희 죽을 몸을 지배하지 못하게 하여 몸의 사욕에 순종하지 말고[311]

13 또한 너희 지체를 불의의 무기로 죄에게 내주지 말고 오직 너희 자신을 죽은 자 가운데서 다시 살아난 자 같이 하나님께 드리며 너희 지체를 의의 무기로 하나님께 드리라

14 죄가 너희를 주장하지 못하리니 이는 너희가 법 아래에 있지 아니하고 은혜 아래에 있음이라

---

308. 이 단어는 하나를 제외한 모든 그리스어 사본(1506)에서 οὖν이 OL과 오리겐에 의해 추정되는 γάρ보다 바른 독법으로 가정되는 것이다.

309. 중요한 초기 파피루스 P46과 2차 서방 대문자(uncial) F와 G는 γάρ를 "for"로 읽지만, 이러한 독법으로 번역하는 것을 진지하게 고려할만한 증거 자료가 너무 미약하다.

310. Χριστῷ Ἰησοῦ 다음에 (P94 [?]; 일차 알렉산드리아 대문자 uncial ℵ; 제2차 알렉산드리아 증거사본들인 C, 2차 알렉산드리아 증거사본 C, 33, 81과 1739, 그리고 대다수 사본) 상당히 많은 사본들이 τῷ κυρίῳ ἡμῶν, "우리 주" (KJV를 보라)를 추가한다. 하지만 이러한 덧붙임은 5:1, 21절과 특히 6:23절과 같은 구절들의 어법에 이차적으로 동화된 것임이 분명하다.

311. 이 절의 마지막 말씀으로 MS 전승에서 세 가지 이문이 발견된다.
1. ταῖς ἐπιθυμίαις αὐτοῦ "이것의 [몸의] 사욕" - 알렉산드리아 사본들이 강력하게 뒷받침한다(일차 증거사본 ℵ와 B 그리고 이차 사본들인 A, C [원본], 81, 그리고 1739; 그리고 P94도 보라);
2. αὐτῇ, "이것" (예를 들어, 죄) - 주로 서방 사본의 지지를 받는다(D, F, G. 그래도 P46도 보라);

바울은 "영역 이동"이라는 언어를 사용하여 은혜를 더하게 하려고 신자가 "죄에 머물러야 한다"는 제안이 얼마나 납득하기 어려운 것인지를 보여주고자 한다(1-2a절). 바울은 우리 그리스도인들이 "죄에 대하여 죽었다"고 확언한다. 즉, 우리는 죽음과 새 생명이라는 표현이 사용될 정도로 급진적이고 결정적인 이전, 즉 죄의 횡포로부터 건져냄을 받았다. 3-4절에서 바울은 이러한 이전이 어떻게 일어나는지를 보여주는데, 이는 우리가 세례로(바울은 그리스도에게로 회심한 것과 그 몸의 지체가 된 것을 요약하기 위해 사용한 표현으로, 아래를 참조하라) "죄에 대하여 죽었다"는 것이 그것이다. 이러한 "회심-입회"(conversion-initiation)는 우리가 그리스도와 연합할 때, 그리스도의 죽으심과 합하는 것이고, 바울이 9-10절에서 보여줄 것처럼, 그리스도의 죽음 자체는 "죄에 대하여 죽으심"이다.[312] 그리스도의 죽으심과 이 연합은 매우 가깝기 때문에 우리가 "그와 함께 장사되었다"고 해도 무방하다. 장례는 죽음에 대해 인을 치는 것과 동시에 그리스도의 부활을 모범으로 삼아 새로운 삶을 살기 위해 대비하는 것이다. 많은 주석자들은 5-7절과 8-10절을 이 기본적인 가르침에 대하여 대략 병행하는 두 개의 상술(elaborations)로 본다.[313] 하지만 5절을 4절과 밀접하게 연결시키는 편이 더 나은 이유는, 우리가 사망 가운데 그리스도와 함께하는 것과 4b절에서 추정되는 우리의 생명 가운데 그와 함께 하는 것의 연관성을 명확히 해주기 때문이다. 그렇다면 6-7절은 다시 시작하여서 그리스도

---

3. *αὐτῇἐν ταῖς ἐπιθυμίαις αὐτοῦ* "이것[죄]의 [몸의] 사욕"- C의 세 번째 교정본(2차 알렉산드리아 사본), 33 (2차 알렉산드리아), Ψ, 그리고 대다수 사본의 지지를 받는다.

R. Gundry (*Sōma in Biblical Theology*, 40)는 *αὐτῇ*가 원문인데, 선행사 *ἁμαρτία*에서 거리상으로 떨어져있기 때문에, 바뀐 것이라고 주장한다. 그러나 외적 증거는 오히려 결정적으로 첫 번째 대안을 지지하며, 세 번째는 다른 두 가지의 명백한 결합이 첫 번째 대안을 지지하고, 세 번째는 다른 두 가지의 명백한 이본 합성이다(예를 들어 Cranfield).

312. 우리는 이 문단의 기본적인 논리를 다음과 같이 요약할 수 있을 것이다:

그리스도가 죄에 대하여 죽으셨다(8-10절)
우리가 그리스도와 함께 죽었다(3-7절)
그러므로 우리는 죄에 대하여 죽었다(2절)

(이 본문의 논리적 흐름을 정리하는데 내게 도움을 준 Dan Bailey에게 감사를 표하는 바이다.)

313. 예컨대 Michel, 200-201에 나오는 논의를 보라. 이 개요의 옹호자들은 5-7절과 8-10절 사이의 구문론적 병행을 강조한다. 두 구문 모두는 그리스도와 함께 죽었다는 과거의 사실로부터 그와 함께 부활할 것이라는 미래의 확실성을 논증하는 조건 문장으로 시작하여(5, 8절), 죽음의 의미에 관한 설명이 이어지는데(6, 9절), 이는 "안다"라는 의미의 동사를 사용한 분사절의 형태로 언급되고 있으며, 이전 구절에 대한 추가 설명으로(*γάρ* 참조) 결론이 맺어진다.

와 우리의 연합에서 "죽음"의 측면을 더 설명하는가 하면(4a절과 5a절), 8-10절은 연합에서 "생명"의 측면에 초점을 맞춘다(4b절과 5b절).[314] 11절은 단락의 이음매 역할을 한다. 그것은 바울이 2-10절에서 묘사했던 방식대로 신자들에게 자신들을 생각하도록 요청하고 있는데, 이는 죄에 죽고 하나님에 대하여 살아있는 것이다. 이렇게 "여기는 것"은 12-14절에서 분명히 하듯, 단순한 정신 상태에 불과한 것이 아니다. 죄가 더 이상 그리스도인의 "주"(14a절)가 아니라는 하나님의 선언과 약속이 활성화되어야 하는데, 이는 죄가 우리를 어떻게든 지배하지 못하도록 해야 하지만(12절), 하나님께 대하여는 우리 자신을 드려야 한다는 것이다(13절).

이 문단의 신학은 심오하기도 하고 논란의 여지도 있다. 논란을 야기하는 것으로는 세례의 의미와 중요성에 관련된 질문들(3-4절), 그리고 이 문단에 매우 특징적인 "그리스도와 함께"라는 표현(4, 5, 6, 8절을 보라)과 세례 사이의 관계다. 나는 이어지는 각주들에서 이 질문들을 어느 정도 상세하게 살펴보겠지만, 내가 보기에는 형세를 빠르게 살펴 보는 것도 유익할 것이다. 첫째, 바울이 3-4절에서 물세례를 가리키는 것이 명확하지만, 세례가 이 문단의 주제가 아니며, 자신의 세례에 대한 신학을 해설하는 것이 바울의 목적도 아니다. 세례는 오히려 전체적으로 회심 경험에 대한 약칭으로서 기능한다. 이처럼 그것은 우리와 그리스도의 죽음-장사와 관계를 맺게 하는 도구이다(4절에서 "말미암아"에 유의하라). 그렇다면 세례는 그리스도와 함께 죽고 부활하는 것의 상징도 아니요, 우리가 그리스도와 함께 죽고 부활하는 장소도 아닌 것이다. 그리스도와 함께 죽고 부활하는 것은 신자가 구속 사건에 동참하는 것 자체를 나타내며, 이 장에서 바울에게 호소하는 궁극적인 근거는 우리가 세례를 받았을 때 일어났던 것이 아니라, 그리스도가 죽었다가 다시 사셨을 때 일어났던 일이다. 그분이 죄에 대하여 죽으심은 우리도 죄에 대하여 죽은 것이며(2, 6, 9-10절), 그분이 새 생명으로 부활하심 또한 우리가 훗날에 "동참하게 될" 것으로(5b절과 8b절), 지금도 우리로 "새 생명 가운데서 행할" 수 있도록 역사하시는 것이다(4b, 11절).

314. 예를 들어 Wilckens를 보라.

1 "그런즉 우리가 무슨 말을 하리요?"는[315] 바울이 본 서신의 앞쪽에서(3:1-9, 27-31; 4:1-12절) 사용했던 생생한 질의응답 스타일로 우리를 데려간다. 더욱 긴 질문의 일부가 되기보다(4:1절에서 처럼), "그런즉 우리가 무슨 말을 하리요?"는 여기서 독립적으로 위치하여 "은혜를 더하게 하려고 죄에 거하겠느냐?"라는 두 번째 질문으로 도입한다. 이 질문은 바울이 5:20b절에서 "죄가 더한 곳에 은혜가 더욱 넘쳤나니"라고 주장하는 것에 대한 응답으로 제기된다.[316] 이 반쪽 구절은 구원 역사 속에서 하나님의 은혜가 승리하였음을 기쁨으로 선포하는 것인데, 죄악이 어느 때보다 더욱 심각해진 율법의 시대에서조차, 하나님은 자기 백성과 그의 목적을 버리신 일이 없다. 하나님은 자기 백성에게 과분한 축복을 내리셨고, 메시아를 통해 구원을 가져다준다는 계획을 고수하셨다. 그러나 정확하게 죄가 더한 곳에 은혜가 넘쳤다는 역사적 사실의 진술은, 우리가 고의적으로 "죄의 상태"[317]에 머물러 있는 동안 하나님은 어떻게든 더 많은 은혜를 주실 것처럼, 6:1b절의 질문에서 일반적인 원리의 진술로 바뀌는 것이다. 마치 그들의 아버지가 과거에 그들을 용서했다는 것을 아는 지식으로 인하여 더 많은 용서를 누리기 위해 아이들을 잘못된 행동으로 이끌고 떠나가는 것과 마찬가지가 아니겠냐는 것이다. 오직 어리석은 부모만이 그러한 상황을 용인할 텐데, 하나님의 은혜가 이러한 용어들로 해석되어서는 결코 안 된다.

우리가 질문할 수 있는 것은, 누가 바울에게 그러한 질문을 제기하겠느냐는 것이다. 특히, 이러한 질문들이 토론에서 중심축이 되는 "디아트리베" 문체를 반영한다면, 바울은 아마도 그의 상대편 - 유대인[318] 또는 유대교화 된 사람[319] - 을 인용하는 것일 수도 있다. 그러나 앞서 주장했듯이(특히 3:1-8절에 관하여 보라), 로마서에서 바울의 문답식 양식이 지향하는 바는 논쟁적이라기보다는 교육학적인 것이다. 이 때문에, 그리고 그가 이 장을 통틀어 관심을 가지는 것이 자기 견해에 대한

---

315. Tί οὖν ἐροῦμεν.

316. Aletti (*Comment Dieu est-il juste?* 38-48)는 5:20-21절이 6장과 7장에서 바울이 해설하는 명제들을 선언하고 있음을 시사한다.

317. 이는 단수 τῇ ἁμαρτίᾳ의 의미이다.

318. Michel.

319. Wilckens.

지적 반론들보다는 그리스도인의 순종과 삶의 양식임이 분명하므로, 그리스도인이 경험하는 은혜의 함축적 의미를 끌어내기 위해 바울 자신이 이 질문을 제기한다고 생각하는 편이 낫다.[320] 의심의 여지 없이 3:8절에서 보여주듯이, 바울의 복음을 비방하는 자들은 바로 이 점을 가지고 그를 비난하고 있었으며, 역사적으로 기독교 비평가들은 값없는 은혜가 도덕성을 훼손한다고 반대해왔다. 특히 5:20b절에서 율법에 대한 부정적인 언급에 비추어 볼 때, 우리는 이 질문이 유대인에 의해(그리고 아마 유대 그리스도인들에 의해서도) 제기되는 광경을 상상할 수 있다. 즉, 율법이 죄를 잠재울 수 있는 권위가 없다면, 은혜가 어떻게 할 수 있겠는가? 죄를 억제할 율법이 없다면, "은혜의 통치"는 단순히 죄를 부추기는 것이 아닌가?[321]

바울의 응답으로는, 율법이 본질적으로 범죄를 결코 억제할 수 없다는 것과 은혜의 통치가 죄를 부추기기는커녕, 참으로 죄가 타파될 수 있는 유일한 수단이라고 바울은 주장한다.[322] 그러나 역사적으로나 우리의 시대에나 그렇듯이, 결국 하나님은 자비하셔서 용서하실 것이기 때문에, 그리스도인들은 은혜의 향연에서 은혜의 남용으로 미끄러지고, 죄에 안주하려는 유혹을 결코 면하지 못한다. 적어도 실생활에서, 우리는 독일 시인 하인리히 임종 구절을 되새겨 볼 수 있는데, "하나님은 용서하실 것이고, 그것이 그분의 일이다"라는 말이 그것이다.[323] (마찬가지로 W. H. Auden의 주장에도 이와 같은 특징적 면모가 있는데, 이는 "나는 범죄하기를 즐기고, 하나님은 용서하기를 즐기신다. 참으로 세상은 멋지게 되어 정렬되어 있다").[324] 그러므로 이 반론은 바울이 복음의 반대자들에게서 들었을 것이 틀림없지만, 바울이 여기서 직접 제기하는 것은 올바르게 해석된 은혜의 복음이 방종함이 아니라(이제는 거룩한 삶으로 이해되는) 의로 이어진다는 것을 그리스도인들에게 보여주기 위함이다.

---

320. G. Bornkamm, "Baptism and New Life," 72-73; Cranfield; Dunn; Fitzmyer; Longenecker, 609.
321. Schreiner는 바울 자신이 유대인 반대자들과의 논쟁에 비추어서 이 질문을 제기하는 것이 옳다고 주장한다.
322. Dunn.
323. 이 말들은 프랑스 철학자 볼테르의 것으로도 여겨진다.
324. *For the Time Being*, 116.

2 "그럴 수 없느니라!"의[325] 익숙한 문구와 함께, 바울은 더 많은 은혜를 얻기 위해 그리스도인이 죄를 지어야 한다는 것을 단호히 거부하고, 수사학적 질문으로 "죄에 대하여 죽은 우리가[326] 어찌 그 가운데 더 살리요?"라고 해명한다. 그리스도인이 "죄에 대하여" 죽음은 로마서 6장의 요점이다. 그러나 "죄에 대하여" 죽는 이 죽음은 무엇을 의미하는가? 문법적으로, "…에 대하여"는 "불이익" - 신자는 죄가 초래하는 "손해에 대하여" 죽었다 - 의 개념을 전달할 수도 있다. 오히려 여격의 기준으로 "내가 말하는 죽음이란 죄와 관련된 죽음"일[327] 것이다. 그리고 바울이 "죽다"라는 동사를 사용하는 이유는 (1) 신자 자신의 "죄에 대하여 죽음"이 중심되는 그리스도의 죽음과 즉각적인 유대감을 형성하고, (2) 한 존재에서 다른 존재로의 결정적인 전환을 의미하기 때문이다.[328] 아담으로 인해 죄악의 폭정에 사로잡힌 자들은 그리스도 안에서 죄악으로부터 해방된다(6b절: "다시는 우리가 죄에게 종 노릇 하지 아니하려 함이니", 14a절: "죄가 너희를 주장하지 못하리니"). 따라서 신자는 죄가 다스리는 영역으로부터 이동하게 되는 것이다.[329]

이 "죄에 대하여 죽음"은 언제 일어났는가? 그리스도의 죽음과 장사, 그리고 부활(4-6절)로 이어지는 구속 사건에 대한 참여를 강조하여 볼 때, 우리가 죄에 대하여 죽음은 우리가 그리스도와 함께 죽었던 그리스도의 십자가 사건 당시 일어난 것이라고 주장할 수 있다.[330] 그러나 3절은 죄에 대하여 죽음을 구체적으로 세례와 연결하고 있으며, 이 구절의 두 번째 부분에서 "여전히"(yet)는 죄에 대하여 죽

---

325. *μὴ γένοιτο*.

326. 부정 관계대명사 οἵτινες는 신약에서 주로 단순 관계대명사 (ὅς)와 동등하지만, 여기서는 의도적으로 쓰여서 "질적인" 뉘앙스가 있는데, "… 한 본성의 우리"(we who are of such nature)가 그것이다(Moule, *Idiom Book*, 123-25). 반면에 Longenecker는 "우리가 죄에 죽었기 때문에"라는 인과적 의미를 제공한다고 주장한다.

327. 모든 현대 영역본에서 사용되는 단어 "to"는 그리스어의 여격(τῇ ἁμαρτίᾳ)을 나타내는 것으로, 어떤 것이 주로 "누군가에게 불리하게" 행해졌다는 개념을 지닌다. 불이익의 여격으로 보는 자들 가운데는 예를 들어 Moule, "Death 'to Sin,'" 367-75를 보라. 여격의 "측면"에 관하여 BDF §188; A. Robertson, *Grammar*, 539; D. B. *Wallace, Greek Grammar*, 154; Thusing, *Per Christum in Deum*, 79-81; Jewett을 보라.

328. Keener는 이러한 의미에서 그리스-로마 세계에서 "죽음"이라는 언어를 은유적으로 사용한 사례를 인용한다(*Mind of the Spirit*, 34). Schnabel도 보라.

329. 권세에서("이탈함") 벗어남의 개념은 대략 골 2:20에서 "너희가 세상의 초등학문에서[ἀπό] 그리스도와 함께 죽었거든"으로 선명하게 드러난다.

330. Ridderbos, *Paul*, 206.

음을 맞이한 신자가 의식을 지닌 채로 경험했던 어떤 상태로부터의 그를 옮긴다는 것을 암시한다. 이러한 이유로 "죄에 대하여 죽음"은 아마도 신자의 (회심-)세례와 함께 일어날 것이다.[331] 그러나 바울의 "어찌 … 여전히"의 논리력을 더 분석해볼 필요가 있다. 수사적 질문에 상응하는 논리적 진술로 제시되었으므로 두 가지 다른 방식으로 해석될 수 있다. 즉, (1) "우리 그리스도인은 결코 죄 가운데 살아서는 안 된다는 것을 깨달아야만 한다"(도덕적인 호소), 또는 (2) "우리 그리스도인은 더 이상 죄 가운데 살 수 없다"(신학적인 주장). 달리 말해서, "죄 가운데 살리요?"가 회피할 수 있는 것인가, 아니면 인정받을 수 없는 것인가?

모든 것은 우리가 "죄 가운데 살리요?"라는 문구에 어떤 의미를 부여하느냐에 달려 있다. 만일에 이것으로 바울이 의미하는 바가 죄를 범하는 것이거나, **마치**(*as if*)때로 죄가 여전히 왕노릇 하는 것처럼 살아가는 것이라면, 첫 번째 대안이 확실히 가능성이 있는 것이다. 더 따질 것도 없이, 바울이 죄를 그리스도인에 대한 지속적이고 현존하는 위협으로 간주한다는 것이 11-14절의 명령법에서 분명하기 때문이다. 반면에 "죄 가운데 사는 것"이 죄의 "영역 안에" 있고 그로써 죄의 "주관 아래에" 있음을 의미한다면,[332] 두 번째 대안이 틀림없이 맞을 것이다. 왜냐하면, 바울이 죄의 주관으로부터 구원받은 일은 과거이고, 변하지 않는 일임을 분명히 하고 있기 때문이다(6, 14, 17-22절). 이 둘 사이의 균형은 괜찮아 보이지만, 첫 번째가 진실에 더 가까운 것처럼 보인다. "죄 가운데 사는 것"은 죄의 "생활양식"으로 묘사하는 것이 최선의 해석인데, 이는 하나님이 요구하시는 의로움보다 그 죄악이 누군가의 삶에 특징이라 말할 수 있는 죄악 된 관행이라 하겠다. 그러한 상습적인 죄, 즉 "죄에 거하는 것"(1절)이나 "죄 가운데 사는 것"(2절)은 죄의 주장이나 폭정에서 옮겨짐을 경험한 사람에게는 지속되는 상황이 될 수 없는 것이다. 신자에게 있어서 죄의 권능은 분쇄되었으며, 이것은 반드시 행함에서 드러나야 한다(약 2:14-26절도 보고, 아마 요일 3:6, 9절). 다만 그리스도인의 존재적 본질에 있어서 때때로 신자가 그리스도 안에서 하나님이 만드신 현실과 모순되는 방식으로 살

331. 예를 들어 G. Beasley-Murray, *Baptism*, 140을 보라.
332. Wright.

아갈 수 있다.[333] 그래서 "죽은" 것은 신자이지 죄가 아니며, 웨슬리의 표현대로, 죄가 "왕노릇" 하지는 않을지라도 죄는 그대로 "남아있다."[334] 그렇기에 "죄 가운데 사는 것"은 그리스도인의 실존과는 양립할 수 없고 그리스도인에게 지속적인 조건도 될 수 없지만, 현실적인 위협으로는 여전히 남아있는 것이다. 바울이 2절에서 우리에게 경고하고 있는 것은 바로 이 위협이다. 그러나 이 말을 했다고 해서, 우리가 "죄에 대하여 죽었다"라는 직설법의 중요성을 간과해도 좋다는 뜻은 결코 아니다. 오직 그리스도 안에서 하나님의 행위로 말미암아 죄의 권능에서 구원받았기 때문에 우리가 주인 삼았던 죄에 굴복하기를 드디어 중단할 수 있게 됐다. "당신에게 주어졌다"라는 말이 없었다면, "너는 할지어다"라는 명령의 직설법은 헛되고 좌절감만 주는 요구에 지나지 않았을 것이다.[335] 하나님을 기쁘게 하는 삶은 그리스도 안에서 하나님이 우리를 위해 확보하신 죄의 주장에서 해방된 실제 경험에서 비롯된다(6, 17, 22절에서 나오는 동사들의 수동태에 주목하라). 그리피트 토마스(Grifith Thomas)의 표현대로, "칭의는 믿음으로 말미암고, 성화는 노력으로 말미암는다"는 많은 그리스도인들이 견지하고 있는 견해이긴 하지만, 바울은 이 대목에서 칭의와 성화의 불가분성이(inseparability) 그리스도 안에서 똑같이 주어지는 것임을 주장한다.

3 바울은 3절에서 죄에 대하여 죽음이 그리스도인이 되는 데 본질적인 부분이라고 주장한다. 세례가 우리를 그리스도의 죽으심과 연관시키는 것은, 그의 죽으심(바울이 8-10절에서 주장하는 것처럼) 그 자체가 죄에 대한 죽음이기 때문이다.[336] 이 가르침을 "무릇 알지 못하느냐"[337]라는 문구를 도입하므로, 바울은 자기가 말하고 있는 것이 로마의 그리스도인들이 세례와 그리스도인의 경험에 관해서 이미

333. 용서할 수 있는 과정법에서, Beker는 죄를 불가능한 가능성이라고 부른다(Paul, *the Apostle*, 215-18); CD 2/1.505도 보라.

334. Burtner와 Chiles의 편집본에 인용된 그의 설교 "Repentance of Believers," *Compend of Wesley's Theology*, 179).

335. Althaus.

336. Byrne가 언급하듯, 이 구절은 교차 대칭인데, "세례를 받은 우리는 … 그리스도 예수에게 합하여/그의 죽으심에 합하여 … 세례를 받은"이 그것이다.

337. ἢ ἀγνοεῖτε; 7:1절도 보라.

알고 있는 것을 근거로 하고 있음을 나타낸다.[338] 바울이 지시하는 것은 로마 그리스도인들의 물세례로, 이는 그리스도인의 실존으로 향하는 외적인 표현의 시초라고 할 수 있다. 확실히 하자면, 몇몇 학자들은 이곳에서 쓰인 물세례에 관한 내용을 일절 거부하는데, "세례를 주다"는 말이 은유적인 의미로 "담그다"(immerse)를 지시하거나,[339] 바울이 "성령 세례"를[340] 가리킨다거나, 아니면 그리스도의 몸으로 연합한 것을 "세례를 주다"라는 은유로 언급하는 것일 수 있음을 주장한다.[341] 그러나 이러한 개념 중에 하나 또는 그 이상에 대한 암시 가능성을 배제하지 않고서, 물세례를 가리키는 것이 우선시 된다. 로마서가 작성될 당시에, "세례를 주다"라는 말은 물을 통하여 기독교의 입교식을 가리키는 전문 용어가 되어있었고,[342] 이것은 확실히 로마의 그리스도인들이 이 단어에 부여했을 의미였을 것이다. 그래서 바울은 로마의 그리스도인들이 기독교 세례를 익히 알고 있다는 데서 그의 주장을 펼치는데, 이는 "그리스도 예수의 죽으심에 세례를 받은 자들은 그의 죽으심에 합하여 세례를 받았다"는 것이다.[343] 그런데 왜 바울은 "그리스도 예수와 합하여(into Christ Jesus?)"[344]라는 문구로 세례를 수식하는가? (1) 이 문구는 아마도 더 익숙한 "[주] 예수 그리스도의 이름으로"의 축약된 형태일 것이다. 그렇다면 바울은 단지 우리의 세례가 우리를 그리스도의 제자로 만드는 기독교적 세례에 관하여 말하고 있을 뿐임을 분명히 하는 셈이 된다.[345] (2) 다른 주요 선택지로 "우

338. 바울이 3-6절에서 말한 것 중에 로마 교회의 신자들이 이미 알고 있었던 것이 정확히 얼마나 되는지 결정하기는 어려우며, 필시 불필요하기도 하다. 아마도 G. Beasley-Murray는 옳았는지도 모른다. 즉, 바울이 말하는 것의 단 한 가지의 요소도 완전히 새로운 것은 아니더라도, 각각의 중요성은 바울의 가르침 속에 "깊어진다"(*Baptism*, 128; Wedderburn, "Hellenistic Christian Traditions," 345-46과 더 자세한 내용은, 동일 저자, *Baptism*, 41-69를 보라).

339. Schnabel; Morris의 경우 다만 그가 물세례에 대한 언급을 배제하지는 않는 것을 참조하라.

340. 예를 들어 Lloyd-Jones; (공유되는 경험으로[as a corporate experience]) Holland를 보라.

341. Dunn, "Salvation Proclaimed," 361.

342. 바울은 다른 곳에서 동사 βαπτίζω를 11번 사용하고, 우리가 보기에, 단 한 군데를 제외한(그 한 번이 고전 10:2으로 아마 기독교의 물세례를 유추해서 사용했을 것이다) 나머지는 기독교 물세례를 의미한다(고전 1:13, 14, 15, 16 [두 번], 17; 12:13 [논의의 여지가 있지만 나는 여기에 속한다고 생각한다]; 15:29 [두 번]; 갈 3:27).

343. Wright(533-35)는 바울이 여기서 세례에 호소하는 더욱 기본적인 다른 이유가 있다고 생각하는데, 이는 그가 이스라엘에 관한 이야기를 지속 반복하므로 "세례"를 출애굽과 연관시키고 있다는 점이 그것이다(고전 10:2를 보라). 세례를 받은 그리스도인들은 "새 출애굽"을 경험한다.

344. εἰς Χριστὸν Ἰησοῦν.

345. εἰς τὸ ὄνομα라는 문구는 마 28:19에서 동사 βαπτίζω의 뒤를 잇는다("아버지와 아들과 성령"); 행

리가 그리스도와의 연합으로"[346] 세례를 받았다는 공간적인(spatial) 의미가 있다. 두 개의 논거들은 두 번째 견해를 선호한다. 첫째, 여기서 사용되는 표현에 가장 근접해 있는 평행구문은 갈라디아서 3:27인데, 이는 "누구든지 그리스도와 합하기 위하여 세례를 받은 자는 그리스도로 옷 입었느니라"[347]라는 공간적인 의미를 시사한다. 둘째, "세례를 받음으로 그와 함께 장사되었나니"(4a절)는 3절에서 도출된 결론("그러므로")이다. 그러나 3절에서 그리스도와의 연합 개념을 어떤 식으로든 암시하지 않는 한, 이 순서를 설명하기란 어렵다. 그래서 기독교 세례가 신자로 하여금 그리스도에게 합하여지므로, 신자를 그리스도의 죽으심에도 합하여지게 하는 것이라고 바울은 주장한다.[348]

4 이 구절에서 바울은 신자가 그리스도의 죽으심과 합하는 것에서 결론("그러므로"[*oun*])을 도출한다. 우리가 세례를 받음으로 그리스도와 "함께" 죽었다면, 바

8:16; 19:5("주 예수"); 고전 1:13, 15("바울"/"나의 이름"). 이러한 견해에 대해, 특히 G. Beasley-Murray, *Baptism*, 128-29를 보라. Barrett; Siber, *Mit Christus Leben*, 206-7(공식에 관하여, Hartman, "'Into the Name of Jesus,'" 432-40을 보라). 비슷한 해석으로 εἰς가 참조의 의미를 지니는데, 우리가 그리스도 예수에 "관하여" 세례를 받았다는 것이다. Godet; Cranfield; Kaye, "βαπτίζειν εἰς," 59를 보라.

346. 그래서 예를 들어 Murray; Dunn; Schreiner; E. Best, *One Body*, 56-57; Ridderbos, *Paul*, 401-3; A. Oepke, *TDNT* 1.539; Tannehill, *Dying and Rising*, 22-24; Bouttier, *En Christ*, 36-38; Wedderburn, *Baptism*, 54-60을 보라. 이 문구는 공간적 의미가 있는 " …의 이름으로"라는 공식의 축약된 형태로 여겨질 수 있다. Wedderburn(*Baptism*, 54-60)은 Str-B(1.1054)에게 호소하는데, Str-B는 b. Yebam. 45b를 인용하여 "…의 이름으로 씻다"라는 공식이 그 사람의 이름으로 씻음을 받았으므로 그 사람에게 매이게 되는 것을 의미할 수 있는 증거로 삼는다.

347. 신약에서 βαπτίζω 다음에 εἰς를 사용하는 다른 사용처는 위치적/육체적 의미를 지니거나(막 1:9 ["요단 강에서"]) 목적/결과를 가리킨다(마 3:11과 행 2:38["죄 사함"]; 고전 12:13 ["한 몸이 되었고"]). 고전 10:2의 의미는("모세에게 속하여 다 구름과 바다에서 세례를 받고[εἰς Μωϋσῆν]") 알아보기가 매우 어렵지만, 그것은 아마도 그들의 지도자로서 "모세에게 속하여"를 가리킬 것이다. Langevin("Baptême," 45)은 공간적 의미를 최종적인 의미와 결합하여, "그리스도와 연합할 목적으로" 세례를 받았다고 말한다(Dunn의 의역과 비슷하다).

348. 일부 학자들은 첫 번째 절(cluase)에서 εἰς Χριστὸν Ἰησοῦν의 공간적인 의미가 두 번째 절(εἰς τὸν θάνατον αὐτοῦ)에서는 효과가 없으므로 반론을 제기한다. 하지만 (1) 그 둘은 같은 의미를 지닐 필요가 없고, (2) 두 번째 절에 공간적인 해석도 충분히 잘 통하므로, 우리는 그리스도의 죽으심과 (죽으심과 그 효과를 공유하므로) 친밀한 연합을 이루게 되었다.

울의 판단은 "[그의][349] 죽으심에 [합한] 세례를 받음으로"[350] 그와 함께 장사 되기도 했다는 것이다. 그렇기에 이 장사 됨은 옛 생명의 종식을 나타낼 뿐만 아니라, 새 생명으로 전환되는 일부이기도 하므로, 신자는 이제 그 가운데서 "행하라"는 부르심을 받게 되는 것이다. 이 절(clause)은 논란의 여지가 있는 세 가지 관련된 쟁점을 제기한다. 즉, 바울은 왜 장사의 이미지를 도입했고, 그리스도인이 그리스도와 "함께" 한다는 것의 의미가 무엇이며, 어떻게 세례가 그리스도와 함께 하는 이것을 가능하게 하는가이다.

이러한 질문들에 대해 당황스러울 정도로 많은 답변이 나왔지만, 가장 중요한 대답은 세 가지 일반적인 접근법으로 분류할 수 있다.

(1) "그리스도와 함께 장사 됨"은 옛 생명에서 새 생명으로 옮겨가는 상징적인 묘사로 세례와 함께 신자가 옛 삶과 완전히 결별했음을 나타내는 비유일 것이다. 침수(immersion)는 옛 생명에 대한 죽음을, 침례(submersion)는 "장사" - 죽음의 증표 - 를 의미하며, 출현(emersion)은 새 생명으로의 부활을 의미한다. 이러한 방식에 따라 세례는 신자의 회심으로 말미암아 신자의 삶에서 일어난 것임을 묘사한다. 스트롱(A. H. Strong)의 표현대로, "세례는 신자가 그리스도의 죽으심과 부활에 대한 교제에 미리 진입한 것을 상징한다."[351] 이 견해가 대중적이라 할지라도, 대중성 자체만으로 이 구절에 대한 충분한 설명이 되는 것은 아니다. 문제는 첫 번째 절에 나오는 전치사들에 있다. 바울은 세례를 우리가 그리스도와 함께 장사 된

349. 바울이 지시하는 그 "죽음"은 3b절에 비추어볼 때, 일반적인 "죽음"보다는 그리스도의 죽음을 가리킨다(반대 견해로 Godet 참조).

350. *συνετάφημεν*("우리가 장사되었나니")에 이어지는 첫 번째 전치사 구인 *διὰ τοῦ βαπτίσματος*의 정관사는 앞서 나온 어구를 가리키는 것으로, 3절에서 세례를 지시한다(이런 이유로 위의 의역에서 "이(this)"를 사용한 것이다). 두 번째 전치사구인 *εἰς τὸν θάνατον*은 동사를 수식하는 것으로 볼 수 있고, 그 해석은 아마 대부분의 영역본에서 "우리가 그의 죽으심에 합하여 세례를 받았다"와 같은 번역을 암시할 것이다(Zahn; Lagrange; Byrne; Frid, "Römer 6:4-5," 190-91도 보라). 그러나 그것은 바로 앞에 나오는 명사 *βαπτίσματος*와 함께 묶이는 편이 낫다(NJB: "그의 죽으심에 합한 세례로 인하여 우리는 그와 함께 장사되었다," 그리고 예를 들어 Godet; Murray; Cranfield; Käsemann; Schreiner는 *εἰς* 앞에 정관사가 없는 것이 이 해석에 장애가 되지 않는다고 말한다. 신약의 그리스어는 한정적 용법으로 쓰인 전치사구 앞에 정관사를 빈번하게 생략한다[BDF §272]).

351. *Systematic Theology*, 940. Flemington, *New Testament Doctrine of Baptism*, 59; Bruce; Dunn, *Unity and Diversity*, 158-59도 보라(다만 Dunn은 세례에 대한 상징을 장사와 죽음으로 한정시키지만, 그의 주석에서는 이 견해에 대해 그다지 확신하지 않는 것 같다). Jewett도 이 대목에서 회심이 세례에 앞선다고 주장한다.

수단으로 삼는 것이지(세례를 "받음으로"[*dia*]), 우리가 그리스도와 함께 장사 된 장소로 삼는 것이 아니다.[352] 두 번째 전치사인 "…와 함께"(쉰; *syn*) 역시 순수하게 상징적인 관점에서 어려움을 야기한다.[353] 동작의 동사와 동조하는 **쉰**(*syn*)의 의미는 다양할 수 있지만,[354] 그리스도가 그의 삶에서 장사 된 것과 같이, (우리의 삶에서) 장사 되는 개념을 포함할 정도로 통상적인 수반의 의미가 확장될 수 있을지는 의문이다. 참으로, 이 해석이 비록 교회사에서 꽤 이른 시기로 거슬러 올라갈 수 있지만,[355] 세례에 포함된 실제 물리적 움직임들 - 침수와 출현 - 에 상징적인 중요성이 부여됐다는 증거는 로마서 6장에서나 신약성경의 그 어느 곳에서도 찾아볼 수 없다. 로마서 6장은 확실히 세례 의식이 아니라, 순전히 세례 사건에 초점을 맞추고 있다.[356] 그러므로 세례 의식의 상징성에 대한 이차적인 암시의 가능성을 배제하지는 않지만,[357] 우리의 결론은 이것이 그리스도인으로 그리스도와 함께 장사 됨을 알리는 주된 이유가 될 수 없다는 것이다.

(2) 그리스도와 함께 장사 됨을 세례와 연관 짓는 두 번째 방법으로는, 첫 번째 견해와 마찬가지로, "장사"를 신자의 옛 삶과 완전한 단절을 의미하는 은유로 받아들이지만, 그 단절을 중재하는 자로 세례를 이해한다는 것이다.[358] 이 해

352. 예를 들어 전치사 ἐν이 장소를 시사할 만한데도 그렇다. 골 2:12에서도 ἐν은 비슷한 진술로 사용되는데, *συνταφέντες αὐτῷ ἐν τῷ βαπτισμῷ*에서 전치사는 아마 수단의 의미일 것이다.

353. 이 전치사는 동사 *τάφω*, "장사하다"에 덧붙여진다.

354. 이 단원에 이어지는 부록을 보라.

355. Tertullian, *On Baptism* 3을 보라. *Apostolic Constitutions and Canon*(4세기)에서 다음과 같이 표현된 것을 보라: **ἡ κατάδυσις τὸ συναποθανεῖν, ἡ ἀνάδυσις τὸ συναναστῆναι**: "그와 함께 죽는 것은 침수이고, 그와 함께 살아나는 것은 출현이다."

356. 예를 들어 Frankemölle, *Taufverständnis*, 56; Schnackenburg, "Todes- und Lebensgemeinschaft," 39-41; Langevin, "Baptême," 38-55를 보라.

357. 예를 들어 G. Beasley-Murray, *Baptism*, 133; Schreiner를 보라.

358. 예를 들어 Stuart; C. Scott, Christianity, 117-18을 보라. 예를 들어 S-H와 같이 많은 학자들은 침수와 출현의 상징성을 이차적인 요인으로 본다. 이 견해의 대다수 옹호자들은 이 장사가 완수되는 도구인 "세례"가 물세례를 가리키지만(Dunn, Baptism, 140-42 참조), 소수 학자들은 이 단어를 은유적으로 취하여, "영적" 세례 내지는 회심(Lloyd-Jones; Griffith Thomas [?])을 가리키는 것으로 본다. 그럼에도 불구하고 다른 학자들은 바울의 개념이 헬레니즘 신비 종교에서 유행했던 죽었다가 살아나는 신들과 연합하는 사상과 관련이 있다고 암시한다. 이러한 신비 종교들은 헬레니즘 세계에서 꽤 대중적인 종교 집단으로, 비밀리에 진행된 입교식을 특징으로 하고, 종종 입교자를 신과의 연합으로 인도하기 위해 제의적 행위에 동참하게 하므로 그들의 추종자들에게 구원을 약속했다. 1900년대 초기에 종교사적 운동의 촉발로, 많은 학자들이 바울의 다양한 교리들을 이러한 종교들에 의존한 탓으로 돌렸다(가장 잘 알려진 것으로 Bousset, Kyrios Christos

석은 "세례를 받음으로"에 수단의 의미를 부여하는 데 있어서 첫 번째 해석에 비해 유리하지만, 우리는 **쉰**(*syn*)("함께")이 덧붙는 복합어를 이해하는 것에서 첫 번째와 같은 문제를 발견한다. 다시금 "그리스도와 함께"라는 문구는 "그리스도와 같이 우리도"를 뜻하기 위해 취해진 것임이 분명하다. 즉, 그리스도가 장사 되었으므로, 옛 시절에 대한 그의 죽음을 확정하고, 우리도 "장사 되어" 옛 시절에 대한 우리의 죽음을 확정 짓는 것이 그것이다. 우리는 이 구절들에서 "그리스도와 함께"라는 표현을 사용하기로 한 이 설명이 과연 바울의 선택을 존중한 것인지 의심스럽다. 다른 사람들은 이 전치사 **쉰**(*syn*)을 신자와 그리스도 사이에 있는 일반적인 관계에 적용함으로써 더욱 바르게 평가하고자 하는데, 이는 세례가 우리를 그리스도와 연합하도록 하고 우리는 그가 받은 세례와 같은 것을 경험하게 된다.[359] 그러나 바울은 우리가 그리스도와 합하여진 것이 아니라, 그와 함께 장사 되었다고 말한다.

(3) 그러므로 우리는 세 번째 접근법에 이르게 되는데, 나는 이 방법이 가히 최선이라고 본다. "그리스도와 함께 장사 됨"은 신자가 그리스도 자신의 장사 됨에 참여하는 것, 곧 세례로 매개되는 것을 기술하는 말이다. 바울의 요점은 비슬리-머레이(Beasley-Murray)의 표현대로, "세례 받은 신자는 자기의 무덤에 안치되는 것이 아니라, 그 행위를 통해 그리스도 예수와 나란히 그의 무덤에 안치되는 것이

와 Reitzenstein, Hellenistic Mystery Religions이 있다). 그러나 이러한 종교에 바울이 직접 의존하고 있다는 주장은 현재 널리 받아들여지지 않고 있다(로마서 6장에 대하여, 특히 G. Wagner, Pauline Baptism; W. Davies, Paul and Rabbinic Judaism, 88-98을 보라). 더욱 대중적인 것으로 바울이 헬라 도시에 세운 교회들이 그리스도에 대한 경험을 이러한 종교들에 비추어 해석했고, 바울의 가르침이 이 현존하는 전승과의 접촉점들과 교정들을 입증한다는 견해이다(예를 들어 Gäumann, *Taufe und Ethik*, 37-49; Käsemann, 160-62; Pelser, "Objective Reality," 108-9를 보라). 이에 비추어보면, 바울이 3절에서 그의 가르침을 "무릇 … 알지 못하느냐"라고 도입할 때, 이러한 종류의 전승을 암시하고 있는 것으로 종종 여겨진다. 하지만 이 간접적인 영향은 최소 롬 6:1-6에서 만큼은 아주 불확실하다(특히 Wedderburn, *Baptism*, 90-163을 보라). 바울의 가르침과 신비 종교들 사이에 가장 밀접한 병행으로 보이는 바로 그 개념 - σὺν Χριστῷ - 은 신비 종교보다 바울 자신의 그리스도관에 뿌리를 두고 있다는 것이다(Siber, *Mit Christus Leben*, 191-213; Wedderburn, *Baptism*, 50-52). 신비 종교의 추종자가 오시리스(Osiris)나 아티스(Attis)와 같은 자연 신과 합하므로 신비한 "죽음과 부활"을 반복하는 것은, 그리스도의 일생에서 발생한 역사적인 사건들 가운데 그리스도인이 동참하는 것에 바울이 초점을 두는 것과는 별 관련이 없다.

359. S-H 참조.

다."[360] 이 접근법은 **디아**(*dia*)를 자연스럽게 해석하고 **쉰**(*syn*)을 이 단어의 통상적인 의미와 더불어 "그리스도와 함께"라는 광범위한 개념과도 모두 일치하는 방식으로 설명한다(6:14절 이후에 오는 부설을 보라). 그러나 신자가 "그리스도와 함께 장사된" 것의 정확한 성격이나 시기는 무엇인가?

우리가 그리스도와 함께 장사 되는 것은 세례를 받음으로 되는 것이기에, 우리는 그리스도의 장사(그리고 죽으심과 부활도; 5절을 보라)가 세례 가운데 실재하는 것으로 생각할 수 있을 것이다. 그렇다면 세례란 - 성찬에서 주장하는 바와 같이 - 그리스도의 "실재하는 임재"에 있어서 효과적인 성례가 되는 것이다.[361] 이 본문에는 이 견해를 뒷받침할 수 있는 몇 가지 요소들이 있지만(5절에 관한 해설을 보라), 두 가지 치명적인 반론에 시달리게 된다.

첫 번째, 그리스도의 죽으심과 부활이(10절을 보라) "단번에"(once-for-all) 이루어지는 성격임을 감안하여 세례의 행위 가운데 죽음과 부활이 실재하거나, 반복된다는 바울의 주장이 이해될 수 있는지 그 여부가 의심스럽다. 그리스도의 죽으심과 장사와 부활이 시간을 초월하는 의미를 지닌 종말론적 사건들이라는 것을 기꺼이 인정하겠지만, 나는 이 사건들이, 사건으로서, "무시간적"이라고 하기에는 아무래도 지나친 말이라고 생각한다. 두 번째 반론은 그리스도와 함께 하는 죽음과 장사와 부활을 세례에 위치시킴으로, 세례에 비중을 두는데, 이는 로마서 6장의 논거에 부합하지 않을뿐더러 "그리스도와 함께" 하는 것이 무엇을 의미하는지 바울의 전반적인 개념으로 받아들일 수 없는 것에서도 그러하다. 이처럼 3-4절에서 세례를 언급한 후에 바울은 이 주제를 내려놓고는 이 장에서 다시는 다루지 않는다.[362] 심지어 3-4절에서 세례는 우리가 어떻게 그리스도와 함께 장사 되었는가를 설명하기 위해 도입된 것이 아니라, 어떻게 우리가 그리스도와 함께 장사됐는지 입증하기 위해 도입된 것이다. 그리고 세례가 그리스도와의 연합에서 차지

---

360. G. Beasley-Murray, *Baptism*, 130.

361. 예를 들어 Kuss; J. Schneider, *TDNT* 5.195를 보라.

362. 명확히 하자면, 일부 학자들은 롬 6장의 다른 많은 구절 가운데서 세례에 대한 암시를 발견하지만(예를 들어 Schnelle, *Gerechtigkeit und Christusgegenwart*, 85-87, 145-61; 동일 저자, *Apostle Paul*, 479-80을 보라), 그 어느 것도 세례를 암시하는 것 같지는 않다(예를 들어 Dunn; Kaye, *Thought Structure*, 58-65; Wedderburn, *Baptism*, 49-50; Siber, *Mit Christus Leben*, 217-27을 보라).

하는 이 보조적인 역할은 바울이 다른 곳에서 세례와 관계없이 "그리스도와 함께 하는 것"을 주장할 수 있는 사실로 확인된다(갈 2:19-20; 엡 2:5-6).

그렇다면, 세례는 장소도, 우리가 그리스도와 함께 장사 된 시간도 아니라, 우리가 그와 함께 장사 된 수단을 통한(디아; dia)인 것이다.[363] 그래서 우리가 그리스도와 함께 장사 된 "때"는 그리스도께서 장사 되신 때, 곧 그리스도가 죽음으로 장사 되셨다가 부활했을 때, 우리가 "그 안에" 있었고, 그래서 그와 "함께" 이 사건들에 동참하게 된 명백한 결론일 수도 있다. 이 개념을 뒷받침하는 것은 이 대목을 통틀어서 사용되는 부정과거(aorist) 수동태 동사에서 찾아볼 수 있는데, 이는 그리스도 자신의 죽으심과 십자가에 못 박히심의 모습이, 우리가 참여하는 모습에 대한 것임을 가리킨다는 것과(6절), "우리가 그리스도와 함께 죽고 그는 갈보리에서 '단번에' 죽으셨다면(10절), 그와 '함께'한 우리의 죽음 역시도 갈보리에서 이루어졌음이 틀림없다"라는 간단한 논리가 된다. 더구나, 바울이 방금 아담의 경우라고 지적한 것(5:1-21절)처럼 포용적 관계를 우리와 그리스도와의 관계에 적용하는 것은 매우 자연스럽다.[364]

각각의 요점에는 강점이 있다. 그러나 그리스도의 장사를 우리가 그리스도와 함께 장사 된 "때"였다는 것으로 결론짓기 전에, 우리는 다른 요인들을 고려하지 않으면 안 된다. 첫째로, 2, 14절과 17-22절은 옛 생명에서 새 생명으로의 전환이라는 신자의 의식적인 경험 가운데서 일어났음을 암시한다. 둘째로, 세례에 대한 언급도 마찬가지로 신자의 삶에 관심을 끈다.[365] 세 번째로, "그리스도와 함께"라는 바울의 진술 가운데 대다수는 개별적인 삶의 경험에 관한 내용을 포함한다. 그렇다면 본문은 우리가 그리스도와 함께 장사 되는 "때"로서 십자가나 우리 자신의 경험에 초점을 맞추지 못하게 되므로 우리는 시간을 초월하는 범주를 다루고 있다는 결론으로 내몰리게 된다.[366] 우리가 그리스도와 함께 죽고, 장사 되어, 부활하는 것은 우리를 옛 시대에서 새 시대로 옮겨놓는 경험들이다. 하지만 이 옛 시대에서 새 시대로의 옮겨짐은 개개인의 회심으로 적용되는 것일지라도, 성 금

363. 비록 Schreiner는 διά가 수단보다는 사건을 의미한다고 주장하지만 말이다.
364. Haldane을 보라.
365. Murray.
366. Schlatter.

요일과 부활절에 그리스도의 구속 사역으로부터 말미암아 성취된 것이다. 바울의 **쉰**(*syn*)은 "구속사적인" "함께함"(withness)을 가리키며, 그 위치는 한편으로, 십자가와 부활, 그리스도가 계신 곳으로 - 시대의 전환이 역사적으로 일어난 장소와 - 다른 한편으로, 모든 신자의 회심을 알리는 곳으로 - 시대의 "전환"이 개개인에게 적용될 수 있는 때임을 알려 준다.

우리가 채택한 견해에 관하여, 구원을 베푸는 핵심적인 사건들을 열거하는 기초적인 말씀 선포(kerygma) - 즉, "이는 성경대로 그리스도께서 우리 죄를 위하여 죽으시고 장사 지낸 바 되셨다가 성경대로 사흘 만에 다시 살아나사"(고전 15:3-4절)가 포함되었기 때문에,[367] 바울은 우리가 그리스도와 함께 장사 됨을 언급하는 것이다. 그러나 장사 됨이 이 간결한 요약 가운데 포함되었을 가능성은 장사 됨이 죽음의 실체를 분명히 했고, 여기에서와 골로새서 2:12에서 신자가 장사 됨에 참여한 것을 언급한 목적이 같기 때문이다. 즉, 죄의 옛 시대에 대하여 우리가 그리스도와 함께 죽음에 동참한 것은 최종적이고 결정적이라는 것이다.[368] 이에 더하여, 장사 됨에 관한 언급은 우리가 그리스도와 함께 장사 됨을 뒤이어 나오는 "생명의 새로움"에 딱 적합한 반명제(antithesis)가 되기도 한다.[369]

마지막으로 왜 바울은 이러한 케리그마적 사건들에 신자가 동일시되도록 세례를 수단으로 삼았는가? 슈바이처는 세례를 로마서 5-8장에서 지배적인 "신비주의"나 참여주의 개념의 하나로써 그리스도와의 연합을 기계적으로 이루게 되는 하나의 의례로 바라본 것이다. 그는 이러한 개념에 관하여 1-4장에서 나오는 "법정적" 의롭다 하심을 얻는다는 믿음의 개념과 상충 된다는 점을 인정했지만, 후자는 유대인들과의 논쟁에 있어서만 반론의 여지가 있는 "보조적" 관점으로 치부해버린 것이다.[370] 그러나 우리는 바울의 "법정적"이고 "참여주의"적 언어를 분리 수용할 수 없으며, 로마서 6장에서 세례의 역할에 대한 어떠한 설명이건 그리스도와 우리와의 관계가 전용되는 수단으로서 믿음에 관하여 중심을 차지하고 있음을 직면해야 한다. 이것은 일부 학자들이 이 구절에서 물세례에 대한 일체의 언

367. Gifford를 보라.
368. 예를 들어 Cranfield 참조.
369. Stuart; Schlatter.
370. *Paul and His Interpreters*, 225-26.

급을 일축하는 이유 중에 하나다. 하지만 우리가 앞서 보았듯이 물세례에 대한 언급은 3절에서 삭제할 수 없으며, 4절에서도 그것은 마찬가지다.[371]

그러면 우리가 이 본문에서 세례의 매개 역할을 바르게 평가함과 동시에 믿음의 중요성을 어떻게 보존할 수 있는가? 던(J. D. G. Dunn)의 제안이 여기서 도움이 된다. 그가 지적하는 것은 초대 교회가 믿음, 회개, 성령의 은사, 그리고 물세례를, 이른바 "회심-입교"라는 하나의 연합된 경험의 구성 요소들로 생각했다는 것이다.[372] 믿음이 항상 세례로 이어진다는 전제와 같이, 세례는 그 효력이 항상 믿음에서 비롯된 것으로 가정된다.[373] 그렇다면 3-4절에서 세례는 믿음과 성령의 은사를 전제로 하는 회심-입교의 경험 전체를 의미하는 것으로 가정할 수 있다. 세례를 받지 않은 그리스도인은 어떠한지에 대해 우리는 물어볼 수 있을 것이다. 바울은 이와 같은 질문을 다루지 않지만 - 그런데 이런 질문의 첫 반응은 의심할 여지 없이 "왜 그들은 세례를 받지 않았는가?"였을 것이다 - 세례가 고작 두 구절에서만 언급되는 반면에 믿음은 로마서 모든 장에 새겨져 있다는 사실로 미루어보아, 순수한 믿음이 비록 세례 안에 "봉인"되어 있지 않더라도 구원받기에는 충분한 것으로 가정해야만 한다는 것이다.

그러나 4절의 주안점은 우리가 그리스도와 함께한다거나, 세례를 받음이 아니라, 이 사건들이 이끌어 갈 새로운 생명에 있다. 우리가 그리스도와 함께 장사 됨의 목적("in order that"[그리스어. 히나])이 "우리로 새 생명 가운데서 행하게[374] 하려

371. 바울은 흔히 사용되지 않는 명사 βάπτισμα를 사용하는데, 이 단어는(아마 그리스도인이 만들어 낸 단어일 것이다. Ysebart, *Greek Baptismal Terminology*, 51-53을 보라) 항상 물로 베푸는 세례에 대한 언급을 포함한다(주로 요한의 세례를 가리키는 것으로 마 3:7; 21:25; 막 1:4; 10:38, 39 [막 10:38과 39에서 물세례를 가리키는 것이 바로 확연히 드러나지는 않지만, 아마 예수 자신이 요한에게 받으신 것을 암시할 것이다; D. Moo, *Old Testament*, 116-20]; 막 11:30; 눅 3:3; 7:29; 12:50; 20:4; 행 1:22; 10:37; 13:24; 18:25; 19:3, 4가 있고, 그리스도인의 세례를 가리키는 것으로는 롬 6:4; 엡 4:5; 벧전 3:21이 있음을 보라).

372. *Baptism*, 145, 등. 그의 신학에서 Dunn은 "세례"를 "콘서티나(작은 아코디언처럼 생긴 찌부러진 악기-옮긴이)"라는 단어로 부르는데, 단독으로 예식을 의미하도록 이 단어가 "억지로 비집고" 들어갈 수는 있지만, 그리스도에게 나아가는 과정을 포함하기 위해서 확장되기도 한다. Tappeiner, "Hermeneutics," 40-52도 보라.

373. C. Scott, *Christianity*, 114; Flemington, *New Testament Doctrine of Baptism*, 81도 보라. 그리고 특히 G. Beasley-Murray, *Baptism*, 272-73을 보라.

374. 동사는 περιπατήσωμεν으로 περιπατέω의 부정과거 가정법이다. 이 동사는 다른 바울 서신에서 31번 사용된 용법과 마찬가지로 삶의 방식이나 "생활양식"을 가리킨다. 고전 그리스어에서 알

함"에 있다. "새 생명"은 새 시대의 실상 - 특히 하나님의 영(롬 7:6)을 포함하는 것 - 으로 활력을 얻는 삶이며, 새 시대의 가치들을 반영해야 하는 삶이다.[375] 우리가 그리스도에게 연합하는 것에 관한 직설법과 그리스도인의 삶에 관한 명령법 사이의 이 연결성이 로마서 6장의 핵심이다. 그러나 바울은 새 시대에 사는 것이 세례 가운데 우리가 그리스도와 일체가 되는 목적을 선언하는 것 그 이상을 전달하는데, 이는 "아버지의 영광으로 말미암아 그리스도를 죽은 자 가운데서 살리심과 같이[376] 우리로 또한 … "[377]으로 그리스도의 부활에 비교하기도 한다는 것이다. 그러나 이 문맥은 단순한 비교 그 이상의 의도가 있음을 암시한다. 이 문단에서는 바울은 골로새서 2:12과 에베소서 2:6에서와 마찬가지로, 이미 "실현된"(6:5과 6:8에 관한 각주들을 보라) 그리스도의 부활에 그리스도인이 동참하고 있음을 명확히 말하지는 않지만, 그래도 신자가 이 삶에서 부활의 능력과 영향으로부터 이미 혜택을 받고 있음을 분명히 한다. 특히 신자는 그리스도의 부활에 상응하는 방식으로 "하나님께 대하여는 살아있는" 자로 여겨야 한다는 6:11과, 신자가 "죽은 자 가운데서 다시 살아난 자 같이" 여기는 6:13을 참조하라. 이러한 점들을 비추어 볼 때, "… 와 같이, 우리로 또한"은 여기서 "그리스도를 죽은 자 가운데서 살리셨기 때문에 우리는 새 생명 가운데 행할 수 있고 또 행해야 한다"는 인과율적(casual) 의미를 지닌다. 달리 말하자면, 바울은 신자가 현재 생명으로 동참하고 있음의 근거

려지지 않은 이 동사의 적용은 LXX와 히브리어에서 취한 것으로, 히브리어 הלך가 이러한 의미로 사용된다(H. Seesemann, *TDNT* 5.944-45). 이 문맥이 암시하는 것은 부정과거가 진입의 개념, 즉 "우리가 행하는 새로운 방식을 계속하도록"을 시사하는 것일 수도 있다(A. Robertson, *Grammar*, 850).

375. Nygren. 바울은 늘 καινότης와 καινός라는 단어를 새 언약의 개시와 함께 시작된 구원의 "새 시대"를 가리켜서 사용한다(롬 7:6에서 쓰인 καινότης; 고전 11:25; 고후 3:6; 5:17; 갈 6:15; 엡 2:15; 4:24에서 쓰인 καινός를 보라). 소유격 ζωῆς는 καινότητι가 아니라 ζωῆς를 "지배적인" 단어인 "새로운 삶"을 의미하는 질적인 속격이거나(N. Turner, *Syntax*, 213; Schreiner); 아니면 "새로움, 즉 생명"을 뜻하는 부연의 속격일 수도 있지만(예를 들어 Murray), καινότητι의 의미에 관하여 우리가 말한 것에 비추어볼 때, 아마도 "생명에 이르게 하는 또는 생명을 수여하는 새로움[새 시대]"을 의미하는 것으로 목적격적 속격일 것이다.

376. 그리스도가 "아버지의 영광으로 말미암아"(διὰ τῆς δόξης τοῦ πατρός) 부활하셨음을 지적하므로, 바울은 하나님의 "능력"을 넌지시 말하면서(요 11:23과 11:40을 보라), 동시에 이 능력이 구체적으로 새 시대의 능력임을 암시하기도 한다(Wright; G. Bornkamm, "Baptism and New Life," 74). 지금도 믿는 자들은 이 영광에 참여하는데(고후 3:16을 보라), 이는 그들이 신체의 변화와 관련하여 최종적으로 영광이 나타날 것을 고대하기 때문이다(빌 3:21).

377. Fitzmyer가 지적하듯, 이 비교는 롬 5:12-21을 지배하는 논리를 우리에게 상기시킨다.

를 그리스도의 부활이 지니는 영적 권세에 둔다는 점이다.[378]

그래서 그리스도인들은 그리스도의 죽으심, 장사, 부활에 참여함으로써 새로운 종류의 삶을 살도록 활력을 얻고 부르심도 받는 것이다. 이에 대해 칼빈은 효율적이고 강하게 다음과 같이 표현한다.

> 이 말씀을 통해서[3-5절], 그는 우리가 그리스도의 죽으심을 본받아 세례로 말미암아 소욕에 대해 죽고, 그리스도의 부활을 본받아 그의 의로 일어나야 함을 훈계하신 것이라고 말한 것처럼, 그는 우리로 그리스도를 따르라고 촉구하고 있을 뿐만 아니라 훨씬 더 고귀한 것을 붙잡기도 하는데, 이는 세례로 말미암아 그분의 죽으심에 우리를 동참자로 삼아서 우리로 그의 죽으심에 접붙임을 받게 하신다는 것이다. 그리고 가지는 그것이 접붙여진 뿌리로부터 물질과 자양분을 끌어오듯이, 바른 믿음으로 세례를 받는 자들은 자신의 육신이 겪는 굴욕으로 그리스도의 죽으심이 유효하게 작용하는 것을 진정으로 느끼며, 이와 함께 성령의 생기 가운데 그리스도의 부활이 작용하는 것도 느끼게 된다.[379]

5 5절은 4절에서 암시된 것을 확언한다. 이는, 신자가 그리스도의 부활에 동참한다는 것이다. 이 구절은 조건문의 형식을 취하는데, 여기서 전제절("if"절)은 이미 알려진 것 - 그리스도의 죽으심과 신자와의 연결성[380] - 을 귀결절("then"절) 가운데 도출된 결론의 근거로서 진술한다. 즉, 죽음으로 그리스도와 연결되는 것은 그의 부활에 동참하게 될 것을 보장한다는 것이다.[381] 그러나 바울의 주장을 복잡

378. G. Beasley-Murray, *Baptism*, 138-39; Harris, *Raised Immortal*, 103-4.

379. *Institutes* 4.15.5.

380. 바울은 이 연결을 (이 문단에서 신학적인 많은 의미를 전달하는 σύν과 결합된 일련의 복합어들이 연이어지면서) σύμφυτοι라는 단어를 사용하여 표현한다. 이 단어의 기초가 되는 동사 συμφύω는 "함께 자라게 하다"(make to grow together), "합치다(join)", "연합하다"(unite), "동화되다"(become assimilated)를 의미한다(LSJ). 많은 학자들은 이 단어의 원예적 적용을 강조하고, 포도나무와 가지에 관한 예수의 가르침에 비유한다(예를 들어 Murray). 그러나 요한복음 15장과의 관계에도 불구하고 - 그리고 유사점이 있다고 해도 - σύμφυτος라는 단어는 여기서 원예적 암시를 주장하기에는 다른 문맥에서 대부분 사용된다는 점이다(W. Grundmann, *TDNT* 7.786; Käsemann; Cranfield를 보라). 우리는 단순히 "합해진다" 또는 "연합된다"로만 번역해야 할 것이다.

381. 그렇다면 전제절을 도입하는 εἰ 만큼 자주(BDF §372[1]), "사실적인" 조건을 도입부로 한다.

하게 만드는 것은 그가 "[그리스도의] 죽음의 모양"이라는 문구가 사용됐다는 점이다. 두 가지 쟁점이 해결되지 않으면 안 된다.

첫째, 이 (그리스어로 여격인) 문구의 구문론적인 기능은 무엇인가? 많은 학자들은 "그의 죽으심과 같은 모양"(the likeness of death)이 신자가 그리스도와 연합되는 수단 내지는 더 일반적으로 이 연합이 일어나는 위치라고 생각한다. 예를 들어, NAB의 번역인 "만일 우리가 그의 죽으심과 같은 죽음으로[이탤릭체의 표시는 필자가 한 것임] 그와 연합하게 되었다면"을 보라.[382] 그러나 이것은 구문상 가장 자연스러운 독법은 아니다. 그래서 "그의 죽으심과 같은 모양"을 우리가 "연합되는" 대상으로 보는 것이 바람직하고, 이와 관련하여 "우리가 그의 죽으심과 같은 모양으로 연합한 자가 되었으면"으로 번역한 것(대부분의 영번역)을 참조하라.[383]

둘째, 바울은 이 문구로 가리키고자 하는 것은 무엇인가? 결정적인 쟁점은 그리스어 단어 호모이오마(*homoiōma*)의 의미다. 기본적으로 두 가지 의미로 볼 수 있다.

(1) 호모이오마는 다른 무엇과 흡사한 것을 의미하는 것으로, "복제"(copy) 또는 "형상"(image)을 가리킬 수 있다.[384] 많은 학자들은 여기서 이 "어떤 것"은 세례

382. 이 견해대로라면, 우리는 τῷ ὁμοιώματι가 수단 또는 장소의 여격이므로 σύμφυτοι("합쳐진")의 암시된 목적어로써 αὐτῷ("그와[함께]")를 보충해야 한다. 예를 들어, Godet; Langevin, "Baptême," 58을 보라. 다른 선택지로는 τοῦ θανάτου αὐτοῦ를 σύμφυτοι와 τῷ ὁμοιώματι 양쪽 모두의 목적어로 이해하는 것인데, 그러면 "그의 죽으심의 모양으로 말미암아 우리가 그의 죽으심에 합하여졌다"로 번역된다(Barrett; Schnelle, *Gerechtigkeit und Christusgegenwart*, 82를 보라). 그러나 θανάτου를 두 단어로 해석하는 것은 어색하고, 이 소유격을 σύμφυτοι에 의존하게 하는 것은 부자연스럽다(N. Turner, *Syntax*, 220).

383. 이미 나와 있는 여격이 σύμφυτοι의 목적어로 기능을 하므로 - τῷ ὁμοιώματι - αὐτῷ가 추가로 붙는 것은 불필요하다. σύμφυτοι는 분명히 성질이 다른 것들 사이에서(예를 들어 사람들이나 "그의 "죽으심과 같은 모양," Kuss를 보라) 연합을 표현할 수 있으며, 4a절은 바울이 이 문맥 속에서 믿는 자들이 그리스도와 연합했을 뿐만 아니라 그의 생애 사건들과 연합되었음을 보여준다. 이러한 구문의 독법은 최근 대부분의 해석자들 대다수의 지지를 받는데, 이를 온전하게 옹호하는 글로는 F. Morgan, "Romans 6:5a," 273-76을 참조하라.

384. 고전 그리스어에서는 드물지만, ὁμοίωμα가 LXX에서 대략 40번 등장한다. 거기서 이 단어는 다른 어떤 것과 흡사하지만, 똑같지 않다는 의미에서 보통 "같은 모양(likeness)이나 복제(copy)"를 의미한다. 그리하여 이 단어가 가장 빈번하게 가리키는 두 가지는 신들의 "복제"나 "초상"으로 간주되는 우상들과(예를 들어 출 20:4; 신 4:16-25; 대하 4:3; 시 106:20; 사 40:18-19를 보라), 에스겔이 환상 가운데 보는 "형상들"을 나타낸다(예를 들어 1:4-26). 이를 개관한 글로 Bartsch, "Theologische Bedeutung des Begriffes ΟΜΟΙΩΜΑ," 160-67; J. Schneider, *TDNT* 5.191; F. Morgan, "Romans 6:5a," 282; Branick, "Sinful Flesh," 248-50을 보라. Branick는 (내가 입수하지 못한) U. Vanni의 연구문을 인용하는데, 그의 결론인즉 ὁμοίωμα의 기본 뜻은 "실재에 대한

와 연관된 것으로, 세례 가운데 임재하는 그리스도의 죽으심에 대한 "복제"나 "형상"의 의미(3-4절)일 수도 있음을 주장한다.[385] 그러나 이 해석에는 두 가지 심각한 단점이 있다. 첫째로, "그의 죽으심과 같은 모양"이 세례에 대한 언급으로 의미가 통하려면 우리가 그리스도와 합하여지는 수단을 가리킬 때만 가능하다는 것이다. 그러나 나는 이것이 구문상으로 가장 그럴듯한 독법이 아님을 논해왔다. 둘째로, 이 대목에서는 바울이 생각하는 흐름이 세례에서 벗어나 있다는 점이다. 여기서 호모이오마가 "형상"을 의미한다고 주장하는 다른 학자들은 죄에 대한 그리스도인의죽음이 그리스도의 죽으심(곧 "죄에 대한 죽음이었다; 10절)에 대한 "복제"를 가리키고 있음을 천명한다.[386] 그러나 그 "연합"이 죄에 대한 우리 자신의 죽음과 맞물리는 것이라면, " …와 합하여지다"는 표현은 너무 거창해 보이는 듯하다.[387]

(2) 호모이오마는 현실 그 자체의 외관이나 생김새라는 의미에서 "모습"(form)을 의미할 수도 있다.[388] 그러면 "그의 죽으심과 같은 모양"은 쉽게 말해서 그리스

인지적 표현(perceptible expression of a reality)"이다.

385. 예를 들어 Kuss; Fitzmyer; Kruse; Hultgren을 보라.

386. 예를 들어 F. Morgan, "Romans 6:5a," 267-302를 보라. Calvin; Godet; Gewiess, "Abbild," 341-44; Frid, "Römer 6:4-5," 196-97도 주목하라. Morgan는 이 해석이 19세기 당시에는 가장 대중적인 해석이었다고 주장한다(278).

387. Schrage는 *ὁμοίωμα*를 그리스도의 죽으심과 같은 것을 의미하는 것으로 이해하며, 그리스도의 몸으로서 교회를 가리키는 것이라고 해석한다("Ist die Kirche?" 205-19). 하지만 그의 추론은 설득력이 떨어지며, 이 문맥은 이러한 생각을 거의 뒷받침해 주지 못한다.

388. 신 4:12를 보라: "여호와께서 불길 중에서 너희에게 말씀하시되 음성뿐이므로 너희가 그 말소리만 듣고 형상[*ὁμοίωμα*]은 보지 못하였느니라" (반대 견해로, F. Morgan ["Romans 6:5a," 282]는 *ὁμοίωμα*가 LXX에서는 늘 "같은 모양"을 의미한다고 주장한다). 계 9:7(여기서는 "모습", "외형"을 의미한다) 이외에 *ὁμοίωμα*는 신약에서 바울만이 사용하는 단어다. 그가 이 단어를 사용하는 용법 중 하나는, LXX에서와 마찬가지로, 우상숭배를 가리키지만(롬 1:23), 다른 네 군데(롬 5:14; 6:5; 8:3; 빌 2:7)에서 각각의 용법이 의미하는 바로는 논쟁의 대상이 된다. 롬 5:14에서 우리가 본 대로, *ὁμοίωμα*는 "같은 모양"(likeness)을 의미하고 율법이 주어지기 전의 지은 죄들이 아담의 죄와 "같지" 않다고 할 때 쓰이는 단어이다. 다른 한편으로, 8:3에서와 빌 2:7에서 *ὁμοίωμα*는 비교되는 두 항목 사이에 더욱 깊은 일치가 있음을 암시한다. 그리스도는 단지 사람과 "같지" 않았지만, 그는 참사람이었다(빌 2:7). 이처럼 그리스도는 단지 "육신"을 "닮은" 것이 아니라, 실제로 "육신"(하지만 그 자신이 죄짓지 않는 것)을 입었다고 주장할 수 있다(롬 8:3; 예를 들어 Branick, "Sinful Flesh," 251-61을 보라). 그렇지만, 이 두 구절에서 모두 - 특히 후자의 경우 - *ὁμοίωμα*가 약간의 다름을 암시하는 것일 수도 있다(8:3에 관한 해설을 더 참조하라). Wolter는 한편으로 *ὁμοίωμα*가 "두 상황 사이에 공통성이 존재한다는 것을 알리는 형식적인 개념과 다른 한편으로 범주적인 차이도 있음을 표현하고 있다(*Paul*, 142).

도의 죽음 그 자체일 수도 있다.[389] 이것을 입증하는 것은 그야말로 바울이 "그리스도와 함께 죽는 것"에 대해 말하고 있는 평행 구절인 8절에서 찾아볼 수 있다. 비록 나는 이 해석이 옳다고 생각하지만, 바울이 호모이오마를 사용한 데에는 그가 그리스도의 죽으심을 특별한 관점에서 묘사하고자 함을 암시한다. 어떤 이들은 그리스도의 죽으심이 세례 가운데 신성하게 임하는 죽음을 가리키고자 바울이 이 단어를 사용한다고 생각한다.[390] 하지만 이 역시 세례가 그리스도와의 연합을 - "억제하는" 것이 아니라 - 매개한다는 4절의 명백한 가르침을 무시한 것이다.[391] 그렇다면 더 나은 대안은, 우리가 본 것처럼, 신자가 "그리스도와 함께" 죽고 장사 되는 것이 시간이나 성질이라는 측면에서 정확하게 정의될 수 없는 구속사적인 연관성을 인정하는 데서 출발하는 것이 된다. 호모이오마는 그리스도의 죽으심과 우리가 합하여진 죽음을 구별하지 않지만, 이 죽음을 그리스도의 특별한 구원사적 "모습"(form)[392]으로 수식한다. 더 나아가, 바울은 그리스도의 죽으심에 대한 "모습"을 말함으로써, "그리스도와 함께 죽는 것"이 우리로 예수의 죽으심을 본받도록 하여, 우리의 실존에 지속적인 영향을 끼치고 있음을 일깨워주는 것일 수도 있다.[393] 그리스도의 죽으심에 대하여 이렇게 지속적인 본받음을 언급하는 일은 바울이 사용하는 동사의 완료시제를 설명해 준다.[394] 이는 우리가 그리스도의 죽으심의 모습에 합하여졌고, 그 죽으심을 끊임없이 (그리고 그럴 필요가 있는) 본받고 있음이 그것이다. 그렇다면 우리가 이렇게 바꿔말할 수도 있을 것이다. 즉, "우리는 ('회심-입교'에서) 죽음에 관한 구속사적 의미 가운데 그리스도의 죽으심과

389. G. Bornkamm, "Baptism and New Life," 77.

390. Kuss; J. Schneider, *TDNT* 5.195.

391. 그래서 예를 들어 Frankemölle, *Taufverständnis*, 65-70을 보라.

392. 비록 차이는 있지만, Ridderbos, *Paul*, 406-7; Käsemann; Wilckens; Schreiner; Frankemölle, *Taufverständnis*, 65-70; Thüsing, *Per Christum in Deum*, 135-38; Siber, *Mit Christus Leben*, 220을 보라. Bartsch의 제안("Theologische Bedeutung des Begriffes ΟΜΟΙΩΜΑ," 167-69)에도 주목할 것은 바울이 묘사된 현실 속 "믿음"의 양상을 강조하기 위해 ὁμοίωμα를 사용한다는 점이다. Sabou는 이 단어가 선언의 담화 속에서 예수의 죽으심을 "대표"하고 있음을 암시한다("Note on Romans 6:5," 219-29; 동일 저자, *Between Horror and Hope*, 70-78).

393. 빌 3:10, "그의 죽으심을[현재, 계속해서] 본받아"; 롬 8:17, "그와 함께 영광을 받기 위하여 고난도 함께 받아야 할 것이니라"를 참조하라. 이 개념에 관해서, Tannehill, *Dying and Rising*, 38-39; Cranfield; Wedderburn, *Baptism*, 7을 보라.

394. γεγόναμεν.

연합했고, 그리하여 이제는 그 죽음을 따르는 상태에 있게 된 것이다"고 말이다.

그러나 이 구절의 두 번째 부분에 도입되는 " … 면 또한"은[395] 우리가 "그리스도의 죽으심의 모습"과 연합함이 "그리스도의 부활의 모습"에 연합할 것을 의미하는 것이라는 확실성을 강조한다.[396] 그러나 "우리가 되리라"는 의미를 나타내는 미래 동사에 관해서는 어떻게 생각해야 하는가?[397] 바울이 문장을 이와 같은 방식으로 처리하는 이유는 "그리스도의 부활의 모습에 연합한 것"이 "그의 죽으심의 모습에 연합한 것"을 논리적으로 뒤따르기 때문이다. 이 경우에는 이 미래 동사가 이미 실현된 신자의 "영적" 부활을 가리키는 것일 수도 있고(골 2:12과 엡 2:6에서 처럼),[398] 현재 그리스도의 부활 생명의 "모습"과 권세로 살아가라는 명령일 수도 있다.[399] 이 두 개의 선택지 중에서 어느 쪽이든 가능한 답이 될 수 있음은, 본문에서 신자가 일평생 그리스도의 부활 권세로 살아갈 것이라는 바울 자기의 생각을 나타낸다는 사실 때문이다(4b, 11, 13절). 하지만 8절에서 비슷한 점을 주장하기는 해도, "논리적인" 미래로 읽기가 더 어려운 구성을 지닌 8절에서 그 저울추가 약간은 미래로 기울었다고 나는 생각한다.[400] 그래서 대부분의 해석자들과 마찬가지로 바울이 가리키는 바, "그리스도와 함께"한 신자들의 육체적 부활(고후 4:14을 보라) - 하나님이 흙으로 빚어진 우리의 몸을 변화시켜, "그의[그리스도]의 영광의 몸과 같게 하실" 때 - 이라고 나는 해석한다.[401]

---

395. ἀλλὰ καί는 여기서 "분명히, 참으로"라는 의미를 지닌다(Jewett).

396. BDF §448(5). 두 번째 절(clause)은 생략되었지만, 첫 번째 절에서 σύμφυτοι τῷ ὁμοιώματι를 보충하는 것이 거의 확실하다[Cranfield가 그렇게 한다]. 하지만 다른 학자들은 σύμφυτοι만을 보충하고자 한다[예를 들어 Chrysostom; Zahn; Alford]).

397. ἐσόμεθα.

398. 예를 들어 Fitzmyer; Kruse; Wright; 동일 저자, *Resurrection of the Son of God*, 252(주의 깊게) 보라; Prat, *Theology*, 1.224; Frid, "Römer 6:4-5," 98-99; Eckstein, "Auferstehung und gegenwärtiges Leben," 19-23도 보라. Porter(*Verbal Aspect*, 422-23)는 여기서 사용된 미래 시제가 시간을 가리키는 것이 아닐 것이라고 주장한다.

399. Godet; Cranfield 참조.

400. 예를 들어 πιστεύομεν ὅτι καὶ συζήσομεν αὐτῷ, "또한 그와 함께 살 줄을 믿노니"(we believe that we shall also live with him).

401. 빌 3:21에서 σύμμορφον τῷ σώματι τῆς δόξης αὐτοῦ라는 표현이 여기 구절의 어투와 비슷하다는 것에 주목해야 한다. 이 관점을 취하는 많은 학자들이 골로새서와 에베소서에서 신자가 그리스도와 함께 살리심을 받았다고 언급하는 것들이 바울의 세심한 종말론적 긴장감에서 출발하는 후기 바울 서신을 가리킨다고 본다. 골로새서와 에베소서가 롬 6장보다 실현된 종말론에 대해 더욱 강조하기는 해도, 이것은 바울 서신에서 벗어난 동향이 아니라 바울 자신이 종말론의 한 측면을 어

하지만 이것은 현재를 가리키는 일체의 암시들이 배제되었음을 의미하지는 않는다. 세례-회심 때 그리스도의 죽으심의 "모습"에 연합하는 것이 도덕적 삶을 향해 나아가는 것처럼, 죽음이나 재림 때 그리스도의 부활의 "모습"에 연합하는 것은 거꾸로 작용하기 때문이다. 신자가 "그리스도와 함께 살리심을 받았으며" 그 부활 생명의 권세로 살고 있음을 말할 수 있는 것은 이러한 의미에서다. 그렇다면 아마도 그리스도의 죽으심에 대한 우리의 연합이 어느 한순간에 고정될 수 없는 것처럼, 우리는 그리스도의 부활과 우리의 연합도 마찬가지로 무시간적인 것으로 보아야 한다. 다만 지금 부활의 영적인 결과들이 느껴진다고 해서, 우리가 초대 교회의 일부 사람들이 범한 잘못과 같은 것(딤후 2:18)을 저질러서는 안 될뿐더러 부활을 정신적 의미로 생각해서도 안 된다. 우리는 실제 육체적 부활을 기다리며, 이 육체성(physicality)이 이 지점에서 "그리스도와 함께 죽는 것"과의 병행을 깨뜨린다. 우리의 부활이 지닌 미래성(futurity)은 죄에 대한 완전한 승리가 오직 그날에만 이루어질 것과 그 날까지 우리는 예수의 생애가 분명히 우리가 살아가는 방식 가운데 나타나야 한다는 명령 아래 살아가야 함을 일깨워 준다(고후 4:10을 보라).

6 많은 해석자들은 6절을 5절과 아주 밀접하게 연결시킨다. 그들은 6절에서 그리스도의 죽으심을 본받는 것이 그의 부활을 따르는 것임을 설명한다고 생각하는데, 예를 들어, NASB를 보라.[402] "우리가 알거니와 만일 우리가 그의 죽으심과 같은 모양으로 연합한 자가 되었으면 또한 그의 부활과 같은 모양으로 연합한 자도 되리라(For if we have become united with him in the likeness of his death, certainly we shall be also in the likeness of his resurrection, knowing this …)." 그러나 나는 5절과 6절 사이에 약간의 단절이 일어난다고 본다. 6-7절에서 재진술하고 부연하는 것은 4a절과 5a절에서 배운 그리스도와 합한 신자의 죽음에 관한 것이다. 그래서 8-10절은 이 구절들(4b, 5b절)의 핵심으로 여겨지는 다른 부분인 그리스도와 합한 죽음과 생명 사이의 관계에 초점을 맞춘다.[403] 바울이 요약하여 말하는 것은, "우리가 알

느 한 특정한 상황에 적용한 것이다.

402. Kruse 참조. 그래서 분사 γινώσκοντες는 원인을 가리키는 것이 된다(A. Robertson, *Grammar*, 1128).

403. Wilckens를 보라. 분사 γινώσκοντες는 선행하는 것과 느슨하게 연관되어 있고, 사실상 정동사

거니와[404] 우리의 옛 사람이 예수와 함께 십자가에 못 박힌 것은 죄의 몸이 죽어 다시는 우리가 죄에게 종노릇하지 아니하려 함이니"[405]이다.

"함께 십자가에 못 박힌 것"이라는 동사는 3-5절에서 나오는 그리스도와 연합한 모티프 가운데 죽음의 측면을 되짚어서 절정으로 이끈다. 4절에서 "그와 함께 장사되었나니"와 5절에서 "그의 죽으심의 모습으로 연합된" 것과, "그리스도와 함께 십자가에 못 박힌 것"은 우리 자신의 장사와 죽음을 나타내는 것이 아니라, 그리스도의 못 박히심에 우리가 참여하는 것이다.[406] 그 의도하는 바는 죄를 버려야 할 신자의 의무가 아니라, 하나님이 우리 믿음에 대한 응답으로, 그리스도가 죽으신 것 같이 우리가 죽은 것으로 간주하시는 하나님의 행동이다. 다시 말하지만, 우리가 "그리스도와 함께 십자가에 못 박히는 것"이 발생하는 "순간"은 십자가에서나[407] 개종-세례 때로[408] 고정시킬 수 없다. 그리스도의 십자가에 못 박히심에 있어서 신자가 "구속사적"인 동참을 한다는 의미는 시간적 범주들이 달리 유용하게 적용될 수 없다는 것이다.[409] 여기에 십자가 수난의 이미지가 선택된 이유는 우리가 "그리스도와 함께 죽는 것"이 신자가 매일 "죄에 대하여 죽는 것"으로 완성해야만 하는 예비 행위라고 바울이 제안하고자 함이 아니라,[410] 그리스도의 죽으심이 십자가에 못 박히는 모습을 취했기 때문이다. "그리스도와 함께 십자가에 못 박힌" 신자는 그리스도 자신이 십자가에 못 박히신 뒤에 그랬던 것처

의 기능을 가지고 있다. 몇몇 영역본들은 "우리가 알거니와"(NIV; NRSV; ESV; NET; NLT; CEB)로 번역하여 이 개념을 시사한다. 그렇기에 이 분사는 "부대 정황"을 나타낼 것이다(E. Burton, *Syntax*, §§449, 450).

404. *τοῦτο*("이것[this]")는 장래를 가리키는 대명사로, 이어지는 *ὅτι*("that")절이 그 선행사가 된다. 그래서 바울이 이 구절에서 묘사하는 것은 경험으로 아는 것이나(반대 견해로 예를 들어 Hodge), 그 경험을 되새긴 것(반대 견해로 예를 들어 Gifford)이 아니라, 이어지는 바울의 직접적인 말로 알게 되는 것이다. 바울이 여기서 전승의 가르침을 암시하고 있을 가능성이 있지만(Käsemann), 이 구절에서 "그리스도와 함께"라는 바울 특유의 모티프는 설령 그러한 가능성을 의존해도 기껏해야 제한적이라는 것을 암시한다.

405. 주목할 것은 코덱스 B에 *καί*가 추가되어, 아마도 이 방향으로 나간 초기 표시일 것이다.

406. 바울이 *συσταυρόω* 동사를 사용하는 유일한 곳인 갈 2:19도 보라. 복음서들은 이 동사가 육체적으로 그리스도와 함께 십자가에 못 박혔던 자들에 대한 단조로운 의미로 사용된다(막 15:32; 마 27:44; 요 19:32).

407. Ridderbos(*Paul*, 63)는 이 해석의 가장 일관된 옹호자이다.

408. Cranfield를 보라.

409. 4절에 관한 논의와 Dunn을 보라.

410. 예를 들어 반대 견해로, Godet; Cranfield 참조.

럼, 이 행위의 결과로 확실하고도 최종적으로 "죽은" 것이 된다(10절에서 바울이 강조한 것처럼, 그리스도의 죽으심은 "단번에 죽으심"이라고 강조한다). 물론 우리는 이 죽음이 무엇을 의미하는지 기억해야만 한다. 이것은 우리가 그리스도와 함께 장사 되거나(4절), 우리가 "죄에 대하여 죽음"(2절)과 같이 육체적이거나 존재론적인 죽음이 아닌 것과 같다. 바울의 언어를 통틀어서 법정적이거나 위치에 기반한 것으로, 하나님의 행위로 우리는 새로운 위치에 놓이게 된 것이다. 하나님 보시기에 존재하는 것은 확실히(궁극적으로) 실재하는 것이므로, 이 새로운 위치도 실재하는 것이며 매일의 삶에 분명한 결과를 수반한다. 그러나 바울이 여기서 말하고 있는 것은 신분이나 권력 구조다. 그리스도의 십자가 수난이 죄와(6:10) 율법과(갈 4:4) 사망의 영역에서(9절; 빌 2:7-8) 벗어났음을 의미했던 것처럼, 우리가 그리스도와 함께 십자가에 못 박힘은 죄와(이 구절) 율법과(6:14; 7:4) 그리고 사망의 영역으로부터(8:1-11) 해방됨을 의미한다.

그러나 바울은 "우리"가 그리스도와 함께 십자가에 못 박힌 것이 아니라, "우리의 옛 사람"이[411] 그렇게 사망에 이르게 되었다고 주장한다. 이 문구는 에베소서 4:22-24과 골로새서 3:9-11에서도 옛 사람의 상대어인 "새 사람"과 함께 나오는 것으로 상당한 오해가 있었다(엡 2:15과 4:13도 보라). 그리스도인의 삶에 관한 바울의 교리를 둘러싼 대중적인 수많은 논의들이 주장하거나 추론하는 바는, 바울이 이 구절들로 사람의 두 영역 또는 "본성"을 구별한다는 것이다. 이 해석을 전제로 두고, 회심할 때에 "옛 본성"이 "새 본성"으로 대체되는지, 아니면 "새 본성"이 "옛 본성"에 더해지는지 논의가 많다. 하지만 "옛 사람"과 "새 사람"이 한 사람 가운데 두 영역이나 두 본성을 가리킨다고 보는 가정은 틀린 것이다. 오히려, 그들은 한 사람이 속하는 집단 구조의 관계에 따라 그 사람을 전체적으로 가리키는 표현인 것이다. 그렇다면 "옛 사람"과 "새 사람"은 존재론적인 것이 아니라, 관계적인 것이나 위치적인 것이다. 그들은 적어도 처음부터 본성의 변화를 말하는 것이 아닌, 관계의 변화를 말하고 있다. "우리의 옛 사람"은 아담의 본성, 또는 죄의 "본

411. *ὁ παλαιὸς ἡμῶν ἄνθρωπος*. 보통 그렇듯이, *ἄνθρωπος*는 둘 중 어떤 성을 가진 인간이든, 한 "사람"을 가리킨다. 그래서 대부분의 영역본들이 "self"(NIV; RSV; NRSV; ESV; CSB; NAB; NLT도 주목하라)로 번역하거나 "person"(CEB)으로 번역하는 것이 이해할 만하다. 그러나 이 번역의 단점은 그 개념(옛 사람이 십자가에 못 박힘)이 아담에 대한 언급과는 거리가 멀다는 것이다.

성"으로 심판을 받아 십자가에서 추방당한 것이 아니라,[412] 신자 가운데 또 다른 "본성", 즉 "새 사람"이 더해진 것이다. 오히려 "옛 사람"은 우리가 "아담 가운데" 있었을 때, 즉 죄와 사망의 압제 속에 살았던 옛 시대의 "사람"인 것이다.[413] 스토트(J. R. W. Stott)는 이를 다음과 같이 표현한다. "그리스도와 함께 십자가에 못 박힌 것은 나의 옛 본성이라고 불린 나의 일부가 아니라, 회심 전 나의 전부였다."[414]

"옛 사람"과 "새 사람"을 대조하는 배후에는 아담과 그리스도, "첫 사람"과 "마지막 사람"의 대조가 있다(고전 15:45; 롬 5:15, 그 한 사람 예수 그리스도를 참조하라).[415] 그래서 "아담 안에" 있는 자들은 "옛 사람"에 속하고 "옛 사람"으로 존재하며, "그리스도 안에" 있는 자들은 "새 사람"에 속하고 "새 사람"으로 존재한다. 달리 말하자면, 이 문구들은 구속사 가운데 대조되는 두 시대의 "대표들"과 사람들 사이의 결속을 의미한다.[416] 우리가 바울 서신에서 명시적으로 상반되는 두 관점을 통합할 수 있는 유일한 길은 "옛 사람"과 "새 사람"을 이런 방식으로 해석할 때라야 가능하다. 한편, 이 구절과 골로새서 3:9-11은 신자가 "옛 사람"이기를 그치고 "새 사람"이 되었음을 분명히 한다. 다른 한편, 바울은 에베소서 4:22-24에서 그리스도인들에게 "옛 사람을 벗어버리고" "새 사람을 입으라"고 명령한다. 이것들을 조화시키려는 시도들은 종종 옛 사람의 "십자가 수난"을 단지 예비적인 심판의 하

412. 예를 들어 Calvin; Ames, *Marrow of Theology*, 171: "성화 된 자들에게 여전히 남은 부패한 부분" 참조.

413. J. Murray(*Principles of Conduct*, 211-19)가 견지하는 개념은 비록 우리의 생각과 약간 차이가 있을지라도, 꽤 도움이 되는 논의를 펼친다. G. Beasley-Murray, *Baptism*, 134; Frankemölle, *Taufvermständnis*, 74-76; Barrett, *From First Adam to Last*, 98-99; Wright도 보라.

414. Stott, *Men Made New*, 45.

415. Ridderbos, *Paul*, 62-64.

416. 그러므로 바울은 이 문구들을 집단적 의미로 사용할 수 있다. 이것이 골 3:10-11 - "새 사람"에는 유대인과 헬라인, 할례받은 자와 무할례자 등이 포함되고 - 엡 2:15 - 유대인들과 헬라인이 "한 새 사람"으로 연합된다 - 두 경우 모두에 적용되는 것으로 보인다. 실제로 어떤 이들은 롬 6:6에서 "옛 사람"이 집합적이어서, 바울은 신자가 포함된 "통일 집단"으로 그리스도와 함께 십자가에 못 박힌 것을 묘사하고 있다고 생각한다(Ridderbos, *Paul*, 62-64; Tannehill, *Dying and Rising*, 24-30). 하지만 이 문구는 늘 의심의 여지가 없는 공동체적 연관성을 지녔지만 - "옛 사람"은 아담의 소유로 말미암아 있는 것이다는 의미로 - 이 구절에서 "옛 사람"은 개인을 가리킨다. ἡμῶν("우리의")은 이 수식어를 요구하지 않지만, 다음 문구에서 "몸"에 대한 언급과 마찬가지로 이를 암시한다(특히 Wilckens; Dunn을 보라). 더 나아가, 우리가 보았듯이, 회심-세례의 순간은 이 본문에서 "함께"라는 바울의 언어에서 빼놓을 수 없으며, 이것은 개별적인 해석을 요구한다는 것이다.

나에 지나지 않는 형식으로 취하거나(위를 보라), 에베소서 4:22-24에서 바울이 명령하는 것을 부정하는 형식으로 취한다는 것이다.[417] 두 가지 접근법 모두 해석학적으로 타당하지는 않다.[418] 그러나 이 문구들이 그 사람을 각각 옛 시대나 새 시대에 속하는 사람으로 본다면, 이 모순은 가볍게 해소된다. 바울은 신자가 죄와 사망의 옛 시대에서 의와 생명의 새 시대로 옮겨졌음(롬 6:6과 골 3:8-11)을 분명히 하는 이유는, 바로 그 옛 시대의 "권세"가 계속해서 신자에게 영향을 끼치므로 이를 끊임없이 저항하지 않으면 안 된다는 것을 보여주기 때문이고, 이로써 에베소서 4:22-24의 명령법이 나오는 것이다. "옛 사람"과 "새 사람"의 대조가 일어나는 중심에는 신자의 삶 속에 새 시대가 개시되고 - 그가 "새로운 피조물"에 속하며(고후 5:17) - "그리스도와 함께 영광을 받는 것"(8:17) 새 시대가 끝이 나는 종말론적 긴장감이 위치한다. 우리가 "아담 안에" 있었던 일들은 더 이상 없겠지만, 천국에 당도할 때까지 아담 안에 살고자 하는 유혹은 항상 그대로 있다.

그리스도의 십자가에 못 박히시는 수난에 우리의 옛 사람이 이렇게 동참한 것은 "죄의 몸을 멸하려"는[419] 목적(그리스어. 히나)이 있다. 이 "몸"은 육체적인 몸일 수 있고,[420] "죄의"라고 수식한 경우에는 이 몸이 본질적으로 죄가 된다는(성경에서 배척된 그리스 사상) 의미가 아니라, 특별히 몸이 죄에 민감하여 쉽사리 지배당한다는 의미일 것이다.[421] 그러나 바울은 역시 소마(*sōma*)라는 단어를 사람의 전인격을 가

417. 예를 들어 J. Murray, *Principles of Conduct*, 214-18을 보라.

418. J. Murray(*Principles of Conduct*, 214-18)과 다른 학자들은 엡 4:22-24에 나오는 부정사 ἀποθέσθαι와 ἐνδύσασθαι를 직설법에 상응하는 것으로 본다. 그러나 이 부정사들이 동사 ἐδιδάχθητε(21절)에 의존하고 있으므로 명령문으로 해석하는 것이 더욱 타당하다(예를 들어 F. Bruce, *Colossians*, 358-59를 보라).

419. 동사 καταργέω에서 καταργηθῇ라는 단어가 나왔다. 일부 학자들은 여기서 이 단어를 "파괴되어"라고 번역하지만(Murray 참조), 비슷한 구속사적 문맥(롬 3:31; 4:14; 7:2, 6; 갈 3:17; 5:4; 엡 2:15를 보라)에서 보면, 바울이 이 동사를 사용한 것은 오히려 영향력을 빼앗긴 권능이 함의하는 바를 시사하는 것이다. 특히 Bandstra, *Law and Elements*, 77-81; Kaye, *Thought Structure*, 77; G. Delling, *TDNT* 1.453; Dunn을 보라.

420. 특히 R. Gundry, *Sōma in Biblical Theology*, 29-31; R. Jewett, *Paul's Anthropological Terms*, 291-92; Murray; Godet; Morris를 보라. Beker(*Paul the Apostle*, 287-89)는 "죄의 몸"을 옛 시대의 사람이라고 보고, "죽을 몸"을 새 시대의 사람으로 보지만, 바울은 이러한 "몸들"의 변화를 암시하지는 않는다.

421. 예를 들어 von Siebenthal(*Griechische Grammatik*, §162b): "죄에 지배받는 몸"("die von der Sünde beherrschte Leib")을 참조하라. 일부 해석자들은 σῶμα가 "덩어리"(mass) 또는 "유기체"(organism)를 의미할 수 있고, 소유격 τῆς ἁμαρτίας는 부연 설명을 위해 쓰인 것일지도 모른

리키며, 그 사람이 세상과 교통하는 것을 강조하여 사용하기도 한다.[422] 이러한 해석은 이 구절에 잘 들어맞는 것 같다. 만일에 내가 죄에서 해방되려면(6c절) 반드시 "무력화되어야" 하는 것은 단지 내 육체의 몸뿐만이 아니라 바로 죄에 넘어지기 쉬운 모든 기능을 갖춘 나 자신이다. 바울은 육체의 몸을 죄의 근원 또는 죄가 왕노릇하는 자리라고 생각했다는 증거는 거의 찾아보기 힘들다. 하지만 우리는 단순히 "죄의 몸"이 "타락한 사람"을 의미한다고까지 말해서는 안 된다.[423] 바울이 소마(*sōma*)를 택한 것은, 사람이 세상과 소통하는 도구 - "체현된 실존"(embodied existence)[424] - 를 가리키기 위함이며, 그것은 십자가에 못 박힘을 말하는 문맥에서 특별히 적절한 선택이다. 이는 그 사람이 이 세상에서 "행동하고" - 그 사람의 새롭고 "고귀한 본성"이든지 "죄"이든지 - 다른 무언가에 의해 지시받을 수 있는 그 사람의 "면모"인 것이다.[425] 그렇기에 바울은 이곳에서 우리를 둘러싼 세상과 교통할 수 있는 우리의 자질들이 죄의 지배로부터 건져냄을 받았다고 말하기를 원하는 것이다.[426]

다고 제안해왔다("죄"로 구성된 덩어리; Calvin; Wright; Bird; Whiteley, *Theology of St. Paul*, 42를 보라). 이 견해가 가끔은 너무나 빨리 일축되는 경우가 일어나는데, 그래서는 안 되는 몇 가지의 이유인즉, 절(cluase) 안에 소유격 대명사("우리의 옛 사람이 … 십자가에 못 박힌 것은 죄의 몸이 … 다시는 우리가 죄에게 종 노릇 하지 아니하려 함이니")가 없다는 것과 *σῶμα*가 단수인 점, 그리고 이 *σῶμα*가 수동태 동사 "멸절되다"(be destroyed) 또는 "무력화되다"(rendered impotent)의 주어라는 사실을 설명하기 때문이다. 그런데도 이 견해는 어휘적인 뒷받침 불충분하다는 치명적인 단점을 안고 있다. 본문은 이처럼 드문 단어의 용법을 (신약에서) 입증하기 위해 이것들보다 더 많은 이유를 제시해야 할 것이다.

422. 바울에게서 발견되는 *σῶμα*에 대한 이러한 이해는 특히 Bultmann과 관련이 있다(*Theology*, 1.192-203); 수정사항이 있기는 했지만 Ladd, *Theology*, 506-9; Ridderbos, *Paul*, 115-17; E. Schweizer, *TDNT* 7.1064-66도 주목하라. R. Gundry는 *σῶμα*에 대한 "국면적" 접근법에 반하여 몇 가지 근거를 들어 이의를 제기했으며(*Sōma in Biblical Theology*에서), 바울의 용어 사용에 있어서 Bultmann과 다른 학자들이 육체적 몸에 대한 언급을 배제하는 것에 있어서 너무 지나쳤다는 것은 의심의 여지가 없다. 하지만 바울 서신에서 *σῶμα*와 전인격을 가리키는 단어들(6:12-13을 보라) 사이에서 빈번하게 쓰이는 평행 구절들은 *σῶμα*를 많은 사례에서 더욱 넓은 의미로 해석해야 할 충분한 이유가 된다. 신경과학 분야의 최근 발견들은 인간의 "부위"에서 강한 통합을 암시한다(예를 들어 J. Green, *Body, Soul, and Human Life*를 보라).

423. Cranfield가 제안하는 것처럼.

424. Dunn, *Theology*, 61.

425. Ridderbos, *Paul*, 117; Harris, *Raised Immortal*, 120. 이러한 점에서, Bultmann이 *σῶμα*를 "대상"의 신분으로 제한시키는 것에 대한 R. Gundry의 반론은 타당하다(*Sōma in Biblical Theology*, 186-88).

426. Käsemann. Wasserman(*Death of the Soul*, 131-32)은 여기서 바울의 육체에 대한 표현과 "정

그렇다면 바울의 요지는 법정적이긴 하나, 실제로 그리스도와 함께 신자가 십자가에 못 박힌 것은, 아담과 연대하며 아담의 지배로 말미암아, 우리가 죄와 사망의 족쇄로 얽매였던 것이 종결되었음을 의미한다. 그리고 그 목적은 죄의 무기력한 도구로서의 몸이 결정적인 패배를 당하는 데 있다. 이것이 그리스도인의 삶에 관하여 의미하는 바는, 바울이 이미 말한 것에 내재 되었지만, 결론절에서 "다시는 우리가 죄에게 종노릇하지 아니하려 함"[427]이라고 분명하게 표현된다.

7 이 구절은 6절의 핵심 요지인 죽음("예수와 함께 십자가에 못 박힌 것")과 죄에서 해방("다시는 우리가 죄에게 종 노릇하지 아니하려 함") 사이의 연관성을 설명한다("for"[*gar*]). 그러나 정확히 어떻게 그렇게 하는지는 논의의 여지가 있다. 어떤 견해에 따르면, "죽은 자"(he who dies)는 "[그리스도와 함께] 죽은 자"(the one who has died [with Christ])이며, "의롭다 하심을 얻었다"(has been justified)[428]는 말은 바울이 그의 서신에 일반적인 사용하는 "죄의 형벌을 면제받다"는 말이다. 이러한 견해에 관하여, 바울은 그리스도의 죽으심에 동참하므로 말미암아 의롭다 하심을 얻는 것은 신자가 누리는 죄로부터 해방을 위한 근거임을 지적한다.[429] 그러나 여기서 "의롭다 하다"를 이러한 의미로 보는 것에는 여러 가지 난제가 있다. 바울은 다른 어느 곳에서도 우리가 죽는 것과 우리가 의롭다 하심을 얻는 것을 연결하지 않는다. 이 문제를 피하기 위한 제안에 따르면, "죽는 자"는 그리스도이며, 그의 죽음으로 말미암아 자신과 다른 사람들을 위해 의롭다 하심을 확보했다는 것이다.[430] 그러나

욕은 육체가 음모를 꾸미고 악랄하고 비도덕적인 계획을 수행하는데 사용된다는 플라톤의 가정" 사이에서 유사점을 지적하고 있다.

427. τοῦ δουλεύειν. 이 부정사는 앞에 나와 있는 절(clause)을 부연하고 확장하여 재진술 할 수 있으며(BDF §400[8]; N. Turner, *Syntax*, 141), - "우리가 더 이상 죄의 종이 아니라는 결과로" - 연속적 이거나 - "우리가 다시는 죄에 종노릇하지 말아야 한다는 목적으로" - 최종적일 수 있다. 바울이 관사와 함께 쓰는 소유격은 어떤 분명한 패턴에 들어가는 것이 아니므로, 결정하기란 쉽지 않지만(1:24에 관한 해설을 보라), 아마도 최종 대안이 선호되어야 할 것이다.

428. δεδικαίωται.

429. E. Best, *One Body*, 44; Reumann, "Righteousness," 81; Cranfield; Schreiner; Fitzmyer; Piper, *Counted Righteous*, 76-79. K. Kuhn은 사망을 속죄하는 것으로 말하는 Sipre Num. 112(15:31에 관하여)를 언급하지만("Rm 6,7," 305-10), Scroggs는 이 개념이 보편적이지 않다고 지적한다("Romans VI.7," 104-8).

430. 다른 점들이 있기는 하지만, Scroggs, "Romans VI.7," 104-8; Kearns, "Interpretation of

이 제안은 우리가 미처 예상하지 못한 문맥에 대한 주어의 변화를 피하는 것이 된다.[431] 이러한 이유로, "죄에서 벗어나 의롭다 하심을 얻었다"는 말은 곧 "죄[의 권세]에서 해방"을 얻었다는 의미일 가능성이 있다.[432] "죽는 자"는 그래도 "그리스도와 함께 죽은 자"를 가리킬 수 있지만,[433] 그렇게 되면 7절은 사실상 6절의 반복에 지나지 않는다. 그래서 바울은 "죽음이 한 사람을 죄의 속박에서 벗어나게 한다"는 취지로 일반적인 격언을 인용하고 있을 가능성이 크다.[434] 바울의 독자들이라면 랍비들의 글에서 우리에게 알려진 그와 유사한 격언에 익숙했을 것이다.[435] 그러므로 여기서 바울의 목적은 6절을 증명하는 데 있는 것이 아니라, 어떤 일반적 진리를 참고하여 그의 신학적 논점을 설명하는 데 있다.

8 바울은 5절에서 그리스도와 함께 죽는 것과 그리스도와 함께 부활하는 것 사이에 유대관계를 되풀이하는데, 이는 "만일[436] 우리가 그리스도와 함께 죽었으면 또한 그와 함께 살 줄을 믿노니"가 그것이다. 그가 이렇게 되풀이하는 것은 그리스도 자신의 죽음과 부활의 본성에 비추어 볼 때 그 연관성의 의의를 도출하기 위해서이다(9-10절). 미래형인 "우리가 살리라"는 5b절에서 "우리가 [그의 부활과 같은 모양으로 연합하게] 되리라"와 같은 논쟁을 불러일으킨다. 바울은 (주로) 그리스도

Romans 6,7," 301-7; Wilckens; Kirk, *Unlocking Romans*, 111-15를 보라.

431. 또한, 행 13:38에서는 바울이 "칭의"를 말할 때 δικαιόω와 ἀπό의 조합을 고려할 이유가 되지만, 바울 서신의 다른 곳에서는 찾아볼 수 없는 조합이다.

432. 예를 들어 BDAG; Käsemann; Lohse; Byrne를 보라. δικαιόω + ἀπό의 조합은 Sir. 26:29와 T. Sim. 6:1에서 이러한 일반적인 의미를 갖는다(δικαιόω라는 단어는 마 11:19=눅 7:35에서도 ἀπό와 함께 등장하지만, δικαιόω는 여기서 "소명하다[vindicate]"를 의미한다). Sir. 18:22: "네가 다짐한 서약을 제때 이행하는 데 그 무엇도 방해가 되지 못하게 하고, 죽음이 엄습하여 행하지 못 하는 일이 없도록 죽는 날까지 기다리지 마라⟨Let nothing hinder you from paying a vow promptly, and do not wait until death to be released[δικαιωθῆναι] from it⟩." (M. Monkemeier는 이 본문으로 내 이목을 끌었고, Wolter도 이 본문을 표시해두었다).

433. Murray 참조.

434. 예를 들어 Godet; Käsemann을 보라.

435. b. Šabb. 151b, bar.: "사람이 죽을 때, 그는 법을 이행해야 할 의무에서 해방된다" (Str-B, 3.232를 보라)

436. 5절에서처럼, 바울은 εἰ를 "논리적 추론의 직설법"으로 사용하고(BDF §373[2b]), 그래서 우리는 다음과 같이 의역해볼 수 있다. 즉, "우리가 그리스도와 함께 죽은 것이 사실이므로, 우리가 그와 함께 살 줄도 믿노라."

와 함께한 신자의 부활을 신자의 죽음이나 그리스도의 재림 때로[437] 생각하는 것인가, 아니면 신자가 그리스도와 더불어 새 생명을 누리는 현재를 생각하는 것인가?[438] 그리스도인이 세례-회심을 통한 죽음의 결과, 그리스도로 새 생명을 가지게 된 것임을 말하는 이 구절(4b, 11, 13절)의 부정할 수 없는 가정은 두 번째 선택지를 가리킨다. 그러나 이것이 바울의 논점이라면 미래 시제가 가장 자연스러운 것이 아니며, 그리스도와 함께 하는 이 생명이 믿음의 목적("우리가 믿는다")이라는 사실 역시 우리가 이미 소유하고 있는 것보다는 우리가 받은 약속에 대한 언급과 더 잘 들어맞는다. 그러나 이 미래의 부활 생명은 신자의 현재 경험에 그림자를 드리우고 있으며, 뒤이어 일어나는 일에서 확실한 사실은 미래에 있을 부활 생명의 약속에 관하여 현재 암시하는 것들을 우리로 보기를 바라는 것이다.

9 우리가 그리스도의 부활에 동참할 것이라는 믿음은 우리가 알고 있는 것,[439] 곧 "그리스도께서 죽은 자 가운데서 살아나셨으매 다시 죽지 아니하시고 사망이 다시 그를 주장하지 못할 줄" 아는 것이 그것이다. 나사로의 "부활"(더 나은 표현으로 "소생")이 그가 마주하게 될 육체의 죽음으로부터 그를 구하지 못한 것과는 달리, 그리스도의 부활은 죽음과 그 모든 권능과의 결정적이고 최종적인 단절을 의미했다. 이는 그의 부활이 일반적인 부활을 예고하는 것으로, 그는 부활하는 자들의 "첫 열매"인 것이다(고전 15:23). 이처럼, 그의 부활은 죄와 사망이 완파되고 구속의 새 시대가 개시됨을 알렸던 것이다(1:4을 보라). 그러나 이 구절에서 바울의 초점은 그리스도의 부활이 그리스도 자신을 위한 의미에 맞춰져 있다.[440] 그리스도

437. 고후 4:14; 빌 3:21; 살전 4:17; 딤후 2:11를 보라. 이에 대한 견해로 예를 들어 Thüsing, *Per Christum in Deum*, 70; Käsemann을 보라.

438. 4b절을 보라; 고후 2:13; 엡 2:5-6도 주목하라; 이에 대한 견해로 예를 들어 Murray; Cranfield; Wright; Jewett을 보라.

439. 이 구절의 첫머리에 나오는 분사 εἰδότες는 "우리가 알기 때문에(because we know)"로 원인을 가리킨다(CSB; NIV의 "for we know"를 보라).

440. 딤전 3:16에 비추어볼 때(그리스도는 "영으로 의롭다 하심을 받으시고[ἐδικαιώθη]"), 우리는 아마도 그리스도의 부활을 그의 "칭의"로 분류할 수 있을 것이다(Gaffin, *Centrality of the Resurrection*, 115-16, 129-31; Byrne, "Living Out," 573). 물론, 그리스도의 칭의는 일반적으로 사람이 의롭다 하심을 얻는 것과는 완전히 다르다. 그리스도의 칭의는 변호에 가깝고, 우리가 의롭다 하심을 얻는 것은 하나님으로 "의롭게" 된다는 그 선언에 더욱 가깝다고 할 수 있다.

의 부활이 의미하는 것은 그가 "다시는" 죽지 아니하고, "사망이 다시 그를 주장하지[441] 못할" 것이다. 이 표현은 바울이 구속사 가운데 두 시대라는 전망에서 문제를 바라보고 있음을 다시금 보여 준다. 그리스도가 성육신으로 세상에 오실 때는 옛 시대의 권세들의 영향, 즉 죄의 영향과(10절) 율법의 영향(갈 4:4절), 그리고 사망의 영향 아래에 오신 것이었다. 그렇기에 바울은 사망이 다시는 그리스도를 주장하지 못한다고 한 것이다. 일반적인 부활이 "사망"을 종식시킬 것처럼(계 20:11-15절), 그리스도의 부활도 자신에게 드리운 사망 권세를 종식 시킬 뿐만 아니라, 그에게 속한 모든 사람에게서 사망의 패전을 내다보게 한다. 그러므로 우리는 그리스도와 동일시 되는 자로서, "그와 함께 살게"(8b절) 될 때 그 사망의 패전에 일조할 것을 확신할 수 있다.

10 이 구절의 당면하는 목적은 9절의 마지막 진술인 "사망이 다시 그를 주장하지 못한다"에 대한 더 많은 증거를 제공하는 것이다. 그러나 그 과정에서 바울은 이 문단에서 그가 벌이는 연쇄적인 추리에 있어서 하나의 중요한 연결 고리를 제공하기도 한다. 우리는 "그리스도와 함께" 죽을 때(3-6절) "죄에 대하여 죽은 것"(2절)인데, 이는 "그가 죽으심이[442] 죄에 대하여 단번에 죽으심"이기 때문이다. 이 구절에서 놀라운 점은, 바울이 "죄에 대하여"[443] 죽은 그리스도인을 묘사하기 위해 사용했던 표현처럼, 그리스도와 죄의 관계를 묘사하기 위해서 구사하는 언어가 똑같다는 점이다. 유사한 묘사에도 불구하고, 많은 사람들은 그 개념들이 분명히 다르다고 생각하는데, 즉 그리스도는 죄가 없으시므로, 그리스도인과는 달리 죄로부터 해방될 필요가 없었다고 보는 것이다. 따라서 그리스도의 죽음은 "그가 죽으심으로 말미암아 죄에 영향을 주었다"라는 의미에서 "죄에 대하여

441. 동사 κυριεύει는 흔히 그리스도를 지칭하는 κύριος, "주"에서 기인한다. Str-B (3.232-33)은 "죽음의 사자"를 말하는 대목에서 기인한 용법으로 샬랴트(שָׁלַט)와 비교하라(예를 들어 Mek. Exod. 20, 19; Exod. Rab. 41).

442. 바울은 관계대명사를 동사의 목적어로 사용하여 축약된 방식으로 글을 쓴다. 이는 "죽는 것"을 묘사하는 것일 수도 있고 - 예를 들어 "반면에 그는 죽었다" (Moule, *Idiom Book*, 131) - 아니면 우리가 번역한 대로, 축약된 동의어 구문으로 동사의 개념을 강조하기 위해 재진술하는 것일 수도 있다. 이리하여 우리는 바울의 ὃ ἀπέθανεν을 τὴν θάνατον ὃν ἀπέθανεν을 의미하는 것으로 본다 (BDF §152; A. Robertson, *Grammar*, 471; 그리고 대부분의 주석자들이 이렇게 해석한다).

443. 여격 τῇ ἁμαρτίᾳ; 2절을 보라.

죽으심"이 아니면 안 되는데, 이는 그의 죽음으로 다른 사람들이 받을 죄의 형벌을 짊어지셨기 때문이다.[444]

하지만 그리스도는, 우리와는 달리, 죄의 권세에서 해방될 필요가 없음이 사실이긴 하지만, 바울이 계속해서 죄를 "지배적인 권능"으로 말하고 있음을 우리가 기억한다면 그리스도의 상황과 그리스도인의 상황 사이의 밀접한 평행 관계가 유지될 수 있다. 그리스도가 옛 시대에 있는 죄인들과 완전히 동일시 되었기에 사망이 한때 그를 주장했던 것처럼, 그 옛 시대의 다른 지배적 권능인 죄도 그리스도를 주장했다고 말할 수 있었다. "옛 시대의 사람"이었으므로, 죄의 권능에 지배받는 대상이었지만 - 그 권능에 굴복하여 실제로 죄에 굴복한 일이 단 한 번도 없다는 점에서 결정적인 차이가 있을 뿐이다. 이렇듯 구속사적인 전망이 제자리를 잡게 될 때, 우리는 여기서 "죄에 대하여 죽다"라는 표현이 2절에서처럼 죄가 왕 노릇하는 것에서 분리 또는 해방된다는 의미를 부여할 수 있다.[445] 그리고 이 새로운 상태로 옮겨진 것은 그리스도에게 있어서 "단번에"[446] 이루어진 최종적이면서 결정적인 것이었다. 그리스도가 죄의 권능으로부터 분리되는 그 결말은 사망이 끝내 그를 주장할 수 없는 이유가 되는데, 이는 죄의 삯은 사망이 아니던가?(롬 6:23 등)

그러나 바울이 이 대목 전체에 걸쳐서 그랬듯이, 그는 죽음을 생명의 관문으로 보고, 그리스도는 죄에 대하여 죽으심으로 "하나님께 대하여 살아계시는" 것이다. 지금 그리스도가 사시는 삶은,[447] 하나님의 영광을 위하여 사시는 것이다.[448] 바울은 그리스도가 무엇보다도 하나님의 뜻과 영광을 추구하지 않고 사신적이 있음

444. 이 인용은 Cranfield에게서 기인한 것이다. Haldane; Calvin; Hultgren; OstenSacken, *Römer 8*, 178-79; Kaye, *Thought Structure*, 51-52; Hultgren, *Christ and His Benefits*, 51도 보라. Sabou (*Between Horror and Hope*, 58-70)는 이 암시가 메시아 왕이 죄를 정복하므로 백성들을 위하여 전리품을 취하는 것이라고 생각한다.

445. 예를 들어 Murray; Frankemölle, *Taufverständnis*, 78-79를 보라.

446. 바울이 여기서 사용하는 ἐφάπαξ는 고전 15:6과 히 7:27; 9:12; 10:10에서도 등장한다. 고후 11:25; 빌 4:16; 살전 2:18; 벧전 3:18; 유 3, 5와 그 밖에 히브리서에서 8번 사용되는 것도 보라.

447. 바울은 이 구절의 첫머리에서 그랬던 것처럼, 이 어절의 첫머리에서도 관계대명사로 동일한 구문을 사용한다(이 구문에 관해서 이와 관련된 해설을 보라).

448. 이 구절의 첫 부분에 여격 τῇ ἁμαρτίᾳ를 "손해의 여격"으로 본다면, τῷ θεῷ는 "이익의" 여격이 될 것이다(von Siebenthal, *Griechische Grammatik*, §176a). 하지만 이 여격들은 참조의 여격일 수도 있다(우리가 2절의 비슷한 구문에서 논한 것처럼 말이다). 롬 14:7-8에서 똑같은 동사들로 유사하게 대조되는 병행을 보라.

을 암시하는 것이 아니다. 그러나 그의 부활은 그에게 하나님의 뜻과 목적을 수행할 수 있는 새로운 권세를 부여한다. 그리고 그리스도가 "하나님께 대하여 살아계심"을 바울이 언급하는 주된 이유는 그가 11절에서 도출하게 될 그리스도와 그리스도인의 비교를 설정하기 위해서다.

11 이 구절의 "이와 같이 너희도"라는 도입부는 바울이 이제 그리스도의 죽음과 생명 그리고 그리스도인이 그들 자신에 대해 취해야 할 태도 사이에서 모종의 비교를 끌어내고 있음을 나타낸다. 그러나 바울은 이 구절에서 전체 대목의 가르침으로부터 요약된 추론을 진술하기도 한다.[449] 그리스도의 죽으심이 "죄에 대하여"(10절) 죽으심이었던 것처럼, 그리스도와 함께 죽은(4a, 5a, 6, 8a절) 그리스도인들은 이제 그들 자신을 "죄에 대하여 죽은"자들로 간주해야만 한다.[450] 그리고 그리스도의 단번에 죽으심이 하나님을 섬기는 데 있어서 부활과 새 생명으로 이어졌듯이(4b, 9-10절), 그 부활 생명에 동참한 그리스도인들은(4b, 5b, 8b절) 자기 자신을 "하나님께 대하여 살아있는"[451] 자들로 여겨야만 할 것이다. 바울은 현재 명령법을 사용하여, 우리에게 끊임없이 이 것에 비추어 우리 자신을 바라보라고 촉구한다. 바울 서신에서 항상 그렇듯이, 직설법은 명령법에 근거한다. 그리스도와의 연합으로, 우리는 죄에 대하여 죽게 되었고 하나님께 대하여 살게 되었으므로, 하나님이 우리를 위해 하신 일을 우리가 전용하고(11절) 적용하는 것(12-13절)이 우리에게 남겨진 일이다. 틸리케(Thielicke)의 말대로, "명령법은 죽음을 가리키지 않는다. 이 일에 관해서 우리가 왈가왈부할 수 없는 이유는, 예수 그리스도께서 우리를 위해 죽으셨고, 다만 우리는 그 죽으심의 선물을 받아 거기에 이끌릴 뿐이기 때문이다. 명령법의 목적은 우리가 그의 죽음을 생각하고, 그것을 진지하게 받아들임으로써 그 선물이 우리가 동참하는 선물이 되도록 해야 한다는 것이다."[452] 이

449. 여기서 οὕτως ("이와 같이")의 의미에 대하여 BDAG와 Cranfield를 보라.
450. νεκροὺς τῇ ἁμαρτίᾳ. 이 동사는 직설법이기보다는 명령법이다(Jewett이 이 두 번째 선택지를 옹호하기는 하지만 말이다).
451. ζῶντας τῷ θεῷ.
452. Thielicke, *Foundations*, 85.

는 "새로운 현실의 확증"이다.[453] 이 구절의 마지막 문구는 이 새로운 상태가 오직 그리스도와의 연합으로만 가능하다는 것을 우리에게 일깨워주는데, 이는 우리가 "그리스도 예수 안에서"만[454] 하나님께 대하여는 살아있다는 사실이다. "죄에 대하여 죽은" 것과 "하나님께 대하여는 살아있는 것"은 죄에 대하여 죽고 하나님께 대하여 살아 계신 그리스도 자신과의 연합을 통해서만 성취되는 상태이다.[455] 이런 맥락에서, "그리스도 안에서"는 4-10절에서 반복되어 나오는 "그리스도와 함께"라는 표현에 비추어서 보아야만 한다. 이 두 문구는 모두 신자가 여태껏 일어난 일을 우리를 대표하는 그리스도와 함께 경험한 것을 함축하고 있다. 여기서 "함께"라는 말은 행동(죽는 것, 장사 되는 것, 다시 살아나는 것)에 더 적합한 반면에 이 구절에서 이야기하는 "안에서"라는 말은 죄에 대하여 "죽은 상태"와 하나님께 대하여 "살아있는 상태"의 지속적인 관계에 더 잘 들어맞는다. 오직 믿음으로 말미암아 그리스도와의 "관계에서", 그리스도와의 "연합함으로" 죄를 정복하는 새 삶이 비로소 실재가 될 수 있다(바울이 사용하는 "그리스도 안에서"라는 표현에 관한 논의는 6:14에서 이어지는 부설을 보라).

12 생각에서 행동으로 넘어가서, 바울은 이제 신자가 자신을 "죄에 대하여는 죽은 자요 하나님께 대하여는 살아있는 자"로 여기는 것이 무엇을 의미하는지 설명한다(11절).[456] 그는 두 개의 금지사항(12절과 13a절)과 하나의 명령(13b절)을 사용하여 그의 논점을 밝힌다. 첫 번째 금지 - "죄가 지배하지 못하게 하라 - 는 이 작은 구절 단위의 끝에 나오는 "죄가 너희를 주장하지 못하리니"(14a절)의 약속과 일치한다. 1-11절의 주요 강조점을 재차 반복하는 이 약속이 없다면, 이 명령법은 쓸모가 없을 것이다. 물에 빠져 익사해가는 사람에게 단순히 해안으로 헤엄쳐 가라고 말하는 것은 죄의 압제로 짓눌린 사람에게 죄가 주장하지 못하게 하라고 말

---

453. Keener, *Mind of the Spirit*, 33.

454. 이것은 로마서 내에서 "그리스도 안에서"라는 바울만의 독특한 공식이 2번째로 등장하는 구절이다(3:24와 6:23; 8:1, 2, 39; 9:1; 14:14; 15:17; 16:2, 3, 7, 8, 9, 10, 11, 12a, 12b, 13, 22절도 보라).

455. Byrne, "Living Out," 563; Thüsing, *Per Christum in Deum*, 73-77을 보라.

456. 그러므로 이 구절을 도입하는 οὖν은 "직설법의"의 단언들을 선택하고, 차례로 2-10절에서도 그러하다(Schreiner).

하는 것과 다름없다. 많은 해석자들은 바울이 여기서 사용하는 명령법 동사의 형태(현재 시제)가 독자들로 하여금 "죄가 지배하기를 멈추게 하라"고[457] 요청하고 있음을 암시한다고 생각한다. 그리고 바울이 1-11절에서 묘사한 죄에 대하여 새로운 권세를 "실천"하라고 그리스도인들에게 촉구하는 것처럼, "이제 죄의 권세로부터 구원받았음을 깨달았으니 죄의 권능이 당신을 주장하지 못하게 하라"는 맥락에서 이치에 맞을 수 있다. 그러나 이렇게 해석하기에는 문법적 근거가 견고하지 못하며,[458] 나는 로마 그리스도인들이 죄로 하여금 그들을 주장하도록 내버려 둔다는 것을 바울이 암시하고자 했는지 그 여부가 의심스럽다(15:14-15절을 보라). 나는 바울이 여기서 일반적인 금지조항을 쟁점화하고 있다는 가능성이 크다고 본다. 그리스도인들에게 자기 자신을 죄에 대하여는 죽은 자로 "끊임없이 여기라"고 촉구해왔듯이(11절), 이제 그는 죄가 결단코 그들을 쥐어흔들지 못하도록 하는 실천의 습관을 명하고 있다.[459]

457. 예를 들어 N. Turner, *Syntax*, 76; Godet; Cranfield; Fitzmyer을 보라. 그리스어는 μὴ βασιλευέτω.

458. 금지조항들에 현재 시제를 사용하는 것은 이미 누군가가 관여된 행동을 멈추어야 할 필요성을 암시한다는 개념이 일반적이다(예를 들어 N. Turner, *Syntax*, 76보라). 그러나 많은 문법학자들은 이 뉘앙스가 현재 시제에 내재 되어있지 않고, 종종 이 구문이 보증된 것보다 더 많이 나타나는 신약 본문으로 읽힌다고 정확하게 주장해왔다(특히 [자신의 박사논문을 요약한] Louw, "On Greek Prohibitions," 43-57도 보라. Porter, *Verbal Aspect*, 351-52; Fanning, *Verbal Aspect*, 335-37)도 주목하라. 바울이 μή를 51차례 사용한 것 중에, 아주 명백히 16번을 현재 명령법인 "중단하라[행하는 것]"의 뉘앙스를 풍길리가 없다(고전 10:28; 고후 6:14; 갈 5:1; 엡 4:26; 5:7, 11, 17, 18; 6:4; 빌 4:6; 골 3:9, 19, 21; 살전 5:19, 20; 살후 3:15)를 보라. 아마도 문맥적인 요인들이 가리키는 경우에만 우리는 이 개념을 찾을 수 있을 것이다(예를 들어 딤전 5:23의 μηκέτι ὑδροπότει, "이제부터는 물[만] 마시지 말고"에 주목하라).

459. 문법학자들은 명령법 금지조항으로 쓰였을 때의 시제가 지니는 의미에 대해 논쟁을 벌이는데, 신약에서는 분명한 패턴이 나오지 않는 곳이 많다는 것을 인정해야 한다(Moule, *Idiom Book*, 20-21을 보라). 최근에 나온 제안들 가운데, 세 개의 제안들이(그것들 모두가 그리스어 동사의 시제에 대한 "상(相)의" 접근법을 옹호한다) 주목받을 수 있다. Porter(*Verbal Aspect*, 351-52)가 제안하는 것은 저자가 명령을 전체적으로 보고자 할 때 부정과거 시제가 쓰이는가 하면, 현재 시제는 "더 무겁게 표시"되어 그 명령을 "지정"하여 진행 중인 것으로 간주하거나, (금지조항들에서) 그 명령이 진행 중이지 않음을 말하기 위해서 사용된다. 그러므로 포터는 바울이 12절과 13a절에 (현재) 금지조항들에 특별한 관심을 기울이는가 하면, 13b절에서의 (부정과거) 명령은 로마 그리스도인들이 이미 알고 있는 것을 가정한다고 생각한다(*Verbal Aspect*, 357). McKay ("Time and Aspect," 209-28) 역시 부정과거 시제가 "활동의 전체적인 행동을 재촉"하는가 하면, 현재시제(미완료)는 "진행 중인 과정을 재촉"한다. 하지만 그는 현재 명령법과 함께 쓰이는 μή가 종종 진행 중인 활동을 금지하는 것이라고 생각하기도 한다. Fanning(*Verbal Aspect*, 326-32)과 C. Campbell (*Basics of Verbal Aspect*, 70, 92)은 "특정한"과 "일반적인" 명령을 구분하며, 부정과거 시제는 주로 전자에, 현재시제는 후자에 사용된다고 본다. 금지조항에서는 현재 시제가 진행 중인 활동이 중

특히 바울은 그의 독자들에게 죄가 "너희 죽을 몸"을 지배하지 못하게 하라고 권면한다. "몸"(*sōma*)은 육체의 몸일 수도 있지만,[460] 6:6절에서와 마찬가지로 사람이 세상과 교통하는 관점에서 본 전인격일 것이다.[461] 니그렌(Nygren)의 표현처럼, "투쟁의 무대는 이 세상에 있다." 투쟁은 영적인 것이지만, 이 투쟁에 참여할 때, 이기거나 지는 것은 신자가 매일의 삶 속에서 그의 육체를 어떻게 사용하느냐의 결정에 달려있다. 육체를 "죽을" 몸이라고 특징짓는 과정에서, 바울은 죄악에 대한 예속으로부터 분리된(6:6) 바로 그 몸이 그럼에도 불구하고 아직 이 시대의 나약함과 고난, 그리고 부패에 참여하고 있음을 우리에게 상기시켜주고 있다.[462] 우리가 온전히 구속을 받아(8:23) "죽지 아니함을 입을"(고전 15:53) 때까지 우리는 계속해서 이 시대의 영향을 받을 것이지만, 신자는 이 영향이 활개 하도록 내버려 두어서는 안 될 것이다. 그리스도인은 이제 더 이상 "죄의 몸"(6:6)이나 "사망의 몸"(7:24절)이 아니기는 하나, 여전히 "죽을 몸"을 입고 있다.[463]

그래서 "죽을 몸"은 아직 신자가 이 시대 가운데 관여하며, 이 세상 가운데 실존하는 모습이다. 바로 이 때문에 바울은 이 구절의 마지막 어절, 즉 "[몸의][464] 사욕에[465] 순종하지 말고"에서 몸을 죄와 매우 가깝게 관련시킬 수 있는 것이며 - 신

단되어야 함을 나타낼 수 있지만, "그것을 행하지 않도록 습관화 하는 것"을 의미할 수도 있다. 이 점에 대하여 문법학자들 간에 합의가 없으므로 이 본문에 그 어떤 획책을 부과하는 점에서 주의를 촉구하게 되는 것이고, 이 주의는 어떠한 획책도 (또는 내가 찾은 것 중에라도) 어느 정도의 이해로는 바울이 명령법에 사용한 시제를 설명하는 것이 불가능해 보인다는 점이 개인적인 결론으로 확인된 바이다. 그러나 바울이 지속적인(durative) 행동을 암시하도록 현재 시제를 종종 사용하는 것에는 그럴만한 이유가 있다고 본다.

460. R. Gundry, *Sōma in Biblical Theology*, 29-31; R. Jewett, *Anthropological Terms*, 293-94; Godet; Murray. 이 등식을 뒷받침하는 것은 형용사 θνητός("mortal")인데, 이 구절 말미에 "몸의 사욕"이 언급되고, 13절에서는 "지체"로 언급된다.

461. 예를 들어 Calvin; Käsemann; Cranfield; Schreiner를 보라. 이 넓은 의미를 찬성하는 것에는 13절의 "지체"와 "너희 자신" 사이의 병행구와 죄가 사람의 육체적인 면 이상의 것에 확실히 영향을 끼친다는 사실이 있다.

462. 바울이 θνητός를 사용하는 모든 곳에서, 이 단어는 이러한 의미를 함축한다(8:11; 고전 15:53, 54; 고후 4:11; 5:4).

463. Schlier.

464. 우리는 ταῖς ἐπιθυμίαις αὐτοῦ의 독법으로 추정한다(위에서 번역에 관한 각주를 참조하라). αὐτοῦ의 선행사는 σώματι이어야 하는데, 이는 αὐτοῦ가 소유의 속격으로 - "육체의 사욕" - 이거나 근원의 속격으로 "육체에서 오는 사욕"으로 번역되기 때문이다.

465. R. Gundry, *Sōma in Biblical Theology*, 40을 보라.

체적으로 국한되었든 아니든 간에 – 육체에 내재된 어떤 것 때문임은 아님을 밝힌다. 바울은 "사욕"을 중립적인 의미로 사용할 수 있지만(빌 1:23; 살전 2:17), 여기서는 이 단어가 하나님의 뜻에 거스르는 욕망을 가리킨다.[466] 만일에 우리가 제안한 대로 "몸"이 일반적인 의미를 갖는다면, 이 "사욕"에는 육체적 색욕과 식욕뿐만이 아니라 마음과 뜻 가운데 자리하는 욕망, 즉 자기 고집대로 하고자 하는 욕망, 다른 사람이 소유한 것을 차지하고자 하는 욕망(7:7-8을 보라), 다른 사람 위에 군림하고자 하는 욕망도 포함될 것이다. 이 전체 어절(clause)은 "[죄가] 지배하지 못하게 하라"의 금지조항이 아니라 동사 "지배하다"의 일반적인 의미와 관계하며, 아마도 결과를 표현할지도 모른다.[467] 우리는 다음과 같이 의역할 수 있을 것이다. "죄의 지배가 – 육체의 범죄하는 사욕에 순종하도록 이끌기에 – 너희의 삶을 점령하지 못하게 하라."[468]

13 이 구절의 명령법들은 "죄가 지배하지 못하게 하라"(12절)는 일반적인 명령을 보다 구체적이고 실용적인 용어들로 펼친다.[469] 바울은 일반적인 "너희"(11절)에서 보다 뚜렷한 "몸"으로(12절), 그리고 한층 더 뚜렷한 "지체"로 옮겨왔다.[470] 12절에서 "몸"이 "육체의 몸" 대신에 "세상과 접촉하고 있는 사람"을 의미한다면, "지체" 역시 몸의 사지나 일부라기보다 "타고난 재능들"을 의미할 것이다.[471] 바울의 명령은 그리스도인들에게 이 지체를 "불의의 무기"로 "내주지 말라"는 것이다. "내주지 말라"는 금지조항은 12절에서 "죄가 지배하지 못하라 하라"와 마찬

466. 이는 바울 서신에서 나오는 ἐπιθυμία의 일반적인 의미이다. 1:24; 7:7, 8; 13:14; 갈 5:16, 24; 엡 2:3; 4:22; 골 3:5; 살전 4:5; 딤전 6:9; 딤후 2:22; 3:6; 4:3을 보라.

467. A. Robertson, *Grammar*, 1090(개연성이 있을 것이다). 바울 서신에서 부정사와 함께 나오는 εἰς τό와 1:20절에 관한 각주 65를 보라.

468. 어느 정도 평행하는 갈 5:16에 "육체의 욕심을 이루지 아니하리라"[ἐπιθυμίαν σαρκός]를 주목하라. 하지만 갈리디아서 본문은 이 금지조항이 그 명령, 즉 "성령을 따라 행하라"는 것에 앞선다는 점에서 차이가 있다. 바울은 성령의 결정적인 사역을 8장에서 논의하기 위해 남겨두고 로마서에서 다른 방식을 취한다.

469. 이런 이유로 문장을 전환하는 단어는 οὖν, "그러므로"가 쓰인다.

470. μέλη. J. Horst, *TDNT* 4.561을 보라.

471. Käsemann; Cranfield; 반대 견해로 Godet 참조. μέλη의 보다 넓은 의미는 "지체"가 "육신"(σάρξ)과 밀접하게 연관된 7:5와 7:23과 같은 본문들에서 지지 되는데, 이는 육신이 이 문맥들 가운데서 육체의 몸이 아니라 타락한 사람의 전인격이기 때문이다.

가지로 현재 시제이며, 12절에서와 마찬가지로 바울은 이 금지조항이 그리스도인의 일생 전체에 걸쳐 유효한 것임을 시사하고 있을 것이다. 이제 우리는 "죄에 대하여는 죽은 자요 하나님께 대하여는 살아있는 자"(11절)로 여길 줄 아는 만큼, 우리는 끊임없이 우리의 능력과 자원을 죄를 위해 활용하는 것에서 피해야만 한다. 바울이 여기서 선택한 단어들은 통치와 지배 개념들에 대한 이 문단 전체에 걸친 바울의 초점과 잘 부합한다. 우리의 타고난 재능은 "무기"인데,[472] 우리는 이를 섬기는 방식으로[473] 폭군인 죄를 섬겨서는 안 된다.[474] 더 이상 죄가 우리의 "주관자"(14a절)가 아니므로, 죄가 우리를 "지배하는"(12절) 것을 끊어내야 하고, 마치 이것이 적법한 것처럼 죄를 섬기는 일을 중단해야 한다(13a절). 하나님이 우리에게 주신 타고난 능력과 재능은 죄가 주장하는 곳에서 더 이상 종노릇 하는데 방치되지 않도록 우리를 해방시키신 무기인 것이다.[475]

우리가 죄에 종노릇하기를 포기하기로 한 선언 이후에는 바로 새로운 주인인 하나님을 섬겨야 한다는 말이 이어진다. 부정적인 표현인 "너희 지체를 죄에게 내주지 말라"와 짝을 이루는 것은 긍정적인 표현인 "너희 자신을[476] 하나님께 드리라"이다. 이 긍정의 명령은 12절과 13a절의 금지들과 대조를 이루며, 부정과거 시

472. ὅπλα라는 단어는 "기구들"(instruments)이라는 일반적인 의미거나, "도구들"(tools)을 의미할 수 있지만(Malan, "Bound to Do Right," 123), 바울의 용법은 보다 구체적인 군사적 의미에서 "무기"를 암시하고 있다(롬 13:12; 고후 6:7; 10:4; 신약에서 유일하게 다른 용법으로 사용된 곳은 요 18:3인데, 여기서는 실제적인 무기를 의미한다); Dunn; K. G. Kuhn, *TDNT* 5.294를 보라. 중무장한 그리스 병사는 ὁπλίτης라고 불렸다.

473. 바울의 금지조항은 동사 παρίστημι를 사용하는데, 이는 19절에서 재사용되면서, 롬 6장의 이 두 번째 부분에 중심이 된다. 일부 학자들은 ὅπλα("무기")에 비추어 볼 때, 여기서 군사적인 연관성이 두드러지게 나타난다고 본다(예를 들어 Käsemann는 Polybius, *Hist*. 3.109.9를 언급한다). 하지만 LXX에서는 이 동사가 왕이나 주권자를 섬기는 것을 가리켜서 사용된다(예를 들어 왕상 10:8에 보면, 세바 여왕이 솔로몬 왕 앞에서 "섬기고" 또는 "시중드는"[παρεστηκότες] 자들을 복되다고 여겼다; G. Bertram and B. Reicke, *TDNT* 5.838, 839를 보라). παριστάνετε라는 단어는 "항복하다"는 소극적인 의미이거나 "바치다"라는 의미가 아니라, 더욱 적극적이고 구체적인 표현으로 "시중들다"를 의미한다(Malan, "Bound to Do Right," 124; Godet).

474. 그렇다면 죄(τῇ ἁμαρτίᾳ)는 다시금 하나의 권세로 의인화된다.

475. 그렇다면 ἀδικίας는 아마 성질의 소유격으로 - "불의한 무기"(Kuss) - 보다도 목적격적 소속격인 - "불의의 목적을 위한 무기" - 목적을 암시할 것이다(BDF §168; Cranfield).

476. 우리가 앞서 보았듯이, 여기서 ἑαυτούς를 사용하는 것은 μέλη(13a절)와 σῶμα(12절)가 사람의 육체의 "일부"에만 한정되어서는 안 된다는 것을 암시한다(3인칭 재귀대명사가 코이네 그리스어에서 2인칭으로 빈번하게 사용된다[N. Turner, *Syntax*, 42].).

제로 되어있다.[477] 일부 주석자들은 그러므로 바울이 "드리는 것"을 "단번에" 하는 행동이나,[478] 시작하는 것("드리기 시작하는 것")이나,[479] 아니면 다급한 일로[480] 묘사한다고 생각한다. 그러나 부정과거 시제 자체는 그러한 뉘앙스를 나타내지 않고,[481] 문맥상 어떤 것도 여기에 그런 뉘앙스가 있음을 시사하지 않는다. 사실상 부정과거 명령법은 흔히 어떤 특별한 의미 없이 단순히 어떤 행동이 일어나도록 - 행동의 지속성이나 긴박성, 빈도수와 관계없이 - 명령하는 데 쓰인다. 아마 여기서도 이 경우에 해당될 것이다. 그러나 우리 자신을 죄에게 내주지 않는 부정(negative)이 끊임없이 요구되는 것처럼, 우리의 정당한 주권자이신 하나님께 드리는 긍정(positive)도 부단히 필요한 것임을 우리는 추측할 수 있다.

바울이 16절 이하에서 분명히 하듯이, 하나님을 섬기는 것과 죄를 섬기는 것 사이에는 중도적 입장이 있을 수 없다. 바울은 그가 명령하고 있는 사람들을 "죽은 자 가운데서 다시 살아난 자"로 규정하므로, 그리스도의 죽으심과 부활 안에서 우리가 그와 연합한 결과, 우리가 새로운 상태에 놓이게 된 것을 발견하기 때문에[482] 우리 자신을 하나님께 드리는 것이 가능한 것임을 바울은 우리에게 상기시켜 준다(11절을 보라). "살아있는 것"은 이 삶에서 신자의 상태인 것이 분명하므로, 신자가 그리스도와 연합하게 될 때 일어나는 죽음의 상태로부터 구제를 가리키는 것임이 틀림없다. 육체의 부활은 훗날의 일이지만, "영의" 부활은 이미 일어난 것

477. παραστήσατε.
478. Murray 참조.
479. BDF §337(1); N. Turner, *Syntax*, 76; Fanning, *Verbal Aspect*, 357.
480. Godet; Du Toit, "Dikaiosyne in Röm. 6," 274-75. Porter는 부정과거가 현재보다 "덜 무겁게 표시되는" 것인 만큼 덜 중요하며, 로마의 그리스도인들이 이미 알고 있는 어떤 것을 진술하고 있음을 주장한다(*Verbal Aspect*, 357). 하지만 로마의 그리스도인들이 죄의 지배를 거부하고(12절), 그들의 지체를 죄로부터 지켜내야 할(13a절) 필요가 있음을 모른 채 자신을 하나님께 드려야 한다는 것(13b절)을 알고 있었다고 생각하기란 어렵다. Porter의 제안은 사실상 본문의 자연스러운 강조를 뒤집어 놓는다.
481. 예를 들어 Zerwick, *Biblical Greek*, §240-69; Stagg, "Abused Aorist," 222-31; McKay, "Time and Aspect"; Porter, *Verbal Aspect*, 336-52.
482. ὡσεί라는 단어는 "너희가 마치 …인 것처럼"을 의미하는 것이 아니라, "너희가 실제로 …인 것같이"를 의미하며(R. Longenecker, *Paul, Apostle of Liberty*, 178), 형식상으로 비교이지만, "너희가 죽은 자 가운데서 다시 살아났으므로, 하나님께 너희 자신을 드리라"와 같은 원인을 나타내는 어떤 뉘앙스를 가지고 있다(Michel).

으로(골 2:12; 엡 2:6절을 보라),[483] 신자가 새로운 삶, 즉 "하나님을 섬기는" 삶으로 진입하는 것이다.[484] 바울은 신자들의 마지막 특징을 하나 더 추가하며, 이 구절의 첫 부분과 대조적인 평행을 끝마친다. 즉, 그리스도인들은 "너희 지체를 의의 무기로" 하나님께 드려야 한다는 것이다. 전에는 죄의 지배를 받아 불의한 목적으로 사용됐던 "무기"가 이제는 하나님을 섬기는데,[485] 의로운 목적으로 사용되고 있다.[486] 헤이스(R.Hays)가 언급한 대로, "그러므로 '그리스도 안에' 있는 것은 그가 다스리는 영역으로 들어가는 것이며, 그로 인해 속박하게 만드는 죄의 권능을 대항하는 전쟁에서 그리스도의 편에 서게 되는 것이다."[487] 5:21 이후로 여기서 처음 사용된 "의"는 아마도 법정적 의미 보다는(의의 상태) 도덕적인 의미, 즉 하나님이 기뻐하시는 행동을 말한다.[488] 확실히 똑같은 것은 아니지만, 이 두 "의"가 불

483. Beker, *Paul the Apostle*, 224. Wedderburn(*Baptism*, 44-45)은 이 어절이 영적인 부활을 가정한다는 생각에 반론을 제기한다.

484. 여격 τῷ θεῷ의 의미이다(이익의 여격).

485. τῷ θεῷ라는 문구는 아마 멀리 떨어져 있는 παραστήσατε.와 연결되기보다는, ὅπλα, "무기"와 연결되어야 할 것이다(Godet).

486. ἀδικίας와 같이, δικαιοσύνης는 무기의 목표나 목적을 나타낼 것이다. 이 단어는 여기서 법정적 의미라기보다는 도덕적인 의미가 있을 것이다(16절에 관한 주를 보라). 그리고 고후 6:7에서 τῶν ὅπλων τῆς δικαιοσύνης.와 비교해보라.

487. R. Hays, "What Is 'Real Participation'?" 342.

488. 예를 들어 Ridderbos, *Paul*, 62; Schnelle, *Gerechtigkeit und Christusgegenwart*, 86과 대부분의 주석자들을 보라. 이 단어가 이러한 의미로 사용되는 것은 물론 LXX에서와 신약에서 모두 충분히 입증됐다(예를 들어 마 3:15; 6:33; 약 1:20; 엡 4:24; 5:9; 빌 1:11 [?]; 딤전 6:11; 딤후 2:22; 3:16; 4:8; 딛 3:5 [?]). 이 의미를 채택하는 데 가장 중요한 고려사항은 문맥이다. 예를 들어 16절의 "ὑπακοῆς εἰς δικαιοσύνην"("의로 이끄는 순종")에 주목하라. 또한 (여기서) "의"와 "불의"의 대조와 "죄"(16 [?], 18, 20절), 그리고 19절에 "부정"과 "불법"에도 주목하라.
δικαιοσύνη가 이 장에서 의미하는 것이 로마서 앞 장에서와 기본적으로 다르다는 우리의 결론은 하나님의 권능이라는 개념을 이 단어에 연관시키려는 학자들에 의해 인정받지 못한다. 롬 6장에서 "죄"와 마찬가지로 의는 사람이 복종하는 권세로 여겨지며(18, 19절을 보라), 그렇게 하여 하나님과 병행한다(18절과 22절을 비교하라). 이러한 방식으로 구원을 주시는 하나님의 능력으로서의 의(1-5장)는 우리가 이제 연합하게 되는 그 권능으로서의 의와 본질적으로 동일시 될 수 있다(특히 Käsemann을 보라; 간결한 공식에서 차이는 있지만 Dunn; Roberts, "Righteousness," 20-21; Du Toit, "Dikaiosyne in Röm. 6," 263-90; Reumann, "Righteousness," 81-84도 주목하라). 다만, 바울이 의를 의인화하여, 사람이 "자유롭게"(20절) 되거나, 속박될 수 있는 "권능"에다가 역할을 맡기는 것은 사실이지만, 이 단어가 구체적인 활동에 대한 언급을 놓치는 일은 없다(이것은 우리가 앞서 주장한 바와 같이, 죄의 경우에도 마찬가지이다[5:1-8:39에 관한 해설을 보라]; Ziesler, *Meaning of Righteousness*, 201; Hübner, *Law in Paul's Thought*, 132를 보라). 이것은 특히나 19절에서 분명히 나타나는데, 거기서 "부정함과 계속해서 더해가는 불법"과의 대조는 "의"가 요약되고 의인화되는 과정 중에 이 세상에서 특정한 행위들을 함의하는 것으로 보도록

가분하게 묶여있는 것은, 오직 "하나님 앞에서" 얻게 되는 의만이 죄인을 새로운 상태로 이끌어 하나님이 요구하시는 생명의 의를 순종할 수 있게 되기 때문이다.

14 11-13절의 명령들에 이어서, 이 짧은 문단은 직설법으로 돌아가서 결론을 맺는다. "죄가 너희를 주장하지 못하리니"는 12-13절의 구체적인 명령들에 근거를 이루는가 하면,[489] 이 장의 요점을 요약한다. "죄"가 다시금 권세로 의인화되는 것이다.[490] 주석자들은 바울이 사용하는 미래 시제의 동사 - "너희를 주장하지 못하리니"[491] - 는 그가 명령을 하고 있거나("죄가 너희의 주인이 되어서는 안 된다"),[492] 미래의 약속을 하고 있거나("죄가 언젠가 너희를 지배하지 못할 것이다"),[493] 아니면 조건부 약속("만일 죄가 너희를 지배하는 것을 멈추게 한다면, 죄가 너희를 주장하지 못하게 될 것이다")[494]을 암시하고 있다고 생각한다. 그러나 이 말은 현시점에서 모든 신자에게 "죄는 지금이나 나중에나 분명 너희의 주인 노릇을 하지 못하리라!"는 유효한 약속으로 이해해야 한다.

죄의 지배를 멈추는 것 - 우리가 죄를 짓지 않는 것을 상상할 수 없을 정도로 너무나 습관이 된 죄들에 관여하는 것을 멈추는 것 - 은 감당하기 벅찬 책임감과 같다. 그래서 느낌상 틀림없이 실패할 것 같다. 하지만 바울은 우리가 예수 그리스도 안에서 어떤 사람이 되었는지를 상기시키는데, 이는 "죄에 대하여는 죽은 자요 하나님께 대하여는 살아 있는 자"인 것이다. 신자의 삶에는 이미 "주인의 전환"이 일어났고(바울은 퀴리유오[*kyrieuō*] 동사를 사용하면서 그리스도인의 진정한 퀴리오스[*kyrios*]를 생각하지 않을 수가 없었을 것이다), 신자가 대담하고 당당하게 나서서 죄와 전쟁을 치를

요구한다. 로마서 전체에 걸쳐 "의"에 대한 한 가지 의미를 유지하는 것이 더 낫다고 주장할 수는 있지만, 1-5장과 6장 사이에 "의"에 대한 언어학적 연관성이 있는 뚜렷한 대조에는 의미상의 차이가 있음을 지적한다. 이와 같이, 예를 들어 1-5장에서, 의는 그 어느 누구도 기여할 수 없는 "은사적 성격"을 지니지만(4:5), 6:16에서 의는 순종의 결과이다.

489. γάρ, "for."를 보라.

490. ἁμαρτία에 관사가 없는 것은 아마 어떤 질적인 의미를 주의를 부여하기 위해서일 것이다 (예를 들어 "죄로서의 죄")

491. κυριεύσει.

492. Fitzmyer.

493. Lloyd-Jones 참조.

494. Dodd 참조. Luther의 주석에 "너희가 죄를 원치 않으면 죄가 너희를 지배하지 못할 것이다"라는 해석을 보라.

수 있는 것도 이 새로운 상태가 계속해서 보증되기 때문이다.

이 약속을 확인시켜주는 것은[495] "너희가 법 아래에 있지 아니하고 은혜 아래에 있다"는 보증이다. 바울이 자신의 논의 가운데 갑작스레 율법을 도입하여서 그의 복음을 이 편지에다 표명하는 것은 구약과 신약, 유대인과 이방인의 구원사적인 문제에서 결코 크게 벗어나지 않음을 우리에게 일깨워 준다. 이러한 암시는 7장에서 절정을 이루는 구원 역사 가운데 율법의 부정적인 영향들에 관하여 뜻하지 않은 일련의 암시 중 하나이다(3:19-20, 21, 27-28; 4:13-15; 5:13-14, 20). 이 본문들 - 특히 5:2절과 7:1-6절 - 은 수수께끼 같고 논쟁거리가 많은 "법 아래에 있지 아니하고"라는 문구가 해석되어야 하는 맥락을 제공한다. 이 모든 참고 구절들과 마찬가지로, 여기에서 노모스(*nomos*)도 모세의 율법인 토라(torah)를 가리킨다.[496] 바울은 "너희가 더 이상 법 아래 있지 아니하고"라고 말하지 않기에, 이 본문은 로마 기독교 공동체 가운데 있었던 이방인들이 "법 아래" 있었다고 가정하지 않는다.[497] 그러나 우리는 7:1-6에서 관련된 본문이 유대인과 마찬가지로 이방인들도 율법의 권위로부터 구원받을 필요가 있음을 암시하고 있다고 생각한다. 바울은 모세의 율법 아래 놓인 유대인들의 상황이 그리스도를 떠난 모든 인간의 상황을 대표하는 전형임을 암시하는 듯하다(이 사안의 추가적인 논평에 관하여 7:4절의 해설을 참조하라).

6:14b을 다른 본문들의 배경으로 해석하는 것은 바울이 여기서 "율법주의적인" 율법의 남용- 율법을 구원의 수단으로 삼거나[498] - 율법의 "사회적 차원" - 율

495. 또 다른 γάρ.

496. 반대 견해로 예를 들어 Hodge; Murray; Barrett은 여기서 이것이 일반적으로 "율법"을 가리킨다고 생각한다. 관사의 생략은 이 해석에서는 문제가 되지 않는데, 관사의 있고 없고는 바울 서신에서 νόμος의 의미를 결정하는 데 큰 도움이 되지 않는다(2:12에 관한 해설을 보라). νόμος와 χάρις("은혜")의 무관사 상태는 모두 문체상의 이유에서 기인하며(A. Robertson, *Grammar*, 793과 BDF §252를 보라. 문체상 관사 생략을 "밀접하게 연관된 실명사로 이루어진 한 쌍"으로 언급한다), 아마 ὑπό의 목적어로 기능하기 때문일 것이다(BDF §255; Godet은 이 단어들이 질적인 의미가 있을 수도 있지만, 그럴 것 같지는 않다고 암시한다). νόμος가 확실하므로, 영어에서 관사가 붙는 것은 적절하다.

497. Rosner, *Paul and the Law*, 52-53. 이 쟁점에 관한 더 세부적인 자료를 참고하기 위해 7:4에 관한 주를 보라.

498. 이 율법주의적 해석은 예를 들어 Stuart; Cranfield가 주장하는 것이다(그 의미의 일부로서); Hübner, *Law in Paul's Thought*, 134-35; Moule, "Obligation," 394-95. 바울이 "율법주의"를 의미하고자 νόμος를 사용했다는 개념에 반하는 것으로 특히 Westerholm, Perspectives, 330-35; Moo, "'Law,' 'Works of the Law.'"를 보라.

법을 그들만을 위한 "민족적 수호천사"[499]로 바꾸는 경향이 있음을 가리키는 것으로 볼 수 없을 것 같다. 이는 바울이 이 대목에서 율법에 관하여 하나님이 주신 대로 말하는 것은, 인간의 오해에 관한 것이 아니라, 구원 역사 가운데 율법의 의도된 기능을 말하고 있음이 분명하기 때문이다. 이와 같은 해석들은 바울 자신의 복음을 역사 속에 하나님의 새롭고 절정에 이르는 게 사역으로 제시하는 데 있어서 고유한 구원사적 대조들을 불합리하게 약화시킨다.

바울은 모세의 율법을 정죄를 불러오는 세력(force)으로 제시하기 때문에(4:15; 함축적으로 5:13-14; 7:4), 그는 여기서 특히 율법의 정죄하는 효력을 생각하고 있는 것일지도 모른다. "법 아래에" 있다는 것은 어쩔 수 없이 실패할 것이기 때문에 율법을 이루지 못해서 찾아오는 율법의 저주에 예속(3:19-20; 갈 3:10-14을 보라)되어 있는 것과 청교도들이 자주 사용하는 표현대로, "행위 언약" 아래 있음을 의미한다.[500] 그러나 이 문구를 정죄 개념에만 제한한다면, 바울이 여기서 세우는 구원사적 대조를 파악할 수 없게 된다.[501] 바울이 "법"과 "은혜"를 대조적인 구원사적 권능들로 생각하고 있음을 암시하는 몇 가지 증거들이 있다. (1) "법 아래에" 있는 것과 "은혜 아래에" 있는 것의 대조는 로마서 5:12-8:39의 특징인 영역 언어의 전환으로 자연스럽게 들어맞는다. (2) 바울이 3:9에서 "권능 아래" 있는 사람들의 상황을 특징짓기 위해 (죄)"아래"를 사용했으며, 로마서 6장에서 종의 이미지가 두드러진 것은 이 전치사가 여기에서 이와 같은 함축적 의미를 지니고 있음을

499. 특히 Dunn을 보라.

500. Calvin; Melanchthon; Cranfield; Murray, *Principles of Conduct*, 187-88; Stalder, *Werk des Geistes*, 279. 종교개혁가들 중 일부와(이 구절에 관하여 Melanchthon을 참조하라) 많은 청교도들은 "행위 언약"에 관한 율법과 계명에 관한 율법을 구분하였는데, 신자는 전자에 관하여 해방되었으나 후자에 대하여 묶여있음이 그것이다. 예를 들어 Ball, *Treatise of the Covenant*, 15; Bolton, *True Bounds of Christian Freedom*, 28; Cotton, *Treatise of the Covenant*, 87을 보라. 그리고 von Rohr, *Covenant of Grace*, 110에 나오는 논의를 보라.

501. "법 아래에"라는 문구가 율법의 정죄 아래 있음 그 이상을 의미한다고 생각할 수 있는 두 가지 이유가 있는데, (1) "정죄 아래 있지 않은 것"이 왜 "죄가 너희를 지배하지 못하리니"(14a절)라고 말할 수 있는 이유를 설명해주지 못하는 것 - "의롭다 하심"을 얻은 것 그 자체가 죄의 권세로부터 해방되는 근거가 되지 못한다는 것과 (2) 바울은 *ὑπὸ νόμον*을 다른 곳에서 활용할 때, 바로 "정죄 아래에"가 그 의미가 되기 어려운 곳에서 사용하는데, 이는 갈 4:4에서 지상에서 그리스도의 신분을 가리키고, 고전 9:20에서는 유대인들을 그리스도에게 인도하기 위해 유대인들처럼 살기로 한 자신의 결정을 가리키며, 갈 4:21은 갈라디아 신자들이 행하고자 했던 것을 가리킨다(이 문구는 또한 갈 3:23; 4:5; 5:18에도 나온다).

암시한다. "법"과 "은혜"는 영역이나 권세로 간주된다. (3) 바울이 "법 아래에"라는 문구를 사용하는 다른 곳에서는 모두 "모세의 율법에 지배를 받는" 객관적인 상황을 의미한다.[502] 그러므로 요한복음 17장에서와 마찬가지로 "율법"과 "은혜"는 속박과 "감독"(갈 3:25을 보라)의 옛 시대와 자유와 "양자 됨"(갈 4:1-7; 롬 8:14-17을 보라)의 새 시대를 대조시킨다.

그래서 "법 아래"는 "옛 영역"을 특징짓는 또 하나의 방법이다. 이것은 바울이 율법에서 해방된 것을 그리스도인이 죄의 권세로부터 해방되는 이유를 설명할 수 있는 대목이 된다. 즉, 그가 여러 차례 진술한 것처럼, 모세의 율법은 죄를 낳고 죄를 강화하는 분명한 기능을 하고 있었다. 이는 "죄의 깨달음"(3:20), "진노"(4:15), "범죄"(5:13-14)를 가져왔고, 범죄의 심각성을 증가시켰다(5:20). 바울이 고린도전서 15:56에서 표현하듯이, 율법은 "죄의 권능"이다. 하지만 이것은 율법의 권능과 지배로부터 상응하는 자유가 없이는 죄의 권능으로부터 궁극적인 해방이 있을 수 없음을 의미한다. "법 아래" 있는 것은 강압적이고 죄를 강화시키는 옛 시대의 제도에 예속되는 것이며, "은혜 아래" 있는 것은 죄의 권세로부터 자유가 주어진 새 시대에 속하는 것이다.[503] 여기서 "은혜"와 "법"의 대조는 이 둘이 함께 언급된 앞 대목의 마지막 부분인 5:20-21의 병렬을 다시 시작한다. 이 본문이 6:1-14에서 바울의 가르침을 유발하기 때문에, 그가 이 끝에서 이 쟁점으로 되돌아가는 것은 전혀 놀라운 일이 아니다. "은혜를 더하게 하려고 죄에 거하겠느냐"라는 질문으로 시작한 문단은 죄를 극복하기 위해 우리가 은혜 아래 있다는 기쁜 소식으로 끝을 맺는다.

그러므로 우리는 이 구절에서 바울이 "법 아래 있지 아니하고"는 그의 구원사적 틀을 뒷받침해주는 것 안에서 가장 잘 이해된다고 생각하겠지만, 이 구도에 대한 세 가지 주의사항에 주목해야 한다.

(1) 바울의 구원사적 구도는, 앞에서 살펴보았듯이, 단순한 시간적 범주들로 깔

502. 이전에 나온 주에서 가리키는 구절들을 보라. 그리고 Westerholm, "Letter and Spirit," 242-43에서 나오는 논의와 D. Moo, "Law of Moses," 210-17; Dunn, "'Under the Law,'" 50-52; Schreiner를 보라.

503. 이를 강조하는 예로는 특히 Luther; Nygren; Ridderbos, *Paul*, 148을 보라. 권능으로서 "은혜"에 관하여 5:2에 나오는 우리의 해설을 참조하라.

끔하게 옮겨가는 것은 불가능하다. 그리스도가 오시기 전, 여전히 율법에 매여 살던 사람들은 그럼에도 불구하고 정죄의 권세를 피할 수 있었다(아브라함, 다윗 참조-4장). 게다가, 그리스도가 오시고 난 이후에 살던 사람들 또한 여전히 율법의 지배에 예속될 수 있다. 그렇다면 모세와 그리스도 사이에 있는 이스라엘 전체가 "율법 아래에" 있다고 말하는 것은 옳지만(특히 갈 3-4장을 보라) - 율법이 그 세대의 지배적 권위였던 한에서 그렇다 - 우리는 동시에 그 시대 살았던 사람들이 아브라함과 약속하신 하나님을 믿음으로써 그 법이 정죄하는 지배에서 벗어날 수 있다는 것도 인정해야 한다.

(2) 우리는 한 가지 중요한 측면에서 모세의 율법을 옛 시대의 다른 권세들과 신중히 구별해야 한다. 바울이 7장에서 자세히 설명하겠지만, 율법은 죄와 육신과 사망과는 달리 본질적으로 부정적인 세력이 아니다.

(3) 마지막으로, 우리는 바울이 여기서 모세의 율법을 하나의 "체계"(system) 또는 "조직"(body)으로 생각하고 있는 정도를 존중해야 한다.[504] 따라서 모세의 율법이 명령하는 권세에서 벗어나는 것은 "법 아래"에 있지 아니한 것 가운데 포함된다는 점에서 의심의 여지가 없지만 - 이것은 바울이 통상 그의 초점을 노모스(*nomos*)에 고정하기 때문인데, 고린도전서 9:20을 보라 - 우리는 이로부터 너무 광범위한 결론들을 끌어내지 않도록 주의해야만 한다. 우리가 모세의 율법에 나오는 계명들로부터 그리스도인이 자유하다고 생각하는 것이 정당한 것은 그 계명들이 그 체계의 일부를 이루고 있는 한에서 그러하며, 어쩌면 우리에게 적용 가능한 계명이 무엇이든지 간에 그리스도 안에 있는 하나님의 은혜의 "직설법"(indicative) 을 통해 북돋우는 새 힘이 나온다는 의미에서일 정당할 것이다.[505] 그러나 이 구절에서 - 우리가 말할 수 있는 것은, 그 체계로부터 분리될 수 있는 범위에 한해서 - 신자는 그 법에 담긴 개별적인 계명을 지킬 어떠한 의무도 없다고 결론지을 수 없다. 더더구나 이 구절은 그리스도인들이 더는 "율법"이나 "계명들"에 종속되지 않는다는 결론을 허용하는 것도 아니다. 왜냐하면, 여기서 노모스가 의미하는 것이 단순한 "법"이 아니라 모세의 법을 의미하기 때문이다.

---

504. Schreiner는 이 논점을 올바르게 강조한다("Abolition and Fulfillment," 54-59).
505. Deidun, *New Covenant Morality*, 204-10을 보라.

로마서 6장은 하나님이 우리를 위해 하신 일에 관한 "직설법"(indicative)과 우리가 해야 할 일에 관한 "명령법"(imperative)을 연관 짓는 중요성에 대해 알려 주는 전형적인 성경 본문이다. 바울은 우리가 "그리스도 예수 안에서" 죄의 주권으로부터 해방되어 누리는 우리의 자유를 일상의 경험에서 실현해야 한다고 강조한다. 이 대목에서, 버드(M. Bird)의 논평처럼, "바울은 우리의 충성을 옮기고, 우리의 정체성을 바꾸며, 우리의 욕망을 고치고, 우리의 의무를 재구성하는 측면에서와, 이 모든 것이 메시야의 죽으심과 부활에 동참하게 된 우리의 세례에 비추어서, 우리가 그리스도와 연합한 상태를 해설한다."[506] 상태(state)는 실재(reality)가 되어야 하며, 우리는 "있는 그대로가 되어야 한다" - 또는 우리의 삶 속에 하나님의 지속적인 역사를 마땅히 인정하므로 - 우리는 "네가 되어가는 모습이 되라"라고 말할 수 있을지도 모른다.[507] 이 지점에서 균형은 필수적이다. "직설법"과 "명령법"은 나뉘거나 혼동되어서는 안 된다. 나뉘게 된다면, "칭의"와 "성화"는 별개로 나뉘어서 수용되고, 우리는 자칫 생명의 진정한 거룩함이 외부에서 일어난 그리스도의 생명으로 우리 안에 실현됨을 통해서만 오는 것임을 잊을 수 있다. 이는 신자들이 순전한 노력이나 더 정교한 프로그램, 또는 점점 더 늘어나는 규칙들을 통해서 거룩함을 얻을 수 있을 것으로 생각하면서 "자신의 방식으로 나서는" 도덕주의나 율법주의로 이어진다. 다만 "직설법"과 "명령법"이 혼동이 되면, "칭의"와 "성화"가 무너져 하나로 합쳐지므로, 외부에서 이루신 그리스도의 생명이 우리 안에서 우리의 책임이 된다는 사실을 간과할 수 있다. 이러한 간과가 생명의 거룩함에서 무심함으로 이어지거나, 일종의 영적 삼투 작용에 힘입어 거룩해졌다고 생각하는 신자는 "하나님이 다 하신다"라는 태도로 이어지게 된다.[508] 바울은 이 문단의 순서에 따라 우리가 그리스도와의 연합이 주는 유익들을 전유할 때에만 거룩한 삶을 살 수 있음을 분명히 한다. 그러나 그는 또한 거룩한 삶을 사는 것이 우리가 그리스도와의 연합으로 얻은 것과 구별되며(단, 분리되지는 않음) 하나님이 우리에게

506. Bird, 194.

507. Dunn; Deidun, *New Covenant Morality*, 239-43.

508. 이 점에 관하여, 특히 Weber, *Foundations of Dogmatics*, 2.289-339; Thielicke, *Foundations*, 84-92; Ridderbos, *Paul*, 253-58; Furnish, *Theology and Ethics*, 225-27; Murray, *Principles of Conduct*, 202-28; Deidun, *New Covenant Morality*, 239-43을 보라.

주신 새로운 생명을 계속해서 전유하고 활동하지 못하게 한다면 생명의 거룩함은 억눌릴 수 있다는 순서를 분명히 한다.[509] 17세기의 청교도인 예레미야 버로스(Jemiah Burroughs)는 그것을 이렇게 표현한다. "… 그[그리스도]로부터, 마치 샘에서처럼, 성화는 신자들의 영혼으로 흘러 들어가는데, 성화는 그들의 분투나 노력, 서원과 다짐에서 기인하는 것이 아니라, 그리스도와의 연합으로부터 그들에게로 흘러 들어가는 것이다."[510] 또는 틸리케(Thielicke)의 표현대로, 우리 신자들은 이 거룩한 샘에 입을 다물지 말고, 항상 그 샘물을 마셔야만 한다.[511]

부설: "그리스도와 함께" 그리고 "그리스도 안에"

로마서 6:1-4은 바울 신학의 중요한 면모를 나타내는 "그리스도와 함께"와 "그리스도 안에"라는 두 개의 전치사구를 특징으로 삼는다.

바울이 그리스도와 그리스도인의 관계를 묘사하기 위해 사용한 쉰(σύν[함께])은 바울의 기독론과 구원론에 있어서 중요하고 논란이 많은 부분이다. 바울은 그리스도와 신자들을 하나도 묶는데 전치사 쉰(σύν)을 32차례나 사용하고 있으며, 그것들은 다음의 아홉 가지 범주로 나뉠 수 있다.

1. 신자가 그리스도와 "함께 죽음"(σύν-ἀποθνήσκω; 쉰-아포뜨네스코)(롬 6:8; 골 2:20; 딤후 2:11; 롬 6:5 참조).
2. 신자가 그리스도와 "함께 십자가에 못 박힘"(συσταυρόω; 쉬스타우로오)(롬 6:6; 갈 2:20a).
3. 신자가 그리스도와 "함께 장사 됨"(συντάφω; 쉰타포)(롬 6:4; 골 2:12).
4. 신자가 과거에 그리스도와 "함께 일으킴을 받음"(συνεγείρω; 쉬네이게이로)(골

509. Barclay는 Pierre Bourdieu에 의해 개발된 "습관"(habits)에 관한 아이디어에 도움을 주는데, 이는 우리의 관행들을 형성하고 차례로 그것들로 형성된 "기질"이다(*Paul and the Gift*, 506-8).
510. Kevan, *Grace of Law*, 236에서 인용된 *Saints' Treasury*, 46.
511. *Foundations*, 93.

2:12[512]; 골 3:1; 엡 2:6절).

5. 신자가 그리스도와 "함께 생명에 이름"(συνζωοποιέω; 쉰조오포이에오)(골 2:13; 엡 2:5).

6. 신자가 "하늘"에 그리스도와 "함께 앉게 됨"(συγκαθίζω; 쉬그카띠조)(엡 2:6).

7. 신자가 이 세상에서 그리스도와 "함께" 함(여러 동사가 있음)(롬 8:17a, 17b, 29; 빌 3:10; 골 3:3; 고후 13:4b[513]).

8. 신자가 그리스도와 "함께" 하는 궁극적인 구원(여러 동사가 있음)(롬 6:5b, 8b; 8:17b, 32b; 고후 4:14; 빌 3:21 ; 골 3:4; 살전 4:14b; 5:10b; 딤후 2:11b[514]).

9. 신자가 죽음/재림 후 그리스도와 "함께" 함(살전 4:7; 빌 1:23).[515]

우리가 보기에 가장 많은 사례로 등장하는 것이 종말론적인 것이므로 많은 해석자들은 바울이 "그리스도와 함께"라는 개념을 묵시록에서 취했다고 생각한다. 따라서 이러한 언급은 시간이 지남에 따라 신자의 경험 초기 단계의 언어를 사용하려는 움직임과 함께 골로새와 에베소 교인들의 이른바 바울 사후의 "실현된" 종말론에 도달하기까지 전통에 대한 최초의 지층이 될 것이다.[516] 그러나 바울 자신이 이 개념의 시조일 가능성도 충분하다.[517] 우리는 신자가 그리스도와 함께 과거에 영적으로 부활했다는 사상이 바울 사후에 나온 것으로 생각할 이유가 없는 것이, 이 사상은 로마서 6:1-11에 분명히 상정되기 때문이다.[518] 바울이 사용한 σὺν Χριστῷ(쉰 크리스토, "그리스도와 함께"-옮긴이)라는 표현은 그가 더욱 많이 사용하는 ἐν Χριστῷ(엔 크리스토, "그리스도 안에")와 분명히 연관되어야 한다. 하지만 전자

512. 이 구절에 관한 논란이 있지만, 우리는 ᾧ를 βαπτισμῷ ("세례")의 선행사로 삼는 것으로 본다. (D. Moo, *Colossians*, 203; G. Beasley-Murray, *Baptism*, 153-54를 보라).

513. 여기서 가리키는 것은 그리스도인의 장래 부활이나, 하늘에서의 존재일 수 있지만, 문맥상 이는 아마도 바울의 임박한 고린도 방문과 관련하여 바울의 힘을 언급하는 것이다(Hughes, *Second Corinthians*, 479를 보라).

514. 만일 συζήσομεν이 진행형이면, 이것은 다음의 범주에 들어갈 수도 있다.

515. Dunn (*Theology*, 401-4)은 또한 유용한 개관과 분석을 제공한다.

516. 예를 들어 E. Schweizer, "Dying and Rising with Christ," 1-14; Beker, *Paul the Apostle*, 274-75를 보라.

517. Siber, *Mit Christus Leben*, 191-213; Wedderburn, *Baptism*, 50-52를 보라.

518. Harris, *Raised Immortal*, 103-4를 보라.

의 표현은 그리스도인의 과거와 미래에 관련이 있는 반면에, 후자의 표현이 현재의 체험을 묘사한다고 보기에는 아마 지나치게 단순한 생각일지도 모른다(위의 범주 7을 보라).[519]

우리의 목적에 더욱 밀접하게 관련이 있는 것은 바울에게 있어 이 문구가 지니는 의미이다. 신약에서 쉰(σύν, "함께")은 동사와 함께 사용될 때(독립적으로나 복합형으로), 보통은 시간적인 의미에서 동반하는 것(accompaniment)을 나타낸다. 그러나 시간적인 "함께 함"은, 로마서 8:17과 고린도후서 4:14에서 분명히 밝히는 것처럼, 쉰크리스토(σὺν Χριστῷ)가 나오는 모든 경우에 주장될 수 없다. 또한, 바울이 쓰는 "함께"라는 복합어로 모인 행동들이 반드시 동일시 될 필요가 없는 것은, 우리가 과거 그리스도와 함께 부활한 것이 영적인 것이었던 반면에 그리스도의 부활은 육적인 의미를 지니다는 점에서 분명하기 때문이다.

그렇다면 여기서 "함께 함"은 무엇을 나타내는가? 우리는 모든 사건이 정확히 같은 의미를 지닌다고 주장해서는 안 된다. 태너힐(Tannehill)이 지적하듯이, 쉰크리스토는 공식이 아니라 모티프이다.[520] 주로 상응하는 개념들("그리스도처럼, 우리도"), 그리고/또는 상응하는 인과율("그리스도가 그러기 때문에 우리도")[521]이라는 것이 있다. 그러나 이것이 의도한 것의 전부였다면, 바울은 쉰(σύν)이라는 전치사를 쓰지 않았을 것이다.[522] 비록 시간적인 의미가 항상 있지는 않아도, 참여나 연합의 개념은 그 표현들의 기초를 이루고 있는 것으로 보인다. 달리 말하자면, 바울의 "그리스도와 함께"라는 표현은 "모형" 또는 "반복"의 개념으로 축소될 수 없다. 우리가 더 나아가기 위해서 문법의 범위를 넘어야만 한다. 로빈슨(J. A. T. Robinson)이 말한 대로, 바울은 "그리스도인이 그리스도 안에서 지니는 독특한 '함께 함'을 전달하기에는 언어의 부적합성을 확연히 느낀다."[523] 바울의 "그리스도와 함께"라는 표현에 근거하고 동기를 부여하는 신학적 개념은 그리스도를 대표적이고, 심

519. 반대 견해로 Bouttier, *En Christ*, 53 참조.
520. *Dying and Rising*, 6.
521. 인과율의 강조에 관하여 Stevens, *Pauline Theology*, 3-36을 보라.
522. W. Grundmann, *TDNT* 7.782.
523. *Body*, 60.

지어 포괄하기까지 하는 인물로 이해한다.[524] 로마서 5:12-21은 그리스도의 "순종"/"의의 행동"이 그에게 속하는 모든 사람에게 영향을 미친다는 것을 입증했다. 데이비스(Davies)는 이와 관련하여 모든 세대가 출애굽에 참여했던 것으로 여겨야 한다는 유대인의 가르침을 언급한다(예를 들어 m. Pesah 10).[525] 태너힐(Tannehill)이 지적한 바와 같이, 그리스도의 죽으심은 공동체적이나 포괄적인 행위이기에, 그의 죽으심은 동시에 그 "안에" 속한 자들의 죽음이기도 하다는 추론에서 "반걸음 앞서 있을" 뿐이다.[526] 그리고 바울은 고린도후서 5:14에서 "한 사람이 모든 사람을 대신하여 죽었은즉 모든 사람이 죽은 것이라"는 말로 이 반걸음을 따라잡는다. 그리스도의 죽으심은 그가 대표하는 모든 사람의 죽음이기도 하다.[527] 그러나 우리는 이 포괄성에 대해 어떻게 이해하고 있는지 신중을 기해야만 할 것이다.

첫째, 우리는 그리스도의 죽으심으로 하는 이 포괄성을 사람이 믿음으로 그리스도에게 나아오기 전에 일어난 일로 바울이 생각하는지를 의심해야 한다. 많은 학자들이 그렇다고 말하지만,[528] 여기에는 의심할만한 이유들이 있다. 우선, 우리가 이미 살펴보았듯이, 바울의 "그리스도와 함께"라는 표현들 가운데 몇 가지는 동시에 일어날 수 없는 그리스도와 신자의 행동들을 연결한다는 점이다(롬 8:17; 고후 4:14을 보라). 그러고 나서 신자들이 그리스도와 "함께"한다고 말하는 몇 가지 다른 행동들은 그들의 경험에서 일어난 행동들을 지적하는 것으로 보이는데, 예를 들어 골로새서 2:13과 에베소서 2:5은 모두 "범죄로 죽었던" 상태에서 "그리스도와 함께 살리신 것"을 말하고 있다. 골로새서의 본문은 더욱이 이 믿음으로 살리심을 받은 것과 죄의 용서를 연결시킨다. 이 본문들에서와 거의 확실히 다른 본문들에서도, 우리가 그리스도의 행위 속에 포섭되는 것이 기존 관계의 전용이라기보다는, 이러한 행위 가운데로 "끌려 들어가는" 형태를 취한다. 바로 이 지점에서

524. 세부적인 차이가 존재하나 특히 Ridderbos, *Paul*, 57-62; Tannehill, *Dying and Rising*, 여러 군데; G. Beasley-Murray, *Baptism*, 32-38; W. Davies, *Paul and Rabbinic Judaism*, 98-108; Thüsing, *Per Christum in Deum*, 74-75; E. Best, *One Body*, 55-57; Wedderburn, *Baptism*, 343-48; 동일 저자, "Some Observations," 83-97을 보라.

525. W. Davies, *Paul and Rabbinic Judaism*, 102-4.

526. *Dying and Rising*, 27.

527. 고후 5:14에 관하여, Hughes, *Second Corinthians*, 193-96을 보라.

528. Ridderbos, *Paul*, 207 참조.

이와 관련하여 자주 호소 되었던 아담과 그리스도 사이의 평행이 무너진다. 비록 아담이 죄를 지었을 때 바울은 모든 사람이 죄를 지은 것으로 본다고 우리가 생각할 수도 있지만, 이 경우에는 그리스도가 순종했을 때 바울이 모든 사람이 "순종했다"고 생각하지 않는 것이다. 만약 그렇다면, 이는 그리스도의 죽으심에 대한 은혜롭고 대리적인 성격이 무너지게 될 것이다.[529]

아담과 그리스도의 대표성 사이에 존재하는 이와 같은 차이는 그리스도가 인류의 대표자라고 말하는 것을 정당화하기 위해 바울이 "그리스도와 함께"라는 진술들을 사용하는 것에 대하여 의문을 제기한다.[530] 바울이 사용하는 "그리스도와 함께"라는 진술은 잠재적인 이익을 가리키는 것이 아니라, 실제로 성취된 일들을 가리키기 때문이다. 예를 들어 로마서 6장에서 그리스도와 함께 죽고 장사 된 사람들은 세례받은 사람들뿐이라는 사실을 금방 알 수 있는데(3절), 그리스도인들만이 죄의 권세로부터 해방을 얻은 것이 확실하기 때문이다.

다른 한편으로, 우리가 보았듯이 쉰(σύν)은 "참여"라는 의미 이하의 것을 전달할 수는 없으며, 그리스도의 죽으심과 부활이 역사적이고, 연대 추정이 가능하며, 되풀이될 수 없는 사건들이다. 이런 이유로 인해, 우리는 머레이(Murray)와 함께 바울이 단번에 이루어진 구속의 사건들과 개인의 경험에서 이러한 사건들이 적용되거나 실현되는 것이 정확히 정의될 수 없는 어떤 관계로 모이게 한다는 결론을 내려야 한다.[531] 그러나 우리는 이것이 신자의 삶 가운데서 그리스도의 죽으심과 부활이 반복된다는 의미가 아닐 뿐만 아니라, 이 사건들이 "무시간"을 의미하는 것도 아님을 다시금 강조해야 한다. 오히려, 우리는 구원사적인 구속의 성취와 사람들의 삶 가운데 적용되는 일 사이에 피할 수 없는 시간적 긴장감을 발견하게 된다. 옛 시대로부터 십자가에서 시작된 새 시대로의 전환은 개별적으로 그리스도와 "함께" 죽고 일으키심을 받는 것으로 실현된다.

---

529. Käsemann, 165-66을 보라.

530. 이러한 방식으로 말하는 일부 학자들에 관하여 예를 들어 Dunn, "Paul's Understanding," 126-37; Leenhardt, 155; G. Beasley-Murray, *Baptism*, 136-37을 보라. Cullmann은 롬 6장과 관련하여 "두 가지 세례"에 대해 이야기하기도 한다(*Baptism*, 23-40).

531. *Principles of Conduct*, 208-11; Siber, *Mit Christus Leben*, 222-24; G. Bornkamm, "Baptism and New Life," 74-76; Whiteley, *Theology of St. Paul*, 169; Calvin, 221; Wilckens, 2.24; Smedes, *All Things Made New*, 142-48을 보라.

두 번째 주의사항은 그리스도와의 연합이 갖는 성격에 관한 것이다. 비록 이 연합을 "신비적인" 연합이라고 부르는 것이 대중적이었지만,[532] 이는 존재론적이거나 자연적인 연합을 암시하기 때문에, 이 표현을 피하는 것이 좋다. 아담과 그리스도의 경우에서는 양쪽 모두, 그들과 그들이 대표하는 자들 사이에서의 연합이 주로 - 혹은 그리스도의 경우엔 아마 배타적으로 - 법정적이라는 것이다. 그리스도가 우리의 대표자이므로, 그에게 내려진 심판이나 판정은 그에게 속하게 된 사람들에게도 내려진다.[533] 이러한 관점에서 볼 때, 바울의 "참여주의적" 언어는 그리스도 사역에 대한 개념이 그의 법정적 또는 "사법적"인 개념에 달려있거나 이것들에 의해 결정된다.[534] 바울의 이 두 개념 사이에는 모순이 없다.[535] 또한, 우리는 바울이 그리스도와의 관계를 생각하는 여러 가지 방법 가운데 하나를 절대화하는 것을 피해야 하는데, 이를테면 "우리가 그리스도 안에서", "그리스도가 우리 안에서", 그리고 "그리스도가 우리를 위해서"라는 것이다. 이 말씀들은 저마다 하나님께서 그리스도 안에서 우리를 위해 하신 일과, 어떻게 행하셨는지에 대한 중요한 말씀이긴 하지만, 그 어떤 것도 존재론적으로 받아들여서는 안 된다. 그러한 일이 일어날 때라야, 그들 사이의 논리적인 관계를 도출하는 데 불가피한 어려움이 발생하게 된다.

바울이 "그리스도와 함께"라는 말을 대략 30회 이상 사용하지만(위를 보라), "그리스도 안에"라는 표현은 131번이나 사용한다. 사실 너무 많이 등장해서 그것들을 다 열거할 수 없기 때문에, 로마서 안에서 나타나는 것으로 제한하고자 한다.

"그리스도 안에[ἐν]에 있는 속량으로 말미암아"(3:24)

"화목하게 된 자로서는 더욱 그의 살아나심으로 말미암아[ἐν] 구원을 받을 것이니

532. 예를 들어 S-H, 153; 그리고 더 방대한 세부사항과 상세한 설명에 관하여 Schweitzer, *Mysticism* 참조.

533. 특히 Wedderburn, "Some Observations," 90-91(그의 *Baptism*, 343-48도 보라)을 보라. 그는 이방 그리스도인들이 "아브라함과 함께" 복을 받았다고 말하는 갈 3:9로 주의를 환기시킨다. 다소 비슷한 내용으로 Halter, *Taufe and Ethos*, 43-50도 보라.

534. Käsemann, 165를 보라; 반대 견해로 예를 들어 E. P. Sanders, *Paul and Palestinian Judaism*, 463-68 참조.

535. 이와 관련한 자세한 내용은 Ridderbos, *Paul*, 169; Byrne, "Living Out," 571-73; Kim, *Origin of Paul's Gospel*, 306-7; Gäumann, *Taufe und Ethik*, 134-62를 찾아보라.

라"(5:10[?])

"너희 자신을 죄에 대하여는 죽은 자요 그리스도 예수 안에서 하나님께 대하여는 살아 있는 자로 여길지어다"(6:11)

"하나님의 은사는 그리스도 예수 우리 주 안에 있는 영생이니라"(6:23)

"그러므로 이제 그리스도 예수 안에 있는 자에게는 결코 정죄함이 없나니"(8:1)

"그리스도 예수 안에 있는[ἐν] 생명의 성령의 법이 죄와 사망의 법에서 너를 해방하였음이라"(8:2)

"우리 주 그리스도 예수 안에 있는 하나님의 사랑"(8:39)

"내가 그리스도 안에서 참말을 하고"(9:1)

"우리 많은 사람이 그리스도 안에서 한 몸이 되어"(12:5)

"내가 주 예수 안에서 알고 확신하노니 무엇이든지 스스로 속된 것이 없으되"(14:14)

"그러므로 내가 그리스도 예수 안에서 하나님의 일에 대하여 자랑하는 것이 있거니와"(15:17)

"너희는 주 안에서 신자들의 합당한 예절로 그를 영접하고"(16:2)

"그리스도 예수 안에서 나의 동역자들인 브리스가와 아굴라에게 문안하라"(16:3)

"안드로니고와 유니아에게 문안하라 … 나보다 먼저 그리스도 안에 있는 자라"(16:7)

"주 안에서 내 사랑하는 암블리아에게 문안하라"(16:8)

"그리스도 안에서 우리의 동역자인 우르바노 … 문안하라"(16:9)

"그리스도 안에서 인정함을 받은[δόκιμον ἐν Χριστῷ; 도키몬 엔 크리스토] 아벨레에게 문안하라"(16:10)

"나깃수의 가족 중 주 안에 있는 자들에게 문안하라"(16:11)

"주 안에서 수고한 드루배나와 드루보사에게 문안하라"(16:12a)

"주 안에서 많이 수고하고 사랑하는 버시에게 문안하라"(16:12b)

"주 안에서 택하심을 입은 루포"(16:13)

"이 편지를 기록하는 나 더디오도 주 안에서 너희에게 문안하노라"(16:22)

이 목록을 간단하게 정독하면 몇 가지 사실이 드러난다. 첫째로, 바울은 그리스도의 여러 이름들과 그 이름들의 조합을 "in(…안에[서])" 다음에 교환해서 사용한다. 특별히 흥미로운 것은 "그리스도 안에"와 "주 안에서"를 번갈아 가며 사용한다는 점이다. 16장에서 이 둘 사이의 교환은 바울이 어떤 용어를 선택하든 이 선택에서 너무 큰 의미를 찾으려는 것에 대해서 우리에게 경고한다. 둘째로, 세 개의 구절 가운데, NIV는 전치사 엔(ἐν)을 수단의 의미로 번역한다(3:24; 5:10; 8:2을 보라). 모울(C. F. D. Moule)이 "모든 일의 시녀"라고 칭했던 것으로 유명한 엔(ἐν)에는 여러 가지 다른 의미가 있을 수 있음을 우리에게 상기시킨다. 이러한 관찰은 많은 사람들이 "그리스도 안에"라는 표현에 대한 관찰을 강조한 것으로, 고정된 공식이 아닌 모티프이다. 셋째로, 16장의 인사말에서 "그리스도 안에"라는 표현의 광범위한 사용은 이 문구가 흔히 매우 기본적이면서 진부한 의미까지 지니고 있음을 보여주는데, 이는 "그리스도 안에" 있는 사람을 그리스도인이라고 칭하는 또 하나의 방법인 것이다. 넷째로, 바울은 "그리스도 안에"라는 표현을 사용하는 것은 그리스도의 사역에 관한 다양한 차원과 그리스도인이 된다는 것이 무엇을 의미하는지 검증하고자 함이다.

로마서에서 이 표현의 용법을 취합한 자료는 바울 서신들에 걸쳐서 상당히 많은 증거가 펼쳐져 있음을 나타낸다. 그래서 "그리스도 안에"라는 개념은 우리를 바울 신학의 정 중앙으로 이끌어 간다고 생각할 만한 합당한 이유가 있는 것이다("그의 신학을 관통하는 본질적인 주제"[536]). "그리스도 안에"는 "그리스도와 함께"라는 표현과 더불어, 종종 더 큰 신학적 구조 가운데 두드러진 위치를 차지하는 "그리스도와의 연합"이라는 신학적 개념에 가장 중요한 본문의 근거가 된다.[537]

536. Schnelle, *Theology of the New Testament*, 277; Gaffin, *Centrality of Resurrection*, 50-59도 보라. 반대 견해에 관하여 Wolter, *Paul*, 229-49를 보라. 모든 바울 서신에 관한 신중을 기한 해석학적 개관으로 특히 C. Campbell, *Paul and Union with Christ*를 보라.

537. 역사적인 개관에 관하여, Letham, *Union with Christ*; 역사와 신학 모두를 참고하려면 특히 Macaskill, *Union with Christ*를 보라. "그리스도와의 연합"은 특히 칼빈의 신학에서 중요하다(예를 들어 Billings, Calvin, *Participation, and the Gift*). 바울의 "그리스도 안에 참여"(participation-in-Christ)라는 주제를 그의 신학적 기초로 선별한 몇몇 해석자들은 연합(theosis)에 관한 정교회 신학 가운데 널리 알려진 개념과 관련지어 볼 수도 있다고 주장한다(특히 로마서와 관련하여 Gorman, "Romans," 13-34를 보라). 그러나 정교회 신학에서 이 개념에 대한 특정 표현은 그 전통에서 다른 교리와 너무 밀접하게 연관되어 있어서, 바울의 가르침에 이 단어를 붙이는 것은 아마도 도움이 되지 않을 것이다(예를 들어 Russell, *Doctrine of Deification*, 79-85; Macaskill, *Union with Christ*, 44-76; Hallonsten, "Theosis in Recent Research," 281-93).

이 문구에 관한 현대적 연구는 다이스만(Deissmann)만에 의해 시작되어 방향이 설정되었는데, 그는 이 문구에서 엔(ἐν)을 위치적인 것으로 이해했고, 그리스도를 그리스도인이 살아가는 "환경"(medium) 또는 "대기"(ether)의 일종으로 해석했다. 이 문구에 대한 신비론적인 접근법은, 종교사학파 가운데 상당히 인기를 끌었지만, 이제는 널리 경시되고 있다. 그러나 이 문구는 기본적으로 어떤 의미에서 우리를 그리스도 안에 "위치시킨다"(locate)는 견해로 널리 퍼져있다. 위에서 본 로마서에서 등장하는 표현 목록들을 정독해보면 사람들 대부분이 이러한 감각을 지닌 것처럼 보이는 것이 드러난다. 그러나, 우리는 이 표현들 가운데 수단의 의미처럼 보이는 몇 가지에 주목했다.

일부 학자들은 이러한 표현들의 등장을 언어의 기본적인 취지가 되는 조격(instrumental)이나 법조동사(modal)라는 증거로 삼았다.[538] 우리가 제안한 것처럼, 모든 문구가 등장하는 곳곳을 이런저런 틀 안으로 강제하는 것은 환원주의적일 것이다.[539] 실제로 일부 해석자들은 위치적인 의미와 수단적인 의미가 - 소위 베커(Beker)가 칭한 "참여-수단적"(participatory-instrumental) 의미라는 것에서 - 모두 함께 발견되기도 하는데, 이는 그리스도인들이 무엇을 하고, 그들이 누구인지가 "그리스도 안에서와 그리스도를 통해서"[540] 발견된다는 의미를 나타낸다. 하지만 우리는 진정 위치적인 의미가 우세하다고 생각한다.[541] 바울은 믿는 것과 경험하는 것이 그리스도와 관련 있다고 주장한다. 즉, 우리가 "그리스도의 실재 안

---

538. 특히 Neugebauer, *In Christus*를 보라. 역사 연구에 관하여(이제는 시대가 조금 지났지만), Bouttier, *En Christ*, 5-22를 보라. Gnilka는 "영역/형이상학적" 관점과 "역사적/양식적" 관점을 구분한다(*Paulus von Tarsus*, 256-57).

539. 특히 바울의 문구 중에 일부가 수단적이라는 주장에 관하여 Wedderburn, "Some Observations," 83-90을 보라. C. Campbell(*Paul and Union with Christ*)은 다양한 특정 뉘앙스가 관련 구절에서 발견된다고 강조하는데, 그는 연합(union), 동참(participation), 동일화(identification), 그리고 결합(incorporation)의 개념들이 핵심이라고 본다(413).

540. *Paul the Apostle*, 272.

541. 기본적으로 이 문구에 대한 위치적 의미는 ἐν이 일반적으로 공간이나 지역성에 대한 개념을 부호화한다고 주장하는 사람들에게 공명한다. 나는 이 문제에 관하여 나에게 프레젠테이션을 공유한 스티븐 런지에게 이렇게 힘주어 감사를 표한다(그의 연구는 Geeraerts, ed., *Cognitive Linguistics*과 Luraghi, *On the Meaning of Prepositions*에서 발견된 언어적 접근법들을 한데 모았다).

에서 결합"하였다는 것이 그것이다.[542] 레펠트(E. I. Rehfeld)는 이것을 "관계적/존재론적" 의미라고 부른다.[543]

만일 우리가 근본적인 신학적 구조가 이 "그리스도 안에"라는 개념을 기반으로 할 수 있는지도 모른다는 것에 대해 더 묻는다면, 답은 저마다 다를 것이다. 어떤 이들은 성례전적 접근법(의식적 체험을 통해 매개되는 성찬)을 취하고, 다른 이들은 교회론적 접근법(그리스도의 지체로서 교회로 결합하는 것)을 취하기도 한다. 그러나 바울의 "그리스도 안에서"라는 표현의 일반적인 의미를 가장 잘 설명하는 것은 그의 구속사적 개념이다. "정보화"(informing) 신학은 바울이 그리스도를 새 시대나 새 왕국을 대표하는 수장으로, 그 시대에 속한 모든 사람을 자기 안으로 통합시키는 분으로 이해한 것이다. 우리가 "그리스도 안에" 거한다는 것은 그리스도가 우리의 대표자로 우리가 그에게 속함을 의미하므로, 그에게 적용된 판정들은 우리에게도 적용되는 것이다.[544] 특히, 고린도전서 15:22에서 "아담 안에서 모든 사람이 죽은 것 같이 그리스도 안에서 모든 사람이 삶을 얻으리라"고 하는 것을 주목하라(고후 5:14-17도 보라).

542. Strecker, *Theology of the New Testament*, 118.

543. Rehfeld, *Relationale Ontologie*, 222-315.

544. 특히 Ridderbos, *Paul*, 57-62; Beker, *Paul the Apostle*, 272-73; A. Oepke, *TDNT* 2.541-43; Schreiner, *Paul*, 156-59를 보라.

2 의를 섬기도록 죄의 권세로부터 해방되다 (6:15–23)

15 그런즉 어찌하리요 우리가 법 아래에 있지 아니하고 은혜 아래에 있으니 죄를 지으리요 그럴 수 없느니라

16 너희 자신을 종으로 내주어 누구에게 순종하든지 그 순종함을 받는 자의 종이 되는 줄을 너희가 알지 못하느냐 혹은 죄의 종으로 사망에 이르고 혹은 순종의 종으로 의에 이르느니라

17 하나님께 감사하리로다 너희가 본래 죄의 종이더니 너희에게 전하여 준 바 교훈의 본을 마음으로 순종하여

18 죄로부터 해방되어 의에게 종이 되었느니라

19 (너희 육신이 연약하므로 내가 사람의 예대로 말하노니) 전에 너희가 너희 지체를 부정과 불법에 내주어 불법에 이른 것 같이 이제는 너희 지체를 의에게 종으로 내주어 거룩함에 이르라

20 너희가 죄의 종이 되었을 때에는 의에 대하여 자유로웠느니라

21 너희가 그 때에 무슨 열매를 얻었느냐 이제는 너희가 그 일을 부끄러워하나니 이는 그 마지막이 사망임이라

22 그러나 이제는 너희가 죄로부터 해방되고 하나님께 종이 되어 거룩함에 이르는 열매를 맺었으니 그 마지막은 영생이라

23 죄의 삯은 사망이요 하나님의 은사는 그리스도 예수 우리 주 안에 있는 영생이니라

바울은 6:1-4에서 그리스도 안에서 하나님의 은혜가 풍성하여 죄악을 조장한다는 반론에 대하여 그리스도가 사실상 신자들을 죄로부터 해방한다는 논증으로 받아친다. 6:15-23에서 유사한 반론에 대해 바울은 죄로부터 얻은 이 해방의 이면에는 하나님과 의에게 종이 되었음을 강조하는 것으로 응수한다. 즉, 종의 이미지가 이 문단을 지배하고 있는 것이다.[545] 바울도 "해방"의 언어를 사용하긴 하지만, 그 빈도수가 10개 미만이다.[546] 따라서, 이 문단의 주제는 "해방"이 아니라 "종됨"으로 보아야 할 것이다.[547]

그리스도인의 종됨에 대해 강조하는 것은 - 그것이 전부가 아님을 바울도 시인한다(19a) - 그리스도인의 해방이 "죄로부터" 해방이지 "죄에 대한" 해방이 아니

545. 바울은 δούλος("종")와 δουλόω("종으로 삼다")를 8번 사용하고 15, 21절, 그리고 23절을 제외한 모든 구절에서 사용되며, 관련 단어로 ὑπακοή("순종")와 ὑπακούω("순종하다")는 3번 등장한다.

546. ἐλεύθερος ("자유로운")와 ἐλευθερόω ("자유롭게 하다")는 합쳐서 3번밖에 나오지 않고, 이 중 두 번은 6:1-14의 가르침으로 돌아가서 이와 관련하여 나온다.

547. 특히, Kaye, *Thought Structure*, 117을 보라. 이 대목에서 종에 대한 개념에 관하여 Schottroff, "Schreckensherrschaft," 497-510; Horsley, "Paul and Slavery," 153-200을 보라.

라는 점을 밝히는데 필수적이기 때문이다. 바울은 율법주의와 방종함 사이의 위험지대에서 신중하게 방향키를 잡는다. 그는 그리스도인들이 모세 율법의 구속력으로부터 자유롭다는 것을 분명히 하면서, 동시에 그리스도인들은 그들의 새로운 주인에게 - 하나님에 대하여 또는 의에 대하여 - 순종할 의무가 있음을 강조하기도 한다.[548] 죄의 저지와 억제력을 위해 율법이 필요하다고 역설하는 사람들에 대항하여, 바울은 죄의 지배를 전복시키는데 필수적인 조치로 율법의 권세로부터 그리스도인이 해방되었음을 선포한다(14-15절;. 7:1-6을 보라). 그리고 이 새로운 자유를 범죄의 구실로 변질시키는 사람들에 대항하여, 바울은 심지어 "은혜 아래에"도 진지하게 받아들여야만 하는 순종의 의무가 있다고 역설한다.[549] 이는 바울이 분명히 하듯, 인간의 자율, 모든 외부 권력과 영향으로부터 자유와 같은 것은 존재하지 않기 때문이다. 사람들은 죄의 권세 아래 있거나, 하나님의 권능 아래 있거나 둘 중 하나에 속해있다. 그렇다면 문제는 주인이 있느냐가 아니라, 어느 주인을 섬기느냐 하는 것이다. 바울은 죄를 섬기면 사망에 이르고, 하나님을 섬기면 생명에 이른다고 밝힌다.

이 구절은 6:1-14과 마찬가지로 바울이 방금 말한(15절) 것의 실체를 짚어내는 수사적 질문으로 시작한다. 바울의 첫 번째 대답(16절)은 우리를 - "죄"와 "순종" - 이라는 서로 다른 권세에 결속시키는 역할을 하여 완전히 다른 결과인 - "죽음" 또는 "의" - 에 이르게 한다는 점에서 우리의 행동이 중대한 영향을 미친다는 것을 우리에게 일깨워 준다. 17-18절과 20-23절에서, 바울은 독자들이 그리스도 이전의 모습과 그리스도인의 경험을 대조시키기 위해 "전에는 … 이었는데 지금은"이라는 그가 자주 사용하는 표현을 활용한다. "전에는" 그들은 죄의 노예로, 사망에 이르는 부끄러운 일을 했지만, "지금은" 그들이 하나님과 의의에 대하여 종이 되고, 거룩함과 생명에 이르는 일을 한다. 이 직설법은 19절 명령법의 틀을 이룬다. 즉, 우리가 전에 종노릇했던 권세에 우리 자신을 내어준 "것 같이", "이제는"

548. Nygren을 보라. 하지만 Schreiner는 이러한 해석에 반대하며, "법 아래" 있지 않다는 말은 모세의 계명으로부터의 자유를 수반하는 것이 더이상 아니라고 주장한다.

549. J. Barclay는 이 주제에 관한 많은 글에서 선물과 의무에 대한 그리스-로마의 이해의 맥락에서 은혜에 대한 자연스러운 반응인 의무를 강조해왔다. 본문에 관하여 "Under Grace," 59-76을 보라.

우리가 예속되는 권세에 우리 자신을 종으로 내주어야 한다는 것이 그것이다.[550]

15 바울은 앞 문단에서 그랬던 것과 같은 방식 그대로 이 문단을 연다.

짧은 감탄문: "그런즉 어찌하리요?"

수사적 질문: "우리가 법 아래 있지 아니하고 은혜 아래 있으니 죄를 지으리요?"[551]

질문의 강한 부정: 그럴 수 없느니라!

장황한 설명(16-23절).

수사적 질문의 내용까지도 비슷하다. 1절에서나 15절에서나 바울은 하나님의 은혜가 죄에 이르게 하는지 질문한다. 그러나 6:1절에서는 더 많은 은혜를 얻기 위해서 죄를 짓는 것이 문제인 반면에, 15절은 우리가 이미 가진 은혜 때문에 죄를 짓는 것이 문제가 된다. 6:15절은 신자가 "법 아래에" 있지 아니하고 "은혜 아래에" 있다고 바울이 선언하는 6:14b절을 가리키고 있음이 분명하다. 믿음으로 그리스도와 합하여진 자는 모세의 법이 아니라 은혜가 지배하는 새 시대에 산다. 이렇듯, 신자의 행위는 법의 직접적인 규제를 받지 않는다. 유대인의 전제로는, 그런한 "무법" 상황은 죄를 조장하는 것으로 가정될 것이다. 그리스도인이라고 해서 "이방 죄인"보다 나은 것은 없을 것이다(갈 2:15절).[552] 그러나 바울이 보는 것은 하나님의 은혜 가운데서 해방하는 권능뿐만이 아니라 구속하는 능력, 즉 새로워진

550. Viard가 지적하듯, 이 대목은 19절을 중심으로 하여 교차대칭을 이룬다(16절과 23절에서 죽음에 이르게 하는 죽음; 17-18절과 20-22절에서 두 종류의 종노릇 사이의 대조)("Obéissance ou liberté?" 351-66).

551. 부정과거 ἁμαρτήσωμεν은 6:1과 6:5 사이에 또 다른 차이를 나타낼 수 있는데, 이는 전자가 현재 시제인 ἐπιμένωμεν τῇ ἁμαρτίᾳ, "죄에 거하겠느냐?"를 사용하기 때문이다. 이런 이유로, 6:1에서 "죄의 상태에 머물러 있는 것"에 관하여 묻는다면, 6:15는 더 구체적인 "우리가 죄를 지으리요?"라는 질문을 할 것이라는 주장이다(N. Turner, *Syntax*, 72; McKay, "Time and Aspect," 222; A. Robertson [Grammar, 850]은 6:1과 6:15를 논평하면서 "핵심은 주로 시제 차이이다"라고 주장한다). 다만 이런 식으로 시제의 구분을 압박하는 것이 정당한지는 의문이다. 6:1의 동사 ἐπιμένω는 거의 현재 시제를 요구하며, 6:15에서 부정과거는 죄의 특정한 경우나 사례를 언급할 필요는 없고, 단순하고 정의되지 않은 의미에서 죄 범한 것은 언급할 필요가 있다. 그렇다면 시제의 차이 때문에 상당한 차이의 결과가 나올 수는 없을 것이다(예를 들어 Kuss).

552. Dunn을 보라.

마음과 생각에서 비롯되는 자발적인 순종의 제약, 그리고 궁극적으로(갈 5:17-24; 롬 8:4-9을 보라) 성령의 소욕과 인도하심이다.

16 바울 서신에서 익숙한 "너희가 알지 못하느냐?"는 그의 독자들에게 알려진 것으로 그가 가정하는 어떤 사실을 도입하기 위해 사용하는 표현이다. 이 경우에는 그 사실이 그의 독자들이 회심하기 전에도 익히 친숙했을 것이다. 즉, 습관적으로 자기 자신을 어떤 것이나 어떤 사람에게 "내주는 것"은 자기를 그 어떤 것이나 어떤 사람에게 종으로 귀속시킨다는 사실이다.[553] 바울 시대에는, 절망적인 상황에 부닥쳐있던 사람들은 안정된 지위와 보장된 생계 수단을 찾으려는 방법으로 종종 자기 자신을 노예로 팔곤 했다. 주인에게 "자기 자신을 내주는" 사람들은 그 주인의 노예가 된다.[554] 하지만, 바울이 전달하고자 하는 정확한 개념은 명확하지 않다. 그는 습관적인 복종이 노예의 상태를 나타내는 것을 의미할 수도 있고, 아니면 습관적인 복종이 노예의 상태를 구성하거나 이끈다는 것을 의미할 수도 있다.[555] 동사 "내주다"가 다시 명령법으로 등장하는(19절과 13절을 보라) 문맥에서 비추어볼 때, 암묵적인 권면이 담긴 후자일 가능성이 더 크다. 그리스도와의 연합으로 말미암아 죄로부터 해방된 그리스도인들이 인정해야 할 것은, 그들이 만일 유혹의 소리에 끊임없이 굴복한다면, 다시금 죄의 노예가 될 것이라는 점이다. 예수께서도 "죄를 범하는 자마다 죄의 종이라"(요 8:34) 는 동일한 요점을 주장하셨다. 그래서 한 주인으로부터 다른 주인에게로 이양되는 현실 가운데 아무것도 앗아가지 않으면서, 바울은 종이 궁극적으로 법정적 신분일 뿐만 아니라 살아있는 경험이기도 하다는 점을 분명히 하고자 한다. 더 이상 죄의 종이 아닌 그리스도인들은 더 이상 죄의 종으로 살면 안 된다.

이 구절의 마지막 부분은 모든 사람에게 오직 두 가지의 선택지만이 열려 있고, 이 선택지들이 심각한 결과를 수반한다는 것을 분명히 함으로 그리스도인들에게 이 실천적 순종이 얼마나 중요한지를 설득하기 위한 목적을 지니고 있다. 혹

553. 여기서 진행의 의미를 함축하는 현재 시제 παριστάνετε에 유의하라.
554. 예를 들어 Meeks, First Urban Christians, 20-23을 보라.
555. Kaye, *Thought Structure*, 113의 논의를 보라(비록 그는 우리 결론에서 정반대의 결론에 이르기는 하지만 말이다).

은[556] 죄의 종이고,[557] 혹은 "순종의 종이다. 바울은 이 "혹은 … 혹은"을 사용하므로 "중립의 가능성"이 없음을 분명히 한다(Käsemann). 사람은 주인으로부터 결코 "자유롭지" 못하며, 자기가 "자유롭다"고 생각하는 비기독교인들은 사탄이 지어내서 지속하게 하는 착각에 빠져있다. 사람들이 직면하는 선택의 순간에 "나는 내 자유를 지킬 것인가, 아니면 포기하고 하나님께 순종할 것인가?"가 아니라, "나는 죄를 섬길 것인가, 아니면 하나님을 섬길 것인가?"이다. 그러나 바울이 그리스도인들에게 편지하는 것은 죄를 범하는 것이 곧 죄에 대하여 우리 자신을 종으로 굴복하는 것이고 우리도 이를 결코 잊어서는 안 된다는 것이다.

이러한 대조 가운데 발견되는 것은, 경쟁하는 "주인들"이 죄와 하나님(22절)이나 죄와 의(18, 20절)가 아니라 죄와 순종이라 점에서 놀라운 것이다. 여기서 "순종"은 앞서 본 구절의 중립적인 의미와는 대조적으로, 그 의미가 분명히 긍정적이다("순종의 종"). 일부 해석자들은 "순종"이 도덕적인 활동보다는 주로 믿는 행위를 가리킨다고 생각한다. 이 생각을 뒷받침하는 것은 "믿음의 순종"이라는 공식에서 발견되고, 잇따르는 구절에서도 "순종"은 기본적으로 "믿음을 받아들이다"라는 의미일 수도 있다고 주장된다.[558] 그러나 이 해석은 이 구절의 앞쪽에 갖는 "순종" 의미로부터 너무 멀리 벗어난 것이며, 구체적인 행동에 있어서 이 대목에 대한 바울의 뚜렷한 관심사와 부합하지는 않는다. 바울은 방종주의(libertinism)를 대항하기 위하여 그러한 강조가 필수적인 문맥 가운데 그리스도인의 삶에 순종의 중요성을 강조하는 데 힘쓴다. 그리스도인의 자유는 자신이 원하는 것을 할 자유가 아니라, 기꺼이, 즐겁게, 자연스럽게 하나님께 순종하는 자유이다. "순종"은 하나님에 관한 참된 지식의 어머니라고 칼빈은 말한다.[559]

이 주인들 사이에서의 선택의 심각성을 더욱 강조하기 위해서, 바울은 "종됨"이 가져오는 결과를[560] 명시하는데 이것은 사망과 의이다. "사망"은 육체적 죽음

556. 바울은 "either … or"의 관계를 나타내기 위해 ἤτοι ... ἤ 구문을 사용한다.

557. ἁμαρτίας ("죄")와 ὑπακοῆς ("순종")가 속격으로 되어있는 것은 이 단어들이 παριστάνετε ("내주다")가 아니라 δοῦλοι("종들")에 의존하고 있음을 보여 준다.

558. Godet; Käsemann; Bird.

559. *Institutes* 1.6.2.

560. 이것은 각 문구에서 εἰς가 지닌 기능이다.

과 현재 영적인 죽음에 대한 언급을 포함할 수 있지만, 이 문맥에서는 주로 "영원한" 죽음, 곧 죄의 궁극적 결과로 하나님 앞에서 최종적이고 영원한 배제를 의미한다. 사망과는 대조되기 때문에, "의"는 아마 여기서 최종적인 칭의에 초점을 두고, 마지막 날에 신자에게 임하는 궁극적인 죄의 사면과 영생으로의 진입할 수 있게 되는 의의 상태를 가리킬 수 있다.[561] 그리고 이러한 해석은 22절과 23절에서 "영생"이 의에 평행하는 자리를 차지하고 있는 것으로 나타난다는 사실에 의해 뒷받침된다. 바울은 최종적 칭의의 결과를 언급하는데 "의"를 사용할 수 있고, 결국 순종이 없이는 의롭다 하심을 얻을 수 없다는 그의 주장도 분명하다. 또 하나의 대안으로 "의"를 보다 종합적으로 보고, 도덕적인 삶과 최종적인 신원을 모두 아우르거나,[562] 아니면 캐제만(Käsemann) 학파의 포괄적 해석에 발맞춰, 의롭다 하심을 얻은 신자들이 살아가는 "권능"으로 보거나 하는 것이다.[563] 그러나 13, 17-20절에 비추어 볼 때, 제일 나은 선택은 하나님이 기뻐하시는 품행인 "도덕적" 의를 가리키는 것으로 의를 이해하는 것이다.[564] "죄"와 "순종"의 대조가 이미 정밀한 대조법을 무너뜨렸기 때문에, 이것이 "사망"과 자연스러운 대조를 이루지 못한다는 반론은 설득력이 없다.

17 바울은 이제 그리스도인이 그들이 섬길 주인에 관하여 중립적 입장에 있다는 생각을 무산시킨다. 이 구절과 이어지는 구절은 이미 그들이 새로운 주인을 따르기로 결정했다는 바울의 확신을 드러낸다. 이는 그들이 표명한 영적인 충성의 대상을 바꾼 것에 대해 바울이 "하나님께 감사하리로다"고 말하는 것이다.[565] 바

561. Cranfield; Schreiner; Kruse; Dunn (?); Pfleiderer, *Paulinism*, 1.180-81; E. P. Sanders, *Paul and Palestinian Judaism*, 494. Seifrid는 그것이 하나님의 "구원하는 의"를 가리킨다고 생각한다(*Christ, Our Righteousness*, 74).

562. Murray. θάνατος가 "상실의 상태"를 가리킨다고 생각하는 Roberts는 "하나님께 바르게 된 상태나 조건을 의미하는 것으로 δικαιοσύνη를 본다("Righteousness," 20).

563. G. Schrenk, *TDNT* 2.209 (210을 참조하라); Reumann, "Righteousness" in the New Testament, 83; Käsemann.

564. Godet과 13절에 관한 주를 보라. 1-4장에서 나오는 법정적 의미에서 도덕적인 의미로 이동했다는 증거는 특히 이 문맥에서 δικαιοσύνη라는 반의어에서 비롯되는데, 13절의 "불의"(ἀδικία), 17-18절과 20절의 "죄," 그리고 19절의 "부정"(ἀκαθαρσία)이 그것이다.

565. χάρις τῷ θεῷ. 이 구문은 생략이 가능한 것으로, 동사 ἔστω ("… 있으라")가 생략된 것으로 가정된다. 여기서 χάρις라는 단어는 "감사" 또는 "고마움"을 뜻한다(BDAG).

울은 이전에 "너희가 본래 죄의 종이었더니",[566] 이제는 "너희에게 전하여 준 바 교훈의 본을 마음으로 순종하여"라고 바울은 말한다.[567] "너희가 순종하여"는 로마의 그리스도인들이 주 예수께 처음으로 무릎을 꿇은 회심의 때를 가리킨다. 그러므로 이 단어는 그 믿음에 대한 언급을[568] 포함하지만, 그것에 국한되어서는 안 된다. 우리가 1:5에서 "믿음의 순종"에 관하여 해설할 때 논했듯이, 바울은 그리스도에 대한 믿음과 그에 대한 헌신을 뗄 수 없는 것으로 보고 상호적으로 해석한다. 그러므로 여기서 두는 초점은 그리스도를 주로 고백한 로마 그리스도인들의 초기 헌신이며, 여기에는 그리스도에 대한 그들의 "믿음"과 복종이 모두 포함된 것이다. 바울이 "순종하다"라는 표현을 사용하는 것은 그가 그리스도인이 되는 것의 일부로 그리스도에게 항복하는 측면을 강조하고자 하기 때문이다. 바울은 그들이 순종하는 대상에 대해 "너희에게 전하여 준 바 교훈의 본"으로 묘사하는 특이한 방식을 택한 것도 이와 같은 이유 때문일 것이다.[569] 동사 "전하여 주다"는 종을 한 주인에게서 다른 주인에게로 넘겨준다는 뜻을 내포하는 것으로 이 문단에 어울리는 이미지이다.[570] 그러나 "교훈"과 같은 단어와 함께 사용되는데 더욱 개연성이 있는 위치로는, 어쩌면 유대인의 개념에 의존하여, 바울이 초기 기독교의 교훈이나 전승이 전파된 점을 언급하기 위해 "전하여 주다"라는 표현을 사용하는 곳일 것이다(고전 11:2, 23; 15:3절).[571] 그러나 이 구절에서는, 교훈이 신자들에게 전해진 진다고 말하는 것이 아니라, 신자들이 교훈에 전하여 준 바가 된다고

566. 문맥은 ἦτε δοῦλοι τῆς ἁμαρτίας라는 어절이 "비록 너희가 죄의 종이었음에도 불구하고"라는 양보의 의미로 해석할 것을 요구하는데, 이것은 대부분의 영역본에서 인정받고 있다.

567. 이 어절의 구문은 복잡하지만, τύπον διδαχῆς를 ὑπηκούσατε의 목적어로 보는 것이 최선인 것은, ὑπακούω가 보통 요구하는 여격이 아니라 목적격으로 되어 있는 것은 관계대명사 (ὅν)의 격에 이끌렸기 때문이다. 그래서 보다 더 자연스러운 어순 배열을 정하자면, ὑπηκούσατε τύπον διδαχῆς εἰς ὃν παρεδόθητε가 될 것이다. A. Robertson, *Grammar*, 719; Godet을 보라.

568. 10:16에서 믿음과 순종에 대한 평행에 주목하라.

569. 이 구문이 너무 이례적이어서 소수 해석자들은 이 구절이 후대에 바울의 본문에 추가된 것이라고 결론을 내리는데, Bultmann은 이를 "어리석은 삽입"이라고 칭한다("stupiden Zwischensatz" ["Glossen," 283]); Furnish, *Theology and Ethics*, 197-98; Gäumann, *Taufe und Ethik*, 94-96; Schmithals; Jewett도 보라. Gagnon("Heart of Wax," 671-73)은 이 이론들을 효과적으로 비판한다.

570. Kürzinger, "ΤΥΠΟΣ ΔΙΔΑΧΗΣ," 163-64; Beare, "On the Interpretation," 207을 보라.

571. 그리스어 동사는 동일하다. Stuhlmacher를 보라.

말한다. 이 특이한 표현 방식은 의도적인 것으로, 바울이 명확히 하고자 하는 것은 그리스도인이 되는 것이란 곧 신약 신자들을 위한 하나님의 뜻이 담긴 기독교 "교훈"의 권위 아래 놓이게 된다는 것이다. 이 교훈에 대한 새로운 회심자의 "순종"은 우리가 회심했을 때 우리를 그 교훈에 "전하여 주시는" 하나님의 행위에서[572] 비롯된 결과물이다.

그런데 바울은 왜 그냥 "교훈"이라고 하지 않고 "교훈의 본[typos]"이라고 말하는가? 많은 해석자들은 바울이 초기 기독교 교훈의[573] "원칙"이나 "본"을 암시하는 것이라고 생각한다.[574] 이것이 맞다고 여길만한 충분한 이유가 있지만, 그는 교훈의 또 다른 "본"과도 대조를 제시하고 싶을 것이다. 고데트(Godet)는 바울이 그 자신이 전하는 "복음"을 로마 교인들이 이미 들었던 교훈의 본과 대조시키는 것으로 생각한다. 롱네커(Longeneker)는 그의 논평에서 핵심 논지를 추구하면서, 그것이 이방인을 위한 바울의 문맥화 된 복음을 다른 형태의 복음과 대조하고 있다고 생각한다. 그러나 기독교 교훈의 "모양"과 유대교 교훈의 "모양" 사이에서 이뤄지는 대조가 더욱 유력하다.[575] 그래서 바울은 그리스도인들이 이제 더는 "[모세의] 율법 아래에" 있지는 않지만, 그래도 권위 있는 교훈의 규범에 얽매여 있음을 암시할 것이다. 그러면 바울이 튀포스(typos)를 덧붙일 만한 이유가 있을 수도 있다. 바울 서신에서 이 단어가 등장하는 대부분은 신자가 다른 신자에 대한 "본"(examples)으로 언급하는 데서다.[576] 이 구절들에서 튀포스는 다른 사람들의 틀을 형성하는 본에 대하여 적극적인 함의를 포함한다. 이와 비슷하게 17절에서 튀포스는 기독교 교훈이 그 교훈으로 전하여진 바 되는 사람들의 틀이 되고 모양

572. 수동태 동사 παρεδόθητε에 유의하라.

573. τύπος라는 단어는 본래 "두들겨서 생긴 자국"을 의미했고, 그래서 다양한 의미를 갖게 되었다(L. Goppelt, *TDNT* 8.246-47). 그중에 하나가 "모양, 본"인데, 이 문맥에서 가장 잘 어울리는 것 같다.

574. Moffatt, "Interpretation of Romans 6:17-18," 237; Fitzmyer; Stuhlmacher. 많은 사람들은 이 부호가 세례와 연관 있을 것이라고 제안한다. 기독교 이전의 교훈을 암시하는 것 같지는 않다(반대 견해로 Trimaille, "Encore de 'typos Didachès,'" 267-80).

575. Kaye, *Thought Structure*, 131; Käsemann. 2:20에서 유대인이 소유한 것 중에 하나가 "율법에 있는 지식과 진리의 모양[μόρφωσιν]"이라고 하는 점을 참조하라.

576. 빌 3:17; 살전 1:7; 살후 3:9; 딤전 4:12; 딛 2:7. Dunn("Paul's Knowledge," 196-97)은 바울이 이 용어를 사용하는 데 있어서 인격적인 초점에 주목하면서, 바울이 그리스도 자신을 가리키고 있음을 시사한다.

이 된다는 사상을 포함할 가능성이 크다.[577]

18 이 짧은 구절은 신자가 옛 영역으로부터 새 영역으로 옮겨가는 것에 대한 직설법을 재정리한 것으로, 6:1-14의 핵심적인 교훈이자 17a절에서 암시된 내용이다. 하지만 처음으로 바울은 죄에 관하여 신자의 새로운 지위를 묘사하기 위해 "해방"이라는 표현을 사용한다. 해방이 온갖 종류의 역사적이고 사회적인 짐을 떠안게 된 세상에서, 해방에 대한 바울의 개념은 자율적인 자기 지향을 가리키는 것이 아니라, 하나님이 뜻하신 대로 사람이 되지 못하게 방해하고 예속시키는 권세로부터 구원받는 것임을 우리가 기억해야만 한다.[578] 하나님의 뜻을 행하고 그에 따라 하나님의 진리를 알아야 비로소 우리는 "참으로 자유롭게"될 수 있는 것이다(요 8:31-36). 그래서 이것은 역설 없이도 그리스도인에게 해방이 동시에 일종의 "종됨"이 되는 이유이다. 하나님과 그분의 뜻에 매이는 것은 그 사람으로 하여금 - 하나님이 원하는 사람이 되도록 - "자유롭게" 되는 것을 가능하게 할 것이다.[579] 어느 청교도 신앙고백처럼, 그리스도가 복음 아래에서 신자들을 위해 값을 치르신 자유는 신자들이 맹종하는 두려움에서 그에게 순종하는 것이 아니라, 어린아이와 같은 사랑과 기꺼이 하고자 하는 마음으로 하는 데 있다.[580]

2, 6절과 11-14절에서처럼, "죄"는 신자들을 종노릇하게 한 권세로, 그리스도 안에서 신자는 자유하게 된다. 그러나 바울은 여기서 처음으로 이행 언어를 사용하여 죄의 권능으로부터 해방되는 것이 곧 새로운 권능으로 예속되는 것임을 분명히 한다. 로마의 그리스도인들을 대상으로 17절에서 "너희가 순종하여"와 같은 말로 그들의 회심을 언급하므로, 바울은 그들에게 "너희가 의에게 종이 되었다"는 점을 상기시킨다.[581] 수동태 동사는(17절과 22절에서와 마찬가지로) 여기서도 하

577. Beare, "On the Interpretation," 209-10; Goppelt, *TDNT* 8.250; Cranfield. Gagnon은 "교훈으로 새겨진 자국"이라고 번역하고("Heart of Wax," 667-87), Wright와 Jewett이 그 뒤를 잇고 있다. 그리고 Wells, *Grace and Agency*, 255-60도 보라.

578. 바울은 "해방"이라는 표현을 주로 옛 시대의 각종 권세 - 죄(6:18, 22), 법(7:3과 비록 암시적이기는 하지만 빈번하게 갈라디아서에서) 그리고 사망(8:2) - 에서 해방된 것을 가리키기 위해서 사용한다.

579. *NIDNTTE* 2.176; 바울 서신에서 갈 5:13-14를 보라.

580. Kevan, *Grace of Law*, 249에서 인용했다.

581. ἐδουλώθητε τῇ δικαιοσύνῃ.

나님의 주도하심으로 관심을 끈다. 죄와 대조를 이루는 "의"는 분명히 윤리적인 차원을 가지고 있다. "죄"와의 대조와 동사 "종으로 삼다"의 사용은 이러한 올바른 행위가 신자에게 권위를 행사하는 권세로 간주된다는 것을 암시하기도 한다(6:13절에 관한 해설을 보라). 그리스도인은 단순히 진공 상태에서 바르게 행동하라는 소명이 아니라, 이미 정립된 새롭고 활력 있는 관계에서 바르게 행동하라고 부름을 받은 것이다.

19 이 구절의 첫 문장은 앞에 나오는 것과 명시적으로 연결되어 있지는 않다.[582] 따라서 우리는 이 문장을 18절에[583] 연결할 수도 있고, 19b절에 연결할 수도 있다.[584] 그렇지만 이 중에서 굳이 선택할 필요는 없다. 이 문장은 바울이 그리스도인을 묘사하기 위해 왜 종의 이미지를 사용하고 있는지에 대한 삽입적인 설명으로, 18절("너희가 종이 되었느니라")과 19b절("종으로") 모두에 관련이 있다.[585]

바울이 "인간적인 방식으로"[586] 말하고 있다는 바울의 주장은 "너희 육신이 연약함으로"[587] 우리가 어떻게 해석하느냐에 따라 중립적이거나[588] 부정적인[589] 의미를 가질 수도 있다. 세 가지 다른 해석들이 가능한데, (1) "너희가 인간으로서 사물을 이해하는 데 어려움이 있기 때문에"와[590] (2) "너희 타락한 본성의 지속적인 영향으로 인해 영적인 일들에 둔감해졌기 때문에",[591] 그리고 (3) "너희 인간 본성의 특징인 제멋대로 살고자 하는 유혹 때문에"가[592] 그것이다. 처음 두 해석

582. 이것은 그리스어에서 상당히 이례적인 상황인데, 문법학자들은 이를 "접속사 생략"이라고 부른다.

583. 대부분의 주석가들이 그렇게 한다.

584. Chrysostom; Barrett; Schmithals.

585. Wilckens.

586. ἀνθρώπινον는 형용사 ἀνθρώπινος의 중성 목적격으로 부사로 사용된다. 이 단어는 다소 중립적인 의미로 "인간의"를 의미한다(행 17:25; 고전 2:13; 4:3; 10:13; 약 3:7; 벧전 2:13).

587. 또는 Michel의 주장대로, ὑμῶν이 전체 구를 좌우한다면 "너의 육신의 연약함(your weakness of flesh)"이 된다.

588. 갈 3:15에서 κατὰ ἄνθρωπον을 보라.

589. 롬 3:5와 고전 9:8에서 κατὰ ἄνθρωπον을 보라.

590. 가장 분명하게 이 견해를 따르는 학자로 Barrett이 있다.

591. 예를 들어 Cranfield를 보라.

592. 예를 들어 Käsemann 참조.

은 기본적으로 문제를 지성에 입각하여 본다는 점에서 비슷하고 - 바울은 그들의 이해를 돕기 위하는 방식으로 글을 쓰는 - 반면에 세 번째는 기본적으로 문제를 도덕적인 것으로 본다는 점에서 - 그의 독자들이 들을 필요가 있으므로 바울은 자기가 행하는 것을 쓰는 것이다. 바울의 어투는 그가 언급하는 것이 그의 말하는 방식임을 암시하므로, 우리는 처음 두 개의 선택지 가운데 하나를 택해야 한다.[593] 이 둘 가운데 첫 번째는 너무 빈약하고 두 번째는 너무 강하다. "연약함"과[594] "육신"[595] 모두는 하나님과 그의 영으로부터 떨어져 있는 사람의 모습이 어떠한지를 묘사한다. 그렇다고는 해도, 이 단어들은 엄밀한 의미에서 늘 부정적이지는 않지만, 단순히 중립적이지도 않다. 여기서 바울의 논점은 이해력의 결함을 만들어내는 인간의 본성이 (불완전한) 비유를 통해서만 이 삶에서 극복될 수 있다는 의미처럼 보인다. 하지만 바울은 그의 종이라는 이미지를 철회하거나 사과하지 않는다.[596] 실제로, 그는 이 대목에서 똑같은 적용으로 두 번을 더 사용한다(19, 22절). 다만 바울은 자신의 언어가 세속적인 종에게 흔했던 타락과 두려움, 그리고 속박과 같은 흔적이 기독교의 경험을 의미하는 것으로 해석될 수 있음을 인식하고 있다. 그러나 이러한 특징들에서 벗어나긴 했지만, 의와 생명의 새로운 영역에 있는 삶을, 절대적이고 질문없는 순종을 요구하는 주인에게 넘겨주는 것을 의미하며, 이 점을 강조하기 위한 종의 이미지는 꽤 적절한 것이다.[597]

19절의 마지막 부분은 13절과 매우 흡사하다. 양쪽 다 "자신을 종으로 내주다/드리다"[598]라는 동사를 쓰며, 양쪽 모두 그리스도인들이 그들의 모든 재능을 다 바쳐 하나님께 순종해야 할 필요를 강조하기 위해 "지체"라는 표현을 사용하며, 양쪽 모두 그리스도인이 되기 전과 섬겨야 할 그리스도인의 주인을 대조시킨다. 하지만 13절은 "드리지 말고 … 드리라"는 이중 명령으로 이 대조를 이루는가 하면, 그 반면에 바울은 이 구절에서 "내주어 … 이른 것 같이 … 이제는 내주어"라

593. ἀνθρώπινον이라는 용어를 보라.
594. 롬 8:26과 5:6에 관한 해설을 보라.
595. 1:3; 4:1; 7:5; 8:4-9와 1:3에 관한 해설을 보라.
596. 반대 견해로 Cranfield.
597. Murray; Käsemann; Schreiner.
598. 그리스어 동사는 παρίστημι이다. 이 의미에 관해서는 13절의 해설을 보라.

는 비교를 사용한다. 그렇게 하므로 바울은 그리스도인들의 옛 모습을 특징짓는 자아, 돈, 욕망, 쾌락, 권력과 같은 우상들을 섬겼던 일편단심의 헌신과 같이 의를 섬겨야 할 것을 분명히 한다. 우리 가운데 그토록 많은 사람이 이렇게 비교할 수도 없는 정도로 가치가 낮은 다른 목표들을 추구했을 때와 같은 열성을 가지고 우리가 거룩함을 추구하게 하소서!

바울은 우리의 "지체"를 "종"으로[599] 묘사함으로써 "드리다"라는 동사에 내재하는 봉사적인 개념을 분명히 한다. 그리스도인이 되기 전의 상태에서, 이 지체들은 종으로 "부정과 불법에"[600] 내어주어 "불법에[*eis*] 이르게 됐다." "불법"이 반복되는 것은 예상 밖인데, 아마 바울은 "주인들"의 집합에 대조(즉, 이 구절의 끝에 나오는 "거룩함에 이르라")를 이루는 수사적 평행을 자아내고자 이를 덧붙일 것이다. 바울은 "부정"과 "불법"에 종노릇을 하면 불법은 날이 갈수록 더욱 늘어나게 됨을 의미한다. 대조적으로, 의에게 종으로 내어주면[601] "거룩함에 이른다." "거룩함"은[602] 의에게 종이 되어 사는 삶의 최종적인 산물로 "거룩"의 상태를 나타내는 것일 수도 있다.[603] 그러나 바울이 이 단어를 쓰는 경우의 대부분이 "거룩해져 가는" 과정이라는 동적인 의미를 내포한다.[604] 아마 이 경우에도 해당이 될 것이다.[605] 우리

---

599. δοῦλα. 이 단어는 중성 복수형이기 때문에, μέλη는 서술 형용사적 수식어로 "종으로"라는 의미임이 틀림없다(Moule, *Idiom Book*, 97).

600. τῇ ἀκαθαρσίᾳ καὶ τῇ ἀνομίᾳ. 두 단어 모두는 죄악된 행동을 나타내는 일반적인 용어이며, 바울은 여기서 그 의미에 엄격한 차이를 두려는 의도는 아마 없는 것처럼 보인다(전자에 관하여 1:24를, 후자에 관하여 4:7을 보라). 관사의 반복은 아마도 두 가지 다른 묘사에 대한 관심을 끄는 역할을 할 것이다.

601. "부정"과 "불법"과 상반되는 평행관계 가운데, δικαιοσύνη는 6:13과 6:18에서처럼 하나님이 요구하시는 올바른 행동을 가리킨다.

602. ἁγιασμός. 이 단어는 바울이 그리스도인의 실존을 묘사하기 위해 사용하는 단어의 동일한 어근에서 나오는 일련의 단어들 중에 하나이다(ἅγιος ["거룩한, 성인], ἁγιάζω ["거룩하게 하다"], ἁγιασύνη ["거룩함"]에도 주목하라). 바울 서신과 신약에서 이 단어들의 용도는 LXX에 뿌리를 두고 있는데, 여기서 이 단어들은 קדש(카도쉬) 어군에서 번역한 단어들이다. 이들은 그리스도인을 세상으로부터 분리되어 하나님께 헌신한("성도") 선택받은 자로 묘사한다. 그러나 한 가지 의미에서 성취된 "거룩함"은(예를 들어 고전 6:11; 엡 5:26) 삶의 방식이나 상태이지만, 그것은 여전히 이루어야 할 그리스도인의 의무이다(예를 들어 살전 4:3; 5:23; 살후 2:13). 특히 D. Peterson, *Possessed by God*을 보라.

603. 예를 들어 Godet; Murray. 비록 이 단어의 접미사(-μος)가 이상적으로 명사를 동적인 명사로 포착하지만, 이 접미사로 이루어진 많은 그리스어 단어들은 정적인 의미를 지니게 되었다.

604. 살전 4:3, 4, 7 ("부정"과 대조); 딤전 2:15-고전 1:30과 살후 2:13은 명확하지 않다.

605. 예를 들어 Cranfield; Schreiner; Ziesler, Meaning of Righteousness, 202를 보라.

자신을 하나님 보시기에 옳은 일("의")을[606] 행하는 종으로 헌신하므로 점점 하나님을 중심으로 삼고 세상을 등지는 삶의 결과를 맞이하게 된다.

20 19b절에 나오는 "너희 지체를 의에게 종으로 내주어"라는 명령법은 이 문단의 중심이다. 그러나 이 명령은 고립되어 있지도, 고립되어 있을 수도 없다. 우리가 의의 종이 될 수 있고 또 그래야만 하는 이유는 하나님이 우리를 죄에서 해방시켜 주시고 의의 종이 되게 하셨기 때문이다. 이 "명령법"은 "직설법"에서 나왔고 "직설법"을 반영한다. 이 세심한 균형을 유지하기 위해 바울은 그리스도 안에서 얻게 된 우리의 새로운 지위를 상기시키는 말들(17-18, 20-23절)로 19b절의 명령을 감싸고 있다. 따라서 이 구절의 "for"(그리스어. *gar*)는 19b절에서 나온 명령의 근거로 20-23절을 도입한다. 18절에서처럼, 바울은 그리스도인 독자들에게 그들이 이전에 죄의 종이었음을 환기시킨다. 그러나 현재 그리스도인의 지위에 대한 설명으로 시간적 순서를 곧장 끝내는 대신, 잠시 뜸을 들이며 지나간 삶의 의미를 상기시킨다. 흔히 비기독교인들은 자기들이 자주적인 인간에게 어울리는 자유를 소유하고 있음을 자랑하면서, 신에게 복종하고 인간답지 못한 자(subhuman)가 되는 것으로 이 자유를 포기하는 그리스도인들을 조롱한다. 그리고 바울은 그리스도에게 속하지 않는 자들이 어떤 자유를 누린다는 것을 인정한다.[607] 그러나 그것은 오직 한 가지, 곧 "의"라는 것에 "대하여"[608] 누리는 자유이다. 이 문단 전체에 걸쳐서 그렇듯이, "의"는 윤리적인 의이며, 이 구절과 다음 구절의 연결로 보아 분명하다. 바울은 이런 "의로부터의 자유"가 수치스러운 행위로 문제를 일으킨다고 진술하는 데 있어서, 그가 여기서 묘사하는 의는 우리의 신분보다 우리의 행위와 관계된 것임을 암시하기 때문이다. "죄의 종"이 되는 사람들은 하나님을 기쁘시게 하는 행동의 능력과 영향으로부터 자유하며, 하나님의 의로운 요구

606. 16절에서처럼(이 구절의 해설을 보라), 많은 해석자들은 여기서 "의"를 의롭다 함을 얻은 지위를 가리킨다고 본다(예를 들어 VanLandingham, *Judgment and Justification*, 232-36).

607. 여기서 자유에 대한 개념에 관하여 이 전체 문단에 걸쳐있는데, Jones, "Freiheit," 특히 113-14와 Coppins, *Interpretation of Freedom*을 보라.

608. τῇ δικαιοσύνῃ라는 문구는 아마도 관심의 여격일 것이다(Moule, *Idiom Book*, 46). 하지만 N. Turner (*Syntax*, 238)는 이를 불이익의 여격으로 분류하고, A. Robertson (*Grammar*, 523)은 이를 위치의 여격으로 분류한다.

들에는 귀를 기울이지 않고, 설사 그 요구들을 듣고 존중한다고 해도 거기에 반응할 수 없다. 이는 바울이 분명히 밝히듯, 그리스도 밖에 있는 자들이 다양한 정도의 차이로 옳고 그름을 인식할 수 있지만(롬 1:18-32; 2:14-15을 보라), 선을 행하고 악을 멀리하는 능력은 없기 때문이다. 모두 다 "죄 아래에"(3:9) 있으므로, 하나님의 뜻을 행할 수 없는 것이다.

21 이 구절에서 바울은 그의 독자들이 그리스도인이 되기 전 상황이 어떠했는지 그 묘사를 계속 이어가는데, 본 구절에서 "그때에"와 20절의 "때에는"이 짝을 이룬다.[609] 이 구절에서 구두점을 찍을 두 가지 방법이 있다.

1. "그런즉 너희가 그때에 무슨 열매를 얻었느냐? 이제는 너희가 그 일을 부끄러워하느냐? 이는 그 마지막이 사망임이라."[610]
2. 그런즉 너희가 그때에 무슨 열매를 얻었느냐? 이제는 너희가 그 일로[611] 부끄러워하는구나. 이는 그 마지막이 사망임이라."[612]

만일 우리가 첫 번째 독법을 채택한다면, 질문에 대한 답이 표현되지는 않았지만, 부정적이라고 가정되는가 하면, 마지막 어절은 부정으로 가정된 그것에 대한 설명이 된다. 이 독법을 지지하는 것에서 인용된 한 가지 중요한 고려사항은 "열매"(*karpos*)라는 단어는 바울 서신 어디에서나 볼 수 있는 긍정적인 내용 - "하나님을 기쁘시게 하는 행동들" - 이 주어질 수 있다는 것이다.[613] 그러나 이 논쟁은 거의 의미가 없다.[614] 첫 번째 대안에 무게를 실어줄 만한 것은 딱히 없으며, 두 번

609. 접속사 οὖν은 여기서는 아마도 시간적인 의미일 것이다(Schreiner).
610. UBS^3, 대부분의 영역본(예를 들어, KJV; NRSV; ESV; CSB; NIV; NASB; CEB; NET; NAB)과 다수 주석자들(예를 들어 Murray; Schreiner)을 보라.
611. ἐφ' οἷς. 이 문구는 ἐκεῖνα ἐφ' οἷς의 축약형이고, ἐπί는 "부끄러움"을 나타내는 근거가 된다(BDAG). 바울이 복수형으로 οἷς를 쓰는 것은 καρπός가 배분의 의미가 있다.
612. UBS^{5}와 NA^{28}, NEB; NLT; NJB; 그리고 다수의 주석자들(예를 들어 Godet; Cranfield; Dunn; Wright를 보라).
613. 롬 1:13; 6:22; 15:28; 고전 9:7; 갈 5:22; 엡 5:9; 빌 1:11, 22; 4:17; 딤후 2:6.
614. 이 세 구절 내에서(고전 9:7; 빌 1:22; 그리고 딤후 2:6) καρπός는 긍정보다 중립의 의미를 더 지니고 있고, 마 7:16-20(예를 들어 16절: "그들은 καρπῶν로 그들을 알지니")과 같은 대목들은 신약 저자

째 대안에 찬성하는 이유는 충분하다. 이는 "then(그때에)" 뒤에 21절이 물음표로 끊어지는 경우 생성되는 21절과 22절 사이의 명확한 평행으로 본다.

	신 분	결 과	최 종
21절	"그때에": 죄의 종으로, 의에서 자유함	"열매", 부끄러움임	사망
22절	"이제는": 하나님의 종으로 죄에서 자유함	"열매", 거룩함임	영생

바울은 지금 그리스도인들이 부끄러워하는 그 결실이 과거에 그들이 누렸던 그 자유에서 비롯된 것임을 증명함으로써 그 자유의 부정적인 본질을 강조한다. 이 "열매"는 구체적인 행동과 일반적인 특성을 모두 묘사하기 위해서 신약에서 사용되는데, 여기서는 양쪽 모두가 사용된다. 신자의 편에서 보면, 회심하기 전에 삶의 결과에 대한 부끄러워하는 태도는 칼빈이 시사하듯이 긍정적인 것이다. 이는 "그 자신에게 정말로 불쾌함을 느끼고, 자신의 비참함에 대한 수치심으로 어쩔 줄 모르는 것을 충분히 터득한 사람만이, 비로소 기독교 철학의 원리들을 흡수하게 된다."

이제는 우리가 부끄러워하는 것들을 인식하고 회피할 수 있는 추가적인 장려책으로("for"[*gar*]의 논리적인 의미), 바울은 그의 독자들에게 그것들의 "마지막" 또는 "결과"[615]를 상기시키는데, 이는 "사망"이다. "영생"(22절)과 대조적으로 "사망"은 특히 우리가 "영원한 죽음"이라고 부르는 것을 가리키는 것으로, 사망 후에 시작되는 지옥에서의 하나님과 영원한 이별을 말한다.[616]

22 "그러나 이제는"은 20절의 초입에서 "때에는"에 대해 맞장구치는 문구로, 바울은 그리스도인이 된 독자들의 현재 상황을 그들이 회심하기 전의 과거와 대조시킨다. 우리가 위에서 주목했듯이, 이 두 상황에 대한 묘사는 평행적이다. 전에

들이 이 단어의 좋고 나쁜 행동 모두를 드러낼 때 사용한다.

615. τέλος; 이 단어의 의미에 관하여, 10:4의 해설을 보라.

616. 예를 들어 Barrosse, "Death and Sin," 441-42 참조.

는 "죄의 종으로" "의에 대하여 자유로웠던"(20절) 그리스도인들이 이제 "죄로부터 해방되고" "하나님께 종이 되었다."[617] 6장의 반명제들 가운데 마지막인 이 대목에서, 바울은 구속사의 두 시대를 각각 지배하는 궁극적인 권세들, 즉 "죄와 하나님"을 마주하게 한다. 신자들이 "은혜"(14, 15절)와 순종(16절), "교훈의 본"(17절)과 "의"(18, 19절)에 복종하며 이들 모두를 끌어안는 배후에는, 하나님에 대한 그들의 궁극적인 충성심이 있다.

그러나 이 구절에서 바울의 초점은, 주절에서 표현되듯이, 과거에서 옮겨진 바울의 독자들이 현재 경험하는 "너희가 거룩함에 이르는 열매를 맺었으니"라는 결과에 맞춰진다. 그들이 부끄러워하는 그 열매가 이제 거룩함[618]이라는 "수확을 내는"[619] 열매로 대체된 것이다. 그리고 이 "거룩함에 이르는 열매"[620]의 최종 결말은 "영생"이다. "생명"은 신자에게 있어서 회심의 순간에 시작되지만(6:4과 8:6을 보라), "죽을 것이 생명에 삼킨 바"(고후 5:4)[621] 되기까지는 완전하고 최종적인 형태로 주어지지 않는다.

23 이 구절은 22-23절에서 명시된 사망과 생명의 대조되는 최후를 설명할 뿐만 아니라, 6장 전체를 딱 적절한 절정으로 이르게 한다. 22절에서처럼, "죄"와 하나님은 각 개인의 운명을 결정하는 경쟁 상대의 "권세"로 대조된다. 바울은 죄의 권세 아래 있는 사람들이 겪는 (영원한)사망을 "삯"[622]이라는 단어로 적절하게 묘

617. *ἐλευθερωθέντες* ("해방되어")와 *δουλωθέντες* ("종이 되어") 두 분수 모두, 부정과거로 과거에 이미 얻은 지위로서 새로운 종속을 묘사하고 있다.

618. *ἁγιασμόν*는 19절에서처럼, "거룩하게 되는" 과정을 나타낸다.

619. 전치사 *εἰς*는 결과나 목적을 함의한다.

620. 우리는 *ἁγιασμόν*이나 "하나님께 종이 되는 것"보다는 *καρπόν*이 *τέλος* 뒤에 나오는 암시되는 소유격일 것으로 추정한다.

621. 특별히 *αἰώνιος* ("영원한")로 수식될 때는 *ζωή*는 이러한 종말론적인 함의를 가진다(롬 2:7; 5:21; 6:23; 갈 6:8; 딤전 1:16; 6:12; 딛 1:2; 3:7). 시간적인 의미를 지니지만 - "끝이 없는" - *αἰώνιος*는 궁극적으로 시간을 초월하는 것으로, 그리스도인들이 누리는 "생명"이 하나님의 속성이자 신적인 것인 영원성에 참여하게 됨을 암시한다(H. Sasse, *TDNT* 1.209).

622. *χόψώνια*는 *ὀψώνιον*에서 나왔다. 이 단어는 "식량"이라는 일반적인 의미를 가지고 있지만 (Caragounis, "ΟΨΩΝΙΟΝ," 35-57) 보통 봉사의 대가로 지불되는 돈을 가리킨다. 이것은 삶의 거의 어느 영역에나 적용될 수 있지만(MM은 이 단어가 어린이들의 용돈을 가리킨다고 하는 한 파피루스를 인용한다), 흔히 군인들에게 지급되는 봉급으로 자주 쓰인다(LSJ). *ὀψώνιον*이라는 단어는 이런 의미로 LXX에서 신약에서 3번 나오는데(1 Esdr. 4:56; 1 Macc. 3:28; 14:32), 그 가운

사하고 있다. 그러므로 그는 죄가 요구하는 형벌이 마땅한 것이, "값없이 주시는 선물"로 하나님께 오는 "영생"과 대조되는 것임을 암시한다.[623] 그러므로 이 구절과 6장은 기독론적인 음조로 "그리스도 예수 우리 주 안에"로 맺는 것이 매우 적절하다. 이 음조가 오직 "영생"만을 수식해서 - "그리스도 예수 우리 주 안에 있는 영생"인지 - 아니면 어절 전체를 수식해서 - 하나님이 주시는 영생의 선물이 "그리스도 예수 우리 주 안에" 있는 것인지는 명확하지 않다. 그러나 이 "그리스도 안에" 있는 것으로 모든 것을 아우르는 중요성을 비추어 볼 때, 후자의 수식이 더 바람직하다. 우리는 이 구절을 로이드 존스와 함께 주목하여 보므로 세 가지 대조 점들을 요약해볼 수 있는데, 먼저는 섬김을 받는 주인인 죄와 하나님, 그리고 그 섬김의 결과인 사망과 영생, 끝으로 이 결과를 얻게 되는 수단인, "삯"과 값없이 받는 선물이 그것이다.

c. 율법의 속박으로부터의 해방(7:1-25)

로마서 7장은 성경에서 가장 유명한 장 가운데 하나다. 학자, 설교자, 평신도들과 같은 사람들 모두는 7-25절에서 인간의 몸부림과 좌절에 대한 바울의 생생한 묘사에 매료된다. 이러한 매력과 함께, 이 구절들에서 묘사된 사람의 정체성을 두고 - 거듭나기 전의 바울이냐, 거듭난 바울이냐, 타락한 그리스도인이냐 등으로 - 격렬한 논쟁이 벌어진다. 이런 다양한 정체성들은 결국 두드러질 정도로 다른 성화 신학들을(theologies of sanctification) 일으켰거나, 이 신학들로 영향을 받아 다양한 정체성들이 생겨난 것이다. 그러나 이러한 문제들에 대한 우리의 관심이 지극히 당연하다 할지라도, 우리는 본 장의 해석을 시작할 때 첫발을 잘 내딛어야

데 두 곳(눅 3:14; 고전 9:7)에서도 마찬가지이다(고후 11:8은 분명하지 않다). 이러한 점에 비추어 볼 때, 여기서 이 단어가 군사적인 연관성을 전달할 개연성이 있는데, 이는 바울이 "죄"를 마치 "군인들"에게 삯을 지불하는 사령관으로 묘사하는 것과 같다.

623. *χάρισμα*. 일부 해석자들은 바울이 여기서 *χάρισμα*를 로마의 황제가 즉위할 때 군대에게 하사되는 "포상금"(donativum)을 가리킨다고 제안한다(예를 들어 Tertullian, *Res*. 47; Zahn; Black). 하지만 이 단어와 동일시 할 수 있는 충분한 언어학적 근거는 없다. 바울은 이 단어를 5:15와 16에서 "한 사람 예수 그리스도"가 그에게 속한 모든 사람을 위해 확보한 은사를 묘사하기 위해 이미 사용했다.

만 하는데, 그런 의미에서 인간론은 – 7–25절에서 "나"라는 정체성과 상황이 – 로마서 7장에서는 부차적인 사안임을 천명한다.

본 장의 주요 주제는 모세의 율법이다. 바울은 기본적인 두 가지 요점을 밝힌다. 첫째로, 바울은 혼인의 비유를 사용하므로 사람이 그리스도와 새로운 관계에 놓이기 위해서는 율법에 대한 속박이 끊어져야 함을 주장한다(7:1–6). 이는 본 장의 긍정적인 교훈으로 율법의 기원과 본질에 대한 의문을 불러일으킨다. 이 의문에 대해 바울은 7:7–25에서 답하는데, 그는 율법이 하나님에게서 온 것이지만, 그럼에도 불구하고 죄를 확인하고 사망에 감금하는 데 부지불식간 사용되는 죄의 도구가 되었음을 밝혀주고 있다. 즉, 신에게서 기원했을지라도, 율법은 의롭게 하거나, 거룩하게 할 수도 없다. "율법이 육신으로 말미암아 연약하여 할 수 없는 그것을"(8:3a)이라는 표현은 로마서 7장에서 두 번째가 되는 이 요점을 간결하게 요약한다.

모세의 율법에 관한 이 교훈은 본 서신의 전개에 어떻게 부합하는가? 세 가지 접점이 발견된다. 첫째, 가장 일반적인 접점으로는 바울이 본 서신에서 몇 번에 걸쳐서 간결하게 언급했던 모세 율법의 부정적인 효과들(3:19–20, 27–28; 4:13–15; 5:13–14, 20절)을 광범위하게 다루고 설명한다는 점이다.[624] 둘째, 로마서 6장에서 죄와 관련하여 밝혔던 것과 똑같은 수많은 요점들을 7:1–6에서 율법과 관련하여 되풀이한다는 점이다. 6장에서처럼, 신자가 "죄에 대하여 죽은 것"(2절)과 이로써 "죄에서 해방되어"(18, 22절) 죄가 더 이상 "주장하지"(14a절) 못하듯이, 7:1–6에서도 신자가 "율법에 대하여 죽임을 당한 것"과 이로써 "율법에서 벗어나"(6절) 율법이 더는 "주관하지"(1절) 못하는 것과 같다. 그리고 6장에서처럼, 죄에서 벗어난 이 자유가 또한 의와 하나님에 대하여 "섬기는 것"을 의미하므로 하나님이 기뻐하시는 "열매"가 맺힌 것처럼(18–22절), 7:1–6에도 율법에서 벗어난 자유가 그리스도에게 연합하는 새로운 "섬김"을 의미하므로, 하나님이 기뻐하시는 "열매"를 내는 것과 같다는 것이다(4–6절).[625] 이런 병행들이 일부 주석자들에게 암시하는

---

624. Wright는 6장과 마찬가지로 7장이 5:2–21의 기본적인 구속사적 대비를 드러냄과 동시에 이스라엘의 역사를 시내산으로 옮겨간다는 것이다(6장의 출애굽과 7장의 시내산, 8장에서는 광야 생활).

625. Schnackenburg, "Römer 7," 291; Luz, "Zum Aufbau," 170.

바는, 은혜 시대 아래에 있는 그리스도인들이 죄를 지어도 처벌받지 않는다는 제안에 대하여 바울이 두 개의 평행적인 대답을 하는 별개의 단원 가운데 7:1-6이 6:15-23에 포함되어야 한다는 것이다.[626] 다른 요인들은 단원들의 경계선이 6:15에서보다 7:1에서 그어져야 한다고 가리키지만,[627] 7:1-1은 신자가 새로운 은혜의 영역으로 옮겨가면서 필연적인 윤리적 암시들에 대한 6:15-23의 강조가 연이어지고 있음은 분명하다. 로마서 7장과 앞선 문맥의 세 번째 접점은 신자가 더 이상 "법 아래에" 있지 않다는 6:14과 15절의 확언에 있다. 정말로, 바울은 더 이상 "법 아래에" 있지 않다는 것이 무엇을 의미하고, 이 법의 영역에서 옮겨감은 어떻게 이루어졌으며, 왜 필요했는지를 설명하기 때문에, 이 진술은 본 장에서 즉각적으로 당면하게 되는 것이다.

1. 율법에서 해방되어 그리스도와 연합되다(7:1–6)

1 형제들아 내가 법 아는 자들에게 말하노니
너희는 그 법이 사람이 살 동안만 그를 주
관하는 줄 알지 못하느냐
2 남편 있는 여인이 그 남편 생전에는 법으로
그에게 매인 바 되나 만일 그 남편이 죽으
면 남편의 법에서 벗어나느니라
3 그러므로 만일 그 남편 생전에 다른 남자에
게 가면 음녀라 그러나 만일 남편이 죽으
면 그 법에서 자유롭게 되나니 다른 남자
에게 갈지라도 음녀가 되지 아니하느니라
4 그러므로 내 형제들아 너희도 그리스도의
몸으로 말미암아 율법에 대하여 죽임을 당
하였으니 이는 다른 이 곧 죽은 자 가운데
서 살아나신 이에게 가서 우리가 하나님을
위하여 열매를 맺게 하려 함이라
5 우리가 육신에 있을 때에는 율법으로 말
미암는 죄의 정욕이 우리 지체 중에 역사
하여 우리로 사망을 위하여 열매를 맺게
하였더니
6 이제는 우리가 얽매였던 것에 대하여 죽
었으므로[628] 율법에서 벗어났으니 이러므
로 우리가 영의 새로운 것으로 섬길 것이
요 율법 조문의 묵은 것으로 아니할지니라

626. Morris, 260; Witherington/Hyatt, 167; Porter, 131. Myers는 6:16-23이 6:15 내에서 "은혜 아래있음"으로 전개되고, 7:1-6은 6:15 내에서 "법 아래에 있지 아니함"으로 전개되는 교차대칭적 배열을 암시하고 있다("Chiastic Inversion," 40-41).

627. Lohse.

628. KJV의 "우리가 얽매였던 것에 대하여 죽었으므로 율법에서 벗어났으니(we are delivered from the law, that being dead wherein we were held)"라는 번역은 베자가 사본의 증거 없이 크리소스토모스가 그렇게 읽었다는 것에 기초하여 공인 본문(Textus Receptus)을 들여온 것으로

우리가 보았듯이, 이 문단은 바울이 이 장에서 밝히고자 하는 요점을 담고 있다. 이는 네 부분으로 되어있는데, 1절에서는 이 문단의 교훈의 기초가 되는 일반적인 원리가 나온다. 즉, 죽음이 율법의 속박을 끊어낸다는 것이다. 혼인 관계가 바로 이 경우에 속하는데, 배우자가 사망하면 상대 배우자는 두 번째 결혼을 통해 간통으로 낙인찍는 법에서 "벗어나게 된다"(2-3절). 이 일반적인 원리는 이 문단의 핵심 구절인 4절에서 그리스도인의 체험에 적용되는데, 이는 그리스도인들이 그리스도와 함께 죽음에 동참하므로, 율법의 속박을 끊어내고 예수 그리스도와의 새로운 관계를 가능하도록 하는 죽음을 겪었다는 것이 그것이다. 이어서 5-6절에서 바울은 율법이 죄를 돕고 방조한 "육신에 있는" 사람들의 처지와 율법에서 벗어나 "영의 새로운 것으로" 섬기는 사람들의 상황을 대조시키므로, "주인의 이전"에 대한 필요성과 결과를 보여 준다.

1 "너희가 혹 알지 못하느냐?(Or are you ignorant?)"[629]라는 문구는 바울 서신의 전체 가운데 여기에서와 6:3, 다른 하나는(사소하긴 하지만) 이 두 장을 연결하는 접점에서만 등장한다. 바울이 평소보다 자주 사용하는 "너희가 알지 못하느냐?"(6:16)의 공식과 마찬가지로, 이 교훈은 독자들이 이미 친숙하다는 것을 전제로 한 도입 문구이다. 이는 바울이 방금 밝힌 어떤 요지를 상세히 설명하고 있음을 암시한다. 이제 시작되는 율법에 대한 초점은 바울이 6:14b에서(15절을 보라) 그리스도인들이 "법 아래에" 있지 않다는 그의 주장을 상기하고 있음을 거의 분명하게 밝힌다. 바울은 이 주장을 거의 지나치며 툭 던지다시피 한 것으로 세밀한 설명을 요구하며, 그는 지금 그 설명을 하고 있다.

그렇지만 바울은 그의 가르침으로 들어가기에 앞서 독자들에게 "형제들아,"[630] 내가 "법 아는 자들에게 말하노니"라고 시작한다. 혹자는 이 도입부의 말이 교회 전체에서 로마의 기독교 공동체 내부에 있는 특정 집단, 즉 모세의 율법을 "아는" 유대 그리스도인들로 그 청중을 바꾸는 신호가 아닌가 생각한다.[631] 하지만

ἀποθανόντος를 전제한다(Gifford).

629. ἢ ἀγνοεῖτε.

630. ἀδελφοί. 바울이 로마의 그리스도인들에게 이렇게 부르는 것은 1:13 이래로 처음이다.

631. 예를 들어 Rosner, *Paul and the Law*, 55; Minear, *Obedience of Faith*, 62, 64.

바울의 어투에 비추어보거나,[632] 이 대목과 본 서신의 앞쪽에 나오는 본문들 사이에 분명한 연결점을 고려했을 때, 청중의 범위를 좁히는 것 같지는 않다. 다른 사람들은 바울이 그의 전체 청중을 나타내는 것으로 생각하지만, 법에 대한 언급은 이 청중이 유대 그리스도인들로 구성된 청중을 가리키는 것이 틀림이 없음을 보여주고 있다.[633] 그러나 이 결론은 로마서에서 바울의 청중이 주로 이방인이라는 분명한 증거들과 충돌한다(1:5-7, 13-15절과 서문을 보라). 그렇다면 여기서 말하는 "법"(*nomos*)은 로마의 법을 지시하거나,[634] 일반적인 법을 지시하는 것일 수도 있다.[635] 이러한 가능성은 바울이 2-3절에서 보여주고자 한 실례를 광범위하게 적용할 수 있는 특성과 양립한다. 다른 한편으로, 바울은 어디선가 세상 법을 지시하기 위해 일체 노모스(*nomos*)를 사용하는 일이 없으나, 6:14-15과 7장의 대부분에 걸쳐서는 이 단어를 분명히 모세의 법을 가리켜서 사용한다는 점이다. 그렇다고 해서, 이것이 그의 독자들이 유대 그리스도인이어야 함을 요구하는 것은 아니다. 로마에 있는 이방 그리스도인들 가운데 다수는 그리스도를 만나기 전, 하나님을 경외하는 사람이거나, 회당 예배자들이었을 것이다.[636] 어쨌든, 새로운 회심자는 기독교 교육 초기에 구약과 율법에 노출되었을 것이다.[637] 그래서 바울은 여기서 모세의 율법을 지시하고 있기는 하지만,[638] 청중들의 인종적 배경에 관한 어떠

---

632. Zahn이 지적하는 것은, 바울이 그의 초점을 좁히려는 의도가 있었다면, 그는 아마도 τοῖς ὑμῖν γινώσκουσιν νόμον을 썼으리라고 우리가 기대했을 것이다.

633. 예를 들어 Zahn을 보라.

634. 예를 들어 Käsemann 참조.

635. S-H.

636. 예를 들어 Dunn; Wright; Schmithals, *Theologische Anthropologie*, 24 참조. 보다 자세한 내용은 서문에 나오는 "청중"(Audience)에 관한 논의를 보라.

637. 갈 4:21와 고전 10:1과 같은 본문들은 바울이 이방인 회심자들 사이에서 구약의 지식을 전제로 하고 있음을 보여 준다.

638. 예를 들어 Godet; Murray; Cranfield; Wilckens; Dunn; Fitzmyer; Schreiner; Longenecker를 보라. Michel은 모세의 율법과 소송 절차에 관한 일반적인 지식까지 아울러 지시한다고 보는가 하면, Hodge는 일반적인 도덕률의 계시로서 모세의 율법이라고 본다. νόμος에 관사가 없는 것은 이 견해를 뒷받침하지 못하는데, 이는 바울이 νόμος의 의미와 관사의 유무 사이에 일관성 있는 관계를 입증하지 못하기 때문이다. 그래서 첫 번째에 등장하는 것과 같은 것을 언급해야 하는 이 구절에서 νόμος가 두 번째로 등장하는 곳에는 관사가 붙어서 나온다. 마찬가지로, 바울이 모세의 율법을 언급하기 위해 사용한 νόμος는 일반적으로 그가 특정한 "사도적 결혼법"(apostolic marriage law)을 견해로 가지고 있을 거라는 생각에 반대한다(반대 견해로 Tomson, "What Did Paul Mean," 573-81).

한 암시도 그 사실로부터 도출할 수는 없다.

이 회심자들이 알고 있는 것은 "그 법이 사람이 살 동안만 그를 주관하는"[639] 일반적인 원리라는 것이다. 이 원리는 랍비들의 격언과 비슷한데, "사람이 죽으면 토라(Torah)와 계명의 수행으로부터 해방된다"는[640] 것이다. 비록 상대적인 시기에 주의를 요구하지만, 바울은 이 원리를 인용하고 있을 수 있으며,[641] 이 원리는 거의 어느 문화에서나 병행될 수 있는 그러한 성질을 지닌다는 것이다.

2-3 바울은 이 일반적인 원리를 혼인 관계에 비유하여 설명한다. 아마도 모세의 율법 조항을 생각해 볼 때, 바울은 "남편 있는 여인이[642] 그 남편 생전에는 법으로[643] 그에게 매인 바" 된다는 것에 주목한다. 그러나 남편이 죽으면, 그녀는 "남편의 법에서[644] 벗어났다"고 말한다.[645] 3절에서 바울은 이 상황이 주는 암시들을[646] 간결하게 설명하는데, 그 남편 생전에 그 여인이 다른 남자와 합하면[647](즉, 결혼

639. κυριεύει: 6:14a절과 평행하는 것에 주목하라.

640. b. Šabb. 30a, 151b bar.

641. 특히 Str-B, 3.232; Schoeps, *Paul*, 171, 192; Diezinger, "Unter toten Freigewerden," 271-74를 보라.

642. ὕπανδρος γυνή. ὕπανδρος라는 단어는 "남편 아래에"를 뜻한다(바울이 전치사 ὑπό를 계속해서 사용하므로 속박의 관계를 나타낸다. תַּחַת־אִישָׁהּ(타하트 잇샤)를 보라. 예를 들어 민 5:29 참조).

643. νόμῳ는 수단의 여격이다.

644. κατήργηται ἀπό는 "…으로부터 분리되는"을 의미한다(갈 5:4와 *Acts of John* 84:10-20과 Origen의 엡 2:15에 관한 주석, 그리고 Macarius, *Logos* B 12.1-6과 3.15도 보라[내가 이 참고문헌에 대하여 Peterman, "Paul and the Law,"에 신세를 졌다.).

645. τοῦ νόμου 뒤에 나오는 소유격 τοῦ ἀνδρός는 아마도 "남편에 대한 법"으로 목적격일 것이다(N. Turner, *Syntax*, 212).

646. ἄρα οὖν에 주목하라.

647. 이 구절들은 그 어떠한 사유에서도 한 남편의 죽음 이외에 재혼하는 것이 간음이라는 것을 증명하는데 이따금 인용된다. 이것이 성경적 교훈인지의 여부에 관하여, 이 구절들은 어떠한 경우에서라도 이 쟁점과 관련이 없을 것이다. 바울은 여기서 재혼에 대해 교훈하는 것이 아니라, 어떤 요지를 입증하기 위해 간단한 사례를 인용하는 것뿐이다. 그러한 상황에서는, 누군가 그 비유를 단순화하기 위해서 대개 사실인 것을 주로 일반화하기 마련이다. 바울은 이혼을 언급하는 것이 아니므로, 우리는 그 여인의 재혼이 어떠한 종류의 이혼 없이 이루어진 것임을 추정할 수 있고, 그러한 재혼은 물론 간음에 해당된다. 더 나아가, 바울이 인용하고 있는 법전의 어떤 종류이거나 - 로마법이건 구약의 법이건(신 25:1-4를 보라) - 배우자의 사망 이외의 사유로도 재혼을 허용한다는 점이다. "율법을 아는"(1절) 그의 독자들이라면 이혼 없이도 재혼의 가능성이 어찌 됐든 바울의 비유에 관한 효과를 무효하게 하리라는 점을 분명히 인식할 것이다.

하면),[648] 음녀라고 "불릴 것이다."[649] 다른 한편, 남편이 죽게 된다면 그 여인은 "법에서 벗어나게" 될 것이다. 이 "법"은 2절에서 "그 여인의 남편에 관한 법"을 가리키지만, 바울은 더욱 효과적인 적용을 설정하기 위해서 부적격한 내용을 지시하는 것일 수도 있다. 남편의 죽음이 그 여인을 법에서 벗어나게 하므로, 그 여인이 다시 결혼한다고 해도 음녀의 꼬리표는 붙지 않을 것이다.[650]

바울의 요지는 확연하지만, 우리가 그 요지를 4절의 결론과 연관시키고자 할 때 문제가 발생한다. 2-3절에서 실례로 드는 세부사항이 4절의 적용과 병행하는 것으로 가정한다면, "첫 남편"은 율법을, "둘째 남편"은 그리스도를, 그리고 그 여인은 그리스도인을 나타내는 것임에 틀림없다. 그렇다면 바울은 왜 첫째 남편은 그 예시에서 죽은 것으로 하고, 그리스도인(=그 여인)은 적용에서 죽은 것으로 한단 말인가? 해석자들은 이 예문에 관한 세부사항을 적용에 맞추기 위해 몇몇 대안들을 제시해왔다. 즉, 이 예문 속 여인을 "진정한 자아"로, 첫째 남편을 "남편"으로, 그리고 둘째 남편을 그리스도로 삼는 경우가 가장 그럴듯하다.[651] 하지만 이러한 설명과, 또한 2-3절과 4절 사이의 비유적인(allegorical) 관계를 유지하는 동종의 다른 설명들도 원래 없는 개념들을 본문으로 불러들여야 한다는 점이다. 그렇다면 바울은 어쩌면 우리로 하여금 2-3절의 세부사항에서 의미를 찾게 하려는 의도가 없을 것이다. 2-3절은 단 한 가지 논점, 즉 죽음이 율법과의 관계를 단절시킨다는 점을 분명히 한다. 이 구절들은 4절을 위한 준비 차원에서 1절을 실례로 든다는 것이다.[652] 우리는 이 결론이 기본적으로 타당하다고 생각하지만, 2-3절과 4절 사이에 두드러진 병행들 가운데 일부를 최소화하는 것은 지나칠 수도 있다. 즉, 아내와 남편(2-3절), 그리스도인과 그리스도(4절)의 관계를 각각 표현하기 위해 "… 에 합하다"라는 표현을 사용하는 것과, "죽음" 뒤에 오는 새로운 연합에 대한 강조가

648. *γίνομαι ἀνδρί*는 LXX에서 "…에게 결혼하다"를 의미하는데, 이는 לְ הָיָה를(하야 르) 번역한 것이다(레 22:12; 신 24:2; 호 3:3; Fitzmyer을 보라). 바울이 여기서 이 단어를 사용한 이유 중의 하나는 그리스도인과 그리스도의 상황에 대한 동사적 병행을 만들어내려 함에 있다(4절을 보라).

649. 동사 *χρηματίσει*는 격언의 미래로, 특정한 상황 아래에서 예상되는 것을 표현하기 위해" 사용된다(BDF §349[1]).

650. *τοῦ μὴ εἶναι*로 시작되는 어절은 아마도 목적을 나타내기보다는 결과를 나타낼 것이다(von Siebenthal, *Griechische Grammatik*, §225c를 보라. 반대 견해로 예를 들어 Gifford 참조하라).

651. 예를 들어 Godet 참조.

652. 예를 들어 Murray; Kuss; Käsemann; Cranfield; Fitzmyer 참조.

그것이다. 바울이 분명히 하고자 하는 요점을 염두에 두면서, 우리는 그의 예시와 그것의 적용 사이에서 이 사소한 대응점들, 즉 율법으로부터 끊어지는 것이 새로운 관계로 진입할 수 있게 하는 사실이라는 점에 관하여 깔끔하게 그 강조를 설정하는 대응점들에도 주목해야 한다는 것이다.[653]

4 이 문단의 중심을 이루는 이 구절에서, 바울은 1-3절에서 도출된 추론을[654] 진술한다. 이 추론은 1절에서 진술된 원리에 의존할 뿐만 아니라, 2-3절에 나오는 그 원리의 예시와 부연 설명에도 의존한다.[655] 우리는 다음과 같이 의역할 수 있을지도 모른다. 즉, "'죽음이 법의 구속을 끊어낸다'는 그 원리가 타당하다고 인정한다면, 너희 신자들은 이 여인과 같이 죽음으로 말미암아 율법에 매인 속박에서 끊어져 다른 사람과 합하여질 수 있게 됨을 이해할 수 있다." "너희가 율법에 대하여 죽임을 당하였다"는 것은 6장의 핵심 요지이자, "우리가 죄에 대하여 죽었다"(2절과 11절)를 떠오르게 한다.[656] 이것은 무엇을 의미하는가?

이 구절은 구체적으로 그리고 문맥적으로 6:14b절과 연관이 있기 때문에, "너희가 율법에 대하여 죽임을 당하였으니"는 "법 아래에" 있지 않은 결과를 낳은 행위를 묘사할 것이다. 그러므로 "법 아래 있지 아니한 것"을 "법의 선고로 정죄 아래 있지 아니한 것"을 의미한다고 해석하는 사람들은, 보통 "법에 대하여 죽음에 처하게 되는 것"을 "그 법이 정죄할 권한을 가지고 있는 한, 그 법에서 해방되는 것"을 의미하는 것으로 해석한다. 칼빈의 해석은 개혁주의 신학자들 사이에서 대표적이며, 매우 유명하다. 그는 그 "직무"(office)에 있어서 "모세의 세대"(dispensation)에 특유했던 법과, "생활의 규례"로서 법을 구분한다. 전자는 구체적으로 완전한 순종을 위한 율법의 요구를 포함하는데, 이는 바울이 여기서 주

653. 특히 Little, "Paul's Use of Analogy," 82-90; Schreiner를 보라. Little은 2-3절에서 세 번째 신학적 적용을 주장하는데, 이는 율법이 지배하던 기간 동안에 유효한 기능을 행사한다는 것이다.

654. ὥστε의 "… 하도록"(so that), "그러므로"(therefore)라는 의미에서 나타나듯, 바울은 그의 신학적 주장의 적용을 도입하기 위해 이 접속사를 자주 한다. 반면에, Longenecker는 이 접속사가 여기서는 단순히 중요한 진술을 덧붙이는 것에 주목하는 기능을 할 뿐이라고 주장한다.

655. 이것은 ὥστε 뒤에 나오는 καί, "…도"(also)에서도 증명된다.

656. 6:2에서 능동태 ἀπεθάνομεν("우리가 죽었다")에서 수동태 ἐθανατώθητε ("너희가 죽음에 처했다")로 전환되면서, 신적 주도권 - "너희는 [하나님에 의해] 죽게 되었다" - 을 더욱 강조하기는 하지만, 기본적인 구문이나 의미에는 영향을 미치지 않는다.

장하는 바대로, 그리스도인에게 폐기처분 된 율법의 기준에 도달하지 못하고 필연적인 실패로 인해 정죄로 이어지기 마련인 것이다. 그러나 후자의 "직무"는 여전히 유효하다.[657] 일부 학자들은 이 "정죄로부터 자유"에 율법의 왜곡으로부터의 자유라는 개념을 더하여 의롭다 하심을 얻는 수단으로 향하는데,[658] 몇몇 학자들은 바울의 의도를 이 개념으로만 한정시킨다.[659]

하지만 율법에 대한 이런 종류의 오해에서 기인한 구원을 가리키는 것 같지 않은 이유는, 바울이 그 법을 그 백성들에게 정당한 권위를 행사하는 힘으로 보기 때문이다(1-3절).[660] 더욱이 율법을 오해한 것이 근본적인 문제였다면, 하나님은 우리를 그 권위에서 벗어나게 하시려고 그 아들의 죽음과 같은 극단적인 조치에 의존할 필요는 분명 없었을 것이다.[661] 그와 반대로, "율법에 대하여 죽는 것"은 율법의 정죄로부터 해방하는 것을 포함함이 거의 확실하다. 그 문맥은 율법에 대하여 얽매였던 것을 "육신에"(5-6절) 있는 것과, 사망에 이르게 하는 죄의 권세(7-12절과 8:1절의 정죄함에 대한 언급을 주목하라)에 연결시킨다. 그러나 그 의미를 정죄에만 한정시켜서는 안 된다. 5-8장을 통틀어서 바울은 율법에 불순종할 때 임하는 정죄에 대하여 "율법의 저주"에 초점을 두기보다는 죄의 문제를 해결하지 못하는 "율법이 할 수 없는 것"(롬 8:3a)에 초점을 맞추고 있다. 이러한 이유로, 4절에 대해 부연하는 5-6절에서 바울은 율법이 죄를 해결하지 못할 뿐만 아니라, 율법에 "얽매여" 있는 사람에게서 사실상 죄를 부추기는 것으로 표현되기도 한다. 유대인들에게 죄를 대항하는 큰 보루로 부자연스럽지 않게 여겨졌던 그 율법은, 바울이 보기에, 사실상 더 많은 죄를 양산해내고(5, 8절) 죄의 문제를 율법이 없었을

657. 칼빈의 논평에 덧붙여서, *Institutes* 2.11.9도 보라. 비슷하게 구분하는 사람들 중에서도 멜랑히톤(*Loci Communes* : 신자는 도덕법으로부터 자유한데, "quoad justificationem et condemnationem, non quoad obedientium"["의롭다 하심과 정죄에 관하여 그러하지만 순종에 관하여는 그렇지 않다]), 청교도들의 대부분(예를 들어 Coolidge, *Puritan Renaissance*, 103-4)과 웨슬리 (예를 들어 Lindström, *Wesley and Sanctification*, 78-81)를 보라. Fairbairn, *Revelation of Law*, 429-30; C. Scott, *Christianity*, 41-42; R. Longenecker, *Paul, Apostle of Liberty*, 145도 보라.

658. Cranfield (7:6에 관하여); de Lacey, "Sabbath/Sunday Question," 169.

659. 예를 들어 Stuart 참조.

660. 14절에 관한 각주도 보라.

661. Räisänen, *Paul and the Law*, 46-47; E. P. Sanders, *Paul, the Law and the Jewish People*, 99.

때보다 더욱 악화시키는 데 사용된 죄의 도구이다(9-11절, 13절). 이것은 6:14에서와 마찬가지로 바울이 7:4에서 율법을 그리스도에게서 동떨어진 사람이 얽매이게 되는 옛 시대의 권세로 본다는 점을 시사한다. 6절에서 "조문"/"영"의 대조가 쓰인 것에서도 알 수 있듯이, 그 근본 개념은 다시금 구속사적이다. 따라서 신자가 "죄에 대하여 죽는 것"은 "하나님께 대하여 살기" 위함이듯(6장), 신자가 "율법에 대하여 죽임을 당한 것"은 "그리스도에게 합하기" 위함이다. 이러한 두 이미지 모두는 옛 영역으로부터 새 영역으로 옮겨가는 신자를 묘사한다. 죄가 다스리는 한 하나님과 의가 통치할 수 없으며, 율법이 다스리는 한 그리스도와 영도 통치할 수 없는 것인 셈이다.

바울이 이 구절에서 묘사하는 것은 율법의 권세, 즉 "얽매는 권위"로부터의 구원이다.[662] 이런 의미에서 율법에서 벗어남을 통해 신자는 자연스럽게 율법의 정죄하는 권세(權)으로부터 해방된다. 그러나 우리는 정죄하는 권세로서의 율법과 "생활의 규례"로서의 율법을 구분하므로 바울에게는 생소한 - 적어도 이 시점에서 - 범주들을 도입한다. 바울은 여기서 율법 전체의 "구속력"에서 구원을 가르친다.[663] 그러나 우리가 6:14에 관하여 말한 것을 재서술하기 위해서는, 이것은 신중히 입증되어야만 한다. 첫째로, 우리는 바울이 여기서 구약 전체에 관해서 말하고 있는 것이 아니라, 모세의 율법을 말하고 있음을 기억해야 한다. 둘째로, 그는 모세의 율법을 하나의 체계 또는 기관으로서 말하고 있다는 점이다. 이것은 본문에서 율법이 신자의 삶 가운데 아무 역할도 할 수 없다고 결론을 내리는 것이 시기상조임을 의미한다.[664] 우리가 보았듯이, "율법에 대하여 죽는 것"은 법의 권

---

662. Longenecker는 그의 중대한 논문인 *Paul, Apostle of Liberty*에서 그가 전개한 범주화를 사용하므로, 바울은 4-6절에서 "율법주의(legalism)"("하나님 앞에 놓인 의의 문제들")와 "경전주의"(nomism)(하나님의 은혜와 사랑에 대한 응답으로 그들의[성도의] 믿음을 삶에서 표현하는 것과 관련된 문제들) 모두를 반대한다고 주장한다.

663. 우리는 이와 같이 해석되는 구절들이 최근 많은 학자들에 의해서 옹호되는 견해라 보기에는 불가능하다고 생각하는데, 이는 유대 그리스도인들이 토라를 준수할 필요가 있다고 가르치며(바울 자신도 그랬던 것처럼), 이방인들에게 그 법을 강요할 경우에만 바울이 반대한다는 취지가 그것이다. 11:32 이후에 나오는 부록을 보라.

664. 예를 들어 Räisänen, *Paul and the Law*, 46-47과 Westerholm, *Perspectives*, 432에서 주장하는 바와 같다. 반대 견해에 관하여 특히 Schreiner; 동일 저자 "Abolition and Fulfillment," 52-59를 보라. 그는 이 문맥 가운데 율법에서 벗어나는 것은 오직 불신자를 가리키는 것이라고 생각한다.

능이 지배하는 영역에서 구출되는 것을 의미하기 때문이다. 그것은 반드시 신자가 율법과는 아무런 관련이 없다는 것을 의미하지 않는다. 이러한 이유로 인해, 긍정적인 측면에서 율법은 증인이 되어(1:2; 3:21) 신자에게 하나님의 거룩하심과 그가 그의 백성에게 기대하시는 거룩하심에 대해 없어서는 안 될 많은 것을 계속해서 가르치는 것이다. 게다가, 이 구절은 신자가 율법의 직접적인 권위 아래에 있지 않음을 암시 - 그럼으로써 전통적인 의미에서 "율법의 세 번째 용법"을[665] 일체 배제 - 하지만 그렇다고 해서 그 율법의 개별적인 계명들이 새로운 언약법으로 재적용될 수 없다는 말은 아니다(8:4과 13:8-10에 관한 논의를 추가적으로 보라). 마지막으로, 바울이 여기서 말하는 율법은 모세의 율법이지, "우리에게 명령하는 어떤 것이든"이라는 루터교의 의미에서 본 "율법"이 아니다. 여기서 바울이 확언하는 것은 신자가 더는 모세 율법의 권위 아래 있지 않다는 것이지 신자가 아예 율법 아래에 있지 않다는 것은 아니다. 실제로 바울 자신은 더욱 넓은 의미에서 신자가 여전히 "율법 아래에" 있는 - 여전히 어떤 명령을 지켜야 할 의무가 있는 - 것임을 분명히 한다(갈 6:2절; 고전 7:19 ; 9:20-22을 보라).[666]

이것과 어느 정도 평행적인 한 대목에서, 바울은 자기 자신에 관하여 그는 "율법에 대하여 죽었나니 이는 하나님에 대하여 살려 함이라"라고 말한다(갈 2:19). 그 문맥에서(15절에서 "우리는 본래 유대인이요") 바울은 유대교에서 기독교로 회심한 개종자로서 그의 경험을 기술하고 있으며, 이 문단에서와 마찬가지로, 그가 하나님을 기쁘시도록 하기 위해서는 율법의 옭아매는 권위에서 벗어나야 했음을 밝히

---

665. 율법의 "세 번째 용법"은 그리스도인의 삶으로 인도하는 긍정적인 권위적 지침으로 율법의 역할을 가리킨다(위에 칼빈으로부터 인용한 "삶의 규례"로서 율법에 대한 개념을 보라). 이 "권위"가 정확하게 무엇을 정의하고 있는지를 정의하는 데는 긴요한 신중함이 요구되고, 이를 위해 많은 뉘앙스를 세밀하게 들여다보아야만 한다(특히 Weber, *Foundations of Dogmatics* 2.394-97을 보라). 대부분의 학자들은 루터가 보통 정의되는 것처럼 율법의 세 번째 용법을 가르쳤다고 생각하지 않는다(예를 들어 Ebeling, "On the Doctrine," 62-64; H. Bornkamm, *Luther and the Old Testament*, 124-28; Joest, *Gesetz und Freiheit*, 129-33을 보라. 아마 이 문제에 관하여 루터의 견해 중 가장 극단적인 표현은 그가 저작한 "그리스도인들은 모세를 어떻게 볼 것인가"(How Christians Should Regard Moses), LW 35.162-71에 나올 것이다). 하지만 "율법의 세 번째 용법"은 츠빙글리(Locher, "Characteristic Features," 197-99)에게서 암시되고, 칼빈과 - 그에게 "세 번째 용법"은 "주된 용법"이고 - 멜란히톤(*Loci Communes* 7과 일치신조〈Formula of Concord〉 art. 6도 보라)에게서 분명히 나타나며, 일반적으로 개혁주의 신학 내에서 가르친다.

666. 이것에 관하여 특히 Deidun, *New Covenant Morality*의 논문을 보라.

고 있다. 우리는 기독교인이 된 유대인이 "율법에 대하여 죽는다"는 것이 어떤 것인지를 이해할 수 있는데, 이는 그 유대인이 그 법의 권위 아래서 성장했을 것이기 때문이다. 그렇지만 그들이 "율법에 대하여 죽는다"는 것이 필요하다는 것을 이방인 회심자들에게는 어떻게 말할 수 있겠는가? 이 난제를 피하기 위해서, 일부 주석자들은 7:4의 "율법"이 일반적으로 도덕법이나,[667] 또는 바울이 이 대목에서 지칭하는 "형제들아"를 오로지 유대인이라고 제안한다.[668] 그러나 우리가 보았듯이(1절에 관한 해설을 보라), 이 두 가지 선택지 중에 어떤 것도 해결책인 것 같지는 않다.[669] 바울이 이 문제를 결코 명확하게 하지는 않지만, 우리는 바울이 모세의 율법에 대한 유대인의 경험을, 율법을 가진 모든 사람의 경험에 대한 패러다임으로 바라보기를 제안한다.[670] 이스라엘은 구속사 가운데 일종의 실험사례로 역할을 하며, 이스라엘과 그 법과의 관계를 필연적인 결과로 하나님이 그들에게 계시하신(2:14-15) 율법과 모든 사람과의 관계에 적용된다.[671] 그렇다면, 7:4에서 "율법에 대하여 죽임을 당하였으니"는 엄밀히 유대 그리스도인들에게만 적용되는가 하면, 바울이 그와 같은 것을 로마 기독교 공동체의 전체라고 단언할 수 있는 이유는 모세의 율법에 대한 이스라엘의 경험이 전용된 의미에서는 곧 로마의 기독교 공동체의 체험이기도 하기 때문이다. 그리고 물론 바울은 "율법 외에" 의가 나타난(3:21절) 새로운 시대 가운데, 이방인이 하나님 백성의 온전한 구성원이 되기 위해 율법 아래 들어올 필요가 없다는 점도 분명히 하고자 한다.

성도가 율법에 대하여 죽임을 당하게 되는(그리스어. 디아[*dia*]) 수단은 "그리스도의 몸"이다.몇몇 해석자들은 바울이 이 문구를, 예를 들어 고린도전서 12장에서

---

667. 예를 들어 Hodge 참조.

668. 예를 들어 Bandstra, *Law and Elements*, 140 참조.

669. 생각의 흐름대로라면, 여기서 νόμος는 5절과 7-25절에서와 같은 것, 즉 모세의 율법을 가리키는 것이어야 한다(7절의 인용을 보라). 게다가 1절에 관하여 지적되었듯이, 바울의 청중은 로마의 기독교 공동체의 어느 한 부분, 즉 상당수의 이방인을 포함한 공동체에 국한될 수 없다.

670. 이와 유사한 제안에 관하여 Ebeling, "Reflexions," 275-80; Donaldson, "'Curse of the Law,'" 104-6; Blank, "Gesetz und Geist," 83; Westerholm, *Perspectives*, 415-16; 동일 저자, "Canonical Paul and the Law," 210-11을 보라.

671. 유대교 가르침에서 이방인들에게 이 율법을 적용하는 데는 모종의 근거가 있다. 예를 들어 *Bib. Ant.* 11:1-2를 보면, "나[하나님]는 영원한 율법을 네[모세] 손에 주었고, 이것으로 온 세상을 심판할 것이다"(2 Bar. 48:47; 4 Ezra 9:11-12도 보라). 이러한 참고자료에 대해 나는 Donaldson에게 신세를 졌다("Paul, Abraham's Gentile 'Offspring,'" 146-47).

처럼, 신자들이 그리스도의 몸인 교회에 속함으로써 율법에 대하여 죽임을 당하였다는 집합적 의미로 사용하고 있을지도 모른다고 생각했다.[672] 다른 사람들은 바울이 그의 죽음에서 그리스도와 신자들의 결속을 함의할 수 있다고 제안한다.[673] 그러나 바울은 로마서에서 이러한 적용에 대한 기초를 닦아놓지 않았기에, 그가 가리키는 것은 우리를 위해 십자가에서 죽임 당하신 그리스도의 육체적인 몸인 것이 틀림없다.[674] 신자들이 율법에 대하여 죽임을 당한 목적은 "다른 이에게 가는 것"에 있다. 이 문구는 3절의 표현, 즉 죽음이 그 여인을 첫 남편에게서 갈라놓아 그녀가 "다른 남자에게 갈 수" 있음을 상기시키듯, 신자가 죽음으로 율법에서 분리된 것은 "그리스도에게 합하여지기" 위해서이다.[675] 바울은 이 새로운 관계가 결코 끝이 없는 관계가 될 것이라는 점을 은연중에 드러낸다. 이는 그리스도인이 연합하게 되는 그 "다른 이"가 "죽은 자 가운데서 다시 살아나신 이"로서 결코 다시 죽지 않을 것이기 때문이다(6:9-10).[676] 이렇듯 신학적으로 조밀한 이 구절은 이 단원에서 바울이 관심을 기울이는 "우리가 하나님을 위하여 열매를 맺게 하려 함이라"는 현실적인 어조로 끝이 난다. 그리스도와 우리의 새로운 관계는 우리로 하여금 "하나님의 영광을 위하여"[677] 있게 될 성품과 생각과 행동들을 낳을 수 있도록 하며, 또 그렇게 하도록 요구한다.

5 그리스도인이 되기 전과 그리스도인이 되고 난 이후의 상황을 대조하는 데

672. J. A. T. Robinson, *Body*, 47; Tannehill, *Dying and Rising*, 46; Dodd.

673. 예를 들어 Byrne 참조.

674. 예를 들어 R. Gundry, *Sōma in Biblical Theology*, 239-40; R. Jewett, *Paul's Anthropological Terms*, 299-300을 보라. 6장에서와 마찬가지로, 바울은 아마도 그리스도의 죽으심을 신자들이 동참하는 공동의 사건으로 바라본다. 그리스도의 십자가 죽으심은 신자의 죽음이기도 했고, "율법에 대하여" 뿐만 아니라 "죄에 대하여" 죽으심이기도 했다(Barrett; Wright 참조). 반면에, 이 본문을 두고 6:1-3로부터 세례의 내포된 의미들을 끌고 들어오는 독법은(예를 들어 Wilckens가 그렇게 한다) 정당하지 않다(Dunn).

675. 각각의 경우 *γίνομαι* + 여격이다.

676. Bruce.

677. *τῷ θεῷ*라는 이익의 여격에 대한 의미를 의역하는 한 방법이다. 많은 주석자들은 "열매를 맺는 것"의 이미지에서 혼인 비유가 이어지는 것을 알아차렸다. 즉, 선한 행위는 신자가 그리스도와의 연합으로 말미암아 나오는 결과물인 것이다(Bengel; Godet; Fitzmyer). 그러나 이것은 비유를 지나치게 확대해석 한 것일 수 있는데, 특히 2-3절이 자녀를 전혀 언급하고 있지 않기 때문이다(Lightfoot; Denney).

익숙한 표현인 "때에는 … 이제는"(5-6절)으로, 바울은 신자가 율법의 지배에서 해방되는 것이 왜 필수적인지를 설명한다.[678] 그리스도와 동떨어져 있는 사람을 "육신에 있는"(사륵스[sarx]) 것으로 묘사하는 데 있어서, 바울은 사실상 비기독교인이 "포장되어" 있고, 따라서 좁게는 인간적인 이 세상의 원칙과 가치에 의해 통제되고 있음을 의미한다.[679] 우리는 바울의 구속사적 틀의 배경에 관하여 사용하는 표현을 다시금 이해해야만 한다. 바울은 사륵스(sarx)를 성령과 반대되는 옛 시대의 또 다른 권세로 그리고 있는데, 사륵스는 항상 7-8장에서 대조된다.[680] 로마서 8:9과 이 구절에서 "…때에는"이라는 표현이 명확하게 하듯이, 이 상황은 모든 비기독교인들이 자기 자신이 이 가운데 처해 있다는 사실과 그리스도 안에서 구원이 있음을 깨닫는 객관적인 상황이다.

육신의 지배 가운데 놓인 실존은 옛 시대의 세 가지 다른 권세로 결정되었는데, 그것은 죄와 율법, 그리고 사망이다. 7-12절에서 그의 논거에 대한 방향성에 결정적인 역할을 하는 순서에 있어서, 바울은 이 세 가지를 한데 모아 "율법으로 말미암는[681] 죄의 정욕이[682] 우리 지체 중에 역사하여 우리로 사망을 위하여 열매를 맺게 하였더니"라고 주장한다. "죄악의 정욕"이 "율법으로 말미암아"라고 확언하는 데서, 바울은 이전에 간략히 언급했던 죄와 율법의 밀접한 연관성을 재차 확인한다(3:20; 4:15; 5:2). 그러나 여기서 더 나아가 율법이 단순히 죄를 드러내는 것이나

---

678. 따라서 5절의 γάρ는 4절의 설명으로 5-6절을 함께 소개한다.

679. 바울 서신에서 σάρξ의 신학적이고 윤리적인 의미에 관하여 1:3의 해설을 보라.

680. "육신"은 이러한 의미에서 그 사람의 일부도 아니고, 심지어 그 사람 안에 있는 충동이나 천성도 아니지만(Dunn을 보라), NIV는 "in the realm of the flesh," 사람이 살아가는 "권세 영역"으로 보는 것이다. Fee, *God's Empowering Presence*, 816-22에서 전개되는 논의를 보라.

681. 정관사 τά는 이어지는 전치사구인 παθήματα에 결부시킨다.

682. τὰ παθήματα τῶν ἁμαρτιῶν, "죄의 정욕"이라는 문구는 6:12의 ταῖς ἐπιθυμίαις αὐτοῦ에 비추어 볼 때, "죄에서 일어나는 사욕"을 의미할 가능성이 있지만(근원의 여격; Schlatter), ἁμαρτιῶν은 복수형이므로 그럴 것 같지 않다. 바로 이 복수형 때문에 - 5-8장에서는 드물다 - 다른 이들은 ἁμαρτιῶν이 목적적 소유격으로 "죄를 낳는 정욕"을 의미할지도 모른다고 생각한다(Godet; Bandstra, *Law and Elements*, 127). 그러나 바울이 "정욕"과 "죄"를 두 개의 분리된 단계로 구분할 것 같지는 않으므로, ἁμαρτιῶν은 아마도 성질의 소유격으로 "죄악의 정욕"을 나타낼 것이다(Murray; Käsemann; Schreiner). πάθημα라는 단어는 대개 신약 이전이나 신약의 그리스어에서 모두 "고난"을 뜻하지만(8:18; 고후 1:5, 6, 7; 빌 3:10; 골 1:24; 딤후 3:11; 히브리서[3회]와 베드로전서[4회]), 여기서와 갈 5:24에서 모두 "정욕"(passion) 또는 "탐심"(desire)을 의미하는 것으로, πάθος의 동의어로 사용된다. 바울이 ἁμαρτιῶν을 덧붙이는 것은 아마도 "정욕"이 부정적일 필요가 없기 때문일 것이다.

(3:20), 죄를 범죄로 바꾸는 것이 아니라(5:20), 사실상 죄 자체를 낳는 것임을 말하는 것처럼 보인다.[683] 우리는 이 개념을 다른 두 가지 방식으로 이해할 수 있다. 첫째, 이른바 불트만의 율법주의적 관점인데, 이 관점에 따르면 "정욕"은 사람들이 자신의 의를 세우고자 하는 욕망이다. 생명의 전망이 계속되는 가운데(10절), 율법은 사람들로 하여금 이 생명을 얻는 수단으로서 이 계명에 순종하도록 독려하고, 그로 인해 하나님과 그의 은혜를 뽐내는 자부심과 죄악 된 독립심을 가지도록 이끈다는 것이다.[684] 그러나 바울은 율법으로 말미암아 의를 추구하는 유대교 형제들을 혹평하지만(예를 들어 10:1-8을 보라), 율법 자체가 이러한 추구를 고취한다고 가르치지는 않는다. 그는 이러한 열망을 자극하는 율법을 비난할 것 같지는 않다. 더욱이 이 구절에서 "죄의 정욕"은 7절에서 율법이 금하는 "탐심"으로 해석된다.[685] 그렇다면 우리는 "율법주의적" 설명을 거부하고 두 번째 설명을 선택해야만 하는데, 이는 "죄의 정욕"이 하나님과 그의 법을 불복하려는 욕망이며, 역설적으로 이 욕망은 그 율법으로 인해 악화된다는 것이 그 설명이다. 바울이 7:7-11에서 더 충분히 설명하듯이, 율법은 하나님의 기준을 세우는 데서 하나님을 대항하는 인간들의 선천적인 반항심을 자극함으로 죄를 불러일으킨다. 게다가 율법은 - 그 개념이 이 구절에서는 그리 분명하지는 않지만 - 죄의 실패를 하나님의 긍정적인 율례에 위배되는 것으로 낙인찍음으로써 죄의 심각성을 가중시키는 것이다.

바울은 단수로 "죄"를 사용하는 그의 통상적 용법에서 벗어났지만, 이 구절의 나머지 부분은 그가 계속해서 죄/죄들(sin/sins)을 활동적인 세력으로 특징짓고 있음을 보여 준다. 즉, 율법으로 말미암아 일깨워진 죄악의 정욕들이 회심하기 전에

---

683. 예를 들어 Sanders, *Paul, the Law and the Jewish People*, 84-85. 실제로, 혹자는 이 문구가 의미하는 바가 단순히 죄가 율법으로 말미암아 "분명해진 것"이라고 해석하기 때문에 죄와 율법 사이의 이러한 관계를 인정하지 않는다(예를 들어 Chrysostom 참조). 하지만 *παθήματα*와 *διά* 사이를 잇는 어떤 단어나 문구가 없으므로 이 해석은 가능해 보이지 않는다. 그런가하면, 바울의 의중은 "죄의 정욕"이 사실상 율법 "때문에" 일어났다는 뜻일 가능성이 있다.

684. Bultmann, "Romans 7," 154-55; 불트만의 *Theology*, 1.246, 248; Jewett("율법에 순응하고 그 법의 규범을 준수하도록 강요하는 명예를 갈망하는 것"); 동일 저자, *Paul's Anthropological Terms*, 145-49; Furnish, *Theology and Ethics*, 141-42도 보라.

685. 이러한 비평들을 포함한 다른 비평들에 관하여 Ridderbos, *Paul*, 145-46; Beker, *Paul the Apostle*, 239-40; Althaus; Räisänen, "Legalism and Salvation," 69-71; 동일 저자 "Zum Gebrauch," 85-99를 보라. 5:20과 7:15에 관한 우리의 해설도 보라.

로마 기독교인들의 "구성원들"[686] 가운데 계속해서 "역사"[687]하고 있었다는 것이다. 그리고 사망은 - 모든 차원에서 - 그 결과였다.[688]

6 바울의 초점이 율법에 있으므로, 그는 "육신에" 있는 것과 "영에" 있는 것 사이에서 예상이 될만한 대조를 8장으로 미루는데, 이는 그리스도인이 율법으로부터(6절) 구원받는 것을 다시 한번 강조하고 율법 자체에 대한 가르침의 함의를 탐색하기 위함이다(7-25절). 이 함의는 곧 "이제는 우리가 얽매였던 것에 대하여 죽었으므로 율법에서[689] 벗어났으니"이다.[690] 4절과의 병행이 분명히 하듯이, 비기독교인이 "얽매여 있는 것"은 율법이다.[691] 하지만 신자들은 이 법의 체제로부터 해방된 것이다.[692]

아직 율법에 사로잡혀 있지만, 바울은 자기의 논거에서 결국 어디로 향하고자 하는지 알고 있고, 그래서 이 구절의 마지막 부분에서 그는 "이러므로 우리가 영의 새로운 것으로 섬길 것이요[693] 율법 조문의 묵은 것으로 아니할지니라"라고 선

---

686. *τοῖς μέλεσιν*은 6:13과 19에서처럼 우리의 육체적인 기능뿐만 아니라, 우리의 정서적, 인지적 기능을 아우른다.

687. 동사 *ἐνηργεῖτο*(중간태 자동사)는 미완료 시제로, 죄의 끊임없는 활동을 강조한다.

688. 여기서 부정사 구문으로 쓰인 *εἰς τό*는 목적을 나타낼 수 있지만(BDAG; Godet), 결과를 나타낼 가능성이 더 높다(Kuss; Cranfield). 즉, 정욕이 "역사하는 것"의 결과는 사망으로 이끌거나 사망을 일으킬 만한 행위들을 낳는다고 보는 것이다(바울이 사용하는 *εἰς* 부정사 용법에 관하여 1:20에 관한 해설을 보라).

689. *κατηργήθημεν ἀπό*. *καταργέω* + *ἀπό*의 의미에 관하여 7:2의 해설을 보라.

690. *ἀποθανόντες ἐν ᾧ κατειχόμεθα*. 이 분사절은 동사를 수식하므로, 율법으로부터 신자가 벗어남이 어떻게 일어났는지를 4절에서 취한 표현으로 설명한다. 이 절(clause)은 생략된 것이고, *ἀποθανόντες* 다음에 *ἐκείνῳ*를 삽입하여 채워야 한다(Lightfoot는 *κατειχόμεθα*를 독립적으로 취하여 *ἀπὸ τοῦ νόμου*를 *ἀποθανόντες*에 덧붙인다). 수동태로 된 *κατέχω*의 의미에 관하여 BDAG를 보라.

691. Kümmel, *Römer* 7, 42; Cranfield; 반대 견해로 예를 들어 Griffith Thomas와 Lagrange는 바울이 육신을 가리킨다고 생각한다. 그리고 Zahn, Denney와 Lenski는 일반적으로 회심 전의 옛 상황을 가리킨다고 본다. 이 구절과 갈 3:22-23에서 율법에 관한 바울의 가르침 사이의 병행을 주목하라.

692. 7:4에서 주장했던 것처럼, 바울이 사용하는 언어는 율법에서 선언된 정죄로부터 해방을 허용하지 않는다(Cranfield가 제안하는 것처럼).

693. *καινότητι πνεύματος*. 여기서 속격으로 쓰였고, 대조되는 문구에서는 보충 설명하는 것으로 "새로운 것, 즉 영"으로나 "옛것, 즉 조문"이 될 수 있지만(예를 들어 Cranfield 참조), 이는 아마도 출처가 있거나 주관적인 표현으로 "영에 의해 결정되는 새로운 상태"와 "조문으로 결정되는 옛 상태"일 것이다.

언하는 것이다.[694] 바울이 조문/영의 대조를 사용한 것은 로마서에서 이번이 두 번째다(2:27-29를 보라). 앞에 나온 본문에서와 마찬가지로, 그 대조법은 율법의 오해나 오용과 영(Spirit) 사이에 있는 것이나,[695] 적어도 기본적으로 외적인 요구나 순종하려는 내적 성향 사이에 있는 것이 아니라,[696] 옛 언약과 새 언약, 옛 시대와 새 시대 사이에 있는 것이다.[697] 옛 언약이나 모세 언약의 본질은 성문화된 하나님의 외면적인 요구로서 율법이다. "조문"으로 만들어진 옛 상태로 "섬기는 것"은, 유대인이 생각했던 것처럼, 죄의 억제를 의미하는 것이 아니라, 죄의 세력을 조장하는 것으로 죄의 최종 산물인 "사망"을 의미했다(5절). 그러나 이제 율법의 얽매임에서 벗어난 신자는 하나님의 영이 만드신 새로운 상황, 곧 생명을 가져오고(고후 3:6) 하나님이 기뻐하시는 열매를 맺게 하는 상황이다(6:22-23을 보라). 바울이 "영 안에서 섬기는 것"의 성격을 발전시키기에 앞서(롬 8장), 잠시 숨을 돌리면서 "조문의 묵은 것으로 섬기는 것"과 율법이 죄의 정욕을 일으키는 "육신에" 있는 것의 상황을 보충 설명한다(7:7-25).

하지만 이 본문으로 넘어가기 전에, 우리는 구약시대의 "율법에 대한 얽매임"이라는 문제를 조금 더 언급할 필요가 있다. 페어번(Fairbirn)은 믿음으로 말미암아 의롭다 함을 얻지 못한 구약에 속한 자들에게만 적용되는 것으로 "율법에 얽매이

694. 옛 주석가들은 ὥστε를 뒤따르는 부정사가 "숙고한 결과"를 의미하는 것이 틀림이 없다고 주장하지만(예를 들어 S-H 참조), 신약의 그리스어가 이러한 범주 가운데 그렇게 엄격한 것인지는 분명하지 않다. 그것이 과거의 행위를 기술하는 동사에 의존하고 있기 때문에(κατηργήθημεν, "우리가 벗어났다"), ὥστε 절이 실질적인 결과, 즉 신자가 이제는 영의 새로운 것으로 섬기고 있는 것이며, 율법 조문의 묵은 것으로 아니라"는 것을 의미할 가능성이 더 높다(부정사를 수반한 ὥστε가 실질적인 결과를 의미한다는 본문의 목록에 대하여 A. Robertson, *Grammar*, 1091을 보라).

695. 예를 들어 Cranfield; Dunn 참조.

696. Godet; Huby.

697. Käsemann; Kremer, "'Denn der Buchstabe tötet,'" 220-29; Westerholm, "Letter and Spirit," 238-39를 보라. 2:27에서 γράμμα는 유대인들의 간단한 소유물로 모세의 율법을 나타냈고, 2:29에서 πνεῦμα는 대조적으로 진정한, "내면적" 할례가 발생하는 영역을 나타냈다. 바울이 γράμμα와 πνεῦμα를 대조하는 유일한 다른 곳은 고후 3:6로, 여기서 γράμμα는 다시금 돌판에 새겨진 "조문"으로 모세의 율법을 묘사하고, πνεῦμα는 성령을 가리킨다. 이 본문에서 대조는 명백하게 옛 언약과 새 언약 사이의 대조이다. 이러한 병행은(그리고 고후 3:5-18은 7:6에 대한 수많은 유사점을 가지고 있는데, B. Schneider, "Meaning of St. Paul's Antithesis," 203을 보라) 이 대조법이 여기에도 있음을 암시한다. γράμμα와 πνεῦμα가 5-6절 사이에서 "때에는 … 이제는"이라는 대조를 재현한다는 것과 바울 서신에서 παλαι-/καινο의 대조가 항상 구속사적인 대조라는 점에도 주목하라(고후 3:6, 14; 5:17; 엡 4:22-24).

는 것"을 주관적으로 해석할 것을 주장한다.[698] 그러나 이 주장은 부당하게도 구약과 신약, 옛 시대와 새 시대 사이의 필연적으로 객관적인 대조를 없앤다.[699] 나는 앞서 이 문제를 다루면서, 바울의 구원사적 대비가 시간적인 정확성으로 적용되어서는 안 된다는 점에 주목하면서 이 문제를 다룬 바 있다. 특히 바울은 종종 그리스도께서 오신 지금의 상황만을 생각하고 있는 것이 분명한데, 이는 그리스도에 대한 확실한 신앙고백을 분명히 하지 않고도 새 언약의 참여자가 되는 진정한 "성도"는 더 이상 있을 수 없다는 상황이 그것이다. 이러한 각도에서 볼 때, 바울의 대조는 절대적인데, 어떤 사람이건 율법에 얽매여 있으며, 이러한 이유로 낡은 옛 언약 안에서 정죄만 양산하거나, 아니면 "그 법에 대하여 죽었고" 영과 생명의 새 시대로 옮겨졌거나 둘 중 하나라는 것이다. 구약에서 진정한 하나님의 백성이 지닌 신분에 대해서 우리가 질문 - 바울이 이 당시에는 염두에 두지 않았을 법한 질문 - 을 할 때 비로소 문제가 발생한다.

그렇기는 해도, 구약에서 하나님의 신실한 백성들이, 율법으로 말미암아 발생하는 모든 형벌을 겪지는 않지만, 신약의 신자들이 얽매이지 않는 방식으로 그 법에 얽매였던 것은 자명한 사실이다. 그들의 지위는 우리가 경험하는 것과 동일한 구원에 - 약속과 관련된 믿음을 통해 - 동참하므로 다소 이례적이긴 하지만, 구약의 신실한 자들조차 피할 수 없었던 그 "묵은 것"과 얽매임을 경험한다는 것이다. 확실히 하자면, 이 신자들은 하나님의 법에서 기쁨을 누릴 수 있었고 또 누렸다(예를 들어 시 119편 참조). 하지만 칼빈처럼 언약의 연속성을 강력히 옹호하는 사람들까지도 옛 언약 아래에서는 어느 정도의 "얽매임"은 불가피했고, 그리스도가 오심을 통해서만 풀려날 수 있었다는 것을 인정했다.

> 우리는 그들[족장들]이 자유와 확신의 영을 부여받았으므로 율법으로부터 발생하는 두려움과 얽매임을 경험할 정도는 아니었음을 인정하지 않을 것이다. 그들이 아무리 복

---

698. Fairbairn, *Revelation of Law*, 429-30.

699. Dunn은 율법의 문제가 주로 "가장 우호적인 국가" 조약으로 율법을 오용하는 것이 유대인들의 문제 중 한 가지라는 점을 시사하므로 율법에 얽매여 있는 이 객관적인 지위를 강조하는 것이다. 이것은 문제의 일부였는지도 모르지만, 바울이 이 주제를 가르침에 있어서 Dunn이 허용한 것보다 훨씬 더 큰 역할을 하는 율법의 객관적 "무능함"이 있다.

음의 은혜를 통해 받은 특권을 누렸더라도, 그들은 여전히 일반 백성들과 같은 유대감과 의례를 준수해야 할 짐을 지고 있었기 때문이다. 이러한 이유로 그 당시에 여호와께서 이스라엘 자손을 대하신 공통적인 처리방법을 고려해본다면, 우리와는 대조적으로, 그들이 얽매임과 두려움의 언약 아래에 있었다고 말하는 것이 마땅하다.[700]

2. 율법 아래 있는 유대인의 역사와 경험(7:7-25)

7:1-6절에서 바울은 그리스도에게 나아가기 위하여 사람들이 모세 율법의 얽매임으로부터 반드시 벗어나야 함을 교훈하는데, 이는 율법 아래에서의 삶은 오직 죄와 사망만을 낳기 때문이다. 이 단락은 로마서 1-6장에서 그토록 끈질긴 모티브인 율법에 대한 부정적인 평가를 절정에 이르게 하고, 따라서 바울이(그리고 일반적으로 초기 기독교가) 고심해야 했던 가장 중대한 신학적 문제로 새롭게 제기될 수도 있는 것인데, 이는 하나님의 법이 어떻게 구원의 역사에서 그렇게 부정적인 힘이 될 수 있느냐는 것일 뿐만 아니라, 하나님의 법이 어떻게 죄와 사망의 수단이 될 수 있냐는 것이다. 물론, 이러한 딜레마는 율법의 신적 기원을 인정하지 않는다면 모면할 수 있는 딜레마이며, 이것이 2세기에 마르키온(Marcion)이 뒤따른 행로이다. 그러나 신학적으로 "고르디안의 매듭"(Gordian knot, 아주 힘든 일-옮긴이)을 이 간단하고도 얼핏 보기에 멋들어지게 절단하는 것을 요구하는 구약과 신약의 많은 부분의 거부감이 이 해법을 이단이라고 폭로한다. 그리고 마르키온이 바울에게 호소했음에도 불구하고, 그것은 분명 바울의 해법은 아니다. 바울은 이를 7:7-25에서 분명히 한다.

율법은 "하나님의 법"(22절)이며, "선하고(12, 17절), 거룩하며(12절), "의로우며(12절), "신령하다"(14절)고 바울은 단언한다. 그렇다면 어떻게 율법이 그렇게 부정적인 영향을 미칠 수 있는가? 어떻게 하나님의 선한 법이 "진노를 이루게 하고"(4:15), "범죄를 더하게 하며" (5:20), "죄의 정욕"(7:15)을 일으키는가? 바울은 7:7-25에서 설명하는 바 죄가 더 많은 죄와 사망을 낳는 교두보(7:7-12)로 율법을

700. *Institutes* 2.11.9. 우리는 얽매임의 출처자 의식 법에만 제한되지 않는다는 점에서 칼빈의 견해에 동의할 수 없다.

이용한 장본인으로 지목하고 있으며, 율법의 선함에도 불구하고(7:13-25) 죄에 지배받는 인간의 나약함과 내적 분열이 자신을 주장한다고 지적한다. 그러므로 로마서 7:7-25은 두 가지의 구체적인 목적을 가지고 있는데, 율법 자체가 "죄가 된다"거나 악하다는 어떠한 암시로부터도 율법의 정당성을 입증하고, 그럼에도 불구하고, 율법이 구원 역사 가운데 어떻게 부정적인 힘이 되었는가를 밝히는 것이 그것이다.

7:7-25의 주요 단원(7-12절, 13-25절) 모두 우리는 로마서에서 그토록 익숙해진 대화체를 따르는데, 질문과 - 강조적 부정("그럴 수 없느니라") - 설명의 방식이 그것이다. 바울은 로마서에서 이 형식을 다양한 방식으로 사용하지만, 이 경우에는 전체 단원을 일종의 부록과 같은 것으로 표시한다. 전개의 본선은 7:6b에서 - "영의 새로운 것으로 섬길 것이요" - 진행되며 새 시대의 영에 초점을 맞추면서 8장으로 이어진다.[701] 물론 7:7-25과 8장 사이에는 여러 개의 접점이 있지만,[702] 이 접점들은 8장의 처음 몇 구절에 한정된다. 7:7-25에 괄호를 붙일 때, 우리는 7:7-25이 중요하지 않은 것이 아니라 바울이 펼치는 주장의 간선에서 우회하는 것을 의미한다는 점도 강조해야만 한다. 율법과 인간 본성에 대한 바울의 신학에 있어서 7:7-25의 중요성은 그 누구도 이의를 제기할 수 없을 것이다.

우리는 이 단원을 크게 주요한 두 부분으로 나누고, 13절은 이 둘 사이를 연결하는 징검다리가 된다. 7:7-12에서 바울은 하나의 내러티브를 사용하여 죄가 어떻게 율법을 이용하여 사망을 드리우는가를 보여 준다.[703] 반면에 14-25절은 현재 시제 동사를 사용해서 하나님의 법에 동의하는 "마음"과, "죄의 법"에 굴복하는 "육신"이나 "지체" 사이의 끊임없는 씨름을 묘사한다. 그래서 그 결과 죄악을 불러일으켰던 하나님의 법이 죄의 권능을 꺾기에는 무력하다는 것이다.

지금까지 나는 이 구절들에서 매우 중요한 "나"(*egō*)라는 신원을 밝히지 않은 채 로마서 7:7-25의 가르침을 묘사했다. 이렇게 고의적으로 한 이유는 이 구절의

---

701. 예를 들어 Barrett을 보라.

702. Käsemann을 보라.

703. 대부분의 해석자들은 논쟁 없이 7-13절이 기본적으로 이후에 따라오는 절에 속한다고 가정한다. 하지만 Longenecker(639)는 7-13절이 14절에서 더 큰 중단이 발생하면서 이전의 것과 더 잘 어울린다고 생각한다.

중심 주제가 인간의 본성이나 인간론이 아니라 모세의 율법을 다시금 주장해야 하기 때문이다. 그렇다 보니 "나"라는 신원이 어떻게 밝혀지든 이 단락의 가장 중요한 가르침인 것은 매한가지다. 하나님의 선하시고 거룩하며 신령한 선물인 율법이 사람들의 나약함과 죄악 된 경향으로 인해 죄의 도구가 되고 말았다. 그러므로 율법은 죄의 권능으로부터 사람을 구원할 수 없으며, 이러한 구원을 위해 율법을 바라보는 사람들은 좌절과 궁극적인 정죄만을 경험하게 될 것이다. 그렇게 말하기는 했지만, 이 대목에서 "나"의 신원을 확인하는 일이 대수롭지 않은 것은 아니다. 그것이 우리로 율법에 대한 바울의 설명을 이해하는 방식에 어느 정도 영향을 끼치기는 하지만, 그보다 우리가 그리스도인의 삶을 이해하는 방식에 훨씬 더 많은 영향을 끼친다. 그리고 "나"에 대한 확인이 각 구절들을 해석하는 데 극적인 영향을 분명히 끼친다.

해석의 역사 가운데, 이 대목에 등장하는 **에고**(*egō*)에 관하여 네 가지 주요한 신원 확인이 제안되었다.[704] 이 의견들 모두가 이 전체 대목에 걸쳐서 유지되지는 않으며, 많은 (아마 대다수의) 학자들이 7장의 해석에서 가운데 하나 내지는 둘 이상을 조합한다. 그러므로 해석에 있어서 네 가지 "방향"을 말하는 것이 더 정확할지도 모른다. 이러한 방향들을 설명하면서 나는 9-10a절의 확대된 의역을 포함할 것인데, 이는 이 구절들이 이 에고의 정확한 신원 확인에 매우 결정적이기 때문이다.[705]

1. **자전적 방향.** 보통의 그리스도인이라면 - 당연한 일이지만! - "도대체 왜 이리 호들갑이냐?"라고 물을 만도 하다. 바울이 "나"를 사용하지 않았던가? 바울이 아니면 누구겠는가? 교회사를 통틀어 대부분의 해석자들이 동의하고 결론을 내린 것은, 바울이 단지 자신의 경험을 묘사하고 있어서 그렇다. 그러나 사람들의 대부분은 자신의 경험이 독특해서가 아니라 - "모든 사람"의 경험으로 - 전형적이기 때문에 그의 경험을 묘사하는 것을 재빨리 덧붙이는 것이다. 자전적 해석을 옹호하는 사람들은 바울이 7-12절에서 그의 삶 가운데 어떤 경험을 묘사하고 있

704. 비교적 최근에 철저한 해석에 역사에 관하여 Lichtenberger, *Ich Adams*, 13-105를 보라.
705. 다음 내용에서, 나는 내가 가진 해석을 왜 선택했는지에 대한 주요한 이유와 기초적인 해석들을 제시한다. 많은 요점들이 이어지는 상세한 해설들의 몫으로 남겨지며, 아래에 포함된 요점들의 다수가 이후에 더욱 세부적으로 다루어진다.

는지에 대해 의견이 분분하다.[706] 그 주된 가능성으로는 다음과 같은 것들이 있다.

a. 바울의 "성인식"(이후 바르 미츠바[남자 13세 성인식-옮긴이]에서 "계명의 아들"로 기념) 때 죄악 된 충동이 깨어남: "나는 한때 죄의 진정한 힘을 이해하지 못한 채 살고 있었으나, 계명을 책임지고 나니 죄가 되살아났고, 내가 정죄 아래 있다는 것을 알게 되었노라"[707](또는 내가 죄의 권세를 떨쳐버릴 수 없다는 것을 알게 되었노라).[708]

b. 바울의 회심 직전의 정죄를 깨달음: "나는 바리새인으로서 자부심을 느끼며 율법을 지키고 있다고 생각하던 시절에는 내가 "산" 줄로 알았노라. 그러나 성령이 하나님의 법에 대한 참되고, 내적인 의미를 내게 분명히 보여주기 시작했을 때, 나는 그 법의 요구에 미달하였고 사실상, 정죄 아래에 있음을 알게 되었노라."[709]

그래서 14-25절에서 자전적 견해의 옹호자들은 바울이 유대인으로서 율법 아래에서 자신이 겪은 경험과 회심 직후 당면한 율법과의 사투나, 아니면 그리스도인으로 율법에 계속 복종해야 하는 사투를 기술하고 있다고 생각한다(더 나아가 14-25절의 서문도 보라).

2. 아담의 방향. 바울이 이 단원 전체에 걸쳐 아담의 경험을 묘사하는 것으로 생각하는 사람은 거의 없지만, 교회사 초기부터 7-12절이 아담에게만 직접 적용될 수 있다고 생각했던 사람들은 많았다. "그 나무의 실과는 먹지 말라는 '법'이 이르기 전에는 내가 [영적으로] 완전히 살아있었다. 그러나 그 계명이 주어지자, 죄가 [뱀을 통해] 살아나서 내게 영적인 정죄를 안겨주었다." 현대의 해석자들 대부분은, 7-11절이 아담만을 묘사한다고 생각하지는 않아도, 아담을 지시하고 있다고 보고 있으며, 심지어 두드러진다고 생각한다.[710] 14-25절에 대한 이 견해를 옹호

---

706. 자전적 접근법의 몇몇 옹호자들은(예를 들어 Zahn, 341-44; Denney, 640; Dunn, "Rom. 7,14-25," 260-61) 바울이 어떠한 구체적인 경험을 이야기하기보다, 일반적인 상황을 이야기하고 있는 것이라고 생각한다.

707. Deissmann, *Paul*, 91; W. Davies, *Paul and Rabbinic Judaism*, 24-26; Jewett.(여기서와 이어지는 항목에서 각 견해의 가장 우수하거나 대표적인 것들이 나온다).

708. R. Gundry, "Moral Frustration," 232-33 (*Old Is Better*, 252-71에서 업데이트되고 수정됐다).

709. Augustine, *Against Two Letters of the Pelagians* 1.9 (*NPNF* 5.382-83) (비록 아우구스티누스은 여기에서 열거된 다른 견해들을 고려하는 것처럼 보인다[Wilckens, 2.103-4]도 보라); Calvin, 255; Hodge, 224; Murray, 1.251; Longenecker, 642; *Bandstra, Law and Elements*, 137.

710. 이 견해는 몇몇 교부들에 의해 지지되었는데, 그중에는 Theodoret이 있다(그리고 Schelkle,

하는 자들의 해석은 광범위하게 다르지만, 아마도 가장 매력적인 것은 롱게네커(Logenecker)의 해석일 것이다. 바울은 7-13절에서 - "아담 안에 있는 나" - 라는 아담과의 결속 개념을 사용한 후에 - "내 안에 있는 아담" - 으로 14-25절에서 그 연대의 지속적인 효과를 묘사한다고 주장한다.[711]

3. 이스라엘의 방향. 크리소스토모스(Chrysostom) 이후로, 몇몇 해석자들은 7:7-25 가운데 적어도 일부분에서(특히 8-10절에서 항상) 에고(*egō*)가 이스라엘 백성을 의미한다고 이해했다. "우리가[이스라엘 민족이] 시내 산에서 율법을 수여 받기 전에는, 상대적으로 말하자면, 영적으로 '산' 자였다. 그러나 그 율법이 주어지자, 죄가 기회를 타서 범죄를 이루었고, 우리의 영적 상실감을 심화시키며 과격하게 만들었다."[712] 그래서 이 해석자들 대부분은 14-25절에서 바울이 모세의 율법 아래에 있는 유대인의 계속되는 상황을 묘사하고 있다고 생각한다. 이것은 때때로 구원사적 견해로 불린다.

4. 실존적 방향. 7-12절은 어떤 특정한 사람이나 경험과도 일체화될 수 없다고 확신하는 많은 해석자들은 7:7-25에서 에고(*egō*)를 특별하게 어떤 사람이 아닌, 일반적으로 모든 사람으로 간주한다. 그들의 주장으로는 바울이 비유적인 언어를 사용하여 개인 자격으로서 "개인"과 하나님의 요구 사이의 대립을 묘사하

---

*Paulus, Lehrer der Väter*을 보라). Feine, *Gesetzesfreie Evangelium*, 131-46; Lyonnet, "Histoire du salut," 117-51; 동일 저자, "'Tu ne convoiteras pas,'" 158-64; Bussini, *Homme pécheur*, 115-31; Käsemann, 196-97; Dunn, 1.378-86; Stuhlmacher, 106-7; Jewett, 443-45 (Paul the Zealot); Vlachos, *Law and Knowledge*, 98-107도 보라. 하와를 가리킨다는 것은 그럴 법하지 않다(Krauter, "Eva in Röm 7," 1-17).

711. R. Longenecker, *Paul, Apostle of Liberty*, 88-95; Laato, *Paulus und das Judentum*, 137-84; Lichtenberger, *Ich Adams*도 보라.

712. 이 견해는 다소 드물기 때문에, 나는 여기에 그 완전한 목록을 제시한다. Chrysostom; Hugo Grotius (Kümmel [*Römer 7*, 85]에 따름); E. Stauffer, *TDNT* 2.358-62; G. Schrenk, *TDNT* 2.550-51; van Dülmen, *Theologie des Gesetzes*, 109-10; Lambrecht, "Man before and without Christ," 18-33; N. T. Wright, *Climax of the Covenant*, 197-98; Karlberg, "Israel's History Personified," 68-69; 그리고 덜 명확하기는 하지만, Ridderbos; Benoit, "Loi et croix," 483-87; Berkhof, *Christian Faith*, 260; Whiteley, *Theology of St. Paul*, 51-53; Byrne, 217-18; Kruse, 314-21.

고 있다고 주장한다.[713] 이 경우, 9-10a절의 의역은 모두 불가능하고 부적절하다.[714]

이 견해들을 평가하는 데 있어서 관건이 되는 세 가지 쟁점들이 있는데, 에고의 잠재적 어휘 범위와 특별히 수사적인 기능으로, 이 장에서 묘사된 "율법"의 정체성과 그리고 바울이 9:1-10a에서 묘사한 경험이 그것이다. 이것들을 고려할 때, 이 네 가지 모든 해석에 요소들이 존재하지만, 우리는 첫 번째와 세 번째 견해의 조합이 본문을 가장 잘 설명하는 것임을 발견하게 된다. 바울은 모세의 율법에 대한 자신의 경험과 다른 유대인들의 경험으로(아담에 대한 암시도 있다), 어떻게 그 법이 유대 민족에게 전파되어서, 그들로 "생명" 이 아니라 "사망"에 이르게 했는지와(7-12절), 어떻게 그 법이 육신의 통치 때문에 유대인을 죄의 권세로부터 구원하지 못했는가를 묘사하고 있다(13-25절).

큄멜(W. G. Kümmel)의 획기적인 연구 이래로, 에고(또는 일인칭 단수 동사)가 어떤 개인에 대한 언급의 의도가 전혀 없이도 수사적 장치로 사용될 수 있는 것으로 널리 추정되었다. 그리고 큄멜의 판단은 분명히 옳다.[715] 그러나 에고의 이 용법은 바울 서신에서 자주 쓰이지 않으며,[716] 거의 언제나 조건절이나 가설의 진술에서 나오는데, 이는 7:7-25에서 계속되는 이야기와 기술적인 용법과 심한 격차가 있다. 바울의 에고 용법을 생각할 때 - 유대인과 헬라식 수사법의 영향을 감안하여

713. Kümmel, *Römer 7*, 예를 들어 124, 132; G. Bornkamm, "Sin, Law and Death," 87-104; Brandenburger, *Adam und Christus*, 210-16; Kuss; Fitzmyer, 463-66; Lohse, 213-16; Patte, *Paul's Faith*, 266-77(정신분석학적 견해에서); 바울이 유대인과 이방인들 모두의 경험을 그리고 있다고 생각하는 Aletti를 보라("Rm 7.7-25 encore une fois," 358-76).

714. 조금 덜 대중적인 (그래서 우리는 그럴 법하지 않다고 보는) 견해로는 바울이 유대인의 삶의 방식과 접촉하는 이방인들의 경험을 묘사하기 위해 "성격에 대한 연설"(prosopopoia)이라는 수사적 장치를 사용하고 있다는 것이다(Gager, *Reinventing Paul*, 126-28; Stowers, *Rereading of Romans*, 204-35, 258-84; Tobin, *Paul's Rhetoric*, 236-37; Das, *Solving the Romans Debate*, 204-35; Byrskog, "Adam and Medea," 273-99; Bird, 233-38 [특히 하나님을 경외하는 이방인들 제외한 누구든]; Wasserman, "Death of the Soul," 800-815). Wasserman은 궁극적으로 그 연설을 특히 욕정과 힘겨루기 하는 부도덕한 사람들의 "이성" 능력으로 돌린다(*Death of the Soul*, 특히 76-116).

715. 예를 들어 롬 3:7에서 "그러나 나의[ἐμῷ] 거짓말로 하나님의 참되심이 더 풍성하여 그의 영광이 되었다면 어찌 내가[κἀγώ] 죄인처럼 심판을 받으리요?" 참조.

716. 롬 7장 밖의 바울서신에서 1인칭 단수 대명사로 등장하는 73차례 가운데, 59번은 명확하게 개인을 가리키며, 그 가운데 10번은 확실하게 개인을 지시하는 인용문에서 나온다. 바울 서신에 나오는 1인칭 단수 동사들도 비교적 마찬가지이다.

도 - 7:7-25절의 에고로부터 자전적 요소를 제거하는 것은 불가능하다.[717]

우리가 지적했던 대로, 로마서 7장의 주제는 율법이며, 그저 일반적인 의미에서의 "율법"이 아니라 모세의 율법인 것이다. 이것은 바울의 노모스(*nomos*)에 대한 일반적인 용법으로 보나 문맥으로 보나 분명하다. 이는 바울에게 있어서 율법은 기본적으로 토라(Torah), 즉 시내산에서 모세를 통해 이스라엘 백성들에게 주어진 교훈과 계명의 본문이기 때문이다. 이 율법은 이 장의 초점으로, 6:14절을 거쳐 5:20a로 연결되는데, 여기서 바울은 "율법이 곁으로 들어온 것"이라고 확언하고, 이 "곁으로 들어온 것"은 모세를 통해 율법이 주어지는 것을 가리킨다(5:13-14; 갈 3:19). 게다가, 율법을 대표하는 것으로 7절에서 인용된 계명은 십계명에서 비롯된 것이다(자세한 내용은 7절에 관한 해설을 보라).

바울의 초점이 모세의 율법에 맞춰져 있다는 것을 인정하면서도, 일부 해석자

717. 큄멜(Kümmel)은 그 논문의 제목이 말해주듯이, 롬 7장이 바울의 회심에 관한 전기를 구성하는 데 사용될 수 없음을 증명하려는 의욕이 동기의 일단이 되었다. 따라서 그는 고대 작가들이 화자나 작가를 포함시키지 않고 일인칭 대명사를 표현양식(Stilform)으로 사용할 수 있음을 밝히려고 증거를 수집한다. 그러나 타이센(Theissen)이 지적하듯, "나"라는 세 가지 가능한 의미를 구분하는 것이 더 도움이 될 것이다. 즉, 자신의 경험을 독특하거나 개인적으로 묘사하는 "개인적"인 것으로 분류하고, 다른 사람들의 경험을 대표하여 자신의 경험을 묘사하는 "전형적"인 것으로 분류하거나, 개인적인 지시가 전혀 의도되지 않는 "창작적"인 것으로 분류하는 것이 그것이다(*Psychological Aspects*, 191). 이 "창작적"인 분류에서 ἐγώ는 그리스 문학과 신약에서 등장하지만, 이는 항상 가설적인 구문에서만 명확하게 나온다(롬 3:5 [1인칭 복수], 7; 고전 11:31-32; 13:1-3; 14:11; 갈 2:18; Philo, *On Dreams* 1.176), 신중한 문체로(고전 6:15; 10:29-30; 14:15; Demosthenes, *3 Philippic* 17; Ps.-Xenophon, *Constitution of the Athenians* (*Old Oligarchy*) 1.11; 2.11), 또는 인용문으로(고전 6:12) 나온다. 이것들은 롬 7:7-25에서 문체(style)나 길이(length)에서나 모두 매우 다르다. 큄멜의 저작들이 나온 이래로, 다른 사람들은 DSS(사해 두루마리), 특히 1QH 1:21-23; 3:24-26; 1QS 11:9-10에서 "수사적" "나"를 발견한다(예를 들어 Kuhn, "New Light on Temptation," 102; R. Longenecker, *Paul, Apostle of Liberty*, 88-89 참조). 하지만 이 대목들에서 수사적으로 "나"는 "창작적"이지 않은 이유는 작가가 그 묘사 안에 자신을 포함시키기 때문이다(Bardtke, "Considérations sur les cantiques," 220-33; Holm-Nielsen, Hodayot, 75). Stowers (*Diatribe*, 136, 232)는 에피테투스의 강론에서[*Discourses* of Epictetus](Diatr. 1.10.7; 1.29.9-10; 3.26.29; 4.7.26-31), 롬 7장과 가장 근접한 병행구를 발견하지만, 여기서 다시 대명사는 작가를 포함시키며 대목들은 짧다. 바울의 용법은 "순전히 수사적" 의미에서 롬 7장에 병행하는 근거의 약점과 결합되어 점점 더 많은 학자들이 롬 7장에 있는 ἐγώ(*egō*)가 무엇을 나타내든, 또는 배경으로 놓일 수 있는 것이 어떤 사건이든, 바울 자신에 대한 언급이 포함되어야만 한다는 주장으로 이끌고 있다. 특히 Theissen, *Psychological Aspects*, 190-201과 Dunson, *Individual nd Community*, 154-66을 보라; 예를 들어 Lambrecht, *Wretched "I,"* 73-91; Dunn, "Rom. 7,14-25," 261; *Beker, Paul the Apostle*, 240-43; R. Gundry, "Moral Frustration," 229-30도 보라.

들은 이 장이 진행됨에 따라 그가 이해의 범위를 확장해서 어떤 형태를 막론하고 - 조문에 쓰이든, 쓰이지 않든[718] - 결국 "하나님의 법"을 기술하고 있다고 보는 것이다. 이 견해에 대한 모종의 근거가 있기는 해도 최종적으로 받아들여질 수는 없는데, 이는 21-23절에서 몇몇 "비(非)법적인" 사건을 제외하고 노모스가 이 장에 걸쳐서 계속해서 모세의 율법을 나타내기 때문이다(21절에서는 예외; 7:21과 22절에 대한 해설을 보라). 모든 사람의 상황으로 확장되는 것은 "율법"에 대한 언급의 확장을 통해서 오는 것이 아니라, 모세의 율법에 대한 이스라엘의 경험이 예증하는 의미를 통해서이다. 바울은 이 장에서 이스라엘의 경험만을 직접 기술하지만, 이 경험은 모든 사람에게 적용되는 것으로, 모세를 통해 하나님의 법 아래에 있는 이스라엘에게 참인 것은, 사실 그 자체에 의해 "율법" 아래에 있는 모든 사람에게 참이기 때문이다(2:14-15과 7:4에 관한 해설을 보라). 만일 로마서 7장이 모세의 율법에 관한 것이라면, 두 가지 결론이 따른다. 첫째로, 7-12절에서 바울은 "모든 사람"의 상황을 묘사할 것 같지 않은 이유는 "모든 사람"에게 모세의 율법이 주어진 것이 아니고, 더욱이 아담의 경험을 직접 묘사할 것 같지도 않을뿐더러, 바울은 이 법이 모세를 통하여(5:13-14을 보라) 아브라함 때부터 "사백삼십 년" 뒤에 주어진 것(갈 3:17)이라고 주장하기 때문이다. 확실히, 혹자는 바울이 유대교 전통에 따라 아담이 토라(Torah)에 얽매여 있는 것으로 볼 수 있다고 주장하지만,[719] 이런 일은 있을 법하지 않다.[720] 이러한 사항을 고려할 때, 바울이 7-11절에서 아담의 상황을

718. Feuillet, "Loi de Dieu," 32-42; Lindars, "Paul and the Law," 129-40; Feine, *Gesetzesfreie Evangelium*, 158-60; Deidun, *New Covenant Morality*, 196-99; Hodge, 222; Lagrange, 165; Kuss, 2.457; Barrett, 140.

719. 구약의 아람어 의역들 가운데 한 부분인 창 2:15-16에 관한 Targum Neofiti I를 주목하라. 즉, "주 여호와 하나님께서 사람을 취하셔서 그에게 에덴동산에서 살게 하신 것은, 율법을 지키고, 그의 계명을 따르도록 하기 위함이었다"(Stuhlmacher, "Paul's Understanding," 98에서 인용). 이 점에 관하여 특히 Lyonnet, "'Tu ne convoiteras pas,'" 158-64를 보면, 그는 탈굼과 랍비 문헌으로부터 그 전승을 뒷받침할 수 있는 더 많은 증거들을 제시한다. 또한, 연관성이 있을 수 있는 것은 Jub. 3인데 여기서 일부는 에덴의 명령을 모세의 율법과 병행하도록 설정한 것이라고 주장한다(예를 들어 Lichtenberger, *Ich Adams*, 205-10).

720. 바울 서신에서는 아담이 (모세의) 율법을 받았다고 주장할 만한 것이 아무것도 없을 뿐만 아니라 (아담의 죄는 구체적인 계명을 위배하는 율법 아래에 처한 사람들의 죄와 "같다"[5:14]), 바울에게 중대한 신학적 의미의 요지에 반하는 것이기도 하다. 이는 - 유대인들의 대부분과 유대교화 하려는 많은 사람들이 믿었던 것처럼 - 율법이 하나님의 목적을 성취하는 첫 번째 자리가 아니라, 하나님이 아브라함과 그 자손에게 구원을 베푸실 약속을 세우신 오랜 이후에야 종속적 역할을 하

암시하는 것은 - 묘사된 상황이 아담의 상황과 병행한다는 점에서 - 거의 확실하지만, 그는 그 상황을 기술하고 있지 않다는 점이다.[721]

그러나 로마서 7장이 모세의 율법에 관한 것이라는 사실로부터 도출되어야 할 두 번째, 긍정적인 결론이 있다. 그것은 9절에서 "계명이 이르매"가 시내산에서 율법이 주어지는 것임을 가리키는 것으로 가장 자연스럽다는 결론이다. 우리는 이 결론으로 매듭을 짓기에 앞서, 세 번째 요지인, 9절부터 10a절까지 이야기의 순서를 논의해야만 한다.

이 순서는 "아담을 가리키는 견해"에 대한 가장 강력한 증거를 제공한다. 인류 역사상 누가 "전에 율법을 깨닫지 못할 때에는 내가 살았더니"라고 말하며, "계명이 이르매" - 내가 불순종하여 - "나는 죽었도다"라고 말할 수 있는 사람이 누가 있다는 말인가? 아담과 하와 이후로 모든 사람은 허물과 죄로 "죽었던" 죄인으로 태어나며(엡 2:1), 불순종하는 우리 모두에게 율법은 사망을 가져오는 것이 아니라 사망을 확정한다. 물론 이 점은 "내가 살았더니"와 "나는 죽었도다"가 각각 영원한 생명과 영원한 죽음 또는 정죄를 가리킨다는 것을 가정한다. 그러나 "내가 살았더니"(7:9에 대한 해설을 보라)에 관하여 마땅한 질문이 있긴 하지만, 이 대목의 연결점들 때문에, "나는 죽었도다"가 5절과 13절에서 말하는 것과 같은 "사망"을 가리키는 것임이 틀림없다. 그리고 이것은 분명히 "완전한 사망"이며, 죄에 대한 형벌로 오는 정죄이다.[722] 바로 이것이 에고(*egō*)를 바울이나 이스라엘 백성 중 하나와 동일시하는 데 가장 큰 걸림돌이 되는 사항이다. 바울은 그가 성인에 이르기 훨씬 이전이나, 아니면 이른바 회심 전의 "깨달음"에 이르기 훨씬 이전에 영적으로 "죽었으며", 이스라엘 백성은 율법이 주어지기 전에 분명히 정죄 아래에 있었다(5:13-14을 보라). 그렇지만 우리가 보았듯이, 아담을 가리키는 견해는 우리가 생각하기에 훨씬 더 심각한 반론에 시달리는데, 이는 모세의 율법에 대하여 아담에게 책임을 전가하는 것이 신학적으로 부적합한 것이다. 이러한 이유로 내가 선호하는 이해방식은 "나는 죽었도다"를 신학적이지만 상대적인 의미, 즉 "'나'는 죄

고 있다는 점이다(갈 3:15-26).

721. 블라코스(Vlachos)가 잘 표현했는데, "이 이야기는 타락을 묘사하는 것이 아니긴 [하지만], 바울은 과거 시제의 이야기를 인류 타락을 연상시키는 것으로 엮어낸다"(*Law and Knowledge*, 208).

722. 예를 들어 Kümmel, *Römer 7*, 124를 보라.

를 지었고, 율법이 이르기 전에 정죄 되었지만, 계명이 이른 것이 이전보다 죄에 더 큰 권세와 파괴력을 가져다주게 되어, 나에게 죄에 대하여 전적으로 그리고 개인적으로 책임을 지게 했다. 계명이 이른 것은 내게 생명이 아니라 사망을 가져온 것이다"[723]로 보는 것이다. 이러한 점들이 타당하다면, 바울은 자신의 삶 속에서 통치하는 권세로서 죄를 인식하게 되었다는 측면에서 자신의 역사를 기술할 수도 있거나, 아니면 율법이 일반적으로 백성들에게 미치는 영향의 측면에서 이스라엘의 역사를 묘사하는 것일 수도 있다. 후자가 다음의 두 가지 이유로 더욱 선호된다. 첫째로, 이 표현이 바울에게 개인적으로 적용하기 위해서, "율법이 없을 때"와 "계명이 이르매"(9절)는 모두 주관적으로 해석해야 하는데, "법[의 진짜 요구들]"과 "계명을 책임지거나, 알게 되었을 때를 의식하지 않은 채" 해야 하는 것이 그것이다. 우리는 가능하면 객관적으로 보이는 바울의 표현을 주관적으로 적용하는 일을 피해야 할 뿐만 아니라, 바울 자신의 경험을 알거나 추측할 수 있는 일에 그러한 경험을 맞추기도 어렵다. 유대인 어린이에게 (위 1a절의 견해에서 가정하듯) "율법이 없을 때"라는 말이 있을 정도로 법에 대한 책임이 거의 없다고 여겨졌다는 증거는 찾아보기 힘들다.[724] 그리고 이러한 대중성에도 불구하고, 바울이 회심하기 전에 그의 죄악 된 모습을 더욱 깊이 인식하게 되었다는 증거는 훨씬 더 적다(위 1b절의 견해에서 가정하듯).[725]

이스라엘을 전체적으로 가리키고 있다는 쪽을 선호하는 두 번째 요인은 9-10a절의 순서와 모세의 율법이 주어진 것이 어떻게 이스라엘의 상황을 개선하기보다, 더 악화시킬 수 있었는지에 대한 바울의 집요한 교훈 사이의 유사성이다. 율법이 "진노를 이루게 하고"(4:15), 죄를 범죄로 바꾸고(5:14; 갈 3:19을 보라), "범죄를 더

723. Benoit, "Loi et croix," 487도 보라.

724. 랍비는 어린아이가 성장하면서 율법에 대한 책임감이 어느 정도는 늘어난다고 보지만(m. 'Abot 5:21을 보라), 그들도 유대인 어린이가 율법에 대해 전적인 책임을 진다고 주장한다(Kümmel, *Römer 7*, 81-83; R. Longenecker, *Paul, Apostle of Liberty*, 91-92를 보라). 13세에 시행되는 바르 미츠바(성인식) 제도는 중세 시기에 생긴 것이다(Safrai, "Home and Family," 771).

725. 빌 3:2-11은 바울이 의를 "그리스도가 주시는 믿음의 의"로 바꾸기 전까지 "율법의 의"로 상당히 만족했는데, 이는 사도행전(9:3-6; 22:6-11; 26:12-18)에서 묘사된 뜻밖의 급작스러운 바울의 회심으로, 그 회심이 지니는 성격에 의해 확인되는 것임을 암시한다. 모든 조짐으로 미루어 보면(행 9장; 빌 3:3-11), 율법에 대한 바울의 재평가는 그가 회심하고 나서 회심의 결과로서 나온 것이다. 특히 R. Longenecker, *Paul, Apostle of Liberty*, 86-105를 보라.

하게"(20a절) 한다고 바울은 확언했다. 바울 서신에서 이 구속사적인 순서가 두드러짐은 그가 9-10절에서 이 순서를 보다 개인적인 각도에서 묘사하기 위해 생생한 이야기체를 사용하고 있을 법하다는 이유에서다.

그렇다면 우리는 바울이 9-10절에서 이스라엘 백성에게 율법이 주어지는 것을 암시한다고 생각할 만한 이유가 생긴다. 그러나 그가 에고(*egō*)를 민족을 대표하는 의미로 사용할 수 있는가? 이것은 구약의 몇 대목에서와 예루살렘이나 이스라엘 민족을 대표하는 의미로 "나"를 비추어서 볼 때 가능한 것이다.[726] 그러나 아마도 14-25절에서 자전적 요소들이 있다는 부인할 수 없는 사실에 비추어 볼 때, 바울은 그의 백성들의 경험과 연대하여 자기 자신과 - 더 나아가 다른 유대인들을 - 묘사하기 위해 에고(*egō*)를 사용한다. 우리는 유대인 각자가 그들 민족의 역사에 대한 생생한 "공동의" 일체감을 가지고 있었음을 안다. 이 민족과 역사에 관한 이 일체감은 유월절 의례에서 유대인 각자가 자신이 이집트에서 노예였지만 유월절 사건을 통해 구원받았다는 사실을 특별히 고백하는 표현이 나온다.[727] 이와 같은 방식으로, 나는 바울이 7-11절에서 이스라엘 민족의 일원으로서 시내산에서 그의 백성에게 율법이 주어질 때 그곳에 함께 있었음을 묘사하고 있다고 말하는 것이다.[728] 그래서 14-25절에서 바울은 율법의 도래가 자기 자신과 다른 유대인들에게 무엇을 의미하는지를 기술한다. 그리고 이 상황은 바울이 의식적으로 경험한 것이므로, 자전적 요소들은 7-11절에서보다 4-25절에서 더욱 강한 증거로 남는다.

그렇기에 우리는 에고가 바울 자신을 지시하긴 하지만, 이 구절들에서 묘사된 사건들 모두 바울 사도가 개인적으로나 의식적으로 체험한 것이 아니라고 결론짓는다. 그래서 우리가 자전적인 견해를 에고와 이스라엘을 동일시하는 견해와 결합할 것을 주장하는 이유가 바로 이런 의미에서다. 즉, 에고는 이스라엘이 아니라, 이스라엘과 결속한 바울이다.[729]

---

726. 렘 10:19-22; 미 7:7-10; 애 1:9-22; 2:20-22를 보라. 또한, Pss. Sol. 1:1-2, 6을 보라. Wilckens, 2.77-78; Gaventa, "Shape of the 'I,'" 77-91도 보라.
727. m. Pesaḥ. 10을 보라. 이에 대한 논의로, W. Davies, *Paul and Rabbinic Judaism*, 102-4를 보라.
728. 특히 F. Watson, *Paul and Hermeneutics of Faith*, 346-48을 보라.
729. 거의 모든 요점들에 대한 자세한 내용으로는 D. Moo, "Israel and Paul," 122-35를 보라. 특히

a. 율법의 도래 (7:7-12)

7 그런즉 우리가 무슨 말을 하리요 율법이
죄냐 그럴 수 없느니라 율법으로 말미암
지 않고는 내가 죄를 알지 못하였으니 곧
율법이 탐내지 말라[a] 하지 아니하였더라면
내가 탐심을 알지 못하였으리라
8 그러나 죄가 기회를 타서 계명으로 말미암
아 내 속에서 온갖 탐심을 이루었나니 이
는 율법이 없으면 죄가 죽은 것임이라
9 전에 율법을 깨닫지 못했을 때에는 내가
살았더니 계명이 이르매 죄는 살아나고 나
는 죽었도다
10 생명에 이르게 할 그 계명이 내게 대하여
도리어 사망에 이르게 하는 것이 되었도다
11 죄가 기회를 타서 계명으로 말미암아 나를
속이고 그것으로 나를 죽였는지라
12 이로 보건대 율법은 거룩하고 계명도 거
룩하고 의로우며 선하도다

a. 출 20:17; 신 5:21

이 문단은 두 가지 목적을 가지고 있는데, 율법이 죄가 있다는 고발로부터 혐의가 없음을 밝혀주는 것이고, 또 죄와 율법과 사망 가운데 참된 관계를 더 세심하게 묘사하는 것이다. 이것들 사이에서, 바울은 다른 주요한 목적에 관심을 기울인다. 율법이 죄는 아닐지라도, 죄와 밀접한 관련이 있다는 점을 그는 인정한다. 이는 율법이 죄를 깨닫게 하고, 죄를 범하도록 부추기기 때문이다(7b-8절). 실제로 그는 우리가 본 대로 시내산에서 자신과 다른 유대인들이 이스라엘 백성과 연대한 것을 암시하면서, 율법의 도래가 죄를 알게 하므로 그 백성을 더욱 깊은 사망의 수레인 정죄의 형벌 몰아넣었다는 것이다(9-10a절). 그런데 이상하게도, "생명에 이르게 할" 그 계명이 사망의 도구가 되었다(10b절). 11절은 죄가 율법을 교두보로 삼아 기만하고 정죄하는 데 사용되었음을 요약한다.

7 "그런즉 우리가 무슨 말하리요"는[730] 우리를 6:1-23의 대화체로 돌려놓는다. 거기서와 마찬가지로 여기에서 제기된 질문도 바울이 종종 들었을 것이 분명

Wright, 552-53; Rehfeld, *Relationale Ontologie*, 172-86; F. Watson, *Paul and Hermeneutics of Faith*, 327-48도 보라. 슬론(Sloan)은 ("Paul and the Law," 55-56) 바울과 이스라엘 사이에 더 많은 유추하는 관계를 주장하는데, 이 둘 모두는 율법에 대한 헌신이 영적인 몰락으로 이어진다는 것을 발견했다.

730. *τί οὖν ἐροῦμεν*; 3:5; 4:1; 6:1; 8:31; 9:14, 30도 보라.

한 그의 복음에 대한 비판을 반영한다. 바울은 율법이 "범죄를 더하게 하고"(5:20절) "죄의 정욕이 일어나게 한다"(7:5)고 가르친다면, 율법이 본질적으로 악하고 죄가 된다고 믿고 있음이 틀림없다. 그러나 이것이 바울의 견해라면, 율법과 복음과, 구약과 신약, 그리고 모세와 그리스도 사이에 어떠한 연속성도 효과적으로 끊어낼 것이다. 사실상, 많은 유대인들과 유대 그리스도인들은 바울이 이러한 견해를 가졌다는 이유로 비난했다. 자신에 대한 이러한 비난이 로마 신자들의 귀에 들어갔다는 것을 의심의 여지 없이 바울은 인지하고 있었고, 그의 로마 방문과 로마의 신자들을 선교에 동참하도록 길을 마련하기 위해, 바울은 여기서 일체의 우려를 불식시키고자 하는 것이다.[731] "율법이 죄냐? 그럴 수 없느니라!"

그러나 바울이 율법과 죄의 등식 관계를 부정한다는 것은, 그가 앞서 말했던 것(예를 들어 5:20; 7:5절) - 율법이 죄와 결탁하게 되었다는 점을 철회하고 있음을 의미하지는 않는다. 이러한 결속 관계를 이어지는 말에서 재천명하고 추가로 부연하고 있다. 이러한 논의를 도입하는 "그런즉"(그리스어. 알라[*alla*])은 따라서 엄밀하게 - "아니, 율법은 죄가 아니라 그와 반대로…"[732]라는 역접이 의미가 아니라 - "아니, 율법은 사실 … 이기는 할지라도 죄는 아니다"[733]라는 제한적 의미이다. 비록 율법이 그 자체로는 죄가 아닐지라도, 율법과 죄는 명확한 관계성을 지니고 있다. 구체적으로, 7b절에 따르면, 율법이 죄에 대한 "지식"을 가져다 준다. 바울은 먼저 이 관계를 일반적인 단언으로 - "율법으로 말미암지 않고는 내가 죄를 알지 못하였으니"를 진술하고 난 다음에 구체적으로 - "곧 율법이 '탐내지 말라' 하지 아니하였더라면 내가 탐심을 알지[734] 못하였으리라"는 예시를 드는 것이다.

---

731. Stuhlmacher를 보라. 그는 로마서 주석 전체에 걸쳐서 이 서신의 논쟁적인 요지를 강조한다.
732. 예를 들어 Wilckens를 보라.
733. 예를 들어 Denney를 보라.
734. 두 문장 모두 동사 "알다"는 직설법으로-ἔγνων; ᾔδειν-으로 되어있다. εἰ μή ("if not")구문이 각각의 문장에 이어지는 것으로 보아, 두 문장 모두 "비현실적인" 직설법으로 "내가 알지 못하였으리라"고 번역한 것은 정당할 것이다.(N. Turner, *Syntax*, 92; Fuchs, *Freiheit des Glaubens*, 55; 반대 견해로 예를 들어 S-H의 경우 두 문장 모두 "현실적인" 직설법으로 취하거나, Godet의 경우 첫 문장을 "현실적인" 것으로 보고, 두 번째 문장을 "비현실적인" 것으로 취한다). 시제를 바꾸는 것에 의미가 있는지 여부는 그렇게 명확하지는 않다. 부정과거 ἔγνων은 단순히 알고 있다는 사실에 대해서 진술하지만, 미완료 시제인 ᾔδειν은 (사실상 형태로는 과거 완료이지만 οἶδα는 시제 형성에 있어서 디포넌트 동사로) "앎"이라는 지속적인 속성을 암시할 수도 있다. 즉, "율법으로 말미암지 않고는 내가 죄를 알지 못했을 것이며, 지금도 알고 있지 못할 것이다"가 그것이다

그러나 이것은 어떤 종류의 "앎"인가? 아마도 바울이 율법에 관하여 죄악을 정의하는 가장 뚜렷한 가능성은, 하나님의 의로우신 기준이 율법으로 말미암아 계시 되므로, 예를 들어 사람들과 사물을 소유하고자 하는 내 정욕이 하나님이 금하시는 "탐심"에 불과한 것으로 죄가 되는 행위라는 것을 "내가" 알게 되는 것이다.[735] 이것은 의심할 여지도 없는 사실이지만, 바울은 앞서 (모세의) 율법이 없는 사람들도 그러한 지식은 알 수 있다고 암시한다(1:32; 2:14-16). 율법이 죄를 "죄"로 드러내고 죄로 "심히 죄 되게"(13절) 하려는 문맥은 율법으로 말미암아 "내가" 죄의 진짜 본성이나 권세를 이해하거나 인식하게 된다는 더 강한 뉘앙스를 시사한다. 율법은 죄를 범법으로 낙인찍고(4:15; 5:13-14) 진노와 사망을 가져옴으로써(4:15; 7:8-11, 13절) 죄의 본색을 그대로 드러나게 한다.[736] 하지만 우리는 한 걸음 더 나아가서 죄에 대한 이해를 순전히 이성적인 방식으로가 아니라 실제 경험적 측면에서 생각해야 하는데, 이는 율법으로 말미암아 "나는" 진정으로 죄가 무엇인지 경험하게 된다는 것이 그것이다. 율법으로 말미암아 죄는 "내 속에서 역사하여" 온갖 탐심을 이루었고(8절), 율법으로 말미암아 죄는 "살아났고" 사망을 가져왔다(9-11절). 즉, "내가" 죄의 진정한 "죄악 됨"을 알게 되는 것은, 이 죄에 대한 실제적인 경험

(Cranfield; Dunn). 하지만 이 점을 밀어붙일 수 없는 이유는 바울이 사용했을 수도 있는 οἶδα에 부정과거 형태가 없다는 것이다. 그렇다면 뉘앙스 면에서는 아마 차이가 없을 것이다(Godet). 또한, 동사의 변화가 의미의 차이를 나타내는 것 같지도 않다.

고전 그리스어에서, οἶδα와 γινώσκω는 일반적으로 구분된다. 전자는 "알아차리다, 직관적으로 알다"를 의미하고, 후자는 "경험을 통해 이해하게 되다"를 의미한다. 이러한 구별이 여기서도 보존된다면, 첫 번째 문장은 죄를 "친밀하고 경험적으로 잘 아는 것"으로, 두 번째 문장은 "육욕과 같은 것이 있었다는 지식 정도로 아는 것"을 함의할 것이다(S-H 참조). 그러나 맥락은 우리로 단지 정반대의 강조를 예상하도록 이끄는데, 이는 율법이 죄에 대한 "지식"을 가져온다는 방식과 관련한 일반적인 진술이 있고, 구체적인 죄를 "알게 되고 경험하게" 되는 구체적인 사례가 있다는 것이 그것이다(사실 이것은 본질적으로 Gifford가 암시하고 있다). 사실 신약에서 οἶδα와 γινώσκω는 항상 각각의 "대표적인" 의미들을 보존하고 있지는 않다. Burdick, "Οἶδα and Γινώσκω," 344-56에 실린 연구들을 살펴보라; Silva, "Pauline Style as Lexical Choice," 184-207. 다른 식의 구별도 가능하지만(예를 들어 Porter, *Verbal Aspect*, 281-87 [McKay에 이어서]), 이 경우의 맥락은 양자 사이의 어떠한 의미상의 차이를 단정하기 어렵게 한다(Burdick, "Οἶδα and Γινώσκω," 351; Cranfield를 보라).

735. 예를 들어 Calvin; Benoit, "Loi et croix," 487를 보라.

736. 예를 들어 Cranfield 참조. οἶδα와 γινώσκω는 둘 다 "이해"를 나타낼 수 있다(οἶδα에 관하여 예를 들어 롬 13:11과 γινώσκω에 관하여 7:15; 11:34, 그리고 BDAG를 보라).

을 통해서이다.[737] 크리스 블라코스(Chris Vlacos)는 이를 두고 유용하게도 율법의 "촉매 효과"라고 이름을 붙였다.[738] 바울이 7c절에서 인용하는 "탐내지 말라 또는 욕심내지 말라"라는 계명의 선택은 흔히 그의 개인적인 과거를 반영하는 것으로 여겨진다. 예를 들어, 건드리(R. Gundry)는 "정욕"에 대한 성적인 함의를 강조하면서, 바울이 사춘기에 이르러 성욕에 눈뜨게 된 자신의 경험을 기술한다고 주장한다.[739] 그러나 바울의 용법은 "정욕"이 이것보다 더 넓은 의미가 있음을 시사하며, 온갖 종류의 부정한 욕망을 아우른다고 암시한다.[740] 사실, 바울의 인용은 십계명의 열 번째 계명의 축약된 버전인 것은 거의 확실하다(출 20:17; 신 5:21).[741] 바울이

737. 하지만, "앎"의 이러한 해석을 주장할 때, 나는 주로 동사들의 이성적인 의미로부터 초점을 옮기고 싶지는 않다. 이 초점이 이동하는 것은 "앎"을 히브리식 의미로 "실질적인" 지식으로 보는 사람들에 의한 것이고, 율법이 "나"를 실제 죄악으로 이끄는지 바울이 묘사하고 있다고 생각한다. 확실히 *γινώσκω*(1:21; 고전 8:3; 갈 4:9; 빌 3:10을 보라)와 *οἶδα*(고전 2:2; 갈 4:8; 살전 4:4, 5; 5:12; 살후 1:8; 딛 1:16) 모두는 히브리어 ידע(야다)와 같이 "경험"과, "…에 관계가 있는"을 의미할 수 있고, 고후 5:21은 바울이 *γινώσκω ἁμαρτίαν* 구문을 사용하여 "죄를 범하다"를 의미할 수 있는 것임을 밝힌다(Kümmel, Römer 7, 45; Bultmann, *Theology*, 1.264; G. Bornkamm, "Sin, Law and Death," 102; Ridderbos, *Paul*, 151; Gaugler; Schlier). 그러나 *οἶδα*와 *γινώσκω*는 오직 바울 서신 안에서만 드물게 나타나서 -"경험으로 알다"에 반하여 - "경험"을 함의한다. 그리고 바울은 율법이 죄악을 증가시킨다고 비난하지만(롬 5:20과 7:5) - 실제로 그는 명확히 부인하는 한다(5:13-14) - 율법이 있는 곳에만 죄가 가능하다는 것을 가르치지는 않는다. 그렇지만 여기서 그는 율법으로 말미암지 않고는 "죄를 알지" 못하였으리라고 말한다(이 어려움을 피할 수 있는 유일한 방법은 바울이 생각하는 죄가 "은혜를 거스르는" 것으로, 의를 얻는 수단으로 율법을 사용하기 위한 율법주의적인 시도일뿐이라고 주장하는 방법이다[예를 들어 Bultmann, *Theology*, 1.265를 보라]. 그러나 이 문맥에서 "죄"를 그렇게 협소한 개념으로 한정시킬 수 없다[7:5에 관하여 보라].) 덧붙여서, 여기서 죄를 "알게 되는 것"은 율법이 죄를 "낳는 것"에 대한 개념이 없는 3:20의 *ἐπίγνωσις ἁμαρτίας*와 같은 것을 의미할 것이다.

738. Vlachos, *Law and Knowledge*. 그는 롬 7장이 극적인 형태로 바울이 고전 15:56에서 공리적으로 단언했던 것을 묘사하고 있다고 주장한다(210)

739. "Moral Frustration," 232-33; F. Watson은 이 용어를 광범위하게 적용하면서, 성적 육욕이 주로 대표적이라고 생각한다(*Agape, Eros, Gender*, 104-7).

740. 그리스어 동사는 *ἐπιθυμέω*로, 바울은 다른 어느 곳에서도 성적인 욕망을 그런 것으로 묘사하려고 사용하지 않는다(13:9; 고전 10:6; 갈 5:17; 딤전 3:1). 그리고 이 문맥 밖에서 동족 명사 *ἐπιθυμία*를 사용한 17개 중에 오직 3개만이 성적 욕망에 초점을 두고 있다(롬 1:24; 딤후 2:22; 3:6).

741. Pesiq. Rab. 21 (107a) (4th cent.) (Schoeps, *Paul*, 191)도 보라. Lyonnet ("'Tu ne convoiteras pas'")과 다른 사람들은 여기서 바울이 모세의 율법보다도 아담과 하와에게 주어진 계명을 가리키는 것이라고 주장한다. 그가 대상이 명시되지 않은 "욕망"이 Tg. Neof의 출 10:17에서 발견되는 것과, Targum Neofiti가 마찬가지로 히브리어에 해당하는 어근 חמד(하마드)가 창 3:6에서 사용되는 것을 지적하고(이 히브리어에 상응하는 것은 LXX에서 종종 *ἐπιθυμέω*로 번역되기도 한다), 또한 b. Šabb. 145b-146a에서 뱀이 하와에게 "욕망"을 불어넣은 것으로 말하는 것에 주목한다. 그러나 첫 번째 지적사항은 위에서 논했던 것처럼, "탐심"을 절대화하려는 경향이 있었음을

이 계명을 인용하는 이유는 물론 그 자신이 율법의 온전한 위력을 경험했기 때문일 것이다. 그러나 분명 이것만이 유일한 설명은 아니다. 탐내는 것을 (탐욕의 대상에 이름을 붙이지 않고서) 일반적으로 금하는 인용은 유대교의 선례가 있는데, 이 인용은 모세 율법의 대표적인 요약으로 꼽힌다.[742] 이것이 어떠한 개인적인 (달리 어떤 증거가 없는) 이유보다도 바울이 이 계명을 인용하는 이유일 것이다.[743]

8 이 구절에서 첫 문장은 7c절을 자세히 설명하고 있다. "탐내지 말라"는 계명이 "나"로 하여금 "정욕"의 참모습을 보게 했지만, 죄가 "기회"[744]를 타서 "계명으로 말미암아"[745] "내 속에서 온갖 탐심을 이루었다"[746]는 것이다. 율법은 죄

증명하는 데 지나지 않으며, 나머지 둘은 이 쟁점에 별로 관계가 없다. 사실, Lyonnet는 유대인들이 에덴동산의 계명을 "탐하는 것"의 금령으로 해석했다는 어떠한 증거도 제시하고 있지 않다. 동사 ἐπιθυμέω와 이 동족어들은 창 1-3장에 나오지도 않지만, 시 106:14에서 이스라엘의 광야 세대를 가리켜서 사용된다(Strelan, "Note on Old Testament Background," 23-25).

742. Philo, *Decalogue*, 142-43, 173; 4 Macc. 2:6을 보라. 유대인 작가들은 탐심을 모든 죄악의 근본으로 보는 경향이 있어서 이렇게 요약할 수 있다(약 1:15; *Life of Adam and Eve*, 19; Philo, *Special Laws* 4.84-94; 그리고 F. Büchsel, *TDNT* 3.169를 보라).

743. Ziesler는 바울이 열 번째 계명을 왜 언급했는지에 대한 또 다른 이유가 있다고 제안하는데, 바울은 태도를 금하는 데 초점을 맞춤으로써 사람들이 전혀 율법을 수행할 수 없다는 결론에 이르게 된 것이다. 이러한 결론은 바울이 어떤 행동의 금지를 그의 예증으로 선택했다면 불가능했을지도 모른다("Role of the Tenth Commandment," 41-56). 그러나 이것은 7:15-23에서 바울의 논점을 잘못 읽은 결과다. 그의 논지는 모든 유대인이 모든 계명에 순종하지 않거나, 스스로가 얽매여 있다고 느끼는 것이 아니라, 모든 유대인이 하나님의 법의 요구를 충족시키지 못하고, 어느 정도 그렇다는 것을 감지한다는 것이다. 그래서 바울이 열 번째 계명을 선택한 것이 시금석인 이유는, 하나님의 법대로 살지 못하는 유대인들을 가장 명확하게 드러내는 - 내적 태도와 - 그 법이 지닌 양상과 관련되어 있기 때문이다.

744. ἀφορμή (11절도 보라). 이 단어는 이 구절들에서 바울이 율법에 할당한 역할을 완벽하게 전달한다. 이는 흔히 "작전 기지" 또는 "교두보"를 가리키는 것으로 성공적인 군사작전에서 요구되는 것이다. 불행히도, 이 단어가 많고 상이한 문맥들 가운데서 사용되므로 우리는 이 뉘앙스가 여기에 딱 맞는지 확신할 수는 없다(신약 다른 곳에서 쓰이는 곳으로 고후 5:12; 11:12 [2번]; 갈 5:13; 딤전 5:14; 눅 11:54 [이문]) (LSJ; MM). 그러나 "기회" 또는 "출발점"과 같은 개념이 일반적으로 여전히 요점을 잘 전달해 준다.

745. διὰ τῆς ἐντολῆς 문구는 κατειργάσατο를 수식할 수 있으며, 이는 "죄가 기회를 잡아, 율법으로 말미암아 내 안에서 온갖 종류의 탐심을 일으켰다"가 된다(예를 들어 Murray; Cranfield; Dunn; Schreiner). 11절과 병행하는 διὰ αὐτῆς 문구는 이 독법을 선호할 수도 있는데, 이는 ἀφορμή를 반복하고 주동사를 수식하기 때문이다. 하지만 동사 ἀφορμή는 수식어를 절실히 필요로 하고, 이 단어에 διὰ τῆς ἐντολῆς를 덧붙이는 것이 더 낫다(거의 모든 영역본이 그렇게 하듯이)(예를 들어 Wilckens; Kümmel, *Römer* 7, 44를 보라).

746. 바울은 ἐργάζομαι의 복합 동사인 κατεργάζομαι를 사용한다. 전치사는 흔히 이 동사에다가 강의적

도 아니요 죄의 원조도 아니라, 죄가 그 악하고 지독한 목적을 이루기 위해 사용하는 사건이나 전초기지인 것이다. "죄는 사망의 거미줄 속에 인류를 가두는 데 성공한 거미"[747]와 같다. 바울은 다시금 죄를 의인화하므로 죄를 적극적이면서 목적을 가지고 작용하는 "권능"이라고 묘사하고 있다. 구약에서는 이에 대한 선례가 있는데, 예를 들어, 창세기 4:7을 보면, "선을 행하지 아니하면 죄가 문에 엎드려 있느니라 죄가 너를 원하나 너는 죄를 다스릴지니라"가 그것이다. 바울은 "율법" 대신에 "계명"을 사용하는 것은(*nomos*; 7절 참조), 바울이 7절에서 인용했던 단 하나의 계명을 언급하고 있기 때문이지만,[748] 계명은 모세의 율법 전체를 대표한다.[749] 역설적으로, 죄가 계명을 기회로 삼아 낳은 것은 바로 그 계명이 금한 것인 "온갖 탐심"[750]이다.

그러나 어떻게 율법이 죄에 이 모든 욕망을 부추길 기회를 줄 수 있는가? 바울이 말하고자 하는 바는 "금단의 열매"에 관한 속담으로 어느 정도 설명이 가능하다. 즉, 사람이 무엇이든 하지 말라는 말을 들으면, 거기에는 분명 재미있는 무언가가 있음이 틀림없다고 즉각적인 결론을 내리고, 그것에 더 자극을 받아서 심지어 무엇보다 먼저 그것을 하게 된다는 것이다.[751] 고대의 도덕가들은 이런 현상에 주목했으며, 우리도 이것을 익히 알고 있다. 한 부모가 자기 아이에게 "이제 밖에 나가서 저 진흙 구덩이에 뛰어들지 말라"고 일렀을 때 그 결과를 목격하게 된다.

하지만 바울은 필시 이 개념을 좀 더 명확한 신학적 방법으로 적용하는데, 이는 이스라엘이 율법의 정당한 주권자에 의해 부과된 제약들로 하나님의 법을 직면

인 의미를 부여하므로 "낳다", "이루다"를 나타낸다(7:15에 관하여 더 자세히 보라).

747. Dunn, *Theology*, 129.

748. 바울은 개별적인 법을 가리키기 위해 νόμος의 단수를 사용하지 않는다.

749. 9절에 νόμος에서 ἐντολή로 바뀌는 것과, Kümmel, *Römer 7*, 56도 보라.

750. *πᾶσαν ἐπιθυμίαν*. 7절에서처럼, ἐπιθυμία는 죄악 된 "정욕", "탐욕스러움"을 의미한다(RSV)–"욕"은 우리가 성적인 정욕에만 한정시켜서 사용하려는 경향 때문에 좋은 번역은 아니다. ἐπιθυμία 뒤에 목적어가 없다는 것은 – 7절에서 ἐπιθυμέω와 같이 – 바울이 죄악 그 자체를 "탐하는" 성향에 초점을 맞추고 있으며, πᾶσαν이라는 단어의 추가가 질적인 뉘앙스를 부여해서 "모든 종류의 탐욕"을 보여주고 있다. 인간이 이기적으로 자기 자신들을 위해 보고 갖고자 하는 명성, 재물, 권력, 소유물은 무엇이든지 포함된다. 진짜로 우리가 이러한 목록 속에는 다른 모든 것들의 근원이 되는 불법적인 욕망으로 "하나님처럼 되고자"하여 창조주의 자리를 찬탈하려는 욕망을 포함 시켜야 한다.

751. 예를 들어 Godet 참조.

했을 때, 바로 그 제약에 자극을 받아 반항하게 되었다는 것이다.[752] 이스라엘 자손들은 자신들을 위하여 새긴 어떠한 우상도 만들지 말라는 계명을 듣고 나서야(출 20:4절), 아론으로 그들이 숭배할 금송아지를 만들게 했다(출 32장). 바로 이런 방식으로 율법은 이미 모든 사람에게 내재하는 죄악 된 경향으로 악용되어 온갖 종류의 죄가 되는 기질들을 자극하는 수단이 되었다.

이 구절의 마지막 문장에서 일련의 어절들이 개시되는데(8b-10a절), 여기서 바울은 율법이 죄를 범하는 기회가 되는 방식을 설명한다.[753] 바울은 이 순서를 교차 대칭식으로 구성하여, "죽은" 죄가 "살아나는" 것은 동시적으로 "살았던" "내가" "죽는다" 것을 묘사한다.

"율법이 없을 때에"	"계명이 이르매"
"죄가 죽은 것임이라"(8c절)	"죄는 살아나고"(9b절)
"내가 살았더니"(9a절)	"나는 죽었도다"(10a절)

나는 위에 이 순서가 이스라엘 백성을 위한 모세 율법의 도래에 대한 효과를 나타내며, *egō*("나")가 바울을 가리키되, 유대 민족과 결속된 그를 가리키는 것이므로 시내산에서 율법의 도래를 경험한 그를 가리키는 것이라고 주장했다. 그러므로 7-8a절에서 서술된 것을 바울이 개인적으로 경험했을 수도 있지만, 이 절들에서 서술된 것은 바울이 그 민족의 역사에 관여함을 통해서만 경험된 것이다.

따라서 "율법이 없을 때에"는 (자전적 견해처럼) "내가 율법의 참된 의미 또는 진짜 힘을 알게 되기 전에"를 뜻하거나 "에덴동산에 있는 아담에게 율법이 주어지기 전"(창세기 이야기가 어떤 경우에도 허용할 것 같지 않은 시간의 간격)[754]을 의미하는 것이 아니라, 5:13에서처럼, "율법이 있기 전에"를[755] 의미하는 것이다. 바울은 시내산에 이르기 전 시기에는 죄가 이스라엘에 대하여 "죽었다"고 단언한다. 죄가 죽었다는 말은 물론 죄가 존재하지 않았다는 말이 아니라 율법이 이른 이후만큼 활동

752. 예를 들어 Cranfield를 보라.
753. γάρ, "for"를 보라.
754. 예를 들어 R. Gundry, "Moral Frustration," 231을 보라.
755. 예를 들어 Wright를 보라.

적이거나 강력하지 않았음을 뜻한다.[756]

9 "법이 없을 때"를 말하는 이때에는 에고(*egō*)는 "살아"있었다. 에고가 아담이라고 지칭할 경우에만 이 동사에 완전한 신학적 의미, 즉 "영적" 생명을 부여받을 수 있지만, 우리는 에고가 아담과 동일시 됨은 있을 법하지 않다. 따라서 "살았더니"에 보다 온건한 의미를 부여하지 않으면 안 되는데, 이는 상대적으로 신학적인 의미 - 율법이 이른 뒤에 나의 상황이 심각해진 것에 비할 때, 그 전에는 내가 "살아"있었다[757] - 이거나 아니면 순전히 산문적인 의미에서 - "내가 존재해 있었다"는 - 의미이다. "내가 살았더니"는 신학적 의미가 분명한 "나는 죽었도다"와 대조된다는 사실에서 전자의 해석이 유리하다. 그러나 산문적인 해석이 불가능하지도 않은 것은, 바울이 "살다"라는 동사를 신학적인 의미로 사용하는 경우가 드물기 때문이다.[758] 어느 쪽으로 보든지 간에, 이 어절은 시내산에서 율법이 주어지기 전에 아직 죄를 죄로 "여기지 않았을 때"(5:13절) 이스라엘의 상황을 묘사하는 것이다. 바울은 7절에서 인용한 열 번째 계명에 대한 전형적인(paradigmatic) 의미의 영향 아래에서 모세의 율법이 주어진 것을 "계명"이라는 단어로 묘사한다. "이 계명이 이르매"[759] "죄가 다시 살아났다."[760]

10 죄가 새로운 생명을 얻었음에도 불구하고 에고(*egō*)는 "죽었다." 우리가 앞서 살펴보았듯이, 자전적 해석의 지지자들은 일반적으로 바울이 정죄당했던 깨

---

756. *νεκρός*가 "비활동적인"을 의미하는 것에 관하여 약 2:26을 보고, 그 개념에 관하여 롬 4:15; 5:13-14와 그리고 특히 5:20과 7:5를 보라.

757. 예를 들어 Benoit, "Loi et croix," 487; Schlatter; Cranfield. 반대 견해로 예를 들어 Barrosse, "Death and Sin," 443-44.

758. 로마서에서 오직 1:17; 6:13; 8:13; 10:5 (?)에서만 나온다.

759. 독립 속격 구문으로 *ἐλθούσης τῆς ἐντολῆς*는 아마 시간적 의미가 있을 것이다.

760. 그리스어 동사는 *ἀναζάω*이다. 접두사 *ἀνα*는 그 진짜 의미를 잃었는지도 모르며, 그럴 때 우리는 "죄가 살아났다"고 번역할 수 있다(Käsemann; Cranfield). 그러나 신약에서 이 동사나 유일하게 등장하는 다른 곳은(눅 15:24) 전치사의 "다시"라는 뉘앙스를 보존하는데, 이것은 여기서도 마찬가지일 것이다. 에덴동산의 계명으로 말미암아 활동한 것이 상대적으로 "활동을 중단한" 이후에 모세의 계명이 이르매 죄가 "새로운 활력을 얻어 살아났다"고 볼 수 있다(Lambrecht, "Man before and without Christ," 24; N. T. Wright, "Messiah and People of God," 151을 보라).

달음을 묘사하고 있다고 생각하지만,[761] 일부 학자들은 그가 "계명이 이르게 됨"에 따라 죄의 권세 아래에서 속수무책이 된 상황을 가리킨다고 한다.[762] 이에 따라 9절에서 "내가 살았더니"는 죄의 심각성과 그 결과를 인식하지 못한 채 사는 것을 의미하는 것으로 해석된다. 이러한 해석이 가능하긴 하지만, 문맥 가운데서 이 해석을 암시하는 것은 없다. 로마서 7장 전체에 걸쳐서, "죽다"와 "사망"은 객관적 현실을 지시하는 것이지, 주관적 깨달음에 관한 것일 수는 없다(2, 3, 4, 5, 10, 11, 13, 14, 24절). 그리고 이 구절은 5절과 13절에 직결되어 있어서, 거기서 언급된 사망이 여기에서 묘사된 것과 다르다고 생각하기란 어렵다. 따라서 "나는 죽었도다"는 율법이 죄를 범죄로 만들어 아담 이래로 모든 사람이 처하게 되는 영적 죽음을 확인하고, 의인화하며, 급진적인 것으로 만드는 바로 그 상황을 묘사한 것이다. 이런 의미에서 이스라엘은 율법이 주어지자 "죽었던" 것이다.

바울이 이렇게 말하는 목적에는 어느 정도 격론의 여지가 있을 것이다. 물론 유대인들은 율법이 죄에 대한 구속과 때로는 생명을 주는 힘을 부여하기도 한다는 주장으로 율법을 높이 평가했다.[763] 바울은 이러한 주장들을 반박하는 것이다. 율법은 죄를 억제하지 않았고, "탐심의 온갖 종류"(7-8a절)를 부추기기만 했으며, 율법은 생명이 아닌 "사망"에 이르게 했다는 점이다(8b-10a절). 내가 주장해왔듯이 아담에 대한 직접적인 언급일 것 같지는 않다. 그러나 아담과 이스라엘의 병행이 5:13-14에서만이 아니라 유대교의 문헌에서도 나타난다는 것은,[764] 여기서 묘사된 이스라엘의 율법 체험이 에덴동산에서 하나님의 계명을 아담이 체험한 것과 병행하고 어느 정도는 그것을 요약 반복한다고 암시할 것이다.

우리가 위에서 주목했던 율법에 대한 유대교의 견해는 바울이 왜 계명을 "생

---

761. 예를 들어 Calvin; Gifford; S-H 참조.

762. Dodd; Lloyd-Jones; R. Gundry, "Moral Frustration," 232-33.

763. 예를 들어 한 전승에서, 율법이 수여되는 것은 이스라엘에게 생명을 선택할 기회가 제공되는 것이나, 금송아지 사건에서 그들이 율법에서 떠났을 때, 생명의 기회를 잃었다고 전해진다. 또 다른 전승에 따르면 이스라엘이 "육욕"이 이방인은 아닐지라도 시내산에서 제거된 것이라고 전해진다. 예를 들어 b. Qidd. 30b을 보면, "그럴지라도 거룩하신 분이 이스라엘에게 말씀하시기를, '내 자녀들아, 나는 악한 욕망을 만들었지만 [또한] 해결책으로 토라(Torah)를 창조하였은즉, 너희가 토라에 붙들려있다면, 악한 욕망의 손에 넘겨지지 않을 것이다.'" 예를 들어 Urbach, *Sages*, 2.425-28; Str-B, 3.237; G. Moore, *Judaism*, 1.491을 보라.

764. 5:12에 관한 해설을 보라.

명에 이르게 할" 것으로 수식하는지 이해할 수 있도록 도와준다.[765] 우리가 본대로, 계명은 동산에 있는 아담에 대한 계명을 지시하는 것이 아니며,[766] 일반적으로 하나님의 법을 나타내는 것도 아니다.[767] 주된 관심은 우리가 주목했던 유대인의 관점에서 바라본 모세의 율법에 관한 것이다. 하지만 바울은 이보다 더 말하고자 할 것이다. 구약 그 자체는 어떤 의미에서 "생명"을 주는 권세를 율법으로 돌린다. 특별히 참고할 것은 레위기 18:5에, "너희는 내 규례와 법도를 지키라 사람이 이를 행하면 그로 말미암아 살리라 나는 여호와이니라"이다(10:5과 갈 3:12에서 바울에게서 인용되며, 시 19:7-10; 겔 20:11; 눅 20:28도 보라).[768] 이 구절들에서 율법이 완벽하게 지켜졌다면, 생명이 주어졌을 것이라고 결론짓는 것은 당연해 보인다. 이러한 의미에서 율법은 "생명을 약속한다." 이 "생명"은 하나님이 그의 백성에게 언약 가운데 약속하신 축복이라는 측면에서 이해되어야만 하는데, 그 언약은 그들이 거하는 땅에서의 평화와 안전, 풍년과 같은 것들이다(예를 들어 신 28:1-14; 30:15, 19절에서 "생명"을 보라). 그렇다면 이것은 "영원한 삶"이 아니라, 신약에서 약속된 생명과 대등한 구약의 약속인 것이다. 이스라엘의 역사는 이 생명을 이루지 못한 백성들의 실패를 드러내고 있는데, 이 패턴은 죄악이 지배하고 있는 한, 늘 발견될 것이라고 바울은 주장한다.[769] 이러한 이유로 그 계명이 "생명에 이르게 할" 것이었을 지라도, 바로 이 계명이[770] 이스라엘에 있어서 사망의 원인이었음을 "증명한 것이다."[771]

11 바울은 이제 8a절의 표현으로 돌아간다. 다시금 죄가 계명을 교두보로 사용했고,[772] 그 교두보를 통하여 에고(*egō*)에게 죄악을 가져왔다고 주장한다. 그러

765. εἰς ζωήν 가운데 εἰς는 목적의 의미를 지니는데, 이는 "생명을 불어넣으려는 계명"을 의미한다.
766. 예를 들어 Hofius, "Gesetz des Mose," 270을 보라.
767. 예를 들어 Stuhlmacher, "Paul's Understanding of the Law," 98-99 참조.
768. F. Watson는 여기서 바울이 레 18:5를 언급한다고 주장한다(*Paul and Hermeneutics of Faith*, 330).
769. Lloyd-Jones; Morris; 그리고 특히 Westerholm, *Perspectives*, 415-16; D. Moo, "Law of Christ," 324-27 참조.
770. 바울은 이 계명에 대한 언급을 지시대명사인 αὕτη("this")를 사용해서 반복하고 있으며, 그럼으로써 "생명에 이르게 할" 율법인, "이" 율법이 대신 사망을 가져왔다는 역설을 강조하고 있다(Dunn을 보라).
771. εὑρέθη; 이 의미에 관하여 BDAG를 보라.
772. 8절에서처럼, 우리는 διὰ τῆς ἐντολῆς를 ἀφορμὴν λαβοῦσα와 함께 사용한다.

나 8절에서 바울은 율법이 죄악 된 충동을 만들어내는 중요한 도구로 표현했는데, 여기서 그는 율법이 "속이고" "죽이는" 데 사용된 것임을 밝힌다. "속이다"는 단어는 이 본문과 창세기 1-3장과 분명한 언어적 연결고리를 형성한다. 즉, "여자가 이르되, '뱀이 나를 꾀므로 내가 먹었나이다'"(창 3:13)가 그것이다.[773] 실제로, 여기서 창세기 본문에 대한 일부 언급이 있을 수도 있지만, 위에서 논의된 것처럼, 그 밖의 고려사항들로 바울이 아담과 하와의 불순종을 직접 묘사하고 있다는 것은 가능성이 없어 보인다. 그래서 바울은 다시금 이스라엘의 법을 언급하는 것이다. 바울의 생각은 필시 율법으로 버텨온 "생명의 약속"이 이스라엘을 "속여서" 율법을 통해 생명을 얻을 수 있다는 식의 생각을 하게 만들었는가이다.[774] 그러나 율법으로 말미암아 생명을 구하려는 이스라엘의 시도는 사망을 가져올 뿐인데, 이는 율법을 준수하는 것 자체가 죄가 되거나 죽어 마땅하게 되는 것이 아니라, 율법 그 자체를 성취할 수 없기 때문이다. 이것은 14-25절의 부담이 된다. 즉, 유대인들은 율법을 예우하면서도, 율법을 실천하지 못했으므로 그들 스스로가 "죄의 법" 아래에 있음을 깨닫게 된 것이다. 그래서 죄는 율법으로 말미암아 이스라엘을 "죽였다." 이러한 사건이 하나님의 작정에 따라 일어났다 할지라도(5:20과 갈 3:19-26을 보라), 이것이 기여한 것은 궁극적으로 긍정적인 것이었다. 즉, "죄 아래에 얽매여"있다 할지라도, 이스라엘은 생명과 구원을 가져다줄 메시아에 대한 약속 그리고 하나님을 바라보는 법을 배울지도 모른다는 것이 그것이다.

12 율법이 죄의 무죄한 "앞잡이"라는 것을 증명한 바울은 이제 돌아와서 그가 이 단락을 시작했던 요점을 완성할 수 있다. "율법이 죄냐? 그럴 수 없느니라![7a절] … 율법은 거룩하고 계명도 거룩하고 의로우며 선하도다." 바울은 이 구절을[775] 그가 7b-11절에서 스케치했던 역사 속 율법의 진정한 역할에서 도출된

773. 바울이 사용한 동사는 ἐξαπατέω로, 바울은 하와가 속은 것을 묘사하기 위해서 고후 11:3과 딤전 2:14에서도 사용한다(바울은 롬 16:18, 고전 3:18과 살후 2:3에서 누가 봐도 창 3장에 대한 언급 없이도 똑같은 동사를 사용한다). 창 3:13에 대한 LXX는 동사의 원형인 ἀπατέω를 사용하고 있음에 주목해야 한다.

774. G. Bornkamm, "Sin, Law and Death," 91-92; Bultmann, *Theology*, 1.248.

775. ὥστε("이로 보건대")를 참조하라. 바울은 불변사 μέν("한편으로")을 사용하기도 하는데, 이는 보통 δέ("다른 한편으로")를 이끄는 어절이 따르므로 균형을 요구한다. 바울은 이러한 절을 보충하

추론으로 도입한다. 바울은 "율법"과 "계명"을 본질적으로 평행하는 용어로 결합하는데, 이 모두는 모세의 율법을 가리키는 말로, 전자는 기관을 나타내고, 후자는 전체의 대표로서 바울이 7절에서 인용한 특정한 계명을 나타낸다.[776] 율법을 "거룩하다"고 할 때, 바울이 묘사하고 있는 것은 거룩의 요구가 아니라,[777] 거룩의 기원이다. 그것은 "거룩한" 본성을 지닌 거룩한 분에게서 주어지는 것이다. 다시 말하지만, "의롭다"는 표현은 "의로운" 행동을 규정한다는 점에서 율법의 기능을 암시하거나, 어쩌면 "의로운" 것 이상을 요구하지 않는 율법의 본질을 언급하는 것일 수도 있다. 그러나 문맥은 우리로 하여금 이 어군(語群)이 갖는 법정적 함의에 따라 "의로운" 것을 바라보게 한다. 즉, 율법이 거룩하므로 "어떤 잘못을 저질렀다는 혐의도 받을 수 없다"는 의미로 보게 만든다.[778] 마지막으로 "선하도다" 역시 율법의 본질을 나타내므로, 결국 하나님만이 특징이 되는 그 "선함"을 율법으로 돌린다(막 10:18을 보라).

바울은 7-12절에서 묘사하는 모세의 율법으로 이스라엘이 겪는 체험이라고 할지라도, 그들의 경험은 우리가 보았듯이 온갖 방식으로 하나님의 법에 맞서는 모든 사람들의 경험을 나타낸다. 그러므로 이스라엘의 실패와 죽음이 우리에게 일러주는 것은, 구원이 결코 율법을 행함으로는 얻을 수 없으며, 오직 그리스도 안에 있는 하나님의 은혜와 긍휼에 우리 자신을 맡김으로써 얻게 되는 것이다. 아우구스티누스의 말에 의하면, "하나님은 우리가 할 수 없는 것을 명하셔서 우리가 그에게서 무엇을 구해야 하는지를 알도록 하신다."[779] 그리고 칼빈도, "율법의 교훈에서 하나님께서 다만 온전한 의를 보상하시는데, 우리 모두에게는 이런 의가 없으며, 반대로 악행은 엄격히 심판하신다. 그러나 그리스도 안에서 그의 얼굴은 가련하고 가치 없는 죄인들 위에서도 은혜와 온화함의 충만으로 빛난다."[780] 율법

지는 않아도, 죄와의 대조를 암묵적으로 암시하므로, "죄와 대조되는 율법"(7b-11)을 가리킬 것이다(Cranfield; Dunn).

776. Calvin과 반대 견해로 예를 들어 Theodoret을 보라. 그는 νόμος가 모세의 율법과 ἐντολή가 에덴 동산의 계명을 가리킨다고 생각한다.

777. Godet.

778. Calvin.

779. *On Grace* 16.32.

780. *Institutes* 2.7.8.

에 대한 이스라엘의 경험은 그리스도인들이 영적인 활력과 성장의 근원으로서, 모세의 율법이든 어떤 규칙들의 목록이든 결코 율법으로 복귀해서는 안 된다는 점을 복기해야만 한다.

b. 율법 아래에서의 삶(7:13 25)

13 그런즉 선한 것이 내게 사망이 되었느냐
그럴 수 없느니라 오직 죄가 죄로 드러나
기 위하여 선한 그것으로 말미암아 나를
죽게 만들었으니 이는 계명으로 말미암아
죄로 심히 죄 되게 하려 함이라
14 우리가 율법은 신령한 줄 알거니와[781] 나
는 육신에 속하여 죄 아래에 팔렸도다
15 내가 행하는 것을 내가 알지 못하노니 곧
내가 원하는 것은 행하지 아니하고 도리어
미워하는 것을 행함이라
16 만일 내가 원하지 아니하는 그것을 행하면
내가 이로써 율법이 선한 것을 시인하노니
17 이제는 그것을 행하는 자가 내가 아니요
내 속에 거하는 죄니라
18 내 속 곧 내 육신에 선한 것이 거하지 아니
하는 줄을 아노니 원함은 내게 있으나 선
을 행하는 것은 없노라[782]
19 내가 원하는 바 선은 행하지 아니하고 도
리어 원하지 아니하는 바 악을 행하는도다
20 만일 내가[783] 원하지 아니하는 그것을 하
면 이를 행하는 자는 내가 아니요 내 속에
거하는 죄니라
21 그러므로 내가 한 법을 깨달았노니 곧 선
을 행하기 원하는 나에게 악이 함께 있는
것이로다
22 내 속사람으로는 하나님의 법을 즐거워
하되[784]
23 내 지체 속에서 한 다른 법이 내 마음의 법
과 싸워 내 지체 속에 있는 죄의 법으로 나
를 사로잡는 것을 보는도다
24 오호라 나는 곤고한 사람이로다 이 사망
의 몸에서 누가 나를 건져내랴
25 우리 주 예수 그리스도로 말미암아 하나
님께 감사하리로다[785] 그런즉 내 자신이
마음으로는 하나님의 법을 육신으로는 죄
의 법을 섬기노라

---

781. 내 번역은 1인칭 복수 *οἴδαμεν*의 독법을 가정한 것이며, 사본 대다수에서 이런 독법이 발견된다(초기 사본들의 대부분은 자간과 악센트 부호에서 통일성이 부족한 것으로 인해 어느 정도 의심이 있을 수 있다). 하지만 몇몇 사본들 중에 2차 알렉산드리아 소문자 33은 *οἶδα μεν*("한편, 나는 안다")로 읽는다. 1인칭 단수 독법은 이 동사를 14-25절에 나오는 다른 동사들과 일치시키므로 일부 학자들이 선호하지만(예를 들어 Wilckens 참조), 보다 쉬운 독법일 뿐, 1일칭 복수 독법과 동일한 이유로 미심쩍기는 마찬가지이다.

782. NA^{28} and UBS^5에서 읽는 본문에서는 18b절은 정동사인 *παράκειται* 단 하나 뿐이다(이 독법은 거의 모든 알렉산드리아계의 사본[א ,A, B, C, 81, 1739])의 지지를 받는다. 그러나 서방 사본(D, F, G)과 대다수 사본(알렉산드리아 33과 대문자[uncial] Ψ)은 이 구절 끝에 홀로 나온 *οὔ* 대신에 *οὐχ εὑρίσκω*("내게 없노라")로 읽어서 동사 *εὑρίσκω*를 *τὸ δὲ κατεργάζεσθαι τὸ καλόν*을 통제하는

우리가 논쟁의 여지가 있는 이 단락에 접근할 때 염두에 둬야 하는 것은, 바울의 초점은 여전히 모세의 율법에 있다는 것이다. 그리고 바울이 모세의 율법에 대해 말하는 것은 이 구절들에서 그 상황이 묘사되는 사람의 정체성과 영적 상태에 관해 우리가 어떤 결정이든 내리는 것과 거의 같다. 다시금 바울이 주장하는 율법은 하나님의 법이요(22, 25절), "신령한"(14a절) 것이며 "선한 것"(16절)이다. 율법이 요구하는 것을 "나는" 할 수 없기 때문에(15-20, 21절), "나"는 죄의 "사로잡힌 자"이며(23절), 이 상황에서 하나님만이 그리스도 안에서 나를 건져주실 수 있음을 깨닫게 된다(24절, 8:1-4 참조). 이 구절들에서 바울은 모세의 율법이 사람들을 죄에서 구원하지 못하는 무능한 것임을 다시금 밝힌다. 율법은 우리에게 하나님 앞에서 우리가 수행해야 할 것들을 알려주지만, 그 의무들을 이행할 만한 능력을 주시지는 않는다. 하나님의 법은 선하지만, 그 법이 사람들에게 임하는 것은 그들이 이미 "육신"에 속하여(14b절) 그 안에 죄가 거할 때다(17, 20절). 이 상황으로부터 율법은 우리를 구하지 않으며, 구할 수도 없지만, 이와 반대로 율법은 원함과 행함, "마음"과 "육신" 사이에서 분열의 깊이를 드러낸다(15-20, 25절). 모세의 율법이 죄 많은 사람들을 영적인 얽매임에서 구원하지 못하는 것에 대하여 바울이 본질적으로 가르치는 것은, 그 얽매임이 - 율법으로 말미암아 구원받을 수 없는 - 회심 전 사람의 상태이거나, 아니면 - 율법으로 말미암아 죄의 영향력에서 성화 되고 궁

동사로 삼는다. 하지만 이 독법은 21절에 동화된 것으로 의심이 되는데, 이는 필사자들이 18b절의 끝을 급작스럽고 부자연스러운 것으로 여겼을 가능성이 충분하기 때문이다(Lietzmann). 몇몇 사본들은 동사 *γινώσκω*를 덧붙이므로 본문을 수정하는 점에도 주목하라.

783. 몇몇 사본들은 *ἐγώ*를 포함 시키고 다른 것들은 이를 생략하지만, 그 의미에 관하여서 어떤 것을 사용하든 의미상의 차이는 없다.

784. 1차 알렉산드리아 대문자 사본 B는 θεοῦ 대신에 νοός("내 마음의")를 사용한다.

785. χάρις δὲ τῷ θεῷ ("그러나 하나님께 감사하리로다")에는 4개의 이문이 있다.

1. χάρις τῷ θεῷ ("하나님께 감사하리로다") - 1차 알렉산드리아 대문자 B 사본.
2. ἡ χάρις τοῦ θεοῦ ("하나님의 은혜") - 서방 대문자 D 사본.
3. ἡ χάρις τοῦ κυρίου ("주의 은혜") -2차 서방 대문자 F와 G.
4. εὐχαριστῶ τῷ θεῷ ("내가 하나님께 감사를 드린다") - 1차 알렉산드리아 ℵ (원본), A, 2차 알렉산드리아 사본인 1739, 그리고 대다수 사본. 이러한 이유로 KJV에서는 "내가 하나님께 감사한다"로 되어있다. 리츠만(Lietzmann)은 첫 번째 이문을 강력히 지지하면서 나머지는 모두 인정된 독법의 수정문이나 필사자의 실수로 설명될 수 있다고 주장한다. 이문 2번과 3번은 구문상으로 더 욱 쉬운 것인가 하면, 4번째 이문은 τω가 잘못 중복된 것(ΧΑΡΙΣΤΩΤΩΘΕΩ)으로 이 뜻이 통하게 하려고 ευ-가 접두사로 첨가되었을 것이다.

극적으로 벗어날 수 없는 - 거듭난 사람의 상태이든 마찬가지이다. 내가 이 점을 강조하는 것은 올바른 시각으로 내 주석을 펴기 위함이고, 어느 정도 변형된 미결 해석들을 완화하기 위해 강조하는 것이다. 이 문단에서 에고(*egō*)의 신원을 명확하게 확인하지 않고도, 기본 취지대로 설교할 수 있다.

하지만 우리들 가운데 이 문제에 답을 달지 않은 채로 만족할 사람은 거의 없을 것이고 - 그리고 이 문제를 다루는 데 실패하는 설교에 만족할 회중은 더더욱 없을 것이다! 그럴 만도 하다. 실질적으로 본문의 요점에 상당한 영향을 미치지 않는다고 해도, 바울이 이 본문에서 묘사한 투쟁의 인물을 우리가 누구로 보느냐가 여러 신학적이고 실용적인 쟁점들에 영향을 미친다. 이것 중에서 가장 중요한 문제 하나는 그리스도인의 삶에 관한 것이다. 우리 그리스도인의 존재감은 여기에 묘사되는 것과 같은 심각한 투쟁으로 특징지어지기를 기대해야 하는가? 아니면 이 투쟁이 그리스도에 의해 구원받은 우리 신자들의 몸부림인 것인가(8장에서 암시하는 것처럼)? 만일에 그리스도인이 성령으로 살지 못한다면 여기서 묘사된 체험을 겪게 될 수도 있는 것인가? 이는 부분적으로 로마서 7장의 주석자들이 이보다 포괄적인 쟁점들을 눈여겨보며 주석한다는 점이 그들이 이 해석을 두고 그토록 선명하게 갈라지는 이유의 일단이 된다. 그리고 로마서 7:14-25만큼 광범위한 신학적 관점과 경험, 그리고 순전히 선험적인 가정들에 더 영향을 받는 일부 대목들의 해석도 거의 없다고 일반적으로 말할 수 있다.[786]

초기 교부들의 대부분은 이 구절들이 거듭나지 않은 사람을 묘사했다고 생각했다.[787] 이것은 초기 아우구스티누스의 견해였지만, 자유의지를 둘러싸고(다른 논쟁들 가운데) 펠라기우스와 논쟁한 결과 부분적으로 그는 자신의 견해를 바꾸어서 이 구절들에서 묘사된 사람은 그리스도인이라고 결론을 내렸다.[788] 이 해석은 거의 모든 종교개혁자들에 의해 채택되었다.[789] 이 해석에 있어서 루터만큼 양질의 신

786. de Krujf, "Perspective of Romans 7," 127을 보라.

787. Schelkle, *Paulus, Lehrer der Väter*, 242-48에서 교부들에 관한 개관을 보라. 그리고 Bray, 189-90을 보라. Kuss (2.462-85)는 해석의 전 역사를 철저히 검토한다.

788. 특히 그의 *Retractions* 1.23.1과 2.1.1 (ET in Fathers of the Church 60.101-4)를 보라. *Against Two Letters of the Pelagians* 1.10-11 (*NPNF* 5.383-85). Aquinas의 7:14에 관한 논평도 주목하라(Levy, Krey, and Ryan, eds., *Letter to the Romans*, 163을 보라).

789. 특히 Luther, 327 (그리고 Deuser, "Glaubenserfahrung und Anthropologie," 409-31을 보라);

학적 의미를 부여했던 자도 없는데, 그는 이 구절들에서 신자는 "의롭다 함을 받은 자이면서 동시에 죄인"(simul iustus et peccator)이라는 견해의 전형적인 진술을 보았다. 칭의는 "하나님 앞에서"(coram Deo) 신자의 신분을 나타내는 완전히 법정적 선언이긴 하지만, 신자를 죄의 존재와 영향으로부터 완전히 떼어내지는 못한다. 이런 이유로 하나님의 자녀는 그가 육신을 입고 있는 동안에는 죄와 씨름하면서 하나님의 뜻을 행하지 못할 것이다. "정상적인" 기독교 경험의 관점에서 14-25절의 해석은 20세기까지 루터교와 개혁신학의 전형이었고 지금도 널리 퍼져있다.

다른 접근 법을 취했던 신학자들이 있는데, 이들은 17세기 말에 개혁 교회들 가운데 "죽은 정통"이라고 인식했던 것에 반기를 들었던 이른바 "경건주의자들"(pietists)이다. 아마 이 문단에 대한 정상적인 기독교적 관점이 현실에 안주하는 그리스도인의 생활양식에 너무 넓은 문을 연 것은 아닌가 하는 생각에, 프랑케(A. H. Francke)와 벵겔(J. Bengel)은 이 단락에서 묘사된 체험을 진정한 기독교적 체험에 절반밖에 도달하지 못한 - 확신 아래 있으나 아직 거듭나지 않은 - 자에게 돌린다.[790] 비슷한 관심사들은 웨슬리로 하여금 14-25절이 거듭나지 않은 자들의 경험을 묘사한다는 결론을 내리게 했다.[791] 19세기에는 어리둥절 할만한 엄청난 양의 견해들이 들끓었다면, 20세기의 학술적인 연구로 큄멜(W. G. Kümmel)의 1929년 논문이 대세를 이루었다. 그는 로마서 7장에서 에고(*egō*)가 수사적 화법이며 자전적 언급이 필요 없다는 것을 증명하고자 했다. 따라서 바울은 이 장에서 그 자신의 경험을 복창하고 있지 않으며, 14-25절은 율법 아래에 있는 거듭나지 않는 자를 기독교적 관점에서 묘사하고 있다. 이 해석이 불트만에 의해 지지 되고 윤색되어서 수년 동안 학계에서는 거의 "정통" 견해가 되었다. 다른 한편으로, 이 견해에 대한 그리스도인들의 호응은 전반적으로 훨씬 낮았다. 실제로 지난 수십 년간 목격한 것은 학자들 사이에서도 큄멜이 개시한 해석에 상당한 비평들을 쏟아졌

Calvin, 264-75; Melanchthon, 160-62를 보라. Kümmel (*Römer* 7, 88)은 초기 종교개혁자들 가운데 이 해석에 동의하지 않은 자들로 오직 Bucer와 Musculus가 있었음을 언급한다.

790. Francke는 예를 들어 개개인이 세례를 받았지만, 아직 거듭나지 않은 자로 보았고(Wilckens, 2.110-11 참조), Bengel은 율법의 상태에서 은혜의 상태로 옮겨가는 자로 보았다(pp. 91-92). Longenecker의 관점은 여기에 부합할 수도 있는데, 그는 바울이 "그들 스스로 분발하여" 삶을 살고자 하는 어떤 사람을 묘사한다고 주장한다(650 참조).

791. Wesley, 543-44.

다. 다른 학자들은 바울이 "성격에 대한 말"(프로소포포이이아; *prosōpopoiia*)이라는 오래된 장치를 사용하고 있으며, 때로는 이 장치를 사용하여 하나님을 경외하는 이방인을 묘사한다고 주장하면서 큄멜의 분석에 수사적 정밀성을 더했다. 다른 학자들은 로마서 7장에서 자전적인 요소들이 제거될 수 없음을 고집하고, 정상적인 기독교적 체험의 측면에서 14-25절의 에고(*egō*)에 대한 해석이 되살아나는 추세에 있다. 우리가 방금 약술한 해석의 다양성은 단지 신학적인 의제들과 관심사들의 차이 때문만이 아니라, 주석의 자료가 모두 한 방향을 가리키지 않기 때문이기도 하다. 많은 부분, 특정한 관점에서 그 대목에 접근하고 어떤 주장에 더 큰 비중을 두느냐에 따라 차이가 생길 것이다. 로마서 7장을 해석하는 것은 마치 최종 윤곽이 어떠할지 확신할 수 없는 상태에서 퍼즐 조각들을 맞추는 것과 같으며, 최선의 해석은 가장 많은 조각들을 가장 자연스러운 방식으로 맞출 수 있는 해석이다. 이 때문에 자신의 견해에 유리한 여러 가지 논증을 인용하고는 문제가 해결됐다고 결론짓는 것은 결정적인 것도 아닐뿐더러 오해의 소지까지 생길 수 있다. 가장 좋은 해석은 근접 문맥과 바울 서신의 맥락 내에서 본문의 모든 자료를 가장 잘 처리할 수 있는 해설일 것이다. 여기 이 논의가 합리적인 범위 내에서 이루어지도록, 나는 이 시점에서 주요 관점들과 관점별 핵심적인 논거, 그리고 나만의 간결한 평가와 결론을 언급할 것이다. 여기서 제시된 논거들의 철저한 평가에 더하여 추가 논거들의 검토와 함께 구절-대-구절(verse-by-verse)의 해설에 맡길 것이다.

14-25절에서 묘사된 경험이 거듭나지 않은 사람의 체험이라고 생각하는 가장 중요한 이유는 다음과 같다.

1. 에고와 "육신"의 강한 결합은(14, 18절과 25절)은 바울이 7:5에서 "육신에 있을 때"로 언급된 거듭나지 않은 상태를 상세히 묘사하고 있음을 시사한다.
2. 이 대목 전체에 걸쳐 에고는 성령의 도움 없이 "혼자 힘으로"(25절에서 "내 자신이") 씨름한다.
3. 에고는 "죄의 권세 아래에"(14절)에 있는데, 이 상태에서 모든 신자가 벗어나 있다(6:2, 6, 11, 18-22절).
4. 15-20절에서 실패한 싸움이 시사하듯이 에고는 "죄의 법 아래에 사로잡힌 자"(23

절)이다. 그렇지만 로마서 8:2은 신자들이 이와 같은 "죄(와 사망)의 법"에서 해방되었음을 선포한다.

5. 바울은 신자들이 죄와 계속해서 씨름할 것임을 분명히 하지만(예를 들어 6:12-13; 13:12-14; 갈 5:17을 보라), 7:14-25에서 묘사되는 것은 단지 죄와의 사투만이 아니라, 죄에게 당하는 패배다. 이것은 바울의 신학 안에서 수용될 수 있는 것보다 그리스도인의 삶에 대한 더욱 부정적인 관점이다.
6. 이 구절들에서 에고는 모세의 율법에 순종해야 할 요구와 사투를 벌이지만, 바울은 믿는 자가 이미 율법의 주장에서 해방되었음을 선포했다(6:14; 7:4-6).

이러한 논의들이 결정적이라고 보는 이들에게, 14-25절은 그리스도 밖에 있는 사람이 선을 행하기 위해 몸부림치는 것을 묘사하는데, 이러한 사투가 실패로 끝날 수밖에 없는 이유는 죄의 권세를 유일하게 홀로 끊어낼 수 있는 하나님의 권능에 힘입지 않고 싸우기 때문이다. 이 상황에서 오는 구원은 그리스도 안에서 하나님이 회심과 거듭남의 역사로 신자를 "죄와 사망"의 영역에서 "생명의 성령"의 영역으로 옮기시는 것이다(24b절; 8:2). 거듭나지 않은 자로 해석하는 일반적인 해석의 범주 안에는 다양한 구획들이 있다. 혹자는 본문이 율법 아래에 있었던 바울의 경험을 묘사한다고 생각한다.[792] 다른 이들은 일반적으로 바울이 유대인을 율법 아래에 있다거나, 하나님을 경외하는 이방인들이 율법 아래 자신을 놓으려고 유혹되었다거나, 심지어 하나님의 법에 직면하게 되는 모든 사람을 기술하고 있다고 생각한다.[793] 이러한 묘사가 율법 아래에 있는 사람들의 의식적인 경험을 어느 정도 반영하는지, 그리고 바울이 기독교적 관점에서 회심하기 전의 과거를 어느 정도 묘사하는지에 대한 이견이 분분하다.

7:14-25에서 묘사되는 경험이 거듭난 자의 체험임이 틀림없다고 생각하는 가

792. Chrysostom, Homily 13; Godet, 292-93; R. Gundry, "Moral Frustration," 228-45.
793. 이 견해에 대한 다수의 옹호자들 가운데, 가장 뛰어난 몇 개를 꼽자면 Kümmel, *Römer 7*; G. Bornkamm, "Sin, Law and Death," 87-104; Fuchs, "Existentiale Interpretation," 285-314; Kertelge, "Exegetische Überlegungen," 105-14; Lambrecht, "Man before and without Christ," 18-33; B. Martin, "Some Reflections," 39-47; Chester, "Retrospective View," 57-103; Käsemann, 199-212; Kuss, 2.457-58이 있다.

장 중요한 이유들은 다음과 같다.

1. 에고(*egō*)는 바울 자신을 분명히 가리키고 있으며, 7-13절의 과거 시제로부터 14-25절의 현재 시제로의 전환은 바울이 이 후반 구절들 가운데 그리스도인으로서 자신의 현재 경험을 묘사하고 있는 것으로 보아야만 설명할 수 있다.
2. 거듭난 자만이 진정으로 "하나님의 법을 즐거워"(22절)하고, 그 법에 순종하고자 하며(15-20절), 그 법을 "섬기게 된다"(25절). 그런가 하면, 거듭나지 않은 자는 "하나님을 찾지" 않으며(3:11), "하나님의 법에 굴복"할 수 없다(8:7).
3. 그리스도 밖에 있는 사람들의 "마음"은 보편적으로 바울이 하나님과 그의 뜻을 거스르는 것으로 제시하는가 하면(롬 1:28; 엡 4:17; 골 2:18; 딤전 6:5; 딤후 3:8; 딛 1:15절), 이 본문에서 에고의 "마음"은 에고가 "하나님의 법"을 섬기게 하는 긍정적인 매체이다(22, 25절).
4. 에고가 단연 그리스도인인 이유는 그리스도인만이 "속사람"을 소유하고 있기 때문이다. 바울이 이 문구를 고린도후서 4:16과 에베소서 3:16, 이렇게 두 곳에서만 사용하는 것을 참조하라.
5. 이 단락은 바울이 그리스도 안에서 하나님이 행하신 구원에 대한 바울의 언급한 후에 에고의 분열된 상태를 반복하면서 마무리된다(24-25절). 이것은 바울이 이 구절들에서 묘사한 에고의 분열과 사투가 이미 그리스도 안에서 하나님이 살리신 자의 것임을 증명하는 셈이다.

이 주장들이 결정적인 것이라면, 14-25절은 정상적인 그리스도인의 경험 가운데 중요한 단면을 묘사하는 것이 된다. 즉, 신자가 그의 몸을 통해 이 시대와 연결된 이상, 결코 승리할 수 없는 죄와의 계속되는 전쟁이라는 면이 그것이다. 새 시대가 밝았는지는 몰라도 신자는 죽음이나 재림의 때까지 옛 시대와 죄의 권세, 육체와 율법에 매여있게 된다. 그래서 구원은 하나님이 개입하셔서 "사망의 몸"(24b-25a절; 8:10-11)을 그리스도의 영광의 몸과 같이 변화시키실 때 비로소 일어날 것이다(빌 3:20-21).[794] 이러한 각각의 견해에 관하여 동원될 수 있는 분명히

794. 이 견해를 가장 잘 변론하는 것들 중의 일부를 들자면 Nygren, 284-97; Cranfield, 1.344-47;

설득력 있는 주장들을 고려할 때, 다양한 절충적인 관점들이 제안된 것은 놀랄 일이 아니다. 우리가 주목했듯이, 경건주의자들 중에 이 대목에서 아직 거듭나지는 않았지만, 죄의 자각으로 신음하는 사람을 보았고, 이 견해는 계속해서 보존되고 있다.[795] 에고(*egō*)가 어떻게 선을 행하고자 하는지와 동시에 행하고자 했던 선행의 결과가 참패를 맞이할 줄 알고, 어떻게 하나님의 법에 관심을 기울이는가를 설명할 수 있는 이점이 있다. 학술적인 문헌보다 대중적으로 더 잘 표현되는 또 다른 절충안으로 14-25절의 에고가, 거듭나기는 했지만, 자신의 힘으로 그리스도인의 삶을 살고자 하는 새롭지만 미성숙한 신자에 관한 견해다. 그러한 그리스도인은 "로마서 7장을 제쳐두고 로마서 8장으로 들어가야" 한다고 말한다. 그밖에 다양한 절충적 해석들이 발견된다. 이들 가운데 더욱 시선을 끄는 한 가지 해석은 14-25절에서 에고가, 신자이건 비신자이건, 어떤 사람에게서나 찾아볼 수 있는 죄짓기 쉬운 본성인 "내 안에 아담"을 묘사한다고 보는 해석이다.[796]

우리의 결론은, 7:7-12의 주석에서 이미 지적했듯이, 14-25절이 거듭나지 않은 사람의 상황을 기술한다는 점이다. 구체적으로, 나는 바울이 기독교적인 이해로부터 모세의 율법 아래에 살아가는 자신과 자기와 같은 처지에 놓인 유대인들의 상황을 돌아보고 있다고 생각한다. 물론 바울은 그 상태의 청사진을 우리에게 보여주고 있지 않다. 그가 부정적인 것들에 집중하는 것은 율법이 죄에 얽매인 유대인들을 구원하는 데 얼마나 무익한가를 증명하기 위해서 그가 해야 하는 일이 이것이기 때문이다. 그렇다면 우리는 바울이 갈라디아서 3:19-4:3에서 객관적으로 기술하는 구속사의 단계를 로마서 7:14-25은 개인적인 관점에서 묘사하고 있

Dunn, 1.387-89, 403-12; 동일 저자, "Rom. 7,14-25," 257-73; Murray, 1.256-59; Morris, 284-88; Barrett, 151-53; Packer, "'Wretched Man' in Romans 7," 621-27; Osborne, "Flesh without the Spirit," 6-48가 있다.

795. 철저한 설명은 Lloyd-Jones, 229-57에 나와있다. Bandstra, *Law and Elements*, 134-49; D. Davies, "Free from the Law," 156-62도 보라.

796. 비록 차이가 있기는 하지만 R. Longenecker, *Paul, Apostle of Liberty*, 109-16; Mitton, "Romans VII Reconsidered," 78-81, 99-102, 132-35; D. Wenham, "Christian Life," 80-94; Fung, "Impotence of the Law," 34-48; F. Bruce, *Paul*, 198; Schreiner, 379-92를 보라. 아마 여기에 위치된 것은 Seifrid 역시 신자 안에 내재한 죄짓는 성향에 관하여 이 단락에서 루터와 비슷한 해석을 내놓는다는 점이다(*Justification*, 228-44; 동일 저라, "Subject of Rom 7:14-25," 313-33; 동일 저자, "Romans 7," 111-65).

다고 말할 수 있을 것이다. 내가 위에서 주장한 것처럼, 바울이 로마서 7장에서 에고를 사용하여 자기 자신을 나타내지만, 유대 민족과의 연대 가운데 그렇게 한다는 점이다. 이 결속 관계 때문에, 바울은 시내산에서 율법을 받은 자들의 입장에서 생각할 수 있다(8b-10a절). 14-25절에서 그는 율법 아래 있는 유대인으로서의 자신의 상황을 묘사하지만, 더욱 중요하게는 율법 아래에 있는 모든 유대인의 상황을 묘사하는 것이다. 바울은 유대인의 대표로 말하면서, 율법의 약점과 그 약점의 근원을 밝히기 위해 과거를 열거하는데, 그것은 인간으로서 에고라고 할 수 있다. 7-13절과 비교했을 때 14-25절이 보다 개인적이고 감정적인 분위기가 느껴지는 이유는 율법이 시내산에서 주어졌을 때, 물론 바울이 개인적으로 그곳에 있었다는 사실 때문이 아니라 그가 14-25절에서 묘사하는 사투와 패배를 개인적으로 경험했기 때문이다.

이 해석의 그럴듯한 면은 우리가 이 문단의 주해를 마치고 모든 퍼즐 조각들이 어떻게 들어맞게 되는지를 볼 때라야 비로소 측정될 수 있을 것이다. 다만, 이것이 문제를 해결했다는 암시는 아닐지라도 여기서 내가 이 견해에 찬동하도록 영향을 끼친 결정적인 요인들에 대해 언급하지 않을 수 없다.

내가 본 것은 두 쌍의 결정적인 대조이다. 첫째로는 에고(*egō*)를 "죄 아래에 팔린"(14b절)것으로 묘사하는 것과 신자 - 모든 믿는 자 - 가 "죄에서 해방되었다"(6:18, 22절)는 바울의 확언 사이의 대조다. 두 번째 대조는 "죄의 법[또는 권세]에 사로잡힌" 에고의 상태(23절)와 "죄와 사망의 법에서 해방된" 신자의 상태(8:2) 사이의 대조다. 각각의 표현들은 객관적인 신분을 묘사하는데, 이들 모두가 바울의 표현을 왜곡하지 않은 채 똑같은 영적 조건의 똑같은 사람에게 적용할 수 있는지 감을 잡기가 어렵다. 6장과 8장에서 바울은 각각 "죄 아래에서 해방된 것"과 "죄와 사망의 법에서 해방된 것"이 모든 그리스도인에게 참된 조건임을 분명히 한다. 만일에 누군가 진정한 그리스도인이라면, 이러한 것들은 참된 것이며, 그렇지 않다면 이 모든 것이 참일 리가 없다. 이것은 14-25절에서 묘사된 상황이 일반적인 그리스도인의 상황이거나, 미성숙한 그리스도인의 상황일 수는 없음을 의미한다. 율법에 따라 잘못 살아가는 그리스도인이 아직 그리스도인이고 그래서 "죄 아래에" 있거나 "죄의 법에 사로잡혀" 있는 것이 아니다는 이유로, 율법으로 살아가는 그 누구의 상황을 묘사할 수도 없다. 다른 논지들, 즉 7:5과 6:14을 연결고리로 보는 영에 대한 언급의 부재와 7-12절과 13-25절의 연결점들 역시 중요하나, 개인적으로는 바로 이 앞의 주장들이 가장 중요하다고 본다. 나는 다른 견해를 주장하는 자들이 효력 있는 논거들을 끌어모을 수 있음을 부인하지 않는다. 그러나 모든 자료의 무게를 달아 보았을 때, 나는 이 구절들에서 에고에 대한 해석이 거듭나지 않는 사람으로 무게의 추가 기울어진다고 생각한다. 이러한 결론은 그리스도인들이 죄와 씨름하지 않는다는 의미가 아니다. 바울은 그의 서신들에서 - 그리스도인들을 꾸짖는 데 많은 시간을 할애하므로 - 신자들이 죄의 영향으로부터는 구원받지 않았음을 분명하고도 암시적으로 - 예를 들어 갈라디아서 5:17에서 - 명확히 한다. 새로운 영역으로 옮겨져서 그리스도와 그 의의 통치를 받으면서도 신자들은 여전히 그들 과거의 주인이었던 죄와 육신에 복종하는 경향이 남아있다. 그렇기에 나는 그리스도인이 죄와 씨름하는 점은 부인하지 않지만, 이 대목이 그 사투를 묘사한다는 점은 인정하기 힘들다. 신자가 계속 이 양쪽 영역에서 모두 영향을 받기 때문에, 바울은 그가 새로운 통치 영역에 "속했음"을 명확히 하는 것이다. 그리스도와 동일시되므로 죄에 대하여 죽고(롬 6:2), 육신의 속박하는 권세에 있지 않고(8:9), 하나님께 종이 되었다(6:22). 이 단언들이 됐든, 바울이 14-25절에서 에고에 관한 것이 됐든, 이 둘을 하나로 맞추기 위해서 각각의 것을 부드럽게 조율할 필요가 있다. 예를 들어서 던(Dunn)의 경우에는 14-25절을 "아담의 시대에 속해 있는 것으로"[797] 거듭난 사람을 묘사한다고 주장할 때 그는 첫 번째 대안을 선택하리라는 것이다. 크랜필드(Cranfield)의 경우에는 두 번째 대안을 선택하여 14절과 23절이 신자의 "계속되는 죄악"을 묘사한다고 주장한다.[798]

어떤 주석자들은 그들이 그리스도와 동일시됨이 더욱 명확해지면서 생각하는 것은 바울이 죄책 아래에 살아가는 거듭나지 않은 유대인을 묘사하고 있다는 점

797. 1.388. 6, 7장과 8장을 여는 죄와 율법, 그리고 육신에서 해방을 얻은 신자에 관한 Dunn의 강력한 주장들은 이후 같은 장에서 더욱 양면적인 진술들로 제한된다(1.302-3, 여러 곳에서). 그러나 나는 이 장들의 마지막에 나오는 명령법들이 처음에 나오는 직설법들을 수식하는지가 궁금하다. 그것들이 다른 면을 제시한다면 모를까, 나는 바울이 그 신분의 자격을 인정한다고 생각지 않는다. Dunn의 견해는 그리스도를 믿을 때 발생하는 결정적인 구속사적 신분의 이동에서 그 이상 많은 것을 취하는 것으로 보인다.

798. 1.358.

이다. 그러나 우리가 그렇게 구체적으로 말할 수 있을 것 같지는 않다. 13-25절은 7-12절에서 묘사된 사건에서 비롯된 상황을 설명하며, 이는 7-12절에서 율법이 이스라엘에게 주어지는 영향을 일반적으로 묘사하는 것처럼, 4-25절은 율법 아래에 놓인 이스라엘 백성의 처지를 일반적으로 묘사하는 것임이 틀림없다. 이런 상황은 율법 아래에 있는 모든 유대인에게 해당하는 것으로, 죄책감을 느끼는 사람들에게만 해당되는 것이 아니다. 정반대 극에서 나는 본문이 어떠한 형태로든 "율법" 아래에 있는 이방인들이나 모든 거듭나지 않은 사람들에게 곧바로 적용될 수 있는 것인지 의문이다. 율법 아래에 있는 이스라엘의 상황이 하나님의 법을 직면하는 모든 사람의 상황에 전형이 된다는 의미에서 14-25절은 사실 모든 비기독교인의 상황에 대해 말하고 있으며(7:7-25절에 관한 서론을 보라), 이는 기독교 주석자로 하여금 이 본문을 모든 비기독교인에게 대체로 적용할 수 있는 근거를 부여하게 한다. 볼터(Wolter)의 표현대로, "모든 유대인인 '나'는 아담 안에서 늘 동시에 '나'이다."[799] 하지만 7-12절에서 구원사적 순서가 명확히 하듯, 바울은 이 본문 전체에 걸쳐서 모세의 율법 아래에 놓인 유대 민족의 상황에 그 초점을 둔다. 그리고 이것은 에고의 율법에 대해 바울이 어떻게 그리 긍정적일 수 있는지를 설명하는 데 도움이 된다 - 유대인은 진실로 "하나님의 법을 즐거워" 했으며, 바울은 이것이 율법에 대한 순전하고 올바른 고려사항이 아니었다는 어떠한 시사도 하지 않는다.[800] 바울이 유대인들을 비난하는 것은 그들이 율법을 충분히 존중하지 않아서가 아니라, 율법의 궁극적인 의도를 오해하고(롬 10:1-4) 준행하지 않은 이유에서다(2:17-29).

더욱 어려운 점은 바울이 율법 아래에 있는 유대인의 상태를 묘사할 때, 특히 에고의 의지와 행동 가운데 갈등을 생생하게 묘사하는 데 어떤 관점을 취하고 있는가를 정확히 결정하는 일이다. 많은 사람들이 여기서 에고가 자전적이라는 점을 받아들이지 않는 것은 바울이 회심하기 전, 이런 종류의 싸움에 대한 암시가 그 어느 곳에도 없기 때문이다. 일부 사람들은 실제로 15-20절에서 묘사된 투쟁을 에고의 "생명"에 대한 욕망과 생명을 얻는 데 실패한 결과 사이에 "초주관적

799. "[J]edes jüdisches Ich immer auch ein adamatisches Ich" (467).
800. 빌 3:2-11에서 바울이 회심하기 전에 지녔던 자신의 태도에 관한 그의 주장에 주목하라.

인"(trans-subjective) 실존적 충돌로 보기까지 한다. 이 견해에 관하여, 이 투쟁은 결코 의식적인 것이 아니다(15절에 관한 더 자세한 각주들을 보라). 그러나 우리는 이 대목에서 바울의 예고가 그 자신을 포함할 것임이 틀림없다는 생각에는 충분한 이유가 있음을 보았고, 이 대목은 그 결론을 내리는 것에 대한 추가적인 이유들을 보탠다. 바울이 24절에서 격한 심경으로 외치는 - "오호라 나는 곤고한 사람이로다!" - 라는 말은 분명 그가 묘사해오던 상황을 알아본다는 점을 암시하고 있으며, 일반적으로 율법 아래에 있는 유대인들에게 귀속시키고 있는 상황을 바울 자신은 경험하지 못했을 것이라는 점은 매우 믿기 어려운 생각이다.[801]

그렇다면, 이 문단에서 보는 절망적인 몸부림과 빌립보서 3:2-11의 현실에 안주한 자기만족 사이에서 확연히 나타나는 갈등은 무엇인가? 빌립보서 3장에서, 바울은 유대인의 관점으로 그의 신분을 묘사하고 있으며, 로마서 7장에서 기독교적 관점으로 그의 경험을 묘사하고 있다. 바리새인이 의를 정의하는 것과 관련하여, 바울은 빌립보서 3장에서 "율법의 의"로 나는 "흠이 없었다"고 말한다. 그러나 유대인의 기준에 의한 의의 신분이 하나님의 기준을 충족시키지 못할 때 어느 정도 느끼게 될 좌절감을 배제하지는 않는다. 특히 로마서 7장에서 바울은 이러한 요구들에 대한 그의 새로운 기독교적 이해로부터 하나님의 요구를 충족시키지 못한 것을 어느정도 바라보고 있는데, 이는 회심자가 회심 전 자기 삶의 실존을 다분히 되돌아보고, 당시에 분명하지 않았던 내적 갈등, 좌절이 절망을 발견할 수 있는 것과 같다.[802] 특별히, 21-23절에서 바울은 회심 이전의 상황을 현재 기독교적 관점에서 특징짓고 있다. 그러므로 바울이 율법을 이루지 못해서 비롯되는 좌절이 다른 유대인들에 대하여 지나치다는 증거도 없거니와, 이 좌절감이 그의 회심에 매개가 될 만한 중요한 역할을 했다는 증거도 없다. 그러나 베드로가 그랬

801. 예를 들어 Kim, *Origin of Paul's Gospel*, 53; Beker, *Paul the Apostle*, 240-43; Espy, "Paul's 'Robust Conscience,'" 162-66; Räisänen, *Paul and the Law*, 232-33.

802. 루터가 수도사로 살았던 그의 삶에 관한 다른 묘사들 가운데 비슷한 점이 발견될 수도 있다. 1533년에 그가 기록하기를, "나는 좋은 수도사였고, 규칙들을 엄격히 지켰다 … 나를 알고 지냈던 내 모든 동료들이 나의 증인이 되어줄 것이다." (L.W. 38.143; 빌 3장에 "율법의 의로는 흠이 없는 자라"를 보라); 1519년에 그가 말하기를, "나의 수도사 생활이 아무리 흠잡을 데가 없다 할지라도, 하나님의 임재 가운데 나는 몹시 불안한 양심을 지닌 죄인임을 느꼈다"(L.W. 34.336; 롬 7:15-21을 보라).

던 것처럼 율법이 "우리 조상과 우리도 능히 메지 못하던 멍에"(행 15:10)였음을 바울이 느꼈으리라고 믿을 만한 이유는 충분히 있는 것 같다.

이 단락에서 바울은 율법 아래에 있는 유대인들의 처지에 관하여, 그가 7-13절에서 서술한 사건의 결과로써 나타난 그들의 상태를 개인적인 용어로 묘사한다. 이것은 7-12절에 나오는 부정과거와 미완료 동사에서 14-25절에 나오는 현재 동사로의 전환을 어느 정도 설명해주는데, 이는 바울이 우선 과거의 사건들을 서술하고 난 후에 그 사건들에 연류 된 사람들의 지속적인 상태를 묘사하는 것이다.[803] 그러나 이 계속되는 상황을 기술할 때, 이 문단도 7-12절의 논거에서 바울이 남겨두었던 결정적인 틈을 메우기도 한다.[804] 죄가 율법을 활용하여 어떻게 "내게" 사망을 가져올 수 있었단 말인가? "죄"가 사람 밖에서 그렇게 비참한 상태를 자의적으로 만들어낼 수 있는 권세였단 말인가? 바울은 14-20절에서 전혀 그렇지 않다고 확언하는데, 이는 죄가 "우리 안에" 거하기에 그렇다는 것이다. 궁극적으로 잘못된 것은 확실히 율법도 아니요, 죄도 아니며, 바로 "나"이다. 죄가 하는 일을 가능하도록 하는 것은 "나"와 나의 "육욕"이며 죄 아래에 놓여 있는 나의 무기력함이다. 죄는 나의 실존에 침투하여, (비록 내가) 하나님이 원하시는 일을 행하기를 원하지만 이를 할 수 없는 분열된 나로 만든다는 것이다.

율법 아래에 있는 유대인의 분열상에 관한 이 주관적인 묘사 이후로 21-23절에서 보다 객관적인 묘사가 뒤따른다. 여기서 바울은 수사적 기교를 발휘하여 비기독교인을 지배하는 서로 대립 되는 세력들을 묘사하기 위해 노모스(*nomos*)라는 단어를 사용한다. 즉, "내" 마음이 동의하는 하나님의 노모스로 모세의 율법과, "내" 마음이 하나님의 법에 동의하여 수행하고자 하는 내 몸을 지배하는 죄의 노모스로 죄의 권능이 그것이다. 이 대결에서 죄의 노모스가 승리하고, "나"는 그 노모스의 포로가 된다. 바울은 자신의 과거와 개인적으로 동일시하면서, 지금 그가

---

803. 예를 들어 Wilckens, 2.85; Wright, 553을 보라. 물론 동시에 그리스어의 부정과거에 해당하는 "과거"와 그리스어 현재시제에 해당되는 미완료에 대한 성격은 그리스어 시제들이 전혀 그렇지 않은 방식으로 시간을 강조하고 있음을 시사한다. 그리스어의 직설법 시제가 어느 정도 시간을 포함한다고 생각하지만, 그것은 영어 시제의 체계만큼 중요하지는 않다. 바울은 14-25절에서 그가 묘사하는 것에 생동감을 주기 위해 현재시제를 사용하고자 했다(Keener, *Mind of the Spirit*, 64-65).

804. Räisänen, *Paul and the Law*, 142-43도 보라.

바라보는 것처럼, 자신의 비참하고 무기력한 상태를 매도하며 구원을 위해 절규한다(24절). 다만, 바울은 여기서 이러한 비참한 상태가 더 이상 그의 영적인 신분을 규정하지 못한다는 사실에 감사의 감격을 감출 수가 없는 것이다(25a절). 마침내 그는 율법 아래서 "두 주인"을 섬기는 - 하나님의 노모스를 섬기면서 죄의 노모스도 섬기는 - 유대인의 분열상을 요약하는 일로 돌아간다(25b절).

13 많은 해석자들은 이 구절을 7-12절에 덧붙이는데, 이 구절은 바울이 이 단락에서 세 가지 요점을 요약하기 때문이다. 즉, 율법은 선하다는 것, 죄는 율법으로 말미암아 "드러난다"는 것과, 죄가 계명으로 말미암아 사망을 낳는다는 것이다.[805] 그러나 7절과 마찬가지로, 이 구절은 하나의 질문과 간결한 답을 담고 있고, 이는 14-25절에서 설명된다. 그러므로 다른 해석자들은 이 구절을 다음에 나오는 문단으로 가져간다.[806] 이렇게 상반되는 고려사항은 13절이 바울의 논의의 두 주요 부분을 잇는 교량임을 시사하며, 7-12절의 가르침을 14-25절의 시작지점으로 요약한다.

바울이 여기서 묻는 질문은 7절에 대한 기본적인 반론을 재진술한다. 어떻게 "선한 것"(=12절의 계명/율법)이 사망의 근원이 될 수 있는가? 율법이 **에고**(*egō*)의 사망을 확실히 하는데 율법이 밀접하게 연관되어 있음이 다시금 율법의 실체를 드러내지 않는가? 7절에서처럼, 바울은 이러한 생각을 "그럴 수 없느니라!"고[807] 강력하게 부인한다. 그러나 바울은 이 질문에 이미 대답하지 않았던가? 어떤 의미에서 그는 이미 대답한 것이고, 그가 이 구절에서 제공하는 설명은 7-11절에서 죄와 율법, 그리고 사망의 관계에 대해 이미 언급한 범위를 넘어서지 않는다. 그러나 바울이 이 문제로 복귀하는 것은 그가 제공한 대답에 완전히 만족하고 있지 않음을 시사할 뿐이다. 이에 따라, 그는 이 드라마에 등장하는 또 다른 주연으로 에고를 더욱 자세히 설명하기 위해 14-25절에서 한 걸음 더 나아간다.

"그런즉"(그리스어. 알라[*alla*])은 바울의 반론을 도입하는 말로, 여기서 (7절과 대조

805. 예를 들어 Theissen, *Psychological Aspects*, 184-86; Godet; Käsemann; Fitzmyer; Lohse를 보라.
806. 예를 들어 Osten-Sacken, *Römer 8*, 201; Morris; Cranfield; Wright; Schnabel; Lambrecht, "Grammar and Reasoning," 472-73 참조.
807. μὴ γένοιτο.

적으로) 아마 "이 사망은 결코 율법의 잘못이 아니요, 그 책임은 정반대로 죄에 있다"고 하는 것 같다. 다음 문장의 구문은 매우 복잡하지만, 아마도 우리가 내놓은 번역에서 가정한 경계에 따라 해결되어야 할 것이다. 즉, "죄가 죄로 드러나기 위하여 선한 그것으로 말미암아 나를 죽게 만들었으니 이는 계명으로 말미암아 죄로 심히 죄 되게 하려 함이라"가 그것이다.[808] 7-11절에서부터 바울의 주요 주제를 이어받아서, **에고**(*egō*)의 죽음에 대한 책임을 전적으로 죄에다가 전가하고, 율법은 ("선한 그것으로 말미암아")[809] 죄에 의해 이용당한 수단임을 알리므로 율법의 정죄로부터 책임이 없음을 선언한다. 두 개의 목적절은[810] 죄가 율법을 파괴적으로 활용하는 배후에서 신성하고도 결과적으로 긍정적인 목적을 명시하고 있다. 첫 번째로, 바울이 7절에서 묘사한 율법의 계시적 역할에 관하여 재진술 하는 것인데, 이는 사망을 가져옴으로써 죄가 그것의 참모습인 죄로 "심히 드러났음"을 밝힌다. 두 번째로, 첫 번째 목적절을 자세히 설명한다. 죄는 계명이 죄로 하여금 "심히 죄 되게"[811] 하여서, "죄로" 드러난다는 것이다. 로마서 4:15, 5:13-14과 5:20에 비추어볼 때, 바울이 의미하는 바는, 하나님의 선한 계명이 죄를 엄격히 정의함으로써 죄악을 하나님에 대한 의식적이고 의도적인 패역으로 바꾸어 놓는다. 죄는 늘 나쁘지만, 그것이 하나님의 백성에 대한 그의 선한 뜻을 고의적으로 위반하는 것과 연관시킬 때, 더욱 나빠지고, 심지어 더욱 악해진다는 것이다. 율법은 죄를 이전보다 더욱 나쁜 상태로 만들어서 죄의 진면목을 드러낸다.[812]

808. 주요한 문제는 이 문장에 본동사가 빠져있다는 것이다. 나의 번역은 분사 *κατεργαζομένη* ("producing") 앞에 상태를 나타내는 정동사를 보충하므로 그 문장의 본동사가 되게 하는 것을 가정한다(예를 들어 Cranfield 참조). 그러나 다른 해석자들은 앞의 질문인 (*τὸ ἀγαθὸν ἐμοὶ ἐγένετο θάνατος*)에서 동사 *γίνομαι*("become")를 가져오므로, 이는 "그런즉 죄가 내게 사망이 된 것은 선한 그것으로 말미암아 내 안에 사망을 낳아[*κατεργαζομένη*] 죄가 죄로 보이게 하려 함이며, 죄로 … 하려 함이니라"가 그것이다(대안적으로 *κατεργαζομένη*는 다음 문장에 이어질 수 있는데, "그것이 죄로 … 하기 위하여 선한 그것으로 말미암아 내 안에 사망이 역사하는 죄로 보이게 하려 함이니라"가 그것이다. NASB [?]; Godet을 보라).

809. 이 문구는 *διὰ τοῦ ἀγαθοῦ*인데 8절과 11절에서 *διά*의 문구들과 비교해보라.

810. 각각의 절은 *ἵνα*로 도입된다.

811. *καθ' ὑπερβολὴν ἁμαρτωλός*.

812. Wright는 그의 해석에서 중요한 주제를 반복하면서 "하나님은 죄악을 한 곳으로 끌어들이기 위해 토라(Torah)를 주셨고, 그 죄악이 완전하고도 최종적으로 처리될 수 있도록 하셨다"고 주장한다.

14 바울은 그런즉(그리스어. 가르[*gar*]) 어떻게 해서 죄가 "선한 그것으로 말미암아 '나'를 죽게 만들 수 있었는지"를 설명한다(13절). 이런 일이 일어날 수 있는 이유는 율법이 실제로 선하고 신령한 것이지만, "나"는 "육신에 속해 있기" 때문이라고 바울은 확언한다. 15-25절은 그가 옳다고 알고 있는(15-21절) 것을 실천할 수 없는 비극적인 무능함으로부터 그가 이질적이고 부정적인 세력인 "죄의 법"에 지배를 받고 있다는 결론을 내리므로, 자신에 대한 이 진술의 타당함을 입증하여 발전시킨다(22-23절). 즉, 율법이 사망의 도구가 될 수 있는 것은 죄의 권세에 그가 사로잡혀 있기 때문이다.

이 구절들을 통틀어 바울은 계속 일인칭 단수로 글을 써 내려 가는데, 그는 율법 아래에 있는 유대인으로 그 자신의 - 전형적인 - 경험을 묘사하기 때문이다. 그래도 14a절에서는 그가 이러한 패턴을 깨고 "우리가 알거니와"의 일인칭 복수를 사용한다. 이것은 편지의 독자들을 논쟁 속으로 끌어들이는 역할을 한다. 바울은 이 독자들이 - "법 아는 자들"(7:1)로서 - 율법이 "신령하다"는 점에 이미 동의했을 것을 암시한다. 이것은 바울이 그리스도의 통치 아래 있을 수 있는 율법에 대하여 던(Dunn)이 새로운 태도를 주장하기 시작하는 것을 방지한다. 명확하게도, 바울이 율법의 신적 기원과 선함에 대해 설득해야만 하는 대상이 로마의 그리스도인들이 아니라는 점이다. 오히려, 이 쟁점에 관한 바울 자신의 "정통성"에 의문을 제기하는 사람들은(그들 중 몇몇은 로마에 당도했다) 바울을 비방하고 깎아내리는 자들이다. 율법의 신령함을 묘사하므로, 바울은 율법의 신적 기원을 확언하고 있다.[813] 구약이 거룩한 기원과 율법의 성격에 대한 단언들이 가득하지만(예를 들어 시 19:7-11을 보라), 율법이 "신령하다"고 불리는 법은 전혀 없다. 그런데 바울은 이 단어를 선택하여 사용하므로 "신령한" 율법과 "육신에 속한" **에고**(*egō*) 사이에서 가능한 가장 강한 대조를 설정한다.

바울 자신을 "육신에 속한" 자라고 부르는 가운데, 그는 그리스도인이든 아니든 모든 사람이 나약함에 종속된 인간에 지나지 않음을 의미하는 것일 수 있다.[814]

813. 그리스어 단어는 *πνευματικός*로, 바울이 고전 10:3, 4에서 비슷한 의미로 사용한다. 정경으로 인정된 책들이 "성령으로 말미암아" 이야기된다는 랍비의 단언에 주목하라[t. Yad. 2:14]. Str-B, 3.238와 이 절에 관한 그리스 교부들의 해석으로는 Keuck, "'Geistliche Gesetz,'" 215-35를 참조하라.

814. 18절과 25절, 그리고 갈 2:20에서 "육체 가운데"를 가리키는 "*σάρξ*("flesh")를 보라. 예를 들어

그러나 "신령한" 것과 대조되는 것은 더욱 부정적인 의미를 가리킨다. 고린도전서 3:1-3에서처럼, "육신에 속한" 것이 "신령한" 것과 대조되는 것에서, "육신에 속한" 것은 이 세상에 종속되어, 이 세상의 영향 아래에 있는 "육욕적인" 것을 의미한다.[815] 고린도전서 3:1에서 "육신에 속한" 것이 그리스도인에게 적용되기 때문에, 이 형용사 자체는 에고가 거듭나지 않은 사람이 되어야 한다고 요구하는 것이 아님을 분명히 한다. 그렇지만 7:7-25의 주장을 내다볼 수 있는 5절이 "육신에 있는" 것으로 비기독교인의 상태를 묘사한다는 사실을 간과할 수 없다. 그러나 여기서 "죄 아래 팔렸도다"는 비그리스도인에 대한 묘사를 마무리 짓는 추가적인 묘사이다. 크랜필드(Cranfeld)는 그리스도인이 계속해서 죄를 짓고 있고, 따라서 "죄의 권능 아래에" 있다고 말할 만하므로, 이 언어가 그리스도인에게 적절히 적용될 수 있다고 주장하는 사람들을 대표한다.[816] 하지만 그리스도인들은 여전히 죄에 막대한 영향을 받고 있으며, 어쩌면 이 세상에서 결코 죄의 영향을 극복하지 못할 것도 사실이지만, 바울은 여기서 그 이상의 것을 말하는 것으로 보인다. 그의 언어는 죄의 권세 아래에 있는 노예적 상태를 지칭한다.[817] 사실 바울은 이 장에서 정반대로 말하고 있는 것은, 그리스도인들이 "죄의 권세에 대하여

Nygren; R. Gundry, *Sōma in Biblical Theology*, 137-39를 보라. 접미사 -νος를 지닌 σάρκινος는 "육으로 된"것을 자연스럽게 의미할 것이며, 이는 고후 3:3에서 ("돌로 된"을 뜻하는 λίθινος와 대조적으로) 나타나는 것과 피차일반이다.

815. σάρκινος는 여기서 σάρκικος에도 평행한다는 점에 주목하라.

816. Haldane; Murray; Espy, "Paul's 'Robust Conscience,'" 173도 보라.

817. 그리스어는 πεπραμένος ὑπὸ τὴν ἁμαρτίαν이다. 분사는 πιπράσκω라는 동사에서 기인하는데, 이는 "팔다"를 의미하고, 주로 - 항상 그런 것은 확실히 아니지만 - 노예 매매에 관하여 쓰인다. 이 단어가 LXX에서 24차례 쓰이는 것 중에 11번은 이러한 뜻을 지니며, 마 18:25에서 이 뜻으로 사용된다. ὑπό는 ἐγώ가 팔림으로 죄의 "권세 아래에" 놓이게 되었음을 암시한다. 이 때문에, 그리고 바울이 금방 종의 이미지를 사용하고 있기 때문에(6:6, 16-22; 7:6), 여기서 종의 상태를 언급할 가능성이 있다. Shogren는 악을 행하기 위해 "스스로를 판" 이스라엘을 지시하는 LXX 본문들을 바울이 언급하고 있을지도 모른다고 제안한다(예를 들어 왕상 21:20, 25; 왕하 17:17) ("'Wretched Man,'" 119-34). 하지만 이스라엘의 악행에 대한 더욱 가능성 있는 말씀은 사 50:1로, "나 여호와가 이같이 말하노라 내가 너희의 어미를 내보낸 이혼 증서가 어디 있느냐 내가 어느 채주에게 너희를 팔았느냐 보라 너희는 너희의 죄악으로 말미암아 팔렸고[ταῖς ἁμαρτίαις ὑμῶν ἐπράθητε] 너희의 어미는 너희의 배역함으로 말미암아 내보냄을 받았느니라"고 말한다.(Bird; Philonenko, "Sur l'expression," 41-52; Goodrich, "Sold under Sin," 476-95). 완료시제의 πεπραμένος는 모든 사람들이 죄의 얽매임에 속박된 경우로서 아담의 죄를 암시하는 것일 수도 있지만(예를 들어 Haldane 참조), 단지 ἐγώ는 그 자신을 발견한 상태를 지시하는 것일지도 모른다.

죽었고"(2절), 그러므로 더 이상 "죄의 종"이 아니라는 것이다(18, 22절). 6장에서도 주장하는 바와 같이, 죄의 권세로부터의 얻은 이 해방을 살게 되고, 전유하며. 실천되어야 하고, 때로 그리스도인이 이를 실패하리라는 것이 아무리 맞는 이야기일지라도(예를 들어 고전 3:1-3을 보라), 죄의 권세로부터의 해방은 절대적이며 돌이킬 수 없다(6:8-10을 보라). 그렇지만 14b절은 확실히 객관적인 지위 평가로 보이는 것에서 **에고**(*egō*)가 노예로 팔리게 되면서 이제 "죄 아래에" 있게 되었음을 단언한다. 로마서의 앞 부분에서(3:9), 바울은 그리스도 밖에 있는 사람들에 관하여 그들 모두가 "죄 아래에" 있다고 확언함으로 그의 가르침을 요약한다. 그리스도는 이 상태로부터 신자를 건져내지만, 로마서 7장에서 에고는 자기가 아직 그 상태에 있음으로 고백한다.

15 본 서신의 가장 유명한 대목들 중 하나에서, 바울은 *그*가 뜻하는 대로 하지 못한 것을 생생하게 묘사한다.[818] "하려는 것"과[819] "행하는 것"[820] 사이의 대립이

818. 여기서 바울이 묘사하는 갈등은 특히 뚜렷한 대조로 드러나는데, 한편으로 "육신"(18, 25절)과 그 "지체"(23절)로 대조되고, 다른 한편으로 "속 사람"(23절)이나 "마음"(23, 25절)으로 대조된다. 이는 바울이 헬라식 사고방식을 대변하는 인간론적 이원론에 가장 근접한 것이다(예를 들어 이 대목과 그리고 필로와 다른 이들에게서 발견되는 신플라톤적인 본문 사이의 유사성에 대해 Wasserman, *Death of the Soul*, 51-76을 보라).

819. θέλω는 7번 사용된다.

820. 바울은 이 문맥에서 세 가지 다른 그리스어 단어를 사용하는데, ποιέω, πράσσω, 그리고 κατεργάζομαι이가 그것이다. 번역으로 이 세 단어를 구별했는데, ποιέω를 "하다"(do)로, πράσσω를 "행하다"(practice)로, κατεργάζομαι를 "이루다"(produce)로 번역했다. 그러나 바울이 의미상 이들 가운데 어떠한 변화를 의도했는지는 명확하지 않다. 성경 밖의 그리스어의 용법에 따르면, 일부 학자들은 ποιέω가 이 세 단어들 가운데 더욱 무채색에 가까우며, 게다가 κατεργάζομαι는 이미 "끝난 것"이나 "생산된 것"의 결과를 강조한다. ποιέω와 πράσσω를 구별하는 것은 더욱 어려운데, 몇몇 사람들이 πράσσω가 행하는 것에 대하여 더욱 습관적인 성격이나(Espy, "Paul's 'Robust Conscience,'" 184-85), 아니면 행동에 따른 도덕적인 결과나(예를 들어 S-H 참조), 또는 행동의 불완전함(Cranfield)을 더 강조한다고 생각한다. 그러나 바울은 늘 의미상 어떠한 차이를 내는 것으로 이 세 단어를 사용하지 않는다. 1:32; 2:3; 13:4와 살전 4:10-11에서 ποιέω아 πράσσω는 같은 것을 의미하는 것처럼 보이고, 고전 5:2-3에서 πράσσω와 κατεργάζομαι가 그러하며 1:27-28과 빌 2:12, 14에서 ποιέω와 κατεργάζομαι가 그러하다. 이 문맥에서 단어들의 구분을 시사하는 아주 많은 제안들과 함께, 완전하지는 않지만, 의미상 겹치는 상당히 많은 예시들이 있다(H. Braun, *TDNT* 6.478; Kuss). 확실히 ποιέω와 πράσσω가 다른 의미가 있음을 생각하는 것은 사실상 불가능하다(15b, 19절). 반면에, κατεργάζομαι는 다른 두 단어보다 근소하게 약간 더 강한 - "produce" 라는 - 함의를 가질 가능성이 있다"(Zahn).

이 갈등의 내용(15-20절)과 바울이 거기서 끌어내는 추론(21절)을 지배한다. 바울이 행하고자 한 것은, 하나님의 법으로 요구되는 그 "선한" 것과 그가 미워하고 인정하지 않는 "악한" 것이 하나님의 법과 충돌하고 금지된 것들을 통칭하는 용어이다.[821] 내가 위에서 논했듯이, 바울이 여기서 묘사하는 갈등은 그를 패배와(23절) 절망(24절)으로 이끌어 가는 것으로, 모세의 율법 아래에서 경험했던 갈등이다. 바울은 어느 정도까지 이 갈등과 동시에 그 갈등에서 비롯된 실패를 의식하고 있었는지를 확인하기란 어렵다.

의심의 여지 없이 그리스도인으로서 바울의 관점은 그가 그 시대에 그랬던 것보다 더 분명하고 더 근본적으로 그 갈등을 볼 수 있게 한다. 이것은 유대인이 왜 율법을 지키지 못하는가에 관해서 바울이 그토록 비관적일 수 있는지를 설명하는 데 도움이 된다. 확실히 바울은 자기가 다른 유대인들과 함께 계명의 많은 부분들을 준수하는 데 성공했고, 전체 중에 극히 일부만을 거슬렀다고 알고 있었다. 바울이 "율법의 의로는 흠이 없는 자"(빌 3:6)였음을 주장할 수 있게 했던 바로 이 지식은 그가 회심하기 전 유대인의 "의"에 대한 해석과 결합된 것이다. 그러나 바울은 그리스도인으로서 하나님의 법을 바라보는 새로운 눈을 가지게 되었다. 이제 그는 율법을 하나님의 백성을 향해 품으신 뜻의 한 표현으로, 어느 한 부분이라도 깨지면, 전체가 깨지게 되는 통일체로 본다.[822] 바울이 "하고자 했던" 것은 율법을 지키는 일이었고, 그가 유대인으로서는 할 수 없었던 것을 그리스도가 하나님과 그의 율법에 비추신 빛으로 된 것이다. 바울이 모세의 율법 아래에 있는 유대인의 경험을 묘사하고 있다는 사실은 물론 여기서 묘사된 갈등이 유대인에게 특유

821. 왓슨(F. Watson)이 지적하듯이, 7-12에서 "사망"/"생명"의 대조는 여기서 "선한/악한" 것의 대조로 대체된다(*Paul and Hermeneutics of Faith*, 344-45). 불트만(Bultmann)은 이 구절들에서 근본적인 갈등에 대한 매우 다른 해석을 하고 있다. 그는 바울이 묘사하는 것이 옳은 일을 하고자 하는 것과 실제로 잘못된 것을 하는 것 사이에서 의식적인 충돌을 주장하는 것이 아니라, "인간성의 초주관적인 경향"으로 인간이 "율법"을 사용하므로 그들의 실존을 확보하려는 "정욕"과 이 욕망을 달성하는 데 실패한 것 사이의 갈등이라고 주장한다. "사람은, 자기 자신에게 불려가서 자신의 힘으로 살고자 애쓰다가 자기 자신을 잃고 - 그의 인생이 - 사망으로 돌진하게 된다." 이것은 죄가 지배하는 영역으로 인간의 모든 행동은 "삶을 이루려는" 그의 진정한 의도에서 비롯된다(Bultmann, *Theology*, 1.246; "Romans 7," 154-55; G. Bornkamm, "Sin, Law and Death," 96-97; Käsemann, 202; Furnish, *Theology and Ethics*, 141-43)도 보라.

822. 8:4와 약 2:9-12의 논의에서도 나오는 단수 δικαίωμα("의로운 요구")를 보라.

하다는 것을 의미하지 않는다. 모든 비기독교인들은 비슷한 상황 가운데 놓여 있으며, 많은 - 아마 대부분의 - 그리스도인들도 계속해서 선한 일을 행하지 못했다는 묘사로 그들 자신의 경험을 너무나 정확히 반영하고 발견할 수 있다. 그러나 나는 경험의 유사성을 부인하지 않고도, 바울이 여기서 묘사하는 갈등이 그리스도인에게 전형적이지도 않지만, 가능하지도 않은 삶의 방식으로(14b절) 죄의 권능에 사로잡힌 것을 나타낸다고 되풀이하지 않을 수 없다.

15-20절은 두 가지 방법에서 14절과 연관된다. 먼저, 이 구절들은 율법이 요구하는 선을 행하고자 하는 데서 어떻게 바울이 율법의 신적 기원을 입증하는지 보여 준다(16절). 둘째로, 바울의 목적에 더욱 중요한 것은, 하려는 것과 행하는 것 사이의 갈등이 그가 실제로 "육체적인" 것과 죄의 권능 아래에 있음을 드러낸다. 그러한 이질적인 영향력은 - "내 육신에 거하는 죄"(17b-18a절) - 그가 하고자 하는 것을 할 수 없도록 하는 근본적인 실패를 설명해줄 수 있다. 15-16절과 19-20절 사이의 밀접한 평행성을 착안한 일부 주석자들은, 15-20절을 각각 다른 두 부분으로 나누어서, 한 부분을 율법의 "영성"(16b절-"율법의 선한 것")에 관하여 14절과 15-16절에서 설명하고, 다른 부분은 **에고**(*egō*)의 "육체성"에 관하여 17-20절에서 설명한다.[823] 그러나 이 단락이 옳은 일을 하려는 것과(예를 들어 율법이 요구하는 것) 실천하지 못하는 것 사이에 갈등으로 퍼져있기 때문에, 이러한 깔끔한 분할은 사실상 불가능하다.

이 종합적인 관점들이 확립되면서, 우리는 다음과 같은 구체적인 사항으로 눈을 돌릴 수가 있다. 바울은 그가 "하는" 것을 "알지" 못하거나, 심지어 "욕망"하거나 더 "인정"[824] 하지 못한다는 일반적인 단언으로 시작한다. 15b절에서 바울은 어떤 의미에서 자신이 하는 일을 진심으로 원하지 않는다는 것을 설명하는데,

823. 예를 들어 Osten-Sacken, *Römer 8*, 202. Espy ("Paul's 'Robust Conscience,'" 172)는 15-17절이 "육체적인" 것과 18-20절이 "죄 아래에 팔린" 상태를 설명한다고 생각한다. 그리고 Dunn은 15-17과 18-23을 취해서 두 단원의 병행으로 둔다(1.377).

824. 동사 *γινώσκω*는 순전히 인지적인 의미를 보존하는데, 이는 바울이 그가 행하고 있는 것의 참 성격을 "감지"하지 않는다는 의미에서 그러하다(Chrysostom). 하지만 이 단어가 "욕망하다(desire), 원하다(want), 결정하다(decide)"를 의미하는 것이 더 그럴듯해 보인다(BDAG가 시사하듯 말이다). Cranfield는 이 단어가 "인정하다(approve)"를 의미하다고 생각한다.

이는 "원하는 이것은 행하지 아니하고,[825] 도리어 미워하는 그것을 함이라"가 그것이다. 바울의 고백은 고대 세계에서 발견되는 다른 고백들과 비슷한데, 그 가운데 가장 유력한 것으로는 오비디우스의 메타모르포세스(*Metamorphoses*; 모습을 바꾸는 이야기-옮긴이) 7권 21행에 "나는 더 나은 길을 보고 좋아하면서, 보다 못한 길을 따른다"(I see and approve the better course, but I follow the worse)라는 고백이 있다.[826]

16 그가 하고자 목적한 바를 행하지 않는다는 사실은 - 바울이 12, 13절과 14절에서 말한 것처럼 - 그가 율법이 선하다고 말하는 사람들과 함께 "시인한다"는[827] 사실을 의미한다. 바울의 논의에서 가정되는 것은 그가 하고자 하는 것은(15b절) 율법이 요구하는 것이라는 점이다. 그리고 그는 율법이 요구하는 것을 행하지 않기 때문에, 도덕적 지침으로서 율법을 거부한다는 결론이 나올 수 있다. 그러나 바울은 정반대의 결론을 도출하고자 한다. 즉, 실제로 행하여진 악행과 충돌하는 의지가 그에게 있다는 바로 그 사실이 하나님의 법의 정당한 요구를 인정하는 이 사람의 한 부분 - 의지와 관련된 그 부분 - 이 있음을 증명하는 것이다.

17 "이제는 … 아니요"는 논리적이지, 시간적인 요소는 아니다. "이제는"은 15-16절의 논거에서 비추어 볼 때, "… 아니요"가 참인 것으로 간주 되어야 하는 이유를 서술한다. 그리고 바울은 더 이상 사실이 아닌 것을 두고 자신이 개탄해

---

825. 동사 θέλω는 "바라다(wish)"나 "욕망하다(desire)"를 의미하지 않고, "하고자 하다(will)", "이루려고 하다(purpose to accomplish)" (BDAG; 예를 들어 빌 2:13을 보라).

826. 에피크테투스(Epictetus), *Diatr*. 2.26.4. Lichtenberger (*Ich Adams*, 176-86)는 평행 구절에 유용한 개요를 제공한다. 몇몇 학자들은 이 말들과 바울이 여기서 말한 것 사이에 그 어떠한 평행법도 인정하지 않는다(예를 들어 Bultmann, *Theology*, 1.248 [실존주의적 해석 때문에 그렇다]; Cranfield [그는 이 갈등은 성령이 충만한 신자와 하나님의 법 사이에서 충돌하는 것으로 보는데, 크랜필드(Cranfield)가 이 대목으로 성령을 언급하는 독법을 끌고 들어오는 집요함은 - 물론 아무것도 나타나지 않았을 때 - 다소 당황스럽다. 확실히 해두자면, 바울은 일반적인 도덕이 아니라 하나님의 법을 따르지 못한 것을 말하고 있고, 인간의 문제에 대한 그의 분석은 이교도들의 문제보다 훨씬 더 깊다. 그러나 그리스도 밖에 거하는 인간의 기본적인 상태에 대한 평가로써, 오비드(Ovid)와 바울의 진술들은 실질적으로 동일하다. 즉, 선한 것을 행하고자 하는 것은(바울은 "할 수 없다"고 말할 것이다) 악한 것을 행하고자 하는 인간의 성향을 극복하지 못한다. 더 나아가, 라이트(Wright)가 언급한 것처럼(554), 바울은 율법 아래에 있는 유대인들이 이교도들과 같은 절망스러운 갈등에 휘말려 있다는 점을 지적하려고 일부러 이교도 도덕주의자들을 언급할 수도 있다.

827. 이 단어는 σύμφημι로 그리스어 성경에서는 오직 여기에서만 나온다.

마지않는 행동을 "행하는" 사람으로 여겨질 수 있다고 말한다. 언뜻 보기에 바울은 일어날 법하지 않은 무언가를 말할 것 같지는 않고, 실제로 자기 행위에 대해 책임지지 않은 위험 요소가 있을 것 같지 않다. 그러나 이것은 그가 말하고자 하는 게 아니다. 그의 요지는 자기가 하고자 하는 것을 실천에 옮기지 못하는 것이 자기 외에 그 상황에 연루된 무언가가 있음을 증명한다는 것이다. 우리가 하나님의 법과 이것을 이루려고 찬동하는 사람의 그런 면모만을 보면서 그를 상대한다면, 우리는 왜 그가 원치 않는 일을 한결같이 하는지 설명할 수 있을 것이다. 아니다. 바울은 드라마 속에 또 다른 "배우"(actor)가 있어야 하고, 그가 하고자 하는 일을 행하는데 간섭하는 또 하나의 요인이 있음이 틀림없다고 판단한다. 이 요인은 내재하는 죄이다. 죄는 사람들의 외부에서 작용하여서, 그들에게 죄가 명하는 일을 하게 만드는 권세가 아니라, 죄는 바로 그 존재 안에 있는 것으로, 사람들 안에 "거하며"[828] 주인이 종을 부리듯 그 사람들을 다스리는 것이다(14b절).[829]

"내 속에 거하는 죄"의 권능으로 인해, 바울은 하나님의 선한 뜻이라고 알고 있는 것을 수행할 때 좌절한다. 그래서 바울은 악을 행하는 데 대한 책임을 개인으로부터 외부의 어떤 영향력으로 돌리는 것이 아니라, 그는 그 사람에게 잘못된 일을 하도록 이끄는 그 사람 내부의 권세에 그 책임을 지운다. 우리가 아담의 죄에 가담하게 되어서, "죄"가 모든 사람 속에 거주하게 되었으며, 그리스도 밖에 있는 자들 - 바울이 한때 그랬던 것처럼, 율법 아래에 있는 유대인 - 은 궁극적으로 죄의 권세에 저항할 수 없다. 이에 따라, 그들은 하나님이 그들에게 요구하시는 선한 것을 행할 수가 없는 것이다(3:9-18; 8:7-8절을 보라).

18 하나님의 뜻을 행하지 못하는 비극적인 실패의 최종 책임이 내주하는 죄에 있다는 17절의 주장은 15-20절의 중심이 된다. 15-16절은 이 주장으로 이어졌

828. οἰκοῦσα.

829. 이 대목에서 "내주하는 죄"와 육신에 대한 바울의 생각은(18, 25절을 보라) "악한 정욕"(*yēṣer hārāʿ*)에 관한 랍비들의 개념에 빚을 지고 있을 수도 있는데, 이는 랍비들이 모든 사람 안에 내재한다고 가르쳤던 악으로 향하는 경향을 가리킨다(특히 W. Davies, *Paul and Rabbinic Judaism*, 21-35를 보라). 랍비와 대조적으로, 바울은 이 "악한 정욕"에서 건져냄을 받는 것은 율법이나 "선한 정욕"(*yēṣer haṭṭôb*)의 권능으로 말미암아 오는 것이 아니라 오직 그리스도 안에 있는 하나님의 은혜로 말미암는다고 주장한다.

고, 18-20절은 이를 부연한다. 18a절은 17b절과 밀접한 관련이 있으며, "내 속에 거하는"이라는 표현으로 계속된다. 바울은 금방 "죄가 내 속에 거한다"고 말했는데, 이제 그는 부정적인 측면인 "선한[830] 것이 내 속에 거하지 아니한다"는 똑같은 기본 요지를 재진술한다. "선"이 아니라 "죄"가 그를 장악하여, 그의 행동을 결정하고 있다는 것이다. 그러나 바울은 "내 속 곧 내 육신에"라는 아주 중요한 수식어구를 이 진술에 첨가한다. 그래서 이 문구는 바울이 그리스도인을 묘사할 때 제안하는 것으로 성령에 대한 여지를 남김으로써, "내게 선한 것이 거하지 아니한다"는 진술을 수식할지도 모른다. 이런 관점에서 "육신"은 "타락한 인간의 본성 전체"를 의미할 수 있을 것이다(Cranfield; Nygren 참조). 그러나 바울이 거듭나지 않은 사람의 상황을 묘사하고 있다고 생각하는 다른 이들은 "곧"(that is)을 이끄는 어절을 취하여 수식어구가 아니라 오히려 "나"를 정의하는 절로 삼는다. 곧, "타락하여 하나님에게서 멀어진 내 속에는 선한 것이 거하지 않는다"[831]는 절이 그것이다.

이 두 가지 견해는 모두 "육신"을 바울 서신 내에서 전형적인 "윤리적" 의미로 보는데, 14b절이 이 결론에 뒷받침이 될 수 있다. 그러나 이 단어가 여기서는 단순히 물질적인 의미로 쓰였을 수도 있다. 이것은 25절에서, "육신"이 "마음"과 대조되고, 23절에서 "다른 법"인 "죄의 법"이 "내 지체 속에" 있다고 말하는 것으로 암시된다.[832] 바울의 인간론은 본질적으로 이원론적이기보다는 "일원론적"이지만 - 즉, 그는 사람들을 다른 사물들과의 관계에 있어서 헬라인들이 그랬던 것처럼 몸(또는 육신)과 정신(영 또는 마음)으로 뚜렷하게 구분되는 "부분들"로 나누는 것이 아니라 전인적으로 간주하지만 - 인간론적인 이원론에는 부인할 수 없는 요소가 있다.[833] 이 이원론이 아마도 다른 어느 곳보다 이 대목에서 더욱 전면으로 부각될 것이다.[834] 이것은 의도성이 있는데, 바울은 율법에 대한 존중이 어떻게 율법을 이행하지 않은 것과 결부될 수 있는지를 설명하는 방법으로 율법 아래에 있는

830. "선한 것"(ἀγαθόν)은 "의지나 권세 또는 선한 것을 행하는 것"을 말하는 축약된 방식이다.
831. Käsemann; Wilckens; Sand, *Begriff* "Sarx," 190-91.
832. Pfleiderer, *Paulinism*, 1.49; S-H; R. Gundry, *Sōma in Biblical Theology*, 137; E. Schweizer, *TDNT* 7.133-34.
833. 특히 R. Gundry, *Sōma in Biblical Theology*를 보라.
834. E. Schweizer, *TDNT* 7.133-34를 보라.

유대인들의 분열성을 드러내고자 한다. 바울은 육체를 본질적으로 악하게 본다거나, 필연적으로 악에 치우친다고 보는 것이 아니라,[835] 그는 "물질적인 육체"를 특별히 죄에는 민감하고, 비기독교인들에게는 죄의 지배 아래 갇힌 사람의 그 "부분"으로 간주한다. 이 견해에 따르면, "내 속 곧 내 육신에"는 "내게 선한 것이 거하지 아니한다"는 절대적인 단언을 수식한다. 선을 위해, 선한 것을 하고자 하는 의지는 바울이 이미 단언했듯이 **에고**(*egō*)의 일부인 것이다.[836]

18b절은 육체가 죄의 지배하에 놓이게 된 정도를 증명하는 방법으로, 하려는 것과 행하는 것 사이에 갈등을 재천명한다. 즉, "원함은 내게 있으나[837] 선을 행하는 것은 없노라"가 그것이다. 우리는 이 "실천할 수 있는 것"(performing)을 물질적 신체 영역에 귀속시킴으로써(18a절) 비기독교인의 마음과 의지가 순수하고 오직 육체만 타락했음을 암시하려는 것이 아님을 분명히 해야 한다. 전체적인 맥락에서, 이 욕망을 실천할 수 없다는 사실이 역력하듯이, 바울은 비기독교인의 마음이나 의지 안에 있는 특정한 요소와 비기독교인의 나머지인 육체 사이로 이분법의 선을 긋고 있다. 그의 요지는 율법 아래에 있는 유대인들과 더 나아가 다른 비기독교인들도 하나님이 규정하신 대로 옳은 일을 행하기 위해서 진정으로 고군분투한다는 점이다(2:14-15도 보라). 그러나 의로운 일을 추구하는 절실한 사투가, 분쇄되지 않는 죄의 권능으로 인해, 결코 마음과 의지를 장악할 수 없으므로 효과적이고 일관되게 선한 것을 행하도록 육체에게 지시할 수 있다.

19 이 구절은 15b절의 내용을 되풀이하는데, 행하고자 하는 "선"과 행하여지는 "악"이 명시되어 있다는 차이가 있다.[838]

20 바울은 같은 내용을 다시 훑으면서, 자신의 요지가 제대로 전달 됐는지를

835. 반대 견해로 Pfleiderer, *Paulinism*, 1.47-67 참조.

836. Lietzmann.

837. παράκειται. "준비되어 있다"(be at hand) "가까이에 있다"(lies near). 이 단어는 오직 그리스어 성경 가운데 여기와 21절에서만 나온다.

838. 이 ποιέω는 선한 것을 행할 때 쓰이고, πράσσω는 악을 행할 때 쓰이는데 - 15b절과는 정반대로 - 바울이 의미상 미묘한 차이를 의도하지 않았지만(Godet 암시하듯이), 두 단어는 이 본문에서 동의어라는 것을 보여 준다.

명확히 한다. 이 구절에서 바울은 16b의 한 절과 17b의 한 절을 모아 새로 결합하지만, 그가 앞에서 이미 말 한 것의 범위를 넘어가지는 않는다.

21 바울은 모세의 율법에서 요구하는 선을 행하기 위한 사투를 벌인 결과 실패한 것을 바탕으로 이제 결론을 도출하는데, "그러므로(그리스어. 아라[*ara*])내가 한 법을 깨달았노니 곧 선을 행하기 원하는 나에게 악이 함께 있는 것이로다"가 그것이다.[839] 일관성은 바울이 여기서 언급한 "법"(nomos)은 그가 7:4-20 전반에 걸쳐서 의례 사용하는 용어와 그 의미에 따라 모세의 율법을 지시하는 것임을 암시한다. 그렇다면 우리는 이 본문을 "그 법에 관해서 내가 알고 본즉 … "[840]으로 번역할 것이다. 그러나 여기서 노모스에게 잘 확립된 의미로 "원리"를 부여하는 것이 더 이치에 맞다.[841]

839. 이 문장에 ὅτι를 위치시키므로 이 구문이 어색하고 불분명하다. 핵심 쟁점은 분사 τῷ θέλοντι를 어떻게 처리하냐이다. 이것은 (1) εὑρίσκω에 의존하는 이익의 여격으로 -"선을 해하고 싶은 내게 악이 가까이 있다는 [나를 위한] 법칙을 발견한다"(예를 들어 Chrysostom; Wilckens) 보거나 (2) 마지막 절에 ἐμοί의 동격의 수식어로 - NASB를 보면: "선한 일을 하고 싶어 하는 내 안에 악이 있다는 원칙을 발견한다"로 보거나 (3) 마지막 절에 종속되는 시간을 나타내는 절로 - "그래서 내가 이 법을 발견하더니, 선을 행하고 싶을 때 악이 가까이 있다는 것이다"(예를 들어 Godet; Kuss; Cranfield)로 보거나 아니면, (4) (이 마지막 견해에 따라) "나의 뜻이 선을 위한 율법으로 향하지만, 악이 내 앞에 있다는 것을 알게 되었다"(Jewett)로 보는 것이다. 첫 번째 대안이 어순의 배열상 가장 근접하지만, 바울이 15-20절에서 밝혀냈듯이, 다른 세 가지 대안과 마찬가지로 첫 번째도 문제를 명시하지는 못한다. 이 견해들은 τῷ θέλοντι절이 ὅτι로 도입되는 문장의 일부로 볼 것을 요구하지만, 이와 같은 순서의 역정은 그리스어에서는 알려지지 않은 것도 아니다(BDF §§ 408, 476). 이 세 가지 중에서, 두 번째 대안이 가장 적합한데, 이는 ἐμοί가 두 절 가운데 모두 있기 때문이다.

840. 예를 들어 τὸν νόμον은 존중의 목적격이 될 것이다. 예를 들어 Chrysostom; Theodoret; Schlatter; Wilckens(그 처리가 다소 번잡하지만); Dunn; Schreiner; Wright; Schnabel; Snodgrass, "Spheres of Influence," 105를 보라.

841. 특히, Godet; Kuss; Käsemann; Cranfield를 보라. 이 의미는 νόμος의 가장 기초적인 의미에 연결된 것으로, "규정되고, 요구되는 것이다"(2:12에 관한 해설을 보라). 두 가지 요지에서 이 해석을 선호하는데, (1) 목적격 τὸν νόμον은 이 νόμον의 "내용"을 소개하는데 ὅτι와 함께 사용되어서 εὑρίσκω("I find")의 직접 목적어가 되는 것이 더욱 자연스럽다. 만일에 이럴 경우, νόμος는 모세의 율법을 가리킬 수 없다. (2) 바울은 22절에서 "하나님의 법"을 처음으로 모세의 율법의 맥락에서 이야기하는데, 이 νόμος를 다른 νόμος와 구별하는데 이 수식어가 필요한 것임을 암시한다. 한편, 여기서 우리는 νόμος를 23절의 ἕτερον νόμον과 동일시해서는 안 되는데(반대 견해로 예를 들어 W. Gutbrod, *TDNT* 4.1071; Murray; Cranfield를 참조), 이는 "다른 법"이 23절에서 처음으로 소개되는 식으로 나타나기 때문이다.

22 바울은 자기 안에 있는 모세의 율법에 상반되는 경향들을 다시 한번 대조시키므로 22-23절이 대조되게 한 데로 엮인다. 곧, 그 법을 "마음"으로는 순수하면서 뿌리 깊은 즐거움으로 받아들인다는 것과, "지체들" 가운데서 그 법의 요구들에 반하는 완화적이고 성공적인 저항이 그 대조이다. 따라서 이 구절들은 바울이 15-20절에서 주관적으로 묘사한 갈등을 객관적인 용어로 재진술 한 것이다. 그가 당면한 목적은, 21절에서 자기 자신과 관련해서 발견하게 된 "원칙"을 설명하는[842] 데 있다.

그는 "내 속 사람으로는 하나님의 법을 즐거워하되"의[843] 긍정적인 면으로 시작한다. "하나님의 법"은 역시 바울이 유대인으로서 헌신했던 모세의 율법인 토라(Torah)다.[844] 이 대목에서 **에고**(*egō*)를 그리스도인과 동일시하는 것에 찬성하는 가장 강력한 주장 가운데 하나가 오직 하나님의 영으로 거듭난 자들만이 진정 하나님의 법으로 "즐거워"할 수 있다는 것이다. 이 논거에 무게가 실리기는 하지만, 결정적인 것은 아니다. 구약의 신자들(그들은 확실히 하나님의 법을 즐거워했다-예를 들어 시 19편과 119편을 보라)을 거듭난 그리스도인들이라고 부르는 경건성의 문제를 제쳐두더라도, 바울 시대에 우리는 유대인들이 하나님의 법으로 즐거워한다고 공언했

---

842. *γάρ*에 주목하라.

843. *συνήδομαι*는 성경에 단 한 번 기록으로 남아있는 그리스어로 "… 함께 즐거워하다"라는 의미가 있고 "축하하다," 또는 심지어 "… 동정하다"와 같은 확장된 다양한 의미들이 있다(LSJ; MM). 문맥은 우리로 "…에 동의하다"라고 번역하도록 제안하지만(Michel), 이 번역에 대한 어휘적 당위성은 부족하다. 여격과 함께, "…로 즐거워하다", "…을 기뻐하다"(…에 동의를 표하는 암시로-BDAG를 보라: "[기뻐하여] …에 동의하다") 라는 이 단어의 의미가 더욱 선호된다(LSJ; Cranfield).

844. 특별히 *νόμος*가 *τοῦ θεοῦ*("하나님의")로 수식되기 때문에, 어떤 해석자들은 바울이 일반적으로 "하나님의 뜻"을 다양한 형태로 가리켜서 그의 "법"을 언급한다고 생각하는데, 이는 이스라엘을 위한 토라(Torah), "자연법"과 이방인에 대한 양심, 그리고 어쩌면 그리스도인들에 대한 "그리스도의 법"까지 가리킨다는 것이다(Feuillet, "Loi de Dieu," 33-42; Deidun, *New Covenant Morality*, 199, 203; Kuss). 사전적으로 약간의 정당성을 확보하는 것으로 고전 9:21에 나오는 부정적인 *ἄνομος θεοῦ*가 "어떠한 형태로 하나님의 법 아래에 있지 아니한"을 의미하는 것처럼 보이며, 바울이 (*ὁ*) *νόμος* (*τοῦ*) *θεοῦ*(롬 8:7)를 유일하게 다른 곳에서 사용하는 것은 일반적인 의미일 수도 있기 때문이다. 그러나 이러한 예시들의 개수가 너무 적어서 패턴을 세울 수가 없으며, 유대인으로서 바울과 동일시 되는 *ἐγώ*와 더불어 바울이 지속적으로 주장하는 것은 여기에 나온 *νόμος*를 다시금 모세의 율법으로 보는 것으로 강력하게 선호한다(예를 들어 Michel 참조). 바울은 그가 21절에서 인용한 *νόμος*나, 23절에서 묘사한 *ἕτερον νόμον* 보다, 여기서 "선한 것," 하나님이 주신 "신령한"법(12, 13, 14, 16절)을 이야기하고 있음을 분명히 하기 위해 *τοῦ θεοῦ*를 덧붙인다.

던 풍성한 증거와 로마서 10:2 - "내가 증거하노니 저희가 하나님께 열심이 있으나" - 같은 대목들은 바울이 이 기쁨을 진정성 있는 것으로 여겼음을 밝혀 준다. 확실히 이 사람들은 율법을 완전히 이해하지도, 완전히 순종하지도 않았지만, 그리스도인들도 다를 건 하나도 없었다. 이것은 많은 유대인들이 입으로만 율법을 존중했지 "속 사람으로는 하나님의 법을 즐거워하되"라고 확실히 말할 수 없음을 부인하려는 것이 아니다. 그러나 바울은 그 자신의 체험을 복기하면서, 이 대목에서 경건한 유대인 - 이 사람은 자신의 종교를 진지하게 받아들였고 자신에게 요구되는 것을 행하고자 했던 자 - 에게 초점을 맞춘다. 비기독교인의 세계에서 그를 가장 좋은 본보기로 삼는 바울은 그리스도를 떠나간 "선한" 사람들도 하나님께서 그의 아들 안에서 베풀어 주시는 구원이 필요함을 드러낸다.

이 구절들에 대한 기독교적 해석의 옹호자들은 이 구절의 마지막 문구가 문제를 해결한다고 주장한다. "속 사람"이[845] 바울 서신에서 딱 두 번 나오는데, 두 번 다 그리스도인을 가리켜서 쓰였다(고후 4:16; 엡 3:16). 그러나 이 주장은 결코 허튼 소리가 아니다. "속사람"은 성경 밖의 그리스어에서 "사람이 … 신을 향하는 불멸의 모습"을[846] 의미하도록 사용된다. 바울은 이러한 의미에서 그리스도인들에게 적용하지만, "속사람"이 그리스도인들에게 고유한 특징을 지닌 것으로 생각할 만한 증거는 없다.[847] 이러한 의미에서, "속 사람"은 "새 사람"(6:6 참조) - 명확하게 구원론적 의미를 지닌 것 - 과 반드시 구별되어야 한다.[848] 분명히 로마서 7장의 문맥은 인간론적인 해석을 선호한다. 이 대목 전체에 걸쳐, 바울은 사람의 "겉"과 육체적인 면, "속"과 정신적, 또는 영적인 면을 대조하기 위해 단어들을 선별했는

---

845. ἔσω ἄνθρωπος.

846. J. Jeremias, *TDNT* 1.365.

847. 고후 4:16에서 "속 사람"은 ἔξω ἡμῶν ἄνθρωπος("우리의 겉 사람")와 대조적으로 사용된다. 이 문맥에서 부패하는 이 "겉 사람"은 연약하고, 죽을 "형체" 또는 "육체"를 지닌 겉모습(11절을 보라)을 나타낸다. 이것은 이 두 문구가 모두 구원론적인 것이 아니라 인간론적인 것임을 암시한다. 이러한 의미에서 모든 사람들은 "겉 사람"과 "속 사람"을 소유하고 있다고 말할 수 있을 것이다. 그러면 그리스도인에게 다른 면이 있다면 "속 사람"이 "새롭게" 되었다는 것이다. 더 이상 엡 3:16은 "속 사람"이 구원론상의 기술적 표현임을 입증하지 못한다. 바울은 에베소 교인들이 "속사람으로" 강건하여지기를 빌고, 이것은 모든 사람들이 소유하는 "영"을 가리키는 또 하나의 방식임을 충분히 말할 수 있을 것이다.

848. R. Gundry, *Sōma in Biblical Theology*, 135-37을 보라.

데, 이는 "육신"(18, 25절)과 지체(23절)을 한편으로 하고, "마음"(23, 25절)을 다른 한 편으로 했다는 것이다. 그리고 이 단어들은, 우리가 본 것처럼, 하려는 것과 행하는 것의 두 가지 대조되는 활동에 들어맞는다(15-21절). 이 문맥에서는 "속 사람"이 의문의 여지가 있는 구원론적인 의미보다는 십분 증명된 인간론적 의미를 담고 있을 가능성이 훨씬 크다.

23 이제 에고의 상태에 대한 부정적이면서 객관적인 평가가 나온다. 하나님의 법을 즐거워하는 것에 반하는 "한 다른 법"이 "내 지체 속에서" "내 마음의 법과 싸워 내 지체 속에 있는 죄의 법 아래로 나를 사로잡아 오는 것을 보는도다"라는 평가가 그것이다.[849] 이 구절에서 법(*nomos*)의 세 번에 걸친 등장은 같은 단어가 21절과 22절에서 논쟁을 일으킨 후에 나온 것이므로, 석의적인 논쟁에 관한 풍부한 근거를 제공한다. 특히 8:2절에서도 노모스에 관하여 동일하게 논쟁을 거친 것들이 등장한다. 여기에는 크게 두 가지 선택지가 있다.

(1) 7:22-25에서 나오는 노모스는 모두(8:2에서 나오는 것들도 마찬가지로) 모세의 율법을 가리키거나, (22절에서 "하나님의 율법"을 광범위하게 해석하는 사람들의 경우) 하나님의 법을 일반적으로 가리킬 수도 있다. 이 견해에 따르면, 바울이 이 문단에 걸쳐서 강조해온 율법의 이중성은 - "선하고", "거룩하고", "의로우며", "신령한" 것으로 "생명에 이를" 것이면서도 죄를 부추기는 "사로잡는" 힘이요, 사망의 수단으로 - 여기서는 축약된 형태로 묘사된다. 이처럼, 바울은 하나님에게서 오는 법과(22절) "마음"이 시인하는 법("내 마음의 법")이, 같은 법인데도 죄에 의해 뒤틀리는 것("죄의 법")으로 대조시키고 있다. 이 견해에 따르면, 두 법의 구분은 다른 두 법 사이에 오는 것이 아니라, 같은 법의 다른 작동과 효과들 사이에서 구분된다. 한편, 이 법은 육신으로 말미암아 죄를 일깨우고 사망을 드리우게 하는(8:2절을 보라) - "죄의 법" - 이지만 내 마음이 시인하는 하나님의 법이기도 한 - "내 마음의 법" - 으로 "생명에 이르게 할"(10절) 법이며, 성령으로 말미암아 생명을 낳을 수 있게 하는 법이다(8:2).[850]

---

849. 이 문맥에서 *μέλη*라는 단어는 - *νοῦς*와 대조되어 - 육체적인 함의가 있다(6:12, 13 참조).
850. 예를 들어 Wilckens; Dunn; Schreiner; Wright; Lohse, "*ὁ νόμος τοῦ πνεύματος*," 285-86; F.

하지만 이 견해에는 석의적으로나 신학적으로 심각한 반대를 안고 있다. 해석상 가장 큰 난점은 23a절에서 바울이 노모스를 "한 다른"으로 수식한다는 점이다. 즉, 바울이 23a절에서 22절과 같은 법을 가리킬 의도였다면, 설사 다른 각도에서 보았건, 다른 기능을 가진 것으로 보았건, 심지어 "새롭게 변형된 것으로" 보았다 할지라도, 그가 이를 "한 다른"이나 "다른" 법으로 부르지는 않았을 것이다.[851] 이 견해가 마주하는 또 다른 난점은 15-21절의 관점에서 시각변동을 수반한다는 점이다. 이 구절들에서 등장하는 두 주역은 하나님의 법을 시인하는 **에고**(*egō*)와, 그 법을 실천하지 못하도록 방해하며 "육신에 거하는 죄"로 정의되는 에고다. 그렇지만 23절에 나오는 "한 다른 법"/"죄의 법"이 하나님의 법이라면, 22-25절의 두 주역은 모두 하나님의 법이다. 다르게 표현하자면, 18절에 따라 "육신에"/지체에" 있는 것은 "죄"이지 법이 아니다. 모세의 율법은 (옮긴이-뜻을 수행)하려는 쪽에 있지, 육신을 죄로 더럽히거나, 강제하여 죄를 짓게 한다는 의미에서 육신의 쪽에 있는 것이 아니라는 말이다. 그리고 이것은 우리를 주요한 신학적인 난제로 이끈다. 만일에 "다른 율법"/"죄의 법"이 모세의 율법으로 확인된다면, 바울은 이 문맥 전체에 걸쳐서 그동안 그가 애써 부인해왔던 그의 곤경을 자아내는 모세의 율법에 일종의 적극적인 역할을 부여하는 셈일 것이다. 모세의 율법이 죄에 의해 오용되어왔지만, 그렇게 오용될 때라도, 그 법은 하나님의 선하고 거룩하고 신령한 법의 기능을 결코 멈추지 못한다(7-13절을 보라). 문제는 죄가 율법을 오용하거나, **에고**(*egō*)가 율법을 행하지 못하는 데 있는 것이지, 결코 율법 자체에 문제가 있는 것은 아니다.

(2) 이러한 이유로 나는 "다른 법"이 형식과는 무관하게 하나님의 법이 아니라, 마치 모세의 율법과 "권위" 또는 "요구"와 같지만, 대립각을 세우기도 하는 것이

Hahn, "Gesetzverständnis," 46; Reicke, "Paulus über das Gesetz," 242-44; OstenSacken, Römer 8, 210-11; Snodgrass, "Spheres of Influence," 106-7; Schmithals, *Theologische Anthropologie*, 67, 84-85를 보라.

851. ἕτερος라는 단어는 항상 (ἄλλος와 구별하여) 신약의 그리스어에서 "또 다른 종류의 하나(another of a different kind)"를 의미하지는 않지만, 두 개의 분리된 실체를 구분하는 "또 하나"(another)를 언제나 의미한다. 아마 예외가 된다면 갈 1:6과 고후 11:4일 것이다. 그러나 이러한 본문에서조차 "다른 복음"/"다른 영"은 바울이 전하는 복음과 어떤 의미에서는 관련이 있겠지만 - 이것이 바울의 요지이다 - 이것은 그의 복음도, 하나님의 영도 아닌 것이다. 같은 것으로 주장하지만, 사실상 다른 것이며, 비참하게도 그렇다.

라 믿는다.[852] 3:27에서와 마찬가지로, 바울은 수사적으로 효과적인 대구법을 만들기 위해 노모스(*nomos*)라는 단어를 사용하는데, "내 속사람으로는 모세의 율법을 즐거워하고, 그 권위를 인정하되, 내 지체 속에 그와 대립하는 '권위'가 작용하는 것을 보는도다"가 그것이다.[853] 그렇다면 23절에서 다른 두 "법" - "내 마음의 법"과 "죄의 법"은 어떻게 되는가? 전자는 "하나님의 법"과 밀접히 연관되고 후자는 "다른 법"과 연관되는 것이 분명하다. 혹자는 이 법들이 두 개의 외적이고 객관적인 "법들"에 대한 주관적인 대응물(counterparts)이라고 생각한다. "내 마음의 법"은 하나님의 법에 응답하고 그 법을 전유하는 내적인 도덕 감시자이며, "죄의 법"은 죄의 요구와 부름에 부응하는 개인의 타고난 죄의 성향(강한 욕정)이라는 것이다.[854] 하지만 "내 마음의 법"과 "죄의 법" 두 가지를 각각 "하나님의 법"과 "다른 법"으로 자세하고 더 구체적인 지시로 받아들이는 것이 더욱 이해하기 쉽다.[855] 모세의 율법은 마음을 시인하게 하는 법으로 "내"가 선하다고 고백하며 순종하고자 하는 법(15-20절과 25절에서 *egō*가 "마음으로는" 하나님의 법을 섬긴다고 주장하는 것에 주목하라)인 반면에, "다른 법"은 내 "지체"를 통해 작용하며 그 안에 거주하게 되는 죄의 권위나 요구인 것이다(육신에 죄가 거하는 것을 가리키는 17b-18a절을 보라).

그러므로 죄가 육신 속에서 육신으로 말미암아 활동하는 것은 에고에 대한 요구와 에고에 대한 권위를 취하는 이것을 "죄의 법"이라고 부를 수 있다. 군사 용어를 사용하므로, 바울은 이 "죄의 법"을 "내 마음의 법"에 대항하여 "전쟁을 벌인다"고[856] 표현한다. "마음"은 사람의 추리하는 측면을 가리킨다.[857] 바울은 그리스도와 떨어져 있는 사람들의 이 이성은 왜곡되고 흐려져서, 하나님과 그 세계에

852. 대부분의 주석가들 외에, 특히 Winger, *By What Law?* 186-88; Lindars, "Paul and the Law," 136-39; Deidun, *New Covenant Morality*, 199-200; W. Gutbrod, *TDNT* 4.1071; Bergmeier, "Röm 7,7-25a," 168-70을 보라.

853. 수사적인 비슷한 대조로 하나님의 법과 악의 "법"은 T. Naph. 2:6에서 일어나는데, 이는 "여호와의 법이건 벨리아의 법이건, 사람의 힘대로, 그 일이 이루어지듯이 … 사람의 영혼대로 그의 생각도 이루어진다."(Bergmeier, "Röm 7,7-25a," 170을 보라).

854. 예를 들어 Calvin; Godet 참조.

855. 예를 들어 Cranfield을 보라.

856. ἀντιστρατευόμενον으로 이 동사는 신약에서 단 한 번 밖에 나오지 않는다.

857. 그리스어는 νοῦς. 이 단어는 LXX에서 7번만 나오지만 전반적으로 이 단어는 그리스어에서 빈번히 나오는 단어이다. 이 의미에 대하여 특히 E. Würthwein, *TDNT* 4.952-53을 보라.

관하여 올바로 생각할 수 없게 방해한다는 점을 분명히 한다.[858] 하지만 바울은 여기서 마음이 하나님의 법의 동맹자임을 암시한다. 그래서 많은 이들은 바울이 하나님의 뜻에 호의적으로 반응할 수 있도록 새로워진 마음을 지닌 그리스도인을 묘사하고 있음이 분명하다고 결론을 내린다.[859] 그러나 꼭 이렇게 되는 것은 아니다. 그리스도와 떨어져 있는 사람들의 마음이 비극적이고도 치명적으로 결점이 있다는 것을 감안할 때, 마음이 하나님을 전혀 이해할 수도, 반응할 수 없다는 말은 아니다. 바울이 말하고 있는 것은 비그리스도인의 이성이나 의지로 하나님이 그의 법으로 요구하시는 것에 대해 찬성할 수 있다는 것뿐이다. 특히 우리가 주장했던 것처럼, 바울이 율법 아래에서 겪은 자신의 경험을 다른 사람들의 전형인 것처럼 말하고 있는 것이라면, 이러한 능력은 부정될 수 없다(1:32; 2:14-15을 보라).

군사적 비유를 계속하므로, 바울은 "죄의 법"과 "내 마음의 법"이 벌이는 싸움의 결과가 전자의 전폭적인 승리임을 주장하는데, 이는 "나"를 "죄의 법 아래로 나를 사로잡아" 그 승리가 주어진다는 말이다. 하나님의 법, 마음, 하려는 것을 한편으로 하고, "죄의 법", 육신/지체 그리고 행하여진 것을 다른 한편으로 하는 것 사이의 사투가 그토록 부정적인 결과를 갖는다는 것은 바울이 비기독교인의 경험을 기술하고 있음이 분명하다고 생각하는 중요한 이유가 된다. 신자는 죄와 씨름하고 죄를 범하고, 특정하고 개인적인 죄에 계속 압도당할 수도 있거나 앞도 당하게 된다 할지라도, 이미 죄의 권능에서 해방되었으므로(6장, 8:2), "죄의 '권능'이나 '권위'에 사로잡힌다"고 말할 수 없을 것이다.

24 바울은 회심 이전에 유대인으로서 모세의 율법을 존중하지만, 죄의 권능이 너무나 강해서 자신이 그 법의 요구에 순응할 수 없음을 깨닫게 된 상황에 대한 묘사로 결론을 맺고자 한다. 그는 14b절과 같이 "나는 육신에 속하여 죄 아래 팔렸도다"라고 표현했다. 그래서 그가 자신의 상황을 매도하며 구원을 위해 소리쳐 구하는 것은 당연할 일이다. "오호라 나는 곤고한 사람이로다[860] 이 사망의 몸

858. 1:28; 엡 4:17; 골 2:18을 보라.

859. 12:2; 고전 2:16; 엡 4:23을 보라.

860. ταλαίπωρος는 어감이 강한 용어다. 이 단어와 동족어는 하나님의 심판으로 닥치게 될 "비참함"이나 "곤고함"을 의미하는 말로 LXX에서와 신약에서 여러 번 사용된다(사 47:11; 렘 6:7; 15:8; 20:8;

에서 누가 나를 건져 내랴?" 확실히 하나님의 요구에 부응하지 못하는 것에 민감한 그리스도인은 그 실패한 사실 앞에 좌절감과 참담함을 경험하지만(8:23을 보라), 여기서 바울의 언어는 그런 패배감에 적합한 표현이라고 하기엔 그보다 강하다는 것이다.[861] 또한, 바울이 자신의 현재 감정을 묘사하고 있지 않다면, 이 절망의 외침은 고안된 것이며 "극적인" 것이라고 말하는 것도 타당하지 않다. 첫째로, 내가 앞에서 논했듯이, 바울은 최소한 어느 정도는 그 자신이 함께 나누었던 모종의 경험을 묘사하고 있다는 점이다. 둘째로, 바울은 그의 표현대로 바로 이 상황이 "육신으로 말미암은 친족"의 대부분을 특징짓는다는 것을 잘 알고 있다는 점이다. 하지만 셋째로, 우리가 인정해야 할 부분은, 이 외침이 율법 아래에 있는 유대인에게서 나오긴 하지만, 그것을 글로 나타낸 자는 과거가 얼마나 진정으로 "곤고한" 상황이었는지를 그리스도 안에서 발견한 유대인이라는 점이다. 그리고 이 기독교적 통찰력은 의심할 여지 없이 이야기에 윤색을 덧입힌다.

"이 사망의 몸"[862]에서 건져달라는 바울의 부르짖음은 그가 그리스도인으로서 육체의 부활을 갈망한다는 표현일 수도 있고(8:10),[863] 비기독교인으로서 영적인 좌절과 정죄로부터 구원을 갈망한다는 표현일 수 있다. 이 장 전체에 걸쳐서 바울이 "사망"이라는 표현의 용법과 그리고 특히 14-25절의 즉각적인 발판이 되는 13절에 비추어 볼 때, 나는 후자를 선호한다. 바울은 어떻게 **에고**(*egō*)가 율법으

51:56; 암 5:9; 미 2:4; 욜 1:15; 습 1:15; 약 5:1; 계 3:17 [?]을 보라).

861. 반대 견해로 예를 들어 Cranfield 참조.

862. 또는 "사망의 이 몸"(this body of death). τούτου가 τοῦ σώματος를 수식한다고 볼 것인지(거의 모든 영역본에서는 이렇게 수식한다. 예를 들어 Zerwick, *Biblical Greek*, §41; Cranfield를 보라), 아니면 τοῦ θανάτου를 수식한다고 볼 것인지(KJV; NASB; 그리고 예를 들어 N. Turner, *Syntax*, 214; A. Robertson, *Grammar*, 497을 보라) 결정하기란 쉽지 않다. 바울은 이 문맥에서 "사망" (10, 11, 13절)을 가리키기도 했고, 육체를 묘사하는 단어들(18절에 "육신"과 23절에 "지체")을 가리키기도 했다. 하지만 육체에 대한 언급들이 근접 문맥에만 나오기 때문에, τούτου는 σώματος에 이어지는 것이 아마 더 나을 것이다. 여격 τοῦ θανάτου는 질적인데, von Siebenthal(*Griechische Grammatik*, §162b)가 지적하듯이, 바울은 σῶμα를 주로 이런 식으로 수식하기 때문이다(롬 6:6; 빌 3:21[두 번]도 보라). 여기서 σῶμα는 "총계"(sum total)를 의미하는 것 같지는 않는다(반대 견해로 Longenecker 참조).

863. 예를 들어 Murray; Banks, "Romans 7:25a," 34-42; Dunn, "Rom. 7,14-25," 263-64 참조. 그러나 Cranfield는 그리스도인이 된 바울이 하나님의 의로운 요구들을 충족시키지 못한 자신의 실패를 한탄하며, "죄에 점령당한 상태의 인간 본성"으로부터 자신을 구원해주기를 외치고 있음을 시사한다.

로 말미암고, 율법에도 불구하고 왕노릇하는 죄의 권능으로 인해 정죄를 받게 되었는가를 밝혀왔다. 여기 7-23절의 이야기를 클라이맥스로 끌고 가는 바울의 개인적인 탄원에서 보면, 구원을 바라는 그의 상태가 이 구절들에서 그가 묘사했던 상태로, 곧 영적인 사망에 처해 정죄를 받고 지옥으로 떨어지게 되는 사람의 신분 이외에는 다른 어떤 것일 수가 없다는 것이다.[864]

25 바울은 24b절의 탄원에 대해서 즉각적인 대답으로 보충하는데, 이는 "우리 주 예수 그리스도로 말미암아 하나님께 감사하리로다"이다. 그러나 이 장은 의기양양한 어조로 끝나는 것이 아니라, 15-23절에서 쭉 묘사해오던 에고의 갈등을 최종적으로 묘사하고자 한다. 이 순서는 바울이 7:14-25에서 그리스도인의 경험을 묘사하고 있다는 견해에 찬성하는데 가장 자주 인용되는 논거 중 하나다. 이는, 구원에 대한 감사를 올린 이후에 바울이 그 사투에 대해 거듭하는 고백은, 분열된 에고가 그리스도 안에서 하나님의 역사하심으로 말미암아 임하는 구원을 알고 있는 바로 그 에고를 시사한다. 이러한 주장의 효력을 부정하지는 않겠지만, 나는 이것이 결정적이라고는 생각하지 않는다.[865] 이 대목을 어떻게 읽든 간에, 25a절은 맞이할 승리를 미리 보는 것이다. 즉, 거듭난 자라는 견해에서 보면, 8:10, 23절에서 묘사된 "죽을 몸"으로부터 최종적인 구원을 내다볼 수 있고, 거듭나지 않은 자라는 견해에서 보면, 8:2-4에서 묘사된 죄와 사망으로부터의 구원을 내다보는 것이 된다. 거듭나지 않은 자의 견해에 관하여, 그리스도인이 된 바울은 이 시점에서 감사를 표하는 감탄의 말을 삽입했다고 가정해야 한다.[866] 그리고 주변 문

---

864. 예를 들어 Godet; Wilckens; R. Gundry, "Moral Frustration," 239 참조. 우리는 만일에 그리스도인이 말하고 있었다면, 그 질문이 "누가 나를 건져내랴?"였는지 아닌지 물을 수도 있을 것이다. 그리스도인이라면, 자기 삶의 죄와 고통으로부터 최종적인 구원을 간절히 기다리면서, 구원자의 신분에 관하여 묻지는 않았을 것이다.

865. 문제를 피하는 말끔한 방법은 25b절을 해설로 보고 본문에서 제거하거나(Bultmann, "Glossen," 278-79; Käsemann; Osten-Sacken, *Römer 8*, 146; Kuss; Schmithals; Jewett; Lichtenberger, *Ich Adams*, 150-60) 아니면 문장의 순서를 재정렬하는 방법이다(23-25b-24-25a절로)(Dodd). 하지만 이 둘 중에 어느 것도 그렇게 하도록 하는 본문의 당위성이 없으며, 이러한 편법들은 실제로 본문이 말해야 하는 것이 무엇인지 우리가 생각해내야 할 때, 본문이 말해야 한다고 우리가 생각하는 것을 본문으로 말하게 하는 필사적인 시도에 지나지 않는다.

866. Stuhlmacher는 시 22편과 69편을 언급하면서, "급작스러운" 감사를 표하는 구약의 탄식들에 호소한다. 애석하게도, 이 두 시편의 어느 쪽에서도 화자가 감사의 말을 한 이후에 탄식으로 돌아가

맥에서 단수의 "나"에서 복수의 "우리"로의 인칭 전환은 그러한 감사의 탄성이 있었음을 시사하는 것일지도 모른다.[867]

"그런즉"은 바울이 15-23절에서 묘사했던 **에고**(*egō*)의 "분열상"에 대한 요약을 다시 개괄하는 것으로 25b절을 도입한다. 이 문맥에서 처음으로 바울은 "섬기는 것"이라는 측면에서 자신의 두 반응과 상황들을 대조시키지만, 다른 용어들은 바울이 이미 사용한 표현을 반영한다. 즉, "하나님의 법"(22절)을 "마음으로"(23절) 섬기는 것이 "죄의 법"(23절)을 "육신으로"[868](14b, 18절) 섬기는 것과 대조되는 것이다. 어떤 해석자들은 바울의 **아우토스 에고**(*autos egō*), "내 자신이"(I myself)[869]라는 강의적인 문구가 "나 홀로"(I of myself, RSV)라는 - 아마 성령의 도움 없이[870] - 사람이 스스로 한다는 개념을 시사한다고 생각한다. 그러나 이 문구를 다른 곳에서 사용하는 바울의 용법들은 이러한 함의를 지지하지 않는다.[871] 이 강의 대명사는 무언가를 강조하기 위해 사용되는데, 이는 에고의 다른 "부분들"과 "방향들"이 15-23절에서 묘사된 것처럼 모든 허용이 이루어졌을 때, 한 명의 사람이 남으며 그 사람이 하나님의 말씀에 대해 정신적으로 동의하면서 하나님의 말씀을 실천하지 못하는 갈등에 휩싸이게 된다는 강조가 그것이다.

내 식견으로는, 바울이 이 문단에서 그리스도인의 상황을 묘사하고 있지는 않지만, 그리스도인에게 신학적으로 적용해볼 수 있는 중요한 것들이 있다. 첫째로, 우리는 한때 하나님의 뜻을 행할 수 없어서 실패에 좌절했을 법했던 우리의 과거를 상기하므로 우리는 하나님의 구원하심에 대하여 더욱 깊어진 이해와 더욱 큰 기쁨으로 그분을 찬양할 수 있다. 둘째로, 모세의 율법 이래로 모든 법이 죄의 권

지 않는다는 점이다.

867. B. Longenecker는 그 순서를 설명하기 위해서 친절하게도 그가 "체인 링크(chain-link)"라고 이름을 붙인 수사학적 장치를 가리킨다. 이 체인 링크의 패턴은 A b a B 순서를 따르는데, 여기서 주요 주제(A)와 주제의 간략한 요약(a)은 다음 주요 주제인 (B)의 간략한 발표(b)에 의해 중단된다(*Rhetoric at the Boundaries*, 88-93).

868. σάρξ라는 단어는 여기서 다시금 도덕적인 의미보다 물질적인 것을 의미할 것이며, σάρκι와 νοΐ는 모두 수단의 여격이다.

869. αὐτός라는 단어는 이 구문에서 대명사를 강조하는 기능을 한다.

870. 예를 들어 Longenecker 참조.

871. αὐτὸς ἐγώ 조합은 신약에서 딱 세 차례, 그것도 모두 바울 서신에서 나오는데, 이는 롬 9:3; 15:14; 고후 12:13이다.

능에서 우리를 건져 낼 수 없다고 경고하는데, 일부 기독교계에서 흔히 나타나는 추세로, 규칙과 명령들의 수가 증가하는 것은 그리스도와 동행 하는 우리 삶의 격을 높이기보다는 우리를 깊은 좌절의 수렁으로 몰아넣을 것이다.

D. 성령 안에서의 영생에 대한 확신(8:1–30)

기독교 신앙의 대성전 안에 있는 지성소, 에덴동산 가운데에 있는 생명 나무, 산맥의 봉우리 중에서 최고봉 - 이와 같은 표현들은 그토록 많은 사람이 성경에서 가장 위대한 책으로 간주하는 것 가운데 가장 위대한 장(章)으로 해석자들이 8장을 극찬하는 은유 중에 일부이다.[1] 하나님 말씀의 다양함과 풍성함으로 이러한 비교 자체가 신빙성이 없는 것은 사실이지만, 로마서 8장은 단연 첫손가락에 꼽힐 만한 풍부하고도 포괄적인 묘사로 그리스도인이 되는 것이 무엇을 의미하는지 보여 준다. 이 묘사에 두드러진 것은 성령의 역사다.

로마서 8장에서 프뉴마라는 단어가 21번 나오는데, 두 번을 제외(15a절, 16b절)하고는 모두 성령을 가리킨다.[2] 이는 본 장에서 성령이 거의 두 구절에 한 번꼴로 언급된다는 것을 의미하는데, 이 장에 버금가는 고린도전서 12장에서는 성령의 언급에 대해 세 구절에 한 번을 약간 넘는 정도이다. 이처럼 성령이 뚜렷이 나타남에도 불구하고, 로마서 8장은 사실 성령에 관한 장은 아니다. 한 가지 이유로는, 성령에 대한 언급이 8장 전체에 걸쳐서 고르게 나타나지 않는 것인데, 1-17절에서는 15번 언급되지만, 18-39절에는 4번 밖에 나오지 않는 점이다. 또 다른 이유로는, 바울의 초점이 성령 자체에 있다기보다는 성령의 사역에 있다는 점에서다. 그리고 아마 이 점이 성령에 대해 배울 수 있는 최선의 방법일 것이다. 성령의 본질과, 그와 그리스도 및 성부와의 관계를 정의하는 것이 중요한 만큼, 성령은 그리스도인들을 위하시는 사역에서 가장 잘 드러나기 때문이다. 성령이 믿는 자들에게 주시는 축복과 특권들이 바로 이 장의 주제가 된다. 톰 라이트(N.T. Wright)는 성령을 누군가의 세계관에 비추어 바울 신학을 다음과 같이 유용하게 비교했다: "당신이 무언가를 보는 것이 아니라, 무언가를 통해 보는 것이다. 그 정신은 바울과 동시대인들에게 '교리'나 '도그마'에 대해 논하는 것이 아니라, 다른 모든 것을

1. 이 비교들 가운데 두 번째 것은 청교도 신학자인 Thomas Draxe가 한 것이라고 한다.(Haller, *Rise of Puritanism*, 87를 보라).

2. 많은 해석자는 10b절의 πνεῦμα가 성령을 가리킨다는 것을 부정하지만, 나는 아래에서 그렇지 않다는 것을 주장할 것이다.

토론할 수 있는 위치에 있게 하는 생명의 숨결이었다."[3]

우리가 이 축복들을 한 단어로 요약한다면, 그 단어는 확신일 것이다. "정죄함이 없다"로 시작하여(1절) "끊을 수 없으리라"로 끝마칠 때까지(39절)(Godet), 바울은 그리스도인들에게 그들과 하나님과의 관계가 안전하고 확실하다는 확신을 주는 데 합력하는 선물과 은혜들을 회고한다. 이 장에서 뚜렷하게 단절된 곳은 없지만,[4] 네 가지 주요한 단원이 등장한다.

(1) 1-13절에서 키워드는 생명이다. "생명의 성령"(2절)은 믿는 자를 형벌에서부터 해방하고(칭의), 죄의 권능에서도 해방함(성화)으로- 현재에도 생명을 주고 - 죽을 몸을 죽은 자들 가운데서 살리심으로 - 미래에도 생명을 준다. 그러나 이 생명은 믿는 자가 성령의 점진적인 사역인 "육신의 고난"(12-13절)인 적극적으로 동참하지 않고는 획득될 수 없다.

(2) 성령은 "양자의 영"으로, 하나님 자신이 끔찍이 사랑하시는 자녀의 지위를 우리에게 부여하시고, 동시에 우리로 그 신분을 알게 하신다(14-17절).

(3) 둘째 단원의 마지막 절에서 바울은 8장의 마지막 부분을 차지하는 소망의 주제로 넘어간다. 하나님의 자녀 됨의 사실은 하나님의 후사임을 의미한다(17절) - 그리고 후사이면 약속된 것이 온전히 이루어지기를 기다려야 한다. 이로써 신자는 하나님 나라와 사단의 나라 사이에서 벌어지는 이 전쟁의 시대 가운데 고통을 겪으며 신음한다 - 그러나 이들의 신음은 소망 없는 자들에게서 나오는 절망의 부르짖음이 아니다. 오히려 그것은 소망 안에 구원받은 자들에게 약속된 영광을 애타게 기다리는 갈망에서 흘러나오는 소리이다(18-30절).

(4) 바울은 위로가 되는 기대를 31-39절에서 자축하는데, 이는 1-30절에 나오는 그리스도인의 특권에 대한 설명을 생략하고 적용하므로 오는 승리의 찬가이자, 5-8장에서 일반적으로 해설되는 것을 결론으로 이끄는 찬가이기도 하다.

성도의 새로운 삶과 희망을 그려낸 이 묘사가 로마서의 앞부분과 어떻게 연관되는가? 이 장의 첫머리에 나오는 "그러므로"가 바울이 내리는 결론임을 가리킨다. 바로 이어지는 것이 "이제 그리스도 예수 안에 있는 자에게는 결코 정죄함이

---

3. *Paul and The Faithfulness of God*, 2.710.
4. 이 부분은 가령 Osten-Sacken, *Römer 8*, 132에서 거듭 강조되고 있다.

없다"(1절)는 선언이다. 이 말은 로마서 5:12-21과 연결고리를 이룬다. "정죄"[5]라는 단어는 신약에서 5:16과 18절에서만 나오고, "그리스도 예수 안에서"라는 구문은 그 문단 안에서 발전한 신자와 그리스도와의 관계를 간결하게 요약하고 있다. 이러한 평행구만 있는 것은 아니다. 5:12-21과 8:1-13에서 바울은 그리스도 안에서 삶의 현실과 최후를 신자에게 확신시키고, 어떻게 그리스도 안에 있는 생명이 의의 산물인지를 보여주고 있다(참조, 5:17, 18, 21; 8:10).[6] 그러므로 8:1-13이나 8:1-17이 5:12-21을 재진술하고 부연한다고 생각하는 것이 정당할 것이다. 이러한 재진술은 6장과 7장에서 바울을 사로잡았던 죄의 위협과 율법에서 특히 중시되며(2절의 "죄와 사망의 법"을 참조하라), 앞서 살펴보았듯이, 성령의 사역에 새로운 초점을 두고 있다. 로마서 8장의 두 번째 부분이 5:1-11과 밀접하게 연관되어 있기에(5:1-11절의 도입부를 보라), 그 결과는 8:1-17이 5:12-21을 선택한 것처럼, 8:18-39이 5:1-11을 선택하는 고리 구조이다.[7]

이 구도는 바울의 논의에 주류적인 흐름이 되지만, 전체를 말하고 있지는 않다. 로마서 8장과 편지의 나머지 사이에 간과해서는 안 될 다른 연결점들이 있다. 그러나 로마서에서 나중에 전개될 주제들을 살짝 언급하는 바울의 습관에 비추어보면, 7:6b에 "영의 새로움"에 관한 언급은 8장에서 성령을 집중적으로 조명할 것을 예상하여 준비하게 하는 것으로 보인다.[8] 또한, 8:2-4이 7:7-25에서 본 **에고**(*egō*)의 딜레마에 대한 해결책을 약술하는 방식을 무시할 수 없다. 성령께서 중보(仲保)하시는 그리스도 안에서의 하나님의 역사는 바로 율법이 육신으로 말미암아 연약해져서 할 수 없는 그것을(3a절) 극복하는 것이며, 신자를 "죄와 사망의 법"(2절)에서 해방하는 것이다. 무시할 수는 없지만, 7:6b이나 7:7-25 모두는 8장을 향한 주된 도약으로는 볼 수는 없다. 양쪽 모두 바울이 그리스도인의 확신과 종말론적 승리의 주제를 되풀이하는 가운데 취하는 보조적인 연결점이다. 더 나아가, 지금까지 로마서 8장은, 어떠한 방식에서, 본 서신서의 전체적인 논의를 요약하고 절

5. κατάκριμα.
6. 예를 들어 Fitzmyer; Osten-Sacken, *Romer 8*, 175; Myers, "Chiastic Inversion," 42-3을 보라.
7. 5-8장의 서문에 나오는 논의와 개요를 보라.
8. 예를 들어 Godet, 294; Cranfield, 1.372; Fitzmyer, 481과 다른 저서들을 보라. 바울은 5:5에서 부은 바 된 성령을 다시 가리키는 것일 수도 있다(L. Johnson, 125).

정으로 이끌었지만,[9] 한편으로 내가 약술한 로마서 5장과의 특정한 연결점들도 무시될 수 없다. 언덕 아래로 굴러가는 눈덩이처럼, 로마서 8장은 편지의 앞에 나온 주제들을 꺼내 들어서, 그리스도 안에 있는 종말론적인 삶에 대한 확신을 재차 강조하며 부연하고 있다.

1. 생명의 성령 (8:1–13)

1 그러므로 이제 그리스도 예수 안에 있는 자
에게는 결코 정죄함이 없나니[10]
2 이는 생명의 성령의 법이 그리스도 예수로
말미암아 죄와 사망의 법에서 너를[11] 해방
하였음이라
3 율법이 육신으로 말미암아 연약해져서 할
수 없는 일을 하나님은 하셨나니 곧 자기
아들을 죄 있는 육신의 모양으로 죄와 관
련해서 보내어 육신에서 죄를 정죄하사
4 육신을 좇지 않고 그 영을 좇아 행하는 우
리에게 율법의 정당한 요구를 이루어지게
하려 하셨음이니라
5 육신을 좇는 자는 육신의 일을, 영을 좇는
자는 영의 일을 생각하나니
6 육신의 마음은 사망이요 영의 마음은 생명
과 평안이니라
7 육신의 마음은 하나님과 원수가 되나니 이
는 하나님의 법에 굴복치 아니할 뿐 아니
라 할 수도 없음이라
8 육신에 있는 자들은 하나님을 기쁘시게 할
수 없느니라
9 그러나 만일 너희 속에 하나님의 영이 거
하시면 너희가 육신에 있지 아니하고 영에
있느니라 그리고 누구든지 그리스도의 영
이 없으면 그리스도의 사람이 아니라
10 그러나 그리스도께서 너희 안에 계시면
몸은 죄로 인하여 죽은 것이나 영은 의를
인하여 산 것이니라
11 그리고 예수를 죽은 자 가운데서 살리신
이의 영이 너희 안에 거하시면 그리스도
예수를 죽은 자 가운데서 살리신 이가 너
희 안에 거하시는 그의 영으로[12] 말미암아
너희 죽을 몸도 살리시리라
12 그러므로 형제들아 우리가 빚진 자로되
육신에게 빚을 져 육신대로 살 것이 아니
니라
13 너희가 육신대로 살면 죽을 것이기 때문
이니라 그러나 너희가 영으로써 몸의 행실
을 죽이면 너희가 살리라

9. 예를 들어 Hodge, 248-49를 보라.

10. KJV역에서는 "Christ Jesus" 다음에 "who walk not after the flesh, but after the Spirit"를 더하는데, 이것은 다수파 텍스트에서 발견되는 이문과 그 밖의 몇몇 사본들을 반영한다(א의 2차[비잔틴] 교정본과 서방 사본 D의 2차 교정본이 있고, 2차 알렉산드리아 사본 33이 [아마] 여기에 속할 것이다. 그밖에 다른 몇몇 사본 [알렌산드리아 사본 A, 서방 사본 D의 1차 교정본,Ψ])에는 "who do not walk after the flesh"에 해당하는 그리스어만이 첨가되어 있다). 이 단어들은 로마서를 필사 과정 중 어느 시점에 4절에 동화되었다.

로마서 8장의 첫 단락에서 바울은 5:12-21의 승리의 결론, 즉 "그리스도 안"에 있는 자들에게는 아담 안에서 모든 사람의 운명이었던 정죄와 사망이 영생으로 대체되었음을 다시금 천명한다. 그러나 신자에게 생명의 확신이 있다는 이 주장은 바울이 6-7장에서 주장해온 자료들을 모형 삼아 새로운 모양을 취하고 있다. 바울이 7:6b에서 "영의 새로운 것으로 섬길 것이요"라는 언급으로 넌지시 돌아가면서, 영이 주도적인 역할을 한다. 그리고 이 절들에서 영과 대립하는 "권세들"(powers)은 앞선 두 장에서 묘사된 옛 시대의 "권위들"(authorities)이다. 영은 육신의 권세와 적대세력을 대항하여 승리하고(5b-9절; 7:5, 14, 18, 25절 참조), 신자를 "영적으로"나 "육적으로"나 죄와 사망에 사로잡힌 상태로부터 구원하여(2절 죄에 대해서 3절과 6장을 보고; 사망에 대해서는 6, 10-11, 13절과 6:12, 13, 16, 21, 23; 7:5, 9-11, 13, 24절 참조), 율법이 스스로 할 수 없었던 것을 이루고(3a절; 7:7-25절 참조), 율법의 요구가 처음으로 "성취될" 수 있게 한다. 이처럼 바울은 6장과 7장에서 뽑아낸 다양한 실을 엮어서 신자가 그리스도 안에서 지니는 영생의 확신에 대해 새로운 논증으로 이어간다.

대부분 주석자들은 11절까지 바울의 주요한 논증의 흐름으로 한 단락을 짓는

---

11. 여기서 σε("너를")로 읽거나 με("나를")로 읽거나 독법을 선택하기가 어렵다. 두 단어를 지지하는 외적 자료를 보면 거의 절반으로 나뉜다. σε를 뒷받침하는 초기 알렉산드리아 증거 사본인 א와 B를 합한 것이(F, G와 1739에도 유의하라), με로 보는 2차 알렉산드리아 사본 A와 서방 사본 D 그리고 다수 사본을 합한 것보다 비중이 클 것이다(Ψ를 포함한 몇몇 사본은 ὑμᾶς로 읽는다). 내적 증거를 보면, 본래 σε로 되어있던 것이 7:7-25의 일인칭 단수의 영향으로 με로 바뀌었거나, ἠλευθέρωσεν 뒤에서 중자(重字)가 누락 되었다가 με로 대체되었다고 볼 수가 있다. 반대로 본래 με로 되어있던 것이 ἠλευθέρωσεν 뒤에서 중복 오사(誤寫)의 결과 σε로 바뀐 것이라고 볼 수도 있다. UBS[2]는 με로 읽지만, UBS[5]와 NA[28]는 σε로 읽는다. 그러나 א와 B가 서로 강하게 뒷받침하고, 로마서 7장의 영향력을 감안할 때 저울추는 σε쪽으로 크게 기울어진다(예를 들어 Kuss; Cranfield; Longenecker; Tobin, *Paul's Rhetoric*, 226; Fee, *God's Empowering Presence*, 519 n. 134가 이같이 보고, 반대 견해로는 Godet; Gifford; Meyer[Barrett은 목적어를 아예 생략하자고 하는 오리게네스의 견해를 따를 것을 제안한다]).

12. KJV역에서는 "Christ Jesus" 다음에 "who walk not after the flesh, but after the Spirit"를 더하는데, 이것은 다수파 텍스트에서 발견되는 이문과 그 밖의 몇몇 사본들을 반영한다(א의 2차[비잔틴] 교정본과 서방 사본 D의 2차 교정본이 있고, 2차 알렉산드리아 사본 33이 [아마] 여기에 속할 것이다. 그밖에 다른 몇몇 사본 [알렌산드리아 사본 A, 서방 사본 D의 1차 교정본,Ψ])에는 "who do not walk after the flesh"에 해당하는 그리스어만이 첨가되어 있다). 이 단어들은 로마서를 필사 과정 중 어느 시점에 4절에 동화되었다.

다.[13] 그러나 단락 짓기는 13절까지 하는 것이 낫다.[14] 4b-9a절까지 중심을 이루는 "육신"과 "영"의 대조가 12절부터 13절까지 응용과 권유의 문제가 되므로, 뒤에 절들은 똑같은 기초 자료 뭉치의 일부로 간주하여야 한다. 이에 더해서, 1절부터 11절까지의 중심 주제는 13절까지 줄곧 이어진다. 이 주제는 "생명"이다. 이 단락의 첫 부분에 등장하는 "정죄함이 없나니"는 신자가 죽음에서 생명으로 옮겨지는 현실성에 기초한다. 2절에서 4절은 이러한 변혁이 그리스도의 십자가를 통해 얻게 되는 유익들을 신자에게 적용함으로써, 율법의 정당한 요구를 완성하시는 "생명의 성령"에게서 흘러나온다. 5절에서 9절은 육신이 필연적으로 하나님을 대적하고, 모든 사람으로 하나님과 그의 법에 반역하는 자로 만들어 사망을 열매로 거두는 결과에 이르게 됨을 가르친다. 이것이 왜 "영 안에 있는 것"(9절)과 "영을 따라 행하는 것"(4b절)으로만 생명과 평안을 얻을 수 있는지를 설명해 준다. 그리고 성령이 주시는 생명은 결코 무덤에서 끝나지 않는데, 이는 신자의 몸을 육체의 죽음으로부터 끌어올리실 것을 성령의 임재가 보증하기 때문이다(10-11절). 12절과 13절은 그리스도 안에 주어진 이 생명의 선언을 끝마치며, 하나님이 주신 영생의 선물은 오직 거룩함의 진행 가운데 이 영원한 생명이 주어지는 상호보완적인 진리가 취소되지 않음을 우리에게 상기시킨다.

1 "그러므로, 이제"[15]라는 두 단어의 결합은 강조의 표시로, 하나의 중요한 결론이 이어질 것을 암시한다. 앞서 보았듯이, 이 절들은 6-7장에서 다양한 주제들을 취하여 그리스도께서 그에게 속한 모든 자에게 영생을 확증하셨다는 5:12-21의 확실한 메시지를 되풀이한다. 여기서 "이제"는 그리스도의 죽음과 부활로 구원 역사의 새 시대가 개시될 것을 암시한다(3:21; 5:9; 6:19, 22; 7:6도 보라). "그리스도 예수 안에 있는 자에게는," 이 시대가 "정죄함이 없나니"라는 경이로운 선언으로 특징지어진다. 많은 해석자들은 바울이 그리스도 안에 있는 새 생명에 초점을 맞추고 있음에 주목하여(5-13절), "결코 정죄함이 없나니"의 구절을 죄의 권능을 모

13. 참조, Godet, 295; Käsemann, 212; Cranfield, 1.372; Dunn, 1.414-15; Schreiner, 395.

14. 예를 들어 Wilckens, 2.120; Fitzmyer, 480; Byrne, "Living Out," 580을 보라.

15. ἄρα νῦν.

든 면에서 부수는 것을 포함한다고 생각한다.[16] 물론, 우리는 죄의 권능이 무너뜨리는 것을 죄의 형벌을 제거하는 것과 분리시키지 않는 것이 중요하다. 그러나 "정죄"라는 단어가 풍기는 법정적 분위기는 바울이 여기서 생각하고 있는 죄의 대가인 형벌로부터 신자의 구원만을 암시한다는 것이다.[17] "사망"이라는 평행적인 용어처럼(5:16과 17; 5:18과 21; 8:1과 6을 보라), 정죄는 누구나 영원히 겪게 될 그리스도에게서 떨어져 하나님과 관계가 소원해진 자라면 누구든지 앞으로 영원히 겪게 되는 "잃어버림"의 상태를 지칭한다. "그리스도 예수 안에 있는" 이런 상태에서 제외되는데, "결코 없다"[18]는 강조점이 지시하듯 이런 상태에서 제외된다. 그 어떤 종류의 정죄도 더이상 위협이 되지 못한다(8:34을 보라). "그리스도 안에" 자에게 어떻게 이런 일이 일어날 수 있는가? 그리스도께서 "우리를 대신하여" 죽으신 것의 혜택을 그리스도 안에 있는 자가 경험하기 때문이고, "그가 우리를 대신하여 정죄 받는 자리에 계셨으며, 우리는 모든 정죄가 무력해진, 그 안에 있기 때문이다"(고후 5:21을 보라).[19] 바울은 "우리를 대신하여"의 법정적 용어와 "참여하는 자"가 "저의 안에서"의 용어와 완전한 조화로 결합 된다.

2 "이는"(for)(그리스어. 가르[*gar*])이 가리키는 것은 1절에서 선언한 "그리스도 안에는 정죄함이 없나니"의 근거이다. 성령을 통하여 해방이 찾아왔고, 이 해방은 그리스도 안에 있는 사람이 정죄함에서 영원히 구원받는 근거가 된다. 이 해방을 묘사할 때, 바울은 상황의 양 측면의 특성을 말하기 위해 노모스(*nomos*)라는 단어를 사용한다. 즉, "생명의 성령의 노모스가, 그리스도 예수로 말미암아,[20] 죄와 사

---

16. 참조, Godet; Schreiner.

17. 예를 들어 R. Gundry, "Grace, Works," 31-32를 보라. Murray는 이 단어가 제한적으로 법정적 의미를 갖는다는 것에 반론을 제기하는데, 이는 칭의(1절)가 성화(2절)에 의존한다는 신학적으로 부정확한 가르침을 그 의미가 만들어 낼 것이라는 생각에서 그러하다. 그러나 내가 아래에서 논하겠지만 2절은 성화 이상의 것을 포함한다. κατάκριμα라는 단어는 흔히 판결 자체보다 판결에 따르는 형벌 - 재판관의 선언보다 벌금형, 투옥이나, 처형 - 을 가리킨다(BAGD ; MM; Bruce). 그러나 바울은 이 단어를 그렇게 제한적으로 쓰지 않는데, 5:16과 18절에서 κατάκριμα는 아담의 불순종으로 형벌을 받는 결과들을 종합한 칭의의 반명제이기 때문이다.

18. οὐδέν, "not one."

19. Loane, *Hope of Glory*, 15.

20. ἐν Χριστῷ Ἰησοῦ의 구문은 τῆς ζωῆς("그리스도 예수 안에 있는 생명"; Zahn; Michel; Lagrange; Feuillet, "Loi de Dieu," 57-58을 보라)와 조합될 수도 있고, ὁ νόμος("그리스도 예수 안에 있

망의 노모스에서 너를 해방하였음이라." 그는 왜 그렇게 하는가?

(1) 이 절의 양쪽 부분 모두에서 노모스가 모세의 법을 지시한다고 볼 수 있다. 그렇다면 바울은 모세의 법이 이중적 역할을 한다고 말하는 셈이다. "육신"의 문맥에서 모세의 법은 일련의 요구 외에는 아무것도 아닌 것으로 오인된다. 이와 같이 율법은 죄의 도구가 되어 사망에 이르게 한다(7:5, 7-13). 그러나 "성령"의 문맥에서, 율법은 그 모든 충만하고 참된 본질에서 - 약속으로서, 그리고 믿음을 요구하는 것으로 - 경험된다. 그렇다면 그것은 생명에 이르게 하는 의의 도구가 될 수 있다(7:10-그 계명은 "생명으로 이르도록 의도되었다"). 이 해석을 지지하는 것으로 (a)바울이 노모스를 사용할 때 의심의 여지 없이 선호하는 모세의 법을 지시한다는 점과 (b)율법에 대한 이러한 이중적 이해는, 주장한 바에 의하면 바로 앞 문단에서 제시되어 있다는 사실이다(7:22-23, 25b절을 보라). 그래서 이러한 관점에서, 바울은 성령이 처음으로 하나님의 법을 적절한 초점과 맥락에 두고, 그로 인해 죄인을 협소하고 치명적인 법의 오용으로부터 해방시킬 수 있다고 가르친다.[21]

(2) 이 절의 양쪽 부분 모두에서 노모스가 비유적인 의미로 쓰여서, 죄와 사망의 "원리"나 "권위" 또는 "권세"가 성령의 "원리"나 "권위"와 대조되는 것으로 불 수 있다.[22] 앞서 살펴보았듯이(3:27의 각주를 보라), 노모스는 "구속력 있는 권위"나 "권세"를 의미할 수 있고, 이 번역은 어휘적으로 허용될만하다. 그리고 이 해석이 첫 번째 해석보다 확실히 더 낫다.

노모스의 첫 번째 등장은 적어도 모세의 법을 가리킬 수 없다. 바로 다음 문맥

는 법"; 참조, Godget)와 조합될 수도 있으며, 전체 구(Kuss; Haacker)와 조합될 수도 있다. 그러나 이 구문을 동사에 연결하고 전치사에 수단의 의미를 부여하는 것이 가장 합리적이다(S-H; Cranfield; A. Robertson, *Grammar*, 784; Wedderburn, "Some Observations," 89; Fee, *God's Empowering Presence*, 523-24을 보라).

21. Barth, Shorter; Wilckens; Dunn; Schreiner; Jewett; Wright; Schnabel; Lohse; idem(같은 책), "ὁ νόμος τοῦ πνεύματος," 279-87; Byrne, "*Sons of God*," 92 n. 47; Osten-Sacken, "Befreiung durch das Gesetz," 349-55; Reinmuth, *Geist und Gesetz*, 68-69; Jüngel, *Paulus und Jesus*, 54-55; Reicke, "Paulus über das Gesetz," 256; Snodgrass, "Spheres of Influence," 99; Schnabel, *Law and Wisdom*, 288.

22. 이는 다수 주석자의 견해로: 예를 들어 Chrysostom; Melanchthon; Godet; Cranfield; Fitzmyer; Byrne; Longenecker와 특히 Keck, "Law,'" 41-57를 참고하라; 예를 들어 van Dülmen, *Theologie des Gesetzes*, 120; Deidun, *New Covenant Morality*, 194-202; Räisänen, "Gesetz des Glaubens," 113-16; Winger, *By What Law?* 195; Fee, *God's Empowering Presence*, 523-24.

은 2절이 설명하는 것을 율법이 수행할 수 없음을 강조한다. "율법이 할 수 없는 것"(3절)을 성취하신 그의 아들을 통해 행하신 분은 하나님이셨다. 2절에서 모세의 법을 해방시키는 동인으로 만드는 것은 2절을 3절과 상반되게 만드는 일이다. 그러나 더욱 중요한 것은 율법에 이런 종류의 역할이 부여되는 것은 자주 반복되는 하나의 중심적인 교리인 바울의 신학과 상충하리라는 것이다. 바울의 모든 서신에서와, 로마서에서도 적지 않게, 그는 모세의 법을 성령과 의와 생명에 반대편에 있는 것으로 묘사한다. 하나님의 의는 "율법 외에" 나타났으며(3:21; 갈 2:15-3:14를 보라); 언약은 율법이 아니라 오직 믿음을 통해서 얻을 수 있다(4:12-15; 갈 3:15-18을 보라); 신자는 그리스도와의 연합을 통하여 하나님께서 기뻐하시는 열매를 맺기 위해서는 율법으로부터 "벗어나야" 한다(7:4-6; 갈 2:19-20을 보라). 확실히 하기 위해, 바울은 율법이 하나님의 율법이자 총체적인 구원의 계획안에서 선한 목적으로 주어졌음을 확언한다(7:7-13; 갈 3;19-4:5를 보라). 그러나 이러한 목적은 율법의 오용과 오인에서 신자를 해방시키는 것도 아니요, 죄와 사망의 권세로부터 신자를 해방시키는 것도 아니다. 3절에서 명료하게 드러난 바울의 패턴은 분명하다. 즉, 율법의 무능함은 법에 대한 새로운 권한을 부여함으로 충족되는 것이 아니라, 예수 그리스도 안에서 하나님의 은혜로운 활동으로 되었다.[23] 이를 크리소스토모스가 다음과 같이 표현했다. "저것[모세의 법]은 단지 성령에 의해 주어졌지만, 이것[성령의 법]은 심지어 그것을 받은 자들로 성령을 더욱 충만하게 한다." 지금까지 소유격의 적합한 사용이 어떻게 해석되든, 그 개념을 어떻게 풀어쓰건 간에, 노모스가 같은 노모스에서 신자를 해방시킨다는 부조리만 더해질 뿐이다. 그렇다고 문맥에 호소하는 것도 도움이 되지 않는다. 내가 주장했듯이, 바울이 7:21-25에서 모세의 법의 이중적 역할을 언급할 것으로 보이지도 않는다.

그러므로 "성령의 노모스"는 모세의 법을 지시하지 않는다. 다만, "마음에 기록된 법"을 암시하는 것일 수도 있는데(렘 31:31-34를 보라), 평행 구절인 에스겔

23. 이러한 점들에 관해서는, 특히 Räisänen, "'Das Gesetz des Glaubens,'" 113-16을 보라. 이 문제는 Moule, "Justification," 177-201에서 철저하게 논의되었다. Moule은 한때 이 첫 번째 νόμος가 모세의 법을 의미한다는 생각을 품었는데("'Justification,'" 177-87), 이후에는 이 해석을 거부했다("Jess, Judaism, and Paul," 48).

36:24-32에서는 새 언약의 "법"은 "영"과 매우 밀접한 관계가 있다.[24] 그러나 예레미야서에서 나오는 "법"은 내면화된 모세의 법이 아니라는 점은 분명하지 않지만, 어떤 경우에도 새로운 시대에 해방하는 권세가 되지는 못한다. 또한 이것은 "성령의 법"이 모세의 법을 대신하는 새로운 기독교의 윤리적 표준이 되는(일부는 "그리스도의 법"으로 해석한다[갈 6:2]) 어떠한 개념도 배제한다. 여기서 바울이 쓰는 노모스는 그가 평상시에 사용하는 노모스에 수사적으로 의존하고 있을지는 모르지만,[25] 바울은 성령이 모세의 법으로 대체가능 하거나, 그 법처럼 기능하는 관념으로의 성령을 암시하기 위해 이 용어를 사용한 것이 아니다. 다른 사람들은 노모스를 성령이 저자인 새로운 "규범"을 말하는 복음이라고 생각한다.[26] 가능한 이야기일지 모르지만, 바울이 노모스를 율법이 아닌 것으로 사용하는 다른 본문이나(3:27; 9:31-32), 특별히 바로 앞의 문맥(7:21-25)에서 가리키는 것은, 오히려 "권세"나 "구속력 있는 권위"를 의미하는 노모스이며, 이어지는 소유격이 그 권위나 권세를 명시하고 있다는 점이다. 바울은 그가 늘 모세의 율법에 관한 문맥에서만 이러한 의미로 노모스를 사용한다. 이는 단어 사용의 의도성이 있음을 암시하면서, 바울은 함축적으로 모세의 율법을 다른 "법" - 생명을 주시는 성령의 '법' - 과 대조시킨다는 점이다.[27] 그렇기에 이 상황에서 행위자는 성령이시다. 이는 권세와 권위로 믿는 자에게 찾아오시고, 옛 시대의 권세와 그 권세로 인해 갇혀있었던 모든 자의 운명인 정죄로부터 해방을 가져다주시는 하나님의 영이다.

더 어려운 것은 이 절에서 두 번째 노모스가 모세의 율법을 지칭하는지 아니면 이 또한 "구속력 있는 권위"나 "권세"를 의미하는 것인지를 결정하는 것이다. 전자를 지지하는 것으로, 3절의 노모스는 모세의 율법을 지칭하고 있고; 7:7-25에서 보이는 논의는 어떠한 의미에서 분명히 "죄와 사망의 법"으로 묘사하는 것을 옹호할 것이다(고전 15:56도 보라). 비록 하나님께서 주셨지만, 모세의 율법은 죄인

24. 특히 Lyonnet, *Etapes*, 163-66; Feuillet, "Loi de Dieu," 58-1. The view of Gese("Law," 68-90) and Stuhlmacher(참조, "Law as a Topic," 126-7)을 보면, 이곳에 언급되는 종말론적인 "시온"의 토라에 관한 내용이 비슷하다.

25. Fitzmyer, "Paul and the Law," 187.

26. Bengel; Hodge.

27. 예를 들어 Fee, *God's Empowering Presence*, 523-24을 보라. 우리는 τοῦπνεύματος를 부연하는 소유격으로, 그리고 τῆς ζωῆς를 목적격적 속격으로 보고 있다(참조, Cranfield).

들에게 왔고, 이로써 율법은 이들에게 죄와 사망의 도구가 된다.[28] 이 해석이 문맥에도 맞고 바울의 신학에도 부합하지만, 그래도 이 두 번째 노모스 또한 "구속력 있는 권위" 또는"권세"로 해석하는 방향으로 저울추가 약간 기울어지는 또 하나의 요인이 있다. 이 요인은 거의 같은 구문인 "죄의 노모스"로 7:23에서 나타나는데, 모세의 율법(22절)과 구별되는 "다른 법"으로 불리기 때문에, 죄의 "권세" 또는 "권위"의 의미가 있다는 명백한 사실이다. 이와 비슷한 구문들이 같은 것을 의미하는 것은 7:23과 8:2 간의 유형적 관계에 의해서도 시사되지만, 8:2의 "해방"이 7:23의 "사로잡음"에 대응한다는 사실 또한 간과하기 어렵다.[29] 그렇다면 이제 우리는 이 두 번째 구문을 "사망에 이르게 하는 죄의 구속력 있는 권위"로 의역해볼 수도 있다.[30] 그렇다면 이 절에서 실제적인 대조는 한편에서는 "영"이 되고, 다른 한편에서는 "죄와 사망"이 된다. 죄와 사망이 옛 시대를 지배했던 권세들인 것처럼(6-7장을 보라), 성령께서 수여하신 성령과 종말론적인 생명은 새 시대를 지배하는 권세들이다.[31]

그러나 바울이 여기서 묘사하는 해방의 성질은 무엇인가? 앞서 내가 주장했던 1절이 칭의와 관련이 있듯이, 2절의 해방도 역시 신자가 죄의 형벌로부터 해방되는 것에 한정될지도 모른다.[32] 그러나 다른 이들은, 칭의를 배제하지 않으면서, 2절이 성화에 보다 초점을 두고 있다고 생각하는데, 이는 죄의 권능을 통제하는

---

28. Haldane; Hodge; Barrett.

29. 예를 들어 Deidun, *New Covenant Morality*, 201을 보라.

30. 그렇다면 소유격 *τῆς ἁμαρτίας*는 *τοῦ πνεύματος*와 같이 부연의 소유격일 것이다. *τοῦ θανάτου*는 *ἀπό*에 의존하는 것으로 - "죽음과 죄의 법으로부터"(Stuart) - 생각해볼 수 있다. 구문론적으로 볼 때, 문제는 연계하는 소유격 구문에서 첫 번째 소유격이, 보다 앞에 나오는 소유격에 의존할 때에, 그 구문의 두 번째 소유격 또한 첫 번째와 마찬가지로 그 앞에 나오는 소유격에 종속되는지, 아니면 그 앞에 나오는 소유격과 병행하는지의 문제다. 신약성경 안에는 이와 같은 26개의 비슷한 구문론적 구조가 있다(마 16:6, 11, 12; 눅 3:1, 2; 5:17; 6:17; 21:25; 요 1:44; 11:1; 행 3;12; 6:9; 11:30; 12:11; 롬 2:4; 고후 6:7; 7:1; 딤전 4:5; 딛 2:13; 3:5; 히 4:12; 9:12; 벧전 1:23; 3:3; 벧후 3:2; 계 22:1). 이 가운데 21개 구절은 두 번째 소유격이 확실히 앞서 나오는 소유격에 의존하는데, 로마서 8:2의 모든 소유격에 관사가 붙은 것 처럼, 소유격 4개 중에 3개의 경우가 그러하다. 이는 *τοῦ θανάτου*가 *ἀπό*보다는 *νόμου*에 의존할 가능성이 더 크다는 것이다. 이 경우에 *τοῦ θανάτου*는 예를 들어 6:23에 비추어 볼 때 목적격으로 사용되어 아마도 "사망에 이르게 하는 죄가 행사하는 권세"일 수 있다.

31. Beker(*Paul the Apostle*, 256-57)는 바울은 권력 구조의 변화라는 개념을 담은 "해방 상징"을 사용한다고 지적한다.

32. 참조, Haldane.

"죄의 법"이 "내면적인 것"이라는 주장 때문이다.[33] 이로써 어떤 사람은 정죄에서 해방된 신자가 그리스도를 경험할 때 죄로부터 영구적인 해방에 의존한다는 결론에 도달하기도 한다.[34] 그러나 여기서 말하는 것은 "죄의 법"으로부터가 아니라, "죄와 사망의 법"으로부터의 해방을 말한다. 따라서 이 확장된 문구는, 바울이 6장과 7장에서 묘사한 죄의 권능으로 인해 속수무책으로 정죄와 사망에 이르게 될 죄인의 총체적 상황을 요약하기 위해, 의도적으로 선별된 것으로 보인다.[35] 이러한 경우에, 우리는 2절의 적용을 "칭의" 또는 "성화"로 제한할 수 없다. 사실, 바울의 논점에서 이 용어들을 도입하는 것은 이 시점에서는 문제를 불필요하게 복잡하게 만드는 것일지도 모른다. 정죄(=사망)가 누군가에게는 어쩔 수 없는 운명으로 죄의 지배 영역 가운데 있어도, 오직 "그리스도 안에서" 우리는 성령에 의해 해방되었기 때문에, "결코 정죄함이 없나니"가 "그리스도 안에" 있는 모든 사람에게는 그 위로 힘차게 휘날리는 승리의 깃발인 것이다(1절), 2절에서 직접 말씀하는 것은 칭의나 성화에 관한 것이 아니라, 이 두 가지의 전제가 되는 "영역의 이동"이다. 이로써, 죄와 사망의 옛 영역으로부터 해방을 이끄는 주요한 동인으로 성령을 소개함으로 인해 5장에서 7장의 논의를 상당히 진척시킨다는 점이다.

3 그렇다 하더라도, 2절과 1절에서 "그리스도 예수 안에 있는"이라는 말씀이 이미 가리키듯, 성령의 해방하시는 역사는 오직 그리스도 안에서 조성된 상황 가운데서만 일어난다. 3절이 이 점을 분명히 하고 있는데, 성령이 신자를 죄와 사망으로부터 해방할 수 있는 것은 오직 그리스도와 십자가 안에서 하나님이 죄를 이미 "정죄하셨기" 때문이라고 밝히고 있다. 오직 그리스도 안에서 죄가 "정죄되었기"(1절) 때문에, 신자는 더 이상 "정죄받지"않는 것이다. "율법이 육신으로 말미암아 연약하여서 할 수 없는 그것을[36] 하나님은 하시나니 곧 죄로 말미암아 자기 아들을 죄 있는 육신의 모양으로 보내어 육신에 죄를 정하셨다."[37]

33. Calvin과 Murray를 참조하라.

34. 예를 들어 Yinger, Paul, Judaism, and Judgment, 193-94, 201을 보라.

35. Fitzmyer, "Paul and the Law," 193.

36. τὸἀδύνατον τοῦνόμου.

37. 이 절의 구조는 구문론상 불분명한데 특히, 첫 구절인 τὸ... ἀδύνατον τοῦνόμουἐν ᾧἠσθένει

노모스는 이제 확실한 모세의 율법으로, 이 어절은 바울이 로마서에서 이 법에 관하여 말하는 가장 중요한 요지로 간략히 진술하고 있다. 즉, 율법이 죄와 사망의 영역에서 사람들을 건져낼 수 없음을 증명한 것이다(3:19; 3:28; 4:12-15; 7:7-25). 그러나 이를 율법의 책임으로 전가해서는 안 된다. 그 이유는 7:14b을("나는 육신에 속하여") 반영하는 문구에서, 바울이 우리에게 상기시키는 것은 율법이 실패한 것이 오로지, "율법이 육신으로 말미암아 연약해져서"라고 하기 때문이다. 또한, 우리는 육신이 율법의 의도를 좌절시키는 것으로 생각해서도 안 되는데, 이는 율법이 의를 확보하기 위한 수단으로 주어진 적이 전혀 없기 때문이다.[38]

7:5에서처럼, "육신"은 우리 몸의 육신도, 신체 자체를 말하는 것도 아닌, 모든 사람이 공유하는 가치인 세속적인 성향을 의미한다. 율법이 깰 수 없는 것이 이 권능이고, 사실상 바울이 명확하게 말했듯이, 율법은 죄의 권능을 강화시키는 역할을 한다(5:20; 7:5). 루터는 이 점을 매우 적절한 비유를 사용하여 밝힌다:

> 이는 마치 술을 좀 들이키면 건강이 회복될 것이라는 어리석은 생각으로 인해 술을 마시고 싶어하는 환자의 경우와 같다. 만약 여태 술에 대한 비판이 없던 의사가, "술은 당신의 병을 악화시킬 뿐, 당신을 호전시킬 수 없습니다"고 환자에게 말한다면, 의사가 비난하는 것은 술이 아니라, 술에 대한 환자의 어리석은 신뢰를 비난하는 것이다. 환자가 건강을 회복하기 위해 필요한 것은 다른 약이며 , 건강을 회복할 때라야 그가 술을

διὰτῆςσαρκός가 주절에 어떻게 관계되는지가 그렇다. 이것을 독립 주격으로 보고, "이것[2절의 해방]이 율법으로서는 할 수 없는 것이므로"로 해석을 취하기도 하고(Alford; Gifford), 독립 목적격으로 해석하기도 하는데, 이 절을 본동사에 병렬시키거나("율법으로서 할 수 없는 것을…하나님이 죄로 정죄하셨다"로 보는 Cranfield를 참조하라) 문장 전체에 병렬하기도 한다(S-H). 그러나 최선책은 대부분의 영역본에서 나타나는 바와 같이 파격 구문으로 상정하는 것이다. 바울이 문장을 시작할 때, 그는 ἐποίησεν("그가 하셨다")이나, 이와 동등한 것을 본동사로 사용하므로, "율법이 할 수 없었던 것"과 "하나님이 하신 것"을 직접 대조하려는 의도가 있었다. 아마, 전치사 수식어구가 많았기 때문에, 바울은 이 대조를 완성하지 못한다. 그 대신 그는 즉각적으로 율법이 할 수 없었던 것을 하나님이 이루신 방법으로 옮겨가는데, 바로 "자기 아들을 보내어…육신에서 죄를 정죄하셨다"는 것이다. 그렇기에 바울이 의도한 의미를 전달하는 최선책은 빠져 있는 동사를 보충하는 것으로, 예를 들어 NIV에서는, "하나님은 율법이 육신으로 말미암아 연약해져서 할 수 없는 일을 하셨나니, 곧 자기 아들을 죄 있는 육신의 옴으로 죄를 위해 보내어 육신에서 죄를 정죄하셨다"(특히 Michel과 Barrett를 보라).

38. Stalder, *Werk des Geistes*, 398-99.

마실 수 있는 것이다. 이와 같이 우리의 부패한 본성 또한 율법 외에 다른 약을 필요로 하고, 이로써 건강을 맞이하므로 율법을 성취할 수 있게 되는 것이다(Scholium on 8:3).

로마서에서 율법에 대한 이러한 비판과, 2절에서 죄와 사망으로부터의 해방을 강조한다는 점을 비추어 보았을 때, "율법이 할 수 없는 그것"은 죄를 정죄하는 것이 아니라, 죄의 권세를 깨뜨릴 수 없다는 말이거나, 좋게 말하면 종말론적인 삶을 확보하는 것이다.[39]

율법이 할 수 없는 그것을 행하신 분은 바로 하나님 자신이시며, "자기 아들"을[40]보내어[41] 그 일을 행하셨다. 아들을 "보내어"라고 말하는 대부분은 그 초점이 성육신에 있다. 그러나 이 절의 뒤에 나오는 희생의 암시들은 성육신에 대한 언급을 배제하지는 않았지만, 바울의 사용하는 용어의 적용 폭이 넓어지며, 특히 아들의 대속적인 죽음에 초점이 있음을 알려 준다(갈 4:4도 보라).[42] 하나님이 그 아들을 보내신 방법에 관한 바울의 묘사가 이 희생의 강조에 기여한다. "죄 있는 육신의 모양으로"는 그 아들이 인간의 조건에 완전히 참여했음을 강조한다.[43] 갈라디아서 4:4에 "여자에게서 나게 하시고 율법 아래에 나게 하신 것은"의 문구와 같이, 이는 그 아들이 우리의 대리 역할을 하는 데 필수적인 요건들을 갖추고 있다는 것이다. 그러나 바울은 왜 그리스도께서 "죄 있는 육신의 호모이오마(*homoiōma*)로" 오셨다고 말하는가? 바로 이 절에서 "육신에"가 이후에 나오는 것을 비추어 볼 때, 분명 바울의 말은 그리스도가 육신의 "외양"만을 갖추었다는 말일 수는 없다.[44]

---

39. Hodge; Barrett; Osten-Sacken, *Römer 8*, 147-48; Byrne, *"Sons of God,"* 92-93.
40. 강조하는 ἑαυτοῦ ("his own")주목하고, 8:32의 τοῦ ἰδίου υἱοῦ를 보라.
41. 이런 식으로 그리스도를 "보내어"(πέμψας)라는 표현은 바울에게 드물다. 가장 근접한 평행구절로 갈 4:4의 "하나님이 그 아들을 보내사(ἐξαπέστειλεν)"와 빌 2:7c에 "사람들과 같이 되셨고(ὁμοιώματι)"를 들 수 있다. 이 절들 사이의 유사성은(이 구절에서 ὁμοίωμα는 이후에 나오고, 갈 4:4의 문맥은 8:3-17과 공통점이 많다), 요한의 글에서 아들을 "보내사"가 훨씬 빈번히 언급되는 점과 함께 , 바울이 여기서 어떤 전승에 의거하고 있을지 모른다는 생각으로 이끈다. 예를 들어, 슈바이처(Schweizer)의 "Zum traditionsgeschichtlichen Hintergrund," 199-200; Käsemann, 216; Longenecker, 695를 참조하라. 가능할지는 모르겠으나, 증거가 결정적이지는 않다.
42. 반대 견해의 예시로는 Whiteey(*Theology of St. Paul*, 100)가 있는데, 그는 희생의 암시들을 최소화하고 8:3이 "주로 성육신에 관한 것"이라고 말한다.
43. Byrne, *"Sons of God,"* 95; Bell, "Sacrifice and Christology," 5-7.
44. 본질적으로 가현설적(docetic)인 이 해석은 마르키온이 개진한 것이다.

게다가, 호모이오마(*homoiōma*)라는 단어는 아마 여기서 "닮음"(likeness)이나 "복제"(copy)보다 아마도 "모양"(form)이라는 뉘앙스에 가깝다. 달리 말하자면, 이 단어는 표면적이거나 겉보기의 유사성보다, 내면의 진정한 참여 또는 "표현"을 암시한다. 그렇다면, 바울은 그리스도께서 "죄 있는 육신"을 입었음을 단순 묘사하고자 했을지도 모른다.[45] 그러나 이것이 다른 방향으로 너무 멀리 나가는 것은 아닌지 모르겠다. 여기서 바울이 호모이오마를 쓰는 것은 어떤 뜻이 있어서인데, 아마 6:5와 5:1과 같이 특별한 차이에 주목하기 위해서이다. 이 용어의 사용은 그리스도께서 "죄 있는 육신"과 동일시하는 것에 대한 어떠한 의구심을 암시한다.[46] 바울은 여기서 바른 노선을 타고 있다. 한편, 그는 그리스도가 인간의 조건으로 완전히 들어가서 "성육신"(in-carnis) 했으며, 이로써 죄의 권세에 노출되었다고 주장하고 싶어한다(6:8-10). 다른 한편으로 바울은 그리스도가 인간의 영역에 참여하게 되어 "육신에" 갇히고(7:5과 8:8, 9에서 이 문구의 부정적인 사용을 보라), 그러므로 죄에 종속되어 직접 유죄가 될 수 있다는 암시를 피해야만 한다. "육신"에 "죄 있는"을 덧붙임으로써 한쪽으로 다소 크게 기울어질 수도 있었던 저울추의 균형을 호모이오마가 바로잡아 주고 있는 것이다.

희생의 암시는 "죄에 관하여"라는 다음 문구에서도 아마 동일하게 찾아볼 수 있을 것이다. 바울은 그리스도의 사명이 대체로 죄와 관련하여 "해야 하는 것" 이상을 의미하지 않는다고 본다.[47] 그러나 이 문구가 70인역에서[48] "속죄제"를 의

45. 예를 들어 Branick, "Sinful Flesh," 248-61; Gillmann, "Another Look," 598-600(그녀가 브래닉의 어휘 자료 해석을 올바르게 비판하긴 했지만)을 보라.

46. 특히 Kuss와 Cranfield를 보라. 어떤 해석자들(예를 들어 대다수의 교부들[Schelkle; *Paulus, Lehrer Der Väter*를 보라]; Gaugler; Barrett; Stevens, *Pauline Theology*, pp. 209-11)은 구체적으로 바울이 그리스도가 죄를 범했다는 관념(그가 배척하는 개념으로, 예를 들어 고후 5:21을 참조하라)을 경계하고 있다고 생각한다. 보다 깊은 신학적 암시가 많은 사람에 의해 발견되었는데, 특히 원죄를 강조하는 (개혁교회의 교의학자들 같은) 사람들 가운데서 발견되었다. 이 견해에 따르면 , 바울은 성육신의 본질 자체에 관하여 무언가를 암시한다. 그것은 비록 그리스도가 실로 인간의 육신을 입었지만, 죄 있는 또는 타락한 인간의 육신을 입지는 않았다는 것이다. 그런 육신을 입었다면 그리스도는 원죄의 형벌에 종속됐을 것이며, 이로써 그는 우리의 죄의 형벌을 스스로 짊어지는 대리자의 자격도 없었을 것이다. 종교개혁의 전승에 관해서는 Calvin, *Institutes* 2.13.4와 Heppe, *Reformed Dogmatics*, 426-27에 나오는 인용문들을 보라. 예를 들어 Murray도 참조하라.

47. Godet; Murray; Cranfield; Lohse; Thorton, "Meaning of καὶ περὶ ἁμαρτίας," 515-17; Whiteley, *Theology of St. Paul*, 136; Eschner, Gestorben und Hingegeben, 156-59.

48. 70인역에서 περὶ ἁμαρτίας가 54번 나오는 가운데 44번은 희생을 가리키는데, 이 문구는 핫타트

미하는 경우가 매우 빈번하만큼, 여기서도 이와 같은 의미로 사용될 가능성이 있다 – 하나님이 "속죄제로 삼으시려고"[49] 자기 아들을 보내셨다. 이것으로 우리는 보조 자료를 끝내고, 마침내 (문법상의) 주절에 이르게 되는데, 하나님이 자기 아들을 보내어 "육신에 죄를 정하셨다"[50]는 절이다. "육신에서"는 자연스럽게 그리스도의 인성을 나타내지만, 그것은 그리스도께서 그의 사역을 완수하기 위해 들어가신 인간적인 연약함의 영역을 암시하기도 한다. 율법이 죄를 다루는 데 아무 효력도 발휘하지 못하게 만드는 그 육신은 안으로부터 정복되었다.

그렇다면 바울이 하나님께서 "육신에 죄를 정하사"라고 말할 때 무엇을 의미하는 것인가? 이 용어의[51] 본 의미를 문맥과 종합해본다면, 우리는 바울이 의미하는바, 그 내용이 십자가에서 그리스도의 희생을 통해 성취되었고, 그리스도인들에게 "율법의 요구가 이루어지게 하려"(4a절)는 목적을 지닌 사법적 조치임이 틀림없다고 결론지을 수 있다. 희생에 대한 초점은 바울이 그리스도의 성육신을 통하여 죄가 "압도하는 우세함"(overpowering)이나 그리스도의 죄 없는 삶에서 나타나는 "생생한 죄의 정죄"를 가리키는 것이 아닐지도 모른다는 것을 의미한다.[52] 하나님께서 그리스도 안에서 죄의 "권능을 깨부수셨다"라는 생각도 들지는 않는다.[53] 이 해석이 문맥에 부합하고, 바울이 말하고 있는 것의 암시일지는 모르지만, 이러한 해석은 "정죄하다"의 법정적 함의들을 적절하게 설명해 주지 못한다. 위의 기준에 가장 부합하는 해석은 하나님이 그 아들의 대속적 죽음으로 죄에 대한

(חַטָּאת)나, 핫타아(חַטָּאָה) 그리고 앗샴(אָשָׁם)으로 번역된다. 신약에 8번 나오는 것 중에 3번의 경우도 이 의미를 지닌다(히 10:6, 8; 13:11).

49. 예를 들어 특히 . N. T. Wright, "Meaning of περὶ ἁμαρτίας," 453-59를 보라. 예를 들어 Schreiner; Dunn, "Paul's Understanding," 132도 보라. 이 문구는 κατέκρινεν("정죄하다")의 의미보다 πέμψας ("보내어")라는 의미로 쓰였을 것이다.

50. ἐν τῇ σαρκί 문구는 κατέκρινεν과 함께 하고 ἁμαρτίαν과는 엮이지 않는다(예를 들어 "육신에 있는 죄를 정죄했다"). A. Robertson, *Grammar*, 784를 보라.

51. 동사 κατακρίνω는 법정적 용어다. 이는 주로 "형의 선고"행위를 나타내지만(예를 들어 막 14:46에서 "그들이 다 예수를 사형에 해당한 자로 정죄하고") 때로 하나님이 특별히 주어일 때는 "형의 선고"와 그 형의 집행을 모두 포함한다(롬 14:23; 고전 11:32; 벧후 2:6; 참조, F. Büchsel, *TDNT* 3.951). 이 첫 번째 의미의 연장선상에서, 이 단어는 "어떤 사람을 자기와 비교할 때 잘못되었다는 것을 밝히므로 정죄하다"는 것도 함축할 수도 있다(마 12:41, 42; 눅 11:31, 32; 히 11:7). 이 단어는 거의 대부분 사람을 목적어로 취하고 있으므로, 사람들이 정죄 된다.

52. Lagrange and Godet에서 각각 나온다.

53. 예를 들어 Murray, Cranfield; Schreiner를 보라.

심판을 집행하시는 것으로 보는 것이다. 우리의 대리자로 그리스도께서 "우리를 대신하여 죄로 삼은 바 되셨고"(고후 5:21) 그 죄에 대한 하나님의 심판으로 하나님의 진노를 겪으셨다(롬 3:25; 갈 3:13에 힐라스테리온; *bilastērion*을 보라).[54] 그가 대신 진노를 겪으시므로, 물론 죄의 권능이 깨졌다고 말할 수 있을 것이며, 이러한 측면에서 죄는 더 이상 사람들을 옭아맬 수 없으며 정죄할 수 없다. 죄에 대한 정죄의 완전한 형벌을 집행함에 있어서, 하나님은 "그리스도 안에"(2절) 있는 자들을 위해 조건을 지시하는 죄의 능력을 효과적으로 제거하셨다. 우리의 죄로 마땅히 치러야 할 정죄는 그리스도께로 부어져서 우리의 죄들을 떠안으셨다. 이 때문에 "그리스도 예수 안에 있는 자에게는 결코 정죄함이 없나니"(1절)라고 말하는 것이다.

4 4절은 하나님이 육신에 죄를 정죄하신 것은 "우리에게 율법의 요구를 이루어지게 하려 하심이니라"(in order that)(그리스어. 히나[*bina*])라는 '목적'을 진술한다. 바울은 의심의 여지 없이 구약의 하나님이 그 백성의 굳은 마음을 새로운 마음으로 대체할 것이라는 구약의 약속을 반영하고 있는데, 이 마음은 하나님의 영에 자극받아 그 백성들이 그분의 뜻을 행할 수 있도록 하는 것이다(특히 겔 36:26-27을 보라).[55] 바울이 이렇게 말하는 의도가 무엇인지는 우리가 "정당한 요구"(디카이오마; *dikaiōma*)를 어떻게 해석하느냐에 따라 달라진다. 로마서에 앞서 나온 용법과 의미에[56] 근거해보건대, 이 단어는 (1) "정당한 규례"(just decree)나 "형벌을 규정하

54. Haldane; Hodge; Denney; Byme, *"Sons of God,"* 95. 그러나 Wright는 그리스도가 아니라, 죄가 정죄 되었다는 것에 주목한다; 즉, 대리적인 속죄는 여기에 나오지 않고(그의 주석에 더하여, *Paul and the Faithfulness of God*, 2.897-99를 보라). 하지만 여기서 죄가 정죄 되었다는 말은 어떤 의미에서는 분명히 예수 "안에서"라는 점이고, 어떻게 죄를 품거나 죄를 지는 사람과 분리해서 죄만 정죄 될 수 있는지를 떠올리기란 어렵다. Theissen은 갈 3:13-14와 고후 5:21의 본문이 비슷한 구원론의 상징을 공유한다고 주장하는데, 그것은 그리스도께서 구원자로서 우리의 불행(Unheil)을 떠안으심으로 우리가 구원을 얻을 수 있다는 것이다("구원론적 상징("Soteriologische Symbolik," 290).

55. 예를 들어 Wells, *Grace and Agency*, 260-62; Beale, *New Testament Biblical Theology*, 251-52를 참조하라.

56. 이 그리스어 단어의 접미사 -*μα*가 암시하듯이, 이 단어는 "정의를 세우기"(δικαιόω)의 결과를 지시하며, 그러므로 일반 그리스어에서 적법한 주장이나 문서, 사법상의 선고나 처벌, 그리고 규정 또는 규례를 의미하는 것으로 사용된다(G. Schrenk, *TNDT*, 2.219-21를 보라). 이 단어의 '규례'라는 마지막 의미가 70인역에 특히 빈번히 나오는데, 복수형 δικαιώματα가 무려 100번도 넘게 사용되어(특히 제의적 또는 사회적) 하나님의 법의 "규정" 또는 "규례"를 지칭한다(대게 후카(חֻקָּה), 호

는 율례"(ordinance that decrees punishment)(1:32)를 의미할 수도 있고, (2) "의"(5:16과 그 각주들을 보라), 또는 (3) "정당한 요구"(just requirement)를 뜻하되 율법이 규정하는 행동을 가리키거나(2:26) 율법이 요구한 의를 가리키는 것일 수도 있다.[57] 첫 번째는 문맥에 아주 잘 부합될 것이며, 그리스도 안에서 죄에 대하여 집행되는 심판의 형벌이(3절) 죄 때문에 사망을 요구하는(3:19 참조) 그 "율법의 규례"가 "이루어지게 한다."[58] 하지만, 이 구절의 남은 부분에서 바울의 말은 "육신을 따르지 않고 그 영을 따라 행하는 우리에게 이루어지게 하려 하심이라"는 말이 풍기는 긍정적인 분위기와 맞지 않는다.[59] 두 번째는 그럴듯하지 않은데, 그 이유는 5:16에서 이 용어에 대한 "의"의 의미가 그 문맥에서 수사학적인 대조에 의존하기 때문이다. 그렇다면 특히 "율법의"라는 수식어에 비추어 볼 때, 아마도 바울은 통상적으로 70인역에서 사용하는 것과 같은 "의로운 또는 정다한 요구"라는 의미로 썼을 것이다. 그러나 이 "정당한 요구"는 무엇인가? 그리고 이는 어떻게 이루어지는가?

바울은 사랑하라는 계명을 율법의 "요약"이자 "성취"로 선별하기에(13:8-10과 갈 5:14을 보라), 그 "정당한 요구" 또는 율법의 "법적인 요구"는 사랑일 수 있으며, 이 법의 실현은 성령의 이끌림을 받는 그리스도인들의 일관된 사랑의 생활방식일 수 있다.[60] 하지만 이러한 사실 외에는, 바울이 그의 로마서 독자들에게 이러한 적용에 대비하게 하는 것이 전혀 없을 뿐만 아니라, "우리 안에서"라는 말이 그리스도인들의 사랑의 행위를 가리키는 방법으로는 낯설게 보이는 것 같다(13:8의 능동형의 공식과 대조하라).[61] 그렇기에 우리는 이 문구에 가장 단순하면서도 가장 광의적인

크(חֹק) 또는 미쉬파트(מִשְׁפָּט)로 번역된다[예를 들어 신 4:1; 5:1; 시 119편에 29번]). 대부분의 경우에는 복수 형태로 쓰이지만, 특정한 계명을 나타낼 때 단수형으로 쓰이기도 한다(출 21:31; 민 15:16을 보라). 신약은 구약의 율법을 지시하는 데 복수형을 사용하는 70인역을 따른다(눅 1:6; 히 9:1, 10과 롬 2:26).

57. Wright가 암시하는 것은 "법이 공언하는 판결"을 언급하며, 이를 "생명"(7:10)과 동일시 하는 것이다. 그러나 이 법의 목적을 "판결"(생명) 또는 δικαίωμα라고 부르는 것이 사전적으로는 이례적이다.

58. Benoit, "Loi et croix," 498-99.

59. Byrne, *"Sons of God,"* 93-94 각주 53을 보라.

60. Kruse; Wolter; Lyonnet, "Nouveau Testament," 582-84; Bandstra, *Law and Elements*, 107-8; Sandt, "Research into Rom. 8,4a," 361-78; 같은 책에서, "Explanation of Rom. 8,4a," 252-69; R. Thompson, "How Is the Law Fulfilled?" 32-33; Lambrecht and Thompson, *Justification by Faith*, 62-63; Wells, *Grace and Agency*, 266-68.

61. 구체적인 지시 대상에 관한 다른 제안들로, "정당한 요구"가 탐욕의 금지를 지시하는(7:7) Ziesler

의미를 부여해야 한다. 즉, 율법이 하나님의 백성에게 요구하는 대략의 의미가 그것이다(2:26의 복수형〈개역개정에는 "규례"로 번역된 τὰ δικαιώματα, requirements-NIV를 가리킨다-옮긴이〉과 대조적으로 단수형이 쓰였음에 유의하라).[62] 하나님께서 죄의 권세(3절)을 끊어내심을 통해, 율법의 "의로운 요구"가 "그 영을 따라 행하는" 자들에 의해 성취된다. 아우구스티누스의 유명한 표현을 인용하자면, "율법이 주어진 것은 은혜를 구하게 하기 위해서고, 은혜가 주어진 것은 율법이 이루어지게 하기 위해서다."[63]

그러나 우리는 여전히 이 "성취"에 대한 본질에 대해 분명히 해야 할 문제가 있다. 대부분의 해석자들은 그리스도인이 새 언약에 참여하는 당사자로서, "마음에 기록된 율법"과 그 안에서 권능을 주는 영으로, 의로운 삶을 통해 율법의 요구를 이룬다고 생각한다.[64] 그러나 그리스도 안에서 하나님의 행위는 우리가 "열매"(6:15-23; 7:4를 보라)를 맺는 하나의 취지로 보는 것과 율법이 그리스도인의 삶에 아무런 의미가 없다고 무감각하게 제할 수 없다는 것이 사실이지만, 우리는 이것이 바울이 여기서 말하고자 하는 것으로 생각하지 않는다.

두 가지를 말할 수 있을 것이다. 첫 번째로, "이루어지게"(might be fulfilled)라는 수동태 동사는 우리가 행하게 될 무언가를 말하는 것이 아니라, 우리 안에서, 우리를 위해 행하여 질 무언가를 가리키는 것이다.[65] 둘째로, 그리스도인의 율법에 대

의("Just Requirement" 77-82)와, 믿음을 지시하는 크랜필드(Cranfield)의 주장이 있다. 그러나 전자는 문맥과는 거리가 너무 멀고, 바울이 믿음을 율법의 기본적인 요구로 생각하는 것은, 내가 알기로는, 여러 본문의 잘못된 해석에 입각한 것이다(특히 2:25-27과 3:27에 관한 해설을 보라). 바울이 분명히 했듯이, 율법이 기본적으로 요구하는 것은 "행위"나, "행하는 것"이다(2:13을 보라; 2:25의 "율법을 행하는 것"과 2:26의 "율법의 규례를 지키는 것"을 비교하라; 3:20과 28["율법의 행위"]를 보라).

62. 특히 Byrne를 보라. Witherington이나 Hyatt과 같은 다양한 해석자들은 의도된 것이 (모세의) 율법 *안에* 포함된 의로운 요구사항이 아니라, 모세의 법이 가리키는 의로운 요구사항이라고 주장한다.

63. *Spirit and Letter* 19.

64. 특히 Deidun, *New Covenant Morality*, 77을 보라; Murray; Cranfield; Morris; Ridderbos, *Paul*, 280-88도 보라; Piper, *Future of Justification*, 215-25; Schreiner; 동일 저자, "Abolition and Fulfillment," 60-61; 동일 저자, *Law and Its Fuifilment*, 150-54; Thielmann, *From Plight to Solution*, 88-89; Fee, *God's Empowering Presence*, 534-37; McFadden, "Fulfillment of the Law's *Dikaiōma*," 483-97. 그러므로 ἐν ὑμῖν의 문구는 수단의 의미를 지니거나 - "우리에 의해서"(참조, Lambrecht and Thompson, *Justification by Faith*, 64-70)-또는 장소적인 의미에서 "우리 안에서"를 의미할 수도 있다(예를 들어 Fee, *God's Empowering Presence*, 536 n. 191를 보라).

65. 바울은 한결같이 동사 πληρόω를 실질적으로 존재하는 법을 "행하는" 사람을 가리켜 사용하지 않고, 그리스도 안에서 처음 가능해진 율법의 절정적인, 종말론적인 완성을 가리켜서 사용한다(롬

한 순종은 불완전한데, 그런 순종은 이 본문의 논리가 요구하는 것을 충족시키지 못한다. "율법의 정당한 규례"(just decree of the law)를 이룬다는 것은 바울이 이 문장의 서두에서 말한대로(3a절) 율법의 무능력함에 대한 해답으로 보아야 한다. 앞서 본 것처럼, "율법이 할 수 없는 그것"은 "죄와 사망의 권세"에서 사람을 해방시키고, 의와 생명을 확보하는 것이다. 그리고 율법이 그것을 할 수 없었던 것은 "육신"이 사람들을 가로막아 율법의 교훈을 따르지 못하게 했기 때문이다(8:7과 7:14-25를 보라). 이 장벽을 제거하는 것은 신자의 행위에 있는 것이 아닌데, 우리의 순종은 늘 율법이 요구하는 완전한 순종에 미치지 못하기 때문이다. 칼빈의 표현대로, "신자들이 이 세상에 머무는 동안, 의롭게 하는 율법이 그들 안에서 결코 온전히 또는 완전해지도록, 능숙해질 수 없다. 그러므로 이 구절(4a절)은 용서에 적용되어야만 하는데, 그리스도의 순종이 우리를 위해 수용될 때 율법은 충족되고, 우리는 비로소 의롭다고 간주되기 때문이다."

그래서 만일 율법의 무능력이 율법을 멋대로 폐하는 일이 없이 극복된다면, 그것은 율법의 요구에 대한 완전한 순종을 통해서만 일어날 수 있다(2:13과 본문 해설을 보라). 물론 이것은 명확하게도 예수 그리스도께서 하신 일이다. 우리를 대신하여 그는 율법의 의로운 요구를 충족시키므로, 하나님께 완전한 복종의 삶을 사셨다. 우리가 마땅히 받아야 할 정죄를 그에게 부과하여서(3b절; 1절을 보라), 하나님은 그리스도께서 얻으신 의로운 순종을 우리에게도 전가될 수 있도록 하셨다. 그러므로 3-4절은 바울이 그리스도의 사역을 보여주는 데 쓰는 "상호 교류"(interchange)로 불리는 방식 - 우리가 그리스도와 같이 되도록, 그리스도께서 우리와 같이 되셨다는 설명 - 에 들어맞는다.[66] 그렇다면 이러한 의미에서 우리는 "율법의 의로운 요구"를 율법의 완전한 순종의 요구, 또는 율법의 의의 요구로 해석할 수도 있

13:8, 10[πλήρωμα]; 갈 5:14도 참조하라).

66. 특히 Hooker, "Interchange in Christ," 349-61; 동일 저자, "Interchange and Atonement," 469를 보라; 그리고 이 구절에 대해 Byrne, "Sons of God," 92-95; Dunn, "Paul's Understanding," 137도 참조하라. 바울의 서신에서 이러한 패턴이 두드러지게 나타나는 예로는 그가 "율법의 저주"에서 우리를 속량하기 위해 "저주를 받은바"(갈 3:13) 되셨고, "율법 아래에"있는 자들을 속량하기 위해 "율법 아래에서 나셨다"(갈 4:4-5). 그러나 롬 8:3-4과 가장 근접한 병행은 아마 가장 분명한 "상호 교류" 본문인 고후 5:21의 "하나님이 죄를 알지도 못하신 이를 우리를 대신하여 죄로 삼으신 것은 우리로 하여금 그 안에서 하나님의 의가 되게 하려 하심이라"일 것이다.

을 것이다.[67] 그리고 그리스도인에게 율법의 의로운 요구는 그들 자신의 순종하는 행함을 통해서가 아니라, 그들이 그리스도와 연합함으로 이루어지는 것이다.[68] 그리스도께서 율법을 성취하셨고, 신자들도 그 안에서 율법을 성취한다 - 그야말로 완전한 성취인데, 이로써 신자는 "의롭다"고 선언되며, "정죄함"(1절)에서 자유할 수 있다. 이러한 방식으로 믿음에 대한 바울의 강조가 "율법을 굳게 세운다"(3:31). 이는 믿음으로 그리스도를 굳게 붙잡음으로써, 사람들이 실제로 "율법을 행한"것으로 간주되기 때문이다. 실로, 바울이 이 편지에서 분명하게 하듯, 오로지 그리스도를 믿음으로만 율법은 실제로 성취될 수 있다.[69]

67. *δικαίωμα*가 "언약 규정"을 지시하므로 율법의 일을 행하는 자는 그것으로 살리라는 N. T. Wright는 제안(*Climax of the Covenant*, 203, 211)에 주목하라.

68. Melanchthon; Stuhlmacher; Fitzmyer; Byrne, *"Sons of God,"* 93-94; 동일 저자, "Living Out," 568-69; Wilckens; Keck, "Law and 'Law of Sin,'" 53; Deidun, *New Covenant Morality*, 72-75; Beker, *Paul the Apostle*, 105-7, 186; Sprinkle, *Paul and Judaism*, 106-7; Rosner, Paul and the Law, 122-24.

69. 그러므로 이 절은 전통적으로 정의되는 "율법의 세 번째 용법"을 뒷받침하는 바가 거의 없다. 이는 우리의 판단이 옳다면, 바울은 그리스도인이 "새로운 삶을 위한 규범"으로 율법 아래에서 살아야 한다는 것(Ridderbos, *Paul*, 281; 279-81에서 그의 논의를 참조하고, Bandstra, *Law and Elements*, 183-89를 주의해서 보라)을 주장하는 것이 아니라 그리스도인은 그리스도 안에서 율법의 요구를 완전히 충족했다고 주장하는 것이기 때문이다. 이 구절은 우리의 관점에서 본다면 그리스도인에게 모세의 법을 순종하도록 하는 의무가 있는지 없는지의 여부나 - 또는 대게 그렇듯이 모세의 법의 일부를 말하고 있지 않다.

이 절은 - 예를 들어 8:7이 그렇듯이 - 하나님의 "영원한 도덕적 요구들"에 대한 충족이 의를 획득하는 데 필요하다는 것을 분명히 암시하고 있다(2:13을 보라). 그러나 바울의 요지는 모세의 법이 요구하는 것들이 충족되어야 한다는 것이 아니라, 그 법에서 표현된 "정당한 요구"가 충족되어야 한다는 점을 말하고 있다. 바울이 모든 사람에게 적용될 수 있게 하는 것은 이보다 넓은 의미에서 본 하나님의 법이지(필시 8:7에서 말하고 있고, 특히 고전 9:20-22에서의 차이를 참조하라), 모세의 율법 그 자체가 아니다. 로마서 8:4에서 바울은 그리스도에 속한 모든 자에게 충족되어야 할 기본적인 요구가 있음을 지적한다. 나는 요점을 이것에만 국한하지 않고, 이를 새로운 언약의 핵심인 새로운 "지표"로 본다(렘 31:31-34; 겔 36:26-27을 보고, Deidun, *New Covenant Morality*, 37, 204-5도 참조하라). 하나님은 그의 피조물에 대한 정당한 요구인 율법이, 그의 영 안에서 성취를 이루도록 직접 행하시므로 율법을 성취할 수 있게 하신다. 예레미야 31장에 "새 언약"의 약속으로, "나의 법을 마음에 기록하는 것"은 하나님의 요구가 더는 "기록된 것"(*γράμμα*)과, 모세의 "증거판"의 양식으로 그의 백성에게 외부로부터 부과되는 것이 아니라, 새 언약 아래서 새롭게 하고 변화시키게 하는 성령의 역사를 통해 하나님 백성의 마음속에 새겨지는 것을 의미하는 것이다. 그 요구의 본질이 변화되는 것이 아니라, 그것의 형식, 또는 표현의 수단이 바뀌는 것이다. 그렇다면 이 시대의 그리스도인이 모세의 법 아래에서 살아야 한다는 것에 대해 이 본문이 말하고 있는 것은 아무것도 없는 셈이다. 그 이유로 6:14이나 다른 유사한 단락들과의 마찰이 없는 것이다(반대 의견의 예로는 Räisänen, *Paul and the Law*, 114-17; Sanders, *Paul, the Law*, 98-101이 있는데, 이들은 이 부분에 관한 바울의 사상 가운데서 어떤 중요한 긴장할 만한 점을 발견한다).

만약 4절의 첫 부분에 대한 이 해석이 맞다면, "우리"를 수식하는 분사절은 수단을 나타내는 것이 아니라 - "율법의 정당한 요구가 우리 안에서 이루어지는 것은 우리가 육신을 따르지 않고 그 영을 따라 행함으로다"[70] - 서술적이고 정당한 율법의 요구가 이루어지도록 "육신을 따르지 않고 그 영을 따라 행하는 자들"의 특징을 묘사하기 위해서다.[71] 그리스도인의 행동을 지시하는 이 문구는[72] 바울이 율법의 성취를 그리스도의 삶의 방식과 분리하지 않고 있음을 보여 준다. 그러나 이것은 그리스도인의 행동이 율법을 성취하는 방법을 의미하지는 않는다. 오히려, 그리스도인의 행동은 그 성취가 일어나는 자들에게서 필연적으로 나타나는 특징임을 의미한다. 하나님은 그리스도 안에서 신자에게 율법의 요구를 완전히 이루도록 하실 뿐만 아니라, 그의 영을 신자의 마음에 보내어 그가 요구하시는 것에 새로 순종할 수 있도록 힘을 허락하신다. 이제 그리스도인들은 육신에 이끌리지 않고 성령의 인도하심을 받게 된다.[73] 내가 다른 곳에서 설명했듯이(7:5과 8장의 서문을 보라), 육신과 영은 대립하지만, 한 사람에게서 다른 부분들로 나뉘는 것이나(인간론적 이원론),[74] 심지어 한 사람 안에 있는 충동이나 권세들로서도 아니라, 구원 역사의 두 영역 가운데 있는 권세나 지배하는 특징들로 대립하는 것이다. 그렇기에 "육신을 따라 행하는 것"은 하나님을 반역하는 이 세상의 가치들에 의해 결정되고 이끌리고 삶을 사는 것이다.[75] 이는 순전히 인간적인 기질에 따른 삶의 방식이다.[76] 다른 한편으로 "성령을 따라 행하는 것"은 하나님의 종말론적인 선물로 하나님의 영이 창조하고 다스리시는 새 시대의 지배 아래에서 그 가치에 따라 사는 것이다.

---

70. 이 해석에 관해서 Cranfield를 참고하라.
71. N. Turner, Syntax, 285; Keck, "Law and 'Law of Sin,'" 52; Stalder, *Werk des Geistes*, 406; Deidun, *New Covenant Morality*, 75.
72. 동사 περιπατέω("행하다")는 바울이 신자의 일상적인 행동이나 도덕적인 방향을 묘사하기 위해 즐겨 쓰는 단어들 중의 하나다(6:4에 관한 각주들을 보라).
73. 전치사 κατά는 아마도 "…이끌려"(directed by)라는 함의를 가질 것이다.
74. 이 부분에 관해서 특별히 Stacey, *Pauline View of Man*, 174-78을 보라.
75. 예를 들어 Sand, *Begriff* "Sarx," 279를 보라.
76. 고전 3:3에서 "육신에 속하여"(σαρκικοί)와 "사람을 따라"(κατὰ ἄνθρωπον) 행하는 것 사이의 상호 교환성을 보라.

5 5-13절에서, 바울은 계속하여 육신과 영의 대립을 계속 이용하여 하나님의 영 안에서, 그 영으로 인해 신자에게 주어진 생명으로 확대한다. 그는 한편으로 영과 생명 사이에, 그리고 다른 한편으로 육신과 사망 사이의 불가분의 관계를 다시 한번 천명하는 것으로 시작한다(5-8절). 여기서 바울의 목적은 "육신의 연약함"(3a절과 7:14-25를 보라)에 대해 특별히 상술하므로, 보다 부정적인 쪽에 있다. 그런 다음에 바울은(9-11절) 보다 긍정적인 쪽으로 돌아서서, 로마 신자들이 단연 이 대조 가운데 "영" 쪽에 있을 것이라는 확신을 표명한다(3b-4절을 보라).[77] 그러나 이 단락의 결론 구절에서(12-13절), 바울은 생명을 주시는 하나님의 영이 결국에는 그 영으로 자신의 삶을 계속 변화시키도록 하는 자들 안에서만 효력이 있음을 그의 독자들에게 상기시킨다.

4b절에서 "따라 행하는"으로 소개된 육신과 영의 대조법(antithesis)은 5-9절에서 여러 다른 표현들로 계속 이어진다.

5a절	육신을 따르는	영을 따르는
5b절	육신의 일을 생각하는 것	영의 일을 생각하는 것
6절	육신의 생각	영의 생각
8-9절	육신에 있는 것	영에 있는 것

이러한 배열의 끝에서 시작해보면, 8-9절에서 바울이 말하는 것은, "육신에 있는 것"과 "영에 있는 것"의 대조가 불신자와 신자의 대조라는 것을 분명히 한다. 7:5절에서, 바울이 "안에서"라는 표현을 쓴 것은, 육신과 영이 구원의 역사에 두 영역을 지배하는 권세들이 되는 "영역" 개념을 함의하기 위해서다. 그리스도인이 된다는 것은 육신의 지배를 받는 영역에서 영의 지배를 받는 영역으로 옮겨진 것을 의미한다. 그래서 육신과 영의 "생각"(프로네마, *phronēma*)(6절)은 각각의 영역에 속하는 자들의 특징을 설명하기 위한 정신 상태 또는 태도를 가리킬 것이며, 육신과 영의 일을 "생각하는"(프로누신, *phronousin*)(5b절)과 수사적인 동의어가 된다. 마지막으로 4b절과 5절의 연결점을 고려할 때, "육신을/영을 따르는 것"과 "육신

77. 5-11절에서 3-4절의 관계에 관해서는 N. T. Wright, *Climax of the Covenant*, 200-201을 보라.

을/영을 따라 행하는 것"은 대략적으로 같은 것, 곧 한 사람의 생활방식이나 일상적인 행동을 의미할지도 모른다.[78] 그러나 바울의 주장에서 나타나는 논리는 5절에서 "육신을 따르는 것"이 8절의 "육신에 있는" 것과 같다는 것이다. 즉, 행동의 개념이라기보다는 위치의 개념임을 암시한다.

바울이 이러한 일련의 대조들은 계속하는 목적은 권면적인 성격이 있다. 즉, 신자로 하여금 성령을 따라 살도록 권장하기 위해 그들이 직면할 가능성이 있는 두 개의 다른 상황에 대해 경고하는 것이 아니다.[79] 바울은 여기서 사용한 말과 비슷한 말로 이러한 촉구를 분명히 한다(갈 5:16-26을 보라). 그러나 우리가 주목한 바대로, "육신에 있는"(8절)것은 신자에게 있을 수 있는 일은 아니다. 그리고 여기에 일반적인 3인칭 명령법의 어조가 없음을 감안할 때, 우리는 바울의 관심이 여기서 권면에 있는 것이 아니라 묘사에 있다고 자신 있게 결론 내릴 수 있다.[80] 그래서 다른 의미에서는, 바울이 회심자와 회심하지 않은 두 그룹의 사람들을 대조하고 있다고 해도 과언이 아니다.[81] 그러나 바울의 주목적은 왜 영을 따라 "행하고/생각하고/있는" 자들만이 종말론적인 삶을 얻는지를 보여주는 수단으로 영과 육신의 극적인 차이를 부각하는 데 있다.[82] 이것은 1-4절과 5-8절 사이를 연결한다. 생명, 종말론적인 삶은 "성령을 따라 행하는"(4b절)자에게만 수여되는 것이다. "이는"(그리스어. 가르[*gar*]) "육신을 따르는" 자들은 결코 사망을 피할 수 없다(6절). 육신은 사람들로 하여금 하나님의 법을 순종하지 못하게 하거나(7절), 또는 하나님을 기쁘시게 하는 것(8절)을 방해한다. 그리스도를 통하여 이러한 상황을 반전시켜서 신자로 "율법을 이루어지게"(4절)하고 정죄함에서 구원을 얻게 하시는 이가 그 영, 곧 "생명의 성령"(2절)이다. 9-11절에서 바울은 생명을 주는 성령의 결과를 도출한다. 하지만 먼저 그는 육신과 영의 기본적인 기질을 주의하고(5-6절), 그런 다음 7-8절에서 상황의 부정적인 측면으로 발전시킨다. 즉, 이 세상에 존재하는 - 육신에 있는 생명 - 사람의 본래 상태는 사망이라는 것이 그것이다. 이로써

78. Cranfield.

79. Schreiner; 반대 의견의 예로 Michel; Lambrecht, "Implied Exhortation," 441-51을 보라.

80. Deidun, *New Covenant Morality*, 77; Fee, *God's Empowering Presence*, 539; Kruse를 보라.

81. Lietzmann; Schmithals, *Theologische Anthropologie*, 86-87.

82. Stalder, *Werk des Geistes*, 418-19.

이 구절들이 7장의 주요 주제들을 요약 반복하고 있는 것이다.

5-6절에서, 바울은 육신과 영이 이르게 하는 결말을 대조하기 위해 논리적인 전개를 이용한다. 이 전개에서 바울은 육신이나 영으로 정해진 존재("육신/영을 따르는 자")를 한편으로 사망과, 다른 한편으로는 생명과 평안이라는 대조적인 운명과 연결하는 "중간 용어"(middle term)로써 "생각"(thinking)이라는 말을 사용한다. 5절에 "생각하다"(think)와 6절에 "생각"(mind)의 두 단어들은 모두 같은 그리스어 어근에서 나왔는데, 이 어근은 순전히 지적인 과정을 나타내는 것이 아니라, 더욱 폭넓게, "영혼의 모든 기능인 이성, 오성, 감성"을 포괄하는 의지의 보편적인 방향을 나타낸다.[83]

6 6절의 첫머리에 나오는 "for"(그리스어. 가르[*gar*])는 원인이나 설명이 아니라 연속적인 것이다.[84] 육신/영으로 결정되고 특징지어지는 태도인 육신/영의 "생각"을[85] 단순히 "육신/영의 일을" 생각하는 것(5b절)과 동등한 명사로 본다. 강세는 이 대조되는 마음의 경향으로부터 귀결되는 것이 무엇인가에 있다. 육신의 일에 마음이 있는 자들은, 철저히 세속적인 태도로 살다가 죽음을 마주하게 될 것이라고 말할 수 있다. 로마서 5-8장을 통틀어, 이것이 가장 넓은 의미에서 보는 사망이고, 종말론적인 정죄를 포함하지만(1-4절을 보라), 거기에 국한되지 않는다. 사망은 그리스도 밖에 있는 모든 인생 위에서 왕 노릇 한다(5:12, 15, 21을 보라). 이와 같이, "생명"과 "평안"은 비록 최종적이고 결정적인 형태는 아니지만 이 세상을 살아가는 신자를 위해서 시작되는 "죄와 사망의 법"에서 해방된 상태를 나타낸다. 이 단어들은 주관적인 마음의 상태를 의미하는 것이 아니라(예를 들어 "마음과 정신의 평

---

83. Calvin. 이 두 단어는 바울이 즐겨 사용하는 것들로, 신약에서 φρονέ는 26번 나오는데, 그중에 23번이 바울이 사용했고, 신약에 4차례 나오는 φρόνημα는 모두 바울의 서신에 나온다. 크랜필드(Cranfield)는 신약성경 외에 그리스 문헌에 나오는 비슷한 문구들을 비교하면서, φρονοῦσιν τὰ τῆς σάρκος/τοῦ πνεύματος가 "육신/영의 일을 옹호한다"는 뜻이라고 밝힌다. 그러나 이것은 이 문구와 6절의 τὸ φρόνημα τῆς σάρκος/τοῦ πνεύματος 사이에 의미상 차이를 생기게 하여, 바울의 자연스러운 논쟁에 흐름을 방해했다. 따라서, 따라서 소유격들을 서술적인 것으로 보고 육신/영의 특징이 있는 태도로 사물을 보다"로 번역하는 것이 더 낫다.
84. NIV, NRSV와 NAB는 이 부분을 번역하지 않은 채로 적절히 남겨둔다; Kuss를 보라; Wright의 반대되는 견해는 6절이 1-4절로 5절과 함께 병렬로 연결된다고 생각한다.
85. 5절에서처럼, 소유격의 τῆς σάρκος과 τοῦ πνεύματος는 아마 묘사적일 것이다.

안"), "영의 마음"을 가진 신자가 들어간 구원의 객관적인 실상을 의미한다. 여기서 "평안"은 의롭다하심을 통해 주어진 "하나님과 누리는 화평"이요(5:1을 보고 14:17도 참조하라), "하나님과 원수"(7절을 보라)가 되는 비기독교인들과 대조되는 상태이다.

7-8 7-8절은 왜[86] 육신의 생각이 필히 사망으로 이르게 하는가를 설명한다. 무신론의 세상의 원리와 권세를 한 마디로 표현할 단어인, "육신"과 이것으로 특징지어지는 사고방식은 필연적으로 하나님과 그의 모든 계획에 적대적이다. 어떠한 중립지대도 없다. 그리스도와 연합(9-10절을 보라)을 통해서만 나타나는 영의 생각 없이는, 사람들은 하나님과 적대하는 방식으로만 그들의 삶을 이어갈 것이며, 하나님의 진노를 초래할 것이다. 7절의 두 번째 부분과 8절은 하나님 대한 적개심을 설명한다(그리스어. 가르[*gar*]에 주의하라). "육신에서 난 사고방식"은 하나님의 법에 굴복하지도, 굴복할 수도 없다. "육신에 있는" 자들은 - 그리스도에게서 떠난 "자연 그대로의" 사람은 - 하나님을 기쁘시게 할 수 없다. 로마서에 나오는 단어의 용법을 비추어보면, 여기서 바울이 언급하는 "율법"은 어떠한 의미에서 모세의 법을 언급하는 것이 틀림없다.[87] 그러나 바울은 율법을 "하나님의 법"이라고 평가함으로 모세의 법 그 자체보다는 율법에 표현된 하나님의 요구에 집중하겠다는 뜻을 내비치고 있는지도 모른다.[88] 어느 경우든, 우리는 이러한 진술들에서 두 가지 중요한 의미를 도출할 수 있다.

첫째로, 신자가 더 이상 "법 아래"(롬 6:14, 15)있지 않고, 이 구속하는 법에 종속되지 않지만(7:4), 하나님의 법은 어떠한 형태로든 하나님을 기쁘게 하는 행위가 평가되어야 하는 기준으로 남아있다. 둘째로, 그리스도와 연합하지 않은 자에 대한 바울의 평가는 전적 부패와 전적 무능이라는 신학적 범주 안에서 적절히 요약될지도 모른다. "전적 부패"는 모든 사람이 가능한 사악한 자라는 - 모든 사람이

86. διότι라는 단어는 여기서 ὅτι와 대등한데, 전에 있었던 일에 대한 설명을 제공한다(BDAG).

87. 이 해석을 지지하는 것은 일부 언약 신학자들이 고수하는 생각(에컨대 Gomarus[1594])에서 발견되는데, 그들은 모세의 율법이 아담의 "행위 언약"을 고쳐서 말한 것이었다; Schrenk, *Gottesreich und Bund*, 63-64를 보라. Karlberg, "Mosaic Covenant."도 참고하라.

88. 4절에 나오는 "율법의 거룩한 요구"(Kruse)를 보라; 그리고 예를 들어 Byrne도 보라; Feuillet, "Loi de Dieu," 42.

어떠한 종류의 죄든 범할 수도 있다는 - 뜻이 아니며, 각 사람의 마음에 선에 관한 지식이 있다는 것을 부정하는 것도 아니다. 그보다는 그리스도에게서 떨어져 있는 사람이라면 누구나 죄의 권세에 철저히 사로잡혀 있고, 이 권세는 그 사람의 모든 기능에 미친다는 것을 의미한다. 바울의 말은 이를 명확히 하는데, 모든 불신자는 선천적으로 하나님을 적대하는(7절) "마음가짐"을 삶의 총체적 방향으로 삼는다. 모든 사람은 아담에게서 흘러나온 본성에 따라 타인이나 하나님의 선을 보다 자기 자신의 선을 추구하는 쪽으로 돌이킬 수 없게 구부러져 있다. 우리가 이끌리는 각양의 죄악들 - 부나 신분, 권세 또는 성적 쾌락에 대한 욕망 - 은 자기만족으로 휘어지는 이 근본적인 우상숭배 질병의 다른 징후들에 지나지 않는다.[89] 다시금, 우리는 바울이 여기서 "육신"이라는 단어를 우리가 흔히 사용하듯, 구체적으로 성적인 죄악을 나타내는 것이 아님을 기억해야 한다. "육신에"(carnal)있는 것이나, "육욕적인"(carnal) 것이나 "육체적인"(fleshly) 것은 바울이 여기서 "육신"을 사용하는 것은 어떤 의미에서 모든 죄를 아우른다. 타인과 하나님을 희생하여서 자기 사업의 성공에만 집착하는 자는 간음죄를 범한 자가 "육신"에 지배를 받는 것과 같다. 두 부류의 사람들 모두는 각각의 방식들로 하나님과 그의 법에 대항하여 파괴적이고 자기중심적인데, 이는 오직 그리스도 안에서 하나님의 영의 권능을 통해서만 극복할 수 있다. 다른 한편, 8절은 사람들이 자신의 상태로부터 스스로 벗어날 수 없음을 분명하게 밝히고 있다. 사람이 "육신에" 있는 한 - 이 육신의 포위망에 갇혀있는 우리를 구할 수 있는 것은 성령 뿐이다 - 결코 하나님을 기쁘시게 하는 것은 전적으로 불가능하다.

9 바울은 역접의 접속사인 "만일"(데; *de*)을데; 사용하여 흐름을 바꾸는 신호를 보낸다. 바울은 그의 관심을 로마 교회 신자들에게 돌려서 이제 그들에게 직접 말하기 시작한다. "'육신에 있는' 자들은'" 결코 하나님을 기쁘시게 할 수 없다. 그러나 너희는[90] 육신에 있지 아니하고 영에 있나니…" 앞서 언급했듯이, "육신에"(in the flesh) 있는 것과 "영에"(in the spirit) 있는 것의 대조는 죄와 사망의 옛 시대에

89. 특히 Luther를 보라.

90. 강의적 용법의 ὑμεῖς.

속한 것과, 의와 생명의 새 시대에 속한 것의 대조다. 따라서 각각의 "시대"나 "영역"의 특징을 이루는 것이 육신과 영이기에, 어떠한 쪽에 속한 사람이든 그들 "속에" 있다고 말할 수 있다. 이러한 의미에서, 그리스도인은 누구도 "육신에" 거할 수 없고, 정의상 모든 그리스도인은 "영에" 있다. 여기서 우리는 "육신에" 있다는 표현이, 신자에게도 변함없는 특징이 되는 사망의 상태를 생각하거나, 더욱 한탄스럽게도 우리가 여전히 지니는 도덕적인 연약함과 범죄에 취약한 성향으로 생각한다면, 우리는 바울의 의도를 놓치고 있는 것이다.[91] 이 구절의 나머지 부분은 매우 확실한데, (1) 그리스도인이 되는 것은 하나님의 영이 내주하는 것이고, (2) 하나님의 영이 내주하는 것은 "육신에" 있지 않고, "영에" 있다는 의미이기 때문이다. 바울의 말은 위치적(positional, 신분적인 의미-옮긴이)이다. 즉, 그리스도 안에 있는 모든 신자가 회심할 때에, 그리스도 안에서 확보 된 신분 상태를 묘사하고 있다.[92] 바울은 어떤 의미에서 그리스도인들을 구원의 역사의 가운데 두 영역 모두에게서 영향을 받는 것으로 보는 것은 분명하다. 그러나 이것은 신자가 두 시대나 두 영역 사이에서 위치해 있다고 말하는 것은 문제를 과장하는 일일 것이다. 이것은 신자가 결정적인 과거에서, 바울이 이 장들에서 축하하듯이, 생명과 평안의 새 시대로 옮겨가는 바울의 강조를 간과하는 것이다. 심지어 우리는 신자로서 육체의 부패와 사망, 죄의 연약함, 그리고 다시금 육신이 우리를 지배하도록 하는 유혹에 종속된다. 그러나 우리는 더 이상 "육신에" 거하지 않고, "죄의 권능에 대하여 죽은"자로(6:1-23), "죄와 사망의 법"(8:2; 5:12-21을 보라)에서도 해방됐다.

그러나 바울은 이것이 "영에" 있다고 조건을 둔다. 즉, 하나님의 영이 그 사람 속에 거한다는 것이 그것이다. 그러나 고린도전서 3:16에서 밝히듯 - 고린도 교회의 "육욕적인"(carnal)(3:1-3) 신자들에게 보낸 것이다 - 바울은 모든 그리스도인 안에 하나님의 영이 내주하심을 믿고 있다. 이는 실로 이 구절의 마지막 부분에서 바울이 "그리스도의 영"이 없는 사람은 결코 그리스도인임을 주장할 수 없다고 단언한다. 다른 말로, 바울에게 있어서 영을 소유한다는 것은 그리스도인이 되었다는 것과 같은 말인 것이다. 우리가 성령과의 관계 속에서 얼마나 성장이 필요

---

91. Nygren and Dunn을 각각 보라.

92. Ridderbos, *Paul*, 221를 보라.

하든, 감사하게도 하나님의 영의 신선하고 활력을 주는 경험들이 우리에게 얼마나 많이 주어지든, 회심한 순간부터 성령께서는 우리 안에 확고하게 자리하신다.[93] 바울이 같은 구절에서 신자를 "영에" 있다고 하고, 영도 신자 "안에" 있다고 말하는 것은 그의 말이 지니는 은유성을 드러낸다. 한편으로는 영이 한 사람의 생명 속에 들어가 그것을 지배하는 것으로 묘사되고, 다른 한편으로는 영이 다스리고, 인도하며, 자신의 운명을 결정하는 그 영역 안에서 신자가 거하는 것으로 그려진다.

바울이 여기서 조건부의 언어를 사용하는 것은("if"…"if")[94] 그의 모든 독자의 마음 속에 하나님의 영이 내주하시는지에 대해 확신이 없었다는 의미일 수도 있다.[95] 다른 한편으로, 바울은 독자들의 기독교적 경험을 사실로 가정하고 있는 것일 수도 있다.[96] 이 경우의 문맥은 이러한 경험을 가정하고 있다는 후자의 내용을 강력하게 지지한다.[97] 여기서(15-16절을 보라)와 편지를 통틀어(예를 들어 1:8; 15:14을 보라), 바울은 로마의 교인들을 신자로 보고, 7-8절에서 일반 3인칭으로 말하다가, 9절에서 와서는 2인칭 복수로 직접 상대하는 말로 바꾸는 것은(그리고 9b절에서 다시 3인칭으로 바꾸는 점에 유의하라!) 그의 독자들에 대한 바울의 태도가 어떠한지를 드러낸다.

10 여기서 바울은 그가 금방 9b절에서 묘사했던 상황과 대조하면서,[98] 동시에 9a절에서 그의 가르침의 본론을 재개한다. 중요한 것은, 9절에서 신자의 마음에 내주하는 분이 "하나님의 영"으로 언급됐다면, 바울은 여기서 로마 교회의 신자들 속에 내주하는 "그리스도"를 언급한다. 이는 그리스도와 성령이 상호 교환

93. 바울은 "거주하다"(dwell) 뜻의 동사 οἰκέω를 사용하는데, 이는 정착한 거주지를 암시한다(John 14:17도 보라; 참조, Str-B, 3.239; Dunn); 비그리스도인 속에 죄가 "거하는 것"과 대조하라(7:17, 20).

94. 이 단어들은 각각 εἴπερ와 εἰ이다.

95. Dunn.

96. Cranfield; Kuss.

97. 이 문제는 사전적으로 해결될 수 없는데, εἴπερ와 εἰ에 의해 진술된 조건이 사실로 간주되는 정도가 문맥으로만 결정될 수 있기 때문이다. εἴπερ라는 단어는 "만일 정말…이면"(if indeed), "결국…이면"(if after all)을 의미하며(BDF §454[2]); 롬 3:30과 살후 1:6에서 조건이 사실로 가정되지만, 이는 롬 8:17; 고전 8:5; 15:15의 경우에는 분명하지 않다.

98. 여기서부터 δέ를 "그러나"로 번역한다.

적이거나 동일시 된다는 것이 아니라, 그리스도와 성령이 구원의 유익을 신자에게 전달하는 데 있어서, 바울이 이쪽에서 저쪽으로 거의 무의식중에 옮겨갈 수 있을 정도로 그 관계가 매우 밀접하다는 것이다. 또한, 믿음으로 그리스도와 연합하게 된 신자(롬 6:1-11을 보라)는 그리스도만이 아니라, 성령도 거하시는 것은 분명하다. 내주하시는 성령과 그리스도는 구별되지만 분리될 수 없다. 게다가 "하나님의 영"(9a절)에서 "그리스도의"(9b절)으로, "그리스도"(10a절)로, "성령"(10b-11절)으로 향하는 빠르고 자연스러운 이동은, 이미 신약의 특징을 묘사하는 "실질적인 삼위일체론"을 드러낸다. 바울이 사용하는 신학적인 은유들의 유연함에도 다시 한 번 주목하길 바란다. 우리의 대표이자 머리이신(5:12-21을 보라) 예수그리스도와 신자의 연합은, 신자가 그리스도 "안에" 있는 것과 그리스도께서 신자 "안에" 계신다는 말도 모두 전달될 수 있다.[99]

바울은 다음의 두 평행구절에서 그리스도의 내주하심으로 신자에게 확보된 유익에 대해 강조한다. "몸은 죄로 말미암아 죽은 것이나", "영은 의로 말미암아 살아 있는 것이니라." 이 첫 번째 절에서, "몸"(소마; soma)은 로마서 6장에서와같이 죽은 사람에 "관하여" 죽은 "사람" 전체를 - 즉, 그 사람이 죄가 지배에 "대해서 죽어" 죄의 지배로부터 해방되었음을 - 가리키는 것일지도 모른다.[100] 그러나 여기서는 몸의 "죽음"을 정죄의 상태인 부정적인 상황으로 - "죄로 말미암아" 일어난 상태로 - 생각하는 편이 낫다.[101] 그리고 "몸"은 구체적으로 필시 육체의 몸이며, 이 죽음은 신자들이라 할지라도 반드시 겪게 될 신체적 죽음의 형벌이다.[102]

---

99. 비록 바울 서신에서 "그리스도께서 너희 안에"라는 말이 나오는 빈도가 훨씬 적다 할지라도(여기와 고후 13:5; 갈 2:20; 4:19; 엡 3:17; 골 1:27에서 볼 수 있을 정도다), 궁극적인 차이는 발견되지 않는다. 두 문구는 모두 신자가 그리스도와의 친밀한 연합과 다스림을 받는다는 것을 강조한다.

100. Schelkle, *Paulus, Lehrer der Väter*에 따르면, 대부분의 교부가 그렇게 보는데, 예를 들어 Kuss; Käsemann; Wilckens; Jewett이 그들 중 일부이다.

101. 바울이 신자에게 "죄에 대하여 죽었다"고 가르칠 때, 그는 항상 여격을 사용하는데, 보통 인과적인 의미를 가진 전치사 διά는 여기서 의미를 전하는데 있어서 특별히 좋지 않은 선택이 될 것이다. J. Barclay (*Paul and the Gift*, 502)는 여기서 죄는 아담의 죄일 가능성을 암시한다.

102. 이 해석을 지지하는 중요한 사실은 바울이 11절에서 "죽은 상태"의 해결책으로 부활을 언급한다는 점이다. 특히 R. Gundry, *Sōma in Biblical Theology*, 38를 보라; Harris, *Raised Immortal*, 45-46. 하지만 Dunn은 σῶμα(육체)가 공동의 개념, 즉 "이 시대의 모든 인간 존재의 특징을 규정하는 말"이라고 생각한다. "죽음"(νεκρός)은 언젠가 죽게 될 운명과 현재 신자를 붙들고 있는 죄를 모두 아우른다(그는 7:24에서 언급한다). 그러나 7:24에 대한 우리의 이해가 틀리지 않는다면,

만약 이 해석을 채택한다면, 첫 번째 절은 양보문(concessive)이 되는데 - "비록(*although*) 몸은 죄로 인하여 '죽게 되나'…" - 핵심 요지는 두 번째 절에 나오게 된다(NIV; NRSV; ESV; NAB를 보라). 여기서도 이 절의 의미를 둘러싸고 상당한 견해 차이가 있다. 몇몇 영역본(예를 들어 RSV, NIV, NASB를 참조하라)은 프뉴마를 인간론적인 의미로 번역한다. 즉, "너희 영은 의로 말미암아 산 것이니라"[103]가 그것이다. 그러나 부인할 수 없는 인간론적인 의미인 "육체"가 이 견해에 유리하지만, 프뉴마를 성령으로 이해하는 편이 더 낫다(대부분의 현대판이 그렇다).[104] 앞서 보았듯이, 프뉴마는 로마서 8장에서 시종일관 성령을 가리키고 있으며, 11절에서도 확실히 그렇다는 것을 10b절에서 설명하고 있다. 더 나아가, 프뉴마를 성령과 동일시 하는 것이 이 구절에서 나오는 다른 단어들의 의미를 더욱 잘 통하게 만든다.[105] 비록 신자가 흙으로 된 죽을 몸에 매여있지만, 그의 안에 새로운 영적 생명의 권능인 성령이 거하시며, 그 성령이 현재 신자가 누리는 정죄로부터의 해방이라는 의미에서 "생명"과, 장차 몸 그 자체를 변화시킬 장래의 부활 생명을 모두 전해 준다고 바울이 가르치고 있다. 이 모든 것은 "의로 말미암아" 일어나는데, 이 "의"는 생명에 이르게 하는 "전가된 의"이다(5:21을 보라).[106]

이 문구들은 비교가 되지 않는다. 즉, "이 사망의 육신은 구속받지 못한 육체로 여전히 죄의 형벌에 완전하게 종속되어 있는 반면에, 이 구절에서 말하는 몸은 그리스도인에게 속한다(Beker가 [*Paul the Apostle*, 288]에서 죄의 시대에 속한 "죄의 몸"[6:6]과 영의 시대로 이어지는 "죽을 몸"을 구별하고 있음에도 유의하라.) 물론, 그리스도께서 그의 백성 가운데 계시는 동안에는, 이 문맥은 각 신자에게 내주하는 그리스도께 초점이 맞춰진다(10a절에 ἐν ὑμῖν-"너희 각 사람 안에"; 11절에 "너희 죽을 몸"의 복수형인 *τὰ θνητὰ σώματα ὑμῶν*을 보라). 그래서 *νεκρόν*이란 단어는 몸의 죽을 운명을 가리킨다. 또한, 몸이 죽음에 이르게 되는 이유를 나타내는 *διὰ ἁμαρτίαν*는 이런 의미에서 그리스도인에게만 적용될 수 있다는 점에도 유의하라. 이는 그리스도인은 더 이상 어떠한 방식으로든 죄의 형벌에 종속되지 않기 때문이다. 1절의 "결코 정죄함이 없나니"를 참조하라(예를 들어 Cranfield; Dunn; Schmithals, *Theologische Anthropologie*, 110-12를 보라).

103. Godet; Wilckens; Fitzmyer를 보라.

104. Chrysostom; Calvin; Murray; Cranfield; Dunn; Byrne, "Living Out," 571를 보라; R. Gundry, *Sōma in Biblical Theology*, 46; Fee, *God's Empowering Presence*, 550-51과 Harrison에서의 논의를 보라. 최근 학계의 무게 중심은 이 해석쪽으로 이동하고 있다.

105. 인간론적인 해석은 우리가 *ζωή*라는 명사를 형용사("살아있는")로 취하고 본문에는 나오지 않는 소유 개념("너희의")을 추가하게 한다. 여기서 바울은 70인역으로 에스겔 37:5b의 문구를(비록 그 의미는 아닐지라도 필시) 암시할 가능성이 있다. 즉, *ἰδοὺ ἐγὼ φέρω εἰς ὑμᾶς πνεῦμα ζωῆς* ("내가 생기를 너희에게 들어가게 하리니 너희가 살아나리라")가 그것이다. 에스겔 37장은 하나님께서 그의 백성의 죽은 뼈에 생기를 불어넣으시는, "부활"에 관한 구약의 핵심 구절이다.

106. 예를 들어 Cranfield; N. T. Wright, *Paul and the Faithfulness of God*, 2.901을 보라;

11 네 번째로 이어지는 조건문으로, 바울은 성령 안에서 성령에 의해 주어진 생명의 이야기를 끝내면서, 성령의 중재를 통해 육체적인 변화를 얻게 한다고 확언한다. 이 요지에 적합하게 성령은 이제 "예수를 죽은 자 가운데서 살리신 이의 영"으로 지명된다. 물론 이 말은 하나님 아버지를 가리키는 말이지만(골 2:12; 롬 6:4를 보라), 그 초점은 성령에 있다. 부활에 대한 언급이 문장의 첫 부분에서 아주 명확한 만큼 "살리시리라"는 말이, 예를 들어 의롭게 된 자의 영적인 생명화를 지칭하거나,[107] 그리스도인의 삶에 죄를 "끊어내는 것"[108]을 지칭하기보다는, 장차 몸의 실제적인 변화[109] - 이른바 죽은 신자들의 부활을 통한 몸의 변화 - 를 가리키는 것이다. 바울이 이 장의 남은 부분에서 두드러지는 주제로[110] 생명의 확실성과 온전함을 분명히 강조하지만, 미래는 순전히 순간적이다. 하나님께서 그리스도를 죽은 자 가운데서 살리셨듯이, "우리의 죽을 몸"에도 생명을 주실 것이라는 바울의 확언에는 로마서 6:5(8:17을 보라)에서 명확히 드러나는 그리스도의 부활과 신자의 부활 사이의 인과 관계에 기초하고 있다. 그리고 로마서 8장의 이 부분을 통틀어 바울의 초점에 맞추어 볼 때, 하나님께서 그리스도인의 몸을 일으키시는 매개자는 바로 성령이다.[111] 9절에서와 마찬가지로, 성령의 내주하심은 성령이 신자 안에 거할 처소를 지으셨다는 것을 시사하고, "생명"의 성령(10b절. 2절에서 "생명의 성령"을 보라)의 존재는 결국 그가 거하는 육체에 생명을 가져올 수 밖에 없다. 성령의 생명을 주시는 능력은 육체의 사멸성으로 제한되는 것이 아니라, 육체의 몸과 죽음을 극복하고 부활의 몸 안에서 영생의 불멸성으로 변화시킨다.

12 대부분의 주석가들은 12-13절이 새로운 단락의 시작으로 소개하지만, 우리는 1-11절에 대한 결론으로 보기를 선호한다.[112] 5-11절에서 바울은 구원의 역

Schmithals, *Theologische Anthropologie*, 110-12.

107. Lietzmann; Stuart; Jewett는 신자의 현존 가운데 활기를 주는 존재가 최소한 포함된다고 생각한다.

108. Calvin.

109. Harris, *Raised Immortal*, 145; 예를 들어 Cranfield도 참조하라.

110. 특히 Byrne, *"Sons of God,"* 96을 보라.

111. 나는 여기서 소유격 독법인 τοῦ ἐνοικοῦντος αὐτοῦ πνεύματος로 본다(위의 번역된 주를 보라).

112. Byrne; Kruse도 보라.

사에 육신과 영의 두 대조되는 강한 세력의 본질과 경향에 대해 상술했다. 그는 그리스도인을 영의 쪽으로 놓고 그 관계의 결과를 도출했는데, 이는 "생명"이라는 단어로, 풍성한 신학적 의미에서 육체적 죽음을 극복하고 초월하는 생명이다. 그리고 이제 강조하는 추론인 "그러므로 이제"(now, therefore)[113]의 언급으로, 바울은 이 새로운 관계가 신자의 일상생활에 미치는 결과가 있음을 보여 준다. 구체적으로 바울은, "우리"가 더 이상 육신에 진 "빚"이 없으므로, 육신의 지시를 따르거나 육신의 뜻에 굴복하여 "육신대로 살 것"[114]이 아니라고 주장한다.

다시 한번 우리는 육신이 우리의 육체적, 또는 동물적 욕구나(예를 들어 식욕이나 성욕), 우리 안에 있는 본성(NLT성경에서는 "죄 된 본성"을 의미할 수 있다)에 관한 것을 의미하는 것도 아님을 알 수 있다. "육신"은 우리가 흔히 "현세"라고 부르는 것을 압축한 것으로, 하나님을 거역하는 이 세상 특징의 모든 것을 가리킨다. 이는 우리가 더 이상 순종해야 할 의무가 없다는 옛 시대의 권세에 관한 것이다. 던(Dunn)의 견해에 반해서, 이것은 신자들이 "피할 수 없는 육신의 영역에 속한다"는 것을 암시하는 것이 아니라, 오히려 "육신의 영역"(7:5과 8:9을 보라)으로부터 임한 구원이, 육신의 접촉과 영향으로부터 우리를 떼어놓은 것이 아니라는 의미이다. 여전히 육신을 입고 있기에(8:10과 13절을 보라), 우리는 이 세상에 살 동안 죄와 사망의 옛 영역과 지속적인 관계를 맺고는 있지만-더 이상 이곳에 속해있지 않다. 마치 해방된 노예가 - 법적으로나 신분적으로 - 풀려난 이후에도 습관에 따라 옛 주인에게 복종할지도 모르기에, 우리 그리스도인들은 아직 옛 주인인 "육신"의 소리에 경청하고 주의를 기울일 수 있다는 것이다.

13 바울은 그가 12절에서 사용했던 구문론적 구조를 그만두는데,[115] 이는 독자들에게(2인칭 복수형인 "너희"로 바꿔 쓴 것에 유의하라) 육신의 명령에 따라 계속 살다

113. *ἄρα οὖν*; 7:25도 보라.

114. 부정사 *τοῦ ζῆν*은 연속적인 것으로 -"육신의 결과로 사는 육신에 빚진 자"로(BDF §400[1])-볼 수도 있지만, 이는 필시 부연하는 설명일 것이다-"육신에 따라 살만큼 육신에 빚진 자"(Moulton, *Prolegomena*, 217; 1:24에 관한 추가적인 주를 보라).

115. 12절에서 동사가 *οὐ*뒤에 놓인 것은 바울이 *ἀλλὰ τῷ πνεύματι τοῦ κατὰ πνεύμα ζῆν*("그러나[우리는 성령에 빚진 자로서] 성령에 따라 살 것이니라")와 같은 말로 문장을 이어나갈 계획이었음을 보여 준다.

가는[116] 반드시 죽을 것이라고 경고하기 위해서이다.[117] 이 죽음은 물론 육체의 죽음은 아니어도, 주님의 재림 전까지 살아남지 못하는 사람들의 - 신자이든 불신자이든 - 운명인 육체의 죽음이 육신에 따라 사는 사람들에게만 형벌이 임한다는 것은 아무래도 말이 안 되기 때문이다. 가장 완전한 신학적인 의미에서 죽음의 의미하는 것은, 죄의 형벌로 인한 하나님과의 영원한 분리이다. 우리는 이 경고의 알맹이를 떼어내어서는 안 된다. 바울은 그의 독자들에게 계속 육신의 명령대로 산다면 정죄 받게 될 것을 천명한다. 머레이(Murray)는, "성도가 죄의 법에 대해 단번에 죽은 것이 그의 지체 가운데서 죄를 억제해야 할 필요에서 그를 해방시키는 것이 아니라, 그가 그의 지체 가운데서 죄를 끊어낼 수 있도록 한다"고 표현한다.[118]

이 점에 관해서는 칼빈주의자들과 아르미니우스주의자들의 견해가 일치한다. 차이는 다른 데 있다. 아르미니우스주의자는 거듭난 신자라도 실제로 "육체적인" 생활방식으로 되돌아갈 수 있으므로 이 구절의 위협이 실제가 된다고 믿는다. 그러나 칼빈주의자는 정말로 거듭난 신자라면 때때로 "육체적인" 행위를 범해도, 틀림없이 그 안에 거하시는 성령에 의해 육신적인 생활방식이 저지될 것이라고 믿는다. 나는 바울이 이 장들을 통들어서(특히 5:9-10, 21; 8:1-4, 10-11을 보라) 의롭다 하심을 얻은 신자들에게 주는 확신의 힘은, 칭의 자체의 최종성과 함께 칼빈주의적 해석을 지지한다고 믿는다. 그러나 그런 해석이 바울이 여기서 말하는 경고의 심각함을 어떤 식으로든 감소시키지 않는다. 우리가 최종적으로 깔끔하게 종합할 수 없는 방식으로, 바울은 하나님이 그리스도 안에서 우리를 위해 하신 일이 우리가 영생을 얻는 유일하고 최종적인 근거라고 강조함과 동시에, 그 생명을 얻는 전

---

116. ζῆτε은 '현재 지속형'이다(durative present). (엄밀한 의미에서 '현재 진행형'은 'present progressive'으로 표현된다. 주지하듯 '현재 진행형'은 접미사-ing가 따라오며, 대체로 '현재형'(present), 또는 '분사'(present participle)의 형태로 진행형의 의미를 나타내는데, 이는 행위의 주체가 행위를 수반하는 순간의 상태를 묘사하는 것으로 볼 수 있다. 이에 반해 '현재 지속형'(durative present)은 그 순간의 상태를 아우르면서 일정한 시간 동안 지속성을 나타내는 것이다. 가령, "잠을 자다"(sleep), "요리하다"(cook), "춤을 추다"(dance)와 같은 단어가 그것이다. 실제 LXX에 따르면 ζῆτε는 "현재시제"라는 사실에 주목할 필요가 있다. 따라서, 저자는 육신에서 해방된 자의 삶이 법정적, 신분적으로 옛 시대로 돌아갈 수 없고, 마치 새로운 영역에서 살고 있었던 것처럼 살아가는 지속의 상태에 있음을 역으로 강조하는 듯이 보인다-옮긴이)

117. μέλλετε는 "막…하려던 참"이라는 의미로, 죽음의 확실성에 초점을 두고, 경고를 강화시킨다.

118. 청교도 신학자 존 오웬(John Owen)은 기독교와 죄에 관한 그의 논문 토대가 롬 8:13(죄를 끊어냄)에 기초한다고 주장한다.

제 조건으로 거룩한 삶이 필수불가결한 것임을 강조한다.[119] "직설법" - 하나님이 그리스도 안에서 우리를 위해 하신 일 - 이나 "명령법" - 우리가 할 일을 명령받는 것 - 모두 배제될 수 없다. 또 그것들은 불가분하게 연결되어 있어서 서로 분리될 수도 없다. 이 단락에서 그 연결의 요지는 성령이다. "우리를 죄와 사망의 법에서 해방한" 바로 그 영이 우리 안에 거처를 정하여, 우리로 하나님의 뜻에 따라 행하고 육신의 방식들에 거부하도록 이끄는 마음의 태도를 생산해낸다.

같은 방식으로 "죽다"는 표현이 신학적인 사망을 지시하듯, 이 구절의 두 번째 부분에서 "몸에 행실을 죽이는"[120] 자들에게는 약속된 생명은 영적인 생명을 의미한다(10절과 11절에서 처럼). 바울이 죄를 묘사하는 데 "몸의 행실"이라는 문구를 사용하는 것이 문제를 복잡하게 만든다. 즉, 그가 "육신"과 - 윤리적인 의미에서 이 세상의 악한 영향으로 - "몸"을 - 세상과 짝하면서도, 여전히 하나님을 섬길 수 있으므로 파괴할 것이 아니라 변화시켜야 할 대상인 중립적인 몸이나, 사람으로 - 신중히 구별해서 쓰는 원칙을 위반하는 것으로 보이는 것이 그것이다. 혹자는 이것이 사실상 바울이 "몸"을 "육신"[121]의 동의어로 쓰는 경우라고 생각한다. 그러나 우리가 앞서 정확하게 묘사했던, 보다 더 중의적인 의미에서 바울이 "몸"을 사용하고 있는지도 모르는데, 이는 성령을 섬기는데 우리의 몸을 두는 중요성을 강조하고 싶기 때문이다(12:2도 참조하고, 10절과 11절에 "몸"의 언급에 주목하라). 옛 영역에 있는 자들에게는, 죄에 끌려서 육적인 것에 봉사하게 된다(7:24을 보라). 그리고 반드시 죽게 되는 것은 육신의 지배를 받는 이 몸이라는 것이다.[122]

바울은 신자들의 삶에서 죄의 지배를 정복해야 할 책무를 그들에게 맡기지만,

119. 이 문제는 개혁 신학에서 기본적인 것이다. 특히 이 문제의 흥미로운 논의가 Coolidge, *Puritan Renaissance*, 101-13에서 여러 다른 청교도 신학자들에 의해 다루어지는 것을 참조하라. 그리고 "믿음만"을 향한 탄탄한 헌신이 어떻게 궁극적인 삶을 위한 순종의 필요성과 공존할 수 있는지를 보여주려는 지속적인 시도에 대해서 B. Green, *Covenant and Commandment*를 보라.

120. θανατοῦτε는 바울 서신에서 이러한 개념으로 드물게 쓰이는 단어로, 의심의 여지 없이 앞 문장의 결론과 맞추기 위해 선택됐는데, 만일 너희 *죄*로 하여금 "죽게" 한다면, *너희*는 "죽지" 않으리라는 의미를 내비친다.

121. 특히 예를 들어 Cranfield를 보면, 몇몇 맛소라 사본은 심지어 σάρξ로 "수정한다."

122. R. Gundry, *Sōma in Biblical Theology*, 39; Deidun, *New Covenant Morality*, 98와 R. Jewett, *Paul's Anthropological Terms*, 157-60도 보라.

이를 할 수 있는 것은 오직 "영을 통해서"[123] 가능함을 강조한다. 그러므로 생명의 거룩함은 도움을 받지 않고 달성하는 자력으로 - 도덕주의나 율법주의의 오류 - 되는 것도 아니요 - 우리의 참여가 없는 영으로 - 마치 거룩한 삶의 관건이 "될 대로 하나님께 전부 맡기는 것"이라고 일부 사람이 주장하듯이 - 되는 것이 아니라, 우리 안에 거처를 정하신 성령이 우리 안에 심으신 "생명"으로 우리가 계속해서 살아나감을 통해 달성된다.[124] 우리는 여기서 이쪽이나 저쪽으로 지나치게 기울어져서는 안 되는, 또 다른 미묘한 뉘앙스의 균형을 요구하는 것을 마주한다. 성화의 과정에서 인간의 행위는 분명히 필요하지만, 그 행위가 하나님의 영의 행위로부터 떨어지거나, 궁극적으로 구별되는 일은 전혀 없다. 데이둔(Deidun)은 이를 다음과 같이 표현한다. 그리스도인의 의무가 "그리스도인에게 스스로에게 비롯되지는 않은 어떤 행위에 계속해서 "예"를 요구하기는 하지만, 이미 그 행위는 자기 존재의 중심에 실재하고 실존하는 것이다."[125]

2. 양자의 영 (8:14-17)

14 무릇 하나님의 영으로 인도함을 받는 사람은 곧 하나님의 아들이라
15 너희는 다시 무서워하는 종의 영을 받지 아니하고 양자의 영을 받았으므로 우리가 아빠 아버지라고 부르짖느니라
16 성령이 친히 우리의 영과 더불어 우리가 하나님의 자녀인 것을 증언하시나니
17 자녀이면 또한 상속자 곧 하나님의 상속자요 그리스도와 함께 한 상속자니 우리가 그와 함께 영광을 받기 위하여 고난도 함께 받아야 할 것이니라

1-13절의 주도적인 개념이 "생명"이라면, 14-17절에는 하나님의 "아들들"(14절; 15절의 "자녀의 신분/양자를 보라), 또는 "자녀"(16, 17절)의 개념이 지배적이다. 이 구절들이 이러한 개념에 초점을 맞추는 방식이 이 구절들을 독립된 사상의 단위로

123. πνεύματι는 행위자(agent)의 여격이다.
124. Lloyd-Jones, 91-147에 나오는 세련되고 실천적인 논의를 보라; 이 점에 관한 청교도들의 신중한 균형 잡힌 논의에 대해서는 Kevan, *Grace of Law*, 221-23을 보라.
125. *New Covenant Morality*, 80; 75-80에 이 구절에 관하여 나오는 전체 논의를 살펴보라; Maston, *Divine and Human Agency*도 참조하되, 특히 167-68을 보라.

취급하는 것을 정당화한다.[126] 그럼에도 불구하고, 이 문단과 앞뒤 문단 사이의 연결성이 밀접하다는 것이다. 첫째로, 우리는 바울이 신자들의 "자녀 됨"(sonship)을 예수님의 고유한 자녀의 신분과 관련을 짓는 것에 주목해야 한다. 예수님을 하나님의 친아들로 지칭하는 것들이 이 장을 묶고 있으며(8:3, 32), 우리를 향한 하나님의 사역의 궁극적인 목적이 우리로 그의 아들을 닮게 하는 것이다(8:29). 이 단락에서 "아빠"(abba)라고 부르짖는 것은 이 연관성을 심화시킨다. 즉, 우리 신자들은 예수님의 고유 권한이었던 하나님의 이름을 부를 수 있게 된 특권을 가진다는 그것이다. 둘째로, 하나님의 "아들들"이 되는 것은 왜 영의 지배 아래에 놓인 자들이 종말론적 생명을 경험하는지를 설명해 준다(14절, 13절과 관련하여). 그리고 셋째로, 하나님의 자녀가 된다는 것은 죄와 사망의 옛 영역 가운데 계속해서 살아가는 것과 동시에 의로움의 새 영역에 속하므로 생기는 "이미와 아직"의 긴장감으로 신자를 정확히 배치하는 것이다. 한 마디로, 하나님의 "자식"이 되는 것은 또한 하나님의 "상속자"가 됨을 의미하므로, "자녀 됨"으로 인한 완전한 즐거움이 주어질 미래를 바라보아야 한다(17절, 18-30절과 관련하여).[127] 이러한 점들이 이 단락의 기본 취지를 전달하는데, 15-16절은 성령의 인도함을 받는 자가 하나님의 아들들이라는 단언을 부연하고 정당화하는 삽입부에 가까운 성격을 갖는다.[128] 그러므로 이 문단은 바울의 확신이라는 주제를 세 가지 방법으로 전개한다. (1) 이 문단을 하나님의 영을 가진 신자는 "살리라"는 승리를 선언하는 추가적인 이유를 제공한다. (2) 이 문단은 신자들이 하나님의 백성이요, 하나님의 약속의 상속자로 묘사되는 점증적인 목록에 - "하나님의 아들들" - 이라는 또 하나의 중요한 표현을 보탠다. 그리고 (3) 이 문단은 "이제 그리스도 예수 안에 있는 자에게는 결코 정죄함이 없나니"(1절)라는 바울의 절대적인 단언을 정당화하는 또 하나의 근거를 제공한다.[129]

이 문단에서 나타나는 사상의 흐름은 갈리디아서 4:1-7에 나타나는 것과 매우

126. 하나님의 아들/자녀 개념은 19, 21절과 23절에 재차 나오지만, 부수적이다. 따라서 이 개념은 전반적으로 이 장의 중심 개념라고 보기에는 어렵다(반대 견해로 Van Rensburg, "Children of God," 159-61이 있다).

127. Osten-Sacken (*Römer 8*, 143-44)은 14-30절이 "하나님의 아들들"의 종말론적인 존재에 초점을 둔 큰 사상의 단위라고 생각하는 사람 중의 한 사람이다.

128. 예를 들어 Lagrange; Ridderbos, *Paul*, 201을 보라.

129. Lloyd-Jones를 보라.

비슷하다.[130] 두 본문에서, 바울은 신자들이 종의 신분에서 우리와 같이 "보냄을 받은" 자로, 그리스도의 희생을 통해 속량된 하나님의 아들들로 변화된 것을 천명한다. 두 본문에서 이 새로운 신분은 "양자(됨)"(adoption)로 불리며, 내주하시는 영, 즉 이제 우리가 하나님이 귀히 여기시는 자녀로서("아바"를 보라) 하나님께 속한다는 것을 깊이 인식하게 하는 성령에 연결된다. 그리고 이 두 본문에서, 하나님의 자녀가 된 것이 우리를 하나님의 상속자가 된 것으로 이끈다. 이러한 병행구가 암시하는 것은, 14-17절에서 바울의 가르침에 초석이 된 "자녀의 신분"이라는 측면에서, 그리스도인의 존재에 관한 개념화를 반영하는 것이다. 갈라디아서의 단락이 암시하듯이, 이 개념화는 이스라엘의 정체성 문제에서 비롯되었는지도 모른다. 사실, 우리가 아래의 각주에서 확인하겠지만, 바울은 하나님의 백성을 자신의 자녀로서 그를 섬기게 하도록 노예로부터 "이끄시는" 하나님에 대하여, 출애굽 역사를 암시하고 있는지도 모른다. 그러나 갈라디아서와 로마서에서는 모두, 바울이 종/아들/상속자라는 언어가 그분의 구원사적인 계획안에서 모든 사람의 신분에 더 일반적으로 적용될 수 있음을 분명히 한다. 십자가 사건 이전에, 이스라엘 백성은, "법 아래에서" 종보다 별반 나을 바 없는 "어린아이"(minors)로 살았고, 비슷한 방식으로 이방인들은 "이 세상의 초보적인 원리들"(갈 4:9) 아래에서 종노릇하며, "종의 영"에 묶여 있었다(롬 8:15). 하지만 그리스도를 영접하는 자는, 유대인이나 이방인이나 성령을 받아 하나님의 "아들"과 "후사"가 된다.

14 내가 위에서 암시했듯이, "이는"(그리스어. 가르[*gar*])은 바울이 13절에서 성령의 능력으로 몸의 행실들을 죽이는 것이 종말론적인 생명에 이르게 하는 것이라는 결론에 막 도달하게 됨을 알리는 결론을 이 구절에서 설명하고 정당화한다. 13절의 "명령법 어조"는 본질적으로 행위를 통해 생명이 획득될 수 있다는 생각으로 독자들을 잘못 이끌 수 있는데, 즉시 "직설법"의 방향으로 옮겨진다. 그 수

130. 갈 4:3b-7절과 롬 8:2-17절의 특정한 부분들 사이에서 두드러진 평행들에 주목하라. 갈 4:3b, ὑπὸ τὰ στοιχεῖα τοῦ κόσμου ἤμεθα δεδουλωμένοι("우리도 이 세상의 초보적인 원리 아래에서 종노릇했다").

정 신호는 수동태로 "(무릇)가능한 많은 사람이[131] 인도함을 받는다."[132] "영으로 인도함을 받는" 것은 성령의[133] 지도를 받는 것이 아니라, 갈라디아서 5:18에서처럼, 한 사람의 인생 전체의 방향이 성령에 의해 결정되도록 한다는 뜻일 것이다.[134] 따라서 이 문구는 바울이 4-9절에서 사용한 생명의 성령에 관하여 다양하게 묘사한 것을 요약하는 하나의 방식이다. 바울은 "인도함을 받아"라는 표현에 "내적인 충동"과 감정들의 개입을 포함하기를 원할지도 모르지만, 구약의 배경과 갈라디아서 5:18의 평행은 이러한 생각을 구체적으로 "황홀한"(ecstatic)것으로나 "은사적"(charimatic)인 것으로 볼 것 같지는 않다.[135] 13절에서 "너희가 영으로써 죽게 한다"는 능동태는 "영으로 인도함을 받는"의 수동태의 한 양상으로, 그리스도인의 삶에 대한 바울의 가르침에서 "직설법"과 "명령법"이 불가분의 관계라는 것을 다시 지적한다.[136] 동시에 우리는 바울의 어법에서 또 다른 뉘앙스를 놓쳐서는 안 된다. 바울이 여기서 사용한 "인도하다"(그리스어. 아고[*agō*])는 광야(특히 신 8:5, 15; 29:4; 32:12를 보라)를 통과하는 이스라엘 백성을 "인도하시는" 하나님을 가리키는 구약의 몇몇 본문에서도 나타난다. 이러한 맥락에서 약속의 땅으로 향하는 이스라엘의 광야 여정에 대한 개연성 있는 암시들은 바울의 이러한 경험을 암시하는 것일 수도 있다. 하나님께서 그의 "아들"인 이스라엘(출 4:22)을 모든 광야의 시험을 통해 "유업"(예, 출 15:17)으로 인도하셨듯이, 하나님은 이제 새 언약의 "아들들"을 시험들(17, 18절)을 통해 유업(17절)으로 인도하신다. 톰 라이트(N.T. Wright)의 표현을 요약하자면, "출애굽기 서사에서 이스라엘의 유일하신 하나님께서 행하신 일을…바울은 영으로 이루어지고 있음을 본다."[137]

---

131. ὅσοι라는 이 대명사는 "…하는 자들이"라는 "독점적인" 의미를 지닐 수 있지만 - 바울이 13a절의 결과를 더 이상 이어가지 않고 13절의 긍정적인 면만을 전개한다는 사실에 비추어 볼 때, "포괄적인" 의미에서-"…하는 자는 누구나"-로 보는 편을 선호한다(Cranfield와 Stalder, *Werk des Geistes*, 470도 보라)

132. ἄγονται.

133. 고대 교회의 대다수 해석자들은 이런 뜻으로 해석했다(La Potterie, "Chrétien conduit," 210-15를 보라).

134. 예를 들어 Byrne, *"Sons of God,"* 98을 보라.

135. 고전 12:2-3을 보라; 반대의 견해로 예를 들어, 헬레니즘 문헌의 병행구를 인용하는 Käsemann and Dunn을 보라.

136. Murray를 보라.

137. *Paul and the Faithfulness of God*, 2.721 (본래 강조점이 있다). Keesmaat, "Exodus and

이 영이 주장하는 존재의 결과는 바로 "하나님의 아들들"이 되는 것으로, 그 하나는 반드시 다른 하나를 포함한다. 갈라디아서 4:6에도 불구하고, 바울은 우리가 하나님의 아들들이 되는 것에는 성령이 매개자 역할을 한다는 의미는 아닐 것이다. 그보다, 15-16절은 "하나님의 영으로 인도함을 받는" 것이 하나님의 아들임을 알리는 구별된 표지의 하나임을 시사한다.[138] "하나님의 아들"이라는 문구는 구약과 유대교에서는 이스라엘을 하나님께서 "그의 것(자녀/장자/아들)"이라고 부르시는 백성을 드러낼 때 사용되는데,[139] 이에 따라서 야웨는 이스라엘의 '아버지" 로 묘사된다.[140] "하나님의 아들들"이라는 복수형은 이스라엘 백성에게 적용되는 빈도수가 적지만, 바울이 이 문구의 사용을 출처로 삼을 만큼 빈번하게 나온다는 것을 추측할 수 있다.[141] 만일 이 추측이 맞는다면, 13절과 14절 사이의 연관성은 더욱 분명해지고, 하나님의 영으로 증명된 "자녀의 신분"이 생명에 이르는 것은, 이 "생명"이 약속의 백성, 하나님의 백성 안에 내재하기 때문이다.[142] 그러나 우리는 바울의 신학에 더욱 친밀하게 연관되어 있는 "자녀 됨" 개념의 근원을 간과해서는 안 된다 - 그리스도의 유일무이한 자녀 됨이 바로 그것이다. 이런 맥락에서 로마서 8:29은 - 하나님의 궁극적인 목적이 신자들로 "그 아들의 형상을 본받는데" 있고 - 3절에서 예수님을 하나님의 아들로 언급하고 있음에 주목하라. 다음 절에서 바울은 예수님이 특별히 자신의 용어로 아버지를 "아바"로 사용했던 말을 그리스도인들이 부르는 호칭으로 돌려놓았는데, 이러한 차원이 담겨 있음을, 바로 이 구절에서 확인할 수 있다는 것이다.

15 이 단락의 기틀을 형성하는 언어 행렬인 성령-자녀 됨-상속자의 마지막 요소로 이동하기 전에, 바울은 잠시 멈춰서 연속 행렬의 처음 둘 사이의 관계에

Intertextual Transformation," 29-56와; Thielman, "Story of Israel," 182-84; La Potterie, "Chrétien conduit," 216-38도 보라.

138. Morris; Murray을 보라.

139. 특히 출 4:22; 렘 3:19; 31:9; 호 11:1과 예를 들어 Sir. 36:12; 4 Ezra 6:58을 보라.

140. 예를 들어 신 32:6; 사 64:8; Jub 1:25.

141. 예를 들어 신 14:1; 사 43:6; 호 2:1 (LXX) (롬 9:26에 인용된)것을 보라; Wis 5:5; T. Mos. 10:3; 2 Bar. 13:9. 특히 Byrne, *"Sons of God,"* 9-70를 참조하고 G. Fohrer and E. Schweizer, *TDNT* 8:347-60에 유의하라

142. Byrne, *"Sons of God,"* 98.

대해 조금 더 설명한다.[143] 자녀의 신분을 수여하는 성령의 사역에 관한 바울의 묘사는 성경 어디에서든 신자의 기쁨과 안도감을 그려내는 가장 아름다운 그림 중 하나를 이룬다. 15절의 핵심은 두 가지 "영"인데, 하나는 신자가 받지 않은 "종의 영"이고, 다른 하나는 우리가 가진 "양자의 영"으로 이 둘 사이의 대칭(antithesis)를 이룬다.[144] 그렇다면 이 "영들"은 무엇인가? 몇몇 해석자들은 "받은"올 수사적인 것으로 해석하여서 내적인 태도 내지는 성질이라는 의미에서 양쪽 모두 사람의 영을 가리킨다고 생각한다.[145] 그러나 14절과 23절에서 성령과 신자의 자녀 됨 사이의 분명한 연결점을 비추어 볼 때 - 갈라디아서 4:6은 언급할 것도 없이 "하나님이 그 아들의 영을 우리 마음 가운데 보내사"에서 - "양자의 영"은 성령을 가리키는 것이 분명하다. 이 때문에 많은 주석가들은 "종의 영" 역시 성령을 지칭하는 것임이 분명하다는 결론에 이르게 된다. 청교도들(로이드 존스 이래로) 중에서 많은 사람들은 여기서 하나님의 영에 의해 죄를 깨달은 사람의 마음속에서 하나님의 법이 역사함으로 생긴 "종"의 감각을 가리키는 것으로 보았다.[146] 다른 사람들에게 있어서 작게는 개인주의적이고 크게는 구원사적인 방침을 취하여, "종의 영"을 율법 아래에 놓인 옛 시대에 나타나는 성령의 역사로 본다는 점이다.[147]

확실히 바울 서신에는 이러한 개념을 뒷받침하는데, 가령 바울은 율법이 "신령하다"(7:14)고 하면서, 율법이 죄에 속박을 가져오고 이를 확실히 했다고 주장하기 때문이다(7:23). 갈라디아서 4:1-7에서는 종의 개념이 구체적으로 "율법 아래" 있는 상황과 결부된다(칼빈이 인용한 히 12:18-24의 대조도 살펴보라). 그러나 7:6과 고린도후서 3:6-18 에서 "조문"(letter)과 "영"(spirit) 사이의 대조에서 비추어본다면, 바울은 율법의 이러한 영향을 하나님의 영이 야기한 것으로 말할 수 있을지에 대한 의문이 생길 수 있다. 따라서 "종의 영"이 직접적으로는 성령올 가리키는 것 같

143. 이러한 이유로 *γάρ*를 사용한다.

144. 그리스어에서는 각각 *πνεῦμα δουλείας*와 *πνεῦμα υἱοθεσίας*로 나타난다.

145. 참조, Longenecker.

146. Kevan, *Grace of Law*, 88-89.

147. Chrysostom; Luther; Calvin; Wilckens; Dunn; Cambier, "Liberté du spirituel," 211. 교부들 가운데(예를 들어 Irenaeus) 몇몇은 마르키온을 논박하는데, 성령은 신 · 구약 모두에서 역사하고 있음을 증명하기 위해 이 구절을 사용하였다(Schelkle, *Paulus, Lehrer der Väter*를 보라)

지는 않다. 따라서 바울은 죄의 종이 된[148] 사람의 영을 가리킨다고 볼 수도 있지만, 그가 이 단어를 "양자의 영"에 대한 가설상의 대조법으로 보고 "너희가 받은 영은 '종의 영' 이 아니라 양자의 영이라"는 뜻을 나타내도록 수사적으로 쓰고 있을 가능성이 더 크다.[149]

이러한 해석으로는, "다시"(again)가 "무서워하는"(unto fear)을 수식한다. 즉, 신자들이 받은 영은 그들이 그리스도인이 되기 전의 상태(갈 4:8-10과 비교하라)에서 겪었던 심판의 공포와 두려움을 일으키지 않는 다는 것이다(갈 4:8-10과 비교하라). 바울이 율법을 죄에 대한 의식과 그에 상응하는 정죄의 형벌을 가져오는 것으로 묘사하고 있기에(3:20; 7:7-13을 보라), 그가 율법의 직무를 암시하는 바가 필시 있을 것이다. 공의로운 재판관이신, 하나님 앞에서 이렇게 속으로 두려워하는 감정과 대조되는 것은, 하나님의 영이 그리스도인의 마음 중심에 만들어 주시는 것으로, 우리의 하늘 아버지 앞에 있는 평안과 안정감이다. 바울은 이 평안과 안정을 규정하는데 있어서 "양자 됨"보다 더 좋은 용어를 선택할 수는 없을 것이다. 이 단어는 아이를 "양자로 삼아"(adopt) 일반적으로 보통 친자에게 귀속되는 모든 법적 권한과 특권을 그 양자에게 증여하는 그리스 세계와, 특히 로마의 법률 제도를 나타낸 것이다.[150] 이러한 배경은 아마도 바울이 이미지를 사용하는 것을 이해하는데 가장 중요한 요소일 것이다.[151] 그러나 우리는 구약과 유대교에 대한 개연성 있는

148. 예를 들어 Haldane; S-H.

149. 고전 2:12와 딤후 1:7의 병행구를 보라. Godet; Murray; Cranfield; Stalder, Werk des Geistes, 480-81; Byrne, "Sons of God," 99를 보라.

150. 특히 Lyall, "Roman Law," 458-66을 보고; 동일 저자의 *Slaves*, 67-99를 보라; Burke, *Adopted into God's Family*, 46-71. 바울이 υἱοθεσία라는 용어를 사용할 때, 입양 *행위*를 가리키느냐(예를 들어 Cranfield를 보라) 아니면 "자녀 됨"의 신분을 가리키느냐(Byrne, *"Sons of God,"* 215)에 대해서는 학자마다 이견이 있다. 롬 9:4에는 신분 상태가 중심인 것으로 보이고, 갈 4:5에도 그러한 것 같다(우리가 그것을 "얻으므로"); 그래서 δουλείας("노예 상태")의 대조가 여기서는 저울추를 이 방향으로 기울어지게 할 수도 있다. 그러나 롬 8:23에서 강조는 입양 행위에 강세가 주어지는 것으로 보이며, 이 단어는 거의 언제나 신약성경 밖에서도 이 의미를 지니므로(J. Scott, *Adoption as Sons*, 3-57), 이것은 아마도 바울의 주된 강조점일 것이다(바울은 이 단어를 엡 1:5에도 사용하지만, 이것이 "행위"인지 "신분"이 우선인지는 확실하지 않다).

151. υἱοθεσία라는 용어가 LXX이나 헬레니즘 시대의 유대인 저자에게서 나타나지 않으며, 입양이 법률적인 행위로 유대인들 사이에서 공식적으로 인정되지 않았다. 그렇기에 바울이 여기서 로마의 법 제도를 염두에 두고 있었을 것이다. 다시금 예를 들어 Lyall, "Roman Law," 458-66와 Burke, *Adopted into God's Family*, 46-71을 보라.

언급을 간과해서는 안 된다. "양자 됨"은 이스라엘이 누리는 특권 가운데 하나이며(롬 9:4), 우리가 보았듯이 이스라엘은 구약과 유대교에서 정기적으로 하나님의 "아들" 또는 "아들들"의 특징으로 묘사된다(14절에 관한 주들을 보라). 그렇기에 다시 한번, 바울은 이스라엘의 고유한 신분을 묘사하는 용어를 취하여 이를 그리스도인들에게 이어가고 있다.[152]

8:23에 따르면, 몸이 속량을 받을 때에 양자가 되므로, 혹자는 여기 나오는 "양자의 영"을 "우리의 양자 됨을 기다리는, 또는 보증하는 영"이라는 의미로 해석하기도 한다.[153] 그러나 이것은 우리가 하나님의 자녀된 신분으로 누리는 현재의 즐거움을 강조하는, 근접 문맥에 정면으로 거스르는 것이다.[154] 그러므로 우리는 이 구절과 8:23 사이에서 나타나는 명백한 모순을, 그리스도인의 종말론적인 신분의 긴장감이 있는 "이미와 아직"으로 돌린다. 즉, "이미" 하나님의 가족으로 "입양되어", 모든 유익과 특권을 누리지만, 우리가 하나님의 아들의 영광스러운 형태로 변하는 그 "유업"을 상속받는 자로는 "아직은 아닌" 것이다(8:29을 보라).[155] 갈라디아서 4:5-6에서 하나님이 우리를 양자로 삼으신 것의 뒤를 잇는 것이 우리가 하나님의 아들들인 것에 대한 성령의 증언과 그 결과이기 때문에, 15-16절이 우리의 신분이 아들임을 인식하도록 깨닫게 하는 성령의 사역에 초점을 맞추고 있기에, 그리고 그 이미지가 자연스럽게 하나님 아버지께서 "입양하는 자"(adopter)이심을 암시하므로, 우리가 "양자의 영"을 "양자 되게 하는 영"이라고 하기보다 "양자 됨을 확인하는 영"의 의미로 해석하는 것이 옳을지도 모른다. 그러나 이러한 말이 지나치게 미묘해질 수 있기에, 그 영은 "생명"을 수여하는 아버지의 대리인으로 나타나기 때문에(11절을 보라), 신자의 양자 됨을 얻고 확인할 수 있는 동인으

152. 바울은 그로 인해 9:1-6의 고통스러운 문제들을 불러 일으킨다. Dunn을 참조하고, 보다 큰 사상에 대해서는 Ridderbos, *Paul*, 197-98을 보라; 특히 Byrne, *"Sons of God,"* passim (215-19의 요약을 보라); 그리고 J. Scott, *Adoption as Sons*, 61-117. 삼하 7장은 하나님이 왕을 아들 삼으시는 것에 관해 언급하는 구약의 중심적인 본문이다. 입양에 관한 로마의 법적 개념은, 아들에게만 적용되는 것으로, 우리가 υἱός를 영역본에서 "아들(들)"로 유지해야 함을 암시한다. (예를 들어 Bird; Horton, *Christian Faith*, 398을 보라): 바울의 요점 중 하나는 심지어 딸들도 이제 "아들들"이 될 수 있다는 점이다.

153. Barrett; Byrne, *"Sons of God,"* 100.

154. 특히 κράζομεν("우리가 부르짖느니라")의 현재형이 이 구절의 하반절에 나오는 것을 유의하라.

155. Van Rensburg, "Children of God," 166을 보라.

로 성령을 생각하는 편이 더 나을 것이다.[156]

우리가 받지 않은 영인 "종의 영"은, 하나님 앞에서 "무서워하는" 마음을 일으키곤하듯이, 우리가 받은 "양자의 영"은 우리 안에서 우리가 하나님의 자녀라는 위로의 확신을 솟아나게 한다. 그 영은 우리에게 "양자 됨"을 부여할 뿐만 아니라, 우리로 이러한 새로운 관계를 깨닫게 하신다. 즉, "아들의 신분만이 아니라 아들의 마음까지 갖는다"는 것이다.[157] NRSV는 15절의 마지막 부분을 16절과 엮어 – "우리가 '아빠! 아버지!라고 부르짖을 때, 성령이…친히 증언하시나니"라고 – 하지만 대부분의 영역본과 주석자들의 예를 따라, 이 말을 앞부분에 붙이는 편이 더 낫다. 즉, "그 안에서 우리가 아빠, 아버지!'라 부르짖느니라"가 그것이다.[158] 동사 "부르짖느니라"를 사용할 때, 바울은 하나님을 아버지로 보는 우리의 생각이 이성적인 사고에서 나오거나, 외적인 증언에서만 나오는 것도 아니라, 마음 속에서 깊이 느껴지고 강렬하게 경험한 진리에서 우러나온 것임을 강조한다.[159] 어떤 그리스도인이 구원을 확신하는 근거를 감정에만 두는 오류를 범한다면, 다른 많은 그리스도인은 그 근거를 사실과 논증에만 두는 오류를 범하게 된다. 사실상, 바울이 여기서 말하는 것은, 하나님의 영으로 사람이 그 감정에 영향을 받지 않

156. 그러나 Burke는 이 관계를 더 느슨하게 본다; 성령은 양자 됨과 "함께 간다" ("Adoption and the Spirit," 316-17; 동일 저자의 *Adopted into God's Family*, 142-43). 갈 4:6은 양자 됨이 성령의 은사로 인도함을 암시한다. 그러나 우리는 이 문제에 대하여 아마도 어떠한 본문도 더 힘주어 강조하면 안 될 것이다. 바울은 이 모두가 함께 가야함을 단언한다(다시 Burke, *Adopted into God's Family*, 142-43을 보라).

157. Denney.

158. 예를 들어 Cranfield를 보라.

159. 바울이 κράζω에서 무엇을 정확히 의미하느냐는 논의의 여지가 있다. 이 단어는 복음서에서 귀신 들려서 "소리지르는" 자들에게서 빈번히 사용되는 단어이고, 바울이 신자를 어떤 의미에서 영에게 "사로잡힌"바 된 것을 말할 때 사용하므로, 이 단어는 "황홀경의(ecstatic)" 외침을 암시할 수도 있다(Käsemann; Kuss; Dunn). 물론 그렇다면, 우리는 헬레니즘의 신비 종교들 가운데 어떤 종교와 연관된 "황홀경의" 말들의 종류와 구별하는데 신중을 기해야만 한다. 이는 바울이 분명히 이 부르짖음이 우리가 하는 것으로 말하는 것이지, 영이 하는 것으로 들리지 않기 때문이고 (갈 4:6과는 다르지만), 16절에서 이 부르짖음은 무분별한 사로잡힘의 산물이 아니라, 의식적인 이해임을 분명히 암시하기 때문이다. 그러나 다른 사람들은 여기에서 드러난 관념을 시편에서 하나님께 기도로 부르짖는 사람들에 관하여 빈번하게 언급하는 것과 비교한다(G. Schrenk, *TDNT* 5.1006; W. Grundmann, *TDNT* 3.902-3; Cranfield). 그러나, 비기독교적인 종교의 보따리만 제거하면, 첫 번째 대안이 최선의 해석이 된다. 어쨌든, 우리는 이 단어가 지니는 감정적인 암시를 간과한다면, 우리는 이 단어의 함의를 놓치게 된다.

은 채로, 그 영에 대한 진실한 체험을 할 수 있는지 의문을 제기하고 있는 것이다.

"아빠, 아버지"라고 부르짖을 때, 신자는 단순히 목소리만 내거나 하나님의 자녀로 그분에게 속해있다는 의식으로만 토로하는 것이 아니라, 자기가 바로 예수님 자신과 비할 수 있는 신분의 소유자라는 마음을 내비치는 것이다. 아랍어의 아빠(*abba*)는 예수께서 그의 아버지를 호칭할 때 사용하시던 용어였고, 그것이 그리스어 복음서인 마가복음(14:36)과, 이 단어가 그리스어를 사용하던 바울이 세운 교회에서 구별되고 의미있게 기억되고, 새겨졌다는 사실을 증명한다. 하나님을 부를 때에 같은 용어를 쓰는 것이 그리스도인에게 내주하는 성령의 결과인데, 바울은 그리스도인과 하나님과의 관계가 마치(물론 정확히는 아니지만)그리스도와 아버지의 관계와 같다는 것을 밝힌다. 하나님께서 우리를 양자로 삼으실 때, 어떠한 어중간한 조치도 취하지 않으셨고, 우리는 하나님의 완전한 가족 구성원이 되었고, 그 공동체에게만 주어지는 모든 특권에 참여하는 자가 되었다.[160] 신자가 "아빠"의 용어를 사용하는 것에 대한 루터의 평가는 재조명될 만하다.

> 이것은 작은 한마디에 지나지 않지만, 그럼에도 불구하고 모든 것을 포함합니다. 입은 말하지는 않지만, 마음의 애정은 이런식으로 말을 건냅니다. 비록 제 사면이 고통과 공포에 짓눌려 있고, 당신 있는 곳에서 완전히 조난 당하고 버려진 것처럼 보일지라도, 그리스도로 인하여 나는 당신의 자녀이고, 당신은 나의 아버지시옵니다. 사랑 받는 그 분으로 인하여 저는 사랑받는 자이옵니다. 그러므로 가슴 속 깊이 사묻힌 아버지라는 이 작은 한마디가 데모스테네스, 키케로와 그 밖에 이 세상을 살았던 가장 유창한 웅변가들의 능변을 뛰어넘습니다.[161]

160. 많은 주석자들이 주장하기를 아람어 אַבָּא("압바")가 어린아이가 쓰는 말("아빠"[Daddy])이라는 것을 암시했으며, 유대인 사회에서 하나님을 부를 때 사용하는 말로 알려지지 않았다고 주장한다. 그러나 이 "아빠"(abba)의 히브리어 동의어가 쿰란에서 하나님께 드리는 기도문 가운데 나왔으며(Fitzmyer 참조), "아빠"(abba)의 쓰임이 어린아이들에게 국한된 것이 아니다(예를 들어 Haenchen, *Weg Jesu*, 492-94; Barr, "'Abba, Father,'" 173-79; 동일 저자의 "'Abbā Isn't 'Daddy,'" 28-47를 보라; 그러나 Fee, *God's Empowering Presence*, 410-12에 대한 Barr의 비평에 주목하라).

161. Bruce가 인용한 루터의 갈라디아 주석에서.

16 이 구절은 15절과 구문론적으로 연결되어 있지는 않지만, 우리가 "양자의 영을 받았으므로" 우리가 "아빠, 아버지!"라고 부르짖을 수 있는지에 대해서 충분히 기능적으로 설명이 명확하다. 성령은 우리로 하나님의 자녀가 되게 하시는 중요한 역할을 하실 뿐만 아니라, 우리가 하나님의 자녀라는 것을 깨닫게 하신다. 첫 번째로 나오는 프뉴마는 성령을 가리키지만, 두 번째의 "우리"로 수식되는 것은 인간의 "영"을 가리킨다.[162] 그러므로 이것은 로마서 8장에서 프뉴마가 성령을 가리키지 않고 나오는 유일한 경우다.[163] 바울이 여기서 사람의 영을 언급하는 것은 "성령이 친히" 우리의 양자 됨을 증언하시므로 우리 존재의 가장 깊숙한 곳, 가장 내면적인 부분에 영향을 끼친다는 것을 강조하고 싶기 때문이다.[164] 이러한 영향 때문에 우리는 진지하고도 자발적으로 "아빠, 아버지!"라고 부르짖는 것이다. 참으로, 바울은 여기서 "증언하시나니"[165]라는 의미로 쓰인 동사를 가지고, 우리가 "하나님의 자녀"[166]인 것을 우리에게 증언하는 바로 그 과정에서 우리 자신

162. 바울이 사람의 πνεῦμα를 말할 때 - 이렇게 말하는 일이 자주 있지는 않지만, 로마서 1:9에 한해서만 한 번 있을 뿐이고, 그의 서신에는 무려 20회 정도 언급된다 - 그는 사람의 "내적인" 차원에 초점을 맞춘다(고전 5:5; 고후 7:1과 골 2:5의 σάρξ ["육신"]에 대조되고, 고전 5:3; 7:34 및 살전 5:23[마지막 구절에서 ψυχή "혼"]의 σῶμα ["몸"]와 대조되는 것도 보라). 그러나 이 영을 "하나님을 향한 사람의 면"으로 말하는 것(Stacey, *Pauline View of Man*, 137)은 지나친 것일 수도 있는데, 이는 바울의 용법이 그보다 중립적이기 때문이다(Ridderbos, *Paul*, 120-21을 참조하라).

163. 앞서 주장했듯이, 15a절에 나오는 πνεῦμα δουλείας("종의 영")까지도 부정의 방식으로(*via negationis*) 성령을 가리킨다. 몇몇 해석가들은 여기서 바울이 이 "분배된 영"을 사람에게 나누어 주신 성령을 가리키고 있는지도 모른다고 생각하는 것에 주목해야 한다(Jewett; Eastman, "Oneself in Another," 113-14).

164. 바울은 πνεῦμα에 강조 대명사인 αὐτό를 더하는데, 사람의 πνεῦμα와 구별되는 것을 강조하기 위해서일 것이다.

165. 동사는 συμμαρτυρέω인데, 접두사를 이루는 σύν이 -"…로(함께) 증언하다"-의 통상적인 동반의 의미를 지니는지, 아니면 단순히 "…을(대해) 증언하다"에 대한 집중의 의미를 지니는지가 문제이다(BDAG는 이 단어 의미의 1세기 용례를 지적한다). 이 동사는 오로지 신약의 다른 곳에서 이 후자의 의미를 지니며(롬 2:15과 9:1을 보라), 수많은 학자들이 자연히 이 의미를 선호한다(예를 들어 H. Strathmann, *TDNT* 4.508-9; D. B. Wallace, *Greek Grammar*, 160-61; Cranfield; Wilckens; Kruse와 NET을 참조하라). 반면에, 2세기 파피루스 문건에서는 이 단어가 여전히 "…로(함께) 증언하다"(MM)의 의미로 사용되는데, 이렇게 추가된 뉘앙스는 두 "영들"이 두드러진 문맥에서 매우 타당함을 보여준다(Stalder, *Werk des Geistes*, 484; Murray; Byrne). 하나님의 영은 우리의 영과 "더불어" 증언하시는데, 성령이 "'아빠, 아버지'라고 부르게 하셨다"고 말씀하는 갈 4:6을 보라. 바울이 한 명 이상의 증인을 동원하여서 상황에 확실성을 더하고 싶어하는 것이라고까지 말할 수 있을지 모른다(신 19:15와 입양이 "합법적"이기 위해서 다수의 증인을 요구했던 로마의 법을 보라[참조, F. Bruce, Galatians, 199-200]).

166. 바울이 υἱοὶ θεοῦ(14절; 15절에 υἱοθεσία를 보라)로부터 이 문구(τέκνα θεοῦ)로 바꾼 것은 전자가

의 영을 관련시킨다.

17 이 구절은 현재 신자들이 입양된 자녀로 누리고 있는 바울의 기술을(14-16절), 장차 신자가 맞이 할 입양의 절정과 그 완전한 유익에 관하여 감동적인 묘사(18-30절)를 이어주는 이행 절이다.[167] 바울은 미래적인 관점에서 우리의 양자된 신분을 설명하기 위해 "상속"(inheritance)의 개념을 활용한다. 여러 가지 측면에서, 이 개념은 당연한 것인데, 어떤 가족에 입양된 어린이가 그 가족의 일원이긴 하지만, 훗날에 이르기까지 (대개) 양자로서 모든 유익을 다 받지 못한다. 갈라디아서 4:1-7과 이 본문에서, 바울은 이러한 개념을 활용하여 신자가 하나님의 가족으로 입양된 것에 내재된 그 유익들이 필연적으로 불완전한 성격임을 강조하고 있다.

그러나 바울이 상속에 관한 개념을 사용하는 데는 보다 깊은 신학적인 목적이 있다. 상속의 개념은 로마법으로 잘 알려지기도 했으며(이러한 개념이 바울의 이미지 사용에 기여한다는 것은 의심의 여지가 없다),[168] 상속할 유업이라는 말은 구약과 유대교에서도 매우 두드러지게 나타난다. 구약에서 유업은 특별히 아브라함과 그의 "자손"에게 약속된 "땅"으로, 바벨론 유수의 재앙 이후에 새롭게 갱신되는 약속이다.[169] 하지만 후대 유대교에서, "유업"은 구별된 공간의 초점을 항시 유지하지 못하여서 종말론적인 삶을 묘사하는 데 쓰이게 되었다.[170] 바울은 이 노선을 따라 아브라함과 믿음을 지닌 모든 이에게 약속된 "유업"을 수여했다(롬 4:13-15을 보라). 그가 갈

더 어린아이와 더 개인적인 관계를 함축하고 있기 때문에, 다음 구절에 "상속자"와의 비교에 적합하기 때문일 것이다(예를 들어, Godet과 Hultgren을 보라). (예를 들어 바울은 그리스도의 τέκνον이라는 표현을 전혀 사용하지 않는 것에 주목하라). 그러나 이러한 구별을 일관되게 유지하는 것은 어렵다. 더 나아가, 갈 4:7에 바울은 "상속자"를 υἱός와 함께 사용하고, τέκνον과 υἱός는 그리스도인이나 하나님의 백성을 묘사할 때 거의 같은 정도로 사용된다(τέκνον은 롬 8:16, 17, 21; 9:7, 8; 갈 4:28; 빌 2:15에서 3번, υἱός는 롬 8:14, 19; 9:26; 갈 3:7, 25; 4:6, 7에서 2번 쓰인다). 그러므로 단어들의 변화는 단순히 문체적인 것일 수도 있다.

167. 이 구절은 이후에 나오는 핵심 주제들을 언급하고 있으므로, 몇몇 주석가들(참조, Cranfield)은 17절을 이 새로운 문단의 시작이라고 본다. 그러나 바울이 나중에 전개될 언급들을 암시하므로(Dunn을 보라) 단락을 끝내는 습관을 인식할 때, 대부분의 주석가들과 같이 이 구절을 이전 단락의 결론으로 삼는 것이 더 낫다.

168. Lyall, Slaves, 102-3을 보라.

169. 예를 들어 창 15:7과 17:8; 신 30:5; 민 34:2과 예를 들어 사 60:21; Ezek. 36:8-12와 비교하라.

170. 예를 들어 솔로몬의 시편(Pss. Sol.) 14:10; 제1에녹서(1 Enoch) 40:9; 마카비4서(4 Macc.) 18:3을 보라. W. Foerster, *TDNT* 3.776-81과 Byrne, *"Sons of God,"* 68-69도 참조하라.

라디아서에서 말한 것처럼, 그리스도는 바로 "아브라함의 자손"이자 아브라함에게 약속된 모든 것을 물려받을 상속자로, "그리스도 안에" 있는 자들 또한 아브라함의 자손이 되고 약속의 상속자가 되는 것이다(3:16-18, 29). 이 모든 것은 바울이 신자를 묘사하는 이 구절에서 "자녀"임과 동시에 "후사"임을 알리고 있다. 그리스도인은 새 시대의 하나님의 백성이며, "하나님의 자녀"이자, 이처럼 하나님이 그의 백성에게 약속하신 것을 받는 자이기도 하다.[171]

그렇기에 그리스도인은 "하나님의 상속자"이다. 바울은 하나님께서 약속하신 것을 신자가 상속받는다는 의미일 수도 있지만,[172] 바울은 필시 우리가 하나님 자신을 상속받았다는 의미일 가능성이 더 높다.[173] 신자는 그리스도를 본받으므로(롬 8:29), 그와 더불어 하나님의 영광을 함께 누릴 수 있다(롬 8:18, 30; 5:2). 바로 다음 구절에 "함께 한 상속자"를 덧붙이는데, 바울은 첫 번째 표현을 수정한 것이 아니라, 빈자리를 채워서 그리스도인들이 오직 그리스도 안에서 그를 통해서만 하나님 나라의 축복을 상속받는다는 것을 우리에게 상기시켜 주고 있다.[174] 우리가 "하나님의 자녀"된 것은, 하나님의 아들에게 속한 덕이고, "하나님의 상속자"가 된 것은, 하나님의 모든 약속의 상속자 되시는 그 한 분과의 연합함 덕이다(막 12:1-12; 갈 3:18-19; 히 1:2를 보라).

그러나 종말론적인 유보라는 신약의 전형적인 보존방식으로, 바울은 이러한 영광스러운 유업의 상속이 오직 고난을 통해서만 성취된다고 덧붙인다(5:1-4의 비슷한 흐름을 보라). 우리가 그리스도와 연합했기 때문에, 우리는 그와 함께 한 상속자이며, "그와 함께 영광을 받을 것"을 확신한다. 그러나 그와의 연합은 동시에 우리가 그리스도의 영광의 길을 따라, "고난도 함께 받아야"만 함을 의미한다(빌 1:29; 3:10; 고후 1:5도 보라). 동사의 현재 시제와 18절에서 이어지는 개념은 모두, 이러한 고난이 "그리스도와 함께한 죽음"으로 회심할 때 일어나는 것과 동일하지 않다는 것

---

171. Byrne, *"Sons of God,"* 101-2, 여러 군데; Ridderbos, *Paul*, 203; Tannehill, *Dying and Rising*, 110; Dunn.

172. θεοῦ는 모든 것의 원천으로나, 주격적 소유격으로 상정한다. 예를 들어, Forman, *Politics of Inheritance*, 116-20을 보라.

173. 예를 들어 θεοῦ를 목적격 소유격으로 본다(참조, Murray; Cranfield; Schreiner).

174. Byrne, *"Sons of God,"* 101-2.

을 보여준다. 그보다, 바울이 여기서 말하는 고난은 "불법자의 동류로 여김을 받은"(눅 22:37) 자를 따르는 자들의 운명인 일상의 불안과 긴장, 그리고 박해를 가리킨다. 바울은 이 고난이 유업 상속의 조건으로, 만일[175] "그와 함께 고난을 받는다"고[176] 가정할 때만, 우리는 그리스도와 "함께 영광을 받을 것"임을 명확히 한다. 그리스도의 영광에 참여하는 것은 오직 그의 고난에 참여하는 것을 통해서만 찾아온다.[177] 바울이 행하고 있는 것은 고난의 방식을 통해서만 찾아오는 영광으로 절대 깨어지지 않는 "하나님 왕국의 법"을 제시하는 것이다. 하나님 나라의 영광은 오직 그리스도께 참여함으로써 성취되며, 그리스도에게 속한다는 것은 그리스도의 고난에 동참하지 않을 수 없게 한다. 그리스도께서 고난을 겪고 그의 영광으로 들어가신 것처럼(벧전 1:11), "그리스도와 함께한 상속자"인 그리스도인들도 그리스도와 함께 영광을 받기 위하여 현세에서 고난을 겪는다. 이 영광은 주로 미래적인 것이지만, 신자는 지금도 예비적인 형태로 이를 경험할 수 있다는 사실이다.[178]

175. εἴπερ. 몇몇 해석자들에 이 단어가 가정된 상황을 진술한다고 주장한다 - "우리가 그와 함께 고난을 받고 있으므로"(예를 들어 Siber, *Mit Christus Leben*, 139-40와 Cranfield를 참고하라). 하지만, 이것은 9절에서처럼 단어의 과잉해석일 수도 있다. 따라서 우리는 εἴπερ를 조건에 대한 강조로 보는 진짜 조건을 진술하는 것으로 보는 편이 더 나을 것이다("이것이 진실로 참이라면").

176. 바울이 그리스도와 함께 한 우리의 고난을 그와 함께 받을 영광에 연결하는데 사용하는 ἵνα("…하기 위하여")는, *우리가* 그리스도와 함께 받는 고난을 목적으로 가리키는 것이 아니라, 하나님이 내놓으신 고난들의 객관적인 목적이나 결과를 가리키는 것이다(Siber, *Mit Christus Leben*, 140; Lagrange).

177. 예를 들어 Käsemann; Dunn을 보라.

178. Jewett와 8:30에 대한 각주를 참고하라.

3. 영광의 영 (8:18–30)

18 생각하건대 현재의 고난은 장차 우리에게
나타날 영광과 비교할 수 없도다
19 피조물이 고대하는 바는 하나님의 아들들
이 나타나는 것이니
20 피조물이 허무한 데 굴복하는 것은 자기
뜻이 아니요 오직 굴복하게 하시는 이로
말미암음이라[179]
21 그 바라는 것은 피조물도 썩어짐의 종 노
릇 한 데서 해방되어 하나님의 자녀들의
영광의 자유에 이르는 것이니라
22 피조물이 다 이제까지 함께 탄식하며 함께
고통을 겪고 있는 것을 우리가 아느니라
23 그뿐 아니라 또한 우리 곧 성령의 처음 익
은 열매를 받은 우리까지도 속으로 탄식하
여 양자 될 것[180] 곧 우리 몸의 속량을 기
다리느니라
24 우리가 소망으로 구원을 얻었으매 보이는
소망이 소망이 아니니 보는 것을 누가 바
라리요[181]
25 만일 우리가 보지 못하는 것을 바라면 참
음으로 기다릴지니라
26 이와 같이 성령도 우리의 연약함을 도우
시나니 우리는 마땅히 기도할 바를 알지
못하나 오직 성령이 말할 수 없는 탄식으
로 우리를 위하여 친히 간구하시느니라[182]
27 마음을 살피시는 이가 성령의 생각을 아
시나니 이는 성령이 하나님의 뜻대로 신자
를 위하여 간구하심이니라
28 우리가 알거니와 하나님을 사랑하는 자
곧 그의 뜻대로 부르심을 입은 자들에게는
모든 것이 합력하여 선을 이루느니라[183]
29 하나님이 미리 아신 자들을 또한 그 아들
의 형상을 본받게 하기 위하여 미리 정하
셨으니 이는 그로 많은 형제 중에서 맏아
들이 되게 하려 하심이니라
30 또 미리 정하신 그들을 또한 부르시고 부
르신 그들을 또한 의롭다 하시고 의롭다
하신 그들을 또한 영화롭게 하셨느니라

---

179. 우리가 διότι 대신에 ὅτι로 읽는 것은 NA[28]과 UBS[5]를 따르는 것이다. 두 독법 모두 초기사본이나 계통적으로 다양한 사본(MSS)에서 - ὅτι는 알렉산드리아 계열(A, B, C, 33, 81, 1739)에 나온 초기 P[46]와, Ψ 대문자 사본, 다수파 사본에서, 그리고 διότι는 알렉산드리아(א)와 서방 계열(D, F, G)에서 - 견고한 외적 지지를 얻는다. 이 두 독법은 철자법상의 요인들을 근거로 설명될 수도 있다. διότι는 ἐλπίδι 뒤에서 중복 오사의 결과로 생겨났거나, 같은 방식으로 ὅτι의 중자탈락에 의해 생겨났을 수도 있다. ἐλπίδι 후에 나오는 단어로 ὅτι가 더 자연스럽기에 διότι로 읽어야 한다는 주장이 있는가 하면(Cranfield를 보라), ὅτι의 외적 뒷받침이 더 강하고 그것이 본문에서 더 자연스럽게 읽히기 때문에 ὅτι로 읽는 것이 더욱 바람직하다는 주장이 있다(Metzger, *Textual Commentary*, 456를 보라).

180. 주로 서방 사본 중(D, F, G와 서방 사본의 성격을 지닌 P[46])에 몇몇은 *υἱοθεσίαν*을 생략하고, (분명히) *τὴν ἀπολύτρωσιν τοῦσώματοςἡμῶν*를 *ἀπεκδεχόμενοι*의 목적어로 읽는데, 예를 들어 "피조물이 고대하는 바는"이 그것이다(Benoit, "'Nous gemissons,'"267-0). 여기서 *υἱοθεσίαν*의 신학적 난제가 이를 생략하도록 했다(이 구절에 관한 주들을 참고하라).

이 단락은 17b절에서 고난과 영광에 대한 언급을 전개하고, 8장을 지배하는 종합적인 확신의 주제를 이어가면서, 본 서신의 대단원을 여는 문단(5:1-11)으로 완전히 한 바퀴 돌아서 되돌아가게 한다. 비록, 18-30절에서 "영광"이 단 세 차례 언급되었지만, 이는 이 단락을 아우르는 매우 중요한 주제다. 맨 앞(18절-"장차 우리에게 나타날 영광")에서와, 맨 뒤(30절-"그들을 또한 영화롭게 하셨느니라")에서 모두 나오는데, 이 구절들의 틀을 형성하는 이 개념은 우리에게 바울의 중심적인 관심사에 관한 하나의 중요한 지표를 마련해 준다. 17b절에 나오는 그리스도인의 현재 신분에서 장차 받을 유업으로의 현저한 전환에서 나타난 이 수미쌍관(inclusio)과,

---

181. 24절의 마지막 몇 단어들은 본문과 구두점과 악센트 상의 난제들을 보여 준다. 주요한 대안들은 다음과 같다.

1. *ὃ γὰρ βλέπειτις τί [καὶ ἐλπίζει;* ("어떤 사람이 보는 것을, 왜 [또한] 바라리요?"; NA[25]와 KJV를 보라) - ℵ의 2차[비잔틴] 교정본, B(1차 교정본)와 C, 그리고 서방 사본들인 D, F와 G.

2. *ὃ γὰρ βλέπει τίςἐλπίζει;* ("보이는 것을 누가 바라리요?"; NA28와 대부분의 영역본들을 보라) - P[46]와 1차 알렉산드리아 사본 B(원본)

3. *ὃ γὰρ βλέπει τιςἐλπίζει* ("어떤 사람이 보는 것을 바란다") - 이것의 본문 근거는 2번과 같다. 차이는 구두법에 있다.

4. *ὃ γὰρ βλέπειτίςκαὶὑπομένει;* ("누가 보이는 것을 또한 참으리요") - 1차 알렉산드리아 사본 ℵ(원본)

5. *ὃ γὰρ βλέπειτις τίκαὶὑπομένει;* ("누가 보이는 것을, 또한 어떻게 참으리요?"; 참조, NEB: "이미 보이는 것을 어떻게 참고 기다려야 하는가?") - 2차 알렉산드리아 대문자(uncial) 사본 A. 5번째가 "가장 어려운 독법"으로 상당한 인기를 누렸지만(예를 들어 Lietzmann; Kasemann; Schmidt을 보라), 동사 *ὑπομένει*는 25절로부터 동화된 것으로 의심되고, 25절에서 바울의 논리적 전개는 24b절에서 *ἐλπίζει*가 와야 할 것으로 보이며(Cranfield), 이것들을 감안해서, 4번도 제외 대상이 된다. 3번은 거의 말이 되지 않으므로, 1번과 2번 중에서 골라야만 한다. 1번은 보다 강한 외적 지지를 받으며 바울의 주장 노선에 납득할 수 있을 정도로 부합한다(Lipsius; Zahn을 보라). 그러나 이는 보다 짧고 아리송한 독법을 확장한 것으로 의심되며(Metzger, *Textual Commentary*, 457), 이에 따라 2번의 독법으로 읽어야 할 것이다(Wilckens; Cranfield; and Balz, *Heilsvertrauen*, 61-62 각주 81.

182. 몇몇 사본 (독립적인 Ψ와 더불어 ℵ의 2차[비잔틴]교정본, C와 33)은 *ὑπερεντυγχάνει*("간구하신다") 후에 *ὑπὲρ ἡμῶν*("우리를 위하여")을 덧붙인다.

183. 4개의 중요한 사본(가장 초기의 P[46], 1차 알렉산드리아 증거사본 B와 2차 알렉산드리아 증거사본 A와 81)들은 *συνεργεῖ* 동사 뒤에 *ὁ θεός*("God")로 읽는다. 이 단어들이 본문의 한 부분을 이룬다면, 이 구절의 한 가지 난제는 제거될 것이다. 바울이 말하기를 "하나님은 모든 것을 협력하여 선을 이루신다"(예를 들어 S-H; Pack, "Study of Romans 8:28," 53; Rodgers, "Text of Romans 8:28," 547-0; Kruse [?]를 보라). 그러나 우리는 이 독법을 버리고 다수 사본을 따라야 할 것이다. 왜냐하면, 이는 어려운 본문을 간단하게 하려는 시도처럼 의심스럽게 보이기 때문이다(예를 들어 Osburn, "Interpretation of Romans 8:28," 109; Metzger, *Textual Commentary*, 458와 일반적으로 이문에 관하여 Ross, "Panta Synergei, Rom. VIII,28," 84-5를 보라).

17-30절과 5:1-11 사이의 병행구들은(이에 관해서 아래를 보라), 종말론적인 영광에 초점을 둔 18-30절에서 일관된 개념의 단위를 이룬다는 것을 보여 준다.[184] 바울은 이 영광의 부연 설명을 위해 다른 여러 가지 개념을 동원한다. 가령, "자유"(21절), "몸의 구원"(23절), 그리고 가장 중요하게 "양자 됨"의 개념(19, 23, 29절)이 그것이다.[185] 17b절에서 시사된 고난과 영광 사이의 - "우리가 그리스도와 함께 영광을 얻기 위해 고난도 함께 한다면"이라는 - 연결점은 18-30절에서 전개되지 않는다. 분명히 피조물(19-22절)과 그리스도인(19. 23. 26[연약함])의 "고난"은 여전히 나타나지만, 바울은 영광과의[186] 관계보다 배열순서에 관심을 가진다. 그래서 고난의 현실에 관하여 그리스도인에게 약속된 영광스러운 미래로 눈부시게 빛나도록 어두운 배경으로 설정한다.

1-17절에서, 바울은 신자에게 생명과 자녀의 자격을 부여하신 대리인으로서의 성령에 초점을 맞추는데, 신자가 새 생명과 자녀 됨의 권세를 부여받도록 하시는 성령에 초점을 맞춘다. 그리스도인은 더는 정죄를 두려워할 필요가 없는데(1절), 그들은 이미 사망에서 생명으로 옮겨졌고 하나님의 가족으로 입양되었기 때문이다. 하지만, 10-11절에서 바울이 제기한 문제는 이미 17b절에서 끈질기게 대두된다. 그리스도인은 어떻게 고난과 사망 앞에서 영원한 삶에 대한 희망을 유지할 수 있을까? 죄와 사망의 법에서 해방된 그들이 어떻게 죽을 수 있는가? 어떻게 하나님이 끔찍이 사랑하시는 자녀가 고통을 받을 수 있다는 말인가? 이러한 것들이 바울의 "그리스도 예수 안에 있는 자에게는 결코 정죄함이 없나니"의 말씀과 상충되거나, 적어도 의문이 제기되지 않는다는 말인가? 신자가 미래 누리게 될 영광에 대한 설명은 이러한 반론에 답변할 필요가 있다. 어떤 의미에서, 바울이 18-30절에 말하고 있는 것은, 그리스도인이라면 주의 길을 가야만 한다는 것이다. 마치

184. 대체할만한 문단으로는 (1) 14-30절 (예를 들어 Osten-Sacken, *Römer 8*, 137-39); (2) 18-27절 (예를 들어 Bindemann, *Hoffnung der Schopfung*, 67); 또는 (3) 18-25절(Nebe, *"Hoffnung" bei Paulus*, 93를 보라).

185. 자녀 됨의 개념이 본문의 모든 문단 속에 나타나고, 14-17절의 중심 주제를 지목하기 때문에, 많은 이들은 이 단락의 주제라고 생각한다(특히 Byrne, *"Sons of God,"* 104, 115을 보라). "자녀 됨"의 개념은 중요하지만, 이를 문단 자체의 주제로 보기보다는, 그리스도인의 영광에 핵심적인 요소 중 하나로 보는 편이 낫다.

186. Schmithals, *Theologische Anthropologie*, 139; 예를 들어 Siber, *Mit Christus Leben*, 142와 대조하라.

예수님에게 그 영광이 고난 뒤에야 이르렀듯이, 그리스도인들에게도 마찬가지다(17c절을 보라). 우리가 지금 결정적으로 누리는 이 생명이 있음에도 불구하고, 완전하거나 또는 더 낫거나, 이제 발달하는 단계로 나타나기는 하지만, 완전히 드러난 것은 아니다. "혈과 육은 하나님 나라를 이어 받을 수 없고"(고전 15:50), 그리고 "죽을 몸"이 옮겨질 때라야, 비로소 우리가 지닌 이 생명이 눈에 보이는 최종적인 생명이 될 것이다(23절; 10-11절을 보라). 우리의 자녀 됨을 열매 맺도록 하는 것이 바로 이 몸의 변화이다(23절). 자녀 됨이 드러날 때라야(19절), 우리가 하나님 아들의 형상을 완전히 본받게 될 것이다(29절). 우리는 어쩌면 여기서 예수 자신의 자녀 됨과 비슷한 점을 여기에서 끌어낼 수도 있다. 부활의 때에 예수는 바로 "권세 있는 하나님의 아들"이 되었기 때문이다(1:4). 이 모든 것은 24a절에서 바울이 "우리가 소망으로 구원을 얻었으매"로 요약되어 있고, 여기서 "구원을 얻었으매"는 과거의 결정적인 행위이다. 그리고 "소망으로"는 우리와 세계를 위한 하나님 계획이 정점에 있음을 확신하고 기대하므로 기다리며 사는 상태이다.[187] 그리고 성령은 1-17절에서만큼 18-30절에서 자주 언급되지는 않지만, 그것은 바로 지금 우리의 현재 상태와 성령께서 결정적인 역할을 하시는 장차 우리의 구원 사이의 간극을 메우는 일을 하고 있다. 성령이 "처음 익은 열매"로, 하나님이 우리에게 주시는 선물의 약속이나 첫 번째 열매 모두가 장차 임할 영광의 선물을 기대하게 하고 보증하기 때문이다(23절). 성령은 우리의 "이미"와 "아직"을 연결하므로 보이지는 않지만 "영광의 소망"을 이미 우리가 받은 것처럼 - 어떤 의미에서는 이미 우리의 것이다(30절의 "영화롭게 하셨느니라"를 보라) - 확실하게 하신다.

마지막으로, 18-30절(31-39절과 더불어)은 관찰력 있는 독자들에게 바울이 로마인에게 보내는 서신의 대단원을 여는 주제들을 상기시킨다. 5:1-11과 이 본문에서, 바울은 그리스도인의 현재의 신분 - "믿음으로 의롭다 하심을 받은"(5:1, 9, 10; 8:30), "죄와 사망의 법에서 해방된"(8:2), "하나님의 자녀"(14-17절) - 과 하나님의 영원한 나라의 축복을 누리는 그리스도인 - "진노하심에서 구원을 받은"(5:9b), "영화롭게 되는(8:18, 19, 30) - 사이에서 불가분의 연결성을 증명한다. 고난은, 비록 불가피한 현실이자 고통스러운 것이라 할지라도, 이 연결성을 끊을 수는 없는

187. 이 반(半)절의 중심성은 Cambier, "Espérance," 77-107에서 강조된다.

데(5:3-4; 8:18, 23), 이는 성령께서 우리 소망의 근거(5:5)가 되는 하나님 사랑의 깊은 감각을 우리 안에 계속 주입하며, 우리를 대신하여 계속 역사하실 하나님의 약속으로 역할을 하기 때문이다(8:23. 26-27을 보라). (그 밖의 상세한 것은 롬 5-8의 서문을 보라.) 물론 이 본문에는 중요한 차이점들이 있다. 가령, 8:18-30은 "영광의 소망"에 대해 5:1-11보다 더 상세하게 묘사하고, 문제를 "우주적인" 배경으로 설정한다. 그러나 기본적인 메시지는 거의 차이가 없다.

여러 개의 키워드 또는 개념은 18-30절을 하나로 묶는데 기여한다. "영광"(18, 21절; 30절의 "영화롭게 하다"를 보라)에 더하여, 그 키워드는 "탄식(22, 23 26절), "소망(20, 24-25절), "기다리느니라, 기다릴지니라"(9, 23, 25절), 그리고 우리가 이미 본 바와 같이, "자녀 됨"(19, 21, 23 29절)과 같은 것들이다. 혹자는 이 단어들의 한두 개를 기초로 한 문단의 분리 - 특히 피조물의 삼중 탄식(19-22절), 그리스도인(23-25절) 그리고 성령(26-27절[-30])[188] - 를 제안했지만 그 어떤 구분도 그다지 분명하지 않다. 문학적인 표지로 보면, 가장 분명한 구분은 26절("이와 같이")과 28절("우리가 알거니와")에서 일어난다. 그리고 이러한 표지들은 본 단락의 논리적 흐름에 상응한다. 18절에서 특히 마지막 문구 - "장차 우리에게 나타날 영광" - 가 단원의 전체 주제를 진술한다. 19-25절의 키워드는 "기다리느니라"(19, 23과 25절)와 "소망"(20, 24-25절)으로 삼아 특별히 "나타날"이라는 말에 함축된 미래상의 어조를 발전시킨다. 바울은 그리스도인들이 인간 아닌 피조물과 더불어 하나님의 계획과 목적들이 완결되기를 기다리고 소망하는 위치에 있음을 깨닫기를 바란다. 바울은 우리가 그리스도인으로서의 경험에서 "불완전성"에 대한 적절한 느낌이 있고, 그 불완전성이 극복되기를 간절히 바라는 마음이 있다고 논증한다. 그러나 이 종속 문단의 끝에서 바울은 우리의 궁극적인 구원에 대한 이 갈망이 "강인한 인내심"으로 규정되어야 함을 경고한다. 마지막 두 개의 종속 문단은 우리로 하여금 이러한 태도를 견지하도록 도와주는 하나님의 역사를 묘사한다. 첫째로, 이 불완전성, 또는 "연약함"의 현 단계에서는 하나님께서 틀림없이 듣고, 응답하시는 그 기도를 하도록 성령이 돕는다(26-27절). 둘째로, 하나님은 불변하고 영원한 목적에 따라 친히 역사하면서 우리의 삶에 닿는 모든 것을 승리의 결과 - "선"(28절), 그

188. 예를 들어 Balz, *Heilsvertrauen*, 33을 보라.

리스도의 형상을 본받음(29절), 그리고 전체적인 주제로 돌아와 "영광"(30절) - 에 도달하게 하신다.

18 "for"가 이 구절을 여는데, 사실 17b절에서 신자들에게 부여된 고통과 영광의 순서배열에 부연하는 설명으로 이어지는 전체 단락이다.[189] 이 세상이 하나의 "닫힌 세계"(closed system)라고 하는 관점에서 볼 때, 고난은 설명되거나 초월할 수도 없는 가혹하고 최종적인 현실이다. "모든 것이 불화와 역경과 고난뿐이다!" 라고 수 폴리(Sue Faley)는 부르짖는데, 이는 토마스 하디(Thomas Hardy)가 그의 가장 비관주의적인 소설인 *Jude the Obscure*(『무명의 주드』)에서 직접 판단한 것을 요약한 말이다. 그러나 그리스도인은 이 삶의 고난을 더 크고 초월하는 맥락에서 바라보며, 현재 고난의 강도를 완화시키지는 않지만, 고난이 끝이 아니라는 자신감 있는 기대와 함께 고난을 초월한다. "현재와 지금 보이는 것은 미래와 앞으로 보이지 않는 것으로만 이해될 수 있다."[190] 이에 따라, 바울은 "생각하건대[191] 현재의 고난은 장차 우리에게 나타날 영광과 비교할 수 없다"[192]고 말한다. 바울이 시사하는 것처럼, 우리는 모든 신자의 최후 상태인 영광에 무게를 달아 균형을 이루게 해야한다. 그러면, 너무나 경이로운 이 영광으로 고통은 마치 무게가 전혀 없는 것처럼 허공을 날아가리라. "우리가 잠시 받는 환난의 경한 것이 지극히 크고 영원한 영광의 중한 것을 우리에게 이루게 함이니"(고후 4:17).

이러한 "현재의 고난"은 그리스도를 고백하는 것을 직접적인 원인으로 해서 견디게 되는 시련 - 예를 들어 박해 - 뿐만 아니라 질병, 사별, 굶주림, 재정난, 죽음

189. γάρ의 용법은 대개 이 구절과 앞선 구절 사이에서 일종의 가볍거나 설명을 요하는 연결성을 가리키는 것으로 보여진다(이런 이유로 NET; ESV; CSB에서 "for"이 쓰인다). 그러나 때로는 이것이 단순히 한 단락과 다른 단락 사이의 밀접한 관계만을 나타낼 뿐이다(아마도 특별한 단어 없이 영어로 표시되는 것이 가장 좋을 것이다; 위의 번역을 보라; 그리고 NIV; RSV; NRSV을 보고 Longenecker도 참조하라).

190. Leenhardt.

191. λογίζομαι. 바울은 종종 "실현하다"는 신앙의 입장에서 함축적인 이 단어를 사용한다; 롬 2:3; 3:28; 6:11; 14:14; 고전 4:1; 고후 10:7, 11; 11:5; 빌 3:13; 4:8을 보라. H. W. Heidland, *TDNT* 4.288도 보라.

192. 구문은 οὐκ ἄξια … πρός("…과 비교되지 않는")이며 πρός는 고전적인 비교 개념을 갖는다(BDF § 239[8]).

그 자체와 같은 모든 고난의 전 영역을 포괄한다. 확실히 바울은 17절에서 우리가 받는 고난을 "그리스도와 함께 받는 고난"으로 말했다. 그러나 그리스도께서 "죄 있는 육신의 모양으로" 오심으로 인하여 하나님께 이 반역한 세상의 잡다한 고난에 친히 종속되신 만큼, 그리스도인의 모든 고난이 "그리스도와 함께"하는 고난의 의미이다. 바울이 여기서[193] 사용한 단어는 어떠한 형태로든 "고난들"을 지시하고, 그리스도인들의 고난들과 비교되는 피조물의 "진통"(19-22절)은 확실히 "그리스도를 위해서" 받는 고난들로 제한될 수 없다. 그리고 "현재의"라는 단서는 이러한 고난들을, 그리스도 안에서 정복되었으나 그리스도인이 그의 새로운 생명을 살아나가야만 하는 무대로 남아있는 구원사의 옛 시대와 연결한다.[194]

바울은 현재의 고난과 미래의 영광을 대조하는 유일한 고대 저자가 아님은 확실하다. 예를 들어 바룩 2서 15:8에서 "그러므로 이 세상은 그들[의인들]에게는 투쟁이요 수고함이요 많은 환난이로되, 뒤에는 큰 영광의 면류관이 따르느니라"를 보라. 그러나 그리스도인의 영광은 그리스도께서 누리는 영광에 참여("그와 함께 영광을 받는")하는 것이기에, 바울은 의인이 이 영광에 참여하는 것을 유대교보다 더 강조하고 있다.[195] 이렇게 확실성을 강조하는 점에 비추어 볼 때, 그리고 바울이

---

193. *πάθημα*는 7:5에서 바울이 드물게 사용하는 "욕정"의 의미로 사용했다. 바울이 고난을 가리키기 위해 *πάθημα*를 쓰는 본문인 고후 1:5, 6, 7에서 "우리의 모든 환난"이 평행문구로 나타나며, 빌 3:10에서 그리스도의 고난에 참여하는 것을 말하고, 특히 그의 죽음을 언급한다. 골 1:24는 바울이 신자들을 위해 받는 그의 "괴로움"을 언급하고(고후 11:23-28?에서 열거하는 다양한 것들을 포함하는데), 딤후 3:11에서 *παθήματα*는 *διωγμοίς*와 구별되어 질병을 가리키는 것을 의미할 수도 있다(갈 4:13을 보라). W. Michaelis, *TDNT* 5.931-34에서 나오는 논의를 보라.

194. 그리스어로는 *τοῦ νῦν καιροῦ*이다. 롬 11:5(?), 고전 7:29와 고후 6:2에서 각각 *αἰών*과 등가적인 의미로 사용된 *καιρός*의 용법을 보라. 이 문구 전체는 "이 악한 세대"(*ὁ αἰὼν ὁ ἐνεστῶς πονηρός*, 갈 1:4)와 동의어로 쓰였다(예를 들어 Gaugler; Hendriksen을 보라).

195. G. Kittel, *TDNT* 2.250. 바울이 *τὴν μέλλουσαν δόξαν ἀποκαλυφθῆναι εἰς ἡμᾶς* - "장차 우리 안에서 나타날 영광"이라는 이례적인 낱말들의 배열로 이 영광의 확실성을 암시하는 듯하다(*τὴν δόξαν μέλλουσαν ἀποκαλυφθῆναι*이 통상적인 어순이긴 하다). 이것은 그저 "다가올 영광"이라는 상투적인 문구일 수도 있지만(N. Turner, Syntax, 350을 보라; Moule, *Idiom Book*, 169-70에 나오는 주도 참고하고, 갈 3:23에 비슷한 현상에 유의하라), 벧전 5:1의 - *τῆς μελλούσης ἀποκαλύπτεσθαι δόξης*, "나타날 영광"-을 보면 이상의 표현을 의심스럽게 만든다. 그렇다면 *μέλλουσαν*은 미래 시제를 나타내는 완곡어법의 일부 이거나(예, Cranfield), 이 영광이 나타날 때가 임박했음을 강조하는 것일 수도 있으며(예, Käsemann), 또는 그것의 확실성을 강조하는 것일 수도 있다(예, S-H). 바울이 완곡어법 구문에서 *μέλλω*를 사용하는 예를 훑어보아도 결론이 나지 않는다(4:24; 8:13; 살전 3:4; 딤후 4:1에서 확실성을 강조하는 것으로 보이고, 갈 3:2과 딤전 1:16에서 단순 미래 표현으로 보이며, 이들 중에 몇 개는 임박성을 함축할 수 있다). 바울이 이 문

그리스도인의 영광은 어떤 의미에서 이미 결정된 것(8:30)이라고 생각을 품고 있으며, 우리는 아마도 이미 존재하는 것의 뉘앙스를 나타내는 "장차 나타날" 것에서 보는 것이 옳을 것이다. "영광"은, 베드로전서 1:4-5의 구원과 같이, "우리를 위해 예비된" 상태요, 우리의 선구자인 그리스도께서 이미 들어가신 상태로 생각될 수 있다. 그렇기에 이것은 신자가 심지어 지금 예상에 따라 그 영광의 일부를 경험한다는 의미로 보지만,[196] 이는 오직 마지막 날에만 경험하는 것으로, 이날에는 신자가 하나님의 영광의 범위에 들어가서,[197] 우리를 위하여 이미 내려진 결정이 확연히 나타나게 될 것이라는 의미이다.[198]

19 19-25절은 바울이 18절에서 말한 것을 어떤 방식으로 뒷받침한다.[199] 어떤 방법으로 그러한가? 바울은 그가 언급한 고난에 대해 설명하고 논증하고 있는가?[200] 18절에서 암시적으로 인내력을 명한 이유를 들고 있는가?[201] 아니면 장차 나타날 영광의 확실성을 뒷받침하고 있는가?[202] 아니면 영광의 초월적인 위대함에 대한 증거를 제시하고 있는가?[203] 이 제안들 가운데 어느 것 하나도, 장차 그리스도인들과 피조물이 모두 누릴 변화를 고대하는 것에 관한 이 구절들의 초점을

단에서 강조하고 있음을 참작하면 확실성의 뉘앙스로 보는 것이 가장 최선일 것 같다.

196. Chrysostom에 이어서 Cranfield가 시사하는 것처럼 말이다.

197. 바울은 장차 나타날 이 영광을 εἰς ἡμᾶς로 말하는데, 영어로 옮기기 어려운 문구이다. ἀποκαλύπτω의 동적인 의미는 바울이 보통 εἰς를 ἐν("in"; N. Turner, *Syntax*, 256; Zerwick, *Biblical Greek*, §§106-10을 보라)의 의미로 사용하지 않는다는 사실과 함께, 아마 "우리 안에서 나타날"로 번역해서는 안 되리라는 것을 암시한다(KJV와 NIV에서 그러하듯; A. Robertson, *Grammar*, 535을 보라). 그러나, 주요 대체 번역에는, "우리에게 나타날"(NRSV; NET; NLT; CSB; CEB)이라고 번역해도 크게 나을 것은 없는데, 이는 보통 여격으로 전달되는 그 개념, 즉 신자는 단지 나타날 영광을 받는 자일 뿐이라는 것을 암시하기 때문이다(예를 들어 Matt. 16:17; 1 Cor. 2:10을 보라). 바울이 εἰς를 택한 것(신약에서 εἰς가 ἀποκαλύπτω에 뒤따라 나오는 곳은 여기뿐이다)은 영광이 확장되어 우리를 그 범위 안에 포섭한다는 것을 시사한다(Michel). NEB은 "우리를 위해 예비된"이라고 번역하는데, 이것이 최선일 것 같다.

198. Dunn을 보라. ἀποκαλύπτω는 1:17과 18에서와 같이(이곳의 주들을 보라) 지적인 인식을 가리키는 것이 아니라, 활동, 발현, 또는 하나님의 목적이 이 세상에 나타나게 됨을 가리킨다.

199. 19절에서 γάρ는 비격식의 효력을 지닌다.

200. Godet.

201. Murray.

202. Meyer; Gifford.

203. Alford.

제대로 맞추고 있지 못하고 있다. 그러므로 이 구절들에서 바울은 피조물과 그리스도인이 함께 (1) 현재의 불완전함과 심지어 절망으로부터 고난을 겪는다는 점과 (2) 최후에 일어날 육체의 변화를 간절히 열망하고 있음을 증명하므로, 18절의 "나타날"을 뒷받침하고 개진하고 있는 것임을 보게 된다.

바울은 피조물의 고대하는 것으로 시작한다. "피조물의 고대하는 바는 하나님의 아들들의 나타나는 것을 기다리는 것이니"[204] 여기서 "고대하는 바"라는 단어는 무엇이 다가오는지 보려고 목을 길게 빼고 있는 사람의 모습을 연상시키는 것을 암시한다.[205] 바울은 문법적 주어인 "고대하는 바"를 실제 주어인 "피조물"에 위치시키는 일반적인 문학 장치를 사용하므로 '기대감'을 더욱 증폭시킨다. 그러나 바울이 말하는 이 "피조물"에는 무엇이 포함되는가?[206] 이 단어의 의미 폭이 당연히 넓게 쓰였다는 점과 바울이 22절에서 "다"(whole)라는 수식어를 덧붙이는 점을 주목할 때, 어떤 해석자들은 바울이 인간과 동식물 등을 포함하여 창조된 우주 전체를 의미하는 것이 분명하다고 주장한다.[207] 하지만 다른 해석자들은 바울이 창조의 특징이라고 여기는 인간적인 행위들("고대하는바", "해방되어", "탄식하며")이 그가 오직 인간적인 부분만을 - 전 인류이거나 또는 불신자만 가리키거나[208] - 염

204. 그리스어 동사 ἀπεκδέχομαι는 이 단락에서 연결하는 역할을 한다(23, 25절을 보라; 고전 1:7; 갈 5:5; 빌 3:20; 벧전 3:20도 보라).

205. 여기서 쓰인 그리스어 단어는 ἀποκαραδοκία로, κάρα("머리")와 δέχομαι("늘이다")에, 접두어 ἀπο가 더해지므로 아마 "…부터 떨어져"를 의미할 것이다. "피조물이 발돋움하고…"라고 쓴 Phillips의 의역을 보라. 비록 어원이 같은 동사는 다른 곳에서도 나오기는 하지만(예를 들어 Josephus, *J.W.* 3.264), 이 단어 자체는 기독교 문헌에서만 나타난다(신약에서 여기와 빌 1:20에서만 나온다). Bertram("ἀποκαραδοκία," 264-70)은 이 단어에 불안감을 느낀다고 하지만, 그럴 것 같지는 않다(Denton, "Ἀποκαραδοκία," 138-40).

206. κτίσις는 창조의 행위를 의미하거나(롬 1:20이 이에 해당할 것이다), 더 흔하게는 "창조된 것,"을 개개인의 "피조물"의 의미로나(롬 8:39; 고후 5:17; 갈 6:15; 골 1:23), 가장 일반적으로는 전체 "피조물"을 가리킨다(막 10:6; 13:19; 롬 1:25; 골 1:15; 히 4:13; 9:11; 벧후 3:4; 계 3:14; 벧전 2:13에서는 "권위(authority)"라는 이례적인 의미로 쓰이는데, BDAG를 참조하라). 여기서는 폭넓게 정의되는 "피조물"이라는 의미로 쓰인다.

207. 그러나 많은 사람들이 영적인 존재들을 배제하곤 하며, 그 초점이 인간 이하의 피조물에 초점이 있다고 생각하기도 한다. 예를 들어 W. Foerster, *TDNT* 3.1031; Balz, *Heilsvertrauen*, 47-48; Käsemann을 보라. Eastman은 이스라엘에 대한 특별한 언급으로 인류에 대한 불신을 포함하여, 광범위한 지시 대상에 찬성한다. ("Whose Apocalypse?" 263-77).

208. 전자에 관하여, 아우구스티누스을 보라; 후자에 관하여, Schlatter; Walter, "Gottes Zorn," 220-23를 보라. *Creation Language*.에 나오는 Fewster의 언어학적인 분석도 참조하라.

두에 두고 있음(골 1:23 참조)을 증명한다고 주장한다. 하지만 22절에서 23절로의 전환 - "우리까지도" - 이 19-22절의 피조물 범위에서 신자를 분명히 배제한다고 주장하는 슐라터(schlatter)의 견해에 동의할 수는 있지만, "허무한 데"에 이 피조물이 굴복하는 것은 자기의 뜻이 아니라는 20절의 바울의 주장이 신자들뿐만 아니라 모든 사람을 배제하는 것처럼 보인다. 그러므로 현대의 대다수 주석자들과 마찬가지로, 나는 여기서 피조물이 "인간 이하의" 피조물을 가리키는 것으로 생각한다.[209] 작은 산들과 초장, 그리고 골짜기가 "다 즐거이 외치고 또 노래하는"(시 65:12-13) 것으로 묘사했던 시인들이나, 땅이 "슬퍼한다"고 묘사했던 선지자들과 같이, 바울도 인류가 타락하여 죄를 짓는 것과 신자들이 회복되어 영광을 누리는 이 모든 것의 우주적인 의미를 그의 독자들에게 전하기 위해 인간 이하의 피조물을 의인화한다.[210]

피조물이 열렬하게 고대하는 "하나님의 아들들의 나타남"은 그리스도인의 참

---

209. κτίσις라는 단어는 솔로몬의 지혜서 2:6; 5:17 (?); 16:24; 19:6에서 이러한 의미로 사용된다. 초기 교부들은 이 점에 관하여 의견이 일치되지 않았지만, 많은 교부들이 이 해석을 채택하였다(특히 Tyra, "When Considering Creation," 251-73을 보라). 현대 해석자들 가운데, 특히 Adams, *Constructing the World*, 179-84; Godet; Kuss와 Cranfield를 보라

210. 바울이 여기서 사용하는 창조 모티프의 다른 근원들에 대하여, 학자들은 묵시적인 모티프에 특별한 주의를 기울이는 것으로 고찰한다. 이사야서의 후반부에 두드러지게 나타나는 "새창조"라는 우주적인 소망의 그림이 묵시적 종말론의 핵심적인 요소가 되었다(Stuhlmacher, "Erwägungen zum ontologische Charakter," 10-20에서의 개관을 보라). 많은 본문이 땅의 갱신과 새창조와 같은 것을 말하고 있으며, 그것이 "오는 시대"의 특징이 될 것이다(에녹 1서 45:5; 51:4-5; 72:1; 바룩 2서 29; 32:6; 44:12; 57:2; 희년서 1:29; 4:26을 보라). 그러나 가장 유명한 본문은 에스라 4서 7장인데, 여기서 "메시야의 시대에" (29, 75절) 갱신된 땅의 소망이 더하여져서 현세의 부패가 인간의 죄와 연결되기 때문이다.

> 내가 저희를 위하여 세상을 만들었으나, 아담이 내 율례를 범함으로써 창조된 것은 심판을 받았음이라. 이로써 이 세상의 진입로는 좁아지고 눈물의 길, 고생의 길이 되었도다. 그 길의 수는 적고 악하며, 위험이 만연하고, 큰 고난에 처해있도다. 그러나 큰 세상으로 인도하는 입구들은 넓고 안전하며, 진실로 영원한 열매를 맺느니라. 그러므로 산 자가 힘들고 헛된 경험들을 거치지 않고는, 그들에게 예비 된 이 길을 결코 받을 수 없느니라(11-14절).

바울은 이 모티프에 근거하여, 현존하는 묵시 문학 자료들을 18-30절로 통합하기까지 하는가?(특히 Paulsen, *Überlieferung und Auslegung*; Osten-Sacken, *Römer 8*, 78-101을 보라). 바울은 아마 이 전승들을 알고 있었겠지만, 이것들에 근거한 암시들은 거의 하지 않는다. 이 문단은 "묵시적인 모티프"를 포함하고 있는 것이 분명하나, 신구약 중간기의 유대교 전승들에 완전히 의존하고 있다는 것은 증명되지 않는다(특히 Bindemann, *Hoffnung der Schöpfung*, 24-29를 보라). 바울이 신구약 중간기의 다수의 유대교 홍수 전승에 의거한다는 Christoffersson(*Earnest Expectation*)의 보다 더욱 구체적인 제안도 가능성은 없다.

모습을 드러내는 것이다. 바울은 그리스도인이 이미 "하나님의 아들들"(14-17절) 임을 앞서 분명히 밝힌 바 있다. 그러나 다른 모든 사람과 마찬가지로, 고난과(18절), 연약함을(26절) 겪기 때문에 그리스도인들이 이 세상에서는 그다지 하나님의 아들들답게 보이지 않는다. 마지막 날은 우리의 진정한 신분을 공공연히 드러낼 것이다.[211] 그렇지만 이 하나님의 아들들로 "나타나는 것"은 하나님의 추가 행위로 - 그의 영광을 뻗어서 우리를 끌어안고(18절), 몸을 변화시켜서(23절) - 발생하기 때문에, 여기서 "나타남"은 단순히 기정사실인 것이 폭로되는 것일 뿐만 아니라, 무언가 새로운 것이 되는 동적인 것이기도 하다.

20 이 구절과 21절(그리스어로는 한 문장을 이룬다)에서 바울은 그의 많은 독자들이 자연스럽게 궁금해 할 것이 무엇인가를 설명한다. 왜 피조물은 그토록 하나님의 아들들이 나타나기를 고대하는가? 그 이유에 대해서 바울은 인간 이하의 피조물이 그 본래의 모습이거나 하나님이 본래 의도하신 모습이 아님을 말한다. 피조물은 "허무한 데 굴복"하게 되었다.[212] 창세기 3장에서 인류의 타락 비유를 비추어 볼 때, 이 단어는 필시 피조물이 창조된 목적을 달성할 수 없게 되므로 "허무한 데 굴복"하는 것을 의미할 것이다.[213] 죄를 범하는 인류의 타락은 하나님의 피조물의 "선"을 손상시켰고, 그 후로 피조물이 "허무한 데 굴복"하게 되는 상태에 처한 것이다.[214] 그러나 바울이 여기서 언급한 배경에는 창세기 3장이 분명히 있지만, 그는 또한 인간의 이기심과 죄악이 계속되는 결과로 생기는 땅의 고통을 구약의 선지자적 묘사로 암시하고 있을 것이다. 특별히 놀라운 사실은 바울이 여기서 말하고 있는 것과 이사야 24-27장 사이에서 발견되는 유사점들이다. 그러므

211. 신약 저자들은, 유대교의 묵시 문학에서 차용한 *ἀποκάλυψις*와 유사한 어원들을 종종 이러한 뉘앙스로 사용한다.
212. 이 문구는 *τῇ ματαιότητι*이다. *ματαιότης*라는 단어는, 비록 여러 비슷한 어원들이 발견되지만, 오직 여기에서와 신약성경 엡 4:17과 벧후 2:18에서만 나온다. 몇몇 해석자들은 전도서의 저자가 탄식하는 "허무한 데"(LXX에 나오는 이 단어가 47번 중에서 32이 이 책에서 나온다) - 일반적으로 사물의 "공허함" 또는 "불합리함"을 - 암시할 수도 있다고 생각한다.
213. 예를 들어 Murray, Cranfield를 보라.
214. Bruce는 바울이 이러한 굴복하게 함을 우주적으로 악한 영적 세력들이 온 세상을 통치한다는 측면에서 본다고 생각할 수도 있지만(같은 어원인 *ματαιότης*는 롬 8:20에서 우상숭배를 지시한다), 그 개념은 확실하지 않다.

로 피조물이 "허무한 데 굴복하는 것"은 원시적인 "타락"에 뿌리를 두고 있으면서, 하나님이 원래 의도하신 창조 세계를 향한 세심하고 사랑 가득한 청지기로 살지 못한 결과이기도 하다.[215]

그러나 바울이 우리에게 피조물이 허무한 데 굴복하는 것이 "자기 뜻이 아니요 오직 굴복하게 하시는 이로 말미암음이라"라는 점을 상기시킨다. "굴복하게 하시는 이"를 (1) 세상에 사망과 부패를 들여온 아담과 동일시하기도 하고(롬 5:12),[216] (2) 타락하도록 유혹한 사탄으로 보기도 하며,[217] (3) 죄에 대한 심판으로 저주를 선고하신 하나님으로 보기도 한다(창 3:17).[218] 하지만 아담을 가리키는 것으로 보기는 어렵다. 벵엘(Bengel)의 "아담은 피조물을 비난의 대상으로 허무한데 처하게 했지만, 그것을 굴복시키지는 않았다." 사탄 역시 인류의 타락에서 그 역할이 어떠했건 간에 피조물을 "굴복하게" 하지는 않았다. 바울은 기본적으로 인간의 죄로 인해 모든 피조물을 정죄하여 허무한 데 굴복하게 할 수 있는 권리와 권능을 가지고 계신 하나님을 가리키는 것임이 틀림없다고 본다.[219] 그러나 "고통받는 땅"에 대한 선지자적 전통에 대한 언급은 인간에 대한 어떤 암시 또한 존재할 수 있다는 것을 의미한다. 허무한 데 굴복하는 것은, 바울이 확언하기를, "바라는 것"에서 나온 만큼, 긍정적인 측면이 없지는 않다.[220] 바울이 심중에 두고 있는 것은 아마 원

---

215. 특히 J. Moo, "Romans 8.19-22," 74-89; Bauckham, "Story of the Earth," 93-94를 보라.

216. 참조, G. Lampe, "New Testament Doctrine of Ktisis," 458; Balz, Heilsvertrauen, 41; Chrysostom; Godet (사단과도 동일시 한다); Zahn; Schlier; Byrne; 동일 저자, "Creation Groaning," 199에서 그는 이 언급이 일반적으로 아담과 인류 모두를 향한다고 본다.

217. 예를 들어 Godet(아담과도 동일시 한다)을 보라.

218. 대부분의 주석가들, 예를 들어 Käsemann; Cranfield; Fitzmyer가 이 해석으로 본다.

219. 부정과거 수동태인 *ὑπετάγη*인 "굴복했다"는, 필시 하나님의 행위를 나타내는 것일 수도 있으므로, 이러한 방향으로 또한 지시한다. 바울이 고전 15:27에서, "만물을 그의 발 아래에 두셨다 하셨으니[*ὑπέταξεν*]"에서 인용한 시 8:6에도 주목하라. 이 해석에 대한 주요 반론은 문법적인 것이다. 바울이 목적격으로 사용한 *διά*는, 가리키는 대상이 굴복하게 하는 - 하나님은 그 동인이시지만 - 동인(agent)이 아니라 굴복하게 되는 이유임을 시사한다. 그러나 이것은 목적격 *διά*가 소유격 *διά*와 함께 쓰이는 것을 의미하는 경우일 수도 있고(요 6:57; BDAG; BDF §223[3]을 보라), 아니면 바울이 하나님의 선고를 굴복의 이유로 강조하고자 선택한 것일 수도 있다. 어떠한 경우이건, 이러한 문법적인 요점은 어휘적이고 신학적인 논증의 힘을 능가할 수는 없다.

220. *ἐφ' ἐλπίδι*에서 *ἐπί*를 "in"으로 번역한 것이 전치사가 어떤 행동이 일어난 "상태"를 나타내는 것이므로 당연하다(N. Turner, *Syntax*, 272). *οὐχ ἑκοῦσα*("자기 뜻이 아니요")가 *ἀλλὰ διὰ τὸν ὑποτάξαντα* ("오직 굴복하게 하시는 이로 말미암음이라")로 균형이 잡히는 만큼, *ἐφ' ἐλπίδι*를 *ὑπετάγη* (예를 들어 "바라는 것으로 굴복하게 하는 것"보다, *ὑποτάξαντα* (예를 들어, "오직 소망

시 복음(protoevangelium)일 것일진대, 저주와 함께 주어진 "그가[여자의 후손이] [뱀의] 머리를 상하게 할 것이요"라는 하나님의 약속이 있다(롬 16:20). 그러므로 비록 피조물이 사람의 죄로 인해 허무한 데 굴복하기는 했지만, 결코 소망이 없었던 적도 없었다. 이는 굴복하게 하는 바로 그 판결이 "소망"의 맥락에서 주어졌기 때문이다. 바이언(Byrne)의 표현대로, 이 문구는 19-22절에서 바울이 주장하는 "중심축"(pivot)인데, 그 이유는 피조물이 소망 가운데서 훗날을 손꼽아 기다리고 있어야 하는 이유에서, 이제 그 소망의 성격과 그것이 "하나님의 아들들이 나타나는 것"(19절)과 맺는 관계의 설명으로 넘어가기 때문이다.[221]

21 이 구절에서 바울은 20절의 끝에서 언급했던 소망의 내용을[222] "[그 바라는 것은] 피조물도[223] 썩어짐의 종 노릇 한 데서 해방되어 하나님의 자녀들의 영광의 자유에 이르는 것이니라"라고 명시한다. 피조물은 타락 이후에 이 세상을 지배하는 썩어짐의 종노릇[224] 하는 것 외에는 달리 방도가 없는 상태에서, 장차 이로부터 해방되어 하나님의 자녀들이 누리는 종말론적 영광에 참여하게 되리라는 소망으로 존재한다. 바울은 이 영광을 자유라는 측면에서 묘사하는데, 이를 의역하

가운데로 굴복하게 하시는 이로 말미암음이라")로 해석하는 편이 더 낫다. 가능성이 낮은 또 다른 사항으로는, 19절에 있는 ἀπεκδέχεται에 ἐφ' ἐλπίδι를 덧붙이는 것이다(20절의 대부분이 삽입 어구로 제시되어 있기 때문에) (Duncan, "Hope of Creation," 424).

221. *"Sons of God,"* 106

222. 우리가 διότι의 독법을 채택한다면(이상의 번역에서 본문의 이문에 관한 주를 참조하라), 21절은 바울이 왜 피조물을 소망할 수 있는지에 대한 이유를 밝히는 절이 될 것이다(KJV를 보라). διότι가 헬레니즘 그리스 시대에는 "that"을 의미할 수 있지만(BDAG; MM), 이 단어가 지니는 의미로 신약에서는 달리 증명되지 않는다(Cranfield). 하지만, 그 차이가 근소하므로 우리는 διότι로 읽는 대신에, 아마 ὅτι로 읽어야 할 것이다. 이 경우에는, 원인의 뜻으로 남겨질 가능성은 있지만, ὅτι가 명사절을 이끄는 역할을 할 가능성이 더 커지기 때문이다(빌 1:20을 보라).

223. 여기서 "even"을 뜻하는 καί와 강의형 대명사 αὐτή ("itself")의 결합은 "아니, 피조물까지도 해방되는 것이로구나!"의 놀라움을 전한다.

224. τῆς δουλείας τῆς φθορᾶς에서 φθορά는 "파멸"(destruction)을 나타낼 수 있지만(갈 6:8에 종말론적인 정죄를 나타냄을 보라), 여기서 인간 이하의 피조물에 대해 언급하고 있는 만큼, 아마 변하기 쉽다는 개념과 부패의 개념을 종합하여 "썩어짐"을 가리킨다고 보아야 할 것이다(골 2:22; 고전 15:42, 50을 보라). 속격을 주격으로 설명 - "썩어짐으로부터의 종 노릇"(Cranfield) - 되거나 수식하는 것 -"썩어짐을 특징으로 하는 종노릇"으로 보기도 하며(N. Turner, Syntax, 213에서 가능한 해석으로 주목된다), 부연 설명적인 것 -"썩어짐인 종노릇"으로(Lenski; Murray) 보기도 한다. 그러나 단어들의 의미에 비추어보면, 이것은 목적격 -썩어질 것에 종노릇 - 으로 보아야 할 것이다(BDAG; Byrne, *"Sons of God,"* 107).

면 "하나님의 자녀들에게 예정된 영광의 상태와 연관된 자유"라고 할 수 있을 것이다.[225] 자유의 개념을 반복하는 - "해방되어 … 자유에 이르는"[226] 것은 피조물이 온전하고 최종적인 구원이 오직 자녀의 영광으로만, 그리고 그것으로 인함이라는 점을 암시한다.[227] 그러므로 19절과 마찬가지로, 피조물의 소망은 그리스도인들에게 주어질 영광과 연관되어 있고, 심지어 그 영광의 여부에 달려 있다.[228] 우리는 또한 피조물이 "해방되는" 개념에서 강하게 시사하는 바가, 피조물의 숙명은 멸절이 아니라 변화라는 점에 주목해야 할 것이다. 하나님은 창조의 자체를 포함하는 그의 "새로운 피조물"의 사역을 의도하시고, 하나님이 비非인간적인 세상에 부여하는 가치를 우리에게 일깨워주시므로, 결과적으로 우리가 하나님의 자녀로 이 세상을 또한 소중하게 여길 필요가 있는 것이다.[229] 이 변화는 언제 일어나는가? 종말론의 전천년설 구조를 채택한다면(계 20:4-6을 보라), 바울이 여기서 사용하는 말을 그 시기에 적용하고 싶어진다. 그러나 우리는 바울이 천년기를 염두에 두었음을 확신할 수 없는 이유는, 그가 사용하는 용어가 영원한 상태에도 적용될 수 있다는 어떤 증거가 있기 때문이다(예를 들어 계 21:1-22:7에 나오는 "새 하늘과 새 땅에 관한 묘사를 보라).

---

225. 그리스어 원문에서는 바울 특유의 문체인 속격의 중첩이 두드러진다. *τὴν ἐλευθερίαν τῆς δόξης τῶν τέκνων τοῦ θεοῦ*가 그것인데, 마지막 두 개의 속격은 느슨한 "소유의" 개념을 나타내는 것이 확실하다 - 영광(또는 영광의 자유; 아래를 보라)은 자녀들에게 "속하는 것"이고, 자녀들은 하나님께 "속하는 것"이다(이 마지막 속격은 종종 보다 좁게 "관계의 속격"으로 분류된다). 첫 번째 속격 *τῆς δόξης*는 종종 품질의 속격으로 - "영광의 자유"(Moule, *Idiom Book*, 175; KJV; RSV; CSB; CEB; NAB; NET를 보라) - 취급되지만, 이것은 아마 느슨한 속격으로 - "영광의 상태에 속하는, 연합된 자유"를 나타낼 것이다(Alford; Byrne; 빌 3:21, "낮은 몸/영광의 몸[*τὸ σῶμα τῆς ταπεινώσεως/τῆς δόξης*]"이 이와 비슷하다).

226. *ἀπό*와 대조되는 *εἰς*는 피조물이 해방되는 목적을 표현한다(Bengel).

227. Chrysostom.

228. 바울이 이 문단에서 창조의 갱신에 대해 말하며 중요한 몇 가지를 말하지만, 그의 궁극적인 관심사는 그리스도인들에게 있다(특히 Baumgarten, *Paulus und die Apokalyptic*, 175-78과 여러 군데를 살펴보라; Bindemann, *Hoffnung des Schöpfung*; Vögtle, "Röm 8, 19-22" 351-66).

229. 예를 들어 D. Moo, "Nature in the New Creation," 449-88을 보라; 동일 저자, "Creation and New Creation," 39-60을 보라; J. Moo와 R. White, *Let Creation Rejoice*; D. Moo와 J. Moo, *Creation Care*를 보라. 따라서 신자들은 그들의 세심한 관리를 통하여 지금도, 무엇보다 우선하여 피조물을 속박에서 해방할 수 있다(특히 Jewett; Wright를 보라). 이러한 주장과 벧후 3장의 가르침의 명백한 긴장관계에 관하여 특히 J. Moo, "Continuity, Discontinuity, and Hope," 21-44를 보라).

22 이 구절은 피조물의 소망에 관한 종속 문단을 마치고 본 문단의 시작을 알리는 주제(19절)인, 피조물의 구원을 고대하는 것으로 돌아간다.[230] "우리가 아느니라"[231]라고 바울이 말하는 것은, "피조물이 다[232] 이제까지[233] 함께 탄식하며 함께 고통을 겪고 있는 것"을 뜻한다. 바울은 8:23과 고후 5:2와 4에서 "탄식하다"는 단순 동사를 사용하므로 "종말론적인 기대감에서 나오는 탄식"을 묘사한다.[234] 그리고 "함께 고통을 겪다"의 동사나, 단순형의 "고통을 겪다"는 모두 이러한 의미로 신약의 어디에서도 쓰이지 않지만,[235] 이 동사의 명사 형태는 마가복음 13:8(= 마 24:8)에서 종말을 앞둔 환난의 시대를 그리기 위해 쓰였다. 참으로 이러한 그림은 자연스러운 것인데, 이는 그리스도인과 피조물에게 있어서 이 시대의 고난과 역경에도, 그들이 최후의 승리를 거두고 기뻐하게 되리라는 것을 잘 알기 때문이다. 예수께서는 요한복음 16:20b-22에서 이 사실을 적용하시면서 제자들에게 말씀하신다.

> 너희는 근심하겠으나 너희 근심이 도리어 기쁨이 되리라 여자가 해산하게 되면 그 때가 이르렀으므로 근심하나 아기를 낳으면 세상에 사람 난 기쁨으로 말미암아 그 고통을 다시 기억하지 아니하느니라 지금은 너희가 근심하나 내가 다시 너희를 보리니 너희 마음이 기쁠 것이요 너희 기쁨을 빼앗을 자가 없으리라

---

230. 그렇다면 γάρ는 "for"와 같은 어색한 표현보다, "이 점에서"(in this regard)로 번역하는 것이 더 낫다(배경 자료를 소개하는 표시로) (Levinsohn, *Discourse Features*, 91).

231. 바울이 널리 인정되는 진리를 소개할 때(2:2; 3:19; 7:14; 8:28도 보라), οἴδαμεν γὰρ ὅτι ("우리가 아느니라")를 사용하는데, 자연계의 폭력과 재앙들을 바울이 이 구절에서 말하는 "열망"의 증거로 보는 것인지도 모른다.

232. πᾶσα ἡ κτίσις에서 πᾶς에 관사가 붙은 명사로 쓰일 때는 "… 의 전체"를 의미하는 - 관사가 없는 명사와 함께 쓰일 때 분산적인 의미("각각, 저마다")와 반대하여 - 원칙이 항상 그리스어 성경에서 준수되지 않지만(Conybeare and Stock, *Grammar of Septuagint Greek*, §63를 보라), 그것이 여기서는 준수된다. "피조물 저마다"가 아니라 "피조물의 전체"로 말이다.

233. ἄχρι τοῦ νῦν. 어떤 학자들은 이 문구에 신학적인 의미 - "하나님의 목적이 성취되는 결정적인 순간" (Barrett; Käsemann과 Dunn도 보라) - 를 부여하지만, 바울이 이 문구를 유일하게 달리 사용하는 빌 1:5에서처럼, 이것은 시간적 의미로 쓰였을 것이다(Wilckens; Longenecker).

234. 바울이 22절에서 사용한 동사는 συστενάζω인데, 이는 신약성경 그 어디에서도 나오지 않는다.

235. 복합동사 συνωδίνω 역시 여기에서만 나오고, 단순형인 ὠδίνω는 갈 4:19, 27; 계 12:2에서 나온다.

두 동사에서 모두 등장하는 “함께”라는 개념이 의미하는 것은, 신자들과 함께 [236] 피조물이 탄식하고 고통을 겪고 있다는 말이 아니라, 피조물의 여러 부분이 함께 탄식하고, 함께 고통을 겪으면서 “한숨의 교향곡”이 울려 퍼지고 발하고 있다는 것을 의미한다(Phillips).

23 19-22절에서 바울은 피조물이 구원을 간절히 염원하는 것을 묘사하고 신자들에게 “나타날 영광”과 결부시켰다. 이제 바울은 이러한 동일한 염원을 신자들이 어떻게 나눌 것인지 밝힌다. 피조물에서 그리스도인으로의 이행은 “탄식”의 개념으로 이루어진다. 피조물이 “함께 탄식할” 뿐만 아니라, “우리 곧 성령의 처음 익은 열매를 받은 우리까지도 속으로 탄식하여[237] 양자 될 것 곧 우리 몸의 속량을 기다리느니라.” 그리스도인들이 속으로 탄식하는 것에서 바울이 암시하는 것은, 이 탄식이 어떠한 언어로 표현되는 것이 아닌, 마음 속 들리지 않는 “한숨”으로 표현되는 어떠한 태도를 지시한다는 것이다.[238] 이 태도는 우리가 결국 하나님이 약속하신 구원을 경험하게 되는지 여부에 관한 염려가 포함되지는 않지만 - 바울은 그 점에 관해서는 의문의 여지를 남기지 않는다(28-30절을 보라) - 칭의와 영화 사이의 이 중간기에서 불가피하게 남아있는 도덕적, 육체적 결함에서 오는 좌절감(고후 5:2, 4를 보라)과 연약함의 상태가 끝나기를 갈망하는 마음이 결합 되었다.[239]

236. 참조, Tholuck.

237. *στενάζομεν*은 이 구절의 본동사로, 이 구절의 앞쪽에 나오는 *ἀλλὰ καί* 뒤에 *αὐτοί*는 *ἡμεῖς καί*에 이어지는 *αὐτοί*와 모두 이 동사와 함께 간다. 이렇게 *αὐτοί*가 부자연스럽게 중복되는 이유는 바울이 본 동사의 분사 수식어를 중도에 집어넣기로 결정한 것과, 주절로 돌아왔을 때 강의형 대명사를 되풀이할 필요를 느낄 만큼 수사의 절이 길기 때문이다.

238. Murray; Cranfield; Dunn와 반대의 견해로는 예를 들어 Käsemann이 있다.

239. 동사 *στενάζω*와 어원이 같은 *στεναγμός*는 신약에서 드물게 나오지만 LXX에서는 더 자주 나온다. 이것들이 특징적으로 쓰이는 것은 압제로 발생하는 “탄식”으로 쓰이며, 대개는 하나님께 압제로부터 구원을 호소하는 경우에 쓰인다. 신약에서 *στενάζω*는 이 구절에서처럼 고후 5:2에서도 구원에 대한 좌절된 갈망을 가리킨다(22절에 나오는 복합동사 *συστενάζω*를 보라). 완전히 확실하지는 않지만, 막 7:34은 아마도 강한 탄원의 기도를 지시하는 것 같다. 히 13:17과 약 5:9에서는 모두 “불평”의 의미로 “탄식”을 나타낸다. 명사 *στεναγμός*는 신약 가운데 행 7:34에서만 출 3:7의 인용으로 나온다. LXX에서 *στεναγμός*는 고통으로 인한 탄식을 가리키지만(예를 들어 창 3:16에서 잉태하는 고통; 사 35:10, 51:11; 렘 45:3을 보라), 보다 흔하게 압제로 인한 “탄식”이라는 보다 비유적인 의미로 쓰인다; 예를 들어, 애 1:22; 겔 24:17을 보라. 그러나 더욱 특징적으로 쓰이는 본문에서는 “탄식”이 압제받고 있는 의인에 하나님께 울부짖는 것으로, 이 부르짖음은 고통과 구원을 바라는 탄원 두 가지 모두를 암시한다. 시 38:9이 전형적인데, 육체적이고 영적인 극도의 고통

그러나 바울은 최종적인 구원에 대한 충족되지 않은 염원을 경험하는 자들은 "처음 익은 열매"를 가진 자들이라고 정의한다. 성령을 이렇게 묘사하는 것은 바울의 가장 중요한 사역 중 하나와 관련된다. "첫 열매"가 과정의 시작과 그 시작과 끝 사이의 끊을 수 없는 연관성을 모두 암시하듯이,[240] 우리가 성령을 소유했다는 것은 곧 하나님의 종말론적인 구속 사역이 시작되었다는 것과 이 구속 사역이 의도된 대로 결말에 이르게 됨 모두를 의미한다. 이 문맥에서는 양쪽 모두 의미가 통하며, 성령에 관한 바울의 신학에 잘 부합한다. 하지만 바울이 단지 성령만을 언급하기보다, "성령의 처음 익을 열매"로 지시하는 것은, 사실 바울이 성령의 역할을 현재 축복을 매개하는 것이기보다 구원의 완성을 내다보고 보장하는 데 있는 것으로 생각하고 있음을 알려 준다. 그렇기에, 분사의 인과적인 해석이 선호된다. 이는, 우리의 완전한 구원을 위한 "첫 열매"(first installment)이자 "선불"(down payment) 또는 "보증"(pledge)이 되시는 성령을 우리가 소유하고 있기 때문인데, 이 구원의 완성이 이루어지기를 열망하면서 우리는 탄식하는 것이다. 그렇다면 성령은 우리가 처한 "이미와 아직"이라는 종말론적 긴장감의 두 측면이 분리될 수 없도록 결합하는 기능을 한다. "이미" 우리는 하나님의 영이 내주하심을 통하여, 우리는 축복과 구원의 새 시대로 옮겨졌다. 하지만, 성령이 "처음 익은 열매"일 뿐이라는 바로 그 사실이 우리로 하여금 "아직" 죄와 사망의 옛 시대를 끊어내지 못했

에 대해 불평한 다음, 다윗은 "주여 나의 모든 소원이 주 앞에 있사오며 나의 탄식이[*ὁ στεναγμός μου*] 주 앞에 감추이지 아니하나이다"고 말한다(출 2:24; 6:5; 삿 2:18; 시 6:6; 12:5; 31:10; 79:11; 102:20도 보라). 동사 *στενάζω*는 이러한 방식으로 기도를 가리키는 것은 더욱 드물지만, 욥 24:12와 토빗서 3:1(코덱스 ℵ에서)에서는 *καὶ περίλυπος γενόμενος τῇ ψυχῇ καὶ στενάξας ἔκλαυσα καὶ ἠρξάμην προσεύχεσθαι μετὰ στεναγμῶν* ("그러므로 나는 슬픔 가운데 울며 부르짖었고, 탄식으로 기도하기 시작했으니")과 같이 나온다. 그러므로 바울은 "이 시대"에 계속되는 압박으로 야기되는 좌절된 갈망의 의미와 이러한 상황에서 구원하시는 하나님을 향한 간청의 의미를 모두 매우 적절하게 전달하는 단어를 선택한 것이다.

240. *ἀπαρχή*는 LXX에서 희생 제물의 의미를 가지며, 여호와 하나님과 그의 제사장들에게 바쳐졌던 수확의 "처음 익은 열매"를 묘사하는데 가장 흔하게 사용된다. (예를 들어 민 5:9; 신 18:4; 대하 31:5-6를 보라). 그러나 신약에서 이러한 암시들이 분명하게 나타나지는 않는데, *ἀπαρχή*가 자연스러운 비유의 방식으로(반대의견으로 Dunn을 보라) 어떤 것의 "첫 단계"를 - 예를 들어 그리스도인들은 특정 지역에서 첫 번째 개종자들로(롬 16:5; 고전 16:15) 묘사하거나, 또는 하나님의 구속 사역 전반의 첫 단계로 묘사한다(약 1:18; 계 14:4; 살후 2:13? [1절]을); 그리고 그리스도는 죽은 자들 가운데서 다시 사신 첫 열매로 묘사된다(고전 15:20과 23을 보라; 롬 11:16에서 순전하게 설명되는 용법도 참조하라).

음에 대해 슬프게 의식하도록 한다는 점이다.[241] 그리스도인의 생활에 건강한 균형은 필수적이며, 이를 위해 우리가 이미 소유한 수많은 축복에 기뻐하는 것이, 우리의 실패들로 인한 좌절과 함께 더는 실패하는 일이 없도록 - "우리가 그와 같이 될" 날이 이르기를 간절히 염원하는 마음이 병행되어야 할 것이다.

우리가 고대하는[242] 구원의 절정에 관한 바울의 묘사는 이러한 종말론적 긴장감을 한층 더하게 한다. 14-17절에서 우리가 이미 받았다고 하는 "양자 됨"이 여기서는 우리의 소망의 대상이 되기 때문이다. 우리가 15절에서 살펴보았듯이, 혹자는 양자 됨 그 자체가 아닌, "양자의 영"만을 그리스도인이 현재 소유하고 있는 것으로만 보게 하여서 긴장감을 완화하고자 한다. 그러나 바울은 14-17절에서 분명히 그 이상을 말하고 있다. 즉 그리스도인은 의롭다 하심을 얻는 순간에 하나님의 가족으로 입양되지만, 이 입양은 우리가 하나님의 그 아들과 같이 될 때까지,[243] 아직 불완전하고 부분적인 것이다. 우리의 양자 됨의 마지막 요소는 "몸의 속량"이다.[244] "구속"은 "양자 됨"이나 다른 많은 용어들과 더불어 바울의 신학에 널리 퍼져있는"이미와 아직"의 긴장감을 나누고 있는데, 구속은 과거와 미래의 것으로 모두 묘사될 수 있기 때문이다.[245] 바울이 10절에서 암시했듯이, 몸이 변화되기 전까지 구속이 완전하다고 말할 수 없으며, 이 세에서 우리의 육체는 전체적으로 이 세상의 특징을 이루는 "좌절"을 함께 나누게 된다(20절 참조).[246] 동시에 구속은 "소망과 영광"이라는 이 문단의 전체적인 주제와 밀접하게 연관되어 있다.[247]

241. Dunn, *Jesus and the Spirit*, 310과 Beker, *Paul the Apostle*, 279에서 성령의 기능을 강조하고 있다. 반면, 랍비들은 성령을 주로 과거와 미래의 일로 밀어내버렸다(W. Davies, *Paul and Rabbinic Judaism*, 208-17).

242. ἀπεκδεχόμενοι는 이 단락에서 핵심 단어이다(19절과 25절을 보라).

243. 요일 3:2를 보라: "사랑하는 자들아 우리가 지금은 하나님의 자녀라 장래에 어떻게 될지는 아직 나타나지 아니하였으나 그가 나타나시면 우리가 그와 같을 줄을 아는 것은 그의 참모습 그대로 볼 것이기 때문이니"

244. τὴν ἀπολύτρωσιν τοῦ σώματος ἡμῶν을 부활과 변화를 통한 영원한 육체적인 삶을 비추어보았을 때, 사용된 속격은 탈격적이기 - "몸으로부터의 속량" - 보다는 - 속량되는 것은 몸이다 - 목적격임이 분명하다(Lietzmann은 반대 의견이다).

245. 전자에 관하여 엡 1:7; 골 1:14을 보고; 롬 3:24와 고전 1:30을 참조하라; 후자(後者)에 관하여, 엡 1:14; 4:30을 보라.

246. Bruce.

247. 특히 Blackwell, *Christosis*, 157-59를 보라.

24 이 종속 문단(19-25절)의 마지막 두 구절에서 바울의 목적은 준비하고 기다릴 필요가 있다는 것이 결코 이상한 일이 아니라는 점을 분명히 하는 것에 있다. 피조물이 "소망 가운데"(20절) 허무한 데 굴복했던 것처럼, 그리스도인도 구원을 받았지만, 역시 "소망으로" 구원받은 것이며, 소망은 그 본성상 준비와 인내심이 필요하다는 것을 의미한다. 과거 경험 - "우리가 구원을 얻었으매"[248] - 의 주장과 "소망으로"[249] 미래를 기대하는 어구의 병렬은 그리스도인의 삶 속에 종말론적인 긴장의 또 다른 표현이다. 소망은 처음부터 구원에 대한 우리의 경험과 함께 연합되었다고 바울은 말하는 셈이다. 우리의 구원은, 우리가 회심할 때 확실히 확보되었고, 앞날을 바라봐야 할 필요가 있는 불완전함의 요소를 늘 지니고 있었다. 이 구절의 마지막 부분은 "소망"의 성질에 관한 다소 명백한 설명으로 - 자신이 볼 수 없는 것을 확신으로 바라보는 것을 포함하고 있다. 바울은 "소망"의 단어를 객관적인 의미로 - 우리가 바라는 것이라고 - 사용하기도 하고, 주관적인 의미로 - 우리가 소망하는 자세로 - 사용하기도 한다. 여기서 "보이는"이라는 문구로 소망을 수식하여서, 바울은 전자의 의미를 생각하고 있음을 밝힌다. 우리의 소망에 초점이 되는 그 "나타날 영광"은 보이지 않고, 인생의 좌절과 어려움이 때로는 우리를 위해 그 영광의 이미지를 모두 지우지 않을 수 없다. 그러나 우리가 소망을 볼 수 있다면 그것은 소망이 아닐 것이다. 그래서 "보는 것을 누가 바라리요"라고 말하는 것이다.

---

248. 바울은 부정과거의 *ἐσώθημεν*을 사용한다. 바울이 *σῴζω*의 단어군을 과거 경험에 대해 사용한 것은 다소 이례적이지만, 그렇게 하는 것이 일관성이 없는 것은 아니다(엡 2:5, 8; 딤후 1:9; 딛 3:5도 보라). 하나님의 진노로부터 최종 구원은 마지낙 날까지 일어나지는 않지만(롬 5:9, 10을 보라), 원리적으로 보면 우리가 의롭다 함을 얻은 때에 이미 그 진노로부터 속량된 것이다.

249. *τῇ ἐλπίδι*. 이 여격은 여러 가지로 설명되어 왔다. 가장 그럴 듯한 설명으로는 (1) "소망으로 말미암아"의 수단을 나타내는설명(A. Robertson, *Grammar*, 531-33; Schlatter), (2) "소망을 위하여"라는 이익의 여격으로 나타내는 설명(Lenski), (3) "소망 가운데서"라는 양식을 나타내는 설명(대부분의 주석자와 번역이 이를 따른다; N. Turner, *Syntax*, 241; Byrne, "Sons of God," 110도 보라), 그리고 (4) "소망과 함께"라는 연합을 나타낸다는 설명이 있다. 이 중에서, 세 번째나 네 번째가 선호되는데, 바울은 어디에서도 소망이 구원의 수단이라고 암시하지 않는다. 많은 주석자들이 선호도가 양식을 나타내는 쪽으로 기울지만, 연합을 나타내는 설명이 가장 최선일 수 있다. "우리는 이 구원이 항상 우리와 함께 하는 소망으로 우리는 구원을 받았다."

25 바울은 이 종속 단원에서 중심 주제로 돌아가면서, 이 시대의 구원사에 "간절한 기다림"[250]이 필요하다는 말로 마무리 한다. "만일"(if)절에서 바울은 24b절에서 밝힌 요지를 되살려서 결론을 끌어낸다. 즉, 보이지 않는 것을 바란다는 것은 그것을 "참음"[251]으로 기다려야 함을 의미하는 것이 그 결론이다. 보이지 않는 것에 대한 이러한 강조는 본질적으로 소망이 무엇인지에 대한 반복에 지나지 않을 수도 있지만, 이 구절의 논리는 바울이 그 문제에 대해서 더 분명하게 신학적으로 생각하고 있음을 암시하는 것일 수도 있다. 바울이 고린도후서 4:18b에서 말하듯이, "보이는 것은 잠깐이요 보이지 않는 것은 영원함"이기 때문이다(히 11장도 보라). 이러한 생각이 여기서 바울이 말하는 것의 배후에 있다면 이 구절의 논리는 강화된다. 우리 그리스도인들은 우리가 바라는 것이 보이지 않는 것이며, 그렇게 함으로써 하나님의 영원하고 확실한 목적의 일부를 바라는 것이 되어, 우리는 이 "소망"이 나타날 것을 기대하므로 참을성 있게 기다릴 수 있는 것이다.[252] 신자들이 그들의 삶에서 하나님의 구원하시는 사역의 절정을 고대하기 때문에, 시련 속에서는 무엇보다 "인내력""이 필요하다는 점을 신약 어딘가에서는 확실히 밝히고 있다.[253] 이 단어는 극렬한 압박에서 꿋꿋이 "견디는 것"을 암시하고 있다. 이것이 우리 그리스도인이 "하나님의 영광의 소망"을 간절하게 기대할 때 요구되는 덕목이다.

26 24-25절에서, 바울의 우리의 기독교적 소망이 우리로 정점에 이를 때까지 의연하게 기다릴 수 있게 한다고 주장한다. 이제, 그는 "이와 같이 [이 소망이 우리를 지탱해 주듯이], 성령도 우리 연약함을 도우신다고 말한다.[254] 확실히 해두자면, 26절이 이 문맥과 연결되는 유일한 방법이 아닐 수도 있다. 예를 들어, "이와 같이"가

250. 다시금 바울은 동사 ἀπεκδέχομαι를 사용한다(19, 23절을 보라).

251. δι' ὑπομονῆς. διά는 방식을 가리킨다(N. Turner, *Syntax*, 267; von Siebenthal, Griechische Grammatik, §184f).

252. 특히 Barth를 보라.

253. ὑπομονή이라는 단어는 박해받는 와중에 권면하는 상황에서 드러난다(롬 5:3, 4; 고후 1:6; 6:4; 살후 1:4; 히 10:36; 약 1:3, 4; 5:11; 계 1:9; 2:2, 3; 3:10; 13:10; 14:12).

254. 예를 들어 Murray; Schreiner를 보라.

그리스도인의 탄식(23절)을 성령의 "탄식"과 비교한다는 견해가 특히 인기 있다.[255] 그러나 성령의 "탄식"은 26절에서 비교점이 되기에는 다소 늦게 나온 감이 있다. 그리고 피조물의 "탄식"(22절)과 그리스도인의 탄식 및 성령의 탄식 사이에는 분명한 문학적 평행이 있지만, 성령의 탄식은 다른 두 "탄식"과는 성격과 목적이 매우 다르다. "도우시나니"라고 번역한 단어는 "합하여 돕다", "짐을 함께 지다"라는 뜻을 함축한다.[256] 성령이 우리의 "연약함"으로 인해 부과된 짐을 함께 짊어지신다는 것이다. 이 연약함은 기도의 무능함과 표면적인 고통들(18절)과 같은 구체적인 것일 수도 있지만 – 아마 보편적으로 연약한 "인간 상태의 총체성"(Dunn)을 나타내는 것으로, 옛 시대와 새 시대 사이의 이러한 과도기에서 하나님의 자녀조차 "피조물성"(creatureliness)으로 그 특징이 묘사되는 것이다.[257] 이러한 상태는 우리 신자들이 마땅히 기도해야 할 바를 알지 못한다는 것을 의미한다. 이 어절의 자구(字句)는 바울이 염두에 두고 있는 것이 기도의 방식이나 스타일이 아니라, 우리가 무엇을 위해 기도해야 하는지, 즉 기도의 내용과 목적 있음을 지시하고 있다.[258] 혹자는 이 기도가 하나님의 영광이 실현되기를 바라는 간청에 제약이 있음을 문맥이 암시하고 있다고 생각하지만,[259] 그렇게 보기에는 바울의 어법이 너무 일반적이고, 어떠한 하나님에 대한 구체적인 지식이 다소 부족하다고 하지만, 우리는 영광을 위해 기도하는 법을 충분히 숙지하고 있다. 그만큼 이러한 지식을 특

---

255. 예를 들어 Godet; Cranfield; Dunn을 보라. 16절에서 성령의 사역에 대한 이전의 언급은 비교점이라고 생각하기에는 너무 멀다(반대 견해로 G. Smith, "Function of 'Likewise,'" 29-38을 참조하라).

256. *συναντιλαμβάνομαι*는 동사이다. LXX에서 오로지 3번(내지는 4번)만 등장한다. 출 18:22와 민 11:17에서 모두 히브리어 וְנָשְׂאוּ אִתְּךָ(비나쉬우 잇트 카)로 번역되는데, 모세를 돕기 위해 임명된 사람들은 "너희와 함께 짐을 짊어지라"고 한다. 여기서 분명하게 나타나는 "함께"라는 개념은 아마 시 89:21에서 주께서 약속하시기를 그의 손이 다윗을 "견고하게 할 것"(תִּכּוֹן עִמּוֹ; 틱콘 임모)이라고 한다(이 동사가 시 88:22의 한 이문에서도 나온다). 이 동사가 신약에서 나오는 유일한 곳은 눅 10:40인데, 마르다가 예수께 자기 동생으로 "자기를 도와주도록"(*ἵνα μοι συναντιλάβηται*) 명하여 달라고 요청하는 장면이다. 여기서 주목해야 할 것은 이 모든 구절에서 여격은 "도움"받는 사람으로 표시되는데, 롬 8:26에서 여격은 도움을 필요하게 하는 상황을 나타낸다. 그러나, 발쯔(Balz)가 제안하듯, 암시된 "함께"의 목적어는 *ἡμῶν* 안에 "감추어져" 있고(Heilsvertrauen, 71-72), 그렇기에 이 전치사의 본래 의미를 보존하는 것은 적절하다(Harrison도 보라).

257. Niederwimmer, "Gebet des Geistes," 257-59; Barth; Cranfield도 보라.

258. 예를 들어 O'Brien, "Romans 8:26, 27," 67을 보라.

259. Byrne, *"Sons of God,"* 112; Niederwimmer, "Gebet des Geistes," 254.

별한 상황에 한정시켜도 된다는 마땅한 이유도 없다. 바울이 분명히 염두에 두고 있는 것은, 우리가 기도하는 많은 것들 중에서 하나님의 뜻을 분명하게 분별하지 못한다는 것이다. 이 구절에서 "마땅히"는 "하나님에 따르면", 즉 27절의 "하나님의 뜻대로"와 평행한다는 점을 주목하라. 우리의 모든 기도는 우리의 지속되는 "연약함"에 의해 좌우되며 - 아마 드문 경우를 제외하고 - 우리의 탄원이 "당신의 뜻이라면"이라는 말로 충족되어야만 함을 의미한다.[260] 물론, 우리가 직면한 상황들에 대해 하나님의 뜻을 이해하는 노력을 해서는 안 된다거나, 하나님께 뚜렷한 기도 제목으로 구하는 것이 잘못이 아니라, 우리의 간구가 하나님의 뜻과 동일시 된다고 상정할 수 없음을 의미하는 것이다. 무엇을 위해 기도해야 할지 모르는 이러한 무능함은 이 삶에서 극복될 수 없는데, 이는 구원사에서 우리 위치로 인해 우리에게 부과된 피할 수 없는 조건인 "우리 연약함"의 일부이기 때문이다. 그러므로 바울은 우리에게 하나님의 뜻을 부지런히 찾거나 특별한 계시로 이 무지함을 없애라고 강요하지 않는다. 그 대신 바울은 우리로 하나님의 영을 바라보게 하는데, 성령은 그분의 중보(intercession)로 우리의 연약함을 극복하게 하신다는 것이다. 그렇다면, 이 중보의 성질은 무엇인가? 구체적으로, 이것이 우리의 기도를 통해 성령의 도움을 받아서 일어나는 중보인가? 아니면 우리를 대신하여 성령이 홀로 이루시는 중보인가? 그 의미를 알려 주는 하나의 실마리는 우리가 "말할 수 없는"(*alalētois*; 알랄레토이스)으로 번역된 용어에서 찾아볼 수 있을지도 모른다. 성경 그리스어 가운데 여기에서만 발견되는 이 단어는 그 어원이 암시하듯, "입 밖에 내지 않은", "침묵의"라는 의미이다. 그렇다면 이 단어가 여기서는 구체적으로 "말할 수 없는"(ineffable) - 이러한 경우 "탄식"이 제대로 표현되지는 않겠지만, 들리기는 할 것이다[261] - 즉, 사람의 언어로는 표현할 수 없다는 말인가?[262] 아니면 잘 들리는 수준에 전혀 도달하지 않는 단순한 "무언"을 의미하는가?[263] 전자의 의미가 맞다면 탄식은 신자 개인의 것으로, 성령의 영감과 지시를 받는 자신의 모

260. 특히 이 부분에 관하여 Barth와 Cranfield를 보고, 예를 들어 이 견해에 반하는 Käsemann을 보라.

261. Käsemann; Wilckens.

262. 바울이 낙원 환상에서 들은 "말로 표현할 수 없는 말"(ἄρρητα ῥήματα)과 비교해보라(고후 12:4).

263. Cranfield.

습일 것이다. 그렇다면 바울이 언급하는 것은, 우리가 무지하여서 갈피를 잡지 못하던 때에 - "내용 없는"(contentless) 탄식으로 - 큰 소리로 표현되건, 혼잣말이건 하나님을 부르짖던 때일 것이다.[264] 일부 해석자들은 이 말할 수 없는 탄식이 - 고전 12-14장에서 "방언으로 말함"으로 - 알아들을 수 없는 말의 형태를 취하는 것일지도 모른다고 생각한다.[265] 방언과 마찬가지로, 이러한 "탄식"은 성령의 영감을 받은 "기도의 소리"로, 이 세상의 언어로는 표현될 수 없는 발성의 형태를 띠고 있다. 그러나 이러한 동일화(탄식이 성령의 영감을 받은 기도의 소리라는 것-옮긴이)는 있음직하지 않다. 바울에게는 방언의 은사가 확실히 일부 신자들에게만 제한 되지만(고전 12:30을 보라), 여기서의 "탄식"은 모든 신자를 돕는 중보의 수단이 된다.[266]

더군다나, 본래 논지로 돌아가서, 알랄레토이스(alalētois)라는 단어는 필시 "말할 수 없는"이라는 의미보다는 "무언의"라는 의미이며, "탄식"을 방언과 동일시하는 것은 거의 불가능에 가깝다. 물론, 방언은 이해할 수 없을지라도, 말로 표현되는 것이기 때문이다.[267] 더욱이, 이 탄식은 신자에게서 자신에게서 기인하는 것이 아닌, 성령의 탄식일 것이다.[268] 그렇다면 결코 확신할 수는 없어도(우리에게 비교 가능한 성경의 명확한 병행구가 없다), 이 "탄식"은 우리가 감지하지 못하는 방식으로, 우리의 마음 가운데서 일어나는(27절) 성령의 중보 사역으로서 성령이 직접 드리는 "기도의 언어"로 이해하는 편이 바람직하다. 물론 이것은 "탄식"이 은유적으

264. Schreiner를 보라.

265. 특히, Käsemann의 주석을 보고, 더 풍성한 설명을 위해 그의 기사인 "Cry for Liberty," 122-37을 보라. 이러한 견해는 크리소스토모스(Chrysostom)에게도 넌지시 드러나고(그는 이 현상을 사도 시대로 제한한다) Balz, *Heilsvertrauen*, 80-92와 Fee, *God's Empowering Presence*, 577-86에서도 지지를 받는다.

266. 다른 이들의 견해에 더하여, Schniewind, "Seufzen," 82를 보라.

267. Wedderburn, "Romans 8:26," 372-3을 보라.

268. 바울이 탄식을 신자의 것으로 인식하고자 했다면, 이를 분명히 하고자 이 문구 뒤에 ἡμῶν("우리의")이 나올 것이라고 아마 우리는 예상 했을 것이지만, 이것이 없으므로 이 탄식을 중보하시는 분인 성령의 것으로 보도록 예상하게 한다. 확실히 해두자면, 바울은 이 탄식을 성령의 것으로 보면서, 여전히 신자를 통하여 표현되는 것으로 - 이러한 문제에서 하나님과 인간의 상호작용이 논리적인 엄밀함을 벗어나기 때문에 - 볼 수도 있지만(Leenhardt), 27절은 그리스도인이 이 정도로 연결되는 것을 어렵게 만든다. 그 이유는 26절의 개념이 이어지는 이 구절에서, 모든 관심이 성령에게 있기 때문이다. 곧, 하나님께서 이해하시고 응답하시는 것이 성령의 "마음"인 것과, "우리를 대신하여" 중보하는 분이 성령이라는 점이다(특히 Niederwimmer, "Gebet des Geistes," 263-4와 Hendriksen을 보라).

로 사용됨을 뜻한다. 그러나 22절과 23절에서 피조물의 '탄식"과 그리스도인들 "안에서" 일어나는 "탄식"에 대한 언급으로, 우리는 이러한 의미로 받아들일 준비가 되었다. 그래서 내 생각에는 우리가 하나님의 뜻을 알지 못하고, 그 결과 하나님께 구체적이고 확실하게 탄원할 수 없는 것을, 성령이 하나님의 뜻에 온전히 부합하는 중보의 탄원을 친히 드리므로 충족된다는 점을 바울이 말하고 있는 것으로 이해한다. 우리가 기도할 바를 알지 못할 때 - 즉, 우리에게 최선이 아닌 것을 달라고 기도할 때[269] - 절망할 필요가 없는 것도, 성령이 온전한 중보의 사역을 "우리를 위하여" 하신다는 것에 의존할 수 있기 때문이다. 여기서 우리가 "참음으로" 우리에게 나타날 영광을 고대하게 되는 데는 한 가지 유력한 근원이 있다(25절). 우리가 하나님의 목적과 계획들을 "시종일관" 바라보고 이해하지 못한다고 해서, 우리의 구체적인 필요들에 대한 강력하고 효과적인 기도가 없다는 것을 의미하지는 않는다.[270]

27 27절은[271] 성령의 중보에 대한 바울의 논의를 이어가고, 이 중보의 효과성에 초점을 맞춘다. 이렇게 효과적인 이유는 "마음을 감찰하시는"[272] 하나님과, "성령의 생각"[273]이 서로 완전한 일치를 이루는 데 있다. 하나님이 들여다보시는 것은

---

269. 과장된 표현으로 진술되었지만, 이 점에 대한 루터의 통찰에는 일말의 진리 그 이상을 내포하고 있다. "우리가 기도하는 것과 정반대의 결과가 나타난다면, 그것은 나쁜 조짐이 아니다. 이는 우리의 기도가 우리의 요구대로 이루어지는 것이 좋은 조짐이 아닌 것과 같은 것이다. 이는 하나님의 의도와 뜻이 우리의 의도와 뜻보다 월등히 뛰어나기 때문이다"(Lectures on Romans on 8:26-27).

270. 성령의 중보라는 개념에 관한 배경은 대게 헬레니즘이나 영지주의 사상의 개념들 중에서 발견됐다. 그러나 - 성령에 관한 바울 개인의 이해와 경험 너머에 배경이 필요하다면(이 점에 관하여 Dunn을 보라) - 바울의 가르침은 천사와 다른 중보자들에 관한 구약과 유대교의(특히 묵시적인) 개념들에서 나왔을 가능성이 아마 더 크다. 특히 Obeng, "Origins," 621-32; Bindemann, *Hoffnung der Schöpfung*, 78-79를 보라.

271. δέ는 여기서는 아마 단순히 지속성을 나타내는 것일 것이다.

272. ἐραυνῶν. 비록, 동사 ἐραυνάω가 LXX에서 하나님을 묘사하는데 사용되지는 않지만(사실 이 단어는 LXX에서 어디에도 나오지 않는다), 바울의 언어는 자주 하나님을 사람의 "내면의 생각들을" "아시는", 또는 마음을 "판단하시는" 분으로 지칭하는 것을 생각나게 한다(삼상 16:7; 왕상 8:39; 시 7:9; 17:3 등을 보라; 또한 행 1:24; 15:8과 계 2:23에서 ἐραυνάω의 용법이 "생각과 마음을 살피는" 하나님의 아들에 대한 것임에도 주목하라.

273. τὸ φρόνημα τοῦ πνεύματος. 6-7절에 나오는 φρόνημα의 용법에 비추어 볼 때, "[사람의] 영이 생각하는 것"을 의미할 수도 있거나(MacRae, "Note on Romans 8:26-27," 229-30), 성령에 의해

사람들의 심중으로 내주하는 성령의 중보 사역이 일어나는 곳인데, 하나님은 우리를 위해 기도로 표현되는 성령의 의도를 아시고, 인정하시며, 이에 응답하신다.

이 구절의 두 번째 어절은 보통 해설적인 것으로 여겨진다. 즉, 하나님은 성령의 의도가 무엇인지 안다고 할 때, 신자를 위하여 하나님의 뜻대로 성령이 간구하신다는 "점에서", 또는 간구하시기 "때문에"(그리스어. 호티[*hoti*])라는 것이다. 그러나 "하나님의 뜻대로"[274]가 강조의 위치에 있다는 것은 바울이 오히려 첫 번째 진술에 대한 이유를 제시하고 있음을 시사한다. 하나님은 성령이 의도하는 것을 아시고, 성령이 신자를 위하여 간구하시는 것이 하나님의 뜻과 일치하기 때문에, 이 둘 사이에 완전한 조화가 있다.[275] 하늘에는 "우리를 위하여 간구하시는" 분인 하나님의 아들이 있어서, 우리에게 제기될 수 있는 모든 혐의로부터 우리를 변호하고, 심판의 날에 구원을 보증하신다(8:34). 그러나 이 땅에서 역경과 불안함을 거치며 살아가는 우리를 위해 "마음속에" 있는 한 분 중보자인 하나님의 영이 아버지께 효과적으로 간구하심을 바울은 이 구절들에서 확언하고 있는 것이다.

28 이 구절은 바로 앞 절에 나온 것과 역(逆)관계로 볼 수 있지만 - "우리는 마땅히 기도할 바를 알지 못하고 탄식하지만, 하나님은 일하고 계신다…"[276] - 그러나 이는 연속성을 지닌다. 즉, 이러한 고난과 기대의 때에(18-25절), 성령이 우리를 도우셔서 간구하시고(26-27절), 하나님의 섭리로 "모든 것이 합력하여 선을 이룬다."[277] 이것은 이교 문헌과 유대 문헌이 모두 지니는 평행구가 있는 정서이며,[278] 바울은 그의 독자들이 이 어문에 친숙한 이유로, 이것이 진실이라고 알고 있는 것

형성된[사람의] 생각"을 의미할 수도 있다. 그러나 문맥이 암시하는 바로는 속격은 소유를 나타내는데, 바울은 성령 자신의 "생각" 또는 "의도"를 가리키는 것으로 본다(예를 들어 Schniewind, "Seufzen," 83). 그리고 τί(예를 들어 "성령의 생각은 무엇인지")는 φρόνημα가 말로 표현되는 무언가, 즉 "성령이 생각하는 것"이나 "성령이 의도하는 것"임을 암시한다.

274. 이 어구에 상응하는 그리스어로 κατὰ θεόν는 이 어절에서 처음으로 나온다. 이 문구는 "하나님의 뜻대로"라고 의역하는 것이 합당하다.

275. Schniewind, "Seufzen," 86; Käsemann; Wilckens.

276. 예를 들어 Godet을 보라.

277. δέ는 그리스어 불변화사이다.

278. 종종 인용되는 랍비 아키바(Aqiba)의 말에 주목하라: "전지전능하신 분이 선을 위해 역사하신다." (b. Ber. 60b; 다른 참고자료로 Str-B, 3.255-56을 보라).

을 추정하고 있는지도 모른다. 하지만 그들이 이것을 안다고 바울이 상정하는 것은 그들이 하나님을 그리스도 안에서 알게 되었고 그들의 삶 가운데서 그의 은혜를 온전히 체험했기 때문일 가능성이 더 크다.

이 문장의 해석과 번역은 논란의 여지가 있다. 첫 번째 난제는 주어인데, 다음의 주요한 3가지 해석들이 있다.

(1) 하나님으로 보는 것이다. 몇몇 사본에는 이 단어를 포함하지만, 설사 이것이 원본에 없다 하더라고,[279] 여전히 '하나님'을 동사의 주어로 보는 추측이 가능하다. 바로 앞서는 어절에는 (그리스어로)이 단어를 포함하고 있기 때문이다("하나님을 사랑하는 자").[280] 이러한 경우, "모든 것이"[281]는 본 동사의 직접 목적어일 수도 있고 – "하나님께서 모든 것을 함께하여 선을 이루게 하신다"(NASB; NLT; CEB) – 이 주장이 적용되는 영역을 가리키는 것일 수도 있다[282] – "모든 것으로 하나님이 선을 이루신다"(NIV를 보고 RSV도 참조하라). 첫 번째 해석의 문제점은 동사의 "합력하여"는 주로 직접 목적어를 취하지 않는다.[283] 그렇기에 두 번째 해석이 선호되지만,[284] 이 역시 나름의 난제가 있다.[285]

(2) 또 다른 해석으로는, "합력하다"는 어구는 26-27절에 나오는 모든 본동사와 마찬가지로 "성령"(참조. REB: "그가[성령이] 하나님을 사랑하는 자들과 선을 이루기 위해 협력하신다")을 주어로 삼고 있다고 가정하는 것이다.[286] 그러나 29-30절 이후에 나오

---

279. 아마 없을 것이다. 위의 해석에 나오는 각주를 보라.
280. 예를 들어 Wright; Hultgren.
281. πάντα.
282. S-H; Morris를 보라.
283. BDF(§148[1])는 ἐνεργέω와 같은 일부 자동사의 경향을 보면 타동사의 의미를 가지는 경우가 있음을 지적하는데, 이러한 경우가 συνεργέω에 나타났다는 증거는 거의 없다(Ross, "Pánta synergeî, Rom. VIII.28," 83-84; Cranfield를 보라).
284. 이 해석을 완전히 지지하는 것으로는 특히, Ross, "Pánta synergeî, Rom. VIII.28"; Pack, "Study of Romans 8:28"; Osburn, "Interpretation of Romans 8:28"; Byrne, *"Sons of God,"* 113-14를 보라.
285. 첫째로, πάντα를 "모든 것에서", 또는 "모든 것에 관해서"라고 해석하는 것은 불가능한 것이 아닐지는 모르지만, 가장 먼저 선택할 번역은 아닌 것 같다(참조. Cranfield). 둘째로, 더욱 중대하게 "하나님을 사랑하는 자에게 하나님이 이루신다"는 말의 순서가 부자연스럽다. 즉, 분사의 목적어가 본동사의 주어가 된다는 것을 예상할 수 없기 때문이다(Black).
286. 특히 J. Wilson, "Romans viii.28," 110-11; M. Black, "Interpretation of Romans viii 28," 166-72; Fee, *God's Empowering Presence*, 588-90; Jewett를 보라.

는 동사들의 주어는 명확하게 "하나님"이고, 이 구절들과 28절 사이의 밀접한 관계는, 바울이 성령에 맞추던 초점을 28절에서 이미 옮겼으리라고 본다.

(3) 그렇다면 이 절의 가장 쉬운 독법이라고 할 수 있는 "모든 것이 합력하여 선을 이룬다"만이 남게 된다(KJV; NRSV; ESV; CSB; NET).[287] 하지만 우리가 이 번역을 택한다면, 마치 바울이 순진하게 낙관주의적인 역사해석에 따르고 있는 것처럼, "모든 것"이 선을 지향한다는 것과, 저절로 되는 경향은 없다는 점을 강조하는 것이 중요하다(Dodd의 반대는 이러한 해석에 대해서다). 오히려, 이 번역은 하나님의 주권적 지도가 인생의 모든 사건을 배후에서 떠받치고 지시하는 힘으로 여겨지는 것이다. 그렇다면 우리가 "모든 것이 합력하여 선을 이룬다"로 번역하건 "하나님이 모든 것 안에서 모든 것을 통해 선을 위해 역사하신다"로 번역하건 결과적으로 큰 차이는 없다.

이 구절의 두 번째 난제는 "모든 것"의 범위에 관한 것이다. 우리는 바울이 특히 "현재의 고난"(18절; 35-37절을 보라)을 염두에 두고 있다고 예상하지만, 필시 그 범위는 제한되어서는 안 된다. 현세의 삶을 이루는 것은 무엇이든 - 우리의 죄까지도 - 하나님의 은혜로 말미암아 "선"을 이루는 데 기여할 수 있다.[288] 세 번째 난제는 본동사의 정확한 의미다. 우리는 대부분의 영역본에서처럼, "합력하다"(work together)로 옮겨야 할지, 아니면 단순히 "돕다, 거들다"(help, assist)의 의미로 "일하다"(work)로 번역해야 할 것인가? 만약 우리가 전자의 번역을 택한다면,[289] 바울은 모든 것을 "성도와 합력하여" 선을 이룬다고 생각하는 것일 수도 있고,[290] 또는 모든 것이 "서로 합력하여"(상호작용하고 하나로 통합하여) 선을 이룬다고 생각하는 것일

287. Godet; Murray; Käsemann; Fitzmyer; Schreiner; B. Mayer, *Unter Gottes Heilsratschluss*, 139-42를 보고, 특히 Cranfield가 그의 논문인 "Romans 8:28," 204-15에서 가장 구체적으로 말하고 있는 것을 보라. 이러한 해석에서 πάντα는, 물론 본동사의 주어이며(단수형으로 된 것은 주어가 중성 복수이기 때문이다), συνεργεῖ는 본래의 자동사 의미를 가지며, εἰς ἀγαθόν는 그 활동이 지향하는 바의 목표를 가리킨다. 구문론적으로 문제시 되는 것은 동사 συνεργέω가 일반적으로 사람을 주어로 취한다는 점이지만(Osburn, "Interpretation of Romans 8:28," 102), 전반적으로는 최선의 선택이다.

288. Haldane; Cranfield.

289. 이 번역을 지지하는 것은 동사 συνεργέω에 나오는 συν-이 대개 "함께 함"(withness)의 통상적인 의미를 보존하고 있다는 사실이다(신약에서 나오는 다른 본문인, 고전 16:16; 고후 6:1; 약 2:22 [막 16:20]과 LXX에 나오는 두 곳 중의 하나인 에스드라 1서 7:2을 보라).

290. Godet.

수도 있고,[291] 아니면 하나님 신자나, 성령과[292] "합력하여" 선을 이루신다고 생각할 수도 있다. 하지만 우리는 더 간단한 두 번째 번역, 즉 모든 것이 신자를 위해 선을 이루도록 작용한다는 해석을 택하는 것이 바람직하다고 생각한다.[293] 여하튼 이 단어의 의미적인 불확실성은, 선이 이루어지는 것이 오직 "모든 것"의 상호 작용에서라는 결론을 내리는 데 신중을 기하도록 만든다.

이 구절의 네 번째 난제는 "선"의 의미에 있다.[294] 많은 해석자들은 이 문맥에서 종말론적인 영광이라는 아주 특별한 의미가 있음을 주장한다.[295] 이 학자들이 주장하는 바는, "선" 이 29-30절에서 궁극적으로 그리스도의 형상을 본받게 되므로 우리의 차지가 될 영광으로 정의된다. 하지만 바울의 초점이 우리의 구원의 완성에 있지만, 우리는 아마도 궁극적인 구원에 기여하고 그 구원으로 가는 길에 우리를 지탱해 주는 이 세상의 선한 것들을 이 단어 안에 포함시켜야 할 것이다.[296] 확실히 바울은 신자가 이 생애에서 경험하는 악이 늘 전화위복으로 선이 될 것을 의미하지는 않는다. 우리가 고생하는 것들이 우리의 믿음을 연단하고 우리의 소망을 강화시켜서 선에 기여할 것이기 때문이다. 어찌 됐건, 우리는 "선"을 우리의 것이 아니라 하나님의 용어로 정의하는 것에 신중을 기해야만 한다. 이 구절이 예를 들어 신자에게 물질적인 부나 육체적인 건강을 약속한다는 생각은 "선"을 오로지 물질적으로만 해석하는 왜곡을 무심코 드러내는 것이다. 하나님이 이러한 영역들에서 그가 더 높은 차원의 "선", 가령 더 강한 믿음과 더 확실한 소망(5:3-4를 보라)이라고 간주하는 것을 만들기 위해 시험을 사용할 수도 있다. 그러나 우리에게 주신 약속은 이 세상에서 순례의 여정을 거들고, 순례의 길에서 영광스러운

291. Murray.

292. Gignilliat, "Working Together with Whom?" 511-15.

293. 동사 *συνεργέω*가 "함께"라는 함의는 잃고, "누군가가 무언가를 얻도록 돕다, 거들다"를 의미하는 의미로 사용되는 곳이 많다. - 도움을 받는 사람이나 사물은 여격으로 사용된다(LSJ; BDAG; 1 Macc. 12:1 [?]; T. Iss. 3.8; T. Gad 4:7 등을 보라). 특히, Käsemann; Cranfield; Dunn을 보라.

294. 바울은 *ἀγαθός*를 일관되게 도덕적인 선을 의미하는 것으로 사용하지만, 여기에서는 적합하지 않기 때문에 이 용법은 어떠한 도움도 되지 않는다(자주 진술되는 반의어로는 *κακός* ["나쁜, 악"]).

295. 구약에는 "선"이나 "선한 것들"은 때로 다가오는 시대의 축복을 나타내는데 사용된다(예를 들어 사 52:7 [롬 10:15에서 인용]; 렘 8:15와 Sir. 39:25, 27를 보라). W. Grundmann, *TDNT* 1.14; Schlier를 보라.

296. Zahn; Gifford를 보라.

목적지까지 우리를 안전하고 확실하게 인도하도록 하나님이 의도하시지 않는 것은 이 세상에 아무것도 없다는 것이다.

우리는 이 구절에서 주절에 대해 해설했고, 이제 종속절들을 살피는 일이 남았다. 이 종속절들은 "모든 것이 합력하여 선을 이룬다"는 약속을 받는 자들에 관한 두 개의 평행적인 기술이다. 첫째로 그들은 "하나님을 사랑하는 자"이다. 바울은 하나님을 "사랑하는" 그리스도인들에 대해 거의 말하지 않는다[297](1:7에서 바울은 로마 교회 신자들을 "하나님께 사랑받는" 사람들로 묘사한다),[298] 이 표현은 구약과 유대교 문헌에서는 하나님의 백성을 기술하는 데 널리 쓰인다. 그러므로 "하나님을 사랑하는"이라는 말은, 이 구절의 약속을 누릴 수 있는 자격 조건이지만,[299] 그것은 그리스도께 속하는 모든 사람에 의해 충족되는 조건이다. 다른 말로, 바울이 "모든 것이 합력하여 선을 이룬다"는 약속이 하나님을 충분히 사랑하고 있지 않는 그리스도인에게 유효하지 않음을 밝히고자 의도한 것이 아니다. "하나님을 사랑하는"이라는 표현은 모든 그리스도인의 기본적이고 내적인 방향을 종합하는 말로, 모든 그리스도인에게 해당한다 - 그러나 오직 그리스도인에게만 해당한다.

이 약속이 적용되는 자들에 관한 두 번째 묘사는, 우리와 하나님의 관계를 다른 쪽인 하나님의 편에서 보는 것이다. 우리가 이 묘사들의 비교 평가해서는 - 둘 다 중요한 묘사들이므로 - 안 되겠지만 그래도 29-30절을 미루어보아, 이 두 번째 어절에 그리스도인이 "모든 것이 합력하여 선을 이룬다"는 것을 알 수 있는 진짜 이유가 담겨 있는 것만큼은 분명하다. 이것을 우리는 이렇게 의역해볼 수 있을 것이다. "우리가 알거니와 우리 가운데 하나님을 사랑하는 자들에게는 모든 것이 선을 이루도록 작용하고 있으며, 그렇게 된 것은 하나님을 사랑하는 우리가 그와의 관계를 맺도록 부름 받은 자들이기도 하기 때문이다. 그 부르심은 우리를 그리스도의 이미지로 빚으시고 우리를 영화롭게 하시려는 하나님의 목적에 따른 것이다." 그렇기에 "부르심을 입은 자들"이라는 말은 초대를 받은 자로, 초대를 수

297. 고전 2:9; 8:3; 엡 6:24, "우리 주 예수그리스도를 사랑하는 자"를 보라.

298. ἀγαπητοῖς θεοῦ. Porter를 보라.

299. B. Mayer는(*Unter Gottes Heilsratschluss*, 142-49) 구약이(특히 신명기) 하나님의 사랑을, 하나님의 백성에게 "선한 것들"을 수여하시는 분으로 연결하려는 점에 주목하라(특히 신 10:12-15를 보라).

락할지, 거부할지의 선택권을 쥔 그리스도인을 묘사한 것이 아니라, 하나님께서 그의 은혜에 수혜자가 되도록 하는 유효한 부르심의 대상자로 묘사하는 말이다[300]

이 부르심은 "하나님의 목적에 따라 그리고 하나님의 목적을 기초로[301] 일어난 다.[302] 초기의 해석자들의 대다수는 이것을 사람의 목적으로 보았지만,[303] 아우구스티누스는 하나님의 목적으로 의도된 것이라고 주장한 것이 분명히 맞았다.[304] 바울이 "하나님의 뜻대로"의 문구를 "부르심을 입은 자들"에 덧붙인 것은, 하나님의 부르심을 받은 신자들이 그리스도처럼 되어서 그의 영광을 함께 나누는 특별한 목적이나, 계획을 심중에 두고 있음을 가리키기 위해서다. 그리고 이것은 부르심을 입은 자들, 곧 우리를 위한 하나님의 계획이며, 그래서 우리는 하나님을 사랑하기에, 모든 것이 "선"을 이루는 방향으로 - 이러한 계획이 우리 각자의 삶에 실현되는 데 - 기여할 것을 확신할 수 있다.

29 29-30절은 28절 전체를 뒷받침하는 것으로 볼 수도 있고,[305] 특히 "모든

---

300. 혹자는 "부르심을 입은 자들"(τοῖς ... κλητοῖς οὖσιν)은 적어도 원칙적으로는 복음의 설교와 하나님의 은혜의 내적 사역을 통해 그리스도와 관계를 맺도록 "부름 받은" 모든 사람을 가리킨다고 주장했다(Chrysostom; Godet). 그러나 예수께서 일반적인 부르심에 대해 언급한 적이 종종 있는데(참조. 마 22:14: "청함을 받은 자는 많되 택함을 입은 자는 적으니라"), 바울은 동사 καλέω와 명사 κλητοί가 하나님을 행위의 주체로 볼 때, 언제나 사람들을 하나님 자신과 관계 맺도록 부르시는 하나님의 유효한 소명에 관하여 사용한다는 것이다. κλητοί는 롬 1:6, 7; 고전 1:1, 2, 24; 유 1; 계 17:14에서 그리스도인들을 지칭하며, 신약 성경에서 유일하게 달리 쓰이는 곳이 위에서 언급한 마 22:14이다. 바울 서신에서 하나님을 주어로 하는 καλέω에 관해서는, 롬 4:17; 9:12, 24, 25, 26; 고전 1:9; 7:15, 17, 18(두 번), 20, 21, 22(두 번), 24; 갈 1:6, 15; 5:8, 13; 엡 4:1, 4; 골 3:15; 살전 2:12; 4:7; 5:24; 살후 2:14; 딤전 6:12; 딤후 1:9를 보라. 고전 7:15-22에 쏟아지듯 등장하는 것은, 바울에게는 "하나님께 부르심을 받은 것"이 "그리스도인이 된 것"과 같은 뜻임을 밝힌다. 전체적인 문제에 관하여 W. Klein, "Paul's Use of Kalein"; Prat, *Theology*, 1.241; Hoglund, *Called by Triune Grace*를 보라.
301. 전치사는 κατά이며, B. Mayer의 의역(*Unter Gottes Heilsratschluss*, 151)을 보라.
302. ρόθεσιν. 신약은 LXX를 따라, 이 단어를 예배 의식에서 "진설"병을 가리키는데(마 12:4 = 막 2:26 = 눅 6:4; 히 9:2) 사용하지만, 여기서는 "목적," 또는 "설계"를 의미한다.
303. 예를 들어 Chrysostom; Origen; Theodoret를 보라; Witherington/Hyatt는 이 관점에 열려있다.
304. 바울은 하나님의 πρόθεσις를 다른 4개의 핵심 본문(롬 9:11; 엡 1:11; 3:11; 딤후 1:9; 바울 서신에서 인간의 "설계"나 "방향"으로 나타나는 유일한 타본문은 딤후 3:10이다)에서 그분의 구원행위로 연결한다.
305. Cranfield.

것이 합력하여 선을 이룬다"는 약속을 뒷받침하는 것으로 볼 수도 있지만,[306] 바로 이어지는 연결로는 "목적"(purpose)이라는 단어가 한결 낫다.[307] 이 구절들에서 바울은 "뜻", 또는 "목적"을 상세히 설명한다. 하지만 그와 동시에 바울은 28절의 약속과, 그리고 8장 전체를 관통하는 그의 주제인 확신의 궁극적인 근거를 진술하기도 한다. 하나님의 "뜻"이 신자 개개인에게서 실현되는 것은 "영광을 바라는 소망"의 기반이 되는 것이다.[308]

바울은 하나님의 계획을 네 개의 평행 구절로 설명하는데, 여기서 그는 핵심이 되는 동사들을 밀접하게 연결시키는 방식으로 반복한다.[309] 그럼으로써 그는 "황금의 사슬(golden chain)로 불리게 된 것을 만들어 내고, 교회사를 통틀어 신학자들에게 구원론의 교리를 설계할 수 있는 - 특히 그것의 최초(예정)의 그리고 최후(견인)의 단계를 위한 - 풍부한 자료를 제공해 주었다. 이러한 적용은 정당한 것이지만, 우리는 (1) 바울에게 그의 구원론을 완성하려 그림을 제시하는 - 신약은 말할 것도 없고 - 의도는 없다는 점과, (2) 이 구절들이 이 장의 논의에서 어떤 분명한 역할을 가지고 있다는 점을 기억해야만 한다.

그 동사들 가운데 첫 번째 동사가 가장 큰 논란을 야기한다. "미리 안다"는 어원이 그리스어와 영어에서 모두 암시하듯, 대게 "앞선 때를 알다"는 의미이다.[310] 행 26:5를 보면, 바울이 "일찍부터 나를 알았으니 그들이 증언하려 하면 내가 우리 종교의 가장 엄한 파를 따라 바리새인의 생활을 하였다고 할 것이라"고 말한다. 이 동사의 가장 흔한 의미로, 많은 해석자들은 여기서도 동일한 의미로 쓰였음이 틀림없다고 생각하는 것은 놀랍지 않다. 그러나, 하나님이 그리스도인을(그들에 관해) 미리 "아신다"고 말하는 것은 불필요한 것일 텐데, 이 동사는 하나님이 믿는 자들에게서 특유한 무언가를 "예견하신다"는 것을 시사해야 할 것이며 - 필

306. S-H.

307. Murray. 연결어는 ὅτι인데, 우리는 이를 원인("because")보다, 설명("namely", "e.g.")을 나타내는 것으로 본다.

308. Byrne, *"Sons of God,"* 114를 보라.

309. 동사가 연쇄적으로 나오는 평행구문은 바울이 어떤 전례문을 인용하고 이 문맥에 맞추기 위해 29절을 삽입했을지도 모른다고 생각하게 했다(참조. Kasemann).

310. 그리스어로는 προ-["전에(before)"]γινώσκω이다.

시 그들의 도덕적 적합성(많은 교부 신학자들의 생각처럼)이나, 그들의 운명,[311] 또는 그들의 믿음일 수도 있다(그 동사의 의미가 이것이라면 이것이 훨씬 더 그럴듯하다).[312] 이런 식으로 사람이 보이는 믿음의 반응은 하나님의 "미리 아심"의 대상이 되고, 이 예지는 "미리 정하심"의 기초가 된다. 그렇기에 "그가 미리 아신 자들을 그가 미리 정하셨다"고 하는 것이다.[313]

그러나 나는 이것이 올바른 해석 같아 보이지 않는다. (1) 이 동사와 어원이 같은 명사의[314] 신약 용법은 일반 용법의 패턴을 따르지 않는다. 신약에 이 단어들이 여섯 번 등장하는 가운데, 오직 두 번만 "미리 안다"는 의미이고(위에서 인용된 행 26:5와 벧후 3:17), 이 본문에 등장하는 나머지 세 경우는 모두 하나님을 주어로 삼으며 - 이성적이거나 인식적인 의미로 - "미리 안다"는 의미가 아니라, "미리 관계를 맺는다"거나 "미리 선택하거나, 결정하다"는 의미이다(롬 11:2; 행 2:23; 벧전 1:2, 20).[315]

(2) 여기서 이 동사는 "알다"의 독특한 성경적 의미가 내포되어 있음은 이것이 단순하게 사람을 목적어로 취한다는 사실로 암시된다. 바울은 하나님이 "우리에 관하여 아셨다"고 말하는 것이 아니라 "우리를 아셨다"고 하는데, 이것이 구약의 의미로 "알다"를 생각나게 하는 의미이다.[316] (3) 더 나아가서, 몇몇 개인들만이 - "미리 아신" 자들을 또한 "미리 정하시고", "부르시고", "의롭다 하시고", "영화롭게 하신" 자들만이 - 이러한 행위의 대상이며, 오직 그리스도인에게만 적용 가능한 이 행위가 이 동사로 인해 지시되지 않으면 안 됨을 증명하고 있다. 그렇

---

311. Witherington/Hyatt.

312. 예를 들어 Pelagius; Alford; Meyer; Lenski; Godet.

313. 단순하고 간단한 설명에 대해서 Cottrell, "Conditional Election," 57-62를 보라.

314. *προγνῶσις*.

315. 그리스어의 광범위한 용법의 배경으로는 다소 생소하기는 해도, 이 의미가 친밀한 관계를 가리킬 때, 히브리어 יָדַע(야다)로 번역되는 LXX의 *γινώσκω*(기노스코) 용법에서 자연스럽게 흘러나온다. 구약에서 יָדַע가 가지는 의미는 이미 잘 알려졌고, 논증이 요구되는 것으로 널리 받아들여지고 있다. 두드러진 예를 몇 가지 들자면, 창 18:19에서 "내가 그를[아브라함을] '알았나니' [대부분의 영역본에는 '택하였나니(chosen)'로 나온다]"; 렘 1:5에서 "내가 너를 모태에 짓기 전에 너를 '알았고'"[여기서 "알다"는 "구별하다"와 "임명하다"와 병행한다]; 암 3:2는 "내가 땅의 모든 족속 가운데 너희[이스라엘]만을 알았나니" [ESV; NIV: "택하였나니(chosen)"]" 자료와 더 많은 예시문에 관하여, R. Bultmann, *TDNT* 1.697-98; *NIDNTTE* 1.577-78을 보라. 동사 *προγινώσκω*는 이 자체로는 LXX에 나오지 않는다.

316. Murray.

기에, 이 단어가 "친밀하게 안다", "존중한다"는 뜻을 나타낸다면,[317] 이것은 신자들에게 특유하고 그들의 미리 정해짐으로 이어지는 앎이나 사랑으로 반드시 이어지게 되는 것이다. 이렇다 보니, "미리 알거나 사랑한다"와 "미리 택한다" 사이에는 사실상 그 차이가 사라진다.[318] 그렇다면, 이 "미리"의 의미는 무엇인가? 물론, 하나님의 행동은 그 자체로 창조된 "시간"에 스스로 얽매이지 않는다는 것이 사실이지만,[319] "미리"는 우리가 "시간"이라고 부르는 개념의 틀 안에 배치하는 신적인 행동 외에는 다른 기능을 가질 수 없다는 것 역시 분명하다. 따라서 하나님의 택하심의 "미리"는 우리가 하나님을 사랑하게 되는 때(28절)와 관련지을 수 있지만,[320] 베드로전서 1:20과 에베소서 1:4에서는 오히려 바울이 우리에 대한 하나님의 택하심을 "창세 전"으로 위치하고자 한다는 것을 암시한다.[321]

이 첫 번째 동사로, 바울은 하나님의 목적을 이루는데 있어서 하나님의 진취성을 강조한다. 이는 1-4장에서 그렇게 많은 관심을 받았던 인간적인 믿음의 응답이 수반하는 중요성을 축소하지 않는다. 그러나 이 "미리"는 믿음을 이러한 택하심의 근거로써 인식하기 어렵게 만든다.[322] 머레이(Murray)의 표현대로, 관련되는 것은 "차이의 선견先見이 아니라 차이를 존재하게 하는 선견이며, 존재를 알아보는 선견이 아니라 존재를 결정하는 예지이다." 그러나 엄밀히 하나님이 무엇을 또는 누구를 이러한 방식으로 "미리 아셨다"는 것인가? 오늘날의 많은 주석자와 신학자들이 내놓는 대답은 "교회"이다. 즉, "미리 아신바 된," 또는 "택함 받은"것은 개인이 아니라 그리스도이며, "그리스도 안에" 있는 것으로서 교회라는 것이다.[323] 그러나 다른 곳에서는 이 해석에 관하여 무엇이라고 언급될지는 몰라도, 이 구절에서는 잘 맞지 않는다. 여기에는 "그리스도 안에서"나 교회에 관한 말이 언급되지 않았을 뿐만 아니라, 바울의 목적도 신자 개개인에게 - 교회 전체가 아닌 - 하

317. 예를 들어 I. Marshall, *Kept by the Power*, 102.

318. Murray.

319. 예를 들어 O. Weber, *Foundations of Dogmatics*, 2.446, 460-65를 보라.

320. I. Marshall, *Kept by the Power*, 102; Leenhardt.

321. Cranfield.

322. S. N. Williams는 바울의 "예정"에 관한 구절에서 예견된 믿음이 눈에 띄게 결여되어 있다는 것을 올바르게 주목한다(*Election of Grace*, 70-71).

323. 이러한 견해는 특히 Karl Barth와 관련된다(참조. CD II/2). 이 본문에 대해, 특히 Shank, *Elect in the Son*, 45-55, 154-55; Ridderbos, Paul, 350-51; Oropeza, *Jews, Gentiles*, 168-74를 보라.

나님이 그들의 "선"을 위해 역사하시고 그들 각자를 영화롭게 하실 것이라는 확신을 심어 주는 데 있다.

이 첫 번째 동사는 많은 논란을 낳지만, 바울이 강조하는 것은 이 구절의 두 번째 동사에 있다. 즉, "미리 아시는 것"은 바울이 정말로 강조하고자 하는 것으로 나아가는 단계일 뿐이다. 즉, 하나님이 그 아들의 형상을 본받게 하도록 "미리 정하신"(foreordaining) 또는 "예정하신"(predestining)[324]일이다. 이 두 번째 동사는 첫 번째 동사보다 한 단계를 올라가서 하나님께서 선택의 은혜를 베푸시는 목적에 초점을 모은다.[325] 바울이 이 개념을 전개하기 위해서 29절의 마지막 부분에서 세밀히 짜인 병행구에 지장을 주는 방식은 그가 이를 얼마나 중시했는지를 드러내 보이는 것이다. 신자들이 "목적지"를 향해 움직이기 시작한 것은 우리가 "[하나님의] 아들의 형상을 본받게 하려고"하는 것일지도 모른다. 바울이 여기서 사용하는 언어는 우리에게 그의 중심 신학인 "그리스도와 연합"을 상기시키고, 아담과(부정적인) 비교를 암시한다.[326] 이제 하나님의 뜻은 "둘째 아담"의 "형상"인 그리스도에게 속한 모든 사람에게 각인시킨다.[327] 그렇다면 이 "본받게 됨"은 언제 일어나는

---

324. 동사는 προορίζω이다. 단순 동사인 ὁρίζω는 "정하다", "결정하다"를 의미한다(1:4에 관하여 보라); 그렇다면 προ-ορίζω는 "미리 결정하다," 또는 "예정하다"를 의미한다(불가타역은 praedestinavit으로 번역한다). 신약에서, 이 동사의 목적어로써 십자가에 못 박힘(행 4:28), 그리스도 안에서 드러나는 "지혜"(고전 2:7)와 신자들이 되겠다(엡 1:5, 11과 여기서). 다시 한번 더, "미리"는 "창세 전"을 의미할 것이다(참조. 엡 1:4-5).

325. R. Muller는 일부 청교도인들이 "미리 아심"(foreknowing)을 "영원한" 선택으로 보는 것과 "예정하심"(predestining)을 "때 맞춘"(in time) 선택으로 보는 것을 구별하는데 주목한다(*Christ and the Decree*, 165).

326. 그리스어로는 συμμόρφους τῆς εἰκόνος τοῦ υἱοῦ αὐτοῦ이다. συμμόρφους라는 단어는 8:17b절에 마지막으로 발견된 그리스도인의 경험 차원에서 "그리스도와 연합"을 꼽는다. 바울은 이 단어를 비슷한 방식으로 빌 3:21에서 사용하고, 구문적인 구조에서도 사용한다. "그가[그리스도] 우리의 낮은 [상태에 속한] 몸을 자기의 영광에 [상태에 속한] 몸의 형체가 되도록[σύμμορφον]할 것이다." 바울은 εἰκών이라는 단어를 덧붙여서(σύμμορφος[예를 들어 μορφή]에서 발견되는 "형태"의 개념 때문에 보기에 중복으로 보인다)" (1) "양식"이나 "각인"의 개념을 - 그리스도인들은 그리스도가 확립하고 모델로 삼은 "존재의 양식"에 맞추어진다고 - 강조하기 위해서고, (2) 아담과의 비교를 촉구하기 위해서이다. 즉, 하나님의 "형상"(LXX εἰκών)으로 창조된 아담이 비참하게도 죄로 얼룩진 "세속적"인 자로 "변형"되었으며, 이러한 이미지는 이제 그에게서 나온 후손들 모두에게 새겨졌다는 점이다. 이러한 εἰκών의 의미는 그리스도나(고후 4:4; 골 1:15), 기독교 공동체가(골 3:10) "하나님의 형상"라고 말하는 본문에서 전면 나타난다(Kürzinger, "συμμόρφους τῆς εἰκόνος," 294-99; Thüsing, *Per Christum in Deum*, 122-25).

327. 이러한 개념이 고전 15:49에서 명백하게 드러나는데, 특히 Dunn, and Hughes, *True Image*,

가? 17b절 - "그와 함께 영광을 받기 위하여 고난도 함께 받아야 할 것이니라" - 에 비추어 볼 때, 바울은 신자가 회심하는 순간부터 영광이 뒤따르는 그리스도의 고난의 양식을 "본받게" 되어 있다고 생각하는지도 모른다.[328] 핫지(hodge)는 훨씬 더 광범위하게 이생에서 그리스도가 본보기가 되어 하나님의 뜻에 순종하고, 내세에서 영광을 누린다는 것을 주장하는 자들 가운데 대표이다.[329] 하지만 가장 밀접한 평행 본문으로 빌립보서 3:21과 고린도전서 15:49는 모두 종말론적이며, 종말론이 이 문단에서 바울의 초점이기도 하다.[330] 즉, 바울이 여기서 그리스도께서 이미 누리고 계신 영광을, 우리로 장차 누리게 하시도록 하나님이 미리 정하신 것으로 생각한다고 보는 것이 더욱 타당한 것이다.[331] 이 구절의 마지막 절인 "이는[332] 그로 많은 형제 중에서 맏아들이 되게 하려 하심이니라"가 이러한 해석을 추인하는 셈인 것이다. 그리스도께서 "맏아들"이라는 개념은 우리로 다시 살아난 자들의 첫 열매로 그리스도의 위치를 상기시키기 때문이다(고전 15:20; 10-11절을 보라).[333] 그리스도인들은 그들의 몸이 부활하고 변화되어 그리스도의 영광에 동참하게 되고, 그리스도를 많은 형제들의 맏아들로 삼으시려는 하나님의 뜻도 성취되는 것이다.

30 바울은 사슬을 끊었던 단어를 되풀이하므로 동사의 사슬을 재개하는데, 그 단어는 "미리 정하셨다"(predestined)이다. 다음 연결고리를 형성하는 것은 "그가 부르시고"이며, 이 동사가 하나님과 관계를 맺는 그분의 유효한 부르심을 가리킨다.[334] 미리 정하심의 대상이 되는 자들과 이 부르심을 입은 자들 사이의 정확한

27에서 소유격 υἱοῦ를 - 그 형상, 곧 아들의 형상" - 으로 부연하는 것으로 본다.

328. Wilckens; Wright.

329. 고후 3:18에서 바울이 주의 형상으로 바뀌는 일을 현재의 일로 여긴다는 점에 주목하라.

330. "나타날 영광" (18절); "양자 될 것을 기다림" (23절); "소망" (24-25절); 반복해서 "영화" (30절).

331. Byrne, *"Sons of God,"* 117-18; Thüsing, *Per Christum in Deum*, 122-25; Murray; Dunn; Lohse; Kruse; J. Scott, *Adoption as Sons*, 245-47; Gundry Volf, *Paul and Perseverance*, 9-11; Kilner, *Dignity and Destiny*, 235-41.

332. 그리스어로 εἰς를 부정사(τὸ εἶναι)와 함께 사용하는데, 아마 목적을 나타내는 구문일 것이다(E. Burton, *Syntax*, §409).

333. 시 89:27에서, 하나님이 (다윗의 자손) 메시아를 그의 "처음 난" 아들로 삼겠다는 것에도 주목하라.

334. 28절에 나오는 κλητοῖς에 관한 주를 주목하라.

일치가 지시대명사 "그들을"[335]로 강조된다. 즉, "미리 정하신 그들을 또한[336] 부르시고"라고 강조한다. 이것은 이 사슬로 연결된 고리들이 서로 견고히 붙어있지 않아서, 마치 "미리 아시고" "미리 정하신" 일부 사람들은 "부르시고", "의롭다 하시고", "영화롭게 하심"에 해당되지 않은 자들일 수도 있다는 제안의 여지가 거의 없다는 것이다.[337]

이 사슬의 다음 고리는 1-4장에서 중심이 되는 주제인 "칭의"로 돌려놓는다. 이 장들에서 바울이 믿음에 대해 거듭 강조한 것을 재고하자면, 우리는 이 구절들에서 바울이 구원에 관하여 하나님 편에 초점을 맞춘다고 해서 인간적인 반응의 중요성을 경감시키는 것이 아니라는 점을 기억해야 한다. 참으로, "의롭다" 하시는 분은 하나님이시나, 그렇게 의롭다 하심을 받는 것은 바로 믿는 사람인 것이다.[338]

이 사슬의 마지막 동사와 함께, 바울은 이 문단의 출발점이자 이 문단의 중심 주제인 "영광"으로 돌아왔다. 이 동사는 다른 일련의 동사들과 같이 부정과거(또는 단순과거) 시제로 되어있는데, 이 시제는 영어에서(직설법) 과거로 번역된다.[339] 흥미로운 것은 바울은 주로 이 영광에 대하여 장차 신자들이 최종 구원을 받는 때를 가리킨다는 것인데, 확실히 이 구절과 가장 밀접하게 연관된 이 구절들에서는 그렇게 받아들일 수 있겠다(8:18, 2; 5:2).[340] 물론, 다른 곳에서 논의했듯이(7:14-25에 관한 각주를 보라), 부정과거 시제는 기본적으로 시간적인 것에 초점이 있다기보다, 행동(action)의 과거, 현재, 미래를 지칭할 수 있다. 따라서 여기서 동사를 미래 시제로 번역하는 것은 무리는 아닐 것이다. 가령, "그가 영화롭게 하실 것이다"의 시

335. τούτους.

336. καί.

337. 예를 들어, Gundry Volf, *Paul and Perseverance*, 12-14을 보라; 반대 견해로는 Wesley를 참조하라.

338. Wright는 "부르심"이 회심의 시점으로, 칭의가 이 부르심의 유효성을 기반한 분석적인 판결임을 주장한다. 즉, 하나님께서 부르심을 받은 자들을 그분의 새 언약 공동체로 선언하시는 것이다.

339. ἐδόξασεν은 부정과거 시제이다. 바울은 이 구절에서만 동사를 하나님과 관련하여 주어로 사용하는데, 바울의 서신 중에 다른 곳에는, 그의 직분을 "영광스럽게 여긴다"(롬 11:13)거나, 인간이 하나님께 "영광을 돌린다"처럼 사용하거나, 자신의 사역에 관하여 "영예"(롬 11:13)로 여기는 식으로 쓰거나, 주의 말씀에 대해(살후 3:1), 또는 교회 지체를 지시하여 상호 간에(고후 12:26) 사용하기도 한다.

340. 예를 들어 17, 18, 19절; 빌 3:21; 롬 5:2을 보라.

제나, 단순히 시간을 암시하지 않는 식으로 "그가 영화롭게 하신다"는 아마 행동의 완결성을 강조하는 데 있는 것이다.[341] 그러나, 부정과거는 항상 과거를 지시하지는 않지만, 대게는 그렇다는 것이고, 29-30절에 나오는 다른 부정과거 시제의 동사들은 분명히 그렇게 쓰인다.[342] 그러므로 우리는 가령 바울의 초점이 신자들이 받는 실제적인 영광에 있지 않고, 그 영광을 수여하시는 하나님의 결정에 있다면 이 동사가 과거를 지시하는 것으로 이해할 수도 있다는 것이다.[343] 아직 경험되지는 않았지만, 이미 의롭다 하심을 받은 자들을 영화롭게 하실 하나님의 결정은 이미 내려졌으므로, 문제는 해결된 것이다.[344] 그러나, 이러한 견해를 일축하지 않고, 사람들은 신자들조차 하나님의 영광을 나누는 삶을 살기 시작한다고 바울이 생각하는 것도 가능하다고 보는 것이다.[345] 이 삶에서도 하나님의 영광을 나누기 시작한다. 특히 고린도후서 3:18에서 "우리가 다 수건을 벗은 얼굴로 거울을 보는 것 같이 주의 영광을 보매 그와 같은 형상으로 변화하여 영광에서 영광에 이르니 곧 주의 영으로 말미암음이니라"고 말씀하는 것에 특히 주목하라. 이미 부분적으로 실현되었지만, 아직 완전히 받지 못한 "영광"은 그리스도인들이 누리는 확신의 궁극적인 원천이며, 그리스도 안에 있는 모든 사람에게 적용되는 "정죄함이 없다"는 그의 찬양을 승리의 절정으로 끌고 간다.

학자들은 신약의 가르침 중에서 중요한 차원을 묘사하기 위해 "이미 … 아직"이라는 이 서투른 문구를 즐겨 사용한다. 신자는 "이미" 속량 받고, 의롭다 하심을

341. 예를 들어 Porter, *Verbal Aspect*, 237; A. Robertson, *Grammar*, 837; Gifford를 보라.

342. 대부분 거의 모든 영역본에서는 과거 시제를 사용하고 있다.

343. 예를 들어 Augustine, *On Rebuke and Grace* 11.23 (*NPNF* 5.480-81); Turretin; Cranfield; Schreiner; Byrne, "Sons of God," 121-22를 보라(Godet과 Wright는 이 의미로 받아들이기는 하지만, 신자들이 참여하는 그리스도의 영화를 지시하는 것으로 본다). 이와 흡사하게, 시제에 있어서 히브리어의 "완료형"과 같이 예변법(豫辯法: 마치 미래의 일어날 행동이 이미 성취되었거나 존재했던 것처럼 표현하는 비유법- 옮긴이)이라는 개념이 있는데, 바울은 이 영화가 이미 이루어진 것처럼 글을 쓰는 것 이 영화가 장치 일어날 것을 확신하고 있다(Murray). 다른 학자들은 바울이 종말론적인 구원 완성의 관점에서 이를 쓰고 있음을 암시한다(Wilckens).

344. 혹자는 하나님이 이미 결정하신 것만을 바울이 바라보고 있다고 응답하는데, 특정한 개인이 실제로 이러한 것들을 경험하느냐의 여부는 신자가 믿음의 견인에 의존한다(예를 들어 Godet을 보라). 하지만, 믿음의 상태가 물론 추측되기는 하지만, 여기에 제시된 하나님의 결정을 취소할 만한 성격을 가지는 가에 대해서는 반드시 물어보아야 한다.

345. Zahn; I. Marshall, *Kept by the Power*, 102-3; Gorman, "Romans," 28-9; Blackwell, *Christosis*, 158-59; Ortlund, "Inaugurated Glorification," 111-3을 보라.

얻어서 하나님과 화목하게 되었지만, "아직" 영화롭게 되었거나, 유혹과 고난과 같은 것들에서 풀려나지 못했다는 것이다. 신약 어디에서도 이 문단에서처럼 뚜렷한 긴장감을 찾아볼 수 없고, 어디에서도 이 긴장감을 해결하는데 더없이 분명하게 기술되는 곳도 없다. 하나님의 의도는 예수 그리스도를 믿음으로 의롭다 하심을 얻는 모든 사람을 영광으로 인도한다고 바울이 강조한다. 우리의 궁극적인 승리에 대한 확신은 우리를 향한 하나님의 약속에 기초한다. 그러나 언제나 현실주의자였던 바울은 그 궁극적인 승리가 앞으로 수년간 - 고통, 근심, 괴로움과 불의로 가득 찬 오랜 세월 - 걸릴 수 있다는 것을 알고 있다. 그렇기에 바울은 하나님이 의롭다 하시는 모든 사람의 마음 가운데 그의 영을 보내신다는 사실을 상기시키므로 우리를 격려하기도 한다. 성령은 고난 가운데 있는 신자에게 능력과 위로를 주시며, 의심 가운데서 확신을 가져다주신다. 주님과의 관계를 과도하게 우려하는 그리스도인들은 성령이 그의 사역을 못하게 하는 것이나 다름없다. 우리는 헌신의 삶 - 기도, 성경 읽기, 신자의 교제 - 으로 새로운 충성을 다하므로 성령이 우리의 마음속에 이 확신을 심어 주는 사역을 가능하게끔 한다.

E. 신자의 보장된 구원을 경축 (8:31–39)

31 그런즉 이 일에 대하여 우리가 무슨 말 하
리요 만일 하나님이 우리를 위하시면 누가
우리를 대적하리요
32 자기 아들을 아끼지 아니하시고 우리 모
든 사람을 위하여 내주신 이가 어찌 그 아
들과 함께 모든 것을 우리에게 주시지 아
니하겠느냐
33 누가 능히 하나님께서 택하신 자들을 고
발하리요 의롭다 하신 이는 하나님이시니
34 누가 정죄하리요 죽으실 뿐 아니라 다시
살아나신 이는 그리스도 예수시니[346] 그는
하나님 우편에 계신 자요 우리를 위하여
간구하시는 자시니라
35 누가 우리를 그리스도의 사랑에서 끊으
리요[347] 환난이나 곤고나 박해나 기근이나
적신이나 위험이나 칼이랴
36 기록된 바 우리가 종일 주를 위하여 죽임
을 당하게 되며 도살 당할 양 같이 여김을
받았나이다 함과 같으니라
37 그러나 이 모든 일에 우리를 사랑하시는
이로 말미암아 우리가 넉넉히 이기느니라
38 내가 확신하노니 사망이나 생명이나 천사
들이나 권세자들이나 현재 일이나 장래 일
이나 능력이나[348]
39 높음이나 깊음이나 다른 어떤 피조물이라
도 우리를 우리 주 그리스도 예수 안에 있
는 하나님의 사랑에서 끊을 수 없으리라

a. 시 44:22

그리스도 안에서 신자의 구원을 보장하는 이 아름답고 익숙한 경축은 복음을 통해 신자에게 부여되는 바울의 축복들을 낭송하는 응답으로 온다. 바울이 이러한 축복을 사실상 본 서신의 첫 구절들에서부터 열거해 왔기 때문에, 이 문단은 지금의 시점까지는 편지의 절정 부분일 수 있다.[349] 다른 극단에서는, 31절의 "이 일"은 바로 앞선 구절들(28 또는 29-30절)에서 열거된 그 축복들만을 지시하는 것일 수

346. 가장 중요한 성경사본 중의 하나(제1차 알렉산드리아 B)에 다른 여러 사본들(2차 알렉산드리아 사본 1739; 서방 사본 D)과 다수 사본은 Ἰησοῦς를 생략한다. 신적인 호칭을 추가하려는 필경사들은 이러한 생략을 지지한다. 다른 한편, Ἰησοῦς는 강한 외적 지지를 받고 있고(1차 알렉산드리아 ℵ,알2차 알렉산드리아 A, C, 33과 81, 서방 사본 F와 G, 그리고 대문자 사본 Ψ), 이 문단의 엄숙한 필체에는 이중적인 이름이 걸맞다(39절도 보라).

347. Χριστοῦ(2차 알렉산드리아 대문자 ℵ)를 대신하여 θεοῦ("God")의 독법은, 특별히 B 독법에 비추어 볼 때, 거의 확실하게 39절 - θεοῦτῆςἐν Χριστῷ Ἰησοῦ("그리스도 예수 안에 ") - 에 동화된다.

348. οὔτε ἐξουσίαι ("neither authorities")문구는 이들 용어와 친숙한 결합을 모방하여 몇몇 사본에서는 οὔτε ἀρχαί(서방 대문자 사본 D) 앞과 그 뒤(2차 알렉산드리아 대문자 사본 C)에 모두 추가되었고(엡 3:10; 골 1:16; 2:15을 보라), 다른 사본들은 ἐνεστῶτα, μέλλοντα와 δυνάμεις의 순서를 재정렬한다. 그러나 공인된 본문은 증거력이 강하다.

349. 예를 들어 Godet, 329; Cranfield, 1.434; Stuhlmacher, 138; Kruse, 359를 보라.

도 있다.[350] 그러나 이 단락과 로마서 5장 사이의 어투와 내용의 유사점은, 이 종속 문단이 오히려 8장에서와 특히 8:18-30에서 바울이 말하고 있던 것에 대해 즉각적으로 응답하는 한편,[351] 5-8장에서 그리스도인의 확신에 관한 바울의 다면적인 논의를 전체적으로 매듭짓는 것으로 의도되었음을 오히려 암시한다.[352] 그렇기에 우리는 5:1-11에서처럼, 그리스도 안에서 우리를 향한 하나님의 사랑과 그 사랑이 우리에게 가져다주는 확신에 관하여, 하나님께서 의롭다 하시는 판결로 인한 최후 변호의 확실성과, 그리고 어떻게 이 위대한 힘들이 이 세상에서 겪는 환난을 궁극적으로 무력하고 하찮은 것으로 만드는가에 관해서 여기서 다시 듣게 된다.

이 문단의 고양된 문체가 수사적 질문과 관계대명사, 그리고 드물게 사용되는 어휘의 과잉 등장으로, 바울이 어떤 전승된 전례문을 인용하고 있는 것인지도 모른다는 생각을 많은 사람에게 암시하고 있다.[353] 이것은 물론 가능한 논의겠지만, 5-8장의 다른 곳에 등장하는 주제들을 이 문단에서 그토록 자연스럽게 집어내는 방식은 오히려 그 문체가 그리스도인이 누리는 특권의 풍성함을 돌아보면서 바울 자신의 감정을 반영하고 있음을 암시하는 것이다. 이 문단의 여러 가지 세분화된 제안들이 있지만,[354] 가장 간결하고 자연스러운 것은 이 문단을 31-34절과 35-39절의 두 부분으로 나누는 것이다.[355] 첫 부분은 법정적인 이미지가 지배적이다 - "우리를 위하여", "내어주다", "고발하다", "의롭게 하다", "정죄하다", "간구하다." 하나님의 "우리를 위하여"라는 말은 그가 의롭다 하심으로 이미 결정하신 판결이 심판에서는 완전한 보증으로 작용함을 의미한다. 35-39절에서 바울은 마지막 날에 대한 우리의 확신과, 그 사이 모든 날에 대한 확신이 더하여진다는 그림으로 확대한다. 신자는 궁극적인 신원을 보장받을 뿐만 아니라, 이 세상의 모든

350. Meyer, 2.97; Gifford, 161.

351. Murray, 1.322.

352. 특히 Kasemann, 246; Osten-Sacken, *Römer 8*, 55-60; Fiedler, "Röm 8:31-39," 29-30을 보라. Snyman ("Style," 218-1)은 이 논쟁의 끝에 독자들에게 감정적으로 호소가 고대의 수사학적 관습과 일치한다고 언급하며 동의한다(Kruse도 보라).

353. 특별히 Osten-Sacken, *Römer 8*, 20-47; Schille, "Liebe Gottes in Christus," 230-4에 나오는 제안과 논의를 보라.

354. 예를 들어 (1) 31-33a절, 33b-34a절, 34b-39절 (Bengel, 111); (2) 31-32절, 33-34절, 35-39절 (Kasemann, 246); (3) 31-32절, 33-34절, 35-37절, 38-39절 (Michel, 279; Cranfield, 1.434).

355. 비슷한 제안으로 Balz, *Heilsvertrauen*, 117-18을 보라.

영향력에 대한 승리를 약속받기도 한다. 그리고 이 다면적인 확신의 근거는 그리스도 안에 있는 우리를 향한 하나님의 사랑이며, 하나님이나 그리스도의 사랑이 이 문단의 모티프로 세 차례 언급된다(35, 37, 39절; 롬 5:5-8을 보라).

31 우리가 살펴보았듯이, 바울은 그의 논증을 진전시키기 위해 로마서에서 "그런즉 우리가 무슨 말 하리요?"라는 수사적 질문을 빈번히 사용한다. 하지만, 여기서는 3:1과 4:1에서처럼(그리고 9:19의 이문도 참조하라) 이 단어들이 그저 홀로 등장하는 것이 아니라, "그런즉 이 일에 대하여[356] 우리가 무슨 말을 하리요?"와 같은 실질적인 질문의 일부로 나오는 것이다. "이 일"은 내가 앞서 암시했듯이, 바울이 방금 28-30절에서 언급했던 것이나, 8장 전체에서 말한 것에만 국한시킬 것이 아니라, 5-8장에서 그리스도인들에게 돌아가는 모든 축복을 포용하는 것으로 보아야 한다. 바울은 이 모든 것을 "만일 하나님이 우리를 위하시면"이라는 이 명료한 진술에서 요약한다. 내가 "대하여"로 번역하는 전치사는 "…을 위해서"로도 번역될 수 있을 것이다.[357] 바울은 그리스도의 대리적인 사역을 묘사하기 위해 이를 빈번히 사용하는데(특히 5:6-8을 보라), 여기서 하나님이 우리 편에 계시다는 사실이, 우리를 위해 역사하고 계신다는 것을 암시한다. 이 암시가 그러하다면, 바울은 "누가[358] 우리를 대적하리요?"라고 묻는다. 바울이 사실상 아무도 우리를 대적하지 않으리라는 것을 의미하는 것이 아님은 명백하다. 바울이 직접 겪어서 알겠지만(35절에서 그 경험을 언급한다) , 성도들에 대한 대적은 다양하면서도 치열하다. 바울이 이 수사학적인 질문으로 시사하는 바는 아무도 - 그리고 어떤 "것"도 - 하나님이 "위하시는" 자를 궁극적으로 해치거나 훼방할 수 없다는 것이다. 이것을 크리소스토모스는 다음과 같이 표현한다.

그들이 우리를 적대한다고 해도, 우리를 좌절시키기는 고사하고 그들이 원치 않는다해

356. πρός; 이 의미에 대하여 Moule, Idiom Book, 53을 보라.

357. ὑπέρ.

358. 일부 해석자들은 바울이 여기서 특정한 누군가를 심중에 두고 있다고 생각한다. 예를 들어, 이방인들이 하나님의 백성의 완전한 일원으로서 포함되는지에 대한 의문을 제기하는 유대인들 말이다(Fraikin, "Rhetorical Function," 100). 그러나 35절과 38-39절에서 열거되는 항목의 폭은 일반적인 대상이라는 점이다.

도, 그들은 우리에게 면류관을 씌워주고, 셀 수 없는 축복을 조달해 주는 자들이 될지니, 하나님의 지혜로 그들의 계략에서 우리를 구원과 영광으로 옮겨갈 것이다. 아무도 우리를 대적하지 못한다는 사실을 보아라!

32 이 구절과 31절을 잇는 접속사의 결여는[359] 이 문단의 전형적인 특징으로, 문단의 문체를 엄숙하고 고양된 차원으로 끌어올린다. 그러나 암묵적으로 연결되는 문구가 "우리를 위하시면"에 있는데, 하나님의 "우리를 위하시면"이라는 표현이 우리를 위해 자기 아들을 내어주시는 것으로[360] 가장 깊이 있게 증명되며, 그것은 끝을 포함하여 끝까지 "우리를 위하시는" 하나님의 헌신에 있음을 우리가 의심해서는 안 된다는 증명이기도 하다. 이 구절의 논쟁 - 하나님께서 장래 축복의 보증으로 그의 아들은 내어주심 - 은 롬 5:8-9과[361] 매우 흡사하며, 8장의 마지막 부분이 편지의 이 단원을 출범시킨 기본 주제들로 돌아가는 방식의 또 다른 예시이다. 그리스도를 하나님의 "소유"[362]라고 칭하는 것은 믿음을 통해(롬 8:14-16) 하나님의 가족으로 양자된 자들과 뚜렷이 구별되지만, 아브라함이 그의 "사랑하는" 아들 이삭을 드리는 것과의 평행을 암시할 수 있다(창 22장).[363] 그분의 아들을

359. asyndeton(접속사 생략)의 예.

360. 이 주장이 지니는 강조적인 성질은 바울의 γε, "even"의 용법에서 두드러지는데, 이는 하나님이 우리를 위해 자신의 아들을 "참으로" 내어주셨다는 사실에 "기쁨으로 가득한 달콤함"(Bengel)을 더해주는 집약적인 불변화사이다(BDAG). 이것은 전치사 ὑπέρ("…을 위해서")가 ἀντί("…을 대신해서")의 의미를 포함할 수도 있는 바울 서신의 본문들 중 하나이다(Longenecker).

361. Beker, *Paul the Apostle*, 363을 보라.

362. ἴδιος.

363. 바울은 이삭 사건을 언급할 의도가 있어 보이는데, 하나이 그의 아들을 아끼지[ἐφείσατο] 않으셨다"는 부정적인 진술이 아브라함이 그의 아들을 "아끼지"(여기에서 쓰인 동사가 LXX에서도 쓰인다) 않음을 칭찬했던 창 22:12과 16절을 연상케 한다(Segal, "'He who did not spare,'" 169-4; Schoeps, *Paul*, 141-49도 참조하라). 본문에 대한 이러한 암시가 가능하다고 해도, 바울은 이 본문에 대한 이른바 "아케다"(Aqedah)(결박; 이삭의 희생-옮긴이)로 불리는 유대 전통의 관점을 지녔는지가 의심스럽다(P. Davies and Chilton, "Aqedah," 514-46; Barrett, *From First Adam to Last*, 27-30; Le Deaut, "Presentation targumique," 563-4; 전통 연구를 위해서는 Vermes, *Scripture and Tradition*을 참조하라). Fitzmyer가 지적하듯, "아케다" 전통은 (주후 200년) 아모라(3-6세기 팔레스타인이나 바벨론에서 활약한 유대 율법학자들을 총칭한 표현-옮긴이) 시대에서 나온 것이다. Schwartz는 바울이 창 22장이 아니라 삼하 21:1-14를 암시하고 있음을 주장한다("Two Pauline Allusions," 264-6).

아끼지 않고, 도리어 하나님은 그 아들을 "내어 주셨다"[364]는 동사는 십자가 사건 속에서 하나님의 주도하심을 떠올리게 하는 동사이다.[365] "모두"를 "우리"에 첨가하는 것은 하나님께서 그의 아들을 내어주시는 것(하지만 본문이 "오직 너희 믿는 모든 자들만"을 말하고 있지 않는다는 점에 주목하라)이 모든 신자(문맥에서는 "너희")를 위한 것이라고 강조한다.

본문 32절은 "하나님께서 그의 아들을 내어주심"을 "if"절로 하고, "어찌 그 아들과 함께 모든 것을 우리에게 주시지[366] 아니하겠느냐"를 "then"절로 하는 일종의 가정문이다. 그러나 두 번째 절을 "어찌"라는 표현으로 시작함을 통해, 이 "then"절이 충족되지 않은 채 남아있음이 도저히 생각할 수 없는 것임을 시사한다. 즉, "하나님이 참으로 자기 아들을 우리를 위해 내어주셨다면, 그 아들과 함께 모든 것들도 우리에게 주시는 분임을 그 누가 의심할 수 있겠는가?[367] 하나님이 우리에게 그토록 은혜롭게 수여하시는 "만물"의 범위는 얼마나 넓은 것인가? 바울은 만물을 다스리시는 그리스도의 주권에 우리가 동참함을 암시할 수도 있다.[368] 그러나 이런 생각들이 현재 이 단락에서 어떤 역할을 하는지 명확하지는 않다. 바울의 초점은 우리의 구원을 위해 필수적인 것들에 있음은 사실이지만,[369] 28절의 "선"에서와 마찬가지로 우리는 그 의미를 그러한 식으로 구원에 국한시킬 것이

364. 동사는 παραδίδωμι로, 복음서에서 예수의 수난에 관한 예언에 특히 두드러지게 나타나고, LXX의 이사야 53장에 이 단어가 고난 받는 종의 "내어주심"을 묘사하기 위해 세 차례 사용된다(D. Moo, *Old Testament*, 92-98을 보라). 바울도 이 단어를 예수의 죽음을 가리켜 - 때론 여기에서처럼, 아버지 사망으로 "그를 내어줌"과(4:25와 고전 11:23[?]에서 수동태에 주목하라), 때로는 아들 자신이 사망으로 "자기 자신을 내어줌"(갈 2:20; 엡 5:2, 25) - 빈번히 사용한다. 이사야 53장과의 연결점에 관하여 특히 Schreiner를 보라.

365. Murray는 옥타비우스 윈슬로우(Octavius Winslow)의 글을 다음과 같이 인용한다. "누가 예수를 죽도록 내어주었는가? 유다가 돈 때문에 내어준 것이 아니요, 빌라도가 두려워서 내어준 것도 아니요, 유대인이 질투심으로 내어준 것도 아니다 - 아버지가 사랑으로 내어주신 일이다!" 이 구절은 몰트만의 고통받는 하나님의 개념에 매우 중요하다(*Crucified God*, 235-49).

366. 그리스어 동사는 χαρίζομαι이다.

367. σὺν Χριστῷ("그리스도와 함께")는 우리가 받는 "모든 것들"(17b절의 "유업" 참조)이 "그리스도와 연합"으로 일어난다는 사실을 암시할 수 있다(Michel). 그러나 이는 아마 "하나님이 우리를 위하여 이미 '내어주신' 하나님의 아들 그리스도와 더불어, 우리에게 반드시 내어주실 '모든 것들'"에 대해 더욱 간결하게 의도된 의미일지도 모른다.

368. 바울이 시 8:6과 110:1에서 인용한 고전 15:25-28을 보라. Dunn; Forman, *Politics of Inheritance*, 118를 보라(그는 τὰ πάντα가 전 우주를 포함한다고 강조한다).

369. Bengel.

아니라, 우리가 그 최종적인 구원을 향하는 도상에서 요구되는 - 영적이고 물질적인 - 모든 축복을 포함해야 한다.[370] "여러분이 주님을 소유하고 있는데, 어찌 재산(chattels)에 대해 의심하는가?(크리소스토모스).

33 이 구절과 다음 절에 구두점을 찍을 방법은 최소한 다섯 가지가 있지만,[371] 최선의 대안은 대다수의 영역본이 따르는 것으로, 그중의 NIV가 대표적이다.

Who will bring any charge against those whom God has chosen?

It is God who justifies.

Who then is the one who condemns?

No one. Christ Jesus who died?more than that, who was raised to

life-is at the right hand of God and is also interceding for us.[372]

(누가 능히 하나님의 택하신 자들을 고발하리요?

의롭다 하시는 이는 하나님이시니

---

370. Hendriksen과 특히 고전 3:21-22("그런즉 누구든지 사람을 자랑하지 말라 만물이 다 너희 것임이라 바울이나 아볼로나 게바나 세계나 생명이나 사망이나 지금 것이나 장래 것이나 다 너희의 것이요")에 관하여 언급한 Schreiner를 보라.

371. 다음과 같은 해설들이 있다.
   1. 33-34절의 모든 절(節)을 별개의 질문으로 만들기(모두 7개가 된다).
   2. 두 구절의 각각에서 두 개씩의 질문을 발견하기.
      "누가 … 고발하리요?; 의롭다 하시는 이는 하나님이시지 않느냐?
      누가 정죄하리요? 그리스도 예수는 … 우리를 위하시지 않느냐?" (Barrett)
   3. 2와 같이, 두 번째 문장을 하나의 진술로 삼기 (RSV)
   4. "누가 능히 … 고발할 자 있느냐?
      하나님이 구원의 공의를 행하시는데 감히 정죄할 자 있느냐?
      우리를 위하여 탄원하시는 이가 … 그리스도 예수라는 사실을 우리는 확신하지 못하는가? (NJB)
   5. 누가 능히 … 고발하리요? 의롭다 하시는 하나님이시니라.
      정죄하시는 이는 누구이신가? 그리스도 예수시니 … 우리를 위하여"(대부분의 영역본에서 그렇다)

372. NA[28], UBS[5], 그리고 대부분 주석자들도 보라. 이 구두점의 이점은 다음과 같다. (1) 의문사로 시작되는 문장만을 질문으로 삼아서, 이 문단 전체에 사용되는 생생한 질의-응답 문체를 유지하는 점과 그리고 (2) "justifies" 뒤에 세미콜론을 찍으므로(흥미로운 점은 그리스어 원문에서 δικαιῶν 뒤에 찍힌다), "의롭게 하다"와 "정죄하다"의 자연스러운 대조로 인해, 한 문장에 속한 것으로 보이는 두 개의 절을 하나로 묶는다.

누가 정죄하리요?

아무도 없도다. 죽으시고 그뿐 아니라 다시 살아나신 이는 그리스도 예수시니,

그는 하나님 우편에 계신 자요, 또한 우리를 위하여 간구하시는 자이시니라).

"고발하다"[373]는 이 문맥에서 명백한 법정적 용어들 중 첫 번째 것이다.[374] 이 동사의 미래 시제는 최후의 심판에 초점을 두고 있는데, 그때 누가 감히 대항하여 우리를 고발하겠느냐는 것이 그것이다. 확실히 하자면, "고발자" 사탄은 그렇게 하고자 할 수 있으며, 우리의 원수들도 그러할 수도 있고, 아마 무엇보다도 가장 설득력 있게는 우리가 범한 죄들이 그러할 수 있을 것이다. 그러나 어떤 고발도 유효한 것이 되지 못하는데, 이는 하나님의 "택하신 자들"을 적대하는 고발이기 때문이며, 바울이 28-30절에서 밝혔듯이 하나님의 소명과 목적 때문에 선택받은 자들에게 영광이 보장된다. 그러므로 그 문제 자체에서 그리스도인들을 지명하는 방식은 어떤 의미에서는 유일하게 필요한 답이다.[375] 그러나 다음 문장은 우리를 대적하는 어떠한 고발들도 궁극적으로 실패로 끝나게 되는 또 하나의 근거로 보는 것이 자연스럽다. 즉, 의롭다 하시는 이는 하나님이시다.[376]

34 "누가 정죄하리요?"[377]는 새롭고 독립된 질문이라기보다는, 33절의 후속적

373. ἐγκαλέω. 이 구절 외에도, 사도행전에서 바울이 당한 시련의 다양한 국면에 관하여 여섯 차례 등장한다(19:38, 40; 23:28, 29; 26:2, 7).

374. 비록 παραδίδωμι(32절)에는 법정적 함축이 있지만 명확한 것은 아니다.

375. Cranfield.

376. 바울은 δικαιῶν을 현재 분사형으로 사용한다. Dunn은 칭의가 "진행되고, 지속적인" 활동임을 지시하기 위해 현재 분사로 사용한다. 하지만 현재 분사는 명확하게 시간적 중요성은 없다 - 이는 단순히 하나님의 특징을 나타낼 뿐이다(예를 들어 Baugh, "New Perspective," 150-56을 보라). 그러므로 바울은 신자가 그리스도께 나아갈 때(예를 들어 Longenecker) 일어나는 하나님의 의롭다 하시는 첫 행위를 언급하는 것인지, 아니면 심판의 때에(Michel; Black) 장차 의롭다 하심의 최종 판결을 지시하는지는 확실하지 않다. 어떠한 경우에든 바울은 신자들을 종의 정당성과 결부시킨다(Beale, *New Testament Biblical Theology*, 501-4).

377. κατακρινων("condemning")의 악센트를 κατακρίνων(현재 시제; S-H)로 발음해야 할지, κατακρινῶν(미래 시제; 33절에 ἐγκαλέσει을 보라; Cranfield)로 해야 할지는 알 수 없다. (본문에 대한 대부분의 증거사본들은 물론 악센트를 붙이지 않는다[NA[28]의 비평장치를 보라].) 어느 쪽으로 하든, 심판에 관한 이야기가 될 것이다(현재시제라면, κατακρίνων은 δικαιῶν과 같이 격언적인 의미가 될 것이다)

인 논의로 "정죄하다"와 "의롭게 하다"의 자연스러운 대조에서 암시되는 것을 알 수 있다. 그러므로 이 질문은 "의롭다 하신 이는 하나님이시라"는 33b절의 진술에 추가되는 수사적인 대답으로 볼 수 있다. 문장의 시작에 "Christ Jesus"는 네 개의 어절로 구성되는데, 앞의 두절들은 33b-34a절과 유사한 방식으로 분사를 사용하며, 마지막 두 절들은 그리스도 사역의 더 많은 측면을 기술하려는 관계사절이다. 이 문장은 전반적으로 "누가 정죄하리요?"라는 질문에 대한 대답으로 "아무도 없다"(라고 암시된다; NIV를 보라)", 다만 그리스도 예수께서 … 이시니"[378]로 해석될 수 있거나, 35절을 위한 준비로 - 그리스도 예수께서 우리를 위하여 이러한 일들을 하셨거늘, 누가 우리를 그리스도의 사랑에서 끊으리요?[379] - 로 해석될 수도 있다. 이 문장 가운데 계속 쓰이는 법정적 이미지 - 특히 그리스도의 간구 - 는 전자의 해석을 선호한다. 그리스도에 의해, 그리고 그로 말미암아 성취된 행위들의 열거는, 그 시리즈의 마지막에 강세가 주어지는 상승조로 일어난다. 예수는 우리가 의롭다 하심을 얻도록 죽으셨을 뿐만 아니라 - "더 나아가"[380] - 그는 "다시 살아나셨고" 또한 하나님 우편에 올라가시므로 우리를 위해 간구하시며, 그의 죽으심으로 의롭다 하시는 판결이 심판 때에 우리에게 적용되도록 보증하신다. 예수께서 "하나님 우편"[381]에 계신다는 어구는 신약에서 가장 빈번히 인용되는 구약의 구절들 가운데 하나인 시편 110:1에서 발췌한 것이다.[382] 이 말은 예수께서 하나님의 우주적 통치에 "부통치자"(vice-regent)의 위치로 높아지셨음을 가리킨다. 그러나 바울이 관심을 가지는 것은 우주에 관한 것이 아니라, 그리스도인들에 관한 것이다. 그리스도께서 살아계시고 승천하셨기 때문에, 하나님 앞에서 우리의 대제사장으로 우리를 위해 중보하실 수 있다는 것이다.[383]

---

378. NJB를 보라.

379. REB; Gifford; Meyer; S-H; Murray를 보라.

380. *μᾶλλον*.

381. *ἐν δεξιᾷ τοῦ θεοῦ*. 관사가 붙은 소유격 명사가 관사가 없는 명사에 붙는 이례적인 상황은 히브리어 구문의 상태를 반영하는 것일 수도 있다(N. Turner, *Syntax*, 179-80).

382. 예수께서 이 구절을 마 22:44와 평행구절들에서 직접 자신에게 적용한 것을 보라. 또한, 마 26:64; 행 2:33-34; 5:31; 7:55, 56; 엡 1:20; 골 3:1; 히 1:3, 13; 8:1; 10:12; 12:2; 벧전 3:22도 보라.

383. 물론 히브리서(특히 7:25)를 보라; O. Bauernfeind, *TDNT* 8.243를 보라. 롬 11:2에서, *ἐντυγχάνω*는 "고발하다"는 의미를 지닌다(행 25:24도 보라); 그러나 여기서와 히 7:25에서 이 동사는 그리스도께서 자기 자신을 대신하는 중보하는 높은 사제의 직분을 가리킨다.

35 다음 다섯 구절을 시작하고 그 어조를 정하는 질문은 33절과 34절의 질문들과 형식적으로 평행하지만, 실질적으로 새로운 출발이 된다. "하나님이 우리를 위하시는" 법정적 이미지는 뒤로하고, 바울은 그리스도 안에서 우리를 위한 하나님의 사랑을 보다 관계적으로 강조하는 쪽으로 돌아선다. 물론 이 이미지들이 모순적이거나, 분리 수용되어야 하는 것도 아니다. 5:6-10이 확실히 하듯이, "우리를 위하여" "자기 아들을 주심"에 있어서 하나님의 사랑은 현저하게 나타나고, 우리를 향한 하나님의 사랑은 단순한 감정이 아니라 우리를 위하시는 그의 은혜로운 행위라는 점이다. 그렇지만 아마도 우리를 위한 그리스도의 사역에 대해 막 기술했기 때문이겠지만, 바울이 이 구절에서 말하는 것은 39절에서와는 달리 하나님의 사랑이 아니라 그리스도의 사랑이다.[384]

이 서두의 질문에 나오는 "누가"에는 인간적이건 비인간적이건 간에 상상할 수 있는 모든 "대적"을 아우른다.[385] 이어지는 힘든 목록들은 거의 설명할 필요도 없지만, 한 가지 지적할 만한 것은 마지막 항목을 제외한 모든 것이 고린도후서 11:26-27과 12:10에서 발견되며, 거기서 바울이 사도직의 일을 하면서 직접 맞닥뜨린 위험들의 일부를 열거하고 있다는 점이다. 그렇기에 이 모든 것들을 겪은 바울은 이것들이 그리스도의 사랑을 누리는데 방해할 수 없음을 그 자신이 직접 증명할 수 있었다. 그리고 그 마지막 - "칼" 에 의한 처형 - 으로 그의 생애 마지막에 그리스도의 사랑 안에서 자기를 위해 극복하게 된 것을 발견하게 되었다.

36 이 구절은 생각의 흐름을 중단하는 무언가로, 바울에게는 전형적인 것이다. 이는 바울이 끊임없이 그리스도인들이 겪는 고통은 전혀 놀라운 일이 아님을 밝히는 것에 관심을 갖기 때문이다(빌 1:29에 비슷한 중단이 나온다). 여기서 바울은 시편 44:22를 인용하여(LXX 43:22) 보이고자 하는 것은, 칼빈의 표현대로 "주께서 그의 신자들을 하나님을 믿지 않는 자들의 잔혹성에 부당하게 노출되도록 허용하

384. 바울이 말하는 것은 "우리에 대한 그리스도의 사랑"(주격적 속격)이지, "그리스도에 대한 우리의 사랑"(목적격적 속격)이 아니라는 것은 문맥상 명백하다.

385. 하지만 남성 또는 여성 의문사 τίς가 일련의 "것들"로 채워진다는 사실에 의미를 두는 일부 학자도 있다(Calvin을 보라). 그러나 τίς는 아마도 문체적인 사유로 선정되었을 것이다. 이는 33절과 34절의 평행을 유지하기 때문이다.

시는 것이 결코 새삼스러운 일은 아니다"라는 것이다.[386]

37 "그러나"(그리스어. 알라[*alla*])는 이 구절을 35절과 연결시킨다. 바울은 35절의 질문에 대해 부정적인 응답을 상정하고 여기서 한 발 더 나아간다. 곧, 그 절에서 열거된 그런 것들은 우리를 그리스도의 사랑으로부터 끊을 수 없을 뿐만 아니라, 정반대로 우리는 그런 것들에 관하여 "정복자 이상"이 된다. "정복자 이상"이라는 것은 제네바 성경(Geneva Bible)으로 거슬러 올라가, 바울이 사용하는 강조하는 동사(intensive verb)로 절묘하게 어울리는 번역인 것이다.[387] 단순한 강조 이상의 의도가 있다면, 아마 바울이 강조하고자 하는 바는 신자들이 그런 역경들을 "정복할" 뿐만 아니라, 하나님의 섭리하시는 손길 아래서 그런 역경들이 우리의 "선"(28절)을 이루는 쪽으로 향한다는 것이다.[388] 그러나 승리는 우리의 것이 아니다. 승리는 오직 "우리를 사랑하신 이로 말미암아"[389] 이루어지기 때문이다.

38 37절에서 표현된 확신은 이제 더욱 바울 자신의 개인적인 증언에 근거를 둔다.[390] 바울은 그 어느 것도 신자들을 그리스도 안에 있는 하나님의 사랑으로부터 끊을 수 없음을 절대적으로 확신한다.[391] 이러한 확신에 위협을 줄 만한 것들을 열거하면 주로 명백히 짝을 이루는 것으로 보여진다. 가령, "죽음과 생명", "천사들과 권세자들", "현재의 일이나 장래의 일", "높음과 깊음"이 그것들이다. "능

386. 바울이 소개하는 인용은 그의 전형적인 공식인 *καθὼς γέγραπται*, "기록된 바"(1:17; 2:24; 3:4, 10; 4:17; 9:13, 29, 33; 10:15; 11:8, 26; 15:3, 9, 21)이다. 본문의 인용은 LXX를 따르는데(MT를 정확히 옮긴 43:22), 유일한 차이라면 철자상의 사소한 것이다(바울이 *ἕνεκεν*를 사용하는 곳에 LXX는 *ἕνεκα*를 사용한다). 이 인용구의 타당성은 랍비가 이 구절을 순교자의 죽음에 적용한다는 사실에 의해 암시된다(Str-B, 3.259-60).

387. 동사는 *ὑπερνικάω*로, 드물지만 바울보다 이전에 쓰인 것이 - 종종 다른 의미로 사용되기는 했지만 - 입증된다.

388. Hendriksen.

389. 명사 용법의 분사인 *ἀγαπήσαντος* ("사랑하신 이")는 35절에 비추어보아 그리스도를 가리키는 것이 분명하며, 과거 시제는 십자가에서 드러난 그 사랑에 초점을 맞추고 있다(다시 5:6-8을 보라).

390. 그리스어 *γάρ*를 보라.

391. 완료형 *πέπεισμαι*는 "강조적 현재"라는 초점을 가지고 있는데, A. Robertson, *Grammar*, 89를 보라.

력"[392]이라는 단어만이 이 짝들의 연속성을 중단시켜서, 혹자들로 하여금 이것이 신약으로 종종 연결되는 단어인 "권세자들" 뒤에 이 단어가 본래 나타나는 것임을 암시한다.[393] 그러나 이러한 이동에 관해 설명하는 본문의 증거가 없으므로, 우리는 바울이 그가 배열한 단어의 연속성을 일부 비평가들이 원했던 만큼 신중히 여기지 않았다는 결론을 내릴 수 밖에 없다.

"사망"은 그 목록에서 가장 먼저 나오는 것은 필시 인용할 때(36절) 선택한 "죽임을 당하게 되며"의 언급 때문일 것이다. 이는 바울이 구체적으로 순교를 염두에 두었다는 것을[394] 암시하지만, 그가 어떠한 형태로든 육체적인 죽음에 대해 생각하고 있다고 보는 것이 더욱 합당하다. 마찬가지로, "생명"이 이 혼란과 보살핌의 삶,[395] 또는 고통의 삶을[396] 의미하는 것으로 쓰이지만, 바울은 이 용어를 다소 "무분별한" 방식으로, 생명의 어떠한 특별한 양상을 염두에 두지 않은 채, "사망"과의 자연스러운 대조로 쓰고 있는 것으로 보는 편이 낫다. 우리는 바울이 용어 선택에 있어서 그의 명백한 수사학적 목적이 정당화할 수 있는 것 이상의 정밀성을 부여하기를 회피해서는 안 된다.[397] 그래서 첫 번째 용어 쌍(pair)은 두 개의 가능한 존재 상태를 가장 일반적인 방식으로 가리킨다고 본다.[398] 두 번째 용어 쌍인 "천사들과 권세자들"은 영의 세계를 아우른다. 바울이 "천사"를 선하든 악하든,[399] 어떤 것이든 "영적" 존재를 가리키는 사용처들이 있지만, 대개는 이 단어를 "선한" 천사를 가리킬 때 사용하고, 여기서도 선한 의미로 썼을 것이다.[400] "권세자들"은 바울 서신의 다른 곳에서는 단 한 번도 "천사들"과 함께 쓰이는 일이 없다. 바울은 "권세자"를 세속 권력을 가리켜서 사용할 수도 있지만, 그보다는 자주 영적 세계의 권세나 권위를 가리켜서 사용하는데, 가끔은 악한 성격의 것들을 가리켜서 쓰

392. δυνάμεις.

393. Denney를 보라.

394. Godet.

395. Godet.

396. Dunn.

397. Kuss.

398. 이러한 똑같은 쌍은 고전 3:22에도 – ἐνεστῶτα εἴτε μέλλοντα("현재 일이나 장래 일")와 함께 – 삶의 상태에 관한 바울의 묘사에 나타나는 것에 주목하라 –

399. ἄγγελος; 고전 4:9; 6:3(?); 13:1을 보라.

400. Godet; Murray.

지만(엡 6:12; 골 2:15), 보통 악한 영적 "권세자들"을 의미하는지, 악하고 선한 "권세자들"을 의미하는지 알기 어렵게 하는 일반적인 방법으로 쓰이기도 한다.[401] "천사들"이 "선한" 천사들을 가리킨다면, "권세자들"은 악한 영적 권능을 가리킨다고 보는 것이 자연스럽지만,[402] 어휘적인 증거로는 확신할 수 없다.

인간의 존재 방식과 영적 세계에 관해 간단히 언급한 이후에, 바울은 이제 신자를 하나님의 사랑으로부터 끊을 수 없는 그 "능력들"을 열거하면서 시간적인 차원을 포함 시킨다. 이러한 "현재 일"과 "장래 일"은 때로 영적 존재들올 가리키는 것으로 해석되기도 하지만,[403] 그러한 신원을 확인할 증거가 부족하다. 바울의 요지는 그보다 신자가 현재나 장래의 상황과 사건들이 그리스도 안에 있는 하나님과 자신의 관계에 있어서 의문을 제기할 필요가 없다는 것이다. 이 구절의 마지막 용어인 "능력"은 이 목록에서(물론 마지막 요약 항목은 제외하지만) 단독으로 나오는 유일한 것이다. 바울은 이 단어를 표적들을 가리켜서 사용했기에,[404] 그는 흔히 사탄이 행하는 그런 성격의 것도 신자로서 우리의 안전에 위협이 될 수 없다는 것을 나타내고 있을 수도 있다. 그러나 여기서 "권세자들"에게 있는 "능력"이 영적인 존재들을 가리켜서 나타난다는 점은 오히려 어떤 영적인 세력들을 가리키고 있음을 암시한다[405] 이 단어가 왜 단독으로 나오는지는 알 수 없다. 이 단어가 왜 단독으로 나오는지에 대해서는 알 길이 없다.

39 마지막 용어 쌍인 "높음"과 "깊음"이 가장 많은 논란을 불러일으킨다. 크게 두 가지 가능한 해석이 있다. 첫째로, 천문학 분야의 배경에서는 지평선 위아래의 천체 공간과 유도적으로 천상의 권세들을 나타내기 위해 이 용어들이 또는 이와 같은 용어들이 쓰였기에, 바울이 영적인 존재들을 가리키고 있을지도 모른다는 것이다.[406] 하지만 신약 그 어디에도 이 용어가 이러한 의미로 사용된 곳은

401. 고전 15:24; 엡 1:21; 3:10; 골 1:16; 2:10을 보라.
402. Godet; Murray.
403. 예를 들어 Wilckens.
404. 고전 12:10, 28-29; 고후 12:12.
405. Cranfield. 고전 15:24; 엡 1:21을 보라.
406. BDAG에서 정의를 보고, 여기에 적용점으로 Käsemann을 참조하라.

없고, 이 용어들이 등장하는 본문들 가운데 몇몇 곳에서 - 특히 에베소서 3:18에서 - 나타나는 이미지는 바울이 이 용어를 단순히 "공간적인" 의미로 사용하고 있음을 암시한다.[407] 이에 따라, 두 번째 주요한 해석은, 이 용어들이 전 우주를 아우르고 있음을 의도한다는 것이다. 즉, 하늘 위에 있는 것들과 땅 아래 있는 것들이나,[408] 하늘과 땅 그 자체이거나,[409] 또는 아마 가장 그럴 듯하게는 천국과 지옥[410]이 그것이다.

까다로운 독자가 바울이 그리스도 안에 있는 신자의 안전을 위협할 수 있는 것을 빠뜨렸다고 생각하지 않도록, 바울은 포괄적인 "창조된 모든 것"으로 결론을 맺는다.[411] 그리스도인들 자신의 책임 있는 결정들까지도 이 마지막 문구에 포함되는가? 칼빈주의자들은 일반적으로 그렇게 생각하며, 바울이 여기서 신자들의 영원한 안전을 분명히 가르친다고 결론짓는다.[412] 그러나 다른 사람들은 바울이 함축적으로 신자 자신의 자유롭고 책임 있는 선택 밖에 놓여 있는 힘에만 초점을 맞춘다고 주장하고, 바울이 여기서와 이 문단에서 말하는 것은 그리스도 안에 있는 하나님의 사랑에서 스스로 분리되기로 결정할 가능성을 배제하지 않는다는 것이다.[413] 우리는 바울의 말을 그가 의도하는 것 이상으로 확대해서는 안 되겠지만, 35절의 폭넓게 쓰인 "누가"와 여기에 나오는 문구가 더 자연스럽게 우리를 그리스도로부터 떼어낼 수 없는 것들의 범위 내에서 신자 자신까지도 포함시킬 수 있다.

---

407. ὕψωμα("높음")이라는 단어는 고후 10:5를 제외하고 여기에만 등장하며 βάθος("깊음")은 마 13:5와 평행구절들인 롬 11:33; 고전 2:10; 고후 8:2; 엡 3:18에서만 나온다.

408. 교부들 가운데 다수.

409. Hodge.

410. Cranfield. 특히 시 139:8(적용점에 차이가 있긴 하지만)을 보라: "내가 하늘에 올라갈지라도 거기 계시며 스올에 내 자리를 펼지라도 거기 계시니이다"

411. τις κτίσις ἑτέρα. κτίσις가 "창조"를 의미하는 것임이 틀림이 없고 ἑτέρα가 암시하는 것은 이 창조가 "완전히 다르다"는 것임을 주장하면서, Godet은 바울이 또 하나의 "우주"가 존재한다고 해도, 그리스도인을 하나님의 사랑으로부터 끊을 수 없다는 것을 의미하고 있다고 해석한다(S-H도 참조하라). 하지만 κτίσις는 빈번히 "창조"보다 "피조물"을 의미하는 것으로 쓰이며(BDAG), ἕτερος는 신약에서 "완전히 다른"이라는 함축을 정당화할 수 있을 정도로 ἄλλος와 신중히 구별되어 사용되지 않았다. 바울은 이전 목록에서 누락 되었다고 생각되는 모든 것을 포용하면서, 이 마지막 언급을 '잡낭'(catchall)으로 의도하고 있다고 생각하는 것이 더 간단하고 자연스럽다.

412. 예를 들어 Schreiner; Gundry Volf, *Paul and Perseverance*, 57-58 n. 65를 보라.

413. 예를 들어 Godet; Oropeza, *Jews, Gentiles*, 167-68을 보라.

이 종속 문단은 시작할 때와 같은 어조로 끝이 난다. 즉, 신자는 하나님의 사랑으로부터 "분리될" 수 없다는 것이 그것이다. 이러한 사랑이 구체적으로 35절에서 "그리스도의 사랑"으로 확인되고, 여기에서는 "하나님의 사랑"으로 확인된다는 사실은, 바울이 신자의 경험 가운데 하나님과 그리스도를 얼마나 많이 연합시키는지를(동일시하지 않고) 다시 한 번 증명할 뿐이다. 그러나 여기서도 우리를 향한 이 하나님의 사랑이[414] "우리 주 그리스도 예수 안에" 있다. 하나님의 사랑이 무엇보다 우리에게 알려진 것은, "자기 아들"을 내어주시는 데 있으며, 그리스도와의 관계 안에서만 우리를 향한 하나님의 사랑을 경험할 수 있다. 우리가 거듭 주목했듯이, 기독론 자체를 연장한 문장이 로마서에 없다고 해서 우리가 이 편지에서 기독론이 중심을 이루고 있음을 간과해서는 안 된다. 5, 6장과 7장(25a절 참조)의 결론처럼, 여기서도 바울은 그가 가르치는 모든 것에서 그리스도에게 있는 지고의 중요성을 거듭 밝힌다.

414. 속격의 τοῦ θεοῦ는 여기서도(35절 참조) 주격적이다.

IV. 복음에 대한 변론: 이스라엘 문제 (9:1–11:36)

바울이 8:31-39절에서 보여주는 하나님의 신실함과 사랑에 대한 찬미는 그의 신학적인 해설을 마치는 적절한 방법이다. 우리는 이제 바울이 그의 서신들을 끝맺으면서 흔히 보인 일련의 권면들로 그의 신학을 굳히고 적용하지 않을까 예상할 수도 있다. 하지만 이러한 권면들은 12장에 이르기까지는 시작되지 않는다. 즉, 8장의 끝과 12장의 시작 사이를 메우는 것은 바울이 이스라엘의 불신 문제로 번뇌하는 씨름인 것이다. 그렇다면 이 단원은 로마서에서 바울이 전개하는 논의의 본선에서 벗어나는 우회로로, 편지의 자연스러운 흐름을 교란하는 부록인가?[1] 결코 그렇지 않다. 로마서 9-11장은 본서의 필수불가결한 부분이다.

9-11장을 로마서의 주변 이야기로 평가 절하하는 사람들은 로마서 9-11장의 목적이나, 본 서신의 목적, 또는 그 둘의 목적을 잘못 이해한 것이다. 앞서 서론에서 밝혔듯이, 바울이 로마의 그리스도인들에게 그의 복음을 제시하고 변호하는 것은, 유대교와 교회 사이의 관계를 둘러싼 논쟁을 배경으로 하여 일어나는 것이다. 바울은 이방인의 사도로서 이러한 논쟁의 한복판에 있음을 발견했다. 복음에 유대교의 토라(torah)가 뒤섞이는 치명상을 없이 하도록 복음의 순정성과 자유를 지키기 위해 보낸 10년간의 투쟁의 세월이 그의 뒤에 있고, 바로 이 투쟁에서 그가 거침없이 취하는 자세 때문에 그에 대해 의혹을 품는 유대인과 유대 그리스도인들과 결전의 날이 바로 앞에 놓여있다(롬 15:30-33절을 보라). 그리고 로마의 기독교인들은 그들대로 이 쟁점에 말려서, 그리스도인으로서 그들의 신앙 가운데 유

1. 많은 해석자들이 바로 이 결론에 도달했다. 예를 들어 아우구스티누스은 바울이 이 장들을 추가해서 예정론에 관한 그의 가르침을 실증하고 부연하기 위해서라고 생각했다(아우구스티누스의 관점과 오리겐 및 크리스소톰의 관점을 비교한 논의에 대하여 Gorday, *Principles*, 특히 1-3, 190-91, 232-33을 보라). Dodd는 9-11장에 기존에 있는 어떤 설교문이 들어있다고 생각한다(149-50). 8장 끝난 뒤에 "바울이 이제 그의 주요 논쟁을 마쳤다"고 주장하는 Kuss (3.664-65)와 S-H도 참조하라. Refoulé은 보다 급진적인 제안을 하지만, 명확하게 옹호하지는 않는다. 즉, 9-11장이 바울의 제자에 의해 추가되었을 수 있다는 것이 그것이다("Unité de l'Épitre aux Romains," 219-42).

대교의 유산 을 어느 정도까지 보존해야 할 것인지로 분열되어 있다.

우리가 로마서에서 이러한 유대교의 모티프의 중요성을 인식한다면, 우리는 본서신에서 로마서 9-11장의 적절한 위치를 부여할 수 있다. 이러한 장들에서, 바울은 단순히 예정이나[2] 하나님의 의와[3] 같은 신학적인 요지를 예증하기 위해서 이스라엘을 사용하는 것이 아니다. 그는 이스라엘 자체에 관하여 말하고 있으며, 구약에서 하나님의 선민들을 향한 복음서의 암시들을 두고 씨름하는 것이다.[4] 바울은 그가 해결하고자 하는 주요 긴장감에 대한 암시로 로마서 9-11장을 묶는다. 즉, 유대인은 그토록 많은 특권의 수령자(9:4-5절), 그리스도 안에서 주어지는 구원을 경험하지 않고 있으며(9:1-3절에서 암시된다), 그들은 하나님의 선택적 사랑의 대상인데도 복음의 관점에서는 "원수"라는(11:28절) 점이 그것이다. 바울의 목적은 이러한 긴장감을 해소하는 것이다.[5] 그 긴장은 유대인의 대다수가 복음을 배척했던 역사적인 상황에서부터 기인한다. 진실로 복음이 "무엇보다 먼저" 유대인을 위한 것이라면(1:16절을 보라), 왜 이런 일이 일어나는가? 그러나 이 긴장에는 신학적인

---

2. 예를 들어 아우구스티누스의 생각한 것처럼(앞의 주를 보라). G. Maier, *Mensch*, 399-400도 보라; Dinkler, "Historical and Eschatological Israel," 109. Gorday가 지적했듯이, 예정을 로마서 9-11장의 주제로 삼는 것은 사실상 편지의 부록이라는 위치로 억지로 집어넣는 격이 된다(*Principles*, 232-33).

3. 예를 들어 Käsemann, 253-56; C. Müller, *Gottes Gerechtigkeit*, 47을 보라. 사람의 칭의의 주제와 밀접하게 관련된 하나님의 의는 로마서에서 중요한 주제이며, 로마서의 주제인 복음서의 중심에 놓인 교리이기도 하다. 그리고 이는 로마서 9-11장에서 지속적인 비중을 차지하는데(9:30-10:13과 이와 관련된 어구인 9:10-12와 11:5-7를 보라). 그러나 하나님의 의가 마땅히 정의되어야 할 만큼 보다 폭넓게 정의되지 않는다면(1:17 이후의 부설을 보라), 로마서 9-11장의 주제로 설 수 없다.
바르트의 로마서 9-11장의 해석은 이스라엘을 교회로 본다는 점에서 다소 비슷한데, 여기서 교회는 복음서의 "완전히 다른" 신적인 권능에 반대하는 사람들의 종교라는 뜻이다(예를 들어 330-34, 337, 347-48을 보라).

4. 예를 들어 Murray, 2.xii-xv; Dunn, 2.520; Wright, 621; Walter, "Zur Interpretation von Römer 9-11," 172를 보라. Haacker("Thema von Römer 9-11," 60-65)는 이스라엘을 문단의 "주제"로 삼고, 하나님의 약속에 대한 그분의 신실하심을 "제술"로 삼는 것을 유용하게 구별한다(9:6; 11:29). (용어들은 특정한 해석 모형에서는 공통적이다).

5. 일부 학자들은 이 본문의 독법에 도전하면서, 바울의 관심사가 이스라엘의 구원이 아니라(확신의 근거로 11:26을 보라), 이제 이방인들이 하나님의 백성의 총수 안에 포함되는 길을 인식하지 못하는 이스라엘의 실패에 관심이 있음을 주장한다. 예를 들어 Gaston, "Israel's Misstep," 135-50; 동일 저자, "Israel's Enemies," 400-423; Gager, *Origins of Anti-Semitism*, 특히 197-212를 보라; van Buren, "Paul, the Church and Israel," 10-11; Klappert, "Traktat," 73-76; S. Hall, *Christian Anti-Semitism*, 88-93, 113-27도 보고, 3절과 11:26에 관한 해설도 참조하라.

뿌리도 한몫한다. 이러한 신학적 긴장감을 불러일으킨 데에는 바울 자신이 1-8장에서 복음에 대한 설명을 한 부분적인 책임 소지가 있다. 바울은 유대인들이 모세의 언약을 통해 구원이 보장됨을 부정했다(특히 2장에서). 그렇다면 구약상 "하나님의 선민"이라는 그들의 신분은 어떻게 되는가? 문제를 확대시키는 것은, 한때 분명히 이스라엘에게 속했거나 약속되었던 것이 이제는 유대인이나 이방인을 불문하고 예수 그리스도를 믿는 자들에게 속한다는 바울의 반복되는 주장에 있다. 그리스도인은 아브라함의 상속자요(4장), 하나님의 양자요(8:14-17절), 성령을 가진 자요(8장), 선택받은 자요(8:32절), 하나님 자신의 영광을 상속할 자인 것이다(5:2; 8:18-30절). 만약 유대인의 복음 거부가, 바울이 로마서 9-11장에서 고심한 문제를 일으킨다면, 바로 그 복음을 이방인이 받아들인다는 것이 문제를 악화시킨다.[6] 이스라엘은 상속권을 박탈당했을 뿐만 아니라 상속권자가 바뀌기까지 한 것으로 보인다. 바울은 그의 가르침이 유대인의 모든 이점의 무효화를 암시한다는 결론을 앞서 단호하지만 간결하게 거부했다(3:1-4절). 이제 그가 자세히 설명한다.

물론 바울은 단순히 교회가 이스라엘의 위치를 차지했다고 주장하면서, 그 문제를 그대로 남겨둠으로써 "고르디우스의 매듭"(아주 힘든 일-옮긴이)을 끊을 수 있었다. 그렇지만 구약과 복음 사이의 연속성은 어떻게 되는가? 신분상의 특권을 주장하는 유대인에게는 단순히 자생적인 민족주의적 열정에서 기인하는 것이 아니라, 구약의 "네 하나님 여호와께서 지상 만민 중에서 너를 자기 기업의 백성으로 택하셨나니"(신 7:6b절)[7]라는 말씀에 뿌리를 두고 있다. 바울이 이 약속을 폐기처분할 수는 없을 것인데, 이는 복음을 투기 처분하는 셈이 될 것이기 때문이다. 복음은 "하나님의 복음"이며(1:1절), 바울이 말하는 하나님은 다름 아닌 이스라엘의 역사 가운데서 말씀하시고 행하신 하나님이다. 그러므로 바울은 택하시고 이스라엘과 약속을 맺으신 하나님께서 "모든 믿는 자에게" 구원의 문을 여시는 바로 그 하나님이라는 것을 입증해야만 한다. 이를 위해 바울은 복음 가운데 하나님이 이스라엘에게 하신 약속의 말씀과 어긋나는 것은 일절 행하지 않았다는 점과 그가 전하는 복음이 구약에서 계시 된 하나님의 계획을 부정히는 것이 아니라 확인하는

6. 예를 들어 E. Johnson, *Function*, 141-44; Byrne, 282를 보라.
7. 예를 들어 Corley, "Jews," 48-49.

것임을(예를 들어 1:2; 3:21절을 보라) 입증해야만 한다.[8] 이 때문에 바울은 로마서 9-11장에서 구약을 그토록 자주 인용하는 것이다(바울의 모든 인용구 가운데 거의 삼분의 일이 이 장들에서 발견된다).[9] 즉, 바울은 "성경에 나오는 하나님의 말씀과 바울의 복음에 나오는 하나님의 말씀 사이에서 일치"를 증명하기 위해 노력하고 있다.[10] 동시에, 바울은 하나님께서 시종일관 신실하게 - 구약에서 보이신 약속이건, 신약에서 보이시는 약속이건 간에 - 그의 모든 약속을 이루신다는 점을 증명하고 있다. 많은 학자들이 인식하듯이, 바울이 이 장들에서 옹호하는 논지는 9:6a절에 제시되는데, "그러나 하나님의 말씀이 폐하여진 것 같지 않도다"가[11] 그것이다. 해커 K. Haacker의 표현대로, "로마서 9-11장의 모든 논의 뒤에 숨겨진 가장 날카로운 질문은 '이스라엘은 어떻게 되는가?'가 아니라, 9:6의 말씀처럼 '하나님의 말씀이 폐하여질 수 있는가?'에 있다."[12]

그러므로, 로마서 9-11장은 로마서에서 필수적인 부분이다.[13] 즉, 이스라엘을 향한 하나님의 약속이 올바르게 이해될 때, 그것이 이스라엘에 대한 하나님의 약속이 온전히 주어진다는 것을 입증하므로, 이 장들은 바울이 복음을 해설하는데 기여한다. 로마서 9-11장이 본 서신 가운데 위치한 타당성은 다수의 구체적인 본

8. Beker의 말처럼, "하나님께서 이스라엘을 향한 약속의 신실하심을 확인하지 않았다면, 이방인에게 전하는 복음은 근거도, 정당성도 없는 것이다." (*Paul the Apostle*, 332).

9. Koch, *Schrift*, 21-23. 바울 서신의 인용문은 89개로 집계되는데, 그중에 27개는 로마서 9-11장에 나온다. 다른 한편 Stanley(*Paul and Language*)는 74개의 인용문을 그의 연구에 포함하지만, 에베소서와 목회 서신들은 제외하는데, 최소 6개는 추가될 것이다. 그는 로마서 9-11장에 24개가 있는 것으로 본다. 이에 더하여, 물론 구약 본문에 대한 많은 암시들이 있다. 더 나아가, 이 장들에서 바울의 구약에 대한 언급은 단순히 독립적으로 확립된 요점들을 설명하는 것이 아니다. 구약 자체는 흔히 의제를 설정하고, 주제를 세워서, 주장을 따라 움직인다(예를 들어 Aageson, "Scripture and Structure," 265-89; Chilton, "Romans 9-11," 27-31을 보라).

10. R. Hays, *Echoes of Scripture*, 64; F. Watson, *Paul, Judaism and the Gentiles*, 307.

11. 이 주제에 관하여 로마서 9-11장에서 주요하게 여기는 학자들의 글을 참조하라: Morris, "Theme," 260; Luz, *Geschichtsverständnis*, 19-22; Schmitt, *Gottesgerechtigkeit*, 72-75; Corley, "Jews," 42-56; Hübner, *Gottes Ich und Israel*, 16; Hafemann, "Salvation of Israel," 43-44; Walter, "Zur Interpretation von Römer 9-11," 172; Goodrich, "Word of God," 41-62; Wilckens, 2.181-83; Schreiner, 471-72.

12. Haacker, *Theology*, 81.

13. Donfried는 9-11장과 편지 전체가 통합적인 관계는 일반 학계의 합의 문제라고 주장한다 (*Romans Debate*, lxx); 그리고 Stenschke는 9-11장을 한편으로, 1-8장, 12-16장을 다른 한편으로 한 그 사이 무수히 많은 연결지점들을 제시했다("Römer 9-11," 197-225).

문들과 주제상의 접점을 이루는 1-8장에서도 드러난다.[14] 그러나 이런 접촉이 많다는 것은 9-11장은 별개의 논의를 이루면서 1-8장의 논의와 어떤 한 가지 본문이나 주제에 매이지 않고 전체적으로 관련을 맺고 있다는 것을 암시한다.[15] 하지만 로마서 9-11장을 본 서신의 절정이나 중심이라고 한다면, 그것은 지나친 말이 된다.[16] 이러한 평가는 흔히 1-8장에서 보는 개인이 하나님과 맺는 관계의 중요성을 최소화하는 열망에서 비롯된다. 그러나 하나님 앞에 서게 된 한 개인의 반응에 기초해서만 구원이 주어진다는 것이 바울이 전하는 복음의 핵심이다(1:16절). 과거 일부 바울 학자들 가운데 유대인과 이방인 사이의 집단 관계의 강조를 희생시키면서까지 하나님과 개인의 관계에 관한 그의 가르침에 몰두했다면, 현대의 많은 학자들은 그와 정반대의 잘못을 저지르고 있다. 바울 서신에는 개인과 집단의 관점들이 뒤엉켜있다. 유대인 한 개인이 하나님의 진노(2:1-3:20절) 아래에 있는 죄인들이라는 그의 주장은 이스라엘 백성 전체의 지위를 다룰 것을 요구한다.

이 장들에서 바울은 계속하여 대화체를 사용하는데, 이는 로마서에서 드러나는 독특한 문체이다. 그는 수사적 질문을 사용하므로 그의 논의를 진행시키며(9:14, 30; 10:8, 14-15a, 18, 19; 11:1, 7, 11절), 9:19-23절에서는 허구의(fictional) 응답자와 대화를 나눈다. 이것들은 논의를 위한 장치들이지, 이 장들에서 바울이 전하는 논의의 "실제" 수신자에 관한 그 어떠한 정보도 제공하고 있지는 않다. 하지만

---

14. 특별히, 인기 있는 제안으로 9-11장이 3:1-8절의 논의를 지속한다는 것이나(예를 들어, Brandenburger, "Paulinische Schriftauslegung," 3-5; Myers, "Chiastic Inversion," 45; Schlier, 283), 또는 8장에서 교호의 선택과 특권에 대한 바울의 강한 긍정에 반응한다는 제안이다(예를 들어, Byrne, *"Sons of God,"* 127-29; Gundry Volf, *Paul and Perseverance*, 161-62; N. Elliott, *Rhetoric of Romans*, 261-63; Luz, *Geschichtsverständnis*, 19-22). 이 접촉에 대한 전체 논의 내용과 완전한 목록을 살펴보려거든 Lübking, *Paulus und Israel*, 21-51을 보라).

15. Kümmel, "Probleme von Römer 9-1," 15; Aletti, *Comment Dieu est-il juste?* 150-55, 201-2; Schlier, 282-83; Becker, *Paul*, 350; Räisänen, "Paul, God, and Israel," 179-80.

16. Baur는 (18세기 중엽) 개신교 학계에서 그토록 지배적이던 로마서의 "교리적인(dogmatic) 해석에 반기를 들었고, 1-8장에 나오는 이신칭의에 초점을 두지 않는다. 그는 유대교와 기독교 사이의 논쟁에 초점을 맞추고, 본 서신의 기원이자 중심(germ and center)인 9-11장을 역사적 해석으로 삼아야 한다고 주장했다(*Paul the Apostle*, 1.315-41[315]). Stendahl, *Paul*, 4; Beker, *Paul the Apostle*, 87; N. T. Wright, *Climax of the Covenant*, 236; Fitzmyer, 541("the climax of the doctrinal section")도 보라. Noack은 9-11장이 본 서신의 중심에 있다는 주장을 펼치지는 않지만, 본 서신의 큰 흐름의 일부로서1:1-17; 3:9-20, 27-31과 이어진다("Current and Backwater," 164-65).

11:13-32절에서 바울이 이방 그리스도인들이라 지칭하는 것은 다른 범주에 속한다. 이것은 바울이 7장의 논의 가운데 이 시점에서 바울이 의도한 청중을 가리키는 것으로 읽어야만 하는데,[17] 로마서 9-11장에서 바울의 목적 가운데 하나가 유대인과 유대 그리스도인을 대하는 (로마와 그 외 둥지에 있는)이방인의 오만함을 질책하는 것이다.[18] 이러한 목적을 보여주는 수사학적 지표는 바울이 이 장들 전체에 걸쳐 이스라엘과 이방인의 대립을 자신과 동일시 하는 경향이 있다는 것이다.[19] 그렇다고 해서 이들이 이 장들에 걸쳐 바울이 염두에 둔 유일한 청중으로 보아야 한다는 말인가? 그렇지 않다. 바울은 많은 유대인이 메시아의 구원에서 배제되는 것에 대한 바울의 성경적인 신중한 변호뿐만 아니라, 유대인 동족에 관한 그의 관심을 열정적으로 확언하는 것은, 그가 자신의 복음의 진리가 참되다는 것을 유대 그리스도인들에게 확신시키기 위해서 편지를 쓰고 있기도 하다는 것을 강력하게 암시한다.[20] 편지 전체에 걸쳐 그러하듯, 바울은 9-11장에서 이방 그리스도인과 유대 기독교인들 모두에게 글을 쓰는 것이며, 앞서 보았듯이, 이는 그 양측이 로마 교회를 대표한다.[21] 9-11장에서 바울의 복잡한 신학화 과정에는 현실적인 목적이 있다. 즉, 바울이 그리는 복음 뒤편에서 시시한 말다툼을 일삼는 로마의 기독교인들과 유대인과 이방인의 관계가 암시하는 것들을 단합시키려는 것이 그것이다. 로마서에서 흔히 볼 수 있듯이, 바울의 접근 방식은 균형이 잡혀 있다. 그는 많은 이방인의 공동체에서 억측하고 있는 점에 대해 복음은 이스라엘을 버린다는 신호를 보내는 것이 아니라고(특히 11장) 주장한다.[22] 그러나 그는 구원 문

17. 반대 견해로 예를 들어, Aletti, *Comment Dieu est-il juste?* 200-202가 있다. 이 저자는 이러한 참조들이 단순히 수사학적인 장치에 지나지 않는다고 생각한다. 로마서 9-11장 전체에 걸쳐서 바울의 청중이 유대 그리스도인이라고 생각하는 자들도 있음을 보라(A. Bruce, *St. Paul's Conception*, 97-98; Räisänen, "Paul, God, and Israel," 181; F. Watson, *Paul, Judaism and the Gentiles*, 303-7; R. Brown and J. Meier, *Antioch and Rome*, 119-20).
18. 거의 모든 학자들이 바울의 청중으로 이방인이 최소한 상당수를 차지하는 것으로 본다.
19. J. Wagner, "'Not from the Jews Only," 419-20.
20. Brandenburger, "Paulinische Schriftauslegung," 6-9; Wilckens, 2.189-90; Räisänen, "Paul, God, and Israel," 180-81.
21. 예를 들어 Schmithals, 324-25; Walter, "Zur Interpretation von Römer 9-11," 187-89. C. A. Evans는 따라서 바울이 "진정한 예언자"의 본보기에 부합한다고 지적한다. 즉, 사람들의 죄와 억측을 질책하면서도 희망을 준다는 것이다("Paul and Hermeneutics," 560-70).
22. Seifrid(Justification, 245-48) 지적처럼, 바울이 지닌 수사학적 입장은 이방 그리스도인들의 관점

제에 있어서 양도할 수 없는 생득권을 가지고 있다고 생각하는 유대인과 유대 그리스도인들이 잘못 생각하고 있다는 점 또한(특히 장과 10장에서) 분명히 한다. 그러므로 바울은 양 측면에서 극단주의자들을 비판하면서, 4-15장에서 화해할 것을 촉구하는 길을 닦고 있다.[23]

이 장들이 바울과 로마 기독교인들 모두가 당면한 필요와 문제에 얽매여 있지만, 우리는 이 장들에서 다루는 더 크고 영구적인 신학적 문제를 놓쳐서는 안 된다. 이스라엘이 복음을 믿지 않는 것은, 로마의 기독교인들뿐만 아니라, 일반적으로 1세기 기독교인들과 모든 기독교인들에게 있어서 중요한 문제인 것이다.[24] 이것은 그것이 구속사의 연속성 문제를 제기하기 때문인데, 신약에서 제시되는 복음이 진정으로 구약을 "성취"하고, 그렇게 함으로 구약의 자연스러운 완성을 이루는가? 아니면 복음은 이스라엘을 택하시고 약속하신 바로 그 하나님에게 비롯된 것이라는 주장이 없는 구약의 변절자인가? 우리는 이러한 질문에 대하여 바울의 신중하고 균형 잡힌 답을 들을 필요가 있다. 바울은 복음이 구약의 구속사를 자연스럽게 지속하는 것이라고 가르치는데, 이는 복음을 구약과 유대교로부터 분리하려는 초기 "말시온주의"와 대립한다. 그러나 동시에, 그는 복음이 구속사를 완성하는 것이라고 가르치기도 하는데, 이 또한 복음을 토라(Torah)의 관점에서 보려고 하는 유대주의자의 태도와 대립 된다.

로마서 9-11장의 본론은 바울의 개인적인 탄식(9:1-5절)과 끝맺음의 영광송(11:33-36절)으로 둘러싸여 있다. 그 사이에 있는 내용은 네 개의 기본 단원으로 나눌 수 있다.[25] 첫 번째 단원(9:6-29절)은 "하나님의 말씀이 폐하여진 것 같지 않도

에서 그러하다. 9-11장에서 바울이 유대인들을 직접 상대하는 2장과는 대조적으로, 그는 주로 3인칭 시점에서 그들을 상대한다(9:3-5, 27, 31-32; 10:1-3, 14-19, 21; 11:11-24, 28, 30-31).

23. 예를 들어 Wedderburn, *Reasons*, 87-91을 보라. 이 부분에 관하여, Dahl(*Studies in Paul*, 141)은 로마서 9-11장이 로마서의 "서신적인 정황"과 매우 밀접하게 결합되어 있음을 지적한다.

24. 예를 들어 J. Munck의 말을 보라. "유대인의 불신은 유대인에 대한 최초의 복음전도에 관계된 전도상의 문제가 아니라 초대교회 당시 모든 기독교 사상에 결부된 근본적인 문제였다. 이스라엘의 믿지 않는 문제는 유대인이나 이방인이나 모든 그리스도인들에게 난제다"(*Christ and Israel*, 34-35).

25. F. Wilk는 다른 한편으로 더 큰 두 개의 구분을 식별하는데, 하나는 9:6-10:21에 나오는 논증과, 11:1-24(9:1-5의 서론과 11:25-33에서 문제 해결과 마무리 연설과 함께)의 권면이다("Rahmen und Aufbau," 227-53). N. T. Wright은 다음과 같은 교차대구식 배열을 제안했는데, 9:1-5/11:33-36; 9:6-29/11:1-32; 9:30-33/10:18-21; 10:1-4/10:14-17; 10:5-13; 10:9이 그것이다(*Paul and the Faithfulness of God*, 2.1163). 그의 제안은 흥미롭고 몇 가지 진정한 유사점을 찾기

다"라는 긍정적인 단언으로 열리는데, 이는 바울이 1-5절에서 기록된 것에서부터 암시할 수 있을 만한 것을 진술한 것이다. 이 단언은 바울이 로마서 9-11장에서 줄곧 변론하는 주제로 많은 사람들이 간주한다.[26] 바울이 이 장들 전체에 걸쳐 복음과 구약에 관한 그의 이해가 양립 가능한지를 증명하는 것에 관심이 있다는 것이 사실이지만, 로마서 9-11장을 이루는 주요 단위들의 각각을 이 진술의 병행적인 변론으로 보는 사람들은 바울이 전혀 의도하지 않았던 깔끔한 개요 형식을 강요하는 우를 범하고 있을 수도 있다.[27] 바울의 논의는 이전 단원(또는 단원들)에서 나온 요점들을 가지고 새 단원을 작성하거나, 응답하면서 보다 선형적인(linear)방식으로 진행된다.[28] 그러한 점진적인 논의의 형식을 암시하는 것은 바울의 논의 가운데 나머지 세 단위가 각각 선행하는 것에 연결되는 수사적 질문으로 도입된다는 사실이다. 그렇다면 우리는 바울의 논의의 흐름을 다음과 같이 요약해볼 수 있을 것이다.

9:1–5 바울이 해결하고자 하는 문제의 도입: 유대인들이 복음을 받아들이지 못한 것은(1-3절), 하나님께서 그들에게 주신 특권의 가치와 약속에 의문을 제기하게 한다(4-5절).

9:6a 본 단원의 주제문: "하나님의 말씀이 폐하여지지 않았다"

9:6b–29 6a절에 나오는 명제의 첫 변론. 바울은 하나님의 말씀이 아브라함의 생물학적 후손들 모두에게 구원을 약속한 적이 결코 없음을 주장한다(9:6b-13). 구원은 유대인에게도 마찬가지로 결코 생득권이 아니라 언제나 하나님의 택정하시는 사랑의 선물(14-23절)이자, 하나님이 유대인에게뿐만 아니라 이방인에게도 값없이 주시는 선물이다(24-29절).

9:30–10:21 "그런즉 우리가 무슨 말 하리요"라는 수사적 질문으로 9:6b-29절

는 했지만, 바울이 의도한 구조처럼 설득력을 지닐 만한 충분한 유사점들에 기반하지는 않는다.

26. 예를 들어 Jewett 참조.

27. 예를 들어 Bruce, 174를 보라. 전반적으로 로마서에 "건축술의" 구조를 강요하는 Beker의 경고에 주목하라(*Paul the Apostle*, 64-69).

28. 로마서의 독자라면 이러한 논증의 문체에 익숙해져야 하는데, 이는 어떠한 주제에 대한 처음 긍정적인 주장이 질문들과 함께 소개되는 일련의 부연과 해명에 뒤따른다는 점이다. 2:1-29를 3:1-8과, 3:21-26을 3:27-31; 4:1-25과, 5:1-21을 6:1-14, 15-23과; 그리고 7:1-6을 7:7-12, 13-25와 비교하라.

과(특히 25-29절과) 연결되고, 바울은 복음에 대한 그의 지식을 구원 역사에 있어서 놀라운 변화를 설명하는 데 사용한다. 즉, 이방인들은 왕국으로 밀려들어 오는 동안, 유대인들이 버려졌다는 게 그것이다.

11:1–10 "그러므로 내가 묻노니"라는 수사적 질문으로 9:30-10:21절(특히 20-21절)까지 연결되고, 간접적으로 9:6b-29절까지 연결지어서, 바울은 앞서 두 단원에서 윤곽을 그린 대로 이스라엘의 상황을 요약하고, 이스라엘의 선택이 이어지는 것임을 단정하는 것으로 다음 단원을 준비한다.

11:11–32 "그러므로 내가 묻노니 …"라는 수사적 질문으로 1:1-10절과(특히 7a절) 연결되면서 바울은 현재 어려워진 이스라엘의 상태가 그 자체로 끝나거나, 영속적으로 남는 것이 아님을 주장한다. 하나님은 구원의 과정이 이방인에게 닿도록 이스라엘의 쫓겨남을 이용하시고, 이스라엘을 다시 포함하시는 것이다.[29]

11:33–36 로마서 9-11장의 가르침과 함께 하나님의 초월적인 계획을 찬양하는 것과 영광송에 대한 응답.

---

29. 이 각각의 단원들이 일련의 구약 인용이나, 혼합된 구약 인용으로 결론을 내린다는 점에도 주목하라(9:25-29; 10:18-21; 11:8-10; 11:26b-27).

A 서문: 하나님의 약속과 이스라엘의 곤경 사이 긴장 관계(9:1-5)

1 내가 그리스도 안에서 참말을 하고 거짓 말을 아니하노라 나에게 큰 근심이 있는 것과 마음에 그치지 않는 고통이 있는 것을 내 양심이 성령 안에서 나와 더불어 증언하노니

2 (1절에 포함됨)

3 나의 형제 곧 골육의 친척을 위하여 내 자신이 저주를 받아 그리스도에게서 끊어질지라도 원하는 바로라

4 그들은 이스라엘 사람이라 그들에게는 양자 됨과 영광과 언약들과[30] 율법을 세우신 것과 예배와 약속들이 있고

5 조상들도 그들의 것이요 육신으로 하면 그리스도가 그들에게서 나셨으니 그는 만물 위에 계셔서 세세에 찬양을 받으실 하나님이시니라 아멘

바울은 8장에서 9장으로의 급격한 전환으로 그의 주장에 단절이 있음을 신호로 보낸다. 두 장을 잇는 접속사나 불변화사도 없고, 어조에는 찬양의 어조(8:31-39절)에서 한탄의 어조(9:1-3절)로 극적인 변화가 있다.[31] 바울은 복음과 이스라엘에 대한 설명을 "골육의 친척"올 걱정하는 간절한 진술로 시작한다(1-3절). 3절의 "저주를 받아'라는 단어가 분명하게 알려 주듯이, 바울의 걱정은 로마 그리스도인들 사이에서 잘 알려져있는 상황에서 비롯된다. 즉, 유대인들의 절대다수가 믿음으로 복음에 응하지 않았다는 사실이 그것이다. 그러나 바울의 관심은 그의 동족에 대한 자연스런 사랑의 결과인 것만은 아니며, 그들의 구원만을 위한 것도 아니다. 4-5절에서 이스라엘의 특권이 반복되는 것으로 분명히 알 수 있듯이, 바울은 이스라엘의 불신앙으로 구속사의 연속적인 과정을 파열시키지는 않을까 염려

30. *αἱ διαθῆκαι*의 복수형을 대신하여, 초기의 중요한 두 개의 사본(P^{46}과 B, 후자는 알렉산드리아 텍스트의 1차 증거 사본임)과 서방 전승(D, F, G)과 같이 단수형 *ἡ διαθήκη*로 읽는다. 이렇듯, 알렉산드리아와 서방의 증거사본의 조합은 강력한 것이고 필경사가 본래 단수로 되어있던 것을 구절의 끝에 있는 *αἱ ἐπαγγελίαι*와 맞추기 위해 복수로 바꾸었다고 볼 수도 있다. 하지만, 본래 복수로 되어있던 것이 신약의 관례적인 용법에 일치시키기 위해 단수로 바뀌었을 가능성이 더 크다(예를 들어 Wilckens, 2.188을 보라).

31. 이것은 어휘와 화제의 측면에서 8장과 9장 사이의 연결점을 부정하려는 것이 아니다. 예를 들어, 선택이라는 주제(8:26-30절과 9:6b-23절을 비교하라)와 핵심 단어인 *πρόθεσις*(8:28; 9:11)와 *κλητός/καλέω*(8:28, 30; 9:7, 12, 24, 26); the issue of "아들의 자격"/양자 됨 (8:15, 23의 *υἱοθεσία* 참조; 9:4 참조; 8:16, 17, 21에 *τέκνα*를 보라; 9:7, 8 참조; 8:14, 19에 *υἱός*를 보라; 9:9, 26 참조); 그리고 종말론적인 영광에 관한 소망의 예시를 보라(8:18, 21 [30절 참조]의 *δόξα*를 보라; 9:4, 23 참조).

하기도 하는 것이다. 즉, 그토록 많은 축복을 약속받은 백성들이 상속권을 박탈당한 것으로 보이기 때문인데, 바울이 해야할 일은 그런 것이 아니라는 점을 증명하는 일일 것이다.

1 바울은 자기가 말하고자 하는 것으로 독자들의 관심을 끌기 위해 자신이 진중함을 효과적으로 표명한다. 이 구절의 시작은 "바울의 신약 서신서들 가운데 이와 같은 모든 증명의 진술 중 가장 강력하다."[32] 이는 바울이 "내가 참말올 하고 있다"라는 긍정문과, "내가 거짓말을 아니한다"라는 부정문 모두에서 그 요점을 강조하고 있다.[33] 그리고 그의 단언들에 기독교적인 현실감에서 말하는가를 알리는 각각의 언급 내용을 연결시키는 것으로 확신을 더한다. 바울이 말하는 참말을 (참말을 가리키는 단어가 그리스어에서는 우선 강조의 의미로 나온다), 그는 "그리스도 안에서" "그리스도와 연합한 자로서" 말한다.[34] 더 나아가 자기가 거짓말을 하지 않는다는 그의 단언이 양심적 증언으로 그에게 확인된다.[35] 바울에게 있어서의 "양심"은 어떤 도덕 기준에 사람이 부합하는가를 추적 관찰하는 타고난 기능이다.[36] 그러므로

이 단어는 오늘날의 용법에서도, 예를 들어 우리가 "좋은 양심"을 가졌다거나 "나쁜 양심"올 가졌다고 할 때와 거의 같은 의미를 갖는다. 바울이 로마의 신자들에게 보증하는 것은 그가 그들에게 말하려고 하는 것의 진정성에 대하여 선하거나 깨끗한 양심을 지니고 있다는 점이다. 그러나 사람의 양심은 그것이 관찰하는 도덕 기준들만큼만 좋을 뿐이다. 그러므로 바울은 새롭게 된 마음(12:1-2)을 가

---

32. Longenecker.

33. 이러한 절들을 연결하는 접속사의 부재는 바울의 선언에 "엄숙한 강조"(Dunn)의 의미를 부여한다. 비슷한 진행으로 딤전 2:7을 보라.

34. S-H. 그들은 이렇게 덧붙인다. "성 바울은 어떠한 형태의 죄도 불가능하게 만드는 그리스도와의 연합을 막 기술했다; 8:1, 10을 보라; 그리고 이러한 연합에 관한 지시는 완전한 신뢰를 얻기 힘든 단언에 엄숙함을 부여한다."

35. *συμμαρτυρούσης*라는 단어는(소유격 분사로, 독립 소유격 구문에서 *συνειδήσεως*로 연결된다) "더불어 증언하다"(8:16에서처럼), 즉 "나의 양심이 나와 함께 증언한다"를 의미할 수 있다(Godet; Cranfield; Schreiner). 그러나 바울의 양심의 양심이 바울 자신과 더불어 로마인들에게 증언한다는 생각은 어려운 일이다. 그렇기에 여기 *συμμαρτυρέω*는 2:15에서처럼(*συνείδησις*와도 함께), 아마도 단순하게 "…에 증거가 되다"를 의미할 것이다(Dunn; Lohse).

36. 2:15; 13:5; 고전 8:7, 10, 12; 10:25, 27, 28, 29(두 번); 고후 1:12; 4:2; 5:11; 딤전 1:5, 19; 3:9; 4:2; 딤후 1:3; 딛 1:15을 보라; 더 나아가 2:15에 관한 해설도 보라.

진 신자로서, 자기의 양심은 성령의 도움으로[37] 증언한다는 점을 로마 신자들에게 상기시킨다.

바울은 왜 자기가 이스라엘을 위한 걱정(2절)이 참된 것임을 그토록 강조했는가? 그는 율법이 없는 이방인 선교에 대한 열정적이고 잘 알려진 변호가 - 다른 곳에서 마찬가지로 로마에서도 - 반(反)유대적이라는 명성을 얻었음을 알고 있음이 거의 확실하다.[38] 그러므로 바울은 교회에 있는 유대 기독교인들에게 자신이 이방인 전도에 초점을 맞추는 것이 그의 동포 유대인들의 구원에 관한 관심을 포기하는 것이 결코 아닌 점과 참으로 구원을 위한 계획이 있음을 분명히 하기를 원한다. 그러나 동시에 그는 자기가 로마의 이방 그리스도인들과 합세하여 유대 민족을 멸시했을지도 모른다는 일체의 의혹을 떨쳐내기를 원하기도 한다(1:13-24절을 보라).

2 수사적으로 효과가 있는 1절의 이중의 표현[39](“내가 참말을 하고”/“내가 거짓말을 아니하노라”; “그리스도 안에서”/“성령 안에서”)은 2절에서 “큰 근심”/“그치지 않는 고통”으로 지속된다.[40] 이스라엘의 영적 상태를 바라보는 바울의 슬픔(3절 참조)은 구약의 선지서에서 이스라엘의 범죄나 타락한 상태를 애도하는 것과 흡사하다.[41] 이 본문들에서 이스라엘의 몰락을 애도하는 것은 일반적으로 이스라엘의 미래에 대한 소망을 피력할 수 있는 길을 열어 준다. 따라서 바울의 슬픔이 실제적인지를

37. *πνεύματι ἁγίῳ*앞에 나오는 전치사 *ἐν*은 은유적인 의미로 장소를 나타내거나(Kuss: 바울의 양심은 성령의 영역 안에서 증언한다), 조금 더 높은 가능성으로 수단을 나타낼 수 있다. - 양심이 성령을 통하여 바울에게 증언한다(NRSV 참조). 바울이 그리스도와 성령을 모두 언급한 것은, 적법한 증인이 되기 위해서 “두세 명의 증인”의 성경적인 요구에 응하려는 시도에서 나온 것일 수 있다(신 17:6; 19:15; 고후 13:1을 보라); 예를 들어 Jewett를 보라.
38. 예를 들어 Kühl; Barrett; Black을 보라; 반대 견해로는 Cranfield를 보라.
39. Michel를 보라.
40. Godet과 S-H는 *λύπη*(“근심”)가 내적인 고통의 감정을 함축한다면, *ὀδύνη*(“고통”)은 그 결과로 외적인 슬픔의 표현을 의미한다고 주장한다. 하지만 이러한 종류의 뚜렷한 차이는 신약에서 이 단어의 용법을 미루어 볼 때 나타나지 않는다(딤전 6:10; 마 24:8의 이문을 보라); 이 두 단어가 의미의 명확한 차이 없이 잠 31:6, 사 35:10, 51:11에서 함께 사용되었음도 참조하라(Dunn은 진짜로 바울이 이 두 용어의 사용을 위해 이사야 본문에 의존했을 수도 있다는 것을 제안한다).
41. 예를 들어 렘 4:19; 14:17; 예레미야애가; 단 9:3을 보라; 2 Bar. 14:8-9; 35:3; T. Jud. 23:1; 4 Ezra 8:16; 10:24, 39; 4 Bar. 4:10; 6:17도 살펴보라. 이 주제에 관해서, 예를 들어 Schlier; Refoulé, *Et ainsi tout Israël*, 86-88를 보라. E. Johnson는 롬 9-11에서 수많은 주제와 모티프가 유대 묵시록을 떠올리게 한다는 것을 증명했다(*Function*, 124-31).

문제 삼지 않고도, 우리는 그의 애도가 이 장들에서 전개되는 주제에 얼마나 자연스럽게 부합하는지를 알 수 있다.

3 이 구절은 바울의 "근심"에 관한 이유를 설명할 수도 있지만, 그보다 그의 "고통"에 관하여 더 자세한 설명을 제공할 가능성이 있다.[42] 이제 바울은 그의 근심에 대한 이유를 설명하는데, 이는 그의 수많은 동족 유대인들이 복음을 받아들이기를 거부하기 때문에 정죄 아래 있다는 점이다. 물론, 바울은 이것이 그가 근심하는 이유라고 많은 말로 나타내지 않는다. 그러나 적어도 영원한 정죄가 문제가 되는 것은 그가 동포 유대인들을 위해 차라리 "저주를 받아" "그리스도 [또는 메시아][43]에게서 끊어지는" 것을 표현하는 것으로 보아 분명하다. "저주를 받아"는 그리스어 아나테마(*anathema*)를 번역한 것인데, 음역으로는 교계의 영어로 들어와 파문당한 사람을 가리킨다. 하지만 바울은 교회가 내린 파문이 "영원한 저주"라는 반응에 불과한 영적인 실체에 이 단어를 적용한다.[44] 바울이 그런 운명을 스스로 감수하고자 하는 것은 그가 자기를 희생해서 돕고자 하는 자들이 바로 그런 저주 아래 있을 때만 일리가 있는 것이다. 그렇다면 이스라엘의 실패는, 혹자의 주장처럼 이방 사람들이 율법과 별개로 왕국에 들어가는 것을 유대인이 저항했다는 것으로 단순히 제한할 수 없다. 즉, 그의 동족이 그리스도를 믿지 않는 것은 하나님의 구원 범위 밖에 있는 것이라고 볼 때만 바울의 어법이 이 부분과 다른 곳

---

42. 그래서 γάρ는 인과 관계의 의미로 쓰였다기보다는 설명을 위한 것이 될 것이다(특히 Abasciano, *Paul's Use*, 93-95를 보라).

43. Χριστοῦ와 함께 사용된 정관사는, 특히 이 문맥에서(4-5절) 명목상의 의미를 부여하는데, 이는 "그리스도"가 아니라 메시아인 "그 그리스도"이다(예를 들어 Dunn을 보라).

44. 고전 12:3; 16:22; 갈 1:8, 9를 보라. 바울은 ἀνάθεμα라는 단어를 LXX에 취하는데, 여기서 이 단어는 "하나님을 위해 따로 떼놓은 것"을 가리키는 חֵרֶם(헤렘)으로 번역된다. 따로 떼어놓은 것은 긍정의 의미로 하나님께 바치는 제물일 수도 있다(예를 들어 레 27:28; 삿 16:19). 그러나 하나님께 바쳐지는 것으로 파괴될 운명에 처한 무언가의 부정적인 의미를 지니는 경우가 더 많다(예를 들어 여리고성과 가나안 성읍들의 약탈이 "아나테마(*anathema*)"로 불린다[수 6:17, 18; 7:1, 11-13; 22:20; 대상 2:7]). 랍비들은 이후에 חֵרֶם(헤렘)을 파문을 나타내는 단어로 사용했다(Str-B, 3.260). 게다가 위에 인용된 바울의 글에서 4번 등장하는 것 외에 ἀνάθεμα는 신약에서 오직 2번 밖에 나오지 않는데, 두 군데서 모두 긍정 또는 중립적인 의미로 나온다(행 23:14; 눅 21:5[여기 본문들은 그 철자가 ἀνάθεμα와 ἀνάθημα로 차이가 있다; BDAG를 보라]). ἀπὸ τοῦ Χριστοῦ라는 문구는 ἀνάθεμα의 의미를 끌어낸다. 즉 "아나테마, 그렇게 그리스도에게서 분리된"의 의미가 그것이다(von Siebenthal, *Griechische Grammatik*, §184e).

에서 힘을 발휘하는 것이다.[45]

자기가 동족 유대인들을 위해 "아나테마"(*anathema*)가 되게 해 달라는 바울의 기도는[46] 자기 사람들에게 대한 그의 사랑을 두드러지게 증명하고 있다. 그러나 이 때문에 어려운 문제를 빚기도 한다. 즉, 바울이 과연 다른 사람들이 구원받을 수 있도록 자기가 영원히 저주를 받도록 실제 기도했겠느냐는 의문이 그것이다. 학자들 소수는 바울이 보통 과거의 행위를 가리키는 그리스어 시제(미완료)를 쓰는 점에 주목하면서, 그가 "과거에 습관적으로 기도하던" 것을 묘사하는 것일 뿐이라고 생각한다.[47] 그러나 이것은 문맥적으로 맞지도 않을뿐더러 문법적으로 불필요하기도 한 것이다.[48] 나는 대부분의 영역본에 따라 미완료 시제에 가설의 뉘앙스가 있다고 보고 크랜필드"(Cranfield)처럼 의역하기를 선호한다. "나는 기도하고 싶다(내가 그렇게 기도하는 것이 허용된다면, 그리고 그러한 기도의 응답이 그들에게 유익을 줄 수 있다면)"[49] 바울이 이스라엘을 위해 기꺼이 고난을 받겠다는 것은 그가 물려받은 유산 가운데 특정한 개념들을 반영한 것일 수도 있다. 그는 마카비 가문의 순교자들에 관한 이야기들을 알고 있을 텐데, 그들의 죽음은 전체적으로 이스라엘의 민

45. 이 문제에 관해서는 11:26의 주와 11:32의 부록에 주목하라. 여기서 우리가 주목할 것은 이 견해가 (1) 이스라엘을 향한 바울의 애도가 지니는 힘을 정당화하지 못했다는 것, (2) 이스라엘이 믿지 못한 것에 대해 바울이 나무라는 많은 본문에서 적절하게 설명하지 못한 것과 (3) 예수 그리스도의 복음을 믿음이 유대인과 이방인 모두에게 구원의 길이라는 확고에 찬 바울의 표현을 감안하지 못했다(1:16; 10:11-13)는 것이다.

46. 대부분의 영역본에서 동사 *εὔχομαι*를 표현하기 위해 "wish"를 사용한다(Godet; Kuss; Käsemann도 보라). 하지만 이 단어가 신약의 다른 곳에서 나오는 경우에는 대부분 하나님을 향한 소원을 표현할 때 나타나고(행 26:29; 27:29; 고후 13:7, 9; 약 5:16; 요삼 2), 따라서 모든 의도와 목적은 기도로 표현된다(NJB; Cranfield; Wilckens를 보라).

47. Jewett; R. Hays, *Echoes of Scripture*, 62, 206.

48. 바울이 여기서 주로 사용하는 것은 미완료 시제로 과거의 행동을 나타내지만, 엄밀히 말하면 과거 행위의 시제는 아니다. 미완료 시제로 나타나는 어떠한 행위가 과거에 일어난 것임을 확실히 할 수 있는 것은 오직 문맥에서 뿐이며, 여기서 문맥은 과거를 가리키는 것과 상반된다. Porter, *Verbal Aspect*, 208-11을 보라; 그는 *ηὐχόμην*를 "무시간적(timeless)"이라고 생각한다(210).

49. Cranfield; Fitzmyer; Schreiner; G. Wiles, *Paul's Intercessory Prayers*, 256-57. 신약의 미완료 시제는 여기에서 기원(冀願)을 대신하는 의미로 잠재적이거나 시도되는 현재 시제의 행위를 드러낼 수 있지만, 결코 그 행위가 현재 시제로 실행되지는 않는다. 여러 문법학자가 롬 9:3에서 이런 개념을 발견한다. A. Robertson, *Grammar*, 886; N. Turner, *Syntax*, 65; §BDF 359(2); von Siebenthal, *Griechische Grammatik*, §198j; McKay, "Time and Aspect," 213; 동일 저자, *New Syntax of the Verb*, §10.3.1-2. 혹자는 (예를 들어 Wright) 바울이 강의형 *αὐτὸς ἐγώ*("내 자신이")가 "나, 내게 맡겨진(left to myself)"의 뉘앙스를 지닐 수도 있다고 생각한다.

족을 위한 대신 속죄의 가치를 지니는 것으로 종종 생각되었다.[50] 그러나 바울의 상황에 더욱 가까운 것과 그에게 영향을 미쳐왔을 가능성이 더욱 큰 것은 모세의 예다. 모세가 금송아지 사건이 일어난 이후에 하나님께 기도하며 이스라엘 백성을 용서해주시길 빌었고, 하나님이 용서해주시지 않는다면 자신의 이름을 "기록하신 책"에서 지워 달라고 청했기 때문이다(출 2:30-32절).[51] 로마서 9-11장의 다른 곳에서 모세의 이력을 암시하는 것들은(예를 들어 9:14-18; 10:19; 11:13-14절), 참으로 바울이 모세를 어느 정도 자기 자신의 모델로 보고 있었을 법했다는 것이다. 하나님의 백성을 이끄는 지도자 모세가 자기 백성을 위해 자기 자신을 바쳤던 것처럼, 바울도 자기 자신을 바친다.[52] 이러한 대리적인 개념과 함께, "위하여"로 번역된 전치사는 아마 "대신에"라는 의미가 내포되어 있을 것이다.[53] 하나님의 저주 아래 있는 그의 "골육의 친척"을 대신하는 것이 바울이 "그들을 위해서" 할 수 있는 일일 것이며, 이렇게 하므로 자기 동족 유대인들을 구원할 수 있을 것이다(10:1을 보라).[54] 바울이 애통해 마지않는 믿지 않는 유대인들은 인간 관계의 영역에서는 바

---

50. 특히 4 Macc. 6:28-29; 17:20-22를 보라.

51. 대부분의 주석자들은 병행에 주목하는데, 특히 Abasciano, *Paul's Use*, 89-115; Munck, *Paul*, 305-6; 동일 저자, *Christ and Israel*, 29를 보라. Bratsiotis LXX의 에 4:17에서도 바울의 어법과 개념에 영향을 끼쳤을 수도 있다고 제안을 한다("Exegetische Notiz," 299-300).

52. Munck는 특히 바울과 모세의 병행에 보다 큰 의미를 부여하여, 바울이 모세와 비견될 만한 구속사의 핵심적인 인물로 여겼음을 주장한다(특히 *Paul*을 보라). 그러나 Munck는 바울이 역사의 종말에 이스라엘의 개종에 있어서 인격적으로 중요한 역할을 한다고 스스로 보는 정도를 지나치게 강조했다(11:14를 보라).

53. ὑπέρs는 종종 한 사람이 누군가를 "위해서" 하는 방식이 그 누군가를 대신하는 것을 나타낸다(BDAG를 보라).

54. 내가 번역한 "동포 유대인"이라는 단어는 ἀδελφοί로, "형제들아(brothers and sisters)"이다(대부분의 다른 영역본을 보라). 바울은 "나의 골육의 친척"이라는 문구를 추가하여 그가 ἀδελφοί를 대수롭지 않은 영적 의미로 사용하는 것이 아니라(예를 들어, 동료 그리스도인들), 육적인 의미로 사용하고 있음을 확실히 한다(Cranford, "Election and Ethnicity," 35-38; Fitzmyer). 그러나 Cranfield는 바울이 ἀδελφοί라는 단어를 믿지 않는 유대인들에게 적용하는 것이 의미하는 바가, 바울은 여전히 유대인들을 인식할 때에 그들의 불신에도 불구하고 "하나님의 백성으로 동료 구성원"이며, "선택받은 공동체에 내"에 있음을 의미한다고 주장하는 것이다(Niebuhr, *Heidenapostel aus Israel*, 163). 사전적으로 Cranfield의 근거가 확고한 것은 바울이 다른 곳에서 사용한 133번의 ἀδελφοί 가운데 130번은 분명히 "동료 그리스도인"을 의미하기 때문이다(예외로는 고전 9:5와 갈 1:19이 있고, 여기에선 피를 나눈 관계를 의미한다). 바울은 이렇게 해석할 만한 신학적인 근거를 제공하기도 하는데, 롬 11:1-2에서 분명히 하듯, 바울은 지속해서 이스라엘을 "선택받은 민족"이라고 본다. 그러나 이러한 일반적인(그리고 구원을 베풀지 않는) 이스라엘의 집단적 선택과 9:6-29와 11:5-7에서 구원을 베푸는 개인의 구원 사이에서 구별은 중요하다. 그렇지만 바울이 여기서

로 그의 "친척", 곧 "골육"이다(이 단어의 용법에 관하여, 1:3과 7:5절의 주를 주목하라. 그리고 11:14절에서 "내 골육"이 믿지 않는 유대인들을 가리키고 있음을 보라).[55] 바울은 "친척"을 그의 동포 유대인들에게 적용하여 자기가 그들에 대한 지속적인 혈통적 의식과 충성심, 그리고 그들을 염려하는 마음이 어느 정도인가를 증명한다. 그는 "이방인에 대한 사도"일 수는 있지만, 그의 정체성은 여전히 유대인이다.

4 4-5절에서 바울은 그의 "골육의 친척"에게 부여된 신적 특권 몇 가지를 열거한다.[56] 이것은 바울이 불신하는 이스라엘을 위해 기꺼이 자신을 희생하려는(3절) 마음이 자기의 동족에 대한 사랑에서만 기인하는 것이 아니라, 하나님의 말씀의 참됨을 사랑하는 데서도 기인한 것임을 시사한다. 바울의 걱정은 그의 동족 백성 가운데 많은 이들이 단지 지옥에 갈 운명처럼 보인다는 것만이 아니다. 즉, 그들의 운명이 구약에서 하나님이 이스라엘에게 허락하신 많은 특권과 약속들과는 상반되는 것으로 보인다는 점도 있다는 것이다. 그러므로 바울이 열거하는 이스라엘의 축복들은 "하나님의 말씀이 폐하여진 것인가?"(6절)라는 이 단원 전체의 중심이 되는 질문을 제기하는 사전 작업이 된다. 그러나 그것 이상으로, 아주 간접적이기는 하지만, 그 질문에 대한 답변 가운데 하나를 암시하기도 한다. 이는 바울이 열거한 축복들이 앞서 이스라엘이 영원히 박탈당한 영광스러운 과거에만 연관된 것이 아니라, 그들 중 일부는 이스라엘의 현 상태에도 관련되어서 장차 나타날 조짐을 품고 있기 때문이다(특히, "양자 됨", "약속들," 그리고 "조상들"). 한편, 유대인의 특권 목록에서 바울이 그의 동족을 위해 기꺼이 자신을 희생하려는 것에 대한 설명을 주된 목적으로 하지만, 왜 그 희생이 불필요한가를 암시하기도 한다. 즉, "하나님이 그 미리 아신 자기 백성을 버리지 아니하나니"(11:2절)에서 암시되는 것이다.

사용한 ἀδελφοί는 그저 "나라 동료"를 의미하는 것일 수도 있다(BDAG; 행 2:29; 3:17, 22; 7:2, 23, 25-26을 보라).

55. 바울이 *κατὰ σάρκα*를 *συγγενῶν*에다가 덧붙인 것은 후자의 단어가 바울 서신에서 영적인 의미를 내포할 수도 있으므로(롬 16:7, 11, 21의 해설을 보라), 여기서도 육적인 의미를 분명히 하기 위해 수식어가 달려야 한다는 신호일 수도 있다(W. Michaelis, *TDNT* 7.741).

56. 바울은 3:2에서(πρῶτον을 보라) 그러한 목록의 열거를 완성하지 않고도 시작한 것처럼 보인다. 바울이 본 서신의 뒤편에서 세밀하게 다루는 주제들은 보통 앞에서 간단히 소개하는데, 우리는 이 목록을 9-11장에서 더 큰 논의와 함께 앞선 그 일탈의 지속과 확장으로 볼 수도 있다.

4-5절은 3절과 인과 관계를 다음과 같이 맺는다. "나는 나의 동포 유대인들을 매우 슬프게 생각하며, 차라리 그들이 구원받을 수 있도록 나를 정죄해달라고 기도할 수도 있으면 싶은데, 그 이유는 그들이 ⋯ ."[57] 바울이 열거하는 유대인의 특권 목록에는 그것이 주의 깊게 조직된 것을 반영한다.[58] 첫 번째로 나오는 용어인, "이스라엘 사람"은 그 절(clause) 자체로 있으면서, 전체 시리즈의 표제가 된다. 그 뒤로 세 개의 절이 따르면서 각 절이 관계대명사(영어 "whose"/"whom")으로 "이스라엘 사람"과 연결된다.

4b절 "그들에게는[59] 양자 됨과 영광과 언약들과 율법을 세우신 것과 예배와 약속들이 있고"

5a절 "조상들은 그들의 것이요"

5b-c절 "육신으로 하면 그리스도가 그들에게서 나셨으니"

바울이 이 목록의 표제로 "이스라엘 사람"이라는 용어를 선택한 것은 의미심장하다. 왜냐하면, 정치적으로나 민족적으로 지향되는 호칭인 "유대인"과는 대조되게, "이스라엘 사람"이라는 호칭으로 유대 민족의 구성원들이 지니는 특별한 종교적 위치를 함축하기 때문이다.[60] 그러므로 1-8장에서 그토록 두드러지게 나

57. 3절과 4절을 연결시키는 부정관계 대명사인 οἵτινες는 다른 데서도 흔히 그렇듯이, 여기에서도 일반적인 풍미를 낸다(예를 들어 Calvin을 보라).

58. 이러한 배열이, 바울에게는 생소한 일부 용어들과 바울의 서신에서 통상적이지 않은 의미를 지니고 있다는 사실과 결합하여서, 일부 학자들은 바울이 헬레니즘 유대 전통에서 인용한 것일지도 모른다고 생각하게 만들었다(예를 들어 Byrne, "Sons of God," 82-84; Michel). 다른 한편, Piper는 바울이 이전에 사용했던 적이 있는 그의 작문일지도 모른다고 생각하기도 한다(*Justification of God*, 47). Abasciano (*Paul's Use*, 124-42)는 목록에 열거된 모든 특권은 어느 정도 출애굽기 32-34장에 의존하고 있다고 주장하는데, 이 본문을 바울은 3절에서 분명하게 암시하고 있다.

59. 이 세 절 모두에는 동사가 빠져있다; 즉, 이 구절(verse)의 첫 절(clause)에서 보충되어야 할 것은 εἰσιν으로, "그들은 ⋯ 이다(they are)."

60. Ἰσραηλίτης(LXX에서 27번 나오고 철자가 Ἰσραηλείτης와 Ἰσραηλεῖτις로도 사용된다)는 이스라엘에 속한 자를 나타내는데, 그 이름은 하나님이 야곱에게 주신 것이며(창 32:28; 35:10), 그의 자손들에게 적용된다(예를 들어 창 32:32; 46:8). 따라서, 이것은 하나님의 특별한 방법으로 그분의 소유가 되게 하셔서 세상을 구원하실 그 계획에 그릇으로 선택받은 하나님의 백성임을 암시하는 셈이다. Ἰουδαῖος(יְהוּדִיא)는 본래 유다 지파의 사람이나, 일반적으로 남유다 왕국을 지칭했다. 그러나 바벨론 유수 후에, 역사적인 이스라엘에서 유다밖에 남지 않았을 때, 그 이름은 이스라엘 국가의 모든 구성원에게 적용됐다(특히, 예를 들어 느헤미야와 에스더를 보라. 그리고 2:17에 관한 해설도 보라).

타난 "유대인"이라는 단어를 바울이 9-11장에서 포기하는 것은 결코 우연이 아니고, "이스라엘 사람"과 "이스라엘"이라는 용어를 선호하기 때문이다.[61] 바울은 더 이상 이방인의 관점과 이방인과의 관계 속에서 유대인을 바라보는 것이 아니라, 구속사의 관점과 하나님의 관계 속에서 그분의 약속대로 유대인들을 바라보고 있다. 그러므로 "이스라엘 사람"이라는 명칭은 단순히 정치적이거나 민족적인 지칭이 아니라 종교상의 의미심장하고 높은 존칭이다. 그리고 이스라엘 사람의 대다수가 하나님께서 그리스도 안에서 주신 구원의 선물을 수용하기를 거부하는 것임에도 불구하고, 이 칭호는 철회되지 않았다.[62] 여기 이 장들에서 바울이 해결하고자 하는 것은 아주 간결하게 긴장감이다.[63]

"이스라엘 사람"이라는 단어의 중요성을 펼치는 절들의 첫 번째 절은 여섯 가지의 특권을 열거한다. 그리스어는 세 개로 된 두 개의 시리즈에서 어떤 배열을 암시한다.[64]

신구약 중간기에 나온 몇몇 책들의 경향상 그 백성이 지니는 특별한 종교적 견지에서 말할 때는 "이스라엘 사람" 또는 "이스라엘"을 사용하고, 민족적이고 정치적인 견지에서는 "유대인"으로 사용했음을 구분하는 것은 유익하다(예를 들어 마카비 1서에 "유대인"이라는 호칭은 외국으로 보내는 편지나 정치적인 문제에 관해서 일관되게 쓰인다[예를 들자면 8, 10, 11장에 나온다]; "이스라엘"은 백성의 종교적 지위와 다른 국가들과의 구별을 위해 사용된다). 마찬가지로, Philo는 유대인의 권리와 특권을 변호하는 그의 두 조약에서 "이스라엘"과 "이스라엘 사람"을 사용한다(*Flaccus and Laws*). 랍비들도 "유대인"이라고 불리는 것보다 "이스라엘"과 "이스라엘 사람"으로 불리는 것을 선호했다(이 주제에 관하여 K. G. Kuhn, *TDNT* 3.359-65를 보라). 이러한 증거를 너무 밀어붙일 수 없는 이유는, 모든 신구약 중간기 서적(예를 들어 집회서, 유디트, 토빗, 솔로몬의 시편)에 해당되지 않기 때문이며, 문체상의 선택이 때때로 제 역할을 할 수도 있기 때문이다(Ἰουδαῖος는 복수 형태로 Ἰσραηλίτης보다 선호되며, Ἰσραῆλ은 당연히 백성을 집단으로 가리키는 데 사용된다). 그런데도 우리는 바울이 용어상의 변화를 주는 것이 중요한지에 대한 결론을 맺는데 충분한 증거를 가지고 있다는 것이다. Windsor, *Paul and Vocation*, 73-76을 보라.

61. 1-8장에서 Ἰουδαῖος("유대인")이라는 단어는 1:16; 2:9, 10, 17, 28, 29; 3:1, 9, 29에서 등장하는 데 반하여 "이스라엘"이나 "이스라엘 사람"의 표현으로는 전혀 나타나지 않는다. 대조적으로 9-11장에서는 "이스라엘"/"이스라엘 사람"이란 단어가 9:6에서(두 번), 27(두 번)에서 등장하고, 31; 10:19, 21; 11:1, 2, 7, 25, 26에서 여러번 나온다. "유대인"이라는 이 표현이 딱 두 번 등장하지만(9:24와 10:12) 각각 이방인과 분명한 대조를 이루며 나온다.
62. 현재 형태인 εἰσιν, "they are"을 주목하라.
63. Refoule은 이 칭호를 믿는 유대인인 "남은 자"에게만 적용하는 것은(*Et ainsitout Israel*, 167-77), 이러한 긴장을 너무 손쉽게 해결하려 하고, 3절과 4절의 연결을 간과하는 것이다(예를 들어 Osterreicher, "Israel's Misstep," 319를 보라).
64. 바울은 두 개의 여성 명사로 된 삼조(triad)로 시작해서 여성 복수 명사로 끝마친다.
υἱοθεσία ... δόξα ... διαθῆκαι
νομοθεσία ... λατρεία ... ἐπαγγελίαι

첫 번째 특권이 가장 두드러진 특권이기도 하다. "양자 됨"은,[65] 바울이 방금 우리에게 알려주었듯이, 그리스도를 믿음으로 의롭다 함을 얻은 모든 자의 신분이 성령께서 수여하신 것이다(8:15, 23. 갈 4:5과 엡 1:5를 보라). 바울의 이러한 축복이 대부분 믿지 않는 자들에게 돌려지는 것은(3절) 놀라운 일이다 - 특별히 이 단어가 구약이나 유대교에서 사용되지 않았기 때문에 더욱 그러하다.[66] 일부 해석자들은 바울이 이스라엘 백성은 교회가 하나님의 백성인 것과 같은 방식으로 하나님의 자녀로 남는다고 확언하고 있음을 가리킨다고 생각하는 일부 해석자들도 있다. 이 학자들에 따르면, 하나님의 "구별되지만 동등한" 백성들인 두 민족은 구원받고 영광을 누리기로 예정된 자들인데, 하나는 그의 아들을 믿음으로 말미암아 하나님의 자녀가 된 교회를 가리키고, 다른 하나는 모세로 말미암아 하나님의 언약으로 하나님의 자녀가 된 이스라엘을 가리킨다.[67] 다만, 신자가 누리는 "양자 됨"과 같은 종류의 것을 믿지 않은 이스라엘에게 돌리는 것은 바울이 본 서신에서 앞서 말했던 것과(2:1-29; 3:9-20절 참조) 이 단원에서 앞으로 말할 것과(9:6b-13; 9:30-10:8 참조) 전면으로 모순된다는 점이다. 그렇다면 이스라엘의 "양자 됨"은 9장에서 묘사된 그리스도인의 양자 됨과 분명히 다를 것이다. 이 용어는 바울이 이스라엘을 "하나님의 아들"로서 구약을 가르친 요약 방법이다.[68] 특권이라면, 국가 전체에 충실할 수 있는 것으로 하나님이 축복하시고 섬기도록 다른 민족으로부터 따로 떼어놓아 그의 백성으로 점찍으신 것이다.[69] 하나님이 그리스도인들을 "양자"로 삼으심은 그리스도 안에서 모든 신자에게 새 언약의 축복 속에 포함된 모든 권리와 특권을 주시기 위함이다. 반면에, 이스라엘을 양자로 삼으심은 옛 언약 속에 포함된 모든 권리와 특권을 그 민족에게 전하기 위함이다. 이 축복들은, 바울이 앞서 지적하고(2:17-3:8절), 다음 문단에서 되풀이하여 강조할 것처럼(6-13절), 모든 히브리사람의 구원을 포함하지 않는다. 그런데도, 바울이 "양자 됨"이라는 용어를 선

65. *υἱοθεσία*.

66. 이 단어의 배경과 의미에 관하여 8:15절의 주해를 참고하라.

67. "이중 언약(bi-convenantal)"신학이라 이름 붙여진 이 신학적 입장은 지난 20년 동안 특히 영향력이 있었다. 이 입장에 대한 더 자세한 내용에 대해 알아보려면 11:26에 관한 해설과 11:32 이후에 나오는 부설(excursus)을 보라.

68. 예를 들어 출 4:22-23; 신 14:1-2; 사 63:16; 64:8; 렘 31:9; 호 11:1; 말 1:6; 2:10 참조.

69. Fitzmyer.

택한 것은, 이스라엘 백성들의 널리 퍼진 불신에도 불구하고, 하나님이 이스라엘을 향하여 지속적인 관심을 강조하기 위한 의도적인 시도(8:15, 23절 이후)인 것이다. 그러므로 바울이 11:25-28절에서 예언하는 것늠 이스라엘 백성 가운데 하나님의 새롭고 궁극적인 사역을 암시하는 것일 수도 있다.[70]

이스라엘 사람이 누리는 두 번째 특권은 바로 "영광"이다. 그래서 이 용어가 "양자 됨"과 같이 8장에서 가져온 것이므로 종말론적 축복을 가리키는 것인지(예를 들어 5:2; 8:17, 18, 21, 30),[71] 아니면 역사적으로 구약에서 하나님이 이스라엘 사람들 가운데 임재하심 - "그 신적 임재의 장엄함"(NEB) - 의 현상을 가리키는 것인지 판단하기가 어렵다.[72] 그러나 이것들은 상호 배타적인 대안은 아니다. 이 목록 중의 다른 항목들을 고려해볼 때, "영광"은 필시 기본적으로 하나님이 이스라엘 백성 가운데 임재하신 것을 가리킬 것이다. 그러나 바울이 여기서 문제를 제기하는 것은 하나님의 임재의 궁극적인 지속성이 (종말까지) 쟁점이 된다는 바로 그 사실을 암시하는 것이다.

바울이 "언약들"이라는 복수 형태를 사용하는 것은 이례적인데, 구약에서나 신약에서는 단수 형태의 용법은 훨씬 더 빈번하게 등장하기 때문이다. 그가 지시하는 것은 (1) 아브라함과 족장들과의 언약들일 수도 있고,[73] (2) 모세 언약에서 여러 차례에 걸친 비준(ratification)일 수도 있고,[74] (3) 구약을 통틀어 언급된 (노

70. 이러한 접근법에 관하여 특별히 Dreyfuss, "Passe et present," 132-39; Piper, *Justification of God*, 16-18; Byrne, *"Sons of God,"* 127-40을 보라.

71. 예를 들어 Piper, *Justification of God*, 18-19.

72. 예를 들어 Kuss; Cranfield; Fitzmyer를 보라. 구약에서는 종종 "여호와의 영광"의 현현을 말하는데, 특히 성정 안에서와, 율법을 받는 것과 같은 특별한 경우를 말한다(예를 들어 출 16:7, 10; 24:16; 40:34-35; 레 9:6, 23; 민 14:10, 21; 16:19, 42; 왕상 8:11; 겔 1:28). 사실, 신적 이름을 첨가하지 않고 이러한 용어를 사용하는 것은 이례적이다(구약에는 분명한 예시가 없고, Str-B는 랍비들의 글에서 병행되는 것을 찾지 못하지만, 이는 아마 바울의 문체적인 병행법을 반영하고 했던 산물일 수도 있다(ἡυἱοθεσία/ἡδόξα; Dunn을 보라). 다른 한편으로 Jewett는 δόξα의 관사는 대용(代用)적인 것("앞서 나온 어구를 가리키거나 그것을 대신하기 위해 다른 단어를 쓰는 것"-옮긴이)으로 그리스도인들이 누리는 영광을 가리킨다고 생각한다(8:18, 30). 사실상, Jewett는 여기에 열거된 모든 특권을 그리스도인의 현실과 밀접하게 연결지어서 주장하는바, 바울의 목적은 여기에서 하나님의 구원 계획 안에 이스라엘의 지속적인 역할이 있음을 시사하는 것이다.

73. 예를 들어 특히 창 17장; 창 6, 9장과 15장도 보라. 그리고 열조와 맺은 "언약"에 관한 언급으로 예를 들어 신 4:31; 7:12을 보라(Kuss; Dunn).

74. Barrett; Byrne. 랍비들은 이러한 비준이 세 번 있었던 것으로 보았는데, 첫째로는 시내(출 19:5-6)에서, 둘째로 모압 평지(신 29-31)에서, 마지막으로 에발산과 그리심 산(수 8:30-35)에서다

아, 아브라함, 시내에서 이스라엘 백성, 그리고 다윗과 맺은[삼하 23:5절 참조]) 언약들일 수도 있고,[75] (4) 새 언약(렘 31:31-34; 11:26-27절을 보라)을 포함한 성경의 모든 언약일 수도 있다.[76] 여기에서 세 번째 대안이 최선인데, 신구약 중간기 문장들에서 복수 형태로 쓰인 "언약들"은 일반적으로 하나님이 그의 "열조"(fathers)와 맺으신 모든 언약을 암시한다(Sir 44:12, 18; Wis. 18:22; 2 Macc. 8:15). 바울은 이 복수 형태의 "언약들"을 에베소서 2:12절에서 같은 의미로 사용하는데, 여기서 그는 이스라엘을 하나님의 특별한 백성으로 표시하는 "약속의 언약들"로부터 이방인들이 분리되는 것을 가리킨다.

바울은 이스라엘 사람의 특권들을 열거하는 두 번째 3개조(triad)를 시작하며, "율법을세우신 것"에 대한 언급으로 시작한다. 바울이 사용하는 이 단어는 율법을 주시는 행위나 그 행위의 결과인 그 율법, 또는 "입법"을 모두 가리킬 수 있다. 많은 학자들은 여기서 두 번째 정의를 채택한다(NIV의 "the receiving of the law"를 보라).[77] 그러나 첫 번째 정의("the giving of the law," 대부분의 번역에서 채택한 문구)가 사전적으로 더 큰 지지를 받으며 바울의 논의에 더 잘 부합한다. 즉, 바울은 하나님이 이스라엘에게 주신 율법에 초점을 두고자 것이지 죄의 권능이 그 백성에게 끼친 부정적인 결과에 초점을 두고자 함이 아니라는 것이다.[78] "예배"는 그 장소와 방

(Str-B,3.262).

75. Cranfield; Wright.

76. 예를 들어 Jewett; Ellison, Mystery, 36-37; Piper, *Justification of God*, 19-20; Cerfaux, "Privilege d'Israel," 13-6; Epp, "Jewish-Gentile Continuity," 83. 여기서 Roetzel의 제안은 διαθῆκαι가 하나님이 자기 백성에게 주신 "율례"와 "맹세"를 가리키는 것으로 보기엔 개연성이 낮다("로마서 9장과 4장에서 Διαθῆκαι" 377-90).

77. 그들은 이 단어가 대략 바울과 동시대의 유대교 문헌에 이런 의미로 등장하는 것에 주목하고(예를 들어 2 Macc. 6:23; 4 Macc. 5:35; 17:16; Let. Aris. 15; Philo, *On Abraham* 5; *On the Cherubim* 87), 바울은 그의 목록에서 다른 단어들과 형태를 맞추는 익숙한 νόμος를 사용하기보다, 여기에서만 드물게 이 단어를 사용했음을 주장한다(정경의 구약에서와 신약에서는 여기에서만 등장한다)(W. Gutbrod, *TDNT* 4.1089; Piper, *Justification of God*, 20-21; Wilckens; Cranfield; Fitzmyer; Byrne를 보라).

78. 본 서신에서 앞서 나온, 예를 들어 3:19-20; 4:15; 7:7-25의 논의를 보라. 그리스어 성경에 νομοθεσία와 동계인 단어들이 나오는 3번 모두 율법 수여(law-giving)를 의미하며(히 7:11과 8:6의 νομοθετέω와 시 9:21에 νομοθέτης; 참조, LN 33.339-40), 당시 유대교 헬라 문헌에서도 이러한 가운데도 이 단어가 등장하는 많은 것들도 마찬가지였다(예를 들어 Josephus, *Ag. Ap.* 2.170; *Ant.* 3.287; 12.37; Philo, *On the Life of Moses* 2.2). 이 결론에 대하여 예를 들어 Munck, *Christ and Israel*, 32; Epp, "Jewish-Gentile Continuity," 89; Luz, *Geschichtsverstandnis*, 272; Kasemann;

법을 불문하고 이스라엘이 하나님께 드리는 예배로 폭넓게 가리킬 수 있다.[79] 그러나 보다 좁게는 이스라엘의 희생 제도에 초점을 맞추고 있을 가능성이 더 크다.[80] 성전 제의와 그와 관련된 예배의 중요성이 미쉬나(Mishnah)의 가장 중요한 진술 중 하나에서 발견된다. 즉, "세상을 지탱하는 것은 세 가지로, 율법과 [성전]봉사와 그리고 사랑하는 긍휼의 행위들"이 그것이다(m. 'Abot 1:2). "이 약속들"은 이스라엘 민족이 누리는 특권들에 관한 바울의 첫 번째 목록을 마무리한다. 아브라함과 다른 족장들에게 주어진 약속들에 대하여 바울이 한 특유의 강조는 바울 자신이 염두에 두고 있는 약속들임을 시사한다.[81]

5 바울은 그의 목록 가운데 마지막 두 가지 유대인의 특권들을 각각 하나의 절로

분리해서 강조한다. 그 첫 번째는 마지막 특권으로 이스라엘 민족에게 "속해 있는 것", 곧 "열조"나 "족장들"이다.[82] 족장들의 혈통이 귀한 것은, 하나님이 아브라함, 이삭과 야곱에게 그들과 그들의 후손 모두에게 유효한 약속들을 주셨기 때문이다. 이 약속들의 의미와 범위는 바울이 구속사에 관한 해석에 있어서 요체가 되는데, 9:6b-13; 11:15절과 특히 11:28절을 보라. 이 본문들은 이 구절과 함께 이 장들에서 바울의 논의를 둘러싼 수미쌍관(inclusio)을 이룬다. 바울이 로마서 9-11장에서 말하는 대부분은 바로 이스라엘 민족이 그들의 건국 선조에게서 정당하게 물려받으리라 기대할 수 있는 것이 무엇인지를 설명하려는 시도이다.

바울이 마지막으로 언급하는 특권은 현대 영어 독자들을 위한 번역으로 이 단어의 의미가 도출될 필요가 있는 "메시아"와 관련된다(NIV; NRSV; NAB를 보라). 이

Kuss; Longenecker를 보라.

79. Cranfield.

80. *λατρεία*가 LXX에서 (עֲבוֹדָה로 번역된다) 모두 9번 나오고, 신약에서 4번 나오는 것들 중에서 3번(요 16:2; 히 9:1, 6)은 이러한 명시적인 의미를 갖는다. H. Strathmann, *TDNT* 4.59-62; Käsemann; Schreiner를 보라. 바울이 기독교 예배를 나타내기 위해 구약의 희생 예배와 병치하여 사용한 이 용어와 이 어족이 같은 말들도 참고하라.

81. 15:8에 "조상들에게 주신 약속들"을 보라. 복수 형태인 *ἐπαγγελίαι*는 갈 3:16, 21에도 아브라함과 족장들에게 하신 약속(들)을 가리킨다.

82. *οἱ πατέρες*는 이스라엘 민족의 족장들을 의미하며, 아마 애굽의 노예 생활에서 구속된 세대의 사람들을 가리킬 것이다(11:28을 보라; 출 3:15; 왕상 8:58; Josephus, *Ant.* 13.297을 보라).

는 구약에서 약속된 자, 곧 구속하실 왕으로 하나님이 자기 백성을 회복시키실 분에 관한 것이다.[83] 바울은 두 가지 방식으로 그 특권에 이목을 집중시키는데, 이 절은 독립된 절(clause)을 차지하고 다른 구문으로 도입된다. 이스라엘 민족에게 "속해 있는"것이 아니라, 메시아가 "그들에게서 나셨다"로 보는 것이다.[84] 이러한 교환이 의미심장한 것은, 2-3절에서와 마찬가지로 이스라엘 민족이 모든 특권을 누릴지라도, 한 집단으로서 하나님의 메시아와 그가 이루신 구원과 진정한 의미에서 관계를 맺고 있지 않다는 점을 암시하기 때문이다.[85] 바울은 그 자신이 유대인들과 맺고 있는 관계의 의미를(3절에서 "골육의 친척"으로) 입증하듯이, 이제 그는 메시아 또한 같은 방식으로 이스라엘 사람에게 나신 것으로 증명하고 있다. 메시아가 이스라엘 민족에게서 나신 것이 "엄밀하고 좁은 의미에서 인간적인 관계에서만" 그렇다는 것을 바울은 지적하고 있다.[86] 그러므로 "육신"은 여기서 기본적으로 "중성적인" 의미를 지니면서도, "다가올 세계"와 은연중에 대조되어 바울의 용법 가운데 이 단어에서 좀처럼 빠지지 않는 "이 세상에 속하는 것"이라는 뉘앙스의 의미를 지닌다.[87]

이 전치사구는 지금까지 바울이 메시아에 관해서 말한 것이 사실이지만 불완전함을 넌지시 나타내고 있다. 바울은 5절의 마지막 부분에서 메시아 인격의 다른 면모인 신성을 나타내므로 그 그림을 명백하게 완성하는가? 교회의 설립 이래로 주석자들과 신학자들은 이 문제를 놓고 첨예하게 대립해왔다. 그 문제들 가운데는 구두법이 있는데, 해석의 문제가 된다. 이는 신약의 그리스어 사본들에서 구두점 표시가 드물게 나타나고, 발견되는 구두점들도 산발적이고 불규칙적인 경향을 보이기 때문이다. 이 구절의 마지막 부분의 구두법으로는 최소한 여덟 가지의 가능성이 제시되었지만, 기본적으로는 두 가지로 압축될 수 있다.[88]

83. 이 점에 관하여 특히 Wright를 보라

84. ἐξ ὧν.

85. Kuss.

86. *κατὰ σάρκα* 앞에 붙은 중성관사 *τό*는 *Χριστός*와 일치하지 않는데, 이는 전치사 구에서 표현되는 제한점을 강조하기 위해 쓰이기 때문이다(BDF §266[2]).

87. 1:3에 관한 해설을 보라.

88. 이상의 본문에서 고려된 구두점 옵션에 더하여, 본문의 수정안 하나가 제안됐는데, ὁ와 ὤν의 위치를 바꾸므로, "그들에게서 그리스도가 나셨으니, 그는 만물 위에 계셔서 세세에 찬양을 받으실 하나님이시니라 아멘"이라는 번역이 나온다. 이러한 판독은 채택되지 않았지만, 17세기 소시니안파

(1) "육신" 뒤에 콤마를 찍어서, 콤마 뒤에 이어지는 단어들이 "메시아"를 수식하게 할 수 있을 것이다.[89] "메시아"에 이어지는 단어들에는 또 다른 두 가지의 방법으로 구두점이 찍힐 수 있다.

a. " … 육신으로 하면 메시아가 그들에게서 나셨으니 그는 만물 위에 계셔서 세세에 찬양을 받으실 하나님이시니라 아멘" (NRSV; KJV; NJB; NASB도 참조하라).

b. " … 그들에게서 그리스도의 인간 계보가 있으니, 그는 만물 위에 계신 하나님이시라, 세세에 찬양받으시리로다! 아멘" (NIV; ESV; NET; CSB).[90]

(2) 두 번째로, 이 단어들의 구두법에 관한 일반적인 접근법은 "메시아" 뒤에 마침표를 찍고, 그 뒤에 이어지는 것을 하나님에 대한 독립적인 찬양의 묘사로 처리한다.[91]

" … 육신으로 하면, 그들의 민족에게서 그리스도가 있느니라. 만물 위에 계시는 하나님은 세세에 송축 받으시리로다. 아멘"(RSV; NAB도 참조하라).

이러한 문제에서 나타나는 기독론적 암시는 중대한데, 첫 번째 대안이 채택된다면, 바울이 여기서 예수를 "하나님"으로 부르며, 로마서 9장 5절이 그리스도의 신성을 입증하는 중요한 초기 증거 본문이 되기 때문이다. 우리가 소유한 그리스어 사본들 중에 이러한 증거는 두 번째 견해 쪽으로 살짝 기운다.[92] 반면에 교부들

(Socinian) 신학자인 J. Szlichting에 의해 언급되었다(Cranfield를 보라). 이 판독은 더 최근에 이르러 Bartsch에게 옹호되었고, ("로마서 9장 5절과 클레멘스 제1서신 32장 4절," 401-9), Ziesler와 Haacker에 의해 채택었으며, Dodd에 의해 가능한 것으로 간주되었다(약간의 다른 판독 하나가 Lorimer, "Romans IX.3-5," 385-86에서 제안되었다). 그러나 이러한 독법을 위한 본문상의 증거가 없을 뿐만 아니라, 여러 가지 중대한 이견들을 직면한다(특히 Metzger, "Punctuation of Rom. 9:5," 99-100을 보라). 가장 중대한 문제는 필시 *σάρκα*뒤에 *καί*가 없다는 점인데, 이는 위에서 나온 의역에서 괄호 안에 있는 "also"가 그 구절을 이해하는 데 필요하지만, 그리스어 본문에서는 그 근거가 없다는 것이다. O'Neill은 그의 독특한 접근법에 따라 5절의 마지막 부분을 일종의 겉치레로 취급한다.

89. 이러한 구두법은 가장 최근에 나온 두 개의 표준 그리스어 신약성경인 NA[28] and UBS[5].에서 채택됐다.

90. 이 두 번역 사이의 차이점은 이 구절의 마지막 부분에서 콤마의 위치에 관한 다른 추측에서 비롯된 것이다. 전자의 번역은 *πάντων*과 *θεός* 사이에 콤마가 놓이는가 하면, 후자는 *θεός*와 *εὐλογητός* 사이에 위치한다.

91. NA의 전판(25판)과 UBS의 전판(2판)이 이 본문에서 구두점을 이런 식으로 찍었다.

92. 특히 Metzger, "Punctuation of Rom 9:5," 97-99를 보라.

은 대부분 첫 번째 번역을 선호한다.[93] 고대의 번역들은 거의 모두 "하나님"을 그리스도의 칭호로 삼았으며,[94] 현대의 번역들은 우리가 본 바와 같이, 비록 의견이 분분하지만, 현대의 주석가들과 마찬가지로(덜 강하게) 첫 번째 견해를 선호한다.[95] 우리는 이 첫 번째 선택지를 선호하는 일반적인 경향은 정당하다고 생각한다.

"메시아" 뒤에 콤마를 찍는 것(그렇게 하므로 첫 번째 선택지)을 선호하는 것은 여러 가지 문체적인 논쟁들이 있다. 먼저, "그는 … 이시니라"[96]라는 단어들은 그 앞의 문맥에 있는 어떤 단어를 수식하는 관계사절로 보는 것이 가장 자연스럽다(고후 11:31절의 비슷한 구문을 보라). 둘째로 바울의 영광 송은 결코 독립적인 경우는 없지만, 앞선 문맥과 항상 밀접하게 연결되어 있다.[97] 셋째로, 성경에 하나님에 대한 독립적인 찬양은, 단 하나의 예외사항을 제외하고는(시 67:19절), "찬양을 받으실"[98]이라는 단어 앞에 위치시킨다. 하지만 여기서는 "찬양받으실"을 가리키는 그리스어 단어가 "하나님" 뒤에 나오므로, 그 찬양이 이전의 문맥과 연결되어 있음이 틀림없음을 암시한다. 메츠거(Metzger)가 지적하듯, "바울은 틀림없이 끊이지 않고 되풀이되는 찬양의 공식에 그의 귀가 완전히 익숙해졌지만, 유독 이 경우에서는 정

93. Metzger는 Irenaeus, Tertullian, Hippolytus, Novatian, Cyprian, Athanasius, Epiphanius, Basil, Gregory of Nyssa, Chrysostom, Theodoret, Augustine, Jerome, Cyril of Alexandria와 Oecumenius를 인용한다. 다소의 디오도레(Diodore of Tarsus)와 Photius만이 반대 견해를 가지고 있다("Punctuation of Rom 9:5," 102-3; Schelkle, *Paulus, Lehrer der Väter*도 보라). 이렇게 우세한 견해의 대중성에는 반(反)아리우스주의가 어느 정도는 동기로 작용했을 수도 있지만(Kuss, "Zu Römer 9,5," 291-303), 그 증거를 쉽사리 무시할 수는 없다.

94. Metzger, "Punctuation of Rom 9:5," 100-101.

95. 이러한 견해를 가장 강력하게 옹호하는 것으로 Metzger, "Punctuation of Rom. 9:5"와 Harris, *Jesus as "God,"* 144-72가 있고, Carraway, *Christ Is God over All*가 있다. Calvin; Haldane; Stuart; Hodge; Liddon; Shedd; Zahn; Gifford; S-H; Denney; Moule; Schlatter; Leenhardt; Huby; Althaus; Nygren; Lagrange; Sickenberger; Lenski; Schmidt; Best; Bruce; Schlier; Cranfield; Fitzmyer; Schreiner; Witherington/Hyatt; Jewett; Holland; Wright; Gignac; Porter; Longenecker; J. Morison, *Exposition of the Ninth Chapter*, 45-51과 Munck, *Christ and Israel*, 32-33; Cullmann, *Christology*, 312-13; N. T. Wright, *Climax of the Covenant*, 237; Kammler, "Prädikation," 164-80도 보라.

θεός를 Χριστός와 별도로 생각하는 학자로는 Meyer; Lietzmann; Kuss; Gaugler; Wilckens; Käsemann; Dunn; Zeller; Stuhlmacher; Schmithals; Byrne; Lohse; Kruse; Hultgren가 있고, Fee, *Pauline Christology*, 282-87을 보라. 해석의 역사에 관하여는 Kuss, 3.679-96을 보라.

96. ὁ ὤν.

97. 1:25; 11:36; 고후 11:31; 갈 1:5; 딤후 4:18을 보라.

98. εὐλογητός; בְּרוּךְ.

해진 용법에서 벗어나는 것이 "도저히 믿을 수 없는" 일이다.[99] 넷째로, 위에서 제시된 바와 같이, "육신으로 하면"이라는 수식 어구는 하나의 반(反)명제를 암시하는데, 바울은 보통 그러한 경우에 독자로 하여금 단순히 이를 가정하도록 하기보다는, 반명제적인 요소를 제공한다. 달리 말해서, 우리는 메시아가 "육신적"이거나 "이 세상적인" 견지에서 어떤 분인가에 대한 묘사 뒤에 그가 "영적"이거나 "다른 세상적인" 견지에서 어떤 분인가에 대한 묘사를 예상하게 된다는 것인데, 특히 로마서 1장 3-4절을 보라.

"메시아" 뒤에 마침표를 두는 다른 해석을 옹호하는 자들은 이러한 주장들의 의미를 인정하지만, 그보다는 신학적이고 문맥적인 사항들이 더 중요한 것임을 역설한다. 신학적인 논의는 비록 바울 신학의 전반적인 방향성이 그리스도를 완전한 하나님으로 보는 것이라고 확신하더라도, 여기 로마서에서 바울이 그리스도를 완전히 "하나님"으로 부를 것 같지 않다. 이 주장에 무게가 실리기는 하지만, 우리는 이것이 궁극적으로 결정적이라고 보지 않는다. 첫째로, 저작권(저작년도)에 관하여는 단연 논쟁의 여지가 있지만, 디도서는 로마서가 저작된 지 6년이 지나지 않아 쓰였다고 보고, 바울이 이 서신에서(딛 2:13절), 예수를 "하나님"으로 부른다는 것이다.[100] 둘째로, 바울이 예수를 묘사할 때 사용하는 고양된 언어와[101] 바울이 그에게 귀속시키는 사역들은[102] 초기 기독교 역사에서 꽤 이른 시기에 그리스도가 하나님이라는 가정을 지적한다.[103] 문맥상 논쟁이 되는 것은 바울의 믿지 않는 동포 유대인들에게 공동의 기반을 마련하기 위해 시도하는 대목에서 바울이 그리스도를 하나님으로 묘사하는 것은 상상할 수 없는 일일 것이라고 주장한다. 하지만 우리가 주목했듯이 메시아를 소개할 때 바울의 구문이 바뀌는 것은 이미 믿지 않는 유대인들과 메시아 예수의 현실성 사이에 어떤 "거리감"이 있음을 암

99. "Punctuation of Rom. 9:5," 107.

100. Harris, *Jesus as "God,"* 174-85와 보다 앞서 나온 기사인 "Titus 2:13," 262-77을 보라.

101. 가령, "주(Lord)"가 그 예시다. 10:13에 관하여, "하나님의 본체"(빌 2:6)를 보라.

102. 예를 들어 창조(골 1:16), 은혜를 베푸심(롬 1:7), 죄의 용서 (골 3:13)와 죄의 심판(고전 4:4-5; 고후 5:10; 살후 1:7-9).

103. "초기 상승 기독론"에 관한 강력한 논쟁들은 이러한 성격으로 Hurtado에 의해서 유일신, 유일한 주로 만들어졌다. Bauckham, *Jesus and God of Israel*; N. T. Wright, *Paul and the Faithfulness of God*, 2.649-708. Tilling, *Paul's Divine Christology*; W. Hill, *Paul and the Trinity*; Rowe, "Biblical Pressure," 295-312도 보라.

시하고 있다. 그리고 이것은 바울의 전체적인 관점에 부합하는데, 그의 동포 유대인들이 거부했던 메시아의 신적인 지위를 강조하므로 유대인의 불신에 대한 자신의 비통함을 강조하는 것이다.

그러므로 "하나님"을 "그리스도"로 연결하는 것은 해석학적인 면에서는 바람직하고, 신학적으로 나무랄 데 없으며, 문맥상으로도 적절하다. 바울은 여기서 메시아, 예수를 "하나님"으로 칭하여서 그분의 완전한 신적 지위를 알린다. 하나님이라고 하면, 빈번히 "찬양을 받으실"이라는 표현으로 연상되어서 이 둘이 한데 묶여있어야 할 것 같고, 그 전체가 "만물 위에 계신 분"과 동격으로 간주 되어서, 결국 "만물 위에 계셔서 세세에 찬양을 받으실 하나님이시니라"가 된다(이러한 이유로 본질적으로 선택지 1번의 a가 된다).[104]

B. 약속에 대한 정의 (1): 하나님의 주권적 선택(9:6-29)

바울 시대의 유대 그리스도인들에 의해 공유된 전형적인 이해에 따르면, 구원의 역사가 예기치 않은 방향으로 전환을 한 것이었다. 구원의 약속들을 받았던 이스라엘 백성의 대다수가 그 약속들의 실현을 인정하려고 하지 않았다. 동시에 언약에서 제외된 것으로 여겨지던 이방인들은 그 약속들이 그 안에서 결실을 보게 된 분을 영접하고 있었다. 하지만 바울은 이 사건들의 방향 전환이, 예기치 않긴 하지만, 하나님의 말씀과 그분의 약속들의 순전성을 훼손하지는 않는다고 주장한다. 바울은 하나님의 말씀 자체가 하나님의 진정한 영적 백성의 일원이 되는 것에 관하여 무엇을 말하는지를 밝히므로 그 주장을 정당화한다.[105] 만일 구약이 물질적인 이스라엘에 속하는 것 자체만으로 사람이 하나님의 진정한 영적 백성의 일원이 되는 것으로 가르친다면, 바울의 복음은 존립이 위태로워진다. 만약 그렇게 된다면, 복음은 예수 그리스도를 믿는 사람만이 구원을 얻을 수 있다고 선포하

104. 특히, Harris, *Jesus as "God,"* 163-70, 172를 보라; 예를 들어 S-H; Cranfield도 보라.
105. "진정한 영적(true spiritual)"이라는 수식어가 필요한 것은, 국가적 이스라엘은 다른 의미에서 하나님의 백석으로 남는다는 것을 바울이 인정하기 때문이다(11:1-2와 9:6b를 보라).

여서(10:5-13절을 보라) 구약을 부정하고 필수불가결한 역사적 뿌리에서 단절될 것이다. 따라서 바울은 6b-29절에서 하나님의 진정한 영적 백성에 속한다는 것은 언제나 하나님의 은혜롭고 주권적인 부르심에 근거한 것이었지 민족적 정체성에 근거한 것은 아니라고 논하는 것이다. 그러므로 하나님은 구원받을 몇몇 유대인들만 택하시므로 선택에 분명한 경계를 자유롭게 좁히신 것이다(6-13, 27-29절).[106] 또한, 하나님은 이방인을 선택하시므로 그 백성의 규모를 확대하는 자유도 있다는 것이다(24-26절).[107]

따라서 하나님의 영적인 백성을 "부르심"은 이 대목의 화제로, 바울이 이 단원의 시작(7절)과 끝(27-29절) 양쪽에서 모두 특징적으로 부각하는 주제이다.[108] 6-13절과 24-29절은 바울의 논의 가운데 주력 부분을 담고 있으며, 14-23절은 하나의 부록을 형성하는데, 이는 하나님의 선택의 자유에 관한 바울의 가르침이 제기하는 특정한 문제들을 다루고 있다.[109] 전체적으로 바울은 성경을 근거로 논의하는데,[110] 로마에 있는 유대계 기독교 독자들과 이방 기독교 독자 모두에게 그

106. Michel(298)이 지적하듯, 바울은 여기서 유대인의 선택 교리에 관한 논의에 관여한다. 유대교의 주류 가르침은 하나님께서 언약을 맺으신 그 백성 가운데 포함되므로 모든 유대인이 구원받도록 선택되었다고 주장하며, 오직 배교를 행하므로 유대인은 이 구원의 자격을 박탈당한다(이 주제에 대하여 E. P. Sanders, *Judaism: Practice and Belief*, 272-75을 보라). 따라서 이방인과 유대인의 구원이 하나님의 부르심에 있지, 유대인의 신분에 있는 것이 아니고, 6-23절의 암시가 유대교 신학과 긴장 관계에 놓여있다(예를 들어 Byrne, 133-34; Segal, "Paul's Experience," 57을 보고, 반대 견해로 E. Johnson, *Function*, 147-48을 보라).

107. Ziesler, 234.

108. 이 문단의 두 가지 핵심 단어는 이 구절들에서 구약의 인용(창 21:12와 사 1:9)으로 나타나는데, καλέω("부르다"; 12, 24, 25, 26절과 11절에 ἐκλογή["택하심"]도 보라)와 σπέρμα (8절과 관련된 용어들인 υἱός "아들"[9, 26, 27절]과 τέκνον, "자녀" [7절과 8절])가 그것이다. 그러므로 두 인용은 하나의 수미쌍관을 이룬다(예를 들어 R. Hays, *Echoes*, 65; Dinter, "Remnant of Israel," 10-22를 보라). Dunn (2.537)은 6-9절이 26-29절(λόγος, Ἰσραήλ, κληθήσεται σπέρμα, τέκνα)와 함께 가고, 10-13절은 24-25절(καλέω, ἀγαπάω)과, 14-18절은 19-23절(ἐλεέω-θέλων θέλων-ἐλεέω)과 엮이게 되는 것에 따라, 더욱 세밀한 교차대구법을 발견한다. 비슷한 제안으로는 Aletti, "Argumentation paulinienne," 42-43을 보라.

109. 앞서 나온 주에서 분리해 놓은 용어들이 6-13절과 24-29절에서 모두 뭉쳐서 나오는 점에 주목하라.

110. 9:6-29에서 대거 나오는 성경의 인용은 많은 학자들로 하여금 이 단원을 미드라쉬로 부르게 한다(특히 Stegner, "Romans 9.6-29-a Midrash," 37-2에서 Ellis가 그것을 랍비의 옐람메데누 랍베누["우리의 주인께서 우리를 가르치게 하소서"]의 미드라쉬 형식에 비교되는 점["Biblical Interpretation," 708]을 보라). 이러한 명칭의 적절성 여부는 "미드라쉬"가 의미하는 것이 무엇인지에 달렸다. 바울이 랍비의 미드라쉬에서 발견하는 것들과 흡사한 기법을 쓰는 것은 분명하

의 관점이 구약에 뿌리를 두고 있음을 이해시키고자 한다.[111]

1. 이스라엘 내의 이스라엘(9:6-13)

6 그러나 하나님의 말씀이 폐하여진 것 같지 않도다 이스라엘에게서 난 그들이 다 이스라엘이 아니요
7 또한 아브라함의 씨가 다 그의 자녀가 아니라 오직 이삭으로부터 난 자라야 네 씨라 불리리라 하셨으니[a]
8 곧 육신의 자녀가 하나님의 자녀가 아니요 오직 약속의 자녀가 씨로 여기심을 받느니라
9 약속의 말씀은 이것이니 명년 이 때에 내가 이르리니 사라에게 아들이 있으리라 하심이라[b]
10 그뿐 아니라 또한 리브가가 우리 조상 이삭 한 사람으로 말미암아 임신하였는데
11 그 자식들이 아직 나지도 아니하고 무슨 선이나 악을 행하지 아니한 때에 택하심을 따라 되는 하나님의 뜻이 행위로 말미암지 않고 오직 부르시는 이로 말미암아 서게 하려 하사
12 리브가에게 이르시되 큰 자가 어린 자를 섬기리라 하셨나니[c]
13 기록된 바 내가 야곱은 사랑하고 에서는 미워하였다 하심과 같으니라[d]

a. 창 21:12 / b. 창 18:10, 14 / c. 창 25:23 / d. 말 1:2-3

바울은 더 넓은 의미에서 민족적인 이스라엘과 더 좁은 의미에서 "영적" 이스라엘(6b절)로 구분하는 것을 "하나님의 말씀이 폐하여진 것이 아니다"는 명제에 대한 기본적인 변론으로 본다. 그는 이 구분을 두 개의 병행적인 주장(7-9절과 10-13절)으로 정당화한다.[112] 각각에서 바울은 구약을 두 번씩 인용하여 두 형제를 대조시킨다. 하나님이 이스마엘이 아닌 이삭을 택하시고, 에서가 아닌 야곱을 택

다. 하지만, 보다 엄밀하게 "주석의" 형식으로 된 랍비의 미드라쉬와 9:6-29 사이의 차이는 우리가 이 본문을 "미드라쉬"로 명명할 수 있는지에 대한 여부를 두고 문제를 제기한다는 것이다(예를 들어, Hultgren, 362; Koch, Schrift, 226-27; Raisanen, "Romer 9-1," 2897-8을 보라).

111. 그러므로 로마 교회 내의 어떤 특정 집단(예를 들어 주로 유대인으로 구성된 "믿음이 연약한 자들"[Minear, *Obedience of Faith*, 72-75], 또는 일반적으로 유대 그리스도인들[F. Watson, *Paul, Judaism, and the Gentiles*, 308])을 겨냥했다기보다는, 9:6b-29가 그 공동체의 전체와 관련된다. 이는 하나님의 백성에 속하는 기반이 그 개념상 "국수주의"를 여전히 표방하고 있을지도 모르는 유대 그리스도인들과 경험이 있건 없건 간에 어떻게 복음이 구약의 말씀을 입증하는지 이해할 필요가 있을 이방 그리스도인들(많은 이들은 "하나님을 경외하는 사람들"이었을 수 있다. Schmithals 339와 서론을 보라)이 그들이다.

112. Wilckens, 2.191를 보라.

하시는 것에서 하나님이 그의 영적 백성을 만드시는 모범이 여실히 드러나는데, 바울은 자기 시대에 만연했던 유대인의 불신 문제에 적용한다. 그러므로 바울이 이스라엘 이야기를 여기서 말하고 있고 "하나님이 항상 개개인과 함께 일하시는 방식에 대한 추상적인 수필"을 생산해내지 않고 있다고 주장하는 학자들은 그 이야기에 초점을 맞추면서 이 단락의 "추상적인" 특성을 부정하는 것은 옳다고 보는 것이다.[113] 그러나 그들은 바울이 널리 적용하는데 중심적인 원리들을 여기에서 끌어내기 위해 정확하게 이 이야기를 활용하고 있음을 인식하지 못한다. 유대인 민족의 창설자들에 대한 이러한 이야기들은 일부 사람들 가운데 하나님의 사람들이 포함되었으며 다른 사람들은 포함되지 않은 이유가 바로 하나님께서 자유로이 어떤 사람은 선택하고 어떤 자들은 선택하지 않았음을 증명하기 때문이다. 이 이야기에서 알 수 있듯이, 혈육의 대물림은 결정적인 자격 요건이 아니었다는 점이다. 이처럼, 바울은 하나님의 새 언약 백성에 속하는 것이 하나님의 자유로운 선택에 기초한 것이지, 생득권에 있지 않음을 암시하는 것이다. 그러므로 많은 유대인들이 그리스도를 신뢰하지 못하므로 구원받지 못했다고 해서 놀랍게 여길 것은 없으며, 하나님 말씀의 순전함에 대한 위협이 될 일도 전혀 없다.

이 문단을 이런 식으로 요약할 때, 우리는 바울이 이 문단에서와 이어지는 문단들(9:14-18, 19-23절)에서 개인의 구원에 관하여 아무것도 암시하지 않는다고 믿는 학자들과 부딪히게 된다.[114] 그들은 오히려, 바울이 하나님의 계획을 진전시키는 데 있어서 다른 사람들보다 어떤 개인을 이용하는 방법을 기술하는 것이라고 설명하는데, 이는 구속사에 있어서 개인의 역할에 있지, 영원한 운명이 아니라는 것이 쟁점이다. 게다가 13절에서 말라기 1장 3절의 인용이 암시하듯, 바울은 개인들에 대한 생각은 일절하지 않고, 오직 민족들만 - 이스라엘(이삭), 에돔(에서), 그리

113. Wright, 634에서의 인용이다.

114. 이러한 방향으로 가는 선구적인 작품이 Beyschlag, *Paulinische Theodicee*이었다. 이러한 일반적인 해석의 옹호자들은 바울이 개개인이나 민족들에게 초점을 두는 정도에 있어서 반대하지만, 개인의 영원한 운명을 언급하는 명확한 지시는 존재하지 않음에 대해서는 동의하는 바이다. 그 중에서도 Wright; W. Klein, *New Chosen People*, 173, 197-98; Zahn, 446-48; Lagrange, 231; S-H, 245; Gaugler, 234-37; Holland, 310-20; Munck, *Christ and Israel*, 42; F. Watson, *Paul, Judaism, and the Gentiles*, 308-19; Ellison, *Mystery*, 43; Abasciano, "Corporate Election," 351-71; Wolterstorff, *Justice in Love*, 266-71; Thornhill, *Chosen People*, 232-43를 보라. Brand, ed., *Perspectives on Election*의 개관에 나오는 관점에 대해서도 보라.

고 애굽(17절의 바로)만- 생각하고 있는지도 모른다. 이런 견지에서 학자들의 말은 일리가 있는데, 이는 바울이 인용하는 구약의 성구들이 개인의 영원한 운명에 대해 분명히 언급하는 바가 없다는 것이다. 그렇지만 바울이 이 본문들의 본래 의미를 이해한다 해도,[115] 여기에서 그것들을 개인의 구원 문제로 적용하고 있다는 다음의 세 가지 지적들이 나타난다.[116]

(1) 그의 논의가 그러한 적용을 요구한다. 바울은 왜 자기 시대에 일부 이스라엘 사람들은 구원을 받고 다른 이들은 구원받지 못하는지 설명해야만 하는데(3-5절), "이스라엘 가운데" 오직 일부만이 진정한 이스라엘이라는 바울 자신의 주장을 정당화하기 위함이다. 개인이나 민족이 구속사에서 차지하는 역할에 관한 논의가 단순히 바울이 밝히고자 하는 요점과 부합하지 않는다.

(2) 이 문단의 주요 단어들 - "하나님의 자녀(8절), "자손들(7절과 8절), "여기심을 받느니라(8절), "약속의 자녀(8절), "칭하다" 또는 "부르다"(7, 12절)와, "행위로 말미암지 않고"(12절) - 을 바울은 다른 곳에서도 개인의 구원에 관하여 부단히 적용되고 있다(세부적인 내용으로는 아래의 주해를 보라).

(3) 6b-13절이 24-29절에서 지속하는 것이 밝히는 바는, 바울의 요점이 하나님께서 유대인과 이방인 가운데 양편에서 모두 그분의 백성이 되도록 개개인들을 부르셨음을 증명하고 있고, 또한 부름을 받은 유대인들(6b-13절은 이스라엘 내에 이스라엘)이 구원을 얻을 남은 자(27절)를 구성한다는 것이다.

6 6절의 전반부는 9-11장에서 서문과 바울이 주해하는 본문(body) 사이의 전환 부분이다. 바울은 이스라엘 문제가 동시에 하나님의 말씀과 궁극적으로 바로 하나님 자신에 대한 문제임을 분명히 한다. 이는 하나님이 이스라엘을 양자 삼으

115. 주석자들은 바울이 이 구약의 본문들을 전용하는 것에 대해서 세 가지 기본적인 입장을 취한다. (1) 바울은 본래 의미를 고수하면서 그것들을 구속사의 역할에만 적용시킨다. (2) 바울은 구약 본문의 본래 의미들을 무시하고 그것들이 하나님의 구원하시는 방법들의 "유형들"을 담고 있는 것으로 본다(예를 들어 Käsemann, 264). (3) 바울은 하나님께서 그의 백성 이스라엘의 형성을 말씀하시는 구약의 본문들에서 비롯된 원리들을 합법적으로 사용하여 하나님이 그의 진정한 영적 백성을 부르시기 위해 어떻게 행동하는지 보여주신다. 우리는 이 세 번째 대안을 채택하는데, Piper, *Justification of God*, 45-54도 보라.

116. 이러한 요점에 관하여, 특히 Piper, *Justification of God*을 보라. Schreiner, "Does Romans 9 Teach," 25-40에 비슷한 요점들이 실려 있다; 동일 저자, "Corporate and Individual Election," 373-86; Kruse, 391-92.

셨고, 그에게 자신을 나타내셨으며, 언약으로 이스라엘을 속박하시고, 율법과 성전봉사의 일과 약속을 주셨다. 이런 것들이 이제 아무런 의미가 없다는 것인가? 하나님은 이러한 축복들을 거두시고 이스라엘에게 하신 말씀을 뒤집으셨는가? 로마와 그 등지에서 유대인과 이방인들 포함한 많은 그리스도인들은 이 부분이 구원을 보장받았다고 가정하는(예를 들어 로마서 2장을 보라) 유대인에 대한 바울의 철저한 비평이 지닌 논리적인 암시라고 생각했을 것임이 틀림없다. 그리고 하나님이 정말로 전에 하신 말씀을 취소하셨다면, 그 결과는 유대인 외의 사람들에게 더 무서운 일이었을 것이다. 그렇다면 그리스도인들은 이러한 하나님이 자기들에게 하신 약속을 이행하시리라 어떻게 믿을 수 있겠는가?

그러므로 바울은 "하나님의 말씀이 폐하여진 것이[117] 아니라"고[118] 확증하지 않으면 안 된다. "하나님의 말씀"은 구체적으로 복음을 가리키는 것임을 볼 수 있을 것이다.[119] 그렇다면 바울은 현재 복음이 이스라엘을 구원으로 이끌지 못한 것이 복음을 무효화시킨다는 비난으로부터 복음을 옹호하게 되는 셈일 것이다.[120] 그러나 생각의 흐름상 오히려 6절에서 언급된 "하나님의 말씀"이 방금(4-5절에서) 열거된 특권이 들어있는 이 장 전체에서 바울이 참조하는 그 말을 암시한다는 것이다. 더 나아가, 여기에서 "하나님의 말씀"은 3장 2절에 나오는 "하나님의 신탁"(the oracles of God)과 다소 병행적이라 할 수 있다. 따라서 여기서의 "하나님의 말씀"은 하나님의 구약 말씀이며,[121] 특히 이스라엘에게 주신 약속을 가리키는 말씀이다.[122]

117. 이 번역은 비슷한 번역들인 "…인 것 같지 않도다"(대부분의 영번역이 그렇다)와 마찬가지로 οὐχ οἷον δὲ ὅτι가 οὐχ οἷον("by nomeans")과 οὐχ ὅτι(ἐστιν이 생략된 것으로 "it is not as if ")라는 두 개의 구문이 섞였다는 가정에서 나온 것이다. N. Turner, *Syntax*, 47과 298을 보라.

118. ἐκπέπτωκεν는 ἐκπίπτω에서 왔다. 이 동사는 "떨어지다(fall)", "…에서 벗어나다(fall away from)"를 의미한다(물리적인 의미로 행 12:7; 27:17, 26, 29, 32; 약 1:11; 벧전 1:24가 있고, 은유적인 의미로 갈 5:4; 벧후 3:17이 있다). 그러나 이는 또한 "실패하다(fail)", "쇠약해지다(become weakened)"도 의미할 수 있는데(집회서 34:7; 고전 13:8 [이문]을 보라), 여기에서는 이것이 그 의미이다.

119. 예를 들어, Jewett를 보라. 바울이 복음의 메시지를 묘사하기 위해 사용하는 ὁ λόγος τοῦ θεοῦ가 고전 14:36; 고후 2:17; 4:2; 골 1:25; 살전 1:8; 2:13; 딤전 4:5; 딤후 2:9; 딛 2:5에 나온다. 골 3:16에서 ὁ λόγος τοῦ Χριστοῦ와 살전 1:8; 살후 3:1에서 ὁ λόγος τοῦ κυρίου도 참조하라.

120. Güttgemanns, "Heilsgeschichte bei Paulus," 40-41; Kotansky, "Note on Romans 9:6," 24-30.

121. 예를 들어 Zahn; Schmitt, Gottesgerechtigkeit, 201-2 n.을 보라.

122. 하나님의 약속에 초점을 맞춘 것이 예를 들어 Godet; Murray; Käsemann; Dunn의해 강조된다.

이제 바울은 이스라엘의 불신이 이스라엘을 향하는 하나님의 약속이 무효화된다는 것을 부정하는 것에 대한 그의 첫 번째 정당성을 소개한다. 이는 하나님의 구원 약속을 받은 "이스라엘"을 구성하는 것이 누구냐는 문제의 핵심을 찌르는 정당성인 것이다. 바울의 동시대 유대인들 사이에 일반적인 견해는 이 이스라엘이 아브라함과 이삭의 후계자로, "이스라엘"이라는 이름을 받은 당사자인 야곱의 육체적 후손으로 구성된다는 것이었다. 오로지 노골적인 배교로 이 유산을 거부한 자만이 그 약속들을 받았던 이스라엘로부터 배제될 것이다. 이러한 민족적 이스라엘이 어떠한 의미에서 하나님의 백성으로 남는다는 것을 바울은 부정하지 않는다(9:4-5; 11:1-2, 28을 보라). 그러나 그는 이스라엘의 이 집단적 선택에 있어서는 모든 이스라엘 사람들의 구원을 의미한다는 것을 부정하고, 구원이 민족의 혈통에 의거한 적이 한 번도 없었음을 역설한다(2:1-29; 4:1-16). 따라서 이스라엘 백성은 구원의 보증으로 그들의 생득권을 바라볼 수는 없다. 바울이 확언하는 이것은 (육적인 의미에서) "이스라엘에서 난 그들"이[123] (영적인 의미에서) 다 이스라엘이 아니요"[124]라고 밝히는 요지이다.

바울이 이 장들에서 자주 하듯이, 이사야를 넌지시 언급하고 있는지도 모른다. 특히, 특히 40:8을 보라 - "풀은 마르고 꽃은 시드나 우리 하나님의 말씀은 영원히 서리라 하라" - 그리고 55:10-11에는 "이는 비와 눈이 하늘로부터 내려서 그리로 되돌아가지 아니하고 땅을 적셔서 소출이 나게 하며 싹이 나게 하여 파종하는 자에게는 종자를 주며 먹는 자에게는 양식을 줌과 같이 내 입에서 나가는 말도 이와 같이 헛되이 내게로 되돌아오지 아니하고 나의 기뻐하는 뜻을 이루며 내가 보낸 일에 형통함이니라." 이사야 40:8에 대한 언급은 특별히 가능한 것이, 바울이 로마서 9-11장 끝에서 이 문맥(13절)을 인용하기 때문이다. Flebbe, *Solus Deus*, 276-78를 보라.

123. οἱ ἐξ Ἰσραήλ. 이 어구는 "이스라엘에게서 난 자[예, 야곱]"(ἐκ는 파생을 가리킨다; BDAG; Schlatter; Michel를 보라)를 의미할 수도 있지만, 필시 "이스라엘에게 속한 자," 예를 들어 "이스라엘 사람들" (NRSV)을 의미할 것이다. 반면에 Gaston은 이 어구가 "이스라엘 밖에 있는 자," 예를 들어 이방인과 유대인 배교자("Israel's Enemies," 412-13)를 의미한다고 주장한다. 그러나 ἐκ가 이러한 의미로 사용되는 일은 좀처럼 없다. Gaston의 번역은 바울이 로마서 9장에서 민족으로서 이스라엘의 자격을 상실시키지 않는다는 그의 의견에서 - 해석적으로 옹호할 수 없는 견해에서 - 나온 것이다(11:32절 이후에 나오는 주들을 보라).

124. 대부분의 영역본은 οὐ가 πάντες οἱ ἐξ Ἰσραήλ에 붙은 것으로 "이스라엘에게서 난 그들이 다 이스라엘이 아니요(Not all who are of Israel are Israel)"라고 추정한다(예를 들어 NRSV를 보라). 그러나 οὐ를 οὗτοι Ἰσραήλ에 붙이는 것으로 보는 편이 낫다. 이것은 "이스라엘에게 속한 모든 자, 이들이 이스라엘이 아니요(for they are not all Israel who are descended from Israel)"가 된다(NASB; Piper, *Justification of God*, 47-48; Dunn; Jewett를 보라). 그러나 일부는 οὐ가 전체 문장을 부정하는 것으로 생각한다. Gaventa는 "이스라엘에게서 난 자들이 다 그런 것은 아니지만, 이들은 이스라엘이다(For it is not the case that all those who are from Israel … these

바울이 이 "영적인 이스라엘"로 의미하는 것은 무엇인가? 그는 새 언약의 시대에 물론 이방인 신자들을 포함하여 하나님의 사람들인 "새 이스라엘" 가리키고 있는지도 모른다.[125] 아니면 바울이 더 큰 생물학적 이스라엘 내에 있는 구원받은 수의 유대인들의 "남은 자"를 언급하는 것일 수도 있다.[126] 이 견해들 사이에서 하나를 꼽는 것은 어려운데, 이는 각각의 견해에 대한 증거가 이 문맥에서와 다른 곳에서 나오는 바울의 가르침에서 찾을 수 있어서 그렇다. 반면에, 첫 번째 견해를 꼽는 이유는 이 단락의 논의를 재개하는 24절에서 이방인들이 명시적으로 하나님의 백성의 일부로 명명되었다는 사실에 있다. 바울은 본 서신에서 이미 아브라함의 진정한 자손이 믿음을 가진 모든 자로 구성된다고 가르친다(4:1-6절). 그리고 그는 다른 곳에서도 비슷한 말을 하는데, 갈라디아서 4:28절에서 그리스도인들을 "이삭과 같이 약속의 자녀"로, 빌립보서 3:3절에서는 그리스도인들은 "할례파"로, (우리의 견해로는) 그가 "이스라엘"의 칭호를 갈라디아서 6:16절에서 교회를 나타내기 위해 사용한다.[127] 이러한 본문들은 바울이 하나님의 옛 언약 백성인 이스라엘에게 적용된 언어와 칭호들이 하나님의 새 언약 백성인 교회에 충분히 전용될 수 있음을 증명한다.[128] 이러한 관점에서 바울은 두 가지를 주장하는데, 하나는 "진정한 영적 이스라엘을 구성하는 것은 생물학적으로 속하는 모든 이스라엘이 아니다"와 "진정한 영적 이스라엘을 구성하는 것은 생물학적으로 속하는 자들만 이스라엘이 아니다"이다.

---

people are Israel")로 의역한다("On the Calling-into-Being," 259).

125. 특히 Juncker, "'Children of Promise,'" 131-60을 보라; 또한 Beyschlag, Paulinische Theodicee, 32; Dinkler, "Prädestination," 249-50도 보라(하지만 나중에 이 기사에 첨가된 글에서 그는 이 의견을 철회한다, 267을 보라); G. Klein, "Präliminarien zum Thema," 235-36; Sänger, "Rettung der Heiden," 106; Gundry Volf, *Paul and Perseverance*, 163-64; E. Johnson, *Function*, 140; Wright; 동일 저자, *Climax of the Covenant*, 238; 동일 저자, *Paul and the Faithfulness of God*, 2.1241-42; Jewett; Holland.

126. 아마 이것이 대다수의 견해일 것이다. 특히 Schreiner; Lohse; F. Watson, Paul, *Judaism, and the Gentiles*, 311; Eastman, "Israel and Mercy of God," 381-83을 보라.

127. D. Moo, *Galatians*, 399-403을 보라. 따라서 우리는 "이스라엘"은 2세기 중엽까지 교회로 적용되지 않았다고 주장하는 P. Richardson의 견해에 반대하는 것이다(*Israel*, 74-84).

128. 이스라엘과 교회에 관한 이 일반적인 관점을 지지하는 참고 저서로 Beale, *New Testament Biblical Theology*, 669-75; Schnabel, "Gemeinde des Neuen Bundes," 145-213; Starling, *Not My People*, 107-65; LaRondelle, *Israel of God in Prophecy*를 보라.

이러한 논쟁들은 "이스라엘 내 이스라엘"의 관점에 찬성하는 다른 주장들에 의해 균형을 이룬다. 1절부터 5절까지는 로마서 9-11장 내에서 바울의 이스라엘 언어가 해석되어야만 하는 매개 변수가 설정되어 있으며, 이 구절들은 민족적 이스라엘에 초점을 두고 있다. 이 장들 전체에 걸쳐서, 바울은 한편으로 이스라엘과 유대인을, 다른 한편으로 이방인들을 신중하게 구별해낸다. 만약 우리에게 본문을 정확히 집어내는 지표가 있었다면, 우리는 여기서 "이스라엘"을 의미하는 것이 이러한 패턴과 다르다고 생각할 것이다. 더 나아가, 바울은 7-13절에서 6b절을 설명하므로 종족 이스라엘 내에서 하나님이 백성을 선택하시는 사례를 든다. 마지막으로, 6-13절과 밀접하게 관련이 있는 27-29절은 우리가 살펴본 대로, 민족적 이스라엘 내에 현존하는 집단인 남은 자 사상에 초점을 두는 구약의 인용들을 특징으로 한다.

이러한 견해 중 하나를 결정하는 것은 어렵다. 그러나, 두 견해를 입증하는 증거를 고려할 때, 다소 중재적인 제3의 선택을 하는 것이 나을 수도 있다. 바울은 이 구절에서 두 번째로 등장하는 "이스라엘"을 그가 아직 정의하지 않은 공식적인 범주로 사용하고 있을지도 모른다. 여기서 그의 요지는 단순히 영적 이스라엘이 생물학적 이스라엘과 같지 않다는 것을 주장하는 것이다. 아직 영적 이스라엘이 드러나지 않았는데, 바울의 주장이 서서히 밝혀지면서 명백해질 것이라고 누가 "덧붙이는가?"[129]

7 바울은 7-13절에서 종족 이스라엘과 영적 이스라엘 사이의 이러한 구분을 지지하고 그 근거를 설명한다. 그의 논거는 7-9절과 10-13절의 두 단락으로 나뉘고, 각 부분에서 그는 자신의 논점을 증명하기 위해 성경을 인용하고 논평한다.

바울은 이스라엘을 정의하고자 하는 사람이라면 누구나 그 거쳐 가야 할 지점, 즉 아브라함에서 시작한다. 하나님이 아브라함을 부르신 것과 약속하신 것은 육체적인 이스라엘과 영적인 이스라엘 모두의 기초가 되었다.[130] 그러므로 유대인들은 아브라함에게서 난 자손을 그들의 영적 혜택의 근원으로 여겼는데, 이는 그들

129. Byrne; W. Reinbold, "Zur Bedeutung des Begriffes 'Israel,'" 401-16.
130. 창 12:1-3; 15:1-5, 18-21; 17:1-8, 15-16, 19-21; 18:18-19; 22:17-18.

이 아브라함의 “자녀” 또는 “씨”[131]이기 때문이다.[132] 바울이 의문을 제기하는 것은 “모든 아브라함의 자녀가 다 그의 씨가 아니다”고 가정하는 것이다.[133] 바울이 말하는 것은 육적인 의미에서 아브라함의 자녀라고 해서 반드시 영적인 의미에서 그의 자손인 것은 아니다. 즉, 구원은 유대인의 생득권에 있지 않다는 것이다.

바울은 아브라함으로부터 난 육적인 자손과 영적인 자손 사이를 구별하는 증거를 창세기 21:12절의 말씀에서 찾는데, 이는 “이삭에게서 난 네 씨가[134] 부름을 받을 것이다”가[135] 그것이다. 아브라함에게 하신 하나님의 이러한 말씀들은 아브라함이 그의 아들 이스마엘과 이스마엘의 어머니 하갈을 쫓아내라는 사라의 권고를 따르는데 망설이기 반응으로 나타난다. 이 말씀은 아브라함으로 하여금 그의 두 아들 사이의 어떤 결정적인 구별을 상기시킨다. 따라서 이삭“에게서” 자손을 “부르심”은 육신의 씨를 주시겠다는 약속 이상의 의미를 내포한다.[136] 이는 하

131. *σπέρμα*는 단수 집합 명사이다 (예를 들어 “자손〈descendants〉”).

132. 마 3:9 = 눅 3:8; 눅 13:16; 16:24, 30; 19:9; 행 13:26; 롬 4:1, 12; 고후 11:22; 갈 3:7, 29; 히 2:16; 약 2:21을 보라; 그리고 특히 요 8:33-58을 보라. 유대인들은 고의적인 배교행위로(율법을 지키려는 시도조차 거부하는 것으로) 영적인 혜택을 몰수당할 수 있다고 믿었다.

133. 이 번역(예를 들어 ESV도 보라)은 *ὅτι*를 *οὐδ’*에 붙여 문장 전체에 도입부로 삼아(“neither [is it the case] that”), 6a절의 *οὐχ* [*οἷον δὲ*] *ὅτι*와 병행이 되게 하고, *σπέρμα*(“씨”)를 술부의 “보다 협의적”이고 영적인 의미가 있는 용어로 이해한다. 그 대안은 *ὅτι*를 *εἰσὶν σπέρμα Ἀβραάμ*에 붙여서, 원인의 의미를 부여하고 *τέκνα*를 영적으로 의의가 있는 단어로 보는 것이다. 그러면 “또한 저희가 그의 자손이기 때문에 저희 모두가 아브라함의 자녀인 것도 아니다”가 된다(예를 들어 NIV). 이 해석을 선택하는 것이 병행하는 6절과 7절의 어순이다(*οὐ* 또는 *οὐδέ* + 보다 포괄적인 용어에 마지막으로 이어지는 보다 협의적인 명칭; Byrne; 동일 저자, “Sons of God,” 130 n. 201; Cranfield; Fitzmyer; Kruse를 보라). 그러나 *σπέρμα*는 7b절과 8절에서 신학적인 의의가 있는 용어다 - 이 용어가 지니는 함의는 바울 서신의 다른 곳에도 있다(아브라함과 관련하여 롬 4:13, 16, 18; 갈 3:16, 19, 29을 보라; 다른 두 곳에서는 그 초점이 육적인 것에 있는데, 롬 11:1; 고후 11:22가 그것이다). 7a절에서 동일한 의미를 *σπέρμα*에 부여하는 해석은 문법적으로 문제되는 것이 없으므로 더 선호된다(Dunn; Schreiner; Wright; Jewett; Rese, “Israel und Kirche,” 209-10; R. Hays, *Echoes*, 65, 206).

134. *σπέρμα*가 단수이므로 일부 주석자들은(예를 들어 Meyer; Murray) 아브라함의 “진정한 씨”로써 이삭을 가리키는 것으로 생각한다. 하지만 *σπέρμα*는 이 구절의 첫 부분에서 분명 집합 명사이며, 이 의미는 필시 인용문으로 이월된다.

135. 바울의 인용은 LXX에 나오는 것과 정확하게 일치하며, LXX는 다시 MT를 밀접하게 따르고 있다: בְּיִצְחָק יִקָּרֵא לְךָ זָרַע. 이 본문이 히 11:8에서와 같은 형태로 인용된다. *κληθήσεταί σοι*(“be called to you”)와 같은 부자연스러운 어구를 그리스어에서 히브리어 구문으로 재생산해내려고 시도한다.

136. “부름을 받다(be called)”로 쓰인 그리스어 문구는 (“부르다[call]”에서 파생된) *κληθήσεται*이다. 이 단어는 여기서 “shall be”를 의미할 뿐으로, 우리는 “이삭 안에서(통해서) 너는 네 자손을

나님이 이삭뿐만 아니라 이스마엘에게도 많은 자손을 주겠다고 약속하셨기 때문이다(창 17:20; 21:23절). 이삭의 장점은 오히려 영적인 영역에 있다. 즉, 하나님이 언약을 세우겠다고 약속하신 것은 이스마엘이 아니라 이삭이다(창 17:21절).[137] 하나님이 언약 백성의 일부가 되라고 개개인을 부르시는 것은 이삭의 자손 가운데에 난 자이지, 이스마엘의 자손 가운데서 난 자가 아닌 것이다.

8 7절 자체는 바울이 6b절에서 "이스라엘에게서 난 그들이 모두 [영적인] 이스라엘이 아니요"라고 확언한 것을 지지할 만한 자료를 거의 제공하지 않는다. 언약의 축복들이 이삭의 가계를 통해서만 내려왔다고 주장하는 것은 모든 유대인이 인정하는 - 실로 그렇게 주장되는 - 것 그 이상은 아니었다. 그러나 그것은 바울이 7b절의 인용문에서 도출한 결론으로 유대인 동포들과 그의 견해 차이를 두고 6b절에서 그의 주장을 뒷받침하는 것이다.[138] 8절의 첫머리에 나오는 어구는 일부 유대인이 성경 해석을 소개할 때 사용하는 공식과 흡사한데, 이는 8절이 창세기 21:12절의 인용에 관한 바울의 주석이라는 것임을 암시한다.[139] 이 주석은

갖게 될 것이다" (BDAG; 히브리어 숙어도 비슷하다[BDB, 896를 보라])로 의역할 수 있을 것이다. Cranfield가 제안하는 이 용어의 번역인 "칭함을 받다(be named)", " …로 인정받다(be recognized as),"도 같은 방향성을 갖는다[Godet도 보라]). 하지만 καλέω라는 용어가 이 단락에서 지니는 신학적 의의는 그보다는 바울이 우리로 하여금 적어도 하나님의 주권적이고 창조적인 영적 축복에 대한 소환의 개념을 여기서 보기를 원하는 것이다. 이는 "이삭을 통해 하나님이 이 언약의 유익에 동참하도록 개인들을 부르시리라"는 것이다(Dunn; Kuss; Byrne, "Sons of God," 131; Lübking, *Paulus und Israel*, 62-63).

137. 일부 주석자들은(예를 들어 Cranfield) 하나님이 이스마엘보다 이삭을 택하신 것이 지니는 영적인 의미를 최소화하고자 언급하는 것이 있다. 이는, 하나님이 이스마엘에게 복 주시고(창 17:20; 21:20을 보라), 많은 자손을 주며 큰 나라가 되게 하겠다고 약속하시고(16:10; 17:20; 21:13, 18), 그에게 "언약의 징표"로 할례(17:23)를 받도록 하신 것이 그것이다. 하지만 바울이 인용한 본문은, 우리가 본 바와 같이, 창세기에 나타난 이삭과 이스마엘의 언약에 관한 분명한 구별에 초점을 두고 있다. 이삭은 언약을 받고 그를 통해 모든 언약의 영적 축복이 전달되는 후사인 것이다. Schreiner를 보라.

138. 특히 Kuss; Byrne, "Sons of God," 132를 보라. Segal이 지적하듯, 바울은 하나님의 약속과 선택을 구별하는데, 이는 선택과 조상을 하나로 바라보는 바리새파 유대인으로서 불가능한 방식이다(*Paul the Convert*, 277).

139. τοῦτ' ἔστιν는 사해 사본에서 빈번히 사용되는 פִּשְׁרוֹ의 "해석인 […이다]"라는 공식을 반영하는 것일지도 모른다(특히 Ellis, "Biblical Interpretation," 696을 보라). 반면에, Piper(*Justification of God*, 49)는 8절이 6b-7절의 전체를 해석한다고 주장한다.

"육신의 자녀"와 "약속의 자녀"를 대조시키고,[140] 후자만이 진실로 "하나님의 자녀"로 간주 될 수 있음을 천명한다. 즉시 언급되는 내용으로는 아브라함과 혈통관계("육신")[141]로만 연결된 이스마엘과, 혈통에 더하여 하나님의 약속으로 연결된 이삭이다.

바울은 그의 주석을 이삭과 그의 자손이 누리는 구원의 역사에서 특권에만 적용할 의도를 가지고 있을 가능성이 있다. 그러나 바울이 이것보다 더 많은 것을 의도하고 있다는 것은 바울의 주장이 원리적인 성격을 띠는 점으로나("여김을 받다"가 현재 형태임에 유의하라), 그의 어휘 선택으로 보나 분명하다. 바울에게 있어서 "하나님의 자녀"는 언제나 하나님에게 속한 백성으로, 이에 따라 구원에 참여하는 자들을 의미한다(롬 8:16, 17, 21; 엡 5:1; 빌 2:15절). " …으로 여기다"라는 문구도 마찬가지로 다른 곳에서 바울이 아브라함의 믿음이 그로 하여금 하나님과 의의 관계를 맺은 것을(롬 4:3, 5, 22; 갈 3:6절) 증명하기 위해 인용하는 유일한 본문인 창세기 15:6절을 가리킬 때만 사용하는 그리스어 어구를 번역한 것이다.[142] 그리고 "약속" 에 대한 언급은 창세기 21:12절에서 표현된 약속에 곧장 적용될 수 있는 것이면서, 하나님께서 자기 백성으로 하여금 자신과 관계를 맺는 수단에 대해 바울이 논의하는 로마서 4장(13, 14, 16, 20절 참조)의 논의를 상기시키는 것이기도 하다.[143] 이처럼, 창세기 21:12절에서 하나님이 아브라함에게 하신 말씀은, 바울에 의하면, 하나님이 그의 언약의 축복을 수여하실 때 행하시는 것에 따라 어떠한 원리를 암시한다

140. 두 문구에 모두에 있는 소유격(τῆς σαρκός; τῆς ἐπαγγελίας)은 설명적인 것일 수도 있다("육신으로 묘사된 자녀"/약속으로 묘사된 자녀"; BDF §165; Wilckens을 보라), 필시 일반적인 소유인 "육신에 속하는 자녀"/"약속에 속하는 자녀"로 나타낼 것이다.

141. Leenhardt와 Morris는 "육신의"가 이스마엘의 출생으로 이끈 인간 중심의 결정들과 편의성을 언급한다고 시사한다. 하지만 문맥에서는 그보다 바울이 아브라함과 이스마엘의 순전한 육체적 관계를 생각하고 있음을 시사한다(NIV: "육체적 혈통에 의한 자녀(children by physical descent)"; Cranfield).

142. λογίζομαι εἰς. 바울이 λογίζομαι를 사용하는 것은 하나님의 백성이 되는 자격이 오로지 하나님의 뜻에 있음을 보여주는 것이다(예를 들어 C. Müller, *Gottes Gerechtigkeit*, 90-91을 보라).

143. 바울은 독자에게 로마서 4장에서 하나님의 의에 동참하는 그의 논의를 불가피하게 상기시키는 언어를 선택한다. Dunn; Schreiner; Byrne, "Sons of God," 132; Brandenburger, "Schriftauslegung," 33-35를 보라. 갈 4:22-23: "기록된 바 아브라함에게 두 아들이 있으니 하나는 여종에게서, 하나는 자유 있는 여자에게서 났다 하였으며 여종에게서는 육체를 따라 났고 자유 있는 여자에게서는 약속으로[δι' ἐπαγγελίας] 말미암았느니라"에도 주목하라.

는 것이다. 즉, 라이트의 표현대로, "중요한 것은 은혜이지 인종이 아니다."[144] 그리고 바울이 그 원리를 표현하기 위해서 사용하는 언어는 그가 언약의 축복들 내에서 그리스도를 믿는 신자들이 경험하는 새 생명을 포함한다는 것을 암시한다.

9 바울은 이제 창세기 21:12절에 관한 그의 주석(8절)에서 이삭을 (그리고 그와 같은 사람들을) 묘사하기 위해서 사용하는 약속이라는 단어의 용법을 설명한다("for"; [그리스어 *gar*]).[145] 이삭은 아브라함의 친자인 이스마엘과 다름이 없지만, 약속을 성취하기 위해 하나님의 직접적인 행동으로 이례적인 환경에서 태어났다. 아브라함과 사라가 고령이면서 사라가 단산이 되었음에도, 아이를 갖게 될 것이라는 약속이 창세기 17:15-16절에서 처음 주어졌고, 이후에 18:10절과 14절에서 되풀이 되었다. 바울의 인용은 이후에 주어진 이 두 구절의 자유로운 의역으로 보인다.[146] 바울은 그의 언약 백성을 창조하시는 하나님의 진취성을 다시 한번 강조하는데, 이는 혈통으로 난 세대를 통함이 아니라, 하나님의 초자연적인 개입을 통해서 아브라함에게 주신 약속이 수행되는 것임을 강조하는 것이다.[147]

---

144. N. T. Wright, *Climax of the Covenant*, 238. 일부 학자들은 "하나님의 자녀" 됨이 혈통에 근거한 것임을 부인하는 것과 4-5절에서 이스라엘이 "양자 됨"을 누린다는 바울의 주장 사이에서 모순을 발견한다. 하지만 두 가지를 염두에 둔다면 이러한 모순은 해소된다. 첫째로, 앞서 논의된 대로, 4절의 "양자 됨"은 일반적으로 구속사의 특권들을 포함하는가 하면, "하나님의 자녀"는 여기서 구원을 베푸는 관계를 암시한다. 둘째로, 8절에서 나타난 바울의 논점은 하나님께서 약속을 자유로이 셈하는 데 있어서 종족의 혈통을 고려하지 못한다는 것을 부인하는 것이 아니라, 종족이 "하나님의 손"을 강요하는 것을 부인하는 것이다.

145. ἐπαγγελίας라는 단어는 강조를 위해 문장의 첫 부분에 던져지는데, 이는 곧 "이 단어가 약속의 본질이다"라고 강조하는 것이다.

146. 바울이 인용한 첫 부분은 창 18:10과 병행하고(κατὰ τὸν καιρὸν τοῦτον εἰς ὥρας, καὶ ἕξει υἱὸν Σαρρα ἡ γυνή σου), 뒷 부분은 창 18:14를 따른다(εἰς τὸν καιρὸν τοῦτον ἀναστρέψω πρὸς σε εἰς ὥρας, καὶ ἔσται τῇ Σάρρᾳ υἱός). 따라서 대부분의 학자들은 바울이 두 구절 모두를 사용했으리라고 생각한다(예를 들어 Abasciano, *Paul's Use*, 154-57)를 보라. 그러나 Stanley는 의견을 달리하여 바울이 14절만을 언급했다고 주장한다(*Paul and Language*, 104). 반면에, 바울의 ἐλεύσομαι는 MT(아슈브, אָשׁוּב; "I will return")뿐만 아니라 LXX가 두 구절에서 번연한 것과도 다르다. 혹자는 바울의 어휘 선택이 신학적인 동기에서 비롯된 것일지도 모른다고 생각하지만(예를 들어 Byrne, "Sons of God," 133), 그것은 단지 그 맥락에서 인용문을 제거함으로써 필요한 어휘의 대체에 지나지 않을 수도 있다.

147. 1인칭 단수 동사, "I will come"(ἐλεύσομαι)은 하나님의 개입에 초점을 맞추면서, 이 단락 전체에 걸쳐 발견되는 한 모티프를 반영한다(13, 15, 17, 25절도 보라). 특히 Hübner, *Gottes Ich und Israel*, 24-31을 보라.

10 10-13절에서 바울은 족장의 한 세대를 내려가 종족 이스라엘과 영적 이스라엘의 구분(6b절)을 한 단계 더 발전시킨다. 사실 하나님이 에서를 택하지 않고 야곱을 택하신 것은 7-9절에서 전개된 "종족이 아니라 은혜"라는 원리를 특히 분명하게 설명하고 있다.[148] 하나님이 에서보다 야곱을 택하시는 것에 관한 성경 이야기에서, 다음의 세 가지 세부사항들은 언약의 참여가 오직 하나님의 부르심의 결과로만 이루어진다는 바울의 주장에 강력한 근거를 제공한다. 첫째, 야곱과 에서는 같은 부모에게서 태어났다. 이는 이삭이 이스마엘을 제치고 선택받은 것이 단지 어머니가 다르기 때문이라고 주장하며 이의를 제기할 수 있는 자라도 할 말을 없게 만든다. 둘째, 하나님은 쌍둥이가 태어나기 전에 야곱을 높여 주겠다고 약속하심으로써 그들 각자의 운명을 결정한 것은 오직 하나님의 뜻이지 타고난 능력이나 종교적인 헌신이나, 믿음도 아니라는 것을 암시한다. 셋째, 야곱이 둘 중에서 동생이라는 점은 보통의 정상적인 선호가 하나님의 선택과는 아무런 관계가 없었다는 점을 더욱 분명히 한다는 것이다.[149]

"그뿐 아니라"는[150] 전환 문구는 10-13절이 7-9절의 논의를 한 단계 진전시키는 것을 분명히 한다. 바울이 9b절에서 언약의 약속들을 잇는 상속자를 낳는 사라의 역할을 부각시키므로, 이 논의의 다음 단계가 다음 세대의 여가장인(matriarch) 리브가에게 초점을 맞추는 것은 당연하다. 바울은 사라와 리브가 사이에서 하나의 중요한 유사점을 발견한다.[151] 비교점은 명백하다. 리브가는 사라와 마찬가지

148. 논점은 다르지만, 4 Ezra 3:13-16에서 드러나는 생각의 흐름은 바울이 보편적인 유대인 모티프를 활용하고 있음을 보여 준다. 즉, "땅에 사는 사람들이 번성하기 시작할 때, 그들은 자녀와 백성과 여러 민족을 낳았고, 다시금 그들은 조상보다 더욱 경건하지 않게 되었나이다. 그리하여 그들이 주 앞에서 죄악을 범하였을 때, 주께서는 그들 가운데에 한 사람을 택하셨으니, 그의 이름은 아브라함이었나이다. 주께서 그를 사랑하시어 그에게만 동이 트기 전까지 세상의 종말을 드러내셨나이다. 주께서 그와 영원한 언약을 맺으시고, 그의 자손을 절대 떠나지 않겠다고 약속하셨으며, 그에게 이삭을 주셨고 이삭에게 야곱과 에서를 주셨나이다. 주께서는 야곱을 당신의 편에 따로 두셨으나, 에서는 버리셨으므로 야곱은 큰 민족이 되었나이다"가 그것인데, Luz(*Geschichtsverständnis*, 64-65)가 이 본문으로 나의 관심을 이끌었다.

149. 이러한 논점들에 관하여, 특히 Murray를 보라.

150. *οὐ μόνον δέ*. 이것은 바울 서신에서 나오는 일반적인 이행 문구로(롬 5:3, 11; 8:23; 고후 8:19도 보라. BDF §379에 주목하라), 특별한 주제를 사입할 필요가 없다(예를 들어 Sarah; Meyer를 보라).

151. 우리의 번역 가운데 *καί*에 상응하는 "또한(also)"에 주목하라. 하지만 그리스어에는 주격 *Ῥεβέκκα*와 함께 쓰이는 동사는 없다. 하나의 대안이라면 보충이 필요한 동사의 생략이 있음을 가정하는 것이다. 예를 들어 Godet가 *ἐπάθη*를 보충하여 "그녀[리브가]가 같은 운명을 겪어야만 했

로 불임이었고(창 25:21절), 리브가의 단산은 사라와 마찬가지로 신적인 개입으로 극복되었다는 것과(창 25:21절), 바울의 논의를 위해 특히 중요한 것은 리브가의 아들이 사라의 아들과 마찬가지로 언약의 약속들의 상속자가 되도록 하나님의 부르심을 받았다는 점이었다(12절을 보라). 게다가 언약의 약속들을 유산으로 물려받은 두 아들 모두에게 경쟁자가 있었다. 하지만 이 두 상황 사이에서 결정적인 차이가 존재하는 것은 바로 이 시점이다. 즉, 야곱의 경쟁자가 그의 쌍둥이 형제인 것처럼, 이삭의 경쟁자는 이복 형제로 다른 여인에게서 태어난 아들이었다. 바울은 아마 10절에서 이 차이를 암시하고 있을 것이다. 대부분의 번역들이(예를 들어 NRSV; NIV; NASB) 시사하는 바로는 단순히 야곱과 에서가 "우리의 조상 이삭"이라는 같은 아버지에게서 태어났음을 가리키고 있을 뿐이다.[152] 하지만 이러한 논점은 바울의 논의를 진척시킬 수 없는데, 이는 본질적인 상황이 아브라함의 자식인 이삭과 이스마엘의 경우와 별반 다르지 않기 때문이다. 그러므로 쌍둥이 야곱과 에서를 생산해낸 단 한 번의 수태 행위에 대한 언급으로써 바울의 헬라어를 해석하는 것이 매력적이다(위에서 우리가 번역한 것을 보라; NIV: "동시에 임신하였는데").[153] 그렇다면 바울이 야곱과 에서를 구분 짓는 자연적인 특징이 완전히 결여됨을 강조하고 있는 셈이 된다. 같은 어머니와 아버지에게서 태어났고, 잉태된 때가 동시적이므로, 그 쌍둥이 중에 누구도 다른 쪽보다 생득권으로 하나님의 약속에 대한 더 나은 주

다"로 제안하는 것을 보라. 대부분의 영역본은 비슷한 방식으로 번역하는데, 그것이 그 구문을 이렇게 읽을 것을 전제로 한 것인지, 아니면 단순히 도움이 되는 영어의 의역으로 그 개념을 택하는 것인지는 분명하지 않다. 이 구문의 더욱 그럴듯한 설명은 'Ῥεβέκκα를 유안(留案)한 주격으로, 12b절(αὐτῇ)에서 사상의 주요한 흐름이 이어지는 것으로, "그리고 리브가로 말하면 … 그녀에게 이르시되 … "로 보는 방법이 있다. 예를 들어 KJV; RSV; Käsemann를 보라.

152. 바울은 이삭을 "우리의 조상"이라고 부르는 것은 그가 유대 그리스도인들을 대상으로 쓰고 있기 때문이 아니라, 이 시점에서 그의 "골육의 친척"(3절)과 동일시하고 있기 때문이다(예를 들어 S-H를 보라).

153. 그리스어는 *ἐξ ἑνὸς κοίτην ἔχουσα*이다. *κοίτη*라는 단어는 원래 "침대"를 의미하는데(눅 11:7), 특히 "부부의 결합"을 의미하는 것으로 사용되었고(예를 들어, 히 13:4), 이런 이유로 성교의 의미를 가지가 됐다(레 15:21-26; 지혜서 3:13, 16; 롬 13:13; BDAG를 보라). 이는 또한 정액 자체를 가리킬 수도 있는데(레 15:16-17, 32; 18:20; 22:4; 민 5:20; *κοίτη*를 차역어(loanword)로 사용하는 것에 관하여 Silva, "New Lexical Semitisms?" 255를 보라), 이것이 여기서 그 의미를 지시하는 것일 수도 있다(BDAG; Cranfield; Dunn). 이것이 비교적으로 *κοίτη*의 드문 의미라는 사실에도 불구하고(LXX에서조차 민 5:20에서만 이 단어를 단독으로 사용하고 있으며, 다른 곳에서는 *κοίτη σπέρματος*의 문구로 나온다), *ἐξ*는 바울이 의도하는 것으로 리브가가 "단번에 정액을 받았다"는 것, 즉 리브가가 한 번의 사정을 통하여 두 아들을 임신했다는 것을 암시하는지도 모른다.

장을 할 수 없게 된 것이다.

11 이 구절은 바울의 논거 흐름을 방해하므로 10절을 구문론적으로 불완전한 상태로 남겨둔다. 10절의 의미는(구문은 아니지만) 12b절에서 "그녀에게[리브가에게] 이르시되 '큰 자가 어린 자를 섬기리라' 하셨으니"로 이어진다.[154] 11절의 시작은 이 예언의 말씀이 리브가에게 들려졌을 때의 상황을 "그들이[야곱과 에서가] 그 자식들이 아직 나지도 아니하고 무슨 선이나 악을 행하지 아니한 때에"로 묘사한다. 그러므로 11b절에 있는 목적절과 12a절의 추가 수식어가 함께 삽입부에 속하여, 리브가의 자녀에 관한 이 말씀이 그녀에게 들려진 때에 왜 그렇게 되었는지를 설명한다.[155] 그 구문의 부자연스러움은 야곱과 에서의 인격 가운데 하나님이 둘 중의 하나를 선택하실 근거가 될 수 있었던 것이 아무것도 없었다는 점을 강조하는 바울의 심중을 반영한다.

이것은 야곱이 으뜸(12b절)이 되리라는 하나님의 약속이 언급된 상황으로 보건대, 바울이 지적하는 것이 분명하다. 따라서 하나님이 리브가에게 "큰 자가 어린 자를 섬기리라"고 예언하신 것은 야곱과 에서가 태어나기도 전에,[156] 즉 그들이 선이나 악을 행하기도 전이였기 때문이다. 야곱과 에서를 차별화하는 그 어떠한 인간적인 이유가 없는, 12절의 서두에서 바울이 다른 용어들로 되풀이하는 것이, 11b절에 "택하심을 따라 되는 하나님의 뜻이 서게 하사"라는 목적절의 근거이다. 하나님의 선택하시는 목적은 단순히 야곱이 에서보다 탁월하리라는 하나님의 예언에 의해서만 확립된 것이 아니라, 이 예언은 야곱과 에서의 개인적인 상황에서 어떤 근거와도 무관하게 나왔다는 사실에 의해 확립됐기 때문이다. "뜻Purpose"[157]이란 단어는 여기서 바울의 논의를 8:1-39절에서 나오는 하나님

154. 12b절에서 *αὐτῇ*의 선행사는 10절의 *Ῥεβέκκα*이다.

155. 구문을 이런 식으로 이해하는 것에 관하여 예를 들어, Cranfield; Dunn를 보라; NRSV와 NIV도 보라. 그러므로 11절을 여는 *γάρ*는 10b절의 배후에 놓인 함축적 의미를 짚어내는데, "[야곱과 에서를 구별하는 것은 아무것도 없었다], 왜냐하면 하나님이 리브가에게 이르실 때, 그들이 아직 나지도 아니하고 무슨 선이나 악을 행하지도 않았기 때문이다…."

156. *γεννηθέντων*는 병행적인 *πραξάντων*와 같이 독립 소유격으로, 암시되는 주어는 *υἱών*(*αὐτῆς*)이다. Dunn은 *πράσσω*가 *ποιέω*"보다 일반적인 의미"를 전달하므로 *τι*를 강조하고 있는지도 모른다고 생각하지만, 바울 서신에서 *πράσσω*와 *ποιέω*의 구별을 유지하기가 어렵다(7:15에 관한 해설을 보라).

157. *πρόθεσις*.

의 자녀에 관한 가르침과 연결짓는 많은 단어 가운데 하나다(이에 관해서는 9-11장의 서론을 보라). 8:28절에서 이 단어는 하나님이 백성을 그분에게 속하도록 부르시는 "계획"(plan)이나 "설계"(design)를 드러내는데, 이 계획은 바울이 29-30절에서 그 단계들을 펼쳐 보이는 계획이다. 여기서도 마찬가지로 이 단어는 하나님이 언약의 축복들을 한 민족, 이스라엘에게 주시고는, 마침내 온 세상이 누리도록 하시는 데 사용하시는 예정된(predetennined)[158] 계획을 의미한다.[159] 바울이 이러한 하나님의 계획을 묘사하기 위해 "택하심"이라는 단어를 이러한 계획을 묘사하기 위해 "택하심"의 단어를 사용하는 것은 로마서 9장의 이 부분에서 그분의 뜻을 반영하는데, 이는 하나님의 계획이 구약에서 그분이 결정하신 자유로운 일련의 선택들을 통하여 펼쳐졌음을 증명하기 위함이라는 것이다.[160] 이삭은 택함을 받고

---

158. LN(30.63) 지적하듯이, 접두사 προ-는 사전에 계획하는 것을 강조한다.

159. G. Maier(*Mensch*, 359-60)는 이 단어가 사해 두루마리들에서 쓰인 대로 히브리어 מחשבה를 반영한 것인지도 모른다. 예를 들어 1QS 3:15-16a를 보라. "지식의 하나님으로부터 현재와 미래의 모든 것이 나온다. 그것들이 존재하기 전에, 그분이 그것들의 전체 설계를 세우셨고, 그것들이 정하심을 입은 대로 존재할 때에, 그들의 과업을 변함없이 완수하는 것은 그의 영광스러운 설계를 따른 것이다." 또한, 사 25:1; 욥 38:2; 42:3과 같은 본문들에서 나오는 עֵצָה도 보라(Michel).

160. 바울은 ἐκλογή("택하심")이라는 이 단어를 신약성경 중, 오직 살전 1:4; 롬 11:5, 7, 28(그 밖에 신약에서 나오는 곳으로는 행 9:15과 벧후 1:10이 있다. LXX에서는 쓰이지 않는다)에서 말고는 달리 쓰지 않는다. 이 단어는 "택하심"의 행위를 가리키는 것일 수 있거나(살전 1:4; 롬 11:5, 28) 택하심을 입은 자들(롬 11:7)을 가리킬 수도 있다. 바울에게 있어서 같은 어근에서 나온 다른 두 단어가 중요한데, 이는 ἐκλέγομαι("선택하다") (고전 1:27 [두 번], 28; 엡 1:4)와 ἐκλεκτός("택하신 자") (롬 8:33; 16:13; 골 3:12; 딤전 5:21; 딤후 2:10; 딛 1:1)가 그것이다. 롬 9-11장 밖에서, 바울은 늘 그리스도인들을 가리켜서 이러한 용어들을 사용한다(딤전 5:21에서 천사를 가리키는 것을 제외하고). G. Maier(Mensch, 360)는 ἐκλογή라는 단어가 일부 유대교 작품에서 쓰인 것이, 하나님께서 세상을 지배하시는데 인간의 자유의지를 위한 여지를 남겨두려는 전형적인 바리새인의 심중을 고려한 것을 묘사하기 위함이라고 지적한다. 예를 들어, 솔로몬의 시편(Pss. Sol.) 8:4를 주목하라: "우리의 행위는 우리의 영혼이 선택하여 그 능력대로 하는 것에 있사오며, 우리의 손으로 선과 악을 행하며, 주께서는 당신의 의로 사람들을 살피시나이다." (Pss. Sol. 18:5; Let. Aris. 33; Josephus, *J.W.* 2.165; *Ant.* 8.24도 보라). 그는 이와 같은 본문들에서 바울이 이러한 방향으로 지나치게 강조하는 것을 의도적으로 비판하고 있는 것이라고 그럴듯하게 주장한다. πρόθεσις와 κατ' ἐκλογήν의 관계가 논의의 여지가 있다(오직 여기서만 바울이 이 두 용어를 묶어 사용하지만, 롬 8:28의 τοῖς κατὰ πρόθεσιν κλητοῖς에 주목하라). 혹자는 후자(κατ' ἐκλογήν)의 용어가 "하나님의 택하시는 뜻과"을 정의하는 것일 뿐이라고 생각한다(Kuss). 다른 이들은 "택하심"이 하나님의 뜻을 근거한다는 것을 표현하는 것일지도 모른다고 생각하는데, "하나님의 뜻을 기반하고, 그 택하심을 수행하는 것이 그것이다(Murray[매우 조심스럽기는 하지만]를 보라). 그러나 하나님의 πρόθεσις가 수행되는 수단, 즉 하나님의 택하시는 과정을 통해 실행되는 계획을 표현하기 위해 κατ' ἐκλογήν을 택하는 것이 더 자연스럽다"(예를 들어 Käsemann).

이스마엘은 택함을 받지 못했으며, 야곱은 택함을 받고 에서는 택함을 받지 못했다. 이러한 선택들로 하나님은 그의 "유일한 소유"가 될 백성을 세우려는 그의 계획이 "유지될 것"[161]이라고 보았다. 만일 하나님의 계획이 죄가 많은 인간들의 변덕에 의존했다면, 실로 하나님의 "말씀"은 오래전에 땅에 떨어졌을 것이다(6a 절을 보라). 그러나 하나님은 직접 백성을 택하셔서 그 뜻의 일부가 되도록 하시기 때문에 역사 속에 하나님의 뜻은 성취되는 것이다.

12 이 구절의 첫 부분은 리브가에게 아들들에 관하여 주어진 약속의 정황에 대해 바울이 11a절에서 말한 것을 반복하여 일반화시킨다. 에서보다 야곱을 택한 하나님의 선택은 이 둘 중에 누구든 "무슨 선이나 악을 행하기" 전에 결정된 것이므로, 바울은 이제 이러한 하나님의 선택이 사람의 "행위"에 근거한 것이 아니라, 하나님의 "부르심"에 있음이 틀림없다고 결론을 내린다. 12a절과 11a절 사이의 연관성은 "행위"가 일반적으로 사람의 행동을 가리키고 있으며, 어떠한 특정 범주의 행위로 제한시킬 수 없음을 명확히 한다.[162] 동시에 이 새 주장은 야곱과 에서의 행위와 하나님의 선택 사이에 일시적인 관계가 인과 관계를 반영하는 것을 분명히 하므로 바울의 주장을 발전시킨다. 이는, 하나님의 선택이 그들이 어떤 일을 하기도 전에 이루어졌을 뿐만 아니라, 그들이 행한 어떤 것에도 기초하지 않았

161. 여기서 *μένω*는 "머무르다(abide); 굳게 서다(stand firm)"을 의미하는데, 병행적인 쓰임새로 시 33:11 (LXX 32:11)의 "주님의 교훈은 영원히 서다[*μένει*]"에 주목하라(잠 19:21; 사 14:24; 40:8; 고후 3:11; 9:9; 히 7:24; 12:27; 벧전 1:23, 25도 보라. Cranfield를 보라).

162. 특히, Westerholm, "Paul and the Law," 223-24; D. Moo, "'Law,' 'Works of the Law,'" 90-99; Cranfield, "'Works of the Law,'" 97을 보라. 반대 견해로는 Dunn이 있는데, 그는 *ἐξ ἔργων*이 *ἐξ ἔργων τοῦ νόμου*의 줄임말로("율법의 행위"), 그의 독특한 접근 법에 따라 "율법의 신실함"을 의미하는 것으로 해석됨을 주장한다. Dunn이 이 문구를 "율법의 행위"로 해석하는 것에 대한 우리들의 질문과는 별개로(이에 대해서 3:20절에 주들을 참고하라), 우리는 문맥상 "행위"가 단순히 "율법의 행위"라는 문구를 대체할 수 있을 것으로 생각하지 않는다. 이는 바울이 율법을 야곱과 에서와 함께 고려했으리라 생각하는 것만이 문제가 아니라(다른 곳에서 바울은 이 율법이 족장 시대가 훨씬 지나고 나서야 주어졌다고 주장하기 때문이다[갈 3:17], 반대 견해로 Wright 참조), 그가 이 문구를 분명히 11a절의 일반화된 요약이 되도록 의도하여, 바울이 "행위"의 일반적인 본질을 강조하기 위해 노력한다고 보는 것도 문제인 것이다. 것이다(Dunn은 "행위"와 선과 악을 행하는 것이 각기 다른 것을 가리킨다고 제안하는 것 같지 않다; "Whence, What, and Whither?" 46을 보라).

다. 바울이 여기서 사용하는 특별한 문구 - "행위로 말미암지 [않고]"[163] - 는 로마서 4장(2-8절)에서 아브라함의 칭의에 관한 바울의 논의에서 두드러진다. 바울이 이 문제를 진술하는 일반적인 방식과 함께 사용하는 이 문구는 그가 야곱과 에서의 상황 그 자체보다 더 많은 것을 염두에 두었다는 것을 암시한다. 바울이 8절에서 이삭과 이스마엘의 역사로부터 하나님이 그의 언약적 축복들을 베푸시는 방법에 대한 원칙을 끌어냈듯이, 이제 그는 이삭의 아들들의 역사에서 하나님의 택하심의 근거에 대한 또 다른 원칙을 도출한다.[164]

하나님의 택하심의 기준으로 "행위"와 대조되는 것은 "부르시는 이"다.[165] 바울은 하나님께서 자신의 말씀으로 선택하시는 것을 강력하고도 불가항력적으로 일어나게 하시는 하나님의 창조와 역사의 주도권을 다시 한번 강조한다.[166] 로마서의 앞쪽에서 바울은 "행위"를 또 다른 부류의 인간적 반응인 믿음과 대조시킨다(예를 들어 4:2-8절 참조). 일부 주석가들은 이러한 대조(antithesis)가 여기에도 함축되어 있으며, 하나님의 택하심이 행위에 기초하고 있음을 부정하는 바울은 택하심의 근거로서 그가 믿음을 배제하리라는 것을 의미하는 것이 아님을 시사한다.[167]

---

163. [οὐκ] ἐξ ἔργων.

164. 그 원리를 이런 식으로 진술할 때, 우리는 οὐκ ἐξ ἔργων ἀλλ' ἐκ τοῦ καλοῦντος가 ἐκλογήν라는 단어나, 어쩌면 ἡ κατ' ἐκλογὴν πρόθεσις라는 문구 전체를 수식한다는 것을 가정하고 있다; NLT를 보라: "… 하나님은 사람들의 선이나 악한 행위로 말미암지 않고 사람들을 부르신다" 문법적으로 이 절(clause)은 μένῃ(예를 들어, Meyer)와도 함께 쓰일 수 있고, 12b절에서 ἐρρέθη와도 엮일 수 있다(예를 들어 불가타의 "행위로 말미암지 않고 부르시는 말씀으로 말미암는다: non ex operibus, sed ex vocante dictum est ei … "; Kuss). 하지만 그 의미는 본질적으로 같은 것이다.

165. τοῦ καλοῦντος는 실명사 분사다.

166. 앞서 주목했듯이(8:28에 관한 주들을 보라), 하나님이 "백성으로 하여금 하나님 자신과 관계를 맺게 하시는 유효한 소환"의 주체일 때, 바울은 항상 "부르다"(καλέω)라는 단어를 사용한다, 위에서 지적했듯이(9:6-29의 서문을 보라), καλέω는 이 단락에서 핵심 단어이다(24-25절도 보라).

167. 예를 들어 Pelagius를 보라. Godet; S-H; Nygren; Morison, *Exposition of the Ninth Chapter*, 269-70도 보라. 여기서 바울의 택정 교리에 관한 알미니안주의의 전형적인 연구법을 보다 자세하게 기술한 것으로 Cottrell, "Conditional Election," 51-73를 보라. 웨슬리가 논하는 것은, 여기서 바울이 요지로 삼는 것은 하나님께서 그가 선택하시는 자가 누구이건 간에 수용하기도 하고, 버리기도 하실 권리가 있을 뿐, 바울 사도는 여기서 하나님이 선택하실 만한 기준들을 가리키는 것은 아니라고 논하는 것이다(556-58; Stevens, *Pauline Theology*, 118-19도 보라). 초기의 교부들 중의 다수는 하나님의 선택을 인간의 반응에 결부시키면서, 바울은 여기서 단지 과거의 행위를 선택으로부터 배제하고 있다고 주장하는 것이다. 즉, 예견된 행위들은 여전히 하나님의 선택의 근거가 될 수도 있을지도 모른다(Schelkle [*Paulus, Lehrer der Väters*]는 Chrysostom, Photius와 Theodoret를 거론한다). 바울이 하나님의 택하심에서 "행위"를 배제하는 것은 아마도

그러나 인간의 행위와 하나님의 행위 사이의 대조가 암시하는 바는 오히려 바울이 인간이 하는 어떤 일이 아니라, 하나님이 하시는 일에 택하심을 입각시키고자 한다는 것이다.[168] 믿음이 하나님의 선택 기준이었다고 바울이 가정했다면, 14절에서 하나님의 택하심이 공정한 것인가에 관한 문제를 제기했을 때, 이것을 분명히 지적했을 것이다. 그 시점에서 바울은 "물론 하나님께서 야곱을 택하시고 에서를 버리신 것이 부당하지 않은 것은, 그의 택하심이 야곱의 믿음과 에서의 불신을 고려하신 것이기 때문이다"라고만 말하면 되었을 것이다. 이 점에 관하여 바울의 침묵이 말해주고 있다. 따라서 "행위로 말미암지 않고"라는 문구는 그 자체로 하나님의 택하심의 근거로써 믿음을 배제하지는 않지만(바울이 행위와 믿음을 신중히 구분하기 때문에), "부르시는 하나님에 근거하는" 것으로 믿음을 배제시킨다.[169]

바울이 10a-12a절에 걸쳐 수식하고 있는 요점이 드디어 표현되는데, "그녀[리브가]에게 이르시되 '큰 자가 어린 자를 섬기리라' 하셨나니'"(창 25:23b절).[170]가 그것이다. 바울이 이미 분명히 했듯이, 하나님이 에서(장자)와 야곱(차자)의 관계에 대

초기 유대교 신학의 특정 부분에 반대되는 것이다. 예를 들어, Philo, *Allegorical Interpretation* 3.88을 보라.

다시금, 야곱과 에서가 아직 태중에 있을 때, 하나님은 그 한 사람은 통치자요, 지도자요 주인이 되, 에서는 신민이요 종이라고 선포하신다. 살아있는 자들을 창조하신 하나님께서는 자기의 손으로 빚으신 것의 다른 부분들을, 그가 철저히 조각하고 완성하기도 전에 잘 아시며, 또한 그들이 나중에 보여야 할 능력, 한 마디로 그들의 행적[τὰ ἔργα]과 경험들을 잘 아시기 때문이다. 그래서 하나님을 간절히 기다리는 리브가가 하나님께 물을 때에, 하나님은 그녀에게 대답하여 말씀하신다."두 국민이 네 태중에 있구나. 두 민족이 네 복중에서부터 나누이리라 이 족속이 저 족속보다 강하겠고 큰 자가 어린 자를 섬기리라 하셨더라." ; Dunn을 보라.

168. Hübner(*Gottes Ich und Israel*, 24-25)가 지적하듯이, 여기서 대조는 바울이 앞서 사용했던 믿음과 행위 사이의 대조와는 다르다. Räisänen, "Paul, God, and Israel," 182도 보라.

169. 아우구스티누스은 그의 생애 어느 한 시점에서 하나님의 택하심의 근거로 예견된 믿음을 참작했지만(*Propositions*, ad loc를 보라), 나중에는 펠라기우스의 논쟁의 결과로 하나님의 택하심이 인간 속에 있는 그 어떠한 것에도 근거했음을 부정하게 되었다(*Ad Simplicianum* 1.2.5-22); Babcock, "Augustine's Interpretation of Romans," 55-74; Fredriksen, "Augustine's Early Interpretation," 268-73을 보라. Calvin; Murray; Käsemann; Kuss; Piper, *Justification of God*, 35-38; F. Maier, *Israel in der Heilsgeschichte*, 410-14; Beyschlag, *Paulinische Theodicee*, 35-36도 보라. Fitzmyer는 본문이 하나님의 부르심의 근거가 무엇이었는지를 우리가 결론짓도록 허락하지 않는다고 주장한다.

170. 바울의 인용은 LXX를 정확하게 따르면서, 개개인의 상대적인 나이를 나타내기 위해 *μείζων*와 *ἐλάσσων*의 이례적인 용법을 설명한다. LXX는 차례로 히브리어(וְרַב יַעֲבֹד צָעִיר)를 밀접하게 따르면서 히브리어 단어가 소유할 수 있는 의미를 그리스어 단어로 끌고 온다. 그러나 그리스어 단어들은 LXX 밖에서 상대적 연령을 가리켜서 사용될 수도 있음에 유의해야 한다(BDAG를 보라).

하여 이렇게 예견하시는 것은 그 쌍둥이가 잉태된 뒤이지만, 아직은 태어나기 전의 일이다.

13 바울이 가장 즐겨쓰는 공식들("기로된 바")[171]중 하나로 시작된 바울의 말라기 1:2-3절의 인용은 야곱과 에서의 대조적인 운명을 단지 하나님이 미리 보신 것일 뿐만 아니라, 일으키시기도 했음을 분명히 함으로써 12b절을 확장시킨다.[172] 야곱의 탁월함은 그를 향한 하나님의 사랑의 결과였고, 에서의 노예 생활은 그를 향한 하나님의 "증오"의 결과였다.[173] 바울이 이것으로 의미하는 바가 무엇인지는 "야곱"과 "에서"라는 이름들의 지시 대상에 달려 있다. 이는, 개별적인 사람들에 대한 표기와 더불어, 구약에서 두 이름이 모두 그들 각자의 후손인 백성 또는 민족을 지시하기 위해 사용되기도 한다. 이스라엘의 지파들에게 그 이름들을 주신 열두 명의 아버지로서, 야곱은 하나님으로부터 직접 "이스라엘"이라는 이름을 부여받았다(창 32:28절). 이에 따라, "야곱"은 이스라엘 민족을 지칭할 수 있다.[174] 같은 방식으로, 에서는 그의 자손인 에돔 백성에게 그 이름을 부여한다.[175] 바울이 그 이름들을 이런 식으로 사용하고 있을지도 모른다는 것은 그가 12b절과 13절에서 끌고 온 인용문들의 문맥들에서 강하게 암시된다. 바울이 12b절에서 인용한 예언 바로 앞에 이러한 말씀들이 나오는데, "'두 국민이 네 태중에 있구나 두 민족이 네 복중에서부터 나누이리라'"(창 25:23a절). 그리고 말라기 1:2b-3a절 뒤에 나오는 말씀으로 미루어보아 선지자가 야곱과 에서의 이름들을 이스라엘과 에돔의 나라를 대표하는 것으로 사용하고 있음이 분명하다(3b-5절을 보라). 그러므로

171. καθὼς γέγραπται.

172. Cranfield. 그는 13절이 12b절에서 예언의 근거를 제공하거나(야곱의 탁월함은 그를 향한 하나님의 사랑의 결과이다; Murray를 보라), 역사로부터 12b절의 진정성을 예증한다는(야곱의 탁월함이 이스라엘의 역사에서 드러난다; S-H를 보라) 것에 따라, 더욱 미묘한 해석들을 올바르게 일축한다.

173. 바울의 인용은 첫 세 단어의 순서를 바꾸는데 LXX와는 다르다(LXX에는 ἠγάπησα τὸν Ιακωβ가 있다).바울의 변화가 의식적이라면, 필시 문체상의 것이다. 그는 첫째 절을 두 번째 절과 정확히 병행시키는 것이다(관사-목적어-동사).

174. 예를 들어 민 23:7; 시 14:7; 사 41:8를 보라; 특히 롬 11:26에서 인용된 사 59:20에 유의하라.

175. 창 36:8: "에서는 곧 에돔"이다 (1절과 43절을 보라); 신 2:4, 5, 8, 12, 22, 29; 렘 49:8, 10; 오바댜와 여러 곳도 주목하라.

야곱에 대한 하나님의 "사랑하심"은 하나님이 이스라엘 백성의 택하심을 가리키는 것이지 개인들을 가리키는 것이 아니고, 이에 상응하여 에서에 대한 하나님의 "미워하심"은 에돔 민족을 버리신다는 것을 가리키게 되는 것이다. 이러한 집합적인 해석의 결과로, 여기서 말하는 택하심은 구원에 대한 택하심 일 수 없고, 구원 역사에서 특별하고 존경받는 역할에 대한 택하심이라는 주장으로 더 나아가는데, 이는 "영원한 구원이 아니라 마음속에 있는 특권에 대한 택하심"인 것이다.[176]

이러한 구절에 대한 집합적인 해석을 옹호하는 사람들은 강력한 논거를 제시한다. 구약에서 하나님의 택하심은 주로 "그 자신의 이름을 위해" 이스라엘이라는 백성을 "불러내심"에 있다. 그리고 구약이 그 자체로 분명히 하듯, 이러한 민족의 택하심은 그 자체로 모든 이스라엘 사람을 위한 영원한 생명이 보장된 것은 아니다. 우리는 바울이 같은 용어들로 택하심에 대해 생각하고 있을지도 모른다고 예상할 수 있는데, 이는 바울이 인용한 구약의 본문들로 확인되는 기대감으로 보인다. 그런데도 이 모든 강점에도 불구하고, 나는 10-13절의 집합적인 구원의 역사적 해석이 궁극적으로 해당 본문의 데이터를 만족시키지 못한다고 생각한다. 내가 이 단원의 서문에서 밝힌 일반적인 요점들에 더하여, 특히 다음의 요점들이 10-13절에 해당한다.

첫째, 바울은 임신과 출생, "행위"들을 - 민족으로 쉽사리 적용되지 않는 언어를 - 언급할 때, 그가 에서와 야곱을 개개인으로 생각하고 있음을 암시한다.[177] 둘째, 이 단락에 나오는 바울의 핵심 단어들과 문구 중에서 다수는 다른 곳에서 구원을 얻는 것에 대해 일반적으로 사용하는 단어들이며, 의미심장하게도 이 본문과 밀접하게 연관된 본문들에서 이러한 의미로 나오는데, "택하심"(특히 11:5, 7절을 보라)[178]과 "부르심"(특히 8:28절을 보라), 그리고"행위로 말미암지 [않고]"(특히 롬 4:2-8

176. Cranfield; Fitzmyer; Witherington/Hyatt. 예를 들어 Morison, *Exposition of the Ninth Chapter*, 72-73; Bruce; Beyschlag, *Paulinische Theodicee*, 35-42; W. Klein, *New Chosen People*, 173; C. Muller, *Gottes Gerechtigkeit*, 75-77; Prat, *Theology*, 1.252; Ellison, *Mystery*, 48-49; Byrne, *"Sons of God,"* 299; W. Campbell, "Freedom and Faithfulness of God," 39; Abasciano, "Corporate Election," 351-1도 보라.

177. Dunn을 보라.

178. 그러나 이 단어는 11:28에서 더 넓은 의미에서 사용되지만, 9:10-13은 11:28보다 11:1-11에 더욱 밀접하게 관련이 있다.

과 11:6절을 보라)가 그것들이다. 그러니 이러한 단어들은 민족이나 국가에 적용하기 어려운데, 이는 바울이 민족이나 국가를 – 심지어 이스라엘까지도 – 그가 사용하는 단어가 의미하는 바로는 구원을 위해 하나님이 택하시고 부르신 것으로 분명 믿지 않는다는 것이다. 셋째, 우리가 앞서 주목했듯이(9:6b-13절의 서문을 보라), 여기 하나님께서 베푸시는 구원행위들의 역사적 징후에 어떻게 국가들을 부르셔서 동참하게 하시는지의 설명이 이 문단에서 바울의 의도에 대치된다. 그가 6b절에서 육체적 이스라엘에 속한 자들이 모두 영적인 이스라엘에 속한 것이 아니라는 그의 주장을 정당화하고 그렇게 함으로써 하나님의 신실하심(6a절)을 입증하기 위해, 그는 구약이 구원의 즐거움이라는 측면에서 육체적 이스라엘 내부의 차별을 정당화하는 것을 보여주어야만 한다. 에돔 대신에 이스라엘을 선택하여 구원계획을 펼치는 데 있어서 긍정적인 역할을 맡기셨다는 이 구절들의 주장은 이 논쟁에 전혀 기여하지 못할 것이다.

이런 이유들로 나는 바울이 주로 야곱과 에서를 민족으로서가 아닌 개인으로서, 그리고 하나님의 계획을 수행하는 역할들이 아닌, 하나님의 약속에 대해 그들 개인의 관계적 측면에서 생각하고 있다고 믿는다. 이러한 이름들로 지칭되는 민족들은 모두 처음 그 이름을 지녔던 개인들 안에서와 그 개인들을 통해서 탄생했다는 것을 우리는 기억해야만 한다. 바울이 민족들보다는 개인에 관하여 분명 말하기 시작하는 문맥에서, 우리는 그가 민족들에 관하여 말하는 한 본문을 두고, 국가를 설립했고 어떤 의미에서는 국가들을 "형성했던" 개인들에게 적용한다고 해서 놀랄 필요가 없다. 바울의 관심사는 하나님이 그의 뜻을 이루시기 위하여 서로 다른 개인이나 민족들을 어떻게 사용하시느냐의 문제가 아니라, 어떤 개인과 어떤 기준에서 하나님의 언약 백성에 속하느냐 하는 것이다. "하나님의 언약 백성에 속함"에 관한 이 문제는 족장들에 대한 바울의 호소와 그 자신의 관심사를 연결하는 교량이다. 바울이 구약 역사에 호소하는 것은 하나님께서 자신의 백성으로 삼으시는 방법에 관하여 원리를 수립하기 위함이다.[179] 새 언약 백성에 속한 것의

179. Lohse; Rese, "Israel und Kirche," 212; Koch, *Schrift*, 302-5; Brandenburger, "Paulinische Schriftauslegung," 13-15를 보라. Kasemann(204)은 바울이 야곱과 에서를 "모형"으로 바라본다고 생각한다. 그러나 이것은 한편에서는 야곱과 에서를, 다른 한편에서는 유대 그리스도인들과 유대인들에 대한 비교를 지나치게 강조한 것이다. 바울이 집중하는 것은 야곱과 에서가 하나님의

의미가 옛 언약 백성에 속한 것의 의미와는 정확히 같지 않을 수도 있다.[180] 그러나 그는 하나님께서 족장시대에 하신 방식 그대로, 즉 누구는 선택하고 다른 이들은 버리는 방식으로, 바울 자신의 시대에 언약 백성들을 세우심을 논하고 있다.[181] 그러므로 바울은 이 본문의 후반부에서 어떤 유대인들은 하나님의 백성이 되도록 부르심을 받았고(24-29절), 다른 유대인들은 적어도 당분간 버림을 받았다는 것을 분명히 하게 될 것이다.[182]

이것은 우리로 하여금 처음 질문으로 되돌아가게 한다. 즉, 하나님이 야곱은 "사랑하셨지만" 에서는 "미워하셨다"[183]고 확언하므로 바울이 말하고자 하는 바는 무엇인가? 이 인용과 12절의 연결이 암시하는 것은, 하나님의 사랑이 그의 택하심과 같다는 것으로, 하나님이 처음 아브라함에게 약속하신 축복들을 상속받도록 야곱을 택하셨다는 것이다. 하나님이 에서를 "미워하심"은 해석하기가 더욱 어려운 이유는, 바울이 이 시점에서 문맥적인 단서들을 우리에게 제공하지 않기 때문이다. 혹자는 바울이 말하고자 하는 것이 오직 하나님이 야곱을 사랑하신 것보다 에서를 덜 사랑했다는 것으로 이해한다.[184] 하나님은 두 사람 모두 축복하셨지만, 하나님의 계획들이 진척되는 데 있어서 야곱이 보다 긍정적이고 기본적으로 사용되었다는 것이다. 그러나 보다 나은 접근 방법으로는 여기에 나온 "미워하심"을 그 반의어인 "사랑"으로 정의하는 것이다. 야곱을 향한 하나님의 사랑이 아브라함에게 약속하신 축복들을 상속받는 "씨"가 되도록 야곱을 택하신 것에 있다

택하시는 행위의 성격을 어떻게 예증하는가에 있다.

180. Jocz가 지적하듯, 구약의 가르침을 반영하는 유대인들은 그들이 특별한 민족에 속했기 때문에 그들이 선택받았다고 믿는데(*Jewish People*, 312), 내가 주장하건대 바울을 포함한 대부분의 그리스도인은 한 사람이 선택되었으므로, 한 사람이 특정한 민족이나 교회에 속함을 믿는다. 물론 이 점은 신약에서 구원에 대한 택하심이 집단적인 것이 아니라 개인적인 것으로 상정한다(반대 견해로 예를 들어, Barth, *CD* 2/2; Klein, *New Chosen People*이 있다.; 신약에서 집단적 선택에 관련된 문제들로는 Schreiner, "Does Romans 9 Teach," 35-37; S. N. *Williams, Election of Grace*, 70-71을 보라).

181. 여기서 특히 Calvin을 보라.

182. 그러므로 Hubner는 바울의 시대에 야곱과 에서의 구분이 이스라엘의 분열된 상태를 반영한다고 주장하는 것은 옳은 것이다(*Gottes Ich und Israel*, 27-28).

183. *ἐμίσησα*.

184. 이러한 해석은 "사랑"과 "미움"의 대조 가운데 두 대조되는 요소가 직접 대립하지 않고, 서로 상대적인 관계를 맺는 셈족식 정서를 발견한다. 상대적인 대조를 이루는 사랑과 미움의 예시들로는 창 29:30-33; 신 21:15; 마 6:24; 요 12:25가 있다; 눅 14:26도 보라. Fitzmyer를 참조하라.

면, 에서를 향한 하나님의 미워하심은 이러한 특권을 에서에게 수여하지 않겠다는 하나님의 결정을 가리키는 것으로 가장 잘 이해된다.[185] 그것은 "버리다"(reject)로 번역하는 것이 가장 나을지도 모른다.[186] 그러므로 여기서 "사랑"과 "미워함"은 하나님이 느끼시는 감정이 아니라 하나님이 실천하시는 행위들이다. 많은 그리스도인뿐만 아니라 바울까지도 혼란스럽게 하는 명백한 역설에서(9:14와 19절 이하를 보라), 하나님은 "온 세상"을 사랑하시면서, 동시에 그분의 행위나 택하심에 있어서 어떤 사람들에게는 그 사랑을 주지 않으신다.

이 문단을 마치기 전에, 우리는 이 문단이 제기하는 문제들 가운데 어떤 것들을 더 큰 문맥 가운데 두지 않으면 안 된다. 주의 깊은 독자라면 깨닫겠지만, 나는 이 대목이 하나님의 택하심에 대한 칼빈주의적 전통 해석에 있어서 석의적으로 강한 뒷받침을 주장해왔다. 즉, 하나님은 그분의 뜻을 따라 구원받을 자들을 선택하시는 것이지, 그가 선택하시는 사람들 안에 - 행위나 믿음이나, 예견되는 것이든 아니든 간에 - 그 어떤 것에도 근거해서 선택하시는 것이 아니다. 이러한 신학적 결론을 회피하는 시도들은 12절에서 인간의 믿음을 위한 여지를 남기는 것으로든, 구원의 역사에서 민족들의 역할에 문제를 한정시키는 것으로든, 내가 생각했을 때는 성공적이지 않다고 본다. 그렇지만 우리가 여기서 하나님의 선택을 위한 기준으로써 믿음을 배제한다면, 바울이 로마서 3:21절부터 4:25절까지와 이 서신의 이어지는 단원인 9:30절부터 10:21절까지를 칭의의 수단으로 믿음을 맹렬히 옹호하는 것은 어찌 되는가? 많은 해석가들이 또한 이 본문에서 믿음을 위한 여지를 찾을 것을 주장하는 것은 바로 이러한 본문들에 정의를 행하려는 시도이다. 즉, 하나님의 선택은 믿는 자들에게 구원을 수여하시는 선택이라고 그들이 주장하는 것이다. 그래서 믿음은 이러한 전통적인 알미니안주의의 관점에서 하나님의

185. 이렇게 하나님이 버리심을 결정하는 것에 대한 바울의 강조는 다시금 격론의 대상이 될 수도 있다. Biblical Antiquities는 예를 들어 말 1:2b-3a절을 이런 식으로 인용한다. "하나님께서 야곱을 사랑하셨지만, 에서는 그의 행위 때문에 미워하셨다"(32.5).

186. R. L. Smith가 지적하듯, 말 1:2-3에서의 "사랑"과 "미움"은 언약을 반영하는데, 곧 하나님께서 야곱을 택하시고 에서는 "택하시지 않았다"거나 버리셨다(*Micah-Malachi*, 305). Calvin; Cranfield; Käsemann도 보라. 신약에서 오직 여기에서만 하나님이 누군가를 미워하신다는 말씀이 나온다. 구약에서 시 5:6; 11:5; 렘 12:8을 보라. 하나님께서 죄인들을 미워하심이 신구약 중간기에 언급되지만(예를 들어 Wis. 14:9-10; Sir. 12:6; 27:24), 이것들은 말라기와 바울의 글에서는 언약적인 풍미가 부족하다.

택하심을 위한 기준이 된다.

내가 확신을 두고 반복해서 말할 수 있는 것은 이 본문에 하나님 자신 이외에 하나님의 택하심을 위한 그 어떠한 근거로서 서론을 끌고 와도 바울이 집필한 언어와 논리에 모두 배치될 뿐이다. 그렇다면 유일한 논리적 가능성이라면, 하나님의 택하심과 믿음의 관계를 뒤집는 것처럼 보이게 될 것인데, 아우구스티누스이 진술한 바와 같이 "하나님이 우리를 택하심은 우리가 믿기 때문이 아니라, 우리가 믿도록 하기 위해서인 것"이다.[187] 이 문제를 다루는 방식은 이 대목과 다른 곳에서 성경의 가르침에 의해 일반적으로 정당화되는 것처럼 보인다. 그러나 이는 인간의 믿음을 하찮게 만드는 것에 위험할 정도로 가깝게 다가오는데, 로마서와 신약의 나머지 중에 많은 본문이 우리에게 단순히 그렇게 하도록 허락하지 않을 것이다. 어쩌면 우리가 세운 공식들에 있어서 더욱 신중해야 할 필요가 있고, 하나님이 우리를 택하시는 것이 결국 기본이 되도록 함과 동시에 믿고자 하는 인간적인 결정에 대한 절대적인 중요성과 의미를 주장할 필요가 있다. 그와 같은 이중적인 강조는 논리의 경계선을 옥죄거나(내가 믿기로는 그 경계를 무너뜨리지 않는다!) 불만족스러울 정도로 복잡한 상태로 남아있을 수는 있지만, 거기에 성경 자체의 균형 있는 관점을 반영하는 장점은 있을 수 있다.[188]

이 구절들의 논의를 차지하는 본문인 11:5-7절에서 분명히 하듯이, 이 모든 것을 좌우하는 것이 하나님의 은혜이다. 우리가 보았듯이(3:24절과 4:5절에 관한 주들을 보라), 바울은 하나님에 대한 인간의 어떠한 요구도 그분의 은혜를 거스르는 것이라고 하여 배제한다. 어쩌면 나의 알미니안파 친구들과 동료들이 주장하는 대로, "예측되는" 은혜의 산물로서, 예견된 믿음은 하나님의 자유와 은혜에 위협이 되는 것으로 볼 필요가 없을 것이다. 하지만 구원받은 자들과 받지 못한 자들 사이에 중대한 구별점을 믿는 인간이 결정을 내림으로써, 하나님의 택하심을 인간의 내리는 선택의 응답으로 보고, 이러한 관점이 구원에 대한 택하심 그 자체가 하나님의 은혜

187. *Predestination of the Saints* 17.34.

188. 이러한 접근법의 기초를 이루는 하나님의 주권과 사람의 책임 사이의 관계를 이해하기 위해 Feinberg, "God Ordains All Things," 17-43; Carson, *Divine Sovereignty*, 예를 들어 201-22를 보라. Michel (341)과 Dinkler ("Prädestination," 256-57)는 하나님의 택하심과 사람의 믿는 것이 상호 간에 논리적인 관계로 놓일 수 없다고 주장한다.

의 행위(11:5절을 보라)라는 바울의 주장을 극소화 시키는 것처럼 보인다. 즉, 자기 자신 외에 어떠한 영향에도 강압 받는 것 없이 자유롭게 내리시는 결정인 것이다.

2. 반론에 대한 답변: 하나님의 자유와 목적(9:14-23)

14 그런즉 우리가 무슨 말을 하리요 하나님께 불의가 있느냐 그럴 수 없느니라

15 모세에게 이르시되 내가 긍휼히 여길 자를 긍휼히 여기고 불쌍히 여길 자를 불쌍히 여기리라 하셨으니[a]

16 그런즉 원하는 자로 말미암음도 아니요 달음박질하는 자로 말미암음도 아니요 오직 긍휼히 여기시는 하나님으로 말미암음이니라

17 성경이 바로에게 이르시되 내가 이 일을 위하여 너를 세웠으니 곧 너로 말미암아 내 능력을 보이고 내 이름이 온 땅에 전파되게 하려 함이라 하셨으니[b]

18 그런즉 하나님께서 하고자 하시는 자를 긍휼히 여기시고 하고자 하시는 자를 완악하게 하시느니라

19 혹 네가 내게 말하기를 그러면[189] 하나님이 어찌하여 허물하시느냐 누가 그 뜻을 대적하느냐 하리니

20 이 사람아[190] 네가 누구이기에 감히 하나님께 반문하느냐 지음을 받은 물건이 지은 자에게 어찌 나를 이같이 만들었느냐 말하겠느냐[c]

21 토기장이가 진흙 한 덩이로 하나는 귀히 쓸 그릇을, 하나는 천히 쓸 그릇을 만들 권한이 없느냐

22 만일 하나님이 그의 진노를 보이시고 그의 능력을 알게 하고자 하사 멸하기로 준비된 진노의 그릇을 오래 참으심으로 관용하시고

23 또한[191] 영광 받기로 예비하신 바 긍휼의 그릇에 대하여 그 영광의 풍성함을 알게 하고자 하셨을지라도 무슨 말을 하리요

a. 출 33:19b / b. 출 9:16 / c. 사 29:16

189. 이 번역은 P[46]와 1차 알렉산드리아 사본인 B, 서방 대문자 사본들인 D, F와 G에서 발견되는 οὖν을 반영한다. 이는 다른 1차 알렉산드리아 대문자 א와, 2차 알렉산드리아 대문자 A, Ψ, 그리고 다수 사본에서는 생략된다. Cranfield는 이러한 누락을 지지하면서, 어떤 필사자가 비슷한 표현들과 맞추기 위해 첨가한 것일 수도 있다고 주장한다(2.489 n. 4). 하지만 P[46], B와 서방의 전승을 합한 것은 강력한 증거로, 필사자가 본래 있던 οὖν을 19a절 바로 뒤에서 반복하는 것을 피하려고 생략했다는 개연성이 있다.

190. 이 번역은 알렉산드리아 전승의 대부분(א의 원본, A, [B], 81, 1739, 그리고 다른 몇몇 사본들)이 ὦ ἄνθρωπε, μενοῦνγε를 읽는 독법을 따른다. 다른 대안으로는 (1) μενοῦνγε를 맨 앞에 놓는 방법(א의 2차 교정본과 서방 대문자 사본 D, Ψ와 다수 사본을 보라. Käsemann, 269를 보라), 또는 (2) 이를 생략하는 방법(초기 파피루스 사본 P[46], D의 원본, 그리고 후기 서방 전승[F, G])이 있다. 하지만 이 둘 모두는 μενοῦνγε가 호격 뒤에 위치하는 경우가 드물어서, 어려운 본문을 명확하게 하려는 2차적인 시도였을 것으로 보인다(Wilckens, 2.201을 보라).

191. 이 구절들로 제시되는 구문상의 문제들은 καί("또한")를 생략한 몇몇 사본들이 있다(1차 알렉산드리아 대문자 B가 가장 중요하다. 1739[mg]를 포함한 몇 개의 소문자 사본들도 보라). 이 단어의 난해함은 이 단어를 포함해야 하는 강력한 사례가 된다(Dunn, 2.550).

이 구절들은 바울이 주장하는 주요 흐름에서 우회한 것이다. 바울이 이 우회로를 취한 것은 누가 구원을 받고 버림받아야 하는지를(특히 10-13절을 보라) 결정하는 데 있어서 하나님이 주도권에 대한 그의 주장이 질문 공세와 항변을 마주할 것이라는 점을 알기 때문이다. 따라서 바울은 적절하게 앞서 본 서신에서 사용했던 문답형식과 대화 상대를 지칭하는 비판적 스타일로 되돌아간다(2:1-3:8; 3:27-31절과 6-7장을 보라). 바울은 논점을 관철하기 위해 이러한 질문들을 공식화하지만, 그것들은 의심의 여지 없이 바울이 사역하는 동안 자주 들었던 항변들을 대변한다.[192] 사실 이 질문들은 구원에 있어서 하나님의 주권을 주장하는 것에 대한 피할 수 없는 인간의 반응을 진술한 것이다. 즉, 하나님이 인간 속에 있는 그 어떤 것과는 무관하게 누구를 택하고 누구를 버릴지 결정하신다면(13절), 어떻게 그가 여전히 "의로운"(14절) 자일 수 있으며, 사람들이 하나님을 버릴지언정, 어떻게 하나님이 그들을 탓할 수 있겠는가?(19절)

바울은 첫 번째 질문에 성경의 인용들(citations)과 관주들(comments)로 대답하고(15-18절), 두 번째 질문에는 일련의 수사적인 질문으로 답한다(20-23절). 이 대답들은 우리가 예상할 만한 것은 아니다. 바울은 하나님이 구원을 위해 사람들을 택하시는 것이 그들이 믿음으로 하나님을 택하는 것과 어떻게 일치하는지를 증명하려고 하지 않는다. 오히려 이와 정반대다. 이는 하나님의 택하심이 지니는 절대적이고 완전무결한 성질을 절충시키기보다는, 그것을 더욱 강력한 표현으로 재천명하는 것이다. 하나님은 긍휼히 여기시고자 하는 자를 긍휼히 여기실 뿐만 아니라, 완고하게 하시고자 하는 자를 완고하게 하신다(18절). 하나님께서 이러한 방식으로 행동하시는 자유는, 바울이 시사하는 바에 따르면, 어떤 확고한 목적을 향하는 동안(22-23절), 창조주가 그의 피조물들을 향한 자유이고, 그래서 제한될 수 없는 것이다(20-21절). 많은 주석가들은 바울이 인간의 선택과 책임을 분명 도외시하는 것에 당황하게 된다. 도드(Dodd)는 여기서의 논의를 "잘못된 조치"라고 비판한

192. 본문에서 바울이 직접 제기하는 질문들이다(특히 14b절에서 질문에 대한 부정적인 답변을 예상하는 신호로 확실히 μή를 사용한다). 하지만 이러한 질문들은 의심의 여지 없이 바울에 대한 실제적인 혐의를 반영하는데(예를 들어 Wilckens, 2.199를 보라), 이는 아마도 유대인들이거나, 아니면 구원에 있어서 하나님과 인간 사이의 협력에 관하여 바리새파의 대중적인 개념을 지닌 유대 그리스도인들이었을 것이다(특히 G. Maier, *Mensch*를 보라).

다.[193] 오닐(O'Neill)은 한 걸음 더 나아가 그 가르침이 "철저하게 부도덕한"[194]것으로 주장하면서, 많은 교부들의 예를 따라 이 불쾌한 구절들을 바울 아닌 다른 어떤 사람의 탓으로 돌린다.[195] 이러한 비판들은 종종 그릇된 가정의 산물이 되곤 하는데, 하나님이 사람들을 다루시는 방식들에 관해 바울이 정당화하는 것(그의 "신정론")이 우리 자신의 논리적 추정들과 기준들로 설정된 표준에 합치되어야만 한다는 것이 그것이다. 바울의 접근법은 완전히 다르다. 바울은 그의 신정론이 성경에서 나타나는 계시의 기준들(15-18절)과 창조주의 성격(20-23절)에 반하는 하나님의 행위들을 정당화한다면 성공적인 것으로 간주한다. 달리 표현하자면, 하나님을 판단하는 기준들은 그 이하도, 그 이상도 아닌 하나님 자신이시다.[196] 이러한 기준으로 판단할 때 바울은 하나님이 진실로 "공정하시다"고 주장하는 것이다. 바울은 그 가르침의 두 가닥 - 하나님은 자신의 주권적 선택으로 사람들을 택하여 구원하신다는 것, 사람들이 자신의 책임 있는 선택으로 구원받기 위해 믿어야 한다는 것 - 을 논리적으로 설득력 있는 해결책을 제공하지 않는다. 그러나 이 점에서 바울 사도를 비난하는 것은 부당하다. 이렇게 말하는 첫 번째 이유는 바울이 그의 목적 - 하나님이 공의롭다는 증명 - 을 그러한 해결책 없이 완성할 수 있기 때문이다. 두 번째 이유는 이러한 영원한 역설의 해결책은 하늘나라가 아닌 이 세상에서는 불가능해 보이기 때문이다.

14 첫 머리에 나오는 - "그런즉 우리가 무슨 말 하리요" - 라는 질문은 바울이 그의 논의를 발전시키기 위해서 로마서 여러 곳에서 사용하는 질문들의 전형

193. Dodd, 157. 그는 한 걸음 더 나아가서 19-21절을 "본 서신 전체에서 가장 취약한 지점"이라고 규정한다(159).

194. 그의 주는 특별히 18절에 관한 것이다(158).

195. O'Neill은 14-23절이 후에 삽입된 것으로 생각하는데, 교부들 가운데 많은 이들이 14-19절은 적어도 바울의 그의 적대자들의 관점을 인용한 것으로 간주했는데(Schelkle[*Paulus, Lehrer der Väter*, 341-43], 그 이름들은 Origen, Diodorus, Theodore of Mopsuestia, 그리고 Chrysostom이다. Pelagius는 15-19절을 적대자의 탓으로 보았다). 에라스무스는 활동 초기에 비슷한 견해를 가지고 있었다(Payne, "Erasmus on Romans 9:6-24," 119-35를 보라).

196. Munck를 보라. "바울과 그의 유대인 적대자들의 차이는 하나님을 인간의 기준으로 평가하기를 거부하는 데 있다"(*Christ and Israel*, 44). C. Müller는 그리스의 신정론들이 주로 "공정성"이라는 보편적인 관념의 맥락에서 하나님의 "의"를 다루지만, 바울은 하나님의 ἀδικία("불의")에 관한 질문에 하나님의 ἐξουσία("권위")를 천명하므로 답한다(*Gottes Gerechtigkeit*, 84-85).

이다.[197] 어떤 지점에서는 이러한 질문들이 바울의 가르침에 대한 명확성을 소개한다(예를 들어 6:1; 7:7절). 하지만 여기서는 그 질문이 그의 교리에 대한 변론을 진행하는데, 이어지는 질문이 모종의 비난을 구체화하고 있다. 즉, 그 비난은 하나님은 그 무엇도 아닌 자신의 선택에 근거해서만(12절), 누구를 구원하고 누구를 버릴 것인지 결정하신다면(13절), "하나님께 불의가 있는 것"이 그것이다.[198] 바울이 제기하는 것은 개인들의 장점이나 믿음과는 별개로 그들을 택하시고 버리셨다면, 하나님은 "옳은 것에 반하여"(그리스어. *adikia*) 행하셨다는 비판이다. "옳은 것"으로 추정되는 기준은 정의에 관한 보편적인 고려일 수도 있으며, 이 경우에는 반대자가 하나님의 "불공정한" 또는 "편파적인" 행동 양식을 하나님께 귀속시킨 것으로 바울을 비난할 수도 있다.[199] 그러나 "불의"라는 단어는 구약과 바울 서신 모두에서 하나님이 이스라엘과 맺으신 약속과 언약에 대한 자신의 신실하심을 지시하는 어군(語群)에서 비롯된 말이다. 그렇다면 바울은 하나님께서 누구든지 그가 원하는 자를 택하시고 버리신다는 것이 이스라엘에 대한 그의 약속과 이스라엘의 이해가 양립할 수 없다는 취지에서 유대인들 특유의 반대를 반영하고 있을 것이다.[200] 하지만 내가 앞에서 논했듯이, 바울은 "의"라는 어구를 사용하여 하나님 자신의 인격과 성품의 신실하심을 가리켜 사용하기도 한다.[201] 그리고 바울은 논의의 흐름상 시사하는 것은, 적어도 바울의 대답에서, 하나님의 행위를 측정해야만 하는 것에 반하여 그것이 궁극적으로 성경과 창조에서 드러난 기준이라는 점이다.[202] 그러나 이는 두고 볼 일이다. 이 시점에서, 바울은 하나님의 불의함에 대한

---

197. τί οὖν ἐροῦμεν. 6:1; 7:7을 보라. 바울은 9:30에서 똑같은 표현을 사용하고 3:5와 4:1에서도 비슷한 표현을 사용한다. 3:3, 9; 6:15; 11:7도 보라.

198. παρὰ(τῷ θεῷ)는 히브리어 עִם (Str-B, 3.79-80; Michel)를 반영할 수도 있다. 하지만 BDAG에서 그리스어 원어에 의한 설명의 가능성에 대해 보라.

199. 예를 들어 Murray; Käsemann; Jewett.

200. 예를 들어 Beyschlag, *Paulinische Theodicee*, 43-45; G. Maier, *Mensch*, 367; Wilckens; Dunn; Wright를 보라.

201. 1:17 뒤의 부설(excursus)을 보라.

202. Slight(부정적이긴 하지만)는 이 해석을 지지하는 것이 LXX에서 ἀδικία가 하나님을 가리켜서 사용하는 것이 세 번뿐이라는 사실에서 찾아볼 수 있을지도 모른다(신 32:4; 대하 19:7; 시 91:16 [LXX]). 이 단어가 다른 해석들을 가정해볼 수 있는 언약적인 의미를 내포한다면, 더 많이 등장했을 수도 있다는 예상을 해볼 수 있다(바울은 이 단어를 하나님과 관련하여 여기에서만 사용한다). 나 자신의 견해는 Piper, *Justification of God*, 70-73와 비슷하다.

혐의를 "그럴 수 없느니라!"[203]라는 어투로 거부할 뿐이다.

15 이 구절의 도입으로 사용된 "for"(그리스어. *gar*)는 바울이 하나님은 불의하시다는 비난을 거부하는 것만으로 만족하지 않는다는 점을 보여주는데, 이는 그가 이를 거부한 것이 왜 정당한지도 설명하겠다는 것이다. 바울의 설명 첫 부분은 성경을 이용하여 하나님이 야곱을 선택하시고 에서를 버리시는 거침 없는 결정이 드물지 않은 것이 아니라 바로 하나님의 본성을 반영하는 것임을 보여 준다(15절과 17절). 이 대목의 추세를 이어서(7, 9, 12절과 13절을 보라), 바울은 하나님이 직접 말씀하시는 구약의 본문들을 인용한다. 이러한 본문들은 우리가 하나님의 본성과 행동하시는 방식에 대해 가질 수 있는 가장 중요한 단서를 구성한다.[204]

바울의 첫 번째 인용은 출애굽기 33:19b절에서 나온다.[205] 출애굽기의 문맥에서, 모세는 여호와께 그의 영광을 비추어달라고 요청한다. 여호와는 그의 모든 "선한 것"을 모세 앞으로 지나가게 하고 그의 이름인 "여호와"를 그 앞에서 선포하시겠다는 약속으로 대답하신다. 그리고 난 뒤, 바울이 여기서 인용하는 말씀이 따라 나온다. 바울은 모세에게 주신 하나님의 말씀에서 계시 된 하나님의 기본적인 성품 중 한 가지, 즉 하나님이 하시고자 하는 자를 긍휼히 여기시는 자유를 발견하는 것은 당연히 있을 수 있는 일이다. 이러한 궁극적인 기준을 가지고 하나님의 "의"를 측정해야 하는 것이지, 하나님이 이스라엘과 맺으신 언약의 이차적인(penultimate) 기준으로는 아니라는 것이다.[206] 바울이 모세를 언급하는 것으로 그 논점을 보강하는데, 이는 하나님이 긍휼을 베푸심에 있어서 언약의 중보자에게

203. *μὴ γένοιτο*. 바울의 질문 형식은 그리스어 불변화사 *μή*를 사용하므로 이 부정적인 대답을 이미 전제한다(위의 번역을 보라).

204. 특히 Hübner, *Gottes Ich und Israel*를 다시 보라.

205. 본문은 LXX와 정확히 일치한다(본문의 기저에 있는 히브리어는 *οἰκτηρέω*의 보기 드문 타동사 용법을 설명한다. BDF §148[2]를 보라). Godet은 *ἐλεέω*와 *οἰκτιρέω* 사이에 그 의미상 차이가 있을 수도 있다고 생각하지만(마음의 자세에 대항하여 겉으로 드러난 표현), 아마 이 두 단어는 여기서 동의어일 것이다.

206. 하나님의 "의"와 출 33:19에서 보는 그분의 "이름"과 "영광"의 계시 사이의 연관성이 발전되는 것에 대하여 특히 Piper, *Justification of God*, 55-68을 보라. 바울은 하나님께서 이스라엘과 맺은 그의 언약에도 신실하시다는 것을 적절한 때에 밝힐 것이다(특히 11장을 보라).

그 자유를 직접 알리시기 때문이다.[207]

16 이제 바울은 그의 인용문에서 도출하고자 하는 결론("그런즉")[208]을 상세하게 밝히는데, 이는 "원하는 자로 말미암음도 아니요 달음박질하는 자로 말미암음도 아니요 오직 긍휼히 여기시는 하나님으로 말미암음이니라"라는 것이 그것이다. 이 문장은 일반적인 원리처럼 읽힌다(동사들의 현재 시제에 주목하라). 하지만 이 원리는 무엇에 적용되는가? 우리의 번역은 본 문장의 주어("그것")를 명료하게 하지 않는 것에서 원문의 애매모호함을 보존한다. 우리는 이를 "구원"[209]이나 "하나님의 선택 목적"(11b절을 보라)으로[210] 대체할 수도 있겠지만, 15절과의 연관성은 오히려 "하나님의 긍휼히 여기심"을[211] 암시하지 싶다. 이 대목 전체에 대한 대중적인 견해에 따라, 많은 주석자들이 여기에 관련된 "긍휼"은 하나님이 그의 역사적 계획을 실행하심에 있어서 다른 사람들이나 민족들을 택하시는 하나님의 긍휼이라고 생각한다.[212] 그러나 우리가 앞에서 보았듯이(특히 13절에 관한 해설을 보라), 바울은 하나님의 택하심과 버리심에 관한 구약의 사례들을 사용하여 자신의 시대에 있는 유대인과 이방인 개인들의 구원에 적용하는 모종의 원리를 만들어 간다(9:3, 6a, 22-23, 24절을 보라).[213] 여기서 바울이 공식화하는 원리는 15절의 긍정적인 주장에서 - 하나님의 긍휼히 여기심은 긍휼을 베풀고자 하시는 그분의 뜻에서 비롯된다는 것에서 - 부정적인 필연적 결과로 - 하나님의 자비가 인간의 "원함"이나 "달음박질"에 의거하지[214] 않는다는 것으로 이행한다. 전자("원함")는 무

---

207. 여기서 모세의 이름이 언급되는 것은 옛 언약의 중보자로서 모세의 역할인 것이지, 행위의 표본으로서가 아님(반대 견해로 F. Maier, *Israel in der Heilsgeschichte*, 417-19; Byrne, 134)을 설명한다. 구약 언약의 중재자는 모세의 역할이다.

208. ἄρα οὖν.

209. Hodge.

210. Zerwick and Grosvenor, *Grammatical Analysis*, 480.

211. 예를 들어 Kuss; Cranfield 참조.

212. 예를 들어 Leenhardt 참조.

213. 예를 들어 Kuss; Käsemann; Murray와 특히 Piper, *Justification of God*, 137을 보라.

214. 소유격 분사구들은 "원천"의 소유격들로 분류되는 것이 최선인데, 이는 "하나님의 긍휼히 여기심은 사람의 원함이나 달음박질에서 나오는 것이 아니라, 오직 긍휼을 베푸시는 하나님으로 말미암는다"

엇을 하고자 하는 마음속의 갈망이나 목적, 또는 용의를 가리키고,[215] 후자("달음박질")는 그 마음속 갈망의 실제적인 실행을 가리킨다.[216] 따라서 그들은 "사람 능력의 전체를 간추린다."[217]

17 15-16절에서 바울은 그가 10-13절("내가 사랑했던 야곱")에서 암시했던 택하심이 하나님의 주권적 선택에 관하여 긍정적인 측면을 되풀이하고 확장 시킨다. 이제 바울은 부정적인 측면("내가 버렸던 에서")에 대해서도 똑같이 할 것이다. 17-18절은 15-16절과 병행하는데, 이는 바울이 성경을 인용하는 것으로 시작하고, 거기서 파생된 원리를 진술하는 것이 그것이다(16절에서와 마찬가지로 18절에서도 "그런즉"이 나오는 것에 유의하라). 따라서 17절을 도입하는 "for"(그리스어. *gar*)는 15절에 나오는 단어와 마찬가지로 같은 기능을 할 수도 있으며, 17-18절이 하나님이 불공정하다는 고발을 거부할 두 번째 이유를 담고 있음을 가리키고 있는지도 모른다.[218]

14 하나님은 불공정하신가?
15 A [아니다], 왜냐하면("가르" *gar*) 이르시되("레게이" *legei*)…
16 그런즉("아라 운" *ara oun*)…
17 B [아니다], 왜냐하면("가르" *gar*) 성경에 이르시되("레게이" *legei*)…
18 그런즉("아라 운" *ara oun*)…

215. θέλω. 바울은 종종 이 단어를 "행함"과 대조시킨다. 특히 빌 2:13; 롬 7:15-20을 보라.

216. 바울이 사용하는 "달음박질하다"(τρέχω)의 수사적인 용법은 그레코-로마의 운동 경기장에서 나온 것일 수도 있거나(Wilckens; 고전 9:24, 26과 다른 바울 서신에서 언급되는 것들인 갈 2:2; 5:7; 빌 2:16; 살후 3:1을 보라), 하나님의 뜻에 따라 "걸음"이나 "달음박질"에 대한 유대교의 언급(시 119:32를 보라)에서 나올 가능성이 더욱 크다(B. Noack, "Celui qui court (Rom. IX,16)," 113-16; G. Maier, *Mensch*, 368-70; Dunn을 보라). 이러한 경우는, 유대교의 많은 부분에서 낙관적인 인류학과의 대조가(예를 들어 Pss. Sol. 9:4-5; Sir. 15:15를 보라) 그만큼 명확한 것이다(내가 이러한 언급들에 신세를 지고 있는 Jewett를 보라). 하지만 유대교의 배경 가능성은 바울이 단지 율법의 행함만을 가리키는 것임을 의미하지는 않는다(반대 견해로 Viard). 물론 하나님께서 예견하시는 인간의 행위를 포함한 모든 "행함"은 의도된 것이어야 한다(반대 견해로 교부들 중 다수가 있는데, Schelkle, *Paulus, Lehrer der Väter*를 보라).

217. Dunn.

218. 예를 들어 Cranfield 참조.

하지만 "for"는 하나님이 주권적 자유로 긍휼을 베푸시는 것을 보여주는 또 다른 예증으로 17-18절을 16절에 연결할 수 있는 가능성도 있다.[219] 하지만 17-18절까지는 바울이 16절에서 말한 하나님의 긍휼에 대한 묘사일 수는 없다. 왜냐하면, 18절에 따르면, 바울이 17절에서 묘사하는 "완악하게 함"은 "긍휼"과 현저히 대조를 이루기 때문이다. 비록 바울이 다른 측면에서 16절이 내포하는 하나님의 의지의 우선성을 발전시킬 때 16절과 부차적인 연관성을일 수도 있지만, 17-18절은 주로 14절과 관련이 있을 것이다.[220]

15절에서와 마찬가지로, 바울은 동사 "이르시되"로 구약의 인용문을 도입하고 본문 말씀의 청자를 명시한다("바로에게"; 15절에서 "모세에게").[221] 이 말씀은 역시 출애굽기 가운데 여호와께서 모세에게 아론과 함께 애굽의 통치자 앞에 여섯 번째로 나아가 이스라엘 민족을 놓아 보내라고 요구할 때 바로에게 무엇을 말해야 할지 지시하시는 말씀인 것이다(9:16절). "내가 너를 세웠다"는[222] 바울의 표현은 표준 그리스어 70인역의 본문과 히브리어 마소라 사본(MT)과도 다르다.[223] 그 차이에 대한 여러 가지 설명이 제안되었지만,[224] 바울은 그 과정 가운데 하나님의 주도하심을 의도적으로 강조해 왔다는 설명이 합당해 보인다.[225] 그래서 동사 "세우다"는 필시 "구원 역사에서 중요한 역할을 맡기다"[226]라는 의미가 함축되어 있다.

---

219. Achtemeier; Dunn.

220. Piper, *Justification of God*, 138-39를 보라.

221. übner는 차이점도 지적하는데, 15절의 동사 λέγει의 주어는 짐작건대 하나님으로, 17절에서 주어가 ἡ γραφή인 것이다(*Gottes Icb und Israel*, 45). 그러나 Hübner의 생각과는 달리 그 차이점은 크게 중요치 않다.

222. ἐξήγειρα.

223. 맛소라 사본은 ואולם בַּעֲבוּר זֹאת הֶעֱמַדְתִּיךָ בַּעֲבוּר הַרְאֹתְךָ אֶת כֹּחִי וּלְמַעַן סַפֵּר שְׁמִי בְּכָל הָאָרֶץ으로 읽는다. LXX는 καὶ ἕνεκεν τούτου διετηρήθης, ἵνα ἐνδείξωμαι ἐν σοὶ τὴν ἰσχύν μου, καὶ ὅπως διαγγελῇ τὸ ὄνομά μου ἐν πάσῃ τῇ γῇ로 읽는다. 바울이 LXX와 다른 것 중에 두 가지는 사소한 것이며 아마도 바울 자신의 문체상 선호에 기인한다. 즉, ἕνεκεν τούτου 대신에 εἰς αὐτὸ τοῦτο를 사용하고, ἰσχύν 대신 ἕνεκεν τούτου를 사용한다(Koch, *Schrift*, 141).

224. 일부 학자들은(예를 들어 Michel; Schreiner) 바울이 히브리어에 더욱 가깝게 더욱 순응하고 있을지도 모른다고 생각하는데, 마소라에서 עמד를 어근으로 하는 히필 형태인 הֶעֱמַדְתִּיךָ는 "서게 하다"(아마도 "유지하다"; BDB를 보라)를 의미할 수도 있다. 다른 학자들은 바울이 그리스어 이문에 의존하고 있을지도 모른다고 제안한다(C. Stanley, *Paul and Language*, 107-8).

225. Kuss; Cranfield.

226. 슥 11:16; 합 1:6; 렘 50:4을 보라 (LXX 27:41); Murray를 보라. 다른 학자들은 "존재하게 하다"이 내포된 의미를 제안하거나(LN, 13.83 [하나의 가능성으로]), 또는 "선동하다, 불러일으키다[완

이 인용에서 특히 중요한 것은 하나님이 바로를 세우시는 목적인데, 이는 "곧 너로 말미암아 내 능력을 보이고[227] 내 이름이 온 땅에 전파되게 하려 함이라 하셨으니"가 그것이다. 실제로 이 목적절은 바울이 이 특정 본문을 인용한 이유일 수도 있다. 즉, 바로를 "완악하게 하신 것"에 대한 명시적인 언급이 없는 것은 18절에서 바울이 결론을 위한 준비로는 본문이 다른 본문들에 비해 덜 적합하기 때문이다.[228] 바울은 바로를 완악하게 하시는 것과 같은 그러한 하나님의 부정적인 행위들까지도, 하나의 긍정적인 목적(바울이 22-23절에서 더 발전시키려는 논점)에 기여하고 있음을 분명히 하고자 한다. 그리고 이 긍정적인 목적은 상상할 수 있는 가장 큰 목적으로, 하나님의 능력을 보이고[229] 하나님의 이름이 더 널리 전파되도록 하는 목적인 것이다. 바로의 시대, 애굽 전역에 내린 재앙들과 바로의 완악해진 마음으로 부득이하게 "갈대 바다"를 통해 이스라엘을 건져낸 것은 이러한 목적을 이루었다(수 2:10절을 보라). 바울의 시대, "이스라엘의 일부"(11:6-7, 25절을 보라)가 완악해진 것은 역시나 하나님의 이름이 이방인에 대한 사명을 통하여 "온 땅에 전파되는" 결과를 낳았다.[230]

18 출애굽기의 이야기를 아는 사람이라면 누구든지 하나님이 바로를 "세우신 것"을 긍정적인 목적이라고 이해할 수 있지만, 이는 바로가 하나님의 뜻에 저항하는 모습으로 출애굽의 극적인 성격을 강화한다. 하지만 바로 자신은 이 이야기에

악하게 하도록]" (Beale, "Exegetical and Theological Consideration," 151). 이 동사는 신약의 다른 곳에서 오직 고전 6:14에만 나오는데, 죽은 그리스도인들의 육체적인 부활을 가리켜 사용된다(막 6:45에서 하나의 이문으로 나온다).

227. 나는 ἐν에 수단의 의미를 부여한다. 이 단어는 LXX에 부합하지만, 마소라(MT)와는 다르다. MT에 상응하는 동사의 목적어는 2인칭 단수 대명사로, "내가 너에게 보이려고"(הַרְאֹתְךָ)가 그것이다.

228. Räisänen, *Idea of Divine Hardening*, 81. 바울이 강조 용법인 εἰς αὐτὸ τοῦτο(BDF [§2906] "[다른 어떤 것도 아닌]바로 이것"으로 의역한다)는 목적절을 강조한다.

229. 이 능력이 하나님의 구원하시는 능력인지(Cranfield; Dunn), 아니면 심판의 능력인지(Käsemann)를 둘러싼 토론은 아마도 잘못되었을 것이다. 출애굽기와 이곳 로마서 9장에서는 구원이 확실히 최우선의 관심사이지만, 하나님의 원수에 대한 심판 또한 분명히 포함되어 있다.

230. 그러므로 나는 바울이 바로와 믿지 못하는 이스라엘(예를 들어 Barth, *Shorter*; Cranfield; Byrne, "Sons of God," 135; Räisänen, "Paul, God, and Israel," 182-83). 사이의 어떤 유사점을 보고 있다고 생각한다. 하지만 이스라엘의 적대자인 바로와 교회의 박해자인 불신하는 유대인들 사이의 병행은 롬 9-11장에 근거를 두고 있지 않다.

서 부정적인 역할을 한다는 것이다. 이는 그 마음의 "완악함"이 많은 이적의 필요성을 자아낸다(출 4-14장). 17절과 18절을 연결하는 것이 이러한 개념일진데, 지금 바울은 바로의 경험이 일례가 되는 하나님의 행하심을 원리로 진술하는데, 이는 하나님이 "하고자 하시는 자를" 완악하게 하신다는 것이다. 그러나 바울은 이 원리를 더욱 상세히 하는 것은 하나님이 긍휼을 베푸시는 자유에 대한 말을 되풀이하기 위해서이기도 한다. 이는 18절이 15-17절 전체에서 도출된 결론을 담고 있음을 보여 준다. 모세를 향한 하나님의 자기 계시는 하나님이 "하고자 하시는 자를" 긍휼히 여기는 것과 같이 동시에 바로를 향한 하나님의 말씀이 계시하는 것은 "하고자 하시는 자를" 완악하게 하시는 하나님이라는 것을 드러낸다.

나는 하나님께서 긍휼을 베풀어 개인의 구원으로 적용하려는 그분의 자유에 대해 바울이 그의 주장을 의도하고 있다고 논해왔다(16절을 보라). 이는 분명히 여기서도 마찬가지임이 틀림없다. 그러나 그 원리의 다른 부분. 즉 하나님의 완악하게 하시는 것이 그런 식으로 적용되는가? "완악하게 하다"라는 용어(그리스어, *sklērynō*)는 출 4-14장에서 14번 등장하는데, 거기서는 "영적으로 무감각하게 만들다"라는 함축적 의미가 있다.[231] 많은 학자들은 출애굽기에서 바로의 역할을 순전히 구속사적이고 그 자신의 최후 영적 상태에 대한 언급이 문맥상 이질적이라는 점에 주목하면서, 바울이 하나님의 완악하게 하심을 역사 과정에만 적용한다고 주장한다. 하나님은 자신의 구원계획을 진전시키기 위해 어떤 사람들과 민족들로 하여금 그분의 사역과 메시지를 이해하지 못하도록 막는데, 이는 관련된 사람들의 궁극적인 운명을 암시하는 그 어떠한 것도 존재하지 않는다는 것이다.[232] 하지만 우리가 앞에 나온 본문들(12-13, 16절)에서 가능할 것 같지 않다고 보았던 것, 즉 바울의 언어를 역사적인 과정의 영역으로 제한시키는 것은, 여기서 특히 더 난해하다. 이 단원에서 바울의 목적을 전체적으로 언급하면서 앞서 내가 지적한 요점들 외에도, 우리는 다음의 것들을 주목해 볼 수 있다.

첫째, 구문적으로나 언어학적인 관점에서 살펴볼 때, 18절은 "영광 받기로 예

231. 대중 그리스어에서는, σκληρύνω는 주로 의학 분야에서 뼈의 경도 등을 지시하는 것으로 사용된다(K. L. and M. A. Schmidt, *TDNT* 5.1030을 보라).

232. 예를 들어 Cranfield; Wright; Munck, *Christ and Israel*, 44-45; Kuyper, "Hardening of Heart," 459-74를 보라.

비하신바 긍휼의 그릇"이 "멸하기로 준비된 진노의 그릇"과 대조되는 22-23절과 밀접하게 연관된다. 하나님의 긍휼히 여기심이 영광을 누리는 것으로 이어지듯이, 하나님의 완악하게 하심은 진노와 파멸을 수반한다. 둘째, "완악하게 하다"를 가리키는 어군(語群)은 성경에서 한결같이 하나님과 그분의 말씀을 수용하지 않고 불순종하도록 만드는 어떤 영적인 상태를 묘사하기 위해 쓰인다.[233] 셋째, 그리스어 단어가 다르지만, 대부분의 학자들은 로마서 11:7절과 25절에 나오는 이스라엘의 "우둔하여짐"에 대한 바울의 언급을 여기서는 완악하게 함과 병행적인 것으로 인식한다.[234] 하지만 로마서 11장에 나오는 우둔하여짐은 사람들을 구원에서 배제하는 조건이다.[235] 넷째, 출애굽기에 나오는 바로의 완악하여짐은 바로 자신의 영적 상태와 운명에 대한 언급으로도 볼 수 있다.[236]

그렇기에 하나님의 완악하게 하심은 사람으로 하여금 하나님과 그의 말씀에 둔감하게 반응하게 하므로 - 민감해지지 않는 이상 - 영원한 저주로 끝나게 될 행위인 것이다. 우리는 사람이 누구이며 무엇을 하느냐에 상관없이, 하나님께서 주도적으로 긍휼을 베푸시는 분이라는 바울의 주장을 보았다(16절). 이 구절의 병행

---

233. 출 4-14장 외에, σκληρύνω는 LXX에서 23번 등장한다. 이 중에 여덟 번은 사람을 가리키는 것이 아니므로 우리의 논의와 무관하다(창 49:7; 삿 4:24; 삼하 19:44; 왕하 2:10; 대하 10:4; 36:13; 시 89:6; 1 마카베오상 2:30). 나머지 남은 15곳의 본문들 가운데, 13곳은 하나님을 경외하고, 그의 법에 순종하는 것과 같은 일을 실패하도록 하는 영적인 상태를 가리킨다(신 10:16; 왕하 17:14; 대하 30:8; 느 9:16, 17, 29; 시 94:8; 렘 7:25; 17:19; 19:15; 에스드라 1서 1:48). 특히 사 63:17a 절에 "여호와여 어찌하여 우리로 주의 길에서 떠나게 하시며 우리의 마음을 완고하게 하사 주를 경외하지 않게 하시나이까?"에 주목하라. 바울은 σκληρύνω를 다른 곳에서 사용하지는 않지만, 롬 2:5에서 동계어를 사용하므로, 사람들(특히 유대인들)의 "완고하고"(σκληρότητα) 회개 없는 그들의 마음들로 진노를 쌓고 있음에 대해 비난한다. 누가는 주의 말씀에 순종하기를 거부하고 공공연하게 "그 도(The Way)"를 비방하는 자들에게 σκληρύνω를 사용한다(행 19:9). 신약에서 σκληρύνω가 나오는 다른 곳은 히브리서 뿐인데, 본 서의 저자는 시 94:8의 경고를 그의 독자들에게 적용하여 "너희 마음을 완고하게 하지 말라"고 한다(3:8, 13, 15; 4:7). 마 19:8; 막 10:5에 나오는 σκληροκαρδία와 행 7:51에 σκληροτράχηλος에도 유의하라.

234. 롬 11:7의 그리스어 단어는 πωρόω이고 11:25는 πώρωσις이다. 예를 들어 K. L. and M. A. Schmidt, *TDNT* 5.1030를 보라: σκληρύνω는 "정확하게 πωρόω와 같은 의미"를 지닌다. 이 단어와 동계어인 πώρωσις는 신약 전체에 걸쳐 사람의 영적인 완고함을 의미하기도 한다(막 3:5; 6:52; 8:17; 요 12:40; 고후 3:14; 엡 4:18). 이 단어들의 간략한 어휘 분석으로는 Schmidt, "Verstockung des Menschen," 1-17을 보라.

235. 7절에서 그 우둔하여진 "남은 자들"은 의를 얻은 남은 자들과 대조되고(9:30-31을 보라), 25절에서는 이스라엘의 구원을 위한 길을 예비하는 것이 곧 이스라엘의 "우둔하여짐"을 제거하는 것이다.

236. Beale, "Exegetical and Theological Consideration," 151-54를 보라.

구는 하나님의 완악하게 하심에도 마찬가지일 수도 있음을 암시하는데, 이는 하나님이 "하고자 하시는 자를" 긍휼히 여기시듯이, "하고자 하시는 자를" 완악하게 하신다는 것이다. 그러나 이러한 결론을 도출하기에 앞서, 우리는 이러한 바울의 가르침 이면에 놓인 출애굽 내러티브를 더욱 면밀하게 살펴보지 않으면 안 된다. 이러한 배경 가운데, 많은 학자들이 맺는 결론은, 하나님의 완악하게 하심은 사람이 자기 마음을 완악하게 하고자 이미 작정한 것에 대한 반응으로 보아야 함을 밝히고 있다.[237] 그들이 주목하는 것은, 하나님이 바로를 완악하게 하심 또한 바로가 자신의 마음을 완악하게 하고자 이미 작정한 것에 대한 반응인데, 8:15와 비교해보면 - "바로가 그의 마음을 완강하게 하였다"(32절도 보라) - 와 함께 9:12에서는 - "여호와께서 바로의 마음을 완악하게 하셨다"와 같이 나온다.[238] 이 구절의 독법에 관하여, 하나님이 완악하게 하심은 그러므로 그가 죄인들을 그들이 이미 선택한 죄에 "넘기는 것"에 비유될 수 있다(롬 1:24, 6, 28절을 보라). 그러나 이 문제에 대한 우리의 결론이 무엇이건, 이러한 방식으로 출애굽 배경에 호소하는 것은 아마도 정당화되지 않을 것이다. 전체적으로 보았을 때, 출애굽기 4-14장의 이야기 전개는 바로가 자신의 마음을 완강하게 했음이 하나님의 완악하게 하심의 근거였음을 명확히 나타내고 있지 않다. 바로가 자신의 마음을 완강하게 하기 전에, 하나님은 바로의 마음을 완악하게 할 것에 대해 두 번 예언하시고, 수동태로 바로의 마음이 완악하게 되었음을 다섯 번 언급하기도 한다(7:13, 14, 22; 8:1, 19절). 이러한 수동태 동사들의 주어로 이해되는 것은 하나님일 것이다.[239]

만일 바울이 사용하는 출애굽 내러티브가 인간의 완강하여짐에 대한 반응으

237. 예를 들어 Chrysostom; Morison, *Exposition of the Ninth Chapter*, 134-47; Lenski; Morris; Leenhardt; Godet; Brunner; W. Klein, *New Chosen People*, 166-67; Fitzmyer를 보라.

238. LXX에서는 8:15와 32에서 σκληρύνω를 사용하지 않지만(LXX 8:11과 28), 개념은 같으며, 관련된 그리스어나 히브리어 단어가 무엇이건 바울은 이 문맥에서 완악하여 짐에 대한 모든 말들을 같은 것으로 보았을 가능성이 있다. 모두 합해서, 관련된 히브리어 세 단어는 ([4:21; 7:13, 22; 8:15; 9:12, 35; 10:20, 27; 11:10; 14:4, 8, 17] חזק)와, ([7:14; 8:11, 28; 9:7, 34; 10:1] כבד)와, ([7:3; 13:15] קשה)이고, 그리스어 세 단어로는(σκληρύνω [4:21; 7:22; 8:19; 9:12, 35; 10:1, 20, 27; 11:10; 13:15; 14:4, 8, 17], κατισχύω [7:13], 그리고 βαρύνω [7:14; 8:15, 32; 9:7, 34])가 있다. 일부 구약학자들은 완악하게 하심에 대한 서로 다른 단어들이 다른 출저를 반영하는 것일 수도 있다고 생각하는데, 예를 들어 R. Wilson, "Hardening of Pharaoh's Heart," 18-36을 보라.

239. Piper, *Justification of God*, 139-52; Beale, "Exegetical and Theological Consideration," 129-54. 하지만 Beale에 대한 응답으로, Chisholm, "Divine Hardening," 410-34를 보라.

로 하나님이 완악하게 하신다는 개념의 근거를 거의 제공하지 않는다면, 바울 자신이 강조하는 이 결론은 더욱 힘을 잃을 것이다. 바울의 "하고자 하시는 자"라는 이 어구가 암시하는 바는 분명 하나님의 완악하게 하시는 결정이 그가 홀로 내리시는 결정이며, 사람의 상태나 행동에 관계한 어떠한 사항에도 구속되지 않는다는 것이다. 게다가, 택하심(12-13절의 해설을 보라)에 관하여 우리가 앞서 주목했듯이, 19-23절에서 바울의 "침묵"은 꽤 설득력이 있는데, 이는 그의 가르침을 반대하는 것에 대한 응답으로, 바울 자신의 행동에 있어서 어떠한 인간적 근거에 대해 아무 말도 하지 않는다는 것이다.[240]

그러므로 여기서 바울이 묘사하는 완악하게 하심은 완강하여진 개개인들 내면에서 촉발된 그 어떤 것도 원인으로 하지 않는 하나님의 주권적 행위로 볼 수 있다.[241] 그리고 9:22-23절과 11:7절은 완악하게 함의 결과가 저주임을 시사한다. 따라서 이 본문은 "이중 예정"이라는 논란의 여지가 있는 교리에 관하여 해석상의 증거를 제시할 수도 있다. 즉, 하나님은 어떤 것도 의존하지 않고 오로지 자신의 기뻐하시는 주권에 따라 어떤 자들에게 긍휼을 베풀어 구원하시는 것과 같이, 그는 또한 어떤 것도 의존하지 않고 오로지 자신의 기뻐하시는 주권에 따라 다른 개인들은 지나치시고 그들을 저주하실 수 있다는 것이 그것이다.[242] 그럼에도 불구하고, 우리는 이러한 결론을 내리는 것에 각별한 주의를 기울여야 한다. 그 이유에 대한 한 가지 예로, 바울이 로마서 9-11장 다른 곳에서 하나님의 완악하게 하

240. 예를 들어, Augustine, *Letters* 194.8.35 (*PL* 33.886); Calvin, *Institutes* 3.22.8를 보라. 이 단락의 일반적인 논거에 관해서 특히 Piper, *Justification of God*, 152-59를 보라. Dunn의 표현대로, "바로의 '악한 성질'에서나, 이전에 스스로 완강하여짐에서 하나님이 완악하게 하셨다는 이유를 찾는 것은 … 합리화를 위한 편의주의다."(2.555). 이후에 랍비들은 *minim*(예를 들어 유대 그리스도인)이 악에 관한 하나님의 주권(Exod. Rab. 13; Str-B, 3.269를 보라)을 지나치게 강조했다는 점에서 출 10:1 - "내가[여호와가] 그의 마음과 그의[바로의] 마음을 완강하게 하였다" - 을 사용한 것을 비판하는 것은 흥미롭다.

241. 이와 비슷한 결론에 대하여 Calvin; Michel; Murray; Kasemann; Kuss; Schreiner; G. Maier, *Mensch*, 368-72; Beale, "Exegetical and Theological Consideration," 151-4; Raisanen, "Paul, God, and Israel," 182-83; Piper, *Justification of God*, 156-60.

242. 이중 예정의 교리는 아우구스티누스에게서 비롯되며 중세 초기 일부 신학자가 가르쳤다(Gottschalk[805년생]가 가장 잘 알려지고 논란의 대상이 되는 신학자 중에 한 인물이다). 그러나 이 교리의 고전적인 표현은 칼빈의 신학에서 비롯되었고(기독교강요 3.21.5; 22.11; 23.1-14; 24.12-17), (심지어 더욱 노골적으로) 그의 후예의 신학적 가르침에서 나타났다(하나의 개관으로 Heppe, *Reformed Dogmatics*, 156-62를 보라).

심은 영구적인 조건일 필요가 없음을 암시하는데, 이는 이스라엘의 완강하여짐이 바울에 의하면, 장차 어느 땐가 역전될 수도 있기 때문이다(11:25절을 보라).[243] 쟁점을 둘러싼 개인의 관점 대(versus) 집단의 관점은 이 문제를 더 복잡하게 만들기는 하지만, 주의할 필요가 있다. 또 다른 사항으로는 하나님의 완악하게 하심이 수행되는 맥락을 결정하는 어려움이 있다는 것이다. 일부 신학자는 이 완악하게 하심이 논리적으로 인간이 원죄를 결정한 것에 앞선다고 가르쳐왔다. 그러나 다른 신학자들은 하나님의 완악하게 하심이 이미 죄 많은 인간성을 배경으로 일어난다고 생각한다.[244] 후자의 경우, 하나님의 완악하게 하심이 죄에 근거하지는 않지만(하나님이 선택하시고 완악하게 하시는 모든 사람에게는 비슷하게 죄성이 있다), 이미 하나님의 정죄 아래에 있는 자들에게 가해지는 것이다. 이 견해에 따르면, 하나님의 완악하게 하심은 하나님의 일에 영적 불감증을 촉발하는 것이 아니라, 이미 그들을 특징짓는 죄악의 상태로 유지하는 것이다. 만약 성경의 어느 곳에 있다면, 여기서 우리는 성경의 폭넓은 증인에 관하여 신실함을 유지하는 데 있어서 미묘한 균형, 심지어 긴장이나 신비한 것을 마주하게 된다.[245] 우리는 (1) 하나님은 "하고자 하시는 자"를 완악하게 하시는 것과 (2) 인간은 죄 때문에 그들에게 임하는 궁극적인

---

243. Morris, 362; Dunn, 2.555; Bird; Schrenk, *Weissagung uber Israel*, 30-33; Hofius, "Evangelium und Israel," 300-306; Oropeza, "Paul and Theodicy," 70-71. M. Harding("Salvation of Israel," 64-66)이 하나님의 심판 이후 회복 따른다는 신명기 신학의 큰 맥락 가운데 바울이 "완악하게 하심"이라는 개념을 사용한다고 주장하는 것도 보라.

244. 이 두 가지 대안은 보통 각각의 '꼬리표'가 붙는데, 하나는 "타락 전 선택설(supralapsarian view)"(하나님의 택하심이 논리적으로 원죄를 앞선다)이고, 다른 하나는 "타락 후 선택설(sublapsarian view)"(하나님의 택하심이 인간의 범죄 이후에 온다. 〈옮긴이-본 견해의 다른 명칭인 "infralapsarianism〈after the lapse〉"은 논리적 순서상 타락을 허용하시고, 일부를 택하신 이후에 예수 그리스도를 통해 구원을 허락하시는 것으로, 개혁주의 내 칼빈주의자들의 다수 견해가 되었고, "sublapsarianism〈under the lapse〉"과 미세한 차이가 존재한다〉). 후자의 견해("sublapsarian view")가 개혁주의의 지배적인 입장이 되었는데, Heppe, *Reformed Dogmatics*, 157-62를 보라. 예를 들어, 다음 칼빈의 말에 주목하라, "그러나 여호와 하나님이 사망으로 예정하시는 모든 사람이 자연 상태로 인해 사망의 심판을 받는 것이라면, 그들이 어떤 불의를 당한다고 불평할 수 있겠는가"(*Institutes* 3.23.3). (이 문제에 관하여 칼빈의 견해를 두고 논쟁이 있긴 하지만)

245. 이 교리에 대하여 특히 S. N. Williams, *Election of Grace*, 108-52를 보라; Levering이 주목하는 것은 "하나님의 영원한 계획에 관한 두 가지 확언을 함께 붙드는 도전인데, 이는 하나님이 이성을 지닌 사람을 향한 그의 영원한 창조와 구속의 사랑은 부족함, 제한이나 가혹함은 없지만, 영원부터 하나님의 택하심에 관한 계획은 이성을 지닌 사람들 중 일부가 자유롭게 그들의 죄 가운데 남아있도록 허용한다." (*Predestination*, 34-35)

정죄에 책임이 있다는 두 상호보완적인 진리를 나란히 진술하지 않으면 안 된다. 이렇게 하므로 하나님의 긍휼히 여기심과 완악하게 하심은 등가 행위가 아니다. 하나님의 긍휼은 그것을 받을 자격이 없는 자들에게 베풀어지는 것이고, 하나님의 완악하게 하심은 그들의 죄로 인해 이미 정죄를 받게 된 자들에게 영향을 끼치는 것이기 때문이다.[246]

19 혹평 양식(diatribe style)이 다음 문단(19-23절)에서 더욱 뚜렷해진다. 바울은 그의 대화 상대를 명시적으로 인용 - "그러면 네가 내게 말하기를" - 하고 19b절의 질문들에서 제기된 이의들에 대해 일련의 수사적인 반문으로 답한다(20a, 21-23절).[247] 19절의 질문들에 대한 바울의 예리한 답변으로는 여기에 나오는 대화 상대가 대적이지, 단순한 "대담자"가 아님을 시사한다.[248] 이 대적은 하나님이 어떻게 "여전히" - 즉, 18절에서 바울의 가르침이 진실이라고 가정한다면 - "흠을

---

246. Augustine, *On Grace* 43 (*NPNF* 5.463)과 특히 분명한 것으로 Murray, 2.29-30를 보라.

247. Wright (634-35, 640)는 화제의 순서가 이스라엘의 역사를 되풀이하려는 바울의 우려와 더 관련이 있는데, 이는 7-13절에 족장 역사와 14-18절의 출애굽기, 그리고 19-23절의 포로기가 그것이다(바울이 구약에서의 암시 중 두 가지는 포로기 맥락과 관련이 있다).

248. 19b절과 19c절에서 제기되는 질문들이 바울의 가르침에 대한 인간의 자연스러운 대답이기 때문에 우리는 구체적인 적대자를 밝힐 필요는 없다. 하지만 Michel과 Dunn은 바울이 특히 유대인들의 항변을 생각하고 있으리라는 점을 제안하는 것은 아마도 맞을 것이다. 초기 유대교는 신적 주권과 인간의 자유의지를 놓고 벌어진 논쟁으로 인해 사분오열되었다. 실로, 요세푸스가, 한 유명한 대목에서, 이 쟁점을 이용하여 주요 유대인 "당파들"을 구분하고 있다.

> 그런데 이때 유대인들 가운데 사상적으로 세 학파가 있었는데, 인간의 문제에 관한 각자의 다른 견해들이 있었다. 그들 중 첫째는 바리새파요, 둘째는 사두개파요, 셋째는 에세네파다. 바리새파로 말할 것 같으면, 그들은 특정한 사건들이, 모두 그런 것은 아니지만, 운명이 정하는 것이라고 말하며 다른 사건들이 일어나느냐 아니냐는 우리에게 달려 있음을 주창한다. 그러나 에세네파는 운명이 모든 일의 안 주인이고, 그의 계명 없이는 어떠한 일도 일어나지 않는다고 선언한다. 하지만 사두개파에게 운명을 철폐하고, 인간의 행동은 그 율례에 따라 이루어지는 것이 아니라, 모든 것이 자신의 권한 안에 놓여있기에 우리는 자신의 무심함을 통해 불행도 겪지만, 우리의 행복을 위해서라면 스스로 책임져야 할 것을 주장한다(*Ant.* 13.171-73; *J.W.* 2.119-66도 보라).

따라서 바울의 "적대자"는 인간의 자유의지에 관한 충분한 여지를 남겨놓지 않는다고 바울의 교리를 비판하는 바리새파 유대인일지도 모른다(이 견해와 전체적인 주제에 관하여 특히 G. Maier, *Mensch*를 보라).

잡을 수 있는지"[249] 궁금해한다. 이는 "누가 그 뜻을 대적하느냐?"는[250] 것이다.[251] 이러한 질문들에는 하나님의 완악하게 하시는 주권적 행위(18b절)가 그를 거부하는 사람들에게 내리는 하나님의 심판이 정의롭다는 성경의 가르침을 위태롭게 한다는 반론이 담겨있다(로마서 내에서 1:19-23절을 보라). 오직 사람들이 자신들의 행동에 책임을 져야만 하나님의 심판이 진정으로 정의로울 수 있다. 그러나 완악하게 하심에 있어서 하나님의 주권에 관한 바울의 가르침은 이러한 책임감을 제거하는 듯 보인다. 바울이 이 반대 의견에 대해 어떤 말을 하는지 분석하기에 앞서, 우리는 바울이 말하지 않는 것에 주목하는 것이 좋다. 그는 하나님의 완악하게 하시는 행위의 근거로서 인간의 행위나 인간의 믿음을(예견을 막론하고) 언급하지 않는다.[252] 그렇다고 그는 하나님의 완악하게 하심을 구속 역사의 문제들에만 제한시키는 것으로 쟁점의 정도를 진정시키는 것도 아니다. 그와 정반대로, 22-23절은 바울이 영원한 운명에 관한 질문들을 다루고 있음을 어느 때보다 더욱 명확히 하고 있다. 사실상 바울은 - 여기에서나 다른 어디에서나 - 그가 만들어낸 신적 주권과 인간적 책임 사이에 있는 긴장을 해소할 논리적인 해결책을 전혀 제공하고 있지 않다. 물론 그가 인간적 책임을 긍정하는 것은 분명하며, 우리는 바울이 9:30-10:21절에서 한 걸음 더 나아가 유대인들의 정죄를 그들 자신의 고의적인 믿음의 실패 탓으로 돌린다는 것을 우리는 결코 잊어서는 안 된다. 바울은 - 택하심이나 완악하

249. 그리스어 동사는 μέμφομαι로 LXX에서는 in Sir. 11:7; 41:7; 2 Macc. 2:7에서만 사용되고, 신약의 다른 곳에서는 히 8:8(이는 막 7:2에서 이문으로 나오기도 한다)에서만 등장한다. 여기서 다른 대안의 번역으로는 "불평하다"가 있지만(Josephus, *Ant.* 2.63을 보라; [될 수 있는 한] BDAG를 보라). "허물하다"라는 어구는 이 문맥에서 뜻이 더 잘 통한다.

250. ἀνθέστηκεν는 ἀνθίστημι 동사의 완료형이다. 여기서 완료 형태는 완료의 의미를 지시하지 않는데, 이는 "격언의" 완료 시제로, 일반적인 진리를 진술하는데 사용되는 현재 시제와 같은 것이다(Kuss; Fitzmyer).

251. 그리스어가 이를 명확하게 정당화하지 않지만, 하나님의 뜻에 저항이 "가능하다"는 생각은 여전히 기본적인 요점을 지닌다(특히 NIV; NRSV; ESV; CSB; NAB를 보라; Schreiner를 참조하라); 다른 이들은 현재 시제로 "누가 그의 뜻에 저항했는가?"라는 개념으로 본다(CEB; NET; Jewett를 보라). 비슷한 개념은 욥기 9:19와 지혜서 12:12에 표현된다.

252. 14절에 대한 아우구스티누스의 해설에 주목하라. "그가 아직 태어나지 않은 사람들에 대한 놀라운 무언가를 제시한 후였으며, 그래서 그는 '그런즉 우리가 무슨 말을 하리요 하나님께 불의가 있느냐'의 질문을 맞닥뜨리게 되고, 하나님이 모든 사람의 장점을 예언했다고 대답할 수 있는 자리가 바로 여기에 있었다. 그런데도 그는 이 말을 하지 않고 하나님의 심판과 긍휼하심을 피난처로 삼는다"(*Letters* 194.8.35 [PL 33.886]; Calvin, *Institutes* 3.22.8; P. Jewett, *Election and Predestination*, 71-72도 보라).

게 하심에 있어서 모두 - 하나님의 절대적 주권과 인간의 완전한 책임의 진리들을 조화시키지 않은 채, 그저 지니고 있는 것으로 만족한다.

20 역접 접속사인 "그와는 반대로"(on the contrary)는[253] 19절의 두 번째 질문에 함축된 - 하나님 자신이 사람으로 행동하게 하는 동인이라면, 하나님이 "허물하시다"는 것은 "잘못된" 것이라는 - 항변을 바울의 견해와 대조시킨다. "이 사람아"라는 어구는 반드시 무례한 의미로 볼 필요는 없는데, 이 호칭은 바울의 대화와 비슷한 대화들 가운데 정중한 호칭으로 등장하기 때문이다. 그러나 인간과 하나님 사이의 심연을 강조하고 있는 현재의 문맥은 인간과 하나님 사이의 격차를 강조하는 만큼(21절, 그리고 20절의 앞쪽에 나오는 "사람"과 그 끝에 나오는 "하나님"의 대조에도 유의하라), 바울이 항변자의 종속적이고 피조적인 신분을 강조하기 위해 이 용어를 선택했음을 보여 준다.[254] 즉, "네가 누구이기에[255]['한낱 인간이'-NLT; NET]감히 하나님께 반문하느냐?"

바울은 이사야 29:16절을 인용하여 항변자에게 인간이 하나님에 대하여 의존적이고 종속적인 위치에 있음을 상기시킨다.[256] 인간이 하나님께 "반문할" 처지가 못 되는 것은 토기가 자기를 특정한 방식으로 만든다고 토기장이를 비난할 처지가 못 되는 것과 마찬가지다. 바울은 여기서 하나님의 방식을 이해하고자 하는 진실한 열망과 하나님이 주시는 답이 무엇이든 기꺼이 받아들이려는 정직한 마

---

253. μενοῦνγε(이 단어의 독법과 어순에 관해서는, 위의 번역에 관한 주를 살펴보라). 이 단어는 강조하는 의미가 있을 수 있으며 - 필시 빌 3:8에서 "실로", "분명히"와 같은 의미일 것이다 - 혹자는 여기서 이 번역을 채택한다(많은 교부들을 포함하여[Schelkle, *Paulus, Lehrer der Väter*; Godet도 보라]). 그러나 여기에서의 문맥은 잘 정립된 역접의 의미를 요구한다(눅 11:28 [이문]; 롬 10:18; BDAG; BDF §450; Moule, *Idiom Book*, 163; Wilckens; Fitzmyer를 보라).

254. 예를 들어 Cranfield; Dunn을 보라.

255. σύ는 포함된 것으로나 위치로나 강조적이다.

256. 맨 앞의 여섯 단어들 - *μὴ ἐρεῖ τὸ πλάσμα τῷ πλάσαντι* - 은 LXX에서 사 29:16a와 정확하게 일치한다. 이 구절의 나머지는 LXX의 사 45:9b절 - *μὴ ἐρεῖ ὁ πηλὸς τῷ κεραμεῖ, Τί ποιεῖς, ὅτι οὐκ ἐργάζῃ οὐδὲ ἔχεις χεῖρας* - "진흙이 토기장이에게 너는 무엇을 만드느냐 또는 네가 만든 것이 그는 손이 없다 말할 수 있겠느냐"를 반영할지도 모르지만(예를 들어 Kuss; Dunn; J. Wagner, *Heralds*, 58-68), Koch(*Schrift*, 144; Jewett도 보라)는 사 29:16a를 제외한 모든 것에 대한 언급을 의심한다. 하지만 E. Johnson는 바울이 지혜서 12:12를 생각하고 있을지도 모른다고 본다(*Function*, 132-33).

음에서 생겨난 그런 종류의 타당성에 대해 하나님께 질문하는 것을 부정하는 것이 아니다. 바울이 암암리에 질책하는 것은 피조물이 창조주의 방식을 주제넘게 판단해서 – "반문하려는"[257] – 태도인 것이다.

21 바울은 계속해서 토기장이와 그의 진흙이라는 이미지를 사용하여 20절의 요점을 강화한다. 그의 수사적 질문은 토기장이가 자기 "권한"[258]으로 같은 진흙 "덩이"를 가지고 "귀히 쓸"[259] 그릇과 "천히 쓸"[260] 그릇도 만들 수 있음을 나타낸다. 이사야 29:16절과 (아마도) 45:9절이[261] 바울 언어의 직접적인 근원을 제공했지만, 토기장이와 진흙의 은유적인 적용은 구약과 유대교 모두에서 꽤 널리 퍼져있다.[262] 학자들은 이런저런 본문이 바울이 여기서 사용하는 이미지를 이해하는 핵심열쇠라고 주장했으며, 그에 따라 바울이 말하고자 하는 바에 대한 결론을 이끌어냈다.

구약의 본문 중에 다수는 이스라엘을 민족으로 다루고 있다는 점에 주목하면서, 일부 학자들은 바울이 이스라엘 백성을 "천히" 사용할 – 달리 표현하면 구속사에 부정적인 방식으로 민족을 사용할 – 하나님의 권한을 주장하고 있다고 생각한다.[263] 바울이 하나님의 만드시는 행위보다 만드신 것을 사용하는 용도에 초점을 두고 있다는 사상은 지혜서 15:7을[264] 암시하고 있다는 점으로나, 이 본문

257. ἀνταποκρίνομαι는 다툼이라는 뉘앙스를 암시하는 용어이다. 예를 들어, 이 용어는 유일하게 신약의 다른 곳인, 바리새인들이 예수의 안식일 치유 사건을 비난하고자 했으나 예수의 도발적인 질문에 "그들이 이에 대하여 대답하지 못하니라"에 등장한다(눅 14:6; 욥 16:8; BDAG; Dunn도 보라).

258. ἐξουσίαν.

259. εἰς τιμήν.

260. εἰς ἀτιμίαν.

261. 사 45:9는 하늘로 "나의[하나님의] 의를 부으며", "공의로 이를[구원을] 싹트게 하고"(8절)를 촉구하는 문맥이 바울에게 끌릴 수도 있는 문맥이므로 출처가 될 가능성이 높다.

262. 예를 들어 욥 10:9; 38:14; 사 29:16; 45:9–10; 64:7; 렘 18:1–6; Sir. 33:13; Wis. 15:7; T. Naph. 2:2, 4; 1QS 11:22를 보라.

263. 예를 들어 Munck, *Christ and Israel*, 58; Godet; J. Wagner, *Heralds*, 58–71. R. Hays (*Echoes*, 66)는 중요한 본문을 렘 18장이며, 따라서 바울은 예레미야서의 본문과 마찬가지로, 하나님은 당신의 그릇들을 고쳐 만드는 사역을 하고 계심을 암시한다고 생각한다. 그러므로 유대인들이 잠깐 완강해졌지만, 그들은 회개하고 하나님의 백성으로 재건되는 기회가 있다는 것이다.

264. Wis. 15:7에 따르면, "토기장이[κεραμεύς]가 부드러운 흙을 반죽하여 각각의 쓸 그릇을 부지런히 빚을 때[πλάσσει], 그는 같은 용도의 진흙으로[πηλοῦ] 깨끗한 용도의 그릇도[σκεύη] 만들고 그 반대의 용도의 그릇도 만들되, 모두 같은 방식으로 만들지만, 이것들을 각각 어느 용도에 사용할

과 디모데후서 2:20절의 명확한 병행구를 통해서나 시사된다.[265] 따라서, 이러한 일반적인 접근 방식에 관련해서 이 구절은 하나님이 펼치시는 구원계획 가운데 민족들 또는 개개인들을 각자 다른 용도로 사용하시는 하나님의 권한을 천명하고 있다.[266] 어떤 사람들은 - 이스마엘, 에서, 바로와 완강하여진 유대인들 - 역사 가운데 하나님의 뜻에 따라 부정적이거나 아니면 "천히" 쓰이는 역할을 맡는다. 또 다른 자들은 - 이삭, 야곱과 믿음을 가진 유대인들이나 이방인들은 - 긍정적인 역할을 맡는다.

하지만 다른 학자들은 하나님을 토기장이에 비유하는 구약 성경과 유대교 다수 문헌이 창조주로서의 하나님에 집중한 것을 주목하는데, 이 점을 바울은 동사 플랏소(*plassō*)("형성하다[form]", "흙으로 덮다[mold]")를 사용하므로 강조하고 있다.[267] 또한, "귀함"과 "천함"의 대조는 22-23절의 "영광"과 "진노" 또는 "파멸"의 대조를 반영하는 것일 수도 있다.[268] 이러한 독법에 관하여, 바울은 인류의 집단("덩이")으로부터 구원을 상속받도록 예정된 사람들과 진노와 정죄를 받도록 예정되는 사람들을 만드는 것이 하나님의 권한임을 천명하고 있는 셈이다.[269]

바울이 염두에 두고 있을 구약의 본문들과 유대교 문헌에 대한 확실성을 얻기란 불가능하며 아마 중요하지도 않을 것이다. 이는, 바울의 비유적 표현이 아마도 어떤 한 본문에 특별히 의존하는 것 없이 많은 본문에서 일반적으로 추출한 것이기 때문이다.[270] 이것은 우리가 해석상 내리는 결론들이 바울 자신이 사용하는 은

지는 토기장이의 결정에 달려 있기 때문이다."

265. 딤후 2:20에 따르면, "큰 집에는 금 그릇과 은그릇[σκεύη]뿐 아니라 나무 그릇과 질그릇도 있어 귀하게 쓰는 것도 있고[ἃ μὲν εἰς τιμήν] 천하게 쓰는 것도 있나니[ἃ δὲ εἰς ἀτιμίαν]."

266. 예를 들어 Cranfield; Beyschlag, *Paulinische Theodicee*, 55-56; Rowley, *Biblical Doctrine of Election*, 40-42를 보라.

267. 이 동사는 창조기사(창 2:7)에서 사용되고 다른 많은 본문에서는 창조주로서의 하나님을 나타낸다(욥 10:8-9; 시 33:15; 2 Macc. 7:23; Josephus, *Ant*. 1.32, 34; Dunn, 2.556을 보라). 바울이 이 동사를 달리 사용하는 유일한 곳은 "지음 받은 것"을 나타내는 곳에서 그러하다(딤전 2:13). C. Müller는 이 맥락에서 "지음 받음"의 개념들의 중요성을 강조한다(*Gottes Gerechtigkeit*, 28-29).

268. τιμή라는 단어는 롬 2:7, 10에서 영광의 동의어로 사용되는가 하면, ἀτιμία는 고전 15:43에서 영광의 반의어로 사용된다. 반면에 바울은 다른 곳에서 ἀτιμία를 영원한 운명을 가리켜서 사용하는 일이 단 한 번도 없다. 이 말에 가장 근접한 병행구는 딤후 2:20에 나오는데(σκευή, εἰς τιμήν, εἰς ἀτιμίαν), 이는 영원한 운명에 대해 말하지 않는다.

269. 예를 들어 Piper, *Justification of God*, 174-83; Murray; Schreiner를 보라.

270. 예를 들어 특히 Cranfield를 보라. 이에 따라 예를 들어 21절의 어휘가 지혜서 15:7과 가장 근

유의 용법을 따르는 것이어야지, 그 은유가 등장하는 어떤 구체적인 문맥에 따르는 것이어서는 안 된다는 것을 의미한다. 우리는 바울이 그의 가르침을 믿지 않는 유대인들의(그리고 믿는 유대인들과 이방인들) 현재 영적인 상태와 영원한 운명에 관한 쟁점에 적용하고 있음을 보았다. 따라서 바울은 여기서도 개인들의 영원한 운명을 생각하고 있다는 것을 가늠하게 한다.

22 이 구절을 여는 "데de"에는 종종 약간의 반의적 의미("그러나", NET; NJB를 보라)가 주어지며, 토기장이의 이미지(20-21절)와 이를 하나님의 방식들에 적용하는 것 사이에는 어떤 차이가 있음을 암시하는 것으로 사용된다.[271] 그러나 이는 지나치게 미묘해 보이는데, 바울은 예증에서 적용으로 이행하면서 단순한 전환의 의미로 데de를 사용하는 듯하다(대부분의 영역본은 이 단어를 명확하게 해석하지 않는다).[272] 이 적용의 정확한 의미는 그 다음 구절들의 구문을우리가 어떻게 이해하느냐에 달려 있다. 난해한 점들은 크게 두 가지이다. 첫째는 바울이 22절에서 가정법 문장("But if… ")이 어디서 끝나는지를 분명히 가리키지 않는 채 시작한다는 점이다(조건문의 귀결절이 명확하지 않다). 여러 가지 방책이 제안되었지만, 근래의 주석학자들은 대부분 22-23절을 귀결절을 명시하지 않는 조건절로 보는 데 의견을 같이한다.[273]

접해 있지만(양쪽 모두 κεραμεύς, πηλός와 πλάσσω라는 단어들을 공유한다; Jewett 참조), 각각의 문맥들은(지혜서의 본문은 우상숭배의 어리석음에 초점을 맞춘다) 확연히 구분된다(Piper, *Justification of God*, 176-77을 보라).

271. Cranfield; Dunn.

272. Murray.

273. 예를 들어 Murray; Cranfield; Wilckens; Dunn를 보라. 다른 두 가지 주요 대안들은 다음과 같다.
(1) 22절을 조건절로, 23절을 귀결절로 보는 것이다(G. Stählin, *TDNT* 5.426; Nygren; Siegert, *Argumentation bei Paulus*, 132-33; N. Richardson, *Paul's Language about God*, 56): "만일[εἰ] 하나님이 그의 진노를 보이시고[ἐνδείξασθαι] 그의 능력을 알게 하고자[γνωρίσαι] 하사[θέλων] 멸하기로 준비된 진노의 그릇을 오래 참으심으로 관용하시고[ἤνεγκεν] 또한 영광 받기로 예비하신 바 긍휼의 그릇에 대하여 그 영광의 풍성함을 알게 하고자[ἵνα γνωρίσῃ](그리하셨다)." καί라는 단어는 귀결절을 도입할 수는 있지만(BDF §442[7]), 23절이 22절의 결론으로서는 미약하고 부자연스럽다(Piper, *Justification of God*, 187).
(2) 22-24절은 조건절로 귀결절이 표현되지 않은 것으로 본다(Kuss; Godet; Zeller; 동일 저자, *Juden und Heiden*, 203-8; F. Maier, *Israel in der Heilsgeschichte*, 428[여기 나온 마지막 세 명의 학자들은 22절과 23-24절을 두 개의 분리된 조건절로 본다]). 24절을 시작하는 관계대명사는 23절과 24절이 밀접한 연관성을 선호하는 것처럼 보일 수도 있지만(우리가 24절에 관하여 아래에서 논하게 되겠지만), 이 두 구절 사이에 간격이 있는 것으로 보는 편이 더 낫다.

바울은 그의 독자들에게 문맥으로부터 그 생각을 완성하라고 청하고 있는 것이다.[274] 많은 영역본들은 이런 종류의 것을 "what if"(KJV; NIV; NRSV; ESV; CSB; CEB)의 번역이나, 또는 "what if God has acted in this way? Who will question God's authority[cf. v.21] to do so?"(만일 하나님이 이런 식으로 행하셨다면 어쩔 것인가? 누가 그렇게 행하시는 하나님의 권한[21절 참조]에 반문하겠는가?)로 의역하여서 이런 종류의 무언가를 암시한다.

두 번째로 어려운 문제는 이중적(two pronged)인 것이다. 이는 22a절의 "하고자 하사"(wishing)(*thelōn*)라는 분사의 의미는 무엇이며, 이 분사로 도입되는 절(clause)은 23절의 목적절(*kai hina*, "and in order to … ")과 어떻게 연결되느냐이다. 주석자들은 다시 여러 가지 대안을 제시하지만, 특별히 고려할 가치가 있는 것은 두 가지이다.

(1) "하고자 하사"(wishing)라는 분사는 양보의 의미를 나타낼 수 있다는 점이다. 이러한 경우에 이 분사에 걸리는 22a절의 부정사들은 하나님이 하고자 하셨지만, 실제로 하지 않은 것들을 표현하는가 하면, 23절은 하나님이 진노의 그릇을 참으신 하나님의 궁극적인 목적을 다음과 같이 진술하게 될 것이다.

"그러나 만일 하나님이,
[1] 그의 진노를 보이시고
[2] 그의 능력을 알게 하고자
원하신다 할지라도,
멸하기로 준비된 진노의 그릇을 오래 참으심으로 관용하신다면 또한[*kai*] [그들을 관용하심이] 영광 받기로 예비하신 바 긍휼의 그릇에 대하여 그 영광의 풍성함을 알게 하고자 하셨을지라도 … (무슨 말을 하리요)"[275]

(2) 분사 "하고자 하사"가 원인을 나타낼 수도 있다. 이러한 경우에, 이 분사에

274. 그러한 구문은 그리스어에서 드물지 않으며(LSJ, 481) 신약 다른 곳에서 발견된다(눅 19:42; 요 6:62; 행 23:9).
275. S-H; Prat, *Theology*, 1.257; Fitzmyer; NASB를 보라.

걸리는 22a절의 두 개의 부정사는 본질적으로 23절의 목적절과 병행이 되고, 이 셋 모두가 진노의 그릇들을 참으심으로 관용하시는 하나님의 목적을 다음과 같이 요약하게 될 것이다.

"(그러나) 만일 하나님이,
[1] 그의 진노를 보이시고
[2] 그의 능력을 알게
하고자 하시기 때문에
멸하기로 준비된 진노의 그릇을 오래 참으심으로 관용하시는 것이라면,
[3][그가 하고자 하시므로 이를 행하는 것이] 또한[*kai*] 영광 받기로 예비하신 바 긍휼의 그릇에 대하여 그 영광의 풍성함을 알게 하고자 하셨을지라도 … (무슨 말을 하리요?)[276]

이 대안들 가운데 하나를 결정하기란 어렵다. 전자는 22a절의 목적 진술이 23절의 목적 진술과 그 위치와 구문을 달리한다는 점에서 유리하다. 그러나 두 번째 해석이 17-18절과 더욱 자연스러운 병행을 이루기 때문에 문맥상 더 잘 맞는다. 바로의 경우 외에도 진노의 그릇의 경우, 하나님은 그분의 영광을 더욱 장엄하게 드러내 보일 수 있도록 최후의 심판을 보류하신다. 이러한 이유에서 나는 두 번째 해석을 더 낫다고 본다. 나는 이 구절들의 구문에 대한 나의 결론을 다음과 같이 의역하고자 한다. "만일 하나님이 멸하기로 준비된 진노의 그릇을 오래 참으심으로 관용하신 것이 사실이라면, 그가 그렇게 하신 목적이 그의 진노를 보이시고 그의 능력을 알리시기 위한 것이었고 - 특별히[277] - 영광 받기로 예비하신바 긍휼의 그릇에 대하여 그 영광의 풍성함을 알게 하고자 함을 너희가 깨닫는다면 어찌 반론을 제기할 수 있겠는가?

276. Calvin; Murray; Cranfield; Wilckens; Schreiner; Byrne; 동일 저자, "Sons of God," 136; Piper, *Justification of God*, 188; C. Müller, *Gottes Gerechtigkeit*, 31-32; KJV; CEB를 보라. Dunn은 이 분사가 단순히 묘사적인 것일 수 있다고 생각한다.

277. 23절을 여는 καί와 이 구절의 목적절이 22절에 나오는 목적의 부정사들과 떨어져 있는 것이 특히 23절을 강조한다(Dunn).

그래서 22절에서 바울이 되풀이하고 있는 요점은 17절에서 하나님이 바로를 상대하시는 것에 관한 것임을 밝히는 것이다. 이는, 하나님이 자기와 긍정적인 관계를 맺지 못한 자들에게 자신의 성품과 능력을 더욱 크게 선보이기 위해서 역사하신다는 것이 그것이다. 출애굽기의 배경을 보면 하나님이 바로를 일으켜 세우신 것이 그의 능력과 이름을 널리 알리는데 어떻게 기여했는지를 분명히 보여준다. 즉, 바로의 완강함은 하나님이 그의 목적을 확고히 하시도록 이적에 이적을 거듭하도록 했다는 것이다. 그러나 진노의 그릇에 대한 하나님의 참으심과 관용하심은[278] 하나님의 진노와 능력을 드러내시는 목적에 어떻게 기여했는가? 바울은 다른 두 곳에서 "참으심"(makrothymia)을 하나님께 돌리는데, 두 군데 모두에서 그 참으심에 관하여 긍정적인 목적으로, 즉 회개의 기회를 주시는 것으로 가정한다(롬 2:4; 딤전 1:16절). 그렇다면 바울은 하나님의 진노와 능력을 선보이시는 것은 부정과 긍정의 측면을 모두 지닌 하나의 역사적 과정으로 생각하고 있는지도 모른다. 이는, 하나님이 최후 심판을 보류하고 참으심이 하나님으로 역사의 과정들을 통해 죄를 향한 그의 분노를 드러낼 수 있게 했으며(1:18절에서 나오는 뜻일 것이다), 동시에 더욱더 많은 사람에게 복음의 구원 능력을 알 수 있도록 하셨다는 것이다.[279] 하지만 바울은 여기서 하나님의 진노와 능력의 계시를 최후 심판 때 일어나는 것으로 볼 수도 있다(그가 늘 그렇게 하듯이, 예를 들어 롬 2:5절을 보라). 이런 경우에 여기서 하나님이 참으시는 목적은 그 피조물들의 패역함이 더욱 기승을 부리도록 허용해서 그분의 궁극적인 승리가 더욱 영광스럽고 또한(아마도 우선적이겠지만) 하나님 자신이 선택하신 자들에게 긍휼을 베풀 기회를 주시려는 데 있기도 할 것이다(23절).[280] 이러한 해석은 22a절에서 분사 "wishing"의 원인적인 의미에 더욱 잘 맞는다(위를 보라). 더욱이 이 해석은 바울이 이 구절들에서 진노의 그릇과 긍휼의 그

---

278. 동사 φέρω(ἤνεγκεν는 φέρω의 제2부정과거이다)는 여기서 "인내하다(endure)"와 "참고 견디다(put up with)"의 의미를 가지고 있다. Josephus, *Ant*. 7.372; 17.342; 히 12:20; 13:13을 보라; BDAG를 참조하라. ἐν πολλῇ μακροθυμίᾳ라는 문구는 부사적인 것인데, 하나님께서 진노의 그릇에 "매우 끈기 있게" 참고 견디셨다는 것이다.

279. δύναμις("능력")라는 단어는 본 서신의 논제 진술(1:16)에서 복음과 연결된다.

280. 대부분의 유대교 문헌들은 이와 비슷한 개념을 증명하는데, 특히 4 Ezra 7:72-74; 2 Macc. 6:12-14; Wis. 15; Pss. Sol. 13; 1QH 15:14-20를 보라. 이 견해를 옹호하는 자들로는 Calvin; Kuss; Wilckens; Schreiner; Piper, *Justification of God*, 190-92를 보라.

릇 사이를 긋는 뚜렷한 대조와 더 잘 어울린다. 만일 우리가 진노의 그릇이 긍휼의 그릇과 궁극적으로 같은 운명을 가질 수 있을 것으로 가정한다면, 이러한 대조는 부당하게 축소될 것이다. 우리는 이 시점에서 하나님이 엄격한 공의 가운데 인간의 타락 이후 즉각적으로 인류 전체에 정죄의 선고를 집행하실 수 있었다는 점을 잊어서는 안 된다. 하나님이 패역을 일삼는 세상에 그의 진노를 쏟지 않고 기다리신 것은 오직 그의 지혜로우시고 사랑이 묻어난 계획을 완수할 수 있도록 하는 오래 참으신 덕분에 그러한 것이다.

그러나 하나님의 참으심으로 관용하시는 대상인 "진노의 그릇"은 어떠한가?[281] 하나님의 참으심이 그들이 회개하게 될지도 모르는 목적을 위한 것인가?[282] 진노의 그릇을 묘사하는 "준비된"(prepared)의 분사를 우리가 어떻게 해석하느냐에 많은 것이 달려 있다. 이는 바울이 그 "준비"를 누가 했는지 우리에게 알려주지 않기 때문이다. 많은 주석자들은 하나님이 바로를 "세우시고" 완악하게 하신다는 17-18절과, "예비하신"의 주어가 하나님이신 것이 분명한 23절과의 병행에서 하나님이 이 "준비"를 하시는 분이라는 점을 분명히 한다고 주장한다.[283] 그러므로 "멸하기로 준비된"이라는 문구는 진노의 그릇을 영원한 멸망에 맡기시는 하나님

281. *σκεύη ὀργῆς*. 소유격 *ὀργῆς*는 아마도 수량의 소유격이지(BDF §165; N. Turner, *Syntax*, 213) 목적의 소유격은 아닐 것이다("진노를 받게 된 그릇"; Hodge; Murray를 보라). 롬 1:18은 하나님의 진노가 심지어 이러한 개개인들에게 머물러 있음을 명확히 하는데, 이에 대한 반대 견해로 예를 들어 S-H의 경우 "하나님의 분노를 살만한 그릇"으로 번역한다. 바울은 *σκεῦος*를 "사람," 특히 그 사람의 신체라는 잘 알려진 의미로 그 단어를 사용한다(행 9:15; 고후 4:7; 살전 4:4 [?]을 보라). 일부 해석자들은 이 문구가 "하나님의 진노를 초래하는 동인"을 의미할 수 있는 것으로 본다(예를 들어 Munck, *Christ and Israel*, 67-68; Hanson, "Vessels of Wrath," 433-43을 보라; Gaventa, "On Calling-into-Being," 266-67을 보라). 하지만 이러한 견해는 바로 뒤에 이어지는 "멸하기로 준비된"의 설명과 일치하기는 어렵다.

282. 예를 들어 Chrysostom; Cranfield; Dunn; Jewett; Kruse; F. Maier, *Israel in der Heilsgeschichte*, 431; Farrelly, *Predestination, Grace and Free Will*, 54-60을 보라.

283. 예를 들어 Calvin; Käsemann; Kuss; Kruse; D. B. Wallace, *Greek Grammar*, 417-18; Pfleiderer, *Paulinism*, 1.245-50; Piper, *Justification of God*, 194; Räisänen, *Idea of Divine Hardening*, 82를 보라. G. Maier (*Mensch*, 381)는 1QH 15:12-22를 지목하는데, 여기서 히브리어 단어 כון(이 단어는 LXX에서 세 번이나 *καταρτίζω*로 번역된다)은 하나님의 명령을 가리켜서 사용된다. 하나님이 이 분사의 동작의 주어라고 추정하는 일부 사람들은 바울이 영원한 운명이 아니라 역사적 역할에 관하여 말하고 있는 것으로 생각한다(예를 들어 Beyschlag, *Paulinische Theodicee*, 60-69; Munck, *Christ and Israel*, 69가 그것이다).

의 영벌 조치를 가리킬 것이다.[284] 하지만 다른 학자들은 중요한 것은 23절에 나오는 긍휼의 그릇에 관한 묘사와 여기서 보는 진노의 그릇에 관한 묘사의 차이라고 주장한다. 23절에서 "예비하신"이라는 능동태 분사를 사용한 것과 대조적으로, 바울은 여기서 하나님을 선명하게 이끌어내지 못하는 중간 수동태 분사를 사용한다는 것이다.[285] 결정하기란 어렵겠지만, 우리는 바울이 선택한 동사의 형태를 존중하고 그 "준비"에 관한 책임소재가 누구에게 있는지에 대하여 바울이 의도적으로 그 문제를 미결로 남겨두었다는 것으로 결론짓기를 조금 더 선호한다.

23 내가 위에서 주장했듯이, 이 구절은 하나님이 진노의 그릇을 참으심으로 관용하시는 세 번째이자 절정이 되는 목적을 표현한다. 하나님이 패역을 일삼는 피조물에게 언제라도 정당하게 내려질 수 있는 최후의 심판을 유보하셨는데, 이는 그의 진노와 능력을 더욱 영광스럽게 드러내 보이시고자 했을 뿐만 아니라(22a절), 특히 "그 영광의 풍성함을 알게 하고자[286] 영광 받도록 예비하신 바 긍휼의 그릇에 대하여[287] 드러내고자 했기 때문이기도 하다. 하나님이 완악하게 하시는 결정의 궁극적인 목적은 긍휼이다. 그러나 하나님의 긍휼하심은 이 문맥에서 분명히 차별적인 것이지 보편적인 것이 아니다. 즉, 어떤 자는 긍휼히 여기심을 받고(18절), 이 긍휼의 "그릇"은 하나님이 택하시고(15-16절), 다른 이들은 진노의 그릇으로 완악하여 진다(18절). 그러므로 우리는 하나님이 어떤 자에게 긍휼을 베푸

284. 예를 들어 Schreiner를 보라. 그리스어 단어 ἀπώλεια "멸망"은 늘 바울이 최종적인 정죄를 가리킬 때만 사용하는데, 빌 1:28; 3:19; 살후 2:3 (아마도); 딤전 6:9 (아마도)에 나온다. 그리고 롬 2:12; 고전 1:18; 고후 2:15; 4:3에 나오는 동의어 동사 ἀπόλλυμι를 보라. 개인의 영원한 운명을 함축하고 있는 이 단어가 빌 1:28; 고전 1:18과 고후 2:15에서 나오는 구원과 대조되는 것으로 미루어보아 특히 확실하다.

285. 이러한 해석을 채택한 학자들 가운데 (1) 분사를 함축된 동작의 주어로 사탄(Lenski), 그들의 죄(Chrysostom; Haldane; Godet; Morris), 또는 "그들 자신의 회개하지 않음"(Wesley)으로 보거나 (2) 분사를 중간태로 "딱 들어맞는" 개념(Witherington/Hyatt; Prat, *Theology*, 1.257)으로 보거나, 아니면 (3) 단순 형용사(Tholuck; Lagrange; Harrison; Jewett)로 보는 것이다.

286. 소유격의 τῆς δόξης에 질적인 의미 - "영광의 풍성함" - 를 부여하고 싶어지지만, 바울의 다른 글에서와(특히 롬2:7, 10; 3:23; 5:2; 8:17, 18, 30) 이 문맥에서(23b절) 나오는 "영광"에 대한 중요한 개념은 단어의 독립적인 보전을 요구한다. 아마도, 소유격은 보충 설명이나 구분을 나타내는 것으로, 이는 "풍성함, 즉 영광" 또는 "풍성함, 특히 영광으로 이루어지는 것"이다. 이 문구는 특히 예전에서 표준적인 표현이었을지도 모른다(엡 1:18; 골 1:27 [빌 4:19에서 "영광 가운데 풍성함"]).

287. 22절에서 비교되는 문구 σκεύη ὀργῆς의 ὀργῆς와 같이, ἐλέους는 질적의 소유격일 것이다.

시는 목적을 극적으로 부각하므로 다른 자들에게 내리시는 진노의 현실성과 최종성을 상쇄시켜서는 안 된다. 바울은 다른 본문에서나 마찬가지로 여기서도, 어떤 사람들이 하나님의 긍휼을 입고 구원을 받는가 하면, 다른 사람들은 그 긍휼을 입지 못하므로 인하여 영원히 정죄를 받게 됨을 분명히 한다.[288] 그리고 그 긍휼을 받지 못하는 자들이 긍휼 받기를 거부하는 이유는 결국 하나님이 직접 그들을 완악하게 하시기 때문이듯이, 그 긍휼을 받고 그 결과인 영광을 경험하는 자들이 긍휼과 영광을 얻는 이유는 하나님이 직접 "그들을 예비하셨기" 때문이다.[289] 그러므로 "예비하신"은 8:29절에 나오는 "미리 정하다"라는 단어와 같은 것임을 나타내는데, 이는 하나님이 영원 전에 그의 주권적인 계획으로 선택하신 특정한 개개인들에게 긍휼을 베풀고자 하신 결정이 그것이다.[290]

14-23절은 바울의 논의에서 일종의 삽화이면서, 이 장에서 바울이 가르치는 것에 대한 우리의 이해와 하나님에 대한 개념에 중요한 기여를 한다. 하나님은 누가 그의 백성이 될지를 주도적으로 결정하시는 것에 대해 바울이 강조하는 것은 하나님을 불의한 폭군으로 만든다는 비난 앞에서도, 바울은 한 발짝도 물러서지 않는다. 오히려 그는 공세를 지속하여 사람들의 삶을 좌우하는 선택을 하시는 하나님의 구속력 없는 자유에 대한 바울의 가르침을 강화한다. 바울은 자신이 말하는 선택이 역사적인 역할들뿐만 아니라, 영원한 운명과도 관련이 있음을 더욱 분명히 하기도 한다. 따라서 이 본문은 무조건적 선택의 교리를 더욱더 뒷받침한다 (롬 8:28-30을 보라). 이에 반해, 영벌 교리에 관한 뒷받침은 상대적으로 덜 명확하다.

---

288. 이를 강조하지 않을 수 없음은 이에 반대하는 학자가 있기 때문인데, 이들은 Barth(*Shorter*, 116-23), Cranfield(예를 들어 2.496-97를 보라)이 있고, Dunn(2.559-61)은 하나님의 긍휼하심이 모든 논의의 핵심인 것을 주장하면서, 바울이 결국 "진노의 그릇"이란 없음을 암시하고 있다고 제안한다. 궁극적으로 모두가 하나님의 긍휼을 입는 수혜자이며, 이에 따라 구원을 받는다는 것이다. 바울이 이 대목에서 하나님의 긍휼을 확연하게 강조하고, 심지어 하나님의 목적을 부각하는가 하면(23절), 그는 또한 하나님의 긍휼을 입는 자와 그렇지 못한 자들을 신중히 구분한다. 사실상, "긍휼"이라는 단어가 등장하는 모든 곳마다 다른 사람들과 대조하여 일부 개인들에게 분명히 한정되기는 한다(15-16, 18, 23절). 물론 이 학자들은 롬 9-11장에서 클라이맥스라고 보고 있는, 즉 하나님이 "모든 사람에게 긍휼을 베풀려 하심"(11:32)이라는 단언에 크게 의존하고 있다. 하지만, 이 단언은 보편적인 진술이 아니므로(나의 석의를 보라), 이 주를 9:6-29에 도입하데 사용할 수는 없다.

289. 동사는 προετοιμάζω이다; 엡 2:10도 보라.

290. 예를 들어 Käsemann; Murray를 보라.

본 장의 이 부분에서 불신하는 이스라엘에 대한 암시는 약소하지만 분명하다. 그토록 많은 유대인이 복음을 받아들이지 않은 것은 하나님이 받아들이지 못하도록 하셨기 때문이다. 즉, 바로에게 그렇게 하셨던 것과 같이, 하나님이 그들을 완악하게 하셨고, 그래서 그들은 현재 하나님의 진노가 임하는 그릇이라는 것이다.

3. 하나님의 새 백성을 부르심: 이스라엘과 이방인(9:24-29)

24 [이 그릇은] 우리니 곧 유대인 중에서뿐 아니라 이방인 중에서도 부르신 자니라
25 호세아의 글에도 이르기를 내가 내 백성 아닌 자를 내 백성이라, 사랑하지 아니한 자를 사랑한 자라 부르리라
26 너희는 내 백성이 아니라 한 그 곳에서 그들이 살아 계신 하나님의 아들이라 일컬음을 받으리라 함과 같으니라[a]
27 또 이사야가 이스라엘에 관하여 외치되 이스라엘 자손들의 수가 비록 바다의 모래 같을지라도 남은 자만 구원을 받으리니
28 주께서 땅 위에서 그 말씀을 이루고 속히 시행하시리라 하셨느니라[b] [291]
29 또한 이사야가 미리 말한 바 만일 만군의 주께서 우리에게 씨를 남겨 두지 아니하셨더라면 우리가 소돔과 같이 되고 고모라와 같았으리로다 함과 같으니라[c]

a. 호 2:23; 1:10b / b. 사 10:22-23 / c. 사 1:9

이 구절들은 14-23절의 부록 이후, 6-13절의 주제로 되돌아가는데, 이는 하나님의 부르심이 하나님의 참 백성을 포함하는 유일한 기준이라는 것이다. 이리하여 우리는 여기서 그 앞 문단의 특징적인 어휘들과 다시 마주한다. 즉, "하나님의 아들들"(26절; 8절 참조), "씨"(29절; 7절과 8절 참조), 그리고 특히 "부르시다"(24절과 26절; 7절과 12절 참조)가 그것들이다. 또 하나의 유사성은 바울이 그의 가르침을 입증하기 위해 구약에 부단히 호소한다는 점이다. 6-13절에서 바울은 그의 인용을 위

291. 상당히 많은 사본이 여기에 사 10:22-23에서 취해온 *ἐν δικαιοσύνῃ ὅτι λόγον συντετμημένον*, "in righteousness, for [the Lord will perform his] word that has been cut off"라는 단어들을 덧붙인다(ℵ의 2차 [비잔틴] 교정본, 서방 대문자 D, F와 G, Ψ, 그리고 대다수 본문); 몇몇 사본들은 *ἐν δικαιοσύνῃ*(81을 포함하여 몇 개의 소문자 사본)만을 덧붙인다. 더 긴 본문은 중자탈락으로 실수에 의해 생략됐을 수도 있지만(*συντέμνων*과 *συντετμημένον*의 유사점에 주목하라; Meyer, 2.100을 보라), 초기 필사자가 바울의 인용을 LXX에 동화시키므로, 구문을 다듬었을 가능성이 더 크다. 그래서 흔히 있는 일이지만, 초기 알렉산드리아 본문(ℵ[원본]와 B)은 초기 본문을 보존하고 있는 셈이다.

해 족장들의 이야기를 조사했는데, 이제는 선지자들에게로 시선을 돌린다. 아마 그것은 9:6b-29절에서 정경의 순서대로, 족장 내러티브에서(7-13절) 출애굽 사건들을 거쳐(14-18절) 선지자들의 시대로 나아가면서(21, 24-29절) 구약을 인용하려는 바울의 의도일 것이다. 또한, 바울은 성경을 인용하는 방식을 바꾸기도 하는데, 이는 앞 문단들에서는 바울이 구약의 인용문들 곳곳에 자신의 해석들을 끼워 넣었지만, 이제는 처음의 논제 진술을 확증하기 위해서 일련의 인용문들을(25-29절) 잇달아서 신속히 인용한다.

24-29절은 6b-13절의 주제를 다시 시작하지만, 6b-13절에서 바울이 말했던 것 그 이상으로 넘어가기도 한다. 이는 바울은 여기서 하나님이 그의 백성의 일원이 되도록 주권적으로 부르시는 자들 가운데 이방인을 분명히 포함시키기 때문이다. 하나님의 백성이 됨은 하나님의 부르심으로 이루어지지, 자연적 혈통으로 이루어지는 것이 아니다. 바울은 이 요점을 이제 논리적이고(1세기의 유대교의 관점에서 볼 때) 급진적인 결론으로 이끄는데, 이는 아브라함의 육적 혈통이라는 것이 하나님의 참 백성 안에 포함되는 것을 보증하지 않을 뿐만 아니라 반드시 필요하지도 않다는 결론이 그것이다. 14-23절은 삽입문과 같은 성격을 가지고 있음에도 불구하고, 하나님이 하고자 하시는 자들에게 긍휼을 베풀 수 있는 절대적 자유를 가지고 계시다는 것을 그토록 강렬하게 강조함으로써 이 결론에 도달할 수 있는 길을 마련한 것이다. 그러므로 24-29절은 바울이 하나님의 말씀에 신실함을 변호한 것을 절정에 이르게 한다. 복음에 응답한 유대인들의 소수는 이스라엘 백성의 남은 자만이 구원을 얻게 될 것이라는 선지자적 주장과 맞아 떨어진다. 그리고 구약에서 그리 분명하게 예언된 것은 아니지만, 이방인이 하나님의 종말론적 백성 내에 포함된 것은 성경에서 제시된 하나님의 성품과 행위들을 따른다.

24 이 구절을 여는 단어들은 구문상으로 이해하기가 어려우며, 22-23절과 24절 사이의 관계에 대한 문제들을 제기한다. 우리는 24절을 22-23절에서 시작된 문장의 연속으로 볼 수도 있거나,[292] 25절에서 계속되는 새로운 문장으로 볼 수도

292. NIV; NRSV; NASB를 보라. 이 문법은 두 가지 방식으로 설명될 수 있다. (1) 관계대명사(οὓς)의 선행사는 *σκεύη ἐλέους*("긍휼의 그릇")이고, *ἡμᾶς*("us")가 선행사의 동격일 수도 있다(관계대명

있다. 24절에서 부르심을 받은 자들은 23절에 나오는 "긍휼의 그릇"으로 분명히 확인되므로, 22-23절과 24절 사이에는 모종의 연결성이 유지되어야만 한다. 그러나 바울의 어순은 던(Dunn)이 여기서 "호흡 고르기"라고 말하는 것을 암시하며, 24절을 새로운 문장을(그리고 실제로 새로운 문단을) 시작하는 것으로 보는 것이 최선인 것 같다.[293] 23b-24절에서 하나님이 긍휼의 그릇들을 "예비하신"것과 하나님이 그들을 부르심으로 하나님 자신과[294] 관계를 맺도록 하시는 순서는, "미리 정하신 그들을 또한 부르시고"라는 8:30절의 문장과 비슷하다. 그러나 여기서 바울의 초점은 하나님의 부르심의 선행사들에 있는 것도 아니요, 그 부르심의 성격에 있는 것도 아닌, 바로 부르심의 범위에 있는데, 이는 하나님이 유대인들뿐만 아니라 이방인들도 하나님 자신과 관계를 맺도록 소환하신다는 점이 그것이다. 이것이 바울이 이어지는 구약의 인용문들로 뒷받침하는 요점이다.

25-26 이 인용문들은 24절의 마지막 단어들과 교차 대구적으로 관련이 있다.[295]

사의 격이 [선행사 *σκεύη*가 일반적으로 요구하게 될] 중성이 아니라 남성인 것은 *ἡμᾶς*에 동화되었기 때문으로 본다). 그러면 "영광 받기로 예비하신 긍휼의 그릇에 대하여 하나님이 또한 부르신 자는 곧 우리니, 유대인 중에서뿐 아니라 이방인 중에서도[부르신 것이니라]"라는 해석이 나온다(Cranfield, 2.497-98; Kuss, 3.733; Wilckens, 2.205를 보라). (2) *ἡμᾶς*는 *σκεύη*와 동격이고, *οὕς*는 *ἡμᾶς*에 걸리는 관계사절을 도입하는 것으로 볼 수도 있는데, 이는"영광 받기로 예비하신 긍휼의 그릇은 곧 우리니, 하나님이 유대인 중에서뿐 아니라 이방인 중에서도 부르신 자니라"로 해석된다(Moule, *Idiom Book*, 168; Barrett, 189).

293. NA[28]의 서식 설정; Dunn, 2.570; Käsemann, 273을 보라. 이 독법을 선호하는 것은 (1) 동사 *ἐκάλεσεν*("부르셨다")의 이중 목적어(*οὕς*, *ἡμᾶς*)로, 이는 24절이 *σκεύη*에 걸리는 관계사절이라면(앞서 나온 각주의 선택지 1로 하면), 선택하기가 어렵다. 그리고 (2) *οὕς*이 문장의 첫머리에 위치하는 것인데, *ἡμᾶς*가 이후 이 구절에서 그것의 선행사라면, 그 위치가 부자연스럽다(앞서 나온 각주의 선택지 2를 보라). 24절에 가장 근접한 바울의 구문은 고전 12:28인데, 이는 독립된 문장으로 *Καὶ οὕς μὲν ἔθετο ὁ θεὸς ἐν τῇ ἐκκλησίᾳ πρῶτον ἀποστόλους*…로 되어있다. 여기서도 우리는 관계대명사가 동사의 두 목적어 가운데 하나로 문장 첫머리의 근처에 위치해서 나온다(비록 *καί*의 다른 배치가 병행의 효력에 영향을 줄 수도 있지만 말이다).

294. *καλέω*의 이 의미에 관해서는 8:28에 나오는 주들을 보라.

295. Dinter, "Remnant of Israel," 109-10 참조.

A. 하나님이 유대인을 부르신다.	24절
B. 하나님이 이방인을 부르신다.	24절
B′. 하나님이 이방인을 부르심에 대한 구약의 확인	25-26절
A′. 하나님이 유대인을 부르심에 대한 신약의 확인	27-29절

이방인의 부르심에 대해 바울이 지지하는 구약의 인용은 "호세아의 글"에서 나온다.[296] 그는 25절에서 호세아 2:23(마소라 본문과 70인역에서는 2:25절)을 자유롭게 인용한 다음, 26절에서 70인역의 호세아 1:10a절(마소라 본문과 70인역에서는 2:1b절)을 문자 그대로 인용한다. 바울은 구절들의 순서를 바꾸고, 그가 2:23절에서 인용하는 두 절(clause)의 순서를 뒤집으며, 70인역이나 마소라 본문의 표현과는 다른 자구(wording)를 사용한다.

호세아 2:23b-d절 "내가 '긍휼히 여김을 받지 못하였던 자'를 긍휼히 여기며 '내 백성 아니었던 자에게 향하여' 이르기를 '너는 내 백성이라 하리니'"

바울 나는 '내 백성'이 아닌 자를 '내 백성'으로 부를 것이며, 내가 사랑하지 않은 자들도 "내가 사랑한 자"로 부를 것이다.

호세아 1:10절 "그러나 이스라엘 자손의 수가 바닷가의 모래와 같이 되어서 측량할 수 없고, 셀 수도 없으며, 그들에게 말씀하시기를 '너희는 내 백성이 아니라' 한 그곳에서 그들에게 이르기를 '너희는 살아계신 하나님의 아들이라' 할 것이라.

바울 "'너희는 내 백성이 아니라' 한 그곳에서, 저희에게 이르기를, 그들이 살아계신 하나님의 아들이라 일컬음을 받으리라."

이러한 차이는 바울이 이미 존재하는 인용구의 한 성경 주석집(catena)에서 이 말을 가져왔음을 암시할 수도 있지만, 이 이론은 썩 필요해 보이지는 않는다.[297] 주

296. 비록 소선지서 성경 가운데 하나의 이름이 즉시 붙는 방식으로 사용되는 경우는 없지만(소선지서들은 보통 한 권으로 합쳐진다), ἐν τῷ Ὡσηέ("in Hosea")는 랍비 문헌의 도입 공식과 걸맞다(예를 들어 Midr. Qoh. 13b 참조; Str-B, 3.272와 BDF §219[1]를 보라). C. Burchard는 "열두 선지서의 호세아 부분"으로 번역하자고 제안한다("Römer 9:25: ἐν τῷ Ὡσηέ," 131).

297. Michel과 Wilckens는 바울이 이미 존재하는 어떤 인용문집을 재인용하고 있을지도 모른다고

요 차이점 중에 하나는 바울이 히브리어와 그리스어에서 발견되는 보다 포괄적인 동사(generic verb) "말하리라(I will say)" 대신 "부르리라(I will call)"라는 동사를 사용했다는 점이다. 이는 바울이 인용구를 제시하는 요점과 정확히 일치하기 때문에 바울 자신이 바꾼 것임이 거의 확실하다는 것이다(24절의 "부르다"를 보라).[298] 호 2:23절의 인용문에서 절들(clauses)의 순서를 뒤바꿈으로써, 바울은 이 동사를 그가 합성한 인용문의 첫머리에 놓을 수 있다. 인용문의 끝에서 같은 동사가 "그들이 살아 계신 하나님의 아들이라 일컬음을 얻으리라"로 나와서 바울의 강조가 어디에 놓이는지를 분명히 지시한다.

그러나 바울 편에서 자의적인 해석학처럼 보이는 잠재적으로 더욱 심각한 사례로는 그가 이 호세아 본문들을 이방인의 부르심에 적용한다는 점이다. 이는 호세아 선지자가 반역하는 북쪽의 이스라엘 지파들을 향해 하나님의 긍휼에 대한 회복을 예언하고 있기 때문인데, 이는 하나님이 버리시고 "로-루하마"(*lō-ruḥāmâ*), 즉 "긍휼함이 없는"과 "로-암미"(*lō-'ammî*), 곧 "내 백성이 아닌"(호세아의 자녀에게 주어진 상징적인 이름들[1:6-9절])으로 일컬어지는 자들이 다시 긍휼히 여기심을 얻고 하나님의 백성으로 입양된 것이다. 만일 호세아가 그의 예언 가운데 이방인을 포함하려고 한다거나,[299] 바울이 호세아 본문을 유대인의 부르심에 적용한다면 그 난제를 피할 수도 있다.[300] 그러나 전자는 그럴 것 같지 않은데, 바울이 27절에서 이사야서를 인용하는 그 서두에 이스라엘을 명시적으로 지시하는 것은 바울이 호세아서의 인용구를 이방인의 부르심에 적용하려 함을 암시하는 것이다. 다른 학

제안한다. 이에 대한 답으로 Koch, Schrift, 104-5, 166-67; Stanley, *Paul and Language of Scripture*, 109-13; Käsemann; Dunn을 보라. 그러나 벧전 2:10에서 이방인 그리스도인들에게 호 2:23의 비슷하게 적용되는 것은, 본문이 초기 기독교에서 표준적인 증거 본문이었을 수도 있음을 암시한다(Dodd, *According to the Scriptures*, 75를 보라).

298. 바울의 인용문과 다수파 LXX 전승 사이의 또 다른 차이점은 25b에서 동사 ἐλεέω("긍휼히 여기다")가 아니라 동사 ἀγαπάω("사랑하다")를 사용하고 있다는 점이다. 바울이 이렇게 대체하고 싶어 할 만한 이유를 찾기란 어려운데, 특히 그가 이전의 문맥에서 긍휼에 대한 개념에 지대한 관심을 쏟았기 때문이다. 그래서 바울이 그의 본문에서 동사 ἀγαπάω가 쓰인 것을 발견했을 가능성이 있다(사본 B는 이 동사로 읽는다). 반면에 Lindars는 바울이 히브리어에서 독자적으로 번역을 한 것이라고 생각한다(*New Testament Apologetic*, 243).

299. Calvin을 보라.

300. Zahn; Battle, "Paul's Use," 115-29. Beale(*New Testament Biblical Theology*, 705-8)은 바울이 유대인과 이방인 모두를 포함시키는 것을 지지하기 위해 호세아를 인용한다고 제안한다.

자들은 바울이 어떤 유비를 암시하는지도 모른다고 생각하는데, 하나님이 이방인을 부르심은 하나님이 약속하신 북쪽의 열 지파를 새롭게 하시는 동일한 원리에서 이루어지는 것이다.[301] 그러나 이 제안에는 뭔가 있을 수도 있지만, 성경적-신학적인 더 큰 틀을 고려할 때, 어쩌면 우리는 바울이 왜 이 본문들을 이방인에게 적용했는지를 확인해볼 수 있을 것이다. 바울이 인용한 호세아서 구절들의 더 큰 맥락 가운데 있는 몇 가지 세부사항들은 아브라함과의 약속이, 곧 온 열방으로 이어지는 약속을 함축한다.[302] 그러므로 바울은 결국 이방인들을 포함하도록 하나님의 백성이 확장됨에 따라 더 큰 성경 궤적의 일부분으로 호세아서의 이 본문들을 읽어야 할 합당한 이유를 발견하게 되는 것이다.[303] 게다가 바울이 이 본문들을 사용함으로써 유대인의 사상에 그토록 뿌리 깊게 놓인 유대인과 다른 백성들 사이의 장벽을 허물려는 바울의 노력이 진척될 수도 있다.

바울의 지리적인 표현이 나오는 호세아 1:1절의 인용구 - " … 한 그곳에서" - 는 좀처럼 종잡기가 어렵다. 호세아서에서 이 말들은 아마 이스라엘의 유배지를 가리킬 것이다. 즉, 하나님이 포로 된 유대인들에게 "너희는 내 백성이 아니라"고 말씀하신 "그곳에서" 하나님은 다시 그들을 끌어안기 위해 개입하시리라는 것

301. 예를 들어 S. Johnson, "Evidence from Romans 9-11," 207-10; Aletti, *Comment Dieu est-il juste?* 219-22를 보라. Hafemann은 바울이 도입 공식에서 ὡς("as")를 사용하는 것은 그러한 유비가 존재한다는 신호일 수도 있다고 제안한다("Salvation of Israel," 47).

302. 바울이 인용한 구절 바로 다음에 나오는 호 1:10은 "그러나 이스라엘 자손의 수가 바닷가의 모래 같이 되어서 헤아릴 수도 없고 셀 수도 없을 것이며"로 읽는다. "바닷가의 모래"(LXX ἡ ἄμμος τῆς θαλάσσης[LXX에서는 2:1])는 창세기에 나오는 아브라함과 족장의 몇몇 약속 본문들에서 사용된 표현과 비슷한 문구이다(특히 21:17에 τὴν ἄμμον τὴν παρὰ τὸ χεῖλος τῆς θαλάσσης; 32:13과 41:49에 τὴν ἄμμον τῆς θαλάσσης를 보라; 13:16도 보라). 이는 다음으로 이어지는 구약의 인용문(사 10:22)에서 발견되기 때문에 바울이 이러한 표현을 심중에 두었다고 생각하는 것은 타당하다. 즉, "이스라엘이여 네 백성이 바다의 모래 같을지라도[ἡ ἄμμος τῆς θαλάσσης], 남은 자만 돌아오리니"가 그것이다(Aageson, "Scripture and Structure," 273; Lindars, "Old Testament and Universalism," 515-16).

303. 예를 들어 D. Moo, "Paul's Universalizing Hermeneutic," 71-72, 76; Kuss; Dunn, 2.572; Schreiner; Ellis, *Paul's Use*, 122; Hübner, *Gottes Ich und Israel*, 56-57을 보라. 이는 그리스도에 대한 바울의 신념이 그를 구약 본문의 의미를 제대로 보는 눈을 멀게 한 것이 아니라(반대 견해로 R. Hays, *Echoes*, 67), 그리스도에 대한 하나님의 최종 계시가 구약 본문을 해석하고 적용하도록 하는 새로운 해석학적 열쇠를 그에게 쥐어준 것이다. Schoeps(*Paul*, 240)는 일부 랍비들이 이 호세아서 본문들을 개종자의 회심에 적용했음을 언급한다(Pesiq. Rab. 87b을 보라).

이다.[304] 만일 바울이(그 말을 단순히 그가 인용하는 본문의 일부분으로 보존하는 것이 아니라)[305] 그 표현에서 어떠한 특별한 의미를 찾는다면, 필시 비슷한 적용을 의도하겠지만 이번에는 이방인에 대한 적용을 언급하는 것으로, 흩어지는 땅인 유배지에서 하나님이 직접 한 백성을 부르실 것이다.[306]

27-28 호세아가 이방인의 상황에 대하여 암시적으로 말한다면, 이사야는 "이스라엘에 관하여[307] 외치되[308]"라고 아주 단도직입적으로 말한다. 바울은 27-28절에서 이사야 10:22-23절을 인용한다. 그의 인용한 본문은 대체로 70인역에서 나오며, 언급할 가치가 있는 예외는 두 개밖에 없다.[309] 첫째, 70인역(그리고 마소라 본문)에서 첫 번째 절clause에 나오는 동사의 주어는 "이스라엘 백성"이지만, 바울의 구절에는 "이스라엘 자손들의 수"이다.[310] 바로 이 문구는 호세아 1:10절(바울이 금방 인용한 구절)에서 등장하며, 바울의 의역은 이 두 본문의 병치를 강조하기 위한 재치 있는 방법이다. 둘째, 28절에서 바울은 이사야 10:22b-23a절의 70인역에서 발견되는 여러 단어를 생략한다. 바울의 그리스어 텍스트에는 이 단어들

304. Keil, *Twelve Minor Prophets*, 46.
305. 예를 들어 Fitzmyer가 주장하는 것처럼 말이다.
306. 예를 들어 Godet을 보라. Munck는 바울이 임박한 이방인의 예루살렘 집결을 이스라엘이 최후에 다시 모이게 되는 신호의 의미로 본다는 견해를 대중화시켰다. 그는 바울이 여기서 예루살렘을 이방인의 부르심을 받는 장소로 일치시키고 있다고 생각한다(*Paul*, 306-7; 동일 저자, *Christ and Israel*, 72-73). 하지만 Munck의 이론은 오래가지 못한다(Käsemann, 274와 11:12에 관한 해설을 보라). 바울이 지리적인 언급들에 부여할 수 있는 의미는 그가 ἐκεῖ라는 단어를 그가 인용한 본문에서 발견했는가의(A에서는 이 단어가 나온다) 여부에(B와 Q에서, 그리고 Ziegler의 Isaias에서는 이 단어가 생략됐다) 의해서 크게 좌우된다.
307. ὑπέρ. R. Hays는 여기서 전치사의 통상적인 의미를 유지하고자 하는데, 이는 이사야가 이스라엘을 "대신하여" 외치기 때문이다(*Echoes*, 68). 그러나 이곳은 ὑπέρ가 "관하여"라는 περί의 언어 영역을 침범하여 나오는 많은 곳 중에서 하나일 가능성이 더 높다(Moule, *Idiom Book*, 65)
308. κράζει. 이 동사는 강도와 긴박함의 의미가 함축되어 있다(Dunn).
309. 사소한 차이점들은 다음과 같다. (1) 바울은 LXX의 κατάλειμμα 대신에 ὑπόλειμμα를 사용한다. 이 단어들은 동의어이므로(V. Herntrich, *TDNT* 4.195를 보라), 상호 변경되어 사용되는 것은 중요치 않다. (2) 바울이 사 10:23(28절)의 끝부분에서 선택한 단어는 LXX에서 나오는 ποιήσει ὁ θεὸς ἐν τῇ οἰκουμένῃ ὅλῃ와 다르다. 바울의 어투가 사 28:22의 …. ἃ ποιήσει ἐπὶ πᾶσαν τὴν γήν에 동화된 결과 때문일지도 모른다. 바울의 관심은 사 10:23과 한 쌍의 동사인 συντελέω와 συντέμνω를 공유하고, 바울이 바로 근접 문맥에서 인용하는 단락에서 나왔기 때문에, 쉽사리 이 구절로 끌릴 수 있다(33절을 보라).
310. ὁ ἀριθμὸς τῶν υἱῶν Ἰσραήλ.

이 없었던 것일 수도 있지만,[311] 그가 본문에서 도출하고자 했던 요점에 필수적인 것은 아니었기 때문에 일부러 생략한 것일 수도 있다.

이사야가 "이스라엘에 관하여 외치는" 것을 인용한 바울의 목적은 하나님이 유대인을 자기 백성이 되도록 부르신 것에 대한 구약의 증거 본문을 단순히 인용하려는 것이 아니고, 그것이 주목적이지도 않다 - 그런 취지라면 그런 증거는 거의 필요치 않았을 것이다. 오히려 바울의 목적은 하나님이 그의 "긍휼의 그릇"을 유대인 가운데서 부르신다는 진리를 세우는 것이다. 그럼으로써 그는 이 단원을 시작했을 때와 같은 분위기로(6b-13절), 즉 하나님이 민족적 이스라엘 가운데서 일부만을 선택하여 그의 진정한 영적 이스라엘로 삼으심을 구약 자체가 증명하는 어조로 끝낸다. 바울은 이런 방식으로 이스라엘에 대한 하나님의 약속들과 유대 그리스도인들의 수가 적음을 일치시킨다(6a절을 보라).[312] 이스라엘 가운데서 택하시는 하나님의 선택적 진리를 확립하기 위해, 바울은 구약의 중요한 "남은 자" 사상을 기술하고 있는 이사야에서 본문들을 인용한다. 특히 선지자들 특징이라면, "남은 자" 교리에는 심판의 말씀과 소망의 말씀이 모두 담겨있다.[313] 이 심판은 "이스라엘 지손들의 수가 바다의 모래 같을지라도," 오직 "남은 자만 구원을 받으리니"라는 사실에 있다. 여호와께서 이스라엘과 맺은 언약이 백성 전체의 정치적 온전함과 영적 생명력을 보장해 준다는 확신으로 우쭐대는 것과 대조적으로, 여호와께서는 선지자들을 통해 백성 전체의 파멸을 선언하신다. 히브리어 원문에는, 이 심판의 어조는 22절과 23절의 끝에서 들려온다. 즉, "압도하는 공의로 파멸이 선포되었도다. 주 만군의 여호와께서 온 땅에 명하신 파멸을 행하시리라." 바울은 로마서에서 그토록 눈에 잘 띄는 "의"에 대한 언급으로 이 본문에 이끌렸을 법하다(그리고 이 문맥에서; 9:3-10:8절을 보라).[314] 하지만 바울이 이 인용구로 말하고자 하는 의도가 무엇인지 알기란 어렵다. 70인경의 의역과 이 표현의 의미는 불확실하

311. Koch, *Schrift*, 82-83.

312. Koch, *Schrift*, 279-80을 보라.

313. 구약의 "남은 자" 사상에 관하여 특히 Hasel, *Remnant*를 보라. Clements는 사 7:3-9가 이사야서에서 나오는 "남은 자" 본문의 근간이며, 이 본문이 믿음의 중심성을 명백히 강조하고 있음을 지적한다(9절). 그는 바울이 "남은 자" 사상을 적용하는 내내 이 본문을 염두에 둘 수 있다고 제안한다("'Remnant Chosen by Grace,'" 108-18).

314. Wright.

지만, 히브리어 텍스트에서 명백한 심판의 개념은 바울에 의해서도 의도됐을 것이다. 즉, 하나님께서 [심판의] 말씀을 시행하시는데, 완전하게[315] 그리고 단호하게[316] 시행하시리라는 말씀이 그것이다. 그러므로 바울을 위해서도 남은 자 교리는 "이스라엘에게서 난 그들이 다 이스라엘이 아니요"(6b절)라는 이스라엘에 대한 그의 심판의 말씀을 확인해 준다.[317]

선지자적인 남은 자 교리에서 발견되는 소망의 어조는 하나님의 백성이 저지르는 만연한 불순종에도 불구하고, "남은 자는 구원을 받으리니"라는 하나님의 약속으로 되어있다.[318] 남은 자를 보존하시는 하나님의 약속은 그의 백성이 아무리 불신했을지라도, 그의 백성에게 변치 않고 신실하실 것임을 알려 준다. 바울이 남은 자 교리에서 우리로 이 어조를 들었으면 하는 것은 이 인용문들과 24절 사이를 연결하는 지점에서 분명히 나타나고, 또한 11장에서 남은 자에 관한 가르침을 전개하는 점에서도 분명히 나타나는데, 여기서 남은 자의 존재는(11:1-10절), 그가 시사하는바, 이스라엘의 미래에 관한 소망으로 가득하다는 것이다(특히 11:16a절을 보라).[319]

---

315. *συντελῶν*.

316. *συντέμνων*. *συντελῶν*라는 단어는 의심의 여지 없이 "완료"의 개념을 지니지만, *συντέμνων*의 의미는 어렵다. 이 단어는 신약에서만 등장하는 동시로, LXX에서 7번밖에 쓰이지 않는다. 이는 "끊다," 또는 "단축하다"를 의미한다. 일부 해석자들은 여기서 암시된 목적어가 "시간"이라고 생각하는데, 그 요점은 하나님의 명령을 신속하게 실행하는 것이다(ESV; NET). 다른 해석자들은 이 암시된 목적어를 이스라엘로 보고, 하나님께서 이스라엘을 끊어내심으로(즉, 이스라엘을 남은 자로 만드심으로) 그의 말씀을 실행하신다는 것이라 제안한다(Calvin; Wilckens; Dunn [?]). 그러나 *λόγον*이라는 단어를 두 분사의 목적어로 보는 것이 더 나을 것 같다. 우리가 그렇게 본다면, "그 말씀을 끝내신다"는 생각도 아마도 그 말씀을 결정적으로 실행하신다는 것을 가리킬 것이다(대부분의 영역본을 보라; Cranfield; G. Delling, *TDNT* 8.64). 이는 의미상 히브리어에 밀접하기도 하다.

317. 이 본문에서 바울의 용법으로 심판적인 어조를 강조하는 것으로 Koch, *Schrift*, 145-49; Hubner, *Gottes Ich und Israel*, 57; Kasemann; Wilckens; Byrne가 있다.

318. Hasel은 사 10:22-23에서 구원과 심판이 모두 등장하는 것을 언급한다(*Remnant*, 330-31); V. Herntrich, *TDNT* 4.198도 보라.

319. 바울의 이사야 적용에서 소망에 대한 긍정적인 어조를 강조하는 것으로는 예를 들어 Dunn; Jewett; P. Richardson, *Israel*, 133; F. Mussner, "'Ganz Israel wird gerettet werden,'" 245-46; Dinter, "Remnant of Israel," 109-10; R. Hays, Echoes, 68; N. Elliot, *Rhetoric of Romans*, 266; Aletti, "Argumentation paulinienne," 50-52; Heil, "From Remnant to Seed," 703-20이다. 사 10:22에 관하여 마찬가지로 E. Seitz, "*λόγον συντέμνων*," 56-82를 보라.

29 바울의 인용문집catena은 이사야서에서 또 하나의 예언의 말씀으로 끝난다. 바울은 이사야 1:9절을 70인역 그대로 인용하는데, 이는 마소라 본문을 충실하게 번역해놓은 것이다. 의심의 여지 없이 바울의 관심을 이 본문으로 끌었던 것은 "씨seed"(sperma)라는 단어로, 7-9절에서 그토록 핵심적인 단어였다. 그렇지만 7-9절에서의 어조는 주로 부정적이었는데(모든 자손 가운데 하나님이 씨로 "삼으시는" 자만이 구원을 얻게 될 것임), 여기서는 그것이 긍정적이다. 즉, 하나님이 씨를 "남기신다"는 것은 이스라엘의 패역이 소돔과 고모라가 겪은 전멸을 용납하지 않겠다는 것을 의미한다. 이 결론적인 소망의 어조가 로마서 11장을 위한 길을 닦아놓는다.

C. 이스라엘의 곤경에 대한 이해: 구원사의 절정인 그리스도(9:30-10:21)

일견 바울의 논의에 대한 다음 주요 단계를 분리함에 있어서 장 구분을 따르는 것이 자연스러워 보인다. 11:1절에서 바울은 분명하게 새로운 화제로 넘어간다. 그리고 10:1절에서도 마찬가지일 텐데, 그 내용은 - "형제들아"(brothers and sisters) - 라고 독자들에게 직접 말하는 것이나, 이스라엘에 관한 관심의 표현으로 우리에게 9장의 첫머리를 상기시키는 것이다.[320] 그러나 우리의 일견이 이 경우에는 잘못되었는데, 그 보다 근본적인 단절이 9:30절에서 나타나기 때문이다. (1) "그런즉 우리가 무슨 말을 하리요?"라는 질문은 로마서에서 새로운 논의가 시작됨을 알리는 표시로 흔히 사용된다.[321] (2) 바울이 어휘를 바꾸는 것으로 초점을 바꾼다는 신호를 보낸다. "의"와[322] 같은 단어나, "믿음"/"믿다"와[323] 같은 단어들은 9:30-10:21절의 논의에 중심을 이루지만, 이 단어들이 9:1-29절과 11:1-36절

320. Gifford, 182; Viard, 222-23; Haacker, 202(에서는 9:30-33절을 전환 구절로 본다);Siegert, *Argumentation bei Paulus*, 115-16; Klappert, "Traktat," 72-73; Lambrecht, "Caesura,"141-47; Flebbe, *Solus Deus*, 273-74를 보라.

321. 4:1; 6:1; 7:7; 8:31; 9:14를 보라.

322. δικαιοσύνη에 관하여 9:30, 31; 10:3, 4, 5, 6을 보라.

323. πίστις/πιστεύω와 같은 표현은 9:30, 32, 33; 10:4, 6, 8, 9, 10, 11, 14, 16, 17에서 등장한다.

에서는 거의 빠져 있고,[324] (3) 9:30-10:21절의 통일성은 그 시작과 끝이 유사한 곳에서 더욱 드러난다. 9:30-32절과 10:20-21절 모두에서 바울은 이방인이 의외로 하나님의 백성 가운데 포섭되는 것을 이스라엘이 배제되는 것에 대조시킨다.[325]

"그런즉 우리가 무슨 말을 하리요?'라는 수사적 질문은 9:30-10:21절이(9:14-23절과 마찬가지로) 9:6-13, 24-29절에서 바울의 가르침의 주요 흐름에 의해 제기된 어떤 사안을 다루기 시작함을 나타낸다. 9:30b-31절에서 드러나듯이, 이 사안은 바울이 9:24-29절에서 간략하게 제시한 구원 역사의 놀라운 전환으로, 이전에는 "백성이 아니라" 했던 이방인이 이제는 하나님의 백성으로 들어오고 있으며, 축복과 함께 꽤 많은 특권을 받은 이스라엘은 그 특권에 따라 행동하므로 그리스도 안에서 구원을 경험하는 데 실패하고 있다는 것이다.[326] 바울이 이미 설명했듯이, 이 상황은 하나님의 주권적인 결정에 기인한다. 그러나 9:30-10:21절에서 그가 주장하는 바는 이것이 인간의 반응에 대한 결과이기도 하다는 것이다.[327] 그리스도 안에서 드러나는 하나님의 종말론적인 의는 믿음을 가진 이방인과, 불순종하고 불신하는 (일반적으로) 이스라엘에 의해 충족되었다. 그러나 바울이 이스라엘의 제외 문제를 지속 연구할 때, 이방인의 포섭(9:6-29에서와 마찬가지로) 부분이 계속해서 부차적인 주석으로 남게 된다.[328]

---

324. δικαιοσύνη("의")는 9:1-9에서나 11:1-6에서는 나타나지 않는다; 동사 πιστεύω("믿다")는 나오지 않지만, πίστις("믿음")는 한 번 등장한다(11:20에서도 ἀπιστία["믿지 아니하므로"]로 나온다).

325. 이러므로 이 본문들은 수미쌍관(inclusio)을 형성하여 9:30-10:21의 논의를 하나의 괄호로 묶는다. 특히 Dunn, 2.579; Aletti, "Argumentation paulinniene," 42-43; Badenas, *Christ, the End*, 97; E. Johnson, *Function*, 159를 보라. 다른 몇몇 학자들은 9:30-33을 전환 구절로 본다. Schmitt, *Gottesgerechtigkeit*, 88; Wilckens, 2.210-11; Michel, 319; Fitzmyer, 576.

326. 대부분의 주석자들은 9:24-29와의 연결에 주목한다. 특히 Dunn, 2.577을 보라; C. Muller, *Gottes Gerechtigkeit*, 37-38; Osten-Sacken, "Romer 9-111," 301도 보라.

327. 학자들은 이 두 단원에서 강조된 신학적인 영향들에 대해 논의한다. 일부 학자들은 바울이 9:30-10:21에서 사람들에 대하여 그의 결정을 내리시는 근거라고 주장하는데, 이들은 하나님이 믿는 자를 구원으로 부르시고, 복음을 거부하는 자들을 "완악하게 하신다"는 것이다(예를 들어 Melanchthon을 주목하라: "여기서 그는[바울] 영원한 정죄의 이유를 분명하게 명시하는데, 이는 그들이 복음을 믿으려 하지 않았기 때문이다" [193]). 그러나 다른 학자들은 인간의 반응은 (9:30-10:21) 하나님의 앞선 결정의 결과일 뿐이라고 주장한다(9:24-29)(G. Maier, *Mensch*, 385; Schreiner, "Israel's Failure," 211 참조). 내가 9:16이 함축하는 의미들을 평가할 때 주장했던 것처럼, 후자의 주장이 진리에 가깝다고 생각한다. 그렇지만, 바울은 여기서 그 둘을 어떠한 일치를 시도하지 않은 채, 나란히 두는 것으로 만족한다(Kuss, 3.743).

328. 우리는 9:30-10:21에서 이스라엘과 이스라엘의 실패 못지않게, 또는 그 이상 중요한 것으로 이방

우리가 9:6b-29절에서 보았듯이, 바울은 구약에서 이스라엘에게 부여된 특권들과 복음 믿기를 거부하므로 발생한 이스라엘의 곤경을 조화시키기 위해 성경을 재차 읽는다. 9:30-10:21절에서 바울은 후자의 요점을 더듬어 보는데, 이는 이스라엘의 곤경을 복음의 결과로 보는 것이다.[329] 그는 (1) 이스라엘의 상황이 복음 안에서와 복음에서 선포된 예수 안에서 구원 역사의 완성을 인정하지 못한 결과로서의 이스라엘의 실패와(9:30-10:13절) (2) 구약 자체가 이러한 완성을 지시하기 때문에, 이스라엘이 이를 인정하지 않는 것에는 변명의 여지가 없음을 (특히 10:14-21절에서) 밝히고 있다. 그래서 이 단원은 전반적으로 인간의 책임을 강조하므로 9:6b-29절에서 하나님의 주도권에 대한 초점을 보완한다. 이는 기독론에 중점을 두고 있으므로 어떤 면에서는 로마서 9-11장의 모든 신학적 근거로서 기능하기도 한다(특히 10:4-13절을 보라). 이 장들에서 이스라엘 이야기에 대한 바울의 급진적인 개작으로 안내하는 것은 율법과 모든 구원 역사의 "완성"으로서 그것은 정확히 그리스도이다.[330]

바울은 이러한 구절들 가운데, 1:16-17절과 3:21-4:25절까지 가장 두드러진 복음의 표현으로 되돌려서, 이러한 관심사들 가운데 첫 번째 것을 나타내고 있다. 이 편지의 주제(1:16-17)에서 바울이 내린 복음에 관한 "정의(definition)"의 모든 구성 요소가 9:30-10:21절에서 등장한다. 즉, "복음"(10:15, 16절을 보라), "구원"/"구하다"(10:1, 9, 10, 13절을 보라), "모든"(10:4, 11, 12, 13절), "유대인과 헬라인"(10:12절), "민

인들을 포함하고자 하는 사람들을 문제 삼는다(이러한 견해를 대표하는 학자들로는 Wright; M. Barth, *People of God*, 39; Theobald, "Kirche und Israel," 11-12; Gaston, "Israel's Enemies," 418; E. Johnson, *Function*, 151-59; Zeller, *Juden und Heiden*, 122-26이 있다). 아직 다른 학자들은 본 단원에서 핵심적으로 여기는 다른 주제들에 집중하는데, "믿음에서 난 의"(Munck, *Christ and Israel*, 78-79; Luz, *Geschichtsverstandnis*, 30), 또는 이스라엘 거부에 대한 일시적이고 변칙적인 상황(Klappert, "Traktat," 76-79)이 그것들이다. 하지만 이것들은 사소한 모티프들이며, 전통적으로 인정되는 바와 같이 9:30-10:21의 주제가 되는 것은 이스라엘의 실패다(예를 들어 Godet, 367; Kasemann, 276을 보라; Barrett, "Rom 9:30-10:21," 99-104; Lubking, *Paulus und Israel*, 79, 92-93; Dunn, 2.577 참조).

329. Dahl이 말하는 바와 같이, 10장은 "하나님이 이스라엘에게 하신 그의 약속들을 거부하신 것인지 아닌지의 질문에 대한 바울의 대답의 일부가 아니다. 이 장은 바울에게 그 질문을 제기하도록 만든 요인들에 대한 지연된 설명이다"(*Studies in Paul*, 148). 다른 학자들은 9:30-10:21을 삽입구라고 생각한다. Klappert, "Traktat," 80-81; R. Hays, *Echoes*, 25.

330. F. Watson, *Paul and Hermeneutics of Faith*, 19-20; Linebaugh, *God, Grace, and Righteousness*, 194-95.

음"(여러 곳에서), 그리고 "하나님의 의"(10:3절)가 그것들이다.[331] 바울의 복음 언어와 일치하고 종종 직접적으로 관련된 것은(25개 구절 내에서 11번 나오는) 구약의 인용구들이다. 여기서 바울의 두 번째 핵심 관심사가 발견되는데, 이는 복음이 1:18-4:25절에서 서술된 바와 같이, 구약과 연속되는 것임을 증명하는 것이 그것이다. 바울은 율법(10:6-8, 19절), 선지자(9:32b-33; 10:1-16, 20-21절), 그리고 말씀(10:18절) 모두가 바울이 증언하고 있는 복음인 "믿음의 메시지"를 증명하고 있음을 밝힌다. 이스라엘은 열심이지만 무지한 이유는 그리스도의 복음이 구원의 역사를 절정으로 이끈다는 것을 이해하지 못했기 때문이다. 구약은 복음을 분명히 증언하고 있으므로, 이스라엘은 마땅히 이해했어야 했다. 바울은 9:33절에서 그가 이사야서에서 합성하여 인용한 것으로 이 주제를 말끔히 정리하는데, 이스라엘은 하나님이 직접 "시온에 두신" 돌에 걸려 넘어졌다는 것이 그것이다.

1. 이스라엘, 이방인, 그리고 하나님의 의(9:30-10:13)

이 대목의 키워드는 "의"(*dikaiosynē*)로서 열 번(또는 열한 번; 10:3절의 이문을 보라) 나온다. 이 대목 전반에 걸쳐, 바울은(6-8장에서 이 용어를 사용하여 도덕적인 의를 가리킨 후에) 1-4장에서 그가 세운 의의 법정적 의미, 즉 그리스도 안에서 하나님의 의롭게 하시는 사역의 산물인 "의로운 자"가 하나님으로 서게 되는 것으로 돌아가는 것이다. 편지의 앞쪽에서 바울은 사람이 하나님으로 이 의로운 신분을 경험할 수 있음도 오직 믿음을 통해서임을 증명하는 데 상당한 시간을 할애했다(1:17; 3:21-4:25절). 이제 그는 이 복음의 기본적인 진리를 사용하여 한때 언약의 관심 범주에서 배제되었던 이방인들 가운데 왜 그토록 많은 이들이 구원을 받고 있으면서, 다른 한편에서는 하나님의 축복과 약속들의 수령자였던 유대인들 가운데 대부분이 하나님에게서 멀리 동떨어져 있는지를 설명한다. 바울은 그의 주장을 관철하고자 두 종류의 "의" 사이에서 대략 세 가지 대조를 사용한다.

---

331. Dunn(2.577)은 이 요점도 강조한다.

1. "믿음에서 난 의" 대 "의의 법" (9:30-31절);

2 "하나님의 의" 대 "자기 의" (10:3절);

3. "율법으로 말미암는 의" 대 "믿음으로 말미암는 의" (10:5-6절).

이방인들이 하나님의 참된 영적 백성 가운데 포함되고 있는 것은 그들이 전자에 속하는 긍정적인 종류의 의, 즉 지금은 누구든지 믿는 자에게 열려 있는 의를 경험하기 때문이다(10:4b, 11-13절). 그런가 하면, 유대인들 대부분은 그릇된 종류의 다른 의에 잘못 사로잡혔기 때문에 하나님의 참된 백성 밖에 서 있는 것이다. 그들은 율법(9:31; 10:3, 5절)과 그것이 요구하는 일들(9:32a; 10:5절)을 통해 하나님과의 관계를 찾으려고 고집했다. 그렇기에 그들은 하나님의 의의 구현(10:3절)이자, 율법의 마침(10:4절)이 되며, 구속사의 새 시대에 하나님의 은혜의 말씀이 초점(10:6-8절)이 되시는 예수 그리스도에 "부딪쳐"(9:32b-33절) 넘어지므로, 그 구속사의 절정을 놓치게 된 것이다(10:6-8절).[332] 두 종류의 의를 두고 삼중의 대조가 이 단원의 각 문단인 9:30-33; 10:1-4; 10:5-13절의 중심에 있다. 이 단원의 통일성은 하나의 수미쌍관에 의해서 더욱 분명해지는데, 이는 바울이 이방인들을 포함하는 것에 대한 가르침으로 본 단원을 열고(9:30절) 맺는 구간(10:11-13절)이 바로 그것이다. 이사야 28:16절이 9:33절과 10:12절에서 인용되는 점에도 주목하라.

332. 이 대목에서 율법에 관하여 유대인들에 대한 바울의 비평은 주로 구속사적인데, 이는 그들의 율법 시대가 끝났음을 보지 못했다는 것이다(바울이 앞서 유대인 문제를 다룬 것과 비교해보라 [2:1-3:20]. 거기서는 그가 그리스도의 앞선 상황을 보고 있으므로 유대인들이 율법을 이루지 못한 것에 초점을 둔다. Wilckens, 2.102를 보라). 하지만 이 구절들에서 유대인들에 대한 바울의 비평은 이 때문만이 아니다(반대 견해로 예를 들어 E. P. Sanders, *Paul, the Law and the Jewish People*, 37-38이 있다). 바울은 또한 그리스도 안에서 구원 역사가 전환되었음을 이스라엘이 인식하지 못한 것은 율법과 율법의 행위에 대한 근시안적인 집착과 결부되어 있다는 점을 분명히 하기도 한다. 율법의 행함을 통해 하나님과의 관계를 확보하려는 유대인에 대한 비판도 이 본문에서 빼놓을 수 없다(Schreiner, "Israel's Failure," 215-20; Laato, *Paulus und das Judentum*, 250-54; Bell, *Provoked to Jealousy*, 187-91).

a. 하나님의 의와 "의의 법" (9:30-33)

30 그런즉 우리가 무슨 말을 하리요 의를 따르지 아니한 이방인들이 의를 얻었으니 곧 믿음에서 난 의요
31 의의 법을 따라간 이스라엘은 율법에 이르지 못하였으니[333]
32 어찌 그러하냐 이는 그들이 믿음을 의지하지 않고 행위를 의지함이라[334] 부딪칠 돌에 부딪쳤느니라
33 기록된 바 보라 내가 걸림돌과 거치는 바위를 시온에 두노니 그를 믿는 자는[335] 부끄러움을 당하지 아니하리라 함과 같으니라

이 문단에서 바울은 구속 역사에 있어서 복음의 결정적인 특징 – 하나님과 의로운 관계에 이르기 위한 믿음의 불가결성(3:27절과 특히 4:25절을 보라) – 을 현재의 상태를 설명하기 위해 사용한다. 이방인들이 하나님으로 의로운 지위에 이르게 되는 것은 그들의 믿음에 의해서이며(30절), 이스라엘이 율법이 요구한 의에 이르지 못한 것은 그들에게 믿음이 없기 때문이다(31-32a절). 이사야 8:14절과 28:16절을 합성하므로, 바울은 이스라엘의 실패가 궁극적으로 기독론적임을 증명하는데, 이는 그들이 메시아 예수를 믿지 못하므로 이스라엘 몰락의 원인이 되었음이 그것이다(32b-33절).

이 문단은 그 길이에 비례하지 않는 중요성을 지니고 있다. 이 문단은 10장의 나머지 부분에서 바울이 발전시킬 주제들을 알리고 있으며,[336] 따라서 이 해석은 그 장에서 논의된 많은 요점 – 특히 율법에 관하여 이스라엘이 실패한 본질적인 부분에 – 대하여 우리가 이해할 수 있도록 그 향방이 정해질 것이다.

---

333. 대다수 사본은, 1차 알렉산드리아 대문자 ℵ와 대문자 Ψ의 2차 교정본과 더불어, *δικαιοσύνης*를 여기에 덧붙이므로 *νόμον*과 앞서 나온 문구인 *νόμον δικαιοσύνης*의 관계를 명확하게 한다. 몇몇 주석 학자들(예를 들어 Meyer, 2.109; Godet, 368)은 더 긴 독법이 원본일지도 모른다고 생각한다. 그러나 이것은 아마도 필사 중에 이전 문구에 동화되었을 가능성이 있었을지도 모른다.

334. 통상 바울 서신에서 "믿음"과 "율법의 행위"는 상호 대조되는 것으로 일부 사본에서는 *ἔργων* 뒤에 *νόμου*라는 단어를 덧붙이게 되었다(대다수 사본, 대문자 ℵ의 2차 [비잔틴의]교정본, 서방 대문자 D, Ψ와 소문자 33과 81이 있다).

335. 많은 사본들(대다수 사본, Ψ, 33과 1739)에 *πᾶς*라는 단어가 첨가된 것은 10:11절에 동화된 이유 때문인데, 여기서 이 절(clause)이 재인용된다.

336. 예를 들어 Kuss, 3.743; Cranfield, 2.504-5를 보라. Cranfield는 9:30-33을 10장에서 확장되고 명확해지는 요약 진술로 본다. Käsemann, 276; Wilckens, 2.211도 주목하라.

30 "그런즉 우리가 무슨 말 하리요?"라는 질문이 어떤 대적의 항변에 대하여 바울이 응수하고 있는 것으로 볼 필요는 없다.[337] 오히려, 바울은 9:6b-29절에서 (그리고 특히 24-29절에서) 자기가 가르치는 것에 관한 함축적인 의미를 도입하기 위해, "그런즉 하나님이 이방인들을 부르시고 유대인은 일부만을 부르시는 것에 비추어 볼 때, 지금 어떤 경우라고 생각하는가?"[338]와 같은 질문을 수사적인 장치로 사용한다는 것이다. 30-32a절은 이러한 질문에 대한 답을 주고,[339] 이 답은 9:32b-10:21절에서 더욱 상술 된다. 바울의 대답은 병행하는 두 개의 등위절(parallel clauses)로 나오는데, 첫 번째 절은 이방인에게 초점을 맞추고(30b절), 두 번째 절은 이스라엘에게 초점올 맞춘다(31절).[340] 바울은 이방인들을 "의를 쫓지 않는" 하나의 계층으로[341] 묘사한다. 바울이 잘 아는 바와 같이 바울의 시대에 많은 이방인들은 도덕적인 "강직성"(uprightness)을 추구하는 데 있어서 열성적이고 부지런했다는 사실은, 여기서 바울이 말하는 "의"가 도덕적인 의가 아니라 법정적인 의로써 하나님 앞에 바르게 서 있음을 알려 주는 하나의 지표이다.[342] 이방인들이 이러한 지위를 추구하지도 않았을 때, 어떻게 의를 얻었다는 말인가?[343] 첫

337. Michel이 생각하듯이 말이다.

338. 바울은 로마서에서 τί οὖν ἐροῦμεν이나, 이와 비슷한 τί οὖν을 질문으로 9번 사용한다. 여섯 번은, 그가 말해오던 것에 대해 있을 수 있는 항변에 응답하는 가르침을 도입하기 위해 사용한다(3:5, 9; 6:1, 15; 7:7; 9:14). 다른 세 곳에서는, 이 질문은 그 가르침의 요약이나 확충을 진행하기 위해 사용한다(8:31; 9:30: 11:7). 이 본문에 관하여 Käsemann을 보라.

339. 로마서에서 τί οὖν과 τί οὖν ἐροῦμεν의 질문들 뒤에는 보통 다른 질문들이 따르기 때문에, 30b-31을 "그런즉 우리가 무슨 말을 하리요 의를 따르지 아니한 이방인들이 의를 얻었지만 … 이스라엘은 …?"라는 질문으로 볼만한 가능성이 있다는 것이다(Fitzmyer). 그러나 32절의 첫머리에 또 다른 질문을 제기하는 διὰ τί가 이렇게 보는 것을 매우 어렵게 만든다. 모든 주요 영역본들과 거의 모든 주석학자는 30b-31절을 진술로 본다.

340. 문장의 시작을 알리는 ὅτι는 "우리가 … 이라고 말하리라"라는 질문에서 동사 ἐροῦμεν의 반복을 가정한다.

341. ἔθνη에 관사가 붙지 않은 것은 이방인들의 수가 아니라 아방인이라는 그들의 신분으로(31절의 이스라엘에 대립되는) 질적인 의미를 전달한다. 다만, 이 질적인 개념이 바울이 그리스도에 안에서 믿음을 증명하지 않은 이방인들을 암묵적으로 포함한다는 의미인지는 의심스럽다(Longenecker가 제안하듯이 말이다).

342. 예를 들어 Kruse.

343. "구하다"/"얻다"- διώκω/καταλαμβάνω - 라는 짝은 빌 3:12-14에도 발견되는데, "내가[바울이] 그것을 잡으려고 달려가노라"가 그것이다. 창 31:23; 출 15:9; 신 19:6; 여 2:5 (καταδιώκω로); 삼상 30:8 (καταδιώκω로); 왕하 25:5; 시 7:5 (LXX 6)(καταδιώκω로); 애 1:3; Sir. 11:10; 27:8도 보라. 많은 학자들은 바울이 여기서 경주의 이미지와 31-32a절을 사용하고 있는지도 모른다고 생

째, 바울이 동격 어구에서 설명하듯이, 이방인들이 얻은 의는 "믿음에서 난 의"이다. 그리고 바울이 편지 앞쪽에서 분명히 했고(1:16; 3:28-29절), 다시 강조하듯이(10:11-13절), 믿음은 유대인이건 이방인이건 어떤 사람이나 할 수 있는 응답이다. 그러나 둘째로, 바울은 의심할 여지 없이 이방인들이 구한 적이 없었는데도 하나님으로 얻게 된 의로운 지위는, 그가 앞서 밝혔던 논의, 즉 하나님의 백성에 드는 것은 "그런즉 원하는 자로 말미암음도 아니요 달음박질하는 자로 말미암음도 아니요 오직 긍휼히 여기시는 하나님으로 말미암음이니라"(9:16절).[344]

31-32a 이스라엘의 상황을 바울이 30절에서 기술한 이방인의 상황과 직접적인 대조를 이룬다.[345] (의를) "따르지 아니한"[346] 이스라엘은 (의를) 얻었다.[347] (의의 법을) "따라간"[348] 이스라엘은 "목표(율법)에 이르지 못했다."[349] 바울은 그 구절들 사이의 의도적인 유사성을 이스라엘이 추구하는바 그 목표인 "의"가 되게

각한다. (특히 Badenas, Christ, the End, 101에서 강조되는 것과, 9:16에서 τρέχω를 보라. 그러나 이 단어들은 너무 광범위하게 사용되어 이러한 결론을 정당화하지 못한다(Dunn). "의를 따르다"(διώκοντες ... δίκαιον)라는 단어의 조합이 사 51:1에서 발견된다. 두어 명의 학자들은 사 51:1-7이 30-33에서 바울의 어투와 가르침에 대한 결정적인 영향을 끼쳤으리라 생각한다(Hübner, *Gottes Ich und Israel*, 63-65; Gaston, *Paul and the Torah*, 126-27). 그러나, 이사야서가 9-11장 전체에 걸쳐서 바울에게 지대한 영향을 끼치긴 하지만, 바울이 여기서 본문을 염두에 두었는지는 불확실하다.

344. 예를 들어 G. Maier, *Mensch*, 385; Schreiner, "Israel's Failure," 211.

345. 이 구절의 첫머리에 있는 δέ는 역접의 접속사이다.

346. μὴ διώκοντα.

347. κατέλαβεν.

348. διώκων.

349. οὐκ ἔφθασεν. 동사 φθάνω는 "먼저 오다"를 의미할 수 있고, Badenas(Christ, *the End*, 104)는 여기서 그 의미로 쓰인다고 주장한다(Thielman, *From Plight to Solution*, 112-13도 보라). 그렇다면 요점은 Badenas에 따르면, 이스라엘은 경주에서 자격이 박탈된 것이 아니라, 단지 "먼저 오지" 않은 것뿐이다. 즉, 이방인에 의해 추월당한 것이다. 하지만 이 해석에 있어서 언어학적인 근거는 미약하다 하겠다. φθάνω는 바울 서신에서 한 번(살전 4:15) "먼저 오다"와 "앞서다"를 의미하지만, 다른 신약 본문에서는 "이르다", " …에 도달하다"를 의미한다(마 12:28; 눅 11:20; 고후. 10:14; 빌 3:16). LXX의 경우에도 마찬가지이다. 더 나아가, φθάνω가 "먼저 오다"를 의미할 때면, 거의 항상 사람을 목적어로 취하고(살전 4:15에서처럼), 롬 9:31에서처럼 전치사를 수반할 때면, " …에 이르다", " …에 도달하다"를 의미한다(G. Fitzer, *TDNT* 9.88-92를 보라. 바울이 왜 30절의 καταλαμβάνω를 여기서 φθάνω로 바꾸는지는 명확하지 않은데, 이는 전자가 LXX 또는 신약에서 εἰς를 한 번도 수반하지 않는가 하면, φθάνω는 여러 번(빌 3:16을 포함하여) 수반하는 문체상의 역할이 있을 수도 있다는 것이다.

할 것이라고 우리로 기대하게 만든다. 그러나 그 대신 우리는 "의의 법"(*nomon dikaiosynēs*)이라는 문구를 발견한다. 이 문구는 논의에서 태풍의 눈과 같은 중심이 되었는데, 이는 그것의 의미가 본질적으로 불분명하기 때문만이 아니라,[350] 바울이 법에 관한 가르침의 논의에서 최근 중심적인 초점 때문이기도 하다. 여기에는 세 가지 주요 해석들이 나온다.

(1) 노모스(*Nomos*)는 "원리" 또는 "법칙"을 의미하고, 디카이오쉬네스(*dikaiosynēs*)는 보충 설명의 소유격으로, "의가 되는 원리"가 된다.[351] 노모스에 이렇게 순전하게 형식상의 의미를 부여하는 것은 의라는 단어에 모든 힘이 실리기 때문이다. 그러면 바울이 여기서 이스라엘을 비판한 것은, 바울이 "믿음에 근거한 것이 아니라, 행위에 근거한"(32a절) 그릇된 방식으로 가치 있는 목표 - "의" - 를 추구했고, 그래서 그 목표에 이르지 못했다는 비판이 될 것이다. 이러한 견해는 많은 현대 학자들이 인정하는 것보다 그 이상으로 많은 지지를 받는다. 앞으로 보게 되겠지만, 의가 31절과 32a절에서 일관되게 핵심 개념으로 남는다고 생각할 수 있는 몇 가지 타당한 이유들이 있다. 바울은 로마서 앞쪽에서 형식상의 의미로 소유격 다음에 노모스를 사용했다(롬 3:27; 7:23; 8:2 - 이 절들에 대한 각각의 주석들을 보라). 그러나 우리는 또한 이러한 각각의 경우에 노모스는 모세의 법과의 수사적인 대조를 통해서만 그러한 "형식상의" 의미를 취한다고 주장해왔다. 그러한 대조는 여기에 존재하지 않으며, 이것은 노모스의 해석을 "원리" 또는 "명령"이라는 의미로 해석하기는 어렵다.

(2) 그렇다면 노모스(*Nomos*)는 필시 구약 성경을 가리킬 것이다. 그러나 어떤 의미로 그러한가? 한 가지 선택지는 바울이 "율법과 선지자들"이 믿음으로 하나님의 의를 증언한다고 주장하는 3장 21절에서처럼, 율법의 계시적 차원을 언급하는 것이다.[352] 그렇다면 바울은 이스라엘을 "의의 증거가 되는 법"이라는 가치 있

350. E. P. Sanders는 "거의 이해할 수 없는 단어의 조합"으로 부르기까지 한다(Paul, *the Law and the Jewish People*, 42). 이 문구가 이례적인 것이므로 다양한 본문 수정안이 초기의 몇몇 필사자들을 필두로 제안되었다. Schmiedel은 δικαιοσύνην가 본래 νόμον δικαιοσύνης의 자리에 있었던 것으로 추측했으며, O'Neill은 나중에 첨가된 δικαιοσύνης를 생략하기를 원한다.

351. S-H; Murray.

352. Rhyne, *Faith Establishes the Law*, 99-101; 동일 저자, "Nomos Dikaiosynēs," 486-99; Badenas, *Christ, the End*, 104-5; Cranfield를 보라.

는 목표를 그릇된 방식으로 좇고 있다는, 즉 율법이 마치 행위로 이루어질 수 있고, 이로써 이 법이 가리키는 의가 성취될 수 있다는 방식으로 좇고 있음을 비판하고 있을 것이다. 반면에 이스라엘이 "율법" 안에서 믿음으로의 부르심을 알아챘더라면, 이스라엘은 그 법에 이르렀을 것이다.

이 견해 역시 문제점을 직면한다. 첫째, "따르다"와 "이르다"라는 표현이 구약의 계시적인 면모들에 대하여 이스라엘의 접근 방식이나 태도를 묘사하기에는 잘못 선정된 감이 있다.[353] 둘째, 바울은 로마서 어디에선가 노모스를 믿음으로 말미암는 의에 대한 증언으로 보는 것을 의심할 만한 이유가 있다는 것이다.[354] 셋째, 바울이 노모스를 디카이오쉬네라는 단어나 그 동족어와 연관 지을 때 그의 용법은 이 견해의 옹호자들이 이 문구에서 발견하는 긍정적인 뉘앙스가 아니라 그 반대 방향을 가리킨다. 그러한 문구들은 항상 부정적인 의미를 함축한다.[355] 나는 이것이 10:5절의 "율법으로 말미암는 의"라는 문구에도 마찬가지라고 주장할 것이지만, 이는 9:31절의 "의의 법"과 병행하는 것으로 보이기에 중요한 본문이다. 바울 서신에서 의와 노모스의 연관성이 줄곧 부정적인 뉘앙스로 나오는 것은, 노몬 디카이오쉬네스(*nomon dikaiosynēs*)가 이스라엘이 추구해야 할 합당한 목표로서 긍정적인 뉘앙스로 사용되는 것을 불가능하게 만든다.

(3) 그러므로 우리는 바울이 여기서 노모스를 통상적으로 사용하는 의미, 즉 하나님이 시내 산에서 모세를 통해 이스라엘 백성에게 주신 계명들의 몸통을 가리킨다고 결론을 짓는다. 노모스를 이러한 의미에서, 누가 봐도 병행 문구인 "율법으로 말미암는 의"(10:5절)를 고려할 때, 노몬 디카이오쉬네스라는 문구에서 그 용

353. Westerholm, *Perspectives*, 326을 보라.

354. 롬 3:21에서 바울이 구약의 증언하는 기능을 "율법과 선지자들"에 돌리고, "율법"에 돌리지 않는다는 점은 의미심장하다. 같은 구절에서 바울은 "율법 외에" 하나님의 한 의가 나타났음을 천명한다. 이 법은 믿음으로 말미암는 의에 대한 증거로서 롬 3:31에서도 4장과 결부되어 종종 발견된다(특히 Rhyne, *Faith Establishes the Law*를 보라). 그러나 나는 이것이 이 구절들의 잘못된 해석이라고 주장해왔다.

355. 롬 3:21, 28; 4:13; 갈 2:16, 21; 3:11, 21; 5:4; 빌 3:6, 9. Badenas는 바울이 9:30-10:13에서 νόμος를 네 번 사용한 것은 모두 "δικαιοσύνη와 합쳐져서 쓰이지 대립적으로 사용되지 않는다"고 주장한다(*Christ, the End*, 104). 그러나 9:31(두 번 등장)은 의심이 가는 본문이다. 우리가 10:4의 τέλος를 어떻게 번역하건, δικαιοσύνη를 "율법의 τέλος"로서 그리스도에게 돌리는 것이지, 율법에 돌리지 않으며, 10:5가 δικαιοσύνη와 "율법"을 한데 모으지만, 전체 개념을 비평하기 위해서 그러는 것일 뿐이다(10:6을 보라).

어들을 뒤집어, "율법의 의"라고 번역하고 싶은 유혹이 생긴다(RSV; NLT; NJB를 보라).[356] 그러한 용어 뒤집기는 문법적으로 가능하며, 이 구절에서 "의"를 핵심 용어로 만드는 그 결과가 문맥과 바울의 습관적인 표현에도 아주 잘 부합한다. 세부적으로, 이는 30절의 "믿음에서 난 의"와 10:3절의 "자기 의"도 그러하며, 10:5절의 "율법으로 말미암는 의"와도 깔끔한 대조적 병행을 만들어 낼 것이다. 그리고 셋째, 바울 서신의 용법으로 32절에서 "믿음을 의지하여"와 "행위를 의지하여" 사이의 대조는 의에 이르는 것과 관련이 있음을 시사할 것이다.[357]

이러한 논거들은 설득력이 있기는 하지만, 이 견해 또한 거부될 수밖에 없다. 특히 이것에 해를 가하는 것이 이 구절의 뒷부분에 "율법"이라는 단어 자체가 추구의 대상이 된다는 점에서 그러하다. 이것은 여기 바울의 가르침에서 "율법"이 두드러지고, 단순히 "의"에 대한 수식어가 될 수 없음을 지시한다.[358]

그렇다면 만일 우리가 모세의 율법을 나타내고자, 또 소유격 구문에서 용어들의 통상적인 관계를 유지하기 위해 노모스(*Nomos*)를 취한다면, 이 문구는 무엇을 의미하는가? 바울은 의의 표현과 노모스라는 단어를 로마서 2:13절과 10:5절의 단 두 구절에서만 독자적으로 연결한다.[359] 이 두 구절 모두에서 바울은 "행위"를

356. Calvin; Hofius, "'All Israel Will Be Saved,'" 24-25.

357. 그리스어로는 각각 *ἐκ πίστεως*와 *ἐξ ἔργων*이다. 롬 3:20, 28; 갈 2:16; 3:2, 5, 10-11(모두 의의 기준이나 비슷한 개념으로 *ἐκ πιστέως*나 비슷한 문구로 *ἐξ ἔργων νόμου*와 대조시키고 있다)을 보라. 롬 4:2-3도 보라(아브라함은 행위로써[*ἐξ ἔργων*]가 아니라 믿음으로 의롭다 하심을 받았다); 롬 9:11(하나님의 택하심의 뜻은 행위로 말미암지 않고[*οὐκ ἐξ ἔργων*] 부르시는 이로 말미암아 서게 하려 하사); 엡 2:8-9(우리는 그 은혜에 의하여 믿음으로 말미암아 구원을 받았으니 행위에서 난 것이 아니니[*οὐκ ἐξ ἔργων*]); 딤후 1:9(하나님이 우리의 행위대로[*οὐ κατὰ τὰ ἔργα ἡμῶν*]구원하신 것이 아니요 자기의 뜻과 은혜대로 하심이라); 딛 3:5(하나님이 우리를 구원하시되 행위로 말미암지 아니하고[*οὐκ ἐξ ἔργων*] … 그의 긍휼하심을 따라 하셨나니).

358. 우리는 이 구절의 끝에 위치한 *νόμον*이 "원리"를 의미하는 것으로 상정해야 할 것인데, 이는 율법의 의를 따른 이스라엘이 그 원리에 이르지 못했던 것이다(예를 들어 Calvin; Hodge; Zahn; Hofius, "'All Israel Will Be Saved,'" 25). 하지만 같은 구절에서 *νόμος*라는 단어의 그러한 의미 전환은 받아들이기가 매우 어렵다. Cranfield, "Some Notes," 36-37을 보라.

359. 롬 3:21과 10:4에서 *νόμος*와 *δικαιοσύνη*가 나오지만, 이들은 어떤 경우에도 서로 연결되지 되지 않는다.
*νόμος δικαιοσύνης*라는 문구는 LXX에서는 지혜서 2:11에서 단 한 번밖에 나오지 않는다. 즉, 저자는 "약한 자들은 쓸모없다고 단죄되기에, 우리의 힘이 의의 법이 되게 하라"고 신을 믿지 않는 자들을 조롱하는 것이 그것이다. Dunn에게는 실례지만, 지혜서에 이렇게 나오는 것이 바울의 문구를 설명하는 데 도움이 될 것 같지 않아보인다. 이는 LXX 어딘가에서 *νόμος*가 소유격과 함께 사용되는 빈도수가 115번씩 된다는 점이 그것이다. 대부분의 경우(89), 소유격과 함께 쓰이는 이 단

통해 율법으로부터 얻을 수 있는 것으로 의를 묘사한다. 이러한 병행들은 우리로 그 문구가 "의가 목적인 계명"을[360] 의미하는 것으로 이해해야 함을 암시하는데, 이 계명은 그 요구가 충족될 때(7:10절을 보라, "생명에 이르게 할 그 계명"), 의를 "약속한다."[361] 그렇기에 31절의 끝에 동사 "이르다"의 목적어와 32a절에서 암시되는 동사 "따르다"로 이어져야만 하는 것은 바로 "생명에 이르게 할 그 계명"인 것이다.[362] 그러므로 "율법"은 이 한 구절과 반절(半切)에 걸쳐 바울의 가르침에 대한 주제로 남지만, 이 법은 의를 얻는 수단으로 여겨진다. 그 결과, "의"라는 용어도 전체적으로 바울이 단연 최우선으로 생각하는 개념으로 남는다.[363] 우리는 이렇게 달리

어는 율법을 수여하는 자 또는 율법의 매개자를 가리키는데, 즉 "하나님의 율법", "여호와의 율법", "메대와 바사의 법"과 같은 것이 그것이다. 나머지 스무 군데에서는, 이 단어가 특별한 법, 예를 들어 "유월절의 규례"(출 12:43)과 같은 사안을 드러낸다. 나머지 여섯 군데에서는, 오직 지혜서 2:11(위를 보라)과 집회서 17:11이며, 45:5에 나오는 문구는 *νόμον ζωής*, 즉 "생명의 법"으로 롬 9:31을 명료하게 한다. 그리고 지혜서 본문은 거의 확실하게도 소유격의 서술을 포함한다("의로운 법"). 말 2:6의 *νόμος ἀληθείας*, "진리의 법"; 느 9:13의 *νόμους ἀληθείας*, "진정한 율법"; 집회서 39:8: *νόμῳ διαθήκης κυρίου*, "주님께서 주신 계약의 법"

360. Rom. 7:10도 보라: *ἡ ἐντολήἡείςζωήν* "생명에 이르게 할 그 계명." 해석자들 중 대부분은 의와 계명의 정확한 관계를 다르게 정의할지라도, *δικαιοσύνης*가 목적의 소유격으로 추정한다. 하지만, Meyer와 Barrett은 *δικαιοσύνης*를 질적인 소유격으로 본다(전자의 번역은 "의롭게 하는 계명"이고 후자의 번역은 "의를 주고자 하는 계명").

361. Schreiner; Lohse; Jewett; Westerholm, **Perspectives**, 326; B. Martin, **Christ and the Law**, 137-38; Wilckens; Barrett, "Rom 9:30-10:21," 108을 보라; "의롭게 하는 법"으로 명명한 Meyer의 번역을 보라.

362. 특히 Cranfield를 보라. 31a-32b절에 관한 구문론으로 제안된 다양한 의견이 제시되었다. (1) 많은 학자들은 32a절에서 보충해야 하는 목적어가 "의"임을 암시한다(예를 들어 Schreiner; Jewett; P. Meyer, "Romans 10:4," 63을 보라. E. P. Sanders는 바울이 주장의 논리가 여기에서 의에 대하여 말할 것을 요구하고 있다고 생각하여, 바울이 단순히 "균형을 이루는 문구를 만들기 위해" *νόμος*를 덧붙인 것이라고까지 한다." [*Paul, the Law and the Jewish People*, 42]). 의의 개념이 여기서 바울이 최우선적으로 생각하고 있는 것으로, 31절(특히 31b절)에서 율법의 두드러진 면은 우리로 이러한 대용을 허용하지 않는다. (2) Wilckens은 32a절에서 바울의 대답으로 *ἐδίωκεν*, "따랐다"보다 *ἔφθασεν*, "도달했다"라는 동사를 끌어들이고자 하지만, 이 질문은 이 동사를 전제하므로 바울의 대답에는 다른 동사를 가정해야만 한다는 것이다. (3) Gordon은 32a절의 주어가 "율법"으로, "율법이 믿음에 의지하지 않고, 말하자면 행위에 의지한다"고 생각한다("Why Israel," 163-66). Gordon의 제안은 갈 3:12a와의 병행을 고려할 때 매우 흥미롭지만, *ὡς*를 설명하는 데 어려움이 있다.

363. 많은 학자들은 그들의 해석으로 이것을 논박하지 않고 가정하고 있다(예를 들어, Schmidt; Fitzmyer); 그러나 Byrne; Siegert, *Argumentation bei Paulus*, 141-42를 보라. Longenecker는 "'계율주의'(또는 '율법주의')의 의의 형태를 모세의 법과 관련하여 다른 말로 바꾸어 표현한다."

표현할 수도 있을 것이다. "의에 이르게 할 율법을 따르는 이스라엘은 그 법에 이르지 못했다. 어떤 이유에서 이스라엘은 의에 이르게 할 율법에 이르지 못했는가? 이는 이스라엘이 의에 이르게 할 그 법을 믿음에 의지하지 않고, 마치 행위에 의지해서 이를 수 있는 것처럼[364] 그 법을 좇았기 때문이다.

따라서 바울은 32a절에서 왜 이스라엘이 이 "의를 위한 법"을 따름에 있어서 실패했는지를 설명하는데, 이는 이스라엘이 그 법을 믿음이 아니라 행위로 "이루고자" 했기 때문임을 밝힌다. 그렇다면 바울은 이스라엘이 율법을 수행하고자 하는 것에 대하여 원칙적으로 반대할 것이 없다. 즉, 그는 다른 곳에서 율법이 합법적으로 행위를 요구한다는 것을 분명히 한다.[365] 그렇다면 그는 왜 여기서 행위를 정죄하는 것처럼 보이는가? 두 가지 이유에서다.

이스라엘이 "의의 법"을 따르는 것을 바울이 정죄하는 아마도 가장 첫째 되고 우선적인 이유는 우리가 32b-33절의 기독론의 강조, 즉 이스라엘이 그리스도 믿기를 거부하여서 그에게 "부딪쳐 넘어졌기" 때문이라는 것을 고려할 때 분명해진다. 여기서 바울이 시사하는 바는 이스라엘이 "의의 법"을 따르는 방식이 잘못된 것일 뿐만 아니라,[366] 이스라엘의 목표에 대한 선택 자체조차 잘못된 것인데, 이는 "[유대인들이] 스스로 목표에 대해 기만할 뿐만 아니라, 그들이 출발한 길에서도 몰락한다"는 것이다.[367] 이스라엘은, 그 법의 완성이자 의의 유일한 원천인 그리스도께서 이미 오셨을 때에(10:4절을 보라), 율법을 통해 의를 찾으려고 그 율법에 계

364. ἐξ ἔργων 앞에 오는 ὡς는 이 문구에 "주관적인 개념"을 갖게 한다(S-H는 고후 2:17; 11:17과 몬 14절을 언급한다). 여기서 주관성은 그 법이 진정으로 "이루어질" 수 있고 그 의의 약속이 활성화될 수 있는 방식에 대해 잘못된 인식하는 데서 비롯된다.

365. 일부 해석자들은 이러한 패턴을 뒤집을 수 있는 핵심 본문으로 9:31-32에 초점을 두었고, 이들은 전통적인 믿음 대 행위의 대조가 바울의 가르침 속에 있는 중요한 뉘앙스를 놓친다고 주장한다(예를 들어 Fuller, *Gospel and Law*, 71-79; Cranfield, 2.509-10을 보라). 하지만, 위에서 제공된 해석들이 옳다면, 이 대목은 다른 곳에서 바울의 꽤 분명한 가르침으로 보이는 것과 모순되지 않는다. 즉, 율법과 믿음은 서로 다른 두 영역에서 작동한다는 것이다(특히 갈 3:12a에서 "율법은 믿음에서 난 것이 아니니[ἐκ πίστεως]'"를 보라). 이 요점에 관해 더욱 세부적으로 다룬 것으로 Westerholm, *Perspectives*, 300-321; D. Moo, "Law of Christ," 328-33을 보라.

366. 바울이 이스라엘이 따르는 방식만을 단죄하는 것은 빈번하게 진술된다. 예를 들어 Rhyne, *Faith Establishes the Law*, 101; Badenas, *Christ, the End*, 105; Cranfield, "Some Notes," 39-40; Fuller, *Gospel and Law*, 71을 보라.

367. Käsemann, 278; R. Gundry, "Grace, Works, and Staying Saved," 16-17; Ziesler, 253-54; Roberts, "Righteousness in Romans," 19도 보라.

속 집중할 것을 선택했다.[368] 율법의 요구가 완전히 충족되는 것은 오직 그리스도 안에서만 가능하므로, 오직 믿음 안에서 그분을 영접하므로 말미암아 사람은 율법에 이르는 의를 발견할 수 있게 되는 것이다(3:31; 8:4절).

둘째, 우리가 보았듯이, 바울의 요점은 단순히 이스라엘이 율법을 따르고 있는 것이 아니라, 이스라엘이 의를 약속하는 측면에서 율법을 따르고 있었다는 점이다. 그렇지만 바울은 이 편지 전반부에서 의에 이르는 율법(2:13절)이 현실 인간의 죄(3:9절)로 인해서 실제로는(3:20절) 결코 실현될 수 없음을 증명하기 위해 고심해왔다. 바울이 여기서 이를 분명히 드러내지는 않지만, 우리는 앞서 명확하고 일관된 논거들로 바울의 논리의 공백을 채워야 함이 확실하다. 이스라엘로서 의를 부여할 수 있는 율법을 이루지 못한 까닭은 그들이 율법의 요구들에 부응하는 데 필수적인 행위를 생산해내지 못했으므로 율법에 이르는 약속을 확보할 수 없었기 때문이다.[369]

368. 그러므로 그리스도와 함께 도래한 구속사 속에 전환을 인식하지 못한 이스라엘을 바울이 단죄하고 있다고 주장하는 학자들은 바울이 여기서 가르치는 것에서 한 중요한 가닥을 발견했다(9:32b-33; 10:3-4를 보라;특히 E. P. Sanders, *Paul, the Law and the Jewish People*, 37; Räisänen, *Paul and the Law*, 53-54; Refoulé, "Note sur Romains IX,30-33," 161-86을 보라). 그러나 이것이 바울이 꼽는 유일한 비평이라는 그들의 제안은 잘못되었다. 바울은 율법이 지시하는 의가 율법에 복종하는 행위를 통하여 가능한 것이 결단코 아님을 역설한다(특히 갈 2:21; 3:21; 롬 4:2-3, 13을 보라). 행위를 통해 도달할 수 있는 것 마냥, 의에 이르는 율법을 따르는 것은 언제나 잘못된 것이었다.

369. 많은 학자들은 인간이 율법을 수행할 수 없는 무능력함이 여기 바울의 논리에 어떤 자리도 있다는 것을 부인한다(예를 들어 E. P. Sanders, *Paul, the Law and the Jewish People*, 42; Rhyne, *Faith Establishes the Law*, 101; Badenas, *Christ, the End*, 101; Dunn, 2.593이 그것이다). 내가 위에서 채택한 견해에 관하여, 예를 들어 Westerholm, *Perspectives*, 399; B. Martin, *Christ and the Law*, 137-38; Thielman, *From Plight to Solution*, 113; R. Gundry, "Grace, Works, and Staying Saved," 16-17; Schreiner, "Israel's Failure," 217을 보라.

Dunn은 "행위"가 다른 곳에서 그가 정의한 그러한 의미로 "율법의 행위"를 의미해야만 한다고 주장하면서, 이스라엘의 실패를 그들이 행위대로 하지 못했던 무능력함이 아니라, 행위를 지나치게 강조한 탓으로 돌린다. 언약의 "경계표"(=행위)라는 측면에서 율법을 좁게 바라봄으로써, 이스라엘은 율법과 모든 믿는 자에 대한 의의 더 큰 약속을 이해하지 못했다(2.581-83, 592-93; 이와 비슷한 접근 방식으로 Wright; 동일 저자, *Climax of the Covenant*, 240을 보라). 나는 다른 곳에서 "율법의 행위"에 대한 Dunn의 해석과 바울의 "행위"를 마치 "율법의 행위"처럼 보는 그의 독법에 반대한다는 뜻을 밝혔다(특히 3:20에 대한 우리의 주들을 보라; 여기서 Jewett도 보라). 이러한 문제에 더하여, 나는 바울이 여기서 사용하는 "따르다"와 "이르다"의 표현이야말로 Dunn의 해석에 도움이 되는지 궁금하다. Dunn은 이러한 쟁점을 이방인들의 포함에 관한 이스라엘의 이해와 암시처럼 보이지만, 바울은 이스라엘 자체가 율법의 완성에 이르지 못했고, 그래서 이스라엘 스스로 율법에 이르는 의를 놓치고 만 것임을 시사한다.

32b-33 그리스도의 독점성(exclusivity)은 바울의 다음 요점을 전제로 한다. 그리스도는 하나님이 시온에 두신 "돌", 즉 하나님의 새로운 백성을 위한 토대이자 구원계획에 있어서 쐐기 돌keystone 인 것이다.[370] 그런데도 이스라엘은 그 돌 위에 건축하고, 그 돌에 믿음을 둔 것이 아니라, 오히려 그 돌에 부딪혀 넘어진 것이다. 바울은 32b절에서 이스라엘이 "부딪힐 돌에 부딪쳤느니라"고 말한 그의 주장을, 33절의 성경적 증거를 가지고, 31-32a절을 명시적으로 연관시키지 않는다.[371] 그럼에도 이들은 서로 연관되어 있다는 것이다. 그러나 어떻게 그러한가? 율법에 대한 이스라엘의 부적절한 집중이 그들을 그리스도, 즉 하나님이 시온에 두신 돌에 부딪혀 넘어지게 했는가? 아니면 그리스도에게 믿음을 두지 못한 이스라엘이 오로지 율법에만 집중했던 것인가? 두 마리 토끼를 잡으려는 비난을 감수하고서라도, 나는 양쪽 모두라고 대답하겠다. 한편으로, 바울은 이스라엘이 하나님의 계획의 완성인 그리스도를 놓친 것은, 이스라엘이 편협하게도 율법에만 집중했기 때문이라고 주장한다. 이스라엘은 마치 그들이 거니는 행로에서 아래만을 주시하다가 길 중턱에 놓인 돌에 걸려 넘어지는 사람과 같다. 다른 한편으로, 이스라엘은 그리스도 안에서 자기가 걸어온 길의 끝과 목표를 깨닫지 못한 것이, 이스라엘이 그 목적을 다한 후에도 그 길로 계속 나아가도록 한다는 것이다.[372]

바울이 32b절에서 사용하는 "돌"의 이미지는, 33절에 나오는 인용에서처럼, 이사야의 두 군데서 나온다. 바울의 인용구는 두 본문인 이사야 28:16절과 8:14절의 이본(異本) 융합된 것으로, 모두 "돌"에 관하여 말하고 있다. 전자의 본문은 "그러

370. 몇몇 학자들은 이스라엘이 걸려 부딪칠 "돌"은 율법이거나(P. Meyer, "Romans 10:4," 64; Barrett, "Romans 9:30-10:21," 111-12; Gaston, *Paul and the Torah*, 129; Flebbe, *Solus Deus*, 341-47), 율법과 그리스도 모두를 지시하는 것일 수도 있다고 생각한다(N. T. Wright, *Climax of the Covenant*, 244). 그러나 초기 기독교에서 본문을 사용한 증거가, 10:11에서 바울이 이 돌을 명확히 그리스도와 동일시 하는데(반대 견해로 Dinter, "Remnant of Israel," 114-5에서 저자는 그 돌이 "믿음의 메시지"라고 생각한다), 여기서도 기독론적인 초점을 지시한다는 것이다(Carraway, *Christ Is God over All*, 139-43). 이후의 본문은 이 "돌"이 복음이라는 견해를 받아들이지 않는다(Jewett은 이러한 제안에 열려있다).

371. 일부 주석자들은(Godet 참조) 32절을 ἔργων 뒤에 쉼표를 찍어서 ὅτι가 προσέκοψαν에 걸리도록 읽어야 한다고 하는데, 이는 "그들이 믿음을 의지하지 않고 행위를 의지하므로 … 부딪쳤느니라"가 되기 때문이다. 그러나 우리는 προσέκοψαν으로 어떤 접속사나 불변화사의 앞선 것과 연결되지 않는 새로운 문장을 시작하므로 ἔργων 뒤에 마침표를 찍어야 한다(예를 들어 접속사 생략).

372. Cranfield를 보라.

므로 주 여호와께서 이같이 이르시되 '보라 내가 한 돌을 시온에 두어 기초를 삼았노니 곧 시험한 돌이요 귀하고 견고한 기촛돌이라 그것을 믿는 이는 다급하게 되지 아니하리로다'"로 읽는다. 이사야의 예언이 이스라엘의 소망에 대한 기초가 되리라는 그 "돌"을 우리가 무엇과 동일시 해야 할지는 분명하지는 않지만, 바울의 시대 이전에 일부 유대인들은 이미 그 돌을 메시아와 분명히 동일시하고 있었다는 것이다.[373] 반면에 이사야 8:14절은 이스라엘에 대한 심판의 예언으로, 그들이 바로 여호와께 부딪혀 넘어지리라고 경고하고 있다. 이사야 8:14-15절은 "그가[만군의 여호와가] 성소가 되시리라. 그러나 이스라엘의 두 집에는 걸림돌과 걸려 넘어지는 반석이 되실 것이며 예루살렘 주민에게는 함정과 올무가 되시리니 많은 사람들이 그로 말미암아 걸려 넘어질 것이며 부러질 것이며 덫에 걸려 잡힐 것이니라"라고 말씀한다.[374] 이와 같은 문장들이 베드로전서 2:6-8절에서 함께 인용되는 것을 볼 때, 바울 시대 이전의 초기 그리스도인들은 이미 그것들을 하나의 "석조 증언"(stone tesimonium)으로 엮어 놓았을 수도 있다.[375] 하지만 그것들이 여기서 융합된 구체적인 방식은 아마도 바울 자신이 한 사역일 것이다. 이사야 28:16

373. 가능성으로 제시되는 개관으로 Oswalt, *Book of Isaiah*, 1.518을 보라. Oswalt 자신은 그 예언의 돌을 광범위하게 "주께서 그의 신실함을 나타내시고 그에 대하여 그와 같은 신실함으로 보답하도록 부르시는 것과 관련된 모든 개념들의 복합체"와 동일시한다. 본문을 메시아적으로 해석한 초기 본문들로는 1QH 6:26-27; 1QS 8:7; 탈굼(Cranfield에서 인용됨)을 보라; Str-B, 3.276; J. Jeremias, *TDNT* 4.272-73도 참조하되, Fitzmyer의 경고에 유의하라.

374. 8:14의 문구에 대한 바울의 어투는 LXX나 MT와도 일치하지 않지만, (격 변화를 예외로) 벧전 2:8과는 동일시된다(Aquila, Symmachus와 Theodotion의 판본과의 유사점들도 드러난다). 다시 말하지만, 이것은 바울이 초기 기독교 전통으로부터 그의 언급을 끌어내고 있다는 것을 암시한다(예를 들어 Koch, *Schrift*, 59-60; C. Stanley, *Paul and Language*, 123-24; and Dodd, *According to the Scriptures*, 43을 보라).

375. 예를 들어 Lindars, *New Testament Apologetic*, 177-79; Trebilco, *Self-Designations and Group Identity*, 93-99를 보라. Flusser는 이본 융합된 인용구가 에세네파의 한 설교에서 기인했다고 생각한다(1QS 8:4-10을 보라) ("From the Essenes," 75-87). 바울 자신이 이본 융합한 이러한 구절들을 융합한 첫 인물일 수도 있다는 가능성이 있다(Michel, *Paulus und seine Bibel*, 40-42; J. Wagner, *Heralds*, 131-36; Koch, *Schrift*, 230). 세 번째 "돌"에 관한 구절인 시 118:22는 마 21:42에 인용되어 병행을 이루고, "돌 증언"의 세 번째 구성이 되었을는지도 모르겠다(Snodgrass, "Christological Stone Testimonia"의 연구를 보라). 일부 학자들이 이분 융합에서 본 것은 초기 그리스도인들 사이에서 유포되었다는 구약 증거 본문들의 모음집인 "증언집"의 증거이다(Luz, *Geschichtsverständnis*, 96-97). 대다수 학자들은 지금 그러한 이본 융합들을 구전 전승 탓으로 돌리는 경향이 있다(예를 들어 Käsemann, 279). J. Wagner(*Heralds*, 145-51)는 이사야의 그리스어 번역가가 본문들을 서로에 비추어 읽도록 의도한 암시가 있다고 주장한다.

절의 중간을 이사야 8:14절에서 들고 온 문구로 대체하므로, 그는 이 문맥에서 그의 주안점인 이스라엘의 넘어짐에 관한 부정적인 요점을 끌어낸다. 동시에 이사야 28:16절에 대한 언급을 추가하므로, 바울은 그가 10장에서 발전시킬 "돌"로써 그리스도에 관한 긍정적인 해석을 위해 기초를 놓는다(특히 11절을 보라).[376] 따라서 10장을 결론짓는 그 인용은 10장에서 이스라엘의 실패와 이방인의 포용에 관해 바울의 지속적인 논의에 중요한 기독론의 근거를 제공한다. 그와 동시에, 그 인용은 복음이 들어온 결과, 이스라엘이 하나님의 백성에서 배제되는 것이 구약에서의 이탈로 여겨지는 것이 아님을 증명하기 위해 바울의 관심사에 크게 기여한다. 그와 정반대로, 바울은 이스라엘이 그리스도에 걸려 넘어지는 것이 구약에서 예언된 것임을 여기서 암시한다.[377]

b. 하나님의 의와 "자기 의" (10:1-4)

1 형제들아 내 마음에 원하는 바와 하나님께 구하는 바는[378] 이스라엘을 위함이니 곧 그들로 구원을 받게 함이라
2 내가 증언하노니 그들이 하나님께 열심이 있으나 올바른 지식을 따른 것이 아니니라
3 하나님의 의를 모르고 자기 의를 세우려고 힘써[379] 하나님의 의에 복종하지 아니하였느니라
4 그리스도는 모든 믿는 자에게 의를 이루기 위하여 율법의 마침이 되시니라

376. Dinter, "Israel as Remnant," 159; C. Müller, *Gottes Gerechtigkeit*, 36-37; Oss, "Interpretation of the 'Stone' Passages," 181-200을 보라.

377. 예를 들어 Käsemann을 보라.

378. 대다수 본문은 대명사 αὐτῶν을 τοῦ Ἰσραήλ로 대체하고, 동사 ἐστιν을 덧붙이는가 하면, 다른 여러 사본들은(א의 2차[비잔틴] 교정본, Ψ와 그리고 33을 포함한 여러 소문자 사본들) αὐτῶν을 보존하고 ἐστιν을 덧붙인다. 하지만, 더 짧은 텍스트가 확실히 여기서 선호되어야 하는데, P^{46}, 1차 알렉산드리아 대문자 א(원본)와 B(A와 1739도 보라), 그리고 서방의 이중 언어 본문들(D, F와 G)의 강력한 조합으로 입증되는 것이다.

379. 몇몇 초기의 중요한 사본들(P^{46}와 1차 알렉산드리아 대문자 א; Ψ, 후기 서방 대문자 F와 G, 그리고 대다수 본문도 보라)은 여기에 δικαιοσύνην을 포함시킨다. 이 단어는 본래 있는 것으로, 필사자들이 불필요한 중복으로 여기고 생략했을 수도 있다(Meyer, 170). 그러나 필사자들이 이 단어를 추가하여 τὴν ἰδίαν을 분명히 하려고 했을 가능성이 있다(Lietzmann, 91; S-H, 283; Käsemann, 281). 우리는 알렉산드리아 전승 가운데 이 단어를 생략하는 사본의 일부(A, B, 81, 1739)를 따라야 하는데, 이는 특히 서방 대문자 D와 P의 증거가 수반되기 때문에 그렇다.

이 문단은 일련의 논리적인 단계로 펼쳐지며, 각 단계는 접속사(*gar*), "for"를 사용하여 이전 단계와 연관된다. 바울은 그의 "골육의 친척"(9:1-3절을 보라)이 구원받지 못할까 하는 깊은 우려를 재천명하는 것으로 시작한다. 이러한 우려는 이 장들에서 바울이 이스라엘에 대해 논의하도록 이끄는 근본적인 우려로 대부분의 동포 유대인들이 구원을 받기 위해 복음에 반응하지 않았음을 다시금 드러낸다. 이러한 짐작은 2절의 근거로, 바울은 왜 유대인들이 구원을 얻지 못했는가를 설명하는데, 이는 주님을 향한 그들의 기특한 열정이 이에 필적할 만한 지식의 수준과 비교되지 않는다는 것이 그것이다. 유대인들이 이해하지 못한 것은 무엇인가? 한마디로, 의다. 바울이 3절에서 밝히듯이, 유대인은 그리스도 안에서 하나님의 의가 나타난 것을 깨닫지 못했고 오히려 율법의 행함을 의지하여 자기 의를 세우고자 했다(9:32절과 10:5절을 보라). 이것이야말로 참으로 심각한 오해라는 것이 4절에서 드러난다. 즉, 그리스도께서 율법을 완성으로 이끄셨고, 누구든지 믿는 자는, 이제 그리스도 안에서 그 의를 얻을 수 있다는 것이다.

4절은 바울의 모든 서신 가운데 가장 간결하지만 의미심장한 신학적 주장들 중에 하나로 꼭 유명한 구절이다. 그렇지만 하나님의 의와 "자기 의"의 대조적인 관점에서 이스라엘의 실패를 설명하는 3절은 개념상 이 문단의 중심에 있다. 그리고 이 대조는 다시금 약간의 다른 관점에서 믿음의 의와, 이 단원을 지배하는 율법의 의의 대조를 되풀이한다(9:30-31절과 10:5-6절을 보라).

1 "형제들아"라는 인사말은, 로마서의 다른 곳에서와 마찬가지로,[380] 화제 전환의 신호다. 하지만 이 경우에는 그 전환이 하나의 화제에서 다른 화제로의 전환이 아니라, 화제의 한 국면에서 다른 국면으로의 전환이다. 바울은 이스라엘이 종말론적인 하나님의 백성 중에 들지 못한 것을 간략하게 설명했는데, 이제 그는 이 설명을 더욱 상세히 할 것이다. 그와 동시에 독자들에게 하는 바울의 직접적인 언급은 자신의 진실성과 1절에서 그가 말한 것의 중요성을 강조하는 역할을 한다. 그는 이방 그리스도인이 압도적 다수를 차지하는 독자들에게 이스라엘의 넘어짐에서 그 어떤 기쁨이나 만족도 얻지 못함을 알아주기를 원하는 것이다. 그와 정반

380. ἀδελφοί. 1:13; 7:1, 4; 8:12; 11:25; 12:1; 15:14, 30; 16:17을 보라.

대로, 그의 편에서[381] 바울은 여전히 유대인들의 구원을 위하는 것에 열정적으로 헌신하고 있다. 그 헌신은 그의 가장 깊은 내면의 인격, 즉 마음의 염원이나 뜻[382]에 있고, 이스라엘이 복음에서 얻게 된 구원을 경험할 수 있도록, 그가 이스라엘을 위하는 간구의 기도에서 표현되는 것이다.[383] 머레이(Murray)가 지적하듯, 구원을 최종적으로 결정하시는 하나님의 뜻에 관한 바울의 가르침 직후에, 곧이어 이스라엘의 구원을 간절히 위하는 이러한 병렬은 한 가지 중요한 점을 알려 준다. 즉, "하나님의 계획이 주권적이라는 사실에 대해 절망하게 하고 인간의 영원한 유익에 대한 관심을 포기하게 만들 때, 우리가 인간 사상의 질서를 어기고 하나님의 특권과 인간의 특권 사이의 경계를 침범하는 것이 된다.[384]

2 구약에서 "열심"(zeal)은 주로 하나님의 열심을 가리키는 것으로, 흔히 심판의 문맥에서 나온다(겔 5:13절 참조). 그러나 이는 가끔 민수기 25:11절에서처럼 사람들에게 적용되기도 하는데, 여기서 비느하스는 이스라엘의 순수성을 지키기 위해 행동했던 그의 열심으로 인해 찬사를 받는다. 하나님과 이스라엘 백성에 대한 열심은 제2성전기 동안 두드러졌는데, 유대교 신앙의 존립 자체가 외적과 내적

381. BDF(§447[4])는 바울이 불변화사 *μέν*을 상관의 의미가 있는 *δέ*가 없이 사용하는 것은 고전에서 볼 수 있는 용법임을 지적하는데, 그 의미인즉 "나의 원하는 바대로 하자면"이 그것이다.

382. *εὐδοκία*. 이 단어는 흔히 "착한 뜻"(빌 1:15)을 의미하고, 일부 주석자들은 여기서 이 의미를 채택한다(Godet; Murray). 그러나 이는 "기뻐하다(favor)"(엡 1:5, 9)를 의미하거나, "기뻐함(desire)", "[기쁘신]뜻(will)"(살후 1:11; 빌 2:13 [가능할 수도])을 의미할 수도 있는데, 후자의 의미가 이 문맥에 더 잘 들어맞는다(BDAG; G. Schrenk, *TDNT* 2.746; Cranfield; Dunn; Wilckens; Fitzmyer을 보라).

383. "간구의 기도"는 *δέησις*로 번역된다. 이 단어가 술부의 일부일 수도 있지만, *ὑπὲρ αὐτῶν*이라는 문구는 예를 들어 "하나님께 드리는 나의 기도가 '그들을 위함이다'"(Käsemann)에서 처럼 필시 이 단어에 걸쳐서 쓰일 것이다(Godet; Cranfield; Dunn을 보라) 내가 9-11장의 첫 머리에서 지적했듯이, 이 구절은 바울이 이 장들에서 이스라엘 전체를 하나님과 그의 백성으로부터 분리하여 정죄를 받고 있음을 보여주는 가장 분명한 지표 중의 하나이다. 반대 견해로, 예를 들어 van Buren이 있다. 그는 바울이 여기서 기도하는 것을 오로지 이스라엘이 눈이 먼 데서부터 구원을 받도록 하기 위함이라고 생각한다(*Theology of Jewish-Christian Reality*, 2.148).

384. Murray. 그러나 이 기도가 강하게 예정론적인 9장의 독법과 상충된다는 Leenhardt의 주장은 (Dunn의 지지를 받아) 구원에 있어서 하나님의 주권과 사람의 기도가(그리고 복음이) 거의 역설적으로 성경적인 상호작용을 하고 있음을 놓치고 있다. 이 전체 주제와 관련하여, 특히 Packer의 고전인 *Evangelism and Sovereignty of God*을 보라.

무관심으로 위협받았던 시기였다.[385] 이러한 문맥에서, 유대인의 열심은 흔히 국가적인 요소를 띄고 있으며, 던(Dunn)이 바울 서신에서 자민족 중심주의의 사안에 관심을 집중하기 위한 프로그램의 일단으로 특히 강조해온 것이다. 그러나 유대교에서와 바울이 이 단어를 사용하듯, "열심"은 이스라엘의 독점적인 권리에 대한 열정으로는 국한될 수 없는데, 이는 궁극적으로 하나님 자신에 대한 열정의 표현이기 때문이다.[386] 그러므로 이 열심은 신약에서 거의 한결같이 찬사로 이어지는 것이다.[387] 그래서 이스라엘에 관한 바울의 증언은, 그들이 찬사받을 만한 마음의 헌신을 하나님께 드리는 긍정적인 어조로 시작한다. 이스라엘의 문제와 바울이 그들의 구원을 놓고 끊임없이 기도해야만 하는 이유는 그리스도를 알기 전의 바울처럼(행 22:3절; 갈 1:14절; 빌 3:6절을 보라), 그들의 열심 은 "지식"에 의해 움직이는 것이 아니라는 것이다.[388] 3절이 분명히 보여주듯이, 이와 관련된 것은 하나님이 세상에서 무엇을 행하시는지 인식하고, 그에 따라 대응할 수 있게 해주는 하나님의 계획에 대한 안목이다.

3 하나님의 계획은 예수 그리스도의 복음에서 그 절정에 달했다(1:2-4절). 그리고 바울은 하나님의 의의 계시를 그 복음의 중심에 두었다(1:16-17절을 보라). 그러므로 바울에게 있어서 유대인의 부족한 이해(2b절)를 특징으로 설명할 때, "하나님의 의"에 대한 그들의 무지에서 비롯된 것으로 묘사함이 당연하다.[389] 우리가 앞서 보았듯이(특히 1:17절의 부록을 보라), "하나님의 의"는 신학적 의미가 풍부하며, 궁극적으로 하나님 자신의 "행하심의 속성"에 초점을 두는데, 이는 그러한 속

---

385. 특히 맛다디아가 그의 동포 유대인들로 하여금 유대교 신앙에 대하여 안티오쿠스의 칙령을 거역하도록 하는 유명한 말들을 보라. 즉, "율법에 대한 열성이 있고 우리 조상들이 맺은 계약을 지키려고 하는 사람은 나를 따라 나서시오"(1 Macc. 2:27)가 그것이다; 예를 들어 Jud. 9:4; Sir. 45:23-24 (비느하스를 극찬하는 [민 25장]); Josephus, Ant. 12.271도 보라.

386. 특히 Ortlund, *Zeal without Knowledge*, 118-36(로마서 10장에 관하여); Smiles, "Concept of 'Zeal,'" 282-99를 보라.

387. 요 2:17; 행 22:3; 고후 11:2; 빌 3:6을 보라. 고전 14:12; 갈 1:14; 딛 2:14에서 나오는 ζηλωτής도 보라. 바울은 동사 ζηλόω를 긍정적인 의미로 사용하지만(고전 12:31; 13:4; 14:1, 39; 고후 11:2; 갈 4:17 [두 번], 18) 신약의 다른 저자들은 긍정의 의미로 사용하지 않는다(행 7:9; 17:5; 약 4:2).

388. ἐπίγνωσιν. 이 단어는 신학적인 지식에 반하여 실천적인 지식을 내포한다. 1:28절에 관한 우리의 주를 보라. Godet; Kasemann; Wilckens에게도 주목하라.

389. 그러므로 3절은 2절의 마지막 문구인 οὐ κατ' ἐπίγνωσιν에 대한 설명이다(γάρ를 보라).

성과 이를 경험하는 자들의 신분에 따라 행하심에 초점을 둔다는 것이 그것이다. "자기 의"와 대조를 이루는 9:31절과 10:6절의 다소 병행적인 문구들이 암시하듯이(4절도 보라), "하나님의 의"는 후자의 생각, 즉 하나님이 자신의 의를 행하신 결과, "의로운 신분"(right standing)을 확실히 포함하고 있다는 것이다.[390] 그와 동시에, 유대인들의 대부분이 하나님의 의에 굴복하지 않는다는[Gk. hypotassō] 바울의 주장은 신적 활동의 뉘앙스를 암시한다. 하나님이 그의 백성을 위해 "옳은 일을 하는 것"은 최종 종말론적인 형태로 나타난다.[391] 이스라엘의 무지는 그리스도 안에서 하나님이 종말론적인 구원을 얻을 수 있도록 하는 수단으로써 자신의 의를 결정적으로 계시하심을 이해하지 못한 것과 관련이 있다.[392] 오랫동안 기대되는 "하나님 의"에 대한 종말론적 계시를 인정하고 겸허히 복종하는 것을 통해서만이 이스라엘은 구원을 받을 수 있다. 다른 방식으로 표현하자면 유대인들이 믿음으로 하나님의 의에 반응하지 않았다고 말하는 것이 될 것이다.[393] 바울이 하나님의 의와 믿음 사이에 워낙 밀접한 관계를 세우기 때문에 후자를 생각하지 않고는 전자를 언급할 수 없다. 그리고 이스라엘의 "복종하지 아니함"이 곧 그들의 믿음 없음과 대등한 것은 이 대목의 병행적인 본문들(9:32a; 33b; 10:5-6절을 보라)에

---

390. 예를 들어 Ortlund, *Zeal without Knowledge,* 129-31을 보라.

391. 이 본문에서 "하나님의 의"의 의미에 대한 학자들의 다른 견해는 대체로 우리가 1:17에서 보았던 선택지를 반영하는데(이를 위한 주들을 살펴보라), 이는 의의 원천이 하나님에게 있다는 의의 신분이 그것이다(Godet; Murray; Cranfield). 하나님의 구원하시는 자신의 신실하심이나(Wilckens; S. K. Williams, "'Righteousness of God' in Romans," 283), 언약의 신실하심(Wright); 하나님의 능력/은사(Kasemann); "der eschatologischen Verwicklung des Rechtes Gottes an der Welt"(C. Muller, *Gottes Gerechtigkeit*, 72; Stuhlmacher, *Gerechtigkeit Gottes*, 92-93, 98-99도 보라.

392. 여기서 ἀγνοέω를 "disregard(무시하다)"로 번역하는 것에 관하여 BDAG를 보라. 바울인 이 동사를 롬 2:4; 고전 14:38절에서 비슷한 의미로 사용한다. ἀγνοέω가 ἐπιγινώσκω의 반의어로 나오는 고후 6:9에도 주목하라.

393. 여기서의 일반적인 개념에 관하여 바룩 2서 54:5도 보라. "[당신은] 은밀한 것들을 티끌 하나 없는 자들과 당신과 당신의 율법을 믿음으로 순종하는 자들에게 드러내신다"

서 분명히 밝혀진다.[394] "자기 의"는 다른 두 가지 방식으로 이해될 수 있다.[395] 우리가 "자기의"(their own)에 분배적인 의미를 부여하므로 - "저희 각자의"(each of their own) - 를 의미하는 것이라면, 바울은 자기 노력을 통해 하나님과의 관계를 세우려 하는 유대인 개개인의 시도를 언급하게 될 것이다.[396] 그러나 우리가 "자기의"에 집합적인 의미를 부여하여 - "이스라엘 자신의" - 를 의미하는 것이라면, 바울은 아마도 이스라엘의 의에 대하여 그들에게만 적용되는 - "그들과 그들의 것뿐" - 이라는 이스라엘의 오해를 가리키는 셈이 될 것이다.[397] 전자의 의미로 보면, 바울은 유대인들을 - 그들 자신의 의 - 곧 자기의 행위를 의지하여 하나님과의 관계를 세우려는 시도를 꾸짖는 것이다. 후자의 의미로 보면, 바울은 유대인들을 - 민족의 의- 곧 다른 모든 민족은 제쳐두고 하나님과의 관계를 이스라엘에만 한정시키므로 피해를 주는 것을 꾸짖는 것이다. "민족의 의"로 보는 견해는 바울이 4b절과 13절에서 그리스도 안에 있는 하나님의 의에 대한 보편적 차원들을 강조하는 데서 어느 정도 지지를 받을 수 있는데, 이는 이스라엘이 자신들의 것으

---

394. 바울은 ὑποτάσσω를 무언가에 복종하는 것 외에, 사람에게 복종하는 롬 8:7(하나님의 법을 믿지 않는 사람)과 8:20(피조물이 "허무한 데"에 대해서)에만 사용한다. ὑποτάσσω에 관한 논의로 13:1에 나오는 주들을 참조하라. 몇몇 학자들을 부정과거 ὑπετάγησαν이 특히 역사적으로 메시아를 거부한 이스라엘을 가리킨다고 주장한다(Cranfield 참조). 그러나 이는 사실을 진술하는 부정과거로 십자가와 부활 사건 이래, 많은 유대인들이 복음을 거부하는 것을 요약하는 용법으로 보는 편이 더 낫다 특히 헬레니즘 시대의 그리스어에서 중간태와 수동태의 혼용은, 특히 이 동사와 관련하여 수동태 ὑπετάγησαν을 재귀적 중간태로 보고, "그들 스스로 복종했다"(Moulton, *Prolegomena*, 163; KJV; NASB)로 이해하는 것이 가능하지만, 꼭 그럴 필요도 없다.

395. τὴν ἰδίαν [δικαιοσύνην] (δικαιοσύνην는 본문에서 나오는지는 불확실하지만, 본문의 일부분으로 언급되지 않는다면, 그것은 분명히 있다고 가정되어야만 한다).

396. 예를 들어 Augustine, *On Grace* 24 (NPNF 5.453-54); Cremer, *Paulinische Rechtfertigungslehre*, 30122; Calvin; Godet; Murray; Cranfield; Käsemann; Wilckens; Schreiner; Byrne; Hofius, "'All Israel Will Be Saved,'" 26; Westerholm, *Perspectives*, 312-13; Ortlund, *Zeal without Knowledge*, 129-131; Haacker, *Theology*, 85를 보라.

397. Wright; 동일 저자, "Romans 9-11," 40-45; Dunn; Jewett; E. P. Sanders, Paul, the Law and the Jewish People, 44-45; 동일 저자 "Paul on the Law," 78-88; Refoulé, "Romains X, 4," 339-40; B. Longenecker, *Eschatology and the Covenant*, 219; Liebers, *Gesetz als Evangelium*, 55-58. J. Barclay(*Paul and the Gift*, 540-41)는 "자기의"는 그들이 하나님의 선물을 받는 적임자라는 이스라엘 측의 주장을 암시한다고 생각한다. 유대인에 대한 바울의 비평적 해석을 따르는 그와 Gaston을 옹호하는 Gager는 여기서 보는 이스라엘의 실패는 이방인에 대한 그리고 이방인을 향한 바울의 복음을 인정하지 못하는 것이라고 주장한다(*Origins of Anti-Semitism*, 249-50).

로 의를 한정시키려는 것을 두고, 바울은 "모든 사람"에게 의가 열려 있음을 선언하는 것이다. 그러나 "자기 의" 보다 직접적으로 대조되는 것은 "하나님의 의"다. 이것은 "자기 의"에 대조되는 "하나님의" 용어와 마찬가지로 단순히 소유적인 개념이 아니라 원천적인 뉘앙스를 지니고 있음을 암시한다. 그리고 이것은 결국 각자의 노력에서 나오는 의가 집단적인 해석이기보다는 개별적인 해석임을 선호한다. 다음의 세 개의 부가적인 내용들이 이러한 견해를 뒷받침한다.

첫째, "자기 의"에 대한 의미는 구약에서 "자기의" 의에 대한 언급들과 일치한다. 특별히 중요한 것은 신명기 9:4-6절에서 여호와께서 이스라엘에게 상기하시는 말씀으로, 그들이 약속의 땅을 차지하는 것은 "자기의" 의 때문이 아니라, 여호와께서 이스라엘을 그의 소유로 삼으신 은혜 때문이라는 것이다.[398] 둘째, "자기 의"를 자기 자신의 의로 해석하는 것이 문맥에 가장 들어맞는 것은 9:31-32a절과 10:5절에서 의에 대한 병행구들이 대략적으로 이러한 같은 의미를 지니기 때문이다.[399] 셋째, 바울은 "하나님의 의"와 "자기 자신의 의"를 대조하는 다른 유일한 때에, 전자를 "믿음으로 말미암은 것"으로, 후자는 "율법에서 난" 것으로 단서를 단다(빌 3:6-9절). 이것은 바울이 "자기 자신의" 의를 이스라엘에 한정된 의가 아니라 인간의 노력에 묶인 의로 생각한다는 것을 시사하는 것이다.[400]

---

398. 신명기 9장의 문맥에서 이스라엘의 "의"와 민족들의 "악함"의 대조는 하나님을 향해 주장을 내세울 수 있는 도덕적인 쟁점을 분명히 한다. 예를 들어 Thielman, *From Plight to Solution*, 113을 보라. 신명기 9장은 신명기 전체에서 그것의 중요성뿐만 아니라, 바울이 10:6에서 이 부분을 암시하고 있기 때문이기도 하다(Eckstein, "'Nahe ist dir das Wort,'" 209를 보라). "자기의 의"에 대한 관념은 사 64:5; 겔 14:14; 18:22, 24, 26, 33:12, 13, 18에서도 등장한다.

399. 이 문맥에서 "자기 의를 세우려고"에 병행하는 문구들은 "의의 법을 따라간(이스라엘은) … 행위를 의지함이라"(9:31-32a)와 "율법으로 말미암는 의"(10:5)이다. 이 둘은 모두 행위를 의지하여 율법을 행하므로 하나님과의 관계를 세우려는 것을 가리키고, 믿음에 관련된 언급들과는 대조되어 제시된다. 3절에서 하나님의 의에 "복종하지 않는 것"은 믿지 못하는 것을 포함하는 것으로, 이러한 근본적인 믿음-행위의 대조는 여기서 다시 볼 수 있을 듯 하다(Westerholm, *Perspectives*, 312-13; R. Gundry, "Grace, Works, and Staying Saved," 18; Laato, *Paulus und das Judentum*, 250-54). 사실상 이 주장에는 어느 정도 순환성이 존재하는데, Dunn은 이 두 개의 평행 문구들이 그가 10:3절에서 주장했던 것과 유사한 개념을 나타낸다고 주장한다. 그러나 나는 이 문구들을 달리 해석해야 한다고 주장하는 것이며, 나의 해석이 수용된다면 위의 요점이 성립한다.

400. 빌 3:6-9에서, 바울은 그가 그리스도인이 되면서, δικαιοσύνην τὴν ἐν νόμῳ("율법 안에 있는 의," 6절)/ἐμὴν δικαιοσύνην τὴν ἐκ νόμου("내가 가진 율법으로 말미암은 의," 9절)를 τὴν ἐκ θεοῦ δικαιοσύνην ἐπὶ τῇ πίστει("믿음으로 말미암은 하나님께로부터 난 의)"로 바꾸기로 한 결정을 상

유대인들은 하나님의 의에 "복종하지" 못한 것은, 그들에게 하나님의 의가 도래했을 때 그것을 알아보지 못했을 뿐만 아니라, 편협하게도 그 의를 율법에 순종하는 것에만 연관 지어서 의를 찾으려 했기 때문이기도 하다.[401]

4 이 구절은 바울의 신학적인 모든 "슬로건" 가운데 가장 유명한 하나를 담고 있는 것으로 바울이 3절에서 유대인들에 관하여 말한 것의 토대를 제공한다("for," 그리스어. *gar*). 특히 그는 율법에 의지하여 자기 의를 추구하는 것은, 그리스도가 율법의 마침이 되므로 모든 믿는 자에게 의가 열려 있도록 했기 때문에 잘못된 것이라고 밝힌다. 우리는 이제 이 구절에 대한 이러한 독법을 (1) "율법"이라는 단어의 의미와 (2) 이 구절의 첫 부분과 둘째 부분의 구문상의 관계, 그리고 (3) 텔로스(*telos*)의 의미(나는 "마침"으로 번역했다)를 의를 살펴보는 것으로 그 타당함을 보여주어야만 한다.

(1) 학자들은 이 구절에서 나오는 단어 노모스(*nomos*)에 대한 각기 네 가지의

술한다. 일부 학자들은 이 병행을 인정하지 않지만(예를 들어 C. Müller, *Gottes Gerechtigkeit*, 72-74; Badenas, *Christ, the End*, 244-45), 합당한 이유가 있어서 그런 것이 아니다(예를 들어 롬 10:2에서 "하나님께 열심"은 바울이 "열심으로는 교회를 박해하고"에서 자신에 대한 묘사로 발견되는 점에 주목하라). 빌립보서 3장에서 바울은 "내가 가진" 의를 "다른 사람들을 위해 의도된", "이스라엘에 국한된" 의와 대조하는 것이 아니라, 믿음에 응답하여 하나님으로부터 난 선물로 오는 의와 대조해서 제시하는 것이다. 특히 Ortlund, *Zeal without Knowledge*, 132-34를 보라. Seifrid는 바울의 "내가 가진 율법으로 말미암은 의"는 모두 그의 유대교 유산과 적극적인 순종의 결과임을 주장한다(*Justification*, 174-75). 반대 견해로는 예를 들어 E. P. Sanders의 경우, 바울의 "자기 의"는 단순히 중립적이거나 긍정적인 소유의 개념으로 "더 나은" 것, 즉 하나님으로부터 난 의가 아니다(Paul, *the Law and the Jewish People*, 140). 오히려, 바리새인의 경건에 전형이었던 것과 결부하여, 바울은 그가 그리스도인이 되기 전의 의를 그 자신의 행함으로 "말미암는" 것은 아닐지라도, 그것을 포함하는 것으로 보는 것이다. 특히 3절이 이 전체 본문을 "그리스도 예수 안에서 자랑하는 것"과 "육체를 신뢰하는 것"의 대조로 시작하는 것을 보라. 이것은 바울이 그리스도인으로 믿음을 통하여 하나님에게서 받은 의를 "완전히 외부적인" 것으로 보기를 선호하므로 신인협력설을 거부하는 것이다. 이와 유사한 강조점을 지닌 것으로 Silva, *Philippians*, 176, 186; O'Brien, *Philippians*, 380, 395-96; R. Gundry, "Grace, Works and Staying Saved," 14를 보라.

401. 이러한 해석은 부사적 분사들인 ἀγνοοῦντες와 ζητοῦντες가 모두 원인을 나타내는 것을 가정한다. 이는 자기의 의를 세우려는 유대인들의 시도가 그리스도 안에서 하나님의 의에 순종하지 못한 결과만은 아니었음을 암시할 것이다(E. P. Sanders과 같이 반대되는 견해를 지닌 학자들의 생각은 바울이 유대인들을 비판하는 것은 그들이 단순히 구원 역사의 전환을 깨닫지 못한 것에 있다는 것이다).

의미들을 주장한다. 즉, 형식을 불문하고 일반적인 의미에서 "법"으로 보는 것과,[402] 넓은 의미에서 "구약의 계시,"[403] "율법주의,"[404] 그리고 모세의 율법으로 보는 것이다. 이 해석들 가운데 첫 번째와 두 번째일 것 같지는 않은데, 이는 그 어느 쪽의 의미도 근접 문맥에서 발견되지 않기 때문이다. 반면에 세 번째 해석은 내가 다른 곳에서 논했듯이,[405] 바울 서신에서 입증되지 않았으므로 여기서 채택될 수 없다. 그러므로 학자들의 대다수 견해와 마찬가지로 나는 이 구절에서 노모스가 가리키는 것은 주로 바울 서신에서 그러하듯 모세의 법이라고 결론짓는다.

(2) 4절은 하나의 주장인 - "그리스도는 율법의 텔로스(*telos*)가 되신다"[406] - 와 하나의 전치사구인 - "모든 믿는 자에게(에이스, *eis*) 의" - 를 포함한다. 우리는 그 전치사구를 그 주장에 어떻게 연결할 수 있는가? 많은 학자들은 그것이 "율법"이라는 단어에 직결되어야 한다고 주장한다. 그렇게 된다면, 바울은 그리스도가 의와 관계된 율법이나, 의의 수단으로서 율법의 텔로스가 된다고 주장하는 셈일 것이다("모든 믿는 자에게"는 그리고 나서 전체적으로 그 진술에 첨부될 것이다). NASB에서 "그리스도가 모든 믿는 자에게 의를 위한 율법의 마침이 되시기 때문이니라"의 번역을 보라(KJV도 유사하다). 이러한 방식으로 이 구문을 이해하는 사람들의 대부분은 텔로스가 "끝", "마침"을 의미하는 것으로 생각하기도 한다. 그러므로 그들은 바울이 여기서 하나님과 함께 하는 의를 확보하는 수단으로 율법에 대한 (잘못된) 오해의 끝이나,[407] 또는 이스라엘에게 한정된 율법과 율법의 의에 대한 이스라엘의 오해는 끝이 났다고 선포하므로 결론을 내린다.[408] 그러나 이 구문은 전치사구를

---

402. Gifford; Denney.

403. W. Campbell, "Christ the End of the Law," 75; Badenas, *Christ, the End*, 113-14.

404. 특히 Bultmann, "Christ, the End of the Law," 54; Moule, "Obligation," 402를 보라.

405. 2:11과 6:14에 관한 주들을 보라.

406. 그리스어는 우리가 "율법의 τέλος는 그리스도이니라"로 번역하도록 허용하겠지만, 이것은 바울의 논거에 거의 맞지 않는다(Fitzmyer).

407. Hodge는 그리스도께서 "생활의 조건을 규명하는 언약"으로 율법을 끝마친다고 본다; Morris; Murray; Zeller; Zahn; Althaus; R. Longenecker, *Paul, Apostle of Liberty*, 145-47; S. K. Williams, "'Righteousness of God' in Romans," 284를 보라. 이 학자들의 대부분은 이것으로 암시되는 것이 의를 성취하기 위한 수단으로 율법이 있었던 적이 없음을 분명하게 덧붙인다는 사실에 주목하는 것이 중요하다(특히 Murray를 보라); 그리스도께서 끝마치신 것은, 많은 학자들이 분명히 하는 것처럼, 율법을 통해서 의를 이루려는 일체의 시도라는 것이다.

408. Dunn, 2.590-91, 596-97; 그가 쓴 "'Righteousness from the Law,'" 222와 Schreiner도 보라.

"율법"이라는 단어에 직접 덧붙이는 것을 선호하지는 않는다.[409] 그보다는 에이스 eis로 시작된 전치사구가 그 주장 전체에 첨부된 목적절이나 결과절(result clause)로서 기능한다고 볼 수 있는 여지가 훨씬 더 많다. 즉, "모든 믿는 자에게 의가 있다는 결과로(또는 의가 있을 수도 있는 목적으로) 율법의 텔로스(telos)가 된다"는[410] 해석이 그것이다(본질적으로 현대의 대부분의 영역이 이렇게 해석한다).

(3) 이것은 텔로스라는 단어의 의미가 무엇이냐는 문제를 남겨둔다. 영역본들 대부분은 이 단어를 "끝"으로 번역한다. 그러나 이 번역에는 결정적인 모호함이 담겨 있는데, 이는 "끝"(end)이 (1) "마침내 수업의 끝이 왔다!"의 문장과 같이 "마침"(termination)을 의미하는지, (2) "정부의 목적은 국민의 행복이다"의 문장에서처럼 "목표"(goal)를 의미하는지, 아니면 (3) "그녀는 자기 행동들의 결과를 예견하지 못했다"라는 문장과 같이 "결과"(result)를 의미하는지의 모호함이 그것이

409. 고전 그리스어에서, 관형사 전치사구들은(실명사들을 수식하는 전치사구들) 주로 관사를 통해 확인됐다. 이것은 여전히 신약에서도 등장하지만(ἡ ἐντολὴ ἡ εἰς ζωήν, "생명에 이르게 할 그 계명" [Rom. 7:10] 참조), 더 이상 일반적인 구문은 아니다. 그러므로 신약에서 전치사구가 수식하는 것이 무엇인지는 오직 단어의 어순과 문맥으로 결정할 수 있다. 신약에서 εἰς가 거의 1,800군데나 등장하는데, 그 가운데 (대략적인 계산에 따라) 오직 77군데에서만 관형사적인 용법으로 쓰인다. 이 77군데 중에서 54군데에서는, 전치사구들이 그것을 수식하는 실명사들, 예를 들어 τὸ φρόνημα τῆς σαρκὸς ἔχθρα εἰς θεόν, "육신의 생각은 하나님과 원수가 되나니"(롬. 8:7) 바로 앞에 나온다. 나머지 23군데에서는, 실명사가 그것을 수식하는 εἰς구와 분리되어 있는데, 이를 분리하는 것은 다음과 같다: 동사(행 24:15; 롬 16:19a에서 두 번), 전치사구(롬 3:22; 고후 2:16a; 2:16b; 몬 6에서 4번), 종속 여격 (롬 5:2 [이문]; 엡 5:2; 골 1:25에서 3번), 종속 소유격(막 1:4; 눅 3:3; 롬 6:22; 15:16; 16:5; 고후 9:13a; 엡 1:19; 4:12a; 4:12b; 빌 1:5; 살후 1:3)이나, 또는 전치사구 + 종속 소유격(살전 5:18에서 한 번; 나머지 한 곳인 롬 13:14는 분류하기가 어렵다). 그러나 이러한 예시들 가운데 어디에서도, 우리는 롬 10:4의 εἰς를 관형사적인 해석으로 가정해야 한다고 옹호하는 사람들을 발견하는, 즉 εἰς가 문장의 주어(Χριστός)에 의해 분리된 명사(νόμου)에 걸쳐서 있는 상황은 없다는 것이다. 이와 유사한 결론으로, 동사 εἰμι와 함께 바울 서신의 문장들 가운데 εἰς가 등장하는 것에 관하여 Seifrid, "Paul's Approach," 8-9를 보라. Räisänen, *Paul and the Law*, 55; Cranfield, 2.519-20도 보라.

410. 결국에는 목적절이나 결과절이 되는 것을 소개하기 위한 εἰς의 용법은 신약에서 25차례 정도 나온다. 예를 들어 롬 3:25에서 ὃν προέθετο ὁ θεὸς ἱλαστήριον διὰ [τῆς] πίστεως ἐν τῷ αὐτοῦ αἵματι εἰς ἔνδειξιν τῆς δικαιοσύνης αὐτοῦ: "[이 예수를] 하나님이 그의 피로써 믿음으로 말미암는 화목제물로 세우셨으니 … 이는 자기의 의로움을 나타내려 하심이니"를 보라. 그렇다면 εἰς가 목적이나 결론의 진술을 도입한다면, παντὶ τῷ πιστεύοντι는 반드시 εἰς δικαιοσύνην을 수반해야만 한다. 이는 παντὶ τῷ πιστεύοντι를 주요 주장의 수식어인 것처럼, 예를 들어 "그리스도는 믿는 자들에게만 율법의 τέλος이다"와 같이 읽으려는 모든 시도를 불가능하게 할 것이다. 반대 견해로 예를 들어 Mussner는 믿는 자들에게만 그리스도가 "율법의 마침"이 되기 때문에, 바울은 믿지 않는 유대인들에게는 여전히 율법이 시행될 수도 있는 가능성을 열어놓고 있음을 주장한다("Christus," 37).

다. 이 의미들은 저마다 그리스어 단어인 텔로스의 의미로 쓰일 수 있으며,[411] 각각 바울 서신에서 입증된다.[412] 우리가 이 첫 번째 의미를 수용한다면, 바울의 요점은 순전히 일시적일 것으로, 그리스도의 오심은 어떤 면에서 율법의 중요성이나/또는 권위의 시대가 끝났음을 의미하는 것이 된다.[413] 하지만 우리가 두 번째나 세 번째 의미를 선택한다면, 바울은 어떤 의미에서 율법을 그리스도를 향하거나, 그리스도를 향해 가리키고 있는 방식으로 율법과 그리스도를 역동적인 관계로 제시할 것이다.[414]

---

411. LSJ에 나오는 단어의 의미들로는 다음과 같다: "완성", "결과", "대권", "임무", "결정", "봉사", "제물", "관세", "비용", "성숙(maturity)", "끝", "중단", "성과", "목표", "이상," 그리고 "목적"이 있다. Montanari(사전)에서는 "실현", "결과", "해결", "의도", "성숙(full development)" "이상", "완전함", "한계", "운명"을 추가한다.

412. (1) "종결": "그 후에는 τὸ τέλος이니, 나라를 아버지 하나님께 바칠 때라"(고전 15:24); (2) "goal": "이 교훈의 τέλος는 청결한 adma에서 나오는 사랑이거늘"(딤전 1:5); (3) "result": "이러한 것들[죄악된 행동들]의 τέλος는 사망임이라"(롬 6:21).

413. "end"는 상당한 범위의 의미를 지닌 단어로, 시간적인 의미가 가장 명백하다. 주로 시간적인 의미의 번역을 주창하는 학자들로는(위의 각주. 407에서 열거된 사람들에 더하여) Godet; Käsemann; Meyer; Lietzmann; van Dülmen, *Theologie des Gesetzes*, 126; Luz, *Geschichtsverständnis*, 139-57; Lagrange; Schmidt; Gaugler; Nygren; Michel; Schmithals; Schlier; B. Martin, *Christ and the Law*, 129-34; Mussner, "Christus," 37; Ziesler, *Meaning of Righteousness*, 206; E. P. Sanders, *Paul, the Law and the Jewish People*, 40; Räisänen, *Paul and the Law*, 53-56; Kim, *Origin of Paul's Gospel*, 307-8; Hofius, "Gesetz des Mose," 276-77; Heil, "Christ, Termination of the Law," 484-98이 있다. 하지만 이 학자들이 흔히 그리스도께서 "종결"하신 것이 정확히 무엇인지에 대해서 완전히 다른 결론에 도달한다는 점에 주목해야 한다.

414. 율법이 하나님에게서 난 것이므로, 율법이 그리스도를 향할 것이라는 의미는 성격상 목적론적일 것이라고 가정하는 것이 합당하다. 그 말인즉, 단순한 결과보다는 목적의 의미가 깔려있을 것으로 보는 것이다. 이러한 목적의 의미는 최소 세 가지의 다른 방식으로 이해된다. (1) 율법의 "성취"로서 그리스도. 이 견해는 교부들 사이에서 유행했는데, 그들 중 다수가 τέλος를 τελείωσις나 πλήρωμα 또는 라틴어 "perfectio"로 의역했다; Schelkle, *Paulus, Lehrer der Väter*; Cranfield를 보라. 현대에서는 Barth, *People of God*, 39; Osten-Sacken, *Heiligkeit der Tora*, 250-56을 보라; Bockmuehl, *Revelation and Mystery*, 150-53("예언의 성취" 또는 "완성")도 보라. (2) 율법의 "실체", "내적 의미," 또는 "진짜 내용"으로써 그리스도. (3) 율법의 "목표" 또는 "목적"으로서의 그리스도. (2)와 (3) 사이의 차이는 경미하고 항상 학자들에게 명확히 나타나는 것은 아니지만, 그럼에도 불구하고 중요하다. 두 번째 해석에 관하여, 바울은 유대인들이 줄곧 그리스도를 율법 "안에서" 보았어야 한다는 가정으로 구약의 참된 의미에 대해 무언가를 주장하고 있다. 세 번째 견해는 역사적으로 더욱 초점이 맞춰져 있는데, 그리스도 안에서 율법이 지시하고 있었던 목표를 유대인들이 인정해야 한다는 생각이다. 두 번째 견해에 관하여 Chrysostom; Calvin; Cranfield; Wright; Jewett을 보라. "목표"로 번역한 것의 일반적인 변론으로는 Bengel; Fitzmyer; Flückiger, "Christus, des Gesetzes τέλος," 153-57; Bring, "Paul and the Old Testament," 47; P. Meyer, "Romans 10:4," 65-66; Rhyne, *Faith Establishes the Law*, 104; 동

어휘적인 자료나 문맥상의 자료도 이 두 가지 주요 선택지 중에 어느 한쪽을 분명하게 가리키지 않는다. 바데나스(R. Badenas)는 텔로스(*telos*)가 성경 밖에서 사용되는 그리스어에서는 대개 "목표" 또는 "취지"(목적론적 의미)를 뜻한다고 밝혔다.[415] 그러나 70인역과 신약에서는 모두 텔로스의 시간적인 의미("마무리 부분", "마침")가 지배적이다.[416] 문맥은 율법과 관련하여 추구하고 성취하는 언어를 사용하고 있고(9:31-32a절), 이것은 우리로 하여금 바울이 이제 제시하게 될 율법의 진정한 "목표"로서 이스라엘이 추구했으나 이루지 못했던 목표인 그리스도를 기대하게 할지도 모른다는 것이다. 똑같은 방식으로, 바울이 그리스도와 그리스도가 이룬 의

일 저자, "Nomos Dikaiosynēs," 492-94; Badenas, *Christ, the End*, 114-15; R. Jewett, "Law," 349-54; Fuller, *Gospel and Law*, 84-86; Kaiser, "Law as God's Gracious Guidance," 185-88; Aletti, *Comment Dieu est-il juste?* 114-18를 보라.

415. Christ, *the End*, 38-80.

416. τέλος라는 단어는 LXX에서 대략적으로 155번 등장한다. 이 가운데 110번은 τέλος가 전치사 εἰς의 목적어로 나온다. 이러한 구문은 완전함 - "그 끝"에 이르는 것 -을 지시하는데, 보통 시간과 관련하여 그렇지만(합 1:4 참조: "이러므로 율법이 해이하고 정의가 전혀[εἰς τέλος] 시행되지 못하오니"), 가끔은 행동의 질에 관해서이기도 하다(암 9:8b 참조: "그러나 야곱의 집은 온전히 멸하지는 아니하리라 여호와의 말씀이니라"). 이는 56편의 시편의 서두로 등장하는데, 뜻은 명확하지 않다. 그 밖에 다른 곳에서 등장하는 약 45번 가운데 10번은 τέλος가 10번 "공물(tribute)"을 가리키며, 나머지는 거의 모두 "끝"으로 번역된다. 즉, 어떤 기간의 "끝"이나, 사람의 "마지막," 또는 문제의 "결말"이 그것이다. 분명 의미상 목적론적인 의미는 있을지 모르지만 거의 나오지 않는다. 신약에서, τέλος는 40군데에서 나온다. εἰς [τὸ] τέλος의 상투적인 문구는 오직 세 번만 등장하는데, 이 가운데 두 번은 양적인 의미로("완전히", "철저히"-눅 18:5; 요 13:1 [아마도]) 나오고 나머지 하나는 시간적인 의미로 나온다("마침내"- 살전 2:16 [아마도]). 세 번은 이 단어가 "공물" 또는 세금을 가리킨다(마 17:25 [복수형으로]; 롬 13:7a; 13:7b). 17번은, τέλος가 일련의 사건들에서 "최후의 시점"을 가리킨다(예를 들어 마 10:22: "끝까지[εἰς τέλος] 견디는 자는 구원을 얻으리라"; 마 24:6, 13, 14; 막 13:7, 13; 눅 21:9; 고전 1:8; 10:11 [복수형으로]; 15:24; 고후 1:13; 벧전 3:8; 4:7; 히 3:14; 6:11; 계 2:26도 보라 - 고후 3:13은 논의의 여지가 있지만 아마도 이 범주에 속할 것이다). τέλος는 다른 다섯 구절에서 "종결"을 의미한다(예를 들어 막 3:26: "[그 집이] 설 수 없고 망하느니라[τέλος]"; 눅 1:33; 히 7:3; 계 21:6; 22:13도 보라). 다른 아홉 개의 본문들에서는 τέλος가 "결과" 또는 "결말"을 가리킨다(예를 들어 마 26:58: 베드로가 멀찍이 예수를 따라 대제사장의 집 뜰에까지 가서 "이 사태[of these matters]의 그 결말[τέλος]을 보려고"; 롬 6:21: "이 일[죄 된 행실]의 그 마지막 또는 결말은[τέλος] 사망임이라"; 롬 6:22; 고후 11:15; 빌 3:19; 히 6:8; 약 5:11; 벧전 1:9; 4:17도 보라). 눅 22:37에서, τέλος는 "성취", "완성"이라는 뜻에 가장 근접하다. 딤전 1:5에서만 τέλος는 목적론적인 의미를 지닐 것이다("이 교훈의 목적[τέλος]은 사랑이거늘"). 비슷한 개관에 관하여 BDAG; G. Delling, *TDNT* 8.54-56; Schreiner, "Paul's View of the Law," 117-19를 보라. Badenas(Christ, *the End*, 71-76)는 목적론적인 의미로 나오는 것을 더 많이 발견하지만, 이 단어가 "결과" 또는 "결말"을 의미하는 이 범주 내에서 계산하는 경우에만 그러하다. 그렇지만 바로 말하자면, 목적이 분명하게 의도된 경우에만 "목적론(teleoloy)"라는 단어를 사용하는 것은 적절하다.

를 묘사하기 위해 구약의 본문들을 사용한 것은(9:32b-33; 10:6-8, 11, 13절) 바울이 그리스도를 율법의 참된 의미나 취지로 생각하고 있음을 가리킨다고 볼 수 있다. 하지만 인접한 문맥과 더 넓은 문맥에서나 둘 다에 시간적 의미의 번역을 선호하는 것은 많다. 4절과 3절 사이의 관계는 바울이 그리스도와 율법 사이의 불연속성을 강조하고자 하는 점을 보여 준다. 유대인이 율법에 의지하여 "자기의" 의를 세우려고 힘쓰는 것이(3절) 잘못된 것은(다른 이유보다도) 그리스도가 율법과 율법이 중심이었던 시대를 종결시킨 이유 때문이다("for" [*gar*]). 이것은 바울이 로마서 3:21절에서 밝힌 "율법 외에" 하나님의 의가 나타났다는 것과 같은 요점이다.[417] 참으로 율법 시대와 그리스도 시대 사이의 구원 역사적 괴리야말로 바울이 로마서에서 가르치는 것의 기본적인 것이다(6:14, 15; 7:1-6절도 보라). 더욱이 바울은 이 대목에서 일반적으로 구약과 그리스도, 그리고 그리스도가 이룬 의 사이에서 연속성을 분명히 강조하면서(9:32b-33; 10:6-8, 11, 13절 참조), 그는 그리스도와 율법 사이의 불연속성을 일관되게 강조하고 있다(9:30-32a; 10:3; 10:5-8절).

이러한 고려사항들은 텔로스를 시간적인 뉘앙스를 지니도록 요구하는데, 이는 그리스도가 오심으로 모세의 법이 지니는 권위가 기본적인 의미에서 끝났음을 의미하는 것이 그것이다. 이와 동시에 목적론적인 뉘앙스도 존재한다. 이것은 위에서 언급한 문맥상 요인들뿐만 아니라 신약에서 텔로스(*telos*)의 유사한 용법들이 일반적으로 방향이나 목표에 대한 의미를 어느 정도 보존한다는 사실에 의해서도 제안된다. 다시 말해서, 텔로스가 보통 나타내는 "끝"은 다른 어떤 것의 자연적인 또는 불가피한 결과로서의 끝을 가리킨다.[418] 경주장의 유추는(많은 학자들은 텔

417. 롬 10:3-4와 3:20-23절 사이의 병행들은 인상적이다.

3:20-23	10:3-4
율법으로[행위로] 의롭다 하심을 얻을 수 없다.	유대인들은 자기의 의를 이루지 못했다.
율법 외에 하나님의 한 의가 나타났다 모든 믿는 자에게 미치는 의다.	그리스도는 율법의 마침이 되셨다 모든 믿는 자에게 미치는 의다.

Badenas는 τέλος를 목적론적인 해석을 주장하면서, 롬 10:4절과 병행하는 것으로 "율법과 선지자들에게 증거를 받은 것이라"는 문구를 인용한다(*Christ, the End*, 141). 그러나 "율법 외에"라는 문구는, 롬 10:4와 마찬가지로 νόμος를 틀림없이 사용하기 때문에, 더욱 밀접한 병행이 된다.

418. 신약에서(여기서처럼) τέλος가 소유격을 따를 때, 그 소유격은 (1) τέλος가 한 부분으로 하는 전체이거나(부분 소유격; 벧전 4:7; 고전 10:11을 보라); (2) τέλος를 일으키는 사람이거나(주격 소유격; 약 5:11을 보라) 또는 (3) 끝에 이르게 되는 사물이나 사람이다(목적 소유격; 롬 6:21; 고후

로스가 전달하기 위한 것이라고 생각한다) 도움이 되는데, 이는 결승선이 모든 경주의 "종결"(도달했을 때 경기가 끝나는 것)이자, 경주의 "목표"(결승선에 도달하기 위해 경주를 하는 것)이기 때문이다. 마찬가지로, 우리가 보기에 바울은 그리스도가 율법의 "마침"이자(그가 이 시대의 막을 내렸고) "목표"라고(그는 율법이 예상했고 지향했던 분이라고) 암시하는 것이다.[419] 이 영어 단어인 "끝"(end)은 뉘앙스를 완전히 포착하기는 하지만, 그것이 너무 시간적인 의미를 내포한다고 생각한다면, 우리는 "정"(culmination)(NIV), "완성"(consummation) 또는 "절정"(climax)이라는 단어들을 사용할 수도 있을 것이다.

그리스도가 구속 역사의 한 시대를 완성하듯이, 그는 새로운 시대의 막을 열기도 한다. 이 새로운 시대에는, 하나님의 종말론적인 의가 믿는 자들에게 주어지고, 모든 믿는 사람에게 열려 있다. 이 두 가지 강조는 모두 중요하고 본 서신의 가장 기본적인 주제들 중 하나를 반영한다(1:16; 3:22, 28-30; 4:16-17절). 유대인들은 그리스도가 율법을 완성하신 것을 이해하지 못했기 때문에 그리스도께 믿음으로 반응하지 않았으며, 그러므로 그들이 그리스도 안에서 오직 믿음으로 말미암아 얻을 수 있는 하나님의 의를 놓친 것이다. 이와 동시에 그리스도는 하나님이 이스라엘을 주로 상대하셨던 율법의 시대를 종결하시므로 이방인들에게 의가 더욱 순조롭게 이를 수 있도록 했다.[420] 그러므로 9:30-10:13절까지의 전체 단원은 경첩

3:13; 빌 3:19; 딤전 1:5; 히 7:3; 벧전 1:9; 4:17을 보라). 롬 10:4는 마지막 범주에 놓여야만 하고 이 본문들의 대부분에서(아마 히 7:3을 제외하고 고후 3:13도 배제될 수 있다) 그 사람이나 사물이 이르게 되는 "끝"은 단순히 종결이 아니라, 한 과정의 완성이다.

419. 롬 10:4에서 τέλος에 대한 해석으로 "끝" 또는 "목표" 개념을 다양한 방식으로 조합하는 학자들 가운데 Bruce; Barrett; Kuss; Wilckens; Dunn; Longenecker; Bandstra, *Law and Elements*, 105-6; Drane, *Paul*, 133; Furnish, *Theology and Ethics in Paul*, 158-61; Siegert, *Argumentation bei Paulus*, 149; Seifrid, "Paul's Approach," 6-10; 동일 저자, *Justification*, 248; Schnabel, *Law and Wisdom*, 291-92가 있다.
Badenas는 이러한 해석이 τέλος로서는 있을 수 없는 "이중적 의미"를 상정하고 있다는 근거로 이 해석에 반대한다(*Christ, the End*, 147; Raisanen, *Paul and the Law*, 53도 보라). 그러나 나는 이 단어의 "이중적 의미"를 주장하는 것이 아니다. 나는 이 그리스어 단어의 단일한 의미가 여기서 영어 단어 "end"와 "goal"의 뉘앙스를 결합하고 있다고 주장하는 것이다.

420. Dunn은 유대인의 실패에 대한 그의 해석에서 이 보편적인 논조를 강조한다. 즉, 이스라엘이 의를 그들의 것으로 제한하는 것은(3절), 그리스도가 의를 모두가 얻도록 하심을 이해하지 못했기 때문이다(4절). 나는 이러한 개념을 - 비록 이 구절의 주안점은 아니더라도 - 전적으로 일축하고 싶지는 않지만, 4절의 끝에 놓인 보편적인 초점은 뒤를 돌아보는 것보다는 앞을 바라보는 것으로 생각한다(6-13절).

과 같은 4절에 걸쳐 그 중심으로 회전한다. 그것은 유대인들이 율법에 사로잡혀 하나님의 의를 놓쳤다는 바울의 주장을 정당화한다(9:30-10:3). 즉, 의가 이제 율법을 그 절정에 이르게 하고, 그럼으로써 율법의 왕 노릇을 종결시킨 그리스도 안에서 그리고 그리스도 안에 있는 믿음을 통해서만 발견되기 때문이다. 아울러 바울은 10:5-13절에서 상술할 주제를 선언하는데, 그리스도를 믿는 모든 자에게 믿음으로 말미암아 주어지는 의가 그것이다.[421]

우리는 이 구절에 관한 연구를 다음의 두 가지 신학적 성찰로 마무리하고자 한다.

첫째, 나는 그리스도가 율법을 "종결"(end)하셨음을 바울이 가르친다고 주장할 때에, 이것이 무엇을 의미하는지를 분명히 하는 것은 중요하고, 그보다 더욱 중요한 것은 아마도 이것이 무엇을 의미하지 않는가이다. 바울은 통상적인 구원의 역사적 관점으로 이것을 주장한다. 즉, 모세의 율법은 하나님이 인류를 상대하신 한 시대가 이제 종결되었음을 대표한다. 신자는 하나님과의 관계가 그리스도 안에서 그리고 그리스도를 통해서 중보되며, 모세의 율법은 그 관계에서 더는 기초가 되지 않는다. 그러나 바울은 그리스도가 모든 율법을 끝내셨다고 말하는 것은 아니다. 즉, 믿는 자가 여전히 하나님의 법에 매이는 것은, 이제 그리스도 안에서와 그리스도를 통해서 중보 되기 때문이다(갈 6:2; 고전 9:19-21절을 보라). 그렇기에 바울은 모세의 법이 더는 하나님의 계시에 속하지 않을뿐더러, 신자에게 효력도 없는 것이다. 모든 성경과 마찬가지로, 모세의 법은 믿는 자에게 "유익하며"(딤후 3:16절), 신실한 신자가 끊임없이 읽고, 묵상하고, 반응해야만 하는 것이다.

둘째, 우리는 율법의 정점으로서 그리스도에 대한 바울의 가르침에서 신약 메시지의 아름다운 통일성의 또 하나의 증거를 발견한다. 이는 바울이 여기서 말하는 것이 예수의 가장 위대한 신학적 선언 가운데 하나를 주장하신 것과 거의 비슷하기 때문이다. 즉, "내가 율법이나 선지자를 폐하러 온 줄로 생각하지 말라 폐하러 온 것이 아니요 완전하게 하려 함이라"(마 5:17절)가 그것이다.[422] 각각의 본

421. Michel, 327.

422. 예수가 마 5:17에서 자신의 가르침을 모세의 법이 지향하고 있었던 것과 일치한다는 견해에 관하여 필자의 "Jesus and Authority," 17-28을 보라.

문은 그리스도를 구약의 율법에서 약속된 완결로 묘사한다. 그리고 이는 다 함께 구약과 구약의 율법을 유지하는데 필수적인 그리스도인의 접근 방식에 있어서 어떤 논조의 균형을 알린다. 한편으로, 예수와 바울이 더불어 우리에게 경고하는 것은 구약의 율법이 가르치고 행했던 것이 이제는 그리스도가 구현하여 우리에게 중보하는 정도를 과소평가하는 것이다. 이제 우리는 하나님과의 관계가 율법을 통해서가 아니라 그리스도 안에서 발견되고, 우리의 일상적인 행동도 율법보다는 주로 그리스도와 그의 사도들의 가르침에 의해 인도되는 것이다. 다른 한편으로, 예수와 바울은 그리스도를 율법과 갈라놓지 말라고 우리에게 주의를 시키기도 한다. 이는 그리스도가 율법의 성취이자 완성이므로 율법이 중심이었던 그 준비 기간에 비추어서 보지 않으면 그를 이해할 수도, 그 진가를 알아볼 수도 없기 때문이다.[423]

423. 이 주제들에 대한 추가적인 탐구에 관하여서 필자의 "Law of Christ"를 보라. 다른 수필에서 논란의 여지가 있고 신학적 쟁점이 되는 다른 견해들에 관하여 Strickland, ed., *Law, Gospel*도 보라.

c. 복음과 율법(10:5-13)

5 모세가 기록하되 율법으로 말미암는 의를
[424] 행하는 사람은 그 의로 살리라 하였거
니와[a][425]
6 믿음으로 말미암는 의는 이같이 말하되 네
마음에 누가 하늘에 올라가겠느냐 하지 말
라 하니 올라가겠느냐 함은 그리스도를 모
셔 내리려는 것이요
7 혹은 누가 무저갱에 내려가겠느냐 하지 말
라 하니 내려가겠느냐 함은 그리스도를 죽
은 자 가운데서 모셔 올리려는 것이라
8 그러면 무엇을 말하느냐 말씀이 네게 가까
워 네 입에 있으며 네 마음에 있다 하였으
니[b] 곧 우리가 전파하는 믿음의 말씀이라
9 네가 만일 네 입으로 예수를 주로 시인하
며 또 하나님께서 그를 죽은 자 가운데서
살리신 것을 네 마음에 믿으면 구원을 받
으리라
10 사람이 마음으로 믿어 의에 이르고 입으
로 시인하여 구원에 이르느니라
11 성경에 이르되 누구든지 그를 믿는 자는
부끄러움을 당하지 아니하리라 하니
12 유대인이나 헬라인이나 차별이 없음이라
한 분이신 주께서 모든 사람의 주가 되사
그를 부르는 모든 사람에게 부요하시도다[c]
13 누구든지 주의 이름을 부르는 자는 구원
을 받으리라[d]

a. 레. 18:5b절 / b. 신 9:4; 30:12-14절 / c. 사 28:16절 / d. 욜 2:32a절

424. 본문의 중요한 이문은 이 구절의 의미에 영향을 준다(이상하게도 UBS^{4}와 UBS^{5}가 이에 대한 언급을 빠뜨렸지만 말이다). 크게 두 가지 가능성이 제기된다. (1) ὅτι τὴν δικαιοσύνην τὴν ἐκ [τοῦ] νόμου. 이것의 효과는 τὴν δικαιοσύνην … 을 레 18:5의 인용구에 나오는 명사 구실을 하는 분사 ὁ ποιήσας의 목적어로 만드는 것이다(그러므로 같은 사본들의 대부분이 αὐτά라는 단어를 생략하기도 한다; 다음의 주를 보라). NASB를 보라: "For Moses writes that the man who practices the righteousness which is based on law shall live by that righteousness(모세가 기록하되 율법으로 말미암는 의를 행하는 사람은 그 의로 살리라 하였거니와)" (RSV도 보라). 이러한 독법은 1차 알렉산드리아 대문자(uncial) ℵ, 제2차 알렉산드리아 대문자A, 서방 D의 원본과 다수의 중요한 소문자 사본에서 발견된다(33, 81, 1739 참조). 이는 NA25의 텍스트에서 채택되고 상당 수의 학자들에 의해 옹호를 받는다(예를 들어 Murray, 2.46; Käsemann, 285; Cranfield, 2.520-21; Wilckens, 2.224; Bandstra, *Law and Elements*, 103; Rhyne, *Faith Establishes the Law*, 104-5; Badenas, *Christ, the End*, 118-19)가 있다. (2) τὴν δικαιοσύνην ἐκ [τοῦ] νόμου ὅτι. 이 구문을 따르는 ὅτι로 τὴν δικαιοσύνην ἐκ [τοῦ] νόμου는 관심의 목적격이 될 것이다. 즉, "For Moses writes with respect to the righteousness of the law, that … (모세가 기록하되 율법으로 말미암는 의)" (대부분의 영역본을 보라). 이러한 독법은 선호된다(NA^{28}과 UBS^{5}에서 채택된다). 이것은 초기 P^{46}과 중요한 알렉산드리아 대문자 B, 서방 전승의 일부(D와 G의 2차 교정본), Ψ, 그리고 대다수 사본과 함께 강력하고 다양한 외적 지지를 받는다. 그리고 필사자가 목적격에 대한 구문상의 비약을 완화시키기 위해 왜 ὅτι의 위치를 τὴν δικαιοσύνην 앞으로 옮겼는지 쉽게 이해할 수 있다. 하지만 이 독법에 반하여 바울이 역시 레 18:5에서 인용하는 갈 3:12b절에 2차로 동화된 것이라는 의심을 지닌다. 그러나 이러한 사항은 다른 방향의 증거를 능가할 만큼 충분히 능한 것은 아니다. 여기서 채택된 독법을 옹호하는 글에 관해서는 특히 Lindemann, "Gerechtigkeit aus dem Gesetz," 234-37을 보라; 예를 들어 Godet, 376-77; Kuss, 3.754-55; Dunn, 2.599; Fitzmyer, 589; Schreiner, 563; Jewett, 621도 보라.

구원에 관한 종교개혁자들의(특히 루터의) 가르침에 중심이 된 것은 "율법"과 "복음"의 구분이었다. 율법"은 하나님이 무엇이든 우리에게 하라고 명령하시는 것이라면, "복음"은 하나님이 그의 은혜로 우리에게 주시는 것이다. 종교개혁자들은 한결같이 인간의 타락으로 하나님이 명하시는 것을 인간이 행하므로 구원받는 것은 불가능하며, 오직 믿음으로 우리를 대신하여 하나님이 행하신 복음을 사람이 겸허히 수용함으로써 구원을 받을 수 있다고 주장하는 것이다. 이러한 신학적인 율법/복음의 대조가 이 대목의 정중앙에 위치하는데, 바울이 율법으로 말미암는 의(5절)와 믿음으로 말미암는 의(6-13절)를 서로 대조하기 때문이다. 의미심장하게도, 바울은 그토록 많은 유대인들에게 걸림돌이 되고, 그토록 많은 이방인들에게 기초석이 되는 그의 메시지가 구약과 연속 선상에 있다고 줄곧 주장함에 따라, 바울은 구약 그 자체에서 이러한 차이를 발견하게 되는 것이다. 바울이 두 종류의 의를 대조했던 앞선 두 대목에서(9:30-33; 10:1-4절), 믿지 않는 유대인들의 곤경을 설명하는데 특히 관심을 쏟았다. 이방인들의 개입은 잠시(9:30절) 또는 넌지시(10:4b절: "모든 믿는 자에게") 언급했다. 하지만 10:5-13절에서, 바울의 초점이 바뀌어 이제는 하나님의 의의 계시, 즉 믿음으로 말미암는 의가 이방인들을 포함하는 문을 여는 방법에 각별한 관심을 기울인다. 이러한 초점은 특히 이 문단의 끝(11-13절)에서 분명해진다. 그러므로 바울은 이방인의 수용에 관한 관심으로 이 큰 단원을 시작하고(9:30절) 끝맺는 수미쌍관을 만들어낸다.

5-13절은 4절의 마지막 말들을 상술하는데, 이는 "모든 믿는 자에게 의를 이루기 위하여"가 그것이다.[426] 바울은 의와 믿음을 잇는 연결의 닻을 성경에 내리

---

425. τὴν δικαιοσύνην …을 ὁ ποιήσας … ἄνθρωπος의 목적어로 삼는(앞의 주를 보라) 사본들의 대부분은 자연스럽게 αὐτά를 생략하지만, 내가 주장해온 이 독법을 채택한다면 αὐτά가 필시 유지되어야만 할 것이다(그렇지만 Godet, 377을 보라). 이 구절의 끝에도 이문이 있는데, 몇몇 사본들(예를 들어 두 개의 1차 알렉산드리아 대문자 ℵ[원본]과 B, 2차 알렉산드리아 대문자 A, 그리고 다수의 중요한 소문자 사본들)의 독법은 αὐτῇ("in it," 즉 의)로 보는 반면에 다른 사본들(예를 들어 P^{46}, ℵ의 2차 교정본, 그리고 D)의 독법은 αὐτοῖς("in them,"즉, αὐτά의 암시된 선행사인 계명들)로 본다. τὴν δικαιοσύνην을 ὁ ποιήσας … ἄνθρωπος의 목적어로 삼는 것은 자연스럽게 전자의 독법을 선호하므로, NASB와 RSV에서 이 독법이 채택된다고 상정된다. 이 독법은, τὴν δικαιοσύνην이 ὅτι 앞에 놓인다고 할지라도, 가능하기는 하지만(Godet을 다시 보라), 아무래도 어색하고 2차 이문을 수용하도록 일어난 동화로 간주 되어야 할 것이다.

426. 특히 Rhyne, *Faith Establishes the Law*, 110-11의 정밀한 분석을 보라. 그리고 F. Maier, *Israel in der Heilsgeschichte*, 467; Godet, 376; Käsemann, 284; Aletti, *Comment Dieu est-il juste?*

는 것으로 시작한다(5-8절). 그가 성경에 호소하는 것은, 이방인에 대한 그의 모든 관심에도 불구하고, 여전히 이스라엘을 깊이 염두에 두고 있음을 말해 준다. 특히 유대인들은 그들이 추구하는 율법의 의가 "행함"으로(레 18:5절을 인용한 5절) 말미암는 의라는 것을 이해할 필요가 있기 때문이다. 그러한 의는, 바울이 이미 밝혔듯이(9:31-32a; 10:3절), 환상 속의 의다. 이는 사람을 거룩하신 하나님과의 관계로 이끌지 못하기 때문이다. 만일 유대인이 바울이 보는 대로 구약의 메시지를 바라보기만 했다면, 그들은 구약 자체가 믿음의 불가결함 - 바울과 다른 사도들이 전하고 있는 바로 그 메시지임 - 올 인정할 것이다(신 9:4절과 30:12-14절올 인용하고 6-8절). 9-10절은 과도적이다. 그들은 바울이 신명기 30장에서 발견했던 요점을 강조하는데, 이는 사람이 그 메시지를 믿는 것만으로 의와 구원을 경험할 수 있다는 것이 그것이다. 그러므로 구원은 율법에 얽매인 것이 아니라 믿음에 매여있으므로, "누구든지 믿고 구원을 받을 수 있다(사 28:16절과 욜 2:32절을 인용한 11-13절). 이리하여 이방인들에게 길이 열린 것이다. 동시에 우리는 바울이 여기서 가르치는 진정한 보편주의를 약화해서는 안 된다. 즉, 이방인에게 길이 열린다면, 그 길은 확실히 유대인에게 닫혀 있지 않다는 것이다. 특히 유대인들은 그들이 가진 성경에서 겸손한 믿음으로 그리스도 안에서 하나님의 새로운 사역에 복종하는 것의 중요성을 깨달아야 한다.

5 이 구절 첫머리에 나오는 "for"(그리스어. *gar*)는 5절 또는 5절 그 이하를 4절에 연결시킨다. 그러나 이러한 연결성의 본질은 무엇인가? 바울이 주장하기를 "율법으로 말미암은 의"에 대하여 "모세가 기록하되"라는 문구의 의미를 우리가 확립할 때라야 우리는 이 질문에 대답할 수 있다.[427] 크게 세 가지 가능성을 제기된다.

(1) "율법으로 말미암은 의"는 믿음으로 말미암아 그리스도 안에서(4b절과 6a절) 열리게 된 의와 같은 것일 수도 있다. 그래서 5절은 4절과 긍정적인 관계가 될 것

122-24도 보라.

427. 우리가 채택한 본문으로(그 번역과 관련된 주들을 보라), τὴν δικαιοσύνην τὴν ἐκ νόμου는 γράφει에 걸쳐 있는 관심의 목적격이다(Zerwick and Grosvenor, *Grammatical Analysis*, 482; 따라서 대부분의 번역본에서 "about"). 바울이 구약의 인용문을 도입하고자 γράφω를 현재 시제로 사용한 유일한 곳으로, 현재 이 인용문의 적용 가능성을 강조하는 것이다.

이고, 5절과 6절은 대조적인 것이 아니라 상호보완적일 것이다. "율법의 의"는 믿음의 의에 불과할 뿐인데, 올바로 이해했다면, 율법 자체가 믿음을 요구하기 때문이다. 즉, 레위기 18:5절의 인용에서 언급된 "율법을 행하는 사람"은 율법의 가장 깊은 요구에 복종하며, "마음에 할례를 행하고", 여호와를 신뢰하는 사람인 것이다.[428] 이 견해를 옹호하는 자들은 일반적으로 4a절의 텔로스(*telos*)가 "내적 의미" 또는 "목표"를 의미하며, 5-8절은 그 사실에 대한 실제적인 증명을 제공한다고 생각한다. 이는 율법이 요구하는 참된 의미가 그리스도 안에 있는 믿음(6절)이기 때문이다.

그러나 5절과 6절 사이에 그러한 상호보완적인 관계가 있을 것 같지는 않다. 이 대목에서 이미 두 번이나 바울은 두 종류의 의를 대조시킨 바 있다. 즉, "믿음에서 난 의"와 "의의 법"(9:30-31절)과, "하나님의 의"와 "자기 의"(10:3절) 사이의 대조가 그것이다. 우리는 5절과 6절에서 두 종류의 의가 똑같이 대조되리라 예상한다. 이러한 예상을 확증해 주는 것은 5절이 "행함"을, 6절이 믿음을 강조한다는 사실이다. 바울은 균형에 맞게 믿는 것과 믿음을 한편으로 하고, 행위와 행하는 것을 다른 한편으로 대조시키고 있다. 여기서 그가 믿음과 행함을 상호보완적인 관계를 맺음으로써 그 대조를 폐기할 것 같지 않다.[429] 5절과 6절이 연속적이기 보다 대조적이라는 최종 지표는 빌립보서 3:6-9절이다. 이것은 바울 서신 가운데 "율법으로 말미암는 의"와 "믿음으로 말미암는 의"가 발견되는 유일한 다른 대목으로, 상호 간에 직접 대조되어 나온다.

(2) 두 번째 해석으로 "이것들을 행하는 사람"을 그리스도와 동일시 하는 것이

---

428. G. Howard, "Christ the End of the Law," 333-36; Fuller, *Gospel and Law*, 66-68; Flückiger, "Christus, des Gesetzes τέλος," 153-57; Bring, *Christus und das Gesetz*, 54; Badenas, *Christ, the End*, 120-25; Wright; 동일 저자, *Climax of the Covenant*, 245; Kaiser, "Law as God's Gracious Guidance," 184. ὅτι를 γράφει 뒤에 위치하고, αὐτά를 생략하며, αὐτοῖς를 대신하여 αὐτῇ로 읽는 본문은 이 해석에 더 적합하다. 예를 들어 "Moses writes that the one who does the righteousness of the law will live by it(모세가 기록하되 율법으로 말미암는 의를 행하는 사람은 그 의로 살리라 하였거니와)"가 그것이다. 따라서 이러한 견해를 고수하는 학자들의 다수가(전부는 아닐지라도) 이 본문을 채택한다.

429. Dahl (*Studies in Paul*, 106)을 보라: "바울의 모든 해석은 믿음과 율법의 행위가 서로를 배제한다는 전제, 곧 그리스도 안에서 모세의 율법과 믿음이 사람으로 하여금 하나님과의 관계를 맺는 적절한 방법을 동시에 표현할 수 없다는 전제에 달려 있다" 2:25와 3:27에 대한 자세한 내용을 참조하고, 특히 Schreiner를 보라.

다. 그리스도께서 율법을 완전히 행하심으로, 레위기 18:5절에서 발견되는 생명의 약속을 활성화하고 그것을 믿는 모든 자에게 그 생명을 구할 수 있도록 하신 것이다(6-13절).[430] 그러므로 그리스도의 순종하심으로 확보하신 "율법의 의"는 "믿음으로 말미암는 의"의 근거가 되어 사람들이 믿음을 통해서 접근할 수 있게 된 것이다. 이러한 견해를 옹호하는 자들은 4절에서 텔로스(*telos*)를 "목표" 또는 "목적"으로 해석하는 경향도 있다.

그리스도가 우리를 대신하여 율법을 성취하는 것은, 내가 3:31절과 8:4절에 관한 논평에서 제안했듯이 로마서에서 어느 정도 근거가 있는 것이다. 하지만 이러한 개념이 분명 명확하지 않으며(많은 해석자들이 이 개념이 존재하는지 의심한다), 바울은 이 맥락에서 그것을 의도하는 것이라고 암시하기 위해 아무것도 하지 않는다. 이 문맥은 그리스도 안에서 하나님의 의에 접근하는 두 가지 대조적인 방법에 초점을 두고 있는데, 믿음을 한편으로 두고 행위, 또는 율법을 다른 한편에 두는 것이 그것이다. 우리는 5-6절에서 동일한 대조를 발견할 수 있으리라 예상하며, 이 경우에 5절에서 나오는 "사람"은 일반적인 인간을 속칭하는 것임이 틀림없다. 이 해석은 갈라디아서 3:12절에서 강화되는데, 여기서 바울은 일반적으로 인간에 대하여 율법이 요구하는 본질을 요약하는 방식으로 레위기 18:5절을 인용한다.[431]

(3) 그러므로 "율법으로 말미암는 의"는 "믿음으로 말미암는 의"(6절)와 정면으로 대조되는 부정적인 개념이다.[432] 이스라엘은 율법과 자기 행위에 붙들려 "하나

430. Bandstra, *Law and Elements*, 103-5; Cranfield; W. Campbell, "Christ the End of the Law," 77-78; M. Barth, *People of God*, 39; Dinter, "Remnant of Israel," 139-41.

431. Strobel이 지적하듯, 한편으로 롬 10:1-8절과 롬 1:16-17절을 한편으로 하고, 갈 3:11-12절과 롬 1:16-17절을 다른 한편으로 하는 이 양편 사이의 유사성(모두 합 2:4절을 인용한다)은 이 모든 세 개의 본문들이 똑같은 사상의 궤적을 따라 움직인다는 것을 암시한다(*Untersuchungen zum eschatologischen Verzogerungproblem*, 190-92).

432. 이것은 학자들 대다수의 견해이다. 특히 J. Vos, "Hermeneutische Antinomie," 258-60; Dunn, "'Righteousness from the Law,'" 218-19; Rhyne, *Faith Establishes the Law*, 105를 보라. E. P. Sanders(*Paul, the Law and the Jewish People*, 63)이 품고 있는 생각으로는, Lindemann만이 채택하는("Gerechtigkeit aus dem Gesetz," 239-42) "율법에서 난 의"가 중립적인 개념으로, 어떤 귀중품이 그것에 있어서 진품이지만 구원을 가져다주지 못하는 것이다(이 현대 학자들의 선구자가 되는 고대 학자 중에는 Origen, Diodorus와 Ambrosiaster가 있다[Schelkle, **Paulus, Lehrer der Vater**를 보라]). 이것은 매력적인 가설이기는 하지만, 병행적 표현들인 "의의 법"(9:31)과 "자기 의"(10:3)가 지니는 분명하고도 부정적인 함축의 의미와는 잘 부합하지 않는다.

님 앞에 의롭게 서는 것"을[433] 구했지만 이르지 못했고(8:31-32a; 10:3절), 이것들을 버리고 바울은 "하나님께로부터 난 의"(빌 3:9절)를 따랐다. 이와 같은 5-6절의 상반된 이해는 그리스도가 율법의 "마침이 되시는"(4a절) 방법을 예증하기 위해 의도된 것일 수 있다. 그러나 6절 이하에서 보는 의와 믿음에 대한 초점은 바울에게 있어서 오히려 4b절에서, "모든 믿는 자에게 의를 이루기 위하여"와 연결을 의도한 것일 수도 있다.[434] 그러므로 5절에서 "for"는 의와 믿음 사이의 연관성과 그 의에 대한 상세한 설명으로서 5-8절(또는 5-13절) 전체를 소개한다. 6절과 그 이하는 이러한 연관성을 긍정적으로 논하는 것에 반해, 5절은 부정적이다.

우리가 이 부정적인 요점이 무엇인지 이해하기에 앞서, 우리는 먼저 바울의 레위기 18:5절의 인용이 그 논의에 어떻게 기여하는지를 알 필요가 있다. 이 문맥 가운데 레위기 18:5절은 이스라엘로 하여금 약속된 땅에서 하나님의 축복을 오래도록 누리는 방법으로 여호와의 계명에 순종하도록 권유하고 있다.[435] 그래서 이러한 문맥 속에서 레위기 18:5절은 영생을 얻는 것에 관하여 - 구약에서 잘 발전되지 않은 개념 - 말하고 있지 않다. 여기서 이러한 종류의 모세오경 본문에서 전

433. 여기서 "의"(δικαιοσύνη)는 9:30-31; 10:3b, 4b절에서처럼 하나님이 의롭다 하시는 행위의 결과로 법정적 신분의 개념을 나타낸다.

434. 다른 학자들(Kasemann 참조)은 5-8절에서 바울의 주장이 4a절의 근거라고 생각하는데, 이는 그리스도께서 율법을 "폐지했다"는 의미로 이해된다.

435. 레 18:1-30은 한 단위다. 이 단위는 이스라엘에게 애굽이나 그들이 들어갈 가나안 땅의 풍속과 관습을 따르기보다 하나님 율법의 율례와 규례를 따르도록 하는 일반적인 권면으로 시작한다(1-5절). 다음으로는 하나님이 주시는 그 법에 대한 일련의 구체적인 항목이 뒤따르고(6-23절), 순종할 것을 권면하는 것과 그렇지 못할 경우에는 심판의 경고를 하는 것으로 본 단원의 결론을 맺는다(24-30절). 이 문맥 가운데, 레 18:5는 계명을 준행하는 자는 그 "안에서" 살리라는것 그 이상의 말을 하고 있음이 틀림없는데, 예를 들자면 그 계명의 영역에서 일생을 보내는 것이다(히브리어 본문에서 ℵ, LXX에서 ἐν을 영역의 처소격으로 보는 것인데, 이러한 견해는 Kaiser가 "Leviticus 18:5 and Paul," 19-28에서 주장한다. Levine, *Leviticus*, 119도 보라). 그 문맥이 가리키는 것은 오히려 "생명"이 순종에 대한 보상이 된다는 것이다. 그 반대가 되는 것은 이 장의 끝에서 불순종에 대한 심판의 경고로, 민족적으로는 땅에서의 추방과 개인적으로는 이스라엘에서의 추방이 그것이다(28, 29절을 보라; 예를 들어 G. Wenham, *Leviticus*, 253; R. Harrison, *Leviticus*, 185를 보라). 모세오경의 다른 곳에서도 "생명"은 계명에 순종한 그의 백성에게 주시는 하나님의 보상을 나타낸다(신 30:15, 19절 참조). 이 생명은 여호와께서 그의 백성에게 주시는 땅에서 물질적인 번영, 대적으로부터의 구원, 그리고 평화와 장수로 이루어진다(레 26:3-13; 신 28:1-14). 레 18:5는 하나님이 백성을 위해 이미 시작하신 "생명"의 지속력은 백성이 그들이 율법을 충실하게 준행하는지에 달려있다(이것은 신명기에서 반복되는 후렴인데, 4:1-2, 40; 5:33; 6:1-3; 7:12-16; 8:1을 보라).

형적으로 볼 수 있는 "생명"은 하나님이 언약으로 맺으신 약속의 축복으로, 건강과 수확, 국토의 안정이 있다(사람이 하나님의 은총인 건강, 자녀, 벗과 번영을 누리는 행복한 삶).[436] 이 구절은 이후 구약과 유대교에서 비슷한 목적으로 자주 인용되는데, 실제로 이 구절은 율법에 대한 순종과 삶의 연관성을 요약하는 슬로건이 되었다.[437] 유대교 전승들은(아마도 바울의 시대보다 후대에) 레위기 18:5절에서 약속된 생명을 영생으로 해석한다.[438] 그렇다면 일종의 예표론적인 방식으로, 이제 바울은 레위기에서 계명을 준행하는 자들에게 약속된 "생명"을 구원을 베푸는 "영원한" 생명으로 볼 수 있다.[439] 더 나아가 바울은 다른 곳에서 율법이 바로 그 본질상 율법에 대한 순종이 영생을 수여한다는 원칙을 구현함을 암시한다(2:1절과 7:10절을 보라). 하지만, "생명"의 정확한 본질이 무엇이든, 바울은 율법이)약속하는 생명을 위해 설정한 조건의 핵심 진술로 이 본문을 인용하는데, 이는 곧 "행하는 것"이 생명을 향한 길이다.[440] 이것이야말로 바울이 레위기 18:5절의 말씀을 통해 밝히고자 의도했던 원칙이다.[441] 유대교에서는 이 구절을 널리 사용하는 것은 바울이 어떻게 입문 공식 없이 그러한 축약된 방식으로 그것을 인용할 수 있는지를 설명한다. 바

436. G. Wenham, *Leviticus*, 253.

437. 이것은 겔 20:11, 13, 21; 느 9:29; CD 3:14-16; 4Q266; Philo, *Preliminary Studies* 86-87; *Bib. Ant.* 23:10; Pss. Sol. 14:1-2에서 암시된다; 그리고 눅 10:28을 보라. t. Šabb. 15.17과 같은 랍비의 텍스트에도 주목하라: "명령이 주어진 것은 사람이 그것으로 말미암아 살라는 것이지, 사람이 그것으로 말미암아 죽으라는 것이 아니다" (Urbach, *Sages*, 1.424-26을 보라). Sprinkle, *Law and Life*, 165-90을 특히 참고하라; Gathercole, "Torah, Life, and Salvation," 126-45도 보라.

438. Targum Onqelos와 Targum Pseudo-Jonathan은 히브리어를 "영생"이라는 언어로 의역한다.

439. 예를 들어 Rosner, *Paul and the Law*, 64-66, 71-73을 보라.

440. 특히 Sprinkle, *Law and Life*, 136-42와 Gathercole, "Torah, Life, and Salvation"을 보라. 그리고 F. Watson, "Constructing an Antithesis," 101도 참조하라. 다른 해석자들은 바울이 레 18:5의 인용을 단순히 "토라의 삶의 방식"으로, 즉 토라가 이스라엘에서의 삶을 지배하는 요체로 생각한다(Avemarie, "Paul and the Claim," 127-41 참조). 그러나 바울이 그의 반대자들의 율법주의를 요약하기 위해 이 본문을 인용했을 것 같지는 않다(E. Burton, *Galatians*, 165-68; Fuller, *Gospel and Law*, 98-99 참조).

441. 바울이 레 18:5에서 보는 행하는 자에게 주어지는 (가설적인) 생명의 약속에 관한 사상은 개혁주의와 루터교의 전통에서 거의 표준이 된다. 예를 들어 Calvin; Hodge; Haldane; Alford; Wilckens; 동일 저자, "Zur Entwicklung," 165-72; Westerholm, *Perspectives*, 419; R. Gundry, "Grace, Works and Staying Saved," 24-25; Hubner, *Law in Paul's Thought*, 19-20 (갈 3:12에 관하여); Ridderbos, *Paul*, 134; Hofius, "'All Israel Will Be Saved,'" 22-23가 있다. 그러나 바울이 그 약속을 여전히 유대인의 남은 자들에게 적용할 수 있다고 생각하는 Refoule의 "Romains X,4," 346-50도 보라.

울이 레위기 18:5절을 인용하는 목적은 그에게 있어서 무엇이 율법의 본질인지를 간결하게 요약하는 것으로, 축복은 순종함에 달려 있다는 것이 그것이다.[442] 이는 율법이 요구하는 행위를 "행하는" 자는[443] 그 행위들로 말미암아[444] 생명을 얻지 않으면 안 된다. 강조점은 삶의 약속이 아니라, 삶의 "행하는 것"에 있다.[445] 바울은 이 원리를 하나의 경고로 진술한다. 율법이 완성에 이르게 된 것이 그리스도 안에서 이루어진 사실을 무시한 채 율법으로 하나님과 관계를 세우려 하는 유대인들이 그리스도 안에서 하나님의 의에 복종하기를 거부하므로 "행함"으로 말미암아 그 관계를 찾으려는 것에 만족하고 있음이 틀림없다.[446] 그러나 인간이 하는 일은, 바울이 로마서 1:18-3:20절에서 밝혔듯이, 제아무리 가장 성실한 노력을 들여도 불완전하므로, 사람을 하나님과의 관계를 맺도록 하기에는 늘 불충분하다.[447] 구속사를 통틀어서, 믿음과 행함, 즉 "복음"과 "율법"은 줄곧 어깨를 나란히 해왔다. 이 둘의 각각은 우리와 하나님과의 관계에 있어서 중요하다. 하지만, 어느 하나가 다른 쪽을 무시하는 것은 치명적이듯, 이 둘을 뒤섞거나 잘못된 목적을 위해 사용하는 것도 마찬가지로 치명적이다. 구약의 이스라엘 백성은 하나님과의 관계에 있어서 아브라함과 맺으신 협약으로 말미암아 그 안에서 주어지는 하나님의

442. 이것은 바울이 갈 3:12에서도 레 18:5를 인용한 요점으로 보인다(D. Moo, *Galatians*, 207-10).

443. 바울의 인용에서 *αὐτά*와 *αὐτοῖς*는 선행사가 없다. 바울이 따르는 LXX(LXX에서는 히브리어의 관계사절 אֲשֶׁר יַעֲשֶׂה אֹתָם הָאָדָם וָחַי בָּהֶם אֲנִי יְהוָה וּשְׁמַרְתֶּם אֶת־חֻקֹּתַי וְאֶת־מִשְׁפָּטַי, "그것을, 즉 그것들을 행함으로 말미암아, 사람이 살리라"를 독립절로 바꿔놓는다)에서는 *αὐτοῖς*가 있지만 *αὐτά*는 없다. 그 선행사로는 *τὰπροστάγματα*와 *τὰκρίματα*로 "법령(the decrees)"과 "규례(the ordinances)가 있다." 그러므로 바울은 아마 독자가 구약의 문맥에서 선행사를 확인하거나, 복수 대명사가 일반적으로 계명이 명령하는 것들을 가리킨다고 추론해볼 것을 의도하는 것일 수도 있다.

444. *ἐν*은 수단의 조격(助格)이다.

445. Schmithals.

446. 유사한 견해로, Melanchthon; Fairbairn, *Revelation of Law*, 446; W. Gutbrod, *TDNT* 4.1072; Lindemann, "Gerechtigkeit aus dem Gesetz," 242-46; Eckstein, "'Nahe ist dir das Wort,'" 204-6; B. Martin, *Christ and the Law*, 139-40; Godet; Murray 2.249-51; Harrison; Dahl, *Studies in Paul*, 148; Aletti, *Comment Dieu est-il juste?* 124-27을 보라. Dunn은 재차 바울의 레 18:5의 인용에서 하나님의 의를 이스라엘에게 제한하는 유대인의 언약적 열성에 대한 표현을 본다("'Righteousness from the Law,'" 223 참조; B. Longenecker, *Eschatology and the Covenant*, 220-21도 보라).

447. 죄의 권세 때문에 의를 수여할 수 없는 율법의 무능은, 앞선 논의(롬 1:18-3:20)에서 매우 중요했던 만큼 여기에서도 거의 확실하게 가정된다(예를 들어 Chrysostom; Kuss; N. T. Wright, *Paul and the Faithfulness of God*, 2.1171을 보라). 그러나 다른 학자들은 바울이 단순히 원리적으로 믿음에 대조되는 행함(행위)을 반대하는 것이라고 생각한다(Koch, *Schrift*, 291-95 참조).

은혜로운 선택보다, 율법으로 말미암아 그 관계에 근거를 두고자 했으므로 똑같은 실수를 범하는 것이다. 즉, 주님과의 관계를 맺도록 하시는 율법의 "정점", 그리스도 안에서 주어지는 하나님의 은총을 그들이 배척하면서까지 율법에 치중한다는 것이 그것이다.[448]

6 6절은 그리스어 단어 de로 5절과 연결된다. 우리의 5절 해석은 이 단어에 반의적인 의미를 부여하도록 요구하는데, 이는 "모세가 기록하되 율법으로 말미암는 의를(5절) … 그러나 믿음으로 말미암는 의는 이같이 말하되 … "가 그것이다.[449] 믿음으로 말미암는 의를 "말하는" 능력에 돌림으로써, 바울은 하나님과 밀접히 관련되는 활동들과 개념들을 의인화하는 성경적 양식을 따른다.[450] "믿음으로 말미암는 의"는 활력이 있고 능한 것인데, 이는 "하나님의 의"이기도 하며(3절을 보라), 모세가 기록했던 율법으로 말미암는 의와 대조되기 때문이다.[451] 바울

448. 칼빈의 해설에서 "the bare law"에 대한 개념을 보라(Institutes 2.7.2; 2.11.7 참조).

449. δέ가 역접의 의미를 지니고 있음은 매우 당연하다. 하지만, 5절과 6절 사이의 상호보완적인 관계를 지지하는 일부 학자들은 γάρ … δέ(5절과 6절)의 조합이 여기서 δέ가 "and"를 의미할 가능성이 더 많다고 주장했다(G. Howard, "Christ the End of the Law," 331-32; Badenas, *Christ, the End*, 123; Kaiser, "Law as God's Guidance," 184). 하지만 이러한 주장에는 두 가지 치명적인 약점이 있다. 첫째, γάρ … δέ는 그리스어에서 상관관계가 있는 한 쌍이 아니고, 따라서 이것들이 함께 나오는 곳에서 마치 어떤 표준적인 의미를 지닌 것처럼 이 둘을 떼어놓는 것은 인위적인 것이다. 그러나 둘째로 이 단어들이 이러한 인위적인 조화로 검토된다 할지라도, 그 결과는 Howard와 다른 학자들이 주장한 것의 정반대이다. 예를 들어 롬 1-8장에서 이 단어들의 조화과 22번 나오는데, 3번은 δέ가 계속적으로(4:15; 7:8-9; 8:24); 4번은 설명적으로("that is", "now"와 같이 1:11-12; 2:1b-2; 5:13; 6:7-8에서); 그리고 15번은 대조적으로(2:25; 5:7-8, 10-11, 16; 6:10, 23; 7:2, 14, 18b, 22-23; 8:5, 6, 13, 22-23, 24-25)나온다.

450. 예를 들어 잠 8장에서 "지혜"가, 사 55:10-11에서 "말씀"이 묘사되는 방식을 보라. 특히 "의"가 가끔 이러한 방식으로도 묘사되는 것에 주목하라(시 85:10-13; Isa. 45:8, 그리고 Dunn이 언급하듯이, 이 마지막 구절은 의미심장한 것일 수도 있는데, 이는 바울이 필시 9:20-21에서 사 45:9를 암시했기 때문일 것이다).

451. 일부 학자들은 5a와 6a절의 도입 공식에서 대조되는 더 많은 요점들을 발견한다. 먼저, 몇몇 학자들은 5절에서 γράφει가 6절의 λέγω와의 비교에서 부정적인 뉘앙스를 띈다고 주장한다(Käsemann은 이 대조를 바울의 γράμμα/πνεῦμα 대조에 관련시킨다[284]; Schlatter; Michel; Dunn; Fitzmyer; Ito, "Written Torah," 234-60도 보라). 둘째로, 다른 학자들이 5a절에서 모세를 언급한 것은 인용된 원리가 이제 그리스도로 대체된 옛시대에만 적용된다는 것을 암시한다고 생각한다(Dunn, "'Righteousness from the Law,'" 218-19; B. Longenecker, *Eschatology and the Covenant*, 222-23). 그러나 이 둘 가운데 어느 쪽의 대조도 명확하지 않다(Eckstein, "'Nahe ist dir das Wort,'" 207-8을 보라). 바울은 γράφω와 λέγω 모두 구약의 인용구절을 도입할 때 빈번하게 사용하는데(λέγω에 관하여 로마서에서만 4:3, 6; 9:15, 17, 25; 10:11, 16, 18, 19, 20, 21;

은 이 믿음으로 말미암는 의가 6b-8절에서 "말하는" 것이 무엇인지를 신명기에서 끌고 온 언어를 사용하여 관련시킨다. 즉, "네 마음에 … 라고 말하지 말라"라는 도입부의 경고는 신명기 9:4절에서 취한 것이다. 바울은 이 절(clause)의 인용을 무심코 한 것이 아니라, 그의 독자들이 이 단어들을 끌고 온 문맥과 연관시키고자 한 것이다.[452] 이는 신명기 9:4-6절에서 모세가 이스라엘 백성들에게 하나님께서 그들을 인도하여 들이시는 땅을 취했을 때, 그들이 "자기 의"로 인해서 그 땅을 얻은 것으로 착각해서는 안 된다고 경고하기 때문이다. 그러므로 바울은 당대 이스라엘이 자기 의를 추구하는 것에 대하여 암묵적으로 성경적인 근거를 추가하여 비판하고 있는 셈이다.

신명기 9:4절에서 취한 한 토막의 문구에 이어서, 바울은 신명기 30:12절에서 "누가 하늘에 올라가겠느냐?"라는 문구를 바로 덧붙인다.[453] 그런 다음 바울은 이렇게 하늘에 올라가는 것의 목적이 "그리스도를 내려오게 하는 것"이라고 주장하는 설명의 문구를 덧붙여 말한다. 바울이 신명기 9:4절을 믿음으로 말미암는 의로 귀속하는 것이 특별히 적절한 것이라고 한다면, 그가 신명기 30:11-14절에서 취한 이 문구를 사용한 것에 대해서도 똑같이 적절하다고 말할 수는 없다. 왜냐하면, 신명기 30:11-14절은 하나님의 법에 관한 것이기 때문이다.

> 11 내가 오늘 네게 명령한 이 명령은[454] 네게 어려운 것도 아니요 먼 것도 아니라 12 하늘
> 에 있는 것이 아니니 네가 이르기를 누가 우리를 위하여 하늘에 올라가 그의 명령을 우
> 리에게로 가지고 와서 우리에게 들려 행하게 하랴 할 것이 아니요 13 이것이 바다 밖에

11:2, 4, 9; 15:10, 12를 보라; γράφω도 물론 흔히 나오지만, 이곳에서만 도입 공식으로 바울이 동사를 현재 시제로 사용하고 있다), 여기에서는 우리가 동사의 교체로 어떠한 대조를 보아야 할 것 같지는 않다(Wilckens, 2.226). 그리고 바울이 모세를 옛 시대로 연상시킬 수 있지만(5:14; 특히 고후 3:7-15), 그는 모세를 영감 받은 성경 저자로도(롬 10:19에서처럼) 볼 수 있다는 것이다.

452. 이 연관은 쉬운데, 이는 오직 여기에서와 8:17과 밀접하게 관련된 곳에서 바울이 사용하는 단어들인 - *μὴ εἴπῃς ἐν τῇ καρδίᾳ σου* - 가 LXX에서 등장하기 때문이다(렘 13:22도 보라). 예를 들어 R. Hays, *Echoes*, 78-79; Cranfield; Dunn도 보라.

453. *τίς ἀναβήσεται εἰς τὸν οὐρανόν*. 바울은 70인경(마소라 텍스트를 정확하게 번역한 것)을 밀접하게 따르면서 단지 1인칭 복수 여격(이익의) 대명사 *ὑμῖν*을 생략하는데, 이 대명사는 *ἀναβήσεται*와 *εἰς* 사이에 온다.

454. 단수형인 "계명(commandment)"은 계명의 단 하나만을 가리키는 것이 아니라, 율법 전체를 지칭하는 것이다(신 11:22; 19:9 등을 보라).

있는 것이 아니니 네가 이르기를 누가 우리를 위하여 바다를 건너가서 그의 명령을 우리에게로 가지고 와서 우리에게 들려 행하게 하랴 할 것도 아니라 [14] 오직 그 말씀이 네게 매우 가까워서 네 입에 있으며 네 마음에 있은즉 네가 이를 행할 수 있느니라(NRSV; 바울이 인용한 부분적인 문구들은 이탤릭체로 되어있다).

모세의 목적은 이스라엘 민족이 하나님의 뜻을 행해야 할 책임을 모른다고 탄원하므로 회피하는 것을 못하도록 하는 데 있다. 하나님의 법에서, 모세로 말미암아 중보되고 신명기에서 제시되므로 하나님은 자기 백성을 위하여 그의 뜻을 알리셨다. 그렇다면 바울은 어떻게 하나님의 율법에 관한 한 대목을 취하여 그 안에서 믿음으로 말미암는 의의 음성을 발견할 수 있다는 말인가? 그리고 어떻게 그가 주해한 해설들에서, 본문이 말하고자 하는것이 계명이 아니라 그리스도라고 주장할 수 있는가?

일부 학자들은 그저 바울이 자의적인 석의(exegesis), 즉 그가 구약 어디에서나 그리스도를 입증한다는 전반적인 확신 이외에, 신명기 30장을 적용할 만한 합당한 이유가 없다고 비난하는 것으로 만족해한다.[455] 다른 학자들은 바울이 신명기 30장을 인용하지 않고, 단지 그의 의미를 표현하기 위해 성경적인 언어를 사용하고 있음을 주장함으로 이 명백한 해석학적 문제를 극복했다.[456] 이는 어느 정도 사실인데, 여기에서 본문과 해설이 섞여 있는 것은 바울이 성경을 인용할 때 다른 어느 곳에서 하는 다른 어떤 것과도 같지 않다는 것이다. 즉, 바울의 인용 방식은 그가 새로운 상황에 본문을 창조적으로 적용하고 있음을 암시하는 것이다.[457] 그러나 바울은 여전히 신명기 30장의 권위를 주장하기를 원하는 듯 보이는데, 그의 말에 의하면, 그 언어가 문맥에서 벗어나지 않았다는 점이 그 이유이다. 그는 신명기에서 모세가 말하던 것이 구원의 새 시대를 여는데 토대가 되는 사건들과 복음에서 선포되는 사건들 사이에서 연결점을 어느 정도 주장하고 있다. 그렇다면, 우

455. 바울이 신명기 30장의 언어를 그리스도에게로 적용하는 것을 두고, Dodd는 이 해석을 "공상적(fanciful)"이라고 묘사한다.

456. S-H; Hodge; Zahn; Denney; Fitzmyer; Hübner, *Gottes Ich und Israel*, 86-91; Longenecker; 동일 저자, *Biblical Exegesis*, 104-6.

457. 특히 Ciampa, "Deuteronomy in Galatians and Romans," 107; Calvin을 보라.

리는 바울이 이 본문을 적용하도록 하기 위한 해석학적 근거를 마련할 수 있는가?

하나의 가능성으로 바울은 이스라엘의 포로 생활 이후의 상황에 초점을 두는 신명기 30:11-14절을 1-10절의 연장으로 읽는다고 생각하는 것이다.[458] 확실히 창의적이지만, 이 경우에 바울이 본문을 적용하는 것은 그가 인용하는 텍스트의 예언적 성격에 확고한 기초를 둘 것이다. 하나님은 자기 백성의 마음에 그 말씀을 담아서, 그들이 순종할 수 있도록(신 30:14; 렘 31:31-34를 보라) 하신 새 언약이 그리스도 안에서 완성되었으므로, 바울이 신명기 30장의 언어를 그리스도에게로 적용할 수 있다.[459] 이러한 해석은 신명기 본문 내에서 어느 정도 근거를 두고 있고 바울이 신명기 30:11-14절을 그리스도에게로 적용하는 데 바울의 주장을 설명하는 매력적인 선택지를 제공하지만, 신명기 30:11-14절을 설명하는 방식은 받아들여질 수 없다. 특히 11-14절이 계속해서 미래에 초점을 맞춘다는 생각이 특히 받아들여질 수 없는 것은 11절에 나오는 "오늘" 때문이다. "명령하다"는 동사와 결합한 이 단어는 신명기 내에서 거의 공식에 가까운 것으로, 모세가 당대 백성을 위한 율법을 거듭 반복한 것에 이목을 집중시킨다(30:2, 8, 15, 16절 참조).[460] 그러나 바울이 적어도 본문을 새 언약으로 읽는 것은 여전히 가능하다는 점이다. 그렇다면 최소한 신명기 30장에 대한 바울의 독법은 1-10절의 미래로 초점을 둔 것에 의해 영향을 받은 것일 수도 있다.[461]

다음으로 바울의 신명기 30장을 전용하는 것을 설명하는 또 다른 방법은 그가 특정한 제2성전의 유대교 전승들에 영향을 받았다고 생각하는 것이다. 구체

458. 예를 들어 Sailhamer, *Pentateuch as Narrative*, 473-74; Coxhead, "Deuteronomy 30:11-14," 305-20; B. Estelle, "Leviticus 18:5 and Deuteronomy 30:1-14," 109-46; Barker, *Triumph of Grace*, 182-90; Millar, *Now Choose Life*, 94, 174-75; Whittle, *Covenant Renewal*, 45-57을 보라.

459. Wright; 동일 저자, *Paul and the Faithfulness of God*, 2.1166-68; Thielman, *From Plight to Solution*, 113-14; Strickland, "Inauguration," 152-53.

460. 신명기 학자들의 대부분은 이러한 해석의 선택지를 언급하지도 않는다. 위의 견해를 명쾌하게 지지하는 일부 학자들은 다음과 같다: Driver, *Deuteronomy*, 330-31; McConville, *Deuteronomy*, 429; Woods, *Deuteronomy*, 294; Brueggemann, *Deuteronomy*, 267-68; C. Wright, *Deuteronomy*, 290-91; Tigay, Deuteronomy, 286. 1-10절과 11-14절의 사이의 시간적 초점의 전환의 징후 중의 하나는(단언컨대 부정적이다) 1-10절에서 나오는 와우+완료 동사들이 11-14절에서 삭제되는 것일 수도 있다.

461. Schreiner; *McConville, Deuteronomy*, 429; Wells, *Grace and Agency*, 25-40.

적으로, 학자들은 바울이 "지혜"라는 표상을 통해 신명기 30장의 "율법"을 그리스도와 동일시해왔을지도 모른다고 생각하는 것이다. 그들은 그 과정을 세 단계로 재건한다. (1) 율법과 지혜가 신구약 중간기의 유대교에서 빈번하게 연관된다. (2) 신구약 중간기의 한 텍스트인 바룩서 3:29-30절은 바울이 여기서 사용하는 것과 같은 신명기 30장의 표현 가운데 일부로 지혜를 묘사한다. (3) 바울은 종종 그리스도를 지혜의 표상과 연관시킨다.[462] 그러나 바울이 바룩서 본문에 의존한다는 것은 분명하지 않으며,[463] 그리스도와 지혜의 연관성은 아마도 일부 사람들이 생각하는 대로 광범위하지도 않을뿐더러, 바울의 기독론에 중요하지도 않을 것이다.[464]

바울이 신명기 30장의 본문을 사용하는 것에 대한 최선의 해설은 그가 이 대목에서 하나님이 자기 백성과 관계를 맺으시는 하나님의 은혜에 대한 표현을 발견한다고 생각하는 것이다.[465] 하나님은 자신의 말씀을 이스라엘 가까이에 있게 하

462. 이러한 설정을 가장 완전하게 해결된 한 것으로 Suggs, "'Word Is near You,'" 289-312가 있다. 많은 학자들은 이 배경이 바울의 적용에 대한 설명의 최소한 일부가 되는 것으로 본다. S. Kim, *Origin of Paul's Gospel*, 130-31; Schnabel, *Law and Wisdom*, 248-49; R. Hays, *Echoes*, 78-81; Koch, *Schrift*, 153-60; Witherington/Hyatt; Hultgren을 보라. E. Johnson(*Function*, 133-37)은 바룩서와의 접촉이 있긴 했지만 바울은 지혜를 복음과 동일시 할 뿐이라고 생각한다. 바룩서 3:29-30은 다음과 같다: τίς ἀνέβη εἰς τὸν οὐρανὸν καὶ ἔλαβεν αὐτὴν καὶ κατεβίβασεν αὐτὴν ἐκ τῶν νεφελῶν; τίς διέβη πέραν τῆς θαλάσσης καὶ εὗρεν αὐτὴν καὶ οἴσει αὐτὴν χρυσίου ἐκλεκτοῦ: "누가 하늘에 올라가 그녀[지혜]를 잡았는가? 누가 지혜를 구름 아래로 끌어 내렸는가? 바다를 건너가 지혜를 발견하여 순금을 주고 사 온 사람이 누구인가?" 3:9에서 지혜를 "생명의 계명"과 연관시키는 것에 주목하라.

463. Seifrid가 지적하듯, 바울의 본문은 바룩서보다 신명기와 더욱 밀접하다("Paul's Approach," 20-23). 게다가 하늘로 올라가고 바다를 건너가는(또는 무저갱으로 내려가는) 표현은 어느 정도 널리 알려졌다(Jub. 24:31; 4 Ezra 4:8; b. B. Meṣ. 59b를 보라).

464. Van Roon, "Relationship," 207-39; Fee, *Pauline Christology*, 595-630. Wright는 바룩서가 다른 방식에서 중요하다고 주장한다. 즉, 그는 바룩서 3장이, 마치 포로 구제책으로, 롬 10:6-8(그리고 4QMMT)과 같다고 주장한다. 바룩서는 지혜를 요구하고, 4QMMT는 갱신된 율법에 순종을 요구하는 것에 반해, 바울은 그리스도를 포로의 종말로 본다.

465. 유사한 접근법으로 Calvin; Godet; Murray; Cranfield; Keener; Seifrid, "Paul's Approach," 35-37; Via, "Structuralist Approach," 215-18을 보라. 바울이 "믿음으로 말미암는 의"에 본문을 적용하는 것은 신 30:14(말씀에 "가까이")와 이사야 가운데 하나님이 그분의 의를 "가까이" 가져오시는 것을 이야기하는 본문들과 하나님의 의에 대한 바울의 이해에 근간이 되었을 본문들(46:13; 51:5; Eckstein, "'Nahe ist dir das Wort,'" 217-19를 보라) 사이에 있는 표현의 유사성이 일조할 것이다. 바울은 신 30:12-14에 대한 그의 혁신적인 적용으로 한 해석학적 전통에 서게 된다. 필로의 경우 예를 들어 본문을 "선"에 대한 탐구에 적용했다(*On the Posterity of Cain* 84-85; *Change of Names* 236-37; *Rewards and Punishments* 80; *Virtues* 183; Dunn, 2.604를 보라).

므로 이스라엘이 하나님을 알고 순종하게 하셨듯이, 이제 하나님은 그의 말씀을 유대인과 이방인 모두에게 그의 아들 예수 그리스도를 통해 그를 알고 믿음과 순종으로 반응하게 하시도록 그들에게 말씀을 "가까이" 가져오신다. 이제 하나님이 계시하시는 말씀의 초점이 율법이 아니라 그리스도이기 때문에(10:4절을 보라), 바울은 신명기 30:11-14절의 명령을 그리스도로 "대체"할 수 있다. 물론 바울이 신명기 30:12-14절을 적용하는 것은 이 대목에서 간단한 석의는 아니다. 하지만 구속사의 점진적 맥락에서 그 대목의 원리를 적용하는 것은 합당한 것이다. 신명기서에 나오는 긴장감, 즉 순종으로 주어지는 축복의 명백하고도 신실한 약속과 실패와 포로라는 명확한 예견들 사이의 긴장감은 어느 정도는, 포로 이후에 자기 백성을 위해 개입하시는 하나님의 약속으로 어느 정도 해결된다.[466] 바울은 이제 때가 되었다고 선포하는데, 이는 이스라엘이 순종할 수 없었던 말씀이 이제는 완전한 회복과 축복을 주는 방식으로 그리스도를 통하여 "가까이 이르렀다"는 것이다. 모세 언약의 기초가 되는 하나님의 은혜가 이제는 새 언약 안에서 효력이 발생하고, 이스라엘이 하나님의 뜻을 몰랐다고 핑계할 수 없었던 것처럼, 이제는 유대인이나 이방인이 그리스도 예수 안에서 나타난 하나님의 계시를 몰랐다고 핑계할 수 없음을 바울은 말한다.

그러므로 바울이 "율법"의 본질을 요약하기 위해 레위기 18:5절을 사용하듯이, 그는 "복음"을 요약하기 위해 신명기 30:12-14절을 인용한다. 구속사를 통틀어서, 여호와께서 보내신 이 두 말씀은 나란히 작용해왔다. 즉, 하나님은 한편으로 자기 백성에게 요구하시면서, 다른 한편으로 그들의 구원을 위해 은혜를 베푸신

바울이 믿음으로 말미암은 의를 묘사하기 위해 이 본문을 선택하는 데 영향을 끼친 또 하나는 여호와 사랑과 마음의 할례를 포함한 진심 어린 순종을 요구하는 신명기서의 더 큰 문맥에 대한 그의 지식이었을지도 모른다(바울이 인용한 본문의 근접 문맥에서 30:6과 20을 보라; Lyonnet, "Saint Paul et l'exégèse juive," 496-501도 보라). 그러나, 바울이 "믿음"과 "행함" 사이의 근본적인 대립(이 본문에서 반복되는)을 인정한다면, 바울이 우리로 율법의 진정한 행함을 믿음과 동일시하는 것을 원할 것 같진 않다(반대 견해로 예를 들어 Flückiger, "Christus, des Gesetzes τέλος," 154; Fuller, *Gospel and Law*, 85-87; N. T. Wright, *Climax of the Covenant*, 122-24; Badenas, *Christ, the End*, 129-30). 또한, 바울은 계명을 그리스도와 동일시하지도 않은데, 이는 그가 신명기의 "말씀"을 사도의 메시지와 분명히 동일시하는 것 때문이다(8절; Dunn을 보라).

466. 특히 McConville, *Grace in the End*를 보라. Lincicum, *Paul and Early Jewish Encounter*, 166-67도 보라.

다는 것이다.[467] 이러한 더 큰 성경적 배경에서 보았을 때, 바울의 레위기 18:5절과 신명기 30:12-14절의 대조는 신학적인 근본 의의를 위반하지 않으며, 성경의 통일성에 의문을 제기하지도 않는다. 오히려 바울은 여호와 앞에서의 의가 인간의 노력이 관여하는 율법에서 결코 기인할 수 없고, 하나님의 은혜의 복음으로부터 온 것이라는 점을 당대 유대인들에게 상기시키고 있다.

구약에서 "하늘에 올라가는 것"이라는 언어는 인간이 도저히 수행할 수 없는 일에 대한 속담이 되었다.[468] 신명기 30장에서 이 불가능한 일이 하나님의 명령을 그 백성에게 가져오는 일이다. 하지만 바울은 그 명령에 대한 일체의 언급도 배제하고 그 표현을 그리스도에게 적용한다. 바울이 그 적용을 도입하기 위해 사용하는 문구, "… 것이요"(that is)[469]라는 표현은 "페쉐르"(pesher) 해석을 제공하려는 의도를 나타낼 수도 있다.[470] 쿰란 공동체의 특징인 이러한 석의 방법은 성경 본문의 세부적인 것들을 당대의 사건과 인물들에게 "이것[당대의 사건이나 인물]이 그것[구약의 저자가 기술했던 것]"이라는 체제로 적용한다. 그러나 "… 것이요"라는 문구는 쿰란의 "페쉐르" 기법을 명확하게 나타내지 않으며,[471] 바울이 신명기에 대한 그의 해설을 본문의 진정한 의미의 석의로 보는지도 불분명하다.[472] 더 그럴듯한 것은, 구속사의 전개에 비추어 봤을 때 바울이 신명기 본문의 의의에 대한 현대적인 적용을 제안하기 위해서 이런 설명적인 주석들을 사용했다는 것이다. 하나님이

467. 그러므로 레 18:5와 신 30:12-14의 대조는, 마치 전자의 본문이 구약의 모세 시대에만 유효하고 후자의 본문은 새 시대에만 유효한 것처럼, 단순히 구속사적인 것이 아니다(반대 견해로 예를 들어 Dunn, "'Righteousness from the Law,'" 225; B. Longenecker, *Eschatology and the Covenant*, 222-23; Getty, "Apocalyptic Perspective," 108-16을 보라).

468. 사 14:13; 암 9:2; 시 139:8; 잠 30:4; 그리고 Heller, "Himmel- und Höllenfahrt," 481-82를 보라.

469. τοῦτ' ἔστιν.

470. 예를 들어 Michel; Cranfield; Wilckens; Lohse를 보라. 사해 두루마리에서(특히 1QpHab과 1QpNah에서), 구약 본문의 일부가 인용되고 그것의 해석이, "그것의 해석은 [···이다]"라는 말, 즉 פִּשְׁרוֹ로 소개된다. "페쉐르〈히브리어로 된 성경 해설집-옮긴이〉"의 석의에 관하여, 예를 들어 Silberman, "Unriddling the Riddle," 323-64; D. Moo, *Old Testament*, 69-75를 보라.

471. τοῦτ' ἔστιν이라는 문구는 LXX, Philo와 신약에서 하나의 설명을 소개하는데 널리 사용되므로, 사해 사본의 פִּשְׁרוֹ를의도적으로 반영한다고 생각할 이유는 거의 없다(특히 Seifrid, "Paul's Approach," 29-34를 보라. Dunn은 바울의 공식이 유대교 양식과 헬라 양식을 결합했다고 제안한다). 그러므로 이 문구는 보충 설명하는 부정사 절인 Χριστὸν καταγαγεῖν을 그 인용문에서 ἀναβήσεται라는 단어에 대한 바울의 설명으로(또는 적용으로) 소개한다(S-H를 보라; Meyer와 Godet은 이 구문의 다르고 덜 자연스러운 설명을 제공한다).

472. Koch(*Schrift*, 229-30)는 여기서 바울의 해석 방식과 "페쉐르" 사이의 차이점에 주목한다.

그의 아들 안에서 그를 통하여 행하신 일에 비추어 볼 때, "하늘에 올라가는 것"은 새로운 의미를 지닌다. 이스라엘 백성이 하나님의 명령을 찾기 위해 "하늘에 올라"갈 필요가 없었듯이, 바울은 "그리스도를 모셔 내리려"할 필요가 없음을 제안한다. 이는 성육신으로 하나님의 아들, 메시아가 이미 이 땅에 진정으로 "모셔져 내려왔기" 때문이다.[473] 하나님은 그의 편에서 자기 자신과 자기 백성을 향한 그의 뜻을 알리려 행하셨기에, 이제 그의 백성이 반응하지 않을 변명거리는 없다.

7 불변화사 "또는"(or)은[474] 다음 신명기 30장에서 나오는 인용구와 이전 인용구를 연결하는데, 둘 다 "네 마음에 말하지 말라"는 도입 문구에 의존한다. 신명기 30장에서 나오는 이 두 번째 인용문에서, 우리는 바울의 어투와 원문 사이에 중요한 차이점을 발견하는데, 이는 신명기의 "누가 바다를 건너가겠느냐?"의 문장을, 바울이 "누가 무저갱에 내려가겠느냐?"로 대체하는 것이 그것이다. 이러한 차이로 인해 일부 학자들은 바울이 신명기 30:13절이 아니라 시편 107:26절을 인용하고 있는지도 모른다고 생각하게 되었다.[475] 그러나 이것이 있을 법하지 않은 것은, 바울의 언어가 일반적으로 신명기의 언어와 병행을 이루고 신명기 30장에 대한 다른 두 개의 언급 사이에 끼어 있기 때문이다. 실상은 "바다"와 "무저갱"은 구약과 유대교에서 어느 정도 상호 교환적인 개념이었고,[476] 신명기 30:13절의 일

---

473. 대부분의 교부들과(Schelkle, *Paulus, Lehrer der Väter*를 보라) 많은 현대 주석 학자들은(예를 들어 Murray; Fitzmyer; Wright; 동일 저자, *Paul and the Faithfulness of God*, 2.704-5) 바울이 여기에서 사용한 언어에서 성육신에 대한 암시를 정확히 본다. "내려가다"(6절)와 "올라가다"(7절)의 순서는 초기 기독교에서 흔히 그리스도의 성육신과 부활의 전도 순서를 반영하고 있다(빌 2:6-11; 딤전 3:16을 보고 Schweizer, "Zur Herkunft der Präexistenzvorstellung," 67-68도 보라). 그러나 일부 주석 학자들은 "그리스도를 모셔 내리려는 것"은 그리스도의 승천을 암시한다고 생각한다(예를 들어 Godet; Käsemann; Dunn; Holland[메시아의 "새로운 출애굽"이 공동체를 위한 혜택을 암시하는 것과 함께]가 그들이다). 바울은 율법에 대한 열정으로 메시아를 "모셔 내리려" 했던 동시대 유대인들을 볼 수도 있다고 생각한다(Jewett).

474. ἤ.

475. 예를 들어 Kuss; Fitzmyer을 보라. 시 107:26a절은 하나님이 환난에서 속량하신 자들을 가리킨다(2절을 보라): "그들이 하늘로 솟구쳤다가 깊은 곳으로 내려가나니 …." (LXX: καταβαίνουσιν ἕως τῶν ἀβύσσων)

476. LXX에서 ἄβυσσος는 보통 바다의 깊은 장소를 가리키는 תְּהוֹם으로 항상 번역되지만(BDB), 후기 유대교에서는 악한 영들이 갇혀 있는 땅의 깊음으로도 사용되었다(J. Jeremias, *TDNT* 1.9). 용어들의 동가성에 관하여, 특히 Heller, "Himmel- und Höllenfarht," 482; Michel, *Paulus und seine Bibel*, 60을 보라. 유사한 랍비 전통에 관해서는 Goldberg, "Torah aus der Unterwelt?"

부 아람어 의역들은 "무저갱"이라는 말을 사용했다.[477] 그러므로 바울은 신명기 30:13절에서 바다를 건너는 수평적 이미지를 지하세계로 내려가는 수직적인 이미지로 아주 쉽게 바꿀 수 있었을 것이다. 그렇게 바꾸려고 했던 바울의 목적은 기독론적인 적용을 쉽게 하는 데 있었다. 그가 그리스도를 모셔 내리려고 "하늘에 올라가는 것"이 어리석음을 시사하기 위해 성육신이라는 사실을 사용할 수 있었던 것처럼, 이제 그는 "죽은 자 가운데"[478]에서 그리스도를 모셔 올리려고 "무저갱에 내려"갈 필요가 없음을 말하기 위해 부활의 사실을 사용할 수 있다.

8 6a절에서 "그러면 무엇을 말하느냐?"라는 도입 공식은 신명기 30장에서 취한 일련의 인용문에 대한 첫 서론을 반복하는 것으로, 동사의 주어는 따라서 "믿음으로 말미암는 의"가 된다. 바울은 반의적인 "그러나"(but)를 사용하는 것은 이제 그가 믿음으로 말미암는 의가 진정 말하고자 하는 것은 그것이 말하지 말라고 우리에게 경고하는 것과(6-7절) 대조해서 우리에게 말하기 때문이다. 따라서 믿음으로 말미암은 의의 성질에 관한 이러한 긍정적인 주장은, 바울이 신명기 30장을 활용하여 알리고자 하는 핵심 요점이 된다.[479] 요점은 무엇인가? 바울과 다른 사도들이 전파한 믿음의 의에 관한 메시지는, 마치 하나님의 율법처럼 가까이 할 수

127-31을 보라. 신약에서 "무저갱"은 (악한) 영들이 거주하고 갇혀있는 장소를 가리킨다(눅 8:31; 계 9:1-2, 11; 11:7; 17:8; 20:1, 3).

477. Targum Neofiti에는 다음과 같이 되어있다: "율법이 큰 바다 건너에 있는 것도 아니라고 누군가가 다음과 같이 말할 수도 있다: 우리에게 선지자 요나와 같은 사람이 있다면 큰 바다 깊은 곳으로 내려가서 우리를 위하여 그것을 끌어올릴 것이라고 말이다." (이 번역은 McNamara, *New Testament and Palestinian Targum*, 370-78에서 취한 것이다). 파본 탈굼(The Fragment Targum)은 유사하다(Lyonnet, "Saint Paul et l'exégèse juive," 501-5를 보라). 이는 요나서 2:5(마소라는 6)에서 선지자 요나가 큰 물고기 뱃속을 경험한 것을 묘사할 때 מַיִם, "바다"와 תְּהוֹם, "깊음", "무저갱"과 유사한 것은 바울이 그리스도의 부활에 대한 언어를 적용하 것에서도 의미가 있을 수 있다(마 12:40을 보라). 출애굽기에 대한 묘사에서 "바다"(θάλασσα)와 "무저갱"(ἀβύσσος)을 나란히 하는 사 51:10도 보라(Keener).

478. ἐκ νεκρῶν; 1:4에 대한 주들을 보라. 바울이 그리스도의 죽음과 부활의 시간 사이에 "음부로 내려감"의 전승을 가정하고 있는지도 모른다(예를 들어 Käsemann과 다른 많은 주석자들도 그렇게 본다). 반면에, 이것은 인용구에서 "무저갱"이라는 단어의 출현으로 지나치게 많이 읽히는 것일 수도 있는데, 이는 그 단어가 바울이 사용하는 구약의 전승으로 인해 어느 정도 그렇게 하도록 강요되기 때문이다. Jewett은 다시금 엘리야나 에녹이 죽은 자 가운데서 돌아오는 것을 수반한 유대인들의 메시아 대망 사상을 암시하는 것일 수도 있다고 생각한다.

479. Eckstein, "'Nahe ist dir das Wort,'" 214.

있고 이해할 수 있다는 점이다. 즉, "그 말씀이 네게 가까워서, 네 입에 있으며 네 마음에 있다"는[480] 것이 그것이다. 신명기서의 말씀은 명령어의 형식을 취하고 있는데, 여기 로마서에서는 하나님의 그 말씀이 바로 "우리가 전하는 믿음의 말씀"이다. 그러나 두 말씀은 모두 하나님이 "가까이"에 가져오셨음을 공유한다. 그러나 바울과 다른 사도들이 전파하는 복음에는 말씀이 "가까이"에 있다는 의미가 더해진다. 복음은 하나님이 그의 의를 자기 백성 "가까이"에 가져오신다는 약속의 성취를 선포하고 구현할 뿐만 아니라, 새 언약의 예언이 실현되는 데 있어서, 하나님의 율법을 마음에 새겨주시기도 한다.[481] 율법의 완성인 그리스도 안에서, 하나님의 말씀은 이전에 없었던 방식으로 가까이에 있다. 그리고 이제 사람들에게 요구되는 것은 믿음의 반응뿐이다. 이는 복음이 "믿음의 말씀"으로, 이 메시지는[482] 믿음을 요구하기 때문이다.[483]

9 9절을 8절(호티)에 연결하는 단어는 "that"이나 "because" 중에 하나로 번역될 수 있다. 만일 "that"으로 번역한다면, 9절은 바울과 다른 사도들이 전파하는 "믿음의 말씀"의 내용을 구체적으로 명시하는 구절이 될 것이다.[484] 그러나 이를 "because"로 번역한다면, 9절은 어떻게 "말씀이 네게 가까워"인지를 설명하는 구절이 될 것이다.[485] 아마 후자를 대안으로 채택해야 할 텐데, 이는 두 개의 "내

480. 바울의 어투는 LXX에 매우 근접한데, LXX에서는 *σου ἐγγὺς τὸ ῥῆμα σφόδρα ἐν τῷ στόματί σου καὶ ἐν τῇ καρδίᾳ σου*로 읽힌다(그리고 LXX는 MT를 충실히 번역한 것이다). 바울은 다시금 선별적으로 인용하여, 신 30:14에 있는 문장을 끝내는 "네 손에 있은즉 이를 행하느니라"를 생략한다. 이러한 생략은 물론 하나님의 말씀에 그 언어를 적용하는 것을 더욱 일반적으로 용이하게 한다.

481. Käsemann을 보라.

482. 바울은 신 30:13의 LXX를 의존하기 때문에 (그에게) 흔치 않은 *ῥῆμα*를 사용한다. 여기서 이 용어는 복음을 의미한다(BDAG).

483. 소유격 *τῆς πίστεως*는 "믿음을 요구하는 말씀" 또는 "믿음을 선포하는 말씀"으로 목적격적이다(Murray; Cranfield; Jewett을 보라). 일부 주석자들은 여기서 "믿음"을 "믿는 믿음"이라는 구체적인 의미를 지니고 있을지도 모른다고 생각하지만(*fides quae creditur*; Käsemann; Fitzmyer을 보라), 그럴 것 같지 않다. *πίστις*와 *πιστεύω*는 모두 이 문맥을 통틀어 사람이 믿게 되는 메시지가 아니라 믿는 행위를 가리킨다.

484. NIV를 보라: "'The word is near you; it is in your mouth and in your heart,' that is, the message concerning faith that we proclaim: If you declare with your mouth … (말씀이 네게 가까워 네 입에 있으며 네 마음에 있다 하였으니 곧 우리가 전파하는 믿음의 말씀이라: 네가 만일 네 입으로 시인하며….)" Käsemann을 보라.

485. NRSV: "'The word is near you, on your lips and in your heart' (that is, the word of faith

용" 절(clause)이 연달아(예를 들어 "곧 믿음의 말씀이라" … "곧 네가 시인하면 …") 나오게 되면 부자연스럽기 때문이다. 따라서 바울은 믿음의 말씀, 즉 복음의 "가까움"을 설명하고 있는데, 이는 단지 순전한 응답만을 요구하며, 응답했을 때 하나님의 구원을 중보 한다는 점을 강조하는 것이다. 이 문맥에서 바울이 믿음에 역점을 둔다는 점에 비추어볼 때 놀랍게도 이 순전한 반응은 이중적인 응답으로 이루어지는데, 이는 "네가 네 입으로 시인하면"과 "네 마음에 믿으면"이 그것이다. 이 두 조건의 존재와 그 등장 순서는 모두 "믿음의 말씀"이 "네 입에" 있고 "네 마음에" 있는 것처럼, 신명기 30:14절 말씀의 묘사와 얼마나 정확하게 일치하는가를 밝히고자 하는 바울의 바람에서 기인한다.[486] 이 시점에서 바울의 수사적인 목적은, 마치 바울이 구원을 위하여 구두 고백을 두 번째 요구조건으로 삼는 것처럼, 우리에게 여기 나오는 고백에 대한 언급으로 큰 의미를 찾는 것에 대하여 신중을 거듭하도록 한다는 것이다. 마음으로 믿는 것은, 바울이 이 문맥에서조차 명확하게 하듯이(9:30; 10:4, 11), 분명히 결정적인 요구조건이다. 입으로 고백하는 것은 이 결정적인 내면의 반응을 외부로 드러내는 것이다.[487]

우리가 고백하는 믿는 것의 내용은 초기 기독교의 기본적인 선포를 반영한다. 예수를 주로 찬양하는 것은 신앙고백의 이른 초기에 생긴 중심적인 요소이며,[488]

---

that we proclaim); because if you confess … (말씀이 네게 가까워 네 입술에 있으며 네 마음에 있다 하였으니[곧 우리가 전파하는 믿음의 말씀이라]; 왜냐하면 네가 만일 시인하면…)"; Kuss; Cranfield를 보라.

486. Cranfield. 다른 학자들이 생각하는 바로 이 절들의 순서는 바울이 아마 세례와 관련된 기독교 초기의 신앙고백을 여기서 사용한다는 점을 최소한 반영할 수 있다고 생각한다(예를 들어 Langevin, "Sur la christologie," 39-42; Käsemann; Wilckens).

487. 바울은 "시인(confession)"의 어군(ὁμολογέω와 ὁμολογία)을 좀처럼 사용하지 않는다. 딤 6:12-13에서 시인은 자기 믿음에 대한 공적인 증거이다(시인이 말로만 하는 것임을 가리키는 딛 1:16도 참조하라); 고후 9:13에서, 시인은 고린도 교회 신자들이 복종하도록 부름을 받은 기독교적인 고백을 나타낸다. 그 밖에 신약에서 "시인"에 관하여, Neufeld, *Earliest Christian Confessions*를 자세히 보라. ὁμολογέω 후에 나오는 이중 목적어(κύριον Ἰησοῦν)는 흔한 것이 아니다(BDF §157[2]).

488. 빌 2:11; 고전 12:3을 보라; Neufeld, *Earliest Christian Confessions*, 43-47도 보라. 고전 16:22의 *μαράνα θά* -"주여 오시옵소서!"- 라는 고백은, 특히 초기 유대 기독교인들이 말한 아람어를 보존하고 있으므로 이 고백의 초기 날짜를 가리키는 것이 된다. 예수를 주로 시인하는 이 고백은 중요한 의미를 함축하고 있는데, 그것은 예수를 "주님"인 하나님과 밀접하게 연관시킬 수밖에 없기 때문이다. 예를 들어 Langevin, "Sur la christologie," 51-53을 보라. 그리고 13절에 대한 주를 자세히 참조하라. 반대 견해로는 예를 들어 Dunn의 경우 이 고백의 중요성을 지나치게 최소화한다.

하나님이 예수를 죽은 자 가운데서 살리셨다는 확신과도 같다.[489] 여기서 바울이 그리스도의 부활에 맞춘 초점은 물론, 그의 죽음이나 그의 행함의 다른 측면들로부터 주의를 돌리려는 의도가 아니다. 칼빈의 설명처럼, 부활은 "그의 죽음으로부터 우리의 관심을 떼어놓기 위함이 아니라, 그 죽음의 효험과 결실을 증명하기 때문에, 종종 구원의 확신으로 우리 앞에 놓이게 된다."[490] 바울은 또한 7절에서 "누가 무저갱에 내려가겠느냐?(곧 그리스도를 모셔 올리려고)"의 물음에 대한 최종적인 답으로 부활을 확신하는 우리의 믿음에 초점을 두고 있는지도 모른다. 그렇다면 복음은 우리 "가까이"에 있는데, 이는 우리의 마음과 입이 할 수 있는 것만을 요구하고, 우리가 응답할 때 하나님의 구원이 가까이에 임하기 때문이다.[491]

10 10절은 시인과 믿음을 한편으로 두고 구원을 다른 한편으로 두는 양쪽의 연관성을 확증한다. 즉, "사람이 마음으로 믿어 의에 이르고 입으로 시인하여 구원에 이르느니라"는 것이 그것이다.[492] 문제를 이렇게 일반적인 방식으로 진술하는 것은 11-13절에서 바울의 적용을 보편화할 수 있는 길을 연다. 그러면 10절은 이행 구절이 된다. 즉, 바울이 수사적으로 기록하는데, 두 병행절의 어투가 같은 순서를 따르며, 각 절이 9절의 조건들 가운데 하나를 되풀이하되 역순으로 한다(이렇게 하므로 교차를 이룬다). 이 명백한 수사적 관심은 바울이 여기서 "의"와 "구원"의 의미 가운데 우리로 어떠한 차이도 발견하기를 원하지 않을 것임을 시사한

---

489. 4:24; 8:11; 갈 1:1; 고전 6:14; 15:4, 12, 20; 고후 4:14; 살전 1:10; 골 2:12; 엡 1:20; 행 3:15; 4:10; 10:40; 벧전 1:21을 보라. 초기 기독교의 이 두 가지 "말씀"에 관하여, Führer, "'Herr ist Jesus,'" 139-42를 보라.

490. Calvin.

491. 동사 σωθήσῃ, "네가 구원을 받으리라"는 마지막 날에 죄와 사망으로부터 최종적인 구원을 나타내는 순전한 시간적 미래일 것이다.(Dunn을 보라). 그러나 이러한 맥락에서 그것을 단순히 - 구원은 시인하는 것과 믿는 것의 결과이자, 그러므로 미래가 되는 것으로 - 절대적인 시간이 결정되지 않은 상태로 상대적이거나 "논리적인" 미래로 보는 것이 더 이치에 맞는다(6:5에 관한 주들과, Porter, *Verbal Aspect*, 421-23; Jewett을 보라).

492. 이 구절에서 나오는 두 개의 동사(πιστεύεται와 ὁμολογεῖται)는 3인칭 단수 수동태로 나온다. 이러한 동사의 주어로서 9절에서 비교 가능한 동사들의 목적어를 보충하여 "예수를 주로 시인하며" "하나님께서 그를 죽은 자 가운데서 살리신 것이 시인되면"으로 나오는 것이 가능하다. 그러나 이것은 부자연스러우며, 바울이 비인칭의 뉘앙스인 "사람이 믿는다", "사람이 시인한다"를 나타내기 위해 수동태를 사용하고 있다고 생각하는 편이 더 낫다. 그리하여 바울은 그 구절에 요약과 주요한 인격을 부여했다. 그리하여 그는 이 구절에 간략하고 최초의 성격을 부여한다(Barrett을 보라).

다.[493] 각각의 단어는 "마음으로" 믿고 "입으로" 시인한 결과로 하나님과 관계를 맺는 것을 일반적인 방식으로 표현한 것이다.[494]

11 바울이 이 구절에서 인용하는 이사야 28:16절을 인용하는 데는 두 가지 목적이 있다. 첫째, 그것은 믿음과 구원에 있어서 대단히 중요한 연관성을 위해 성경적 증거를 추가로 제공한다. 이는 "부끄러움을 당하지 아니하리라"는 문구가 심판의 때에 구원을 가리키기 때문에 그렇다.[495] 둘째, 인용의 첫머리에 "누구든지"([no] one)[496]라는 단어를 추가하므로, 바울은 그리스도 안에 열려 있는 구원이 모든 믿는 자를 위한 것이라는 그의 주장을 뒷받침하기 위해 본문을 인용할 수 있다. 그러므로 이 구절은 10:4b절에서 "모든 믿는 자는"이라는 보편성의 요소를 마침내 강화시킨다.

12 바울은 이 구절에서 "모든 사람"에게 내재하는 보편성을 분석한다. 로마서에서 흔히 볼 수 있는 일이지만, 바울은 복음이 유대인과 이방인 모두에게 주어지는 동등한 기반에 대해 각별한 관심을 기울인다. 죄와 심판에 있어서 두 집단의 사람들 사이에 "차별이 없는" 것처럼(3:23절), 주께서 그들을 다스리시는 것과 주께서 그들에게 베푸시는 은혜에 한해서 그들 사이에 "차별이 없는" 것이다. 바울은 본 서신의 앞부분에서 하나님이 오직 한 분이라는 고백이 자연스럽게 하나님은 유대인과 이방인 모두를 다스려야 한다는 결론으로 이어지는 것을 보여주었

493. Dunn; Cranfield. 그러나 이 두 학자는 이 단어들이 마지막 날에 구원을 가리킨다고 생각하지만, 이것은 명확하지 않다(9절에 관한 주를 보라). 반면에 Murray는 여기서 의와 구원의 차이점을 발견하고, Godet의 경우 구원은 종말론적인 구속을 의미하며 의는 이 삶에서 주어지는 유익이라고 생각한다(5:9를 보라). Dunn이 언급하듯이, "믿음", "의"와 "구원"의 연어(collocation)는 이 편지의 주제를 우리에게 다시금 상기시킨다(1:16-17).

494. *καρδίᾳ*와 *στόματι*라는 단어는 각각 소속되는 절 안에서 강조하기 위해 맨 앞에 놓이는 수단의 여격이다.

495. 예를 들어 사 50:7b-8a에는 "내가 수치를 당하지 아니할 줄 아노라 나를 의롭다 하시는 이가 가까이 계시니(I know that I shall not be put to shame; he who vindicates me is near)"(NRSV); R. Bultmann, *TDNT* 1.189; 롬 5:5를 보라.

496. 추가된 그리스어는 *πᾶς*("everyone")인데, 이는 영어 "no one"을 산출하기 위해 동사 앞의 부정어와 결합한다.

다(3:29-30절). 여기서 "한 분이신 주께서 모든 사람의 주가 되사"[497]라는 그의 주장도 같은 주장을 하는 것일 수도 있는데, 그러한 경우 우리는 "주"를 아버지 하나님을 가리키는 것으로 이해하게 될 것이다.[498] 그러나 9절에서 "주"(*kyrios*)는 예수를 가리키며, 그리스도는 11절에서 사람들이 믿는 "그"(him)의 암묵적인 선행사이기도 하다.[499] 게다가, 여기서 바울이 사용하는 언어는 필시 초기 기독교인들이 예수를 "모든 사람의 주"로 칭송하는 것임을 상기시킨다.[500] 그러므로 여기서 말하는 "주"는 예수를 말한다.[501] 주가 되시므로, 예수는 모든 사람에게 충성을 요구할 뿐만 아니라, "그를 부르는" 모든 사람에게 "부요"하시다. 바울은 하나님의 제한 없이 부어 주시는 재원을 암시하도록 "부요"의 표현을 자주 사용하는데[502] 이는 그의 아들 안에서 그의 아들을 통하여 그의 백성으로 구할 수 있도록 하신다.[503] 종종 이런 부요함은 하나님의 은혜 또는 자비하심의 측면에서 정의되며(2:4; 엡 1:7; 2:7), 여기서도 바울이 의도하는 바는 의심의 여지 없이 이것일 것이다. 사람을 목적어로 하는 "부르다"는 성경 밖의 그리스어에서는 도움을 청할 때, 특히 하나님이나 신들에게 도움이나 개입을 요청하는 경우에 사용된다.[504] 그러나 "주를 부르는 것"이라는 문구는 70인역과 유대 문헌에서도 꽤 흔하며,[505] 초기 기독교인들이 사이에서 아버지 하나님과 그리스도를 언급하면서 자리하게 되었다.[506]

---

497. ὁ γὰρ αὐτὸς κύριος πάντων. 우리는 동사 "to be"를 보충해야 하고, 이 동사 뒤에 κύριος를 술어로 반복해야 한다. 이 문맥에서 πάντων이라는 단어는 사람들을 가리킬 것이다(Langevin, "Sur la christologie," 50-51).

498. Ziesler; Gaston, *Paul and the Torah*, 131.

499. 예를 들어 Rowe, "Romans 10:13," 146-49를 보라.

500. 행 10:36을 보라; 고전 12:5; 엡 4:5도 보라. Dupont는 예수가 "모든 사람의 주"라는 전승이 욜 2:28(LXX 3:5)에 근거하여 나온 것이라고 주장한다("'Seigneur de tous,'" 229-36).

501. 예를 들어 Kuss; Dunn; Fitzmyer.

502. 롬 2:4; 9:23; 11:33; 엡 3:16.

503. 고전 1:5; 고후 8:9; 엡 1:7; 2:7; 3:8; 빌 4:19; 골 1:27. 그리스어 단어로는 πλοῦτος와 πλουτέω이다. 고전 1:5; 고후 6:10; 9:11에서 .πλουτίζω도 보라.

504. BDAG.

505. 신 4:7; 사 55:6; 마카베오하 3:22; 유딧 16:1.

506. 행 9:14; 딤후 2:22 (?); 벧전 1:17과 행 9:21; 22:16; 고전 1:2를 각각 보라. 일부 주석자들은 (Cranfield 참조) 바울이 여기서 기도로 그리스도를 언급하는 것일 수도 있다고 생각하지만, 그럴 것 같지는 않아 보인다. 신약의 용법(위를 보라)은 오히려 그리스도에게 자비와 은혜를 간청하는 것임을 암시한다.

13 바울은 요엘 2:32절(70인역의 3:5절)을 암묵적으로 인용하여 이 문단을 마무리한다. "부르다"라는 표제어(catchword)는 문맥과 인용문을 이어주는 연결고리이며, 이것은 초기 기독교 설교에 중요했다.[507] 요엘서의 더 큰 문맥은 언약 갱신을 가리키며 하나님의 영이 임박한 것을 예언하는데, 이는 바울이 이 본문으로 향하는 중요한 이유가 된다.[508] 그러나 바울에게 더욱 중요한 것은 아마 구원을 얻는 보편성에 대한 강조였을 것이다. 그 인용구는 이 문맥에서 두 개의 중대한 용어를 한 곳으로 모으는데, 이는 "모든 자"(4, 11, 12절)와 "구원"(1, 9, 10절)이 그것이다. 물론 구약에서는 사람들이 구원을 위해 부르는 대상은 여호와로, 바울은 이분을 예수 그리스도와 동일시함으로써 초대교회에서 공통적으로 볼 수 있는 높은 그리스도관을 반영한다.[509]

---

507. 행 2:17-21, 39; Mark 13:24와 평행본문을 보라; 계 6:12. 바울이 이 본문을 선택하는 데는 바로 그 앞의 절들(26-27절)의 영향을 받았을지도 모르는데, 이 구절들은 하나님의 백성들이 "부끄러움을 당하지" 아니할 때인 그 날에 관하여 말하고 있다. 11절에서 사 28:16의 인용을 보라(Lindars, "Old Testament and Universalism," 520-21; Rowe, "Romans 10:13,"153-4). 요엘 2:32에서 πᾶς는 "모든 이스라엘 사람"을 가리킨다. 바울은 전형적으로 그의 "범용 해석학(universalizing hermeneutic)"에 비추어 볼 때 이방인들이 믿는 것에 대한 언급을 확대시킨다.

508. Wright; Schreiner도 보라.

509. 특히 Capes, *Old Testament Yahweh Texts*; Tilling, *Paul's Divine Christology*, 특히 105-80; Bauckham, *Jesus and the God of Israel*; Hurtado, "Binitarian Shape," 191-213; 동일 저자, "Jesus' Divine Sonship," 217-333. 그리스도의 κύριος라는 칭호를 사용하는 신약 인용구의 중요성은 기독교 발흥 이전 LXX의 사본들이 4 자음문자(tetragrammton, 히브리어로 하나님의 이름을 뜻하는 YHWH로 '신성문자'를 가리킨다-옮긴이)로 번역하기 위해 이 이 그리스어 단어를 분명 사용하지 않았기 때문에 논의되는 것이다(히브리어 문자가 복제되어 사용됐다). 그러나 그리스어를 사용하는 유대인들은 이미 그리스도 시대 이전에 존재했다는 유력한 증거로 그리스어 단어 κύριος를 최소 구두로 '신성문자'와 대체했다. 신양 인용문의 중요성은 그리스도를 "주"와 동일시하는 신약 본문의 적용들은 초기 그리스도인들이 그리스도를 어떤 의미에서 여호와에 동등하게 보았음을 암시한다. 이 사안에 관하여, 특히 Fitzmyer,"Semitic Background," 115-42를 보라; Koch, *Schrift*, 84-88도 보라. 몇몇 학자들은 바울이 κύριος를 그리스도로 지시하기 보다 하나님 아버지를 언급하는 인용문으로 의도했다고 주장하지만(G. Howard, "Tetragram," 63-83; Gaston, *Paul and the Torah*, 131), 문맥의 흐름은 이에 대조된다.

2. 이스라엘의 의무(10:14-21)

14 그런즉 그들이 믿지 아니하는 이를 어찌
부르리요 듣지도 못한 이를 어찌 믿으리요
전파하는 자가 없이 어찌 들으리요
15 보내심을 받지 아니하였으면 어찌 전파하
리요 기록된 바 아름답도다 좋은 소식을
전하는 자들의 발이여[510] 함과 같으니라[a]
16 그러나 그들이 다 복음을 순종하지 아니하
였도다 이사야가 이르되 주여 우리가 전한
것을 누가 믿었나이까 하였으니[b]
17 그러므로 믿음은 들음에서 나며 들음은 그
리스도의 말씀으로 말미암았느니라[511]
18 그러나 내가 말하노니 그들이 듣지 아니
하였느냐 그렇지 아니하니 그 소리가 온
땅에 퍼졌고 그 말씀이 땅 끝까지 이르렀
도다 하였느니라[c]
19 그러나 내가 말하노니 이스라엘이 알지
못하였느냐 먼저 모세가 이르되 내가 백성
아닌 자로써 너희를 시기하게 하며 미련한
백성으로써 너희를 노엽게 하리라 하였고[d]
20 이사야는 매우 담대하여 내가 나를 찾지
아니한 자들에게 찾은 바 되고 내게 묻지
아니한 자들에게 나타났노라 말하였고[e]
21 이스라엘에 대하여 이르되 순종하지 아니
하고 거슬러 말하는 백성에게 내가 종일
내 손을 벌렸노라 하였느니라[f]

a. 사 52:7 / b. 사 53:1 / c. 시 19:4 / d. 신 32:21 / e. 사 65:1 / f. 사 65:2

14절은 "그런즉"(그리스어. *oun*) 뒤에 질문이 뒤따르면서, 새로운 사고방식의 시작을 알린다.[512] 바로 근접한 접촉점은 13절에 나오는 요엘 2:28절의 인용 가운데 "부르다"라는 단어에 있다. 그 인용문에서는 구원이 주를 부르는 문제임을 천

510. 수많은 사본들(ℵ의 2차 교정본; Ψ; 서방 대문자(uncials) D, F와 G; 33; 그리고 대다수 사본)은 여기서 *τῶν εὐαγγελιζομένων εἰρήνην* "좋은 소식을 전하는 자들의"라는 문구를 덧붙인다. 이 단어들은 바울의 인용을 LXX에 보다 밀접하게 일치시키려는 시도에서 나온 어구의 변형이다(예를 들어 Cranfield, 2.534-35 n. 4; Fitzmyer, 597-98을 보라; 반대 견해로 Godet, 386 참조).

511. Χριστοῦ대신에 몇몇 사본들(제1차 알렉산드리아 대문자 ℵ[제1차 교정본], 제2차 알렉산드리아 대문자 A, Ψ, 서방 대문자 D [제1차 교정본], 33과 대다수 사본)은 θεοῦ가 나온다. G. Howard ("Tetragram," 78-79)는 후자의 견해를 주장하지만, Χριστοῦ가 초기부터 다양한 지지를 받으며(초기 대문자 P^{46}, 알렉산드리아 텍스트[ℵ 원본, B, 1739; C와 81도 보라]의 강한 증거력, 그리고 서방 D[원본]) 문맥에서 더 뜻이 잘 통한다(8-9절을 보라). 초기 어떤 필사자는 보다 흔하게 사용되는 *ῥῆμα* Θεοῦ(신약에서 5번; 여기에서만 *ῥῆμα* Χριστοῦ)로 대체했다. Metzger, *Textual Commentary*, 463-64; Dunn, 2.619; Fitzmyer, 598-99를 보라.

512. S-H, 294에서 병행구로 9:14, 30; 11:1, 11을 언급하는 것을 보라. 모든 현대 영역본과 주석자들의 거의 대부분은 이 견해를 취한다. 하지만 일부 학자들은 10절과 11절(Hodge, 344), 11절과 12절(Godet, 384) 15절과 16절(Denney, 672), 또는 16절과 17절(Aletti, *Comment Dieu est-il juste?* 119-20) 사이에 놓이는 끊어짐(break)에 대해 주장해왔다.

명한다. 14-21절에서, 바울은 그렇게 주의 이름을 부르는 것이 정말로 가능한가를 묻는다. 그는 일련의 수사적인 질문으로 그렇게 주를 부르기 위해서 필수적인 조건들을 분석하는 것으로 시작한다(14-15a절). 그런 다음 - 한 가지 조건을 제외한 - 모든 조건이 충족되었음을 분명히 한다. 첫째, 복음은 "믿음의 말씀"(8절)으로 선포되었다(15절; 14c절을 보라). 둘째, 복음의 메시지는, "그리스도의 말씀"으로 전해졌는데, 참으로 사람이 거하는 모든 세상에 걸쳐서 복음 선포자들의 음성으로 들려진다(18절; 14B절과 17절을 보라). 복음은 알려졌을 뿐만 아니라, 최소 어느 정도는 이해되었다(19-20절). 그렇다면 빠진 성분은 무엇인가? 믿음이다. 주의 이름을 부른다는 것은 "믿는다"고 말하는 것의 또 다른 방식인데, 복음을 겸손하게 수용하는 것이 빠져 있다. 즉, "이스라엘이 다 복음을 받아들이지 [또는 '순종하지' 그리스어. *hypakouō*] 아니하였도다"(16a절). 이렇게 많은 이스라엘 백성이 순종하지 않거나, 믿지 못했다는 주장이 이 문단의 핵심이며, 순종하지 않는 과실이 있다는 주장과 함께 본 요점을 표현하고 있다.

그러나 바울이 이 문단에서 누구에 관하여 말하고 있는가? 그는 19절에서 "이스라엘"을 그의 비판의 대상임을 분명히 하고 있다. 그러나 이 시점에 이르기까지 바울은 최소 14-15절과, 어쩌면 14-18절 전체에서, 일반적으로 사람들을 지칭할 가능성을 열어놓으면서, 3인칭 부정대명사 복수 동사들을 사용했다.[513] 하지만 이 구절에서 바울이 구체적으로 이스라엘 백성들을 가리키고 있다는 징후들도 있다.[514] 14절에 나오는 3인칭 복수 동사들은 2-3절에서 하나님의 의에 무지하고 순종하지 않는 이스라엘 백성에 대한 바울의 기소로 필연적이다시피 10장에서 그러한 동사들을 마지막으로 사용하도록 독자들을 되돌린다.[515] 14-21절은 바울이 그리스도 안에서 하나님이 공급하시는 의에 응답하지 않은 유대인들이 핑계할 수 있는 모든 가능성을 제거하면서 그 기소를 속행하는 것처럼 보인다. 그렇

513. 예를 들어 Kasemann, 294; Wilckens, 2.228; Murray, 2.60; Dunn, 2.620; Schreiner, 565-66; Munck, *Christ and Israel*, 91-92; Bell, *Provoked to Jealousy*, 83-87을 보라. 일부 주석자들은 13절의 보편구원설에 비추어볼 때, 바울이 구체적으로 이방인을 염두에 두었을지도 모른다고 생각한다(예를 들어 Calvin, 396; Wright, 667; *Gaston, Paul and the Torah*, 131-32; F. Watson, *Paul, Judaism, and the Gentiles*, 331-32를 보고 Dunn, 2.620도 보라).

514. Chrysostom, Homily 18 (p. 478); Godet, 385; Kuss, 3.771-72; Cranfield, 2.533을 보라.

515. Chrysostom, Homily 18 (p. 478)을 보라.

다면 타협적인 입장이 아마도 가장 타당할 텐데, 이는 바울이 14-18절에서 복음의 메시지에 대한 모든 사람의 관계에 대해 일반적으로 기술하면서, 동시에 이러한 요점들을 이스라엘로 적용하는 문제에 대해 생각할 것이라는 점이 그것이다. 그다음 바울은 대체로 이스라엘이 무지를 변호할 수 없음을 밝히는 것에 특히 관심을 가진다. 즉, 하나님이 구약에서와(14-21절에서 구약 인용이 6번 나오는 것에 주목하라) 전 세계에 복음이 선포되는 것에서 모두 그의 목적을 분명히 하셨다는 것이 그것이다. 그러므로 이스라엘이 "순종하지 아니하고 거슬러 말하는"(21절; 16절을 보라) 이스라엘에게 그 책임이 있는 것이다.

14-15 14절과 15절의 첫 부분은 네 개의 병행하는 수사적 질문들이 연달아 나오며, 각각의 질문은 "어찌"(how[그리스어. *pōs*])라는 의문사로 시작한다. 한 질문의 끝에서 사용된 동사를 다음 질문의 첫머리에 반복함으로써, 바울은 사람이 구원을 받기 위해서(13절) 반드시 따라야 하는 일련의 연결된 단계들을 만들어낸다.[516] 바울은 13절에서 보편적으로 적용할 수 있는 원리를 주장했는데, 이는 구원이 주를 부르는 모든 사람에게 수여된다는 것이 그것이다. 그러나 사람들이 그를 믿지 않으면서 주를 부를 수는 없다.[517] 그들은 그리스도를 전하는 말씀을 듣지 않으면 그를 믿을 수 없다.[518] 게다가 누군가 전하지 않는다면 이 말씀은 들리지 않을 것이다. 그러나 전하는 자는 다른 사람에게서 메시지를 위임받은 전령에 지나지 않는다. 그러므로 말씀을 전하는 것은 결국 누군가 전도자들을 보내지 않고는 일어날 수 없는 일이다.

---

516. BDF §493(3)은 이 반복의 수사적 성질에 관하여 해설한다.
517. 그리스어는 전치사 εἰς를 πιστεύω와 함께 사용한다. 요한복음과 요한일서에 지극히 흔한 이 구성은 바울 서신에서는 드물게 나타난다(갈 2:16과 빌 1:29; 골 2:5에서 실명사 πίστος를 εἰς와 함께 사용하는 것을 보라.
518. 바울은 관계대명사(οὗ)의 소유격을 동사 ἤκουσαν과 함께 사용한다. 이 동사는 보통 듣는 사람을 나타내기 위해 소유격을 취하기때문에(보통 목적격으로 쓰일 때 들리는 사물을 나타내는 것과 반대로), 주석자들은 바울이 설교자나(Käsemann) 그리스도를(Godet) 들리는 사람이라고 생각한다고 제안한다. 그러나 문맥(15, 16, 17절을 보라)은 복음이라는 그 "말씀"에 대한 언급을 요구하는 듯 보인다. 그러므로 바울은 그리스도가 복음의 메시지 가운데 들리는 그 사람임을 시사하기 위해 소유격을 사용하는 것일 수도 있다(예를 들어 Murray; Cranfield; Dunn).

15절의 끝에 나오는 이사야 52:7절의 인용은 두 가지 기능을 한다.[519] 첫째, 전도의 역할이 필수적임을 성경적으로 확증한다. 하지만 둘째로, 그것은 암시적으로 바울이 14-15a절에서 열거한 구원의 마지막 조건이 충족되었음을 시사하는데, 이는 하나님이 전도자들을 파송하셨다는 것이 그것이다.[520] 바울은 "좋은 소식을 전하라"(*euangelizomai*의 어근)는 신학적인 의미가 가득한 언어를 사용하는 텍스트를 인용하므로 이 요지를 강조한다. 이사야서의 "복된 좋은 소식을 가져오며"와 "구원을 공포하며"에서 보는 축전은 바울과 하나님이 보내신 "권한을 부여받은 전도자들"(예를 들어 사도들)이 복음을 전파하는 것으로 자연스러운 예언적 기대를 품도록 한다.[521]

16 이 구절에서 바울은 구원으로 이끄는 요건의 연결고리를 찾아내는데, 그것은 너무나 많은 사람들이 놓치고 있는 믿음이다(14a절을 보라).[522] 바울이 14-15절

519. 바울의 어투는 평화를 선포하는 일체의 언급을 생략하는 것에서(비록 이문이 있다고 해도) MT와 LXX와 모두 다르기는 하지만, 그래도 일반적으로는 LXX(ὡς ὥρα ἐπὶ τῶν ὀρέων, ὡς πόδες εὐαγγελιζομένου ἀκοὴν εἰρήνης, ὡς εὐαγγελιζόμενος ἀγαθά: "산의 계절처럼, 기쁜 소식을 전하는 사람의 발처럼"[NETS])보다는 MT(מַה נָּאווּ עַל הֶהָרִים רַגְלֵי מְבַשֵּׂר מַשְׁמִיעַ שָׁלוֹם מְבַשֵּׂר טוֹב; "평화를 공포하며 복된 좋은 소식을 가져오는 자의 산을 넘는 발이 어찌 그리 아름다운가"[NRSV])에 더욱 밀접하다고 볼 수 있다. 그러므로 바울은 히브리어 성경이나 LXX외에 그리스어 텍스트에 의존할 수도 있다(후자의 견해와 관련하여, Koch, *Schrift*, 66-69; C. Stanley, *Paul and Language*, 135-37; J. Wagner, *Heralds*, 170-72; Jewett을 보라). 나 2:1에 대한 암시도 있을 수 있다. 바울은 복수 형태로 τῶν εὐαγγελιζομένων을 (MT와 LXX 모두와 대조되게) 사용하는 것은 이 텍스트가 수많은 기독교 설교자들에게 적용될 수 있도록 하기 위함이다. 그러나 바울이 "구원의 메시지"를 언급하는 구절의 다움 부분을 계속 인용하지 않는 것은 다소 놀랍다. Stuhlmacher("Jesustradition im Römerbrief?" 248-49)는 바울이 사 52:7을 사용하기 위해 예수의 가르침에 의존할 수도 있다고 제안한다(막 1:14-15; 마 11:2-6을 보라).

520. 특히 Cranfield와 반대 견해로는 예를 들어 그 인용문이 단순히 전파의 필요성을 증명할 뿐이라고 생각하는 Dunn을 보라.

521. ὡραῖοι는 "아름다운"이 아닌 "시기적절한"으로 번역되어 사도적 설교에 종말론적인 초점에 더욱 힘을 실어줄 수도 있다. BDAG; LN 67.3; Käsemann; Dunn; Jewett을 보라. 일반적으로 그리스어에서, "시기적절한", "적당한 시기에"라는 뜻이 ὡραῖος의 의미로 지배적이지만(LSJ), 신약의 다른 곳에서는 "아름다운"을 의미한다(마 23:27; 행 3:2, 10을 보라). 사 52:7에서 상응하는 히브리어 단어 נָאווּ는 "아름다운"이나 "시기적절한" 중의 하나를 의미할 수 있지만(BDB), 거의 모든 영역본에서는 전자의 단어로 번역한다.

522. Cranfield 역시 16절이 14-15절의 연쇄 조건 가운데 하나가 결여되어 있음을 주장한다고 논한다. 그러나 Dunn은 16절이 유대인의 경우에는 그 일련의 사건들에 대한 전반적인 실패를 천명한다고 논한다. 반면에 S-H는 16a절에서 복음에 대한 불순종이 폭로하는 것은 그 복음이 틀림없이 하나님이 정하신 것이 아니라는 취지에서 15절에 대한 이의를 진술한다고 생각한다. 그렇다면 16b

에서 모든 사람들에 대해 일반적으로 말하고 있지만, 여기서 그는 특별히 이스라엘 사람들에게 초점을 두고 있을 것이다.[523] 그러므로 이 구절은 14-21절에서 바울의 논거에 중심이며, 실제로 9:30-10:21절에서 바울은 그의 유대인 형제들에 대한 비난을 재천명하고 있는 것이다(9:32절과 10:3절도 보라).[524] "그들이 다 … 아니다"는[525] 완서법(litotes, 이중 부정을 통한 긍정문-옮긴이)으로, "몇몇만 … 이다"가[526] 된다. 바울이 문제를 이러한 방식으로 놓는 이유 중 하나는 그가 9:6b절에서 소개한 "이스라엘에게서 난 그들이 다 이스라엘이 아니요"라는 남은 자(remnant) 신학을 되새기기 위해서이다(9:27절도 보라).[527] 바울이 14-15a절에서 연결고리가 끊어진 것을 확인하는 것은 다소 이른 감이 있는데, 이는 18-21절에서 연결고리들이 제자리에 있는지 확인하므로 그가 15b절에서 시작했던 것을 속행하기 때문이다.[528] 그러나 바울은 좋은 소식을 전파하는 사실(15b절)과 그것에 대한 유대인의 비극적인 반응 사이에서 자연스럽게 대조되는 것을 피할 수 없었을 것이다. 놀랍게도 바울은 이러한 반응을 불신보다는 "불순종"의 특징으로 묘사한다. 그러나 바울은 본 서신의 시작부터 믿음과 순종을 연결지었고(1:5절에 "믿음의 순종"을 보라), 그는 특히 이러한 맥락에서 이스라엘의 상황이 단순히 상대적으로 수동적인 불신의 결과일 뿐만 아니라, 하나님의 은혜로운 주도 하심에 응답하지 않는 뚜렷하고도 괘씸한 거부의 결과라는 것을 밝히는 데 각별한 관심을 갖는다(10:3절과 21절을 보라). 그렇기는 해도, 바울은 16b절에서 그가 인용한 이사야 53:1절인 "주여, 우리가 전한 것을 누가 믿었나이까?"[529]에서 분명히 하듯이, 그는 이스라엘의 불

절은 그에 대한 바울의 대답일 것이다. 그러나 이것은 본문을 대하는 가장 자연스러운 방법은 아니다.

523. 이것은 바울이 사 53장을 다른 곳에서 사용하는 것과 함께, 요 12:38에서 사 53:1을 사용하는 것에서 암시된다(특히 롬 15:21을 보라); 아울러 Bell, *Provoked to Jealousy*, 90-92; Schreiner; Longenecker를 보라.

524. Käsemann.

525. οὐ πάντες.

526. BDR 495(2). 다른 학자들은 οὐ πάντες가 비유적 표현이 아니라 13절의 "누구든지 주의 이름을 부르는 자는 구원을 받으리라"에서 - 그러나 "그들이 다 " 순종하지는 "않는다(Dunn)"로 - πᾶς를 직접 따온 것이라고 주장한다.

527. Munck, *Christ and Israel*, 92-93.

528. Kuss.

529. 바울은 MT를 정확하게 번역한 LXX를 틀림없이 재현하는데, 유일하게 차이가 나는 것이 히브

순종과 불신을 한 동전의 양면으로 간주한다. 이는 인용하는 데서 분명히 드러난다. 로마서 9-11장의 다른 세 곳에서와 마찬가지로(9:27, 29; 10:20절도 보라), 바울은 이사야를 성경의 저자로 지목한다.

17 이 구절은 위치는 부자연스러워 보인다. 도입으로 "그러므로"(그리스어. *ara*)와 이 구절의 내용이 암시하는 것은 14-15a절에서 구원의 요건들의 연결고리에서 도출된 결론이라는 것이다. 따라서 일부 학자들은 이 구절이 자리를 잘못 잡고 있거나,[530] 아니면 나중에 로마서 본문에 더해진 것이라고까지 생각한다.[531] 하지만 이러한 고육지책이 필요한 것은 아니다. 우리가 앞서 보았듯이, 완성에 이른 요점들에 관한 주장을 방해하면서, 그 연결고리 내에 있는 한 요점에 대하여 이스라엘이 미흡했던 것을 16절에서 확인하는 것은 시기상조이다. 그렇기에 17절은 이 주제로 되돌아가는데 필요한 전환이다.

이 구절은 16b절에서 이사야 53:1절을 인용할 때 "믿음"과 "들음/전함" 사이의 연관성으로 돌아가서 일련의 구원요건으로 두 번째 단계를 가정하고 재진술하는데, 이는 믿음이 "들음"에서 난다는 것이 그것이다(14b절 참조).[532] 17절의 마지막 부분은 그 순서상 세 번째 단계(14c절)에 관하여 재진술하고 부연하여 설명하는데, 이는 믿음으로 이끌 수 있는 종류의 들음이 구원을 베푸시는 명확한 하나님의 말씀 선포를 통해서만 발생할 수 있다는 것이다.[533] 하나님은 지금 그 말씀을

리어에는 κύριε의 대응하는 단어가 없다는 것이다. 요 12:38절의 이 같은 인용은 성경에서 이스라엘의 불신을 설명하고 정당화하기 위해서 초기 그리스도인 사이에서 흔히 사용된 "증언(testimonium)"일 수도 있음을 암시한다(Dodd, *According to the Scriptures*, 39). 아마 바울 역시 이 본문이 그가 15b절에서 금방 인용했던 사 52:7을 밀접하게 따르기 때문에 특히 적절한 것으로 볼 것이다. 바울이 "주"를 하나님으로 생각하는지, 그리스도로 생각하는지는 명확하지 않다(Jewett).

530. Barrett 참조.

531. Bultmann, "Glossen," 280; Schmithals.

532. 예를 들어 Cranfield; Wilckens; Munck, *Christ and Israel*, 93-94를 보라. 17절의 과도기적인 성질에 관하여 Kasemann; Aageson, "Scripture and Structure," 278을 보라. B. Longenecker는 여기서 소위 "연결고리(chain link)"라고 불리는 순서를 발견하는데, 이는 A, 14-17절; b, 16절; a, 17절; B, 18-19절과 같다(*Rhetoric at the Boundaries*, 93-95).

533. 바울은 믿음은 들음에서 "난"(ἐξ) 것이며, 들음은 그리스도의 말씀으로 "말미암는다"(διά)고 천명한다. 즉, 여기서 사용된 전치사들은 아마도 출처를 나타내기 위해 서로 교환적으로 사용될 것이다.

통해 종말론적인 구원의 가능성을 선포하시고, 그 말씀을 듣는 자의 믿음을 일깨울 수 있는 것이 바로 "그리스도의 말씀"이다. 즉, 메시지의 내용은 그리스도의 주되심과 부활이 그것이다(10:8-9절을 보라).[534]

18 17절은 구원에 이르는 일련의 단계 가운데 "들음"이라는 중대한 단계에 주목했다. 바울은 다시 이 단계로 돌아가서 "그들이 듣지 아니하였느냐?"라고 묻는다. 바울은 아마 여기서 다시금(14-15절에서와 같이) 모든 사람에 관하여 일반적으로 말하지만, 특별히 이스라엘을 가리켜 말하고 있을 것이다.[535] 바울은 "사람들이 들었다"는 단언으로 바꾸어 말하는 것이 무방한 형식으로 그의 질문을 제기한다.[536] 바울은 일반적으로 이 문단과 로마서 9-11장 내내 그의 관심에 발맞춰, 성경에 호소하는 "참으로"라는 단언을 입증한다.[537] 바울은, 시편 19:4절은 "그의 소리가 온 땅에 통하고 그의 말씀이 세상 끝까지 이르도다"라고 확언하기 때문에, 그들이 들었다고 말하는 것이다.[538] 바울이 본문을 사용하는 것은 두 가지 질문을 제기한다. 첫째, 바울은 이 문맥에서 하나님의 자연 계시를 찬양하는 한 대목을(시 19:1-6절에서처럼) 사용하는 목적은 무엇인가? 바울의 질문에서 "들었다"라는 동사의 함축된 목적어는 "그리스도의 말씀"임에 틀림없으며, 그렇다면 그 시편 구절에서 "그의 소리"와 "그의 말씀"은 기독교 전도자들의 소리와 말씀을 가리키는 것임에 틀림없다(14-16절을 보라).[539] 그러니까 바울은 이 본문을 그 본래의 의미대로 단순

---

534. 일부 주석자들은 소유격 Χριστοῦ를 주격적 소유격으로 보고, "그리스도가 위임한 말씀"(Kuss) 내지는 "그리스도가 선포한"(Munck, *Christ and Israel*, 94)이 된다. 그러나 이 문구와 8-9절(비교적 흔치 않은 ῥῆμα를 주목하라) 사이에 명백한 관계는 오히려 목적격적 소유격임을 시사하여 "그리스도를 선포하는 말씀"이 된다(Jewett).

535. Schreiner; 반대 견해로, 예를 들어 이를 이방인에 적용하는 Calvin을 보라; Porter는 모든 인류가 포함된다고 생각한다.

536. 그 질문이 부정문의 형태(οὐκ ἤκουσαν)로 제기되고, 또 다른 부정의 불변화사(μή)가 도입되어, 그 질문에 대한 대답이 부정문으로, 즉 "그렇다면 그들이 '듣지 않았다'는 것이 사실이지 않느냐?"로 나와야 함을 암시한다. N. Turner, *Syntax*, 283을 보라.

537. μενοῦνγε는 여기서 "진실로", "참으로"를 의미하고(BDF §450[4]), "반대로"(9:20에서와 같이)를 뜻하지 않는다(예를 들어 Kasemann이 생각하는 것처럼).

538. 바울의 어투는 LXX의 대다수 사본의 전승을 정확하게 따르고 있으며, LXX는 MT를 정밀하게 옮겨 놓았다.

539. 시편 본문에서 "말씀"은 ῥήματα로 번역되며, 17절의 ῥῆμα Χριστοῦ와 8절의 τὸῥῆμα τῆςπίστεως에서 끌고 온 단어이다(Wright; Jewett).

하게 사용하고 있는 것이 아니다.[540] 그의 적용은 아마 일반적인 비유를 근거로 들 수 있는데, 이는 하나님의 일반 계시의 말씀이 온 땅에 선포된 것처럼, 하나님의 특별 계시의 말씀도 복음 안에서 온 땅에 퍼졌기 때문이다.[541] 그의 의도는 시편의 구절을 해석하는 것이 아니라, 하나님이 깨우시는 계시의 "울림"(echoes)으로 그 언어를 사용하여 복음이 온 세상에 전파된다는 것을 확언하는 데 있다.[542] 그러나 이것은 우리를 두 번째 질문으로 이끌어간다. 즉, 바울이 어떻게 서기 57년 당시에 복음이 "온 땅에" 퍼졌다고 단언할 수 있었는가? 바울의 표현 가운데 암묵적으로 나타나는 두 개의 요건이 언급된다. 첫째, 그 인용의 두 번째 행에 나오는 단어인 세상(*oikoumenē*, "world")이 암시하는 것은, 바울이 지구 전체보다 당대 로마 제국이라는 측면에서 생각하고 있을 수도 있다.[543] 둘째, 바울의 강조점은 개별적이라기보다는 집단적인 것일지도 모른다. 즉, 그는 복음이 모든 개인에게 전해졌다고 확언하는 것이 아니라 모든 민족, 특히 유대인과 이방인 모두에게 전파되었다고 확언하는 것이다.[544] 이 두 가지는 고려사항은 충분히 관련 있을 수 있다. 그러나 바울이 과장법으로 시편의 언어를 사용하므로 바울이 로마서를 집필할 당시까지 꽤 많은 사람이 들을 기회가 있었음을 확언하는 것으로 생각하는 것이 더욱 간단할 것이다.[545] 그렇기에 그리스도 안에서 하나님이 베푸시는 구원을 경험하게 된 유대인들이 그토록 적은 이유를 기회가 부족해서라고 할 수 없는 이유이다.

19 18절을 여는 단어들의 반복인 "그러나 내가 말하노니"는 18절에서 시작된 바울의 논의에서 두 번째 단계라는 19절을 나타낸다. 거기서 그는 유대인들이 구

540. 반대 견해로 예를 들어 Ellison (*Mystery of Israel*, 69-71).

541. Calvin을 보라.

542. 특히 R. Hays, *Echoes*, 175를 보라. 바울이 여기서 인용할 의도 없이 단순히 시편 구절을 사용하고 있다는 견해는 어느 정도는 맞는 말이다. 예를 들어 16, 19, 20절과 21절에서 구약 본문이 인용되었을 때 명확한 도입부와는 대조적으로 도입 공식이 결여되었다. 이 견해에 관하여, 많은 그리스 교부들(Schelkle, *Paulus, Lehrer der Vater*); Godet; Dunn; Fitzmyer을 보라. 그러나 Hays가 제대로 강조하듯이, 바울은 성경의 권위를 함축하기 위해 시편에서 나오는 언어를 사용하는데, 이는 성경의 "울림"을 일으키기 때문이다.

543. Schmithals; Wilckens를 보라.

544. Munck, *Christ and Israel*, 95-99; Morris.

545. 바울이 골 1:23에서 복음이 "온 천하 만민에게" 전파되었다고 주장하는 것과 비교하라.

원을 받지 못하는 것이 들을 기회가 없어서가 아니라는 사실을 밝혀냈다. 이제 그는 한 걸음 더 나아가서, 단계들의 시작 순서를 그만두고, 이스라엘의 "들음"이라는 본질에 더욱 깊이 파고든다. 구체적으로 그는 이 들음이 참된 이해가 수반되지 않은 채, 단지 피상적인 들음이었을 가능성을 제기하고 이를 거부한다. 아니다. 바울인 이스라엘은"알았다"라고 단언한다.[546] 바울은 처음으로 이 문단에서 그의 진짜 주제를 명확히 하기 위해 "이스라엘"이라는 단어를 명시적으로 사용한다. 동시에 이 단어를 사용하므로 그의 요점에 강조를 더하는데, 이는 하나님의 계획과 목적에 대한 많고 많은 구체적인 예언들의 수신자인 이스라엘이 정말 "알지" 못할 수가 있느냐는 물음이 그것이다.[547] 이스라엘이 "알고 있는" 것은 이어지는 문맥에서 암시하듯이, 그리스도를 전하는 것이 이방인을 구원에 포함하고 이스라엘을 심판하는 결과를 가져올 수 있는 방식으로 충분히 역사하실 수도 있다는 것이었다(19b-21절에서 구약의 인용을 보라). 이것을 이스라엘은 그들이 지닌 성경으로 알고 있었고, 그렇다면 그들의 무지는(3절) 그리스도 안에서 이 본문들이 하나님의 의를 계시하는 것으로 성취된다는 것을 인정하기를 고의로 거부하는 데 있다. 바울은 이스라엘이 "듣기는 들어도 깨닫지 못할 것이요 보기는 보아도 알지 못하리라"고 암시한다(사 6:9; 막 4:12와 평행 구절들; 요 12:40; 행 28:26-27을 보라).

바울은 이스라엘이 알고 있었던 것을 성경으로 증명하는 첫 번째 단계로("먼저[548] 모세가 이르되") 신명기 32:21b절을 인용한다.[549] 이 구절은 모세가 이스라엘을

546. 18절에서 처럼, 바울은 부정의 대답을 알리는 불변화사를 앞에 두고 부정의 질문을 사용하는데, 이는 *μὴ Ἰσραὴλ οὐκ ἔγνω*, "이스라엘이 알지 못하였느냐?"가 그것이다. Hofius는 실제로 문맥이 요구하는바, 우리가 *μή*의 일반적인 의미를 못 본 체하고 긍정적인 답을 기대하는 것으로 그 질문을 해석할 것을 주장한다. 즉, "이스라엘이 알지 못하였다는 말이냐?"가 그것이다("Evangelium und Israel," 298 n. 5). 그러나 문맥으로 보는 그의 주장은 우리로 구문상의 일반적인 의미를 포기할 정도로 설득력이 있지는 않다.

547. S-H; Cranfield.

548. *πρῶτος*라는 단어는 비교적인 의미를 지닐 수 있지만(= *πρότερος*, 즉, "전자"), 바울이 소통하는 진리에 대해 길게 이어지는 증언에서 모세를 "첫 번째"로 강조하는 것일 수도 있다(Kuss; Dunn; Wilckens). *πρῶτος*를 - "이스라엘이 알지 못하였느냐?" - 앞에 붙여서 읽는 대체 구두점은 폐기되어야 한다(Cranfield).

549. 바울의 어투는 3인칭 복수 목적어인 *αὐτοῦς*를 대신하여 동사의 2인칭 복수 목적어인 *ὑμᾶς*를 사용한다는 점에서 대부분의 70인경 사본 전승과는 다르다(그리고 MT도 참조하라). 바울은 아마도 하나님이 친히(*ἐγώ*) 자기 백성에게 말씀하시는 개인적인 방식을 강조하기 위해 이러한 변화를 직접 도입했을 것이다(Hubner, *Gottes Ich und Israel*, 97; C. Stanley, *Paul and Language*, 143-

향한 "노래"의 일부로서, 이스라엘을 대신하는 하나님의 은혜로운 행하심의 역사와 이에 대한 이스라엘의 완악한 반응들을 반복하여 거론한다. 바울이 인용하는 말씀들은 이스라엘의 우상숭배 하는 것에 맞먹는 하나님의 응분을 진술하는데, 이는 이스라엘이 "하나님이 아닌 자"로 하나님을 질투하게 만들었기에(21a절), 하나님은 "백성이 아닌 자"로서 이스라엘을 "시기하도록"[550] 하시리라는 것이 그것이다. 9:25-26절에서 "내 백성 아닌 자"가 하나님의 백성이 된다는 호세아의 예언을 인용했기에, "내 백성이 아닌"이라는 문구는 바울의 관심을 이 본문으로 이끈 표어였을 것이다.[551] 바울은 그 말씀에서 이방인 전도에 대한 예언을 보는데,[552] 이는 하나님의 새 백성 가운데 이방인이 포함되는 것이 유대인들을 시기하게 하며, 이렇게 진행되는 구원 역사에서 이스라엘의 분노로 응수한다는 것이 그것이다. 그때 이스라엘은 그들이 지닌 성경에서 하나님이 복음 가운데 역사하신다는 사실을 인정했어야 했다.

20 그러나 복음을 예언하는 것은 율법뿐만이 아니라 이스라엘의 부정적인 반응도 있는데, 선지자들은 하나같이 동일한 진리를 증언한다. 사실상, 바울은 예언서 본문이 이러한 점들을 훨씬 더 명확하게 증언하고 있다고 제안한다. 즉, "이사야는 매우 담대하여[553] '내가 나를 찾지 아니한 자들에게 찾은 바 되고 내게 묻지 아니한 자들에게 나타났노라 말하였고'"가[554] 그것이다. 바울은 이사야 65:1절을

44).

550. *παραζηλόω*는 동사로, 폭넓은 의미가 있을 수 있다. 바울이 롬 10-11장에서 사용하는 용어에 있어서 중요한 것은 (1) "시기로 노여움을 자극하다"(이 구절에서; Jewett을 보라)와 (2) "시기로 경쟁을 자극하다"(11:11, 14를 보라)와 같다. Bell, *Provoked to Jealousy*, 24-42를 보라. 더욱이 Bell은 신명기 32장이 롬 9-11장에서 바울의 신학적 논의를 뒷받침하는 중요한 자료라고 암시한다.

551. Bruce.

552. 예를 들어 Cranfield; Kasemann; Bell, *Provoked to Jealousy*, 95-104 참조.

553. *ἀποτολμᾷ*, "담대함으로." 이 단어는 그리스어 성경 가운데 오직 여기에서만 사용된다.

554. 바울은 LXX 동사들의 순서를 뒤바꾸어 놓지만, 그 밖의 경우 맞춤법 변형을 제외하고는 LXX를 정확하게 인용한다. LXX는 MT의 충분히 정확한 번역이지만, 니팔 동사의 의미를 놓칠 수 있으며, 그럼으로써 바울이 본문을 사용하는 데 도움이 된다. 각각의 언어적 유사성은 신 32장과 사 65장을 함께 읽을 수 있다는 것을 암시하고, 바울은 예상대로 고전 10:14-22절에서 두 본문, 즉 20절과 22절 가운데 신 32:17절과 21절을, 그리고 22절 가운데 사 65:11절 모두를 암시한다(J. Wagner, *Heralds*, 202-4).

인용하는데, 이는 하나님이 이스라엘 백성들에게 자기 자신을 알리시는 것을 언급하는 구절이다.[555] 그가 호세아 1:10절과 2:23절을 9:25-26절에서 인용했을 때와 같이, 바울은 이스라엘에 관해 설명하는 구약의 본문들을 가져다가 그의 "범용 해석학"을 따라 이방인들에게 적용한다. 바울이 여기서 해석적인 조치를 하게 된 계기는 "나를 찾지 아니한 자들"이라는 표현 때문일 수도 있다. 따라서 그 인용구의 어투는 이 대목 전체가 시작된 곳으로 우리를 되돌리는데, 즉 의를 따르지 아니한 이방인들이 하나님과 더불어 의의 관계를 맺게 된 것이 그것이다(9:30절).

21 20절에서 이사야 65:1절 본문을 이방인에 적용하므로, 바울은 이제 이사야 65:2절을 이스라엘에 적용하는데,[556] 이는 본문의 본래 의미에 부합하는 적용이다.[557] 이 대목은 하나님이 자기 백성에게 끊임없이 은혜를 베푸신다는 것과 그들이 그 은혜에 완고히 저항하는 것을 모두 강조하고 있다. 그러나 어느 것이 우위에 있는가? 이스라엘에 대한 하나님의 지속적인 관심인가?[558] 아니면 이스라엘의 불순종인가?[559] 이 구절이 11:1절에서 일으키는 질문은 후자가 진리에 더 가깝다고 암시할 수도 있다. 그러나 우리는 이 두 선택지 중에서 선택하면 안 될 것이다. 이는 하나님이 자신을 계시하시고 이스라엘을 향해 손을 펼치시는 은혜와 그 은혜에 응하지 않은 이스라엘의 거부가 바울의 논의에서는 모두 중요하기 때문이다.

---

555. 이는 구약 주석자들 대다수의 견해이다. 이 다수는 MT에 나오는 동사는 "나를 찾도록 허용했다(I allowed myself to be sought)", "나는 발견될 준비가 되어있었다(I was ready to be found)"와 같이 번역되는 "관용의 니팔" 동사이며, 이 구절의 마지막 문구는 "내 이름을 부르지 않은 나라(a nation that did not call on my name)"로 번역되어야 한다고 생각한다(예를 들어 NRSV를 보라). 그러나 일부 주석자들은 이 마지막 문구가 "내 이름으로 불리지 않는 나라(a nation not called by my name)"으로 번역되어야 하고 따라서 이 구절은 이방인을 가리킨다고 본다(KJV를 보라; J. Alexander, *Isaiah*, 2.437-38; A. MacRae, "Paul's Use of Isaiah 65:1," 369-76).
556. 이것은 10장의 마지막 절들에서 하나님이 직접 말씀하신다는 강조로 되돌아가는 세 번째 인용이다. "…에 관하여" 또는 "… 관련하여"(대부분의 영역본은 이 뜻으로 번역되는데, Jewett을 보라) 대신, 전치사 πρός는 여격의 의미, 즉 "하나님이 이스라엘에게 말씀하신다"를 의미할 것이다(KJV; CSB).
557. 바울은 다시금 LXX를 인용할 것인데, 그의 어투와 LXX 사이에 유일한 차이라면 ὅλην τὴν ἡμέραν의 문구를 문장의 첫머리에 위치시킨다는 점이다.
558. 예를 들어 Cranfield; Gundry Volf, *Paul and Perseverance*, 166-67 참조.
559. Godet; Michel.

D. 이행을 위한 요약: 이스라엘, "택하심을 입은 자", "완악해진 자"(11:1-10)

1 그러므로 내가 말하노니 하나님이 자기 백
성[1]을 버리셨느냐 그럴 수 없느니라 나도
이스라엘인이요 아브라함의 씨에서 난 자
요 베냐민 지파라
2 하나님이 그 미리 아신 자기 백성을 버리지
아니하셨나니 너희가 성경이 엘리야를 가
리켜 말한 것을 알지 못하느냐 그가 이스
라엘을 하나님께 고발하되
3 주여 그들이 주의 선지자들을 죽였으며 주
의 제단들을 헐어 버렸고 나만 남았는데
내 목숨도 찾나이다[a] 하니
4 그에게 하신 대답이 무엇이냐 내가 나를 위
하여 바알에게 무릎을 꿇지 아니한 사람
칠천 명을 남겨 두었다[b] 하셨으니
5 그런즉 이와 같이 지금도 은혜로 택하심을
따라 남은 자가 있느니라
6 만일 은혜로 된 것이면 행위로 말미암지
않음이니 그렇지 않으면 은혜가 은혜 되
지 못하느니라[2]
7 그런즉 어떠하냐 이스라엘이 구하는 그것
을 얻지 못하고 오직 택하심을 입은 자가
얻었고 그 남은 자들은 우둔하여졌느니라
8 기록된 바 하나님이 오늘까지 그들에게 혼
미한 심령과 보지 못할 눈과 듣지 못할 귀
를 주셨다[c] 함과 같으니라
9 또 다윗이 이르되 그들의 밥상이 올무와
덫과 거치는 것과 보응이 되게 하시옵고
10 그들의 눈은 흐려 보지 못하고 그들의 등
은 항상 굽게 하옵소서[d] 하였느니라

a. 열왕기상 19:10, 14 / b. 열왕기상 19:18 / c. 신명기 29:4; 이사야 29:10 / d. 시편 69:22-23

11:1-32 이 단락 전체에 걸쳐 하나의 단일한 주제를 추적할 수 있고, 이 주제는 이 단락의 처음과 끝에서 언급된다. "하나님이 그 미리 아신 자기 백성을 버리지

560. 중요한 초기 사본인 P46과 전체적으로 열등한 두 개의 서방 대문자 사본(F와 G)은 "백성"(τον λαόν, '톤 라온') 대신에 "기업"(τήν κληρονομιάν, '텐 클레로노미안')으로 읽는다. 이 읽기를 지지하는 사람도 일부 있긴 하지만(Given, "Restoring the Inheritance," 89-96; Forman, *Politics of Inheritance in Romans*, 136-41), 이 읽기는 서방 교회가 시편 94:14의 후반절에 비추어 수정한 것으로 보인다 - 바울은 이 질문과 2절a에서 시편 94:14의 전반절을 간접 인용한다(Metzger, *Textual Commentary*, 464; Cranfield, 2.543).

561. 대문자 사본 ℵ와 B(알렉산드리아 본문의 일차적 증언들)의 두 번째 수정본, Ψ, 33, 다른 많은 소문자 사본, 고대 역본들은 서로 약간의 차이가 있긴 하지만, 이 절의 끝에 "그리고 행위에 의한 것이면 더 이상 은혜가 아니니 그렇지 않다면 행위는 더 이상 행위가 아니기 때문이다"(εί δε ἐξ ἔργων, οὐκέτι ἐστὶ χάρις, ἐπεὶ το ἔργον οὐκέτι ἐστὶν ἔργον, '에이 데 엑스 에르곤, 우케티 에스티 카리스, 에페이 토 에르곤 우케티 에스틴 에르곤')라는 구절을 첨가한다(한 소문자 사본과 한 고대 역본의 사본에서는 ἐπεὶ το ἔργον οὐκέτι ἐστὶν ἔργον만을 첨가한다). 이 첨가된 구절은 공인 본문 속에 받아들여져서 KJV에서 번역되었다. 그러나 이 첨가된 구절의 서로 다른 읽기들과 수많은 사본 전승에서 이 구절을 뺀 이유를 찾기 어렵다는 것은 짧은 읽기가 원래의 것임을 확실하게 해 준다(Metzger, *Textual Commentary*, 464).

아니하셨나니"(2절a); "택하심으로 하면 [이스라엘 사람들은] 조상들로 말미암아 사랑을 입은 자라"(28절). 아울러 바울은 11:11에서 자신의 논증이 다른 것으로 전환될 것을 예고한다. 11절은 우리가 1절에서 발견하는 것과 동일한 구성요소들로 되어 있다: "그러므로 내가 말하노니"(그리스어로 '레고 운'), 부정의 대답을 기대하는 의문문,[562] 단호한 배척: "그럴 수 없느니라"('메 게노이토'). 또한 11:1-10과 11:11-32은 둘 다 9-11장에 나오는 다른 중요한 문학적 단락들에 전형적인 결론부를 보여 준다: 구약성경의 여러 본문을 혼합한 인용문, 또는 일련의 인용문들(11:8-10, 26b-27; 또한 9:25-29; 10:18-21을 보라).[563] 따라서 11:1-10과 11:11-32을 두 개의 기본적 사고 단위로 보는 것은 타당하다.[564] 이 두 소단락은 이 단락이 속해 있는 대단락의 처음 부분(9:1-5)에서 강력하게 제기했던 이스라엘 문제로 되돌아가서 두 가지 서로 관련된 문제에 초점을 맞춘다: "유대인은 구원받을 수 있는가"(11:1-10)와 "더 많은 유대인이 구원받을 수 있는가"(11:11-32).[565]

바울은 로마서에서 아주 자주 그래왔듯이 여기에서도 자신의 논증의 다음 단계를 소개하는 데 수사 의문문을 사용한다. "그러므로 내가 말하노니 하나님이 자기 백성을 버리셨느냐." 바울이 이 질문을 제기하는 것은 그가 방금 10:21에서 이스라엘에 관해 그들은 "순종하지 아니하고 거슬러 말하는 백성"이라고 말했기 때문이다. 이 말은 바울이 9-11장의 두 번째 주요한 단락(9:30-10:21)에서 말하고자 한 주된 취지를 적절히 요약한 말이다. 아울러 바울은 9:6-29의 중요한 주제들을 가져와서 자신의 이 수사 의문문에 대한 대답을 제시한다. 바울은 거기에서 그랬듯이 여기에서도 이스라엘을 두 집단으로 구분한다: 구원의 복을 누리고 하나님의 은혜에 의한 택하심을 따라 존재하는 "남은 자"(5-6절; 또한 9:6b-13, 15-16, 18a, 22-23, 27-29을 보라), 하나님에 의해 영적인 완고함 속에서 완악해진 "나머

562. 그리스어 본문에서 이것이 수사 의문문임을 보여 주는 것은 불변화사 μή('메')다.

563. 예를 들어, Hafemann, "Salvation of Israel," 45-46; Michel, 337, 343; Schmithals, 394를 보라.

564. 11:11에서 새로운 단락이 시작된다고 보는 것은 통상적인 견해다; 예를 들어, Godet, 391; Käsemann, 298; Cranfield, 2.542; Wilckens, 2.235; Kuss, 3.782-783을 보라. 물론 25절에 나오는 계시 공식은 11-32절 내에서 하나의 중요한 전환을 보여 주는 것이기 때문에, 어떤 이들(예를 들어, Cranfield)은 11:1-32을 세 개의 단락으로 구분한다. 11:1-32에 나오는 기본적인 문학적 단위들을 찾아내는 대안적인 견해에 대한 좋은 설명으로는 Rese, "Rettung der Juden," 424를 보라.

565. Wright, 673.

지"(7b-10절; 또한 9:13b, 16-17, 18b, 22-23을 보라).[566] 따라서 이 단락에서, 특히 7-10절에서 바울은 이 지점까지 이스라엘에 관해 자기가 가르친 것들을 한데 모은다. 대부분의 유대인이 그리스도 안에서 구원사가 절정에 도달했음을 인정하기를 거부했음 - 이것은 하나님이 완악하게 하심에 따른 거부였다 - 에도 불구하고(9:2-3; 9:30-10:21), 하나님은 자신의 말씀에 대해 신실하셔서(9:4-5, 6a), 이스라엘 전체를 자기 백성으로 대우하는 가운데 참 신자들로 이루어진 남은 자를 보존함으로써 이스라엘 백성에 대한 자신의 지속적인 관심을 보여 준다. 아울러 11:1-10은 바울이 11:11-32에서 이스라엘에 관해 가르치게 될 것을 위한 토대들을 놓는 역할도 한다. 왜냐하면 9:27-29절에서는 오직 남은 자만이 구원받게 될 것이라고 말함으로써 소극적으로 사용된 남은 자 개념이 11:1-10에서 11:11-32로 넘어가는 과정에서는 남은 자는 이스라엘 및 하나님이 이스라엘에게 하신 약속들에 대한 하나님의 지속적인 신실하심의 보증이라고 말함으로써 적극적인 역할을 하기 때문이다. 따라서 이 단락(11:1-10)은 바울이 이스라엘의 과거와 현재에 대한 논의(9:6-10:21)에서 이스라엘의 미래에 대한 논의(11:11-32)로 넘어가기 위한 전환 단락으로서의 역할을 한다.[567]

이 단락은 세 부분으로 전개된다. 수사 의문문과 이 질문에 대한 바울의 대답(1-2절a)에서는 이 단락의 주된 명제가 소개된다: 하나님은 자기 백성을 버리지 않았다. 바울은 2b-6절에서 남은 자에 관한 가르침을 통해 이 명제를 옹호한다. 7-10절은 많은 유대인이 완악해졌다는 것에 특히 강조를 두는 가운데, 바울이 이스라엘의 현재의 상황이 지닌 함의를 하나님의 보복으로 이해하고 있음을 보여 준다.

1 이 단락의 도입부에 나오는 수사 의문문에서 동사 "내가 말하노니"(그리스어

566. 예를 들어, Munck, *Christ and Israel*, 105-6; Zeller, 191를 보라. 우리가 그 대목에서 이미 지적했듯이, 9:6b-29에서 바울이 택하심과 완악하게 하심에 관해 가르친 것은 많은 점에서 이스라엘의 역사적 모습에 초점을 맞추고 있는 것은 분명하지만, 아울러 바울 당시의 이스라엘의 상황을 염두에 두고 있다는 것도 분명하다(특히 9:24-29을 보라). 따라서 바울은 11:1-10에서는 이것을 더 명시적으로 자신의 시대의 상황에 적용하긴 하지만, 9장에서 이미 분명하게 말한 것을 실질적으로 넘어서지는 않는다.

567. Lübking, *Paulus und Israel*, 143; Dunn, 2.633.

로 '레고')는 10:14-21과의 연결고리를 만들어낸다. 거기에서 바울은 자신의 논증에서 이행을 보여 주는 신호로 이 동일한 동사를 두 번 사용한다(18절과 19절). 아울러 "그러므로"(그리스어로 '운')는 바울이 지금 자기가 거기에서 말한 것으로부터 함의를 이끌어 내고 있다는 것을 보여 준다. 더 정확하게 말하자면, 바울은 자신의 독자들이 이전 단락으로부터 이끌어 낼 것으로 예상되는 함의는 틀린 것이라고 말한다. 그는 로마서에서 매우 전형적인 수사 의문문 구조를 사용해서 그렇게 한다: 부정의 대답을 기대하는 의문문 - "하나님이 자기 백성을 버리셨느냐"[568] - 과 그 뒤에 나오는 단호한 부정의 대답인 "그럴 수 없느니라."[569] 이 질문은 분명히 자연스러운 질문이다. 이스라엘이 예수 그리스도를 인정하기를 거부한 것, 구원사가 절정에 도달했다는 것(10:4), 그리스도가 하나님의 의의 유일한 중보자라는 것(10:5-13), 이 모든 것은 이스라엘이 이제 더 이상 자신을 "하나님의 백성"이라고 주장할 수 없다는 것을 의미하는 것으로 보였기 때문이다. 그러나 바울은 자신이 이 비슷한 질문을 제기한 3:1에서와 마찬가지로 여기에서도 "논리적인" 것처럼 보이는 결론을 인정하기를 거부한다. 즉, (바울이 이 장의 나머지 부분에서 설명할 그런 의미에서) 이스라엘은 불순종에도 불구하고 여전히 하나님의 백성이라는 것이다.

바울은 이스라엘에 관한 자신의 논의의 처음 부분에서도 그랬던 것처럼("나의 형제 곧 골육의 친척", 9:3), 여기에서도 또다시 독자들에게 자기도 이스라엘 사람이라는 것을 상기시킨다. "나도 이스라엘인이요 아브라함의 씨에서 난 자요 베냐민 지파라."[570] 바울은 하나님이 이스라엘을 버렸다는 개념을 자기가 아주 단호하게

---

568. 이 의문문의 처음에 나오는 불변화사 '메'(μή)는 이 의문문이 부정의 대답을 기대한다는 것을 보여 준다.

569. 또한 3:4, 5-6; 9:14; 11:11을 보라; 중립적인 질문과 함께 사용된 예로는 3:31; 6:2, 15; 7:7, 13을 보라.

570. "이스라엘인"에 대해서는 9:4을 보라. 바울이 "아브라함의 씨에서 난 자"라는 어구를 덧붙인 것은 4:16-18과 9:7-9, 29에서 이 명칭에 부여한 중요성에 비추어보면 자연스럽다(또한 고후 11:22도 보라). 그가 자신이 베냐민의 자손이라는 것을 언급하는 이유(빌 3:5도 보라)는 아주 분명하지는 않다. 일부 주석자들(예를 들어, Käsemann; M. Barth, *People of God*, 82 n. 3)은 베냐민 지파에 관한 랍비 전승에 관한 전승들, 즉 "갈대 바다"를 가장 먼저 건넌 것은 베냐민 지파였다거나(예를 들어, Mek. Exod. 14:22[37b]), 베냐민 지파의 회복은 온 이스라엘이 새로워지게 될 것임을 보여 주는 징표라는 전승을 그 근거로 든다. 하지만 이 전승들의 연대는 확실하지 않고, 바울이 우리에게 자신이 한 말 속에서 그런 알기 힘든 간접인용들을 발견하도록 의도했을 가능성도 희박해 보인다. 바울이 자신이 소속된 지파를 언급한 것은 단지 자기가 유대인이라는 것을 강조하기 위한

배척하는 동기를 설명하려고 유대인으로서의 자신의 정체성을 언급하는 것일 수 있다. 즉, 그는 자기 백성과 동일한 한 유대인으로서, 하나님이 이스라엘을 버렸다는 것을 인정할 수 없다는 것일 수 있다.[571] 하지만 이 문장을 이끄는 '가르'("왜냐하면")는 바울이 자기가 하나님이 이스라엘을 버렸다는 개념을 부정하는 이유를 제시하는 것일 가능성이 크다. 크랜필드에 의하면, 바울은 하나님이 자기를 이방인의 사도로 삼으신 것은 하나님이 유대인과 이방인으로 구성된 자기 백성을 계속해서 염두에 두고 계신다는 것을 보여 주는 증거라고 말한다는 것이다.[572] 하지만 이 문맥 속에서 남은 자 개념의 중요성에 비추어 보았을 때(2b-6절), 바울은 자기 자신을 남은 자와 연결시키고자 하는 것일 가능성이 크다. 유대 그리스도인인 바울 자신이 하나님이 자기 백성 이스라엘을 버리지 않았다는 것을 보여 주는 살아 있는 증거다.[573] 유대인들은 바울처럼 계속해서 구원을 받고, 하나님이 자기 백성에게 약속한 복들을 경험하고 있다.

2 바울은 자기가 1절a에서 소극적으로 부정했던 것을 여기에서는 적극적으로 주장한다: "하나님이……자기 백성을 버리지 아니하셨나니." 여기에서 사용된 단어와 표현은 시편 94:14과 사무엘상 12:22을 반영한 것이다.[574] 바울이 이 단어에

것일 가능성이 높다(빌 3:5에서처럼; Calvin; Jeremias는 바울 시대에 많은 유대인들은 자신의 지파 정체성을 알고 있었고 자랑스러워했다는 것을 보여 준다[*Jerusalem*, 275-83]).

571. 예를 들어, Dunn; D. Johnson, "Structure and Meaning," 94.

572. 또한 Gaugler를 보라. 마찬가지로 G. Schrenk도 사도로서의 바울의 정체성에 초점을 맞춰서, 바울은 자기가 구약 선지자들의 역할과 비슷한 역할을 하고 있는 것으로 보았다고 주장한다. 구약 선지자들은 그들 자신이 부르심 받은 것을 자기 백성에 대한 하나님의 신실하심을 보증해 주는 것으로 여겼다(*TDNT* 4.211). Gaston은 유대인에 대한 바울의 부정적 변증은 오직 유대인들이 하나님의 복이 이방인에게까지 확장되는 것을 받아들이지 않은 것과만 관련이 있었다는 자신의 주장을 따라, 바울은 여기에서 자신을 이방인 선교에 참여하는 자로 생각하고, 바울이 나중에 언급한 남은 자도 마찬가지로 이 선교에 참여한 유대인들을 가리키는 것이라고 말한다("Israel's Enemies," 142). 그러나 설령 1절b에 관한 Gaston의 설명이 옳다고 하더라도, 그 설명을 5-6절에까지 가져와서 적용할 근거는 없다.

573. 예를 들어, Godet; Käsemann; Wilckens; Niebuhr, *Heidenapostel aus Israel*, 169-171. Kuss가 주해하듯이, 바울이 자신을 언급하는 방식(καί...εγώ; "나도")은 그의 독자 중 대다수는 이방 그리스도인들이었다는 것을 보여 준다.

574. 칠십인경에서 이 두 본문은 '우크 아포세타이 퀴리오스 톤 라온 아우투'(οὐκ ἀπώσεται κύριος τὸν λαὸν αὐτοῦ, 시 93:14)로 되어 있다. 바울이 이 칠십인경 본문들에 의존한 것은 그가 신약성경에는 거의 사용되지 않는(행 7:27, 39; 13:46; 딤전 1:19) 동사 '아포테오'(ἀπωθέω, "버리다")를 사

추가한 관계절 "그 미리 아신"은 단지 "자기 백성"을 수식할 뿐만 아니라, 이 주장의 이유를 제시한다. 왜냐하면 동사 "미리 알다"에서 "알다"는 아모스가 "내가 땅의 모든 족속 가운데 너희[이스라엘 백성]만을 알았나니"(3:2a NRSV)라고 말한 것처럼 하나님의 택하심을 가리키기 때문이다.[575] 또한 시간을 나타내는 접두사 "미리"('프로-')는 하나님이 이스라엘을 택하신 것이 이스라엘이 하나님의 선택을 받을 만한 일을 하거나 자격을 갖추기 전에 이루어졌다는 것을 보여 준다. 하나님이 자신의 은혜에 의거한 선택 행위를 통해 자신의 소유로 삼은 백성을 어떻게 버릴 수 있겠는가? 바울이 이 서신의 앞부분에서 분명히 했던 것처럼, 인간의 죄악성과 불순종은 하나님이 맹세로써 하신 말씀을 무효화시킬 수 없다(3:3-4).

이 은혜에 의거한 선택의 수혜자들은 누구인가? "그 미리 아신"(그가 미리 아신)이라는 절이 제한의 의미를 지닌다면, 바울은 하나님이 이스라엘 내에서 오직 택하신 자들만을 버리지 않았다고 주장하는 것이 될 것이다.[576] 이 견해는 바울이 동사 "미리 알다"를 사용하는 용법에 엄격한 일관성을 부여하는 이점이 있다. 이 견해에 의하면 이 절과 8:29에서 이 동사는 하나님이 구원을 위해 개개인을 택하신 것을 가리키는 것이 될 것이기 때문이다. 그리고 바울은 이스라엘 민족이라는 집단 내에서 하나님이 개개인을 구원으로 택하셨다고 말하는 것도 사실이다(9:6-

---

용한 이유를 설명해 준다. 바울은 이스라엘이 그리스도를 배척했다는 것을 방금 설명했기 때문에, 그러한 상황을 반영하기 위해 원래 미래형 '아포세타이'(ἀπώσεται)로 되어 있던 것을 단순과거형 '아포사토'(ἀπώσατο)로 바꾼다. ('퀴리오스'[κύριος]를 '테오스'[θεός]로 바꾼 것은 바울이 일반적으로 예수를 가리키는 데 '퀴리오스'[κύριος]를 사용하는 것을 선호하기 때문인 것으로 보인다.) 바울이 시편 94:14을 주목하게 된 것은 부분적으로는 이 시편의 이 절의 두 번째 행에서 '엥카탈레이포'(ἐγκαταλείπω, "버리지")를 사용한 것이 남은 자 주제를 "반영한" 것이었기 때문이었던 것으로 보인다(이 동사는 롬 9:29[= 사 1:9]에서 사용된다; R. Hays, *Echoes*, 69를 보라). 다른 한편으로 바울은 사무엘상 12:22을 염두에 두었을 수도 있다. 왜냐하면 이 절은 사무엘이 이스라엘을 위해 중보기도 하는 맥락 속에 오고(바울이 모세의 본을 따라 이스라엘을 위해 중보기도하는 것처럼[9:1-3; 10:1]), 또한 베냐민 지파 출신의 최초의 이스라엘 왕 사울에 초점을 맞추고 있기 때문이다(1절을 보라)(Wright). 그 뿐만 아니라 사무엘상 12:22은 바울(6절)과 마찬가지로 이스라엘의 소망을 하나님의 은혜에 둔다("여호와께서는 너희를 자기 백성으로 삼으신 것을 기뻐하셨으므로")(Schreiner).

575. '프로기노스코'(προγινώσκω, "미리 아신")에 대해서는 8:29을 보라.

576. Calvin; Hodge; Haldane; Refoulé, *Et ainsi tout Israël*, 147-154; Dreyfuss, "Passé et présent," 142-144; F. Davidson, Pauline Predestination, 17. 많은 교부들은 이것이 하나님이 장차 믿음을 갖게 될 것으로 미리 내다보신 자들을 가리키는 것으로 보았다(Schelkle, *Paulus, Lehrer der Väter*).

29). 그러나 문맥은 바울이 여기에서 말하고자 하는 것은 하나님이 이스라엘 백성을 택하셨다는 것임을 보여 준다.[577] 왜냐하면 바울이 9:30-10:21에서 다룬 것도, 1절에서 수사 의문문을 통해 문제를 제기한 것도, 둘 다 이스라엘 민족의 지위에 관한 논란이기 때문이다. 또한 바울이 여기 2절에서 말한 요지를 다시 한번 주장하는 것으로 보이는 28절도 이스라엘 민족 전체의 택하심에 대해 말한다. 따라서 바울은 하나님의 택하심을 가리키기 위해 동사 "이미 알다"를 사용하고, 그 택하심의 목적은 문맥에 의해 결정된다. 8:29에서는 하나님이 모든 "미리 아신 자들"을 또한 의롭다 하시고 의롭다 하신 그들을 또한 영화롭게 하셨다고 말하기 때문에, 거기에서의 택하심은 분명히 구원으로의 택하심이다. 하지만 이 절에서 바울은 구약성경과 유대인들 사이에서 일반적이었던 공동체적인 의미의 택하심을 염두에 두고 있다. 이 택하심에 의하면, 하나님에 의한 이스라엘 민족의 선택은 모든 각각의 이스라엘 사람의 구원을 보증해주는 것이 아니라(다시 한번 9:6-29의 논증을 보라), 민족 전체에 대한 복과 은택(책임과 함께; 위에서 인용한 아모스서 3:2의 후반절을 보라)을 보증해 준다.[578]

바울은 앞에서 이미 자기를 예로 들어서, 하나님이 자기 백성 이스라엘을 버리셨다는 주장을 부정했다. 즉, 그리스도를 믿음으로 구원받은 이스라엘 사람인 자기 자신이 이스라엘에 대한 하나님의 지속적인 관심을 보여 주는 증거라는 것이다(1절a). 바울은 이제 남은 자에 대한 언급을 통해서 그러한 추론을 분명히 하고

---

577. 대부분의 주석자들. 특히 Murray; Cranfield를 보라; 또한 Gundry Volf, *Paul and Perseverance*, 169-170; Hafemann, "Salvation of Israel," 50도 보라.

578. 이스라엘 민족 전체를 택하신 것과 특정한 이스라엘 사람이나 그 밖의 사람들 개개인을 구원으로 택하신 것 간의 구별에 대해서는 예를 들어, Calvin, *Institutes*, 3.21.5-7; Murray, 2.67-68; Hofius, "'All Israel Will Be Saved,'" 32를 보라. 따라서 Dunn이 지적했듯이, 바울은 하나님이 이스라엘을 택하셨다는 사실이 아니라, 그 방식과 함의들에 대해서만 의문을 제기한다(2.540). 이 점에서 바울은 광범위한(적어도 그들이 보기에) 배교와 박해에 비추어서 이스라엘의 택하심의 의미와 씨름했던 당시의 다른 유대인들(특히 쿰란의 맹약자들과 묵시문학 저술가들)과 맥을 같이 한다. 거기에서 이 시기 동안에 이스라엘 내에서 개개인들에 대한 "특별한 택하심"이라는 개념이 새롭게 부각되었다(특히 M. Elliott, *Survivors of Israel*을 보라). 이스라엘의 공동체적이고 일반적인 택하심에 관한 개념과 이스라엘 내에서 개개인들의 특별한 택하심에 관한 개념이 동시에 존재했다고 보는 견해가 바울은 오직 공동체적인 택하심만을 알았다고 보는 견해보다 석의 자료들을 더 공정하게 다루는 것이다(이 견해에 대해서는 예를 들어, Vriezen, *Erwählung Israels*, 109-115; Ridderbos, *Paul*, 341-354; W. Klein, *New Chosen People*을 보라).

확대한다. 그는 먼저 남은 자 개념을 뒷받침해 주는 성경적 근거를 제시한다. "너희가 알지 못하느냐"는 바울이 자신의 독자들이 "성경"[579]에 대해 잘 알고 있다고 생각한다는 것을 보여 주고, 이것은 바울이 이제 곧 성경을 인용할 것이라는 뜻을 함축하고 있다. 바울은 자기가 인용하고자 하는 성경 본문을 유대 문헌에서 발견되는 것들과 비슷한 정형 문구를 사용해서 제시한다: "엘리야를 가리켜 말한 것."[580] 바울은 그 본문을 "엘리야가 이스라엘을 하나님께 고발한"[581] 본문이라고 더 구체적으로 밝힌다.

3-4 바울이 언급하는 성경 본문은 아합 왕이 여호와의 선지자들을 공격한 것에 관한 이야기다(왕상 19:1-18). 아합이 여호와의 선지자들을 도륙한 것을 안 후에 이세벨은 엘리야에게 사람을 보내 그도 그 동일한 운명을 맞게 될 것이라고 위협한다(1-2절). 그러자 엘리야는 광야로 피신하여 거기에서 자신의 운명을 한탄하고(3-14절), 여호와는 엘리야에게 자기가 이스라엘과 주변 나라들에 대한 자신의 계획을 실행해나가고 있다고 말해줌으로써 그를 위로한다(15-18절). 바울은 이 본문 중에서 여호와의 선지자들이 도륙당한 후에 엘리야가 오직 자기만 홀로 남았다고 탄식하는 말(3절 - 왕상 19:10과 14)과 그 끝에서 여호와가 엘리야를 안심시키는 말씀을 인용한다: "내가 나를 위하여 바알[582]에게 무릎을 꿇지 아니한 사람 칠천 명[583]을 남겨 두었다"(4절 - 왕상 19:18b). 바울은 이 본문들을 자신의 목적에 맞

579. '헤 그라페'(ἡ γραφή)는 바울이 이제 인용하려고 하는 특정 본문을 가리키는 것일 수도 있고(BDAG; Dunn), 일반적으로 성경을 가리키는 것일 수도 있다.

580. '엔 엘리아'(ἐν Ἠλίᾳ); 막 12:26(눅 20:37), '에피 투 바투'(ἐπὶ τοῦ βάτου, "[모세의 책 중] 가시나무 떨기에 관한 글")를 보라. 랍비 문헌에서의 병행들에 대해서는 Str-B, 3.288; S-H를 보라.

581. "고발한"(영어로는 "appeals")은 "간구하다, 중보기도 하다"를 뜻하는 동사 '엔튕카노'(ἐντυγχάνω)를 번역한 것이다. 중보기도는 로마서 8:27(성도를 "위한"[ὑπέρ, '휘페르'] 성령의 중보기도), 8:34(그리스도인들을 "위한"[ὑπέρ, '휘페르'] 그리스도의 중보기도)에서처럼 통상적으로 다른 사람을 위한 긍정적인 간구다. 하지만 여기에서 엘리야의 간구는 이스라엘을 "위한" 것이 아니라, 그들을 "치는"(κατά, '카타') 간구다(또한 마카베오1서 8:32; 10:61, 63; 11:25을 보라; BDAG; Dunn).

582. 바울은 '바알'(Βάαλ)이라는 이름 앞에 여성형 관사 '테'(τῇ)를 사용한다(대다수의 칠십인경 전승과는 달리). 이것은 유대인들이 바알이라는 이름을 사용하기를 꺼려해서 그 이름 대신에 '보셰'(בֹּשֶׁת, "수치")라는 단어를 사용한 관행을 반영한 것이다. 히브리어 '보셰'에 해당하는 그리스어는 여성 명사 '아이스퀴네'(αἰσχύνη)다(예를 들어, Moule, *Idiom Book*, 183를 보라).

583. 학자들은 여기에서 "칠천 명"은 "묵시론적인 완전수"를 나타내는 상징적인 의미로 사용된 것이

게 재단해서 사용하지만, 이 본문들의 의미를 변경하지는 않는다.[584] 또한 그는 각각의 인용문 앞에 적절한 도입부를 추가한다. 3절에서는 엘리야가 누구를 향해 말하는지를 분명히 하기 위해 호격 "주여"를 덧붙이고, 4절에서는 여호와가 엘리야에게 준 대답임을 보여 주기 위해 "그에게 하신 대답[585]이 무엇이냐"는 수사 의문문을 덧붙인다.

구약성경에서 남은 자 개념의 씨앗이 된 본문들 중 하나[586]인 이 열왕기상 본문은 겉보기에 절망적으로 보이는 이스라엘의 상태와 하나님이 참된 신자들인 남

라고 주장해 왔다(Michel; Cranfield). 하지만 바울이 "칠천 명"을 상징적인 의미로 이해하고 가져와서 사용하고자 한 것인지는 의심스럽다. 그것은 자신이 인용한 본문에 나오는 수를 무효화시키는 것이기 때문이다.

584. 칠십인경에서 열왕기상(3 Kgdms.) 19:10b는 이렇게 되어 있다: *τὰ θυσιαστήριά σου κατέσκαψαν καὶ τοὺς προφήτας σου ἀπέκτειναν ἐν ῥομφαίᾳ, καὶ ὑπολέλειμμαι ἐγὼ μονώτατος, καὶ ζητοῦσι τὴν ψυχήν μου λαβεῖν αὐτήν*('타 뒤시아스테리아 수 카테스캎산 카이 투스 프로페타스 수 아페크테이난 엔 롬파리아, 카이 휘포렐렐임마이 에고 모노타토스, 카이 제투시 텐 프쉬켄 무 라베인 아우텐'). 14절b는 '카테일란'(*καθεῖλαν*)을 '카테스캎산'(*κατέσκαψαν*)으로 바꾼 것을 제외하고는 동일하다. 바울은 "제단들"과 "선지자들"의 순서를 바꾸어 인용하고(선지자들을 죽인 것이 바울 당시의 상황과 더 큰 연관성을 지니고 있었기 때문에? - 행 7:51-52; 살전 2:15을 보라; S-H를 보라), 나머지는 짧게 줄인다. 바울은 기억하고 있던 것을 인용한 것일 수도 있고(Cranfield; Dunn), 칠십인경 이전의 어떤 그리스어 역본을 따른 것일 수도 있으며(Stanley, *Paul and Language*, 150-158), 단지 의도적으로 줄여서 인용한 것일 수도 있다. 칠십인경의 열왕기상(3 Kgdms.) 19:18b에서 여호와가 엘리야에게 대답한 말씀 중에서 해당 부분은 이렇게 되어 있다: *καταλείψεις ἐν Ισραηλ ἑπτὰ χιλιάδας ἀνδρῶν, πάντα γόνατα, ἃ οὐκ ὤκλασαν γόνυ*[A를 비롯한 몇몇 사본에는 생략되어 있다] *τῷ Βααλ*('카타레입세이스 엔 이스라엘 헵타 킬리아다스 안드론, 판타 고나타, 하 우크 오클라산 고뉘 토 바알'). 바울은 이 그리스어 번역문을 압축하고, 몇몇 어색한 부분을 제거한 후에, 자신의 논지를 강화하기 위해 재귀대명사 '에마우토'(*ἐμαυτῷ*)를 추가하고, 자신의 관점을 반영해서 처음에 나오는 동사의 시제를 미래에서 단순과거로 수정한다(또한 2절a도 보라). C. Stanley는 바울이 칠십인경의 대다수의 사본들보다 이전의 그리스어 번역을 사용했을 것이라고 생각하지만("Significance of Romans 11:3-4," 43-54), 다른 사람들(예를 들어, Jewett)은 바울이 칠십인경 본문을 직접 수정했을 것이라고 생각한다.

585. '크레마티스모스'(*χρηματισμός*, "권위 있는 하나님의 응답", "신탁"). 이 단어는 신약성경에서는 오직 여기에서만 사용된다. 하지만 마카베오2서 2:4을 보라. 마 2:12, 22; 눅 2:26; 행 10:22; 11:26; 롬 7:3; 히 8:5; 11:7; 12:25에서는 동사 '크레마티조'(*χρηματίζω*)를 사용한다. 이 단어는 반드시 "신탁"을 의미하는 것은 아니고(Jewett의 견해와는 반대로), 한 파피루스에서는 한 방백의 결정을 가리키는 데 사용된다(NewDocs 1.77; 4.176). 이 일반적인 용법은 바울은 이 대답이 신탁으로서의 성격을 지닌다는 것을 강조하기 위해 이 단어를 선택해 사용한 것이라는 Hanson의 주장을 의심스럽게 만든다("Oracle in Romans XI.4," 300-302).

586. Hasel, *Remnant*, 391를 보라. 바울이 인용한 본문들은 "남은 자"와 관련된 두 개의 핵심적인 단어를 사용한다: '카타레이포'(*καταλείπω*)와 '휘포레이포'(*ὑπολείπω*)(5절의 '레임마'[*λεῖμμα*]와 9:27[사 10:22을 인용한]의 '휘포레임마'[*ὑπόλειμμα*]를 보라).

은 자의 보존을 통해 이스라엘을 지속적으로 돌보고 계신다는 것을 확신시켜주시는 것을 대비시켜 보여 준다는 점에서 바울이 로마서의 이 본문에서 말하고자 하는 것과 놀라울 정도로 잘 맞아떨어진다. 또한 바울은 엘리야와 자기 자신 간의 병행을 발견하고 있는 것일 가능성도 있다. 구원사 속에서 핵심적인 인물들인 이 두 사람은 영적인 이스라엘의 몰락이라는 현상에 직면해 있지만, 하나님이 참 신자들인 남은 자을 보존하신 것 속에서 새로운 소망을 발견한다.[587] 왜냐하면 하나님이 남은 자를 보존하셨다는 것은 이스라엘에 대한 하나님의 현재적인 신실하심을 보여 주는 증거일 뿐만 아니라, 이스라엘 민족의 미래에 대해 소망을 가질 수 있게 해주는 보증이자 담보이기도 하기 때문이다.[588]

5 바울은 이제 엘리야의 상황과 자신의 상황 간의 비교를 분명하게 제시한다. 하나님이 엘리야 시대에 한 무리의 신실한 예배자들을 "자신을 위해 남겨 두셨던"[589] 것처럼, 종말의 성취의 때인 "지금도"[590] "남은 자"[591]를 남겨두셨다.[592] 엘리야 시대에 이스라엘 사람들의 변절이 이스라엘에 대한 하나님의 신실하심과 약속들을 무효화할 수 없었던 것처럼, 그것은 바울 시대에도 마찬가지다. 그러나 바울은 자기가 9:6-29에서 아주 길게 설명한 원칙을 우리에게 상기시켜주기 위해 곧바로 이렇게 남은 자가 남아 있게 된 것은 하나님의 은혜에 의한 택하심의 결과

587. Munck, *Christ and Israel*, 109; Käsemann; Dunn; Hafemann, "Salvation of Israel," 49를 보라. C. . Müller (*Gottes Gerechtigkeit*, 44-45)는 엘리야가 장차 다시 살아 돌아오게 될 것이라는 신화가 바울의 이 말 배후에 있을 수 있다고 생각한다.

588. 예를 들어, 미 7:18-19을 보라: "주와 같은 신이 어디 있으리이까 주께서는 죄악과 그 기업에 남은 자의 허물을 사유하시며 인애를 기뻐하시므로 진노를 오래 품지 아니하시나이다 다시 우리를 불쌍히 여기셔서 우리의 죄악을 발로 밟으시고 우리의 모든 죄를 깊은 바다에 던지시리이다." 또한 스 9:7-15; 시락서 47:22; 1QH 6:6-8; 1QM 14:8-9; E. Johnson, *Function*, 93-94; Zeller를 보라. 남은 자 주제 전반에 대해서는 특히 Otten, "I Alone Am Left," 1-3장; 롬 9-11장을 다룬 107-115쪽을 보라.

589. '카타레이포'(καταλείπω)에서 온 '카테리폰'(κατέλιπον).

590. '엔 토 뉜 카이로'(ἐν τῷ νῦν καιρῷ). '뉜'(νῦν)과 '카이로스'(καιρός)의 결합은 바울 서신의 다른 곳에 5번 더 나온다. 그중 4번은 종말론적인 성취의 시대를 가리킨다(3:26; 8:18; 고후 6:2[2번]을 보라).

591. '카타레이포'(καταλείπω)의 동족어인 '레임마'(λεῖμμα).

592. 동사 '게고넨'(γέγονεν)의 완료 시제는 과거의 행위로부터 생겨난 결과인 이미 존재하는 상태라는 개념을 지닐 수 있다(예를 들어, Dunn). 반면에, 이 시제는 단지 상태를 나타내는 것일 수도 있다(Porter, *Verbal Aspect*, 265).

였다는 말을 추가한다.[593] 여기에서 또다시 우리는 바울이 로마서 전체에 걸쳐 이스라엘을 다룰 때 유지해 온 주의 깊은 균형을 발견한다. 그는 구원사 속에서 복음이 개시된 이 단계에서도 이스라엘이 계속해서 중요하다는 것을 확언한다. 하지만 그는 이스라엘이 이렇게 계속해서 중요한 의미를 지니게 된 것은 이스라엘이 율법에 순종함으로써 얻게 된 자신의 공로 덕분이라는 것을 부정한다(2:17-3:8; 9:1-29; 11:17-32에 나타나 있는 이 비슷한 균형을 보라). 유대인들은 이 시점에서 이방인들과 전혀 다르지 않다: 오직 하나님의 은혜에 의한 개입으로 말미암아 유대인들은 장차 영원히 죽을 수밖에 없는 죄인에서 영생을 누리게 될 의로운 사람들로 변화될 수 있다(3:9, 23-24; 5:12-21).[594]

6 "은혜의 택하심을 토대로 한" 것이라는 5절에서의 바울의 논증의 취지는 이 절에서 바울이 그런 은혜에 의한 택하심이라는 것이 구체적으로 어떤 성질의 것인지를 설명함으로써 더욱 분명해진다. 은혜의 원리는 "행위"의 원리와 반대된다. 그래서 하나님이 남은 자를 구성하는 개개인들을 "은혜로"[595] 택하셨다면, 하나님은 행위를 토대로 그들을 택하신 것이 절대로 아니라는 결론이 도출된다. "행위"라는 단어는 사람이 행하는 어떤 것을 가리킨다. 바울의 초점은 하나님이 이스라엘을 택하신 토대나 근거에 맞춰져 있기 때문에, 그는 여기에서 사람이 행하는 것을 구체적으로 모세 율법에 순종하여 행한 행위로 생각했을 수도 있다. 그러나 내가 계속해서 강조했듯이 바울은 행위가 택하심의 토대나 근거가 될 수 없다고 말할 때, 그 행위는 토라와 관련된 행위를 가리키는 것이 아니다.[596] 바울이 아

593. '카트 에클로겐 카리토스'(κατ' ἐκλογὴν χάριτος). '에클로게'(ἐκλογή)에 대해서는 9:11에 대한 각주를 보라. 전치사 '카타'(κατά)는 여기에서 사실상 원인을 나타낸다: 남은 자는 하나님의 택하심 "때문에" 존재하게 되었다(BDAG, 407). '카리토스'(χάριτος)의 속격 형태는 성질을 나타낼 가능성이 크다: "은혜라는 특징을 지니는 택하심", "은혜로운 택하심."

594. 택하심이 분명하게 구원의 의미를 지닌다는 것은 바울이 여기에서 염두에 둔 것이 하나님이 하나의 민족으로서의 이스라엘을 택하신 것(예를 들어, Godet와 Dunn이 생각하듯이)이 아니라, 개개인을 구원으로 택하신 것임을 보여 준다(Murray).

595. 여격 '카리티'(χάριτι)는 방법을 나타내는 것일 가능성이 크다.

596. 따라서 "행위"라는 단어가 "율법의 행위"라는 개념을 나타낼 수 있다고 주장하는 것(Dunn)은 반드시 틀린 것은 아니다. Dunn이 틀린 것은 이 단어의 지나치게 좁은 의미(유대인들이 하나님의 언약 백성으로서의 자신들의 민족적 정체성을 나타내보이기 위한 행위들)를 고집해서 이 절을 지나치게 제한된 의미로 해석하는 데 있다. 특히 Westerholm, "Paul and the Law," 227-232를 보

브라함의 행위(4:2-8), 야곱과 에서의 행위(9:10-13)를 언급하고 있는 것이 보여 주듯이, 그가 문제 삼고 있는 행위는 토라와 관련된 행위가 아니라, 인간의 행위다. 바울은 자신의 구체적인 상황으로 인해 이스라엘에 초점을 맞추고 있지만, 그의 논증은 모든 사람에게 적용되고, 그의 논증의 궁극적인 토대는 인간의 상태에 있다.[597] 인간이 하나님에게 어떤 권리를 주장할 수 없는 이유는 인간의 죄 때문이고, 피조물이라는 인간의 지위 때문이다.

"그렇지 않으면",[598] 즉 인간이 자신의 행위로 하나님의 복을 얻을 수 있다면(바울이 이 절의 두 번째 부분에서 지적하듯이), 은혜는 "더 이상"[599] 은혜일 수 없다. 은혜이기 위해서는 하나님이 자신이 선택한 자에게 온전히 거저 값없이 은총을 수여해야 하기 때문이다. 만일 하나님의 택하심이 사람이 행하는 것에 토대를 둔다면, 하나님의 자유는 침해를 당하게 될 것이고, 하나님은 더 이상 은혜 가운데 행할 수 없게 될 것이다. 하지만 바울에게 하나님의 활동이 지닌 은혜의 성격은 신학적 공리여서, 이것과 상충되는 모든 개념은 자동적으로 배제된다.[600]

라; 또한 Schreiner; Lohse; Byrne.

597. 또한 3:20, 4:3-5, 9:10-13에 관한 각주들을 보라.

598. '에페이'(ἐπεί). 여기에서는 "그렇지 않으면"을 의미한다(BDAG, 284; N. Turner, *Syntax*, 318).

599. 이 절에 두 번 나오는 '우케티'(οὐκέτι)라는 단어는 시간적인 의미가 아니라 논리적 의미("그러므로 그것은 사실이 아니다")를 지닌다(예를 들어, Cranfield; Jewett; Dunn). 하지만 Wilckens는 바울이 옛 시대와 "은혜의 시대"(6:14)라는 시간적인 구별을 염두에 둔 것일 수 있다고 생각한다.

600. 로마서 4:3-5에 나오는 비슷한 논증을 보라. Morris가 지적하듯이, 여기에서 바울의 가르침은 교부들이 일반적으로 지니고 있던 견해, 즉 하나님의 택하심은 사람들의 행위에 대한 하나님의 미리 아심에 토대를 둔 것이라는 견해를 분명하게 배제한다. 오늘날의 많은 학자들은 하나님의 택하심이 사람들이 장차 믿게 될 것에 대한 하나님의 미리 아심에 토대를 둔 것이라고 말함으로써 택하심과 관련된 하나님의 은혜를 훼손해서는 안 된다는 것을 강조한다(예를 들어, Godet, 395). 물론 바울은 로마서 전체에 걸쳐 "행위"와 믿음을 구별하기 때문에, 그가 하나님의 택하심이 행위를 토대로 한다는 것을 부정하는 것이 믿음을 토대로 할 수 없다는 것을 반드시 의미하는 것은 아니다. 그러나 하나님의 은혜에 관한 바울의 인식(특히 4:3-5을 보라)은 하나님의 행위의 토대는 오직 하나님 자신의 자유의지밖에 없고, 다른 모든 것은 배제된다고 여기는 것으로 보인다. 믿음과 관련된 인간의 결단이 궁극적으로 하나님의 택하심의 태도라고 하는 경우에는 하나님의 은혜에 관한 바울의 개념은 훼손된다. 이것을 다른 식으로 표현하자면, 바울에게 하나님의 은혜는 단지 구원의 궁극적인 원인인 것이 아니다(5-6절에 대한 바울의 주해를 보라: "은혜로 말미암은 것이라고 한다면, 사람들은 '그렇다면 왜 우리 모두가 구원받지 않느냐'고 반문할 것이다. 거기에 대한 대답은 사람들이 구원받기를 원하지 않기 때문이라는 것이다. 왜냐하면 구원은 은혜로 말미암는 것이긴 하지만, 은혜는 원하는 자들은 구원하지만, 원하지 않는 자들은 구원하지 않기 때문이다"). 하나님의 은혜는 구원의 유효한 원인이고, 인간의 믿음은 그 토대나 근거가 아니라 결과다. 특히 바울이 여기에서 당시의 문화에서 통용되던 것과는 다른 은혜 개념을 사용하고 있는 것이라

7 수사 의문문 "그런즉 어떠하냐"는 이 단락에서 마지막 부분이 시작된다는 것을 보여 준다. 여기에서 바울은 자기가 2b-6절에서 남은 자에 관해 가르친 것이 지닌 함의를 꺼내든다.[601] 바울은 남은 자, 즉 그리스도인이 된 유대인들의 존재는 하나님이 자기 백성을 버리지 않았다는 것을 증명해 준다고 주장해 왔다. 9:26-29에서 바울은 소극적인 뉘앙스를 지닌 남은 자 개념을 사용한다. 모든 유대인은 "이스라엘 사람"(9:4)이지만, 오직 "남은 자만 구원을 받으리라." 하지만 11:2b-6에서 바울은 적극적인 목적, 즉 하나님이 이스라엘을 택하신 것이 지금도 여전히 유효하다는 것은 남은 자가 존재한다는 사실에 의해 증명된다는 것을 보여 주기 위한 목적으로 남은 자를 언급한다. 그럼에도 불구하고 하나님의 택하심의 복을 받고 있는 남은 자라는 개념은 다른 많은 이스라엘 사람들은 하나님의 택하심의 복을 받고 있지 않다는 의미를 함축한다. 바울이 7-10절에서 눈을 돌리는 것은 바로 그 집단이다.

바울은 일반적으로, 즉 지금까지 9-11장에서 개략적으로 설명해 온 이스라엘의 상황을 요약하는 것으로 시작한다.[602] 그는 세 가지 실체 - 공동체 전체로서의 이스라엘, 택하신 자들, 완악해진 자들 - 를 구별한다. 공동체적인 실체로서의 이

면(4:4-5에 대한 각주를 보라), 여기에서 '카리스'(χάρις)와 함께 사용된 관사는 그리스도 안에서 나타난 은혜를 가리키는 것일 수 있다는 점에서 중요한 의미를 지닌다(Jewett).

601. 대부분의 주석자들은 바울이 여기에서 1-6절 전체의 함의들을 꺼내든다고 생각한다(예를 들어, Murray; Cranfield). 하지만 여기에서 언급하는 것은 구체적으로 남은 자에 관한 가르침과 연결되어 있을 가능성이 크다. 하지만 Schreiner는 7-10절이 9:30-11:6 전체를 요약하고 있다고 생각한다.

602. 따라서 7절은 요약하는 중요한 역할을 지닌다. 이 절은 9:6-9의 예정론적 초점 - "택하신 자들", "완악해진 자들" - 을 9:30-10:21의 인간의 책임이라는 관점 - "구했다", "얻지 못했다" - 을 혼합해서, 9-11장에서 이 시점까지 이스라엘에 관한 바울의 논의를 요약한다.

스라엘은 자신이 "구하는"[603] 것을 "얻지 못했다."[604] 바울은 9:31에서 이스라엘 전체에 관해 말했던 것을 비슷한 표현을 사용해서 다시 반복한다. "의의 법을 따라간 이스라엘은 율법에 이르지 못하였으니." 우리는 이 병행에 의거해서 이 주장에서 제시되지 않은 동사들의 목적어를 채워 넣을 수 있다. 이스라엘이 구했지만 얻지 못한 것은 "의", 즉 하나님 앞에 의로운 자로 서는 것이었다.[605] 하지만 전체로서의 이스라엘이 얻지 못했던 것을 "택하심을 입은 자들"[606]은 얻었다. 여기에서 또다시 바울은 이스라엘이 의를 얻는 데 실패한 것(9:31)과 이방인들이 의를 얻는 데 성공한 것(9:30)을 대비시킨 자신의 이전의 가르침을 재현한다. 바울이 앞서 이렇게 이 둘을 대비시킨 것에 의거해서 많은 주석자들은 이 절에서도 택하신 자들은 이방인들로 이루어졌거나 이방인들과 유대인들로 이루어진 택하신 자들 전체를 가리키는 것이라고 주장한다.[607] 그러나 문맥상으로 보았을 때는 유대인들 중에서 택하신 자들만을 가리킬 가능성이 높다. 왜냐하면 여기에서 바울의 관심은 이스라엘 내의 두 집단을 구별하는 데 있는 것으로 보이기 때문이다.[608]

따라서 하나님의 은혜에 의한 선택으로 말미암아 하나님 앞에서 의로운 자로 서게 된 "택하심을 입은 자들"과 "완악해진"(한글개역개정에는 "우둔하여졌느니라") "그

603. 동사 '에피제테이'(ἐπιζητεῖ)는 현재 시제로 되어 있다. 대부분의 주석자들은 바울이 여기에서 현재 시제를 선택한 것은 당시의 이스라엘이 계속해서 이러한 의로운 지위를 구하고 있었기 때문이라고 생각한다(예를 들어, Godet; McKay, "Time and Aspect," 209-228[Porter에 대한 응답으로]). 하지만 Porter는 동사의 태(또는, 상) 이론을 따라 여기에서 현재 시제는 무시간적인 것을 가리키고, 바울은 이 동사를 강조하기 위해 현재 시제를 선택한 것이라고 생각한다(*Verbal Aspect*, 197). 접두사 '에피-'(ἐπι-)는 동사 자체에 강조의 의미를 추가하는 것일 수도 있지만(예를 들어, Morris; NIV: "sought so earnestly"["아주 열심히 구하였다"]), 복합 동사가 지닌 강조의 의미를 잃게 된 헬레니즘 그리스어의 경향은 이것을 불확실하게 만든다. 하지만 BDAG가 여기에서 동사 "구하다"는 부정적인 의미를 지닌다고 한 것을 Dunn이 부정한 것은 분명히 옳다.

604. 동사는 '에피튕카노'(ἐπιτυγχάνω)다. 신약성경에 나오는 이 동사의 다른 용례들(히 6:15; 11:33; 약 4:2)에서는 이 동사에는 속격이 뒤따른다. 하지만 이 동사가 대격 목적어와 함께 사용되는 용법은 충분히 확증된다(BDAG).

605. Byrne.

606. '에클로게'(ἐκλογή)라는 단어는 통상적으로는 활동을 나타내는 추상적인 단어 - "(하나님의) 택하시는 행위" - 이지만, 여기에서는 구체적인 의미 - "하나님에 의해 택하심을 입은 자들" - 로 사용된다. 따라서 이 단어는 택하심과 관련해서 하나님의 주도권을 부각시킨다(예를 들어, Cranfield를 보라).

607. 예를 들어, Dunn.

608. Wilckens; Jewett.

남은 자들"이 서로 대비된다. 그리스어 본문에서는 서로 다른 동사를 사용하고 있긴 하지만, 이 완악하게 되었다는 것은 바울이 9:18에서 설명한 것 - 사람들로 하여금 하나님이나 하나님의 구원의 메시지에 응답할 수 없게 하는 영적인 무감각[609] - 과 동일한 것을 가리킨다. 9:18과 그다음 절에서 바울은 그들이 완악하게 된 것을 하나님이 하신 일로 돌린다는 점에서, 이 절에서 사용된 수동태 동사("완악해졌다")의 암묵적인 행위자는 분명히 하나님이다. "그 남은 자들은 (하나님에 의해) 완악해졌다."[610] 칼빈은 그들이 완악해진 것은 하나님이 영원 전의 작정하심을 통해 그들로 영원한 형벌을 받게 하기로 정한 것을 가리키는 것으로 이해했다.[611] 그리고 개혁파 신학자들은 통상적으로 칼빈의 해석을 좇아서, 이 절이 유기론을 뒷받침하고 있다고 생각해 왔다. 내가 9:18에 관한 주해에서 지적했듯이, 그러한 결론은 흔히 부정된다. 왜냐하면 바울은 11:11-32에서 하나님이 그들을 완악하게 하신 것이 반드시 영속적인 것이 아니고, 하나님이 이스라엘에게서 완악함을 제거하실 날이 장차 도래할 것임을 보여 주기 때문이다(25절).[612] 또한 우리의 이전의 주해들에서 이미 말했듯이, 이 장들에는 개인적인 관점과 공동체적인 관점이 뒤섞여 있기 때문에, 신학적인 결론들을 도출해내는 데 아주 신중해야 한다.

609. 대부분이 인정하듯이, 바울이 9:18에서 사용한 동사 - '스클레뤼노'(σκληρύνω) - 와 여기에서 사용한 동사 - '포로오'(πωρόω) - 는 이 문맥 속에서 동의어다. 동사 '포로오'는 성경 그리스어에서 상대적으로 드물게 사용된다(욥 17:7; 잠 10:20[다른 읽기]; 막 6:52; 8:17; 요 12:40; 고후 3:14; 또한 막 3:5; 롬 11:25; 엡 4:18의 '포로시스'[πώρωσις]를 보라). 세속 그리스어에서 이 동사는 특히 의학적 현상을 가리키는 데 자주 사용된다: "돌"이 형성되는 것(예를 들어, 방광에), 또는 부러진 뼈들이 서로 잘 붙어서 딱딱해지는 것(K. L. and M. A. Schmidt, *TDNT* 5.1025-26). 신약성경에서의 모든 용례는 영적인 완악함의 상태를 가리키는 은유적인 것이다. 대체로 완악해지는 것의 대상은 마음이지만, 고린도후서 3:14에서는 생각이다. J. A. Robinson (*Ephesians*, 264-74)의 주장이나 '포로오'(πωρόω)와 '페로오'(πηρόω)를 혼용해서 사용하는 사본 전승의 경향에도 불구하고, 이 동사는 신약 시대에 동의어가 아니었다(Cranfield를 보라).

610. 대부분의 주석자들이 인정한다. 하지만 S-H와 Morris 등은 이것에 이의를 제기한다. 크리소스토모스를 비롯한 많은 이들은 하나님은 사람들의 죄를 토대로 해서 어떤 사람들을 완악하게 하고 어떤 사람들을 완악하게 하지 않는다고 주장한다. 그러나 하나님은 죄인들을 완악하게 하시기는 하지만, 사람들의 죄가 하나님이 그들을 완악하게 하시는 이유라고 주장하는 것은 이 본문에 대한 억지 해석이고 9:17-23과도 반대된다(9:18에 대한 나의 주해를 보라). Wright는 "완악함"은 하나님이 그들로 하여금 회개하게 하기 위해 심판을 미루어주셨는데도 회개하지 않는 자들의 상태라고 주장한다.

611. Calvin.

612. 예를 들어, Dunn; Bird; Ridderbos, *Paul*, 345-46.

11-32절은 공동체적인 관점에서의 이스라엘에 초점을 맞추고 있는 반면, 7b-10은 공동체적인 이스라엘 내에서 두 부류의 사람들을 구별한다. 따라서 이 본문은 하나님이 그들을 완악하게 하셨다는 것은 "택하심의 이면", 즉 하나님이 그들 스스로 죄를 선택한 자들을 죄 가운데 가두어두시고자 결정하셨다는 것을 암시하는 것일 가능성이 있다.[613]

8 바울은 앞에서 하나님이 그들을 완악하게 하셨다고 말하고 나서, 8-10절에서는 두 개의 구약 인용문을 통해 그 말을 뒷받침한다. 그는 히브리어 정경의 세 개의 대분류 각각을 사용하는 유대인들의 선례를 따른다: 율법(신 29:4), 선지자들(사 29:10), 성문서(시 69:22-23).[614]

바울이 자신의 전형적인 인용 공식인 "기록된 바"를 앞세워서 8절에서 인용한 구약 본문의 단어들과 기본적인 구조는 대부분 바울의 로마서 신학에 상당한 정도로 영향을 미쳐 온 구약 본문(신 27-32장)에 나오는 신명기 29:4에서 가져온 것이다.[615] 신명기의 이 절은 이스라엘 백성이 약속의 땅을 차지하기 위해 요단 강을

613. 이것은 하나님이 사람들의 죄나 불신앙을 토대로 해서 어떤 사람들을 완악하게 할지를 선택하신다고 말하는 것이 아니다(예를 들어, 많은 교부들의 견해와는 반대로[Schelkle, *Paulus, Lehrer der Väter*를 보라]; S-H - "그들이 완악해진 것은 실패했기 때문이었다"; Morris; Leenhardt; W. Klein, *New Chosen People*, 175; Byrne은 9:30-10:21에서 인간의 책임에 초점을 맞춘 것은 이 지점까지 계속해서 적용되어야 한다고 강조한다). 단지 하나님은 이미 죄인인 개개인들을 완악하게 하신다고 말하는 것이다. 바울은 하나님이 사람들을 완악하게 하시는 것과 사람들이 스스로 믿기를 거부하는 것 간의 긴장관계를 유지한다(예를 들어, Barrett; Michel).

614. K. Müller는 바울이 구약 본문들을 줄줄이 엮어서 인용한 것을 랍비들의 인용 방식인 '하라즈'와 비교한다(*Anstoss und Gericht*, 19-21). 또한 예를 들어, Schmithals를 보라.

615. LXX 신 29:3. 바울은 강조된 단어들을 사용한다: '카이 우크 에도켄 퀴리오스 호 테오스 휘민 카르디안 에이데나이 캉리 옵탈무스 블레페인 카이 오라 아쿠에인 헤오스 테스 헤메라스 타우테스'(*καὶ οὐκ ἔδωκεν κύριος ὁ θεὸς ὑμῖν καρδίαν εἰδέναι καὶ ὀφθαλμοὺς βλέπειν καὶ ὦτα ἀκούειν ἕως τῆς ἡμέρας ταύτης*, 칠십인경은 마소라 본문을 정확하게 그대로 번역했다). 바울이 이 본문을 인용한 형태와 이사야서 29:10에 나오는 요소들을 거기에 추가한 것은 바울 자신의 창작물인 것으로 보인다(일반적으로 칠십인경 본문과 차이가 나는 바울의 인용문들을 바울 자신의 수정으로 돌리기는 주저하는 C. Stanley조차도 이렇게 말한다[*Paul and Language*, 158-159]; 또한 Koch, *Schrift*, 170-171을 보라). 바울이 칠십인경의 단순 부정사들을 관사가 붙은 부정사들로 바꾼 것도 주목해야 한다. 이러한 구문은 바울에게 영향을 준 구약 본문들 중 어디에도 나오지 않기 때문에 설명하기가 어렵다. 바울의 부정사 구문들은 분류하기가 어렵지만, 형용사적인 것일 가능성이 높다: 하나님은 사람들에게 "보지 못하는" 눈과 "듣지 못하는" 귀를 주셨다. BDF (§400[2])는 이 부정사 구문들이 결과를 나타내는 것이라고 설명한다.

건너기 전에 모세가 그들에게 준 최후의 권면 중 하나에 나온다. 모세는 그들에게 하나님이 그들을 위해 행하신 크신 일들을 상기시키면서도, 여호와가 그들을 위해 행하신 일들을 그들이 온전히 이해할 수 없다는 것을 인정한다. 왜냐하면 "깨닫는 마음과 보는 눈과 듣는 귀는 오늘 여호와께서 너희에게 주지 아니하셨기" 때문이다. 바울은 원래의 소극적인 부정문 - "여호와께서 주지 아니하셨다" - 을 적극적인 긍정문 - "하나님이 주셨다" - 으로 바꾼다. 이러한 수정은 바울이 이 본문을 인용한 목적에 더 잘 부합한다. 여기에서 그는 하나님이 그들을 완악하게 하신 적극적인 행위(7절b)를 뒷받침하기 위해 이 본문을 인용한 것이기 때문이다. 그러나 바울이 이런 수정을 행한 데는 그가 인용한 또 다른 구약 본문도 영향을 미쳤을 가능성이 크다. "혼미한 심령"[616]이라는 어구는 이사야서 29:10에서 가져온 것이다. "대저 여호와께서 깊이 잠들게 하는 영을[LXX '프뉴마티 카타뉙세오스'] 너희에게 부어 주사 너희의 눈을 감기셨음이니 그가 선지자들과 너희의 지도자인 선견자들을 덮으셨음이라." 바울이 이 이사야 본문을 주목하게 된 것은 아마도 신명기 29:4과의 내용상의 유사성, "눈"을 감겨서 영적인 일의 진실을 보지 못하게 했다는 것을 포함한 단어들의 병행 때문이었을 것이다.[617] 게다가 이 이사야 본문은

---

616. "혼미한"으로 번역된 그리스어 명사 '카타뉙시스'(κατάνυξις)는 아주 드물게 사용된 단어로서, 신약성경에는 오직 여기에만 나오고, 칠십인경에서는 이사야서 29:10과 60:3에만 나온다. 이 명사는 동사 '카타뉘소'(κατανύσσω)에서 온 것일 가능성이 크다. 이 동사는 "찌르다, 뚫다"를 뜻하고, 따라서 혼수상태가 될 때까지 찌르는 것을 뜻한다(Cranfield). 이 구절에서 바울은 대격 '프뉴마'(πνεῦμα)를 사용하는데, 이것은 일부 칠십인경 사본들(예를 들어, 알렉산드리아 사본)과 일치하지만, 대격 '프뉴마티'(πνεύματι)로 읽는 대다수의 칠십인경 사본들과는 다르다. 그러나 이 칠십인경 사본들에 나오는 대격은 로마서 11:8 본문과 일치시키기 위한 것일 가능성이 크다. 일부 해석자들(예를 들어, C. Stanley, *Paul and Language*, 161; Jewett)은 이 표현이 사람이 회복될 수 있는 어떤 상태를 나타내기 때문에, 이스라엘도 거기에서 회복될 수 있다는 것(11:11-32)을 보여 주기 위해 이 표현을 선택한 것이라고 생각한다.

617. 바울은 이 본문을 분명하게 간접 인용하지는 않지만, 이사야서 6:9-10을 토대로 해서 이 본문들을 사용하고 있는 것일 가능성이 크다(예를 들어, Lindars, "Old Testament and Universalism," 523을 보라). 이 이사야서 본문은 초기 그리스도인들이 이스라엘의 영적인 완악함을 설명하는 데 표준적인 "증거 본문"이 되었고(막 4:12과 그 병행문들; 요 12:40; 행 28:26), 바울의 인용문과 단어상으로나("보지 못할 눈", "듣지 못할 귀") 개념상으로나("완악해짐": 칠십인경 이사야서에 나오는 동사는 '포로오'[πωρόω]의 동의어인 '파퀴노마이'[παχύνομαι]다) 중요한 병행들을 가지고 있다(또한 신 29:4과 사 6:10은 마음을 언급하고 있는 것에서도 연결고리가 존재한다는 것을 주목하라).

신약성경에서 많이 언급하고 인용한 구약 본문에 속해 있다.[618]

9-10 두 번째 인용문은 초기 그리스도인들이 예수님을 이해하는 것을 돕는 데 두드러진 역할을 한 또 하나의 구약 본문인 시편 69편으로부터 왔다.[619] 이 시편에 나오는 다윗 자신의 정서를 예수님에게 적용하는 해석 전승이 존재했기 때문에, 바울은 자연스럽게 다윗이 말한 원수를 예수 그리스도의 원수로 해석한다. 바울이 시편의 이 절들을 주목한 것은 아마도 이 절들에 언급된 "눈이 어두워"라는 어구가 신명기 29:4 및 이사야서 29:10과 단어상으로 연결되어 있었기 때문일 것이다. 이 시편의 22-23절에는 다윗이 여호와에게 자기를 박해하는 자들에게 재난을 내려달라고 기도하는 내용이 나온다: "그들의 밥상이 올무가 되게 하시며 그들의 평안이 덫이 되게 하소서 그들의 눈이 어두워 보지 못하게 하시며 그들의 허리가 항상 떨리게 하소서."[620] 바울은 다윗이 자기를 박해한 자들에게 내려 달라고 여호와에게 기도한 것을 하나님이 복음을 대적한 유대인들에게 내리신 것임을 보여 준다. 바울은 이 인용문의 세부적인 내용들을 당시의 유대인들에게 적용할 의도는 없었던 것으로 보인다.[621] 따라서 "밥상"이 무엇을 상징하고,[622] "등을 굽게 하는" 것이 무엇을 의미하는지를 캐묻는 것은 무익하다.[623]

---

618. 예를 들어, 바울이 9:33에서 이사야서 28:16을 인용한 것을 보라; Lindars, *New Testament Apologetic*, 164를 보라.
619. 이 시편을 직간접적으로 인용하는 것으로는 막 3:21; 15:23과 그 병행문들; 눅 13:35; 요 2:17; 15:25; 행 1:20; 롬 15:3; 빌 4:3; 계 3:5; 16:1이 있다.
620. 바울은 칠십인경을 면밀하게 따른다. 그가 행하는 수정은 한 어구의 생략('헤 트라페자 아우톤'[ἡ τράπεζα αὐτῶν] 뒤의 '에노피온 아우톤'[ἐνώπιον αὐτῶν]), '카이 에이스 테란'(καὶ εἰς θήραν)이라는 어구의 추가, '카이 에이스 안타포도마'(καὶ εἰς ἀνταπόδομα)와 '카이 에이스 스칸달론'(καὶ εἰς σκάνδαλον)의 자리바꿈이다. 칠십인경은 마지막 구절을 제외하고는 마소라 본문을 면밀하게 따른다. 인용문의 끝부분에 나오는 '디아 판토스'(διὰ πάντος, "항상")라는 어구(시 69:23)는 "영원히"를 의미할 수도 있지만(예를 들어, NIV; NRSV; ESV; 또한 Wright를 보라), "지속적으로"를 의미할 가능성이 크다(CSB; NET; 또한 Byrne; Jewett를 보라 - 히브리어로는 '타미드'[תָּמִיד]다).
621. 예를 들어, Cranfield를 보라.
622. 가장 일반적인 제안들은 다음과 같다: (1) 유대인들의 제사 제의에 대한 암시(K. Müller, *Anstoss und Gericht*, 23-27; Käsemann; Godet; Wilckens; Dunn); (2) 바리새파 유대교에 전형적이었던 친밀한 식탁 교제에 대한 암시(Michel), 특히 로마 공동체에서 논쟁거리였던 음식에 관한 율법(14-15장; Minear, *Obedience of Faith*, 78-79); (3) 유대인들이 율법을 의지한 것에 대한 암시(S-H; Morris).
623. 어떤 이들은 이 비유는 종살이의 압제를 가리키는 것이라고 생각하고, 어떤 이들은 비탄을 가리

E. 약속에 대한 상세한 설명(2): 이스라엘의 미래(11:11-32)

바울은 1절에 나오는 것과 병행되는 수사 의문문을 사용해서, 이스라엘과 복음에 관한 자신의 논의의 다음 - 마지막 - 단계로 넘어간다. 그가 7-10절에서 이 문제를 요약했듯이, 복음은 이스라엘을 두 부류의 사람들로 나누었다: 하나님의 택하신 은혜로 말미암아 복음에 계시된 의를 얻은 "남은 자"와 하나님에 의해 자신들의 죄 가운데서 완악해져서 이 의에서 배제된 "나머지"(한글개역개정에는 "그 남은 자들"). 이제 바울은 이 상황이 영속적인 것인지 아닌지를 묻는다. 그의 대답은? 영속적인 것이 아니라는 것이다. 전체로서의 이스라엘의 배척은 이스라엘에 대한 하나님의 최종적인 말씀이 아니기 때문이다. 이 배척은 단지 하나님의 계획의 전개 과정에서 첫 단계일 뿐이라고 바울은 말한다. 두 번째 단계는 특히 이방인들과 관련되어 있다: 이스라엘이 자신에게 자연스럽게 속해 있던 복들을 거부하자, 지금 그 복들은 방향을 바꾸어 또 다른 더 넓은 통로로 온 세계로 흘러가고 있다. 그러나 이것이 이 이야기의 끝이 아니다. 왜냐하면 이 복들의 물줄기는 언젠가는 다시 이스라엘을 향하게 될 것이기 때문이다. 이 시대의 절정에서 이스라엘의 완악함은 제거될 것이고, 지금은 유대인 신자는 소수의 남은 자밖에 없지만, 그 때에는 훨씬 더 많은 수의 유대인들이 복음에 순종하게 될 것이다. 따라서 바울이 자신의 유명한 주장을 통해 표현하듯이, "온 이스라엘이 구원을 받으리라."[624] 이스라엘의 배척은 전부에 대한 배척도 아니고(11:1-10) 최종적인 배척도 아니다(11:11-32).

하나님의 복이 이스라엘과 이방인들 사이를 오가는 세 단계로 이루어진 과정은 이 단락 전체의 핵심이고,[625] 이것은 다음과 같은 요약이 잘 보여 준다:

키는 것이라고 생각한다.

624. 이 약속을 성취하게 될 종말의 사건의 실제적인 내용에 대해서는 이 절에 대한 석의적인 각주를 보라. N. T. Wright (*Climax of the Covenant*, 247)는 11-24절에서 바울의 목적은 단지 유대인들을 위한 구원의 지속적인 가능성을 주장하는 것일 뿐이라고 생각하는 많은 이들의 대표자다. 그러나 로마에 있던 이방 그리스도인들이 유대인들은 구원받을 수 없다고 진지하게 믿었을 것으로 보이지는 않는다. 그리고 바울이 사용한 표현들은 이스라엘의 구원이 가능성 이상의 것임을 보여 준다.

625. 많은 학자들이 지적하듯이(예를 들어, Dunn, 2.655), 바울의 이러한 도식은 적어도 일정 정도는 구약적이고 유대적인 "종말의 순례" 주제를 개작한 것이다. 이 전승에 의하면, 종말에 이스라엘이 영광으로 회복되었을 때, 이방인들은 거기에 자극을 받아서 예물을 가지고 예루살렘으로 와서 그

11-12절 "이스라엘의 실패" - "이방인들의 구원" - "그들의 충만함"

15절 "그들을 버리는 것" - "세상의 화목" - "그 받아들이는 것"

17-23절 "참감람나무"가 꺾임 - "돌감람나무"가 접붙임이 됨 - "참감람나무"가 다시 접붙임이 됨

25-26절 "이스라엘이 완악해짐"(한글개역개정에는 "우둔하게 됨") - "이방인들의 충만함" - "온 이스라엘이 구원을 받으리라"(?)

30-31절 이스라엘의 불순종 - 이방인들이 긍휼을 입음 - 이스라엘이 긍휼을 얻음

이 절들 전체에 걸쳐 이 패턴이 반복해서 등장한다는 것은 이 단락의 근저에 있는 통일성을 보여 준다.[626] 하지만 이 단락은 서로 분명하게 구별되어 있는 세 개의 소단락으로 나뉜다: 11-15/16절, 15/16-24절, 25-32절.[627] 이 각각의 소단락에서 바울은 이방 그리스도인들을 향해 직접 말한다: "내가 이방인인 너희에게

들 자신을 여호와께 드리게 될 것이다. 이 전승을 가장 분명하게 보여 주는 것은 아마도 솔로몬의 시편 17:26, 30-31일 것이다:

"그가 거룩한 백성을 모으시리라……이방 민족들이 그의 멍에 아래에서 그를 섬기게 하시겠고, 온 땅 (위에) 높은 (곳)에서 주를 영화롭게 하시리라. 예루살렘을 정결하게 하여, 처음처럼 거룩하게 (하시리라). (이는) 민족들이 땅 끝에서 와서 그의 영광을 보고, 쫓겨난 예루살렘의 자녀들을 예물로 가져오며, 하나님이 주의 영광으로 말미암아 예루살렘을 영화롭게 하신 것을 보게 될 것임이라."

(또한 사 2:2-3a; 56:6-7; 60:1-7; 토빗서 13:11-13; 14:6-7; T. Zeb. 9:8; T. Benj. 9:2; Sib. Or. 3.767-795를 보라.) 바울은 복음에 의거해 사건들을 새롭게 이해하게 된 것에 비추어서 사건들의 순서를 거꾸로 하고 이 과정을 "영적으로 해석한다": 이스라엘이 회복되고 나서 이방인들이 예루살렘으로 와서 여호와를 예배하게 되는 것이 아니라, 구원이 이방인들에게로 확장되는 것을 보고서 이스라엘이 거기에 대한 응답으로 시기하여 구원으로 나아오게 될 것이다. Donaldson은 이 전승이 바울에게 영향을 미쳤다는 주장에 의문을 제기하고서, 바울은 종말의 순례와 관련된 구약의 표준적인 본문들 중 단 하나도 인용하지 않고, 그가 그 순서를 거꾸로 했다는 것은 그 전승을 전혀 사용하지 않았다는 것을 보여 준다고 지적한다("'Riches for the Gentiles,'" 92; idem, "Paul within Judaism," 284-293). 그러나 바울이 인용한 이사야서 59:20-21은 종말의 순례와 관련된 가장 중요한 본문들 중 하나(사 60:1-7)의 전후맥락을 이루고 있기 때문에, Donaldson의 부정적 견해는 근거가 없다(예를 들어, Windsor, *Paul and Vocation*, 122-125를 보라). 또한 하나님의 종말론적인 구원 계획에서 이방인-이스라엘이라는 순서를 암시하는 내용들이 이사야서 여기저기에 나온다는 것도 주목해야 한다(45:14-17, 20-25).

626. 많은 해석자들은 11-24절과 25-32절을 분리한다(예를 들어, Jewett; Schmeller, *Paulus und die "Diatribe,"* 286; Aletti, *Comment Dieu est-il juste?* 181-182); D. Johnson ("Structure and Meaning," 92)은 11장을 세 개의 주된 단락으로 구분한다(1-16절, 17-32절, 33-36절). Jewett은 이 선택지들에 대한 짧지만 철저한 요약을 제공한다.

627. 또한 Wright를 보라.

말하노라"(13절); 17-24절 전체에 걸쳐 등장하는 "너"(단수형); 25-32절 전체에 걸쳐 등장하는 "너희"(복수형). 이렇게 바울이 이방 그리스도인들을 향해 직접 말하는 것은 그가 구원사를 개략적으로 설명하는 것이 목회적인 목적을 지니고 있음을 보여 준다. 즉, 그는 이방 그리스도인들 가운데서 유대인들과 유대 그리스도인들에 대해 우월감을 갖는 경향을 제거하고자 한 것이었다(18절과 25절; 또한 14:3도 보라).[628] 바울은 로마에 있는 이방 그리스도인들이 그러한 부적절한 우월감에 사로잡혀 있다는 것을 알았고, 이 죄악된 교만에 재갈을 물릴 필요성이 있었던 것이 그가 9-11장, 아니 실제로는 로마서 전체를 쓰게 된 주된 동기들 중 하나였다.[629] 그러나 바울은 로마서의 성격과 부합하게 그가 여기에서 다루고 있는 문제가 초기 기독교회에 특유한 문제라는 것도 알고 있었다. 왜냐하면 구원사의 전환점에서 그러한 문제가 생겨나는 것은 자연스러운 것이었기 때문이다. 이방인들은 자신들이 유대인들과 더불어서 하나님의 백성에 포함된 것을 기뻐하는 것을 넘어서서, 자신들이 유대인들을 대체해서 새로운 하나님의 백성이 되었다고 생각해서 우월감을 갖고 자랑하기가 너무나 쉬웠다. 유감스러운 일이지만, 그러한 우월감은 기독교회에서 여전히 기승을 부리고 있다. "유대인"/"그리스도인"이라는 전형적인 대비가 그것을 증언해 준다. 따라서 바울은 로마에 있는 주후 1세기의 이방 그리스도인들에게만이 아니라 우리에게도 경고하고 있는 것이다. 이방인들이 교회에서 주류를 이루고 있다고 해서, 하나님이 자기 백성 이스라엘을 버렸다고 생각하지 말라. 하나님이 이방인들에게 구원을 가져다주었다고 해서, 이스라엘에 대한 하나님의 약속 중에서 폐기된 것은 하나도 없고, 공동체적인 이스라엘 전체를 택하신 것도 무효가 되지 않았다. 택하심에는 하나님의 다른 모든 은사와 마찬가지로 "후회하심이 없다"(29절).

---

628. 바울이 논증에서 권면으로 옮겨간 것은 갑자기 구약 인용문이 급감한 이유를 설명하는 데 도움이 된다(유일한 구약 인용문은 26b-27절에 나온다). 하지만 구약성경을 간접적으로 인용하고 있지 않은 절이 단 한 절도 없다는 것도 유념해야 한다.

629. 일부 학자들(예를 들어, Schmeller, *Paulus und die "Diatribe"* 324-27; Lübking, *Paulus und Israel*, 105-108)은 바울이 이인칭을 사용한 것은 단지 문체상의 특징에 불과한 것이라고 주장하면서, 그가 로마 교회를 향해 직접 말한 것에 별 의미를 두지 않는다. 그러나 14:1-15:13의 증거는 바울이 로마 공동체의 상황에 관심을 갖고 있었음을 보여 준다(위에서 논증했듯이, 바울은 오직 로마 공동체만을 염두에 두고서 여러 가지 문제들을 다루고 있는 것은 아니지만).

1. 하나님이 이스라엘을 배척한 목적(11:11-15)

11 그러므로 내가 말하노니 그들이 넘어지기
까지 실족하였느냐 그럴 수 없느니라 그들
이 넘어짐으로 구원이 이방인에게 이르러
이스라엘로 시기나게 함이니라
12 그들의 넘어짐이 세상의 풍성함이 되며 그
들의 실패가 이방인의 풍성함이 되거든 하
물며 그들의 충만함이리요
13 내가 이방인인 너희에게 말하노라 내가
이방인의 사도인 만큼 내 직분을 영광스
럽게 여기노니
14 이는 혹 내 골육을 아무쪼록 시기하게 하
여 그들 중에서 얼마를 구원하려 함이라
15 그들을 버리는 것이 세상의 화목이 되거
든 그 받아들이는 것이 죽은 자 가운데서
살아나는 것이 아니면 무엇이리요

처음에 나오는 의문문은 바울이 그의 독자들이 자기가 방금 말한 것으로 도출해낼 법한 결론을 부정하고 있다는 것을 보여 준다. 대부분의 주석자들에 의하면, 여기에서 독자들이 도출해낼 법한 결론은 하나님이 이스라엘 중에서 믿지 않는 자들("그 남은 자들", 7절b)[630]을 끝까지 완악하게 하시리라는 것이다. 바울은 이 완악해진 유대인들이 다시는 돌이킬 수 없는 영적인 파멸로 떨어진 것임을 부정함으로써 그러한 오해를 바로잡아 준다.[631] 그러나 12절의 삼인칭 소유대명사들 - "그들의" - 의 선행사는 단지 완악해진 자들만이 아니라 전체로서의 이스라엘임에 틀림없다. 그리고 11절과 12절 간의 연속성은 11절의 삼인칭 복수형 동사들의 의미상의 주어도 마찬가지로 전체로서의 이스라엘일 것을 요구한다.[632] 따라서 11절의 의문문은 7b-10절이 아니라, 바울이 이전에 말했던 요지를 재진술하고 있는 7절a에 걸린다: (전체로서의) 이스라엘은 자신이 구하고 있는 의를 얻지 못하였다(특히 9:31-32을 보라; 또한 10:3, 21). 그러므로 11절 이하의 쟁점은 "이스라엘 내에서 완악해진 자들은 장차 구원받을 수 있는가?"가 아니라, "전체로서의 이스라엘은 장차 구원받을 수 있는가?"다. 11-32절 전체에 걸쳐서 이방인들과의 대비가 보여 주듯이, 바울은 주로 이스라엘 공동체 내의 개개인이 아니라 공동체 전체라는 관점에서 생각하고 있다.

630. '호이 로이포이'(οἱ λοιποί).
631. 예를 들어, Kuss, 3.793; Cranfield, 2.554-555.
632. Calvin, 421; Hafemann, "Salvation of Israel," 50; Bell, *Provoked to Jealousy*, 115.

이 단락의 구조는 친숙한 양식을 따르고 있다: 수사 의문문, 강조된 부정(11절a), 설명(11b-15절). 설명 부분에서는 이 단락 전체의 기본적인 양식, 즉 이스라엘과 이방인을 오가는 양식을 사용한다(위를 보라). 바울은 이 양식을 11절b에서 개시한 후에 12절에서 자세하게 발전시킨다. 자신의 사역에 관해 언급하는 삽입문(13-14절) 뒤에서 바울은 다시 15절에서 이 양식을 다른 관점에서 반복한다.

11 이 단락의 도입부는 1-10절의 도입부와 정확하게 병행된다: "그러므로 내가 말하노니"(그리스어로 '레고 운'), 부정의 대답을 기대하는 수사 의문문,[633] 강조된 부정: "그럴 수 없느니라"(그리스어로 '메 게노이토'). 앞에서 이미 보았듯이, 바울의 의문문은 그가 7절a에서 전체로서의 이스라엘에 관해 요약해서 주장한 것에서 가져온 것이다. "그들[이스라엘 사람들 전체]이 넘어지기까지 실족하였느냐." 이스라엘의 "실족"[634]은 이스라엘이 그리스도를 배척하고 하나님이 그리스도를 통해 제시한 의를 배척한 것을 가리키고(9:31-33; 10:3), "넘어짐"은 다시는 돌이킬 수 없는 영적인 파멸을 가리킨다.[635] 이 두 동사의 관계는 분명하지 않다. 이 두 동사를 연결시켜 주는 그리스어 단어는 목적이나 결과를 나타낼 수 있다.[636] 목적을 나타내는 것이라면, 바울은 이스라엘의 실족이 넘어짐으로 이어지게 하는 것이 하나님의 의도인지 아닌지를 묻고 있는 것이다.[637] 결과를 나타내는 것이라면, 바울은 이스라

633. '메'(μή)가 이것을 보여 준다.

634. 그리스어로는 '프타이오'(πταίω)다. 이 단어는 다른 곳에서 범죄하는 것을 가리키는 데 사용된다(약 2:10; 3:2; 신약성경의 다른 유일한 용례인 벧후 1:10에서 이 단어는 "파멸하다, 상실되다"를 의미하는 것으로 보인다[BDAG]). 바울이 여기에서 이 단어를 사용한 것은 그가 앞에서 이스라엘의 실패를 말할 때 사용한 장애물에 걸려 넘어진다는 표상을 이 단어로 나타낼 수 있었기 때문인 것 같다(9:32의 '프로스콥토'[προσκόπτω]를 보라)(Dunn을 보라).

635. 그리스어로는 '핍토'(πίπτω)다. 이 단어는 흔한 단어로서, 신약성경에서는 일반적으로 "넘어진다"는 물리적인 의미로 사용된다. 그러나 바울이 이 단어를 사용한 다른 용례들 중에서 세 번(롬 11:22; 14:4; 고전 10:12)과 히브리서 4:11에서는 이 단어는 영적인 파멸이라는 개념을 지닌다. 또한 이사야서 24:20을 보라: "땅이 취한 자 같이 비틀비틀하며 원두막 같이 흔들리며 그 위의 죄악이 중하므로 떨어져서[LXX πίπτω,'핍토'] 다시는 일어나지 못하리라."

636. '히나'(ἵνα). '히나'는 흔히 목적을 나타내지만, 결과나 그 밖의 다른 의미를 나타낼 수도 있다(BDAG; N. Turner, *Syntax*, 100-105; Moule, *Idiom Book*, 142-146).

637. Käsemann; Schreiner; Lohse; Jewett. Murray는 바울은 이스라엘의 완악해진 자들의 실족이 하나님이 그들의 최종적인 파멸을 의도하고서 행한 일인지 아닌지를 묻고 있는 것이라고 주장함으로써 이 해석에 특별한 무게를 더한다. 달리 말하면, 이스라엘의 완악해진 자들의 실족은 그들의 파멸로 이어졌다는 것이다. 그러나 이것은 하나님이 그들을 실족하게 하신 목적이 아니었다. 아우

엘의 실족이 실제로 넘어짐으로 이어진 것이 사실인지 아닌지를 묻고 있는 것이다.[638] 신약성경에서 이 둘을 구별하는 것이 어려운 경우가 비일비재하듯이, 이것은 여기에서도 마찬가지다 – 이스라엘의 실족이 넘어짐이라는 결과를 초래하지 않았다면, 그것은 하나님이 그렇게 되도록 의도하지 않았기 때문이다.

진실은 이스라엘이 그리스도를 배척했기 때문에 하나님의 계획 속에서 영원히 어떤 특별한 자리를 차지하지 못하고 배제될 것이라는 결론과 반대다("그러나"[그리스어로는 '알라'], 한글개역개정에는 번역되지 않음). 이스라엘의 죄는 이스라엘이 결국 다시 복을 받게 될 과정의 출발점이다. 이 과정의 중간 단계에 이방인들이 포함되어 있다. 구원이 이방인들에게 이른[639] 것은 이스라엘의 "범죄"(한글개역개정에는 "넘어짐")[640] "때문이다."[641] 바울은 아마도 그를 비롯한 복음 전도자들이 유대인들에게 배척을 받아 이방인들에게로 향하게 된 것을 염두에 두고 있는 것으로 보인다.[642] 바울은 10:19에서 인용한 신명기 32:21에서 개념을 빌려 와서, 하나님이 이방인들을 구원하시는 목적들 중 하나는 이스라엘을 자극해서 시기하게 하는 것임을 보여 준다.[643] 그런 시기가 어떤 식으로 이스라엘을 자극하여 구원을 받게 될 것이

구스티누스도 자신의 로마서 강해에서 비슷하게 해석한다.

638. Godet; Cranfield; Dunn(?).

639. Dunn(그리고 Jewett도)은 바울이 구원에 대해 통상적으로 미래적인 관점을 취하고 있다는 점에서 "이르고 있다"(is coming)로 번역하는 것이 더 낫다고 주장한다. 그러나 이 절의 논리적인 흐름에 비추어보았을 때는 과거로 해석해야 하는 것으로 보인다: 대부분의 주석자는 여기에서 '게고넨'(γέγονεν) 같은 동사를 보충해야 한다고 말한다(예를 들어, Schlier).

640. '파랍토마'(παράπτωμα). 바울은 이 단어를 16번 사용하지만, 특히 중요한 것은 로마서 5:15-21에서 아담과 그의 후예들의 죄를 설명하는 데 사용한 이 단어의 6번의 용례다. 이 때문에 Munck는 이방 그리스도인들은 이스라엘이 아담이 저지른 죄와 같은 흉악무도하고 최종적인 의미를 지니는 죄를 저질렀다고 말했고, 바울은 그들이 사용한 단어를 가져와서 사용하고 있는 것일 수 있다고 주장하지만(*Christ and Israel*, 118), 그런 주장은 억지다.

641. 대격 '토...파랍토마티'(τῷ...παραπτώματι)는 일반적인 도구적 의미가 원인의 의미로 옮겨간 경우다(예를 들어, Cranfield; Wilckens; Zeller, *Juden und Heiden*, 211-212).

642. 행 13:44-47; 14:1-3; 18:4-7; 19:8-10; 28:23-29을 보라. 예를 들어, Wilckens를 보라. 예수가 십자가에 못 박힌 것에 유대인들이 책임이 있다는 것(Barth, *Shorter*; Cranfield)을 가리킬 가능성은 거의 없다.

643. 신명기 32:21의 칠십인경 본문과 바울은 둘 다 상대적으로 잘 사용되지 않는 단어인 '파라젤로오'(παραζηλόω)를 사용한다(칠십인경에는 7번; 신약성경에서는 오직 바울 서신에서만 4번). 더 흔한 동사 '젤로오'(ζηλόω)는 여호와를 향한 긍정적인 "열심"과 사람들의 부정적인 "시기"를 둘 다 가리킬 수 있는 것과는 달리, '파라젤로오'(παραζηλόω)는 성경에서 언제나 "시기"를 가리킨다: 자기 백성에 대한 하나님의 시기(고전 10:32; 3 Kgdms. 19:22; 시 77:58), 또는 사람들 간의 시

라고 바울이 생각했는지는 분명하지 않다. 그러나 아마도 그는 유대인들이 원래 그들에게 약속되었던 메시아적인 복들을 이방인들이 누리는 것을 보면서 자신들도 그 복을 누리게 되기를 원할 것이라고 생각한 것 같다.[644]

12 이제 바울은 자신이 11절b에서 개시한 과정을 자세하게 설명한다. 즉, 그는 친숙한 "하물며" 논법을 사용해서(5:9, 10, 15, 17을 보라) 지금 이스라엘이 그리스도를 배척함으로써 생겨난 유익들과 장차 있을 이스라엘의 "충만함"이 가져올 복을 대비시킨다. 그가 이런 식으로 말하는 목적은 이 과정에서 이 최종적인 단계가 지닌 중요성을 강조하기 위한 것이다. 그가 이스라엘에 대해 언급하는 방식 - 그들의 범죄(한글개역개정에는 "넘어짐"), 그들의 실패, 그들의 충만함 - 은 그가 이방인 독자들을 염두에 두고 있음을 보여 준다.[645] 바울은 이방 그리스도인들이 이스라엘이 하나님의 은혜를 회복하게 되는 것이 그들에게도 중요하다는 것을 인식하기를 원한다.

이 절의 첫 번째 부분("되거든", 영어로는 "if" 절)은 바울이 11절b에서 개략적으로 설명한 처음 두 단계를 반복한다. 여기에서 바울은 또 다시 이스라엘의 "범죄"에 대해 언급하지만, 이번에는 그것을 '헷테마'("실패")로 규정한다. 어떤 사람들은 뒤에 나오는 "충만한 수"로 번역되어야 한다고 주장되는 '플레로마'("충만함")와의 더

기(시 36:1, 7, 8; Sir. 30:3). 신명기 32:21의 병행 표현들은 거기에 나오는 이 동사가 "시기의 격분을 촉발하다"라는 의미를 지닐 수 있다는 것을 보여 준다(10:19에 대한 각주들을 보라). Bell (*Provoked to Jealousy*, 112-113)은 바울이 유대인들을 시기나게 하는 것에서 이방인들이 중요한 역할을 할 것이라고 말한 것은 신명기 32장에서 온 것이라고 생각한다.

644. 특히 Byrne (339)을 보라. 그는 이렇게 말한다: 바울은 "[성령의 주어짐]으로부터 흘러나오는 사랑과 기쁨과 평안의 은사들"을 염두에 둔 것으로서, "전에 복음을 배척해 왔던 유대인들은 이 현상을 보고 충격을 받아 생각을 바꾸어 구원의 길로 나아오게 될 것이라고 생각했다." "유대교 내의 바울" 접근방법의 지지자들은 바울이 유대인들도 이방인들과 동일한 방식으로 구원을 받는다고 생각했다는 것을 피하기 위해 여러 가지 설명을 제시한다. Nanos는 이스라엘의 시기를 촉발시킨 것은 이방인들의 구원이 아니라 바울의 사역이라고 주장한 반면에(*Mystery of Romans*, 242-255), Baker ("Paul and Salvation," 469-484)는 이방인들의 구원은 이스라엘을 자극하여 이전보다 더 토라에 집착하게 만들었다고 주장한다(이것에 반대하는 견해로는 Kruse를 보라). 이 일반적인 접근방법은 이 본문에서 이스라엘의 시기와 이스라엘의 구원을 명시적으로 연결시키고 있는 것을 설명해 주지 못한다(이 본문에서는 이스라엘이 토라를 고집함으로써 구원을 얻게 될 것이라고 말한 것이 아니라는 것을 전제했을 때; 26절에 대한 주해와 32절 주해 뒤의 부설을 보라).

645. Cranfield.

효과적인 대비를 위해, 이 드물게 사용되는 단어를 종종 양적인 의미("줄어든 수", NAB)로 해석한다.[646] 그러나 '헷테마'는 기본적으로 질적인 의미를 지닌 것으로서 "패배" 또는 "손해"를 뜻하는 것으로 보이고, 이러한 의미는 문맥에도 잘 부합한다: 이스라엘이 그리스도를 배척한 범죄는 중대한 영적 실패였다.[647] 그러나 이스라엘의 손해는 이방인들의 이익이었다. 이스라엘의 범죄는 "세상의 풍성함"[648]을 의미했고, 이스라엘의 실패는 "이방인들의 풍성함"을 의미했다.[649] 하지만 바울의 이 말과 논리 속에는 장차 이스라엘의 "충만함"이 이루어질 때 이방인들에게 임할 복은 훨씬 더 클 것이라는 의미가 함축되어 있다.[650] 여기에서 암묵적으로 함축되어 있는 것은 15절에서 명시적으로 언급되는데, 거기에서 바울은 이 복을 "죽은 자 가운데서 살아나는 것"이라고 말한다.

그러나 바울이 "그들의[유대인들의] 충만함"이라고 말한 것은 구체적으로 무엇을 의미하는가? 여기에서 "충만함"으로 번역된 그리스어는 "충만한 정도", "완성"을 뜻하는 '플레로마'다.[651] '플레로마'가 가리키는 "충만함"은 '헷테마'("패배")

---

646. 예를 들어, Godet; Wilckens.

647. 이 단어는 "덜하다, 더 약하다, 패배하다"를 뜻하는 '헷타스타이'(ἡττᾶσθαι)에서 왔고, 성경에는 이 곳 외에 두 번의 용례가 더 있는데, 거기에서는 "패배"를 가리킨다: 이사야서 31:8(οἱ δὲ νεανίσκοι ἔσονται εἰς ἥττημα['호이 데 네아니스코이 에손타이 에이스 헷테마'], "그의 장정들은 패배하게 될 것이라"[한글개역개정에는 "그의 장정들은 복역하는 자가 될 것이라"])과 고린도전서 6:7(ἤδη μὲν [οὖν] ὅλως ἥττημα ὑμῖν ἐστιν ὅτι κρίματα ἔχετε μεθ' ἑαυτῶν['에데 멘 [운] 홀로스 헷테마 휘민 에스틴 호티 크리마타 에케테 메트 헤아우톤'], "너희가 서로 판단하니 너희에게 이미 완전히 패배가 있다"[한글개역개정에는 "너희가 피차 고발함으로 너희 가운데 이미 뚜렷한 허물이 있나니"]). BDAG; Cranfield를 보라. 대부분의 현대 역본들과 주석자들(예를 들어, Murray; Käsemann; Cranfield; Fitzmyer; Schreiner; Jewett; Bell, *Provoked to Jealousy*, 114)은 이것을 질적인 의미로 해석한다.

648. '플루토스'(πλοῦτος, "풍성함")는 여기에서 영적인 복의 풍성함을 가리킨다. 바울은 흔히 하나님의 은혜와 긍휼의 풍성하심을 가리키는 데 이 단어를 사용한다(롬 2:4; 9:23; 11:33; 엡 1:7, 18; 2:7; 3:8, 16; 빌 4:19; 골 1:27).

649. 이러한 병행은 "세상"(κόσμος, '코스모스')이 유대인들에게 전형적인 방식을 따라 이방 세계를 의미한다는 것을 보여 준다(Str-B, 2.191).

650. Murray.

651. '-마'(-μα)로 끝나는 그리스어들은 통상적으로 어떤 행위의 결과를 나타낸다; 그러므로 이 경우에 '플레로마'(πλήρωμα)는 동사 '플레로오'(πληρόω, "채우다")가 가리키는 행위의 결과를 가리킬 것이다. 따라서 명사 '플레로마'는 "충만한 정도", "완성"을 의미할 것이다. (Lightfoot, *Colossians*, 257-260을 보라.) 하지만 '플레로마'는 '-마'로 끝나는 다른 많은 그리스어들처럼 그 용법을 확장해서 능동의 의미를 지니게 되어서, "채우는 것"이라는 구체적 의미와 "채움"이라는 추상적인 의미로도 사용되었음을 보여 주는 증거가 있다(BDAG; J. A. Robinson, *Ephesians*,

와 마찬가지로 질적인 의미 – "충족", "완전"("회복," NET) – 로도 해석되고, 양적인 의미 – "그들의 수의 다 차는 것"(CEB) – 으로도 해석된다. '플레로마'를 질적인 의미로 해석하는 경우에는 이스라엘의 "범죄" 및 "패배"와 반대되는 "완성", 즉 이스라엘이 공동체적인 실체로서 지금 상실한 나라로서의 복들을 온전히 회복하는 것을 가리키는 것이 될 것이다.[652] 하지만 '플레로마'를 양적인 의미로 해석하는 경우에는 유대인들의 "충만한 수"를 가리키는 것이 될 것이고, 이 경우에 이것은 현재의 남은 자에 유대인 신자들의 훨씬 더 많은 수가 더해져서 구원으로 예정된 유대인들의 수가 "채워지게" 될 것이라는 함의를 지닐 것이다.[653] '플레로마'는 '헷테마'와는 달리 실제로 양적인 의미를 지니는 용법로 사용되고,[654] 25절에 나오는 이 단어의 병행적인 용례 – "이방인의 충만한 수('플레로마')가 들어오기까지" – 는 수적인 의미를 강력하게 뒷받침해 준다: "유대인들의 충만한 수." 그러나 '플레로마'가 명시적으로 수적인 의미로 사용된 용례는 드물고, 성경 그리스어의 다른 곳에서는 전혀 발견되지 않는다.[655] 하지만 여기에서 굳이 우리는 이 단어의 질적인

255–259; G. Delling, *TDNT* 6.298–302).

652. Lietzmann; Hodge; Murray; F. Hahn, "Zum Verstandnis," 229. Lietzmann은 여기에서 '플레로마'는 13:10의 '플레로시스'(πλήρωσις, "완성")와 동일한 의미를 지니는데, 바울은 '파랍토마'(παράπτωμα, "범죄") 및 '헷테마'(ἥττημα, "실패")와 맞추기 위해 '-마'로 끝나는 이 단어를 선택한 것이라고 주장한다.

653. Godet; Cranfield; Käsemann; Wilckens; Schreiner; Kruse; Fitzmyer; Wright; Gundry Volf, *Paul and Perserverance*, 173; Stuhlmann, *Eschatologische* Maß, 185–187.

654. BDAG는 세속 그리스어와 교부 저작에서 몇몇 본문을 인용한다. G. Delling (*TDNT* 6.298–302)은 Philo, *Special Laws* 1.272를 추가하지만, 이 용례는 그렇게 분명하지 않다.

655. '플레로마'(πλήρωμα)는 칠십인경에 15번 나오지만, 한 번을 제외하고는 모두 히브리어 동사 '말레'(מלא, "채우다")의 여러 형태를 번역한 것들이다. 대부분의 용례(11번)는 "땅[또는, 바다]과 그 충만한 것"(ἡ γῆ [또는, ἡ θάλασσα] καὶ τὸ πλήρωμα αὐτῆς, '헤 게[또는, 헤 탈랏사] 카이 토 플로로마 아우테스')이라는 판에 박힌 어구와 관련되어 있다(대상 16:32; 시 23:1; 49:12; 88:12; 95:11; 97:7; 렘 8:16; 29:2; 겔 12:19; 19:7; 30:12). 거기에서 '플레로마'는 "[땅 또는 바다를] 채우는 것"이라는 능동의 의미를 지닌다. 다른 4번의 용례는 수동의 의미를 지닌다(전 4:6과 아 5:12에서 각각 2번씩). 신약성경의 용례들 중 2번은 옷에 난 구멍을 "채우는" "기운 헝겊 조각"을 가리키고(마 9:16 = 막 2:21), 다른 2번은 특정한 용기를 "채우는 것"이라는 양적인 의미를 지닌다(막 6:43; 8:20). 요한은 그리스도의 "충만함" 또는 "풍성함"을 가리키기 위해 이 단어를 한 번 사용한다(요 1:16). 바울이 그리스도나 하나님의 '플레로마'를 가리키는 데 사용한 이 단어의 5번의 용례는 많은 논란이 있긴 하지만 일반적으로는 비슷하다(엡 1:23; 3:19; 4:13; 골 1:19; 2:9). 또한 바울은 로마서 15:29에서는 "풍성함"이라는 의미로 이 단어를 사용하고, 고린도전서 10:26에서는 시편 24:1 (LXX 23:1)을 인용하면서 이 단어를 포함한 칠십인경의 전형적인 어구를 그대로 가져와서 사용한다. 로마서 13:10에서 '플레로마'는 "채움"이라는 능동의 의미를 지닐 가능성이 크다. 바

의미와 양적인 의미 중에서 둘 중 하나를 선택할 필요는 없다. 여기에서 '플레로마'는 지적인 의미 - "충만함" - 로 사용되었을 가능성이 크지만, 문맥 및 25절과의 병행은 이 "충만함"이 수적인 과정을 통해 얻어진다는 것을 시사해주기 때문이다.[656] 따라서 바울은 지금 이스라엘이 수적으로 적은 수의 남은 자로 쪼그라든 "패배"는 장차 훨씬 더 많은 수의 참된 신자가 더해짐으로써 역전될 것이고, 이것은 이스라엘에 예정된 "충만함"이 될 것이라고 말한 것으로 보인다.

13 바울은 11b-12절에서 이스라엘이 하나님의 계획에서 영속적으로 배제되었다는 주장은 사실이 아니라는 것을 논증했다. 거기에서 그는 이스라엘의 현재의 영적인 "실패"가 장차 영적인 복의 "충만함"으로 다시 한번 바뀌게 될 것이라고 논증했다. 그리고 이 새로운 축복의 상태는 이방인들의 구원을 매개로 일어나게 될 것이다. 바울은 이방인들의 구원이 장차 이스라엘에게 주어질 축복에서 하게 될 이러한 역할을 토대로 해서, 13-14절에서 자신의 사역에 관한 언급으로 넘어간다.[657] 바울은 이스라엘이 궁극적으로 복을 받는 것과 관련해서 이방인들이 중요한 역할을 한다는 사실은 그의 사역이 주로 이방인들을 대상으로 함에도 불구하고 이스라엘에 간접적으로 중요한 영향을 미친다는 것을 의미하는 것임을 지적한다. 13-14절은 바울의 신학적 논증 중간에 끼어든 것이긴 하지만,[658] 17-24절 및 25절과 더불어서 바울 자신의 논증의 핵심적인 목적들 중 하나, 즉 로마 그리스도인들 가운데서 이방 그리스도인들의 우월감과 교만을 잠재우고자 하는 목적을 보여 준다는 점에서 수사학적으로 아주 중요하다. 그런 의미

울이 사용한 용례들 중에서 이 단어가 지닌 수적인 의미와 가장 가까운 용례는 구원사적 관점에서 때가 "차매"라고 한 것이다(갈 4:4; 엡 1:10). 그러나 이 용례들도 질적인 의미를 가리키는 것일 가능성이 크다: 그리스도의 오심으로 때가 "완성" 또는 "충만한 정도"에 도달했다.

656. Jewett을 보라. 그는 12에서 이 어구를 "하나님이 정한 충만한 정도"라고 번역한다. 이것은 특히 예정된 자들의 구원을 포함한 충만한 정도를 가리킬 것이다(25절).

657. Wilckens가 12절은 바울이 11절b에서 개략적으로 설명한 과정의 첫 번째 부분 - 이스라엘의 범죄가 이방인들의 구원을 가져다주었다는 것 - 을 확장하는 것인 반면에, 13-14절은 두 번째 부분 - "이스라엘로 시기나게 함" - 을 확장한 것이라고 말한 것은 옳다.

658. 예를 들어, Cranfield를 보라. 하지만 Godet는 삽입문적인 요소의 존재를 부정한다. 그는 근거가 약한 13절의 이독('데'[δέ] 대신에 '가르'[γάρ]로 읽는 것)을 받아들여서, 13-15절에서 바울은 자신의 사역이 어떻게 이방인들에게 큰 복을 가져다주는 데 도움이 될 것인지를 설명하고 있는데, 이것은 12절의 끝에서 암시한 것이라고 주장한다.

에서 11:11-32은 바울이 14:1-15:13에서 이 주제와 관련해서 행하게 될 긴 훈계를 위한 토대를 제공해 준다.[659]

13절a - "내가 이방인인 너희에게 말하노라" - 는 바울이 자기가 이 단락에서 말하고 있는 것을 로마 교회에 있는 이방 그리스도인들 대다수에게 적용하는 데 관심이 있다는 것을 보여 준다.[660] 13-14절에서 바울은 자기가 이방인들에 대한 사역에 집중하고 있는 것이 이스라엘과 관련해서 어떤 함의들을 지니고 있는지에 대한 이방 그리스도인들의 온갖 오해를 바로잡는다. 이방 그리스도인들이 바울이 "이방인의 사도"[661]라는 사실을 유대인들과 유대 그리스도인들을 멸시하는 추가적인 근거로 제시했으리라는 것은 우리가 충분히 짐작할 수 있는 일이다. 그들은 유대인들과 유대 그리스도인들에게"너희도 알듯이 바울은 유대인이면서도 자신의 동족을 버리고 우리 이방인들에 대한 사역에 전념하고 있지 않느냐"고 말했을 것이다. 이 말에 대해 바울은 그들의 말대로 자기는 하나님의 특별한 부르심을 따라[662] 이방인에 대한 사역에 전념하게 된 것이라고 시인한다. 하지만 바울은 그들이 생각하는 것과는 반대로,[663] "내가 이방인의 사도인 만큼[664] 내 직분

659. 예를 들어, Toney, *Paul's Inclusive Ethic*, 156-161을 보라.

660. Das는 이 절은 바울이 염두에 둔 청중이 이방인이라는 것을 보여 준다고 주장한다(*Solving the Romans Debate*, 67-68). 이것과 가장 가까운 병행은 요한계시록 2:24이다: "두아디라에 남아 있는 자들인 너희에게 말하노니"(ὑμῖν δὲ λέγω τοῖς λοιποῖς τοῖς ἐν Θυατείροις, '휘민 데 레고 토이스 로이포이스 토이스 엔 튀아테이로이스'). Das는 '로이포이스'가 자신의 견해를 뒷받침해 준다고 주장한다: 로마서 11:13에 이 단어가 없는 것은 바울이 자신의 청중의 일부를 향해 말한 것이 아님을 의미한다. 그러나 만일 바울이 계속해서 자신의 청중 전체를 향해 말하고 있는 것이라면, 여기에서 명시적으로, 그리고 17-25절에서 암묵적으로 이방인들을 구체적으로 언급한 것은 부자연스러워 보인다.

661. 관사가 없는 '에트논 아포스톨로스'(ἐθνῶν ἀπόστολος, "이방인들의 사도")라는 어구로부터 어떤 결론들을 이끌어내야 하는지를 알기는 어렵다. 동사 뒤에 나오는 한정되어 있는 명사들에는 관사가 붙는 것이 일반적이기 때문에("Colwell의 준칙"의 일부; N. Turner, *Syntax*, 183을 보라), 이 어구는 비한정적인 의미를 지닐 가능성이 높다. 따라서 우리는 "이방인들의 한 사도," 또는 "이방인들의 사도"로 번역해야 할 것으로 보인다. 하지만 이 준칙은 고유명사들에는 적용되지 않고, '에트론 아포스톨로스'는 하나의 직함일 수 있기 때문에 주의할 필요가 있다.

662. 행 9:15; 22:21; 26:17-18; 롬 1:5; 15:16, 18; 갈 1:16; 2:1-11; 엡 3:1, 6, 8; 살전 2:15-16; 딤전 2:7; 딤후 4:17을 보라.

663. 이것이 바울 서신의 다른 곳들에서와 마찬가지로 여기에서도 상관어인 '데'(δέ) 없이 단독으로 사용된 불변화사 '멘'(μέν)의 의미일 것이다(Cranfield).

664. '에프 호손'(ἐφ' ὅσον)이라는 어구는 "~인 한"을 의미할 수 있지만(마 9:15; 벧후 1:13; Sechrest, *Former Jew*, 134-140을 보라), 여기에서는 마태복음 25:40, 45에서와 마찬가지로 "~인 정도만

을 영광스럽게 여긴다" - 내 직분을 자랑스럽게 여기고 이 직분에 최선을 다한다[665] - 고 말하면서도, 이것은 내 직분이 유대인들을 하나님 나라로 들어오게 하는 데 간접적으로 기여할 것이라는 소망을 가지고 그렇게 하고 있다고 말한다(14절).[666]

14 자신의 이방인 전도가 유대인들에게 긍정적인 영향을 미치게 될 것이라는 바울의 소망[667]은 그가 11절b에서 도입한 "시기"라는 주제에 토대를 둔 것이다. 바울은 하나님이 자신의 이방인 전도를 사용해서 점점 더 많은 이방인들을 구원으로 이끄심에 따라,[668] 자신의 "골육"[669]인 유대인들이 시기가 나서 스스로 이 구원의 복을 찾게 되기를 소망한다. 13-14절에서 바울은 자기가 구원사 속에서 중요한 인물이라는 것을 인식하고 있음을 드러낸다. "이방인의 사도"로서 그는 열방과 이스라엘에 대한 하나님의 계획의 전개과정에서 아주 중요한 - 논란이 되는 - 역할을 갖고 있다. 그러나 14절 마지막 부분에서 바울의 겸손은 그가 자신의 사역에 부여한 중요성을 우리가 과대평가해서는 안 된다는 것을 보여 준다.[670] 바울은 자신의 사역의 열매로 자기가 기대하는 것이 "그들 중에서 얼마"(예를 들어, 몇

큼"을 의미한다(BDAG). 아마도 바울은 자기가 특히 이방인 사역으로 알려져 있지만 유대인 사역에도 시간과 힘을 쏟고 있다는 것(사도행전이 분명히 보여 주듯이)을 나타내기 위해 이러한 제한을 도입한 것으로 보인다.

665. 이 의역은 여기에 언급된 '독사조'(δοξάζω)가 지니고 있는 의미일 것으로 보이는 것을 포착한 것이다(특히 Dunn을 보라).

666. 물론 바울은 이것이 그가 이방인 사역을 하는 유일한 이유라거나 가장 중요한 이유라고 말하는 것은 아니다. 여기에서 그가 이렇게 말하는 목적은 이것이 그의 이방인 사역의 동기들 중 하나라는 것을 보여 주고자 하는 제한적인 것이다.

667. '에이 포스'(εἴ πως, "혹…… 아무쪼록") 구문은 주저하면서 소극적으로 기대하는 것임을 보여 준다: "……라는 소망을 가지고 아마도"(BDF §175; von Siebenthal, *Griechische Grammatik*, § 273f). '에이'(εἰ)에 걸리는 동사들인 '파라젤로소'(παραζηλώσω, "시기하게 하여")와 '소소'(σώσω, "구원하려")는 직설법 미래일 수 있지만, 에이 포스'(εἴ πως) 뒤에서는 접속법 단순과거일 것이다(Jewett).

668. 바울이 "그들 중에서 얼마를 구원하려 함이라"고 말한 것은 자신의 전도를 통해 하나님이 구원을 가져다주실 것이라는 의미다.

669. '텐 사르카 무'(τὴν σάρκα μου, "내 살,"한글개역개정에는"내 골육")는 "살"을 친척을 가리키는 의미로 사용하는 히브리어 표현을 가져와 사용한 것이다(LXX 창 37:27; 레 18:6; 25:49 등; BDAG를 보라).

670. 반면에 어떤 학자들은 바울은 이방인들에 대한 자신의 복음 전도가 종말의 이스라엘의 회심을 촉발시킬 것이라고 생각했고, 자신을 아주 중요한 종말론적인 인물로 보았다고 주장한다(특히 Munck, Paul, 275-79; Käsemann; 25절에 대한 각주들을 보라).

몇 유대인들)를 구원하는 것이라고 제한함으로써, 자기는 하나님이 이스라엘을 그 예정된 "충만함"으로 이끄는 데 사용하는 인물이 아니라는(어떤 사람들이 생각하는 것과는 달리) 인식을 보여 준다.[671]

15 이 절은 "12절을 이어받아서, 13절과 14절을 확증하는" 역할을 한다.[672] 이 절의 처음에 나오는 "왜냐하면"(그리스어로 '가르', 한글개역개정에는 "이는")은 후자의 역할을 보여 준다: 바울은 이스라엘을 자극하여 시기나게 해서 자신의 동포 유대인들 중 "얼마"를 구원하기 위해 열심을 내고 있다(13-14절). "왜냐하면" 이스라엘이 하나님의 은혜를 회복하는 것은 세상에 유례없는 복을 의미할 것이기 때문이다(15절). 아울러 15절은 바울이 11b-12절에서 개시한 과정을 재개한다. 하지만 여기에서 재개할 때는 앞에서와는 다른 구문과 논리 구조 – 12절의 "…되거든 하물며"는 "되거든… 무엇이리요"로 바뀐다 – 와 다른 단어들을 사용한다. 이 다른 단어들로 인해 11b-12절과 비교해서 두 가지 강조점이 생겨난다. 첫째, 앞의 본문에서는 "시기"라는 모티프를 통해 인간의 응답의 중요성을 보여 준 반면에, 15절은 이 과정에서 하나님의 주도권을 강조한다. 둘째, 이 과정의 최종적인 절정의 단계가 12절에서는 암시되기만 했던 반면에, 이제 명시적으로 분명하게 제시된다: "죽은 자 가운데서 살아나는 것." 바울이 이 과정에 대한 하나님의 감독에 초점을 맞추고 있다는 것은 먼저 "그들을 버리는 것"이라는 어구에서 드러난다. "버리는 것"으로 번역된 단어는 "내던지는 것" 또는 "잃는 것"을 의미한다.[673] 이 단어는 여기에서 유대인들이 구원을 "잃는 것", 그들이 구원이나 주를 "내던지는 것" 또

671. 예를 들어, Cranfield; Morris를 보라. Käsemann 등은 바울이 여기에서 이 문제를 다루는 방식은 그저 "외교적인 신중한 언사"일 뿐이라고 주장한다. 또한 그들은 "그들 중에서 얼마"라는 표현은 반드시 소수의 사람들을 가리키는 것은 아니라고 말한다(롬 3:3; Munck, Paul, 45-46을 보라). 하지만 이 문맥 속에서 12절의 "충만함"과의 대비는 너무나 명백해서 무시하기 어렵다.

672. Käsemann; 또한 Murray; Wilckens를 보라.

673. '아포볼레'(ἀποβολή). BDAG를 보고, 신약성경에서 이 곳 이외의 유일한 용례인 사도행전 27:22을 보라: "너희 중 아무도 생명에는 아무런 손상이 없겠고 오직 배뿐이리라"(ἀποβολὴ γὰρ ψυχῆς οὐδεμία ἔσται ἐξ ὑμῶν πλὴν τοῦ πλοίου, '아포볼레 가르 프쉬케스 우데미아 에스타이 엑스 휘몬 플렌 투 플로이우'). 이 단어는 칠십인경에는 나오지 않는다; 하지만 Josephus, Ant. 3.314를 보라: "그러나 이것들[성들과 성전]의 손실은 한 번이 아니라 여러 번일 것이다"(ἔσεσθαι δὲ τὴν τούτων ἀποβολὴν οὐχ ἅπαξ ἀλλὰ πολλάκις, '에세스타이 데 텐 투톤 아포볼렌 우크 하팍스 알라 폴라키스').

는 "배척한 것"을 가리킬 수도 있다.[674] 그러나 두 가지가 "하나님이 그들[유대인들]을 버린 것"으로 번역하는 것을 뒷받침해 준다.[675] 첫째, 바울은 이 절의 후반절에서 전반절의 "버리는 것"과 정반대되는 "받아들이는 것"이라는 단어를 사용한다. 바울이 여기에서 사용하는 이 단어는 신약성경의 다른 곳에는 나오지 않지만, 바울은 로마서 14:3과 15:7에서 하나님과 그리스도가 신자들을 "받아들이는"을 가리키는 데 이 명사와 관련된 동사를 사용한다.[676] 이것은 "받아들이는 것"이 "하나님이 유대인들을 받아들이는 것"을 가리키고,[677] 반대로 "버리는 것"은 "하나님이 유대인들을 버리는 것"을 가리킨다는 것을 강력하게 시사해 준다. 이러한 번역을 채택해야 할 두 번째 근거는 바울이 이 단락 전체에 걸쳐 이스라엘이 지금 영적으로 완악하게 된 것은 하나님의 책임이라는 것을 강조한다는 데 있다. "하나님이 그들에게 혼미한 심령을 주셨다"(8절); 그들은 "[하나님에 의해] 꺾이었다"(17절).

바울은 11절b와 13절의 표현방식을 반영해서, 하나님이 유대인들을 배척한 것은 "세상의 화목"을 의미했다는 것을 보여 준다. "화목"은 5:11(그리고 5:10에 나오는 이 명사와 관련된 동사를 주목하라)에서와 마찬가지로 여기에서도 하나님이 죄인들을 이끌어 자기와 평화로운 관계 속에 있게 한 행위를 가리킨다.[678] 바울은 또 다시

674. 이 견해에 의하면, '아우톤'(αὐτῶν)은 주격적 속격일 것이다: "그들에 *의한* 버림"(그들이 버린 것). Fitzmyer; Jewett; Donaldson, "'Riches for the Gentiles,'" 93 n. 50; Sibley, "Has the Church?" 571-581을 보라.

675. 이 해석은 '아우톤'(αὐτῶν)이 목적격 속격이고, 이 행위의 의미상의 주어는 하나님이라는 것을 전제한다: "하나님에 의한 유대인들의 버리심"(하나님이 유대인들을 버리신 것). 이 견해는 폭넓은 지지를 받고 있다: 예를 들어, BDAG; Godet; Murray; Cranfield; Wilckens; Dunn; Wright; Hofius, "Evangelium und Israel," 307을 보라.

676. 이 동사는 '프로스람바노'(προσλαμβάνω)다. 바울이 여기에서 사용한 단어는 '프로스렘프시스'(πρόσλημψις)다. 칠십인경에서 이 단어는 오직 시락서 10:20의 난외주에만 나온다. 거기에서 이 단어를 포함한 어구는 "받아들임의 시작은 주에 대한 경외다"(προσλημψέως ἀρχὴ φόβος κυρίου, '프로스렘프세오스 아르케 포보스 퀴리우').

677. 예를 들어, R. Martin, *Reconciliation*, 134를 보라. Fitzmyer and Donaldson ("'Riches for the Gentiles,'" 93 n. 50)은 '아포볼레'(ἀποβολή)에 대한 그들의 해석과 일관되게 이것은 유대인들이 하나님을 받아들이는 것을 가리킨다고 생각한다.

678. 5:10에 대한 주해에서 언급했듯이, 회목은 두 가지 계기를 지닌다: 십자가, 여기에서 그리스도의 죽음은 화목의 객관적인 근거를 제공한다; 회심, 여기에서 그리스도의 죽음으로 말미암은 은택들이 믿는 자에게 실제적인 화목을 가져다준다. 바울은 여기에서 후자의 계기를 염두에 둔 것으로 보인다 - Cranfield는 전자라고 주장하지만. 여기에서 화목이 유대인들과 이방인들 간의 화목을 가리킬 가능성은 거의 없다(반대견해로는 예를 들어, Barrett; Dunn[그는 이것이 바울이 말하고자 한 것의 한 요소라고 생각한다]).

공동체적인 범주들을 사용해서 말하고 있다. 따라서 "세상의 화목"은 모든 각각의 사람이 구원받았다는 것을 의미하지 않는다. "세상"은 12절에서와 마찬가지로 여기에서도 이방인들을 가리키고, 바울의 요지는 하나님이 이스라엘을 배척하신 것이 이방인들로 하여금 전면적으로 그리스도의 화목하게 하는 사역을 경험할 수 있게 해주었다는 것이다.

따라서 바울은 하나님이 이스라엘을 "버리신" 것이 이렇게 하나님의 구원이 이방인들에게로 확장되는 결과를 가져다주었다면, 장차 하나님이 이스라엘을 다시 받아들여 주었을 때 그 결과는 무엇일 것인지에 대해 말한다.[679] 그것은 다름 아닌 "죽은 자 가운데서 살아나는 것"('조에 에크 네크론')이 될 것이다. 이 어구의 의미를 놓고 격렬한 논쟁이 있어 왔다. 11장에서는 26절의 "온 이스라엘이 구원을 받으리라"를 제외하고 이 어구보다 더 격렬한 논쟁을 불러일으킨 것은 없었다. 이 절의 논리는 이 어구가 이방인들에게까지 화목이 확장된 것보다 훨씬 더 크거나 대단한 복을 가리킬 것임에 틀림없다는 것을 보여 준다. 왜냐하면 바울은 작은 것에서 큰 것으로 나아가는 논증법을 사용하기 때문이다: 하나님이 이스라엘을 배척하신 것 같은 소극적인 일이 이방인들이 하나님과 화목하게 되는 결과를 가져다주었다면, 장차 하나님이 이스라엘을 받아들이는 것 같은 적극적인 일이 일어났을 때는 그 결과가 얼마나 엄청나겠는가? 이 더 큰 복이 무엇이냐에 관한 온갖 견해들은 일반적으로 두 범주로 나뉜다.

(1) "죽은 자 가운데서 살아나는 것"은 역사의 끝에서 일어나게 될 사건을 가리킨다: 사람들이 일반적으로 죽은 자 가운데서 부활하는 것, 또는 그 부활에 뒤이은 지극히 복된 상태.[680]

---

679. 바울은 여기에서 장차 받아들여지게 되는 것이 이스라엘이라고 직접적으로 말하지 않는다. 그러나 '프로스렘프시스'(πρόσλημψις)에 붙어 있는 관사는 소유격의 역할을 해서, 이 절의 전반절의 병행 표현에 나오는 대명사 '아우톤'(αὐτῶν)의 의미를 지니는 것으로 보인다.

680. 특히 고전 15:22-24을 보라; 또한 마 25:31-46; 롬 6:6(?), 8(?); 8:11, 23; 빌 3:10-11; 살전 4:16; 계 20:4-6. 이것은 대부분의 초기 헬라 교부들(예를 들어, 오리게네스, 몹수에스티아의 테오도로스, 에프렘, 크리소스토모스, 테오도레토스; Schelkle, *Paulus, Lehrer der Väter*를 보라), 많은 청교도들(I. Murray, *Puritan Hope*, 66-72를 보라)이 채택한 견해였다. 또한 Lietzmann; Meyer; Zahn; Lagrange; S-H; Barrett; Bruce; Black; Käsemann; Schmidt; Schlier; Cranfield; Dunn; Zeller; Schreiner; Jewett; Munck, Christ and Israel, 126-127; W. Davies, "Paul and the Gentiles," 132; R. Martin, *Reconciliation*, 133-134; Beker, *Paul the Apostle*, 153; Refoulé,

(2) "죽은 자 가운데서 살아나는 것"은 신자들이 그리스도의 죽음과 부활을 통해 개시된 구원의 새로운 시대에서 "영원한" 생명을 경험하고 누리는 것을 가리킨다. 이 경우에 바울은 일반적으로 사람들에게 주어지는 영적인 생명[681]을 가리키는 것일 수도 있고, 특히 이스라엘에게 주어지는 영적인 생명을 가리키는 것일 수도 있다.[682]

이 두 선택지 중에서 어느 쪽으로 결정하는 일은 어렵다. 사전적 증거는 둘 모두를 보여 주기 때문이다. "죽은 자 가운데서 살아나는 것"이라는 어구는 성경의 다른 곳에는 나오지 않는다. 그러나 "죽은 자 가운데서"('에크 네크론')라는 어구는 신약성경에 47번 나오고, 1번을 제외한 모든 용례는 부활을 가리키는 구절 속에 나온다. 한편 "살아나는 것"(생명)이라는 단어는 일반적으로 부활 자체가 아니라, 신자들에게 주어지는 새로운 영적 생명을 가리킨다. 바울 서신에서 그가 여기에서 사용한 어구와 가장 가까운 병행은 "너희 자신을 죽은 자 가운데서 다시 살아난['에크 네크론 존타스'] 자 같이 하나님께 드리며"(롬 6:13, NASB)라는 구절이다.[683] 또한 어떤 이들은 만일 바울이 여기에서 부활을 언급하고 싶었다면, 부활이라는 단어를 명시적으로 사용했을 것이라고 주장한다. 예를 들어, 고린도전서 15:12의 "죽은 자 가운데서 부활"[684]을 보라. 따라서 모든 것을 종합해 보았을 때, 우리는 바울은 여기에서 아담으로 인해 온 세상에 도입된 죽음의 상태로부터 "살아 있는"

Et ainsi tout Israël, 251-255; Gundry Volf, *Paul and Perseverance*, 173-174; E. Johnson, *Function*, 128; Bell, Provoked to Jealousy, 116-118을 보라.

681. 이 견해를 지지하는 사람들은 흔히 누가복음 15:24에서 탕자가 집에 돌아온 것을 묘사한 구절을 병행으로 제시한다: "이 내 아들은 죽었다가[νεκρός, '네크로스'] 다시 살아났으며[ἀνέζησεν, '아네제센']." 대부분의 후기 헬라 교부들은 이 견해를 취했다(Schelkle, *Paulus, Lehrer der Väter*를 보라); 특히 Murray를 보라; 또한 Gifford; Stuart; Godet; Denney; Morris; Haldane; Lenski; Huby; Viard. Ladd (*Theology*, 607-608)는 "죽은 자 가운데서 살아나는 것"은 이방인들에게 적용된다고 생각한다.

682. 이 경우에 흔히 언급되는 것은 "마른 뼈들"에 관한 에스겔의 환상이다(37장). Calvin; Fitzmyer; Ziesler; Wright; idem, *Climax of the Covenant*, 248; idem, Resurrection, 262; Judant, *Deux Israël*, 182-191을 보라.

683. 나는 Dunn을 따라 초판에서는 "같이"(ὡσεί, '호세이')는 통상적으로는 물리적인 의미를 지닌 이 어구가 여기에서는 은유적인 의미로 사용되고 있다는 것을 보여 준다고 주장했다. 그러나 "같이"는 단지 신자의 성격을 규정하는 의미를 지니는 것으로 보인다.

684. '아나스타시스 네크론'(ἀνάστασις νεκρῶν).

영적인 상태로 옮겨가는 것을 말하고 있는 것이라는 견해로 조금 기울게 된다.[685]

그럼에도 불구하고 우리는 문맥상으로 볼 때 "죽은 자 가운데서 살아나는 것"이라는 이 상태는 그리스도가 역사의 끝에 오셨을 때 개시될 전대미문의 복의 경험을 가리키는 것이라고 생각한다. 바울은 다른 곳들에서 최종적이고 종말론적인 구원의 상태를 가리키는 데 "생명"(여기에서는 "살아나는 것")이라는 단어를 사용하고(롬 5:17, 18, 21; 고후 5:4), 바울의 논증은 여기에서 이 어구가 미래에 경험하게 될 전대미문의 복을 가리킬 것을 요구하는 것으로 보인다. 12절의 논리는 장차 이스라엘의 "충만함"의 결과로 생겨나게 될 일은 현재의 이스라엘의 "범죄"와 마찬가지로 (이방) 세계에 영향을 미칠 것이라는 뜻을 함축한다. 그리고 25-26절은 하나님이 구원하기로 예정한 모든 이방인들이 하나님 나라로 들어온 후에야 이스라엘의 구원이 도래할 것임을 보여 준다.[686] 우리로 하여금 바울이 역사의 끝을 염두에 두고 있다고 생각하게 만드는 또 한 가지 요인은 이 대목에서 바울의 가르침의 배후에 있는 묵시론적 세계관이다. 물론 묵시론의 성격과 묵시론이 바울에게 영향을 미친 정도에 대해서는 논쟁이 되고 있다. 그러나 바울은 로마서 9-11장, 특히 11:12-32에서 자신의 논증 구조 및 어휘 둘 모두와 관련해서 자기가 묵시론적 개념들에 의해 깊이 영향을 받고 있음을 보여 주는 많은 분명한 표시들을 보여 준다.[687] 그런데 유대의 대부분의 묵시론적 사고는 역사의 끝으로 이어지거나 역사의 끝을 가져오는 사건들에 초점을 맞추고 있다. 표준적인 형태의 묵시론은 종말의 완성을 가져다줄 사건으로 이스라엘의 회복을 든다.[688] 우리는 바울이 여기에서 자신의 가르침을 묵시론과 연결시키고 있다고 생각하는 것이 옳기 때문에, "죽은 자 가운데서 살아나는 것"이라는 어구는 역사의 끝에 있을 부활을 가리킬 가능성이 높아 보인다.

---

685. 특히 Meyer; Lietzmann; Schlier를 보라.

686. 예를 들어, Cranfield를 보라.

687. 이 확신의 고전적인 표현은 Käsemann의 주석서에 나온다. 또한 E. Johnson, *Function*, 특히 124-131을 보라. 바울의 묵시론적 세계관과 부활론에 대해서는 Beker, *Paul the Apostle*, 152-163을 보라.

688. Allison, "Background of Romans 11:11-15," 229-234; idem, "Romans 11:11-15: A Suggestion," 23-30을 보라. 그는 T. Dan 6:4; T. Sim. 6:2-7; T. Jud. 23:5; T. Moses 1:18; 2 Bar. 78:6-7; 4 Ezra 4:38-43; b. Sanh. 97b, 98a; b. Šabb. 118b; Sipre Deut. 41을 언급한다. 사도행전 3:19-20은 이 전승을 전제한 것일 수 있다 (E. Johnson, *Function*, 125-126).

따라서 이스라엘의 "범죄"(11, 12절, "넘어짐")와 "배척"(15절, "버리는 것")이 구원사 속에서 바울(과 우리)이 위치해 있는 단계, 하나님이 특히 이방인들에게 복을 주고 계시는 단계를 촉발시켰듯이, 이스라엘의 "충만함"(12절)과 "받아들이는 것"(15절)은 구원사의 절정과 끝을 촉발시킬 것이다. 이방 그리스도인들 가운데서는 하나님의 계획 속에서 이제 이스라엘의 역할은 끝났다고 생각하는 경향이 팽배한 가운데, 바울은 구원사 속에서 이스라엘의 중요한 역할은 지속되고 있다고 역설한다. 하지만 바울은 장차 이스라엘과 관련된 이 사건들이 언제 일어나게 될 것인지에 대해서는 침묵한다. 많은 주석자들은 바울이 이 과정에서 자신이 행하는 역할에 대해 언급한 것(13-14절)은 그가 이 과정의 절정과 완성이 자기가 살아 있는 동안에 도래할 것이라고 확신했음을 보여 준다고 생각한다.[689] 그러나 앞에서 이미 보았듯이, 바울은 이 과정에서 자신이 하는 역할을 그렇게 대단하게 보지 않았다. 신약성경의 나머지 부분에서와 마찬가지로 바울은 이 사건들이 일어날 때를 하나님의 손에 맡긴다.

689. 15절에 대해서는 Dunn, 2.658을 보라.

2. 유대인과 이방인의 상호관계: 이방인 신자들에 대한 경고(11:16–24)

16 제사하는 처음 익은 곡식 가루가 거룩한즉 떡덩이도 그러하고 뿌리가 거룩한즉 가지도 그러하니라.

17 또한 가지 얼마가 꺾이었는데 돌감람나무인 네가 그들 중에 접붙임이 되어 참감람나무 뿌리의 진액[131]을 함께 받는 자가 되었은즉

18 그 가지들을 향하여 자랑하지 말라 자랑할지라도 네가 뿌리를 보전하는 것이 아니요 뿌리가 너를 보전하는 것이니라

19 그러면 네 말이 가지들이 꺾인 것은 나로 접붙임을 받게 하려 함이라 하리니

20 옳도다 그들은 믿지 아니하므로 꺾이고 너는 믿으므로 섰느니라 높은 마음을 품지 말고 도리어 두려워하라

21 하나님이 원 가지들도 아끼지 아니하셨은즉 너도[132] 아끼지 아니하시리라

22 그러므로 하나님의 인자하심과 준엄하심을 보라 넘어지는 자들에게는 준엄하심이 있으니 너희가 만일 하나님의 인자하심에 머물러 있으면 그 인자가 너희에게 있으리라 그렇지 않으면 너도 찍히는 바 되리라

23 그들도 믿지 아니하는 데 머무르지 아니하면 접붙임을 받으리니 이는 그들을 접붙이실 능력이 하나님께 있음이라

24 네가 원 돌감람나무에서 찍힘을 받고 본성을 거슬러 좋은 감람나무에 접붙임을 받았으니 원 가지인 이 사람들이야 얼마나 더 자기 감람나무에 접붙이심을 받으랴

---

690. 이 번역이 토대를 둔 NA[28]과 UBS[5] 본문은 *τῆς ῥίζης τῆς πιότητος*('테스 리제스 테스 피오테토스,' "뿌리의 진액")로 되어 있다. 이 본문은 두 개의 일차적인 알렉산드리아 대문자 사본들인 ℵ(원본)와 B, 이차적인 알렉산드리아 대문자 사본인 C, 대문자 사본 Ψ, 몇몇 소문자 사본들에서 확인된다. 단어들을 다소 어색하게 결합한 이 어구를 피해서 필사자들이 수정한 것일 가능성이 큰 세 가지 이독들이 존재한다. (1) *τῆς ῥίζης καὶ τῆς πιότητος*('테스 리제스 카이 테스 피오테토스,' "뿌리와 진액": ℵ의 두 번째 [비잔틴] 수정본; 이차적인 알렉산드리아 사본들인 A, 33, 81, 1739; 서방 대문자 사본의 두 번째 수정본 D; 대다수의 본문들에서도; 또한 대부분의 고대 역본들에서도 확인된다). 이것은 KJV의 번역인 "the root and fatness"의 본문상의 근거다. (2) *τῆς πιότητος*('테스 피오테토스,' "진액": D의 원본인 P[46], 두 개의 다른 서방 대문자 사본들[F와 G], 몇몇 소문자 사본들과 고대 역본들의 읽기). (3) *τῆς ῥίζης*('테스 리제스,' "뿌리": Ambrosiaster가 전제한 읽기). Godet (406)는 두 번째 읽기를 지지하지만, 대부분의 학자들은 우리가 채택한 읽기를 지지한다(예를 들어, S-H, 328; Michel, 349–350 n.; Metzger, *Textual Commentary*, 464를 보라).

691. NA[28]과 UBS[5] 본문은 *οὐδέ*('우데,' "neither") 앞에서 괄호 안에 *μή πως*('메 포스')라는 어구를 둔다. 이 어구의 첨가는 이 구문에 불확실성의 뉘앙스를 추가하는 역할을 한다: "아마도 너도"(BDAG, 519를 보라). 이 첨가는 P[46]을 비롯해서 폭넓은 본문상의 지지를 받고 있다; 이차적인 알렉산드리아 사본들인 MS 33; Ψ; 서방의 대문자 사본들인 D, F, G; 대다수의 본문들. Metzger (*Textual Commentary*, 464–465)는 다음과 같은 근거들 위에서 이 어구를 본문 안에 포함시킨 UBS 위원회의 결정을 옹호한다: (1) '메 포스'는 바울이 전형적으로 사용하는 어구다; (2) 필사

어떤 것의 일부가 전체를 거룩하게 할 수 있다는 16절의 논증은 이행을 위한 것이다.[692] 한편으로 16절은 11-15절에 함축적으로 들어 있는 내용, 즉 이스라엘이 장차 영적으로 새로워질 것이라는 소망을 강화한다: 이스라엘의 일부가 거룩하다는 것은 장차 이스라엘 전체가 충만하게 되고 받아들여지게 될 것임을 보여주는 합당한 근거가 된다. 다른 한편으로 16절은 17-24절을 지배하는 뿌리와 가지들에 관한 알레고리를 도입함으로써 그 절들로 넘어가기 위한 길을 닦아놓는다. 바울의 논증 형태에서 이 예시는 9-11장의 아주 큰 특징이었던 구약성경을 직접적인 증거 본문으로 인용한 방식을 대체한다. 바울은 이 알레고리를 전개해 나가면서, 족장들과 하나님이 그들에게 주신 약속들을 나무의 뿌리에 비유하고, 유대인들을 "참감람나무 가지들"에, 이방인들을 "돌감람나무 가지들"에 비유한다. 이러한 비유들이 보여 주듯이, 나무 자체는 가장 넓은 의미에서의 하나님의 백성 - 구원사의 두 시대와 두 주요한 인종적/종교적 집단들인 유대인과 이방인을 모두 포함하는 하나님의 백성 - 을 나타낸다. 바울은 두 가지 목적으로 이 감람나무 표상을 사용한다.

첫 번째이자 가장 분명한 것은 권면의 목적이다. 이 본문 전체에 걸쳐서 바울은 계속해서 로마의 이방 그리스도인들에게 직접적으로 말해나가면서(13절을 보라), 자기가 그들에게 말한다는 것을 한층 더 분명하고 생생하게 하기 위해 이인칭 단수형을 사용한다.[693] 감람나무 표상은 이방 그리스도인들의 영적인 실존은 그들이 유대인 족장들과 약속들이라는 토양에 뿌리를 내리고 거기에서 자양분을 공급

자들이 이 어구를 생략한 것은 불필요하다고 생각했거나 미래 시제의 동사와 함께 사용하는 것은 문제가 있다고 생각했기 때문일 것이다(또한 Meyer [2.198]와 Godet [407]를 보라). 하지만 이 어구의 생략은 알렉산드리아 사본 계열에서 아주 강력한 지지를 받고 있고(일차적인 대문자 사본들인 ℵ와 B; 이차적인 사본들인 C, 81, 1739), 이것은 "짧은 읽기를 우선해야 한다"는 원칙을 적용해야 하는 경우로 보인다(예를 들어, S-H, 329; Murray, 2.88; Cranfield, 2.569 n. 6을 보라).

692. Cranfield, 2.563; Dunn, 2.652를 보라. 일부 역본들(NIV; NRSV; ESV)은 16절과 17절 사이에서 단락을 구분한다(NA[28]과 UBS[5]처럼). 하지만 NLT, CEB, NJB와 거의 모든 주석자(예를 들어, Godet, 398; S-H, 318; Michel, 344; Käsemann, 304; Wilckens, 2.241; Murray, 2.84)는 15절과 16절 사이에서 단락을 구분한다. 둘 중에서 선택을 해야 한다면, 후자가 더 나은 선택지다. 왜냐하면 16절은 11-15절보다는 17-24절과 더 밀접하게 관련되어 있기 때문이다. 그러나 16절은 분명히 이행을 위한 것이기 때문에 굳이 선택을 할 필요는 없다.

693. 일부 학자들(예를 들어, Aletti, *Comment Dieu est-il juste?* 191-192)은 이것은 실제적인 청중을 염두에 둔 것이 아니라 단지 논쟁을 위한 수사학적 장치일 뿐이라고 생각한다.

받고 있으며 유대인들이 본성적으로 속해 있는 나무에 참여하는 방식으로 이루어진다는 것을 분명히 한다. 이것이 사실이라면, 이방 그리스도인들이 유대인들에 대해 우월감을 가지거나(18절) 그들 자신의 영적인 업적을 자랑한다는 것(19-22절)은 분명히 말도 되지 않는 일이다.[694]

바울의 두 번째 목적은 교훈적인 것이다. 바울은 원 가지들이 "자기" 감람나무에 다시 접붙임을 받는 것은 쉬운 일이라는 것을 강조함으로써(23-24절) 11:11-32의 핵심 주제인 이스라엘의 영적 미래에 대한 밝은 소망과 관련한 추가적인 근거를 제시한다.

16 뿌리와 가지들에 관한 표상은 이 절과 다음 절 간의 분명한 연결관계를 만들어낸다. 11-15절과의 연결관계는 분명하게 드러나 있지는 않지만, 쉽게 추론해 낼 수 있다.[695] 왜냐하면 구원사의 미래에 대한 바울의 개략적인 설명 속에는 구체적인 설명 없이 소개되고 있는 하나의 아주 중요한 단계가 포함되어 있기 때문이다: 이스라엘의 영적 회복("그들의 충만함"[12절]; "그 받아들이는 것"[15절]). 즉, 이제 이 절에서 바울은 이스라엘이 처음에 부여받은 특징인 거룩함은 이 백성 위에 새겨진 지워질 수 없는 표시로서 이스라엘의 현재와 미래에 중요한 의미를 지닌다는 것을 논증함으로써 이 절과 11-15절을 연결시킨다.

바울은 이 점을 논증하기 위해 둘 모두 부분에서 전체로 나아가는 논증과 관련되어 있는 두 가지 병행되는 은유들을 사용한다. 첫 번째는 민수기 15:17-21에서 가져온 것이다. 이 민수기 본문에서 여호와는 이스라엘 백성에게 그들이 약속의 땅에 들어간 후에는 그들의 떡을 굽는 데 사용하는 "반죽 덩어리"[696]의 "첫 열매들"[697]을 거제로 드리라고 명령한다. 바울의 요지는 반죽 덩어리의 이 첫 번째 부

694. 학자들은 유대인들에 대한 이방 그리스도인들의 우월감의 정확한 이유가 무엇이었는지를 놓고 논쟁을 벌인다. 어떤 이는 아주 오래된 반유대주의가 한 몫 했을 것이라고 주장한다(예를 들어, W. Davies, "Paul and the Gentiles," 135-137). 그러나 로마 교회와 초기 교회의 문제는 일반적으로 인종적인 차이보다는 종교적인 차이를 토대로 한 것이었다.

695. 따라서 여기에서 '데'(δέ)는 느슨한 이행을 가리킨다. 그래서 우리는 "now"라고 번역했다.

696. 히브리어로는 '아리사'(עֲרִיסָה). 이 단어의 의미는 확실하지 않다(BDB 791); LXX φύραμα('퓌라마'), "덩어리", "반죽"(롬 9:21; 고전 5:6, 7; 갈 5:9을 보라).

697. '레쉬트'(רֵאשִׁית, "첫 번째", "가장 중요한 부분"; LXX ἀπαρχή('아파르케', "첫 열매들")은 통상적으로 앞으로 더 올 어떤 것의 첫 번째 단계를 가리킨다. 이 단어는 세속 그리스어와 구약성경에서

분의 거룩함은 반죽 덩어리 전체로 확대된다는 것이다.[698] 바울은 이 은유를 어떤 일련의 상황들에 적용하고자 하는 것인가? 바울은 아무런 단서도 주지 않기 때문에, 이 절에서 첫 번째 은유와 병행을 이루고 있는 것으로 보이는 두 번째 은유에서 그 대답을 찾는 것이 합리적인 것으로 보인다. 우리는 이 은유의 여러 요소들을 해석하는 데 문맥과 그 밖의 다른 유대 본문들의 도움을 받을 수 있다. "가지들"은 17-18절이 보여 주듯이 유대인들이다.[699] "뿌리"가 무엇을 가리키는지는 바울이 그렇게 분명하게 밝히고 있지 않기 때문에, 그리스도,[700] 유대 그리스도인들(남은 자),[701] 족장들을 비롯해서 여러 다양한 견해들이 제시되어 왔다. 그러나 17-18절의 표상, 28절에 나오는 어느 정도 병행되는 개념 - 하나님이 "조상들로 말미암아" 이스라엘을 사랑하신다는 것(9:5도 보라) - 아브라함과 족장들을 뿌리라고 부르는 유대 본문들은 여기에서 "뿌리"가 족장들을 가리킨다는 것을 강력하게 뒷받침해 준다.[702]

그러나 이것은 바울이 자신의 첫 번째 은유에서 가르치고 있는 것이기도 한 것

하나님에게 제물로 드려져야 하는 어떤 것의 처음 부분 또는 대표적인 부분을 가리키는 데 흔히 사용된다(예를 들어, 레 2:12[곡식]; 23:10[수확]; 신 18:4[곡식, 포도주, 양 털]). 이 "첫 열매들"은 흔히 제사장들의 몫이었다(예를 들어, 민 18:8). A. Sand, *EDNT* 1.116을 보라.

698. 민수기 본문은 이 반죽 덩어리의 "첫 열매들"이 이 단죽 덩어리 전체에 영향을 미쳤다는 것을 보여 주지 않는다; 또한 다른 구약 본문이나 유대교 본문들도 "첫 열매들"과 나머지 부분 간의 그러한 관계를 일반적으로 분명하게 주장하지 않는다(반대 견해로는 예를 들어, Cranfield는 레 19:23-25을 거론하고, Käsemann은 Philo, *Special Laws* 1.131-144를 언급한다). 따라서 바울은 다른 곳에서 도출해낸 원리를 이 상황에 적용한 것으로 보인다; 예를 들어, Dunn은 유대인들은 성전이 예루살렘 전체를 거룩하게 한다고 생각했다는 것(그는 느 11:1, 18; 사 11:9; 48:2; 66:20; 렘 31:23, 40; 겔 20:40을 인용한다)과 바리새인들은 율법을 철저하게 지킴으로써, 성전의 거룩함을 그 땅 전체로 확대하고자 했다는 것을 지적한다. 아마도 바울은 "적은 누룩이 온 덩어리에 퍼진다"(고전 5:6; 여기에서도 φύραμα['퓌라마']라는 단어가 사용된다)는 원리에 의해서도 영향을 받았을 것이다.

699. 17-24절에 의하면 오직 유대 그리스도인들만이 지금 나무에 남아 있다는 이유로 가지들은 유대 그리스도인들을 가리킨다고 논증하는 것도 가능하다. 그러나 바울은 여기에서 아직가지는 남아 있는 가지들과 "꺾인" 가지들 간의 대비를 발전시키고 있지 않다(Bourke, *Study of the Metaphor*, 72-73을 보라).

700. Ellison, *Mystery of Israel*, 86-87.

701. Barrett(그리스도를 가키리는 것일 수도 있다고 말한다); Longenecker; Osten-Sacken, *Christian-Jewish Dialogue*, 106-107; E. Johnson, Function, 98.

702. 예를 들어, 1 En. 93:5, 8; Philo, *Heir* 279(아브라함); Jub. 21:24(이삭). 대부분의 주석자들은 이 입장을 취한다; 예를 들어, 크리소스토모스, Godet; Cranfield; Fitzmyer; Schreiner를 보라.

인가? 우리는 이 두 은유가 병행관계에 있는 것으로 보인다는 것을 토대로 해서, "첫 열매들"은 족장들을 나타내고, "반죽 덩어리"(한글개역개정에는 "떡덩이")는 유대 백성을 나타낸다는 결론을 내릴 수 있는가? 거의 모든 학자들은 후자에 대해서, 즉 "반죽 덩어리"가 유대인들을 나타낸다는 것에는 동의한다.[703] 하지만 "첫 열매들"이 무엇을 나타내는지에 대해서는 견해가 갈린다. 대부분의 학자들은 두 은유의 병행관계에 의거해서 "첫 열매들"은 족장들을 나타내는 것이라고 결론을 내린다.[704] 그러나 일부 학자들은 "첫 열매들"은 아담[705] 또는 그리스도를 가리키는 것이라고 생각하고(고전 15:20, 23을 보라),[706] 상당수의(그리고 점점 더 많은 수의) 학자들은 유대 그리스도인들, 즉 남은 자를 가리킨다고 생각한다.[707] 이 마지막 견해의 지지자들은 바울이 다른 곳들에서 유대인들 중에서 "처음에 회심한 자들"을 가리키는 데 "첫 열매들"이라는 단어를 사용한다는 것(롬 16:5; 고전 16:15; 살후 2:13), 구약성경과 유대 사상가들은 남은 자를 유대 백성에게 주어질 더 큰 복의 보증금으로 본다는 것을 지적한다. 우리가 이 견해를 받아들인다면, 16절a는 1-10절의 논증을 이어받고, 16절b는 17절 이하와 연결되게 됨으로써, 16절이 지닌 이행절로서의 성격이 한층 더 강화될 것이다. 이 두 견해 중 어느 쪽을 선택하는 것은 어려운 일이긴 하지만, 나는 "첫 열매들"은 족장들을 나타낸다는 전통적인 견해가 약간 더 가능성이 높다고 생각한다.

따라서 16절의 두 은유는 족장들의 "거룩함"이 이스라엘 전체에 거룩함을 전해 준다고 주장한다. 하지만 바울이 족장들에게 그런 의미를 부여했다고 해서, 아브라함, 이삭, 야곱이 그들 자신과 그들의 자손들로 하여금 영적인 은택들을 얻게

703. 하지만 Dunn은 바울은 유대인이든 이방인이든 족장들의 모든 영적 자손들을 가리키는 것일 수 있다고 생각한다(롬 4:16-19을 보라).

704. 예를 들어, 크리소스토모스; Godet; Murray; Käsemann; Wilckens; Schreiner; Bourke, *Study of the Metaphor*, 75-76을 보라.

705. 이 견해는 아담을 "첫 열매들"과 연결시킨 꽤 널리 퍼져 있던 유대 전승을 토대로 한 것이다(Rengstorf, "Ölbaum-Gleichnis," 128-135를 보라).

706. 일부 교부들은 이 입장을 취했다(Schelkle, *Paulus, Lehrer der Väter*); 또한 Wright를 보라.

707. 초기 교회의 일부가 이 견해를 채택했다(Schelkle, *Paulus, Lehrer der Väter*); 또한 Cranfield; Fitzmyer; Wright; Hafemann, "Salvation of Israel," 51; Osten-Sacken, *Christian-Jewish Dialogue*, 106-107; E. Johnson, *Function*, 98-99; Bell, *Provoked to Jealousy*, 118-120을 보라. Jewett은 이스라엘 전체를 가리킨다고 생각한 반면에, Dunn은 바울 당시의 유대인 신자들과 이방인 신자들을 가리킨다고 생각한다.

해준 어떤 특질을 지니고 있었다고 말하는 것은 아니다. 구약성경과 바울이 둘 다 분명히 하고 있듯이(특히 롬 4장과 갈 3장을 보라), 족장들은 오직 하나님의 약속들을 받아서 전해주는 자들의 역할을 하는 방식을 통해서만 그들의 자손들에게 영적인 은택들을 전해 준다. 족장들의 "거룩함"은 하나님이 이 구원사적인 역할을 위해 그들을 성별하신 데 있다.[708] 바클레이가 표현했듯이, "뿌리"는 "그들을 족장들로 세우고, 따라서 이스라엘 전체를 세우신 하나님의 부르심 또는 택하심"이다.[709] 또한 "거룩한"('하기오스')이라는 단어는 구약의 제사 용어에서 가져온 것이다. 따라서 여기에서 이 단어는 바울 서신에서 통상적으로 사용된 "구원을 위해 하나님이 구별하신"이라는 전문적인 의미를 지니는 것이 아니라, 좀 더 일반적인 방식으로 하나님이 특별한 목적을 위해 "구별하신"이라는 의미를 지닌다.[710] 바울은 여기에서 모든 각각의 이스라엘 사람의 구원을 주장하고 있는 것이 아니라, 여호와 앞에서 이스라엘 백성이 계속해서 특별한 정체성을 지니고 있다고 주장하는 것이다.

17 이렇게 하나님과 이스라엘의 특별한 관계가 지속되고 있다는 것은 이스라엘이 언젠가는 영적으로 새로워지게 될 것이라는 소망, 바울이 23-24절에서 자세하게 설명하게 될 소망의 근거가 된다. 하지만 바울은 먼저 뿌리와 가지들에 관한 알레고리를 사용해서 이방 그리스도인들을 질책하고 경고한다(17-22절).[711]

17절은 조건을 담은 문장으로 되어 있는 전제절("~이면")이고, 귀결절("그런 경우에는 ~이다")은 18절a다: "그 가지들을 향하여 자랑하지 말라." 이 경우에 바울이 그 조건이 충족된 것으로 본다는 것은 분명하다.[712] 이 조건은 두 부분으로 이루

---

708. J. L. Burns, "Future of Ethnic Israel," 203-207을 보라.

709. J. Barclay, *Paul and the Gift*, 550.

710. Bourke, *Study of the Metaphor*, 67-72, 77. 바울은 고린도전서 7:14에서도 어근 '하기아즈-'(ἁγιαζ-)에서 온 단어들을 사용한다; Fee, First Corinthians, 331-332를 보라.

711. 이 대목을 알레고리로 보는 사람들로는 H.-J. Klauck, *RGG*[4] 1.305-6; Jewett 등이 있다. "알레고리"는 고대 세계에서 오늘날의 정의에 포함되어 있는 모든 요소들(때로는 부정적인)을 다 갖추지 않은 폭넓은 수사학적 범주였다. 따라서 "알레고리"는 단지 오늘날 "비유적인"이라고 불릴 수 있는 해석을 가리킨다: 어떤 "다른" 문제나 실체에 비추어서 어떤 본문이나 서사를 읽는 것.

712. 하지만'에이'(εἰ)와 직설법 동사의 결합 자체는 "사실에 의거한" 조건을 나타내지 않는다. 이것은 오직 문맥에 의해서만 결정될 수 있다(예를 들어, Zerwick, *Biblical Greek*, §§303-306을 보라).

어져 있다. 첫 번째는 "가지 얼마가 꺾이었다"는 것이다.[713] 여기에서 바울은 로마서 9-11장을 촉발시킨 본질적인 비극을 새로운 표상으로 재진술한다: 조상들로 말미암아 하나님의 복들을 받아 왔던 유대인들이 하나님의 완악하게 하심(7b-10절)[714]과 그들 자신의 불신앙(20절)으로 인해 그 복들로부터 끊어졌다. 두 번째는 남아 있는 가지들[715]에 다른 가지들, 즉 "돌감람나무"[716]의 가지들이 "접붙임이 되었다"[717]는 것이다. 바울이 "너희"(13절)라고 직접적으로 지칭하며 말하는 것이 분명하게 보여 주듯이, "돌감람나무 가지들"이라는 표상은 이방 그리스도인들을 가리킨다. 그들은 이방인들이기 때문에 족장들이나 족장들에게 주어진 약속들과 본성적으로는 아무런 관계가 없다. 오직 하나님의 은혜(22절)와 그들의 믿음(20절)으로 말미암아 그들은 "참감람나무 뿌리의 진액"[718]을 유대 그리스도인들과 "함께 받는 자들"[719]이 될 수 있었다.

713. 바울이 "얼마"(τινες, '티네스')라는 표현을 사용한 것은 꺾인 가지들의 수가 얼마 되지 않는다는 것을 알고 있었기 때문이 아니라, 모든 가지들이 꺾인 것이 아니라는 것을 이방 그리스도인들에게 강조하고 싶었기 때문이다. 또한 3:3; 11:14을 보라.

714. 동사 '엑세클라스테산'(ἐξεκλάσθησαν, "꺾이었다")은 신적 수동태로서, 그들을 꺾은 분이 하나님이라는 것을 보여 준다. Wilckens를 보라.

715. 일부 주석자들은 '아우토이스'(αὐτοῖς, "그들")의 선행사는 이 절의 앞 부분에 언급된 꺾인 가지들임에 틀림없기 때문에, '엔'(ἐν)은 "~대신에"를 뜻한다고 주장한다(예를 들어, Wilckens). 하지만 특히 '쉉코이노노스'(συγκοινωνός)가 내가 제시한 의미로 사용된 것이라면, '엔'은 "중에"를 의미하고, 바울이 염두에 둔 '아우토이스'의 선행사는 나무에 여전히 남아 있는 가지들이라고 해석하는 것이 더 바람직해 보인다(예를 들어, Murray; Käsemann; Cranfield; Dunn; Fitzmyer; Donaldson, "'Riches for the Gentiles,'" 84 n. 14).

716. '아그리엘라이오스'(ἀγριέλαιος). 이 단어는 형용사로서, 여기에서 형용사로 사용된 것일 수도 있다: 개별 이방인(σύ, '쉬')은 돌감람나무의 특질에 참여한다(Godet). 그러나 바울이 다소 부정확하게 표현하고 있긴 하지만, 명사적으로 사용된 것일 가능성이 더 크다(BDAG는 두 선택지를 모두 제시한다).

717. '엥켄트리조'(ἐγκεντρίζω)에서 온 '에네켄트리스테스'(ἐνεκεντρίσθης). 이 동사는 신약성경에서는 이 본문에만 나오고, 전문적인 조경 용어다(BDAG).

718. 바울이 사용한 일련의 세 속격 – τῆς ῥίζης τῆς πιότητος τῆς ἐλαίας('테스 리제스 테스 피오테토스 테스 엘라이아스,' "참감람나무의 뿌리의 진액") – 은 해독을 필요로 한다(이 일련의 속격들을 해체하는 본문상의 이독을 주목하라). 첫 번째 속격은 앞에 나온 '쉉코이노노스'(συγκοινωνός, "함께 받는 자들")에 의해 요구되고, 세 번째 속격은 소유 또는 원천을 가리킨다. 두 번째 속격인 '테스 피오테토스'(신약성경에 한 번만 나오는 단어로서, '피오테스'[πιότης]는 [식물들의] "살진 것", "부요함"을 의미한다)는 보충설명을 위한 것일 수도 있지만 – "참감람나무로부터 오는 부요함인 뿌리"(예를 들어, Michel; Cranfield) – 질을 나타내는 수식어일 가능성이 더 크다 – "참감람나무에 속하는 부요한 뿌리"(대부분의 영역본들; Murray를 보라).

719. 쉉코이노노스'(συγκοινωνός, "참여자, 동반자," 한글개역개정에는"함께 받는 자들")라는 단어

17절에서 바울이 사용한 은유의 두 가지 측면에 대한 추가적인 설명이 필요하다. 첫 번째는 바울이 뿌리와 가지들에 관한 표상을 보완하기 위해 감람나무 표상을 선택한 이유다. 이것은 아마도 구약성경과 유대교에서 감람나무가 이스라엘의 상징으로 사용되었고,[720] 감람나무는 "지중해 지역에서 가장 널리 재배된 유실수"였기 때문일 것이다.[721] 반대로 "돌감람나무"는 열매를 맺지 않는 것으로 악명이 높았고, 바울이 이방인들을 돌감람나무에 비유한 것은 이방인들의 우월감과 교만을 찔러서 구멍을 내기 위한 것일 수 있다.[722] 두 번째로 주목해야 할 것은 바울이 언급한 것, 즉 야생 나무 또는 재배하지 않은 나무의 가지들을 재배하는 나무에 접붙이는 것은 통상적으로 행해진 관행과 반대되는 것이라는 점이다. 어떤 학자들은 이것은 바울이 도시 출신이어서 조경에 대해 무지했음을 보여 주는 것이라고 주장한다.[723] 어떤 학자들은 고대 자료들에서 농부들이 종종 돌감람나무 가지를 참감람나무에 접붙였음을 보여 주는 증거를 제시하며 바울을 옹호해 왔

는 그 뒤에 속격을 사용해서 참여하는 지점을 나타낸다: 여기에서는 '테스 리제스'(τῆς ῥίζης, "뿌리"). 따라서 바울은 단지 이방 그리스도인들이 그 뿌리에 참여하고 있다고 말한 것일 수도 있다. 그러나 바울에 의한 이 단어의 다른 용례들이 결정적인 것은 아니지만(고전 9:23; 빌 1:7), 그는 이 문맥 속에서 이방 그리스도인들이 유대 그리스도인들과 함께 뿌리에 참여하고 있다는 사실을 강조하고자 했을 가능성이 있다. 예를 들어, Cranfield를 보라.

720. 특히 예레미야서 11:16을 보라: "여호와께서는 그의 이름을 일컬어 좋은 열매 맺는 아름다운 푸른 감람나무라 하였었으나 큰 소동 중에 그 위에 불을 피웠고 그 가지는 꺾였도다[BDB는 רָעוּ를 이렇게 번역한다]"(J. Scott, "Paul's Use of Deuteronomic Tradition," 662-663; Gentry and Wellum, *Kingdom through Covenant*, 497-501을 보라). 또한 호세아서 14:5-6을 보라: "내가 이스라엘에게 이슬과 같으리니 그가 백합화 같이 피겠고 레바논 백향목 같이 뿌리가 박힐 것이라 그의 가지는 퍼지며 그의 아름다움은 감람나무와 같고 그의 향기는 레바논 백향목 같으리니." 이스라엘을 "하나님이 심은 것"이라고 말한 것은 더 흔하다(1 En. 10:16; 93:2, 5, 8, 10; Jub. 16:26; 21:4; Pss. Sol. 14:3-4; 1QS 8:5; 11:8; 1QH 6:15-16; 8:5-7, 9-10). 예를 들어, Str-B, 3.290; Rengstorf, "Ölbaum-Gleichnis," 128-135를 보라. Schoeps (*Paul*, 242 n. 5)는 필로가 *Rewards and Punishments* 152에서 개종자들에 관해 말한 것이 바울이 이 표상을 사용한 것의 토대라고 생각한다. 필로는 이렇게 말한다: 하나님이 개종자들을 받아들이는 것은 "뿌리들[τὰς ῥίζας, '타스 리자스']을 고려하지 않고 다 자란 줄기를 받아들이는 것이다. 왜냐하면 그 줄기는 잡초에서 열매를 많이 맺는 것으로 변화되었기 때문이다."

721. Dunn. W. Davies는 구약성경에 이스라엘을 감람나무로 지칭한 본문이 소수라는 것을 지적하면서, 로마의 회당이 "감람나무 회당"이라 불린 것이 바울이 이 표상을 선택한 것에서 중요한 역할을 했을 것이라고 주장한다("Paul and the Gentiles," 137-44).

722. Dunn; W. Davies, "Paul and the Gentiles," 137-144.

723. "바울은 도시에서 자란 사람으로서의 한계들을 지니고 있었다"(Dodd; 또한 Lietzmann을 보라).

다.[724] 어떤 학자들은 이방인들을 하나님의 백성으로 통합시킨 것은 오직 하나님의 은혜로 가능했다는 것을 예시하기 위해 이렇게 "본성을 거스르는" 관행을 일부러 인용한 것이라고 주장한다(24절의 "본성을 거슬러"를 보라).[725] 하지만 이러한 결론들은 모두 근거가 없다. 저술가들과 화자들은 흔히 어떤 은유를 적용할 때 그 은유가 지닌 자연적이고 본성적인 경계들을 어기기도 한다. 따라서 우리는 바울이 자기가 예시하고 있는 신학적 과정을 보여 주기 위해 거기에 맞춰서 자신의 은유를 변경할 수 있었다는 것을 인정하는 것으로 만족해야 한다. 그러므로 우리는 바울이 자기가 인용하여 말하고 있는 것이 원예의 실제 관행과 부합하는지의 여부를 알고 있었는지를 확인할 수 없기 때문에, 이 사실에 의거해서 신학적인 결론을 도출해내어서는 안 된다.[726]

18 17절에서 시작된 조건문은 "그 가지들을 향하여 자랑하지 말라"는 금지명령으로 끝난다. 동사 "향하여 자랑하다"는 죄악된 교만과 오만한 우월감이라는 두 개념을 결합한다: "다른 사람들과 비교해서 의기양양하게 자랑하다."[727] 이방 그리스도인들이 자신들과 비교해서 의기양양하게 자랑해서 안 되는 "다른 사람들"은 "그 가지들"이다. 그러나 여기에서 바울이 "그 가지들"이라고 말할 때 염두에 둔 것은 참감람나무에서 꺾인 가지들(믿지 않는 유대인들)인가,[728] 아니면 그 나무

724. 특히 Ramsay, "Olive-Tree," 219-250; Baxter and Ziesler, "Paul and Arboriculture," 25-32를 보라. 또한 Dunn을 보라. 인용된 고대 본문들은 Columella, *De re rustica* 5.9.16; and Palladius, *De insitione* 53-54다. 이 관행의 목적은 죽어가는 감람나무를 다시 살리기 위한 것이었다는 점에서, 여기에는 이방인들이 들어온 것은 하나님의 백성이 다시 살아나는 데 기여할 것이라는 바울의 신학적 메시지가 들어있을 수 있다(Baxter and Ziesler, "Paul and Arboriculture"; Ziesler; Gundry Volf, *Paul and Perseverance*, 175).

725. 특히 Esler ("Ancient Oleiculture," 103-124)를 보라. 그는 참감람나무 가지들을 들감람나무에 접붙이는 것이 관행이었음을 보여 주는 대표적인 증거로 Theophrastus, De causis plantarum 1.6.10을 인용한다; 또한 Rengstorf, "Ölbaum-Gleichnis," 145-146; Wright; Kruse를 보라.

726. Godet; Murray; Käsemann; Cranfield; Schreiner; Schmeller, *Paulus und die "Diatribe,"* 313-314.

727. R. Bultmann, *TDNT* 3.653. 이 단어(κατακαυχάομαι, '카타카우카오마이')는 성경 밖에서는 아주 드물게 사용되고, 신약성경의 다른 곳들에서는 야고보서 2:13과 3:14에서 비슷한 의미로 사용된다.

728. R. Bultmann, *TDNT* 3.654; Murray.

에 남아 있는 가지들(유대 그리스도인들)인가, 아니면 둘 모두인가?[729] 아마도 둘 모두일 것이다. 바울이 믿음으로 말미암아 하나님의 은혜 가운데 있게 된 이방 그리스도인들과 불신앙으로 말미암아 꺾인 유대인들을 비교하고 있는 것(20-22절)은 그가 믿지 않는 유대인들을 염두에 두고 있다는 것을 보여 준다. 하지만 14:1-15:13은 교회 내에서 유대인들과 이방인들을 화해시키고자 하는 바울의 관심을 보여 준다. 따라서 바울은 여기에서 그러한 상황을 염두에 두고 있었을 것임이 거의 틀림없다.

이방 그리스도인들이 유대인들에 대해 우월감을 가지고 자랑한 것은 아마도 전반적인 반유대주의의 결과가 아니었고,[730] 구원사의 과정에 대한 오해의 결과였을 것이다. 이 이방 그리스도인들은 그리스도가 오신 후에 전례 없이 구원의 문이 이방인들에게 활짝 열린 것은 이 구원의 문이 유대인들에게는 닫혔다는 것을 의미하는 것이라고 결론을 내린 것으로 보인다. 또한 이방인 신자들은 이제는 이스라엘은 하나님의 백성이라는 지위를 상실했고, 이스라엘을 대신해서 그들이 새로운 하나님의 백성이 되었다고 확신한 것 같다. 따라서 이방 그리스도인들은 이제 믿음을 갖게 된 유대인들조차도 자신들이 기준이 되어서 자신들의 공동체의 일원이 될 수 있다고 생각했던 것으로 보인다(14:1-15:13을 보라). 바울은 18b-22절에서 이러한 태도에 대해 대답한다. 거기에서 그는 17절의 기본적인 표상을 확대해서, 이방 그리스도인들의 자랑을 금지하는 근거로 삼는다.

바울은 또 하나의 조건문을 시작하면서, 앞에서 이방 그리스도인들이 유대인들을 향해 자랑하는 것을 금지했으면서도, 여기에서는 논증을 위해 그들이 계속해서 자랑한다는 것을 전제한다. 이렇게 전제한 후에 바울은 "네가 뿌리를 보전하는 것이 아니요 뿌리가 너를 보전하는 것임을 기억하라[731]"(한글개역개정에는 "…보전하는 것이니라")고 경고한다. 유대인들을 향해 자랑하는 이방 그리스도인들은 유대

729. Godet; Cranfield; Dunn.

730. 반대 견해로는 예를 들어, W. Davies. 그는 고대의 반유대주의는 로마라는 상황에서 큰 역할을 했다고 생각한다("Paul and the Gentiles").

731. 이런 내용의 어떤 단어를 이 문장의 귀결절에 보충해넣어야 한다: 이것은 문법상으로는 요구되지 않아서 어떤 단어들을 생략했지만, 내용을 이해하기 위해서는 보충해넣어야 하는 생략법의 한 예다(BDF §483을 보라).

인들의 유산을 멸시하는 태도를 보여 주는 것이다. 하지만 이방 그리스도인들 자신의 영적인 지위는 바로 그 유산에 의거해 있다. 왜냐하면 유대인 신자들과 이방인 신자들 둘 모두에게 똑같이 영적인 자양분을 제공해주는 뿌리는 하나님의 약속들을 받아서 전해준 족장들이기 때문이다. 그리고 이제 그 뿌리는 단지 역사적 유물인 것이 아니다. 여기에서 바울이 현재 시제를 사용하고 있는 것이 보여 주듯이, 뿌리인 족장들은 지금도 계속해서 신자들에게 반드시 필요한 영적인 자양분의 원천이다.[732] 오직 하나의 뿌리와 오직 하나의 나무만이 존재한다. 따라서 유대인이든 이방인이든 그 나무에 붙어 있지 않는 가지들은 시들어 죽게 될 수밖에 없다. 여기에서 다시 한번 우리는 로마서에서 바울이 전개하는 논증의 주의 깊은 균형을 본다. 족장들에게서 태어난 물리적인 혈통 자체는 구원을 가져다주지 않는다(2:25-29; 9:6b-29). 유대인들도 이방인들과 마찬가지로 죄의 권세 아래 놓여 있어서(2:1-3:20), 구원받기 위해서는 믿음으로 하나님께 응답해야 한다(3:21-4:25). 하지만 구원은 "아브라함의 자손"에 속한 자들에게만 온다: 하나님의 백성은 하나이고, 이 백성은 유대적인 뿌리와 유대적인 요소를 계속해서 지닌다.

19-20 이제 바울은 훌륭한 논쟁 양식을 사용하여, 가상의 이방 그리스도인을 등장시켜서 유대인들을 향해 우월감을 느끼는 것을 정당화해주는 추가적인 근거를 제시한다: "가지들이 꺾인 것은 나로[733] 접붙임을 받게 하려 함이라." 바울은 20절에 나오는 대답에서 이 주장에 대해 조건부로 동의한다.[734] 바울은 이 이방 그리스도인의 주장을 정면으로 부정하지 않는다. 왜냐하면 바울 자신이 논증했듯이 유대인들이 완악하게 된 것이 이방인들에게로 구원이 확장되는 결과로 이어진 것은 사실이기 때문이다(11-15절). 하지만 바울은 이방인들의 구원은 유대인들

732. 반대견해로는 예를 들어, Mussner (Tractate, 24). 그는 이방 그리스도인을 뒷받침해 주는 뿌리는 이스라엘이 아니라고 주장한다(이 견해에 대한 비판으로는 Walter, "Zur Interpretation von Römer 9-11," 181-182; Hofius, "Evangelium und Israel," 309 n. 43을 보라).

733. 대명사 '에고'(ἐγώ)는 강조의 의미를 지니고서, 여기에서 바울의 말을 반박하는 이방 그리스도인의 자기중심적인 관심을 부각시키는 것으로 보인다.

734. '칼로스'(καλῶς). 어떤 이들은 바울의 이 대답은 반어법적인 것이라고 생각하지만(예를 들어, Michel), 대부분의 사람들은 이 대답은 실제로 조건부 동의를 담고 있다고 말한다(예를 들어, Cranfield; Dunn; Wilckens; Käsemann).

을 시기나게 하여 영적으로 회복되게 하기 위한 수단으로 계획되었다는 것도 앞에서 논증한 바 있다. 하나님이 원 가지들을 "꺾으신" 것은 단지 이방인들을 하나님의 백성 속으로 들어오게 하기 위한 목적만을 지닌 것이 아니라, 훨씬 더 원대한 목적을 지니고 있다. 바울이 여기에서 드러내어 비판하고자 하는 것은 하나님이 원 가지들을 꺾으신 데는 여러 가지 목적들이 있는데도, 이방 그리스도인들이 마치 하나님이 그렇게 하신 주된 목적은 오직 그들을 구원하기 위한 것인 양 해석한 이기적인 태도였다.

이방 그리스도인들의 이기주의의 또 다른 측면은 자신들이 하나님의 백성 가운데 한 자리를 얻게 된 것에 대해 갖게 된 자만심이었다. 바울은 그들에게 유대인들과 이방인들 간의 운명의 차이를 만들어낸 것은 믿음이었다는 것을 상기시킴으로써 그들의 그러한 자만심을 꺾고자 한다. 아주 많은 유대인들이 "꺾인" 것은 그들에게 믿음이 없었기 때문이었고,[735] 이방 그리스도인들이 하나님의 백성 내에서 한 자리를 얻어 서게 된 것[736]은 믿음으로 말미암아서다.[737] 바울이 여기에서 이방 그리스도인에게 말하고 있는 것은 앞에서 유대인들에게 말했던 것을 반영한 것이다.[738] 바울은 유대인들이 자신들의 지위와 업적을 자랑하는 것에 대해 대답하면서, 하나님이 사람들을 대하시는 모든 것은 은혜의 성격을 지니기 때문에 거기에서 자랑이 들어설 여지는 전혀 없다는 것을 강조했었다. 하나님과 관계를 맺거나 유지할 수 있는 유일한 길은 믿음, 오직 믿음 – 겸손과 수용의 특징을 지니는 – 뿐이다(3:27-4:5). 이방 그리스도인은 모든 영적인 은택은 우리의 은혜의 하나님에게서 순전히 선물로 온다는 것을 인정하고서, 자신의 업적을 높이 평가하고 자랑하

---

735. '테 아피스티아'(τῇ πίστει)는 원인을 나타내는 여격이다; BDF §196(1); von Siebenthal, *Griechische Grammatik*, §177b; Käsemann을 보라.

736. '헤스테카스'(ἕστηκας). 바울은 다른 곳들에서 사람의 영적인 지위를 표현하는 데 이 동사를 사용한다; 특히 롬 5:2; 고전 7:37; 10:12; 15:1; 고후 1:24을 보라. 완료형은 어떤 사람의 지위가 선행 행위의 결과라는 것을 보여 주는 것일 수도 있지만(예를 들어, Dunn), 단지 그 사람이 처해 있는 현재의 상태를 강조하는 것일 수도 있다.

737. '테 피스테이'(τῇ πίστει)는 원인을 나타내는 것일 수도 있지만, 이방 그리스도인과 하나님의 지속적인 관계와 관련되어 있다는 점에서 도구를 나타내는 것일 가능성이 크다(R. Bultmann, *TDNT* 6.218; Dunn).

738. 특히 Dunn을 보라.

는 높은 마음을 품는 것[739]을 그치고, 두려워하는 태도를 지니는 것이 마땅하다. 이 기본적인 성경적 개념 속에는 한편으로는 엄위와 영광의 하나님에 대한 경외와 공경, 다른 한편으로는 하나님의 은혜를 의지해서 우리의 삶을 살아나가고자 하는 건강한 관심이 결합되어 있다(특히 빌 2:12을 보라; 또한 고후 5:1; 7:1, 11, 15; 골 3:22).

21 이제 바울은 왜 이방 그리스도인이 두려워해야 하는지를 설명한다(그리스어로 '가르', "왜냐하면"): "하나님이 원 가지들도 아끼지 아니하셨은즉 너도 아끼지 아니하시리라." 많은 유대인들이 계속해서 믿음 가운데 있는 것 - 하나님에 대한 합당한 "두려움"을 보이는 것 - 에 실패했기 때문에 심판에 이르렀다.[740] 그리고 하나님이 원래부터 나무와 그 나무를 유지시키는 뿌리에 붙어 있던 유대인들을 그렇게 심판하셨다면, 다른 가지들이었다가 접붙임을 받은 자들도 그렇게 심판하실 것임은 분명하다.

22 이 절에서 바울은 17-21절에서 말했던 여러 가지 것들이 지닌 함의[741]를 좀 더 신학적인 언어로 진술한다. 하나님의 "인자하심"[742]에 대한 그의 강조는 앞에서 바울에게 반문한 이방 그리스도인들의 대표가 하나님의 백성으로 "접붙임을 받아서"(17절과 19절) 믿음 가운데 "서게"(20절) 된 것이 하나님의 은혜에 의거한 주도권으로 말미암은 것임을 분명히 해준다. 반면에, 하나님의 "준엄하심"에 대한 언급은 21절의 "아끼지 않는다"는 말 속에서 발견되는 정죄의 경고를 강화시켜 준다.[743] 바울은 하나님의 준엄하심이 임한 자들을 "넘어지는 자들"이라고 지

739. '휩셀라 프로네이'(ὑψηλὰ φρόνει, "높은 마음을 품다"). 이 표현은 긍정적인 의미 - 고상한 생각들에 몰두하는 것 - 를 지닐 수 있지만, 바울은 로마서 12:16에서 부정적인 의미 - 자기 자신을 대단하다고 생각하는 것 - 로 사용한다(또한 딤전 6:17의 '휩셀로프로네인'[ὑψηλοφρονεῖν, "마음을 높이다"]을 보라).

740. 이방인들에 대한 병행되는 경고가 보여 주듯이, "아끼지 아니하다"는 여기에서 이 의미를 지니는 것으로 보인다; 또한 베드로전서 2:4, 5에 나오는 동일한 구문(οὐ['우']와 φείδομαι['페이도마이'])을 보라. R. Hays (*Echoes*, 61) 는 바울은 하나님이 자기 아들을 "아끼지 않았다"고 말한 자신의 이전의 언급(롬 8:32)을 "반영한" 것일 수 있다고 말한다: 이스라엘도 그리스도처럼 세상을 대신해서 벌을 받는다(11-15절의 논증을 보라). 그러나 이런 비교는 억지 같아 보인다.

741. '운'(οὖν, "그러므로")을 주목하라.

742. '크레스토테스'(χρηστότης). 2:4에 대한 각주들을 보라.

743. '아포토미아'(ἀποτομία)는 성경 그리스어에서 오직 여기에만 나온다. 그러나 바울은 고린도후

칭함으로써, 한참 전의 절(11절)을 다시 우리에게 환기시킨다.[744] 그러나 이 절에서 바울의 주된 목적은 하나님의 인자하심 가운데 있다고 자신하는 이방인 신자(유대인들처럼; 2:4-5을 보라)에 대한 자신의 경고를 다시 한번 반복하는 끝부분에서 드러난다. 왜냐하면 하나님의 인자하심은 단지 과거에 주어져서 지속되는 행위이거나 자동적으로 주어지는 은택이 아니어서, 하나님의 인자하심 가운데 있는 신자라고 해서 안심할 수 있는 것이 아니고, 신자가 계속해서 그 가운데 머물러 있어야 하는 관계이기 때문이다. "그렇지 않으면"[745] – 즉, 신자가 하나님의 인자하심에 계속해서 머물러 있지 않으면[746] – 신자는 유대인처럼 "꺾이게" – 하나님의 백성으로부터 영원히 끊어져서 영원히 정죄를 당하게 – 될 것이다. 바울은 이 경고를 발하면서, 신약성경의 일관된 주제를 반영한다: 궁극적인 구원은 지속적인 믿음에 달려 있다. 따라서 믿는 것을 그치는 사람은 구원에 대한 소망을 상실한다(또한 롬 8:13; 골 1:23; 히 3:6, 14을 보라).[747]

서 13:10과 디도서 1:13에서 그리스도인 사역자들에 의한 징계를 수식하는 말로 이 단어의 동족어인 '아포토모스'(ἀποτόμως, "엄하게")를 사용한다. 바울이 여기에서 이 단어를 사용하는 데 가장 중요한 영향력을 미친 것은 솔로몬의 지혜서일 수 있다. 거기에서는 하나님의 심판의 성격을 설명하는 데 부사 '아포토모스'(ἀποτόμως, "엄하게")와 또 다른 동족어인 형용사 '아포토모스'(ἀπότομος, "엄한")를 둘 다 사용한다(5:20, 22; 6:5; 11:10; 12:9; 18:15).

744. 바울이 여기에서 "넘어지다"(πίπτω, '핍토')를 사용한 것은 "서다"(ἵστημι, '히스테미')와의 자연스러운 대비를 이루기 때문일 수 있다; 14:4과 고전 10:12을 보라.

745. '에페이'(ἐπεί); 이 의미에 대해서는 N. Turner, *Syntax*, 318을 보라.

746. 바울은 과거 시제로 사건들에 대해 말할 때는(17, 21, 24절) "단순" 조건문('에이'와 직설법을 결합한 구문)을 사용하고, 그것은 적절하다; 여기에서와 23절에서는 미래에 일어날지 안 일어날지를 모르는 일을 언급하고 있기 때문에 '에안'(ἐάν)과 접속법을 결합한 구문을 사용한다. (하지만 18절b에서는 단순 조건문을 사용한 것을 유의하라.)

747. 그렇다면 이것은 참된 그리스도인들이 믿음을 잃고 영원히 정죄될 수 있다는 것을 의미하는가? 바울의 경고로부터 그런 결론을 이끌어내는 것은 분명히 가능하다. 그러나 그것은 바울의 경고로부터 필연적으로 도출되는 결론은 아니다. 왜냐하면 이 절들 전체에 걸쳐 바울이 사용하는 이 은유 속에는 분명히 본질이 아니라 현상을 다루는 요소가 있기 때문이다. 만일 참감람나무가 참되고 영적인 하나님의 백성을 나타낸다면, 믿음으로 말미암아 실제로 이 나무의 일부가 된 사람들만이 아니라, 단지 그 나무에 속해 있는 것으로 보이는 사람들도 이 나무에 속해 있는 사람들이라고 말해야 한다. 바울이 믿지 않는 유대인들이 그 나무로부터 "꺾였다"고 말한 사실(17절)이 그것을 분명하게 보여 준다. 하지만 사실은 믿지 않는 유대인들은 처음부터 이 나무의 일부가 아니었다. 그런데도 바울은 자신이 사용하는 이 은유를 유지하기 위해서 마치 그들이 이 나무의 일부였던 것처럼 말한다. 마찬가지로 로마 교회 – 그리고 다른 지역의 교회들 – 내의 이방인들 중에서 계속해서 믿음에 머물지 않는 사람들은 하나님의 백성의 일부인 것처럼 보였지만 사실은 처음부터 이 나무의 일부가 아니었던 자들이다. 이 전반적인 접근방법에 대해서는 칼빈을 보라. 다른 주석자들은 바울의 경고는 이방인들 전체, 또는 교회 전체를 대상으로 한 것이기 때문에 신자

23 바울은 심판과 관련해서 하나님은 유대인과 이방인을 똑같이 다루신다는 것을 강조해 왔다. 믿지 않는 유대인들이 "꺾인" 것처럼, 하나님의 인자하심에 계속해서 머물러 있지 않는 이방인들도 "꺾일" 것이다. 23-24절에서 바울은 동등한 대우라는 이 동일한 원칙을 긍정적으로 사용해서, 장차 유대인들이 결국 영적으로 새로워지게 될 것이라는 소망을 제시한다. "그들도[748] 믿지 아니하는 데 머무르지 아니하면" 참감람나무에 다시 접붙임을 받을 수 있다. 바울은 그렇게 다시 접붙임을 받는 것에 대해 말하면서, 자기가 이 알레고리를 사용할 때, 실제로 감람나무를 재배하는 것과 관련된 세부적인 내용들에 별 신경을 쓰지 않는다는 것을 다시 한번 보여 준다. 그는 다시 접붙임을 받는 것에 대해 말할 때, 자연의 법칙을 따라 설명하는 것이 아니라, "하나님은 죽은 자를 살리시며 없는 것을 있는 것으로 부르시는 이시니라"(4:17; 또한 21절의 '뒤나토스'["능히"]를 보라)는 신학적 논리, 즉 복음 안에서 역사하는 "하나님의 능력"(1:16)에 의거해서 설명한다.[749] 여기에서 바울이 하나님은 그렇게 다시 접붙일 수 있다는 것을 강조한 것은 중복해서 말한 군더더기 말로 보일 수도 있지만, 아마도 이방 그리스도인들이 하나님이 이미 버려진 자들에게 다시 은혜를 주시는 것이 과연 합당한가에 대해 의문을 제기할 수도 있을 것을 예상해서 그렇게 말한 것 같다.[750]

24 바울은 17-23절을 요약해서 다시 반복하는 가운데,[751] 자신의 알레고리를 사용해서, 마지막으로 하나님은 한 번 더 불신앙에서 돌이켜 신앙으로 나아오는

의 견인 교리와는 아무런 상관이 없다고 말한다(Hodge; Godet; Wright). 반면에, Gundry Volf는 꺾인 유대인들이 다시 접붙임을 받을 수 있듯이(17절과 23-24절), 꺾인 이방인들도 다시 접붙임을 받을 수 있기 때문에, "꺾일" 것이라는 경고를 개개인에 대한 하나님의 최종적인 선고로 볼 필요는 없다고 주장한다(*Paul and Perseverance*, 198-199). 또한 바울은 자신의 "발화 행위"가 가져다줄 "발화 자체의" 효과를 목적으로 이런 경고를 했을 것이라는 것을 고려하는 것도 중요하다: 그는 참된 그리스도인이 구원을 잃을 가능성이 있느냐 없느냐 하는 신학적 가능성을 생각하고서 이 말을 한 것이 아니라, 단지 그리스도인들이 합당하지 않게 자랑하지 못하도록 하기 위해 이 말을 한 것임이 분명하다(특히 Norris, "Function," 123-195를 보라; 또한 Schreiner and Caneday, *Race Set before Us*의 전반적인 접근방법을 보라).

748. '카케이노이 데'(κἀκεῖνοι δέ, "그들도"). 이것은 주어를 바꾸면서 강조한 것이다.

749. Fitzmyer를 보라.

750. Murray.

751. Jewett.

유대인들을 회복시킬 수 있다는 것을 보여 주는 추가적인 근거를 제시한다("왜냐하면"[그리스어로는 '가르'], 한글개역개정에는 번역되지 않음). 여기에서 바울은 친숙한 "하물며" 논증을 활용한다. 그는 이방 그리스도인들에게 하나님이 원래 돌감람나무[752]에 속하는[753] 그들을 그 나무에서 잘라내서 참감람나무에 접붙이신 것임을 상기시킨다(17절).[754] 하나님이 원래 참감람나무에 속해 있지 않은 가지들을 참감람나무에 접붙이실 수 있다면,[755] 원래부터 참감람나무에 속해 있던 가지들 - 유대인들 - 을 다시 참감람나무에 접붙이실 수 있을 것임은 두말 할 필요가 없다. 왜냐하면 참감람나무는 어쨌든 "그들 자신의"[756] 나무이기 때문이다.

우리는 이 "하물며" 논증을 평가할 때 바울에게 권면의 목적이 있었다는 것을 인정해야 한다. 왜냐하면 바울이 2장에서 유대인들이 이방인들에 대해 우월감을 가지고 자랑하는 것을 반박하기 위해 유대인들의 죄를 집중적으로 조명했던 것처럼, 이제 여기에서는 이방인들이 유대인들에 대해 우월감을 가지고 자랑하는 것을 반박하기 위해 유대인들의 장점들을 강조하기 때문이다. 바울은 이방인보다 유대인을 구원하기가 더 쉽다거나, 유대인은 유대인이기 때문에 하나님에 대해 어떤 권리 주장을 할 수 있다고 말하는 것이 아니다. 만일 그런 뜻으로 그렇게 말한 것이라면, 그것은 유대인에게 구원과 관련해서 "이점"을 수여하는 것이 되

752. 그리스어로는 '아그리엘라이오스'(ἀγριέλαιος). 17절에서 이 단어는 형용사로 사용된 것일 수도 있지만, 여기에서는 분명히 실명사다(BDAG).

753. ἐκ τῆς κατὰ φύσιν ἐξεκόπης ἀγριελαίου('에크 테스 카타 퓌신 엑세코페스 아그리엘라오우,' "네가 원 돌감람나무에서 찍힘을 받고"). 단어의 순서가 뒤엉켜 있다. 남성 단수 단순과거 수동분사인'엑세코페스'("찍힘을 받은 자")는 '쉬'(σύ, "네가")를 보충설명하는 어구다. '에크 테스 아그리엘라이우'("돌감람나무에서")는 "네가" 어디에서 "찍힘을 받았는지"를 설명해 준다. 하지만 '카타 퓌신'("본래," 한글개역개정에는"원")이 어디에 걸리는지에 따라 차이가 생겨난다. 많은 역본들(예를 들어, NRSV: "what is by nature a wild olive tree"["본래 돌감람나무인 것"; 또한 NIV; NASB를 보라)과 주석자들(예를 들어, Käsemann; Barrett)은 이 어구가 '아그리엘라이우'("돌감람나무")를 수식하는 것으로 본다. 그러나 돌감람나무를 "본래" 돌감람나무라고 부르는 것은 동어반복이라고 말하는 Cranfield의 반론이 옳기 때문에, "꺾인 가지"가 "본래부터" 돌감람나무에 속해 있었다는 것을 의미하는 것으로 보는 것이 더 낫다(Dunn을 보라).

754. 그리스어로는 '칼리엘라이온'(καλλιέλαιον). 사람들이 재배하는 참감람나무와 야생의 돌감람나무 간의 대비는 일찍이 Aristotle, Plants 1.6.40에도 나온다(820b; BDAG).

755. '파라 퓌신'(παρὰ φύσιν, "본성을 거슬러"). 따라서 바울의 대비는 직설적이다: 이방인들은 "본성적으로" 돌감람나무에 속해 있다가 이제 "본성을 거슬러" 참감람나무에 접붙임을 받은 가지들과 같다.

756. '이디오스'(ἴδιος, "자기").

어서, 바울이 앞에서 분명하게 아니라고 했던 것(2장을 보라)과 모순될 것이다. 유대인이든 이방인이든 모든 사람은 죄의 권세 아래 있어서(3:9), 오직 하나님의 은혜의 특별한 행위를 통해서만 구원받을 수 있다. 이방인들과 마찬가지로 유대인들도 오직 하나님에 의해 참감람나무에 접붙임을 받아야만 구원받을 수 있다. 그러나 유대인들은 불신앙으로 인해 자기가 원래 속해 있던 나무에서 꺾였다고 할지라도, 그 나무에 속해 있었다는 흔적은 여전히 지니고 있다. 그들은 하나님이 택하셔서 자신을 세상에 나타내실 때 사용해 오신 저 백성에 속해 있고, 하나님은 지금도 여전히 이 백성에 대해 신실하시다(11:1-2). 그들이 "원 가지"라는 사실은 그들에게 그 나무에 접붙임을 받을 자격을 자동적으로 수여하지는 않는다. 그러나 그들은 참감람나무의 "거룩한" 뿌리에 속해 있던 가지들이기 때문에(16절), 그들이 거기에 다시 접붙임을 받는 것은 돌감람나무 가지들이 참감람나무에 접붙임을 받는 것보다 더 쉬운 일일 것임은 분명하다.

바울은 이 단락에서 신학과 권면을 능숙하게 뒤섞는다. 그의 감람나무 은유는 우리가 하나님의 백성을 이해하는 데 중요한 기여를 한다. 그러한 은유로부터 바울이 전하고자 한 것 이상의 신학을 쥐어짜내기가 너무나 쉽다. 그러나 이 은유 전체가 기본적으로 보여 주는 것은 하나님의 백성의 통일성, 역사적인 경계와 인종적인 경계 둘 모두를 뛰어넘는 통일성이다. 이 은유의 기본적인 요지는 오직 하나의 감람나무가 있고, 이 나무의 뿌리는 구약성경의 토대에 견고하게 박혀 있으며, 그 가지들은 유대인들과 이방인들을 포함한다는 것이다. 이 감람나무는 참된 하나님의 백성을 나타낸다.[757] 그리스도가 와서 한 시대가 가고 한 시대가 옴으로써 하나님의 백성과 관련해서도 중요한 발전이 이루어졌다: 믿음의 대상이 더 분명해지고 더 구체적이 되었으며, 하나님이 자신의 은혜를 이방인들에게 엄청난 정도로 확대하심으로서, 하나님 백성의 인종적 구성이 근본적으로 바뀌었다.[758] 그러나 바울의 은유는 우리에게 이 이행을 한 하나님의 백성에서 또 하나

757. Hofius, "'All Israel Will Be Saved,'" 32; Fitzmyer; W. Davies, "Paul and People of Israel," 31을 보라. 예를 들어, Bourke, *Study of the Metaphor*, 79 (해석사도 제시한다, 84-103);

758. W. Davies는 다음과 같이 잘 표현한다: "따라서 메시아의 도래는 하나님 백성의 구성과 관련된 첨예한 문제를 불러일으켰다: 하나님의 백성은 메시아를 믿는 자들로 구성되는가, 아니면 전통을 지키는 자들로 구성되는가? 바울은 메시아 예수의 관점에서 율법과 이스라엘을 재정의했다. 메시

의 하나님 백성으로의 이행으로 보아서는 안 된다고 경고한다. 그리스도에게로 나아온 이방인들은 하나님이 족장들에게 주신 약속들 위에 세워진 저 구원의 공동체의 일부가 된다. 그리고 자신들의 믿는 조상들의 발자취를 따르는 "메시아적인 유대인들"도 이 동일한 공동체에 속한다. (더 큰 쟁점들 중 몇몇에 대한 간략한 개관으로는 11:32 뒤에 나오는 부설을 보라.)

아로서의 예수의 지위는 바울 신학의 출발점이고, 거기에 필연적으로 수반된 것은 율법과 그 방법론에 대한 비판이다. 그러나 그 관심과 결과와 끝은 - 처음부터 예상할 수 있듯이 - 하나님 백성의 참된 성격에 대한 재정의가 되었다"("Paul and People of Israel," 5).

3. “온 이스라엘”의 구원(11:25–32)

25 형제들아 너희가 스스로 지혜 있다 하면서
[200] 이 신비를 너희가 모르기를 내가 원하
지 아니하노니 이 신비는 이방인의 충만한
수가 들어오기까지 이스라엘의 더러는 우
둔하게 된 것이라
26 그리하여 온 이스라엘이 구원을 받으리라
기록된 바 구원자가 시온에서 오사 야곱
에게서 경건하지 않은 것을 돌이키시겠고
27 내가 그들의 죄를 없이 할 때에 그들에게
이루어질 내 언약이 이것이라[a] 함과 같으
니라
28 복음으로 하면 그들이 너희로 말미암아 원
수 된 자요 택하심으로 하면 조상들로 말
미암아 사랑을 입은 자라
29 하나님의 은사와 부르심에는 후회하심이
없느니라
30 너희가 전에는 하나님께 순종하지 아니하
더니 이스라엘이 순종하지 아니함으로 이
제 긍휼을 입었는지라
31 이와 같이 이 사람들이 순종하지 아니하
니 이는 너희에게 베푸시는 긍휼로 이제[201]
그들도 긍휼을 얻게 하려 하심이라
32 하나님이 모든 사람을[202] 순종하지 아니
하는 가운데 가두어 두심은 모든 사람에게
긍휼을 베풀려 하심이로다

a. 이사야서 59:20-21; 27:9

759. Na^{28}과 UBS^{5}는 잠정적으로 ‘파르 헤아우토이스’(παρ᾽ ἑαυτοῖς, “그들 자신의 판단에서”)라는 읽기를 채택한다. 이 읽기는 몇몇 알렉산드리아 사본들(ℵ, C, 33, 81), 몇몇 서방 사본들(D), 대부분의 본문의 지지를 받고 있다. 이것과 다른 두 가지 읽기가 사본 전승 속에서 발견된다: ἐν ἑαυτοῖς,‘엔 헤아우토이스’(몇몇 알렉산드리아 사본들[B와 A]; 또한 여러 소문자 사본들을 보라); 오직 ἑαυτοῖς(‘헤아우토이스’)만 나오는 것(초기 P^{46}, 알렉산드리아 사본들인 1739, Ψ, 후대의 서방 대문자 사본들인 F와 G). 어떤 주석자들은 ‘파라’(παρά)는 12:16과의 동화에 의해 도입된 것이라고 주장하면서 ‘엔 헤아우토이스’라는 읽기를 지지하고(Meyer, 2.198; S-H, 334; Godet, 410; Wilckens, 2.252), 어떤 주석자들은 ‘헤아우토이스’라는 읽기가 원래의 것인데, 어려운 읽기였기 때문에, 다른 이독들이 생겨난 것이라고 주장한다(Michel, 354 n. 5; Cranfield, 2.574 n. 2; Jewett, 694). 우리는 “짧은 읽기”인 이 마지막 선택지를 받아들이고자 한다. 하지만 우리의 이러한 결정은 본문의 의미에는 거의 영향을 미치지 않는다.

760. Na^{28}과 UBS^{5}는 잠정적으로 일차적인 알렉산드리아 대문자 사본들인 ℵ와 B, 서방 전승의 일부(D의 원본과 3차 수정본)의 강력한 결합에 따라 ‘뉜’(νῦν)을 포함시킨다. 대부분의 주석자들이 이것을 따른다(예를 들어, Käsemann, 316; Cranfield, 2.585; Fitzmyer, 628; Jewett, 694). 다른 주석자들(예를 들어, Godet, 415; Wilckens, 2.261-262)은 똑같이 사본들의 강력한 지지를 받고 있는 다른 읽기를 따라 이 단어를 생략한다: 초기 P^{46}; 알렉산드리아 사본들인 A, 81, 1739; D의 1차 수정본; 이차적인 서방 대문자 사본들인 F와 G; Ψ; 대부분의 본문. (일부 소문자 사본들에서만 발견되는 읽기인 ‘휘스테론’[ὕστερον]은 오늘날 거의 지지를 받고 있지 않다.) ‘뉜’을 포함시키는 읽기는 초기 사본들의 강력한 지지를 받고 있고, 바울의 균형 잡힌 문장과 잘 부합하며, 적어도 겉보기에는 가장 어려운 읽기다. 하지만 이 단어가 있을 때 균형 잡힌 구조가 얻어진다는 사실은 필사자가 이 단어를 첨가한 이유가 될 수도 있다. 하지만 전체적으로 이 단어를 포함시키는 것을 지지하는 논거들이 이 단어를 생략하는 것을 지지하는 논거들보다 약간 우세하다.

이 절들에서 바울이 11-32절에서 전개하는 논증은 절정에 도달한다. 이 절들은 이스라엘이 다시는 돌이킬 수 없을 정도로 "넘어지기"까지 "실족한" 것인가(11절) 하는 문제에 대답한다. 바울은 그렇지 않다고 논증해 왔다. 이스라엘의 실족은 구원사 드라마의 전개과정에서 1막에 불과한 것이었다. 이 드라마에서 이제 이스라엘은 중심 무대에서 내려오고, 이방인들이 중심 무대에 선다. 구약 시대 전체에 걸쳐 구원사의 초점이었던 이스라엘은 이제 복음이 도래했기 때문에 이방인들에게 자신의 자리를 내어주었다: 이스라엘의 "범죄"(한글개역개정에는 "넘어짐")로 인해 구원은 이방인들에게로 갔고(11절), 하나님의 풍성함과 화목의 복이 세상에 임했다(12, 15절). 하지만 장차 이스라엘의 "실패"가 "충만함"으로 바뀌고(12절), 이스라엘을 버린 것이 받아들이는 것으로 바뀔 때(15절), 다시 이방인들 대신에 이스라엘이 무대의 조명을 받게 될 것이다. 참감람나무에서 꺾였지만 여전히 그 나무의 특질들을 지니고 있는 가지들인 유대인들은 다시 접붙임을 받을 수 있다(16-24절).

25-32절에서 바울은 이 구원사 드라마의 마지막 시기를 자세히 들려준다. 그러나 그는 자기가 지금부터 말하게 될 것을 "신비"라고 지칭함으로써 주의를 환기시킨다. 그리고 그는 앞에서는 하나님이 이방인들과 이스라엘을 다루었던 드라마를 개략적으로 보여 주었던 것과는 대조적으로, 이제는 특히 이 드라마의 마지막 장이자 신비의 핵심인 이스라엘의 회복에 초점을 맞춘다. "그리하여 온 이스라엘이 구원을 받으리라"(26절a)가 이 단락의 중심이다. 25절은 어떻게 "온 이스라엘이 구원을 받게" 될 것인지를 설명하기 위해, 현재의 상황이 일정 기간 동안만 지속될 것임을 강조한다: 이스라엘의 완악함이 제거되고, 이방인들의 정해진 수가 이 나라에 들어온 후에 이 드라마의 마지막 장이 시작되어 "온 이스라엘이 구원을 받으리라." 26b-32은 장차 온 이스라엘이 구원을 받게 될 것이라는 바울의 예고를 뒷받침하기 위해 다음과 같은 것들을 보여 준다: (1) 이것은 성경에 의거해서 확증된다(26b-27절); (2) 이것은 자신이 한 약속과 택하심에 대한 하나

761. 몇명 사본들(초기의 P^{46vid}, 서방 대문자 사본인 D의 원본, 후대의 서방 대문자 사본들인 F와 G)은 남성형 '투스 판타스'(τοὺς πάντας) 대신에 중성형 '타 판타'(τὰ πάντα, F와 G는 관사를 생략한다)로 읽는다. 그러나 이 대안은 사본들의 확고한 지지가 결여되어 있고, 갈라디아서 3:22과의 동화라는 의심을 받는다.

님의 흔들림 없는 신실하심에 뿌리를 두고 있다(28-29절); (3) 이것은 모든 사람에 대한 하나님의 공평하심을 보여 주는 것으로서, 구원사 드라마 전체의 최고의 압권이다(30-32절).

그러나 11:25-32은 단지 11:11-32의 절정일 뿐만 아니라, 로마서 9-11장 전부의 절정이기도 하다.[762] 이것은 바울이 28-32절에서 전개하는 주제들을 통해 구체적으로 드러난다. 여기에서 우리는 겉보기에 서로 모순되어 보이는 두 가지 요소들, 이 장들의 논증을 불러일으킨 두 가지 요소들이 나란히 등장하는 것을 발견한다: 이스라엘과 하나님의 현재의 적대적인 관계(28절a; 또한 9:1-3을 보라)와 하나님이 이스라엘에게 준 명백하고 취소할 수 없는 약속들(28절b; 또한 9:4-5; 11:1-2을 보라).[763] 바울은 이 둘 간의 긴장관계가 어떻게 해소되는지는 하나님의 계획들이 구원사 속에서 이루어져나가는 방식에 대해 하나님이 주신 통찰("신비")에서 발견될 수 있다는 것을 보여 준다. 복음을 전면적으로 거부하는 것으로 나타난 하나님을 향한 이스라엘의 현재의 적대관계(9:30-10:21을 보라)는 그 자체가 하나님의 계획의 일부다. 왜냐하면 그것은 하나님이 그들을 완악하게 하신 결과이기 때문이다(25절b의 "완악함이 임하였다"[한글개역개정에는 "우둔하게 된 것이라"]; 11:7b-10; 9:17-18을 보라). 그러나 하나님이 이스라엘을 완악하게 하신 것은 이방인들이 "들어오게" 하고(25b, 30절; 또한 11:11-15을 보라) 이스라엘을 자극하여 회개하게 하고자 하는 목적을 지닌 것이기 때문에, 제한적이고(25절b의 "부분적으로"[한글개역개정에는 "더러는"]; 또한 11:3-7을 보라) 일시적이다(25절b의 "~까지"). 이스라엘에 주신 약속들에 대한 하나님의 신실하심은 이 구원사적 과정을 통해 드러나게 될 것이다. 이 신실하심은 현재적으로는 남은 자의 보존이라는 형태로 나타난다(11:3-6). 하지만 장래에는 이스라엘에 대한 하나님의 흔들림 없는 신실하심은 이스라엘 민족 전체의 구원이라는 놀라운 형태로 나타날 것이다(26절a). 아울러 바울은 말일에 있을 이스라엘의 이러한 구원은 하나님의 공평하심을 증명해줄 것이라고 말한다(32절). 왜냐하면 이스라엘이 지금 완악해진 것은 마치 하나님이 유대인들과 이방인들이라는 두 인종 집단

762. 예를 들어, Aletti, *Comment Dieu est-il juste?* 183을 보라.

763. 따라서 로마서 11:28은 바울이 9:1-5에서 암시한 긴장관계의 재판이다. 이 두 본문은 9-11장의 논증을 앞뒤로 둘러쌈으로써 수미쌍관법을 이룬다.

을 서로 차별하여 전자보다 후자를 편애하는 불공평함을 보여 주는 것처럼 여겨질 수 있기 때문이다. 하지만 말일에는 하나님이 모든 사람을 공평하게 대해 왔다는 것이 밝혀지게 될 것이다: 그리스도가 오시기 전에는 이방인들을, 그리스도가 오신 후에는 유대인들을, 이렇게 모든 사람을 불순종 가운데 "가두어 두심"으로써, 하나님은 현재 시대에는 이방인들과 소수의 유대인들, 이 시대의 끝에서는 많은 수의 유대인들, 이렇게 모든 사람에게 긍휼을 베푸실 것이다.[764]764

이 심오한 신학적 신비는 구체적인 실천적 목적을 지닌다. 바울은 이 절들에서 계속해서 로마의 이방 그리스도인들을 향해 말한다(그는 이 절들 전체에 걸쳐 2인칭 복수형을 사용한다[25, 28, 30-31절]; 13절을 보라). 그리고 그는 자신의 독자들이 이 신비로부터 무엇을 배우기를 자기가 원하는지를 분명하게 보여 준다: 그들 자신을 대단하게 여겨서 자신들이 유대인들보다 우월하다는 생각을 버리라는 것(25절a). 마찬가지로 이방인들인 우리도 이 절들을 읽으면서, 우리는 하나님의 거대한 구원사적 계획의 일부일 뿐이고, 그 계획은 이스라엘의 구원에서 절정에 도달한다는 것을 상기해야 한다.

25 이 절의 처음에 나오는 "왜냐하면"(그리스어로 '가르')은 25-32절을 24절과 연결시킨다: 원 가지들이 다시 접붙임을 받게 될 것이라는 소망은 충분한 근거를 갖고 있다. 왜냐하면 하나님이 바울에게 그 신비를 알게 해주셨기 때문이다. 그러나 24절에 표현된 이 소망은 11-24절 전체에 스며들어 있는 주제라는 점에서, 이 "왜냐하면"은 궁극적으로는 25-32절을 앞에서의 논증 전체와 연결시킨다.[765] 바울은 "형제들아 이 신비를 너희가 모르기를 내가 원하지 아니하노니"라는 정형 문구를 사용해서,[766] 자기가 이제 밝히게 될 신비의 중요성에 주의를 환기시킨다. 바울은 "신비"라는 단어를 유대 묵시론에서 유래한 전문적인 신학적 의미를 지닌

764. 그래서 Beker는 11:25-32이 로마서 전체의 논증을 절정에 도달하게 하는 방식을 강조한다: "로마서의 논증 전체는 이스라엘의 특수성과 이방인들을 위한 복음의 보편성 간의 특이한 상호작용이라는 주제에 의해 통합되어 있다"(1:16의 "모든 믿는 자"와 "먼저는 유대인에게요"를 보라) ("Faithfulness of God," 14; 또한 idem, "Romans 9-11," 44-45; Dunn, 2.677을 보라).

765. 예를 들어, Cranfield; Dunn을 보라.

766. 1:13에 관한 각주 161을 보라.

단어로 사용한다. 유대 묵시론적 저작들에서 "신비"는 통상적으로 하나님에 의해 이미 정해져 있지만 - 그런 의미에서 이미 하늘에 존재하지만 - 이스라엘 백성의 위로와 격려를 위해 묵시론적 선견자에게 처음으로 계시된 종말의 사건을 가리킨다.[767] 또한 바울은 이 신비가 과거에는 하나님의 백성에게 "숨겨져" 있었지만 지금은 복음을 통해 계시된 것이라고 말한다.[768] 통상적으로 신비는 그리스도의 오심 및 복음 전파와 관련된 사건이나 통찰을 포함하지만, 여기에서와 고린도전서 15:51에서는 역사의 끝에 있을 사건을 가리킨다.

바울이 "신비"라는 단어를 사용한 다른 용례들을 고려하면, 바울이 여기에서 계시 개념을 전제하고 있다고 생각하는 것은 옳다: "형제들아 너희가 내게 계시된 이 신비를 너희가 모르기를 내가 원하지 아니하노니." 이 신비가 바울에게 어떻게 계시되었는가? 일부 학자들, 특히 11:25-32에 나오는 이스라엘에 관한 가르침과 로마서 9-11장의 이전 부분들이 서로 긴장관계에 있다고 생각하는 사람들은 그가 이 장들을 쓰면서 이 문제에 대한 예언적인 통찰을 받은 것이라고 주장한다.[769] 그러나 그러한 견해는 이 장들에 나오는 바울의 논증 속에서 근거를 넘어서는 더 큰 긴장관계를 전제한다. 바울이 복음에 비추어 구약성경을 연구하면서 이 신비

767. 이 정의는 Wilckens의 탁월한 요약을 느슨하게 표현한 것이다(2.253). "신비"라는 단어는 다니엘서에서 느부갓네살 왕의 꿈들의 내용과 관련해서 처음으로 사용된다(2:17-18, 27-30, 47; 아람어로 רָז. 이 맥락 속에서 "하늘에 계신 하나님"이 이 신비들의 계시자로 명시적으로 언급된다(28절). 유대 묵시론에서 이 단어가 사용된 전형적인 예는 레위의 유언서 2:10에 나온다: "[한 천사가 레위에게 이렇게 말한다] 네가 거기에['또 다른 하늘에'] 올라갔을 때 여호와 옆에 서게 될 것이다. 너는 여호와의 제사장이 될 것이고, 여호와의 신비들을 사람들에게 대언할 것이다. 너는 장차 이스라엘을 구속할 자를 알릴 것이다." 또한 예를 들어, 4 Ezra 10:38; 12:36-38; 14:5; 1 En. 9:6; 41:1; 46:2; 103:2; 104:10, 12; 106:19; 2 Bar. 48:3; 81:4; T. Jud. 16:4; 1QS 3:23; 4:18; 9:18; 11:3, 5, 19; 1QH 1:21; 2:13; 4:27-28; 7:27; 11:10; 12:13; 1QpHab 7:5, 8, 14; G. Bornkamm, *TDNT* 4.813-817에 나오는 개관을 보라. '뮈스테리온'(μυστήριον)이라는 단어는 헬레니즘 종교("신비" 종교들)에서는 중요한 용어였지만, 바울에 의한 이 단어의 사용은 구약성경과 유대교에 뿌리를 둔 것이다(특히 R. Brown, *Semitic Background*; Coppens, "'Mystery,'" 132-158; Bockmuehl, *Revelation and Mystery*를 보라). 하지만 Sänger, "Rettung der Heiden," 107-115는 11:25과 유대 묵시론 간의 병행에 대해 이의를 제기한다.

768. 롬 16:25(이독); 고전 2:1, 7; 4:1; 15:51; 엡 1:9; 3:3, 4, 9; 6:19; 골 1:26, 27; 2:2; 4:3; 딤전 3:9, 16. 또한 바울은 고전 13:2; 14:2; 엡 5:32; 살후 2:7에서도 이 단어를 사용하지만, 다른 용례들과는 달리 분명하게 전문적인 의미를 지니지 않는다. 또한 마 13:11 = 막 4:11 = 눅 8:10; 계 1:20; 10:7; 17:5, 7을 보라.

769. Noack, "Current and Backwater," 165-166; 예언적 통찰에 대해서는 Zeller, "Christus, Skandal und Hoffnung," 272-273; U. Müller, Prophetie, 225-232도 보라.

를 깨닫게 된 것이라고 보는 것이 더 좋다.[770] 그러나 26b-27절에 나오는 구약 인용문이 보여 주듯이, 구약성경에 대한 묵상이 바울이 이 신비를 깨닫게 된 중요한 원천이었을 것이긴 하지만, "신비"라는 단어가 지닌 묵시론적 뉘앙스는 더 직접적인 계시도 일정 정도 받았을 것임을 시사해 준다.[771]

바울은 이 신비의 내용을 자세하게 설명하기 전에, 자기가 이러한 문제들에 대해 말하는 목적은 철저하게 실천적인 것임을 우리에게 다시 한번 상기시킨다: 그가 이 신비에 대해 말하는 이유는 "너희가 스스로 지혜 있다 하지 않게 하기 위해서"다.[772] 17-21절이 보여 주듯이, 바울의 관심은 이방 그리스도인들이 이제는 이방인들인 그들이 유대인들을 제치고 역사 속에서 하나님의 계획의 초점이 되었다고 착각하고서 유대인들과 유대 그리스도인들에 대해 우월감 속에서 자랑하는 것과 관련되어 있다. 따라서 이방 그리스도인들이 "스스로 지혜 있다 한" 것은 영적인 은사나 업적으로 인해 생겨난 우월감이 아니라,[773] 인종적 자만감과 배타성의 태도를 가리킨다.[774]

이제 바울은 "신비"로 되돌아가서 '호티'(영어로 "that") 절을 사용하여 신비의 내용을 구체적으로 말한다. 이 절은 25절 끝까지 이어지지만, 26절의 첫 번째 부분

---

770. 예를 들어, Hübner, Gottes Ich und Israel, 113, 121 (사 45:25을 인용한다); O. Betz, "Heilsgeschichtliche Rolle," 20 (사 6:1-13을 인용한다); Hofius, "'All Israel Will Be Saved,'" 38; Cranfield; Stuhlmacher; Lohse; Ouoba, "Paul's Use," 54-63.

771. Hübner, Gottes Ich und Israel, 120-121; Dunn; Wilckens. 바울에게 주어진 이 신비에 대한 계시의 더 큰 틀은 유대 선견자들이 신비들을 받았던 전형적인 맥락과 비슷하다: 둘 다 이스라엘의 현재의 연약함과 고난의 의미를 깨닫고자 하는 씨름에 대한 응답으로 이스라엘 백성을 위한 하나님의 계획에 대한 계시가 주어진다(E. Johnson, *Function*, 124-125; U. Müller, *Prophetie*, 225-232; Dunn, 2.678-679를 보라).

772. 내가 제안했듯이(이 번역에 대한 각주를 보라), 여기에서 여격 '헤아우토이스'(ἑαυτοῖς)만 있는 읽기를 채택한다면, 이 어구는 "너희 자신 앞에서", "너희 자신의 평가에서"라는 의미를 지니게 될 것이다(신약성경에서는 통상적으로 2인칭 대신에 3인칭 복수형 재귀대명사가 사용된다; Zerwick and Grosvenor, *Grammatical Analysis*, 485를 보라). 하지만 이 단어에 '엔'(ἐν)이나 '파라'(παρά)가 결합된 읽기를 채택한다고 해도, 의미의 차이는 생겨나지 않는다(BDAG의 *παρά* 항목을 보라). 바울은 잠언 3:7을 간접인용 한 것일 수 있다: "스스로 지혜롭게 여기지 말지어다 [LXX: *μὴ ἴσθι φρόνιμος παρὰ σεαυτῷ*, '메 이스티 프로니모스 파라 세아우토'] 여호와를 경외하며 악을 떠날지어다"(예를 들어, Käsemann; Dunn; Jewett을 보라).

773. 반대견해로는 예를 들어, Michel과 Käsemann. 그들은 여기에서 또 다시 "성령주의자"에 대한 암시를 발견한다.

774. Wilckens.

을 포함하는지의 여부는 분명하지 않다.[775] 하지만 26절의 처음에 나오는 "그리하여"는 26절a가 25절b와 밀접하게 연결되어 있다는 것을 보여 준다는 점에서, 이 문제는 결정하기가 쉽지 않다. 그런 후에 바울은 이 신비를 세 개의 서로 구별되는 절들을 통해 설명한다:

1. "완악함이 이스라엘에게 부분적으로 임했다"(한글개역개정에는 "이스라엘의 더러는 우둔하게 된 것이라")
2. "이방인의 충만한 수가 들어오기까지"
3. "그리하여 온 이스라엘이 구원을 받으리라"

이 각각의 절이 지닌 상대적인 비중은 분명하지 않다. 달리 말하면, 이 신비의 진정한 핵심은 무엇인가? 이스라엘이 완악해져 있다는 사실인가?[776] 이스라엘의 완악함이 오직 부분적이고 일시적이라는 사실인가?[777] "온 이스라엘이 구원을 받으리라"는 사실인가?[778] 또는, 이것들의 어떤 조합인가?[779] 이 질문을 대답할 때 중요한 단서는 바울이 "신비"라는 단어를 사용한 것은 바울의 논증에서 새로운 요소가 바로 "신비"라는 것을 보여 준다는 것이다. 이러한 고려는 바울이 앞에서부터 분명하게 가르쳐왔던(11:7b-10) 이스라엘의 완악해짐이라는 사실이 신비라고 말하는 것을 배제하는 것으로 보인다. 또한 이러한 고려는 온 이스라엘의 구원은 바울 당시에 유대인들 가운데 널리 퍼져 있던 기대였다는 점에서 신비의 초점이 아니라는 것을 보여 준다. 25절b-26절a에서 부각된 것, 바울이 아직까지 명시

775. 몇몇 주석자들은 문법적인 근거와 문맥상의 근거 위에서 26절은 새로운 문장의 시작이라고 강조하지만(S-H; Meyer; Denney; Kuss), 대부분의 주석자들(가장 분명한 것은 Cranfield를 보라)은 26절의 첫 번째 부분을 25절b와 연결시킨다. Refoulé, *Et ainsi tout Israël*, 31-32에 나오는 여러 가능성들에 대해 검토한 내용을 보라.
776. 예를 들어, F. Hahn, "Zum Verständnis von Römer 11.26a," 224.
777. Kuss; Murray.
778. Michel; Cranfield.
779. 몇몇 주석자들(예를 들어, Godet; Fitzmyer; Jewett; Hofius, "Evangelium und Israel," 311; Wilckens)은 이 세 부분을 언급하기만 할 뿐이고, 그 경중에 대해서는 언급하지 않는다. 반면에, C. Cooper는 이 신비는 이스라엘이 이방인들과 동일한 방식으로 구원받을 수 있다는 것이라고 생각한다("Romans 11:25, 26," 84-94).

적으로 가르치지 않은 것, 당시 유대인들의 신념을 뒤집는 것은 "온 이스라엘"이 구원을 받게 될 순서다: 이스라엘은 이방인들의 정해진 수가 들어올 때가지는 완악해져 있을 것이고, 그 후에 온 이스라엘이 구원을 받게 될 것이다.[780] 구약성경과 유대 문헌의 몇몇 본문들은 이방인들이 마지막 날에 여호와에 대한 예배에 합류하게 될 것이라고 예고한다. 그리고 그중 일부는 이스라엘이 다시 살아나서 다시 모이게 됨으로써 드러나게 될 여호와의 영광이 구원에 대한 이방인들의 관심을 촉발시킬 것이라고 말하기도 한다.[781] 따라서 종말의 시대가 개시되었을 때, 이방인들이 물밀듯이 들어와서 구원의 복을 누리는 동안 대다수의 유대인들은 배제될 것이고, 그 흐름이 다 끝난 후에야 온 이스라엘이 이 복을 경험하게 될 것이라는 사실은 완전히 새로운 것이었다.

이 신비의 개별적인 단계들로 눈을 돌려보면, 우리는 바울이 이스라엘의 현재의 완악함을 하나님의 완악하게 하심이라는 관점에서 해석한 것을 재확인하는 것을 발견한다.[782] 그러나 아울러 바울은 이 완악하게 하신 것이 오직 이스라엘에게 "부분적으로"만[783] 임했고 남은 자를 보존하셨다는 것을 보여 줌으로써, 이스라엘에 대한 하나님의 지속적인 신실하심을 우리에게 상기시킨다. 그리고 이스라엘이 완악해진 것은 부분적인 것일 뿐만 아니라 일시적인 것이기도 하다. 왜냐하면 바울이 계시하듯이, 이스라엘의 완악해짐은 오직 "이방인의 충만한 수가 들어오기까지"만 지속될 것이기 때문이다. 일부 학자들은 바울은 단지 이스라엘의 완

---

780. 이 일반적인 접근방법에 대해서는 Wilckens; Schreiner; Beker, *Paul the Apostle*, 333-335; Lübking, Paulus und Israel, 123; Refoulé, *Et ainsi tout Israël*, 71-73을 보라.

781. 이 이른바 종말론적인 순례 모티프에 대해서는 11:11-32의 서론에 대한 각주를 보라.

782. '포로시스'(πώρωσις); 7절에서 사용된 동족어 동사 '포로오'(πωρόω)와 거기에 나오는 각주를 보라.

783. 그리스어로는 '아포 메루스'(ἀπὸ μέρους, "부분적으로")다(BDAG). 이 어구는 형용사로서 '이스라엘'(Ἰσραήλ)을 수식하는 것으로 볼 수도 있고 ("완악함이 이스라엘의 일부에게 임했다," Käsemann), 부사로서 '포로시스'(πώρωσις, "완악함")에 내포되어 있는 동사적 개념을 수식하거나("부분적인 완악함이 이스라엘에 임했다," Dunn) '게고넨'(γέγονεν)을 수식하는 것으로("완악함이 이스라엘에 부분적으로 임했다," Godet; Wright) 볼 수도 있다. 이것들 중에서 마지막 선택지가 구문론적으로 가장 가능성이 크지만('아포 메루스'는 바울에 의한 다른 4번의 용례에서 부사로 사용된다[롬 15:15, 24; 고후 1:14; 2:5]), 의미의 차이는 크지 않다. 우리가 이 구문을 어떤 식으로 보든, 바울이 이스라엘의 완악해짐에 수적인 제한을 가하고 있다는 것은 분명하다(Wilckens; Hofius, "Evangelium und Israel," 312).

악함이 마지막 날에 "이르기까지" 지속될 것이라고만 가르치고 있는 것이라고 주장하면서, 바울의 이 말 속에 이스라엘의 완악해진 상태에 어떤 변화가 있을 것이라고 한 내용이 함축되어 있다는 견해에 의문을 제기해 왔다. 그러한 완악함의 제거는 여기에서 얘기되지 않았다는 것이다.[784] 바울이 사용한 그리스어 구문은 그런 식으로 해석하는 것도 가능하다. 그러나 현재의 상황의 역전을 시사해주고 있다고 해석하는 것이 더 자연스럽다: 이스라엘의 부분적인 완악해짐은 오직 이방인의 충만한 수가 들어올 때까지만 지속될 것이다 - 그리고 그런 후에는 제거될 것이다.[785] 이런 해석을 뒷받침해 주는 결정적으로 중요한 근거는 문맥이다. 왜냐하면 바울은 11-24절 전체에 걸쳐서 이스라엘이 언젠가는 현재의 남은 자를 훨씬 뛰어넘는 많은 수의 영적인 새로워짐을 경험하게 될 것이라고 말해 왔기 때문이다(12절에서 "그들의 실패"와 대비되는 "그들의 충만함"; 15절에서 "그들을 버리는 것"과 대비되는 "그 받아들이는 것"; 16절에서 심지어 꺾인 가지들의 "거룩함"; 24절에서 이 가지들이 다시 접붙임을 받게 될 것이라는 소망).[786]

이스라엘의 완악해짐과 관련된 시간적 제한은 "이방인의 충만함"(한글개역개정에는 "충만한 수")가 "들어오는 것"이다. "들어오는 것"은 아마도 하나님의 나라로 들어와서 하나님의 종말론적인 구원을 경험하는 것을 가리킬 것이다.[787] "이방인의

---

784. 예를 들어, Calvin; Lenski; Woudstra, "Israel and the Church," 236; Ponsot, "Et ainsi tout Israël," 412-413. 또한 Wright를 보라. 그는 묵시문헌에서 하나님이 완악하게 하시는 것은 언제나 심판을 목적으로 하기 때문에, 바울이 이방인의 충만한 수가 들어올 때"까지" 이스라엘이 부분적으로 완악해질 것이라고 말한 것은 그런 후에 이스라엘이 심판으로 들어가게 되리라는 것을 의미하는 것이라고 주장한다(*Climax of the Covenant*, 249).

785. 전치사 '아크리'(ἀχρί)는 신약성경에 48번 나온다(그 뒤에 나오는 관계대명사 οὗ['후']는 τοῦ χρόνου ᾧ['투 크로누 호']를 줄인 것이다). 그중에서 11번의 용례는 시간이 아니라 공간 개념과 관련된 것이어서 여기에서의 용례와 상관이 없다. 나머지 37번의 용례 중에서 25번은 그다음에 나오는 어떤 상황의 변화에 의해 끝나게 될 일정한 기간을 가리킨다는 것이 꽤 분명하게 드러나 있다(눅 1:20; 4:13; 행 1:2; 3:21; 7:18; 13:11; 20:6, 11; 22:22; 27:33; 롬 1:13; 고전 11:26; 15:25; 갈 3:19; 4:2; 빌 1:6; 히 3:13; 6:11; 계 2:25, 26; 7:3; 15:8; 17:17; 20:3, 5). 중요한 것은 단순과거 동사가 뒤따라 나오는 14번의 용례인데(예를 들어, 롬 11:25), 그중에서 '아크리'가 "까지"를 뜻하는 것은 10번이고, 그중에서 단순과거가 사용된 용례는 오직 2번이다(마 24:38 = 눅 17:27; 또한 행 2:29; 23:1; 26:22; 롬 5:13; 8:22; 고전 4:11; 고후 3:14; 빌 1:5을 보라).

786. 대부분의 주석자들. 예를 들어, Godet; Murray; Cranfield; Jewett을 보라.

787. 바울이 '에이세르코마이'(εἰσέρχομαι, "들어오다")를 사용한 것은 복음서들에서 하나님 나라나 영생에 들어가는 것을 가리키는 데 이 동사를 자주 사용한 것을 본뜬 것으로 보인다; 특히 마 7:13; 눅 13:24에서 이 동사가 절대적 용법으로 사용된 것을 보라(예를 들어, Murray; Dunn; Jewett).

충만한 수"는 해독하기가 더 어렵다. 12절에서 "충만함"[788]이라는 단어를 논의할 때 언급했듯이, 이 단어는 성경에서 일관되게 질적인 의미 - "성취", "완성", "충만" - 를 지닌다. 그래서 일부 학자들은 "이방인의 충만함"은 단지 하나님이 이방인들에게 부어주고자 하시는 "온전한 복"이나[789] 이방 선교의 "완성"[790]을 의미하는 것이라고 생각한다. 그러나 "들어오다"라는 표상은 이러한 개념과 그렇게 잘 부합하지 않는다. 또한 바울은 이 개념도 유대 묵시론에서 빌려 왔을 가능성이 높다: 하나님이 구원을 위해 예정하신 확정된 수의 사람들이라는 개념.[791] 이러한 고려들은 이방인들의 "충만함"("충만한 수")이 수적인 완성이라는 의미를 내포하고 있을 것임을 시사해 준다: 하나님은 특정한 수의 이방인들을 구원하기로 작정하셨고, 그 수에 도달했을 때에야 비로소 이스라엘의 완악함이 제거될 것이다.[792] 따

일부 학자들은 이 동사는 이방인들이 말일에 예루살렘으로 들어오게 될 것이라고 말하는 종말론적인 순례 모티프를 반영한 것이라고 주장한다(Stuhlmann, *Eschatologische Maβ*, 166-167; Aus, "Paul's Travel Plans," 251-252; Dunn; Wilckens). 몇몇 학자들은 쿰란 공동체에서 사용된 표현과 유사하게 바울이 이스라엘의 언약 공동체 "속으로 들어간다"는 개념을 언급한 것일 수 있다고 말한다(27-24절의 표상을 따라서; Hofius, "Evangelium und Israel," 313; Refoulé, *Et ainsi tout Israël*, 82-83을 보라).

788. '플레로마'(πλήρωμα).

789. 특히 Murray를 보라; 12절에 대한 그의 해석을 보라.

790. 이 해석을 지지하는 사람들은 특히 바울이 자기가 동부 지중해에서의 전도를 "성취"한 것을 가리키는 데 '플레로마'(πλήρωμα, "충만함")의 동족어인 동사 '플레로오'(πληρόω, "편만하게 전하였노라")를 사용한 15:16-19을 제시한다(또한 골 1:27을 보라). 이러한 해석들은 바울이 자신의 전도를 이방인 선교를 완성시킬 사건으로 보았다고 생각한다. 이 선교를 통해 회심한 이방인들은 종말에 이방인들이 예루살렘으로 들어오게 될 것이라는 기대를 성취하기 위해 바울이 예루살렘에 드리는(롬 15:30-33을 보라) "제물"(15:16)이다. 따라서 바울은 자기가 구원사 속에서 중심적인 인물이라고 보았고, 자신의 이방인 선교가 종말을 가져오게 될 것이라고 생각했다. 또한 마가복음 13:10을 보라: "또 ['종말' 이전에] 복음이 먼저 만국에 전파되어야 할 것이니라." (특히 Munck, *Paul*, 47-51; Aus, "Paul's Travel Plans," 235-237, 260-261; Hübner, Gottes Ich und Israel, 112-113을 보라.) 또한 J. Scott를 보라. 그는 이것은 열방 목록에 대한 바울의 해석을 배경으로 "열방의 충만한 수"를 가리키는 것이라고 생각한다(*Paul and the Nations*, 127).

791. 예를 들어, 4 Ezra 4:35-37을 보라:
의인들의 영혼이 자신의 방들에서 이 문제에 대해, "우리는 여기에서 언제까지 머물러야 하고, 우리의 상을 수확할 때는 언제 오는가"라고 묻지 않겠는가? 그리고 천사장 예레미엘은 그들에게 대답하기를, "너희 같은 사람들의 수가 완성될 때다. 왜냐하면 하나님은 저울로 이 시대의 무게를 재오셨고, 시간의 분량을 측량해오셨으며, 시간을 수로 헤아려 오셨기 때문이다. 하나님은 그 분량이 찰 때까지는 그들을 옮기시거나 일으키지 않으실 것이다."

792. 따라서 "충만한 수"라는 번역(NIV; NRSV; NLT; NET; CEB; NAB)은 이 개념의 핵심을 포착한 것이다. 이런 해석에 대해서는 예를 들어, "미리 아신 모든 자들"로 의역한 Theophylact를 보라; 또한 Kuss; Dunn; Jewett; Refoulé, *Et ainsi tout Israël*, 83-85를 보라. 다른 사람들은 이 어구에

라서 "이스라엘의 충만함"(12절)과 "이방인들의 충만함"은 서로 대응된다. 이런 식으로 해석하면, 25절b에서 바울이 구원사를 간략하게 설명한 것은 예수님이 자신의 죽음과 부활 이후에 일어나게 될 일련의 사건들을 예고한 것과 아주 흡사하다:

> 이는 땅에 큰 환난과 이 백성에게 진노가 있겠음이로다 그들이 칼날에 죽임을 당하며 모든 이방에 사로잡혀 가겠고 예루살렘은 이방인의 때가 차기['플레로토신']까지['아크리 후'] 이방인들에게 밟히리라(눅 21:23b-24).

26a 26절의 첫 번째 구절은 로마서 9-11장 및 유대인들과 그들의 미래에 대한 신약성경의 가르침을 해석할 때 태풍의 중심이다. 이것과 관련해서 해결해야 할 쟁점은 세 가지다: '후토스'("그리하여")의 의미와 이 단어가 가리키는 것; '파스 이스라엘'("온 이스라엘")이 가리키는 것; 온 이스라엘이 구원받게('소테세타이') 될 때와 방식.

'후토스'를 해석하는 데는 기본적으로 네 가지 선택지가 있다. 첫째, '후토스'는 시간을 나타낼 수 있다: "그런 후에[25절b에 언급된 사건들 후에] 온 이스라엘이 구원을 받으리라."[793] 그러나 '후토스'는 시간을 나타낼 수 있기는 하지만, 그런 경우는 드물다.[794] 둘째, '후토스'는 결론을 이끌 수 있다: "이 과정[25절b]의 결과로 온 이스라엘이 구원을 받으리라."[795] '후토스'의 이 용법은 그리스어와 바울 서신에서 확인되지만, 이 경우도 드물고, 어떤 행위가 일어나는 방식을 가리키는 이 단어의 통상적인 의미를 포기할 합당한 근거도 없어 보인다.[796] 세 번째 선택지는 '후

수적인 의미를 부여하지만, 이 어구가 택하심을 염두에 두고 있는 것이라고 생각하지는 않는다; "충만한 수"는 단지 이방인들을 대표하는 수다(Godet).

793. Käsemann; Witherington/Hyatt; Bird; Corley, "Jews, the Future, and God," 51. 다른 많은 학자들(예를 들어, Dunn; Schmitt, *Gottesgerechtigkeit*, 111; Feuillet, "Espérance de la 'conversion,'" 486-487)은 이 단어가 시간과 관련된 뉘앙스를 지닌다고 본다.

794. 특히 van der Horst, "'Only Then,'" 521-525; J. Scott, "'And Then All Israel,'" 489-527을 보라(반대견해로는 예를 들어, Fitzmyer). 하지만 LSJ, Montanari나 BDAG는 이 단어가 시간을 나타낸다고 말하지 않는다; 흔히 시간을 나타내는 것으로 인용되는 신약성경의 두 번의 예(행 17:33; 20:11)도 다른 방식으로 더 잘 설명된다.

795. Fitzmyer; Hofius, "'All Israel Will Be Saved,'" 35; Gundry Volf, *Paul and Perseverance*, 179-180; S. Kim, *Origin*, 83-84; Nicklas, "Paulus und die Errettung Israels," 180-181.

796. 바울 서신에서 '후토스'(οὕτως)의 74번의 용례들 중에서 오직 4번만이 이 "논리적 결론"의 의미

토스'를 통상적인 의미로 해석해서, 그 뒤에 나오는 "기록된 바"라는 정형문구와 연결시키는 것이다: "그리하여 온 이스라엘이 구원을 받으리라. 즉 기록된 바…"[797] 그러나 바울은 다른 곳에서는 단 한 번도 '후토스'와 "기록된 바"를 하나의 쌍으로 사용하지 않는다.[798] 따라서 네 번째 선택지 - '후토스'를 방식을 가리키는 것으로 보고, 앞에 나오는 것과 연결시키는 것 - 를 받아들여야 한다: "그리하여 온 이스라엘이 구원을 받으리라."[799] 즉, 바울이 11-24절에서 개략적으로 설명했고, 25절b에서 요약한 과정이 바로 이스라엘의 구원의 "방식"이라는 것이다: 하나님은 이방인들이 메시아적인 구원 속으로 들어오고 있는 동안에는 이스라엘의 대부분을 완악하게 하고, 결국 이방인들의 구원이 이스라엘로 하여금 시기나게 하여 구원으로 나아오게 하신다. 그러나 이것은 '후토스'가 시간을 나타내는 것이 아니라, 시간적인 준거를 설정하는 역할을 한다는 것을 의미한다: 온 이스라엘이 구원받는 방식은 여러 정해진 단계들로 전개되는 과정을 포함한다.[800]

그러나 구원받기로 정해져 있는 "온 이스라엘"은 무엇인가? 우리는 "이스라엘"이라는 단어에서 시작해서 "온"이라는 단어로 옮겨가면서 가능성 있는 해석들을 검토함으로써 이 질문에 가장 잘 대답할 수 있다.

바울의 용법에 의하면, "이스라엘"은 다음과 같은 것으로 정의할 수 있다: (1) 유대인들과 이방인들을 포함한 택하신 자들의 공동체, (2) 이스라엘 민족, (3) 이스라엘 내의 택하신 자들. 첫 번째 선택지는 아주 초기의 교회에서 일정 정도 지지를 받다가 특히 종교개혁 이후 시대에 널리 받아들여졌지만,[801] 오늘날에는 덜 지

를 지니는 것으로 보인다(롬 1:15; 6:11; 고전 14:25; 살전 4:17). 다른 모든 용례들은 방식을 나타낸다.

797. BDAG; Stuhlmacher, "Zur Interpretation," 559-560; Gaston, "Israel's Misstep," 143; van Oorschot, *Hoffnung*, 24; J. Wagner, *Heralds*, 279-280.

798. 물론 '후토스'(οὕτως)와 '카토스'(καθώς)는 한 쌍의 상관어를 이룰 수 있다. 신약성경에서 이 단어들을 하나의 쌍으로 사용한 2번의 예 중 하나가 이것을 분명하게 보여 준다(눅 24:24). 하지만 J. Wagner (Heralds, 279-280)의 견해와는 반대로, 이 두 단어가 빌립보서 3:17에서 상관어로 사용된 것인지는 분명하지 않다.

799. 예를 들어, Godet; Wilckens; Dunn; Jeremias, "Einige vorwiegend sprachliche Beobachtungen," 198.

800. 예를 들어, Hofius, "Evangelium und Israel," 315; Bell, *Provoked to Jealousy*, 134-36; Byrne을 보라.

801. 몇몇 교부들은 "온 이스라엘"을 영적 이스라엘 전체를 가리키는 것으로 해석해서, 구원의 보편성

지를 받아 왔다.[802] 이렇게 이 선택지가 오늘날 지지를 받지 못하는 것은 옳다. 바울은 로마서 9-11장에서 지금까지 "이스라엘"이라는 단어를 10번 사용했고, 각각의 용례(9:6의 한 용례는 예외일 수도 있지만)는 민족으로서의 이스라엘을 가리킨다.[803] 이것은 분명히 25절b에 나오는 이 단어의 의미다. 그런데 민족으로서의 이스라엘을 가리켰던 이 단어가 26절a - 비록 "온"이라는 수식어가 첨가되었다고 해도 - 에서는 순전히 종교적인 의미의 이스라엘을 가리키는 것으로 바뀌었을 가능성은 희박하기 때문이다. 그러나 바울이 교회 일반을 가리키기 위해 26절a에서 "이스라엘"이라는 단어를 사용했다는 견해에 한층 더 치명타를 가하는 또 다른 요소가 있는데, 그것은 11:11-32은 권면의 목적을 지닌다는 것이다. 갈라디아서 6:16이 보여 주듯이(또한 빌 3:3을 보라; 그리고 아마도 롬 9:6), 바울은 구원사의 연속성을 알았기 때문에 하나님의 백성이라는 구약의 명칭을 가져와서 신약의 하나님 백성에게 적용할 수 있었을 것이 분명하다.[804] 그리고 이 동일한 신학은 로마서에서도 등장해서, 바울은 아브라함의 "자손"은 믿음이 있는 유대인들과 이방인들로 구성된다고 말한다 (4:13-18). 그러나 로마서 11장과 그 밖의 다른 본문들 간에는 목적에 있어서 차이가 있기 때문에, 바울이 여기에서 이스라엘의 의미를 변경해서 교회에 적용했을 가능성은 희박하다. 그는 갈라디아서와 로마서 4장에서는 이방인들도 아브라함에게 약속된 복들의 수혜자들이 될 수 있고 하나님 백성의 온전한 지체들이 될 수 있다는 것을 논증한다. 그러한 맥락 속에서 바울이 구약에서 하나님 백성과 관련된 표현들을 이방인들에게 적용하는 것은 완벽하게 적절하다.[805] 하지만

을 뒷받침하는 데 이 본문을 사용했다(Fitzmyer는 이레나이우스, 알렉산드리아의 클레멘스, 몹수에스티아의 테오도로스, 테오도레를 인용한다; 또한 Schelkle, *Paulus, Lehrer der Väter*를 보라). 종교개혁자들 중에서는 칼빈은 "온 이스라엘"은 모든 택하신 자들을 가리키는 것으로 보았고, 이 견해는 특히 16세기와 17세기에 대륙의 개신교 신학자들 가운데서 널리 받아들여졌다.

802. 하지만 Barth, *CD* 4 1.671; Jeremias, "Einige vorwiegend sprachliche Beobachtungen," 199-200; Hughes, "Olive Tree," 44-45; Whiteley, *Theology of St. Paul*, 97; Ponsot, "Et ainsi tout Israël," 413-415; Judant, *Deux Israël*, 194-201; Chilton, "Romans 9-11," 27, 31, 34; R. Martin, *Reconciliation*, 134; Wright; idem, *Climax of the Covenant*, 249-250; Staples, "What Do the Gentiles?" 371-390; D. Kim, "Reading Paul's καὶ οὕτως," 317-334; Porter; Schnabel을 보라.

803. 롬 9:6b(2번), 27(2번), 31; 10:19, 21; 11:2, 7, 25.

804. 9:6에 대한 각주를 보라.

805. 그래서 바울은 갈라디아서의 동일한 문맥 속에서 모세에게 적용되었던 "율법"이라는 단어를 그리

로마서 11장에서 바울의 목적은 거의 정반대다. 여기에서는 이방인들이 "하나님 백성"의 권리들과 명칭들을 독점적으로 그들 자신에게 적용하려는 경향에 제동을 거는 것이 목적이기 때문이다. 그런 맥락 속에서 만일 바울이 교회를 "이스라엘"이라고 부른 것이라면, 그것은 이방인들로 하여금 "우리가 참 이스라엘이다"라고 과시할 근거를 제공해주어 그들의 교만에 기름을 붓는 격이 되었을 것이다.[806]

다른 두 선택지들 - 즉, (2)와 (3) - 중에서 선택하는 것은 더 어렵다. 바울은 로마서 9-11장에서 "이스라엘"이라는 표현을 이스라엘 민족 전체를 가리키는 데도 사용하고, 이스라엘 내의 택하신 자들을 가리키는 데도 사용한다. 9장 6절b가 이것을 간결하게 보여 준다: "이스라엘[민족]에게서 난 그들이 다 이스라엘[택하신 자들]이 아니요." 바울이 여기에서 후자의 의미로 "이스라엘"을 사용한 것이라면, 그는 모든 택함 받은 유대인들은 구원을 받게 될 것이라고 주장한 것이 된다.[807] 어떤 사람들은 이 해석은 바울이 너무나 뻔해서 하지 않아도 될 불필요한 말을 하고 있는 것으로 만든다는 이유에서 배척해 왔다: 택함 받은 자들이 구원받을 것임은 너무나 자명한 일이다. 그러나 이러한 반론이 결정적인 것은 아니다. 앞에서 보았듯이, 바울의 초점은 온 이스라엘이 구원을 받을 것이라는 사실에 있는 것이 아니라, 그들이 구원을 받는 방식에 있기 때문이다. 더 중요한 반론은 이 해석에 의하면 바울이 "이스라엘"을 25절b에서는 이스라엘 민족을 가리키는 데 사용했다가 26절a에서는 이스라엘 내의 택하신 자들을 가리키는 데 사용했다고 보아야 한다는 것이다. 왜냐하면 그가 25절b에서 부분적으로 완악해졌다고 한 이스라엘

스도에게 적용한다(6:2).

806. 나는 이것이 사실이라는 것을 바울이 부인할 것이라고 말하는 것이 아니다; 갈라디아서 6:16과 빌립보서 3:3은 바울이 이 표현을 사용하기를 아주 기뻐했을 것임을 분명하게 보여 준다 - 그러나 오직 어떤 수사학적 상황에서만. 그 수사학적 상황이 로마서 11장에서는 완전히 다르다. 가장 초기의 해석자들은 "온 이스라엘"의 의미를 놓고 견해가 갈렸다. 어떤 사람들(예를 들어, 테오도레[Bray, 288에 인용된])은 모든 믿는 자들을 지칭하는 것으로 보았고, 어떤 사람들은 오직 유대인 신자들만을 지칭하는 거으로 보았다(예를 들어, Origen, commentary on Matthew [*PG* 13.1485], 아우구스티누스 [*PL* 35.1347과 *City of God* 20.29을 보라]; 알렉산드리아의 키릴로스 [Bray, 288에 인용된]; 또한 Witherington/Hyatt를 보라). 종교개혁 이후의 많은 개신교인들 사이에서는 이스라엘 = 교회라는 견해가 인기를 끌었음에도 불구하고, 민족으로서의 이스라엘을 가리킨다는 견해는 영국의 청교도 사이에서도 표준적인 견해였다(I. Murray, *Puritan Hope*, 43 등).

807. 예를 들어, Ridderbos; Hendriksen; Kruse; Horne, "Meaning of the Phrase," 331-334; Merkle, "Romans 11," 709-721; 특히 Refoulé, *Et ainsi tout Israël*, 135-142, 179-181을 보라.

은 분명히 이스라엘 민족을 가리키기 때문이다. 이런 이유에서, 그리고 "온 이스라엘"이라는 어구의 통상적인 의미를 감안해서(아래를 보라), 나는 26절a의 "이스라엘"은 민족으로서의 이스라엘 전체를 가리킨다는 견해 쪽으로 더 기울게 된다.

그렇다면 바울은 이스라엘 민족 전체가 구원을 받게 될 것이라고 강조한 것인데, 이 말의 의미는 무엇인가? 몇몇 학자들은 이것은 모든 각각의 유대인이 구원을 받게 될 것임을 가리킨다고 주장해 왔다.[808] 그러나 바울은 "모든 각각의 이스라엘 사람"이라고 쓴 것이 아니라 "온 이스라엘"이라고 썼고,[809] 이 둘은 중요한 차이가 있다. 구약성경과 유대 문헌이 보여 주듯이, "온 이스라엘"은 공동체적인 의미를 지니고 있어서, 이스라엘 민족의 한 부분인 모든 각각의 개인을 가리키지 않고, 민족 전체를 가리킨다.[810] 따라서 "온 이스라엘"이라는 어구는 우리가 종종 한 집단을 대표하는 다수를 가리키는 데 사용하는 표현과 비슷하다: "학교 전체가 축구 시합을 보기 위해 나갔다"; "온 나라가 그 사건에 격분했다." 더 어려운 문

808. 예를 들어, Meyer. 그는 이 구원은 미래의 사건이라고 생각하고, 바울은 당시에 회심하지 않은 모든 이스라엘 사람이 장차 구원받게 될 것임을 예고한 것이라고 주장한다. 또한 Bell, *Provoked to Jealousy*, 136-145; Jewett을 보라.

809. 고전 그리스어 표준 문법에 의하면, 관사 없는 '파스 이스라엘'(πᾶς Ἰσραήλ)은 "각각의 이스라엘"(분배적 의미)을 의미한다. 그러나 헬레니즘 시대에는 이 표준 문법을 언제나 따른 것은 아니었고, 이 어구가 여기에서 집합적 의미로 사용되었다는 것은 명백하다(이것에 대해서는 Conybeare and Stock, *Grammar*, §63; §BDF 275[1]; N. Turner, *Syntax*, 199-200을 보라).

810. 칠십인경에 '파스 이스라엘'(πᾶς Ἰσραήλ)이라는 어구는 136번, '파스 호 이스라엘'(πᾶς ὁ Ἰσραήλ)은 5번, '호 파스 이스라엘'(ὁ πᾶς Ἰσραήλ)은 1번 나온다(이것들은 통상적으로 히브리어로는 (כָּל־יִשְׂרָאֵל['콜-이스라엘']이다); 그리고 '파스 오이코스 이스라엘'(πᾶς οἶκος Ἰσραήλ, "이스라엘 온 집") 같은 비슷한 표현들이 있다. 이 어구들이 모든 각각의 이스라엘 사람을 가리키는 경우는 거의 없다(하지만 3 Kgdms.[왕상] 22:17; 대상 21:5; 29:21; 말 3:22[4:4]; 1 Esdr. 7:8; 8:7; 8:92을 보라). 물론 종종 이 어구의 범위는 문맥에 의해 분명하게 제한된다(예를 들어, 민 16:34: "그 주위에 있는 온 이스라엘이 그들의 부르짖음을 듣고 도망하며 이르되 땅이 우리도 삼킬까 두렵다 하였고"). 그러나 이 어구가 공동체적이고 심지어 대표적인 성격을 지니는 예들은 많다; 예를 들어, 수 7:25: "여호수아가 이르되 네가 어찌하여 우리를 괴롭게 하였느냐 여호와께서 오늘 너를 괴롭게 하시리라 하니 온 이스라엘이 그를 돌로 치고"; 2 Kgdms.(삼하) 16:22: "이에 사람들이 압살롬을 위하여 옥상에 장막을 치니 압살롬이 온 이스라엘 무리의 눈앞에서 그 아버지의 후궁들과 더불어 동침하니라"를 보라; 또한 1 Kgdms.(삼상) 7:5; 25:1; 3 Kgdms. 12:1; 대하 12:1; 단 9:11도 보라. 자주 인용되는 유대 본문은 물론 바울 시대 이후에 나온 것이긴 하지만 m. Sanh. 10:1이다: "온 이스라엘이 내세에 분깃을 갖는다 …그리고 이들은 내세에 분깃이 없는 자들이다…." 하지만 미쉬나 본문은 로마서 11:26과는 달리 "온 [이스라엘]"의 의미가 문맥에 의해 분명하게 제한된다는 점에서, 이 본문이 로마서 11:26과 비교될 수 있는 것인지는 의심스럽다. 이 어구의 일반적이고 공동체적인 의미에 관한 전반적인 설명으로는 Stuhlmann, *Eschatologische Maβ*, 168-178을 보라.

제는 "온 이스라엘"이 역사 전체에 걸쳐 존재해 왔던 이스라엘 민족 전체("통시적" 의미)를 가리키는 것인가,[811] 아니면 역사의 한 순간에 존재하는 이스라엘 민족 전체("공시적" 의미)를 가리키는 것인가[812] 하는 것이다. "온 이스라엘"이라는 표현은 전자를 가리킬 가능성이 높다. 바울이 역사의 한 순간에 조재하는 이스라엘 민족만을 염두에 두었고, 다른 시기들에 살았던 수많은 유대인들을 배제했을 것이라고 거의 생각할 수 없다고 주장할 수 있다. 그러나 "온 이스라엘"이라는 표현의 용법과 이 글을 쓰고 있는 관점은 공시적 의미를 지지한다. "온 이스라엘"이라는 어구가 분명하게 통시적 의미로 사용된 용례는 존재하지 않는다. 그리고 바울은 자기가 말한 이러한 사건들이 수백수천 년이라는 오랜 세월이 흘러서 일어나는 것이 아니라 머지않아 아주 짧은 기간 후에 일어나게 될 것이라고 생각했다는 것을 우리는 기억해야 한다.[813]

우리는 바울이 역사상의 특정 시점에 존재하는 이스라엘 민족이라는 공동체적인 실체를 가리키는 데 "온 이스라엘"이라는 어구를 사용했을 가능성이 높다고 결론을 내린다. 하지만 우리는 이 어구가 역사 전체에 걸쳐 존재해왔던 이스라엘 내의 택하신 자들을 가리키는 것으로 보는 해석도 하나의 대안으로 진지하게 고려해야 한다는 말도 덧붙여야 한다.

끝으로는 "온 이스라엘"의 구원의 때와 방식에 대해 살펴보자. 내가 11-24절,

811. 예를 들어, Hofius, "'All Israel Will Be Saved,'" 35; Mussner, "'Ganz Israel wird ge-rettet werden,'" 241-245; Rese, "Rettung der Juden," 429; Bell, *Provoked to Jealousy*, 140-143; Fitzmyer(?); Merkle, "Romans 11," 709-721을 보라.

812. 예를 들어, Luther, 11:25에 대한 주석; Godet; Murray; Cranfield; Dunn; Schreiner; Gundry Volf, *Paul and Perseverance*, 184-185. Cohen은 교부들과 중세 해석자들 중 일부는 이스라엘의 구원을 미래의 사건이라고 생각했다고 지적한다("Mystery of Israel's Salvation," 247-281). 영국의 청교도들은 자신들의 개혁과 전통을 깨고서, 유대인들이 장차 회심하게 될 것이라는 믿음을 강력하게 고수했고, 이 믿음은 선교에 대한 그들의 열심에 불을 붙였다(Murray, *Puritan Hope*, 175-177을 보라).

813. 이것은 그리스도가 바울의 세대 내에, 또는 아주 짧은 기간 내에 오실 것이라고 바울이 확신했다거나, 그가 로마서 11장에서 쓴 내용이 그것을 요구한다고 말하는 것은 아니다(많은 학자들이 생각하는 것과는 달리). 그러나 우리는 바울은 다른 신약 저자들, 그리고 실제로 예수 자신(마 13:32//마 24:36을 보라)과 마찬가지로 하나님 나라의 완성이 언제 이루어질지를 알지 못했다는 사실을 진지하게 받아들여야 한다. 하지만 바울은 그 완성이 머지않아 이루어지기를 소망했던 것으로 보인다. 적어도 우리는 바울의 예고가 있은 후로 2천 년이 지난 오늘에 살아가는 우리의 관점은 바울의 관점과 아주 다를 것임을 인정해야 한다.

그중에서 특히 25-26절a를 해석하는 과정에서 말한 많은 것들은 바울이 이 사건을 종말의 때에 일어날 사건으로 보았다는 것을 분명히 해준다.

(1) 26절a에 예고된 사건은 바울이 이 절들 전체에 걸쳐 설명하고 있는 구원사적 과정에서 세 번째 단계에 속하는 것으로 보인다("그들의 충만함"[12절]; "그 받아들이는 것"[15절]; 원 가지가 다시 접붙임을 받는 것[24절]; 또한 30-31절을 보라). 바울은 이렇게 이스라엘이 다시 들어오는 것을 바울 당시의 상황 - 이스라엘이 "배척되고" 있는 - 과 대비시키고 있기 때문에, 이 사건은 미래의 사건임에 틀림없다.

(2) 바울은 이스라엘이 "받아들여지는 것"을 종말에 있을 죽은 자들의 부활과 연결시킴으로써(15절), 이 사건이 일어나게 될 미래의 특정한 시점을 보여 주는 것 같다.

(3) 25절b의 함의는 이스라엘이 지금 부분적으로 완악하게 된 것이 이방인들 중 모든 택하신 자들이 구원받은 후에는 제거되리라는 것이다. 그리고 바울은 종말 이전에 이방인들에게 구원이 닫힐 것이라고 생각했을 것 같지는 않다.

우리는 이것들에 26절 자체로부터 도출해낸 두 가지 근거를 추가할 수 있을 것이다. 첫째, 바울이 26b-27절에서 "온 이스라엘이 구원을 받으리라"는 것을 확증하기 위해 인용한 구약 인용문은 그리스도의 재림을 가리키는 것일 가능성이 크다(아래를 보라). 둘째, 장차 이스라엘 민족이 영적으로 새로워질 것이라는 소망은 구약 선지자들과 유대 묵시론의 특징이다. 이 새로워짐은 흔히 이스라엘의 포로생활이라는 심판이 끝나고, 하나님이 유대인들을 다시 모을 것이고, 이로써 종말의 시대가 도래할 것으로 그려진다. 바울 - 그리고 신약성경의 나머지 - 은 그리스도의 오심이 이스라엘의 새로워짐에 관한 이 예언들 중 다수의 성취를 가져왔다고 가르친다. 그러나 로마서 11장에서 바울의 표현들은 이스라엘의 새로워짐에 대한 이 전통적인 소망을 재진술하기 위해 의도적으로 계산된 것으로 보인다. 구원사 속에서 극소수의 유대인들만이 구원받고 있는 현재의 상황은 이스라엘의 미래에 관한 성경적 기대들에 대한 최종적인 응답일 수 없다는 것이 바울의 요지인 것으로 보인다. 바울의 말에 함축되어 있는 것은 앞으로 "그 이상의" 일이 일어나야 하고, 이 일은 이 시대의 끝에 유대인들의 대규모의 회심이라는 것이다.[814]

814. 심지어 우리가 "온 이스라엘이 구원을 받으리라"가 역사 전체에 걸쳐 존재했던 이스라엘 사람들

"온 이스라엘"이라는 어구가 지닌 공동체적인 의미는 장차 구원받게 될 시점에 살아가는 유대인들 중 실제로 어느 정도의 비율이 구원받게 될 것일지를 가늠할 수 없게 만든다. 그러나 바울이 남은 자와 "온 이스라엘"을 대비시키고 있는 것은 바울 당시보다는 훨씬 더 많은 비율의 유대인들이 구원받게 될 것임을 시사해 준다. 또한 종말의 다른 사건들과 비교해서 이스라엘이 회심하게 될 정확한 때가 언제인지를 정확하게 아는 것도 불가능하다.[815] 하지만 이 사건이 모든 택함 받은 이방인들이 구원받은 후에야 일어날 것이라는 사실은 그 시기가 그리스도가 영광 중에 재림하게 될 때와 아주 근접해 있을 것임을 보여 준다.

"온 이스라엘"의 이러한 종말론적인 구원은 어떻게 일어나게 될 것인가? 여러 학자들은 로마서 11장에 기독론적인 표현이 없다는 것이 이 질문과 관련해서 아주 중요하다고 주장한다. 그들은 이것은 의도적인 것으로서, 바울은 이방인들이 구원받고자 할 때 요구되는 그리스도에 대한 믿음 이외의 다른 "특별한 길"을 통해 이스라엘이 구원받게 될 것임을 암시하고 있는 것이라고 생각한다.[816] 이 견해

중 모든 택하신 자들이 궁극적으로 구원받게 될 것임을 가리킨다는 대안적인 해석을 채택한다고 할지라도, 종말에 유대인들의 대규모의 회심이 있을 것이라는 사실은 배제되지 않는다. 따라서 26절b는 단지 바울이 이 장 전체에 걸쳐 설명한 유대인들이 구원받게 되는 과정을 요약한 것일 수 있다. 그리고 바울이 분명하게 암시했듯이, 이 과정은 이스라엘이 지금 "부분적으로 완악해진 것"이 제거되는 것, 이 시대에서와는 달리 그 때는 새로운 긍휼이 유대인들에게까지 확대되는 것을 포함할 것이다(30-31절을 보라). 이렇게 이 대안적인 해석을 따르더라도, 26절a은 유대인들의 마지막 세대의 구원을 직접적으로 언급하지는 않지만, 여전히 전제한다.

바울이 사용하는 구약/유대 전승에서는 통상적으로 이스라엘이 종말에 새로워지는 것 속에 땅의 회복도 포함시킨다. 어떤 사람들은 로마서 11장은 이스라엘의 회복이 지닌 이 물리적인 차원도 포함하고 있다고 생각한다(예를 들어, Kaiser, "Kingdom Promises," 302-303; Reasoner, "Salvation of Israel," 256-279). 그러나 우리는 거기에 대한 어떤 증거도 발견하지 못한다; 그런 소망을 신약 종말론의 일부로 받아들이기 위해서는 로마서 11장 이외의 다른 본문들에 나오는 증거가 필요할 것이다. 신약성경(그리고 바울 서신)에 나타나 있는 전체적인 성취의 방식은 구약에서 하나님이 이스라엘에게 준 특정한 땅에 관한 약속이 신약에서도 계속되고 있다는 것을 뒷받침해 주지 않는다(특히 Beale, *New Testament Biblical Theology*, 750-772를 보라).

815. 일부 학자들은 이방인들에 대한 선교가 마무리된 후에 행해지게 될 유대인들에 대한 선교를 통해 유대인들이 회심하게 될 것이라고 생각한다(예를 들어, Becker, *Paul*, 469-472). Murray(*Puritan Hope*, 39-55)는 청교도들은 이스라엘이 장차 회심하게 될 것이라는 데는 거의 한 목소리를 내었지만, 그 시기와 관련해서는 견해가 판이하게 갈라져서, 이 일이 이방인 선교 기간 동안에 일어날 것인지, 아니면 그 기간이 끝난 후에 일어날 것인지를 두고도 논쟁을 벌였고, 유대인들의 미래의 회심의 때와 천년왕국의 관계에 대해서도 논쟁을 벌였다고 지적한다.

816. 그래서 이 접근방법을 설명하는 데 독일어 '존더베크'(Sonderweg, "특별한 길")라는 표현이 사용되어 왔다. 특히 이 일반적인 접근방법을 지지하는 글들로는 Stendahl, "Paul among

의 가장 극단적인 형태에서는 로마서 11장을 "이중 언약" 신학의 석의적 토대로 삼는다. 이중 언약 신학에 의하면, 이방인들은 그들의 언약("새 언약")에 따라 그리스도를 믿는 믿음으로 말미암아 구원받는 반면에, 유대인들은 그들의 언약("모세 언약")에 따라 토라에 대한 충성으로 말미암아 구원받는다. 이러한 견해는 유대인과 그리스도인이 각자의 신앙을 고수하는 것이 아무런 문제가 없다고 확인해준다는 점에서 유대인 대학살 이후의 다원주의적인 우리 시대에 대단히 매력적인 것으로 증명되어 왔다. 그러나 바울은 그런 것에 대해 전혀 알지 못했다. 그는 구원은 오직 한 곳에서만, 예수 그리스도를 믿는 자들로 구성된 유일한 공동체 안에서만 발견될 수 있다고 가르친다. 오직 하나의 나무가 존재하고, 사람은 믿음으로 말미암아 이 나무에 붙어 있게 된다: 유대인들은 오직 불신앙에 계속해서 머물러 있지 않는 경우에만 이 나무에 다시 접붙임을 받을 수 있다(23절).[817] 또한 로마서

Jews and Gentiles," 1-77; idem, "Apostle Paul," 199-215; idem, "Christ's Lordship and Religious Pluralism," 233-244; Mussner, "'Ganz Israel wird gerettet werden,'" 245-253; idem, "Heil für alle," 207-214; Gager, *Origins of Anti-Semitism*, 261-262; Gaston, "Israel's Misstep," 147-149; van Buren, *Theology*, 1.240 등이 있다. 또한 M. Barth, *People of God*, 52, 71; S. Hall, *Christian AntiSemitism*, 57-93, 113-27(그는 유대인들은 복음을 받아들여야 한다고 주장하지만, 그리스도가 아니라 복음에 내포된 메시지라는 관점에서 복음을 정의한다); Haacker, "Evangelium Gottes," 70-71; Lapide and Stuhlmacher, *Paul: Rabbi and Apostle*, 47-54에서 Lapide; Theobald, "Kirche und Israel," 13-14; Rese, "Rettung der Juden," 422-431; Klappert, "Traktat," 80-86; Nicklas, "Paulus und die Errettung Israels," 173-197을 보라. "유대교 내의 바울" 접근방법(또는, "급진적인 새 관점")을 지지하는 사람들 중 일부(모두는 아니지만)도 이스라엘은 자신의 고유한 언약에 의거해서 구원을 받는다고 생각한다. 흔히 "특별한 길" 접근방법이라 불리는 것을 지지하는 어떤 사람들은 "특별한 길"의 좀 더 온건한 형태를 주장한다: 예를 들어, 이스라엘은 그리스도가 전한 것에 대한 응답과는 상관없이 구원받을 것이지만, 그럼에도 불구하고 어떤 방식으로든 그리스도로 말미암아 구원받게 될 것이라고 주장한다(예를 들어, Schaller, "Rolle des Paulus," 27-28; Hofius, "Evangelium und Israel," 319-320).

817. 또한 11:32 뒤에 나오는 부설을 보라; 더 철저한 비판으로는 특히 Vanlaningham, *Christ, Savior of Israel*; N. T. Wright, *Paul and the Faithfulness of God*, 2.1128-1449를 보라. 또한 예를 들어, Hvalvik, "'Sonderweg' for Israel," 87-107; Beker, "Romans 9-11," 48-52; Becker, *Paul*, 469-472; ; Hübner, *Gottes Ich und Israel*, 116-120; E. P. Sanders, "Paul's Attitude," 180-183; Stuhlmacher, "Zur Interpretation," 562-564; W. Campbell, "Salvation for Jews and Gentiles," 65-72; Segal, *Paul the Convert*, 130-133, 148-149, 279-281; Raisanen, "Paul, God, and Israel," 189-192; Hahn, "Zum Verständnis von Römer 11:26a," 221-230; E. Johnson, *Function*, 176-205; Thielman, *From Plight to Solution*, 123-132; Kaylor, *Paul's Covenant Community*, 184-188; Lübking, *Paulus und Israel*, 125-128; Grasser, "Zwei Heilswege?" 212-230; Zeller, "Christus, Skandal und Ioffnung," 270-278을 보라. N. T. Wright가 "이중 언약 신학"은 궁극적으로는 만개한 종교 다원주의로 가는 길목에 있는 반쯤만 지

11장에 그리스도의 이름이 나오지 않는다는 것은 유대인들의 구원에 그리스도를 믿는 믿음이 반드시 필요한 것은 아니라는 결론을 내리는 것을 정당화해주지 않는다. 바울은 자기가 여기에서 말하고 있는 믿음이 어떤 믿음인지를 로마서의 처음 열 장을 통해 아주 분명하게 정의했다: 그것은 예수 그리스도를 믿는 믿음이다(특히 3:22, 26; 10:4-13을 보라). 바울이 직전의 장에서 분명히 했듯이, 믿음은 예수님 및 예수님의 부활 승리와 뗄레야 뗄 수 없게 결합되어 있고(10:9), 이방인과 유대인에게 똑같이 구원을 가져다주는 것은 이 믿음이다(10:10-13).[818] 유대인들은 이방인들과 마찬가지로 오직 복음에 응답함으로써만 구원받을 수 있고, 유일한 하나님의 백성에 접붙임을 받을 수 있다. 바울은 11장을 쓰면서, 가장 처음에 이 서신의 주제에 대한 자신의 위대한 요약을 제시한 것을 잊지 않고 있었을 것임은 분명하다: "내가 복음을 부끄러워하지 아니하노니 이 복음은 모든 믿는 자에게 구원을 주시는 하나님의 능력이 됨이라 먼저는 유대인에게요 그리고 헬라인에게로다"(1:16). 따라서 종말에 있을 유대인들의 대규모의 회심은 오직 그들이 메시아이신 예수님의 복음을 믿는 것을 통해서만 일어나게 될 것이다.[819]

26b-27 바울은 로마서 9-11장에서 자신의 논증의 다른 주요한 부분들 각각의 결론부에서 그래왔듯이(9:25-29; 10:18-21; 11:8-10을 보라), 여기에서도 구약의 복수의 본문들에서 가져와서 결합한 하나의 인용문을 사용해서 자신의 가르침을 강화시킨다. 그는 26b-27절a에서는 이사야서 59:20-21a를 인용하고, 27절b에서는 이사야서 27:9의 한 구절을 인용한다. 이 인용문을 구성하고 있는 두 부

어진 불완전한 집이라고 지적한 것은 옳을 것이다(*Climax of the Covenant*, 254).

818. 예를 들어, Beker를 보라: "유대교와 기독교 간의 대화에 도움이 되게 하기 위해 오로지 11:25-36에만 집중하고 9:1-11:24과의 기본적인 연결관계를 무시하는 학자들은 부분들과 전체의 관계를 살펴야 한다는 해석학적 준칙을 어기는 것이다"("Romans 9-11," 48).

819. 이 신학의 논리적인 함의는 역설적이게도 유대인들에게 복음을 전하는 것을 거부함으로써 유대인들에게 구원의 유일한 수단을 제공하는 것을 거부하는 반유대주의다(Bell, *Provoked to Jealousy*, 354-355를 보라). 아울러 바울이 이러한 대규모의 회심을 확실하게 예고할 수 있는 것은 이 유대인들을 구원으로 "부르시는" 분이 궁극적으로 하나님이라는 것을 전제한다(9:6b-29절을 보라). 오직 그렇게 전제할 때만 유대인들이 장차 대규모로 회심하게 될 것임을 확실하게 알 수 있기 때문이다(Dinkler, "Historical and Eschatological Israel," 122). 따라서 여기에서 바울의 예고는 그의 사고 속에서 하나님의 주권적인 택하심에 관한 온전한 교리와 구원을 위해서는 인간의 믿음의 응답이 필수적이라는 것 간의 조화를 또 다른 시각에서 예시해준다.

분은 칠십인경을 충실하게 따르지만, 한 가지 주목할 만한 예외가 있다. 칠십인경 이사야서 59:20은 "구속자가 시온을 위해['헤네켄'] 임하리라"고 말하는 대목에서, 바울은 "구속자가 시온으로부터['에크'] 오시리라"(한글개역개정에는 "구원자가 시온에서 오사")고 말한다.[820] 바울의 읽기는 칠십인경과 다를 뿐만 아니라, 히브리어 본문과도 다르고, 지금까지 알려져 있는 바울 이전의 모든 본문과 역본과도 다르다.[821] 우리는 이 편차를 어떻게 설명해야 하는가? 바울은 무심코 여호와가 시온으로부터 임한다거나(신 33:2) 이스라엘의 구원이 "시온으로부터" 온다고 말하는(시 14:7; 53:7; 110:2) 다른 구약 본문들과 이 본문을 동화시켰을 수 있다.[822] 바울은 "구속자" 그리스도가 유대 민족으로부터 기원했다는 것을 보여 주거나(9:5),[823] 이방인들에 대한 최종적인 "선교사"인 그리스도가 이방인들에 대한 현재의 선교사들과 마찬가지로 예루살렘으로부터 임할 것임을 보여 주거나(15:19을 보라),[824] 그리스도가 재림 때에 "하늘의" 시온으로부터 임하셔서 이스라엘을 구원하실 것임을 보여 주기 위해서[825] 의도적으로 표현을 바꾸었을 수도 있다. 또는, 바울은 현

---

820. 칠십인경 이사야서 59:20-21a는 이렇게 되어 있다: *καὶ ἥξει ἕνεκεν Σιων ὁ ῥυόμενος καὶ ἀποστρέψει ἀσεβείας ἀπὸ Ιακωβ*('카이 엑세이 헤네켄 시온 호 뤼오메노스 카이 아포스트렙세이 아세베이아스 아포 이아콥', "구속자가 시온을 위해 임하여 야곱에게서 경건하지 않은 것을 돌이키시리라"). 이 번역은 두 가지 점에서 마소라 본문과 다르다. 첫째는 히브리어로는 "돌이키는 자들에게"를 뜻하는 분사 구문 '레 샤베'(לְשָׁבֵי)를 "그가 돌이키시리라"를 뜻하는 미래 시제 정동사 '아포스트렙세이'로 번역한 것이다. 칠십인경의 번역은 바울이 이스라엘의 구원에서 하나님의 주도권을 강조한 것과 일치한다. 두 번째 차이점은 설명하기가 더 어렵다. 마소라 본문에 나오는 전치사 '레'(לְ, "~에게")를 칠십인경은 '헤네켄'(*ἕνεκεν*, "~를 위해")으로 번역했다. 전치사 '레'는 장소를 나타내는 것으로서 "시온에"를 뜻할 것이다(BDB, 511). 이 경우에 칠십인경의 읽기는 원래 '에이스'(*εἰς*, "~로")였는데, 필사자가 잘못 읽어서 '헤네켄'이 된 것일 가능성이 있다(Schaller, "ΗΞΕΙ ΕΚ ΣΙΩΝ Ο ΡΥΟΜΕΝΟΣ," 201-206). '레'가 "~과 관련해서"라는 좀 더 일반적인 의미를 지니고 있어서, 칠십인경이 의역한 것일 가능성은 적다(J. Alexander, *Isaiah*, 2.377). 바울이 이사야서 27:9을 인용할 때 칠십인경에 의거했다는 것은 더 분명하다. 왜냐하면 칠십인경의 읽기인 *ὅταν ἀφέλωμαι αὐτοῦ τὴν ἁμαρτίαν*('호탄 아펠로마이 아우투 텐 하마르티안,' "내가 그의 죄를 없이 할 때에")은 마소라 본문과 상당히 다르기 때문이다. 여기에서 바울은 27절a(한글개역개정에서는 27절b)에서 이사야서 59:21a를 인용할 때 사용한 복수형 '아우토이스'(*αὐτοῖς*, "그들에게")와 일치시키기 위해 '아우투'("그의")를 복수형인 '아우토이스'("그들의")로 수정해야 했다.

821. '에크'(*ἐκ*)로 되어 있는 극소수의 칠십인경 사본들은 로마서 11:26의 본문 형태에 의해 영향을 받은 것이 분명하다.

822. 전자로는 Wright를 보고, 후자로는 Cranfield; Schreiner; Lohse를 보라.

823. 예를 들어, Murray; Fitzmyer; E. Johnson, *Function*, 162-163.

824. Wilckens; 마찬가지로 Kirk, "Why Does the Deliverer Come," 81-99.

825. Käsemann; Dunn(다른 요인들도 함께 거론한다); Schreiner; Jewett.

존하지 않는 칠십인경 본문의 한 형태를 충실하게 인용한 것일 수도 있다.[826] 하지만 최선의 선택지는 바울이 로마서 9-11장 전체에 걸쳐 고찰해온 구원사의 새로운 상황에 맞춰 이사야서 본문을 의도적으로 수정했다고 보는 것이다. 이스라엘은 "시온"에 있지 않기 때문에, 구원자는 "시온으로" 임할 수 없다. 이스라엘 백성은 이미 임한 구원자를 배척함으로써 새로운 영적 포로생활 가운데 있다. 따라서 바울은 이 공간적 은유를 따라 당시의 이스라엘이 거룩한 땅 밖에 있는 것으로 묘사하기 때문에, "구원자"는 시온으로부터 임할 수밖에 없다. 하나님이 보내신 메시아는 이미 "시온"에 견고히 자리를 잡았다(사 28:16을 인용한 9:33).[827] 따라서 메시아는 장차 완악해져 있는 믿지 않는 이스라엘을 그들의 새로운 포로생활에서 건져내기 위해 거기"로부터" 다시 임하실 것이다. 그러므로 이사야서 59:20에서는 "구속자"가 여호와 자신이지만, 여기에서 바울은 그리스도를 구속자로 제시하고자 한 것일 가능성이 크다.[828]

바울은 계속해서 이사야서 59장을 인용하는데, 20절의 마지막 행과 21절의 첫 행을 인용한다. "야곱에게서 경건하지 않은 것을 돌이키시리라 그들에게 이루어질 내 언약이 이것이라." 신약 저자들은 죄 사함을 새 언약과 연결시키기 때문에, 이 인용문에서 "언약"은 새 언약을 가리킬 수도 있다.[829] 그러나 바울이 다음 절에

826. 특히 Schaller, "ΗΞΕΙ ΕΚ ΣΙΩΝ Ο ΡΥΟΜΕΝΟΣ," 201-206; Koch, Schrift, 175-178을 보라. 반면에, C. Stanley ("'Redeemer Will Come ἐκ Σιών,'" 133-136)는 바울의 번역은 디아스포라 유대 전승들을 반영한 것이라고 생각한다.

827. 바울이 시온을 이런 식의 용법으로 사용하도록 영향을 주었을 가능성이 있는 다른 본문들은 사 2:2-4; 시 14:7; 110:2; 미 4:2이다. 바울은 다른 곳에서는 오직 한 번 갈라디아서 4:26에서 이 단어를 사용한다. "시온"은 신약성경의 다른 곳에서는 마 21:5과 요 12:15에서 사용된 슥 9:9의 인용문들, 벧전 2:6에서 사용된 사 28:16의 또 다른 인용문, 히 12:22, 계 14:1에만 나온다. 이 일반적인 접근방법에 대해서는 특히 Ouoba, "Paul's Use"를 보라; 그리고 예를 들어, B. Longenecker, "Different Answers to Different Issues," 117 n. 21; Stuhlmacher, "Zur Interpretation," 561.

828. 데살로니가전서 1:10에 나오는 비슷한 표현을 보라: "장래의 노하심에서 우리를 건지시는[ὁ ῥυόμενος, '호 뤼오메노스'] 예수." 예를 들어, Kuss; Wilckens; Cranfield; Hofius, "Evangelium und Israel," 318을 보라. "구원자"는 하나님이라고 보는 사람들로는 Gaston, "Israel's Misstep," 143; C. Stanley, "'Redeemer Will Come ἐκ Σιών,'" 137-138 등이 있다.

829. 일부 주석자들은 바울이 예레미야서 31:31-34에 나오는 새 언약 예언을 간접인용 한 것일 수도 있다고 생각한다(예를 들어, Murray; Fitzmyer). 그러나 단어상의 유사성은 이사야서 27:9에 훨씬 더 가깝다. Refoulé (*Et ainsi tout Israël*, 94-107)는 구약성경과 유대 전승들을 토대로 해서, 이 구절은 "야곱[즉, 남은 자] 가운데서 경건하지 않은 자들을 제거하리라"로 번역해야 한다고 주장한다. 그의 견해에 의하면, 바울은 종말 이전에 이스라엘 사람들이 죄 사함을 받게 될 것임을 가

서 족장들에 대해 언급하고, 하나님과 아브라함 간의 언약에 관한 구약 전승들을 폭넓게 사용하고 있는 것에 비추어보았을 때, 여기에서 "언약"은 하나님이 아브라함 및 그의 자손들과 맺은 약속-언약일 가능성이 더 크다. 물론 이 언약은 그리스도의 초림을 통해 처음으로 분명하게 성취되었다.[830] 그러나 신약성경의 전형적인 방식을 따라 바울은 아브라함과의 이 언약은 아직도 여전히 최종적인 종말의 완성 - 특히 이스라엘에게 영향을 미치게 될 종말의 완성 - 을 기다리고 있다는 것을 보여 준다. 이 대목에서 바울은 이 인용문에서 기본적인 것으로 사용했던 이사야서 59장을 떠나서, 이사야서 27:9에서 가져온 단어들을 삽입한다. "야곱에게서 경건하지 않은 것을 돌이키시겠고." 이 절과 이사야서 59:20-21이 단어 사용에서 어느 정도의 유사성을 지니고 있었던 것이 바울이 이 절에 주목하는 데 도움을 주었을 것으로 보인다. 그러나 더 중요한 것은 이 절의 맥락이다. 왜냐하면 이사야서 27장은 이사야서 59:20-60:7과 마찬가지로 여호와가 "야곱"을 포로생활/죄로부터 건져내어 흩어진 백성을 다시 그들의 도성으로 데려올 것을 예언하기 때문이다.[831] 이사야서 27장은 하나님이 이스라엘에 내린 심판(포로생활)은 하나님이 다른 나라들에 내리는 심판과 다르다고 말한다. 왜냐하면 이스라엘에 대한 심판은 일시적인 것일 뿐만 아니라, 궁극적으로는 긍정적인 효과들을 지니기 때문이다(7-8절). 따라서 선지자는 "야곱의 뿌리가 박히며 이스라엘의 움이 돋고 꽃이 필 것이라 그들이 그 결실로 지면을 채우게" 될 "후일"(6절), 하나님이 자기 백성을 다시 모음으로써, 포로된 자들이 돌아와서 "예루살렘 성산에서 여호와께 예배하게" 될 "후일"을 내다본다(12-13절). 이 각본과 로마서 11:11-32에서 바울이 이스라엘의 완악해짐은 일시적인 것이고 그들을 궁극적인 구원으로 이끌기 위한 것이라고 한 가르침 간의 병행은 놓칠 수 없다. 또한 바울은 하나님과 이스라엘 간의 언약의 성취의 일부인 "죄 사함"에 초점을 맞춤으로써, 이 최종적인 구원을

리키는 것이 아니라, 이스라엘 백성의 최종적인 정화를 가리키는 것이 된다.

830. 그래서 많은 학자들은 언약에 대한 이러한 언급은 이스라엘의 구원의 현재적 성취를 가리키는 것이라고 생각한다: 예를 들어, Byrne; Wright; idem, *Climax of the Covenant*, 250-251; Zeller, "Israel unter dem Ruf Gottes," 296; Räisänen, "Römer 9-11," 2919-2920.

831. Stuhlmacher, "Zur Interpretation," 560-561; Hübner, *Gottes Ich und Israel*, 119-20. C. Stanley (*Paul and Language*, 169-170)는 이사야서 59:20-21과 27:9은 전승 속에서 이미 결합되어 있었을 것이라고 생각한다.

그들의 죄에 대한 속전이 지불된 십자가와 결합시킨다(3:21-26). 따라서 이 인용문을 통해서 바울은 단지 이스라엘의 구원이 언제 일어나게 될 것인지만을 보여 준 것이 아니다. 또한 그는 그 구원이 어떻게 일어나게 될 것인지, 즉 이스라엘이 예수 그리스도로 말미암은 죄 사함에 관한 복음 메시지를 받아들이는 방식으로 일어나게 될 것이라는 것도 분명히 한다.[832]

28 27절과 28절을 연결시켜주는 단어가 없는 것(접속사 생략)은 바울의 논증이 여기에서 단절된다는 것을 시사해 준다. 따라서 32절과 33절에서 내용의 분명한 전환과 함께 고려하면, 28-32절은 하나의 별개의 단락이 된다. 이 단락의 직접적인 목적은 이스라엘의 최종적인 구원에 관한 바울의 예고에 대해 근거를 제시하고 자세하게 설명하는 것이다. 바울은 28-32절의 중심 주제, 즉 하나님이 이스라엘에게 긍휼을 보이시는 목적을 부각시키는 방식으로 그렇게 한다(이것은 각각의 논증에서 정점을 이룬다: 28b, 31b, 그리고 32b절을 보라). 하나님이 마지막 날에 이스라엘 백성에게 구원을 베풀고자 하시는 것은 이스라엘을 자신의 "사랑을 입은 자"로 선택하셨기 때문이다. 그러나 이 단락은 11장에서의 바울의 논의를 마무리하는 것이기도 하다. 이스라엘의 택하심에 대한 바울의 주장(28절b)은 이 논증이 시작되었던 지점(1-2절)과 연결되고, 30-31절은 바울이 하나님이 이 택하심을 실현하는 수단으로서 11-27절에서 부각시켜온 이방인들과 이스라엘의 상호작용의 과정을 요약한다. 끝으로 이 절들은 9-11장 전체의 논증을 요약해서 다시 제시한다. 바울이 28절에서 이스라엘의 이중적 지위에 대해 말한 것은 이 장들의 논증 전체를 촉발시킨 딜레마를 간결하게 요약한 것이다: 이스라엘은 지금은 복음으로 말미암아 하나님과 원수가 되어 있지만, 그럼에도 불구하고 하나님이 이스라엘에게 복을 주겠다고 한 약속은 취소될 수 없다. 넓게 보았을 때, 9:30-10:21은 이 딜레마의 부정적 측면인 전자를 자세하게 설명했고, 9:6b-29과 11:1-27은 긍정적 측면인 후자를 설명했다.[833]

---

832. 특히 Ouoba, "Paul's Use," 191-251을 보라.

833. Schmitt, *Gottesgerechtigkeit*, 111. 위에서 언급한 접촉점 외에도 단어상의 병행들도 보라: ἐκλογή('에클로게', "택하심," 28절; 9:11; 11:5, 7), πατέρας('파테라스', "조상들," 28절; 9:5), κλῆσις('클레시스', "부르심," 29절; 그리고 9:7, 12, 24, 25, 26의 καλέω['칼레오', "부르다"]를 보

28절은 형식적으로는 앞의 맥락과 연결되어 있지 않지만, 27절에 언급된 "그들", 즉 (믿지 않는) 이스라엘 사람들이 28절의 주어라는 점에서 암묵적으로 연결되어 있다. 28절을 구성하는 두 개의 구절은 구조상으로 병행되어 있다:

"복음으로 하면"	"너희로 말미암아"	"원수 된 자요"
"택하심으로 하면"	"조상들로 말미암아"	"사랑을 입은 자라"

"복음으로 하면 원수 된 자요"는 바울이 9:30-10:21에서 말한 내용을 간결하게 요약한 것이다. 전체로서의 이스라엘은 복음의 핵심, 즉 그리스도 안에서 나타난 하나님의 의에 바르게 응답하지 못함으로써, 복음에 나타난 종말론적인 구원을 얻는 데 실패했다. 따라서 "~으로 하면"은 이스라엘 사람들을 "원수들"이라고 판단한 기준을 나타낸다.[834] "원수들"이라는 단어는 능동의 의미 - "하나님을 미워하는 자들"[835] - 를 가질 수도 있고, 수동의 의미 - "하나님이 미워하시는 자들"[836] - 를 가질 수도 있다. 대부분의 주석자들은 이것과 병행되는 단어인 "사랑을 입은 자"가 분명히 수동의 의미를 지닌다는 것을 근거로 후자를 지지한다. 하지만 바울은 오직 형식과 관련한 병행만을 의도했을 수 있기 때문에, 의미상의 병행을 고집하지 않도록 주의해야 한다.[837] 그리고 "원수들"이라는 단어[838]는 바울 서신에서 흔히 능동의 의미를 지닌다. 따라서 이것과 어느 정도 병행되는 5:10의 예를 따라서 이 단어에 능동의 의미와 수동의 의미를 둘 다 부여하는 것이 최

라), ἀπειθέω('아페이토', "순종하지 아니하다," 30-31절; 10:21), ἐλεέω('엘레에오', "긍휼을 베풀다," 30-32절; 9:15, 18).

834. BDAG는 대격과 함께 사용된'카타'(κατά)의 이러한 용법을 이렇게 정의한다: "판단이나 상벌을 행할 때의 기준"(II.5.β.; 그들은 여기에 나오는 단어를 다르게 분류하긴 하지만).

835. Dunn(?); Jewett; Munck, *Christ and Israel*, 138; Hofius, "Evangelium und Israel," 321. Mussner는 우리는 하나님이 이 단어의 목적어 또는 주어라고 전제해서는 안 된다고 주장한다("Sind die Juden 'Feinde Gottes'?" 235-240). 그러나 이것과 병행되는 '아가페토이'(ἀγαπητοί, "하나님의 사랑을 입은 자들")는 28절a에서 "미워하는 자들"(한글개역개정에는 "원수 된 자")이 하나님이 미워하는 자들이라는 뜻이라는 것을 분명히 해준다.

836. 예를 들어, Godet; Murray; Kuss; Cranfield; Refoulé, *Et ainsi tout Israël*, 199-200.

837. 특히 Dunn이 이 점을 강조한다.

838. '에크트로이'(ἐχθροί).

선인데, 실제로 "원수들"이라는 영어는 이 둘을 적절하게 담아내고 있다.[839] "원수들"이라는 역어는 바울이 로마서 9-11장 전체에 걸쳐 이스라엘의 실패에 대해 말할 때 거기에 내포된 이 이중적인 의미를 효과적으로 담아내고 있다: 한편으로는 하나님이 "미워하시고" "완악하게 하시고" "배척하셨다"는 의미(9:13, 17-23; 11:7b-10, 15, 25); 다른 한편으로는 그들 자신이 불순종하고 믿지 않고 완고했다는 의미(9:31-32; 10:3, 14-21; 11:11, 12, 20, 23, 30-31).

형식적으로 병행되는 요소들이 동일한 의미를 지니고 있다고 고집하지 않는 것의 중요성은 두 개의 "~로 말미암아"어구를 비교해 보면 특히 분명하게 드러난다. 후자에서 이 어구가 원인의 의미를 지닌다는 것은 분명하다 - 이스라엘은 조상들(족장들; 9:5을 보라) 때문에 "사랑을 입고 있다." 반면에, 전자에서 이 어구는 목적의 의미를 지닌다 - 이스라엘 사람들은 너희(이방 그리스도인들)를 위해 "원수들"이 되었다. 바울이 앞에서 논증했듯이, 하나님이 이스라엘을 "완악하게 하신" 것은 구원이 이방인들에게로 확대될 수 있게 하기 위한 것이었다(11, 12, 15, 17절).[840] 바울이 이스라엘에 대한 하나님의 사랑이 족장들"에 토대를 둔" 것이라고 말한 것은 물론 족장들에게 어떤 공로가 있어서 하나님이 그들과 그들의 자손들을 사랑하게 된 것이라고 말한 것이 아니다. 갈라디아서 3장과 로마서 4장이 분명히 보여주듯이, 하나님의 구원 계획에서 아브라함을 비롯한 족장들이 지닌 중요성은 그들 자신의 행위가 아니라, 하나님이 그들에게 주신 은혜의 약속들에 있다. 따라서 유대인들이 여전히 하나님의 사랑을 받는 자들인 이유는 족장들 자신 때문이 아니라, 하나님이 그들에게 주신 약속들 때문이다. 복음을 기준으로 하면, 이스라엘 사람들은 지금 하나님의 원수들로 판단되지만, 마찬가지로 택하심을 기준으로 하면 하나님에 의해 사랑받고 있는 자들이다.

어떤 사람들은 바울이 9:6b-13에서 택하심 - 하나님이 사람들을 자신과의 관계 속으로 들어오게 하는 행위 - 을 설명하는 방식을 이유로, 바울이 여기에서 남

839. Wilckens; Käsemann. 자세한 것은 5:10에 대한 각주를 보라.
840. 예를 들어, Käsemann; Wilckens; Dunn을 보라. '디아'(διά)가 목적을 나타낸다는 것에 대해서는 BDF §222을 보라; 여기에서와 비슷하게 '디아'를 사용한 형식적으로 병행되는 두 어구가 의미에서는 차이를 보이는 예로는 4:25을 보라.

은 자를 가리키고 있는 것이라고 생각한다.[841] 그러나 절의 중간에서 복음에 비추어 하나님의 원수들이 된 유대인들에서 하나님에 의해 택하심을 따라 남은 자가 되는 사랑을 입은 자들인 유대인으로 주어가 바뀌었다고 보는 것은 근거가 없어 보인다.[842] 따라서 바울이 여기에서 말하는 택하심은 그가 1-2절에서 말한 것과 동일한 이스라엘 사람들 전체의 택하심으로 이해하는 것이 더 낫다.[843] 내가 거기에서 논증했듯이, 이 택하심은 구약성경이 자주 강조하는 민족으로서의 이스라엘을 하나님이 선택하신 것, 즉 이스라엘 민족의 모든 각각의 지체의 구원이 아니라 이스라엘 민족 전체에 대한 복을 의미하는 선택이다. 따라서 모든 유대인들이 "하나님의 사랑을 입은 자"다. 그러나 바울이 분명히 했듯이, 이스라엘 민족이 그러한 지위에 있다고 할지라도, 결국 구원은 이 시대(남은 자)와 말일에("온 이스라엘") 하나님이 개별적으로 구원을 위해 선택한 자들에게만 주어지게 될 것이다.

29 이제 바울은 28절의 마지막 부분에서 말한 것의 근거를 제시한다: 유대인들이 복음을 배척했음에도 불구하고 여전히 하나님의 사랑을 입은 자인 이유는 "하나님의 은사와 부르심에는 후회하심이 없기 때문이다[그리스어로 '가르']." 하나님의 "부르심"은 분명히 유대인들이 하나님의 사랑을 입고 있는 이유인 택하심을 가리킨다.[844] "은사들"은 "부르심"과 하나의 개념으로 결합된 것일 수도 있고 - "하나님의 부르심의 은택들"[845] - 별개의 범주로 볼 수도 있다 - "하나님의

841. Refoulé, *Et ainsi tout Israël*, 214-215; Dreyfuss, "Passé et présent," 143; Hafemann, "Salvation of Israel," 53.

842. 마찬가지로 두 병행문에서 전제되고 있는 동사의 시제에 변화가 있어서, 마치 바울이 유대인들이 지금은 복음과 관련해서 하나님의 원수들이지만, 미래에는 택하심으로 말미암아 하나님의 사랑을 입은 자가 될 것이라고 말한 것처럼 해석하는 것도 근거가 없다(이런 해석을 시사해주는 것으로는 Stuhlmacher, "Zur Interpretation," 564-565; and B. Longenecker, "Different Answers").

843. 예를 들어, Calvin; Murray; Cranfield; Fitzmyer(?)를 보라. 반면에, Godet는 여기에 언급된 택하심은 하나님이 은혜 가운데서 모든 유대인에게 복음에 응답하여 구원을 받으라고 했지만 거역할 수 있는 부르심을 가리키는 것이라고 주장한다.

844. "부르심"을 가리키는 그리스어는 "택하심"을 가리키는 단어(ἐκλογή, '에클로게')의 동족어인 '클레시스'(κλῆσις)다.

845. Calvin; Käsemann.

은사들과 부르심."[846] 이 단락과 9:1-5 간의 관계는 "은사들"은 바울이 9:4-5에서 열거한 이스라엘의 특권들을 요약해서 표현한 말이라는 것을 보여 준다. 따라서 하나님의 "부르심"은 이 은사들에서 가장 중요한 것 중 하나로 보아야 할 것 같다: "은사들, 특히 이 은사들 중에서 하나님의 부르심."[847] "돌이킬 수 없는"(한글개역개정에는 후회하심이 없느니라")[848]이라는 드물게 사용되는 단어는 바울이 자신의 논증의 처음에 말했던 것 - "하나님의 말씀이 폐하여진 것 같지 않도다"(9:6a) - 을 강조한다. 하지만 자신의 약속들에 대한 하나님의 신실하심에 관한 이 첫 번째 진술은 방어적이었던 반면에 - 이스라엘이 믿지 않았다고 해서, 하나님이 신실하시지 않은 것 "같지는 않다" - 이 두 번째 주장은 적극적이다 - 하나님은 신실하시기 때문에 이스라엘은 여전히 하나님의 계획 속에서 한 자리를 차지하고 있다. 이것은 바울의 논증의 전개방식을 보여 준다. 그는 유대인들이 자신들은 여전히 하나님의 은혜 가운데 있다고 착각하는 것에 반대하여 하나님의 말씀과 불변성을 옹호하는 것으로 자신의 논증을 시작해서 (9:6b-29), 유대인들에 대한 이방인들의 우월감에 반대하여 하나님의 말씀을 토대로 이스라엘이 여전히 지니고 있는 특권들을 옹호하는 것으로 자신의 논증을 끝낸다.

30 30-31절은 택하심에 의거한 유대인들에 대한 하나님의 지속적인 사랑이 어떻게 나타나게 될 것인지를 설명한다.[849] 이 논증은 바울이 이미 여러 번 설명했던 과정, 즉 하나님이 역사 속에서 유대인들과 이방인들을 번갈아 사용해서 자신의 구원 계획들을 이루어 가시는 과정(11-12, 15, 17-24, 25절)을 다시 요약해서 제시한다. 바울은 친숙한 "~한 것처럼"- "이와 같이"라는 논리를 사용해서, 이방인들이 이미 경험한 "불순종"-"긍휼"이라는 일련의 과정(30절)을 유대인들도 경험하게 될 것이라고 논증한다(31절). 여기에서 또 다시 바울은 하나님이 이방인들과 유

846. 예를 들어, Cranfield.

847. 예를 들어, Michel.

848. '아메타멜레토스'("후회하심이 없는"); 성경 헬라에서 이 곳 이외의 유일한 용례인 고린도후서 7:10을 보라: "하나님의 뜻대로 하는 근심은 후회할 것이 없는 구원에 이르게 하는 회개를 이루는 것이요."

849. Käsemann.

대인들을 비슷하게 취급하신다는 것을 강조하기 위해서, 30절의 끝부분과 31절의 첫 부분을 연결시켜주는 교차대구법을 통해 형식상의 병행법을 사용한다(아래의 논의를 보라).

30절	31절
"너희가"	"이와 같이"
"전에는"	"이 사람들이"
"하나님께 순종하지 아니하더니"	"순종하지 아니하니"
	"이는 너희에게 베푸시는 긍휼로"
"이제"	"이제"
"이스라엘이 순종하지 아니함으로"	
"긍휼을 입었는지라"	"그들도 긍휼을 얻게 하려 하심이라"

2인칭 복수형 동사들과 대명사들이 보여 주듯이, 바울은 계속해서 로마에 있는 이방 그리스도인들을 향해 말한다. 그는 30절에서 그들에게 그들이 직접 한 경험을 상기시킨다. 바울이 1:18-32에서 자세하세 보여 주었듯이, 그들은 전에는 하나님께 "불순종하는" 자들이었다(그리고 하나님의 진노가 유대인과 이방인에게 똑같이 임하는 한 가지 이유로 "불순종"을 언급한 2:8을 보라). 바울이 이방인들의 죄를 불순종이라는 관점에서 규정하고 있는 것은 하나님에 대한 이러한 배척은 유대인들과 이방인들에게 똑같이 적용될 수 있기 때문이라는 것은 의심의 여지가 없다(10:21에 나오는 이스라엘의 "불순종"에 대한 언급을 보라). "그러나 이제는 너희가 긍휼을 입었다"(한글 개역개정에는 "이제 긍휼을 입었는지라"). "그러나 이제는"은 로마서와 바울 서신에서 아주 자주 그러하듯이 구원사가 옛 시대에서 새 시대로 이동한 것을 나타낸다. 따라서 여기에서 바울은 각각의 이방 그리스도인의 회심을 염두에 둔 것이 아니라, 이방인들이 "이스라엘 나라 밖의 사람"으로서 "약속의 언약들에 대하여는 외인이요 세상에서 소망이 없고 하나님도 없는 자"였던(엡 2:12b) 옛 시대가 가고, 하나님의 의가 유대인이든 이방인이든 "모든 믿는 자에게" 나타난 새 시대가 도래한 것(1:16; 3:22; 10:11-13)을 염두에 둔 것이다. 하지만 이 절에서 바울이 특히 강조하고

자 한 것은 바울이 이방인들에게 그들이 경험하게 된 긍휼은 "그들", 즉 유대인들의 불순종의 결과였다는 것을 상기시키는 마지막 구절이다.[850] 바울이 이미 분명히 했듯이, 복음이 이방인들에게 전파되어 받아들여질 수 있었던 것은 이스라엘의 "범죄", 이스라엘이 하나님을 "배척했기" 때문이었다(12, 15, 17절).

31 바울은 이제 자신의 논증의 중심축, 즉 20절의 끝부분에서 자기가 설명한 상황을 유대인들의 관점에서 바라본다. 여기에서 교차대구법적 배열을 주목하라.

"이스라엘이 순종하지 아니함으로	[너희가] 긍휼을 입었는지라"
"너희에게 베푸시는 긍휼로	이 사람들이 순종하지 아니하니"

이 도해는 내가 "너희에게 베푸시는 긍휼로"[851]로 번역한 어구가 이 절의 첫 번째 동사인 "순종하지 아니하니"[852]를 수식한다는 것을 전제한다. 그러나 이 점은 심하게 논쟁되고 있다. 많은, 아마도 대부분의 주석자들은 이 어구가 이 절의 끝에 나오는 동사 "긍휼을 얻게"[853]를 수식한다고 보고, NIV처럼 다음과 같이 번역한다. "이와 같이 그들도 지금 이제 순종하지 아니하니 이는 너희에 대한 하나님의 긍휼의 결과로 이제 그들도 긍휼을 얻게 하려 하심이라." 이러한 해석을 지지하는 사람들은 그리스어 어순은 처음에는 이 해석과 맞지 않는 것처럼 보이지만, 사실은 이 해석은 그리스어 어순과 양립할 수 있다고 말한다.[854] 그리고 그들은 이

---

850. τῇ τούτων ἀπειθείᾳ('테 투톤 아페이테이아'). N. Turner (*Syntax*, 243)와 Moule (*Idiom Book*, 44[?])은 이 여격이 시간을 나타내는 것일 수 있다고 말하지만 - "그들의 불신앙의 때에" - 이 여격은 원인을 나타내는 여격일 가능성이 크다(BDF §196; Wilckens; Fitzmyer).

851. τῷ ὑμετέρῳ ἐλέει('토 휘메테로 엘레에이').

852. '뉜'(νῦν)과 단수과거 동사(ἠπείθησαν, '에페이테산')이 하나의 쌍으로 결합된 것은 처음에는 이상해 보이지만, 쉽게 설명된다. 즉, 단순과거 동사는 통상적으로 그러하듯이 여기에서도 과거에 시작되어서 현재에도 계속되고 있는 상태를 전체적으로 묘사하는 데 사용된다(BDAG; Moule, *Idiom Book*, 13). 또한 Porter를 보라. 그는 단순과거가 시간을 나타낸다는 것에 의문을 제기하기 위해 단순과거의 그런 용례들을 사용한다(*Verbal Aspect*, 227).

853. ἐλεηθῶσιν('엘레에토신').

854. '토 휘메테로 엘레에이'(τῷ ὑμετέρῳ ἐλέει, "너희에 대한 긍휼로")가 '히나'(ἵνα, "~하기 위해")에 의해 분리된 동사보다는 이 어구가 위치해 있는 구절에 나오는 동사를 수식한다고 보는 것이 정상일 것이다. 그러나 대안적인 견해의 지지자들이 올바르게 지적하듯이, '히나' 절의 동사에 걸

해석을 뒷받침해 주는 세 가지 논거를 든다. (1) 이렇게 해석할 때 30절과 31절은 각각 두 번째 구절에 나오는 동사 "긍휼을 얻다"가 여격 수식어를 갖게 됨으로써, 두 절 간의 더 나은 병행이 만들어진다. (2) 이렇게 해석할 때 "그들의 순종하지 아니함으로"(30절b)와 "너희에게 베푸시는 긍휼로"라는 두 어구가 동일한 (도구적) 의미를 갖게 됨으로써, 두 절 간의 병행관계는 추가적으로 강화된다. (3) 이렇게 해석하는 것은 바울이 이 장의 앞부분에서 유대인들이 궁극적으로 얻게 될 긍휼은 이방인들의 구원에 대한 그들의 시기의 결과로 오게 될 것이라고 말한 것과 더 잘 부합한다.

이 논거들 중에서 어느 것도 결정적이지 않다. 아마도 가장 강력한 것은 첫 번째 논거일 것이다. 그러나 위의 도해가 보여 주듯이, 바울은 30절의 마지막 구절과 31절의 첫 번째 구절을 배열하기 위해 잘 알려져 있는 장치인 교차대구법을 사용한 것일 가능성이 높다. 두 번째 논거는 구조적으로 병행인 두 대구가 의미상으로도 병행이어야 한다는 것을 전제한다. 그러나 우리는 이것은 반드시 그렇지 않다는 것을 이미 보았다(28절을 보라). "너희에 대한 긍휼"이 "긍휼을 얻다"를 도구적으로 수식한다고 보면, 분명히 바울이 앞에서 설명한 시나리오와 부합한다(세 번째 논거). 그러나 "너희에 대한 긍휼"이 "순종하지 아니하다"를 수식하는 것으로 보아도 마찬가지로 그 시나리오와 부합한다. 그런 경우에 이 여격 구문은 유대인들의 불순종의 결과 또는 목적을 가리키게 된다. "그들도 지금 불순종해서 너희에 대한 긍휼을 가져왔다"(CSB),[855] "그들도 너희가 얻은 긍휼 때문에 불순종하고 있다"(CEB).[856] 따라서 이 구절은 "그들의 넘어짐이 세상의 풍성함이 되며", "그들의 실패가 이방인의 풍성함이 되거든"(12절), "그들을 버리는 것이 세상의 화목이 되거든"(15절)과 대응된다. 이렇게 "너희에 대한 긍휼"이 "그들도 긍휼을 얻게"를 수식하는 것을 지지하는 논거들은 결정적인 것이 아니기 때문에, 우리는 이 구문

리는 단어들이 종종 '히나' 앞에 나오기도 한다(Cranfield는 신약성경에서 행 19:4; 고후 2:4; 갈 2:10; 골 4:16을 인용한다; 그리고 LSJ를 보라).

855. 예를 들어, Kuss; Käsemann; Wilckens; Dunn; Refoulé, *Et ainsi tout Israël*, 217-219; C. Müller, Gottes *Gerechtigkeit*, 47을 보라.

856. 예를 들어, CEB; BDF §196; Dunn; Jewett; Schreiner를 보라. 이 후자의 의미에서 이 원인은 미래지향적인 것일 가능성이 크다: "그들은 그들에게 임할 긍휼 때문에 불순종했다."

의 가장 자연스러운 읽기를 따라서, "너희에 대한 긍휼"이라는 어구가 동사 "순종하지 아니하니"를 수식하는 것으로 보아야 한다. "이 사람들이 너희를 위한 긍휼을 위해 순종하지 아니하니."

하지만 바울이 구원사의 과정에 관한 앞서의 개략적인 설명에서 보여 주었듯이, 유대인들의 불순종은 그들에 대한 하나님의 최종적인 말씀이 아니다. "그들이 넘어지기까지 실족하였느냐 그럴 수 없느니라"(11절). 유대인들의 불순종은 이방인들이 하나님의 나라로 들어오게 하기 위한 것이기 때문에, 거기에는 그들도 장차 긍휼을 얻게 하고자 하는 하나님의 목적[857]이 있다. 목적에 관한 이 진술과 관련해서 의외의 것은 "이제"(지금)라는 부사다.[858] 왜냐하면 바울이 이 장의 다른 곳들에서 말한 것들에 비추어보았을 때 그가 이스라엘이 언젠가는 얻게 될 것이라고 소망하고 예고한 긍휼(12, 15, 24, 25-26절)을 그들이 "지금" 경험하고 있다고 생각하지 않는다는 것은 분명해 보이기 때문이다. 실제로 일부 주석자들은 여기에 나오는 이 "이제"는 바울이 이 장에서 유대인들의 미래의 대규모의 회심에 대해 생각하고 있지 않다는 것을 보여 주는 많은 단서들 중 하나라고 생각한다.[859] 그러나 나는 내가 인용한 절들은 유대인들의 미래의 대규모의 회심을 결정적으로 뒷받침해 주고 있다는 것을 확신한다. 따라서 바울이 여기에서 사용한 "이제"는 임박했음을 나타내는 것으로서, 이스라엘에 대한 하나님의 긍휼의 최종적인 나타남은 "지금 언제라도" 일어날 수 있다는 그의 확신을 표현한 것으로 보는 것이 최선인 것 같다.[860] 이것은 이 일이 수 년 내에 반드시 일어날 것임을 의미하는 것은 아니지만,[861] 성취의 새 시대가 이미 동터왔고, 따라서 새 시대에 속한 모든 사건들은 가까운 시기에 일어나게 될 것이라고 본 신약의 전형적인 관점을 보여 준다. 이방인들이 경험하고 있는 구원은 이스라엘이 "이제" 하나님의 긍휼을 또 다

---

857. ἵνα('히나', "~하기 위해").

858. 우리는 여기에서 '뉜'(νῦν)이 올바른 읽기라는 것을 전제한다. 위의 본문 번역에 나오는 주를 보라.

859. 특히 Judant, *Deux Israël*, 111-125를 보라.

860. Byrne의 "때가 되면"은 이 방향으로 지나치게 나간 것 같다.

861. 반면에, 어떤 사람들은 이 절은 바울이 자기가 살아 있는 동안에 재림이 일어날 것이라고 확신했다는 것을 보여 준다고 주장한다(예를 들어, Käsemann; Michel).

시 경험하게 될 때가 머지않았다는 것을 의미한다.[862]

32 바울은 이제 하나님이 유대인들과 이방인들에게 긍휼을 베푸시기 위해 이방인들과 유대인들의 불순종을 사용해 온 이 과정에 대해 마지막 설명을 한다.[863] 하나님이 모든 사람을 불순종에 "가두어 두셨다"[864]는 표상은 바울이 1장에서 하나님이 이방인들을 그들의 죄의 결과들에 "내버려 두셨다"는 표현을 우리에게 상기시킨다(24, 26, 28절).[865] 그리고 여기에서 "가두어 두셨다"는 것도 거기에서처럼 사람들이 스스로 선택한 상태에 그들을 "가두어 두기"로 하나님이 결정하셨다는 뜻을 내포하고 있는 것 같다. 그러나 하나님의 징벌은 여전히 징벌이긴 하지만 궁극적으로는 구속의 목적, 즉 긍휼을 베풀고자 하는 목적을 지닌다.

이 절을 문맥으로부터 분리해서 해석하면 잘못된 길로 가게 된다. 그러한 잘못된 해석의 한 가지 두드러지고 중대한 예는 바울은 여기에서 보편 구원론을 가르치고 있다는 견해다. 하나님은 모든 각각의 사람을 죄 안에 가두셨듯이, 장차 모든 각각의 사람에게 긍휼을 베풀어 구원하실 것이다.[866] 그러나 그러한 결론은 분명히 바울이 다른 곳들에서 결국 구원받지 못하게 될 사람들이 있다는 취지로 가르

862. Schlier; Jewett. 로마서 3:26; 8:18; 11:5에 나오는 "이 때에"(the present time)에 대한 언급들을 보라.

863. 일부 학자들은 32절이 바울이 이 서신에서 지금까지 전개해 온 논증의 절정이라고 생각한다(예를 들어, Dunn; Beker, "Faithfulness of God," 14). 그러나 그런 주장은 1-8장을 지나치게 단순화시키는 것이고, 이 절을 지나치게 폭넓게 적용하는 것이다.

864. 이 동사는 그리스어로 '쉉클레이오'(*συγκλείω*)로서, 어근에 따르면 "함께 몰아넣고 닫다"를 의미한다(한 그물 안에 있는 물고기에 대해 이 동사를 사용한 눅 5:6을 보라). 따라서 이 동사는 헬레니즘 그리스어에서 흔히 "감옥에 넣다"를 가리키는 데 사용되고(BDAG; MM), 거기로부터 여기에서와 갈라디아서 3:22, 23에서 사용된 은유적 용법("죄 안에 가두다")이 발전되었다. 칠십인경에서는 하나님이 사람들을 원수들(시 31:8)이나 재앙(시 78:50)이나 죽음(시 78:62)에 "가두거나" "넘겨주는" 것을 가리키는 데 이 동사를 사용하는데(*εἰς*, '에이스'와 함께), 바울은 그러한 용법에 의거한 것으로 보인다; Dunn을 보라.

865. Godet.

866. 오리게네스는 그런 견해를 지지한 초기의 인물이다. 그는 결국에는 만물의 "회복"(*ἀποκατάστασις*, '아포카타스타시스')이 있을 것이라고 주장했다. 하지만 다른 사람들도 그의 견해를 반대했지만, 특히 아우구스티누스가 그의 견해를 반대했다(*City of God* 21.24를 보라). 오늘날 이 절을 근거로 보편 구원론을 주장하는 사람들로는 Dodd; Jewett; Nicklas, "Paulus und die Errettung Israels," 190-191 등이 있다. Cranfield와 Dunn은 보편 구원론을 배제할 수는 없다고 말한다.

친 것과 모순된다. 따라서 바울이 여기에서 말하고자 한 것은 단지 하나님의 긍휼은 모든 사람에게 열려 있다는 것이다.[867] 그러나 여기에서 바울이 하나님의 긍휼이 모든 사람에게 열려 있다고 말한 것이라고 보는 것은 그가 로마서 9-11장 전체에 걸쳐서 하나님이 구원사 속에서 주권적으로 역사하여 자신의 목적들을 이루어 나가고 계신다는 것 - 특히 긍휼을 베푸시는 것에서(9:15-16을 보라) - 을 강조한 것과 잘 부합하지 않는다. 우리가 이 절을 그러한 맥락 속에서 바라보면, 아주 다른 결과를 얻게 된다. 즉, 이것은 바울이 자기가 30-31절에서 개략적으로 설명한(그리고 이 장에서 여러 번 설명한) 과정에 대해 보충설명을 하고 있는 것이다. 이렇게 보면, "모든 사람"은 그가 31절에서 말한 믿지 않는 유대인들을 가리키는 것이 될 수 있다.[868] 그러나 우리는 바울이 이 단락 전체에 걸쳐 자신의 대화 상대방으로 삼아 왔던 로마 교회의 이방인들을 배제하는 것은 거의 불가능하다.[869] 따라서 11장에 기본적으로 깔려 있는 공동체적인 관점을 고려했을 때, "모든 사람"은 바울이 지금까지 말해 왔던 "모든 집단들"을 가리키는 것이라고 생각하는 것이 최선인 것으로 보인다: 예를 들어, 유대인들과 이방인들.[870] 바울은 모든 사람이 구원을 받게 될 것이라고 말하고 있는 것이 아니다. 도리어 그는 하나님이 이방인들과 유대인들이라는 인류의 각각의 집단에 긍휼을 베푸시기 위해, 먼저는 이방인들을, 지금은 유대인들을 불순종 안에 가두어 두셨다고 말하고 있는 것이다. 바울은 이 각각의 집단에서 얼마나 많은 사람들이 궁극적으로 구원받게 될 것인지에 대해서는 말하지 않는다.

우리는 28절에 대한 주해에서 어떻게 28-32절이 9-11장의 논증 전체를 감싸고 있는지를 언급했다. 그러나 이 절들은 바울이 이 장들의 앞부분에서, 그리고 실제로는 자신의 서신들의 다른 곳들에서 가르친 것과 긴장관계를 만들어내는 것으로 보이는 하나의 사고 노선의 절정에 해당한다. 왜냐하면 9장에서 바울은 하나님이 출신 민족에 대한 어떤 고려도 없이 순전히 자신의 은혜에 의거해서 개인들을

867. Alford; Meyer.

868. Zahn; Refoulé, *Et ainsi tout Israël*, 233-235.

869. Cranfield.

870. Calvin; Murray; Wilckens; Schnabel; C. Müller, *Gottes Gerechtigkeit*, 48. 그리스어로는 '투스 판타스'(τούς πάντας)인데, 관사는 집단적인, 또는 공동체적인 측면을 강조하는 것 같다.

택하셨다고 가르치는 것으로 보이기 때문이다 - 이것은 바울이 유대인과 이방인으로 구성된 교회를 아브라함에게 주어진 하나님의 약속들의 성취로 보는 것과 부합하는 관점이다(롬 4장; 갈 3장). 하지만 11장에서 바울은 자기가 9장과 다른 곳들에서 배제한 이스라엘의 민족적 특권의 원칙을 구원사 속에 슬그머니 다시 도입하는 것으로 보인다: 유대인들은 단지 유대인이라는 이유로 장차 그들 중 많은 수가 구원받게 될 때를 기대할 수 있다.

많은 학자들은 이 두 관점을 조화시키는 데 절망하고, 바울은 이 문제에 대해 두 가지 상반된 관점을 표현하고 있는 것이라고 결론을 내린다.[871] 그들은 이 문제에 대한 바울의 사고는 시간을 두고 발전되어 왔거나(그가 9장을 쓴 때로부터 11장을 쓴 때까지!),[872] 11장에 나오는 그의 가르침은 다른 곳들에서처럼 일관성에 대해서는 거의 고려하지 않고 특정한 실천적 목적을 위한 것이라고 믿는다.[873] 그러나 이러한 결론 - 이 문제나 다른 어떤 문제에 대해 진리를 가르칠 수 있는 바울의 권리에 의문을 제기하는 결론 - 은 불필요하다. 왜냐하면 이스라엘의 택하심에 관한 가르침에서 바울의 일관성에 대해 부정적인 이 견해는 우리로 하여금 개념적인 수준에서 모순되어 보이는 것을 풀 수 있게 해주는 더 큰 신학적 전제들과 준거 틀들을 제대로 고려하지 않기 때문이다.

바울이 이스라엘의 구원을 다룰 때 사용한 아주 중요한 준거 틀은 공동체적인 택하심과 개인적인 택하심의 구별이다.[874] 로마서 9-11장을 예정론에 대한 설명

---

871. 이 견해를 가장 노골적으로 표현한 것으로는 Räisänen, "Paul, God, and Israel," 192-196을 보라. 또한 van Buren, "Paul, the Church and Israel," 5를 보라: "명백한 모순들을…… 지닌 저 이상한 본문인 로마서 9-11장." 또한 Dodd; Schmithals, 408; Ziesler, 237; Hübner, *Gottes Ich und Israel*, 122-124; F. Watson, *Paul, Judaism and the Gentiles*, 340; Beker, "Romans 9-11," 45-48을 보라.

872. 11:25에 대한 각주를 보라. 거기에서 나는 바울이 로마서 11장을 쓸 때 11:25의 "신비"를 특별 계시를 통해 받았다고 생각하는 사람들에 대해 언급한 바 있다. 또한 Moffatt (*Grace*, 269)을 보라. 그는 11장에서 민족으로서의 이스라엘에 대한 관심은 은혜에 관한 바울의 가르침의 수정을 가져왔다고 생각한다. 이스라엘에 대한 바울의 사고의 발전을 전제하는 것이 일반적이다. 즉, 바울이 데살로니가전서 2:13-16에서 이스라엘에 대해 취했던 가혹한 태도는 로마서 11장에서는 긍정적인 태도로 바뀌었다는 것이다(예를 들어, Penna, "Évolution de l'attitude," 419를 보라). 더 급진적인 사람들은 9장과 11장에서 이스라엘에 대한 태도가 서로 다른 것은 각각의 저자가 다르다는 것을 보여 주는 증거라고 주장한다(Widmann, "Israelit Paulus," 150-158).

873. 특히 F. Watson, *Paul, Judaism and the Gentiles*, 342-343을 보라.

874. 11:2에 대한 주해를 보라.

으로 보는 전통적인 견해들은 개인적인 관점을 지나치게 강조해 왔다. 반면에, 오늘날의 몇몇 접근방법들은 정반대의 오류를 범하고 있다. 바울이 직면한 상황은 그에게 이 두 관점을 통합하거나, 하나의 관점을 다른 관점에 비추어 해석할 것을 요구했다. 바울은 성경과 그의 유대적 유산으로부터 온 이스라엘의 공동체적 택하심에 관한 가르침을 물려받았다. 그러나 복음에 대한 그의 경험과 깨달음은 이 관점의 수정 또는 첨가를 요구했다. 모든 유대인들이 복음에 응답하지 않았다고 해서, 이스라엘의 택하심에 관한 전통적인 이해가 폐기되는 것은 아니었다. 왜냐하면 그 전승은 이스라엘의 택하심이 모든 각각의 이스라엘 사람의 구원을 필연적으로 수반한다고 결코 말하지 않았기 때문이다. 반면에, 상대적으로 소수의 유대인들이 복음에 응답했다는 사실은 적어도 그 전승의 경계들을 확장시켰을 것임에 틀림없다. 이 경계들을 완전히 부순 것은 이방인들의 대규모 유입 - 하나의 "민족"이 아니라 개개인으로서 - 이었다. 따라서 바울은 자기보다 앞선 다른 몇몇 유대 사상가들처럼(예를 들어, 쿰란 공동체의 맹약자들875)[875] 이스라엘의 공동체적인 택하심 내에서의, 또는 그 택하심과 나란히 공존하는 개인적인 택하심이라는 개념을 발전시켜야 했다.

일단 우리가 바울이 로마서 9-11장에서 개인적인 택하심과 공동체적인 택하심 둘 모두를 다루고 있음에 틀림없다는 것을 인정하면, 바울이 특정한 본문에서 어느 관점을 염두에 두었을 것인지를 묻는 것은 "조화를 위한 방편"이 아니다. 바울은 이스라엘의 "공동체적인" 택하심의 지속적인 유효성을 재확인하는 말들을 로마서 9-11장에서의 자신의 논의의 틀로 삼았다(9:4-5; 11:28b-29; 또한 11:1-2을 보라). 그러나 바울의 핵심적인 과제는 어떻게 개인적인 택하심이 이 공동체적인 택하심의 성격과 의미를 제한하는지를 설명하는 것이다.[876] 이것이 그가 9:6-29에서 하는 것이다. 이 본문은 이스라엘의 택하심을 무효화시키는 것이 아니라, 공동체적인 택하심은 반드시 그 공동체에 속한 모든 개인이 구원받는다는 것을 의미

---

875. Seifrid, *Justification*, 85-89; 그리고 유대교에서 택하심에 관한 개인주의적인 견해로 이동해간 더 큰 흐름에 대한 논증으로는 M. Elliott, *Survivors of Israel*을 보라.

876. Hofius: "바울은 이스라엘 내에서의 하나님의 택하심과 배척은 하나님이 온 이스라엘을 택하셨다는 더 넓은 틀 내에서 작동한다는 것을 온전히 인정한다"("'All Israel Will Be Saved,'" 32; 또한 Osten-Sacken, *Christian-Jewish Dialogue*, 70-72를 보라).

하는 것이 아님을 보여 준다. 바울은 이스라엘의 공동체적인 택하심 내에서 개개인의 택하심이 작동하고 있다는 것을 보여 준다. 바울 시대에 이 개인적인 택하심은 이방인들에게로 확장되어가고 있었고, 이스라엘 내에서는 남은 자에게로 국한되어 있었다. 바울의 초점은 구원사 속에서 자신의 시대에 맞춰져 있다.[877] "오직 남은 자가 구원을 받게 될 것이라는" 말은 어떤 의미에서는 뻔한 말이다. "남은 자"는 정의상 구원을 위해 택함 받은 자들로서 구원받기로 정해진 자들이기 때문이다. 그러나 바울 시대에 이 남은 자는 상대적으로 소수였다. 하지만 말일에는 그 수가 대폭 늘어나게 될 것이다.

또한 누구를 택할 것인지와 관련해서 하나님에게 자유가 있다는 바울의 가르침은 하나님이 민족적 정체성을 고려할 수 없다는 것을 의미하지 않는다. 단지 민족적 정체성은 하나님의 택하심의 근거가 아닐 뿐이다.[878] 따라서 바울이 11장에서 하나님은 자신이 맹세로써 하신 말씀에 신실하셔서 말일에 많은 수의 유대인들을 구원하기로 선택하셨다고 주장했다고 해도, 그것은 9장과 전혀 모순되지 않는다. 오직 로마서 9장이 이스라엘의 택하심이 바울 시대의 남은 자에게서 온전히 성취되었다고 말했거나, 하나님이 누구를 구원할지를 결정할 때 민족적 정체성을 고려할 수 없다고 가르쳤을 때만, 바울이 11장에서 이 전통적인 소망을 재확인한 것이 로마서 9장에서의 그의 가르침과 모순된다고 말할 수 있다. 그러나 실제로는 바울은 9장에서 이 둘 중의 어느 쪽도 말하지 않는다.

하나님이 말일에 유대 민족을 다시 모으실 것이라는 바울의 가르침은 그의 다른 서신들에서는 병행을 가지고 있지 않다는 것은 사실이다. 그러나 이것은 바울이 그때그때의 상황에 맞춰 서신을 썼다는 사실에 의거해서 설명될 수 있다. 다른

---

877. 실제로 B. Longenecker는 구원사 속에서 현재와 미래 간의 대비는 이 차이를 설명해 준다고 주장한다: 현재에서는 하나님은 민족적 차이를 고려하지 않지만, 미래에는 그 차이를 고려하실 것이다(*Eschatology and the Covenant*, 256-265; idem, "Different Answers"를 보라). 그러나 바울은 하나님은 이 시대에서조차도 민족적 차이들을 고려하고 계신다고 말하는 것으로 보인다: 이스라엘의 "대부분"을 완악하게 하신 것과 이방인들의 "충만한 수"를 들어오게 하시는 것.

878. Räisänen은 "하나님의 주권은 하나님의 행위는 헤아릴 수 없다는 것을 의미한다"고 주장함으로써("Paul, God, and Israel," 193), 하나님의 주권적 택하심에 관한 전통적인 견해와 바울을 심각하게 오해하고 있음을 보여 준다. 택하심에서 하나님의 주권은 하나님이 택하심에서 자신의 이전의 결정들을 성취할 수 없다는 것을 의미하는 것이 아니라, 하나님 밖의 어떤 것도 하나님에게 누구를 구원하라고 강제할 수 없다는 것을 의미한다.

서신들에서는 대부분 바울은 이방인들에게는 하나님의 백성이 될 온전한 권리가 주어져 있다는 것을 확증해야 하는 상황 속에서 – 통상적으로 이방인들을 배제하거나 이방인들에게 부적절한 제약들을 가하고자 하는 유대인들의 시도에 맞서서 – 이스라엘이나 유대인들에 관해 썼다(예를 들어, 롬 3-4장; 갈라디아서; 빌 3장). 그리고 오직 로마서 11장에서만 바울은 이스라엘의 택하심이 계속해서 유효하고 중요하다는 것을 이방 그리스도인들에게 상기시켜줄 필요가 있는 상황에 직면했다.[879]

부설: 바울과 유대교에 대한 최근의 평가들

앞에서 이미 보았듯이, 여러 가지 상황들이 서로 합쳐져서, 로마서에서 복음에 관한 바울의 논의에서 이스라엘과 그 율법은 전면에 등장하고 중심에 선다: "이방인들의 사도"로서의 바울 자신의 선교 경험, 로마 그리스도인 공동체 내에서의 분쟁들, 초기 기독교회에서 구원사의 연속성과 불연속성 간의 균형에 대한 폭넓은 논쟁. 이미 논증했듯이, 이 마지막의 것은 바울의 궁극적 관심이 어떻게 그리스도의 복음이 구약성경을 진정으로 완성하고 성취하는지를 보여 주는 데 있는 로마서 9-11장에서 특히 중요해진다. 이스라엘과 그 율법의 지위는 그의 신학에서 가장 어렵고 논란이 심한 쟁점들 중 하나다. 물론 로마서의 여러 본문들이 이 문제를 건드리기 때문에, 우리는 이 주석서에서 이 쟁점에 대해 여러 번 설명해 왔다. 여기에서는 이 일반적인 문제에 대한 몇몇 최근의 접근방법들을 개략적으로 살펴보고, 각각의 접근방법에 대한 짤막한 응답을 제시하고자 한다.

유대교의 구원론에 대한 더 긍정적인 평가를 담은 "샌더스 혁명"(Sanders revolution)은 학자들로 하여금 바울은 유대교와 모세 율법에 대해 많은 신학자들이 과거에 생각해왔던 것보다 훨씬 더 긍정적이었다는 결론을 내리도록 고무시

879. 물론 궁극적으로 사람들은 로마서 11:25-32에 나오는 바울의 관점을 다른 곳들에서의 그의 가르침과 통합할 수 있기를 원할 것이지만, 이것은 쉬운 일이 아니다(살전 2:13-16은 특히 어렵다 – 이것에 대해서는 Schlueter, *Filling Up the Measure*에 나오는 논의를 보라). 그러나 이 글들이 그때그때 상황에 맞춰 쓴 것들이라는 것을 인정하게 되면 그 차이들이 지닌 문제점은 훨씬 완화된다.

켜 왔다. 이러한 더 긍정적인 평가를 특징으로 하는 새 관점은 전통적인 학계에서는 유대교를 지나치게 부정적으로 보았고, 율법이 새 시대에서도 행위를 위한 지속적인 지침이라고 본 루터교의 율법관에 반대하여 일반적으로 개혁파 전통 편을 들었다고 비판한다.[880] 이미 우리는 앞에서 새 관점에 대해 평가한 바 있다(3:20 뒤에 나오는 부설을 보라). 따라서 여기에서는 새 관점보다 더 나아간 접근방법들을 개관해볼 것이다. 이 접근방법들 중에서 가장 눈에 띄는 것은 최근에 "유대교 내의 바울"(Paul within Judaism)로 명명된 일반적인 사고 방향이다. 또한 이 접근방법은 "급진적 새 관점"(Radical New Perspective)으로도 불려 왔다. 이것은 이 접근방법을 옹호하는 많은 사람들이 새 관점에서 결함을 발견했다는 것을 암시한다: 새 관점은 충분히 나아가지 않았다. 즉, 새 관점은 유대교 문제를 전통적인 학계와는 다른 위치에 두긴 했지만, 여전히 바울이 유대교를 비판하고 있다고 본다는 점에서, 바울은 사도이자 그리스도인이면서도 여전히 "유대교 내에" 머물러 있었다는 사실을 간과하고 있다는 것이다.[881] 우리는 "유대교 내의 바울" 접근방법은 제기된 지가 얼마 되지 않아서, 우리가 그 핵심적인 개념들을 깔끔하게 정리해서 제시할 수 없다는 것을 강조해두고자 한다. 그리고 우리는 특히 이 운동은 우리가 여기에서 개관하고 있는 유대교에 대한 바울의 태도를 더 긍정적으로 해석하는 흐름 중에서 더 극단적인 형태를 대표한다는 것을 강조하고자 한다. 언제나 그러하듯이, 하나의 접근방법이라고 하더라도, 그 속에서는 개별 학자들이 서로 많이 다른 다양한 입장들을 결합해서 제시하기 때문에, 전체적인 모습은 복잡하다. 우리는 이 일반적인 운동의 세 가지 측면을 간략하게 살펴볼 것인데, 하나는 일반적인 것이

880. 예를 들어, 율법에 대해서는 Dunn, *Theology*, 631-658을 보라. 여러 학자들이 지적해왔듯이, 개혁파 신학 전통은 루터파(그리고 다른 많은) 전통들보다 바울이 그리스도인의 경험과 관련된 율법에 대해 더 긍정적인 평가를 하고 있는 것으로 보아 왔다는 것은 일반적으로 사실이다(예를 들어, "율법의 세 번째 용도").

881. "유대교 내의 바울"은 중요한 논문 모음집의 편집자들이 그들의 운동을 나타내기 위해 선택한 명칭이다: Nanos and Zetterholm, eds., *Paul within Judaism*. 또한 예를 들어, Eisenbaum, *Paul Was Not a Christian*; idem, "Jewish Perspectives," 135-153; Ehrensperger, *That We May Be*, 123-159; Boccaccini and Segovia, eds., *Paul the Jew*를 보라. 이 운동의 주된 노선들은 적어도 20세기 말까지 거슬러올라간다는 것을 주목하는 것은 중요하다: 예를 들어, Gager, *Reinventing Paul; Gaston, Paul and the Torah*; N. Elliott, *Liberating Paul*, 66-72; Nanos, *Mystery of Romans*를 보라.

고, 다른 둘은 구체적인 교리와 관련되어 있다.

먼저 우리는 이 모든 운동을 하나로 묶는 한 가지 문제를 살펴볼 것이다: "대체주의"의 폐기. 교회가 이스라엘을 대체했다는 개념은 기독교 전통에 깊이 뿌리를 내리고 있다. 하지만 이스라엘과 교회의 관계를 바라보는 이런 방식은 우리 시대에는 널리 논란이 되고 있고, 심지어 어떤 경우에는 멸시받는다. 그리고 우리는 그렇게 반응하는 몇 가지 이유를 이해할 수 있다. "대체" 모형은 "교회" = 이방인들이라는 등식을 전제하기가 쉽다. 사실 바울의 동시대인들이 이미 그렇게 전제하기 시작한 것으로 보인다(11:17-24, 25). 그리고 역사 전체에 걸쳐서 많은 그리스도인들이 분명히 이 전제를 받아들여 왔고, 이것은 종종 그리스도인이라고 고백하는 사람들이 드러내 보이는 반유대주의에 기여해 왔다(흔히 무의식 중에).[882] 물론 구원에 대한 배타적인 권리 주장을 담고 있는 복음이 유대인들에게 "걸림돌"이라는 것은 어쩔 수 없는 일이다. 그래서 신약성경은 토라를 통한 구원을 주장하는 "유대교"가 들어설 여지를 남겨두지 않는다는 의미에서 "반유대교적"이라고 말하는 것은 옳다. 그러나 신약성경은 유대인들 자체에 적대적이지 않기 때문에, 그런 의미에서는 "반유대인적이지" 않다.[883] 우리는 바울에게 교회는 유대인들에 뿌리를 두고 있었고 교회 내에는 유대인들이 많았다는 것을 기억해야 한다. 바울에게 그리스도의 오심은 특정 민족의 배제, 즉 유대인들이 이제는 배제되는 것을 의미했던 것이 아니라, 이방인들의 추가, 즉 이방인들이 믿는 유대인들에게 더해지는 것

882. van Buren이 이 문제와 관련해서 바울의 가르침의 중요성을 강조한 것은 옳다: "따라서 교회가 바울을 제대로 이해했느냐의 여부는 교회가 유대 민족과의 관계를 재검토할 때 중심적인 문제다"(*Theology*, 1.277).

883. 특히 Hagner, "Paul's Quarrel," 128-150을 보라. 이 구별은 아주 중요하고, Ruether (*Faith and Fratricide*) 같은 사람들에 답변할 때 강력하게 주장할 필요가 있다. 왜냐하면 그는 신약성경이 제시하는 기독론의 배타적인 주장들은 기독교를 필연적으로 "반유대적인" 것으로 만들 수밖에 없다고 주장하기 때문이다. 그의 주장에 의하면, 기독교가 반유대주의를 피할 수 있는 유일한 길은 오직 전통적인 기독교를 버리는 것뿐이다. Hagner 등이 지적하듯이, 그런 논증 노선은 반유대인주의(인종에 대한 증오)와 반"유대교주의"(구원을 중재한다는 유대교의 주장들을 부정하는 것)를 혼동한 것이다. 사실 바울의 "반유대교주의"를 말한다는 것은 시대착오적이다. 왜냐하면 유대교의 성격과 정의는 바울 시대에 여전히 논란이 되고 있었기 때문이다(Dunn, Parting of the Ways, 143-161을 보라). 따라서 우리는 바울이 "유대교의 한 종류"에 반대했다고 더 제한적인 방식으로 말해야 한다(또한 Hagner, "Paul's Quarrel," 128-129를 보라). 유대교와 기독교의 상호작용에 관한 더 일반적인 논의로는 Schoeps, *Jewish-Christian Argument*; Jocz, *Jewish People*을 보라.

을 의미했다. 바울에게 하나님 백성의 경계는 종교적인 것 - 예수 그리스도를 믿는 것 - 이었고, 민족적인 것이 아니었다.

이 모든 것에도 불구하고 일반적으로 "대체주의적" 관점이라 불리는 것은 일리가 있다. 지금 하나님의 백성은 기독론적으로 정의된다. "그리스도 안에" 있는 모든 사람들 - 그리고 오직 "그리스도 안에" 있는 사람들만 - 은 새 시대의 참된 하나님의 백성의 지체들로서 구원을 받는다(이 점에 대해 자세한 것은 아래를 보라).[884] 따라서 바울은 어떤 의미에서 "대체주의자"이지만, "대체"라는 용어로는 이러한 사실 전체를 표현하는 데 부족하다. 이 용어는 불연속성이라는 측면만을 보여 줄 뿐이고, 구원사적 연속성을 보여 주지는 못한다. 바울은 예수 그리스도를 믿는 자들 전체로 구성된 집단으로 정의되는 교회는 구원사의 이 시대에서 하나님의 백성을 가리키는 명칭이라는 것을 시사해준다 - "이스라엘"이 구원사의 이전 시대에서 하나님의 백성을 가리키는 명치이었듯이. 물론 구약의 이스라엘이 지닌 이중적 성격 - 영적인 성격과 민족적 성격 - 은 이 문제를 복잡하게 만든다. 영적인 실체로서의 이스라엘은 교회와 유기적으로 연결되는 반면에, 바울이 분명히 하고 있듯이(11:1-2, 26-28), 민족적 실체로서의 이스라엘은 하나님의 돌보심과 관심의 대상으로 계속해서 존재한다. 아마도 구약의 이스라엘에서 신약의 교회로의 이동을 설명해 주는 더 나은 단어는 신약성경이 그런 관계를 가리키는 데 아주 흔히 사용하는 "성취"라는 단어다.[885] "성취"라는 단어는 연속성 - 교회는 새 시대 속에서 계속되는 이스라엘이라는 것 - 과 불연속성 - 지금은 이스라엘이 아니라 교회가 이 세계에서 하나님이 역사하시는 곳이라는 것 - 이라는 반드시 필요한 두 측면을 잘 담아낸다.

이제는 유대교와 율법에 관한 바울의 견해를 더 긍정적으로 평가하는 것에 의해 특히 영향을 받는 두 가지 구체적인 신학적 주제로 눈을 돌려보자: 교회론과 구원론.

"메시아적 유대교"라는 명칭은 일반적으로 유대인들의 경험을 기독교 내에서

---

884. 특히 N. T. Wright, *Paul and the Faithfulness of God*, 2.1408-1472; B. Longenecker, "On Israel's God," 26-54를 보라.

885. Hagner - 교회는 "새 이스라엘이거나 적어도 참 이스라엘"이다("Paul and Judaism," 123) - 와 Witherington (*Jesus, Paul and the End*, 117-128)의 비슷한 주장들을 보라.

부각시키고 설명하는 데 초점을 맞추는 아주 다양한 견해들을 가리켜 온 명칭이다. 그러나 최근에는 이 명칭이 이 접근방법 중에서 특히 율법에 초점을 맞추는 특정한 분파를 가리키는 데 사용되어 왔다.[886] 이 견해의 지지자들은 지난 세월에 활동했던 대부분의 바울 연구자들과는 대조적으로 바울은 스스로도 계속해서 토라를 지켰고, 유대 그리스도인들은 계속해서 토라를 지켜야 한다고 가르쳤다고 역설한다. 이러한 주장이 지닌 함의들은 주로 교회론과 관련되어 있다: 교회는 유대적인 정체성과 특징들은 물밑으로 가라앉아 있고 흔히 이방인이 주도하는 하위문화가 지배하는 곳이 아니라, 유대 기독교와 이방 기독교 각각의 하위문화가 공존하고 소중히 여겨지는 곳이다.[887] 바울을 이런 식으로 읽기 위해서는 몇 가지 석의적인 조치들이 반드시 필요한데, 가장 중요한 것들 중 하나는 바울이 율법에 관해 한 말들을 거의 전적으로 이방 그리스도인들에게 한 것으로 보는 것이다. 예를 들어, 바울이 "너희는 율법에 대하여 죽임을 당하였으니"(7:4)라고 말한 것은 이방인들(아마도 하나님을 경외하는 자들)을 향해 한 말이고, "법 아래에 있지" 않은 자들(6:14, 15)은 이방 그리스도인들로 보아야 한다는 것이다. 바울은 유대인들은 그리스도인이 되었어도 토라를 지켜야 하지만, 이방인들에게는 그런 의무가 부여되어 있지 않다고 말했다는 것이다.[888]

지금까지 우리는 몇몇 구체적인 본문들을 다루면서 이런 식의 해석 방법을 평가할 기회를 가져왔었다. 따라서 여기에서는 단지 그러한 방법은 전체적으로 우리로 하여금 바울 서신의 많은 본문에 대한 억지스럽고 가능성이 희박한 해석들을 채택하도록 요구한다는 것을 말하고자 한다. 예를 들어, 고린도전서 9:19-22에 대한 가장 자연스러운 읽기는 바울(그리고 암묵적으로는 그의 동포인 유대인 신자들)은 이제 더 이상 기본적으로 모세 율법의 권위에 구속되지 않는다는 것이다. 그리고

886. 특히 Rudolf and Willetts, eds., *Introduction to Messianic Judaism*에 수록된 몇몇 논문들을 보라(편집자들은 이 책이 그러한 견해를 지지하고 있다고 설명하지만, 일부 기고자들은 거기에 동의하지 않는다는 것을 주의해야 한다).

887. 이 점을 특히 분명하게 강조하는 것은 W. Campbell, *Paul and Creation*이다.

888. Rudolf and Willets, eds., *Introduction to Messianic Judaism* 외에도 예를 들어, Nanos and Zetterholm, eds., *Paul within Judaism*; N. Elliott, *Liberating Paul*, 66-72; Nanos, *Mystery of Romans*; Eisenbaum, *Paul Was Not a Christian*, 135-153; Ehrensperger, *That We May Be Mutually Encouraged*, 123-159; W. Campbell, *Paul and Creation*; Boccaccini, "Three Paths to Salvation," 1-19를 보라.

앞에서 이미 보았듯이[889] 로마서의 청중을 이방인으로 보는 경향이 일부 있지만, 그것은 로마서 6:14, 15, 7:5 같은 본문들과 부합하지 않는 것으로 보인다. 바울은 유대인들이 일반적으로 그랬듯이 "율법"을 이방인들과 구별되는 유대인들에게만 적용한다(2:12-14; 3:19). 따라서 "율법 아래 있지 않은" 자들이나 "율법에 대해 죽은" 자들이라고 말했을 때, 그것은 당연히 유대인들을 전제한다. 그리스도는 모든 믿는 자들에게 율법의 "마침"(10:4)이다. 바울은 분명히 유대 그리스도인들이 계속해서 토라를 지키는 것에 대해 열려 있긴 했지만(롬 14:1-15:12에 함축되어 있는 의미), 그리스도가 율법을 대신함으로써 율법이 이제 더 이상 하나님의 백성에 대한 권위가 아니게 된 구원사의 이 단계는 유대인들과 이방인들에게 똑같이 전면적으로 적용된다 - 사실 바울의 논증은 이것이 특히 유대인들에게 적용된다는 것을 보여 준다. 또한 교회가 사람들이 자신의 특정한 민족적이고 문화적인 정체성을 배제해야 하는 곳이 되지 않는 것이 분명히 중요하긴 하지만, 또한 교회는 그러한 특정한 정체성들이 그리스도인이라는 더 근본적인 정체성에 앞자리를 내어주는 곳이 되어야 한다. 토라를 지켜야 한다고 고집하는 것은 분명히 잘못된 것은 아니지만, 바울이 그토록 큰 관심을 갖고 있던 교회의 하나됨을 방해하는 불필요한 장애물을 세우는 것이 될 수 있다.[890]

최근의 일부 바울 연구의 특징인 두 번째이자 더 급진적인 운동은 구원론에 초점을 맞춘다. 이 해석자들에 의하면, 바울은 유대인들은 토라 속에서 그들의 삶의 방향을 발견해야 할 뿐만 아니라, 토라와 토라가 반영하는 언약 내에서 자신들의 구원을 발견한다고 생각했다. 우리는 11:26에 대한 주해들(특히 각주들)에서 이 견해에 대해 상당한 정도로 살펴본 바 있다. 따라서 여기에서는 단지 세 가지 핵심적인 것을 되풀이해서 제시할 것이다. 첫째, 이 소위 이중 언약 신학은 유대인들에게는 그리스도와는 상관없는 구원의 "특별한 길"(독일어로 Sonderweg, '존더베크')이 있다고 꽤 분명하게 전제하는데(이 견해를 지지하는 대부분의 사람들이 인정하듯이), 이것은 바울이 자신의 서신들 모든 곳에서 가르치는 견해가 아니다. 따라서 이 견해

889. 서론 23-28쪽을 보라.

890. 이 운동에 대한 분명한 답변으로는 특히 N. T. Wright, *Paul and the Faithfulness of God*, 2.1428-1443을 보라.

의 유효성은 다른 본문들보다 특정 본문들에 특권을 부여할 때만 가능하다 - 이것은 우리가 따르기를 꺼려하는 것이다. 우리는 이 아주 중요한 문제에 대해 바울의 가르침이 일관성을 지니고 있음을 보여 주는 견해가 석의적으로 설득력이 있다면, 그런 일관성을 전제하는 것이 더 낫다고 생각한다. 둘째, 우리가 다른 곳에서 언급했듯이 바울이 11:26에서 유대인들은 그리스도 없이도 구원을 발견할 수 있다고 가르친다고 주장하는 것은 로마서 전체가 기독론을 엄청나게 강조하고 있는 것과 정면으로 배치된다(특히 이 더 큰 맥락 속에서 10:5-13을 보라). 셋째, 바울이 자신의 동포인 유대인들이 그리스도 없이도 하나님 앞에서 구원받을 수 있다고 생각했다는 주장은 9:1-3(또한 10:1을 보라) 같은 본문들에 나타나 있는 자신의 동포 유대인들에 대한 바울의 격한 감정을 제대로 설명할 수 없다. 따라서 바울에 의하면, 유대인들도 이방인들처럼 오직 그리스도로 말미암아서만 구원을 발견할 수 있고, 또한 말일에 많은 유대인들의 구원(11:26)이 어떻게 이루어질 것인지에 대해 우리에게 자세하게 설명하지는 않았지만, 그 구원도 그리스도로 말미암아 온다.

F. 결론: 하나님의 경이로운 계획에 대한 찬송(11:33–36)

33 깊도다 하나님의 지혜와 지식의 풍성함이여, 그의 판단은 헤아리지 못할 것이며 그의 길은 찾지 못할 것이로다
34 누가 주의 마음을 알았느냐 누가 그의 모사가 되었느냐[a]
35 누가 주께 먼저 드려서 갚으심을 받겠느냐[b]
36 이는 만물이 주에게서 나오고 주로 말미암고 주에게로 돌아감이라 그에게 영광이 세세에 있을지어다 아멘

a. 이사야서 40:13 / b. 욥기 41:3

바울이 자신의 가장 심오하고 난해한 신학적 논의들 중 하나를 하나님의 목적과 계획을 인해 하나님을 찬송하는 송영으로 마무리한 것은 적절하다. 로마서 9-11장의 신학적 논증에 대한 이러한 응답[891]을 읽은 많은 사람들은 바울이 일종의 좌절감을 표현하고 있다고 생각한다. 바울은 택하심과 이스라엘의 미래에 관한 신비들에 직면해서, 이 문제들의 진실은 최종적으로는 오직 하나님만이 아실 수 있다고 고백한다. 이 장들에서 분명히 바울은 하나님의 주권과 인간의 책임의 상호작용 같이 인간인 우리의 능력으로는 궁극적으로 온전히 이해할 수 없는 문제들을 다룬다. 그리고 칼빈이 이 점에서 우리의 한계들에 대해 경고한 것은 당연하다. 그러나 우리는 이러한 해석 노선을 지나치게 밀어부쳐서는 안 된다. 왜냐하면 바울은 이스라엘의 미래에 관한 "신비"에 대한 계시, 우리로 하여금 하나님의 생각에 접근할 수 있게 해줄 계시를 자기가 받았다고 말하기 때문이다. 로마서 9-11장 속에는 여전히 깨닫기 어려운 것들이 들어 있기는 하지만, 이 장들에서 바울은 자신의 독자들이 읽고 응답해야 하는 진리를 전한다. 그리고 바울은 분명히 다른 곳들에서 그리스도 안에서 성령으로 말미암아 우리는 "은밀한 가운데 있는 감추어졌던 하나님의 지혜"에 접근할 수 있다고 가르친다(고전 2:6-16).[892] 따라서

891. 이 송영이 성부 하나님에 초점을 맞추고 있는 것은 로마서 9-11장의 강조점들과 부합하고, 이것은 바울이 이 송영을 오직 이 장들에 대한 결론부로 삼고자 했다는 것을 보여 준다(Murray, 2.104-5; Käsemann, 318; Cranfield, 2.589; 반대 견해로는 이 송영을 1-11장의 결론부라고 보는 Fitzmyer [632]).

892. U. Wilckens, *TDNT* 7.518을 보라. Schnabel (*Law and Wisdom*, 250-251)은 이렇게 말한다: "하나님의 헤아릴 수 없는 풍성함과 지혜와 지식은 인간과는 대조적으로 하나님의 일들과 계획을 알고 있었고 알고 있을 뿐만 아니라, 인간을 구원하고자 하시는 하나님의 지혜를 구현한, 즉 계시하

우리는 바울이 이러한 찬송을 하게 된 것은 하나님의 길들은 감춰져 있다는 인식 때문이 아니라, 하나님이 우리에게 하나님의 길들에 대해 알게 해주신 (잘 알다시피 부분적인) 계시들이 우리의 생각을 훨씬 뛰어넘는 것이었기 때문이었다.

이 찬송은 세 연으로 나뉜다: 하나님의 지혜로우신 계획에 대한 세 번의 감탄을 담고 있는 33절; 인간은 하나님의 길들을 깨달을 수 없다는 것을 강조하는 세 가지 수사 의문문이 나오는 34-35절; 최종적인 송영을 불러온 하나님의 궁극성에 관한 선언을 담고 있는 36절. 내용의 이러한 배열, 서로 병행되는 짧고 거친 행들, 몇몇 이례적인 어휘는 우리가 이 단락을 찬송으로 다루어야 한다는 것을 보여 준다.[893] 바울은 구약의 지혜 전승들, 묵시론, 헬레니즘 유대교의 가르침들로부터 표현들을 폭넓게 빌려 와서 이 찬송을 직접 쓴 것으로 보인다.[894]

33 불변화사 "오"(한글개역개정에는 번역되지 않음)는 바울의 찬송의 첫 행이 경외심을 표현하는 감탄문이라는 것을 보여 준다.[895] 바울의 경외심은 하나님의 세 가지 특질[896]의 "깊음" 또는 끝을 알 수 없는 어마어마함[897]에 대한 묵상으로부터 촉

고 효과적으로 실현한 예수 그리스도와 밀접하게 연결되어 있다."

893. 특히 Norden, *Agnostos Theos*, 240-246; G. Bornkamm, "Praise of God," 105-111의 분석을 보라. 또한 3이라는 수에 맞춰 배열한 것들도 주목하라: 세 연 외에도 "깊음들"에 걸리는 세 단어(33절), 세 질문(34-35절), 36절a의 세 전치사구(Dunn, 2.698).

894. 지혜 개념들은 특히 34-35절에서, 묵시론적 병행들은 33절에서, 헬레니즘 유대교 전승은 36절에서 분명하게 드러난다. 어떤 사람들은 바울이 회당에서 사용되던 찬송을 가져왔을 것이라고 생각하지만(예를 들어, E. Johnson, *Function*, 164-173), 여러 전승들로부터 이런저런 요소들을 가져와 모아서 직접 썼을 가능성이 더 높다(G. Bornkamm, "Praise of God," 105; M. Barth, "Theologie-ein Gebet," 331-332). Jewett (713-714)은 원래 헬레니즘 유대교의 찬송이었던 것에 성경에 나오는 것들을 가미한 것이라고 생각한다.

895. BDF §146(2); BDAG.

896. 어떤 사람들은 이 절에 나오는 두 개의 속격 단어들인 '소피아스'(σοφίας)와 '그노세오스'(γνώσεως)가 '플루투'(πλούτου, "풍성함")에 걸리는 것으로 보고서, "오, 하나님의 지혜와 지식의 풍성함의 깊이여"로 번역한다 (KJV; 또한 CSB; NASB; NIV를 보라; Calvin; Godet; Fitzmyer). 그러나 '플루토스'("풍성함")가 로마서 11장(12절)에서 이미 절대적인 용법으로 사용된 것을 감안하면, '플루투', '소피아스', '그노세오스'가 모두 '바토스'(βάθος, "깊음")에 걸리는 것으로 보는 것이 더 의미가 잘 통한다: "오, 하나님의 풍성함과 지혜와 지식의 깊이여"(NRSV; ESV; NET; 또한 Käsemann; Kuss; Wilckens; Cranfield; Dunn을 보라).

897. βάθος('바토스'). 이 단어는 바울 서신에서 언제나 은유적으로 사용된다. 로마서 8:39에서 절대적인 용법으로 사용된 이 단어는 지옥을 가리킬 것이다(거기에 나오는 주해를 보라); 에베소서 3:18에서 바울은 사랑의 "깊이"에 대해 말한다; 여기에서의 용법과 가장 관련이 있는 본문인 고린

발된다. 이 특질들은 하나님에게만 고유한 "속성들"이 아니라, 일부 신학자들이 "교류할 수 있는" 하나님의 속성들이라고 불러온 것들이다: 사람들 가운데서도 부분적인 병행들이 있고, 하나님이 자신이 창조한 이 세계와 상호작용하는 것과 관련된 하나님의 성품의 측면들. "풍성함"은 하나님이 지닌 무한한 자원을 일반적으로 가리키는 것일 수도 있겠지만, 11:12에 비추어보았을 때 특히 하나님이 아무런 자격이 없는 죄인들 – 유대인이든 이방인이든 – 에게 복을 주시는 것으로 표현된 하나님의 인자하심을 가리키는 것으로 보인다.[898] 하나님의 지혜는 성경에 너무나 많이 등장하는 주제다. 그러나 여기에서 바울이 생각하는 지혜는 의심할 여지없이 인간의 구원과 관련된 하나님의 계획 속에 계시되고 표현된 하나님의 지혜다.[899] "하나님의 지식"은 분명히 하나님에 대한 우리의 지식이 아니라, 우리에 대한 하나님의 지식을 의미한다.[900] 11:2에 이것의 동족어 동사 "미리 알다"가 사용된 것(또한 8:29을 보라)은 여기에 언급된 하나님의 지식이 하나님이 개개인들을 구원으로 택하신 것(그리고 아마도 이스라엘을 택하셔서 공동체적인 복을 주시는 것)으로 표현된 특별한 관계적인 "앎"이라는 것을 보여 준다.[901]

바울의 찬송의 두 번째와 세 번째 행도 둘 다 감탄문을 이끄는 또 하나의 불변화사인 "얼마나"(한글개역개정에는 번역되지 않음)로 시작된다.[902] 바울이 문체에 신경을 썼다는 것은 여기에서도 분명하게 드러난다. 이 두 행은 구문론적으로 병행되고 – 서술적인 형용사–관사–주어–소유대명사(계사적인 동사들은 전제된다) – 두 개의 서술적 형용사들은 동일한 문자들('아넥스-')로 시작된다.[903] 첫 번째 형용사인 '아

도전서 2:10에서 바울은 "성령은 모든 것 곧 하나님의 깊은 것까지도 통달하시느니라"고 말한다.

898. 로마서 10:12b를 보라: "주께서 모든 사람의 주가 되사 그를 부르는 모든 사람에게 부요하시도다 [πλουτῶν, '플루톤']." 바울은 통상적으로 '플루토스'에 내용을 나타내는 속격을 추가한다: "영광의"(롬 9:23; 엡 1:18; 3:16; 빌 4:19; 골 1:27), "연보의"(고후 8:2; 딤전 6:17), "은혜의"(엡 1:7), "선하심의"(롬 2:4), "그리스도의"(엡 3:8), 그리고 "확실한 이해의"(골 2:2). 바울은 오직 로마서 11:12(2번)과 여기에서만 이 단어를 절대적인 용법으로 사용한다.

899. 특히 고린도전서 1:17-2:16에 나오는 참된 그리스도인의 지혜, 십자가에 못 박히신 그리스도 안에서 하나님의 계획이 성취되었다는 것에 초점을 맞춘 지혜에 관한 바울의 논의를 보라. 또한 골로새서 2:2-3에서 "신비"를 그리스도, "지혜", "지식"과 병치하고 있는 것도 주목하라.

900. 즉, 속격 '테우'(θεοῦ)는 주격적 속격이다.

901. 예를 들어, G. Bornkamm, "Praise of God," 107; Cranfield; Wilckens; Dunn; Fitzmyer를 보라.

902. ὡς('호스'). 이 단어의 이러한 용법에 대해서는 BDAG를 보라.

903. 그리스어 본문은 이렇게 되어 있다:

넥세라우네타'는 드물게 사용되는 단어지만, "헤아릴 수 없는"을 의미하는 것으로 보인다.[904] 바울은 이 형용사적 서술을 하나님의 "판단들"에 적용한다. "판단들"은 바울 서신에서 통상적으로 하나님의 법적인 결정들을 가리키지만, 여기에서는 구원사를 이끌어나가고 "집행하는" 것과 관련된 하나님의 결정들을 가리킨다.[905] 마지막 행에 나오는 "길들"도 본질적으로 동일한 의미를 지닌다. 바울은 하나님의 "길들"도 "찾을 수 없다"고 감탄한다.[906] 이렇게 바울의 찬송의 두 번째 행과 세 번째 행은 동의 병행법을 이루는 가운데 하나님이 섭리를 통해 구원사를 이끌어 나가시는 것을 인간의 이해를 뛰어넘는 일로 찬양한다.[907]

34-35 바울의 찬송에서 두 번째 연은 세 개의 의문문으로 되어 있다. 처음 두 의문문은 이사야서 40:13에서 온 것이고,[908] 세 번째 의문문(35절에 나오는)은 (아마도) 욥기 41:11에서 온 것이다.[909] 각각의 의문문은 33절에 나오는 감탄문들 중 하

ὡς ἀνεξεραύνητα τὰ κρίματα αὐτοῦ('호스 아넥세라우네타 타 크리마타 아우투,' "그의 판단들은 헤아릴 수 없으며 ")

καὶ ἀνεξιχνίαστοι αἱ ὁδοὶ αὐτοῦ('카이 아넥시크니아스토이 하이 호도이 아우투,' "그의 길들은 찾을 수 없다").

904. 이 단어는 신약성경이나 칠십인경에서는 발견되지 않지만, Symmachus가 구약성경을 번역한 역본(잠 25:3과 아마도 렘 17:9)에서 사용된다. 이 단어는 고전 그리스어의 '아넥세레우네토스'(*ἀνεξερεύνητος*, "찾아낼 수 없는," LSJ)를 헬레니즘 그리스어에서 변용한 것일 수 있다.

905. 그리스어로는 '크리마'(*κρίμα*)다. 오직 여기에서와 고린도전서 6:7에서만 바울은 이 단어를 복수형으로 사용한다. 이 단어를 이런 식으로 병행적으로 사용한 것에 대해서는 시편 19:9; 36:6; 119:75을 보라(Schlier); 또한 Sir. 17:12을 보라.

906. *ἀνεξιχνίαστος*('아넥시크니아스토스'); 또한 엡 3:8; 욥 5:9; 9:10; 34:24; Pr. Man. 6을 보라.

907. 33절의 병행 본문으로 자주 인용되는 것은 바룩2서 14:8-9이다: "오, 주여, 나의 주여, 누가 주의 판단을 깨달을 수 있겠습니까? 또한 누가 주의 길의 깊이를 파헤칠 수 있겠습니까? 또한 누가 주의 길의 엄위를 분별할 수 있겠습니까? 또한 누가 주의 지혜의 처음과 끝을 분별할 수 있겠습니까?" 이 본문은 바울이 로마서 9-11장에서 다룬 것과 거의 동일한 문제와 씨름하는 문맥 속에 나온다: 재앙에 처해 있는 것으로 보이는 하나님 백성의 운명. 33-35절의 묵시론적 배경에 대해서는 E. Johnson, *Function*, 168-171을 보라.

908. 바울의 표현 - *τίς γὰρ ἔγνω νοῦν κυρίου; ἢ τίς σύμβουλος αὐτοῦ ἐγένετο*('티스 가르 에그노 눈 퀴리우; 에 티스 쉼불로스 아우투 에게네토,' "누가 주의 마음을 알았느냐 누가 그의 모사가 되었느냐") - 은 칠십인경 본문 - *τίς ἔγνω νοῦν κυρίου καὶ τίς αὐτοῦ σύμβουλος ἐγένετο ὃς συμβιβᾷ αὐτόν*('티스 에그노 눈 퀴리우 카이 티스 아우투 쉼불로스 에게네토 호스 쉼비바 아우톤,' "누가 주의 마음을 알았고 누가 그의 모사가 되어 그를 가르쳤느냐")과 조금 다르지만, 수정들은 크지 않고 쉽게 설명된다(Naselli, *From Typology to Doxology*, 95-97을 보라).

909. 바울의 표현 - *ἢ τίς προέδωκεν αὐτῷ, καὶ ἀνταποδοθήσεται αὐτῷ*('에 티스 프로에도켄 아우토, 카이 안타포도테세타이 아우토,' "누가 주께 먼저 드려서 갚으심을 받겠느냐") - 은 칠십인경 본문

나와 역순으로 연결된 것일 가능성이 있다. 그렇게 볼 수 있다면, "누가 주의 마음을 알았느냐"는 하나님의 길들은 찾을 수 없다고 한 것을 확대한 것이고, "누가 그의 모사가 되었느냐"는 하나님의 판단들은 헤아릴 수 없다고 한 말의 함의들을 도출해낸 것이며, "누가 주께 먼저 드려서 갚으심을 받겠느냐"는 하나님의 풍성함(= 하나님의 인자하심과 긍휼)에 대해 한 말의 함의를 보여 준다.[910]

이 절들에 나오는 의문문들은 분명히 "아무도 없다"는 대답을 기대하는 수사 의문문들이다. 처음 두 의문문들은 하나님이 이 세상에서 하고 계시는 일들을 아무도 알 수 없다는 것을 강조한다. 그러나 이 의문문들의 출처인 지혜 전승이 가르치는 것처럼, 누구도 알 수 없는 것들을 "지혜"는 알 수 있다.[911] 그리고 바울은 그리스도를 지혜의 화신으로 보기 때문에, 우리가 이 질문에 대해 "아무도 없다"고 대답한 후에, "하지만 구원사에 관한 하나님의 계획을 친히 우리에게 계시하신 예수 그리스도는 아신다"는 말을 덧붙이는 것은 옳다(11:25에 나오는 신비에 대한 언급을 보라). 세 번째 의문문은 우리가 하나님의 계획을 알 수 있느냐 하는 문제에서 우리가 하나님의 계획을 경험하는 방식으로 옮겨간다. 바울은 마치 어떤 보상을 얻을 수 있을 것처럼 하나님께 먼저 드려서 실제로 하나님에게서 보상을 얻을 수 있는 사람은 아무도 없다고 주장한다.[912] 이렇게 바울은 하나님이 우리에게 알

– ἢ τίς ἀντιστήσεταί μοι καὶ ὑπομενεῖ, εἰ πᾶσα ἡ ὑπ' οὐρανὸν ἐμή ἐστιν('에 티스 안티스테세타이 모이 카이 휘포메네이, 에이 파사 헤 휘프 우라논 에메 에스틴', "하늘 아래 모든 것이 내것인데, 누가 내게 저항하여 서겠느냐")(41:3 LXX) – 과 상당히 다르다. 그리고 칠십인경 본문은 다음과 같이 번역될 수 있는 마소라 본문과 꽤 다르다: "누가 먼저 내게 주고 나로 하여금 갚게 하겠느냐 온 천하에 있는 것이 다 내 것이니라." 해석자들의 견해는 다양하다: 바울은 (1) 욥기 본문을 인용한 것이 아니다; (2) 히브리어 본문을 번역한 것이다(Dunn; Naselli, *From Typology to Doxology*, 97–98); (3) 탈굼에서 확인되는 본문을 번역한 것이다(Wilckens); (4) 칠십인경이 아닌 그리스어 역본을 사용한 것이다(Michel은 바울이 욥기에서 인용한 또 다른 유일한 본문도 칠십인경과 다르다는 것을 지적한다[고전 3:19을 보라]). 이 중에서 두 번째 선택지가 최선이다. 칠십인경의 일부 사본들(시나이 사본과 바티칸 사본)은 여기에 나오는 본문을 이사야서 40:14 뒤에 추가하지만, 이것은 칠십인경 번역자나 필사자가 바울 본문에서 가져와서 덧붙인 것이 분명하다.

910. 예를 들어, Käsemann; Wilckens; Fitzmyer를 보라.

911. 이 접근방법에 대해서는 Liebers, *Gesetz als Evangelium*, 139–140을 보라.

912. "드려서"는 '프로디도미'(προδίδωμι)를 번역한 것이다. 이 단어는 신약성경에서 오직 여기에서만 사용된다. 내가 "마치 어떤 보상을 얻을 수 있을 것처럼"이라고 한 것은 여기에서 '카이'(καί)가 결과를 나타내는 용법으로 사용된 것을 반영한 것이다(Wilckens를 보라). "갚으심"은 '안타포디도미'(ἀνταποδίδωμι)를 번역한 것이다. 이 단어는 눅 14:14; 롬 12:19; 살전 3:9; 살후 1:6에도 나온다.

려주고자 하시는 "풍성함의 깊이"는 우리가 오직 하나님의 은혜를 힘입어서만 경험할 수 있다는 것을 상기시켜 준다.[913]

36 피조세계 전체에서 하나님의 중심성에 대한 바울의 주장은 특히 35절과 관련된 것일 수도 있지만 - 아무도 하나님에게 무엇인가를 요구할 위치에 있지 않는데, 이것은 "만물이 주에게서 나오고 주로 말미암고 주에게로 돌아가기" "때문이다"(그리스어로 '호티')[914] - 33-35절 모두를 반영한 것일 가능성이 더 크다. 하나님이 만물의 원천('에크'), 유지하시는 분('디아'), 목표('에이스')라는 개념은 헬라의 스토아 철학자들 가운데서 특히 강력했다. 헬레니즘 유대인들은 이 표현을 가져와서 여호와에게 적용했다. 따라서 이 정형문구는 바울이 회당에서 빌려 온 것일 가능성이 크다.[915] 세 개의 전치사구는 삼위일체를 나타내는 것이라는 해석이 고대로부터 널리 퍼져 있었다. 그러나 지금은 거의 모든 학자들이 그러한 견해를 배척하고, 이것은 옳다. 여기에서 바울은 분명히 성부 하나님에 관해 말하고 있다. 그리고 그의 목적은 이 절들의 초점이신 하나님의 유일무이성과 주권을 강조하는 것이다. 만유 속에서 하나님의 지극히 높으심을 묵상할 때 우리의 반응은 무엇이어야 하는가? 그것은 바울처럼 송영이어야 한다.[916]

913. 특히 Calvin을 보라.

914. 예를 들어, Meyer.

915. Norden, *Agnostos Theou*, 240-250을 보라. Dunn은 가장 중요한 병행 본문들을 열거한다. 스토아철학 전통의 한 예는 2세기 로마 황제인 마르쿠스 아우렐리우스다: "만물이 당신으로부터 오고, 만물이 당신 안에 있다. 당신은 만물이기 때문이다"(ἐκ σοῦ πάντα, ἐν σοὶ πάντα, εἰς σὲ πάντα, '에크 수 판타, 엔 소이 판타, 에이스 세 판타')(*Meditations* 4.23); 또한 Philo, *Special Laws* 1.208을 보라. 바울은 고린도전서 8:6에서도 하나님에 관해 이것과 비슷한 정형문구를 제시한다; 그리고 골로새서 1:16-17에서 이 표현을 그리스도에게 적용하는 것을 보라.

916. 바울은 자신의 서신들에서 이것과 비슷한 다른 송영들을 중간에 불쑥 끼워 넣는다; 롬 16:27; 갈 1:5; 엡 3:21; 빌 4:20; 딤전 1:17; 딤후 4:18을 보라.

V. 복음의 변화시키는 능력: 그리스도인의 행실 (12:1-15:13)

로마서의 이 마지막 대단락에서 바울은 가르침에서 권면으로, "직설법"에서 "명령법"으로 초점을 옮긴다. 1-11장에는 명령이 드물다(6:11-13, 19; 11:18, 20을 보라). 물론 바울은 자신이 로마서에서 가르친 모든 것이 대단히 실천적인 의미를 지닌다는 것을 강조한 최초의 인물이었을 것이다. 왜냐하면 바울이 제시한 복음의 진리를 마음으로 받아들이는 사람은 무수히 많은 방식으로 우리의 삶에 영향을 미칠 수밖에 없는 변화된 세계관을 지니게 될 것이기 때문이다. 바울은 이것을 6장에서 이미 분명히 한 바 있다. 거기에서 그는 우리가 그리스도의 죽으심과 부활에서 그와 연합하게 되면 "새 생명 가운데서 행하게"(4절) 될 것임을 보여 주면서, "죽은 자 가운데서 다시 살아난 자 같이 하나님께 드릴" 것을 우리에게 요구한다(13절). 그러나 바울은 복음의 변화시키는 능력에 관한 이 일반적인 원칙들을 구체화하는 것이 중요하다는 것을 안다. 그래서 그는 12:1-15:13에서 그리스도인들에게 일상생활의 구체적인 분야들 속에서 복음의 능력을 나타내라고 강력하게 촉구하면서 이 원칙들을 구체화해서 제시한다.[1]

따라서 로마서 12:1-15:13은 이 서신의 일부이고, 이 서신의 목적들을 이루기 위한 구성요소들 중 하나다. 이 대단락은 이 서신의 진정한 - 신학적 - 핵심과는 상대적으로 무관한 부록, 즉 마지막에 "덧붙여 놓은 것"이 아니다. 왜냐하면 앞에서 이미 보았듯이 로마서는 철저하게 신학적이고 세심한 논증들을 담고 있긴 하지만, 교리적인 글이 아니기 때문이다. 로마서는 복음에 대한 바울의 가장 장엄한 해설서다. 복음은 하나님의 능력을 지니고 있어서, 복음을 받아들이는 사람들은 죄의 재난 같은 결과들로부터 건짐을 받아서, 하나님 앞에서 "의로운" 자라는 선

1. 12:1-15:13의 권면들은 이 서신의 논증 전체 위에 세워져 있지만, 대부분의 학자들은 6장과 특히 밀접하게 관련되어 있다고 본다(예를 들어, Murray, 2.109; Cranfield, 2.593-594; Wilckens, 3.2; 그리고 12:1-2에 대한 각주들을 보라).

언을 받고, 마지막 날에 진노하심으로부터 구원을 받게 될 것이라는 확실한 소망을 가질 수 있다. 그러나 바울이 로마서 6장에서 분명히 했듯이, 죄의 권세로부터 건짐을 받는 것은 죄의 형벌로부터 건짐을 받는 것과 분리될 수 없다. 그리스도의 죽으심과 부활에서 그리스도와 연합하게 되면 이 두 가지가 주어진다. 왜냐하면 예수 그리스도는 주이시기 때문이다. 그래서 그리스도를 믿는 것은 곧 그리스도에게 순종하기로 약속하는 것을 의미한다(1:5과 16:26의 "믿음의 순종"을 보라; 또한 15:18의 "이방인들의 순종"도 보라). 따라서 변화된 삶의 명령법은 복음을 받아들인 후에 선택할 수도 있고 선택하지 않아도 되는 두 번째 단계가 아니라, 복음 자체에 뿌리를 둔 복음의 일부다. 하나님이 그리스도 안에서 죄악된 세상을 자신과 화목하게 하고 계신다는 복음은 다른 무엇보다도 이 화해 사역의 능력을 일상의 삶 속에서 나타내는 사람들을 통해 드러난다. 그러므로 로마서의 이 부분을 제거하는 것은 복음의 필수불가결한 차원을 생략하는 것이다. 로마서 11장에서 로마서 12장으로의 이행 - 이것은 에베소서(4:1)와 데살로니가전서(4:1)에 나오는 이행들과 비슷하다 - 은 신학에서 실천으로의 이행이 아니라, 복음의 직설법적 측면에서 복음의 명령법적 측면으로의 초점의 이행이다.[2] "하나님이 우리에게 주신 것들"(롬 1-11장)은 "우리가 하나님께 드려야 할 것들"에 자리를 내어 준다. 그러나 이것을 이런 식으로 표현한다고 할지라도, 우리는 신속하게 우리가 하나님께 드려야 할 것들은 하나님의 지속적인 은혜의 공급을 떠나서는 만들어질 수 없다는 단서를 덧붙여야 한다. 하나님이 우리에게 주시는 것은 단지 그리스도인의 순종을 위한 과거의 토대인 것에서 그치지 않고, 그리스도인의 순종을 위한 지속적인 원천이다. "직설법"과 "명령법"은 그리스도인의 경험 속에서 연속되는 두 개의 구별된 단계들이 아니라, 동일한 동전의 양면이다.

로마서 12:1-15:13의 가장 두드러진 특징들 중의 하나는 거기에 나오는 여러 주제들은 바울 서신의 다른 곳에 나오는 가르침과 닮았다는 것이다. 아래의 도표

---

2. Käsemann을 보라: "우리의 구원은 우리에 대한 창조주의 소유권에 근거를 두고 있고, 이것은 우리의 구원의 이면인 권면 속에서 분명하게 드러난다"(323). 로마서 12:1-15:13과 관련해서 "직설법"과 "명령법"의 관계에 대해 비슷한 결론들로는 Furnish, *Theology and Ethics*, 특히 106; Ortkemper, *Leben aus dem Glauben*, 149-156; Parsons, "Being Precedes Act," 99-127; Schrage, *Ethik des Neuen Testaments*, 156-161을 보라.

는 몇몇 주된 병행들을 보여 준다.

마음을 새롭게 함으로 변화를 받을 필요성(12:1-2)	에베소서 4:17-24
다양한 은사들에도 불구하고 그리스도의 몸이 하나가 되어야 한다는 것(12:3-8)	고린도전서 12장; 또한 에베소서 4:11-17을 보라
중심적인 요구로서의 사랑(12:9-21)	데살로니가전서 4:9-12; 고린도전서 13장
- 율법의 성취로서(13:8-10)	갈라디아서 5:13-15
주의 날을 생각해서 영적으로 깨어있어야 할 필요성((13:11-14)	데살로니가전서 5:1-11
음식 문제와 관련해서 약한 자들과 강한 자들 간의 화해(14:1-15:13)	고린도전서 8-10

의미심장하게도 12:1-15:13 가운데서 위의 항목에 포함되지 않은 유일한 단락, 즉 바울이 권세에게 복종할 것을 요구한 것(13:1-7)은 예수님의 가르침(막 12:13-17과 그 병행문들) 및 초기 기독교의 가르침(벧전 2:13-14을 보라) 속에 중요한 병행들을 가지고 있다. 예수님의 가르침 및 초기 교회의 가르침과 병행되는 다른 것들은 이 장들 전체에 걸쳐 발견된다. 많은 학자들은 이 병행들에 의거해서 바울은 로마서 12:1-15:13에서 로마 그리스도인들의 구체적인 상황과는 별 상관없이 초기 기독교에서 전형적으로 강조했던 윤리들을 열거하고 있는 것이라고 결론을 내린다.[3] 또한 복음에는 일상생활 속에서의 순종을 포함하고 있다는 이러한 강조는 로마서에서 "그의 복음"을 설명하고 옹호하고자 한 바울의 전체적인 목적과 부합한다. 바울은 행실의 규범으로서의 율법의 포기는 방종을 초래할 것이라는 반론을 제

3. 신학적인 통합이나 수신자들의 상황에 대한 별 고려 없이 전통적인 도덕적 가르침을 제시하는 장르로서의 "권면"(parenesis)에 대한 Dibelius의 이해가 여기에서 중요한 역할을 해왔다(*From Tradition to Gospel*, 238). Furnish는 바울의 윤리는 Dibelius가 생각한 것보다 바울의 신학과 더 밀접하게 통합되어 있다는 것을 보여 주었지만(*Theology and Ethics*을 보라), 많은 학자들은 여전히 12:1-15:13에 나오는 권면들을 로마의 그리스도인들의 구체적인 필요들과는 기본적으로 무관한 것들로 본다. 특히 Dodd, "'Primitive Catechism,'" 11-13; Karris, "Romans 14:1-15:13," 81-84를 보라. 또한 Ridderbos, *Paul*, 275-277을 보라. 그는 바울에게서 "체계적인 윤리"를 발견할 수는 없다는 것을 인정하면서도, 로마서 12:3-21 같은 본문들이 바울의 전형적인 강조점들을 대표할 수 있는 "모종의 사고 노선"을 가리킨다고 말한다.

기한(6:14, 15; 7:1-6을 보라) 자들에 맞서서, 복음 자체가 그리스도인들을 위한 충분한 윤리적 지침을 제공해 준다는 것을 논증한다. 그리스도인들은 복음을 통해 마음을 새롭게 함으로써 하나님의 뜻을 알고 행할 수 있고(12:2), 사랑의 명령들을 따름으로써 율법이 그들에게 요구하는 모든 것을 이룰 수 있다(13:8-10).[4]

구체적인 쟁점들에 대한 언급의 부재, 몇몇 단락들이 압축된 표현들로 거의 잠언 같은 성격을 지닌다는 것(예를 들어, 12:9-21)이 보여 주듯이, 바울이 이 대단락에서 로마 그리스도인들의 구체적인 상황과는 별 상관없이 초기 기독교에서 전형적으로 강조했던 윤리들을 열거하고 있는 것이라고 결론을 내리는 것도 일리는 있다. 그러나 바울이 로마 교회의 상황을 염두에 두고서 글을 쓰고 있다는 것을 보여 주는 증거도 존재한다.[5] 로마서 14:1-15:13은 거의 틀림없이 로마 기독교 공동체의 구체적인 문제에 대해 말하고 있고,[6] 권세에 복종하라는 권면(13:1-7)이 바울의 다른 서신들에 분명한 병행을 가지고 있지 않다는 것은 이 단락이 로마 그리스도인들과 특별히 관련이 있을 수 있다는 것을 시사해 준다. 또한 앞으로 자세하게 주해를 해나가면서 지적하겠지만, 12-13장에 나오는 일반적인 권면들 중 몇몇은 로마 그리스도인들의 상황과 특별한 관련성을 지닌다.[7] 이 장들은 바울 윤리의 몇몇 핵심적인 주제들을 반복하고 있는 것이기는 하지만, 분명히 로마 그리스도인들을 대상으로 하고 있다.[8]

바울의 권면은 두 부분으로 나뉜다: 그리스도인의 행실과 일반적으로 관련된

---

4. Roetzel, "Sacrifice," 412-418; W. Wilson, *Love without Pretense*, 206-207; Ortkemper, *Leben aus dem Glauben*, 11-18을 보라. 마찬가지로 Dunn은 바울이 이 장들에서 "재정의된" 하나님 백성에게 기대되는 삶의 종류에 대해 개략적으로 설명하고 있다는 것을 강조한다(2.705).

5. 예를 들어, Wedderburn, *Reasons*, 75-87을 보라; 그리고 이것을 더 강조한 것으로는 Jewett, 724-725.

6. 구체적인 논증에 대해서는 14:1-15:13의 서론을 보라.

7. 이 둘 간의 연결관계는 12-13장에서는 Mathew가 "상호주의적 사랑"(love mutualism)이라고 부른 것을 일반적으로 요구하고 있지만, 14:1-15:13에서는 로마 공동체를 대상으로 그 요구를 구체적인 형태로 제시하는 것에서 특히 분명하게 드러난다(*Women in Greetings*, 114-158).

8. Moiser는 로마 공동체가 연합하여 스페인에서의 자신의 선교 사역을 후원해주기를 바라는 바울의 관심이 그가 이 장들에서 말하는 모든 것을 이끌어나가고 있다고 주장한다("Rethinking Romans 12-15," 571-582). 또한 Engberg-Pedersen, *Paul and the Stoics*, 266-271을 보라. Minear (*Obedience of Faith*, 82-90)도 로마 교회와의 구체적인 관련성을 말하지만, 본문의 증거(특히 12:3)와는 다르게 바울이 12-13장에서 오직 믿음이 강한 자들을 향해서만 말하고 있다고 생각한다.

명령들을 다루는 12-13장과 로마 공동체에 영향을 미치고 있는 구체적인 문제에 대한 지침들을 다루는 14:1-15:13.[9] 12-13장에 나오는 바울의 일반적인 권면들은 지금은 종말이기 때문에 그리스도인들이 자신들은 구속된 자들이라는 것을 나타내야 한다는 것을 보여 주는 본문들로 둘러싸여 있다.[10]

> 로마서 12-13장은…… 교회를 설명하는 단락들에 의해 앞뒤로 둘러싸여 있다. 이 단락들은 교회는 "세상"과는 거리를 두고(12:2) 더 넓은 사회의 여러 구체적인 관행들을 배척하고서(13:13), 마음을 새롭게 하고(12:2) "주 예수 그리스도로 옷 입음"으로써(13:14) 자신만의 구별되는 윤리를 세워나가는 구별된 사회정치적 공동체(몸)라고 묘사한다.[11]

바울은 여기에서 자신이 특히 로마서 5-8장에서 그리스도인의 상황을 설명하기 위해 사용한 "영역 이동"을 전제한다. 죄의 옛 영역에서 구원의 새 영역으로 옮겨진 우리는 이제는 "그 날"에 속한 사람들이지만, 아직도 여전히 우리의 구원의 완성을 기다리기 때문에 어둠의 세력과 맞서 싸워야 한다(13:11-14). 따라서 우리의 과제는 그 날에 속한 사람들로서 처신하고, 우리가 건짐을 받은 옛 영역에 영합하라고 하는 압력에 저항하는 것이다(12:2). 이 두 본문 사이에 배치된 권면들은 앞에서 이미 보았듯이 로마 공동체를 비롯한 초기 기독교 공동체에 중요한 여러 가지 문제들을 다룬다. 이 권면들은 서로 여러 구체적인 접촉점들을 보여 주긴 하지만, 깔끔하게 분류되지는 않는다.[12] 먼저 바울은 그리스도인들에게 공동체 내에서의 자신들의 위치와 공동체에 대한 자신들의 사역을 정확하고 올바르게 평가할

9. 대부분의 주석자들은 그러한 구분을 제시한다; 예를 들어, Godet, 421; Käsemann, 323을 보라. 반면에, Longenecker (911-915)는 "사랑 윤리"를 다루는 단락들인 12:9-21과 13:8-14은 그다음에 나오는 단락(예를 들어, 각각 13:1-7과 14:1-15:12)을 위한 토대를 제공한다고 생각한다.

10. 예를 들어, Furnish, *Theology and Ethics*, 215-216; Ortkemper, *Leben aus dem Glauben*, 5; Merk, *Handeln aus Glauben*, 166-167; Horrell, "Peaceable, Tolerant Community," 86-87을 보라. Wright (703)는 12:1-2이 13:11-14과 관련되듯이, 12:3-13은 13:8-10과 관련되고, 12:14-21은 13:1-7과 관련된다고 말한다.

11. Bertschmann, *Bowing before Christ*, 132-133.

12. 반대 견해로 Godet (423)는 이 권면들은 "체계적으로 배열되어" 있다고 생각하고, Dunn (2.706)은 12:1-15:16은 교차대구법적으로 배열되어 있다고 본다.

것을 격려한다(12:3-8). 그 뒤로는 기독교적인 사랑의 주제를 느슨하게 발전시키는 일련의 잠언 같은 짤막한 명령들이 나온다(12:9-21). 그런 후에 바울은 권세에 복종하라고 명령하고(13:1-7), 다시 사랑이라는 주제로 돌아와서, 사랑은 율법의 모든 명령을 참되고 온전하게 성취하는 미덕으로 높인다(13:8-10).

A. 문제의 핵심: 총체적인 변화(12:1-2)

1 그러므로 형제들아 내가 하나님의 모든 자비하심으로 너희를 권하노니 너희 몸을 하나님이 기뻐하시는 거룩한 산 제물로 드리라 이는 너희가 드릴 영적 예배니라

2 너희는 이 세대를 본받지 말고 오직 마음을 새롭게 함으로 변화를 받아 하나님의 선하시고 기뻐하시고 온전하신 뜻이 무엇인지 분별하도록 하라

로마서 12:1-2은 신약성경에서 잘 알려져 있는 본문 중 하나다. 이 본문이 유명한 것은 다 그럴 만한 이유가 있다. 여기에서 바울은 그리스도 안에서 주어지는 하나님의 은혜에 대한 그리스도인의 응답이 무엇이어야 하는지를 간결하면서도 생생한 표상으로 요약한다. 라이트는 이렇게 말한다. "바울이 쓴 모든 글은 사실상 로마서 12:1-2을 확대해서 적용한 것으로 볼 수 있다."[13] 이 절들은 로마서에서 중심축으로서의 역할을 한다. 한편으로는 이 절들은 1-11장의 논증을 되돌아본다. 바울은 궁극적으로 이 장들 전체를 염두에 두고 있긴 하지만, 단어와 주제의 연결고리들은 두 본문이 특히 중요하다는 것을 보여 준다. 첫 번째 본문은 로마서 1장이다. 거기에 언급된 인간의 타락상인 거짓되고 어리석은 예배(25절)와 부패한 마음(28절)은 이제 그리스도인들의 "영적" 예배와 새로워진 마음에서 역전된다.[14] 두 번째 본문은 로마서 6장이다. 거기에서 그리스도인들은 그들 자신을 "죽은 자 가운데서 다시 살아난 자 같이"(13절) 하나님께 "드려야"(13절과 19절) 한다고 짧게 언급한 것은 여기에서 다시 반복되는 가운데 확대된다.[15] 아울러 12:1-2은

---

13. Wright, *Paul and the Faithfulness of God*, 2.1123.
14. 특히 C. F. Evans, "Romans 12.1-2," 30-31을 보라.
15. 이 관계들에 대해 일반적으로 다룬 것으로는 M. B. Thompson, *Clothed with Christ*, 79-85; D. Peterson, "Worship and Ethics," 276-279를 보라.

12:3-15:13에 나오는 모든 것에 대한 표제로서의 역할을 한다.

1 "그러므로"(그리스어로는 '운')는 중요한 의미를 지닌다.[16] 바울은 12:1-15:13에 나오는 모든 권면들은 1-11장의 신학 위에 견고히 세워져 있다는 것을 보여 주고자 한다.[17] 영어에서 동사 "권하다"(exhort)는 이런 맥락들 속에 나오는 그리스어 '파라칼레오'의 뉘앙스를 잘 담아낸다.[18] 이 동사의 의미 범위는 "요청하다"와 "명령하다"의 중간쯤에 있다. 권면은 권위를 지니지만, 그 권위는 명령을 하달하는 상관의 권위라기보다는 하나님의 진리를 전하는 자로서의 설교자의 권위다.[19] 이 구절은 엄밀하게 말해서 바울이 이 서신의 독자들에게 알게 하고자 하는 내용을 전하는 것은 아니고, 앞으로 자기가 전하고자 하는 것이 얼마나 중요한 것인지를 환기시키는 역할을 한다.[20] "하나님의 자비하심들[21]로"는 바울이 지금 자신의 독자들에게 행하라고 요구하는 것들과 그가 이 서신의 앞부분에서 하나님이 그들을 위해 무엇을 행하셨는지에 대해 그들에게 말한 것이 서로 연결 되어 있다

16. 예를 들어, Cranfield; Wilckens; 반대 견해로는 '운'(οὖν)을 단순히 이행을 위한 불변화사로 보는 사람들도 있다(예를 들어, Käsemann; Bjerkelund, *Parakalô*, 161-168; C. F. Evans, "Romans 12.1-2," 11-12).

17. 대부분의 주석자들은 바울이 이 서신 전체의 논증을 염두에 둔 것이라고 생각하지만(예를 들어, Godet; S-H; Murray; Cranfield), 일부 주석자들은 11:35-36(Keener, *Mind of the Spirit*, 166-167), 5-8장(Schlier; Longenecker; Zeller[6-8장], 5-11장(Dunn)에 더 초점을 맞춘 것이라고 생각한다.

18. 바울이 사용한 '파라칼레오'(παρακαλέω)의 54번의 용례는 세 범주로 나뉜다: (1) "위로하다"(14번; 예를 들어, 고후 1:4을 보라); (2) "간청하다"(개인적인 요청; 9번; 예를 들어, 고후 2:8을 보라); (3) "권하다."

19. "권면은 이런 식으로 구원 사역을 전제와 토대로 언급함으로써[이것은 '하나님의 자비하심으로'를 가리킨다] 단순히 말로 호소하는 것과 구별된다"(O. Schmitz, *TDNT* 5.795). 또한 Schlier, "Vom Wesen der apostolischen Ermahnung," 75-78; 그의 주석서, 351-353; Cranfield 2.597을 보라. Bjerkelund는 바울이 사용한 '파라칼레오'의 용법과 헬레니즘 문헌에서의 '파라칼로'의 용법을 비교하고서, 바울은 흔히 자신의 논증에서 핵심적인 내용들을 말하고자 할 때 이 단어를 사용한다고 말한다. 또한 Grabner-Haider, *Paraklese und Eschatologie*에 나오는 개관을 보라.

20. Runge, *Discourse Grammar*, 102.

21. 나의 (어색한) 번역은 바울이 여기에서 사용한 그리스어 '오이크티르몬'(οἰκτιρμῶν, "자비하심들") 이 복수형이라는 사실을 반영한 것이다(또한 KJV; NASB; NRSV; ESV; CSB; CEB; NET를 보라). 그러나 바울은 이 복수형을 칠십인경으로부터 가져와 사용한 것이다. 칠십인경은 단수의 의미를 지닌 히브리어 복수형 '라하밈'(רַחֲמִים)을 번역하는 데 이렇게 복수형을 사용했다. 따라서 NIV와 대부분의 주석자들(예를 들어, Käsemann; Cranfield)처럼, 영어로는 단수형으로 번역하는 것이 가장 좋을 것이다.

는 것을 강조한다. 바울이 이 서신에서 지금까지 쓴 모든 것은 하나님의 긍휼하심의 활동이라는 표제 아래 요약될 수 있다.[22] 바울은 방금 하나님의 모든 긍휼하심(11:30-32)을 요약적으로 표현했고, 그 긍휼하심으로 인해 하나님께 찬송을 드렸다(11:33-36). 이제 그는 그리스도인들에게 거기에 응답하기를 요구한다. 전치사 "~을 통해"(그리스어로는 '디아', 한글개역개정에는 "~으로")는 여기에서 "~로 인해"(CEB), 또는 "~에 비추어"(NIV)로 번역하는 것이 더 낫다. 이 전치사는 바울이 권면할 때 사용하는 수단을 가리키는 것이 아니라, 권면의 토대, 또는 심지어 원천을 가리키기 때문이다.[23] 궁극적으로 바울은 단지 "하나님의 긍휼하심"이 우리를 권면하기 위해 사용하는 도구일 뿐이다. 바울이 고린도후서 5:20에서 말했듯이, 그는 "그리스도를 대신하여 사신"이 된 자, 즉 하나님이 자기 백성을 권면하실 때 사용하는 자일뿐이다.[24] 바울이 1절에서 - 그리고 더 넓게는 12:2-15:13에서 - 요구하는 것은 우리가 경험한 하나님의 긍휼하심에 대한 적절하고 합당한 응답이고, 그 이상이나 그 이하도 아니다. 하지만 이 응답은 단순히 "주고받는" 거래, 즉 하나님이 우리를 위해 해주신 것들에 대해 우리가 받은 만큼 마지못해 "하나님께 되돌려 드리는" 것이 아니다. 왜냐하면 하나님의 긍휼하심은 단지 과거에 은택을 베풀어 주신 것에서 끝나는 것이 아니라, 우리 안에서 및 우리를 통해서 계속해서 힘을 발휘하

22. Gupta는 칠십인경에서 "긍휼하심"이 속한 단어군은 흔히 하나님이 언약에 대한 자신의 신실하심에 따라 은혜 가운데서 자기 백성을 포로생활로부터 건져내시는 것을 가리킨다는 점에서, 로마서 전체에 걸친 바울의 논증을 이 단어로 요약하는 것은 특히 적절하다는 것을 논증한다("What 'Mercies of God'?" 81-96). 바울은 출애굽기 34:6-7에 나오는 영향력 있는 본문을 염두에 두었을 수 있다: "여호와라 여호와라 자비롭고 은혜롭고 노하기를 더디하고 인자와 진실이 많은 하나님이라 인자를 천대까지 베풀며 악과 과실과 죄를 용서하리라 그러나 벌을 면제하지는 아니하고 아버지의 악행을 자손 삼사 대까지 보응하리라." 예를 들어, Breytenbach, "'Charis' and 'Eleos,'" 254-258을 보라.

23. 바울 서신에서 '파라칼레오' 뒤에 '디아'가 나오는 다른 용례들을 보라: 롬 15:30("내가 우리 주 예수 그리스도와 성령의 사랑으로 말미암아 너희를 권하노니"); 고전 1:10("형제들아 내가 우리 주 예수 그리스도의 이름으로 너희를 권하노니"); 고후 10:1("나 바울은 이제 그리스도의 온유와 관용으로 친히 너희를 권하고"; 고후 5:20에 나오는 '디아'의 용법은 다르다). 각각의 경우에 '디아'의 목적어는 궁극적으로 이 호소를 하는 주체를 나타낸다. 예를 들어, Schlier, "Vom Wesen der apostolischen Ermahnung," 78-80; Bjerkelund, *Parakalô*, 162-167; Grabner-Haider, *Paraklese und Eschatologie*, 48-49, 117; Käsemann; Wilckens; Schreiner를 보라. 어떤 사람들은 바울의 구문은 라틴어 '페르'(per, "~를 통해")를 반영한 것이라고 생각하지만(예를 들어, BDF §223[4]; N. Turner, *Syntax*, 267; Michel; Cranfield), 이것은 분명하지 않다(Schlier).

24. Furnish, *Theology and Ethics*, 99-102를 보라.

기 때문이다. 이 본문에 나오는 명령법은 하나님의 긍휼하심이 하나님이 기대하는 순종을 자동적으로 만들어내지 않는다는 것을 분명하게 보여 준다. 그러나 우리 안에서 우리의 마음을 새롭게 하는 성령의 역사를 통해 나타나는(2절을 보라) 하나님의 긍휼하심이 우리를 복음이 요구하는 순종으로 이끈다.[25]

우리는 하나님의 긍휼하심을 우리를 총체적이고 포괄적으로 주장하는 능력으로 경험한다: 은혜는 지금 우리에 대해 "왕 노릇 한다"(5:21). 따라서 우리의 응답도 마찬가지로 총체적이고 포괄적인 것이 되는 것이 전적으로 합당하다: 우리의 존재 전체를 하나님께 제물로 드리는 것.[26] 일부 학자들은 바울이 이 요구를 말할 때 단순과거 시제를 사용한 것은 그가 이 드리는 행위를 "단번의" 행위로 생각했음을 보여 준다고 주장한다.[27] 그러나 단순과거 시제 자체는 그것을 보여 주지 않는다. 그리고 문맥상으로 바울이 이 드리는 행위를 우리가 오직 한 번 행하는 제사로 보았을 것이라고 생각할 아무런 근거가 없다. 바울은 단지 우리에게 이 제사를 드리라고 명령할 뿐이고, 우리가 얼마나 자주 그렇게 해야 하는지에 대해서는 아무것도 말해주지 않는다.

바울이 제사 표상을 사용한 것은 신약성경 전체에서 발견되는 표현 방식과 부합한다. 그리스도인들은 이제 더 이상 문자 그대로의 제사를 드리지 않는다. 그리스도가 구약의 제사 제도를 성취하고 끝냈기 때문이다. 그러나 고대 종교에서 제사는 중심적인 위치를 차지했기 때문에, 초기 그리스도인들이 그들 자신의 종교적 확신들을 표현하기 위한 자연스럽고 필수불가결한 수단이 되었다.[28] 아울러 신약성경이 제의 언어를 사용한 것은 구원사적이고 변증적으로도 기독교가 구약성경과 유대교에서 그토록 중심적인 것이었던 제사 제도의 성취라고 말하는 중요

25. 예를 들어, Dehn, *Vom christlichen Leben*, 12-14를 보라.

26. 복수형 '소마타'(σώματα, "몸들")에서 단수형 '퀴시안'(θυσίαν, "제물")로 바뀐 것은 바울이 이 드림이 그리스도인 공동체 전체의 섬김을 포함한 집단적인 차원을 지닌 것으로 생각했다는 것을 보여 주는 것일 수도 있다(예를 들어, Smiga, "Romans 12:1-2 and 15:30-32," 268-270; Jewett; Holland). 그러나 '퀴시안'은 배분의 단수형일 것이다.

27. 예를 들어, Godet는 1절에서 요구한 "단번의" 드림을 2절(현재 시제들을 사용하는)에서 요구한 "지속적이고 끊임없는" 행위들과 대비시킨다. 마찬가지로 Jewett은 단순과거 시제는 하나의 구체적인 "거래"를 가리킨다고 생각한다.

28. Oakes가 지적하듯이, 로마 그리스도인들은 가장이 주기적으로 드리는 제사에 친숙했을 것이다(*Reading Romans in Pompeii*, 99-100).

한 기능을 지닌다.[29] 그리스도인들은 제단 위에서 피의 제사를 드리지 않지만, "그 [하나님] 이름을 증언하는 입술의 열매"인 "찬송의 제사"(히 13:15) 같은 "신령한 제사"(벧전 2:5)를 드린다. 로마서 15:16에서 바울은 자신의 선교 사역을 제의적 관점에서 설명한다(또한 빌 2:17을 보라; 그리고 빌 3:3과 4:18도 보라). 하지만 로마서 12:1에서는 우리가 드리는 제사는 어떤 특정한 형태의 찬송이나 섬김이 아니라, 우리의 "몸" 자체다. 하나님은 우리가 드릴 수 있는 것들만을 요구하시는 것이 아니라, 그런 것들을 드리는 우리 자신을 드릴 것을 요구하신다.[30] 물론 "몸"은 물리적인 몸을 가리킬 수 있고,[31] 제사와의 은유적 연관성에 비추어볼 때 여기에서 그렇게 해석하는 것이 적절해 보이기도 한다. 그러나 바울은 한 사람 전체, 특히 그 사람과 세상의 상호작용에 강조점을 둔 전인을 가리키는 데 "몸"이라는 표현을 사용했을 가능성이 높다.[32] 바울은 하나님이 우리에게 원하시는 제사는 이 세상에서의 가혹하고 흔히 모호한 삶 속에서 우리 자신을 하나님을 섬기는 데 드릴 것을 요구한다는 것을 특히 강조하고 있다. 이러한 제사라는 문맥 속에서 사용된 동사 "드리다"는 6:13과 19절에 나오는 어느 정도 병행되는 용례들과는 달리 "제물로 드리다"를 의미할 가능성이 있다.[33]

바울은 우리가 우리의 몸으로 드리는 제사를 세 개의 형용사로 수식한다.[34] 이 세 개의 형용사 각각은 제사 은유를 이어간다. 많은 주석자들은 로마서 6장과의 많은 비교점들을 지적하면서, "산"이라는 형용사에 신학적인 의미를 부여하여,

---

29. 구약성경과 유대 저자들도 제사 언어를 은유적으로 사용했다(예를 들어, 시 50:14, 23; 51:16-17; 141:2; Sir. 35:1; Tob. 4:10-11; 12:12; 2 Macc. 12:43-44; Jud. 16:16; 4 Macc. 6:29; 1QS 9:3-5을 보라; J. Behm, *TDNT* 3.186-187); 그러나 Dunn이 지적하듯이, 이 본문들은 신약 본문들과는 달리 물리적인 제의의 폐기를 전제하지 않는다.

30. Wilckens.

31. 물리적인 의미를 강조하는 것으로는 예를 들어, Godet; Murray; R. Gundry, *Sōma in Biblical Theology*, 34-36; Gupta, *Worship That Makes Sense*, 120-121을 보라.

32. 특히 바울 서신에서 '소마'(σῶμα, "몸")의 이러한 신학적 의미에 대해서는 6:6의 각주들을 보라. 여기에서 Calvin; Käsemann; Cranfield; Dunn; Fitzmyer; Ortkemper, *Leben aus dem Glauben*, 23-24를 보라.

33. 동사 '파리스테미'(παρίστημι)는 성경 그리스어에서는 이 의미를 지니지 않지만, 성경 밖의 그리스어에서는 이 의미를 지닌다(BDAG).

34. 내가 나의 사역에서 조금 어색하게 반영했듯이, 이 세 형용사는 모두 그것들이 수식하는 명사인 '퀴시아'(θυσία, "제물") 뒤에 온다. 그러나 많은 영역 성경들은 첫 번째 형용사인 '조산'(ζῶσαν, "산")을 명사 앞에 둠으로써 그 의미를 부각시키는데, 이것은 바울이 의도한 것이 아니다.

"새로운 영적인 삶을 살게 된 자들로서"라는 의미로 해석한다(6:11, 13을 보라).[35] 만일 이 형용사가 "우리의 몸들"을 수식한다면, 그러한 해석은 타당할 것이다. 그러나 실제로는 이 형용사는 "제물"을 수식한다. 따라서 이 형용사는 제물 자체의 성격을 나타내는 것일 가능성이 더 높다: 죽어 있는 것이 아니라 계속해서 살아 있어서, 드리는 사람이 죽을 때까지 그 효력이 지속되는 제물.[36] "거룩한"은 제물에 대한 통상적인 서술로서, 여기에서는 우리가 하나님께 드리는 우리 자신은 속된 것들로부터 "구별되어" 하나님을 섬기는 데 바쳐져 있다는 것을 의미한다.[37] 그런 제물은 "하나님이 기뻐하시는" 제물이다.[38]

1절의 끝에 바울은 자신이 방금 한 권면 전체를 수식하는 동격의 어구를 덧붙인다: 우리 자신을 제물로 드리는 것은 우리의 "영적('로기켄') 예배"다.[39] '로기켄'이라는 단어의 의미를 꼭 집어서 정확하게 말하는 것은 몹시 어렵다. '로기코스'라는 단어(형용사 '로기켄'의 사전적 형태)는 칠십인경에 나오지 않고, 신약성경에는 여기 외에 다른 곳에 오직 한 번 더 나오는데, 거기에서 이 단어의 의미에 대해서도 논란이 있다: 베드로전서 2:2에서 베드로는 자신의 독자들에게 "순전하고 신령한('로기콘') 젖을 사모하라"고 권면한다. 하지만 이 단어는 헬라와 헬레니즘 유대인들의 철학과 종교에서는 풍부한 의미를 지닌다. 헬라의 어떤 스토아학파 철학자들은 하나님과 인간은 공통적으로 '로고스'(이성)를 지니고 있다고 주장하고서, 오직 '로기코스' 예배만이 진적으로 적절한 예배라는 것을 강조했다. 그들은 이 "이

---

35. Calvin; Cranfield; Murray; Wilckens; Schreiner; Lohse; Thüsing, Per Christum in Deum, 94-95; Beale, *New Testament Biblical Theology*, 255-256.
36. 여기에 나오는 것과 병행되는 형용사 "산"의 용례들은 요한복음 6:51("나는 하늘에서 내려온 살아 있는 떡이니")과 베드로전서 1:3("산 소망")이다. Dunn을 보라.
37. 은유적 맥락은 "거룩한"이 일차적으로 제의와 연관되어 있다는 것을 분명히 해준다(Käsemann; Dunn); 그러나 바울에게 "구별되어 있다"는 것이 궁극적으로 의미하는 것은 물론 도덕적 함의들을 지닌다(Cranfield를 보라).
38. 그리스어로는 '유아레스톤 토 테오'(εὐάρεστον τῷ θεῷ); 바울은 빌립보서 4:18에서는 은유적인 의미의 제사에 대해 이 어구를 사용한다.
39. 일부 주석자들은 '텐 로기켄 라트레이안 휘몬'(τὴν λογικὴν λατρείαν ὑμῶν, "너희의 영적 예배")은 오직 '튀시안'(θυσίαν, "제물")과만 동격관계에 있다고 생각한다(예를 들어, Hodge; Barrett). 그러나 이 어구 '파라스테사이'(παραστῆσαι, "드리라")로 시작되는 권면 전체와 동격관계에 있다고 보는 것이 의미가 더 잘 통한다(예를 들어, S-H; Denney; Ortkemper, *Leben aus dem Glauben*, 26을 보라).

성적인" 예배를 그들이 미신들이라고 여겼던 헬라 종교의 전형적인 예배와 대비시켰다.[40] 헬레니즘 유대인들은 이 용어의 이러한 용법을 가져와서 종종 하나님 앞에서 받아들여질 수 있는 제사에 반드시 필요한 정신적이고 영적인 태도를 가리키는 데 사용했다.[41] 그리고 나중에는 이 단어는 영지주의적인 헤르메스서들에서는 직접 제사를 가리키는 데 사용되었다.[42]

이러한 배경과 맥락을 고려했을 때, 우리는 여기에서 '로기코스'의 의미와 관련해서 네 가지 주된 가능성들에 도달하게 된다. (1) "내면적인"이라는 의미에서 "영적인": 단지 "행위들로만 이루어지는" 예배와 반대되는 마음과 뜻이 담긴 예배;[43] (2) "하나님이 지으신 이성적이고 영적인 피조물인 인간에게 합당한"이라는 의미에서 "영적인" 또는 "이성적인": 죄의 권세 아래 있는 인간이 드리는 타락한 예배(롬 1:23-25을 보라)와는 반대로 하나님이 진정으로 원하시는 것을 드림으로써 하나님을 높이는 예배;[44] (3) "인간 이성에 받아들여질 수 있는"이라는 의미에서 "이성적인": 짐승들을 제물로 드리는 하나님에 대한 "비이성적인" 예배와 반대되

---

40. G. Kittel, *TDNT* 4.142; Ortkemper, *Leben aus dem Glauben*, 28-33에 열거된 증거들을 보라. 이 본문들에서 사용된 '로기코스'(λογικός)의 의미는 Epictetus가 한 다음과 같은 말 속에 특히 분명하게 드러나 있다: "만일 내가 나이팅게일이라면 나이팅게일답게 노래해야 하고, 백조라면 백조답게 노래해야 한다. 그러나 나는 이성적인 존재[λογικός, '로기코스']이기 때문에, 하나님을 찬송하는 노래를 불러야 한다"(Diatr. 1.16.20-21). 더 많은 예들에 대해서는 Keener, *Mind of the Spirit*, 151-152를 보라.
41. 가장 분명한 예는 Philo, *Special Laws* 1.277이다: "하나님이 보시기에 귀한 것은 희생제물로 바쳐진 짐승들의 수가 아니라, 제사를 드리는 사람 안에 있는 이성적인 영[πνεῦμα λογικόν, '프뉴마 로기콘']의 참된 순전함이다"(주로 일들의 정신적인 측면에 초점을 맞춰서 - I. Scott, *Implicit Epistemology*, 52); 1.272를 보라: "예배자들이 다른 아무것을 드리지 않는다고 할지라도, 은혜를 베푸시는 분이자 구원자이신 하나님을 찬송과 감사로 높이면서 그들 자신을 드리는 것은 최고의 제사이고, 고귀한 산 제물을 드리는 온전하고 진정으로 완전한 봉헌이다." 또한 레위의 유언서 3:6을 보라. 거기에서는 "여호와가 기뻐하시는 향기, 피 없는 이성적인[λογικός, '로기코스'] 봉헌을 여호와께 드리는" 천사들에 대해 언급한다.
42. 몇몇 본문들은 '로기케 튀시아'(λογικὴ θυσία)에 대해 말한다; 이 본문들에 대해서는 Cranfield를 보라.
43. 로마서 2:28-29에서 "표면적" 유대인과 "이면적" 유대인을 대비시킨 것을 보라. 이 일반적인 접근방법에 대해서는 Bruce; Ziesler; Lohse; Ortkemper, *Leben aus dem Glauben*, 27; Nielen, "Paulinische Auffassung," 696-697을 보라.
44. 세부적인 부분에서는 서로 다르긴 하지만, Dunn; Wright; Longenecker; C. F. Evans, "Romans 12.1-2," 17-21; H. Betz, "Foundations of Christian Ethics," 63, 69; Seidensticker, *Lebendiges Opfer*, 260-263을 보라.

는 "이치에 맞는" 예배;[45] (4) "상황에 맞는"이라는 의미에서 "이치에 맞는": 그리스도 안에서 계시된 진리를 진정으로 깨달은 자들에게 합당한 예배.[46]

이 마지막 의미는 여기에서 사용된 '로기코스'에 함축되어 있을 가능성은 높지만, 우리가 지금까지 개략적으로 살펴본 이 단어가 지닌 풍부한 배경을 충분히 고려하지 않고, 그중 아주 많은 것을 무시한 것이다. 또한 세 번째 의미는 바울이 구약의 제사 제도를 비이성적인 예배 형태로 보았을 것이라고 전제한다는 점에서 의심스러운 설명이다.[47] 처음 두 대안 중 어느 하나를 선택하는 것은 어렵고 아마도 불필요할 것이다. "몸들"에 대한 언급이 분명히 보여 주듯이, 바울은 그리스도인의 참된 예배는 단지 내적인 태도의 문제라고 말하는 것이 아니라는 것은 확실하다.[48] 그러나 바울이 2절에서 "마음을 새롭게" 하는 것을 강조함으로써 분명하게 보여 주듯이, 내적 태도는 하나님이 받으실 만한 예배가 되기 위해서는 기본적인 것이다. 마음을 새롭게 해야만 하나님을 바르게 이해할 수 있고, 그렇게 새로워진 마음으로 드린 예배만이 최종적으로 합당하고 참된 예배가 될 수 있기 때문이다. 이것에 비추어보았을 때, "영적인"(NRSV; ESV; NAB)과 "이성적인"(KJV)이라는 통상적인 번역들은 이 단어가 지닌 중요한 부분을 놓치고 있기 때문에, "참되고 합당한 예배"라는 NIV의 번역을 따르는 것이 최선일 것이다(CEB: "적절한 제사장적인 예배"; CSB: "참된 예배"를 보라).[49]

"예배"('라트레이아')라는 단어는 이 절의 제의적 표상을 이어간다.[50] 바울은 아마

45. Chrysostom; Fitzmyer.

46. Godet; Cranfield; Schreiner; Witherington/Hyatt; Jewett; D. Peterson, "Worship and Ethics," 273-275; Newton, *Concept of Purity*, 71.

47. Roetzel이 이러한 노선을 따라 적절한 반론을 제시하는 것을 보라("Sacrifice," 414-415).

48. Cranfield.

49. Wilckens를 보라. 바울이 이 단어를 사용한 것은 변증적인 목적이 있을 수 있다: 이교도들의 미신적인 종교 관행들, 헤르메스 숭배에서 비밀제의와 '로고스'를 결합한 것, 유대교가 "그림자"에 불과한 제의를 계속하는 것과는 대조적으로, 그리스도인들은 그들을 구속하신 하나님께 그들 자신을 제물로 드림으로써 유일하게 "참된" 예배를 드리고 있다(헤르메스 숭배와의 대비를 강조하는 Schlier를 보라).

50. 바울 서신에서 이 단어의 또 다른 용례는 유대 제의를 가리키는 데 사용되고(9:4), 신약성경에서 또 다른 용례들(요 16:2; 히 9:1, 6)도 제의를 가리키며, 칠십인경의 9번의 용례들도 1번을 제외하고는 제의를 가리킨다(출 12:25, 26; 13:5; 수 22:27; 대상 28:13; 1 Macc. 1:43; 2:19, 22 - 3 Macc. 4:14은 예외다). 동족어인 동사 '라트류오'(λατρεύω)도 하나님을 "섬기다"(1:9; 딤후 1:3) 또는 "예배하다"(롬 1:25; 빌 3:3)를 가리키는 종교적 용어다.

도 유대인들의 예배와 기독교의 예배를 대비시키기 위해 의도적으로 이 단어를 선택했을 것이다. 그리스도인들에게는 문자 그대로의 의미에서 "제의"나 "제사"는 이제 더 이상 존재하지 않는다.[51] 유대인들은 예루살렘 성전과 그 제의를 예배의 중심으로 보았던 반면에, 그리스도인들은 그리스도의 단 번의 제사를 바라본다. 그리스도인들은 모두 제사장들이고(벧전 2:5; 계 1:6; 5:10; 20:6), 함께 하나님이 지금 특별한 방식으로 자신을 계시하시는 곳인 성전을 형성하고 있다.[52] 그러나 바울은 제의를 "영적으로 해석하지" 않고, 도리어 제의의 영역을 삶의 모든 차원으로 확대한다.[53] 이렇게 그리스도인은 장소나 시간에 제한되어 있지 않으면서도 모든 장소와 모든 시간을 포함하는 예배로 부르심을 받는다: "그리스도인의 예배는 거룩한 장소에서 거룩한 시간에 행하는 거룩한 행위들로 구성되어 있지 않다. … 그것은 세속적인 영역에 몸으로 실존하며 행하는 예배다."[54] 크리소스토모스는 이렇게 말한다. "어떤 사람들은 어떻게 몸이 제물이 될 수 있는가 하고 물을 수 있다. 눈으로 악한 것을 보지 말라. 그러면 눈은 이미 제물이 되었다. 너의 혀로 더러운 말을 하지 말라. 그러면 너의 혀는 이미 제물이 되었다. 너의 손으로 불법한 일을 하지 말라. 그러면 너의 손은 이미 온전한 번제물이 되었다." 그리스도인들이 주기적으로 함께 모여서 찬송하고 서로의 덕을 세우는 것은 합당하고, 실제로 성경은 그렇게 하라고 명령한다. 그리고 이 모임들에서 행해지는 것은 분명히 "예배"다. 그러나 그러한 공동체적인 예배를 드리는 특별한 때들은 우리 각자가 날마다 우리의 몸을 여호와께 제물로 드리는 지속적인 예배의 한 측면일 뿐이다.[55]

---

51. 그래서 Dunn이 성찬을 제사로 설명하는 후대의 경향을 바울(그리고 신약성경)의 관점에서 떠난 것으로 규정한 것은 옳다.

52. 고전 3:9, 16-17; 6:19; 고후 6:16; 엡 2:19-22; 벧전 2:5.

53. Roetzel, "Sacrifice," 415-416. 흥미롭게도 그는 바울의 개념을 바리새파의 개념과 비교한다. 몇몇 저명한 학자들은 바리새파는 제의의 순전함을 유대인들의 일상생활 속으로 확대시키는 것을 강령으로 삼았다고 주장해 왔다.

54. Käsemann.

55. 우리는 또 다시 Käsemann을 인용할 수 있다: "[예배와 성례전들은] 제의적 사고에서와는 달리 이제 더 이상 근본적으로 그리스도인의 일상생활로부터 분리되어 별개의 약속과 별개의 부르심이 존재하는 어떤 것을 의미하지 않는다. …… 그리스도인의 삶 전체가 예배이고, 공동체의 모임들과 성례전적 행위들은 그리스도인의 삶에 능력과 교훈을 제공해준다. 그렇지 않은 모임들과 성례전적 행위들은 사실상 어리석은 짓이다"(327). 또한 D. Peterson, "Worship and Ethics"를 보라.

2 바울은 모호한 접속사 '카이'(통상적으로 "그리고"로 번역된다; KJV와 NASB를 보라)를 사용함으로써, 1절과 2절의 정확한 관계를 열어둔다(따라서 대부분의 영역 성경들에서 이 접속사를 번역하지 않은 것은 적절하다). 이 두 절은 병렬적인 것으로서, 두 가지 병행되지만 별개인 권면을 말하고 있는 것일 수도 있다.[56] 그러나 2절은 1절에 종속된 것으로서, 우리가 1절의 포괄적인 권면을 수행할 수 있기 위해서 꼭 필요한 수단을 말하는 것일 가능성이 크다.[57] 우리는 오직 "이 세상에 영합하지 않고"(한글개역개정에는 "이 세대를 본받지 말고") "오직 마음을 새롭게 함으로 변화를 받을" 때만, 우리의 몸을 주께 진정으로 거룩하고 받으실 만한 제물로 드릴 수 있다.[58] 그리스도인의 삶에 대한 바울의 이해의 전개와 표현에 아주 기본적인 구원사적 틀(특히 롬 5-8장을 보라)은 여기에서 아주 분명하게 표면으로 부상한다.[59] "이 세상" 또는 "이 세대"[60]는 죄가 지배하여 사망을 낳는 영역, 아담의 타락에 연루되어 모든 사람이 본성적으로 속해 있는 영역이다. 그러나 그리스도는 "이 악한 세대에서 우리를 건지시려고" 자신을 주셨다(갈 1:4). 그리고 그리스도에게 속한 자들은 죄와 사망의 옛 영역에서 의와 생명의 새 영역으로 옮겨진다.[61] 이러한 이동은 결정적이고 최종적인 것이긴 하지만, 그렇다고 해서 우리가 옛 영역의 영향력에서 완전히 벗어나게 해주지는 않는다. 왜냐하면 우리는 새 영역에 속해 있지만, 여전히 몸을 지닌 사람들로서[62] 계속해서 옛 영역에서 살아가고 있기 때문이다. 따라서 바울이 우리에게 "이 세상에 영합하지 말라"(한글개역개정에는 "이 세대를 본받지 말고")고 한 명령은 로마서 5-8장(특히 6장)의 신학 위에 세워져 있고, 우리에게 이 세상의 "틀"과

56. 예를 들어, Zahn은 1절은 주로 유대 그리스도인을 향한 것이고, 2절은 이방 그리스도인들을 향한 것이라고 생각한다. Fitzmyer는 1절은 외적("몸의") 예배에, 2절은 내적("마음의") 헌신에 초점을 맞춘 것이라고 주장하는 사람들의 대표적인 인물이다. 또한 병행법에 대해서는 Wright를 보라.

57. Longenecker; C. F. Evans, "Romans 12.1-2," 25.

58. '파라칼레오'(παρακαλέω, "내가 권하노니")와 부정사의 결합(1절)에서 명령법들(2)로의 이행은 바울 서신의 다른 곳들에서도 발견된다; 로마서 16:17을 보라.

59. 특히 이것을 강조한 것으로는 Nygren을 보라.

60. αἰών('아이온', "세대"). 이 단어는 공간적인 의미로는 "세상"을 가리킬 수 있지만(BDAG), 바울 서신에서는 전형적으로 시간적인 의미에서 "이 세대", 즉 세계사 속에서 죄와 사탄의 지배를 특징으로 하는 시기를 가리킨다(고전 1:20; 2:6, 8; 3:18; 고후 4:4; 갈 1:4; 엡 1:21; 2:2; 딤전 6:17; 딤후 4:10; 딛 2:12).

61. 롬 5:17, 21; 6:2-6, 14, 17-18, 22; 7:2-6; 8:2, 9.

62. 1절에 나오는 '소마'(σῶμα, "몸")에 대한 언급을 보라.

이 세상의 전형적인 행실의 "본" 속으로 "억지로 끼워 넣으려고" 하는 압력에 저항하라고 말한다(고전 7:31을 보라).[63]

동사 "영합하다"("본받다")는 현재 시제로 되어 있기 때문에, 많은 학자들은 바울은 자신의 독자들이 이 세상에 "영합하는 것을 그치기"를 바라는 것이라고 생각한다.[64] 그러나 바울은 로마 그리스도인들의 영적인 상태에 대해 전체적으로 긍정적인 태도를 보여 주고 있다는 점에서(15:14을 보라), 그런 주장은 의심스럽다.[65] 또한 이 동사의 태와 그 의미가 확실하지 않다. 여기에서 이 동사는 수동태일 수도 있고 - "영합되지 말라"(대부분의 역본들)[66] - 재귀적인 의미를 지니는 중간태일 수도 있다 - "스스로 영합하지 말라." 그러나 이 동사는 그 형태가 중간태이든 수동태이든 여기에서 단순히 능동적인 의미("자동사"로서)를 지니는 것일 가능성이 크다 - "영합하지 말라"(NIV).[67]

하지만 이 절에서 두 번째로 나오는 긍정 명령문은 분명히 수동의 의미를 지닌다: "변화를 받아." 대부분의 영역 성경들에서 발견되는 언어유희("conformed/transformed")는 각각 별개의 어근에서 온 두 동사를 사용하는 그리스어 본문에는 존재하지 않는다. 대부분의 좀 더 오래된 주석자들과 많은 최근의 주석자들은 어근에서의 이러한 차이는 의미에서의 차이도 의미한다고 확신한다. 그들은 "영합하다"("본받다")로 번역된 동사[68]는 피상적으로 닮는 것을 가리키는 반면에, "변화받다"로 번역된 동사[69]는 내적이고 참되게 닮는 것을 가리킨다고 주장한다. 모리스의 말에 의하면, "바울은 아주 많은 사람들의 삶의 특징을 이루는 세상의 본

63. "틀 속으로 억지로 끼워 넣다"(squeezed into the mold)라는 표현은 J. B. Phillips의 영감 있는 의역이다.

64. 예를 들어, Wilckens; Cranfield. 부정의 현재 명령법은 어떤 사람이 현재 행하고 있는 행위(지속적인 동작)를 그칠 필요성을 가리킨다는 가설은 심지어 문법학자들 사이에서도 널리 퍼져 있다; 예를 들어, N. Turner, *Syntax*, 74-75를 보라.

65. Porter는 바울은 이 금지명령의 중요성을 환기시키기 위해 현재 시제를 사용한 것이라고 생각한다(*Verbal Aspect*, 351-60); 그러나 이 가능성도 희박하다. 그리스어 명령들과 관련된 시제에 대해 자세한 것은 6:12과 13절의 각주들을 보라.

66. Dunn.

67. N. Turner, *Syntax*, 57을 보라. 그는 헬레니즘 그리스어는 능동의 의미를 지닌 중간태와 수동태를 사용하는 경향을 보여 주었다고 지적한다.

68. συσχηματίζομαι('쉬스케마티조마이', "영합하다, 본받다")는 '스켐-'(σχημ-) 어근을 사용한다.

69. μεταμορφόω('메타모르포오', "변화를 받다")는 '모르프-'(μορφ-) 어근을 사용한다.

에 영합하는 것보다 무한히 더 중요한 가장 깊은 수준에서의 변화를 요구하고 있다."[70] 하지만 배럿이 말했듯이, "이 세대에 영합하는 것은 피상적인 문제가 아니다." 더 중요한 것은 이러한 구별의 사전적 토대가 탄탄하지 않다는 것이다.[71] 따라서 어근에서의 변화는 의미에서의 차이를 보여 주는 것이 아닐 가능성이 크다. 그리고 다소 묘한 일이긴 하지만, 영역 성경들에서 이 두 동사를 번역하는 데 동일한 어근을 사용한 것은 이 두 그리스어 동사가 거의 비슷한 의미를 지닌다고 말하는 것이기도 하다. "변화를 받다"로 번역한 동사의 시제도 현재다. 이 경우에 마음을 새롭게 하는 것이 지속적인 과정이라는 사실은 우리가 끊임없이 변화를 받을 필요성이 있다는 것을 강조하기 위해 바울이 현재 시제를 사용한 것이라고 생각하는 것이 옳다는 것을 보여 준다.

"마음을 새롭게 하는 것"은 이 변화가 일어나게 하는 수단이다. "마음"은 바울이 특히 한 사람의 "실천 이성" 또는 "도덕의식"을 가리키는 데 사용하는 단어를 번역한 것이다.[72] 그리스도인들은 성령 안에서 그들의 삶의 "새로운 것"(7:6을 보라)에 따라 모든 것에 대한 자신의 사고방식을 조정해야 한다.[73] 이러한 마음의 "리프

---

70. 다른 사람들(예를 들어, Chrysostom; Leenhardt)은 '쉬스케마티조마이'는 이 세상의 것은 지나가는 것이라는 의미를 함축하고 있다고 생각한다. 모종의 차이가 있다고 생각하는 사람들로는 Godet; Michel; Murray; Dunn; Culpepper, "God's Righteousness," 452 등이 있다. Lightfoot는 긴 주를 통해 신약성경에서 '스켐-'(σχημ-) 어근을 사용한 단어들과 모르프-'(μορφ-) 어근을 사용한 단어들 간의 일관된 의미상의 차이를 옹호하는 고전적인 논증을 제시했다(*Philippians*, 127-33).

71. 물론 바울이 피상적이고 외적인 변화를 가리키는 데 '스켐-'(σχημ-) 어근에서 온 동사들을 사용할 수 있었다는 것은 분명하다; 예를 들어, 그는 고린도후서 11:13과 15절에서 그리스도의 사도들과 의의 종들로 "가장하는" 거짓 사도들에 대해 말하고, 고린도후서 11:14에서는 사탄이 자신을 "광명의 천사"로 "가장한다"고 말한다. 그러나 바울이 빌립보서 3:21에서 하나님이 우리의 "낮은 몸"을 그의 "영광의 몸"의 형체로 "변하게 하실"(μετασχηματίζομαι, '메타스케마티조마이') 것이라고 말한 것은 피상적이거나 외적인 영합의 의미라고 하기는 어렵다; 바울이 동일한 절에서 동일한 개념을 가리키기 위해 모르프-'(μορφ-) 어근에서 온 단어를 사용한다는 것도 주목하라. 또한 빌립보서 2:6-7에서 '모르페'(μορφή, "하나님의 본체", "종의 형체")와 '스케마'(σχῆμα, "사람들과 같은 모습", 한글개역개정에는 "사람들과 같이 되셨고")의 의미가 서로 차이가 있다고 말하기도 어렵다. 로마서 12:2에서 이 두 동사가 의미에서 서로 다르지 않다고 생각하는 사람들로는 Wilckens; Cranfield; C. F. Evans, "Romans 12.1-2," 25-26 등이 있다.

72. Denney. 그리스어로는 '누스'(νοῦς)다. 1:28의 각주를 보라. 단수형은 배분을 나타내고, 공동체가 공유하는 "마음"을 가리키지 않는다(Hultgren이 생각하는 것과는 달리).

73. 로마서 12:2에서 사용된 그리스어는 '아나카이노세이'(ἀνακαινώσει, 도구의 여격; N. Turner, *Syntax*, 240을 보라); 바울은 디도서 3:5에서는 이 단어를, 고린도후서 4:16("우리의 속사람은 날

로그래밍"(reprogramming)은 하루 밤 사이에 일어나는 것이 아니라, 우리의 사고 방식을 하나님이 원하시는 것에 점점 더 가까워지게 하는 평생에 걸친 과정이다. 라이트는 이것을 이렇게 표현했다. "하나님의 '에클레시아'(교회)가 메시아 예수 안에서 및 자신의 하나됨과 거룩함 안에서 자신의 중심적인 상징인 자신의 고유한 세계관을 정립할 수 있기 위해서는, '마음을 새롭게 하여 변화를 받아' 현세의 백성이 아니라 내세의 백성으로서 사고해야 한다."[74] 로마서 1:28에서 바울은 사람들이 하나님을 배척하자 하나님이 그들을 "쓸모없는"(한글개역개정에는 "상실한") 마음, 즉 바울이 하나님과 세상에 대해 전해준 진리를 평가할 수 있는 "자격을 갖추지 못한"('아도키모스') 마음에 내어주셨다고 지적한 바 있다. 이제 바울은 우리가 마음을 새롭게 하여 변화를 받는 목적[75]은 그것과는 반대로 우리가 하나님의 뜻을 "분별할"('도키마조') 수 있기 위한 것이라고 말한다. 하나님의 뜻을 "분별한다"는 것은 하나님이 우리에게 원하시는 것들을 깨닫고 동의하여 실천에 옮길 수 있다는 것을 의미한다: "하나님의 뜻을 분별하고 행하는 것."[76] 여기에서 바울이 말한 "하나님의 뜻"이 하나님의 도덕적 명령을 의미한다는 것은 바울이 그것을 설명하는 방식에서 분명하게 드러난다: 이 뜻은 "선하시고 기뻐하시고(하나님이 받으실 만하고) 온전하신" 뜻이다.[77]

2절에서 그리스도인이 하나님의 도덕적 뜻을 발견하기 위한 원천에 관한 바울

로 새로워지도다")과 골로새서 3:10("새 사람"은 "자기를 창조하신 이의 형상을 따라 지식에까지 새롭게 하심을 입은 자니라")에서는 동족어 동사를 비슷한 방식으로 사용한다. 이 서신의 논증에서 특히 중요한 것은 이 어구를 7:6의 '카이노테티 프뉴마토스'(καινότητι πνεύματος, "영의 새로운 것")와 6:4의 '카이노테티 조에스'(καινότητι ζωῆς, "새 생명")에서 가져왔다는 것이다. 또한 엡 4:23을 보라: "오직 너희의 심령[νοός, '노오스']이 새롭게 되어[ἀνανεοῦσθαι, '아나네우스타이']"(이 절에서 동사 '아나네오마이'[ἀνανέομαι]를 사용한 것은 '네-'(νε-) 어근과 '카인-'(καιν-) 어근을 엄격하게 구별하는 것이 '모르프-' 어근과 '스켐-' 어근을 구별하는 것만큼이나 어렵다는 것을 증명해 준다.

74. *Paul and the Faithfulness of God*, 1,567.

75. 그리스어 본문은 '에이스 토'(εἰς τό)와 부정사가 결합된 구문으로 되어 있고, 이것은 여기에서 결과(Lenski)가 아니라 목적(Michel)을 나타내는 것일 가능성이 크다.

76. 이 표현은 Sampley, *Walking in Love*, 55에서 가져온 것이다. Ziesler는 "실행하기 위해 발견하다"로 의역한다. 동사 '도키마조'(δοκιμάζω)에 대해서는 1:28의 각주를 보라.

77. 세 개의 형용사는 KJV번역("하나님의 선하시고 받으실 만하고 온전하신 뜻")처럼 '토 텔레마 투 테우'(τὸ θέλημα τοῦ θεοῦ, "하나님의 뜻")라는 어구를 직접 수식하는 것이 아니라(Godet 등은 이 견해를 옹호한다), 위의 번역과 대부분의 영역들이 보여 주듯이 이 어구와 동격 관계에 있을 가능성이 크다(Murray; Käsemann; Cranfield).

의 가르침은 주목할 필요가 있다. 바울은 이 서신의 앞부분에서 그리스도인은 이제 더 이상 구약의 율법은 행실을 위한 완전하고 권위 있는 지침이 아니라는 것을 분명히 했다(롬 5:20; 6:14, 15; 7:4을 보라). 따라서 바울의 원래 독자들과 오늘날의 우리는 율법 대신에 무엇을 지침으로 삼아야 하는 것이라고 물을 수밖에 없는데, 바울은 믿는 자의 새로워진 마음이라고 대답한다. 바울이 그리스도인의 마음을 신뢰하는 것은 성령의 역사에 대한 그의 이해의 결과다. 즉, 그는 성령이 믿는 자의 심령 속에서 역사하여 자기가 여기에서 말한 새로워진 생각을 능동적으로 만들어낸다는 것을 잘 알기 때문이다(롬 8:4-9).[78] 그리고 옳고 그른 것을 결정할 수 있는 우리의 능력에 대한 바울의 신뢰가 무제한적인 것이 아니라는 것을 주목하는 것은 중요하다. 그는 마음의 새로워짐은 하나의 과정이고, 우리는 이 몸을 입고 있는 한 우리의 행실을 평가하기 위한 어떤 계시된 객관적 기준들을 필요로 한다는 것을 안다.[79] 그래서 바울은 그리스도인들은 "법"이 없는 것이 아니고, "그리스도의 법" 아래 있는 것임을 분명히 한다(갈 6:2; 고전 9:21). 이 법의 핵심은 하나님의 뜻에 관한 예수님 자신의 가르침과 그가 임명한 대표자들인 사도들이 확대하고 자세하게 설명한 것에 있다. 그러나 바울이 율법을 대신하는 것이라고 말한 것은 아주 철저하게 새로워진 그리스도인들의 마음, 즉 우리가 어떤 주어진 상황에서 어떻게 해야 하나님을 기쁘시게 해드릴 수 있는지를 거의 본능적으로 우리 자신의 내면 속에서 아는 능력이다. 우리에게는 법이 필요하다. 그러나 바울이 이 절들에서 우리에게 요구한 것, 즉 외적인 명령들 대신에 우리의 마음을 끊임없이 새롭게 하라고 한 것이 새 언약 사역의 핵심이고, 우리가 그렇게 했을 때 우리는 그리스도의 법을 행하게 된다.[80]

---

78. Westerholm, *Perspectives*, 431-433을 보라; 이 주제 전반에 대해서는 D. Moo, "Putting Renewed Mind to Work," 145-160; Fee, *God's Empowering Presence*, 596-597을 보라.
79. 그래서 Schnabel은 바울의 윤리 속에는 율법 전승과 지혜 전승이라는 두 관점이 결합되어 있다고 말한다: "바울에 의하면 기독교 윤리는 율법적이거나 반율법적인 것이 아니라, 그리스도 안에서 및 그리스도를 통한 하나님의 구원 행위라는 지평 속에서 율법과 지혜의 상호의존관계를 실현한 혼합적인 지혜 윤리다"(*Law and Wisdom*, 310-342 [342]).
80. R. Longenecker, *Paul, Apostle of Liberty*, 195-196을 보라: 그리스도인은 주관적으로는 "그리스도의 마음"과 객관적으로는 "그리스도의 법"이라는 두 가지 윤리적 지침을 필요로 한다.

B. 겸손과 서로를 섬김(12:3-8)

3 내게 주신 은혜로 말미암아 너희 각 사람에게 말하노니 마땅히 생각할 그 이상의 생각을 품지 말고 오직 하나님께서 각 사람에게 나누어 주신 믿음의 분량대로 지혜롭게 생각하라
4 우리가 한 몸에 많은 지체를 가졌으나 모든 지체가 같은 기능을 가진 것이 아니니
5 이와 같이 우리 많은 사람이 그리스도 안에서 한 몸이 되어 서로 지체가 되었느니라
6 우리에게 주신 은혜대로 받은 은사가 각각 다르니 혹 예언이면 믿음의 분수대로,
7 혹 섬기는 일이면 섬기는 일로, 혹 가르치는 자면 가르치는 일로,
8 혹 위로하는 자면 위로하는 일로, 구제하는 자는 성실함으로, 다스리는 자는 부지런함으로, 긍휼을 베푸는 자는 즐거움으로 할 것이니라

이 단락의 요지는 3절과 5절에 표현되어 있다. "너희는 모두 그리스도의 한 몸의 지체들이기 때문에, 너희 자신을 대단하게 생각하지 말라." 그 몸 안에서의 은사들의 다양성은 사실이고, 그 몸이 제대로 작동하기 위해서 중요하지만(4, 6-8절), 한 신자가 스스로, 또는 다른 신자들에 비해 대단하다고 여기는 근거로 사용되어서는 안 된다. 각각의 신자에게는 이 몸에 기여해야 할 중요한 역할이 있다.[81] 로마서의 이 부분이 흔히 그러하듯이, 다양성 내에서의 하나됨에 관한 이러한 관심은 바울 서신의 다른 곳들에서 표면에 등장하는 관심이다. 물론 한 몸 안에서의 은사들의 다양성은 고린도전서 12장의 주제다.[82] 그러나 이 단락은 빌립보서 2:1-4과도 "생각하다"('프로네오', 3절; 빌 2:5)라는 핵심 단어를 공유하고, 바른 생각을 공동체의 하나됨과 연결시킨다("같은 사랑을 가지고 뜻을 합하며 한마음을 품어", 빌 2:2).

바울이 1-2절의 서론적인 단락 뒤에 곧바로 공동체와 관련해서 이 주제를 부각시킨 이유는 무엇인가? 3절은 단어상으로는 1-2절과 연결되어 있지 않지만, 내용상으로는 2절의 "새로워진 마음"이라는 개념을 가져와서 이어 나간다.[83] 마음

81. 하나됨과 다양성이라는 개념이 이 단락을 하나로 묶어주고 있는 방식에 대해서는 Bosch, "Corps du Christ," 51-52를 보라.

82. 예를 들어, Dunn, 2.726; Ortkemper, *Leben aus dem Glauben*, 43-44; Brockhaus, *Charisma und Amt*, 195-197을 보라.

83. Fee, *God's Empowering Presence*, 604. Jewett (738)는 은사들을 거론한 것은 2절에서 하나님의 뜻의 분별에 관한 관심과 연관된 것일 수 있다고 주장한다.

이 새로워지면, 우리 자신에 대해 바른 "생각"을 갖게 된다는 것이다(3절). 아마도 바울은 자기가 앞에서 말한 마음의 변화에 대해 신자들이 지나치게 개인주의적으로 접근하는 것을 특히 경계한 것으로 보인다. 그래서 그는 우리가 성품의 변화는 특히 서로에 대한 관계 속에서 바라보아야 한다는 것을 깨닫기를 바란다.[84] 교회는 바울의 이차적인 관심 대상이 아니었다. 교회의 하나됨과 거룩함은 바울의 복음에서 중심적인 것이었다.[85] 로마 문화에는 지위와 신분을 강조하는 경향이 만연되어 있었기 때문에, 바울은 겸손하게 행하고 자기를 살피라는 권면으로 시작할 수도 있었다.[86] 그러나 그가 이렇게 한 것은 14:1-15:13에서 좀 더 자세하게 다루게 될 문제를 염두에 둔 것이기도 한 것으로 보인다: 로마 신자들이 서로의 관계에서 보인 이기적이고 교만한 태도들.[87] 바울이 자기가 고린도 교회에서 다루어야 했던 "성령주의자들"과 동일한 부류의 사람들, 즉 성령의 어떤 더 분명하거나 볼 만한 나타남들을 높이 평가한 그리스도인들을 향해 이렇게 말한 것이라는 주장은 가능성이 별로 없어 보인다.[88] 물론 바울은 고린도 교회에서의 경험을 토대로 해서, 성령의 은사들이 영적인 교만을 불러일으켜서 교회를 분열시킬 수 있다는 인식을 갖고 있었을 것이지만, 로마서 자체는 이 시점에서 이 문제가 바울에게 중요했다는 증거를 거의 보여 주지 않는다.

3 바울은 이 새 단락을 1-2절과 "왜냐하면"(그리스어로 '가르')로 연결시킴으로써, 3-8절의 권면들이 신자에게 요구된 변화된 삶의 구체적인 예들이라는 것을 분명히 한다. 바울이 "내게 주신 은혜로 말미암아"[89]라는 어구를 통해 자신의 사도적 지위를 언급한 것에 비추어보았을 때, "[내가] 말하노니"는 1절의 "내가 권하

84. Schlatter, 335를 보라.

85. 예를 들어, N. T. Wright, *Paul and the Faithfulness of God*, 1563. 그는 "바울의 세계관에서 중심적인 상징은 '에클레시아'(교회) 자체의 하나됨과 거룩함이었다."

86. Winter, "Roman Law and Society," 76-79.

87. Lohse; 또한 예를 들어, Wedderburn, *Reasons*, 78-81을 보라.

88. 특히 Käsemann, 333을 보라; 또한 Michel, 366, 373; Schmithals, 438; Althaus, 125-126을 보라.

89. 인칭대명사 '모이'(μοι, "내게") 및 로마서 1:5과 15:15에 나오는 병행들은 "내게 주신 은혜"가 바울이 다른 사람들과 마찬가지로 받은 은혜가 아니라(Leenhardt, Hodge, Morris는 이 견해를 주장한다), 바울이 사도로 부르심을 받은 것을 가리킨다는 것을 보여 준다(또한 고전 3:10; 갈 2:9; 엡 3:7, 8에서도).

노니"와 마찬가지로 권위를 가지고 요구하는 것임을 보여 준다.[90] 바울의 이 훈계는 로마 공동체의 어느 특정한 집단 또는 부류가 아니라, 그들 "각 사람"을 대상으로 한다. (바울이 오직 이방 그리스도인들만을 대상으로 교만하다고 꾸짖는 11:13-32과 비교해 보라.) 바울의 훈계는 영어로는 나타내기 어려운 단어 유희 위에 세워져 있지만, 나는 위의 사역에서 영어로는 아주 어색하지만 그 단어 유희를 나타내보려고 애를 썼다. 바울이 단순어("생각하다")와 두 개의 합성어("그 이상의 생각을 품다"; "지혜롭게 생각하다")를 통해 사용한 핵심 단어는 '포로네오'다.[91] 바울이 좋아하는 단어 중 하나이자 우리가 로마서의 이전 부분에서 만난 적이 있는[92] 이 동사는 생각하는 행위 자체(지적 과정)을 가리키지 않고, 한 사람의 사고의 방향, 한 사람이 어떤 것을 바라보는 방식을 가리킨다.[93] 이 절에서 바울이 한 사람이 자기 자신을 바라보는 방식을 가리키는 데 이 동사를 사용하고 있다는 것은 분명하다. 우리는 우리 자신을 과대평가하기가 너무나 쉽기 때문에, 바울은 우리가 우리 자신을 "있는 그대로"[94] - "새로워진 마음"(12:2)의 산물인 참되고 객관적인 평가에 따라 - 보아야 한다고 역설한다.[95] 이렇게 우리가 우리 자신을 있는 그대로 정확하게 평가하

---

90. Käsemann; Cranfield; Wilckens. 또한 롬 2:22; 고전 7:8; 갈 1:9; 5:2을 보라. 이 불필요한 동사를 추가한 것은 그다음에 나오는 구절과 더불어서 바울이 이후에 말하는 것의 중요성을 부각시킴과 동시에, 단순한 명령법으로 생겨날 수도 있는 "엄함을 완화시키는" 역할을 한다(Runge, *Discourse Grammar*, 109).

91. 이 동사들은 ὑπερφρονεῖν('휘페르프로네인', "그 이상의 생각을 품다")……φρονεῖν('프로네인', "생각하다")……φρονεῖν('프로네인', "생각하다")……σωφρονεῖν('소프로네인', "지혜롭게 생각하다")이다. 이러한 단어 유희는 헬레니즘 문헌의 다른 곳들에서 발견된다.

92. 롬 8:5; 11:20; 또한 8:6, 7, 27에 나오는 동족 명사, 11:25에 나오는 동족 형용사를 보라.

93. 8:5의 각 주석을 보라.

94. 부정사 구문 '에이스 토 소프로네인'(εἰς τὸ σωφρονεῖν)은 목적을 나타내지 않고(반대 견해로는 L. Johnson, "Transformation of the Mind," 220-221; N. Turner, *Syntax*, 143), '프로네인'을 수식해서, 사람이 "생각해야" 하는 방식을 보여 준다. 구문에 대해서는 1:20의 각주 65를 보라.

95. 바울은 신자가 복음 진리에 비추어서 자기 자신과 이 세계를 견고하고 명확하게 이해하게 된 것을 가리키기 위해, '소프로네오'(σωφρονέω, "지혜롭게 생각하다"; 고후 5:13도 보라)와 그 동족어들인 '소프로니조'(σωφρονίζω, "교훈하다"; 딛 2:4), '소프로니스모스'(σωφρονισμός, "절제하는"; 딤후 1:7), '소프로노스'(σωφρονῶς, "신중함으로"; 딛 2:12), '소프로쉬네'(σωφροσύνη, "단정함, 정숙함"; 딤전 2:9, 15), '소프론'(σώφρων, "신중하며"; 딤전 3:2; 딛 1:8; 2:2, 5)을 사용한다. 바울 서신에서 이 핵심 단어들은 헬라-로마의 다양한 저자들에게서도 발견되는데, 그들은 "합당한 한계들 내에 머무는 것"(σωφρονεῖν, '소프로네인')을 그 한계들을 어기는 것(ὑπερφρονεῖν, '휘페르프로네인')과 대비시킨다. 특히 Jewett를 보라. 그는 바울이 1장에서 심하게 질책했던 자기를 높이는 것을 경고하고 있는 것이라고 주장한다.

게 될 때, 우리는 다른 신자들과 하나가 되어 살아갈 수 있게 된다: "바울이 바르게 생각해야 한다는 것을 강조한 것은 …… 그가 더 큰 관점에서 하나됨을 강조한 것과 부합한다."[96]

그러나 우리 자신을 참되고 객관적으로 평가하려면 우리 자신을 평가하기 위한 기준이 있어야 한다. 그리고 바울은 우리에게는 이 기준이 있다고 말한다. 왜냐하면 하나님이 "각 사람에게"[97] "믿음의 분량"을 "나누어 주셨기" 때문이다. 이 어구의 의미는 여기에 언급된 "믿음"을 "공통적인" 믿음으로 보느냐, 아니면 "배분된" 믿음으로 보느냐에 따라 달라지기 때문에 불확실하다.

대부분의 해석자들은 후자의 견해를 지지한다. 각각의 신자는 하나님이 각자에게 나누어 주신 믿음의 정도 또는 성격을 따라 생각해야 한다.[98] 이 해석은 바울 서신에 나오는 가장 가까운 병행 표현(고후 10:13)과 부합하고, 문맥과도 부합하며(특히 6절b의 "믿음의 분수"를 보라), 동사 "나누어 주다"('메리조')도 자연스럽게 설명해 준다. 또한 이 해석은 3절과 4절의 연결관계도 설명해 줄 수 있다. "각자에게는 자신만의 '믿음의 분량'이 주어져 있고, 우리는 이것을 한 몸에 많은 지체들이 있는 것에서 볼 수 있다." 이 견해를 지지하는 사람들은 종종 "믿음"은 복음에 대한 그리스도인들의 기본적인 응답을 가리키는 것이라고 생각한다.[99] 그러나 바울은 하나님이 그리스도인들에게 이 믿음을 서로 분량을 다르게 해서 주셨다고 생각했다고 보기는 어렵다.[100] 그래서 다른 사람들은 여기에 언급된 "믿음"은 다소 특별한 의미를 지닌 것으로서, 하나님이 사람들이 공동체를 섬기게 하기 위해서 각자에게 서로 다른 능력을 주신 것을 가리키는 것이라고 생각한다.[101]

---

96. Keener, *Mind of the Spirit*, 170.

97. '헤카스토'(ἑκάστῳ, "각 사람에게")는 '헤카스토스 호스 아우토'(ἕκαστος ὡς αὐτῷ)의 줄인 것이다(Michel).

98. 이 견해에 의하면, '메트론'(μέτρον)은 "분량"을 가리키고(엡 4:7, 13, 16; 고후 10:13; 요 3:34[?]에서처럼; BDAG; K. Deissner, *TDNT* 4.632-633을 보라), 속격 '피스테오스'(πίστεως, "믿음의")는 부분을 나타내는 속격이 된다.

99. Käsemann; Dunn; Schreiner; Jewett; Longenecker; Ortkemper, *Leben aus dem Glauben*, 45-46; R. Jewett, *Christian Tolerance*, 59-63.

100. Dunn은 바울 서신에서 믿음의 의미가 "가변적"이라는 것을 뒷받침해 주는 증거로 로마서 4:19-20과 14:1을 든다.

101. Barrett; Zahn; Bruce; Huby; Byrne; Goodrich, "'Standard of Faith,'" 753-772. 따라서 "믿음의 분량"은 각 사람에게 주어지는 "은사"(χάρισμα, '카리스마')와 거의 같은 의미가 된다.

반면에, '메트론 피스테오스'(한글개역개정에서"믿음의 분량"으로 번역된 어구)는 모든 그리스도인들이 공통적으로 지니는 믿음을 가리키는 것일 수도 있다. 이 견해에 의하면, 이 어구는 "믿음이라는 척도"로 번역된다.[102] 따라서 바울은 모든 신자에게 동일한 척도와 기준으로 그들 자신을 평가하라고 권면하고 있는 것이 된다. 신자들은 동일한 척도를 사용함으로써, 다른 사람들과 관련해서 그들 자신에 대한 현실적이고 정확한 평가에 도달할 수 있다. 그러므로 이 견해에 의하면, 3절은 특히 4-5절에 나오는 문장의 요지, 즉 하나됨이 그리스도의 "몸"의 특징이라는 것과 연결된다.

이 두 선택지 중 어느 한 쪽을 선택하는 것은 어렵다. 하지만 우리는 두 번째 선택지가 아주 조금 더 나아 보인다.

4-5 위에서 이미 말했듯이, 특히 이 절들을 3절과 연결시켜주는 것은 '메트론 피스테오스'(한글개역개정에는 "믿음의 분량")다. 각 사람의 생각을 평가하기 위한 공통의 기준이 존재한다. 왜냐하면(그리스어로 '가르') 그리스도의 몸에는 다양성이 존재하지만, 더 근본적인 하나됨도 존재하기 때문이다. 바울이 교회를 몸에 비유한 것은 그의 다른 서신들을 통해 친숙하다. 그는 고린도전서 12장에서 처음으로 이 비유를 사용하고, 이 비유의 가장 발전된 형태는 에베소서와 골로새서에서 발견된다. 학자들은 바울이 사용한 "그리스도의 몸"이라는 은유의 정확한 출처를 밝혀내기 위해 오랫동안 애써 왔다.[103] 그러나 이 표상은 아주 자연스러운 것이고 고

---

102. 따라서 명사 '메트론'(μέτρον)은 "평가의 수단", "기준"을 의미하게 되고(마 7:2; 23:32; 막 4:24; 눅 6:38; 계 21:15, 17에서처럼), '피스테오스'(πίστεως)는 동격의 속격이 된다. 이 견해에 대해서는 특히 Cranfield (그리고 idem, "μέτρον πίστεως in Romans 12:3," 345-351); Dunson, "Faith in Romans," 35-37; Wilckens; Fitzmyer; Wright; Lohse; Schnabel; Bosch, "Corps du Christ," 53-54를 보라.

103. 바울 당시의 다른 사람들은 정치 공동체를 인간의 몸에 비유했다; 로마 역사가 Livy의 저작에 나오는 Menenius Agrippa의 저 유명한 비유를 보라(2.32; 또한 Epictetus Diatr. 2.10.4-5를 보라). 바울은 기본적으로 이렇게 헬라-로마 세계에 널리 퍼져 있던 이 은유를 가져와서 사용했음이 분명하다(예를 들어, Wolter, *Paul*, 281-283을 보라). 바울의 이 은유에 기여한 것으로 주장되는 다른 많은 영향력들로는 영지주의의 "최초의 인간" 신화들, 아담에 관한 유대적인 사변, 성찬에 대한 성찰, 인류를 "포괄하는" 사람으로서의 그리스도라는 구속사적인 개념들이 있다. Käsemann, 336-338에 나오는 선택지들에 대한 개관을 보라; 그리고 특히 Dunn, 2.722-724를 보라; 훨씬 더 자세한 것으로는 Ridderbos, *Paul*, 362-387; E. Best, *One Body*; Cerfaux, *Church*; Schweizer,

대 세계에서 널리 퍼져 있었기 때문에, 바울은 자신의 주변 환경 속에서 이 은유를 가져와서, 자신의 신학에 비추어 최종적인 형태로 가다듬었을 것이 틀림없다.[104] 바울이 이 본문에서 사용한 은유는 고린도전서 12:12-31과 가장 큰 공통점을 지닌다. 이 두 본문에서 바울은 개별 그리스도인들을 인간의 몸의 "지체들"에 비유한다. 고린도전서 12장과 이 본문은 기본적인 은유만을 공통적으로 사용하는 것이 아니라, 바울은 이 은유를 기본적으로 동일한 문제에 적용한다. 바울은 고린도전서 12장에서 (다른 것들보다도 특히) 더 중요한 은사들을 소유하고 있다고 자랑한 일부 지체들의 교만을 꾸짖기 위해 "몸" 은유를 사용하고 있는 것처럼(22-26절), 여기 로마서 12장에서도 신자들은 자기 자신에 대해 마땅히 생각해야 할 것 이상으로 생각해서는 안 된다는 자신의 권면을 뒷받침하기 위해 이 은유를 사용한다.[105]

바울은 4절에서 자신의 비교의 근거를 개략적으로 설명한다("~인 것처럼"). "우리가 한 몸에 많은 지체를 가졌으나[106] 모든 지체가 같은 기능을 가진 것이 아니니."[107] 그런 후에 5절에서는 결론을 이끌어 낸다("이와 같이"): "우리 많은 사람[108]이 그리스도 안에서 한 몸이 되어 서로 지체가 되었느니라."[109] 바울은 몸의 하나됨이라는 전제로부터[110] 그 한 몸 내에서의 건강한 다양성을 인식할 필요성을 논증한다. 이 서신의 전체적인 취지와 14:1-15:13의 구체적인 권면을 감안했을 때, 바울은 특히 유대인과 이방인의 갈등을 염두에 두었을 것이 틀림없다. 하지만 바

Church; Percy, *Leib Christi*를 보라.

104. Jewett은 핵심 본문들에 대한 훌륭한 객관을 제시한다. 또한 Beker, *Paul the Apostle*, 307-309를 보라. 그는 "몸" 표상은 바울이 그리스도인의 관계들의 성격을 보여 주기 위해 사용한 많은 표상 중 하나라는 것을 강조한다.

105. 3절; 또한 4절 처음에 나오는 '가르'(γάρ, "왜냐하면")를 주목하라.

106. 충분히 예상할 수 있듯이, 바울은 자기와 자신의 독자들이 일반적으로 사실이라고 알고 있는 것을 말하는 데는 1인칭 복수형 동사를 사용한다.

107. πρᾶξιν('프락신', "기능"). 바울은 다른 곳들에서는 "행위"를 의미하는 데 이 단어를 사용한다(롬 8:13; 골 3:9); 여기에서 이 단어는 "기능"을 의미한다(BDAG).

108. '호이 폴로이'(οἱ πολλοί, "많은 사람")라는 어구는 동사 '에스멘'(ἐσμεν, "~이다")의 의미상의 주어와 동격 관계에 있다. 바울은 보편성(예를 들어, "모든 사람")이 아니라 복수성에 초점을 맞추고 있기 때문에 "많은 사람"이라는 단어를 사용한다.

109. 5절 끝에 나오는 어구 '카트 헤이스'(καθ' εἷς, "서로")는 후기 그리스어에서 "각자"를 뜻하는 관용 표현이다(BDF §305); '헤이스'는 격변화를 하지 않는다(Zerwick and Grosvenor, *Grammatical Analysis*, 487).

110. Ridderbos, *Paul*, 376을 보라.

울은 그런 구체적인 문제는 자기가 여기에서 말하는 것의 한 가지 적용으로 보았을 것이기 때문에, 우리는 여기에서 그의 권면의 범위를 부당하게 좁혀서는 안 된다. 여기에서 그의 주된 관심은 고린도전서 12장에서와 마찬가지로 은사들의 다양성 때문에 신자들이 서로 은사들을 비교해서 거짓된 교만을 갖도록 유혹을 받는 것을 경계하는 것이다.

이 단락에서 분명하지 않은 한 가지 문제는 바울이 지역 교회를 염두에 둔 것이냐, 아니면 보편 교회를 염두에 둔 것이냐 하는 것이다. 이어지는 은사 목록에서 "사도들"이 빠진 것(고전 12:28 및 엡 4:11과 비교해 보라)은 그가 지역 교회에 초점을 맞추고 있다는 것을 보여 주는 것일 수도 있다(그 시점에서는 지역 교회에는 전문적인 의미에서의 사도는 없었을 것이기 때문에). 하지만 우리는 여기에서 "지역 교회"는 로마에 있는 그리스도인 공동체를 의미하는 것으로 보아야 한다. 왜냐하면 16장은 바울의 이 서신의 수신자인(1:7을 보라) 로마의 그리스도인들은 여러 "가정 교회들"에서 모임을 가졌다는 것을 분명히 보여 주기 때문이다. 그리스도 안에서의 우리의 하나됨은 우리가 매주 예배를 위해 만나는 사람들만이 아니라, 주의 이름을 부르는 모든 사람에게도 적용된다는 것을 바울은 우리에게 상기시킨다.

6 바울은 다음으로 은사들이 하나됨 안에서 다양성을 보여 주는 방식에 대해 논의할 때도 고린도전서 12장에 나오는 자신의 가르침을 계속해서 재현해나간다. 그러나 전체적인 논리적 전개과정은 충분히 분명하지만, 구문적 전개과정은 그렇게 분명하지 않다. 문제는 두 가지다. (1) 6절과 5절의 관계는 무엇인가? (2) 6b-8절에 어떤 동사들을 보충해 넣어야 한다면, 그 동사들은 어떤 것들인가? 6절 처음에 나오는 분사(그리스어로는 '에콘테스', "갖다", 한글개역개정에는 "받은")는 이 절이 5절의 종속절이라는 것을 보여 주는 것일 수 있다. "이와 같이 우리 많은 사람이 그리스도 안에서 한 몸이 되어 서로 지체가 되어서, 우리에게 주신 은혜대로 받은 은사가 각각 다르니."[111] 하지만 6절의 분사는 5절과 아주 느슨하게 연결되어 있어서, 사실상 독립적인 동사로서의 기능을 한다. 그래서 대부분의 영역 성경들과 주석자들은 6절에서 새로운 문장이 시작되는 것으로 본다. 그러나 두 번째 질문으로

111. Moulton, *Prolegomena*, 183-184; Dunn; Jewett; Hultgren을 보라.

눈을 돌려서, 우리는 이 새로운 문장을 어떻게 이해해야 하는가? 한 가지 선택지는 이 분사가 6-8절 전체를 지배하는 동사라고 보는 것이다. 그런 경우에는 바울은 6절a에서 은사들의 다양성에 대해 언급한 후에 6b-8절에서 그것을 예시하고 있는 것이 된다. 그래서 NRSV는 이렇게 번역한다. "우리는 우리에게 주어진 은혜를 따라 서로 다른 은사들을 가지고 있다: 믿음과 비례한 예언, 섬기는 일에서 섬김, 가르침에서 가르치는 자, 권면에서 권면하는 자, 후함에서 구제하는 자, 부지런함에서 다스리는 자, 즐거움 속에서 긍휼을 베푸는 자." 구문을 이런 식으로 이해하면, 6-8절은 순전히 "직설법적인" 기능을 지니는 것이 된다. 바울은 하나님이 몸의 하나됨을 세우기 위한 수단으로 은혜 가운데서 자기 백성에게 서로 다른 은사들을 나누어 주신 방식을 설명하고 있다.[112]

이 견해의 난점은 각각의 은사에 덧붙인 어구들("믿음과 비례한", "섬김의 일에서" 등등)을 충분히 설명해 주지 못한다는 것이다. 이 어구들은 단순히 은사들을 열거하고자 한 경우와는 잘 맞지 않는 것으로 보인다. 각각의 은사를 수식하는 이 어구들은 그 근저에 있는 권면을 반영하고 있는 것으로 보인다: 예를 들면, "어떤 사람이 예언의 은사를 갖고 있다면, 그는 그 은사를 믿음과 비례해서 사용하라."[113] 따라서 대부분의 주석들과 마찬가지로 우리도 6b-8절에서는 생략법이 사용되고 있다고 전제하고서, 하나의 명령형 동사(NASB와 ESV; 위에서 나의 사역을 보라), 또는 일련의 명령형 동사들(KJV; NIV; CEB; NET; NJB)을 보충해서 읽어야 한다.[114] 따라서 바울은 단순히 은사들을 열거하고 있는 것이 아니라, 공동체의 각각의 지체에게 몸의 하나됨을 강화하고 몸이 잘 되도록 돕기 위해 각자의 은사를 부지런하고 성실하게 사용하라고 권면하고 있는 것이다.

그러나 바울은 권면으로 넘어가기 전에, 하나님이 교회에 다양한 은사들을 주

112. 특히 Dunn을 보라.

113. Meyer를 보라.

114. 그리스어에서 동사들의 생략은 드물지 않다. 여기에서 사용된 생략법은 "간결한 형태로 표현되는 경향이 있는 정형문구들과 잠언들"의 범주에 속하는 것으로 보인다(BDF §480[5]). 또한 Godet; Murray; Wilckens; Cranfield를 보라. NASB는 '에콘테스'가 이 생략된 명령형 동사에 종속된 것으로 보고, 다음과 같이 원인을 나타내는 분사로 해석한다: "우리에게 주어진 은혜를 따라 우리는 서로 다른 은사들을 가지고 있기 때문에." 그러나 이 분사를 상황을 나타내는 분사로 보고서, 은사들의 다양성에 관해 말하는 이 분사 구문 자체에 온전한 비중을 부여하는 것이 더 낫다(NIV; Cranfield를 보라).

신 것이 얼마나 놀라운 복인지를 우리에게 상기시킨다. 바울은 "우리는 서로 다른 은사들을 가지고 있다"고 주장한다. 바울은 자기가 세우지도 않았고 방문한 적도 없는 로마 교회에 이 은사들이 활동하고 있다고 전제한 것은 영적으로 다양한 은사들이 초기 교회에 보편적이었거나, 적어도 널리 주어져 있었다는 것을 보여 준다. 신자들은 서로 다른 '카리스마타'("은사들")을 소유하고 있다. 하지만 각각의 은사는 모든 신자가 공통적으로 가지고 있는 하나님의 '카리스'("은혜")의 산물이다. 또 다시 바울은 하나됨과 다양성의 결합이 교회를 아주 풍성하고 강력하게 만든다는 것을 강조한다.[115] 그러나 은사들이 그러한 긍정적인 유익들을 가져오려면, 바르게 – 자기 과시(3절을 보라)가 아니라 은사들이 지닌 참된 성격에 따라 – 사용되어야 한다. 바울이 6b-8절에 나오는 일련의 권면들에서 초점을 맞추고 있는 것은 바로 이것이다.

바울이 이 절들에서 언급하는 은사들 중 두 가지 – 예언과 가르치는 것 – 는 바울 서신에 나오는 다른 은사 목록들에서도 발견된다.[116] 하지만 8절에 언급된 은사들은 표현상으로는 다른 은사 목록들과 일치하는 것이 없다 – 물론 은사들이 가리키는 사역들은 다른 곳들에 열거된 일부 은사들과 일치하거나 겹치기는 하지만. 이 은사 목록 본문들은 바울 – 그리고 아마도 초기 교회도 일반적으로 – 은 명확하게 정의되고 널리 주어진 소수의 은사들을 알고 있었고, 아울러 덜 명확하게 정의된 많은 수의 다른 은사들, 즉, 모든 곳에서 나타난 것이 아닌 은사들과 서로 중복되는 몇몇 은사들을 알고 있었다는 것을 보여 준다.

바울은 자신이 언급하는 일곱 가지 은사들을 두 부류로 구분하는데, 첫 번째 부류에 속한 것은 네 가지이고, 두 번째 부류에 속한 것은 세 가지다.[117] 예언의 은사를 첫 번째 예로 든 것은 의미가 있을 수 있다. 왜냐하면 예언의 은사는 고린도전서 12:28과 에베소서 4:11에서는 두 번째 위치에 나오기 때문이다(여기에 나오지 않

115. '카리스마타'(*χαρίσματα*, "은사들")에 관한 바울의 가르침에 대해서는 Schumann, "Geistlichen Gnadengaben," 236-273을 보라.

116. 예언에 대해서는 고전 12:7-10, 28과 엡 4:11; 가르치는 것에 대해서는 고전 12:28과 엡 4:11.

117. 처음 네 가지 은사(6b-8절a)는 각각 '에이테'(*εἴτε*, "~이면")로 시작되는 반면에, 나중의 세 가지 은사는 이 불변화사로 시작되지 않는다. 바울이 완전을 나타내기 위해 일곱 가지 은사를 선택한 것인지의 여부는 분명하지 않다(Wright; Jewett; Lohse; 반대 견해로는 Schreiner).

는 "사도들"이 거기에서는 첫 번째로 나온다). 고린도전서 14장이 특히 보여 주듯이, 바울은 예언의 은사를 아주 소중히 여겼다. 신약의 예언은 미래에 대한 예고를 포함할 수는 있었지만(행 11:28; 21:10-12을 보라), 그것이 예언의 본질은 아니었다. 좀 더 폭넓게 신약의 예언은 하나님이 교회의 덕을 세우기 위해 선지자에게 계시하신 것을 공동체에 선포하는 것을 포함했다(특히 고전 14:3, 24-25, 30을 보라). 선지자에 의해 계시된 진리는 사도들이 가르친 진리가 지닌 권위를 지니고 있지는 않았다. 왜냐하면 한 선지자의 예언의 말씀은 다른 선지자들이 면밀하게 분별해야 했기 때문이다(고전 14:29-32).[118]

그러나 바울은 이 절에서 각각의 선지자가 이 은사를 바르게 사용해야 한다는 것을 보여 준다. 각각의 선지자는 "믿음의 분수('아날로기아')대로" 예언해야 한다. '아날로기아'는 수학과 논리학의 세계에서 가져온 용어로서, 거기에서는 올바른 비례 또는 올바른 관계를 가리킨다.[119] 바울은 예언하는 것은 믿음과 "올바른 비례" 가운데 있어야 한다고 말하고 있는 것이다. 3절b에 나온 비슷한 어구에서와 마찬가지로, 여기에서 문제는 "믿음"이 무엇을 의미하느냐 하는 것이다. 아마도 겉으로 가장 분명해 보이는 대답은 바울은 하나님이 각각의 선지자에게 주신 특별한 "은사"로서의 믿음을 가리킨다는 것이다. 이렇게 해석하면, 바울은 선지자들은 자신이 받은 믿음의 정도에 따라 예언해야 한다고 촉구한 것이 될 것이다. 선지자들은 하나님이 말하라고 주신 모든 것을 교회에 전해야 하지만, 하나님이 말하라고 주신 것 이외의 다른 것을 전해서는 안 된다.[120] 하지만 대다수의 해석자들은 여기에서 믿음은 우리의 믿는 행위를 가리키는 것이 아니라, 우리가 믿고 있는 것을 가리킨다고 생각한다:[121] 기독교의 가르침.[122] 바울이 선지자들에게 자신들

118. 신약의 예언이 지닌 성격에 관한 이 견해에 대해서는 Grudem, *Gift of Prophecy in 1 Corinthians* (이 책을 개정한 것으로는 idem, *Gift of Prophecy in New Testament*)를 보라; 또한 Aune, *Prophecy in Early Christianity*; Forbes, *Prophecy and Inspired Speech*, 218-237을 보라.

119. LSJ를 보라. 이 단어는 신약성경이나 칠십인경에는 나오지 않는다. 하지만 Josephus는 예루살렘 성전의 주랑 현관은 성전 전체와 "올바른 비례" 속에 있었다고 말한다(Ant. 15.396); 또한 Philo, *Virtues* 95를 보라.

120. S-H; Michel; Murray; Dunn; Schreiner; Jewett; Fee, *God's Empowering Presence*, 608-609.

121. 라틴어로 fides quae creditur('피데스 쿠아이 크레디투르', "사람이 믿는 믿음").

122. 컨대, Calvin; Käsemann; Wilckens; Fitzmyer; Wright; Ortkemper, *Leben aus dem Glauben*,

이 예언하는 것들을 기독교 진리의 기준에 비추어서 평가하라고 역설했다는 것은 분명히 설득력이 있다. 그리고 "믿음"은 바울 서신에서 이러한 객관적인 의미를 지닐 수 있다.[123] 하지만 전체적으로는 우리가 3절의 '메트론 피스테오스'("믿음의 척도", 한글개역개정에는 "믿음의 분량")를 해석할 때 채택했던 것과 비슷한 견해가 조금 더 낫다. "믿음의 '아날로기아'"는 모든 그리스도인들이 공유하는 기본적인 믿음이다. 즉, 바울은 선지자들은 자신들의 예언이 그리스도를 믿는 이 믿음과 올바른 관계에 있는지를 평가해야 한다고 말하고 있는 것이다.

7 두 번째 은사는 "섬김" 또는 "사역"의 은사다. 어근 '디아크-'에서 온 단어들은 원래 "식탁 시중을 드는 것"을 가리키는 데 사용되었고, 이러한 의미는 신약 시대에도 보존되었다(눅 17:8을 보라). 이 단어들은 다른 사람들에 대한 개인적인 성격의 섬김을 가리켰고, 헬라와 유대 세계 둘 모두에서 흔히 노예와 종의 신분으로 섬긴다는 뉘앙스를 지녔다.[124] 그러나 예수님은 자신이 하는 일들을 섬김이라는 관점에서 설명했고, 자기를 따르는 자들에게 자기를 본받을 것을 촉구했다(막 10:45과 그 병행문들). 이렇게 "섬김"은 그리스도인들이 다른 사람들을 위해서, 그리고 하나님의 영광을 위해서 행하는 일을 설명하는 표준적인 방식이 되었다. "사역"(minister)이라는 번역은 이러한 종교적인 의미를 보여 준다. 바울은 그리스도인의 "사역" 일반,[125] 그리스도의 사역,[126] 자신의 구체적인 사역과 그 밖의 다른 사람들의 사역,[127] 예루살렘의 성도를 위해 연보를 모으는 구체적인 사역,[128] 교회

73-74. 중세 시대와 종교개혁 시대의 석의자들과 신학자들은 이 어구를 근거로 해서 "신앙의 유비"라는 개념을 만들어내었는데, 이것은 성경은 다른 성경을 토대로 해서 해석해야 한다는 해석학적 원리다. 예를 들어, Melanchthon이 자신의 로마서 주석서에서 이 어구를 다룬 내용을 보라.

123. 바울은 자신의 초기 서신들에서는 흔히 이 단어를 이런 의미로 사용하지 않지만(그러나 갈 1:23를 보라), 목회 서신들에서는 꽤 자주 이런 의미로 사용한다(예를 들어, 딤전 1:4, 19a; 3:9; 4:1, 6; 6:21을 보라). 예를 들어, R. Bultmann, *TDNT* 6.213-214를 보라(하지만 그가 열거한 증거 본문들은 다소 느슨하다).

124. H. W. Beyer, *TDNT* 2.81-83을 보라.

125. 롬 15:25; 고전 3:5; 12:5; 16:15; 고후 3:3, 6, 7, 8, 9(2번); 4:1; 6:4; 11:15(2번), 23; 엡 3:7; 4:12; 6:21; 골 1:7, 23, 25; 4:7; 딤전 1:12; 4:6; 딤후 1:18; 4:11; 몬 1:13.

126. 롬 15:8; 갈 2:17.

127. 롬 11:13; 고후 5:18; 6:3; 골 4:17; 딤후 4:5.

128. 롬 15:31; 고후 8:4, 19, 20; 9:1, 12, 13.

내에서의 구체적인 직임이나 기능('디아코노스', "집사")[129]을 가리키는 데 "섬김"이라는 단어를 사용한다. 바울은 다른 곳에서는 "섬김"을 하나의 구별되는 은사로 언급하지 않는다. 그래서 일부 주석자들은 바울이 여기에서 "섬김"을 일반적인 의미로, 즉 그리스도인이 행하는 온갖 종류의 사역을 가리키는 데 사용한 것이라고 생각한다.[130] 그러나 이 절들에 언급된 다른 은사들은 구체적인 기능을 포함한다. 따라서 바울은 "집사"('디아코노스')의 직임, 즉 특히 교회의 물질적인 필요들을 조직하고 마련하는 것을 포함하는 사역을 맡을 사람에게 요구되는 특별한 섬김의 은사를 염두에 둔 것일 가능성이 높다.[131] 바울은 이 "섬김"의 은사를 가진 그리스도인들에게 이 은사를 "섬기는 일에" 사용하라고 촉구함으로써,[132] 이 은사를 인정하고 그 참된 성격에 따라 사용하는 것이 중요하다는 것을 강조한다. "섬김"의 은사는 교만을 위해 사용되어서는 안 되고, 자기를 희생하여 다른 사람들을 진심으로 "섬기는 일"의 토대가 되어야 한다. 또한 바울은 특정한 은사를 가진 사람들이 자신이 가진 은사를 사용해야 할 분야가 아닌 것에서 사역하고자 함으로써, 자신에게 주어진 은사를 소홀히 하는 경우를 염두에 두었을 것이다.

바울은 자신의 다른 두 개의 은사 목록에서 "가르치는" 은사를 언급하고(고전 12:28, 29; 엡 4:11), 그 두 곳에서 이 은사는 예언의 은사 직후에 열거된다. 여기에서 바울은 가르치는 은사가 아니라 "가르치는 자"라고 말한다. 바울이 처음 두 가지

129. 롬 16:1(거기에 나오는 각주들을 보라); 빌 1:1; 딤전 3:8, 10, 12, 13. 바울은 오직 로마서 13:4에서만 그리스도인에 의해 수행되지 않는 "섬김"을 설명하는 데 어근 '디아크-'에서 온 단어들을 사용한다.

130. Huby; Viard; Schlier; Ortkemper, *Leben aus dem Glauben*, 74-76.

131. 예를 들어, Godet; Murray; Käsemann; Wilckens; Cranfield. Dunn은 여기에서 바울이 말한 "섬기는 것"의 의미가 일반적인 "섬김"과 구체적으로 집사로서 섬기는 것 사이의 어느 지점에 있다고 생각한다. Wilckens는 '디아코니아안'(διακονίαν, "섬기는 것")은 마지막 세 가지 은사의 "표제"이고, '프로페테이안'(προφητείαν, "예언")은 "가르치는 것"과 "권면하는 것"(한글개역개정에는 "위로하는 일")의 표제일 수 있다고 말한다; 베드로전서 4:11에서 "말하는 것"(λαλέω, '랄레오')과 "섬기는 것"(διακονέω, '디아코네오', 한글개역개정에는 "봉사하는 것")이라는 표제 아래 사역들을 요약한 것을 보라. 전자는 가능하지만, 바울 서신에서 "예언"은 특정한 은사이고, 다른 은사들을 위한 표제로 사용될 수 없다. Bosch는 '디아코니아'는 "예언"과 "가르치는 것" 사이에 놓여 있기 때문에 "말씀 사역"을 가리키는 것임에 틀림없다고 생각한다("Corps du Christ," 64-65). 그러나 바울이 자신의 은사 목록을 그런 의도로 구성했다는 것을 보여 주는 증거가 없다.

132. '엔'(ἐν, "~안에서", 한글개역개정에는 "~로")은 방식을 나타낸다(Zerwick and Grosvenor, *Grammatical Analysis*, 487).

은사 - "예언", "섬기는 것" - 를 설명할 때는 추상명사들을 사용했다가 마지막 네 가지 은사에 대해서 그 은사를 행하는 자들을 지칭하는 단어들을 사용한 이유는 분명하지 않다.[133] 예언과 가르치는 것은 둘 다 말로 교회를 권면하는 은사들이긴 하지만, 서로 구별될 수 있다. 앞에서 보았듯이, "예언"은 계시를 토대로 한다. 선지자는 하나님이 "그의 입에 두는" 말씀들을 전한다. 반면에, 가르치는 것은 교회 안에 보존된 복음 진리를 전하는 것이다.[134] 또 다시 바울은 가르치는 은사를 가진 사람들이 그 은사를 신실하게 사용하는 데 관심을 갖는다.

8 "권면하는 자"(한글개역개정에는 "위로하는 자")로 번역된 단어[135]는 "격려하는 자"(NIV; NLT를 보라)로 번역할 수도 있다. 그러나 이 단어는 "가르치는 자" 직후에 나오기 때문에, 그리스도인들에게 복음 진리를 따라 살아가도록 권하는 활동을 가리키는 것일 가능성이 많다.[136]

바울은 마지막 세 가지 은사를 열거하면서 또 다시 자신의 구문을 변경한다.[137] 그리고 이번에도 이 변경의 이유를 발견하기는 어렵다. "구제하는 자"[138]는 교회의 자원 전체를 나누어 주는 자를 가리킬 수도 있고,[139] 자신의 자산을 덜 가진 자들에게 나누어 주는 자를 가리킬 수도 있다.[140] 이 둘 중에서 어느 쪽을 가리키는

133. Dunn은 바울이 가르치는 것을 특정한 개인들이 행하는 활동으로 보았다고 말하지만, 이것은 예언에도 해당된다. 예언과 가르치는 것의 구별에 대해서는 C. Smith, *Pauline Communities*, 239-253을 보라.

134. 특별한 가르치는 사역이라는 의미는 목회 서신들에서 특히 분명하게 드러난다; 특히 딤후 2:2을 보라; 또한 딤전 1:10; 6:3; 딤후 3:10; 딛 1:9; 2:1, 7, 10을 보라. 디모데전서 3:2과 5:17은 장로들/감독들은 특히 가르치는 일에서 활동한다는 것을 보여 준다. 신약성경에서 가르치는 것에 대해서는 특히 K. Rengstorf, *TDNT* 2.138-165; 그리고 Greeven, "Propheten, Lehrer, Vorsteher bei Paulus," 1-43을 보라.

135. *παρακαλῶν*('파라칼론'). 이 동사의 의미에 대해서는 12:1의 각주를 보라.

136. 특히 Schlatter를 보라; '파라칼레오'(*παρακαλέω*)의 의미에 대해서는 1절을 보라. 명사 '파라클레시스'(*παράκλησις*)에 대해서는 15:4의 각주를 보라.

137. 바울은 도입부의 불변화사 '에이테'(*εἴτε*, "~이면")를 없애고(하지만 이 단어의 의미는 지속된다), 은사들의 사용을 제한하는 방식을 수정해서, '엔'과 각각의 은사를 가리키는 단어와 동족어인 명사를 사용하던 것에서 '엔'과 다른 명사를 사용하는 것으로 바꾼다.

138. *μεταδιδούς*('메타디두스').

139. Calvin; Käsemann; Schlier.

140. Godet; Murray; Cranfield; Dunn; Ortkemper, *Leben aus dem Glauben*, 80-81. Van Unnik는 여기에서 "나누어 주는" 것은 물질적인 소유가 아니라, 하나님의 말씀이라고 주장한다

지를 결정하기는 어렵지만, “순수함으로”(한글개역개정에는 “성실함으로”)라는 수식어는 자신의 자산을 나누어 주는 사람의 상황과 더 잘 부합한다. “순수함으로”로 번역된 ‘하플로테스’는 (목적의) “단일함”(따라서 “순수함”; 고후 11:3; 엡 6:5; 골 3:22을 보라)을 의미한다.[141] 하지만 이 단어가 주는 것과 관련해서 사용된 경우에는 “후함”, 즉 후하게 줌으로써 순수한 마음과 의도를 보여 주는 것이라는 뉘앙스로 바뀐다(고후 8:2; 9:11, 13).[142] 둘 중 어느 쪽이든 현재의 문맥과 아주 잘 부합한다. 그러나 기본적이고 잘 확증되는 의미인 “순수함”을 고수하는 것이 더 나을 것으로 보인다.[143] 바울은 다른 사람들을 구제하는 사람에게 내면의 어떤 속셈 없이 아주 정직하고 순수하게 구제할 것을 권한다.

바울이 권면하는 여섯 번째 부류의 은사자는 ‘호 프로이스타메노스’(“다스리는 자”)다. 이 단어는 어떤 일을 주관하는 사람을 가리킬 수도 있고, 다른 사람들을 돕는 일을 하는 사람을 가리킬 수도 있다.[144] 바울은 주는 것과 관련된 다른 두 가지 은사 사이에 이 은사를 두기 때문에, 일부 주석자들은 후자의 의미를 지지한다.[145] 그러나 이 동사가 “도움을 주다”라는 의미를 지닌다는 것은 잘 확증되지 않고, 바울은 다른 곳에서 이 동사를 그런 의미로 사용하는 것으로 보이지 않는다. 따라서 우리는 “주관하는 자”(한글개역개정에는 “다스리는 자”)로 번역해야 할 것으로 보인다. 그러나 무엇을 주관하거나 다스린다는 것인가? 바울은 거기에 대해서는 아무 말도 하지 않기 때문에, 몇몇 학자들은 바울이 가정이나 교회를 이끌어나가는 위치

(“Interpretation of Romans 12:8,” 169-83). 그러나 ‘메타디도미’(μεταδίδωμι)가 “물질을 나누어 주다”라는 의미로 사용된다는 것은 잘 확증되고(눅 3:11; 엡 4:28), 이 문맥에서 의미도 더 잘 통한다.

141. 또한 특히 T. Issachar를 보라. 그는 ‘하플로테스’(ἁπλότης)는 핵심적인 도덕적 미덕으로서 “순수함” 또는 “고결함”을 의미한다고 본다.

142. Silva (“New Lexical Semitisms,” 253-254)는 이러한 뉘앙스는 부분적으로는 셈어의 영향이라고 말한다.

143. KJV; NET(“진심으로”)를 보라; Godet; Murray; Käsemann; Cranfield; Dunn; Black(그는 T. Issachar에 나오는 이 단어의 용법을 인용한다); BDAG(이 견해로 바꾸어서 이전 판을 수정함). 대부분의 영역 성경들은 “후함”으로 번역한다.

144. BDAG는 로마서 12:8에 대해 이 두 가지 선택지를 제시한다.

145. 예를 들어, Byrne; Hultgren. Michel은 이 단어는 “후견인으로 행하다”라는 전문적인 의미로 사용된다고 주장한다(16:2에 나오는 연관된 단어 ‘프로스타시스’[προστάτις, “보호자”]를 보라); 또한 Dunn을 보라.

에 있는 모든 사람을 가리키는 데 이 단어를 사용한 것이라고 생각한다.[146] 어떤 사람들은 문맥을 고려해서, 바울은 교회의 구제 사역을 주관한 사람들을 가리키는 데 이 단어를 사용한 것이라고 주장한다.[147] 그러나 바울이 다른 곳에서 사용한 이 동사(한 번은 절대적인 용법으로)는 지역 교회의 "지도자들"을 가리킨다(살전 5:12; 딤전 5:17). 따라서 바울이 여기에서 이 단어를 통해 가리키고자 한 것은 통상적으로 장로들/감독들이 하는 사역일 것이다(딤전 5:17을 보라).[148]148 바울은 공동체의 지도자들에게 자신의 부르심을 "부지런함"으로 행할 것을 권면한다.[149]

끝으로 바울은 "긍휼을 베푸는" 은사를 가진 사람에게로 눈을 돌린다.[150] 이 사역이 정확히 무엇인지를 콕 집어 말하기는 쉽지 않다. 던이 지적하듯이, 이 본문은 사람들이 "긍휼을 베푸는" 것을 가리키는 데 이 동사를 사용한 유일한 본문이다. "긍휼"이라는 단어가 신약성경에서 유대인들의 아주 중요한 경건 활동인 구제 - 가난한 자들을 물질적으로 돕는 것(마 6:3을 보라) - 를 가리키는 데 사용된다는 것에 주목한 던은 바울이 여기에서 구체적으로 이 사역을 생각한 것이라고 주장한다.[151] 그러나 "긍휼"이라는 단어와 유대인들의 구제 활동의 연관성은 이 단어의 의미를 거기에 국한시켜야 할 정도로 충분히 널리 통용되지 않았다. 따라서 우리는 이 사역을 아주 일반적으로 이해해서, 병자들을 심방하는 것, 나이 많거나 장애를 지닌 사람들을 돌보는 것, 가난한 사람들을 물질적으로 돕는 것 같이 다른 사람에게 긍휼을 베푸는 온갖 행위를 포함하는 것으로 보아야 할 것이다.[152] 긍휼을 베푸는 그런 활동들을 하는 사람들은 특히 불평하거나 의욕이 없는 태도를 지니는 것을 피하기 위해 특히 신경을 써야 하고, "즐거움으로"[153] 이 사역을 하기 위해 애써야 한다고 바울은 조언한다.

146. S-H; Alford. 바울은 디모데전서 3:4, 5, 12에서 가정을 "다스리는" 것을 가리키는 데 이 단어를 사용한다.

147. 특히 Cranfield를 보라; 또한 Godet; Wilckens.

148. Calvin; Murray; Käsemann; Fitzmyer; Jewett.

149. σπουδή('스푸데'); 또한 롬 12:11; 고후 7:11, 12; 8:7, 8, 16을 보라.

150. ὁ ἐλεῶν(호 엘에온').

151. Dunn.

152. Calvin; Godet; Murray; Käsemann; Cranfield; Wilckens. 이 해석은 이 마지막 은사를 다섯 번째 은사인 "구제하는" 은사와 구별하는 추가적인 이점을 지닌다.

153. ἱλαρότητι('힐라로테티')' 고후 9:7을 보라.

C. 사랑과 그 표현들(12:9–21)

9 사랑에는 거짓이 없나니 악을 미워하고 선에 속하라
10 형제를 사랑하여 서로 우애하고 존경하기를 서로 먼저 하며
11 부지런하여 게으르지 말고 열심을 품고 주를 섬기라[154]
12 소망 중에 즐거워하며 환난 중에 참으며 기도에 항상 힘쓰며
13 성도들의 쓸 것을 공급하며 손 대접하기를 힘쓰라
14 너희를 박해하는 자를 축복하라[155] 축복하고 저주하지 말라
15 즐거워하는 자들과 함께 즐거워하고 우는 자들과 함께 울라
16 서로 마음을 같이하며 높은 데 마음을 두지 말고 도리어 낮은 데 처하며 스스로 지혜 있는 체 하지 말라
17 아무에게도 악을 악으로 갚지 말고 모든 사람 앞에서 선한 일을 도모하라
18 할 수 있거든 너희로서는 모든 사람과 더불어 화목하라
19 내 사랑하는 자들아 너희가 친히 원수를 갚지 말고 하나님의 진노하심에 맡기라 기록되었으되 원수 갚는 것이 내게 있으니 내가 갚으리라[a]고 주께서 말씀하시니라
20 네 원수가 주리거든 먹이고 목마르거든 마시게 하라 그리함으로 네가 숯불을 그 머리에 쌓아 놓으리라[b]
21 악에게 지지 말고 선으로 악을 이기라[156]

---

a. 신명기 32:35 / b. 잠언 25:21-22a

---

154. 서방 본문 계열의 한 무리의 사본들(D, F, G의 원본과 세 번째 수정본)은 "주[κυρίῳ, '퀴리오']를 섬기라" 대신에 "시간[καιρῷ, '카이로']을 섬기라"로 읽는다. 많은 학자들은 필사자들이 "시간을 섬기라"는 이례적인 읽기를 뜻이 분명한 "주를 섬기라"로 수정했을 가능성이 그 반대의 경우보다 훨씬 더 가능성이 크다고 주장하면서 후자의 읽기를 지지한다(Godet, 435; Michel, 384-385; Käsemann, 346; Byrne, 379를 보라). 이 읽기를 따른다면, 바울은 그리스도인들에게 "[현재의] 시간을 유익하게 사용하라"고 촉구한 것이 된다(엡 5:16과 골 4:5에서 바울이 "때를 아끼라"고 권면한 것을 보라). 그러나 고대 그리스어에서 "시간을 섬기라"는 어구는 기회주의를 나타내는 부정적인 의미를 지니고 있었고, 바울이 그런 의미를 지닌 어구를 사용했을 가능성은 거의 없어 보인다. 따라서 "주를 섬기라"(P^{46}, 모든 알렉산드리아 사본들[ℵ, A, B, 33, 81, 1739], Ψ, 대부분의 본문에서 발견되는)는 읽기가 원래의 것이고, 일부 사본들에서 오류로 말미암아 수정되었을 가능성이 높다(특히 Cranfield, 2.634-636을 보라; 또한 S-H, 362; Wilckens, 2.21; Schlier, 376-77; Dunn, 2.737; Ortkemper, *Leben aus dem Glauben*, 93-94).

155. 대명사 '휘마스'(ὑμᾶς, "너희를")가 두 개의 아주 중요한 사본들(P^{46}과 일차적인 알렉산드리아 대문자 사본 B; 또한 이차적인 알렉산드리아 소문자 사본 1739를 보라)과 몇몇 다른 사본들에 빠져 있다. 이 짧은 읽기가 원래의 읽기이고, '휘마스'는 마태복음 5:44과의 동화를 통해 첨가된 것일 가능성이 높다(Cranfield, 2.640; Wilckens, 3.22). 그러나 '휘마스'가 없더라도 그런 목적어가 전제되어야 하기 때문에, 의미에서는 별 차이가 없다.

156. 우리는 이 단락의 구조를 보여 주기 위해 본문을 이런 식으로 배열했다. 이것은 D. Black, "Pauline Love Command," 3-21의 제안을 그대로 따른 것이다. 이 단락의 구조는 그리스어 본문에서는 더 분명하게 드러난다:

우리는 특히 이 단락의 네 가지 특징을 주목할 필요가 있다. (1) 문체. 바울은 설명이 거의 없는 짧고 날카로운 명령들을 연달아 속사포처럼 쓴다. 그리스어 본문에서 이 명령들 중 대부분에 정동사가 없는 것은 이 명령들의 그러한 성격을 한층 더 강화시킨다.[157] 이 단락의 속사포적인 문체는 (2) 느슨한 구조를 만들어낸다. 사고의 흐름을 보여 주는 접속사나 불변화사가 거의 없고, 흔히 바울이 어떤 원칙 위에서 이 다양한 훈계들을 조직했는지가 분명하게 드러나지 않는다. 그리고 몇몇 명령들 간의 연결관계는 논리적인 것이라기보다는 어휘적인 것으로 보

---

9 Ἡ ἀγάπη ἀνυπόκριτος.
ἀποστυγοῦντες τὸ πονηρόν,
κολλώμενοι τῷ ἀγαθῷ,
10 τῇ φιλαδελφίᾳ εἰς ἀλλήλους φιλόστοργοι,
τῇ τιμῇ ἀλλήλους προηγούμενοι,
11 τῇ σπουδῇ μὴ ὀκνηροί,
τῷ πνεύματι ζέοντες,
τῷ κυρίῳ δουλεύοντες,
12 τῇ ἐλπίδι χαίροντες,
τῇ θλίψει ὑπομένοντες,
τῇ προσευχῇ προσκαρτεροῦντες,
13 ταῖς χρείαις τῶν ἁγίων κοινωνοῦντες,
τὴν φιλοξενίαν διώκοντες.
14 εὐλογεῖτε τοὺς διώκοντας [ὑμᾶς],
εὐλογεῖτε καὶ μὴ καταρᾶσθε.
15 χαίρειν μετὰ χαιρόντων
κλαίειν μετὰ κλαιόντων
16 τὸ αὐτὸ εἰς ἀλλήλους φρονοῦντες,
μὴ τὰ ὑψηλὰ φρονοῦντες ἀλλὰ τοῖς ταπεινοῖς συναπαγόμενοι.
μὴ γίνεσθε φρόνιμοι παρ’ ἑαυτοῖς.
17 μηδενὶ κακὸν ἀντὶ κακοῦ ἀποδιδόντες,
προνοούμενοι καλὰ ἐνώπιον πάντων ἀνθρώπων:
18 εἰ δυνατὸν τὸ ἐξ ὑμῶν, μετὰ πάντων ἀνθρώπων εἰρηνεύοντες:
19 μὴ ἑαυτοὺς ἐκδικοῦντες, ἀγαπητοί, ἀλλὰ δότε τόπον τῇ ὀργῇ,
γέγραπται γάρ: ἐμοὶ ἐκδίκησις, ἐγὼ ἀνταποδώσω, λέγει κύριος.
20 ἀλλὰ ἐὰν πεινᾷ ὁ ἐχθρός σου, ψώμιζε αὐτόν: ἐὰν διψᾷ, πότιζε αὐτόν:
τοῦτο γὰρ ποιῶν ἄνθρακας πυρὸς σωρεύσεις ἐπὶ τὴν κεφαλὴν αὐτοῦ.
21 μὴ νικῶ ὑπὸ τοῦ κακοῦ ἀλλὰ νίκα ἐν τῷ ἀγαθῷ τὸ κακόν.

157. NRSV(그리스어 본문의 구조를 충실하게 따르고 있는)에 나오는 31개의 명령형 동사들 중에서 그리스어 본문에 나오는 것을 번역한 것은 단지 9개뿐이다(14a, b, c, 16d, 19b, 20a, b[구약 인용문], 21a, b). 그 외의 다른 동사들은 동사 없는 구절들(9a, 10a, 11절a), 부정사(15절a와 b), 분사(9b, c, 10b, 11b, c, 12a, b, c, 13a, b, 16a, b, c, 17a, b, 18, 19절a)를 번역한 것이다.

인다.[158] 이렇게 이 단락은 뚜렷한 원칙 없이 되는 대로 배열한 것으로 보이기 때문에, (3) 이 단락의 주제를 정확하게 집어내는 것이 특히 어렵다. 그래서 많은 주석자들은 아주 일반적인 표제를 붙이는 것으로 만족한다: 예를 들어, "그리스도인의 삶을 지도해줄 금언들"(S-H). 끝으로 (4) 이 본문은 여러 가지 다양한 본문들과 전승들을 반영하고 있다: 구약성경(16c, 19c, 20절), 예수님의 가르침(특히 14, 17, 18, 21절),[159] 새신자들에 대한 초기 기독교의 가르침들, 유대와 심지어 헬라의 윤리적 격언들과 지혜 금언들.[160]

일부 학자들은 이러한 특징들에 대해 단순한 설명을 제시한다. 바울은 "훈계문"으로 알려져 있던 문체를 사용하고 있다.[161] 헬라와 유대의 저작들에서 발견되는 훈계문은 "전체적으로 윤리와 관련된 내용을 담은 훈계들을 줄줄이 엮어 놓는다." 훈계문은 절충주의(많은 원천들로부터 빌려 오는 것), 사고의 연속성과 단일한 주제의 전개에 대한 관심의 결여를 특징으로 한다.[162] 훈계문에 대한 이러한 일반적인 설명은 분명히 우리 앞에 있는 단락과 부합한다. 그러나 훈계문은 아주 넓은 범주여서, 우리가 이 단락을 훈계문으로 규정한다고 해도, 몇몇 핵심적인 쟁점들은 해결되지 않은 채 그대로 남아 있게 된다.

그러한 쟁점 중 하나는 이 훈계들과 로마 회중의 관계다. 훈계문은 통상적으로

---

158. 예를 들어, '디오코'(διώκω, 13절에서는 "힘쓰라", 14절에서는"박해하다")는 이 단어가 없었으면 전혀 별개의 것이었을 13절과 14절을 연결시켜 준다.

159. 예수의 가르침을 의식적으로 언급한 것이라고 주장한 것으로는 특히 Dunn, "Paul's Knowledge," 193-207; Stuhlmacher, "Jesustradition im Römerbrief?" 240-250을 보라; 아주 자세한 것으로는 M. B. Thompson, *Clothed with Christ*. Longenecker (939)는 명령형 동사들(14a, 17a, 19-20, 21절)은 바울이 예수의 가르침을 나름대로 풀어서 설명한 것임을 보여 주는 것이라고 주장한다. 다른 사람들은 바울의 가르침과 예수의 가르침의 유사점들을 지적하면서도, 바울은 의식적으로 예수의 가르침을 간접적으로 인용한 것이 아니라, 단지 공통의 기독교 전승을 인용한 것이라고 말한다(예를 들어, Walter, "Paulus und die urchristliche Jesustradition," 498-522, 특히 501-502). 바울 서신에 나타난 예수의 가르침을 전반적으로 다룬 것으로는 특히 Blomberg, "Quotations," 129-143을 보라.

160. W. Wilson은 유대의 여러 다양한 지혜 문구들과의 병행을 환기시킨다(*Love without Pretense*, 91-126). Engberg-Pedersen은 스토아철학의 가르침에 의한 영향을 언급한다("Paul's Stoicizing Politics," 163-172). Esler는 스토아철학의 영향을 의심하는 반면에("Paul and Stoicism," 106-124), Thorsteinsson은 그 영향을 재확인한다("Paul and Roman Stoicism," 1391-61).

161. 아주 분명한 것으로는 Michel, 381-382를 보라.

162. 예를 들어, Dibelius, *Fresh Approach*를 보라; 또한 그의 *James*, 3-11(위에서 인용한 말들은 3쪽에 나온다).

아주 일반적인 청중을 대상으로 하는 것으로 여겨진다. 이것은 12:9-21과 부합하는 것으로 볼 수도 있다. 많은 주석자들은 바울이 12-13장에서 자신의 윤리적 가르침에 대한 일반적인 요약을 제시하고 있다고 생각하기 때문이다. 하지만 위에서 말했듯이(12:1-15:13의 서론을 보라), 바울은 자신의 권면들을 어느 정도는 로마 기독교 공동체의 상황에 맞춰 제시하는 것으로 보인다.[163] 이것은 바울이 몇몇 중요한 윤리적 주제들(예를 들어, 성적인 문제와 관련된 성결)을 제외한 반면에, 그리스도인들에 대한 사랑과 돌봄(10a, 13절), 겸손과 같은 마음(10b, 15-16절), 원수 사랑(14, 17-21절) 같은 개인적인 관계들에 영향을 미치는 문제들에 초점을 맞추고 있는 이유를 설명해 준다. 또한 여기에 나오는 일련의 권면들과 바울의 다른 본문들에 나오는 일련의 권면들 간의 병행도 바울이 초기 그리스도인에게 친숙했던 가르침을 재현하고 있는 것이라고 생각하게 만든다. 특히 바울이 고린도전서 12-13장에서처럼 사랑의 중요성을 상기시키는 방식으로 은사들을 논의하고 있는 것을 주목하라.[164] 그리고 앞에서 이미 보았듯이, 바울의 구체적인 권면들 중 다수는 다른 초기 기독교 자료들과의 병행을 보여 준다. 이 병행들은 바울이 전승 자료의 여러 대목들을 "통째로" 가져온 것임을 보여 주는 것이 아니라, 그가 초기 교회의 교리교육에서 꼭 가르쳐야 할 중요한 것들을 서로 다른 많은 자료들로부터 가져와서 짜깁기했다는 것을 보여 준다.[165]

추가적인 설명을 필요로 하는 두 번째 쟁점은 구조의 문제다. 많은 학자들은 이

163. 특히 Wedderburn, *Reasons*, 81-82; Jewett; idem, *Christian Tolerance*, 93-94; D. Black, "Pauline Love Command," 13-14를 보라.

164. 또한 9절a가 사랑이 "참되야" 한다는 것을 강조하고, 이것은 바울이 그리스도인들은 사랑에 대한 이해와 적용에서 불신자들과 다르는 것을 강조하고자 했다는 것을 보여 준다는 것도 주목하라. 따라서 이것은 고린도전서 14장에서 강조한 것과 비슷하다. 또한 데살로니가전서 5:19-22절에서도 영적인 은사들의 사용에 대한 권면(19-20절; 롬 12:6-8을 보라)에서 달라야 한다는 것에 대한 권면(21절a; 롬 12:9, "거짓이 없나니")으로 나아갔다가 "선"("좋은 것")을 고수하고 "악"을 피하라는 권면(21절a; 롬 12:9b을 보라)으로 나아가는 것을 보라. 이러한 병행들에 대해서는 특히 Dunn, 2.740을 보라.

165. 예를 들어, Wilckens, 3.18-19; Dunn, 2.737을 보라. 반대 견해로는 예를 들어, Talbert가 있다. 그는 9b-13절은 유대적인 냄새를 풍기는 전승으로서, 바울이 통째로 가져와 사용한 것이라고 생각한다("Tradition and Redaction," 84-91). Talbert는 바울이 분사들을 명령형으로 사용한 것이 그가 유대 자료를 사용했음을 보여 주는 증거라고 말한다. 그러나 설령 유대 전승의 영향(이것은 분명하지 않다; 9절의 각주를 보라)을 인정한다고 할지라도, 분사들의 사용이 단일한 자료의 사용을 보여 주는 것은 아니다(W. Wilson, *Love without Pretense*, 157-160을 보라).

본문은 단지 내용만을 고려하는 것이 아니라 문체를 고려하면, 이전에 생각되어 왔던 것과는 달리 느슨하게 조직되어 있지 않다고 확신한다. 가장 설득력 있는 제안은 블랙이 제시한 것인데,[166] 나는 위에 나오는 나의 사역에서 최선을 다해 그의 도식을 재현하려고 애를 썼다. 블랙에 의하면, "참되게 사랑하라"(9절a)가 이 단락 전체의 표제다. 그런 후에 9b-13절에서 교차대구법적으로 배열된 일련의 권면들이 2-3-2-3-2라는 형태로 뒤따른다.[167] 14, 14, 16절은 각각 문체와 어휘라는 측면에서 내적인 통일성을 보여 주지만, 내용상으로는 서로 관련되어 있지 않다. 이 본문은 그리스도인들은 원수를 어떻게 대해야 하느냐 하는 문제를 다루는 또 하나의 교차대구법적 구조로 끝난다. 이 교차대구법의 처음과 끝은 17절a와 21절이고, 이 둘은 핵심 단어인 "악"을 공유한다. 한 걸음 더 움직이면, 우리는 17b-18절과 20절에서 그리스도인들이 불신자들을 어떻게 대해야 하느냐와 관련한 권면들을 발견한다. 그리고 이 교차대구법적 구조의 중앙에는 원수 갚는 것을 금지하는 핵심적인 명령을 담은 19절이 위치해 있다. 블랙의 수사학적 분석은 많은 전통적인 분석들을 따라 이 본문을 두 부분, 즉 9-13절과 14-21절로 나눈다.[168] 이 두 하위단락의 내용은 이 구분과 대응되지 않는 것으로 보이기 때문에, 이 구분에 대한 의구심이 항상 존재해 왔다. 특히 골치 아픈 것은 바울이 그리스도인들 간의 상호관계들(9b-13절)에서 시작해서 불신자들과의 관계들(14절)로 나아갔다가 그리스도인들 간의 상호관계들(15-16절)로 다시 돌아왔다가 불신자들과의 관계들(17-21절)로 다시 돌아가고 있는 것으로 보인다는 것이다.[169] 블랙의 분석은 이 단락의 중심부인 14-16절이 상대적으로 독립적인 세 가지 권면들로 구성된다고 말함으로써

---

166. "Pauline Love Command"를 보라. 몰론 이 단락 전체 또는 일부에 대해 다른 많은 제안들이 제시되어 왔다. 예를 들어, Dunn, 2.738; Michel, 383; Schmithals, 449; W. Wilson, *Love without Pretense*, 175-176을 보라. 일부 해석자들은 13절과 14절 사이에서(Wright), 또는 16절과 17절 사이에서(Schreiner) 단락을 나누거나, 둘 모두에서 단락을 나누기도 한다(Kruse).

167. 이 모든 것은 그리스어 본문에서 정관사로 시작된다.

168. 예를 들어, Chrysostom, Homily 22 (p. 506); Käsemann, 345; Cranfield, 2.629; Wilckens, 3.18; Dunn, 2.738; Longenecker, 935를 보라.

169. 예를 들어, Ortkemper, Leben aus dem Glauben, 8-9를 보라. 이 문제점 때문에 일부 학자들은 이 본문의 핵심적인 단락 구분은 16절과 17절 사이에 온다고 주장한다(Lagrange, 301; Huby, 422; Viard, 265; Morris, 454; Schmithals [444]도 비슷하지만, 16절을 이행절로 본다).

이 문제에 대한 대답을 어느 정도 제시한다.[170]

해결되지 않은 마지막 두 가지 서로 관련되어 있는 쟁점은 주제 및 문맥과의 관계에 관한 문제들이다. 블랙의 구조 분석은 이 단락의 처음인 9a절에 나오는 참된 사랑에 대한 요구가 이 단락 전체의 주제라는 것을 강조한다. 그리고 대부분의 학자들은 바울이 13:8-10에서 율법의 완성이라고 또 다시 강조하게 될 사랑이 이 단락에 기본적인 것이라는 데 동의할 것이다.[171] 그러나 여기에서 기본적인 것이라는 말은 모든 권면이 사랑이 무엇이냐에 대한 직접적인 설명이라는 의미가 아니라, 이 단락의 근저에 있는 모티프라는 의미다. 바울은 언제나 구체적으로 사랑에 관해 말하는 것은 아니지만, 그리스도인에게 합당한 행실인지를 판단하는 가장 중요한 단일한 판별기준인 사랑으로 언제나 계속해서 되돌아간다.

이 단락은 앞 단락과 어떤 관계에 있는가? 몇몇 학자들은 9-21절은 특히 공동체의 은사 활동에 초점을 맞춰서,[172] 3-8절에 나온 공동체 관계들에 관한 논의를 이어가고 있는 것이라고 생각한다.[173] 그러나 9절은 구문론적으로 3-8절과 연결되어 있지 않고, 문체와 내용 둘 모두에서 단절되어 있다. 따라서 9-21절에 나오는 일련의 권면들은 이 대단락 전체의 주제와 일반적으로 결합되어 있다. 이 절들은 마음을 새롭게 하여 변화를 받고 있는 사람이 수긍하는 "선"(2절)을 더 자세하게 설명한다.

9 이 단락의 처음에 나오는 말은 이전의 맥락에 속한 어떤 것과도 명시적으로 연결되어 있지 않고, 그리스어 본문에는 동사가 없다. 바울은 단지 "진실한 사랑"

---

170. Black은 14-16절 전체가 그리스도인들의 상호관계에 관한 것이라고 생각한다("Pauline Love Command," 18-19). 그러나 14절은 거기에 해당되지 않는 것으로 보인다. 더 급진적인 견해는 14-21절 전체를 그리스도인들의 상호관계와 관련된 것으로 보는 것이다(Yinger, "Romans 12:14-21"); 그러나 이 견해는 한층 더 설득력이 없다.

171. 예를 들어, S-H, 360; Michel, 382; Dunn, 2.739; Schlier, 373; Fitzmyer, 652; Furnish, *Love Command*, 103; W. Wilson, Love without Pretense, 143-144를 보라; 9절a에서 말하는 사랑이 이 단락 전체의 표제라는 것을 부정하는(p. 343) Käsemann조차도 '아가페'(ἀγαπή, "사랑")가 9-21절의 처음과 끝을 결정하고, 이 본문 전체에 걸쳐 반복해서 등장한다는 것을 인정한다(p.349).

172. 특히 Käsemann, 343-344를 보라.

173. 특히 Achtemeier, 196, 200을 보라.

이라고만 말한다. 이 말은 이후에 나오는 내용에 대한 표제이고, 바울은 이후에 나오는 일련의 분사절들을 통해 진정한 사랑이 무엇인지를 설명해 나간다.[174] 하지만 모든 주요한 영역 성경들에서 명령형 동사를 추가한 것 - 예를 들어, NIV, "사랑은 진실해야 한다" - 은 잘못된 것이 아니다.[175] 6b-8절에 나온 비슷한 구절들에서와 마찬가지로, 여기에서 바울의 목적은 단순히 설명하는 것이 아니라 권면하는 것이다. 우리 주님이 친히 구약 율법의 본질(막 12:28-34과 그 병행문들)과 새 언약의 중심적인 요구(요 13:31-35)로 선택하신 이웃 사랑은 신속하게 기독교의 근본적이고 특징적인 윤리 규범으로 소중히 여겨지게 되었다.[176] 그리스도인들의 이웃 사랑은 자기 아들을 주신 것으로 표현된 하나님의 사랑에 토대를 두고 있었고, 바로 그 하나님의 사랑으로 말미암아 가능할 수 있었다(특히 요 13:34과 요일 4:9-11을 보라).[177] 바울은 이미 로마서에서 우리에게 이 사랑을 상기시킨 바 있다(5:5-8을 보라). 초기 그리스도인들은 그들의 모든 관계의 토대가 되어야 했던 이 사랑의 특별한 성격을 표현하기 위해 상대적으로 드물게 사용되던 단어를 선택했다: '아가페.'[178] 이것은 바울이 여기에서 사용한 단어이고, 이 단어에 붙은 정관사(그리스어 본문에서)는 바울이 이미 잘 알려져 있는 미덕에 관해 말하고 있는 것임을 나타낸다.[179] 사실

174. 이 말이 바로 앞에 나온 말과 연결될 가능성은 없어 보인다: "긍휼을 베푸는 자는 즐거움으로 할 것이니라: 너희의 사랑이 진정한 것이 되게 하라"(이 제안에 대해서는 Engberg-Pedersen, *Paul and the Stoics*, 265-266을 보라).

175. 하지만 Jewett을 보라.

176. 또한 예를 들어, 살전 4:9; 갈 5:13-14; 고전 13장; 약 2:8-9; 벧전 1:22; 요일 2:7-11; 3:10-18; 4:7-12, 18-21을 보라; 특히 롬 13:8-10을 보라.

177. 이렇게 Furnish가 지적하듯이, 사랑은 반드시 있어야 하는 것이다 - 사랑은 그리스도 안에서 "새로운 피조물"이 된 사람들의 필수불가결한 증표다(Love Command, 93-95).

178. 명사 '아가페'(ἀγάπη)는 주후 2-3세기 이전에는 성경 외의 그리스어에서는 드물게 사용되었다. 이 단어는 칠십인경에 20번 나오는데, 11번은 사람들 간의 사랑을 가리키고(삼하 1:26), 특히 남녀 간의 사랑을 가리키지만(삼하 13:15; 전 9:1, 6[?]; 아가서에서 11번; 렘 2:2[하나님에 대한 이스라엘의 사랑]), 하나님의 사랑(지혜서 3:9), 지혜에 대한 우리의 사랑(지혜서 6:18; 그리고 시락서 48:11에 나오는 것은 분명하지 않다)도 가리킨다. 반면에, 동사 '아가파오'(ἀγαπάω)는 신약 시대에 훨씬 더 자주 사용되었고(칠십인경에서 250번 넘게), 온갖 종류의 관계들을 가리킨다. 따라서 '아가페'가 기독교 특유의 용어라거나, 기독교 특유의 미덕을 가리킨다는 주장은 정확하지 않다; 초기 그리스도인들은 사랑의 성격에 대한 그들의 구체적인 이해를 전달하기 위해 이 단어를 선택했다(아마도 그리스어에서 "사랑"을 나타내는 다른 단어들이 지닌 바람직하지 않은 뉘앙스들 때문에)고 말하는 것이 더 낫다.

179. BDF §258(1); N. Turner, *Syntax*, 177.

바울은 그리스도인이라면 누구나 알고 있는 아주 기본적인 사랑에 대해 말하고 있기 때문에, 여기에서 심지어 우리에게 사랑하라는 권면조차 하지 않고, 단지 우리가 지금 하고 있는 사랑이 "진정한" 것이어야 한다는 말만 한다. 바울이 우리의 사랑이 진정한 것이어야 한다고 촉구한 것은 우리의 사랑이 하나님이 사랑이시라는 것과 우리를 사랑하셨다는 것에 부합하지 않는 외견상의 사랑, 겉보기에 사랑으로 보이지만 사실은 사랑이 아닌 것이 되어서는 안 된다는 경고다.[180]

9절의 후반절에서 우리는 모두 분사절로 된 두 가지 권면을 더 발견한다. 바울이 왜 이 훈계들을 분사들을 사용해서 표현하는 쪽을 선택했는지에 대해서는 계속해서 논쟁이 되고 있지만,[181] "진정한 사랑"에 대한 첫 번째 요구와 이 두 권면의 밀접한 관계를 보여 주기 위해 그렇게 한 것으로 보인다.[182] 즉, 바울은 "진정한 사랑"은 "악을 미워하고" "선을 고수하는"(한글개역개정에는 "선에 속하라") 것이라고 말하고 있는 것이다.[183] 이 두 가지 권면에서 사용된 동사들의 의미는 아주 강하다.

---

180. '아뉘포크리토스'(ἀνυπόκριτος, 한글개역개정에는"거짓이 없나니")는 "위선이 없는" 것, 예를 들어, 무대에서 연기자가 연기하는 것이 아닌 것을 의미한다. 바울이 초기 기독교의 일반적인 가르침에 빚지고 있다는 것은 여기에서도 분명하게 드러난다. 왜냐하면 이 동일한 형용사는 고후 6:6; 딤전 1:5; 벧전 1:22에서도 사랑에 적용되기 때문이다(또한 이 형용사는 믿음을 설명하는 딤후 1:5, "위로부터 난 지혜"를 설명하는 약 3:17에서도 사용된다).

181. 바울이 명령의 의미를 지닌 분사들을 사용한 것에 대해서는 세 가지 설명이 제시되어 왔다. (1) 이 분사들은 독립적으로 사용되지 않고, 이 문맥 속에 나오는 또 다른 동사에 걸리거나(예를 들어, Winer, *Treatise on Grammar,* 442), 생략되어 있는 '에이미'(εἰμι, "~이다, 있다")의 어떤 형태에 걸린다(von Siebenthal, *Griechische Grammatik*, §231k). (2) 신약성경에서 명령의 의미를 지닌 분사들은 탄나임 히브리어에서 훈계들을 표현하는 데 분사들을 사용한 것을 반영한 것이다(특히 Daube, "Appended Note"; idem, *New Testament and Rabbinic Judaism*, 90-97; D. Black, "Pauline Love Command," 17; Barrett, "Imperative Participle"; Kanjuparambil, "Imperatival Participles"; Moule, *Idiom Book*, 179-180을 보라). (3) 신약성경에서 명령의 의미를 지닌 분사들은 그리스어 자체 내에서의 자연스러운 발전이다(Moulton, *Prolegomena*, 180-183; Meecham, "Use of the Participle"; Porter, *Verbal Aspect*, 370-377[그는 이 문제의 현황에 대한 훌륭한 객관을 제시한다]). 이 분사들을 또 다른 동사에 걸리는 것으로 보기 위해서는 무리한 것들을 해야 하기 때문에 첫 번째 선택지는 가능성이 희박하고, 히브리어에서 훈계들을 표현하는 데 분사를 사용했다는 것을 보여 주는 가장 분명한 증거는 후대의 것이기 때문에 두 번째 선택지도 의심스럽다. 따라서 세 번째 선택지를 받아들여야 할 것으로 보인다.

182. 다른 학자들은 바울이 분사를 사용한 것은 분사가 명령형보다 덜 강제적이고 더 "외교적"이기 때문이라고 주장한다(N. Miller, "Imperativals of Romans 12," 특히 173-174; W. Wilson, *Love without Pretense*, 161-163; M. B. Thompson, *Clothed with Christ*, 90). Runge (*Discourse Grammar*, 264-265)은 바울이 분사들을 사용하기로 선택한 것은 이 절들을 종속적인 것들로 만들고자 한 것임을 보여 주는 것이라고 말한다.

183. 분사들과 "진정한 사랑"에 대한 첫 번째 요구의 연결관계에 대해서는 예를 들어, Godet; Michel;

"미워하다"는 "극도로 미워하다"로도 번역될 수 있고,[184] "고수하다"는 결혼 관계의 특징인 친밀한 결합을 가리키는 데도 사용될 수 있다.[185] 기독교적인 "진정한" 사랑은 방향성 없는 감정도 아니고, 오직 느끼기만 할 수 있고 표현할 수는 없는 어떤 것도 아니라고 바울은 말한다. 사랑이 한 사람을 어떤 악한 일을 행하거나 선한 것을 행하는 것을 피하도록 이끈다면 - 하나님이 자신의 말씀 속에서 정의하신 선악과 관련해서 - 그것은 진정한 사랑이 아니다. 진정한 사랑, "진짜 사랑"은 그리스도인을 이끌어서, 변화된 마음과 생각의 결과물인 "선"을 행하게 한다(2절).

10 이 절에 나오는 두 가지 권면은 그리스도인들 "서로"에 대한 관계들에 초점을 맞추고 있다는 공통점을 지닌다. 또한 이 두 권면은 구조도 비슷하다. 각각의 권면은 바울이 권면하고자 하는 미덕에 대한 언급으로 시작해서 - "형제 사랑과 관련해서는", "존경과 관련해서는"[186] - 상호성에 대한 강조("서로")로 나아가서 명령의 요소로 끝난다.[187]

바울은 9-21절에 나오는 모든 권면의 도입부로서 진정한 사랑을 명령한 후에, 이제 자신의 초점을 좁혀서, 그리스도인들에게 "형제 사랑"('필라델피아') 가운데서 서로에게 "헌신하라"('필로스토르고이', 한글개역개정에는 "우애하고")고 권면한다. 이 권면에서 어간 '필로-'를 공유하는 두 핵심 단어들은 가족 관계의 의미를 전달해 준

R. Jewett, *Christian Tolerance*, 94를 보라; 반대 견해로는 Cranfield가 있다. 그는 이 분사절들은 독립적이라고 생각한다. Jewett은 10-16절은 "선에 속하라"를 자세하게 설명하고, 17-21절은 "악을 미워하고"를 자세하게 설명한다고 생각한다

184. 주석자들이 크리소스토모스 아래로 인정해 왔듯이, '아포스튀군테스'(ἀποστυγοῦντες)에서 '아포-'는 이 동사를 강조된 형태로 만든다(또한 S-H; Cranfield을 보라). 이 단어는 성경 그리스어에서 오직 여기에만 나온다.

185. 동사 '콜라오마이'(κολλάομαι, "고수하다")는 바울 서신의 다른 곳들에서는 오직 성적인 관계들과 관련해서만 사용된다(고전 6:16, 17; 또한 마 19:5을 보라). R. Jewett, *Christian Tolerance*, 101-104를 보라.

186. 여격들인 '테 필라델피아'(τῇ φιλαδελφίᾳ, "형제 사랑과 관련해서는")와 '테 티메'(τῇ τιμῇ, "존경과 관련해서는")는 관심을 나타내는 여격들이다(Moule, Idiom Book, 46; Zerwick and Grosvenor, *Grammatical Analysis*, 487).

187. 첫 번째 권면에는 명시적인 동사가 없기 때문에, 형용사 '필로스트로고이'(φιλόστοργοι, "헌신하는, 우애하는") 앞에 "보이라" 같은 동사를 보충해야 한다(Zerwick and Grosvenor, *Grammatical Analysis*, 487). 두 번째 권면은 다시 명령을 의미하는 분사로 되돌아간다(9절의 각주를 보라).

다.[188] 여기에서 바울은 교회를 확대된 가족으로 본 초기 기독교의 이해를 반영한다. 즉, 그리스도인들은 친밀한 친교 가운데 함께 묶여 있는 가족이기 때문에 서로에 대해 진실하고 일관된 관심을 나타내 보여야 한다는 것이다.

이 절에 나오는 두 번째 권면의 전체적인 의미는 충분히 분명하다: 그리스도인들은 다른 신자들을 인정하고 신뢰하려고 애써야 한다. 그러나 정확한 의미에 대해서는 논란이 있다. 바울이 사용한 동사는 "앞서 가다"를 의미하고, 흔히 다른 사람에게 길을 보여 주기 위해 앞서 간다는 추가적인 뉘앙스를 지닌다.[189] 초기 및 좀 더 최근의 많은 역본들과 주석자들은 이 동사가 이 기본적인 의미를 지닌다고 보고서, 바울의 이 권면은 "존경을 보이는 것에서 서로를 능가하다" 같은 의미를 지닌다고 생각했다.[190] 하지만 다른 사람들은 이 동사는 "더 낫게 여기다"라는 좀 더 특별한 의미를 지닌다고 보고서,[191] "존경하는 것에서 서로를 더 낫게 여기다"로 번역해야 한다고 주장한다.[192] 각각의 해석은 약점들을 지니고 있지만, 후자가 이 동사의 확증되지 않은 의미를 전제한다는 사실에 비추어보았을 때, 전자가 더 나을 것으로 보인다. 바울은 그리스도인들에게 존경을 보이는 것에서 서로를 능가할 것을 요구한다. 예를 들어, 그리스도인들은 다른 사람의 공을 기꺼이 인정하고 칭송하며 공을 다른 사람에게 돌려야 한다는 것이다.

---

188. 이 뉘앙스는 신약성경에서 오직 산발적으로만 사용되는 '필라델피아'(φιλαδελφία, "형제 사랑")이라는 단어에 기본적인 것이다(살전 4:9; 히 13:1; 벧전 1:22; 벧후 1:7을 보라). 필로스트로고이'(φιλόστοργοι)라는 단어는 신약성경에서는 오직 여기에만 나고, 칠십인경에는 오직 1번 나온다(4 Macc. 15:13; 명사 φιλοστοργία['필로스트로기아']는 2 Macc. 6:20과 4 Macc. 15:6, 9에 나온다; 부사 φιλοστόργως['필로스트로고스']는 2 Macc. 9:21에 나온다). 이 단어군은 헬레니즘 시대에는 서로 다른 여러 관계 영역들에 적용되었지만(Michel), 가족처럼 사랑하고 걱정해주는 관심의 뉘앙스를 유지하고 있었다(Spicq, "**ΦΙΛΟΣΤΟΡΓΟΣ**"를 보라).

189. 이 동사는 그리스어로는 '프로에구오마이'(προηγούμαι)다. 이 동사는 성경 그리스어에서는 오직 여기에만 나온다; 정의에 대해서는 BDAG를 보라.

190. NRSV; ESV; CSB; CEB; Chrysostom; BDF §150; Dunn; Fitzmyer; Byrne; Jewett; idem, *Christian Tolerance*, 108을 보라.

191. 그들은 '헤구오마이'(ἡγούμαι)는 "여기다"를 뜻하고, '프로-'(προ-)는 "더 낫게"를 가리키는 것으로 본다.

192. KJV; NASB; NIV; S-H; Käsemann; Michel; Cranfield; Schreiner; Wilckens. 그들은 흔히 근거로 드는 본문은 빌립보서 2:3, "오직 겸손한 마음으로 각각 자기보다 남을 낫게 여기고[ἡγούμενοι, '헤구메노이']"다(하지만 이 본문은 로마서 12:10과 동일한 동사를 사용하지 않는다).

11 이 절의 구분이 보여 주듯이, 이 절의 첫 번째 권면인 "열심 가운데서 게으르지 말라"(한글개역개정에는 "부지런하여 게으르지 말고")는 그다음에 나오는"성령으로 불 붙어서"(한글개역개정에는 "열심을 품고")라는 권면과 결합된 것으로 볼 수도 있다.[193] 그러나 앞에서 이미 보았듯이(이 단락의 서론을 보라), 이 권면의 문체는 10절의 권면들과 더 많은 공통점을 지닌다. 따라서 우리는 "열심 가운데서 게으르지 말라"는 바울의 경고를 10절에 나오는 서로를 사랑하고 존경하라는 명령과 연결시켜야 한다.[194] 바울은 무엇에 불굴의 열심으로 부지런하라는 것인지, 그 대상을 구체적으로 말해주지 않지만, 아마도 앞에서 우리에게 명령한 "영적 예배"를 염두에 둔 것으로 보인다.[195] 우리 삶의 모든 측면에서 하나님을 공경하고 경외해야 할 일생에 걸친 우리의 책임에 대한 열심을 잃고서, "하나님의 선하시고 기뻐하시고 온전하신 뜻"이 무엇인지를 분별하고 추구하는 일에서 게으르고 안일하게 되고자 하는[196] 유혹은 본성적인 것이지만, 저항해야 하는 것이다.

"열심"이라는 개념은 두 번째 권면에 나오는 "불이 붙는"[197] 것과 관련된 표상에서도 계속된다. 여기에서 바울은 그리스도인들에게 주님에 대한 강력하고 열정적인 헌신의 심령을 유지할 것을 촉구하는 것일 수도 있다.[198] 그러나 바울이 언급한 "영"은 이것과 병행되는 11절c에 나오는 "주"에 대한 언급에 비추어보았을 때 성령을 가리키는 것일 가능성이 더 높다.[199] 이 견해에 의하면, 바울은 우리에게 성령이 "우리에게 불을 붙이는" 것을 허용하라고 권면한 것이 된다.[200] 즉, 주

193. 예를 들어, Murray를 보라.

194. D. Black, "Pauline Love Command," 7-8; Furnish, *Love Command*, 104(그는 σπουδή ['스푸데', "열심"]가 고후 8:8에서 사랑을 수식한다는 것을 지적한다; 또한 8:16을 보라)를 보라.

195. Cranfield.

196. '오크네로스'(ὀκνηρός)는 게으름을 불러일으키는 것(예를 들어, 빌 3:1), 또는 게으름을 지닌 것(여기에서 및 마 25:26)을 가리킬 수 있다. BDAG를 보라.

197. 동사 '제오'(ζέω)는 "끓다, 끓어오르다"를 의미하고, 감정이나 욕망과 관련해서 비유적으로 사용되었다(BDAG). 사도행전 18:25을 보라. 거기에서 아볼로는 "열심으로"(ζέων τῷ πνεύματι, '제온 토 프뉴마티') 예수에 관해 가르쳤다고 말한다.

198. Godet; S-H; Murray; Kruse, 그는 아볼로가 "열심으로" 예수에 관해 가르쳤다고 말하는 사도행전 18:25을 인용한다. 따라서 여격 '토 프뉴마티'는 장소를 나타낸다: "[너희 각 사람의] 영에서." Fee (*God's Empowering Presence*, 611-612)는 여기에서 이 단어는 기본적으로 인간의 영을 가리키지만, 아울러 성령도 암시하고 있다고 생각한다.

199. Calvin; Barrett; Käsemann; Cranfield; Schlier; Dunn.

200. 이 해석은 여격 '토 프뉴마티'를 도구를 나타내는 여격으로 본다: "성령으로 말미암아."

께서 우리를 부르신 "영적 예배"에 대한 열심을 우리에게 불붙이고자 하는 성령에 대해 우리 자신을 열라는 것이다.

"주를 섬기라"는 권면은 너무 뻔하고 지나치게 넓은 의미를 지니고 있어서 실제로 적용할 수 없는 말이기 때문에, 얼핏 보면 용두사미처럼 보일 수 있다. "성령으로 불 붙어서"라는 권면은 교회사와 현재의 경험이 풍부하게 입증해주듯이 오용될 소지가 있다. 그리스도인들은 흔히 영적인 것들에 대한 열광주의에 사로잡혀서, 성경이 제시한 그리스도인의 삶의 객관적인 기준들을 도외시해 왔다. 바울이 여기에서 염두에 둔 것은 바로 그것이고, 그는 성령에 불붙은 것은 주를 섬기는 것에서 비롯되어야 하고 주를 섬기는 것으로 귀결되어야 한다는 것을 우리에게 상기시킴으로써 그러한 오용를 차단하고자 한 것으로 보인다. 성령이 우리 안에서 만들어내는 것은 자기를 과시하고자 하는 자기중심적인 열광주의(이것은 고린도 신자들의 특징이었다)가 아니라, 우리를 피로 사신 주님을 겸손히 섬기고자 하는 열심이다.[201]

12 이 절에 나오는 세 가지 권면은 문체와 내용에서 서로 밀접하게 연관되어 있다. 왜냐하면 소망, 인내, 기도는 자연스러운 동반자들이기 때문이다. 우리는 장차 우리가 하나님의 영광에 참여하게 될 것이라는 하나님의 약속에 의거해서 담대함을 얻어 "소망 중에 즐거워"할지라도,[202] 소망을 이루기 위한 길은 환난들로 점철된 내리막길이라는 것을 안다. 현실주의자였던 바울은 이것을 알고 있었다. 그래서 그는 다른 곳들에서와 마찬가지로 여기에서도 소망에 대해 말한 후에 신속하게 인내가 필요하다는 말로 옮겨간다.[203] 아울러 우리가 계속해서 소망 중에 즐거워하고 환난 아래에서 잘 견뎌낼 수 있느냐의 여부는 "기도에 항상 힘쓰

201. 특히 Cranfield를 보라. 몇몇 영역 성경들은 "성령으로 불붙어서"라는 권면을 이 마지막 권면에 종속시킴으로써, 이러한 연결관계를 분명히 보여 준다; 예를 들어, NJB: "주를 섬김에 있어서 대충 하지 말고 정성을 들여 열심히 행하라."

202. 여격 '테 엘피디'(τῇ ἐλπίδι, "소망 중에")는 원인을 나타내는 여격일 수도 있고(BDF §196; Zerwick and Grosvenor, *Grammatical Analysis*, 487; Cranfield; Wilckens; Fitzmyer), 도구를 나타내는 여격일 수도 있다(Michel; Murray). 어느 쪽이든 소망은 우리의 기쁨의 토대 또는 이유다. 그러나 로마서 5:2b과 8:24에 비추어보았을 때, 이 여격을 장소를 나타내는 여격으로 보는 것이 더 낫다(Käsemann; Schlier): 우리는 소망 가운데서 즐거워한다.

203. 또한 롬 5:2b-3; 8:24-25; 고전 13:7; 살전 1:3을 보라.

라"[204]는 바울의 권면을 어느 정도나 실천하느냐에 달려 있다는 것을 우리는 안다. (로마서 8:24-27에서도 바울이 소망에서 인내를 거쳐 기도로 나아가는 것을 주목하라.)

13 바울은 자신의 첫 번째 일련의 권면들을 자기가 앞서 말한 서로에 대한 사랑과 관심(10절)을 실천에 옮기라고 그리스도인들에게 명령하는 것으로 끝맺는다.[205] 이 절의 첫 번째 권면에서 바울은 신약성경에서 아주 친숙한 단어인 '코이노니아'("나눔, 교제")의 동사 형태를 사용한다. 하지만 바울은 우리에게 성도들과 교제를 가지라고 촉구하는 것이 아니라, 성도들의 "쓸 것"을 서로 나누라고 촉구한다. 이 "쓸 것"은 물질적으로 필요한 것들을 가리킨다: 음식, 옷, 거처.[206] 따라서 바울이 여기에서 우리에게 명령하는 교제는 우리의 물질들을 가난한 그리스도인들과 나누는 것이다.[207] 일부 학자들은 바울은 특히 예루살렘의 유대 그리스도인들을 염두에 두었을 것이라고 생각한다(15:25, 26을 보라). 실제로 그는 나중에 이방 교회들로부터 모은 연보를 예루살렘의 유대 그리스도인들에게 전달했다(15:30-33을 보라).[208] 그러나 우리는 바울의 이 명령과 관련해서 당연히 유대 그리스도인을 배제해서는 안 되지만, 바울이 특히 그들을 염두에 두고 이 말을 했다는 것을 시사해주는 것은 아무것도 없다.[209]

그리스도인의 사랑의 또 다른 차원은 "손 대접"의 실천이다. 바울 시대에는 빌려서 사용할 수 있는 숙박 시설이 거의 없었기 때문에, 손님에게 숙식을 제공하는

204. 동사 '프로스카르테레오'(προσκαρτερέω, "어떤 것에 몰두하다"; W. Grundmann, *TDNT* 3.618)는 행 1:14; 2:42; 6:4; 골 4:2에서도 기도와 관련해서 사용된다.

205. 이렇게 13절은 문체상으로는 9절b과 연결되지만(이 단락의 서론에 나오는 분석을 보라), 내용상으로는 10절과 연결된다(φιλοξενία['필록세니아', "손 대접"]는 10절의 어근 φιλο-['필로-']를 가져와서 사용한다는 것도 주목하라).

206. 신약성경에서 이 단어가 복수형으로 나오는 유일한 다른 용례도 이렇게 물질적인 필요에 초점이 맞춰져 있다(행 6:3; 20:34; 28:10; 딛 3:14; 또한 행 2:45; 4:35; 엡 4:28; 빌 2:25; 4:16; 요일 3:17; 계 3:17을 보라). 초기 교회의 관행, 즉 모든 신자들이 자신의 소유를 다 내어놓아서 필요(χρεία, '크레이아'; 행 2:44-45)로 하는 모든 사람에게 공급함으로써 '코이노니아'(κοινωνία, "교제," 행 2:42)를 보여 준 것과 바울의 이 권면 간의 병행은 주목할 만하다.

207. 롬 15:27; 갈 6:6; 빌 4:15; 딤전 5:22에 나오는 이 단어의 용례를 보라. Fitzmyer를 보라.

208. Black; Ziesler; Dunn.

209. Lohse. 바울이 글라우디오 황제에 의해 추방되었다가 이제 로마로 돌아오고 있던 유대 그리스도인들을 염두에 둔 것이라는 견해는 더더욱 근거가 없다(이것은 R. Jewett, *Christian Tolerance*, 110의 견해다).

것이 중요했다. 특히 여기저기를 다니면 전도하는 선교사들과 그 밖의 다른 기독교 사역자들이 많아서, 그리스도인들 사이에서 "손 대접"의 필요성은 더욱 절실했다. 그래서 신약성경에서는 그리스도인들에게 "손 대접"을 할 것을 자주 촉구한다(딤전 3:2; 딛 1:8; 히 13:2; 벧전 4:9을 보라). 그러나 바울은 거기에서 한 걸음 더 나아가서, 우리에게 적극적으로 여행자들을 환대하고 숙식을 제공하라고 촉구한다.

14 여기에서 새로운 단락이 시작된다. 문체와 주제 둘 모두에서의 변화가 이것을 보여 준다. 문체에서는 9-13절에 사용된 명령을 의미하는 분사들이 14절절에서는 명령형들로 바뀌고,[210] 주제에서는 10-13절에서는 그리스도인들 서로 간의 관계를 다루었다면, 14절에서는 그리스도인들과 불신자들 간의 관계를 다룬다. 13절과는 사용된 단어를 통해 연결되어 있다. "[손 대접하기를] 힘쓰라"와 "박해하는 자들"은 둘 다 동일한 그리스어 동사를 번역한 것이다.[211] 하지만 더 중요한 것은 주제상으로 9절과 연결되어 있다는 것이다. 박해하는 자들을 축복하는 것은 악을 피하고 선을 고수하는 "진정한 사랑"의 한 표현이다. 그리고 이것은 분명히 신자들의 특징인 변화된 사고방식의 가장 두드러진 표현 중 하나다(2절).[212] 성경에서 "축복"은 전형적으로 하나님과 관련되어 있다. 하나님은 "모든 복을 가지고 계시고 나누어 주신다."[213] 따라서 박해하는 자들을 "축복하는" 것은 박해하는 자들에게 은총을 내려주시라고 하나님께 기도하는 것이다. 물론 그 반대는 저주하는 것 - 어떤 사람에게 재난이나 영적인 파멸을 내려달라고 구하는 것 - 이다. 바울은 축복하라고 명령할 뿐만 아니라 저주하는 것을 금지함으로써, 우리가 박해하는 자들에 대해 가져야 할 사랑은 진실하고 순수해야 한다는 것을 강조한다.

여러 가지 형태의 박해 - 사회적 추방에서 법적 조치에 이르기까지 - 는 초기 교회에서 거의 피할 수 없는 일이었지만, 우리에게는 로마 그리스도인들이 이 당

210. 이러한 문체의 변화는 바울이 14절에서 의거한 전승에 기인한 것일 수 있다(아래를 보라); 그러나 새로운 긴급한 필요성을 반영한 것일 수도 있다(Godet를 보라).

211. διώκω('디오코'). 이러한 단어상의 연결고리들은 훈계문에서 전형적이다.

212. Engberg-Pedersen, *Paul and the Stoics*, 266-267을 보라. 그는 9-13절에 나오는 그리스도인들 서로 간의 관계에 관한 명령들은 14절의 토대를 제공한다고 생각한다.

213. H. W. Beyer, *TDNT* 2.756.

시에 특별한 박해의 시기를 겪고 있었음을 보여 주는 증거는 없다. 따라서 바울은 초기 기독교의 권면 목록에 나오는 전형적인 항목을 또 다시 반영해서 일반적인 명령을 하고 있는 것일 가능성이 높다(고전 4:12; 벧전 3:9을 보라). 하나님 나라의 윤리에 속하는 이 요구를 처음으로 말씀하신 것은 예수님 자신이었고, 바울은 여기에서 의도적으로 예수님의 말씀을 간접적으로 인용하고 있는 것이라고 생각하는 것은 합당하다. 유사점들을 주목하라.

마태복음 5:44 "너희 원수를 사랑하며 너희를 박해하는 자를 위하여 기도하라."

누가복음 6:27-28 "너희 원수를 사랑하며 너희를 미워하는 자를 선대하며 너희를 저주하는 자를 위하여 축복하며 너희를 모욕하는 자를 위하여 기도하라."

바울은 "산상수훈"과 "평지설교"에 나오는 두 가지 형태의 예수님의 말씀을 결합한 것으로 보이고, 이것은 아마도 그가 여기에서 예수님이 하나님 나라와 관련해서 요구한 가장 잘 알려져 있고 가장 깜짝 놀랄 만한 말씀들 중 하나를 공관복음서 이전의 형태로 인용한 것일 가능성을 시사해 준다.[214] 왜냐하면 예수님이 자기를 따르는 자들에게 그들에 대한 박해와 증오를 사랑과 축복으로 대응하라고 명령한 것은 헬라 세계에서나 유대 세계에서나 전례가 없는 것이었기 때문이다.[215] 이 대목에서 바울이 예수님의 가르침에 의거하고 있다는 것은 그가 이 동일한 단락에서 산상수훈에 나오는 원수 사랑에 관한 예수님의 가르침의 다른 부분들도 간접적으로 인용하고 있는 것으로 보인다는 사실에 의해서 더욱 강화된다(17절a와

---

214. 특히 D. Wenham, "Paul's Use," 15-17을 보라. 또한 Allison, "Pauline Epistles," 11-12; Dunn, "Paul's Knowledge," 200-202; Stuhlmacher, "Jesustradition," 247-248; M. B. Thompson, *Clothed with Christ*, 96-105; W. Davies, *Paul and Rabbinic Judaism*, 138을 보라. 몇몇 학자들은 이 의존관계는 반대 방향으로 이루어졌다고 주장해 왔다. 즉, 공관복음서가 바울 서신에 나오는 것들을 차용했다는 것이다(예를 들어, J. Sauer, "Traditionsgeschichtliche Erwägungen," 17-21). 그러나 그러한 견해는 누가복음 6:27-28과 그 병행문들의 진정성을 부정할 뿐만 아니라, 전승사를 만족스럽게 설명하지 못한다(M. B. Thompson, *Clothed with Christ*, 103-105를 보라).

215. M. B. Thompson (*Clothed with Christ*, 97-98)은 기독교 이전의 헬라 문헌에는 "저주"나 "욕"에 대해 "축복하는 것"(εὐλογέω, '율로게오')으로 대응하는 것이 어디에도 나오지 않는다고 지적한다.

21절을 보라).[216] 물론 바울은 이 가르침이 예수님에게서 온 것임을 밝히지 않는다. 그러나 이것은 바울이 예수님의 가르침들을 담은 자료를 알지 못했다는 것을 보여 주는 것이 아니라, 그 자료가 아주 잘 알려져 있어서 명시적으로 언급할 필요조차 없었다는 것을 보여 준다.

15 바울은 문체와 주제를 또 다시 바꾸고, 이것은 바울의 권면의 이 부분은 상대적으로 독립적인 여러 금언들을 결합해놓은 것임을 시사해 준다(이 단락의 서론에서 지적했듯이). 문체에서 14절의 명령형 동사들은 15절에서는 명령의 부정사들로 바뀐다.[217] 그리고 주제에서는 그리스도인들과 공동체 외부의 사람들 간의 관계에 관한 권면(14절)은 그리스도인들 서로 간의 관계에 관한 권면으로 다시 돌아간다(15-16절). 실제로 기쁨과 슬픔을 함께 하는 것은 그리스도인들이 그리스도인들에게만이 아니라 불신자들에게도 진실한 사랑을 나타내 보이는 적절한 방식이다.[218] 그러나 여기에서 바울의 권면은 그가 고린도전서 12:26에서 그리스도의 몸의 지체들 간의 상호적이고 친밀한 관계들에 관해 말한 것을 가져온 것으로 보인다. "만일 한 지체가 고통을 받으면 모든 지체가 함께 고통을 받고 한 지체가 영광을 얻으면 모든 지체가 함께 즐거워하느니라."[219] 진정한 사랑이 있는 그리스도인은 다른 그리스도인이 기뻐하는 것을 시기하거나 못마땅해하는 반응을 보이지

---

216. M. B. Thompson (*Clothed with Christ*, 109-110)은 이 단락 전체에 걸쳐 예수의 가르침에 대한 간접인용들이 존재한다는 것을 인정하면서도, 바울이 자신의 독자들이 이 간접인용들을 알아차리는 것을 의도했는지에 대해서는 의문을 제기한다. 그러나 로마 그리스도인들은 이미 예수의 이러한 가르침들에 친숙해 있어서, 바울이 이렇게 예수의 가르침들을 "자기 식의 표현을 사용해서" 말했을 때 그것을 금방 알아차렸을 것이다.

217. 독립 부정사를 명령의 의미로 사용하는 것은 신약성경에는 드물지만, 일찍이 호메로스에게서 발견되고, 파피루스들에서 아주 흔하게 발견된다(또한 빌 3:16을 보라; BDF §389; N. Turner, *Syntax*, 78; Moule, *Idiom Book*, 126-127).

218. 그래서 일부 주석자들은 바울이 15절에서 계속해서 그리스도인들과 불신자들의 관계에 대해 말하고 있는 것이라고 생각한다(Chrysostom; Cranfield; Dunn; Wright; 또한 Furnish, *Love Command*, 106을 보라).

219. Wilckens; 또한 Murray; Michel을 보라. 이렇게 기쁨과 슬픔을 함께 하라는 권면은 유대 지혜 본문들에서 자주 발견된다. 예를 들어, 집회서 7:34을 보라: "우는 사람들을 내버려두지 말고 슬퍼하는 사람들과 함께 슬퍼하라"; 또한 욥 30:35(LXX); T. Iss. 7:5; T. Zeb. 7:4; T. Jos. 17:7을 보라(Dunn; W. Wilson [*Love without Pretense*, 173-175]은 15-21절에서 주제들의 결합은 여러 지혜 본문들을 복제한 것이라고 주장한다). 하지만 이 거의 모든 본문들은 다른 사람들의 슬픔이나 환난에 함께 하라고 말하지만, 기쁨을 함께 하라고 말하지 않는다는 것은 흥미롭다.

않고, 도리어 온 마음을 다해 진심으로 그 기쁨에 동참할 것이다. 마찬가지로 진정한 사랑이 있는 그리스도인은 그리스도 안에서 우리의 형제와 자매의 슬픔을 마치 자신의 슬픔인 양 함께 슬퍼할 것이다.

16 15절에서 16절로의 이행은 자연스럽다. 바울이 15절에서 요구한 상호적인 공감은 그리스도인들이 마음을 같이할 때만 가능하기 때문이다.[220] 16절의 "서로"는 10절에 나오는 동일한 주제를 가져온 것이고, 이 절의 세 가지 권면 모두에서 사용된 어근 '프론-'("생각하다")은 바울이 3절에서 그리스도인들에게 바른 "생각"을 가질 것을 요구한 것을 우리에게 상기시킨다. 이 병행들은 16절이 그리스도인들 서로 간의 관계에 관한 것임을 분명히 해준다.[221] 바울의 첫 번째 권면은 그가 다른 곳들에서 그리스도인들이 같은 생각을 갖고 있는 것을 가리키기 위해 사용한 표현을 사용한다.[222] 하지만 여기에서 그의 표현은 그리스도인들에게 "서로 동일한 것을 생각하라"고 호소하는 것이 아니라, "서로를 향해 동일한 것을 생각하라"고 호소하는 것임을 보여 준다.[223] 따라서 바울의 요지는 그리스도인들은 사람들의 사회적, 윤리적, 경제적 지위가 어떠하든 모든 사람을 동일하게 대해야 한다는 것일 수 있다.[224] 하지만 여기에서 바울이 우리의 "생각"의 외적인 표현을 강조하는 것이라고 할지라도, 우리는 이 기본적인 구절의 의미가 바울 서신의 다른 용례들에서의 의미와 다르다고 볼 필요는 없다. 바울은 우리에게 같은 마음을 가질 것을 우리에게 요구하고 있다. 같은 마음이라는 것은 우리 모두가 동일한 방식으로 생각해야 한다거나, 모든 일에 대해 정확하게 동일한 것을 생각해야 한다는 것을 의미하지 않고, 우리의 삶과 관련된 모든 일에 대해 우리가 하나님의 은혜로 말미암아 속해 있게 된 새로운 영역의 새로워진 마음에서 생겨나는 태도(2절

---

220. 따라서 이 두 절은 분리해서 다루기보다는(Michel) 연결해서 다루어야 한다(Gifford).

221. Calvin; Godet; Wilckens; Dunn; 반대 견해로는 Cranfield.

222. τὸ αὐτὸ φρονεῖν('토 아우토 프로네인'); 15:5; 고후 13:11; 빌 2:2; 4:2을 보라.

223. 바울이 여기에서 사용한 전치사는 '에이스'(εἰς)다. 예를 들어, 15:5과 비교해 보라. 거기에서는 '토 아우토 프로네인' 뒤에 '엔 알렐로이스'(ἐν ἀλλήλοις)를 사용한다; 이 어구를 사용한 바울의 다른 용례들 중에는 전치사가 첨가되어 있는 것은 없다.

224. NAB를 보라: "서로를 동일하게 존중하라"; 또한 NJB; Chrysostom; Huby; Zahn; Murray를 보라.

을 보라)를 지녀야 한다는 것을 의미한다.

바울이 다른 곳들에서도 인정하듯이(특히 3-5절과 빌 2:2-4을 보라), 하나됨의 가장 큰 장애물은 교만이다. 그래서 바울은 다음으로 "높은 데 마음을 두지 말라"고, 즉 "우리 자신을 대단하게 생각하지 말라"고 경고한다.[225] 우리 자신을 대단하게 생각하게 되면, 우리는 자신이 언제나 옳고, 다른 사람들은 틀리며, 자신의 견해가 다른 사람들의 견해보다 더 중요하게 되어서, 흔히 교회가 하나님이 요구하시는 하나됨을 보이는 것을 방해한다. 바울은 그러한 교만을 막아줄 수 있는 것은 "낮은 자들"과 함께 하는 것(한글개역개정에는 "낮은 데 처하며")이라고 말한다. 바울의 이 권면이 무엇을 의미하는지는 확실하지 않다. "낮은"이라는 형용사는 중성으로 볼 수도 있기 때문에, 그런 경우에는 바울이 그리스도인들에게 자신을 대단하다고 생각하지 말고, 도리어 비천한 일들을 하라고 촉구하는 것이 될 수 있다.[226] 그러나 "낮은"이라는 형용사는 사람들을 가리킬 수도 있기 때문에, 그런 경우에는 바울이 믿는 자들에게 "낮은 사람들", 즉 소외된 자들, 가난한 자들, 궁핍한 자들과 어울리라고 권면한 것이 된다.[227] 이 두 선택지 중에서 어느 쪽으로 결정하는 것은 불가능하다. 둘 다 문맥과 잘 부합하고, 둘 다 신약성경에 병행이 존재하기 때문이다. 그러나 어느 경우든 바울은 "어울리다"로 번역될 수 있는 동사를 사용함으로써, "낮은 자들"과 어울릴 것을 강조한다.[228]

225. 중성 복수형 '휩셀라'(ὑψηλά, "높은 데")는 "높은 직위들"을 가리킬 수 있고, 이 경우에 바울은 높은 직위에 있는 사람들과 어울리고자 하는 것을 금지한 것이 된다(Godet). 그러나 동사 '프로네오'(φρονέω, "생각하다")에 비추어보았을 때 '휩셀라'가 그런 의미를 지닐 가능성은 거의 없다; 따라서 '타 휩셀라 프로눈테스'(τὰ ὑψηλὰ φρονοῦντες)는 11:20에 나오는 비슷한 어구인 '휩셀라 프로네이'(ὑψηλὰ φρόνει, "높은 마음을 품다")와 동일한 의미를 지닌다(Cranfield; Dunn; Fitzmyer를 보라).

226. '토이스 타페이노이스'(τοῖς ταπεινοῖς, "낮은 것들")의 반대를 보여 주는 병행법 중성형 '타 휩셀라'("높은 것들")이 이러한 번역을 지지한다; S-H; Murray; Michel. 어떤 사람들(예를 들어, Michel)은 바울은 특히 그리스도인의 경험과 섬김 중에서 더 굉장하고 대단해 보이는 것들에 관심을 가진 "열광주의자들"을 향해 이 권면을 하고 있는 것이라고 생각한다.

227. Godet; Cranfield; Käsemann; Schreiner; Byrne; Leivestad, "ΤΑΠΕΙΝΟΣ—ΤΑΠΕΙΝΟΦΡΩΝ," 45-46. Käsemann이 강조하듯이, '타페이노스'(ταπεινός)는 "겸손"이라는 내면의 태도가 아니라, "비천한" 외적인 상황을 가리킨다. 구약성경에는 그런 사람들에 대한 하나님의 특별한 관심에 대해 말하는 말씀들이 많이 나온다(예를 들어, 삿 6:15; 시 10:18; 34:18; 사 14:32; 49:13; 습 2:3을 보라; 또한 4:6을 보라). 따라서 아버지 하나님의 자녀들인 우리도 이러한 관심을 나타내 보여야 한다.

228. 여기에서 사용된 동사 '쉬나파고'(συναπάγω, "~과 어울리다," 한글개역개정에는 "처하며")는 드

이 절의 마지막 권면에 나오는 '프로니모스'("지혜 있는")는 이 단락의 수사학적인 특징인 어근 '프론-'의 사용을 이어간다. '프로니모스'인 사람은 "생각하는 것"을 특징으로 하기 때문에 "지혜로운" 사람이다. 따라서 원래 이 단어는 긍정적인 의미를 지닌다.[229] 오직 우리가 우리의 지혜를 판단할 때 사용하는 기준이 우리 자신의 생각일 때만 부정적인 의미를 지니게 된다. 바울이 여기에서 우리에게 경고하는 것은 이러한 주관성과 오만이다. "스스로 지혜 있는 체 하지 말라."[230]

17 바울은 15절과 16절에서 그리스도인들 서로 간의 관계에 대해 권면한 후에, "진정한 사랑"(9절a)의 표현들에 관한 자신의 설명을 그리스도인들이 불신자들에 대해 가져야 할 태도에 관한 권면들(17-21절)로 끝맺는다.[231] 바울은 이 주제를 처음으로 다룬 14절에서와 마찬가지로 여기에서도 그리스도인들이 그들을 박해하거나 그 밖의 다른 방식들로 그들에게 "악을 행하는"[232] 불신자들에게 어떤 식으로 대응해야 하는지에 초점을 맞춘다. 따라서 17절a에서 보복을 금지한 것은 14절b에서 박해하는 자들을 저주해서는 안 된다고 한 경고를 이어받아 확대한 것이다. 여기에서 또 다시 바울이 예수님의 가르침에 의거하고 있다는 것이 분명하게 드러난다. 왜냐하면 예수님은 우리에게 원수를 사랑하고 원수를 위해 기도하라고 권면했을 뿐만 아니라, 그 동일한 맥락 속에서 우리에게 "눈은 눈으로, 이는 이로" 갚아서는 안 된다고 경고하기 때문이다(마 5:38).[233]

물게 사용되는 단어로서, 칠십인경에는 오직 1번 나오고(출 14:6), 신약성경에는 여기 외에 2번 나온다(갈 2:13; 벧후 3:17). 신약성경의 다른 2번의 용례들에서 이 동사 뒤에는 도구의 여격이 오지만, 여기 로마서 12:16의 여격은 도구의 여격일 수 없다. 따라서 여기에서 이 동사의 접두어인 '쉰-'(συν-) 때문에 이 동사가 "~과 함께"라는 뉘앙스를 지니고 있어서 여격을 사용한 것으로 보인다. LSJ; BDAG; MM; W. Grundmann, *TDNT* 8.19-20을 보라.

229. 마 7:24; 10:16; 24:45; 25:2, 4, 8-9; 눅 12:42; 16:8; 고전 4:10; 10:15; 고후 11:19을 보라.

230. 롬 11:25과 잠 3:7을 보라. 그리스어로는 '파르 헤아우토이스'(παρ' ἑαυτοῖς)이고, 여기에서 '파라'(παρά)는 "~가 보기에"를 의미한다(Moule, *Idiom Book*, 52).

231. 17-21절의 사고의 통일성과 움직임에 대해서는 이 단락의 서론에 나오는 분석을 보라(이것에 대해서는 D. Black, "Pauline Love Command," 11-12를 보라). 또한 Ortkemper, *Leben aus dem Glauben*, 106을 보라.

232. 여기에서 "악"으로 번역된 단어는 '카코스'(κακός)다. 이것은 9절b에서 '포네로스'(πονηρός)를 사용한 것과 대비된다. 이 두 단어는 종종 의미에서 서로 구별될 수 있지만, 여기에서 의미의 차이가 있는지는 의심스럽다.

233. D. Wenham, "Paul's Use," 17-18. Wenham은 17-20절과 마태복음 5:38-43 간에는 여러 병행

14절과 16절에서와 비슷하게 여기에서도 "악을 악으로 갚지 말라"는 금지명령은 "모든 사람 앞에서 선한 일을 도모하라"는 긍정의 명령과 쌍을 이룬다. 동사 "도모하다"는 강조되고 있는 것으로 보인다. "단지 모든 사람에게 선을 행하고자 하는 마음만 가지고 있는 것으로는 안 되고 적극적으로 그렇게 행해나가야 한다."[234] "모든 사람 앞에서"라는 번역은 논란이 되고 있다. 많은 주석자들은 바울이 그리스도인들에게 불신자들의 기준에 맞춰 행하라고 명령했을 것 같지 않다고 생각해서, "모든 사람에게 선한 일들을 도모하라"고 번역하는 것을 선호한다.[235] 그러나 바울이 여기에서 사용한 그리스어 단어를 그런 식으로 해석한 분명한 병행이 존재하지 않는다. 크랜필드는 바울은 우리에게 우리가 행하는 선한 일들을 "모든 사람 앞에서" 보일 것을 촉구하고 있는 것이라는 다른 대안을 제시한다. 불신자들은 "선한 일"의 기준을 제시하는 역할을 하는 것이 아니라, 청중의 역할을 하는 자들이라는 것이다. 그러나 이러한 해석도 여기에 나오는 그리스어를 이례적으로 번역하는 것이다.[236] 따라서 우리는 바울이 한 말을 액면 그대로 받아들여야 한다. 그는 우리가 불신자들이 긍정하고 인정하는 "선한 일들"을 행하고자 함으로써 불신자들의 칭찬을 받게 되기를 원한다. 물론 이 명령에는 묵시적인 제한이 존재하는데, 그 제한은 "선한"이라는 단어 자체 속에 있다. 왜냐하면 바울은 분명히 이 절들 전체에 걸쳐 "선한 일"을 하나님의 뜻이라는 관점에서 정의하고 있

들(단어가 아니라 개념에서)이 존재한다고 지적한다. 이런 식으로 예수의 가르침을 "풀어서 설명하는" 것은 초기 교회의 관행이었던 것으로 보인다; 예를 들어, 살전 5:15과 벧전 3:9에 나오는 이 주제들의 또 다른 변형을 보라. Allison은 바울이 이 대목들에서 누가복음 6:27-36에 나오는 형태의 예수의 가르침을 염두에 두었을 것이라고 생각한다("Pauline Epistles," 11-12). 또한 Dunn, "Jesus' Knowledge," 200-202; W. Davies, Paul and Rabbinic Judaism, 138을 보라. M. B. Thompson (*Clothed with Christ*, 107)은 보복의 금지는 유대교에서 널리 발견된다는 것을 지적하면서, 예수의 가르침을 간접적으로 인용했다는 것에 대해 회의적으로 생각한다(Jos. Asen. 23:9; 28:4, 14; 29:3을 보라). 그러나 예수의 가르침에 의거했을 가능성이 크다는 판단은 이 절들에 나오는 간접인용들의 형식을 토대로 한 것이다.

234. Käsemann; 고후 8:21; 딤전 5:8을 보라.

235. 이 주석자들은 '에노피온'(ἐνώπιον, "앞에서")이 여격의 의미를 지닐 수 있다고 생각한다; Michel; Käsemann; Schlier; Wilckens; Ortkemper, Leben aus dem Glauben, 107-108을 보라.

236. 특히 여기에 나오는 표현과 고린도후서 8:21 간의 밀접한 병행을 보라: *προνοοῦμεν γὰρ καλὰ οὐ μόνον ἐνώπιον κυρίου ἀλλὰ καὶ ἐνώπιον ἀνθρώπων*('프로노우멘 가르 칼라 우 모논 에노피온 퀴리우 알라 카이 에노피온 안트로폰,' "이는 우리가 주 앞에서뿐 아니라 사람 앞에서도 선한 일을 도모하려[한글개역개정에는 '선한 일에 조심하려'] 함이라"). 여기에서 '에노피온 퀴리우'는 '에노피온'이 인정의 의미에서 "앞에서"를 의미한다는 것을 보여 준다(Dunn; 또한 Fitzmyer).

고(2절), 우리가 이것을 망각하기를 원하지 않을 것이기 때문이다.

18 이 권면 - "할 수 있거든 너희로서는 모든 사람과 더불어 화목하라" - 과 17절의 마지막 권면 간에 밀접한 관계가 존재한다는 것은 분명하다: 둘 다 그리스도인들에게 "모든 사람"에게 긍정적인 영향력을 미칠 행실을 추구하라고 촉구한다. 예수님은 친히 "화평하게 하는 자"(마 5:9)가 되라고 권했고, 자기를 따르는 자들에게 "서로 화목하라"(막 9:50, 여기에서 "서로"는 단지 제자들만이 아니라 모든 사람을 가리킬 것이다)고 말했다. 14, 17, 21절에 나오는 간접인용들보다는 덜 분명하긴 하지만, 이 절의 권면도 예수님의 가르침에 대한 또 하나의 간접인용일 수 있다.[237] 우리는 로마 그리스도인들에게 불신자들과 화목하게 살라고 권면할 특별한 필요가 있었는지를 알지 못한다. 바울이 17절의 끝에 나오는 비슷한 권면과 더불어서 이 권면을 포함시킨 이유는 이 권면이 자기가 지금까지 말해 온 것로부터 자연스럽게 도출되는 것이었기 때문인 것으로 보인다. 왜냐하면 그가 그리스도인들에게 박해하는 자들을 축복하고(14절) 악을 악으로 갚지 말라(17절a)고 한 것은 그리스도인들이 그들 주변의 세상 사람들과 갈등을 일으키지 말라는 것을 전제하기 때문이다. 바울은 그러한 갈등이 불가피하다는 것을 상당한 정도로 인식하고 있다. 세상이 예수님을 미워하였듯이, 예수님을 따르는 자들도 미워할 것은 당연하기 때문이다(요 16:33). 바울은 "할 수 있거든"과 "화목이 너희에게 달려있는 정도만큼"(한글개역개정에는 "너희로서는")이라는 이중적인 조건을 "화목하라"는 권면에 덧붙임으로써, 그러한 갈등이 불가피하다는 것을 인정한다.[238] 그러나 바울은 그리스도인들이 세상과의 긴장관계가 불가피하다는 것을 핑계 삼아, 그러한 갈등을 쓸데없이 증폭시키는 행위를 하거나, 복음을 증언할 좋은 환경을 만들려고 애쓰는 것을 포기하기를 원하지 않는다.

---

237. Dunn, "Paul's Knowledge," 200-202. D. Wenham은 바울은 보복하지 말라는 예수의 가르침을 일반적으로 간접인용 한 것이라고 주장한다(마 5:39b-42; "Paul's Use," 17-18을 보라).

238. 전자는 다른 사람들의 행위를 가리키고, 후자는 우리 자신의 상황에 의해 우리에게 가해지는 제약들을 가리키는 것일 수 있다(Godet; Murray). 그러나 두 번째 조건은 첫 번째 조건을 단지 자세하게 설명한 것일 수 있다. '토 엑스 휘몬'(τὸ ἐξ ὑμῶν, "너희로서는")에서 '토'는 관심의 대격일 것이다(Moule, *Idiom Book*, 33-34): "가능하다면, 너희에게 달려 있는 것과 관련해서는."

19 바울은 그리스도인들에게 세상과 긍정적인 관계를 맺으라고 곁들여서 권면한 후에(17b-18절), 세상이 우리에게 가하는 압박에 어떤 식으로 대응해야 하는지에 관해 우리에게 권면하는 것으로 다시 돌아간다. "너희가 친히 원수를 갚지 말라"는 권면은 "악을 악으로 갚지 말라"(17절a)에서 한 걸음 더 나아간 것이다. 우리에게 해를 가하는 사람이 있으면, 우리는 그 사람에게 비슷한 해를 가하고자 하는 유혹을 느낄 수 있다. 그런 경우에 우리가 "원수를 갚는 것"을 우리를 압제하는 자에 대해 정의롭고 정당한 심판을 집행하는 수단으로 보고서 "정당화하고자" 하게 되면, 우리는 그러한 유혹에 넘어가기 쉽다. 바울은 이 유혹이 얼마나 강한지를 알고 있었기 때문에, 우리에게 우리는 하나님이 "사랑하는 자들"이라는 것을 상기시키는 것으로 보인다. 즉, 우리는 하나님의 사랑을 받을 자격이 전혀 없는데도 그 사랑을 경험한 자들이라는 것이다.[239] 우리는 우리 손으로 정의를 집행하려고 해서는 안 되고, "진노하심에 맡겨야" 한다. 바울은 누구의 "진노하심"인지를 명시적으로 말하지 않기 때문에, 이것은 원수의 분노, 우리 자신의 분노,[240] 정부 당국에 의해 집행되는 진노(13:4을 보라) 중 어느 것을 가리킨다고 생각할 수도 있다.[241] 그러나 바울이 말한 것은 하나님의 진노하심이라는 것을 "진노하심" 앞에 붙은 관사와 그 뒤에 나오는 구약 인용문이 분명하게 보여 준다.[242] 악한 자들에게 정의를 집행하는 것은 우리가 해야 하는 일이 아니라, 하나님의 대권이기 때문에, 하나님은 적절한 때라고 생각하시는 때에 그런 사람들에게 자신의 진노하

239. Wilckens.

240. Stuart; Haldane; Smothers, "Give Place to the Wrath," 205-215(하지만 그는 우리가 하나님의 진노하심에 맡기는 방식으로 우리 자신의 분노를 가라앉혀야 한다는 것이 바울의 의도라고 생각한다).

241. Leenhardt(하지만 그는 권세들이 집행하는 것은 하나님의 진노하심이라고 생각한다).

242. '도테 토폰'(δότε τόπον, "맡기다")은 셈어적인 표현일 수 있다(Sir. 4:5; 13:22; 19:17; 38:12을 보라; Michel; Dunn). 이 어구는 누가복음 14:9에서는 공간적인 의미로, 에베소서 4:27에서는 은유적으로 사용된다. 후자에서 바울은 우리에게 마귀에게 "틈을 주지 말라"고 명령한다. 후자에서 이 어구는 "~에게 기회를 주다"를 의미하고(RSV), 이 의미는 로마서 12:19과 아주 잘 부합한다: "하나님의 진노하심에 기회를 주라." 오늘날의 주석자들은 거의 모두 이 해석을 채택한다.

심을 쏟으실 것이다.[243] 원수 갚는 것을 금지하는 것은 구약성경[244]과 유대교[245] 둘 모두에서 발견되지만, 같은 신앙을 가진 자들 간의 관계에만 적용되는 것으로 제한하는 경향을 보여 준다.[246] 반면에, 바울은 심지어 원수에게조차 원수 갚는 것을 금지하고, 이것은 예수님의 혁명적인 윤리를 반영해서 이 사상을 확장한 것이다.[247]

바울은 응보적 정의의 문제를 하나님께 맡기라는 자신의 권면을 강화하고 뒷받침하기 위해서, 친히 원수를 갚겠다고 하는 하나님의 결연한 의지를 부각시킨 구약 본문을 인용한다. 이 말씀은 신명기 32:35에서 가져온 것이지만,[248] 이 주제는 구약성경 전체에 널리 퍼져 있기 때문에, 바울은 이 주제를 말한 다른 본문들도 염두에 두었을 수 있다.[249] 이것은 이 인용문의 끝에 "주께서 말씀하시니라"는 어구가 추가된 이유를 설명해 줄 수 있다. 왜냐하면 이 어구는 하나님이 장차 원수를 갚아주실 것이라고 선포한 예언의 말씀들에 나오는 것이기 때문이다.[250]

---

243. 바울은 통상적으로 하나님의 진노가 임하는 것은 최후의 심판이라고 보기 때문에, 많은 주석자들은 바울이 여기에서 말하는 것은 진노하심의 종말론적인 나타남이라고 생각한다. 그러나 로마서 1:18은 하나님의 진노하심은 마지막 날에 결정적으로 나타날 것이긴 하지만, 지금에서조차도 활동하고 있다는 것을 분명히 한다. 이것은 바울이 여기에서 하나님의 진노하심의 정확한 때나 성격을 일부러 구체적으로 말하지 않은 것일 가능성을 보여 준다.

244. 레 19:18a; 대하 28:8-15; 잠 20:22; 24:29.

245. T. Gad 6:7; 1QS 10:17-18.

246. 예를 들어, CD 9:2를 보라.

247. Wilckens; Dunn을 보라.

248. 하지만 바울의 문구는 칠십인경 - *ἐν ἡμέρᾳ ἐκδικήσεως ἀνταποδώσω*('엔 헤메라 에크디케세오스 안타포도소,' "원수 갚는 날에 내가 갚으리라")이나 마소라 본문 - לִי נָקָם וְשִׁלֵּם('리 나캄 웨쉴렘', "원수 갚는 것과 보응은 나의 것이다") - 과 다르다. Koch (*Schrift*, 77-78)는 바울은 초기 그리스도인들이 사용했던 이 본문의 형태를 기억했다가 인용한 것일 수 있다고 생각한다. 그러나 바울의 문구는 탈굼 전승, 특히 Targum Neofiti 및 Fragmentary Targum과 가깝다(Str-B, 3.300; Wilckens를 보라). 따라서 바울은 후대의 탈굼들이 간접적으로 증언하는 그리스어 본문의 한 형태를 인용한 것일 수 있다(Michel; C. Stanley, *Paul and Language*, 171-173을 보라).

249. 예를 들어, 렘 5:9; 23:2; 호 4:9; 욜 3:21; 나 1:2을 보라.

250. 예를 들어, 렘 5:9을 보라: "여호와의 말씀이니라 내가 어찌 이 일들에 대하여 벌하지 아니하겠으며." 이 견해에 의하면, '레게이 퀴리오스'(λέγει κύριος, "주께서 말씀하시니라")는 사실상 이 인용문의 일부다. Dunn을 보라. 이 어구에 대한 또 다른 해석에 대해서는 Ellis를 보라. 그는 원래 예언의 말씀의 잔재라고 생각한다 (*Paul's Use*, 107-112).

20 바울은 계속해서 구약성경을 인용한다. 20절의 권면은 잠언 25:21-22a을 그대로 번역해놓은 것이다.[251] 바울은 여러 가지 이유에서 이 본문을 인용한 것으로 보인다. 첫째, 바울이 이 절들 전체에 걸쳐 간접인용 한 예수님의 가르침은 우리에게 "원수를 사랑하라"고 권면하기 때문에(마 5:43 = 눅 6:27), 잠언의 이 본문에 나오는 "원수"에 대한 언급이 바울의 주의를 끌었을 것이다. 둘째, 우리의 원수에게 먹을 것을 주고 물을 마시게 하는 것은 예수님이 이 사랑의 표현으로 행할 것을 권한 행위와 비슷하다: 다른 쪽 뺨을 돌려대는 것, 겉옷을 요구하는 자들에게 속옷까지 주는 것, 우리에게 구하는 자에게 주는 것(눅 6:29-30을 보라). 셋째, 우리의 원수에 대한 그러한 반응은 박해하는 자들을 "축복하라"(14절)는 명령을 구체적으로 실천하는 것이고, "모든 사람 앞에서 선한 일을 도모하는" 것(17절b)의 구체적인 형태다.

이 본문은 원수에게 이렇게 행하는 것이 "숯불을 그 머리에 쌓아 놓는" 것을 의미한다는 것을 보여 준다. 이 표상이 무엇을 의미하는지는 잠언에서나 바울 서신에서나 분명하지 않다. "숯불"로 번역된 그리스어 어구는 칠십인경에서 오직 2번 더 나오고, 이 용례들은 둘 다 은유적이지 않다(사 47:14; 잠 6:28). 하지만 구약성경에서 "숯"과 "불"이 은유적으로 사용될 때는 통상적으로 하나님의 두려운 임재를 가리키고, 특히 하나님의 심판을 가리킨다.[252] 따라서 바울은 우리가 원수에게 먹을 것과 마실 것을 주는 것은 그런 행위들로 말미암아 원수가 회개하지 않는 경우에는 하나님 앞에서 원수의 죄를 더하고 결국에는 하나님의 심판의 강도를 높이는 역할을 하는 것으로 본 것 같다. 그렇다고 해서 바울이 우리가 하나님의 더 강력한 심판을 불러오기 위한 목적으로 우리가 원수에게 선을 행해야 한다고 말한 것이 아님은 물론이다. 바울은 단지 우리의 선한 행위들이 그런 결과를 가져온다

251. 바울의 문구는 칠십인경 사본 B와 정확히 일치하지만, 다른 중요한 두 사본인 A와 S는 '프소미제'(ψώμιζ, "먹이고")와 대략 뜻이 비슷한 동의어인 '프레페'(τρέφε)를 사용한다는 점에서 B와 한 군데서만 다르다. B의 읽기는 바울의 문구와 일치시키기 위한 것일 가능성이 높다. 칠십인경과 마소라 본문의 히브리어는 비슷하다.

252. '안트라카스'(ἄνθρακας, "숯")는 "숯"을 뜻하는 '안트락스'(ἄνθραξ)에서 온 단어로서, 사무엘하 14:7에서만 진정한 은유(한 아이를 가리키는)로 사용된다. 그러나 다른 몇몇 본문들에서 이 단어는 하나님의 두려운 능력(삼하 22:9, 13; 시 18:8, 12), 하나님의 심판(시 140:10; 사 5:24; 또한 욥 41:21; 시 120:4을 보라)을 가리키는 표상의 일부다.

는 것을 지적할 뿐이다.[253]

이런 식으로 이해하면, 이 본문에 대한 이러한 견해를 "기독교적이지 않다"는 이유로 단호하게 배제하는 것은 불가능하다. 이러한 사상은 성경에 전례가 있기 때문이다.[254] 이 견해의 주된 난점은 문맥과 잘 부합하지 않는다는 것이다. 17-21절에서 바울은 그리스도인들에게 보복하고자 하는 마음을 버리라고 촉구했다. 그런데 이 첫 번째 해석은 아무리 그런 식으로 옹호한다고 해도 보복하고자 하는 태도를 조장하는 것에 가깝기 때문이다. 또한 바울이 이 절들에서 많이 끌어다 사용한 예수님의 가르침 속에는 그러한 사상이 들어있지 않다. 그래서 오늘날의 대부분의 주석학자들은 바울은 "숯불"을 "수치심으로 인한 불타는 듯한 극심한 고통"을 나타내는 은유로 본 것이라고 결론을 내려왔다.[255] 원수에게 선을 행하는 것은 원수로 하여금 자신이 우리에게 행한 것을 부끄러워하게 만들어서, 우리가 행한 사랑의 원천이신 하나님께로 회개하고 돌아오게 만드는 수단이다.[256] 이 견해의 언어학적 토대는 우리가 바라는 정도만큼은 아니지만, 이 견해는 최선의 대안인 것으로 보인다. 바울은 원수에게 선을 베풀어야 하는 적극적인 동기를 우리에게 제시하고 있다. 바울은 자기가 우리에게 스스로 원수를 갚지 말라고 명령한 것(19절)은 우리를 박해하는 자들에게 "아무것도 하지 않는" 것을 의미하는 것이 아니

253. 이 견해는 초기 교회에 널리 퍼져 있었지만(예를 들어, Chrysostom), 최근에는 인기가 없어졌다. 하지만 이 견해의 변형들로는 Légasse,"Vengeance humaine et vengeance divine," 281-290; Segert, "'Live Coals,'" 159-164; Stendahl, "Hate, Non-Retaliation, and Love," 343-355; Day, "'Coals of Fire,'" 414-420; Schreiner; 특히 J. Piper, Love Your Enemies, 115-118; Zerbe, *Non-Retaliation*, 250-264를 보라.

254. 특히 Piper, *Love Your Enemies*, 117-118을 보라.

255. 일부 학자들은 이 은유는 통회의 표현으로서 불붙은 숯들이 들어 있는 쟁반을 머리에 이고 가는 애굽의 제의에서 유래한 것이라고 주장해 왔다; 특히 Morenz, "Feurige Kohlen," 433-444를 보라. 이 제의는 주전 3천년기에서만 확인되고, 이 시기는 잠언에 영향을 미치기에는 너무 이르다. 수치와 관련된 것으로서의 이 은유의 기원에 대한 다른 견해들로는 Yonge, "Heaping Coals of Fire," 158-159; A. Fryer, "Coals of Fire," 478; Steele, "Heaping Coals of Fire," 141을 보라.

256. 이 견해도 초기 교회에서 인기가 있었고, 오리게네스와 아우구스티누스 등도 이 견해를 취했다. 오늘날의 거의 모든 주석자들은 이 견해의 어떤 형태를 취한다; 또한 Furnish, *Love Command*, 107-108; Klassen, "Coals of Fire," 337-350을 보라. 하지만 칼빈은 이 표상은 수치심과 그 수치심의 결과 - 더 큰 정도의 죄책감 또는 회개 - 를 나타낸다고 주장한다. Cranfield도 비슷한 견해를 취한다. 일부 주석자들은 긍정적인 해석을 지지하는 탈굼을 인용해 왔다(예를 들어, Dunn). 탈굼은 잠언의 이 본문에 "그를 너의 친구로 만들어줄 것이다"라는 어구를 덧붙이기 때문이다.

라는 것을 보여 준다.[257] 하지만 바울은 우리가 원수에게 선을 베풀 때, 원수가 반드시 회개할 것이라고 말하지 않는다. 우리가 원수에게 선을 베풀고, 우리의 그러한 행위가 그를 부끄러워하게 만든다고 할지라도, 원수는 얼마 안 있어 그런 수치심을 제쳐두고서, 우리와 하나님에 대해 한층 더 큰 증오심을 불태울 수도 있다.

21 바울은 사람들의 적대에 대한 그리스도인들의 반응에 관한 일련의 권면들을 마지막 일반적인 권면으로 마무리한다. "악에게 지지 말고 선으로 악을 이기라." 두 번 사용된 "악"[258]은 이 절을 17절a와 연결시켜서 교차대구법적 구조를 이루게 한다. 적대적인 세상이 우리에게 압박을 가할 때, 우리가 새로운 영역에 속한 변화된 성품과 부합하지 않는 태도나 행위를 하게 되는 것이 "악에게 지는" 것이다. 바울은 우리에게 그런 유혹을 뿌리칠 것을 촉구한다. 그러나 바울은 거기에서 그치는 것이 아니라, 이 단락과 이 단락에 반영된 예수님의 가르침이 보여 주는 전형적인 특징을 따라 긍정적인 단계로 더 나아갈 것을 우리에게 촉구한다. 즉, 선을 행함으로써, 다른 사람들이 우리에게 행하는 악들[259]을 계속해서 이기라[260]고 명령한다. 악을 악으로 갚지 않고 "선"으로 대응하는 것이 악을 이기는 것이다. 그렇게 했을 때, 우리는 우리 자신의 도덕적인 고결함을 타락시키지 않을 수 있을 뿐만 아니라, 우리를 의심의 눈초리로 지켜보는 세상 앞에서 그리스도의 성품을 드러내 보이게 된다.[261] 여기에서 바울은 자기가 이 서신의 이 단락에서 우리에게 나타내 보이라고 권한 "선"('아가토스', 12:2을 보라)의 가장 중요한 예가 무엇인지를 이 중요한 일련의 권면들의 끝에서 보여 준다.

---

257. 이것이 이 절의 처음에 '알라'(ἀλλά, "그러나")가 오는 이유다; Dunn을 보라.

258. κακός('카코스').

259. 이 절에서 '카코스'는 우리 자신이 보복하고자 하는 악이 아니라, 다른 사람들이 우리에게 행하는 악을 가리키는 것이 거의 틀림없다(Murray를 보라).

260. 명령형 '니카'(νίκα)의 현재 시제는 이 행위가 지속적이어야 한다는 것을 나타낼 가능성이 크다(Dunn을 보라).

261. 이 점에서 베드로전서에 나오는 비슷한 권면들을 보라(2:11-12, 15; 3:16-17; 4:12-19).

D. 그리스도인과 세속 통치자들(13:1-7)

1 각 사람은 위에 있는 권세들에게 복종하
라[262] 권세는 하나님으로부터 나지 않음이
없나니 모든 권세는 다 하나님께서 정하
신 바라
2 그러므로 권세를 거스르는 자는 하나님의
명을 거스름이니 거스르는 자들은 심판을
자취하리라
3 다스리는 자들은 선한 일에 대하여 두려움
이 되지 않고 악한 일에 대하여 되나니 네
가 권세를 두려워하지 아니하려느냐 선을
행하라 그리하면 그에게 칭찬을 받으리라
4 그는 하나님의 사역자가 되어 네게 선을 베
푸는 자니라 그러나 네가 악을 행하거든
두려워하라 그가 공연히 칼을 가지지 아니
하였으니 곧 하나님의 사역자가 되어 악
을 행하는 자에게 진노하심을 따라 보응
하는 자니라
5 그러므로 복종하지 아니할 수 없으니 진
노 때문에 할 것이 아니라 양심을 따라 할
것이라
6 너희가 조세를 바치는 것도 이로 말미암음
이라 그들이 하나님의 일꾼이 되어 바로
이 일에 항상 힘쓰느니라
7 모든 자에게 줄 것을 주되 조세를 받을 자
에게 조세를 바치고 관세를 받을 자에게
관세를 바치고 두려워할 자를 두려워하며
존경할 자를 존경하라

12:9-21에 나오는 일련의 권면들은 느슨하게 연결되어 있는 것과는 대조적으로, 13:1-7은 단일한 주제, 즉 권세들에게 복종할 필요성에 관한 통일적이고 잘 조직된 논증이다. 이 논증은 구문론적으로 앞 단락과 어떤 명시적인 연결관계도 없이[263] - 주제상으로도 서로 연결되어 있다는 증거가 표면상으로 분명하지 않다 - 느닷없이 등장한다. 사실 기독교 윤리에서 사랑이 중심이라는 것을 강조하는 8-10절이 사랑과 그 표현들에 초점을 맞추고 있는 12:9-21과 연결되어 있는 것으로 보인다. 이런 점들에다 소위 이 단락에 비바울적인 어휘들이 나온다는 사실을 더하면, 일부 학자들이 어떤 편집자가 바울의 원래의 로마서에 13:1-7을 첨

262. 귀중한 초기 사본 P46과 서방 사본 전승의 중요한 부분(D, F, G의 원본)에는 *πάσαις ἐξουσίαις ὑπερεχούσαις ὑποτάσσεσθε*('파사이스 엑수시아이스 휘페레쿠사이스 휘포탓세스테,' "위에 있는 모든 권세들에게 복종하라")로 되어 있다. 이 이독은 진지하게 고려해야 할 정도로 충분한 외적 지지를 받고 있지 않다(UBS5에서는 통상적인 본문에 "A" 등급을 매겼는데, 이것은 편집자들이 "확실하다"고 생각했음을 보여 준다; 어느 경우든 의미에는 영향을 미치지 않는다).

263. 예를 들어, 13:1에는 이 절과 이후의 절들을 12장의 끝부분과 연결시켜주는 불변화사나 접속사가 없다. 이러한 접속사 생략은 그리스어에서 비교적 이례적이다.

가했다고 생각하는 것도 이상한 일이 아니다.[264] 하지만 다른 학자들은 그 정도까지 나아가지는 않고, 바울 자신이 기존의 기독교 전승을 가져와서 여기에 포함시킨 것이라고 생각한다. 하지만 어느 견해든 로마서 13:1-7을 12:1-13:14에서 "이질적인 부분"으로 여기는 것은 마찬가지다.[265] 이 부분은 사랑의 성격과 중심성에 관한 바울의 자세한 설명을 중간에서 끊을 뿐만 아니라, "지나가는" 세대(13:11-14)와 우리가 영합해서는 안 되는 세대(12:2)에 속한 제도를 무조건적으로 승인하는 것으로 보인다.

그러나 사실은 이 세상이 지나가는 성격을 지니고 있다는 바울의 가르침은 그가 13:1-7을 포함시킨 이유일 수도 있다. 그의 목적은 새 시대의 도래와 "새 피조물"에 대한 자신의 강조를 왜곡해서 인간 사회의 모든 제도와 관습 - 정부를 포함해서 - 을 배척하는 극단주의로 흐르는 것을 방지하기 위한 것일 수 있기 때문이다. 바울은 앞에서 그런 극단주의에 대응해야 했었다. 사실 바울은 그러한 극단주의가 아주 노골적으로 나타났던 것으로 보이는 도시(고린도전서를 보라), 즉 고린도에서 로마의 그리스도인들에게 이 서신을 쓰고 있다. 우리는 그리스도인들이 이렇게 주장했으리라는 것을 충분히 상상할 수 있다. "옛 세대는 지나갔다. 우리는 '그리스도 안에서 새로운 피조물'로서 초월적이고 영적인 영역에 속해 있다. 지금 하나님의 나라에서 그리스도와 함께 다스리고 있는 우리는 이 죽어 있는 세대의 세속 권세들에 신경 쓸 필요가 없다." 로마서 13:1-7이 그러한 태도에 대응하는 것이라면, 바울은 자기가 그리스도인들에게 "이 세대"에 영합하지 말라고 한 것으로부터 잘못된 결론을 도출해내는 사람들이 생겨나지 않도록 하기 위해 이 논증을 여기에 삽입했을 수 있다. 왜냐하면 우리 주변의 세상에 존재하는 모든 것이 "이 세대"의 일부인 것은 아니고, 적어도 동일한 방식으로 "이 세대"의 일부인 것은 아니기 때문이다. 이 세대가 사탄과 죄의 지배를 받고 있는 경우에는 그리스도인들은 이 세대의 가치들을 단호하게 거부해야 한다. 그러나 그리스도인들이 몸을 지니고 계속해서 살아가고 있는 이 세상(12:1을 보라)은 하나님이 완전히

---

264. Schmithals, 458-462; O'Neill, 207-209; Kallas, "Romans XIII.1-7," 365-374; Munro, *Authority in Paul and Peter*, 56-67; idem, "Romans 13:1-7," 161-168. Jewett (782-84)은 여러 첨가설을 분석하고 배척한다.

265. 이 어구는 Käsemann(352)의 것이다. 또한 Michel, 393-394를 보라.

버리신 것이 아니다. 하나님은 자신의 일반 은혜의 표현으로서 이 세상에 결혼이나 정부 같은 몇몇 제도들을 세우셨고, 이 제도들은 새 세대의 개시 이후에도 긍정적인 역할을 하고 있다.[266]

13:1-7에서 그리스도인들이 세속 권세들을 존중해야 해야 한다는 바울의 가르침이 이 세상에서 그리스도인들의 삶에 관한 그의 전체적인 신학과 어떻게 부합하는지를 아는 것은 이 논증이 바울의 권면들에서 이 대목에 있는 이유를 설명하는 데 도움이 된다. 정부에 복종하는 것은 그리스도인이 하나님의 뜻을 "분별하여" 실천하는(12:2을 보라) "선"의 또 하나의 측면이다.[267] 현재의 문맥 속에서 바울로 하여금 정부와 이 세상에서 정부의 역할에 관해 가르치도록 촉발시킨 것은 구체적으로 12:19이었을 수 있다. 거기에서 바울이 그리스도인은 스스로 원수를 갚으려고 해서는 안 되고 장차 있을 최후의 심판에서 하나님이 원수를 갚으시도록 맡겨두어야 한다고 가르쳤을 때, 신자들은 하나님이 최후의 심판 때까지는 악을 행하는 자들이 이 세상에서 마음껏 악을 행하도록 내버려두시는 것이라고 생각할 수 있었을 것이다. 바울은 13:1-7에서 그렇지 않다고 말한다. 하나님은 지금도 세속 권세들을 통해 악을 행하는 자들에게 자신의 진노를 쏟아붓고 계신다(3-4절).[268]

나는 이러한 고찰들이 왜 바울이 로마서에 13:1-7을 포함시켰는지를 설명해주기에 충분하다고 생각한다. 그러나 많은 학자들은 그런 확신을 갖고 있지 않다. 그들은 로마 교회에는 이 권면을 포함시켜야 했던 상황이 있었고, 바울은 틀림없

---

266. 로마서 13:1-7에 대한 이러한 설명은 초기 교회에서 일반적인 것이었고(예를 들어, Chrysostom, Homily 23[p. 511]; Pelagius, 136), 오늘날의 학자들도 이 설명을 여러 가지 변형된 형태들로 받아들인다; 특히 Ridderbos, Paul, 320-323; Wilckens, "Römer 13,1-7," 226-230; Käsemann, 350-351(이 본문은 "열광주의자들"을 반박한다); Nygren, 426-427; Fitzmyer, 663; Byrne, 386-387; R. Walker, Studie zu Römer 13,1-7, 57-58; Schlier, "State," 229-230; Schrage, *Christen und Staat*, 51-52; Campenhausen, "Zur Auslegung von Röm. 13," 81-101을 보라. 또한 Horrell은 이 단락의 전체적인 관심은 그리스도인들에게 외인들과 관련해서 "조용한 삶"을 살라고 한 바울의 권면(예를 들어, 살전 4:11-12)과 아주 잘 부합한다고 지적한다("Peacable, Tolerant Community," 81-99).

267. Heiligenthal, "Strategien konformer Ethik," 57; Wilckens, "Römer 13,1-7," 209-210; Furnish, *Moral Teaching*, 126; Murray, 2.146; Delling, *Römer* 13,1-7, 67-68.

268. Wilckens, "Römer 13,1-7," 209-10; Barrett, "New Testament Doctrine," 14-15; S-H, 366. De Kruijf ("Literary Unity," 319-326)는 바울은 12:17-13:7을 외인들과의 관계에 관한 통합된 단위로 설정한 것이라고 주장한다; 또한 Viard, 273을 보라.

이 그 상황을 알고 있었을 것이라고 생각한다. 학자들은 여러 시나리오들을 제시해왔지만,[269] 가장 유력한 것은 로마 시민들은 점점 더 탐욕스러워져 수탈을 일삼던 로마 정부에 세금을 바치지 않으려고 했고, 로마 그리스도인들도 그런 로마 시민들의 저항에 물들어 동조했다는 것이다.[270] 이런 배경 때문에 바울은 정부에 복종하라는 자신의 가르침을 세금을 바치라는 호소(6-7절)로 끝맺는 것이라고 그들은 주장한다. 주후 56-57년(로마서가 쓰인 시기)에 로마에서 국세 저항이 있었음을 보여 주는 증거는 우리가 기대하는 정도만큼 분명하지도 않고 많지도 않다. 하지만 설령 이 견해가 전제하는 그런 일이 일어났다고 할지라도, 그 일은 바울의 가르침의 주된 근거가 되기는 힘들다. 왜냐하면 6절b에서 바울은 로마 그리스도인들에게 세금을 바치라고 권면하는 것이 아니라, 그들이 세금을 바치고 있는 것을 칭찬하는 것이기 때문이다.[271] 따라서 바울이 세속 권세에 복종하라는 자신의 가르침을 세금을 바치는 것을 언급하는 것으로 끝맺은 것은 예나 지금이나 세금을 바치는 것이 국가에 대한 복종을 보여 주는 가장 일반적이고 분명한 표현이었기 때문일 가능성이 크다. 또한 바울이 여기에 이 주제를 포함시킨 이유는 그가 예수님의 가르침을 계속해서 의거하고 있기 때문일 가능성도 있다. "가이사의 것은 가이사에게, 하나님의 것은 하나님께 바치라"(막 12:13-17과 그 병행문들)는 예수님의 저 유명한 말씀을 촉발시킨 배경은 세금을 바치는 문제였다.[272]

---

269. 많은 학자들은 폭력적이고 반로마적인 유대 열심당 운동이 로마의 그리스도인들에게 영향을 미쳐서, 로마 당국이 그리스도인 공동체를 유대 공동체와 동일시해서 정죄한다면 그리스도인들은 저항해야 한다는 생각을 지니게 되었을 것이라고 주장한다(Bammel, "Romans 13," 366-375; Borg, "New Context for Romans XIII," 205-218; Culpepper, "God's Righteousness," 456-457; Calvin, 477; Iarrison, 136을 보라). 하지만 Käsemann(350)이 지적하듯이, 이 시기에 로마에서 열심당이나 그 비슷한 무리에 의한 폭동이 일어났음을 보여 주는 증거는 희박하다. Moiser는 글라우디오 황제가 주후 49년에 유대인들을 추방한 것은 국가에 대한 반감과 국가에 저항하고자 하는 유혹을 불러일으켰을 것이라고 주장한다("Rethinking Romans 12-15," 571-582).

270. 로마 역사가 Tacitus는 50년대 중반에 간접세 징수에 대한 저항이 있었고, 이 저항은 주후 58년에 국세 폭동에서 절정에 도달했다고 말한다(*Ann*. 13.50ff.). 바울이 이러한 사정을 알았다면, 그가 13:1-7을 쓴 목적은 로마 그리스도인들에게 간접세와 직접세 둘 모두를 국가에 바침으로써 로마 정부에 대한 그들의 충성심을 나타내 보이라고 권한 것이 된다(7절을 보라). 이 시나리오에 대해서는 특히 Friedrich, Pöhlmann, and Stuhlmacher, "Zur historischen Situation," 153-159를 보라; 또한 Laub, "Christ und die staatliche Gewalt," 257-265; Dunn, 2.759; idem, "Romans 13:1-7," 66; Byrne, 386; Longenecker, 952-954; Furnish, *Moral Teaching*, 131-135.

271. Wilckens, 3.34; K. Weiss, *TDNT* 9.82-83을 보라.

272. Krauter (*Studien*, 55-160)는 13:1-7 배후에 있는 로마의 특정한 상황을 전제한 여러 제안들을

또한 바울의 이 가르침과 베드로전서 2:13-17은 몇 가지 점에서 두드러진 유사점들을 보여 준다.[273] 이것은 그리스도인과 국가의 관계에 관한 예수님의 가르침이 널리 퍼져 있던 초기 기독교 전승의 토대였고, 바울은 여기에서 그 전승을 가져와 각색해서 사용한 것임을 보여 준다.[274] 분명히 바울은 헬라-로마 정부로부터 가져온 표현들로 이 전승을 각색했고,[275] 정부에 대한 복종은 분명히 많은 헬라-로마 진영들에서 권장되었다.[276] 그러나 여느 때처럼 바울이 여기에서 가르치는 개념들의 뿌리는 구약성경과 유대교에 있다.[277]

이 단락에서 사고의 흐름은 다음과 같다:[278]

일반적인 명령: "권세들에게 복종하라"(1절a)

복종해야 할 첫 번째 이유("왜냐하면"): 모든 권세는 다 하나님이 정하신 것이다(1절b)

검토해서, 모든 제안이 역사적이고 본문상으로 적절한 근거를 결여하고 있다고 말한다.

273. 이 베드로전서 본문과 로마서 13:1-7은 여러 핵심 단어들과 개념들을 공통적으로 지닌다: ὑποτάσσω('휘포탓소,' "복종하다")라는 기본적인 명령; 통치 권력을 가리키는 ὑπερέχω('휘페레코,' "위에 있는"); 정부의 목적인 ἐκδίκησιν κακοποιῶν('에크디케신 카코포이온,' "악을 행하는 자들에게 보응하는 것")과 ἔπαινον ἀγαθοποιῶν('에파이논 아가토포이온,' "선을 행하는 자들을 칭찬하는 것"); "존경하고"(τιμάω, '티마오') "두려워하라"(φοβέομαι, '포베오마이')는 권면. 또한 디모데전서 2:1-2에서는 믿는 자들에게 왕들과 "높은 지위에 있는[ὑπεροχῇ, '휘페로케'] 모든 사람"을 위해 기도하고 명령하면서, "이는 우리가 모든 경건과 단정함으로 고요하고 평안한 생활을 하려 함이라"고 말한다; 디도서 3:1에서는 우리에게 "통치자들과 권세 잡은 자들"(ἀρχαῖς, ἐξουσίαις, '아르카이스, 엑수시아이스')에게 "복종하라"(ὑποτάσσεσθαι, '휘포탓세스타이')고 권면한다.

274. A. Webster, "St. Paul's Political Advice," 262-273; Wilckens, 2.39-40; idem, "Römer 13:1-7," 211-214; Friedrich, Pöhlmann, and Stuhlmacher, "Zur historischen Situation," 134-135; Michel, 396-397.

275. 특히 Strobel, "Zum Verständnis von Rm 13," 58-62, 80-90을 보라; 또한 Käsemann, 353; Schlier, 393; Merk, *Handeln aus Glauben*, 162-164를 보라.

276. Engberg-Pedersen ("Paul's Stoicizing Politics," 163-172)은 로마서 13:1-7과 스토아학파 철학자 Seneca, *De Clementia* 1.1-4 간의 유사점들을 지적한다.

277. Wilckens, "Römer 13,1-7," 223-226; 또한 Friedrich, Pöhlmann, and Stuhlmacher, "Zur historischen Situation," 135-146을 보라. 그들은 바울이 헬라-로마 전승과 유대 전승 둘 모두에 빚지고 있다는 것을 강조한다. 다른 한편으로 로마서 13:1-7에는 국가에 대한 유대적인 인식이 지닌 전형적인 특징들 중 다수가 결여되어 있다는 것을 주목해야 한다(예를 들어, 순교에 대한 강조; Neugebauer, "Zur Auslegung," 152-159를 보라). 이것은 바울이 구약성경과 유대교의 가르침에 의거하고 있지 않다는 것을 보여 주는 것이 아니라, 그 가르침 중에서 오직 가장 기본적인 것들만을 선택해서 사용했음을 보여 준다.

278. 이것은 Stein, "Argument," 325-343의 분석과 단지 두 가지 점에서만 다르다.

권세를 거슬렀을 때의 결과("그러므로"): 하나님의 심판(2절)

복종해야 할 두 번째 이유("왜냐하면"): 통치자들은 선에는 상을 주고 악을 벌하는 하나님의 종들이다(3-4절)

일반적인 명령의 반복("그러므로"), 복종해야 할 이유들을 줄여서 언급함(5절): "진노[에 대한 두려움] 때문에"와 "양심을 따라"

실천에 대한 호소: 로마 그리스도인들은 세금을 바치고 있다(6절)

구체적인 명령("이것으로 인하여"): 세금을 바치고 권세들을 존경하라(7절)

1 바울은 곧장 본론으로 들어간다. "각 사람은 위에 있는 권세들에게 복종하라." 구약성경과 유대교의 전형적인 방식을 따라 바울은 한 사람의 한 "부분"(몸이나 영과 구별되는 혼)이 아니라 한 사람 전체를 가리키는 데 '프쉬케'(종종 "영혼"으로 번역된다 - KJV; NKJV)를 사용한다. 따라서 "각 사람"("every person," NRSV; ESV; NASB; CEB; 또는, "everyone," NIV; CSB; NLT; NJB)이라고 번역한 것은 정확하다.[279] 바울 자신의 권위의 토대 - 복음의 사도 - 와 이 서신의 청중에 비추어보았을 때, 그가 "각 사람"이라고 말하면서 염두에 둔 것은 그리스도인들임에 틀림없다. 그러나 우리는 "각 사람"의 범위를 그리스도인들로 제한해서는 안 된다. 세속 권세들에 복종하는 것은 특히 그리스도인들에게는 의무다. 그들은 자신들이 섬기는 하나님이 이 권세들의 배후에 있다는 것을 인정하기 때문이다. 하지만 이것은 이 사실을 모르는 사람들에게도 적용된다.[280]

"다스리는 권세들"("Governing authorities"; 또한 NRSV; NIV; NASB; NJB를 보라)은 이 단락의 해석에 중심적인 어구를 번역한 것이다. '엑수시아'는 우리의 "권세"(authority)라는 단어와 마찬가지로 세속 그리스어와 성경 그리스어에서 (통상적으로 합법적인) 권력을 소유하고 행사하는 것을 폭넓게 가리킨다. 추상명사인 이 단어는 통상적으로 권위 개념을 가리킨다. 마태복음 28:18에 나오는 예수님의 유명한 말씀에서는 이 단어가 전형적인 방식으로 사용되고 있다: "하늘과 땅의 모든

279. 또한 롬 2:9; 행 2:43; 3:23; 계 16:3을 보라.

280. Wilckens; Fitzmyer; Stein, "Argument," 326; R. Walker, *Studie zu Römer* 13,1-7, 8, 11-12; 반대 견해로는 예를 들어, Cranfield.

권세를 내게 주셨으니." 그러나 이 단어는 추상적인 의미가 아니라 구체적인 의미로 사용될 수도 있는데, 이 경우에 '엑수시아'는 권세가 행사되는 영역(예를 들어, "관할"; 눅 23:7을 보라)이나 권세를 행사하는 자를 가리킨다.[281] 바울은 여기에서 분명히 이 단어를 마지막 의미로 사용한다. 신약성경은 권위를 행사하는 서로 다른 두 종류의 존재를 보여 준다: 권세를 지닌 사람(통상적으로 정부의 "통치자")[282]와 영적인 권세들.[283] 몇몇 학자들은 바울은 로마서 13:1에서 적어도 부분적으로는 영적인 존재들을 언급하고 있는 것이라고 주장해 왔다.[284]

---

281. '엑수시아'(ἐξουσία)는 칠십인경에 대략 72번, 신약성경에 93번 나온다. 이 용례들의 대부분은 추상적인 의미를 지니고(마 28:18에서처럼), 충분히 예상할 수 있듯이 단수형으로 사용된다. 칠십인경에서는 오직 다니엘서 3:2과 7:27만이 복수형의 '엑수시아'를 구체적인 의미로 사용한다. 다니엘서 3:2에서 이 단어의 의미는 불확실하지만, 7:27에서는 권세의 영역들, 예를 들어, "영지들"을 가리킨다. 또한 누가복음 23:7을 보라: 예수는 "헤롯의 관할에 속해[ἐκ τῆς ἐξουσίας, '에크 테스 엑수시아스']" 있었다.

282. 누가복음 12:11 - "사람이 너희를 회당[τὰς συναγωγάς, '타스 쉬나고가스']이나 위정자[τὰς ἀρχάς, '타스 아르카스']나 권세 있는 자[τὰς ἐξουσίας, '타스 엑수시아스'] 앞에 끌고 가거든 어떻게 무엇으로 대답하며 무엇으로 말할까 염려하지 말라" - 과 디도서 3:1 - "통치자들과 권세 잡은 자들[ἀρχαῖς ἐξουσίαις, '아르카이스 엑수시아이스']에게 복종하며"(NIV가 여기에서 ἀρχαῖς καὶ ἐξουσίαις['아르카이스 카이 엑수시아이스']라는 이독을 따르고 있는 것인지는 분명하지 않다) - 을 보라. 복수형 '엑수시이아스'의 이 동일한 의미는 세속 그리스어(G. Foerster, *TDNT* 2.563 nn. 16과 17에 언급된 전거들을 보라)와 Josephus (*J.W.* 2.350)에서도 발견된다.

283. 엡 3:10; 6:12; 골 1:16; 2:15; 벧전 3:22을 보라; 단수형과 관련해서는 엡 1:21과 골 2:10을 보라. 베드로전서 본문을 제외한 모든 본문에서 ἐξουσία(ι)['엑수시아(이)']는 ἀρχή/αί['아르케/아이']와 병행을 이룬다. '엑수시아'의 이 용법은 전례가 없어 보이기 때문에, 히브리어의 영향을 반영한 것일 수 있다(G. Foerster, *TDNT* 2.565, 571을 보라).

284. 이 견해를 처음으로 제시한 것은 Dibelius다(Geisterwelt) - 나중에 철회하긴 했지만("Rom und die Christen," 177-228을 보라). 다른 몇몇 학자들이 이 견해를 받아들여서 발전시켰지만(예를 들어, Schmidt, "Gegenüber," 1-16; Dehn, "Engel und Obrigkeit," 90-109; idem, *Vom christlichen Leben*, 72; Cranfield, "Some Observations on Romans 13:1-7," 241-249[그의 주석서에서는 철회했다]), K. Barth (*Church and State*, 23-36)와 Cullmann (*State in the New Testament*, 55-70)이 지지함으로써 상당한 주목을 받았다. 또한 Morrison, *Powers That Be*를 보라. 그는 주후 1세기에는 물질적인 것과 영적인 것이 서로 상당한 정도로 결합되어 있었다는 것을 강조한다. 또한 Wink는 사전적인 증명의 어려움을 인정하면서도, 영적인 권세들은 바울이 로마서 13장에서 논의한 세속 통치자들 개념의 일부였을 것이라고 생각한다(*Naming the Powers*, 45-47). 이 견해는 바울의 권면이 지닌 기독론적인 토대와 국가에 대한 불복종의 암묵적인 정당화를 제공해주기 때문에 이 학자들에게 중요하다. 그들은 이렇게 논증한다: 세속적인 통치 권력들 배후에는 천사들이라는 영적인 존재들이 있다고 생각한 것은 고대 세계에서 전형적인 것이었고, 바울도 그렇게 생각했다. 이러한 개념적 배경, 그리고 바울이 영적인 존재들을 가리키기 위해 '엑수시아'의 복수형을 사용했음을 보여 주는 단어상의 증거(디도서 3:1은 예외지만, 이 학자들 중 대부분은 이 용례를 바울의 것이라고 보지 않는다)는 바울이 로마서 13:1에서 세속 통치자들과 그 배후에 있는 영적인 권세들 둘 모두를 나타내기 위해 '엑수시아'를 사용했다고 생각하는 것

그러나 그럴 가능성은 희박하다.[285] 이 문맥에 나오는 병행 단어들(3절의 "다스리는 자들"['아르콘테스']을 보라)이 보여 주듯이, "권세들"은 세속 정부에서 높은 직위를 차지하고 있는 자들이다. 바울은 이 권세들이 이 서신의 수신자들인 신자들보다 높은 직위에 있는 자들이라는 것을 보여 주기 위해 "다스리는"(한글개역개정에는 "위에 있는")이라는 수식어를 추가한다.[286]

바울은 신자들에게 세속의 다스리는 권세들에게 "순종하는" 것이 아니라 "복종하라"[287]고 명령한다. 바울의 단어 선택은 그의 권면에 대한 우리의 해석과 적

을 정당화해 준다. 따라서 궁극적으로는 그리스도인이 "권세들"에 복종하는 문제는 그리스도가 이 권세들을 굴복시킨 것에 비추어서 바라보아야 한다. 즉, 그들이 자신들이 그리스도의 권세 아래 있다는 것을 인정하고 드러내는 동안에는 우리가 그들에게 복종하는 것은 옳다. 하지만 그들이 그리스도의 권세에 맞서 반역할 때는 우리 그리스도인들은 그들을 무시하는 것이 옳다.

285. 바르트-쿨만의 접근방법에서 가장 치명적인 약점은 특히 네 가지다. (1) '엑수시아이'가 바울 서신에서 영적인 존재들을 가리키는 경우에는 언제나 '아르카이'와 함께 나온다. 로마서 13:1에서 후자의 생략은 단어상의 병행들의 가치를 의심스럽게 만든다. (2) 로마서 13:1-7에서 '엑수시아이'와 병행되는 다른 단어들은 그런 이중적인 의미를 지닐 수 없다(3절의 ἄρχοντες['아르콘테스', "다스리는 자들"]; 4절의 διάκονος['디아코노스', "사역자"]를 보라). 바울은 이 단락 전체에 걸쳐서 헬라-로마의 정부와 행정으로부터 가져온 단어들을 사용하기 때문에, 우리는 '엑수시아'도 비슷한 배경을 지니고 있을 것이라고 예상할 수 있다(예를 들어, Strobel, "Zum Verständnis von Rm 13," 67-79를 보라). (3) 바울의 권면에 기독론적인 토대를 도입하고자 하는 시도는 본문에 존재하지 않는 것을 도입하고자 하는 것이다. 바울은 자신의 이 명령의 신학적 근거를 명시적으로 밝히고 있고, 그것은 하나님이 권세들을 세우셨다는 것이 그리스도인들이 권세들에 복종해야 하는 근거임을 보여 준다. (4) 바울이 그리스도인들에게 (흔히 악한) 영적인 존재들에게 복종하라고 명령했을 것이라고 말하는 것은 거의 불가능하다. 이러한 지적들과 그 밖의 다른 것들에 대해서는 Carr, *Angels and Principalities*, 115-121; Zsifkovits, *Staatsgedanke*, 57-64; Delling, *Römer* 13,1-7, 20-34; Campenhausen, "Zur Auslegung von Röm. 13," 81-96을 보라. 일부 신학자들과 학자들은 교회를 다스리는 권세들도 '엑수시아이'라는 단어 속에 포함되어 있을 것이라고 생각해 왔고(살전 5:12을 보라; 그리고 예를 들어, Pelagius; Luther; 오늘날의 저자들로는 Ogle, "What Is Left for Caesar?" 254-264; Campenhausen, "Zur Auslegung von Röm. 13," 96-100), Nanos (*Mystery of Romans*, 289-336)와 Holland는 이 단어는 회당의 권세들을 가리킨다고 생각한다. 그러나 이 단락의 어휘들은 오로지 세속의 통치자들만을 가리킨다는 것을 결정적으로 보여 준다.

286. 딤전 2:2, οἱ ἐν ὑπεροχῇ('호이 엔 휘페로케', "높은 지위에 있는 사람들")을 보라(또한 Wis. 6:5을 보라). '휘페레쿠사이스'(ὑπερεχούσαις)가 비교급의 의미를 지니는 것으로 보는 이 설명(권세들은 신자를 "능가하거나" "뛰어나다"[ὑπερέχω, '휘페레코'])은 이 단어를 최상급으로 보는 설명(이 경우에는 바울이 최고의 "권세들", 예를 들어, 최고의 로마 당국을 가리킨 것이 된다[Krauter, *Studien*, 173-179 등]; 아마도 벧전 2:13을 보라)보다 더 낫다; 이 관점으로는 Godet; Cranfield을 보라; 반대 견해로는 Barrett; Black. 또한 Judge를 보라. 그는 '엑수시아이'는 특히 그리스도인들과 접촉한 정부 관리들을 가리킨다고 말한다("Cultural Conformity," 9-10); Jewett은 지방의 수령들을 가리킨다고 생각한다.

287. 이 동사는 ὑποτάσσω('휘포탓소')다. 여기에 나오는 형태인 '휘포탓세스토'(ὑποτασσέσθω)는 중간

용에서 중요할 수 있다. 복종하는 것은 위계질서 속에서 자신의 종속적인 지위를 인정하고, 어떤 사람들이나 기관들이 우리에 대해 권세를 지니고 있다는 것을 일반적인 원칙으로 인정하는 것이다. 바울은 그리스도인들에게 세속의 다스리는 권세들만이 아니라(또한 딛 3:1을 보라), 그들의 영적인 지도자들(고전 16:16)과 "서로에게"(엡 5:21) 복종할 것을 촉구한다. 그리고 그는 그리스도인 종들에게 주인에게 복종하고(딛 2:9), 그리스도인 선지자들에게 다른 선지자에게 복종하며(고전 14:32), 그리스도인 아내들은 남편에게 복종하라고 명령한다(고전 14:34[?]; 엡 5:24; 골 3:18; 딛 2:5).[288] 바울이 여기에서 그리스도인들에게 요구하는 것은 정부에 대한 이러한 일반적인 자세다. 그리고 그러한 자세는 통상적으로 우리에게 세속의 다스리는 권세들이 우리에게 하라고 하는 것에 순종할 것을 요구한다. 그러나 정부에 대한 우리의 복종은 어떤 예외적인 상황들에서 정부에 대한 불순종과 양립할 수 있다. 왜냐하면 그리스도인들이 처해 있는 관계들의 위계질서에서 그 머리는 하나님이기 때문이다. 그리고 모든 "복종들"은 언제나 하나님에 대한 우리의 포괄적인 복종과의 관계에 비추어서 평가되어야 한다.[289]

1절b는 우리가 세속의 다스리는 권세들에게 복종해야 하는 이유[290]를 보여 준다. "권세는 하나님으로부터 나지 않음이 없나니 모든 권세는 다 하나님께서 정하

태일 수도 있겠지만(G. Delling, *TDNT* 8.42; Murray), 이 동사의 단순과거 형태는 언제나 수동태라는 점에서 수동태일 가능성이 높다(BDAG; Cranfield를 보라).

288. 또한 바울은 율법에 대한 사람들의 관계(롬 8:7), "허무한 것"에 대한 피조물의 관계(롬 8:20), 하나님의 의에 대한 유대인들의 (부정적인) 관계(롬 10:3), (시편 8:6에 대한 간접인용을 통해) 그리스도에 대한 "만물"의 관계(고전 15:27-28; 엡 1:22; 빌 3:21)를 나타내는 데도 '휘포탓소'를 사용한다. 또한 이 동사는 눅 2:51; 10:17, 20; 히 2:5, 8; 12:9; 약 4:7; 벧전 2:13, 18; 3:1, 5, 22; 5:5에도 나온다.

289. Fitzmyer를 보라: "하나님과 하나님이 정하신 만물의 질서에 대한 그리스도인의 관계의 표현으로서 이 땅의 것들과 관련해서의 복종......그러한 복종은 우리가 속해 있는 인간 정부의 형태에 의해 분명하게 평가된다; 이 복종의 의미는 군주 국가냐, 민주 국가냐, 공화 국가냐에 따라 달라질 것이다." '휘포탓소'에 대한 이러한 해석으로는 Cranfield; Barrett, "New Testament Doctrine," 16; Hutchinson, "Political Implications," 53-55; Jüngel, "'Jedermann sei untertan der Obrigkeit,'" 25-30; Furnish, *Moral Teaching*, 127; Porter, "Romans 13:1-7," 120-122도 보라. 또한 이 단락의 끝에 나오는 나의 주해도 보라.

290. '가르'(γάρ)를 보라.

신[291] 바라."[292] 1절a에 나온 '엑수시아이'에 비추어보았을 때, "권세"는 개별적인 인간 통치자를 가리킬 것이다.[293] 하나님이 세우시지 않은 통치자가 권력을 휘두르는 경우는 없다고 바울이 역설한 것은 구약성경과 유대교의 표준적인 가르침을 반영한 것이다. 다니엘은 교만한 이방의 왕 느부갓네살에게 "지극히 높으신 이가 사람의 나라를 다스리시며 자기의 뜻대로 그것을 누구에게든지 주시며 또 지극히 천한 자를 그 위에 세우시는 줄"을 하나님이 그에게 가르쳐주고 계시는 것이라고 말한다(4:17).[294] 바울이 이 전승에 의거하고 있는 것과 모든 것을 포괄하는 표현("권세는 하나님으로부터 나지 않음이 없나니")을 사용한 것은 그가 통치자들의 궁극적인 기원에 관한 보편적으로 적용될 수 있는 진리를 주장하고 있다는 것을 분명히 보여 준다. 인간의 관점에서 보면, 통치자들은 무력이나 세습이나 대중의 선택에 의해 권좌에 오른다. 그러나 "변화된 마음"을 지닌 사람들은 그러한 모든 과정의 배후에 하나님의 손길이 있다는 것을 안다. 바울은 이 절의 마지막 구절에서 이 일반적인 원칙을 강조한다.[295] 로마의 신자들은 그들과 접촉하는 정부의 특정

291. *τάσσω*('탓소,' "세우다, ~위에 두다"); 마 28:16; 눅 7:8; 행 13:48; 15:2; 22:10; 28:23; 고전 16:15을 보라.

292. 이 두 구절 모두에 전치사 '휘포'(ὑπό, "~에 의해")가 나온다는 것은 바울이 두 번째 구절에서 사용한 동사 '탓소'를 첫 번째 구절에도 넣어서 읽어야 한다는 것을 보여 준다. 1절a의 명령과 1절b의 근거가 어간 '타그-'(ταγ-)에서 온 단어들 - —ὑποτασσέσθω('휘포탓세스토')와 τεταγμέναι('테타그메나이,' *τάσσω*['탓소']의 완료 수동형) - 을 통해 서로 연결되어 있다는 것을 주목해야 한다(또한 2절의 ἀντιτασσόμενος['안티탓소메노스,' "거스르는"]와 διαταγῇ['디아타게,' "명"]도 보라).

293. 반대 견해로는 Chrysostom. 그는 '엑수시아'는 통치권을 가리키기 때문에, 바울은 모든 인간 통치자가 하나님에게서 왔다고 주장하고 있는 것이 아니라고 생각한다.

294. 4:25, 32; 5:21에 나오는 비슷한 후렴구를 보라; 또한 삼상 12:8; 렘 1:7, 10; 27:5-6; 단 2:21, 37-38; 잠 8:15-16; 사 41:2-4; 45:1-7. 구약성경 이후의 유대교 자료들도 이것을 명시적으로 말한다. Wis. 6:1-3을 보라:

그러므로 왕들이여, 내가 하는 말을 듣고 깨달아라 땅의 끝에서 끝까지를 다스리는 통치자들아, 배워라 수많은 백성을 다스리며 헤아릴 수 없이 많은 신하들을 자랑하는 자들은 귀를 기울여라 너희가 휘두르는 권력은 주께서 주신 선물이며, 너희의 주권 또한 지극히 높으신 분께서 주신 것이다 따라서 주께서는 너희의 업적을 굽어보시고 너희의 계략을 낱낱이 살피실 것이다.

또한 Josephus, *J.W.* 2.140을 보라: "하나님의 뜻이 아니고는 어떤 통치자도 자신의 직임을 얻지 못한다"; Sir. 4:27; 10:4; 17:7; 1 En. 46:5; Let. Aris. 224; 2 Bar. 82:9; 그리고 Str-B, 3.303-304를 보라.

295. 이 구절의 처음에 나오는 '데'(δέ)는 강조를 나타낸다(Godet를 보라).

한 관리들[296] - 바울의 표현에 의하면, "지금 있는 자들"[297] - 은 하나님이 "정하신", 또는 "세우신" 자들이라는 것을 인정해야 한다.

2 1절a에서 바울은 하나님이 인간 통치자들을 세우신 것의 적극적인 결과, 즉 우리는 그들에게 복종해야 한다는 것을 말했다. 이제 바울은 하나님이 인간 통치자들을 세우신 것의 두 가지 서로 관련된 소극적인 결과들[298]에 대해 말한다. 하나님이 인간 통치자들을 세우셨기 때문에, 그들을 거스르는 자는 하나님의 "영"[299]을 "거슬러 반역의 상태에" 있게 된다.[300] 그리고 그러한 저항은 궁극적으로는 영원한 정죄로 이어지게 될 것이다. 복종이 하나님이 정부를 그리스도인들 위에 세우셨다는 것을 인정하는 것이듯이, 저항은 정부의 권위를 인정하기를 거부하는 것이다.[301] 저항은 어떤 사람이 정부가 자기에 대해 권위를 행사할 합법적인 권한을 지니고 있다는 것을 인정하지 않는 태도다. 이 태도[302]를 취하는 자들은 "심판

296. Judge ("Cultural Conformity," 9-10)는 '엑수시아이'는 권세(ἀρχαί['아르카이']에게서 나오는 권세)를 집행하는 관리들이라고 말한다. Zsifkovits (Staatsgedanke, 64-65)는 '엑수시아이'는 로마 정부의 온갖 관리들을 폭넓게 가리키는 라틴어 potestates('포테스타테스')를 번역한 것이라고 말한다.

297. αἱ οὖσαι('하이 우사이', "있는 자들").

298. ὥστε('호스테,' "그래서, ~의 결과로")를 보라.

299. 영역 성경에서 "Ordained"("정했다")과 "ordinance"("영")로 번역한 것은 그리스어 본문에서 1절b의 '테타그메나이'(τεταγμέναι, "정하신")과 2절의 '디아타게'(διαταγή, "명") 간의 단어 유희를 반영한 것이다. '디아타게'는 칠십인경에는 1번 나오고(스 4:11), 신약성경에는 여기 외에 1번 나온다(행 7:53; 또한 갈 3:19의 διατάσσω['디아탓소', "베푸신"을 보라). 이 단어는 하나님의 영원한 "작정"을 가리키는 것이 아니라, 하나님이 세우시는 행위를 가리킨다(R. Walker, *Studie zu Römer* 13,1-7, 23을 보라). Schlier는 이 단어는 통치자들이 내리는 "영"을 가리키는 데 사용되었다고 주장하면서, 바울은 여기에서 모종의 반어법을 의도한 것이라고 말한다; 이 견해에 의하면, 바울은 사실상 통치자 자신이 "영 아래" 있다고 말한 것이 된다. 그러나 Wilckens는 이 단어가 그런 식으로 사용된다는 것에 대해 의문을 제기한다.

300. 이 동사는 완료형 ἀνθέστηκεν('안테스테켄')으로서, 저항의 상태를 나타낸다(Porter, *Verbal Aspect*, 396을 보라).

301. 바울은 이 구절에서 이 개념을 가리키는 데 두 개의 서로 다른 동사를 사용한다: ἀντιτάσσω('안티탓소', "거스르다"; 신약성경에서는 오직 여기와 행 18:6, 약 4:6, 벧전 5:5[잠 3:34을 인용한 것])와 ἀνθίστημι('안티스테미', "거스름이니"). 이 둘은 여기에서 의미상의 차이가 없다.

302. 완료 분사 '안테스테코테스'(ἀνθεστηκότες, "거스르는 자들")는 하나님이 세우신 위계질서 속에서 정부의 역할을 인정하기를 지속적으로 거부하는 것(단지 어쩌다가 거부하는 것이 아니라)을 가리킨다. 시제가 아니라 문맥이 이것을 분명하게 보여 준다(Dunn을 보라). 이 동사의 비슷한 용법으로는 에베소서 6:13을 보라.

을 자취하는"[303] 것이다. 여기에서 "심판"[304]은 세속 통치자의 행위를 가리키고, 거기에는 통치자가 내리는 형벌은 하나님의 심판을 대신 집행하는 것이라는 의미가 함축되어 있는 것으로 볼 수도 있다(4절b에서 설명하듯이).[305] 그러나 바울의 논증은 거기까지 나아가지 않는다. 여기에서 "심판"은 하나님의 종말론적인 심판을 가리키는 것으로 이해하는 것이 더 낫다. 세속의 통치자들에게 지속적으로 저항하여 하나님의 뜻을 거스르는 자들은 그 저항으로 인해 영원한 정죄를 당하게 될 것이다.[306]

3-4 만약 2절의 "심판"이 역사 속에서 이루어지는 세속의 통치자들에 의한 심판을 가리키는 것이라면, 3-4절은 그것을 더 자세하게 설명하는 것이 된다.[307] 그러나 2절b의 "심판"이 하나님의 최후의 심판을 가리키는 것이라면, 우리는 3-=절을 바울이 그리스도인들에게 세속의 다스리는 권세들에게 복종해야 할 두 번째 이유를 제시한 것으로 보아야 한다.[308] 하나님은 그들을 세우셨을 뿐만 아니라(1절b), 사회의 질서를 유지하는 중요한 역할을 그들에게 맡기셨다는 것이다. 세속의 통치자들은 악을 행한 자들을 벌하고 선을 행한 자들에게 상을 줌으로써, 이 세상에서 하나님의 뜻을 수행해나간다. 따라서 그리스도인들은 세속의 통치자들에게

---

303. "그들 자신에 반하여"("Against themselves")라는 영어 번역은 '헤아우토이스'(ἑαυτοῖς, "그들 자신")를 불이익의 여격으로 본 것이다(BDF §188[2]).

304. '크리마 렘프손타이'(κρίμα λήμψονται, "심판을 자취하다")라는 어구는 셈어적 표현이다(Black; 또한 막 12:40; 눅 20:47; 약 3:1을 보라).

305. S-H; Godet; Calvin; Murray; Cranfield; Schreiner; Jewett; Zsifkovits, *Staatsgedanke*, 72-73; Merklein, "Sinn und Zweck," 245.

306. Wilckens; Dunn; Michel; Stein, "Argument," 331-332; Delling, *Römer* 13,1-7, 64-65. 로마서에서 '크리마'의 다른 5번의 용례 중 4번은 종말론적인 심판을 가리킨다(2:2, 3; 3:8; 5:16; 예외인 11:33에서는 역사 속에서의 하나님의 행위들을 가리킨다).

307. 이 경우에는 3-4절은 2절b의 심판(Meyer), 또는 그 심판을 집행할 수 있는 통치자들의 대권(Haldane; Murray)을 설명하는 것일 수도 있고, 하나님이 정하신 사회라는 개념을 더 자세하게 설명하는 것일 수도 있다(Dunn).

308. Calvin; Cranfield; Stein, "Argument," 332-333.

복종해야 한다. 바울은 "다스리는 자들"[309]은 선을 행하는 자들[310]에게가 아니라 오직 악을 행하는 자들에게만 "두려움의 원인"[311]이다. 세속 권세들에 대한 두려움을 피하고자 한다면,[312] 그리스도인들은 자신들이 복음 아래에서 행하도록 부르심을 받은 선을 행하기만 하면 된다(12:2, 9, 17, 21을 보라). 사실 바울은 선을 행하는 것은 두려움으로부터의 해방을 가져다줄 뿐만 아니라, 통치자들로부터 칭찬을 받기까지 할 것이라고 결론을 내린다.[313]

4절은 바울이 통치자("다스리는 자")를 "하나님의 사역자"로 규정한 두 개의 주장에 의해 앞뒤로 묶여 있다. 첫 번째 주장은 바울이 3절b에서 이미 설명한 바 있는 통치자의 적극적인 역할 - 선을 행하는 자들을 칭찬하는 것 - 을 더 자세하게 설

309. ἄρχοντες('아르콘테스'). 바울은 다른 곳들에서 이 단어를 오직 3번, 즉 1번은 단수형으로(엡 2:2: "공중의 권세 잡은 자"[= 사탄], 2번은 복수형으로(고전 2:6과 8절: "이 세대의 통치자들") 사용한다. 많은 학자들은 고린도전서에 나오는 용례들은 영적인 존재들을 가리키는 것으로 보아왔지만, 인간 통치자들과 지도자들을 가리키는 것일 가능성이 높다(Carr, *Angels and Principalities*, 118-120; Fee, *First Corinthians*, 110-111을 보라). 이것은 분명히 신약성경에서 '아르콘'(ἄρχων, "다스리는 자들")의 통상적인 의미다.

310. 그리스어로는 τῷ ἀγαθῷ ἔργῳ('토 아가토 에르고', "선한 일"). 이 어구는 2:7에서와 마찬가지로 집합적인 의미를 지닐 가능성이 크고(S-H), 문맥은 이것이 의인화라는 것을 시사해 준다(Murray). 이 동일한 고찰들은 '토 카코'(τῷ κακῷ, "악한 일")에도 적용될 것이다.

311. '포보스'(φόβος, "두려움")는 통상적으로 신약성경에서는 실제로 느끼는 두려움을 가리키지만, 여기에서는 틀림없이"두려움의 원인"을 가리킨다(BDAG를 보라; LN [25.254]은 "선을 행하는 자들에게 두려움을 불러일으키다"로 번역한다).

312. '텔레이스 데 메 포베이스타이 텐 엑수시안'(θέλεις δὲ μὴ φοβεῖσθαι τὴν ἐξουσίαν)이라는 어구는 조건절로 번역할 수도 있고 - "네가 권세를 두려워하지 않으려고 한다면"(NJB; BDF §471[3]; N. Turner, *Syntax*, 319; Barrett을 보라), 의문문으로 번역할 수도 있다 - "네가 권세를 두려워하지 아니하려느냐"(대부분의 영역 성경들; S-H; Murray; Dunn). 구문론은 이 문제를 결정해주지 않지만, 어느 쪽이든 문맥과 완벽하게 잘 부합한다.

313. 몇몇 해석자들(예를 들어, Origen, Augustine, Pelagius)은 여기에서 "칭찬"(ἔπαινος['에파이노스'])은 하나님으로부터 오는 칭찬을 가리킨다고 생각해왔지만(Zsifkovits, *Staatsgedanke*, 78-80; R. Walker, *StudiezuRomer* 13,1-7, 36-37을 보라), "두려움"(이것은 분명히 세속 통치자에 대한 두려움이다)과 "칭찬" 간의 반의 병행법은 칭찬도 세속 통치자로부터 오는 것임을 보여 준다. 바울은 구체적으로 사회의 "은인들"의 이름을 금석문에 새기는 로마 당국의 관행을 염두에 둔 것일 수 있다(예를 들어, Käsemann; Wilckens; Schlier; van Unnik, "Lob und Strafe," 334-343; Heiligenthal, *Werke als Zeugen*, 107-108을 보라). 만약 이것이 사실이라면, 바울은 이 절에서 구체적으로 그리스도인들이 자신들이 살아가는 사회 속에서 "선한 시민"으로 행하는 활동들을 "선"이라고 한 것일 수 있다(Strobel, "Zum Verständnis von Rm 13," 79; Winter, "Public Honouring of Christian Benefactors," 87-103을 보라). 사회에 공헌하는 일이 "선"에서 배제되어야 하는 것은 아니겠지만, 로마서 12-13절의 좀 더 폭넓은 맥락은 "선"이 어느 한 쪽으로 제한될 수 없다는 것을 보여 준다.

명한다. 두 번째 주장은 바울이 3절에서 다루었고 4절b에서 더 자세하게 설명하는 통치자의 소극적인 역할 - 악을 벌하는 것 - 을 설명한다. 세속의 통치자들은 이 두 역할을 통해 하나님의 "사역자"('디아코노스')로서 하나님의 뜻을 집행한다. 바울은 통상적으로 그리스도인은 주님이나 다른 그리스도인을 섬기는 "종" 또는 "사역자"라고 말할 때 이 단어를 사용한다. 그러나 사람들은 자기도 의식하지 못하는 사이에 하나님, 하나님의 뜻, 하나님의 백성을 "섬길" 수도 있다. 세속의 통치자들도 마찬가지다. 하나님이 세우신(1절b) 그들은 하나님이 정하신 옳고 그름의 기준에 따라 정의를 시행하는 "사역자들"이다.[314] 적극적인 측면에서는 통치자들은 선을 행한 자들을 칭찬함으로써(3절b) 그리스도인들로 하여금 선을 행하도록 장려한다(4절a).[315]

이제 바울은 통치자의 소극적 역할로 다시 눈을 돌려서, 통치자가 악을 행하는 자들에게 "두려움의 원인"인 이유를 보여 준다(3절a를 보라). 그 이유는 통치자는 "공연히 칼을 가지지 아니하였기" 때문이다. 학자들은 "칼을 가지다"라는 어구의 정확한 배경과 의미에 대해 논쟁을 벌여왔지만, 구체적으로 제시된 의미들 중 어

---

314. '디아코노스'(διάκονος, "사역자")는 세속 그리스어에서 관리를 가리키는 데 사용되었다(MM); 이 단어는 에스더서 1:10; 2:2; 6:3에서는 궁정 관리들을 가리키고, 예레미야서 25:9에서는 느부갓네살 왕을 가리킨다. 또한 지혜서 6:4을 보라. 구약성경에 나오는 두드러진 예는 물론 이방 왕 고레스다(사 45:1). 세속 통치자들이 하나님의 정의를 시행한다는 사상은 유대교나 기독교 진영에 국한된 것이 아니다; 예를 들어, 플루타르코스는 이렇게 말한다. "통치자들은 인류를 돌보고 안전하게 지키기 위한 신의 사역자들로서, 신이 인간에게 주는 복들과 은택들을 나누어 주거나 안전하게 지키는 역할을 한다"(*Ad principem ineruditum* 5.13.22-14.2, Black에서 재인용). 이러한 증거에 비추어보았을 때, 여기에서 '디아코노스'가 순전히 세속적인 의미를 지니는지(예를 들어, Käsemann), 아니면 유사종교적인 의미를 지니는지(예를 들어, Barrett)에 관한 논쟁은 의미가 없다. 이 단어는 "종", "사역자"를 의미하고, 그 이상의 의미를 지니지 않지만, 여기에서는 속격 '테우'(θεοῦ)의 수식을 받고 있기 때문에, 그가 행하는 섬김이 궁극적으로는 "종교적인" 의미를 지닌다는 것을 보여 준다.

315. '소이 에이스 토 아가톤'(σοὶ εἰς τὸ ἀγαθόν, "네게 선을 베푸는")에 대한 이러한 해석은 '소이'가 '테우 디아코노스'(θεοῦ διάκονος, "하나님의 사역자")에 걸리는 이익의 여격이고 - "그는 너의 유익을 위한 하나님의 사역자다" - '에이스 토 아가톤'은 "너"를 의미상의 주어로 하는 목적절과 같은 역할을 한다는 것을 전제한다(Michel; Wilckens; Delling, Römer 13,1-7, 58-59를 보라). 이러한 해석은 통상적인 해석(대부분의 영역 성경들에 반영되어 있는)보다 더 낫다. 왜냐하면 통상적인 해석은 이 문맥에서 '아가토스'(ἀγαθός, "선")는 그 반대인 '카코스'(κακός, "악")와 마찬가지로 언제나 그리스도인의 행위를 설명하기 때문에, 여기에 언급된 "선"도 정부가 신자에게 수여하는 어떤 것 - 일반적인 평화와 질서(Dunn; Fitzmyer), 또는 궁극적으로 영적인 선(롬 8:28을 보라; Cranfield)이라고 보기 때문이다.

느 것도 잘 확증되지 않은 것으로 보인다.[316] 따라서 바울은 법을 어기는 자들을 벌하는 정부의 권한을 일반적으로 가리키기 위해 이 어구를 사용한 것 같다.[317] 이 점에 대한 자신의 논증을 위해 바울은 국법은 하나님의 말씀에서 가르치는 저 일반적인 도덕 원칙들을 구현한 것이라고 전제한다.[318] 따라서 세속 권세들이 벌하는 "악"은 절대적인 의미의 악, 즉 하나님이 친히 악으로 정죄하시는 그런 행위들이다.[319] 오직 그렇게 전제할 때만 바울이 정부에 의한 칼의 사용을 "하나님의 사역자"로서의 정부의 역할의 표현으로 보는 이유로 설명된다. 아울러 이것은 세속의 다스리는 권세가 악을 행하는 자들에게 가하는 "보응"이 하나님의 진노하심이라는 것을 보여 준다.[320] 세속 권세가 악을 행하는 자들을 벌할 때, 하나님의 사역자로 행하는 세속 권세는 하나님이 인간의 죄에 대해 자신의 진노하심을 집행하는 "보응의 도구"[321]다. 왜냐하면 로마서 1:18이 보여 주듯이, 하나님이 종말에 죄

---

316. 몇몇 학자들은 로마의 '유스 글라디이'(ius gladii), 즉 "사형을 선고할 수 있는 (모든 최고 관리들이 소유한) 권세(Tacitus, *Histories*, iii.68)"를 가리키는 것이라고 말한다(Barrett; 또한 Michel; Lagrange; Leenhardt를 보라). 그러나 이 권세는 군대에서 복무하는 로마 시민들에게 사형을 선고할 수 있는 로마 속주들의 총독의 권한에 국한되었던 것으로 보이기 때문에(Sherwin-White, *Roman Society*, 8-11), 로마 그리스도인들과는 상관이 없는 것 같다(예를 들어, Dunn을 보라). 어떤 학자들은 필로가 애굽의 치안 관리들을 가리킬 때 '마카이로포로이'(μαχαιροφόροι, "칼을 지닌 자들")라는 표현을 사용한 것(*Special Laws* 2.92-95; 3.159-163)을 인용하고(Wilckens), 어떤 학자들은 로마의 군사력을 가리키는 것이라고 주장한다(Cranfield; Harrison; Borg, "New Context," 216-217[이 본문 전체에 대한 그의 관점에 따라 구체적으로 유대인들의 반란을 군대를 동원해 진압한 것을 가리키는 것으로 본다]).

317. Friedrich, Pöhlmann, and Stuhlmacher, "Zur historischen Situation," 140-144; Krauter, *Studien*, 204-205; Murray; Fitzmyer. 따라서 이 어구는 사형을 직접적으로 가리키지 않지만, 주후 1세기 로마의 상황과 구약성경(창 9:4-6)에 비추어보았을 때, 바울은 악을 행하는 자들에 대한 국가의 형벌 속에 사형을 포함시켰을 가능성이 있다(예를 들어, Murray; Dunn; Schreiner; Kruse를 보라).

318. 이것이 그러한 이유, 그리고 바울이 세속 통치자들이 성경의 도덕을 시행하지 않고, 도리어 악한 일에 상을 주고 선한 일을 벌 주는 시대들을 다루지 않은 이유는 이 단락의 끝부분에서 논의할 것이다.

319. Wilckens; Cranfield; 반대 견해로는 Michel과 Käsemann은 이것은 오직 정치적/사회적 범죄들을 가리키는 것이라고 생각한다.

320. 예를 들어, Calvin; Michel; Murray; Käsemann; Dunn을 보라; 반대 견해로는 예를 들어, Schreiner; Delling, *Römer* 13,1-7, 59 - 그는 이 진노는 방백의 진노라고 생각한다. 바울의 이 개념을 위한 배경 중 일부는 구약성경에 널리 퍼져 있는 가르침, 즉 하나님은 자신의 진노하심(흔히 이스라엘에 대한)을 집행하는 데 이방 나라들과 통치자들을 사용하신다는 사상이다; 사 5:26-29; 7:18-20; 8:7-8; 10:5-6 등을 보라.

321. ἔκδικος('에크디코스', "보응하는 자"). BDAG는 이것을 "형벌의 집행자"로 번역한다(또한 살전

에 대해 쏟아부으실 최종적인 진노하심은 지금 인류사가 진행되는 과정 속에서도 표현되고 있기 때문이다. 개별 그리스도인들에게 금지된 "보응"("원수 갚는 것," 12:19)은 하나님이 선택한 사역자들인 세속 권세들에 의해 집행된다.

5 바울은 1-4절에서의 자신의 논증을 여기에서 요약한다. "그러므로[그리스어로 '디오'] [정부 권세들에] 복종하지 아니할 수 없으니 진노 때문에 할 것이 아니라[322] 양심을 따라 할 것이라." "~때문에"라는 두 개의 어구(한글개역개정에는 "~때문에"와 "~을 따라")는 바울이 1b-4절에서 설명해 온 복종의 이유들을 요약한 것이다. "진노 때문에"는 바울이 3-4절에서 상기시킨 세속 통치자들의 "보응"의 기능을 요약한 것이다. 그리스도인들은 세속 권세들의 이 기능을 인식하고, 거기에 따라 세속 관리의 손에 진노를 경험하는 것을 두려워해야 하는데, 이것이 복종의 동기가 되어야 한다(NIV: "처벌받을 수 있기 때문에"). 그러나 바울이 "~때문만이 아니라 … ~ 때문에도"라고 말하고 있는 것이 보여 주듯이, 이것은 그리스도인들이 세속 권세들에게 복종해야 할 사소한 이유일 뿐이다. 그리스도인들이 세속 권세들에게 복종해야 할 더 기본적인 이유는 "양심 때문이다." "양심"은 신자가 하나님의 뜻과 계획을 아는 것을 가리킨다.[323] 그리스도인들은 바울이 방금 무엇을 가르쳤는지를 안다. 즉, 세속 통치자들은 하나님이 세우신 자들이고(1절b), 그렇기 때문에 그

4:6; Wis. 12:12; Sir. 30:6; Josephus, *J.W.* 5.377을 보라); MM과 Käsemann을 보라. 그들은 이 단어가 지닌 헬레니즘적 배경을 지적하고, "하나님을 대표해서 진노하심을 집행하는 자"를 가리킨다고 말한다.

322. *οὐ μόνον*('우 모논, "~만이 아니라"). 부정사 '휘포탓세스타이'(*ὑποτάσσεσθαι*, "복종하다") 뒤에 원래는 '메'(*μή*, "아니다")가 나와야 하지만, '우'(*οὐ*)를 사용한 것은 이것이 정형어구로 굳어진 표현이기 때문이다(E. Burton, *Syntax*, §481).

323. 바울이 '쉬네이데시스'(*συνείδησις*, "양심")를 사용한 것에 대해서는 2:15의 각주 330과 331을 보라. Pierce (Conscience, 65-671)는 바울 서신에서 "양심"은 언제나 회고적 기능을 지닌다는 주장을 토대로 해서, 여기에서 "양심 때문에"는 사람이 하나님의 뜻을 어겼다는 고통스러운 기억을 피하기 위한 것임을 의미한다고 주장한다(또한 R. Jewett, *Paul's Anthropological Terms*, 439-441을 보라). 그러나 바울이 언제나 엄격하게 이 단어를 그런 식으로 사용하는지는 분명하지 않다; 양심은 그리스도인의 행실의 지침으로서 미래지향적으로 작동한다고 생각하는 것이 더 나은 것으로 보인다(Thrall, "Pauline Use of ΣΥΝΕΙΔΗΣΙΣ," 624; Eckstein, *Begriff Syneidesis*, 291-300; Cranfield; Michel; Wilckens). 또한 Dunn이 지적하듯이, 우리가 이 어구를 어떻게 번역하든지, 이 어구가 미래지향적인 의미를 지닌다는 것은 분명하다. 바울 서신에서 이 단어의 용법에 대한 유익한 개관으로는 Thiselton, *First Corinthians*, 640-644를 보라.

들은 하나님의 사역자들로서의 기능을 한다(4절)는 것을 안다.[324] 따라서 그리스도인들이 정부에 복종하는 것은 단순히 실제적인 편의, 즉 처벌을 피하기 위한 것이 아니라, 궁극적으로는 인간 사회의 질서와 관련한 하나님의 섭리에 대한 통찰로부터 생겨난다.[325] 그러한 복종은 그리스도인들이 마음이 새로워져서 발견하게 된 하나님의 "선하시고 기뻐하시고 온전하신" 뜻의 일부다(또한 신자는 "인간의 모든 제도를" "주를 위하여" 복종하라고 말하는 베드로전서 2:13을 보라). " 이 세상에 영합하지 말라"(한글개역개정에는 "이 세대를 본받지 말고")는 권면은 그리스도인들이 지금 인간 사회에 존재하는 모든 제도를 거부하라고 명령하는 것이 아니다. 왜냐하면 그런 제도들 중 어떤 것들 - 정부와 결혼 같은 - 은 하나님이 우리의 유익과 자신의 영광을 위해 섭리 가운데서 세상에 세우신 질서들이기 때문이다.

6 "이 때문에"(한글개역개정에는 "이로 말미암음이라")는 5절 처음에 나오는 "그러므로"와 병행을 이루고, 1b-4절을 가리키는 것일 수도 있다. 즉, 하나님이 세속 통치자들을 세우셨고, 그들은 하나님의 사역자들이기 때문에, "너희가 조세를 바치고" 있는 것이다.[326] 하지만 결국에는 동일한 의미이긴 하지만("양심"이 1b-4절의 논증을 요약한 것이기 때문에), "이 때문에"는 직전에 나오는 어구인 "양심 때문에"를 받은 것으로 보는 것이 더 낫다. 즉, "양심 때문에" "너희는 조세를 바치고" 있는 것이다.[327] 몇몇 주석자들은 '텔레이테'("바치는")가 명령형이라고 생각한다. "너희는 조세를 바쳐야 한다."[328] 그러나 바울이 "이 때문에"라는 어구에 "왜냐하면"(그리스어로 '가르')을 덧붙인 것은 이 동사가 직설법이라는 것을 결정적으로 보여 준다. 왜냐하면 바울은 거의 언제나 앞에서 말한 것의 근거나 설명을 제시하기 위해 이

324. Stein ("Argument," 338-339)과 Merklein ("Sinn und Zweck," 250)은 "양심 때문에"는 특히 1b-2절을 가리킨다고 주장한다. 그러나 이 어구는 분명히 또 한 가지 중요한 내용, 즉 바울이 바로 앞에서 통치자가 "하나님의 사역자"라는 것을 강조한 것도 가리킨다(4절).

325. 명사 '아낭케'(ἀνάγκη, 한글개역개정에는 "아니할 수 없으니")는 흔히 하나님이 만유를 다스리시기 때문에 반드시 해야 하는 것을 가리킨다(W. Grundmann, *TDNT* 1.345-347; Zsifkovits, *Staatsgedanke*, 93-94).

326. Stein, "Argument," 340-341. Godet는 1-5절 전체를 가리키는 것으로 본다.

327. Murray; Cranfield; R. Walker, *Studie zu Römer* 13,1-7, 49. Merklein ("Sinn und Zweck," 251)은 5절 전체를 가리킨다고 생각한다.

328. Zahn; Tholuck; Schmithals; 또한 NJB를 보라.

단어를 사용하기 때문이다.[329] 여기에서 바울은 로마 그리스도인들은 자신들이 정부에 조세를 바쳐온 것은 정부가 그들에 대해 지니고 있는 권세를 암묵적으로 인정한 것임을 알아야 한다고 말하고 있다.[330]

이 절의 후반절에서 바울은 이 권세가 궁극적으로는 하나님에게서 나온다는 것, 따라서 조세를 바치는 것은 "양심"의 문제라는 것을 다시 한번 반복해서 말한다. 또 다시 바울은 세속의 통치자들을 "하나님의 사역자들"이라고 부르지만(4절을 보라), 이번에는 다른 단어인 '레이투르고스'를 사용한다. 이 단어는 칠십인경에서 성전에서 섬기던 자들을 가리키는 데 자주 사용되었고,[331] 신약성경에서는 언제나 주를 위해 "사역하는" 자들을 가리킨다.[332] 따라서 바울은 세속의 통치자들은 스스로는 알지 못하더라도 종교적인 역할을 수행하고 있다는 것을 보여 주기 위해 이 단어를 선택한 것일 수 있다.[333] 하지만 이러한 견해는 얼마 안 되는 용례들을 토대로 한 것이다. 바울 시대에 '레이투르고스'는 신약성경 밖에서는 흔히 다양한 부류의 관리들을 가리키는 데 사용되었다(영어의 "공복"[public servant]이라는 표현을 보라).[334] 어쨌든 4절의 '디아코노스'의 경우와 마찬가지로 여기에서도 "일꾼"에 "하나님의"라는 수식어를 덧붙인 것은 "세속적인" 통치자의 "섬김"이 지닌 궁극적으로 신성한 성격을 분명히 보여 준다.[335] 따라서 조세를 바치는 것은 그리스

329. 예를 들어, Cranfield; Dunn을 보라. 우리는 신약성경에서 오직 여기에서만 '디아 투토 가르'(διὰ τοῦτο γάρ)라는 어순을 발견하기 때문에, 구문론적으로 비교 대상이 없다.

330. 따라서 이 동사는 직설법일 가능성이 크지만, 문맥상으로 이차적으로는 명령의 의미를 지닌다: "이 때문에 너희는 조세를 바치고 있다 - 너희는 그렇게 하는 것이 옳고 계속해서 그렇게 해야 한다"(Byrne).

331. 민 4:37, 41; 삼상 2:11, 18; 3:1; 스 7:24; 느 10:40; 사 61:6. 하지만 이 단어는 좀 더 폭넓게 주 또는 주의 백성을 다양한 방식으로 "섬기는" 자들(시 102:21; 103:4; 왕하 4:43; 6:15)과 궁정 관리들(삼하 13:18; 왕상 10:5; 대하 9:4)을 가리킨다.

332. '레이투르고스'(λειτουργός)는 히 8:2; 10:11; 그리고 아마도 롬 15:16에서는 구체적으로 제의 "사역"을 가리키고, 빌 2:25과 히 1:7에서는 좀 더 일반적인 "사역"을 가리킨다. 동족어인 '레이투르기아'(λειτουργία, 영어의 "liturgy"가 이 단어에서 유래했다)는 눅 1:23; 히 8:6; 9:21에서는 제의적인 섬김을 가리키고, 고후 9:12; 빌 2:17(희생제사에 관한 간접인용들), 30에서는 일반적으로 "사역"을 가리킨다. 동사 '레이투르게오'(λειτουργέω)는 일반적인 의미의 사역을 가리킨다: 행 13:2; 롬 15:27; 또한 히 1:14에서 사용된 형용사 '레이투르기코스'(λειτουργικός)를 보라.

333. Godet.

334. 위에서 언급한 칠십인경 본문들 중 일부를 보라; Strobel, "Zum Verständnis von Rm 13," 86-87; Michel; Käsemann; Wilckens; Cranfield를 보라.

335. Barrett.

도인이 하나님에 대해 지고 있는 책임이 된다. 바울은 통치자들은 "바로 이 일에 항상 힘쓰는"[336] 자들이라고 추가적으로 설명함으로써,[337] 이것을 강조한다. "이 일"은 통치자들이 선을 권장하고 악을 억제하며(3-4절),[338] 조세를 거두는 일(6절 a)[339]에 힘쓰는 것을 가리키는 것일 수도 있지만, 아마도 그들의 섬김 자체를 가리키는 것일 가능성이 크다("하나님의 사역자들").[340]

7 7절은 이 문맥과의 명시적인 연결고리를 갖고 있지 않지만, 자신에게 주어진 의무들을 다하라는 명령은 1-6절에서 통치자들에게 복종하라고 한 일반적인 명령에 대한 실천적인 결론인 것으로 보인다. 따라서 우리가 의무들을 다해야 하는 대상인 "모든 자"는 문맥상 세속의 관리들과 통치자들만을 가리키는 것 같다.[341] 바울은 빚을 갚는 것과 관련된 표현을 사용함으로써,[342] 정부가 우리에게 행하는 섬김 때문에 우리는 여러 권세들에 대해 빚을 지고 있는 것임을 보여 준다. 바울은

---

336. προσκαρτεροῦντες('프로스카르테룬테스'; 이 동사는 막 3:9; 행 1:14; 2:42, 46; 6:4; 8:13; 10:7; 롬 12:12; 골 4:2에도 나온다). 이 분사는'에이신'(εἰσιν, "~이다")과 함께 사용되어 완곡한 표현을 나타내는 것일 수 있지만("왜냐하면 하나님의 일꾼들은 바로 이 일을 위해 세움을 입었기 때문이다"; Porter, *Verbal Aspect,* 479를 보라), 통치자들을 "일꾼들"이라고 지칭한 것의 중요성으로 보아서, '에이신'은 독립적인 동사일 가능성이 더 크다.

337. 대부분의 영역 성경들과 비슷한 이 번역은 '에이스 아우토 투토'(εἰς αὐτὸ τοῦτο, "바로 이 일에")가 '프로스카르테룬테스'(προσκαρτεροῦντες, "힘쓰느니라")에 걸리는 것으로 본다. 이 동사 뒤에 '에이스'(통상적으로 여격을 취한다)가 오는 경우는 드물지만(전례가 없는 것은 아니다), 다른 번역 대안 - '에이스 아우토 투토'가 '레이투르고이'에 걸리는 것으로 보고, '프로스카르테룬테스'를 독립적인 것으로 보는 것("바로 이 일을 위한 일꾼들로서 힘쓰느니라"; 예를 들어, Godet) - 은 가능성이 별로 없어 보인다(대부분의 주석자들도 그렇게 판단한다).

338. Barrett.

339. 예를 들어, Murray; Cranfield; Wilckens; Dunn; Fitzmyer; Porter, "Romans 13:1-7," 135.

340. W. Grundmann, *TDNT* 3.618; Stein, "Argument," 342. 이 모든 견해들 중에서 가장 가능성이 없어 보이는 견해는 이 구절이 7절의 도입부라는 Riekkinen의 견해다: "이 모든 것을 생각해서, 모든 자에게 줄 것을 주라……."(*Römer* 13, 215).

341. Godet; Käsemann; Murray; 반대 견해로는 예를 들어, Merklein, "Sinn und Zweck," 252.

342. '오페일레'(ὀφειλή, "빚", 한글개역개정에는 "줄 것")는 파피루스들에 금전적인 채무라는 의미로 자주 나온다; 마 18:32을 보라. 바울은 다른 곳에서는 배우자 서로 간의 성적 "의무"를 가리키는데 이 단어를 1번 사용한다(고전 7:3). 신약성경에서 이 단어의 의미는 '오페일레마'(ὀφείλημα)의 의미와 구별이 되지 않는다(마 6:12과 롬 4:4을 보라). F. Hauck, *TDNT* 5.564를 보라. 바울이 사용하는 동사 -'아포디도미'(ἀποδίδωμι, "돌려주다", 한글개역개정에는 "주다") - 는 이러한 채무 표상과 잘 부합한다.

우리가 권세들에게 지고 있는 네 종류의 빚을 자세하게 설명한다: 직접세,[343] 간접세,[344] "두려워함", "존경." 바울이 세속의 통치자들에게 세금을 "바치라"고 명령한 것은 예수님이 제자들에게 "가이사의 것은 가이사에게 바치라"(막 12:17)고 명령한 것을 생각나게 한다.[345] 예수님은 가이사에 대한 이 의무를 하나님에 대한 우리의 의무 - "하나님의 것은 하나님께 바치라" - 를 하나의 쌍으로 제시하기 때문에, 일부 해석자들은 바울이 여기에서도 그렇게 하고 있는 것이라고 생각한다. 그들은 우리가 두려워해야 할 것은 3-4절에서 말한 것처럼 통치자에 의한 처벌에 대한 두려움이 아니라, 하나님을 두려워하는 것일 수 있다고 주장한다.[346] 하지만 병행되는 전승들을 토대로 해서 여기에서 사용된 이 단어의 의미를 3-4절에서 사용된 이 단어의 의미와 다르게 해석하는 것은 근거가 부족하다.[347] 그럼에도 불구하고 위에서도 언급했듯이 바울이 복음 전승에 의거하고 있는 것과 국가 권세의 구체적인 증표로서의 조세가 지닌 영속적인 의미는 그가 세금이라는 주제를 이 단락의 끝에 둔 이유를 설명해 주는 것으로 보인다.

로마서 13:1-7의 해석사는 이 본문의 명백한 의미인 것으로 보이는 것을 피하

---

343. φόρος(라틴어로는 tributa['트리부타'], "조세"). 앞 절과 누가복음 20:22; 23:2을 보라.

344. τέλος(라틴어로는 portoria['포르토리아'], "관세"). 마태복음 17:25에서 이 단어는 이 의미를 지닌다. "간접세"로는 관세, 여러 가지 용역에 대한 요금 등이 있다. 바울이 여기에서 사용한 세금을 가리키는 두 단어는 다른 본문들에서도 함께 사용된다(BDAG를 보라; Coleman, "Binding Obligations," 313-315).

345. 또한 마태복음(22:21)과 누가복음(20:25)에 나오는 병행 본문들도 보라; 두 경우에 사용된 동사는 '아포도테'(ἀπόδοτε)다(마태복음[22:21]과 누가복음[20:25]에 나오는 병행 본문들에서처럼; 누가복음은 φόρος['포보스']라는 단어도 사용한다[20:22]). 일부 학자들은 이것이 예수의 가르침에 의거한 것임을 부정하지만(예를 들어, Käsemann; Fitzmyer), 그것은 확고하게 확증되는 것으로 보인다(예를 들어, F. Bruce, "Paul and 'The Powers That Be,'" 92-93; Allison, "Pauline Epistles," 16-17; M. B. Thompson, *Clothed with Christ*, 111-120; Stuhlmacher, "Jesustradition," 248; Dunn, "Paul's Knowledge," 202; Blomberg, "Quotations," 134-135를 보라).

346. 이 해석은 초기 교회에서 오리게네스와 테르툴리아누스에 의해 옹호되었고(Zsifkovits, *Staatsgedanke*, 103을 보라), Viard; Harrison; Cranfield; Wilckens; Ziesler도 이 해석이 가능하다고 생각한다. 또한 베드로전서 2:17(로마서 13:1-7과 많은 유사점들을 지닌 단락 속에 나오는)에서 하나님을 "두려워하는 것"(φοβέομαι['포베오마이'])과 황제를 "공경하는 것"(τιμάω['티마오'])을 구별하는 것을 주목하라.

347. Murray; Käsemann; Dunn; Merklein, "Sinn und Zweck," 253-254. 바울 시대에 "두려워하는 것"(φόβος['포보스'])과 "공경하는 것"(τιμή['티메'])을 권세들과 관련해서 사용한 것은 바울 시대의 사회적 상황과 잘 부합한다(특히 Coleman, "Binding Obligations," 315-325를 보라).

려고 한 시도들의 역사라고 말하는 것은 지나친 말이 아니다. 얼핏 보면, 그리고 액면 그대로 보면, 이 본문은 그리스도인들에게 어떤 상황에서도 언제나 정부 지도자들이 그들에게 행하라고 하는 모든 것에 복종할 것을 요구하는 것으로 보인다. 거의 모든 그리스도인들은 그런 결론에 손사래를 친다. 제2차 세계대전 동안에 벌어진 유대인 대학살 같은 서글픈 상황들을 경험한 우리로서는, 하나님께 헌신된 진정한 그리스도인에게는 종종 정부에 대한 불복종이 요구된다고 생각하기 때문이다. 또한 신약성경도 그러한 생각을 뒷받침해 준다. 그 고전적인 본문은 사도행전 5:29이다. 거기에서 베드로와 요한은 예수님의 이름으로 가르치는 것을 중단하라는 유대 지도자들의 명령에 이렇게 대답한다. "사람보다 하나님께 순종하는 것이 마땅하니라"(또한 행 4:18-20을 보라). 마찬가지로 요한계시록도 중요하다. 거기에서 하나님의 계명들을 행하지 못하게 하려고 하는 정부의 압력에 맞서 하나님의 계명들을 지켜나가는 것은 그리스도에 대한 우리의 신실함을 보여 주는 핵심적인 증표다.

세속의 통치자들이 우리가 섬기는 하나님의 요구와 상반되는 요구를 할 때 기꺼이 저항하는 것은 바울이 로마서의 이 장들에서 말하고 있는 변화된 삶의 일부다. 그런데 어떻게 바울이 우리에게 "권세들에게 복종하라"고 아무런 조건도 제시하지 않고 절대적으로 말할 수 있겠는가? 이 문제와 씨름해온 신학자들과 주석자들은 여러 가지 대답을 제시해 왔다. 이제 우리는 그 대답들을 간단하게 살펴볼 것이다(가능성이 가장 희박한 것부터 시작해서 가장 유력한 것으로 나아가는 방식으로).[348]

(1) 바울은 그러한 복종을 전혀 요구하지 않는다는 것. 이 본문은 복음이 지닌 원래의 급진적인 요구들이 사라지고 나서, 그리스도인들이 세상과의 타협을 추구하게 되면서 나중에 로마서에 첨가된 것이다.[349] 이 자포자기식의 편리한 해결방법은 본문상의 근거를 전혀 갖고 있지 않다.

---

348. 해석사에 대해서는 Riekkinen, Römer 13, 2-202; Wilckens, 3.43-66; Krauter, *Studien*, 4-54; Pohle, *Christen und Staat*; W. Bauer, "'Jedermann sie untertan der Obrigkeit,'" 262-284; Affeldt, *Weltliche Gewalt; Lategan*, "Reception," 145-169를 보라. Molnar는 중세 후기의 주석자들이 권세에 복종하라는 이 명령의 보편적인 적용을 피하기 위해 행한 다양한 시도들을 예시해서 보여 준다("Romains 13," 231-240).

349. 참고문헌에 대해서는 13:1-7의 서론을 보라.

(2) 바울은 정부들이 악을 행하거나 우리에게 악을 행하기를 요구하는 것과 관련해서 순진한 생각을 갖고 있었다는 것. 사도행전이 분명히 보여 주듯이, 정부 권세들에 대한 사도의 경험은 다소 긍정적인 것이었다. 몇몇 경우에는 세속의 통치자들이 복음을 전할 바울의 권리를 인정해 주기까지 했다. 또한 바울은 로마가 안정되고 잘 통치되고 있던 네로 치세의 초기(나중에 네로가 기괴한 일들을 벌이고 기독교를 박해했던 시기와는 극명하게 대비되는)에 로마서를 썼다. 그러나 바울은 구약성경과 중간기의 유대 문헌들을 통해서 이방 국가들이 이스라엘에게 자주 가혹한 짓을 해온 역사를 알고 있었다. 그리고 그는 자신의 주인 메시아 예수을 죽인 자들이 정부 지도자들이었다는 것도 분명하게 알고 있었다. 또한 이 서신의 수신자인 로마의 그리스도인들 중 다수는 최근에 로마 황제의 명령에 의해 강제로 로마에서 추방되어 가정과 사업을 버리고 다른 곳으로 가서 살았던 경험이 있는 사람들이었다. 따라서 바울은 정부가 언제든지 악을 저지를 수 있다는 것을 아주 분명하게 상기시켜주는 이런 것들을 무시한 채 순진한 생각을 했을 리가 없다.[350]

(3) 바울은 하나님의 나라가 권능 중에 굳게 세워질 때까지 짧은 기간 동안만 정부에 복종할 것을 요구했다는 것.[351] 이 견해는 초기 기독교의 종말론과 윤리학에 관련해서 슈바이처가 제시한 저 유명한 "일관된"(독일어로는 konsequente['콘제크벤테']) 종말론을 전제한다. 그러한 해석은 신약성경에 대한 올바른 해석이 아니고, 로마서 13:1-7을 거기에 없는 종말론적인 초점을 집어넣어 읽은 것이다.[352]

(4) 바울은 세속의 통치자들과 그 배후에 있는 영적인 세력들을 "권세들"로 지칭하고, 그들이 그리스도에게 복종하는 한에서만 그들에게 복종하라고 요구했다는 것. 우리는 이 해석이 언어학적으로 불가능하다는 것을 이미 논증한 바 있다(1절의 각주들을 보라).

(5) 이 단락에 나오는 바울의 가르침에 지나친 의미를 부여해서는 안 된다는 것. 더 넓은 성경적 맥락에서는 정부 권세들을 훨씬 더 부정적으로 보고 있기 때문에, 이 본문을 그런 맥락과 분리해서 그 자체로 절대적인 의미로 해석해서는 안

350. Schrage, *Christen und Staat*, 52-53은 이것을 올바르게 강조한다.
351. 예를 들어, Dibelius, "Rom und die Christen," 184를 보라.
352. 특히 Neugebauer, "Zur Auslegung," 160-166을 보라.

된다. 바울은 로마의 특수한 상황을 염두에 두고서 이렇게 가르친 것으로 보인다. 따라서 이 본문 속에서 정부에 대한 그리스도인의 태도와 관련해서 보편적으로 적용할 수 있는 규범을 발견해내려고 하는 것은 이 본문이 특수한 상황에서 생겨난 지역적인 성격을 지닌 본문이라는 것을 고려하지 않은 과도한 해석일 뿐이다.[353] 물론 이 본문에서 말하는 것 속에는 일정 정도의 진리가 존재한다. 많은 사람들은 6-7절은 로마 공동체가 당시에 처해 있던 문제점을 해결하고자 하는 바울의 특별한 관심을 반영한 것이라고 생각한다(이 단락의 서론을 보라). 그러나 설령 그것이 사실이라고 할지라도(사실인지 아닌지는 분명하지 않지만), 그런 해석은 1-2절과 조화시키기가 어렵다. 1-2절에서 바울은 이례적으로 자신의 이 명령이 모든 사람에게 적용된다는 것을 강조하기 때문이다: "각 사람"은 권세들에게 복종해야 하고, "모든 권세"는 하나님이 세우신 것이다. 분명히 이 본문은 하나님이 정부를 세우신 것이라고 일반적으로 가르치는 것은 아니다. 왜냐하면 바울은 구체적인 정부 권세들에 대해 말하는 것이고, 정부라는 개념이나 제도에 대해 말하는 것이 아니기 때문이다. 그러나 구약성경 및 유대 전승을 따라(1절의 각주들을 보라), 바울은 그리스도인이 접하는 모든 정부 권세의 배후에는 하나님이 계신다는 것을 분명히 한다. 이것은 바울 당시에 로마에 있던 그리스도인들이 처한 상황을 뛰어넘어 모든 정부 권세에 이 명령을 적용하고자 하는 의도인 것으로 보인다.[354]

(6) 바울은 정부가 3-4절에서 말한 대로 기능하는 동안에만 정부에 복종할 것을 요구했다는 것. 선을 상주고 악을 벌하는 정부라면 그리스도인이 복종해야 하지만, 그런 것과 정반대로 하기 시작하는 정부는 하나님이 주신 특권을 상실하기

353. 예를 들어, 세부적으로 차이가 있고 강조점도 다르긴 하지만, Michel, 395-397; Wilckens, 3.40-42; Leenhardt, 328; Käsemann, 354, 359; idem, "Principles of Interpretation," 196-216; Bammel, "Romans 13," 366-375; Heiligenthal, "Strategien konformer Ethik," 55-61; Hultgren, "Reflections on Romans 13:1-7," 269; Jewett, 786-787, 794(그는 자신의 스페인 선교를 위해 로마의 지원을 확보하고자 했던 바울의 필요성에 초점을 맞춘다); L. Johnson, 202; Longenecker, 949-952, 971-972; T. Carter, "Irony of Romans 13," 209-228; D. Campbell, "Paul's Apocalyptic Politics," 129-152.

354. 하나님이 정부를 세우셨다는 것에 대해서는 예를 들어, Calvin, *Institutes* 4.20.2를 보라. 이 본문의 보편적 적용가능성에 대해서는 예를 들어, Wright, 716-720; Schlier, "Beurteilung des Staates," 6-9를 보라. 또한 Kosnetter, "Röm 13,1-7," 347-355; Ridderbos, *Paul*, 321-324; Merklein, "Sinn und Zweck," 238-270; 좀 더 신중한 것으로는 K. Aland, "Verhältnis von Kirche und Staat," 26-123을 보라.

때문에, 그리스도인들은 그런 정부에는 복종할 필요가 없다.[355] 물론 바울은 우리의 복종이 정부가 어떻게 행하냐에 따라 달라지는 조건부라는 것을 명시적으로 말하지는 않는다. 3-4절은 서술문이다. 그러나 우리는 많은 정부가 사실 선을 상 주고 악을 벌하는 식으로 행하지 않는다는 것을 아주 잘 알면서도, 그렇게 일방적으로 긍정적인 방향으로 정부를 설명하는 이유를 물어야 한다. 그리고 그 대답은 바울은 정부가 어떤 모습이어야 하는지를 설명하고 있다는 것이다. 따라서 우리가 바울이 그리스도인들에게 하나님이 의도하신 방식으로 행하는 정부에 복종할 것을 요구한 것이라고 생각하는 것은 옳다는 것이다. 그러므로 정부가 오만해져서 (요한계시록에 나오는 것처럼) 하나님의 권세를 가진 것처럼 행할 때, 그리스도인들은 더 이상 그런 정부에 복종할 필요가 없다.[356]

(7) 바울은 정부에 대한 "복종"을 요구하지만, 그것은 엄격하고 보편적인 순종은 아니라는 것. 1절에 대한 석의에서 지적했듯이, "복종"은 하나님이 이 세상 질서와 관련해서 정부에 부여하신 지위를 인정하는 것을 의미한다. 많은 해석자들이 지적했듯이, 그런 의미에서 바울은 권세들에게는 오직 파생적인 권세만이 주어져 있다는 것을 역설함으로써 권세들을 상대화시킨다: 세속 권세들은 오직 하나님과의 관계 속에서만 존재하고 행사된다.[357] 그리스도인이 정부에 복종한다는 것은 정부가 하나님이 정하신 지위를 지니고 있고 신자에게 충성을 요구할 권한을 지니고 있다는 것을 인정한다는 것이다. 따라서 대부분의 경우에는 정부에 대한 그리스도인의 복종은 정부가 그리스도인에게 행하라고 하는 것에 복종하는 것을 포함할 것이다. 그러나 정부는 신자에 대한 절대적인 권한들을 지니고 있지는

---

355. 이 견해는 아주 흔하게 발견된다; 예를 들어, Hering, "'Serviteurs de Dieu,'" 31-40; Stuart, 401; Achtemeier, 205; Leenhardt, 323-325를 보라. Porter는 1절에서 권세들을 "다스리는"(ὑπερεχούσαις['휘페레쿠사이스'], 한글개역개정에는 "위에 있는") 권세들이라고 지칭한 것 속에서 그러한 제한을 위한 근거를 발견한다. 이 단어는 통상적으로 "다스리는"으로 번역되지만, Porter는 이 단어가 "도덕적으로 및 윤리적으로 바른" 권세들만을 지칭하는 "질적으로 최고인 것"을 가리킨다고 주장한다. 그러나 신약성경의 다른 곳들에서 이 동사의 용례들(빌 2:3; 3:8; 4:7; 특히 벧전 2:13)은 그러한 해석을 뒷받침해 주지 않는다.

356. 정부가 너무 마귀적인 것이 되었을 때, 그리스도인에게는 정부에 복종하기를 거부할 권리만이 아니라, 적극적으로 와해시키려고 할 수 있는 권리(즉, 혁명)가 있느냐 하는 것은 여기에서 다룰 수 있는 문제가 아니다.

357. 예를 들어, Wright, 718-719; Horrell, "Peaceable, Tolerant Community," 87-88. Jewett (790)은 이 논증은 "로마의 시민 제의 전체를 전복시킨다"고 주장한다.

않다. 정부는 인간의 다른 제도와 마찬가지로 하나님에게 종속되어 있기 때문이다. 그리스도인이 처해 있는 관계들의 위계질서에서 최정상에 계시는 하나님이 지닌 궁극적인 권세가 언제나 전제된다. "따라서 정부 권세들에 대한 복종은 정부 권세들 자체[나는 '정부 권세들 그 자체와 그들에게서 나온 권세들']에 대한 공경의 표현이 아니라, 그 권세들 배후에 있는 십자가에 못 박히신 하나님에 대한 공경의 표현이다."[358] 그러므로 이것은 그리스도인들이 특정한 정부에 대해 계속해서 복종하면서도(그들이 그 정부에 종속되어 있다는 것을 일반적으로 인정함으로써), 더 높은 권세에 순종하기 위해 어떤 경우에는 정부가 요구하는 것을 행하기를 거부할 수 있다는 것을 의미한다. 마찬가지로 그리스도인 아내는 남편에게 복종하라는 명령을 받고 있지만, 남편의 특정한 요구가 하나님에 대한 그녀의 의무와 상반된 경우에는 그 요구에 복종하지 않아야 한다.[359]

균형이 요구된다. 한편으로는 수많은 조건과 단서를 붙임으로써 로마서 13:1-7의 가르침을 모호하게 해서는 안 된다. 바울은 정부 - 실제로 모든 구체적인 정부 권세 - 는 하나님이 세우신 것이고, 그리스도인은 이 사실을 인정하고 "복종"의 태도로 응답해야 한다는 것을 분명히 한다. 정부는 용인해야 하는 골칫거리 이상의 것이다. 정부는 하나님이 이 땅에서 자신의 몇몇 목적을 이루기 위해 세우신 제도다(3-4절을 보라).[360] 다른 한편으로는 로마서 13:1-7을 신약성경 전체의 더 넓은 맥락으로부터 분리해서 읽음으로써, 그리스도인들과 관련해서 오직 하나님만이 지닐 수 있는 지위를 정부에 부여해서도 안 된다. 그리스도인들은 하나님의 제도인 정부에 감사해야 하고, 우리의 지도자들을 위해 늘 기도해야 하며(딤전 2:1-2), 우리의 정부의 명령들을 기꺼이 따르고자 해야 한다. 그러나 또한 우리는 정부에 어떤 절대적인 권한을 부여해서는 안 되고, 정부의 모든 명령을 복음에 비추어 평가해야 한다.

---

358. Jewett, 790.

359. Judge는 갈라디아서 3:28이 말하는 계층과 신분에 대해서도 비슷하게 설명하면서, 신약성경은 그리스도인들에게 사회정치적 질서의 지속적인 유효성을 인정하라고 말한다고 지적한다("Cultural Conformity," 9).

360. Wright, *Paul and the Faithfulness of God*, 1.381.

E. 사랑과 율법(13:8-10)

8 피차 사랑의 빚 외에는 아무에게든지 아무
빚도 지지 말라 남을 사랑하는 자는 율법
을 다 이루었느니라
9 간음하지 말라, 살인하지 말라, 도둑질하
지 말라,[a] 탐내지 말라[b] 한 것[361]과 그 외에
다른 계명이 있을지라도 네 이웃을 네 자
신과 같이 사랑하라[c] 하신 그 말씀 가운데
다 들었느니라
10 사랑은 이웃에게 악을 행하지 아니하나니
그러므로 사랑은 율법의 완성이니라

a. 신 5:17-19; 또한 출 20:13-15을 보라 / b. 신 5:21; 출 20:17 / c. 레 19:18

바울은 영리하게도 세속의 다스리는 권세들에 관한 조언(1-7절)에서 이웃을 사랑하라는 권면(8-10절)으로 넘어가는 데 "빚"이라는 개념을 사용한다. 7절에서 바울은 "모든 자에게 줄 것을 주라"고 촉구한다. 그런 후에 바울은 8절a에서 이 권면을 반복하지만, 거기에 중요한 예외를 덧붙인다. 서로에 대한 사랑의 빚. 바울은 사랑하라는 이 요구는 결코 다 갚을 수 있는 빚, "결코 끝나지 않는 빚"(벵엘)이라는 것을 시사한다. 우리는 결코 "충분히 사랑했다"고 주장할 수 없다. 하지만 8-10절은 "빚"이라는 개념을 통해 1-7절과 연결되고, 내용상으로는 "진정한 사랑"의 의미와 실천에 대해 설명하는 12:9-21과 연결된다.[362] 따라서 이 절들은 바울이 13:1-7에서 막간을 이용하여 정부에 관해 조언을 한 후에 다시 자신의 권면의 주된 흐름으로 되돌아간 것임을 보여 준다. 그러나 이 절들은 앞뒤로 다 연결된다. 바울은 다른 사람들에 대한 사랑은 율법을 이루는 것임을 역설함으로써, 나중에 믿음이 강한 자들과 약한 자들이 율법을 두고 논쟁을 벌여서, 그들이 마

361. 이 본문에서 9절에 나오는 계명들의 이례적인 순서와 선별은 일정 정도 혼란을 야기시켜 왔다. 몇몇 교부들(Marcion, Clement, Origen)은 "탐내지 말라"는 계명을 생략한다; 알렉산드리아 사본 계열의 중요한 초기 대문자 사본(ℵ), 후대의 알렉산드리아 사본(81), 그 밖의 다른 사본들, 성구집들, 초기 역본들은 "도둑질하지 말라"와 "탐내지 말라" 사이에 "거짓 증언하지 말라"(οὐ ψευδομαρτυρήσεις, '우 프슈도마르튀레세이스')는 계명을 삽입한다; 하나의 성구집과 여러 교부들은 "탐내지 말라"를 "거짓 증언하지 말라"로 대체한다; 크리소스토모스는 "탐내지 말라"를 완전히 빼버린다. 이 모든 이독들(어느 것도 사본상의 강력한 지지를 받지 못한다)은 구약 본문과의 동화 때문이다.

362. 1-7절과 8-10절 간의 내용상의 연결관계를 발견하고자 하는 시도들(예를 들어, 8-10절은 사랑을 우리가 세속의 다스리는 권세들에 대한 우리의 복종의 중요한 동기로 부각시킨다는 것[Calvin, 484], 또는 8-10절은 정의에 대한 또 다른 관점을 보여 준다는 것[Godet, 446])은 억지다.

땅히 나타내 보여야 하는 사랑과 하나됨을 훼손하고 있는 것(14:1-15:13)을 책망하기 위한 토대를 놓는다.[363]

서로에 대한 사랑의 빚(8절b)은 이 단락의 핵심이다. 바울은 8c-10절에서 사랑은 율법의 "완성"이라고 말함으로써, 사랑의 중요성을 부각시킨다.[364] 또한 이것은 사람들이 바울의 복음을 비난할 수 있는 빌미를 제거해줌으로써, 이 서신의 더 큰 목적 - 복음에 대한 설명과 변호 - 에도 기여한다. 왜냐하면 그리스도인들은 "율법 아래 있지 않다"(6:14, 15)는 주장은 바울의 복음은 사람들로부터 "자기 하고 싶은 대로 하는" 자유분방한 삶을 조장한다는 비난을 받을 수 있었기 때문이다. 바울은 복음의 중심적인 요구인 이웃 사랑을 순종하면 율법을 완벽하게 성취하게 된다고 주장함으로써, 그러한 결론을 일축한다.[365]

바울은 로마서 12-13장 전체에 걸쳐 권면들을 제시할 때 전형적으로 사용했던 방식을 따라 이 절들도 전승 자료들로 구성한다. 이웃 사랑을 율법의 중심적인 의무로 강조한 것은 헬레니즘 회당에 뿌리를 둔 것으로 보인다.[366] 그러나 바울에게 훨씬 더 중요했던 것은 예수님이 친히 사랑의 계명(레 19:18)을 "온 율법과 선지자의 강령"인 두 가지 계명 중 하나로 선택하셨다는 사실이다(마 22:34-40//막 12:28-34//눅 10:25-28; 또한 요 13:34-35을 보라). 따라서 바울이 이 절들에서 예수님의 가르침에 의거하고 있다는 것은 의심의 여지가 없다.[367] 사랑과 율법 간의 연결관계가 전승으로서의 성격을 지닌다는 것은 이 본문과 병행을 이루는 갈라디아서

363. 특히 14:15 - "만일 음식으로 말미암아 네 형제가 근심하게 되면 이는 네가 사랑으로 행하지 아니함이라" - 과 15:2에 나오는 "이웃"에 대한 언급을 보라. Räisänen, *Paul and the Law*, 64; Fitzmyer, 677을 보라.

364. "사랑"과 "율법"의 연결관계는 이 단락의 특징이다. 왜냐하면 바울은 대략적으로 교차대구법적인 구조 속에서 이 둘을 결합시키고 있기 때문이다: 사랑(8절b) - 사랑(8절c) - 율법(8절d) - 율법("계명들"; 9절a) - 사랑(9절b) - 사랑(10절a) - 율법(10절b); Bencze, "Analysis of 'Romans XIII.8-10,'" 90-92.

365. Stuhlmacher (210-211)는 특히 8-10절의 변증적 적용을 강조한다.

366. 이 배경을 자세하게 다룬 것으로는 Berger, *Gesetzauslegung*, 특히 50-51, 99-136을 보라; 또한 Käsemann, 361; Schmithals, 472-473을 보라.

367. 예를 들어, Dunn, "Paul's Knowledge," 202; M. B. Thompson, *Clothed with Christ*, 121-140을 보라. Allison ("Pauline Epistles," 16-17)은 가이사에 관한 예수의 가르침(예를 들어, 막 12:13-17)과 사랑 계명에 관한 예수의 가르침(예를 들어, 막 12:28-34)이 공관복음 전승에서 밀접하게 연결되어 있다는 것을 지적하고서, 바울은 이 두 주제가 결합된 전승을 사용했을 것이라고 말한다.

5:13-15에서도 볼 수 있다. 그러므로 바울은 로마서 12-13장에 전형적인 방식을 따라 여기에서 자기가 전에 했던 권면을 로마 그리스도인들에 대한 일반적인 권면 속에서 다시 반복하고 있는 것이다.

8 그리스도인들은 자신의 의무들을 다해야 한다는 명령을 통해 1-7절은 8-10절로 이행한다. 7절a에서 바울은 그리스도인들에게 모든 사람, 특히 (이 문맥 속에서는) 세속의 다스리는 권세들에 대한 "빚들"('오페일라스')을 "갚으라"고 촉구했었다. 8절a에서 바울은 이 명령을 반복한다: "아무에게든지 아무 빚도 지지['오페일레테'] 말라."[368] 이 명령은 그리스도인에게 아예 빚을 지지(예를 들어, 집이나 차를 사는 것) 말라고 하는 것이 아니라, 자신이 진 빚을 계약 조건에 따라 신속하게 갚을 것을 요구하는 것이다. 하지만 빚을 신속하게 갚는 것은 이 절들에서 진짜 핵심을 말하는 것으로 이행하기 위한 명령일 뿐이다. 바울의 진정한 관심은 그다음 구절에 나온다: 그리스도인들은 "서로 사랑한다"는 것.[369] 사랑하라는 이 요구와 앞서 그리스도인들은 "아무에게든지 아무 빚도 지지 말라"는 요구는 어떤 관계에 있는가? 이 두 명령을 연결시켜주는 어구[370]는 역접일 수도 있다. 그런 경우에 8절a는 "아무에게든지 아무 빚도 지지 말고, 서로 사랑하라."[371] 하지만 이 어구는 예외를

---

368. 바울이 여기에서 사용한 동사 '오페일로'(ὀφείλω)는 흔히 금전적인 빚을 가리키지만, 일찍부터 의미가 확대되어 도덕적이고 종교적인 빚도 가리켰다(F. Hauck, *TDNT* 5.559-561). 따라서 이 동사는 "빚지다"를 의미할 수도 있고(이 경우에는 통상적으로 빚진 것을 가리키는 대격이 뒤에 온다), "~해야 한다"를 의미할 수도 있다(이 경우에는 통상적으로 의무를 나타내는 부정사가 뒤에 온다). 바울은 일반적으로 이 단어를 후자의 의미로 사용한다(롬 15:1, 27; 고전 4:8; 5:10; 7:36; 9:10; 11:7, 10; 고후 11:1; 12:11; 12:14; 갈 5:12; 엡 5:28; 살후 1:3; 2:13 - 이 각각의 절에서[이 동사의 고정된 형태를 사용하는 고전 4:8, 고후 11:1, 갈 5:12은 제외하고] ὀφείλω['오페일로'] 뒤에는 부정사가 온다). 오직 여기와 빌레몬서 1:18에서만 바울은 이 동사를 "빚지다"의 의미로 사용하고, 이 동사 뒤에는 빚진 것을 가리키는 대격이 온다.

369. '알렐루스 아가판'(ἀλλήλους ἀγαπᾶν, "서로 사랑하다") 앞의 관사(τό['토'])는 앞에 나온 어구를 가리키는 것으로서, 바울은 예수의 잘 알려져 있는 명령을 "가리키는" 것일 수 있다(Godet; Longenecker; BDF §399[1]). 다른 한편으로 이 관사는 단지 이 어구를 실명사로 만들기 위해 사용된 것일 수도 있다(9절의 처음에 나오는 τό['토']가 그러하듯이); A. Robertson, *Grammar*, 243을 보라; BDF (§267)는 그리스어에서 관사는 흔히 인용문의 도입어로 사용된다는 것을 보여 준다.

370. εἰ μή('에이 메').

371. 이 해석에 의하면, 위의 사역이 보여 주듯이, 동사 '오페일로'(ὀφείλω)의 의미는 8절a에서는 "빚지다" 였다가 8절b에서는 "~해야 한다"로 바뀐다(8절b에는 이 동사가 나오지 않지만, 앞 구절

가리킬 수도 있다. 그리고 초기부터 주석자들은 일반적으로 이 해석을 선호해서, NRSV에서처럼 "서로 사랑하는 것 외에는 아무에게든지 아무 빚도 지지 말라"고 번역해 왔다. 나도 이 해석을 선호한다. 이 해석을 따르면, 논란이 되는 어구는 이 어구가 바울 서신에서 통상적으로 지니는 의미로 번역되고, 두 명령 간에 자연스럽고 인상적인 이행이 가능해지기 때문이다.[372] 오리게네스는 이 구절을 이렇게 번역한다: "네가 갚지 않은 유일한 빚은 사랑의 빚 - 네가 언제나 온전히 갚으려고 하지만 결코 갚는 것에 성공하지 못할 빚 - 이 되게 하라."[373]

바울이 비슷한 맥락들 속에서 "서로"(한글개역개정에는 "피차")[374]를 사용한 용법을 보면, 사랑하라는 명령은 같은 그리스도인들을 사랑하라는 것으로 제한되어 있다는 것이 드러난다.[375] 그럼에도 불구하고 이 명령의 전후에 나오는 "아무에게든지"와 "남을"이라는 보편성을 나타내는 표현은 바울이 그리스도인들에게 권하고 있는 사랑을 궁극적으로는 같은 그리스도인들에게로 제한되어서는 안 된다는 것을 보여 준다.[376] 우리는 "남을" 사랑하라는 명령을 받는다. 그리고 예수님의 선한 사마리아 비유가 아주 생생하게 보여 주듯이, 이 "남"은 우리가 전혀 모르거나 심

에 있는 이 동사가 생략되어 있는 것이기 때문에 보충해넣어야 한다). 앞의 각주가 보여 주듯이, 이러한 의미 변화는 구문을 통해서도 드러난다. 8절b에는 부정사(ἀγαπᾶν['아가판'])가 사용된다. 예를 들어, F. Hauck, *TDNT* 5.564; Michel; Murray; Ortkemper, *Leben aus dem Glauben*, 126-127을 보라. Black은 '오페일로'의 이중적인 의미는 이 단어에 해당하는 아람어와 일치하고, 이 동사의 어근은 동사 "사랑하다"의 어근과 동일하다고 지적한다.

372. '에이 메'(εἰ μή)라는 어구는 바울 서신에 26번 나오는데, 23번은 "~를 제외하고"를 의미한다(롬 7:7(2번); 9:29; 11:15; 13:1; 고전 1:14; 2:2, 11(2번); 7:17; 8:4; 10:13; 12:3; 14:5; 15:2; 고후 2:2; 12:5, 13; 갈 1:19; 6:14; 엡 4:9; 빌 4:15; 딤전 5:19); 오직 롬 14:14, 고전 7:17, 갈 1:7에서만 이 어구는 "그러나"를 의미한다. 또한 Cranfield가 지적했듯이, 이 해석은 8절a와 8절b에서 '오페일로'의 의미를 다르게 해석할 것을 요구할 뿐만 아니라, 동사의 법도 서로 다르다(8절a에서는 명령법; 8절b에서는 직설법). 또한 S-H; Dunn; Lyonnet, "Charite plenitude," 152-153을 보라.

373. S-H.

374. ἀλλήλους('알렐루스').

375. 이 단어의 상호적인 성격이 보여 주듯이, 바울 서신에서 '알렐루스'(그리고 ἀλλήλοις['알렐로이스'])는 그 앞에 명령이 나올 때는 언제나 같은 그리스도인들을 가리킨다. 특히 살전 3:12과 5:15을 보라. 거기에서는 명시적으로 "서로"(같은 그리스도인들)에 대한 행위와 "모든 사람"(불신자들)에 대한 행위를 명령한다. 예를 들어, Dunn; Kruse를 보라; 반대 견해로는 Cranfield; Wilckens 등이 있다.

376. 비슷한 견해로는 Murray; Dunn; Schreiner; Bertschmann, *Bowing before Christ*, 164-168을 보라. 반대 견해로는 Jewett. 그는 바울은 특히 신자들의 애찬식에서 이런 사랑을 나타내보일 것을 요구한 것이라고 주장한다.

지어 우리에 대해 적대적인 사람일 수도 있다(눅 10:25-37). 바울이 이미 분명히 했듯이, "진정한 사랑"(12:9)은 "박해하는 자들을 축복하고"(12:14) 모든 사람에게 선을 도모하는 것(12:17)을 의미한다.

이 절의 후반절에서 바울은 서로를 사랑하는 것이 그리스도인이 아무리 갚아도 다 갚을 수 없는 빚인 이유를 설명한다.[377] "남을 사랑하는 자는 율법을 다 이루었느니라."[378] 바울은 우리의 사랑의 대상을 "남"이라고 구체적으로 지적함으로써,[379] 우리에게는 우리가 접촉하는 구체적인 개개인들을 사랑해야 할 의무가 있다는 것을 강조한다. 아울러 이 개개인들은 우리와 다른 사람들이라는 것을 암시한다.[380] 10절에서 이것을 반복한 것이 분명히 보여 주듯이, 남을 사랑하는 사람은 (모세)[381] 율법을 "다 이룬" 것이라는 바울의 말은 이 단락의 요지를 말한 것이다.[382]

바울의 이 말은 두 가지 해석이 가능하다. 한편으로는 바울은 단지 율법 내에서 사랑이 중심이라는 것을 강조한 것일 수 있다. 이 견해에 의하면, 바울은 우리가 율법이 요구하는 것을 "행했다"고 진정으로 말하기 위해서는 다른 사람들을

---

377. "왜냐하면"('가르,' 한글개역개정에는 번역되어 있지 않다)을 보라.

378. Cranfield는 이 구절은 왜 사랑의 빚은 언제나 갚지 못한 채로 남아 있을 수밖에 없는지를 설명한다고 말한다: 사랑으로 행한다는 것은 율법을 다 이루는 것을 의미하고, 이것은 인간에게는 불가능한 일이기 때문이다. 그러나 이러한 설명은 지나치게 기교적이고, 바울이 실제로 그리스도인들은 율법을 다 이룬다고 말한 것(8:4을 보라)을 간과한 것이다.

379. 또 다른 번역은 '톤 헤테론'(τὸν ἕτερον, "다른")이 '노몬'(νόμον, "율법")을 수식한다고 보고, "사랑하는 자는 다른 율법을 다 이루었다"로 번역한다. 여기에서 "다른 율법"은 모세 율법(로마법이나 사랑의 계명과 반대되는) 또는 다른 사랑의 계명(하나님 사랑)을 가리킨다(Zahn; Byrne; W. Gutbrod, *TDNT* 4.1071; Leenhardt; Marxsen, "ἕτερος νόμος Röm. 13,8," 230-37; Merk, Handeln aus Glauben, 165를 보라). 그러나 '헤테로스'가 관사와 실명사 사이에 나올 수 있기는 하지만(A. Robertson, *Grammar*, 748), 그것은 통상적인 것은 아니다. 더 심각한 것은 이렇게 번역하는 경우에는 동사 '아가파오'(ἀγαπάω)의 목적어가 없게 되는데, 이것은 바울 서신에서 전례가 없다.

380. 관사는 구체성을 보여 주고 - 우리가 접촉하는 저 구체적인 "다른" 사람을 사랑해야 한다(Michel; Cranfield; Dunn을 보라) - '헤테로스'는 구별 또는 차이를 보여 준다((Barrett; '헤테로스'의 이 용법과 병행되는 것으로는 2:1, 21; 고전 4:6; 6:1; 10:24, 29; 14:17; 빌 2:4을 보라).

381. 바울이 여기에서 또 다시 모세 율법, 토라에 대해 말하고 있다는 것은 로마서의 더 큰 맥락(모세 율법을 끊임없이 쟁점으로 삼고 있다)과 전후 맥락(9절에 나오는 계명들의 목록)이 분명하게 보여 준다; 반대 견해를 제시하는 사람들은 관사가 없다는 것을 지나치게 강조하여, 바울이 일반적인 "법"에 대해 말하고 있는 것이라고 생각한다(예를 들어, Jewett).

382. 앞으로 보겠지만, 9절에서 사랑의 계명은 율법을 "집약한" 것이라고 한 주장은 이것과 관련되어 있긴 하지만 그 취지가 다르다.

사랑하는 것이 필수적이라고 가르친 것이다. 바울의 목적은 다른 계명들의 중요성과 지속적인 유효성을 최소화하는 것이 아니라, 우리가 다른 계명들에 순종할 때 사랑을 지도 원리로 삼아야 한다는 것을 강조하는 것이다.[383] 하지만 이 견해가 "다 이루었느니라"는 단어를 제대로 다룬 것인지는 분명하지 않다. 바울은 그리스도인의 경험과 관련해서 "다 이루다"라는 단어를 사용한다. 오직 그리스도인들은 그리스도가 이루신 일과 성령으로 말미암아서만 율법을 "다 이룰" 수 있다.[384] 따라서 더 유력한 해석은 바울은 여기에서 율법의 요구들에 대한 완전하고 최종적인 성취, 즉 오직 새로운 세대에서만 가능한 종말론적인 성취를 가리킨다는 것이다.[385] 다른 사람들을 사랑하는 그리스도인들은 율법의 요구들 전체를 만족시킨 것이다.[386] 따라서 그들은 다른 계명들에 대해서는 신경을 쓸 필요가 없다.[387]

바울은 여기에서 또 다시 로마서에서 율법에 관한 가르침과 관련해서 주의 깊게 균형을 유지하고자 하는 자신의 관심을 보여 준다. 한편으로 신자들은 이제 더 이상 "율법 아래" 있지 않다(6:14, 15). 신자들은 "율법에 대해 죽었다"(7:4). 다른 한

---

383. 이것을 특히 분명하게 보여 주는 사람은 이 점에서 주류 개혁파 전승을 대변하는 Murray다. 또한 Ortkemper, *Leben aus dem Glauben*, 128-129; Dunn; Schreiner; Ridderbos, *Paul*, 280-281을 보라. 많은 사람들은 바울이 율법 내에서 사랑의 중심적인 위치를 강조하는 것이라고 주장하지만, 율법의 지속적인 유효성은 율법의 개별 명령들이 아니라 그 기본적인 원리들에 적용된다고 본다(예를 들어, Byrne).

384. 8:4의 각주들을 보라. Danker는 이 단어는 여기에서 상업과 관련된 뉘앙스를 지닌다고 생각한다("Under Contract," 96, 111). 문맥도 그러한 뉘앙스를 뒷받침해 준다고 볼 수도 있다(6-8절a). 그러나 바울이 이 단어를 신학적으로 적용하고 있는 다른 용례들은 그러한 개념을 보여 주지 않는다.

385. 예를 들어, Whittle, Covenant Renewal, 110-133을 보라. 동사 '페플레로켄'(πεπλήρωκεν, "다 이루었느니라")의 완료 시제도 이 점을 보여 주는 것일 수 있다. 일부 학자들은 이것은 "금언의" 완료 시제라고 생각하고 - 예를 들어, "남을 사랑하는 자는 율법을 다 이루고 있는 것이다"(A. Robertson, *Grammar*, 897; Michel; Käsemann) - 어떤 학자들은 이 완료 시제는 어떤 행위로부터 생겨난 과정이라는 원래의 의미를 보존하고 있다고 생각한다 - 예를 들어, "사랑하는 자는 율법을 다 이룬 상태로 이미 들어가 있다"(S-H). 그러나 완료 시제는 단지 상태를 나타내는 것일 가능성이 크다: "사랑하는 자는 율법을 다 이룬 상태에 있다."

386. Wolter가 말했듯이, "사랑의 계명의 실천은 그가 인용한 계명들을 실천한 것과 동일한 결과를 낳는다"(*Paul*, 328). 또한 예를 들어, Longenecker; Westerholm, *Perspectives*, 434-437을 보라. 남들을 사랑하는 것이 율법 중에서 하나님에 대한 우리의 의무들에 관해 말하는 부분들을 다 이루는 것이 아님은 분명하다. 그러나 바울은 이 문맥 속에서 오직 다른 사람들에 대한 우리의 행실과 관련된 율법만을 염두에 두고 있다.

387. Fitzmyer를 보라.

편으로 바울은 믿음은 "율법을 굳게 세운다"(3:31)고 가르치고, 성령으로 충만한 신자들은 "율법의 요구"를 다 이루었다는 것을 발견하게 된다(8:4). 현재의 본문은 이 두 관점을 결합시키는 데 도움을 준다: 옛 언약의 계명들은 새 언약의 신자들에게 직접적인 지침을 제공해주지 않는다. 그러나 이것은 율법이 나쁜 것이라는 것을 의미하지도 않고, 율법은 새 언약의 신자들과 아무런 관련성이 없다는 것을 의미하지도 않는다. 율법은 "성취되었다." 율법은 예수님과 그의 사도들에 의해 원래 의도되었던 종말론적인 절정에 도달했다. 따라서 이제는 예수님과 그의 사도들의 가르침 - "그리스도의 법"(갈 6:2을 보라) - 이 윤리적 지침의 원천이다. 이 새 언약의 법의 중심은 다른 사람을 사랑하는 것이다. 따라서 신자들은 다른 사람들을 사랑하면, 그것은 "율법을 다 이룬" 것이다. 즉, 그것은 율법이 내내 목표로 해왔던 것들을 현실의 삶 속에서 실현한 것이다.[388] 하지만 우리는 그렇게 다른 사람들을 완벽하고 일관되게 사랑하는 것은 성령 충만한 신자에게조차 불가능한 일이라는 것을 강조해야 한다: 우리는 결코 영광에 미치지 못하고, "남을" 진정으로 사랑하지 못한다. 이것은 그리스도인에게서는 사랑이 율법을 "대체하기" 때문에, 우리가 신경 써야 할 유일한 계명은 사랑의 계명이라고 주장하는 것이 섣부른 것임을 의미한다. 왜냐하면 우리의 사랑이 계속해서 완벽하지 못하다면, 우리에게는 우리를 채찍질하고 인도해줄 다른 계명들도 필요하기 때문이다.[389] 물론 이 계명들의 원천이 무엇일 수 있는가 하는 것은 또 다른 문제다. 그리고 바울은 그것을 다음 절에서 다룬다.

9 이제 바울은 다른 사람들을 사랑하는 것은 율법을 다 이루는 것이라는 자신의 주장을 뒷받침하기 위해서, 율법의 계명들은 레위기 19:18에 나오는 "말씀"[390]

388. 이 개념들을 더 자세하게 발전시킨 것으로는 D. Moo, "Law of Moses"; idem, "Law of Christ"를 보라.

389. "율법은 그리스도인이 사랑이라는 미명 아래 늘 빠지기 쉬운 주관주의와 자기기만을 막아준다. 그리스도인이 그런 것들에 빠지는 것은 그가 '불의하기' 때문이 아니라 인간이기 때문이다"(Deidun, *New Covenant Morality*, 224).

390. 계명을 지칭하는 데 '로고스'(λόγος, "말씀")라는 단어를 사용한 것은 유대교에 전례들이 있다. 십계명은 흔히 "열 가지 말씀들" 또는 "Decalogue"(열 가지 말들이라는 뜻)라 불렸다(출 24:2-8; 신 10:4; Philo, *Who Is the Heir?* 168; Decalogue 32; Josephus, *Ant.* 3.138을 보라).

속에 "요약되어" 있다고 논증한다. "네 이웃을 네 자신과 같이 사랑하라."[391] 바울은 십계명 중 네 가지 계명에 대한 축약된 언급을 통해서, 자기가 염두에 둔 계명들이 어떤 것들인지를 예시해서 보여 준다.[392] 하지만 그는 "그 외에 다른[393] 계명이 있을지라도"라는 말을 덧붙임으로써, 네 가지 계명 외에 다른 계명들도 여기에 포함된다는 것을 분명히 한다: 문맥이 보여 주듯이, 율법 중에서 사람들 서로 간의 관계와 관련되어 있는 모든 계명들.[394] 여러 유대 저자들은 레위기 19:18에 나오는 이웃을 사랑하라는 계명을 언급하지만, 유대교에서는 일반적으로 이 계명에 특별한 지위를 부여하지 않았다. 따라서 바울이 이 계명에 중심적인 지위를 부여한 것은 예수님이 레위기 19:18과 신명기 6:5, 이 두 계명을 "온 율법과 선지자의 강령"(마 22:34-40)이라고 한 것을 반영한 것일 가능성이 크다.[395] 또한 바울이 이 계명에 나오는 "이웃"을 같은 유대인(원문인 레위기 19:18에서는 같은 유대인을 가리켰을 것이다)이 아니라,[396] 일반적으로 다른 사람들을 가리키는 것으로 해석한 것도 예수님을 따른 것임이 분명하다(선한 사마리아 비유를 보라, 눅 10:25-37). 이 계명에서 "네 자신과 같이"는 이기주의나 이기심을 명령하거나 옹호하는 것이 아니라,

---

391. 바울의 인용문은 대다수의 칠십인경 본문을 정확하게 따랐고, 칠십인경 본문은 히브리어 본문을 적절하게 번역했다.

392. 이 순서는 칠십인경 사본 B의 신명기 5:17-18, Nash Papyrus(주전 1세기 또는 2세기 십계명 본문 단편)에 나오는 것과 동일한 것으로서, 그 밖의 다른 여러 유대 및 초기 기독교 자료들에 반영되어 있다(눅 18:20; 약 2:11; Philo, *Decalogue* 24; 36; 51; 121-137; 167-171; *Special Laws* 3.28; Clement of Alexandria, *Stromateis* 6.16). 이것은 디아스포라 유대교에서 통용되던 순서일 것이다(Dunn); Koch (*Schrift*, 34)는 여기에서 대본으로 삼은 칠십인경 본문은 B였을 것이라고 생각한다.

393. 이 용례는 '헤테로스'(ἕτερος, "다른")가 원래의 "이중적" 강조의 의미를 잃은 많은 용례들 중 하나일 가능성이 크다(N. Turner, Syntax, 197).

394. 하지만 Kruse는 바울이 십계명에 나오는 다른 계명들, 또는 십계명의 "두 번째 돌판"에 있는 계명들만을 염두에 둔 것이라고 생각한다. Stuhlmacher는 초기 유대 자료들(예를 들어, Philo, *Decalogue* 18-19; Josephus, *Ant.* 3.89, 93; m. Tamid 5:1)은 신약 시대에 십계명의 중심적인 지위를 증명해 준다고 주장한다; 오직 그리스도인들이 십계명을 "자신의 것으로 만들자," 후대의 유대인들은 십계명의 중요성을 폄하했다.

395. Dunn.

396. 일부 유대인들은 '레아'(רֵעַ)를 "같은 이스라엘 사람"이라는 좁은 의미로 이해한 반면에(레 19:18의 탈굼과 Sipre를 보라), 다른 유대인들은 더 넓게 해석했다(레 19:34; T. Zeb. 5:1; T. Asher 5:7; T. Naph. 5:2을 보라). Berger, *Gesetzauslegung*, 99-136; Nissen, *Gott und der Nächste*, 304-308을 보라. 누가복음 10:25-29에 나오는 율법교사와 예수의 대화는 예수 시대에 많은 율법교사들이 이 단어를 "좁은" 의미로 해석했다는 것을 보여 준다.

단지 사람들이 자신을 사랑하는 것은 엄연한 현실이라는 것을 보여 주는 것일 뿐이다. 우리 자신에 대한 이러한 깊은 관심이 다른 사람들에 대한 우리의 태도의 특징이 되어야 한다.

바울은 레위기 19:18의 사랑 계명과 나머지 계명들 간의 관계를 동사 "요약하다"(한글개역개정에는 "다 들었느니라")[397]로 나타낸다. 이 단어가 정확히 무엇을 의미하는지가 명확하지 않기 때문에, 사람들은 바울의 이 주장으로부터 서로 상반된 신학적인 결론들을 도출해내었다. 레이제넨은 여기에서 바울은 율법은 사랑 계명으로 압축된다는 "철저한 환원"을 가르치고 있다고 주장하는 반면에,[398] 슈라이너는 이 절은 구약의 일부 계명들은 여전히 신자들에게 적용될 수 있다는 것을 보여준다고 결론을 내린다.[399] 여기에서 쟁점은 이 사랑 계명이 다른 사람들에 대한 관계에 대해 말하는 구약의 계명들을 "요약한다"는 것은 다른 계명들을 대체한다는 것인가, 아니면 단지 다른 모든 계명에 공통적인 요소인 사랑 계명은 그 계명들의 핵심이 무엇인지를 보여 준다는 것인가 하는 것이다. 바울이 로마서 앞부분에서 그리스도인들은 모세 율법에서 자유롭게 되었기 때문에 모세 율법은 그리스도인들에게 "구속력"이 없다고 선포한 것을 우리가 기억한다면(6:14, 15; 7:4; 8:4), 전자의 결론이 참된 것에 더 근접한 것으로 보인다. 새 언약의 하나님 백성에 속하는 그리스도인은 이제 더 이상 옛 언약의 하나님 백성을 위한 율법인 "[모세] 율법 아래" 있지 않고, "새로운 율법", "그리스도의 법" 아래 있다(갈 6:2과 고전 9:19-21을 보라).[400] 그리고 이 새로운 율법의 중심은 그리스도가 친히 모세 율법으로부터 가져

397. 이 동사는'아나케팔라이오오'(ἀνακεφαλαιόω)다. 이 단어는 신약성경의 다른 곳에는 오직 에베소서 1:10에만 나온다. 거기에서 바울은 때가 되면 하나님이 만물이 그리스도 안에서 "통일되게" 하실 것이라고 설명한다; 이 단어는 칠십인경에는 나오지 않는다. 이 단어는 그리스어 문헌에서는 자주 사용되었는데, 거기에서는 흔히 한 권의 책이나 연설의 요약 또는 결론을 가리킨다(H. Schlier, *TDNT* 3.681-682).

398. Räisänen, *Paul and the Law*, 27; 모든 세부적인 내용들에서 그렇게 극단적이지는 않지만, 비슷한 견해로는 Lindemann, "Biblischen Toragebote," 262-263; Westerholm, *Perspectives*, 433-434; Deidun, *New Covenant Morality*, 153이 있다.

399. Schreiner, *Law and Its Fulfillment*, 149-150; 또한 Thielman, *From Plight to Solution*, 89-90; B. Martin, *Christ and the Law*, 151; Schrage, *Konkreten Einzelgebote*, 255-256을 보라.

400. 바울은 로마서 전체에서 그랬던 것처럼 여기에서도 특정한 율법, 즉 모세율법, 토라에 대해 말하고 있다는 것을 강조하는 것은 중요하다. 따라서 그는 사랑은 다른 모든 계명들을 불필요하게 만든다고 말하는 것이 아니라, 새 언약의 하나님 백성 가운데서 중심 무대를 차지하는 것은 모세 율

와서 자신의 새로운 요구의 중심으로 삼은 명령, 즉 이웃을 우리 자신 같이 사랑하라는 명령이다(갈 6:2과 5:13-14을 보라).

10 10절에 나오는 첫 번째 진술은 9절과 명시적으로 연결되어 있지는 않지만, 바울이 9절에서 주장한 것을 분명하게 설명해 준다. 사랑하라는 명령이 율법을 "요약할" 수 있는 이유는 "사랑은 이웃에게 악을 행하지 아니한다"는 것이다. 왜냐하면 남들에게 악을 행하지 않는 것, 즉 적극적으로 표현하자면 남들에게 선을 행하는 것이 바로 사람들 간의 관계에 관한 구약의 계명들이 목표로 하는 것이기 때문이다. "그러므로(그리스어로 '운') 사랑은 율법의 완성이니라"고 바울은 결론을 내린다. 이 주장의 의미가 무엇이라고 생각하는가 하는 것은 8절과 9절에 나온 비슷한 진술들을 어떻게 이해했느냐에 상당 부분 달려 있다. 예를 들어, 머레이는 여기에서 바울은 사랑은 율법에 대한 우리의 순종을 "온전한 분량"('플레로마', 한글개역개정에는 "완성")에 도달하게 해주는 미덕이라고 말하는 것이라고 주장한다. 그러나 인접한 8절b에서 동족어 동사 '플레로오'("다 이루다")가 사용된 것 - 이 동사는 10절b과 함께 교차대구법적 구조를 이룬다 - 은 여기에서 '플레로마'가 "다 이룬다"는 능동의 의미를 지닌다는 것을 보여 준다.[401] 또한 10절b는 8절b의 개념을 반복하고 있는 것일 가능성도 있다. 사랑을 행하는 그리스도인, 따라서 율법이 요구하는 것을 행하는 그리스도인(9-10절a)은 율법은 완성, 즉 종말론적인 성취에 도달하게 된 것이다.[402]

법이 아니라 다른 사람들을 사랑하는 것이라고 말하는 것이다. 갈라디아서 6:2, 고린도전서 9:19-21, 바울 서신에 나오는 많은 명령들이 보여 주듯이, 바울은 결코 사랑하라는 명령이 그리스도인 신자들에게 유효한 유일한 계명이라고 생각하지 않는다.

401. 예를 들어, Käsemann; Wilckens; Cranfield; G. Delling, *TDNT* 6.305를 보라. '플레로마'(πλήρωμα)의 의미와 용례에 대해서는 11:12의 각주들을 보라.

402. Lagrange; Ziesler; Feuillet, "Loi de Dieu," 55; Deidun, *New Covenant Morality*, 153.

F. 그 날에 비추어서 살아감(13:11-14)

11 또한 너희가[403] 이 시기를 알거니와 자다
가 깰 때가 벌써 되었으니 이는 이제 우리
의 구원이 처음 믿을 때보다 가까웠음이라
12 밤이 깊고 낮이 가까웠으니 그러므로 우리
가 어둠의 일을 벗고[404] 빛의 갑옷을 입자
13 낮에와 같이 단정히 행하고 방탕하거나
술 취하지 말며 음란하거나 호색하지 말며
다투거나 시기하지 말고
14 오직 주 예수 그리스도로 옷 입고 정욕을
위하여 육신의 일을 도모하지 말라

바울은 자신이 처음에 말했던 것과 동일한 것에 초점을 맞춤으로써, 로마 그리스도인들에 대한 자신의 일반적인 권면들을 마무리한다: 종말론적인 상황에 비추어서 완전히 새로운 방식으로 살아가라는 것. 12:1-2에서 바울은 그리스도인들에게 그들이 속해 있는 새 시대와 일치하는 삶의 방식을 채택해서 그들 자신을 산 제물로 드리라고 권면했었다. 이제 13:11-14절에서 그는 그리스도인들에게 그리스도로 옷 입고(14절) 이제 곧 동터오게 될 최종적인 구원의 큰 "날"의 빛 가운데서 이미 살아가고 있는 자들에게 합당한(11-12절a) 행실(12절b)로 옷 입으라고 권면한다.[405] 앞에 나온 이전의 본문에서는 그리스도인들에게 과거에 비추어서 현재를

403. 몇몇 초기의 중요한 사본 증거들(P46[유력함], 이차적인 알렉산드리아 사본들인 33과 1739, 서방 대문자 사본 D, Ψ, 대부분의 본문)은 '휘마스'(ὑμᾶς, "너희") 대신에 '헤마스'(ἡμᾶς, "우리")로 읽는다; 전자의 읽기는 두 개의 아주 중요한 알렉산드리아 대문자 사본들(N[원본]과 B), 세 개의 다른 알렉산드리아 사본들(A, C, 81), P, 많은 소문자 사본들과 교부들에게서 발견된다 - 두 개의 초기 역본들과 오리게네스 본문에는 이것에 해당하는 단어가 아예 없다. 그리스어 본문에서는 오직 한 글자만 다르고, 흔히 의미에는 거의 영향을 미치지 않는 이 이독은 신약성경 사본 전승에서 아주 흔하다. 이 절에서 나중에 나오는 '헤몬'(ἡμῶν, "우리의")은 바울이 여기에서도 1인칭 복수형을 사용했을 수도 있다는 것을 시사해주기는 하지만, 필사자가 통일성을 위해 원래의 '휘마스'를 '헤마스'로 수정했을 가능성이 더 높다(Metzger, *Textual Commentary*, 467; Godet, 449; Cranfield, 2.680).

404. 주요한 알렉산드리아 대문자 사본들(N, B), 다른 알렉산드리아 사본들(A, C, 33, 81, 1739), Ψ, 서방 대문자 사본 D(이차 수정본), 대다수의 본문의 읽기인 '아포토메타'(ἀποθώμεθα, "벗으라") 대신에, P46은 서방 전승(D, F, G의 원본과 삼차 수정본)과 더불어서 '아포발로메타'(ἀποβαλώμεθα, "벗어던지라")로 읽는다. Zuntz (Text of the Epistles, 94), Cranfield (2.685), Wilckens (3.76)는 서방 전승과 P46이 함께 지지하고 있다는 것을 중시해서 이 이독을 옹호하여, 초기 필사자가 이 읽기 대신에 더 친숙한 '아포토메타'로 대체한 것이라고 주장한다. 그러나 P46이 서방 전승과 일치하는 것은 결코 이례적인 것이 아니고, 바울은 다른 곳에서 이 동사를 사용하지 않는다(Metzger, *Textual Commentary*, 467).

405. 12:1-2과 13:11-14이 보여 주는 종말론적인 초점은 12-13장과 관련해서 일종의 수미쌍관법으로서의 기능을 한다는 것은 널리 인정되고 있다; 12:1-2의 각주들을 보라; 그리고 특히 여기에서는

보라고 격려했다. 그리스도의 죽으심과 부활로 말미암아 "옛 세대"가 가고 새 세대가 왔다. 그리스도인은 마음을 새롭게 하고 행실을 변화시키는 복음의 능력을 힘입어서 새 세대의 가치들을 실천하는 삶을 살아야 한다. 하지만 이제 우리 앞에 있는 본문에서는 관점을 옮겨서, 그리스도인들에게 미래에 비추어서 현재를 보라고 격려한다. 왜냐하면 그리스도인들은 하나님의 은혜로 말미암아 의와 생명의 새 영역으로 옮겨지긴 했지만, 여전히 온전한 최종적인 구원(5:9-10), 즉 "몸의 속량"(8:23)을 기다리고 있기 때문이다. 복음이 요구함과 동시에 실현하는 변화는 그리스도가 이미 이루신 일로부터 흘러나온다. 그러나 또한 이 변화는 이 과정이 완성될 그 날, 즉 우리가 온전히 "그[하나님의] 아들의 형상을 본받게" 될 그 날(8:29)을 바라본다.[406] 그리스도인들은 "현재 우리에게 합당한 모습이 되어야" 할 뿐만 아니라, "우리가 장래에 지니게 될 모습도 되어야" 한다.

11-14절은 자연스럽게 두 부분으로 나뉜다: 바울이 우리에게 이 "시기"의 성격을 일깨워주는 "직설법" 단락(11-12절a); 바울이 우리에게 이 "시기"에 비추어 행하라고 말하는 "명령법" 단락(12b-14절). 명령법들은 서로 대비되는 세 개의 쌍으로 나온다.

"…… 벗고"/"…… 입자"(12절b);
"…… 단정히 행하고"/"…… 말고"(13절);
"주 예수 그리스도로 옷 입고"/"육신의 일을 도모하지 말라"(14절).

그리스도의 임박한 재림을 권면의 토대로 제시하는 것은 신약성경의 전형적인 방식이고, 예수님 자신의 가르침에 뿌리를 둔 것이다.[407] 그리고 이 단락과 다

Michel, 412; Wilckens, 3.78; M. B. Thompson, *Clothed with Christ*, 151을 보라.

406. Ridderbos, *Paul*, 267-268을 보라.

407. 특히 벧전 4:7; 약 5:8-9을 보라. 예수의 종말론적인 강론(막 13장과 그 병행문들)이 바울의 가르침에 미친 영향에 대해서는 특히 D. Wenham, "Paul and the Synoptic Apocalypse," 345-375를 보라. M. B. Thompson, *Clothed with Christ*, 141-149는 이 단락도 예수의 가르침과 닿아 있다(아마도 간접적으로)고 본다. 그는 종말론적인 맥락들 속에서 "깨어" 있고 잠들어 있는 것을 피하라는 요구들은 유대교에서는 발견되지 않지만, 예수의 가르침에는 있다고 지적한다(예를 들어, 막 13:33-37을 보라).

른 바울 본문들(특히 살전 5:1-10) 간의 어휘상의 구체적인 병행들은 바울이 여기에서 로마 그리스도인들에게 말하고 있는 것이 전승의 성격을 지닌다는 것을 확증해 준다.[408]

11-12a 이 다음 단락의 도입부인 "그리고 이것을"[409]이라는 어구는 이행을 만들어내는 데 사용하는 관용표현 - "이것 외에"(NRSV)[410] - 일 수도 있겠지만, "행하라"[411] 같은 명령형 동사를 생략한 것일 가능성이 크다 - NIV를 보라. "그리고 이 시기를 알기에 이것을 행하라."[412] 많은 주석자들은 이 어구에 강조의 뉘앙스를 더하지만 - "그리고 너희는 이 시기를 알기에 특히 이것을 행하라"[413] - 문법적으로는 그렇게 할 만한 타당한 근거는 없는 것으로 보인다. "이것"은 직전에 나오는 8-10절의 사랑하라는 명령을 가리키는 것일 수도 있지만,[414] 12:1-13:10에 나오는 모든 권면을 가리키는 것일 가능성이 크다.[415] 바울이 구속의 새 세대에서 우리 자신을 산 제물로 드리는 데 필요한 하나님의 뜻으로 제시해온 모든

408. 로마서 13:11-14와 데살로니가전서 5:1-10은 둘 다 종말론적이고 도덕적인 권면과 함께 낮/밤과 빛/어둠이라는 은유들을 사용한다; 그리고 둘 모두는 구원을 미래의 일로 말하고, "입을 것"(로마서에서는 미덕들과 그리스도를; 데살로니가전서에서는 영적인 "무장")을 요구한다. 또한"자다가 깨어야"(ἐξ ὕπνου ἐγερθῆναι['엑스 휘프누 에게르테나이' - 11절] 한다는 것은 에베소서 5:14에 나오는 난해한 "금언"을 닮았다: "잠자는 자여 깨어서[ἔγειρε, '에게이레'] 죽은 자들 가운데서 일어나라." 많은 사람들은 이 금언이 초기 기독교의 세례 의식에서 유래한 것이고, 따라서 로마서 13:11-14도 적어도 부분적으로는 세례 의식을 재현하고 있는 것이라고 생각한다(예를 들어, Wilckens, 3.75; Jewett, 817-818[하지만 그는 이 찬송의 일차적인 맥락은 "애찬식"이었다고 생각한다]).

409. καὶ τοῦτο('카이 투토').

410. 또한 ESV; CSB; Murray; Cranfield; Dunn을 보라. 고린도전서 6:6, 8; 엡 2:8; 빌 1:28을 근거로 들지만, 어느 것도 로마서 13:11과 병행이 되지 않는다.

411. ποιεῖτε('포이에테').

412. 또한 NASB; NET; NAB; Moulton, *Prolegomena*, 182; Michel; Wilckens을 보라. Godet는 직설법 동사를 더한다: "그리고 너희는 이 시기를 알기에 이것을 성취한다."

413. 이 견해는 일찍이 테오도로스가 제시했다. 그는 '말리스타'(μάλιστα, "특히")로 의역했다; 또한 Vogtle, "Paraklese und Eschatologie," 179-180; Michel; Wilckens; Schlatter를 보라. Longenecker는 8-10절과 11-14절 간의 밀접한 관계를 강조하고, 이 두 본문이 이 서신에서 하나의 단락을 이루고 있다고 본다.

414. Murray; Fitzmyer.

415. Godet; Barrett; Cranfield; Baumgarten, *Paulus und die Apokalyptik*, 209.

권면을 행해야 하는 이유는 우리가 살아가고 있는 때가 어떤 "시기"[416]인지를 알기[417] 때문이다.

그런 후에 바울은 세 개의 서술문을 추가해서, 자기가 앞에서 "시기"라고 한 것이 무엇을 의미하는지를 설명한다.[418] 첫 번째와 세 번째 주장은 밤이 깊고 낮이 가까워오고 있다는 은유를 공유한다. "자다가 깰 때가 벌써[419] 되었으니"[420](11절b); "밤이 깊고[421] 낮이 가까웠으니"(12절a). 인공조명이 아닌 해에 의지해서 살아갔던 사회에서는 사람들은 동이 트면 일어났다. 날이 밝았는데도 침대에 누워 있는 것은 오직 게으른 자들뿐이었다. 특히 고대 근동에서는 열기가 뜨거운 한낮이 되기 전에 해두어야 할 일이 산더미 같이 많았기 때문에, 새벽에 일찍 일어나는 것은 필수적이었다. 바울은 자신의 독자들 가운데 게으른 자들이 있는 것을 원하지 않았다. 그리스도인들은 늘 깨어서 열심히 "자기 몸을 산 제물로 바쳐야" 한다. 그러나 바울은 어둠/빛, 밤/낮이라는 표상을 단지 일상생활에서 가져온 예시로만 사용하는 것이 아니다. 왜냐하면 바울이 여기에서 사용한 이러한 대비들은 이러한 대비들을 도덕적이고 종말론적인 상태들을 나타내는 은유들로 사용했던

416. καιρός('카이로스'). '카이로스'는 언제나 '크로노스'(χρόνος)와 분명하게 구별될 수 있는 것은 아니지만, 전자는 흔히 "기회"를 가리키고, 일반적으로 종말론적인 맥락들 속에서 사용된다(Barr, *Biblical Words for Time*, 127을 보라).

417. 분사 '에이도테스'(εἰδότες, "알거니와")는 원인을 나타낸다.

418. '호티'(ὅτι)를 보라.

419. "벌써"(ἤδη['에데'])가 "깰"(ἐγερθῆναι['에게르테나이'])에 걸리는 것으로 보는 것(예를 들어, S-H)보다는 "때"(ὥρα['호라'])에 걸리는 것으로 보는 것(Cranfield)이 의미가 더 잘 통한다.

420. 이것은 신약성경에서 '휘프노스'(ὕπνος, "잠")를 은유적인 의미로 사용하는 유일한 본문이다; 반면에, 동사 '카튜도'(καθεύδω, "자다")는 "영적인 게으름과 무관심"을 가리키는 데 사용된다(살전 5:6; 엡 5:14; 또한 막 13:35-36; 마 24:43; 눅 12:39을 보라). 하지만 이 동사의 명사 형태는 신약성경에 나오지 않는다; 따라서 바울은 '휘프노스'를 '카튜도'와 동등한 명사 형태로서 그러한 은유적인 의미로 사용한 것이 틀림없다. 영적인 무감각을 나타내는 은유로서의 잠은 고대 세계에서 널리 퍼져 있었지만(예를 들어, Philo, *Migration of Abraham* 222; On Dreams 1.117; 2.106, 133, 160 등), 특히 영지주의자들에게 인기가 있었다. 그러나 영지주의자들은 이 개념을 이원론적인 우주론과 인간론 내에서 사용한 반면에(사람들은 이 세상의 영적인 무지로부터 깨어나서 빛을 받아야 한다는 것), 바울은 역사적이고 종말론적인 지향점을 지니고 있었다(특히 Lovestam, *Spiritual Wakefulness*, 25-27을 보라).

421. 동사 '프로콥토'(προκόπτω, "깊고")는 신약성경에서 통상적으로 "진행 중"을 의미한다(바울 서신에서 갈 1:14; 딤후 2:16; 3:9, 16); 여기에서는 시간적인 뉘앙스를 지닌다: "많이 진척되다", "멀리 나아가다"(BDAG; 또한 Josephus, *J.W.* 4.298, "밤이 많이 진척되다"). 바울이 단순과거형을 사용한 이유는 아마도 단지 밤의 시간이 "많이 진척되었다는 것"을 말하기 위한 것인 것 같다.

폭넓은 전승으로부터 가져온 것이기 때문이다. 이러한 대비들의 근저에는 구약성경과 유대교의 "여호와의 날" 개념이 있고, 초기 그리스도인들은 이 개념을 가져와서 그리스도가 영광 중에 재림하고 신자들이 최종적인 구속을 얻게 될 때를 가리키는 데 사용했다.[422] 12절a의 "날"(한글개역개정에는 "낮")은 분명히 "여호와/예수 그리스도의 날"을 가리킨다.[423] 따라서 "밤"은 반대로 "이 악한 세대"(갈 1:4)를 암시할 가능성이 크다.[424] 확실하지는 않지만, 11절b의 "때"도 종말론적인 뉘앙스를 지니고 있을 가능성이 있다.[425] 그러므로 "자다가 깬다"는 것은 "악한 이 세대에 몰두하는 것"을 거부하는 것, 현재의 악한 세대에 영합하기를 피하는 것을 의미한다(12:2을 보라).[426]

"시기"를 설명하는 중앙에 위치한 두 번째 서술문은 이 은유들이 무엇을 암시하는 자를 보여 주는 직설적인 주장이다. "이는 이제 우리의[427] 구원이 처음 믿을

---

422. 바울은 초기 기독교에서 흔히 사용되던 이 어구의 여러 가지 다른 형태들을 사용한다: "주 예수 그리스도의 날"(고전 1:8), "우리 주 예수의 날"(고후 1:14), "예수 그리스도의 날"(빌 1:6), "그리스도의 날"(빌 1:10; 2:16), "주의 날"(고전 5:5; 살전 5:2; 살후 2:2), "구속의 날"(엡 4:30, "구원의 날"), "진노의 날"(롬 2:5), "하나님이 심판하시는 날"(롬 2:16), "악한 날"(엡 6:13), "저 날"(살후 1:10; 딤후 1:12, 18; 4:8, "그 날"), "그 날"(롬 13:12, 13, "낮"; 살전 5:4, "그 날"). 이 어구들은 모두 구약의 "여호와의 날," 즉 종말론적인 심판과 구원의 때로 거슬러올라간다(예를 들어, 사 27장; 렘 30:8-9; 욜 2:32; 3:18; 욥 1:15-17을 보라).

423. 일부 교부 주석자들은 "낮"이 그리스도를 가리킨다고 생각했다(Schelkle, "Biblische und patristische Eschatologie," 364-365를 보라).

424. Lövestam은 "이 세대"와 "다가올 세대"간의 대비를 설명하기 위해 밤/낮과 어둠/빛이라는 대비를 사용하는 것이 초기 유대교에서 얼마나 널리 퍼져 있었는지를 보여 주었다(Spiritual Wakefulness, 10-24). 예를 들어, 1 En. 58:6을 보라:

의인들은 해의 빛 안에 있을 것이고, 택한 받은 자들은 끝없는 영생의 빛 안에 있을 것이다(2절). …… 해가 땅에 비치니 어둠은 지나갔다. 끝없는 빛이 있을 것이다 … 왜냐하면 어둠은 이미 멸해졌고, 빛은 영들의 주 앞에서 영구하며, 올바름의 빛은 영들의 주 앞에서 영원히 견고하게 서게 될 것이기 때문이다.

쿰란 공동체의 맹약자들은 "빛의 자녀"/"어둠의 자녀"라는 대비를 끊임없이 사용했다(특히 1QM을 보라).

425. '호라'(ὥρα, "때")는 흔히 단지 짧은 기간을 가리키는 어구들에 나온다; 이것은 바울 서신에 나오는 이 단어의 다른 모든 용례들도 마찬가지다(고전 4:11; 15:30; 고후 7:8; 갈 2:5; 살전 2:17; 몬 1:15). 따라서 바울은 여기에서 이 단어를 그러한 단순하고 평범한 의미로 사용했다고 생각하는 것도 타당하다(Cranfield). 그러나 '호라'는 신약(요 4:23; 5:25; 12:23; 요일 2:18; 계 3:3, 10)과 구약(단 8:17, 19; 11:35, 40)에서 종말론적인 뉘앙스를 지니고, 여기에서도 문맥상 그런 뉘앙스를 지닐 수 있다(Dunn).

426. Lövestam, *Spiritual Wakefulness*, 34-35를 보라.

427. 대명사 '헤몬'(ἡμῶν, "우리의")은 '엥귀테론'(ἐγγύτερον, "더 가깝게")에 걸리는 것일 수도 있지만

때보다 가까웠음이라."[428] 일부 그리스도인들은 바울이 신자들의 "구원"을 미래에 있을 일로 말한 것에 대해 당혹스러워할지도 모른다. 그러나 사실 바울은 장차 신자가 최종적으로 죄와 사망에서 건짐을 받게 될 것을 가리키는 데 "구원"과 그 동족어들을 통상적으로 사용한다. 일부 주석자들은 여기에서 구원은 개별 신자가 죽을 때, 또는 재림 때 천국에 들어가게 될 것을 가리킨다고 주장한다.[429] 그러나 이 단락에서 바울이 사용한 표상은 개개인에 대한 것이 아니라 구원사와 관련된 것이다. "구원"은 그리스도의 재림 때 교회를 위한 하나님의 사역이 완성되는 것을 가리키는 것임에 틀림없다.[430]

많은 학자들은 여기에 나오는 바울의 서술문은 신약성경에 나오는 많은 비슷한 서술문들과 마찬가지로 초기 그리스도인들은 그리스도가 아주 짧은 기간 내에 다시 오실 것이라고 확신했다는 것을 보여 준다고 생각한다. 그리고 바울의 명령문들은 일정 정도 그러한 전제를 토대로 하고 있지만, 바울이 기대했던 것과는 달리 그리스도는 빨라 재림하지 않았기 때문에, 우리는 이 명령문들의 지속적인 타당성을 비판적으로 평가해야 한다고 주장한다.[431] 바울은 분명히 그리스도의 재림에 관한 강력한 기대를 지니고 있었고(예를 들어, 빌 4:5), 심지어 자기가 살아 있는 동안에 그리스도가 재림할 것처럼 말하기도 한다(예를 들어, 살전 4:15). 그러나 그는 어디에서도 그리스도가 가까운 시일에 재림할 것임을 예고하지는 않는다. 그

- "구원이 이제 우리가 믿었을 때보다 우리에게 더 가깝게 있다"(NRSV; ESV; NASB; Wilckens; Cranfield) - '헤 소테리아'(ἡ σωτηρία, "구원")에 걸리는 것일 가능성이 더 크다 - "우리의 구원이 이제 우리가 믿었을 때보다 더 가깝게 있다"(KJV; NIV; NLT; NET; CSB; CEB; Michel; Dunn); 왜냐하면 '엥귀스'(ἔγγυς, "가까운")는 신약성경에서 종말론적인 서술문들에 나온 경우에는 속격 목적어를 취하지 않기 때문이다.

428. 동사 '에피스튜사멘'(ἐπιστεύσαμεν, "우리가 믿었다")은 기동의 단순과거로서, 믿음 속으로 들어갔다는 것을 강조하는 것일 가능성이 크다; 대부분의 영역 성경들은 이것을 그렇게 이해해서, 예를 들어, "우리가 신자들이 되었을 때"(NRSV; NET), 또는 "우리가 처음 믿었을 때"(NIV; NLT; ESV)로 번역한다. Cranfield를 보라.

429. 교부 주석자들 중 다수가 이 견해를 따랐다(Schelkle, "Biblische und patristische Eschatologie," 365-366을 보라); 또한 Stuart; Haldane; Hodge; Lenski를 보라.

430. 5:9의 각주들을 보라.

431. 예를 들어, Käsemann; Dautzenberg, "Was bleibt von der Naherwartung?" 361-374를 보라. Dunn은 바울이 재림이 가깝다는 확신 속에서 말하긴 했지만, 그 확신이 맞지 않았다고 그 확신을 토대로 한 권면들이 무효라고 주장하는 것은 잘못이라고 말한다(하지만 이런 주장은 앞뒤가 맞지 않아 설득력이 떨어진다).

리고 더 중요한 것은 그의 권면들의 토대를 이루는 것은 재림이 곧 있을 것이라는 확신이 아니라, 재림이 있을 것은 확실하지만 그 시기는 알 수 없기 때문에 재림이 언제든지 있을 수 있다는 확신이라는 것이다. "우리 신앙의 토대는 그 사건의 확실성에 있다. 하지만 그 사건이 일어날 시기의 불확실성 때문에, 우리의 소망은 고무되고, 우리는 깨어있게 된다."[432] 그리스도의 재림은 하나님의 계획에서 이제 일어나게 되어 있는 바로 다음 사건이었기 때문에, 바울은 그 사건이 언제라도 일어날 수 있다는 것을 알고 있었다. 그래서 그리스도인들 - 그의 세대와 우리 세대의 그리스도인들 - 에게 그 "복된 소망"[433]을 맞을 준비를 시키고자 하였다.

12b 바울은 그리스도의 재림의 임박성을 근거로 그 위에 세우는 첫 번째 한 쌍의 명령법에서 옷을 갈아입는 것과 관련된 표상을 사용한다: 다른 옷을 "입기" 위해 기존의 옷을 "벗는" 것. 이 표현은 고대 세계에서 은유적인 의미로 널리 사용되었고, 신약 기자들은 그리스도에게로 회심할 때 수반되고 요구되는 가치들의 변화를 생생하게 묘사하기 위해 이 표현을 채택해 사용한다.[434] 많은 학자들은 바울이 방금 밤이 가고 낮이 왔다는 종말론적인 표상을 사용한 것(11절b, 12절a)이 그가 여기에서 이 은유를 선택한 것에 영향을 미쳤다고 생각한다: 그리스도인들은 "밤"을 위한 옷을 벗고 "낮"을 위한 옷을 입어야 한다.[435] 이 은유는 널리 퍼

432. Alford.

433. 이 일반적인 관점에 대해서는 특히 A. Moore, *Parousia*; Ridderbos, *Paul*, 487-497; 그리고 이 본문에 대해서는 Godet, 449-450; Murray, 2.167-169; Cranfield, 2.683-684를 보라. 이것과 관련된 묵시론과 임박성에 관한 문제들에 대해서는 I. Marshall, "Is Apocalyptic the Mother?" 32-42; Beker, *Paul the Apostle*, 176-181; Baird, "Pauline Eschatology," 314-327을 보라.

434. 이 두 동사를 사용한 대비는 엡 4:22, 25; 골 3:8, 12에도 나온다. 이런 의미로 사용된 동사 '아포티테미'(ἀποτίθημι)는 약 1:21; 벧전 2:1에도 나오고, 동사 '엔뒤오'(ἐνδύω)는 엡 6:11, 14; 살전 5:8에도 나온다. 중요한 것은 이 마지막 3번의 용례에서는 모두 목적어가 "병기" 또는 특정한 병기라는 것이다. 일부 학자들(예를 들어, Black; Michel)은 이 표상은 초기 기독교의 세례식에서 옷을 갈아입는 의식을 반영한 것일 수 있다고 생각한다. 그러나 기독교 초기의 세례식에 그런 의식이 있었다는 것을 보여 주는 증거는 없다(Dunn).

435. 예를 들어, Dunn. 바울이 12절(권고의 가정법 '엔뒤소메타'[ἐνδυσώμεθα])과 14절(명령법 '엔뒤사스테'[ἐνδύσασθε])에서 사용하는 단순과거 시제들은 그 자체로는 "일회적인" 행위를 가리키지 않는다; 문맥상으로 이 두 행위는 필요할 때마다 행해져야 하는 행위들을 가리킬 가능성이 높다. Fanning (Verbal Aspect, 362-363)은 "옷"과 관련된 동사들에서는 단순과거가 널리 사용되었다는 것을 지적하면서, 이 절과 14절에서 바울은 단일한 표상을 통해 하나의 과정을 포착해서 가리키고 있는 것이라고 말한다.

져 있었기 때문에, 그러한 접촉점이 반드시 전제되는 것은 아니지만, 그러한 연결 관계는 가능하다.[436] 마찬가지로 그리스도인들이 "벗거나 입어야" 할 것들을 규정하기 위해 사용하는 어둠과 빛의 대비도 도덕과 관련된 표상으로 흔히 사용된다. 여기에서 특히 중요한 것은 구약성경, 유대교, 신약성경에서 어둠과 빛의 대비는 종말론으로 확대되어서, 어둠은 현재의 악한 시대를 나타내고, 빛은 구원의 새 시대를 나타낸다는 것이다.[437] 해악을 끼치는 데 몰두하는 세력들이 특히 활발하게 활동하는 밤의 어둠은 계속해서 자신의 영향력을 행사하고 있는 악한 영역, 즉 그리스도인들이 영합해서는 안 되는 저 "옛 세대"(12:2)를 가리키는 표상이 된다. 물론 빛/어둠의 대비는 11-12절a에 나오는 낮/밤 표상의 자연스러운 연장이다; 또한 데살로니가전서 5:4-5을 보라. "형제들아 너희는 어둠에 있지 아니하매 그 날['주의 날'; 2절을 보라]이 도둑 같이 너희에게 임하지 못하리니 너희는 다 빛의 아들이요 낮의 아들이라 우리가 밤이나 어둠에 속하지 아니하나니." 따라서 바울이 우리에게 버리라고 강력하게 권하는 "어둠의 일들"은 그 악한 영역에서 전형적인 활동들이다.[438] 우리는 그런 일들 대신에 "빛의 무장들"(한글개역개정에는 "빛의 갑옷"),[439] 즉 "흑암의 권세에서" 건져내져서 "빛 가운데서 성도의 기업의 부분을 얻기에 합당하게" 된(골 1:13, 12) 자들이 갖추어야 할 갑옷과 무기들로 무장해야 한다. 우리는 빛을 지키고 확장하기 위해 그런 무장들을 필요로 한다.[440] 바울이 "일"에서 "무장"으로 옮겨간 것은 칼빈이 지적했듯이 "우리는 주를 위한 전쟁을 수행해야 하기" 때문이다.[441]

---

436. Michel은 사람들이 낮과 밤에 서로 다른 옷들을 입는 관습은 존재하지 않은 것으로 보인다고 지적한다(또한 Cranfield를 보라).

437. 특히 암 5:18, 20; 사 60:19-20; 1 En. 10:5; 92:4-5; 108:11; 2 Bar. 18:2; 48:50을 보라; 쿰란 공동체에서는 종말론적인 맥락 속에서 "빛의 아들들"과 "어둠의 아들들"을 날카롭게 구별했다(예를 들어, 1QS 1:9; 2:16; 3:13; 1QM 1:1, passim). 신약성경에서는 마 4:16; 벧전 2:9; 계 22:5을 보라.

438. 속격 '투 스코투스'(τοῦ σκότους, "어둠의")는 특질을 나타내는 것일 가능성이 높다; Cranfield를 보라.

439. '호플라'(ὅπλα)는 "도구들"을 의미할 수 있지만(Godet는 "일꾼의 옷들"을 가리킨다고 생각한다), 데살로니가전서 5:8에 나오는 병행 본문은 여기에서 이 단어가 "갑옷"을 의미한다는 것을 강력하게 뒷받침해 준다(그리고 6:13에 대한 각주들을 보라).

440. 속격 '포토스'(φωτός, "빛의")도 서술적인 것일 가능성이 높다; Cranfield를 보라.

441. Calvin.

13 이제 바울은 주의 재림이 가까웠다는 자신의 가르침으로부터 한 쌍의 서로 대비되는 두 번째 명령들을 이끌어낸다. 이 대비에서는 사람의 일상적인 행실을 가리키는 표현방식인 "걷는 것"에 관한 대단히 대중적인 표상을 사용한다.[442] 바울은 우리의 생활방식이 "단정해야" 한다고 강력하게 권한다. 이 단어는 빛이 가득한 대낮 속에서 살아가는 자들에게 "합당한" 생활방식인 예의바르고 격조 있는 행동거지를 시사해 준다.[443] 바울이 "낮에와 같이"라는 어구를 덧붙인 것은 단지 이 은유를 강조한 것일 수 있지만,[444] 12절에서 "그리스도의 날"과 관련해서 이 단어를 사용한 것은 바울이 은유 이상의 것을 의도한 것임을 강력하게 시사해 준다. 그러나 바울이 12절에서 말한 그 날이 지닌 미래성을 그대로 이어받고 있는 것인지 - 이 경우에는 "마치 그 날에 사는 것처럼 단정히 행하라"고 권하는 것이 된다[445] - 그 "날"의 현재적 요소로 옮겨간 것인지 - 이 경우에는 "이미 그 날에 살고 있는 자들로서 단정히 행하라"고 권하는 것이 된다[446] - 는 분명하지 않다. 하지만 후자가 바울이 자신의 종말론적 관점에서 전형적으로"이미"와 "아직"을 결합시키고 있는 것과 더 부합한다. 그리스도인들은 한편으로는 그 날(그 날의 최종적인 단계)이 오기를 간절히 대망하지만, 다른 한편으로는 그 날의 현재의 단계에서 그 날의 능력과 복들을 믿음으로 경험한다.

바울은 우리가 보여야 하는 "단정한" 행실과 대비되는 것으로서, 우리가 피해야 하는 세 쌍의 악덕들을 열거한다. 바울은 특히 자기가 앞에서 사용한 어둠/밤

---

442. 신약성경에 나오는 '페리파테오'(περιπατέω, "걷다, 행하다")의 용법과 유대교에서의 그 배경에 대해서는 6:4에 대한 각주 374를 보라. 바울은 이 절에서 두 명령법 동사를 명시적으로 대비시키지 않지만, 권고의 가정법 '페리파테소멘'(περιπατήσωμεν, "행하고")은 '유스케모노스'(εὐσχημόνως, "단정히")에 걸려서 긍정 명령문을 형성하고, '[메] 코모이스'([μὴ] κώμοις, "방탕 [말고]")로 시작되는 일련의 여격 명사들에 걸려 부정 명령문을 형성한다.

443. 바울은 살전 4:2과 고전 14:40에서도 동사 '페리파테오'(περιπατέω, "걷다, 행하다")와 함께 부사 '유스케모노스'(εὐσχημόνως, "단정히")를 사용한다. 형용사 '유스케몬'(εὐσχήμων, "단정한")은 고전 7:35과 12:24에 나오고, 명사 '유스케모쉬네'(εὐσχημοσύνη, "단정함")는 고전 12:23에 나온다. (이 단어들이 고린도전서에 집중적으로 나오는 것은 우연이 아닐 것이다; 그것은 이 단어가 고린도 신자들의 오류들과 대비되는 의미를 지닌다는 것을 보여 준다.)

444. 예를 들어, Byrne.

445. 예를 들어, Barrett. Godet는 이것을 은유적 간접인용과 결합시킨다.

446. Cranfield; Wilckens; Ridderbos, *Paul*, 493. Käsemann: "너희는 사실상 새 날의 증표 아래 서 있다."

에 관한 은유와 대응시킬 목적으로 처음 두 쌍의 악덕들을 선택했다는 것은 분명해 보인다. 왜냐하면 지나치게 술 마시는 것[447]과 성적인 악한 행실[448]은 특히 "밤의 죄들"이기 때문이다. "다툼"[449]과 "시기"[450]는 여기에서 아주 자연스럽게 꼭 들어맞지는 않는다. 바울은 앞으로 자기가 로마 그리스도인들이 파당을 이루어 서로 비판하는 것을 책망하게 될 것(14:1-15:13을 보라)을 염두에 두고서 미리 이 악덕들을 선택한 것으로 보인다.

14 바울이 마지막으로 제시하는 서로 대비되는 한 쌍의 명령법들의 상호연관성은 12절b와 13절에 나온 것들에 비해 그렇게 분명하지 않다. 긍정 명령은 12절b에서 동사 "입다"를 가져와 사용한다. 하지만 여기에서 우리가 입어야 하는 것은 무장이 아니라 그리스도다. 여기에서 바울이 말하고자 하는 것이 무엇인지를 정확히 표현하기는 쉽지 않다. 그러나 우리는 바울이 그리스도와 우리가 한 몸이라고 이해한 것에 비추어서 이 명령법을 바라보아야 할 것으로 보인다. 우리는 세례/회심의 결과로 그리스도와 하나가 되어, 그의 죽으심, 장사되심, (선취적인 의미에서) 부활에 참여하게 되었다(롬 6:3-6). 우리의 "옛 사람", 즉 아담과 하나된 우리의 정체성은 우리에게서 떨어져나갔다(롬 6:6). 그 대신에 우리는 "새 사람"(골

447. '코모스'(κώμος, "방탕")는 원래 축제 때의 연회를 가리켰지만, "지나치게 술을 마시며 흥청대는 것"이라는 부정적인 의미를 지니게 되었다(또한 Wis. 14:23; 2 Macc. 6:4; 갈 5:21; 벧전 4:3을 보라; Dunn을 보라). '메테'(μέθη, 칠십인경에 13번; 눅 21:34; 갈 5:21)는 "술 취함"을 의미한다(동족어들도 보라: '메튀소스'[μέθυσος, "술 취한 자"; 고전 5:11; 6:10]; '메튀오'[μεθύω, "술 취하다"; 마 24:49; 요 2:10; 행 2:15; 고전 11:21; 살전 5:7; 계 17:2, 6]).

448. 바울은 '코이테'(κοίτη, "성관계"[롬 9:10에 대한 각주들을 보라]; 여기에서는 과도한 성행위; 한글개역개정에는 "음란")를 '아셀게이아이스'(ἀσελγείαις, "방종한 행위들," 한글개역개정에는 "호색"; 흔히 음행과 관련되지만 온갖 종류의 "합당하지 않은" 행실을 가리키는 일반적인 단어[H. Bauernfeind, *TDNT* 1.490; 또한 Wis. 14:26; 3 Macc. 2:26; 막 7:22; 고후 12:21; 갈 5:19; 엡 4:19; 벧전 4:3; 벧후 2:2, 7, 18; 유 1:4을 보라])과 연결시킨다.

449. '에리스'(ἔρις, "다툼, 불화"); 또한 롬 1:29; 고전 1:11; 3:3; 고후 12:20; 갈 5:20; 빌 1:15; 딤전 6:4을 보라.

450. '젤로스'(ζῆλος, "시기")는 "열심"이라는 중립적인 의미, 심지어 긍정적인 의미를 지닐 수 있다(요 2:17; 롬 10:2; 고후 7:7, 11; 9:2; 11:2; 빌 3:6; 히 10:27); 하지만 여기에서처럼 "질투"나 "시기"를 가리키기도 한다(고전 3:3; 갈 5:20; 약 3:14, 16). '젤로스'와 '에리스'는 고전 3:3에도, 그리고 갈 5:19-21의 악덕 목록에도 함께 나온다는 것을 주목하라. 따라서 이 절은 신약 저자들이 죄악된 비기독교적인 행위를 규정하기 위해 종종 사용한 것(롬 1:29-31을 보라) 같은 소규모의 악덕 목록이다.

3:10-11; 엡 2:15), 즉 예수 그리스도와 하나가 되어(엡 4:13), 예수 그리스도로 "옷 입었다"(갈 3:27). 그러나 새 사람 그리스도와 우리의 관계는 회심 때에 확정되긴 하지만, 에베소서 4:24에서 "새 사람을 입으라"고 명령하는 것이 분명하게 보여 주듯이, 우리는 그 관계를 끊임없이 자신의 것으로 만들고 삶 속에서 살아내야 한다. 이러한 배경에 비추어보았을 때, "주 예수 그리스도로 옷 입으라"[451]는 바울의 권면은 우리가 의식적으로 그리스도를 붙잡음으로써 그의 성품이 우리가 행하고 말하는 모든 것 속에서 나타나게 해야 한다는 것을 의미한다.[452] 이 권면은 이 대단락의 처음에 나오는 "마음을 새롭게 함으로 변화를 받아"라는 권면과 대응되는 것으로 보이고, 우리가 그리스도의 형상으로 변화되어 가야 한다는 것을 의미하는 것으로 보인다(8:29).[453]

바울은 "주 예수 그리스도로 옷 입으라"는 긍정 명령과 대비시켜서, "정욕을 위하여 육신의 일을 도모하지[454] 말라"[455]고 우리에게 경고한다. 우리는 여기에서 "육신"(그리스어로는 '사륵스')이 중립적인 의미를 지니고 있다고 보고서, 바울은 우리가 인성의 요구들에 특별히 신경을 씀으로써 그러한 요구들이 우리를 지배하

451. 바울이 '톤 퀴리온 예순 크리스톤'(τὸν κύριον Ἰησοῦν Χριστόν, "주 예수 그리스도")이라는 완전한 표현을 사용하고, 특히 '퀴리오스'(κύριος, "주")를 포함시킨 것은 그리스도로 옷 입는 행위의 전면성과 그것이 삶 전체에서 지니는 함의들을 강조한 것이다(Murray).

452. 특히 Ridderbos, *Paul*, 223-224를 보라; 또한 Dunn을 보라. Dunn도 Dionysius of Halicarnassus가 배우를 가리키면서 그 배우가 "타르퀴니우스 역을 연기했다"는 뜻으로 "[로마 왕] 타르퀴니우스를 옷 입었다"(τὸν Ταρκύνιον ἐνδύεσθαι, '톤 타르퀴니온 엔뒤에스타이')고 말한 것을 언급한다. 이 본문은 이 은유의 기원을 설명하는 데는 도움이 되겠지만, 바울이 이 은유를 여기에서 사용한 의도는 구원사에 대한 그의 특별한 관점에 뿌리를 두고 있다.

453. M. B. Thompson, *Clothed with Christ*, 151-152를 보라. Both Thompson과 Dunn ("Paul's Knowledge," 198)은 바울은 그리스도인들이 그리스도의 삶의 방식을 자신들의 행실의 본으로 삼아야 한다고 생각했을 것이라고 주장한다.

454. 바울이 중간태 '포이에이스테'(ποιεῖσθε, "하라")를 사용한 것은 '프로노이안'(πρόνοιαν, "도모")을 목적어로 하는 경우에는 그렇게 하는 것이 관행이었기 때문이다(BDAG; Zerwick, *Biblical Greek*, §227). '프로노이아'(πρόνοια)는 신약성경 밖에서는 하나님의 "미리 아심, 예지"를 가리키는 데 사용되지만, 신약성경에서는 오직 인간의 예지, 관심, 도모를 가리키는 데 사용된다(행 24:2; BDAG를 보라).

455. '에이스 에피튀미아스'(εἰς ἐπιθυμίας, "정욕을 위하여")라는 어구는 '포이에이스테 프로노이안'(ποιεῖσθε πρόνοιαν, "도모하라")의 목적어일 수도 있겠지만, 그런 구문에서는 통상적으로 속격이 사용된다('사르코스'[σαρκός, "육신"]를 보라). 따라서 '에이스 에피튀미아스'라는 어구는 결과를 나타내는 별개의 절로서의 역할을 하는 것으로 볼 수 있을 것이다(Godet를 보라).

게 해서는 안 된다고 경고한 것으로 이해할 수도 있다.[456] 그러나 여기에서 이 단어는 이 단어가 지닌 여러 의미들 중에서 가장 부정적인 의미로 사용되었을 가능성이 더 크다. 즉, 여기에서 "육신"은 우리를 영적인 영역에서 이끌어내려고 하는 이 세상의 삶의 원리와 힘을 가리킨다.[457] 바울은 갈라디아서에서와 마찬가지로(5:13-26) 여기에서도 그리스도인들은 율법으로부터 자유롭다고 한 자신의 말(8-10절)이 방종한 삶으로 이어지는 것을 우려한 것이다. 그래서 그는 독자들에게 율법 대신에 그리스도 - 성령을 통해 육신에 대해 완전하게 승리하게 해주시는 - 를 붙잡으라고 강력히 권한다.

G. 하나 되라는 호소(14:1-15:13)

바울은 서로 받으라는 긴 호소로 자신의 권면들을 앞뒤로 둘러싼다. 믿는 형제들을 "받으라"는 명령은 이 대단락의 처음에 나오고(14:1), 이 대단락의 절정에서 또 다시 반복된다(15:7). 바울은 후자의 절 - "서로 받으라" - 과 "서로"에 대한 언급이 나오는 그 밖의 다른 세 개의 절에서 울려 퍼지는 상호성이라는 주제를 강조한다: "서로 비판하지 말고"(14:13); "우리가 화평의 일과 서로 덕을 세우는 일을 힘쓰나니"(14:19); "이제 인내와 위로의 하나님이 너희로 그리스도 예수를 본받아 서로 뜻이 같게 하여 주사"(15:5). 서로 받고 배려하라는 이 권면들은 특히 두 부류의 그리스도인들에게 주어진다: "믿음이 연약한" 자들(14:1; 또한 15:1을 보라)과 "믿음이 강한" 자들(15:1). 이 두 부류의 그리스도인들은 두 가지, 아마도 세 가지 문제에서 서로 구별된다. (1) 강한 자들은 온갖 음식을 먹지만, 연약한 자들은 오직 채소만 먹는다(14:2). (2) 강한 자들은 날들을 구별하지 않지만, 연약한 자들은 어떤 날들을 다른 날들보다 더 소중히 여긴다(14:5). (3) 강한 자들은 포도주를 마시지만, 연약한 자들은 마시지 않는다(14:21; 또한 14:17을 보라).[458]

456. 예를 들어, Godet.

457. 예를 들어, Murray; Michel; Käsemann; Cranfield. Dunn의 입장은 모호하긴 하지만(1:3에 대한 각주들을 보라), 이 견해를 지지하는 쪽에 가깝다(또한 Denney를 보라).

458. 물론 바울은 "포도주를 마시는 것"을 단지 하나의 예로 언급하는 것일 뿐이고, 이것이 로마 그리

바울의 권면의 세부적인 내용을 이해하기 위해서는 먼저 두 가지 일반적인 문제를 분명히 해야 한다. (1) 바울이 로마 그리스도인들에게 보낸 자신의 서신에 이 권면을 포함시킨 이유. (2) 두 부류가 이렇게 다르게 행하게 된 근본적인 토대.[459]

첫 번째 문제와 관련해서 서로 받으라는 이 긴 호소를 이 서신에 포함시킨 이유에 대한 가장 자연스러운 설명은 바울은 로마 교회 안에 믿음이 강한 자들과 연약한 자들 간의 불화가 있다는 것을 알았고, 그 불화를 치유하기 위해 그렇게 했다는 것이다. 일부 학자들은 이 시나리오에 이의를 제기한다. 그들은 로마서 14:1-15:13과 고린도전서 8-10장간의 많은 병행들을 지적하면서, 바울은 고린도 신자들이 직면해 있던 특별한 상황 속에서 그 신자들에게 주었던 권면을 여기에서도 일반적인 방식으로 요약해서 제시하고 있는 것이라고 주장한다.[460] 그러나 대부분의 해석자들은 그런 주장에 동의하지 않고, 그것은 옳다. 우리가 로마서 12:1-15:13에 대한 서론에서 언급했듯이, 바울은 분명히 로마 교회의 상황을 염두에 두고서, 이 대단락에 나오는 권면들을 썼다. 고린도전서 8-10장과의 병행들은 분명하고 광범위하다.[461] 그러나 유사성이 큰 정도만큼 명백한 차이점들도 한층 더 두드러진다.[462] 예를 들자면, 우상에게 제물로 바쳐진 고기와 관련된 문제는 로마서에서는 전혀 언급되지 않고, 로마서에서는 음식을 가려서 먹는 것과 관련된 문제를 일반적인 방식으로 다룰 뿐이다.[463] 따라서 로마서 14:1-15:13에서 바울은 로마 공동체가 당면한 문제에 대해 구체적인 대답을 제시하기 위해서, 자신

스도인들의 불화를 초래한 문제라고 명확하게 말하는 것은 아니다. 하지만 바울이 이것을 예로 든 것은 이 문제도 이 두 부류 간의 긴장을 초래한 한 가지 중요한 쟁점이었기 때문일 것이다.

459. 간략한 해석사로는 Toney, *Paul's Inclusive Ethic*, 1-39를 보라.

460. 특히 Karris, "Romans 14:1-15:13," 65-84; Meeks, "Judgment and the Brother," 290-300; Vouga, "Épître aux Romains," 489-91; Furnish, *Love Command*, 115; S-H, 399-403; Leenhardt, 344-346; Hultgren, 495-504; L. Johnson, 209; Sampley, "Weak and Strong," 40-52를 보라. 다른 사람들은 바울은 로마서에서 로마 교회의 구체적인 문제에 대해 말하지 않고, 일반적인 상황을 염두에 두고 말한 것이라고 주장하는 것으로 보인다: Oropeza, *Jews, Gentiles, and Opponents*, 136-144; McCruden, "Judgment and Life," 229-244.

461. 이 병행들을 편리하게 잘 요약해 놓은 것으로는 Karris, "Romans 14:1-15:13," 73-75; Wilckens, 3.115; Cranfield, 2.692-693; Toney, *Paul's Inclusive Ethic*, 164-190이 있다; 또한 Dupont, "Appel aux faibles," 357-366을 보라.

462. 예를 들어, 우상숭배는 고린도전서에서는 이 문제의 기본을 이루고 있는 반면에(8장과 10:1-22을 보라), 로마서에서는 언급조차 되지 않는다.

463. 예를 들어, Wedderburn, *Reasons*, 30-35를 보라.

의 이전 서신들에 나오는 주제들을 자연스럽게 가져와서 거기에 맞게 사용한 것이라고 보는 것이 자연스럽다.[464]

그렇다면 이것과 관련해서 무엇이 문제였는가? 로마서 14:1-15:13에서 다룬 근본적인 문제에 대해 해석자들이 제시한 설명들은 일곱 가지 주요한 범주로 나뉜다.

(1) 연약한 자들은 기독교인이 아닌 유대인들이었다.[465]

(2) 연약한 자들은 주로 특정한 이교들의 영향 아래에서 특히 "금식일들"에 고기(와 아마도 포도주)를 먹지 않았던 이방 그리스도인들이었다.[466]

(3) 연약한 자들은 우리가 알 수 없는 이유들로 금욕적인 삶을 산 유대 그리스도인들과 이방 그리스도인들이었다.[467]

(4) 연약한 자들은 주로 하나님 앞에서 의를 세우기 위한 관심에서 모세 율법으로부터 유래한 몇몇 관행들을 지킨 유대 그리스도인들이었다.[468]

(5) 연약한 자들은 주로 자신의 경건을 표현하는 수단으로서 금욕을 강조했던 분파적인 가르침을 따랐던 유대 그리스도인들이었다. 이 가르침은 혼합종교적인 경향성의 산물이었을 것이다.[469]

---

464. 하지만 이것은 강한 자들과 연약한 자들 간의 논쟁이 바울이 이 서신을 쓰게 된 이유라고 말하는 것은 아니다.

465. Nanos, *Mystery of Romans*, 85-165.

466. 특히 Rauer, "Schwachen," 76-184를 보라. Lagrange, 335-340; Käsemann, 367-368도 어느 정도 비슷하다. 로마 그리스도인들에게 구체적으로 영향을 준 것들은 오르페우스교(Lagrange) 또는 (신)피타고라스주의자들(그들은 "영혼"이 있는 것을 먹는 것을 피했다; Diogenes Laertius 8.38; Philostratus, Vita Apollonii 1:8; see J. Behm, TDNT 2.690을 보라)이었을 것이다. 초기 형태의 영지주의도 연관되어 있었을 것이다. 후대의 일부 영지주의자들은 고기를 먹는 것을 금지했고(Irenaeus, *Haer*. 1.24.2; Eusebius, *Hist. Eccl*. 4.29를 보라), 많은 학자들은 영지주의가 골로새 교회와 에베서 교회의 거짓 교사들에게 점점 더 큰 영향을 미쳤다고 본다(디모데전서를 보라). 다른 학자들은 연약한 자들이 관심을 가졌던 날들은 점성술에 의해 결정된 길일과 불길한 날이었다고 생각한다.

467. Murray, 2.172-174; Achtemeier, 215. Jewett (835)은 그런 사람들이 "연약한 자들" 속에 포함되어 있었을 것이라고 생각한다.

468. Barrett, 256-257.

469. 예를 들어, Meyer, 2.296-298; Hodge, 417; Althaus, 138; Black, 190-191을 보라. 이 설명을 뒷받침해 주는 가장 강력한 증거는 바울이 골로새서와 에베소서에서 맞서 싸운 혼합종교적인(아마도 유대교와 초기 영지주의가 혼합된) 거짓 교사들의 가르침과의 비교에서 온다. 골로새 교회의 거짓 교사들은 먹고 마시는 것의 금지와 특정한 날들을 지킬 것을 가르쳤던 반면에(2:16, 21), 에베소 교회의 거짓 교사들은 특정한 "음식물들"을 먹지 말 것을 요구했고(딤전 4:3), 이것

(6) 연약한 자들은 주로 일부 그리스도인들처럼 시장에서 파는 고기는 우상 숭배에 의해 물들어 있을 가능성이 높기 때문에 먹어서는 안 된다고 믿은 유대 그리스도인들이었다.[470]

(7) 연약한 자들은 주로 모세 율법을 계속해서 충실하게 지키기 위해 특정한 음식을 먹지 않고 특정한 날들을 지킨 유대 그리스도인들이었다.[471]

다섯 가지를 고찰했을 때, 이 설명들 중에서 가장 유력한 것은 일곱 번째 대안이다.

첫째, 5-9절은 연약한 자들과 강한 자들이 둘 다 주 그리스도에게 속한 자들이라는 것을 보여 준다. 따라서 연약한 자들은 기독교인이 아닌 유대인들일 수 없다.[472]

둘째, 연약한 자들과 강한 자들 간의 논쟁은 유대인과 이방인 간의 차이에 뿌리를 두고 있었다는 것을 보여 주는 풍부한 증거가 있다. 이 두 부류 간의 관계는 1장 이래로 로마서의 중심 모티프였고, 바울은 이 대단락의 끝부분에서 유대인들과 이방인들이 유일한 새로운 하나님의 백성을 이루고 있다는 것을 강조하는데 (15:8-13), 이 모티프는 이 대단락에서 강한 자들과 연약한 자들 간의 화해에 대한 바울의 호소로 나타난다.[473] 바울이 음식에 대한 약한 그리스도인들의 태도를 (암묵

은 디모데가 포도주를 마시는 것을 끊는 데도 영향을 미쳤을 것이다(딤전 5:23을 보라). 유대인들의 금욕주의적인 분파는 다른 많은 곳들에서도 확인된다. 애굽에서 활동했던 유대교 분파인 "테라퓨타이파"("하나님을 섬기는 자들")는 채식주의자들로서 오직 "샘물"만을 마셨다(Philo, *Contemplative* Life 37); 일부 초기 유대 그리스도인들은 고기를 먹지 않았다고 한다: 주의 형제 야고보(Eusebius, *Hist. Eccl.* 2.23.5)와 에비온파(Epiphanius, Pan. 30.15).

470. Nygren, 442; Ziesler, 323-326; Wright, 732-733.

471. 이 견해는 언제나 옹호되어 왔지만, 최근에 아주 보편화되었다. 예를 들어, Calvin, 491-492; Wilckens, 3.79, 111-113; Cranfield, 2.694-697; Dunn, 2.799-802; Schreiner, 703-710; Segal, *Paul the Convert*, 231-233; Tomson, *Paul and the Jewish Law*, 236-258; F. Watson, *Paul, Judaism and the Gentiles*, 175-182; idem, "Two Roman Congregations," 203-215; Wedderburn, *Reasons*, 31-35; Bartsch, "Antisemitischen Gegner," 33-34; Toney, *Paul's Inclusive Ethic*, 56-90을 보라. 어떤 사람들은 이 일반적인 견해에 동의하지만, 연약한 자들은 하나님을 경외하는 자들인 이방인들이었을 것이라고 생각한다(Das, *Solving the Romans Debate*, 106-113; W. Campbell, "Addressees," 185-190).

472. Nanos의 견해를 결정적으로 반박한 것으로는 Gagnon, "Why the 'Weak' at Rome," 64-82를 보라.

473. 이 문제에서 이 본문의 중요성을 부정하고자 한 Karris의 시도("Romans 14:1-15:13," 80-81)는 성공적이지 않다.

적으로) 설명하는 데 '코이노스'("속된, 부정한")라는 단어를 사용한 것(14:14)은 연약한 자들이 취한 태도가 기본적으로 유대인들에게서 나왔다는 것을 확증해 준다. 왜냐하면 이 단어는 모세 율법 아래에서 금지된 음식을 설명하기 위한 준전문적인 용어가 되어 있었기 때문이다(막 7:2, 5; 행 10:14을 보라). 또한 신약성경은 구약의 음식법이 초기 기독교 공동체들에서 가장 중요한 문제 중 하나였다는 것을 보여주는 풍부한 증거를 제공해 준다.[474] 이러한 고찰에 의해 두 번째와 세 번째 대안은 배제된다. 또한 이 고찰에 비추어보았을 때 다섯 번째 대안도 채택하기 어렵다. 왜냐하면 고기와 포도주를 금지한 분파적인 유대인들은 일차적으로 모세 율법을 지키기 위한 관심에 의해서가 아니라, 비유대적인 기원의 금욕적 종교 원리들(흔히 구약성경/유대교의 세계관과 반대되는)의 영향 아래에서 그렇게 한 것이기 때문이다.[475]

셋째, 공동체 내에서 연약한 자들을 이해해주고 받으라는 바울의 호소는 그들이 복음과 반대되는 견해를 지니고 있지 않았다는 것을 분명히 해준다. 이것은 그들이 구원을 받기 위해서는 율법을 지키는 것이 필수적이라고 믿었던 유대인들이라고 말하는 것을 불가능하게 만든다. 또한 연약한 자들이 복음과 다른 철학적이거나 종교적인 가르침의 영향 아래에서 금욕적인 삶의 방식을 채택한 분파적인 유대인들이었다고 말하는 것도 설득력이 없게 만든다.[476] 이 고찰에 의해 다섯 번째 대안은 배제되고, 여섯 번째 대안은 어려움을 불러일으킨다.

넷째, 바울이 "우상에게 제물로 바쳐진 음식"('에이돌로퉈타'; 고전 8:1을 보라)이라고

474. 막 7:19b(마가의 편집을 위한 해설); 행 10, 15장; 갈 2:11-15을 보라. Segal은 "어떤 형태의 유대적 관습을 행한 사람들과 그렇지 않은 사람들 간의 갈등은 기독교의 처음 두 세대 동안 가장 중요한 문제였다"고 주장한다(*Paul the Convert*, 150). 또한 Dunn (2.800-801)을 보라. 그가 유대인들의 유일무이하고 구별된 지위를 유지하는 데는 음식법과 안식일 준수가 핵심이었다고 강조한 것은 옳다.

475. 예를 들어, Philo가 "테라퓨타이파"(위의 각주 469를 보라)에 관해 설명한 것을 보라: "자연은 굶주림과 목마름을 인간의 주인으로 정했기 때문에, 그들은 좋고 싫고를 떠나 오직 삶을 유지하는 데 실제로 필요한 것들만을 먹고 마신다. 따라서 그들은 굶주리지 않게 충분히 먹고 목마르지 않게 충분히 마시지만, 과식과 과음을 영혼과 육신 둘 모두를 해치는 원수로 보고 혐오한다"(*Contemplative Life* 37).

476. 만일 "연약한 자들"의 그런 행위들의 배후에 초기 영지주의적인 전통이나 그 밖의 다른 이교적인 전통이 있었다면, 바울은 골로새서와 디모데전서에서 그런 사람들에게 더 단호하게 말했듯이 여기에서도 그렇게 했을 것이다(Tholuck, 416; Murray, 2.173을 보라). 하지만 실제로는 연약한 자들이 그러한 전통들로부터 영향을 받은 정도가 충분히 약했기 때문에, 바울은 그들의 행위를 용납하라고 권했을 것이라고 보아야 한다.

말하지 않는 것, 그리고 그가 특정한 날들의 준수와 포도주를 마시지 않는 것에 대해 언급한 것은 로마 그리스도인들 간의 논쟁이 우상에게 바쳐진 음식 문제에 국한된 것이라고 말하는 것(여섯 번째 대안)을 설득력이 없게 만든다.

다섯째, 바울이 연약한 자들에게 돌린 적극적인 행위들은 모세 율법의 특정한 요구들을 지키고자 한 관심의 결과로 설명될 수 있다. 물론 모세 율법은 고기를 먹지 말고 포도주를 마시지 말라고 명령하지 않는다.[477] 그러나 독실한 유대인들은 율법에 합당하게 준비된 "코셔르" 음식이라고 확신할 수 없는 의심스러운 환경에서는 종종 온갖 고기를 먹지 않았다.[478] 그리고 그리스도를 믿는다는 이유로 유대인 공동체에서 추방된 로마의 유대 그리스도인들은 다른 곳으로 유배된 후에(글라우디오 황제의 칙령에 의해) 로마의 낯선 지역들에 정착해 살아갈 수밖에 없었기 때문에, 바로 그러한 의심스러운 환경 속에서 살아갔을 것이다.[479] 또한 유대인들은 포도주를 신들에게 바치는 헌주로 사용하는 이교도들의 관습으로 말미암아 그런 식으로 오염된 포도주를 마시게 될 것을 우려해서 종종 포도주를 마시지 않기도 했다.[480] 끝으로 물론 모세 율법은 많은 특별한 날들을 거룩하게 지키라고 명령한다: 한 주간의 안식일, 중요한 종교적인 절기들. 그리고 주후 1세기의 많은 유대인들은 한 주간 중에서 금식하고 기도하는 날들도 지켰다.

이러한 고찰들은 연약한 자들이 유대 그리스도인들(그리고 아마도 하나님을 경외하는 자인 이방인들)[481], 즉 자신들이 여전히 모세 율법의 몇몇 제의적 요구들에 의해 구속받고 있다고 믿은 유대 그리스도인들이었을 것임을 보여 준다. 바울이 14:1에서 로마 공동체를 향해 "믿음이 연약한 자들"을 "받으라"고 권면한 것은 이 부류

---

477. 율법은 이스라엘 사람이 특정한 종류의 고기(레 11장; 20:25; 신 14:3-21)를 먹는 것과 어떤 고기든 "피째" 먹는 것(레 17:10-16; 19:26; 신 12:15-25)을 금지했고, 오직 나실인에게만 포도주를 마시지 못하게 했다(민 6:2-4; 삿 13:4-7; 암 2:11-12).

478. 특히 "왕의 음식과 그가 마시는 포도주로 자기를 더럽히지 아니하리라"고 결심한 다니엘의 예를 보라(단 1:8; 또한 단 10:3을 보라); 그리고 Tob. 1:10-12; Jud. 12:2, 19; Add. Esth. 14:17; Jos. Asen. 7:1; 8:5; Josephus, *Life* 14; m. 'Abot 3:3을 보라.

479. F. Watson, *Paul, Judaism and the Gentiles*, 176을 보라.

480. 단 1:3-16; 10:3; Add. Esth. 14:17; T. Reub. 1:10; T. Jud. 15:4; Jos. Asen. 8:5; m. 'Abod. Zar. 2:3; 5를 보라. Wilckens, 3.95-96; Dunn, 2.827을 보라.

481. 로마의 저술가들은 안식일과 유대적인 음식법들은 이방인들 가운데서조차 인기가 있었다고 언급한다(Juvenal, *Satires* 14.9b-10b; Ovid, *Remedies for Love* 219-220; *Art of Love* 1.76, 415-416; 또한 Leon, *Jews of Ancient Rome*, 12-13; P. Lampe, *From Paul to Valentinus*, 70-76을 보라).

의 신자들이 소수였다는 것을 분명히 해준다. 그리고 무엇인가를 엄격하게 지키는 소수파들이 전형적으로 보여 주는 것처럼, 이 약한 그리스도인들은 자신들의 규범을 따르지 않는 다른 그리스도인들을 정죄했다(14:3). 아마도 그들 자신을 "강한 자들"이라고 불렀던 것으로 보이는 이 다른 부류의 그리스도인들은 주로 이방 그리스도인들로 구성되어 있었고, 바울 자신처럼 율법에서 자유롭게 된 일부 유대 그리스도인들도 거기에 포함되어 있었을 것이다(15:1을 보라). 그들은 그리스도가 오심으로써 모세 율법의 제의적 요구들은 끝났다고 믿었다. 그리고 그런 많은 "개화된 자들"이 전형적으로 그러하듯이, 그들도 연약한 자들을 멸시하고 깔보는 경향을 보여 주었다(14:3). 강한 자들과 연약한 자들이 서로 경쟁하는 두 회중을 형성하고 있었을 수도 있고, 이 대단락에서 바울의 목적은 이 두 집단을 하나의 회중으로 통합하는 것이었을 수도 있다.[482] 하지만 서로에 대한 차별의 정도, 그리고 연약한 자들에게 해를 가할 수 있는 실제적인 힘이 강한 자들에게 있었다는 것은 바울의 목적이 기존의 하나의 회중, 또는 기존의 몇몇 "가정" 회중들을 하나로 연합하게 하는 것이었다는 것을 시사해 준다.[483]

바울은 강한 자들의 말에 원칙적으로 동의한다. "내가 주 예수 안에서 알고 확신하노니 무엇이든지 스스로 속된 것이 없으되"(14:14a; 또한 14:20; 15:1을 보라). 그러나 그는 이 점을 발전시키는 데 시간을 사용하지 않는다. 그의 관심은 이 특정한 문제와 관련해서 누구의 견해가 옳고 그름을 따지는 데 있지 않았고, 그리스도의 몸의 "화평의 일"과 "서로 덕을 세우는 일"에 있었다(14:19을 보라). 그리고 그는 그 점에서는 강한 자들이라는 자부심을 가진 자들에게 더 큰 책임이 있다는 것을 분명히 한다. 그들은 이 문제들과 관련해서 자유를 진정으로 아는 사람들로서, 자신들의 믿는 형제들의 덕을 세우고 구원에 이르게 하는 훨씬 더 중요한 "선"을 이루는 데 자신들의 그러한 자유를 사용하는 것이 마땅했는데, 그렇게 하지 않았기 때문이었다(14:15-21). 이 점에서 그들은 자신들의 주를 본받아야 했다. 주께서는 자

482. 특히 F. Watson, "Two Roman Congregations," 206을 보라.
483. 특히 Karris, "Romans 14:1-15:13," 79를 보라: 바울은 "'연약한 자들'의 공동체와 '강한 자들'의 공동체가 분열되어 있는 상황에서 하나의 공동체를 만들어내고자 한 것이 아니라, 기존의 하나의 회중이 어떻게 해야 서로 간의 견해 차이들에도 불구하고 하나됨을 유지할 수 있는지를 보여 주고자 했다."

기가 구속하러 오신 모든 자들 - 할례자들이든 무할례자들이든 - 의 유익을 위해 자기 자신의 유익을 버리셨다(15:3, 8-12).

바울이 로마 교회의 문제점을 구체적으로 염두에 두지 않은 채 로마서 14:1-15:13을 썼다고 생각하는 사람들은 우리가 방금 마지막 세 문단에서 개략적으로 설명한 로마 교회의 전반적인 상황은 많은 초기 기독교 공동체들의 상황이었을 것이라고 지적할 것이고, 그런 지적은 옳다. 또한 이 대단락이 내적으로 이 서신의 주제 및 전개과정과 일관된다는 것도 사실이다. 왜냐하면 강한 자들과 연약한 자들 간의 불화는 로마서의 기본을 이루는 유대인과 이방인, 율법과 복음, 구약성경과 신약성경의 관계라는 문제의 하나의 실천적인 예이기 때문이다. 우리는 이 장들에서 로마서 11:17의 권면, 즉 이방 그리스도인들에게 "원 가지들을 향하여 자랑하지 말라"고 한 권면에 대한 자세한 해설을 발견한다. 그리고 앞에서 이미 보았듯이, 12-13장에 나오는 권면들 중 일부는 바울이 14:1-15:13에서 가르치는 것들과 특별한 관계가 있다. 연약한 자들과 강한 자들이 서로를 용납하라는 바울의 요구의 토대는 그리스도의 몸의 통일성 안에서의 다양성이다(12:3-8). 또한 바울이 강한 자들에게 그들의 "이웃"인 약한 그리스도인들을 위해 자신들의 자유를 제한할 것을 요구한 것(15:2; 또한 14:13-23을 보라)은 "이웃" 사랑의 중요성을 강조한 것(13:8-10; 또한 12:9-21을 보라)과도 맥을 같이 한다. 그리고 기독교적인 사랑의 명령은 "율법의 완성"이라는 것(13:8-10)과 신자들은 종말론적인 그 "날" 속에서 살아간다는 것(13:11-14)은 바울이 이 문제들에 대한 강한 자들의 견해가 옳다고 말한 것의 토대를 이룬다.[484] 우리는 이러한 상호연결관계들이 로마서 1-13장(또는, 12-13장)의 주된 목적이 14:1-15:13을 위한 근거를 준비하는 것이라고 주장하는 명제를 정당화하기에 충분할 정도로 많거나 구체적인 증거들이라고 생각하지는 않는다. 그러나 이러한 상호연결관계들은 14:1-15:13이 한편으로는 로마 교회의 문제를 구체적으로 다루고 있으면서도, 다른 한편으로는 바울이 복음을 해설하고 옹호하는 것과 자연스럽게 맞아떨어진다는 것을 보여 준다. 따라서 우리는 이

484. 여러 주석자들이 "사랑"은 12:1-13:14과 14:1-15:13 간의 핵심적인 연결고리라고 생각한다; 예를 들어, Wilckens, 3.79; Stuhlmacher, 223; Zeller, 222를 보라. 이 마지막의 것에 대해서는 특히 Longenecker, 997을 보라.

권면 단락 속에서조차도 로마서는 로마 공동체의 구체적인 필요들에 맞춰 행해진 복음에 대한 일반적인 해설이라는 우리의 명제에 대한 추가적인 확증을 발견한다(이 주석서의 서론을 보라).

로마서에서 강한 그리스도인들과 약한 그리스도인들에 대한 바울의 권면의 전체적인 기조는 바울이 이 대단락 전체의 틀을 구성한 방식을 보면 드러난다: 신자들은 하나님이 그들을 "받으신" 것처럼(14:3; 15:7) 서로를 "받아야" 한다(14:1; 15:7). 이 장들에서는 여러 배열 원칙들을 찾아낼 수 있지만 - 이것에 대해서는 앞으로 살펴보게 될 것이다 - 우리는 이 장들을 네 개의 주된 단락으로 구분해볼 수 있다.[485] 각각의 단락 속에는 권면과 신학적 근거가 결합되어 있다.

14:1-12. 강한 그리스도인들과 약한 그리스도인들은 서로를 정죄하는 것을 그쳐야 한다. 왜냐하면 신자의 상태와 행실을 평가할 권리는 오직 주께만 있기 때문이다.

14:13-23. 강한 그리스도인들은 논란이 되는 문제들에서 자신들의 자유를 고집함으로써 약한 그리스도인들이 영적으로 해악을 입지 않도록 조심해야 한다. 왜냐하면 그러한 고집은 서로에 대한 사랑과 배려를 나타내야 할 하나님 나라의 본질을 짓밟는 것이기 때문이다.

15:1-6. 강한 그리스도인들은 약한 그리스도인들의 연약한 양심을 기꺼이 용납함으로써, 공동체 안에서 더욱 더 모두가 한 마음으로 하나님을 찬양할 수 있게 해야 한다. 그리스도인들은 그들의 주님이 그들에게 보이신 본에 의거해서 다른 사람들에 대해 그러한 배려를 나타내보여야 한다.

15:7-13. 강한 그리스도인들과 약한 그리스도인들은 서로를 그리스도인 공동체의 온전하고 존경해야 할 지체들로 받아야 한다. 왜냐하면 하나님이 친히 성경의 성취를 통해 유대인과 이방인을 둘 다 자신의 백성으로 받으신다는 것을 보여주셨기 때문이다.

485. 또한 예를 들어, Käsemann, 365; Fitzmyer, 688; Longenecker, 1000을 보라.

1. 같은 주를 섬김(14:1–12)

1 믿음이 연약한 자를 너희가 받되 그의 의견
을 비판하지 말라
2 어떤 사람은 모든 것을 먹을 만한 믿음이
있고 믿음이 연약한 자는 채소만 먹느니라
3 먹는 자는 먹지 않는 자를 업신여기지 말고
먹지 않는 자는 먹는 자를 비판하지 말라
이는 하나님이 그를 받으셨음이라
4 남의 하인을 비판하는 너는 누구냐 그가 서
있는 것이나 넘어지는 것이 자기 주인에게
있으매 그가 세움을 받으리니 이는 그를
세우시는 권능이 주께[486] 있음이라
5 어떤 사람은[487] 이 날을 저 날보다 낫게 여
기고 어떤 사람은 모든 날을 같게 여기나
니 각각 자기 마음으로 확정할지니라
6 날을 중히 여기는 자도 주를 위하여 중히
여기고 먹는 자도 주를 위하여 먹으니 이
는 하나님께 감사함이요 먹지 않는 자도
주를 위하여 먹지 아니하며 하나님께 감
사하느니라
7 우리 중에 누구든지 자기를 위하여 사는 자
가 없고 자기를 위하여 죽는 자도 없도다
8 우리가 살아도 주를 위하여 살고 죽어도
주를 위하여 죽나니 그러므로 사나 죽으나
우리가 주의 것이로다
9 이를 위하여 그리스도께서 죽었다가 다시
살아나셨으니[488] 곧 죽은 자와 산 자의 주
가 되려 하심이라
10 네가 어찌하여 네 형제를 비판하느냐 어
찌하여 네 형제를 업신여기느냐 우리가 다
하나님의[489] 심판대 앞에 서리라
11 기록되었으되 주께서 이르시되 내가 살았
노니 모든 무릎이 내게 꿇을 것이요 모든
혀가 하나님께 자백하리라[a] 하였느니라
12 이러므로 우리 각 사람이 자기 일을 하나
님께[490] 직고하리라

a. 사 45:23

486. 이독인 '테오스'(θεός, "하나님")는 사본상의 증거가 약한 것으로 보아서(서방 대문자 사본들인 D, F, G; 이차적인 알렉산드리아 소문자사본들인 33, 81, 1739; 대다수의 본문) 3절에 나오는 동일한 단어와 동화시키기 위한 것으로 보인다.

487. 사본상의 외적 증거는 '가르'(γάρ, "왜냐하면")를 빼야 한다고 시사해준다. P46, 아주 많은 알렉산드리아 사본 전승(B, 33, 81, 1739), Ψ, 서방 사본 전승(D, F, G; 또한 대다수의 본문을 보라) 등 복합적인 증거가 아주 강력하기 때문이다(예를 들어, Cranfield, 2.704; Dunn, 2.796; Jewett 829-830). 그러나 내적 증거는 '가르'를 포함시키는 쪽을 더 지지한다. 아마도 초기 필사자가 원인을 나타내는 이 단어의 통상적인 의미가 여기에서는 맞지 않는다고 생각해서 '가르'를 뺀 것으로 보인다(Metzger, *Textual Commentary*, 468; Lietzmann, 110; Michel, 425; Schreiner, 724). 우리는 ℵ의 원본, 이차적인 알렉산드리아 대문자 사본들인 A와 P, 그 밖의 몇몇 사본들을 따라 '가르'를 포함시키는 쪽으로 아주 약간 기운다.

488. 사본 전승은 '아페타넨 카이 에제센'(ἀπέθανεν καὶ ἔζησεν, "죽었다가 다시 살아나셨으니")이라는 어구와 관련해서 여러 대안들과 첨가들을 보여 준다: (1) '아페타넨 카이 아네스테'(ἀπέθανεν καὶ ἀνέστη, "죽었다가 일어나셨으니"; 서방의 자매 대문자 사본들인 F와 G); (2) '카이 아페타넨 카이 아네스테 카이 에제센'(καὶ ἀπέθανεν καὶ ἀνέστη καὶ ἔζησεν, "그리고 죽었다가 일어나 사시니"; 서방 사본 D의 1차 수정본, 이차적인 알렉산드리아 사본들인 33, 81, Ψ, 대부분의 본문[N의 2차 수정본을 포함해서]); (3) '에제센 카이 아페타넨 카이 아네스테'(ἔζησεν καὶ ἀπέθανεν καὶ ἀνέστη,

14장 전체는 교차대구법적 배열을 보여 준다:

기본적인 문제: 믿음이 연약한 자	1-3절
같은 주	4-9절
하나님의 심판	10-12절
같은 나라	13-21절
기본적인 문제: 믿음을 따라 살아	22-23절[491]

가장 바깥쪽의 두 단락의 특징을 이루는 것은 "믿음"이라는 어휘다(이 장에서 오직 이 절들에서만 사용되는 '피스티스'["믿음"], '피스튜오'["믿음을 따라 살다"]). 바울은 이 두 단락에서 "당면한" 문제를 제시한다: 신자들이 믿음이 자기에게 무엇을 허용하는지에 대해 서로 다른 생각을 지니고 있는 것. 이 교차대구법의 중앙(10-12절)에서는 바울이 로마의 신자들을 꾸짖는 근본적인 이유를 제시한다: 그들이 서로를 "비판하는" 것은 하나님 자신의 최종적인 판단을 진지하게 받아들이지 않는 것이다. 그

"다시 살아나셨고 죽으셨으며 일어나셨으니"; D의 원본과 2차 수정본). 그러나 이 본문은 사본들의 탄탄한 지지를 받고 있다(두 개의 아주 중요한 알렉산드리아 대문자 사본들인 ℵ[원본]과 B, 이차적인 알렉산드리아 사본들인 C와 1739, 그 밖의 몇몇 사본들). 다른 읽기들은 '피스튜오멘 호티 예수스 아페타넨 카이 아네스텐'(πιστεύομεν ὅτι Ἰησοῦς ἀπέθανεν καὶ ἀνέστη, "우리가 예수께서 죽으셨다가 다시 살아나심을 믿을진대," 살전 4:14)이라는 정형문구의 영향 아래에서 본문을 훼손한 것들이다; 예를 들어, Metzger, *Textual Commentary*, 468; Bengel, 3.176을 보라.

489. 이독 '크리스투'(Χριστοῦ, "그리스도의")는 널리 확인되긴 하지만, 사본상으로는 강력한 지지를 받고 있지 않다(후대의 알렉산드리아 사본들인 C, 33, 81, Ψ, ℵ의 2차 [비잔틴] 수정본, 그 밖의 다른 두 개의 대문자 사본들, 대다수의 본문). 따라서 이 읽기는 고린도후서 5:10의 저 유명한 본문과의 동화에 의한 것일 가능성이 크다: '투스 가르 판타스 헤마스 파네로테나이 데이 엠프로스텐 투 베마토스 투 크리스투'(τοὺς γὰρ πάντας ἡμᾶς φανερωθῆναι δεῖ ἔμπροσθεν τοῦ βήματος τοῦ Χριστοῦ, "이는 우리가 다 반드시 그리스도의 심판대 앞에 나타나게 되어").

490. 이 절의 마지막 어구인 '토 테오'(τῷ θεῷ, "하나님께")는 중요한 일차적인 알렉산드리아 대문자 사본 B, 이차적인 알렉산드리아 소문자 사본 1739, 서방의 두 가지 언어로 된 자매 사본 F와 G에는 빠져 있다. 이 생략이 원래의 것인데, 후대의 필사자들이 이 본문을 완결하기 위해서는 이 어구를 보충해 넣는 것이 필수적이라고 느낀 것일 가능성도 없지 않다(Käsemann, 373; Jewett, 831; Fee, *Pauline Christology*, 271-272를 보라). 그러나 이 어구를 빼면 본문이 지나치게 난해해진다; 따라서 우리는 이 어구를 포함하고 있는 일차적인 알렉산드리아 사본 ℵ, 이차적인 알렉산드리아 사본들인 A, C, 33, 81, 그리고 Ψ, 서방의 대문자 사본 D, 대다수의 본문을 따라야 할 것으로 보인다(Cranfield, 2.711; Dunn, 2.796; Schreiner, 725를 보라).

491. 특히 Gignac, 510을 보라.

래서 3-9절과 13-21절에서 신자들에게 그들이 하나라는 것, 그들이 하나라는 것을 나타내 보이는 데 상당한 정도로 실패하고 있다는 것을 일깨워 준다. 연약한 자들과 강한 자들은 둘 다 같은 주를 섬긴다. 연약한 자들과 강한 자들은 둘 다 같은 나라의 지체들이다.

하지만 우리는 바울의 논증의 첫 번째 주요한 단락(14:1-12) 내에서 또 하나의 보완적인 구조를 찾아낼 수 있다. 이 단락 내에 있는 세 개의 서로 구별되는 소단락들(1-3, 4-9, 10-12절)은 모두가 2인칭 단수형을 사용한 서로 비슷한 수사 의문문으로 시작된다: "남의 하인을 비판하는 너는[그리스어로 '쉬'] 누구냐"(4절a); "네가[또 다시 '쉬'] 어찌하여 네 형제를 비판하느냐"(10절a). 이 소단락들은 고리 구조로 되어 있다.[492] 첫 번째 소단락(1-3절)과 세 번째 소단락(10-12절)은 각각의 요지를 거의 동일한 언어로 진술한다: 강한 자들은 연약한 자들을 "업신여기지" 말아야 하고, 연약한 자들은 강한 자들을 "비판하지" 말아야 한다(3절a와 10절a를 보라). 중앙의 소단락인 4-9절에서 바울은 이 명령들의 신학적 토대를 제시한다. 모든 각각의 그리스도인은 주의 종이다. 신자는 다른 동료 종이 아니라 "주인"에게 응답해야 한다.[493]

1 바울은 강한 자들과 연약한 자들에 대한 자신의 권면을 서로 받으라는 호소로 마무리한다(15:7). 하지만 처음에는 "믿음이 연약한 자를 받으라"고 공동체에 강력하게 권하는 것으로 시작한다. 바울이 공동체 전체를 향한 것으로 보이는 이 명령에서 믿음이 연약한 자들을 받으라고 말한 것은 강한 자들이 로마 교회의 주류였다는 것을 보여 준다.[494]494 이것은 우리가 강한 자들은 주로 이방 그리

492. 예를 들어, Schmithals, 495를 보라.

493. 이 절들의 특징은 "주로서의 지위"를 나타내는 언어에 지속적으로 초점을 맞추고 있다는 것과 신자들이 상대하는 "대상"을 나타내는 데 여격 명사를 사용한다는 것이다: '토 이디오 퀴리오'(τῷ ἰδίῳ κυρίῳ, "자기 주인에게," 4절); '퀴리오, 퀴리오, 토 테오, 퀴리오, 토 테오'(κυρίῳ, κυρίῳ, τῷ θεῷ, κυρίῳ, τῷ θεῷ, "주를 위하여, 주를 위하여, 하나님께, 주를 위하여, 하나님께," 6절); '헤아우토, 헤아우토'(ἑαυτῷ, ἑαυτῷ, "자기를 위하여, 자기를 위하여," 7절); '토 퀴리오, 토 퀴리오'(τῷ κυρίῳ, τῷ κυρίῳ, "주를 위하여, 주를 위하여," 8절).

494. 바울은 15:1에서야 비로소 "강한 자"라는 용어를 사용하지만, 우리는 로마 교회에서 "연약한 자들"과 반대되는 견해를 지닌 그리스도인들을 가리키는 데 편의상 "강한 자들"이라는 용어를 사용했다.

스도인들이었을 것이라고 말한 것과 부합한다. 왜냐하면 바울은 로마 교회를 이방인들이 주도하는 교회로 보고 있기 때문이다(서론을 보라). 연약한 자들을 "받는다"는 것은 단지 그들을 교회의 지체들로 정식으로 인정하는 것만을 의미하지 않는다. 이 동사는 "어떤 사람의 가정이나 아는 사람들의 무리 속으로 받아들이는 것"(BDAG)을 의미하기 때문에, "받으라"는 것은 로마 그리스도인들이 연약한 자들을 용납할 뿐만 아니라, 그들을 형제와 자매로 대우하여 하나님의 백성 가운데서 전형적인 친밀한 교제를 나누라는 것이다.[495]

바울이 로마 교회의 강한 자들이 받아야 할 자들을 "믿음이 연약한 자들"[496]이라고 지칭한 것은 분명히 경멸적인 의미를 지닌다. 믿음이 연약한 것보다는 강한 것이 분명히 더 낫다![497] 로마 교회의 강한 자들이 자신들과 견해가 다른 자들을 "믿음이 연약한 자들"이라고 지칭한 것은 바로 강한 자들 자신이었을 가능성이 크다.[498] 하지만 "믿음이 연약한 자들"이라는 표현은 처음에 생각한 것보다는 그렇게 부정적이지 않다. 여기에서 중요한 것은 그들을 그렇게 지칭할 때 사용된 "믿음"이라는 단어의 의미다. 바울은 14장의 처음(1, 2절)과 끝(22, 23절)에서 이 두 부류 간의 논쟁을 설명하는 데 믿음이라는 표현을 사용한다.[499] "믿음이 연약한 자들"이라는 어구는 분명히 로마서 전체에 걸쳐서 "믿음"과 "믿다"가 가리키는 것,

495. 예를 들어, Cranfield; Michel; Dunn을 보라. 이 동사는 그리스어로 '프로스람바노'(προσλαμβάνω, "자기 곁으로 데려오다")다. 이 동사는 신약성경에는 여기 외에 8번 더 나오지만, 로마서 14:1과 가장 밀접한 병행은 행 18:26; 28:2; 몬 1:17(바울 서신에서 이 장들을 제외한 유일한 용례들)에 나오는 것들이다(또한 마 16:22; 막 8:32; 행 17:5; 27:33, 36을 보라). 이 명령법의 현재 시제는 지속적으로 "받는" 태도를 시사해주는 것일 수 있다.

496. 단수형 '톤 아스테눈타'(τὸν ἀσθενοῦντα, "연약한 자")는 바울이 이 부류의 모든 사람을 가리키기 위해 사용한 총칭적 용법이 분명하다; 예를 들어, N. Turner, *Syntax*, 22를 보라. 이 여격은 로마서 14장에서 용법을 분류하기 쉽지 않은 많은 여격들 중 첫 번째의 것이다; 그러나 (우리의 본문 번역이 보여 주듯이) 관심의 여격으로 보는 것이 가장 좋을 것이다(Zerwick and Grosvenor, *Grammatical Analysis*, 490을 보라). 반면에, Moule (*Idiom Book*, 44)은 이 여격이 "은유적 장소"를 나타내는 용법으로 사용된 것이라고 주장한다.

497. 예를 들어, Chrysostom을 보라.

498. G. Stahlin, *TDNT* 1.492; Wilckens를 보라. "연약함"이라는 표현을 그런 문제들에 관한 로마인들의 논의에서 가져왔을 가능성도 있다. 이 점과 관련해서 호라티우스가 안식일에 길게 대화함으로써 유대인들을 모욕하고자 하지 않는 사람을 가리키는 데 "연약함"(라틴어로 infirmior['인피르미오르'])이라는 표현을 사용한 것을 주목하라(*Satires* 1.9.67-72).

499. 명사 '피스티스'(πίστις, "믿음")는 1, 22, 23절에 나오고, 동사 '피스튜오'(πιστεύω, "믿다")는 2절에 나온다.

즉 복음이 요구하는 그리스도 안에서의 하나님에 대한 기본적인 응답과 관련되어 있다.[500] 하지만 기독교 특유의 이 믿음이라는 개념은 (적어도 암묵적으로는) 예수 그리스도를 그 대상으로 한다. 믿는다는 것은 어떤 이에게 자신을 의탁하는 것이다. 그러나 2절에서 "믿는다"는 것은 "어떤 것이 합당하다고 믿는다"는 개념을 지닌다. 따라서 바울은 믿음이 연약한 사람들이 그리스도를 자신들의 구주와 주로 믿고 의지하는 것이 연약하거나 합당하지 않다고 비판하고 있는 것이 아니다.[501] 도리어 그는 그리스도를 믿는 믿음이 지닌 함의들 중 어떤 것들에 대한 통찰이 그들에게 결여되어 있는 것을 비판하고 있는 것이다. "믿음이 연약한 자들"은 그리스도를 믿는 그들의 믿음이 구약성경과 유대의 어떤 제의적 요구로들로부터의 해방을 의미한다는 진리를 스스로 받아들일 수 없는[502] 그리스도인들이다. 따라서 "믿음이 연약한 자들"이라고 했을 때의 "믿음"은 그리스도를 믿는 그들의 기본적인 믿음과 관련되어 있긴 하지만, 그 기본적인 믿음으로부터 한 걸음 떨어져 있는 믿음이다. 그 믿음은 그들이 기독교의 믿음을 개인적으로 적용한 것, 즉 그 믿음이 무엇을 허용하고 무엇을 금지하는지에 관한 그들의 확신들에 관한 것이다.[503] 바클레이가 말했듯이, "강한 믿음과 연약한 믿음의 차이는 언제나 구체적인 문화적 실천으로 표현되는 믿음이 어떤 한 묶음의 문화 규범들로부터 분리되어 있는 정도다."[504] 바울이 "믿음이 연약한 자들"이라는 경멸적인 어구를 사용하기로 결정

500. 특히 Dunn; Schreiner를 보라. Tomson (*Paul and the Jewish Law*, 243)은 '아스테눈타'(ἀσθενοῦντα, "연약한")를 "예민한"으로 번역하는 것이 최선이라고 주장하고(랍비들의 논의와의 유사성을 주목해서), R. Jewett (*Christian Tolerance*, 29-30)은 "보수적인"으로 번역해야 한다고 주장하지만, 그런 주장들은 기독교의 기본적인 믿음에서 너무 나갔다.

501. 반대 견해로는 예를 들어, Denney.

502. 15:1에서 '뒤나토스'(δυνατός, "할 수 있는 자," 한글개역개정에는 "믿음이 강한")와 '아뒤나토스'(ἀδύνατος, "할 수 없는 자", 한글개역개정에는 "믿음이 약한 자")를 대비시키는 것을 주목하라.

503. R. Bultmann, *TDNT* 6.218-219를 보라; 또한 특히 Cranfield, 2.697-698, 700; Fitzmyer, 688-689를 보라. 바울이 형용사 '아스테네스'(ἀσθενῆς, "연약한") 대신에 분사 '아스테눈타'(ἀσθενοῦντα, "연약하다")를 사용한 것도 "주어진 순간과 특별한 경우에" 믿음이 비틀거리는 것을 시사해줌으로써(Godet) 그런 뉘앙스를 더해 준다. 우리는 고린도전서 8-10장을 무조건적으로 로마서 14-15장에 집어넣어서 읽지 않도록 조심해야 하지만, 이 두 본문이 부인할 수 없을 정도로 서로 병행된다는 점을 고려하면, 고린도전서 8-10장에서는 "믿음"이라는 표현 대신에 "양심"이라는 표현을 사용하고 있다는 사실은 꽤 중요하다(8:7, 10, 12; 10:25, 27, 28, 29).

504. J. Barclay, "Faith and Self-Detachment," 194.

한 것은 그가 어느 쪽에 동조하고 있는지를 분명히 해준다. 우리는 바울이 믿음이 연약한 자들이 그리스도 안에서 성장하여 "강한 자들"이 되기를 바랐다는 인상을 피할 수 없다(목회적인 이유로 명시적으로 말하지 않고 있지만).

하지만 이 문제와 관련해서 바울의 관심은 교회의 하나됨에 있다. 이것이 그가 강한 자들에게 연약한 자들을 받으라고 명령할 뿐만 아니라, 바른 동기와 바른 마음으로 그들을 받으라고 명령하는 이유다. 단지 "논란이 된 문제들에 대해 다투기 위한 목적[505]으로"(한글개역개정에는 "그의 의견을 비판하지 말라") 연약한 자들을 환영해서는 안 된다고 바울은 말한다.[506] "논란이 된 문제들"(한글개역개정에는 "그의 의견")은 바울이 이 장에서 나중에 언급하는 것들, 즉 고기를 먹는 것, 특정한 날들을 지키는 것, 포도주를 마시는 것과 관련한 견해 차이들이다(2, 5, 21절). 바울은 강한 자들이 연약한 자들을 받아들여서 온전하고 친밀한 교제를 나누기를 원한다. 그리고 이것은 로마 교회에서 다수를 이루고 있던 강한 자들이 이 문제들에 대해 자신들의 견해를 고집함으로써 다툼을 일으키고 서로를 차별하는 경우에는 이루어질 수 없었다.[507]

505. '에이스'(εἰς)는 목적을 나타내는 것일 가능성이 크다.

506. 이 어구에 나오는 두 단어, 즉 '디아크리세이스'(διακρίσεις, "비판")와 '디아로기스몬'(διαλογισμῶν, "의견들")은 각각 두 가지로 번역할 수 있기 때문에, 이 어구는 여러 가지로 번역할 수 있다. 그러나 주된 선택지는 두 가지가 있다. (1) '디아크리세이스'는 "판단을 내리는 것"을 의미하고, '디아로기스몬'은 목적격적 속격으로서"의심들" 또는 "거리끼는 것들"을 의미한다고 보는 것: "[연약한 그리스도인들의] 의심들에 대해 판단을 내리는 것"(LSJ ["사법적 결정들"]; NASB; S-H; Murray; Cranfield; Wilckens; Dunn을 보라). (2) '디아크리세이스'는 "다투는 것"을 의미하고, '디아로기스몬'은 목적격적 속격으로서"의견들"을 의미한다고 보는 것: "의견들에 대해 다투는 것"(대부분의 영역 성경들; BDAG; LN 33.444; Godet; Michel; Fitzmyer를 보라). '디아크리시스'는 칠십인경에는 오직 1번 나오고(욥 37:16), 신약성경에는 여기 이외에 2번 더 나오는데, 거기에서는 "구별하는 것, 분별하는 것"을 의미한다(고전 12:10; 히 5:14). 그러나 분별하는 행위는 "~위에 군림하여 판단하는" 행위로 옮겨가기가 쉽다; 동족어 동사 '디아크리노마이'(διακρίνομαι)는 행 10:20; 11:2; 유 1:9에서 "판단하다"를 의미한다. 그러나 "분별하는" 행위도 다툼을 내포할 수 있다(행 4:32에서 대문자 사본 D의 읽기에서 '디아크리시스'가 지닌 의미). '디아로기스모스'(διαλογισμός)는 신약성경에서 더 자주 나오고, (a) 추론 과정이나 추론의 결과, "생각," "의견"(마 15:19; 막 7:21; 눅 2:35; 5:22; 9:47; 롬 1:21; 고전 3:20; 약 2:4), 또는 (b) "의심들," "분쟁들"을 가리킨다(눅 9:46; 24:38; 빌 2:14; 딤전 2:8 [BDAG를 보라]). 신약의 용례들은 첫 번째 대안을 약간 더 지지한다; 그러나 복수형 '디아크리세이스'가 사용된 경우에는 궁극적으로 두 번째 대안으로 약간 더 많이 기운다.

507. 바울은 믿음이 강한 자들에게 연약한 자들을 받으라고 명령한 것이기 때문에, 연약한 자들의 "견해들"이나 "거리끼는 것들"을 용납하라고 말한 것이 거의 분명하다(반대 견해로는 Käsemann).

2 바울은 이제 "논란이 된 문제들" 중 하나를 언급한다. "어떤 사람은 모든 것을 먹을 만한 믿음이 있고 믿음이 연약한 자는 채소만 먹느니라."[508] 21절("고기도 먹지 아니함이 아름다우니라")에 비추어보았을 때, "채소를 먹는다"는 것은 "오직 채소만 먹는다"는 의미임에 틀림없다.[509] 14:1-15:13의 서문에서 이미 언급했듯이, 믿음이 연약한 자들은 "율법에 합당한"('코셰르') 고기를 얻기가 쉽지 않은 이교적인 환경 속에서 구약의 결례를 유지하기 위해 고기를 아예 먹지 않기로 결심한 것일 가능성이 높다.[510] 하지만 그들 외의 다른 신자들은 정결함을 유지하고자 그러한 관심을 공유하지 않았다. 이것은 자신들은 새 언약의 그리스도인들인 까닭에 이제 더 이상 구약 율법에 구애받을 의무가 없다고 확신했기 때문임이 분명하다. 그래서 바울은 이 그리스도인들은 "모든 것을 먹을 만한 믿음이 있다"(그리스어 본문의 구문을 영어로 그대로 재현하자면, "believe to eat all things")고 말함으로써, "믿다"라는 동사를 통상적이지 않은 방식으로 사용하고 있다. 여기에서 이 동사는 단지 "확신을 가지고 있다"는 의미일 수도 있겠지만,[511] 1절에서 사용된 "믿음"과 연결되어 있을 가능성이 높기 때문에(22-23절도 보라), 우리는 이 동사에서 기독교 특유의 "믿다"라는 단어가 지닌 모든 의미를 제거해서는 안 된다. 이 동사는 기독교 특유의 "믿다"가 지닌 의미와 "~를 믿다"라는 의미를 동시에 지니고 있을 가능성이 높다. 즉, 이 그리스도인은 그로 하여금 어느 것이라도 먹는 것이 합당하다고 생각하도록 이끈 그런 종류의 (강력한) 기독교적인 믿음을 지니고 있다고 바울은 말했다는 것이다. NJB(새 예루살렘 성경): "어떤 사람은 어떤 종류의 음식도 먹기에 충분한 믿음을 가지고 있을 수 있고, 어떤 사람은 덜 강해서 오직 채소들만을 먹고자 한다."[512]

---

508. "어떤 사람"은 헬레니즘 그리스어의 그러한 구절에서 종종 관사 대신에 사용되는 관계대명사 '호스'(ὅς)를 번역한 것이다(예를 들어, '호 멘 … 호 데'[*ὁ μέν…ὁ δέ*]); N. Turner, Syntax, 36을 보라.
509. Jewett은 바울이 자신의 요지를 명확히 하기 위해 이 문제를 극단적인 형태로 제시한 것이라고 주장한다.
510. 율법을 지키는 신자들의 문제점은 주후 49년에 일어난 유대인들의 추방에 의해 더욱 악화되었을 수 있다. 왜냐하면 이 때를 기점으로 율법에 합당한('코세르') 고기를 구하는 것이 사실상 어려워졌기 때문이다(Winter, "Roman Law and Society," 90; Witherington/Hyatt, 334-335).
511. BDF §397(2); Michel; Fitzmyer.
512. BDAG를 보라. 신약성경에서 '피스튜오' 뒤에 절대 부정사가 나오는 것은 여기 외에 사도행전 15:11b 한 곳 뿐이다: '피스튜오멘 소테나이 카트 온 프로폰 카케이노이'(*πιστεύομεν σωθῆναι καθ' ὅν τρόπον κἀκεῖνοι*, "우리는 그들이 우리와 동일하게 … 구원 받는 줄을 믿노라").

3 바울은 강한 자들에게 연약한 자들을 받으라고 강권하는 것으로 시작했다(1절). 그러나 그는 강한 자들과 연약한 자들이 둘 다 잘못하고 있다는 것을 잘 알고 있다. 그래서 자신의 관심사를 구체화시키는 방식으로 계속해서 총칭적 단수형을 사용하여, 논쟁을 벌이고 있는 양쪽을 모두 책망한다. "먹는 자"(즉, "모든 것을 먹는 자"[2절] = 강한 자)는 먹지 않는 자(약한 자)를 "업신여기지" 말아야 한다. 그리고 "먹지 않는 자"(연약한 자)는 먹는 자(강한 자)를 "비판하지" 말아야 한다. 바울이 각각의 부류의 태도를 묘사하기 위해 선택한 동사들은 의심할 여지없이 의도적이다. "업신여기다"는 우월감 속에서 경멸하는 것을 가리킨다.[513] 이것은 자신들이 개화된 "자유로운" 관점을 지닌 것에 자부심을 느끼는 강한 다수가 그들이 보기에 어리석게도 지나간 시대의 사소한 것들에 "얽매여 있는" 자들을 어떻게 대할지를 상상해보면 충분히 알 수 있는 태도다. 반면에, 연약한 자들은 오직 자신들만이 경건과 의의 참된 기준을 고수하고 있는 "의로운 남은 자"라고 생각하고서, 이 기준에 못 미치는 자들을 "비판하는"[514] 태도로 대응했다는 것을 바울은 시사해 준다. 바울은 양쪽 모두에게 상대방을 비판하는 것을 그치기를 요구한다.

이 절의 끝에서 바울은 서로에 대한 그러한 비판이 잘못된 것인 궁극적인 이유를 제시한다. "이는 하나님이 그를 받으셨음이라." 여기에서 우리는 이 문제 전체와 관련해서 바울의 신학적인 "최종 결론"을 발견한다. 그는 이 결론을 4-9절에서 더 자세하게 설명하고, 자신의 논증의 정점에서 또 다시 진술한다(15:7). 그리스도인들에게는 하나님이 친히 받으신 자들을 그들의 교제로부터 배척할 권리가

513. 이 동사는 '엑수테네오'(ἐξουθενέω)다; 눅 18:9; 23:11; 행 4:11; 롬 14:10; 고전 6:4; 16:11; 고후 10:10; 갈 4:14; 살전 5:20을 보라. 이 동사는 종종 "멸시하여 배척하다"라는 뉘앙스를 지니는데(행 4:11, 유대인들이 예수를 대하는 것과 관련해서; 살전 5:20, 예언들과 관련해서[BDAG]; 또한 하나님이 회개하는 죄인을 "멸시하지" 않는다고 말하는 칠십인경의 몇몇 본문들도 주목하라, 예를 들어, 시 51:17 [LXX 50:19]), 이 뉘앙스는 여기에도 존재할 것이다.

514. '크리노'(κρίνω). 이 단어는 14장에서 중심적인 역할을 하는 '크리노' 어간에서 나온 일련의 단어들 중 하나다: '디아크리시스'(διάκρισις, "비판," 1절), '크리노'(κρίνω, "비판하다," 3b, 4a, 5a[2번], 10a, 13a, 13b, 22절b), '디아크리노'(διακρίνω, "의심하다," 23절a), '카타크리노'(κατακρίνω, "정죄하다," 23절b). 동사 '크리노'는 "결정하다," "~에 대해 판단하다"라는 통상적인 의미로부터(F. Büchsel, TDNT 3.922를 보라) 신약성경에서 몇 가지 구체적인 의미를 지닌다(BDAG). 로마서 14장에서 바울은 이 동사를 적어도 세 가지 서로 구별되는 의미로 사용한다: "비판하다, 정죄하다"(3b, 4a, 10a, 13a, 22절b); "선호하다, 낫게 여기다"(5절a); "결정하다"(13절b, 한글개역개정에는 "비판하지").

없다. 그리스도인들은 하나님이 "받으신" 자들을 "받아야" 한다.[515] 15:7에서 바울은 이 원칙을 사용해서, 연약한 자들과 강한 자들 둘 모두에게 "서로 받으라"고 강권한다. 하지만 여기에서는 약한 자들이 강한 자들을 비판하는 것을 그쳐야 한다는 자신의 구체적인 명령을 뒷받침하는 데 이 원칙을 사용한다.[516]

4 바울은 강한 자와 연약한 자에 대한 자신의 권면의 이 중요한 신학적 토대를 4-9절에서 자세하게 설명한다. "하나님이 그를 받으셨음이라." 각각의 신자가 상대해야 할 분은 하나님이고, 각각의 신자가 기쁘게 해드리려고 애써야 하는 분도 하나님이다. 이것은 분명히 강한 자와 연약한 자 둘 모두에게 적용될 수 있다. 따라서 바울이 4절a에서 반박의 형식으로 직접적으로 호명하는 "너"는 연약한 그리스도인들과 강한 그리스도인들 둘 모두를 나타내는 것일 수 있다.[517] 하지만 바울은 3절에서 연약한 신자를 책망하는 데 사용했던 표현을 가져와서, 이 사람을 "비판하는 너"라고 말한다. 또한 4절의 시작 부분은 바울이 2:1에서 자기만족에 빠져 있는 유대인을 책망할 때 사용했던 표현 - "그러므로 남을 판단하는 사람아, 누구를 막론하고 네가 핑계하지 못할 것은"(3절도 보라) - 과 아주 많이 비슷하게 들린다.[518] 이것은 바울이 4절a에서 "너"라고 한 것은 "율법 없는" 이방인들에 대해 많은 유대인들이 보였던 태도와 비슷한 것을 율법의 제의 지침을 따르지 않은

515. 이 원칙을 부당하게 넓게 적용하는 것을 막기 위해서, 여기에서 바울이 우리에게 하나님이 받으신 자들을 받으라고 명령한 것임을 강조하는 것은 중요하다. 달리 말하면, 바울은 용납하라는 자신의 호소를 예수 그리스도로 말미암아 구원을 받아 하나님과 올바른 관계에 있다고 정당하게 말할 수 있는 자들로 국한한다. 그리고 그들이 하나님과 그들 사이에 그러한 진정한 구원의 관계가 존재한다고 말하기 위해서는 바울과 신약성경이 다른 곳들에서 역설한 모든 교리적이고 실천적인 요구사항들이 그들에게 해당되어야 한다.

516. 3절의 마지막 구절과 연약한 자들이 강한 자들을 비판하는 것을 그쳐야 한다는 명령 간의 밀접한 연결관계('가르'[γάρ, "왜냐하면"]에 비추어보았을 때, 이 마지막 구절에서 '아우톤'(αὐτόν, "그를")은 강한 자를 가리킨다: 하나님이 그(강한 자)를 받으셨기 때문에, 약한 자는 강한 자를 비판하는 것을 그쳐야 한다. 대부분의 주석자들이 그렇게 해석한다. 하지만 일부 주석자들(예를 들어, Käsemann; Fitzmyer; Jewett)은 '아우톤'은 연약한 자와 강한 자 둘 모두를 가리키는 것이라고 생각한다.

517. 예를 들어, Käsemann; Byrne.

518. 이 유사성은 그리스어 본문에서는 더 분명하게 드러난다. 왜냐하면 바울은 14:4에서와 마찬가지로 거기에서도 동일한 분사 형태 - '호 크리논'(ὁ κρίνων, "판단하는 사람") - 를 사용하기 때문이다. 특히 Meeks, "Judgment and the Brother," 294-297; Dunn을 보라.

그리스도인들에 대해 보이고 있는 유대교 지향적인 연약한 그리스도인을 지칭한 것일 가능성이 있다는 것을 보여 준다.[519]

이 수사 의문문의 시작 부분에서 사용된 표현은 바울의 관심의 핵심이 무엇인지를 보여 준다: "……을 비판하는 너는 누구냐." 즉, "다른 신자를 판단하는 위치에 네 자신을 두고 있는 너는 네가 누구라고 생각하는 것이냐?" 각각의 신자는 "하인,"[520] 즉 "남"[521]에게 속해 있는 자이기 때문에, 같은 신자를 판단할 권리가 없다. 각각의 신자가 "서 있는 것이나 넘어지는 것"은 바로 그 "남", 즉 "자기 주인['퀴리오스']에게"[522] 있다. 이 종 표상은 여기에서 '퀴리오스'가 이 단어의 통상적이고 세속적인 의미인 "주인"을 가리킨다는 것을 분명히 해준다.[523] 그러나 바울은 의심할 여지 없이 자신의 그리스도인 독자들이 '퀴리오스'가 그들의 궁극적인 주를 간접적으로 가리킨다는 것을 알기를 기대한다(롬 10:9을 보라). 실제로 이 호칭은 4-9절의 신학적 논증의 중심이다.[524] 다른 곳들에서 은유적으로 사용된 "서 있다"

---

519. 예를 들어, Murray; Cranfield; Dunn을 보라.

520. '오이케테스'(οἰκέτης, "하인"). 바울 서신에서는 오직 여기에서만 사용된다(또한 눅 16:13; 행 10:7; 벧전 2:18을 보라).

521. '알렐로트리온'(ἀλλότριον, "남"). 바울이 '헤테로스'(ἕτερος, "다른 사람")를 사용하지 않고 이 단어를 사용한 것은 더 강조하기 위한 것으로 보인다(Käsemann). 이 단어는 Josephus, Ant. 18:47; Dio Chrysostom, Orat. 31.34.1에서 '오이케테스'와 함께 사용된다; 다음 구절에 나오는 '이디오스'(ἴδιος, "자기")의 자연스러운 반대말이다(BDAG).

522. 여격 '토 이디오 퀴리오'(τῷ ἰδίῳ κυρίῳ, "자기 주인에게")는 통상적으로 "이익의" 여격으로 분류되기 때문에(6-8절에 나오는 여격들 중 다수와 함께), 이 구절은 이런 의미가 된다: "그가 서 있는 것이나 넘어지는 것에 관여하는 것은 거기에 이해관계가 있는 그의 주인이다"(Cranfield; 또한 BDF §188[2]; N. Turner, *Syntax*, 238; Wilckens를 보라). 그러나 Dunn이 옳다: 여기에서 바울이 염두에 둔 것은 주께서 그리스도인의 섬김으로부터 얻는 "이익"이 아니라, "주"와 하인 간의 관계의 온전함이다. 따라서 이 여격은 참조의 여격으로 보는 것이 더 낫다(Jewett도 보라). 도구의 여격일 가능성은 별로 없어 보인다: "그는 자신의 주인에 의해 서거나 넘어진다."

523. KJV; NIV; NET; ESV; NASB; NLT를 보라. NRSV는 "주"(lord)라는 표현을 사용하지만, 이 절에서 나중에 나오는 "주"(Lord)와 구별하기 위해 소문자로 표기한다. 반면에, CSB와 CEB는 그리스도를 가리킨다고 보고서 주"(Lord)를 사용한다.

524. 이 단락 전체에 걸쳐 등장하는 "주"(κύριος, '퀴리오스')가 누구를 가리키는지를 결정하는 것은 쉬운 일이 아니다. 바울은 이 호칭을 9번 사용하고(동사 "주가 되다"는 1번), 의미심장하게도 이 호칭을 하나님(θεός,'테오스')이나 그리스도(Χριστός, '크리스토스')와 번갈아 사용한다:
3절c - "하나님이 그를 받으셨음이라"
4절 - "그가 서 있는 것이나 넘어지는 것이 자기 주인에게 있으매"; "그가 세움을 받으리니"
6절 - "날을 중히 여기는 자도 주를 위하여 중히 여기고"; "먹는 자도 주를 위하여 먹으니"; "이는 하나님께 감사함이요"; "먹지 않는 자도 주를 위하여 먹지 아니하며"; "하나님께 감사하느니라"
8절 - "우리가 살아도 주를 위하여 살고"; "죽어도 주를 위하여 죽나니"; "우리가 주의 것이로다"

와 "넘어지다"의 용례들, 그리고 여기에서 이 단어들을 종과 주인의 관계에 적용한 것은 이 단어들이 인정/불인정을 가리킨다는 것을 보여 준다. 우리는 이것들을 영어에서 "지지하다"(stand in favor with)/"지지를 잃다"(fall out of favor with)는 표현들과 비교해 볼 수 있을 것이다.[525] 각각의 신자가 기쁘시게 해드려야 하는 것은 동료 그리스도인이 아니라 주이시고, 각각의 신자와 그의 행실을 받아들일 것이냐 말 것이냐를 궁극적으로 결정하는 것도 동료 그리스도인이 아니라 주이시다.

세속적인 의미로 사용되었던 '퀴리오스'("주인")가 4절의 마지막 구절에서는 신학적 용법으로 전환된다. 그들로부터 행위를 비판받고 있는 신자는 "세움을 받으리니[526] 그를 세우시는 권능이 주께 있기" 때문이다. 여기에서 "주"는 그리스

9절 - "그리스도께서 죽었다가 다시 살아나셨으니 곧 죽은 자와 산 자의 주가 되려 하심이라"
10절 - "우리가 다 하나님의 심판대 앞에 서리라"
11절 - "주께서 이르시되 내가 살았노니"; "모든 혀가 하나님께 자백하리라"
12절 - "하나님께 직고하리라"
이렇게 "주"를 "하나님"과 번갈아 사용한 것은 "주"가 이 단락 전체에 걸쳐 성부 하나님을 가리킨다는 것을 시사해주는 것일 수 있다. 그러나 9절에서 동사 "주가 되다"의 주어가 그리스도이기 때문에, 그렇게 말하기가 어렵다. 도리어 이것은 9절과 밀접하게 연결되어 있는 8절의 "주"가 그리스도를 가리킬 수 있다는 것을 보여 준다. 4절c와 6절에 나오는 "주"가 누구를 가리키는지는 결정하기가 더 어렵지만, 아마도 둘 다 그리스도를 가리키는 것일 가능성이 높다. 반면에, 11절의 "주"는 구약 인용문이라는 점에서 여호와를 가리킬 것이다(더 자세한 논의는 이 절들에 대한 각주들을 보라). (이 일반적인 해석에 대해서는 특히 Thüsing, *Per Christum in Deum*, 34-36을 보라.) 한편 바울이 이 호칭들을 손쉽게 서로 번갈아 사용했다는 것은 (1) 각각의 경우에 "주"가 하나님과 그리스도 중에서 어느 쪽을 가리키는지를 분명하게 구별하고자 하는 의도가 없었을 수 있다는 것, 그리고 (2) 그가 그리스도, 주, 하나님을 대등하게 생각했다는 것을 보여 준다(반대 견해로 이 본문에서 그리스도는 하나님에 대해 종속적인 관계에 있다고 주장하는 Dunn의 견해는 성공적이지 않다).

525. 특히 바울이 고린도전서 10:12에서 이 단어들을 사용한 것을 보라 - "그런즉 선 줄로 생각하는 자는 넘어질까 조심하라." 또한 로마서 11장을 주목하라. 거기에서 바울은 이스라엘이 "넘어졌다"는 것을 부정하고(11절), 이방인 신자들에게 그들이 "믿으므로 섰다"는 것을 상기시키면서(20절), 그 상태를 "넘어지는 자들"(22절)과 대비시킨다. 이 각각의 문맥 속에서 "서다"(ἵστημι, '히스테미')는 영적으로 올바른 지위를 유지하는 것을 의미하고, "넘어지다"(πίπτω, '핍토')는 그 지위로부터 떨어져나가는 것을 의미한다(또한 고후 1:24; 엡 6:11, 13, 14; 골 4:12에서 '히스테미'의 용법을 보라). 따라서 바울은 최후의 심판의 판결을 가리키고 있는 것이 아니다(특히 Murray를 보라). 그러나 최후의 심판에 대한 암시를 완전히 배제할 수는 없다. 왜냐하면 신자가 지금 "하나님의 은혜 안에 서 있는 것"이나 "그 은혜로부터 넘어지는 것"은 분명히 그 궁극적인 최후의 판결에 영향을 미치기 때문이다(Calvin; Schreiner; Thüsing, *Per Christum in Deum*, 34-35를 보라).

526. 많은 주석자들이 '스타테세타이'(σταθήσεται, "세움을 받으리니"; 미래 수동형)는 수동의 의미를 지닌다고 주장한다: "그가 [예를 들어, 주에 의해] 세움을 받게 될 것이다"(KJV; NRSV; ESV;

도를 가리키는 것으로 보이지만,[527] 확실하지는 않다. 바울은 여기에서 강한 신자가 계속해서 주의 은혜 가운데 있게 될 것이라는 확신을 표현한다. 바울의 의도는 음식에 관한 규범을 따른다고 해서 주께 인정받는 것이 아니라, 주께서 자신의 능력으로 신자를 붙들어 주시는 것임을 연약한 신자에게 말해주고자 하는 것으로 보인다. "권능이 주께 있다"[528]는 것은 "은혜의 가능성과 은혜의 능력 둘 모두를 가리킨다."[529]

5 바울은 자신의 신학적 논증을 잠시 멈추고서,[530] 연약한 자와 강한 자가 서로 의견을 달리 하는 또 다른 문제를 언급한다: "날들"에 대한 평가. 바울은 날들에 관한 이러한 논쟁을 강한 자 및 연약한 자와 명시적으로 연관시키지는 않는다. 사실 5-9절 전체에 걸쳐 바울은 일반적인 표현들을 사용해서 말한다 - "어떤 사람", "어떤 사람", "각각", "누구든지", "아무도", "우리." 이것은 강한 자와 연약한 자 둘 모두에 적용될 수 있는 일반적인 원칙들을 표현한 것이다.[531] 그러나 우리는 연약한 신자는 "이 날을 저 날보다[532] 낫게 여기는[533]" 사람이었고, 강한 신자는

NJB; Käsemann; Jewett; Lohse; Cambier, "Liberté chrétienne," 61을 보라). 그러나 '히스테미'는 다른 동사들과 마찬가지로 헬레니즘 그리스어에서 수동형을 자동사의 의미로 사용하는 경향성을 보여 준다. 이 동사를 수동의 의미로 번역하게 되면, 바울이 다음 구절에서 말하는 것과 의미가 중복되기 때문에, 여기에서 이 동사는 자동사의 의미로 해석하는 것이 바람직하다: "그가 설 것이다"(NIV; CSB; CEB; NET; Zerwick, *Biblical Greek*, 231; N. Turner, *Syntax*, 57; Cranfield; Wilckens; Dunn을 보라). 또한 바울이 그리스도인은 넘어졌더라도 다시 서게 될 것이라고 예고하고 있는 것이라고 생각할 근거는 전혀 없다(반대 견해로는 예를 들어, Käsemann).

527. 예를 들어, Thüsing, *Per Christum in Deum*, 34; Murray; Dunn; W. Foerster, *TDNT* 3.1090-1091; Merk, *Handeln aus Glauben*, 168을 보라.

528. '뒤나테이'(δυνατεῖ).

529. Käsemann.

530. 앞에서 이미 언급했듯이, 본문상으로 불확실한 '가르'(γάρ, "왜냐하면")를 그대로 유지한다면, 이 절은 앞 절을 일반적으로 이어받는 것이 된다(Lietzmann; Zerwick and Grosvenor, *Grammatical Analysis*, 473을 보라).

531. Toney, *Paul's Inclusive Ethic*, 96.

532. 그리스어로는 '헤메란 파르 헤메란'(ἡμέραν παρ' ἡμέραν, "이 날을 저 날보다")이고, '파라'는 "~보다 더"를 의미한다(BDF §236[3]을 보라): 연약한 신자는 "[한] 날을 [다른] 날보다 더 낫게 여긴다."

533. 그리스어 동사는 '크리노'(κρίνω)로서, 바울이 14장에서 이 단어와 그 동족어들에 초점을 맞추고 있는 것을 잇고 있다(각주 506을 보라). 바울은 연약한 신자가 강한 신자를 정죄하는 것에 대해 말할 때 이 동사를 사용한 바 있다(3-4절); 여기에서 이 동사는 '헤메란'(ἡμέραν)을 목적어로 해

"모든 날을 같게 여기는"[534] 사람이었다는 것을 비교적 확실하게 알 수 있다. "날들"에 관한 이러한 견해 차이의 정확한 본질이 무엇인지에 대해서는 바울이 자세하게 설명하지 않기 때문에 분명하게 말하기는 어렵다. 일부 해석자들은 이 문제를 이교 환경의 영향으로 돌린다. 즉, 일부 로마 그리스도인들은 몇몇 헬라-로마 종교 제의들의 영향을 받아서 "길일"과 "불길한 날"[535]을 구별하거나, 특정한 날들에는 고기와 술을 마시지 않았다는 것이다.[536] 그러나 우리는 강한 자와 연약한 자 간의 근본적인 문제가 율법에 관한 유대인들의 관심 때문에 생겨났을 가능성이 크다는 것을 이미 살펴본 바 있다. 그리고 날들을 지키는 것이 구약성경과 유대교에서 중요했다는 것은 두말 할 필요가 없다. 여기에서 구체적으로 문제가 된 것이 유대인들의 큰 절기들이었는지, 주기적인 금식일들이었는지,[537] 안식일이었는지, 그러한 날들의 어떤 조합이었는지를 말하기는 어렵다. 그러나 우리는 적어도 안식일이 문제가 되었을 것임을 예상할 수 있다. 안식일을 지키는 것은 음식에 관한 율법과 더불어(2-3절을 보라) 주후 1세기에 유대인들의 핵심적인 특징이었고, 다른 초기 교회들에서도 쟁점으로 부상했기 때문이다(갈 4:10[?]; 골 2:16을 보라).[538] 바울이 로마서에서 논란이 되는 쟁점을 접근하는 방식에서 전형적인 것은 어느 한 쪽을 권하거나 명령하지 않고, 모든 신자에게 "각각 자기 마음으로 확정하라"[539]고 권한다는 것이다.

서 "더 낫게 여기다, 더 선호한다"를 의미하는데, 이것은 기본적인 의미인 "분리하다", "구별하다"의 연장이다(BDAG).

534. '크리네이 파산 헤메란'(κρίνει πᾶσαν ἡμέραν, "모든 날을 판단하다")은 생략법이다: "모든 날을 판단하다"는 "모든 날을 동일한 것으로 판단하다"를 의미할 것임에 틀림없다. 거의 모든 주석자들은 모든 날을 동일한 것으로 여긴 것은 강한 자였다고 본다. 하지만 de Lacey ("Sabbath/Sunday Question," 182)는 모든 날을 동일한 것으로 여긴 것은 연약한 자였고, 그들은 절기를 지킬 때 강한 자를 참여시키기를 거부했다고 생각한다.

535. 예를 들어, Käsemann.

536. Leenhardt, S-H, Hultgren, R. Jewett (*Christian Tolerance*, 31-32)은 바울이 "성일들"을 꼼꼼하게 지키는 어떤 행위에도 적용할 수 있도록 의도적으로 표현을 모호하게 한 것이라고 생각한다.

537. 예를 들어, Dederen, "On Esteeming," 16-35.

538. 특히 Dunn을 보라; 반대 견해로는 예를 들어, Murray; Dederen, "On Esteeming," 16-35. Stuhlmacher가 올바르게 지적했듯이, 바울이 로마 교회에서 논쟁이 된 문제들 속에 안식일 준수를 포함시킨 것은 바울은 안식일 준수가 그리스도인들을 구속하는 의무라고 생각하지 않았다는 것을 보여 준다; 또한 이것은 초기 교회가 십계명 전체를 계승한 것은 아니라는 것을 시사해준다.

539. '플레로포레이스토'(πληροφορείσθω, "확정할지니라"); 로마서 4:21에 대한 각주를 보라.

6 이제 바울은 날들에 관한 이러한 논쟁을 사용해서, 자기가 비판하는 태도를 책망하는 신학적 근거를 다시 거론한다. 4절에서 바울은 연약한 신자들을 책망하는 맥락 속에서 이 신학적 근거를 처음으로 제시했었다. 하지만 이제 바울은 연약한 자와 "강한" 자 둘 모두의 행위를 예로 들어서 그 신학적 근거를 거론함으로써, 자신의 논증이 둘 모두에게 똑같이 적용된다는 것을 분명히 한다. 만일 우리가 동사 '프로네오'를 일반적이거나 중립적인 의미로 해석할 수 있다면, 바울이 언급한 첫 번째 예는 강한 자와 "연약한 자" 둘 모두를 가리키는 것일 수 있다. "날에 대해 어떤 견해를 지닌 자는 주를 위하여 그런 견해를 지니는 것이다."[540] 하지만 이 단어는 여기에서 "~에 대해 관심을 갖다", "지키다"를 의미할 가능성이 높고, 이 단어가 둘 중 어느 의미이든 이것은 연약한 신자를 가리킬 것이다.[541] 그런 후에 바울은 자기가 처음에 다루었던 음식에 관한 문제로 돌아가서, 먼저 강한 신자 - "먹는 자" - 를 언급하고, 다음으로는 다시 연약한 신자 - "먹지 않는 자" - 를 언급한다. 이 각각의 경우에서 신자는 강한 자든 연약한 자든 "주를 위하여", 즉 주에 "의거해서", 또는 주에 "비추어서"[542] 그렇게 하는 것이라고 바울은 지적한다. 특

540. Dunn은 이러한 해석이 가능한 것으로 본다.

541. 예를 들어, Murray; Cranfield를 보라. 마찬가지로 Godet도 이것이 연약한 그리스도인을 가리킨다고 생각하지만, 사본상으로 증거가 약한(오직 대문자 사본 ⊠와 대다수의 본문) 이독, 즉 이것과 대비되는 강한 그리스도인에 대해 말하는 내용이 더해진 읽기를 지지한다.

542. 4절에 대한 주해에서 지적했듯이, 이 문맥 속에서 여격들의 용법(7절과 8절도 보라)은 정확히 말하기가 어렵다. 대부분의 사람들은 "이익"의 여격들이라고 생각하는데(예를 들어, N. Turner, Syntax, 238; von Siebenthal, *Griechische Grammatik*, §176a), 이것이 많은 영역 성경들이 "주를 위하여"(for)로 번역한 이유일 것이다; 이 절에 대한 NLT의 번역을 보라: "특별한 날에 주를 예배하는 자들은 주를 높이기 위해 그렇게 한다." 그러나 우리가 4절과 관련해서 지적했듯이, 참조의 여격들로 보는 것이 더 바람직하다: 신자들은 다른 사람들이 아니라 자신들의 주에 "의거해서", 또는 주에 "비추어" 살아야 한다. 이 절에서 '퀴리오스'(κύριος, "주")와 '테오스'(θεός)를 번갈아 사용한 것은 '퀴리오스'가 성부 하나님을 가리킨다는 것을 시사해주는 것일 수 있다. 하지만 이 절과 8절에서 여격 '퀴리오'(κυρίῳ)를 통해 표현된 사고가 서로 분명한 유사성을 지니기 때문에(8절의 '퀴리오스'는 9절로 인해 거의 분명히 그리스도를 가리킨다), 그리스도를 가리키는 것일 가능성이 더 크다(예를 들어, Murray를 보라). 또한 이 절에서 '퀴리오스'에 관사가 붙어 있지 않다는 것(4절 및 8절과 비교해 보라)은 '퀴리오스'가 그리스도를 가리킨다고 보는 데 별 문제가 되지 않는다. 물론 바울 서신에서 그리스도를 가리키는 '퀴리오스'에는 관사가 붙어 있는 경우가 더 많다(대략 130번). 그러나 바울은 관사 없는 '퀴리오스'를 적어도 80번은 그리스도를 가리키는 데 사용하고, 오직 12번만 성부 하나님을 가리키는 데 사용하지만, 12번 모두가 구약 인용문들이다(11절에서처럼). 우리는 바울이 그리스도를 가리키는 데 '퀴리오스'를 사용하면서 관사를 생략한 경우에 통상적으로 문맥상의 이유를 발견할 수 있다: 21번은 관사가 없는 다른 호칭들과 함께 나

정한 날들을 정해서 금식하거나 안식일을 지키는 신자는 자기가 그렇게 하는 것이 주를 높이는 것이라고 진심으로 믿기 때문에 그렇게 하는 것이다. 마찬가지로, 어떤 것이든 구별하지 않고 다 먹는 신자와 특정한 것들을 먹지 않는 신자도 둘 다 식사 때에 하나님께 "감사하고",[543] 주께 영광을 돌리고자 하는 마음과 동기로 각자 그렇게 하는 것이다.

7 바울은 4절에서는 그리스도인을 "자기 주인(또는, 주)"에게 바쳐진 종("하인")에 비유했고, 6절에서는 이 비유를 강한 그리스도인들과 연약한 그리스도인들의 구체적인 행위들 - "주를 위하여" 날들을 지키는 것, "주를 위하여" 먹는 것과 먹지 않는 것 - 에 적용했다. 이제 7-9절에서 바울은 이 비유에 대한 일반적인 신학적 설명을 제시한다.[544] 그리스도는 자신의 죽으심과 부활로 말미암아 모든 신자의 주가 되셨다. 그렇기 때문에 신자들은 자신의 모든 행위를 그 주에 "의거해서" - 우리 또는 우리의 행위들을 판단하고자 하는 다른 그리스도인들에 의거해서가 아니라 - 행하는 것임을 알아야 한다. 따라서 이 절들은 로마 그리스도인들의 비판하는 태도에 대한 바울의 책망의 핵심이다(1-12절).[545]

바울은 소극적인 지적으로 시작한다. "우리 중에 누구든지 자기를 위하여 사는 자가 없고 자기를 위하여 죽는 자도 없도다." 바울은 가능한 한 포괄적으로 말하기 위해서 "살다"와 "죽다"라는 두 단어를 사용한 것으로 보인다. 그리스도인이 행하는 모든 것 중에서 "오직 자기 자신에 의거해서" 행하는 것은 아무것도 없다.

오는 경우이고, 47번은 '퀴리오스'를 전치사의 목적어로 사용한 경우다. 이 절에서 각각의 경우에 동사 앞에 이 호칭을 배치한 것이 관사를 생략한 이유가 되지 않겠는가?

543. 이것은 그리스도인들 사이에 식사 때 감사 기도를 하는 관행이 있었다는 것을 보여 주는 가장 초기의 언급들 중 하나다(또한 행 27:35; 고전 11:24; 딤전 4:3[?]; Did. 10:1-6을 보라); 물론 이것은 유대인들의 관행의 연장이었다(특히 신 8:10; 신약에서는 막 8:6과 그 병행문들; 14:23; 요 6:11, 23을 보라).

544. 따라서 7절의 시작 부분에 나오는 '가르'(γάρ, "왜냐하면")는 7-9절의 논증 전체가 6절에 나오는 바울의 주장들, 즉 강한 자와 연약한 자는 "주를 위하여" 그렇게 하는 것이라는 주장들의 근거가 되게 한다. 이 절들, 그 밖의 다른 신약 본문들, 예를 들어, 9절a의 정형문구 같의 병행들은 바울이 여기에서 널리 퍼져 있던 초기 기독교 전승을 사용하고 있거나(예를 들어, Käsemann을 보라), 자기가 로마서를 쓰기 전에 써놓은 자료를 인용하고 있는 것임을 보여 준다 (Jewett, 832; E. Richards, *Paul and First-Century Letter Writing*, 111).

545. 예를 들어, Michel; Käsemann을 보라.

바울은 암묵적으로 자기 자신이 아니라 다른 사람들을 준거로 삼으라고 말하기 위해 이렇게 말한 것이 아니다 - 존 던처럼 "그 자체로 존재하는 섬인 사람은 아무도 없고, 각각의 사람은 대륙의 한 부분이고, 본토의 일부다"라고 말하고자 한 것이 아니다. 도리어 문맥이 분명히 보여 주듯이, 자기 자신이 아니라 주를 준거로 삼으라고 말하기 위해 이렇게 말한 것이다. 바울은 8절에서 실제로 그렇게 말한다. 따라서 바울은 7절에서 소극적으로 말한 것을 8절에서는 적극적으로 말하고, 이 둘은 하나의 짝을 이룬다.

8 바울은 이제 그리스도인은 "자기를 위하여" 살거나 죽지 않는다고 한 자신의 말을 더 자세하게 설명한다(그리스어 본문에서 '가르'). 그리스도인들은 결국 "우리가 살아도 주를 위하여 살고 죽어도 주를 위하여 죽나니"라고 고백한다. 우리는 어떻게 그리스도인들이 "주를 위하여 사는지"를 쉽게 이해할 수 있다. 신자들의 삶의 모든 부분 - 그들의 생각, 행위, 야심, 결정 - 은 무엇이 주를 기쁘시게 하고 영화롭게 하는지를 고려해서 행해져야 한다. 하지만 "주를 위하여 죽는" 것은 무엇을 의미하는가? 몇몇 해석자들은 바울이 "죽다"라는 단어를 로마서 6:3-6에서처럼 영적인 의미로 사용한 것이라고 생각한다.[546] 그러나 문맥 속에는 이 단어가 그런 뉘앙스로 사용되었음을 보여 주는 것이 전혀 없다. 바울은 육신적인 죽음을 가리키고 있음에 틀림없다. "죽는" 것과 관련해서 바울은 신자의 삶은 물론이고 죽음과 관련된 것들도 자신의 의지나 자신의 이해관계에 대한 고려에 의해 결정되지 않고, 온전히 주의 손에 달려 있어서, 주는 자신의 이해관계와 목적에 따라 각각의 신자의 죽음의 때를 정하신다는 사실을 염두에 둔 것으로 보인다.[547] 이 절의 마지막 문장에 요약이 나온다. "그러므로 사나 죽으나 우리가 주의 것이로다." 문법 구조의 변화("주를 위하여"에서 "주의 것"으로)[548]로 개념이 확장된다. 신자는 "주에 의거해서" 살고 죽을 뿐만 아니라, 삶과 죽음에서 주의 것이다. 신자가 현세의 삶 속에서 누리는 주 그리스도와의 연합[549]과 그 모든 은택들은 죽음 후에도 계속

546. Viard; 또한 Chrysostom - 그는 이 문제에 대해서 분명하지 않지만 - 을 보라.

547. Murray를 보라.

548. 그리스어 본문에서는 여격(τῷ κυρίῳ, '토 퀴리오')에서 속격(τοῦ κυρίου, '투 퀴리우')으로 바뀐다.

549. 이 절은 그리스도의 죽으심과 부활을 명시적으로 언급하는 9절과 밀접하게 연관되어 있다는 점

해서 이어져서 한층 더 온전한 복을 누리게 된다(8:18, 31-39을 보라).

9 바울의 신학적 추론은 계속된다. 우리는 살든 죽든 "주의 것이다." "이를 위하여"[550] 즉 죽은 자와 산 자의 "주가 되려"[551] 그리스도가 죽으셨다가 "다시 살아나셨기"[552] 때문이다. 바울은 로마 그리스도인들이 잘 알고 있는 진리를 상기시킨다. 고린도후서 5:15을 보라. "그가 모든 사람을 대신하여 죽으심은 살아 있는 자들로 하여금 다시는 그들 자신을 위하여 살지 않고 오직 그들을 대신하여 죽었다가 다시 살아나신 이를 위하여 살게 하려 함이라." 거기에서도 그리스도인들로 하여금 "그들 자신을 위하여" 살지 않고 "주를 위하여" 살게 하는 것은 그리스도의 죽으심과 부활이다. 그러나 바울은 로마서의 이 대목에 맞춰 이 전승을 재단해서 사용한다. 먼저 그는 "그리스도께서 죽으셨다가 다시 일어나셨다[한글개역개정에는 '다시 살아나셨다']"는 좀 더 관행적인 표현(살전 4:14; 고전 15:3-4; 롬 8:34)[553]에서 벗어나서, 신약성경에서 독특한 정형문구를 사용한다: "그리스도께서 죽었다가 다시 살아나셨다." 바울이 그렇게 한 것은 그리스도의 구속 행위들 - 그의 죽으심과 "살아나심" - 과 그리스도인의 경험의 두 가지 가장 기본적인 부분 - 삶과 죽음 - 간의 아주 밀접한 연결고리를 만들어내기 위한 것으로 보인다.[554] 바울의 이러한 의도는 이 절의 끝에 나오는 "죽은 자와 산 자"라는 이례적인 어순도 설명해 준다.

을 고려했을 때, 이 절에서 '퀴리오스'라는 호칭은 거의 분명히 그리스도를 가리킨다(Murray; Cranfield; Dunn).

550. '에이스 투토'(εἰς τοῦτο, "이를 위하여")에서 '투토'의 선행사는 그다음에 나오는 '히나'(ἵνα)가 이끄는 절이다. 이 어구를 덧붙임으로써 '히나' 절에서 말하는 개념이 강조된다(위의 의역을 보라; Dunn을 보라).

551. 동사 '퀴리유오'(κυριεύω, "주가 되다")는 단지 "주이다"를 의미하지만(BDAG; 또한 눅 22:25; 롬 6:9, 14; 7:1; 고후 1:24; 딤전 6:15을 보라), 단순과거 '퀴리유세'(κυριεύσῃ)는 거의 확실하게 동작의 개시(ingressive)를 나타낸다(예를 들어, Cranfield).

552. 단순과거 '에제센'(ἔζησεν, "다시 살아나셨으니")은 기동의 의미를 지닌다(von Siebenthal, *Griechische Grammatik*, §199d); 이 동사의 동일한 형태는 눅 15:32; 계 20:4, 5에서도 비슷한 용법으로 사용된다.

553. 첫 번째 본문은 '아니스테미'(ἀνίστημι, "일어서다")의 한 형태를 사용하고, 두 번째와 세 번째 본문은 '에게이로'(ἐγείρω, "일어나다")의 한 형태를 사용한다. 로마서 8:34에 '크리스토스'(Χριστός)가 있는 것은 바울이 여기에서 그 호칭을 사용한 이유를 설명하는 데 도움을 줄 수 있다(이 문단 전체에 걸쳐 사용된 '퀴리오스'를 사용하지 않고); Dunn을 보라.

554. Gifford; Murray; Dunn.

즉, 바울이 그런 어순을 채택한 것은 그가 그리스도가 그리스도인들을 위해 행하신 일들을 묘사할 때 사용한 순서(9절a)를 유지하기 위한 것이다.[555] 하지만 이것은 바울이 그리스도의 죽으심은 그가 죽은 자의 주가 되신다는 것과 특별한 관계가 있고, 그의 "살아나심"은 그가 산 자의 주가 되신다는 것과 특별한 관계가 있다는 것을 보여 주기 위한 것이라고 말하는 것은 아니다.[556] 그리스도의 죽으심과 부활이 함께 그리스도로 하여금 여기 로마의 그리스도인들을 포함해서 산 자든 죽은 자든 모든 사람의 주가 되게 해주었다.[557] 바울은 그리스도가 자신의 구속 사역을 통해 모든 사람에 대해 주의 지위를 확보했다고 가르쳤다고 해서, 그리스도가 영원 전부터 주로서의 지위를 행사해 오셨다는 것을 부정하는 것은 물론 아니다. 그러나 다른 경우들과 마찬가지로 여기에서도 바울의 초점은 오직 그리스도의 죽으심과 부활로 말미암아 굳게 세워진 "하나님 나라"의 능력과 통치의 저 유일무이한 행사, 그리고 개별 신자들이 믿음으로 그리스도의 죽으심과 부활로 말미암은 은택들을 자신의 것으로 만드는 것에 맞춰져 있다.[558]

10 바울은 2인칭 - "너"(그리스어로 '쉬') - 의 강조된 반박 양식으로 돌아감으로써, 7-9절에서 신학적 근거를 제시한 후에 이제 다시 권면으로 돌아간다는 신호를 보낸다. 그는 먼저 자신이 4절a에서 사용한 것과 동일한 단어들을 사용해서(그리고 3절b도 보라) 대표성을 지닌 단수의 연약한 그리스도인을 책망한다: "네가 어

555. "산 자와 죽은 자"라는 어구는 신약성경에 3번 나온다: 행 10:42; 딤후 4:1; 벧전 4:5 (또한 마 22:32//막 12:27//눅 20:38을 보라); "죽은 자와 산 자"라는 어구는 오직 여기에만 나온다. 몇몇 사람들은 이 어순은 "죽은 자"가 영적인 의미를 지닌다는 것 - (죄에 대해서는) 죽었지만 지금 살아 있는 자들의 주로서의 그리스도(롬 6:2-12을 보라) - 을 시사해주는 것이라고 생각하거나(Leenhardt), 바울이 8절과 교차대구법을 의도한 것이라고 생각한다(Lagrange). 그러나 아마도 "죽은 자"를 강조하기 위해 - 그리스도는 산 자는 물론이고 죽은 자의 주이기도 하다(Dunn) - 9절의 시작 부분에 나오는 어순을 그대로 따라한 것일 가능성이 더 크다(예를 들어, S-H; Morris를 보라).

556. 반대 견해로는 Bengel; Bruce; Moule, *Idiom Book*, 195(잠정적으로). Kramer, *Christ, Lord, Son of God*, 193을 보라.

557. 예를 들어, Cranfield를 보라.

558. Murray는 이것을 "구속 관계 속에서의 주로서의 지위"라고 부르고, 행 2:36; 롬 8:34; 빌 2:9-11을 근거로 제시한다.

찌하여 네 형제를 비판하느냐?[559]"[560] 그런 후에 그는 자기가 3절에서 강한 그리스도인의 태도를 설명하는 데 사용했던 표현을 다시 한번 반복해서 처음으로 강한 그리스도인을 직접적으로 책망하는 말을 덧붙인다. "어찌하여 네 형제를 업신여기느냐?[561]" 바울의 직접적이고 생생한 표현 방식은 그가 로마 공동체를 대표하는 이 두 대표적인 그리스도인을 공개적으로 책망하는 것과 관련해서 지금까지 연약한 자를 응시하고 꾸짖었다가 이제는 강한 자에게 눈을 돌려 꾸짖는 모습을 만들어낸다.[562] 바울은 "형제"(/"자매")라는 단어(이것은 13-23절에서 논증의 중심이 된다)[563]를 사용함으로써, 양쪽이 모두 상대방에 대해 영적인 가족의 같은 지체로서의 지위를 의심하는 죄를 저지르고 있는 것임을 보여 준다. 신자에게는 그렇게 할 권리가 없다. 왜냐하면 바울은 7-9절의 중심적인 신학적 논증의 연장으로 로마 그리스도인들에게 "우리가 다 하나님의 심판대[564] 앞에 서리라[565]"는 것을 상기시키기 때문이다. 이것은 바울이 신자들에게 그들이 서로를 비판하는 죄를 저지른 것에 대해 하나님의 심판을 받게 될 위험에 처해 있다고 경고한 것일 수도 있다. 그러나 7-9절에 비추어보면, 바울은 그들에게 각각의 신자는 다른 그리스도인들이 아니라 하나님께 책임을 지게 되어 있다는 것을 상기시키고 있는 것일 가능성이 더 크다. 따라서 그들이 다른 그리스도인들을 "비판하는 것"과 "업신여기는 것"은 오직 하나님께만 속해 있는 대권이 마치 그들의 것인 양 행사하고 있는 것이다. 하나님은 그 날에 각각의 신자의 지위와 행위들에 대해 판단을 내리실 것이고, "각

559. '크리네이스'(κρίνεις).

560. 확실한 것은 아니지만, 바울은 여기에서 예수님의 책망을 염두에 둔 것일 가능성이 있다: "비판하지 말라 그리하면 너희가 비판을 받지 않을 것이요"(눅 6:37); Allison, "Pauline Epistles," 11-12; W. Davies, *Paul and Rabbinic Judaism*, 138을 보라.

561. '엑수테네이스'(ἐξουθενεῖς).

562. 대부분의 주석자들이 그렇게 본다(예를 들어, Bengel; Godet; S-H를 보라; 그리고 Omanson, "'Weak' and 'Strong,'" 113을 보라).

563. 예를 들어, Horrell, "From ἀδελφοί to οἶκος θεοῦ," 300-302를 보라.

564. '베마'(βῆμα, "심판대")는 마 27:19; 요 19:13; 행 7:5; 12:21; 18:12, 16, 17; 25:6, 10, 17에서 세속의 법정을 가리킨다. 신약 기자들 중에서 오직 바울만이 이 단어를 신학적인 목적으로 사용한다; 또한 고린도후서 5:10을 보라.

565. 그리스어 동사는 '파리스테미'(παρίστημι, "서다")다. 이 동사는 법정 앞에서 재판관 앞에 서는 것을 가리킬 수 있다(MM; BDAG; 행 27:24을 보라).

각 선악간에 그 몸으로 행한 것을 따라 받게" 될 것이다(고후 5:10).[566]

11 바울은 하나님, 오직 하나님만이 마지막 날에 모든 사람과 각자의 행위들을 심판하실 것임을 확증하기 위해 이사야 45:23을 인용한다. "내가 살았노니 모든 무릎이 내게 꿇을 것이요 모든 혀가 하나님께 찬송하리라[한글개역개정에는 '자백하리라'].[567]" 이사야서에서 이 본문이 여호와의 유일무이한 주권에 대해 말하는 진술들로 둘러싸여 있다는 것을 우리가 주목하면, 이 본문을 14:1-12에서 논의되고 있는 문제에 적용한 것의 적절성은 더욱 커진다. "나는 하나님이라 다른 이가 없느니라"(사 45:22b); "구원[한글개역개정에는 '공의']과 힘은 여호와께만 있나니"(24절a). 바울은 "기록되었으되"라는 자신의 통상적인 정형어구를 도입부로 사용해서, 칠십인경 본문을 꽤 가깝게 재현한다.[568] 하지만 한 가지 예외가 있다. 바울이 인용문의 첫 부분에서 "주께서 이르시되 내가 살았노니"라는 어구는 이사야 45:23에는 나오지 않는다. 그러나 이 어구는 이사야 49:18을 비롯해서 여러 구약 본문에서 발견된다.[569] 바울이 이 어구를 여기에 덧붙인 이유는 무엇인가? 일부 해석자

566. 일부 사본들은 이 절을 고린도후서 5:10 - "그리스도의 심판대"라고 말하는 - 과 동화시켜서, '테우'(θεοῦ, "하나님의") 대신에 '크리스투'(Χριστοῦ, "그리스도의")로 읽는다. 이러한 표현의 변화는 바울이 두 번의 별개의 "심판대"를 생각했다는 것을 의미하지 않고, 그는 하나님과 그리스도를 아주 밀접하게 관련되어 있는 것으로 보았기 때문에 거의 무의식적으로 한 표현에서 다른 표현으로 옮겨갈 수 있었다는 것 - 이 절들의 주목할 만한 특징 - 을 의미한다(참조, Thüsing, Per Christum in Deum, 35-36).

567. 여기에서 사용된 그리스어 '엑소몰로게오'(ἐξομολογέω)는 통상적으로 "고백하다, 자백하다"를 의미하기 때문에, 일부 주석자들은 여기에서도 이 단어가 그런 의미를 지닌다고 본다(예를 들어, Fitzmyer; 이런 의미로 사용된 것으로 보이는 빌 2:11도 보라). 그러나 칠십인역에서 이 동사는 여격과 함께 사용될 때 "찬송하다"를 의미한다(삼하 22:50; 대상 29:13; 시 85:12; 117:28 등; Käsemann; Dunn을 보라).

568. Rahlfs에 인쇄된 본문(A, Q 사본들과 S [N]의 수정본에 토대를 둔)은 오직 '파사 글롯사'(*πᾶσα γλῶσσα*, "모든 혀")와 '엑소몰로게세타이'(*ἐξομολογήσεται*, "직고하다, 찬송하라")의 위치를 바꾼 것만 바울의 인용문과 다를 뿐이다. 그러나 아주 좋은 사본들(B, 그리고 S의 원본)은 엑소몰로게세타이' 대신에, 히브리어 본문(([‘팃샤바아,’ "[충성의 서약을] 맹세하다"; BDB를 보라)의 의미에 더 가까운 읽기인 '오메이타이'(*ὀμεῖται*, "맹세하다")로 읽는다. M. Black은 A, Q 사본들과 S의 수정본의 읽기가 '샤바아'(שבע, "맹세하다")를 '샤바흐'(שבח, "찬송하다")로 읽음으로써 생겨난 후대의 읽기라고 추정한다("Christological Use," 8).

569. 대부분의 학자들은 바울이 이사야 49:18을 직접적으로 염두에 둔 것이라고 생각하지만, 이 어구는 칠십인경에 22번 나오기 때문에, 바울은 특정한 본문을 염두에 두지 않았을 수도 있다(C. Stanley, *Paul and Language*, 176-177).

들은 바울이 이 구약 인용문에 나오는 "주"('퀴리오스')가 그리스도라는 것을 밝힌 것이라고 생각한다.[570] 바울은 4-9절 전체에 걸쳐 그리스도를 가리키는 데 '퀴리오스'를 사용한다(그럴 개연성이 높다). 그리고 바울은 (빌립보서 2:11에서) 이사야 45:23을 간접인용 할 때, "모든 혀"의 자백을 "예수 그리스도를 주라 시인하는" 것과 연결시킨다.[571] 또한 로마서 자체 내에도 구약의 '퀴리오스'를 그리스도로 규정하는 선례가 있다(10:13을 보라). 하지만 바울은 통상적으로 자신의 구약 인용문에 나오는 '퀴리오스'를 그리스도라고 하지 않는다. 그리고 이 문단 내에서의 그의 초점은 그리스도에서 성부 하나님으로 옮겨간 것으로 보인다.[572] 따라서 우리는 이 인용문에 언급된 '퀴리오스'를 암묵적으로 그리스도로 규정하고서 이 본문을 읽어서는 안 될 것으로 보인다. 바울은 기억의 착오 때문에 이 어구를 별 생각 없이 포함시킨 것이거나,[573] 자기가 인용한 구약 본문을 강조하기 위해 이 어구를 의도적으로 덧붙인 것 같다.[574]

12 여기에서 바울은 10c-11절을 요약한다. "이러므로 우리 각 사람이 자기 일을 하나님께 직고하리라."[575] "우리 각 사람"은 앞 절들에서 강조한 보편성을 그대로 이어받는다. "우리가 다 하나님의 심판대 앞에 서리라"(10절c); "모든 무릎이……꿇을 것이요"; "모든 혀가……자백하리라"(11절). 그러나 10절c의 1인칭 복수형("우리")와 여기의"우리"가 보여 주듯이, 바울은 특히 그리스도인들에게 그들이 모든 것을 아시고 다스리시는 역사의 심판주 앞에 각자의 행실을 "직고해야" 하는 자들이라는 것을 상기시키는 데 관심을 갖는다. 바울이 자신의 권면의 이

---

570. 예를 들어, Hodge; Black(또한 그의 "Christological Use," 8을 보라); Fee, *Pauline Christology*, 272-275; Wright.

571. 예를 들어, Wilckens; Stuhlmacher; N. T. Wright, *Paul and the Faithfulness of God*, 2.702를 보라.

572. 10절(τοῦ θεοῦ['투 테우,' "하나님의"]), 11절(τῷ θεῷ['토 테오,' "하나님께"]), 12절(τῷ θεῷ[?]['토 테오,' "하나님께"])의 끝부분에 나오는 언급들을 주목하라. 특히 Dunn을 보라; 또한 예를 들어, Cranfield를 보라.

573. Cranfield.

574. Stuhlmacher.

575. '로곤'(λόγον). 이 단어는 여기에서 "결산," "청산"이라는 상업적인 의미를 지닌다(BDAG; 또한 마 12:36; 눅 16:2; 행 19:40; 빌 4:17[유력함]; 히 13:17; 벧전 3:15; 4:5을 보라).

부분을 마무리하면서 상기시키는 이것은 두 가지 측면을 지닌다. 한편으로는 바울이 앞서 강조했던 것처럼(4, 10절), 이것은 그리스도인들이 서로를 비판하는 것이 잘못된 이유를 보여 준다. "너의 형제를 비판하지 말라. 하나님이 그들을 판단하시리라." 그러나 다른 한편으로는 장차 심판이 있을 것이라는 사실은 신자들에게 그들이 각자의 행실에 대해 주 앞에서 책임을 져야 한다는 것을 일깨워준다. "너의 형제를 비판하지 말라(그렇게 함으로써 죄를 짓지 말라). 하나님이 너희를 심판하시리라."[576]

576. Godet를 보라.

2. 하나님 나라의 가치들에 우선순위를 부여함(14:13-23)

13 그런즉 우리가 다시는 서로 비판하지 말고
도리어 부딪칠 것이나 거칠 것을 형제 앞
에 두지 아니하도록 주의하라
14 내가 주 예수 안에서 알고 확신하노니 무
엇이든지 스스로 속된 것이 없으되 다만
속되게 여기는 그 사람에게는 속되니라
15 만일 음식으로 말미암아 네 형제가 근심하
게 되면 이는 네가 사랑으로 행하지 아니
함이라 그리스도께서 대신하여 죽으신 형
제를 네 음식으로 망하게 하지 말라
16 그러므로 너희의 선한 것이 비방을 받지
않게 하라
17 하나님의 나라는 먹는 것과 마시는 것이
아니요 오직 성령 안에 있는 의와 평강과
희락이라
18 이로써 그리스도를 섬기는 자는 하나님
을 기쁘시게 하며 사람에게도 칭찬을 받
느니라
19 그러므로 우리가 화평의 일과 서로 덕을
세우는 일을 힘쓰나니[577]
20 음식으로 말미암아 하나님의 사업을 무너
지게 하지 말라 만물이 다 깨끗하되 거리
낌으로 먹는 사람에게는 악한 것이라
21 고기도 먹지 아니하고 포도주도 마시지
아니하고 무엇이든지 네 형제로 거리끼게
하는[578] 일을 아니함이 아름다우니라
22 네게 있는[579] 믿음을 하나님 앞에서 스스
로 가지고 있으라 자기가 옳다 하는 바로
자기를 정죄하지 아니하는 자는 복이 있
도다
23 의심하고 먹는 자는 정죄되었나니 이는
믿음을 따라 하지 아니하였기 때문이라 믿
음을 따라 하지 아니하는 것은 다 죄니라
[580]

---

577. 직설법 '디오코멘'(διώκομεν, "힘쓰다")과 가정법 '디오코멘'(διώκωμεν) 중에서 선택하는 것은 어려운 일이다. 전자는 더 강력한 외적 증거를 지니고 있고(바울 서신의 두 개의 최고의 대문자 사본들, 일차적인 알렉산드리아 사본들인 ℵ와 B, 또한 이차적인 알렉산드리아 대문자 사본 A, 서방 대문자 사본들인 F와 G, 그 밖의 다른 여러 사본들), 더 어려운 읽기이기도 하다(예를 들어, Käsemann, 378; Dunn, 2.816; Stuhlmacher, 226; Jewett, 853-854; Porter, 265를 보라). 그러나 이차적인 알렉산드리아 사본들인 C, 33, 81, 1739; Ψ; 서방 사본인 D; 대다수의 본문의 읽기인 가정법 '디오코멘'이 문맥상으로 훨씬 더 나은 읽기이기 때문에, 이 읽기를 채택해야 할 것으로 보인다(대부분의 현대 영역 성경들과 대부분의 주석자들이 채택하고 있다[예를 들어, Godet, 462; Cranfield, 2.720-721; Wilckens, 3.94; Schreiner, 743; 또한 Metzger, Textual Commentary, 469를 보라]).

578. '프로스콥테이'(προσκόπτει, "거리끼게 하는"; ℵ의 1차 [비잔틴] 수정본; 이차적인 알렉산드리아 사본들인 A, C, 81, 1739; 그 밖의 몇몇 사본들에서 발견되는)에 상당수의 사본들은 '에 스칸달리제타이 에 아스테네이'(ἢ σκανδαλίζεται ἢ ἀσθενεῖ, "걸려넘어지게 하거나 연약하게 하는"; 알렉산드리아 사본들인 B, 33^{vid}, P^{46}; 서방 대문자 사본들인 D, F, G; Ψ; 대다수의 본문[N의 2차 수정본을 포함해서]; 하나의 사본, 즉 ℵ의 원본만이 λυπεῖται['뤼페이타이,' "근심하게 하다"]로 읽는다)를 첨가한다. 몇몇 주석자들은 이 긴 읽기를 지지하지만(예를 들어, Godet, 463; 그리고 KJV; NKJV; NJB를 보라), 이차적인 확대임이 거의 확실하다(Cranfield, 2.725).

바울은 1-12절을 강한 자들에 대한 호소로 시작해서, 강한 자들과 연약한 자들 둘 모두를 향해 말하는 것으로 신속하게 옮겨가지만(3절; 또한 10절을 보라), 그의 초점은 연약한 자들에 맞춰져 있다(3b-4절; 그리고 7-9절의 논증은 두 부류 모두와 관련된 것이긴 하지만 특히 연약한 자들에게 적용된다).

바울은 13-23절에서 거의 전적으로 강한 자들을 집중적으로 다룸으로써 그러한 초점의 균형을 맞춘다. 소극적인 측면에서는 바울은 강한 자들에게 연약한 형제에게 영적인 해악을 초래하는 방식으로 그들의 자유를 사용하지 말라고 권면한다(예를 들어, "부딪칠 것", "거리끼게 하는 일", 13b, 20b-21절; 또한 15a, 15c, 20절a를 보라). 적극적으로는 강한 자들에게 이 문제들에 대한 그들의 자유("너희의 선한 것", 16절)가 같은 신자들에 대한 사랑(15절)과 그리스도의 몸을 세우는 것에 대한 관심(19절)에 의해 통제되어야 한다는 것을 인정하라고 말한다. 구조라는 측면에서는 강한 자들에 대한 바울의 권면은 그가 1-12절에서 사용한 것과 비슷한 형식으로 되어 있다. 즉, 여기에서도 그의 기본적인 권면은 이 본문의 처음 단락과 끝 단락에 나오고 - "연약한 그리스도인으로 실족하게 하지 말라"(13b-16절과 19-23절) - 중앙의 단락에서는 그의 권면과 관련한 기본적인 신학적 근거 - 하나님 나라의 본질(17-18절) - 를 제시한다.[581] 또한 바울이 두 권면 단락에서 말하는 기본적인 요지들은 교차대구법적인 순서로 되어 있다:

---

579. 여러 사본들(서방 대문자 사본들인 D, (F), G; 이차적인 알렉산드리아 사본들인 81과 1739; Ψ; 대다수의 본문)에는 여기에 관계대명사가 빠져 있고, 여러 주석자들은 이것이 원래의 본문이었다고 생각한다(예를 들어, Godet, 463). 이것은 더 어려운 읽기일 수는 있지만, '헨'(ἥν)이 포함된 읽기가 사본상의 강력한 외적 지지를 받고 있기 때문에, 후자의 읽기가 원래의 본문일 가능성이 더 크다(Käsemann, 378; Cranfield, 2.726; Jewett, 854; Metzger, *Textual Commentary*, 469-470).

580. 일부 사본에는 여기에 16:25-27의 송영이 첨가되어 있다. 이 송영은 15-16장의 사본 전승에서 여러 서로 다른 위치에 놓여져 있다. 이 이독과 그 밖의 다른 관련된 읽기들에 대해서는 서론에서 "본문"을 다룬 항목을 보라.

581. 많은 주석자들이 제안하는 다른 배열(예를 들어, Wilckens, 3.90; Stuhlmacher, 226)은 이 단락을 두 개의 기본적인 단락, 즉 13-18절과 19-23절로 나누는 것이다. 이러한 배열의 근거는 13절a와 19절의 유사성 - 둘 다 권면의 가정법(κρίνωμεν['크리노멘, "비판하다"], διώκωμεν['디오코멘', "힘쓰나니"])과 '알렐루스'(ἀλλήλους, "서로")를 사용하는 것, 19절에서 다시 한번 말한다는 것을 강력하게 보여 주는 '아라 운'(ἄρα οὖν, "그러므로"), 두 단락 간의 내용상의 유사성이다. 나의 제안은 Dunn의 것(2.816)과 비슷하지만 동일하지는 않다. Dunn도 삼중적인 구조를 제안한다: 13-15절, 16-18절, 19-21절, 그리고 22-23절은 일종의 부록.

A 걸림돌('프로스콤마', "부딪칠 것")에 관한 경고 13절b

B 그 자체로 "속된"('코이노스') 것은 없다 - 14절a

C 그리스도가 대신하여 죽으신 형제를 "망하게 하지" 말라 - 15절b

C′ "하나님의 사업"을 무너지게 하지 말라 - 20절a

B′ 모든 것은 "깨끗하다"('카타로스') - 20절b

A′ 무엇이든지 같은 신자를 실족하게 하는 것은 하지 말라 - 21절[582]

13 "그런즉 우리가 다시는 서로 비판하지 말고"는 이행문이다.[583] 이 권면은 1-12절을 요약함과 동시에, 13-23절에서의 새로운 초점을 준비한다. 앞에서 바울은 강한 그리스도인과 연약한 그리스도인은 둘 다 서로를 비판하는 것을 그쳐야 한다는 것을 분명히 해왔다. 왜냐하면 하나님이 이 두 사람 각각을 받으셨고, 그들이 책임을 져야 하는 동료 종이 아니라, 그들을 구속하신 분이자 그들의 주인이신 주이시기 때문이다. 하지만 이 절의 후반절에서 바울은 이행을 만들어내기 위해 '크리노'("비판하다")와의 단어 유희를 사용해서 믿음이 강한 자들에게로 눈을 돌린다.[584] 이 절의 전반절에서 이 동사는 "비판하다, 정죄하다"를 의미하지만, 후반절에서는 "결정하다, 결심하다"(한글개역개정에는 "주의하다")를 의미한다.[585] 믿음이 강한 자들은 다른 신자들을 "판단하기"(정죄하는 것)보다는 "부딪칠 것이나 거칠 것을 형제 앞에 두지 아니하도록" "판단해야"(결심하는 것)[586] 한다. "부딪칠 것"(걸림돌)은 사람을 걸려 넘어지거나 실족하게 하는 것을 가리키는 단어를 번역한 것이다. 이 단어는 은유적인 의미를 지니고서, 신약성경에서 언제나 영적으로 넘어

582. 교차대구법적 구조에 관한 비슷한 생각들은 Dunn, 2.816; Schmithals, 495; M. B. Thompson, *Clothed with Christ*, 200-207에 제시되어 있다.

583. 예를 들어, Käsemann을 보라. M. B. Thompson (*Clothed with Christ*, 163-173)은 비판하는 것을 절대적으로 금지하는 것은 헬라 문헌이나 유대 문헌(적어도 명확하게)에서 발견되지 않는 것으로 보아서, 예수님이 비판하는 것을 금지하신 것을 바울이 염두에 둔 것이라고 생각한다(마 7:1//눅 6:37a). 또한 W. Davies, *Paul and Rabbinic Judaism*, 138을 보라.

584. 하지만 Jewett은 이 절 전체가 연약한 자들과 강한 자들을 향해 말하고 있는 것이라고 생각한다.

585. BDAG를 보라.

586. 1인칭 복수에서 2인칭 복수로의 변화, 현재 시제에서 단순과거 시제(κρίνωμεν['크리노멘', "비판하지"]/κρίνατε['크리나테', "주의하라"])로의 변화는 이 두 번째 동사에 절박성을 더해 준다; NRSV를 보라: "도리어 걸림돌이나 장애물을 다른 사람의 길에 두지 않겠다고 결심하라."

지는 것을 가리키는 데 사용된다.[587] '스칼달론'("거치는 것")의 유래와 용법도 비슷하다. 이 단어도 원래는 문자 그대로 "덫"을 가리키는 것이었지만, 신속하게 "불행을 가져다주는 계기", "패망의 원인"라는 은유적인 의미를 지니게 되었다.[588] 이 두 단어는 여기에서 본질적으로 동의어다.[589] 바울은 여기에서나 이 단락의 어디에서도 강한 신자가 연약한 신자를 정확히 어떤 식으로 "영적으로 넘어지게" 하는 것인지를 설명하지 않는다.[590] 그러나 바울이 강한 신자들에게 음식은 그 자체로는 "깨끗하지만", 연약한 신자에게는 "속된" 것일 수 있다는 것을 상기시키고(14절), 이 단락의 끝부분에서 "자기가 믿는 것을 따라 하지 않는" 사람은 죄를 짓는 것이라고 주장한 것은 강한 신자들이 음식과 관련해서 자유롭게 행하는 것이 연약한 신자들에게 압박으로 작용해서 자신의 양심이 먹지 말라고 말하는 것들

587. 동사 '프로스콥토'(*προσκόπτω*; 이 동사에서 *πρόσκομμα*['프로스콤마', "부딪칠 것"]가 나왔다)의 원래 의미인 "넘어지다, 걸려 넘어지다"는 마태복음 7:27에서 볼 수 있다: "비가 내리고 창수가 나고 바람이 불어 그 집에 부딪치매 무너져 그 무너짐이 심하니라." *πρόσκομμα*('프로스콤마')에서 접미어 '-*μα*'('-마')는 이 단어가 통상적으로는 넘어지거나 걸려 넘어지는 행위의 결과를 가리킨다는 것을 보여 준다. 그러나 헬레니즘 그리스어의 그런 많은 명사들처럼 이 단어도 넘어지거나 걸려 넘어지는 행위를 가리키거나, 여기에서처럼 걸려 넘어지게 하는 원인을 가리킬 수도 있다(G. Stahlin, *TDNT* 6.745-747; BDAG를 보라). 이 단어는 칠십인경에 11번 나오고, 보통은 은유적인 의미로 사용된다. 신약성경에서 이 단어의 5번의 용례 중에서 3번은 이사야 8:14의'리톤 프로스콤마토스 카이 페트란 스칸달루'(*λίθον προσκόμματος καὶ πέτραν σκανδάλου*, "걸림돌과 걸려 넘어지는 반석")라는 어구와 관련해서 나오고(롬 9:32, 33; 벧전 2:8을 보라), 다른 용례들은 로마서 14-15장과 개념적으로 많은 병행을 보여 주는 본문(고전 8:9)에 나온다.

588. 그리스어로는 동사 '스칸달리조'(*σκανδαλίζω*)에서 온'스칸달론'(*σκάνδαλον*)이다. 이 단어가 은유적 의미를 지니게 된 것은 특히 칠십인경에서(21번의 용례) 히브리어 '모케쉬'(와 '미브숄'(을 번역하는 데 이 단어를 사용했기 때문이다(G. Stahlin, *TDNT* 7.340-341). Str-B (3.110-112)는 레위기 19:14은 이 단어의 은유적 의미가 생겨나게 한 단초가 된 절이라고 말한다. 이 단어는 신약성경의 모든 용례에서 영적으로 넘어지게 하는 원인을 가리킨다: 마 13:41; 16:23; 18:7(3번); 눅 17:1; 롬 9:33; 11:9; 16:17; 고전 1:23; 갈 5:11; 벧전 2:8; 요일 2:10; 계 2:14. 예수님이 "실족하게 하는 것들"(*σκάνδαλα*, '스칸달라')에 대해 경고하신 것(마 18:7; 눅 17:1-2; 또한 막 9:42에 나오는 *σκανδαλίζω*['스칸달리조', "실족하게 하다"]를 보라)이 여기에서 바울의 경고에 영향을 미쳤을 수 있다(Allison, "Pauline Epistles," 14-15; Dunn, "Paul's Knowledge," 203; Cranfield). 하지만 M. B. Thompson (*Clothed with Christ*, 174-184)은 바울이 사용한 표현은 구약과 유대 전승으로부터 얼마든지 이끌어낼 수 있다는 것을 지적하면서 더 조심스러운 태도를 보인다.

589. 이 두 단어는 칠십인경에서 상당 부분 서로 겹친다(G. Stahlin, *TDNT* 7.341); 또한 이사야 8:14에서 이 두 단어를 함께 사용하고 있는 것은 두 단어 간의 병행을 보여 준다는 것도 주목하라. 특히 K. Müller, *Anstoss und Gericht*, 32-35에 나오는 주의 깊은 언어학적 분석을 보라; 또한 예를 들어, Murray; Wilckens; 반대 견해로는 예를 들어, Godet.

590. 대부분의 해석자들은 이 절의 끝부분에 나오는 '토 아델포'(*τῷ ἀδελφῷ*, "형제 앞에")는 "[연약한] 신자"를 가리킨다고 본다; 그러나 Jewett을 보라.

을 먹음으로써 죄를 짓고 영적으로 망하게 할 수 있는 가능성이 있다고 바울이 생각했음을 보여 준다.[591]

14 이 절에서 바울은 13절b의 권면에 함축되어 있는 것, 즉 강한 자들의 행위가 연약한 자들에게 영적으로 해악을 끼칠 수 있다는 것을 구체적으로 논증하기 위한 토대를 놓는다. 바울은 강한 자들이 틀림없이 힘주어 "아멘"이라고 말하며 동의할 근본 원칙을 제시하는 것으로 시작한다. "내가 주 예수 안에서 알고 확신하노니 무엇이든지 스스로 속된 것이 없으되." "속된"은 "공통의"를 의미하는 단어를 번역한 것이다. 유대인들은 보통의 세속적인 세상과의 부적절한 접촉으로 인해 제의적으로 더럽혀지거나 부정하게 된 것들을 가리키는 데 이 단어를 사용하기 시작했다.[592] 이 절과 병행을 이루는 20절에서 사용된 반대말 "깨끗한"('카타로스')이 분명하게 보여 주듯이, 바울은 여기에서 분명히 이 단어를 그런 의미로 사용한다. 이 단어가 지닌 "공통의, 속된, 부정한"이라는 의미도 바울이 여기에서 절대적으로 악하거나 죄악된 것은 아무것도 없다고 주장하고 있지 않다는 것을 분명히 한다. 그가 여기에서 한 말은 지금 다루고 있는 것, 즉 구약성경/유대 율법에 의해 정의된 제의적 부정에 국한되어야 한다.[593]

바울의 이 강조된 선언에서 "주 예수"라는 어구가 어떤 역할을 하는지는 분명하지 않다. 세 가지 가능성을 생각해볼 수 있다. (1) "나는 속된 것이 없다는 것을 주 예수와 나의 교제로 말미암아 알고 있다"[594]; (2) "나는 속된 것이 없다는 것을

591. 특히 J. Murray, "Weak and Strong," 144-149를 보라. 일부 주석자들(예를 들어, Godet)은 초기 그리스도인들의 "애찬식", 즉 성찬식을 거행할 때 식사를 함께 하는 것이 그런 일이 일어날 수 있는 계기를 만들었을 것이라고 생각한다.

592. 특히 막 7:2, 5과 행 10:14에서 '코이노스'(κοινός, "속된")와 '아카타르토스'(ἀκάθαρτος, "깨끗하지 아니한") 간의 병행을 주목하라; 또한 행 10:15, 28; 11:8, 9; 히 10:29을 보라(이 형용사가 행 2:44; 4:32; 딛 1:4; 유 1:3; 계 21:27에서는 이것과는 다른 비전문적인 의미로 사용된다). 동족어 동사 '코이노오'(κοινόω, "더럽게 하다")는 신약성경의 모든 용례에서 이 의미를 지닌다: 마 15:11, 18, 20; 막 7:15, 18, 20, 23; 행 10:15; 11:9; 21:28; 히 9:13. '코이노스'는 칠십인경의 앞부분들에서는 이런 식으로 사용되지 않는다; 그러나 예를 들어, 1 Macc. 1:47, 62; Josephus, *Ant.* 12.112; 13.4를 보라.

593. 예를 들어, Cranfield; Dunn을 보라.

594. NIV를 보라: "무엇이든지 스스로 속된 것이 없다는 것을 나는 확신하고, 주 안에서 온전히 안다." 또한 Murray; Fitzmyer를 주목하라.

주 예수 안에서 계시된 진리에 대한 나의 이해로 말미암아 알고 있다"[595]; (3) "나는 속된 것이 없다는 것을 이 땅에서의 주 예수의 가르침을 통해 알고 있다."[596] 이 마지막 해석을 뒷받침해 주는 합당한 증거들은 많이 제시할 수 있다. 진정으로 속된 것이 무엇이냐와 관련한 예수님의 가르침은 아주 중요했기 때문에, 마가는 (이 때쯤, 또는 조금 후에 로마에서 복음서를 쓰면서) 이 점을 자신의 독자들에게 분명히 하기 위해 편집자인 자신의 주를 덧붙였다: "이러므로 모든 음식물을 깨끗하다 하시니라"(막 7:19b). 바울이 자신이 통상적으로 사용하는 "그리스도 [예수] 안에서"라는 표현이 아니라 "주 예수 안에서"라는 표현을 사용한 것도 역사적 예수를 가리키는 것일 수 있다. 그리고 바울이 여기에서 그리스도의 이 가르침을 염두에 두었다고 보는 것은 그가 로마서의 이 부분에서 예수님의 가르침을 간접적으로 인용하는 경향을 보여 주는 것과 부합한다. 하지만 어쨌든 결국 이 해석도 "주 예수 안에서"라는 어구에 무엇인가를 집어넣어서 읽어낸 것이다. 따라서 첫 번째나 두 번째 견해, 또는 이 둘의 결합이 더 바람직할 수 있다.

믿음이 강한 자들은 분명히 자유에 대한 이러한 선언에 동의할 것이다. 사실 그들이 그런 입장을 갖게 된 것은 이 문제들에 대한 바울 자신의 담대한 태도를 직간접적으로 알고 있는 결과였을 것이다.[597] 그러나 바울은 이것과 아주 비슷한 고린도 교회의 상황에서 그런 것처럼(고전 8:4-7을 보라), 여기에서도 재빨리 이 선언을 보완하고 제한하는 한 가지 진리를 덧붙인다. "다만[598] 속되게 여기는 그 사람

595. NLT를 주목하라: "음식은 그 자체로는 먹어서 잘못인 것은 없다는 것을 나는 주 예수의 권위에 의거하여 알고 확신한다." 일반적인 것으로 Godet를 보라(자유의 근거로서의 그리스도의 구속 사역). Wilckens, Käsemann, Lohse는 초기 공동체에서 통용된 예수님의 권위를 언급한다.

596. Dunn, "Paul's Knowledge," 203; Blomberg, "Quotations," 135; M. B. Thompson, *Clothed with Christ*, 185-199; Cranfield(?); Schreiner; Wright; Longenecker(그는 ἐν['엔,' "안에서"]을 "~에 의거해서"로 명시적으로 번역한다).

597. 바울이 로마서 16:3에서 브리스가와 아굴라에게 문안인사를 전하라고 한 것은 로마 공동체에 "바울적인" 그리스도인들이 적어도 일부는 존재했다는 것을 보여 준다. 또한 바울이 고린도에서 이 부부와 함께 사역했다는 것도 기억하라. 거기에서는 그리스도인들이 그리스도인의 자유에 관한 바울의 몇몇 가르침들의 극단적인 형태를 실천하고 있었을 것이라고 생각할 만한 근거가 있다(특히 이 점과 관련해서 고전 6:12; 8:1-3; 10:22을 보라).

598. '에이 메'(εἰ μή, "다만")는 "~를 제외하고"(Wilckens; O. Evans, "Paul's Certainties," 201-202)가 아니라, "그러나"를 의미하는 것으로 보인다(예를 들어, BDF §448[8]; Zerwick, *Biblical Greek*, §470; Michel; Käsemann; Cranfield; Dunn).

에게는 속되니라." 바울은 진리를 내재화하는 능력은 사람마다 다르다는 것을 강한 자들이 깨닫기를 원한다. 그리스도가 오심으로써 모세 율법의 절대적인 유효성은 끝났고(6:14, 15; 7:4을 보라), 따라서 그 율법의 제의 규정들의 유효성도 확실하게 끝났다는 사실은 초기 기독교의 표준적인 가르침이었다. 그리고 지적인 수준에서 연약한 그리스도인들도 이 진리를 알고 있었을 것이다. 그러나 바울은 사람들은 언제나 그런 진리를 "실존적으로" 받아들여 행할 수 있는 것이 아니라는 것 - 하나님의 백성으로서의 그들의 기본적인 정체성에 기본적인 것이어서 오랫동안 강력하게 유지해 왔던 것과 그런 진리가 정면으로 반대될 때는 특히 더 - 을 믿음이 강한 자들이 깨닫기를 원한다.

15 바울이 13절에서 형제를 영적으로 넘어지게 해서는 안 된다고 한 말에 대한 신학적 근거를 제시한 14절은 일정 정도 삽입절의 성격을 지닌다. 따라서 15절은 특히 13절과 연결된다.[599] 형제 앞에 부딪칠 것을 두지 말라(13절b). "왜냐하면"[600] 네가 모든 음식을 먹을 너의 자유를 고집하는 것은 같은 신자에게 고통을 줌으로써 그리스도인의 주요한 덕목인 사랑을 어기는 것이기 때문이다. 강한 신자가 약한 신자에게 주는 "고통"(한글개역개정에는 "근심")은 연약한 신자들이 자신들이 인정할 수 없는 방식으로 행하는 자들에 대해 느끼는 괴로움이나 분노 이상의 것이다.[601] 이 고통이 13절b와 15절b에 나오는 영적으로 넘어지는 것에 관한 경고들과 연결되어 있는 것은 이 고통이 연약한 신자가 자신의 양심을 짓밟음으로써 생겨난 고통을 가리킨다는 것을 보여 준다.[602] 강한 자들이 모든 음식을 먹는 것과 그렇게 하지 않는 자들에 대한 그들의 우월감과 경멸의 태도는 연약한 자들을 압

599. Käsemann; Cranfield. 반면에, Murray는 15절을 13-14절과 연결시키고, S-H는 이 절들의 이면에 있는 생각과 연결시킨다: "따라서 너는 연약한 자가 꺼리는 것들을 공유할 수는 없다고 할지라도 존중해야 한다. 왜냐하면……"

600. '가르'(γάρ, "왜냐하면")는 13절의 근거를 제시하는 것이 아니라, 13절을 설명한다.

601. 반대 견해로는 예를 들어, BDAG; Godet.

602. J. Murray, "Weak and Strong," 147-148; Cranfield; Dunn. Barrett은 양심을 짓밟게 하는 죄와 괴롭게 하는 죄가 둘 다 포함되어 있다고 생각한다. 고린도후서에서 바울의 서신이 고린도 신자들에게 야기시킨 "고통"을 가리키는 데 이 동일한 동사를 사용한 용례들(2:2, 4, 5; 6:10; 7:8, 9, 11)은 여기에서 이 동사의 용법과 일정 정도 비슷하다; 또한 바울은 엡 4:30; 살전 4:13에서 이 동사를 사용한다.

박해서 자신들이 먹어서는 안 된다고 믿는 음식을 먹게 만드는 일이 벌어질 수 있다. 그랬을 때 연약한 자들은 "믿음을 따라" 하지 않는 죄를 짓고서(23절) 고통을 경험하게 된다. 따라서 강한 자들이 연약한 자들로 하여금 그렇게 행하도록 만드는 것은 바울이 12:9-21과 13:8-10에서 그리스도인의 행실의 기본으로 제시했던 "이웃" 사랑을 무시하는 것이다.

바울은 직접적인 명령문을 사용해서 자신이 말하고자 하는 것을 강화시킨다. "그리스도께서 대신하여 죽으신 형제를 네 음식으로[603] 망하게 하지[604] 말라." 이 명령문은 두 가지 문제를 제기한다. 첫째, 바울은 강한 자들이 "연약한 자들"에게 초래할 수 있는 일반적인 "영적인 해악"(13절b)과 "고통"(15절a)에 대해 말하는 대신에, 강한 자들의 행위가 연약한 자들을 "망하게" 할 수 있다는 것을 강조한다. "망하게 하다"는 연약한 자들이 자신의 양심을 거슬러서 강한 자들의 행위를 따름으로써 초래하게 되는 영적인 근심과 자기 정죄를 가리키는 것일 수도 있다.[605] 그러나 바울에 의한 이 단어의 용례들은 그가 여기에서 강한 자들에게 그들의 행위가 연약한 자들을 궁극적인 영적 멸망 - 최종적인 구원에 이르지 못하는 것 - 으로 이끌 수 있다는 것을 경고하고 있는 것임을 보여 준다.[606] 바울이 강

603. 여격 '토 브로마티'(τῷ βρώματι, "음식으로")는 원인을 나타내거나(이 절의 앞부분에 나온 διὰ βρῶμα['디아 브로마,' "음식으로 말미암아"]를 보라; N. Turner, Syntax, 242) 도구의 여격일 것이다(Moule, *Idiom Book*, 44).

604. 바울이 현재 시제의 '아폴뤼에'(ἀπόλλυε, "망하게 하지")를 사용한 것은 망하게 하는 것이 이미 진행되고 있다고 생각한 것일 수도 있고(그러므로 강한 자들은 그렇게 하는 것을 당장 그쳐야 한다), 더 유력한 것은 영적으로 망하는 것을 하나의 과정으로 인식했기 때문일 것이다.

605. 특히 Gundry Volf, *Paul and Perseverance*, 85-97; Jewett(그는 현재 시제는 최종적인 결과와 관련해서 합당하지 않은 지속적인 행위를 가리키는 것이라고 말한다. 반면에, McCruden은 직접적인 육신적인 죽음을 가리키는 것이라고 생각한다("Judgment and Life," 239-241).

606. 바울이 사람을 목적어로 해서 동사 '아폴뤼미'(ἀπόλλυμι, "망하게 하다")를 사용할 때마다, 언제나 이 동사는 영적인 멸망을 가리킨다(세 번의 경우는 예외일 수 있지만): 롬 2:12; 고전 1:18; 8:11; 15:18; 고후 2:15; 4:3; 살후 2:10; 예외일 가능성이 있는 것은 고전 10:9, 10; 고후 4:9이다. 또한 동족어 명사의 용법도 보라(예를 들어, 빌 1:28: 3:19). 그는 오직 고전 1:19에서만 이 동사의 목적어로 사물을 사용한다. 예를 들어, Cranfield; Dunn; Schreiner를 보라. '아폴뤼미'가 궁극적인 영적 멸망을 가리키는 신학적 함의를 지니는 것으로 해석할 때 두 가지를 유념해야 한다. 첫째, 이 단어는 하나의 은유로서 영적 영역에 적용된다. 즉, 이 단어는 원래는 사람의 멸망을 가리키는 것이 아니었다. 둘째, 로마서 14:15은 두 가지 이유에서 성도의 견인 교리를 반박하는 것이 아니다: (a) 신약성경은 신자로 보이는 사람을 가리키는 데도 '아델포스'(ἀδελφός, "형제")라는 표현을 사용한다는 점에서, 바울은 여기에서 망하는 사람이 진정으로 거듭난 자라는 것을 분명히 하지 않는다(하지만 "그리스도께서 대신하여 죽으신 형제"라고 말하고 있기 때문에, 제한 속죄론을

한 자들의 행위로 인한 결과를 과장해서 말한 것이 아니라면, 아마도 그는 믿음이 연약한 자들이 강한 자들의 멸시 때문에 믿음을 완전히 버리게 될 수 있다고 생각한 것 같다.

둘째, 바울은 믿음이 강한 자들에게 그리스도가 이미 그 약한 신자의 구원을 위해 행하신 엄청난 희생을 상기시킴으로써 이 문제의 심각성을 강조한다. 바울이 그리스도가 이 약한 그리스도인을 위해 엄청난 대가를 치르신 것을 염두에 두고 이 말을 한 것이라면, 강한 자들이 연약한 자들을 위해 음식과 관련된 자신의 자유를 조금 제한하는 아주 사소한 대가를 치르는 것을 거부한다는 것이 말이 되겠는가?

16 이 절은 13절b에서 사용했던 2인칭 복수형 화법으로 다시 돌아가서(15절에서 2인칭 단수형을 사용한 후에), 이 단락의 첫 번째 소단락을 마무리한다.[607] 이 절의 금지명령은 바울이 14-15절에서 방금 말한 것으로부터 이끌어낸 결론이다.[608] 음식에 관한 율법으로 자유로운 것은 메시아 예수의 오심과 새 언약이 지니고 있는 합당한 함의이기 때문에 "선한 것"이다. 그러나 만일 그리스도인이 같은 신자를 영적인 위험에 빠뜨리는 방식으로 그 자유를 사용한다면, 그 "선한 것"은 신속하게 "비방을 받는" 것이 되고 말 것이다 - 즉, 다른 사람들로 하여금 하나님이 주신 선물을 비방하고 중상하게 만드는 것이 되고 말 것이다.[609] 그래서 나는 "선한

주장하는 사람들만이 이런 결론을 내릴 수 있지만); (b) 바울은 이 멸망이 실제로 일어날 것이라고 말하지 않는다 - 그는 강한 자들의 그러한 죄가 멈춰지지 않는다면, 궁극적으로 그런 일이 벌어질 수 있다고 경고하는 것이다(Murray, 2.191-192; Dunn, 2.820). Hodge (424)는 이렇게 말한다: "성경은 신자들(택하신 자들)이 영원한 멸망에 떨어질 위험성이 언제나 존재한다고 말한다. 그들은 끝까지 계속해서 믿음을 지킬 때만 구원을 받는다. 그들이 배교한다면, 멸망하게 된다......성도들은 배교에도 불구하고 보존되는 것이 아니라, 배교로부터 보존된다."

607. 반대 견해로는 예를 들어, Dunn. 그는 이 절부터 새로운 소단락이 시작된다고 생각한다.

608. '운'(οὖν, "그러므로")을 보라.

609. 동사 '블라스페메오'(βλασφημέω, "비방하다")는 기본적으로 "신들"을 비방하거나 멸시하는 것을 가리킨다(행 19:37을 보라); 그래서 이 동사는 신약성경에서 통상적으로 하나님, 하나님의 이름, 성령, 그리스도와 관련해서 사용된다(마 9:3; 26:65; 27:39; 막 2:7; 3:28, 29; 15:29; 눅 12:10; 22:65; 23:39; 요 10:36; 행 26:11; 롬 2:24; 딤전 1:20; 6:1; 약 2:7; 벧전 4:4; 계 13:6; 16:9, 11, 21). 또한 파생적으로는 "그리스도인들의 중요한 소유를 구성하는 것들"을 가리킬 수 있다(BDAG); 딛 2:5; 벧후 2:2을 보라. 하지만 가장 중요한 병행은 고린도전서 10:30일 것이다. 거기에서 바울은 강한 신자들은 그들의 자유를 합당하게 사용함으로써 "비방을 받지" 않아야 한다고 말한다.

것"은 강한 자들[610]이 누리는 자유를 가리키는 것이고, 좀 더 일반적으로 기독교의 가르침이나 하나님 나라나 믿음을 가리키는 것이 아니라고 본다.[611] 나는 소유대명사 "너희의"가 당연히 강한 자들을 가리킨다는 점에서(15절을 보라) 이것을 뒷받침해 준다고 생각한다. 이 견해에 의하면, 선한 것을 "비방하는" 자들은 연약한 자들일 가능성이 높고,[612] 불신자들을 가리키지 않는다.[613] 바울은 강한 그리스도인들에게 그들이 제의와 관련된 문제들에서 그리스도의 이름으로 자유를 고집한다면, 그들의 행위에 의해 영적으로 해악을 입는 자들로 하여금 그리스도가 그들을 위해 확보하신 합당한 자유를 비방하게 하는 결과를 초래할 수 있다고 경고하는 것이다.

17 바울은 17-18절에서 13-15절과 19-23절에 나오는 그의 명령법들을 위한 신학적 토대를 제시한다.[614] 강한 자들은 올바른 관점을 필요로 하고, 여기에서 바울이 그들에게 제시하고자 하는 것이 바로 그것이다. 왜냐하면 강한 자들은 그리스도인은 제의에 관한 율법으로부터 자유롭다는 진리에 지나치게 높은 가치를 두고 있기 때문이다. 그들은 이 문제들과 관련해서 자신의 자유를 고집함으로써, 같은 신자들에게 영적인 해악을 끼치고 있고, 결국 하나님의 나라에서 진정으로 중요한 것이 무엇인지를 올바르게 보고 있지 않다. 역설적이게도, 그들은 방향만 달랐을 뿐이고, 바리새인들이 범했던 것과 동일한 잘못을 저지르고 있다: 바리새인들은 "정의와 긍휼과 믿음"(마 23:23)을 희생시킨 채 제의 율법을 엄격히 지킬 것을 고집한 반면에, 강한 자들은 "성령 안에 있는 의와 평강과 희락"을 희생시킨 채 제의 율법으로부터의 자유를 고집하고 있다. 왜냐하면 바울은 "강한 자들"에게 "먹는 것[615]과 마시는 것"이 아니라 이것들이 하나님 나라의 특질들이라는 것을 상기

610. 예를 들어, Calvin; Godet; Murray; Käsemann; Wilckens; Fitzmyer.

611. 예를 들어, Cranfield; Dunn을 보라. 선택지들에 관한 유익한 개관으로는 Gagnon, "Meaning of *ὑμῶν τὸ ἀγαθόν*," 675-677을 보라.

612. Wilckens.

613. Cranfield, Dunn, Stuhlmacher는 모두 불신자들을 가리키는 것이라고 생각한다.

614. 예를 들어, Cambier, "Liberté chrétienne," 68-71을 보라.

615. 바울이 여기에서 '브로마'(βρῶμα, "음식", 15절) 대신에 '브로시스'(βρῶσις, "먹는 것")로 바꾼 것은 중요하지 않은 것일 수도 있지만, 이 두 접미어가 서로 의미상으로 차이가 있었던 옛 용법이 보존된 경우일 수 있는데, 이 경우에 후자는 먹는 행위를 가리킨다(Bengel; Dunn).

시키기 때문이다. 바울은 연약한 자들에게 명시적으로 이것들을 상기시키고 있지는 않지만, 이 신학은 연약한 자들에게도 마찬가지로 중요하고, 그들은 이 신학을 듣고 이 신학에 의거해서 행해야 한다는 것은 두말 할 필요가 없다.

이 단락에서 바울이 "마시는 것"에 관해 말한 것은 처음이다. 그가 이 단어를 여기에 덧붙인 이유는 단지 "마시는 것"이 "먹는 것"과 자연스러운 짝을 이루기 때문일 수도 있다.[616] 하지만 21절에서 포도주를 마시는 것을 언급한 것에 비추어보면, "마시는 것"이 강한 자들과 "연약한 자들"을 갈라놓은 또 하나의 쟁점이었을 가능성도 있다.[617] 따라서 우리는 연약한 자들은 포도주를 마시는 것을 금지했던 반면에, 강한 자들은 포도주를 마실 자유를 고집했다고 볼 수 있을 것이다. 그러나 이것이 사실이라고 하더라도, 그것은 그들이 술에 취하거나 중독이 되어 술의 종이 되는 것을 두려워했기 때문이 아니라, 포도주가 이교의 종교 관행에 의해 더럽혀졌을 것을 우려했기 때문이라는 것을 주목하는 것은 중요하다.[618]

바울은 하나님의 나라를 자주 언급하지 않는다.[619] 그리고 여기에서 그가 예수님의 가르침에 대한 아주 많은 간접인용들이 포함되어 있는 문맥 속에서 이 개념을 사용한 것은 그리스도가 하나님 나라의 참된 본질을 강조하신 것에 의거해서 이 말을 한 것임을 보여 주는 것일 수 있다.[620] 하지만 바울이 하나님 나라에 관해 설명하는 방식 속에는 바울 자신의 신학적 강조점들이 반영되어 있다. 물론 "의"[621]는 로마서의 중심 주제이고, 로마서에서 통상적으로 하나님이 그리스도 안

---

616. "먹는 것과 마시는 것"은 물론 자연스러운 조합이다; 예를 들어, 마 6:25; 11:18, 19; 바울 서신에서는 고전 9:4; 10:7; 10:31; 11:22을 보라. 특히 바울이 우상에게 바쳐진 음식에 관해 논의하다가 끝부분에서 "마시는 것"이 고린도 교회의 문제였다는 것을 보여 주는 아무런 암시도 없이 고전 10:31에서 "마시는 것"을 언급한 것에 비추어보았을 때, 로마서 14-15장에서도 바울은 로마 교회에 "마시는 것"과 관련된 문제가 없었는데도 그저 언급한 것일 수 있다.

617. 유대인들이 포도주를 마시지 않았음을 보여 주는 한 예는 T. Jud. 15.4이다: "나는 내 나이 늙을 때까지 포도주나 고기를 먹지 않았다."

618. 이것에 대해서는 특히 Murray, 2.260-261을 보라.

619. 다른 곳에서는 오직 고전 6:9, 10; 15:50; 갈 5:21; 엡 5:5; 골 4:11; 살전 2:12; 살후 1:5. 이 용례들 중 4번은 그리스도의 재림 때에 세워질 미래의 하나님 나라의 상태를 가리킨다; 하지만 3번(고전 4:20; 15:24; 골 1:13)은 현재의 하나님 나라를 가리키고, 1번(살전 2:12)은 분명하지 않다. 바울 서신에서 하나님 나라에 대해 자세한 것은 Donfried, "Kingdom of God," 175-190을 보라.

620. 예를 들어, M. B. Thompson, *Clothed with Christ*, 200-207; Dunn, "Paul's Knowledge," 203-204를 보라.

621. '디카이오쉬네'(δικαιοσύνη, "의").

에서 신자들을 의롭다고 하시는 행위와 그 결과로서 신자들이 누리게 된 지위를 가리킨다. 그리고 바울은 인간 행위의 두 가지 유형 - 한편으로는 먹는 것과 마시는 것, 다른 한편으로는 "바른" 행위 - 을 대비시키는 것이 아니기 때문에, 많은 학자들은 그가 "의"를 그런 통상적인 의미로 사용하고 있다고 생각한다.[622] 그러나 문맥은 신자들 간의 관계에 초점을 맞추고 있다. 따라서 여기에서 "의"가 가리키는 것은 주로 윤리적인 의 - 신자들의 공동체 내에서의 바른 행실 - 을 가리키는 것일 가능성이 크다.[623] 19절이 강력하게 시사해주듯이, "평강"(화평)도 비슷하게 수평적인 의미를 지닐 것이다: 신자들 서로 간의 화목과 상호 지지.[624] 이 복들이 공동체 속에서 경험될 때, 그 공동체는 "희락"을 경험하게 될 것이다. 이 세 가지 복은 신자들이 성령을 경험한 결과로 온다.[625]

18 이제 바울은 자기가 방금 말한 요지를 강조한다.[626] "의와 평강(화평)과 희락"이 하나님 나라의 삶의 중심이다. "왜냐하면[그리스어로 '가르'] 이로써 그리스도

622. 예를 들어, Calvin; Cranfield; Wilckens; Dunn; Wright를 보라. 강조점의 이러한 차이들은 "의"와 "하나님의 의"에 대한 바울의 전체적인 개념을 해석하는 것과 관련된 차이들과 결부되어 있다.
623. 예를 들어, Godet; Murray; Stuhlmacher; Byrne.
624. 또한 12:18을 보라. "의"에 관한 정의에 따라 학자들은 "평강"의 의미에 대해서도 견해 차이를 보여 준다(앞의 각주를 보라).
625. 나는 '엔 프뉴마티 하기오'(ἐν πνεύματι ἁγίῳ, "성령 안에")가 단지 '카라'(χαρά, "희락")만이 아니라 세 가지 특질 모두를 수식하는 것일 가능성이 더 크다고 생각한다(Godet; Käsemann; Wilckens; Fitzmyer; 반대 견해로는 예를 들어, Michel[그는 살전 1:6을 근거로 제시한다]; Cranfield). Schmithals가 올바르게 강조했듯이, 이 세 가지 특질은 모두 성령의 종말론적인 은사들이다. 특히 이 요약문이 바울이 5:1-2에서 이행을 위해 1-4장의 논증을 요약한 것과 유사하다는 것은 그가 로마서에서 복음에 대해 해설해 온 것에 의거해서 이 요약문을 썼다는 것을 보여 준다: "그러므로 우리가 믿음으로 의롭다 하심을 받았으니[δικαιόω, '디카이오오'] 우리 주 예수 그리스도로 말미암아 하나님과 화평을 누리자 또한 그로 말미암아 우리가 믿음으로 서 있는 이 은혜에 들어감을 얻었으며 하나님의 영광을 바라고 즐거워하느니라[καυχάομαι, '카우카오마이']"(예를 들어, Wright). Gorman은 바울이 시편 85:4-11을 염두에 둔 것이라고 생각한다. 거기에서는 하나님의 백성이 즐거워하고(6절) 평강(8, 10절)과 의(10-13절)를 누리게 될 그 날을 바라본다("Lord of Peace," 233-234).
626. Käsemann을 보라. 반대 견해로는 Michel을 보라. 그는 바울이 여기에서 17절로부터 결론적인 권면을 이끌어내고 있다고 생각한다.

를 섬기는 자"는 하나님을 기쁘시게 하며[627] "사람에게도 칭찬을 받기"[628] 때문이다. 여기에서 문제는 대명사 "이것"의 선행사다. 많은 주석자들은 이 대명사가 "의와 평강과 희락"이라는 덕목들을 가리킨다고 생각하지만,[629] 이 단어가 단수형으로 되어 있다는 것이 문제다. 다른 주석자들은 성령을 가리키는 것이라고 보지만,[630] 성령은 17절에서 종속적인 개념이다. 어떤 주석자들은 이 대명사의 선행사는 17절에 나오는 원칙 또는 개념이라고 생각한다: 화평을 촉진시키는 것,[631] 또는 바울이 17절에서 말한 "내용."[632] 나는 대명사 "이것"은 바울이 17절에서 설명한 하나님 나라의 고유한 초점을 가리키고, "이로써"라는 어구 전체는 섬기는 방식을 가리킨다고 본다: "하나님 나라의 진정한 중심인 이것들에 초점을 맞춰 그리스도를 섬기는 자."[633] 바울이 신자를 "그리스도를 섬기는 자" 또는 "그리스도의 종으로 살아가는 자"[634]라고 설명한 것은 그가 신자는 자신의 주인의 요구들을 충족시켜야 하는 종이라고 규정한 것(4, 7-8절)을 우리에게 상기시켜 준다. 그리고 바울이 신자가 그리스도를 섬기는 것을 하나님을 높이는 수단이라고 말한 것은 이 대단락 전체에서 그가 보여 준 그리스도와 하나님의 전형적인 관계와 부합한다. 강한 자들은 오직 이 제의와 관련된 문제들에서 그리스도와 그의 나라의 요구들에 복종하여 행할 때만 하나님의 인정을 받게 될 것이다. 아울러 강한 자들은 사랑 가운

---

627. '유아레스토스'(εὐάρεστος, "기쁘시게 하며"); 바울이 하나님의 "기뻐하시는"/"받으실 만한"(εὐάρεστον, '유아레스톤')에 대해 말한 12:2을 보라.

628. '도키모스'(δόκιμος)는 통상적으로 "(시험을 통해) 검증된", 따라서 "진정한, 참된"을 의미하지만(롬 16:10; 고전 11:19; 고후 10:18; 13:7; 딤후 2:15; 약 1:12을 보라), 여기에서는 "존중받는"이라는 의미로 사용된 것으로 보인다(BDAG; 또한 Philo, *Creation* 128; Joseph 201; *Josephus*, Ag. Ap. 1.18; Käsemann을 보라).

629. 또한 대다수의 주석자들; 예를 들어, Käsemann; Cranfield; Fitzmyer를 보라. 여기에서 사본상으로 약한 지지를 받는 이독(하지만 Godet가 받아들인)인 복수형 '투토이스'(τούτοις)는 이 해석을 반영하기 위해 수정한 것임에 틀림없다.

630. Wilckens.

631. Michel.

632. Dunn.

633. 바울은 '엔 투토'(ἐν τούτῳ, "이로써")를 여기 이외에 6번 더 사용한다; 6번의 용례에서 '투토'의 선행사는 앞의 맥락에서 가리키는 "내용" 또는 "상황"이다(고전 4:4; 7:24; 11:22; 고후 5:2; 8:10; 빌 1:18을 보라). 고린도전서 4:4에 나오는 용례는 내가 로마서 14:18과 관련해서 제안한 것과 마찬가지로 "방식"을 나타내는 것일 가능성이 크다.

634. Jewett이 우리에게 상기시키듯이, "섬기다"를 의미하는 동사 '둘류오'(δουλεύω)는 단지 일반적인 의미의 "섬김"이 아니라, 흔히 종살이를 나타낸다.

데서 그리스도를 따르고, "의와 평강과 희락"을 "먹는 것과 마시는 것"보다 우선시할 때만 연약한 자들로부터 "비방을 받는" 것이 아니라 존중을 받게 될 것이다.[635]

19 바울은 "직설법"으로 되어 있는 간주곡 후에 "명령법"으로 다시 돌아가서, 로마 그리스도인들에게 자기가 방금 제시한 하나님 나라의 행동원리들을 그들 서로 간의 관계에서 실천에 옮기라고 권면한다(17-18절).[636] 이 단락에서 명령들로 이루어진 결론적인 소단락(19-23절), 즉 일련의 권면들로 이루어진 첫 번째 소단락(13-16절)과 구조상으로 대응되고 내용적으로도 어느 정도 대응되는 소단락의 도입문으로서의 역할을 한다. 바울은 "평강"(화평)이 하나님 나라의 기본적인 특징이라고 말한 후에(17절), 이제 로마 그리스도인들에게 "화평의 일들"[637]을 "힘쓰라"[638]고 권면한다. 여기에서 말하는 "화평"은 17절에서 말한 "평강"(화평)보다 더 분명하게 수평적인 의미를 지닌다. 다른 그리스도인들과 화평. 20절이 분명히 보여 주듯이, 바울은 여전히 강한 자들을 향해 말하고 있다. 그는 강한 자들에게 로마 교회에서 논란이 되고 있는 문제들과 관련해서 두 파당 간의 화목을 촉진시키는 태도와 행실을 유지할 것을 권한다. 또한 바울은 그들에게 "서로 덕을 세우는 일을 힘쓰라"[639]고 권면한다. 여기에서 바울이 염두에 둔 것은 교회 전체를 "세우는 것"이 아니라 개별 신자들의 덕을 세우는 것일 가능성이 크다.[640] 따라서 교회

635. 여격 '토이스 안트로포이스'(τοῖς ἀνθρώποις, "사람들에게")는 형용사 '도키모스'(δόκιμος, "존중받는"; 한글개역개정에는 "칭찬을 받느니라")에 함축되어 있는 동사적 개념의 주체를 나타낸다. 다른 사람들로부터의 "인정" 또는 "존중"은 16절의 '블라스페메이스토'(βλασφημείσθω, "비방을 받다")의 반대다; 따라서 이 경우에 강한 자들을 인정하는 자들은 연약한 자들이다.

636. 결과를 나타낸다는 강조하는 어구인 '아라 운'(ἄρα οὖν, "그러므로")을 주목하라.

637. 속격 '테스 에이레네스'(τῆς εἰρήνης, "화평의")는 느슨하게 목적격적 속격이다; BDF §266(3): "화평을 만들어내는"(병행을 이루는 속격 τῆς οἰκοδομῆς['테스 오이코도메스,' "덕을 세움"]도 동일한 기능을 지닌다). "화평을 힘쓰라"는 흔한 히브리적 표현이다(신약성경에서 롬 12:18; 히 12:14을 보라; 또한 벧전 3:11 [= 시 34:14]을 보라).

638. 바울은 권면의 가정법 '디오코멘'(διώκωμεν, "힘쓰나니")을 사용한다(이것이 올바른 읽기라고 했을 때; 위의 본문 번역에 관한 각주를 보라).

639. '에이스 알렐루스'(εἰς ἀλλήλους, "서로")라는 어구는 '타 테스 에이레네스'(τὰ τῆς εἰρήνης, "화평의 일들")와 '타 테스 오이코도메스'(τὰ τῆς οἰκοδομῆς, "덕을 세우는 일들") 둘 모두에 걸릴 수 있지만, 오직 후자만을 수식하는 것일 가능성이 높다.

640. 예를 들어, Käsemann; Wilckens; Dunn을 보라; 반대 견해로는 예를 들어, Godet; Cranfield는 개인의 덕을 세우는 것과 공동체의 덕을 세우는 것 둘 모두를 가리킨다고 본다. 그리스어로는 '오이코도메'(οἰκοδομή, "덕 세움")다. 이 단어는 "건축하는 행위," "건물"을 의미한다(마 24:1; 막 13:1,

의 덕을 세우는 "일들"은 화평으로 이끄는 "일들"을 좀 더 구체적으로 설명한 것으로 보인다. 강한 신자들은 교회 전체의 유익을 최우선순위로 삼아 행함으로써, 공동체 내의 화평을 촉진시켜야 한다는 것이다.

20 바울은 이제 더 직접적이고 강력한 문체(2인칭 단수 명령법)를 사용해서, 대표성을 지닌 강한 신자에게 "하나님의 사업을 무너지게 하지" 말 것을 촉구한다. 이 금지명령은 "덕을 세우는 일을 힘쓰라"(19절b)는 적극적 권면과 함께 동전의 양면을 이룬다. 왜냐하면 "무너지게 하는" 것은 "세우는" 것의 자연스러운 반대말이기 때문이다.[641] 따라서 "하나님의 사업"은 개별적인 연약한 신자가 아니라 그리스도인 공동체를 가리키는 것일 가능성이 크다.[642] 바울은 강한 신자들에게 연약한 신자들에 대한 그들의 태도와 행위를 통해 교회를 심각하게 훼손시킬 수 있다 - 교회의 하나됨을 파괴하여 교회의 힘을 약화시킴으로써 - 고 경고한다. 그리고 그들이 그렇게 교회에 가하는 심각한 훼손은 "음식으로 말미암아," 즉 하나님 나라에서 기껏해야 주변적인 불과한 문제에서 특정한 방식의 처신을 고집하기 때문에 생겨난다. 물론 바울은 강한 신자들이 새 언약의 하나님 백성으로서 옛 언약의 율법에 의한 규제 없이 먹고 마실 자유를 소유하고 있다고 생각하는 것이 옳다는 것은 인정한다 - "만물이 다 깨끗하되."[643] 그러나 바울은 앞에서 이것과 동일한

2을 보라). 바울은 이 단어를 "건물"(고전 3:9; 고후 5:1; 엡 2:21)이나, 좀 더 흔하게는 덕을 세우는 것, 힘을 더해주는 것, 믿음의 성장 같은 영적인 건축 행위와 관련해서 은유적으로 사용한다(롬 15:2; 고전 14:3, 5, 12, 26; 고후 10:8; 12:19; 13:10; 엡 4:12, 16, 29; 예를 들어, O. Michel, *TDNT* 5.144-147을 보라). 개별 신자들을 "세우는 것"은 물론 중요하지만, 바울은 특히 교회 전체를 견고하게 세우는 것을 염두에 둔 것으로 보인다(예를 들어, 고전 3:9; 14:5, 12; 엡 4:12, 16을 보라).

641. 동사 '카타뤼오'(*καταλύω*, "무너지게 하다")는 건물을 무너지게 하는 것을 가리키지만(마 24:2; 26:61; 27:40; 막 13:2; 14:58; 15:29; 눅 21:6; 행 6:14), 신약성경에서는 비유적으로 "무너지게 하다" 또는 "폐기하다"라는 의미로 사용되는 경우가 훨씬 더 많다(마 5:17; 눅 9:12; 19:7; 23:2; 행 5:38, 39; 갈 2:18; 고후 5:1). 바울은 갈라디아서 2:18에서 '카타뤼오'(*καταλύω*, "헐다")와 '오이코도메오'(*οἰκοδομέω*, "세우다")를 반대말로 사용한다.

642. Käsemann; Dunn; Jewett; 반대 견해로는 예를 들어, Godet; Murray; Cranfield; Fitzmyer. Michel은 이것은 십자가 위에서 그리스도가 하신 일을 가리키는 것이라고 말한다(15절b를 보라). E. Peterson은 여기에서 '에르곤'(*ἔργον*, "사업, 일")은 "건축하는 것"을 의미한다고 주장함으로써, 19절의 "덕을 세운다" 개념과의 더 밀접한 관계를 이끌어내고자 한다("*ἔργον* in der Bedeutung 'Bau,'" 439-441).

643. '카타로스'(*καθαρός*, "깨끗하다")는 칠십인경에서 제의적으로 "정결한" 음식과 관련해서 사용된다(예를 들어, 창 7:2-3, 8; 8:20; 레 4:12; 6:11; 7:19; 스 6:20; 말 1:11을 보라). 신약성경에서는

말을 했을 때(14절)와 마찬가지로, 즉시 자유에 대한 이러한 주장에 단서를 붙인다. 앞에서 바울이 붙인 단서는 연약한 신자의 인식 및 태도에 관한 것이었다: "다만 속되게 여기는 그 사람에게는 속되니라." 그리고 우리가 이 구절을 NJB처럼 "그렇기는 하지만 어떤 음식이라도 거리낌으로 먹는 사람에게는 그 음식은 악할 수 있다"고 번역한다면,[644] 바울이 여기에서 말하고자 한 것도 그런 것일 수 있다. 이렇게 읽으면 14절과 20절 간에 밀접한 병행관계가 이루어진다는 것은 이 읽기에 유리한 점이다(그리고 우리는 바울이 13b-16절과 19-23절 간의 모종의 병행관계를 의도한 것으로 보인다는 말을 앞에서 이미 했다).[645] 그러나 문맥과 문법을 고려했을 때는 여기에서 "먹는 사람"은 "강한 신자"를 가리키는 것일 가능성이 더 크다. 이 경우에 바울은 강한 신자에게 "거리낌을 초래하면서", 또는 "[다른 사람을] 걸려 넘어지게 하면서" 먹는 것은 잘못이라고 경고한 것이 된다. NRSV를 보라. "네가 먹는 것으로 말미암아 다른 사람들을 넘어지게 하는 것은 잘못이다."[646]

21 바울은 여기에서 또 다시 반대말들을 사용해서 좀 더 자세하게 설명한다. 강한 신자가 더 연약한 형제를 걸려 넘어지게 하면서 먹는 것이 "악한"[647] 것처럼, "고기도 먹지 아니하고 포도주도 마시지 아니하고"[648] 형제를 걸려 넘어지게 할

눅 11:41을 보고, 요 13:10, 11; 행 18:6; 20:26에 나오는 확장된 용법들을 보라.

644. 그리스어 문장은 불완전하기 때문에, '토 안트로포 토...에스티온티'(τῷ ἀνθρώπῳ τῷ...ἐσθίοντι, "먹는 사람에게는")를 근거로 '토 에스티에인'(τὸ ἐσθιεῖν, "먹는 것")을 이 구절의 주어로 보충해야 할 것으로 보인다(예를 들어, Cranfield; Wilckens를 보라). '디아'(διά, "~로 말미암아"; 한글개역개정에는 "거리낌으로"에서 "~으로")는 "부대 상황"을 나타내는 것이 분명하다(BDF §223[3]; N. Turner, *Syntax*, 267; Zerwick, *Biblical Greek*, §114; 2:27의 διὰ γράμματος['디아 그람마토스', "율법 조문을 가지고"]를 보라). 따라서 이 구절은 이렇게 번역된다: "걸려 넘어지게 하면서 먹는 사람에게는 먹는 것이 악하다."

645. 예를 들어, Godet; Murray; Wilckens; Ridderbos, *Paul*, 291을 보라.

646. 거의 모든 현대의 영역 성경들; Käsemann; Cranfield를 보라. 강한 신자와 연약한 신자 둘 모두를 가리킨다고 보는 경우에는(예를 들어, Dunn) 불필요하게 문제가 복잡해진다.

647. '카코스'(κακός, "악한," 20절b).

648. 많은 학자들은 부정사들인 '파게인'(φαγεῖν, "먹는 것")과 '피에인'(πιεῖν, "마시는 것")의 단순과거 형태는 바울이 강한 자들에게 오직 특정한 때들에만 그런 것들을 금지할 것을 촉구했음을 보여 주는 것이라고 생각한다(예를 들어, BDF §338[1]; Barrett; Ziesler; Morris; Cranfield는 주저한다). 고린도전서 10:23-11:1에서처럼 여기에서도 바울은 연약한 자들이 거리낌을 느낄 것이 분명한 상황에서만 그런 것들을 금지할 것을 명령한다; 그러나 부정사들의 단순과거 시제는 그러한 논증을 위한 좋은 근거가 될 수 없다.

수 있는 것은 "무엇이든지"[649] 하지 않는 것은 "선하다."[650] 바울은 17절에서 중심적인 신학적 요지를 요약한 것처럼, 21절에서는 13-23절에 나오는 기본적인 실천적 요지를 주장한다.[651] 여기에서 또 다시 "걸려 넘어지는 것"(한글개역개정에는 "거리끼는 것")은 믿음이 연약한 자들이 강한 자들의 논리와 처신으로부터 압박감을 느끼고서 자신들이 여전히 악이라고 잘못된 것이라고 생각하는 것을 가리킨다(13b, 20절b를 보라). "먹는 것"에 관한 문제는 처음부터 이 논증의 중심이었지만, 이 절은 2절에서 "채소만 먹느니라"고 말한 것이 "고기를 먹지 않은 채식주의자"를 의미한다는 것을 분명히 하고, 이 단락 전체에 걸쳐 음식과 먹는 것에 대한 간단한 언급들(15, 17, 20절)이 무엇을 의미하는지를 좀 더 자세하게 설명한다. 14:1-15:13의 서론에서 이미 논증했듯이, 연약한 자들은 구약 율법의 제의적 요구조건들을 충족시키지 못하는 음식을 먹는 일이 일어나지 않게 하기 위해 고기를 먹지 않았을 가능성이 높다. 여기에서 바울이 포도주를 마시는 것에 대해 언급한 것은 연약한 신자들이 비슷한 동기로 포도주를 마시지 않았음을 보여 주는 것으로 보인다. 왜냐하면 포도주는 이교에서 신들에게 제사를 지낼 때 제주로 널리 사용되었기 때문이다(또한 17절을 보라). 그러나 바울은 "무엇이든지"라는 말을 덧붙임으로써, 자기가 여기에서 말한 원칙은 먹는 것과 마시는 것만이 아니라 그 밖의 다른 모든 경우에도 적용된다는 것을 분명히 한다. 교회의 화평과 덕 세움을 추구하는 신자는 같은 신자에게 영적인 해악을 끼칠 수 있는[652] 행위를 기꺼이 하지 않아야 한다.

22 바울은 계속해서 대표성을 지닌 강한 그리스도인을 향해 말한다.[653] "너"

---

649. 이 문장은 이 대목에서 생략법으로 되어 있어서, 두 번째 '메데'(*μηδέ*, "아니함")를 절대적인 용법으로 사용한다. 그러나 "그 밖의 다른" 이나 "무엇이든지"를 생략하고 '메데'를 이런 식으로 단독으로 사용하는 경우가 흔하다(BDF §480[1]).

650. '칼론'(*καλόν*, "선한, 아름다운").

651. Michel, Cranfield가 지적했듯이, 접속사를 생략함으로써 20절과의 명시적 연결관계를 보여 주지 않은 것은 이 진술의 중요성과 권위를 강조한 것이다.

652. '엔 호'(*ἐν ᾧ*)에서 관계대명사의 선행사는 생략되어 있는 가운데 전치사 '엔'은 원인을 나타내는 것으로 보인다(N. Turner, *Syntax*, 253): "너의 같은 신자가 그것 '때문에' 걸려 넘어질 수 있는 것은 무엇이든지 행하지 않는 것이 선하다."

653. 반대 견해로는 Jewett와 Kruse. 그들은 약한 자들과 강한 자들 둘 모두를 향해 말한 것이라고 생각한다.

는 강조되어 있다. "너와 관련해서는[654] 네가 가지고 있는 믿음을 하나님 앞에서 스스로 가지고 있으라."[655] 이 장을 시작한 이래로 바울이 서로 다투고 있던 두 부류의 사람들을 규정하는 데 믿음이라는 표현을 사용한 것은 처음이다. 1절에서와 마찬가지로 여기에서도 "믿음"은 기독교의 근본적인 믿음과 그 믿음이 사람들에게 행하도록 허용하는 것을 가리킨다. 따라서 바울은 강한 그리스도인에게 그리스도를 믿는 그의 믿음에 대해 침묵하라고 말하는 것이다 - 그렇게 말하는 것은 신약성경에서 말도 안 되는 것이다! 또한 이것은 바울이 강한 신자들에게 이러한 문제들에 대한 그들의 견해나 그들이 가진 자유를 다른 사람들 앞에서 결코 말하지 말라고 요구하고 있는 것도 아니다. 문맥이 시사해주듯이, 바울이 요구하는 침묵은 연약한 자들 앞에 걸림돌을 두는 것을 피하는 것과 관련되어 있다. 이것은 강한 자들이 연약한 자들 앞에서 우월감을 가지고 자신들의 확신을 자랑하며 선전해서는 안 된다는 것을 의미할 것이다.[656]

바울이 이 절의 끝에서 덧붙인 복은 두 가지 서로 다른 방식으로 해석할 수 있다. (1) 바울은 이 논란이 되고 있는 문제들에 대한 자신의 신념과 관련해서 어떤 거리낌도 갖고 있지 않아서 자신의 행위로 인해 자신을 책망할 이유가 없는 신자들을 칭찬하는 것일 수 있다. 이렇게 해석하는 경우에는 바울은 강한 신자들과 연약한 신자들을 둘 다 염두에 둔 것일 수도 있지만,[657] 오직 강한 신자들만을 염두에 둔 것일 가능성이 더 크다.[658] (2) 바울은 강한 신자들에게 연약한 같은 신자들을 향한 사랑 안에서 행함으로써, 그들 자신을 정죄할 빌미를 그들 자신에게 - 또는, 하나님께 - 주지 말라고 격려하는 것일 수 있다. 예를 들어, NIV를 보라. "자기가 옳다 하는 것으로 말미암아 스스로를 정죄하는 일이 일어나지 않게 하는 자는 복

654. '쉬'(σύ). 여기서의 본문 번역은 관계대명사 '헨'(ἣν)을 생략하지 않는 읽기를 전제한다(위의 본문 번역과 관련된 각주를 보라).

655. '에케 카타 세아우톤'(ἔχε κατὰ σεαυτόν, "스스로 가지고 있으라")을 이렇게 번역하는 것에 대해서는 BDAG를 보라.

656. 다른 번역은 '카타 세아우톤'이 동사 '에케'가 아니라 명사 '피스틴'(πιστίν, "믿음을")을 수식하는 것으로 본다: "네가 스스로 가지고 있는 믿음을 하나님 앞에서 가지고 있으라"(Gaventa, "Reading for the Subject," 10).

657. Käsemann; Fitzmyer; Byrne.

658. Godet; Murray; Cranfield; Dunn(그는 두 번째 견해도 허용한다); Schreiner.

이 있도다."[659] 첫 번째 대안이 더 바람직하다. 후자의 해석은 바울이 이 복을 22절 a에 나오는 침묵에 대한 자신의 호소의 근거로 의도했을 때 타당할 것이다. 하지만 그는 전반절과 후반절이 그런 관계에 있다는 것을 보여 주지는 않고,[660] 22절b와 23절 간의 연결관계만을 보여 준다.[661] 이 연결관계는 바울이 23절에서는 연약한 신자들에게 자신들이 믿는 것을 거슬러서 행하는 것에 대해 경고했듯이, 22절 b에서는 강한 신자들에게 믿음에 의거해서 행할 것을 권고하는 것임을 보여 준다. 또한 바울이 "옳다 하다"라는 단어를[662] 사용한 것도 강한 자들을 가리킨다고 보는 쪽을 뒷받침해 준다. 따라서 바울의 요지는 강한 자들은 하나님이 그들에 복을 주셔서 믿음이 주는 자유를 깨닫게 해주신 것에 만족하고, 그 자유를 연약한 같은 신자들 앞에서 과시하는 불필요한 행동은 하지 말라는 것이다.

23 확신을 따라 행하는 그리스도인과는 대조적으로 "의심하고 먹는 자" 또는 "정함이 없이 먹는 것"[663]은 연약한 그리스도인이다. 그러한 그리스도인들의 의심은 그들이 구약 율법의 제의적 요소들을 무시할 수 있다고 믿을 만큼 충분히 강한 믿음을 갖고 있지 않은 데서 생겨난다. 그런 식으로 의심하면서 먹는 자들은 "정죄되었다"[664]고 바울은 말한다. 이것은 단지 자기가 자신을 정죄하는 주관적인 정죄가 아니다. 이 절에서 나중에 나오는 죄에 대한 언급이 분명히 보여 주듯이, 이것은 하나님이 그런 행위를 시인하지 않으신다는 것을 의미한다.[665] 이 정죄는 먹

---

659. Michel; Schlier; Wilckens.

660. 22절a와 22절b를 연결해주는 불변화사나 접속사가 없다(예를 들어, *γάρ*['가르', "왜냐하면"]).

661. 23절에 나오는 불변화사 '데'(*δέ*)를 보라.

662. BDAG가 여기에서 '도키마제이'(*δοκιμάζει*, "옳다 하다")를 그렇게 정의한다; 고기를 먹고 포도주를 마시는 것을 결코 옳다고 하지 않는 견해를 지닌 연약한 자들의 태도를 "옳다 하다"라는 말로 묘사하는 것은 분명히 자연스럽지 않다. 21절에서와 마찬가지로 여기에서도 '엔 호'(*ἐν ᾧ*)는 '호'의 암묵적 선행사에 걸린다; '엔'은 도구를 나타낼 것이다.

663. '디아크리노메노스'(*διακρινόμενος*, "의심하다")는 '디아크리노'(*διακρίνω*, "판단하다")에서 온 단어다(이 단락에서 바울은 *κριν*-['크리노']에 속한 일련의 단어들을 사용한다). 이 동사는 "결정하다, 결심하다"를 의미할 수도 있고(바울 서신에서 통상적으로 이런 의미로 사용된다; 고전 4:7; 6:5; 11:29, 31; 14:29), 흔히 믿음의 반대로서 "의심하다, 정함이 없다"를 의미할 수도 있다(롬 4:20; 막 11:23//마 21:21; 약 1:6; 유 1:22을 보라). 여기에서는 분명히 후자의 의미다.

664. 완료형 '카타케크리타이'(*κατακέκριται*, "정죄되다")는 여기에서는 분명히 무시간적으로 사용된 것으로서, 정죄의 상태를 강조한 것으로 보인다(Porter, *Verbal Aspect*, 269).

665. 그리스어로는 카타케크리타이'(*κατακέκριται*, "정죄되다")다. 바울이 다른 곳에서 사용한 동사

는 것 자체 때문에 생겨나는 것이 아니다. 바울이 이미 앞에서 설명했듯이(14, 20절), 신자가 무엇이든지 먹는 것은 지극히 옳다. 따라서 하나님의 정죄를 초래하는 것은 어떤 음식을 먹는 것이 옳다고 믿는 믿음을 가지고 있지 않으면서도 먹는 것이다. 바울은 그런 경우에 그것은 "죄"라고 주장한다.[666] 왜? 바울이 계속해서 설명하듯이, "믿음을 따라 하지 아니하는 것은 다 죄"이기 때문이다. 바울은 여기에서 일반적인 신학 원칙을 주장한다. 그러나 이 원칙이 정확히 무엇인지를 설명할 필요가 있다. 1절에 대한 우리의 주해에서 이미 지적했듯이, 일부 해석자들은 이 문맥 속에서 언급된 믿음은 "확신"(물론 일반적인 믿음과 연관되어 있는)이라는 좁은 의미를 지닌다고 생각한다.[667] 그러나 앞에서 말했듯이, 이 문맥 속에서 믿음은 확신에 초점이 맞춰져 있기는 하지만 기독교의 기본적인 믿음을 포함하고 있다. 따라서 여기에서 바울은 그리스도를 믿는 믿음에 뿌리를 둔 확신으로부터 생겨나지 않은 모든 행위는 죄라고 선언한 것이다.[668] "그리스도인에게는 그가 그리스도인으로서 하나님과 그리스도 안에서 지닌 확신과 자유를 토대로 해서 정당화할 수 있다고 생각하지 않는 결정이나 행위는 무엇이든지 선할 수 없다."[669] 양심이 하나님의 뜻과 완전히 부합하는 것이 아닐 때조차도 양심의 명령을 어기는 것[670]은

'카타크리노'(κατακρίνω, "정죄하다")의 4번의 용례는 모두 하나님에 의한 정죄를 가리킨다(롬 2:1; 8:3, 34; 고전 11:32); 따라서 이 동사는 여기에서 단지 사람들의 자기 정죄를 가리키지 않는다(반대 견해로는 예를 들어, Gundry Volf, Paul and Perseverance, 91; Stuhlmacher가 "하나님의 심판의 정죄를 자초하다"라고 말한 것은 옳다). 완료형은 조건(ἐὰν φάγῃ['에안 파게,' "먹는다면"])의 성취로부터 생겨난 상태를 가리키는 것으로 보인다; 따라서 물론 미래의 행위를 가리킬 수 있다(BDF §344; Zerwick, *Biblical Greek*, §257을 보라).

666. 바울은 분명히 여기에서 '하마르티아'(ἁμαρτία, "죄")를 일반적인 방식으로 사용하기 때문에, 이 단어는 "죄의 행위," "범죄"를 가리키고(Wilckens), 모든 사람을 지배하는 죄의 상태와는 아무 관련이 없다(Cranfield).

667. Chrysostom; Murray; Cranfield; Fitzmyer; 반대 견해로는 예를 들어, Godet; Dunn.

668. Schreiner. 아우구스티누스는 불신자의 모든 행위는 죄일 수밖에 없다는 것을 논증하는 데 이 절을 사용했다(*Contra Julianum* 4.32). 이 절에서 말하는 "믿음"이 지닌 특별한 뉘앙스를 감안했을 때, 그가 이 절을 증거 본문으로 사용한 것은 타당하지 않을 수도 있겠지만, 오늘날의 많은 학자들처럼 신학적인 근거들에 의거해서 그의 논증을 신속하게 배척해서는 안 된다. 왜냐하면 어떤 의미에서는 신자들이든 불신자들이든 둘 다 똑같이 그리스도를 신뢰하고 의지하는 것으로부터 생겨나지 않은 모든 행위는 죄라는 것은 분명히 참되기 때문이다. Dunn을 보라.

669. Ridderbos, *Paul*, 291.

670. 바울은 여기에서 "양심"이라는 단어를 사용하지 않지만, 고린도전서 10:25-30에서 이 둘을 병행적으로 다루고 있는 것은 양심이라는 표현을 현재의 논의 속으로 가져오는 것을 정당화해 준다.

죄다. 그리고 우리는 바울이 강한 자들에 대한 자신의 권면을 뒷받침하기 위해 이 신학적 원칙을 언급하고 있다는 것을 기억해야 한다. 즉, 이것은 연약한 자들이 그리스도를 믿는 그들의 믿음이 고기를 먹거나 포도주를 마시거나 안식일을 지키지 않는 것을 허용한다는 것을 아직 확신하지 못하고 있을 때, 강한 자들은 연약한 자들에게 그런 것들을 하라고 강요해서는 안 된다고 말한 것이다. 왜냐하면 그런 강요를 하는 것은 연약한 자들로 하여금 죄를 짓게 하는 것이고, 그들의 길에 걸림돌을 두는 것이기 때문이다(13, 20-21절을 보라). 먼저 연약한 자들의 믿음이 강해져야 하고, 그들의 양심이 조명을 받아야 한다. 그런 후에야 그들은 강한 자들처럼 그리스도인에게 주어진 자유를 함께 행사할 수 있다.

3. 타인을 존중하신 그리스도의 본을 따름(15:1-6)

1 믿음이 강한 우리는 마땅히 믿음이 약한 자의 약점을 담당하고 자기를 기쁘게 하지 아니할 것이라
2 우리 각 사람이 이웃을 기쁘게 하되 선을 이루고 덕을 세우도록 할지니라
3 그리스도께서도 자기를 기쁘게 하지 아니하셨나니 기록된 바 주를 비방하는 자들의 비방이 내게 미쳤나이다[a] 함과 같으니라
4 무엇이든지 전에 기록된 바는 우리의 교훈을 위하여 기록된 것이니 우리로 하여금 인내로 또는 성경의 위로로 소망을 가지게 함이니라
5 이제 인내와 위로의 하나님이 너희로 그리스도 예수를 본받아 서로 뜻이 같게 하여 주사
6 한마음과 한 입으로 하나님 곧 우리 주 예수 그리스도의 아버지께 영광을 돌리게 하려 하노라

a. 시편 69:9b

"타인에 대한 존중"이라는 표현은 호렐이 바울의 윤리적 가르침에 대한 고무적인 연구서인 『연대와 차이』(Solidarity and Difference)에서 광범위하게 사용한다. 나는 이 표현이 바울의 가르침 - 그리고 특히 이 단락의 가르침 - 의 기본적인 취지를 아주 잘 포착하고 있다고 생각한다. 15장이 14장의 논증을 구체적으로 어떤 식으로 이어가는지는 논란이 되고 있긴 하지만, 바울은 강한 자들과 연약한 자들에 대한 권면을 계속한다. 일부 주석자들은 14장과 15장이 아주 긴밀하게 연결되어 있다고 보고서, 두 장 사이에 놓여진 통상적인 단락 구분 표시를 제거하고자 한다.

그들은 1절에 나오는 1인칭 복수형으로 되어 있는 권면과 그 근거에 대해 말하는 2-3절을 14:20-23의 논증의 결론부로 본다.[671] 반면에, 또 다른 극단에는 15:1은 로마 교회에서 연약한 자들과 강한 자들 간의 논쟁이라는 좁은 초점에서 벗어나서, 그리스도인들이 그러한 온갖 논쟁 상황 속에서 따라야 할 원칙들을 좀 더 폭넓게 천착하는 것으로 옮겨감으로써 상당한 변화를 보여 준다고 생각한다.[672] 우리는 이 둘의 중간 노선을 따르고자 한다. 바울은 로마 교회에서의 불화와 분열이라는 구체적인 문제로부터 자신의 초점을 옮기고자 한다는 어떤 암시도 보여 주지 않는다. 그러나 새로운 어휘[673]와 새로운 논증들이 도입되고 있는 것은 15:1이 이 논의에서 새로운 단계라는 것을 보여 준다.

첫 번째 단락은 6절까지 이어진다. 먼저 바울은 로마에 있는 자신의 "강한" 신자들에게 덜 강한 같은 신자들의 약점을 "담당하고", 그들 "자신을 기쁘게 하지 아니할 것", 즉 그들이 지닌 그리스도인으로서의 자유를 이기적으로 사용하지 말 것을 권면한다(1절). 반대로, 강한 자들은 그들의 주이자 주인이신 예수 그리스도의 본을 따라 다른 사람들을 기쁘게 해야 한다(2절). 그리스도께서는 자기보다 다른 사람들을 우선하심으로써, 하나님을 향한 인간들의 비방을 친히 짊어지셨기 때문이다(3절). 바울은 시편 69편의 한 행을 사용하여, 그리스도께서 친히 비방을 짊어지신 것을 설명한 후에(3절b), 구약성경을 그리스도인들의 경험에 적용하는 것과 관련한 일반적인 주장을 덧붙여서, 구약성경의 목적은 신자들의 소망을 강화하기 위한 것이라고 말한다(4절). 바울은 마지막에 나오는 "소원 기도"에서 근본적인 문제로 되돌아가서, 하나님이 로마 그리스도인들에게 같은 뜻과 생각을 주셔서(5절) 하나의 강력한 목소리로 하나님을 찬송할 수 있게 해주시라고 기도한다(6절). 이렇게 이 단락은 기본적으로 로마의 강한 신자들에게 다른 사람들을 사

671. 예를 들어, Schmithals, 509; 또한 Wilckens, 3.100을 보라. 그는 15:1-3은 14:20-23과 14장 전체의 결론부라고 생각한다.

672. 예를 들어, Godet, 467; Käsemann, 381. Cranfield (2.731)는 그럴 가능성이 있다고 생각한다; Dodd (221)는 1-2절에서는 "강한 자들"과 "연약한 자들"에 관한 논의를 마무리하고, 3절에서는 더 일반적인 문제로의 이행을 시작한다고 생각한다.

673. 가장 분명한 변화는 로마 교회의 "엄격주의자들"을 지칭하는 데 "연약한"(ἀσθενῆς, '아스테네스')이라는 단어가 아니라 "약한, 할 수 없는"(ἀδύνατος, '아뒤나토스')이라는 단어를 사용한다는 것이다.

랑으로 섬긴 그리스도의 본을 따름으로써 교회가 하나 되게 하라고 하는 권면이다. 우리는 빌립보서 2:1-11에서도 동일한 패턴의 가르침을 발견하다. 거기에서도 바울은 신자들에게 그들 자신의 유익보다 다른 사람들의 유익을 우선하신 그리스도의 본을 따름으로써 공동체가 하나 되게 하라고 호소한다.

1 이 단락을 여는 절에서 문체의 변화는 뚜렷하다. 14장에서 바울이 로마 교회에서 대표성을 지닌 약한 신자나 강한 신자를 부르는 전형적인 방식은 2인칭 단수형을 사용하는 것이었다. 1인칭 복수형을 사용한 권면들은 오직 이 문체를 단절시키는 짤막한 구절들(13a, 19절)에서만 등장한다. 반면에, 이 장의 1-4절에서 바울이 지배적으로 사용하는 것은 1인칭 복수형이다. 그러나 문체의 이러한 변화는 대화 상대의 변화를 나타내는 것은 아니다. 바울은 14:13b-23에서와 마찬가지로 여기에서도 계속해서 강한 신자들을 향해 말한다. 이제 그는 처음으로 그들을 호칭으로 부르고, 그들 속에 자기 자신을 암묵적으로 포함시킨다: "믿음이 강한 우리."[674] 문맥은 우리가 이 호칭의 의미를 바울이 지금까지 논의해 온 특정한 문제에 국한시킬 것을 요구한다. "믿음이 강한" 그리스도인들은 어떤 것들이 신자들에게 합당하다고 믿는 믿음을 따라 그것들을 "할 수 있는"('뒤나토스', "강한") 신자들이다. 따라서 반대로 바울이 여기에서 "할 수 없는"('아뒤나톤', "약한") 자들이라고 지칭한 그리스도인들은 그리스도를 믿는 그들의 믿음이 그들을 특정한 제의적 율법들로부터 자유롭게 했다는 것을 깨달을 수 "없는" 신자들이다.[675]

힘이 있다고 자랑하는 자들은 이 문제에서 "힘이 없는 자들의" "연약한 것들을

674. 바울은 자신의 견해도 강한 자들의 견해와 같다고 이미 말했기 때문에(14:14, 20), 이렇게 자기와 강한 자들을 동일시하는 것은 전혀 의외가 아니다.

675. 특히 LN 74.22를 보라. 바울이 이 신자들을 지칭하기 위해 '아스테네오'(ἀσθενέω)/'아스테네스'(ἀσθενής)를 사용했다가(14:1-2) 이제 '아뒤나토스'(ἀδύνατος)로 바꾼 것은 단지 문체상의 이유일 가능성이 높다. 왜냐하면 그는 앞에서 "강한 자들"을 가리키기 위해 '뒤나토스'(δύνατος)를 사용한 까닭에, 연약한 자들을 지칭하는 데는 어형론적으로 '뒤나토스'의 반대말인 '아뒤나토스'를 사용하는 것이 자연스러웠을 것이기 때문이다(반대 견해로는 예를 들어, Godet[그는 이 변화는 바울이 이제 새롭고 더 폭넓은 주제로 옮겨가고 있다는 것을 보여 주는 표시라고 본다]). 그리고 '뒤나토스'는 의미론상으로 '아스테네스'의 자연스러운 반대말이다; 예를 들어, 고후 12:10; 13:9을 보라.

담당하는"[676] 데 그 힘을 사용해야 한다[677]고 바울은 말한다. 바울은 강한 자들에게 단지 연역한 자들과 그들이 거리끼는 것들을 용납하거나 참으라고 촉구하는 것이 아니다. 바울이 여기에서 사용하는 동사는 갈라디아서 6:2(그리고 5절을 보라)에도 나오는데, 거기에서 그는 신자들에게 "너희가 짐을 서로 지라 그리하여 그리스도의 법을 성취하라"고 촉구한다 - 서로에 대한 사랑(이것이 전부는 아니지만)에 초점이 맞춰진 "법." 갈라디아서 5:14을 보라.[678] 이것에 비추어보았을 때, 바울이 강한 자들에게 행하라고 권면하고 있는 것은 이 연약한 신자들이 지고 있는 짐을 사랑 가운데서 기꺼이 나누어 짊어지라는 것이다.[679] CSB를 보라. "강한 우리에게는 힘이 없는 자들의 연약한 것들을 담당할 의무가 있다." 이것은 반드시 "연약한 자들"이 거리끼는 것들에 대해서 강한 자들도 거리낌을 가져야 한다는 것을 의미하는 것은 아니고, 연약한 자들이 그런 태도를 지닐 수밖에 없는 것에 대해 공감하는 가운데 그들을 비판하거나 판단하는 것을 삼가고, 그들에 대해 사랑이 요구하는 것을 행하라는 것을 의미한다. 그리고 사랑은 강한 자들에게 단순한 용납 이상의 것을 요구한다. 즉, 강한 자들이 연약한 자들을 형제로 대할 것을 요구한다.[680] 이것은 소극적으로는 강한 자들이 "자기를 기쁘게 하지"[681] 않는 것을 의미한다.

---

676. '아스테네마타'(ἀσθενήματα, "약점들"); 이 단어는 신약성경에서 오직 여기에만 나온다.

677. '오페일로'(ὀφείλω, "~해야 한다"; 한글개역개정에는 "마땅히"). 바울은 다른 곳들에서 그리스도를 믿는 믿음으로 말미암아 그리스도인들에게 부과된 의무를 가리키는 데 이 동사와 부정사를 결합해서 사용한다(롬 15:27; 고전 11:7, 10; 고후 12:14; 엡 5:28; 살후 1:3; 2:13을 보라). 또한 13:8에 대한 각주 368을 보라.

678. 이 동사는 '바스타조'(βαστάζω, "짊어지다, 나르다." 이 동사는 신약성경에서 문자 그대로의 의미로도 사용되고(예를 들어, 눅 22:10, 거기에서 예수님은 제자들에게 "물 한 동이를 가지고 가는[βαστάζων, '바스타존']" 사람을 찾으라고 말씀하신다), 은유적인 의미로도 사용된다(예를 들어, 행 15:10, 거기에서 베드로는 율법은 "우리 조상과 우리도 능히 메지[βαστάσαι, '바스타사이'] 못하던 멍에"라고 설명한다). 바울은 이 동사를 언제나 은유적인 의미로 사용한다: 롬 11:18; 갈 5:10; 6:2, 5, 17. 갈라디아서 6:2에 언급된 "그리스도의 법"에 대해서는 D. Moo, *Galatians*, 376-378을 보라.

679. Wright.

680. 특히 Murray; Wilckens를 보라.

681. '아레스코'(ἀρέσκω). 바울은 이 동사를 롬 8:8; 고전 7:32, 33, 34; 10:33; 갈 1:10; 살전 2:4, 15; 살후 4:1; 딤후 2:4에서도 사용한다. 가장 중요한 병행은 고린도전서 8-10장에 나오는 강한 자들과 연약한 자들에 관한 비슷한 논의에 나온다: "나와 같이 모든 일에 모든 사람을 기쁘게 하여[ἀρέσκω, '아레스코'] 자신의 유익을 구하지 아니하고 많은 사람의 유익을 구하여 그들로 구원을 받게 하라"(10:33).

바울은 여기에서 표면 아래 있는 것을 3절에서 분명하게 드러낸다. 이렇게 다른 신자들의 연약한 것들을 "담당한다"는 것은 섬김을 받기 위해서가 아니라 섬기러 오셔서(막 10:45과 그 병행문들) 우리의 연약한 것들을 친히 "짊어지신"(사 53:46을 인용한 마 8:17)[682] 주 예수 그리스도를 본받아 행하는 것이다.

2 바울은 "자기를 기쁘게" 하는 것이 아니라, "우리 각 사람이 이웃을 기쁘게" 해야 한다고 계속해서 말한다. 바울은 "우리 각 사람"이라는 어구를 사용함으로써, 자신의 대화 상대를 연약한 자들이든 "강한 자들"이든 로마의 모든 신자들로 확대한 것일 수도 있다.[683] 이러한 확대의 증거는 이 단락의 끝에서 발견될 수 있는데, 거기에서 바울은 분명히 로마 공동체 전체를 포함시키기 때문이다(5-6절을 보라). 그러나 1절과 2절의 관계 - 자기를 기쁘게 하지 않는 것/이웃을 기쁘게 하는 것 - 및 2절과 바울이 14:13-23에서 강한 자들에게 한 권면들 간의 유사성(16절의 "선한 것"과 19절의 "덕 세우는 일"을 보라)은 바울이 2절에서도 계속해서 오직 강한 자들에게 말하고 있다는 것을 보여 준다.[684] 따라서 "이웃"은 연약한 같은 신자일 것이다.[685]

바울은 "이웃"이라는 단어를 사용함으로써, 강한 자들에 대한 자신의 호소가 사랑 명령에 토대를 둔 것임을 분명히 한다.[686] 강한 신자가 연약한 신자에게 "고통을 주는"(14:15을 보라; 한글개역개정에는 "근심하게 하는") 것이 아니라 "기쁘게" 한다

---

682. 여기에서 사용된 동사도 동일한 '바스타조'(βαστάζω)다. 바로 앞의 행에서 '아스테네이아'(ἀσθενεία, "연약한 것")가 사용된 것을 주목하라: '아우토스 타스 아스테네이아스 헤몬 엘라벤'(αὐτὸς τὰς ἀσθενείας ἡμῶν ἔλαβεν, "우리의 연약한 것을 친히 담당하시고"). 이 병행에 대해서는 특히 M. B. Thompson, Clothed with Christ, 208-212을 보라. (Käsemann은 바울이 이 본문을 염두에 두었다는 것을 의심한다.)

683. 예를 들어, Godet; Huby; Jewett.

684. Murray; Käsemann; Cranfield; Wilckens; Stuhlmacher.

685. 예수님이 아주 분명히 하셨듯이(마 5:43), 사랑 명령은 그리스도인들에게 모든 사람을 사랑할 것을 요구한다; 그러나 여기에는 범위의 그러한 보편성이 존재하지 않는 것으로 보인다고 Morris 등은 반대 견해를 제시한다.

686. "이웃"(πλησίον, '플레시온')은 신약성경에 9번 나온다; 그중에서 3번을 제외하고는 이 단어는 모두 레위기 19:18의 사랑 명령을 직간접적으로 인용한 본문 속에 나온다(마 5:43; 19:19; 22:39; 막 12:31, 33; 눅 10:27, 29, 36; 롬 13:9, 10; 갈 5:14; 약 2:8; 4:12; 예외는 요 4:5; 행 7:27; 엡 4:25이다).

면, 그것은 "사랑으로 행하는" 것이다. 이렇게 바울은 그리스도인의 삶에서 사랑의 중심성에 관한 자신의 이전의 가르침(13:8-10)을 이 구체적인 문제에 적용한다.

바울은 자신의 이전의 권면에서 또 다른 핵심적인 모티프를 가져와서, 다른 사람들을 기쁘게 하는 목적은 "선"을 이루기 위한 것이라고 주장한다.[687] 이 "선"은 연약한 신자 개개인의 선으로서, 강한 자들의 무신경한 이기적인 행위가 연약한 신자에게 끼치는 영적인 해악(14:15, 20)과 대비되는 영적인 유익이다.[688] 그러나 바울은 두 번째 구절에서 이 "선"을 더 구체적으로 "덕을 세우는 것"으로 정의한다.[689] 14:19에서처럼 여기에서도 이 단어는 우리를 좁은 개인주의적인 영역으로부터 벗어나게 해준다. 왜냐하면 연약한 신자의 영적인 유익은 동시에 강한 자들과 약한 자들이 모두 하나가 되어 찬송과 예배를 드리게 해줌으로써 그리스도인 공동체 전체의 유익이기도 하기 때문이다.[690] 목적에 관한 이 두 개의 진술은 바울이 다른 사람들을 "기쁘게 하라"고 말한 것이 무슨 의미인지도 보여 준다. 즉, 이것은 바울이 다른 곳들에서 정죄하는 것, 즉 하나님보다 "사람을 기쁘게 하는" 것을 의미하는 것이 아니라(갈 1:10; 골 3:22; 살전 2:4; 엡 6:6), 우리 자신보다 같은 신자들을 "기쁘게 하는" 것을 의미한다.

3 로마 교회에서와 비슷한 문제로 고린도 교회에서 벌어진 신자들 간의 논쟁을 다룬 고린도전서 10:33-11:1에서 바울은 "나와 같이 모든 일에 모든 사람을 기쁘게 하여 자신의 유익을 구하지 아니하고 많은 사람의 유익을 구하여 그들로 구원을 받게 하라"고 말한 후에, 자기가 그렇게 한 것은 그리스도를 본받은 것이라는 말을 신속하게 덧붙인다. 마찬가지로 여기에서도 바울은 "이웃을 기쁘게 하

---

687. 롬 12:2, 9, 21; 13:3, 4을 보라; 또한 8:28을 보라.

688. Morris. 종말론적인 구원이 포함되어 있긴 하지만(Cranfield), 이 개념은 그것보다 더 넓다 (Dunn).

689. '오이코도메'(οἰκοδομή). 두 번째 구절인 '프로스 오이코도멘'(πρὸς οἰκοδομήν, "덕을 세우도록")은 첫 번째 구절인 '에이스 토 아가톤'(εἰς τὸ ἀγαθόν, "선을 이루고")을 자세하게 설명하는 역할을 한다(예를 들어, Käsemann을 보라). 이 전치사들은 목적을 나타내기 위해 번갈아 사용되고 있다 (Murray); 반대 견해로는 예를 들어, Godet는 '에이스'는 제한을 나타낸다고 생각하고("선한 것과 관련해서"), Bengel (3.181)은 '에이스'는 "내적 목적"을, '프로스'는 "외적" 목적을 나타낸다고 생각한다.

690. Fitzmyer.

라"는 권면을 하고 나서 곧장 그리스도의 본으로 넘어간다(그러면서 자기도 그렇게 하고 있다는 것을 화법을 통해서 묵시적으로 암시한다). 강한 자들은 그들이 다른 사람들에게 져주는 것이 그들이 지닌 "힘"과 양립할 수 없다고 생각해서는 안 된다. 왜냐하면 메시아[691]조차도[692] "자기를 기쁘게 하지[693] 아니하셨기" 때문이다. 이 대목에서 우리는 바울이 그리스도가 죄악된 인간 - 연약한 자들 - 을 위해 자기 목숨을 내어주신 것(5:6을 보라)을 명시적으로 언급할 것이라고 예상할 수 있다. 하지만 바울은 인용할 때 전형적으로 사용되는 정형문구를 제시한 후에, 시편 69:9b의 말씀을 예수님의 입에 넣는다. "주를 비방하는 자들의 비방이 내게 미쳤나이다."[694] 이 인용문에서 "나"는 그리스도이고, "주"는 하나님이다.[695] 따라서 바울은 예수님이 하나님을 향한 사람들의 비방들이나 모욕들을 대신 받으셨다고 말한 것이다. 우리는 강한 자들이 "비방들"을 받았다고 생각할 근거가 없기 때문에, 바울이 이 특정한 인용문을 사용한 이유는 분명하지 않다. 아마도 바울은 이 구약 본문을 인용하는 것이 (1) 그리스도의 고난은 하나님에 의해 정해진 것으로서 하나님을 섬기는 것이었다는 것을 분명히 하고,[696] (2) 예수님의 섬김의 최고의 본인 십자가를 간접적으로 암시하는 데 최적의 방법이라고 보았던 것 같다. 왜냐하면 그리스도가 "자기를 기쁘게 하지 아니하셨다"는 것이 십자가 죽음을 가리킨다는 것은 거의 틀림없기 때문이다.[697] 신약 기자들이 흔히 시편 69편의 말씀을 예수님의 수난

691. '크리스토스'(Χριστός)에 붙은 관사는 "그리스도"가 칭호의 의미를 지닌다는 것을 강조하는 것일 수 있다(Käsemann; Dunn; Cranfield[?]).

692. 아마도 이것이 여기에서 '카이'(καί)에 대한 최고의 번역일 것이다(NIV; NASB; NLT; NET; Morris를 보라).

693. '에레센'(ἤρεσεν)은 "사실을 나타내는" 단순과거다(BDF §332[13], 하지만 이 단어에 대한 그들의 구체적인 적용은 의심스럽다).

694. 바울이 사용한 본문은 대다수의 칠십인경 전승과 동일하다(칠십인경에서는 68:10b).

695. 이 대명사들을 이렇게 이해하는 것이 '세'(σε, "너")를 어떤 사람을 가리키는 것으로 봄으로써 이 인용문을 여기에서의 적용과 더 잘 부합하게 하려는 시도보다 더 바람직하다(예를 들어, S-H; Lietzmann).

696. Schlatter.

697. Merk, *Handeln aus Glauben*, 171; Käsemann; Wilckens; 반대 견해로는 예수님의 지상의 삶 전체를 가리킨다고 생각하는 사람들도 있고(BDF §332[13]; 또한 Dunn은 예수님의 지상의 삶과 수난 둘 모두를 가리킨다고 본다), 특히 성육신을 포함한 "그리스도 사건" 전체를 가리킨다고 생각하는 사람들도 있다(빌 2:6; Cranfield를 보라).

에 적용한 것에 비추어보았을 때,[698] 바울은 그리스도가 담당한 "비난들"을 예수님이 십자가를 지실 때 감당하셨던 조롱들로 생각했을 가능성이 크다(마 27:27-31, 39-41과 그 병행문들을 보라).[699] 따라서 바울은 예수님이 다른 사람들을 섬기기 위해 자기 자신을 내어주신 것을 강한 자들이 본받아야 할 본으로 암묵적으로 제시한 것이다.[700] 크리소스토모스가 말했듯이, "만일 자신만을 생각하셨더라면, 예수님에게는 비방을 당하지 않을 힘, 자신이 받으신 고난을 받지 않으실 힘이 있으셨다." 아울러 바울은 강한 자들에게 그들이 자신의 권면대로 행함으로써 받게 될 "고난"을 기꺼이 받으라고 말하고자 한 것으로 보인다. 강한 자들은 종종 고기를 먹지 않거나 포도주를 마시지 않거나 특별한 성일을 지킴으로써 고통을 당할 수 있겠지만, 그런 고통은 그리스도가 다른 사람들을 위해 담당하신 고난에 비하면 별로 무거운 짐이 아니다.

4 바울은 자신의 주된 논증에서 잠깐 벗어나서, 자기가 방금 구약성경을 사용한 것이 전적으로 적절하다는 것을 독자들에게 상기시킨다. "무엇이든지 전에 기록된 바는 우리의 교훈을 위하여 기록된 것이니."[701] 바울은 여기에서 자신의 사

698. 시편 69편을 직간접적으로 인용한 신약 본문으로는 마 27:34, 48//막 15:35-36//눅 23:36//요 19:28-29; 요 2:17; 15:25; 행 1:20; 롬 11:9이 있다. 특히 예수님이 자기가 성전을 "정결하게" 하신 것을 옹호하기 위해 이 동일한 절의 전반절을 인용하신 것을 주목하라: "주의 전을 사모하는 열심이 나를 삼키리라"(요 2:17); 이것에 대해서는 Dodd, According to the Scriptures, 57-58; Ellis, *Paul's Use*, 139을 보라; 신약성경에서 이 시편의 사용에 대해서는 D. Moo, *Old Testament*, 233-234, 243-244, 249-252, 275-280, 285-300; Lindars, *New Testament Apologetic*, 99-108을 보라.

699. 여기에서 사용된 동사 '오네이디조'(ὀνειδίζω, "비방하다")는 예수님을 십자가에 못 박은 자들이 "희롱한" 것을 가리키는 데도 사용된다(마 27:44//막 15:32). 또한 동족어 명사 '오네이디스모스'(ὀνειδισμός, "비방", 히 10:33; 또한 11:26을 보라)와 마찬가지로, 이 동사가 주의 제자들이 감당할 것을 각오해야 하는 고난을 묘사하는 데 사용된다는 것도 중요한 것으로 보인다(마 5:11//눅 6:22; 벧전 4:14). 특히 그리스도인들에게 "우리도 그의 치욕을 짊어지자"고 권면하는 히브리서 13:13을 보라.

700. Hafemann은 바울이 시편 69편을 근거로 제시한 것은 이것보다 더 구체적인 것이라고 주장하면서, 바울이 4절에서 소망에 대해 언급한 것은 시편 69편도 고난을 소망과 연결시키고 있기 때문이라고(6절을 보라) 말한다("Eschatology and Ethics," 164-169).

701. 그리스어로는 '디다스칼리아'(διδασκαλία,"교훈")다. 이 단어는 목회 서신에서 주로 사용된다(딤전 1:10; 4:1, 6, 13, 16; 5:17; 6:1, 3; 딤후 3:10, 16; 4:3; 딛 1:9; 2:1, 7, 10; 다른 바울 서신에서는 롬 12:7; 엡 4:14; 골 2:22에만 나온다).

역과 초기 교회 전체의 기본적인 확신을 분명하게 선언한다. 구약성경은 이제 더 이상 직접적인 도덕적 명령의 원천이 아니지만(6:14, 15; 7:4), 그리스도인들이 새 언약의 하나님 백성으로서 구원사의 절정과 그들의 책임을 이해하는 것을 돕는 데 계속해서 중심적인 역할을 한다.[702] 그리스도인들이 성경으로부터 얻는 교훈은 많은 목적들을 지니는데, 그중 하나는 "우리로 하여금 소망을 가지게"[703] 하는 것이라고 바울은 이 절의 후반절에서 주장한다. 이 시점에서 소망을 언급한 것도 바울의 논증에서 벗어난 것으로 보일 수 있다. 그러나 문맥과의 두 가지 연결관계를 말할 수 있다. 첫째, 고난에 직면한 그리스도인들에게 특히 필요한 것은 소망이라는 것이다(5:2-5; 8:20, 24-25). 그리고 바울은 그리스도가 담당하신 비난들을 강한 신자들이 본받아야 할 본으로 인용함으로써 그리스도인의 고난이라는 일반적인 문제를 이미 꺼내들었다.[704] 바울이 자신의 주된 목적절에 덧붙인 종속적인 어구들은 이러한 강조점을 보여 준다. 이 대목에서 바울이 사용한 구문은 분명하지 않다. 그는 각각 그리스어 전치사 '디아'로 시작되는 두 개의 전치사구를 사용한다: "인내로"[705]와 "위로로."[706] "성경"은 분명히 두 번째 어구를 수식한다. 위로는 성경[을 읽고 묵상하는 것]을 통해 온다.[707] 하지만 첫 번째 어구는 독립적일 수 있

---

702. 또한 바울 서신에서 롬 4:24; 고전 9:10; 10:11; 딤후 3:16을 보라. Rosner (*Paul and the Law*, 159-205; 이 절에 대해서는 185-186을 보라)는 바울은 신자들을 위한 "지혜"로서의 율법의 권위를 재확인해주는 것이라는 흥미로운 주장을 한다.

703. 엘피다 에코멘'(ἐλπίδα ἔχωμεν); 이 조합은 통상적으로 그리스도인이 소망 안에서 성장하는 것을 가리키는 데 사용된다(또한 행 24:15; 고후 10:15; 엡 2:12; 살전 4:13; 요일 3:3을 보라). 현재 시제 '에코멘'은 소망을 계속해서 유지하고 강화시켜야 한다는 것을 보여 주는 것 같다: "계속해서 소망을 가지라"(Cranfield; Dunn; 하지만 태에 관한 자신의 이론을 토대로 다른 설명을 제시하는 Porter, Verbal Aspect, 329를 보라).

704. Denney를 보라.

705. '디아 테스 휘포모네스'(διὰ τῆς ὑπομονῆς). 5:3에 대한 각주를 보라.

706. '디아 테스 파라클레세오스'(διά τῆς παρακλήσεως). 동족어 동사 '파라칼레오'(παρακαλέω, "권면하다, 위로하다")와 비슷하게(12:1에 대한 각주를 보라), 명사 '파라클레시스'(παράκλησις, "위로")도 "권면"을 의미할 수도 있고, "위로"를 의미할 수도 있다. 일부 학자들은 여기에서 전자의 의미를 선호한다(예를 들어, Barrett; Stuart). 그러나 대다수의 주석자들이 "위로"라는 의미를 선호하는 것은 옳다(예를 들어, Käsemann; Murray; Cranfield; Wilckens; 또한 BDAG를 보라). 칼빈은 이렇게 말한다: "위로가 인내보다 더 적합하다. 왜냐하면 인내는 위로로부터 생겨나기 때문이다. 하나님이 고난에 위로를 섞으실 때만, 우리는 인내로 고난을 감당할 준비를 갖추게 된다." 또한 1 Macc. 12:9을 보라: "우리는 우리 손에 성경을 위로[παράκλησιν, '파라클레신']로 가지고 있기 때문에."

707. 속격 '톤 그라폰'(τῶν γραφῶν, "성경의")은 원천을 나타낸다(예를 들어, Alford).

다.[708] 그런 경우에 "인내"는 소망에 수반된다. "우리로 하여금 인내를 수반하거나 인내로 뒷받침되는 소망을 가지게 함이니라"(NLT).[709] 반면에, "성경"은 두 단어, 즉 "인내"와 "위로" 둘 모두에 걸릴 수 있기 때문에, 어떤 의미에서는 인내와 위로는 성경에 의해 공급된다(예를 들어, NIV를 보라: "성경에서 가르치는 인내와 성경이 공급해주는 위로로"). 그리고 인내와 위로는 둘 모두 소망을 촉진시키는 도구들이다.[710] 전자의 선택지가 더 바람직할 수 있지만, 두 선택지 간의 차이는 크지 않다. 어쨌든 구약성경을 읽고 구약성경이 그리스도와 교회 안에서 성취된 것을 아는 것은 신자의 소망을 촉진시키고, 이 소망은 영적으로 적대적이고 분노하게 하는 상황에 의한 압박감 아래에서 "참을 수 있는" 능력을 수반한다. 이제 앞에서 말한 것으로 되돌아가보면, 바울은 자기가 신자들의 시련을 논의할 때 통상적으로 사용하는 "인내"와 "위로"라는 두 개의 핵심 단어를 여기에서 사용함으로써 그리스도인의 고난에 관해 말한 자신의 의도가 무엇인지를 보여 준다.[711]

바울이 여기에서 "소망"을 이 논의에 도입하게 된 두 번째 이유는 우리가 강한 자들의 다수, 아니 대부분이 이방인이었다는 것을 기억하면 드러난다. 이방인이었던 그들은 그리스도를 떠나서는 "소망이 없는"(엡 2:12) 자들이었다. 하지만 이제 돌감람나무 가지들이었던 그들이 하나님의 약속들과 하나님의 백성에 접붙임을 받게 됨으로써(롬 11:17-24) "가까워졌다." 따라서 성경은 강한 신자들의 "소망"을 강화시켜줌으로써, 그들이 하나님의 백성 속에서 자신들의 위치에 대해 더 확신을 갖게 해주도록 도움을 준다. 아울러 성경은 이 소망이 유대인들과 이방인들, 강한 자들과 약한 자들로 이루어진 하나님의 한 백성에 초점이 맞춰져 있다는 것을 일깨워주는 대단히 실제적인 도움도 준다(이것은 바울이 8-13절에서 발전시키고 있는 요지다).[712] 따라서 강한 신자들이 자신들의 소망을 유지하고자 한다면, 그

708. 예를 들어, Käsemann; Cranfield; Wilckens. 전치사와 정관사의 반복은 이 대안을 지지하는 것으로 보인다.

709. 이 경우에 '디아'(διά)는 "부대 상황"을 나타낼 것이다. Lohse; Byrne을 보라.

710. Godet; Murray; Schreiner; Jewett. 의미상의 차이는 거의 없지만, '디아'는 원인을 나타낼 수 있다(예를 들어, Käsemann; Dunn; Lohse).

711. '휘포모네'(ὑπομονή, "인내")에 대해서는 5:3에 대한 각주를 보라. 바울은 고후 1:4, 5, 6, 7; 7:4, 13; 살후 2:16에서 고난이라는 맥락 속에서 '파라클레시스'(παράκλησις, "위로")를 사용한다.

712. 이 점에 대해서는 Käsemann, 특히 Dunn을 보라. 열방의 회심 같은 더 구체적인 것(Jewett)을 염두에 두었을 가능성은 거의 없다.

들이 자신의 구원을 경험하고 있는 장인 하나님의 백성의 하나됨을 이루어 내기 위해 애써야 한다.

5 5-6절은 "소원 기도", 즉 바울이 하나님께 드린 자신의 중보 기도를 로마 그리스도인들의 유익을 위해 기록해놓은 것을 담고 있다. 바울은 자기가 기도한 내용을 로마 그리스도인들과 공유함으로써, 이 기도문을 간접적인 권면 수단으로 사용한다.[713] 따라서 이 기도를 통해 바울은 14:1-15:13 전체에 걸쳐 자신의 중심적인 관심으로 되돌아간다: 로마 교회의 하나됨을 회복하는 것.[714] 바울은 하나님을 "인내와 위로의 하나님"으로 부름으로써, 이 "소원 기도"를 4절과 연결시킨다. "인내와 위로의 하나님"을 풀어서 번역하면 "인내와 위로를 특징으로 하시기 때문에 자신의 은혜 안에서 인내와 위로를 주시는 하나님"이 될 것이다.[715] "오직 하나님만이 인내와 위로의 원천이시라는 것은 의심의 여지가 없다. 왜냐하면 하나님은 자신의 성령을 통해 이 둘을 우리의 마음에 전해주시기 때문이다. 하지만 하나님은 자신의 말씀을 도구로 사용하신다"(칼빈). 바울은 강한 자들과 연약한 자들에 대한 자신의 권면을 마무리하면서, 먼저 2인칭 복수형 동사를 사용하여 로마 공동체 전체를 부르고,[716] 이 권면의 중요한 접합점들에 나오는 "서로"라는 주제(14:13a; 15:7)를 도입함으로써 자신의 의도를 보여 준다.

바울은 하나님이 로마 그리스도인들에게 "동일한 것을 생각할 수 있는"[717] 능

713. Murray.

714. G. Wiles는 바울이 하나님을 "위로(παράκλησις, '파라클레시스')의 하나님"으로 묘사한 것은 권면 단락의 시작을 암시하는 것이고(12:1, παρακαλέω['파라클레오']), 심지어 이 서신의 시작을 암시하는 것이라고(1:12을 보라) 주장한다(*Paul's Intercessory Prayers*, 81).

715. 따라서 속격들인 '테스 휘포모네스'(τῆς ὑπομονῆς, "인내의")와 '테스 파라클레세오스'(τῆς παρακλήσεως, "위로의")는 소유 개념과 "산출" 개념을 결합시킨 것일 수 있다(예를 들어, D. B. Wallace, *Greek Grammar*, 107; Hultgren을 보라). 바울은 흔히 기도 속에서 하나님을 부를 때 하나님에 대해 이런 표현을 사용한다; 롬 15:13, "소망의 하나님"; 롬 15:33; 16:20; 고후 13:11; 빌 4:9; 살전 5:23, "평강의 하나님."

716. '휘민'(ὑμῖν, "너희"). 바울은 14:1 이래로 공동체를 향해 말하는 데 2인칭 복수형을 사용한 적이 없다.

717. '토 아우토 프로네인'(τὸ αὐτὸ φρονεῖν, "동일한 것을 생각하다", 한글개역개정에는 "뜻이 같게"). 또한 롬 12:16; 고후 13:11; 빌 2:2; 4:2을 보라.

력을 주시라고[718] 구체적으로 기도한다. 바울이 강한 자들과 연약한 자들에게 서로 간에 논란이 된 문제들에 대한 서로의 견해를 존중할 것을 역설한 것에 비추어보았을 때, 우리는 바울의 주된 관심이 로마 교회의 모든 신자가 교회를 분열시킨 문제들에 대해 동일한 견해에 도달하게 하는 것이라고 생각해서는 안 될 것으로 보인다. 도리어 바울의 관심은 그들은 서로 간의 견해 차이들에도 불구하고 공통의 관점과 목적을 지녀야 한다는 것이다.[719] 따라서 하나됨은 "그리스도 예수를 따르는" 것이어야 한다고 바울은 기도한다. 이것은 하나됨은 그리스도의 뜻이나 정신에 따른 것이어야 한다는 의미일 수도 있고,[720] 그리스도의 본을 따른 것이어야 한다는 의미일 수도 있다(3절).[721] 그러나 이 본문은 그런 세밀한 구분을 피하는 것이 더 좋은 경우인 것으로 보인다. 바울은 이 두 가지 구체적인 개념을 둘 다 포함하는 의미로 "그리스도 예수를 따라"라는 표현을 사용한 것일 가능성이 크기 때문이다.[722]

6 로마 그리스도인들 간의 하나됨은 중요하고, 바울은 그것을 격려하기 위한 많은 말들을 사용한다. 그러나 이 하나됨은 더 중요한 궁극적인 목적을 지닌다: "우리 주 예수 그리스도의 아버지"[723]의 영광. 로마 그리스도인들의 공동체가 하

---

718. '도에'(δῴη, "주사")는 단순과거 희구법이다(희구법은 흔히 소원을 나타낼 때 사용된다; Zerwick, *Biblical Greek*, §355을 보라).

719. 예를 들어, Cranfield를 보라.

720. Käsemann; Cranfield.

721. Haldane.

722. G. Wiles, *Paul's Intercessory Prayers*, 81-82; Murray; Dunn. 이 호칭들 - '크리스톤 예순'(Χριστὸν Ἰησοῦν, "그리스도 예수") - 의 순서가 지닌 의미에 대해서는 1:1에 대한 각주를 보라.

723. '톤 테온 카이 파테라 투 퀴리우 헤몬 예수 크리스투'(τὸν θεὸν καὶ πατέρα τοῦ κυρίου ἡμῶν Ἰησοῦ Χριστοῦ, "하나님 곧 우리 주 예수 그리스도의 아버지")라는 어구는 KJV처럼 "하나님 곧 우리 주 예수 그리스도의 아버지"로 해석할 수도 있고(이 경우에 '테온'은 절대적 용법이다; 많은 이전의 주석자들[예를 들어, Gifford; Stuart; Meyer]을 보라), "우리 주 예수 그리스도의 하나님이자 아버지"로 해석할 수도 있다(이 경우에 '테온'은 '투 퀴리우'에 걸린다; 대부분의 현대 역본들과 주석자들). 후자의 번역이 더 바람직하다: 구문과 부합한다('테온' 앞에 관사가 있고 '파테라' 앞에는 관사가 없는 것); 바울이 사용한 선례가 있다(엡 1:17: ὁ θεὸς τοῦ κυρίου ἡμῶν Ἰησοῦ Χριστοῦ['호 테오스 투 퀴리우 헤몬 예수 크리스투', "우리 주 예수 그리스도의 하나님"]); 신학적으로 문제가 없다(예를 들어, 마 27:46과 그 병행문들을 보라).

나될 때만, 즉 로마의 그리스도인들이 "한 마음으로"[724] 행하고 "한 입으로"[725] 말할 때만, 그들은 하나님을 합당한 방식으로 영화롭게 할 수 있게 될 것이다. 지엽적인 문제들을 놓고 교회가 분열될 때, 교회는 소중한 시간과 힘을 기본적으로 해야 하는 가장 중요한 일, 즉 복음을 선포하고 하나님을 영화롭게 하는 일에 사용할 수 없게 된다.

4. 하나되어 부르는 찬송을 위한 하나님의 계획(15:7–13)

7 그러므로 그리스도께서 우리를[726] 받아 하나님께 영광을 돌리심과 같이 너희도 서로 받으라
8 내가 말하노니 그리스도께서 하나님의 진실하심을 위하여 할례의 추종자가 되셨으니 이는 조상들에게 주신 약속들을 견고하게 하시고
9 이방인들도 그 긍휼하심으로 말미암아 하나님께 영광을 돌리게 하려 하심이라 기록된 바 그러므로 내가 열방 중에서 주께 감사하고 주의 이름을 찬송하리로다[a] 함과 같으니라
10 또 이르되 열방들아 주의 백성과 함께 즐거워하라[b] 하였으며
11 또 모든 열방들아 주를 찬양하며 모든 백성들아 그를 찬송하라[c] 하였으며
12 또 이사야가 이르되 이새의 뿌리 곧 열방을 다스리기 위하여 일어나시는 이가 있으리니 열방이 그에게 소망을 두리라[d] 하였느니라
13 소망의 하나님이 모든 기쁨과 평강을 믿음 안에서 너희에게 충만하게 하사 성령의 능력으로 소망이 넘치게 하시기를 원하노라

a. 시편 18:49 (= 사무엘하 22:50) / b. 신명기 32:43 / c. 시편 117:1 / d. 이사야서 11:10

724. '호모튀나돈'(ὁμοθυμαδόν). 원래 정치 용어였던(H. W. Heidland, *TDNT* 5.185) 이 단어는 특히 누가가 초기 교회를 묘사할 때 자주 사용한다(행 1:14; 2:46; 4:24; 5:12; 15:25; 또한 7:57; 8:6; 12:20; 18:12; 19:29을 보라). 따라서 바울은 로마 교회가 처음에 성령으로 충만했던 교회의 특징이었던 하나됨을 나타내 보여 주기를 기도한 것이다.

725. '엔 헤니 스토마티'(ἐν ἑνὶ στόματι); '엔'은 도구를 나타낸다(N. Turner, *Syntax*, 252).

726. 일차적인 알렉산드리아 대문자 사본 B를 포함한 몇몇 사본들은 '휘마스'(ὑμᾶς, "너희를") 대신에 '헤마스'(ἡμᾶς, "우리를")로 읽는다(서방 대문자 사본 D[원본]도 보라). 일부 학자들은 필사자가 5-6절의 2인칭 복수 대명사들의 영향으로 원래의 '헤마스'를 '휘마스'로 대체한 것이라고 보고, '헤마스'가 원래의 읽기라고 생각한다(예를 들어, Godet, 470; Michel, 447). 그러나 사본상으로는 '휘마스'가 더 나은 지지를 받고 있다(일차적인 알렉산드리아 대문자 사본 ℵ; 이차적인 알렉산드리아 사본들인 A, C, 33, 81, 1739; Ψ; 서방 대문자 사본들인 D[수정본], F, G; 대다수의 본문). 필사자가 예전상의 이유들로 1인칭 복수형으로 수정했을 가능성도 똑같이 존재한다(예를 들어, Käsemann, 385; Murray, 2.203; Cranfield, 2.739; Wilckens, 3.105; Dunn, 2.844; Jewett, 886을

처음에 나오는 구절은 이 단락의 요지를 보여 준다: "서로 받으라." 바울은 이렇게 말함으로써, 연약한 자들과 강한 자들에 대한 권면을 시작하면서 말한 주제(14:1을 보라)로 되돌아간다. 그러나 중요한 차이가 있다. 14:1에서는 로마 공동체를 향해 "믿음이 연약한 자를 받으라"고 촉구한 반면에, 여기에서는 모든 신자에게 서로를 받으라고 권면한다. 이 단락의 나머지의 대부분은 이 핵심적인 명령을 뒷받침하는 내용이다. 로마 그리스도인들은 다음과 같은 이유로 서로 받아야 한다. (1) 그리스도가 그들을 받으셨다(7절b). (2) 그리스도는 하나님의 복을 유대인들(8절)과 이방인들(9절a) 둘 모두에게 전하심으로써 성경을 성취하셨다(9b-12절). 바울은 "소원 기도"로 끝을 맺는다. 시작 부분에 나오는 기본적인 명령, 이 명령을 뒷받침하기 위해 그리스도와 성경을 근거로 든 것, 결론적인 기도로 이루어진 이 단락 전체는 15:1-6과 아주 많이 닮았다.

15:7a과 14:1의 유사성은 바울이 15:7-13을 연약한 자들과 "강한 자들"에 대한 자신의 권면의 결론부로 의도했다는 것을 보여 준다.[727] 그러나 이 권면의 신학적이고 성경적인 근거를 제시하는 8-12절은 이 서신 전체에 걸쳐 중요한 문제들을 다루기 때문에, 일부 학자들은 7-13절을 이 서신 전체의 결론부라고 생각한다.[728] 그리고 이 단락이 로마서를 지배해 온 주제들 중 다수를 간접적으로 염두에 두고 있다는 것은 사실이다: 이스라엘에 주신 약속들에 대한 하나님의 신실하심(8절; 예를 들어, 1:2; 3:1-8; 9:4-5; 11:1-2, 28을 보라); 이방인들이 하나님의 백성에 포함됨(9절a; 예를 들어, 3:21-31; 4:12-17; 9:24-25, 30; 10:9-13; 11:28-30을 보라); 소망, 평강, 믿음, 성령에 관한 더 폭넓은 주제들(13절; 로마서의 곳곳에서).[729] 그러나 이 서신의 핵심 주제들 중 다수가 빠져 있기도 하다(예를 들어, 칭의, 죄에 대한 승리, 율법, 사망). 따라서 이 서신에서 15:7-13의 위치에 관한 논증은 다소 순환논법적이다. 이방인들이 하나님의 백성에 포함되었다는 것이 로마서의 가장 중요한 주제라고 생각하는 사람들은

보라).

727. 예를 들어, Cranfield, 2.739; Wilckens, 3.104를 보라.

728. Dunn, 2.844-845; R. Hays, Echoes, 70; Flebbe, *Solus Deus*, 406-409. 또한 Wright (744)를 보라. 그는 이 절들이 14:1-15:6, 12:1-15:6, 이 서신 전체의 결론이라고 생각한다. 몇몇 학자들도 7-13절이 12:1-15:6의 결론이라고 생각한다(예를 들어, Cambier, "Liberté chrétienne," 81; Ziesler, 336-337).

729. Käsemann, 384-385; 특히 Dunn, 2.844-845를 보라.

15:7-13이 이 서신에 대한 전체적인 결론이라고 생각하는 쪽으로 기운다. 그리고 그들은 흔히 이번에는 이 단락이 이방인들이 하나님의 백성에 포함되었다는 것이 실제로 로마서의 가장 중요한 주제라는 것을 보여 주는 증거라고 말한다. 반면에, 이방인들이 하나님의 백성에 포함되었다는 것이 로마서의 지배적인 주제라고 생각하지 않는 사람들은 이 단락은 이 서신의 제한된 부분에 대한 결론이라고 주장한다.[730] 이 주석서를 읽어 온 독자들은 지금쯤 알겠지만, 나는 이방인들이 하나님의 백성에 포함되었다는 것이 이 서신의 핵심적인 주제 중 하나이지만, 이 주제는 하나님이 의롭다 하시고 구원하시는 자들의 영역 속에 인간을 "포함시키셨다는" 더 큰 주제에 종속되어 있다고 확신한다. 따라서 나는 이 단락 속에서 바울은 로마의 강한 자들과 연약한 자들에 대한 자신의 권면들과 관련한 궁극적인 근거를 제시하고자 하는 구체적인 목적을 가지고서 이 서신의 중요한 주제들 중 하나를 요약하고 있는 것이라고 보는 견해를 선호한다. 그는 로마의 강한 자들과 연약한 자들로 하여금 순종하게 하기 위해 로마 교회의 지역적인 갈등을 구원사라는 파노라마 속에 위치시킨다.[731] 내가 서론에서 논증했듯이, 로마 교회의 두 집단에 대한 이 권면은 이 서신의 주된 동력이 아니라, 바울로 하여금 현재의 로마서에 기록된 것과 같은 방식으로 복음에 관해 쓰게 만든 여러 핵심적인 동기들 중 하나다.

따라서 유대인들과 이방인들이 둘 다 하나님의 백성 안에 포함된 것을 바울이 강조한 것은 단지 연약한 자들과 강한 자들의 문제를 해결하기 위해 동원한 하나의 수단이 아니라,[732] 이 문제의 핵심에 해당한다. 왜냐하면 강한 자들 중 일부는 유대인이었고(예를 들어, 바울 자신), 약한 자들 중 일부가 이방인이었을 것이긴 하지만, 이 두 집단을 가른 구분선은 기본적으로 유대 율법이 지속적으로 적용되느냐의 여부에 관한 문제였기 때문이다. 이것은 양 진영이 기본적으로 윤리적인 노선에 따라 서로 쪼개질 수밖에 없게 만들었다. 따라서 바울이 자신의 독자들에게 새 언약의 하나님 백성은 유대인들과 이방인들 둘 모두를 포함한다는 것을 상기시킴

730. Gignac (534)가 그렇게 말한다(좀 더 폭넓은 결론을 지지하면서).

731. Wilckens, 3.107.

732. 반대 견해로는 예를 들어, Karris, "Romans 14:1-15:13," 80-81. 또한 S-H, 397; Lenski, 866; Ziesler, 338을 보라. 그들은 바울이 여기에서 새롭고 더 폭넓은 주제로 옮겨간다고 생각한다. 내가 채택한 견해에 대해서는 특히 Michel, 442; Murray, 2.203을 보라.

으로써 관점을 "넓힌 것"은 로마의 강한 자들과 연약한 자들에게 "서로 받으라"고 한 그의 호소에 기본적인 신학적 근거를 제시한 것이다.[733]

7 "그러므로"[734]는 강한 자들과 연약한 자들에 대한 바울의 권면 전체의 여러 가닥들을 한데 모으는 역할을 한다. 또한 두 집단의 신자들에게 "서로 받으라"고 한 그의 명령은 이 대단락을 절정으로 이끌어간다. 14:1에서와 마찬가지로 여기에서도 "받다"는 것은 "용납하다" 또는 "공식적으로 인정하다" 이상의 것을 의미한다. 바울은 로마 그리스도인들이 한 가족의 구성원들로서 형제로서의 모든 사랑과 관심을 가지고서 서로를 받기를 원한다. 14:3에서 바울은 하나님이 강한 신자들을 "받으셨다"는 것을 근거로 해서, 연약한 그리스도인들이 그들의 동료인 강한 신자들을 비판하는 것을 금지한 바 있다. 하지만 이제 그는 "그리스도께서[735] 우리를 받으셨다"는 진리를 근거로 비슷한 명령을 한다. 이것은 바울이 로마서의 이 부분에서 하나님과 그리스도를 밀접하게 결부시키고 있는 것을 보여 주는 또 하나의 예다. 바울이 자신의 신학적 근거를 제시하기 위해 사용한 접속사 '카토스'("~과 같이")는 통상적으로 비교를 나타낸다. 만일 우리가 여기에서 이 의미를 채택한다면, 바울은 그리스도께서 우리를 받으신 것과 동일한 방식으로 신자들은 서로를 받아야 한다고 가르치고 있는 것이 된다.[736] 하지만 여기에서 '카토스'는 이 접속사가 지닌 좀 더 드문 의미인 원인을 나타내는 용법으로 사용된 것일 가능성이 크다.[737] 그렇게 본다면, 바울은 그리스도인들은 모두 진정으로 하나님의 가족의 구성원들이기 때문에 서로를 그렇게 대해야 한다고 역설하고 있는 것이 된다. "전적으로 주의 사랑하시는 자들로 이루어진 교회에서 모든 것을 지배해야 하는 것은 서로에 대한 사랑이다."[738]

733. 이 단락은 선교의 기회를 두 집단 앞에 제시함으로써, 하나됨의 동기를 유발시키는 역할을 하는 것일 가능성도 있다(Toney, *Paul's Inclusive Ethic*, 특히 104-124).

734. '디오'(διό).

735. 이 관사는 여기에서도(3절에서와 마찬가지로) 바울이 '크리스토스'(Χριστός)가 지닌 칭호로서의 의미, 즉 "메시아"를 나타낸다는 것을 강조하고자 한다는 것을 보여 준다(예를 들어, Käsemann).

736. 예를 들어, Dunn을 보라.

737. 예를 들어, Käsemann; Cranfield.

738. Godet.

"하나님께 영광을 돌리기 위해"라는 마지막 어구는 목적을 나타내는 진술이다: "하나님이 영광을 받으시게 하기 위해."[739] 여기서의 난점은 이것이 신자들이 서로를 받는 것의 목적인가,[740] 아니면 그리스도께서 우리를 받으신 목적인가[741]를 결정하는 것이다. 전자가 주도적인 개념이고, 바울은 이미 신자들의 하나됨과 하나님이 영광을 받으시는 것 간의 연결관계를 밝혔다는 점에서(6절), 우리는 이 어구를 처음에 나온 명령법인 "서로 받으라"에 걸리는 것으로 보아야 할 것이다.

8-9a 처음에 나오는 동사 "내가 말하노니"는 반드시 있어야 되는 것은 아니지만 수사적 목적을 지닌 것으로서, 바울이 이후에 하는 말은 특히 "엄중한 교리적 선언"이라는 것을 나타낸다.[742] 9b-12절의 성경 인용문들에 의해 뒷받침되고 있는 8-9절a의 이 선언은 이 서신의 중심적인 모티프들 중 하나를 요약한다. 하나님은 복음을 통해 이방인들을 하나님의 백성이 되게 하심으로써, 아브라함 언약의 약속을 성취하셨다는 것. 바울은 로마 그리스도인들에게 "서로를 받으라"고 격려하기 위해 이 진리를 상기시킨다.[743] 왜냐하면 강한 자들과 연약한 자들 간의 장애물은 근본적으로는 유대인과 이방인 간의 장애물인데, 이 장애물은 그리스도의 사역에 의해 무너졌기 때문이다. 바울은 그리스도가 하나님이 유대인들에게 주신 약속들을 성취하심과 동시에(8절) 하나님께 영광을 돌리는 일에 이방인들을 포함시키는 일을 하셨다는 것을 보여 줌으로써(9절a) 이것을 분명히 한다. 그러나 이 두 주장 간의 구문론적 관계가 정확히 어떤 것인지는 분명하지 않다. 네 가지 선택지가 있다.

(1) 바울은 8절과 9절a을 "내가 말하노니"에 걸리는 두 병행적인 주장으로 만들고자 한 것이었다:

739. NIV를 보라: "하나님께 찬송을 드리게 하기 위해."

740. Godet; Cranfield; Wilckens; Stuhlmacher.

741. Thüsing, *Per Christum in Deum*, 42; Murray; Käsemann. 몇몇 사람들은 이 어구를 두 구절 모두에 걸리는 것으로 본다(예를 들어, Calvin; Dunn).

742. Cranfield.

743. 예를 들어, Murray; Cranfield. 다른 사람들(예를 들어, Godet; Wilckens)은 이 신학적 주장이 "그리스도께서 너희를 받아"를 설명하는 것이라고 해석한다.

내가 말하노니

a. 그리스도께서 하나님의 진실하심을 위하여 할례의 추종자가 되셔서 조상들에게 주신 약속들을 견고하게 하시고

b. 이방인들도 그 긍휼하심으로 말미암아 하나님께 영광을 돌리게 하셨다.[744]

(2) 8절b와 9절a는 8절a의 "종"(한글개역개정에는 "추종자")에 걸리는 병행절들이다.

내가 말하노니 그리스도께서 종이 되셨으니

a. 이는 하나님의 진실하심을 위하여 할례를 받아 조상들에게 주신 약속들을 견고하게 하시고

b. 이방인들을 하나님의 긍휼하심으로 말미암아 하나님께 영광을 돌리게 하려 하심이라.[745]

(3) 바울은 8절b와 9절a가 8절a에 걸리는 두 개의 병행적인 목적절이 되게 하고자 한 것이다.

내가 말하노니 그리스도께서 하나님의 진실하심을 위하여 할례의 추종자가 되셨으니

a. 이는 조상들에게 주신 약속들을 견고하게 하시고

b. 이방인들도 그 긍휼하심으로 말미암아 하나님께 영광을 돌리게 하려 하심이라.[746]

---

744. 이 견해에 의하면, 9절a의 부정사 '독사사이'(δοξάσαι, "영광을 돌리게")는 8절의 '게게네스타이'(γεγενῆσθαι, "되셨으니")와 병행을 이루고, 이 두 동사는 '레고'(λέγω, "내가 말하노니"에 걸리는 명사절들에서 사용된다. 특히 모든 선택지를 제시하는 Cranfield, 또한 Godet; Byrne을 보라. Wilckens는 이 구문을 채택하지만, 동사 '독사사이'를 암묵적 명령법으로 본다: 이방인들은 그의 긍휼하심으로 말미암아 하나님께 "영광을 돌려야 한다."

745. J. Wagner, "Christ, Servant," 473-485.

746. 이 읽기에서는 9절a의 부정사 '독사사이'("영광을 돌리다")가 '베바이오사이'(βεβαιῶσαι, "견고하게 하다")와 함께 '에이스 토'(εἰς τό, "~하기 위해")에 걸리는 것으로 본다. 대부분의 주석자들이 이 읽기를 채택한다(예를 들어, Murray; Käsemann; Schreiner; Jewett; Das, "'Praise the Lord,'" 91-96[J. Wagner의 제안과의 훌륭한 상호작용과 함께]).

(4) 8절b는 8절a의 목적을 나타내고, 9절a는 8절b의 목적을 나타낸다.

내가 말하노니 그리스도께서 하나님의 진실하심을 위하여 할례의 추종자가 되셨으니
이는 조상들에게 주신 약속들을 견고하게 하셔서
이방인들도 그 긍휼하심으로 말미암아 하나님께 영광을 돌리게 하려 하심이라.[747]

크랜필드는 이 본문이 "구문론적으로 끔찍한 것"이라고 주장하지만,[748] 세 번째 대안과 네 번째 대안을 뒤섞은 읽기가 바람직하다. 케제만이 지적했듯이, 이 본문의 어색한("끔찍한 것"이라는 표현은 과장이다) 구문은 바울이 로마서에서 자신이 전개한 논증에서 기본적이고 중요한 신학적 균형을 유지하고자 한 것으로부터 생겨난다. 한편으로는 유대인과 이방인의 대등성, 다른 한편으로는 유대인이 지닌 구원사적 우선순위(예를 들어, 1:16b: 복음은 "모든 믿는 자"에게 주어진 것이지만, "먼저는 유대인에게" 주어진 것이다).[749] 바울은 여기에서 유대인들과 이방인들이 그리스도의 사역으로부터 얻게 된 유익 - 유대인의 족장들에게 주어진 약속이 확증되고, 이방인들이 자신들에 대한 하나님의 긍휼하심으로 말미암아 하나님께 영광을 돌릴 수 있게 된 것 - 을 설명함과 동시에, 이렇게 해서 이방인들에게 주어진 복들을 그리스도가 하나님의 신실하심을 확증하기 위해 유대인들에게 행하신 사역에 종속시키는 두 개의 서로 병행되는 진술을 사용함으로써, 그러한 균형을 달성한다. 그런 의미에서 두 번째 목적절은 첫 번째 목적절과 단순히 병행되는 것이 아니라, 첫 번째 목적절 위에 세워진다(따라서 선택지 4가 이 진실을 보여 준다).[750] 이렇게 바울은 주로 유대 그리스도인들이었던 연약한 신자들에게 주로 이방 그리스도인들이었던 강한 신자들이 하나님 백성의 온전한 지체들이라는 것을 암묵적으로 상기시킨다. "돌감람나무 가지들"인 강한 자들은 "접붙임을 받은" 자들이다(11:17). 하지만 아울러

747. Hafemann, "Eschatology and Ethics," 170-174.

748. 그는 구체적으로 첫 번째 목적절 - "[그리스도께서] 견고하게 하시기 위해"- 과 두 번째 목적절 - "이방인들이 영광을 돌리게 하기 위해" - 의 주어가 서로 다르다는 것을 지적한다.

749. 또한 D. Robinson, "Priesthood of Paul," 232; Theobald, "Gottesbild," 151-152; Beker, *Paul the Apostle*, 331-332, 343을 보라.

750. 예를 들어, Wright를 보라.

바울은 강한 자들에게 그들은 유대인들이라는 토대 위에서 그런 지위를 누리고 있는 것임을 상기시킨다. "뿌리가 너를 보전하는 것이니라"(11:18).

구문이 어떻게 되어 있는지에 대해서 살펴보았기 때문에, 이제 세부적인 내용들로 눈을 돌려보자. 그리스도가 "할례의"[751] 종("추종자"), 즉 유대인[752]이 되셨다는 바울의 주장은 "이스라엘 집의 잃어버린 양"(마 15:24)에게로 보내심을 받았다는 예수님 자신의 소명 의식을 반영한 것으로서, 바울은 다른 곳에서 그리스도의 이 소명을 염두에 두고서, 그리스도께서 "율법 아래" 나신 것은 "율법 아래에 있는 자들을 속량하시기" 위한 것이었다고 주장한다(갈 4:4b-5a). 그러나 바울은 완료 시제 - "되셨으니"[753] - 를 사용함으로써, 유대인들에 대한 그리스도의 사역은 그의 지상의 삶 또는 희생제사적인 죽음에 국한되는 것이 아니라,[754] 지금도 여전히 계속되고 있어서, 유대인들은 그의 죽음이 가져다준 은택들을 지금도 자신의 것으로 만들고 있다는 것을 암묵적으로 보여 준다.[755] 그리스도의 이 사역은 "하나님의 진실하심을 위한" 것이었다고, 또는 풀어서 번역하자면 "하나님이 신실하시다[756]는 것을 보여 주기[757] 위한" 것이었다고 바울은 계속해서 말한다. 바울은 목적절에서 이 개념을 더 자세하게 설명한다: "조상들에게 주신 약속들을 견

751. Gifford와 Gaston ("For *All* the Believers," 133)은 '페리토메스'(περιτομῆς, "할례의")를 기원의 속격으로 해석한다: 그리스도는 할례를 통해 오신 종이다 - 달리 말하면, 그는 유대인이다. 그러나 이것은 여기에서 바울이 말하고자 하는 것이 아니다.

752. 몇몇 학자들은 '페리토메'(περιτομή, "할례")가 할례 예식 자체를 가리킨다고 보지만(예를 들어, S-H), 이것은 바울이 유대인을 가리키기 위해 유대인 특유의 예식을 언급하는 많은 대목 중 하나임이 분명한 것 같다(3:30에 대한 각주를 보라; BDAG; Käsemann; Cranfield; Wilckens; Dunn을 보라).

753. '게게네스타이'(γεγενῆσθαι; 사본상의 지지를 별로 받고 있지 않은 이독은 단순과거 *γένεσθαι*로 되어 있다).

754. 여기에서 그리스도를 설명하기 위해 '디아코노스'(διάκονος, "섬기는 자"; 한글개역개정에는 추종자")를 사용한 것은 마가복음 10:45을 염두에 둔 것일 수 있다: "인자가 온 것은 섬김을 받으려[διακονηθῆναι, '디아코네테나이'] 함이 아니라 도리어 섬기려[διακονῆσαι, '디아코네사이'] 하고 자기 목숨을 많은 사람의 대속물로 주려 함이니라"(예를 들어, M. B. Thompson, *Clothed with Christ*, 233-234; Dunn을 보라).

755. Barrett; Morris를 보라.

756. 하나님의 "신실하심"을 가리키기 위해 '알레테이아'(ἀλήθεια, "진실하심")와 그 동족어들을 사용하는 것에 대해서는 3:7에 대한 각주를 보라.

757. 여기에서 '휘페르'(ὑπέρ, "위하여")가 지닌 이 의미에 대해서는 BDAG를 보라.

고하게 하시고."[758] 로마서 4:16에 나온 "그 약속들을 굳게 하다"와 동일한 단어들을 사용한다는 것은 이 약속들이 아브라함에게 주어진 약속들, 즉 이방인 신자들과 유대인 신자들 둘 모두를 똑같이 아브라함의 "자손"으로 포괄하는 약속들을 가리키는 것임을 보여 주는 것일 수도 있다.[759] 그러나 9:5과 11:28에서 바울은 "약속"과 "조상들"(즉, 족장들)이라는 표현을 구체적으로 유대인들에게 적용한다. 그리고 아마도 여기에서 바울의 의도도 그런 것일 가능성이 크다. 유대인들에게 주신 약속들을 견고하게 하고자 하는 하나님의 목적은 이방인들에게 긍휼하심을 보임으로써 "그 긍휼하심으로 말미암아" 이방인들이 하나님께 영광을 돌리게 하고자 하는 하나님의 목적(특히 11:29-30을 보라)과 짝을 이룬다.[760] 또한 이방인들이 이제 하나님께 영광을 돌릴 수 있게 된 것은 1장의 상황(21절을 보라)의 역전이라는 것도 주목하라.[761]

9b 바울은 여느 경우와 마찬가지로 여기에서도 네 개의 구약 인용문을 연속으로 소개하기 위해 "기록된 바"라는 도입문구를 사용한다. 네 개의 인용문 모두를 연결해주는 공통적인 단어는 "이방인들"이고, 처음 세 개의 인용문은 하나님에 대한 찬송이라는 특징도 지닌다.[762] 이러한 요소들은 바울이 자기가 9절a에서 이방인들이 하나님께 영광을 돌린다고 말한 것을 뒷받침하기 위해 이 구약 본문들

758. '베바이오오'(βεβαιόω). 이 문맥 속에서 이 동사는 "약속들을 성취함으로써 그 약속들이 신뢰할 수 있는 것임을 증명하다"를 의미한다(Cranfield; 또한 BDAG; Wilckens를 보라). 4:16에 나오는 비슷한 용법을 보라.

759. Thüsing, *Per Christum in Deum*, 43-44를 보라.

760. 바울이 병행을 이루는 전치사구들에서 '엘레오스'(ἔλεος, "긍휼하심")와 '알레테이아'(ἀλήθεια, "진실하심")를 한 쌍으로 사용한 것은 구약성경의 친밀한 조합인 하나님의 "긍휼하심[또는, 인자하심]과 진실하심[또는, 신실하심]"(, '헤세드 웨에메트')을 상기시킨다; Michel; Dupont, "Rm 15,1-13," 21을 보라. 일부 학자들은 이 두 단어는 대비를 위해 사용된 것이라고 주장하고, "신실하심"은 이스라엘에 대한 하나님의 헌신을 가리키고, "긍휼하심"은 순전한 은혜 가운데서 하나님의 약속들이 이방인들에게로 확장된 것을 가리킨다고 말한다(예를 들어, Schlatter). 그러나 구문상으로 볼 때, "신실하심"은 유대인들과 이방인들 둘 모두에게 똑같이 적용되기 때문에, 그러한 구별이 신학적으로 정확한지는 의문이다.

761. Wolter, *Paul*, 390-391.

762. 몇몇 학자들(예를 들어, Michel; Morris)은 이 일련의 인용문들에서 어떤 점진성을 발견하지만, 그런 점진성은 분명하게 드러나지 않는다. 다른 학자들(예를 들어, Wilckens)은 바울이 이미 형성되어 있던 전승을 인용한 것이라고 생각하지만, 충분한 증거가 없다. 여기에서 사용된 인용문들의 "연쇄"는 랍비들의 '하라즈'(haraz) 양식과 비슷하다(예를 들어, Ellis, *Paul's Use*, 49-51).

을 인용한 것임을 보여 준다.[763] 그러나 신명기 32:43의 칠십인경 본문에서 가져온 두 번째 인용문(10절)은 이방인들과 유대인들이 함께 하나님을 찬송하는 것을 보여 주고, 이사야 11:10에서 가져온 네 번째 인용문은 하나님에 대한 이방인들의 소망의 토대가 유대인들의 메시아에 있다는 것을 보여 준다. 따라서 이 인용문들은 8-9절a 전체를 뒷받침하는 것일 가능성이 크다.[764] 바울은 이방인들이 유대인들과 함께 하나님을 찬송하게 하는 것이 언제나 하나님의 목적들 중 일부였다는 것을 보여 주기 위해서, 크게 세 부분으로 이루어져 있는 구약성경의 각각의 부분 - "성문서"(9절b와 11절), "율법"(10절), "선지자들"(12절) - 을 모두 인용한다. 바울이 인용한 본문들은 일정 정도 교차대구법적 구조로 이루어져 있어서, 9절b의 시편 18:49과 12절의 이사야 11:10은 다윗에게 주어진 약속들을 언급하고, 10절의 신명기 32:43과 11절의 시편 117:1은 이방인들에게 하나님을 찬송하라고 부른다.[765]

첫 번째 인용문은 시편 18:49에서 가져온 것으로 보이지만, 사무엘하 22:50에서 가져온 것일 수도 있다.[766] 바울이 이 구약 본문을 인용한 것은 단지 이 본문이 하나님이 이방인들 가운데서 "찬송을 받으실"[767] 것임을 말하고 있기 때문인 것으로 보인다. 암묵적 화자인 "나"는 8절의 "나"일 수도 있을 것이다. "긍휼하심…의 소식을 전하는 그리스도인 복음 전도자"(주잇). 그러나 화자는 다윗이고, 바울은 이 시편을 모형론적으로 읽었을 가능성이 있다(그가 3절에서 시편 69편을 모형론적으로 읽었듯이).[768] 그런 경우에 바울은 이 절을 부활하신 그리스도의 말씀으로

763. 예를 들어, Murray를 보라.

764. 예를 들어, Cranfield; Morris를 보라.

765. Hafemann, "Eschatology and Ethics," 174-187.

766. 이 두 절의 칠십인경 본문은 바울이 여기에서 생략한 호격 '퀴리에'(κύριε, "주여")의 위치를 제외하고는 동일하다(삼하 22장은 시편 18편의 본문을 그대로 옮겨놓았다). 이 예외를 제외하면, 바울의 본문은 칠십인경 본문을 정확히 그대로 옮겨놓은 것이다; 그리고 칠십인경은 히브리어 본문을 충실하게 번역한 것이다. 바울은 시편들을 아주 자주 인용하기 때문에, 시편 18편이 이 인용문의 출처일 가능성이 더 크다(Koch, *Schrift*, 34-35; 반대 견해로는 예를 들어, Schlatter).

767. 동사 '엑소몰로게오'(ἐξομολογέω, "감사하다")가 "찬송하다"를 의미한다는 것에 대해서는 14:11에 대한 각주를 보라.

768. 그런 이유로 바울이 자신의 인용문에서 '퀴리에'(κύριε, "주여")를 생략한 것일 수 있다. 왜냐하면 이 단어가 있는 경우에는 화자가 그리스도에게 말하는 것으로 생각될 수 있기 때문이다. 예를 들어, Wilckens; Cranfield를 보라.

인용한 것일 수 있다.[769]

우리가 바울이 인용한 이 본문의 맥락을 주목했을 때, 이 가능성은 더 큰 힘을 얻는다. 왜냐하면 다윗은 하나님이 그로 하여금 열방에 대해 승리하게 해주신 것에 고무되어서, 자기가 "열방 중에서" 하나님을 찬송하겠다고 말한 것이기 때문이다. 다윗은 하나님이 자기를 "열방의 우두머리"(한글개역개정에는 "여러 민족의 으뜸")로 삼으셨기 때문에, "내가 알지 못하는 백성이 나를 섬겼다"고 말한다(43절). 만일 바울이 이것을 모형론적으로 해석하고서, 그리스도께서 하나님이 이방인들을 자신의 메시아적 통치에 복종하게 하신 것에 대해 하나님을 찬송하신 것이라고 보았다면, 이 인용문은 그의 목적에 완벽하게 부합한다. 주의 의로우신 통치를 알지 못했던 이방인들이 그리스도의 죽으심과 부활로 말미암아 이제 주께 복종하고 그들에게 주어진 주의 긍휼하심으로 인해 주께 영광을 돌리게 되었다. 따라서 이 첫 번째 인용문은 이 일련의 인용문들 중 마지막 인용문과 대응되고, 이 둘은 모두 유대인의 왕/메시아가 이방인들을 복종하게 하신 것에 초점을 맞추고 있다.

10 바울은 "또 이르되"[770]라는 짤막한 연결어를 사용해서 자신의 두 번째 인용문을 소개한다. 이 두 번째 인용문은 신명기 32:43의 칠십인경 본문이나 그 비슷한 본문에서 가져온 것이다.[771] 이 인용문은 시편 18:50과 마찬가지로 열방들에게 다른 민족들이나 원수들을 복속시키시는 하나님의 행위들로 인해 하나님을 찬송하라고 말한다. 그러나 이제 이방인들 자신이 "주의 백성", 즉 이스라엘과 "함께" 하나님을 찬송하는 것으로 묘사되고 있다는 점에서, 분명히 두 번째 인용문은 첫 번째 인용문에서 한 걸음 더 나아가고 있다. 이렇게 이 구약 본문이 이방인들에게 하라고 부르는 것 - 이스라엘과 함께 하나님을 찬송하는 것 - 을 지금 이방인들

769. Wright; Byrne; M. Scott, *Hermeneutics of Christological Psalmody*, 103-107. Lohse와 Hultgren은 화자가 누구냐 하는 것은 바울의 관심사가 아니었다고 생각한다.

770. '레게이'(λέγει, "이르되")의 암묵적 주어가 다윗이 아니라 "성경"이라는 것은 거의 확실하다.

771. 칠십인경 본문은 이 대목에서 마소라 본문과 상당히 다르다; 바울의 인용문은 이 절의 칠십인경 본문의 세 번째 행을 그대로 재현한다. 그러나 칠십인경 본문은 쿰란 사본(4QDeut[a])에서 확인되는 히브리어 본문의 대본에 의거한 것으로 보인다(Fitzmyer를 보라; NRSV가 이 절을 번역하면서 몇몇 대목에서 마소라 본문이 아니라 칠십인경 본문을 사용한 것을 주목하라). 몇몇 학자들(예를 들어, Calvin)은 바울이 시편 47:5을 의역한 것이라고 생각했다.

은 복음을 통해 그들에게 주어진 하나님의 긍휼하심으로 말미암아 행할 수 있다.

11 "또"는 10절에서 사용된 정형문구를 가져와서 사용한 것이다. 바울은 이방인들에게 "주"를 찬송하라고 부르는 또 다른 구약 본문 - 시편 117:1 - 을 인용한다.[772] 이 시편의 2절이 이 찬송의 이유들로 하나님의 "긍휼하심"('엘레오스')과 "진실하심"('알레테이아')을 제시하는 유일한 다른 본문이라는 것은 분명히 우연이 아니다(8-9절a를 보라).

12 바울은 세 번째 인용문(사 11:10)의 저자를 언급함으로써, 인용문 도입을 위한 정형문구에 변화를 준다. 바울의 인용문은 또 다시 칠십인경 본문과 아주 가깝다[773] - 이 경우에 칠십인경 본문은 마소라 본문과 다르지만. 왜냐하면 히브리어 본문에서는 이새의 뿌리가 "만민의 기치로" 설 것이고, 이방인들이 그에 대해 "물을" 것이라고 말하기 때문이다.[774] 칠십인경 본문은 이방인들을 "다스리고" 이방인들의 "소망" - 이 대단락의 핵심 단어(4, 12절을 보라) - 을 위해 이새의 뿌리가 "일어날" - 예수님의 부활에 대한 암시일 수 있다(아래를 보라) - 것에 대해 말하기 때문에, 분명히 마소라 본문보다 더 바울의 목적에 부합한다. 그럼에도 불구하고 이 본문의 기본적인 의미는 두 본문에서 동일하다. 어느 쪽이든 바울이 자기가 말하고자 하는 것을 말할 수 있게 해준다: 이방인들이 하나님을 찬송하는 것에 참

772. 또 다시 바울은 칠십인경(마소라 본문을 직역한 것)을 따른다. 칠십인경은 오직 '판타 타 에트네'(*πάντα τὰ ἔθνη*, "모든 열방들")와 '톤 퀴리온'(*τὸν κύριον*, "주를")의 순서를 바꾸어놓은 것과 '카이'(*καί*, "그리고")를 덧붙인 것에서만 마소라 본문과 다르다. 두 번째 행에서 주를 찬송하라는 부름을 듣는 "모든 백성들"(*πάντες οἱ λαοί*, '판테스 호이 라오이')도 이방인들이다(반대 견해로는 예를 들어, Wilckens가 있는데, 그는 이방인들과 유대인들을 둘 다 가리킨다고 생각한다).

773. 바울은 칠십인경에서 '에스타이'(*ἔσται*, "있으리니") 바로 뒤에 오는 '엔 테 헤메라 에케이네'(*ἐν τῇ ἡμέρᾳ ἐκείνῃ*, "그 날에")를 생략한 것만이 다르다. 아마도 바울은 "그 날"이 이미 왔다는 확신 때문에 이 어구를 생략한 것 같다(Gorman, "Lord of Peace," 231-32).

774. 마소라 본문: וְהָיָה בַּיּוֹם הַהוּא שֹׁרֶשׁ יִשַׁי אֲשֶׁר עֹמֵד לְנֵס עַמִּים אֵלָיו גּוֹיִם יִדְרֹשׁוּ ('웨하야 바욤 하후 셰레쉬 이샤이 아세르 오메드 레넴 암밈 엘라오 고임 이드로슈,' "그 날에 이새의 뿌리에서 한 싹이 나서 만민의 기치로 설 것이요 열방이 그에게로 돌아오리니"). NRSV은 "그 날에 이새의 뿌리가 만민의 기치로 설 것이요 열방이 그에 대해 물을 것이다"로 번역한다. Frid는 마소라 본문에 대한 칠십인경 본문의 수정들을 토대로 해서, 로마서 15:11에 대한 대안적인 번역을 제시하지만, 설득력이 없다("Jesaja und Paulus," 237-241).

여하는 것(9b-11절)은 메시아를 지칭하는 "이새의 뿌리[또는, '가지,' 자손을 의미함]"의 사역의 결과라는 것.[775] 이 서신의 처음에 나오는 바울의 기독론적인 진술, 즉 그리스도를 "다윗의 자손"이라고 말한 후에 부활로 말미암아 하나님의 아들로 등극하셨다고 말한 것(1:3-4)과 이 인용문의 병행은 "일어나다"가 부활을 암시하는 것일 수 있음을 보여 준다.[776] 이사야 11장에서 이 본문 뒤에 하나님이 이스라엘의 "남은 자"를 열방 중에서 모으실 것이라는 언급이 나오는 것은 이 인용문이 바울에게 더욱 적절한 것이었음을 보여 준다.[777]

13 바울은 이 단락에서의 자신의 권면, 그리고 강한 자들과 "연약한" 자들에 대한 자신의 권면 전체를 최종적인 "소원 기도"로 마무리한다. 이 기도에서 바울은 자신의 권면과 이 서신 전체에 나오는 많은 핵심적인 요소들을 결합시킨다.[778] 론지네커가 지적하듯이, "바울이 여기 15:13에서 말하는 것은 사실 그가 이방인들에 대한 자신의 선교에서 선포한 모든 것과 로마에 있는 예수님을 믿는 자들에게 쓴 모든 것과 신약성경으로 정경화되어 오늘날의 그리스도인들에게 말하고 있는 모든 것의 핵심이다." 바울은 5-6절에서와 마찬가지로 이 소원 기도에서도 하나님을 지칭할 때 전후맥락으로부터 가져온 개념을 사용해서 하나님을 규정한다. 이방인들은 이제 이새의 뿌리에 "소망을 두게" 되었기 때문에, 바울은 "소망

---

775. "뿌리"는 이 본문과 요한계시록 5:5; 22:16에 나오는 비슷한 어구에서 대부분의 영역 성경들이 채택한 번역이다. '리자'(ῥίζα)는 "가지," 그리고 은유적으로는 "자손"을 의미할 수도 있다(BDAG; NLT에서 "heir" 항목을 보라). "가지"(히브리어로 צֶמַח, '체마흐')는 렘 23:5; 33:15; Sir. 47:22; 4QFlor 1:11; 4Q252 (CommGen A) 5.3-4; 통상적으로 다윗이라는 이름과 결합되어서 메시아를 지칭하는 표현이다.

776. 바울은 여기에 나오는 동일한 그리스어 동사 '아니스테미'(ἀνίστημι, "일어나다")를 데살로니가전서 4:14에서는 그리스도의 부활을, 데살로니가전서 4:16(그리고 아마도 엡 5:14)에서는 신자들의 부활을 가리키는 데 사용한다; Käsemann; Dunn; Head, "Jesus' Resurrection," 65; Wright; Byrne; Kirk, *Unlocking Romans*, 49-55; Whitsett, "Son of God," 671-672를 보라; 반대 견해로는 Schreiner.

777. R. Hays, *Echoes*, 73을 보라.

778. G. Wiles, *Paul's Intercessory Prayers*, 84-89; Wright는 특히 5:1-5을 가리킨다.

을 주시는 하나님"[779]께 기도한다. 그가 이 하나님이 "너희가 믿을 때[780] 모든 기쁨과 평강을 너희에게 충만하게[781]" 하시기를 기도할 때, 구체적으로 로마 공동체의 연약한 자들과 강한 자들을 생각했을 것이 틀림없다. 바울은 그들이 그리스도를 "믿는" 자신들의 믿음으로부터 서로 다른 결론을 이끌어냄으로써(14:1-2, 22을 보라), 그들이 하나님 나라에 함께 참여하며 경험해야 할 "화평"(한글개역개정에는 "평강")[782]과 "기쁨"을 잃어버리는 것(14:17을 보라)을 원하지 않는다. 오직 "소망의 하나님"이 그들을 이러한 특질들로 충만하게 하실 때만, 그들은 그들의 공동체 속에서 유대인들과 이방인들이 한 목소리로 하나님을 찬송하는 새로운 하나님의 백성의 소망을 깨닫고서 "소망으로 넘칠" 수 있게 될 것이다(15:6, 7-12을 보라). 하지만 이 모든 것은 오직 "성령의 능력으로"[783]만 일어날 수 있다(또 다시 14:17을 보라).

바울이 14:1-15:13에서 한 말들은 로마(그리고 주후 1세기의) 교회와 관련된 일련의 매우 구체적인 문제들을 향해 있다. 세 가지 구체적인 문제들 모두가 여전히 그리스도인들 가운데서 논란이 되고 있었다: 고기를 먹지 않아야 하는가, 포도주를 마시지 않아야 하는가, 안식일과 그 밖의 다른 "성일들"을 지켜야 하는가. 그러나 오직 안식일 준수의 문제만이 오늘날 진정한 병행이 존재한다. 왜냐하면 일부 로마 그리스도인들은 모세 율법을 지속적으로 존중하는 태도에 의거해서 안식일을 준수했기 때문이다. 그러나 오늘날의 그리스도인들이 예를 들어, 술을 마시지 않는 것은 제의적 오염을 두려워하기 때문이 아니다. 어떤 사람들은 술 마시는 사람들이 술의 "노예가 되는" 슬픈 역사를 생각해서 술 마시는 것을 경계한다(고전 6:12b

779. '호 테오스 테스 엘피도스'(ὁ θεὸς τῆς ἐλπίδος, "소망의 하나님")는 예를 들어, "우리가 소망하는 하나님"(Calvin), 또는 "소망을 주시고 우리가 소망하는 하나님"(Murray; Dunn)이라는 의미보다는 이 일반적인 의미를 지닐 가능성이 높다(NLT; 그리고 예를 들어, Cranfield).

780. N. Turner (Syntax, 145; 또한 Zerwick and Grosvenor, *Grammatical Analysis*, 493을 보라)는 여기에서 '엔'(ἐν, "안에서")은 원인을 나타내는 것 - "너희가 믿기 때문에" - 이라고 생각하지만, 이 전치사가 부정사와 함께 사용될 때 통상적으로 시간을 나타낸다는 점에서 이 문맥에서는 이런 의미를 지니는 것으로 보는 것이 더 낫다.

781. '플레로사이'(πληρώσαι, "충만하게 하사")는 소원을 나타내는 데 사용되는 희구법이다(5절에 대한 각주를 보라).

782. 이 문맥에서는 "마음의 평안"(Murray; Cranfield)보다는 공동체의 지체들 간의 화평(Käsemann; Dunn)을 가리키는 것일 가능성이 크다.

783. 전치사 '엔'(ἐν, "으로")은 장소의 뉘앙스 - "성령 안에서와 성령을 통해"(Dunn) - 를 보여 주긴 하지만, 도구의 의미를 지닌다(Käsemann).

의 원칙을 보라). 다른 많은 사람들이 술을 마시지 않는 것은 그들이 술을 마시면 술을 제대로 통제할 수 없는 다른 신자들이 그것을 보고 술을 마셔도 된다고 생각하여 술을 마셨다가 술의 노예가 되는 것을 원하지 않기 때문이다. 이런 이유에서 금주하는 것은 칭찬할 만한 행위일 수는 있지만, 이 장들에서 바울이 전개한 논증과는 별 관계가 없다. 왜냐하면 이 장들에서 언급된 연약한 자들은 술을 통제할 수 없는 자들이 아니기 때문이다. 그들은 그리스도를 믿는 그들의 믿음이 그들에게 특정한 것을 행하도록 허용한다고 확신하지 못하는 자들이다. 그들은 술을 통제하는 것과 관련해서는 연약한 자들이 아니고, 그들의 믿음과 관련해서 연약한 자들이다(14:1). 그리고 바울이 강한 자들에게 포도주를 마시지 말라고 권하는 것은 연약한 자들이 강한 자들의 본을 따라 술을 지나치게 마시게 될 것을 우려하기 때문이 아니라, 연약한 자들이 강한 자들의 본을 따라 술을 마심으로써 그들 자신의 양심을 짓밟게 될 것을 우려하기 때문이다(14:22-23). 따라서 음주 문제와 관련해서 오늘날의 그리스도인들에게는 자기가 술을 마시면(또는, 고기를 먹으면) 다른 신자가 자신의 양심을 짓밟고서 술을 마시게(또는, 고기를 먹게) 될 수 있는 경우에만, 이 장들에 나오는 바울의 권면이 진정으로 적용될 수 있다.[784]

그러나 이 대단락의 가치는 이 특정한 문제들에 대한 바울의 조언에 국한되지 않는다.[785] 왜냐하면 바울은 여기에서 우리가 느슨하게 '아디아포라'(adiaphora, 가치중립적인 것들)로 분류할 수 있는 광범위한 일들, 즉 그리스도인들에게 요구되지도 않고 금지되지도 않는 일들에 적용될 수 있는 원칙들을 제시하기 때문이다. 이 가치중립적인 것들을 주의 깊게 정의하는 것은 아주 중요하다. 그러나 한편으로는 모든 일들을 이 범주에 포함시키는 것은 불가능하다. 바울은 복음과 관련된 어떤 것들은 기본적이고 타협할 수 없는 것들로 여겨서, 그것들을 위해서는 호랑이처럼 싸웠다(갈라디아서를 보라). 바울이 이 장에서 용납하라고 호소하는 것을 그러한 것들에 적용하는 것은 기독교의 심장을 바치는 꼴이 될 것이다.[786] 호렐이 말했

---

784. 예를 들어, Murray를 보라.

785. Ridderbos, *Paul*, 276.

786. R. Jewett의 연구서 *Christian Tolerance*는 이 위험성으로 나아가는 문을 열어주는 것으로 보인다. 예를 들어, 그는 이러한 문제들에 대한 우리의 "믿음"이 절대적인 복음 진리에 뿌리를 두어야 한다는 것을 분명히 하지 않은 채로, 관용에 대한 유일한 제한은 우리가 하나님께 책임을 지는 우

듯이, "바울의 용납과 관용은 오직 공동체의 연대의 유일한 토대로서의 그리스도를 고수하는 비관용의 틀 내에서만 작동한다."[787]

다른 한편으로 "가치중립적인 것들"이라는 이 범주에 포함되는 문제들이 있고, 이 문제들에 대해서는 그리스도인들은 기꺼이 사랑 가운데서 "견해가 서로 다를 수 있다는 데 동의해야" 한다. 복음에 기본적인 것들에 대해서는 불굴의 헌신, 가치중립적인 것들에 대해서는 완전한 융통성 - 이것이 바울이 우리 각자가 본받기를 바란 바울 자신의 자세였다.

바울은 구체적으로 세 가지를 말하고 있고, 각각의 것은 일반적인 신학적 진리 위에 굳건히 세워져 있다.

(1) 바울은 현실주의자였다: 그는 우리가 "있는 그대로의" 사람들을 상대해야 한다는 것을 알았다. 그의 시대에 모세 율법이 하나님의 최종적이고 절대적인 말씀이라고 믿고 일생을 살아온 유대 그리스도인들이 율법의 권위가 끝났다는 진리를 그들의 양심 속에서 언제나 인정하고 받아들이는 것은 사실상 불가능했다. 그래서 율법에 합당하지 않은 것일 수 있는 고기를 먹는 것은 절대적인 의미에서는 "죄"가 아니었지만, 그런 신자들에게는 그것이 계속해서 "죄"였다(14:14, 20). 거의 동일한 방식으로 우리 시대의 신자들도 언제나 모든 문제와 관련해서 복음의 자유를 받아들이고 누리는 것은 불가능하다. 그런 신자들은 복음이 자유를 준 이런저런 일들에서 계속해서 거리낌을 갖는다. 그들에게 바울은 "너희의 양심을 어기지 말라"고 말한다. 그리고 "믿음을 따라 하지 아니하는 것은 다 죄니라"(14:23)고 신학적 근거를 제시한다. 그런 신자들이 자신들의 편견으로부터 빠져나오기를 바울이 바랐다는 것은 의심의 여지가 없다. 사실 "장기적으로 좀 더 깊은 차원에서는 그[바울]는 그들[율법을 지키는 그리스도인들]이 고수하고 있는 사회적이고 문화적인 태도를 심각하게 훼손한다."[788] 그러나 바울은 그들이 그 편견에서 빠져나오기 전에는, 그들의 양심이 그들에게 하지 말라고 하는 것들을 그들이 하기를 원하지 않는다.

리 자신의 믿음을 일관되게 견지해야 한다는 것이라고 주장한다(132-133).

787. *Solidarity and Difference*, 195.

788. J. Barclay, *Pauline Churches and Diaspora Jews*, 56.

(2) 여러 가지 이유에서(더 큰 영적 성숙; 출신 배경; 개성) 다른 신자들은 그러한 신자들의 거리낌을 공유하지 않을 것이다. 그들의 양심 속에는 그러한 신자들이 혐오하여 하지 않는 것들을 행하는 것을 가로막는 장애물이 전혀 없다. 바울은 그들에게 말한다: "같은 신자에게 영적인 해악을 끼치는 방식으로 너희의 자유를 사용하지 말라"(14:13b, 20-21). 그리고 그가 이렇게 말하면서 제시한 신학적 근거는 복음의 핵심에 닿아 있는데, 그것은 그리스도인은 그가 따르는 그리스도처럼 자기 자신을 기쁘게 하는 것이 아니라 다른 사람들을 기쁘게 하려고 해야 한다는 것이다(15:2-3). 그들의 주이신 바로 그 그리스도께서는 그의 나라에 속한 사람들에게 "사랑으로 행하고"(14:15), 다른 사람들과의 화평을 추구하며(14:17, 19), 모든 것을 동료 제자들의 "덕을 세울" 수 있는 방향으로 행할 것을 요구하신다(14:17, 19). 바울은 강한 자들이 같은 신자들의 "덕을 세우기"보다는 "연약한 자들"에게 영적인 해악을 끼치고 "망하게" 할 위험성이 있다는 것을 분명히 한다. 어떤 것들에 대해서 거리낌을 갖고 있지 않은 강한 자들이 그것들에 대한 자신들의 자유를 연약한 자들 앞에서 행사하기를 고집함으로써, 거기에서 압박감을 느낀 연약한 자들이 자신의 양심이 하지 말라고 하는 그것들을 행하게 될 때, 그러한 영적 해악이 야기된다.

물론 바울은 강한 자들이 자신들이 행하는 일이 연약한 신자에게 "해악을 끼치게" 되지는 않을지 끊임없이 두려워하는 가운데 행하기를 원하지 않는다. 만일 강한 자들이 그렇게 행해야 한다면, 실제로 그리스도인의 자유는 별로 남아 있지 않게 될 것이다. 우리가 바울이 병행 본문인 고린도전서 8-10장에서 제시한 여러 한계들 중 몇몇을 여기에 적용하는 것은 정당할 것으로 보인다. 거기에서 그는 강한 자들에게 연약한 그리스도인이 해악을 입지 않는 한 그들에게 주어진 자유를 따라 행하라고 권면한다(고전 10:25-29). 예를 들어, 일부 신자들이 그리스도인들이 특정한 일을 하는 것은 "옳지" 않다고 생각한다는 것을 내가 안다고 하자. 그런 경우에 나는 바로 그런 이유 때문에 그 특정한 일을 하지 않아야 하는 것이 아니라, 오직 내가 그 일을 함으로써 다른 신자들에게 영적인 해악을 끼칠 수 있다는 생각이 드는 경우에만 그 일을 하지 않아야 한다. 끝으로, 우리가 강조해야 할 것은 바울은 모든 그리스도인이 자신의 자유를 포기해야 한다고 말하는 것이 아니라(신자에게서 자유를 빼앗을 수 있는 사람은 아무도 없다), 그리스도인으로서 우리가 가진 자유를 다른 사람들을 위해 기꺼이 포기하라고 말하고 있다는 것이다. 이것과 관련해서 루터가 다음과 같이 말한 것은 유명하다: "그리스도인은 아무것에도 종속되지 않고 모든 것을 지배하는 지극히 자유로운 주인이다. 그리스도인은 모든 것에 종속되어 모든 것을 섬기는 지극히 충실한 종이다."[789]

(3) 바울의 기준선은 교회의 하나됨이다. 앞에서 이미 지적했듯이, 어떤 대가를 치러서라도 이 하나됨을 추구해야 하는 것은 아니다. 그러나 가치중립적인 것들에 대한 신자들 간의 견해 차이들로 인해 그리스도의 몸의 하나됨이 훼손되어서는 안 된다는 바울의 생각은 확고하다. 그래서 소극적으로는 바울은 거리낌을 지닌 사람들에게 그들과 다르게 생각하는 신자들을 정죄하지 말라고 말한다(14:3, 10, 13a). 바울은 강한 신자들과 마찬가지로 연약한 신자들도 복음이 명령하는 것들과 그렇지 않은 것들 간의 차이를 인정할 수 있어야 한다는 것을 보여 준다. 하나됨은 복음과 그 요구들을 아는 데서 온다. 바클레이가 말했듯이, "그들의 믿음의 강도는 그들이 그리스도를 믿는 그들의 믿음을 복음 자체로부터 오지 않는 온갖 규범이나 가치로부터 분리해낼 수 있는 정도다."[790] 그리고 "연약한 자들"은 강한 자들에게 있는 자유에 대한 인식을 갖고 있지는 않더라도, 강한 자들이 그 자유를 누리는 것을 정죄해서는 안 된다. 아울러 바울은 강한 자들에게 연약한 자들을 업신여기는 것을 경고한다(14:3, 10; 또한 13절a를 보라). 자기 자신을 개화되었다고 여기는 사람들은 언제나 덜 개화된 사람들을 낮게 보고 업신여기기 쉽다. 바울은 강한 자들에게 그런 경향에 굴복하지 말라고 경고한다. 바울이 연약한 자들과 강한 자들에 대한 이러한 경고를 위한 신학적 근거로 제시하는 것은 그리스도인들의 중심적인 주장인 "그리스도가 주시라"는 것이다(14:4-9). 주잇이 훌륭하게 표현했듯이, "그리스도가 다스리시는 곳에서는 율법주의자들의 찌푸림과 자유를 얻은 자들의 경멸적인 미소는 합당하지 않다."[791] 그리스도인들은 그들의 주인에게 절대적으로 충성해야 하는 종들이기 때문에, 오직 그들의 주인만이 책임을 물을 수

789. 이것은 그의 유명한 글인 *On the Freedom of a Christian Man*의 처음에 나오는 구절이다.
790. "Faith and Self-Detachment," 203(강조는 원래의 것).
791. Jewett, 840.

있고, 동료 종들이 책임을 물을 수는 없다. 같은 신자는 그리스도께서 복음을 통해 친히 계시하시고 가르치신 것을 떠나서는 우리에게 책임을 물을 권한이 없다.

바울은 이것을 이 대단락의 절정에서 적극적으로 표현한다: "그리스도께서 우리를 받으신 것 같이 너희도 서로 받으라"(15:7). 우리 각자는 그리스도께서 순전히 은혜로 우리를 "받으셨고", 이 동일한 은혜가 온갖 인종과 민족과 출신 배경과 온갖 편견을 지닌 하나님 나라 백성에게 미쳤다는 것을 인정해야 한다(15:8-12을 보라). 그런 차이들이 교회의 하나됨을 훼손하도록 허용해서는 결코 안 된다.

VI. 서신의 결말
(15:14–16:27)

복음의 본질과 함의들에 관한 바울의 긴 논증은 이제 막바지에 도달한다. 그래서 그는 자신이 처음에 말했던 것으로 돌아가서, 로마 그리스도인들 및 자신 자신의 사역과 계획들에 대해 말한다(1:1-15). 그렇게 함으로써 바울은 복음에 관한 초상을 담은 "서신의 틀"을 완성한다.

바울이 이 서신의 이 마지막 대단락에 포함시킨 요소들은 그의 서신의 결론부들에 전형적인 것들이다.

바울의 여행 계획들	15:14-29	고전 16:1-9
기도 요청	15:30-32	엡 6:18-20; 골 4:3-4; 살전 5:25; 살후 3:1-2; 몬 1:22
평강을 위한 소원 기도	15:33	고후 13:11c; 갈 6:16; 엡 6:23; 빌 4:9; 살전 5:23; 살후 3:16
바울의 동료들	16:1-2	고전 16:10-12, 15-18; 엡 6:21-22; 골 4:7-9; 딤후 4:20
서로 인사하라는 권면	16:3-15	고전 16:20b; 고후 13:12; 빌 4:21a; (골 4:15); 살전 5:26; 딤후 4:19; 딛 3:15b
"거룩한 입맞춤"	16:16a	고전 16:20; 고후 13:12a; 살전 5:26
경고/권면	16:17-19	고전 16:13-14, 22; 고후 13:11b; 갈 6:12-15(?); 엡 6:10-17(?); 골 4:17
종말론적 소원/약속	16:20a	고전 16:22b; 살전 5:24
결론적인 "은혜"	16:20b	고전 16:23; 고후 13:14; 갈 6:18; 엡 6:24; 빌 4:23; 골 4:18c; 살전 5:28; 살후 3:18; 딤전 6:21b; 딤후 4:22b; 딛 3:15b; 몬 1:25
바울의 동료들로부터의 인사	16:16b, 21-23	고전 16:19-20a; 고후 13:12; 빌 4:21b-22; 골 4:10-14; 딤후 4:21b; 딛 3:15a; 몬 1:23-24
송영	16:25-27	빌 4:20

이 도표를 통해 두 가지가 분명하게 드러난다.[1] 첫째, 바울은 자신의 서신의 결말들에서 몇몇 요소들을 포함시키는 경향을 보여 주긴 하지만, 그가 포함시킨 항목들과 그 항목들을 배치한 순서에서는 상당한 편차가 있다는 것이다. 따라서 우리는 바울이 다른 서신들에서는 발견되지 않는 몇몇 요소들을 로마서의 결론부에 포함시키거나(예를 들어, 거짓 교사들에 대한 경고; 송영?), 그가 자주 포함시키는 몇몇 요소들을 배제시킨 것(예를 들어, 이 서신의 진정성에 대한 주장; 고전 16:21a; 갈 6:11; 골 4:18; 살후 3:17a을 보라)을 이상하게 여겨서는 안 된다. 이러한 차이들은 로마서를 쓰게 된 특수한 상황들을 보여 주는 것일 가능성이 크다. 둘째, 로마서의 결론부는 바울 서신들의 결말 중에서 가장 길다는 것이다 - 이 점에서는 이 서신의 서론부도 마찬가지다.

A. 바울의 사역과 여행 계획들(15:14-33)

바울의 여행들은 이 단락의 지배적인 모티프이고, 이것은 이것이 별개의 문학 단위라는 것을 보여 준다.[2] 이 단락은 14절과 30절에 나오는 "형제들아"라는 부름말, 22절에 나오는 이행구 "그러므로"에 의해 구분되는 세 개의 기본적인 부분으로 나뉜다.[3] 14-21절에서 바울은 자기가 로마 그리스도인들에게 서신을 쓰게 된 이유를 설명하기 위해 자신의 과거의 여행들 - "예루살렘으로부터 두루 행하여 일루리곤까지"(19절b) - 에 대해 말한다. 22-29절에서 그의 초점은 그의 미래의 여행 계획들로 옮겨간다. 여기에서 바울은 자기가 연보를 예루살렘에 전한 후에 스페인으로 가는 길에 로마를 "지나가고자" 한다고 말한다. 예루살렘에 연보를 전하는 것과 밀접하게 결합되어 있는 30-33절에서 바울은 로마 그리스도인들

1. 비슷한 도표로는 Dunn, 2.854를 보라.
2. Käsemann, 389. 또한 Funk가 양식비평에 의거해서 이 단락을 "사도적 '파루시아'"로 규정한 것도 주목하라("Apostolic Parousia," 251).
3. 대부분의 학자들이 이 단락을 그렇게 구분한다(예를 들어, Jervis [*Purpose of Romans*, 120]는 14-21절을 "글"에 관한 단락, 22-32절을 "방문"에 관한 단락으로 구분한다). 그러나 일부는 24절과 25절 사이에서 단락을 구분한다(예를 들어, Fitzmyer, 710; Moiser, "Rethinking Romans 12-15," 581).

에게 그의 예루살렘 방문을 위해 기도해줄 것을 요청한다. 따라서 이 단락은 바울의 과거의 사역, 특히 그의 미래의 순회 전도가 이 서신의 내용과 강조점들에 상당한 정도로 영향을 미쳤다는 것을 보여 준다.[4] 바울은 자신의 사역의 이 단계에 관한 일정 정도의 숙고를 이미 마친 것, 예루살렘의 유대인들과 유대 그리스도인들이 그를 받아주었으면 하는 관심, 로마를 방문할 준비 - 이 모든 것은 바울이 이 서신에서 자신의 복음을 설명하고 적용하는 방식에 영향을 미쳤다.

15:14-33의 내용이 1:1-15, 특히 1:8-15의[5] 내용과 어떤 식으로 대응되는지를 살펴보면, 이 서신의 서론부와 결론부가 로마서의 본론의 "틀을 형성하는" 방식이 한층 더 분명하게 드러나게 된다:

로마 신자들에 대한 칭찬	15:14	1:8
"이방인들의 사도"	15:15b-21	1:3, 13
로마 방문을 막는 장애	15:22	1:13a
"빚짐"	15:27	1:14
서로의 복을 위해 사역하고자	15:29	1:11-12
기도	15:30-32	1:9-10

4. 이것에 대해서는 특히 Jervis, *Purpose of Romans*, 158-163; P. Müller, "Grundlinien," 214-234를 보라.

5. 이 병행들을 알아차린 것은 오래되었다; 예를 들어, Chrysostom, Homily 29 (pp. 542-545)를 보라.

1. 뒤돌아봄: 동방에서의 바울의 사역(15:14-21)

14 내 형제들아 너희가 스스로 선함이 가득하
고 모든 지식이 차서 능히 서로 권하는 자
임을 나도 확신하노라
15 그러나 내가 너희로 다시 생각나게 하려고
하나님께서 내게 주신 은혜로 말미암아 더
욱 담대히[6] 대략 너희에게 썼노니
16 이 은혜는 곧 나로 이방인을 위하여 그리
스도 예수의 일꾼이 되어 하나님의 복음의
제사장 직분을 하게 하사 이방인을 제물로
드리는 것이 성령 안에서 거룩하게 되어
받으실 만하게 하려 하심이라
17 그러므로 내가 그리스도 예수 안에서 하
나님의 일에 대하여 자랑하는 것이[7] 있거
니와
18 그리스도께서 이방인들을 순종하게 하기
위하여 나를 통하여 역사하신 것 외에는
내가 감히 말하지 아니하노라 그 일은 말
과 행위로
19 표적과 기사의 능력으로 성령[8]의 능력으
로 이루어졌으며 그리하여 내가 예루살렘
으로부터 두루 행하여 일루리곤까지 그리
스도의 복음을 편만하게 전하였노라
20 또 내가 그리스도의 이름을 부르는 곳에
는 복음을 전하지 않기를 힘썼노니 이는
남의 터 위에 건축하지 아니하려 함이라
21 기록된 바 주의 소식을 받지 못한 자들이
볼 것이요 듣지 못한 자들이 깨달으리라[a]
함과 같으니라

a. 이사야서 52:15

6. 사본 전승은 '톨메로테론'(τολμηρότερον, "더욱 담대히")이라는 형태를 지지하는 것들(P[46]; 알렉산드리아 사본들인 ℵ와 C; Ψ; 서방 사본들인 D, F, G; 대다수의 본문)과 '톨메로테로스'(τολμηροτέρως)라는 형태를 지지하는 것들(알렉산드리아 사본들인 A와 B, 몇몇 소문자 사본들)로 나뉜다. 많은 주석자들은 후자를 선호하지만(예를 들어, Käsemann, 391; Cranfield, 2.753), 몇몇 주석자들은 전자로 읽는 UBS[5](편집자들은 이독을 언급하지 않는다)를 따른다(Wilckens, 3.111; Dunn, 2.855; Schreiner, 771; Jewett, 900). 어느 쪽이든 의미는 동일하다.

7. "이 자랑을 가지고 있다"(한글개역개정에는 "자랑하는 것이 있거니와")에서 "이"는 정관사 '텐'(τήν)을 번역한 것이다. 이 정관사는 일차적인 알렉산드리아 대문자 사본 B; 이차적인 알렉산드리아 사본들인 C와 81; 서방 대문자 사본들인 D, F, G; 일부 소문자 사본들에 있다. 다른 사본들(예를 들어, 일차적인 알렉산드리아 사본인 ℵ, 이차적인 알렉산드리아 사본인 A, Ψ, 대다수의 본문)에서 이 정관사를 뺀 것이 이차적인 읽기일 가능성이 높다(Käsemann, 393; Cranfield, 2.757; Dunn, 2.856; 반대 견해로는 예를 들어, Godet, 479; Schreiner, 772).

8. 대부분의 사본들에는 '프뉴마토스'(πνεύματος, "영") 뒤에 '테우'(θεοῦ, "하나님의"; 예를 들어, P[46], 일차적인 알렉산드리아 사본인 ℵ, Ψ, 서방 사본인 D[1차 수정본], 대부분의 본문) 또는 '하기우'(ἁγίου, "거룩한"; 예를 들어, 이차적인 알렉산드리아 사본들인 A, 33, 81, 1739; 서방 사본들인 D [원본], F, G; 여러 중요한 소문자 사본들)가 나온다. 사본상의 외적 증거는 '테우'라는 읽기를 지지하는 경향이 있지만(Metzger, *Textual Commentary*, 473; Fitzmyer, 713), 내적 증거는 '프뉴마토스'라는 단순한 읽기를 강력하게 지지한다 - 오직 하나의 대문자 사본(하지만 중요한 사본인) B의 지지만을 받고 있을지라도(Lietzmann, 115; Cranfield, 2.758).

바울은 이 서신의 서론부에서 그랬던 것처럼(1:11-12을 보라) 여기에서도 또 다시 자기가 세우지도 않았고 목회하지도 않은 교회에 서신을 써보내는 것을 로마 그리스도인들이 혹시라도 주제넘은 일로 받아들이지 않을까 하는 우려를 보여 준다. 그래서 14-15절a은 로마 그리스도인들에 대한 칭찬과 거의 사과에 가까운 어조를 보여 준다. 그러나 바울은 서론부에서도 그랬듯이(1:5, 14을 보라) 여기에서도 신속하게 그런 우려를 떨쳐버리고, 자기에게는 로마 교회를 향해 말할 권한이 있다고 주장한다. 즉, 주로 이방인들로 이루어진 로마 교회는 하나님에게 그에게 정해주신 사도적 책임의 영역 안에 있다는 것이다(15b-21절).[9]

14 "형제들아"[10]라는 바울의 부름말은 새로운 주제로의 이행을 보여 주는 신호다. 바울은 로마 그리스도인들에게 길게 권면한 후에(12:1-15:13), 이제 그들이 영적으로 성숙한 것을 칭찬한다. 이것은 의심할 여지없이 바울이 자기가 사도로서의 권위를 가지고 로마 그리스도인들에게 권면했지만, 그들이 혹시 그 권위를 인정하지 않고 분노할까봐 살얼음판을 걷고 있는 심정이었다는 것을 보여 준다.[11] 그러나 바울이 여기에서 그들에 대해 말한 것이 거짓이라고 생각할 근거는 없다.[12] 바울은 믿을 만한 동역자들(예를 들어, 브리스가와 아굴라; 16:3을 보라)을 통해서 로마 그리스도인들의 공동체가 지닌 문제점들과 강점들에 대해 이미 들은 상태였기 때문

---

9. Stuhlmacher는 과장해서 말하고 있긴 하지만, 그가 여기에서 또 다시 변증적 목적을 탐지해낸 것은 옳은 것으로 보인다: 바울은 로마 그리스도인들 가운데서 자신에 대한 의심들과 거부감을 몰아내야 했다(236-237; 또한 Käsemann, 390을 보라).

10. '아델포이'(ἀδελφοί). 바울은 로마서에서 이 부름말을 오직 드물게만 사용한다(1:13; 7:1, 4; 8:12; 10:1; 11:25; 12:1; 15:30; 16:17).

11. Käsemann은 바울이 "독자들에게 노골적으로 구애하고 있다"고 조금 과장해서 표현한다. Olson은 고대의 다른 저술가들이 독자들의 마음을 얻기 위해 그들에 대한 신뢰를 어떻게 표현했는지를 보여 준다("Pauline Expressions of Confidence," 282-295, 특히 292-293).

12. 특히 Cranfield를 보라. 그는 바울이 단지 외교적이고 의례적으로 "환심을 사기 위한 말"(라틴어로 captatio benevolentiae, '카프타티오 베네볼렌티아이')이라는 문학적 범주를 사용한 것일 뿐이라고 주장하는 사람들에 대해 반대한다.

이다. 그래서 그는 "너희가 스스로[13] 선함이 가득하고 모든[14] 지식이 차서[15] 능히 서로 권하는 자임을 나도[16] 확신하노라[17]"고 강조해서 말할 수 있었다. "선함"은 일반적으로 행실이 "바른 것"을 나타내거나, 더 구체적으로는 다른 사람들에 대한 "인자함"과 "너그러움"을 나타낼 수 있는 다소 희귀한 단어를 번역한 것이다.[18] 여기에서처럼 일반적인 칭찬에서 사용된 경우에는 이 단어는 가장 폭넓은 의미를 지닌 것으로 보아야 할 것이다.[19] 로마 그리스도인들의 "선함"은 기독교 신앙에 대한 그들의 포괄적인 깨달음("모든 지식")으로부터 흘러나온다.[20] 실제로 그들의 깨달음은 아주 완벽했기 때문에, 그들은 "서로 권할 수 있었다."

15 그러나[21] 믿음에 대한 로마 그리스도인들의 지식이 그토록 광범위하다면, 바울이 굳이 그들에게 이렇게 긴 서신을 쓰는 수고를 한 이유는 무엇인가? 바울

---

13. 바울이 로마 그리스도인들이 바울(또는 그 밖의 다른 사람?)의 사도적 수고 없이 영적인 출생과 성장을 한 것을 나타내기 위해 강조된 대명사(αὐτοί, '아우토이')를 사용한 것일 수 있다(Käsemann).
14. '그노세오스'(γνώσεως, "지식") 앞에 관사의 유무와는 상관없이, '파세스'(πάσης, "모든")는 "~의 전체 범위"라는 개념을 나타낸다(Dunn).
15. '페플레로메노이'(πεπληρωμένοι)는 로마 그리스도인들이 충만한 상태에 있다는 것을 나타내는 완료형이다(E. Burton, Syntax, §154).
16. '아우토스 에고'(αὐτὸς ἐγώ). 바울은 자신의 확신의 진실성을 강조하기 위해 강조된 주격 대명사를 사용하는데(Cranfield; Dunn을 보라), 이것은 그가 이 서신의 나머지 부분이 정반대의 인상을 줄 수도 있을 것이라고 우려했기 때문인 것으로 보인다(Godet).
17. "확신하노라"는 완료 수동형 '페페이스마이'(πέπεισμαι)를 번역한 것이다. 이 형태의 의미에 대해서는 BDAG를 보라.
18. "선함"으로 번역된 '아가토쉬네'(ἀγαθωσύνη)는 오직 성경 그리스어(칠십인경에는 16번)와 관련 문헌에만 나오고(LSJ), 신약성경에서는 오직 바울 서신에만 나온다. 이 단어는 엡 5:9과 살후 1:11에서는 "올바름", "선함"을 의미하고, 갈 5:22에서는 "너그러움"을 의미한다.
19. 예를 들어, Wilckens; Dunn을 보라; 반대 견해로는 예를 들어, Käsemann과 Cranfield은 이 단어가 "다른 사람들과의 거래에서 정직한 것"을 가리킨다고 생각한다.
20. Murray; Wilckens; Cranfield. 여러 주석자들이 지적하듯이, 바울이 여기에서 언급한 덕목들은 로마 그리스도인들이 강한 자들과 연약한 자들 간의 긴장관계를 극복하는 데 특히 필수적인 것들일 수 있다(S-H; Murray). 그러나 바울이 구체적으로 이 문제를 생각해서 이렇게 말한 것인지는 분명하지 않다.
21. '데'(δέ)는 약간 역접의 의미를 지녔을 가능성이 크다.

은 자기가 이 서신의 몇몇 부분들에서[22] "더욱 담대히"[23] 썼다[24]는 것을 인정하지만, 자기가 그렇게 한 것은 그들에게 다시 한번 상기시켜주기 위한 것이라고 말한다.[25] 우리는 이 주장 속에서도 또 다시 약간의 외교적인 과장을 발견할 수 있다. 그러나 로마 그리스도인들이 바울의 그런 말에 넘어가서, 그들이 이 서신 속에 담겨 있는 모든 것을 이미 알고 있다고 생각하지 않았을 것임은 분명하다 - 그들이 이 땅에서 활동했던 가장 통찰력 있는 신학자들을 모아놓은 집단은 아니었을 것이기 때문에! 바울은 여기에서 진지하게 그런 말을 했을 것임에 틀림없다. 그리고 바울은 자기가 이 서신을 통해 그들에게 가르치고 권면한 것들은 모두 그들과 바울이 똑같이 공유하고 있는 믿음으로부터 나온 것이라고 말한 것이다. 바울은 자신의 서신에서 복음에 담긴 함의들을 로마 그리스도인들의 상황에 맞춰 설명한 것 외에는 아무것도 하지 않았기 때문이다.[26]

그러나 바울은 로마 그리스도인들의 감정을 상하게 하지 않기 위해 최대한으로 조심하고 주의해서 말하고자 하기는 하지만, 권위를 가지고서 그들에게 그런 것들에 대해 말할 수 있는 자신의 권한을 부정하려고 하지는 않는다. 왜냐하면 그는 이 절의 마지막 부분에서 자기가 "하나님께서 [자기에게] 주신 은혜"를 토대로 해서

22. '아포 메루스'(ἀπὸ μέρους, "몇몇 부분들에서", 한글개역개정에는 "대략"; 11:25; 15:24; 고후 1:14; 2:5에도 나온다)라는 어구는 '톨메로테론'(τολμηρότερον, "더욱 담대히")를 수식하는 것일 수도 있고 - "어느 정도 담대하게"(Hodge; Murray), '에파나밈네스콘'(ἐπαναμιμνήσκων, "다시 생각나게 하다")을 수식하는 것일 수도 있지만 - "그들이 알고 있는 것들을 어느 정도 다시 생각나게 하다"(Godet; Wright; Jewett), 주동사인 '에그랍사'(ἔγραψα, "썼나니")를 수식하는 것일 가능성이 가장 크다. 따라서 이 어구는 바울이 "더욱 담대히" 쓴 이 서신의 "부분들"을 가리킬 것이다. 그러나 이 부분들이 어느 곳들인지를 더 구체적으로 밝히는 것 - 예를 들어, 12:1-15:13(Cranfield) 또는 14:1-15:13(Wilckens) - 은 불가능하다.

23. '톨메로테론'(τολμηρότερον)은 '톨메로스'(τολμηρός, "담대한")에서 온 비교급 부사다. N. Turner (Syntax, 30)는 이것을 원급 대신에 사용된 비교급의 예로 본다; 그러나 어쨌든 이 단어를 "다소 담대하게"로 번역하는 데는 아무런 이견이 없다(BDAG).

24. 단순과거 '에그랍사'(ἔγραψα, "썼다")는 여기에서 "서신에서 사용하는 시제"가 아니라, 이 서신의 이전 부분을 쓴 "과거의" 행위를 가리킨다(BDF §334; N. Turner, *Syntax*, 73).

25. '에파나밈네스콘'(ἐπαναμιμνήσκων, "다시 생각나게 하다") 앞에 있는 '호스'(ὡς)는 방식을 나타내고, 여기에는 동사 "쓰다"가 생략되어 있다; NRSV를 보라: "내가 다시 생각나게 하는 방식으로……너희에게 썼다"(그리고 '호스' 절에서의 생략에 대해서는 BDAG를 보라). 그러나 '호스'는 목적을 나타내는 것일 수도 있다(von Siebenthal, *Griechische Grammatik*, §231i); NIV를 보라: "내가 너희에게 다시 생각나게 하기 위해……썼다." 동사 '에파나밈네스코'(ἐπαναμιμνήσκω)는 신약성경에는 오직 여기에만 나오지만, 이 동사의 단순한 형태는 흔하다.

26. 특히 Wilckens를 보라.

그들에게 복음 진리들을 "다시 생각나게 한" 것이라고 밝히기 때문이다.[27] 물론 바울이 여기에서 말한 "은혜"는 그리스도인들의 모든 실존의 근저에 있어서 그들에게 능력을 공급해주는 일반적인 하나님의 은혜를 의미하지 않는다. 12:3(그리고 고전 3:10; 갈 2:9; 엡 3:2, 7, 8)에서와 마찬가지로 여기에서도 "은혜"는 하나님의 은혜 중에서도 바울을 사도로 세우신 바로 그 특별한 선물을 가리킨다. 1:5의 "사도가 되는 은혜"(한글개역개정에는 "은혜와 사도의 직분")를 보라.

16 하나님이 바울을 사도로 부르신 목적[28]은 로마 그리스도인들에 대한 바울의 권위라는 문제와 특별한 연관성이 있다. 왜냐하면 바울은 "이방인을 위하여 그리스도 예수의 일꾼"이 된 것이기 때문이다. 하나님이 바울을 처음으로 부르실 때 보여 주셨던 것처럼(행 9:15; 또한 롬 1:5; 갈 1:16을 보라), 바울에게는 이방인들에 대한 특별한 책임이 부여되었고, 예루살렘의 사도들도 바울의 이 소명을 인정했다(갈 2:1-10). 따라서 주로 이방인들로 이루어진 교회였던 로마 교회(1:6-7, 14-15을 보라)는 바울의 사도적 권위가 미치는 범위 안에 있었다. 하지만 바울이 16절에서 자신을 "사도"라고 하지 않고, "그리스도 예수의 일꾼('레이투르고스')"라고 한 것은 흥미롭다. 이 단어는 바울이 자신을 그리스도의 "일꾼"이나 "사역자"라고 설명한 것일 수도 있다.[29] 그러나 이 절의 마지막 부분에 나오는 희생제사와 관련된 표현에 비추어보았을 때, 바울은 구체적으로 제사장의 사역을 나타내기 위해 이 단어를 사용한 것일 가능성이 더 크다.[30] 그래서 바울은 계속해서 여기에서 언급한 "사

27. 우리는 Käsemann과 Cranfield를 따라서 '디아 텐 카린 텐 도테이산 모이'(διὰ τὴν χάριν τὴν δοθεῖσάν μοι, "내게 주신 은혜로 말미암아")를 '에그랍사'(ἔγραψα, "내가 썼노니")가 아니라 '에파나밈네스콘'(ἐπαναμιμνήσκων, "다시 생각나게")에 걸리는 것으로 보았다. 그러나 '에파나밈네스콘'은 '에그랍사'에 종속되어 있기 때문에, 의미상의 차이는 실질적으로 존재하지 않는다.

28. 부정사구 '에이스 토 에이나이'(εἰς τὸ εἶναι, "되어")는 목적을 나타내는 것으로 보인다(예를 들어, Cranfield를 보라).

29. Schlatter를 보라. Jewett은 13:6에 비추어 보았을 때 "공적인 업무를 수행하는 자"라는 의미를 지닌다고 주장한다.

30. '레이투르고스'(λειτουργός, "일꾼")와 관련 단어들의 의미에 대해서는 13:6에 대한 각주 332를 보라. 이 단어는 2 Esdr. 20:36 (= 느 10:39); 사 61:6에서 제사장이나 제사장들을 가리킨다; 또한 Sir. 7:30; Let. Aris. 95; T. Levi 2:10; 4:2; 8:3-10; 9:3; Philo, *Life of Moses* 2.94, 149; *Special Laws* 1.249; 4.191; *Allegorical Interpretation* 3.175; *Posterity* 184를 보라. Longenecker는 이 서신에 대한 그의 전체적인 관점에 부합하게, 이 제사장 표상을 바울이 유대교의 틀 안에서 복음을 알게 되었던

역"은 "제사장으로서 하나님의[31] 복음을 섬기는"[32] 것이라고 설명한다. 그리고 이 사역의 목적은 "이방인들의 제물[33]이 받으실 만한" 것이 되게 하는 것이라고 말한다. 여기에서 "제물"은 이방인들의 찬송 또는 순종일 수도 있고(18절을 보라), 더 구체적으로 말하자면 예루살렘의 유대 그리스도인들을 위해 이방인들에게서 모은 연보일 수도 있지만(15:25-29),[34] 이방인들 자체일 가능성이 더 크다.[35] 따라서 바울은 복음을 수단[36]으로 사용해서 이방인 회심자들을 하나님이 받으실 만한[37]

로마 그리스도인들과의 공통의 토대를 만들어내기 위한 또 하나의 시도로 본다. Cranfield는 Barth (*Shorter*)를 따라서, 바울이 여기에서 자신을 대제사장이신 그리스도에 종속되어 섬기는 레위인으로 묘사하는 것이라고 생각한다. 그러나 '레이투르고스'는 칠십인경에서 흔히 레위인들을 가리키기는 하지만, 여기에서의 문맥은 제사장적 섬김을 가리킨다는 것을 분명하게 보여 준다(거의 모든 주석자들). 자세한 것은 Schlier, "'Liturgie,'" 171-176을 보라.

31. '테우'(θεοῦ, "하나님의")는 원천을 나타내는 속격이다(N. Turner, *Syntax*, 211): "하나님에게서 온 복음."
32. 구문이 난해하지만, '토 유앙겔리온'(τὸ εὐαγγέλιον, "복음을")은 관심의 대격일 것이다; 4 Macc. 7:8에 나오는 비슷한 구문을 보라(v.l.): '투스 히에루르군타스 톤 노몬'(τοὺς ἱερουργοῦντας τὸν νόμον, "제사장들로서 율법을 섬기는 자들"). 예를 들어, Dunn을 보라. 동사 '히에루르게오'(ἱερουργέω, "제사장 직분을 하게 하사")는 칠십인경이나 신약성경의 다른 곳에는 나오지 않지만, Philo와 Josephus의 글에는 자주 나와서 언제나 "제사를 드리다"는 의미로 사용된다(G. Schrenk, *TDNT* 3.252). 따라서 Cranfield가 "거룩한 섬김으로 섬기다"로 느슨하게 번역한 것은 대단히 부적절하다. 바울의 사도적 사역을 제사장적 관점에서 탐구한 것으로는 특히 Horn, "Apostolische Selbstverständnis," 225-246을 보라.
33. '프로스포라'(προσφορά, 한글개역개정에는 "제물로 드리는 것")는 제물을 드리는 행위를 의미할 수도 있고(행 24:17; 히 10:10, 14, 18), 여기에서처럼 드려지는 제물을 의미할 수도 있다(행 21:26; 엡 5:2; 히 10:5, 8; 또한 BDAG를 보라). 이 단어는 칠십인경의 집회서에서 자주 사용된다(칠십인경의 13번의 용례 중에서 9번).
34. 이 경우에 속격 '톤 에트논'(τῶν ἐθνῶν, "이방인들의")은 주격적 속격이 된다. 이방인들이 드리는 찬송이나 순종에 관한 전체적인 개념에 대해서는 예를 들어, Denis, "Fonction apostolique," 405-406; Dabelstein, *Beurteilung der "Heiden" bei Paulus*, 112-114; D. Robinson, "Priesthood of Paul," 231; N. Elliott, *Rhetoric of Romans*, 91-92; Dunn(아마도)을 보라; 이방인들이 드린 돈(연보)을 가리키는 좀 더 구체적인 용례에 대해서는 Downs, *Offering of the Gentiles*, 146-157을 보라. O'Brien (*Gospel and Mission*, 31, 50-51)은 둘 모두를 포함한다고 생각한다.
35. 또한 NRSV; NASB; NET를 보라; 아울러 대부분의 주석자들(예를 들어, Käsemann; Cranfield; Jewett). 이 견해에 의하면, 속격 '톤 에트논'(τῶν ἐθνῶν, "이방인들의")은 보충 설명의 속격이 된다. 이 해석은 문맥과 잘 부합할 뿐만 아니라, 바울의 이 개념과 관련한 유력한 배경과도 부합한다: 이사야 66:19-20. 거기에서 하나님은 열방에서 살아남은 자들을 보내어 열방 가운데서 그의 영광을 선포하게 하여, "뭇 나라에서 나의 성산 예루살렘으로 여호와께 예물"을 드리게 할 것이라고 말씀하신다(Murray; Aus, "Paul's Travel Plans," 236-237; Hultgren, *Paul's Gospel*, 133-134; Ponthot, "Expression cultuelle," 254-262; Schreiner를 보라).
36. Calvin은 복음은 "사역자가 사람들을 하나님께 제물로 드리기 위해 잡는 칼과 같다"고 말한다.
37. 명시적으로는 아니지만, 이 제사 표상은 제물을 "기뻐하시는"(εὐπρόσδεκτος, '유프로스데토스,'

제물로 드리는 제사장으로 자신을 묘사한 것이다. 물론 여기에서 "제사장"과 "제물"이라는 표현들은 은유적이기 때문에, 바울은 문자 그대로 자기가 "제사장"이라거나 제물을 드린다고 말하는 것이 아니다. 이것은 그가 이방인들을 제물로 언급하고 있는 것에서 아주 분명하게 드러난다.[38] 신약성경의 나머지 부분에서와 마찬가지로 바울은 구약의 제의 사역의 종말론적인 변혁, 즉 짐승의 제사는 순종하는 그리스도인들(12:1을 보라)과 그들이 하나님께 드리는 찬송(히 13:15)으로 대체되었고, 성전은 신자들의 공동체로 대체되었으며(예를 들어, 요 2:21; 고전 6:19; 벧전 2:5), 제사장은 그리스도인들(벧전 2:5, 9) 또는 그리스도인 사역자들로 대체되었다는 것을 전제한다.[39] 그러나 한 가지는 변하지 않았다. "하나님께 받으실 만한" 것이 되기 위해서는 제물이 "거룩하게 되어" 있어야 한다. 따라서 바울은 궁극적으로 하나님이 자신의 성령을 통해 원래 부정하고 죄악된 존재들이었던 이방인들을 "거룩하게 하셔서,"[40] 거룩하신 하나님에 대한 섬김과 찬송에 합당한 "거룩한" 제물이 되게 하신다는 것을 인정한다.[41]

17 이 절은 15b-16절과 밀접하게 연관되어 있다. 내가 하는 이 자랑 - 이방인들과 관련된 하나님의 계획에서 내가 아주 중심적인 역할을 했다는 것[42] - 은 지극히 합당하다. 왜냐하면 그것은 "하나님의 일에 대하여"[43] "그리스도 예수 안

한글개역개정에는 "받으실 만한") 분이 하나님이라는 것을 분명히 한다(벧전 2:5을 보라; 이 단어는 칠십인경에는 나오지 않고, 신약성경의 다른 곳에서는 롬 15:31; 고후 6:2; 8:12에만 나온다).

38. Hodge를 보라: "바울은 이방인들을 문자 그대로의 의미에서의 제물이라고 부른 것이 아닌 것처럼......자기 자신을 문자 그대로의 의미에서의 제사장이라고 부른 것이 아니다." 이런 의미의 '히에루르게오'(ἱερουργέω)에 대해서는 Wiener, "Ἱερουργεῖν (Rm 15,16)," 399-404를 보라.

39. 이 주제에 대해서는 특히 Newton, *Concept of Purity*를 보라. 따라서 바울은 일부 헬레니즘적인 유대인들이 그랬던 것과는 달리 제사를 "영적으로 해석한" 것이 아니라, "종말론적으로 해석했다." 예를 들어, O'Brien, *Consumed by Passion*, 31-32; Käsemann; Dunn을 보라.

40. 바울은 흔히 그러하듯이 여기에서도 수동형 '헤기아스메네'(ἡγιασμένη, "거룩하게 되다")를 사용한다(고전 1:2; 6:11; 7:14[2번]; 딤전 4:5; 딤후 2:21을 보라). 구약에서는 특히 에스겔 36:22-28을 보라. 거기에서는 하나님이 이방인들 가운데서 "자기 이름을 거룩하게 하실" 날을 예고한다.

41. O'Brien, *Consumed by Passion*, 31, 50-51을 보라.

42. 위에서 논증했듯이(본문 번역에 관한 각주를 보라), '카우케신'(καύχησιν, "자랑") 앞에 정관사 '텐'(τήν)이 있는 것으로 읽으면, 앞 절과의 연결관계는 특히 분명해진다. 관사는 거의 앞에 나온 15b-16절을 가리키는 지시대명사 같은 역할을 하기 때문이다(예를 들어, Käsemann; Cranfield; Dunn).

43. 관사 '타'(τά, "일들")는 그 뒤에 나오는 전치사구와 함께 실명사로 이룬다. 이 대격은 히브리서

에서" 하는 자랑이기 때문이다. 바울은 자신의 업적들을 자랑하는 것을 정죄한다(3:27; 4:2-3). 그러나 이방인들과 관련된 바울의 제사장적 사역은 그 자신이 하는 일이 아니라, 그의 삶 속에서 하나님의 은혜가 하는 일이다.

18 바울은 이제 이것이 어떻게 "그리스도 예수 안에서" 하는 자랑인지를 구체적으로 설명함으로써, 자신의 "자랑"을 좀 더 자세하게 정당화한다.[44] 바울은 자기가 앞의 15절에서 "더욱 담대히"라는 동족어 부사를 사용한 것을 의도적으로 슬쩍 상기시키려는 듯이, 자기는 "그리스도께서" 자기를 통해 "이루신[45] 것 외의 다른 것에 대해" 말할 정도로 "그렇게 담대하지"[46] 못하다고 말한다.[47] 바울은 앞에서 두루 뭉술하게 언급한 것들 - "하나님께서 내게 주신 은혜", "성령 안에서 거룩하게 되어 " - 이 무엇을 의미하는지를 이제 여기에서 분명히 한다. 자신의 사역의 성공은 전적으로 하나님이 주신 능력 덕분이다. 그리스도는 바울이 말하고 있는 일들을 실제로 "행하신 분"이고, 바울은 단지 도구일 뿐이다.[48]

이 절의 끝부분에서 바울은 그리스도께서 자기를 통해 그런 일들을 이루신 목

2:17에 나오는 동일한 어구에서처럼 참조의 대격 또는 부사적 대격이다(BDF §160; N. Turner, *Syntax*, 221). 바울이 여기에서 가리키는 "일들"은 뒤에 나오는 18-19절이 아니라, 앞에 나온 15b-16절에서 말한 것들이다(반대 견해로는 Jervis, *Purpose of Romans*, 123).

44. Cranfield를 보라. 17절은 이 단락에서 15b-16절로부터 결론을 이끌어내어서 18절 이하에서의 바울의 추가적인 논의의 발판을 마련하는 이음새 역할을 하는 절이다(Olson, "Epistolary Uses of Expressions," 591을 보라). 일부 해석자들은 바울이 자랑하기를 삼가한 것은 자기가 영적 은사들과 업적들을 지나치게 자랑했던 그리스도인 사역자였던 "열광주의자"로 분류되기를 원하지 않았기 때문이라고 생각한다(예를 들어, Michel, 458-459). 그러나 바울에게 그런 관심이 있었음을 보여 주는 증거가 없다(Käsemann, 393; Dunn, 2.862).

45. 바울은 동사 '카테르가조마이'(κατεργάζομαι, "이루다")를 사용한다. 많은 문맥 속에서 이 동사는 더 흔히 사용되는 '포이에오'(ποιέω, "행하다")와 의미상으로 구별되지 않는다(7:15에 대한 각주 820을 보라); 하지만 여기에서는 강조된 의미를 지닌다: "낳다," "이루어내다"(Dunn).

46. '톨메소'(τολμήσω, "담대하게 행하다"); 15절의 '톨메로테론'(τολμηρότερον, "더욱 담대히")을 보라.

47. 이 절의 구문은 복잡하다. '랄레인'(λαλεῖν, "말하다") 뒤에는 단수의 목적어 '티'(τι, "어떤 것")가 나오고, '티'를 보충설명하는 속격 복수 관계대명사(ὧν, '혼')가 이끄는 절이 나오기 때문이다. 하지만 일단 우리가 이 관계대명사는 "의미상으로" 복수로서, '티'가 암시하는 서로 다른 많은 것들을 가리킨다는 것을 알게 되면, 이 절이 무엇을 의미하는지는 해결된다: "그리스도께서 이루신 것 이외의 어떤 것"(Zerwick and Grosvenor, *Grammatical Analysis*, 494; Cranfield; 대부분의 영역 성경들).

48. 따라서 우리는 여기에서 또 다시 암묵적인 삼위일체 사상을 본다(Murray).

적 - "이방인들의 순종" - 과 그 수단 - "말과 행위로" - 을 구체적으로 밝힌다. 바울은 이방인들의 순종을 자신의 사역의 목표로 삼았다는 것을 밝힘으로써, 이 단락과 로마 그리스도인들에게 처음으로 자기를 소개한 대목의 핵심적인 메시지를 다시 한번 들려준다. 1:5을 보라. "그[우리 주 그리스도 예수]로 말미암아 우리가 은혜와 사도의 직분을 받아 모든 이방인 중에서 믿어 순종하게 하나니." 하지만 이 앞서의 문맥에서와는 대조적으로(그리고 16:26도 보라) 바울은 여기에서는 "순종"과 "믿음"을 결합시켜 하나의 쌍으로 사용하지는 않는다. 따라서 여기에서 바울은 "순종"을 1:5의 용례보다는 더 넓은 의미로 사용한 것으로 보이기 때문에, 이 단어는 믿음에 국한되지 않고, 믿음을 포함해서 주 예수 그리스도에 대한 신자의 응답을 포괄적으로 가리키는 것으로 보아야 할 것이다(또한 10:16의 동사 "순종하다"를 주목하라). 바울은 "말과 행위"를 통해서 이방인들 가운데서의 이 순종을 이루어 내었다. 이 한 쌍의 단어들은 성경 외의 그리스어와 신약성경에서 자주 나오는 자연스러운 조합이다.[49] 이 단어쌍은 말하는 것과 행하는 것이라는 표제 아래 사도로서의 바울의 활동 전체를 포괄한다.

19 이 절의 전반절에서는 바울이 그리스도께서 자기를 통해 이 일들을 "이루실" 때 사용하신 수단들에 관한 설명이 계속해서 이어진다. "말과 행위로"(18절b)는 이 수단에 대한 전체적인 요약이고 19절의 처음 부분에 나오는 두 개의 "~으로"[50] 어구들은 그것을 좀 더 자세하게 설명한 것이다. 이 두 어구 중 첫 번째 어구를 "행위로"와 연결시키고, 두 번째 어구를 "말로"와 연결시켜서 교차대구법적 구조로 만들고 싶은 유혹을 받을 수 있다. 그런 경우에 바울은 자신의 사역의 "행위" 부분은 "표적과 기사"와 연결시키고, 자신의 사역의 "말" 부분은 "성령의 능력"에 의해 이루어진 것이라고 말한 것이 된다.[51] 하지만 바울은 자신이 사역을 통해 이룬 모든 것 - "말로든" "행위로든" - 을 성령의 능력으로 돌리고 있는 것이 분명하다. 이것은 "성령의 능력으로"[52]가 바울이 18b-19절a에서 말한 사역의 모든

49. BDAG를 보라; 신약성경의 다른 곳에서는: 눅 24:19; 행 7:22; 골 3:17; 살후 2:17.

50. '엔'(ἐν, "안에서")은 두 어구에서 도구를 나타낸다.

51. 예를 들어, Bengel; Leenhardt; Michel을 보라.

52. 속격 '프뉴마토스'(πνεύματος, "성령의")는 보충설명을 나타내는 속격일 수도 있겠지만 - "성령인

수단을 가리키는 것일 가능성을 더 높여 준다.[53] 그리고 "표적과 기사의 능력"[54]은 바울의 사역의 "행위" 부분과 관련이 있을 가능성이 높긴 하지만, 바울이 자신이 한 "일" 전체를 이 어구로 표현한 것일 가능성은 거의 없다. 왜냐하면 "행위" 또는 "일"[55]을 오직 이적의 일들로만 국한시킬 타당한 근거가 없기 때문이다.[56] 사도로서의 바울의 "일" 속에는 그 밖의 다른 많은 종류의 활동들이 포함되어 있었다.

"표적들과 기사들"은 성경에서 이적들을 가리키는 표준적인 어구로서, 전자는 이적의 목적을 나타내고, 후자는 이적이 지닌 놀랍고 이례적인 성격을 나타낸다. 이 어구는 출애굽 때와 초기 교회의 역사에서 일어난 이적들을 설명할 때 특히 자주 사용된다.[57] 따라서 바울은 자신의 사역의 구원사적 의의를 보여 주기 위해 자신의 사도적 사역을 설명하는 데 이 어구를 사용한 것으로 보인다.[58] 왜냐하면 바울은 단지 한 명의 사도였던 것이 아니라, 이방 세계에 복음을 전하는 독특할 역할을 위해 선택된 유일한 이방인들의 사도였기 때문이다. 많은 학자들은 자신의 역할에 대한 바울의 인식은 거기에서 한층 더 나아간다고 생각한다. 즉, 그는 자기가 이방인들과 그들이 바치는 예물(예를 들어, 연보)을 하나님께 드리는 것(25-28절을 보라)을 구원사의 절정에서 열방이 예루살렘으로 순례할 것이라는 예언들의 성취라고 생각했다는 것이다.[59] 하지만 우리는 바울이 자신의 역할을 그토록 좁게 종

능력"(예를 들어, Käsemann) - 주격적 속격일 가능성이 더 높다 - "성령이 [나를 통해] 행하시는 능력"; Godet를 보라.

53. Murray; Cranfield.

54. "능력"(δύναμις, '뒤나미스')은 복음서들에서는 흔히, 그리고 바울 서신에서는 종종 이적을 가리키지만(고전 2:4; 12:10, 28, 29; 고후 12:12[σημεία,'세메이아,' "표적들"과 τέρατα, '테라타,' "기사들"과 함께]), 여기에서는 "표적들과 기사들을 만들어내는" 신적인 능력이라는 좀 더 일반적인 의미를 지닌다(Godet; 또한 Murray를 보라).

55. '에르곤'(ἔργον).

56. Calvin; Murray; Dunn. 바울 서신에서 '에르곤'에 대해서는 2:6에 대한 각주를 보라.

57. 칠십인경에서 '세메이아'(σημεία, "표적들")와 '테라타'(τέρατα, "기사들")가 함께 나오는 경우는 29번이고, 그중에서 15번은 출애굽 사건들을 가리킨다(출 7:3, 9; 11:9-10; 신 4:34; 6:22; 7:19; 11:3; 26:8; 29:3; 34:11; 느 9:10; 시 78:43; 105:27; 135:9). 사도행전에서 이 어구는 예수님의 이적들(2:22), 사도들이 그리스도의 이름으로 행한 이적들을 가리키고(2:43; 4:30; 5:12), 거기에는 바울이 행한 이적들도 포함되어 있다(14:3; 15:12). 또한 이 어구는 막 13:22; 고후 12:12; 살후 2:9; 히 2:4에도 나온다.

58. Dunn; O'Brien, Consumed by Passion, 142를 보라.

59. 특히 Munck, *Paul*, 49-55를 보라; 또한 예를 들어, Aus, "Paul's Travel Plans," 232-262; Kasemann; Wilckens; Dunn.

말론적인 것인 것으로 바라보았다는 주장을 의심할 만한 근거가 있다는 것을 이미 앞에서 살펴본 바 있다(예를 들어, 11:14에 대한 우리의 주해를 보라).[60] 바울이 자신을 구원사에서 중요한 인물로 보았고 이방인 선교에서 중심적인 역할을 하고 있는 것으로 보았다는 것은 분명하다. 그러나 그가 자신의 그런 수고를 통해 이방인 선교가 완성될 것이라고 생각했는지는 분명하지 않다.

앞에서 바울은 자신의 사도적 사역을 시작하시고 실질적으로 행하신 분은 그리스도시고, 이 사역의 목적은 "이방인들의 순종"이며, 이 사역의 수단은 "말과 행위", "표적과 기사의 능력", "성령의 능력"이라고 밝힌 바 있다. 이제 그는 이 사역의 결과를 제시한다. "그리하여 내가 예루살렘으로부터 두루 행하여 일루리곤까지 그리스도의 복음을 편만하게 전하였노라." 결과에 대해 말하는 이 구절에는 설명을 필요로 하는 것이 세 가지가 있다.

(1) 바울이 자신의 이전의 사역의 지리적인 경계들로 예루살렘과 일루리곤을 선택한 이유는 무엇인가? 바울은 자신의 이방인 선교의 출발점인 안디옥을 언급할 수도 있었을 것이다(행 13:1-2). 많은 학자들은 바울이 지리적인 관점이 아니라 신학적인 관점에서 생각해서, 기독교 운동의 시발점을 나타내기 위해 예루살렘을 선택한 것이라고 본다.[61] 그러나 그러한 주장은 이 절이 분명하게 바울 개인과 지리에 초점을 맞추고 있는 것과 부합하지 않고, 그러한 초점은 일루리곤에 대한 언급에 의해 확증된다. 따라서 바울은 자기가 예루살렘에서 한 사역을 가리키고자 한 것일 가능성이 크다.[62] 바울 자신의 말에 의하면(예를 들어, 갈 1:18-19, 22) 이 사역은 아주 짧았기는 하지만, 사도행전이 이 사역에 대한 풍부한 증거를 보여 준

---

60. 또한 이 단락에 대해서는 Knox, "Romans 15:14-33," 3-8도 보라.

61. 예를 들어, Cranfield; Wilckens; P. Muller, "Grundlinien," 216-217; O'Brien, *Consumed by Passion*, 37-38을 보라. Geyser ("Essai," 156-159)는 바울이 열한 사도가 자신의 사역을 인정했다는 것을 상징적으로 보여 주기 위해 "예루살렘"을 언급한 것이라고 생각한다.

62. 예를 들어, Zeller, *Juden und Heiden*, 227; Fitzmyer; Dunn(?)을 보라. 전치사 '아포'(ἀπό, "으로부터")는 바울이 예루살렘 안에서가 아니라 밖에서 자신의 전도를 시작했다는 것을 보여 주는 것일 수 있다. 그러나 이 전치사는 흔히 '에크'(ἐκ, "~로부터")와 같은 의미로 사용된다(BDAG를 보라). 또한 우리는 이 서신에서 바울이 "유대인 먼저"를 강조했음을 보여 주는 암묵적인 암시를 찾아볼 수 있다. 바울이 예루살렘을 언급한 것도 하나님이 종말에 은혜를 열방으로 확장하실 때 그 과정이 예루살렘에서 시작될 것이라는 예언들을 염두에 둔 것일 수 있다(사 66:18-19과 24절에 대한 주해를 보라).

다(9:26-30; 또한 26:20을 보라). 그리고 사역 기간이 아무리 짧았다고 하더라도, 바울이 예루살렘이 자신의 사역의 지리적인 시발점이었다고 말한 것은 옳다. 그리고 바울이 자신의 이전 사역의 종착지로 일루리곤을 선택한 것은 적절하다. 일루리곤은 마게도냐의 북서쪽에 자리잡고 있던 지역이었다. 로마인들은 오늘날 북부 알바니아, 세르비아, 보스니아, 헤르체고비나, 크로아티아, 몬테네그로가 자리잡고 있는 지역을 하나의 속주로 설정했다. 바울은 이 속주에서 자기가 선교 사역을 한 것을 언급한 것으로 보인다.[63] 물론 사도행전은 바울이 이 지역에서 행한 선교 사역에 대해 아무런 말도 하지 않지만, 일루리곤은 바울이 에베소를 떠나 시작한 3차 선교 여행지였을 것이다.

(2) 바울이 자기가 예루살렘에서 시작해서 일루리곤까지 선교 여행을 한 것을 설명할 때 '퀴클로'("두루")라는 단어를 덧붙인 이유는 무엇인가? 이 단어는 "원"이나 "고리"를 가리킨다.[64] 따라서 예루살렘을 둘러싼 "고리" 모양의 지역, 예를 들어, 바울이 처음 복음을 전하기 시작한 예루살렘 주변을 가리키는 것일 수 있다.[65] 그러나 이 단어는 신약성경에서는 언제나 부사로 사용되기 때문에, 바울이 복음을 "편만하게 전한" 방식을 설명하는 것일 가능성이 크다.[66] 일부 학자들은 자기가 예루살렘에서 시작해서 일루리곤까지 여행한 것을 사도적 선교의 한 "호", 즉

63. 많은 학자들은 바울이나 사도행전이 바울이 일루리곤에서 선교 활동을 했다고 언급하지 않는다는 것을 주목하고서, 바울은 자기가 일루리곤에 "이르기까지" 또는 일루리곤의 "경계에 도달할 때까지" 복음을 전했다고 말한 것으로 생각한다. 전치사 '메크리'(μέχρι, "까지")는 공간을 가리키는 데 사용된 경우에는 운동의 한계를 가리킨다; 그러나 지리적으로 큰 지역이 그 한계일 때는 그 한계가 그 지역을 포함하는지 배제하는지는 분명하지 않다. 이것은 신약성경에서 '메크리'가 공간을 나타내는 의미로 사용된 유일한 본문이다(행 20:4과 비교해 보라). F. Hahn (*Mission*, 96)은 일루리곤은 동방 제국과 서방 제국 간의 옛 경계를 나타내는 것일 수 있다고 생각한다; 그러나 그것이 사실이었음을 보여 주는 증거는 없다. 고대 지리학자 Strabo (7.7.4)는 에그나티아 대로는 아드리아 해 연안에서 마게도냐로 가는 도중에 일루리곤을 지난다고 말한다. 어떤 사람들은 바울이 사람들이 많이 다니는 로마의 도로들로 다니기를 선호했기 때문에, 누가가 사도행전 20:1-2에서 바울이 에베소를 떠나 마게도냐로 갔다고 한 바로 그 시기에 바울은 일루리곤의 남부 지역들에서 복음을 전했을 것이라고 생각한다. 이 견해에 대해서는 특히 Schnabel, *Paul and the Early Church*, 1250-1254를 보라; 또한 특히 Murphy-O'Connor, *Paul*, 316-317; J. McRay, *ABD* 3.388-389; Godet; Meyer; Haldane; Dodd; Bruce; Barrett를 보라. 또한 바울이 디모데후서 4:10에서 일루리곤의 한 지역으로 여겨지는 달마디아를 언급한 것도 보라.

64. LSJ; Montanari.

65. 아주 많은 이전의 주석자들: 예를 들어, Godet; Alford; Gifford.

66. 예를 들어, A. Robertson, *Grammar*, 295, 296을 보라.

더 큰 "원"의 한 부분으로 보았기 때문에, 원을 암시하는 단어를 사용한 것이라고 생각한다.[67] 그러나 신약성경에서 이 단어의 용례 중에는 문자 그대로의 "원"을 가리키는 용례는 없다. 이 단어는 통상적으로 단지 "두루"를 의미한다.[68] 가장 가까운 병행은 마가복음 6:6b인데, 거기에서는 예수님이 "모든 촌에 두루 다니시며 가르치시더라"고 말한다. 따라서 바울은 단지 자신의 여행이 직선적인 것이 아니라 "두루" 돌아다니는 것이었음을 나타내기 위해 이 단어를 사용한 것일 가능성이 크다. 즉, 그는 예루살렘에서 시작해서 "원과 같은 이동경로를 통해" 일루리곤까지 이곳저곳에 "두루" 복음을 전했다는 것이다(NJB: "내가 예루살렘으로부터 두루 행하여 일루리곤까지 그리스도의 복음을 편만하게 전하였노라").[69]

(3) 바울이 이 지역들에서 자기가 "그리스도의[70] 복음[71]"을 전하는 것을 "성취했다"고 말한 이유는 무엇인가? 이것이 동부 지중해에서 복음을 전하는 일을 완전히 끝마쳤다고 말한 것이라면, 그가 이 지역들에 세운 교회가 비교적 소수였다는 점에서 그렇게 말하는 것은 어울리지 않는다는 것을 감안했을 때, 이것은 무엇을 의미하는가? 네 가지 가능성이 존재한다. 첫째, 바울은 이 지역들을 복음으로 "채웠다"('플레로오')고 말한 것일 수 있다.[72] 그러나 이 견해는 동사 '플레로오'의 목적어가 "복음"이 아니라, "지역들" 또는 그런 종류의 어떤 것이라고 근거도 없이 전제하는 문제가 있다. 둘째, 바울은 자신의 전도 방식에 대해 말한 것일 수 있다. "나는 복음을 온전히, 그리고 효과적으로 전했다."[73] 그러나 이것은 동사 '플레로오'의 의미를 제대로 다루지 않는 문제가 있다. 세 번째 설명은 동사 '플레로오'의

---

67. "호"에 대해서는 Käsemann; Dunn을 보고, "원"에 대해서는 Schreiner; Jewett을 보라; 특히 Knox, "Romans 15:14-33," 10-11을 보라. Knox는 바울은 지중해 세계를 하나의 큰 원으로 보았고, 자기는 이 원의 북쪽 절반에 복음을 전할 책임이 있는 것으로 보았다고 생각한다. 또한 J. Scott도 보라. 그는 바울이 구약의 "열방 목록"의 영향을 받은 것이라고 생각한다(*Paul and the Nations*, 138-147; 또한 Beker, *Paul the Apostle*, 71; Hultgren을 보라). 그러나 이 시나리오는 의심스럽다(Schnabel, *Paul and the Early Church*, 1297-1299).

68. 막 3:34; 6:6; 계 4:6; 5:11; 7:11을 보라.

69. BDAG; Chrysostom; S-H; Viard; Cranfield.

70. 속격 '크리스투'(Χριστοῦ, "그리스도의")는 목적격적 속격일 것이다: 그리스도에 관한 복음을 전한 것(예를 들어, Cranfield).

71. '유앙겔리온'(εὐαγγέλιον, "복음")은 여기에서 복음을 전하는 행위를 가리킨다.

72. Calvin; Haldane.

73. 예를 들어, S-H를 보라.

의미를 제대로 다루고자 한다. 이 설명을 지지하는 사람들은 바울은 흔히 이 동사를 종말론적인 의미로 사용한다고 지적하고, 그러한 지적은 옳다(13:9에 대한 각주를 보라). 따라서 그들은 바울은 이방인들을 하나님 나라로 들어오게 함으로써 종말을 오게 하는 종말론적인 전도자로서의 자신의 특별한 역할을 여기에서 또 다시 암시하고 있다고 생각한다.[74] 그러나 나는 이 절의 앞부분에 나온 "표적들과 기사들"이라는 어구를 주해하면서 이 견해가 지닌 문제점들을 이미 보여 준 바 있다.[75] 따라서 네 번째 견해가 유일하게 합리적인 설명인 것으로 보인다. 바울은 이 지역들에서 전략적인 교회들을 세우고자 한 자신의 특별한 사도적 소임을 완료했다고 말한 것이다.[76] 녹스는 이렇게 말한다.

> 그가 예루살렘에서 일루리곤까지 복음 전하는 일을 마쳤다고 말할 수 있었던 것은 오직 그가 소아시아와 헬라 반도의 북서쪽에 있는 각각의 나라에 복음 메시지를 전하고 교회를 세움으로써, 이제는 그리스도의 이름이 머지않아 그 지역들 전체에 전파되기에 충분할 정도로 복음이 널리 "선포되고" 교회가 견고히 "세워졌다"는 의미로 이렇게 말한 것이기 때문이었다.[77]

20 19절과 20절을 연결해주는 어구는 19절의 끝부분에 나오는 "그리스도의 복음을 채웠다"는 어구에 대한 이 네 번째 해석을 추가적으로 뒷받침해 준다. 이 절의 처음 부분에 나오는 "이와 같이"(한글개역개정에는 "또")는 앞뒤로 걸려서, 바울이 복음을 채웠다고 말한 19절b와 그가 그 과정을 설명한 20절b-c를 연결시켜준다. "그러나[78] 이렇게 나는 복음을 채웠다(19절b). 그리스도의 이름을 부르는 곳에는 복음을 전하지 않기를 힘썼노니[79] 이는 남의 터 위에 건축하지 아니하려 함이

74. Käsemann; Dunn; Aus, "Paul's Travel Plans," 257-260; Hultgren, *Paul's Gospel*, 135; Munck, *Paul*, 51-55.

75. 또한 Schnabel, *Paul and the Early Church*, 1294-1297을 보라.

76. O'Brien, *Consumed by Passion*, 39-43; Godet; Murray; Cranfield.

77. Knox, "Romans 15:14-33," 3.

78. '데'(δέ).

79. "채웠다", 한글개역개정에는 "편만하게 전하였노라")를 수식하는 분사 '필로티무메논'(φιλοτιμούμενον, "힘썼다")는 양태를 나타낸다. 동사 '필로티무마이'(φιλοτίμουμαι, "힘쓰다")는 "명예[τιμή, '티메']에 대한 사랑[φίλος, '필로스']"을 의미하는 어근을 갖기 때문에, 여기에서

라."[80] 바울이 "그리스도의 이름을 부르지 않는 곳"이라고 말한 것은 그리스도를 알지 못하는 곳들, 또는 그리스도를 예배하지 않는 곳들을 의미한다.[81] 바울은 여기에서 자기는 하나님이 자기에게 복음을 알지 못하는 지역들에 전략적인 교회들을 세우는 일을 주셨다고 믿었다는 것을 보여 준다. 초기 미국의 개척자들이 다른 사람의 집에서 연기가 올라오는 것을 보았을 때는 지체 없이 말뚝들을 뽑아 철수했던 것처럼, 바울은 아주 많은 그리스도인들이 "활동한다"고 느꼈다. 그래서 그는 "남의 터 위에 건축하지" 않으려고 했다(또한 고후 10:13-18을 보라). 바울은 고린도전서 3:9b-15에서 그랬던 것처럼 여기에서도 자신의 사역을 설명하는 데 건축 은유를 사용한다. 그리고 고린도전서 본문이 분명히 보여 주듯이, 바울은 "터 위에 세우는"사역을 전체적으로 폄하하려고 이렇게 말한 것이 아니다. 바울 자신이 자기가 세운 교회들을 목회적으로 돌보는 데 상당한 노력을 기울였다. 그러나 그는 다른 사람이 세운 교회들을 목회적으로 돌보는 것은 그의 소명과는 거리가 있다고 느꼈다. 바울이 고린도전서 3장 본문에서 사용한 다른 은유를 써서 이것을 표현해보자면, 아볼로 같은 사람들은 새롭게 싹이 튼 식물에 "물을 주는" 소임을 수여받았다면, 바울은 "심는" 소임을 수여받았다(고전 3:5b-8).

바울이 남의 터 위에 건축하지 않으려고 했다고 말한 것은 그가 이 서신을 통해 자기가 로마 그리스도인들에 대해 일정 정도 권위를 지니고 있고 장차 그들을 방문하고자 한다고 말한 것과 어떻게 조화되는가? 로마 교회는 아직 어떤 사도로부터도 재가를 받지 않았기 때문에 "터"라고 할 수 없었다는 대답은 설득력이 없다 - 로마 교회가 이 시점에 어떤 사도에 의해 세워지지도 않았고 사도의 방문을 받지도 않았을 가능성은 높지만. 우리는 바울이 여기에서 단지 자기는 남의 터 위에 건축하려고 하지 않았다고 말한 것일 뿐이고, 그렇게 해서는 안 된다는 절대

"명예를 좇아 애쓰다" 또는 "야심으로 가지다"를 의미할 것이다(Käsemann; Godet). 그러나 문헌들은 이 동사가 특히 부정사가 뒤에 오는 경우에는 의미가 약화되어서 단순히 "애쓰다", "열심을 내다"를 의미한다는 것을 보여 준다(MM); 그리고 이것이 여기에서와 신약성경의 다른 용례들(고후 5:9; 살전 4:11)의 의미인 것으로 보인다(Cranfield; Dunn).

80. 특히 Dunn은 분명하게 그렇게 보고, Cranfield; Wilckens; Jewett은 실질적으로 그렇게 본다.

81. 전자에 대해서는 BDAG를 보라(NIV: "그리스도가 알려지지 않은 곳에서"); 후자("예배에서 이름을 부르다")에 대해서는 예를 들어, Fitzmyer를 보라. 바울 서신에서 동사 '오노마조'(ὀνομάζω, "이름을 부르다")의 그 밖의 다른 4번의 용례 중에서 오직 디모데후서 2:19만이 후자의 뉘앙스를 보여 준다(또한 고전 5:11; 엡 1:21; 3:15을 보라).

적인 규칙을 말한 것은 아니라는 것을 알아야 한다. 왜냐하면 바울은 교회를 개척하는 사역을 하면서도, 자주 다른 활동들에 참여하거나, 자기가 세우지 않은 교회들(예를 들어, 안디옥 교회)과 함께 일해야 했을 것이기 때문이다. 그리고 바울이 다음 단락에서 설명하겠지만, 그가 로마 교회에 서신을 보내고 방문을 계획한 것은 새로운 지역 - 스페인 - 으로 가서 교회를 개척하는 사역을 하기 위한 수단이었다.[82]

21 바울은 다른 곳에서도 아주 자주 그러하듯이 여기에서도 자신이 말한 것을 구약 인용문을 사용해서 못을 박는다. 이 인용문은 이사야 52:15b에서 가져온 것이다.[83] 바울은 적어도 세 가지 이유로 이 본문을 인용문으로 선택한 것으로 보인다. 첫째, 이 본문은 "남의 터 위에 건축하지" 않고자 한 바울의 결심(20절)을 정당화해 준다. 왜냐하면 이 본문은 아직 복음을 듣지 못한 자들에게 복음을 전하는 것에 대해 말하기 때문이다.[84] 둘째, 이 본문은 자기가 이방인들에게로 부르심을 받았다는 바울 자신의 소명 의식과 부합한다. 왜냐하면 복음이 선포되지 않아서 아직 복음을 듣지 못한 자들은 "왕들"과 "나라들"이기 때문이다(15절a를 보라). 셋째, 이 본문은 바울이 전하는 복음의 내용을 암시한다. 왜냐하면 이사야 52:15은 저 유명한 네 번째 "종"의 노래의 일부이고, 이 이방인들이 듣지 못한 것은 여호와의 종("그", 한글개역개정에는 "주")에 관한 소식이기 때문이다. 바울이 이방인들 가운데서 교회를 개척하는 사역은 이방인들이 장차 여호와의 종에 관한 소식을 알고 깨닫게 될 것이라고 한 구약 예언을 성취하는 것이다.[85]

---

82. 예를 들어, Osten-Sacken, "Erwägungen," 120-123을 보라.

83. 이사야서의 히브리어 본문은 칠십인경과 정확히 일치한다; 적어도 우리가 NA[28]에서 채택했고 대다수의 사본들에서 발견되는 읽기를 따라 '옵손타이'(ὄψονται, "보다")를 첫 번째 행의 끝에 두는 경우에는 그러하다. 하지만 바티칸 사본(B)은 이 동사를 이 행의 처음에 두고, 일부 주석자들(예를 들어, Cranfield와 Dunn)은 대다수의 읽기는 칠십인경과의 동화라고 의심하고서 이 읽기를 선호한다. 칠십인경의 번역은 직역하면 다음과 같이 번역되는 마소라 본문과 약간 다르다: "왜냐하면 그들에게 말해지지 않은 것을 그들이 볼 것이고, 그들이 듣지 않은 것을 깨달을 것이기 때문이다." 칠십인경 번역은 "그에 관해"라는 어구를 덧붙임으로써, 이것이 여호와의 종에 관한 것임을 더 분명히 하지만, 실질적인 의미의 변화는 없다.

84. Pedersen, "Theologische Überlegungen," 62를 보라.

85. 바울은 "그에 관한" 일들, 즉 여호와의 종에 관한 일들을 알리는 것이 자신의 사명이라는 것을 암시하고 있기 때문에, 바울 자신이 여호와의 종으로서의 역할을 하고 있다는 것을 보여 주고자 한 것일 가능성은 없어 보인다(Käsemann; Cranfield; Fitzmyer; 반대 견해로는 O'Brien,

2. 앞을 내다봄: 예루살렘, 로마, 스페인(15:22-29)

22 그러므로 또한 내가 너희에게 가려 하던
것이 여러 번 막혔더니
23 이제는 이 지방에 일할 곳이 없고 또 여러
해 전부터 언제든지 스페인으로 갈 때에
너희에게 가기를[86] 바라고 있었으니
24 이는 지나가는 길에 너희를 보고 먼저 너
희와 사귐으로 얼마간 기쁨을 가진 후에
너희가 그리로 보내주기를 바람이라
25 그러나 이제는 내가 성도를 섬기는 일로
예루살렘에 가노니
26 이는 마게도냐와 아가야 사람들이 예루살
렘 성도 중 가난한 자들을 위하여 기쁘게
얼마를 연보하였음이라
27 저희가 기뻐서 하였거니와 또한 저희는
그들에게 빚진 자니 만일 이방인들이 그들
의 영적인 것을 나눠 가졌으면 육적인 것
으로 그들을 섬기는 것이 마땅하니라
28 그러므로 내가 이 일을 마치고 이 열매를
그들에게 확증한 후에 너희에게 들렀다가
스페인으로 가리라
29 내가 너희에게 나아갈 때에 그리스도의[87]
충만한 복을 가지고 갈 줄을 아노라

이 단락은 로마를 방문하고자 하는 바울의 의도로 시작해서(22-24절) 끝나기 때문에(28-29절), 그것이 이 단락의 주제다. 바울은 이 서신의 시작 부분(1:13)에서도 그랬듯이 여기에서도 자기가 좀 더 빨리 그들에게 가지 못한 것을 절반쯤 사과한다. 그리고 지금도 자기가 중요한 일로 먼저 예루살렘을 가야 하기 때문에, 즉시 그들에게 갈 수 없다고 말한다(25-27절). 바울은 자기가 로마를 방문하고자 하는 것은 진심이긴 하지만, 로마는 자신의 궁극적인 목적지인 스페인을 가는 길에 잠시 들르는 곳 이상의 것이 아니라는 것을 분명히 한다(24, 28절). 바울은 여기에서 자기가 로마서를 쓰게 된 주된 목적들 중 하나를 암시한다: 그가 계획한 스페인 선교와 관련해서 로마의 그리스도인들에게서 도움을 얻으려고 하는 것(24절의 "보내주기를"['프로펨포']).

Consumed by Passion, 143-144; Dunn - 하지만 나는 바울이 다른 곳들에서는 그러한 동일시를 암시하고 있다는 Dunn의 말에는 동의한다).

86. 바울의 문장의 불완전성을 알고서, 이차적인 알렉산드리아 소문자 사본 33, ℵ의 2차 (비잔틴) 수정본, 대다수의 본문은 '엘류소마이 프로스 휘마스'(ἐλεύσομαι πρὸς ὑμᾶς, "내가 너희에게 갈 것이다")를 첨가한다; KJV를 보라. 이 첨가는 이차적인 것이다.

87. 알렉산드리아 사본인 33, 대문자 사본 Ψ, 대다수의 본문(ℵ의 2차 수정본을 포함해서)은 '크리스투'(Χριστοῦ, "그리스도의")에 '투 유앙겔리우'(τοῦ εὐαγγελίου, "복음의")를 첨가한다; KJV를 보라. 이 첨가는 이차적인 것이다.

22 "그러므로"는 이 절을 바울이 방금 말한 선교 원칙(20절)과 연결시켜주는 것일 수도 있지만 - 나는 남의 터 위에 건축하고자 하지 않았기 때문에 너희에게 가려 하던 것이 막혔었다[88] - 동부 지중해에서의 그의 선교 사역에 관한 설명(17-19절, 특히 19절)과 연결시켜주는 것일 가능성이 더 크다 - 나는 "예루살렘으로부터 두루 행하여 일루리곤까지 그리스도의 복음을 편만하게 전하는" 데 집중했기 때문에 너희에게 가려 하던 것이 막혔었다.[89] 바울이 로마로 가려[90] 하던 것이 "여러 번"[91] "막힌"[92] 것은 이 지역들에서의 사역의 필요성 때문이었다.

23-24a "그러나 이제는"(한글개역개정에는 "이제는")은 바울이 동방에서의 복음 사역으로 인해 로마로 가는 것을 방해받았던 과거의 상황을 그가 그 사역을 "마치고"(19절b) 자유롭게 이동할 수 있게 된 현재의 상황을 대비시킨다. 따라서 우리는 여기에서 바울이 곧바로 이제 로마로 가고자 하는 자신의 계획을 알릴 것이라고 예상할 수 있다. 바울은 마침내 24절에서 그 계획을 알리지만 - "지나가는 길에 너희를 보고" - 그렇게 하기 전에 먼저 세 개의 종속절들을 제시한다. 처음 두

---

88. Käsemann.
89. 예를 들어, Godet; Cranfield; Wilckens.
90. 속격 관사(τοῦ, '투')와 부정사를 함께 사용하는 경우에는 탈격의 의미를 지닌다(E. Burton, *Syntax*, §401; Zerwick, *Biblical Greek*, §386).
91. '타 폴라'(τὰ πολλά, "여러 번")는 시간을 나타내는 것으로 보인다 - "이 많은 시간들"(예를 들어, Godet; Käsemann; Cranfield); 반대 견해로는 Zerwick, *Biblical Greek*, §74, "많은 정도로"; Michel, "이 모든 경우에."
92. '에네코프토멘'(ἐνεκοπτόμην, "막혔다")은 미완료형으로서, 반복을 나타내는 것으로 보인다; 영어로는 완료 시제로 번역하는 것이 최선이다(정해지지 않은 과거를 가리키는 많은 그리스어 동사들의 경우처럼; E. Burton, Syntax, §28). 이 단어는 동사 '엥콥토'(ἐγκόπτω, "방해하다")에서 온 것으로서, 신약성경에서는 행 24:4; 갈 5:7; 살전 2:18; 벧전 3:7에서도 사용된다. 여기에서 이 동사는 바울이 로마서 1:13에서 비슷한 방식으로 사용하는 동사 '콜뤼오'(κωλύω, "막히다")와 동일한 의미를 지닌다.

종속절은 원인을 나타내는 분사들로 이루어져 있다: "이 지방[93]에 일할 곳[94]이 없기 때문에"와 "여러 해 전부터[95] 언제든지 너희에게 가기를 바라고[96] 있었기 때문에."[97] 세 번째 종속절(24절a)은 시간을 나타낸다: "스페인으로 갈 때에."[98] 이 구문에 대한 가장 단순한 읽기는 이 세 개의 절이 모두 24절의 "너희를 보기를 바란다"를 수식하는 것으로 보는 것이다(예를 들어, ESV를 보라). 그러나 "너희를 보기를 바란다"고 말하는 절에 있는 "왜냐하면"(그리스어로 '가르')이 그렇게 읽는 것을 어렵게 만든다.[99] 따라서 23절의 마지막 분사를 직설법의 의미로 읽을 수 있다. NRSV를 보라. "이 지역들에 더 이상 일할 곳이 없어서 내가 스페인으로 갈 때에 너희에게 가기를 바란다. 왜냐하면 나는…바라기 때문이다."[100] 그러나 최선의 선택지는 바울이 다른 많은 곳들에서 하는 것(하나의 문장을 시작하지만 끝내지는 않는 것)을 여기에서도 하고 있는 것이라고 전제하는 것이다. 따라서 23-24절a(세 개의 종속절)를 완료되지 않은 하나의 문장의 시작으로 보고, 24절의 두 번째 구절 - "나는 너희를 보기를 바란다" - 에서 새로운 문장이 시작되는 것으로 보는 것이 최선이다(NASB

---

93. '클리마시'(κλίμασι, "지역들," 한글개역개정에는 "지방"); 이 단어는 "지역들," 또는 예루살렘에서 시작해서 일루리곤에 이르기까지의 길에 "두루" 위치해 있는 로마의 속주들을 가리키는 것으로 보인다(19절b를 보라; 또한 바울은 고후 11:10과 갈 1:21에서도 이 단어를 사용한다). 물론 우리는 "일할 곳이 없다"는 말을 교회를 개척하는 바울의 특별한 사역이라는 관점에서 해석해야 한다. 그는 이 지역들에서 복음을 전할 곳이 없다거나, 동방의 모든 나라가 복음을 들었다고 말하는 것은 아니다(반대 견해로는 Barrett); Cranfield가 지적하듯이, 바울이 여전히 복음 전도 사역을 필요로 하는 "동방"의 많은 지역들이 있다는 것을 알고 있었을 것임은 의심의 여지가 없다(또한 Dunn을 보라).

94. '토폰'(τόπον, "장소"). 그러나 이 단어는 흔히 "가능성", "기회"라는 은유적 의미를 지닌다(BDAG).

95. 이 어구에서 전치사 '아포'(ἀπό, "부터")는 범위의 대격과 동일한 의미를 지닌다(Zerwick, *Biblical Greek*, §70).

96. '에피포티안'(ἐπιποθίαν, "바람"). 이 단어는 신약성경에서 오직 1번 나온다(고후 7:11과 관련해서 이독이 있다).

97. 이 분사들이 원인을 나타낸다는 것에 대해서는 Cranfield를 보라.

98. 여기에서 '호스'(ὡς, "때에")는 시간을 나타낸다; '안'(ἄν)의 추가와 가정법 '포류오마이'(πορεύωμαι, "가다")의 사용은 그 때가 정해져 있지 않은 것(= ὅταν, '호탄')을 보여 준다(BDF § 455[2]; Moule, *Idiom Book*, 133; 하지만 N. Turner [*Syntax*, 112]는 이 때를 정해진 것으로 본다). 스페인으로 가고자 하는 바울의 계획은 정해져 있었지만, 먼저 예루살렘을 방문해야 했기 때문에 그 계획의 실행 여부와 그 시기는 유동적이었다.

99. Godet는 24절b에서 사본상의 지지를 거의 받지 못한 이독, 즉 '가르'를 생략하는 읽기를 채택함으로써, 이 문제점을 피해나간다.

100. Cranfield는 전체적으로는 이 읽기를 채택하지 않지만, 24절a가 23절b에 걸린다고 주장한다.

는 아주 분명하게 그렇게 번역한다).[101] 그러나 우리가 이 구문을 어떤 식으로 해석하든, 바울이 말하고자 하는 것은 비교적 분명하다. 바울은 자기가 이제 로마에 갈 수 있게 된 이유를 설명한다: 그 동안에는 동방에서의 사역이 로마로 가는 것을 가로막았는데, 이제는 그 장애물이 제거되어서, 로마 제국의 심장부에 있는 그리스도인들을 방문하고자 하는 바울의 오랜 숙원이 이제 이루어질 수 있게 되었다는 것.

그럼에도 불구하고 로마는 바울의 궁극적인 목적지가 아니었다. 그는 스페인으로 가는 길에 로마를 들를 예정이었다. 스페인의 여러 부분들(고대 세계에서 스페인은 이베리아 반도 전체를 포함했다)은 로마가 주전 200년경부터 점령하고 있었다. 그러나 바울의 시대에 이르러서야 로마인들은 이 지역 전체를 온전히 조직화했다. 일부 학자들은 스페인에는 유대인들이 상당수 살고 있었다고 생각해 왔지만,[102] 대부분의 학자들은 그런 주장을 일축하고, "스페인은 이방인들과 야만인들이 사는 지역이었다"고 주장한다.[103] 우리는 바울이 스페인을 자신의 다음 선교지로 선택한 이유를 확실하게 알 수 없지만, 스페인을 "땅 끝"이라고 생각한 전승의 영향을 받았을 가능성이 있다. 따라서 그는 하나님의 말씀이 열방에 미칠 것에 관한 성경의 예언들을 성취하고자 한 것일 수 있다. 특히 이사야 66:19을 보라. "내가 그들 가운데에서 징조를 세워서 그들 가운데에서 도피한 자를 여러 나라 곧 다시스와 뿔과 활을 당기는 룻과 및 두발과 야완과 또 나의 명성을 듣지도 못하고 나의 영광을 보지도 못한 먼 섬들로 보내리니 그들이 나의 영광을 뭇 나라에 전파하리라." 바울은 "다시스"는 자기가 상당 기간 복음을 전한 다소라고 생각했고, "먼 섬들"(또는, "해변들")은 스페인이라고 생각했을 것으로 보인다.[104]

101. 예를 들어, Cranfield; Dunn을 보라.

102. 예를 들어, 이전의 Schürer (*Jewish People*, 3.38); 그리고 예를 들어, Käsemann.

103. Jewett; 특히 W. Bowers, "Jewish Communities," 395-402를 보라; 또한 R. Jewett, "Paul, Phoebe," 144-147; Meinardus, "Paul's Missionary Journey," 61-63; Fitzmyer를 보라. Schnabel (*Paul and the Early Church*, 1275-1277)은 유대인 공동체들이 바울 시대에 스페인에 존재했다는 것에 대해 확신하지 못하는 것으로 보인다.

104. 특히 Riesner, *Paul's Early Period*, 252, 302-304를 보라. 또한 더 확장된(그리고 종종 의심스러운) 가설들과 그런 견해를 제시하는 Aus, "Paul's Travel Plans," 242-246; P. Müller, "Grundlinien," 218; Black; Stuhlmacher를 보라. 로마의 저술가들은 종종 스페인 또는 스페인의 도시들을 "세상 끝"으로 지칭했다(예를 들어, Silius Italicus, Punica 17.637; Riesner, *Paul's Early Period*, 304에서 재인용).
Schnabel은 바울이 스페인을 "세상 끝"으로 보았을 수 있다는 것에 대해서는 동의하지만, 확정

24b 바울은 23-24a절에서 암시했던 것을 더 자세하게 설명한다:[105] 자신이 계획한 스페인으로의 여행길에 로마 그리스도인들을 방문하고자[106] 하는 소원을 이루기를 바란다는 것. 바울은 이 서신의 처음 부분에서도 로마 교회를 방문하고자 하는 자신의 의도를 언급했지만, 거기에서는 자신의 목적이 로마에서 "복음 전하는" 것이라고 밝혔었다(1:15). 하지만 이제 바울은 그들과 "사귐으로 기쁨을 가지고자"[107] 한다고 말하고, 비교적 짧은 기간 동안 머물 것임을 암시하며("잠시 동안")[108], 로마를 스페인으로 가는 길에 들르는 곳 정도로 여긴다("지나가는 길에").[109] 이 두 진술이 강조점에서 서로 차이가 있는 것에 대한 가장 좋은 설명은 재정적인 문제에 대한 바울의 예민함이다.[110] 왜냐하면 바울은 이 절에서 자기는 로마에 "잠시 머무는" 동안에 로마 그리스도인 공동체로부터 스페인 선교를 위한 물질적인 지원을 얻기를 바란다는 것을 분명히 하기 때문이다. 동사 '프로펨포'("보내주다")는 선교를 위한 후원을 가리키는 데 통상적으로 사용된 전문용어다.[111] 따라서

적으로 그렇게 말하는 것에 대해서는 회의적이다(*Paul and the Early Church*, 1294-1299; 또한 Das, "Paul of Tarshish," 60-73을 보라). 바울이 스페인에 당도했는지의 여부는 분명하지 않다. 물론 신약성경에는 바울이 스페인으로 실제로 갔다는 언급이 없다; 그리고 목회 서신들의 증거는 바울이 로마로 여행한 후에 동방으로 다시 돌아왔다는 것을 시사해 준다(또한 로마에서 쓴 것으로 보이는 빌 1:25-26; 2:23-24을 보라). 그러나 초기 기독교 문서인 클레멘스 1서(5:7을 보라)는 바울이 스페인에 갔다는 것을 시사해 준다. 이 문제 전체에 대해서는 F. Bruce, Paul, 447-448; Schnabel, *Paul and the Early Church*, 1273-1275를 보라.

105. '가르'(γάρ, "왜냐하면")는 보충설명을 나타낸다.

106. 바울은 동사 '테아오마이'(θεάομαι, "보고")를 사용한다. 이 동사는 단순히 "보다"를 의미할 수 있지만, "사귐과 도움의 의도를 가지고 어떤 사람을 보다 - '방문하다, 보러 가다'"라는 의미를 지닐 수도 있다 (LN 34.50). 또한 대하 22:6; Josephus, *Ant.* 16.6; 마 22:11(?)을 보라(Cranfield를 보라).

107. '엠플레스토'(ἐμπλησθῶ, "기쁨을 가진"). '엠피플레미'(ἐμπίπλημι, "채우다, 만족시키다")에서 온 이 동사는 일반적으로 "채우다"(눅 1:53; 행 14:17을 보라) 또는 "만족시키다"(요 6:12; 행 14:17[?])를 의미한다. 따라서 여기에서는 "너희와[ὑμῶν, '휘몬'] 만족을 얻다", 예를 들어, "너희와의 사귐으로 기쁨을 얻다"를 의미한다(BDAG).

108. BDAG는 이 어구를 "잠시 동안"(시간적인 의미)으로 해석한다.

109. 반면에 Engberg-Pedersen은 바울이 길게 머물 것을 암시하고 있다고 주장한다(*Paul and the Stoics*, 181-182). 그러나 그의 해석은 설득력이 없다.

110. 바울이 이 두 본문에서 서로 다른 두 번의 방문을 생각하고 있었다(예를 들어, N. Elliott [*Rhetoric of Romans*, 87]가 주장하듯이)고 볼 필요는 없다. 스페인으로 가는 길에 로마에 들러서 비교적 짧은 기간 머문다고 해도 거기에서 복음을 전할 기회는 충분하다.

111. 행 15:3; 20:38; 21:5; 고전 16:6, 11; 고후 1:16; 딛 3:13; 요삼 1:6을 보라; Vouga, "Épître aux Romains," 487; Michel; BDAG; LN 15.72 (하지만 Bartsch ["Antisemitischen Gegner," 29]는 이것이 확실한지에 대해서 확신하지 못한다). 바울은 구체적으로 몇몇 로마의 신자들이 이 선교

바울은 이 서신의 처음 부분에서는 그런 도움에 대한 요청을 암시하는 것조차 주저했을 것이다. 그는 자신의 서신을 통해 이 공동체와의 관계를 쌓은 후에야 비로소 이 문제를 꺼내는 것이 적절하다고 생각한 것이다.[112]

25 동방에서의 오직 하나의 마지막 의무가 바울이 로마를 방문한 후에 스페인으로 이동해서 복음을 전하고자 하는 소원을 이루는 것을 가로막고 있었다. "그러나 이제는 내가 성도를 섬기는[113] 일로 예루살렘에 가노니[114]."[115] 바울이 다음 절들에서 분명히 하듯이, 그가 예루살렘에서 하고자 하는 사역은 매우 특별한 것이었다: 바울이 자기가 주로 이방인들을 선교하며 세운 교회들로부터 모은 돈을 예루살렘의 그리스도인 공동체와 나누는 것. 이 "성도를 위한 연보"는 바울이 이른바 자신의 제3차 선교 여행에서 주로 초점을 두었던 일이었다. 그는 이 여행에 대해 쓴 모든 서신에서 이 연보를 언급한다(또한 고전 16:1-2; 고후 8-9을 보라).[116] 바울은 이 연보를 "섬기는 일"이라고 말함으로써, 이 연보가 이방 그리스도인들이 가난

에 합류하기를 바랐을 수도 있고, 새로운 선교 지역의 관습 및 언어와 관련된 도움을 바랐을 수도 있다. 그러나 그가 재정적 지원을 바랐을 것임은 거의 확실하다.

112. 그의 빌립보서를 보라. 거기에서 그는 끝부분에 가서야 비로소 이 공동체가 자기에게 재정적인 도움을 준 것에 대해 감사한다(4:10-20).

113. 분사 '디아코논'(διακονῶν, "섬기는")은 양태를 나타내는 것으로서, 바울은 성도를 "섬기는" 방식으로 예루살렘에 가는 것임을 보여 주는 것일 수도 있지만(예를 들어, Godet), 목적을 나타내는 것일 가능성이 크다(Chrysostom; Cranfield; Wilckens; Fitzmyer). O'Rourke ("Participle in Rom 15,25," 116-118)는 이 분사의 현재 시제는 이러한 해석에 아무 문제가 되지 않는다는 것을 보여 준다.

114. '포류오마이'(πορεύομαι, "가노니")의 현재 시제는 바울이 이 서신을 쓰고 있을 당시에 예루살렘으로 떠날 준비를 하고 있었다는 것을 보여 주는 것일 가능성이 크다(Cranfield; Dunn).

115. 많은 학자들은 바울이 여기에서 '하기오이'(ἅγιοι, "성도")를 예루살렘 그리스도인들을 가리키는 사실상의 전문용어로 사용하고 있고(또한 15:26, 31; 고전 16:1; 고후 8:4; 9:1, 12을 보라), 이것은 가장 초기의 그리스도인 공동체가 일찍부터 하나님 백성에 대한 이 영예로운 칭호를 계승했음을 보여 준다고 생각한다(예를 들어, Nickle, *Collection*, 138; Trebilco, *Self-Designations and Group Identity*, 143-147; Barrett; Michel; Schlier; Schmithals; Dunn을 보라; Cerfaux는 이 단어는 예루살렘 교회의 지도자들을 가리킨다고 생각한다["'Saints' de Jerusalem," 392-397]). 그러나 바울 서신에서 이 단어가 그러한 전문적인 의미를 지니는지는 분명하지 않다. 바울은 언제나 이 단어를 무엇을 지칭하는지를 추가로 분명히 해주는 모종의 단어들과 함께 사용하기 때문이다 (Cranfield; Wilckens).

116. 연보에 대한 전체적인 연구들로는 특히 Georgi, *Geschichte der Kollekte*; Nickle, *Collection*; Berger, "Almosen," 180-204를 보라.

한 형제들에 대한 그들의 사랑과 관심을 아주 실제적인 방식으로 표현할 수 있는 수단이었다는 사실을 보여 준다.[117] 바울은 이 연보를 예루살렘에 전달해 주어야 했고, 이것이 그가 로마로 직행하는 것을 가로막았다. 바울은 거의 즉시 로마로 여행할 계획을 세웠던 것 같다. 그리고 이것은 그가 이방 교회들로부터 돈을 모으는 것을 마친 후에 헬라에서 이 서신을 쓰고 있다는 것을 보여 준다(행 20:2-3을 보라).

26 바울은 앞에서 예루살렘에서의 사역에 관한 자신의 계획을 말하고 나서, 이제 26-28절a에서 그 계획이 무엇인지를 구체적으로 설명하고,[118] 28b-29절에서 다시 그가 처음에 말했던 것, 즉 로마와 스페인으로 가고자 하는 자신의 계획에 대해 말하는 것으로 돌아간다. 그가 마게도냐(= 오늘날의 북부 그리스, 마케도니아, 남부 알바니아/마케도니아)와 아가야(= 오늘날의 그리스 대부분)를 언급한 것은 자기가 거기에 세운 교회들(예를 들어, 빌립보, 데살로니가, 베뢰아, 고린도 교회들)을 가리키기 위한 의도라는 것은 두말 할 필요가 없다.[119] 고린도전후서가 보여 주듯이, 바울은 이 교회들에게 연보에 참여하라고 적극적으로 권면하였다. 그러나 그럼에도 불구하고 그들은 그들 자신의 자유의지로 이 연보에 참여하였다: 그들은 연보를 하는 것을 "기뻐했고" "자유롭게 결정했다."[120] 바울은 그들의 기부를 '코이노니아'("교제")라고 부름으로써, 이 기부의 중요성을 보여 준다. 여기에서 이 단어는 구체적으로

117. 바울은 고후 8:19, 20에서도 이 연보와 관련해서 '디아코네오'(διακονέω, "섬기다", 한글개역개정에는 "맡은")를 사용하고, 고후 8:4; 9:1, 12, 13에서는 이 연보를 '디아코니아'(διακονία, "섬기는 일, 봉사")라 부른다.

118. '가르'(γάρ)는 여기에서도 보충설명을 나타낸다.

119. Cranfield는 바울은 여기에서 단지 국가명을 사용해서 국민들을 나타내는 일반적인 관습을 교회론으로 확대한 것일 뿐이라고 지적한다. 바울이 오직 이 지역들의 교회들만을 언급한 이유는 분명하지 않다. 일부 학자들은 바울이 자신의 사역 범위를 의도적으로 감춘 것이라거나(예를 들어, Käsemann), 바울이 갈라디아 교회들에게 서신을 보내 "율법에서 자유로운" 복음으로 돌아올 것을 촉구했지만 거부당했기 때문에 그 교회들은 언급하지 않은 것이라고 생각한다(예를 들어, Luedemann, *Paul, Apostle to the Gentiles*, 86; Beker, *Paul the Apostle*, 72-73). 그러나 이 지역들은 바울과 로마 그리스도인들에게 가장 가까웠던 곳들이었기 때문에, 바울이 이 서신을 쓸 때 이 지역들을 떠올린 것일 뿐일 수 있다(Dunn).

120. G. Schrenk, *TDNT* 2.741; Godet; Cranfield; Wilckens. 이 동사는 '유도케산'(εὐδόκησαν, "기뻐했다", 한글개역개정에는 "기뻐서")으로서, '유도케오'(εὐδοκέω, "기뻐하다")의 단순과거형의 또 다른 형태다(예를 들어, 접두음의 존재를 나타내기 위해 ε['에']를 길게 한 것; BDAG). 이 동사는 "기뻐하다", "작정하다", "결정하다"를 의미할 수 있다(바울 서신에서 이 동사와 부정사가 결합되어 나오는 비슷한 용례로는 고전 1:21; 고후 5:8; 갈 1:15; 골 1:19; 살전 2:8; 3:1이 있다).

"기꺼이 공유된 것",[121] "기부"를 가리킬 수 있지만, 바울 서신에서 그리스도인 공동체 내에서 사랑 가운데서 친밀하게 함께 하는 것을 가리키는 이 단어의 일반적인 용법을 암시하고 있음에 틀림없다. 바울이 고린도후서 8:4과 9:13에서 분명히 밝히고 있듯이, 예루살렘의 유대 그리스도인들을 위한 이방 그리스도인들의 연보는 그러한 하나됨과 친밀함의 표현이다.[122]

바울이 이 교제의 표현인 연보의 수령자들을 "예루살렘 성도 중 가난한 자들"이라고 한 것은 세 가지 서로 다른 방식으로 해석할 수 있다. (1) "예루살렘에 있는 가난한 성도"(KJV). (2) "예루살렘 성도 중 가난한 자들"(거의 모든 영역 성경들은 이것과 비슷하게 번역한다).[123] (3) "가난한 자들, 즉 예루살렘 성도."[124] 처음 두 선택지는 둘 다 "가난한 자들"이 경제적인 명칭이라는 것을 전제한다. 하지만 첫 번째 선택지는 예루살렘에 있는 모든 그리스도인들이 가난했고, 따라서 이 연보는 그들 모두를 위한 것이라고 보는 반면에, 두 번째 선택지는 예루살렘 "성도" 중 오직 일부만이 가난했고, 이 연보는 특별히 그들을 위한 것이라고 본다. 하지만 "가난한 자들"과 "성도"가 가리키는 범위가 동일하다고 보는 세 번째 번역은 "가난한 자들"은 신학적 명칭, 즉 "의인들"을 가리키는 데 이 용어를 사용했던 구약과 유대 전통, 그리고 초기 예루살렘 교회가 그 전통을 계승하여 자신들을 이 용어로 지칭한 것에 토대를 둔 신학적 명칭이라고 전제한다.[125] 신약성경에는 "가난한 자들"이라는 표현이 이러한 신학적 의미를 지니는 본문들이 나온다.[126] 그러나 바울은 여기에서 자기가 이 표현을 그런 의미로 사용했음을 전혀 암시하지 않기 때문에,

121. LN 57.101. 그런 표현들에서는 '포이에오'(ποιέω, "만들다, 행하다")의 중간태를 사용한 구문이 표준이다(Zerwick and Grosvenor, *Grammatical Analysis*, 495를 보라).

122. F. Hauck, *TDNT* 3.807; Jewett.

123. 대부분의 문법서들(예를 들어, N. Turner, *Syntax*, 209; Moule, *Idiom Book*, 43)과 주석자들(예를 들어, Käsemann; Cranfield; Wilckens; Fitzmyer); 그리고 Georgi, *Geschichte der Kollekte*, 81-82; Luedemann, *Paul, Apostle to the Gentiles*, 79를 보라.

124. E. Bammel, *TDNT* 6.909; Michel(아마도); Schlier; Schmithals.

125. Holl ("Kirchenbegriff," 44-67)은 이러한 해석을 하는 데 도움이 되었다. 그는 특히 갈라디아서 2:10을 언급하는데, 거기에서 예루살렘의 사도들이 바울에게 "가난한 자들을 기억하도록" 요청했다는 것은 특히 이방 교회들이 일종의 "세금"을 바침으로써 예루살렘의 "어머니" 공동체와의 연대를 표현해야 할 필요성을 가리키는 것이라고 생각한다. B. Longenecker, *Remember the Poor*, 157-182에서는 갈라디아서 2:10에 대한 그러한 견해를 반박한다.

126. 예를 들어, 눅 6:20; 약 2:5.

그가 연보에 대해 말하고 있는 문맥 속에서 이 표현은 경제적 의미를 지닐 가능성이 더 크다.[127] 따라서 바울이 "가난한 자들"이라는 표현과 "성도"라는 표현을 둘 다 사용한 이유를 더 잘 설명해 주는 두 번째 선택지를 채택하는 것이 바람직하다.

27 여기에서 바울은 26절의 처음 부분에서 사용한 것과 동일한 동사를 사용해서, "마게도냐와 아가야"가 자유로운 선택에 따라 연보에 참여했다는 것을 다시 말하면서도, "사실[한글개역개정에는 '또한'][128] 저희는 그들[예루살렘 성도][129]에게 빚진 자[130]니"라는 말을 즉시 덧붙인다. 바울이 여기에서 말한 "빚"을 법적인 것이 아니라 도덕적인 것으로 본다면, 이 두 주장이 서로 모순되어 보이는 것을 제거할 수 있다.[131] 아무도 이방 그리스도인들에게 예루살렘의 가난한 유대 그리스도인들에게 연보하라고 강제하지 않았다(또는, 강제할 수 있는 사람은 없었다). 그들은 강제 없이(고후 9:5) "기뻐서" 했다(고후 9:7을 보라). 그러나 바울은 이방 그리스도인들이 예루살렘의 유대 그리스도인들에게서 많은 것을 받았기 때문에 보답해야 할 도덕적인 빚 아래 놓여 있다는 것을 깨닫기를 원했다.[132] 구체적으로 말하자면, 이방인들(즉, 이방 그리스도인들)은 유대 그리스도인들의 "영적인 것들"[133] – 복음과 복음과

---

127. "가난한 자들"이 초기 예루살렘 그리스도인들을 가리키는 전문용어였다는 것에 반대하는 견해에 대해서는 특히 Keck, "Poor among Saints in New Testament," 100-129; idem, "Poor among Saints in Jewish Christianity," 54-78을 보라.

128. '카이'(καί); 예를 들어, Käsemann을 보라.

129. '아우톤'(αὐτῶν, "그들의")의 선행사는 '투스 프토쿠스'(τοὺς πτωχούς, "가난한 자들")가 아니라 '톤 하기온'(τῶν ἁγίων, "성도의")일 것이다(Dunn; 반대 견해로는 Cranfield). 명사 '오페일레테스'(ὀφειλέτης, "빚진 자") 뒤에 오는 속격이나 여격은 누구에게 빚진 것인지를 나타낸다(BDAG).

130. '오페일레타이'(ὀφειλέται, "빚진 자들"); 이것은 이 서신의 서론부와의 또 하나의 단어상의 병행이다; 1:14을 보라: "헬라인이나 야만인이나 지혜 있는 자나 어리석은 자에게 다 내가 빚진 자[ὀφειλέτης, '오페일레테스']라."

131. 바울이 여기에서와 고린도후서 8-9장에서 연보에 강제성이 없었다는 것을 강조한 것은 이 연보가 디아스포라 유대인들이 낸 "성전세" 같은 이방 그리스도인들에 대한 "세금"이었다고 말할 수 없다는 것을 보여 준다(이 "성전세"에 대해서는 E. Bammel, *TDNT* 6.909; Käsemann; Nickle, *Collection*, 87-93을 보라). 하지만 Berger는 예루살렘의 사도들은 이 연보를 다르게 보고서, 이스라엘에 대한 이방인들의 책무의 본질적인 표현으로 여겼을 것이라고 생각한다("Almosen").

132. 일부 해석자들(예를 들어, Bengel, 3.189; Calvin, 535-536; Schmithals, 537; Fitzmyer, 723; Nickle, *Collection*, 69-70)은 바울이 로마 그리스도인들에게 이 연보에 참여하라고 은근히 권유하고 있는 것이라고 생각한다. 그러나 바울이 예루살렘으로 얼마 안 있어서 떠나고자 계획했다는 것을 고려하면, 그럴 가능성은 거의 없어 보인다.

133. '프뉴마티코이스'(πνευματικοῖς).

연관된 온갖 복들 – 을 "나눠 가졌다."[134] 바울은 여기에서 이 서시의 중심적인 신학적 주제를 암시한다: 이방인들이 누리고 있는 구원은 오직 유대인 메시아와 이스라엘에게 주어진 약속들의 성취를 통해 왔다는 것(1:16; 4:13-16; 11:17-24; 15:7-8).[135] 어떤 의미에서는 새 시대의 영적인 복들은 특히 유대 그리스도인들에게 속한 것이다. 그리고 이방 그리스도인들은 자신들이 유대 그리스도인들과 함께 이 복들에 "참여하게 된 것"을 인정하고 감사해야 한다. 그리고 이방인들은 "물질적인 것들"(한글개역개정에는 "육적인 것")로 유대 그리스도인들을 "섬김"[136]으로써, 자신들이 그들에게 빚졌다는 인식과 감사함을 표현할 수 있다.[137]

이 절들은 이 연보가 구제 사업 이상의 것이었음을 보여 준다. 이 연보는 전략적인 신학적/실제적 사업이기도 했다.[138] 왜냐하면 바울은 하나님 백성의 지체들로서의 이방인들의 지위가 구약성경/유대인들의 지울 수 없는 족적이 새겨져 있는 구원사와 뗄레야 뗄 수 없게 결합되어 있다는 것을 알기 때문이다. 이방 그리스도인들은 전에는 유대교와 아무 상관이 없었고 예루살렘에서 아주 멀리 떨어져서 살아왔다고 해도, 그들도 이것을 알 필요가 있었다. 그리고 그들이 "예루살렘 성도"에게 연보를 하는 것은 이러한 "채무" 의식을 공고히 하는 데 큰 역할을 할 것이었다.[139] 한편 유대 그리스도인들은 구원사가 하나님의 백성이 주로 이

134. 여격 명사와 함께 사용된 동사 '코이노네오'(κοινωνέω, "나눠 가지다")는 "어떤 것의 한 몫을 주다"를 의미하거나(12:13에서처럼), 여기에서처럼 "어떤 것의 한 몫을 받다"를 의미할 수 있다(BDAG).

135. 예를 들어, Beker, *Paul the Apostle*, 72; P. Müller, "Grundlinien," 231-232를 보라.

136. '레이투르게사이'(λειτουργῆσαι, "섬기다"). 이 동사를 선택한 것(또한 행 13:2; 히 10:11을 보라)은 바울이 이 연보를 일종의 예배 행위로 보았다는 것을 시사해주는 것일 수 있다. 왜냐하면 이 동사는 칠십인경에서 흔히 제의와 관련하여 사용되기 때문이다. 그러나 이 동사는 세속 그리스어에서 공노예들이 하는 일을 가리키는 데도 사용된다(*NewDocs* 1.45). 분명한 것은 아니지만, 15:16에서 동족어 '레이투르고스'(λειτουργός, "일꾼")와 제사장의 관련성이 여기에도 존재할 수 있다.

137. "영/육"의 대비(πνευματικοῖς['프뉴마티코이스,' "영적인 것들"]/σαρκικοῖς['사르키코이스', "육적인 것들"])는 바울 서신에서는 통상적으로 도덕적 대비이지만(7:5에 대한 각주들을 보라), 여기에서는 영적인 영역과 물질적인 영역 간의 대비다; 고린도전서 9:11을 보라: "우리가 너희에게 신령한 것[πνευματικά, '프뉴마티카']을 뿌렸은즉 너희의 육적인 것[σαρκικά, '사르키카']을 거두기로 과하다 하겠느냐."

138. 예를 들어, Eckert, "Kollekte," 65-80을 보라.

139. 많은 학자들은 바울이 이 연보를 말일에 이방인들이 예물을 가지고 예루살렘으로 물 밀듯이 나아올 것이라는 구약 예언들의 성취로 보았다고 생각한다(특히 사 66:19-20을 보라); 예를 들어,

스라엘에 국한되었던 시기에 머물러 있지 않고 더 진전되었다는 것을 알아야 할 필요가 있었다. 게다가 유대 그리스도인들이 이방 그리스도인들의 연보를 기꺼이 받는다면, 그것은 그들이 이 새로운 상황을 받아들였다는 것을 보여 주는 것이 될 것이다. 이 연보에 대한 유대 그리스도인들의 반응에 관한 바울의 바로 그러한 관심은 그가 로마 그리스도인들에게 기도를 요청하는 대목에서 표면에 떠오른다(30-33절).

28 바울은 이제 이 단락에서 그가 말하고자 하는 요지로 다시 돌아간다: 로마를 거쳐 스페인으로 가고자 하는 그의 계획. 하지만 앞에서 이미 보았듯이, 바울은 23-24절a에서 뒤엉킨 구문을 통해 단지 그러한 여행에 관한 자신의 계획을 두루뭉술하게 말하는 것에서 그쳤다. 그래서 이제 그는 이 문장의 주절을 통해 그 계획이 구체적으로 어떤 계획인지를 명확하게 밝힌다. "너희에게 들렀다가[140] 스페인으로 가리라." 그러나 바울은 이 문장의 복합적인 종속절에서는, 이 여행의 시기가 언제일지는 예루살렘 성도와 관련해서 자기가 해야 할 "일"이 어떻게 되느냐에 달려 있다는 것을 밝힌다. "내가 이 일[섬김][141]을 마치고[142] 이 열매를 그들에게 확증한 후에.[143]" 바울의 요지는 충분히 분명하다: 자기가 연보를 전달할 때까지는 스페인으로 떠날 수 없다는 것. 그러나 그가 "이 열매를 확증한다"고 말한 것이 무엇을 의미하는지는 분명하지 않다. "열매"는 연보 자체를 가리킨다.[144] 그

Aus, "Paul's Travel Plans," 240-241, 260-261; Georgi, *Geschichte der Kollekte*, 84-86; P. Richardson, *Israel*, 145-146; Schreiner를 보라. 그러나 "이방인들을 제물로 드리는 것"(16절)을 그런 식으로 해석하는 것이 설득력이 없듯이, 이것도 그런 식으로 해석하는 것은 설득력이 없다.

140. '디 휘몬'(δι' ὑμῶν); Moule (*Idiom Book*, 55)은 "너희를 거쳐"로 번역한다; 24절의 '디아포류오메노스'(διαπορευόμενος, "지나가는")를 보라.

141. 중성형인 '투토'(τοῦτο, "이것을", 한글개역개정에는 "이 일을")는 바울이 26-27절에서 연보에 대해 설명한 것을 일반적으로 가리킨다.

142. '에피텔레사스'(ἐπιτελέσας, "마치고"). 이 동사는 여기에서 단순히 "완료하다, 마치다"를 의미하고, 그 이상의 의미를 지니지 않는다(Cranfield); 바울은 고린도후서 8:6, 11에서도 연보와 관련해서 이 동사를 사용한다.

143. 그리스어 본문에는 "후에"에 해당하는 단어가 없지만, 이 분사들은 시간을 나타내는 것일 가능성이 크기 때문에, 이것을 덧붙인 것은 합당하다.

144. 거의 모든 주석자들; 반대 견해로는 예를 들어, Bartsch는 이것이 디아스포라 지역들의 이방인 신자들을 가리킨다고 생각하고("Wenn ich ihnen," 95-97), Nickle (*Collection*, 128-129)은 이것이 바울의 사역을 가리킨다고 생각한다. Murray는 이방인들이 예루살렘 그리스도인들에게 한 연

러나 연보를 "확증한다"(인친다)는 것은 무엇을 의미하는가? 많은 역본들(예를 들어, NRSV; NIV; CSB; CEB)과 주석자들은 이것은 연보를 안전하게 전달하는 것을 가리키는 것이라고 본다.[145] 그러나 어떤 것에 인을 치는 것은 흔히 진짜라는 것을 공식적으로 확인하는 것이다.[146] 따라서 이것은 바울이 "이방인들의 사도"로서 이 연보를 전달할 이방 그리스도인들을 대동하고 함께 예루살렘으로 가서, 이 연보가 진짜라는 것을 확인하고, 반드시 유대 그리스도인들이 이 연보의 의미를 올바르게 이해하게 하겠다고 말한 것으로 보인다.[147]

29 케제만의 표현을 빌면, 바울은 여기에서 자기가 예루살렘 성도에 연보를 전한 후에 로마 그리스도인들을 방문하게 될 것을 생각하고서 "안도의 한숨"을 쉰다. 왜냐하면 자기가 로마를 방문할 때는 이미 연보가 안전하게 전달되어서, 예루살렘의 가난한 그리스도인들이 극심한 빈곤에서 어느 정도 벗어나게 될 것이고, 유대인 신자들과 이방인 신자들 간에는 더 강한 교제가 확보될 것이라고 바울은 믿었기 때문이다. 따라서 그가 로마 그리스도인들에게 갈 때는 "그리스도의 복의 충만 안에서"[148](한글개역개정에는 "그리스도의 충만한 복을 가지고") 가게 될 것이다. "충만"은 바울이 로마에서 기대하는 복의 완전함을 강조한다. 그리스어 본문에서

보는 그들이 유대 그리스도인들에게서 받은 영적인 유익들의 "산물"이라는 것을 보여 주기 위해 바울이 이 단어를 사용한 것이라고 생각한다.

145. 예를 들어, BDAG; Dunn.

146. 예를 들어, 에 8:8, 10; 요 3:33을 보라. 바울 서신에서 '스프라기조'(σφραγίζω, "확증하다, 인치다") 의 다른 3번의 용례는 모두 신자들이 성령으로 "인침을 받는" 것을 가리키고, 각각의 본문에서는 신자들을 "진짜인 것으로 인증하고" 진정으로 구속받은 자들이라는 "표시를 한다"는 개념이 존재하는 것으로 보인다(고후 1:22; 엡 1:13; 4:30). 신약성경에서 이 동사는 그리스도의 무덤을 "인봉하는" 것(마 27:66), 묵시적인 가르침들을 (비밀을 유지하기 위해) "인봉하는" 것(계 10:4; 22:10), 무저갱을 닫고 "인봉하는" 것(계 20:3), 사람들의 정체를 나타내기 위해 "표시하는" 것(요 6:27; 계 7:3, 4[2번], 5, 8)과 관련해서도 사용된다.

147. Deissmann은 내용물의 정확성을 보증하기 위해 "곡물 [부대들]을 인봉하는 것"에 대해 말하는 파피루스 본문들을 지적한다(*Bible Studies*, 238-239; 또한 MM을 보라). 이 본문들은 여기에서 말한 "열매를 확증한다(인친다)"는 개념과 가깝다. 내가 채택한 해석과 비슷한 견해로는 Calvin; Murray; Cranfield를 보라. 인침을 받거나 확증되는 것은 바울이 아니라 연보라는 점에서, 이것이 예루살렘 그리스도인들이 바울의 사도직을 인정하는 것을 가리킬 가능성(Radermacher, "σφραγίζεσθαι. Rm 15.28," 87-89; Viard; Fitzmyer)은 없어 보인다.

148. 여기에서 '엔'(ἐν, "안에서," 한글개역개정에서는 "~을 가지고")은 동반을 나타내기 위해 사용된다(Zerwick, *Biblical Greek*, §117).

이 복은 바울이 자신의 사역을 통해 로마 그리스도인들에게 나누어 주는 복을 가리키는 것일 수도 있다.[149] 그러나 바울은 자기가 가서 행할 것만이 아니라, 자기가 그렇게 했을 때 자기가 받게 될 것들도 염두에 두고서 이 말을 했을 것이라고 보는 것이 합당할 것이다. 따라서 이 말은 상호적인 "복"을 암시하는 것으로 보인다: 바울이 로마 그리스도인들을 섬기는 것과 로마 그리스도인들이 바울에게 힘이 되고 돕는 것(1:12에 나타난 상호성을 보라).[150]

149. 예를 들어, Murray.

150. Dunn.

3. 기도 요청(15:30-33)

30 형제들아[151] 내가 우리 주 예수 그리스도
와 성령의 사랑으로 말미암아 너희를 권하
노니 너희 기도에 나와 힘을 같이하여 나
를 위하여 하나님께 빌어
31 나로 유대에서 순종하지 아니하는 자들로
부터 건짐을 받게 하고 또 예루살렘에 대
하여 내가 섬기는 일[152]을 성도들이 받을
만하게 하고
32 나로 하나님의 뜻을 따라 기쁨으로 너희
에게 나아가 너희와 함께 편히 쉬게 하라
[153]
33 평강의 하나님께서 너희 모든 사람과 함
께 계실지어다 아멘.[154]

---

151. '아델포이'(ἀδελφοί). 이 단어는 두 개의 아주 초기의 중요한 사본들인 P46과 일차적인 알렉산드리아 사본 B에는 빠져 있다; 그리고 Zuntz (*Text of the Epistles*, 197-198)는 이 단어가 없는 것이 원래의 것이라고 생각한다. 그러나 다른 모든 사본들에는 이 단어가 포함되어 있고, 이것이 바울의 통상적인 문체와 부합한다(Cranfield, 2.775-776).

152. 일차적인 알렉산드리아 대문자 사본 B와 "서방" 본문(D, F, G)은 다른 모든 사본들에서 발견되는 '디아코니아 에이스'(διακονία εἰς, "~에 대한[또는, 위한] 섬김") 대신에 '도로포리아 엔'(δωροφορία ἐν, "~에 선물을 가져가는 것")으로 읽는다. 전자는 분명히 후자의 그리스어 본문의 의미를 잘 통하게 하기 위한 시도다(Metzger, *Textual Commentary*, 537-538; 반대 견해로는 Nickle, *Collection*, 134).

153. Metzger (*Textual Commentary*, 474)가 말했듯이, "이 본문에 이독들이 둥지를 틀고 있다." 처음에 나오는 '히나'(ἵνα) 뒤의 본문은 서로 다른 다섯 가지 형태로 발견된다:

1. *ἐν χαρᾷ ἐλθὼν πρὸς ὑμᾶς διὰ θελήματος θεοῦ συναναπαύσωμαι ὑμῖν*('엔 카라 엘톤 프로스 휘마스 디아 델레마토스 테우 쉬나나파우소마이 휘민,' "나로 하나님의 뜻을 따라 기쁨으로 너희에게 나아가 너희와 함께 편히 쉬게 하라"; 이차적인 알렉산드리아 사본들인 A, C, 33, 81, 1739, 몇몇 다른 사본들의 읽기).

2. *ἐλθὼν ἐν χαρᾷ πρὸς ὑμᾶς διὰ θελήματος Ἰησοῦ Χριστοῦ συναναπαύσωμαι ὑμῖν*('엘톤 엔 카라 프로스 휘마스 디아 텔레마토스 예수 크리스투 쉬나나파우소마이 휘민', "나로 예수 그리스도의 뜻을 따라 기쁨으로 너희에게 나아가 너희와 함께 편히 쉬게 하라"; 일차적인 알렉산드리아 대문자 사본 ℵ의 원본의 읽기).

3. *ἐν χαρᾷ ἔλθω πρὸς ὑμᾶς διὰ θελήματος θεοῦ*('엔 카라 엘토 프로스 휘마스 디아 텔레마토스 테우', "나로 하나님의 뜻을 따라 기쁨으로 너희에게 나아가게 하라"; P46과 일차적인 알렉산드리아 사본 B[여기에는 θεοῦ 대신에 κυρίου Ἰησοῦ로 되어 있다]의 읽기).

4. *ἐν χαρᾷ ἔλθω πρὸς ὑμᾶς διὰ θελήματος θεοῦ καὶ συναναπαύσωμαι ὑμῖν*('엔 카라 엘토 프로스 휘마스 디아 델레마토스 테우 카이 쉬나나파우소마이 휘민', "나로 하나님의 뜻을 따라 기쁨으로 너희에게 나아가 너희와 함께 편히 쉬게 하라"; 이차적인 알렉산드리아 사본 C; Ψ; ℵ의 2차 [바티칸] 수정본; 대다수의 본문[하지만 그중 일부는 가정법 대신에 직설법 *συναναπαύσομαι*,'쉬나나파우소마이'로 되어 있다]의 읽기).

5. *ἐν χαρᾷ ἔλθω πρὸς ὑμᾶς διὰ θελήματος Χριστοῦ Ἰησοῦ καὶ ἀναψύξω μεθ' ὑμῶν*('엔 카라 엘토 프로스 휘마스 디아 델레마토스 크리스투 예수 카이 아납쉭소 메트 휘몬', "나로 그리스도 예수의 뜻을 따라 기쁨으로 너희에게 나아가 너희와 함께 편히 쉬게 하라"; 서방 대문자 사본들인 D, F, G[마지막 둘에는 ἀναψύχω, '아납쉬코'로 되어 있다]의 읽기).

바울은 흔히 자신의 서신들의 끝부분에 기도 요청을 포함시킨다(15:14-16:27의 서론을 보라). 그리고 이 요청들은 흔히 아주 일반적인 내용으로 되어 있다. 하지만 여기에 나오는 기도 요청은 그가 25-28절a에서 예루살렘 성도 중 가난한 자들을 위한 연보에 대해 언급한 것과 관련된 내용으로 되어 있다. 바울은 로마 그리스도인들에게 자기와 함께 두 가지를 기도해줄 것을 요청한다. (1) 개인적인 안전(31절a). (2) 예루살렘 그리스도인들이 연보를 기꺼이 받게 되는 것(31절b). 그러나 바울은 자기가 나중에 로마를 방문할 것이라는 사실을 잊은 것이 아니기 때문에, 이 두 가지 기도가 응답되어야만 자기가 기쁨을 가지고 로마로 가서 거기에서 자신의 영혼을 쉬게 할 수 있다는 것을 분명히 한다(32절). 이 단락은 바울의 서신들에서 볼 수 있는 또 하나의 전형적인 특징으로 끝난다: 하나님이 자신의 독자들과 함께 하시기를 비는 기도(33절).

이제 곧 있게 될 예루살렘으로의 여행과 연보 사업의 성공에 대한 바울의 깊은 관심은 이 단락에서 아주 분명하게 드러난다. 이 연보 사업에 관한 그의 관심이 그가 로마서를 쓰게 된 동기였다고 보는 것은 분명히 과장이다.[155] 그러나 이 연보 사업은 바울로 하여금 로마서에서 초기 교회의 유대인과 이방인 간의 관계를 다루게 하고, 이 서신에서 하나님의 백성을 이루고 있는 유대인과 이방인과 관련해서 구원사가 지닌 함의들에 아주 강력하게 초점을 맞추게 한 여러 요인 중 하나였다. 그리고 바울은 직접적으로 대놓고 말하지는 않고 있지만, 그가 연보에 대해 말하고 있는 것들은 이 연보에 대한 로마 그리스도인들의 태도에 대해서도 관심이 있었다는 것을 보여 준다.[156]

모든 현대 영역 성경들과 대부분의 주석자들은 다음과 같은 이유들로 첫 번째 읽기를 지지한다: (1) 바울은 언제나 "하나님의 뜻"이라고 말하고, 결코 "예수 그리스도의 뜻"(이독 2)이라거나 "그리스도 예수의 뜻"(이독 5)이라고 말하지 않는다; (2) '히나' 뒤에서 가정법 '엘토'(ἔλθω, 이독 3과 4)는 더 쉬운 읽기로 보인다. '쉬나나파우소마이'(συναναπαύσωμαι)를 P46과 B가 뺀 것과 D가 다른 것으로 대체한 것은 이 동사가 여기에서 이례적인 의미로 사용되었기 때문이다.

154. 일부 사본들(이차적인 알렉산드리아 사본들인 A와 1739, 서방 대문자 사본들인 P[46]과 G, 몇몇 소문자 사본들)에는 '아멘'(ἀμήν)이 빠져 있다; P[46]은 대부분의 사본에는 16:25-27에 있는 송영으로 대체한다. 이러한 편차들은 로마서의 결말과 관련된 복잡하고 논란이 되는 문제를 반영한 것이다(이것에 대해서는 서론에 나오는 "본문" 항목을 보라).

155. Jervell ("Letter to Jerusalem")은 이것을 논증한다; 이것에 대한 논의로는 서론에 나오는 "목적" 항목을 보라.

156. Wedderburn (*Reasons*, 70-75)은 로마의 유대 그리스도인들은 이 연보를 인정하는 것은 율법

30 "그리스도의 충만한 복을 가지고"(29절) 로마 그리스도인들에게로 가고자 하는 바울의 소망이 이루어지느냐의 여부는 그가 연보를 가지고 예루살렘으로 갔을 때 무슨 일이 벌어질 것인지에 달려 있었다. 그래서 바울은 "이제"[157] 로마 그리스도인들에게 자기를 위해 기도해줄 것을 요청한다. 바울이 기도 요청을 하기 위해 사용하는 단어는 그저 "요청하다"로 번역될 수 있는 동사이긴 하지만, 여기에서는 "강력하게 권하다"라는 좀 더 강한 의미를 지니는 것으로 보인다(대부분의 영역 성경들이 이렇게 번역한다).[158] 바울은 서로 병행을 이루는 두 전치사구를 더함으로써, 이 기도 요청이 얼마나 간절한 것인지를 강조한다. "우리 주 예수 그리스도로 말미암아"와 "성령의 사랑으로 말미암아." 첫 번째의 "말미암아"(그리스어로는 '디아')는 "~의 이름으로"로 의역할 수 있을 것이다. 이 전치사구는 바울이 무슨 권위로 이 기도 요청을 하는 것인지를 보여 준다.[159] 반면에 두 번째 전치사구는 이 기도 요청의 근거를 보여 준다.[160] "성령의 사랑"은 "우리를 향한 성령의 사랑"을 의미할 수도 있겠지만,[161] 그리스도인들 간의 관계가 아주 중심적인 역할을 하는 이 문맥 속에서는 "성령으로 말미암아 너희에게 주어진 나에 대한 너희의 사랑"(NLT)을 나타내는 것일 가능성이 크다.[162] 이 사랑은 하나님의 차고 넘치는 사랑에 대한 신자들의 응답이다. "하나님의 사랑이 우리에게 주어진 성령으로 말미암아 우리 마음에 부어졌다."[163]

에서 자유로운 복음에 정당성을 부여해주는 것이었기 때문에 이 연보를 불신했을 것이고, 로마의 이방 그리스도인들은 이 연보를 인정하는 것은 예루살렘을 자신들과 지나치게 결부시키는 것이었기 때문에 똑같은 의구심을 품었을 것이라고 말한다.

157. '데'(δέ, 한글개역개정에는 번역되지 않았다); Godet를 보라.

158. 이 단어는 '파라칼레오'(παρακαλέω, "권하노니")다; 12:1에 대한 각주를 보라. 여기에서 이 단어가 강조된 의미를 지니는 것에 대해서는 Käsemann; Dunn을 보라; 반대 견해로는 Cranfield.

159. 여기에서와 비슷하게 12:1에서 '파라칼레오' 뒤에 '디아'를 사용한 것에 대한 각주를 보라; 그리고 여기에서의 용법에 대해서는 BDF §223(4); G. Wiles, *Paul's Intercessory Prayers*, 266; Thüsing, Per Christum in Deum, 170-171; Jewett을 보라.

160. 예를 들어, Cranfield를 보라.

161. 예를 들어, 속격 '투 프뉴마토스'(τοῦ πνεύματος, "성령의")는 주격적 속격일 수 있다; Murray; Fitzmyer를 보라.

162. 원천의 속격; 대부분의 주석자들(예를 들어, Cranfield; Dunn; 또한 Zerwick and Grosvenor, *Grammatical Analysis*, 495를 보라).

163. G. Wiles가 여기에서 바울은 이 기도 속에서 이 서신의 몇몇 핵심 주제들을 암시한다고 지적한 것은 일리가 있다(*Paul's Intercessory Prayers*, 264-267).

바울이 요청한 것은 로마 그리스도인들이 기도 가운데서 자기와 "함께 싸워 달라"[164]는 것이다. 바울이 전투 또는 레슬링과 관련된 은유를 사용한 것은 그가 요청하고 있는 기도의 성격을 암시하는 것으로 보인다. 그가 예루살렘에서 직면하게 될 상황은 엄중하고 위험으로 가득하다 - 바울 개인이나 복음 둘 모두와 관련해서. 이 동사는 단지 힘써 기도해주어야 할 필요성을 강조한 것일 수 있지만,[165] 대적과의 싸움을 나타내는 것일 수도 있다 - 하나님과의 싸움("기도를 통해 하나님과 씨름하는 것")[166]이나 예루살렘 당국자들과의 싸움[167]이 아니라, 영적 세력들과의 싸움.[168] 바울은 로마 그리스도인들 중 대다수를 개인적으로 알지 못했지만, 그럼에도 불구하고 자신의 이 싸움에서 자기와 하나가 되어 자기를 위해 진심으로 기도해 달라고 요청할 수 있었다.[169] 칼빈이 말했듯이, 바울은 "경건한 자들이 형제들을 위해 어떻게 기도해야 하는지, 즉 마치 자신들이 형제들이 겪고 있는 것과 동일한 어려움에 처해 있다는 듯이 여기고 기도해야 한다는 것을 보여 준다."[170]

31 바울이 로마 그리스도인들에게 기도해줄 것을 요청한 첫 번째 일은 자신의 개인적인 안전이다. "나로 유대에서 순종하지 아니하는 자들로부터 건짐을 받게

---

164. 바울이 사용한 동사 '쉬나고니조마이'(συναγωνίζομαι, 한글개역개정에는 "힘을 같이하여")는 성경 그리스어에서는 오직 여기에만 나온다; 그러나 이 동사의 단순한 형태인 '아고니조마이'(αγωνίζομαι, "싸우다")는 신약성경에 8번 나온다. 이 단어는 "싸움에 참여하는 것"을 의미하고, 문자적인 의미로 사용될 수도 있고(예를 들어, 군대의 싸움[요 18:36을 보라] 또는 경주[고전 9:25을 보라]), 은유적인 의미로 사용될 수도 있다(사역[골 1:29; 딤전 4:10], 기도[골 4:12], 영적 성장[딤전 6:12; 딤후 4:7]). 바울의 용례에서 특히 중요한 것은 이 단어를 현세의 삶 속에서 행해지는 의인의 영적 싸움에 적용한다는 것이다(예를 들어, Philo, *Husbandry* 112, 119를 보라; 그리고 순교자들의 싸움을 가리키는 데 이 단어를 사용한 마카베오4서를 보라). E. Stauffer, *TDNT* 1.135-36; Pfitzner, *Paul and the Agon Motif*, 16-75를 보라.

165. Murray; Cranfield; Wilckens. 골로새서 4:12에서 기도를 설명할 때 '아고니조마이'(ἀγωνίζομαι, "싸우다")를 사용하는 것을 주목하라.

166. 이 표상은 야곱이 하나님과 씨름한 것에서 유래한 것으로 보인다(창 32장); Black을 보라.

167. Godet; Käsemann; Dunn.

168. S-H; Jewett.

169. '휘페르 에무'(ὑπὲρ ἐμοῦ, "나를 위하여")라는 어구는 '쉬나고니사스타이'(συναγωνίσασθαι, "함께 싸우다")가 아니라 '프로슈카이스'(προσευχαῖς, "기도들")에 걸리는 것으로 보는 것이 더 자연스럽다(반대 견해로는 Godet).

170. Calvin.

하고." "순종하지 아니하는 자들"은 불신자들을 가리키고,[171] 바울이 그들을 경계한 것은 이후에 일어난 사건들에 의해 옳다는 것이 증명되었다. 그가 연보를 가지고 예루살렘에 도착했을 때, 로마인들은 유대인들이 그를 죽이는 것을 막기 위해 그를 가두어두어야 했다(행 21:27-36).

또한 바울은 연보에 대한 예루살렘 신자들의 반응에도 관심이 있었다. 그래서 그가 두 번째로 로마 그리스도인들에게 기도 요청을 한 것은 "예루살렘에 대하여 내가 섬기는 일을 성도들이 받을 만하게" 해달라는 것이었다. 25절에 나오는 병행 표현이 보여 주듯이, "섬기는 일"(또는, "섬김")은 연보를 가리킨다. 그리고 이 두 번째 기도 제목은 첫 번째 기도 제목과 밀접하게 연관되어 있었을 수도 있다. 왜냐하면 바울은 유대 그리스도인들이 믿지 않는 같은 유대인들의 압력 때문에 연보를 거부할 수도 있을 것이라고 생각했을 수 있기 때문이다.[172] 그러나 바울은 그런 연결관계를 이끌어내지 않는다. 그리고 바울 및 율법에서 자유로운 그의 복음에 대한 유대 그리스도인들의 불신은 아주 컸기 때문에, 그 자체로 이미 그가 여기에서 이 두 번째 기도 제목을 제시하게 된 충분한 이유가 될 수 있었다.[173] 바울과 예루살렘 사도들의 관계는 이 시점에서 충분히 우호적이었던 것으로 보이지만,[174] 바울의 서신들은 여러 보수적인 유대 그리스도인 집단들이 계속해서 그에 대해 적대적이었다는 것을 보여 주기 때문이다.[175]

32 이 절에 나오는 목적절은 31절에 나오는 두 개의 기도 제목과 병행되는 세 번째 기도 제목일 수도 있지만,[176] 앞에서 두 가지에 대해 기도 요청을 한 궁극적

---

171. 특히 10:21; 11:30, 31에서 이 동사(ἀπειθέω['아페이테오', "순종하지 아니하다"])를 사용한 것을 보라. Segal (*Paul the Convert*, 258)의 견해와는 반대로, 이것은 바울이 "순종하지 아니하는 자들" 속에 그리스도인들을 포함시켰을 가능성은 없어 보인다.

172. Dunn.

173. 예를 들어, Wilckens; Dunn을 보라. 반대 견해로 Cranfield는 이것은 단지 유대 그리스도인들이 이 연보를 기꺼이 받아들이게 해달라는 것이 아니라고 본다.

174. 예를 들어, 행 21:18-25; 갈 2:1-10을 보라.

175. 특히 바울이 로마서 직전에 쓴 고린도후서 10-13장에 나오는 증거를 보라.

176. G. Wiles, *Paul's Intercessory Prayers*, 69.

인 목적을 표현한 것일 가능성이 더 크다.[177] 즉, 바울은 장차 "기쁨으로"[178] 로마 그리스도인들에게 "나아가"[179] 거기에서 그들과 함께 편히 쉬기[180] 위해 그런 기도 요청을 한다는 것이다. "하나님의 뜻을 따라"는 "편히 쉬게"가 아니라 "나아가"를 수식하는 것일 가능성이 크다. 그러나 어느 쪽이든 바울은 자신의 독자들에게 자신의 모든 계획들과 소망들은 하나님의 뜻에 종속되어 있다는 것을 상기시킨다. 우리는 하나님이 바울이 여기에서 한 기도에 응답하신 방식 속에서 바울의 이 말이 사실로 확증되는 것을 발견한다. 그는 유대에서 불신자들로부터는 건짐을 받았지만, 로마인들에 의해 2년 동안 갇혀 있어야 했다. 연보는 유대 그리스도인들(또는, 적어도 그들 중 대부분[행 21:17을 보라])에 의해 받아들여진 것으로 보이지만, 그 후에 바울이 성전 경내에서 체포되자, 그에 대한 유대 그리스도인들의 의구심이 다시 생겨났을 것임에 틀림없다. 그리고 바울은 어느 정도 기쁨으로 로마로 가서 쉼을 경험하긴 했지만(빌 1:12-19; 2:25-30을 보라), 로마인들의 쇠사슬에 묶여 로마에 도착했다.

33 바울은 이 서신의 결말의 첫 번째 부분(15:14-32)[181]의 절정을 이루는 이 소원 시도에서, 하나님을 "평강의 하나님", 즉 "평강을 주시는 하나님"이라 부른다. 바울은 로마서에서 하나님과의 새롭고 화목한 관계라는 평강(2:10; 5:1; 8:6을 보라)과 신자들 서로 간의 관계의 특징이어야 하는 화평(14:19을 보라) 둘 모두를 언급한다. 여기에서 이 단어의 의미를 전자와 후자 중 어느 하나로 제한하는 것은 어려

177. 대부분의 주석자들, 예를 들어, äsemann; Cranfield; Dunn.
178. '엔 카라'(ἐν χαρᾷ, "기쁨으로"). 여기에서 '엔'은 부사구를 이끈다.
179. 모든 현대의 영역 성경들은 우리의 번역을 따라서, "나아가"는 "편히 쉬다"와 병행되는 정동사로서 '히나'(ἵνα)에 걸리는 것으로 본다. 물론 어떤 사람들은 '엘톤'(ἐλθών, "나아가") 대신에 '엘토'(ἔλθω)라는 이독을 채택하기도 한다(위의 본문 번역에 대한 각주를 보라). 그러나 그리스어에서 분사는 구문상으로는 종속되어 있더라도 흔히 분사가 수식하는 동사와 논리적으로 병행되는 사고를 표현하고, 이 본문이 그런 경우이기 때문에, 분사를 이렇게 번역하는 것은 정당하다.
180. 동사 *συναναπαύομαι*('쉬나나파우오마이', "편히 쉬다")는 신약성경에서 오직 여기에만 나오고, 칠십인에 나오는 유일한 용례(사 11:6)에서는 "함께 눕다", "함께 자다"를 의미한다. 여기에서는 Eusebius, Hist. Eccl. 4.22.2에서와 마찬가지로, 분명히 "~와 함께 쉼을 발견하다", "~와 함께 쉬다"를 의미한다(BDAG; Cranfield). Jewett은 이것은 예루살렘과 로마에서 민족적인 긴장들의 완화를 가리킬 수 있다고 생각한다.
181. Longenecker는 거의 혼자 33절에서 새로운 단락이 시작된다고 본다(1062).

운 일이기도 하고 지혜롭지 못한 일일 것이다. "평강"은 히브리어 '샬롬'처럼 하나님이 성취의 시대에 자기 백성에게 주시는 온갖 복들을 포괄한다(또한 1:7을 보라).[182]

B. 문안인사(16:1-23)

바울이 이 단락에서 하는 것은 여섯 가지다. (1) 주 안에서 자매인 뵈뵈를 로마 그리스도인들에게 추천한다(1-2절). (2) 로마 그리스도인들에게 그들의 여러 지체들에게 인사를 전해주고(3-15절) 서로 인사할 것을 당부한다(16절a). (3) 다른 사람들이 로마 그리스도인들에게 전하는 문안인사를 전달해 준다(16b, 21-23절). (4) 로마 신자들에게 거짓 교사들을 조심하라고 경고한다(17-19절). (5) 로마 신자들에게 그들이 결국 영적으로 승리할 것이라는 확신을 준다(20절a). (6) "우리 주 예수 그리스도의 은혜"가 그들과 함께 하기를 기도한다(20절b). 이 각각의 주제들은 바울의 다른 서신들의 결론부에서도 발견된다(15:14-16:27의 서론에 나오는 도표를 보라). 그러나 바울은 여기에서 이 주제들 중 두 가지를 다른 곳들에서와는 아주 다르게 다룬다. 다른 서신에서 바울이 개인적으로 문안인사를 전하는 사람들의 수는 그가 이 서신의 16:3-15에서 개인적으로 문안인사를 전하는 사람들의 수에 훨씬 못 미친다. 그리고 다른 서신에서는 이 서신에서처럼 문안인사를 하는 도중에 아주 느닷없이 거짓 교사들에 대해 이렇게 길게 경고하지 않는다(17-19절). 이 주제들은 단지 바울의 다른 서신들과 비교해서 이례적인 것에서 그치지 않는다. 또한 학자들은 이 주제들은 바울이 쓴 로마서와 잘 부합하지 않는다고 주장한다. 바울이 단 한 번도 방문하지 않은 교회에 보낸 서신에서 이렇게 많은 사람들에게 개인적으로 문안인사를 전한다는 것은 이상해 보이기 때문이다. 그리고 바울은 이 서신에서 이 대목에 이르기까지 거짓 교사들에 대해 일언반구도 없다가, 여기에서 아주 느닷없이 거짓 교사들과 관련한 아주 절박한 경고를 한다.

이러한 비정상적인 것들은 여러 중요한 본문상의 편차들과 더불어서 몇몇 학자들로 하여금 로마서 16장은 바울이 로마 그리스도인들에게 쓴 서신의 일부가

182. Murray; Cranfield.

아니라고 생각하게 만들어 왔다. 우리는 이 문제를 서론에서 다루었기 때문에, 여기에서는 우리의 결론만을 다시 말하면 될 것이다. 로마서 16장은 바울이 쓴 로마서의 일부다. 우리가 (1) 바울의 서신들의 결론부에서 발견되는 상당한 정도의 다양성을 인정하고, (2) 로마 그리스도인들이 처해 있던 상황에 특유한 몇몇 요소들을 충분히 고려한다면, 비정상적인 것들이라고 지적된 것들은 모두 해명될 수 있다(자세한 것은 아래에서 각각의 단락에 대한 서론을 보라).

1. 뵈뵈를 추천함(16:1-2)

1 내가 겐그레아 교회의 일꾼으로 있는[183] 우리 자매 뵈뵈를 너희에게 추천하노니
2 너희는 주 안에서 성도들의 합당한 예절로 그를 영접하고 무엇이든지 그에게 소용되는 바를 도와 줄지니 이는 그가 여러 사람과 나의 보호자가 되었음이라

바울은 흔히 자신의 서신들의 끝부분에서 해당 서신의 독자들이 접촉하게 될 동료 그리스도인들을 소개한다(고전 16:10-12, 15-18; 엡 6:21-22; 골 4:7-9; 딤후 4:20을 보라). 하지만 오직 여기에서만 바울은 같은 신자의 개인적인 문제를 교회가 도와줄 것을 요청한다. 뵈뵈는 신약성경의 다른 곳에서는 언급되지 않지만, 바울이 여기에서 그녀에 대해 말한 것을 보면, 그녀가 겐그레아 교회의 유명한 지체였고, 열심히 사역했으며, 로마로 여행할 계획을 세우고 있었다는 것은 분명하다. 그녀는 바울이 로마 그리스도인들에게 쓴 서신을 가지고 온 인물이었을 가능성이 크다.

1 추천서는 고대 세계에서 흔했다.[184]184 대중 숙박시설이 거의 없었던 시대에 여행을 하는 사람들은 흔히 자기가 한 번도 만나보지 못한 사람들의 도움에 의지했다. 그리고 그런 경우에 자기가 머물게 될 집의 주인을 아는 어떤 사람이 써 준 소개서를 지니고 있다면, 그러한 도움을 받기가 더 쉬웠다. 그래서 바울은 로

183. "또한"(영어 번역인 "겐그레아 교회의 일꾼으로도 있는"에서 "~도" - 역주)은 '카이'(καί)를 번역한 것이다. '카이'는 P^{46}과 다수의 알렉산드리아 사본들(B, C[원본], 81)에 나오는데, 이 읽기가 원래의 것일 가능성이 크다(Michel, 473; Cranfield, 2.781).

184. C.-H. Kim, *Form and Structure*를 보라.

마 그리스도인들에게 뵈뵈를 "추천한다"[185]고 쓴다. 그녀는 같은 신자였고,[186] 아마도 이방인이었던 것 같으며,[187] 겐그레아를 떠나 로마로 갈 것이었다. 바울이 그녀를 알게 될 기회는 많았을 것으로 보인다. 겐그레아[188]는 고린도에서 불과 8마일 떨어져 있었는데, 바울은 고린도 한 곳에서 18개월 동안 사역했고(행 18:1-18; 또한 11절을 보라), 지금은 거기에 머물면서 로마인들에게 보낼 서신을 쓰고 있었기 때문이다.

그러나 뵈뵈는 단지 평범한 신자가 아니었다. 그녀는 "종", 또는 "일꾼"이었다. 바울이 여기에서 사용하는 단어인 '디아코노스'는 어떤 그리스도인에게나 사용할 수 있는 단어였다. 모든 그리스도인은 부활하신 그리스도와 그 밖의 다른 그리스도인들의 "종" 또는 "사역자"이기 때문이다.[189] 따라서 바울은 단지 뵈뵈가 자신이 속한 교회를 열심으로 "섬겼다"는 사실을 강조한 것일 수 있다.[190] 다른 사람들은 바울이 흔히 이 단어를 자기 자신과 자신의 동역자들에 대해 말할 때 사용했다는 점을 주목하고서, 여기에서 이 호칭은 뵈뵈가 겐그레아 교회의 지도자와

---

185. '쉬니스테미'(συνίστημι). 이 단어는 헬라의 소개서들에서 흔히 사용되지는 않지만, 나오기는 한다(2 Macc. 9:25; MM; BDAG). 바울은 고후 3:1; 5:12; 6:4; 10:12, 18에서도 이 단어를 이 의미로 사용한다.

186. '아델페'(ἀδελφή, "자매")는 신약성경에서 이 의미로 아주 드물게 사용된다(또한 고전 7:15; 9:5; 몬 1:2; 약 2:15을 보라).

187. 그녀의 이름은 그녀가 이방인이라는 것을 시사해 준다. '포이베'(Φοίβη, "뵈뵈")는 헬라 신화에서 유래한 것이기 때문이다.

188. 고린도는 바다에서 몇 마일 떨어진 내륙에 있었고(북서쪽으로는 코린토스 만, 북동쪽으로는 사로니코스 만), 겐그레아는 사로니코스 만의 항구였고, 일련의 성채들을 통해 고린도와 연결되어 있었다(R. L. Hohlfelder, *ABD* 1.881-882). 바울은 동방으로 가기 위해 배를 타는 다른 여행자들과 마찬가지로 고린도에 첫 번째로 머문 후에 겐그레아에서 배를 탔다(행 18:18을 보라). 고린도후서에서 바울은 자신의 독자들을 "아가야에 있는 모든 성도"라고 부르는 것을 주목하라.

189. 특히 베드로전서 4:10에 나오는 동족어 동사 '디아코네오'(διακονέω, "봉사하다")를 보라. 바울은 다른 곳들에서 '디아코노스'(διάκονος)를 20번 사용한다. 2번은 세속의 통치자들을 가리키는 데 사용하고(롬 13:4), 2번은 그리스도를 묘사하는 데 사용한다(롬 15:8; 갈 2:17). 바울은 자기 자신과 자신의 동역자들을 가리키거나(고전 3:5; 고후 3:6; 6:4; 엡 3:7; 6:21; 골 1:7, 23, 25; 4:7; 딤전 4:6), 그와 비슷한 지위를 구한 자들을 가리키는 데(고후 11:15[2번], 23) 이 단어를 특히 자주 사용한다. 오직 빌 1:1과 딤전 3:8, 12에서만 이 단어는 "직분"을 가리킨다.

190. 예를 들어, NET; NASB; ESV; CSB를 보라; 그리고 Romaniuk, "Was Phoebe?" 132-134; Clarke, *Pauline Theology*, 115-116; Murray; Lohse(그는 이 시기에 집사 "직분"은 존재하지 않았다고 생각한다)를 보라. 이 견해의 문제점들 중 하나는 바울은 '디아코노스'(διάκονος, "일꾼")를 그리스도인들의 일반적인 "섬김"이나 "사역"을 가리키는 데 거의 사용하지 않는다는 것이다.

설교자였다는 것을 보여 주는 것이라고 생각한다.[191] 그러나 '디아코노스'가 교회의 "지도자"였다는 것을 보여 주는 증거는 없어 보인다. 그럼에도 불구하고 바울은 뵈뵈를 "교회의"[192] '디아코노스'라고 부름으로써, 그녀가 그 교회의 사역자들 중 하나의 지위, 아마도 우리가 "집사"(빌 1:1; 딤전 3:8-12)로 알고 있는 지위에 있었을 것임을 보여 준다.[193] 신약성경은 집사가 어떤 사역을 했는지를 정확하게 설명할 수 있는 토대를 거의 제공해주지 않는다. 그러나 부분적으로는 신약성경 내의 암시들과 부분적으로는 후대의 집사 제도에 비추어보았을 때, 집사들은 병든 사람들에 대한 심방, 가난한 자들에 대한 구제, 교회 재정에 대한 감독 같은 일들을 맡고 있었을 것으로 보인다.

2 바울이 뵈뵈를 추천한 목적[194]은 두 가지다. 첫째, 그는 로마 그리스도인들이 "주 안에서 성도들의 합당한 예절로 그를 영접하기"를 원한다. 물론 "영접한다"는 것은 뵈뵈를 환영하여 교제하는 것을 포함한다. 그러나 이것은 그녀의 숙박, 음

---

191. Schüssler Fiorenza, "Missionaries, Apostles, Coworkers," 425-426; Jewett; idem, "Paul, Phoebe," 148-149. '디아코노스'의 이 의미에 대해서는 Ellis, "Paul and His Co-Workers," 441-443을 보라. 처음 두 저자는 의미와 외연을 혼동하고, Ellis도 일정 정도 그렇다. 바울 서신에서 '디아코노스'의 의미는 아주 일반적이다: "종", 특히 그리스도의 종. 그렇기 때문에 이 단어는 문맥에 따라서 서로 다른 많은 종류의 그리스도인 일꾼들을 가리킬 수 있다. 그래서 바울이 여기에서 뵈뵈에 대해 사용한 이 단어가 구체적으로 어떤 일꾼을 가리키는지를 말하는 것은 불가능하다.

192. 로마서에서 '에클레시아'(ἐκκλησία, "교회")는 여기에서 처음으로 나온다. 바울은 오직 이 장에서만 이 단어를 사용하고(또한 4, 5, 16, 23절을 보라), 언제나(23절은 논란이 되고 있다) 지역 교회, 즉 "공동의 예배와 제자도의 삶을 공유하기 위해 한 곳에 모이는 그리스도인들"을 가리키는 것으로 보인다(Dunn, 2.887).

193. NRSV; NIV; NLT; NAB; CEB를 보라; 그리고 대부분의 주석자들(예를 들어, Chrysostom, Homily 31 [pp. 549-550, 557]; Godet; Michel; Käsemann; Cranfield; Wilckens; Dunn; Schreiner; Longenecker); 또한 Arichea, "Who Was Phoebe?" 401-409; P. Richardson, "From Apostles to Virgins," 238-239; Ollrog, Paulus, 31을 보라. 몇몇 주석자들은 "여집사"라는 단어를 사용한다(RSV를 보라); 나중에 이 직분이 공식적으로 인정되었을 때, "여집사들"에 대해서는 여성형 '디아코닛사'(διακόνισσα)가 사용되었다(*Apos. Con.* 8.19, 20, 28을 보라). 그러나 초기 교회에서는 여집사들에 대해서'디아코노스'가 사용되었다(*NewDocs* 2.193-194; 4.239-241에 인용된 본문들을 보라); 이 시기에 분명히 '디아코노스'는 남자들과 여자들 둘 모두에 대해 사용되었다.

194. 이 절은 '히나'(ἵνα)로 시작된다. Moule (*Idiom Book*, 145)은 이것은 명령을 나타내는 '히나'일 것이라고 말한다.

식 등을 돕는 것도 의미할 것이다.[195] 또한 뵈뵈가 바울이 쓴 서신을 전달했을 뿐만 아니라, 로마의 회중들에게 읽어주었을(그리고 아마도 해석해주었을) 것이 거의 확실하다. "주 안에서"/"그리스도 안에서"라는 수식어는 이 장에 나오는 사람들이나 개인적인 문안인사들에서 전형적으로 사용된다.[196] 우리는 이 어구의 어떤 정확한 뉘앙스를 찾아내려고 하지 않아야 한다. 바울이 이 어구를 사용한 것은 단지 로마 그리스도인들이 뵈뵈를 "기독교적으로" 환영해달라는 의미이기 때문이다. 또 하나의 수식어인 "성도들의 합당한 예절로"도 그 동일한 의미를 좀 더 부연해서 말한 것이다.[197] 바울이 뵈뵈를 추천한 두 번째 목적은 로마 그리스도인들로 하여금 "무엇이든지 그에게 소용되는 바[198]를 도와주게[199]" 하기 위한 것이었다. 뵈뵈가 어떤 도움을 필요로 했던 것인지는 알 수 없다.[200]

바울은 로마 그리스도인들이 뵈뵈가 그들에게 갔을 때 그녀를 영접하고 도와주어야 할 또 한 가지 이유를 덧붙인다. "이는 그가 여러 사람과 나의 보호자[후원자]가 되었음이라." 내가 여기에서 "보호자"로 번역한 단어를 둘러싸고 상당한 논란이 있다. 그리스어 '프로스타티스'는 성경 그리스어에서 오직 여기에만 나온다. 이 단어는 (1) "보살피다, ~에게 도움을 주다", 또는 (2) "지도하다, 주관하다"

195. 여기에서 사용된 동사 '프로스데코마이'(προσδέχομαι, "영접하고")는 바울이 14:1과 15:7에서 사용한 동사(προσλαμβάνω['프로스람바노'])와 다르다. 여기에서 '프로스데코마이'의 의미에 대해서는 눅 15:2; 빌 2:29도 보라(BDAG; Käsemann).

196. "주 안에서"는 7번 나오고(또한 8, 11, 12[2번], 13, 22), "그리스도 안에서"는 4번 나온다(3, 7, 9, 10절). 여기에서 이 둘 간에 의미의 차이는 없다.

197. 이 어구의 강조점이 영접을 받는 사람에 있는지, 아니면 영접을 하는 사람들에 있는지에 관한 논쟁(예를 들어, Murray)은 오도된 것일 가능성이 크다: 동사를 수식하는 이 어구는 영접하는 사람들과 영접받는 사람을 둘 다 포함한다.

198. 관계대명사 '호'(ᾧ)의 선행사(πράγματι, "행위, 일")가 대명사 뒤에 나온다는 점에서 그리스어 구문은 어색하다(N. Turner, *Syntax*, 265를 보라).

199. 동사 '파리스테미'(παρίστημι, "돕다")는 신약성경에서 여러 가지 의미를 지닌다; 가장 가까운 병행으로는 디모데후서 4:17을 보라(BDAG).

200. 그리스어 '프라그마'(πράγμα)는 "행위, 일"을 의미하는 매우 일반적인 단어다. 그러나 고린도전서 6:1에서는 법적 분쟁을 설명하는 데 사용되고, 이 의미는 이 문맥에 잘 부합하는 것으로 보인다(Dunn; Fitzmyer). 또한 이 "일"은 뵈뵈가 바울의 스페인 선교를 위해 기금을 모으는 일일 가능성도 있다(Jewett; idem, "Paul, Phoebe," 150-151; B. Longenecker, *Remember the Poor*, 242-244). 반면에 바울이 정해져 있지 않은 것을 나타내는 구문 - '안'(ἄν)과 가정법 '크레제'(χρῄζῃ, "소용되는")의 조합 - 을 사용한 것은 뵈뵈가 필요로 하는 어떤 일(NIV: "그녀가 너희로부터 필요로 하는 도움이라면 무엇이든지")이라도 도와 주라는 의미일 수 있다(예를 들어, Käsemann; Cranfield).

를 뜻하는 동사에서 왔다. 바울이 이 명사를 이 동사의 첫 번째 의미로 사용한 것이라면, 그는 단지 뵈뵈는 많은 그리스도인들을 "도운 사람"이라고 말한 것이 될 것이다(NASB; RSV).[201] 그러나 우리가 '프로스타티스'를 정의하는 데 이 동족어 동사의 의미를 사용한다면, 바울에 의한 이 동사의 용례들은 이 동사의 두 번째 의미를 지지할 것이다. 왜냐하면 바울은 이 동사를 오직 "지도하다", "주관하다"라는 의미로만 사용하는 것으로 보이기 때문이다. 이것에 주목한 일부 최근의 학자들은 바울은 뵈뵈를 겐그레아 교회의 "지도자"로 소개하고자 한 것이라고 주장해 왔다.[202] 그러나 어떻게 뵈뵈가 바울의 "지도자"였을 수 있었는지를 생각하기는 어렵다. 또한 바울이 그녀를 "교회의" 지도자가 아니라 "여러 사람"의 지도자로 지칭한다는 사실(1절과 비교해 보라)은 여기에서 이 단어는 지역 교회의 공식적이거나 거의 공식적인 직분을 가리키지 않는다는 것을 보여 준다. 따라서 최선의 대안은 '프로스타티스'를 세속 그리스어에서 이 단어가 흔히 지니는 의미인 "후견인", "후원자"로 이해하는 것이다(NIV; NRSV).[203] "후견인"은 다른 사람들, 특히 외국인들에게 숙소와 재정적 지원을 통해 돕고, 지역 당국 앞에서 그들의 이해관계를 대변하는 역할을 하는 사람이었다. 겐그레아는 사람들의 왕래가 잦은 항구 도시였기 때문에, 겐그레아 교회의 그리스도인들은 이 도시를 방문한 그리스도인들을 위해 그런 사역을 해야 했을 것이다. 따라서 뵈뵈는 사회적으로 높은 지위와 어느 정도의 부를 지닌 여자였을 것이고, 자신의 그러한 지위와 재물과 시간을 사용해서, 바울 같이 도움과 후원이 필요했던 여행하는 그리스도인들을 "후견인"이

---

201. 예를 들어, Käsemann을 보라.

202. 예를 들어, R. Schulz, "Case for 'President' Phoebe," 124-126; Scholer, "Paul's Women Coworkers," 3-6을 보라.

203. '프로스타티스'(προστάτις)는 '프로스타테스'(προστάτης)의 여성형이다. '프로스타테스'는 흔히 그런 의미로 사용되고, 종종 특정한 신이나 성소의 "수호자"인 사람을 가리키는 데도 사용된다(BDAG; 또한 라틴어 patronus['파트로누스']를 보라). 이 단어의 여성형이 그런 일반적인 의미로 사용된 용례가 최근에 주후 2세기의 파피루스에서 발견되었다(NewDocs 4.241-244). "후견인"은 종종 공식적인 법적 지위를 지니고 있었다; 그러나 뵈뵈가 그런 경우였는지는 분명하지 않다. 이 일반적인 접근방법에 대해서는 Judge, "Cultural Conformity," 20-21; Meeks, *First Urban Christians*, 60; P. Richardson, "From Apostles to Virgins," 239; Schüssler Fiorenza, "Missionaries, Apostles, Coworkers," 426; R. Jewett, "Paul, Phoebe," 149-150; Kearsley, "Women in Public Life," 189-211; Ng, "Phoebe as Prostatis," 3-13(그녀는 재정적 도움이 포함되었다는 것에 대해서는 의문시한다)을 보라.

되어 돕는 역할을 했을 것이다. 바울은 이제 로마 그리스도인들에게 거기에 대한 보답을 하라고 강력히 권한다.

2. 로마 그리스도인들에 대한 문안인사(16:3-16)

3 너희는 그리스도 예수 안에서 나의 동역자들인 브리스가와 아굴라에게 문안하라
4 그들은 내 목숨을 위하여 자기들의 목까지도 내놓았나니 나뿐 아니라 이방인의 모든 교회도 그들에게 감사하느니라
5 또 저의 집에 있는 교회에도 문안하라 내가 사랑하는 에배네도에게 문안하라 그는 아시아에서 그리스도께 처음 맺은 열매니라
6 너희를 위하여 많이 수고한 마리아에게 문안하라
7 내 친척이요 나와 함께 갇혔던 안드로니고와 유니아[204]에게 문안하라 그들은 사도들에게 존중히 여겨지고 또한 나보다 먼저 그리스도 안에 있는 자라
8 또 주 안에서 내 사랑하는 암블리아에게 문안하라
9 그리스도 안에서 우리의 동역자인 우르바노와 나의 사랑하는 스다구에게 문안하라
10 그리스도 안에서 인정함을 받은 아벨레에게 문안하라 아리스도불로의 권속에게 문안하라
11 내 친척 헤로디온에게 문안하라 나깃수의 가족 중 주 안에 있는 자들에게 문안하라.
12 주 안에서 수고한 드루배나와 드루보사에게 문안하라 주 안에서 많이 수고하고 사랑하는 버시에게 문안하라
13 주 안에서 택하심을 입은 루포와 그의 어머니에게 문안하라 그의 어머니는 곧 내 어머니니라
14 아순그리도와 블레곤과 허메와 바드로바와 허마와 및 그들과 함께 있는 형제들에게 문안하라
15 빌롤로고와 율리아[205]와 또 네레오와 그의 자매와 올름바와 그들과 함께 있는 모든 성도에게 문안하라
16 너희가 거룩하게 입맞춤으로 서로 문안하라 그리스도의 모든 교회가 다 너희에게 문안하느니라

바울은 자신의 서신들의 끝부분에서 흔히 그 서신의 수신자인 그리스도인들에게 "거룩한 입맞춤"(고전 16:20b; 고후 13:12; 살전 5:26)으로 "서로 문안하라"고 요청한

---

204. 여기에서 "유니아"로 읽는 것을 둘러싸고 상당한 논란이 있다; 이 절에 대한 각주들을 보라. 이 문제는 강세에 달려 있고, 대부분의 사본들에는 강세가 표기되어 있지 않기 때문에, 이 문제는 기본적으로 본문상의 문제가 아니다. 하지만 두 개의 사본들(P^{46}과 소문자 사본 6)은 여기에서 "율리아"라고 읽는다. 그러나 이 읽기를 진지하게 고려하기에는 사본상의 지지가 너무 약하다.

205. 몇몇 사본들(이차적인 알렉산드리아 대문자 사본 C의 원본, 서방 대문자 사본들인 F와 G)은 여기에서 '유니안'(Ἰουνιαν, "유니아")으로 읽는다(7절을 보라); P^{46}에는 '율리안, 네레아'(Ἰουλίαν, Νηρέα, "율리아, 네레오") 대신에 '베레아 카이 아울리안'(Βηρέα καὶ Ἀουλίαν, "베레오와 아울리아")로 되어 있다.

다(빌 4:21a; 딛 3:15b). 그러나 이 단락과 관련해서 주목할 만한 것은 바울은 이 관행적인 일반적인 권면을 하기 전에, 먼저 로마 교회에게 자기를 대신해서 26명의 개인과 두 "가정"과 세 "가정 교회"[206]에게 문안인사를 전해달라고 명령한다는 것이다. 하지만 바울이 이렇게 한 것과 병행되는 것이 전혀 없는 것은 아니다. 골로새서 4:15에서 바울은 골로새 그리스도인들에게 "라오디게아에 있는 형제들과 눔바와 그 여자의 집에 있는 교회"에 자신의 문안인사를 전해달라고 요청하고, 디모데후서 4:19에서도 디모데에게 "브리스가와 아굴라와 및 오네시보로의 집"에 문안인사를 전해달라고 요청한다. 그리고 골로새 그리스도인들은 로마 그리스도인들과 마찬가지로 바울이 한 번도 방문한 적이 없는 그리스도인 공동체였는데도, 그가 그런 요청을 한 것은 주목할 만하다. 하지만 여기에서 바울이 문안인사를 전하는 사람들과 가정들과 가정 교회들의 수는 신약성경 내에서 다른 경우들보다 분명히 월등하게 많다. 이렇게 바울이 문안인사를 전하는 사람들이 로마서에 많이 등장하는 것은 그가 알고 있는 로마의 모든 그리스도인들을 다 언급하려고 했기 때문일 수 있다 - 그가 사역했던 다른 교회들에게 서신을 쓰는 경우에는 아는 사람들이 너무 많아서 그렇게 하기 어려웠을 것이지만. 또한 바울이 이렇게 많은 사람들에게 문안인사를 전한 것은 자신의 스페인 선교에 로마 그리스도인들을 동참시키려고 하는 관심이 작용했을 것이다. 바울이 문안인사를 전해달라고 요청한 내용들은 로마 그리스도인들이 함께 모인 교회에서 큰 소리로 읽혀졌을 것이고, 그것을 들은 로마 그리스도인들은 그들 중의 많은 사람들을 바울이 이미 알고 있다는 것을 인식하게 되었을 것이다. 그리고 이것은 그들이 바울에 대해 좋게 생각하게 되는 계기를 만들었을 것이고, 바울이 로마 교회 안에 이미 상당수의 "후원자들"을 갖고 있다는 것을 교회 전체에 일깨워주는 역할을 했을 것이다.[207] 하지만 많은 사람들에게 문안인사를 한 것에는 로마 그리스도인들에 대한 바울의 관심과 관련된 또 다른 목적이 있었을 것이다. 왜냐하면 그가 문안인사를 전한

206. "아리스도불로의 사람들[한글개역개정에는 '권속']"과 "나깃수의 사람들[한글개역개정에는 '가족']"이 가정 교회들을 나타내는 것인지는 분명하지 않다.

207. P. Lampe, "Roman Christians," 218; Jervis, *Purpose of Romans*, 151-152; Jewett; idem, "Paul, Phoebe," 153; Weima, *Neglected Endings*, 226-228; Stenschke, "'Your Obedience Is Known,'" 251-274; Käsemann, 412; Wilckens, 3.138; Dunn, 2.908; Fitzmyer, 734를 보라.

사람이 많다는 것 외에도, 그가 문안인사를 전할 때 사용한 형식도 흥미롭기 때문이다. 바울은 1인칭 동사들 - "내가 ~에게 문안인사를 전한다" - 을 사용하지 않고, 2인칭 복수형 동사들 - "문안하라", "[나는 너희가] 문안인사를 전해주기를 [바란다]" - 을 사용한다. 주잇이 논증했듯이, 우리는 바울이 이러한 형식을 선택한 것을 존중해야 하고, 이것을 로마 그리스도인들 간의 관계를 공고히 하려고 하는 또 하나의 시도로 보아야 한다. 즉, 그는 그들에게 서로 "문안인사를 할" 것을 요청함으로써, 사실상 로마 그리스도인들에게 서로를 "받으라"고 한 자신의 호소(15:7)을 다시 한번 반복해서 하고 있는 것이다.[208]

이 단락의 구조를 살펴보면, 끝부분인 16절a와 16절b이 두드러진다는 것은 분명하다 - 전자는 로마의 모든 신자를 요약의 형식으로 포함한다는 점에서 두드러지고, 후자는 바울이 직설법으로 옮겨가서 다른 교회들에게 문안인사를 전한다는 점에서 두드러진다. 3-15절은 서로 연결되어서 하나의 전체를 이루고 있다. 하지만 바울은 자기가 잘 알고 있는 사람들에 대한 문안인사(3-7절)에서 단지 겉으로만 알거나 오직 이름으로만 아는 사람들에 대한 문안인사(8-15절)로 옮겨가기 때문에, 우리는 8절에서 작은 이행을 감지할 수 있다.[209]

이 단락에 나오는 이름들의 목록은 로마서를 공부하는 대부분의 사람들의 대

---

208. Jewett, 951-952; 또한 P. Lampe, "Roman Christians," 218; Weima, *Neglected Endings*, 108; Mathew, *Women in Greetings*, 31-40을 보라. Jewett은 고대 서신에서는 세 가지 유형의 문안인사가 등장한다고 지적한다: 서신 작성자가 수신자에게 직접적으로 전하는 1인칭의 문안인사; 수신자들 중의 한 사람에게 제3자에게 문안인사를 전해달라고 요청하는 2인칭 형태의 문안인사; 서신 작성자가 아닌 다른 사람이 전하는 문안인사를 대신 전달해 주는 3인칭 형태의 문안인사. 바울은 여기에서 사용된 2인칭 형태의 문안인사를 다른 곳들에서는 신자들에게 서로 문안인사를 하라고 강력히 권하는 데 사용한다(고전 16:20b와 고후 13:12a["서로"]; 빌 4:21["각각의 성도"]; 살전 5:26["모든 형제"]); 골로새서 4:15에서 그는 골로새 그리스도인들에게 라오디게아에 있는 형제들에게 문안하라고 요청하고, 딤후 4:19과 딛 3:15b에서는 2인칭 단수 형태를 사용해서 다른 사람들에게 문안인사를 전해달라고 각각의 서신의 수신자에게 요청한다. 로마 교회가 오직 이방인들로 이루어져 있었다고 주장하는 몇몇 사람들은 이 단락에서 사용된 2인칭 형태들을 여기에 열거된 사람들이 반드시 로마 교회의 지체들이었던 것은 아니라는 것을 보여 주는 증거로 제시한다(예를 들어, Das, *Solving the Romans Debate*, 101-103; Thorsteinsson, *Paul's Interlocutor in Romans* 2, 99; Thiessen, *Paul and the Gentile Problem*, 46). 문법적으로는 분명히 그런 식으로 읽을 수도 있지만(Mullins, "Greeting," 418-426을 보라), 이 문안인사들에 함축된 상호성 - 특히 16절의 "서로 문안하라" - 은 바울이 이 사람들을 모두 자신의 청중의 일부로 보고 있음을 보여 준다 - "로마에서 하나님의 사랑하심을 받고 성도로 부르심을 받은 모든 자"(1:7).

209. Stuhlmacher, 247.

단한 흥미를 끌 만한 본문은 아니지만, 초기 교회의 사회경제적 구성에 특별히 관심을 지닌 소수의 사람들에게는 금맥이나 다름없다. 왜냐하면 고대 세계에는 특정한 부류의 사람들에게 특정한 이름들을 지어주는 경향이 존재했기 때문이다. 예를 들어, 사회의 계층 사다리에서 높은 곳에 위치한 부유한 사람들은 자신의 자녀들에게 어떤 특정한 이름들을 주고, 노예들이나 이전에 노예였던 사람들은 또 다른 특정한 이름들을 사용했다. 이 목록에 나오는 이름들에 대해 그런 몇몇 연구들이 행해졌고, 나는 이 단락의 본문을 석의하는 가운데 그 연구들을 종종 언급할 것이다. 그러나 여기에서는 그러한 아주 철저한 연구로부터 도출된 두 가지 결론을 제시하고자 한다.[210] (1) 대다수의 이름들은 이방인임을 보여 준다(이것은 로마 교회가 주로 이방인들로 이루어져 있었음을 확증해 준다).[211] (2) 대다수의 이름들은 노예들이나 "해방 노예들"(노예였다가 자유를 얻게 된 사람들), 또는 노예들/해방 노예들의 자손들의 이름들이다.[212] 이 목록이 분명하게 보여 주는 다른 한 가지는 로마 교회의 조직 형태다. 왜냐하면 바울은 적어도 세 곳, 많게는 다섯 곳의 가정 교회들을 언급하기 때문이다(5, 14, 15절; 또한 10, 11을 보라). 초기 그리스도인들은 많은 사람들이 모임을 가질 수 있는 공공시설이 없었기 때문에, 그들의 가정에서 모임을 가졌다.[213] 그리고 가장 부유한 그리스도인이 소유한 가장 큰 저택이라고 할지라도 기껏해야 70명 또는 80명 정도가 예배를 드릴 수 있었을 것이기 때문에, 가정 교회

210. P. Lampe, "Roman Christians," 216-230; idem, *From Paul to Valentinus*, 164-183. 가장 중요한 이전의 연구들은 *Philippians*, 174-177에 나오는 "가이사의 권속"에 관한 그의 부록; S-H에서 발견된다.

211. 하지만 Lampe는 바울이 모든 유대 그리스도인들에 대해서는 가능한 한 유대인이라는 것을 구체적으로 밝히고 있다고 전제한다(또한 Lietzmann, 119를 보라). 그러나 그것은 사실이 아니다. 왜냐하면 바울은 브리스가와 아굴라가 유대인인지 이방인지를 전혀 밝히지 않기 때문이다. 그리고 적어도 아굴라는 분명히 유대인이었다. 반면에, Longenecker는 (아무런 논증도 없이) 바울이 문안인사를 한 모든 사람은 유대인이라고 주장한다(1066).

212. P. Lampe는 4명의 이름은 분명히 노예나 해방 노예의 이름이 아니고, 9명의 이름은 분명히 노예나 해방 노예의 이름이며, 11명의 이름은 확정할 수 없다고 결론을 내린다. 또한 그는 이러한 구성 비율이 로마 교회 전체에도 적용되는지에 대해서는 알 수 없다는 것을 인정한다. 하지만 만일 그대로 적용된다면, 교회의 구성은 거의 로마 사회 전체의 축소판이었다고 할 수 있을 것이다(*From Paul to Valentinus*, 170-183; 또한 "Roman Christians," 227-229에 나오는 간략한 요약을 보라).

213. Adams는 그리스도인들이 좀 더 큰 사업장이나 기업에서 만났을 가능성을 제기해 왔다(Earliest Christian Meeting Places).

가 성장해서 신자들의 수가 그 정도를 넘어서면 다른 가정 교회로 쪼개져야 했다.

3-5a 여기에서 바울은 "문안하라"[214]는 2인칭 복수 명령법으로 된 일련의 16개의 문장들을 시작한다. 이 명령법들 중에서 "서로" 문안하라는 구문으로 되어 있는 마지막의 것을 제외하고는, 바울이 로마 그리스도인들에게 자신의 문안 인사를 각각의 개인들과 무리들에 전해달라고 요청하고 있다는 것은 분명하다.[215] 바울이 브리스가와 아굴라에게 문안인사를 전하는 첫 번째 문장이 이 목록에서 가장 길다(3-5절a). 이것은 아마도 이 부부가 바울과 로마 교회를 매개해줄 가장 좋은 위치에 있었기 때문일 것이다. 왜냐하면 바울은 아내와 남편이 한 팀을 이루어 선교를 수행했던 이 부부와 특별히 가까웠기 때문이었다. 바울은 제2차 선교 여행 도중 고린도에서 이 부부를 처음으로 만났다. 누가는 원래 본도에서 태어난 브리스가(또는 브리스길라)[216]와 아굴라는 "글라우디오가 모든 유대인을 명하여 로마에서 떠나라"고 하자 "이달리야로부터 새로 왔다"고 말해 준다(행 18:2). 이 부부는 그리스도에 대한 헌신만이 아니라 생업에서도 바울과 공통점을 지니고 있었다: 천막을 만드는 직업(행 18:3). 바울은 고린도에서 얼마 동안 이 부부와 함께 사역을 한 후에 에베소에서 그들과 헤어졌고, 이 부부는 거기에서 사역을 시작했다(행 18:18). 이 부부는 아볼로로 하여금 그리스도를 더 잘 깨달을 수 있게 해주었고(행 18:26), 이후에 바울은 에베소에서 그들과 합류하여 오랫동안 사역을 했다(고전 16:19을 보라). 우리는 그들이 언제 로마로 돌아갔는지 알지 못한다. 그러나 글라우디오가 죽고(주후 54년) 그의 추방령이 폐지되자, 당연히 그들은 로마로 돌아가고자 했을 것이다. 그들이 로마로 돌아간 것이 구체적으로 자신들의 사업을 재건하기 위한 것이었는지,[217] 아니면 바울이 로마로 갈 수 있는 길을 준비하고 돕기 위

214. 그리스어 동사 '아스파조마이'(ἀσπάζομαι, "문안하라")는 "서신의 끝에서 안부인사를 전하는 데 사용된 전문용어"였다고 MM은 주장한다.

215. Gamble, *Textual History*, 93.

216. 누가는 "브리스가"에 지소사가 붙은 형태인 "브리스길라"라는 이름을 더 선호한다. 우리는 이 부부에 대한 신약성경의 6번의 언급 중 4번에서 브리스길라/브리스가가 먼저 언급되는 이유를 알지 못한다. 학자들은 그녀가 두 사람 중에서 더 주도적이고 은사가 더 많은 인물이었거나, 이 결혼에 소용되는 대부분의 돈을 낸 쪽이었거나 "가정 기반의" 사역에서 훨씬 더 중요한 인물이었을 것이라고 생각해 왔다.

217. Dunn, 2.892.

한 것이었는지[218]를 말하는 것은 불가능하다.

바울이 이 부부에게 문안인사를 전하는 근거로서 강조한 것은 당연히 이런 소소한 것들이 아니라, 그들이 복음 사역과 바울에게 보여 준 헌신이다. 그들은 바울과 함께 복음 사역에서 수고하도록 부르심을 받은 "동역자들"[219]이다. 그 동역 과정에서 그들은 바울의 목숨을 위해 "자기들의 목까지도 내놓았다."[220] 즉, 그들은 바울의 목숨을 구해주었다.[221] 우리는 이런 일이 언제 일어났는지 알 길이 없지만, 에베소에서 폭동이 일어났을 때 그랬을 것이라고 생각하는 것이 자연스럽다(행 19:23-41).[222] 그래서 바울은 그들에게 "감사할" 합당한 이유가 있었다. 그러나 "이방인의 모든 교회"도 그들에게 감사한다고 바울은 덧붙인다. 이방 교회들의 이 감사가 브리스가와 아굴라가 "이방인들의 사도"인 바울의 목숨을 구해주었기 때문인지,[223] 아니면 좀 더 일반적으로 이 부부가 이 교회들에서 여러 해 동안 중요한 사역을 했기 때문인지[224]는 우리가 알지 못한다.

그리고 바울이 5절의 처음 부분에서 암시하듯이, 이 부부의 복음 사역은 로마에서도 계속되고 있었다. 여기에서 바울은 브리스가와 아굴라에 대한 삼중적인 설명 후에 주동사 "문안하라"의 두 번째 목적어인 "저의 집에 있는 교회"를 추가한다. 이것은 "그들의 집에서 만나는 교회"를 의미한다.[225] 브리스가와 아굴라

---

218. Michel, 474; P. Lampe, "Roman Christians," 220.

219. '쉬네르고이'(συνεργοί; 또한 9, 21; 고후 8:23; 빌 2:25; 4:3; 골 4:11; 몬 1:1, 24을 보라). 이 단어의 의미에 대해서는 Ollrog, *Paulus*, 63-72를 보라. 이 단어는 언제나 복음 사역을 가리키지만, 바울은 구체적으로 어떤 사역이었는지에 대해서는 말하지 않는다; 반대 견해로는 예를 들어, Schüssler Fiorenza, "Missionaries, Apostles, Coworkers," 430에서는 이 단어는 공동체의 지도자들을 가리킨다고 주장한다. 이것에 대해 전체적으로 설명한 것으로는 Ellis, "Paul and His Co-Workers," 440을 보라.

220. 이것은 반드시 문자 그대로 사형집행인에게 "목을 내주었다"는 것을 가리키지는 않는다; 이 표상은 우리가 사용하는 "목을 걸다"(risking one's neck)라는 표현과 아주 비슷하다(Deissmann, *Light from the Ancient East*, 117-118을 보라).

221. 여기에서 '프쉬케'(ψυχή, "목숨")는 히브리어의 용법을 따라 "삶" 전체를 가리킨다.

222. 예를 들어, Michel; Cranfield.

223. Cranfield; Murray(?).

224. Dunn.

225. '텐 카트 오이콘 아우톤 에클레시안'(τὴν κατ' οἶκον αὐτῶν ἐκκλησίαν, "그들의 집에 있는 교회")은 단지 "그들의 권속의 구성원들로 이루어진 교회"를 의미할 수도 있다. 그러나 그럴 가능성은 별로 없어 보인다. '카타'(κατά)는 배분을 나타내는 것으로서, 바울이 로마 교회 중에서 그들의 집에서 모이는 한 무리의 신자들을 가리키는 것이 아니라(Godet), 단지 "안에"를 의미하기 때문에

는 꽤 부유한 부부였던 것으로 보인다(그들의 여행들도 이것을 시사해 준다). 그래서 그들은 로마 그리스도인들 중 한 무리가 모일 수 있는 적당한 크기의 방을 제공할 수 있었다.

5b 애베네도는 신약성경의 다른 곳에서는 언급되지 않는다. 바울은 그를 "내가 사랑하는" 자라고 부름으로써, 그를 개인적으로 알고 있다는 것을 보여 준다. 그러나 바울은 분명히 자기가 문안인사하는 각각의 사람들에 대해 무엇인가를 덧붙여 말하고자 한다는 점에서, 우리는 "사랑하는"이라는 표현에 지나친 의미를 부여해서는 안 될 것이다. 이 표현은 분명히 진심이겠지만, 반쯤은 의례적인 것이기도 하다.[226] 바울은 그를 "아시아에서 처음 맺은 열매"라고 부름으로써, 그가 로마의 아시아 속주에서 최초로 회심한 사람이었다는 것을 보여 준다. 그리고 에베소는 아시아 속주의 문화 중심지였다.[227] 따라서 바울이 이 대목에서 그를 언급한 것은 그가 브리스가와 아굴라의 사역을 통해 믿음을 가지게 되었고, 지금은 그들과 함께 로마로 왔기 때문인 것으로 보인다(동업자로서? 또는, 동역자로서?).[228]

6 "마리아"는 아주 흔한 이름이었고, 유대인들 가운데서 특히 그랬다. 이런 이유에서 대부분의 주석자들은 그녀가 유대인이었을 것이라고 생각한다.[229] 그러나 이 이름은 이방인들도 사용했기 때문에,[230] 우리는 그녀가 유대인이었다고 단

(Gielen, "Zur Interpretation," 111-112), 여기에서 "교회"는 로마서 16장 전체에서와 마찬가지로 "가정 교회"를 가리킨다.

226. 이 단어는 여기에서와 8, 9, 12절에서 '아델포스'(ἀδελφός, "같은 신자")와 동일한 의미를 지닌다. 특히 Dunn, 2.893을 보라.

227. On this application of the imagery of the "first fruits" (απαρχή), see 1 Cor. 16:15; and see the note on 11:16.

228. 예를 들어, P. Lampe, "Roman Christians," 221; Fitzmyer를 보라. Wilckens는 그는 단지 그들의 가정 교회에 속한 사람이었다고 생각한다.

229. 예를 들어, Käsemann. S-H demur는 바울은 이 문안인사들에서 여러 유대인들에 대해서와 마찬가지로 그녀에 대해서도 유대인이라는 것을 밝히지 않는다고 말한다(또한 P. Lampe, "Roman Christians," 225를 보라). 그러나 바울은 이 문제에 대해서 일관된 태도를 취하지 않기 때문에, 그런 논거는 결정적이지 않다.

230. 최근의 증거로는 *NewDocs* 4.229-230을 보라.

정적으로 말할 수 없다. 바울은 마리아가 "너희를 위하여[231] 많이[232] 수고한" 사람이라고 말한다. 바울 서신에서 동사 "수고하다"가 초기 기독교의 선교 사역을 가리키는 준전문적인 의미를 지닌다는 것을 증명하고자 한 시도들이 있어 왔다.[233] 그러나 바울 서신들에서 이 단어가 선교 사역을 가리키는 경우가 많은 것은 이 서신들이 다루는 소재 때문이라고 할 수 있다. 문맥상으로 이 단어가 선교 사역을 가리키는 경우가 많다고 해서, 이 단어가 선교 사역을 가리키는 전문적인 의미를 지니고 있다고 말할 수는 없다.

7 바울은 이제 두 명의 같은 유대인들에게 문안인사를 보낸다.[234] 바울의 설명이 보여 주듯이, 이 두 사람은 초기 교회에서 상당한 지위에 있었다. 안드로니고는 흔한 헬라식 이름인 것으로 보아서, 그는 헬라파 유대인이었음에 틀림없다. 그리스어로 '유니안'("유니아")으로 표기된 두 번째 이름은 남자 이름 "유니아누스"의 단축형일 수도 있고, 여자 이름 "유니아"[235]일 수도 있다. 지금은 후자가 통설이다.[236] 물론 이 이름은 남성형 "율리아누스"의 축약형일 수도 있고, 그렇게 보는

231. '에이스 휘마스'(εἰς ὑμᾶς, "너희를 위하여")는 이익의 여격 같은 역할을 한다(Zerwick and Grosvenor, *Grammatical Analysis*, 496). 바울이 여기에서 2인칭 형태를 사용한 것은 그가 마리아에 대해서는 오직 간접적으로만 들었다는 것을 보여 주는 것으로 보인다(브리스가와 아굴라를 통해?; P. Lampe, "Roman Christians," 220을 보라).

232. '폴라'(πολλά, "많은 일들"). 여기에서 이 단어는 동사를 강화시킨다(Zerwick and Grosvenor, *Grammatical Analysis*, 496).

233. 특히 Harnack, "κόπος (κοπιᾶν, οἱ κοπιῶντες)," 1-10을 보라; 또한 Scholer, "Paul's Women Co-workers," 3-4; P. Lampe, "Roman Christians," 223도 주목하라. 바울은 16:12; 고전 4:12; 15:10; 16:16; 갈 4:11; 엡 4:28; 빌 2:16; 골 1:29; 살전 5:12; 딤전 4:10; 5:17; 딤후 2:6에서 이 동사를 사용한다.

234. 그리스어로는 '쉉게네이스'(συγγενεῖς)다. 어떤 사람들은 이 단어는 바울의 "혈족들"(예를 들어, Murray; Holland; Das, *Solving the Romans Debate*, 91-97), 그의 가까운 "동료들"(Fabrega, "War Junia[s]?" 49-50), 같은 다소의 시민들(Ramsay, *Cities of St. Paul*, 175-178)을 가리킨다고 주장해왔지만, 같은 유대인들을 가리킨다고 보는 것이 바울의 용법(롬 9:3과 거기에 대한 각주를 보라) 및 문맥과 부합한다.

235. 이 두 선택지는 여기에 나오는 그리스어 '유니안'(Ἰουνιαν, "유니아에게")의 강세로부터 생겨난다. Ἰουνιᾶν('유니안')으로 읽는 경우에는 남자의 이름 유니아누스의 축약형인 '유니아스'로 번역될 것이지만(RSV; NASB; NJB를 보라), Ἰουνίαν('유니안')으로 읽는 경우에는 여성형 "유니아"로 번역된다(KJV; NIV; ESV; NET; CEB; CSB; NRSV).

236. 역본들과 학자들은 둘 다 최근에 이 견해로 옮겨갔다. 최근의 영역 성경들 중에서는 오직 NASB만이 "유니아스"를 채택했다. "유니아"를 지지하는 사람들로는 예를 들어, Brooten, "'Junia,'"

것은 이 목록에서 축약된 이름들을 많이 사용하는 경향과 부합한다. 그러나 우리는 이 이름의 이러한 축약형이 존재한다는 증거를 다른 곳에서 찾을 수 없다. 반면에 라틴어로 '유니아'는 아주 흔한 이름이었다.[237] 따라서 유니아는 안드로니고의 아내였을 가능성이 크다(이 목록에 나오는 또 다른 부부인 브리스가와 아굴라[3절], 그리고 부부였을 가능성이 많은 빌롤로고와 율리아[15절]를 주목하라).[238]

바울은 안드로니고와 유니아와 육신적인 관계("친척")만이 아니라, 사역과 고난이라는 영적인 관계도 공유했다. 왜냐하면 그들은 바울과 "함께 갇혔던" 사람들이었기 때문이다. 바울이 함께 갇힌 것에 초점을 맞춘 것은 우리가 바울에 대해 알고 있는 것처럼 그들도 바울처럼 복음을 위해 투옥되었다는 것을 시사해준다.[239] 그러나 그들이 바울과 동시에 투옥된 것이었는지,[240] 아니면 단지 그들도 주를 섬기

141-144; Schussler Fiorenza, "Missionaries, Apostles, Coworkers," 430; Fabrega, "War Junia(s)?" 48-49; R. Schulz, "Romans 16:7: Junia or Junias?" 109-110; P. Richardson, "From Apostles to Virgins," 238-239; P. Lampe, "Roman Christians," 223-224(그는 "Iunia/Iunias," 132-134에서는 더 조심스러운 태도를 보인다); Cervin, "Note Regarding the Name 'Junia(s),'" 464-470; Lagrange; Bruce; Cranfield; Wilckens; Dunn; Fitzmyer; Schlier; Longenecker를 보라. 13세기부터 20세기 중반까지는 해석자들이 일반적으로 남자 이름이라는 견해를 지지했다. 최초로 명시적으로 "유니아(스)"를 남자라고 한 것은 Epiphanius(주후 315-403)의 *Index of Disciples* 125.19-20이었다(Piper and Grudem, "Overview of Central Concerns," 79). 그러나 그는 이 단락에 나오는 브리스가를 남자라고 함으로써, 이 견해의 신빙성에 대해 의문을 불러일으켰다. 우리가 아는 한 유니아(스)를 남자라고 한 두 번째 인물은 로마의 Aegidius(주후 1245-1316년)였다; Brooten, "Junia," 141-144에 나오는 해석사를 보라. 또한 예를 들어, Godet; S-H; Meyer; Lietzmann; Gaugler; Althaus; Barrett; Murray; Hendriksen을 보라. 그러나 13세기 이전의 주석자들은 한결같이 "유니아"를 여자라고 말한 것으로 보인다(Fitzmyer에 나오는 명단을 보라). 아마도 유일한 예외는 오리게네스였던 것 같다. Rufinus가 번역한 그의 주석서가 수록되어 있는 PG 14.1281B와 1289A에 의하면, 오리게네스는 이것을 남자 이름으로 읽는다. 그러나 Migne의 본문(훼손된 것으로 악명이 높다)은 오류일 가능성이 크다; 오리게네스는 여기에서 여자 이름으로 읽었을 것이다(Brooten, "Junia," 141; P. Lampe, "Roman Christians," 223).

237. 예를 들어, P. Lampe, "Roman Christians," 223을 보라. 하지만 그리스어 형태 '유니아'(Ἰουνία)는 흔한 이름이 아니었다는 것을 유념해야 한다; TLG 데이타베이스의 조사에 의하면 이 이름은 로마서 16:7 밖에서는 오직 3번밖에 나오지 않는다(Piper and Grudem, "Overview of Central Concerns," 79-80을 보라).

238. 대부분의 주석자들은 유니아(스)를 여자라고 말한다.

239. 몇몇 학자들은 바울이 '쉬나이크말로토스'(συναιχμάλωτος, "함께 갇힌 자들")를 "복음 사역에 사로잡힌 자들"이라는 은유적인 의미로 사용했을 것이라고 주장해왔지만(G. Kittel, *TDNT* 1.196-197; Fabrega, "War Junia(s)?" 50-51), 그런 용법을 보여 주는 증거가 없다.

240. 누가는 로마서를 쓰기 이전의 바울의 투옥을 오직 한 번 기록한다: 빌립보에서 투옥되어 있다가 밤중에 이적에 의해 빠져나오게 된 것(행 16:24-34); 그러나 바울은 로마서를 쓰기 직전에 쓴 서신에서 자기가 많이 투옥되었다고 말한다(고후 11:23); 많은 학자들은 바울이 에베소 사역을 하

다가 바울처럼 투옥된 경험이 있었다는 것인지는 말하기가 불가능하다. 또한 그들은 어떤 의미에서는 "사도들"(그리스어로 '아포스톨로이')과 연관되어 있던 중요한 사역에 관여하기도 했다. 내가 이것에 대해 아주 일반적으로만 말한 것은 안드로니고와 유니아와 "사도들" 간의 관계가 정확히 어떤 것인지에 대해서 논란이 되고 있기 때문이다. 대부분의 역본들과 해석자들은 안드로니고와 유니아가 "사도들 가운데서 뛰어난" 사람들이었다고 말한 것으로 생각한다(NIV; 또한 NLT; NRSV; NASB; CEB; NJB를 보라).[241] 그러나 이 그리스어는 "사도들에게 잘 알려져 있는"으로 번역할 수도 있다(ESV; 또한 NET; CSB를 보라).[242] 이 구문론적인 문제는 해결하기가 쉽지 않다. 그러나 통상적인 번역 – "사도들 가운데서 뛰어난" – 이 더 바람직한 것으로 보인다.[243]

만약 안드로니고와 유니아가 둘 다 사도였다고 하더라도, 이 사도직의 성격을 결정하는 문제가 여전히 남는다. 일부 해석자들은 여기에서 이 단어는 열두 사도와 바울이 지니고 있던 것 같은 권위 있는 지도자로서의 지위를 가리킨다고 생각한다.[244] 사실 바울은 흔히 좀 더 느슨한 의미로 "사도"라는 칭호를 사용한다: 어

는 동안에 일정 기간 투옥되었다고 생각한다(행 19장).

241. BDAG와 대부분의 주석자들을 보라; 특히 Belleville, "Ἰουνίαν," 231-249; Bauckham, *Gospel Women*, 172-179(그는 "유니아"는 눅 8:3; 24:10에 언급된 "요안나"와 동일 인물일 것이라는 견해를 제시한다); Epp, *Junia*, 69-78; Kruse; Schnabel을 보라.

242. 특히 Burer와 Wallace를 보라. "Was Junia Really an Apostle?" 76-91; Burer, "Ἐπίσημοι," 731-755; Murray.

243. 논란이 되는 구문상의 문제점에는 '에피세모이 엔 토이스 아포스톨로이스'(ἐπίσημοι ἐν τοῖς ἀποστόλοις, 한글개역개정에는 "사도들에게 존중히 여겨지고")라는 어구에 '에피세모이 엔'이라는 조합도 포함되어 있다. '에포이세모이'는 "뛰어난"을 의미할 수 있고, "가운데"를 뜻하는 전치사 '엔'과 함께 사용되어 "사도들 중에서 뛰어난"을 의미할 수 있다. 그러나 '에피세모이'는 "존경을 받는"이나 "잘 알려져 있는"을 의미할 수도 있고(신약성경에서 여기 외의 유일한 용례인 마 27:16을 보라), '엔'을 도구적인 의미로 해석해서, "사도들에 의해 존경을 받는"으로 이해할 수도 있다. Burer/Wallace, Belleville, Bauckham, Burer의 논쟁(위의 각주들을 보라)에서는 고대 그리스어에 나오는 이 구문의 예들을 인용한다. 매우 잠정적이긴 하지만, 우리는 전체적으로 보아서 Belleville와 Bauckham의 논증이 최선이라고 결론을 내린다. 또한 우리는 만일 바울이 안드로니고와 유니아가 사도들에 "의해" 존경을 받았다고 말하기를 원했더라면, 그냥 여격을 사용했거나 '휘포'(ὑπό)와 속격의 조합을 사용했을 것이라고 본다.

244. 따라서 "사도"라는 표현을 이런 식으로 보는 사람들은 흔히 이 절을 여자들이 복음 사역에 제한 없이 폭넓게 참여했음을 보여 주는 증거로 사용한다. 예를 들어, Jewett; Brooten, "Junia," 143; Schüssler Fiorenza, "Missionaries, Apostles, Coworkers," 430-431; P. Richardson, "From Apostles to Virgins," 238-239; Epp, Junia; Byrne; Hultgren을 보라.

떤 때는 단지 “사자”를 가리키는 데도 사용하고,[245] 어떤 때는 “임무를 부여받은 선교사”를 가리키는 데도 사용한다.[246] 권위를 지닌 사도들은 신약성경에서 분명하게 확정되어 있던 한 무리의 사람들이었지만, 안드로니고나 유니아는 다른 본문들에서 그런 사도로 지칭되고 있지 않는다는 사실은 그들이 바울이나 열두 사도와 동일한 종류의 사도직을 갖고 있지 않았다는 것을 보여 준다. 그리고 바울은 “사자”라는 의미로 ‘아포스톨로스’라는 단어를 사용할 때는 사자의 임무의 원천과 목적도 구체적으로 제시한다. 따라서 여기에서 “사도”는 “순회 선교사”를 의미하는 것으로 보인다.[247] 바울은 두 번째 관계절에서 그들이 자기보다 먼저 “그리스도 안에” 있었다는 것을 인정하기 때문에, 우리는 안드로니고와 유니아는 예루살렘에서 예수님을 따랐던 초기의 헬라파 유대인들이었고,[248] 나중에 베드로와 그의 아내처럼(고전 9:5) 사람들을 그리스도께로 인도하기 위해 동부 지중해에서(거기에서 그들은 바울과 만났고 함께 투옥되었을 것이다) 활동했던 사람들이었다고 추론할 수 있을 것이다.

8 “암블리아”는 노예이거나 해방 노예였을 것이고,[249] 로마의 카타콤(지하묘지)의 금석문에 언급된 “암블리아”와 동일인물인 것으로 보인다.[250] “내 사랑하는 자”에 대해서는 5절b를 보고, “주 안에서”에 대해서는 2절을 보라.

---

245. 고후 8:23; 빌 2:25을 보라.
246. 이 표현은 Ellis의 것이다(“Paul and His Coworkers,” 186). 특히 고린도전서 15장에서 “열두 제자”(5절)와 “모든 사도”(7절)을 구별해서 사용했을 가능성이 높다는 것을 보라; 또한 고전 9:5-6; 갈 2:9; 행 14:4, 14을 보라. 바울이 고린도 신자들을 괴롭힌 교사들을 거짓 “사도들”이라고 지칭한 것(고후 11:5; 12:11)은 이 용어가 좀 더 폭넓게 사용되었음을 시사해 준다. 그리고 초기 교회의 증거들을 주목하라: Did. 11:4; Herm. Vis. 3.5.1; Sim. 9.15.4; 16.5; 25.2. 이 문제 전체에 대해서는 특히 Lightfoot, *Galatians*, 95-99; Schnackenburg, “Apostles,” 287-303을 보라.
247. 예를 들어, Lightfoot, Galatians, 97-98; Bacon, “Andronicus,” 300-304; Meeks, *First Urban Christians*, 131-133; Mathew, Women in Greetings, 101-105; Calvin; Godet; Käsemann; Cranfield; Wilckens; Dunn; Fitzmyer; Schreiner; Lohse를 보라.
248. Wilckens.
249. P. Lampe, “Roman Christians,” 228; 또한 Lightfoot, *Philippians*, 174를 보라.
250. 특히 S-H를 보라.

9 "우르바노"도 노예이거나 해방 노예였을 것이지만,[251] 에배네도와 암블리아(5, 8절의 "내가 사랑하는 자"), 브리스가와 아굴라(3절의 "나의 동역자들")와는 달리 바울이 오직 명성을 통해서만 그를 알고 있었을 것이다("우리의 동역자").[252] 우리는 "스다구"에 대해서는 아무것도 알지 못한다.

10 "아벨레"는 상대적으로 드문 이름이고, 우리는 그에 대해서 다른 것은 전혀 알지 못한다. 바울은 그가 그리스도 안에서 "인정을 받았다"고 말함으로써 그를 높인다. 바울이 한 이 말은 아벨레가 믿음의 어려운 시험 속에서 검증된 인물이라거나, 단지 그가 존경받을 만한 신자라는 의미일 것이다.[253]

"아리스도불로의 사람들"(한글개역개정에는 "아리스도불로의 권속")은 아리스도불로라는 이름을 지닌 사람의 권속인 사람들, 특히 노예들일 것이다. 바울은 아리스도불로에게 직접 문안인사를 전하지 않는 것으로 보아서, 그는 신자가 아니었을 것이다. 사실 아리스도불로는 이미 죽은 사람이었을 수 있다. 왜냐하면 아리스도불로는 헤롯 아그립바 1세 왕의 형제였다고 볼 만한 근거가 있고, 이 아리스도불로는 주후 48년이나 49년에 죽었기 때문이다.[254]

11 바울이 다음으로 헤롯 가문 중 한 사람을 섬기다가 해방된 노예(그리고 유대인)인 사람에게 문안인사를 전한다는 사실은 앞에서 아리스도불로를 헤롯 가문의 사람과 동일시한 것에 힘을 더해 준다. "헤로디온"이라는 이름은 로마에서 확인

251. Lightfoot (*Philippians*, 174)는 실제로 그가 "가이사의 집 사람들"(빌 4:22을 보라)의 일부, 즉 황제의 참모였을 것이라고 추정한다.

252. 예를 들어, Murray; Cranfield를 보라.

253. '도키미온'(δόκιμιον, "인정받은")은 흔히 시험을 거쳐 검증된 것을 가리킨다(5:4[δοκιμή, '도키메,' "연단"]에 대한 각주를 보라); 그리고 여러 주석자들은 바울이 여기에서 이 단어를 그런 의미로 사용한다고 생각한다(Godet; Murray; Dunn[?]). 그러나 로마서 14:18에서 이 단어는 단지 "인정을 받은", "존중을 받는"을 의미하는 것으로 보인다.

254. 아그립바는 자신의 형제를 볼모로 대동하고 로마로 갔다. 아리스도불로는 공직을 맡은 적이 없었다(Josephus, *Ant.* 18.273-276; *J.W.* 2.221을 보라). 이러한 동일시에 대해서는 Lightfoot, *Philippians*, 174-175를 보라; 아리스도불로는 로마에서 드문 이름이었기 때문에, 대부분의 주석자들은 이러한 동일시를 지지한다(P. Lampe, "Roman Christians," 222). Käsemann은 이러한 동일시를 확신하지 않고, 여기에서 바울이 문안인사를 전하는 사람들을 다른 자료들에 의해 알려져 있는 사람들과 동일시하는 것에 대해 쓸데없이 회의적인 태도를 보여 준다.

이 되지 않기 때문에, 이것은 고유명사가 아니라, 이렇게 한때 헤롯 가문을 섬겼던 사람으로 보는 것이 가장 유력한 설명이다.[255]

바울은 로마 그리스도인들 중에서 사회적으로 저명한 사람들이나 유명인사들과 관련이 있는 사람들을 계속해서 언급하며 문안인사를 전하는 것으로 보인다. 왜냐하면 나깃수는 글라우디아 황제를 섬기다가 바울이 로마서를 쓰기 직전에 자살한 유명한 해방 노예의 이름이기 때문이다.[256] 여기에서 바울이 문안인사를 전하는 사람들은 10절에서와 마찬가지로 나깃수의 권속에 속한 사람들이었을 것이다.

12 드루배나와 드루보사는 노예들이나 해방 노예들이었던 것으로 보이고,[257] 자매들이었을 것이다.[258] 그들의 이름은 "사치스러운"을 의미하는 단어에서 왔다. 그러나 바울이 그들을 "주 안에서 수고한[259] 자들"이라고 부름으로써 반어법을 의도한 것인지는 분명하지 않다.

"버시"도 노예거나 해방 노예였을 것이다.[260] 바울은 그에 대해서 "주 안에서 많이 수고한" 사람이고(6절을 보라), 자기가 "사랑하는" 사람이라고 말한다(5절을 보라).

13 "루포"는 골고다로 가는 길에 그리스도의 십자가를 일부 지고 갔던 구레네 시몬의 아들일 것이다.[261] 바울이 루포를 "택하심을 입은" 자라고 부른 것은 그가

---

255. P. Lampe, "Roman Christians," 226.

256. Tacitus, *Ann.* 31.1; Cassius Dio, *Roman History* 60.34; 또한 Lightfoot, *Philippians*, 175; Calvin을 보라.

257. P. Lampe, "Roman Christians," 228. Lightfoot (*Philippians*, 176)이 지적하듯이, 대략 바울이 활동하던 시기에 이 두 사람의 이름이 황제의 권속에 속한 종들 가운데서 발견된다.

258. 동일한 그리스어 어근으로부터 자녀들의 이름을 지어주는 것이 흔했다.

259. '코피아오'(κοπιάω, "수고하다")에 대해서는 6절을 보고, "주 안에서"에 대해서는 2절을 보라.

260. "페르시아"라는 단어에서 유래한 이 이름은 아마도 그 지역에서 잡혀온 노예를 가리키는 것 같다.

261. 마가는 시몬을 "알렉산더와 루포의 아버지"(막 15:21)라고 말한다. 이것은 로마에서 자신의 복음을 쓰고 있던 마가가 로마에서 유명한 두 명의 그리스도인의 이름을 사용해서 시몬을 소개하고자 한 것으로 보인다. 하지만 루포는 꽤 흔한 이름이었다(P. Lampe, "Roman Christians," 226). 이러한 동일시를 지지하는 사람들로는 Lightfoot, *Philippians*, 176; Godet; Cranfield;

특히 "아주 뛰어난" 신자였다고 말하고자 한 것일 수도 있다.[262] 그러나 바울은 단지 그가 모든 그리스도인들처럼 "택하심을 입은" 그리스도인이었다고 말한 것일 가능성이 크다.[263] 또한 바울은 루포의 어머니에게도 문안인사를 전하는데, 그녀는 어느 기회에 바울에게 숙식을 제공하고 돌보아주었을 것이다.

14 우리는 "허마"가 노예이거나 해방 노예였을 가능성이 크다는 것을 제외하고는,[264] "아순그리도와 블레곤과 허메와 바드로바와 허마"에 대해 특별히 아는 것이 없다. "및 그들과 함께 있는 자들"이라는 덧붙여진 어구는 그들과 동일한 가정 교회에 속해 있던 다른 그리스도인들을 가리킨다.

15 남자 이름 "빌롤로고"와 여자 이름 "율리아"를 하나의 쌍으로 언급한 것에 대해서 대부분의 주석자들은 이 두 사람이 남편과 아내였을 것이라고 말한다.[265] 따라서 "네레오"(남자 이름)와 "그의 자매"는 그들의 자녀였을 것이다. 그들도 자신들의 집을 그리스도인들이 모이는 장소로 제공했던 것으로 보인다. 바울은 그들의 가정 교회에 속한 지체들 중에서 그들 외에 오직 한 사람의 이름을 알고 있었기 때문에 "올름바"만을 호명하고, 다른 지체들에 대해서는 "그들과 함께 있는 모든 성도"[266]라고만 언급한다(14절에서처럼).

Dunn이 있고, 의심하는 사람들로는 Käsemann; Schlier가 있다.

262. Godet; Murray. Dunn은 이 단어는 루포가 어떤 특별한 임무를 위해 선택되었었고, 그 임무는 그의 아버지가 그리스도의 십자가를 지는 것과 모종의 관련이 있었을 것임을 시사해 준다고 생각한다.

263. 특히 Cranfield를 보라. 그는 바울이 이 목록에서 "사랑하는 자" 같은 여러 표현들을 특별한 의미 없이 사용한다고 말한다(5저에 대한 나의 각주들을 보라). 또한 Schreiner를 보라.

264. 허메는 "가장 흔한 노예 이름들 중 하나였다"(Lightfoot, *Philippians*, 176).

265. 예를 들어, Cranfield; Fitzmyer를 보라. 이 두 이름은 황궁에 소속된 사람들을 가리키는 데 자주 나온다(Lightfoot, *Philippians*, 177).

266. '투스 쉰 아우토이스 판타스 하기우스'(*τοὺς σὺν αὐτοῖς πάντας ἁγίους*, "그들과 함께 있는 모든 성도")라는 어구에서 '판타스'의 위치는 이례적이다; 하지만 이 어구는 '판타스 투스 하기우스 쉰 아우토이스'(*πάντας τοὺς ἁγίους σὺν αὐτοῖς*)와 동일한 의미일 것임에 틀림없다(Moule, *Idiom Book*, 93).

16 바울은 자기가 알고 있던 로마의 모든 개별 신자와 가정 교회에게 문안인사를 전한 후에, 이제 여기에서는 마지막으로 그들 모두에게 "너희가 거룩하게 입맞춤으로 서로 문안하라"고 포괄적인 요청을 한다. 그러한 요청은 바울 서신들의 끝부분에서 표준적으로 등장한다(고전 16:20; 고후 13:12; 살전 5:26을 보라; 또한 벧전 5:14을 보라). "입맞춤"은 고대 세계 전반에서 흔한 인사 형태였고, 유대교에서는 특히 그러했다.[267] 주후 2세기의 증거들은 "평강의 입맞춤"이 그 당시에 전형적인 기독교 예전에 이미 들어와서 표준적인 특징이 되어 있었다는 것을 보여 준다.[268] 이것이 일찍이 바울 시대에도 그랬는지에 대해서는 말하기 힘들다. 하지만 많은 주석자들은 바울이 여기에서 자신의 서신이 큰 소리로 읽혀지고서 그런 입맞춤으로 끝나게 될 예배 모임을 상정하고 있는 것이라고 생각한다.[269]

또한 바울은 흔히 다른 교회들로부터의 문안인사도 전한다. 하지만 오직 여기에서만 "그리스도의 모든 교회가 다 너희에게 문안하느니라"[270]는 일반적인 문안인사를 전한다. 그러나 이것은 문자 그대로 모든 교회를 가리키는 것이 아니라, 바울이 "예루살렘으로부터 일루리곤까지" 자신의 사역을 통해 세운 교회들을 지칭하는 것으로 보인다.[271] 바울은 이렇게 아주 많은 교회들로부터의 문안인사를 전함으로써, 로마 교회를 그를 알고 후원하는 교회들 중의 하나로 편입시키고자 하는 자신의 전략을 다시 한번 암시한다.[272]

이것을 "신비적" 속격이라고 부르지만, "일반적인" 속격이라고 말하는 것이 아마도 더 나은 설명일 것이다. 이것은 이 교회들이 그리스도와 "관련되어" 있지만, 단일하고 특정한 방식으로 관련되어 있지 않다는 것을 시사해 준다.

이 문안인사들은 주후 1세기 그리스도인들에게는 대단히 흥미로운 것이었을 것이지만(자기 이름이 예배에서 큰 소리로 불리고 높임을 받는 것을 좋아하지 않을 사람이 누가 있겠는가?), 오늘날의 독자들이 로마의 이 단락을 이 서신에서 가장 덕을 세우는 단락

267. G. Stahlin, *TDNT* 9.121-122, 125-127; Benko, *Pagan Rome*, 79-102를 보라.

268. Justin, 1 Apol. 65.

269. 예를 들어, Cranfield; Wilckens를 보라.

270. 여기에서 속격 '투 크리스투'(τοῦ Χριστοῦ, "그리스도의")는 좁은 분류를 허용하지 않는 속격의 고전적인 예다; N. Turner (Syntax, 212) 등은

271. Fitzmyer.

272. 특히 Wilckens, 3.137-138을 보라.

이 아니라고 생각하는 것은 충분히 이해할 수 있는 일이다. 우리는 이름들을 열거한 것으로부터 기독교 신학이나 기독교적인 삶에 대해 많은 것을 배우지 못한다! 그러나 이것으로부터 배울 수 있는 세 가지 간접적인 교훈들이 있다.

첫째, 동역자들에 대한 바울의 언급(3, 9절; 또한 7절을 보라)은 바울이 "혼자 고독하게 떠돌아다니는" 선교사가 아니었다는 것을 우리에게 상기시켜 준다. 바울은 자신의 사역의 모든 시점에서 자기와 함께 일하는 상당수의 사람들을 의지했다. 그리고 바울이 그런 도움을 필요로 했다면, 우리에게는 얼마나 더 그런 도움이 필요하겠는가. 또한 오늘날의 사역에는 혼자 고독하게 떠돌아다니며 일할 수 있는 여지가 존재하지 않는다.

둘째, 앞에서 이미 보았듯이, 바울이 열거한 이 이름들은 로마 그리스도인 공동체의 다양성을 보여 준다. 클라크가 지적했듯이, 우리는 이 문안인사 목록 속에서 "아브라함 언약에서 예시된 복음 역사의 결과에 대한 진정한 성찰"을 발견함과 동시에, 갈라디아서 3:28의 저 유명한 선언의 구체적인 실현을 발견한다: "너희는 유대인이나 헬라인이나 종이나 자유인이나 남자나 여자나 다 그리스도 예수 안에서 하나이니라."[273]

셋째, 바울이 이 목록에서 9명의 여자를 언급한 것은 여자들이 초기 교회에서 중요한 역할을 했다는 것을 우리에게 상기시켜 준다(그렇게 상기시켜주는 것이 우리에게 필요했다면). 또한 이 여자들 중 다섯 명 - 브리스가(3절), 유니아(7절), 드루배나와 드루보사(12절), 버시(12절) - 은 그들이 "주 안에서" 수고한 것에 대해 칭찬을 받는다. 초기 교회의 사역은 결코 남자들에게 국한된 것이 아니었다. 이 문안인사들과 그 밖의 다른 비슷한 본문들은 여자들도 남자들과 똑같이 중요한 사역들에 참여했다는 것을 보여 준다. 우리는 "사역"을 전임 그리스도인 사역자들이 행하는 일에 국한시킴으로서 스스로 많은 문제점들을 만들어왔다. 신약성경이 여자들의 사역과 관련해서 상정하는 역할들에 대한 우리의 태도가 어떠하든, 초기 교회에서 여자들이 사역으로 부르심을 받았고, 교회의 삶 속에서 그 사역이 중요했다는 것은 의심의 여지가 없다.

273. Clarke, *Pauline Theology*, 108.

3. 경고, 약속, 은혜를 비는 기도(16:17–20)

17 형제들아 내가 너희를 권하노니 너희가 배
운 교훈을 거슬러 분쟁을 일으키거나 거치
게 하는 자들을 살피고 그들에게서 떠나라
18 이같은 자들은 우리 주 그리스도를 섬기
지 아니하고 다만 자기들의 배만 섬기나니
교활한 말과 아첨하는 말로 순진한 자들의
마음을 미혹하느니라
19 너희의 순종함이 모든 사람에게 들리는지
라 그러므로 내가 너희로 말미암아 기뻐하
노니 너희가 선한 데 지혜롭고 악한 데 미
련하기를 원하노라
20 평강의 하나님께서 속히 사탄을 너희 발
아래에서 상하게 하시리라 우리 주 예수의
[274] 은혜가 너희에게 있을지어다[275]

우리는 이 절들을 편의상 하나로 묶는다. 왜냐하면 이 절들은 사실 세 개의 개별적인 부분들로 나뉘기 때문이다: 거짓 교사들에 대한 경고(17-19절); 건지실 것이라는 약속(20절a); 은혜를 비는 기도(20절b). 이것들 중 마지막의 것과 관련해서는 바울의 다른 서신들에 병행들이 있다. 그는 자신의 모든 서신들의 끝에 은혜를 비는 기도를 포함시킨다. 그리고 두 번째 요소인 건지실 것이라는 약속과 관련해서는 고린도전서 16:22b – "우리 주여 오시옵소서"('마라나 타') – 와 데살로니가전서 5:24 – "너희를 부르시는 이는 미쁘시니 그가 또한 이루시리라" – 에 적어도 부분적인 병행들이 있다. 하지만 첫 번째의 것은 바울의 서신들의 결말에서 전형적인 요소가 아니다. 그의 모든 서신들의 결말 가운데서 오직 여기에서만 그는 거짓 교사들을 공격한다. 게다가 문안인사들을 하는 도중에 갑자기 문안인사를 끊고(3-16, 21-23절) 거짓 교사들을 공격한다. 이것과 관련해서 이러한 양식비평과 관련된 문제점 외에도 로마서 자체로부터 생겨나는 또 하나의 문제점이 있는데, 그것은 바울이 이 서신의 이 대목에 이르기까지 로마 교회에 거짓 교사의 문제가 있다는 것을 암시하는 말을 일언반구도 하지 않았다는 것이다.[276] 이런 이유

274. 여러 사본들(이차적인 알렉산드리아 사본들인 A, C, 33, 81, 1739; Ψ; 대다수의 본문)은 '크리스투'(Χριστοῦ, "그리스도의")를 추가한다. 초기 사본의 강력한 지지를 받고 있는(P^{46}과 두 개의 일차적인 알렉산드리아 사본들인 ℵ와 B) 짧은 읽기를 따라야 할 것으로 보인다.

275. 몇몇 사본, 주로 서방 사본들(D, F, G)은 이 은혜를 비는 기도를 다 생략하고, 그 자리에 다른 사본들에서는 23절 뒤에 나오는 은혜를 비는 기도를 둔다.

276. 하지만 D. Campbell은 이 서신의 몇몇 핵심 본문들은 이 대목에 언급된 거짓 가르침을 반영하거나, 거기에 대응하고 있다고 생각한다(*Deliverance of God*, 495–496).

들로 몇몇 학자들은 이 절들은 바울이 쓴 로마서에 원래 없던 것이라고 주장한다.[277]

그러나 이 절들을 생략해야 할 본문상의 근거가 없다. 그리고 이 문제점들은 일부 사람들이 주장하는 것과는 달리 그렇게 크지 않다. 바울은 자신의 다른 서신들의 결말에서 거짓 교사들에 대해 이렇게 길게 경고하지는 않지만, 거짓 교사들과 관련된 권면들과 경고들을 포함시킨다(고전 16:13-14; 고후 13:11b; 골 4:17을 보라; 또한 갈 6:12-15; 엡 6:10-17을 보라).[278] 그리고 적어도 로마서 3:8은 바울의 대적들을 암시한다.[279] 바울이 이 대목에 이르기까지 거짓 교사들을 구체적으로 언급하는 것을 미룬 이유는 그들이 아직 로마에 오지 않았거나, 바울이 그들의 위협에 대해 방금 들었기 때문일 것이다.[280]

이 거짓 교사들의 정체를 말하는 것은 거의 불가능하다.[281] 이것이 바울이 그들의 정체를 말하기보다는 그들의 특징을 말하는 데 집중한 이유다.[282] 그래서 그는 로마 그리스도인들에게 거짓 교사들의 결정적인 특징들을 말해주는 기존의 표상들을 활용한다: 그들은 분열을 일삼고, 자기중심적이며, 말솜씨가 좋고, 복음과 반대되는 것을 가르치는 자들이다. 그러므로 무슨 수를 써서라도 그런 자들을 피해야 한다. 몇몇 학자들은 이 단락을 이 서신의 나머지 부분과 통합하기 위해서, 이 경고는 강한 자들과 연약한 자들 간의 분쟁(14:1-15:13)과 관련된 것이라고 생각해 왔다.[283] 그러나 바울이 이 본문에서 거짓 교사들을 강력하게 규탄하

277. Erbes, "Zeit und Ziel," 146; Jewett; idem, *Christian Tolerance*, 17-22; Byrne, 455-456; O'Neill, 252-253; Schmithals, 550-551; Ollrog, "Abfassungsverhältnisse," 221-244; Mora, "Romains 16, 17-20," 541-547.

278. 예를 들어, Gamble, *Textual History*, 52; G. Wiles, *Paul's Intercessory Prayers*, 95-97; Jervis, *Purpose of Romans*, 152-153; Seifrid, *Justification by Faith*, 198; Michel, 479; Wilckens, 3.139를 보라.

279. Stuhlmacher (252-253)는 바울이 이 두 본문에서 동일한 집단을 염두에 두고 있다는 그럴 듯한 논증을 제시한다.

280. 후자에 대해서는 Wilckens, 3.143을 보라.

281. 많은 학자들은 바울이 로마 교회에서 언제라도 생겨날 수 있는 온갖 거짓 가르침에 대해 일반적으로 경고하고 있는 것이라고 생각한다(예를 들어, Seifrid, *Justification by Faith*, 199; Cranfield, 2.800-801; Schlier, 446; Dunn, 2.904).

282. 특히 Wilckens, 3.144를 보라. 또한 Michel, 472, 479를 보라. 17-19절은 바울이 다른 곳에서 한두 개의 비슷한 경고와 많은 병행들을 보여 준다: 빌 3:17-21과 갈 6:11-16.

283. Donfried, "Short Note," 51-52; Black, 212-213; Barrett, 285(?); Longenecker, 1081. Sandnes는 이 거짓 교사들은 극단적인 "강한 자" 입장을 대변하는 자들이었을 것이라고 생각한다(*Belly and Body*, 165-180).

는 것은 우리가 강한 자들과 약한 자들에 관한 이전의 단락에서 발견하는 분위기와는 완전히 다르다. 거짓 교사들의 정체와 관련해서 가장 지지를 받아온 것은 그들은 (1) (영지주의적인) 자유주의자들이었다는 견해[284]와 (2) 유대주의자들이었다는 견해다.[285] 바울이 사역하는 동안 유대교 지향적인 교사들이 그를 내내 괴롭혔다는 것을 우리가 알기 때문에(갈라디아서; 고후 10-13장; 빌 3장을 보라), 후자의 견해가 가장 큰 설득력을 지닌다. 그러나 바울은 우리로 하여금 거짓 교사의 정체를 확실하게 알 수 있게 해줄 정도로 충분한 정보를 주지 않는다. 어쨌든 거짓 교사들은 아직 로마에 오지 않은 것으로 보인다. 따라서 바울의 목적은 로마 그리스도인들로 하여금 이단적인 교인들에 대해 교회의 치리권을 행사하게 만드는 것이 아니라, 나중에 그런 거짓 교사들이 로마 교회로 올 것을 대비해서 미리 경각심을 일깨워주는 것이었다.[286]

17 바울은 "형제들아"[287]라는 부름말을 통해서 다른 주제로 넘어간다는 신호를 보낸다. 거짓 교사들에 대한 이러한 경고는 그가 서신을 마무리하며 문안인사를 하는 와중에 느닷없이 끼어든 것 같은 인상을 주긴 하지만, 문맥과 아무런 관련이 없는 것은 아니다. 바울은 자기가 세운 교회들이 로마 교회에 보내는 문안인사를 전하면서(16절b), 이 교회들이 직면해야 했던 교리적인 위협들이 생각났을 가능성이 크다.[288] 그래서 그는 그 동일한 위협이 로마 교회에서도 곧 일어나게 되지는 않을지 우려를 하게 된 것이다. "내가 권하노니"는 '파라칼레오'를 번역한 것인데, 이 동사는 바울이 로마서 12-16장에서 여러 가지 서로 조금씩 다른 의미로

---

284. 예를 들어, Dodd, 242-243을 보라; 특히 Schmithals, 560; 그의 "Irrlehrer," 51-69에는 더 긴 설명이 나온다.

285. Godet, 496; Stuhlmacher, 252-253; 특히 Wilckens, 3.141, 144-145; Schreiner, 803(주저하면서).

286. Seifrid, *Justification by Faith*, 199-200; Franzmann, "Exegesis," 14; Godet, 496; S-H, 429; Murray, 2.234-235를 보라; 반대 견해로는 예를 들어, F. Watson, *Paul, Judaism and the Gentiles*, 187-188은 여기에서 로마 교회에서 브리스가와 아굴라를 중심으로 한 "이방인 지향적인" 회중에 적대적인 유대 그리스도인 회중이 존재했음을 보여 주는 증거를 발견한다.

287. '아델포이'(ἀδελφοί). 15:30에 대한 각주를 보라.

288. Godet, 496; Cranfield, 2.797-798.

사용해온 단어다.[289] 많은 영역 성경들에서는 여기에서 동사 '스코페오'(한글개역개정에는 "살피고")가 지닌 경고의 뉘앙스를 나타내기 위해 "조심하다"로 번역한다(또한 NASB의 "주시하라"도 보라).[290] 로마 그리스도인들이 "조심해야" 할 자들은 "너희가 배운 교훈을 거슬러 분쟁을 일으키거나[291] 거치게 하는 자들"이다. 정관사 - "자들" - 는 그들이 로마 교회에 왔을 때 로마 그리스도인들이 알아보게 될 특정한 집단의 사람들을 바울이 염두에 두고 있었다는 것을 보여 주는 것이긴 하지만, 로마 그리스도인들이 그들을 알고 있었다고 볼 필요는 없다.[292]

이 단락의 서론에서 언급했듯이, 이 거짓 교사들에 대한 바울의 설명은 매우 일반적이다. 거짓 교사들이 통상적으로 그러하듯이, 그들은 그리스도인 공동체 내에서 분열을 만들어낸다.[293] 그러나 더 심각한 것은 그들의 이단적인 가르침이다. 바울은 그들이 "걸림돌들"(한글개역개정에는 "거치게 하는")을 만들어낸다고 말한다. "걸림돌들"은 바울이 로마서에서 지옥에 떨어지게 만들 가능성을 지닌 영적인 문제점을 가리키는 데 사용하는 단어를 번역한 것이다.[294] 바울은 이 걸림돌들을 "너희가 배운 교훈을 거스르는"[295] 것들이라고 추가적으로 설명함으로써, 이것들이 주로 거짓 가르침을 가리키는 것임을 분명히 한다. 바울은 거짓 교사들이 제기하는 위협은 심각한 것이기 때문에, 거기에 상응하는 로마 그리스도인들의 대처도 단호해야 한다고 말한다. "그들에게서 떠나라"; 그들을 "피하라."[296] 다시 한번 말하지만, 바울은 여기에서 거짓 교사들이 이미 로마 교회에 있다는 것을

---

289. 12:1에 대한 각주를 보라; 또한 12:8; 15:30을 보라.

290. 이 동사는 "주목하다", "주의하다"를 의미하고, 바울은 다른 곳에서 이 단어를 긍정적인 의미로 사용한다(고후 4:18; 갈 6:1; 빌 2:4; 3:17).

291. '포이운타스'(ποιοῦντας, "만들다")는 이 절의 끝에 나와서 명사적으로 사용된 분사다.

292. 따라서 나는 이 관사에 대한 해석에서 Wilckens와 Dunn의 중간 노선을 택한다. Wilckens는 이 관사는 거짓 교사들이 로마 그리스도인들에게 알려져 있었다는 것을 보여 준다고 역설하는 반면에, Dunn은 이 관사는 단지 문체상 사용된 것일 뿐이라고 생각한다(또한 Godet를 보라).

293. "분열들"은 '디코스타시아스'(διχοστασίας)를 번역한 것이다. 이 단어는 성경 그리스어에서 오직 2번 더 나온다(1 Macc. 3:29; 갈 5:20; 또한 고전 3:3의 용례와 비교해 보라).

294. 9:33; 11:9; 14:13을 보라; 특히 K. Müller, *Anstoss und Gericht*, 46-67을 보라.

295. 이 어구는 6:17의 '튀폰 디다케스'(τύπον διδαχῆς, "교훈의 본")과 병행된다.

296. '에클리노'(ἐκκλίνω, "떠나다")는 칠십인경에는 흔하지만 신약성경에는 드물다(또한 롬 3:12; 벧전 3:11을 보라). 현재 시제는 로마 그리스도인들이 항상 깨어서 경계하고 있어야 한다는 것을 시사하는 것으로 보인다.

암시하는 것이 아니다.[297] 그의 취지는 로마 그리스도인들은 그들에 대해 경계하고 대비하고 있다가, 그들이 나타나면 그들을 단호하게 피해야 한다는 것이다.

18 바울은 계속해서 이 거짓 교사들에게서 단호하게 "떠나야" 하는 이유를 추가적으로 설명한다.[298] 그는 두 가지 이유를 제시한다. 첫째, "이같은[299] 자들은 우리 주 그리스도를 섬기지 아니하고 다만 자기들의 배만 섬기는" 자들이기 때문이다. 바울이 말한 "배를 섬긴다"는 것이 무엇을 의미하는지는 분명하지 않다. 바울은 빌립보서 3:19에서 거짓 교사들을 묘사하는 데 비슷한 표현을 사용하긴 하지만 - "그들의 신은 배요" - 그 본문에서 거짓 교사들의 정체는 여기에서처럼 확실하지 않다. 일부 학자들은 이 표현을 가장 곧이 곧대로 이해해야 한다고 생각해서, 바울은 폭식을 가리키는 것이고, 이것은 환유법으로서 탐욕스럽고 방탕한 삶을 사는 것을 의미한다고 말한다.[300] 하지만 다른 학자들은 바울은 음식에 관한 율법을 통해 먹는 것과 관련해서 지나치게 많은 규제를 하고 있는 유대인들의 경향성을 지적한 것이라고 생각한다.[301] 하지만 대부분의 학자들은 "배"는 여기에서 사실상 바울 서신에서 "육신"이 흔히 의미하는 것과 동일한 의미를 지닌다고 생각해서, "배를 섬긴다"는 것은 이기주의를 가리키는 것이라고 말한다.[302] 첫 번째 견해와 세 번째 견해의 조합이 최선의 의미인 것으로 보인다: 이 거짓 교사들은 그들 자신의 쾌락에 관심이 있다.[303] 어쨌든 여기에서 소극적인 방식으로 제시된 것은 확실한 것인데, 그것은 그들은 "우리 주 그리스도"를 섬기지 않는다는 것이다.

---

297. 반대 견해로는 예를 들어, Franzmann, "Exegesis," 15-16. Cranfield; Wilckens를 보라.
298. '가르'(γάρ, "왜냐하면")를 보라.
299. '토이우토이'(τοιοῦτοι)는 특질을 나타낸다(BDAG를 보라).
300. 예를 들어, Godet; Schmithals, *Paul and the Gnostics*, 231-232.
301. Barrett; Fitzmyer(?).
302. 예를 들어, Cranfield; Käsemann; Wilckens를 보라.
303. Dunn을 보라; 그리고 거의 모든 현대 영역 성경들에서 "식욕들"로 번역한 것을 주목하라. 아마도 이 의미는 고린도전서 6:13에 나오는 고린도 사람들의 "슬로건"에서 일정 정도 확증되는 것으로 보인다: "음식은 배를 위하여 있고 배는 음식을 위하여 있다." 바울은 다른 곳에서는 유일하게 갈라디아서 1:15에서 이 단어를 사용하는데, 거기에서 이 단어는 "배", 즉 자기 어머니의 "모태"를 가리킨다.

로마 그리스도인들이 이 사람들을 피하는 것이 중요한 두 번째 이유는 그들은 "순진한 자들의 마음을 미혹하는" 자들이라는 것이다. "순진한"[304] 것은 선한 것일 수 있지만, "순진한 자들"은 그들을 이용하고자 하는 자들의 교묘한 술수에 넘어가기 쉽다. 바울이 염려하는 것은 그것이다. 왜냐하면 바울은 이 거짓 교사들이 자신들의 이단적인 가르침들을 "교활한 말과 아첨하는 말"[305]로 포장하는 데 영리하다는 것을 잘 알기 때문이다. 이 사람들을 경계하지 않고, 그들의 가르침들을 충분히 주의해서 듣지 않는 사람들은 잘못된 길로 인도되어 결국에는 영적으로 멸망하게 된다.

19 바울은 19절이 18절에서 그렇게 말한 이유라는 것을 보여 준다.[306] 하지만 어떻게 그러한지가 즉시 분명하게 드러나지는 않는다. 아마도 그 단서는 "순진함"이라는 개념을 통한 의도적인 유희로 보이는 것에 있는 것 같다.[307] 바울은 거

304. 바울이 여기에서 사용하는 그리스어 '아카코스'(ἄκακος, "순진한")는 히브리서 7:26(신약성경의 다른 곳에서 유일한 용례)에서 그리스도에 대해 이 단어를 사용한 경우처럼(한글개역개정에는 "악이 없고") 매우 긍정적인 의미를 지닐 수 있다(BDAG를 보라). 그러나 여기에서는 분명히 일정 정도 경멸적인 의미를 지닌다(Cranfield를 보라): KJV "simple"; NRSV "simple-minded"; NIV "naive"를 보라.

305. '디아 테스 크레스토로기아스 카이 율로기아스'(διὰ τῆς χρηστολογίας καὶ εὐλογίας, "교활한 말과 아첨하는 말로"). 대부분의 학자들이 인정하듯이, 이 구문은 두 개의 명사를 사용하여 서로를 해석하게 하는 중언법에 해당한다. '크레스토로기아'(χρηστολογία)는 그리스어 성경에서 오직 여기에만 나오고, "감언이설"을 의미한다(BDAG). 반면에 '율로기아'(εὐλογία)는 자주 나오는 단어이고, 신약성경의 다른 곳들에서는 "축복"이라는 긍정적인 의미로 사용된다. 그러나 이 단어는 "번지르르하게 말하는 것"을 의미할 수 있고(BDAG는 "거짓된 유창한 언변, 아부하는 말"로 의역한다), 바울은 이 단어를 여기에서 의도적인 반어법으로 사용한다: 그들은 매혹적인 화려한 수사로 자신들이 말하는 것의 내용을 은폐한다. (바울이 여기에서 어떤 분파에 의한 기독론적인 "찬가"를 염두에 두고 있는 것이라는 주장[Trevijano, "Εὐλογία," 537-540]은 사변적이다.)

306. '가르'(γάρ, "왜냐하면")를 보라.

307. Calvin을 보라. 바울이 18절b(ἄκακος, '아카코스')와 19절b(ἀκέραιος, '아케라이오스')에서 "순진한"을 가리키는 데 서로 다른 단어를 사용하기 때문에, 이것은 동일한 단어가 아니라 동일한 개념을 가지고 한 유희다; 그리고 이것은 나의 해석에 대한 반론이 될 수 있다. 그러나 바울은 내가 말한 의미상의 차이를 암시하기 위해 단어를 바꿔 사용했을 것이다(또는, 19절b은 예수님이 비슷한 말씀에서 사용하신 것과 동일한 단어를 사용한 것일 수 있다). 다른 해석자들은 19절의 '가르'(γάρ)가 18절의 '가르'와 병행을 이루면서, 둘 다 17절b에서 그들을 "떠나라"로 한 명령을 뒷받침하고 있다고 생각한다(예를 들어, Zerwick and Grosvenor, *Grammatical Analysis*, 496); 또는, 19절의 '가르'가 19절을 18절과 다른 방식으로 연결시킨다고 생각한다: 예를 들어, 바울은 거짓 교사들이 자신들의 명성을 높이려고 로마 교회를 목표로 삼을 것이라고 생각했다는 것(Godet); 바울은 그들에게 그들이 지켜야 할 명성을 상기시킨다는 것(Cranfield).

짓 교사들이 "순진한 자들"을 속이는 데 능숙하다고 경고했었다(18절b). 그리고 그가 그렇게 경고한 이유는 로마 그리스도인들의 "순종함", 즉 그들의 순진함이 모든 사람[308] 가운데서 잘 알려져 있기 때문이다. 바울은 이것을 기뻐한다. 왜냐하면 순진해서 순종을 잘 하는 것은 당연히 선한 특질이기 때문이다. 그러나[309] 이와 동시에 바울은 그들이 그러한 순진함만이 아니라, 무엇이 선한지를 아는[310] "지혜"를 겸비해서, 그들의 "순진함"이 악한 것에만 국한되기를 원한다. 달리 말하면, 바울은 로마 그리스도인들의 "순진함"의 한 측면 - 그들이 복음 메시지에 순종함으로써 죄로부터 자유롭게 된 것 - 을 인정하고 격려하면서도, 그들의 "순진함"의 또 다른 측면 - 진리와 오류를 분별하는 지혜가 부족한 것 - 에 대해서는 교묘하게 경고하고 있다는 것이다. 브루스가 말했듯이, 그들은 "주는 것은 무엇이든지 받아 삼키는 그런 '순진한 생각을 지니고'" 있어서는 안 된다. 이런 식으로 이해하면, 바울은 "뱀 같이 지혜롭고 비둘기처럼 순진하라(한글개역개정에는 '순결하라')"는 예수님의 말씀(마 10:16)을 염두에 둔 것으로 보인다. 왜냐하면 이 둘은 의미가 거의 동일하기 때문이다.[311]

20 이 절의 전반절에 나오는 건지실 것이라는 약속은 17-19절에서 바울이 거짓 교사들을 경고한 것과는 완전히 독립된 일반적인 약속일 수도 있다.[312] 하지만 그 경고의 일부도 있다. 즉, 바울은 하나님이 로마 그리스도인들로 하여금 저 사탄이 주는 능력에 의해 움직이는 이단들에 대해 승리하게 해주실 것이라는 약속으로 이 경고를 마무리하는 것일 수 있다.[313] 그러나 중도적인 입장이 최선인

---

308. '판타스'(πάντας)는 당연히 문맥에 의해서 "너희에 대해 들은 모든 다른 그리스도인들"로 제한되어야 한다.

309. 따라서 이 구절의 처음에 나오는 '데'(δέ)는 역접이다.

310. '에이스 (토 아가톤)'(εἰς [τὸ ἀγαθόν], "선한 데")는 "~과 관련해서"를 의미한다(Meyer); 또한 이 절의 끝에 나오는 '에이스 (토 카콘)'(εἰς [τὸ κακόν], "악한 데")를 보라.

311. 예를 들어, Stuhlmacher를 보라. 마태복음에서도 "순진한"에는 바울이 사용한 것과 동일한 단어 - '아케라이오스'(ἀκέραιος) - 를 사용하지만, "지혜롭고"에는 '소포스'(σοφός)가 아니라 다른 단어 - '프로니모스'(φρόνιμος) - 를 사용한다. '아케라이오스'는 신약성경에서 이 두 절과 빌 2:15에만 나온다.

312. Cranfield; Dunn.

313. 예를 들어, Wilckens; Fitzmyer를 보라.

것 같다. 따라서 우리는 이 약속은 바울의 서신들의 결말에 나오는 다른 약속들과 비슷하게 일반적인 약속이라고 보지만, 이 약속은 바울이 방금 로마 교회에 조심하라고 경고한 거짓 교사들과 분명한 연관성이 있다고 본다. 이 약속의 표현 방식은 창세기 3:15d의 "원복음"을 암시하는 것으로 보인다. "너[아담 또는 그의 자손]는 그[뱀]의 발꿈치를 상하게 할 것이니라."[314] 우리의 해석이 옳다면, 사탄에게 승리할 것이라는 이 약속은 17-19절에 언급된 거짓 교사들에 대한 승리를 포함하면서도 훨씬 더 폭넓은 것으로서, 사탄이 "불 못"에 던져질 때 하나님의 백성이 얻게 될 최종적인 종말론적인 승리까지 포함한다.[315]

"우리 주 예수의 은혜가 너희에게 있을지어다"라는 바울의 소원 기도는 그가 쓴 모든 서신에 등장한다. 그리고 이 소원 기도는 이 서신의 시작 부분과 대응된다(1:7을 보라).

4. 바울의 동료들로부터의 문안인사(16:21-23)

21 나의 동역자 디모데와 나의 친척 누기오와 야손과 소시바더가 너희에게 문안하느니라 22 이 편지를 기록하는 나 더디오도 주 안에서 너희에게 문안하노라

23 나와 온 교회를 돌보아 주는 가이오도 너희에게 문안하고 이 성의 재무관 에라스도와 형제 구아도도 너희에게 문안하느니라[316]

---

314. Godet; Michel. 하지만 바울이 이 약속을 표현하는 방식은 창세기 3:15과 그렇게 비슷한 것은 아니라고 말해야 한다. 또한 창3:15: Jub. 23:29; T. Mos. 10:1; T. Levi 18:37; T. Sim. 6:6과의 병행이 주장되지만(예를 들어, Schlier, 449-450), 설득력이 없다; 또한 셰모네 에스레(Shemoneh Esreh)라 불리는 축도문에서 12번째 축도를 보라. 이 배경에 대해서는 Dochhorn, "Paulus," 189-212를 보라.

315. 예를 들어, Cranfield; Dunn을 보라; 반대 견해로는 바울이 역사 속에서 사탄의 세력에 대한 즉각적인 승리를 구하고 있다고 생각하는 사람들이 있다(예를 들어, Schmithals, *Paul and the Gnostics*, 235; G. Wiles, *Paul's Intercessory Prayers*, 95; Calvin; Harrison; Morris). 사탄에 대한 승리가 "속히"(ἐν τάχει, '엔 탁세이') 올 것이라는 바울의 예고는 우리가 신약성경의 임박성 개념을 올바르게 이해한다면 종말론적인 견해로 아무런 문제가 없다(13:11-14에 대한 각주들을 보라).

316. 여러 사본들("서방" 대문자 사본들인 D, F, G; Ψ; 대다수의 본문을 포함해서)은 23절 뒤에 은혜를 비는 기도를 덧붙인다: '헤 카리스 투 퀴리우 헤몬 예수 크리스투 메타 판톤 휘몬 아멘'(ἡ χάρις τοῦ κυρίου ἡμῶν Ἰησοῦ Χριστοῦ μετὰ πάντων ὑμῶν. Ἀμήν, "우리 주 예수 그리스도의 은혜가 너희 모두와 함께 하기를, 아멘"; 이 사본들 간에는 약간의 편차들이 존재하는데, 그리스도의 이름과

바울은 통상적으로 자신의 서신들의 끝부분에 동료 사역자들이나 지역 교회의 그리스도인들로부터의 문안인사들을 전한다. 그러나 그는 통상적으로 그러한 문안인사들을 해당 서신의 수신자들에게 전하는 자신의 문안인사들과 결합시킨다. (유일한 예외인 디모데후서에서 그는 문안인사들을 하는 도중에 갑자기 자신의 동료 사역자들에 관한 말[4:19-21]을 끼워 넣는다.) 동료들로부터의 이러한 문안인사들은 그의 서신들에서 아주 전형적이기 때문에, 바울이 나중에 추가했을 가능성은 희박하다.[317] 도리어 앞에서 이미 보았듯이, 바울은 "모든 교회"(16절b)의 문안인사들을 전하다가, 그것이 그 교회들을 괴롭혔던 거짓 교사들이 로마 공동체에서도 분란을 일으킬지도 모른다는 우려를 그에게서 촉발시켜서, 그는 자신의 서신들의 통상적인 관행을 벗어나서, 이 거짓 교사들에 대한 경고를 한 이후에야, 자신의 서신들의 통상적인 형식으로 되돌아간다.[318]

21 바울이 여기에서 단지 "나의 동역자"(3절과 9절도 보라)로 소개하는 디모데는 바울의 가장 가까운 동역자였다. 남부 갈라디아의 루스드라에서 태어난 디모데는 제2차 선교 여행의 처음에 바울의 선교 팀에 합류했다(행 16:2-3). 디모데는 이 여행의 나머지 기간 전체에 걸쳐 바울과 동역했다(행 17:14-15; 18:5을 보라). 바울이 팔레스타인으로 돌아갔을 때, 아마도 그는 헬라나 마게도냐에 남겨져 있다가, 바울이 제3아 선교 여행을 위해 이 지역들로 되돌아왔을 때 다시 조우했다.[319] 디모데

관련해서 특히 그러하다); 그래서 KJV의 24절은 "The grace of our Lord Jesus Christ be with you all. Amen."으로 되어 있다. 이 절은 가장 초기의 가장 중요한 사본들(P^{46}, ℵ, B, 이차적인 알렉산드리아 대문자 사본인 C, P61, 0150, 몇몇 소문자 사본들)에는 빠져 있고, 분명히 후대의 첨가다.

317. 반대 견해로는 Wilckens, 3.140. 마찬가지로 Longenecker (1079-1080)도 21-27절은 이 서신의 나머지 부분이 완성된 후에 덧붙여진 것이라는 가설을 제기한다.

318. 일련의 문안인사들이 연속적으로 나오지 않고 이렇게 분리되어 나오는 것은 이 본문의 위치가 바뀌었다거나 후대의 첨가라는 이론들을 촉발시켜 왔다(17-20절에 대한 서론을 보라; 21-23절에 대해서는 Schmithals, 563-564를 보라). 그러나 그러한 첨가를 보여 주는 본문상의 증거가 존재하지 않는다; 그리고 이런 이론들은 바울의 서신들의 결말의 형식이 지닌 엄격성을 전제하지만, 그의 서신들은 그런 엄격성을 증명해주지 않는다.

319. 바울은 에베소에서 쓴 고린도전서에서는 디모데를 언급하지 않지만, 마게도냐에서 쓴 고린도후서에서는 디모데를 공동저자로 포함시킨다.

는 나중에 바울이 로마에 투옥되어 있는 동안에도 함께 했고,[320] 바울이 풀려난 후에는 다시 동부 지중해에서 함께 사역했다(디모데전서와 디모데후서를 보라). 그래서 이 절이 분명히 보여 주듯이, 디모데는 제3차 선교 여행이 끝나갈 무렵에 헬라에 머물고 있던 바울과 함께 있었다(행 20:3-4을 보라). 디모데의 중요성은 바울이 그를 자신의 여섯 편의 서신들(고린도후서, 데살로니가전서, 데살로니가후서, 빌립보서, 골로새서, 빌레몬서)의 "공동저자"로 소개한다는 사실로부터 짐작할 수 있다. 바울이 로마서에서는 그렇게 소개하지 않은 이유는 디모데는 대부분의 로마 그리스도인들에게 알려져 있지 않았고, 이 서신에서는 이방인들에 대한 바울의 특별한 사도적 선교가 당면 문제였기 때문일 것이다.[321]

"누기오"는 수리아 안디옥 교회의 선지자/교사인 "구레네 사람 루기오"와 동일인물이라거나,[322] 복음서를 쓴 누가라는 견해("누가"는 "누기오"의 다른 표기일 수 있다)[323]가 제시되어 왔다. 그러나 어느 쪽도 가능성이 아주 희박하다.[324] 반면에, "야손"은 바울이 데살로니가에서 짧게 머물러 있으면서 소동에 휘말렸을 때 그에게 숙식을 제공했던 야손일 가능성이 높다(행 17:5-9).[325] 그리고 "소시바더"는 베뢰아 사람 "소바더"와 동일인물임이 거의 확실하다. 누가는 "소바더"가 바울이 제3차 선교 여행의 끝무렵에 헬라를 떠날 때 동행했다고 말한다(행 20:4).[326] 바울은 이 세 사람이 모두 같은 유대인이었다고 말한다.[327] 그리고 그들은 예루살렘의 성도들 중에서 가난한 자들을 위한 연보를 전달하기 위해 예루살렘으로 가는 바울을 호위하도록 교회들이 뽑아 보내준 사람들이었을 것이다.[328]

---

320. 골 1:1; 몬 1:1; 빌 1:1; 2:19-23을 보라(빌립보서가 로마에서 쓰였다는 것을 전제했을 때).
321. Godet를 보라.
322. Godet.
323. BDF §125(2); Schmithals; Dunn(?); Stuhlmacher(?).
324. Käsemann; Fitzmyer를 보라.
325. Godet; Cranfield; Wilckens; 반대 견해로는 예를 들어, Käsemann.
326. "소시바더"(Σωσίπατρος, '소시파트로스')는 "소바더"(Σώπατρος, '소파트로스')의 다른 형태다.
327. '쉉게네이스'(συγγενεῖς). 이 단어에 대해서는 7절을 보라. 이 칭호가 세 사람 모두에게 적용되는지, 아니면 오직 마지막 두 사람에게만 적용되는지는 완전히 분명하지는 않다(Cranfield).
328. 예를 들어, Wilckens; Dunn; Fitzmyer를 보라. Käsemann은 유대 그리스도인들은 바울이 세운 이방 교회들을 대표할 수 없었을 것이라고 주장하며 이 견해에 반대한다. 그러나 이 교회들이 유대 그리스도인들을 자신들의 대표들로 뽑은 이유는 바울이 세운 교회들이 오직 이방인들로만 구성되어 있지 않다는 것을 예루살렘 성도들에게 보여 주기 위한 것 같다.

22 "더디오"는 이것 외에는 우리에게 알려져 있지 않다. 그는 이 절에서 자기가 바울의 로마서의 "대필자"라고 밝힌다: 바울이 구술하는 것을 "받아적은" 사람.[329] 바울은 고된 작업을 끝낸 그에게 자신의 이름으로 로마 그리스도인들에게 기독교적인[330] 문안인사를 전할 기회를 준다.

23 "가이오"는 흔한 이름이었고, 신약성경에는 이 이름을 가진 사람이 적어도 세 명 나온다: "더베 사람" 가이오(행 20:4; 또한 19:29을 보라); 고린도 교회의 신자인 가이오(고전 1:14); 소아시아의 한 교회의 지도자였던 가이오(요삼 1:10). 바울은 고린도에서 로마서를 쓰고 있는 것이었기 때문에, 여기에서 문안인사를 전하는 가이오는 고린도 교회의 신자인 가이오임이 거의 틀림없다. 또한 이 가이오는 바울이 고린도에 처음으로 머물렀을 때 그에게 숙식을 제공했던 "디도 유스도"(행 18:7)와 동일인물일 것이다.[331] 가이오가 고린도 교회에서 어떤 역할을 했는지는 완전히 분명하지는 않다. 왜냐하면 가이오에 대한 바울의 설명은 그가 고린도 교회 전체를 "돌보아 주는 사람"[332]이었다는 것을 의미할 수도 있고,[333] 고린도를 지나가는 "모든 교회"의 온갖 그리스도인을 "돌보아 주는 사람"이었다는 것을 의미할 수도 있기 때문이다.[334] 확실하게 말하는 것은 불가능하지만, 고린도 교회 전체가 그의 집에서 만났을 가능성은 희박하다는 점에서, 두 번째 선택지가 더 바

329. '그라포'(γράφω)의 이 의미에 대해서는 BDAG를 보라. 고대의 저술가들은 필사자를 사용해서 자신의 서신을 대필시키는 것이 관행이었다; 그리고 저술가들은 필사자가 자기가 구술한 내용을 실제로 어떤 표현을 사용해서 쓰느냐와 관련해서는 다양한 수준의 자유를 허용했다. (예를 들어, R. Longenecker, "Ancient Amanuenses," 281-297; R. Richards, *Secretary*, 특히 170-172를 보라.) 대부분의 학자들은 로마서의 문체가 직설적이고, 갈라디아서와 고린도전서의 문체와 비슷하다는 것은 로마서의 단어 사용과 표현들은 바울 자신의 것임을 강력하게 시사해주는 것이라는 데 동의한다. 더디오는 단순히 바울이 구술해준 것을 받아적는 역할을 했던 것으로 보인다.

330. '엔 토 퀴리오'(ἐν τῷ κυρίῳ, "주 안에서")라는 어구가 그것을 보여 준다. 이 어구는 '그랍사스'(γράψας, "기록한")가 아니라 '아스파조마이'(ἀσπάζομαι, "문안하고")를 수식할 것이다; Cranfield를 보라.

331. 따라서 그의 정식 이름은 "가이우스 티티우스 유스투스"(Gaius Titius Justus, "가이오 디도 유스도")였을 것이고, "가이우스"("가이오")는 그의 개인 이름이었을 것이다(Bruce를 보라).

332. '크레노스'(ξένος). 이 단어는 통상적으로 "낯선 사람," "외인"을 의미하지만, "돌보아 주는 자"(영어로 "host")를 의미할 수도 있다(BDAG).

333. BDAG; Dunn; Schreiner; Gielen, "Zur Interpretation"; Fitzmyer.

334. 예를 들어, Käsemann; Wilckens를 보라.

람직한 것으로 보인다.

"에라스도"는 바울이 제3차 선교 여행 동안 에베소에서 마게도냐로 보낸 바로 그 에라스도일 것이다(행 19:21-22; 또한 딤후 4:20을 보라).[335] 그러나 이러한 동일시는 고린도에 이 도시의 "공공건물 관리관"이었던 에라스도를 언급한 금석문이 있다는 사실에 의해 복잡해졌다. 바울이 여기에서 에라스도를 소개할 때 사용한 단어인 '오이코노모스'는 시 당국의 재무관을 가리킨다(BDAG: "시 재무관"). 그리고 이 명칭이 "공공건물 관리관"과 동일한 것인지는 분명하지 않다.[336] 하지만 동일한 것이 아니더라도, 에라스도는 "재무관"으로 있다가 나중에 "공공건물 관리관"으로 승진했을 가능성도 있다.[337] 전체적으로 보았을 때, 바울이 말한 에라스도와 이 금석문에 언급된 에라스도는 동일인물일 가능성이 높다.[338]

"구아도"는 신약성경의 다른 곳에는 나오지 않는다. 바울은 그를 단지 같은 신자라고만 소개한다.[339]

335. 예를 들어, Fitzmyer를 보라.

336. "공공건물 관리관"(aedile)의 임기는 1년이었고, 시의 도로들과 건물들, 몇몇 재정들에 대한 책임을 맡았다. 많은 사람들은 라틴어 '아이딜레'(aedile)와 그리스어 '오이코노모스'(οἰκονόμος, "재무관")을 동일시하는 것에 의문을 제기한다(예를 들어, Cadbury, "Erastus of Corinth," 42-58; Theissen, *Social Setting*, 77-78). 그러나 Gill은 이 동일시가 가능하다는 것을 보여 준다("Erastus the Aedile," 293-301).

337. Theissen, Social Setting, 77-78; Meeks, *First Urban Christians*, 58-59; Bruce를 보라.

338. 또한 Clarke, "Another Corinthian Erastus Inscription," 146-151; Jewett을 보라.

339. '아델포스'(ἀδελφός, "형제"). 몇몇 사람들은 여기에서 이 단어는 에라스도(Jewett) 또는 더디오(Bruce)와의 혈연 관계를 나타내는 데 사용된 것일 수 있다고 생각하지만, 그럴 가능성은 희박하다.

C. 결론적인 송영(16:25-27)

25 나의 복음과 예수 그리스도를 전파함은 영
세 전부터 감추어졌다가 26 이제는 나타내
신 바 되었으며 영원하신 하나님의 명을
따라 선지자들의 글로 말미암아 모든 민족
이 믿어 순종하게 하시려고 알게 하신 바
그 신비의 계시를 따라 된 것이니 이 복음
으로 너희를 능히 견고하게 하실
27 지혜로우신 하나님께 예수 그리스도로 말
미암아 영광이 세세무궁하도록[340] 있을지
어다 아멘.[341]

---

340. 일부 사본들(일차적인 알렉산드리아 대문자 사본 ℵ, 이차적인 알렉산드리아 대문자 사본들인 A와 81, 서방 사본 D, 그 밖의 몇몇 사본들)에서 '아이오나스'(*αἰῶνας*, "시대")에 '톤 아이오논'(*τῶν αἰώνων*, "시대들의")을 첨가한 것(예를 들어, "세세무궁하도록"이라는 의미를 나타내기 위해) 은 이차적인 확장이다(반대 견해로는 예를 들어, Käsemann).

341. 이 결론적인 송영은 파란만장한 본문 역사를 가지고 있다. 이 송영은 서로 자매 관계에 있는 이중언어 서방 사본들인 F와 G에는 완전히 빠져 있고, 어떤 사본들(P^{46}과 소문자 사본 1506)에는 15:33 뒤에 나오며, 어떤 사본들(이차적인 알렉산드리아 사본 A, 비잔틴 사본 P, 대문자 사본 0150, 몇몇 소문자 사본들)에는 여기와 14:23 두 곳에 나온다. 이 송영의 위치와 관련한 이러한 불확실성 때문에 비평학자들은 이 송영의 진정성을 의심해 왔다. 그러나 이 송영의 내용이 불러일으킨 의심들이 훨씬 더 심각하다. 이 절들의 단어 사용과 표현들은 바울의 것이 아니라고 주장된다. '크로노이스 아이오니오스 세시게메노이'(*χρόνοις αἰώνιος σεσιγημένοι*, "영세 동안 감추어졌다가"), '그라폰 프로페티콘'(*γραφῶν προφητικῶν*, "선지자들의 그들"), '투 아이오니우 테우'(*τοῦ αἰωνίου θεοῦ*, "영원하신 하나님의") 같은 것들은 바울에게는 생소한 것인 반면에 후대에 전형적으로 사용된 단어들과 표현들이라는 것이다. 많은 사람들은 이러한 주장은 이 송영의 단어 사용과 표현들(특히 "신비")이 바울 이후의 후대의 서신들이라고 하는 에베소서와 골로새서와 비슷하다는 사실에 의해 확증된다고 생각한다. 끝으로, 바울은 다른 곳에서는 자신의 서신을 송영으로 끝내지 않는다. 이런 이유들과 그 밖의 다른 이유들을 근거로 상당수의 학자들은 이 송영이 바울 이후에 로마서에 첨가된 것이라고 생각하고, 아마도 마르키온이 이 서신의 본문을 혹평했던 때에 그런 첨가가 이루어졌을 것이라고 본다. 예를 들어, Barrett, 286; Dodd, 245-246; Käsemann, 422, 427-428; Gaugler, 2.416-417; Cranfield, 2.808; Wilckens, 3.147; Bruce, 267-268; Black, 215; Schlier, 451; Dunn, 2.912-913; Fitzmyer, 753; Haacker, 330-331; Jewett, 997-1002; Byrne, 461-462; Lohse, 417; Hultgren, 601; Bacon, "Doxology," 167-176; Zuntz, Text of the Epistles, 227-229; T. Manson, "St. Paul's Letter," 8; K. Aland, "Schluss," 284-301; Donfried, "Short Note," 50; J. Elliott, "Language and Style," 124-130; Ollrog, "Abfassungsverhältnisse," 227; W. Walker, Interpolations, 190-199를 보라.

따라서 이 송영을 배제해야 한다는 논증들은 만만치 않다; 그러나 반대 쪽의 논증들도 있다. 첫째, 이 대목에 이 송영을 포함시켜야 한다는 것을 보여 주는 사본상의 지지는 강력하다: 일차적인 알렉산드리아 사본들인 ℵ와 B; 이차적인 알렉산드리아 사본들인 C, 81, 1739; 서방 사본 D; P61; 그리고 많은 소문자 사본들. 둘째, 이 송영의 단어 사용과 표현들은 로마서, 특히 그 시작 부분과 주목할 만한 병행들을 보여 준다. 이 병행들은 종종 후대의 편집자에게 돌려진다. 즉, 후대의 편집자가 이 송영을 이 서신의 문체에 맞춰 썼다는 것이다. 그러나 이 병행들은 바울 자신이 이 송영을 썼다는 것을 보여 주는 것일 수도 있다. 셋째, 우리가 바울이 에베소서와 골로새서를 썼다고 보는 경우에는, 이 송영과 바울 자신의 문체 간의 차이들은 대체로 제거된다. 넷째, 바울이 "형제 바울은 로마 그리스도인들에게 보낸 자신의 장엄한 서신을 예수 그리스도의 복음에서 구원사의 절정을 계시하신 하나님을 찬송하는 송영으로 끝을 맺는다. 바울은 이 절들에서 이 서신, 그중에서도 특히 이 서신의 시작 단락에 나오는 단어들과 표현들과 주제들을 의도적으로 재현한다:

"능히 하실"(능력)	1:4, 16
"너희를 견고하게"	1:11
"[나의] 복음"	1:1, 9, 16; 또한 2:16을 보라
"계시/나타내신 바 되었으며"	1:17; 3:21
"선지자들의 글"	1:2; 3:21
"믿어 순종하게"	1:5
"모든 민족"(이방인들)	1:5; 여러 곳
"오직 하나님"	3:29-30
"지혜로우신 하나님"	11:33-36

여기에서 또 다시 두드러지는 것은 구원사의 정점이자 보편적으로 적용될 수 있는 메시지인 복음의 나타남이다. 바울은 자기가 시작했던 방식으로 끝을 맺는

구아도"라는 말로 자신의 서신을 끝냈으리라는 것은 믿기 어려워 보인다. 그래서 이전의 많은 학자들은 이 송영의 진정성을 인정했고(예를 들어, Hort, "On the End," 322-329; Alford, 2.471; Godet, 506-509; S-H, 423; Meyer, 2.363-367; Liddon, 232), 오늘날의 여러 학자들도 그 대열에 합류한다(Murray, 2.262-268; Lenski, 926-927; Huby, 516-520; Nygren, 457; Schmidt, 265-266; Hendrickson, 2.521-522; Harrison, 171; Stuhlmacher, 244-246, 256; Schreiner, 816-817; Wright, 767-768; Witherington/Hyatt, 377; Kruse, 587; Longenecker, 1083-1085; Gaugusch, "Untersuchungen zum Römerbrief," 263-265; Fahy, "Epistle to the Romans 16:25-27," 238-241; Weima, Neglected Endings, 218-19; and see Hurtado, "Doxology," 185-199).

이 문제에 대해 결정을 내리는 것은 매우 어렵다; 하지만 우리는 이 송영이 바울의 원래의 서신의 일부였다는 쪽으로 약간 기운다. 사본들에서 이 송영의 위치가 서로 다른 것, 일부 사본들에는 빠져 있는 것은 이 서신의 마지막 장들의 본문이 제대로 보존되지 못한 것이 그 이유일 수 있다. 이 송영의 단어 사용과 표현들과 문체는 바울의 것이 아닌 것이 아니다. 이 송영을 받아들이는 것을 방해하는 가장 큰 장애물은 송영들을 자신의 서신들의 중간에 배치하는 바울의 일반적인 관행이다. 그러나 로마서의 결말은 다른 서신들과 큰 차이들을 보여 준다는 점에서, 그것은 그렇게 큰 문제점이 아니다.

다.[342] 바울은 자기가 예수 그리스도안에서 그들의 구원을 위한 하나님의 놀라운 계획에 대해 이미 말한 것들을 로마 그리스도인들에게 상기시킴으로써, 하나님에 대한 그들의 찬송을 촉발시키고자 하는 것임이 분명하다.

바울은 송영의 제의적 색채를 향상시키기 위해서 삼중적 구조를 반복해서 사용한다: 25절b의 "복음", "전파함", "나타남"; "나타남"을 수식하는 세 개의 분사 - "감추어졌다가", "나타내신 바 되었으며", "알게 하신." 바울로 하여금 구문론적인 난점들에 빠지게 한 것은 바로 이러한 아주 복잡한 배열이었을 것이다. 왜냐하면 25-27절은 하나의 길고 불완전한 문장이기 때문이다.[343]

25 여격 구문("~께")으로 하나님을 부르는 것은 송영에서 전형적이다.[344] 하지만 바울은 하나님을 부르는 것으로 시작하지 않고, 하나님은 "너희를 능히 견고하게 하실" 분이라고 말하는 것으로 시작한다. 바울은 자기가 로마로 가서 행하고자 하는 일들(1:11)은 오직 하나님의 도우심을 통해서만 가능하다는 것을 인정한다. "나의 복음에 따라"[345]는 "능히 하실"을 수식하는 것일 수도 있다: 나의 복음이 말한 것처럼, 하나님은 너희를 견고하게 하실 수 있으시다.[346] 그러나 "견고하게 하다"를 수식하는 것일 가능성이 더 크다. 그런 경우에 "나의 복음에 따라"는 하나님이 그들을 견고하게 하시는 데 사용하는 수단("나의 복음으로 말미암아")을 가리키는 것일 수도 있고,[347] 하나님이 그들을 견고하게 하실 때 사용하는 기준("~을 따라", "~안에서")을 가리키는 것일 수도 있다.[348] 그러나 우리는 이 두 선택지 중 어느 하나로 결정할 필요는 없을 것이다: 바울의 취지는 복음은 하나님이 그들을 견고하게 하시는 것과 관련해서 그 원천이라는 것이다.[349]

342. 예를 들어, Bengel, 3.197; Michel, 486; Stuhlmacher, 256을 보라.
343. 예를 들어, 하나의 파격 구문. Denney, 725를 보라. 동사를 보충해 넣어서 이 결론을 피하고자 하는 시도들(예를 들어, Godet, 506)은 필요하지도 않고 설득력도 없다. 자세한 것은 27절에 대한 각주들을 보라.
344. 예를 들어, 엡 3:20; 유 1:24-25을 보라.
345. "나의 복음"에 대해서는 2:16을 보라.
346. Godet.
347. S-H(?).
348. Käsemann; Murray.
349. Dunn.

"예수 그리스도를 전하는[350] 것"으로 풀어 번역할 수 있는 "예수 그리스도의 전파"(한글개역개정에는 "예수 그리스도를 전파함")[351]는 "나의 복음"에 대한 추가적인 정의다.[352] 그리고 "계시를 따라"는 그 동일한 메시지에 대한 대체로 병행적인 세 번째 설명일 수 있다.[353] 그러나 이 어구는 "전파",[354] 또는 "복음과 전파,"[355] 또는 "복음"[356]에 종속되어 있는 것으로 보는 것이 더 낫다. 복음은 신비의 계시를 "따라" 된 것이다. 즉, 신비의 계시에 "토대를 둔" 것이다. 바울은 이 서신의 주제를 천명하는 곳에서 복음은 "하나님의 의의 계시"(한글개역개정에는 "복음에는 하나님의 의가 나타나서")에 있다고 말한다(1:17). 여기에서 그는 이 계시 개념을 재현한다. 바울은 11:25에서 "신비"라는 단어를 사용했지만,[357] 그가 여기에서 이 단어를 그의 복음과 전도의 기본적인 내용에 적용한 것이 고린도전서 2:7, 에베소서 3:3-9, 골로새서 1:26-27 같은 본문들에서 그가 사용한 이 단어의 용법과 더 가깝다.

25절의 나머지 부분과 26절 전부는 이 "신비"에 대한 삼중적인 설명으로 채워져 있다. 첫째, 바울은 이 신비는 "오랜 세대 동안[358] 감추어져[359]" 있었다고 말한다. 여기에서 바울은 묵시론의 전형적인 모티프를 반영한다: 하나님의 계획과

350. '케뤼그마'(κήρυγμα, "전파함, 전함"); 이 단어는 로마서에서는 오직 여기에만 나온다. 그러나 10:8, 14, 15("복음"과 관련해서 사용된다)에 나오는 '케뤼소'(κηρύσσω, "전파하다, 전하다")를 보라.

351. 속격 '예수 크리스투'(Ἰησοῦ Χριστοῦ, "예수 그리스도의")는 분명히 목적격적 속격이기 때문에, 주격적 속격으로 해석하는 것 - "예수 그리스도께서 행하신 전파"(Schlatter; G. Friedrich, *TDNT* 2.731의 견해) - 은 잘못된 것이다.

352. '카이'(καί)는 보충설명을 나타낸다(Wilckens).

353. Meyer.

354. S-H; Cranfield.

355. Godet; Murray.

356. 예를 들어, Bengel.

357. 바울 서신에서 '뮈스테리온'(μυστήριον, "신비")의 의미와 배경에 대해서는 그 본문에 대한 각주를 보라.

358. '크로노이스 아이오니오이스'(χρόνοις αἰωνίοις, 한글개역개정에는 "영원 전부터"). 여격은 시간을 나타내고(Wilckens), 복수형 '크로노이스'는 여기에서 "여러 더 짧은 시간들로 구성된 다소 긴 기간"을 의미한다(BDAG). 이것은 하나님의 계획의 "영원성"을 암시하는 말인 것으로 보인다(Murray를 보라).

359. "침묵하다"를 뜻하는 동사 '시가오'(σιγάω)에서 온 '세시게메누'(σεσιγημένου); 이 형태는 완료형이기 때문에, 과거에 이 신비가 "은밀한" 상태에 있었다는 것을 강조한다. 바울은 다른 곳에서는 오직 고전 14:28, 30, 34에서만 이 동사를 사용한다; 여기에서 이 단어의 의미에 대해서는 BDAG를 보라.

목적들은 감춰져 있다는 것. 바울이 26절에서 분명히 하듯이, 감춰져 있다는 것은 사람이 그 신비의 내용에 관한 어떤 지식도 가질 수 없다는 것을 의미하는 것이 아니라, 그 신비를 온전히 깨달을 수 없고 – 이것이 특별한 강조점이다 – 경험할 수 없다는 것을 의미한다.

26 바울은 신약성경의 전형적인 구원사적 도식을 따라,[360] "감추어졌던" 이 신비가 "이제는 나타내신 바 되었다"[361]고 말한다. 이 구절 뒤에 나오는 "그리고"는 이 절에 나오는 네 개의 전치사구들은 모두 바울이 이 신비를 설명하기 위해 사용한 세 번째 분사인 이 절의 끝에 나오는 "알게 하신"을 수식한다는 것을 보여준다.[362] 이 마지막 두 개의 분사는 분명히 의미가 아주 비슷하다.[363] 아마도 바울은 문체상의 이유들(자신의 삼중적 도식을 유지하기 위해)이나, 이 개념을 강조하기 위해 이 둘 모두를 사용한 것 같다. 첫 번째 전치사구는 하나님이 이 신비를 알게 하실 때 사용하신 수단을 설명한다. "선지자들의 글로 말미암아." 우리는 여기에서 바울이 복음이나 신약성경을 이 계시의 원천으로 언급할 것이라고 예상할 수 있기 때문에, 일부 학자들은 바울이 여기에서 사도들의 글들이나 성경 전체를 염두에 두고 이렇게 말한 것이라고 생각한다.[364] 그러나 바울은 하나님이 그리스도 안에서 행하신 사역의 신비는 구약 시대에는 사람들이 온전히 경험하거나 깨닫지 못했음에도 불구하고 구약성경이 "증언했다"는 것을 이미 충분히 분명히 한 바 있

360. 특히 고전 2:7-9; 엡 3:5, 9-10; 골 1:26-27; 딤후 1:9-10; 딛 1:2-3; 벧전 1:10을 보라.

361. 그리스어 동사 '파네로오'(φανερόω, "나타나다")는 로마서 3:21에서도 비슷한 방식으로 사용된다. 거기에서는 나타나서 존재해 있는 상태를 강조하지만(완료 시제), 여기에서는 단지 나타났다는 것만을 강조한다(단순과거 시제).

362. 예를 들어, Godet; Cranfield; Dunn을 보라.

363. 바울이 이 두 분사를 연결하기 위해 *καί*('카이')나 '데'(δέ) 대신에 '테'(τε)를 사용한 것은 이 두 분사가 밀접하게 연결되어 있다는 것을 암시한다.

364. Godet는 이것이 사도들의 가르침을 가리킨다고 생각한다. 그러나 그러한 견해는 이 송영이 후대의 편집자에 의해 첨가되었다고 생각하는 사람들 사이에서 특히 인기가 있다. 따라서 이 어구가 가리키는 것들 가운데는 바울의 서신들도 포함될 수 있다(Käsemann; Wilckens를 보라). 베드로후서 1:20에 나오는 '프로페테이아 그라페스'(προφητεία γραφῆς, "성경의 예언")라는 비슷한 어구가 근거로 제시되지만, 이 학자들은 이 본문도 주후 1세기 말의 상황을 반영한 것으로 생각한다.

다(특히 1:2; 3:21을 보라). 따라서 "선지자들의 글"은 구약성경을 가리킬 것이다.[365] "영원하신 하나님[366]의 명을 따라[367]"는 하나님이 친히 자신이 정하신 때에 이 신비를 알게 하신 것임을 강조한다. "명"은 역사 속에서 하나님이 하신 어떤 특정한 명령을 가리키는 것이 아니라,[368] 하나님의 뜻의 표현을 가리킨다.[369] 마지막 두 전치사구는 하나님이 이 신비를 "알게 하신" 목적 - 사람들이 복음을 믿고 순종하게 하기 위해[370] - 과 대상 - "모든 민족" - 을 보여 준다. 바울은 이 서신의 시작 부분에서 제시했고(1:5) 끊임없이 되돌아가서 언급했던 주제로 마지막으로 돌아간다: 예수 그리스도의 복음은 모든 사람에게 적용된다는 것.

27 바울은 마침내 자기가 송영을 시작할 때 사용했던 구문[371]으로 돌아가서, 이제 "능히 하실 분"이 "유일하게 지혜로우신 하나님"[372]이라는 것을 밝힌다. 하나님의 "지혜"는 11:33에서와 마찬가지로 구원사와 관련한 하나님의 "지혜로우신" 계획과 관련이 있고, 이제 그 계획은 성도들이 깨닫고 삶으로 살아내며 감사해야 하는 것이다. 물론 이 계획은 하나님의 아들 예수 그리스도의 인격과 사역 속에서 절정에 도달했다(1:3-4을 보라). 따라서 성도들은 "예수 그리스도로 말미암

365. Dunn; Stuhlmacher를 보라.

366. '아이오니오스 테오스'(αἰώνιος θεός, "영원하신 하나님")라는 연어는 신약성경에서 오직 여기에만 나온다. 그러나 이 연어는 구약성경(창 21:22; 사 26:4; 40:28을 보라)과 유대교(예를 들어, 바룩서 4장의 여러 곳)에서는 흔하다. Dunn을 보라.

367. 전치사 '카타'(κατά) 속에는 여기에서 "~를 따라"라는 개념과 "~때문에"라는 개념이 뒤섞여 있다; BDAG를 보라.

368. 반대 견해로는 Godet는 이것이 예수님의 지상명령을 가리키는 것이라고 생각하고, Fitzmyer는 바울의 소명을 암시한 것이라고 본다.

369. Cranfield를 보라. 바울은 딤전 1:1; 딛 1:3; 2:15에서도 비슷하게 "명령"(ἐπιταγή,'에피타게')라는 단어를 사용한다; 또한 고전 7:6, 25; 고후 8:8을 보라.

370. '휘파코엔 피스테오스'(ὑπακοὴν πίστεως, "믿음의 순종")라는 어구의 의미에 대해서는 1:5을 보라.

371. 여격 '모노 소포 테오'(μόνῳ σοφῷ θεῷ, "유일하게 지혜로우신 하나님께")는 25절의 '토 쉬나메노'(τῷ δυναμένῳ, "능히 하실 이에게")와 동격이다.

372. 모든 현대의 영역 성격들에서 채택하고 대부분의 주석자들(예를 들어, Murray; Schlier; Cranfield)의 지지를 받는 '모노 소포'라는 어구에 대한 이러한 해석은 "유일하시고 지혜로우신 하나님"으로 번역하는 것보다 더 바람직하다. 하나님에 대한 이러한 묘사는 Philo에게서 아주 흔하고, 성경의 지혜 전승을 따른 것이다(특히 Dupont, "Μόνῳ σοφῷ θεῷ," 362-375를 보라).

아" 하나님께[373] 영광을 돌리는 것이 합당하다.

373. 이 절의 마지막 부분의 구문은 관계대명사 '호'(ᾧ)의 존재에 의해 난해해진다. 그래서 일부 사본들은 이 관계대명사를 제거하지만, 그것은 분명히 이 문제점을 제거하기 위한 이차적인 시도다(반대 견해로는 BDF §467; S-H). 몇몇 학자들은 이 관계대명사에서 새로운 문장이 시작되고, 그 선행사는 "예수 그리스도"라고 보는 것이 가장 단순한 해법이라고 생각한다(Barrett). 그러나 그런 식으로 이해하게 되면, 이 송영 전체는 공중에 붕 뜨게 된다; 이 관계대명사의 선행사는 "유일하게 지혜로우신 하나님"임에 틀림없고, 바울이 여기에 관계대명사를 더한 것은 단지 이 문장의 흐름을 놓쳤기 때문이다.

약어표

AARSR	American Academy of Religion Studies in Religion
AASF	Annales Academiae Scientiarum Fennicae
AB	Anchor Bible
ABD	*Anchor Bible Dictionary*. Edited by D. N. Freedman. 6 vols. New York: Doubleday, 1992
ʿAbod. Zar.	ʿAbodah Zarah
ʾAbot R. Nat.	ʾAbot de Rabbi Nathan
ABR	*Australian Biblical Review*
ACCS	Ancient Christian Commentary on Scripture
ACNT	Augsburg Commentaries on the New Testament
A.D.	anno Domini (in the year of our Lord)
Ag. Ap.	*Against Apion* (Josephus)
AGJU	Arbeiten zur Geschichte des antiken Judentums und des Urchristentums
ALBO	Analecta Lovaniensia Biblica et Orientalia
AnBib	Analecta Biblica
Ann.	*Annales* (Tacitus)
ANRW	*Aufstieg und Niedergang der römischen Welt*
Ant.	*Jewish Antiquities* (Josephus)
ANTC	Abingdon New Testament Commentaries
AOTC	Abingdon Old Testament Commentaries
Apoc. Ab.	Apocalypse of Abraham
Apoc. Mos.	Apocalypse of Moses
1 Apol.	*First Apology* (Justin)
Apos. Con.	Apostolic Constitutions and Canons
ApOTC	Apollos Old Testament Commentary
As. Mos.	Assumption of Moses
AsSeign	*Assemblées du Seigneur*
ATANT	Abhandlungen zur Theologie des Alten und Neuen Testaments
ATDan	Acta Theologica Danica
AugStud	*Augustinian Studies*
AUSS	*Andrews University Seminary Studies*
b.	Babylonian Talmud

BA	*Biblical Archaeologist*
2 Bar.	2 Baruch (Syriac Apocalypse)
4 Bar.	4 Baruch (Paraleipomena Jeremiou)
Bar.	Baruch
bar.	baraita
Barn.	Barnabas
BBB	Bonner biblische Beiträge
BBET	Beiträge zur biblischen Exegese und Theologie
BBMS	Baker Biblical Monograph Series
BBR	*Bulletin for Biblical Research*
B.C.	before Christ
BCOTWP	Baker Commentary on the Old Testament Wisdom and Psalms
BDAG	W. Bauer, F. W. Danker, W. F. Arndt, and F. W. Gingrich, *Greek-English Lexicon of the New Testament and Other Early Christian Literature*. 3d ed. Chicago: University of Chicago Press, 2000
BDB	F. Brown, S. R. Driver, and C. A. Briggs, *A Hebrew and English Lexicon of the Old Testament*. Reprint. Oxford: Clarendon, 1959
BDF	F. Blass, A. Debrunner, and R. W. Funk, *A Greek Grammar of the New Testament*. Chicago: University of Chicago Press, 1961
BDR	F. Blass, A. Debrunner, and F. Rehkopf, *Grammatik des neutestamentlichen Griechisch*. Göttingen: Vandenhoeck & Ruprecht, 1959
BECNT	Baker Exegetical Commentary on the NT
BETL	Bibliotheca Ephemeridum Theologicarum Lovaniensium
BEvT	Beiträge zur evangelischen Theologie
BFCT	Beiträge zur Förderung christlicher Theologie
BHT	Beihefte zur historischen Theologie
Bib	*Biblica*
Bib. Ant.	*Biblical Antiquities* (Pseudo-Philo)
BiBh	*Bible Bhashyam*
BibInt	*Biblical Interpretation*

BibInt	Biblical Interpretation Series
BibS(F)	Biblische Studien (Freiburg, 1895–)
Bijdr	*Bijdragen: Tijdschrift voor filosofie en theologie*
BJRL	*Bulletin of the John Rylands University Library of Manchester*
BJS	Brown Judaic Studies
B. Meṣ.	Baba Meṣiʿa
BN	*Biblische Notizen*
BSac	*Bibliotheca Sacra*
BT	*The Bible Translator*
BTB	*Biblical Theology Bulletin*
BWA(N)T	Beiträge zur Wissenschaft vom Alten (und Neuen) Testament
BZ	*Biblische Zeitschrift*
BZNW	Beihefte zur Zeitschrift für die neutestamentliche Wissenschaft
c.	century
C. Jul.	*Against Julian*
ca.	*circa* (around)
CBC	Cambridge Bible Commentary
CBQ	*Catholic Biblical Quarterly*
CBQMS	Catholic Biblical Quarterly Monograph Series
CD	Cairo Damascus (Document)
CD	Karl Barth, Church Dogmatics. 14 vols. in 4. Edinburgh: T&T Clark, 1936–77
CEB	Common English Bible
cf.	confer (compare)
chap(s).	chapter(s)
1, 2 Clem.	1, 2 Clement
col.	column
comm.	commentary
ConBNT	Coniectanea Biblica: New Testament
CRINT	Compendia Rerum Iudaicarum ad Novum Testamentum
CSB	Christian Standard Bible

CTJ	*Calvin Theological Journal*
CTM	*Concordia Theological Monthly*
CTQ	*Concordia Theological Quarterly*
CurTM	*Currents in Theology and Mission*
CV	*Communio Viatorum*
Cyr.	*Cyropaedia* (Xenophon)
Di	*Dialog*
Diatr.	*Diatribai* (Dissertationes) (Epictetus)
Did.	Didache
diss.	dissertation
DSS	Dead Sea Scrolls
DTT	*Dansk teologisk tidsskrift*
EBib	*Études bibliques*
ECL	Early Christianity and Its Literature
ed.	editor, edition
EdF	Erträge der Forschung
EDNT	*Exegetical Dictionary of the New Testament*. Edited by H. Balz and G. Schneider. 3 vols. Grand Rapids: Eerdmans, 1990–93
EFN	Estudios de filología neotestamentaria
e.g.	*exempli gratia (for example)*
EgT	*Eglise et théologie*
EHS	Europäische Hochschulschriften
EKKNT	Evangelisch-katholischer Kommentar zum Neuen Testament
1 En.	1 Enoch
Enc	*Encounter*
esp.	especially
EstBib	*Estudios biblicos*
ESV	English Standard Version
ET	English translation
ETL	*Ephemerides Theologicae Lovanienses*
ETR	*Etudes théologiques et religieuses*
ETS	Erfurter theologische Studien
EvQ	*Evangelical Quarterly*

EvT	*Evangelische Theologie*
ExAud	*Ex Auditu*
Exod. Rab.	Exodus Rabbah
ExpTim	*Expository Times*
FB	Forschung zur Bibel
FBBS	Facet Books, Biblical Series
FC	Fathers of the Church
FRLANT	Forschungen zur Religion und Literatur des Alten und Neuen Testaments
Gen. Rab.	Genesis Rabbah
Germ.	German
Gk.	Greek
Greg	*Gregorianum*
GTA	Göttinger theologischer Arbeiten
Haer.	Adversus Haereses (Irenaeus)
HBT	*Horizons in Biblical Theology*
Heb.	Hebrew
Herm. Sim.	Shepherd of Hermas, Similitude(s)
Herm. Vis.	Shepherd of Hermas, Vision(s)
Hist.	*Historia* (Polybius)
Hist. eccl.	*Historia Ecclesiastica* (Eusebius)
HKNT	Handkommentar zum Neuen Testament
HNT	Handbuch zum Neuen Testament
HNTC	Harper's NT Commentaries
HThKNT	Herders theologischer Kommentar zum Neuen Testament
HTR	*Harvard Theological Review*
HUCA	*Hebrew Union College Annual*
HUT	Hermeneutische Untersuchungen zur Theologie
IB	*Interpreter's Bible*. Edited by G. A. Buttrick. 4 vols. New York: Abingdon, 1962
IBC	Interpretation: A Bible Commentary for Teaching and Preaching
ICC	International Critical Commentary
IDBSup	*Interpreter's Dictionary of the Bible, Supplementary Volume*. Edited by K. Crim. Nashville: Abingdon, 1976
i.e.	*id est* (that is)
Ign. *Eph.*	*Irish Theological Quarterly*

IKaZ	*Internationale katholische Zeitschrift*
Imm	*Immanuel*
Int	*Interpretation*
ITQ	*Ignatius, To the Ephesians*
JAAR	*Journal of the American Academy of Religion*
JAC	*Jahrbuch für Antike und Christentum*
JBC	*Jerome Biblical Commentary*. Edited by Raymond E. Brown et al. Englewood Cliffs, NJ: Prentice-Hall, 1968
JBL	*Journal of Biblical Literature*
JETS	*Journal of the Evangelical Theological Society*
Jos. Asen.	Joseph and Aseneth
JPS	Jewish Publication Society
JR	*Journal of Religion*
JSJ	*Journal for the Study of Judaism in the Persian, Hellenistic, and Roman Periods*
JSJSup	Supplements to the Journal for the Study of Judaism
JSNT	*Journal for the Study of the New Testament*
JSNTSup	Journal for the Study of the New Testament Supplement Series
JSOTSup	Journal for the Study of the Old Testament Supplement Series
JSPL	*Journal for the Study of Paul and His Letters*
JSPSup	Journal for the Study of the Pseudepigrapha Supplement Series
JTI	*Journal for Theological Interpretation*
JTS	*Journal of Theological Studies*
Jub.	Jubilees
Judaica	*Judaica: Beiträge zum Verständnis des jüdischen Schicksals in Vergangenheit und Gegenwart* (Zurich: Zwingli)
J.W.	*Jewish War* (Josephus)
KD	*Kerygma und Dogma*
KEK	H. A. W. Meyer, editor. *Kritisch-exegetischer Kommentar über das Neue Testament*
1, 2, 3, and 4 Kgdms.	1, 2, 3, and 4 Kingdoms (LXX)
KJV	King James Version
l(l).	line(s)
Lat.	Latin
LD	Lectio divina

LEC	Library of Early Christianity
Let. Aris.	Letter of Aristeas
LN	J. P. Louw and E. Nida, *Greek-English Lexicon of the New Testament: Based on Semantic Domains*. 2 vols. New York: United Bible Societies, 1988–89
LNTS	The Library of New Testament Studies
LS	*Louvain Studies*
LSJ	*Greek-English Lexicon*. Edited by H. G. Liddell, R. Scott, and H. S. Jones. 9th ed. Oxford: Clarendon, 1996
LSTS	The Library of Second Temple Studies
LTJ	*Lutheran Theological Journal*
LTP	*Laval théologique et philosophique*
LUÅ	Lunds universiteits årsskrift
Lum Vie	*Lumière et vie*
LW	Luther's Works
LXX	Septuagint
Mek. Exod.	Mekilta Exodus
mg.	margin
Midr. Qoh.	Midrash Qohelet
MM	J. H. Moulton and G. Milligan, *The Vocabulary of the Greek Testament*. 1930. Reprint. Peabody, MA: Hendrickson, 1997
MNTC	Moffatt NT Commentary
MS(S)	manuscript(s)
MSJ	*The Master's Seminary Journal*
MT	Masoretic Text
MTZ	*Münchener theologische Zeitschrift*
NA	Nestle-Aland, *Novum Testamentum Graece* (various editions)
NAB	New American Bible
NAC	New American Commentary
NASB	New American Standard Bible
NCB	New Century Bible
n.d.	no date
NEB	New English Bible
NEchtB	Neue Echter Bibel
Neot	*Neotestamentica*

NET	New English Translation
NETS	*A New English Translation of the Septuagint*. Edited by A. Pietersma and B. G. Wright. New York: Oxford University Press, 2007
NewDocs	*New Documents Illustrating Early Christianity*
NIBCOT	New International Biblical Commentary on the Old Testament
NICNT	New International Commentary on the New Testament
NICOT	New International Commentary on the Old Testament
A*NIDNTT*	*New International Dictionary of New Testament Theology*. Ed- ited by C. Brown. 4 vols. Grand Rapids: Zondervan, 1975–78
NIDNTTE	*New International Dictionary of New Testament Theology and Exegesis*. Edited by M. Silva. 5 vols. Grand Rapids: Zondervan, 2014
NIDOTTE	*New International Dictionary of Old Testament Theology and Exegesis*. Edited by W. VanGemeren. 5 vols. Grand Rapids: Zondervan, 1997
NIGTC	New International Greek Testament Commentary
NIV	New International Version
NIVAC	New International Version Application Commentary
NJB	New Jerusalem Bible
NKZ	*Neue kirchliche Zeitschrift*
NLT	New Living Translation
n(n).	note(s)
NovT	*Novum Testamentum*
NovTSup	Supplements to Novum Testamentum
NPNF	*Nicene and Post-Nicene Fathers*
NRSV	New Revised Standard Version
NRT	*La nouvelle revue théologique*
NSBT	New Studies in Biblical Theology
NT	New Testament
NTA	*New Testament Abstracts*
NTAbh	Neutestamentliche Abhandlungen
NTD	Das Neue Testament Deutsch
NTG	New Testament Guides
NTL	New Testament Library
NTS	*New Testament Studies*
NTT	*Norsk Teologisk Tidsskrift*
NTTS	New Testament Tools and Studies

NV	*Nova et Vetera*
OBT	Overtures to Biblical Theology
Odes Sol.	Odes of Solomon
OL	Old Latin
OT	Old Testament
Pan.	*Panarion (Adversus haereses)* (Epiphanius)
par(s).	parallels
Pesaḥ.	Pesaḥim
Pesiq. Rab.	Pesiqta Rabbati
PFES	Publications of the Finnish Exegetical Society
PG	J. Migne, *Patrologia Graeca*. 162 vols. Paris: 1857–85
PL	J. Migne, *Patrologia Latina*. 217 vols. Paris: 1844–64
PNTC	Pillar New Testament Commentary
Pol.	*Politica* (Aristotle)
P.Oxy.	*Oxyrhynchus Papyri*
ProEccl	*Pro Ecclesia*
PRSt	*Perspectives in Religious Studies*
PSB	*Princeton Seminary Bulletin*
Ps.-Clem.Hom.	Pseudo-Clementine Homilies
Pss. Sol.	Psalms of Solomon
Qidd.	Qiddushin
1QH	*Hôdāyôt* (Thanksgiving Hymns) from Qumran Cave 1
1QM	*Milḥāmāh* (War Scroll) from Qumran Cave 1
1QpHab	Pesher on Habakkuk (Habakkuk Commentary) from Qumran Cave 1
1QpNah	Pesher on Nahum (Nahum Commentary) from Qumran Cave 1
1QS	*Serek hayyaḥad* (Rule of the Community) from Qumran Cave 1
4QFlor	*Florilegium* from Qumran Cave 4
4QMMT	*Miqsat Maʿaseh Torah* from Qumran Cave 4
11QMelch	*Melchizedek* text from Qumran Cave 11
QR	*Quarterly Review*
RB	*Revue biblique*
RBS	Resources for Biblical Study
REB	Revised English Bible
Res.	*De Resurrectione Carnis* (Tertullian)
RestQ	*Restoration Quarterly*

rev. ed.	revised edition
RevExp	*Review and Expositor*
RevistB	*Revista biblica*
RevQ	*Revue de Qumran*
RGG	*Religion in Geschichte und Gegenwart.* Edited by H. D. Betz. 4th ed. 9 vols. Tübingen: Mohr Siebeck, 1998–2007
Rhet.	*Rhetorica* (Aristotle)
RHPR	*Revue d'histoire et de philosophie religieuses*
RHR	*Revue de l'histoire des religions*
RNT	Regensburger Neues Testament
RSPT	*Revue des sciences philosophiques et théologiques*
RSR	*Recherches de science religieuse*
RSV	Revised Standard Version
RThom	*Revue thomiste*
RTR	*Reformed Theological Review*
Šabb.	Shabbat
Sanh.	Sanhedrin
SANT	Studien zum Alten und Neuen Testament
SB	Sources bibliques
SBLDS	Society of Biblical Literature Dissertation Series
SBLRBS	Society of Biblical Literature Resources for Biblical Studies
SBLSP	*Society of Biblical Literature Seminar Papers*
SBLSymS	Society of Biblical Literature Symposium Series
SBS	Stuttgarter Bibelstudien
SBT	Studies in Biblical Theology
ScEccl	*Sciences ecclésiastiques*
ScEs	*Science et esprit*
ScrC	*Scripture in Church*
SD	Studies and Documents
SE	*Studia Evangelica*
SEÅ	*Svensk exegetisk årsbok*
SFSHJ	South Florida Studies in the History of Judaism
S-H	W. Sanday and A. C. Headlam, *A Critical and Exegetical Commentary on the Epistle to the Romans.* ICC. Edinburgh: T&T Clark, 1895

Sib. Or.	Sibylline Oracles
Sipre Deut.	Sipre Deuteronomy
Sipre Lev.	Sipre Leviticus
Sipre Num.	Sipre Numbers
SJLA	Studies in Judaism in Late Antiquity
SJT	*Scottish Journal of Theology*
SKKNT	Stuttgarter Kleiner Kommentar, Neues Testament
SMBen	Série monographique de Benedictine
Smyrn.	*To the Smyrneans* (Ignatius)
SNT	Studien zum Neuen Testament
SNTSMS	Society for New Testament Studies Monograph Series
SNTSU	Studien zum Neuen Testament und seiner Umwelt
SNTW	Studies of the New Testament and Its World
SP	Sacra Pagina
SPB	Studia postbiblica
SPCIC	*Studiorum Paulinorum Congressus Internationalis Catholicus*
SPhilo	*Studia Philonica*
SR	*Studies in Religion*
SSEJC	Studies in Scripture in Early Judaism and Christianity
ST	*Studia Theologica*
StBibLit	Studies in Biblical Literature (Lang)
StBibTh	*Studia Biblica et Theologica*
StPatr	Studia Patristica
Str-B	H. Strack and P. Billerbeck, *Kommentar zum Neuen Testament aus Talmud und Midrasch*. 6 vols. Munich: Beck, 1922–61
STRev	*Sewanee Theological Review*
StudBib	*Studia Biblica*
StudNeot	Studia Neotestamentica
SubBi	Subsidia Biblica
SUNT	Studien zur Umwelt des Neuen Testaments
SVTQ	*St. Vladimir's Theological Quarterly*
SwJT	*Southwestern Journal of Theology*
t.	Tosefta
T. Asher	Testament of Asher
T. Benj.	Testament of Benjamin
T. Dan	Testament of Dan

T. Gad	Testament of Gad
T. Iss..	Testament of Issachar
T. Job	Testament of Job
T. Jos.	Testament of Joseph
T. Jud.	Testament of Judah
T. Levi	Testament of Levi
T. Mos.	Testament of Moses
T. Naph.	Testament of Naphtali
T. Reu.	Testament of Reuben
T. Sim.	Testament of Simeon
T. Zeb.	Testament of Zebulun
Tanch. B.	Tanchuma Buber
TB	Theologische Bücherei
TBei	Theologische Beiträge
TBl	Theologische Blätter
TBN	Themes in Biblical Narrative
TDNT	*Theological Dictionary of the New Testament*. Edited by G. Kittel and G. Friedrich. 10 vols. Grand Rapids: Eerdmans, 1964–76
TF	Theologische Forschung
Tg. Ket.	Targum of the Writings
Tg. Neof.	Targum Neofiti
TGl	Theologie und Glaube
TGST	Tesi Gregoriana, Serie Teologia
Thf	*Theoforum*
THKNT	Theologischer Handkommentar zum Neuen Testament
THNT	Theologischer Handkommentar zum Neuen Testament
ThSt	Theologische Studiën
ThTo	Theology Today
ThViat	Theologia Viatorum
TJ	*Trinity Journal*
TJT	*Toronto Journal of Theology*

TLG	*Thesaurus Linguae Graecae: Canon of Greek Authors and Works.* Edited by L. Berkowitz and K. A. Squitier. 3d ed. New York: Oxford University Press, 1990
TLZ	*Theologische Literaturzeitung*
TNTC	Tyndale New Testament Commentary
TOTC	Tyndale Old Testament Commentary
TP	*Theologie und Philosophie*
trans.	translation; translated by
TS	*Theological Studies*
TSAJ	Texte und Studien zum antiken Judentum
TTZ	*Trierer theologische Zeitschrift*
TU	Texte und Untersuchungen
TynBul	*Tyndale Bulletin*
TZ	*Theologische Zeitschrift*
UBS	United Bible Societies Greek New Testament (various editions)
UNT	Untersuchungen zum Neuen Testament
USQR	*Union Seminary Quarterly Review*
v(v.)	verse(s)
v.l.	*varia lectio* (variant reading)
vol(s).	volume(s)
WBC	Word Biblical Commentary
WEC	Wycliffe Exegetical Commentary
WH	B. F. Westcott and F. J. Hort, *The New Testament in the Original Greek*. 1881. Reprint. New York: Macmillan, 1925
WMANT	Wissenschaftliche Monographien zum Alten und Neuen Testament
WTJ	*Westminster Theological Journal*
WUNT	Wissenschaftliche Untersuchungen zum Neuen Testament
WW	*Word and World*
Yad.	Yadayim
Yebam.	Yebamot
ZAW	*Zeitschrift für die alttestamentliche Wissenschaft*
ZKG	*Zeitschrift für Kirchengeschichte*
ZNW	*Zeitschrift für die neutestamentliche Wissenschaft*
ZTK	*Zeitschrift für Theologie und Kirche*

The **N** *New* **I** *International* **C** *Commentary on the* **N** *New* **T** *Testament*

THE LETTER TO THE ROMANS

참고문헌

참고문헌

I. 1차 자료의 이용에 관하여

달리 언급한 경우를 제외하고는 그리스어 신약성경(*Novum Testamentum Graece*, ed. Kurt Aland, Johannes Karavidopoulus, Carlo M. Martini, and Bruce M. Metzger; 27th ed., 1993)을 로마서와 그 밖의 다른 신약 문헌의 본문으로 삼았다. 그리고 히브리어 성경으로는 슈투트가르트 히브리 성경(*Biblia Hebraica Stuttgartensia*, ed. K. Elliger and W. Rudolf, 1977)을, 70인역 성경으로는 셉투아긴타(*Septuaginta*, ed. A. Rahlfs, 1971)를, 사해 두루마리로는 쿰란 문서들(*Die Texte aus Qumran*, ed. E. Lohse, 1964)을, 요세푸스와 필로의 작품으로는 룁 고전 도서관(Loeb Classical Library)의 간행물들을, 외경의 영역본으로는 외경 해설 증보판(*The Annotated Apocrypha*, RSV trans., 1957)을, 위경의 영역으로는 구약위경(*The Old Testament Pseudepigrapha*, ed. J. Charleswo rth; 2 vols., 1983, 1985)을 썼다.

구약의 본문을 인용할 때의 구절(verse) 표시는 영역본의 그것에 따랐으며, 마소라 텍스트(MT)나 70인역의 구절 표시 번호가 다를 때도 마찬가지로 했다.

II. 2차 자료의 이용에 관하여

로마서의 해석자는 바울이 직접 쓴 본문이 그 본문에 관해 다른 사람들이 쓴 무수한 글로 뒤덮여 보이지 않는 위험에 부딪힐 수 있다. 토머스 홉스는 "내가 대부분의 사람들이 읽는 것만큼 많은 책을 읽는다면, 나도 그 사람들처럼 머리가 둔해질 것이다"고 말한 것으로 유명하다. 성경의 해석자가 본문 자체를 정독하기보다 본문에 관해서 쓴 책들을 다독하기가 쉬운 것은 확실하다. 성경 가운데서도 로마서만큼 이런 유혹에 빠지기 쉽게 하는 책도 없는데, 내가 그 유혹에 넘어간 것이 아니었으면 하는 마음이다.

여하튼 나는 나의 초점이 본문에서 벗어나지 않도록 항상 노력했으며, 그런 가운데 가능한 한 많은 참고문헌과 상호 교류를 해 왔다. 하지만 이 경우에도 나는 취사선택에 신경을 써서 어떤 특별한 견해를 대표하는 학자나 어떤 견해를 특별히 잘 논한 학자를 인용하는 데 힘썼다. 이 점과 관련하여 독자는 어떤 작품에 대한 단순한 언급과 "특히 보라"는 말을 앞세운 언급의 차이에 유의해야 할 것이다. 전자는 문제의 작품이 언급된 특별한 입장을 논하는 사람들을 대표한다는 것밖에 지적하지 않지만, 후자는 문제의 작품이 문제점에 관해 특별히 훌륭한 논증을 제공한다는 것을 의미한다.

나는 주석서들을 그 저자의 성(first name)으로만 인용했는데, 독자들을 특별한 지적이 없어도 그 언급이 주석자의 해당 절에 관한 주를 보라는 뜻임을 알 수 있을 것이다. 나는 빈번히 인용되고 있는 다른 여러 책들도 같은 식으로 인용했으며, 이 책들의 목록을 아래의 "다른 중요한 작품들"의 제하에 담았다.

III. 주석서

다음의 주석서 목록은 결코 많다고 할 수 없는 분량이다. 로마서는 그 신학적 중요성 때문에 헤아릴 수 없을 정도로 많은 주석가를 끌어들였다(크랜필드는 [1.30-44에서] 1973년까지의 주석가들을 훌륭하게 개관하고 있다). 그 책들은 라틴어와 그리스어와 다른 학자들과의 광범위한 상호 교류 내용으로 가득 찬 방대한 규모의 전문 학술 서적으로부터 서신의 메시지를 분석하기보다는 적용하는 데 목표를 둔 설교문에 걸쳐 있다.

독자들은 두 번째 부류의 책은 여기서 거의 발견하지 못할 것이다. 왜냐하면 그런 책은 그 성격상 본문의 의미에 관해서 새로운 것을 알려 주는 바가 거의 없기 때문이다. 하지만 중요한 예외가 있다. 그것이 정말로 이 부류에 속한다면 예외라는 것인데, 그것은 로이드 존스(Lloyd-Jones)의 편집된 설교문들이다. 그의 설교문에 나타난 본문의 아주 적절한 적용들은 신학에 정통한 사람의 통찰력 있는 해석에서 나온 것으로, 독자들은 해당된 각주(註)들에서 그의 해석이 나에게 얼마나 많은 깨우침을 주었는지를 알 수 있을 것이다.

반면에 "주석서"라는 정의가 정확히 적용될 수 있을 만한 로마서 관련 서적은 나의 손이 미치는 한 많이 구해서 참조했다. 그런데 작업을 진행하던 초기에 이 책들을 전부 시종일관 인용하는 것이 비현실적이기도 하고 불필요하기도 하다는 것을 - 그만큼 논증과 결론이 많이 중복되기 때문에 - 깨달은 나는 특별히 12명의 주석자를 면밀한 연구 대상으로 선정했다. 그 선정 기준은 주석의 탁월함, 신학의 정교함 그리고 대표자로서의 가치라는 세 가지 요인이었다. 이 주석서들은 - 본문비평에서 한 어구를 빌리자면 - 나의 주석에 있어서 "변함없는 동반자들(constant witnesses)"이라고 불릴 만한 것들로, 다음에 나오는 목록에서 그 앞에 별표(*)를 붙여 표시했다. 나는 이 학자들을 나의 주석상의 "스파링 파트너들"로 여기며, 독자에게 시종일관 그들을 참고할 것을 권한다.

Achtemeier, P. J. *Romans.* IBC. Atlanta: John Knox, 1985.

Alford, H. *The Greek Testament.* 4 vols. 1845–60. Reprint. Chicago: Moody Press, 1958.

Althaus, P. *Der Brief an der Römer übersetzt und erklärt.* NTD. Göttingen: Vandenhoeck & Ruprecht, 1978.

Ambrosiaster, in *PL* 17:45–184.

Augustine. *Augustine on Romans: Propositions from the Epistle to the Romans and Unfinished Commentary on the Epistle to the Romans.* Chico, CA: Scholars Press, 1982.

Barclay, W. *The Letter to the Romans.* Daily Study Bible. Edinburgh: St. Andrew, 1957.

Barrett, C. K. *A Commentary on the Epistle to the Romans.* HNTC. San Francisco: Harper & Row, 1957.

Barth, K. *The Epistle to the Romans.* London: Oxford University Press, 1933.

———. *A Shorter Commentary on Romans.* Richmond: John Knox, 1959. (Cited as *Shorter.*)

Baulès, R. *L'évangile puissance de Dieu.* LD 53. Paris: Cerf, 1968.

Best, E. *The Letter of Paul to the Romans.* CBC. Cambridge: Cambridge University Press, 1967.

Bird, M. F. *Romans.* Story of God Bible Commentary. Grand Rapids: Zondervan, 2016.

Black, M. *Romans.* NCB. London: Oliphants, 1973.

Boylon, P. *St. Paul's Epistle to the Romans.* Dublin: Gill, 1934.

Bray, G., ed. *Romans.* ACCS: New Testament 6. Downers Grove, IL: InterVarsity Press, 1998.

Bruce, F. F. *The Letter of Paul to the Romans.* TNTC. Grand Rapids: Eerdmans, 1985.

Brunner, E. *The Letter to the Romans: A Commentary.* Philadelphia: Westminster, 1959.

Byrne, B. *Romans.* SP 6. Collegeville, MN: Liturgical Press, 1996.

*Calvin, J. *Commentaries on the Epistle of Paul the Apostle to the Romans.* 1540. Reprint. Grand Rapids: Eerdmans, 1947.

Chrysostom, J. *Homilies on Romans. PG* 60:391–682; *NPNF* 11:335–564.

*Cranfield, C. E. B. *A Critical and Exegetical Commentary on the Epistle to the Romans.* 2 vols. ICC. Edinburgh: T&TClark, 1975–79.

Denney, J. "St. Paul's Epistle to the Romans." Pages 555–725 in vol. 2 of *The Expositor's Greek New Testament.* 1904. Reprint. Grand Rapids: Eerdmans, 1970.

Dodd, C. H. *The Epistle of Paul to the Romans.* MNTC. New York: Harper and Bros., 1932.

*Dunn, J. D. G. *Romans.* 2 vols. WBC. Waco, TX: Word, 1988.

*Fitzmyer, J. A. "The Letter to the Romans." Pages 291–331 in *JBC.* Ed. R. E. Brown, J. A. Fitzmyer, and R. E. Murphy. Englewood Cliffs, NJ: Prentice-Hall, 1968.

———. *Romans: A New Translation with Introduction and Commentary.* AB. New York: Doubleday, 1993.

Garvie, A. E. *Romans.* Century Bible. London: Caxton, n.d.

Gaugler, E. *Der Römerbrief.* Prophezei. 2 vols. Zurich: Zwingli, 1945–52.

Gifford, E. H. *The Epistle of St. Paul to the Romans.* London: John Murray, 1886.

Gignac, A. *L'épître aux Romains.* Commentaire Biblique: Nouveau Testament 6. Paris: Cerf, 2014.

*Godet, F. L. *Commentary on Romans.* 1879. Reprint. Grand Rapids: Kregel, 1977.

Gore, C. *St. Paul's Epistle to the Romans. A Practical Exposition.* 2 vols. London: John Murray, 1899.

Haacker, K. *Der Brief des Paulus an die Römer.* THNT 6. Leipzig: Evangelische Verlaganstalt, 1999.

Haldane, R. *Exposition of the Epistle to the Romans.* 1839. Reprint. London: Banner of Truth, 1958.

Harrison, E. F., and D. A. Hagner. "Romans." Pages 19–237 in vol. 11 of *The Expositor's Bible Commentary.* Edited by T. Longman III and D. E. Garland. Rev. ed. Grand Rapids: Zondervan, 2008.

Harrisville, R. A. *Romans.* ACNT. Minneapolis: Augsburg, 1980.

Hendriksen, W. *Exposition of Paul's Epistle to the Romans.* 2 vols. Grand Rapids: Baker, 1980.

Hodge, C. *Commentary on the Epistle to the Romans.* 1886. Reprint. Grand Rapids: Eerdmans, 1950.

Holland, T. *Romans: The Divine Marriage. A Biblical Theological Commentary.* Eugene, OR: Pickwick, 2011.

Huby, J. *Saint Paul: Épître aux Romains.* Ed. Stanilas Lyonnet. Paris: Beauchesne, 1957.

Hultgren, A. J. *Paul's Letter to the Romans: A Commentary.* Grand Rapids: Eerdmans, 2011.

*Jewett, R. *Romans.* Hermeneia. Minneapolis: Fortress, 2007.

Johnson, A. F. *Romans: The Freedom Letter.* Rev. ed. 2 vols. Everyman's Bible Commentary. Chicago: Moody Press, 1984–85.

Johnson, L. T. *Reading Romans: A Literary and Theological Commentary.* Macon, GA: Smyth & Helwys, 2001.

*Käsemann, E. *Commentary on Romans.* Grand Rapids: Eerdmans, 1980 (ET of *An die Römer* [Tübingen: Mohr, 1980]).

Keck, L. E. *Romans.* ANTC. Nashville: Abingdon, 2005.

Keener, C. S. *Romans*. New Covenant Commentary. Eugene, OR: Cascade, 2009.
Kirk, K. E. *The Epistle to the Romans*. Clarendon Bible. Oxford: Clarendon, 1937.
Knox, J. "The Epistle to the Romans." Pages 355–668 in vol. 9 of *IB*. Edited by G. A. Buttrick. New York: Abingdon, 1954.
Kruse, C. G. *Paul's Letter to the Romans*. PNTC. Grand Rapids: Eerdmans, 2012.
*Kuss, O. *Der Römerbrief*. 3 vols. Regensburg: Pustet, 1963–78.
Lagrange, M.-J. *Saint Paul: Épître aux Romains*. *EBib*. Paris: Gabalda, 1950.
Lapide, C. à. *Commentaria in Epistolarum ad Romanos Commentarii*. Sacram Scriptorum 9. 1614. Reprint. Paris, 1859.
Leenhardt, F. J. *The Epistle to the Romans*. London: Lutterworth, 1961.
Lenski, R. C. H. *The Interpretation of St. Paul's Epistle to the Romans*. Minneapolis: Augsburg, 1936.
Liddon, H. P. *Explanatory Analysis of St. Paul's Epistle to the Romans*. London: Longmans, Green, 1893.
Lietzmann, H. *An die Römer*. HNT. Tübingen: Mohr, 1933.
Lightfoot, J. B. *Notes on Epistles of St. Paul*. 1895. Reprint. Grand Rapids: Baker, 1980.
Lipsius, R. A. *Briefe an die Galater, Römer, Philipper*. HKNT. Freiburg: Mohr, 1892.
Lloyd-Jones, D. M. *Romans*. 7 vols., variously titled, on chaps. 1 and 3:20–8:39. Grand Rapids: Zondervan, 1970–88.
Lohse, E. *Der Brief an die Römer*. KEK. Göttingen: Vandenhoeck & Ruprecht, 2003.
*Longenecker, R. N. *The Epistle to the Romans: A Commentary on the Greek Text*. NIGTC. Grand Rapids: Eerdmans, 2016.
Luther, M. *Lectures on Romans: Glosses and Scholia*. LW 25. St. Louis: Concordia, 1972.
Melanchthon, P. *Commentary on Romans*. St. Louis: Concordia, 1992.
Meyer, H. A. W. *The Epistle to the Romans*. 2 vols. KEK. 1872. Reprint. Edinburgh: T&T Clark, 1881–84.
Michel, O. *Der Brief an die Römer*. KEK. Göttingen: Vandenhoeck & Ruprecht, 1978.
Morris, L. *The Epistle to the Romans*. PNTC. Grand Rapids: Eerdmans, 1988.
Moule, H. C. G. *The Epistle to the Romans*. Cambridge Bible for Schools and Colleges. Cambridge: Cambridge University Press, 1887.
*Murray, J. *The Epistle to the Romans*. 2 vols. NICNT. Grand Rapids: Eerdmans, 1959–65.
Nygren, A. *Commentary on Romans*. 1944. Reprint. Philadelphia: Fortress, 1949.
O'Neill, J. C. *Paul's Letter to the Romans*. Pelican New Testament Commentaries. Baltimore: Penguin, 1975.
Origen. *Commentary on the Epistle to the Romans: Books 1–5*. FC 103. Washington, DC: Catholic University of America Press, 2001.

———. *Commentary on the Epistle to the Romans: Books 6–10*. FC 104. Washington, DC: Catholic University of America Press, 2002.

Pesch, R. *Römerbrief.* NEchtB. Würzburg: Echter, 1983.

Porter, S. E. *The Letter to the Romans: A Linguistic and Literary Commentary*. New Testament Monographs 37. Sheffield: Sheffield Phoenix, 2015.

Ridderbos, H. N. *Aan de Romeinen.* Commentaar op het Nieuwe Testament. Kampen: Kok, 1959.

Robinson, J. A. T. *Wrestling with Romans.* Philadelphia: Westminster, 1979.

Sanday, W., and A. C. Headlam. *A Critical and Exegetical Commentary on the Epistle to the Romans.* ICC. Edinburgh: T&T Clark, 1902. (Cited as S-H.)

Schlatter, A. *Gottes Gerechtigkeit.* Stuttgart: Calwer, 1959.

Schlier, H. *Der Römerbrief Kommentar.* HTKNT. Freiburg: Herder, 1977.

Schmidt, H. W. *Der Brief des Paulus an die Römer.* THKNT. Berlin: Evangelische Verlaganstalt, 1963.

Schmithals, W. *Der Römerbrief: Ein Kommentar.* Gütersloh: Mohn, 1988.

*Schreiner, T. *Romans.* BECNT. Grand Rapids: Baker, 1998.

Shedd, W. G. T. *A Critical and Doctrinal Commentary upon the Epistle of St. Paul to the Romans.* New York: Scribner's, 1879.

Sickenberger, J. *Die beiden Briefe des heiligen Paulus an die Korinther und sein Brief an die Römer.* Die Heiligen Schriften des Neuen Testaments. Bonn: Peter Hanstein, 1923.

Smart, J. *Doorway to a New Age: A Study of Paul's Letter to the Romans.* Philadelphia: Westminster, 1972.

Stott, J. *Romans: God's Good News for the World.* Downers Grove, IL: InterVarsity Press, 1994.

Stuart, M. *A Commentary on the Epistle to the Romans.* Ed. and rev. by R. D. C. Robbins. Andover, MA: Warren F. Draper, 1862.

Stuhlmacher, P. *Paul's Letter to the Romans. A Commentary.* Louisville: Westminster John Knox, 1994.

Theobald, M. *Der Römerbrief.* EdF 294. Darmstadt: Wissenschaftliche Buchgesellschaft, 2000.

———. *Römerbrief: Kapitel 1–11*. 3d ed. SKKNT 6/1. Stuttgart: Katholisches Bibelwerk, 2002.

———. *Römerbrief: Kapitel 12–16*. 2d ed. SKKNT 6/2. Stuttgart: Katholisches Bibelwerk, 2001.

Theodoret, in *PG* 82:43–226.

Tholuck, F. A. G. *Exposition of St. Paul's Epistle to the Romans.* Philadelphia: Sorin and Ball, 1844.

Thomas, W. H. Griffith. *St. Paul's Epistle to the Romans.* 1946. Reprint. Grand Rapids: Eerdmans, 1962.

Viard, A. *Saint Paul: Épître aux Romains.* SB. Paris: Gabalda, 1975.

Wesley, J. *Explanatory Notes upon the New Testament.* 1754. Reprint. London: Epworth, 1950.
Westcott, F. B. *St. Paul and Justification, Being an Exposition of the Teaching in the Epistles to Rome and Galatia.* London: Macmillan, 1913.
*Wilckens, U. *Der Brief an die Römer.* 3 vols. EKKNT. Neukirchen-Vluyn: Neukirchener Verlag, 1978–81.
Witherington, B., with D. Hyatt. *Paul's Letter to the Romans: A Socio-Rhetorical Commentary.* Grand Rapids: Eerdmans, 2004.
Wolter, M. *Die Brief an die Römer*, vol. 1. EKKNT. Göttingen: Vandenhoeck & Ruprecht, 2014.
*Wright, N. T. "Romans." Pages 393–770 in vol. 10 of *The New Interpreter's Bible Commentary.* Edited by L. E. Keck. Nashville: Abingdon, 2002.
Zahn, T. *Der Brief des Paulus an die Römer.* Leipzig: Deichert, 1910.
Zeller, D. *Der Brief an die Römer.* RNT. Regensburg: Pustet, 1985.

IV. OTHER SOURCES

Aageson, J. W. "Paul and Judaism: The Apostle in the Context of Recent Interpretation." *WW* 20 (2000): 249–56.
———. "Scripture and Structure in the Development of the Argument in Romans 9–11." *CBQ* 48 (1986): 265–89.
Aasgard, R. *"My Beloved Brothers and Sisters!" Christian Siblingship in Paul.* JSNTSup 265. London: T&T Clark, 2004.
Abasciano, B. J. "Corporate Election in Romans 9: A Reply to Thomas Schreiner." *JETS* 49 (2006): 351–71.
———. *Paul's Use of the Old Testament in Romans 9.1–9.* LNTS 301. London: T&T Clark, 2005.
Achtemeier, P. J. "'Some Things in Them Hard to Understand': Reflections on an Approach to Paul." *Int* 38 (1984): 254–67.
Achtemeier, P. J., J. B. Green, and M. M. Thompson. *Introducing the New Testament: Its Literature and Theology.* Grand Rapids: Eerdmans, 2001.
Adams, E. "Abraham's Faith and Gentile Disobedience: Textual Links between Romans 1 and 4." *JSNT* 65 (1997): 47–66.
———. *Constructing the World: A Study in Paul's Cosmological Language.* SNTW. Edinburgh: T&T Clark, 2000.
———. *The Earliest Christian Meeting Places: Almost Exclusively Houses?* LNTS 450. London: T&T Clark, 2013.
Affeldt, W. *Die weltliche Gewalt in der Paulus-Exegese. Röm. 13,1–7 in den Römerbriefkommentaren der lateinischen Kirche bis zum Ende des 13. Jahrhunderts.*

Forschungen zur Kirchen- und Dogmengeschichte 22. Göttingen: Vandenhoeck & Ruprecht, 1969.
Agersnap, S. *Baptism and the New Life: A Study of Romans 6.1–14*. Aarhus: Aarhus University Press, 1999.
Aland, K. "Die Schluss und die ursprüngliche Gestalt des Römerbriefes." Pages 284–301 in *Neutestamentliche Entwürfe*. TB 63. Munich: Kaiser, 1979.
———. "Das Verhältnis von Kirche und Staat nach dem Neuen Testament und den Aussagen des 2. Jahrhunderts." Pages 26–123 in *Neutestamentliche Entwürfe*. TB 63. Munich: Kaiser, 1979.
Aland, K., and B. Aland. *The Text of the New Testament: An Introduction to the Critical Editions and to the Theory and Practice of Modern Textual Criticism*. 2d ed. Grand Rapids: Eerdmans, 1989.
Aletti, J.-N. "L'argumentation paulinienne en Rm 9." *Bib* 68 (1987): 41–56.
———. *Comment Dieu est-il juste? Clefs pour interpréter l'épître aux Romains*. Parole de Dieu. Paris: Seuil, 1991.
———. *God's Justice in Romans: Keys for Interpreting the Epistle to the Romans*. SubBi 37. Rome: Gregorian & Biblical Press, 2010.
———. *Israël et la loi dans la lettre aux Romains*. LD 173. Paris: Cerf, 1998.
———. "Rm 7.7–25 encore une fois: Enjeux et propositions." *NTS* 48 (2002): 358–76.
———. "Romains 4 et Genèse 17: Quelle énigme et quelle solution?" *Bib* 84 (2003): 305–25.
———. "Romains 5,12–21: Logique, sens et fonction." *Bib* 78 (1997): 3–32.
———. "Romans 7,7–25: Rhetorical Criticism and Its Usefulness." *SEÅ* 61 (1996): 77–95.
———. "La soumission des chrétiens aux autorités en Rm 13,1–7: Validité des arguments pauliniens?" *Bib* 89 (2008): 457–76.
Alexander, D. *Creation or Evolution? Do We Have to Choose?* Oxford: Monarch, 2008.
Alexander, J. A. *Commentary on the Prophecies of Isaiah*. Reprint 2 vols. in 1. Grand Rapids: Zondervan, 1953.
Allen, R. M. *The Christ's Faith: A Dogmatic Account*. T&T Clark Studies in Systematic Theology. London: Bloomsbury/T&T Clark, 2009.
———. "'From the Time He Took on the Form of a Servant': The Christ's Pilgrimage of Faith." *International Journal of Systematic Theology* 16 (2014): 4–24.
———. *Justification and the Gospel: Understanding the Contexts and Controversies*. Grand Rapids: Baker, 2013.
Allison, D. C. "The Background of Romans 11:11–15 in Apocalyptic and Rabbinic Literature." *StBibTh* 10 (1980): 229–34.
———. "Jesus and the Covenant: A Response to E. P. Sanders." *JSNT* 29 (1987): 57–78.

———. "The Pauline Epistles and the Synoptic Gospels: The Pattern of the Parallels." *NTS* 28 (1982): 1–32.

———. "Romans 11:11–15: A Suggestion." *PRSt* 12 (1985): 23–30.

Ames, W. *The Marrow of Theology*. Reprint. Pittsburgh: Pilgrim, 1968.

Amiot, F. *The Key Concepts of St. Paul*. New York: Herder & Herder, 1962.

Andersen, F. I. *Habakkuk: A New Translation with Introduction and Commentary*. AB. New York: Doubleday, 2001.

Anderson, G. A. "Biblical Origins and the Problem of the Fall." *ProEccl* 10 (2001): 17–30.

Anderson, G. P. *Paul's New Perspective: Charting a Soteriological Journey*. Downers Grove, IL: InterVarsity Press, 2016.

Arichea, D. C., Jr. "Who Was Phoebe? Translating *diakonos* in Romans 16:1." *BT* 39 (1988): 401–9.

Auden, W. H. *For the Time Being*. London: Faber and Faber, 1958.

Augustine. *Against Two Letters of the Pelagians*. In *NPNF* 5:374–434.

———. *On Grace and Free Will*. In *NPNF* 5:436–65.

———. *On Rebuke and Grace*. In *NPNF* 5:468–91.

———. *The Spirit and the Letter*. In *NPNF* 5:80–114.

Aune, D. E. *Prophecy in Early Christianity and the Ancient Mediterranean World*. Grand Rapids: Eerdmans, 1983.

———. "Romans as a *Logos Protreptikos* in the Context of Ancient Religious and Philosophical Propaganda." Pages 91–121 in *Paulus und das antike Judentum*. Edited by M. Hengel and U. Heckel. WUNT 58. Tübingen: Mohr, 1991.

Aus, R. D. "Paul's Travel Plans to Spain and the 'Full Number of the Gentiles' of Rom. XI 25." *NovT* 21 (1979): 232–62.

Avemarie, F. "Erwählung und Vergeltung: Zur optionalen Struktur rabbischer Soteriologie." *NTS* 45 (1999): 108–26.

———. "Paul and the Claim of the Law according to the Scripture: Leviticus 18:5 in Galatians 3:12 and Romans 10:5." Pages 125–50 in *The Beginnings of Christianity: A Collection of Articles*. Edited by J. Pastor and M. Mor. Jerusalem: Yad Ben-Zvi, 2005.

———. *Tora und Leben: Untersuchungen zur Heilsbedeutung der Torah in der frühen rabbischen Literatur*. TSAJ 55. Tübingen: Mohr Siebeck, 1996.

———. "Die Werke des Gesetzes im Spiegel des Jakobusbriefs: A Very Old Perspective on Paul." *ZTK* 98 (2001): 282–309.

Babcock, W. S. "Augustine's Interpretation of Romans (a.d. 394–396)." *AugStud* 10 (1979): 55–74.

Bachmann, M. "Keil oder Mikroskop? Zur jüngeren Diskussion um den Ausdruck '"Werke" des Gesetzes.'" Pages 69–134 in *Lutherische und Neue Paulusperspektive: Beiträge zu einem Schüsselproblem der gegenwärtigen exegetischen Diskussion*. Edited by M. Bachmann. WUNT 182. Tübingen: Mohr Siebeck, 2005.

———. "Lutherische oder Neue Paulusperspektive? Merkwürdigkeiten bei der

Wahrnehmung der betreffenden exegetischen Diskussionen." *BZ* 60 (2016): 73–101.

———. "*Verus Israel*: Ein Vorschlag zu einer 'mengentheoretischen' Neubeschreibung der betreffenden paulinischen Terminologie." *NTS* 48 (2002): 500–512.

Bacon, B. "Andronicus." *ExpTim* 42 (1930/31): 300–304.

———. "The Doxology at the End of Romans." *JBL* 18 (1899): 167–76.

Badenas, R. *Christ, the End of the Law: Romans 10.4 in Pauline Perspective*. JSNTSup 10. Sheffield: JSOT Press, 1985.

Bader, G. "Römer 7 als Skopus einer theologischen Handlungstheorie." *ZTK* 78 (1981): 31–56.

Bailey, D. P. "Jesus as the Mercy Seat: The Semantics and Theology of Paul's Use of *Hilasterion* in Romans 3:25." *TynBul* 51 (2000): 155–58.

Bailey, K. E. "St. Paul's Understanding of the Territorial Promise of God to Abraham: Romans 4:13 in Its Historical and Theological Context." *Theological Review* 15 (1994): 59–69.

Baird, J. A. "Pauline Eschatology in Hermeneutical Perspective." *NTS* 17 (1970/71): 314–27.

Baker, M. "Paul and the Salvation of Israel: Paul's Ministry, the Motif of Jealousy, and Israel's Yes." *CBQ* 67 (2005): 469–84.

Ball, J. *A Treatise of the Covenant of Grace*. London, 1645.

Balz, H. R. *Heilsvertrauen und Weltenfahrung: Strukturen des paulinischen Eschatologie nach Römer 8,18–39*. BEvT 59. Munich: Kaiser, 1971.

Bammel, E. "Romans 13." Pages 365–83 in *Jesus and the Politics of His Day*. Edited by E. Bammel and C. F. D. Moule. Cambridge: Cambridge University Press, 1984.

Bandstra, A. J. *The Law and the Elements of the World*. Kampen: Kok, 1964.

Banks, R. "Romans 7:25a: An Eschatological Thanksgiving?" *ABR* 26 (1978): 34–42.

Barclay, J. M. G. "'Do We Undermine the Law?' A Study of Romans 14.1–15.6." Pages 37–59 in *Pauline Churches and Diaspora Jews: Studies in the Social Formation of Christian Identity*. WUNT 275. Tübingen: Mohr Siebeck, 2011.

———. "Faith and Self-Detachment from Cultural Norms: A Study of Romans 14–15." *ZNW* 104 (2013): 192–208.

———. *Jews in the Mediterranean Diaspora: From Alexander to Trajan (323 BCE to 117 CE)*. Berkeley: University of California Press, 1996.

———. *Obeying the Truth: Paul's Ethics in Galatians*. Edinburgh: T&T Clark, 1988.

———. "Paul and Philo on Circumcision: Romans 2.25–29 in Social and Cultural Context." Pages 61–79 in *Pauline Churches and Diaspora Jews: Studies in the Social Formation of Christian Identity*. WUNT 275. Tübingen: Mohr Siebeck, 2011.

———. *Paul and the Gift*. Grand Rapids: Eerdmans, 2015.
———. "Paul, Roman Religion and the Emperor: Mapping the Point of Conflict." Pages 345–62 in *Pauline Churches and Diaspora Jews: Studies in the Social Formation of Christian Identity*. WUNT 275. Tübingen: Mohr Siebeck, 2011.
———. "Paul, the Gift and the Battle over Gentile Circumcision: Revisiting the Logic of Galatians." *ABR* 58 (2010): 36–56.
———. *Pauline Churches and Diaspora Jews: Studies in the Social Formation of Christian Identity*. WUNT 275. Tübingen: Mohr Siebeck, 2011.
———. "Under Grace: The Christ-Gift and the Construction of a Christian *Habitus*." Pages 59–76 in *Apocalyptic Paul: Cosmos and Anthropos in Romans 5–8*. Edited by B. R. Gaventa. Waco, TX: Baylor University Press, 2013.
———. "Unnerving Grace: Approaching Romans 9–11 from the Wisdom of Solomon." Pages 91–109 in *Between Gospel and Election: Explorations in the Interpretation of Romans 9–11*. Edited by F. Wilk and J. R. Wagner. WUNT 257. Tübingen: Mohr Siebeck, 2010.
Barclay, W. "Romans 5:12–21." *ExpTim* 70 (1958/59): 172–75.
Bardtke, H. "Considérations sur les cantiques de Qumrân." *RB* 63 (1956): 220–33.
Barker, P. A. *The Triumph of Grace in Deuteronomy: Faithless Israel, Faithful Yahweh in Deuteronomy*. Paternoster Biblical Monographs. Waynesboro, GA: Paternoster, 2004.
Barnikol, E. "Römer 13: Der nichtpaulinische Ursprung der absoluten Obrigkeitsbejahung von Römer 13,1–7." Pages 65–133 in *Studien zum Neuen Testament und zur Patristik: Erich Klostermann zum 90. Geburtstag dargebracht*. TU 77. Berlin: Akademie, 1961.
Barr, J. "'Abba, Father,' and the Familiarity of Jesus' Speech." *Theology* 91 (1988): 173–79.
———. "'Abbā Isn't 'Daddy.'" *JTS* 39 (1988): 28–47.
———. *Biblical Words for Time*. Rev. ed. SBT 1/33. London: SCM, 1969.
Barrett, C. K. *From First Adam to Last: A Study in Pauline Theology*. New York: Scribner's, 1962.
———. "I Am Not Ashamed of the Gospel." Pages 19–41 in *Foi et salut selon S. Paul*. Edited by Markus Barth. AnBib 42. Rome: Pontifical Biblical Institute Press, 1970.
———. "The Imperative Participle." *ExpTim* 59 (1948): 165–66.
———. "The New Testament Doctrine of Church and State." Pages 1–19 in *New Testament Essays*. London: SPCK, 1972.
———. "Rom 9:30–10:21: Fall and Responsibility of Israel." Pages 132–53 in *Essays on Paul*. Philadelphia: Westminster, 1982.
Barrosse, T. "Death and Sin in Saint Paul's Epistle to the Romans." *CBQ* 15 (1953): 438–59.
Barth, K. *Christ and Adam*. Edinburgh: Oliver and Boyd, 1956.
———. *Church and State*. London: SCM, 1939.

Barth, M. *The People of God*. JSNTSup 5. Sheffield: JSOT Press, 1983.

———. "Theologie—ein Gebet (Röm 11,33–36)." *TZ* 41 (1985): 330–58.

Barth, M., and V. H. Fletcher. *Acquittal by Resurrection*. New York: Holt, Rinehart and Winston, 1964.

Bartsch, H. W. "Die antisemitischen Gegner des Paulus im Römerbrief." Pages 27–43 in *Antijudaismus im Neuen Testament? Exegetische und systematische Beiträge*. Edited by P. W. Eckert, N. P. Levinson, and M. Stöhr. Abhandlungen zum christlich-jüdischen Dialog 2. Munich: Kaiser, 1967.

———. "The Historical Situation of Romans." *Enc* 33 (1972): 329–39.

———. "Röm. 9,5 und 1. Clem. 32,4: Eine notwendige Konjektur im Römerbrief." *TZ* 21 (1965): 401–9.

———. "Die theologische Bedeutung des Begriffes ΟΜΟΙΩΜΑ im Neuen Testament." Pages 156–69 in *Entmythologisierende Auslegung: Aufsätze aus den Jahren 1940 bis 1960*. TF 26. Hamburg: Reich, 1962.

———. ". . . wenn ich ihnen diese Frucht versiegelt habe. Röm 15.28." *ZNW* 63 (1972): 95–97.

Bassler, J. "Divine Impartiality in Paul's Letter to the Romans." *NovT* 26 (1984): 43–58.

———. *Divine Impartiality: Paul and a Theological Axiom*. SBLDS 59. Chico, CA: Scholars Press, 1982.

———. *Navigating Paul: An Introduction to Key Theological Concepts*. Louisville: Westminster John Knox, 2007.

Bates, M. W. "Beyond Hays's *Echoes of Scripture in the Letter of Paul:* A Proposed Diachronic Intertextuality with Romans 10:16 as a Test Case." Pages 263–91 in *Paul and Scripture: Extending the Conversation*. Edited by C. D. Stanley. ECL 9. Atlanta: Society of Biblical Literature, 2012.

———. "A Christology of Incarnation and Enthronement: Romans 1:3–4 as Unified, Nonadoptionist, and Nonconciliatory." *CBQ* 77 (2015): 107–27.

Battle, J. A. "Paul's Use of the Old Testament in Romans 9:25–26." *Grace Theological Journal* 2 (1981): 115–29.

Bauckham, R. *Gospel Women: Studies of the Named Women in the Gospels*. Grand Rapids: Eerdmans, 2002.

———. *Jesus and the God of Israel: God Crucified and Other Studies on the New Testament's Christology of Divine Identity*. Grand Rapids: Eerdmans, 2008.

———. "The Story of the Earth according to Paul: Romans 8:18–23." *RevExp* 108 (2011): 91–97.

Bauer, W. "Jedermann sie untertan der Obrigkeit." Pages 262–84 in *Aufsätze und kleine Schriften*. Edited by G. Strecker. Tübingen: Mohr, 1967.

Baugh, S. M. "The New Perspective, Mediation, and Justification." Pages 137–66 in *Covenant, Justification and Pastoral Ministry*. Edited by R. S. Clark. Phillipsburg, NJ: Presbyterian & Reformed, 2007.

Baumgarten, J. *Paulus und die Apokalyptic: Die Auslegung apokalyptischer Über-*

lieferungen in den echten Paulusbriefen. WMANT 44. Neukirchen-Vluyn: Neukirchener Verlag, 1975.

Baur, F. C. *Paul the Apostle of Jesus Christ: His Life and Work, His Epistles and His Doctrine*. 2d ed. 2 vols. London: Williams and Norgate, 1876.

———. "Über Zweck und Veranlassung des Römerbriefs und die damit zusammenhängenden Verhältnisse der römischen Gemeinde: Eine historisch-kritische Untersuchung." Pages 147–266 in *Ausgewählte Werke in Einzelausgaben*. Vol. 1 of *Historisch-kritische Untersuchungen zum Neuen Testament*. Edited by K. Scholder. Stuttgart: Friedrich Frommann, 1963. Originally published in *Tübinger Zeitschrift für Theologie* 8 (1836): 59–178.

Baxter, A. G., and J. A. Ziesler. "Paul and Arboriculture: Romans 11.17–24." *JSNT* 24 (1985): 25–32.

Beale, G. K. "An Exegetical and Theological Consideration of the Hardening of Pharaoh's Heart in Exodus 4–14 and Romans 9." *TJ* 5 (1984): 129–54.

———. *A New Testament Biblical Theology: The Unfolding of the Old Testament in the New*. Grand Rapids: Baker, 2011.

Beare, F. W. "On the Interpretation of Romans VI.17." *NTS* 5 (1958/59): 206–10.

Beasley-Murray, G. R. *Baptism in the New Testament*. Grand Rapids: Eerdmans, 1962.

Beasley-Murray, P. "Romans 1:3f: An Early Confession of Faith in the Lordship of Jesus." *TynBul* 31 (1980): 147–54.

Bechtler, S. R. "Christ, the *Telos* of the Law: The Goal of Romans 10:4." *CBQ* 56 (1994): 288–308.

Becker, J. *Paul: Apostle to the Gentiles*. Louisville: Westminster John Knox, 1993.

Beckwith, I. T. "The Articular Infinitive with εἰς." *JBL* 15 (1896): 155–67.

———. "The Unity and Diversity of God's Covenant." *TynBul* 38 (1987): 92–118.

Beker, J. C. "Echoes and Intertextuality: On the Role of Scripture in Paul's Theology." Pages 64–69 in *Paul and the Scriptures of Israel*. Edited by C. A. Evans and J. A. Sanders. JSNTSup 83. Sheffield: Sheffield Academic, 1993.

———. "The Faithfulness of God and the Priority of Israel in Paul's Letter to the Romans." *HTR* 79 (1986): 10–16.

———. *Paul the Apostle: The Triumph of God in Life and Thought*. Philadelphia: Fortress, 1980.

———. "Romans 9–11 in the Context of the Early Church." *PSB* Supplementary Issue 1 (1990): 40–55.

Bekken, P. J. "Paul's Use of Deut. 30,12–14 in Jewish Context: Some Observations." Pages 183–203 in *The New Testament and Hellenistic Judaism*. Edited by P. Borgen and S. Giversen. Peabody, MA: Hendrickson, 1995.

———. *The Word Is near You: A Study of Deuteronomy 30:12–14 in Paul's Letter to the Romans in a Jewish Context*. BZNW 144. Berlin: de Gruyter, 2007.

Bell, R. H. *No One Seeks for God: An Exegetical and Theological Study of Romans 1.18–3.20*. WUNT 106. Tübingen: Mohr Siebeck, 1998.

———. *Provoked to Jealousy: The Origin and Purpose of the Jealousy Motif in Romans 9–11*. WUNT 2/63. Tübingen: Mohr Siebeck, 1994.

———. "Rom 5.18–19 and Universal Salvation." *NTS* 48 (2002): 417–32.

———. "Sacrifice and Christology in Paul." *JTS* 53 (2002): 1–27.

Belleville, L. "'Ιουνίαν . . . ἐπίσημοι ἐν τοῖς ἀποστόλοις: A Re-Examination of Romans 16.7 in Light of Primary Source Materials." *NTS* 51 (2005): 231–49.

Bellis, A. O. "Habakkuk 2:4b: Intertextuality and Hermeneutics." Pages 369–85 in *Jews, Christians, and the Theology of the Hebrew Scriptures*. SBLSymS 8. Edited by A. O. Bellis and J. S. Kaminsky. Atlanta: Society of Biblical Literature, 2000.

Bencze, A. L. "An Analysis of 'Romans XIII.8–10.'" *NTS* 20 (1973–74): 90–92.

Ben Ezra, D. S. *The Impact of Yom Kippur on Early Christianity: The Day of Atonement from Second Temple Judaism to the Fifth Century*. WUNT 163. Tübingen: Mohr Siebeck, 2003.

Bengel, J. A. *Gnomon of the New Testament*. 5 vols. 1742. Reprint. Edinburgh: T&T Clark, 1860.

Benko, S. *Pagan Rome and the Early Christians*. Bloomington, IN: Indiana University Press, 1984.

Benoit, P. "La loi et la croix d'après Saint Paul (Rom. 7:7–8:4)." *RB* 47 (1938): 481–509.

———. "'Nous gémissons, attendant le déliverance de notre corps' (Rom. VIII,23)." *RSR* 39 (1951/52): 267–80.

Benware, W. A. "Romans 1:17 and Cognitive Grammar." *BT* 51 (2000): 330–40.

Berding, K. "Romans 12.4–8: One Sentence or Two?" *NTS* 52 (2006): 433–39.

Berger, K. "Abraham in den paulinischen Hauptbriefen." *MTZ* 17 (1966): 47–89.

———. "Almosen für Israel: Zum historischen Kontext der paulinischen Kollekte." *NTS* 23 (1976/77): 180–204.

———. *Markus und Parallelen*. Part 1 of *Die Gesetzauslegung Jesu: Ihr historischer Hintergrund im Judentum und im Alten Testament*. WMANT 40. Neukirchen-Vluyn: Neukirchener Verlag, 1972.

Bergmeier, R. *Das Gesetz im Römerbrief und andere Studien zum Neuen Testament*. WUNT 121. Tübingen: Mohr Siebeck, 2000.

———. "Röm 7,7–25a (8,2): Der Mensch—der Gesetz—Gott—Paulus—die Exegese im Widerspruch?" *KD* 31 (1985): 162–72.

———. "Vom Tun der Tora." Pages 161–81 in *Lutherische und Neue Paulusperspektive: Beiträge zu einem Schüsselproblem der gegenwärtigen exegetischen Diskussion*. Edited by M. Bachmann. WUNT 182. Tübingen: Mohr Siebeck, 2005.

Berkhof, H. *Christian Faith: An Introduction to the Study of the Faith*. Grand Rapids: Eerdmans, 1979.

Berkhof, L. *Systematic Theology*. 4th ed. Grand Rapids: Eerdmans, 1941.

Berkley, T. W. *From a Broken Covenant to Circumcision of the Heart: Pauline Inter-*

textual Exegesis in Romans 2:17–29. SBLDS 175. Atlanta: Society of Biblical Literature, 2000.

Berkouwer, G. C. *Sin*. Grand Rapids: Eerdmans, 1971.

Bertram, G. "ἀποκαραδοκία." *ZNW* 49 (1958): 264–70.

Bertschmann, D. H. *Bowing before Christ—Nodding to the State? Reading Paul Politically with Oliver O'Donovan and John Howard Yoder*. LNTS 502. London: Bloomsbury, 2014.

Best, E. *One Body in Christ*. London: SPCK, 1955.

Best, T. F. "The Apostle Paul and E. P. Sanders: The Significance of Paul and Palestinian Judaism." *RestQ* 25 (1982): 65–74.

Betz, H. D. "Christianity as Religion: Paul's Attempt at Definition in Romans." Pages 206–39 in *Paulinischen Studien*. Tübingen: Mohr Siebeck, 1994.

———. "The Foundations of Christian Ethics According to Romans 12:1–2." Pages 55–72 in *Witness and Existence: Essays in Honor of Schubert M. Ogden*. Edited by P. E. Devenish and G. L. Goodwin. Chicago: University of Chicago Press, 1989.

Betz, O. "Die heilsgeschichtliche Rolle Israels bei Paulus." *TBei* 9 (1978): 1–21.

———. "Rechtfertigung in Qumran." Pages 17–36 in *Rechtfertigung: Festschrift für Ernst Käsemann zum 70. Geburtstag*. Edited by J. Friedrich, W. Pöhlmann, and P. Stuhlmacher. Tübingen: Mohr; Göttingen: Vandenhoeck & Ruprecht, 1976.

Beyschlag, W. *Die paulinische Theodicee, Römer 9–11*. 2d ed. Halle: Eugen Strien, n.d.

Bietenhard, H. "Natürliche Gotteserkenntnis der Heiden? Eine Erwägung zu Rom. 1." *TZ* 12 (1956): 275–88.

Billings, J. T. *Calvin, Participation, and the Gift: The Activity of Believers in Union with Christ*. Changing Paradigms in Historical and Systematic Theology. Oxford: Oxford University Press, 2007.

Bindemann, W. *Die Hoffnung der Schöpfung: Römer 8,18–27 und die Frage einer Theologie der Befreiung von Mensch und Natur*. Neukirchener Studien 14. Neukirchen-Vluyn: Neukirchener Verlag, 1983.

———. "Materialistische Bibelinterpretation am Beispiel von Römer 13,1–7." *Die Zeichen der Zeit* 35 (1981): 136–45.

Bird, M. F. "Incorporating Righteousness: A Response to Recent Evangelical Discussion Concerning the Imputation of Christ's Righteousness in Justification." *JETS* 47 (2004): 253–76.

———. "Justification as Forensic Declaration and Covenant Membership: A Via Media between Reformed and Revisionist Readings of Paul." *TynBul* 57 (2006): 109–30.

———. "'One Who Will Arise to Rule over the Nations': Paul's Letter to the Romans and the Roman Empire." Pages 146–65 in *Jesus Is Lord, Caesar Is Not: Evaluating Empire in New Testament Studies*. Edited by S. McKnight and J. B. Modica. Downers Grove, IL: InterVarsity Press, 2013.

———. *The Saving Righteousness of God: Studies on Paul, Justification and the New Perspective*. Paternoster Biblical Monographs. Waynesboro, GA: Paternoster, 2007.

Bird, M., and P. M. Sprinkle, eds. *The Faith of Jesus Christ: Exegetical, Biblical, and Theological Studies*. Peabody, MA: Hendrickson, 2009.

Bjerkelund, C. J. *Parakalô: Form, Funktion und Sinn der parakalô-Sätze in den paulinischen Briefen*. Bibliotheca Theologica Norvegica 1. Oslo: Universitetsforlaget, 1967.

Black, D. A. "The Pauline Love Command: Structure, Style, and Ethics in Romans 12.9–21." *Filologia Neotestamentaria* 1 (1989): 3–22.

Black, M. "The Christological Use of the Old Testament in the New Testament." *NTS* 18 (1971/72): 1–14.

———. "The Interpretation of Romans viii 28." Pages 166–72 in *Neotestamentica et Patristica: Eine Freundesgabe, Herrn Professor Dr. Oscar Cullmann zu seinem 60. Geburtstag überreicht*. Edited by W. C. van Unnik. NovTSup 6. Leiden: Brill, 1962.

Blackwell, B. C. *Christosis: Engaging Paul's Soteriology with His Patristic Interpreters*. Grand Rapids: Eerdmans, 2016.

———. "Immortal Glory and the Problem of Death in Romans 1.23." *JSNT* 32 (2010): 285–308.

Blackwell, B. C., J. K. Goodrich, and J. Maston, eds. *Reading Romans in Context: Paul and Second Temple Judaism*. Grand Rapids: Zondervan, 2015.

Blank, J. "Gesetz und Geist." Pages 73–100 in *The Law of the Spirit in Rom 7 and 8*. Edited by L. De Lorenzi. SMBen: Biblical-Ecumenical Section 1. Rome: St. Paul's Abbey, 1976.

Blocher, H. A. "Justification of the Ungodly (*Sola Fide*): Theological Reflections." Pages 465–500 in *The Paradoxes of Paul*. Edited by D. A. Carson, P. T. O'Brien, and M. A. Seifrid. Vol. 2 of *Justification and Variegated Nomism*. Grand Rapids: Baker Academic, 2004.

Block, D. I. "How Many Is God? An Investigation into the Meaning of Deuteronomy 6:4–5." *JETS* 47 (2004): 193–212.

Blomberg, C. L. "Quotations, Allusions, and Echoes of Jesus in Paul." Pages 129–43 in *Studies in the Pauline Epistles: Essays in Honor of Douglas J. Moo*. Edited by M. S. Harmon and J. E. Smith. Grand Rapids: Zondervan, 2014.

Blumenfeld, B. *The Political Paul: Justice, Democracy and Kingship in a Hellenistic Environment*. JSNTSup 210. Sheffield: Sheffield Academic, 2001.

Boccaccini, G. "The Three Paths to Salvation of Paul the Jew." Pages 1–19 in *Paul the Jew: Rereading the Apostle as a Figure of Second Temple Judaism*. Edited by G. Boccaccini and C. A. Segovia. Minneapolis: Fortress, 2016.

Boccaccini, G., and C. A. Segovia, eds. *Paul the Jew: Rereading the Apostle as a Figure of Second Temple Judaism*. Minneapolis: Fortress, 2016.

Bockmuehl, M. N. A. *Revelation and Mystery in Ancient Judaism and Pauline Christianity*. WUNT 2/36. Tübingen: Mohr, 1990.
Boer, M. C. de. "Death and Paul's Apocalyptic Eschatology in 1 Corinthians 15 and Romans 5:12–21." PhD diss., Union Theological Seminary, New York, 1983.
———. *The Defeat of Death: Apocalyptic Eschatology in 1 Corinthians 15 and Romans 5*. JSNTSup 22. Sheffield: JSOT, 1988.
———. "Paul's Mythologizing Program in Romans 5–8." Pages 1–20 in *Apocalyptic Paul: Cosmos and Anthropos in Romans 5–8*. Edited by B. R. Gaventa. Waco, TX: Baylor University Press, 2013.
Boers, H. *The Justification of the Gentiles: Paul's Letters to the Galatians and Romans*. Peabody, MA: Hendrickson, 1994.
———. "The Problem of Jews and Gentiles in the Macro-Structure of Romans." *Neot* 15 (1981): 1–11.
Boismard, M.-E. "Constitué Fils de Dieu (Rom. 1,4)." *RB* 60 (1953): 5–17.
Bolton, S. *The True Bounds of Christian Freedom*. London, 1645. Reprint. London: Banner of Truth Trust, 1964.
Boman, T. "Die dreifache Würde des Völkerapostels." *ST* 29 (1975): 63–69.
Bonsirven, J. *Exégèse rabbinique et exégèse paulinienne*. Bibliothèque de théologie historique. Paris: Beauchesne, 1939.
Borg, M. "A New Context for Romans XIII." *NTS* 19 (1972/73): 205–18.
Borgen, P. *Bread from Heaven*. NovTSup 10. Leiden: Brill, 1965.
Boring, M. C. "The Language of Universal Salvation in Paul." *JBL* 105 (1986): 269–92.
Bornkamm, G. "Baptism and New Life in Paul: Romans 6." Pages 71–86 in *Early Christian Experience*. NTL. London: SCM, 1969.
———. "Gesetz und Natur (Röm 2:14–16)." Pages 93–118 in *Studien zu Antike und Urchristentum*. Vol. 2 of *Gesammelte Aufsätze*. BEvT 28. Munich: Kaiser, 1963.
———. "The Letter to the Romans as Paul's Last Will and Testament." Pages 16–28 in *The Romans Debate*. Edited by K. P. Donfried. Rev. and exp. ed. Peabody, MA: Hendrickson, 1991.
———. "Paulinische Anakolouthe im Römerbrief." Pages 76–92 in *Das Ende des Gesetzes: Paulusstudien*. BEvT 16. Munich: Kaiser, 1966.
———. "The Praise of God: Romans 11:33–36." Pages 105–11 in *Early Christian Experience*. NTL. London: SCM, 1969.
———. "The Revelation of God's Wrath." Pages 47–70 in *Early Christian Experience*. NTL. London: SCM, 1969.
———. "Sin, Law and Death: An Exegetical Study of Romans 7." Pages 87–104 in *Early Christian Experience*. NTL. London: SCM, 1969.
———. "Theologie als Teufelskunst, Römer 3:1–9." Pages 140–48 in *Geschichte und Glaube*. Vol. 2 of *Gesammelte Aufsätze*. Munich: Kaiser, 1971.
Bornkamm, H. *Luther and the Old Testament*. Philadelphia: Fortress, 1969.

Bosch, J. S. "Le corps du Christ et les charismes dans l'épître aux Romains." Pages 51–72 in *Dimensions de la vie chrétienne (Rm 12–13)*. Edited by L. De Lorenzi. SMBen: Biblical-Ecumenical Section 4. Rome: Abbey of St. Paul Outside the Walls, 1979.

Boswell, J. *Christianity, Social Tolerance, and Homosexuality*. Chicago: University of Chicago Press, 1980.

Bourke, M. M. *A Study of the Metaphor of the Olive Tree in Romans XI*. Washington, DC: Catholic University of America, 1947.

Bousset, W. *Kyrios Christos*. Nashville: Abingdon, 1970.

Bouttier, M. *En Christ: Étude d'exégèse et de théologie pauliniennes*. Paris: University of France, 1962.

Bowers, P. "Fulfilling the Gospel: The Scope of the Pauline Mission." *JETS* 30 (1987): 185–98.

Bowers, W. P. "Jewish Communities in Spain in the Time of Paul the Apostle." *JTS* 26 (1975): 395–402.

Brand, C. O., ed. *Perspectives on Election: Five Views*. Nashville: B&H, 2006.

Brandenburger, E. *Adam und Christus. Exegetisch-religionsgeschichtliche Untersuchungen zu Röm. 5:12–21 (1 Kor 15)*. WMANT 7. Neukirchen-Vluyn: Neukirchener Verlag, 1962.

———. *Fleisch und Geist: Paulus und die dualistische Weisheit*. WMANT 29. Neukirchen-Vluyn: Neukirchener Verlag, 1968.

———. "Die Parenthese v.13–14: Sünde und Tod zwischen Adam und Mose." Pages 180–219 in *Adam und Christus—Exegetisch-religionsgeschichtliche Untersuchung zu Röm. 5.12–21 (1 Kor. 15)*. WMANT 7. Neukirchen: Neukirchener Verlag, 1962.

———. "Paulinische Schriftauslegung in der Kontroverse um das Verheißungswort Gottes (Röm 9)." *ZTK* 82 (1985): 1–47.

Branick, V. P. "The Sinful Flesh of the Son of God (Rom 8:3): A Key Image of Pauline Theology." *CBQ* 47 (1985): 246–62.

Bratsiotis, P. "Eine exegetische Notiz zu Röm. IX.3 und X.1." *NovT* 5 (1962): 299–300.

Braun, H. *Gerichtsgedanke und Rechtfertigungslehre bei Paulus*. UNT 19. Leipzig: Hinrichs, 1930.

Brawley, A. "Grafted In: Why Christians Are Thinking about a Jewish Biblical Theology." *BTB* 30 (2000): 120–28.

Bray, G. "Ambrosiaster." Pages 21–38 in *Reading Romans through the Centuries: From the Early Church to Karl Barth*. Edited by J. P. Greenman and T. Larsen. Grand Rapids: Brazos, 2005.

———. "Dead to Sin and Alive to Christ (Romans 6:1–23)." *Evangel* 18 (2000): 72–76.

Breytenbach, C. "'Charis' and 'Eleos' in Paul's Letter to the Romans." Pages 247–

77 in *The Letter to the Romans*. Edited by U. Schnelle. BETL 226. Leuven: Peeters, 2009.

———. *Versöhnung: Eine Studie zur paulinischen Soteriologie*. WMANT 60. Neukirchen-Vluyn: Neukirchener Verlag, 1989.

Briggs, C. A., and E. B. Briggs. *A Critical and Exegetical Commentary on the Book of Psalms*. 2 vols. ICC. Edinburgh: T&T Clark, 1906–7.

Bring, R. *Christus und das Gesetz: Die Bedeutung des Gesetzes des Alten Testaments nach Paulus und sein Glauben an Christus*. Leiden: Brill, 1969.

———. "Das Gesetz und die Gerechtigkeit Gottes: Eine Studie zur Frage nach der Bedeutung des Ausdruckes Telos Nomou in Röm. 10:4." *ST* 20 (1966): 1–36.

———. "Paul and the Old Testament: A Study of the Ideas of Election, Faith, and Law in Paul, with Special Reference to Rom. 9:30–10:13." *ST* 25 (1971): 21–60.

Brockhaus, U. *Charisma und Amt: Die paulinische Charismalehre auf dem Hintergrund der frühchristlichen Gemeindefunktionen*. Wüppertal: Theologischer Verlag, 1972.

Brodeur, S. *The Holy Spirit's Agency in the Resurrection of the Dead: An Exegetico-Theological Study of 1 Corinthians 15,44b–49 and Romans 8,9–13*. TGST 14. Roma: Pontificia università gregoriana, 2004.

Brooten, B. "'Junia . . . Outstanding among the Apostles.'" Pages 141–44 in *Women Priests: A Catholic Commentary on the Vatican Declaration*. Edited by L. and A. Swidler. New York: Paulist Press, 1977.

———. *Love between Women: Early Christian Responses to Female Homoeroticism*. Chicago: University of Chicago Press, 1996.

Brown, D. *The God of This Age: Satan in the Churches and Letters of Paul*. WUNT 2.409. Tübingen: Mohr Siebeck, 2015.

Brown, M. J. "Paul's Use of ΔΟΥΛΟΣ ΧΡΙΣΤΟΥ ΙΗΣΟΥ in Romans 1:1." *JBL* 120 (2001): 723–37.

Brown, R. E. *The Semitic Background of the Term "Mystery" in the New Testament*. FBBS 21. Philadelphia: Fortress, 1968.

Brown, R. E., and J. P. Meier. *Antioch and Rome: New Testament Cradles of Catholic Christianity*. New York: Paulist Press, 1983.

Brownson, J. V. *Bible, Gender, Sexuality: Reframing the Church's Debate on Same-Sex Relationships*. Grand Rapids: Eerdmans, 2013.

Bruce, A. B. *St. Paul's Conception of Christianity*. New York: Scribner's Sons, 1911.

Bruce, F. F. *The Epistle to the Galatians: A Commentary on the Greek Text*. NIGTC. Grand Rapids: Eerdmans, 1982.

———. *The Epistles to the Colossians, to Philemon, and to the Ephesians*. NICNT. Grand Rapids: Eerdmans, 1984.

———. "Paul and 'The Powers That Be.'" *BJRL* 66 (1984): 78–96.

———. *Paul: Apostle of the Heart Set Free*. Grand Rapids: Eerdmans, 1977.

———. "The Romans Debate—Continued." Pages 175–94 in *The Romans Debate*. Edited by K. P. Donfried. Rev. and exp. ed. Peabody, MA: Hendrickson, 1991.

Bruckner, J. K. "The Creational Context of Law before Sinai: Law and Liberty in Pre-Sinai Narratives and Romans 7." *ExAud* 11 (1995): 91–110.

Brueggemann, W. *Deuteronomy*. AOTC. Nashville: Abingdon, 2001.

———. *Genesis*. IBC. Atlanta: John Knox, 1982.

Brunner, E. *Revelation and Reason*. Philadelphia: Westminster, 1946.

Bruno, C. R. "The Deliverer from Zion: The Source(s) and Function of Paul's Citation in Romans 11:26–27." *TynBul* 59 (2008): 119–34.

———. *"God Is One": The Function of Eis ho Theos as a Ground for Gentile Inclusion in Paul's Letters*. LNTS 497. London: Bloomsbury T&T Clark, 2013.

Bryan, C. *A Preface to Romans: Notes on the Epistle in Its Literary and Cultural Setting*. Oxford: Oxford University Press, 2000.

———. *Render to Caesar: Jesus, the Early Church, and the Roman Superpower*. Oxford: Oxford University Press, 2005.

Buck, C., and G. Taylor. *Saint Paul: A Study of the Development of His Thought*. New York: Scribner's, 1969.

Bultmann, R. "Adam und Christus nach Römer 5." *ZNW* 50 (1959): 145–65.

———. "Christ the End of the Law." Pages 36–66 in *Essays Philosophical and Theological*. Translated by J. C. G. Greig. London: SCM, 1955.

———. "Δικαιοσύνη Θεοῦ." *JBL* 83 (1964): 12–16.

———. "Glossen im Römerbrief." Pages 278–84 in *Exegetica: Aufsätze zur Erforschung des Neuen Testaments*. Edited by E. Dinkler. Tübingen: Mohr, 1967.

———. "Romans 7 and the Anthropology of Paul." Pages 173–85 in *Existence and Faith: Shorter Writings of Rudolf Bultmann*. New York: Meridian, 1960.

———. *Der Stil der paulinischen Predigt und die kynisch-stoische Diatribe*. FRLANT 13. Göttingen: Vandenhoeck & Ruprecht, 1910.

———. *Theology of the New Testament*. 2 vols. New York: Scribner's, 1951–55.

Burchard, C. "Römer 9:25: ἐν τῷ Ὡσηέ." *ZNW* 76 (1985): 131.

Burdick, D. W. "Οἶδα and Γινώσκω in the Pauline Epistles." Pages 344–56 in *New Dimensions in New Testament Study*. Edited by R. N. Longenecker and M. C. Tenney. Grand Rapids: Zondervan, 1974.

Burer, M. H. "Ἐπίσημοι ἐν τοῖς ἀποστόλοις in Rom 16:7 as 'Well Known to the Apostles': Further Defense and New Evidence." *JETS* 58 (2015): 731–55.

Burer, M. H., and D. B. Wallace. "Was Junia Really an Apostle? A Re-Examination of Rom 16.7." *NTS* 47 (2001): 76–91.

Burk, D. "The Righteousness of God (Dikaiosunē Theou) and Verbal Genitives: A Grammatical Clarification." *JSNT* 34 (2012): 346–60.

Burke, T. J. *Adopted into God's Family: Exploring a Pauline Metaphor*. NSBT 22. Downers Grove, IL: InterVarsity Press, 2006.

———. "Adoption and the Spirit in Romans 8." *EvQ* 70 (1998): 311–24.

Burnett, G. W. *Paul and the Salvation of the Individual.* BibInt 57. Leiden: Brill, 2001.

Burns, J. L. "The Future of Ethnic Israel in Romans 11." Pages 188–229 in *Dispensationalism, Israel and the Church: The Search for Definition.* Edited by C. A. Blaising and D. L. Bock. Grand Rapids: Zondervan, 1992.

Burns, J. P. "The Interpretation of Romans in the Pelagian Controversy." *AugStud* 10 (1979): 43–54.

Burtner, R. W., and R. E. Chiles, eds. *A Compend of Wesley's Theology.* New York: Abingdon, 1954.

Burton, E. de W. *A Critical and Exegetical Commentary on the Epistle to the Galatians.* ICC. New York: Scribner's Sons, 1920.

———. *Syntax of the Moods and Tenses in New Testament Greek.* Chicago: University of Chicago Press, 1900.

Burton, K. A. *Rhetoric, Law, and the Mystery of Salvation in Romans 7:1–6.* Lewiston, NY: Mellen, 2001.

Bussini, F. *L'homme pécheur devant Dieu: Théologie et anthropologie.* Paris: Cerf, 1978.

Byrne, B. "Creation Groaning: An Earth Bible Reading of Romans 8.18–22." Pages 193–203 in *Readings from the Perspective of the Earth.* Edited by N. C. Habel. Sheffield: Sheffield Academic, 2000.

———. "An Ecological Reading of Rom. 8.19–22: Possibilities and Hesitations." Pages 83–93 in *Ecological Hermeneutics: Biblical, Historical and Theological Perspectives.* Edited by D. G. Horrell, C. Hunt, C. Southgate, and F. Stavrakopoulou. London: T&T Clark, 2010.

———. "How Can We Interpret Romans Theologically Today?" *ABR* 47 (1999): 29–42.

———. "Interpreting Romans Theologically in a Post-'New Perspective' Perspective." *HTR* 94 (2001): 227–41.

———. "Living Out the Righteousness of God: The Contribution of Rom 6:1–8:13 to an Understanding of Paul's Ethical Presuppositions." *CBQ* 43 (1981): 557–81.

———. "Paul and Mark before the Cross: Common Echoes of the Day of Atonement Ritual." Pages 217–29 in *Transcending Boundaries: Contemporary Readings of the New Testament: Essays in Honor of Francis J. Maloney.* Biblioteca di scienze religiose 187. Rome: LAS, 2005.

———. "The Problem of Νόμος and the Relationship with Judaism in Romans." *CBQ* 62 (2000): 294–309.

———. *"Sons of God"—"Seed of Abraham": A Study of the Idea of the Sonship of God of All Christians in Paul against the Jewish Background.* AnBib 83. Rome: Biblical Institute Press, 1979.

———. "Universal Need of Salvation and Universal Salvation by Faith in the Letter to the Romans." *Pacifica* 8 (1995): 123–39.

Byron, J. *Slavery Metaphors in Early Judaism and Pauline Christianity*. WUNT 2/162. Tübingen: Mohr Siebeck, 2003.

Byrskog, S. "Adam and Medea—and Eve: Revisiting Romans 7,7–25." Pages 273–99 in *Paul's Graeco-Roman Context*. Edited by C. Breytenbach. BETL 277. Leiden: Brill, 2015.

———. "Epistolography, Rhetoric and Letter Prescript: Romans 1.1–7 as a Test Case." *JSNT* 65 (1997): 27–46.

Cadbury, H. J. "Erastus of Corinth." *JBL* 50 (1931): 42–58.

Calhoun, R. M. *Paul's Definitions of the Gospel in Romans 1*. WUNT 2/316. Tübingen: Mohr Siebeck, 2011.

Calvin, J. *Commentaries on the Epistles of Paul to the Galatians and Ephesians.* Edinburgh: Thomas Clark, 1854.

———. *Commentaries on the First Book of Moses, Called Genesis.* 2 vols. Grand Rapids: Eerdmans, 1948.

Cambier, J.-M. "L'espérance et le salut dans Rom. 8,24." Pages 77–107 in *Message et Mission. Recueil commémoratif du Xe anniversaire de la Faculté de Théologie*. Leuven/Paris: Nauwelaerts, 1968.

———. *L'évangile de la justice et de la grace*. Vol. 1 of *L'évangile de Dieu selon l'épître aux Romains: Exégèse et théologie biblique*. StudNeot 3. Brussels: Desclée de Brouwer, 1967.

———. "Le jugement de tous les hommes par Dieu seul, selon la verité, dans Rom 2:1–3:20." *ZNW* 67 (1976): 187–213.

———. "La liberté chrétienne est et personnelle et communautaire (Rm 14,1–15,13)." Pages 57–84 in *Freedom and Love: The Guide for Christian Life (1 Co 8–10; Rm 14–15)*. Edited by L. De Lorenzi. SMBen: Biblical-Ecumenical Section 6. Rome: St. Paul's Abbey, 1981.

———. "Liberté du spirituel dans Rom. 8.12–17." Pages 205–20 in *Paul and Paulinism: Studies in Honour of C. K. Barrett.* Edited by M. D. Hooker and S. G. Wilson. London: SPCK, 1982.

———. "Péchés des hommes et péché d'Adam en Rom. V.12." *NTS* 11 (1964/65): 217–55.

Campbell, C. R. *Basics of Verbal Aspect in Biblical Greek.* Grand Rapids: Zondervan, 2008.

———. *Paul and Union with Christ: An Exegetical and Theological Study.* Grand Rapids: Zondervan, 2012.

Campbell, D. A. "Beyond Justification in Paul: The Thesis of the Deliverance of God." *SJT* 65 (2012): 90–104.

———. *The Deliverance of God: An Apocalyptic Rereading of Justification in Paul.* Grand Rapids: Eerdmans, 2009.

———. "Determining the Gospel through Rhetorical Analysis in Paul's Letter to the Roman Christians." Pages 315–36 in *Gospel in Paul: Studies in Corinthians, Galatians and Romans for Richard N. Longenecker*. Edited by L. A. Jervis and P. Richardson. JSNTSup 108. Sheffield: Sheffield Academic, 1994.

———. "False Presuppositions in the ΠΙΣΤΙΣ ΧΡΙΣΤΟΥ Debate: A Response to Brian Dodd." *JBL* 116 (1997): 713–19.

———. *Framing Paul: An Epistolary Biography*. Grand Rapids: Eerdmans, 2014.

———. "The Meaning of Πίστις and Νόμος in Paul: A Linguistic and Structural Perspective." *JBL* 111 (1992): 91–103.

———. "Paul's Apocalyptic Politics." *ProEccl* 22 (2013): 129–52.

———. *The Quest for Paul's Gospel: A Suggested Strategy*. JSNTSup 274. London: T&T Clark, 2005.

———. *The Rhetoric of Righteousness in Romans 3.21–26*. JSNTSup 65. Sheffield: Sheffield Academic, 1992.

———. "Romans 1:17—A *Crux Interpretum* for the Πίστις Χριστοῦ Debate." *JBL* 113 (1994): 265–85.

Campbell, W. S. "The Addressees of Paul's Letter to the Romans: Assemblies of God in House Churches and Synagogues?" Pages 171–95 in *Between Gospel and Election: Explorations in the Interpretation of Romans 9–11*. Edited by F. Wilk and J. R. Wagner. WUNT 257. Tübingen: Mohr Siebeck, 2010.

———. "Christ the End of the Law: Romans 10:4." Pages 73–81 in *StudBib* 1978, III: *Papers on Paul and Other New Testament Authors*. Edited by E. A. Livingstone. JSNTSup 3. Sheffield: JSOT Press, 1980.

———. "Divergent Images of Paul and His Mission." Pages 187–211 in *Reading Israel in Romans: Legitimacy and Plausibility of Divergent Interpretations*. Edited by C. Grenholm and D. Patte. Harrisburg, PA: Trinity Press International, 2000.

———. "Favouritism and Egalitarianism: Irreconcilable Emphases in Romans?" *SBLSP* 37 (1998): 12–32.

———. "The Freedom and Faithfulness of God in Relation to Israel." *JSNT* 13 (1981): 27–45.

———. "'Let Us Maintain Peace' (Rom 5:2): Reconciliation and Social Responsibility." Pages 169–86 in *Unity and Diversity in Christ: Interpreting Paul in Context. Collected Essays*. Eugene, OR: Cascade, 2013.

———. "No Distinction or No Discrimination? The Translation of *Διαστολή* in Romans 3:22 and 10:12." *TZ* 69 (2013): 353–71.

———. *Paul and the Creation of Christian Identity*. London: T&T Clark, 2008.

———. *Paul's Gospel in an Intercultural Context: Jew and Gentile in the Letter to the Romans*. Frankfurt: Lang, 1991.

———. "The Rule of Faith in Romans 12:1–15:13: The Obligation of Humble Obedience to Christ as the Only Adequate Response to the Mercies of God." Pages 39–66 in *Unity and Diversity in Christ: Interpreting Paul in Context. Collected Essays*. Eugene, OR: Cascade, 2013.

———. "Salvation for Jews and Gentiles: Krister Stendahl and Paul's Letter to the Romans." Pages 65–72 in *StudBib* 1978, III: *Papers on Paul and Other New Testament Authors.* Edited by E. A. Livingstone. JSNTSup 3. Sheffield: JSOT Press, 1980.

———. "Why Did Paul Write Romans?" *ExpTim* 85 (1974): 264–69.

Campenhausen, H. von. "Zur Auslegung von Röm. 13: Die dämonistische Deutung des ἐξουσία-Begriffs." Pages 81–101 in *Aus der Frühzeit des Christentums: Studien zur Kirchengeschichte des ersten und zweiten Jahrhunderts.* Tübingen: Mohr Siebeck, 1963.

Caneday, A. B. "Already Reigning in Life through One Man: Recovery of Adam's Abandoned Dominion (Romans 5:12–21)." Pages 27–43 in *Studies in the Pauline Epistles: Essays in Honor of Douglas J. Moo.* Edited by M. S. Harmon and J. E. Smith. Grand Rapids: Zondervan, 2014.

———. "Judgment, Behavior, and Justification according to Paul's Gospel in Romans 2." *Journal for the Study of Paul and His Letters* 1 (2011): 153–92.

Capes, D. B. *Old Testament Yahweh Texts in Paul's Christology.* WUNT 2/47. Tübingen: Mohr Siebeck, 1992.

Caragounis, C. C. *The Development of Greek and the New Testament: Morphology, Syntax, Phonology, and Textual Transmission.* WUNT 167. Tübingen: Mohr Siebeck, 2004.

———. "ΟΨΩΝΙΟΝ: A Reconsideration of Its Meaning." *NovT* 16 (1974): 35–57.

———. "Romans 5.15–16 in the Context of 5.12–21: Contrast or Comparison?" *NTS* 31 (1985): 142–48.

Carr, W. *Angels and Principalities: The Background, Meaning and Development of the Pauline Phrase kai archai kai hai exousiai.* SNTSMS 42. Cambridge: Cambridge University Press, 1981.

Carraway, G. *Christ Is God over All: Romans 9:5 in the Context of Romans 9–11.* LNTS 489. London: Bloomsbury, 2013.

Carson, D. A. "Adam in the Epistles of Paul." Pages 28–43 in *In the Beginning. . . . A Symposium on the Bible and Creation.* Edited by N. M. de S. Cameron. Glasgow: Biblical Creation Society, 1980.

———. "Atonement in Romans 3:21–26: 'God Presented Him as a Propitiation.'" Pages 119–39 in *The Glory of the Atonement: Biblical, Historical, and Practical Perspectives: Essays in Honor of Roger R. Nicole.* Edited by C. E. Hill and F. A. James III. Downers Grove, IL: InterVarsity Press, 2004.

———. *Divine Sovereignty and Human Responsibility: Biblical Perspectives in Tension.* Atlanta: John Knox, 1981.

———. "Summaries and Conclusions." Pages 505–48 in *The Complexities of Second Temple Judaism.* Edited by D. A. Carson, P. T. O'Brien, and M. A. Seifrid. Vol. 1 of *Justification and Variegated Nomism.* Grand Rapids: Baker Academic, 2001.

———. "The Vindication of Imputation: On Fields of Discourse and, of Course, Semantic Fields." Pages 46–78 in *Justification: What's at Stake in the Current*

Debates? Edited by M. A. Husbands and D. J. Treier. Downers Grove, IL: InterVarsity Press, 2004.

———. "What Is the Gospel?—Revisited." Pages 147–70 in *For the Fame of God's Name: Essays in Honor of John Piper*. Edited by S. Storms and J. Taylor. Wheaton, IL: Crossway, 2010.

———. "Why Trust a Cross? Reflections on Romans 3:21–26." *Evangelical Review of Theology* 28 (2004): 345–62.

Carson, D. A., P. T. O'Brien, and M. A. Seifrid, eds. *The Complexities of Second Temple Judaism*. Vol. 1 of *Justification and Variegated Nomism*. Grand Rapids: Baker Academic, 2001.

———, eds. *The Paradoxes of Paul*. Vol. 2 of *Justification and Variegated Nomism*. Grand Rapids: Baker Academic, 2001.

Carter, C. W. "Harmartiology: Evil, the Marrer of God's Creative Purpose and Work." Pages 237–86 in vol. 1 of *A Contemporary Wesleyan Theology*. Edited by C. W. Carter. 2 vols. Grand Rapids: Zondervan, 1983.

Carter, T. L. "The Irony of Romans 13." *NovT* 46 (2004): 209–28.

Causse, J. D. "Le renversement diabolique du symbolique: Réflexions à partir de Romains 7." *ETR* 75 (2000): 363–72.

Cerfaux, L. *The Christian in the Theology of St. Paul*. London: Geoffrey Chapman, 1967.

———. *The Church in the Theology of Paul*. New York: Herder, 1959.

———. "Le privilège d'Israel selon Saint Paul." *ETL* 17 (1940): 5–26.

———. "'Les Saints' de Jérusalem." Pages 389–413 in vol. 2 of *Recueil Lucien Cerfaux: Études d'exégèse et d'histoire religieuse de Monseigneur Cerfaux réunies à l'occasion de son soixante-dixième anniversaire*. BETL 7. Gembloux: Ducolot, 1954.

Cervin, R. S. "A Note Regarding the Name 'Junia(s)' in Romans 16.7." *NTS* 40 (1994): 464–70.

Chae, D. J.-S. *Paul as Apostle to the Gentiles: His Apostolic Self-Awareness and Its Influence on the Soteriological Argument in Romans*. Paternoster Biblical and Theological Monographs. Carlisle: Paternoster, 1997.

Chang, H.-K. *Die Knechtschaft und Befreiung der Schöpfung: Eine exegetische Untersuchung zu Römer 8,19–22*. Wuppertal: Brockhaus, 2000.

Chapple, A. "Why Spain? Paul and His Mission Plans." *JSPL* 1 (2011): 193–212.

Chester, S. J. "It Is No Longer I Who Live: Justification by Faith and Participation in Christ in Martin Luther's Exegesis of Galatians." *NTS* 55 (2009): 315–37.

———. *Reading Paul with the Reformers*. Grand Rapids: Eerdmans, 2017.

———. "The Retrospective View of Romans 7: Paul's Past in Present Perspective." Pages 57–103 in *Perspectives on Our Struggle with Sin: 3 Views of Romans 7*. Edited by T. L. Wilder. Nashville: Broadman & Holman, 2011.

Childs, B. *The New Testament as Canon: An Introduction*. Philadelphia: Fortress, 1985.

Chilton, B. "Romans 9–11 as Scriptural Interpretation and Dialogue with Judaism." *ExAud* 4 (1988): 27–37.
Chiraparamban, V. P. "The Background and Contextual Meaning of ἀπολύτρωσις in Romans 3,24." Pages 471–85 in *Paul's Graeco-Roman Context*. Edited by C. Breytenbach. BETL 277. Leiden: Brill, 2015.
Chisholm, R. B. "Divine Hardening in the Old Testament." *BSac* 153 (1996): 410–34.
Cho, J. H. "The Christology of Romans in Light of ΠΙΣΤΙΣ ΙΗΣΟΥ ΧΡΙΣΤΟΥ (Rom 3:22–26)." *RestQ* 56 (2014): 41–51.
Choi, P. R. "The Problem of Translating ἐν τῷ αὐτοῦ αἵματι in Romans 3:25a." *AUSS* 38 (2000): 199–201.
Christiansen, E. J. *The Covenant in Judaism and Paul*. AGJU 27. Leiden: Brill, 1995.
Christoffersson, O. *The Earnest Expectation of the Creature: The Flood-Tradition as Matrix of Romans 8:18–27*. ConBNT 23. Stockholm: Almqvist & Wiksell, 1990.
Ciampa, R. E. "Deuteronomy in Galatians and Romans." Pages 99–117 in *Deuteronomy in the New Testament: The New Testament and the Scriptures of Israel*. Edited by M. J. J. Menken and S. Moyise. LNTS 358. London: T&T Clark, 2007.
Clarke, A. D. "Another Corinthian Erastus Inscription." *TynBul* 42 (1991): 146–51.
———. "The Good and the Just in Romans 5.7." *TynBul* 41 (1990): 128–42.
———. "Jew and Greek, Slave and Free, Male and Female: Paul's Theology of Ethnic, Social and Gender Inclusiveness in Romans 16." Pages 103–25 in *Rome in the Bible and the Early Church*. Edited by P. Oakes. Grand Rapids: Baker, 2002.
———. *A Pauline Theology of Church Leadership*. LNTS 362. London: T&T Clark, 2008.
Clavier, H. "Recherche exégétique et théologique sur la notion paulinienne d'epignosis." *SE* VI. Edited by E. A. Livingstone. Berlin: Akademie, 1973.
Clements, R. E. "'A Remnant Chosen by Grace' (Romans 11.5)." Pages 106–21 in *Pauline Studies: Essays Presented to Professor F. F. Bruce on His 70th Birthday*. Edited by D. A. Hagner and M. J. Harris. Grand Rapids: Eerdmans, 1980.
Coffey, D. M. "Natural Knowledge of God: Reflections on Romans 1:18–32." *TS* 31 (1970): 674–91.
Cohen, J. "The Mystery of Israel's Salvation: Romans 11:25–26 in Patristic and Medieval Exegesis." *HTR* 98 (2005): 247–81.
Coleman, T. M. "Binding Obligations in Romans 13:7: A Semantic Field and Social Context." *TynBul* 48 (1997): 307–27.
Collins, A. Y., and J. J. Collins. *King and Messiah as Son of God: Divine, Human, and Angelic Messianic Figures in Biblical and Related Literature*. Grand Rapids: Eerdmans, 2008.
Collins, C. J. "Adam and Eve as Historical People, and Why It Matters." *Perspec-*

tives on Science and Christian Faith 62 (2010): 147–65. Online: http://www.asa3.org/ASA/PSCF/2010/PSCF9-10Collins.pdf.

Collins, N. L. "The Jewish Source of Rom 5:17, 16, 10 and 9: The Verses of Paul in Relation to a Comment in the Mishnah at M. Makk 3.15." *RB* 112 (2005): 27–45.

Constantineanu, C. *The Social Significance of Reconciliation in Paul's Theology: Narrative Readings in Romans*. LNTS 421. London: T&T Clark, 2010.

Conway, K. P. *The Promises of God: The Background of Paul's Exclusive Use of "Epangelia" for the Divine Pledge*. BZNW 211. Berlin: de Gruyter, 2014.

Conybeare, F. C., and St. George Stock. *A Grammar of Septuagint Greek*. Reprint. Grand Rapids: Zondervan, 1980.

Conzelmann, H. *An Outline of the Theology of the New Testament*. London: SCM, 1969.

Coolidge, J. S. *The Puritan Renaissance in England: Puritanism and the Bible*. Oxford: Clarendon, 1970.

Cooper, C. "Romans 11:25, 26." *RestQ* 21 (1978): 84–94.

Cooper, K. T. "Paul and Rabbinic Soteriology." *WTJ* 44 (1982): 123–39.

Coppens, J. "'Mystery' in the Theology of Saint Paul and Its Parallels at Qumran." Pages 132–58 in *Paul and the Dead Sea Scrolls*. Edited by J. Murphy-O'Connor and J. H. Charlesworth. Christian Origins Library. New York: Crossroad, 1990.

Coppins, W. *The Interpretation of Freedom in the Letters of Paul: With Special Reference to the "German" Tradition*. WUNT 2/261. Tübingen: Mohr Siebeck, 2009.

Corley, B. "The Jews, the Future, and God (Romans 9–11)." *SwJT* 19 (1976): 42–56.

Cosgrove, C. H. *Elusive Israel: The Puzzle of Election in Romans*. Louisville: Westminster John Knox, 1997.

———. "Justification in Paul: A Linguistic and Theological Reflection." *JBL* 106 (1987): 653–70.

———. "Rhetorical Suspense in Romans 9–11: A Study in Polyvalence and Hermeneutical Election." *JBL* 115 (1996): 271–87.

———. "What If Some Have Not Believed? The Occasion and Thrust of Romans 3:1–8." *ZNW* 78 (1987): 90–105.

Cotton, J. *A Treatise of the Covenant of Grace*. 3d ed. London, 1671.

Cottrell, J. "Conditional Election." Pages 571–73 in *Grace Unlimited*. Edited by C. Pinnock. Minneapolis: Bethany, 1975.

Cousar, C. B. "Continuity and Discontinuity: Reflections on Romans 5–8." Pages 196–210 in *Romans*. Vol. 3 of *Pauline Theology*. Edited by D. M. Hay and E. E. Johnson. Minneapolis: Fortress, 1995.

———. *A Theology of the Cross: The Death of Jesus in the Pauline Letters*. OBT. Minneapolis: Fortress, 1990.

Coxhead, S. R. "Deuteronomy 30:11–14 as a Prophecy of the New Covenant in Christ." *WTJ* 68 (2006): 305–20.

Cranfield, C. E. B. *Christ and Adam: Man and Humanity in Romans 5*. New York: Collier, 1962.

———. "μέτρον πίστεως in Romans 12:3." *NTS* 8 (1961–62): 345–51.

———. "Romans 8:28." *SJT* 19 (1966): 204–15.

———. "Some Notes on Romans 9:30–33." Pages 35–43 in *Jesus und Paulus: Festschrift für Werner Georg Kümmel zum 70. Geburtstag*. Edited by E. E. Ellis and E. Gräßer. 2d ed. Göttingen: Vandenhoeck & Ruprecht, 1978.

———. "Some Observations on Romans 13:1–7." *NTS* 6 (1959/60): 241–49.

———. "Some Observations on the Interpretation of Romans 14:1–15:13." *CV* 4 (1974): 193–204.

———. "'The Works of the Law' in the Epistle to the Romans." *JSNT* 43 (1991): 89–101.

Cranford, M. "Abraham in Romans 4: The Father of All Who Believe." *NTS* 41 (1995): 71–88.

———. "Election and Ethnicity: Paul's View of Israel in Romans 9:1–13." *JSNT* 50 (1993): 27–41.

Creed, J. M. "ΠΑΡΕΣΙΣ in Dionysius of Halicarnassus and in St. Paul." *JTS* 41 (1940): 28–30.

Cremer, H. *Die paulinische Rechtfertigungslehre im Zusammenhange ihrer geschichtlichen Voraussetzungen*. Gütersloh: Bertelsmann, 1900.

Cullmann, O. *Baptism in the New Testament*. SBT 1/1. London: SCM, 1950.

———. *Christ and Time*. Philadelphia: Westminster, 1950.

———. *The Christology of the New Testament*. Philadelphia: Westminster, 1963.

———. *Peter: Disciple, Apostle, Martyr*. Philadelphia: Westminster, 1962.

———. *Salvation in History*. London: SCM, 1967.

———. *The State in the New Testament*. New York: Harper & Row, 1956.

Culpepper, R. A. "God's Righteousness in the Life of His People: Romans 12–15." *RevExp* 73 (1976): 451–63.

Curtis, H. R. "A Female Apostle? A Note Re-examining the Work of Burer and Wallace Concerning ἐπίσημος with ἐν and the Dative." *Concordia Journal* 28 (2002): 437–40.

Dabelstein, R. *Die Beurteilung der "Heiden" bei Paulus*. BBET 14. Frankfurt: Lang, 1981.

Dabourne, W. *Purpose and Cause in Pauline Exegesis: Romans 1.16–4.25 and a New Approach to the Letters*. SNTSMS 104. Cambridge: Cambridge University Press, 1999.

Dahl, N. A. "The Messiahship of Jesus in Paul." Pages 37–47 in *The Crucified Messiah and Other Essays*. Minneapolis: Augsburg, 1974.

———. "Romans 3:9: Text and Meaning." Pages 184–204 in *Paul and Paulinism:*

Essays in Honour of C. K. Barrett. Edited by M. D. Hooker and S. G. Wilson. London: SPCK, 1982.

———. *Studies in Paul: Theology for the Early Christian Mission*. Minneapolis: Augsburg, 1977.

Danker, F. W. "Romans V.12 and Sin under Law." *NTS* 14 (1967/68): 424–39.

———. "Under Contract: A Form-Critical Study of Linguistic Adaptation in Romans." Pages 91–114 in *Festschrift to Honor F. Wilbur Gingrich: Lexicographer, Scholar, Teacher, and Committed Christian Layman*. Edited by E. H. Barth and R. E. Cocroft. Leiden: Brill, 1972.

Das, A. A. "The Gentile-Encoded Audience of Romans: The Church outside the Synagogue." Pages 29–46 in *Reading Paul's Letter to the Romans*. Edited by J. L. Sumney. Atlanta: Society of Biblical Literature, 2012.

———. "Paul and the Law: Pressure Points in the Debate." Pages 99–116 in *Paul Unbound: Other Perspectives on the Apostle*. Edited by M. D. Given. Peabody, MA: Hendrickson, 2010.

———. "Paul and Works of Obedience in Second Temple Judaism: Romans 4:4–5 as a 'New Perspective' Case Study." *CBQ* 71 (2009): 795–812.

———. "Paul of Tarshish: Isaiah 66.19 and the Spanish Mission of Romans 15.24, 28." *NTS* 54 (2008): 60–73.

———. *Paul, the Law, and the Covenant*. Peabody, MA: Hendrickson, 2001.

———. "'Praise the Lord, All You Gentiles': The Encoded Audience of Romans 15.7–13." *JSNT* 34 (2011): 90–110.

———. *Solving the Romans Debate*. Minneapolis: Fortress, 2007.

Daube, D. "Appended Note: Participle and Imperative in I Peter." Pages 467–88 in *The First Epistle of St. Peter*, by E. G. Selwyn. 2d ed. 1947. Reprint. Grand Rapids: Baker, 1981.

———. *The New Testament and Rabbinic Judaism*. London: Athlone, 1956.

Dautzenberg, G. "Was bleibt von der Naherwartung? Zu Röm 13,11–14." Pages 361–74 in *Biblische Rand Bemerkungen: Schülerfestschrift für Rudolf Schnackenburg zum 60. Geburtstag*. Edited by H. Merklein and J. Lange. Augsburg: Echter, 1974.

Davidson, F. *Pauline Predestination*. London: Tyndale, 1946.

Davidson, R. *Typology in Scripture: A Study of Hermeneutical Typos Structures*. Andrews University Seminary Doctoral Dissertations 2. Berrien Springs, MI: Andrews University Press, 1981.

Davidson, S. *An Introduction to the Study of the New Testament*. London: Longmans, Green, 1868.

Davies, D. M. "Free from the Law: An Exposition of the Seventh Chapter of Romans." *Int* 7 (1953): 156–62.

Davies, G. N. *Faith and Obedience in Romans: A Study in Romans 1–4*. JSNTSup 39. Sheffield: JSOT Press, 1990.

Davies, P. R., and B. D. Chilton. "The Aqedah: A Revised Tradition History." *CBQ* 40 (1978): 514–46.

Davies, W. D. *Paul and Rabbinic Judaism: Some Rabbinic Elements in Pauline Theology*. 4th ed. Philadelphia: Fortress, 1980.

———. "Paul and the Gentiles: A Suggestion Concerning Romans 11.13–24." Pages 153–63 in *Jewish and Pauline Studies*. Philadelphia: Fortress, 1984.

———. "Paul and the People of Israel." *NTS* 24 (1977–78): 4–39.

Day, J. N. "'Coals of Fire' in Romans 12:19–20." *BSac* 160 (2003): 414–20.

De Kruijf, T. C. "The Literary Unity of Rom 12,16–13,8a: A Network of Inclusions." *Bijdr* 48 (1987): 319–26.

de Lacey, D. R. "The Sabbath/Sunday Question and the Law in the Pauline Corpus." Pages 159–96 in *From Sabbath to Lord's Day*. Edited by D. A. Carson. Grand Rapids: Zondervan, 1982.

Dederen, R. "On Esteeming One Day Better than Another." *AUSS* 9 (1971): 16–35.

Dehn, G. "Engel und Obrigkeit." Pages 90–109 in *Theologische Aufsätze Karl Barth zum 50. Geburtstag*. Edited by E. Wolf. Munich: Kaiser, 1936.

———. *Vom christlichen Leben: Auslegung des 12. und 13. Kapitels des Briefes an die Römer*. Neukirchen-Vluyn: Neukirchener Verlag, 1954.

Deidun, T. J. *New Covenant Morality in Paul*. AnBib 89. Rome: Pontifical Biblical Institute Press, 1981.

Deissmann, A. *Bible Studies*. Edinburgh: T&T Clark, 1901.

———. "ΙΛΑΣΤΗΡΙΟΣ und ΙΛΑΣΤΗΡΙΟΝ: Eine lexikalische Studie." *ZNW* 4 (1903): 193–212.

———. *Light from the Ancient East*. 1927. Reprint. Grand Rapids: Baker, 1965.

———. *Paul: A Study in Social and Religious History*. 2d ed. New York: Harper & Row, 1927.

Delitzsch, F. *Biblical Commentary on the Psalms*. 3 vols. Reprint. Grand Rapids: Eerdmans, n.d.

Delling, G. *Römer 13,1–7 innerhalb der Briefe des Neuen Testaments*. Berlin: Evangelische Verlaganstalt, 1962.

Demarest, B. A. *General Revelation: Historical Views and Contemporary Issues*. Grand Rapids: Zondervan, 1982.

Denis, A.-M. "La fonction apostolique et la liturgie nouvelle en esprit: Étude thématique des metaphors paulinienne du culte nouveau." *RSPT* 42 (1958): 401–36, 617–56.

Denney, J. *The Death of Christ*. Edited by R. V. G. Tasker. London: Tyndale, 1951.

Denton, D. R. "Ἀποκαραδοκία." *ZNW* 73 (1982): 138–40.

DeRouchie, J. S. "Counting Stars with Abraham and the Prophets: New Covenant Ecclesiology in OT Perspective." *JETS* 58 (2015): 445–85.

Deuser, H. "Glaubenserfahrung und Anthropologie: Röm 7,14–25 und Luthers These: totum genus humanum carnem esse." *EvT* 39 (1979): 409–31.

Dibelius, M. A *Fresh Approach to the New Testament and Early Christian Literature*. New York: Scribner's Sons, 1936.

———. *From Tradition to Gospel*. New York: Scribner's Sons, 1935.

———. *Die Geisterwelt im Glauben des Paulus*. Göttingen: Vandenhoeck & Ruprecht, 1909.

———. *James: A Commentary on the Epistle of James*. Hermeneia. Philadelphia: Fortress, 1976.

———. "Rom und die Christen im ersten Jahrhundert." Pages 177–228 in *Zum Urchristentum und zur hellenistischen Religionsgeschichte*. Vol. 2 of *Botschaft und Geschichte: Gesammelte Aufsätze*. Edited by G. Bornkamm. Tübingen: Mohr, 1956.

Dickson, J. P. *Mission-Commitment in Ancient Judaism and in the Pauline Communities: The Shape, Extent and Background of Early Christian Mission*. WUNT 2/159. Tübingen: Mohr Siebeck, 2003.

Diezinger, W. "Unter toten Freigewerden: Eine Untersuchung zu Röm. III–VIII." *NovT* 5 (1962): 268–98.

Dillon, R. J. "The Spirit as Taskmaster and Troublemaker in Romans 8." *CBQ* 60 (1998): 682–702.

Dinkler, E. "The Historical and the Eschatological Israel in Romans Chapters 9–11: A Contribution to the Problem of Predestination and Individual Responsibility." *JR* 36 (1956): 109–27.

———. "Prädestination bei Paulus—Exegetische Bemerkungen zum Römerbrief." Pages 241–69 in *Signum Crucis: Aufsätze zum Neuen Testament und zur christlichen Archäologie*. Tübingen: Mohr, 1967.

Dinter, P. E. "The Remnant of Israel and the Stone of Stumbling in Zion according to Paul (Romans 9–11)." PhD diss., Union Theological Seminary, New York, 1980.

Do, T. J. "The LXX Background of ἱλαστήριον in Rom 3,25." Pages 641–57 in *The Letter to the Romans*. Edited by U. Schnelle. BETL 226. Leuven: Peeters, 2009.

Dobbeler, A. von. *Glaube als Teilhabe*. WUNT 2/22. Tübingen: Mohr, 1987.

Dochhorn, J. "Paulus und die polyglotte Schriftgelehrsamkeit seiner Zeit: Eine Studie zu den exegetischen Hintergründen von Röm 16,20a." *ZNW* 98 (2007): 189–212.

———. "Röm 7,7 und das zehnte Gebot: Ein Beitrag zur Schriftauslegung und zur jüdischen Vorgeschichte des Paulus." *ZNW* 100 (2009): 59–77.

Dodd, C. H. *According to the Scriptures: The Sub-structure of New Testament Theology*. London: Nisbet, 1952.

———. *The Bible and the Greeks*. London: Hodder & Stoughton, 1935.

———. "ἱλάσκεσθαι, Its Cognates, Derivatives and Synonyms in the Septuagint." *JTS* 32 (1931): 352–60.

———. "The Law." Pages 25–41 in *The Bible and the Greeks*. London: Hodder & Stoughton, 1935.

———. "The 'Primitive Catechism' and the Sayings of Jesus." Pages 11–29 in *More New Testament Studies*. Grand Rapids: Eerdmans, 1968.

Dodson, J. R. *The "Powers" of Personification: Rhetorical Purpose in the Book of Wisdom and the Letter to the Romans*. BZNW 161. Berlin: de Gruyter, 2008.

Doeve, J. W. "Some Notes with Reference to ΤΑ ΛΟΓΙΑ ΤΟΥ ΘΕΟΥ in Romans III 2." Pages 111–23 in *Studia Paulina in honorem Johannis de Zwaan septuagenarii*. Haarlem: Bohr, 1953.

Donaldson, T. L. "The 'Curse of the Law' and the Inclusion of the Gentiles: Galatians 3:13–14." *NTS* 32 (1986): 94–112.

———. "The Juridical, the Participatory and the 'New Perspective' on Paul." Pages 229–41 in *Reading Paul in Context: Explorations in Identity Formation. Essays in Honor of William S. Campbell*. Edited by K. Ehrensperger and J. B. Tucker. New York: T&T Clark, 2010.

———. "Paul, Abraham's Gentile 'Offspring,' and the Torah." Pages 135–50 in *Torah Ethics and Early Christian Identity*. Edited by S. J. Wendel and D. M. Miller. Grand Rapids: Eerdmans, 2016.

———. *Paul and the Gentiles: Remapping the Apostle's Convictional World*. Minneapolis: Fortress, 1997.

———. "Paul within Judaism: A Critical Evaluation from a 'New Perspective' Perspective." Pages 277–301 in *Paul within Judaism: Restoring the First-Century Context to the Apostle*. Edited by M. D. Nanos and M. Zetterholm. Minneapolis: Fortress, 2015.

———. "'Riches for the Gentiles' (Rom. 11:12): Israel's Rejection and Paul's Gentile Mission." *JBL* 112 (1993): 81–98.

Donfried, K. P. "False Presuppositions in the Study of Romans." Pages 102–24 in *The Romans Debate*. Edited by K. P. Donfried. Rev. and exp. ed. Peabody, MA: Hendrickson, 1991.

———. "The Kingdom of God in Paul." Pages 175–90 in *The Kingdom of God in Twentieth Century Interpretation*. Edited by W. Willis. Peabody, MA: Hendrickson, 1987.

———, ed. *The Romans Debate*. Rev. and exp. ed. Peabody, MA: Hendrickson, 1991.

———. "A Short Note on Romans 16." Pages 44–52 in *The Romans Debate*. Edited by K. P. Donfried. Rev. and exp. ed. Peabody, MA: Hendrickson, 1991.

Doughty, D. J. "The Priority of ΧΑΡΙΣ." *NTS* 19 (1972/73): 163–80.

Downs, D. J. "'The Offering of the Gentiles' in Romans 15.16." *JSNT* 29 (2006): 173–86.

———. *The Offering of the Gentiles: Paul's Collection for Jerusalem in Its Chronological, Cultural, and Cultic Contexts*. WUNT 2/248. Tübingen: Mohr Siebeck, 2008.

Drane, J. W. *Paul: Libertine or Legalist? A Study in the Theology of the Major Pauline Epistles*. London: SPCK, 1975.

———. "Why Did Paul Write Romans?" Pages 208–27 in *Pauline Studies: Essays Presented to Professor F. F. Bruce on His 70th Birthday*. Edited by D. A. Hagner and M. J. Harris. Grand Rapids: Eerdmans, 1980.

Dreyfuss, F. "Le passé et le présent d'Israel (Rom 9:1–5; 11:1–24)." Pages 132–39 in *Die Israelfrage nach Röm 9–11*. Edited by L. De Lorenzi. SMBen: Biblical-Ecumenical Section 3. Rome: Abbey of St. Paul Outside the Walls, 1977.

Driver, S. R. *A Critical and Exegetical Commentary on Deuteronomy*. ICC. New York: Scribner's Sons, 1916.

Dryden, J. de W. "Immortality in Romans 2:6–11." *JTI* 7 (2013): 295–310.

Du Toit, A. B. "Dikaiosyne in Röm. 6: Beobachtungen zur ethischen Dimension der paulinischen Gerechtigkeitsauffassung." *ZTK* 76 (1979): 261–91.

———. "Faith and Obedience in Paul." *Neot* 25 (1991): 65–74.

———. "'God's Beloved in Rome' (Rm 1:7): The Genesis and Socio-Economic Situation of the First Generation Christian Community in Rome." *Neot* 32 (1998): 367–88.

Dubarle, A.-M. *The Biblical Doctrine of Original Sin*. New York: Herder & Herder, 1964.

———. "Lois de l'univers et vie chrétienne." *AsSeign* 46 (1974): 11–16.

———. *La manifestation naturelle de Dieu d'après l'Écriture*. LD 91. Paris: Cerf, 1976.

Dugandzic, I. *Das "Ja" Gottes in Christus: Eine Studie zur Bedeutung des Alten Testaments für das Christusverständnis des Paulus*. FB 26. Würzburg: Echter, 1977.

Dülmen, A. van. *Die Theologie des Gesetzes*. Stuttgart: Katholisches Bibelwerk, 1968.

Dumbrell, W. "Justification in Paul—A Covenantal Perspective." *RTR* 51 (1992): 91–101.

Duncan, J. "The Hope of Creation: The Significance of ἐφ' ἐλπίδι (Rom 8.20c) in Context." *NTS* 61 (2015): 411–27.

Dunn, J. D. G. "4QMMT and Galatians." *NTS* 43 (1997): 147–53.

———. "Additional Note." Pages 206–14 in *Jesus, Paul, and the Law: Studies in Mark and Galatians*. Louisville: Westminster John Knox, 1990.

———. *Baptism in the Holy Spirit*. SBT 2/15. London: SCM, 1970.

———. *Beginning from Jerusalem*. Vol. 2 of *Christianity in the Making*. Grand Rapids: Eerdmans, 2009.

———. *Christology in the Making: A New Testament Inquiry into the Origin of the Doctrine of the Incarnation*. Philadelphia: Westminster, 1980.

———. "Echoes of Intra-Jewish Polemic in Paul's Letter to the Galatians." *JBL* 112 (1993): 459–77.

———. "The Gospel according to St. Paul." Pages 139–53 in *The Blackwell Companion to Paul*. Edited by S. Westerholm. Chichester: Wiley-Blackwell, 2011.

———. "In Search of the Historical Paul." Pages 15–48 in *Celebrating Paul: Festschrift in Honor of Jerome Murphy-O'Connor, O.P., and Joseph A. Fitzmyer, S.J.* Edited by P. Spitaler. CBQMS 48. Washington, DC: Catholic Biblical Association of America, 2011.

———. *Jesus and the Spirit: A Study of the Religious and Charismatic Experience of Jesus and the First Christians as Reflected in the New Testament.* Philadelphia: Westminster, 1975.

———. "Jesus—Flesh and Spirit: An Exposition of Romans 1:3–4." *JTS* 24 (1973): 40–68.

———. "Jesus the Judge: Further Thoughts on Paul's Christology and Soteriology." Pages 395–412 in *The New Perspective on Paul.* Rev. ed. Grand Rapids: Eerdmans, 2008.

———. "The New Perspective on Paul." *BJRL* 65 (1983): 95–122.

———. "The New Perspective on Paul: Whence, What, and Whither?" Pages 1–88 in *The New Perspective on Paul: Collected Essays.* WUNT 185. Tübingen: Mohr Siebeck, 2005.

———. "A New Perspective on the New Perspective on Paul." *Early Christianity* 4 (2013): 157–82.

———. "New Perspective View." Pages 176–201 in *Justification: Five Views.* Edited by J. K. Beilby and P. R. Eddy. Downers Grove, IL: InterVarsity Press, 2011.

———. "Once More, ΠΙΣΤΙΣ ΧΡΙΣΤΟΥ." *SBLSP* 30 (1991): 730–44.

———. *The Parting of the Ways between Christianity and Judaism and Their Significance for the Character of Christianity.* London: SCM, 1991.

———. "Paul and 'Covenantal Nomism.'" Pages 117–39 in *The Partings of the Ways between Christianity and Judaism and Their Significance for the Character of Christianity.* London: SCM, 1991.

———. "Paul and Justification by Faith." Pages 85–101 in *The Road from Damascus: The Impact of Paul's Conversion on His Life, Thought, and Ministry.* McMaster New Testament Studies. Edited by R. N. Longenecker. Grand Rapids: Eerdmans, 1997.

———. "Paul's Epistle to the Romans: An Analysis of Structure and Argument." *ANRW* 2.25.4:2842–90. Part 2, *Principat,* 25.4. Edited by W. Haase. Berlin: de Gruyter, 1987.

———. "Paul's Knowledge of the Jesus Tradition: The Evidence of Romans." Pages 193–207 in *Christus Bezeugen: Für Wolfgang Trilling.* Edited by K. Kertelge, T. Holtz, and C.-P. März. Freiburg: Herder, 1990.

———. "Paul's Understanding of the Death of Jesus." Pages 125–41 in *Reconciliation and Hope: New Testament Essays on Atonement and Eschatology Presented to L. L. Morris on His 60th Birthday.* Edited by R. Banks. Grand Rapids: Eerdmans, 1974.

———. "'Righteousness from the Law' and 'Righteousness from Faith': Paul's

Interpretation of Scripture in Romans 10:1–10." Pages 216–28 in *Tradition and Interpretation in the New Testament: Essays in Honor of E. Earle Ellis for His 60th Birthday*. Edited by G. F. Hawthorne and O. Betz. Grand Rapids: Eerdmans, 1987.

———. "Rom. 7,14–25 in the Theology of Paul." *TZ* 31 (1975): 257–73.

———. "Romans 13:1–7—A Charter for Political Quietism?" *ExAud* 2 (1986): 55–68.

———. "Salvation Proclaimed: VI. Romans 6:1–11: Dead and Alive." *ExpTim* 93 (1982): 259–64.

———. "Some Ecumenical Reflections on Romans 4." Pages 423–26 in *Aksum, Thyateira: A Festschrift for Archbishop Methodios of Thyateira and Great Britain*. Edited by G. D. Dragas. London: Thyateira House, 1985.

———. "Spirit Speech: Reflections on Romans 8:12–27." Pages 82–91 in *Romans and the People of God: Essays in Honor of Gordon D. Fee on the Occasion of His 65th Birthday*. Edited by S. Soderlund and N. T. Wright. Grand Rapids: Eerdmans, 1999.

———. *The Theology of Paul the Apostle*. Grand Rapids: Eerdmans, 2006.

———. "'Under the Law.'" Pages 48–60 in *Paul, John, and Apocalyptic Eschatology: Studies in Honour of Martinus C. de Boer*. NovTSup 149. Edited by J. Kraus, B. J. L. Peerbolte, P.-B. Smit, and A. Zwiep. Leiden: Brill, 2013.

———. *Unity and Diversity in the New Testament: An Inquiry into the Character of Earliest Christianity*. Philadelphia: Westminster, 1977.

———. "Was Paul against the Law? The Law in Galatians and Romans: A Test-Case of Text in Context." Pages 455–75 in *Texts and Contexts: Biblical Texts in Their Textual and Situational Contexts*. Edited by T. Fornberg and D. Hellholm. Oslo: Scandinavian University Press, 1995.

———. "What's Right about the Old Perspective on Paul." Pages 214–29 in *Studies in the Pauline Epistles: Essays in Honor of Douglas J. Moo*. Edited by M. S. Harmon and J. E. Smith. Grand Rapids: Zondervan, 2014.

———. "Works of the Law and the Curse of the Law (Gal. 3:10–14)." *NTS* 31 (1985): 523–42.

———. "Yet Once More—'The Works of the Law': A Response." *JSNT* 46 (1992): 99–117.

Dunson, B. C. "Faith in Romans: The Salvation of the Individual or Life in Community?" *JSNT* 34 (2011): 19–46.

———. *Individual and Community in Paul's Letter to the Romans*. WUNT 2/332. Tübingen: Mohr Siebeck, 2012.

Dupont, J. "Appel aux faibles et aux forts dans la communauté Romaine (Rom 14,1–15,13)." Pages 357–66 in vol. 1 of *SPCIC (1961)*. AnBib 17–18. Rome: Pontifical Biblical Institute Press, 1963.

———. "Μόνῳ σοφῷ θεῷ (Rom. XVI, 27)." *ETL* 22 (1946): 362–75.

———. “Le problème de la structure littéraire de l’Épître aux Romains.” *RB* 62 (1955): 365–97.

———. *La réconciliation dans la théologie de Saint Paul.* ALBO 2.32. Paris: Desclée, 1953.

———. “Rm 15, 1–13: Imiter la charité du Christ.” *AsSeign* 4 (1961): 13–34.

———. “‘Le Seigneur de tous’ (Ac 10:36; Rm 10:12): Arrière-fond scripturaire d’une formule christologique.” Pages 229–36 in *Tradition and Interpretation in the New Testament: Essays in Honor of E. Earle Ellis for His 60th Birthday.* Edited by G. F. Hawthorne and O. Betz. Grand Rapids: Eerdmans, 1987.

Eastman, S. G. “Israel and the Mercy of God: A Re-reading of Galatians 6.16 and Romans 9–11.” *NTS* 56 (2010): 367–95.

———. “Oneself in Another: Participation and the Spirit in Romans 8.” Pages 103–26 in *“In Christ” in Paul: Explorations in Paul’s Theology of Union and Participation.* Edited by M. J. Thate, K. J. Vanhoozer and C. R. Campbell. WUNT 2/384. Tübingen: Mohr Siebeck, 2014.

———. “Whose Apocalypse? The Identity of the Sons of God in Romans 8:19.” *JBL* 121 (2002): 263–77.

Ebeling, G. “Fides occidit rationem: Ein Aspekt der theologia crucis in Luthers Auslegung von Gal 3,6.” Pages 97–135 in *Theologia Crucis—Signum Crucis: Festschrift für Erich Dinkler zum 70. Geburtstag.* Tübingen: Mohr, 1979.

———. “On the Doctrine of the *Triplex Usus Legis* in the Theology of the Reformation.” Pages 62–78 in *Word and Faith.* Philadelphia: Fortress, 1963.

———. “Reflexions on the Doctrine of the Law.” Pages 247–81 in *Word and Faith.* Philadelphia: Fortress, 1963.

Eborowicz, W. “Ad Romanos 9,11 et la critique augustinienne de la théorie du péché de l’âme préexistante.” Pages 272–76 in *SE* V. Edited by F. L. Cross. TU 103. Berlin: Akademie, 1968.

Eckert, J. “Die Kollekte des Paulus für Jerusalem.” Pages 65–80 in *Kontinuität und Einheit: Für Franz Mußner.* Edited by P.-G. Müller and W. Stenger. Freiburg: Herder, 1981.

Eckstein, H.-J. “Auferstehung und gegenwärtiges Leben nach Röm 6,1–11: Präsentische Eschatologie bei Paulus?” *TBei* 28 (1997): 8–23.

———. *Der Begriff Syneidesis bei Paulus: Eine neutestamentlich-exegetische Untersuchung zum “Gewissensbegriff.”* WUNT 2/10. Tübingen: Mohr Siebeck, 1983.

———. “Das Evangelium—Eine Kraft Gottes: Gerechtigkeit als ganzheitlich-personale Beziehung.” *TBei* 39 (2008): 266–79.

———. “‘Den Gottes Zorn wird vom Himmel her offenbar werden’: Exegetische Erwägungen zu Röm 1:18.” *ZNW* 78 (1987): 74–89.

———. “‘Nahe ist dir das Wort’: Exegetische Erwägungen zu Röm 10^{8}.” *ZNW* 79 (1988): 204–20.

Edgar, C. F., III. “Paul and the Law: A Narrative Analysis of the Pentateuch and

Its Significance for Understanding Romans 9:30–10:4." *STRev* 39 (1996): 269–84.

Edwards, J. "Concerning Faith." Pages 578–96 in vol. 2 of *The Works of Jonathan Edwards*. 2 vols. Peabody, MA: Hendrickson, 1998.

———. "Justification by Faith Alone." Pages 622–54 in vol. 2 of *The Works of Jonathan Edwards*. 2 vols. Peabody, MA: Hendrickson, 1998.

Ehrensperger, K. "The Ministry to Jerusalem (Rom 15.31): Paul's Hopes and Fears." *TZ* 69 (2013): 338–52.

———. *That We May Be Mutually Encouraged: Feminism and the New Perspective in Pauline Studies*. London: T&TClark, 2004.

Eichholz, G. "Der ökumenische und missionarische Horizont der Kirche: Eine exegetische Studie zu Röm. 1,8–15." *EvT* (1961): 15–27.

Eichrodt, W. *Theology of the Old Testament*. Translated by J. A. Baker. 2 vols. Philadelphia: Westminster, 1961–67.

Eisenbaum, P. "Jewish Perspectives: A *Jewish* Apostle to the Gentiles." Pages 135–53 in *Studying Paul's Letters: Contemporary Perspectives and Methods*. Edited by J. A. Marchal. Minneapolis: Fortress, 2012.

———. *Paul Was Not a Christian: The Original Message of a Misunderstood Apostle*. New York: HarperOne, 2009.

Elliott, J. K. "The Language and Style of the Concluding Doxology to the Epistle to the Romans." *ZNW* 72 (1981): 124–30.

Elliott, M. "Πίστις Χριστοῦ in the Church Fathers and Beyond." Pages 277–90 in *The Faith of Jesus Christ: Exegetical, Biblical, and Theological Studies*. Edited by M. Bird and P. M. Sprinkle. Peabody, MA: Hendrickson, 2009.

———. *The Survivors of Israel: A Reconsideration of the Theology of Pre-Christian Judaism*. Grand Rapids: Eerdmans, 2000.

Elliott, N. *Liberating Paul: The Justice of God and the Politics of the Apostle*. Maryknoll, NY: Orbis, 1994.

———. *The Rhetoric of Romans: Argumentative Constraint and Strategy and Paul's Dialogue with Judaism*. JSNTSup 45. Sheffield: JSOT Press, 1990.

Ellis, E. E. "Biblical Interpretation in the New Testament Church." Pages 691–725 in *Mikra: Text, Translation, Reading and Interpretation of the Hebrew Bible in Ancient Judaism and Early Christianity*. Edited by M. J. Mulder. CRINT 2.1. Philadelphia: Fortress, 1988.

———. "Midrash Pesher in Pauline Hermeneutics." Pages 173–81 in *Prophecy and Hermeneutic in Early Christianity: New Testament Essays*. Grand Rapids: Eerdmans, 1978.

———. "Paul and His Co-Workers." *NTS* 17 (1970/71): 437–52.

———. "Paul and His Coworkers." Pages 183–89 in *Dictionary of Paul and His Letters*. Edited by G. F. Hawthorne and R. P. Martin. Downers Grove, IL: InterVarsity Press, 1993.

———. *Paul's Use of the Old Testament*. Grand Rapids: Eerdmans, 1957.

Ellison, H. L. *The Mystery of Israel: An Exposition of Romans 9–11*. Grand Rapids: Eerdmans, 1966.

Elmer, I. J. "I, Tertius: Secretary or Co-Author of Romans." *ABR* 56 (2008): 45–60.

Enderlein, S. E. "The Faithfulness of the Second Adam in Romans 3:21–26: A Response to Porter and Cirafesi." *JSPL* 3 (2013): 11–24.

———. "To Fall Short or Lack the Glory of God? The Translation and Implications of Romans 3:23." *JSPL* 1 (2011): 213–23.

Engberg-Pedersen, T. "Galatians in Romans 5–8 and Paul's Construction of the Identity of Christ Believers." Pages 477–505 in *Texts and Contexts: Biblical Texts in Their Textual and Situational Contexts*. Edited by T. Fornberg and D. Hellholm. Oslo: Scandinavian University Press, 1995.

———. *Paul and the Stoics*. Louisville: Westminster John Knox, 2000.

———. "Paul's Stoicizing Politics in Romans 12–13: The Role of 13.1–10 in the Argument." *JSNT* 29 (2006): 163–72.

Englezakis, B. "Rom 5:12–15 and the Pauline Teaching on the Lord's Death: Some Observations." *Bib* 58 (1977): 231–36.

Enns, P. *The Evolution of Adam: What the Bible Does and Doesn't Say about Human Origins*. Grand Rapids: Brazos, 2012.

———. "Expansions of Scripture." Pages 73–98 in *The Complexities of Second Temple Judaism*. Edited by D. A. Carson, P. T. O'Brien, and M. A. Seifrid. Vol. 1 of *Justification and Variegated Nomism*. Grand Rapids: Baker Academic, 2001.

Ensor, P. "The Meaning of 'We . . . Died to Sin' in Romans 6.2." *ExpTim* 126 (2015): 221–30.

Epp, E. J. "Jewish-Gentile Continuity in Paul: Torah and/or Faith? (Romans 9:1–5)." *HTR* 79 (1986): 80–90.

———. *Junia: The First Woman Apostle*. Minneapolis: Fortress, 2005.

Erasmus, D. *Annotations on Romans*. Vol. 56 in *Collected Works of Erasmus*. Edited by R. D. Sider. Toronto: University of Toronto Press, 1994.

Erbes, K. "Exkurs zu S. 27f. 173: Die Bestimmung der von Paulus aufgetragenen Grüße Röm. 16, 3–15." *ZKG* 22 (1901): 224–31.

———. "Zeit und Ziel der Grüße Röm 16, 3–15 und der Mitteilungen 2 Tim 4, 9–21." *ZNW* 10 (1909): 128–218.

Eschner, C. *Gestorben und Hingegeben "für" die Sünder: Die griechische Konzeption des Unheil abwendenden Sterbens und deren paulinische Aufnahme für die Deutung des Todes Jesu Christi*. WMANT 122. 2 vols. Neukirchen-Vluyn: Neukirchener Verlag, 2010.

Eskola, T. *Theodicy and Predestination in Pauline Soteriology*. WUNT 2/100. Tübingen: Mohr Siebeck, 1998.

Esler, P. F. "Ancient Oleiculture and Ethnic Differentiation: The Meaning of the Olive-Tree Image in Romans 11." *JSNT* 26 (2003): 103–24.

———. *Conflict and Identity in Romans: The Social Setting of Paul's Letter.* Minneapolis: Fortress, 2003.

———. "Paul and Stoicism: Romans 12 as a Test Case." *NTS* 50 (2004): 106–24.

Espy, J. M. "Paul's 'Robust Conscience' Re-examined." *NTS* 31 (1986): 161–88.

Estelle, B. D. "The Covenant of Works in Moses and Paul." Pages 89–135 in *Covenant, Justification, and Pastoral Ministry.* Edited by R. Scott Clark. Phillipsburg, NJ: Presbyterian & Reformed, 2007.

———. "Leviticus 18:5 and Deuteronomy 30:1–14 in Biblical Theological Development: Entitlement to Heaven Foreclosed and Proffered." Pages 109–46 in *The Law Is Not of Faith: Essays on Works and Grace in the Mosaic Covenant.* Edited by B. D. Estelle, J. V. Fesko, and D. VanDrunen. Phillipsburg, NJ: Presbyterian & Reformed, 2009.

Evans, C. A. "Paul and the Hermeneutics of 'True Prophecy': A Study of Romans 9–11." *Bib* 65 (1984): 560–70.

———. "Paul and the Prophets: Prophetic Criticism in the Epistle to the Romans (with Special Reference to Romans 9–11)." Pages 115–28 in *Romans and the People of God: Essays in Honor of Gordon D. Fee on the Occasion of His 65th Birthday.* Edited by S. Soderlund and N. T. Wright. Grand Rapids: Eerdmans, 1999.

———. "Paul and 'Works of the Law' Language in Late Antiquity." Pages 201–26 in *Paul and His Opponents.* Edited by S. E. Porter. Pauline Studies 2. Leiden: Brill, 2005.

Evans, C. F. "Romans 12.1–2: The True Worship." Pages 7–49 in *Dimensions de la vie chrétienne (Rm 12–13).* Edited by L. De Lorenzi. SMBen: Biblical-Ecumenical Section 4. Rome: Abbey of St. Paul, 1979.

Evans, O. E. "Paul's Certainties. III. What God Requires of Man—Romans xiv.14." *ExpTim* 69 (1957/58): 199–202.

Fàbrega, V. "War Junia(s), der hervorragende Apostel (Rom. 16,7), eine Frau?" *JAC* 27/28 (1984/85): 47–64.

Fahy, T. "Epistle to the Romans 16:25–27." *ITQ* 28 (1961): 238–41.

Fairbairn, P. *The Revelation of Law in Scripture.* Reprint. Grand Rapids: Zondervan, 1957.

Fanning, B. *Verbal Aspect in New Testament Greek.* Oxford: Clarendon, 1990.

Farrelly, M. J. *Predestination, Grace and Free Will.* Westminster, MD: Newman, 1964.

Fatum, L. "Die menschliche Schwäche im Römerbrief." *ST* 29 (1975): 31–52.

Fee, G. D. "Christology and Pneumatology in Romans 8:9–11." Pages 312–31 in *Jesus of Nazareth: Lord and Christ: Essays on the Historical Jesus and New Testament Christology.* Edited by M. Green and M. Turner. Grand Rapids: Eerdmans, 1994.

———. *The First Epistle to the Corinthians.* Rev. ed. NICNT. Grand Rapids: Eerdmans, 2014.

———. *God's Empowering Presence: The Holy Spirit in the Letters of Paul*. Peabody, MA: Hendrickson, 1994.
———. *Pauline Christology: An Exegetical-Theological Study*. Peabody, MA: Hendrickson, 2007.
Feinberg, J. "God Ordains All Things." Pages 17–43 in *Predestination and Free Will*. Edited by D. and R. Basinger. Downers Grove, IL: InterVarsity Press, 1986.
Feine, P. *Das gesetzesfreie Evangelium des Paulus*. Leipzig: Hinrichs, 1899.
Fesko, J. V. *Justification: Understanding the Classic Reformed Doctrine*. Phillipsburg, NJ: Presbyterian & Reformed, 2008.
Festugière, F. M. "Ὑπομονή dans la tradition grecque." *RSR* 21 (1931): 477–86.
Feuillet, A. "L'antithèse péché-justice dans l'épître aux Romains." *NV* 1 (1983): 57–70.
———. "Les attaches bibliques des antithèses pauliniennes dans la première partie de l'Epître aux Romains (1–8)." Pages 323–49 in *Mélanges bibliques en hommage au R. P. Béda Rigaux*. Edited by A. Descamps and A. de Halleux. Gembloux: Duculot, 1970.
———. "La citation d'Habacuc II.4 et les huit premiers chapitres de l'Epître aux Romains." *NTS* 6 (1959/60): 52–80.
———. "La connaissance naturelle de Dieu par les hommes d'après Rom. 1,18–23." *Lum Vie* 14 (1954): 263–79.
———. "L'espérance de la 'conversion' d'Israël en Rm 11,25–32: L'interprétation des versets 26 et 31." Pages 483–94 in *De la Tôrah au Messie: Études d'exégèse et d'herméneutique bibliques offertes à Henri Cazelles pour ses 25 années d'enseignement à l'Institut Catholique de Paris (Octobre 1979)*. Edited by M. Carrez et al. Paris: Desclée, 1981.
———. "L'histoire du salut dans les lettres aux Galates et aux Romains: La progression des idées dans la première partie de l'epître aux Romains (chapitres 1–8)." *Esprit et Vie* 92 (1982): 257–67.
———. "Le logion sur la rançon." *RSPT* 51 (1967): 365–402.
———. "Loi de Dieu, loi du Christ et loi de l'esprit d'après les épîtres pauliniennes: Les rapports de ces trois lois avec la Loi Mosaique." *NovT* 22 (1980): 29–65.
———. "Les privilèges et l'incrédulité d'Israël d'après les chapitres 9–11 de l'épître aux Romains: Quelques suggestions pour un dialogue fructueux entre Juifs et Chrétiens." *Esprit et Vie* 92 (1982): 481–506.
———. "Le règne de la mort et le règne de la vie (Rom V, 12–21)." *RB* 77 (1970): 481–521.
———. "La situation privilégiée des Juifs d'après Rm 3,9: Comparison avec Rm 1,16 et 3,1–2." *NRT* 105 (1983): 33–46.
———. "La vie nouvelle du chrétien et les trois Personnes divines d'après Rom. I–VIII." *RThom* 83 (1983): 5–39.

Fewster, G. P. *Creation Language in Romans 8: A Study in Monosemy*. Linguistic Biblical Studies 8. Leiden: Brill, 2013.

Feyerabend, W. "Über den Schluss des 3. Kapitels im Briefe an die Römer." *NKZ* 3 (1892): 409–20.

Fiedler, P. "Röm 8:31–39 als Brennpunkt paulinischer Frohbotschaft." *ZNW* 68 (1977): 23–34.

Findeis, H.-J. *Versöhnung—Apostolat—Kirche. Eine exegetisch-theologische und rezeptionsgeschichtliche Studie zu den Versöhnungsaussagen des Neuen Testaments (2 Kor, Röm, Kol, Eph)*. FB 40. Würzburg: Echter, 1983.

Fink, D. C. "'The Doers of the Law Will Be Justified': The Exegetical Origins of Martin Bucer's *Triplex Iustificatio*." *JTS* 58 (2007): 485–524.

Fischer, K. M. "Adam und Christus: Überlegungen zu einem religionsgeschichtlichen Problem." Pages 283–98 in *Altes Testament, Frühjudentum, Gnosis: Neue Studien zu "Gnosis und Bibel."* Edited by K.-W. Tröger. Gütersloh: Mohn, 1980.

Fisk, B. N. "Paul among the Storytellers: Reading Romans 11 in the Context of Rewritten Bible." Pages 55–94 in *Paul and Scripture: Extending the Conversation*. Edited by C. D. Stanley. ECL 9. Atlanta: Society of Biblical Literature, 2012.

Fitzer, G. "Der Ort der Versöhnung nach Paulus." *TZ* 22 (1966): 161–83.

Fitzmyer, J. A. "The Biblical Basis of Justification by Faith: Comments on the Essay of Professor Reumann." Pages 193–228 in *"Righteousness" in the New Testament*, by J. Reumann. Philadelphia: Fortress, 1982.

———. "The Consecutive Meaning of ἐφ᾽ ᾧ in Romans 5.12." *NTS* 39 (1993): 321–39.

———. "Habakkuk 2:3–4 and the New Testament." Pages 236–46 in *To Advance the Gospel: New Testament Studies*. New York: Crossroad, 1981.

———. "Justification by Faith in Pauline Thought: A Catholic View." Pages 77–94 in *Rereading Paul Together: Protestant and Catholic Perspectives on Justification*. Edited by D. E. Aune. Grand Rapids: Baker Academic, 2006.

———. "Paul and the Law." Pages 186–201 in *To Advance the Gospel: New Testament Studies*. New York: Crossroad, 1981.

———. "The Semitic Background of the New Testament *Kyrios*-Title." Pages 115–42 in *A Wandering Aramean: Collected Aramaic Essays*. SBLDS 25. Missoula, MT: Scholars Press, 1979.

Flebbe, J. *Solus Deus: Untersuchungen zur Rede von Gott im Brief des Paulus an die Römer*. BZNW 158. Berlin: de Gruyter, 2008.

Flemington, W. F. *The New Testament Doctrine of Baptism*. London: SPCK, 1957.

Flückiger, F. "Christus, des Gesetzes τέλος." *TZ* 11 (1955): 153–57.

———. "Die Werke des Gesetzes bei den Heiden (nach Röm 2,14ff.)." *TZ* 8 (1952): 17–42.

———. "Zur Unterscheidung von Heiden und Juden in Röm. 1,18–2,3." *TZ* 10 (1954): 154–58.

Flusser, D. "From the Essenes to Romans 9:24–33." Pages 75–87 in *Judaism and the Origins of Christianity*. Jerusalem: Magnes, 1988.

Flusser, D., and S. Safira. "Who Sanctified the Beloved in the Womb?" *Imm* 11 (1980): 46–55.

Forbes, C. *Prophecy and Inspired Speech in Early Christianity and Its Hellenistic Environment.* WUNT 2/75. Tübingen: Mohr Siebeck, 1995.

Forman, M. *The Politics of Inheritance in Romans.* SNTSMS 148. Cambridge: Cambridge University Press, 2011.

———. "The Politics of Promise: Echoes of Isaiah 54 in Romans 4.19–21." *JSNT* 31 (2009): 301–24.

Forsyth, P. T. *The Cruciality of the Cross.* 2d ed. London: Hodder & Stoughton, 1910.

Foster, R. L. "The Justice of the Gentiles: Revisiting the Purpose of Romans." *CBQ* 76 (2014): 684–703.

Fraikin, D. "The Rhetorical Function of the Jews in Romans." Pages 91–105 in *Paul and the Gospels.* Edited by P. Richardson with D. Granskou. Vol. 1 of *Anti-Judaism in Early Christianity.* Studies in Christianity and Judaism 2. Waterloo, ON: Wilfrid Laurier University Press, 1986.

France, R. T. "From Romans to the Real World: Biblical Principles and Cultural Change in Relation to Homosexuality and the Ministry of Women." Pages 234–53 in *Romans and the People of God: Essays in Honor of Gordon D. Fee on the Occasion of His 65th Birthday*. Edited by S. Soderlund and N. T. Wright. Grand Rapids: Eerdmans, 1999.

Frankemölle, H. *Das Taufverständnis des Paulus: Taufe, Tod und Auferstehung nach Röm 6.* SBS 47. Stuttgart: Katholisches Bibelwerk, 1970.

———. "Völker-Verheißung (Gen 12–18) und Sinai-Tora im Römerbrief: Das 'Dazwischen' (Röm 5,20) als hermeneutischer Parameter für eine lutherische oder nichtlutherische Paulus-Auslegung." Pages 275–307 in *Lutherische und Neue Paulusperspektive: Beiträge zu einem Schüsselproblem der gegenwärtigen exegetischen Diskussion.* Edited by M. Bachmann. WUNT 182. Tübingen: Mohr Siebeck, 2005.

Franzmann, M. H. "Exegesis on Romans 16:17ff." *Concordia Journal* 7 (1981): 13–20.

Frary, S. W. "'Who Will Deliver Me?' An Exegesis of Rom 7:24–8:11." *Faith & Mission* 17 (2000): 17–29.

Fredrickson, D. E. "Natural Use and Unnatural Use in Romans 1:24–27: Paul and the Philosophic Critique of Eros." Pages 197–222 in *Homosexuality, Science and the "Plain Sense" of Scripture*. Edited by D. Balch. Grand Rapids: Eerdmans, 2000.

Fredriksen, P. "Augustine's Early Interpretation of Paul." PhD diss., Princeton University, 1979.

Freundorfer, J. *Erbsünde und Erbtod beim Apostel Paulus: Eine religionsgeschichtliche und exegetische Untersuchung über Römerbrief 5,12–21*. NTAbh 13. Münster: Aschendorff, 1927.

Frid, B. "Jesaja und Paulus in Röm 15,12." *BZ* 27 (1983): 237–41.

———. "Römer 6:4–5: εἰς τὸν θάνατον und τῷ ὁμοιώματι τοῦ θανάτου αὐτοῦ als Schlüssel zu Duktus und Gedankengang in Röm 6,1–11." *BZ* 30 (1986): 188–203.

Fridrichsen, A. "Zur Auslegung von Röm 1,19f." *ZNW* 17 (1916): 159–68.

Friedrich, G. "Ἁμαρτία οὐκ ἐλλογεῖται. Röm 5,13." *TLZ* 77 (1952): 523–28.

———. "Das Gesetz des Glaubens. Römer 3,27." Pages 107–22 in *Auf das Wort kommt es an: Gesammelte Aufsätze*. Edited by J. H. Friedrich. Göttingen: Vandenhoeck & Ruprecht, 1978.

———. "Muss ὑπακοὴ πίστεως Röm 1.5 mit 'Glaubensgehorsam' übersetz werden?" *ZNW* 72 (1981): 118–23.

———. *Die Verkündigung des Todes Jesu im Neuen Testament*. Biblische Theologische Studien 6. Neukirchen-Vluyn: Neukirchener Verlag, 1982.

Friedrich, J., W. Pöhlmann, and P. Stuhlmacher. "Zur historischen Situation und Intention von Röm 13,1–7." *ZTK* 73 (1976): 131–66.

Fryer, A. T. "Coals of Fire." *ExpTim* 36 (1925): 478.

Fryer, N. S. L. "Reconciliation in Paul's Epistle to the Romans." *Neot* 15 (1981): 34–68.

Fuchs, E. "Existentiale Interpretation von Römer 7,7–12 und 21–23." *ZTK* 59 (1962): 285–314.

———. *Die Freiheit des Glaubens: Römer 5–8 auslegt*. BEvT 14. Munich: Kaiser, 1949.

Führer, W. "'Herr ist Jesus.' Die Rezeption der urchristlichen Kyrios-Akklamation durch Paulus: Römer 10,9." *KD* 33 (1987): 137–49.

Fuller, D. P. *Gospel and Law: Contrast or Continuum? The Hermeneutics of Dispensationalism and Covenant Theology*. Grand Rapids: Eerdmans, 1980.

———. "Paul and 'The Works of the Law.'" *WTJ* 38 (1975/76): 28–42.

Fung, R. Y. K. *The Epistle to the Galatians*. NICNT. Grand Rapids: Eerdmans, 1988.

———. "The Impotence of the Law: Toward a Fresh Understanding of Romans 7:14–25." Pages 34–48 in *Scripture, Tradition and Interpretation: Essays Presented to Everett F. Harrison by His Students and Colleagues in Honor of His Seventy-fifth Birthday*. Edited by W. W. Gasque and W. S. LaSor. Grand Rapids: Eerdmans, 1978.

Funk, R. "The Apostolic *Parousia:* Form and Significance." Pages 249–68 in *Christian History and Interpretation: Studies Presented to John Knox*. Edited by W. R. Farmer, C. F. D. Moule, and R. R. Niebuhr. Cambridge: Cambridge University Press, 1967.

Furnish, V. P. *The Love Command in the New Testament*. Nashville: Abingdon, 1972.

———. *The Moral Teaching of Paul: Selected Issues*. Nashville: Abingdon, 1979.

———. *Theology and Ethics in Paul*. Nashville: Abingdon, 1968.

Gaca, K., and L. L. Welborn, eds. *Early Patristic Readings of Romans*. Romans through History and Culture Series. Edinburgh: T&T Clark, 2006.

Gäckle, V. *Die Starken und die Schwachen in Korinth und in Rom: Zu Herkunft und Funktion der Antithese in 1 Kor 8,1–11, 1 und in Röm 14, 1–15, 13*. WUNT 200. Tübingen: Mohr Siebeck, 2004.

Gadenz, P. T. *Called from the Jews and from the Gentiles: Pauline Ecclesiology in Romans 9–11*. WUNT 2/267. Tübingen: Mohr Siebeck, 2009.

Gaffin, R. B., Jr. *"By Faith, Not by Sight": Paul and the Order of Salvation*. Waynesboro, GA: Paternoster, 2006.

———. *The Centrality of the Resurrection: A Study in Paul's Soteriology*. BBMS. Grand Rapids: Baker, 1978.

———. "'The Obedience of Faith': Some Reflections on the Rationale for Romans." Pages 71–85 in *Israel and the Church: Essays in Honour of Allan Macdonald Harman on His 65th Birthday and Retirement*. Edited by D. J. W. Milne. Melbourne: Presbyterian Church of Victoria, 2001.

———. "Union with Christ: Some Biblical and Theological Reflections." Pages 271–88 in *Always Reforming: Explorations in Systematic Theology*. Edited by A. T. B. McGowan. Downers Grove, IL: InterVarsity Press, 2006.

Gager, J. G. *The Origins of Anti-Semitism: Attitudes toward Judaism in Pagan and Christian Antiquity*. New York: Oxford University Press, 1983.

———. *Reinventing Paul*. Oxford: Oxford University Press, 2000.

Gagnon, R. A. J. *The Bible and Homosexual Practice: Texts and Hermeneutics*. Nashville: Abingdon, 2002.

———. "Heart of Wax and a Teaching That Stamps: ΤΥΠΟΣ ΔΙΔΑΧΗΣ (Rom 6:17b) Once More." *JBL* 112 (1993): 667–87.

———. "The Meaning of ὑμῶν τὸ ἀγαθόν in Romans 14:16." *JBL* 117 (1998): 675–89.

———. "Why the 'Weak' at Rome Cannot Be Non-Christian Jews." *CBQ* 62 (2000): 64–82.

Galinski, K. "The Cult of the Roman Emperor: Uniter or Divider?" Pages 1–21 in *Rome and Religion: A Cross-Disciplinary Dialogue on the Imperial Cult*. Edited by J. Brodd and J. L. Reed. Atlanta: SBL Press, 2011.

———. "In the Shadow (or Not) of the Imperial Cult: A Cooperative Agenda." Pages 215–25 in *Rome and Religion: A Cross-Disciplinary Dialogue on the Imperial Cult*. Edited by J. Brodd and J. L. Reed. Atlanta: SBL Press, 2011.

Gamble, H., Jr. *The Textual History of the Letter to the Romans: A Study in Textual and Literary Criticism*. SD 42. Grand Rapids: Eerdmans, 1977.

Gane, R. *Leviticus, Numbers*. NIVAC. Grand Rapids: Zondervan, 2011.

Garcia, M. A. "Imputation and the Christology of Union with Christ: Calvin, Osiander, and the Contemporary Quest for a Reformed Model." *WTJ* 68 (2006): 219–51.

García Martínez, F., and E. J. C. Tigchelaar. *The Dead Sea Scrolls Study Edition*. 2 vols. Grand Rapids: Eerdmans, 1997–98.

Garlington, D. B. *Faith, Obedience, and Perseverance: Aspects of Paul's Letter to the Romans*. WUNT 79. Tübingen: Mohr Siebeck, 1994.

———. "ΙΕΡΟΣΥΛΕΙΝ and the Idolatry of Israel (Romans 2.22)." *NTS* 36 (1990): 142–51.

———. "Israel's Triumphant King: Romans 1:5 and the Scriptures of Israel." Pages 173–83 in *Jesus and Paul: Global Perspectives in Honor of James D. G. Dunn. A Festschrift for His 70th Birthday*. Edited by B. J. Oropeza, C. K. Robertson, and D. C. Mohrmann. LNTS 414. London: T&T Clark, 2009.

———. "New Perspective on Paul." Online: http://www.thepaulpage.com/files/Studies_in_NPP.pdf.

———. *"The Obedience of Faith": A Pauline Phrase in Historical Context*. WUNT 2/38. Tübingen: Mohr Siebeck, 1991.

Garnet, P. "Atonement Constructions in the Old Testament and the Qumran Scrolls." *EvQ* 46 (1974): 131–63.

Garroway, J. D. "The Circumcision of Christ: Romans 15.7–13." *JSNT* 34 (2012): 303–22.

Gaston, L. "Abraham and the Righteousness of God." *HBT* 2 (1980): 39–68.

———. "For *All* the Believers: The Inclusion of Gentiles as the Ultimate Goal of Torah in Romans." Pages 116–34 in *Paul and the Torah*. Vancouver: University of British Columbia Press, 1987.

———. "Israel's Enemies in Pauline Theology." *NTS* 28 (1982): 400–423.

———. "Israel's Misstep in the Eyes of Paul." Pages 135–50 in *Paul and the Torah*. Vancouver: University of British Columbia Press, 1987. Reprint. Pages 309–26 in *The Romans Debate*. Edited by K. P. Donfried. Rev. and exp. ed. Peabody, MA: Hendrickson, 1991.

———. *Paul and the Torah*. Vancouver: University of British Columbia, 1987.

Gathercole, S. J. *Defending Substitution: An Essay on Atonement in Paul*. Grand Rapids: Baker, 2015.

———. "The Doctrine of Justification in Paul and Beyond: Some Proposals." Pages 219–42 in *Justification in Perspective: Historical Developments and Contemporary Challenges*. Edited by B. McCormack. Grand Rapids: Baker Academic, 2006.

———. "Early Judaism and Covenantal Nomism: A Review Article." *EvQ* 76 (2004): 153–62.

———. "Justified by Faith, Justified by His Blood: The Evidence of Romans 3:21–4:25." Pages 147–84 in *The Paradoxes of Paul*. Edited by D. A. Carson, P. T. O'Brien, and M. A. Seifrid. Vol. 2 of *Justification and Variegated Nomism*. Grand Rapids: Baker Academic, 2001.

———. "A Law unto Themselves: The Gentiles in Romans 2.14–15 Revisited." *JSNT* 85 (2002): 27–49.

———. "Sin in God's Economy: Agencies in Romans 1 and 7." Pages 158–72 in *Divine and Human Agency in Paul and His Cultural Environment*. Edited by J. M. G. Barclay and S. Gathercole. LNTS 335. Edinburgh: T&T Clark, 2006.

———. "Torah, Life, and Salvation: Leviticus 18:5 in Early Judaism and the New Testament." Pages 126–45 in *From Prophecy to Testament: The Function of the Old Testament in the New*. Edited by C. A. Evans. Peabody, MA: Hendrickson, 2004.

———. *Where Is Boasting? Early Jewish Soteriology and Paul's Response in Romans 1–5*. Grand Rapids: Eerdmans, 2002.

Gaugusch, L. "Untersuchungen zum Römerbrief: Der Epilog (15,14–16,27)." *BZ* 24 (1938/39): 252–66.

Gäumann, N. *Taufe und Ethik: Studien zu Römer 6*. BEvT 47. Munich: Kaiser, 1967.

Gaventa, B. R. "On the Calling-into-Being of Israel: Romans 9:6–29." Pages 255–69 in *Between Gospel and Election: Explorations in the Interpretation of Romans 9–11*. Edited by F. Wilk and J. R. Wagner. WUNT 257. Tübingen: Mohr Siebeck, 2010.

———. *Our Mother Saint Paul*. Louisville: Westminster John Knox, 2007.

———. "Reading for the Subject: The Paradox of Power in Romans 14:1–15:6." *JTI* 5 (2011): 1–12.

———. "The Rhetoric of Violence and the God of Peace in Paul's Letter to the Romans." Pages 61–75 in *Paul, John, and Apocalyptic Eschatology: Studies in Honour of Martinus C. De Boer*. NovTSup 149. Edited by J. Kraus, B. J. L. Peerbolte, P.-B. Smit, and A. Zwiep. Leiden: Brill, 2013.

———. "The Shape of the 'I': The Psalter, the Gospel, and the Speaker in Romans 7." Pages 77–91 in *Apocalyptic Paul: Cosmos and Anthropos in Romans 5–8*. Edited by B. R. Gaventa. Waco, TX: Baylor University Press, 2013.

———. "'To Preach the Gospel': Romans 1,15 and the Purposes of Romans." Pages 179–95 in *The Letter to the Romans*. Edited by U. Schnelle. BETL 226. Leuven: Peeters, 2009.

Geeraerts, D., ed. *Cognitive Linguistics: Basic Readings*. Berlin: de Gruyter Mouton, 2006.

Gentry, P. J., and S. J. Wellum. *Kingdom through Covenant: A Biblical-Theological Understanding of the Covenants*. Wheaton, IL: Crossway, 2012.

Georgi, D. *Die Geschichte der Kollekte des Paulus für Jerusalem*. TF 38. Hamburg: Reich, 1965.
Gese, H. "The Law." Pages 60–92 in *Essays on Biblical Theology*. Minneapolis: Augsburg, 1981.
Getty, M. A. "An Apocalyptic Perspective on Rom 10:4." *HBT* 4 (1982): 79–131.
Gewiess, J. "Das Abbild des Todes Christi (Röm 6:5)." *Historische Jahrbücher* 77 (1958): 339–46.
Geyser, A. S. "Un essai d'explication de Rom. XV.19." *NTS* 6 (1959/60): 156–59.
Giberson, K. W., and F. S. Collins. *The Language of Science and Faith*. Downers Grove, IL: InterVarsity Press, 2011.
Giblin, C. H. *In Hope of God's Glory: Pauline Theological Perspectives*. New York: Herder & Herder, 1970.
Gibson, J. "For Whom Did Christ Die? Particularism and Universalism in the Pauline Epistles." Pages 289–330 in *From Heaven He Came and Sought Her: Definite Atonement in Historical, Biblical, Theological, and Pastoral Perspective*. Edited by D. Gibson and J. Gibson. Wheaton, IL: Crossway, 2013.
———. "The Glorious, Indivisible, Trinitarian Work of God in Christ." Pages 331–74 in *From Heaven He Came and Sought Her: Definite Atonement in Historical, Biblical, Theological, and Pastoral Perspective*. Edited by D. Gibson and J. Gibson. Wheaton, IL: Crossway, 2013.
Gielen, M. "Zur Interpretation der Formel ἡ κατ' οἶκον ἐκκλησία." *ZNW* 77 (1986): 109–25.
Gieniusz, A. *Romans 8:18–30: "Suffering Does Not Thwart the Future Glory."* University of South Florida International Studies in Formative Christianity and Judaism 9. Atlanta: Scholars Press, 1999.
Giesen, H. "Das heilige Gesetz—missbraucht durch die Sünde (Röm 7)." *TTZ* 114 (2005): 202–21.
Gignac, A. "La Bonne Nouvelle d'Ésaïe au service de l'évangile de Paul: Rm 10,14–17 comme relecture de Es 52,6–53,1." *SR* 28 (1999): 345–61.
———. "Le Christ, τέλος de la loi (Rm 10,4), une lecture en termes de continuité et de discontinuité, dans le cadre du paradigm paulinien de l'élection." *ScEs* 46 (1994): 55–81.
———. "Citation de Lévitique 18,5 en Romains 10,5 et Galates 3,12: Deux lectures différentes des rapports Christ-Torah?" *EgT* 25 (1994): 367–403.
Gignilliat, M. S. "Working Together with Whom? Text-Critical, Contextual, and Theological Analysis of συνεργεῖ in Romans 8,28." *Bib* 87 (2006): 511–15.
Gill, D. W. J. "Erastus the Aedile." *TynBul* 40 (1989): 293–301.
Gillmann, F. M. "Another Look at Romans 8:3: 'In the Likeness of Sinful Flesh.'" *CBQ* 49 (1987): 597–604.
Given, M. D. "Restoring the Inheritance in Romans 11:1." *JBL* 118 (1999): 89–96.
Gnilka, J. *Paulus von Tarsus: Apostel und Zeuge*. HTKNT 6. Freiburg: Herder, 1996.

Goldberg, A. M. "Torah aus der Unterwelt? Eine Bemerkung zu Röm 10,6–7." *BZ* 14 (1970): 127–31.
Goldingay, J. *Psalms 42–89*. Vol. 2 of *Psalms*. 3 vols. BCOTWP. Grand Rapids: Baker, 2006–8.
Goodrich, J. K. "From Slaves of Sin to Slaves of God: Reconsidering the Origin of Paul's Slavery Metaphor in Romans 6." *BBR* 23 (2013): 509–30.
———. "Sold under Sin: Echoes of Exile in Romans 7.14–25." *NTS* 59 (2013): 476–95.
———. "'Standard of Faith' or 'Measure of a Trusteeship'? A Study of Romans 12:3." *CBQ* 74 (2012): 753–72.
———. "The Word of God Has Not Failed: God's Faithfulness and Israel's Salvation in Tobit 14:3–7 and Romans 9–11." *TynBul* 67 (2016): 41–62.
Goodspeed, E. J. "Phoebe's Letter of Introduction." *HTR* 44 (1951): 55–57.
Goppelt, L. "Der Missionar des Gesetzes: Zu Röm. 2, 21f." Pages 137–46 in *Christologie und Ethik: Aufsätze zum Neuen Testament*. Göttingen: Vandenhoeck & Ruprecht, 1968.
———. "Paulus und Heilsgeschichte: Schlußfolgerungen aus Röm. IV und I Kor. X.1–13." *NTS* 13 (1966–67): 31–42.
———. *Theology of the New Testament*. 2 vols. Grand Rapids: Eerdmans, 1981–82.
———. *Typos: The Typological Interpretation of the Old Testament in the New*. Grand Rapids: Eerdmans, 1982.
Gorday, P. *Principles of Patristic Exegesis: Romans 9–11 in Origen, John Chrysostom, and Augustine*. Studies in the Bible and Early Christianity 4. New York: Mellen, 1983.
Gordon, T. D. "Why Israel Did Not Obtain Torah-Righteousness: A Translation Note on Rom 9:32." *WTJ* 54 (1992): 163–66.
Gorman, M. J. *Becoming the Gospel: Paul, Participation, and Mission*. Grand Rapids: Eerdmans, 2015.
———. *The Death of the Messiah and the Birth of the New Testament*. Eugene, OR: Cascade, 2014.
———. *Inhabiting the Cruciform God: Kenosis, Justification, and Theosis in Paul's Narrative Soteriology*. Grand Rapids: Eerdmans, 2009.
———. "The Lord of Peace: Christ Our Peace in Pauline Theology." *JSPL* 3 (2013): 219–53.
———. "Romans: The First Christian Treatise on Theosis." *JTI* 5 (2011): 13–34.
Gosnell, P. W. "Law in Romans: Regulation and Instruction." *NovT* 51 (2009): 252–71.
Grabner-Haider, A. *Paraklese und Eschatologie bei Paulus: Mensch und Welt im Anspruch der Zukunft Gottes*. NTAbh 4. Münster: Aschendorff, 1968.
Gradel, I. *Emperor Worship and Roman Religion*. Oxford: Clarendon, 2002.
Grafe, E. *Die paulinische Lehre vom Gesetz nach den vier Hauptbriefen*. Freiburg and Tübingen: Mohr, 1884.

Grane, L. "Luther's Auslegung von Röm 2,12–15 in der Römerbriefvorlesung." *Neue Zeitschrift für systematische Theologie und Religionsphilosophie* 17 (1975): 22–32.

Grappe, C. "Qui me délivrera de ce corps de mort? L'esprit de vie! Romains 7,24 et 8,2 comme éléments de typologie adamique." *Bib* 83 (2002): 472–92.

Grässer, E. "'Ein einziger ist Gott' (Röm 3,30): Zum christologischen Gottesverständnis bei Paulus." Pages 177–205 in *"Ich will euer Gott werden:" Beispiele biblischen Redens von Gott*. SBS 100. Stuttgart: Katholisches Bibelwerk, 1981.

———. "Zwei Heilswege?" Pages 212–30 in *Der Alte Bunde im Neuen: Exegetische Studien zur Israelfrage im Neuen Testament*. WUNT 35. Tübingen: Mohr, 1985.

Grayston, K. "'Not Ashamed of the Gospel': Romans 1,16a and the Structure of the Epistle." Pages 569–73 in *SE* II. Part 1: *The New Testament Scriptures*. Edited by F. L. Cross. TU 87. Berlin: Akademie, 1964.

Green, B. G. *Covenant and Commandment: Works, Obedience and Faithfulness in the Christian Life*. NSBT 33. Downers Grove, IL: InterVarsity Press, 2014.

Green, J. B. "Atonement Images in Romans." Pages 79–92 in *Reading Paul's Letter to the Romans*. Edited by J. L. Sumney. Atlanta: Society of Biblical Literature, 2012.

———. *Body, Soul, and Human Life*. Grand Rapids: Baker, 2008.

Greenman, J. P., and T. Larsen, eds. *Reading Romans through the Centuries: From the Early Church to Karl Barth*. Grand Rapids: Brazos, 2005.

Greeven, H. "Propheten, Lehrer, Vorsteher bei Paulus: Zur Frage der 'Ämter' im Urchristentum." *ZNW* 44 (1952–53): 1–43.

Grelot, P. *Péché originel et rédemption examinés à partir de l'Epître aux Romains: Essai théologique*. Paris: Desclée, 1973.

Grenholm, C., and D. Patte, eds. *Gender, Tradition and Romans: Shared Ground, Uncertain Borders*. Romans through History and Cultures Series. New York: T&T Clark, 2005.

———, eds. *Reading Israel in Romans: Legitimacy and Plausibility of Divergent Interpretations*. Romans through History and Cultures Series. Harrisburg, PA: Trinity Press International, 2000.

Grieb, A. K. *The Story of Romans: A Narrative Defense of God's Righteousness*. Louisville: Westminster John Knox, 2002.

Griffith-Jones, R. "Beyond Reasonable Hope of Recognition? *Prosōpopeia* in Romans 1:18–3:20." Pages 161–74 in *Beyond Old and New Perspectives on Paul: Reflections on the Work of Douglas Campbell*. Edited by C. Tilling. Eugene, OR: Cascade, 2014.

Grobel, K. "A Chiastic Retribution-formula in Romans 2." Pages 255–61 in *Zeit und Geschichte: Dankesgabe an Rudolf Bultmann zum 80. Geburtstag*. Edited by E. Dinkler. Tübingen: Mohr Siebeck, 1964.

Grudem, W. A. *The Gift of Prophecy in 1 Corinthians*. Washington, DC: University Press of America, 1982.

———. *The Gift of Prophecy in the New Testament and the World Today*. Westchester, IL: Crossway, 1988.

Guerra, A. J. *Romans and the Apologetic Tradition: The Purpose, Genre, and Audience of Paul's Letter*. SNTSMS 81. Cambridge: Cambridge University Press, 1995.

———. "Romans: Paul's Purpose and Audience with Special Attention to Romans 9–11." *RB* 97 (1990): 219–37.

Gundry, J. M. "'Or Who Gave First to Him, So That He Shall Receive Recompense?' (Rom 11, 35): Divine Benefaction and Human Boasting in Paul and Philo." Pages 24–53 in *The Letter to the Romans*. Edited by U. Schnelle. BETL 226. Leuven: Peeters, 2009.

———. *See also* Gundry Volf, J. M.

Gundry, R. H. "A Breaking of Expectations: The Rhetoric of Surprise in Paul's Letter to the Romans." Pages 250–70 in *Romans and the People of God: Essays in Honor of Gordon D. Fee on the Occasion of His 65th Birthday*. Edited by S. Soderlund and N. T. Wright. Grand Rapids: Eerdmans, 1999.

———. "Grace, Works, and Staying Saved in Paul." *Bib* 66 (1985): 1–38.

———. "The Inferiority of the New Perspective on Paul." Pages 195–224 in *The Old Is Better: New Testament Essays in Support of Traditional Interpretations*. WUNT 178. Tübingen: Mohr Siebeck, 2005. Reprint from *Bib* 66 (1985): 1–38.

———. "The Moral Frustration of Paul before His Conversion: Sexual Lust in Romans 7:7–25." Pages 228–45 in *Pauline Studies: Essays Presented to Professor F. F. Bruce on His Seventieth Birthday*. Edited by D. A. Hagner and M. J. Harris. Grand Rapids: Eerdmans, 1980. Reprint as pages 252–71 in *The Old Is Better: New Testament Essays in Support of Traditional Interpretations*. WUNT 178. Tübingen: Mohr Siebeck, 2005.

———. "The Nonimputation of Christ's Righteousness." Pages 17–45 in *Justification: What's at Stake in the Current Debates?* Edited by M. Husbands and D. J. Treier. Downers Grove, IL: InterVarsity Press, 2004. Reprint as pages 225–51 in *The Old Is Better: New Testament Essays in Support of Traditional Interpretations*. WUNT 178. Tübingen: Mohr Siebeck, 2005.

———. *The Old Is Better: New Testament Essays in Support of Traditional Interpretations*. WUNT 178. Tübingen: Mohr Siebeck, 2005.

———. *Sōma in Biblical Theology: With Emphasis on Pauline Anthropology*. SNTSMS 29. Cambridge: Cambridge University Press, 1976.

Gundry Volf, J. M. *Paul and Perseverance: Staying and Falling Away*. Louisville: Westminster John Knox, 1990.

Gupta, N. K. "What 'Mercies of God'? *Oiktirmos* in Romans 12:1 against Its Septuagintal Background." *BBR* 22 (2012): 81–96.

———. *Worship That Makes Sense to Paul: A New Approach to the Theology and Ethics of Paul's Cultic Metaphors*. BZNW 175. Berlin: de Gruyter, 2010.

Guthrie, D. *New Testament Introduction*. Downers Grove, IL: InterVarsity Press, 1990.

———. *New Testament Theology*. Downers Grove, IL: InterVarsity Press, 1981.

Güttgemanns, E. "'Gottesgerechtigkeit' und strukturale Semantik: Linguistische Analyse zu δικαιοσύνη θεοῦ." Pages 59–98 in *Studia Linguistica Neotestamentica: Gesammelte Aufsätze zur linguistischen Grundlage einer Neutestamentlichen Theologie*. BEvT 60. Munich: Kaiser, 1971.

———. "Heilsgeschichte bei Paulus oder Dynamik des Evangeliums? Zur structurellen Relevanz von Röm 9–11 für die Theologie des Römerbriefs." Pages 34–58 in *Studia Linguistica Neotestamentica: Gesammelte Aufsätze zur linguistischen Grundlage einer Neutestamentlichen Theologie*. BEvT 60. Munich: Kaiser, 1971.

Haacker, K. "'Ende des Gesetzes' und kein Ende? Zur Diskussion über τέλος νόμου in Röm 10,4." Pages 127–38 in *Ja und Nein: Christliche Theologie im Angesicht Israels*. Edited by G. Sass. Neukirchen-Vluyn: Neukirchener Verlag, 1998.

———. "Das Evangelium Gottes und die Erwählung Israels: Zum Beitrag des Römerbriefs zur Erneuerung des Verhältnisses zwischen Christen und Juden." *TBei* 13 (1982): 59–72.

———. "Exegetische Probleme des Römerbrief." *NovT* 20 (1978): 1–21.

———. "Paulus und das Judentum." *Judaica* 33 (1977): 161–77.

———. "Das Thema von Römer 9–11 als Problem der Auslegungsgeschichte." Pages 55–72 in *Between Gospel and Election: Explorations in the Interpretation of Romans 9–11*. Edited by F. Wilk and J. R. Wagner. WUNT 257. Tübingen: Mohr Siebeck, 2010.

———. *The Theology of Paul's Letter to the Romans*. New Testament Theology. Cambridge: Cambridge University Press, 2003.

Haenchen, E. *Der Weg Jesu*. Berlin: Töpelmann, 1966.

Hafemann, S. "Eschatology and Ethics: The Future of Israel and the Nations in Romans 15:1–13." *TynBul* 51 (2000): 161–92.

———. "The Salvation of Israel in Romans 11:25–32: A Response to Krister Stendahl." *ExAud* 4 (1988): 38–58.

Hagner, D. A. *The New Testament: A Historical and Theological Introduction*. Grand Rapids: Baker, 2012.

———. "Paul and Judaism. The Jewish Matrix of Early Christianity: Issues in the Current Debate." *BBR* 3 (1993): 111–30.

———. "Paul's Quarrel with Judaism." Pages 128–50 in *Anti-Semitism and Early Christianity: Issues of Polemic and Faith*. Edited by C. A. Evans and D. A. Hagner. Minneapolis: Fortress, 1993.

Hahn, F. "Genesis 15:6 im Neuen Testament." Pages 90–107 in *Probleme biblischer*

Theologie: Gerhard von Rad zum 70. Geburtstag. Edited by H. H. Wolff. Munich: Kaiser, 1971.

———. "Das Gesetzverständnis im Römer- und Galaterbrief." *ZNW* 67 (1976): 29–63.

———. *Mission in the New Testament.* Translated by F. Clarke. SBT 1/47. London: SCM, 1965.

———. *Die Vielfalt des Neuen Testaments*. Vol. 1 of *Theologie des Neuen Testaments.* 2d ed. Tübingen: Mohr Siebeck, 2005.

———. "Zum Verständnis von Römer 11.26a: '. . . und so wird ganz Israel gerettet werden.'" Pages 221–34 in *Paul and Paulinism: Essays in Honour of C. K. Barrett.* Edited by M. D. Hooker and S. G. Wilson. London: SPCK, 1982.

Hahn, S. W., and J. A. Kincaid. "The Multiple Literal Sense in Thomas Aquinas's Commentary on Romans and Modern Pauline Hermeneutics." Pages 163–82 in *Reading Romans with St. Thomas Aquinas.* Edited by M. Levering and M. Dauphinais. Washington, DC: Catholic University of America Press, 2012.

Hahne, H. A. *The Corruption and Redemption of Creation: Nature in Romans 8.19–22 and Jewish Apocalyptic Literature.* LNTS 336. London: T&T Clark, 2006.

Hall, D. "The Interpretation of πρός in Romans 3:26." *TynBul* 65 (2014): 119–23.

Hall, D. R. "Romans 3:1–8 Reconsidered." *NTS* 29 (1983): 183–97.

Hall, S. G., III. *Christian Anti-Semitism and Paul's Theology.* Minneapolis: Fortress, 1993.

Haller, W. *The Rise of Puritanism.* 1938. Reprint. Philadelphia: University of Pennsylvania, 1972.

Hallonsten, G. "Theosis in Recent Research: A Renewal of Interest and a Need for Clarity." Pages 281–93 in *Partakers in the Divine Nature: The History and Development of Deification in the Christian Traditions.* Edited by M. J. Christensen and J. A. Wittung. Cranbury, NJ: Fairleigh Dickinson University Press, 2007.

Halter, H. *Taufe and Ethos: Paulinischen Kriterien für das Proprium christlicher Moral.* Freiburger Theologische Studien 106. Freiburg: Herder, 1977.

Hamilton, V. P. *The Book of Genesis: Chapters 1–17.* NICOT. Grand Rapids: Eerdmans, 1990.

Hammer, P. L. "A Comparison of ΚΛΗΡΟΝΟΜΙΑ in Paul and Ephesians." *JBL* 79 (1960): 267–72.

Hanson, A. T. "The Oracle in Romans XI.4." *NTS* 19 (1972–73): 300–302.

———. "Vessels of Wrath or Instruments of Wrath? Romans IX.22–3." *JTS* 32 (1981): 433–43.

———. *The Wrath of the Lamb.* London: SPCK, 1957.

Harding, M. "The Salvation of Israel and the Logic of Romans 11:11–36." *ABR* 46 (1998): 55–69.

Harding, S. *Paul's Eschatological Anthropology: The Dynamics of Human Transformation.* Minneapolis: Fortress, 2015.

Harland, P. A. "Familial Dimensions of Group Identity: 'Brothers' (ΑΔΕΛΦΟΙ) in Associations of the Greek East." *JBL* 124 (2005): 491–513.

Harnack, A. "κόπος (κοπιᾶν, οἱ κοπιῶντες) im frühchristlichen Sprachgebrauch." *ZNW* 27 (1928): 1–10.

Harrill, J. A. "Paul and Empire: Studying Roman Identity after the Cultural Turn." *Early Christianity* 2 (2011): 281–311.

Harrington, W. J. "Paul's Word of Hope." *ScrC* 31 (2001): 249–56.

Harris, M. J. *Jesus as "God": Theos as a Christological Term in the New Testament.* Grand Rapids: Baker, 1992.

———. *Prepositions and Theology in the Greek New Testament.* Grand Rapids: Zondervan, 2012.

———. *Raised Immortal: Resurrection and Immortality in the New Testament.* Grand Rapids: Eerdmans, 1983.

———. *The Second Epistle to the Corinthians: A Commentary on the Greek Text.* NIGTC. Grand Rapids: Eerdmans, 2005.

———. *Slave of Christ: A New Testament Metaphor for Total Devotion to Christ.* NSBT 8. Downers Grove, IL: InterVarsity Press, 1999.

———. "Titus 2:13 and the Deity of Christ." Pages 262–77 in *Pauline Studies: Essays Presented to Professor F. F. Bruce on His 70th Birthday.* Edited by D. A. Hagner and M. J. Harris. Grand Rapids: Eerdmans, 1980.

Harrison, E. F., and D. A. Hagner. "Romans." Pages 19–237 in *Romans–Galatians.* Vol. 11 of *The Expositor's Bible Commentary*. Rev. ed. Edited by T. Longman III and D. E. Garland. Grand Rapids: Zondervan, 2008.

Harrison, J. R. *Paul and the Imperial Authorities at Thessalonica and Rome.* WUNT 273. Tübingen: Mohr Siebeck, 2011.

———. "Paul and the Roman Ideal of Glory in the Epistle to the Romans." Pages 329–69 in *The Letter to the Romans.* Edited by U. Schnelle. BETL 226. Leuven: Peeters, 2009.

———. "Paul and the 'Social Relations' of Death at Rome (Romans 5:14, 17, 21)." Pages 85–123 in *Paul and His Social Relations.* Edited by S. E. Porter and C. D. Land. Pauline Studies 7. Leiden: Brill, 2013.

———. "Paul's 'Indebtedness' to the Barbarian (Rom 1:14) in Latin West Perspective." *NovT* 55 (2013): 311–48.

———. *Paul's Language of Grace in Its Graeco-Roman Context.* WUNT 2/172. Tübingen: Mohr Siebeck, 2003.

———. "Paul, Theologian of Electing Grace." Pages 77–108 in *Paul and His Theology*. Edited by S. E. Porter. Pauline Studies 3. Leiden: Brill, 2006.

Harrison, R. K. *Leviticus.* TOTC. Grand Rapids: Eerdmans, 1980.

Harrisville, R. A., III. *The Figure of Abraham in the Epistles of St. Paul: In the Footsteps of Abraham.* San Francisco: Mellen Research University Press, 1992.

———. "ΠΙΣΤΙΣ ΧΡΙΣΤΟΥ: Witness of the Fathers." *NovT* 36 (1994): 233–41.

Hartman, L. "'Into the Name of Jesus': A Suggestion Concerning the Earliest Meaning of the Phrase." *NTS* 20 (1973–74): 432–40.

Hasel, G. F. *The Remnant: The History and Theology of the Remnant Idea from Genesis to Isaiah*. Andrews University Monographs 5. Berrien Springs, MI: Andrews University Press, 1972.

Hay, D. M. "Paul's Understanding of Faith as Participation." Pages 45–76 in *Paul and His Theology*. Edited by S. E. Porter. Leiden: Brill, 2006.

Hayman, A. P. "The Fall, Freewill [*sic*] and Human Responsibility in Rabbinic Judaism." *SJT* 37 (1984): 13–22.

Hays, C. M., and S. L. Herring. "Adam and the Fall." Pages 24–54 in *Evangelicals and the Challenge of Historical Criticism*. Edited by C. B. Ansberry and C. M. Hays. Grand Rapids: Baker, 2013.

Hays, R. B. *Echoes of Scripture in the Letters of Paul*. New Haven: Yale University Press, 1989.

———. *The Faith of Jesus Christ: The Narrative Substructure of Galatians 3:1–4:11*. 2d ed. Grand Rapids: Eerdmans, 2002.

———. "'Have We Found Abraham to Be Our Forefather according to the Flesh?' A Reconsideration of Rom 4:1." *NovT* 27 (1985): 76–98.

———. *The Moral Vision of the New Testament*. San Francisco: HarperSanFrancisco, 1996.

———. "ΠΙΣΤΙΣ and Pauline Christology: What Is at Stake?" *SBLSP* 30 (1991): 714–29.

———. "Psalm 143 and the Logic of Romans 3." *JBL* 99 (1980): 107–15.

———. "'The Righteous One' as Eschatological Deliverer: A Case Study in Paul's Apocalyptic Hermeneutics." Pages 191–215 in *Apocalyptic and the New Testament: Essays in Honor of J. Louis Martyn*. Edited by J. Marcus and M. L. Soards. JSNTSup 24. Sheffield: Sheffield Academic, 1989.

———. "Spirit, Church, Resurrection: The Third Article of the Creed as Hermeneutical Lens for Reading Romans." *JTI* 5 (2011): 35–48.

———. "What Is 'Real Participation in Christ'? A Dialogue with E. P. Sanders on Pauline Soteriology." Pages 336–51 in *Redefining First-Century Jewish and Christian Identities*. Edited by F. E. Udoh. Notre Dame: University of Notre Dame Press, 2008.

Head, P. "Jesus' Resurrection in Pauline Thought: A Study in the Epistle of Romans." Pages 58–80 in *Proclaiming the Resurrection: Papers from the First Oak Hill College Annual School of Theology*. Edited by P. Head. Carlisle: Paternoster, 1998.

Heath, J. "The Righteous Gentile Interjects (James 2:18–19 and Romans 2:14–15)." *NovT* 55 (2013): 272–95.

Heil, J. P. "Christ, the Termination of the Law (Romans 9:30–10:8)." *CBQ* 63 (2001): 484–98.

———. "From Remnant to Seed of Hope for Israel: Romans 9:27–29." *CBQ* 64 (2002): 703–20.

———. *Romans: Paul's Letter of Hope*. AnBib 112. Rome: Pontifical Biblical Institute Press, 1987.

Heilig, C. *Hidden Criticism? The Methodology and Plausibility of the Search for a Counter-Imperial Subtext in Paul*. WUNT 2/392. Tübingen: Mohr Siebeck, 2015.

Heiligenthal, R. "Strategien konformer Ethik im Neuen Testament am Beispiel von Röm 13.1–7." *NTS* 29 (1983): 55–61.

———. *Werke als Zeugen: Untersuchungen zur Bedeutung der menschlichen Taten im Frühjudentum, Neuen Testament und Frühchristentum*. WUNT 2/9. Tübingen: Mohr Siebeck, 1983.

Heinemann, I. "Die Lehre vom ungeschriebenen Gesetz im jüdischen Schriftum." *HUCA* 4 (1927): 149–71.

Heininger, B. "Contemporary Religions and Philosophical Schools." Pages 23–56 in *Paul: Life, Setting, Work, Letters*. Edited by O. Wischmeyer. London: T&T Clark, 2012.

Heliso, D. *Pistis and the Righteous One: A Study of Romans 1:17 against the Background of Scripture and Second Temple Jewish Literature*. WUNT 2/235. Tübingen: Mohr Siebeck, 2007.

Heller, J. "Himmel- und Höllenfahrt nach Römer 10, 6–7." *EvT* 32 (1972): 478–86.

Helm, P. *The Divine Revelation*. Westchester, IL: Crossway, 1982.

Hengel, M. "Erwägungen zum Sprachgebrauch von Χριστός bei Paulus und in der 'vorpaulinischen' Überlieferung." Pages 135–58 in *Paul and Paulinism: Essays in Honour of C. K. Barrett*. Edited by M. Hooker and S. G. Wilson. London: SPCK, 1982.

———. "Heilsgeschichte." Pages 1–33 in *Theologische, historische und biographische Skizzen. Kleine Schriften 7*. Edited by C.-J. Thornton. WUNT 253. Tübingen: Mohr Siebeck, 2010.

———. *The Son of God: The Origin of Christology and the History of Jewish-Hellenistic Religion*. Philadelphia: Fortress, 1976.

Henten, J. W. van. "The Tradition-Historical Background of Rom 3:25: A Search for Pagan and Jewish Parallels." Pages 101–28 in *From Jesus to John: Essays on Jesus and New Testament Christology in Honour of Marinus de Jonge*. Edited by M. C. de Boer. JSNTSup 84. Sheffield: JSOT Press, 1993.

Heppe, H. *Reformed Dogmatics Set Out and Illustrated from the Sources*. Reprint. Grand Rapids: Baker, 1978.

Hering, J. "'Serviteurs de Dieu': Contribution à l'exégèse pratique de Romains 13, 3–4." *RHPR* 30 (1950): 31–40.

Herold, G. *Zorn und Gerechtigkeit Gottes bei Paulus: Eine Untersuchung zu Röm 1,16–18*. EHS 23.14. Bern: Lang, 1973.

Herron, R. W., Jr. "The Origin of the New Testament Apostolate." *WTJ* 45 (1983): 101–31.

Hill, D. *Greek Words and Hebrew Meanings: Studies in the Semantics of Soteriological Terms*. SNTSMS 5. Cambridge: Cambridge University Press, 1967.

Hill, W. *Paul and the Trinity: Persons, Relations, and the Pauline Letters*. Grand Rapids: Eerdmans, 2015.

Hodge, C. J. "'A Light to the Nations': The Role of Israel in Romans 9–11." Pages 169–86 in *Reading Paul's Letter to the Romans*. Edited by J. L. Sumney. Atlanta: Society of Biblical Literature, 2012.

———. *If Sons, Then Heirs: A Study of Kinship and Ethnicity in the Letters of Paul*. Oxford: Oxford University Press, 2007.

Hoekema, A. A. *Created in God's Image*. Grand Rapids: Eerdmans, 1986.

Hofius, O. "'All Israel Will Be Saved': Divine Salvation and Israel's Deliverance in Romans 9–11." Pages 19–39 in *The Church and Israel: Romans 9–11*. Princeton Seminary Bulletin Supplementary Issue 1. Princeton: Princeton Theological Seminary, 1990.

———. "Eine altjüdische Parallele zu Röm. IV.17b." *NTS* 18 (1971–72): 93–94.

———. "Das Evangelium und Israel: Erwägungen zu Römer 9–11." *ZTK* 83 (1986): 297–324.

———. "Das Gesetz des Mose und das Gesetz Christi." *ZTK* 80 (1983): 262–86.

———. "'Werke des Gesetzes': Untersuchungen zu der paulinischen Rede von den ἔργα νόμου." Pages 271–310 in *Paulus and Johannes: Exegetische Studien zur paulinischen und johanneischen Theologie und Literatur*. Edited by D. Sänger and U. Mell. WUNT 198. Tübingen: Mohr Siebeck, 2006.

Hoglund, J. *Called by Triune Grace*. Downers Grove, IL: InterVarsity Press, 2017.

Holl, K. "Der Kirchenbegriff des Paulus in seinem Verhältnis zu der Urgemeinde." Pages 44–67 in *Der Osten*. Vol. 2 of *Gesammelte Aufsätze zur Kirchengeschichte*. Edited by H. Lietzmann Tübingen: Mohr, 1928.

Holm-Nielsen, S. *Hodayot: Psalms from Qumran*. ATDan 2. Aarhus: Universitetsforlaget, 1960.

Holmes, C. T. "Utterly Incapacitated: The Neglected Meaning of ΠΑΡΕΣΙΣ in Romans 3:25." *NovT* 55 (2013): 349–66.

Holmes, M. "Textual Criticism." Pages 927–32 in *Dictionary of Paul and His Letters*. Edited by G. F. Hawthorne and R. P. Martin. Downers Grove, IL: InterVarsity Press, 1993.

Holst, R. "The Meaning of 'Abraham Believed God' in Romans 4:3." *WTJ* 59 (1997): 319–26.

Hong, I.-G. "Being 'under the Law' in Galatians." *Evangelical Review of Theology* 26 (2002): 354–72.

Hooke, S. H. "The Translation of Romans 1.4." *NTS* 9 (1962/63): 370–71.

Hooker, M. D. "Adam in Romans I." *NTS* 6 (1959/60): 297–306.

———. "A Further Note on Romans I." *NTS* 13 (1966/67): 181–83.

———. "Interchange and Atonement." *BJRL* 60 (1978): 462–81.

———. "Interchange in Christ." *JTS* 22 (1971): 349–61.

———. "Paul and Covenantal Nomism." Pages 47–56 in *Paul and Paulinism: Essays in Honour of C. K. Barrett*. Edited by M. D. Hooker and S. G. Wilson. London: SPCK, 1982.

Hoppe, R. "Der Topos der Prophetenverfolgung bei Paulus." *NTS* 50 (2004): 535–49.

Hoppe, T. *Die Idee der Heilsgeschichte bei Paulus mit besonderer Berücksichtigung des Römerbriefes*. BFCT 2.30. Gütersloh: Bertelsmann, 1926.

Horbury, W. "Land, Sanctuary and Worship." Pages 207–24 in *Early Christian Thought in Its Jewish Context*. Edited by J. Barclay and J. Sweet. Cambridge: Cambridge University Press, 1996.

Horn, F. W. "Das apostolische Selbstverständnis des Paulus nach Römer 15." Pages 225–46 in *The Letter to the Romans*. Edited by U. Schnelle. BETL 226. Leuven: Peeters, 2009.

———. "Juden und Heiden: Aspekte der Verhältnisbestimmung in den paulinischen Briefen: Ein Gespräch mit Krister Stendahl." Pages 17–39 in *Lutherische und Neue Paulusperspektive: Beiträge zu einem Schlüsselproblem der gegenwärtigen exegetischen Diskussion*. Edited by M. Bachmann and J. Woyke. WUNT 182. Tübingen: Mohr Siebeck, 2005.

Horne, C. M. "The Meaning of the Phrase 'And Thus All Israel Will Be Saved' (Romans 11:26)." *JETS* 21 (1978): 329–34.

Horrell, D. G. "From ἀδελφοί to οἶκος θεοῦ: Social Transformation in Pauline Christianity." *JBL* 120 (2001): 293–311.

———. "The Peaceable, Tolerant Community and the Legitimate Role of the State: Ethics and Ethical Dilemmas in Romans 12:1–15:13." *RevExp* 100 (2003): 81–99.

———. *Solidarity and Difference: A Contemporary Reading of Paul's Ethics*. London: T&T Clark, 2005.

Horsley, R. A. "Paul and Slavery: A Critical Alternative to Recent Readings." *Semeia* 83/84 (1998): 153–200.

Horsley, R. A., ed. *Paul and Empire: Religion and Power in Roman Imperial Society*. Harrisburg, PA: Trinity Press International, 1997.

Horst, P. W. van der. "'Only Then Will All Israel Be Saved': A Short Note on the Meaning of καὶ οὕτως in Romans 11:26." *JBL* 119 (2000): 521–25.

Hort, F. J. A. "On the End of the Epistle to the Romans." Pages 321–51 in J. B. Lightfoot, *Biblical Essays*. London: Macmillan, 1893.

Horton, M. S. *The Christian Faith: A Systematic Theology for Pilgrims on the Way*. Grand Rapids: Zondervan, 2011.

———. *Covenant and Salvation: Union with Christ*. Louisville: Westminster John Knox, 2007.

Hossfeld, F.-L., and E. Zenger. *Psalms 2: A Commentary on Psalms 51–100*. Hermeneia. Minneapolis: Fortress, 2005.

Howard, G. E. "Christ the End of the Law: The Meaning of Romans 10:4ff." *JBL* 88 (1969): 331–37.

———. "'The Faith of Christ.'" *ExpTim* 85 (1973/74): 212–15.

———. "Romans 3:21–31 and the Inclusion of the Gentiles." *HTR* 63 (1970): 223–33.

———. "The Tetragram and the New Testament." *JBL* 96 (1977) 63–83.

Howard, W. F. *Accidence and Word-Formation*. Vol. 2 of *A Grammar of New Testament Greek*, by J. H. Moulton. Edinburgh: T&T Clark, 1929.

Hsieh, N. D. "Abraham as 'Heir of the World': Does Romans 4:13 Expand the Old Testament Abrahamic Land Promises?" *MSJ* 26 (2015): 95–110.

Hübner, H. *Gottes Ich und Israel: Zum Schriftgebrauch des Paulus in Römer 9–11*. FRLANT 136. Göttingen: Vandenhoeck & Ruprecht, 1984.

———. *Law in Paul's Thought*. Edinburgh: T&T Clark, 1978.

———. "Pauli Theologiae Proprium." *NTS* 26 (1980): 445–73.

———. "Was heißt bei Paulus 'Werke des Gesetzes'?" Pages 123–34 in *Glaube und Eschatologie: Festschrift für W. G. Kümmel zum 80. Geburtstag*. Edited by E. Grässer and O. Merk. Tübingen: Mohr, 1985.

Hughes, P. E. "The Olive Tree of Romans XI." *EvQ* 20 (1948): 22–45.

———. *Paul's Second Epistle to the Corinthians*. NICNT. Grand Rapids: Eerdmans, 1962.

———. *The True Image: The Origin and Destiny of Man in Christ*. Grand Rapids: Eerdmans, 1989.

Hultgren, A. J. *Christ and His Benefits: Christology and Redemption in the New Testament*. Philadelphia: Fortress, 1987.

———. *Paul's Gospel and Mission: The Outlook from His Letter to the Romans*. Philadelphia: Fortress, 1985.

———. "Reflections on Romans 13:1–7: Submission to Governing Authorities." *Di* 15 (1976): 263–69.

Humphrey, E. M. "Why Bring the Word Down? The Rhetoric of Demonstration and Disclosure in Romans 9:30–10:21." Pages 129–48 in *Romans and the People of God: Essays in Honor of Gordon D. Fee on the Occasion of His 65th Birthday*. Edited by S. Soderlund and N. T. Wright. Grand Rapids: Eerdmans, 1999.

Hurtado, L. W. "The Binitarian Shape of Early Christian Worship." Pages 187–213 in *The Jewish Roots of Christological Monotheism: Papers from the St. Andrews Conference on Historical Origins of the Worship of Jesus*. Edited by C. C. Newman, J. R. Davila, and G. S. Lewis. Leiden: Brill, 1999.

———. "The Doxology at the End of Romans." Pages 185–99 in *Studies in the Theories and Methods of New Testament Textual Criticism*. Edited by E. J. Epp and G. D. Fee. Grand Rapids: Eerdmans, 1993.

———. "Jesus' Divine Sonship in Paul's Epistle to the Romans." Pages 217–33 in *Romans and the People of God: Essays in Honor of Gordon D. Fee on the Occasion of His 65th Birthday*. Edited by S. Soderlund and N. T. Wright. Grand Rapids: Eerdmans, 1999.

———. *Lord Jesus Christ: Devotion to Jesus in Earliest Christianity*. Grand Rapids: Eerdmans, 2003.

———. *One God, One Lord: Early Christian Devotion and Ancient Jewish Monotheism*. 3d ed. London: Bloomsbury T&T Clark, 2015.

———. "Paul's Messianic Christology." Pages 107–31 in *Paul the Jew: Rereading the Apostle as a Figure of Second Temple Judaism*. Edited by G. Boccaccini and C. A. Segovia. Minneapolis: Fortress, 2016.

Hutchinson, S. "The Political Implications of Romans 13:1–7." *Biblical Theology* 21 (1971): 49–59.

Hvalvik, R. "A 'Sonderweg' for Israel: A Critical Examination of a Current Interpretation of Romans 11.25–27." *JSNT* 38 (1990): 87–107.

Hyldahl, N. "*Kai houtos* i Rom. 11,26: Note til Kresten Drejergaards fortolkning." *DTT* 37 (1974): 231–34.

———. "A Reminiscence of the Old Testament at Romans i 23." *NTS* 2 (1955/56): 285–88.

Irons, C. L. *The Righteousness of God: A Lexical Examination of the Covenant-Faithfulness Interpretation*. WUNT 2/386. Tübingen: Mohr Siebeck, 2015.

Isaak, J. "The Christian Community and Political Responsibility: Romans 13:1–7." *Direction* 32 (2003): 32–46.

Ito, A. "ΝΟΜΟΣ (ΤΩΝ) ΕΡΓΩΝ and ΝΟΜΟΣ ΠΙΣΤΕΩΣ: The Pauline Rhetoric and Theology of ΝΟΜΟΣ." *NovT* 45 (2003): 237–59.

———. "Romans 2: A Deuteronomistic Reading." *JSNT* 59 (1995): 21–37.

———. "The Written Torah and the Oral Gospel: Romans 10:5–13 in the Dynamic Tension between Orality and Literacy." *NovT* 48 (2006): 234–60.

Iturbe, F. J. C. "'Et sic omnis Israel salvus fieret,' Rom. 11,26: Su interpretación por los escritores cristianos de los siglos III-XII." *EstBib* 21 (1962): 127–50.

Jackson, T. R. *New Creation in Paul's Letters: A Study of the Historical and Social Setting of a Pauline Concept*. WUNT 2/272. Tübingen: Mohr Siebeck, 2010.

Jacob, R. "La véritable solidarité humaine selon Romains 5,12–21." Pages 26–33 in *La culpabilité fondamentale: Péché originel et anthropologie moderne*. Edited by P. Guilluy. Gembloux: Duculot, 1975.

Jacques, X. "La conscience et le Christ." *Christus* 28 (1981): 414–21.

Janowski, B. "Das Geschenk der Versöhnung: Leviticus 16 als Schlussstein der priesterlichen Kulttheologie." Pages 3–31 in *The Day of Atonement: Its Interpretation in Early Jewish and Christian Traditions*. Edited by T. Hieke and T. Nicklas. TBN: Jewish and Christian Traditions 15. Leiden: Brill, 2012.

———. *Sühne als Heilsgeschehen: Studien zur Sühnetheologie der Priesterschrift und zur Wurzel KPR im Alten Orient und im Alten Testament*. WMANT 55. Neukirchen-Vluyn: Neukirchener Verlag, 1982.

Janzen, J. G. "A New Approach to '*logikēn latreian*' in Romans 12:1–2." *Enc* 69 (2008): 45–83.

Jeremias, J. "Chiasmus in den Paulusbriefen." Pages 276–90 in *Abba: Studien zur neutestamentlichen Theologie und Zeitgeschichte*. Göttingen: Vandenhoeck & Ruprecht, 1966.

———. "Einige vorwiegend sprachliche Beobachtungen zur Römer 11.25–26." Pages 193–203 in *Die Israelfrage nach Röm 9–11*. Edited by L. De Lorenzi. SMBen: Biblical-Ecumenical Section 3. Rome: Abbey of St. Paul Outside the Walls, 1977.

———. *Jerusalem in the Time of Jesus*. Philadelphia: Fortress, 1969.

———. "Zu Rm 1 22–32." *ZNW* 45 (1954): 119–21.

———. "Zur Gedankenführung in den paulinischen Briefen." Pages 269–76 in *Abba: Studien zur neutestamentlichen Theologie und Zeitgeschichte*. Göttingen: Vandenhoeck & Ruprecht, 1966.

Jervell, J. *Imago Dei: Gen 1,26f. im Spätjudentum, in der Gnosis und in den paulinischen Briefen*. FRLANT 58. Göttingen: Vandenhoeck & Ruprecht, 1960.

———. "The Letter to Jerusalem." Pages 53–64 in *The Romans Debate*. Edited by K. P. Donfried. Rev. and exp. ed. Peabody, MA: Hendrickson, 1991.

Jervis, L. A. *The Purpose of Romans: A Comparative Letter Structure Investigation*. JSNTSup 55. Sheffield: JSOT Press, 1991.

Jewett, P. K. *Election and Predestination*. Grand Rapids: Eerdmans, 1985.

Jewett, R. *Christian Tolerance: Paul's Message to the Modern Church*. Philadelphia: Westminster, 1982.

———. "Following the Argument of Romans." Pages 265–77 in *The Romans Debate*. Edited by K. P. Donfried. Rev. and exp. ed. Peabody, MA: Hendrickson, 1991.

———. "The Law and the Co-existence of Jews and Gentiles in Romans." *Int* 39 (1985): 341–56.

———. "Paul, Phoebe, and the Spanish Mission." Pages 142–61 in *The Social World of Formative Christianity and Judaism: Essays in Tribute to Howard Clark Kee*. Edited by J. Neusner, E. S. Frerichs, P. Borgen, and R. Horsley. Philadelphia: Fortress, 1988.

———. *Paul's Anthropological Terms: A Study of Their Use in Conflict Settings*. AGJU 10. Leiden: Brill, 1971.

———. "The Redaction and Use of an Early Christian Confession in Romans 1:3–4." Pages 99–122 in *The Living Text: Essays in Honor of Ernest W. Saunders*. Edited by D. E. Groh and R. Jewett. Lanham, MD: University Press of America, 1985.

———. "Romans as an Ambassadorial Letter." *Int* 36 (1982): 5–20.

———. "The Social Context and Implications of Homoerotic References in Romans 1:24–27." Pages 223–41 in *Homosexuality, Science and the "Plain Sense" of Scripture*. Edited by D. Balch. Grand Rapids: Eerdmans, 2000.

Jipp, J. W. "Rereading the Story of Abraham, Isaac, and 'Us' in Romans 4." *JSNT* 32 (2009): 217–42.

Jocz, J. *The Jewish People and Jesus Christ: The Relationship between Church and Synagogue*. 3d ed. Grand Rapids: Baker, 1979.

Joest, W. *Gesetz und Freiheit: Das Problem des "Tertius Usus Legis" bei Luther und die neutestamentliche Paränese*. Göttingen: Vandenhoeck & Ruprecht, 1961.

Johnson, D. "The Structure and Meaning of Romans 11." *CBQ* 46 (1984): 91–103.

Johnson, E. E. *The Function of Apocalyptic and Wisdom Traditions in Romans 9–11*. SBLDS 109. Atlanta: Scholars Press, 1989.

Johnson, J. J. "A New Testament Understanding of the Jewish Rejection of Jesus: Four Theologians on the Salvation of the Jews." *JETS* 43 (2000): 229–46.

Johnson, L. T. "Rom 3:21–26 and the Faith of Jesus." *CBQ* 44 (1982): 77–90.

———. "Transformation of the Mind and Moral Discernment in Paul." Pages 215–36 in *Early Christianity and Classical Culture: Comparative Studies in Honor of Abraham J. Malherbe*. Edited by J. T. Fitzgerald, T. H. Olbricht, and L. M. White. NovTSup 110. Leiden: Brill, 2003.

———. *The Writings of the New Testament: An Interpretation*. 3d ed. Minneapolis: Fortress, 2010.

Johnson, S. L., Jr. "Evidence from Romans 9–11." Pages 199–223 in *A Case for Premillennialism: A New Consensus*. Edited by D. K. Campbell and J. L. Townsend. Chicago: Moody Press, 1992.

———. "'God Gave Them Up': A Study in Divine Retribution." *BSac* 129 (1972): 124–33.

———. "The Jesus That Paul Preached." *BSac* 128 (1971): 120–34.

———. "Paul and the Knowledge of God." *BSac* 129 (1972): 61–74.

———. "Romans 5:12—an Exercise in Exegesis and Theology." Pages 298–316 in *New Dimensions in New Testament Study*. Edited by R. N. Longenecker and M. C. Tenney. Grand Rapids: Zondervan, 1974.

———. "Studies in Romans, Part VII: The Jews and the Oracles of God." *BSac* 130 (1973): 235–49.

———. "Studies in Romans, Part IX. The Universality of Sin." *BSac* 131 (1974): 163–72.

Jones, F. S. *"Freiheit" in den Briefen der Apostels Paulus: Eine historische, exegetische und religionsgeschichtliche Studie*. GTA 34. Göttingen: Vandenhoeck & Ruprecht, 1987.

Joseph, M. J. "The Self-Understanding of Paul." *BiBh* 5 (1979): 165–86.

Journet, C. "Sur la conversion d'Israël." *NV* 64 (1989): 146–51.

Judant, D. *Les deux Israël: Essai sur le mystère du salut d'Israël selon l'économie des deux Testaments*. Paris: Cerf, 1960.

Judge, E. A. "Cultural Conformity and Innovation in Paul: Some Clues from Contemporary Documents." *TynBul* 35 (1984): 3–24.

Judisch, D. McC. L. "Propitiation in the Language and Typology of the Old Testament." *CTQ* 48 (1984): 221–43.

Jülicher, A. *An Introduction to the New Testament*. London: Smith and Elder, 1904.

Juncker, G. H. "'Children of Promise': Spiritual Paternity and Patriarch Theology in Galatians and Romans." *BBR* 17 (2007): 131–60.

Jüngel, E. "Exkurs: Zum Verständnis der Vorstellung vom Gericht nach den Werken in Röm 2, 2–11." *ZTK* 60 (1963): 70–74.

———. "Das Gesetz zwischen Adam und Christus: Eine theologische Studie zu Röm 5,12–21." *ZTK* 60 (1963): 42–74.

———. "'Jedermann sei untertan der Obrigkeit . . .': Eine Bibelarbeit über Römer 13,1–7." Pages 8–37 in *Evangelische Christen in unserer Demokratie: Beiträge aus der Synode der Evangelischen Kirche im Deutschland*. Edited by E. Jüngel, R. Herzog, and H. Simon. Gütersloh: Mohn, 1986.

———. *Justification: The Heart of the Christian Faith. A Theological Study with Ecumenical Purpose*. Edinburgh: T&T Clark, 2001.

———. *Paulus und Jesus. Eine Untersuchung zur Präzisierung der Frage nach dem Ursprung der Christologie*. HUT 2. Tübingen: Mohr, 1962.

Kaiser, W. C., Jr. "Kingdom Promises as Spiritual and National." Pages 289–307 in *Continuity and Discontinuity: Perspectives on the Relationship between the Old and New Testaments: Essays in Honor of S. Lewis Johnson, Jr.* Edited by J. S. Feinberg. Westchester, IL: Crossway, 1988.

———. "The Law as God's Gracious Guidance for the Promotion of Holiness." Pages 177–99 in *The Law, the Gospel, and the Modern Christian: Five Views*. Edited by W. Strickland. Grand Rapids: Zondervan, 1993.

———. "Leviticus 18:5 and Paul: Do This and You Shall Live (Eternally?)." *JETS* 14 (1971): 19–28.

———. *Toward an Old Testament Theology*. Grand Rapids: Zondervan, 1978.

Kallas, J. "Romans XIII.1–7: An Interpolation." *NTS* 11 (1964–65): 365–74.

Kamlah, E. *Die Form der katalogischen Paränese im Neuen Testament*. WUNT 7. Tübingen: Mohr Siebeck, 1964.

Kammler, H.-C. "Die Prädikation Jesu Christi as 'Gott' und die paulinische Christologie." *ZNW* 94 (2003): 164–80.

Kanjuparambil, P. "Imperatival Participles in Rom 12:9–21." *JBL* 102 (1983): 285–88.

Karlberg, M. W. "Israel's History Personified: Romans 7:7–13 in Relation to Paul's Teaching on the 'Old Man.'" *TJ* 7 (1986): 65–74.

———. "The Mosaic Covenant and the Concept of Works in Reformed Hermeneutics: A Historical-Critical Analysis with Particular Attention to Early Covenant Eschatology." ThD diss., Westminster Theological Seminary, 1980.

———. “Paul’s Letter to the Romans in the New International Commentary on the New Testament and in Contemporary Reformed Thought.” *EvQ* 71 (1999): 3–24.

Karris, R. J. “Romans 14:1–15:13 and the Occasion of Romans.” Pages 65–84 in *The Romans Debate*. Edited by K. P. Donfried. Rev. and exp. ed. Peabody, MA: Hendrickson, 1991.

Käsemann, E. “The Cry for Liberty in the Worship of the Church.” Pages 122–37 in *Perspectives on Paul*. Philadelphia: Fortress, 1971.

———. “The Faith of Abraham in Romans 4.” Pages 79–101 in *Perspectives on Paul*. Philadelphia: Fortress, 1971.

———. “Justification and Salvation History in the Epistle to the Romans.” Pages 60–78 in *Perspectives on Paul*. Philadelphia: Fortress, 1971.

———. “Principles of the Interpretation of Romans 13.” Pages 196–222 in *New Testament Questions of Today*. Philadelphia: Fortress, 1969.

———. “‘The Righteousness of God’ in Paul.” Pages 168–82 in *New Testament Questions of Today*. Philadelphia: Fortress, 1969.

———. “Some Thoughts on the Theme ‘The Doctrine of Reconciliation in the New Testament.’” Pages 49–64 in *The Future of Our Religious Past: Essays in Honor of Rudolf Bultmann*. Edited by J. Robinson. London: SCM, 1971.

———. “Zum Verständnis von Römer 3,24–26.” Pages 96–100 in vol. 1 of *Exegetische Versuche und Besinnungen*. 2 vols. Göttingen: Vandenhoeck & Ruprecht, 1960.

Kaye, B. N. “βαπτίζειν εἰς with Special Reference to Romans 6.” Pages 281–86 in *SE* VI. Edited by E. A. Livingstone. TU 112. Berlin: Akademie, 1973.

———. *The Thought Structure of Romans, with Special Reference to Chapter 6*. Austin, TX: Schola, 1979.

———. “‘To the Romans and Others’ Revisited.” *NovT* 18 (1976): 37–77.

Kaylor, R. D. *Paul’s Covenant Community: Jew and Gentile in Romans*. Atlanta: John Knox, 1988.

Kearns, C. “The Interpretation of Romans 6,7.” Pages 301–7 in vol. 1 of *SPCIC (1961)*. AnBib 17–18. Rome: Pontifical Biblical Institute Press, 1963.

Kearsley, R. A. “Women in Public Life in the Roman East: Iunia Theodora, Claudia Metrodora and Phoebe, Benefactress of Paul.” *TynBul* 50 (1999): 189–211.

Keck, L. E. “The Function of Rom 3,10–18: Observations and Suggestions.” Pages 141–57 in *God’s Christ and His People: Studies in Honor of Nils Alstrup Dahl*. Edited by J. Jervell and W. A. Meeks. Oslo: Universitetsforleget, 1977.

———. “‘Jesus’ in Romans.” *JBL* 108 (1989): 443–60.

———. “The Law and ‘the Law of Sin and Death’ (Rom 8:1–4): Reflections on the Spirit and Ethics in Paul.” Pages 41–57 in *The Divine Helmsman: Studies on God’s Control of Human Events, Presented to Lou H. Silberman*. Edited by J. L. Crenshaw and S. Sandmel. New York: Ktav, 1980.

———. "The Poor among the Saints in Jewish Christianity and Qumran." *ZNW* 57 (1966): 54–78.

———. "The Poor among the Saints in the New Testament." *ZNW* 56 (1965): 100–129.

Keener, C. S. *Acts: An Exegetical Commentary*. 4 vols. Grand Rapids: Baker, 2012–15.

———. *The Mind of the Spirit: Paul's Approach to Transformed Thinking*. Grand Rapids: Baker, 2016.

Keesmaat, S. C. "Exodus and the Intertextual Transformation of Tradition in Romans 8.14–30." *JSNT* 54 (1994): 29–56.

———. *Paul and His Story: (Re)Interpreting the Exodus Tradition*. JSNTSup 181. Sheffield: Sheffield Academic, 1999.

———. "Reading Romans in the Capital of the Empire." Pages 47–64 in *Reading Paul's Letter to the Romans*. Edited by J. L. Sumney. Atlanta: Society of Biblical Literature, 2012.

Keil, C. F. *The Twelve Minor Prophets*. 2 vols. Reprint. Grand Rapids: Eerdmans, 1973.

Keil, C. F., and F. Delitzsch. *The Pentateuch*. Reprint. Grand Rapids: Eerdmans, 1973.

Kertelge, K. "Exegetische Überlegungen zum Verständnis der paulinischen Anthropologie nach Römer 7." *ZNW* 62 (1971): 105–14.

———. *"Rechtfertigung" bei Paulus: Studien zur Struktur und zum Bedeutungsgehalt des paulinischen Rechtfertigungsbegriffs*. *NTA* 3. Münster: Aschendorff, 1967.

Kettunen, M. *Der Abfassungszweck des Römerbriefes*. AASF: Dissertationes Humanarum Litterarum 18. Helsinki: Suomalainen Tiedeakatemia, 1979.

Keuck, W. "Das 'geistliche Gesetz': Röm 7,14a in der Auslegung der griechischen Väter." Pages 215–35 in *Wort Gottes in der Zeit: Festschrift für K. H. Schelkle*. Edited by H. Feld and J. Nolte. Düsseldorf: Patmos, 1973.

Kevan, E. F. *The Grace of Law: A Study in Puritan Theology*. Reprint. Grand Rapids: Baker, 1976.

Khobnya, S. "'The Root' in Paul's Olive Tree Metaphor (Romans 11:16–24)." *TynBul* 64 (2013): 257–73.

Kilner, J. F. *Dignity and Destiny: Humanity in the Image of God*. Grand Rapids: Eerdmans, 2015.

Kim, C.-H. *Form and Structure of the Familiar Greek Letter of Recommendation*. SBLDS 4. Missoula, MT: Scholars Press, 1972.

Kim, D. "Reading Paul's καὶ οὕτως πᾶς Ἰσραὴλ σωθήσεται (Rom. 11:26a) in the Context of Romans." *CTJ* 45 (2010): 317–34.

Kim, J. D. *God, Israel, and the Gentiles: Rhetoric and Situation in Romans 9–11*. SBLDS 176. Atlanta: Society of Biblical Literature, 2000.

Kim, K.-S. *God Will Judge Each One according to Works: Judgment according to*

Works and Psalm 62 in Early Judaism and the New Testament. BZNW 178. Berlin: de Gruyter, 2011.

Kim, M. "Respect for Context and Authorial Intention: Setting the Epistemological Bar." Pages 115–29 in *Paul and Scripture: Extending the Conversation*. Edited by C. D. Stanley. ECL 9. Atlanta: Society of Biblical Literature, 2012.

Kim, S. *Christ and Caesar: The Gospel and the Roman Empire in the Writings of Paul and Luke*. Grand Rapids: Eerdmans, 2008.

———. "Jesus the Son of God as the Gospel (1 Thess 1:9–10 and Rom 1:3–4)." Pages 117–41 in *Earliest Christian History: History, Literature, and Theology. Essays from the Tyndale Fellowship in Honor of Martin Hengel*. Edited by M. F. Bird and J. Maston. Tübingen: Mohr Siebeck, 2002.

———. *The Origin of Paul's Gospel*. Grand Rapids: Eerdmans, 1982.

———. "Paul's Common Paraenesis (1 Thess. 4–5; Phil. 2–4; and Rom. 12–13): The Correspondence between Romans 1:18–32 and 12:1–2, and the Unity of Romans 12–13." *TynBul* 62 (2011): 109–39.

Kinoshita, J. "Romans—Two Writings Combined—A New Interpretation of the Body of Romans." *NovT* 7 (1964): 258–77.

Kirby, J. T. "The Syntax of Romans 5.12: A Rhetorical Approach." *NTS* 33 (1987): 283–86.

Kirk, J. R. D. "Appointed Son(s): An Exegetical Note on Romans 1:4 and 8:29." *BBR* 14 (2004): 241–42.

———. "Reconsidering *Dikaiōma* in Romans 5:16." *JBL* 126 (2007): 787–92.

———. *Unlocking Romans: Resurrection and the Justification of God*. Grand Rapids: Eerdmans, 2008.

———. "Why Does the Deliverer Come ἐκ Σιών (Romans 11.26)?" *JSNT* 33 (2010): 81–99.

Kirkpatrick, A. F. *The Book of the Psalms*. Grand Rapids: Baker, 1982.

Kiuchi, N. "Living like the Azazel-Goat in Romans 12:1b." *TynBul* 57 (2006): 251–61.

Klappert, B. "Traktat für Israel: Die paulinische Verhältnisbestimmung von Israel und Kirche als Kriterium neutestamentlicher Sachaussagen über die Juden." Pages 58–137 in *Jüdische Existenz und die Erneuerung der christlichen Theologie: Versuch der Bilanz des christlich-jüdischen Dialogs für die Systematiche Theologie*. Edited by M. Stöhr. Abhandlungen zum christlich-jüdischen Dialog 11. Munich: Kaiser, 1981.

Klassen, W. "Coals of Fire: Sign of Repentance or Revenge?" *NTS* 9 (1962–63): 337–50.

Klauck, H.-J. *Ancient Letters and the New Testament: A Guide to Context and Exegesis*. Waco, TX: Baylor University Press, 2006.

Klein, G. "Exegetische Probleme in Römer 3,21–4,25." Pages 170–79 in *Rekonstruktion und Interpretation: Gesammelte Aufsätze zum Neuen Testament*. BEvT 50. Munich: Kaiser, 1969.

———. "Heil und Geschichte nach Römer iv." *NTS* 13 (1966–67): 43–47.

———. "Paul's Purpose in Writing the Epistle to the Romans." Pages 29–43 in *The Romans Debate*. Edited by K. P. Donfried. Rev. and exp. ed. Peabody, MA: Hendrickson, 1991.

———. "Präliminarien zum Thema 'Paulus und die Juden.'" Pages 229–43 in *Rechtfertigung: Festschrift für Ernst Käsemann zum 70. Geburtstag*. Edited by J. Friedrich, W. Pöhlmann, and P. Stuhlmacher. Tübingen: Mohr (Siebeck); Göttingen: Vandenhoeck & Ruprecht, 1976.

———. "Righteousness in the NT." *IDBSup* 750–52.

———. "Römer 4 und die Idee des Heilsgeschichte." Pages 145–69 in *Rekonstruction und Interpretation: Gesammelte Aufsätze zum Neuen Testament*. BEvT 50. Munich: Kaiser, 1969.

———. "Sündenverständnis und theologica Crucis bei Paulus." Pages 249–82 in *Theologica Crucis—Signum Crucis (für Erich Dinkler zum 70 Geburtstag)*. Edited by C. Andressen and G. Klein. Tübingen: Mohr, 1979.

Klein, W. W. *The New Chosen People: A Corporate View of Election*. Grand Rapids: Zondervan, 1990.

———. "Paul's Use of *Kalein:* A Proposal." *JETS* 27 (1984): 53–64.

Kline, M. G. "Gospel until the Law: Rom 5:13–14 and the Old Covenant." *JETS* 34 (1991): 433–46.

Klostermann, E. "Die adäquate Vergeltung in Röm 1.22–31." *ZNW* 32 (1933): 1–6.

Knight, G. A. F. "Israel—A Theological Problem." *RTR* 17 (1958): 33–43.

Knox, J. *Chapters in a Life of Paul*. Nashville: Abingdon, 1950.

———. "Romans 15:14–33 and Paul's Conception of His Apostolic Mission." *JBL* 83 (1964): 1–11.

Koch, D.-A. *Die Schrift als Zeuge des Evangeliums: Untersuchungen zur Verwendung und zum Verständnis der Schrift bei Paulus*. BHT 69. Tübingen: Mohr, 1986.

———. "Der Text von Hab 2:4b in der Septuaginta und im Neuen Testament." *ZNW* 76 (1985): 68–85.

Koch-Mehrin, J. "Die Stellung des Christen zum Staat nach Röm. 13 und Apok. 13." *EvT* 11 (1948): 378–401.

Kolb, R. "The Lutheran Doctrine of Original Sin." Pages 109–27 in *Adam, the Fall, and Original Sin: Theological, Biblical, and Scientific Perspectives*. Edited by H. Madueme and M. Reeves. Grand Rapids: Baker Academic, 2014.

———. "Philipp Melanchthon's Reading of Romans." Pages 73–96 in *Reformation Readings of Paul: Explorations in History and Exegesis*. Edited by M. Allen and J. A. Linebaugh. Downers Grove, IL: InterVarsity Press, 2015.

Kölichen, J.-C. von. "Die Zitate aus Moselied Deut. 32 im Römerbrief des Paulus." *Theologische Versuche* 5 (1975): 53–69.

Kosnetter, J. "Röm 13,1–7: Zeitbedingte Vorsichtsmassregel oder grundsätzliche

Einstellung?" Pages 347–55 in vol. 1 of *SPCIC (1961)*. AnBib 17–18. Rome: Pontifical Biblical Institute Press, 1963.

Kotansky, R. D. "A Note on Romans 9:6: *Ho Logos tou Theou* as the Proclamation of the Gospel." *StBibTh* 7 (1977): 24–30.

Kramer, W. *Christ, Lord, Son of God*. SBT 1/50. London: SCM, 1966.

Kraus, W. "Der Erweis der Gerechtigkeit Gottes im Tod Jesu nach Röm 3,21–26." Pages 192–216 in *Judaistik und neutestamentliche Wissenschaft*. Edited by L. Doering, H.-G. Waubke, and F. Wilk. Göttingen: Vandenhoeck & Ruprecht, 2008.

———. *Der Tod Jesu als Heiligtumsweihe: Eine Untersuchung zum Umfeld der Sühnevorstellung in Römer 3,25–26a*. WMANT 66. Neukirchen-Vluyn: Neukirchener Verlag, 1991.

Krauter, S. "Eva in Röm 7." *ZNW* 99 (2008): 1–17.

———. *Studien zu Röm 13,1–7: Paulus und der politische Diskurs der neronischen Zeit*. WUNT 243. Tübingen: Mohr Siebeck, 2009.

Kremer, J. "'Denn der Buchstabe tötet, der Geist aber macht lebendig': Methodologische und hermeneutische Erwägungen zu 2 Kor 3,6b." Pages 220–29 in *Begegnung mit dem Wort: Festschrift für Heinrich Zimmermann*. Edited by J. Zmijewski and E. Nellessen. Bonn: Peter Hanstein, 1980.

Kretsmann, P. E. "Zu Röm. 16, 17f." *CTM* 4 (1933): 413–24.

Kreuzer, S. "'Der den Gottlosen rechtfertigt' (Röm 4,5): Die frühjüdische Einordnung von Gen 15 als Hintergrund für das Abrahambild und die Rechtfertigungslehre des Paulus." *TBei* 33 (2002): 208–19.

Kruger, M. A. "*Tina Karpon*, 'Some Fruit' in Romans 1:13." *WTJ* 49 (1987): 167–73.

Krujf, T. C. de. "The Perspective of Romans 7." Pages 127–41 in vol. 2 of *Miscellanea Neotestamentica*. Edited by T. Baarda, A. J. F. Klijn, and W. C. van Unnik. NovTSup 48. Leiden: Brill, 1978.

Kuhn, H. W., and A. Köster. "Die Bedeutung der Qumrantexte für das Verständnis des Galaterbriefes aus dem Münchener Projekt: Qumran und das Neue Testament." Pages 169–221 in *New Qumran Texts and Studies*. Edited by G. J. Brooke with F. García Martínez. Leiden: Brill, 1994.

Kuhn, K. G. "New Light on Temptation, Sin and Flesh in the New Testament." Pages 94–113 in *The Scrolls and the New Testament*. Edited by K. Stendahl. New York: Harper & Row, 1957.

———. "Rm 6,7." *ZNW* 30 (1931): 305–10.

Kuhr, F. "Römer 2, 14f. und die Verheissung bei Jeremia 31, 31ff." *ZNW* 55 (1964): 243–61.

Kümmel, W. G. *Introduction to the New Testament*. London: SCM, 1975.

———. "πάρεσις und ἔνδειξις: Ein Beitrag zum Verständnis der paulinischen Rechtfertigungslehre." *ZTK* 49 (1952): 154–67.

———."Die Probleme von Römer 9–11 in der gegenwärtigen Forschungslage." Pages 13–56 in *Die Israelfrage nach Röm 9–11*. Edited by L. De Lorenzi. SM-

Ben: Biblical-Ecumenical Section 3. Rome: Abbey of St. Paul Outside the Walls, 1977.

———. *Römer 7 und die Bekehrung des Paulus*. UNT 17. Leipzig: Hinrichs, 1929.

Kundert, L. "Christus als Inkorporation der Tora: τέλος γὰρ νόμου Χριστός: Röm 10,4 vor dem Hintergrund einer erstaunlichen rabbinischen Argumentation." *TZ* 55 (1999): 76–89.

Küng, H. *Justification: The Doctrine of Karl Barth and a Catholic Reflection*. Philadelphia: Westminster, 1964.

Kürzinger, J. "συμμόρφους τῆς εἰκόνος τοῦ υἱοῦ αὐτοῦ (Röm 8,29)." *BZ* 2 (1958): 294–99.

———. "ΤΥΠΟΣ ΔΙΔΑΧΗΣ und der Sinn von Röm 6,17f." *Bib* 39 (1958): 156–76.

Kuss, O. "Zu Römer 9,5." Pages 291–303 in *Rechtfertigung: Festschrift für Ernst Käsemann zum 70. Geburtstag*. Edited by J. Friedrich, W. Pöhlmann, and P. Stuhlmacher. Tübingen: Mohr Siebeck, 1976.

Kuyper, L. J. "The Hardening of Heart according to Biblical Perspective." *SJT* 27 (1974): 459–74.

Kyrychenko, A. "The Consistency of Romans 9–11." *RestQ* 45 (2003): 215–27.

Laato, T. "Paul's Anthropological Considerations: Two Problems." Pages 343–59 in *The Paradoxes of Paul*. Edited by D. A. Carson, P. T. O'Brien, and M. A. Seifrid. Vol. 2 of *Justification and Variegated Nomism*. Grand Rapids: Baker Academic, 2004.

———. *Paulus und das Judentum: Anthropologische Erwägungen*. Åbo: Åbo Academy, 1991.

Lackmann, M. *Vom Geheimnis der Schöpfung: Die Geschichte der Exegese von Römer I,18–23, II,14–16 und Acta XIV,15–17, XVII,22–29 vom 2. Jahrhundert bis zum Beginn der Orthodoxie*. Stuttgart: Evangelisches Verlagswerk, 1952.

Ladd, G. E. *A Theology of the New Testament*. Edited by D. A. Hagner. Rev. ed. Grand Rapids: Eerdmans, 1993.

Lafont, F. G. "Sur l'interprétation de Romains V, 15–21." *RSR* 45 (1957): 481–513.

Lake, K. *The Earlier Epistles of St. Paul*. London: Rivington, 1919.

Lambrecht, J. "The Caesura between Romans 9.30–33 and 10.1–4." *NTS* 45 (1999): 141–47.

———. "Grammar and Reasoning in Romans 7,12 and 7,13–14." *ETL* 80 (2004): 470–74.

———. "The Implied Exhortation in Romans 8:5–8." *Greg* 81 (2000): 441–51.

———. "The Line of Thought in Romans 7,15–20." *Bib* 85 (2004): 393–98.

———. "Man before and without Christ: Romans 7 and Pauline Anthropology." *LS* 5 (1974): 18–33.

———. "Paul's Logic in Romans 3:29–30." *JBL* 119 (2000): 526–28.

———. "Romans 4: A Critique of N. T. Wright." *JSNT* 36 (2013): 189–94.

———. "Why Is Boasting Excluded? A Note on Romans 3:27 and 4:2." *ETL* 61 (1985): 365–69.

———. *The Wretched "I" and Its Liberation: Paul in Romans 7 and 8*. Louvain Theological and Pastoral Monographs 14. Grand Rapids: Eerdmans, 1992.

Lambrecht, J., and R. W. Thompson. *Justification by Faith: The Implications of Romans 3:27–31*. Zacchaeus Studies: New Testament. Wilmington, DE: Glazier, 1989.

Lamoureux, D. S. "No Historical Adam: Evolutionary Creation View." Pages 37–65 in *Four Views on the Historical Adam*. Edited by M. Barrett and A. Caneday. Grand Rapids: Zondervan, 2013.

Lamp, J. S. "Paul, the Law, Jews, and Gentiles: A Contextual and Exegetical Reading of Romans 2:12–16." *JETS* 42 (1999): 37–51.

Lampe, G. W. H. "The New Testament Doctrine of *Ktisis*." *SJT* 17 (1964): 449–62.

———, ed. *Patristic Greek Lexicon*. Oxford: Clarendon, 1961.

Lampe, P. *From Paul to Valentinus: Christians at Rome in the First Two Centuries*. Minneapolis: Fortress, 2003.

———. "Iunia/Iunias: Sklavenherkunft im Kreise der vorpaulinischen Apostel (Röm 16,7)." *ZNW* 76 (1985): 132–34.

———. "The Roman Christians of Romans 16." Pages 216–30 in *The Romans Debate*. Edited by K. P. Donfried. Rev. and exp. ed. Peabody, MA: Hendrickson, 1991.

Langevin, P.-É. "Le baptême dans la mort-résurrection: Exégèsis de Rm 6, 1–5." *ScEccl* 17 (1965): 29–65.

———. "Une confession prépaulinienne de la 'Seigneurie' du Christ: Exégèse de Romains 1, 3–4." Pages 277–327 in *Le Christ hier, aujourd'hui, et demain*. Edited by R. Laflamme and M. Gervais. Quebec: Presses de l'Université Laval, 1976.

———. "Quel est le 'Fils de Dieu' de Romains 1,3–4?" *ScEs* 29 (1977): 145–77.

———. "Sur la christologie de Romains 10,1–13." *LTP* 35 (1979): 35–54.

Lapide, P., and P. Stuhlmacher. *Paul: Rabbi and Apostle*. Minneapolis: Augsburg, 1984.

La Potterie, I. de. "Le chrétien conduit par l'esprit dans son cheminement eschatologique (Rom 8,14)." Pages 209–78 in *The Law of the Spirit in Rom 7 and 8*. Edited by L. De Lorenzi. SMBen: Biblical-Ecumenical Section 1. Rome: St. Paul's Abbey, 1976.

LaRondelle, H. K. *The Israel of God in Prophecy: Principles of Prophetic Interpretation*. Berrien Springs, MI: Andrews University Press, 1983.

Lategan, B. C. "Reception: Theory and Practice in Reading Romans 13." Pages 145–69 in *Text and Interpretation: New Approaches in the Criticism of the New Testament*. Edited by P. J. Hartin and J. H. Petzer. NTTS 15. Leiden: Brill, 1991.

Laub, F. "Der Christ und die staatliche Gewalt: Zum Verständnis der 'politischen' Paränese Röm 13,1–7 in der gegenwärtigen Diskussion." *MTZ* 30 (1979): 257–65.

Le Déaut, R. "La présentation targumique du sacrifice d'Isaac et la soteriologie paulinienne." Pages 563–74 in vol. 2 of *SPCIC (1961)*. AnBib 17–18. Rome: Pontifical Biblical Institute Press, 1963.

Lee, J. H. *Paul's Gospel in Romans: A Discourse Analysis of Rom 1:16–8:39*. Linguistic Biblical Studies 3. Leiden: Brill, 2010.

Légasse, S. *L'épitre de Paul aux Romains*. LD 10. Paris: Cerf, 2002.

———. "Vengeance humaine et vengeance divine en Romains 12,14–21." Pages 281–91 in *La vie de la Parole: De l'Ancien au Nouveau Testament: Études d'exégèse et d'herméneutique bibliques offertes à Pierre Grelot*. Edited by Departement des études bibliques de l'Institut catholique de Paris. Paris: Desclée, 1987.

Legrand, L. "Rm 1.11–15 (17): *Proemium* ou *Propositio*?" *NTS* 49 (2003): 566–72.

Leivestad, R. "Rom 5,7." *NTT* 57 (1956): 245–48.

———. "ΤΑΠΕΙΝΟΣ—ΤΑΠΕΙΝΟΦΡΩΝ." *NovT* 8 (1966): 36–47.

Lengsfeld, P. *Adam et le Christ*. Théologie 71. Paris: Aubier, 1970.

Leon, H. J. *The Jews of Ancient Rome*. Philadelphia: Jewish Publication Society, 1960.

Letham, R. *Union with Christ in Scripture, History, and Theology*. Phillipsburg, NJ: Presbyterian & Reformed, 2011.

Leupold, H. C. *Exposition of Genesis*. Grand Rapids: Baker, 1942.

Levering, M. *Paul in the Summa Theologiae*. Washington, DC: Catholic University of America Press, 2014.

———. *Predestination: Biblical and Theological Paths*. Oxford: Oxford University Press, 2011.

Levering, M., and M. Dauphinais, eds. *Reading Romans with St. Thomas Aquinas*. Washington, DC: Catholic University of America Press, 2012.

Levine, B. A. *Leviticus*. JPS Torah Commentary. Philadelphia: Jewish Publication Society, 1989.

Levinsohn, S. H. *Discourse Features of New Testament Greek*. 2d ed. Dallas: SIL International, 2000.

Levison, J. R. "Adam and Eve in Romans 1.18–25 and the Greek *Life of Adam and Eve*." *NTS* 50 (2004): 519–34.

———. "Is Eve to Blame? A Contextual Analysis of Sirach 25:24." *CBQ* 47 (1985): 617–23.

Levy, I. C., P. D. W. Krey, and T. Ryan, eds. *The Letter to the Romans*. Bible in Medieval Tradition. Grand Rapids: Eerdmans, 2013.

Lewis, C. S. *The Lion, the Witch and the Wardrobe*. New York: Macmillan, 1950.

Lichtenberger, H. *Das Ich Adams und das Ich der Menschheit: Studien zum Menschenbild in Römer 7*. WUNT 164. Tübingen: Mohr Siebeck, 2004.

Liebers, R. *Das Gesetz als Evangelium: Untersuchungen zur Gesetzeskritik des Paulus*. ATANT 75. Zurich: Theologischer Verlag, 1989.

Lightfoot, J. B. *The Epistle of St. Paul to the Galatians*. Reprint. Grand Rapids: Zondervan, n.d.

———. *Saint Paul's Epistles to the Colossians and to Philemon*. Reprint. Grand Rapids: Zondervan, 1959.

———. *St. Paul's Epistle to the Philippians*. London: Macmillan, 1888.

———. "The Structure and Destination of the Epistle to the Romans." Pages 285–374 in *Biblical Essays*. London: Macmillan, 1893.

Likeng, P. B. "La paternité d'Abraham selon Rom. 4,1–25." *Revue africaine de théologie* 4 (1980): 153–86.

Lincicum, D. *Paul and the Early Jewish Encounter with Deuteronomy*. WUNT 2/284. Tübingen: Mohr Siebeck, 2010.

Lincoln, A. T. "From Wrath to Justification: Tradition, Gospel, and Audience in the Theology of Romans 1:18–4:25." Pages 130–59 in *Romans*. Vol. 3 of *Pauline Theology*. Edited by D. M. Hay and E. E. Johnson. Minneapolis: Fortress, 1995.

Lindars, B. *New Testament Apologetic: The Doctrinal Significance of the Old Testament Quotations*. London: SCM, 1961.

———. "The Old Testament and Universalism in Paul." *BJRL* 69 (1987): 511–27.

———. "Paul and the Law in Romans 5–8: An Actantial Analysis." Pages 126–40 in *Law and Religion: Essays on the Place of the Law in Israel and Early Christianity*. Edited by B. Lindars. Cambridge: James Clarke, 1988.

Lindemann, A. "Die biblischen Toragebote und die paulinische Ethik." Pages 242–65 in *Studien zum Text und zur Ethik des Neuen Testaments: Festschrift zum 80. Geburtstag von Heinrich Greeven*. Edited by W. Schrage. BZNW 47. Berlin: de Gruyter, 1986.

———. "Die Gerechtigkeit aus dem Gesetz: Erwägungen zur Auslegung und zur Textgeschichte von Römer 10^5." *ZNW* 73 (1982): 231–50.

Lindsay, D. R. *Josephus and Faith: Pistis and Pisteuein as Faith Terminology in the Writings of Flavius Josephus and in the New Testament*. AGJU 19. Leiden: Brill, 1993.

———. "Works of Law, Hearing of Faith and πίστις Χριστοῦ in Galatians 2:16–3:5." *Stone-Campbell Journal* 3 (2000): 79–88.

Lindström, H. *Wesley and Sanctification: A Study in the Doctrine of Salvation*. Wilmore, KY: Asbury, 1981.

Linebaugh, J. A. "Announcing the Human: Rethinking the Relationship between Wisdom of Solomon 13–15 and Romans 1.18–2.11." *NTS* 57 (2011): 214–37.

———. *God, Grace, and Righteousness in Wisdom of Solomon and Paul's Letter to the Romans: Texts in Conversation*. NovTSup 152. Leiden: Brill, 2013.

Little, J. A. "Paul's Use of Analogy: A Structural Analysis of Romans 7:1–6." *CBQ* 46 (1984): 82–90.

Livermore, P. W. "The Setting and Argument of Romans 1:18–3:20: The Empirical Verification of the Power of Sin." PhD diss., Princeton Theological Seminary, 1978.

Ljungvik, H. "Zum Römerbrief 3:7–8." *ZNW* 32 (1933): 207–10.

Loane, M. L. *The Hope of Glory: An Exposition of the Eighth Chapter in the Epistle to the Romans*. London: Hodder & Stoughton, 1968.

Locher, G. W. "The Characteristic Features of Zwingli's Theology in Comparison with Luther and Calvin." Pages 142–232 in *Zwingli's Thought: New Perspectives*. Studies in the History of Christian Thought 25. Leiden: Brill, 1981.

Lodahl, M. E. "Arguing 'According to the Scriptures': A Path toward Christian Affirmation of God's People Israel." *QR* 20 (2000): 265–80.

Lodge, J. G. *Romans 9–11: A Reader-Response Analysis*. University of South Florida International Studies in Formative Christianity and Judaism 6. Atlanta: Scholars Press, 1996.

Lohmeyer, E. "Gesetzeswerke." Pages 31–74 in *Probleme paulinischer Theologie*. Darmstadt: Wissenschaftliche Buchgemeinschaft, 1954.

———. "Probleme paulinischer Theologie I: Briefliche Grussüberschriften." *ZNW* 26 (1927): 158–73.

Lohse, E. "Christus, des Gesetzes Ende? Die Theologie des Apostels Paulus in kritischer Perspektive." *ZNW* 99 (2008): 18–32.

———. "Das Evangelium für Juden und Griechen: Erwägungen zur Theologie des Römerbriefes." *ZNW* 92 (2001): 168–84.

———. "Die Gerechtigkeit Gottes in der paulinischen Theologie." Pages 7–35 in *Battesimo e Giustizia in Rom 6 e 8*. Edited by L. De Lorenzi. SMBen: Biblical-Ecumenical Section 2. Rome: Abbey of St. Paul Outside the Walls, 1974.

———. *Märtyrer und Gottesknecht: Untersuchungen zur urchristlichen Verkündigung vom Sühntod Jesu Christi*. FRLANT 46. Göttingen: Vandenhoeck & Ruprecht, 1963.

———. "ὁ νόμος τοῦ πνεύματος τῆς ζωῆς: Exegetische Anmerkungen zu Röm 8.2." Pages 279–87 in *Neues Testament und christliche Existenz: Festschrift für Herbert Braun zum 70. Geburtstag am 4. Mai 1973*. Edited by H. D. Betz and L. Schottroff. Tübingen: Mohr, 1973.

———. "'Wir richten das Gesetz auf!' Glaube und Thora im Römerbrief." Pages 65–71 in *Treue zur Thora: Beiträge zur Mitte des christlich-jüdischen Gesprächs*. Edited by P. von der Osten-Sacken. Berlin: Institute Kirche und Judentum, 1977.

Lombard, H. A. "The Adam-Christ 'Typology' in Romans 5:12–21." *Neot* 15 (1981): 69–100.

Longenecker, B. W. "Different Answers to Different Issues: Israel, the Gentiles and Salvation History in Romans 9–11." *JSNT* 36 (1989): 95–123.

———. *Eschatology and the Covenant: A Comparison of 4 Ezra and Romans 1–11*. JSNTSup 57. Sheffield: Sheffield Academic, 1991.

———. "On Israel's God and God's Israel: Assessing Supercessionism in Paul." *JTS* 58 (2007): 26–44.

———. *Remember the Poor: Paul, Poverty and the Greco-Roman World*. Grand Rapids: Eerdmans, 2010.

———. *Rhetoric at the Boundaries: The Art and Theology of the New Testament Chain-Link Transitions*. Waco, TX: Baylor University Press, 2005.

Longenecker, R. N. "Ancient Amanuenses and the Pauline Epistles." Pages 281–97 in *New Dimensions in New Testament Study*. Edited by R. N. Longenecker and M. C. Tenney. Grand Rapids: Zondervan, 1974.

———. *Biblical Exegesis in the Apostolic Period*. Rev. ed. Grand Rapids: Eerdmans, 1999.

———. "'Faith of Abraham' Theme in Paul, James and Hebrews: A Study in the Circumstantial Nature of New Testament Teaching." *JETS* 20 (1977): 203–12.

———. "The Focus of Romans: The Central Role of 5:1–8:39 in the Argument of the Letter." Pages 49–69 in *Romans and the People of God: Essays in Honor of Gordon D. Fee on the Occasion of His 65th Birthday*. Edited by S. Soderlund and N. T. Wright. Grand Rapids: Eerdmans, 1999.

———. *Galatians*. WBC. Waco, TX: Word, 1990.

———. *Introducing Romans: Critical Issues in Paul's Most Famous Letter*. Grand Rapids: Eerdmans, 2011.

———. "The Obedience of Christ in the Theology of the Early Church." Pages 142–52 in *Reconciliation and Hope: New Testament Essays on Atonement and Eschatology Presented to L. L. Morris on His 60th Birthday*. Edited by R. Banks. Grand Rapids: Eerdmans, 1974.

———. "On the Form, Function, and Authority of the New Testament Letters." Pages 101–14 in *Scripture and Truth*. Edited by D. A. Carson and J. D. Woodbridge. Grand Rapids: Zondervan, 1983.

———. *Paul, Apostle of Liberty*. 1964. Reprint. Grand Rapids: Eerdmans, 2015.

Lorenzi, L. De, ed. *Battesimo e Giustizia in Rom 6 e 8*. Colloquium Oecumenicum Paulinum 2. Rome: Abbey of St. Paul Outside the Walls, 1974.

———, ed. *Die Israelfrage nach Röm 9–11*. SMBen: Biblical-Ecumenical Section 3. Rome: Abbey of St. Paul Outside the Walls, 1977.

Lorimer, W. L. "Romans IX. 3–5." *NTS* 13 (1966–67): 385–86.

Losada, D. A. "La cuestión de Israel en Rom. 9–11." *RevistB* 43 (1981): 65–80.

Louw, J. "On Greek Prohibitions." *Acta Classica* 2 (1959): 43–57.

Lövestam, E. *Spiritual Wakefulness in the New Testament*. LUÅ 55.3. Lund: Gleerup, 1963.

Lowther, J. R. "Paul's Use of Deuteronomy 30:11–14 in Romans 10:5–8 as a 'Locus Primus' on Paul's Understanding of the Law in Romans." PhD diss., Southwestern Baptist Theological Seminary, 2001.

Lübking, H.-M. *Paulus und Israel im Römerbrief: Eine Untersuchung zu Röm 9–11*. EHS 23.260. New York: Lang, 1986.

Lucas, A. J. *Evocations of the Calf? Romans 1:18–2:11 and the Substructure of Psalm 106 (105)*. BZNW 201. Berlin: de Gruyter, 2015.

———. "Reorienting the Structural Paradigm and Social Significance of Romans 1:18–32." *JBL* 131 (2012): 121–41.

Lüdemann, H. *Die Anthropologie des Apostels Paulus und ihre Stellung innerhalb seiner Heilslehre*. Kiel: Universitäts-Buchhandlung, 1872.

Luedemann, G. *Paul, Apostle to the Gentiles: Studies in Chronology*. Philadelphia: Fortress, 1984.

Lührmann, D. *Das Offenbarungsverständnis bei Paulus und in paulinischen Gemeinden*. WMANT 16. Neukirchen-Vluyn: Neukirchener Verlag, 1965.

Luraghi, S. *On the Meaning of Prepositions and Cases: The Expression of Semantic Roles in Ancient Greek*. Studies in Language Companion Series. Amsterdam: John Benjamin, 2003.

Luther, Martin. "Preface to the Epistle to the Romans (1522)." Pages 447–62 in vol. 6 of *Works of Martin Luther with Introductions and Notes*. Philadelphia: Muhlenberg, 1932.

Luz, U. *Das Geschichtsverständnis des Paulus*. Munich: Kaiser, 1968.

———. "Zum Aufbau von Röm. 1–8." *TZ* 25 (1969): 161–81.

Lyall, F. "Roman Law in the Writings of Paul—Adoption." *JBL* 88 (1969): 458–66.

———. *Slaves, Citizens, Sons: Legal Metaphors in the Epistles*. Grand Rapids: Zondervan, 1984.

Lyonnet, S. "La charité plénitude de la loi (Rm 13,8–10)." Pages 151–78 in *Dimensions de la vie chrétienne (Rm 12–13)*. Edited by L. De Lorenzi. SMBen: Biblical-Ecumenical Section 4. Rome: Abbey of St. Paul Outside the Walls, 1979.

———. *Les étapes de l'histoire du salut selon l'Épître aux Romains*. Bibliothèque Oecumenique 8. Paris: Cerf, 1969.

———. "L'histoire du salut selon le chapitre vii de l'épître aux Romains." *Bib* 43 (1962): 117–51.

———. "Le Nouveau Testament à lumière de l'Ancien: A propos de Rom 8,2–4." *NRT* 87 (1965): 582–84.

———. "Saint Paul et l'exégèse juive de son temps: À propos de Romains 10:6–8." Pages 496–501 in *Mélanges bibliques rédigés en l'honneur de André Robert*. Paris: Bloud & Gay, 1957.

———. "Le sens de ἐφ' ᾧ en Rom 5,12 et l'exégèse des pères grecs." *Bib* 36 (1955): 436–56.

———. "'Tu ne convoiteras pas' (Rom. 7.7)." Pages 157–65 in *Neotestamentica et Patristica: Eine Freundesgabe, Herrn Professor Dr. Oscar Cullmann zu seinem 60. Geburtstag überreicht*. Edited by W. C. van Unnik. NovTSup 6. Leiden: Brill, 1962.

Macaskill, G. *Union with Christ in the New Testament*. Oxford: Oxford University Press, 2013.

MacGregor, G. H. C. "The Concept of the Wrath of God in the New Testament." *NTS* 7 (1960/61): 101–9.

Macleod, D. "Original Sin in Reformed Theology." Pages 129–46 in *Adam, the Fall, and Original Sin: Theological, Biblical, and Scientific Perspectives*. Edited by H. Madueme and M. Reeves. Grand Rapids: Baker Academic, 2014.

MacRae, A. "Paul's Use of Isaiah 65:1." Pages 369–76 in *The Law and the Prophets: Old Testament Studies Prepared in Honor of Oswald Thompson Allis*. Edited by J. H. Skilton. Philadelphia: Presbyterian & Reformed, 1974.

MacRae, G. "A Note on Romans 8:26–27." *HTR* 73 (1980): 227–30.

Madueme, H., and M. Reeves, eds. *Adam, the Fall, and Original Sin: Theological, Biblical, and Scientific Perspectives*. Grand Rapids: Baker Academic, 2014.

MaGee, G. S. "Paul's Gospel, the Law, and God's Universal Reign in Romans 3:31." *JETS* 57 (2014): 341–50.

Maier, F. W. *Israel in der Heilsgeschichte nach Röm. 9–11*. Biblische Zeitfragen 12.11/12. Münster: Aschendorff, 1929.

Maier, G. *Mensch und freier Wille nach den jüdischen Religionsparteien zwischen Ben Sira und Paulus*. WUNT 12. Tübingen: Mohr (Siebeck), 1971.

Malan, F. S. "Bound to Do Right." *Neot* 15 (1981): 118–38.

Malherbe, A. J. "ΜΗ ΓΕΝΟΙΤΟ in the Diatribe and Paul." *HTR* 73 (1980): 231–40.

Manson, T. W. "ΙΛΑΣΤΗΡΙΟΝ." *JTS* 46 (1945): 1–10.

———. "St. Paul's Letter to the Romans—and Others." Pages 3–15 in *The Romans Debate*. Edited by K. P. Donfried. Rev. and exp. ed. Peabody, MA: Hendrickson, 1991.

Manson, W. "Notes on the Argument of Romans (Chapters 1–8)." Pages 150–64 in *New Testament Essays: Studies in Memory of Thomas Walter Manson (1893–1958)*. Edited by A. J. B. Higgins. Manchester: Manchester University Press, 1959.

Mantey, J. R. "The Causal Use of *EIS* in the New Testament." *JBL* 70 (1951): 45–48.

Marcus, J. "The Circumcision and the Uncircumcision in Rome." *NTS* 35 (1989): 67–81.

Marshall, B. D. "*Beatus Vir*: Aquinas, Romans 4, and the Role of 'Reckoning' in Justification." Pages 216–37 in *Reading Romans with St. Thomas Aquinas*. Edited by M. Levering and M. Dauphinais. Washington, DC: Catholic University of America Press, 2012.

Marshall, I. H. *Aspects of the Atonement: Cross and Resurrection in the Reconciling of God and Humanity*. London: Paternoster, 2007.

———. "The Development of the Concept of Redemption in the New Testament." Pages 153–72 in *Reconciliation and Hope: New Testament Essays on Atonement and Eschatology Presented to L. L. Morris on His 60th Birthday*. Edited by R. Banks. Grand Rapids: Eerdmans, 1974.

———. "Is Apocalyptic the Mother of Christian Theology?" Pages 33–42 in *Tradition and Interpretation in the New Testament: Essays in Honor of E. Earle Ellis for His 60th Birthday*. Edited by G. F. Hawthorne and O. Betz. Grand Rapids: Eerdmans, 1987.

———. *Kept by the Power of God: A Study of Perseverance and Falling Away*. Minneapolis: Bethany, 1969.

———. *The Origins of New Testament Christology*. Downers Grove, IL: InterVarsity Press, 1976.

———. "Romans 16:25–27: An Apt Conclusion." Pages 170–84 in *Romans and the People of God: Essays in Honor of Gordon D. Fee on the Occasion of His 65th Birthday*. Edited by S. Soderlund and N. T. Wright. Grand Rapids: Eerdmans, 1999.

———. "Salvation, Grace and Works in the Later Writings of the Pauline Corpus." *NTS* 42 (1996): 339–58.

Martens, J. W. "Burning Questions in Romans 12:20: What Is the Meaning and Purpose of 'Coals of Fire'?" *CBQ* 76 (2014): 291–305.

Martin, B. L. *Christ and the Law in Paul*. NovTSup 62. Leiden: Brill, 1989.

———. "Some Reflections on the Identity of ἐγώ in Rom. 7:14–25." *SJT* 34 (1981): 39–47.

Martin, R. P. *New Testament Foundations: A Guide for Christian Students*. 2 vols. Grand Rapids: Eerdmans, 1978.

———. *Reconciliation: A Study of Paul's Theology*. Atlanta: John Knox, 1981.

———. "Reconciliation: Romans 5:1–11." Pages 36–48 in *Romans and the People of God: Essays in Honor of Gordon D. Fee on the Occasion of His 65th Birthday*. Edited by S. Soderlund and N. T. Wright. Grand Rapids: Eerdmans, 1999.

Martin, T. F. *Rhetoric and Exegesis in Augustine's Interpretation of Romans 7:24–25a*. Lewiston, NY: Mellen, 2001.

Martin, T. W. "*The Good* as God (Romans 5.7)." *JSNT* 25 (2002): 55–70.

Martin, W. C. "The Bible and Natural Law." *RestQ* 17 (1974): 193–221.

Martyn, J. L. "*Nomos* Plus Genitive Noun in Paul: The History of God's Law." Pages 575–87 in *Early Christianity and Classical Culture: Comparative Studies in Honor of Abraham J. Malherbe*. Edited by J. T. Fitzgerald, T. H. Olbricht, and L. M. White. Leiden: Brill, 2003.

Marxsen, W. "Der ἕτερος νόμος Röm. 13,8." *TZ* 11 (1955): 230–37.

———. *Introduction to the New Testament*. Philadelphia: Fortress, 1968.

Mason, S. "Jews, Judaeans, Judaizing, Judaism: Problems of Categorization in Ancient History." *JSJ* 38 (2007): 457–512.

Massinelli, G. "Christ and the Law in Romans 10:4." *CBQ* 77 (2015): 707–26.

Maston, J. *Divine and Human Agency in Second Temple Judaism and Paul: A Comparative Study*. WUNT 2/297. Tübingen: Mohr Siebeck, 2010.

Mathew, S. *Women in the Greetings of Romans 16.1–16: A Study of Mutuality and*

Women's Ministry in the Letter to the Romans. LNTS 471. London: Bloomsbury T&T Clark, 2013.

Matlock, R. B. "Detheologizing the πίστις Χριστοῦ Debate: Cautionary Remarks from a Lexical Semantic Perspective." *NovT* 42 (2000): 1–23.

———. "Πίστις in Galatians 3.26: Neglected Evidence for 'Faith in Christ'?" *NTS* 49 (2003): 433–49.

———. "The Rhetoric of *Pistis* in Paul: Galatians 2.16, 3.22, Romans 3.22, and Philippians 3.9." *JSNT* 30 (2007): 173–203.

———. "Saving Faith: The Rhetoric and Semantics of πίστις in Paul." Pages 73–90 in *The Faith of Jesus Christ: Exegetical, Biblical, and Theological Studies*. Edited by M. Bird and P. M. Sprinkle. Peabody, MA: Hendrickson, 2009.

———. *Unveiling the Apocalyptic Paul: Paul's Interpreters and the Rhetoric of Criticism*. JSNTSup 127. Sheffield: Sheffield Academic, 1996.

Mattern, L. *Das Verständnis des Gerichtes bei Paulus*. ATANT 47. Zurich: Zwingli, 1966.

Mayer, B. *Unter Gottes Heilsratschluss: Prädestinationsaussagen bei Paulus*. FB 15. Würzburg: Echter, 1974.

Mayer, G. "Aspekte des Abrahambildes in der hellenistisch-jüdischen Literatur." *EvT* 32 (1972): 118–27.

McCall, T. H. "'But a Heathen Still': The Doctrine of Original Sin in Wesleyan Theology." Pages 147–66 in *Adam, the Fall, and Original Sin: Theological, Biblical, and Scientific Perspectives*. Edited by H. Madueme and M. Reeves. Grand Rapids: Baker Academic, 2014.

McComiskey, T. *The Covenants of Promise*. Grand Rapids: Baker, 1985.

McConville, J. G. *Deuteronomy*. ApOTC 5. Downers Grove, IL: InterVarsity Press, 2002.

———. *Grace in the End: A Study in Deuteronomic Theology*. Grand Rapids: Zondervan, 1993.

McCruden, K. B. "Judgment and Life for the Lord: Occasion and Theology of Romans 14,1–15,13." *Bib* 86 (2005): 229–44.

McCue, J. F. "Augustine and the Strange Career of Romans 9:10–29." Pages 169–82 in *For a Later Generation: The Transformation of Tradition in Israel, Early Judaism, and Early Christianity*. Edited by R. A. Argall, B. A. Bow, and R. A. Werkine. Harrisburg, PA: Trinity Press International, 2000.

McDermott, G. R., and H. A. Netland. *A Trinitarian Theology of Religions: An Evangelical Proposal*. Oxford: Oxford University Press, 2014.

McDonald, G. *The Evangelical Universalist*. Eugene, OR: Cascade, 2006.

McDonald, J. I. H. *Kerygma and Didache: The Articulation and Structure of the Earliest Christian Message*. SNTSMS 37. Cambridge: Cambridge University Press, 1979.

———. "Was Romans XVI a Separate Letter?" *NTS* 16 (1969/70): 369–72.

McDonald, L. M., and S. E. Porter. *Early Christianity and Its Sacred Literature*. Peabody, MA: Hendrickson, 2000.

McDonald, P. M. "Romans 5.1–11 as a Rhetorical Bridge." *JSNT* 40 (1990): 81–96.

McFadden, K. W. "The Fulfillment of the Law's *Dikaiōma*: Another Look at Romans 8:1–4." *JETS* 52 (2009): 483–97.

———. *Judgment according to Works in Romans: The Meaning and Function of Divine Judgment in Paul's Most Important Letter*. Emerging Scholars. Minneapolis: Fortress, 2013.

McFarland, O. "Whose Abraham, Which Promise? Genesis 15.6 in Philo's *De Virtutibus* and Romans 4." *JSNT* 35 (2012): 107–29.

McGinn, S. E., ed. *Celebrating Romans: Template for Pauline Theology*. Grand Rapids: Eerdmans, 2004.

McGrath, A. E. *Iustitia Dei: A History of the Christian Doctrine of Justification*. 2 vols. Cambridge: Cambridge University Press, 1986–87.

McKay, K. L. *A New Syntax of the Verb in New Testament Greek: An Aspectual Approach*. Studies in Biblical Greek 5. New York: Lang, 1994.

———. "Time and Aspect in New Testament Greek." *NovT* 34 (1992): 209–28.

McKnight, S. *A Light among the Gentiles: Jewish Missionary Activity in the Second Temple Period*. Minneapolis: Fortress, 1991.

McKnight, S., and J. B. Modica, eds. *Jesus Is Lord, Caesar Is Not: Evaluating Empire in New Testament Studies*. Downers Grove, IL: InterVarsity Press, 2013.

McNamara, M. *The New Testament and the Palestinian Targum to the Pentateuch*. AnBib 27. Rome: Pontifical Biblical Institute Press, 1966.

McNeil, B. "Raised for Our Justification." *ITQ* 42 (1975): 97–105.

McNeile, A. H. *An Introduction to the Study of the New Testament*. Rev. ed. with C. S. C. Williams. Oxford: Clarendon, 1953.

Meecham, H. G. "Romans iii.25f, iv.25—the Meaning of διά c. acc." *ExpTim* 50 (1938/39): 564.

———. "The Use of the Participle for the Imperative in the New Testament." *ExpTim* 58 (1947): 207–8.

Meeks, W. A. *The First Urban Christians: The Social World of the Apostle Paul*. New Haven: Yale University Press, 1983.

———. "Judgment and the Brother: Romans 14:1–15:13." Pages 290–300 in *Tradition and Interpretation in the New Testament: Essays in Honor of E. Earle Ellis for His 60th Birthday*. Edited by G. F. Hawthorne and O. Betz. Grand Rapids: Eerdmans, 1987.

Meinardus, O. F. A. "Paul's Missionary Journey to Spain: Tradition and Folklore." *BA* 41 (1978): 61–63.

Merk, O. *Handeln aus Glauben: Die Motivierungen der paulinischen Ethik*. Marburger theologische Studien 5. Marburg: Elwert, 1968.

Merkle, B. L. "Romans 11 and the Future of Ethnic Israel." *JETS* 43 (2000): 709–22.

Merklein, H. "Sinn und Zweck von Röm 13, 1–7: Zur semantischen und pragmatischen Struktur eines umstrittenen Textes." Pages 238–70 in *Neues Testament und Ethik: Für Rudolf Schnackenburg*. Edited by H. Merklein. Freiburg: Herder, 1989.

Metzger, B. M. "The Punctuation of Rom. 9:5." Pages 95–112 in *Christ and Spirit in the New Testament: In Honour of Charles Francis Digby Moule*. Edited by B. Lindars and S. Smalley. Cambridge: Cambridge University Press, 1973.

———. *A Textual Commentary on the Greek New Testament*. 2d ed. New York: United Bible Societies, 1994.

Meyer, B. F. "The Pre-Pauline Formula in Rom. 3.25–26a." *NTS* 29 (1983): 198–208.

Meyer, P. W. "Romans 10:4 and the 'End' of the Law." Pages 59–78 in *The Divine Helmsman: Studies on God's Control of Human Events, Presented to Lou H. Silberman*. Edited by J. L. Crenshaw and S. Sandmel. New York: Ktav, 1980.

———. "The Worm at the Core of the Apple: Exegetical Reflections on Romans 7." Pages 62–97 in *The Conversation Continues: Studies in Paul and John in Honor of J. Louis Martyn*. Edited by R. T. Fortna and B. R. Gaventa. Nashville: Abingdon, 1990.

Michaels, J. R. "The Redemption of Our Body: The Riddle of Romans 8:19–22." Pages 92–114 in *Romans and the People of God: Essays in Honor of Gordon D. Fee on the Occasion of His 65th Birthday*. Edited by S. Soderlund and N. T. Wright. Grand Rapids: Eerdmans, 1999.

Michel, Otto. *Paulus und seine Bibel*. BFCT 2.18. Reprint. Darmstadt: Wissenschaftliche Buchgesellschaft, 1972.

Millar, J. G. *Now Choose Life: Theology and Ethics in Deuteronomy*. NSBT 6. Downers Grove, IL: InterVarsity Press, 1998.

Miller, J. "The Practices of Romans 1:26: Homosexual or Heterosexual?" *NovT* 37 (1995): 1–11.

Miller, J. C. *The Obedience of Faith, the Eschatological People of God, and the Purpose of Romans*. SBLDS 177. Atlanta: Society of Biblical Literature, 2000.

Miller, N. F. "The Imperativals of Romans 12." Pages 162–82 in *Linguistics and New Testament Interpretation: Essays on Discourse Analysis*. Edited by D. A. Black. Nashville: Broadman, 1992.

Milne, D. J. W. "Genesis 3 in the Letter to the Romans." *RTR* 39 (1980): 10–18.

Minde, H.-J. van der. *Schrift und Tradition bei Paulus: Ihre Bedeutung und Funktion im Römerbrief*. Paderborner theologische Studien 3. Munich: Schöningh, 1976.

Minear, P. S. *The Obedience of Faith: The Purposes of Paul in the Letter to the Romans*. London: SCM, 1971.

Mitton, C. L. "Romans VII Reconsidered." *ExpTim* 65 (1953): 78–81, 99–103, 132–35.

———. *The Letters to the Colossians and to Philemon*. PNTC. Grand Rapids: Eerdmans, 2008.

———. "Nature in the New Creation: New Testament Eschatology and the Environment." *JETS* 49 (2006): 449–88.

———. *The Old Testament in the Gospel Passion Narratives*. Eugene, OR: Wipf & Stock, 2007.

———. "Paul's Universalizing Hermeneutic in Romans." *The Southern Baptist Journal of Theology* 11 (2007): 62–90.

———. "Putting the Renewed Mind to Work." Pages 145–60 in *Renewing Your Mind in a Secular World*. Edited by J. D. Woodbridge. Chicago: Moody Press, 1985.

———. Review of *The Deliverance of God: An Apocalyptic Rereading of Justification in Paul*, by Douglas A. Campbell. *JETS* 53 (2010): 143–50.

———. "Sin in Paul." Pages 107–30 in *Fallen: A Theology of Sin*. Edited by C. W. Morgan and R. A. Peterson. Wheaton, IL: Crossway, 2013.

Moo, D. J., and J. A. Moo. *Creation Care: A Biblical Theology of the Natural World*. Grand Rapids: Zondervan, 2017.

Moo, D. J., and A. Naselli. "The Problem of the New Testament's Use of the Old Testament." Pages 702–46 in *The Enduring Authority of the Christian Scriptures*. Edited by D. A. Carson. Grand Rapids: Eerdmans, 2016.

Moo, J. A. "Continuity, Discontinuity, and Hope: The Contribution of New Testament Eschatology to a Distinctively Christian Environmental Ethos." *TynBul* 61 (2010): 21–44.

———. "Romans 8.19–22 and Isaiah's Cosmic Covenant." *NTS* 54 (2008): 74–89.

Moo, J. A., and R. S. White. *Let Creation Rejoice: Biblical Hope and Ecological Crisis*. Downers Grove, IL: InterVarsity Press, 2014.

Moody, R. M. "The Habakkuk Quotation in Romans 1:17." *ExpTim* 92 (1981): 205–8.

Moore, A. L. *The Parousia in the New Testament*. NovTSup 13. Leiden: Brill, 1966.

Moore, G. F. *Judaism in the First Centuries of the Christian Era*. 2 vols. Reprint. New York: Schocken, 1971.

Moores, J. D. *Wrestling with Rationality in Paul: Romans 1–8 in a New Perspective*. SNTSMS 82. Cambridge: Cambridge University Press, 1995.

Mora, V. "Romains 16,17–20 et la lettre aux Éphésiens." *RB* 107 (2000): 541–47.

Morenz, S. "Feurige Kohlen auf dem Haupt." Pages 433–44 in *Religion und Geschichte der alten Agypten: Gesammelte Aufsätze*. Weimar: Böhlaus, 1975.

Morgan, F. A. "Romans 6:5a: United to a Death like Christ's." *ETL* 59 (1983): 267–302.

Morgan, R. *Romans*. NTG. Sheffield: Sheffield Academic, 1995.

Morison, J. *A Critical Exposition of the Third Chapter of Paul's Epistle to the Romans: A Monograph*. London: Hamilton, Adams, 1866.

———. *Exposition of the Ninth Chapter of the Epistle to the Romans*. London: Hodder & Stoughton, 1888.

Morris, L. *The Apostolic Preaching of the Cross*. Grand Rapids: Eerdmans, 1955.

———. "The Meaning of ἱλαστήριον in Romans III.25." *NTS* 2 (1955/56): 33–74.

———. "The Theme of Romans." Pages 249–63 in *Apostolic History and the Gospel: Biblical and Historical Essays Presented to F. F. Bruce on His 60th Birthday*. Edited by W. W. Gasque and R. P. Martin. Grand Rapids: Eerdmans, 1970.

Morrison, C. *The Powers That Be: Earthly Rulers and Demonic Powers in Romans 13:1–7*. SBT 1/29. London: SCM, 1960.

Motyer, J. A. *The Prophecy of Isaiah: An Introduction and Commentary*. Downers Grove, IL: InterVarsity Press, 1990.

Motyer, S. "Righteousness by Faith in the New Testament." Pages 33–56 in *Here We Stand: Justification by Faith Today*. Edited by J. I. Packer. London: Hodder & Stoughton, 1986.

Moule, C. F. D. "Death 'to Sin,' 'to Law,' and 'to the World': A Note on Certain Datives." Pages 367–75 in *Mélanges bibliques en hommage au R. P. Béda Rigaux*. Edited by A. Descamps and A. de Halleux. Gembloux: Duculot, 1970.

———. *Idiom Book of New Testament Greek*. Cambridge: Cambridge University Press, 1959.

———. "Jesus, Judaism and Paul." Pages 43–52 in *Tradition and Interpretation in the New Testament*. Edited by G. G. Hawthorne and O. Betz. Grand Rapids: Eerdmans, 1987.

———. "'Justification' in Its Relation to the Condition κατὰ πνεῦμα (Rom. 8:1–11)." Pages 177–201 in *Battesimo e Giustizia in Rom 6 e 8*. Edited by L. De Lorenzi. SMBen: Biblical-Ecumenical Section 2. Rome: Abbey of St. Paul Outside the Walls, 1974.

———. "Obligation in the Ethic of Paul." Pages 389–406 in *Christian History and Interpretation: Studies Presented to John Knox*. Edited by W. R. Farmer, C. F. D. Moule, and R. R. Niebuhr. Cambridge: Cambridge University Press, 1967.

Moulton, J. H. *Prolegomena*. Vol. 1 of *A Grammar of New Testament Greek*. Edinburgh: T&T Clark, 1908.

Moxnes, H. *Theology in Conflict: Studies in Paul's Understanding of God in Romans*. NovTSup 53. Leiden: Brill, 1980.

Moyise, S. "Does Paul Respect the Context of His Quotations?" Pages 97–114 in *Paul and Scripture: Extending the Conversation*. Edited by C. D. Stanley. ECL 9. Atlanta: Society of Biblical Literature, 2012.

———. "Intertextuality and the Study of the New Testament." Pages 14–41 in *The Old Testament in the New Testament: Essays in Honour of J. L. North*. Edited by S. Moyise. JSNTSup 189. Sheffield: Sheffield Academic, 2000.

Müller, C. *Gottes Gerechtigkeit und Gottes Volk: Eine Untersuchung zu Römer 9–11.* FRLANT 86. Göttingen: Vandenhoeck & Ruprecht, 1964.

Müller, D. "Le Christ, relève de la loi (Romains 10,4): La possibilité d'une éthique messianique à la suite de Giorgio Agamben." *SR* 30 (2001): 51–63.

Müller, J. *Die christliche Lehre von der Sünde.* Bremen: Muller, 1889.

Müller, K. *Anstoss und Gericht: Eine Studie zum jüdischen Hintergrund des paulinischen Skandalon-Begriffs.* SANT 19. Munich: Kösel, 1969.

Müller, P. "Grundlinien paulinischer Theologie (Röm 15,14–33)." *KD* 35 (1989): 212–35.

Muller, R. *Christ and the Decree: Christology and Predestination in Reformed Theology from Calvin to Perkins.* Grand Rapids: Baker, 1988.

Müller, U. B. *Prophetie und Predigt im Neuen Testament: Formgeschichtliche Untersuchungen zur urchristlichen Prophetie.* SNT 10. Gütersloh: Mohn, 1975.

Mullins, T. "Greeting as a New Testament Form." *JBL* 87 (1968): 418–26.

Munck, J. *Christ and Israel: An Interpretation of Romans 9–11.* Philadelphia: Fortress, 1967.

———. *Paul and the Salvation of Mankind.* London: SCM, 1959.

Mundle, W. *Der Glaubensbegriff der Paulus: Eine Untersuchung zur Dogmengeschichte des ältesten Christentums.* Reprint. Darmstadt: Wissenschaftliche, 1977.

———. "Zur Auslegung von Röm 2, 13ff." *TBl* 13 (1934): 251–56.

Munro, W. *Authority in Paul and Peter: The Identification of a Pastoral Stratum in the Pauline Corpus and 1 Peter.* SNTSMS 45. Cambridge: Cambridge University Press, 1983.

———. "Romans 13:1–7: Apartheid's Last Biblical Refuge." *BTB* 20 (1990): 161–68.

Murphy-O'Connor, J. *Paul: A Critical Life.* Oxford: Clarendon, 1996.

Murray, I. H. *The Puritan Hope: A Study in Revival and the Interpretation of Prophecy.* London: Banner of Truth Trust, 1971.

Murray, J. *The Imputation of Adam's Sin.* Grand Rapids: Eerdmans, 1959.

———. *Principles of Conduct.* Grand Rapids: Eerdmans, 1957.

———. "The Weak and the Strong." *WTJ* 12 (1949–50): 136–53.

Mussner, F. "'Christus (ist) des Gesetzes Ende zur Gerechtigkeit für jeden, der glaubt' (Röm 10,4)." Pages 31–44 in M. Barth et al., *Paulus—Apostat oder Apostel? Jüdische und christliche Antworten.* Regensburg: Pustet, 1977.

———. "'Ganz Israel wird gerettet werden' (Röm 11,26): Versuch einer Auslegung." *Kairós* 18 (1976): 241–55.

———. "Heil für alle: Der Grundgedanke des Römerbriefs." *Kairós* 23 (1981): 207–14.

———. "Sind die Juden 'Feinde Gottes'? Bemerkungen zu Röm 11,28." Pages 235–40 in *Dynamik im Wort.* Stuttgart: Katholisches Bibelwerk, 1983.

———. *Tractate on the Jews: The Significance of Judaism for Christian Faith.* Philadelphia: Fortress, 1984.

———. "Die 'Verstockung' Israels nach Röm 9–11." *TTZ* 109 (2000): 191–98.

———. "Wer ist 'der ganze Samen' in Röm 4, 16?" Pages 213–17 in *Begegnung mit dem Wort: Festschrift für Heinrich Zimmermann.* Edited by J. Zmijewski and E. Nellessen. BBB 53. Bonn: Hanstein, 1980.

Myers, C. D. "Chiastic Inversion in the Argument of Romans 3–8." *NovT* 35 (1993): 30–47.

Nanos, M. D. "'Broken Branches': A Pauline Metaphor Gone Awry? (Romans 11:11–24)." Pages 339–76 in *Between Gospel and Election: Explorations in the Interpretation of Romans 9–11.* Edited by F. Wilk and J. R. Wagner. WUNT 257. Tübingen: Mohr Siebeck, 2010.

———. "Challenging the Limits That Continue to Define Paul's Perspective on Jews and Judaism." Pages 212–24 in *Reading Israel in Romans: Legitimacy and Plausibility of Divergent Interpretations.* Edited by C. Grenholm and D. Patte. Romans through History and Culture Series. Harrisburg, PA: Trinity Press International, 2000.

———. "The Jewish Context of the Gentile Audience Addressed in Paul's Letter to the Romans." *CBQ* 61 (1999): 283–304.

———. *The Mystery of Romans: The Jewish Context of Paul's Letter.* Minneapolis: Fortress, 1996.

———. "To the Churches within the Synagogues of Rome." Pages 11–28 in *Reading Paul's Letter to the Romans.* Edited by J. L. Sumney. Atlanta: Society of Biblical Literature, 2012.

Nanos, M. D., and M. Zetterholm, eds. *Paul within Judaism: Restoring the First-Century Context of the Apostle.* Minneapolis: Fortress, 2015.

Napier, D. "Paul's Analysis of Sin and Torah in Romans 7:7–25." *RestQ* 44 (2002): 15–32.

Naselli, A. D. *From Typology to Doxology: Paul's Use of Isaiah and Job in Romans 11:34–35.* Eugene, OR: Pickwick, 2012.

Nebe, G. *"Hoffnung" bei Paulus: Elpis und ihre Synonyme im Zusammenhang der Eschatologie.* SUNT 16. Göttingen: Vandenhoeck & Ruprecht, 1983.

Netland, H. *Encountering Religious Pluralism: The Challenge to Christian Faith and Mission.* Downers Grove, IL: InterVarsity Press, 2001.

Neubrand, M. *Abraham—Vater von Juden und Nichtjuden: Eine exegetische Studie zu Röm 4.* FB 85. Würzburg: Echter, 1997.

Neubrand, M., and J. Seidel. "'Eingepfropft in den edlen Ölbaum' (Rom 11,24): Der Ölbaum ist *nicht* Israel." *BN* 105 (2000): 61–76.

Neufeld, V. H. *The Earliest Christian Confessions.* NTTS 5. Grand Rapids: Eerdmans, 1963.

Neugebauer, F. *In Christus (EN ΧΡΙΣΤΩΙ): Eine Untersuchung zum paulinischen Glaubenverständnis.* Göttingen: Vandenhoeck & Ruprecht, 1961.

———. "Zur Auslegung von Röm. 13, 1–7." *KD* 3 (1962): 151–72.

Neusner, J. *Judaic Law from Jesus to the Mishnah*. SFSHJ 84. Atlanta: Scholars Press, 1993.

———. "Sin, Repentance, Atonement and Resurrection: The Perspective of Rabbinic Theology on the Views of James 1–2 and Paul in Romans 3–4." Pages 409–34 in *The Missions of James, Peter, and Paul: Tensions in Early Christianity*. Edited by B. Chilton and C. Evans. NovTSup 115. Leiden: Brill, 2005.

———. "The Use of the Later Rabbinic Evidence for the Study of Paul." Pages 43–64 in *Approaches to Ancient Judaism*. Vol. 2. Edited by W. S. Green. BJS 9. Chico, CA: Scholars Press, 1980.

Newman, C. C., ed. *Jesus and the Restoration of Israel: A Critical Assessment of N. T. Wright's* Jesus and the Victory of God. Downers Grove, IL: InterVarsity Press, 1999.

———. *Paul's Glory-Christology: Tradition and Rhetoric*. NovTSup 69. Leiden: Brill, 1992.

Newton, M. *The Concept of Purity at Qumran and in the Letters of Paul*. SNTSMS 53. Cambridge: Cambridge University Press, 1985.

Ng, E. Y. L. "Phoebe as *Prostatis*." *TJ* 25 (2004): 3–13.

The Nicene and Post-Nicene Fathers, Series 1. Edited by Philip Schaff. 1886–89. 14 vols. Reprint. Peabody, MA: Hendrickson, 1994.

Nicklas, T. "Paulus und die Errettung Israels: Röm 11,25–36 in der exegetischen Diskussion und im jüdisch-christlichen Dialog." *Early Christianity* 2 (2011): 173–97.

Nickle, K. F. *The Collection: A Study in Paul's Strategy*. SBT 1/48. London: SCM, 1966.

Nicole, R. R. "C. H. Dodd and the Doctrine of Propitiation." *WTJ* 17 (1954/55): 117–57.

Niebuhr, K.-W. *Heidenapostel aus Israel: Die jüdische Identität des Paulus nach ihrer Darstellung in seinen Briefen*. WUNT 62. Tübingen: Mohr, 1992.

Niederwimmer, K. "Das Gebet des Geistes, Röm. 8, 26f." *TZ* 20 (1964): 252–65.

Nielen, J. M. "Die paulinische Auffassung der λογικὴ λατρεία (rationabile obsequium; Röm. 12,1) in ihrer Beziehung zum Kultischengottesdienst." *TGl* 18 (1926): 693–702.

Nielsen, H. K. "Om forståelsen af dåben og det nye liv ifølge Rom 6,1–14: Nytestamentlig disputats om Paulus." *DTT* 63 (2000): 214–23.

Niesel, W. *The Theology of Calvin*. 1956. Reprint. Grand Rapids: Baker Academic, 1980.

Nissen, A. *Gott und der Nächste im antiken Judentum: Untersuchungen zum Doppelgebot der Liebe*. WUNT 15. Tübingen: Mohr, 1974.

Noack, B. "Celui qui court (Rom. IX,16)." *ST* 24 (1970): 113–16.

———. "Current and Backwater in the Epistle to the Romans." *ST* 19 (1965): 155–66.

Nolland, J. "Grace as Power." *NovT* 28 (1986): 26–31.

———. "Romans 1:26–27 and the Homosexuality Debate." *HBT* 22 (2000): 32–57.

Norden, E. *Agnostos Theos: Untersuchungen zur Formgeschichtlichte religiöser Rede.* Leipzig: Teubner, 1913.

Norris, L. L. "The Function of New Testament Warning Passages: A Speech Act Theory Approach." PhD diss., Wheaton College, 2011.

Novenson, M. V. *Christ among the Messiahs: Christ Language in Paul and Messiah Language in Ancient Judaism.* Oxford: Oxford University Press, 2012.

———. "The Jewish Messiahs, the Pauline Christ, and the Gentile Question." *JBL* 128 (2009): 357–73.

Oakes, P. *Reading Romans in Pompeii: Paul's Letter at Ground Level.* Minneapolis: Fortress, 2009.

Obeng, E. A. "The Origins of the Spirit Intercession Motif in Romans 8:26." *NTS* 32 (1986): 621–32.

O'Brien, P. T. *Consumed by Passion: Paul and the Dynamic of the Gospel.* Homebush West, Australia: Lancer, 1993.

———. *The Epistle to the Philippians.* NIGTC. Grand Rapids: Eerdmans, 1991.

———. *Gospel and Mission in the Writings of Paul: An Exegetical and Theological Analysis.* Grand Rapids: Baker, 1995.

———. *Introductory Thanksgivings in the Letters of Paul.* NovTSup 49. Leiden: Brill, 1977.

———. "Justification in Paul and Some Crucial Issues of the Last Two Decades." Pages 69–95 in *Right with God: Justification in the Bible and the World.* Edited by D. A. Carson. Grand Rapids: Baker, 1992.

———. "Romans 8:26, 27. A Revolutionary Approach to Prayer?" *RTR* 46 (1987): 65–73.

———. "Was Paul a Covenantal Nomist?" Pages 249–96 in *The Paradoxes of Paul.* Edited by D. A. Carson, P. T. O'Brien, and M. A. Seifrid. Vol. 2 of *Justification and Variegated Nomism.* Grand Rapids: Baker Academic, 2004.

Ochsenmeier, E. "Evil, Suffering, and the Righteousness of God according to Romans 1–3: An Exegetical and Theological Study." *TynBul* 59 (2008): 153–55.

———. *Mal, souffrance et justice de Dieu selon Romains 1–3: Étude exégétique et théologique.* BZNW 155. Berlin: de Gruyter, 2007.

———. "Romans 1,20: Knowing God through His Acts in History." *ZNW* 100 (2009): 45–58.

Oden, T. C. "Without Excuse: Classic Christian Exegesis of General Revelation." *JETS* 41 (1998): 55–68.

Oeming, M. "Ist Genesis 15 ein Beleg für die Anrechnung des Glaubens zur Gerechtigkeit?" *ZAW* 95 (1983): 182–97.

Oepke, A. "ΔΙΚΑΙΟΣΥΝΗ ΘΕΟΥ bei Paulus in neuer Beleuchtung." *TLZ* 78 (1953): 257–64.
Ogg, G. *The Odyssey of Paul.* Old Tappan, NJ: Revell, 1968.
Ogle, A. B. "What Is Left for Caesar? A Look at Mark 12:13–17 and Romans 13:1–7." *ThTo* 35 (1978): 254–64.
Ollrog, W.-H. "Die Abfassungsverhältnisse von Röm 16." Pages 221–44 in *Kirche: Festschrift Günther Bornkamm zum 75. Geburtstag.* Edited by D. Lührmann and G. Strecker. Tübingen: Mohr Siebeck, 1980.
———. *Paulus und seine Mitarbeiter: Untersuchungen zu Theorie und Praxis der paulinischen Mission.* WMANT 50. Neukirchen-Vluyn: Neukirchener Verlag, 1979.
Olson, S. N. "Epistolary Uses of Expressions of Self-Confidence." *JBL* 103 (1984): 585–97.
———. "Pauline Expressions of Confidence in His Addressees." *CBQ* 47 (1985): 282–95.
Omanson, R. L. "The 'Weak' and the 'Strong' and Paul's Letter to the Roman Christians." *BT* 33 (1982): 106–14.
Oorschot, J. van. *Hoffnung für Israel: Eine Studie zu Römer 11:25–32.* Theologie und Dienst 55. Giessen: Brunnen, 1988.
Oropeza, B. J. *Jews, Gentiles, and the Opponents of Paul: The Pauline Letters.* Vol. 2 of *Apostasy in the New Testament Communities.* Eugene, OR: Cascade, 2012.
———. "Paul and Theodicy: Intertextual Thoughts on God's Justice and Faithfulness to Israel in Romans 9–11." *NTS* 53 (2007): 57–80.
O'Rourke, J. J. "The Participle in Rom 15,25." *CBQ* 29 (1967): 116–18.
Ortkemper, F.-J. *Leben aus dem Glauben: Christliche Grundhaltungen nach Römer 12–13.* NTAbh 14. Münster: Achendorff, 1980.
Ortlund, D. C. "Inaugurated Glorification: Revisiting Romans 8:30." *JETS* 57 (2014): 111–33.
———. "Justified by Faith, Judged according to Works: Another Look at a Pauline Paradox." *JETS* 52 (2009): 323–39.
———. *Zeal without Knowledge: The Concept of Zeal in Romans 10, Galatians 1, and Philippians 3.* LNTS 472. London: T&T Clark, 2012.
Osborne, G. R. "The Flesh without the Spirit: Romans 7 and Christian Experience." Pages 6–48 in *Perspectives on Our Struggle with Sin: 3 Views of Romans 7.* Edited by T. L. Wilder. Nashville: Broadman & Holman, 2011.
Osburn, C. D. "The Interpretation of Romans 8:28." *WTJ* 44 (1982): 99–109.
Oss, D. A. "The Interpretation of the 'Stone' Passages by Peter and Paul: A Comparative Study." *JETS* 32 (1989): 181–200.
Osten-Sacken, P. von der. "Befreiung durch das Gesetz." Pages 349–60 in *Richte unsere Füsse auf den Weg des Friedens: Helmut Gollwitzer zum 70. Geburtstag.* Edited by A. Baudis. Munich: Kaiser, 1979. Reprint as pages 197–209 in *Evangelium und Tora: Aufsätze zu Paulus.* TB 77. Munich: Kaiser, 1987.

———. *Christian-Jewish Dialogue: Theological Foundations.* Philadelphia: Fortress, 1986.

———. "Das Evangelium als Einheit von Verheißung und Gesetz: Grundzüge paulinischer Theologie. " Pages 9–30 in *Evangelium und Tora: Aufsätze zu Paulus.* TB 77. Munich: Kaiser, 1987. Reprint from *ThViat* 14 (1979): 87–108.

———."Erwägungen zur Abfassungsgeschichte und zum literarisch-theologischen Charakter des Römerbriefes." Pages 119–30 in *Evangelium und Tora: Aufsätze zu Paulus.* TB 77. Munich: Kaiser, 1987. Reprint from *ThViat* 12 (1975): 109–20.

———. *Die Heiligkeit der Tora: Studien zum Gesetz bei Paulus.* Munich: Kaiser, 1989.

———."Das paulinische Verständnis des Gesetzes im Spannungsfeld von Eschatologie und Geschichte." *EvT* 37 (1977): 549–87. Reprint as pp. 159–96 in *Evangelium und Tora: Aufsätze zu Paulus.* TB 77. Munich: Kaiser, 1987.

———. *Römer 8 als Beispiel paulinischer Soteriologie.* FRLANT 112. Göttingen: Vandenhoeck & Ruprecht, 1975.

———. "Römer 9–11 als Schibbolet christlicher Theologie." Pages 294–314 in *Evangelium und Tora: Aufsätze zu Paulus.* TB 77. Munich: Kaiser, 1987.

Oster, R. E., Jr. "'Congregations of the Gentiles' (Rom 16:4): A Culture-Based Ecclesiology in the Letters of Paul." *RestQ* 40 (1998): 39–52.

Osterreicher, J. M. "Israel's Misstep and Her Rise: The Dialectic of God's Saving Design in Romans 9–11." Pages 317–27 in vol. 1 of *SPCIC (1961)*. AnBib 17–18. Rome: Pontifical Biblical Institute Press, 1963.

Oswalt, J. *The Book of Isaiah.* 2 vols. NICOT. Grand Rapids: Eerdmans, 1986.

Otten, J. D. "I Alone Am Left: Elijah and the Remnant in Luke-Acts." PhD diss., Wheaton College, 2017.

Ouoba, E. "Paul's Use of Isaiah 27:9 and 59:20–21 in Romans 11:25–27." PhD diss., Wheaton College, 2010.

Owen, H. P. "The Scope of Natural Revelation in Rom. I and Acts XVII." *NTS* 5 (1958/59): 133–43.

Owen, J. *On the Mortification of Sin in Believers.* Fearn, Scotland: Christian Focus, 2012.

Owen, P. L. "The 'Works of the Law' in Romans and Galatians: A New Defense of the Subjective Genitive." *JBL* 126 (2007): 553–77.

Pack, F. "A Study of Romans 8:28." *RestQ* 22 (1979): 44–53.

Packer, J. I. *Evangelism and the Sovereignty of God.* Downers Grove, IL: Inter-Varsity Press, 1961.

———. "The 'Wretched Man' in Romans 7." Pages 621–27 in *SE* II. Part 1: *The New Testament Scriptures.* Edited by F. L. Cross. TU 87. Berlin: Akademie, 1964.

———. "The 'Wretched Man' Revisited: Another Look at Romans 7:14–25." Pages 70–81 in *Romans and the People of God: Essays in Honor of Gordon D.*

Fee on the Occasion of His 65th Birthday. Edited by S. Soderlund and N. T. Wright. Grand Rapids: Eerdmans, 1999.

Pannenberg, W. *Anthropology in Theological Perspective*. Philadelphia: Westminster, 1985.

Parsons, M. "Being Precedes Act: Indicative and Imperative in Paul's Writing." *EvQ* 88 (1988): 99–127.

Patte, D. *Paul's Faith and the Power of the Gospel: A Structural Introduction to the Pauline Letters*. Philadelphia: Fortress, 1983.

Patte, D., and E. TeSelle. *Engaging Augustine on Romans: Self, Context, and Theology in Interpretation*. Romans through History and Culture Series. Harrisburg, PA: Trinity Press International, 2002.

Paulsen, H. *Überlieferung und Auslegung in Römer 8*. WMANT 43. Neukirchen-Vluyn: Neukirchener Verlag, 1974.

Payne, J. B. "Erasmus on Romans 9:6–24." Pages 119–35 in *The Bible in the Sixteenth Century*. Edited by D. C. Steinmetz. Durham, NC: Duke University Press, 1990.

Pedersen, S. "Theologische Überlegungen zur Isagogik des Römerbriefes." *ZNW* 76 (1985): 47–67.

Pelser, G. M. M. "The Objective Reality of the Renewal of Life in Romans 6:1–11." *Neot* 15 (1981): 101–17.

Penna, R. "L'évolution de l'attitude de Paul envers les Juifs." Pages 390–421 in *L'apôtre Paul: personnalité, style et conception du ministère*. Edited by A. Vanhoye. BETL 73. Leuven: Leuven University Press, 1986.

———. "Les Juifs à Rome au temps de l'apôtre Paul." *NTS* 28 (1982): 321–47.

———. "The Meaning of πάρεσις in Romans 3:25c and the Pauline Thought on the Divine Acquittal." Pages 251–74 in *Lutherische und Neue Paulusperspecktive: Beiträge zu einem Schlüsselproblem der gegenwärtigen exegetischen Diskussion*. Edited by M. Bachmann. WUNT 182. Tübingen: Mohr Siebeck, 2005.

Percy, E. *Der Leib Christi*. LUÅ 38.1. Lund: Gleerup, 1942.

Perriman, A. *The Future of the People of God: Reading Romans before and after Western Christendom*. Eugene, OR: Cascade, 2010.

Peterman, G. W. "Paul and the Law in Romans 7:1–6." MA thesis, Trinity Evangelical Divinity School, 1988.

———. "Romans 15:26: Make a Contribution or Establish Fellowship?" *NTS* 40 (1994): 457–63.

Petersen, A. K. "Shedding New Light on Paul's Understanding of Baptism: A Ritual-Theoretical Approach to Romans 6." *ST* 52 (1998): 3–28.

Peterson, D. "Atonement in the Old Testament." Pages 1–25 in *Where Wrath and Mercy Meet: Proclaiming the Atonement Today*. Edited by D. Peterson. Carlisle: Paternoster, 2001.

———. *Possessed by God: A New Testament Theology of Sanctification and Holiness.* NSBT 1. Downers Grove, IL: InterVarsity Press, 1995.

———. "Worship and Ethics in Romans 12." *TynBul* 44 (1993): 271–88.

Peterson, E. "Ἔργον in der Bedeutung 'Bau' bei Paulus." *Bib* 22 (1941): 439–41.

Pfitzner, V. C. *Paul and the Agon Motif: Traditional Athletic Imagery in the Pauline Literature.* NovTSup 16. Leiden: Brill, 1967.

Pfleiderer, O. *Paulinism: A Contribution to the History of Primitive Christian Theology.* 2 vols. London: Williams & Norgate, 1891.

Philonenko, M. "Sur l'expression 'vendu au péché' dans l'épître aux Romains." *RHR* 203 (1986): 41–52.

Pierce, C. A. *Conscience in the New Testament.* SBT 1/15. London: SCM, 1955.

Piper, J. *Counted Righteous in Christ: Should We Abandon the Imputation of Christ's Righteousness?* Wheaton, IL: Crossway, 2002.

———. "The Demonstration of the Righteousness of God in Romans 3:25, 26." *JSNT* 7 (1980): 2–32.

———. *The Future of Justification: A Response to N. T. Wright.* Wheaton, IL: Crossway, 2007.

———. *The Justification of God: An Exegetical and Theological Study of Romans 9:1–23.* 2d ed. Grand Rapids: Baker, 1993.

———. *Love Your Enemies: Jesus' Love Command in the Synoptic Gospels and in the Early Christian Paraenesis.* SNTSMS 38. Cambridge: Cambridge University Press, 1979.

Piper, J., and W. Grudem. "An Overview of Central Concerns: Questions and Answers." Pages 60–94 in *Recovering Biblical Manhood and Womanhood: A Response to Evangelical Feminism.* Edited by J. Piper and W. Grudem. Westchester, IL: Crossway, 1991.

Pluta, A. *Gottes Bundestreue: Ein Schlüsselbegriff in Röm 3,25a.* Bibelstudien 34. Stuttgart: Katholisches Bibelwerk, 1969.

Pobee, J. S. *Persecution and Martyrdom in the Theology of Paul.* JSNTSup 6. Sheffield: JSOT Press, 1985.

Pohle, L. *Die Christen und der Staat nach Römer 13: Eine typologische Untersuchung der neueren deutschsprächigen Schriftauslegung.* Mainz: Mattias-Grünewald, 1984.

Pohlenz, M. "Paulus und die Stoa." *ZNW* 42 (1949): 69–104.

Poirier, J. C. "The Measure of Stewardship: Πίστις in Romans 12:3." *TynBul* 59 (2008): 145–52.

———. "Romans 5:13–14 and the Universality of Law." *NovT* 38 (1996): 344–58.

Polkinghorne, J. *The God of Hope and the End of the World.* New Haven: Yale University Press, 2002.

Ponsot, H. "Et ainsi tout Israël sera sauvé: Rom., XI, 26a." *RB* 89 (1982): 406–17.

Ponthot, J. "L'expression cultuelle du ministère paulinien selon R 15,16." Pages

254–62 in *L'apôtre Paul: Personnalité, style et conception du ministère*. Edited by A. Vanhoye. BETL 73. Leuven: Leuven University Press, 1986.

Popkes, W. "Zum Aufbau und Charakter von Römer 1.18–32." *NTS* 28 (1982): 490–501.

Porcher, M.-J. "Quelques considérations sur l'usage du Psaume 32 dans l'épître aux Romains (Rm 4,1–12)." *RSR* 77 (2003): 552–64.

Porter, S. E. "The Argument of Romans 5: Can a Rhetorical Question Make a Difference?" *JBL* 110 (1991): 65–77.

———. "Did Paul Have Opponents in Rome and What Were They Opposing?" Pages 149–68 in *Paul and His Opponents*. Edited by S. E. Porter. Pauline Studies 2. Leiden: Brill, 2005.

———. *Καταλλάσσω in Ancient Greek Literature, with Reference to the Pauline Writings*. EFN 5. Cordoba: Ediciones el Almendro, 1994.

———. "Romans 13:1–7 as Pauline Political Rhetoric." *Filologia Neotestamentaria* 3 (1990): 115–39.

———. *Verbal Aspect in the Greek of the New Testament, with Reference to Tense and Mood*. Studies in Biblical Greek 1. Frankfurt: Lang, 1989.

Porter, S. E., and W. V. Cirafesi. "ὑστερέω and πίστις Χριστοῦ in Romans 3:23: A Response to Steven Enderlein." *JSPL* 3 (2013): 1–10.

Porter, S. E., and A. W. Pitts. "Πίστις with a Preposition and Genitive Modifier: Lexical, Semantic, and Syntactic Considerations in the Πίστις Χριστοῦ Discussion." Pages 33–56 in *The Faith of Jesus Christ: Exegetical, Biblical, and Theological Studies*. Edited by M. Bird and P. M. Sprinkle. Peabody, MA: Hendrickson, 2009.

Poythress, V. S. "Is Romans 1:3–4 a Pauline Confession after All?" *ExpTim* 87 (1975/76): 180–83.

Prat, F. *The Theology of Saint Paul*. 2 vols. Westminster, MD: Newman, 1952.

Pregeant, R. "Grace and Recompense: Reflections on a Pauline Paradox." *JAAR* 47 (1979): 73–96.

Price, S. R. F. *Rituals and Power: The Roman Imperial Cult in Asia Minor*. Cambridge: Cambridge University Press, 1984.

Prothro, J. B. "Rhetorical Questions in Romans 3 and 10: A Critique of Douglas Campbell's Rereading." *Early Christianity* 6 (2015): 220–29.

Pryzybylski, B. *Righteousness in Matthew and His World of Thought*. SNTSMS 41. Cambridge: Cambridge University Press, 1980.

Quarles, C. L. "From Faith to Faith: A Fresh Examination of the Prepositional Series in Romans 1:17." *NovT* 45 (2003): 1–21.

———. "The Soteriology of R. Akiba and E. P. Sanders' *Paul and Palestinian Judaism*." *NTS* 42 (1996): 185–95.

Quek, S.-H. "Adam and Christ according to Paul." Pages 67–79 in *Pauline Studies: Essays Presented to Professor F. F. Bruce on His 70th Birthday*. Edited by D. A. Hagner and M. J. Harris. Grand Rapids: Eerdmans, 1980.

Quesnel, M. “La figure de Moïse en Romains 9–11.” *NTS* 49 (2003): 321–35.

Rad, G. von. “Faith Reckoned as Righteousness.” Pages 125–30 in *The Problem of the Hexateuch and Other Essays*. Translated by E. W. Trueman Dicken. New York: McGraw-Hill, 1966.

———. *Old Testament Theology*. Translated by D. M. G. Stalker. 2 vols. New York: Harper & Row, 1961–65.

Radermacher, L. “σφραγίζεσθαι. Rm 15.28.” *ZNW* 32 (1933): 87–89.

Rainbow, P. A. *The Way of Salvation: The Role of Christian Obedience in Justification*. Waynesboro, GA: Paternoster, 2005.

Räisänen, H. “Faith, Works and Election in Romans 9: A Response to Stephen Westerholm.” Pages 239–46 in *Paul and the Mosaic Law*. Edited by J. D. G. Dunn. Tübingen: Mohr Siebeck, 1996.

———. “Das ‘Gesetz des Glaubens’ (Röm. 3.27) und das ‘Gesetz des Geistes’ (Röm. 8.2).” *NTS* 26 (1979/80): 101–17.

———. *The Idea of Divine Hardening: A Comparative Study of the Notion of Divine Hardening, Leading Astray and Inciting to Evil in the Bible and the Qur’ān*. PFES 25. Helsinki: Finnish Exegetical Society, 1972.

———. “Legalism and Salvation by the Law: Paul’s Portrayal of the Jewish Religion as a Historical and Theological Problem.” Pages 63–84 in *Die paulinische Literatur und Theologie*. Edited by S. Pedersen. Teoloiske Studien 7. Århus: Aros, 1980.

———. *Paul and the Law*. WUNT 29. Tübingen: Mohr Siebeck, 1983.

———. “Paul, God, and Israel: Romans 9–11 in Recent Research.” Pages 178–206 in *The Social World of Formative Christianity and Judaism: Essays in Tribute to Howard Clark Kee*. Edited by J. Neusner, E. S. Frerichs, P. Borgen, and R. Horsley. Philadelphia: Fortress, 1988.

———. “Paul’s Theological Difficulties with the Law.” *StudBib* 3 (1978): 301–20.

———. “Romans 9–11 and the ‘History of Early Christian Religion.’” Pages 743–65 in *Texts and Contexts: Biblical Texts in Their Textual and Situational Contexts: Essays in Honor of Lars Hartman*. Edited by T. Fornberg and D. Hellholm. Boston: Scandinavian University Press, 1995.

———. “Römer 9–11: Analyse eines geistigen Ringens.” *ANRW* 2.25.4:2891–2939. Part 2, *Principat*, 25.4. Edited by W. Haase. Berlin: de Gruyter, 1987.

———. “Sprachliches zum Spiel des Paulus mit ΝΟΜΟΣ.” Pages 119–47 in *The Torah and Christ: Essays in German and English on the Problem of the Law in Early Christianity*. PFES 45. Helsinki: Kirjapaino Raamattutalu, 1986.

———. “Zum Gebrauch von ΕΠΙΘΥΜΙΑ und ΕΠΙΘΥΜΕΙΝ bei Paulus.” *ST* 33 (1979): 85–99.

———. “Zum Verständnis von Röm 3, 1–8.” Pages 185–205 in *The Torah and Christ: Essays in German and English on the Problem of the Law in Early Christianity*. PFES 45. Helsinki: Kirjapaino Raamattutalu, 1986.

Raith, C. "Abraham and the Reformation: Romans 4 and the Theological Interpretation of Aquinas and Calvin." *JTI* 5 (2011): 283–300.

Ramm, B. L. *Offense to Reason: A Theology of Sin*. San Francisco: Harper & Row, 1985.

Ramsay, W. M. *The Cities of St. Paul*. New York: Armstrong, 1908.

———. "The Olive-Tree and the Wild Olive." Pages 219–50 in *Paul and Other Studies in Early Christian History*. London: Hodder & Stoughton, 1908.

Rana, F., and H. Ross. *Who Was Adam? A Creation Model Approach to the Origin of Humanity*. Covina, CA: RTB Press, 2015.

Rapinchuk, M. "Universal Sin and Salvation in Romans 5:12–21." *JETS* 42 (1999): 427–41.

Rauer, M. *Die "Schwachen" in Korinth und Rom nach den Paulusbriefen*. BibS(F) 21. Freiburg: Herder, 1923.

Reasoner, M. "Ancient and Modern Exegesis of Romans 13 under Unfriendly Governments." *SBLSP* 38 (1999): 359–74.

———. "The Redemptive Inversions of Jeremiah in Romans 9–11." *Bib* 85 (2014): 388–404.

———. *Roman Imperial Texts: A Sourcebook*. Minneapolis: Fortress, 2013.

———. *Romans in Full Circle: A History of Interpretation*. Louisville: Westminster John Knox, 2005.

———. "The Salvation of Israel in Romans 9–11." Pages 256–79 in *The Call of Abraham: Essays on the Election of Israel in Honor of Jon D. Levinson*. Edited by G. A. Anderson and J. S. Kaminsky. Notre Dame: University of Notre Dame Press, 2013.

———. *The Strong and the Weak: Romans 14.1–15.13 in Context*. SNTSMS 103. New York: Cambridge University Press, 1999.

Reed, T. M. "Admission into Grace: Rom 5:1–11 as the Nexus of Justification by Faith and Participation in Christ." PhD diss., Southwestern Baptist Theological Seminary, 2000.

Refoulé, F. "À contre-courant: Romains 16,3–16." *RHPR* 70 (1990): 409–20.

———. *". . . Et ainsi tout Israël sera sauvé": Romains 11,25–32*. LD 117. Paris: Cerf, 1984.

———. "Note sur Romains IX,30–33." *RB* 92 (1985): 161–86.

———. "Romains, X, 4: Encore une fois." *RB* 91 (1984): 321–50.

———. "Unité de l'épitre aux Romains et histoire du salut." *RSPT* 71 (1987): 219–42.

Rehfeld, E. L. *Relationale Ontologie bei Paulus: Die ontische Wirksamkeit des Christusbezogenheit im Denken des Heidenapostels*. WUNT 2/326. Tübingen: Mohr Siebeck, 2012.

Rehmann, L. S. "The Doorway into Freedom: The Case of the 'Suspected Wife' in Romans 7.1–6." *JSNT* 79 (2000): 91–104.

Reichert, A. *Der Römerbrief als Gratwanderung: Eine Untersuchung zur Abfassungsproblematik*. FRLANT 194. Göttingen: Vandenhoeck & Ruprecht, 2001.

Reichrath, H. "Römer 9–11: Ein Stiefkind christlicher Theologie und Verkündigung." *Judaica* 23 (1967): 160–81.

Reicke, B. "Natürliche Theologie nach Paulus." *SEÅ* 22 (1957): 154–67.

———. "Paul's Understanding of Righteousness." Pages 37–49 in *Soli Deo Gloria: New Testament Studies in Honor of William Childs Robinson*. Edited by J. M. Richards. Richmond: John Knox, 1968.

———. "Paulus über das Gesetz." *TZ* 41 (1985): 237–57.

———. "Syneidesis in Röm 2:15." *TZ* 12 (1956): 157–61.

———. "Um der Väter willen: Röm 11:28." *Judaica* 14 (1958): 106–14.

Reid, M. L. "A Consideration of the Function of Rom 1:8–15 in Light of Greco-Roman Rhetoric." *JETS* 38 (1995): 181–91.

———. "Paul's Rhetoric of Mutuality: A Rhetorical Reading of Romans." *SBLSP* 34 (1995): 117–39.

Reinbold, W. "Paulus und das Gesetz: Zur Exegese von Röm 9, 30–33." *BZ* 38 (1994): 253–64.

———. "Zur Bedeutung des Begriffes 'Israel' in Römer 9–11." Pages 401–16 in *Between Gospel and Election: Explorations in the Interpretation of Romans 9–11*. Edited by F. Wilk and J. R. Wagner. WUNT 257. Tübingen: Mohr Siebeck, 2010.

Reinmuth, E. *Geist und Gesetz: Studien zu Voraussetzungen und Inhalt der paulinischen Paränese*. Theologische Arbeiten 44. Berlin: Evangelische Verlagsanstalt, 1985.

Reiser, M. "Sünde und Sündenbewusstsein in der Antike, bei Paulus und bei uns." *Erbe und Auftrag* 77 (2001): 455–69.

Reitzenstein, R. *Hellenistic Mystery Religions: Their Basic Ideas and Significance*. Pittsburgh: Pickwick, 1978.

Rengstorf, K. H. "Das Ölbaum-Gleichnis in Röm 11, 16ff: Versuch einer weiterführenden Deutung." Pages 127–64 in *Donum Gentilicium: New Testament Studies in Honour of David Daube*. Edited by E. Bammel, C. K. Barrett, and W. D. Davies. Oxford: Clarendon, 1978.

———. "Paulus und die älteste römische Christenheit." Pages 447–64 in *SE* II. Part 1: *The New Testament Scriptures*. Edited by F. L. Cross. TU 87. Berlin: Akademie, 1964.

Rese, M. "Israel und Kirche in Römer 9." *NTS* 34 (1988): 208–17.

———. "Die Rettung der Juden nach Römer 11." Pages 422–30 in *L'apôtre Paul: personnalité, style et conception du ministère*. Edited by A. Vanhoye. BETL 73. Leuven: Leuven University Press, 1986.

Reumann, J. *Creation and New Creation: The Past, Present, and Future of God's Creative Activity*. Minneapolis: Augsburg, 1973.

———. "The Gospel of the Righteousness of God: Pauline Reinterpretation in Rom. 3:21–31." *Int* 20 (1966): 432–52.

———. *"Righteousness" in the New Testament*. Philadelphia: Fortress, 1982.

Rhyne, C. T. *Faith Establishes the Law*. SBLDS 55. Chico, CA: Scholars Press, 1981.

———. "*Nomos Dikaiosynēs* and the Meaning of Romans 10:4." *CBQ* 47 (1985): 486–99.

Ribbens, B. J. "Forensic-Retributive Justification in Romans 3:21–26: Paul's Doctrine of Justification in Dialogue with Hebrews." *CBQ* 74 (2012): 548–67.

Richards, E. R. *Paul and First-Century Letter Writing: Secretaries, Composition and Collection*. Downers Grove, IL: InterVarsity Press, 2004.

Richards, J. R. "Romans and 1 Corinthians: Their Chronological Relationship and Comparative Dates." *NTS* 13 (1966–67): 14–30.

Richards, R. E. *The Secretary in the Letters of Paul*. WUNT 2/42. Tübingen: Mohr, 1991.

Richardson, N. *Paul's Language about God*. JSNTSup 99. Sheffield: Sheffield Academic, 1994.

Richardson, P. "From Apostles to Virgins: Romans 16 and the Roles of Women in the Early Church." *TJT* 2 (1986): 232–61.

———. *Israel in the Apostolic Church*. SNTSMS 10. Cambridge: Cambridge University Press, 1969.

Ridderbos, H. N. "The Earliest Confession of the Atonement in Paul." Pages 76–89 in *Reconciliation and Hope: New Testament Essays on Atonement and Eschatology Presented to L. L. Morris on His 60th Birthday*. Edited by R. Banks. Grand Rapids: Eerdmans, 1974.

———. *Paul: An Outline of His Theology*. Grand Rapids: Eerdmans, 1975.

Riedl, J. "Die Auslegung von R 2, 14–16 in Vergangenheit und Gegenwart." Pages 271–81 in vol. 1 of *SPCIC (1961)*. AnBib 17–18. Rome: Pontifical Biblical Institute Press, 1963.

———. *Das Heil der Heiden nach R 2, 14–16.26.27*. Mödling bei Wien: St. Gabriel, 1965.

Riekkinen, V. *Römer 13: Aufzeichnung und Weiterführung der exegetischen Diskussion*. Helsinki: Suomalainen Tiedeakatemia, 1980.

Riesner, R. *Paul's Early Period: Chronology, Mission Strategy, Theology*. Grand Rapids: Eerdmans, 1998.

Robeck, C. M. "What Is the Meaning of *hilastērion* in Rom 3,25?" *StBibTh* 4 (1974): 21–36.

Roberts, J. H. "Righteousness in Romans with Special Reference to Romans 3:19–31." *Neot* 15 (1981): 12–33.

Robertson, A. T. *A Grammar of the Greek New Testament in the Light of Historical Research*. New York: Doran, 1915.

Robertson, O. P. *The Books of Nahum, Habakkuk, and Zephaniah*. NICOT. Grand Rapids: Eerdmans, 1990.

———. "Genesis 15:6: New Covenant Expositions of an Old Covenant Text." *WTJ* 42 (1980): 259–89.

Robinson, D. W. B. "'Faith of Jesus Christ'—A New Testament Debate." *RTR* 29 (1970): 71–81.

———. "The Priesthood of Paul in the Gospel of Hope." Pages 231–45 in *Reconciliation and Hope: New Testament Essays on Atonement and Eschatology Presented to L. L. Morris on His 60th Birthday*. Edited by R. Banks. Grand Rapids: Eerdmans, 1974.

Robinson, H. W. *Corporate Personality in Ancient Israel*. Reprint. Philadelphia: Fortress, 1980.

Robinson, J. A. *St. Paul's Epistle to the Ephesians*. 2d ed. 1922. Reprint. London: Clarke, 1961.

Robinson, J. A. T. *The Body: A Study in Pauline Theology*. SBT 1/5. London: SCM, 1952.

Rodgers, P. R. "The Text of Romans 8:28." *JTS* 46 (1995): 547–50.

Rodriguez, R. *If You Call Yourself a Jew: Reappraising Paul's Letter to the Romans*. Eugene, OR: Wipf & Stock, 2014.

Roetzel, C. J. "Διαθῆκαι in Romans 9,4." *Bib* 51 (1970): 377–90.

———. "Sacrifice in Romans 12–15." *WW* 6 (1986): 410–19.

Rogerson, J. W. "The Hebrew Conception of Corporate Personality: A Reexamination." *JTS* 21 (1970): 1–16.

Rogland, M. "Abram's Persistent Faith: Hebrew Verb Semantics in Genesis 15:6." *WTJ* 70 (2008): 239–44.

Rohr, J. von. *The Covenant of Grace in Puritan Thought*. AARSR 45. Atlanta: Scholars Press, 1986.

Röhser, G. "Paulus und Die Herrschaft der Sünde." *ZNW* 103 (2012): 84–110.

Rolland, P. *Épître aux Romains: Texte grec structuré*. Rome: Pontifical Biblical Institute Press, 1980.

———. "'Il est notre justice, notre vie, notre salut': L'ordonnance des thèmes majeurs de l'Épître aux Romains." *Bib* 56 (1975): 394–404.

Roller, O. *Das Formular der paulinischen Briefe: Ein Beitrag zur Lehre vom antiken Briefe*. BWA(N)T 4.6. Stuttgart: Kohlhammer, 1933.

Romanello, S. "Rom 7:7–25 and the Impotence of the Law: A Fresh Look at a Much-Debated Topic Using Literary-Rhetorical Analysis." *Bib* 84 (2003): 510–30.

Romaniuk, K. "Was Phoebe in Romans 16, 1 a Deaconess?" *ZNW* 81 (1990): 132–34.

Roo, J. C. R. *Works of the Law at Qumran and in Paul*. New Testament Monographs 13. Sheffield: Sheffield Phoenix, 2007.

Roon, A. van. "The Relationship between Christ and the Wisdom of God according to Paul." *NovT* 16 (1974): 207–39.

Ropes, J. H. "'Righteousness' and 'The Righteousness of God' in the Old Testament and in St. Paul." *JBL* 22 (1903): 211–27.

Rosin, H. "To gnoston tou theou." *TZ* 17 (1961): 162–65.

Rosner, B. S. *Paul and the Law: Keeping the Commandments of God*. NSBT 31. Downers Grove, IL: InterVarsity Press, 2013.

Ross, J. M. "Pánta synergeî, Rom. VIII.28." *TZ* 34 (1978): 82–85.

Rothgangel, M. *Antisemitismus als religionspädagogische Herausforderung: Eine Studie unter besonderer Berücksichtigung von Röm 9–11*. Lernprozess Christen Juden 10. Freiburg im Breisgau: Herder, 1995.

Rothschild, C. K. "Hebrews as an Instructional Appendix to Romans." Pages 245–67 in *Paul and Pseudepigraphy*. Edited by S. E. Porter and G. P. Fewster. Pauline Studies 8. Leiden: Brill, 2013.

Rowe, C. K. "Biblical Pressure and Trinitarian Hermeneutics." *ProEccl* 11 (2002): 295–312.

———. "Romans 10:13: What Is the Name of the Lord?" *HBT* 22 (2000): 135–73.

Rowley, H. H. *The Biblical Doctrine of Election*. London: Lutterworth, 1950.

Rubel, G. *Paulus und Rom: Historische, rezeptionsgeschichtliche und archäologische Aspekte zum letzten Lebensabschnitt des Völkerapostels*. NTAbh 57. Münster: Aschendorff, 2014.

Rudolf, D., and J. Willetts, eds. *Introduction to Messianic Judaism: Its Ecclesial Context and Biblical Foundations*. Grand Rapids: Zondervan, 2013.

Ruether, R. R. *Faith and Fratricide: The Theological Roots of Anti-Semitism*. New York: Seabury, 1974.

Runge, S. E. *Discourse Grammar of the Greek New Testament*. Peabody, MA: Hendrickson, 2010.

Runge, S. E., and C. J. Fresch, eds. *The Greek Verb Revisited: A Fresh Approach for Biblical Exegesis*. Bellingham, WA: Lexham, 2016.

Russell, N. *The Doctrine of Deification in the Greek Patristic Tradition*. Oxford: Oxford University Press, 2004.

Saake, H. "Echtheitskritische Überlegungen zur Interpolationshypothese von Römer ii.16." *NTS* 19 (1972/73): 486–89.

Sabou, S. *Between Horror and Hope: Paul's Metaphorical Language of Death in Romans 6:1–11*. Paternoster Biblical Monographs. Waynesboro, GA: Paternoster, 2005.

———. "A Note on Romans 6:5: The Representation (ὁμοίωμα) of His Death." *TynBul* 55 (2004): 219–29.

Sabourin, L. "Formulations of Christian Beliefs in Recent Exposition on Paul's Epistles to the Romans and Galatians." *Religious Studies Bulletin* 1 (1981): 120–36.

Sabourin, L., and S. Lyonnet. *Sin, Redemption and Sacrifice: A Biblical and Patristic Study*. AnBib 48. Rome: Biblical Institute Press, 1970.

Safrai, S. "Home and Family." Pages 728–92 in vol. 2 of *The Jewish People in the First Century: Historical Geography, Political History, Social, Cultural and Religious Life and Institutions*. Edited by S. Safrai and M. Stern. CRINT. Reprint. Philadelphia: Fortress, 1987.

Sailhamer, J. H. *The Meaning of the Pentateuch: Revelation, Composition and Interpretation*. Downers Grove, IL: InterVarsity Press, 2009.

———. *The Pentateuch as Narrative*. Grand Rapids: Zondervan, 1992.

Sampley, J. P. "Romans and Galatians: Comparison and Contrast." Pages 315–39 in *Understanding the Word: Essays in Honor of Bernhard W. Anderson*. Edited by J. T. Butler, E. W. Conrad, and B. C. Ollenburger. JSOTSup 37. Sheffield: JSOT Press, 1985.

———. *Walking in Love: Moral Progress and Spiritual Growth with the Apostle Paul*. Minneapolis: Fortress, 2016.

———. "The Weak and the Strong: Paul's Careful and Crafty Rhetorical Strategy in Romans 14:1–15:13." Pages 40–52 in *The Social World of the First Christians: Essays in Honor of Wayne A. Meeks*. Edited by L. M. White and L. O. Yarbrough. Minneapolis: Fortress, 1995.

Sand, A. *Der Begriff "Sarx" in den paulinischen Hauptbriefen*. Biblische Untersuchungen 2. Regensburg: Pustet, 1967.

———. "Sünde, Gesetz und Tod zum Menschenbild des Apostels Paulus." Pages 73–85 in *Zum Problem der Erbsünde: Theologische und philosophische Versuche*. Edited by N. Lohfink, A. Sand, G. Scherer, and W. Breuning. Essen: Ludgerus, 1981.

Sanders, E. P. *Judaism: Practice and Belief, 63 BCE–66 CE*. Philadelphia: Trinity Press International, 1992.

———. *Paul and Palestinian Judaism: A Comparison of Patterns of Religion*. Philadelphia: Fortress, 1977.

———. "Paul on the Law, His Opponents, and the Jewish People in Philippians 3 and 2 Corinthians 11." Pages 75–90 in *Paul and the Gospels*. Vol. 1 of *Anti-Judaism in Early Christianity*. Edited by P. Richardson with D. Granskou. Studies in Christianity and Judaism 2. Waterloo, ON: Wilfrid Laurier University Press, 1986.

———. *Paul, the Law and the Jewish People*. Philadelphia: Fortress, 1983.

———. "Paul's Attitude toward the Jewish People." *USQR* 33 (1978): 175–87.

———. "Puzzling Out Rabbinic Judaism." Pages 65–80 in *Approaches to Ancient Judaism*. Vol. 2. Edited by W. S. Green. BJS 9. Chico, CA: Scholars Press, 1980.

Sanders, J. A. "Habakkuk in Qumran, Paul, and the Old Testament." Pages 98–117 in *Paul and the Scriptures of Israel*. Edited by C. A. Evans and J. A. Sanders. JSNTSup 83; SSEJC 1. Sheffield: JSOT Press, 1993.

Sandnes, K. *Belly and Body in the Pauline Epistles*. SNTSMS 120. Cambridge: Cambridge University Press, 2002.

Sandt, H. W. M. van de. "An Explanation of Rom 8:4a." *Bijdr* 37 (1976): 361–78.

———. "Research into Rom 8:4a: The Legal Claim of the Law." *Bijdr* 37 (1976): 252–69.

Sänger, D. "'Er wird die Gottlosigkeit von Jakob entfernen' (Röm 11,26): Kontinuität und Wandel in den Israelaussagen des Apostels Paulus." Pages 121–46 in *Between Gospel and Election: Explorations in the Interpretation of Romans 9–11*. Edited by F. Wilk and J. R. Wagner. WUNT 257. Tübingen: Mohr Siebeck, 2010.

———. "Rettung der Heiden und Erwählung Israels: Einige vorläufige Erwägungen zu Römer 11,25–27." *KD* 32 (1986): 99–119.

Sanlon, P. "Original Sin in Patristic Theology." Pages 85–107 in *Adam, the Fall, and Original Sin: Theological, Biblical, and Scientific Perspectives*. Edited by H. Madueme and M. Reeves. Grand Rapids: Baker Academic, 2014.

Sauer, J. "Traditionsgeschichtliche Erwägungen zu den synoptischen und paulinischen Aussagen über Feindesliebe und Wiedervergeltungsverzicht." *ZNW* 76 (1985): 1–28.

Schaller, B. "ΗΞΕΙ ΕΚ ΣΙΩΝ Ο ΡΥΟΜΕΝΟΣ: Zur Textgestalt von Jes. 59:20f. in Röm 11:26f." Pages 201–6 in *De Septuaginta: Studies in Honour of John William Wevers on His Sixty-Fifth Birthday*. Edited by A. Pietersma and C. Cox. Toronto: Benben, 1984.

———. "Die Rolle des Paulus im Verhältnis zwischen Christen und Juden." Pages 1–36 in *Between Gospel and Election: Explorations in the Interpretation of Romans 9–11*. Edited by F. Wilk and J. R. Wagner. WUNT 257. Tübingen: Mohr Siebeck, 2010.

Schechter, S. *Aspects of Rabbinic Theology*. New York: Schocken, 1961.

Schelkle, K. H. "Biblische und patristische Eschatologie nach Röm., XIII, 11–13." Pages 357–72 in vol. 2 of *Sacra Pagina: Miscellanea Biblica Congressus Internationalis Catholici de re Biblica*. Edited by J. Coppens, A. Descamps, and E. Massoux. BETL 13. Paris: Gabalda, 1959.

———. *Paulus, Lehrer der Väter: Die altkirchliche Auslegung von Römer 1–11*. Düsseldorf: Patmos, 1956.

———. "Staat und Kirche in der patristischen Auslegung von Rom 13:1–7." *ZNW* 44 (1952/53): 223–36.

Schellenberg, R. S. "Does Paul Call Adam a 'Type' of Christ? An Exegetical Note on Rom 5,14." *ZNW* 105 (2014): 54–63.

Schenk, W. "Römer 13, 'Obrigkeit' und 'Kirche im Sozialismus.'" Pages 979–99 in *Texts and Contexts: Biblical Texts in Their Textual and Situational Contexts*. Edited by T. Fornberg and D. Hellholm. Oslo: Scandinavian University Press, 1995.

Schille, G. "Die Liebe Gottes in Christus: Beobachtungen zu Rm 8 31–39." *ZNW* 59 (1968): 230–44.

Schlatter, A. *The Theology of the Apostles: The Development of New Testament Theology.* Grand Rapids: Baker, 1998.

Schlier, H. "Die Beurteilung des Staates im Neuen Testament." Pages 1–16 in *Die Zeit der Kirche.* 2d ed. Freiburg im Breisgau: Herder, 1958.

———. "Εὐαγγέλιον in Römerbrief." Pages 127–42 in *Wort Gottes in der Zeit: Festschrift, Karl Hermann Schelkle zum 65. Geburtstag.* Edited by H. Feld and J. Nolte. Düsseldorf: Patmos, 1973.

———. "Die 'Liturgie' der apostolischen Evangeliums (Römer 15,14–21)." Pages 169–83 in *Das Ende der Zeit.* Exegetische Aufsätze und Vorträge 3. Freiburg: Herder, 1972.

———. "The State according to the New Testament." Pages 215–38 in *The Relevance of the New Testament.* New York: Herder, 1968.

———. "Vom Wesen der apostolischen Ermahnung nach Römerbrief 12,1–2." Pages 74–89 in *Das Ende der Zeit: Exegetische Aufsätze und Vorträge.* Freiburg: Herder, 1971.

Schliesser, B. *Abraham's Faith in Romans 4: Paul's Concept of Faith in Light of the History of Reception of Genesis 15:6.* WUNT 2/224. Tübingen: Mohr Siebeck, 2007.

———. *Was ist Glaube? Paulinische Perspektiven.* ThSt 3. Zurich: Theologischer Verlag, 2011.

Schlueter, C. J. *Filling Up the Measure: Polemical Hyperbole in 1 Thessalonians 2:14–16.* JSNTSup 98. Sheffield: JSOT Press, 1994.

Schmeller, T. *Paulus und die "Diatribe": Eine vergleichende Stilinterpretation.* NTAbh 19. Münster: Aschendorff, 1987.

Schmid, H. H. "Gerechtigkeit und Glaube." *EvT* 40 (1980): 396–420.

Schmid, U. B. "Marcion and the Textual History of *Romans*: Editorial Activity and the Early Editions of the New Testament." Pages 99–113 in *Biblical Quotations in Patristic Texts.* Edited by L. Mellerin and H. A. G. Houghton. Vol. 2 of *Papers Presented at the Sixteenth International Conference on Patristic Studies Held in Oxford 2011.* Edited by M. Vinzent. StPatr 54. Leuven: Peeters, 2013.

Schmidt, K. L. "Das Gegenüber von Kirche und Staat in der Gemeinde des Neuen Testaments." *TBl* 16 (1937): 1–16.

———. "Die Verstockung des Menschen durch Gott: Eine lexikologische und biblisch-theologische Studie." *TZ* 1 (1945): 1–17.

Schmithals, W. "Die Irrlehrer von Rm 16:17–20." *ST* 13 (1959): 51–69.

———. *Paul and the Gnostics.* Nashville: Abingdon, 1972.

———. *Der Römerbrief als historisches Problem.* SNT 9. Gütersloh: Mohn, 1975.

———. *Die theologische Anthropologie des Paulus: Auslegung von Röm 7,17–8,39.* Stuttgart: Kohlhammer, 1980.

Schmitt, R. *Gottesgerechtigkeit—Heilsgeschichte—Israel in der Theologie des Paulus.* EHS 23.240. Frankfurt: Lang, 1984.

Schnabel, E. J. "Die Gemeinde des Neuen Bundes in Kontinuität mit Diskontinuität zur Gemeinde des Alten Bundes." Pages 147–213 in *Israel in Geschichte und Gegenwart: Beiträge zur Geschichte Israels und zum jüdisch-christlichen Dialog.* Edited by G. Maier. Wuppertal: Theologische, 1996.

———. *Law and Wisdom from Ben Sira to Paul.* WUNT 2/16. Tübingen: Mohr, 1985.

———. *Paul and the Early Church.* Vol. 2 of *Early Christian Mission.* Downers Grove, IL: InterVarsity Press, 2004.

Schnackenburg, R. "Die Adam-Christus-Typologie (Röm 5,12–21) als Voraussetzung für das Taufverständnis in Röm 6,1–14." Pages 37–81 in *Battesimo e Giustizia in Rom 6 e 8.* Edited by L. De Lorenzi. SMBen: Biblical-Ecumenical Section 2. Rome: Abbey of St. Paul Outside the Walls, 1974.

———. "Apostles before and during Paul's Time." Pages 287–303 in *Apostolic History and the Gospel: Biblical and Historical Essays Presented to F. F. Bruce on His 60th Birthday.* Edited by W. W. Gasque and R. P. Martin. Grand Rapids: Eerdmans, 1970.

———. "Römer 7 im Zusammenhang des Römerbriefes." Pages 283–300 in *Jesus und Paulus: Festschrift für Werner Georg Kümmel zum 70. Geburtstag.* Edited by E. E. Ellis and E. Gräßer. Göttingen: Vandenhoeck & Ruprecht, 1978.

———. "Todes- und Lebensgemeinschaft mit Christus. Neue Studien zu Röm 6,1–11." *MTZ* 6 (1955): 32–53.

Schneider, B. "Κατὰ Πνεῦμα Ἁγιωσύνης (Romans 1,4)." *Bib* 48 (1967): 359–87.

———. "The Meaning of St. Paul's Antithesis 'The Letter and the Spirit.'" *CBQ* 15 (1953): 163–207.

Schneider, E. E. "Finis Legis Christus." *TZ* 6 (1964): 410–22.

Schneider, J. R. "Recent Genetic Science and Christian Theology on Human Origins: An 'Aesthetic Supralapsarianism.'" *Perspectives on Science and Christian Faith* 62 (2010): 196–212. Online: http://www.asa3.org/ASA/PSCF/2010/PSCF9-10Schneider.pdf.

Schnelle, U. *Apostle Paul: His Life and Theology.* Grand Rapids: Baker Academic, 2005.

———. *Gerechtigkeit und Christusgegenwart: Vorpaulinische und paulinische Tauftheologie.* GTA 24. Göttingen: Vandenhoeck & Ruprecht, 1983.

———. "Der Römerbrief und die Aporien des paulinischen Denkens." Pages 3–23 in *The Letter to the Romans.* Edited by U. Schnelle. BETL 226. Leuven: Peeters, 2009.

———. *Theology of the New Testament.* Grand Rapids: Baker, 2009.

Schniewind, J. "Das Seufzen des Geistes, Röm 8.26, 27." Pages 81–103 in *Nachgelassene Reden und Aufsätze.* Berlin: Töpelmann, 1952.

Schoedel, W. R. "Same-Sex Eros: Paul and the Greco-Roman Tradition." Pages

43–72 in *Homosexuality, Science, and the "Plain Sense" of Scripture*. Edited by D. Balch. Grand Rapids: Eerdmans, 2000.

Schoeps, H.-J. *The Jewish-Christian Argument: A History of Theologies in Conflict*. 3d ed. New York: Holt, Rinehart and Winston, 1963.

———. *Paul: The Theology of the Apostle in the Light of Jewish Religious History*. Philadelphia: Westminster, 1961.

Scholer, D. M. "Paul's Women Co-workers in the Ministry of the Church." *Daughters of Sarah* 6 (1980): 3–6.

Schottroff, L. "Die Schreckensherrschaft der Sünde und die Befreiung durch Christus nach dem Römerbrief des Paulus." *EvT* 39 (1979): 497–510.

Schrage, W. *Die Christen und der Staat nach dem Neuen Testament*. Gütersloh: Gütersloher, 1971.

———. *Ethik des Neuen Testaments*. NTD 4. Göttingen: Vandenhoeck & Ruprecht, 1982.

———. "Ist die Kirche das 'Abbild seines Todes'? Zu Röm 6,5." Pages 205–19 in *Kirche: Festschrift für Günther Bornkamm zum 75. Geburtstag*. Edited by D. Lührmann and G. Strecker. Tübingen: Mohr, 1980.

———. *Die konkreten Einzelgebote im der paulinischen Paränese*. Gütersloh: Mohn, 1961.

Schreiber, S. "Arbeit mit der Gemeinde (Röm 16.6, 12): Zur versunkenen Möglichkeit der Gemeindeleitung durch Frauen." *NTS* 46 (2000): 204–26.

———. "Das Weihegeschenk Gottes: Eine Deutung des Todes Jesu in Röm 3,25." *ZNW* 97 (2006): 88–110.

———. "Wer bin 'Ich'? Die Rolle Adams und die neue Tora-Hermeneutik in Röm 7." *Zeitschrift für Neues Testament* 16 (2013): 49–54.

Schreiner, T. R. "The Abolition and the Fulfillment of the Law in Paul." *JSNT* 35 (1989): 47–74.

———. "Corporate and Individual Election in Romans 9: A Response to Brian Abasciano." *JETS* 49 (2006): 373–86.

———. "Did Paul Believe in Justification by Works? Another Look at Romans 2." *BBR* 3 (1993): 131–58.

———. "Does Romans 9 Teach Individual Election unto Salvation? Some Exegetical and Theological Reflections." *JETS* 36 (1993): 25–40.

———. *Faith Alone: The Doctrine of Justification*. Grand Rapids: Zondervan, 2015.

———. "Israel's Failure to Attain Righteousness in Romans 9:30–10:3." *TJ* 12 (1991): 209–20.

———. *The Law and Its Fulfillment: A Pauline Theology of Law*. Grand Rapids: Baker, 1993.

———. "Original Sin and Original Death: Romans 5:12–19." Pages 271–88 in *Adam, the Fall, and Original Sin: Theological, Biblical, and Scientific Perspectives*. Edited by H. Madueme and M. Reeves. Grand Rapids: Baker Academic, 2014.

———. "Paul and Perfect Obedience to the Law: An Evaluation of the View of E. P. Sanders." *WTJ* 47 (1985): 245–78.

———. *Paul, Apostle of God's Glory in Christ: A Pauline Theology.* Downers Grove, IL: InterVarsity Press, 2001.

———. "Paul's View of the Law in Romans 10:4–5." *WTJ* 55 (1993): 113–35.

———. "The Subject of Romans 7:14–25." *NovT* 34 (1992): 313–33.

———. "'Works of Law' in Paul." *NovT* 33 (1991): 217–44.

Schreiner, T. R., and A. B. Caneday. *The Race Set before Us: A Biblical Theology of Perseverance.* Downers Grove, IL: InterVarsity Press, 2001.

Schrenk, G. *Gottesreich und Bund im älteren Protestantismus vornehmlich bei Johannes Cocceius, zugleich ein Beitrag zur Geschichte des Pietismus und des heilsgeschichtlichen Theologie.* Gütersloh: Mohn, 1923.

———. *Die Weissagung über Israel im Neuen Testament.* Zurich: Gotthelf, 1951.

Schubert, P. *The Form and Function of the Pauline Thanksgivings.* BZNW 20. Berlin: Akademie, 1939.

Schulz, R. R. "A Case for 'President' Phoebe in Romans 16:2." *LTJ* 24 (1990): 124–27.

———. "Romans 16:7: Junia or Junias?" *ExpTim* 98 (1986/87): 108–10.

Schulz, S. "Zur Rechtfertigung aus Gnaden in Qumran und bei Paulus: Zugleich ein Beitrag zur Form- und Überlieferungsgeschichte der Qumrantexte." *ZTK* 56 (1959): 155–85.

Schunack, G. *Das hermeneutische Problem des Todes im Horizont von Römer 5 untersucht.* HUT 7. Tübingen: Mohr, 1967.

Schürer, E. *The Jewish People in the Time of Jesus Christ.* 2d ed. 3 vols. Edinburgh: T&T Clark, 1890.

Schürmann, H. "Die geistlichen Gnadengaben in den paulinischen Gemeiden." Pages 236–73 in *Ursprung und Gestalt: Erörterungen und Besinningen zum Neuen Testament.* Düsseldorf: Patmos, 1970.

Schüssler Fiorenza, E. "Missionaries, Apostles, Coworkers: Romans 16 and the Reconstruction of Women's Early Christian History." *WW* 6 (1986): 420–33.

Schwartz, D. R. "Two Pauline Allusions to the Redemptive Mechanism of the Crucifixion." *JBL* 102 (1983): 259–69.

Schweitzer, A. *The Mysticism of Paul the Apostle.* 1931. Reprint. New York: Seabury, 1968.

———. *Paul and His Interpreters: A Critical History.* London: Black, 1912.

Schweizer, E. *The Church as the Body of Christ.* Richmond: Knox, 1964.

———. "Dying and Rising with Christ." *NTS* 14 (1967/68): 1–14.

———. "Röm. 1:3f, und der Gegensatz von Fleisch und Geist vor und bei Paulus." Pages 180–89 in *Neotestamentica: Deutsche und englische Aufsätze, 1951–1963.* Zurich: Zwingli, 1963.

———. "Zum traditionsgeschichtlichen Hintergrund der 'Sendungsformel' Gal 4,4f, Röm 8,3f, Joh 3,16f, 1 Joh 4,9." *ZNW* 57 (1966): 199–210.

———. "Zur Herkunft der Präexistenzvorstellung bei Paulus." *EvT* 19 (1959): 65–70.

Scott, C. A. A. *Christianity according to St. Paul.* Cambridge: Cambridge University Press, 1939.

Scott, I. W. *Implicit Epistemology in the Letters of Paul: Story, Experience and the Spirit.* WUNT 2/205. Tübingen: Mohr Siebeck, 2006.

Scott, J. M. *Adoption as Sons of God: An Exegetical Investigation into the Background of ΥΙΟΘΕΣΙΑ in the Pauline Corpus.* WUNT 2/48. Tübingen: Mohr Siebeck, 1992.

———. "'And Then All Israel Will Be Saved' (Rom 11:26)." Pages 489–527 in *Restoration: Old Testament, Jewish, and Christian Perspectives.* Edited by J. M. Scott. JSJSup 72. Leiden: Brill, 2001.

———. *Paul and the Nations: The Old Testament and Jewish Background of Paul's Mission to the Nations with Special Reference to the Destination of Galatians.* WUNT 84. Tübingen: Mohr Siebeck, 1995.

———. "Paul's Use of Deuteronomic Tradition." *JBL* 112 (1994): 645–65.

Scott, M. *The Hermeneutics of Christological Psalmody in Paul: An Intertextual Enquiry.* SNTSMS 158. Cambridge: Cambridge University Press, 2014.

Scroggs, R. *The Last Adam: A Study in Pauline Anthropology.* Philadelphia: Fortress, 1966.

———. *The New Testament and Homosexuality: Contextual Background for Contemporary Debate.* Philadelphia: Fortress, 1983.

———. "Romans VI.7. Ο ΓΑΡ ΑΠΟΘΑΝΩΝ ΔΕΔΙΚΑΙΩΤΑΙ ΑΠΟ ΤΗΣ ΑΜΑΡΤΙΑΣ." *NTS* 10 (1963/64): 104–8.

Sechrest, L. L. *A Former Jew: Paul and the Dialectics of Race.* LNTS 410. London: T&T Clark, 2009.

Seewann, M.-I. "Semantische Untersuchung zu πώρωσις, veranlasst durch Röm 11,25." *Filología Neotestamentaria* 10 (1997): 139–56.

Segal, A. F. "'He who did not spare his own Son . . .': Jesus, Paul and the Aqedah." Pages 169–84 in *From Jesus to Paul: Studies in Honour of Francis Wright Beare.* Edited by P. Richardson and J. C. Hurd. Waterloo, ON: Wilfrid Laurier University Press, 1984.

———. *Paul the Convert: The Apostolate and Apostasy of Saul the Pharisee.* New Haven: Yale University Press, 1990.

———. "Paul's Experience and Romans 9–11." *Princeton Seminary Bulletin Supplementary Issue* 1 (1990): 56–70.

Segert, S. "'Live Coals Heaped on the Head.'" Pages 159–64 in *Love and Death in the Ancient Near East: Essays in Honor of Marvin H. Pope.* Edited by J. H. Marks and R. H. Good. Guilford, CN: Four Quarters, 1987.

Seidensticker, P. *Lebendiges Opfer (Röm 12,1): Ein Beitrag zur Theologie des Apostels Paulus.* NTAbh 20. Münster: Aschendorff, 1954.

Seifrid, M. A. *Christ, Our Righteousness: Paul's Theology of Justification*. NSBT 9. Downers Grove, IL: InterVarsity Press, 2000.

———. *Justification by Faith: The Origin and Development of a Central Pauline Theme*. NovTSup 68. Leiden: Brill, 1992.

———. "Natural Revelation and the Purpose of the Law in Romans." *TynBul* 49 (1998): 115–29.

———. "The Near Word of Christ and the Distant Vision of N.T. Wright." *JETS* 54 (2011): 279–97.

———. "Paul's Approach to the Old Testament in Rom 10:6–8." *TJ* 6 (1985): 3–37.

———. "Paul's Use of Habakkuk 2:4 in Romans 1:17: Reflections on Israel's Exile in Romans." Pages 133–49 in *History and Exegesis: New Testament Essays in Honor of Dr. E. Earle Ellis for His 80th Birthday*. Edited by S.-W. Son. London: T&T Clark, 2006.

———. "Paul's Use of Righteousness Language against Its Hellenistic Background." Pages 39–74 in *The Paradoxes of Paul*. Edited by D. A. Carson, P. T. O'Brien, and M. A. Seifrid. Vol. 2 of *Justification and Variegated Nomism*. Grand Rapids: Baker Academic, 2004.

———. "Righteousness Language in the Hebrew Scriptures and Early Judaism." Pages 415–42 in *The Complexities of Second Temple Judaism*. Edited by D. A. Carson, P. T. O'Brien, and M. A. Seifrid. Vol. 1 of *Justification and Variegated Nomism*. Grand Rapids: Baker Academic, 2001.

———. "Romans 7: The Voice of the Law, the Cry of Lament, and the Shout of Thanksgiving." Pages 111–65 in *Perspectives on Our Struggle with Sin: 3 Views of Romans 7*. Edited by T. L. Wilder. Nashville: Broadman & Holman, 2011.

———. "The Subject of Rom 7:14–25." *NovT* 34 (1992): 313–33.

———. "The Text of Romans and the Theology of Melanchthon: The Preceptor of the Germans and the Apostle to the Gentiles." Pages 97–120 in *Reformation Readings of Paul: Explorations in History and Exegesis*. Edited by M. Allen and J. A. Linebaugh. Downers Grove, IL: InterVarsity Press, 2015.

Seitz, C. "Jewish Scripture for Gentile Churches: Human Destiny and the Future of the Pauline Correspondence. Part 1: Romans." *ProEccl* 23 (2014): 294–308.

Seitz, E. "Korrigiert sich Paulus? Zu Röm 5,6–8." *ZNW* 91 (2000): 279–87.

———. "λόγον συντέμνων—Eine Gerichtsankündigung? (Zu Römer 9,27/28)." *BN* 109 (2001): 56–82.

Shank, R. *Elect in the Son: A Study of the Doctrine of Election*. Springfield, MA: Westcott, 1970.

Shedd, R. *Man in Community: A Study of St. Paul's Application of the Old Testament and Early Jewish Conceptions of Human Society*. Grand Rapids: Eerdmans, 1964.

Sherwin-White, A. N. *Roman Society and Roman Law in the New Testament*. Oxford: Clarendon, 1963.

Sherwood, A. *Paul and the Restoration of Humanity in Light of Ancient Jewish Traditions*. Ancient Judaism and Early Christianity 82. Leiden: Brill, 2012.

Shields, B. E. "The Areopagus Sermon and Romans 1:18ff: A Study in Creation Theology." *RestQ* 20 (1977): 23–40.

Shogren, G. S. "'Is the Kingdom of God about Eating and Drinking or Isn't It?' (Romans 14:17)." *NovT* 42 (2000): 238–56.

———. "The 'Wretched Man' of Romans 7:14–25 as '*Reductio ad absurdum*.'" *EvQ* 72 (2000): 119–34.

Shum, S.-L. *Paul's Use of Isaiah in Romans: A Comparative Study of Paul's Letter to the Romans and the Sibylline and Qumran Sectarian Texts*. WUNT 2/156. Tübingen: Mohr Siebeck, 2002.

Siber, P. *Mit Christus Leben: Eine Studie zur paulinischen Auferstehungshoffnung*. ATANT 61. Zurich: Theologischer Verlag, 1971.

Sibley, J. R. "Has the Church Put Israel on the Shelf? The Evidence from Romans 11:15." *JETS* 58 (2015): 571–81.

Siebenthal, H. von. *Griechische Grammatik zum Neuen Testament*. Giessen: Brunnen, 2011.

Siegert, F. *Argumentation bei Paulus: Gezeigt an Röm 9–11*. WUNT 34. Tübingen: Mohr, 1985.

Silberman, L. H. "Unriddling the Riddle: A Study in the Structure and Language of Habakkuk Pesher (1QpHab)." *RevQ* (1961–62): 323–64.

Silva, M. "The Law and Christianity: Dunn's New Synthesis." *WTJ* 53 (1991): 339–53.

———. "New Lexical Semitisms?" *ZNW* 69 (1978): 253–57.

———. "The Pauline Style as Lexical Choice: ΓΙΝΩΣΚΕΙΝ and Related Verbs." Pages 184–207 in *Pauline Studies: Essays Presented to Professor F. F. Bruce on His 70th Birthday*. Edited by D. A. Hagner and M. J. Harris. Grand Rapids: Eerdmans, 1980.

———. *Philippians*. 2d ed. BECNT. Grand Rapids: Baker, 2005.

———. *Philippians*. WEC. Chicago: Moody Press, 1988.

Sklar, J. "Sin and Impurity: Atoned or Purified? Yes!" Pages 18–31 in *Perspectives on Purity and Purification in the Bible*. Edited by B. J. Schwartz, D. P. Wright, J. Stackert and N. S. Meshel. New York: T&T Clark, 2008.

———. *Sin, Impurity, Sacrifice, Atonement: The Priestly Conceptions*. Hebrew Bible Monographs 2. Sheffield: Sheffield Phoenix, 2005.

Sloan, R. B. "Paul and the Law: Why the Law Cannot Save." *NovT* 33 (1991): 35–60.

Smallwood, E. M. *The Jews under Roman Rule: From Pompey to Diocletian*. SJLA 20. Leiden: Brill, 1976.

Smedes, L. B. *All Things Made New: A Theology of Man's Union with Christ*. Grand Rapids: Eerdmans, 1970.

———. *Union with Christ: A Biblical View of the New Life in Jesus Christ*. Grand Rapids: Eerdmans, 1983.

Smiga, G. "Romans 12:1–2 and 15:30–32 and the Occasion of the Letter to the Romans." *CBQ* 53 (1991): 257–73.

Smiles, V. M. "The Concept of 'Zeal' in Second-Temple Judaism and Paul's Critique of It in Romans 10:2." *CBQ* 64 (2002): 282–99.

Smith, C. S. *Pauline Communities as "Scholastic Communities": A Study of the Vocabulary of "Teaching" in 1 Corinthians, 1 and 2 Timothy and Titus*. WUNT 2/335. Tübingen: Mohr Siebeck, 2012.

Smith, G. "The Function of 'Likewise' (ὡσαύτως) in Romans 8:26." *TynBul* 48 (1998): 29–38.

Smith, G. V. *Isaiah 40–66*. NAC 15B. Nashville: Broadman and Holman, 2009.

Smith, M. D. "Ancient Bisexuality and the Interpretation of Romans 1:26–27." *JAAR* 64 (1996): 223–56.

Smith, R. L. *Micah–Malachi*. WBC. Waco, TX: Word, 1984.

Smith, R. S. *Justification and Eschatology: A Dialogue with the "New Perspective."* Doncaster: Reformed Theological Journal, 2001.

Smothers, E. R. "Give Place to the Wrath (Rom. 12:19): An Essay in Verbal Exegesis." *CBQ* 6 (1944): 205–15.

Snodgrass, K. R. "The Christological Stone Testimonia in the New Testament." PhD diss., University of St. Andrews, 1973.

———. "Justification by Grace—To the Doers: An Analysis of the Place of Romans 2 in the Theology of Paul." *NTS* 32 (1986): 72–93.

———. "Spheres of Influence: A Possible Solution for the Problem of Paul and the Law." *JSNT* 32 (1988): 93–113.

Snyman, A. H. "Style and the Rhetorical Situation of Romans 8.31–39." *NTS* 34 (1988): 218–31.

Soards, M. L. "Käsemann's 'Righteousness' Reexamined." *CBQ* 49 (1987): 264–67.

Soderlund, S., and N. T. Wright, eds. *Romans and the People of God: Essays in Honor of Gordon D. Fee on the Occasion of His 65th Birthday*. Grand Rapids: Eerdmans, 1999.

Söding, T. "Sühne durch Stellvertretung: Zur zentralen Deutung des Todes Jesu im Römerbrief." Pages 375–96 in *Deutungen des Todes Jesu im Neuen Testament*. Edited by J. Frey and J. Schröter. WUNT 181. Tübingen: Mohr Siebeck, 2005.

———. "Verheißung und Erfüllung im Lichte paulinscher Theologie." *NTS* 47 (2000): 146–70.

Songer, H. S. "New Standing before God: Romans 3:21–5:21." *RevExp* 73 (1976): 415–24.

Souček, J. B. "Zur Exegese von Röm. 2,14ff." Pages 99–113 in *Antwort: Karl Barth zum siebzigsten Geburtstag am 10. Mai 1956*. Zollikon-Zurich: Evangelischer Verlag, 1956.

Southall, D. J. *Rediscovering Righteousness in Romans: Personified Dikaiosynē within Metaphoric and Narratorial Settings*. WUNT 2/240. Tübingen: Mohr Siebeck, 2008.

Spencer, F. S. "Beyond Trench's Study of Synonyms." *ExpTim* 99 (1987/88): 140–44.

Spicq, C. "ΥΠΟΜΟΝΗ, Patientia." *RSPT* 19 (1930): 95–106.

———. "ΦΙΛΟΣΤΟΡΓΟΣ (A propos de Rom., XII,10)." *RB* 62 (1955): 497–510.

Spitaler, P. "Household Disputes in Rome (Roman 14:1–15:13)." *RB* 116 (2009): 44–69.

———. "An Integrative, Synergistic Reading of Romans 1–3." *BibInt* 19 (2011): 33–71.

Sprinkle, P. M. *Law and Life: The Interpretation of Leviticus 18:5 in Early Judaism and in Paul*. WUNT 2/241. Tübingen: Mohr Siebeck, 2008.

———. *Paul and Judaism Revisited: A Study of Divine and Human Agency in Salvation*. Downers Grove, IL: InterVarsity Press, 2013.

———. "*Πιστίς Χριστοῦ* as Eschatological Event." Pages 165–84 in *The Faith of Jesus Christ: Exegetical, Biblical, and Theological Studies*. Edited by M. Bird and P. M. Sprinkle. Peabody, MA: Hendrickson, 2009.

———. "Romans 1 and Homosexuality: A Critical Review of James Brownson's *Bible, Gender, Sexuality*." *BBR* 24 (2014): 515–28.

Stacey, W. D. *The Pauline View of Man in Relation to Its Judaic and Hellenistic Background*. London: Macmillan, 1956.

Stagg, F. "The Abused Aorist." *JBL* 91 (1972): 222–31.

Stalder, K. *Das Werk des Geistes in des Heiligung bei Paulus*. Zurich: EVZ, 1962.

Stanley, C. D. *Paul and the Language of Scripture: Citation Technique in the Pauline Epistles and Contemporary Literature*. SNTSMS 69. Cambridge: Cambridge University Press, 1992.

———. "'The Redeemer Will Come ἐκ Σιών': Romans 11:26–27 Revisited." Pages 118–42 in *Paul and the Scriptures of Israel*. Edited by C. A. Evans and J. A. Sanders. JSNTSup 83; SSEJC 1. Sheffield: JSOT Press, 1993.

———. "The Significance of Romans 11:3–4 for the Text History of the LXX Book of Kingdoms." *JBL* 112 (1993): 43–54.

Stanley, D. M. *Christ's Resurrection in Pauline Soteriology*. AnBib 13. Rome: Pontifical Biblical Institute Press, 1961.

Stanton, G. N. *Jesus and Gospel*. Cambridge: Cambridge University Press, 2004.

———. "The Law of Moses and the Law of Christ: Galatians 3:1–6:2." Pages 99–116 in *Paul and the Mosaic Law*. Reprint. Grand Rapids: Eerdmans, 2001.

Staples, J. A. "What Do the Gentiles Have to Do with 'All Israel'? A Fresh Look at Romans 11:25–27." *JBL* 130 (2011): 371–90.

Starling, D. I. *Not My People: Gentiles as Exiles in Pauline Hermeneutics*. BZNW 184. Berlin: de Gruyter, 2011.

Stauffer, E. *New Testament Theology*. New York: Macmillan, 1955.

Steele, J. "Heaping Coals of Fire on the Head (Pr. xxv.22; Ro. xii.20)." *ExpTim* 44 (1932): 141.
Stegner, W. R. "Romans 9.6–29—a Midrash." *JSNT* 22 (1984): 37–52.
Stein, R. H. "The Argument of Romans 13:1–7." *NovT* 31 (1989): 325–43.
Stendahl, K. "The Apostle Paul and the Introspective Conscience of the West." *HTR* 56 (1963): 199–215. Reprint as pages 78–96 in *Paul among Jews and Gentiles, and Other Essays*. Philadelphia: Fortress, 1976.
———. "Christ's Lordship and Religious Pluralism." Pages 233–44 in *Meanings: The Bible as Document and as Guide*. Philadelphia: Fortress, 1984.
———. *Final Account: Paul's Letter to the Romans*. Minneapolis: Fortress, 1995.
———. "Hate, Non-Retaliation, and Love: I QS x,17–20 and Rom. 12:19–21." *HTR* 55 (1962): 343–55.
———. "Paul among Jews and Gentiles." Pages 1–77 in *Paul among Jews and Gentiles, and Other Essays*. Philadelphia: Fortress, 1976.
———. *Paul among Jews and Gentiles, and Other Essays*. Philadelphia: Fortress, 1976.
Stenschke, C. "Römer 9–11 als Teil des Römerbriefs." Pages 197–225 in *Between Gospel and Election: Explorations in the Interpretation of Romans 9–11*. Edited by F. Wilk and J. R. Wagner. WUNT 257. Tübingen: Mohr Siebeck, 2010.
———. "'Your Obedience Is Known to All' (Rom 16:19): Paul's Reference to Other Christians and Their Function in Paul's Letter to the Romans." *NovT* 57 (2015): 251–74.
Stettler, C. "Paul, the Law and Judgement by Works." *EvQ* 76 (2004): 195–215.
Stevens, G. B. *The Johannine Theology*. New York: Scribner's Sons, 1894.
———. *The Pauline Theology*. Rev. ed. New York: Scribner's Sons, 1911.
Stewart, T. A. "The Cry of Victory: A Cruciform Reading of Psalm 44:22 in Romans 8:36." *JSPL* 3 (2013): 25–45.
Stirewalt, M. L., Jr. "The Form and Function of the Greek Letter-Essay." Pages 147–71 in *The Romans Debate*. Edited by K. P. Donfried. Rev. and exp. ed. Peabody, MA: Hendrickson, 1991.
Stott, J. R. W. *Men Made New: An Exposition of Romans 5–8*. London: Inter-Varsity Press, 1966.
Stowers, S. K. *The Diatribe and Paul's Letter to the Romans*. SBLDS 57. Chico, CA: Scholars Press, 1981.
———. "ΕΚ ΠΙΣΤΕΩΣ and ΔΙΑ ΠΙΣΤΕΩΣ in Romans 3:30." *JBL* 108 (1989): 665–74.
———. *Letter Writing in Greco-Roman Antiquity*. LEC. Philadelphia: Westminster, 1986.
———. "Paul's Dialogue with a Fellow Jew in Romans 3:1–9." *CBQ* 46 (1984): 707–22.

———. *A Rereading of Romans: Justice, Jews, and Gentiles*. New Haven: Yale University Press, 1994.

Strecker, G. *Theology of the New Testament*. New York: de Gruyter, 2000.

Strelan, J. G. "A Note on the Old Testament Background of Romans 7:7." *LTJ* 15 (1981): 23–25.

Strickland, W. "The Inauguration of the Law of Christ with the Gospel of Christ: A Dispensational View." Pages 229–79 in *The Law, the Gospel, and the Modern Christian: Five Views*. Edited by W. Strickland. Counterpoints. Grand Rapids: Zondervan, 1993.

———, ed. *The Law, the Gospel, and the Modern Christian: Five Views*. Counterpoints. Grand Rapids: Zondervan, 1993.

Strobel, A. "Furcht, wem Furcht gebührt: Zum profangriechischen Hintergrund von Rm 13:7." *ZNW* 55 (1964): 58–62.

———. *Untersuchungen zum eschatologischen Verzögerungproblem auf Grund der spätjüdisch-urchristlichen Geschichte von Habakuk 2,2ff*. NovTSup 2. Leiden: Brill, 1961.

———. "Zum Verständnis von Rm 13." *ZNW* 47 (1956): 67–93.

Strong, A. H. *Systematic Theology: A Compendium Designed for the Use of Theological Students*. Valley Forge, PA: Judson, 1907.

Stuhlmacher, P. "The Apostle Paul's View of Righteousness." Pages 68–93 in *Reconciliation, Law, and Righteousness: Essays in Biblical Theology*. Philadelphia: Fortress, 1986.

———. *Biblische Theologie des Neuen Testaments*. 2 vols. Göttingen: Vandenhoeck & Ruprecht, 1992–99.

———. "Erwägungen zum ontologische Charakter des καινὴ κτίσις bei Paulus." *EvT* 27 (1967): 10–20.

———. *Gerechtigkeit Gottes bei Paulus*. FRLANT 87. Göttingen: Vandenhoeck & Ruprecht, 1966.

———. "Jesus' Resurrection and the View of Righteousness in the Pre-Pauline Mission Congregations." Pages 50–65 in *Reconciliation, Law and Righteousness: Essays in Biblical Theology*. Philadelphia: Fortress, 1986.

———. "Jesustradition im Römerbrief? Eine Skizze." *TBei* 14 (1983): 240–50.

———. "The Law as a Topic of Biblical Theology." Pages 110–33 in *Reconciliation, Law, and Righteousness: Essays in Biblical Theology*. Philadelphia: Fortress, 1986.

———. *Das paulinische Evangelium*. Vol. 1: *Vorgeschichte*. FRLANT 95. Göttingen: Vandenhoeck & Ruprecht, 1968.

———. "Paul's Understanding of the Law in the Letter to the Romans." *SEÅ* 50 (1985): 87–104.

———. "Recent Exegesis on Romans 3:24–26." Pages 94–109 in *Reconciliation, Law, and Righteousness: Essays in Biblical Theology*. Philadelphia: Fortress, 1986.

———. “Die Stellung Jesu und der Paulus zu Jerusalem: Versuch einer Erinnerung.” *ZTK* 86 (1989): 140–56.

———. “The Theme of Romans.” Pages 333–45 in *The Romans Debate*. Edited by K. P. Donfried. Rev. and exp. ed. Peabody, MA: Hendrickson, 1991.

———. “Theologische Probleme des Römerbriefpräskripts.” *EvT* 27 (1967): 374–89.

———. “Vicariously Giving His Life for Many, Mark 10:45 (Matt. 20:28).” Pages 16–29 in *Reconciliation, Law, and Righteousness: Essays in Biblical Theology*. Philadelphia: Fortress, 1986.

———. “Zur Interpretation von Römer 11:25–32.” Pages 555–70 in *Probleme biblischer Theologie: Gerhard von Rad zum 70. Geburtstag*. Edited by H. W. Wolff. Munich: Kaiser, 1974.

Stuhlmann, R. *Das eschatologische Maß im Neuen Testament*. FRLANT 132. Göttingen: Vandenhoeck & Ruprecht, 1983.

Sugden, C. “The Land and the Environment in the Purposes of God: A Biblical Reflection with Special Reference to Romans 8:18–30.” *Transformation* 13 (1996): 8–9.

Suggs, M. J. “‘The Word Is near You’: Romans 10:6–10 within the Purpose of the Letter.” Pages 289–312 in *Christian History and Interpretation: Studies Presented to John Knox*. Edited by W. R. Farmer, C. F. D. Moule, and R. R. Niebuhr. Cambridge: Cambridge University Press, 1967.

Suhl, A. *Paulus und seine Briefe: Ein Beitrag zur paulinischen Chronologie*. SNT 11. Gütersloh: Mohn, 1957.

Sullivan, K. “ΕΠΙΓΝΩΣΙΣ in the Epistles of St. Paul.” Pages 405–16 in vol. 2 of *SPCIC (1961)*. AnBib 17–18. Rome: Pontifical Biblical Institute Press, 1963.

Sumney, J. L., ed. *Reading Paul’s Letter to the Romans*. RBS 73. Atlanta: Society of Biblical Literature, 2012.

Swancutt, D. M. “Pax Christi: Romans as Protrepsis to Live as Kings.” PhD diss., Duke University, 2001.

Swart, G. “Why without Excuse? An Inquiry into the Syntactic and Semantic Relations of Romans 1:18–21.” *Neot* 39 (2005): 389–407.

Swartley, W. M. *Covenant of Peace: The Missing Peace in New Testament Theology and Ethics*. Grand Rapids: Eerdmans, 2006.

Swetnam, J. “The Curious Crux at Romans 4,12.” *Bib* 61 (1980): 110–15.

Synofzik, E. *Die Gerichts- und Vergeltungsaussagen bei Paulus: Eine traditionsgeschichtliche Untersuchung*. GTA 8. Göttingen: Vandenhoeck & Ruprecht, 1977.

Talbert, C. H. “A Non-Pauline Fragment at Romans 3.24–26?” *JBL* 85 (1966): 287–96.

———. “Paul, Judaism, and the Revisionists.” *CBQ* 63 (2001): 1–22.

———. “Tradition and Redaction in Romans XII. 9–21.” *NTS* 16 (1969/70): 83–93.

Tannehill, R. C. *Dying and Rising with Christ: A Study in Pauline Theology*. BZNW 32. Berlin: Töpelmann, 1966.
Tappeiner, D. A. "Hermeneutics, the Analogy of Faith and New Testament Sacramental Realism." *EvQ* 49 (1977): 40–52.
Tate, M. E. *Psalms 51–100*. WBC. Nashville: Word, 1990.
Taylor, J. W. "From Faith to Faith: Romans 1.17 in the Light of Greek Idiom." *NTS* 50 (2004): 337–48.
Taylor, V. "Great Texts Reconsidered." *ExpTim* 50 (1938/39): 295–300.
Thayer, J. H. *A Greek-English Lexicon of the New Testament*. New York: Harper & Brothers, 1889.
Theissen, G. *Psychological Aspects of Pauline Theology*. Philadelphia: Fortress, 1987.
———. *The Social Setting of Pauline Christianity: Essays on Corinth*. Edited and translated by J. H. Schütz. Philadelphia: Fortress, 1982.
———. "Soteriologische Symbolik in den paulinischen Scriften." *KD* 20 (1974): 282–304.
Theobald, M. "'Geboren aus dem Samen Davids . . .' (Röm 1,3)." *ZNW* 102 (2011): 235–60.
———. "Das Gottesbild des Paulus nach Röm 3,21–31." SNTSU 6–7 (1981–82): 131–68.
———. "Kirche und Israel nach Röm 9–11." *Kairós* 29 (1987): 1–22.
Thielicke, H. *Foundations*. Vol. 1 of *Theological Ethics*. Grand Rapids: Eerdmans, 1966.
Thielman, F. *From Plight to Solution: A Jewish Framework to Understanding Paul's View of the Law in Galatians and Romans*. NovTSup 61. Leiden: Brill, 1989.
———. "God's Righteousness as God's Fairness in Romans 1:17: An Ancient Perspective on a Significant Phrase." *JETS* 54 (2011): 35–48.
———. *Paul and the Law: A Contextual Approach*. Downers Grove, IL: InterVarsity Press, 1994.
———. "The Story of Israel and the Theology of Romans 5–8." Pages 169–95 in *Romans*. Vol. 3 of *Pauline Theology*. Edited by D. M. Hay and E. E. Johnson. Minneapolis: Fortress, 1995.
Thiessen, M. *Paul and the Gentile Problem*. Oxford: Oxford University Press, 2016.
———. "Paul's Argument against Gentile Circumcision in Romans 2:17–29." *NovT* 56 (2014): 373–91.
Thiselton, A. C. *The First Epistle to the Corinthians*. NIGTC. Grand Rapids: Eerdmans, 2000.
Thomas, M. J. "Early Perspectives on Works of the Law: A Patristic Study." PhD diss., University of Oxford, 2016.
Thompson, M. B. *Clothed with Christ: The Example and Teaching of Jesus in Romans 12.1–15.13*. JSNTSup 59. Sheffield: Sheffield Academic, 1991.
Thompson, M. M. "'Mercy upon All': God as Father in the Epistle to the Ro-

mans." Pages 203–16 in *Romans and the People of God: Essays in Honor of Gordon D. Fee on the Occasion of His 65th Birthday*. Edited by S. Soderlund and N. T. Wright. Grand Rapids: Eerdmans, 1999.

Thompson, R. W. "How Is the Law Fulfilled in Us? An Interpretation of Rom. 8:4." *LS* 11 (1986): 31–40.

———. "Paul's Double Critique of Jewish Boasting: A Study of Rom 3,27 in Its Context." *Bib* 67 (1986): 520–31.

Thornhill, A. C. *The Chosen People: Election, Paul and Second Temple Judaism*. Downers Grove, IL: InterVarsity Press, 2015.

Thorsteinsson, R. M. "Paul and Roman Stoicism: Romans 12 and Contemporary Stoic Ethics." *JSNT* 29 (2006): 139–61.

———. *Paul's Interlocutor in Romans 2: Function and Identity in the Context of Ancient Epistolography*. ConBNT 40. Stockholm: Almqvist & Wiksell, 2003.

———. "Paul's Missionary Duty towards Gentiles in Rome: A Note on the Punctuation and Syntax of Rom 1.13–15." *NTS* 48 (2002): 531–47.

Thorton, T. C. G. "The Meaning of καὶ περὶ ἁμαρτίας in Romans viii.3." *JTS* 22 (1971): 515–17.

Thrall, M. E. "The Pauline Use of ΣΥΝΕΙΔΗΣΙΣ." *NTS* 14 (1967/68): 118–25.

Thurén, L. *Derhetorizing Paul: A Dynamic Perspective on Pauline Theology and the Law*. WUNT 124. Tübingen: Mohr Siebeck, 2000.

Thüsing, W. *Per Christum in Deum: Studien zum Verhältnis von Christozentrik und Theozentrik in den paulinischen Hauptbriefen*. NTAbh 1. Münster: Aschendorff, 1965.

Ticciati, S. "The Nondivisive Difference of Election: A Reading of Romans 9–11." *JTI* 6 (2012): 257–78.

Tigay, J. H. *Deuteronomy*. JPS Torah Commentary. Philadelphia: Jewish Publication Society, 1996.

Tilling, C., ed. *Beyond Old and New Perspectives on Paul: Reflections on the Work of Douglas Campbell*. Eugene, OR: Cascade, 2014.

———. *Paul's Divine Christology*. WUNT 2/323. Tübingen: Mohr Siebeck, 2012.

Tiwald, M. "Christ as Hilasterion (Rom 3:25): Pauline Theology on the Day of Atonement in the Mirror of Early Jewish Thought." Pages 189–209 in *The Day of Atonement: Its Interpretations in Early Jewish and Christian Traditions*. Edited by T. Hieke and T. Nicklas. TBN: Jewish and Christian Traditions 15. Leiden: Brill, 2012.

Tobin, T. H. "The Jewish Context of Rom 5:12–14." *SPhilo* 13 (2001): 159–75.

———. *Paul's Rhetoric in Its Contexts: The Argument of Romans*. Peabody, MA: Hendrickson, 2004.

———. "Romans 10:4: Christ the Goal of the Law." Pages 272–80 in *Heirs of the Septuagint: Philo, Hellenistic Judaism and Early Christianity*. Vol. 3 of *The Studia Philonica Annual: Studies in Hellenistic Judaism*. Edited by D. T. Runia, D. M. Hay, and D. Winston. BJS 230. Atlanta: Scholars Press, 1991.

———. "What Shall We Say That Abraham Found? The Controversy behind Romans 4." *HTR* 88 (1995): 437–52.

Tofana, S. "Humankind and Creation as Interdependent in Romans 8:18–23: An Orthodox and Hermeneutical Perspective." Pages 155–78 in *Greek Patristic and Eastern Orthodox Interpretations of Romans*. Romans through History and Culture Series 9. Edited by D. Patte and V. Mihoc. London: Bloombury T&T Clark, 2013.

Tomson, P. J. *Paul and the Jewish Law: Halakha in the Letters of the Apostle to the Gentiles*. CRINT 3/1. Minneapolis: Fortress, 1990.

———. "'Die Täter des Gesetzes werden gerechfertigt werden' (Röm 2,13): Zu einer adäquaten Perspektive für den Römerbrief." Pages 183–221 in *Lutherische und Neue Paulusperspektive: Beiträge zu einem Schüsselproblem der gegenwärtigen exegetischen Diskussion*. Edited by M. Bachmann. WUNT 182. Tübingen: Mohr Siebeck, 2005.

———. "What Did Paul Mean by 'Those Who Know the Law'? (Rom 7.1)" *NTS* 49 (2003): 573–81.

Toney, C. N. *Paul's Inclusive Ethic: Resolving Community Conflicts and Promoting Mission in Romans 14–15*. WUNT 2/252. Tübingen: Mohr Siebeck, 2008.

Torrance, T. F. "One Aspect of the Biblical Conception of Faith." *ExpTim* 68 (1956/57): 111–14.

Torrance, T. F., and C. F. D. Moule. "The Biblical Conception of 'Faith.'" *ExpTim* 68 (1956/57): 221–22.

Towner, P. H. "Romans 13:1–7 and Paul's Missiological Perspective: A Call to Political Quietism or Transformation?" Pages 149–69 in *Romans and the People of God: Essays in Honor of Gordon D. Fee on the Occasion of His 65th Birthday*. Edited by S. Soderlund and N. T. Wright. Grand Rapids: Eerdmans, 1999.

Townsley, J. "Paul, the Goddess Religions, and Queer Sects: Romans 1:23–28." *JBL* 130 (2011): 707–28.

Travis, S. H. *Christ and the Judgment of God: The Limits of Divine Retribution in New Testament Thought*. 2d ed. Peabody, MA: Hendrickson, 2008.

Trebilco, P. *Self-Designations and Group Identity in the New Testament*. Cambridge: Cambridge University Press, 2012.

Trench, R. C. *Synonyms of the New Testament*. Grand Rapids: Eerdmans, 1948.

Trevijano, R. "Εὐλογία in St. Paul and the Text of Rom 16,18." Pages 537–40 in *SE* VI. Edited by E. A. Livingstone. TU 112. Berlin: Akademie, 1973.

Trimaille, M. "Encore de 'typos Didachès' de Romains 6,17." Pages 267–80 in *La Vie de la Parole: De l'Ancien au Nouveau Testament: Etudes d'exégèse et d'herméneutique bibliques offertes à Pierre Grelot*. Edited by Departement des Etudes Bibliques de l'Institut Catholique de Paris. Paris: Desclée, 1987.

Trocmé, É. "L'épître aux Romains et la méthode missionaire de l'apôtre Paul." *NTS* 7 (1960/61): 148–53.

Trueman, C. R. "Original Sin in Modern Theology." Pages 167–86 in *Adam, the Fall, and Original Sin: Theological, Biblical, and Scientific Perspectives*. Edited by H. Madueme and M. Reeves. Grand Rapids: Baker Academic, 2014.

Tsui, T. K.-Y. "Reconsidering Pauline Juxtaposition of Indicative and Imperative (Romans 6:1–14) in Light of Pauline Apocalypticism." *CBQ* 75 (2013): 297–314.

Turner, D. L. "Cornelius van Til and Romans 1:18–21: A Study in the Epistemology of Presuppositional Apologetics." *Grace Theological Journal* 2 (1981): 45–58.

Turner, G. "The Righteousness of God in Psalms and Romans." *SJT* 63 (2010): 285–301.

Turner, N. *Grammatical Insights into the New Testament*. Edinburgh: T&T Clark, 1965.

———. *Syntax*. Vol. 3 of *A Grammar of New Testament Greek*, by J. H. Moulton. Edinburgh: T&T Clark, 1963.

Tyra, S. W. "When Considering Creation, Simply Follow the Rule (of Faith): Patristic Exegesis of Romans 8:19–22 and the Theological Interpretation of Scripture." *JTI* 8 (2014): 251–73.

Ulrichs, K. F. *Christusglaube: Studien zum Syntagma πίστις Χριστοῦ und zum paulinischen Verständnis von Glaube und Rechtfertigung*. WUNT 2/227. Tübingen: Mohr Siebeck, 2007.

Unnik, W. C. van. "The Interpretation of Romans 12:8: ὁ μεταδιδοὺς ἐν ἁπλότητι." Pages 169–83 in *On Language, Culture, and Religion: In Honor of Eugene A. Nida*. Edited by M. Black and W. Smalley. The Hague: Mouton, 1974.

———. "Lob und Strafe durch die Obrigkeit: Hellenistisches zu Röm 13,3–4." Pages 334–43 in *Jesus und Paulus: Festschrift für Werner Georg Kümmel zum 70. Geburtstag*. Edited by E. E. Ellis and E. Gräßer. 2d ed. Göttingen: Vandenhoeck & Ruprecht, 1978.

Urbach, E. E. *The Sages: Their Concepts and Beliefs*. 2 vols. Jerusalem: Magnes, 1979.

van Buren, P. "Paul, The Church and Israel: Romans 9–11." *PSB* 11 (1990): 5–18.

———. *A Theology of the Jewish-Christian Reality*. 3 vols. San Francisco: Harper & Row, 1980–88.

Van Rensburg, J. J. J. "The Children of God in Romans 8." *Neot* 15 (1981): 139–79.

VanDrunen, D. "Israel's Recapitulation of Adam's Probation under the Law of Moses." *WTJ* 73 (2011): 303–24.

VanLandingham, C. *Judgment and Justification in Early Judaism and the Apostle Paul*. Peabody, MA: Hendrickson, 2006.

Vanlaningham, M. G. *Christ, the Savior of Israel: An Evaluation of the Dual Covenant and Sonderweg Interpretations of Paul's Letters*. Edition Israelogie 5. New York: Lang, 2012.

Venema, C. P. *The Gospel of Free Acceptance: An Assessment of the Reformation and "New Perspectives" on Paul.* Edinburgh: Banner of Truth, 2006.
Verbrugge, V. D. "The Grammatical Internal Evidence for ἔχομεν in Romans 5:1." *JETS* 54 (2011): 559–72.
Vermes, G. *Scripture and Tradition in Judaism: Haggadic Studies.* SPB 4. Leiden: Brill, 1961.
Via, D. O. "A Structuralist Approach to Paul's Old Testament Hermeneutic." *Int* 28 (1974): 201–20.
Viagulamuthu, X. P. B. *Offering Our Bodies as a Living Sacrifice to God: A Study in Pauline Spirituality Based on Romans 12,1.* Tesi Gregoriana, Serie Spiritualità 7. Rome: Editrice Pontificia Università Gregoriana, 2002.
Viard, J.-S. "Loi, chair et libération: Une solution structurelle au problème de Romains 7,1–6." *Thf* 36 (2005): 155–73.
———. "Obéissance ou liberté? Redécouverte structurelle de Rm 6,15–23." *ScEs* 54 (2002): 351–66.
Vickers, B. "Grammar and Theology in the Interpretation of Rom 5:12." *TJ* 27 (2006): 271–88.
———. *Jesus' Blood and Righteousness: Paul's Theology of Imputation.* Wheaton, IL: Crossway, 2006.
Visscher, G. H. *Romans 4 and the New Perspective on Paul: Faith Embraces the Promise.* StBibLit 122. New York: Lang, 2009.
Vlachos, C. A. "The Catalytic Operation of the Law and Moral Transformation in Romans 6–7." Pages 44–56 in *Studies in the Pauline Epistles: Essays in Honor of Douglas J. Moo.* Edited by M. S. Harmon and J. E. Smith. Grand Rapids: Zondervan, 2014.
———. *The Law and the Knowledge of Good and Evil: The Edenic Background of the Catalytic Operation of the Law in Paul.* Eugene, OR: Pickwick, 2009.
Vögtle, A. "Die Adam-Christus-Typologie und 'der Menschensohn.'" *TTZ* 60 (1951): 309–28.
———. "Paraklese und Eschatologie nach Röm 13:11–14." Pages 179–94 in *Dimensions de la vie chrétienne (Rm 12–13).* Edited by L. De Lorenzi. SMBen: Biblical-Ecumenical Section 4. Rome: Abbey of St. Paul Outside the Walls, 1979.
———. "Röm 8, 19–22: Eine schöpfungstheologie oder anthropologisch-soteriologische Aussage?" Pages 351–66 in *Mélanges bibliques in hommage au R. P. Béda Rigaux.* Edited by A.-L. Descamps and A. de Halleux. Gembloux: Ducolot, 1970.
Vos, G. "The Alleged Legalism in Paul's Doctrine of Justification." Pages 383–99 in *Redemptive History and Biblical Interpretation: The Shorter Writings of Geerhardus Vos.* Edited by R. B. Gaffin Jr. Phillipsburg, NJ: Presbyterian & Reformed, 1980.
———. "The Eschatological Aspect of the Pauline Conception of the Spirit."

Pages 91–125 in *Redemptive History and Biblical Interpretation: The Shorter Writings of Geerhardus Vos*. Phillipsburg, NJ: Presbyterian & Reformed, 1980.

Vos, J. S. "Die hermeneutische Antinomie bei Paulus (Galater 3.11–12; Römer 10.5–10)." *NTS* 38 (1992): 254–70.

Vouga, F. "L'épître aux Romains comme document ecclésiologique (Rm 12–15)." *ETR* 61 (1986): 485–95.

Vriezen, T. C. *Die Erwählung Israels nach dem Alten Testament*. ATANT 24. Zurich: Zwingli, 1953.

Waetjen, H. C. "The Trust of Abraham and the Trust of Jesus Christ: Romans 1:17." *CurTM* 30 (2003): 446–54.

Wagner, G. *Pauline Baptism and the Pagan Mysteries*. London: Oliver & Boyd, 1967.

Wagner, J. R. "Baptism 'into Christ Jesus' and the Question of Universalism in Paul." *HBT* 33 (2011): 45–61.

———. "The Christ, Servant of Jew and Gentile: A Fresh Approach to Romans 15:8–9." *JBL* 116 (1997): 473–85.

———. *Heralds of the Good News: Isaiah and Paul 'in Concert' in the Letter to the Romans*. NovTSup 101. Leiden: Brill, 2002.

———. "'Not from the Jews Only, But Also from the Gentiles': Mercy to the Nations in Romans 9–11." Pages 417–31 in *Between Gospel and Election: Explorations in the Interpretation of Romans 9–11*. Edited by F. Wilk and J. R. Wagner. WUNT 257. Tübingen: Mohr Siebeck, 2010.

Walker, R. "Die Heiden und das Gericht: Zur Auslegung von Römer 2:12–16." *EvT* 20 (1960): 302–14.

———. *Studie zu Römer 13,1–7*. Theologische Existenz Heute 132. Munich: Kaiser, 1966.

Walker, W. O., Jr. *Interpolations in the Pauline Letters*. JSNTSup 213. London: Sheffield Academic, 2001.

———. "Romans 8:29–30 as a Non-Pauline Interpolation." *JSPL* 2 (2012): 27–40.

Wallace, D. B. *Greek Grammar beyond the Basics*. Grand Rapids: Zondervan, 1997.

Wallace, D. R. *The Gospel of God: Romans as Paul's Aeneid*. Eugene, OR: Pickwick, 2008.

Wallis, I. G. *The Faith of Jesus Christ in Early Christian Traditions*. SNTSMS 84. Cambridge: Cambridge University Press, 1995.

Walls, A. F. "The First Chapter of the Epistle to the Romans and the Modern Missionary Movement." Pages 346–57 in *Apostolic History and the Gospel: Biblical and Historical Essays Presented to F. F. Bruce on His 60th Birthday*. Edited by W. W. Gasque and R. P. Martin. Grand Rapids: Eerdmans, 1970.

Walter, N. "Gottes Zorn und das 'Harren der Kreatur': Zur Korrespondenz zwischen Römer 1,18–32 und 8,19–22." Pages 218–26 in *Christus Bezeugen:*

Festschrift für Wolfgang Trilling zum 65. Geburtstag. Edited by K. Kertelege, T. Holtz, and C.-P. März. ETS 59. Leipzig: St. Benno, 1989.

———. "Paulus und die urchristliche Jesustradition." *NTS* 31 (1985): 498–522.

———. "Zur Interpretation von Römer 9–11." *ZTK* 81 (1984): 172–95.

Walters, J. C. *Ethnic Issues in Paul's Letter to the Romans: Changing Self-Definitions in Earliest Roman Christianity*. Valley Forge, PA: Trinity Press International, 1993.

Waltke, B. K. *Genesis: A Commentary*. Grand Rapids: Zondervan, 2001.

Ware, J. P. "Law, Christ, and Covenant: Paul's Theology of the Law in Romans 3:19–20." *JTS* 62 (2011): 513–40.

Warfield, B. B. *Calvin and Augustine*. Reprint. Grand Rapids: Baker, 1988.

Wasserberg, G. "Romans 9–11 and Jewish-Christian Dialogue: Prospects and Provisos." Pages 174–86 in *Reading Israel in Romans: Legitimacy and Plausibility of Divergent Interpretations*. Edited by C. Grenholm and D. Patte. Harrisburg, PA: Trinity Press International, 2000.

Wasserman, E. "The Death of the Soul in Romans 7: Revisiting Paul's Anthropology in Light of Hellenistic Moral Psychology." *JBL* 126 (2007): 793–816.

———. *The Death of the Soul in Romans 7: Sin, Death, and the Law in Light of Hellenistic Moral Psychology*. WUNT 2/256. Tübingen: Mohr Siebeck, 2008.

———. "Paul among the Philosophers: The Case of Sin in Romans 6–8." *JSNT* 30 (2008): 387–415.

Waters, G. *The End of Deuteronomy in the Epistles of Paul*. WUNT 221. Tübingen: Mohr Siebeck, 2006.

———. "Romans 10:5 and the Covenant of Works." Pages 210–39 in *The Law Is Not of Faith: Essays on Works and Grace in the Mosaic Covenant*. Edited by B. D. Estelle, J. V. Fesko, and D. VanDrunen. Phillipsburg, NJ: Presbyterian & Reformed, 2009.

Watson, F. *Agape, Eros, Gender: Towards a Pauline Sexual Ethic*. Cambridge: Cambridge University Press, 2000.

———. "By Faith (of Christ): An Exegetical Dilemma and Its Scriptural Solution." Pages 147–64 in *The Faith of Jesus Christ: Exegetical, Biblical, and Theological Studies*. Edited by M. F. Bird and P. M. Sprinkle. Peabody, MA: Hendrickson, 2009.

———. "Constructing an Antithesis: Pauline and Other Jewish Perspectives on Divine and Human Agency." Pages 99–116 in *Divine and Human Agency in Paul and His Cultural Environment*. Edited by J. M. G. Barclay and S. J. Gathercole. LNTS 335. Early Christianity in Context. London: T&T Clark, 2006.

———. "The Law in Romans." Pages 93–107 in *Reading Paul's Letter to the Romans*. Edited by J. L. Sumney. RBS 73. Atlanta: Society of Biblical Literature, 2012.

———. *Paul and the Hermeneutics of Faith*. 2nd ed. London: Bloomsbury T&T Clark International, 2016.

———. *Paul, Judaism, and the Gentiles: Beyond the New Perspective*. Rev. ed. Grand Rapids: Eerdmans, 2007.

———. "The Triune Divine Identity: Reflections on Pauline God-Language, in Disagreement with J. D. G. Dunn." *JSNT* 80 (2000): 99–124.

———. "The Two Roman Congregations: Romans 14:1–15:13." Pages 203–15 in *The Romans Debate*. Edited by K. P. Donfried. Rev. and exp. ed. Peabody, MA: Hendrickson, 1991.

Watson, N. M. "'And If Children, Then Heirs' (Rom 8:17)—Why Not Sons?" *ABR* 49 (2001): 53–56.

———. "Justified by Faith, Judged by Works—An Antinomy?" *NTS* 29 (1983): 209–21.

———. "Simplifying the Righteousness of God: A Critique of J. C. O'Neill's *Romans*." *SJT* 30 (1977): 453–69.

Watts, R. E. "'For I Am Not Ashamed of the Gospel': Romans 1:16–17 and Habakkuk 2:4." Pages 3–25 in *Romans and the People of God: Essays in Honor of Gordon D. Fee on the Occasion of His 65th Birthday*. Edited by S. Soderlund and N. T. Wright. Grand Rapids: Eerdmans, 1999.

Weber, E. *Die Beziehungen von Röm 1–3 zur Missionspraxis des Paulus*. BFCT 9. Gütersloh: Bertelsmann, 1905.

Weber, O. *Foundations of Dogmatics*. 2 vols. Grand Rapids: Eerdmans, 1981–83.

Webster, A. F. C. "St. Paul's Political Advice to the Haughty Gentile Christians in Rome: An Exegesis of Romans 13:1–7." *SVTQ* 25 (1981): 259–82.

Webster, J. "Karl Barth." Pages 205–23 in *Reading Romans through the Centuries: From the Early Church to Karl Barth*. Edited by J. P. Greenman and T. Larsen. Grand Rapids: Brazos, 2005.

Wedderburn, A. J. M. "Adam in Paul's Letter to the Romans." Pages 413–30 in *Studia Biblica 1978, III: Papers on Paul and Other New Testament Authors*. Edited by E. A. Livingstone. JSNTSup 3. Sheffield: JSOT Press, 1980.

———. *Baptism and Resurrection: Studies in Pauline Theology against Its Graeco-Roman Background*. WUNT 44. Tübingen: Mohr, 1987.

———. *The Death of Jesus: Some Reflections on Jesus-Traditions and Paul*. WUNT 299. Tübingen: Mohr Siebeck, 2013.

———. "Hellenistic Christian Traditions in Romans 6?" *NTS* 29 (1983): 337–55.

———. "The Purpose and Occasion of Romans Again." *ExpTim* 90 (1979): 137–41.

———. *The Reasons for Romans*. Edinburgh: T&T Clark, 1991.

———. "Romans 8:26—Towards a Theology of Glossolalia." *SJT* 28 (1975): 369–77.

———. "Some Observations on Paul's Use of the Phrases 'in Christ' and 'with Christ'." *JSNT* 25 (1985): 83–97.

———. "The Theological Structure of Romans V.12." *NTS* 19 (1972/73): 339–54.

Weder, H. "Gesetz und Sünde: Gedanken zu einem Qualitativen Sprung im Denken des Paulus." *NTS* 31 (1985): 357–76.

Weima, J. A. D. *Neglected Endings: The Significance of the Pauline Letter Closings*. JSNTSup 101. Sheffield: JSOT Press, 1994.

———. "Preaching the Gospel in Rome: A Study of the Epistolary Framework of Romans." Pages 337–66 in *Gospel in Paul: Studies on Corinthians, Galatians and Romans for Richard N. Longenecker*. Edited by L. A. Jervis and P. Richardson. JSNTSup 108. Sheffield: Sheffield Academic, 1994.

Weiss, A. "Christus Jesus als Weihegeschenk oder Sühnemal? Anmerkungen zu einer neueren Deutung von *hilasterion* (Röm 3,25) samt einer Liste der epigraphischen Belege." *ZNW* 105 (2014): 294–302.

Weiss, H. "Paul and the Judging of Days." *ZNW* 86 (1995): 137–53.

Wells, K. B. *Grace and Agency in Paul and Second Temple Judaism: Interpreting the Transformation of the Heart*. NovTSup 157. Leiden: Brill, 2015.

Wengst, K. *Christologische Formeln und Lieder des Urchristentums*. SNT 7. Gütersloh: Mohn, 1972.

———. *"Freut euch, ihr Völker, mit Gottes Volk!" Israel und die Völker als Thema des Paulus—ein Gang durch den Römerbrief*. Stuttgart: Kohlhammer, 2008.

Wenham, D. "The Christian Life: A Life of Tension? A Consideration of the Nature of Christian Experience in Paul." Pages 80–94 in *Pauline Studies: Essays Presented to Professor F. F. Bruce on His 70th Birthday*. Edited by D. A. Hagner and M. J. Harris. Grand Rapids: Eerdmans, 1980.

———. "Paul and the Synoptic Apocalypse." Pages 345–75 in *Studies of History and Tradition in the Four Gospels*. Gospel Perspectives 1. Edited by R. T. France and D. Wenham. Sheffield: JSOT Press, 1980.

———. "Paul's Use of the Jesus Tradition: Three Samples." Pages 7–37 in *The Jesus Tradition outside the Gospels*. Edited by D. Wenham. Gospel Perspectives 5. Sheffield: JSOT Press, 1985.

Wenham, G. J. *The Book of Leviticus*. NICOT. Grand Rapids: Eerdmans, 1979.

———. *Genesis 1–15*. WBC. Nashville: Nelson, 1987.

Wennemer, K. "ΑΠΟΛΥΤΡΩΣΙΣ: Römer 3,24–25a." Pages 283–88 in vol. 1 of *SPCIC* (1961). AnBib 17–18. Rome: Pontifical Biblical Institute Press, 1963.

Wernle, P. *Der Christ und die Sünde bei Paulus*. Freiburg: Mohr, 1904.

Westerholm, S. "Canonical Paul and the Law." Pages 207–22 in *Torah Ethics and Early Christian Identity*. Edited by S. J. Wendel and D. M. Miller. Grand Rapids: Eerdmans, 2016.

———. *Israel's Law and the Church's Faith*. Grand Rapids: Eerdmans, 1988.

———. *Justification Reconsidered: Rethinking a Pauline Theme*. Grand Rapids: Eerdmans, 2013.

———. "Letter and Spirit: The Foundation of Pauline *Ethics*." *NTS* 30 (1984): 229–48.

———. "On Fulfilling the Whole Law (Gal 5.14)." *SEÅ* 51–52 (1986–87): 229–37.

———. "Paul and the Law in Romans 9–11." Pages 215–37 in *Paul and the Mosaic Law*. Edited by J. D. G. Dunn. Tübingen: Mohr Siebeck, 1996.

———. "Paul's Anthropological 'Pessimism' in Its Jewish Context." Pages 71–98 in *Divine and Human Agency in Paul and His Cultural Environment*. Edited by J. M. G. Barclay and S. Gathercole. LNTS 335. Edinburgh: T&T Clark, 2006.

———. *Perspectives Old and New on Paul: The "Lutheran" Paul and His Critics*. Grand Rapids: Eerdmans, 2004.

———. Review of *"The Obedience of Faith": A Pauline Phrase in Historical Context*, by D. S. Garlington. *JBL* 112 (1993): 354–57.

———. "The Righteousness of the Law and the Righteousness of Faith in Romans." *Int* 58 (2004): 253–64.

———. "*Torah, Nomos,* and Law: A Question of 'Meaning.'" *SR* 15 (1986): 327–36.

White, J. L. *The Body of the Greek Letter*. SBLDS 2. Missoula, MT: Scholars Press, 1972.

Whiteley, D. E. H. *The Theology of St. Paul*. Philadelphia: Fortress, 1972.

Whitsett, C. G. "Son of God, Seed of David: Paul's Messianic Exegesis in Romans 2 [*sic*]: 3–4." *JBL* 119 (2000): 661–81.

Whittle, S. *Covenant Renewal and the Consecration of the Gentiles in Romans*. SNTSMS 161. New York: Cambridge University Press, 2015.

Widmann, M. "Der Israelit Paulus und seine antijüdischer Redaktor: Eine literarkritische Studie zu Röm. 9–11." Pages 150–58 in "*Wie gut sind deine Zelte, Jaakow . . .": Festschrift zum 60. Geburtstag von Reinhold Meyer*. Edited by E. L. Ehrlich and B. Klappert. Gerlingen: Bleicher, 1986.

Wiefel, W. "Glaubensgehorsam? Erwägungen zu Röm. 1,5." Pages 137–44 in *Wort und Gemeinde: Festschrift für Erdmann Schott zum 65. Geburtstag*. Berlin: Evangelische Verlagsanstalt, 1967.

———. "The Jewish Community in Ancient Rome and the Origins of Roman Christianity." Pages 85–101 in *The Romans Debate*. Edited by K. P. Donfried. Rev. and exp. ed. Peabody, MA: Hendrickson, 1991.

Wiéner, C. "Ἱερουργεῖν (Rm 15,16)." Pages 399–404 in vol. 2 of *SPCIC* (1961). AnBib 17–18. Rome: Pontifical Biblical Institute Press, 1963.

Wikenhauser A., and J. Schmid. *Einleitung in das Neue Testament*. 6th ed. Freiburg: Herder, 1973.

Wilckens, U. "Die Rechtfertigung Abrahams nach Römer 4." Pages 111–27 in *Studien zur Theologie der alttestamentlichen Überlieferungen: Festschrift für Gerhard von Rad*. Edited by R. Rendtorff and K. Koch. Neukirchen-Vluyn: Neukirchener Verlag, 1961. Reprint. Pages 33–49 in *Rechtfertigung als Freiheit: Paulusstudien*. Neukirchen-Vluyn: Neukirchener Verlag, 1974.

———. "Röm 13,1–7." Pages 203–45 in *Rechtfertigung als Freiheit: Paulusstudien*. Neukirchen-Vluyn: Neukirchener Verlag, 1974.

———. "Über Abfassungszweck und Aufbau des Römerbriefs." Pages 110–70 in *Rechtfertigung als Freiheit: Paulusstudien*. Neukirchen-Vluyn: Neukirchener Verlag, 1974.

———. "Was heißt bei Paulus: 'Aus Werken des Gesetzes wird kein Mensch gerecht'?" Pages 77–109 in *Rechtfertigung als Freiheit: Paulusstudien*. Neukirchen-Vluyn: Neukirchener Verlag, 1974.

———. "Zu Römer 3,21–4,25: Antwort an G. Klein." *EvT* 24 (1964): 586–610. Reprint. Pages 50–76 in *Rechtfertigung als Freiheit: Paulusstudien*. Neukirchen-Vluyn: Neukirchener Verlag, 1974.

———. "Zur Entwicklung des paulinischen Gesetzesverständnis." *NTS* 28 (1982): 154–90.

Wiles, G. P. *Paul's Intercessory Prayers: The Significance of the Intercessory Prayer Passages in the Letters of St. Paul*. SNTSMS 24. Cambridge: Cambridge University Press, 1974.

Wiles, M. F. *The Divine Apostle: The Interpretation of St. Paul's Epistles in the Early Church*. Cambridge: Cambridge University Press, 1967.

Wilk, F. "Rahmen und Aufbau von Römer 9–11." Pages 227–53 in *Between Gospel and Election: Explorations in the Interpretation of Romans 9–11*. Edited by F. Wilk and J. R. Wagner. WUNT 257. Tübingen: Mohr Siebeck, 2010.

Williams, J. J. *Maccabean Martyr Traditions in Paul's Theology of Atonement*. Eugene, OR: Wipf & Stock, 2010.

———. "Violent Atonement in Romans: The Foundation of Paul's Soteriology." *JETS* 53 (2010): 579–99.

Williams, M. "Being a Jew in Rome: Sabbath Fasting as an Expression of Romano-Jewish Identity." Pages 8–18 in *Negotiating Diaspora: Jewish Strategies in the Roman Empire*. Edited by J. M. G. Barclay. LSTS 45. London: T&T Clark International, 2004.

Williams, S. K. "Again *Pistis Christou*." *CBQ* 49 (1987): 431–47.

———. *Jesus' Death as Saving Event: The Background and Origin of a Concept*. Missoula, MT: Scholars Press, 1975.

———. "The 'Righteousness of God' in Romans." *JBL* 99 (1980): 241–90.

Williams, S. N. *The Election of Grace: A Riddle without a Resolution?* Grand Rapids: Eerdmans, 2015.

Williamson, P. "Abraham, Israel and the Church." *EvQ* 72 (2000): 99–118.

Wilson, J. P. "Romans viii.28: Text and Interpretation." *ExpTim* 60 (1948/49): 110–11.

Wilson, R. R. "The Hardening of Pharaoh's Heart." *CBQ* 41 (1979): 18–36.

Wilson, W. T. *Love without Pretense: Romans 12:9–21 and Hellenistic-Jewish Wisdom Literature*. WUNT 2/46. Tübingen: Mohr, 1991.

Winandy, J. "La mort de Jésus: Une mort au péché?" *ETL* 76 (2000): 433–34.

Windsor, L. J. *Paul and the Vocation of Israel: How Paul's Jewish Identity Informs His Apostolic Ministry, with Special Reference to Romans*. BZNW 205. Berlin: de Gruyter, 2014.

Winer, G. B. *A Treatise on the Grammar of NT Greek Regarded as a Sure Basis for NT Exegesis*. 3d ed. Edinburgh: T&T Clark, 1882.

Winger, M. *By What Law? The Meaning of Νόμος in the Letters of Paul.* Atlanta: Scholars Press, 1992.

Wink, W. *Naming the Powers: The Language of Power in the New Testament.* Vol. 1 of *The Powers.* 3 vols. Philadelphia/Minneapolis: Fortress, 1984–92.

Winter, B. W. *Divine Honors for the Caesars: The First Christians' Responses.* Grand Rapids: Eerdmans, 2015.

———. "The Public Honouring of Christian Benefactors: Romans 13.3–4 and 1 Peter 2.14–15." *JSNT* 34 (1988): 87–103.

———. "Roman Law and Society in Romans 12–15." Pages 67–102 in *Rome in the Bible and the Early Church.* Edited by P. Oakes. Grand Rapids: Baker Academic, 2002.

Wischmeyer, O. "The Letter to the Romans." Pages 245–76 in *Paul: Life, Setting, Work, Letters.* Edited by O. Wischmeyer. London: T&T Clark International, 2012.

Wisse, F. "The Righteous Man and the Good Man in Romans V.7." *NTS* 19 (1972/73): 91–93.

Witherington, B., III. *Jesus, Paul and the End of the World: A Comparative Study in New Testament Eschatology.* Downers Grove, IL: InterVarsity Press, 1992.

Wolter, M. *Paul: An Outline of His Theology.* Waco, TX: Baylor University Press, 2015.

———. "Das Proömium des Römerbriefes und das hellenistische Freundschaftsethos." Pages 253–71 in *Paul's Graeco-Roman Context.* Edited by C. Breytenbach. BETL 277. Leuven: Peeters, 2015.

———. *Rechtfertigung und zukünftiges Heil: Untersuchungen zu Röm 5,1–11.* BZNW 43. Berlin: de Gruyter, 1978.

Wolters, A. "*IOYNIAN* (Romans 16:7) and the Hebrew Name *Yĕḥunnī.*" *JBL* 127 (2008): 397–408.

Wolterstorff, N. *Justice in Love.* Emory University Studies in Law and Religion. Grand Rapids: Eerdmans, 2011.

Wong, E. K. C. "The De-Radicalization of Jesus' Ethical Sayings in Romans." *NovT* 43 (2001): 245–63.

Wonneberger, R. *Syntax und Exegese: Eine generative Theorie der griechischen Syntax und ihr Beitrag zur Auslegung des Neuen Testaments, dargestellt an 2. Korinther 5,2f und Römer 3,21–26.* BBET 13. Bern: Lang, 1979.

Woods, E. J. *Deuteronomy.* TOTC. Downers Grove, IL: InterVarsity Press, 2011.

Woudstra, M. H. "Israel and the Church: A Case for Continuity." Pages 221–38 in *Continuity and Discontinuity: Perspectives on the Relationship between the Old and New Testaments: Essays in Honor of S. Lewis Johnson, Jr.* Edited by J. S. Feinberg. Westchester, IL: Crossway, 1988.

Woyke, J. von. "'Einst' und 'Jetzt' in Röm 1–3? Zur Bedeutung von νυνὶ δέ in Röm 3,21." *ZNW* 92 (2001): 185–206.

Wrede, W. *Paul.* London: P. Green, 1907.

Wright, C. J. H. *Deuteronomy*. NIBCOT. Peabody, MA: Hendrickson, 1996.
Wright, N. T. *The Climax of the Covenant: Christ and the Law in Pauline Theology*. Edinburgh: T&T Clark, 1991.
———. *The Day the Revolution Began: Reconsidering the Meaning of Jesus' Crucifixion*. New York: HarperOne, 2016.
———. *Justification: God's Plan and Paul's Vision*. Downers Grove, IL: InterVarsity Press, 2009.
———. "Justification: Yesterday, Today, and Forever." *JETS* 54 (2011): 49–64.
———. "The Meaning of περὶ ἁμαρτίας in Romans 8:3." Pages 453–59 in *Studia Biblica 1978, III: Papers on Paul and Other New Testament Authors*. Edited by E. A. Livingstone. JSNTSup 3. Sheffield: JSOT Press, 1980.
———. "The Messiah and the People of God: A Study of Pauline Theology with Particular Reference to the Argument of the Epistle to the Romans." PhD diss., University of Oxford, 1980.
———. "New Exodus, New Inheritance: The Narrative Substructure of Romans 3–8." Pages 26–35 in *Romans and the People of God: Essays in Honor of Gordon D. Fee on the Occasion of His 65th Birthday*. Edited by S. Soderlund and N. T. Wright. Grand Rapids: Eerdmans, 1999.
———. *The New Testament and the People of God*. Vol. 1 of *Christian Origins and the Question of God*. Minneapolis: Fortress, 1992.
———. *Paul and His Recent Interpreters: Some Contemporary Debates*. Minneapolis: Fortress, 2015.
———. *Paul and the Faithfulness of God*. 2 vols. Vol. 4 of *Christian Origins and the Question of God*. Minneapolis: Fortress, 2013.
———. "Paul and the Patriarch: The Role of Abraham in Romans 4." *JSNT* 35 (2013): 207–41.
———. *Paul: In Fresh Perspective*. Minneapolis: Fortress, 2005.
———. "The Paul of History and the Apostle of Faith." *TynBul* 29 (1978): 61–88.
———. *The Resurrection of the Son of God*. Vol. 3 of *Christian Origins and the Question of God*. Minneapolis: Fortress, 2003.
———. "Romans 2:17–3:9: A Hidden Clue to the Meaning of Romans?" *JSPL* 2 (2012): 1–26.
———. "Romans 9–11 and the 'New Perspective.'" Pages 37–54 in *Between Gospel and Election: Explorations in the Interpretation of Romans 9–11*. Edited by F. Wilk and J. R. Wagner. WUNT 257. Tübingen: Mohr Siebeck, 2010.
———. *What Saint Paul Really Said: Was Paul of Tarsus the Real Founder of Christianity*? Grand Rapids: Eerdmans, 1997.
Wuellner, W. "Paul's Rhetoric of Argumentation in Romans: An Alternative to the Donfried-Karris Debate over Romans." Pages 128–46 in *The Romans Debate*. Edited by K. P. Donfried. Rev. and exp. ed. Peabody, MA: Hendrickson, 1991.
Yarbrough, R. W. "Adam in the New Testament." Pages 33–52 in *Adam, the Fall,*

and Original Sin: Theological, Biblical, and Scientific Perspectives. Edited by H. Madueme and M. Reeves. Grand Rapids: Baker Academic, 2014.

———. "Salvation History (*Heilsgeschichte*) and Paul: Comments on a Disputed but Essential Category." Pages 181–97 in *Studies in the Pauline Epistles: Essays in Honor of Douglas J. Moo*. Edited by M. S. Harmon and J. E. Smith. Grand Rapids: Zondervan, 2014.

Yeo, K. K., ed. *Navigating Romans through Cultures: Challenging Readings by Charting a New Course*. Romans through History and Culture Series. New York: T&T Clark International, 2004.

Yeung, M. W. *Faith in Jesus and Paul: A Comparison with Special Reference to "Faith That Can Remove Mountains" and "Your Faith Has Healed/Saved You."* WUNT 2/147. Tübingen: Mohr Siebeck, 2002.

Yinger, K. L. *Paul, Judaism, and Judgment according to Deeds*. SNTSMS 105. Cambridge: Cambridge University Press, 1999.

———. "Romans 12:14–21 and Nonretaliation in Second Temple Judaism: Addressing Persecution within the Community." *CBQ* 60 (1998): 74–96.

Yonge, J. E. "Heaping Coals of Fire on the Head." *The Expositor* 3.2 (1885): 158–59.

Young, N. H. "C. H. Dodd, 'Hilaskesthai' and His Critics." *EvQ* 48 (1976): 67–78.

———. "Did St. Paul Compose Romans III.24f?" *ABR* 22 (1974): 23–32.

Young, S. L. "Paul's Ethnic Discourse on 'Faith': Christ's Faithfulness and Gentile Access to the Judean God in Romans 3:21–5:1." *HTR* 108 (2015): 30–51.

———. "Romans 1.1–5 and Paul's Christological Use of Hab. 2.4 in Rom. 1.17: An Underutilized Consideration in the Debate." *JSNT* 34 (2012): 277–85.

Ysebart, J. *Greek Baptismal Terminology: Its Origin and Early Development*. Graecitas Christianorum Primaeva 1. Nijmegen: Dekker & van de Vegt, 1962.

Zahn, T. B. *An Introduction to the New Testament*. 3 vols. Edinburgh: T&T Clark, 1909.

Zeller, D. "Christus, Skandal und Hoffnung: Die Juden in den Briefen des Paulus." Pages 256–78 in *Gottesverächter und Menschenfeinde? Juden zwischen Jesus und frühchristlicher Kirche*. Edited by H. Goldstein. Düsseldorf: Patmos, 1979.

———. "Israel unter dem Ruf Gottes (Röm 9–11)." *IKaZ* 2 (1973): 289–301.

———. *Juden und Heiden in der Mission des Paulus: Studien zum Römerbrief*. FB 1. Stuttgart: Katholisches Bibelwerk, 1976.

———. "Pauline Paraenesis in Romans 12 and Greek Gnomic Wisdom." Pages 73–86 in *Greco-Roman Culture and the New Testament: Studies Commemorating the Centennial of the Pontifical Biblical Institute*. Edited by D. E. Aune and F. E. Brenk. NovTSup 143. Leiden: Brill, 2012.

———. "Sühne und Langmut: Zur Traditionsgeschichte von Röm 3,24–26." *TP* 43 (1968): 51–75.

Zerbe, G. M. *Non-Retaliation in Early Jewish and New Testament Texts: Ethical Themes in Social Contexts*. JSPSup 13. Sheffield: JSOT Press, 1993.

Zerwick, M. *Biblical Greek Illustrated by Examples*. Rome: Biblical Institute Press, 1963.

Zerwick, M., and M. Grosvenor. *A Grammatical Analysis of the Greek New Testament*. 2d ed. Rome: Biblical Institute Press, 1981.

Zetterholm, M. *Approaches to Paul: A Student's Guide to Recent Scholarship*. Minneapolis: Fortress, 2009.

Ziegler, Joseph. *Isaias*. Septuaginta: Vetus Testamentum Graecum 14. Göttingen: Vandenhoeck & Ruprecht, 1939.

Ziesler, J. A. "The Just Requirement of the Law (Romans 8:4)." *ABR* 35 (1987): 77–82.

———. *The Meaning of Righteousness in Paul: A Linguistic and Theological Investigation*. SNTSMS 20. Cambridge: Cambridge University Press, 1972.

———. "The Role of the Tenth Commandment in Romans 7." *JSNT* 33 (1988): 41–56.

Zimmerli, W., and J. Jeremias. *The Servant of God*. Rev. ed. SBT 1/20. London: SCM, 1965.

Zoccali, C. "Children of Abraham, the Restoration of Israel and the Eschatological Pilgrimage of the Nations: What Does It Mean for 'in Christ' Identity?" Pages 253–71 in *T&T Clark Handbook to Social Identity in the New Testament*. Edited by J. B. Tucker and C. A. Baker. London: Bloomsbury, 2014.

Zsifkovits, V. *Der Staatsgedanke nach Paulus in Röm 13,1–7, mit besonderer Berücksichtigung der Umwelt und der patristischen Auslegung*. Wiener Beiträge zur Theologie 8. Vienna: Herder, 1964.

Zuntz, G. *The Text of the Epistles: A Disquisition upon the Corpus Paulinium*. London: British Academy, 1953.